物流而生
新能源
E AUTO

中国一汽
红旗 E-HS3
新红旗 新梦想
红旗 让梦想成真

上海汽车集团股份有限公司
SAIC MOTOR CORPORATION LIMITED
爱上汽车
SAIC
畅行天下

BAIC BJEV
北汽新能源
证券简称
北汽蓝谷
证券代码
600733
EC3
纯电动 EU5
纯电动 EX3
EX5

JAC
江淮新能源
江淮iEV
科技引领 大众e行
长续航·大众范纯电SUV
iEV S4 领新上市
电量高达66kWh
66度
iEV S4

东风风行
景逸S50EV
先锋科技纯电轿车
菱智M5EV
全能电动商务车
0跑蔚蓝 E路风行
东风风行新能源汽车以非凡的纯电科技和卓越的性能，
实现了“0”束缚，“0”限制，“0”担忧，
“0”污染的用车生活，“0”跑未来，引领看得见的蔚蓝生活。
景逸S50EV
综合工况410公里续航
45分钟闪电快充
8年或16万公里整车质保
2700毫米超长轴距
LG高安全高效电机电控
剧院级NVH静谧系统
百公里仅需11.44元（家用电）
菱智M5EV
综合工况353/330公里续航
8年或16万公里整车质保
57.7千瓦时超大电池容量
IP67高等级电机电池包防水绝缘性
百公里仅需15.04元（家用电）
政策鼓励，城市道路不限行
景逸S50EV车型信息
菱智M5EV车型信息

LIFAN
力帆650EV
一起驭见 一路陪伴
力帆650EV
360公里 实力续航
1公里 仅需7分钱

ENOVATE
天际汽车
ME7
高端智能电动SUV
enovatemotors.com
This is your time
Explore More

时骏汽车
SOJEN
时骏
引领科技
时骏汽车
SOJEN
时骏新能源
时骏新能源

智创未来
云南力帆骏马车辆有限公司
客服电话（24h）免费热线：400-6193337
网址：www.sojenauto.com
地址：云南省大理市上登工业园区

公司简介/COMPANY PROFILE

魔方新能源，于2009年开始新能源电池技术开发，现已在贵州贵阳、广东东莞、山东聊城、湖北武汉建成研发、运营和生产基地。

山东魔方新能源科技有限公司创立于2015年12月，致力于以下三大领域的创新研发、设计、生产与服务。

- 锂离子动力与储能电池系统；
- 新能源电池生产线，涵盖锂离子、氢燃料电池系统及其核心组件（电堆、双极板、质子交换膜）；
- 燃料电池辅助系统（BOP）零部件，包括电池巡检模块（CVM）、去离子罐、空气滤清器、增湿器等。

公司现有员工100余名，其中博士2名、硕士5名、本科以上学历人员超过40%，与国内外多家科研院校和领军企业建立了长期合作关系。已获得和申请中各类专利逾50项，并通过IATF16949:2016质量管理体系、ISO14001:2004环境管理体系及OHSAS18001:2007职业安全卫生管理体系认证，是一家极具创新活力的高新技术企业。

产品介绍/PRODUCT INTRODUCTION

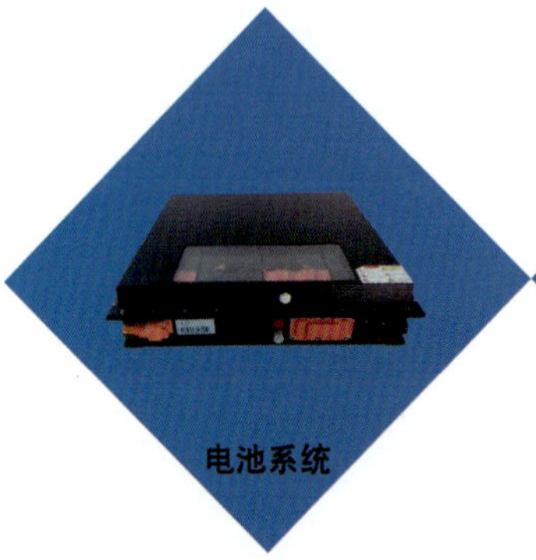
电池系统

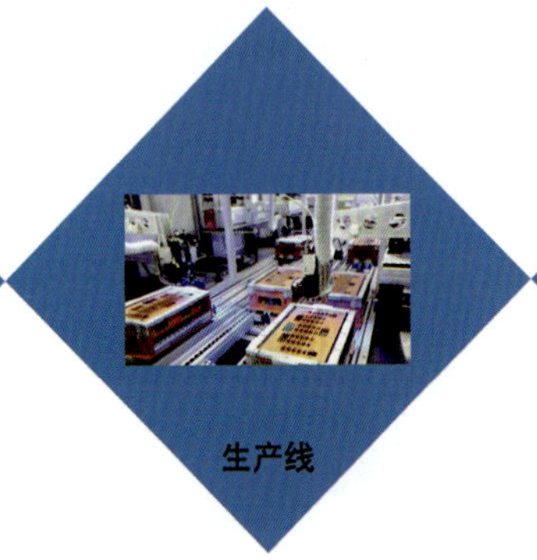
生产线

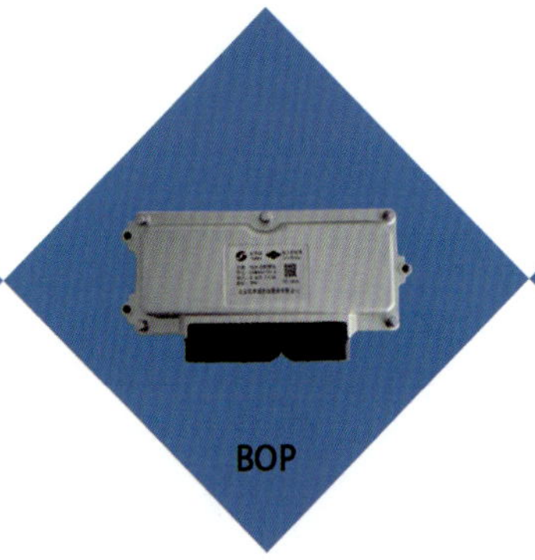
BOP

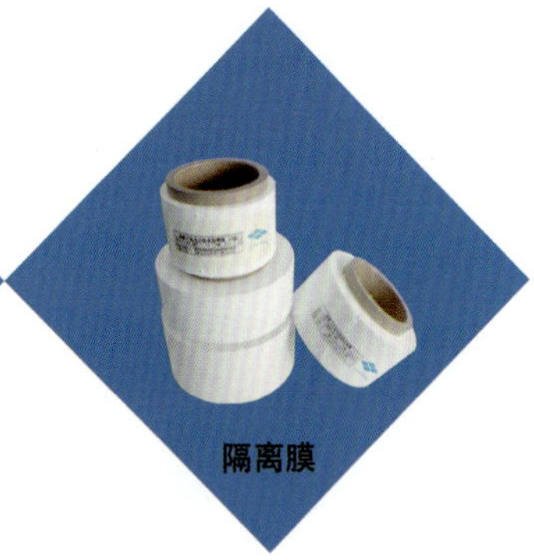
隔离膜

研发制造/R & D MANUFACTURING

电话：0635-505 7026　027-8798 6809
网址：www.cubeenergy.com.cn
地址：山东省聊城市高新技术产业开发区中华路
湖北省武汉市东湖高新区光谷大道光谷芯中心

玉柴机器 YC DIESEL

■公司简介

广西玉柴机器股份有限公司是中国较大的独立发动机制造商，年销售收入超200亿元，发动机年生产能力达60万台。拥有南宁、玉林、以及在欧洲5大研发基地，拥有授权专利5300多项，专利授权总数连续13年在广西排名前列。产品涵盖14大平台49大系列2000多个品种产品，广泛应用于卡车、客车、工程机械、农业装备、船舶、发电、专用车、轻型车等领域。发动机产销量连续多年稳居行业前茅，产品销往亚、欧、美、非和大洋洲等180多个国家和地区。

公司国家认定企业技术中心名列发动机行业前列，被授予高效节能环保内燃机国家工程实验室（2011年），从国一到国六，均较早批量投放市场。

目前玉柴已经完成了商用车动力系统全布局，在全面布局新一代国六高效商用动力发动机的同时，成立新能源动力事业部，集全球优秀资源，以市场正向性能需求为核心，提供“2020+”中国商用车新能源动力解决方案，助力中国商用车动力升级。

■产品介绍

YC100ZQ-1 集成发电式发动机动力总成系统
(IE-Power 增程器)

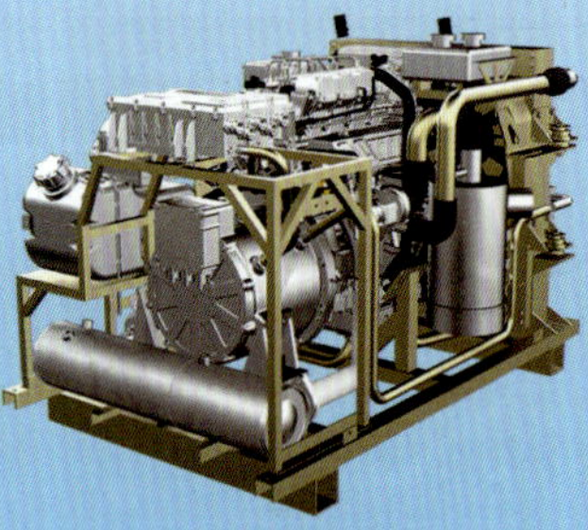

YC065ZQ-1 集成发电式发动机动力总成系统
（IE-Power 增程器-大集成）

YCHP100-351 集成发电式发动机动力总成系统
（IE-Power P1）

YCK05240-60
（e-CVT功率分流型混合动力系统+发动机）

YCEA045 集成式电驱动桥总成

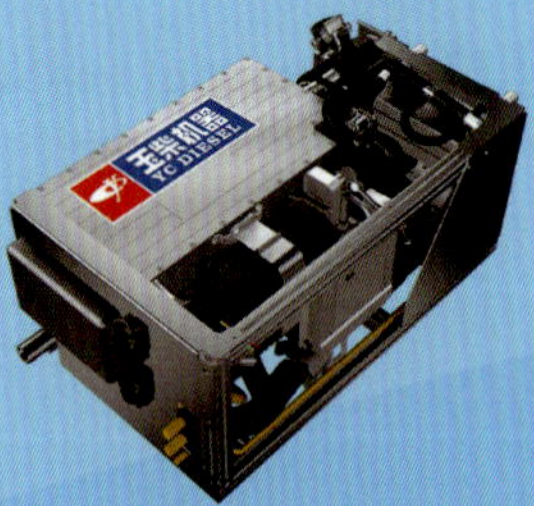

YCHB-35K 燃料电池

■公司荣誉

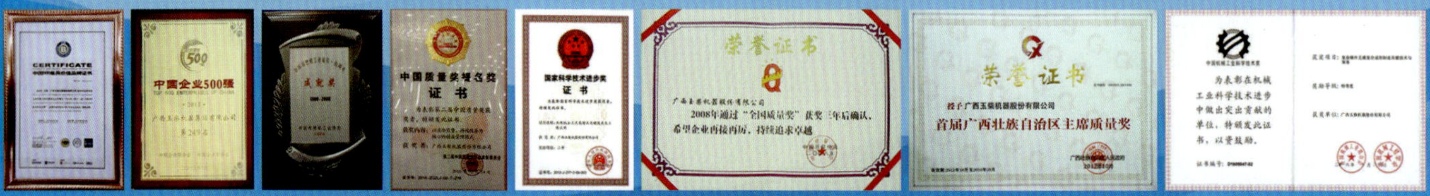

地址：广西玉林市天桥西路88号　传真：+86 775 3288 168　网址：www.yuchaidiesel.com
24小时服务热线：95098 / 0775-3289 000

2019
节能与新能源汽车年鉴

YEARBOOK OF ENERGY-SAVING AND NEW ENERGY VEHICLES OF 2019

中国汽车技术研究中心有限公司
北京国能赢创能源信息技术有限公司　编
《节能与新能源汽车年鉴》编制办公室

中国铁道出版社有限公司
CHINA RAILWAY PUBLISHING HOUSE CO., LTD.

图书在版编目(CIP)数据

节能与新能源汽车年鉴.2019/中国汽车技术研究中心有限公司，北京国能赢创能源信息技术有限公司，《节能与新能源汽车年鉴》编制办公室编.—北京：中国铁道出版社有限公司，2019.10
ISBN 978-7-113-26260-0

Ⅰ.①节… Ⅱ.①中… ②北… ③节… Ⅲ.①节能-新能源-汽车-中国-2019-年鉴 Ⅳ.①U469.7-54

中国版本图书馆CIP数据核字(2019)第207973号

书　　名：节能与新能源汽车年鉴2019
作　　者：中国汽车技术研究中心有限公司　北京国能赢创能源信息技术有限公司　《节能与新能源汽车年鉴》编制办公室

责任编辑：朱景芳　　　　编辑部电话：(010)51873407
封面设计：崔丽芳
责任校对：王　杰
责任印制：赵星辰

出版发行：中国铁道出版社有限公司(100054，北京市西城区右安门西街8号)
网　　址：http://www.tdpress.com
印　　刷：中煤(北京)印务有限公司
版　　次：2019年10月第1版　2019年10月第1次印刷
开　　本：889 mm×1 194 mm　1/16　印张：51　插页：80　字数：2 300千
书　　号：ISBN 978-7-113-26260-0
定　　价：980.00元

2019 年《节能与新能源汽车年鉴》编审委员会
Editorial Board of 2019 Yearbook of Energy-Saving and New Energy Vehicles

(以姓氏笔画排序/In the Surname Stroke Order)

委员/Member

1. 各省、自治区、直辖市、计划单列市/Provinces, Autonomous Regions, Municipalities, Separately Listed Cities

于德虎	大连市工业和信息化局	张　勇	陕西省工业和信息化厅
马天毅	湖南省工业和信息化厅	张　德	内蒙古自治区工业和信息化厅
王　含	重庆市经济和信息化委员会	张春福	辽宁省工业和信息化厅
王桂强	山东省工业和信息化厅	张晓辉	襄阳市经济和信息化局
王海峰	甘肃省工业和信息化厅	陆象桢	深圳市发展和改革委员会
文　彬	成都市经济和信息化委员会	陈　宏	长春市工业和信息化局
尹　斌	福建省工业和信息化厅	陈成海	宁波市经济与信息化局
卢载贵	江苏省工业和信息化厅	陈贵如	北京市新能源汽车发展促进中心
史震坤	云南省工业和信息化厅	林　敏	海南省工业和信息化厅
朱　鸣	河南省工业和信息化厅	周文彪	南京市工业和信息化局
朱小建	佛山市发展和改革局	周伟蒙	广西壮族自治区工业和信息化厅
乔　彬	郑州市工业和信息化局	郑　斌	安徽省经济和信息化厅
乔丽刚	山西省工业和信息化厅	宫毓刚	吉林省工业和信息化厅
华　毛	浙江省发展和改革委员会	耿江波	扬州市工业和信息化局
刘建华	上海市新能源汽车推进办公室	郭　庆	四川省经济和信息化厅
刘新星	新疆维吾尔自治区工业和信息化厅	郭　芳	江西省工业和信息化厅
齐　鹏	天津市科学技术局	黄同城	盐城市工业和信息化局
许心超	北京市科学技术委员会	黄旭光	金华市经济和信息化局
杜　毅	黑龙江省工业和信息化厅	黄群英	合肥市科学技术局
李　莉	新乡市工业和信息化委员会	崔晋秀	河北省工业和信息化厅
李林清	武汉市经济和信息化局	董立业	沈阳市工业和信息化局
杨云贵	南通市交通运输局	蔡　丰	湖州市经济和信息化局
吴　熙	贵州省工业和信息化厅	禤鹏翔	广东省发展和改革委员会
余　伟	广州市发展和改革委员会	魏兆宏	杭州市经济和信息化局
余　璟	深圳市发展和改革委员会		

2. 科研院所/Research Institutes

马洪斌	信息产业化学物理电源产品质量监督检验中心	宋　强	北京理工大学
王　芳	国家轿车质量监督检验中心(天津)	周雅夫	大连理工大学
王子冬	中国北方车辆研究所	侯　明	中国科学院大连化学物理研究所
王占国	北京交通大学	高国有	汉阳专用汽车研究所
王丽芳	中国科学院电工研究所	黄宏成	上海交通大学
王贺武	清华大学	曹　飞	重庆车辆检测研究院有限公司
方茂东	国家轿车质量监督检验中心(天津)	龚进峰	中国汽车技术研究中心汽车工程研究院
刘永东	中国电力企业联合会标准化管理中心	章　桐	同济大学
刘昌仁	重庆车辆检测研究院有限公司	彭永伦	国家汽车质量监督检验中心(北京)
刘桂彬	中国汽车技术研究中心有限公司	覃世彪	长沙矿冶研究院有限责任公司
许　敏	上海交通大学	谢　辉	天津大学
李建秋	清华大学	颜文胜	昆明理工大学
李剑平	国家机动车质量监督检验中心	戴作强	青岛大学
李普明	国家汽车质量监督检验中心(襄阳)	魏学哲	同济大学
何云堂	中国汽车技术研究中心有限公司		

3. 企事业单位/Enterprises and Institutions

丁　涛	奥特佳新能源科技股份有限公司	王　凯	浙江龙芯电驱动科技有限公司
于　民	北京亿华通科技股份有限公司	王　京	深圳市车电网络有限公司
于忠贵	哈尔滨东安汽车发动机制造有限公司	王才振	南京康尼新能源汽车零部件有限公司
马　雄	重庆青山工业有限责任公司	王长江	江西精骏电控技术有限公司
马李斌	云南力帆骏马车辆有限公司	王克坚	北京华特时代电动汽车技术有限公司
马洪刚	河南平煤国能锂电有限公司	王言徐	航天钧和科技有限公司
马锡洪	中国重汽集团济南豪沃客车有限公司	王培森	广州通达汽车电气股份有限公司
马锡洪	中国重汽集团济南豪沃客车有限公司	王清华	中兴高能技术有限责任公司

王朝云	安徽明天氢能科技股份有限公司
王慧波	天津英捷利汽车技术有限责任公司
王耀洲	深圳市力辉电机有限公司
区汉成	赣州市豪鹏科技有限公司
毛正松	广西玉柴机器股份有限公司
尹升爱	航天钧和科技有限公司
尹家彤	苏州智绿环保科技有限公司
邓　群	湘电莱特电气有限公司
龙云朗	云南力帆骏马车辆有限公司
冯炜沾	广东威浦电器有限公司
兰志波	奥动新能源汽车科技有限公司
宁海波	贵州航天电器股份有限公司
邢丹敏	新源动力股份有限公司
邢映彪	广州通达汽车电气股份有限公司
曲家骐	上海嬴双电机有限公司
朱光海	郑州宇通客车股份有限公司
朱金大	国电南瑞科技股份有限公司
朱琳菊	比亚迪股份有限公司
伍文博	中国重汽集团济南豪沃客车有限公司
任彦楠	是德科技(中国)有限公司
华　黎	上海奥威科技开发有限公司
华周发	山东魔方新能源科技有限公司
刘　凌	中车时代电动汽车股份有限公司
刘　浩	浙江银轮机械股份有限公司
刘　盛	江西中城通达新能源装备有限公司
刘　清	诺贝丽斯(中国)铝制品有限公司
刘乃胜	北汽福田汽车股份有限公司
刘卫平	比亚迪股份有限公司
刘中永	湖北新楚风汽车股份有限公司
刘长力	江苏陆地方舟新能源车辆股份有限公司
刘双合	风帆有限责任公司
刘玺斌	陕西汽车集团有限责任公司
刘彩云	科力远混合动力技术有限公司
安栋梁	合肥国轩高科动力能源有限公司
孙少飞	深圳新荷科技有限公司
严小波	东莞市创明电池技术有限公司
劳　力	华霆(合肥)动力技术有限公司
苏　亮	厦门金龙联合汽车工业有限公司
杜　炬	沈阳华龙新能源汽车有限公司
李　丹	深圳市比克动力电池有限公司
李　洁	上海重塑能源科技有限公司
李　罡	广州汽车集团股份有限公司
李　晨	合肥阳光电动力科技有限公司
李书利	长城汽车股份有限公司
李占江	南京越博动力系统股份有限公司
李宁川	杭州富特科技股份有限公司
李红刚	苏州智绿环保科技有限公司
李志军	东风悦达起亚汽车有限公司
李明斌	东莞市日新传导科技有限公司
杨　军	上海海立新能源技术有限公司
杨　烨	奥动新能源汽车科技有限公司
杨大勇	重庆长安新能源汽车科技有限公司
杨万光	广东天劲新能源科技股份有限公司
杨建军	株洲齿轮有限责任公司
杨建锋	深圳市斯诺实业发展有限公司
杨思枏	辉能科技股份有限公司
杨剑波	成都客车股份有限公司
肖　展	苏州弗尔赛能源科技股份有限公司
肖长春	翰昂汽车零部件(上海)有限公司
吴　波	武汉泰歌氢能汽车有限公司
吴　畏	爱驰汽车有限公司
吴壬华	深圳欣锐科技股份有限公司
邱文渊	深圳市蓝海华腾技术股份有限公司
何佳鑫	斯太尔动力(常州)发动机有限公司
余　波	华晨鑫源重庆汽车有限公司
余　康	株洲中车时代电气股份有限公司
余　嘉	湖南金杯新能源发展有限公司
狄小涛	南京泓凯动力系统科技有限公司
邹　燃	开沃新能源汽车集团有限公司
辛细香	株洲中车时代电气股份有限公司
汪　伟	中车时代电动汽车股份有限公司
汪晓健	上海汽车集团股份有限公司
张　延	华域汽车电动系统有限公司
张　科	航天钧和科技有限公司
张　洋	上海蔚来汽车有限公司
张　勇	浙江合众新能源汽车有限公司
张　臻	湖南长远锂科股份有限公司
张　璐	德斯拜思机电控制技术(上海)有限公司
张天强	中国第一汽车集团有限公司
张舟云	上海电驱动股份有限公司
张金金	广州小鹏汽车科技有限公司
张建席	中天鸿锂清源股份有限公司
张春岩	深圳市通茂电子有限公司
陆　斌	威马汽车科技集团有限公司
陈　兵	上海文依电气股份有限公司
陈　曦	福建冠城瑞闽新能源科技有限公司
陈孙艺	福建艺达电驱动股份有限公司
陈进昭	中天鸿锂清源股份有限公司
陈香玲	苏州达思灵新能源科技有限公司
陈俊求	东风裕隆汽车有限公司
邵汉波	天际汽车科技集团有限公司
林　琦	上海重塑能源科技有限公司
林　程	北京理工华创电动车技术有限公司
林长波	东风柳州汽车有限公司
林锦云	惠州亿纬锂能股份有限公司
郁红忠	惠州市亿鹏能源科技有限公司
罗茂发	福建冠城瑞闽新能源科技有限公司
周　江	天津力神电池股份有限公司
周　辉	北京理工华创电动车技术有限公司
周吉勇	广东文轩热能科技股份有限公司
单丰武	江西江铃集团新能源汽车有限公司
孟祥峰	宁德时代新能源科技股份有限公司
练朝春	上汽通用五菱汽车股份有限公司
赵　云	浙江新吉奥控股集团有限公司
赵志永	海马新能源汽车有限公司
赵佳鹏	贵安新区新特电动汽车工业有限公司

赵福生	浙江遨优动力集团
胡国民	南京康尼新能源汽车零部件有限公司
胡泽星	湖南长远锂科股份有限公司
胡柳泉	湖南长远锂科股份有限公司
姜良峰	山东沂星电动汽车有限公司
姜筱华	江西江铃集团新能源汽车有限公司
莊圣楷	天津清源电动车辆有限责任公司
顾国洪	江苏塔菲尔新能源科技股份有限公司
倪绍勇	奇瑞新能源汽车股份有限公司
倪淮生	嘉兴德燃动力系统有限公司
徐小明	江西安驰新能源科技有限公司
徐小敏	浙江银轮机械股份有限公司
徐平兴	东风汽车集团有限公司
徐春江	江西博能上饶客车有限公司
徐剑桥	重庆金康赛力斯销售有限公司
高　旋	陕西汽车集团有限责任公司
高文彬	山东龙立电子有限公司
高海涛	山东吉海新能源汽车有限公司
郭　俊	广州领世汽车科技有限公司
陶　广	芜湖天弋能源科技有限公司
黄国强	上海加冷松芝汽车空调股份有限公司
梶田宜孝	电装(中国)投资有限公司
曹正策	武汉理工通宇新源动力有限公司
龚德谷	上海汉钟精机股份有限公司
梁　锐	欣旺达电动汽车电池有限公司
彭庆丰	浙江合众新能源汽车有限公司
董大为	马威动力控制技术(上海)有限公司
董志华	ABB(中国)有限公司
韩　杰	江西中城通达新能源装备有限公司
曾洪华	广东天劲新能源科技股份有限公司
谢世滨	浙江吉利控股集团有限公司
鄢治国	东方电气(成都)氢燃料电池科技有限公司
裘新铭	深圳市大地和电气股份有限公司
赖国强	安徽江淮汽车集团股份有限公司
路国卫	杭州威衡科技有限公司
詹俊杰	力帆实业(集团)股份有限公司
鲍　伟	浙江华友循环科技有限公司
蔡　栋	远东福斯特新能源有限公司
蔡志健	博世贸易(上海)有限公司
廖正根	远东福斯特新能源有限公司
廖振波	深圳市比克动力电池有限公司
翟　晟	北京华特时代电动汽车技术有限公司
熊　云	武汉雄韬氢雄燃料电池科技有限公司
熊晓飞	武汉电动汽车技术开发有限公司
缪雪中	浙江新吉奥控股集团有限公司
黎欢乐	乐清市八达光电科技股份有限公司
潘晓东	株洲齿轮有限责任公司
薛　丰	东南(福建)汽车工业有限公司
戴建侠	张家港友诚新能源科技股份有限公司
戴胜骏	江西精骏电控技术有限公司

2019年《节能与新能源汽车年鉴》特约编辑

Contributing Editor of 2019 Yearbook of Energy-Saving and New Energy Vehicles

（以姓氏笔画为序/In the Surname Stroke Order）

1. 各省、自治区、直辖市、计划单列市/Provinces, Autonomous Regions, Municipalities, Separately Listed Cities

王星晨	盐城市工业和信息化局
王晓峰	辽宁省工业和信息化厅
韦　扬	扬州市工业和信息化局
卢　原	浙江省发展和改革委员会
申群凤	新疆维吾尔自治区工业和信息化厅
曲　波	江西省工业和信息化厅
朱　健	南通市运输管理处
乔　洋	内蒙古自治区工业和信息化厅
庄国仕	南京市工业和信息化局
闫　石	吉林省工业和信息化厅
汤廷孝	宁波市经济与信息化局
孙　乐	北京市新能源汽车发展促进中心
孙　丽	黑龙江省工业和信息化厅
李　妍	四川省经济和信息化厅
杨　洋	山东省工业和信息化厅
杨　斌	福建省工业和信息化厅
邹海鹏	江苏省工业和信息化厅
宋英伟	大连市工业和信息化局
张明智	深圳市发展和改革委员会
张　晓	北京市新能源汽车发展促进中心
张培书	贵州省工业和信息化厅
张　爽	北京市新能源汽车发展促进中心
张冀驰	襄阳市经济和信息化局
陈　清	甘肃省工业和信息化厅
陈　琳	佛山市发展和改革局
易再尧	广州市发展和改革委员会
罗　翔	重庆市新能源汽车推广应用和产业发展联席会议办公室
金敏光	云南省工业和信息化厅
郑　祥	金华市经济和信息化局
胡丕国	湖州市经济和信息化局
战金帅	沈阳市工业和信息化局
袁玉坤	武汉市经济和信息化局
袁　磊	北京市新能源汽车发展促进中心
徐大海	天津市科学技术信息研究所
徐东辉	郑州市工业和信息化局
徐　涛	海南省工业和信息化厅
高　宇	陕西省工业和信息化厅
唐　勇	湖南省工业和信息化厅
崔力伟	山西省工业和信息化厅
章　磊	成都市经济和信息化委员会
阎宁亚	河北省工业和信息化厅
程玉晖	河南省工业和信息化厅
戴　兵	合肥市科学技术局

2. 科研院所/Research Institutes

马天才	同济大学
王　旭	中国汽车技术研究中心汽车工程研究院
王建患	天津大学
叶　磊	重庆车辆检测研究院有限公司
李气辉	国家机动车质量监督检验中心（重庆）
李立伟	青岛大学
来新民	上海交通大学
张　欣	汉阳专用汽车研究所
张静一	清华大学
赵淑华	国家汽车质量监督检验中心（襄阳）
胡芳芳	国家汽车质量监督检验中心（北京）
徐梁飞	清华大学

3. 企事业单位/Enterprises and Institutions

丁雅妮	张家港友诚新能源科技股份有限公司
于　鹏	电装（中国）投资有限公司
于焕英	北京理工华创电动车技术有限公司
王　慧	江苏陆地方舟新能源车辆股份有限公司
王　磊	安徽明天氢能科技股份有限公司
王方龙	安徽江淮汽车集团股份有限公司
王孙阳	比亚迪股份有限公司
王丽萍	东风悦达起亚汽车有限公司
王海燕	广东文轩热能科技股份有限公司
王寒露	华晨鑫源重庆汽车有限公司
王新煜	宁德时代新能源科技股份有限公司
邓　拓	惠州亿纬锂能股份有限公司
邓友菊	东莞市创明电池技术有限公司
石昊辉	威马汽车科技集团有限公司
曲增萍	贵安新区新特电动汽车工业有限公司
朱　庆	杭州威衡科技有限公司
朱高清	山东吉海新能源汽车有限公司
朱海璇	武汉雄韬氢雄燃料电池科技有限公司
伍文博	中国重汽集团济南豪沃客车有限公司
刘　刚	东方电气（成都）氢燃料电池科技有限公司
刘　杰	武汉泰歌氢能汽车有限公司
刘　峰	深圳市比克动力电池有限公司
刘科研	哈尔滨东安汽车发动机制造有限公司
刘祥环	株洲齿轮有限责任公司
刘雷蕾	上海蔚来汽车有限公司
孙婷婷	新源动力股份有限公司
苏　媚	翰昂汽车零部件（上海）有限公司
巫　江	重庆长安新能源汽车科技有限公司

李　海　深圳市力辉电机有限公司
李　璞　深圳市车电网络有限公司
李七贤　惠州市亿鹏能源科技有限公司
李世隆　江西安驰新能源科技有限公司
李可一　天津英捷利汽车技术有限责任公司
李圣节　博世贸易(上海)有限公司
李军勇　长城汽车股份有限公司
李林艳　深圳市斯诺实业发展有限公司
李昀旻　上海海立新能源技术有限公司
李思雪　河南平煤国能锂电有限公司
杨　帆　海马新能源汽车有限公司
杨　敏　成都客车股份有限公司
杨晓辉　上海文依电气股份有限公司
杨海军　山东魔方新能源科技有限公司
肖美玲　广州领世汽车科技有限公司
吴　岩　沈阳华龙新能源汽车有限公司
吴　莎　欣旺达电动汽车电池有限公司
吴　焱　东风汽车集团有限公司
佛向东　株洲中车时代电气股份有限公司
汪　洋　江西精骏电控技术有限公司
沈梦菲　浙江吉利控股集团有限公司
宋文燕　上海赢双电机有限公司
宋光吉　厦门金龙联合汽车工业有限公司
张　尧　杭州富特科技股份有限公司
张　琮　深圳欣锐科技股份有限公司
张　楠　深圳市通茂电子有限公司
张　凡　开沃新能源汽车集团有限公司
张文泽　陕西汽车集团有限责任公司
张江华　东南(福建)汽车工业有限公司
张志强　东风柳州汽车有限公司
张丽丽　合肥阳光电动力科技有限公司
张晓军　上汽通用五菱汽车股份有限公司
张斌斌　中兴高能技术有限责任公司
陈　亮　金驰能源材料有限公司
陈祥吉　南京奥特佳新能源科技有限公司
陈雄辉　浙江华友循环科技有限公司
苗小丽　上海奥威科技开发有限公司
易学武　中天鸿锂清源股份有限公司
金　杰　上海汉钟精机股份有限公司
金慧芬　天津力神电池股份有限公司
周光荣　苏州智绿环保科技有限公司
周盛莹　华霆(合肥)动力技术有限公司
庞永东　广东威浦电器有限公司
於运江　芜湖天弋能源科技有限公司
郑元春　北京亿华通科技股份有限公司
房亚锦　比亚迪股份有限公司
孟　涵　江西江铃集团新能源汽车有限公司
孟张飞　云南力帆骏马车辆有限公司
赵　宇　斯太尔动力(常州)发动机有限公司
赵云峰　广州汽车集团股份有限公司
钟昌霞　中车时代电动汽车股份有限公司
宫丽华　是德科技(中国)有限公司
袁　敏　重庆青山工业有限责任公司
袁　琳　广州通达汽车电气股份有限公司
贾爱萍　上海电驱动股份有限公司
夏丽芬　东风裕隆汽车有限公司
顾宇佳　科力美汽车动力电池有限公司
顾健博　福建艺达电驱动股份有限公司
徐加忠　苏州弗尔赛能源科技股份有限公司
徐志刚　东莞市日新传导科技有限公司
徐学海　深圳市蓝海华腾技术股份有限公司
徐晓宁　上海重塑能源科技有限公司
奚邦斌　乐清市八达光电科技股份有限公司
翁烁丰　南京泓凯动力系统科技有限公司
郭万元　合肥国轩高科动力能源有限公司
郭凤刚　北汽福田汽车股份有限公司
郭安东　广东天劲新能源科技股份有限公司
郭珮盈　辉能科技股份有限公司
唐宗波　重庆金康赛力斯销售有限公司
展洪文　厦门金龙联合汽车工业有限公司
曹红飞　浙江龙芯电驱动科技有限公司
龚森林　湖北新楚风汽车股份有限公司
匙占民　奥动新能源汽车科技有限公司
崔永鑫　北京新能源汽车股份有限公司
章爱琴　爱驰汽车有限公司
彭　浩　山东龙立电子有限公司
葛晓滢　上海汽车集团股份有限公司
蒋　琳　诺贝丽斯(中国)铝制品有限公司
蒋元广　南京越博动力系统股份有限公司
蒋志强　江西博能上饶客车有限公司
蒋沛然　贵州航天电器股份有限公司
粟小艳　湖南金杯新能源发展有限公司
喻　辉　南京康尼新能源汽车零部件有限公司
傅福美　奇瑞新能源汽车股份有限公司
曾　军　江苏塔菲尔新能源科技股份有限公司
谢　建　浙江银轮机械股份有限公司
谢丰海　赣州市豪鹏科技有限公司
谢正良　广西玉柴机器股份有限公司
熊　林　风帆有限责任公司
熊琪琪　福建冠城瑞闽新能源科技有限公司
潘　斌　武汉电动汽车技术开发有限公司
魏姗姗　山东沂星电动汽车有限公司

2019年《节能与新能源汽车年鉴》编制办公室

主　　任： 王　成

副 主 任： 朱　成　樊春艳　王云龙

编　　辑： 胡苧丹　刘　佳　李光凯　张书山　王同辉　任丽丽
潘春雷　任秋森　万　亮　杨月静　周　洋

广告编辑： 郝世娇

编制说明

2009 年,由科技部、财政部、发改委和工信部四部委共同启动的“十城千辆节能与新能源汽车示范推广应用工程”揭开了我国新能源汽车产业化发展的序幕。同年,在四部委的指导下,中国汽车技术研究中心有限公司(简称“中汽中心”)组织编制了国内第一本专注于节能与新能源汽车领域的工具书——《节能与新能源汽车年鉴》(以下简称《年鉴》),并于 2010 年出版。《年鉴》是立足国内面向国际,集权威性、专业性、指导性、学术性、综合性、史记性于一体的大型工具书。《年鉴》真实地记录了我国节能与新能源汽车的发展历程,客观地反映行业发展所面临的问题,用翔实的数据信息和权威的专家视点,科学、系统、全面地对行业进行梳理和汇总,深入挖掘产业链、价值链与创新链上的优质单位,帮助行业打通政、产、学、研信息沟通渠道,协助建设跨行业、跨学科的融合发展平台。

到 2019 年,我国新能源汽车产业在国家政策的推动下,已逐步形成了以市场为导向的发展态势,科技创新、人工智能和数字化等新兴技术也推动了新能源汽车智能化的快速发展,汽车行业正在迎来一场变革。《年鉴》伴随了我国新能源汽车产业发展的十年寒暑,在同领域图书中论文引用率一直居于前列。《年鉴》已成为我国政府部门出台节能与新能源汽车产业相关政策法规,为企事业单位制定相关战略规划提供重要参考和有效借鉴,是行业不可或缺的信息共享、技术交流合作的重要平台。

2019 年《年鉴》涵盖了我国新能源汽车领域的产业发展、研发进展、政策法规、地区产业与推广应用、产量统计、关键零部件配套统计、行业大事等行业综合信息。《年鉴》共收集了我国 50 多个重点地区的产业发展与推广新能源汽车的相关情况和 140 多家节能与新能源汽车领域的重点企事业单位的生产经营、产能建设及技术研发能力进展、合资合作等发展情况。《年鉴》邀请了行业权威专家、资深人士、地方政府负责人、代表性企业负责人等,围绕新能源汽车各领域,包括纯电动乘用车、纯电动客车、纯电动专用车、纯电动物流车、插电式混合动力乘用车、插电式混合动力客车、燃料电池乘用车、燃料电池客车、燃料电池专用车、智能网联汽车、增程式电动汽车、甲醇汽车、动力电池安全、锂离子电池材料、电池管理系统、动力电池测试、动力电池装备、动力电池回收循环与梯次利用、车用燃料电池、车用固态锂电池、车用超级电容器、车用驱动电机及系统、车用电机测试、新能源汽车电子、新能源汽车自动变速箱、车载充电机、新能源汽车电动空调、充电基础设施、电动汽车无线充电、新能源汽车轻量化、智能网联汽车关键技术、自动驾驶地图与定位技术产业等焦点问题进行全面、深入、系统的汇总与梳理,勾勒出行业未来的走向与趋势,并提出下一步发展建议,继而帮助我国新能源汽车产业持续、健康、高质量发展。

2019 年《年鉴》在征集资料及编制过程中,得到了国家有关部门,各省、市、自治区节能与新能源汽车行业主管部门的关怀、指导,以及各汽车工业集团(公司)、关键零部件厂商、科研院所等相关企事业单位的大力支持和协助,在此表示诚挚的谢意。《年鉴》将一如既往以翔实、权威、科学、严谨的数据,全面、系统、客观、真实的内容,回报编委单位和广大读者的厚爱。

由于时间仓促和水平所限,书中不足之处在所难免,敬请各位专家、读者批评指正。希望今后能够继续得到有关方面及广大读者的大力支持,欢迎对《年鉴》的充实和完善提出宝贵意见和建议,组织编制单位将不胜荣幸与感激。

中国汽车技术研究中心有限公司
《节能与新能源汽车年鉴》编制办公室
2019 年 9 月

企业形象专版目录

封　二

北汽福田汽车股份有限公司

封二对页

北汽福田汽车股份有限公司

封　三

深圳市通茂电子有限公司

封三对页

苏州智绿环保科技有限公司

扉　插

中国第一汽车集团有限公司
上海汽车集团股份有限公司
北京新能源汽车股份有限公司
重庆长安新能源汽车科技有限公司
广汽新能源汽车有限公司
安徽江淮汽车集团股份有限公司
东风柳州汽车有限公司
重庆力帆乘用车有限公司
浙江合众新能源汽车有限公司
江西江铃集团新能源汽车有限公司
威马汽车科技集团有限公司
爱驰汽车(上海)有限公司
重庆金康赛力斯汽车有限公司
天际汽车科技集团有限公司
北汽福田汽车股份有限公司
中车时代电动汽车股份有限公司
开沃新能源汽车集团有限公司
银隆新能源股份有限公司
浙江新吉奥控股集团有限公司
江西中城通达新能源装备有限公司
云南时骏机械装备制造有限公司
科力美汽车动力电池有限公司

欣旺达电动汽车电池有限公司
山东魔方新能源科技有限公司
嘉兴德燃动力系统有限公司
赣州市豪鹏科技有限公司
深圳市斯诺实业发展有限公司
杜邦中国集团有限公司
深圳市通茂电子有限公司
上海文依电气股份有限公司
电动汽车智能化动力集成技术国家地方联合工程研究中心(青岛)
广州领世汽车科技有限公司
江苏马威动力技术有限公司
江西精骏电控技术有限公司
浙江龙芯电驱动科技有限公司
武汉理工通宇新源动力有限公司
广西玉柴机器股份有限公司
株洲齿轮有限责任公司
博世(中国)投资有限公司
电装(中国)投资有限公司
奥特佳新能源科技股份有限公司
上海加冷松芝汽车空调股份有限公司
奥地利 AVL 李斯特公司北京联络处
上海汉钟精机股份有限公司

前　插　页

辉齐新能源科技(上海)有限公司
天津力神电池股份有限公司
江苏塔菲尔新能源科技股份有限公司
远东福斯特新能源有限公司
惠州市亿鹏能源科技有限公司
东莞市创明电池技术有限公司
河南平煤国能锂电有限公司
湖南科霸汽车动力电池有限责任公司
风帆有限责任公司
信息产业化学物理电源产品质量监督检验中心

广东威浦电器有限公司
深圳市车电网络有限公司
厦门 ABB 低压电器设备有限公司深圳分公司
上海蔚来汽车有限公司
贵安新区新特电动汽车工业有限公司
长城汽车股份有限公司
浙江吉利控股集团有限公司
比亚迪汽车工业有限公司
上汽通用五菱汽车股份有限公司
奇瑞新能源汽车技术有限公司

国家汽车质量监督检验中心(襄阳)
国家机动车质量监督检验中心(重庆)
重庆车辆检测研究院有限公司
国家汽车质量监督检验中心(北京顺义)
汉阳专用汽车研究所
同济大学新能源汽车工程中心
清华大学——汽车安全与节能国家重点实验室
辽宁省节能与新能源汽车动力控制与整车技术重点实验室
上海交通大学智能汽车研究所
北京理工华创电动车技术有限公司
深圳市蓝海华腾技术股份有限公司
广州通达汽车电气股份有限公司
南京泓凯动力系统科技有限公司
翰昂汽车零部件(上海)有限公司
德斯拜思机电控制技术(上海)有限公司
上海赢双电机有限公司
海马新能源汽车有限公司
东南(福建)汽车工业有限公司
东风裕隆汽车有限公司
东风悦达起亚汽车有限公司
天津清源电动车辆有限责任公司
华晨鑫源重庆汽车有限公司
湖北新楚风汽车股份有限公司
山东吉海新能源汽车有限公司
天津路通电动汽车有限公司
郑州宇通客车股份有限公司
厦门金龙联合汽车工业有限公司
中国重汽集团济南豪沃客车有限公司
成都客车股份有限公司
山东沂星电动汽车有限公司
沈阳华龙新能源汽车有限公司
江西博能上饶客车有限公司

后 插 页

芜湖天弋能源科技有限公司
比亚迪电池事业群
宁德时代新能源科技股份有限公司
合肥国轩高科动力能源有限公司
深圳市比克动力电池有限公司
桑顿新能源科技有限公司
惠州亿纬锂能股份有限公司
广州鹏辉能源科技股份有限公司
浙江遨优动力集团公司
广东天劲新能源科技股份有限公司
山东玉皇新能源科技有限公司
福建冠城瑞闽新能源科技有限公司
北京华特时代电动汽车技术有限公司
中天鸿锂清源股份有限公司
浙江华友循环科技有限公司
长沙矿冶研究总院有限责任公司
湖南长远锂科股份有限公司
上海奥威科技开发有限公司
航天钧和科技有限公司
上海重塑能源科技有限公司
北京亿华通科技股份有限公司
苏州弗尔赛能源科技股份有限公司
武汉泰歌氢能汽车有限公司
新源动力股份有限公司
武汉雄韬氢雄燃料电池科技有限公司
上海海立新能源技术有限公司
浙江银轮机械股份有限公司
深圳市力辉电机有限公司
深圳新荷科技有限公司
是德科技(中国)有限公司
斯太尔动力(常州)发动机有限公司
哈尔滨东安汽车发动机制造有限公司
上海电驱动股份有限公司
株洲中车时代电气股份有限公司
湘电莱特电气有限公司
华域汽车电动系统有限公司
合肥阳光电动力科技有限公司
天津英捷利汽车技术有限责任公司
重庆青山工业有限责任公司
山东龙立电子有限公司
张家港友诚新能源科技股份有限公司
乐清市八达光电科技股份有限公司
南京康尼新能源汽车零部件有限公司
贵州航天电器股份有限公司
东莞市日新传导科技有限公司
杭州富特科技股份有限公司
深圳欣锐科技股份有限公司
奥动新能源汽车科技有限公司
武汉电动汽车技术开发有限公司

>>> # 目 录 | CONTENTS |

第一篇 分领域发展综述

第二篇 政策与规划

第三篇　地区概况

公司简介

平煤锂电成立于2017年9月22日，由中国平煤神马集团控股，注册资金1亿元，专业从事锂离子动力电池研发、生产、销售和应用。

公司计划投资50亿元，在新乡市凤泉区动力电池专业园区建设高比能动力锂离子电池项目。产品定位高端，首期采用河南电池研究院自主知识产权的成熟生产技术，以“中华牌”商标生产的锂电池，具备高安全性、高比能量、低成本、长循环等多重保证，市场竞争优势明显。项目全部建成后，将形成全自动、全固态锂离子电池生产线，技术装备及产品品质居世界较高水平。公司现与奇瑞新能源、南京金龙等多家新能源车企和中国铁塔公司达成产品合作，市场前景十分广阔。

公司秉承“企业发展、职工共享”的企业理念，倡导“艰苦创业、追求卓越”的企业精神，力争五年内打造国内先进的电池企业。

厂容厂貌

技术应用案例

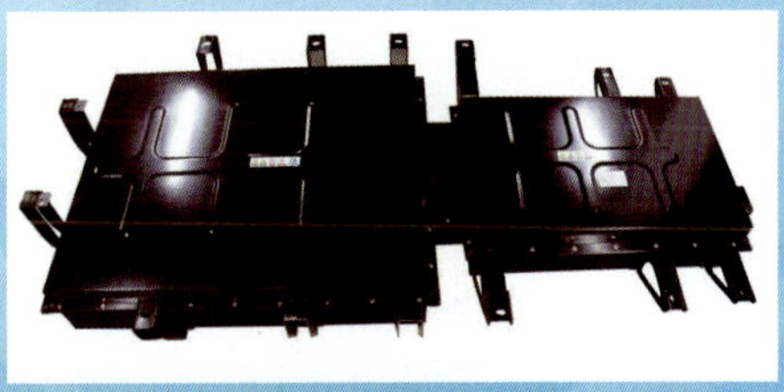

南京金龙D10电池系统

南京金龙D11电池系统

中国铁塔电池储能系统

公司证书

Certificate of Registration

He'nan Pingmei National Lithium Battery Co., Ltd.

IATF 16949:2016

NSF International Strategic Registrations

Certificate of Registration

He'nan Pingmei National Lithium Battery Co., Ltd.

ISO 9001:2015

NSF International Strategic Registrations

公司电话：0373-5863863　　产品市场部：0373-5863873

CPEV 科霸

湖南科霸汽车动力电池有限责任公司于2008年8月18日成立，是湖南科力远新能源股份有限公司旗下动力电池制造公司之一，公司致力于汽车动力电池及能量包的研发、生产和销售。在汽车动力电池及能量包方面拥有关键技术和自主知识产权，其混合动力汽车（HEV）动力电池技术水平居全球前列，是国内具有产业化水平高、技术水平先进、产品应用成熟、配套供货能力强的国际专业汽车动力电池及能量包制造厂商。公司承担多项国家“863”计划专项，是国家强基工程的示范企业，2017年获批国家智能制造试点示范企业。2018年，科力远自主研发的《高安全性、宽温域、长寿命二次电池及关键材料的研发和产业化项目》获国务院颁发的“国家科学技术进步二等奖”。

国家科学技术进步奖

证 书

为表彰国家科学技术进步奖获得者，特颁发此证书。

项目名称：高安全性、宽温域、长寿命二次电池及关键材料的研发和产业化

奖励等级：二等

获 奖 者：湖南科力远新能源股份有限公司

2018年12月12日

证书号：2018-J-211-2-05-D01

智能制造

- 国际较高的技术研发水平和精益制造能力
- 累计为丰田汽车供应35万台镍氢电池正负极板
- 自主研发宽温域、免维护、高安全、长寿命轨道交通电

合作伙伴

TOYOTA　HONDA　吉利汽车 GEELY AUTO　长安汽车 CHANGAN　中国中车 CRRC

湖南科霸汽车动力电池有限公司责任公司

HUNAN CPEV BATTERY CO.,LTD

轨道系列

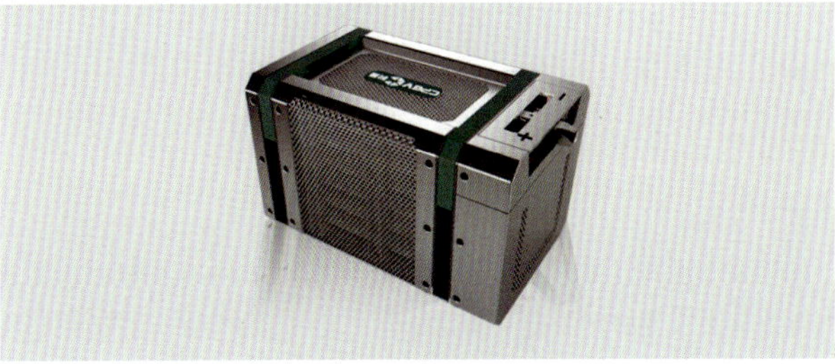

HM150M-12/HM150M-14
2.16/2.52kWh

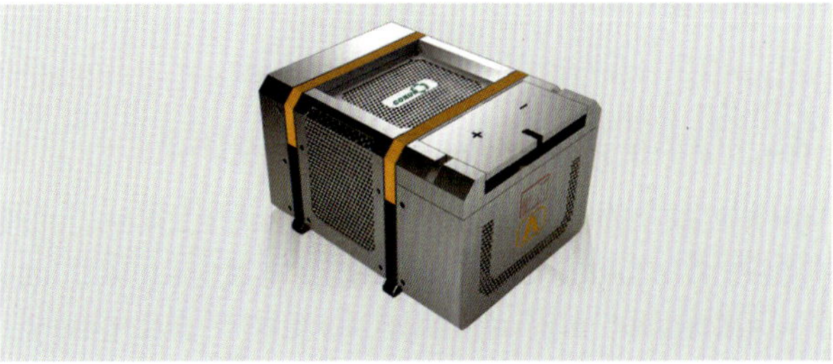

HM120M-10
1.44kWh

车用系列

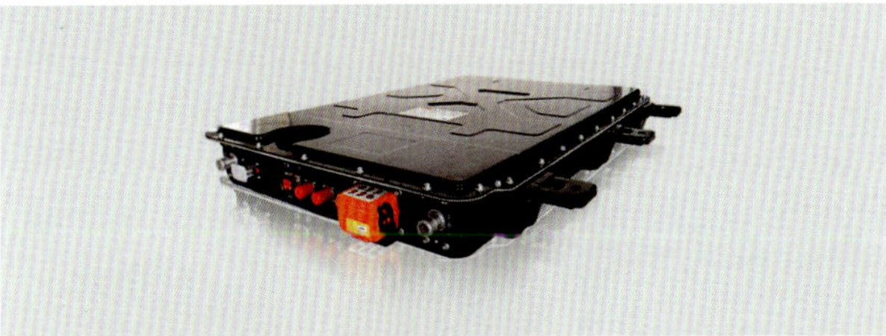

288V6Ah

345.6V6Ah

储能系列

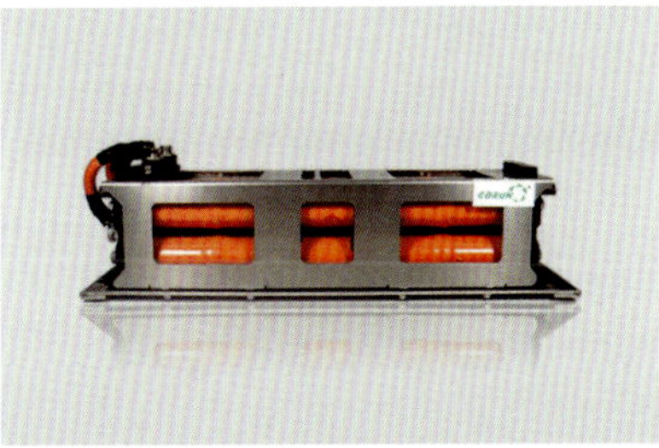

12V16Ah

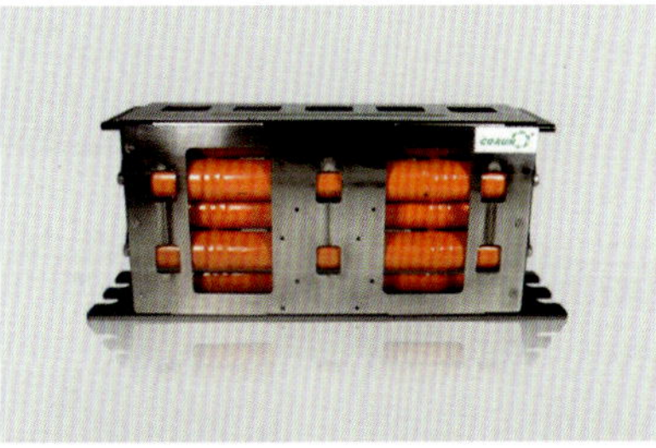

12V 40Ah / 12V 30Ah

UPS电源

产品特性

安全可靠性高

高倍率性能好
放电倍率：30C
充电倍率：20C

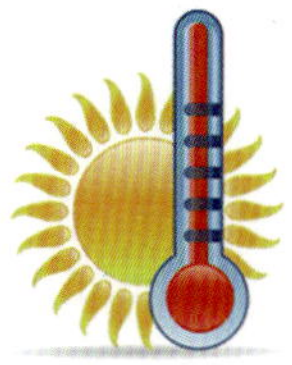

宽温域性能好
适用温度
-40℃-60℃

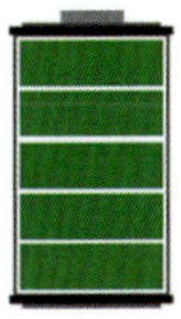

长寿命

回收价值高

186 8493 8366　www.corun.com
地址：中国湖南长沙国家级高新技术产业开发区桐梓坡西路348号

公司简介|Company Profile

风帆有限责任公司（下简称风帆）现为中国船舶重工集团动力股份有限公司全资子公司。

风帆以支持国家战略、引领行业发展为己任，坚持军民融合，发挥品牌优势，加强资本运营，推进技术创新、组织创新、体制机制创新、商业模式创新，大力拓展国内外市场，做大做强汽车用蓄电池、储能用蓄电池、锂离子动力电池三大主业，产业链向纵深延伸，发展循环经济，打造成科技型电源产业集团。

风帆先后通过国军标 9001A和IATF16949质量管理体系认证，ISO14001和ISO18001环境和职业健康安全管理体系认证。风帆拥有博士后工作站和行业内唯一的发改委、科技部双认定的企业技术中心，实验室取得国家实验室认可和国防实验室认可。

风帆是一汽大众、上海大众、上海通用、北京现代、东风汽车、长安汽车等国内大多数规模汽车制造商的常年合作方，国内汽车起动电池市场占有率达到22%以上并出口30多个国家和地区。汽车起停系统用AGM电池和EFB电池首先正式通过德国大众实验室试验认可，填补了国内技术和市场空白，已相继与奥迪、宝马、奔驰、通用等公司签署配套协议。48V混动系统用锂离子电池模块完成开发工作，量产线建设中。

风帆一直承担着军用电池的研发、生产任务，包括航空、装甲、坦克、海航等多系列产品。

产品介绍|Product introduction

风帆48V混动系统锂电

Items	Ax	Bx
Appearance 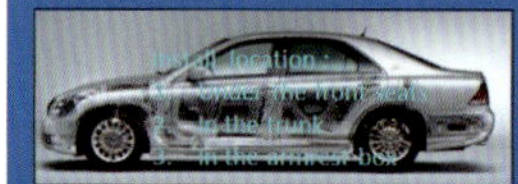		 主推产品
RESS rated voltage	45V (12S cells)	45V (12S cells)
RESS voltage range	32~51V	32~51V
RESS Usable Energy	125Wh	160Wh
Max Discharge Power / Current (10s)	12kW/ 300A	16kW/ 360A
Max Regen Power / Current (10s)	11kW/ 240A	15kW/ 300A
RESS Assembly mass	6.8 kg	7.3kg
Battery pack dimension	310mm*180mm*92mm	310mm*180mm*90mm
Operational ambient Temperature	-30℃~60℃	-40℃~65℃
IP class IP	IP54	IP67
RESS cooling	Passive Air	Passive Air
Service Life	10yr/160,000km	15yr/240,000km
Cell safety	Meet GBT 31467；Un38.3；SAE J2464, <=HSL 3	Meet GBT 31467；Un38.3；SAE J2464, <=HSL 3
Functional Safety	ASIL-C	ASIL-C

工业领域专用VRLA蓄电池

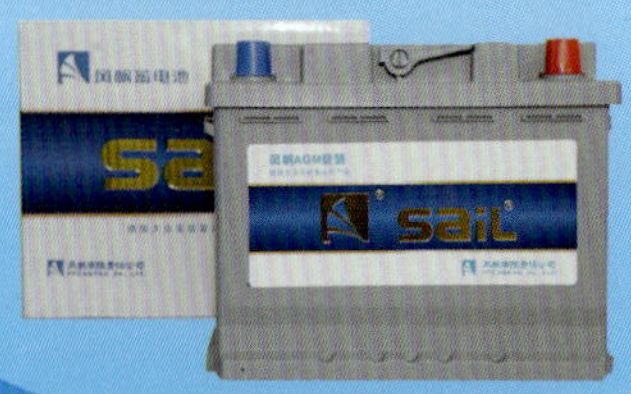

起/停技术专用
AGM蓄电池

起/停技术专用
EFB蓄电池

服务热线：4001600482

同心同德同车行
济人济事济天下

同济大学新能源汽车工程中心

同济大学新能源汽车工程中心（以下简称“中心”）成立于2000年，坐落于同济大学嘉定校区，是上海国际汽车城科学研究与人才培养核心功能的重要承载体。中心的战略定位是：依托同济大学汽车及相关学科发展，通过有组织科研，构筑新能源汽车和智能驾驶领域技术开发平台，积聚和培养高级人才，占据未来技术制高点，支撑、引领和服务汽车产业的发展。

同济智能网联汽车测试评价基地

中心下设复合电源研究所、智能汽车研究所和试验/试制基地等研究部门，专职人员100余名，其中教授17名、副教授20名，包括工程院院士1名、中央“千人计划”专家3人，“973”首席科学家1人，“青年千人计划”专家1人，“国家重点研发计划”总体组责任专家2名。中心办公大楼和试验/试制基地占地面积约9043平方米，建筑面积24126平方米，拥有车辆性能实验室、电动车实验室、氢能实验室、内燃机实验室、振动噪声实验室、振动试验台、智能网联汽车测试评价基地等核心试验研究设施，各种研发与试验装备达4亿元人民币。

中心成立以来，以构筑智能与新能源汽车的同济汽车“产学研”一体化科研平台、动力系统技术平台、测试与试验平台为自身发展特色，先后成功开发出第一代至第四代燃料电池轿车动力系统平台，成功实践了所提出的“电电混合、动力系统平台、高压储氢”的中国燃料电池轿车技术发展之路，在新能源汽车动力系统集成与控制、质子交换膜燃料电池电堆及发动机系统集成、车载电池管理及成组、高压电气安全/氢安全、车载供氢、分布驱动与底盘线控、智能驾驶、关键零部件与整车测试评价等方面形成了自身的技术体系和知识产权体系，并先后成为上海电动汽车工程技术研究中心、新能源汽车教育部工程研究中心、国家燃料电池及动力系统工程技术研究中心、新能源汽车及动力系统国家工程实验室。

四轮驱动四轮转向
全线控底盘电动车

无人驾驶大客车

同济增程式
混合动力汽车

“超越”系列
燃料电池轿车

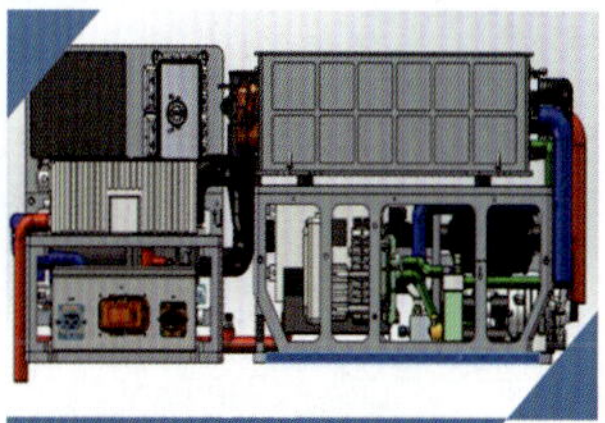

大功率发动机

地址：上海市嘉定区曹安公路4800号　电话：+86-21-69589127
传真：+86-21-69589121　邮编：201804

汽车安全与节能国家重点实验室

State Key Laboratory of Automotive Safety and Energy

汽车安全与节能国家重点实验室是国家计委利用世行贷款建设的75个国家重点实验室之一。实验室依托清华大学，涵盖车辆工程、动力机械及工程两个国家重点学科。

1989年经国家计委批准立项，1995年通过国家验收并正式运行和对外开放。自创建以来，实验室围绕汽车的“安全、节能、环保”三大主题及我国国民经济发展中的重大需求，瞄准国际前沿、国家目标，定位于汽车工业共性关键基础技术、汽车工程交叉学科基础理论、汽车领域宏观发展基本问题，致力于绿色化、智能化的生态汽车的研究与发展，逐步形成了自己的优势领域和特色。

实验室始终坚持“开放、流动、联合、竞争”的运行方针，支持国内外优秀科研人员和学者开展前瞻性研究，同时积极开展与世界著名大学、研究院所、汽车公司的广泛深入的学术交流与合作，形成了具有总体国内领先和部分国际先进水平的科研基地，在跨地区、跨学科集成创新研究中发挥了国家公共科研基础平台作用。

实验室于1997年、2003年、2008年、2013年和2018年先后顺利通过了由教育部/科技部组织的国家重点实验室评估。

2018年固定人员90名，其中研究人员75人、技术人员14人、管理人员1人，这对基础研究和工程应用都要兼顾的实验室来说是一个比较合理的研究队伍结构。研究人员中，正高职称（教授、研究员）32人、副高职称研究人员（副教授、副研究员）35人、中级职称研究人员（助理研究员）8人，分别占43%、47%和11%；中国科学院院士1人、中国工程院院士1人、长江学者特聘教授5人、“长江学者”特聘讲席教授1人、国家“千人计划”3人、国家青年“千人计划”2人、“万人计划”3人、国家杰出青年科学基金获得者3人、“国家优秀青年科学基金”获得者3人、“科技部中青年科技创新领军人才”6人。固定人员中60岁以上的正高职称研究人员7人，正高职称研究人员平均年龄53岁；40岁以下的副高职称研究人员7人，副高职称研究人员平均年龄47岁。

2018年共承担科研项目266项，到款科研总经费24096万元，其中国家重点研发计划、“973”计划、“863”计划、科技支撑计划、“自然科学基金”等国家级项目和省部级项目总到款8646万元（36%），军工专项到款1289万元（5%），国际合作项目到款1641万元（7%），横向项目到款12521万元（52%）。另有依托单位支持双一流建设经费1020万元，实到科研经费总计25116万元。本年度重点项目类型更加广泛多元，作为项目负责人/课题负责人承担重点研发计划16项，其中国拨经费共4715万。共申请国家自然科学基金38项，获批11项，资助率29%，其中重点项目3项、面上基金4项、青年基金3项、外国青年基金1项。刘亚辉承担的自然科学基金面上项目被评为“国家自然科学基金委机械工程学科优秀结题项目”。

2018年发表SCI论文212篇，EI论文374篇，授权发明专利50项。危银涛团队获得“第20届中国轮胎技术研讨会优秀论文一等奖”；王志指导的博士生费舒波获得中国工程热物理学会多相流学术年会“青年学者优秀论文陈学俊奖”；王建强指导的博士生郑讯佳获“第18届国际交通科技年会 (CICTP2018)最佳会议论文奖”。实验室首份国际化全英文季刊 Journal of Intelligent and Connected Vehicles (JICV)于2018年度共出版了2期杂志。该期刊由李克强任主编，王建强任执行主编，该期刊对提升实验室在国际学术界的影响力与国际知名度发挥了重要意义。

2018年，机构建设取得新的重大突破，探索跨越式发展的新模式：实验室作为牵头单位，创立清华大学新技术概念汽车研究院（5年1亿元），是校内首个以汽车命名的校级研究院，陈元主席担任研究院管委会主席，李骏院士担任院长；建立清华大学-丰田自动驾驶汽车人工智能技术联合研究中心（5年5000万元），这是丰田全球第四个自动驾驶中心（其他三个分别在MIT，斯坦福和UM），在该中心基础上，正配合学校推动成立丰田清华研究院（5年5亿元）。牵头一汽解放-阿美科技-京博石化四方合作，研发新一代燃料“零”排放高效内燃机；此外，还在筹备交通部智能交通联合实验室，继续与奔驰汽车、日产、壳牌、汉德等企业联合中心的合作，同时推动与国内行业领军企业上汽集团、滴滴出行的战略合作。

2018年，获国家级二等奖1项，省部级一等奖2项。2014—2018年，共获国家奖4项，省部级一等奖12项、二等奖6项、三等奖5项。

陈元首长来访调研

菏泽市副市长曹升灵一行来访

交通运输部科技司司长庞松一行来访

成立清华大学
新技术概念汽车研究院

成立英特尔智能网联
汽车大学合作研究中心

建立“风光气储充”
综合试验示范平台

清华大学常务副校长王希勤
做客汽车学术沙龙

瑞典 Chalmers 理工大学交通研究中心
Krajnovic 教授一行来访

与四维图新签署
合作意向书

赵福全教授正式接任
世界汽车工程师学会联合会主席

“我”系以第一单位获批 4 项 2018 年度
“中国汽车工业科学技术奖”（图为一等奖合影留念）

中美清洁汽车联盟在
美国斯坦福大学举行 2018 技术年会

主办第 14 届
国际先进车辆控制大会

主办第 18 届
海外华人交通协会国际交通科技年会

吉林省副省长
安立佳一行来访

NEVL 辽宁省节能与新能源汽车动力控制与整车技术重点实验室

辽宁省节能与新能源汽车动力控制与整车技术重点实验室，依托大连理工大学汽车工程学院，是目前在新能源汽车领域辽宁省的专业性省级重点实验室。该实验室以未来汽车发展的主要方向——新能源汽车为主线，结合我国汽车产业发展的自身特点和关键技术，整合我国北方汽车工业的行业资源和高校科研能力，在国家节能环保建设环境友好型社会的政策指导下，本着服务地方经济推进地方产学研发展的原则，建立产学研一体化平台。

地址：辽宁省大连市甘井子区凌工路2号
手机：13332231368
邮箱：dlzyf@dlut.edu.cn
http：//sae.dlut.edu.cn/index/zdsys.htm

双源驱动系统

针对燃料电池电动汽车驱动系统在效率、成本和技术成熟度等方面的不足，实验室研发了一种新型双源驱动系统。该系统省去了DC/DC变换器，通过对双源电机的控制，可实现驱动、制动能量回收、燃料电池和二次电池的能量交换、对燃料电池内阻进行测量等系列功能。核心技术包括：双源驱动电机技术（双源电机结构的选择、双源电机系统参数的设计）；双源驱动系统仿真匹配技术（多模型、多学科联合仿真）；双源电机控制技术（双源电机控制器的软、硬件开发）。

· 双源电机控制器

· 双源驱动电机样机

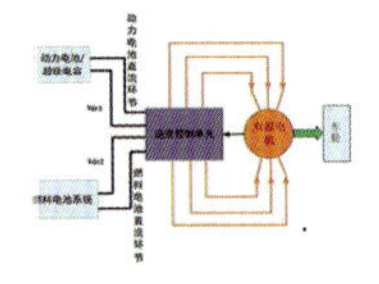

· 用于燃料电池动力系统的双源驱动电机

电动汽车安全运营智能监控管理平台

针对电动汽车锂离子动力电池起火爆炸问题，实验室建立了电动汽车安全运营智能监控管理平台，通过远程后台服务器与车载电池安全性预测终端的协调工作，实现对各种电动汽车的锂离子动力电池安全性和老化程度的综合分级。若经过智能平台分析发现锂离子动力电池可能发生安全隐患，系统将通过向车内CAN网络发送报文、向相关人员手机自动发送报警短信、在远程后台服务器上形成报警文件等方式提醒人工干预，可有效减少动力电池起火爆炸等恶性事故的发生。

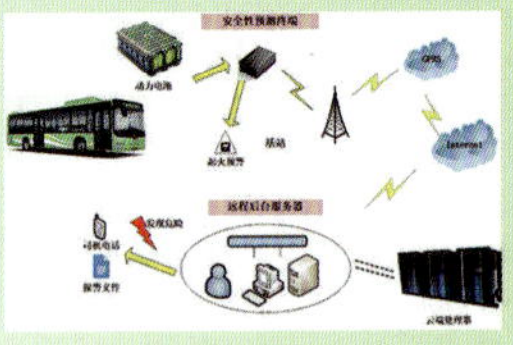

· 电动汽车安全运营智能监控管理平台总体架构

· 电动汽车安全运营智能监控管理平台的主界面

· 车载信息终端实物图

适用于燃料电池动力系统的DC/DC解决方案

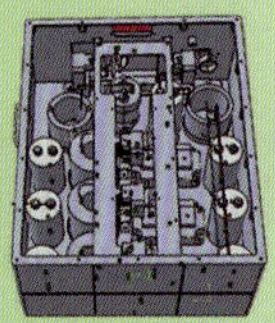

· DC/DC主回路

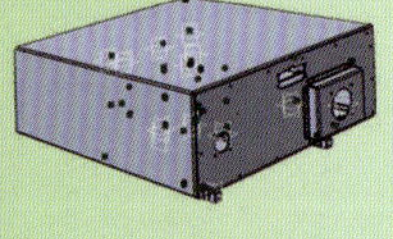

· DC/DC样机

面向燃料电池车辆现有的驱动系统，实验室开发了具有自己特色的DC/DC变换器，其主要特点在于输入输出双重控制、多相工作的拓扑结构、多模式的控制方法及相互转换机制、适合燃料电池特性的控制策略，燃料电池电流纹波得到巨大优化，转换效率大于93%的高效工作区域达到100%。

新能源汽车整车控制技术

实验室所开发的整车控制器现已应用于纯电动客车，试验运行时间达三年。实现整车控制与车载信息系统高度集成，可便捷的实现4G和未来5G通信，为未来车联网、智能车的信息传递提供高效通信支持。

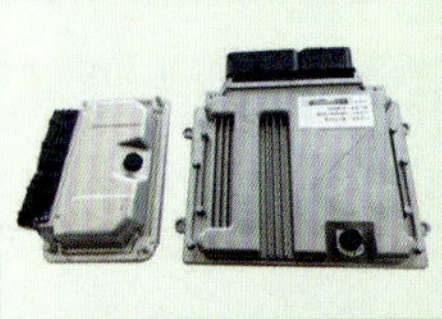

· 电动汽车整车控制器

PHEV整车台架

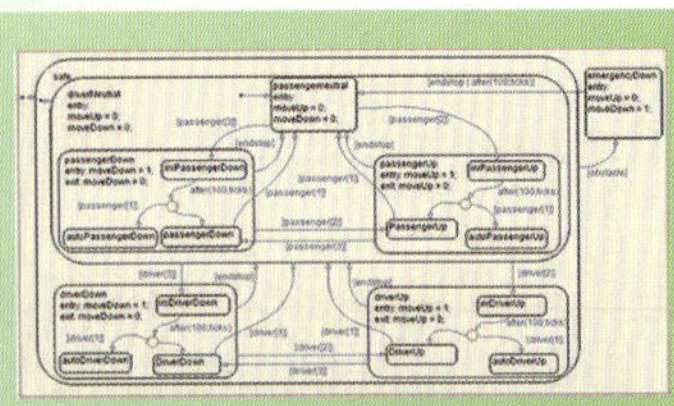

基于智能交通信息的新能源汽车整车控制策略研究

车用永磁同步电机控制技术

该技术不仅实现了对车用永磁同步电机的场定向控制，而且根据车辆的特性实现了多模式和智能控制，例如变参数优化学习控制、动态过程的高效AI控制、深度弱磁AI控制等。本成果具有低成本和高性能的特点，可为整车企业和其他零部件企业提供配套，可用于各种新能源道路车、轨交车。

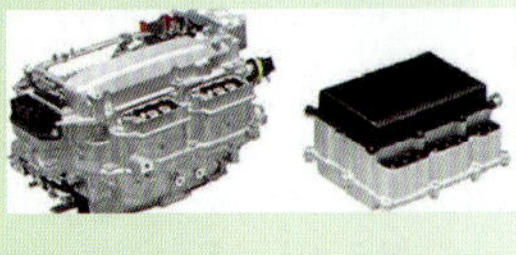

· 混合动力客车驱动电机控制器

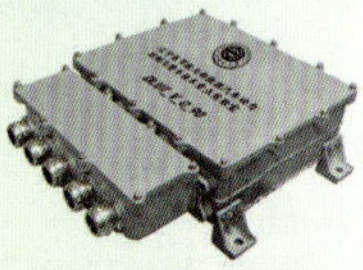

· 永磁同步电机控制器

· 电动汽车驱动电机试验台架

上海交通大学智能汽车研究所

上海交通大学车辆工程学科始建于1936年，车辆工程专业于1986年重建，1996年被评为上海市重点学科，1998年建立车辆工程博士点。系所瞄准国际汽车科技前沿技术，在政府、学校及企业等多方面的支持下，通过整合和优化上海交通大学汽车工程相关学科和研究方向，组建了具有上海交通大学特色的汽车学科大平台。学科下建有三大国家和地方政府支持的基地平台，汽车电子控制技术国家工程实验室，上海市智能网联电动汽车创新中心及上海市复杂薄板结构数字化重点实验室。为响应智能网联汽车国家战略，依托学科优势和政府基地平台，深度融合车辆智能化、网联化和电动化相关专业，于2019年成立上海交通大学智能汽车研究所（以下简称“研究所”）。

研究所围绕国家汽车强国战略，进行人才培养和开展产学研合，重点解决汽车的核心基础零部件和核心产业技术基础，以掌握关键共性技术为导向，满足汽车电动化、智能化、网联化、共享化中的关键发展需求。系所承担有包括科技部重点研发计划、自然科学基金、上海市科委/经信委项目在内的数十项国家及省部级项目，服务于国家对推动科技进步和提升自主创新能力的战略性需求。此外，与上汽集团、上汽通用五菱、美国通用、江淮汽车、吉利汽车、华为、百度等国内外知名企业建立了长期合作，建成了多个联合研究中心，培养面向企业的高端人才。目前智能汽车研究现有专职教师21人，包括教授7人、副教授7人，专职工程师7人。

研究所的研究方向全面覆盖智能网联和电动汽车的关键技术领域，主要包括：

1.电池管理和无线充电技术；
2.环境感知和信息融合技术；
3.车辆智能决策与规划技术；
4.动力总成设计和优化技术；
5.先进发动机节能减排技术；
6.线控底盘控制和执行技术。

汽车电子控制技术国家工程实验室

National Engineering Laboratory of Automotive Electronic Control Technology

智能网联车共享研究平台

无线充电技术实验室

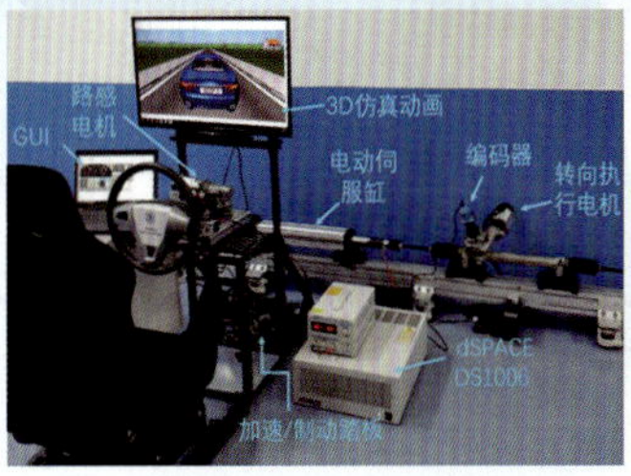

线控底盘系统实验室

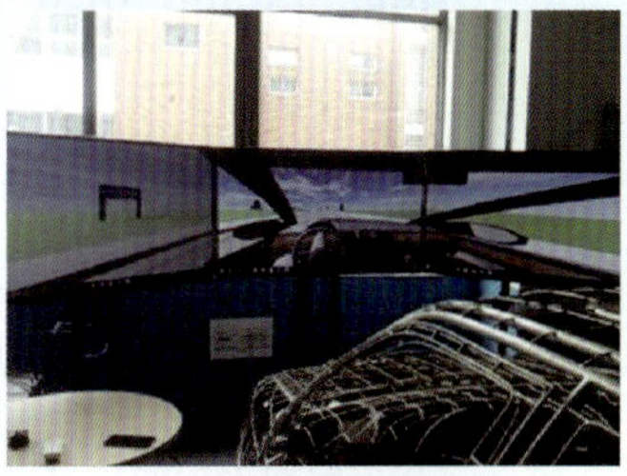
无人驾驶技术开发实验室

混合动力测试实验室

电池管理测试实验室

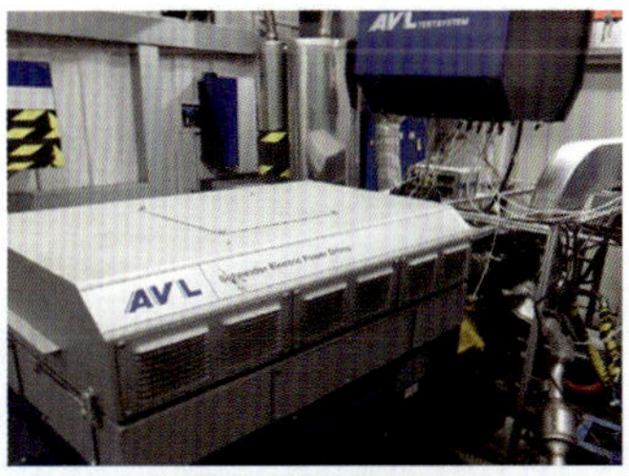

发动机开发测试实验室

传动系统开发实验室

无人驾驶车辆系统应用开发

上海交通大学赛车队赛后合影

现代化的实验办公区域

主办的国际性学术会议

先进新能源汽车技术系统开发

上海交通大学智能汽车研究所

地址：上海市东川路800号机械楼群D楼　联系人：吴晓东　电话：021-34208374　邮箱：xiaodongwu@sjtu.edu.cn

HFCC® 华锋股份
股票代码 002806

理工华创
BIT HUACHUANG

01 公司简介

北京理工华创电动车技术有限公司成立于 2010 年，是广东华锋新能源科技股份有限公司全资子公司（上市代码：002806），是北京理工大学电动汽车技术的产业化依托单位。公司核心团队源于北京理工大学电动辆国家工程实验室，组建了包括电动车辆工程科技方向的中国工程院院士 1 人、博士后 5 人、博士 6 人、高级职称员工 20余人的核心技术团队，同时还拥有一批经验丰富的工程师和高级技术工人，保证了技术成果的产业化能力。公司长期致力于为国内新能源汽车行业提供整套的平台产品和服务，搭载公司品牌的产品，先后成功服务于北京奥运会、上海世博会、广州亚运会、APEC、G20 峰会、北京世园会等国家级项目，获得多方面的肯定与好评。搭载公司产品的电动公交客车，已成为北京、广州、上海、重庆、杭州、拉萨、张家口等 98 个城市和地区公交公司的营运车辆。

02 核心零部件

动力总成
HC2U12PWT-EZQ

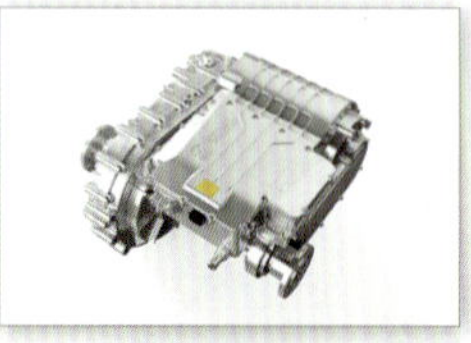
动力总成
HC1N03PWT-WQA

动力总成
HCIN03PWT-LMC

整车控制器

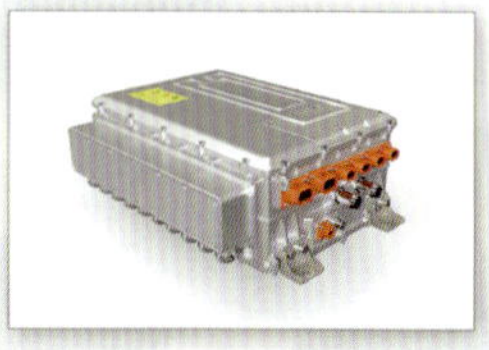
高压集成控制器
HC60LTPIC-F21

高压集成控制器
HC60L9PIC-F60

高压集成控制器
HC60LKPIC-K21

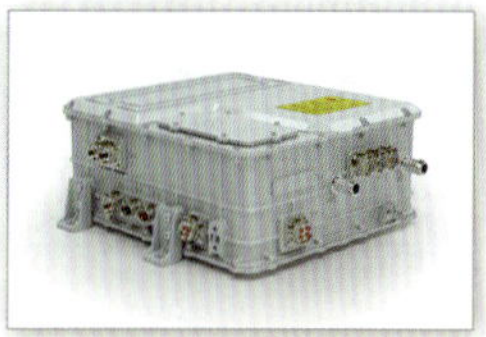
高压集成控制器
HC60LLPIC-B11

高压集成控制器
HC60L5PIC-720

高压集成控制器
HC60LMPIC

高压集成控制器
HC60LPPICEZQ

高压集成控制器
HC60LUPIC-810

充电插座

高压线束

03 成功案例

北京奥运会

广州亚运会

韩国冬奥会

上海世博会

北京世园会

北京理工华创电动车技术有限公司

地址：北京市海淀区西三环北路甲 2 号院 6 号楼 17 层 02 室

官网：http://www.huachuangev.com/ 销售热线：010-68910955/010-68940311

广州通达汽车电气股份有限公司
GUANGZHOU TONGDA AUTO ELECTRIC CO., LTD.

公司简介

广州通达汽车电气股份有限公司（以下简称“通达电气”）成立于1994年，注册资金2.64亿元，是一家专业从事车载智能终端综合信息管理系统及配套汽车电气产品研发、生产、销售的高新技术企业、新三板挂牌企业（股票代码：870399）。公司主要为客车、物流车生产厂商提供车载智能系统系列产品、新能源汽车电机与热管理系统系列产品、公交多媒体信息发布系统系列产品、车载部件系列产品等，致力于成为国内车载电气领域具有竞争力的企业之一。

通达电气旗下拥有10家全资、控股或参股公司。其中包括与广州市第二公共汽车司共同成立的“广州思创科技发展有限公司”，与中国汽车技术研究中心（央企）共同发起成立的“天津英捷利汽车技术有限责任公司”，与中国恒天集团（央企）共同发起成立的“北京恒天鑫能新能源汽车技术有限公司”，目前公司员工有1000多名。

企业业务主要围绕互联网+、新能源汽车、交通运输三大市场服务与拓展，车载智能系统系列产品包括智能公交综合信息管理系统主要配套智能硬件，硬件产品主要包括车载智能终端、新能源车载远程监控终端、乘客信息管理系统（LED动态显示屏、中央控制器、线路管理及播报器）、漏气报警器、监控录像系统、电子信息公交站台等。公交多媒体信息发布系统系列产品主要为车载广告媒体硬件，包括多媒体风道、全彩广告屏、可视变光信息广告一体化系统等。车载部件系列产品主要包括车载照明产品、普通风道、车内外装饰件和公交车载收银系统等构成。新能源汽车电机与热管理系统系列产品主要为新能源汽车发动机、电池、电机热管理系统、新能源电机热管理系统、直流无刷磁力泵等新能源汽车电机产品。

公司客户囊括国内众多客车企业并成功挺进国际市场，是郑州宇通、厦门金龙、苏州金龙、安凯客车、中通客车、比亚迪客车等国内前十名客车生产厂家的标准配套商，产品覆盖我国全部一线城市和大部分二三线城市；在国际市场中，公司产品出口到亚洲、非洲、欧洲、南美洲等30多个国家和地区。同时，公司多款产品在2008年北京奥运会、2010年广州亚运会、2011年深圳世界大学生运动会、2013年沈阳全运会、2014年青奥会及2018年春晚等国内大型活动中均有应用。

公司生产经营保持良好的增长趋势，总资产和营业收入实现了可持续增长，销售收入逐年递增，财务稳健，公司经营状况整体良好，到2018年公司实现含税销售收入11亿元，资产总额12.5亿元，实现净利润1.6亿元。特别是公司新三板上市以来，已经实现2亿元的融资，用于企业自身的建设。公司股东包括中信证券投资有限公司、广东粤科纵横融通创业投资合伙企业等有实力的企业。

通达电气经过多年的发展，是国家高新技术企业、全国两化融合管理体系贯标试点企业、广东省高成长中小企业、广东省创新型试点企业、广东省战略性新兴产业骨干企业（智能制造）；公司已通过ISO9000质量管理体系认证、环境管理体系认证、职业健康安全管理体系、知识产权管理体系认证、两化融合管理体系认证、息系统集成及服务三级认证、广东省安全技术防范系统四级资质、标准化良好行为企业AAAA认证，荣获“2016年广东省智能交通业绩十强单位”称号“广州市创新标杆百家企业”“广州市著名商标”“广州市AAA和谐企业”称号，连续多年获得广州市纳税信用等级A级。目前公司拥有有效知识产权100余项，十余项产品获得广东省高新技术产品，公交车载智能终端等3项产品获得广东省名牌产品，7项产品获得3C中国国家强制性产品认证，4项产品获得欧洲E-mark认证。

产品介绍

1.新能源电机热管理系统

新能源电机热管理系统由压缩机、风机、冷凝器、换热器、水泵、PTC组成。系统控制器通过水循环，制冷模块的作用达到稳定电池工作温度的目的。

2.车载易燃挥发物智能报警系统

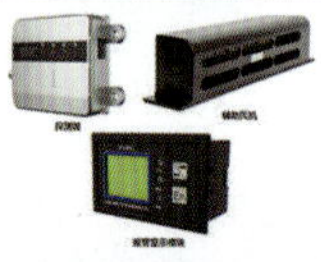

车载易燃挥发物智能报警系统为一款针对车厢安全环境检测而设计的易燃挥发物检测及火情报警装置，主要有探测器、辅助风机、报警显示模块组成。实现对汽油、松香水、香蕉水和乙醇(酒精)等易燃品挥发物及火前燃烧产生的CO进行快速、准确、高灵敏的非接触式监测，有效预防因乘客携带易燃易挥发物品上车造成火灾事故。可广泛应用于公交车、大型客车、地铁等公共交通工具。

3.新能源车载远程终端

产品针对新能源汽车进行开发，适用于公共汽车、货车和特种车辆等多种类型车辆，集车辆数据采集、智能存储、多链路传输、GPS+北斗双模定位、DBC协议解析可配置、异常情况下独立运行等功能于一体，实现对新能源汽车动力电池、驱动电机、整车控制等特定参数的记录及传输，可以将新能源车辆数据同时传输至客户平台以及地方和国家的监控平台。

4.DSM司机行为监控系统

DSM安装于司机正前方，能有效对司机生理疲劳、抽烟、打电话及分心等存在驾驶安全隐患的行为进行实时检测并准确作出预警。可预防因驾驶员不当操作造成的事故，同时为营运企业监控驾驶员和车辆情况带来极大方便，是营运车辆公司加强对司机的管理的重要辅助手段。目前在DSM的识别准确率高达95%以上。

5.360度全景行车辅助系统

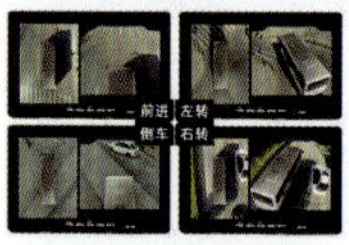

360度全景行车辅助通过安装在车身前后左右的4个超广角摄像头，同时采取车辆四周的影像，经过图像软件处理和拼接后，形成车辆四周的360度全景俯视鸟瞰画面，无缝拼接、无盲点；支持本地录像监控，便于事故发生时，相关部门进行取证。

结合雷达防撞系统，驾驶员可以在显示屏上很直观地看到车辆外围的障碍物，方便驾驶员通过复杂路面、狭窄路面、入库、泊车、倒车等，更好地了解车辆周边情况，提高行车安全系数。

6.车载智能调度录像一体机介绍

车载智能调度录像一体机是车辆管理系统的核心硬件，实现车辆与后台的信息交互、信息处理等功能。它采用高速处理器和嵌入式操作系统，结合视频压缩/解压缩技术、网络技术、GPS定位技术，可实现录像回放、数据上传、车辆定位、视频监控、报警联动等功能。

荣誉证书

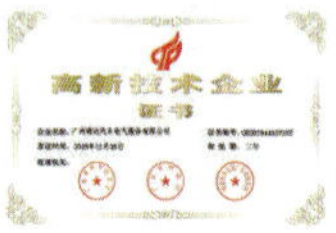

泓凯动力

诚信·创新·互助·共赢

南京泓凯动力系统科技有限公司成立于2016年3月，是一家专业从事整车智能控制方案及新能源整车控制器的研发、生产、销售、服务为一体的高新技术企业。公司具有完善的软硬件开发测试能力、较强的设计研发能力；采用现代化管理模式，组建由多学科人才组成的具有较强的核心凝聚力和创新力研发团队。公司地里位置优越，拥有强大的产业资源及客户群体。

公司于2018年取得高新技术企业证书，并长期和江苏大学汽车工程学院进行产学研合作，在智能驾驶相关研发方面有较强的人才资源和技术优势。公司现有人员30余人，其中由高级工程师及硕士研究生等人才组成的技术人员团队10余人。目前已申请164件专利证书，其中发明专利74件、实用新型90件。已授权发明专利2件、软件著作2件、实用新型51件。

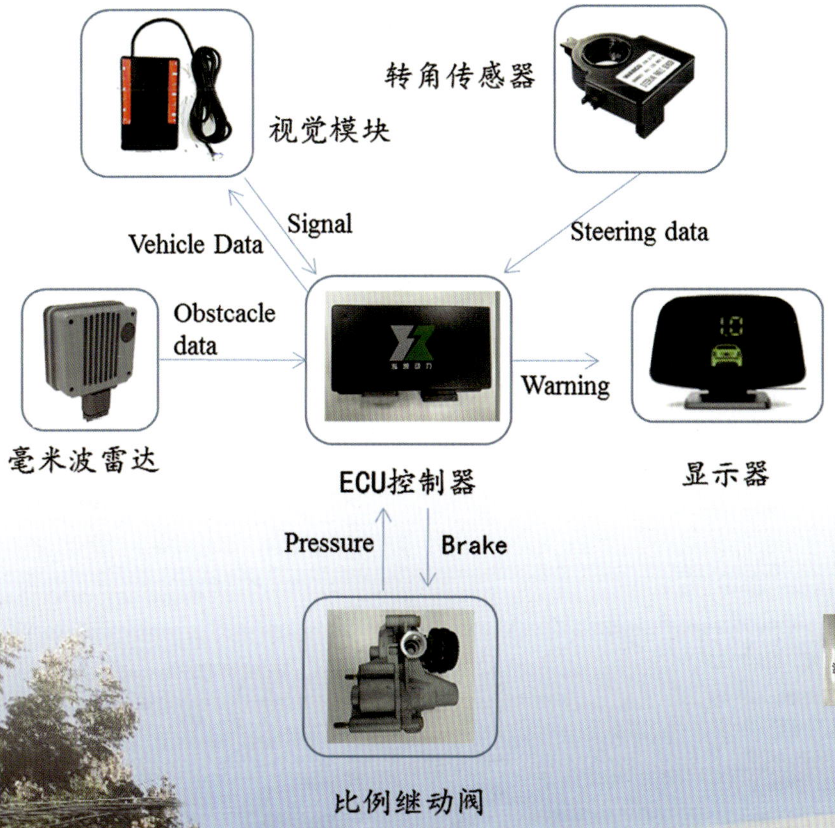

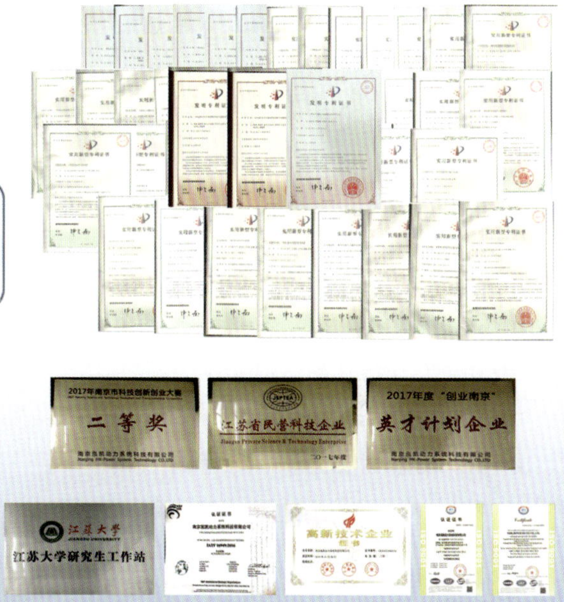

上海赢双电机有限公司

Shanghai Yingshuang Electric Machinery Co., Ltd

超薄尺寸： 作为内置型结构，可实现超薄设计和装配

耐高温： 允许工作温度范围-55℃～155℃，特殊可达220℃

可靠性高： 耐振动和冲击，可工作于油污和粉尘恶劣环境

高旋转速度： 最高可达到60000r/min

高精度： 最高精度可达到5角秒

定制服务： 根据客户需求定制不同规格尺寸和性能参数的旋变

应用范围： 伺服电机，纺织机械，电子凸轮，注塑机，机床主轴，混合动力汽车，纯电动汽车，风电变桨，雷达转台，国防军工，轨道交通等

上海赢双电机有限公司

地址：上海市闵行区光中路639号　　邮编P.C.：201108

Add：No. 639 Guang Zhong Road, Minhang District, Shanghai

电话Tel：021-34202379　　传真Fax：021-34200075

邮箱Email：sales@windouble.com.cn　　网址http://www.windouble.com.cn

NIO es6
FAST & FURTHER

NOT THE SAME
新特汽车 DEV 1
智能互联网电动汽车
SITECH DEV1
SITECH DEV | 新特汽车

奇瑞新能源
CHERY NEW ENERGY
新华社
民族品牌工程
净世界
未来
小蚂蚁 400
瑞虎3xe 480
艾瑞泽5e 450

東南汽車
Go纯电 Go纯血
耀势登场 引领未来
东南汽车作为国内早期行新能源汽车研发生产的企业之一
从早期的电动得利卡，到V3电动车，到2015年的V5电动车
对新能源汽车的研究从未停止
2017年东南汽车迎来首款纯电动SUV
承袭东南汽车SUV家族式设计 的精髓
意大利百年宾法大师操刀设计
敢于变革时尚，却不盲目抛弃经典
更完美地经受来自年轻消费者对于时尚的挑剔
DX3 EV

QYEV
清源汽车
以人为尊 驭梦而行
THE PULSE OF DREAMS
清源尊君
清源小尊

金龙客车
KING LONG
金龙蓝 蔚蓝每座城
金龙城市公交
金龙城市公交
金龙城市公交
金龙客车
金龙客车
金龙客车
Add：福建省厦门市集美区金龙路9号
Web：www.king-long.com.cn
微信
官网

HOWO
HOWO–客车
客户满意是我们的宗旨
HOWO BUS
豪沃客车
微信公众号
官方网站
中国重汽集团济南豪沃客车有限公司 SINOTRUK Group Jinan Howo Bus Co., Ltd.
地址：山东省济南市章丘市潘王路19777号　邮政编码：250200　销售电话：0531-58061285　服务热线：4001-888-666　公司网址：www.sinotrukbus.com.cn

第一篇 Section Ⅰ
分领域发展综述
Overview of Development According to Fields

一、产业技术发展综述

Chapter 1　Summary of Industry Technology Development

（中国汽车技术研究中心有限公司　王　成　朱　成　樊春艳）

2018年，我国新能源汽车全年产量超过122万辆，较2017年增长近50%，增长幅度较2017年小幅下降。2018年是国家和地方补贴集中退坡的第二年，产业进入调整期和稳定期，继续保持全球产量第一的地位。

1. 政策法规汇总

2018年，从国家、地方各个层面继续出台政策支持新能源汽车推广，主要政策发力点在扩大消费端应用范围，提高使用经济性和便利性，从生产端激励企业生产新能源汽车的积极性，同时提升产品品质。主要政策法规如下。

（1）国务院发文鼓励快递物流领域加快推广使用新能源汽车。1月24日，国务院办公厅发布了《关于推进电子商务与快递物流协同发展的意见》（以下简称“意见”），意见指出：推动绿色运输与配送。提出：鼓励企业综合运用电子商务交易、物流配送等信息，优化调度，减少车辆空载和在途时间。鼓励快递物流领域加快推广使用新能源汽车和满足更高排放标准的燃油汽车，逐步提高新能源汽车使用比例。我国快速发展的电子商务带来了物流需求的激增，绿色物流是发展方向，该意见的发布，为交通等部门和各省市政府制定有利于发展绿色物流的各项政策提供了依据。

（2）中华人民共和国工业和信息化部（以下简称“工信部”）调整完善新能源汽车推广应用财政补贴政策。2月14日，财政部、工信部、科技部、中华人民共和国国家发展和改革委员会（以下简称“发改委”）联合发布《关于调整完善新能源汽车推广应用财政补贴政策的通知》。通知提出，调整优化新能源乘用车补贴标准，合理降低新能源客车和新能源专用车补贴标准。燃料电池汽车补贴力度保持不变。该通知规定纯电动乘用车补贴金额与里程、电池系统能量密度，以及电耗指标相关，纯电动客车补贴金额除了与上述条件相关外，还与快充系数有关。补贴金额调整设置了4个月的过渡期。

（3）工信部等七部委联合印发《新能源汽车动力蓄电池回收利用管理暂行办法》。2月26日，工信部、科技部、环境保护部、交通运输部、商务部、质检总局、能源局联合制定了《新能源汽车动力蓄电池回收利用管理暂行办法》（以下简称“管理办法”），管理办法规定了新能源汽车动力蓄电池在生产、销售、维修更换、回收、报废、收集、贮存及运输过程中的相关要求，进一步完善了动力电池的管理，从各环节控制减小对环境的不利影响，有助于提升新能源汽车全生命周期的绿色环保属性。

（4）发改委商务部联合发布2018年版负面清单，取消新能源汽车外资股比限制。6月28日，国家发展改革委　商务部联合发布了《2018年版外商投资准入特别管理措施（负面清单）》。自2018年7月28日起施行。负面清单明确：汽车行业取消专用车、新能源汽车外资股比限制，2020年取消商用车外资股比限制，2022年取消乘用车外资股比限制以及合资企业不超过两家的限制。负面清单的调整标志着我国汽车产业将进一步扩大开放，鼓励国内企业积极参与国际竞争，从长期看将有利于我国汽车产业的健康发展。

（5）国务院印发打赢蓝天保卫战三年计划，推广使用新能源汽车。7月3日，国务院印发了《关于印发打赢蓝天保卫战三年行动计划的通知》（以下简称“通知”）。通知明确积极调整运输结构，发展绿色交通体系，加快车船结构升级。推广使用新能源汽车。2020年新能源汽车产销量达到200万辆。2020年底前，重点区域的直辖市、省会城市、计划单列市建成区公交车全部更换为新能源汽车。在物流园、产业园、工业园、大型商业购物中心、农贸批发市场等物流集散地建设集中式充电桩和快速充电桩。为承担物流配送的新能源车辆在城市通行提供便利。该通知从大交通范畴提出了以环保为出发点的三年计划，其中新能源汽车是主要部署方向。

2. 产业与技术发展情况

2018年，国内生产企业共生产新能源汽车（含纯电动汽车、插电式汽车和燃料电池汽车）约122.3万辆，各类车产量见表1-1。其中纯电动汽车约96万辆，插电式汽车约26.1万辆，燃料电池汽车接近0.2万辆，燃料电池汽车主要是客车和专用车，总产量达千辆级。如图1-1所示，新能源乘用车由2017年占比68%提升至2018年的83%，新能源客车和专用车占比进一步降低，分别由2017年的11%和19%降至2018年的8%和9%。

表1-1　2018年国内节能与新能源汽车产量（单位：辆）

插电式混合动力乘用车	255 445
插电式混合动力客车	5 993
插电式混合动力专用车	3
纯电动乘用车	751 934
纯电动客车	93 057
纯电动专用车	114 493
燃料电池客车	710
燃料电池专用车	909
总计	1 222 544

（1）纯电动乘用车

2018年生产纯电动乘用车共75.2万辆，较2017年增长7%。2018年纯电动乘用车产量TOP10品牌均为自主品牌。TOP10各品牌产量如图1-2所示，其中北京牌、比亚迪牌和奇

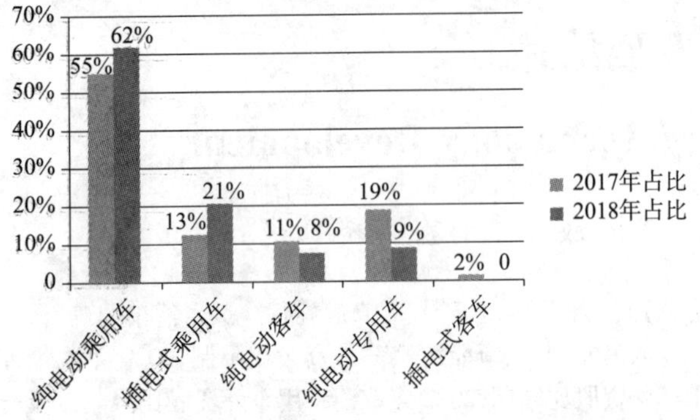

图 1-1 2017—2018 年各类新能源汽车产量对比

瑞牌纯电动乘用车产量位居前三位，前两位年产均超过 10 万辆，TOP10 品牌年产均超过 2 万辆。

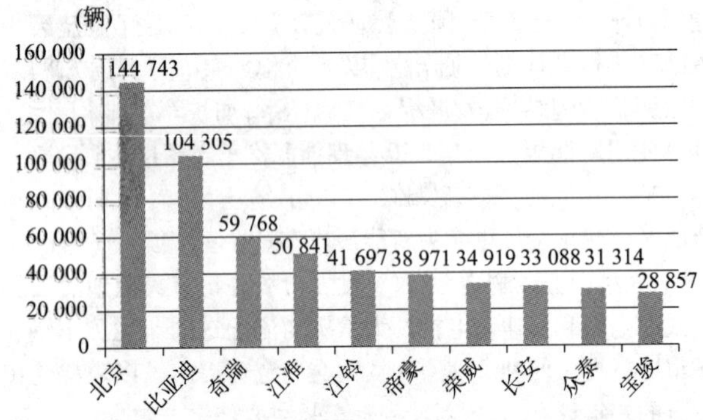

图 1-2 2018 年纯电动乘用车产量 TOP10 品牌

续驶里程有所增加。2018 年生产的纯电动乘用车的续驶里程更多集中于 300～350 km 范围，有超过 21 万辆纯电动乘用车位于此区间，其次为 250～300 km，350～400 km 续驶里程也有超过 12 万辆车，另外，150～200 km 续驶里程也超过 11 万辆车，2017 年占比超过 40% 的 150～200 km 续驶里程的车辆占比下降到 16%；从续驶里程分布可以看出车企结合市场需求和产品性价比均衡的选择更倾向于两类车：低里程小型代步车型和中高里程较高溢价能力车型。

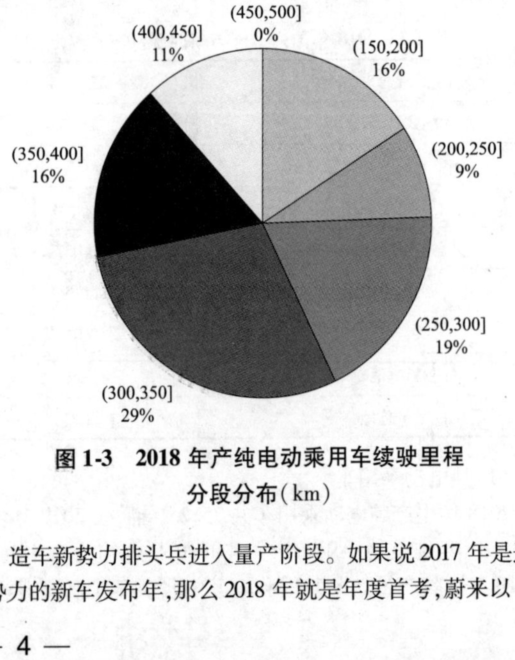

图 1-3 2018 年产纯电动乘用车续驶里程分段分布(km)

造车新势力排头兵进入量产阶段。如果说 2017 年是造车新势力的新车发布年，那么 2018 年就是年度首考，蔚来以 1.26 万辆年产量居首，其余排名靠前的有云度、威马、哪吒，后 3 者年产均未过万辆，更有诸多新创造车企业产量在个位数，市场集中度日益突显和企业内部自我输血的能力不足，是摆在造车新势力面前的难题，而市场定位和整车的品控是立足的要点。

L2 级自动驾驶纯电动乘用车实现量产。在造车新势力的带动下，自主品牌纯电动乘用车 L2 级自动驾驶量产进程加快，2018 年，包括广汽新能源 Aion S、小鹏 G3、零跑 S01、理想制造 ONE、威马 EX5-500、蔚来 ES8 等在内的多款车型已实现 L2 乃至 L2.5 级自动驾驶功能。另外，多地开始建立纯电动汽车与储能技术、智慧能源融合示范区，探索更高级别自动驾驶技术，以及以电动汽车为结合点的智慧城市建设。

正向开发尚不足，电池安全设计要提升。大多数自主品牌纯电动车型仍以共平台为主，正向开发产品较少，大电量电池的安装匹配与整车驾乘空间、轻量化设计和安全性等影响较大，正向设计和纯电动乘用车专用底盘的必要性愈发突出。随着电池能量密度电量的不断提高，深度开展电芯、模组及动力电池系统的多尺度安全防护技术研究，开展基于高能量密度动力电池单体的高效、安全成组技术研究，开发集耐撞性、轻量化、热失控于一体的动力电池系统设计方案非常重要。

(2)插电式乘用车

2018 年共生产插电式乘用车 25.5 万辆，较 2017 年增长 8%，为增长幅度最大的细分车型。产量 TOP10 品牌如图 1-4 所示，比亚迪、荣威、宝马位列前三位，其中国外品牌占据三席，分别为宝马、大众和奥迪，是率先进入市场化竞争的一类车型。

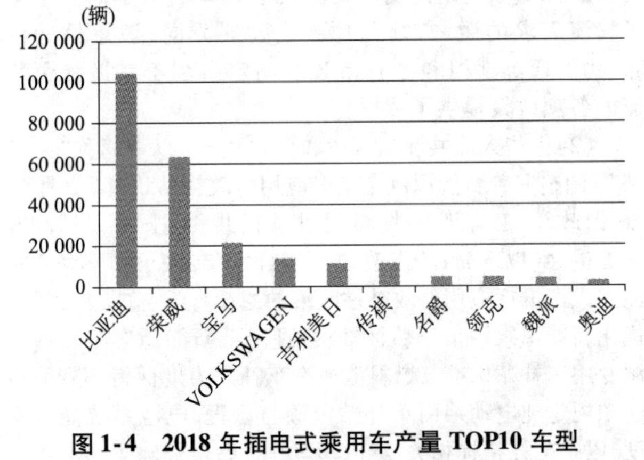

图 1-4 2018 年插电式乘用车产量 TOP10 车型

国内插电式混合动力乘用车仍有诸多核心技术需要突破。近年来，我国插电式混合动力乘用车技术取得了较大的进步，整车性能也在不断地提升，但仍有诸多核心技术需要突破，如更高效更快扭矩响应的混合动力专用发动机，以及系统效率更高、可靠性更佳的自动变速箱等。

(3)纯电动客车

2018 年，我国共生产纯电动客车 9.3 万辆，较 2017 年小幅增长 2.2%。2018 年共有 98 家客车企业有纯电动客车排产，但 47 家企业产量不足百辆，TOP10 企业产量占比达到 68.8%，较 2017 年生产集中度更高，随着补贴退坡以及补贴资金滞后的影响，产业进入加速洗牌阶段。产量方面，郑州宇通继续领跑，多年来基本保持年产 2 万辆以上。

纯电动客车产品品类齐全，覆盖多种应用场景。我国纯

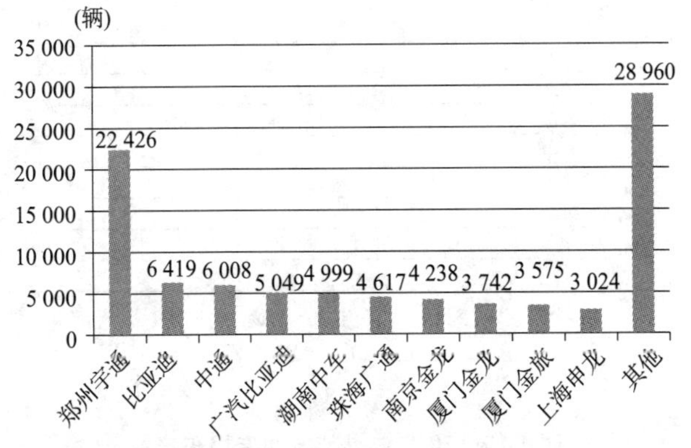

图 1-5　2018 年国内纯电动客车产量 TOP10 企业

电动客车实现 5 ~ 18 m 系列产品的全面覆盖，品类满足公交、公路客运、旅游、短途接驳、班车通勤、商务接待等应用场景。其中公路客车、通勤车等显著增长，成为新的热点市场。

长续航产品占比增多。一方面受益于电池技术进步和成本的降低，另一方面也受到补贴导向的影响，纯电动客车产品迭代速度加快，长续航产品的市场供应占比增多，如图 1-6 所示，统计 2017 年和 2018 年出产的纯电动客车的续驶里程，2017 年在 201 ~ 300 km 区间的产品有 56%，2018 年该区间占比降至 33%，而 301 ~ 400 km 区间的产品由 2017 年的 16% 升至 25%，500 km 以上的产品由 2017 年的 4% 升至 19%。续驶里程的提高在提升用户体验的同时，也由于迭代速度快，易带来产品验证不充分，动力电池系统安全验证时间难以保障，有可能带来产品安全的隐患，这点值得所有企业加以注意。

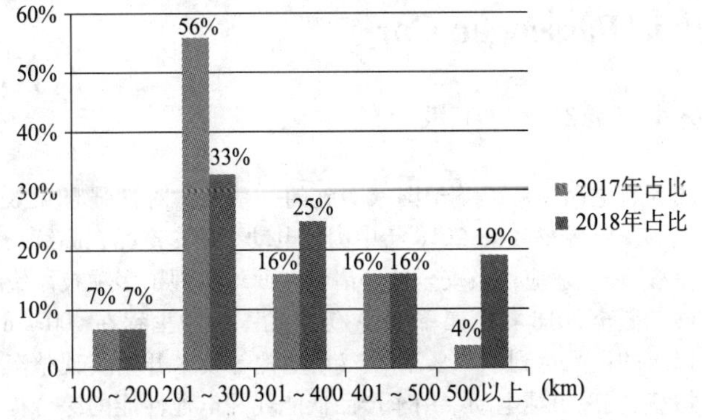

图 1-6　2017—2018 年纯电动客车产品续驶里程分段占比对比

纯电动客车产业催生电驱动领域产品技术迭代。近年来，纯电动客车市场的发展同时促进了电驱动领域的产品技术迭代，未来电驱动的发展方向，一是高效、轻量、高性价比，二是实现安全、可靠、耐久和总成化。在此基础上，近年来涌现出了一系列优秀电驱动企业与相关产品，如中车电动的 T 系列电驱动产品，从第四代开始，控制总成由集成的箱体结构替代分立式结构，整体重量较第一代减轻了 30%，能耗降低 50%。

(4) 插电式混合动力客车

2018 年国内企业共生产插电式混合动力客车 5 993 辆，较 2017 年降低 63%，较 2016 年下降超过 80%，市场进一步萎缩。从 2018 年产量 TOP10 企业来看，如图 1-7 所示，产量最高的宇通全年也未超过 2 000 辆，插电式混合动力客车一方面由于补贴金额与车辆成本之间差距较大，另一方面，50 ~ 80 km 的纯电续驶里程也难以满足公交、公路等场景的使用需求，要想进一步发展，需要实现较大的技术和成本突破。

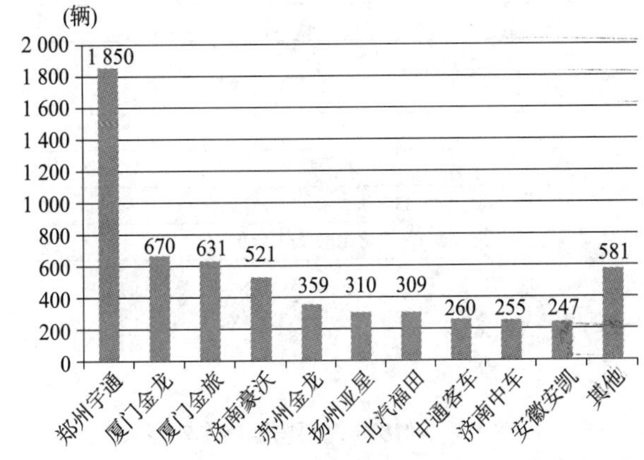

图 1-7　2018 年插电式混合动力客车产量 TOP10 企业

(5) 纯电动专用车

生产企业分散，产业集中度低。2018 年，国内企业共生产纯电动专用车 11.45 万辆，产量较 2017 年小幅下降。共有 145 家生产企业排产纯电动专用车，如图 1-8 所示，除产量最高的奇瑞商用车生产超过 1 万辆以外，其余百余厂家产量均未过万辆，TOP10 企业产量占全年产量的 51.1%，尚有 70 家企业年产不过百辆，快速发展期带来众多参与企业提高了市场的热度，但生产企业小而多的局面不利于产品的优化和市场的规范发展。

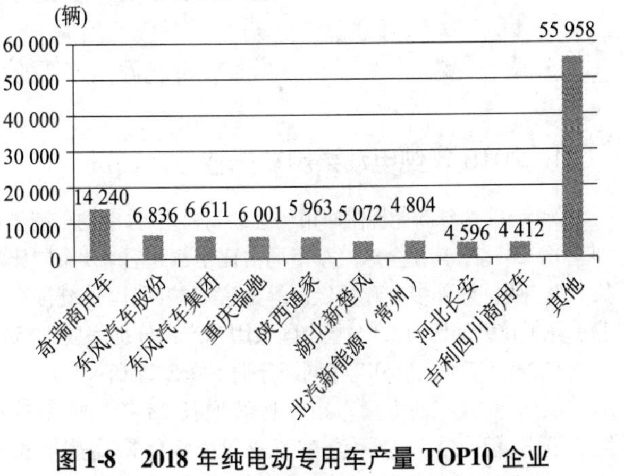

图 1-8　2018 年纯电动专用车产量 TOP10 企业

用户需求倒逼产品轻量化和智能化水平提升。纯电动物流车的用户多为快递服务企业或物流服务供应企业，是完全市场化的行为，出于用户体验、经济性，以及物流方案合理规划的需求，用户对纯电动物流车智能化和轻量化提出的要求倒逼生产企业进行技术升级。国内多家企业积极探索特定场景下无人驾驶物流车产品开发与应用。纯电动专用车的轻量化途径，从以材料轻量化为主开始转向材料、结构和工艺的综合轻量化；从以车身轻量化为主开始转向对整车零部件的全面轻量化。

(6) 燃料电池商用车

2018 年，国内企业共生产燃料电池汽车 1 619 辆，较 2017 年增长 27.3%，其中客车共生产 710 辆，为主要增长车型，专用车共生产 909 辆，较 2017 年小幅下降。生产企业及相关产量如图 1-9、图 1-10 所示。

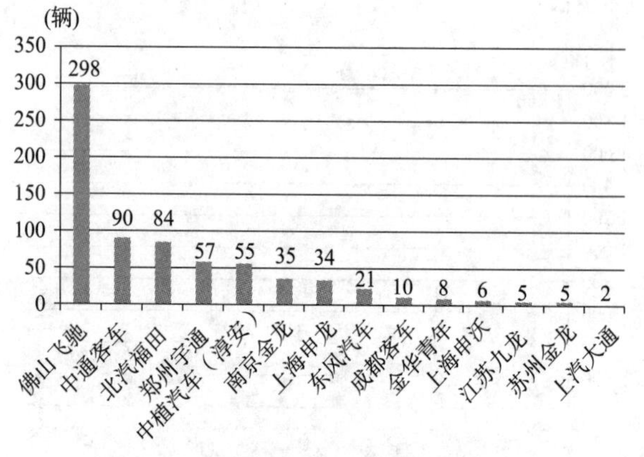

图 1-9　2018 年燃料电池客车产量

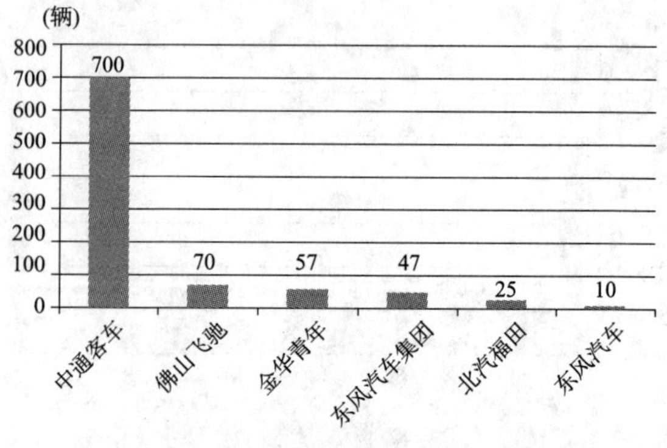

图 1-10　2018 年燃料电池专用车产量

客车以 8 ~ 10 m 车长为主，专用车以 7 ~ 9 t 轻型物流车为主。2018 年生产的燃料电池客车以 8 ~ 10 m 车长为主，如图 1-11 所示，占比达到 68%，其次为 10 m 以上车型，占比为 28%。在燃料电池专用车方面，主要应用场景为物流应用，全部为 7 ~ 9 t 的轻型物流车。

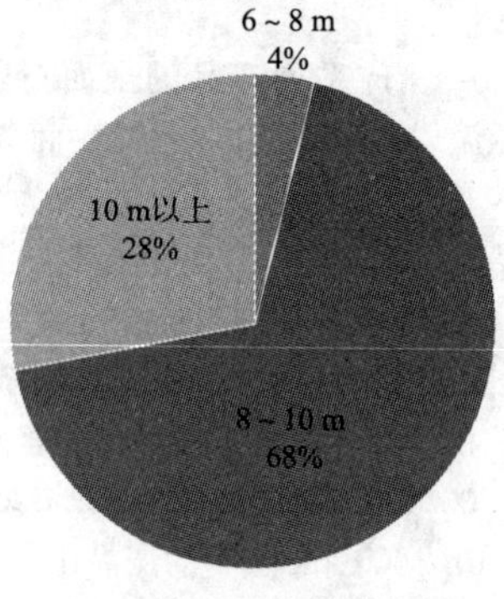

图 1-11　燃料电池客车车长分段分布占比

二、纯电动乘用车

Chapter 2　Pure Electric Passenger Car

（北京新能源汽车股份有限公司　魏跃远　张振翀）

1. 2018 年纯电动乘用车产业总体情况

2018 年，全球新能源汽车市场继续高速发展，电动车销量达到 2 018 247 辆，其在全球汽车市场占比份额超过 2.1%，同比增长 72%。受国内外多重政治经济等因素影响，我国传统汽车产业承受了较大的压力；2018 年中国乘用车产销分别完成 2 352.9 万辆和 2 371 万辆，比 2017 年同期分别下降 5.2%和 4.1%。

虽然 2018 年的中国车市在连续增长 28 年后迎来首次同比下滑，但是在新能源汽车领域却继续保持高速增长势头：2018 年中国新能源汽车产销分别完成 127 万辆和 125.6 万辆，比 2017 年同期分别增长 59.9% 和 61.7%；纯电动汽车产销分别完成 98.6 万辆和 98.4 万辆，比 2017 年同期分别增长 47.9% 和 50.8%；纯电动乘用车产销分别完成 79.2 万辆和 78.8 万辆，比 2017 年同期分别增长 65.5% 和 68.4%。纯电动汽车在新能源汽车中仍然居于绝对的统治地位，但其在新能源汽车中的市场份额已由 2017 年的 80.14% 降低到了 2018 年的 75.53%，下降了 4.61 个百分点。

2018 年中国的纯电动汽车市场依然由国产自主品牌主导，这主要体现在年销量 TOP5 的北汽新能源、比亚迪、奇瑞、江淮、华泰的市场占有率合计超过 70%，且销量前十的厂商均为自主品牌。得益于国家实施的一系列针对性强且见效快的新能源车政策，2018 年中国纯电动乘用车产品在高续驶里程、环境适应性及安全性等诸多方面均实现了多项技术突破。截至 2018 年第四季度，A 级电动车续驶里程在 400 km 以上的产品达到了 50%，而全气候电池等技术开始实现整车搭载，实现了纯电动乘用车产品低能耗和电池性能的综合提升。总体而言，2018 年的中国纯电动乘用车产业发展呈现以下几点重要特征。

（1）自主品牌强化投入。如北汽、上汽、广汽等继续加大投入力度，力图在新造车势力和合资品牌进入市场前扩大和巩固在纯电动汽车领域已有的市场优势。

（2）新造车势力急剧分化。如蔚来、威马、小鹏等代表企业已经完成量产和交付，正式成为纯电动汽车市场的一员，尚有一些新造车势力未进行量产则要面对资金链紧张、补贴退坡及外界质疑等多重压力。

（3）合资品牌开始发力。奔驰、宝马、奥迪相继发布了纯电动汽车 EQC，iX3 和 e-tron，其中 EQC 计划最早在 2019 年底在北京奔驰实现投产；此外，特斯拉年内宣布要在上海投建超级工厂，并表示最快可 2019 年第四季度投产，特斯拉能够实现在中国上海独资建厂的独特之处也见证了中国汽车产业政策的变化。

(4)消费理念日趋成熟。2018年,纯电动微型车的销量为33.24万辆,占纯电动乘用车的比例为44.32%。相比于2017年67%的占比,已经有所下降;而在A级车市场(轿车、SUV),不管是纯电动还是插电混动汽车,相比2017年的市场占比都有所提升。这意味着消费者的消费理念趋于成熟,也标志着纯电动市场逐渐由政策导向往市场导向转变。

(5)政策开路产业提速。2017—2018年国家相继出台了《乘用车企业平均燃料消耗量与新能源汽车积分并行管理办法》及《关于调整完善新能源汽车推广应用财政补贴政策的通知》,在国家财政补贴整体退坡的情况下,重点针对高续驶里程(NEDC工况法续驶里程≥300 km)的纯电动乘用车加大了补贴力度,体现国家从政策开路和产业提速两方面考虑,大力发展高续驶里程纯电动汽车的决心。

(6)盈利困境仍难走出。2018年9月北汽新能源上市成为纯电动汽车第一股,全年归母净利润1.55亿元,同比增长161.21%。对于纯电动汽车市场的诸多自主品牌、新造车势力和合资品牌而言,共同面临的就是如何通过扩大市场份额,依靠技术进步实现平台化模块化,通过整合平台和供应链的优势来实现成本的最低化和盈利。

(7)新能源汽车三电及充电市场处于成长期,制造商营收有望出现增长,但整体利润率不乐观。产品同质化、产能过剩和产业链中议价能力弱等因素导致电机电控厂商利润下滑明显;动力电池价格下降、电动车续航里程持续提升,将拉动单车带电量提升。随着国家补贴政策对电池能量密度要求的持续提升,行业"领头羊"表现出显著技术竞争力,研发投入规模优势凸显,市场份额有望持续集中;充电桩产品同质化严重,近几年无技术革新的背景下,传统充电桩制造商将面临激烈竞争。

2. 2018年纯电动乘用车技术发展

(1)2018年纯电动乘用车技术发展特点

根据罗兰贝格发布的《2018年全球电动汽车发展指数》,尽管中国在技术层面依然排在中下游(与意大利处于同一层次),但在行业与市场层面相对其他国家保持了绝对优势的领先地位,因此其综合分数为全球第一。2018年中国纯电动乘用车技术的发展特点主要体现在以下几个重要的方面。

①纯电动汽车续航里程进一步提升:这主要得益于电驱动、动力电池及轻量化等方面的技术突破,此外政策上也得益于2018年为鼓励长续航里程和低能耗纯电动汽车出台的新补贴标准。根据工信部2018年1~12批《新能源汽车推广应用推荐车型目录》统计,有41%的纯电动汽车续驶里程达到300~399 km范围内,而2017年占比达49%的150~199 km续驶里程下降到仅占7%;特别是如北汽新能源EU5、广汽GE3 530、上汽荣威Ei5等,其NEDC续驶里程均超过400 km;

②智能网联的应用全面加速:如北汽新能源全新发布并已实现搭载的整车人工智能达尔文系统,上汽Marvel X搭载的AR智能辅助驾驶系统与无线智能泊车给电功能等;

③自动驾驶技术的深度发展及应用下探;

④电机、电池等关键核心零部件性能指标进一步提升:电驱动系统继续向着高功率密度和高集成度方向发展,如北汽新能源纯电动车型EU5的最高系统效率超过95%,而高性能三元电芯进一步拓展在动力电池领域的应用,如广汽新能源的GE3 530的系统能量密度已超过160 Wh/kg。

(2)2018年纯电动乘用车实现的主要技术突破点

①驱动电机领域:以永磁同步电机为代表的纯电动汽车驱动电机系统在性能上进一步提升。2018年中国新能源汽车的电机出货量为141.78万台,同比增长50.8%。其中,永磁同步电机由于工作效率高、功率密度高和体积小等优点占据了国内电机市场最大份额,在纯电动乘用车领域的应用进一步扩大。2018年中国市场在售的157款纯电动乘用车中,采用永磁同步电机的车型有113款,占到了总数的72%以上。其中年销量TOP10的纯电动汽车车型中除北汽新能源的EC系列外,均采用了永磁同步电机系统。以北汽新能源EU5为例,所采用的永磁同步电机其最高转速11 000 r/min,最大扭矩300 Nm,最大峰值功率160 kW,功率密度1.6 kW/kg,最高系统效率超过96.5%,并配备了液冷热管理系统。通过动力总成系统的集成匹配优化设计,动力总成系统效率高达95%以上,整车百公里加速仅7.8 s。

②动力电池领域:国内动力电池市场主要受市场长续航需求和政策补贴政策影响。随着近年来市场对长续航的需求及补贴政策与高能量密度挂钩,三元材料电池能量密度大的优势使其成为纯电动乘用车的主流选择。但随着未来补贴退坡及成本因素等影响,预计磷酸铁锂电池的装机份额还会有一定的提升。2018年三元材料电池的总装机量达35.25 GWh,较2017年的21.5 GWh相比增长59.3%,价格则进一步下探至1.3~1.4元/Wh。以广汽新能源的GE3 530为例,该电池组的电芯搭载了宁德时代(CATL)的153Ah三元电芯技术,并采用了新的负极材料配方,使用了9 m高性能隔离膜以及6 m超薄铜箔,使得电芯的能量密度达到了212 Wh/kg,配合高强铝合金挤压型材托盘+轻质高强SMC上盖的轻量化技术,其系统能量密度已经超过160 Wh/kg。

③充电领域:2018年纯电动汽车的充电技术发展迅速,且充电技术的快捷、便利、智能、互动特点进一步显现,大功率充电技术、无线充电技术、双向充电等新技术正逐步实现产业化发展;同时,结合储能技术,纯电动汽车、智能交通与智慧能源的联系愈加紧密,跨界融合和发展正为电动汽车和充电设施的发展开创了新的空间,纯电动汽车充电服务商向能源服务提供商的转变正显露端倪。为推进纯电动汽车充电技术发展,纯电动汽车及电力行业进一步深化充电设施标准体系,加快标准制修订步伐并完善标准技术组织体系。截至2018年,充电设施有效标准50项,正编计划项目共47项,其中,国家标准14项,行业标准13项,中电联标准20项。

(3)亟须解决的技术难点及解决方案

①电动底盘一体化设计与调校:通过研究电驱动与制动系统、底盘系统的一体化集成设计技术,形成符合我国需求和政策法规的全新纯电动乘用车用底盘,提高整车性能。

②高效动力总成系统设计:通过整合优势资源,突破先进集中式和分布式驱动技术,实现高效率、高比功率、高比转矩的车用电机研发,匹配高效传动系统,打造高效率高性能的电驱动系统。

③整车集成与轻量化技术:开展纯电动汽车模块化、系统化

及平台化设计与制造技术，进一步提升纯电动汽车架构安全性与整车可靠性，推动轻量化结构及材料在整车的搭载与应用。

④先进的纯电动汽车能量与电池管理系统：开展适用不同形式工况和环境条件的整车能量管理、电池SOC精确预估与电池智能化管理系统研发，提高整车能量流效率和控制策略，降低整车能耗水平。

⑤废旧动力电池回收利用技术体系：加强全国车用动力电池回收利用信息化平台及网络建设，对动力电池退役判定标准及检测技术、单体电池的自动化拆解和材料分选技术等关键共性技术研发予以财政资金扶持，对积极采取新技术、新工艺、新设备的动力电池回收利用企业予以税收减免优惠。

(4)2018年国内外技术差异分析

①在纯电动乘用车整车集成开发方面，特斯拉、捷豹等国外车企投入生产的Model 3、I-Pace等全新平台纯电动汽车，其正向开发的整车架构便于安置更大电量的动力电池并提供更大的车内驾乘空间，同时应用正向整车轻量化技术能够在满足碰撞安全需求的基础上大幅降低整备质量和能耗水平。而国内大多数自主品牌车型仍以共平台为主，大电量电池的安装匹配对整车驾乘空间、轻量化水平和安全性影响较大。

②在高压直流充电与动力系统的集成匹配设计方面，以奔驰、宝马为代表的车企已搭载成熟的350 kW CCS整合充电系统，基于高压平台架构的超快速充电能力已成为国外纯电动乘用车的风向标；西门子、ZF等厂商已掌握电机—减速器一体化设计技术。国内在高压电气系统开发方面还处于起步阶段，亟待形成高压电气-电机-减速器集成及系统振动控制为一体的电动车开发平台。

③在高安全性与极端环境适应性的动力电池系统技术方面，以特斯拉、日产为代表的国外车企已开发出高安全、全气候适应的动力电池系统，支撑500 km以上续航里程的车型开发，并满足大功率充电需求和极端气温下的行驶需求。国内尚无量产车型搭载相关技术，严重影响了纯电动汽车的环境适应性与续航里程的进一步提升。

3. 未来几年纯电动乘用车技术发展趋势

纯电动乘用车在可见的未来都将是我国新能源汽车产业的主要组成和发展方向。随着国家补贴的逐步退坡和双积分等政策的完善实施，纯电动乘用车进一步大力推广也需要解决电动汽车大规模推广使用过程中存在的智能化程度低、续驶里程短、整车能耗高、安全性能差等难题。

①开展面向整车—系统—零部件的轻量化技术。降低整车整备质量是纯电动汽车节能降耗、延长续航、动力提升的重要保障，推动诸如高强钢、镁铝合金和复合材料等轻量化材料在纯电动汽车的应用，突破多材料安全车身结构设计及仿真分析技术、多材料连接技术多材料体系下的轻量化底盘、模块化/集成化三电系统开发与集成，实现系列化、标准化、平台化的纯电动整车技术平台开发。

②开展高效电机设计和智能化电控技术研究，重点突破高效电机、减速器和高压电子电气系统的一体化设计技术，纯电驱动系统机—电—磁—热多物理场协同设计技术，实现高效一体化电驱动系统开发；开展能耗建模与测试分析研究，进行包含能耗影响因素特征参数的综合工况构建、分类与预测识别方法研究。开发整车智能电控系统，实现安全、舒适、节能多目标能耗优化与智能化控制。

③开展电芯单体、模组到整个动力电池系统的多尺度安全防护技术，并提供基于高能量密度动力电池单体的高效、安全成组技术，开发集耐撞性、轻量化、热失控于一体的动力电池系统设计方案，并重点突破电池轻质高强防护结构的设计与低成本集成制造技术。

三、纯电动客车

Chapter 3 Pure Electric Bus

（北汽福田汽车股份有限公司　秦志东　魏长河）

1. 2018年纯电动客车产业的总体情况

根据中汽协最新发布数据显示，2018年全年，汽车总销量为2 808万辆，为1990年来首次出现年度下降。在此背景下，2018年全年新能源汽车产销量逆势上升，分别完成127万辆和125.6万辆，比上年同期分别增长59.9%和61.7%。其中纯电动汽车产销分别完成98.6万辆和98.4万辆，比上年同期分别增长47.9%和50.8%；插电式混合动力汽车产销分别完成28.3万辆和27.1万辆，比2017年同期分别增长122%和118%；燃料电池汽车产销均完成1527辆。不难看出作为新能源汽车主要驱动力的纯电动车型，其销量占新能源汽车市场的份额已近八成。

具体到新能源商用车细分领域的客车市场，新能源客车的销量则几乎全部来自纯电动客车。据第一商用车网提供的数据显示，在2019年补贴大幅退坡的预期之下，2018年新能源客车市场累计销售9.86万辆，其中混合动力客车销售5 679辆，纯电动客车销售9.3万辆，纯电动客车的市场份额达到94%，占据绝对的市场份额。

从市场格局来看，2018年我国新能源客车集中度相对较高，总体格局不变，前10名均为传统汽车企业，占据了将近八成的市场份额，形成了“一优多强”的行业格局。其中，宇通客车以2.46万辆总体销量，一家占据27%市场份额，同比下降不超过1%；比亚迪市占率微增至13.92%；而以厦门金龙、厦门金旅、苏州金龙为代表的“金龙系”表现亮眼，总体销量比肩甚至超过比亚迪。具体到纯电动客车市场，宇通客车市场份额也达到了24%，几乎占到了1/4，而比亚迪则拿下第二，市场份额占13%。

2. 2018年纯电动客车技术发展情况

2018年2月，国家财政厅、工信部、科技厅及发展改革委

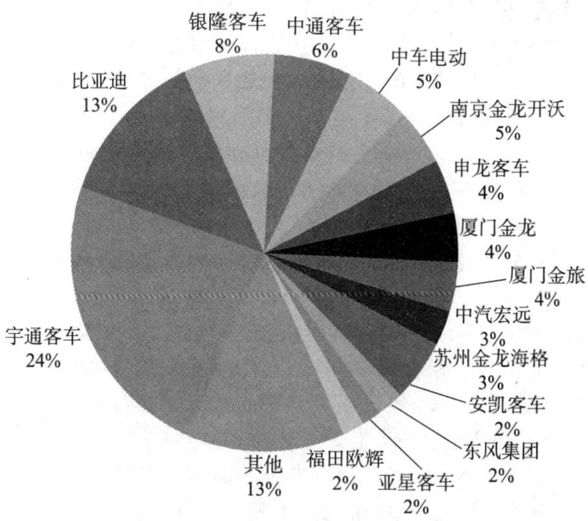

图 1-12 2018 年国内企业纯电动客车产量

4 个部门公布了《关于调整完善新能源汽车推广应用财政补贴政策的通知》，至此，新的补贴政策落地，国家对新能源汽车行业补贴的退坡甚至完全消除已成定势。

补贴政策的落地，市场需求的差异化，对 2018 年纯电动客车技术的发展产生了深远的影响。在新版补贴方案里，将"提高技术门槛要求"作为开宗明义的首条纲领，明确提出要鼓励高能量密度、低能耗车型应用，将补贴资金显著倾斜于更高技术水平的车型，并且维持对燃料电池的补贴额度不变。这表明，在经历了萌芽、起步、规模推广之后，行业主管部门在新能源汽车发展的提质换挡期，对于新能源汽车综合技术水平的发展提升比以往任何时期都更加看重。

政策对技术的要求不断提高推进了产品质量的快速提升。2018 年，纯电动客车产品综合性能进一步提升，驱动电机、电池等关键零部件性能进一步提升。整车方面：车型种类不断丰富，整车能效优化控制技术，轻量化技术的大量应用，持续提升车辆的动力性、经济性、舒适性、安全性，进一步满足了消费者的应用需求；动力系统方面：高效电驱动系统的开发应用，高集成度、高比功率/高比转矩驱动电机的开发应用，先进驱动方式的研究；电池方面：动力电池比能量和循环寿命提高，高精度高安全性电池管理系统等先进技术的应用为整车性能的提升创造了条件，促进了低端落后产能的淘汰，大幅提升了动力电池产业的总体水平。

(1)2018 年纯电动客车技术发展特点

①核心零部件技术革新

经历了几年的技术积淀，纯电动客车核心零部件系统的匹配不再是传统能源车与新能源零部件简单的拼接，而是根据实际需求情况，开发出更加适应纯电客车车况的零部件，完成对纯电动客车的升级。例如，纯电动客车一体化专用底盘，纯电动客车专用车桥，新能源空调，匹配更加科学合理的大三电、小三电。各整车厂开始加强对关键核心零部件的把控和理解，对该系统不断的优化和迭代，推动了客车电动化的发展，拥有了自己的特色。

②整车品质提升

2018 年 3 月，宇通作为客车产品的领头企业，首先提出"上规模 · 高品质 · 创高端"的目标，紧随其后，比亚迪、中通、福田欧辉等骨干车企也开启了新一轮客车行业的"品质革命"。各车企以车辆安全为前提，从整车的稳定可靠性、产品工艺、质量把控进行升级，把服务、创新纳入自己的 KPI 指标，推动纯电动客车行业市场化、规范化发展。

③纯电客车分类精细化

随着客户需求的多样化和国家及地方政策的导向，纯电客车已全面覆盖各大领域，无论是传统的城市公交、公路客运、旅游团体、城郊运营线路，还是新兴的短途接驳、市内通勤应用场景等，都有着纯电动客车的影子。纯电动客车已实现了 4 ~ 18 m 全产品系列覆盖，适应于人类社会生活中的绝大部分应用场景，满足了市场的差异化需求。

(2)2018 年纯电动客车实现的主要技术突破点

①三电技术百花齐放

三电技术即电驱动与传统系统技术、储能系统技术和整车电控系统技术，是纯电动客车的技术核心，也是各个整车厂重点关注的模块。2018 年是三电技术集中爆发的一年，先进技术层出不穷。在电驱动技术领域，驱动方式多元化发展，集中式驱动和分布式驱动各领风骚。从单电机直接驱动，到电机 + 变/减速箱、中央电驱动桥、轮边轮毂电机、集成式电驱动系统多技术路线共存，高效高可靠性高功率/高转矩已成行业共识；在储能系统领域，磷酸铁锂电池、钛酸锂电池、锰酸锂电池、三元电池等多元技术体系并路推进，在纯电动客车市场上均有亮眼表现。其中主要以磷酸铁锂电池为主，其系统能量密度已超过 140 Wh/kg，接近国际先进水平，产业成熟度和规模国际领先。随着电池能量管理系统控制精度的提升，动力电池先进热管理技术的应用和升级，动力电池的安全性、适用性已有了显著改善，动力电池的成本也随之有了显著下降；在整车电控技术领域，整车能效优化控制技术的研究应用，有效改善了车辆的工况能耗水平。PEU 系统深度集成六合一、七合一，又促进了高压电控系统的标准化、系列化、模块化，轻量化、集成化的发展。

②匹配合理化，控制系统智能化

纯电动客车的整车性能水平受整车参数、动力系统、储能电池等多个因素影响，各整车厂在系统部件现有技术水平的基础上通过对其关键参数进行合理配置和优化，努力提升纯电动客车整车性能，辅以智能化算法控制，充分考虑工况和系统效率对整车性能的影响，对纯电动客车各个耗能部件进行能量分配，实现最优能量管理。以整车控制器、PEU 控制器、智能化电池管理系统和变频空调控制器为核心，实现了整车能量管理智能化、车辆远程管理智能化、空调变频控制智能化、充电管理智能化。

③整车轻量化技术

过去一年，纯电动客车的整车轻量化技术，主要从以下 3 个方面进行开展。一是关键零部件的轻量化应用，如 140 Wh/kg 高能量密度动力电池系统的普通应用，又如高比功率/高比转矩驱动电机的大力推广，已实现驱动电机扭矩密度从不到 10 Nm/kg 到 13 Nm/kg 以上的提升；二是高集成化零部件技术应用，如多合一电驱动系统总成，多合一集成控制器等；三是新材料新工艺的应用，如高强度钢在大多数纯电动客车上的规模应用、铝合金车身的广泛应用、镁铝合金材料的前瞻性研究、碳纤维等复合材料的使用，以及面向轻量化材料的激光拼焊技术、内高压成形技术、热冲压成形技术等的推广。

(3)亟须解决的技术难点及解决方案

①公告里程与实际应用偏差较大

根据国家标准要求，纯电动客车的续驶里程申报值以车辆 40 km/h 等速行驶的最大距离为准。而在实际使用中，无论是城市道路的公交工况还是城郊高速工况，均与试验测试情况存在较大差异。一般来说，纯电动客车充满电后的续驶里程，实际使用中一般只能达到申报里程的 2/3，甚至更低。这样就导致了市场端的极度抱怨，产生对纯电动车辆的不信任感。而就算是模拟典型道路情况的 CCBC 和 CWTVC 工况，因样本的局限性，已不能适应中国的实际道路需求，急需研究制定符合中国国情的客车运行工况。

②环境适应性差强人意

一般而言，高温、高寒的环境，会对纯电动客车的使用提出了更高的要求，主要是因为三电系统对这种极端环境的适应性较差，常规性能的发挥会受到限制，行业内还需要在这方面下大力气进行研究。国内的重点相关企业，已经开始研究全气候、高稳定的三电系统。如北理工与福田欧辉合作，在全气候电池和空调技术的发展上取得了一定的突破，在内蒙古自治区海拉尔市 -40 ℃冬季试验场成功完成了全气候新能源汽车原理样车的试验。另外，高海拔地区对电气元件性能的衰减，沿海地区的高湿热环境导致的产品易腐蚀性，都给纯电动客车的推广带来了挑战。

③电池安全问题突出

电动汽车面临的最大风险，一定程度上就是动力电池的安全性，动力电池在产品质量上还存在不少明显的问题，这主要体现为三类：第一，电池产品测试验证不足；第二，车辆使用过程中可靠性变化；第三，充电安全管理技术有问题。

受补贴政策影响，能量密度与补贴金额直接挂钩，国内对动力电池能量密度的要求在近年来快速提升，技术上升周期越来越短。电池企业不断开发更高能量密度的产品，但依然跟不上政策指标变化的速度，产品技术更迭速度过快，动力电池安全验证周期越来越短，导致动力电池的安全性风险日益提升，而这也成了引发电动汽车频繁起火的重要原因。

(4)2018 年国内外技术差异

新能源汽车代表着未来汽车的发展方向，其在全球范围内所占的比例正在迅速增长，尤以纯电动汽车最具代表性，得到了世界各国和汽车强企的重视。从纯电动汽车的技术发展关键点来看，电池、电机及电机控制的技术发展是制约其发展的关键因素。

在新能源汽车电池、电机、电控技术发展方面，国内和国外的技术发展存在着较大的差异。在电池技术研发领域中，能量密度是一个非常重要的指标。而电池的正极材料又是极大提升电池能量密度的突破点。国内的正极材料多以磷酸铁锂为主，在能量密度上远低于国外以锰酸锂和三元材料为主的能量密度，故在电池技术发展方面，国内和国外的实力差距较大。

在电机技术发展领域，因为我国具有稀土资源的优势，故电动机的主流是永磁同步电动机，具有高功率密度、高转矩密度、尺寸小、重量轻的优点，在技术方面和日本、韩国接近；而欧美国家多使用交流异步电机，优点是电机成本低，结构简单，但同时具有调速范围小，转矩特性不理想的问题。

在电控技术发展领域，IGBT，即绝缘栅双极型晶体管的发展对于电控技术的突破和电控成本的降低极为关键。但是纵观全球市场的竞争格局，欧美国家在 IGBT 的技术上，有着绝对的优势，在功率分离器件和功率 IC 方面都做得极好，而日本企业在功率 IC 方面不如欧美国家，但是分离功率器件方面做得较好。首先，中国由于企业研发起步晚，在半导体材料研发，特别是 IGBT 的研发方面和欧美和日本的技术差距较大。以 IGBT 为例，基本被英飞凌、三菱、富士等欧洲及日本企业垄断，中国一芯难求。所以电控零部件的核心技术方面是远远落后于国外的。其次，无论在批量化的生产工艺、质量控制、和可靠性紧密相关的方面，还是在成本控制方面，我们还需要进一步提升。

综上所述，我国在电池、电控方面的技术发展都和国外有着较大差距，而在电机的技术发展中，得益于稀土资源的优势，水平接近。

3. 未来几年纯电动客车技术发展趋势

纯电动客车的开发目标一方面是降成本、降重量、降能耗、提高续驶里程，另一方面是保持创新和先进性，未来几年也将围绕这两条主线进行发展，主要体现在以下几个方面。

(1)底盘及动力系统一体化、平台化设计技术

纯电动客车底盘及动力系统的一体化设计，有利于纯电动客车的标准化、模块化、系列化，提升了纯电动客车动力系统平台的安全性与可靠性，提高了汽车的整体性能。

(2)高效、高集成度电驱动系统关键技术

高效、高比功率/高比转矩的驱动电机将是纯电动客车的目标，电驱动系统从分离式向高度一体化方向发展也是趋势，全球主流整车及零部件企业纷纷在电驱动系统高度集成化领域开展研究，未来随着碳化硅技术的突破，电机及电机控制器、减速器等部件将更容易实现整体集成化。

(3)轻量化技术

新材料、新结构、新工艺在整车设计和生产中的规模化应用。

(4)纯电动汽车能源管理控制技术

适用于不同行驶工况和环境温度的整车能源管理和续驶里程预估技术应用，以及控制策略的优化，提升核心零部件的能量效率，提高整车能效。

(5)固态电池

固态电池在安全性、能量密度等方面具有较大的发展优势，国内固态电池研发已取得了一定进展，国外跨国公司也积极布局固态电池的研发和储备。

(6)智能化网联化技术

对于电动客车来说，由于本身的电控集成化程度较高，控制系统更加成熟，未来几年，以自动驾驶和安全行驶功能为基础并结合车联网大数据分析的智能驾驶，将成为电动客车发展的新趋势。

4. 未来市场需求分析预测

随着新能源汽车补贴政策逐步退坡以及市场对技术要求的不断提升和企业成本管控的加严，低成本、低能耗、高安

全、高可靠性将是产品立足市场的根本。从市场角度出发，城市公交车再经历了几年的爆发式增长，需求也将趋近于稳定，而城郊客车、城市通勤、机场摆渡、商务出行的需求却在逐年增长，总体来说电动客车的需求是稳中增长的。因此基于我国新能源汽车发展趋势，预计2019年新能源汽车市场销量将达到160万~170万辆，纯电动客车销量将达到近10万辆。不可否认，纯电动客车作为商用车的重要一员，它的市场需求还受到国家及地方政策导向、基础设施建设等诸多因素影响，这些因素也将随时改变着纯电动客车的市场走向。

节能环保永远是客车行业未来发展的主题之一，随着纯电动客车技术的进步及完善，依靠国家政策的大力扶持、社会的广泛参与，纯电动客车有着广阔的发展空间，必将成为未来客市场上的主流产品。

5. 其他认为重要的方面

随着中国客车的技术水平迅速提高，中国客车走出国门的速度越来越快，据海关统计，近5年来，客车出口的平均增长速度达到了101.33%，可以说，出口已经成为客车行业发展的新的增长点，不仅能够弥补国内需求趋缓的不足，而且为行业的扩张提供了更加广阔的发展空间。

我国的新能源纯电动客车的应用规模在世界处于领先地位，整体技术水平与国际同行相比不落下风，且有规模化应用和推广经验。随着国内市场的增长趋缓，我们应积极拓展海外市场，围绕纯电动客车价值链，形成研发、生产、销售、金融服务、售后服务等完整的营销体系，培育具有国际营销和服务经验的人才，培养高素质的客车领域人才，为我国纯电动客车全面进军国际市场积蓄力量。

我国新能源汽车正处于由市场导入期到产业成长期过渡的关键阶段，我们仍需谨防数字泡沫带来的影响，尤其重视地方政府为追求新经济增长点而造成的盲目投资、新企业加速布局进行的冲动投资，以及传统车企对转型过快产生的忧虑。盲目和冲动投资带来的数字泡沫不仅会给产业健康稳定发展带来严重损害，还会导致资本市场的严重焦躁，并冲击多年建立的良好市场环境。

四、纯电动专用车

Chapter 4　Pure Electric Special Vehicles

（同济大学汽车学院　吴小员　左哲伦；同济大学车用新能源研究院　吴　仕）

1. 2018年纯电动专用车产业的总体情况

2018年我国新能源专用车总产量为112 607辆，其中纯电动专用车总产量为11.17万辆，同比下降约27.23%，未能延续2017年的高增长态势，也远低于年初行业普遍给出的23万辆以上的预期。从月度产量看，和往年类似，受补贴政策推出和实施时间较晚的影响，呈现明显的季节性特点，产量主要集中在第四季度。从销量看，2018年新能源专用车销量为108 340辆，其中纯电动物流车销量为97 759辆，占比为90.2%。纯电动物流车中，受益于智慧城市绿色物流市场与政策多重推动，又以面向城市物流市场的轻型纯电动物流车为主，主要包括客厢式物流车（含微面、凌特等车型），产量为7.25万辆，同比下降17.6%，在纯电动物流车中约占64%，当年电动化比例为36%；以及货厢式物流车（含微卡、轻卡等车型），产量为3.63万辆，在纯电动物流车中约占32%，同比下降40.4%，当年电动化比例为8%。其他类纯电动专用车，以环卫类为主，如比亚迪的T10ZT重型渣土车等。

在2018年工信部发布的13批《新能源汽车推荐车型目录》（以下简称《目录》）中，共有163家车企的1246款新能源专用车车型（其中纯电动物流车车型为875款），比2017年进入《目录》的企业数（139家）、车型数（990款）均有较大幅度增长。从实际产销看，2018年有141家车企有产量。排名前十的企业市场占比达56%，行业集中度依然不高，且企业产销量排名变化较大，行业格局尚未固化，并出现了纯电动乘用车企业、物流企业等纯电动物流车造车“新势力”，如奇点汽车、天际汽车、驹马物流等。2018年产量排名居前的企业包括开瑞新能源、东风汽车、瑞驰新能源、陕西通家、湖北新楚风等。2017年产量排名前十的企业有4家在2018年跌出前十，其中长期保持行业第一的东风系，在2018年被开瑞新能源超越，排名第二。

2018年市场仍呈现地区不平衡和需求分化等特点，销售区域继续以对电动物流车开放路权、经济实力较强的城市为主。当年销量在1 000辆以上的城市共17个，其中深圳仍保持遥遥领先态势，是唯一销量过万辆的城市；其他城市销量在5 000~6 000辆的有2个（成都、北京），2 000~5 000辆的有4个（合肥、东莞、郑州、西安），1 000~2 000辆的有10个（重庆、广州、襄阳、长沙、上海、天津、南京、南平、武汉、保定）。2018年深圳市共推广应用纯电动物流车2.52万辆和专项作业车150辆（其中纯电动渣土车104辆）；截至2018年底，该市电动物流车保有量为6.18万辆，连续4年成为全球保有量最大的单一城市。6 m以下的纯电动专用车在大中城市市场表现较好，4.5 m以下的轻型纯电动物流车因取消营运证及多地路权支持等，表现出更好的经济性，市场份额提高至14%以上。2018年，第三方车辆租赁运营商仍为纯电动专用车推广应用的主力，他们采购车辆，为快递、城配及大货主等用户企业提供用车综合解决方案及服务，包括车辆租售、充电服务、维保服务、车辆监控、运营支持、保险金融等。截至2018年底，纯电动专用车车队规模超过1万辆的主力运营商有地上铁租车和八匹马租车等，其业务覆盖城市均超过50个。

2. 2018年纯电动专用车技术发展情况

（1）2018年纯电动专用车技术发展特点

总体而言，主要有续航里程大幅增长，智能网联、轻量化，以及底盘电动化、智能化等技术加快发展，由运营商主导的车辆开发新模式兴起等特点。

①2018年纯电动专用车续航里程大幅增长，实用性提升。从2018年13批《目录》中的纯电动专用车车型看，91%的车型等速续航里程超过200 km，36%的车型超过300 km；而2017年《目录》中，等速续航里程超过200 km、300 km的车型比例分别仅为75%和18%。2018年部分新车型，如开瑞大象EV和东风瑞泰特，等速续航里程超过300 km；江淮帅铃i5 4.125 m纯电动轻卡和福田奥铃智蓝4.14 m纯电动轻卡等速续航里程超过400 km。2018年新能源专用车动力电池装机量达6 377 MWh，同比下降33%。配套电池企业众多，但行业集中度较高，排名前十的电池企业装机量占比近70%，其中仅宁德时代和合肥国轩高科两家共占35.8%的份额。在电池类型方面，三元锂电池占48.4%，磷酸铁锂电池占41.49%，另有锰酸锂电池占5.28%和其他动力电池占4.83%。2018年三元锂电池主导市场的格局发生变化，其中磷酸铁锂电池占比大幅上升，相比2017年，磷酸铁锂电池装机量上升了15.49%，三元锂电池则下降了20.6%。

②智能网联技术加快开发与应用。国内多家企业积极探索特定场景下无人驾驶物流车产品开发与应用。如江铃为工业园区、景区、港口等封闭场景研发了凯锐无人驾驶电动轻卡；百度推出了"新石器"L4级无人驾驶微型物流车，并于2018年7月开始在雄安及常州的封闭园区内开展商业运营。在智能互联与智慧物流建设方面，车辆的智能监控与智能调度等成为研发热点。G7智慧物联为电动专用车研发了E-Router，可实时动态上传车辆状态、驾驶员行为等数据，作为实现车辆智能调度、智能监控的数据基础；上汽大通基于EV80改造了智能移动驿站，整合了包括实时在线监控、车队智能调度和管理在内的多项实用功能。

③轻量化技术加快实现与纯电动专用车的深度融合。纯电动专用车的轻量化途径，从以材料轻量化为主，转向材料、结构和工艺的综合轻量化；从以车身轻量化为主，转向对整车零部件的全面轻量化。如2018年江铃的凯锐EV车型采用了材料、结构和工艺轻量化3种途径，对货箱、轮辋、板簧等零部件进行了轻量化设计，整车减重率超过10%，综合工况百公里电耗降低至38 kWh，其货物装载量与同规格的燃油轻卡装载量相当。

④底盘电动化、智能化成为行业热点。随着"工业4.0"的导入和《中国制造2025》发展规划的深入实施，纯电动专用车的生产正逐步转向柔性化和智能化，为底盘电动化、智能化提供了重要条件。容大智造于2018年6月发布了无人驾驶数控智能物流车底盘"菜豆"，其搭载一系列的传感器设备与大功率电源接口，控制平台完全开放，可供其他企业开发纯电动无人驾驶物流车。

(2)2018年纯电动专用车实现的主要技术突破点

①动力电池产业化成熟度和能量密度提升，提升纯电动专用车的实用性。2018年中国动力电池总装机量为56.89 GWh，同比增长56.88%；2018年的电池组价格从2017年的约1.5元/Wh下降至约1.3元/Wh。在2018年13批《目录》中，纯电动专用车的电池能量密度主要分布在120～140 Wh/kg，占比为57%，而2017年的纯电动专用车能量密度则以90～120 Wh/kg为主，占比为76%。与2017年相比，2018年动力电池成本有所降低，能量密度提升明显，促进了纯电动专用车的市场化应用。

②以永磁同步电机为主导的纯电驱动系统技术发展，促进了纯电动专用车性能提升。2018年的《目录》中，搭载永磁同步电机的纯电动专用车车型数占纯电动专用车车型总数比例达93.68%，成为车企选择的主流。2018年我国自主研发的车用永磁同步电机峰值功率可达100 kW，峰值扭矩可达230 Nm，最大效率达94%～96%，达到国际上西门子、日产等主流企业的水平。

③具有快充功能的车型普及，换电模式车型开发与运营探索取得进展。2018年上市的纯电动专用车基本具备快充功能；国内第一款具有换电模式功能的4.2 m纯电动轻卡（大运E3）投入市场，该款车型主要特点在电机和电池设计方面。大运E3采用三电机并联，优点在于3台小功率电机分散了母线总功率的做功热量，可以实现单台运转和联动运转，使得电机工作在最高效率区；电池方面除了可以快速换电之外还支持弹性扩容，共有8个电池仓，每个电池仓容纳一组15 kWh的三元锂电池，可装载从最低4组到最高8组电池，更换电池最快只需5 min。协力集团旗下的城建重工（唐山曹妃甸）新能源汽车科技有限公司在国内首次开展换电模式电动物流车运营。

④智能技术的应用为纯电动专用车效率提升提供手段。上汽大通结合C2B定制等研发、制造模式，开发了EV30纯电动智能物流车，借助蜘蛛智联系统，实现大数据在企业、车、人、道路的互联互通；打造定制化智能车队管理平台，整合车辆调度、安防监控等实用功能。一汽解放的ICV港口集装箱水平运输专用智能车配备了智能编队模式，可以跟随引领车辆自动完成加减速、转向、紧急停车等编队行驶动作。智能化技术还促进了环卫车等作业车辆效率的提升。上汽大通启动了EC500i L4级智能道路纯电动作业车的封闭测试，该车具备无人驾驶功能，并可自主完成垃圾识别、智能清扫、智能吸尘等智能作业，节省了环卫作业的时间和人力成本；绿色翅膀研发了纯电动智能洗扫车等车型，采用触摸屏+专用控制器+总线控制，自动化、智能化水平较高，相对于同类车型，作业效率显著提升。此外，百度自动驾驶平台Apollo探索实现干线物流、支线物流、终端物流等全物流场景覆盖的无人驾驶方案；阿里菜鸟小G物流车取消驾驶舱，在城市道路中行驶速度在30～40 km/h，定位精度在20 cm以内；美团试用魔袋无人配送车，具备交通场景识别等功能，适用于城市道路末端3 km配送场景。

⑤面向城市物流市场层级需求特征，由运营商主导开发的装载高效、续航持久、经济耐用的专属新能源物流车型上市。开发模式创新助力这类产品提升了平台化、模块化、通用化支持的可衍生性和快递物流专用性。如由运营商熊猫新能源牵头开发的LEV系列城市新能源物流车专属平台，开发了装载空间从2～23 m^3的7款电动微面和一体式轻卡车型；剔除了传统车型上客户不关注、不使用的10多项配置，针对快递物流车所需功能增加了近20项新功能设计。新车型采用了专属化、轻量化、智能化、定制化、快换电等多项创新设计，并使车身及外观更具科技感与时尚性，更符合"90后"物流车驾驶员的审美需求。

(3)2018年国内外技术差异

①动力系统方面：国内驱动电机、IGBT等零部件整体技术水平与国外有较大差异；动力电池能量密度与国外相当。但稳定性存在差距。以永磁同步电机为例，国内大部分电机峰值转速在1万r/min以下，国外电机大多超过1万r/min；国内电机高效区占比以70%~75%为主，国外电机基本达到80%。而对于占整车成本约10%的IGBT，其市场的90%已被英飞凌、ABB等国际企业占据，国内仅有少数企业研发并量产了高水平的车规级IGBT，如比亚迪在2018年底推出的IGBT 4.0，其综合损耗等指标均优于市场主流产品。动力电池方面，以三元锂电池为例，2018年国内可实现量产的三元锂电池单体能量密度约为260 Wh/kg，与国外相当。但部分动力电池产品存在稳定性差等问题，在车辆或电池防水措施不足、充电安全防护不力等情况下，易出现热失控等引发的车辆充电或行驶过程中的燃烧等安全事故。

②底盘系统与车身方面：国内大多数车企处于纯电动专用车电动化、智能化底盘正向研发起步阶段，国外已有部分企业开始探索乘商两用车型的电动化智能底盘，并同步研发适应电动化智能底盘的车身。奔驰于2018年9月推出了Vision Urbanetic概念车型，提供运输货物模块和驾驶舱模块两种选择，同时具有乘用车和商用车的功能；该车型可全天候工作，作为商用车使用时，其货箱容积可达10 m^3；除使用富含科技感、时尚性的车身外，该车型还采用了易于车身切换的设计，可在数分钟内完成车身更换过程。

③智能系统方面：一是国内外智能网联通信标准不同。国内以大唐和华为等主导的LTE-V方案为主，美国等众多国家则以DSRC方案为主。二是国内的传感器和处理芯片等智能网联零部件技术水平整体相对落后。如国外的Velodyne等激光雷达企业和英特尔、英伟达等处理器芯片企业的产品已较为成熟，而国内企业起步较晚，能提供成熟稳定产品的不多。此外，德国加快了城市邮政物流车高频、短途、智能化专属纯电动车型Street Scooter Work XL及其电动化底盘的开发优化与应用，并向有更大空间和有效载荷、续航达到500 km的燃料电池H2厢式货车拓展。我国冷藏车占货运汽车的比例偏低，其中抗菌保温智能等性能好的电动冷藏车车型少、产销量低。

(4)亟须解决的技术难点及解决方案

①纯电动专用车的续航里程和补电时间仍为车辆更大规模应用的制约瓶颈。需要进一步深入研究适应快充且能量密度高的电池，同时以碳化硅等新型电力电子元件为基础，发展具有快充、无线充电、换电等多种更快捷补电功能的纯电动专用车。

②现阶段纯电动专用车的智能化程度由于传感器等成本及通信条件等的限制，难以提高。一要加紧研究智能驾驶相关传感器、芯片，掌握核心技术，实现国产化和市场化；二要加快5G技术在纯电动智能专用车上的应用，并以此为基础，促进车辆、基础设施、物流场站与云平台之间的智能互联。

③现阶段纯电动专用车部分车型故障率高，降低了其运行效率。需要通过正向开发模式，优化底盘布置结构，提高电驱动、电池等系统之间的匹配性，提高整车及动力电池安全水平，从而进一步提高整车质量。

3. 未来几年纯电动专用车技术发展趋势

纯电动专用车市场需要承载性好、通过性强、智能化高，兼具快充或快速换电等功能，并具有高安全、高性价比的整车产品。对应技术发展趋势见表1-2。

表1-2 纯电动专用车技术发展趋势 （单位：辆）

技术分类		技术发展趋势
动力	电池	高能量密度、高安全性、宽耐温、适应快充、低故障率、PACK轻量化等
	电机系统	集成化("三合一"等系统总成)、轻量化、高速化、高压化、分布式轮毂电机等
	电控	神经网络控制、主动均衡、智能安全预警等
智能	智能网联	自动驾驶、高精度地图定位、V2X通信(包括5G通信)、智能驾驶行为提醒等
	新兴互联网	大数据、区块链、云计算、生物识别、AR、VR、数字化智能座舱等
	其他	与智能配送机器人、无人机之间的协调通信、人、车、货、路、场、云互通互联
整车	底盘	纯电动专用底盘、数控智能底盘、模块化底盘等
	轻量化	碳纤维、高强度钢、全铝车身、线束轻量化、胶接技术、锁铆技术等
	整车设计	去冗余设计、货箱分层结构、减振功能、车身一体化设计等
	其他	自动称重、胎压监测、甩挂技术(头挂自动匹配)等
补能	补电	换电、无线充电、快充、充电弓充电等
其他技术趋势		冷藏车要抗菌、环卫(自动作业)车和渣土车要更智能等

4. 未来市场需求分析预测

未来纯电动专用车在智慧城市、环保攻坚中的作用将更加突显，市场需求总体规模将继续扩大。随着我国2018年6月实施蓝天保卫战3年行动计划，京津冀等多地纷纷提出在2020年底前新增和更新的环卫、邮政、轻型物流配送车辆采用新能源或清洁能源汽车比例达到80%及以上的目标，加之我国加快城镇化步伐与智慧城市建设，智慧物流、绿色物流加速发展，未来几年，纯电动专用车在配送、冷链、环卫、渣土等多类运输服务场景，仍保有快速扩大应用规模的政策与市场需求，其中城市电动物流车仍将是专用车电动化的主要领域。

到2018年底，我国新能源物流车保有量达到36.92万辆，在货车总量中的渗透率从2017年的1.12%提升到了1.6%，渗透率仍然较低，物流车电动化还有巨大空间。仅考虑对现有2 600多万辆货车和部分地区对700多万辆三轮车的电动化逐步替代市场需求，到2020年，电动物流车保有量可达近百万辆。近年来，我国生鲜消费以及医疗器械的保温运输需求快速发展，冷链物流市场年复合增长率高达25%，对纯电动冷藏车的需求大增。截至2018年三季度，我国冷藏车保有量仅为16.42万辆，其中2018年上半年我国电动冷藏车仅售120余台，未来对功能细化、系列化、智能化的短途市内配送电动冷藏车仍有较大需求。与此同时，我国城市环保及市政管理近年来不断升级，对纯电动环卫车和电动化智能型重型渣土车的应用也有较大需求。

纯电动专用车车型将更加细分化、场景化和个性化，纯电动专用车的开发、制造将与商业模式创新、全生命周期价值管理更加紧密结合，主流商用车车企向后端围绕电动专用车运营服务延伸业务及价值链和物流运营服务企业向前端参与或主导纯电动物流车研发制造这两种趋势将加速成型。2018年6月确定的全国22个绿色货运配送试点城市，也将成为未来大力推广新能源物流配送车辆的新目的地。

五、纯电动物流车

Chapter 5 Pure Electric Logistics Vehicles

（中国汽车技术研究中心有限公司　任海波　胡学丹）

2018 年，受补贴退坡及专用汽车市场整体下滑的影响，各类纯电动物流车产量显著下滑，为 12.5 万辆，同比下降 20.3%。2019—2020 年，驱动纯电动物流车发展的政策将从补贴政策逐步转向路权、绿色货运示范等政策。未来，专用车总体产量在波动中持续增长，随着新能源汽车市场快速增长形成的规模效应、用车环境成熟、用户认可度提升、关键技术优化，纯电动物流车市场将加快从政策导向向市场导向转变。预计 2020 年，纯电动物流车将达到 27 万辆，2025 年，纯电动物流车将达到 100 万辆。

（一）纯电动物流车市场分析

1. 纯电动物流车市场整体走势

（1）各类纯电动物流车

纯电动物流车以纯电动厢式运输车为主，有少量的冷藏车、邮政车、微面及普通载货车。纯电动厢式运输车包含客车底盘厢式运输车和卡车底盘厢式运输车。

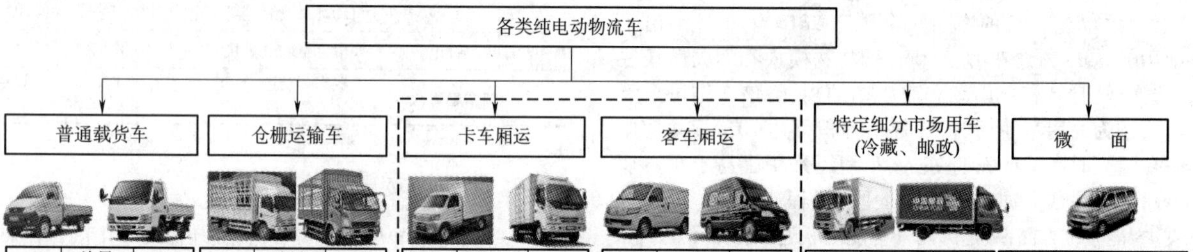

普通载货车			仓栅运输车			卡车厢运			客车厢运			特定细分市场用车（冷藏、邮政）			微面		
年份	总量（万辆）	EV 产量	年份	总量（万辆）	EV 产量	年份	总量（万辆）	EV 产量	年份	总量（万辆）	EV 产量	年份	总量（万辆）	EV 产量	年份	总量（万辆）	EV 产量
2016	123	0.016	2016	24.9	0.11	2016	45.9	1.9	2016	12.4	3.1	2016	3.5	0.016	2016	68.1	0.2
2017	129	0.02	2017	34.1	0.05	2017	54.7	6.31	2017	19.7	8.65	2017	4.4	0.15	2017	48.1	0.5
2018	136	0.2	2018	30.2	0.02	2018	45.4	3.7	2018	20	7.1	2018	4.8	0.15	2018	33.4	1.3

图 1-13　各类纯电动物流车

（2）历年纯电动厢式运输车走势

近年来，厢式运输车市场总体呈波动式增长的态势，从 2011 年 37.6 万辆增长到 2017 年 73.8 万辆，2018 年厢式运输车同比下降 11%。

2018 年纯电动厢式运输车产量为 10.8 万辆，电动化比例已经达到 16.5%，比 2017 年下降 4 个百分点，这主要是因为 2018 年补贴大幅退坡导致的。

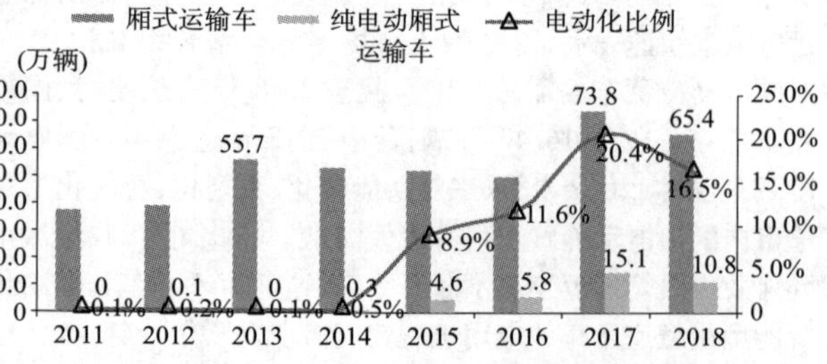

图 1-14　历年纯电动厢式运输车产量走势

数据来源：中国汽车技术研究中心有限公司产量数据库（以下产量数据同）

（3）历年纯电动微面

微面（交叉乘用车）是重要的客货两用车市场，是客车类封闭货车的重要替代车型，纯电动微面主要用于物流。近年来，微面市场大幅下滑，从 2011 年约 185 万辆下降到 2018 年约 33 万辆。而纯电动微面显著增长，2018 年产量为 1.3 万辆，同比增加 160%。

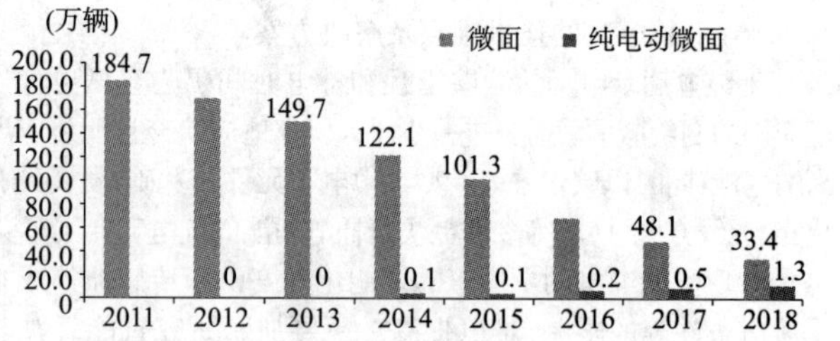

图 1-15　历年纯电动交叉乘用车产量走势

（4）历年纯电动冷藏车历年规模走势

冷藏车是物流车重要细分用途，呈持续增长态势，近 5 年年均复合增长率为 25%。冷藏车主要是卡车类厢式运输车，由于产品本身在耗电、续驶里程等方面的局限，新能源产量较少，但未来发展前景可期。

2. 纯电动物流车月度走势

近几年，电动物流车市场月度产量一直呈现很强的“前低后高”现象，产量主要集中在年底两个月，这主要是由于电动物流车仍是政策导向型市场，补贴政策调整对产量节奏有强烈的影响。

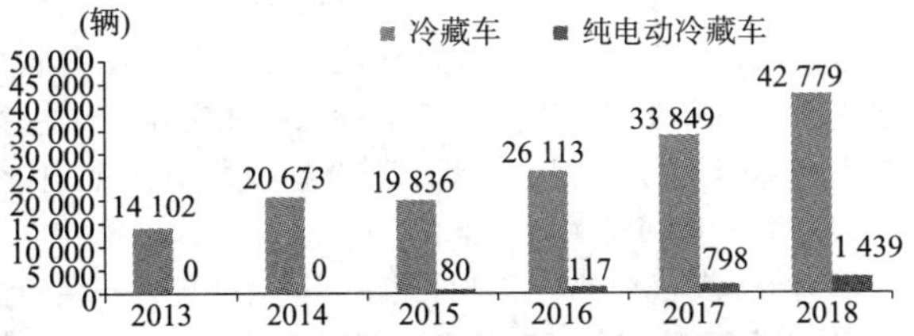

图 1-16 历年纯电动冷藏车产量走势

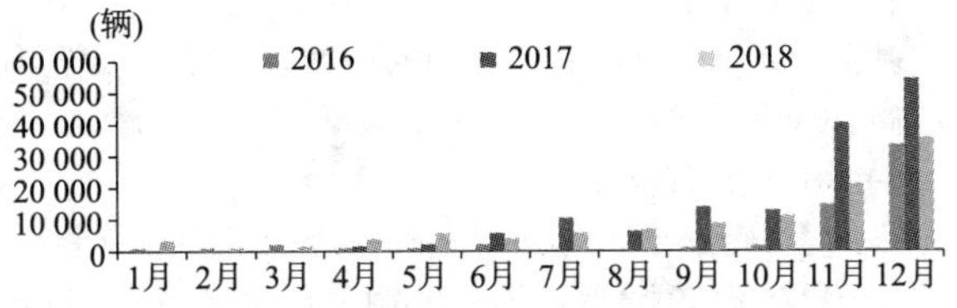

图 1-17 2016—2018 年纯电动物流车月度走势

3. 纯电动物流车细分市场替代率

(1)纯电动卡车类厢式运输车

卡车类厢式运输车是城市物流车的主力车型，近年来，市场总体呈波动式的发展态势。2018 年卡车类厢式运输车产量为 45.4 万辆，其中纯电动产量为 3.7 万辆，同比下降 43%，电动化比例为 8%。

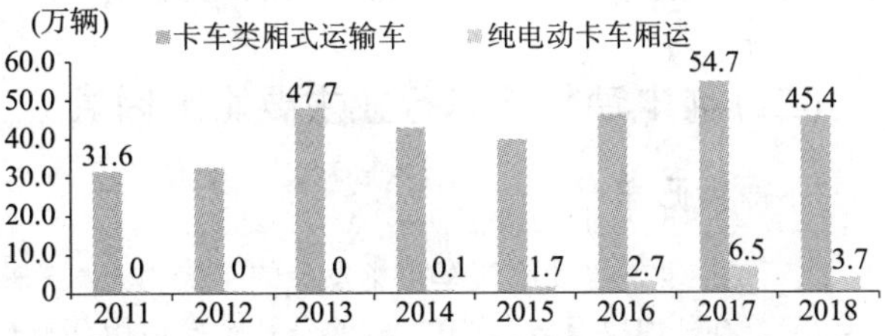

图 1-18 历年卡车类厢式运输车总体及纯电动产量走势

(2)纯电动客车类厢式运输车

客车类厢式运输车逐年大幅增长，2018 年为 20 万辆，2011—2018 年均复合增长率超过 17%。2018 年电动客车类厢式运输车产量为 7.1 万辆，电动化比例已达到 36%。

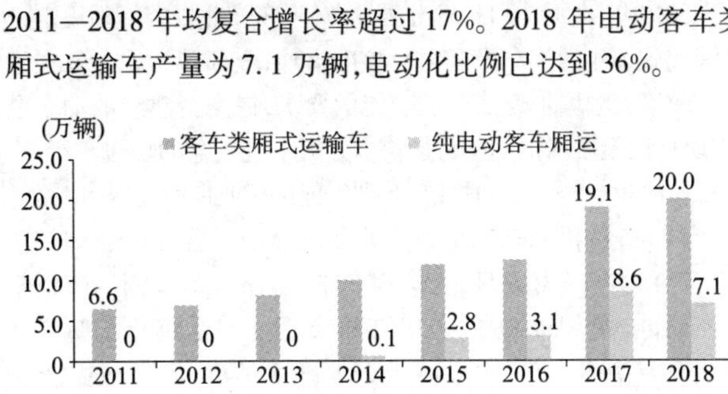

图 1-19 历年客车类厢式运输车总体及纯电动产量走势

4. 电动物流车行业竞争格局

电动物流车行业竞争格局仍在快速变化中。2018 年，奇瑞、北汽新能源、吉利等企业跨界进入，快速发展。而传统企业中，江淮、河北长安等开始发力，进入前十。东风产量显著下降，而福田、江铃、金杯、五菱等布局仍较慢。

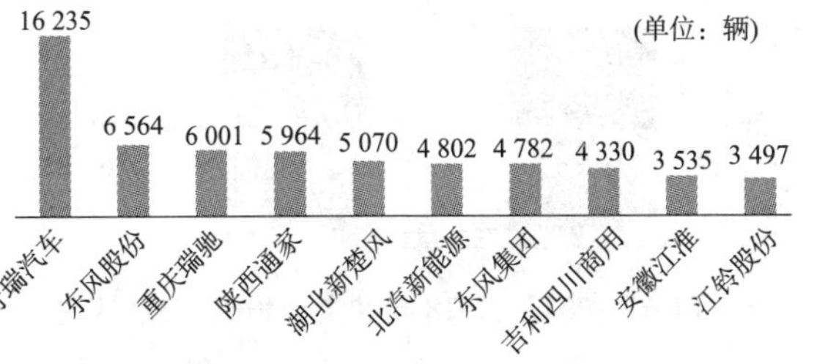

图 1-20 2018 年纯电动物流车市场竞争格局

5. 电动物流车细分产品分布

卡车类厢式运输车中，3.5～4.5 t 占比最高，占比超过 80%，其次是 1.6～3.5 t，占比约为 19%。从货厢尺寸来看，4 m^2 货厢的厢式运输车是主力车型，占比 80%。

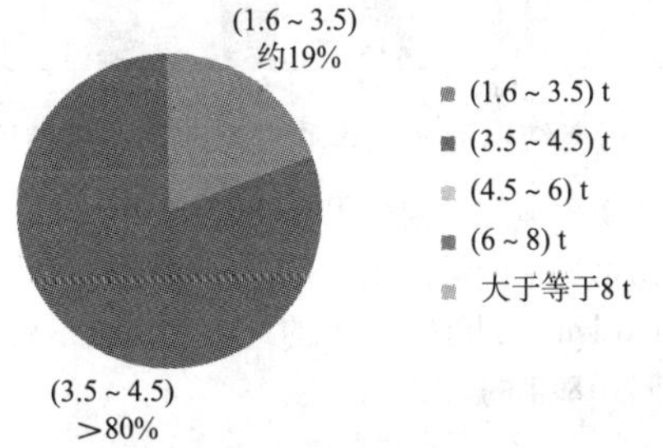

图 1-21 2018 年卡车类纯电动物流车细分市场结构

客车类厢式运输车中，车长 4～4.5 m 占比最高，约 55%，其次是 4.5～5 m，约 21%，5.5～6 m 轻客占比 11%，5～5.5 m 轻客占比 10%，近年来轻客占比显著增加。

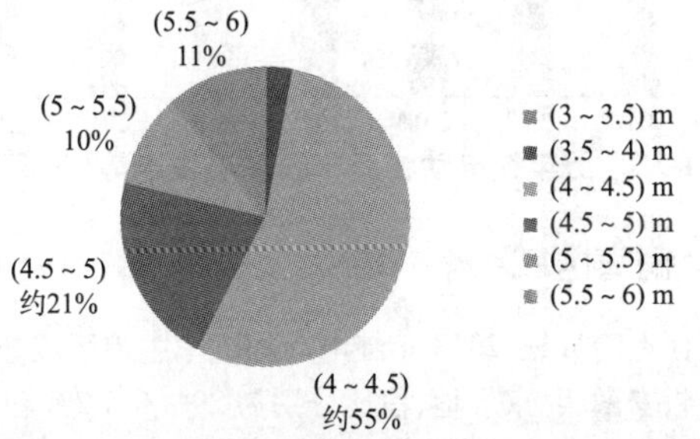

图 1-22 2018 年客车类纯电动物流车细分市场结构

轻客类厢式运输车主要以欧系轻客为主，2018 年欧系轻客产量为 4.3 万辆，纯电动欧系轻客产量为 1.3 万辆，电动化比例为 29%。

6. 纯电动物流车关键技术指标

E_{kg}(单位载质量能量消耗量)和动力电池系统能量密度是纯电动物流车补贴的两大技术指标，近年来持续优化。

(1)E_{kg}

随着补贴政策调整，2018 年电动物流车的 E_{kg} 值显著优化，0.25～0.35 占比大幅增加。

(2)动力电池系统能量密度

近年来，纯电动物流车动力电池系统的能量密度显著提高。2018 年，120 Wh/kg 占比已达到 71% 以上。

(3)续驶里程

续驶里程是纯电动物流车的重要技术指标，可以看出近

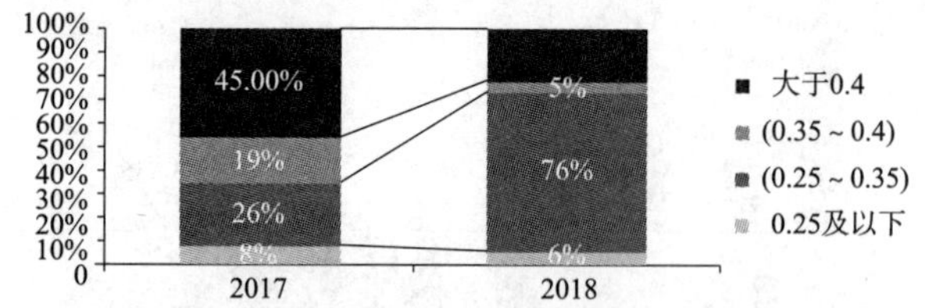

图 1-23　2017—2018 年纯电动物流车 E_{kg} 变化

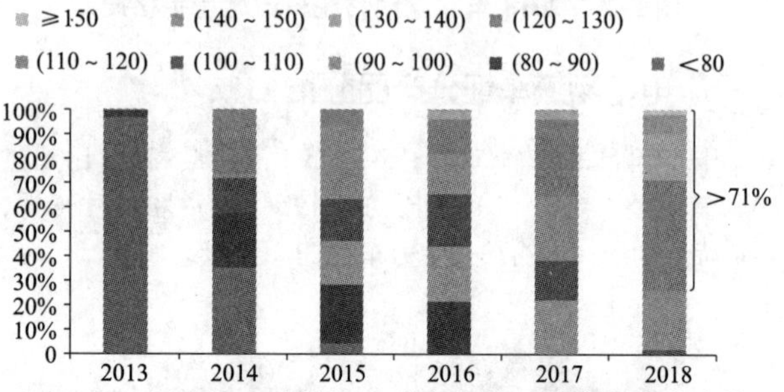

图 1-24　历年纯电动物流车动力电池系统能量密度走势

年来纯电动物流车的续驶里程持续增加，200 km（工况法）以上的纯电动物流车产量占比从 2014 年的 5% 提升到 2018 年的 96%。300 km（工况法）以上的纯电动物流车从 2014 年的 1% 提升到 2018 年的 32%。

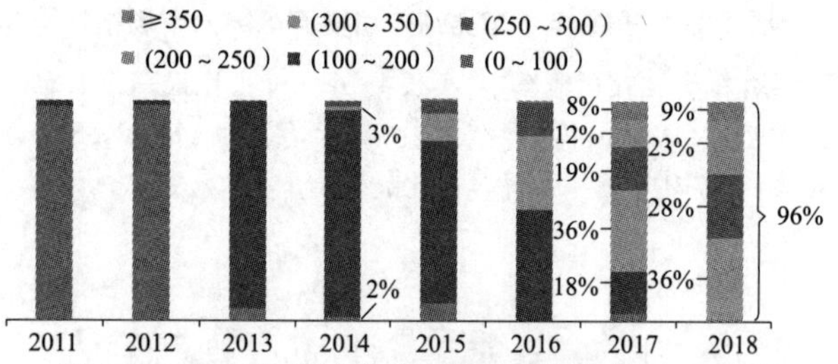

图 1-25　历年纯电动物流车续驶里程走势（工况法）

7. 销售区域

根据上险数据，2018 年纯电动物流车主销区域分别为广东、四川、安徽、北京等地，占比分别为 29%、8%、7% 和 7%。

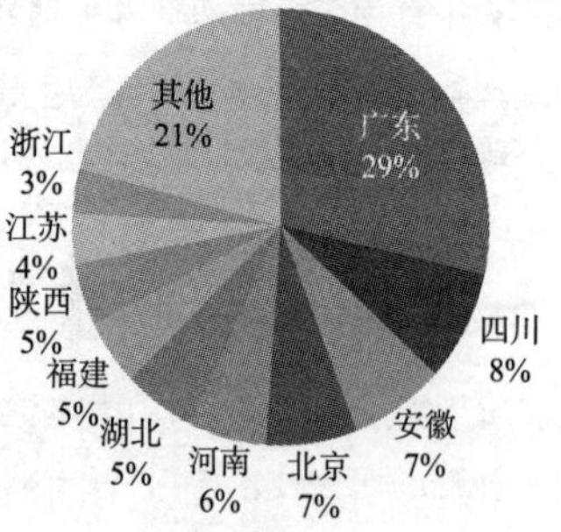

图 1-26　2018 年纯电动物流车销售区域分布

8. 电动物流车存在的问题

（1）产品力低

传统燃油车改成的纯电物流车，整备质量增加，载货质量少，载质量利用系数小，部分产品 E_{kg} 不达标；部分产品没有进行轻量化设计，同样的续驶里程使用电池多，导致成本偏高，在补贴退坡的情况下，产品竞争力大幅降低。与燃油车相比，电动物流车购置成本较燃油车高 30% ~ 50%。使用中的经济优势也并不突出；电动物流车的优势主要体现在油电差价、维修保养成本、减免购置税以及路权等方面，但在实际运营中，纯电动物流车的油电差价很难落实，部分企业享受不到优惠电价。

（2）电池、电机等关键零部件

动力电池等部分关键零部件质量不过关会导致一系列安全隐患，安全问题频发，导致消费者存在质疑。多数采用直驱方案，集成度不高，可靠性不高，电耗高，对于电机要求高。

（3）设计冗余

基型车完全按照乘用车标准设计，冗余设计多、配置高、成本高、售价高（比如副驾驶等）。

（4）用户需求针对性差

很少考虑物流与专属化需求，没有考虑运营企业车辆管理需求和用户对于车辆管理需求，很少考虑智慧物流系统搭建。

（5）碰撞安全性差

基型车是短头的微面车型，安全性差，难以满足国家强制的正碰法规要求。

（6）售后不完善

售后体系不健全，维修难问题突出。在维保方面，主要依赖厂家售后，配件采购成本高、周期长，新品牌的售后体系不全，老品牌的售后积极性不高，维修网点和技术人员偏少。维修服务亟待正规化。保险体系待完善，缺乏专门的电动物流车险种，导致保费居高不下，新能源汽车单均保费比传统车高 21%。

（二）纯电动物流车行业主要影响因素

1. 行业政策

政策是推动纯电动物流车市场发展的主要动力。未来几年，随着补贴加快退坡，政策将从购车补贴向使用环节转移，路权政策、蓝天保卫战系列政策、绿色货运示范政策等将逐步发力，成为纯电动物流车市场的新动力。

（1）汽车产业投资管理规定

2018 年 12 月 18 日，发改委发布《汽车产业投资管理规定》，取消实施多年的汽车投资项目核准事项，全部转为地方备案管理。政策大幅增加燃油车扩产能的要求，提高新建纯电动车企的条件，政策要求的明确将加快多方资本进入电动物流车行业，使行业内生产企业更加规范，有利于促进行业良性发展。

（2）道路机动车辆生产企业及产品准入管理办法

2018 年 12 月 6 日，工信部发布《道路机动车辆生产企业及产品准入管理办法》，于 2019 年 6 月 1 日起施行。新管理办法共有诸多变化：大幅减少企业准入类型、大幅减少产品准入类型、优化准入管理流程、加强事中事后管理。

对于电动物流车来说，存在诸多利好。①推行道路机动车辆产品系族管理。生产同一系族内的产品，将不需要重复申请公告。有利于纯电动物流车企业根据用户需求，个性化定制续驶里程、电池电量、电池类型不同的同系族车型。②优化准入管理流程，包括准入流程、检测流程、改装车管理方式。③鼓励集团化，简化集团下属企业准入审查要求。④建立新技术、新工艺、新材料评等新业态的应对。

(3)蓝天保卫战系列政策

中央政府和多地方政府出台蓝天保卫战3年行动计划，明确提出加快车船能源结构升级，包括推广使用新能源车，公交、环卫、邮政、出租、通勤、轻型物流配送车辆采用新能源或清洁能源汽车，重点区域使用比例达到80%。

(4)绿色货运配送示范工程

交通运输部、公安部、商务部发布《关于公布城市绿色货运配送示范工程创建城市的通知》，确定22个城市为绿色货运配送工程试点，以城市为组织主体，通过信息化技术、模式创新、网络完善打造新型货运配送体系。

明确"区域+产业+时间"，以京津冀及周边地区、长三角地区、汾渭平原等区域为重点，调整运输结构，加快推进清洁能源应用。对于新能源物流车来说，包括：①完善通行政策，根据需求健全完善配送通行制度，多方面多措施解决城市内配送痛点(分时、错时、分类通行、临时停车位、专用卸货场地等)。②多方政策支持新能源货运配送车辆推广，如完善加气加电设施、通行便利。

(5)路权政策

路权政策将成为补贴退坡后，利好新能源物流车的重要政策。近年来，各地方政府相继出台相关法规政策，推广城市新能源物流车。除北京以外，主要一二线城市针对电动物流车采用开放路权的政策，推动物流配送用车的清洁化和便捷服务。深圳、武汉、贵州、合肥、重庆、西安、太原、天津、郑州、海南、成都、厦门、长沙、哈尔滨等多地已出台电动物流车路权相关政策，预计未来还会有更多的城市出台相关政策。

2. 经济因素

近年来，经济增速放缓，2018年GDP增速为6.6%，比2017年下降0.3个百分点。第三产业占比增加了近10个百分点，2018年达到52.2%，比2017年增加0.6%。经济的持续增长，为各类专用物流车辆，尤其是服务类物流车辆的增长提供了坚实基础。2018年，全社会零售品消费额同比增速略有下降，但由于基数较大，同比增速9%，使消费额仍呈逐年大幅增加的态势。消费相关的城市物流车、冷藏车需求旺盛。2018年，公路货运周转量同比增长6.7%，达到71 249亿吨公里，快递量同比增长26.6%，达到507亿件。城市物流车辆市场需求长期旺盛，而多地政府、物流企业都已明确提出城市物流车辆电动化的目标，前景可期。

3. 技术因素

(1)动力电池

近年来，动力电池能量密度持续提升，为新能源汽车续驶里程提升、总质量下降提供重要支撑。根据未来中期可实现产业化的电池体系来看，动力电池能量密度仍有较大的提升空间，利于纯电动物流车续驶里程、能耗、载质量等技术指标的持续优化。

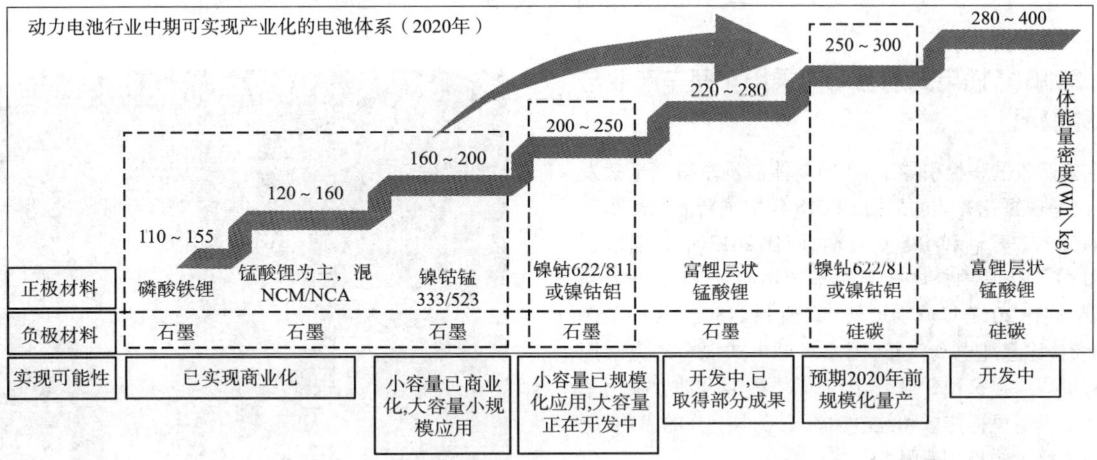

图1-27　动力电池行业中期可实现产业化的电池体系

(2)智能网联化

解放、东风、江铃等多家商用车企业已推出自动驾驶试验车型，前期主要在港口、特定道路、物流园区等地加快应用。自动驾驶物流车通过车载4G-云端互联实现远程监控，检测运行状态；在封闭或半封闭、结构化道路上，实现自动循线、自动跟车、自动换道、横穿停等、路口减速等功能。同时，通过引入智能安全辅助驾驶功能，如盲区监控和车道变换辅助，帮助驾驶员实现安全驾驶。

(三)纯电动物流车未来市场预测

1. 纯电动物流车影响因素趋势

(1)城市物流车市场持续快速增长

经济结构：城镇化水平持续增加，乡村振兴战略效果显现；

社会消费：消费对GDP贡献占比增加、社会零售品消费额持续增加、农村消费及农村电商增加、物流及快递数量增加；

车辆结构：物流商用车辆向专用化和品种化方向发展，城市货运车辆向标准化、厢式化、轻量化、绿色化方向发展；

物流配送：物流配送模式创新，城市物流小批量、多批次、高时效的运输需求特征与电动物流车技术适应性匹配。

(2)物流车电动化比例持续提高

政策：城市配送推广应用鼓励、示范运行、城市燃油货车通行管制、新能源汽车通行优惠；

产品：产品类型丰富、技术指标成熟、使用成本优势显现；

企业：传统车企发力、新进入者加大布局；

用户认知：车辆将更好满足用户需求，消费者认知度和接受度不断提高；

基础设施：充电设施完善、布局合理、快充比例提高。

2. 纯电动物流车趋势预测

（1）纯电动物流车市场预测

城乡消费、物流总额和快递业务等逐年增长，利好物流车市场，预计2020年，城市物流车产销达138万辆。长期来看，电动物流车存在多重利好因素，预计2020年，电动物流车年产销量达28万辆，到2025年产销量将达100万辆。

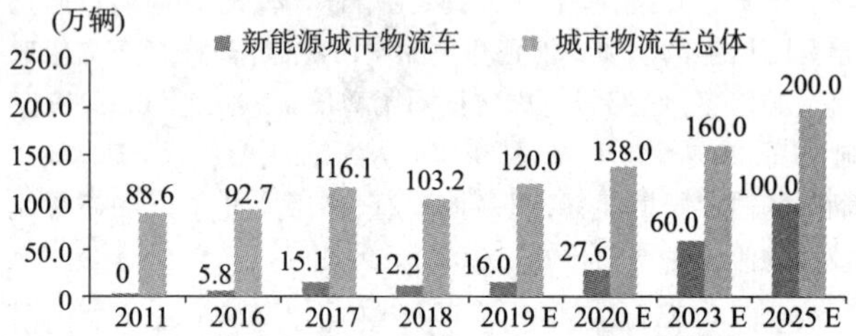

图1-28　2019—2025年新能源城市物流车趋势预测

（2）细分市场预测

2020年，预计新能源中轻卡8万辆，新能源微客厢运10.5万辆，新能源欧系轻客厢运6.1万辆，新能源微面3万辆。

2025年，预计新能源中轻卡45万辆，新能源微客厢运30万辆，新能源欧系轻客厢运10万辆，新能源微面15万辆。

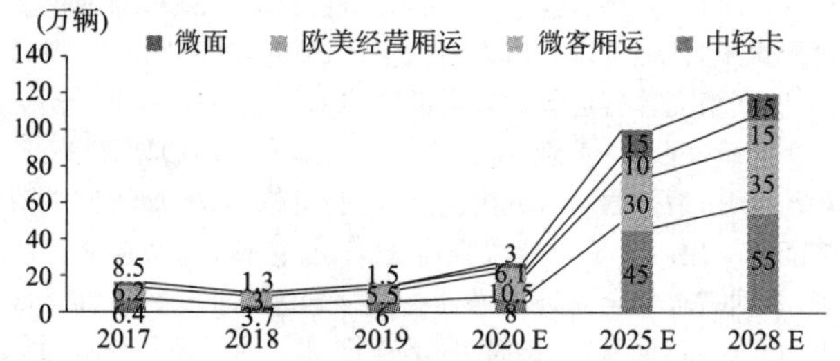

图1-29　2019—2025年新能源城市物流车细分市场趋势预测

六、插电式混合动力乘用车

Chapter 6　Plug-in Hybrid Passenger Car

（比亚迪汽车工业有限公司　凌和平　杜魁善　周小伟）

1. 2018年插电式混合动力乘用车整车产业与技术总体情况

在国家政策的积极引导下，我国新能源汽车得到迅猛发展，行业内呈现百花齐放的局面。2018年中国新能源汽车产销分别完成127万辆和125.6万辆，同比2017年分别增长59.9%和61.7%，其中插电式乘用车产销超过28.3万辆和27.1万辆，同比2017年分别增长122%和118%。从补贴政策力度上看，比起纯电动汽车，国家对插电式混合动力乘用车的支持更弱。在这种背景下，因为插电式混合动力乘用车可以较好地平衡里程焦虑和纯电动汽车成本上升的影响，所以其销量依然不弱且增速强劲。

自主品牌日益重视对插电式乘用车的技术布局，2018年我国上市的插电式乘用车达到数十款。比亚迪推出搭载第三代DM技术的全新比亚迪“唐DM”和秦Pro车型，新BSG电机架构，经济性和NVH有大幅提升。长城汽车基于自主开发的Pi4平台打造了“WEY P8”插电式混动SUV。吉利自主研发了P2.5架构博瑞GE PHEV、领克01PHEV。外资车企也正在插电式乘用车领域发力，宝马推出了新530Le插混车型，大众推出了途观L PHEV，福特推出了全新蒙迪欧PHEV。

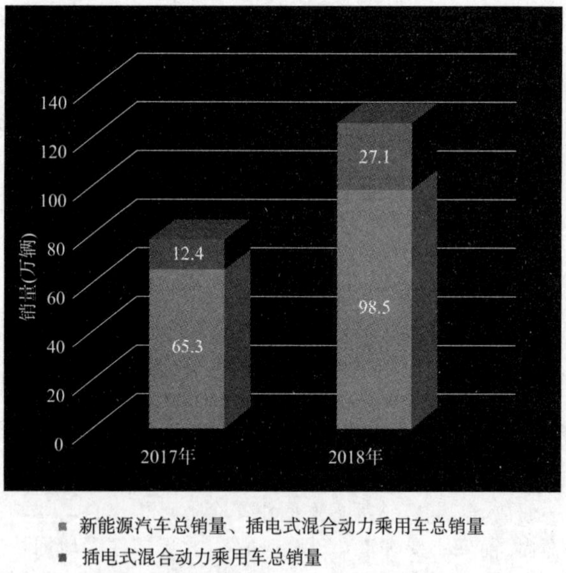

图1-30　新能源汽车销量情况

2. 2018年插电式混合动力乘用车技术发展特点

（1）2018年插电式混合动力乘用车技术发展特点

从2018年上市及发布的多款车型来看，插电式混合动力乘用车发展呈现多元化的特点，主要体现在以下方面。

首先，混合动力系统结构多样化，从P0～P4等构型的混动车应有尽有。全新比亚迪唐DM采用P0+P3+P4的构型，3个电机分工细致，各司其职。长城WEY P8是P0+P4架构。P0架构由布置在前桥的BSG电机、发动机和6DCT变速箱组成，使前驱技术实现了启停、电机Boost、发动机发电等弱混合技术；P4架构布置在后桥，由驱动电机、2挡减速器和动力电池包组成，确保了智能四驱及纯电动行驶和能量回收功能。博瑞GE PHEV采用的是P2.5结构，汽油发动机与

图 1-31　比亚迪“唐二代”

图 1-32　长城“WEY P8”

双离合变速箱像普通燃油车一样正常耦合，电机则通过齿轮与双离合变速箱的偶数轴耦合。

其次，轻量化和降能耗成了主要的技术发展路线。随着节能环保和经济性的需要，插电式混合动力乘用车轻量化成为大家共同关注的话题。降低车辆自身重量，不管是在节能减排或降低能耗，减少运输成本方面都具有较大的优势。当前电机、电控等高压系统的集成不仅较大地改善了整车布置空间，也较多地减轻了整车重量。发动机方面各个车型均采用更高热效率的发动机，提升整车能量使用率。电机方面配备 2 挡电驱动桥，提升动力性和经济性。控制策略方面，通过计算动力源到整车输出之间的总效率，平衡发动机、电机、电控、变速箱的工作区间，让整车始终处在于一个最优的效率区间，提高整车能量的使用率。

再次，在整车驾驶方面，动力性、平顺性、操稳性等性能都得到了大幅提升。插电式混合动力系统由于拥有多个动力源，上市的插电式混合动力乘用车破百能力十分突出，最快能达到 4.4 s，整车动力性能表现十分明显。驾驶平顺性能方面通过优化控制各动力源的输出、换挡优化，以及增加辅助电机等措施也得到了较大的提升。

(2)2018 插电式混合动力乘用车的主要技术突破点

混合动力系统结构优化：比亚迪全新一代唐 DM 采用的是 P0 + P3 + P4 的构型，增加了 P0(BSG)电机，通过皮带传动机构与发动机连接，它不仅可以取代原有发电机的功能，也可以实现自动启停、BSG 发电、能量回收和加速辅助等功能。在起动平顺性方面，由于皮带具有弹性，BSG 在起动发动机时平顺性较好，冲击小。在经济性方面，BSG 可以在让发动机在经济的转速下进行串联发电，充分利用发动机怠速时浪费掉的能量，既提升了发动机的工作效率区间，也使车辆的保电能力得到提升。在动力性方面，P3 电机和 P4 电机分别驱动前后轮，实现“全时电四驱”。

高效率发动机的应用：福特新蒙迪欧 PHEV 采用了热效率高达 40% 的阿特金森循环发动机，阿特金森循环的发动机的膨胀行程大于压缩行程，使得发动机的膨胀比高于压缩比，有效地提高了发动机效率，而且较长的活塞行程确实可以使燃油充分燃烧，提升经济性。

两挡电驱动桥的应用：长城“WEY P8”为国内首款搭载两挡驱动桥量产的车型。在动力性能方面，两挡电桥中的一挡大速比带来更大的输出扭矩，使整车拥有更好的加速性能；二挡小速比则可以带来更高的最高车速。在经济性方面，两挡使得电机的高效率区域扩大，带来更优的系统效率，进而可以增加整车的续航里程，提升了整车经济性。在整车 NVH 方面，两挡设计可以在高车速时降低电机的工作转速，改善整车 NVH 表现。

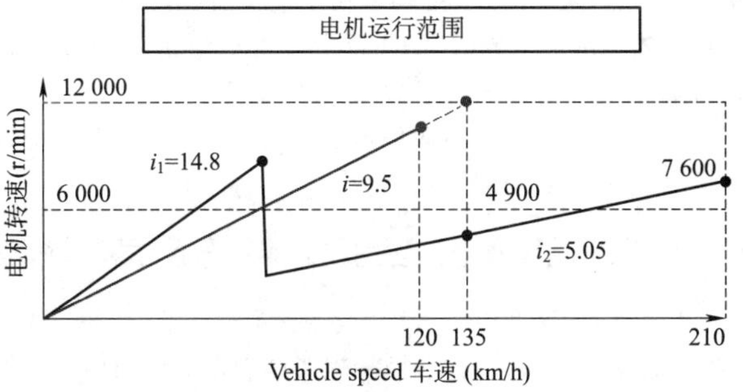

图 1-33　两挡电驱动桥电机运行范围

(3)亟须解决的技术难点及解决方案

混合动力系统总成方面：国内混合动力系统使用的发动机在油耗、排放、热效率及扭矩响应方面与国际上主流的发动机仍有较大差距。开发出更高效率更快扭矩响应的发动机是亟需研究和突破的难点。变速箱作为最重要的机电耦合机构，其产品设计和生产制造与国外相比较落后，研发和生产出系统效率更高、可靠性更佳的变速箱仍然是亟需研究和突破的重点。

动力电池系统方面：动力电池系统作为插电式混合动力的关键零部件，它的发展决定了整个行业的发展。主要应用的三元锂电池在能量密度和功率密度上存在矛盾。另外电池安全性能也必须高度重视，大部分企业在三元电池方面还缺乏足够的经验积累，电池的安全性和寿命都有待检验。加快电池高比能量材料的创新研究和应用，进一步提升电池性能、提高电池安全质量是研究的重点。

(4)2018 年国内外技术差异

通过我国自主品牌的不断努力，插电式混合动力乘用车技术取得了较大的进步，整车性能也在不断地提升。但插电式混合动力乘用车动力系统的主要零部件：发动机、电机、电控、电池技术发展方面，以及动力输出平顺性、节油效果、NVH 表现等方面，国内和国外的技术发展还存在着较大的差距。

我国汽车工业起步较晚，由于发动机技术理论的缺乏及制造水平的限制，我国发动机主要体现在发动机设计性能及发动机生产质量方面与国际主流发动机差距较大。然而在驱动电机技术领域，由于我国在稀土资源上的优势，总体水平与国际水平差距不大，以高转矩和高功率、尺寸小和重量轻的永磁同步电机为主流。日韩企业也较多使用的是永磁同步电机。欧美国家较多使用成本低、结构简单的交流异步电机，但同时具有调速范围小，转矩特性不理想的问题。在电控技术发展领域，IGBT，即绝缘栅双极晶体管的发展对于电控技术的突破和电控成本的降低极为关键。但是纵观全球市场的竞争格局，欧美在 IGBT 的技术上，有着很强的优势，在功率分立器件和功率 IC 方面都做得极好，而日本企业在功率 IC 方面不如欧美，但是功率分立器件方面做得较好。中国企业由于研发起步晚，在 IGBT 的技术研发方面和欧美的技术差距较大，IGBT 技术长期被国外企业垄断。比亚迪于 2018 年年底推出的 IGBT4.0，打破了 IGBT 受制于国外的局面。在诸多关键技术指标上都优于当前主流产品，例如，电流输出能力较当前市场主流的 IGBT 高 15%，支持整车有更强的加速能力和更大的功率输出能力；同等工况下，综合损耗较当前市场主流的 IGBT 降低了约 20%，使得整车能耗显著降低；温度循环寿命可以做到当前市场主流 IGBT 的 10 倍以上，意味着在车辆应对各种极端气候、路况时，能有更高的可靠性和更长的使用寿命。

3. 未来几年插电式混合动力乘用车技术发展趋势

高效率、轻量化的混合动力系统：随着技术的发展，混合动力系统表现出集成化的趋势，主要体现在电机和传统部件深度集成，未来将出现集成度更高的系统，在满足效果的同时控制混合动力系统的体积。采用高压缩比、更高效率的发动机，以及搭载更高效率和高功率密度 IGBT 的电机控制技术、SiC 电机控制技术。并对发动机、驱动电机动力耦合装置等关键零部件进行轻量化设计，从而达到高效率、小型化、轻量化的集成式混合动力系统。

动力电池系统：主要以提高动力电池能量密度为主要目标。从发展趋势来看，基于新材料、新结构的高比能电动汽车成为未来竞争的热点。未来动力电池技术发展主要集中在高性能的电池材料、高性能电池包、电池热管理技术、电池生产制造技术及装备等。动力电池管理系统将呈现平台化、轻量化、低能耗的发展趋势。

能量管理策略优化：插电式混合动力汽车研究和应用得较多的是基于规则的能量管理策略，其主要分为静态逻辑门限能量管理策略和基于模糊规则能量管理策略。而全局能量管理策略优化是基于动态规划算法的能量管理策略。它能够实现真正意义上的最优化，但全局优化算法需预知车辆行驶的所有工况，且计算量非常大，应用难度较大，将是未来几年的重点研究应用的方向。

4. 未来市场需求分析预测

2018 年插电式混合动力乘用车销量增速迅猛。这得益于插电式混合动力乘用车可以较好地平衡里程焦虑和纯电动汽车成本上升的影响。据相关数据统计，近 90% 的家庭用车日行驶里程在 70 km 以内，而插电式混合动力乘用车可以实现短途完全用电行驶，实现零排放，如比亚迪秦 80 和唐 80 等车型完全可以满足大部分家庭上下班纯电行驶。插电式混合动力乘用车还可以切换混动模式，实现长途油电混合行驶，让消费者没有续驶里程的担忧。另外电池、电驱动系统零部件随着技术的成熟发展，不断降低成本也将极大地提升插电式混合动力乘用车的市场竞争力。然而随着补贴的逐步退坡，插电式混合动力乘用车市场的增速也会逐步放缓，但是其增速仍会远超传统燃油乘用车的增速。其主要增长城市主要集中在限购城市、经济发达地区，由于成本及价格原因，在非限购、价格敏感地区增长将有限。

5. 其他重要的方面

插电式混合动力乘用车的发展能缓解石油资源紧缺的矛盾，对于构建节约型、环境友好型社会具有重要战略意义。但是插电式混合动力乘用车仍处于起步发展阶段，技术不够成熟。日趋严格的油耗要求和双积分政策，以及补贴退坡等环境变化对插电式混合动力乘用车提出了更大的挑战。

插电式混合动力乘用车推广的最大阻碍仍然是价格因素。而降低插电式混合动力乘用车的成本，电池技术的进一步发展将成为关键。电池需要解决关键技术要有一是较高的比功率，以满足汽车加速和爬坡时对大功率的需求，二是采用热能管理控制，满足严格的排放要求。另外，新能源汽车配套充电基础设施依然不足，尽管在全国一、二线城市加大了充电桩的配套设施的布局，但是依然满足不了消费者的使用需求，这也是阻碍插电式混合动力乘用车发展的主要因素。针对此点，除了继续加大充电配套设施布局外，厂商也可以加强快充技术的研究应用，让用户在较短时间内完成动力电池电量的恢复，极大地提升用户体验感。这也将提高充电设施的利用率，降低公共基础设施的成本，为插电式混合动力乘用车的普及做好铺垫。

七、插电式混合动力客车

Chapter 7 Plug-in Hybrid Bus

（郑州宇通客车股份有限公司　杨春光）

2018 年客车行业整体下滑 11.2%，新能源客车占比提升 4.7%，主要城市客车新能源占比进一步扩大到 95.2%，市场对新能源的接受程度进一步提高。见表 1-3、表 1-4。

表 1-3 行业 2018 年各细分市场销量及同比增幅情况

（单位：辆）

时间	细分市场	销量	同比增量	同比增幅（%）
2018-1—2018-12	大中型客车（不含校车）	127 839	－22 266	－14.8
	大中型座位客车	38 769	－17 806	－31.5
	大中型城市客车	89 070	－4 460	－4.8
	校车	15 341	－4 192	－21.5
	轻型车	49 535	2 158	4.6
	客车行业总体	192 715	－24 300	－11.2

注：1. 数据来源中国客车信息网统计的行业 50 家整车生产企业的数据；
2. 大中轻的划分依据：大型为 10 m 以上；中型为 7～10 m；轻型为 4.5～7 m。

表 1-4 行业 2018 年大中型客车市场销量及结构占比情况

（单位：辆）

细分市场	2017 年销量	2018 年销量	2017 年结构占比（%）	2018 年结构占比（%）	占比变化（%）
座位客车	56 575	38 769	—	—	—
传统	40 371	32 704	71.4	84.4	—
新能源	16 204	6 065	28.6	15.6	－13.0
城市客车	93 530	89 070	—	—	—
传统	10 105	4 301	10.8	4.8	—
新能源	83 425	84 769	89.2	95.2	6.0
新能源总体	99 629	90 834	66.4	71.1	4.7

注：1. 数据来源中国客车信息网统计的行业 50 家整车生产企业的数据；
2. 大中轻的划分依据：大型为 10 m 以上；中型为 7～10 m；轻型为4.5～7 m。

在插电式混合动力方面，受纯电动客车技术发展，其续航里程、可靠性不断提高，插电式整体销量下滑严重。2018 年，行业累计推广 5 999 辆插电式混合动力客车，其中宇通推广混合动力产品 1 812 台，市场占有率 30.2%，行业第一，见表 1-5。

表 1-5 2018 年插电式客车销售及 TOP10 占有率情况

（单位：辆）

2018 年 1—12 月插电式销量 TOP10 及占有率			
排 名	品 牌	销 量	占有率（%）
1	宇通	1 812	30.2
2	金龙	670	11.2
3	金旅	630	10.5
4	黄河	521	8.7
5	苏金	359	6.0
6	福田	314	5.2
7	亚星	287	4.8
8	中通	266	4.4
9	中车时代	228	3.8
10	安凯	197	3.3

注：数据来源 2018 年 1—12 月上险数据（7 m 以上）。

1. 2018 年插电式客车产业与技术总体情况

政策方面，插电式混合动力主要是根据米段进行的补贴金额划分，分为 3 挡，具体情况见表 1-6。

表 1-6 2018 年执行的插电式混合动力补贴方案

<table>
<tr><th rowspan="2">车辆类型</th><th rowspan="2">中央财政补贴标准（元/kWh）</th><th rowspan="2" colspan="3">中央财政补贴调整系数</th><th colspan="3">中央财政单车补贴上限（万元）</th></tr>
<tr><th>$6<L\leq 8$ m</th><th>$8<L\leq 10$ m</th><th>$L>10$ m</th></tr>
<tr><td rowspan="3">插电式混合动力（含增程式）客车</td><td rowspan="3">1 500</td><td colspan="3">节油率水平</td><td rowspan="3">2.2</td><td rowspan="3">4.5</td><td rowspan="3">7.5</td></tr>
<tr><td>60%～65%（含）</td><td>65%～70%（含）</td><td>70%以上</td></tr>
<tr><td>0.8</td><td>1</td><td>1.1</td></tr>
<tr><td colspan="8">单车补贴金额＝Min（车辆带电量×单位电量补贴标准；单车补贴上限）×调整系数（包括：电池系统能量密度系数、单位载质量能量消耗量系数、快充倍率系数、节油率系数）</td></tr>
</table>

受发动机行业技术的发展，市场上推广的都是 60%～65%（含）范围内的混合动力产品。

技术发展方面，插电式混合动力产品目前在市场上已经规模推广，产品也进入成熟期，关注的是节油率和可靠性的提升。插电式混合动力客车主流产品已使用动力分配机构（行星齿轮结构）取代离合器，实现了减速增扭和无极变速，实现了电动机全工况参与驱动，达到了深度动力混合，使车辆由传统的以发动机驱动为主变为以电驱动为主，从而实现更高的节油率，也为后续技术的发展打下基础。该动力系统采用高能量锂电池系统作为储能元件，采用混合动力专用发动机，工作可靠，寿命长，采用水冷永磁同步电机，功耗少，效率高。实现了发动机智能启停、电动助力转向、电动冷却风扇等关键功能，五合一控制器将车辆的集成化程度提升到新的高度，系统节油率高达 60% 以上。在系统的各个零部件上，包括动力电池、电附件等等，都体现了为节能服务的目标。

动力电池方面，采用高能量密度的功率型电池，满足整车制动能量回收和纯电动起步的大功率需求，实现了车载能源的轻量化，为整车的能耗降低作贡献，同时采用智能化的控制，BMS 管理系统基于充放电双向的主动均衡管理，箱体内部电源分区管理及自针对，所有驱动输出均带保护自诊断功能。为了提高安全性，从电池的设计及正负极材料的选择上保证其安全性，从源头保证安全。除此之外，对电池箱的加热方式进行了升级，由液冷板外置的硅胶加热片改为液冷板内置的 PTC 加热模式，提高加热效果；增加电池加热保护机制，提升产品可靠性和竞争力。

电机方面，行业主流产品均采用专用稀土永磁同步电机，轻量化铝制壳体，电机最高工作效率大于 97%，客车常用工况区间内平均效率大于 93%；电机结合整车热管理系统采用高效水冷设计有效降低电机温升，保证电机工作在最佳状态；电机防护等级达到 IP67 以上，接线盒增加抗凝露结构，提高电机系统在复杂环境下的安全性和可靠性。

集成式控制器方面，高效集成包括驱动电机控制器、ISG 电机控制器、DC-DC 控制器、高压配电柜、助力转向电机控制器等，大幅降低高压系统重量、体积，方便客户维护；系统高压连接点减少 50% 以上，提高了高压系统安全性，且高压线束连接精简，线束布置规范整齐。并且具备以下几个优点。

（1）高压部件集中配置、监控、管理，安全性高，可以有效降低后期的维护成本；

（2）集成控制器机壳一体压铸成型，优选高防护等级高

低压接插件,防护等级达到 IP68,达到国际先进水平,可在在 1 m 水深浸水 24 h 后可靠运行;

(3)集成控制器设计采用高性能绝缘材料,阻燃性达到行业领先水平,水平 HB 级、垂直 V-0 级,绝缘材料能够有效防止燃烧,保证车辆安全性;

(4)电机控制器能够智能识别电机参数,根据识别参数进行保护,降低电机系统故障率。

2. 2019 年插电式客车发展趋势

2019 年,财建〔2019〕138 号《关于进一步完善新能源汽车推广应用财政补贴政策的通知》,插电式混合动力客车购置补贴进一步降低。新能源汽车推广补贴方案及产品技术要求"插电式混合动力客车(含增程式)节油率水平要高于 60%。对于燃用气体燃料的插电式混合动力客车,以油电混合动力客车为基准按照一定比例进行折算",下一步市场技术发展趋势是以国Ⅵ排放升级为驱动因素,受排放升级影响插电式混合动力客车综合成本会有一定上涨,综合预测 2019 年插电式混合动力客车将逐步发展成为必要的局部区域的适应性补充产品。

在新政策方面,插电式混合动力 2019 年新能源汽车财政补助仍以节油率为补贴的依据,详细的补贴方案见表 1-7。

表 1-7　2019 年插电式混合动力客车(含增程式)财政补贴政策

车辆类型	中央财政补贴标准(元/kWh)	中央财政补贴调整系数			中央财政单车补贴上限(万元)		
					$6<L$ ≤ 8 m	$8<L$ ≤ 10 m	$L>$ 10 m
插电式混合动力(含增程式)客车	600	节油率水平			1	2	3.8
		60%~65%(含)	65%~70%(含)	70%以上			
		0.8	0.9	1			

单车补贴金额 = Min(车辆带电量 × 单位电量补贴标准;单车补贴上限) × 调整系数(包括:单位载质量能量消耗量系数、快充倍率系数、节油率系数)

根据整个客车发展的趋势,未来安全性配置和智能化配置的提升也是提高产品竞争力的有效途径。在新技术方面,轻量化材料的应用给继续提高节油率水平提供支撑,主动安全配置的提升,如坡道辅助技术(HSA)、停车制动技术(AutoHold)、复合制动系统(CBS)、驱动防滑技术(ASR)、前向碰撞预警、车道偏离预警、行人碰撞预警等配置的提升给整车安全性提高提供支撑。

八、燃料电池乘用车

Chapter 8　Fuel Cell Passenger Car

(同济大学　章　桐)

1. 2018 年燃料电池轿车产业发展概况

国际方面,世界各国特别是日本、韩国、欧洲、美国等各大汽车企业已将部分产品投放市场,并计划进一步推进燃料电池轿车技术的更迭与开发。现已投入市场量产的燃料电池轿车有丰田 Mirai、本田 Clarity、现代 ix-35FCEV,截至 2018 年以上 3 款车型销量分别为 7 518 台、1 277 台、255 台,占比 83%、14%、3%,其中 2018 年销量分别为 2 300 台、1 277 台、225 台。现代于 2018 年初发布了旗下第二款燃料电池车型 NEXO,并于年底在美国上市。该车最大续驶里程为 805 km,最高车速179 km/h,百公里加速时间 9.7 s,动力系统峰值功率 120 kW,最大扭矩 395 Nm,氢瓶压力 70 MPa,氢气加注时间 5 min,可实现 -30 ℃冷启动。现代第四代氢燃料电池技术的运用使其动力效率与上一代 ix-35FCEV 相比提高了 20%、燃料电池堆功率密度增加了 30%,至 2022 年,现代将在全球市场销售1 万辆 NEXO 氢燃料电池汽车;奔驰研发的世界首款插电式氢燃料电池汽车 GLC F-CELL 于 2018 年 11 月正式交付。该车可同时通过燃料电池或锂电池提供电力,纯氢气续驶里程为 430 km,纯电续驶里程为 51 km,最高车速 160 km/h,电机最大功率 155 kW,峰值扭矩 365 Nm,搭载氢气总量 4.4 kg,氢瓶压力 70 MPa,可于 3 min 内加满氢气;丰田公司计划 2020 年将新款 Mirai 的燃料电池系统成本将降低 50%,2025 年进一步降至 25%;本田计划 2020 年左右实现燃料电池车的大规模量产;沃尔沃也在进行燃料电池技术的研发,其首款燃料电池车型或将于 2027 年或更早时间面市。此外,奥迪、宝马、通用等汽车界巨头也正在加紧推进氢燃料电池的开发。

国内方面,2018 年中国燃料电池汽车销售量总计 1 527 辆,其中客车销售量 1418 辆,占比 93%,货车销售量 109 辆,占比 7%,燃料电池客车为主流产品。已发布的《新能源汽车推广应用推荐车型目录》中,燃料电池乘用车仅有上汽荣威 950FCV 这一款入选,该车型于 2016 年推出,续驶里程 430 km,最高车速 160 km/h,百公里加速时间 12 s,动力系统峰值功率 110 kW,搭载 70 MPa 氢瓶,可实现 -20 ℃低温启动。虽然尚未有进入大批量市场化销售的国产燃料电池轿车,但国内不少整车企业已在燃料电池轿车领域有所布局。2018 年 10 月,一汽首台红旗自主燃料电池发动机成功点火。该款发动机采用金属双极板单堆,系统功率可达 50 kW,一汽计划采用此款发动机推出红旗 H5 燃料电池车,并在此基础上开发 100 kW 全功率燃料电池发动机,搭载到多款红旗轿车上;长城汽车计划在 2022 年推出首款燃料电池汽车;长安汽车规划 2025 年后推出面向大规模产业化开发的燃料电池汽车;吉利汽车新能源汽车研究院在 2018 年年初宣布将于 2025 年推出燃料电池的量产车型;广汽和奇瑞汽车也均表示正在着手进行燃料电池乘用车相关开发工作。与过往相比,我国的燃料电池技术在研发能力与技术水平方面有了明显进步,但与其他国家相比,仍存在制造成本、产业链、基础设施等方面的问题,国产燃料电池轿车的商业化尚需时日。

2. 2018年燃料电池轿车相关政策

国外方面，以日本、美国、韩国、德国为代表的世界各国继续出台政策以推进燃料电池汽车的发展。日本经济产业省于2018年公布了第五期《能源基本计划》，提出了面向2030年及2050年的能源中长期发展战略，其中提道：大力推动氢社会的实现，全面实施《氢能基本战略》的相关政策措施，构建氢能制备、储存、运输和利用的国际产业链，积极推进氢燃料发电、氢燃料汽车发展，推进"氢能社会"的构建。日本政府计划在2020年前实现4万辆燃料电池汽车上路，到2025年达20万辆，2030年之前达80万辆。美国能源部长于2018年在华盛顿特区宣布投资3 800万美元来支持氢和燃料电池技术的研究和开发，近来美国能源部更宣布提供3 100万美元的资金来推进"H2@ Scale"计划，其重点在于支持价格合理和可靠的大规模产氢、运输、存储和利用。美国加州计划在2030年前实现零排放汽车500万辆、且在2025年前建成200座加氢站的宏伟目标。韩国氢能经济战略报告会上由韩国产业通商资源部正式发布的《氢能经济活性化路线图》中提到，计划于2025年将燃料电池乘用车的年产能提升至10万辆，售价降至一半。韩国燃料电池车累计产量不足2 000辆，政府计划到2022年将累计产量提升至8.1万辆，并将主要零部件国产化率提升至100%。最终目标是到2040年燃料电池车累计产量620万辆，其中290万辆面向韩国国内市场，330万辆用于出口。韩国计划2019年在7座城市推广35辆燃料电池大巴，2022年增加到2 000辆，2040年进一步增至4万辆。燃料电池出租车也将于2019年在首尔试运行，到2040年增加到8万辆。德国自2006年开始便开展了称为"氢和燃料电池技术国家创新计划(NIP)"的国家项目，第一期结束后，NIP2(2016—2026)随之开展，联邦政府预计期间提供14亿欧元左右为氢能与燃料电池产业开拓市场、建立基础设施。德国政府设立了在2020年达成减少10%(与2005年相比)终端能源消费的目标，为氢能燃料电池在轿车、公共汽车、重型车辆、叉车、列车、船舶等等、交通工具上的应用与商业化投入了大量资源。2018年初举行的氢动力汽车欧洲联合倡议项目(JIVE)提出欧盟将在未来提供约3 700万欧元，旨在为欧洲汽车制造商制造燃料电池汽车提供经济支持。

国内方面，政策继续支持氢能与燃料电池产业发展。2018年2月，中国氢能源及燃料电池产业创新战略联盟，在北京宣告成立。该组织由国家能源集团牵头，国家电网、中国一汽等17家大型企业发起，相关领域50余家机构共同参与，是跨学科、跨行业、跨部门的国家级产业联盟。补贴政策对燃料电池汽车有所倾斜，各地市也纷纷出台优惠政策，扶持氢能与燃料电池汽车产业的发展。2018年2月，财政部、工信部、科技部、发改委四部委联合发布了《关于调整完善新能源汽车推广应用财政补贴政策的通知》，燃料电池汽车补贴标准不变，规定燃料电池系统的额定功率不低于驱动电机额定功率的30%，且不小于30 kW。燃料电池乘用车、轻型客车和货车、大中型客车和中重型货车单车补贴上限分别为20万元/辆、30万元/辆、50万元/辆。值得注意的是，2020年电动汽车的补贴退出后，燃料电池汽车的补贴至少还将维持3～5年。5月，上海市科委印发《上海市燃料电池汽车推广应用财政补助方案》，指出燃料电池车按照中央财政补助1:0.5给予上海市财政补助，燃料电池系统功率不低于驱动电机额定功率的50%，或不小于60 kW的，按照中央财政补助1:1给予上海市财政补助。我国还有北京、深圳、杭州等地区对氢能源汽车实施与国家1:1的补贴政策。国内有30多个城市发布了燃料电池汽车产业政策，全国已建成十多个氢能产业园区。国内氢燃料电池产业特别是燃料电池汽车领域的迅速发展，带动了区域产业集群的形成，形成了京津冀、华东、华南(佛山-云浮)、华中(武汉)4个氢燃料电池产业集群，除了北京、上海、佛山、如皋、武汉、苏州等主流城市之外，越来越多的城市为抢占先机制定了详细的氢能产业发展规划，将燃料电池作为未来发展的重要组成部分。

3. 2018年中国燃料电池轿车技术发展概况

(1)技术发展特点

燃料电池轿车整车方面，国内的燃料电池客车技术具有优势，但乘用车技术与国外水平存在一定差距，主要表现在燃料电池发动机额定功率、功率密度、续驶里程、耐久性、冷启动温度等方面。国产燃料电池发动机已从第一代迭代到第三代，电堆功率密度已经达到3 kW/L，体积已经能够实现与传统四缸内燃机相当，不过并未在燃料电池轿车上搭载。通过工信部公告的唯一一款燃料电池乘用车——荣威950FCV，其续驶里程为430 km，冷启动温度为-20 ℃，与丰田Mirai为代表的国外量产燃料电池轿车指标相比稍显不足。国内市场现存燃料电池商用车多采用30～40 kW电堆，续驶里程集中在300～450 km之间。一汽集团拟于2019年发布的红旗H5FCEV将搭载自主研发的50 kW燃料电池电堆，这在国产燃料电池轿车的发动机功率方面获得了突破。长城汽车有望于2022年正式推出首款燃料电池车型，据称，其高端车型的电池容量将会在80～90 kW，储氢量5～6 kg，氢瓶压力为70 MPa，而中低端车型电池容量为60～70 kWh，储氢量则为3.5～4 kg，氢瓶压力有35 MPa和70 MPa两个规格。以上指标与国外典型燃料电池轿车相比，差异有了进一步的缩小。

燃料电池关键材料及零部件方面，2018年燃料电池汽车产业化快速发展，燃料电池关键材料及零部件实现了不同程度的国产化。在质子交换膜、气体扩散层、催化剂、双极板、密封胶等环节，东岳集团、武汉理工、江苏行动、新源动力、上海神力和氢璞创能等公司将国产化进程不断推进。比如，新源动力研发的金属双极板MOD-500电堆产品功率可达100 kW/120 kW，功率密度达到3 kW/L，耐久性达5 000 h，预计2019年推出。武汉喜马拉雅光电已可实现催化剂的批量生产，产能达到200 g/天的规模。燃料电池系统关键零部件技术攻关难点之一的空压机，有不少国产化产品涌现，样机指标接近国际标准，成本降低60%，但尚未实现规模化生产。但GDL碳纸、加湿器、氢气循环装置尚依赖进口。

燃料电池汽车示范运营方面，截至2018年底，我国已有多地开通燃料电池公交线，包括：上海、武汉、北京、佛山、云浮、深圳、如皋、盐城、苏州、抚顺、成都、郑州、张家口、大同、张家港等地。2018 年新增的示范运营线路如下。8 月,张家口先后投放共计 74 辆燃料电池客车,郑州 2 辆宇通公交车投入运营;9 月,上海 6 辆燃料电池公交车上线;12 月,佛山 70 辆燃料电池公交车正式投入运营。除了燃料电池客车以外,燃料电池物流车也在国内不少城市推广开来。2018 年 3 月,东风燃料电池专用车在上海京东物流实现交付;7 月,广东佛山、云浮、中山等地完成 25 辆氢燃料电池厢式物流车的试运营;9 月,上海氢车熟路和上海重塑能源签署协议,氢车熟路将新增 1 000 台配备重塑新款氢燃料电池的物流车。此前于 2017 年末,氢车熟路购置了 500 辆氢燃料电池物流车,在上海地区上牌并投入运营,业务已渗透至京东、申通、宜家、盒马鲜生等配送体系。我国的燃料电池汽车示范运营以商用车为主,燃料电池轿车目前未有车型进入示范运营。

(2)主要技术突破点

燃料电池发动机性能指标得到了提升。2018 年 10 月,亿华通生产的 60 kW 燃料电池发动机发布,其峰值功率可达 80 kW,整机功率密度达到我国商用车燃料电池系统 2020 年的技术目标 300 W/kg。燃料电池系统低温冷启动方面也有所突破。上汽跃进燃料电池物流车完成了 -30 ℃使用工况的验收,这是国内首款满足 -30 ℃冷启动的燃料电池物流车,标志着在燃料电池汽车最低启动温度上,中国与国际先进水平相当。

燃料电池关键材料及零部件的国产化与性能提升取得进展。2018 年 10 月,江苏清能成功开发出厚度为 0.85 mm 的石墨双极板,厚度与金属双极板相当,这使石墨板燃料电池的电堆功率密度可超过 4 kW/L,比大多数石墨板燃料电池提高 100%~200%,比大多数金属板燃料电池提高 20%~40%。10 月,山东东岳投资 14.2 亿元的质子交换膜规模化产线开建,拟生产 150 万 m^2燃料电池膜及配套化学品。2018 年 8 月,嘉兴德燃动力发布国内首款自主研发的供氢-回氢总成,采用了国际主流技术路线,将引射器与共轨喷氢阀串联,实现电控喷氢与引射回氢的结合,可获得大工况范围内的氢循环效果。

燃料电池成本进一步降低。在电堆成本中,催化剂的成本占比高达 36%,主要原因是当前催化剂常用铂价格高昂。催化剂中 Pt 的用量已由 10 年前的 0.8 ~1 g/kW 降至 0.1 ~0.4 g/kW。美国能源部规划到 2020 年单车 Pt 用量将降至 50 g 左右,而最终目标将降至每车 20 g,这将直接带动燃料电池汽车的成本下降 30% 左右。对于延缓催化剂衰减的研究也有助于延长燃料电池电堆的使用寿命,有利于使用周期成本的下降。中国科技大学研究团队设计出一种原子级分散于铂表面的氢氧化铁新型催化剂,该催化剂能够在 -75 ℃ ~107 ℃的温度范围内,100% 选高效去除氢燃料中的微量一氧化碳。该新型催化材料可以为燃料电池在频繁冷启动和连续运行期间提供全时保护,避免燃料电池一氧化碳中毒。另外,储氢、加氢技术也获得一定程度的突破。2018 年 1 月,同济大学承担的“基于可再生能源制/储氢的 70 MPa 加氢站研发及示范”项目顺利通过科技部高新司组织的验收。该加氢站的关键装备为风光互补发电耦合电解制氢系统、90 MPa 隔膜式氢气压缩机、87.5 MPa 钢质碳纤维缠绕大容积储氢容器、70 MPa 加氢机系统,各项指标与国际接轨。

4. 技术与产业发展趋势

未来几年内,燃料电池轿车技术的发展将聚焦于提升功率密度、降低制造成本、提高耐久性与可靠性能等方面。例如:开发低铂、高反应效率的薄催化层膜电极,研究新型高稳定、高活性的低 Pt 或非 Pt 催化剂,研发表面改性的多涂层结构金属双极板以替代石墨双极板,攻关高温石墨化工序以实现气体扩散层的批量化生产等。

在氢气的制造方面,国内现以氯碱工业副产氢为主流,已经可以满足下游燃料电池车运营中对氢气的需求,天然气重整是欧美普遍采用的制氢方法,国内也广泛应用于化工行业。未来在核电及可再生能源发电成本大幅降低的情况下,电解水制氢将成为终极决方案。对于氢气的储存和运输,氢气拖车运输是性价比最高的选择,未来技术的发展将使得液态储氢成为主流。对于加氢站,可以显著降低运输成本的分布式制氢及机动灵活的撬装式加氢站将不断发展,未来加氢站将是站内制氢及站外供氢模式的有机混合。

5. 制约燃料电池轿车发展的主要因素

我国燃料电池汽车产业起步很早,但市面上现存的燃料电池汽车基本被客车和专用车主导,鲜见燃料电池轿车的身影。究其原因,技术、成本、基础设施、氢气制取及储运仍是燃料电池轿车产业发展必须突破的瓶颈。

与过往相比,我国的燃料电池技术有了非常明显的进步,技术水平应用于商用车领域并无问题,但也只能局限在商用车的应用。首先,国产燃料电池关键零部件缺乏生产一致性。小批量生产的产品能够达到相当的精度,但在大批量生产的条件下,精度不够理想。其次,燃料电池轿车上应用面临小型化问题。商用车车身长度没有太多局限,燃料电池、储氢瓶等的体积问题并不是关键,但乘用车的车身尺寸小,对燃料电池系统的精简集成程度以及技术标准要求更为苛刻。再次,系统可靠性要求较高。商用车在示范运行时可有专门技术团队维护,但乘用车市场无法容忍故障的频繁发生。当燃料电池轿车的首次故障里程、平均故障间隔里程至少需要达到与燃油车相近的水准之时,才可能被消费者认可。

燃料电池轿车的制造与使用成本也是关键问题。虽然国家会有政策倾斜、财政补贴,但如若不能有效降低制造成本,对消费者吸引力不够,对国家财政也会造成负担,长期来看并不能有效实现市场化。燃料电池系统及储氢系统占整车成本的近 70%,其中电堆核心材料催化剂、质子交换膜和双极板是降本的主要突破点,主要从降低 Pt 载量、研发金属或复合双极板、建立规模化生产线入手。另外,还需进一步降低燃料电池发动机系统零部件的成本,实现空压机、氢气循环系统、加湿器的批量化国产。

我国加氢站等基础设施的短缺也大大限制了燃料电池轿车的推广。截至 2018 年底,我国共有 26 座加氢站,这与 2030 年百万辆保有量的宏伟目标相去甚远。我国加氢站建设主要面临的问题有:审批复杂、缺乏标准、成本高昂等。欲解决以上问题,需要国家政策、行业法规、资本合作等层面共同协作。

氢气的制取及储运仍存在成本与技术上的难点。如何便捷、环保、高效地取得廉价氢气，探索更轻便、长寿命、低成本的储氢方式，规划制氢地与加氢站的排布等问题都亟待解决。此外，对于氢气的运输、加注时可能存在的安全隐患，也必须高度注意，并制定相应的标准规程作支撑。

6. 燃料电池轿车产业发展建议

欲推进我国燃料电池轿车的发展，需要全社会范围内政府、企业、科研机构的共同协作。

第一，延续对氢能与燃料电池汽车的政策支持，制定明确的国家战略。对于燃料电池汽车进行补贴的同时，政府还应通过一系列政策，引导、鼓励企业与科研机构进行相关研究，加快落实整车、关键材料与零部件的研发，加快推进氢能基础设施建设；同时，应从国家层面推动行业通用标准，以及规范体系的建立，包括燃料电池系统以及核心零部件的标准、加氢站的建设标准和审批制度、氢气储运与加注的操作规程等。此外，将氢能作为能源管理而非危化品处理，有助于转变人们对于氢气安全性的认知偏差，加快燃料电池汽车的市场化步伐。

第二，加强氢能产业链建设。从氢气制取、储运和燃料电池关键材部件生产的产业链上游，到燃料电池系统集成组装的产业链中游，再到燃料电池交通/固定/便携式等领域运用的产业链下游，不可厚此薄彼，各个环节都需要打破隔阂、携手合作、实现匹配，才能进一步推进氢能社会的构筑，为燃料电池轿车的商业化奠定坚实基础。

第三，大力推动市场化运作。应充分利用、积极引导社会资本投入支持燃料电池汽车产业建设，保持商用车示范运营切入以增强基础设施建设、进而带动乘用车研发的路线，实现资本带动技术、技术吸引资本的良性循环。同时，加强国内外资本合作，鼓励跨国技术合作研发、企业合资与并购等。

第四，注重人才培养。燃料电池行业面临较大的人才缺口，专业人才存量稀缺，后续补充不足，高级技师、优秀工程师等制造领域专业人才的缺乏限制了我国燃料电池汽车的发展步伐。为了进一步解决人才短缺问题，需加大对科研院所燃料电池相关项目的资金和政策扶持，建立和完善行业人才发掘、培养、奖励机制，打造具有广阔视野和综合能力的人才培育团队。

九、燃料电池客车

Chapter 9　Fuel Cell Passenger Bus

（清华大学　徐梁飞　李建秋）

1. 2018 年燃料电池客车产业总体情况

2018 年国内外氢能与燃料电池行业发生了巨大的变化，多个国家与跨国企业相继决定加大对于燃料电池的投入，加速燃料电池汽车技术发展。燃料电池客车作为当前最重要的应用载体，其示范运营与技术发展收到了各方的广泛关注。

随着跨国公司的持续研发投入与政府的长期政策支持，燃料电池客车技术发展越来越成熟，表 1-8 是美国可再生能源实验室所公布的 2018 年美国燃料电池客车的总体技术现状。从表中可以看到，现阶段燃料电池客车技术在耐久性、可靠性、经济性等方面都取得了巨大的进步，大量指标已经接近美国能源部 2020 年目标，差距较大的部分仍然在制造成本方面，相比 2020 年的最终应用目标 60 万美元，现阶段的单车制造成本仍然在 127 万美元以上，降成本压力仍然很大。

表 1-8　2018 年美国燃料电池客车技术现状

	Units	Current Status[a]		2016Target[1]	Ultimate Target[1]
		Range	Average		
Bus lifetime	years/miles	0.2～8/ 6 000～222 000[b]	4.5/119 790	12/500 000	12/500 000
Power plant lifetime[c]	hours	500～29 000[b,d,e]	13 236	18 000	25 000
Bus availability	%	55～88	72	85	90
Fuel fills[f]	per day	1	1	1(＜10 min)	1(＜10 min)
Bus cost[g]	$	1 270 000～2 400 000[h]	1 920 000	1 000 000	600 000
Roadcall frequency (bus/fuel cell system)	miles between roadcalls	2 500～5 700/ 13 000～36 800	4 239/24 406	3 500/15 000	4 000/20 000
Operation time	hours per day/ days per week	7～21/5～7	11.8/6	20/7	20/7
Scheduled and unscheduled maintenance cost	$/mile	0.22～0.73	0.49	0.75	0.40
Range[i]	miles	199～348	266	300	300
Fuel economy	miles per diesel gallon equivalent	5.83～7.82	7.01	8	8

注：mile 为英制单位，1 mile≈1.609 km。

需要特别注意的是，经过长期的示范验证，国际跨国公司与研究机构已经基本解决客车用燃料电池的耐久性问题，取得了具有实用价值的实车验证结果。图 1-34 是美国可再生能源实验室所公布的 2018 年美国燃料电池客车运营情况。截至 2018 年 7 月，美国境内所有 27 辆燃料电池的客车的平均寿命已经达到 13 260 h。其中所属 AC Transit 的燃料电池客车示范运营时间最长，所用燃料电池电堆主要由 UTC Power 提供。报告中提到，AC Transit 的 5 辆燃料电池客车累计示范运营时间已经超过 2.5 万 h，提前满足美国能源部 2020 年的性能要求。示范运营中工作时间最长的燃料电池客车在不更换燃料电池电堆的情况下已经工作了 2.9 万 h，动力系统使用寿命已经与传统内燃机相当，具备完全商业化的潜能。对比 2017 年巴拉德宣布在伦敦示范的燃料电池客车运行时间达到 2.5 万 h，欧美已经在燃料电池耐久性方面取得了具有说服力的实证结果。

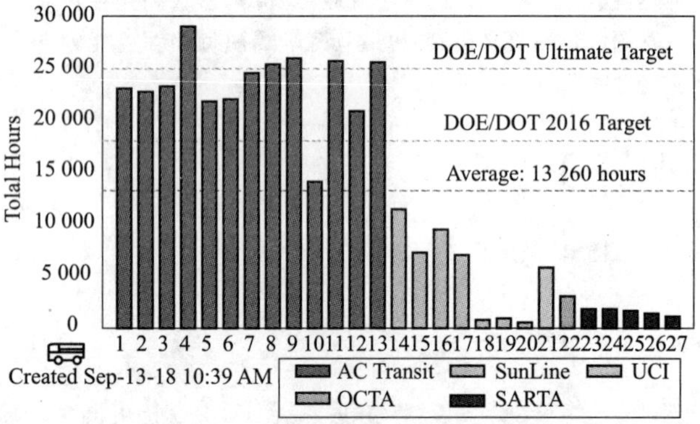

图 1-34　美国燃料电池客车的示范记录（截至 2018 年 7 月）

作为世界上最大的燃料电池汽车市场，中国 2018 年的燃料电池客车发展速度十分迅速，总体势头超出市场预期。2018 年全年中国燃料电池汽车产量超过 1 600 台，其中燃料电池客车销量超过 420 台，占比全国销量 50% 以上，同比增长 260%。在各地政府示范项目的支持下，2018 年燃料电池客车采购合同与示范项目大量落地，未来呈现加速增长的趋势。

2018 年之前，中国燃料电池客车示范运营主要集中在北京、上海、广东等有较好基础的城市和省份。随着氢能与燃料电池行业的快速发展，2018 年燃料电池客车在全国呈现蔓延趋势。4 月，氢燃料电池车商业化营运车队在辽宁省抚顺市新宾满族自治县上线。5 月，中车电动全新一代具备智能辅助驾驶功能的 12 m 氢燃料电池客车交付山东莱芜与浙江嘉兴进行路试。客车使用轮边电机驱动，动力强劲且无机械差速装置。6 月，东方电气与蜀都客车联合制造的氢燃料电池客车投入四川成都郫都区运行；五洲龙公司所开发的燃料电池客车投入大同示范运营。7 月，全球首批最大氢燃料电池公交车订单正式交付张家口，福田欧辉 49 辆氢燃料电池城市客车正式投入运营，服务冬奥会期间公众绿色出行。8 月，宇通燃料电池客车正式投入郑州使用，这是河南首次使用商业化燃料电池公交车。9 月，武汉开沃新能源有限公司开发的氢燃料电池动力公交车在武汉东湖新技术开发区进行试运行；申沃向上海嘉定公交交付 6 辆燃料电池客车，进行示范运营。10 月，宇通向张家口交付 25 辆燃料电池公交，投入示范运营；北京开展首批 12 m 燃料电池客车示范运营。11 月，佛山飞驰与马来西亚政府签订 3 台燃料电池客车订单。12 月，中通客车 40 辆燃料电池公交交付山西大同；佛山飞驰 70 辆燃料电池公交车投入佛山运营。

经过 2017 年的酝酿，2018 年燃料电池客车在国内呈现全面开花的局面。随着各地氢能基础设施建设的发展与燃料电池客车示范不断深入，未来几年中国燃料电池将处于加速发展阶段。

2. 2018 年燃料电池客车技术发展情况

（1）2018 年燃料电池客车技术发展特点

受限于燃料电池电堆技术发展水平，2018 年国内燃料电池客车普遍采用能量型混合动力系统，燃料电池以准稳态对外输出功率，以尽量减少电堆启停、大负载、怠速等恶劣工况。类比内燃机混合动力技术，该构型下燃料电池系统类似于增程器，为系统提供总体功率需求的平均值，系统动态功率通过动力电池来满足。此构型可以显著提高燃料电池耐久性，改善系统经济性。

需要注意的是，该构型下燃料电池客车的工况适应性较差，当客车从城市工况转变为城郊工况，或开启空调时，整车平均功率需求将会显著提高，能量型系统的燃料电池一般按照常规工况进行匹配，总体功率需求提高之后可能出现匹配不当的问题，导致系统动力电池的荷电状态（State of Charge，SOC）不断下降，无法正常进行营运。

2018 年主流燃料电池企业已经基本掌握 30 kW、40 kW 燃料电池系统的设计开发技术，并开始推进关键零部件的国产化替代，相关产品广泛应用于 2018 年生产的燃料电池客车。国内部分企业已经完成 60 kW 与 100 kW 燃料电池系统设计开发技术，为下一步全功率燃料电池混合动力系统的开发奠定了基础。

（2）2018 年燃料电池客车实现的主要技术突破点

2018 年国内燃料电池客车在整车层面继续并跑、在燃料电池发动机层面继续跟跑。部分车型实现如下技术突破点。

①整车动力性、经济性水平稳步提升。随着实车示范数量与地点的大幅提高，全国多个企业技术团队都实现了燃料电池客车开发的技术迭代，整体动力性与经济性已经达到国际一流水平。以张家口示范运营的燃料电池客车为例，高海拔环境下单车每天运行 250 km，最长里程已经超过 6 万 km，实际道路氢耗可达到 6.7 kg/100 km。

②整车可靠性与环境适应性不断改善。通过全国多个城市、多种应用场景的燃料电池客车设计开发，客车可靠性与适应性得到了充分验证。现阶段多个企业技术团队已经实现 -40 ℃存储与 -30 ℃冷启动，部分车型具备废热利用的综合热管理功能，产品适应性显著提高。

③燃料电池耐久性逐步提升。通过材料、电堆设计、系统匹配与控制策略优化等措施的改进，燃料电池汽车的耐久性不断提高，国内产品的预测寿命普遍达到 1 万 h 以上。此外，上汽开发的燃料电池系统首次实现了 5 000 h 的耐久性验证，是国内公开的最长时间的耐久性测试结果。

（3）亟须解决的技术难点及解决方案

与纯电动客车相比，国内燃料电池客车重点突出高适应性、长续航、快速加氢等优势，与纯电形成差异化竞争。但在实际运营中，燃料电池客车的实际表现与用户期待相比还要进一步提高，需要在续航里程、耐久性、可靠性、经济性与成本等方面进一步突破，亟需解决的技术难点和方案如下。

①续航里程。现有的燃料电池客车主要采用35 MPa储氢技术，真实续航里程普遍在400 km以下，部分车型不足300 km，行业期待的500 km以上续航里程仍有较大的差距。为了进一步提高燃料电池客车的续航里程，需要进一步发展燃料电池储氢技术，基于我国基础工业情况，深入探索70 MPa、高压深冷、液氢等大容量车载储氢技术，进一步提高车载储能能量密度。此外，进一步提高燃料电池经济性，也有助于提高总续航里程。

②耐久性。现阶段国内燃料电池客车示范运营尚不充分，最长单车累计里程不足8万km，实车燃料电池累计寿命不足3 000 h，与国际一流企业还存在较大差距。燃料电池耐久性是一个多层次、多维度耦合问题，为了进一步提高燃料电池耐久性，需要从材料、电堆设计、系统控制与示范验证等多个方面进行突破。尤其需要注意实车示范数据的验证与经验积累，基于当前真实耐久性问题进行产品开发迭代。

③可靠性。随着燃料电池客车需求快速增加，企业产能严重不足，量产线、核心零部件缺乏相关标准。从手工组装过渡到批量化生产，燃料电池客车产品可靠性面临较大挑战。为了提高燃料电池客车的可靠性，下一步需要引入传统客车行业制造生产标准，加快关键上下游企业的联动设计，通过快速的反复迭代提高零部件与整体可靠性。

④经济性。受益于动力系统的能量型构型设计，我国国产燃料电池客车的百公里氢耗已经达到7 kg水平，在国际上已经处于较优水平，但对应中国的氢能发展目标，还需要进一步降低百公里成本，才能具备和纯电动、内燃机的竞争力。需要进一步提高燃料电池的材料活性与发动机设计匹配能力，优化整车空调的综合能量管理，提升整车总体效率。

⑤成本。现阶段国产燃料电池客车的制造成本年相比国外同类型客车具有较大优势，单车售价已经普遍达到美国能源部的最终要求，低于60万美元。但是与传统内燃机客车、纯电动客车相比，燃料电池客车仍然有较大压力。为了进一步降低成本，需要加快膜电极、双极板、空压机、循环泵、氢瓶等关键零部件的国产化替代与降成本，进一步引导相关传统企业参与其中，通过量产化降低成本。

(4)2018年国内外技术差异

国内外燃料电池客车主要技术差异在于动力系统构型设计，国外燃料电池客车主要采用全功率型混合动力构型，燃料电池功率较大；国内由于大功率燃料电池技术还未全面突破，一般采用增程式混合动力构型。此外，由于国内燃料电池行业呈现逐年跨越式发展趋势，部分示范车型会尝试使用一些前沿技术，例如轮边电机、高压深冷储氢等。国外相关技术迭代较慢。

3. 未来几年燃料电池客车技术发展趋势

基于2018年上市车型来看，未来燃料电池客车所匹配的燃料电池系统功率将会逐步提高，从增程型混合动力系统向全功率混合动力系统转变，适应高速、高续航里程和高环境适应性的需求。车载储氢系统将会从35 MPa向更高能量密度的技术路线切换，与纯电动客车形成更加明显的技术指标差异性。

4. 未来市场需求分析预测

现阶段燃料电池客车市场与政策的关系十分紧密。与纯电动汽车相似，燃料电池客车也存在年底抢装现象，2018年12月燃料电池客车的销售量占比全年总量的78%，政策仍然是短期决定下一阶段燃料电池客车市场最核心的因素之一。地方市场发展与转型的决心也是未来燃料电池市场发展的另一个重要因素。受制于前期发展规划与基础建设的影响，2018年广东省深圳、佛山、广州、云浮四地区销售的燃料电池汽车总量占到全国销量的60%。此外，北京、张家口地区也是燃料电池汽车主要销售区域，两地分别销售燃料电池汽车90辆、74辆。随着山东、四川、大同、嘉兴、武汉等省份与城市的氢能与燃料电池发展规划落地，未来市场需求会呈现井喷式发展。从使用性能来看，北方地区纯电动燃料电池客车冬季续航问题越来越严重，在北方、高海拔变化地区，燃料电池客车替换是未来的主要趋势。

5. 其他重要的方面

(1)制氢、运氢、加氢基础设施方面的产业发展与政策推动，对于下一阶段更大规模燃料电池客车示范运营具有重要影响；

(2)加快布局关键零部件的国产化，随着燃料电池客车市场不断打开，通过快速迭代降成本与提高产品可靠性是下一阶段的关键任务；

(3)进一步研究大功率燃料电池系统的设计、集成、控制与评价方法。

十、燃料电池专用车

Chapter 10 Fuel Cell Special Vehicles

（北京亿华通科技股份有限公司 康启平 刘艳秋）

1. 2018年燃料电池专用车产业的总体情况

(1)国际情况

欧、美、日、韩等国家在推出燃料电池乘用车的同时，也在积极研发燃料电池专用车。早在2017年4月，丰田发布了其精心打造的零排放氢燃料重型卡车车队的计划，希望借此解决汽车燃料的瓶颈问题。丰田氢燃料重卡配备了两个Mirai氢燃料电池堆及一块12 kWh容量动力电池，其输出功率可达670 W,续驶里程可以达到320 km,最大载重为36.3 t。丰田还在美国港口城市洛杉矶,开始对氢燃料电池重型卡车进行可行性测试研究。2017年9月,UPS联邦快递公司在美国加利福尼亚州萨克拉门托市投放氢燃料电池物流车。UPS与美国能源部紧密合作,虽然仅有200 km增程距离,但这台物流车已经过5 000 h运营测试,参与试运营的物流车更有利于加州各地加氢站的建设。2017年11月德国邮政DHL集团加入燃料电池汽车阵营,这些燃料电池汽车具有80 km续航里程,最高速度85 km/h,并且在不久的将来可以实现200 km的续航里程和约120 km的最高时速。德国邮政现在正在测试Street Scooter WORKL公司为燃料电池汽车提供的数百台驱动装置。配备这些驱动装置的这些车辆续航里程可达约500 km,德国邮政DHL集团计划在未来两年进行试运行工作。Nikola One是美国尼古拉卡车在2016年5月发布的一款概念型燃料电池电动卡车。这款H2型号的卡车采用氢燃料电池、320 kWh锂离子电池,以及纯电传动系统的组合(概念车上共有6个驱动电机,每轴一个)。据了解,尼古拉氢燃料重卡的输出功率最高可达1 000 W,按照氢气罐体容量的不同,续驶里程从1 287 ~ 1 931 km,全面超越传统柴油卡车,尼古拉卡车计划于2020年正式推向市场。随后在2018年5月安海斯布希公司向尼古拉公司订购了800辆氢燃料电池卡车,这些卡车航程在500 ~ 1 200 mile之间,量产预计将在2 020年开始。

2018年1月在Tractebel协调下,启动了欧洲可持续清洁城市垃圾运输的燃料电池垃圾车项目,联合电动车和燃料电池制造商共同合作开发高性能燃料电池垃圾车。2018年9月,现代汽车与瑞士H2 Energy公司签署了关于提供氢燃料电池重卡产品的谅解备忘录(MOU):从2019年开始,现代汽车将在为期5年的时间里,向H2 Energy公司提供1 000台氢燃料电池重卡,车型包括冷藏车及一般箱体车。它采用适用于NEXO氢燃料电池车的两个并联的190 kW氢燃料电池系统、高性能电机及高效率电池组等核心部件,一次充电可以续航约400 km。同时,为了确保足够的行程,还将在驾驶室和箱体之间安装8个大型氢气罐。2018年7月,丰田汽车公司北美公司(简称TMNA)发布了氢燃料电池Class 8大型商用卡车的升级版车型,在充满氢的情况下,常规行驶续航里程可延长至大约480 km。

(2)国内情况

我国燃料电池专用车以物流车为主,并已在北京、上海、佛山、西安等地进行了商业化运营。2018年以来,广东国能联盛新能源汽车有限公司在佛山、云浮、中山等地实行试运营,25辆氢燃料电池厢式物流新车组成一条绿色、环保的配送链,把鲜活农产品等送到佛山、云浮两地。2018年1月,上海陆续投入500辆氢燃料电池物流车进行商业化示范运营,燃料电池系统功率为30 kW,携带的3个35 MPa储氢瓶,总储氢量达到10 kg,一次加氢时间3 ~ 5 min,续航里程可达400 km。这批燃料电池物流车的业务涉及京东、云鸟、申通快递、宜家、盒马鲜生等配送体系。2018年3月,西安新青年与陕西晶元低碳经济服务中心进行合作,共推"西安氢城"计划,双方将在氢燃料电池专用车技术研发、整车制造、制氢厂与加氢站建设、氢能配套、氢车推广、社会公益、项目融资等多个方面携手推进产业化运营落地,并通过联合新能源物流车企、物流运营企业和司机用户的"碳普惠"积分认证体系,共同推进大西安"氢物流"的产业化应用与"碳普惠"平台低碳减排积分体系的社会推广,在2018上线运营400辆燃料电池物流车,并建设2座加氢站。计划到2020年在西安市场投放1 000辆氢燃料电池物流车,围绕西安三环周边建设8座加氢站。

在环卫专用车领域,2017年12月中国重汽在山东济南发布了针对环卫领域的新能源轻卡,豪沃氢能源卡车。这款氢能源汽车搭载功率35 kW质子交换膜燃料电池加40 Ah的锂离子电池组,能够满足汽车的运行需要。电机功率120 kW,扭矩达到1 100 Nm。此车在匀速行驶时,动力电池为驱动电机提供能量,燃料电池则为电池充电。当加速行驶时,动力电池和燃料电池组同时为车提供能量,满足动力需求。在刹车减速时,摩擦制动能量可以回收,减少能量损失,制动能量回收率超过10%。2018年2月,陕汽控股在"2035战略"规划发布会现场,展示了使用氢燃料电池作为动力的德龙L3000氢燃料环卫车,是国内首款针对城市环卫市场研发的燃料电池专用车。这款车的续航里程可达300 km,采用氢燃料电池+动力电池的组合。环卫车的工作区域一般都在城市核心区域,使用清洁无污染的氢燃料电池车,对于改善城市空气质量具有很大的环保优势。

2. 2018年燃料电池专用车技术发展情况

(1)技术发展特点

①燃料电池产业链情况

经过几十年的积累,燃料电池产业链总体而言,已达到了商业化应用的技术要求。国外燃料电池全产业链经过丰田、本田、现代、奔驰等整车企业的培育,已经形成了比较完整的产业链体系。国内的燃料电池产业链体系基本形成,少量关键材料及核心零部件还依赖进口,但随着国内燃料电池产业的快速发展,相信会有更多的资本和企业介入,通过全球资源的技术整合,预期3 ~ 5年内在市场驱动下,国产关键材料及核心零部件将逐步取代进口。

②燃料电池关键材料及核心零部件

关键材料及核心零部件方面,燃料电池电堆已实现国产化并完成批量装车应用。上海神力自主研发的石墨双极板燃料电池电堆寿命达到1万h,体积功率密度超过2.0 kW/L,综合性能接近国际水平。但是,国内燃料电池产业链还不够完整,关键材料及核心零部件的质量对燃料电池系统的整体性能和寿命影响非常大。尽管膜电极、质子交换膜、催化剂、双极板、空压机、水泵具备国产化能力,但在产品性能上需进一步提高。另外,碳纸、氢气循环泵、增湿器、减压阀等关键材料及核心零部件还处于产品研发阶段,需依赖进口,使得燃料电池系统成本难以下降。

③燃料电池专用车

整车方面,国内燃料电池专用车采用电-电混合技术,主要以增程型、能量混合型为主,燃料电池系统功率一般为30 ~ 40 kW,动力电池容量为20 ~ 30 kWh,随着燃料电池系统技术的进步,部分企业根据燃料电池专用车的使用场景开始投入大功率燃料电池系统的研发。北京亿华通在联合北汽福田开发35 t和49 t重卡,燃料电池系统功率超过120 kW,

整车可实现 -30 ℃启动和 -40 ℃存储，达到国际先进水平。

(2)主要技术突破点

①燃料电池系统功率及密度得到了提升。上海神力开发的石墨双极板燃料电池电堆功率密度大于 2.0 kW/L，高于国际同类产品。新源动力开发的金属双极板燃料电池电堆功率密度达到 3.0 kW/L，接近国际同类产品。北京亿华通研制的燃料电池发动机额定功率密度超过 300 W/kg，已提前实现了我国商用车燃料电池系统 2020 年的技术目标。

②燃料电池系统寿命接近国际先进水平。巴拉德研制的燃料电池系统平均寿命在 1 万 h 以上，个别燃料电池系统寿命甚至超过 2.5 万 h。北京亿华通采用国产电堆集成的燃料电池系统寿命达到 8 000 h，逐渐接近国际先进水平，随着国产化辅助零部件的产品质量不断提升，国产燃料电池系统寿命将进一步增加。

③电堆冷启动性能还需要提高。燃料电池电堆冷启动方面，国内上海神力、新源动力等企业研制的燃料电池电堆可实现 -20 ℃自启动和 -40 ℃存储，与代表国际先进水平的 -30 ℃自启动还有一定差距，但差距在逐渐缩小。

④燃料电池系统成本降低。用于催化剂的铂载量已降低到 0.4 g/kW，武汉理工新能源开发的膜电极铂载量进一步降低到 0.3 g/kW，样品已进入工程化验证阶段，新型非贵金属催化剂也正在研发过程中并尝试替代贵金属催化剂。关键材料及核心零部件逐渐国产化，空压机、水泵等产品质量不断提高，多家企业投入氢气循环泵、增湿器及管阀件的研制，预计 2~3 年可以实现国产化。

(3)亟须解决的技术难点及解决方案

尽管我国燃料电池专用车已有小批量商业化示范应用，但在燃料电池系统技术、成本和氢能基础设施配套方面还存在瓶颈，制约了燃料电池专用车的产业发展。

①燃料电池系统冷启动性能和耐久性与国际先进水平还有一定差距。燃料电池技术研发起点高，需要大量政府层面的科研资金投入。科技部门设立关键材料及核心零部件研发项目，给予相应的资金支持，投入基础材料研究，实现产品技术突破，提高系统集成及控制技术应用。

②燃料电池系统成本较高。国内膜电极铂载量为 0.4 g/kW，而国际先进水平达到 0.12 g/kW，根据美国 DOE 的最终目标是将铂载量控制在 0.05 g/kW 左右。开发低载 Pt 量、高活性和高稳定性的低 Pt 催化剂是研究重点，通过优化和改进 Pt 基催化剂结构、开发新型碳载体来降低 Pt 负载量，提高 Pt 利用率。质子交换膜、碳纸、氢气循环泵、减压阀等关键材料和核心零部件等还主要需要依赖进口，成本较高。国家及地方政府部门应该设立技术攻关项目及资金支持，同时相关研究机构及企业也加大研发力度，实现关键材料及核心零部件国产化。

③氢能基础设施配套不足。在加氢站建设方面存在管理部门不明确、审批流程不清晰、审批周期长、加氢站建设标准不完善等问题。由于运营车辆少、国家建站补贴取消，使加氢站投资回报周期长，极大地影响了加氢站的建设积极性和建设进度。政府部门需要在加氢站建设项目审批、建设及运营补贴政策等方面予以支持，完善加氢站建设标准，引导加氢站超前建设布局，推广油-氢合建站建设，保障氢燃料电池汽车的规模化推广。建设成本高也是限制加氢站建设的主要原因之一，其中设备费用高达80%。氢气压缩机、高压储氢罐、氢气加注机是加氢站系统的三大核心装备，仅氢气加注机进入产品测试阶段，其余还处于研制处于起步阶段。建议以政府为主导，联合研发机构及企业，集中力量实现技术突破，同时参与国际合作，提高产品技术、性能及品质，从而降低成本。

(4)国内外技术差异

我国燃料电池系统集成技术已达到国际水平，燃料电池电堆的功率密度、寿命和低温冷启动性能等方面都得到提高。国内外燃料电池发动机的主要性能参数对比见表 1-9，在系统额定功率、金属板电堆的体积功率密度以及石墨板电堆寿命方面略低于国外水平，其他性能与国外水平相当。此外，在关键材料及核心零部件方面，质子交换膜、碳布、氢气循环泵、增湿器，以及部分管阀件还依赖进口。

表 1-9　国内外燃料电池发动机主要性能参数对比

性能参数	国　内	国　外
额定功率(kW)	~80	~120
体积功率密度(kW/L)	>2.5 kW/L(金属双极板)，2.0 kW/L(石墨双极板)	≥3.1 kW/L(金属双极板)，1.5 kW/L(石墨双极板)
低温启动(℃)	-30	-30
寿命(h)	≥8 000 h(石墨双极板)，5 000 h(金属双极板)	>1 万 h(石墨双极板)，5 000 h(金属双极板)

3. 未来几年燃料电池专用车技术发展趋势

未来几年燃料电池专用车将继续采用电-电混合技术，但燃料电池系统额定功率将逐渐增大，实现全功率型动力系统转变。燃料电池系统耐久性提高，达到与整车同寿命。依赖进口的关键材料及核心零部件将逐渐实现国产化，大幅度降低燃料电池系统成本。燃料电池专用车将采用 70 MPa 高压储氢系统，并进一步开发重卡及牵引车等车载液氢技术。

4. 未来市场需求分析预测

燃料电池专用车适用于中重型、远距离等应用场景，主要应用领域有环卫专用车、工程专用车、运输专用车及其他特种专用车。2016—2018 年我国累计销售 3 428 辆燃料电池汽车，其中燃料电池物流车超过 1 100 辆，占比达 32%。未来，燃料电池专用车在中重型物流车领域将继续得到快速发展，为缓解城市大气污染，环卫专用车和工程专用车领域也将得到广泛应用。

5. 建　议

加快质子交换膜、碳纸、氢气循环泵、减压阀等关键材料及核心零部件的国产化，提高膜电极、催化剂、双极板、空压机、水泵等已实现国产化产品的质量和性能，有利于大幅降低燃料电池成本，推动燃料电池专用车的商业化应用。

随着技术的发展，氢气在制、储、运环节能够实现安全可控，但对氢的认识依然停留在危化品阶段。需要将氢气由危化品转为能源管理，普及氢安全知识、氢使用规范，及时调整氢气制、储、运、相关标准，降低成本，适应市场需求，真正发挥氢作为清洁能源的作用。另外，Ⅳ型瓶技术、液氢技术已经成熟，但缺乏相应规范、标准，导致我国依然采用普通长管拖车运输气态氢气，造成运输成本高。

国家主导明确加氢站建设主管单位及审批流程，对加氢站建设和运营给予补贴支持，加速氢气制、储、运及加氢站建设的产业布局，推动燃料电池专用车大规模商业化应用。

十一、智能网联汽车

Chapter 11 Intelligent Connected Vehicles

（清华大学 李克强）

在汽车驾驶自动化、高精传感器、计算芯片、人工智能、信息通信等技术的综合推动下，智能网联汽车已经从产品开发阶段逐渐向着应用落地阶段快速发展，辅助驾驶市场渗透加速，自动驾驶正在多种特定场景下开展示范运行和商业化运营探索。美、德、日等汽车强国都将智能网联汽车和自动驾驶技术作为汽车产业发展的战略方向，在技术研发、测试验证、产业化应用以及商业运行等方面形成了一定优势。我国也正在通过国家顶层规划、法律标准制修订、开放道路测试、专项技术攻关、国际合作交流、创新平台构建等方式加速智能网联汽车产业创新发展，构建智能网联汽车强国蓝图。

1. 2018 年智能网联汽车产业总体情况

（1）政策规划层面

美国交通部于 2018 年 10 月发布《自动驾驶汽车 3.0：准备迎接未来交通》，进一步引导放宽对自动驾驶创新和发展的限制，并预计于 2020 年推出强制安装 V2V 的相关法规，指出不再承认已宣布的 10 个自动驾驶测试示范区的指定。道路测试方面，已有 10 余个州颁布自动驾驶相关法律，其中世界无人驾驶道路测试的聚集地——加州于 2018 年 4 月出台新规，允许在没有人类安全员的情况下开展无人驾驶汽车道路测试，并于 2018 年 10 月为 Waymo 颁发首个无安全员道路测试牌照。测试场建设方面，截至 2018 年 10 月由美国交通部、地方政府和组织支持的智能网联汽车部署项目已有 52 个投入使用，另有 23 个项目在建设中。

欧洲方面，对智能网联汽车的研究起源于 ITS（智能交通系统），并逐步通过车辆智能化、网联化实现协同发展。以合作式智能交通系统（C-ITS）战略为代表的重大项目有效地推动了智能网联汽车发展。2018 年 5 月发布《通往自动化出行之路：欧盟未来出行战略》，明确到 2020 年在高速公路上实现自动驾驶，2030 年进入完全自动驾驶社会。欧盟还从数据安全角度入手，发布史上最严数据保护条例《一般数据保护条例》（GDPR），为智能网联汽车数据保护提供标杆。英国则计划 2020 年前投资 2.5 亿英镑用于自动驾驶车辆，并于 2018 年 7 月通过《自动与电动汽车法案》，明确自动驾驶汽车保险和责任规则。

日本政府于 2018 年 3 月发布《自动驾驶相关制度整备大纲》，明确自动驾驶汽车的责任划分。2018 年 9 月，日本国土交通省发布《自动驾驶汽车安全技术指南》，明确规定了 L3、L4 级自动驾驶汽车所必须满足的十大安全条件。日本国家自动驾驶研发计划（SIP-adus）进入 2.0 阶段，重点是自动驾驶与未来智能社会（Society 5.0）的协同，并在东京主要沿海地区开展测试，以实现在东京奥运会以及残奥会开展无人驾驶的目标。日本主要整车和零部件企业联合成立自动驾驶地图公司（DMP），创新智能网联汽车国家平台建设模式。

我国也在积极加快推进智能网联汽车产业的发展。2018 年 1 月，国家发改委发布《智能汽车创新发展战略（征求意见稿）》，明确了中国发展智能网联汽车产业的战略目标和亟需建立智能汽车六大体系的重点任务。2018 年 5 月，工信部、公安部、交通运输部三部委共同发布《智能网联汽车道路测试管理规范（试行）》，在规范的指导下，已经有北京、上海等 20 余个省市出台道路测试实施细则。8 月，中国智能网联汽车产业创新联盟、全国汽车标准化技术委员会智能网联汽车分技术委员会联合发布《智能网联汽车自动驾驶功能测试规程》，提出各检测项目对应测试场景、测试规程及通过条件，进一步完善智能网联汽车的测试技术验证工作。11 月，国家制造强国建设领导小组车联网产业发展专委会第二次全体会议在雄安新区召开，20 多个部委单位一起商议并协调产业的发展。12 月，工信部发布《车联网（智能网联汽车）产业发展行动计划》，明确将加大对车联网产业的政策支持力度，推动形成车联网产业新生态。

（2）技术验证层面

在量产车技术应用方面，国内外企业都在大力推动 L2 级辅助驾驶系统渗透，并加速 L3 级自动驾驶突破。奥迪于 2018 年正式推出量产的 L3 级自动驾驶车型奥迪 A8，这是世界范围内第一台量产的 L3 级自动驾驶汽车并已在欧洲展开销售。通用汽车、奔驰、宝马、沃尔沃等集团均已推出 L2 级自动驾驶汽车产品。其中通用汽车 Super Cruise 率先与高德公司合作，将高速公路和城市快速路高精度地图应用于车道保持安全系统上。除此之外，国内的长安汽车 CS55、吉利缤瑞、荣威 Marvel X、比亚迪秦 Pro、长城汽车哈弗 F7x 等车型已经具备 L2 级自动驾驶能力，蔚来、小鹏等造车新势力也都在加速 L2 级自动驾驶布局。特别值得关注的是，戴姆勒、博世、法雷奥，以及国内创业公司纵目科技等代表公司大力研发 AVP（自主泊车）技术，已经在北京、上海等地的停车场探索小规模应用验证，以期在不久的量产车上应用 AVP 技术。

在技术标准验证方面，我国已经启动相关标准研究与制定工作。2017 年 12 月，工信部、国家标准化管理委员联合发布《国家车联网产业标准体系建设指南（智能网联汽车）》。2018 年 4 月，汽车标准化技术委员会成立智能网联汽车分技术委员会，下设 4 个工作小组，具体包括先进驾驶辅助系统工作组、自动驾驶工作组、信息安全工作组、网联功能与应用工作组。围绕汽车驾驶环境感知与预警、驾驶辅助、自动驾驶，以及与汽车驾驶直接相关的车载信息服务等专业领域，已经启动多项标准制定工作。为进一步加强标准协同，同年 11 月，全国汽车标准化技术委员会、全国智能运输系统标准化技术委员会、全国通信标准化技术委员会、全国道路交通管理标准化技术委员会共同签署了《关于加强汽车、智能交通、通信及交通管理 C-V2X 标准合作的框架协议》，四方将建立高效顺畅的沟通交流机制，相互支持和参与标准研究制定，共同推动 C-V2X 等新一代信息通信技术及其在汽车和交通行业应用等相关标准研究、制定及实施工作。

(3)应用示范层面

在城市道路、快速环路等复杂路况下，智能网联汽车还不具备完全无人驾驶能力，但机场、港口、矿区、工业园区和旅游景区等特定场景具备道路状况简单、行驶速度较低等特点，对车辆的信息感知、决策控制能力要求较低，将是无人驾驶率先落地并开展商业化应用的场景。

2018 年，Waymo 推出付费无人出租车服务——Waymo One，成为世界首个自动驾驶商业运营项目。通用汽车旗下自动驾驶公司 Curise 也在向美国交通运输部申请豁免 16 项不适用于自动驾驶的安全规定，以完成 2 500 辆规模的自动驾驶商用化测试。特斯拉宣布 2020 年将上线 Robo-taxi 服务。在国内，2018 年 7 月，百度 Apollo 与金龙合作开发的 L4 级量产自动驾驶巴士“阿波龙”正式下线，已经应用于北京、厦门、广州、武汉、雄安等地，累计数量超过 100 辆。除此之外，类似场景下的应用示范不断涌现。Nuro 开展无人驾驶物流配送商业化服务；Navya、Local Motor 等无人驾驶小巴持续推进在园区、机场等场景的应用；国内企业也选择在雄安新区等地开展特定场景的自动驾驶技术应用，代表性的包括关注物流配送的菜鸟物流、智行者、新石器、美团；港口、矿山等重卡应用场景的图森、主线、踏歌智行、西井、光庭公司；环卫场景的仙途智能、酷蛙机器人；园区景区等小巴场景的驭势科技、清智科技等。

2. 2018 年智能网联汽车技术发展情况

(1)智能网联汽车主要技术突破特点

①智能与网联化加强融合

单车智能技术仅能基于局部的环境感知信息进行车辆自动行驶的决策，无法实现城市级道路交通优化，同时受到传感器性能边界影响，单车智能尚无法支持全天候的无人驾驶需求。通过车辆网联化实现车与人、车、路、云等交通要素的智慧互联，可以大幅提升车辆的安全性和道路出行效率，同时 5G 技术的发展也能够为车联网通信提供载体，满足低延时、大并发、高安全性的信息传输需要。2018 年在通信芯片、通信模组、车端和路测单元研发方面均取得突破，11 月在上海首次举行的 V2X“三跨”(芯片、模组、整车)应用展示也很好地验证了车联网技术的互联互通性。

②测试验证与评价技术快速发展

智能网联汽车具备多领域、多技术交叉融合的特点，产品复杂度高，架构复杂。因此，智能网联汽车的发展不仅需要各零部件性能的提升，也需要强化在复杂系统重构、多元信息融合等方面的研发和验证，而仿真评价和实际道路测试是验证无人驾驶系统安全性、可靠性的重要手段，并受到广泛重视。多模式数据虚拟仿真及测试评价方面，正在积极构建中国特色驾驶场景库；道路测试方面，已开展道路测试的省市超过 20 个，累计发放测试牌照超过 100 张。

③自动驾驶计算平台成为发展焦点

各企业正在积极研发以计算芯片和自动驾驶操作系统为核心的自动驾驶计算平台技术。在计算芯片方面，以英伟达、高通、英特尔为代表的芯片企业不断向着高等级自动驾驶芯片产品迭代。例如，英特尔旗下子公司 Mobileye 已量产了用于自动驾驶第四代专用芯片 EyeQ4，英伟达基于 DrivePX2 已量产了新一代产品 Drive Xavier，同时推出 DRIVE PX Pegasu，可以提供每秒操作超过 320 万亿次的算力。在国内，地平线机器人发布高级别自动驾驶计算平台 Matrix1.0，满足 L3/L4 的自动驾驶需求。华为发布的 MDC600，符合 ASIL D 车规级别，352TOPS 的算力满足 L3 ~ L5 级别自动驾驶所需，并已应用在最新奥迪 Q7 上。

在自动驾驶 OS 方面，在全行业还处在初始发展阶段，众多全球范围的主机厂、供应商、ICT 公司以 L3 级自动驾驶量产及相关产品为契机，均在发力，希望 2 ~ 3 年有所突破。QNX 作为传统车控实时操作系统得到了普遍的使用，Linux 及 AGL(车规 Linux)等同时也在自动驾驶操作系统领域上发力，此外，TTtech、EB(Eletrobit)、Nvidia、伟世通等系统和模块解决方案公司，也推出了相应自动驾驶 OS 相应产品。国内龙头华为、中兴、东软等也在积极努力，定义自动驾驶核心平台技术，华为发布 MDC 平台后，将专门汽车的电子量身打造具备确定性低时延能力的实时车控操作系统，中兴也推出了基于自研芯片和操作系统的自动驾驶计算平台样机，东软睿驰发布了 NeuSAR 产品，其基于 AUTOSAR 研发制作，为自主研发自动驾驶系统的 OEM 整车企业及零部件供应商提供的面向下一代汽车通信和计算架构的系统平台。

④功能安全和信息安全保障作用凸显

功能安全设计随着智能网联汽车发展而愈显重要，需要从汽车的概念设计、系统设计、软件开发、硬件开发、生产管理等各个阶段落实功能安全设计原则。激光雷达、计算平台等核心零部件在强化对 ISO 26262 标准的贯彻，打造车规级产品。信息安全方面，虽然围绕汽车全生命周期的信息安全工作还处于起步阶段，ISO 21434 等信息安全标准尚未完成，但针对智能网联汽车的信息安全工作已在探索中，其中，博世旗下子公司 Escrypt 开发了 IDPS 入侵检测和防御系统，对智能网联汽车所遭遇的潜在威胁进行识别和分析，从而快速采取有效措施来保护车辆信息安全。

⑤多种传感器性能不断提升

激光雷达、毫米波雷达、摄像头等传感器的性能直接决定了车辆对环境的感知能力。激光雷达方面，Velodyne 的 Alpha Puck™128 线激光雷达探测距离达到 300 m，满足 L5 级别自动驾驶需要，速腾聚创、禾赛科技、北科天绘等国内企业也推出 64、128 线激光雷达，并逐渐得到行业认可。同时，各企业积极布局满足车规要求的固态激光雷达也有望取得突破。毫米波雷达也在距离、角度、速度 3 个维度的分辨力均大幅度提升，并开始具备一定的成像能力。双目、三目摄像头已经在一些量产车型上广泛使用，甚至满足不同聚焦距离和视场角的四目组织式摄像头也在开发应用中，对于车辆、行人以及刹车灯等颜色信息都较好地获取并且识别。

⑥高精度地图逐步商业化应用

高精度地图作为智能网联汽车的重要支撑技术，可以有效弥补传感器的性能边界，提供先验信息，是实现高等级自动驾驶的必要条件，也是未来车路协同的重要载体。国内四维图新、高德、百度三大图商已经基本完成高速公路和城区快速路高精度地图的测绘，并逐步开始商业应用。借助高德采集的高速公路和快速环路高精度地图信息，卡迪拉克已经实现较为可靠的车道保持功能。在降低成本方面，以摄像头为主的众包采集方案受到广泛关注，Mobileye、lvl5、地平线机器人、Momenta、宽凳智云等国内外企业也都推出相关低成本测绘方案，推动高精度地图商业应用。学界和产业界也在加强与政府部门的沟通，以期解决高精度地图商业化应用的有关障碍。

（2）亟须构建五大共性基础平台技术

为加速推动智能网联汽车技术进步和产业化步伐，抢占行业制高点，亟需建立高精度地图基础数据平台、智能网联汽车云控基础平台、新型智能车载终端基础平台、车辆智能计算基础平台和智能网联汽车信息安全基础平台等五大基础共性技术平台。

①高精度地图基础数据平台技术

建立行业统一的数据标准和交换格式，消除产业合作的技术障碍和标准藩篱。突破高精地图数据采集、融合、更新与数据服务平台等基础技术，开展全国范围的基础道路数据采集，建立公共数据服务平台，实现高覆盖、高精度、高实时性的数据动态更新。

②智能网联汽车云控基础平台技术

建立标准化的智能网联驾驶数据通信与应用接口，需实现跨品牌车辆和跨行业应用之间信息的互联互通，以及服务之间的协同与联动，打破信息孤岛现象。解决海量数据的分类规则定义、权重定义、融合感知等规则设计，基于单车、多车的控制模型，实现车路协同感知及集中式协同决策与控制。

③新型智能车载终端基础平台技术

研究面向新一代智能网联汽车的电子电器与网络架构，以以太网为网络主干、域控制器为主要节点，重点开展智能驾驶的冗余设计。制定车内网络通信需求与数据交换格式等标准协议，实现智能车载终端基础平台设计。

④车辆智能计算基础平台技术

发展基于可重构深度学习与增强学习，支持车规级多源目标传感、信息融合、中央决策、上层控制的汽车大脑芯片。提高智能芯片与算法的协同化程度，研究车载环境中场景数据不可预知下芯片的高效非监督式算法演进，布局深度学习模型的稀疏化、低精化，搭建基于高效编译的芯片设计软件生态，并建立规范的芯片测试评价平台与标准。

⑤智能网联汽车信息安全基础平台技术

重点突破智能汽车终端安全、边界安全、网络安全和数据安全技术，建立基于分域隔离与纵深防御的安全控制机制、入侵检测框架与可信认证模型、通信交互框架与访问控制模型和数据生命周期管理与安全稳定存储四大能力。促进访问控制、入侵防护、安全隔离、在线升级等技术应用，实现对智能汽车入侵行为的实时监控和阻断。研发面向智能汽车大数据及云平台的身份认证、数据加密、监控审计等安全技术，支撑智能汽车上路的安全运行。

3. 未来智能网联汽车产业与技术发展趋势

汽车是新技术应用的重要载体，随着信息通信、互联网、大数据、云计算、人工智能等新技术在汽车领域广泛应用，汽车正由人工操控的机械产品加速向智能化系统控制的智能产品转变，智能汽车已成为产业技术的战略制高点。

在政策层面上，将依托各个部门的指导，在中国智能网联汽车行业内形成发展战略层面的共识，明确顶层设计，在发展规划、测试示范、法律法规、基础设施建设和车辆监管运行上有效管理与规范。车辆网产业发展专委会将进一步推动车辆网、汽车和交通的整体协调发展。

在产业层面上，为保证产业战略安全和信息安全，未来将着力打造五大基础共性技术平台，致力于构建中国方案的智能网联汽车。保障智能网联汽车产业适应中国特色交通环境与驾驶行为，并与中国基础设施建设标准、中国联网运营标准形成有效协同。

在技术层面上，为提高车辆的感知、决策、执行能力，固态激光雷达、合成孔径毫米波雷达、机器视觉、计算芯片、下一代信息通信等技术及产品必将向着高可靠性、高性能、低成本、低功耗方向不断发展。同时，智能化与网联化路线联系将更加密切，打造基于云平台的智能交通体系，实现人—车—路—云的互联互通。

在应用层面上，高速公路和特定场景都将有更广泛和深入的应用。汽车产品功能和使用方式正在发生深刻变化，由单纯的交通运输工具逐渐转变为智能移动空间，兼有移动办公、移动家居、娱乐休闲、数字消费、公共服务等功能，推动车联网数据服务、共享出行等生产生活新模式加快发展。

在市场层面上，根据《汽车产业中长期发展规划》，到2020年，L1～L3自动驾驶系统新车装配率超过50%，网联式驾驶辅助系统装配率达到10%；到2025年，汽车L2、L3级别自动驾驶系统新车装配率达25%，高度自动驾驶汽车开始进入市场。根据《车联网（智能网联汽车）产业发展行动计划》，到2020年新车驾驶辅助系统搭载率达到30%以上，联网车载信息服务终端的新车装配率达到60%以上。按照2020年新车销量3 000万辆、2025年新车销量3 500万辆，我国辅助驾驶市场容量将迅速突破千万量级，自动驾驶汽车也将逐步形成规模化市场需求。

十二、增程式电动汽车

Chapter 12　Extended-Range Electric Vehicles

（苏州达思灵新能源科技有限公司　吴德平）

1. 增程式电动汽车市场现状与所面对的问题

随着2019年新能源汽车补贴退坡政策的落地，明确了2020年以后补贴完全取消，国内市场开始了对增程式电动车的开发热潮，其中吉利商用车首先推出了增程式电动卡车，车和家则推出了增程式电动SUV。很多车企开始调研和规划增程式电动车的技术及控制策略，其中日产的增程式电动车 e-Power 的配置及控制策略对国内增程式电动车的动力系统配置产生了深刻的影响，引起广泛的讨论。

对于增程式电动车的配置方法，市场上存在两种主流策略。

(1)以日产的 e-Power 为代表的配置方案，要求动力电池的容量尽可能小以最大限度地降低电池成本，增程器的额定功率要求能够满足全部整车行驶工况的需求。这种配置以省油为目标(混合动力车目标)，因此对发动机的热效率要求非常高(>40%)，常规的发动机技术无法实现。

(2)以车和家的理想 ONE 为代表的配置方案，要求动力电池的容量能够满足 150 km 以上的纯电续驶里程，同时要求增程器的峰值功率能够满足最高车速的要求。这种配置以零排放和不烧油为目标(纯电动车目标)，消除了里程焦虑和充电焦虑。增程式电动车的配置方案讨论影响到国家政策对于增程式电动车的定位，进而影响到增程式电动车的评价标准。其中，e-Power 配置很容易定位在混合动力车领域(纯电里程为零)，以节油率作为主要的评价标准；理想 ONE 的配置则很容易定位在电动车领域，以纯电里程和综合油耗作为主要的评价标准。

发改委在所发布的《汽车产业投资管理规定》中提到"纯电动汽车投资项目是指以电动机提供驱动动力的汽车投资项目，包括纯电动汽车、增程式电动汽车、燃料电池汽车等投资项目"。工信部关于增程式电动车的分类是插电式混合动力车领域($R>50$ km)，不区别以节油为目标和以零排放的目标两种不同的配置。以零排放和不烧油为目标的增程式电动车配置更接近纯电动车的目标，但是成本要比以节油为目标的增程式电动车配置高，需要政策给予区别的支持。

增程式电动汽车技术路线位于以完全零排放为目标的纯电动车和以节油为目标的插电混合动力车之间，其存在的价值在于增程式电动车具有纯电动车的充电开车(节省使用成本)的优势、同时没有纯电动车的里程焦虑和充电焦虑问题。增程式电动车需要解决的主要问题可以总结为：①允许85%以上的使用工况可以以纯电模式使用(不烧油、零排放)；②极少数15%左右的工况依靠增程器发电延长续驶里程，没有里程焦虑，不依赖于充电站。这里不包括对于增程式电动车综合续驶里程的定义和限制，给各新能源车厂根据市场的需求和自身对于车辆的定位进行定义的灵活性。

2. 增程式电动汽车的市场需求

增程式电动车是为了满足市场的需求而存在的(不是为满足补贴标准而出现的)，这种需求包括两个方面。一是车厂对于满足汽车市场国家政策的需求，包括燃油消耗率限制、双积分及碳排放交易等。二是用户对纯电动车带来的使用成本较低有着极大的需求，包括购置税减免、路权(牌照和限行)和充电开车可大大降低汽车使用成本等。因此，增程式电动车的配置和开发应该以满足上述需求为目标。

(1)增程式电动汽车配置方向的两个误区

早期的增程式电动汽车配置以满足补贴标准为目标，在满足补贴标准的前提下尽可能降低成本。因此在增程式电动车的开发中关于增程动力系统的配置始终存在两个误区。①在满足 50 km 纯电里程的前提下，电池的容量要尽可能小，容量越小整车成本越低，因此就可以更加获得市场的青睐。②增程式电动车的续驶里程就不应该受限制。增程器的功率要求足够大，可以在电池亏电时仍然支持全工况使用。

这两个误区的存在是以混合动力车特性为目标，将增程式电动车定位于插电式混合动力车。大多数车厂开发增程式电动车时主要关注其油耗指标就是这个原因。如果要在全工况油耗上(尤其是高速行驶油耗指标)和插电式混合动力竞争，增程式电动车缺乏竞争力(缺乏高效发动机)，还不如插电式混合动力车。

(2)增程式电动汽车的市场突破点

增程式电动车的市场的突破(受消费者青睐)不是因为它更便宜(购车成本更低)，而是满足市场消费的需求。因此要开发出爆款的增程式电动车，不能以价格低为目标，而是要求配置合理、以性能驱动为突破点。

开发增程式电动车需要了解用户的实际使用需求，总结为三点：一是汽车用户每天 85% 以上的平均开车里程在 80 km 以内，再考虑空调用电和堵车耗电对续驶里程的影响，增程式电动车的日均纯电全工况设计续驶里程应该配置在最小 100 km 以上。如果考虑针对不同的用户群体的需求，增程式电动车的合理的纯电全工况设计续驶里程应该在 100~150 km 范围内。二是用户购买增程式电动车的主要目的首先是因为有优先的路权(车牌和限行)，其次是充电开车成本低(纯电红利)，同时有没有里程焦虑和充电焦虑。三是增程式电动车的增程器的配置，应首先以让用户享受纯电红利为基础(要有足够的纯电续驶里程)，以消除里程焦虑和充电焦虑为首要目标(任何情况下不会"趴窝")，兼顾综合续驶里程需求。

(3)增程式电动车动力系统配置原则

增程式电动车的配置包括电池包的容量和增程器的功率。电池包的优化配置考虑的因素包括下述 3 个方面。①最小容量需要满足全工况行驶 50 km(满足国家新能源汽车定义，有路权和积分。②电池的放电倍率能力需要满足工况行驶时最高车速连续放电要求。③开发车型所面向的目标群体对于全工况下纯电里程的期望(如满足 85% 以上情况仅靠充电开车)。

增程器的额定功率配置考虑的因素包括 3 个方面。①增程器的额定功率最小要求满足高速上行驶的最低车速要求(如 85 km/h)。②以综合续驶里程不低于 500 km(高于平均乘用车续驶里程心理门槛 450 km)目标(全工况纯电续驶里程+增程续驶里程)。③所用发动机排量要以额定功率下裸机噪声控制为基本要求(如 75dB)。

3. 增程式动力系统技术的进化趋势

随着增程式电动车的普及，其增程动力系统的进化将进一步推动增程式技术的进步，包括：

(1)增程器的热量用于车内加热和电池包的加热，使增程式电动车可以适应低温寒冷地区的使用；

(2)增程器的燃料从汽油/天然气(化石燃料)向甲醇(清洁燃料，替代燃料)转变，甚至可以使用压缩空气发电，终极燃料为氢气。

随着增程器工作对于电池系统的保护(包括高温保护、低温保护、过载保护等),电池系统的寿命将会被极大地延长,电池系统的维修、更换和二次利用等将促使新旧电池系统互换使用等技术进入主流市场。

由于增程器作为主动车载电源的存在,允许增程式电动车使用多个电池标准箱(同一电压平台、同一通信协议)动态并联使用,通过增程器动态平衡多个电池标准箱之间的电压(参考专利:ZL201710779935.8)。这种增程动力系统有如下特点。①整车开发时,可以选择现成的多个标准箱(不同材料)进行配置,从而节省电池箱开发周期和开发成本;②允许新、旧电池标准箱并联使用(有利于旧的电池标准箱在维修时进入二手市场使用);③允许不同材料的电池标准箱并联使用(有利于高功率密度电池与高能量密度电池互补并联使用);④能够及时隔离问题电池箱,同时保证电动车的正常行驶,提高可靠性(多电池标准箱冗余)。

增程式电动车随着增程器燃料的进化、单电池动力系统向多电池增程动力系统配置结构的进化,为其进入主流新能源汽车提供了保障。

4. 其他重要的方面

增程式电动车的性能随着开发面向的用户群体不同,将在下面几个方面体现不同(或几方面组合)。

(1)低温环境使用群体:使用低温特性好的电池,增程器发热用于车内加热和电池箱加热;

(2)对纯电续驶里程不同的要求的群体:标称纯电全工况里程多为 100 +、150 + 和 200 + 等;

(3)对于快充要求不同的群体:使用快充电池。

整合考虑,作为电动汽车,安全始终是最重要的。可以预见,安全性好、快充能力强、低温特性好和长寿命的电池技术将成为增程式电动车的主流电池。由于增程式电动车所需要的电池容量不高,电池芯的能量密度的重要性将逐渐降低。

十三、甲 醇 汽 车

Chapter 13 Methanol Automobile

(天津大学 姚安仁)

1. 甲醇行业发展概述

美国甲醇研究会根据甲醇的物理化学特性,仔细分析了大规模使用甲醇时,对周围环境例如地表水、地下水和空气等的影响。根据美国环保局 1994 年毒物排放清单(Toxics Release Inventory,TRI)年报中指出,1992 年工业化学品向环境的排放量,甲醇已名列第三。这些甲醇主要来源于胶黏剂制造厂、汽油辛烷值增强剂甲基叔丁醚(MTBE)生产、造纸行业和其他化工产业。空气中的甲醇易发生光氧化过程,半衰期为 3 ~ 30 天。水中的甲醇通过挥发进入空气中,减小了甲醇的浓度,且发生生物降解,土壤中的甲醇也易于发生生物降解。一般情况下,甲醇泄漏对环境造成的污染是短期的、可逆的,不会造成永久性的破坏。

总体来说,燃料甲醇发生火灾的安全性是要比燃料汽油好,正由于燃料甲醇的这种火灾安全的特点,在运输、存储、添加以及使用过程中,由于火灾造成的人员伤亡、财产损失等要比燃料汽油小得多。

20 世纪 70 年代初发生的石油危机严重影响了很多国家的经济发展,从此掀起了对能源现状、前景及替代燃料研究、开发的热潮。

我国的煤炭资源相当丰富,而且相对集中,煤化工产业发展较快,煤制甲醇产能富余。因此早在“七五”期间我国原国家科委就组织以中国科学院工程热物理研究所为首的甲醇发动机技术攻关协调组,将国产 492 汽油机改为 M90 甲醇发动机,进行了大量的试验研究工作。后来我国与德国合作,对德国大众公司的桑塔纳甲醇发动机及整车进行了全面的试验研究,并对大众公司的多种燃料汽车发动机进行了性能测试。1994 年又与美国福特公司合作,共同开发小排量 1.3L 灵活燃料发动机及汽车。在我国部分甲醇产能较大的地区,如山西、陕西等地已经初具产业化条件,主要应用方式是与汽油掺混使用,如掺 15% 甲醇的 M15 等。国家于 2009 年发布了 M85 的甲醇燃料标准,每年实际应用于掺混的甲醇燃料量超过 300 万 t。近些年国内部分汽车企业纷纷投入了甲醇汽车的研发。上海华普汽车有限公司于 2005 年底立项开展甲醇燃料轿车的研发工作,选择海尚 MA、海域 380 等 3 种车型和 JL479M 1.5 L 发动机,以 M100 甲醇作为燃料,对发动机燃料供给系统、电喷系统、排气系统、电器系统等进行了系统开发,于 2006 年 10 月完成了 M100 甲醇轿车功能样车试制工作。2007 年 10 月,完成了甲醇燃料轿车工装样车的研发工作。2008 年,上海华普汽车对甲醇发动机及整车分别进行了高寒高原高温地区发动机强化耐久、整车道路可靠性和排放试验,试验足迹遍布我国东北、西北、西南等各省区,累计试验里程近 100 万 km。“三高”试验标定结果是:在气温分别小于 -30 ℃和大于 40 ℃、海拔 4 000 m 以上的条件下,甲醇燃料汽车冷态起动正常,动力性能及驾驶性能良好。发动机强化耐久试验标定结果是:燃烧、润滑状况极佳,经精密测量分析,各关键运动部件的摩擦、磨损均在正常范围。整车道路可靠性试验标定结果是:性能优越、动力性好,最高车速 160 km/h,一挡起步加速至 100 km/h 所需时间为 15.8 s(汽油为 16.2 s),替代比 1.6 以下,经济优势显著。排放试验标定结果是:常规排放为国Ⅳ标准限值的 30% 以下。甲醛排放 0.8 mg/km,相当于美国加州排放标准的 1/10。上海华普汽车已研发出 1.5L JL479QAJ 和 1.8L JL481QJ 两种发动机,可搭配 SMA7152MF 和 SMA7182MF 两种车型,是国内唯一一家按照新车开发流程和现行汽车行业标准,进行甲醇燃料汽车规范化开发的汽车企业,也是最早完成产业化,具备小批量生产能力的汽车企业。

奇瑞汽车有限公司于2005年10月开始启动甲醇汽车项目,选择1.6L SQR480发动机和旗云牌轿车进行整车使用M100、M85、M15和纯汽油多比例甲醇车开发,完成了燃料系统材料耐醇性、整车冷起动、燃油泵耐久性等的考核工作,完成了发动机耐醇零部件、专用润滑油、冷却系统、曲轴箱系统、压缩比的定型等开发工作。并于2007年3月,将13辆甲醇燃料车送山西太原进行试运行,同年6月经专家组评议认为:奇瑞甲醇车动力性、经济性、冷起动、驾驶性等方面达到并优于原汽油车。2008年5月奇瑞公司为了满足国家排放法规的要求(国Ⅲ + OBD),启动了SQR477甲醇发动机项目,由于具备了甲醇发动机开发经验,477发动机很快完成了开发,7月发动机设计冻结并生产3台样机,10月顺利完成2轮50 h超速试验、1轮500 h额定功率试验;477发动机动力性、经济性、排放性能均优于原机。经过大量试验表明,常规排放:使用M85 ~ M100甲醇车与原汽油车相比,平均CO降低26%,HC降低43%,NO_x降低47%;使用M15甲醇车和原汽油车相比,平均CO降低23%,HC降低28.5%,NO_x降低10%。非常规排放:催化前甲醇机甲醛排放量是汽油机的2倍多,催化后甲醛排放甲醇机小于汽油机。甲醇机动力性:M85 ~ M100可提高10% ~ 15%,M15两机相当。奇瑞公司在甲醇项目上已投入近3 000万元的资金,开发两款发动机及新旗云甲醇车,逐步拓宽其他车型;将形成年产甲醇发动机5万台和年产整车3万辆的生产能力。

一汽靖烨发动机有限公司2008年开始在CA6101B6汽油发动机基础上研制开发了CA68H-ME3(100)甲醇发动机,并于2008年8月成功搭载在一汽解放汽车有限公司CA3160自卸车上。同年6月启动了在一汽锡柴6DF2-24柴油发动机基础上研制开发CA6SF-24M大马力甲醇发动机项目,该项目将原柴油机的燃油喷射系统进行了适当改装,同时增加了一套点火装置,使用火花塞点燃甲醇进行工作,2009年10月,在原悍威8 × 4自卸车的基础上搭配该型甲醇机,开发、试制CA3313PZMB1T4EJ自卸车,并于2010年3月完成整车试制工作,整备后发运至山西煤矿进行道路试验。一汽靖烨发动机有限公司于2009年在CA4102汽油发动机基础上,又开发了一款CA4SH-ME3甲醇发动机,至此,一汽靖烨发动机有限公司具备了3款甲醇发动机,分别适合轻、中、重型客车和卡车使用。

我国开展甲醇汽车研发和应用取得了大量的技术成果和宝贵经验,形成了一定的规模。“十一五”以来,甲醇作为车用替代燃料逐步发展,《车用甲醇汽油(M85)》和《车用燃料甲醇》两项国家标准颁布实施,甲醇汽车开发、试验等活动取得积极成果。2012年有国家工业和信息化部开展甲醇汽车试点。陕西、山西、甘肃、贵州和上海的10个城市参加试点工作。共有32款列入工信部管理公告的车辆,类型包括乘用车、厢式车、重卡车。在国家层面全面、系统对甲醇汽车的性能、对人员和环境的影响等进行考核。

甲醇燃料的相关政策

工业和信息化部在对相关研究实验结果进行充分研究和评估后认为,组织开展甲醇汽车试点运行的条件已经基本具备。因此,2012年2月工业和信息化部针对甲醇汽车特点和产业发展现状,颁布了《关于开展甲醇汽车试点工作的通知》,积极稳妥地推进高比例甲醇汽车试点工作,希望通过试点评估验证甲醇汽车的技术和安全性,促进甲醇汽车产业健康发展。同样,国务院办公厅印发的《关于加强内燃机工业节能减排的意见》中也要求积极开展汽油/甲醇双燃料点燃式内燃机、柴油/甲醇双燃料压燃式内燃机的应用试点工作。可见不论是国家还是企业都在积极推动甲醇替代燃料的产业化应用,甲醇等替代燃料将会迎来一个快速发展期。

表1-10 2000年以来国家级省市甲醇汽车及燃料重点政策

时 间	政策发布机构	主要政策点
2004-5	国家发改委	发布《汽车产业发展政策》,国家支持车用燃料多样化发展,鼓励汽车生产企业开发生产新型燃料汽车,其中包括甲醇燃料汽车
2004-7	陕西省质量技术监督局	颁布实施了DB61/T 352—2004《车用M85甲醇汽油》、DB61/T 353—2004《车用M25甲醇汽油》、DB61/T 351—2004《车用燃料甲醇》等地方标准
2004-8	国家发改委	制定《国家重大产业技术开发专项》发布并全面启动,将“具备以煤为原料建设大型甲醇、二甲醚的技术能力及开发燃料油、煤制醇醚燃料高效添加剂技术”列入其中
2007-7	国家发改委、科技部、卫生部、国家环保总局、国家林业局,以及化工、汽车行业协会等	2007年7月,发改委牵头完成的《中国替代能源研究报告》指出:中国应加大对替代能源的开发利用,推进煤基醇醚燃料生物质液体燃料、煤制油、天然气等替代能源的发展。该报告送达国务院,并获得重要批示:甲醇燃料拥有良好的经济性,对人体健康并无损害、有利于节能减排,应加快推广
2009	国家标准化管理委员会	我国首部《车用燃料甲醇》国家标准GB/T 23510—2009,由中华人民共和国国家标准化委员会批准并发布公告,并于同年11月1日起实施
2009	国家标准化管理委员会	《车用甲醇汽油(M85)》国家标准颁布,甲醇汽油进入市场有了正式的准入制度,使甲醇燃料有了合法身份
2012	工业与信息化部	《关于开展甲醇汽车试点工作的通知》(工信部节字42号),先后在陕西、陕西、上海、甘肃和贵州四省一市开展甲醇汽车试点
2013	国务院办公厅	发布《关于加强内燃机工业节能减排的意见》该意见指出:为降低能源资源消耗、减少污染物和二氧化碳排放,各相关部门应进一步加快内燃机节能减排新技术的研发、应用和产业化,推进内燃机替代能源多元化应用,降低内燃机燃油消耗率,逐年提高内燃机排放标准,严格执行淘汰落后产品制度
2018	工业和信息化部、发改委、科技部	印发工信部联节字〔2018〕55号《关于甲醇汽车试点工作情况的报告》。甲醇汽车试点工作与2018年1月完成了10个城市的试点,该试点已于2018年1月结束。共有1 024辆甲醇车参加运行,包括乘用车、多用途车和重型载重车等多种车型,行驶里程数亿公里。试点中甲醇车的安全性、环保性、经济性、动力性、适应性和可靠性得到全面检验。结果表明甲醇车完全可以胜任其工作
2019	工业和信息化部、发改委、科技部等八部委	印发工信部联节字〔2019〕61号《关于在部分地区开展甲醇汽车应用推广的指导意见》

2. 我国甲醇汽车技术进展

(1)甲醇在点燃式发动机上的应用方式

甲醇在发动机上的应用，按照发动机的类型主要分为两个大的方向，即在点燃式发动机上的应用和在压燃式发动机上的应用。由于甲醇的性质易于在点燃式发动机上使用，因此在点燃式发动机上应用甲醇开始的时间较早，而且技术路线相对统一和成熟。而由于甲醇的十六烷值很低，使其在压燃式发动机上的应用困难重重，技术路线也各有差异。

甲醇在点燃式发动机上的应用有多种实现方式。

①甲醇汽油掺混燃烧方式

甲醇与汽油掺混就是将甲醇与汽油按照一定的比例混合，并通过助溶剂的作用，形成稳定的不分层的混合燃料，而后在各加油站供应。通常选用的助溶剂有醇类、苯、酯类、乙醚、丙酮、甲基叔丁基醚及杂醇等。体积分数为 10% 以下的低比例甲醇汽油可与汽油一样使用，发动机不用做任何改动，不仅不会影响汽油机的动力性，还可以改善汽油机的经济性，并降低排放。当汽车燃用甲醇体积分数约为 10% ~ 20% 的中比例甲醇汽油，如 M15 时，对发动机的点火提前角和喷油量基本不需调整。燃用高比例甲醇汽油，如 M85 时，必须对发动机进行优化调整，如喷油量、改进燃烧室的结构设计、大幅度提高压缩比，以能充分发挥甲醇燃料的优良特性，使发动机的动力性、热效率(燃料经济性)和排放性都比原汽油机有大幅度改善。采用甲醇汽油运行的发动机，由于带有三效催化转化器，所以排放品质与汽油燃料没有差别。采用甲醇汽油掺混燃烧方法，汽车只需要一个油箱，而且还可以方便地利用现有供油设备建立分配供应系统，投资相对较少。该方法的主要缺点是甲醇的掺烧比例不能改变，在储运过程中需要注意甲醇汽油分层问题，对于燃用高比例甲醇汽油的车辆还存在冷起动的问题，另外，发动机采用甲醇汽油作燃料时，所有涉醇部件务必选用耐甲醇腐蚀的材料。

②纯甲醇点燃应用的方式

纯甲醇燃烧是指发动机正常工作时以纯甲醇作为其唯一燃料的应用方式，这种方式热效率和排放都优于原汽油机，而且能够避免甲醇汽油的分层问题。使用纯甲醇燃烧方式，应对发动机进行必要的改动，主要包括：a. 提高压缩比，以充分发挥甲醇辛烷值高的优势，压缩比提高后，宜采用冷型火花塞；b. 加大输油泵的供油能力，以避免气阻；c. 加大燃料箱，以保证必要的续航里程；d. 改善有关零件的抗腐蚀性和抗溶胀性等；e. 用附加供油系统或加强预热等措施，改善冷起动性能。

为了解决纯甲醇燃烧冷起动问题，已经投入使用的方式为发动机起动时采用汽油，当发动机热机正常运转以后切换至纯甲醇燃烧方式运行。但是需要在车上另外安装一个用于存放冷起动用汽油的副油箱，布置稍显复杂。

国内的吉利汽车公司已经正式出产此种燃烧方式的乘用车，并参加工信部试点，是试点的主力车型。此种车型大量生产并装备于出租车，在贵州省和陕西省大量应用。于 2016 年出口到冰岛国进行试验运行。

③改质甲醇燃烧应用方式

甲醇改质是利用发动机排气的余热将甲醇裂解成为氢气和一氧化碳，然后再输往发动机燃烧。甲醇的改质需要借助催化剂的作用，吸收排气的余热来进行，有效回收了一部分排气热量，有利于热效率的提高；甲醇改质气的混合气形成质量好，燃烧完全度高，一氧化碳和氢碳排放少，由于采用稀混合气，燃烧温度低，NO_x的排放浓度也较低。

因发动机的排气温度随工况而变化，甲醇改质气的成分又随发动机的排气温度而变化，因此工况不同，所提供的甲醇改质气的成分也就不同，对于复杂多变的道路工况而言，瞬态控制具有一定的难度。另外，甲醇的改质受到催化剂的诸多限制，而且成本较高，因此，还没有出现实际应用的范例。

(2)甲醇在压燃式发动机上的应用

压燃式发动机的热效率高，燃油经济性优于火花点火式发动机，推广压燃式发动机燃用甲醇燃料，在节约柴油和降低大气污染上具有现实意义。一方面，汽车数量的增加，对柴油的需求量也逐年增加，而炼油厂产出的柴油与汽油的比例受原油本身组成和工艺流程的约束不可能大幅度增加。2008 年以来我国频频出现了柴油供应紧缺的现象，甚至出现“柴油荒”；另一方面，大量试验表明，在压燃式发动机中掺烧甲醇燃料，能大幅降低排气中的碳烟，同时 NO_x 的排放也能得到降低。据美国统计，美国小客车与轻型车是以火花点火式发动机为主，公路上车辆只有约 3% 是用压燃式发动机，但 1997 年 NO_x 总排量的 25% 以上是来自压燃式发动机，压燃式发动机排出的碳烟微粒是火花点火式发动机的 100 ~ 200 倍，约占碳烟微粒的 45%。因此，在高热效率的压燃式发动机上使用清洁高效的醇燃料，不但可以减少柴油的消耗，缓解石油供应的紧张，减少二氧化碳排放，而且还可以改善压燃式发动机的排放，发挥醇类清洁燃料的优点。但是，醇类燃料的理化性质与柴油相比，十六烷值低(不到柴油的 1/16)、自燃温度高、汽化潜热大、黏度低、润滑性差、难与柴油相溶，不能简单地使用现有的供油设备直接在压燃式发动机上掺烧或使用纯醇燃料。在压燃式发动机中使用掺烧醇类燃料或直接使用纯醇燃料比在火花点火式发动机中难度大，技术也相对复杂。因此，甲醇尽管作为燃料已经较为广泛地应用在点燃式发动机上，但在压燃式发动机尚未见到有商业使用的报道。

由于醇类燃料在理化性质上与汽油及柴油有差异，要在压燃式内燃机中燃用甲醇燃料，就要对发动机的结构做些变动或对燃料供应系统自身做较大改变。但是，由于用作商用车的压燃式发动机量大面广，而且耗油量多，尝试在压燃式发动机中掺烧甲醇的研究工作一直在进行中。集中起来，压燃式发动机上使用甲醇燃料主要包括下文提到的几种方式。

①乳化法

柴油掺醇燃料可采用乳化的方法配置。乳化燃料的历史较长：20 世纪 40 年代出现；20 世纪 60 年代开始对柴油-水乳化燃料进行广泛研究；20 世纪 90 年代，国内外学者开始研究柴油-甲醇-水乳化燃料。甲醇-柴油乳化燃料是通过添加乳化剂的方式在机械力的作用下使甲醇以分散相的形式分散在柴油中，形成一种多相体系的油包水型溶液。甲醇和柴油是两个不相溶的相，混合在一起产生两相的表面张力，加入具有亲水和亲油两重性质的乳化剂，吸附在界面上降低了表面张力，并在机械力的作用下提高了甲醇的稳定性，因此为了提高甲醇柴油的稳定性,必须选择合适的乳化剂(表面活性剂)和乳化设备。另外,乳化柴油燃料都使发动机热效率有所提高,同时降低了微粒排放,但也引发功率下降和缸套生锈腐蚀等问题。

②助燃法

甲醇十六烷值低,不能在压燃式发动机中直接压燃着火,如果在甲醇中加入适量的十六烷值改进剂,使甲醇的十六烷值达到与柴油相当的数值,则可以使甲醇在压燃式发动机中直接燃烧。但是,由于着火助燃剂添加后的着火时刻难以控制,仅在研究中采用。

借助某些措施来辅助醇燃料着火燃烧,主要有火花助燃法、热面助燃法和电热塞助燃法。但是,缸盖上不仅要安装喷嘴,还要预留出火花塞等的位置,结构复杂;火花塞、电热塞、热面受醇的激冷作用,寿命短,可靠性差;低负荷会有失火现象发生,氢碳、一氧化碳排放差。甲醇发动机的压缩比高,因此最大爆发压力比原来的压燃式发动机高,同时未燃用甲醇及甲醛的排放也比较高,特别是冷起动及暖机阶段,因此需要采用电加热的催化器以降低甲醛的排放。尽管采用高压缩比,但在低负荷及部分负荷时,缸内甲醇混合气的温度仍较低,使滞燃期延长,燃烧过程结束过晚,使比能耗比较高。因此在起动及暖机阶段,如果采用电热塞或者排气再循环使进入缸内空气温度升高,则需要向甲醇提供较多的热量使其汽化,以缩短滞燃期,降低比油耗。甲醇直接压燃式发动机压缩比的范围为16∶1 ~ 20∶1,较高的压缩比有利于甲醇的汽化,但也造成爆发压力高,会使甲醇"早燃"或"爆燃"。

③柴油引燃法

通过进气系统或供油系统向压燃式发动机气缸内输入部分醇燃料,在气缸内形成部分预混可燃气体。然后用喷嘴喷入柴油引燃醇燃料混合气。引燃法可以分为:缸内双喷射法和进气管喷射法等。

缸内双喷射法在气缸上安装两只高压喷嘴,一只喷柴油、一只喷醇,柴油引燃醇。它的优点是可以使用含水的甲醇。缺点是改动气缸盖较为复杂,成本高。气缸盖上安装两只高压喷嘴,还要安装电热塞,结构复杂。高压供给醇的系统偶件磨损严重。该种方法的甲醇替代率以体积计可以达到90%以上,能使用粗甲醇,压燃式发动机的PM排放大幅下降,NO_x排放也能改善,但碳氢和一氧化碳排放比原压燃式发动机增加,而动力性和经济性保持不变。

双燃料法,又称反应受控压缩点火(RCCI)法。甲醇以低压从进气管喷进,汽化后进入气缸,和随后喷进的柴油一起燃烧。国内外对此都有研究。2004年天津大学提出柴油/甲醇组合燃烧的概念。该技术核心是:在同一台发动机上,按照发动机最优性能需要而采用不同的燃烧模式。具体实施是:在起动、暖车及小负荷工作时,发动机以纯柴油工作实现扩散燃烧,而在中高负荷时,在压燃式发动机进气管喷射部分醇燃料,与进气形成均质混合气进入气缸,由柴油引燃实现准均质混合气燃烧,以此实现高效清洁燃烧。这种甲醇/柴油的双燃烧方式,与以往不同的是,甲醇喷到进气道时是通过压力雾化,其喷射量和喷射时刻完全受电控系统所控制。甲醇在进气压缩过程形成比较均匀的预混混合气,在上止点前喷入适量柴油对进入气缸的甲醇进行引燃,这实际上组成了预混压燃甲醇/柴油双燃料发动机。由电控系统管理的甲醇/柴油双燃料发动机,在通过了动力性、经济性、排放特性的台架试验和整车路况试验后,表明该系统完全可以应用到压燃式发动机上,具有良好的应用前景。发动机中高负荷的动力性、经济性和排放性与燃用纯柴油相比,得到了不同程度的改善。压燃式发动机排气中的颗粒和碳烟大幅下降,而且 NO_x 的排放也有所改善。通过氧化后处理,可大幅降低因掺烧甲醇导致的碳氢、一氧化碳和PM的增加量,使双燃料发动机的这些排放达到燃烧纯柴油的水平。该技术装备的重型卡车参加工信部组织的甲醇汽车试点,与2017年7月通过工信部组织的专家验收。获得高度评价。

(3)国内外技术差距比较分析

①甲醇动力国内外应用技术比较

我国甲醇汽车采用的技术路线主要是两种。一是进气道喷进汽油,由火花塞点燃起动发动机,待发动机整机温度达到甲醇蒸发温度后,由进气道喷进甲醇,再由火花塞点燃甲醇混合气工作。另一种是柴油直接压燃起动,待发动机整机温度达到甲醇蒸发温度后,由进气道喷进甲醇,汽化后进入气缸由随后喷进的柴油一起燃烧。上述两种方式,分别应用于乘用车和重型商用车。前者应用于点燃式乘用车和商用车,后者用于压燃式商用车。

国际上仅见德国的曼(MAN)公司和瓦锡兰公司采用柴油引燃甲醇的双燃料方式。2018年斯堪尼亚(Scania)出品甲醇商用车。我国甲醇汽车技术无论是应用规模还是类型都居于世界前列,领先于国际水平。

②甲醇在发动机上的应用技术

根据甲醇汽车试点的结果和运行结果比较,甲醇汽车的百公里消耗甲醇为15 L左右,与同类机型的汽油车相比,经济性大约提高20%~30%。以西安运行的出租车燃料费用比较,当地的甲醇为1.9元/L(有当地政府补贴),甲醇出租车的公里费用约为0.32元,汽油为0.54元。贵阳市甲醇价格2.9元/L,燃料费用支出要高西安水平,但与当地汽油相比,还是节约20%~30%。由吉利公司出品的甲醇重卡需要消耗甲醇105 ~ 120L/100 km。

重卡采用天津大学甲醇/柴油双燃料技术,在实际应用中,甲醇对柴油的可以平均达到50%以上。替换1 L柴油所需要的甲醇平均仅为1.5L,燃料效率可以提高的20%以上。

甲醇系含氧燃料,汽化潜热分别是汽油的2.5倍和4.3倍。在日光下燃烧时不可见,暗处可见淡蓝色火焰。如果燃烧不完全,会有少量醛类物质产生。由于甲醇的清洁特性,1973年美国麻省理工学院大学汤姆斯·瑞德教授在《科学》上撰文,建议在汽油中加入适量的甲醇以减轻汽油机怠速时未燃碳氢和一氧化碳的排放。20世纪90年代,美国在加州开展甲醇汽车示范时曾就甲醛排放制定限值要求。随后,针对排放的升级又对排放限值做了调整。至2012年之后,该法案中关于甲醛的限值便没有再做变化。美国加州关于甲醛的排放标准。如图1-35所示。

该标准针对各类重型点燃式发动机提出相应的甲醛要

California Emission Standards for 2005 and Subsequent Model Heavy-Duty Otto-Cycle Engines[A]
(in g/bhp-hr)

Model Year	Emission Category	NMHC + NOx	NMHC	NOx	CO[F]	HCHO	PM
Standards for Heavy-Duty Otto-Cycle Engines Used In Incomplete Medium-Duty Vehicles 8,501 to 14,000 pounds GVW[B]							
2005 through 2007	ULEV	1.0[C,E]	n/a	n/a	14.4	0.05	n/a
	SULEV	0.5	n/a	n/a	7.2	0.025	n/a
2008 and subsequent	ULEV	n/a	0.14[E]	0.20[E]	14.4	0.01	0.01
	SULEV	n/a	0.07[E]	0.10[E]	7.2	0.005	0.005
Standards for Heavy-Duty Otto-Cycle Engines Used In Heavy-Duty Vehicles Over 14,000 pounds GVW							
2005 through 2007	n/a	1.0[C,E]	n/a	n/a	37.1	0.05[D]	n/a
2008 and subsequent	n/a	n/a	0.14[E]	0.20[E]	14.4	0.01	0.01

[A] These standards apply to petroleum-fueled, alcohol-fueled, liquefied petroleum gas-fueled and natural gas-fueled Otto-cycle engines.

[B] A manufacturer of engines used in incomplete medium-duty vehicles may choose to comply with these standards as an alternative to the primary emission standards and test procedures for complete vehicles specified in section 1961, title 13, CCR. A manufacturer that chooses to comply with these optional heavy-duty engine standards and test procedures shall specify, in the Part I application for certification, an in-use compliance test procedure, as provided in section 2139(c), title 13 CCR.

[C] A manufacturer may request to certify to the Option 1 or Option 2 federal NMHC + NOx standards as set forth in 40 CFR § 86.005-10(f). However, for engines used in medium-duty vehicles, the formaldehyde level must meet the standard specified above.

[D] This standard only applies to methanol-fueled Otto-cycle engines.

图 1-35　美国加州 2005 年及后续型式点燃式重载发动机排放限值

求，其中对于甲醇燃料发动机自 2005—2007 年甲醛排放限值 0.05 g/(bhp·hr)(见上述标准中注解 D)，其他点燃式发动机甲醛排放限值，同时段为分别对应超低排放(ULEV)超超低排放(SULEV)分别为 0.05 g/(bhp·hr)和 0.025 g/(bhp·hr)，2008 年以后为 0.01 g/(bhp·hr)。我国对重型点燃式发动机除了甲醇发动机外，其他任何燃料发动机对甲醛排放没有设置限值要求。

美国加州对甲醇燃料发动机的甲醛排放限值要求 1993—1995 年规定为 0.1 g/(bhp·hr)，1996 年以后规定甲醛排放限值统一为 0.05 g/(bhp·hr)。如图 1-36 所示。

(c)(2) Formaldehyde exhaust emissions from new 1993 and subsequent model methanol-fueled Otto-cycle engines shall not exceed:

Model Year	Formaldehyde (g/bhp-hr)
1993-1995	0.10
1996 and Subsequent	0.05

图 1-36　美国加州 1993 年以后点燃式甲醇发动机甲醛排放限值

基于以上限值为参考依据，考虑到技术的进步，我国工信部 2012 年甲醇汽车试点中确定甲醇燃料发动机的甲醛排放限值为乘用车为 10 mg/km，重型商用车为 50 mg/kWh，比美国相应限值低了 1.35 倍。

关于压燃式的柴油甲醇二元燃料燃烧方式的甲醛排放，由于全球并无此类同样的燃烧类型，试点时制定甲醛排放限值时一是根据实际试验的结果，二是参照美国加州对于超低排放柴油机的要求。采纳了的数值 25 mg/kWh，比美国加州要求的限值 0.025 g/(bhp·hr)要严 1.35 倍。

工信部等 8 部委颁发的联节字 61 号文件要求满足国Ⅵ排放的甲醇车的甲醛排放试行限值为乘用车 2.5 mg/km，商用车为 20 mg/kWh。

3. 甲醇汽车生产和应用现状

我国甲醇汽车处于初始发展阶段，乘用车以吉利公司的产品为主，主要在陕西和贵州推广应用。应用的车型主要是两地的出租车，各自现运行的车辆近 7 000 台，两省 2019 年底预计将达到 1 万台。

点燃式的甲醇燃料商用车 2019 年 4 月由吉利汽车公司推出。压燃式甲醇商用车采用甲醇/柴油二元燃料技术，在参加完甲醇汽车试点后，处于生产准备阶段。主要的商用车生产企业，陕重汽、华菱和东风商用车都表达了生产的计划。

据了解，经过多年的科研、试验、试运行，我国甲醇汽车已日渐成熟，并且在试运行地区形成产业链。而甲醇汽车将借力政策"东风"迎来发展大时代。

工信部将按照因地制宜、积极稳妥、安全可控的原则，重点引导和支持陕西、贵州、山西、甘肃等通过验收的甲醇汽车试点地区，加快建立市场化推广应用机制。

为全面系统地评估甲醇汽车适用性、可靠性、经济性、安全性、环保性等，自 2012 年起，工信部先后在晋中、长治、上海、西安、宝鸡、榆林、汉中、兰州、平凉、贵阳等 10 个城市开展甲醇汽车试点工作。几年来，甲醇汽车试点工作取得了积极成效。

关于重型甲醇汽车市场化，工信部将积极支持重型甲醇汽车推广应用，加快推动在《道路机动车辆生产企业及产品公告》管理中，对包括重型车在内的甲醇车辆放开区域限制；鼓励和支持地方政府及相关企业，重点在国家基础设施建设如高铁、港口、机场等领域，以及资源类开采如露天矿产、盐田等领域，优先选择使用重型甲醇商用车，加大推广应用力度；支持企业提升甲醇汽车制造能力，重点推广应用甲醇/柴油二元燃烧技术，开发甲醇商用车等多种车型产品，以满足市场需求；加快制定甲醇/柴油燃料发动机技术条件、重型甲醇汽车燃料消耗量及污染物排放限值及测量方法等技术标准，完善标准化支撑。

甲醇汽车的核心零部件主要有甲醇喷射管理、供醇、尾气后处理等系统组成。

(1)控制系统

无论是点燃式还是压燃式，针对甲醇特性都是需要借助于汽油或柴油先行启动，然后必须等发动机温度达到甲醇蒸发要求之上才能喷进甲醇工作，因此，甲醇的控制系统相对于汽油或柴油车都是全新开发的。甲醇在进气道喷射，与空气混合进入气缸，在控制方面，不改变原机 ECU 的喷射策略，需要增加一个独立控制甲醇喷嘴的 ECU，或者将甲醇的控制 ECU 与原机 ECU 合并成为一个系统管理。未来重点技术发展是：单一 ECU 和精细化双主式 ECU 控制系统。

甲醇是极性分子，具有导电特性。在使用中会由于导电以及甲醇的腐蚀性会对供醇提出特殊要求。需要专门开发相应的甲醇泵、甲醇喷嘴、供醇管路、甲醇过滤装置。国内汽车零部件生产企业需要针对性进行开发，以满足甲醇汽车的要求。

(2)尾气处理系统

甲醇含氧，燃烧速度快，燃烧无烟无焰，并且在商用车上又替代部分柴油，所以甲醇用在商用车上不仅具有高的热效率，而且排放更清洁。采用柴油/甲醇组合燃烧技术的商用车仅需耦合简单的后处理装置氧化催化器(DOC)就可满足国Ⅴ排放标准。但是随着国Ⅵ排放法规的发布，对柴油车的尾气排放要求更加苛刻，仅靠简单的后处理装置已经不能满足即将实施的国Ⅵ排放法规，为了满足国Ⅵ的发展要求，甲醇商用车结合自身燃烧产生的碳烟和 NO_x 低的优点发展一条属于甲醇商用车的国Ⅵ排放路线，即是甲醇 + EGR + DOC + DPF 路线。天津大学正与华菱星马进行合作开发。未来重点技术发展是：不加装 SCR 的甲醇 + EGR + DOC + DPF 的国Ⅵ排放路线。

4. 甲醇汽车行业发展与建议

甲醇作为新兴燃料进入燃料的市场尚属新生事物。对于甲醇汽车未来广泛的使用还存在一些很大的挑战。

①加注站建设归口不明

2012 年工业和信息化部颁布了文件《关于开展甲醇汽车试点工作的通知》（工信部节 42 号），在陕西、山西和上海“二省一市”启动了甲醇汽车试点，2014 年贵州和甘肃又加入试点工作中。试点意见要求在限定区域、限定燃料、限定车辆开展工作。从甲醇的安全性、环保性、经济性、动力性、适应性和可靠性以及使用中对环境和人体健康等方面全面进行考核。2013 年，国务院发布《关于加强内燃机工业节能减排的意见》，该意见从响应国家节能减排战略出发，为减少汽车单位能耗和污染物排放量，重点加快内燃机替代燃料多样化发展，将甲醇燃料及发动机被列为重要的替代燃料之一。2019 年八部委联合发布的《关于在部分地区开展甲醇汽车应用的指导意见》。以上政策的出台从国家层面上响应了甲醇汽车试点工程，确立了甲醇车和甲醇燃料作为国家能源多元化的一部分。文件的出台促进了众多发动机生产企业展开了此类研究，为甲醇汽车及产业化快速发展提供了重要的政策支持。

但是，甲醇在应用中还是存在很大的困难。首先是甲醇加注站建设难以落实。我国液体燃料供应与管理归口商务部，气体燃料如天然气归口国家能源局。甲醇属于新型液体燃料，管理归属不明。造成加注站建设十分困难。规模应用的陕西和贵州两省都是直接由地方政府部署。没有明确的职能部门对口管理，给甲醇汽车推广应用带来极大的困扰，形成了既在市场很大，条件很具备，往往无法开始的尴尬局面。

从整个产业相关政策的支持面与支持力度来看，工信部 2012 年开始的甲醇汽车试点，完全依靠市场化运行。虽然，甲醇没有国家在财政上的支持依靠市场也得到发展，但是由于国家对甲醇汽车的发展缺少财税支持相关政策，一定程度上制约了我国甲醇汽车的发展。从地方政策来看，在一些资源丰富的地区，如山西省、陕西省，不仅参加试点的规模较大，参加试点的积极性也很高。省政府在财税政策、资金补贴、牌照发放、燃料加注、土地出让、政府优先采购等方面都给予了大力支持，为地方省市甲醇汽车产业的发展提供了重要的资源要素保障。

②在用车的支持政策

根据前期甲醇汽车运行情况看，多地都曾在一定程度出台一些政策支持甲醇汽车的发展，比如甲醇汽油和在用车改成运行甲醇燃料等。尤其是甲醇柴油二元燃料燃烧技术不仅对于新生产的甲醇汽车赋予了低排放的特性，对于现有车辆的排放升级改造也具有很好的效果。如果能够从政策对于甲醇燃料升级在用车排放升级给予一定政策支持，对于推动打赢蓝天保卫战将会提供可行的技术路线。

③甲醇相关标准建设需要加快

产业标准对于规范甲醇汽车及甲醇燃料产业生产尤其重要，是产业化的通行证。从国家层面的产业标准来看，2009 年，《车用燃料甲醇》《车用甲醇汽油（M85）》两项国家标准对于甲醇燃料产业化推广意义重大，明确了相关生产标准（见表 1-10），2015 年工信部印发《车用甲醇燃料加注站建设规范》《车用甲醇燃料作业安全规范》，进一步规范了甲醇燃料加注站的标准化运营，基础设施建设的通行标准也将为吸引社会投资提供机会，配套基础设施建设规模化、网络化推广在制度层面已不存在制约。但是，对于全面推进甲醇燃料生产应用，由于甲醇汽车、甲醇燃料等相关的国家标准仍然不健全，影响了甲醇作为替代燃料的发展。其他涉及甲醇汽车产业的质量标准还包括甲醇汽车、甲醇燃料国家级检验检测，这也有待进一步向专业化方向发展。

甲醇汽车的技术条件、甲醇燃料的计量方法等相关标准在行业层面正在积极推动，但是总体来看，甲醇汽车相关产业标准体系还不健全，需要积极推动以加快进程。

④甲醇相关零部件企业发展

甲醇的特性要求，需要专门开发相应的甲醇泵、甲醇喷嘴、供醇管路、甲醇过滤装置。国内汽车零部件生产企业需要针对性进行开发，以满足甲醇汽车的要求。甲醇汽车的相关部件基本借助于现有汽油或柴油的部件，存在寿命短、可靠性差等缺陷。另外，甲醇汽车现在都是采用汽油或柴油辅助启动的技术方案，两种燃料控制的电控系统开发也是重要环节。此外，甲醇的尾气处理中，由于排气温度低并且燃烧不完全可能带来的一定甲醛排放，都需要开发专有的后处理系统以满足超低排放的需求。

⑤甲醇特性的认知教育和人才培养

虽然甲醇在应用中是安全的，但是由于若干年前曾经发生过个别地区当成工业酒精而误饮中毒的事件，因此，一些人提到甲醇便谈虎色变。工信部在 5 年的试点中，专门在甲醇汽车试点 10 个城市区域范围，对全体涉醇人员、环境等全面进行观察和检测。涉醇人员的体检表明，试点过程中未出现影响人体健康的案例，涉醇场所环境监测空气中甲醇浓度均低于我国职业接触规定的限值。另外，甲醇与乙醇、汽油都属于易燃易爆危险化学品，但是甲醇的热值低于乙醇、汽油，挥发性低于汽油，容易溶解于水，在消防安全方面的危害性也低于汽油。因此，要加强对大众进行甲醇是安全燃料的宣传是不能拿饮料的标准衡量甲醇。对大众进行科学普及是一个长期的过程，需要加强此方面工作。

另外，甲醇汽车是新生产业，专有人才的教育和培养需要引起各级教育部门和生产企业的充分重视，这不仅对甲醇汽车产业的健康发展很重要，而且对于甲醇汽车今后的可持续发展关系极大。

5. 甲醇汽车未来的展望

为了治理空气污染，打好蓝天保卫战，采用甲醇就很有优势。与汽油和柴油相比，甲醇完全燃烧时需要的理论空气量只有其一半还不到，因此，氮氧化物 NO_x 生成量会比汽油和柴油少得多。甲醇燃烧速度快，燃烧时无烟无焰，一般不会产生炭烟颗粒。对于柴油重型商用车，使用甲醇作为燃料，在清洁排放方面会有很大的优势。打赢蓝天保卫战的重要方面是商用柴油车，吉利汽车发力开发纯甲醇的商用车发动机，已经正式生产下线。另外根据天津大学提出的甲醇/柴油二元燃料燃烧技术，在重型柴油车上得到很好的应用。对于我们保有量超过 4 000 万台的柴油动力，这些动力承担了 75% 以上的陆路运输量，100% 的工程机械和农业机械，不但要考虑未来新车满足国Ⅵ的排放标准，做好存量车的清洁化更加重要。不首先治理好存量车的排放清洁化，打赢蓝天保卫战就是难以落到实处。

当然，甲醇汽车的推广应用也不会一帆风顺，还会遇到这样那样的困难和挑战。在未来甲醇推广应用中还会遇到这样那样的困难，作为一种新兴燃料不仅要解决大家的认知，还需要加强各项标准建设，解决一些共性的技术问题，还需要加强国际交流。

总之，甲醇汽车的应用推广是一个系统工程，涉及的方面很多，甲醇发展必须坚持市场为导向，企业为主体的指导思想，坚持因地制宜的方针。不光是有车就行的，还需要加注站、甲醇供应和输运等多方面协同。关系到安全、消防、便利等方方面面，需要得到政府层面的支持和协调。但是，对于我国这样的甲醇生产大国，应用甲醇不仅有利于改善发动机排放，而且也有利于我国的资源综合利用，最大程度地利用好自有资源，缓解能源安全压力，促进国家经济发展，甲醇一定将发挥其重要的作用。

十四、动力电池安全

Chapter 14 Power Battery Safety

（武汉大学 李 惠 艾新平）

1. 动力电池的起火事故概述

动力电池的安全性问题是影响电动汽车进一步发展和普及应用的最大障碍。近年来，随着纯电驱动电动汽车市场保有量的快速增加，以及更高能量密度的三元锂离子动力电池的批量装车应用，因动力电池引发的电动汽车自燃事故密集发生。2019 年 4 月 21 日晚间，停在上海一地下车库的特斯拉 Model S 发生自燃，并引燃了附近的多辆车辆。4 月 22 日，西安一辆正在维修的蔚来 ES8 发生燃烧。厂家称，事故车辆在维修之前底盘遭受过严重撞击，其动力电池包外壳与冷却板已大面积变形，起火原因可能是电池包内的单体在受挤状态下发生了短路所致。4 月 23 日，荣威一辆插电式混合动力车（ei6）在杭州发生自燃，起火点在座舱内，不排除座舱内存有易燃物品所致。继 4 月之后，5 月特斯拉和蔚来汽车又相继发生类似的安全事故。5 月 12 日，一辆特斯拉 Model S 在香港一停车场自燃，并发生 3 次爆炸。5 月 16 日，一辆蔚来 ES8 在上海嘉定区一地下车库突然冒烟，消防员耗费 2 h 才将其扑灭。这些事故虽然没有造成人员伤亡，但不可避免地引发了消费者对电动汽车的不信任以及对其安全性的恐慌。由于电动汽车的起火往往毫无预兆，而且火势蔓延快、不易扑灭、易发生爆炸，容易殃及周边车辆和行人，因此，如果动力电池的安全性问题不能得到有效控制和解决，电动汽车在不久的将来将成为社会公共安全的重大隐患。

根据公开资料统计，我国境内仅在 2018 年就发生了 40 余起电动汽车起火事故。同期，类似事故在国外也发生多起。鉴于电动车起火可能与电器线路、机械损伤和外部火源等密切相关，且重要证据会在燃烧过程中消失，因此原因分析往往异常困难和复杂。但根据事故前电动车所处状态和所用电池种类，我们还是可以发现一些规律性的信息。图 1-37 显示了 2018 年以来电动汽车起火事件的触发原因。从中可以看到，充电过程中自燃事故占到总数的 29%，静置和行驶中的自燃达到 30%，而真正由于外在因素如涉水、碰撞、挤压等造成的自燃事故不到 20%，说明造成动力电池起火燃烧的主要原因是其自身，而非外在因素。如果按照电池的种类来划分，在发生事故的电动汽车中，确凿采用三元电池的占 59%，采用磷酸铁锂电池的占 11%，其他因报道不详而未知。考虑到电池种类未知的事故车主要为乘用车，这部分电池极有可能为三元电池。由此可见，三元电池引发的安全事故占绝对主体。事实上，除电动车外，三元电池引起的储能电站起火事故也屡见不鲜。据不完全统计，韩国共发生储能电站起火事件超 20 起（见表 1-11）。

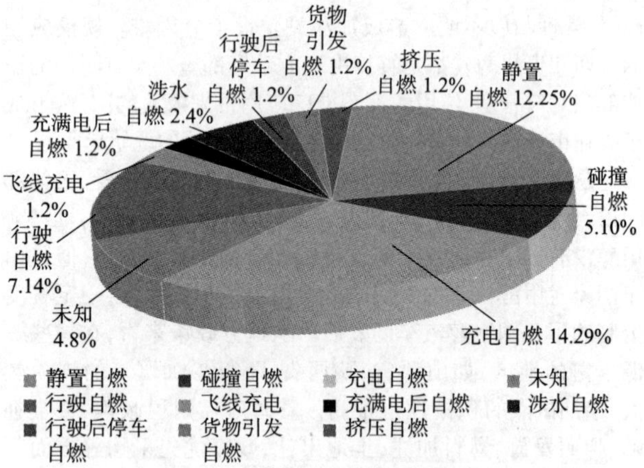

图 1-37 电动汽车起火触因分析

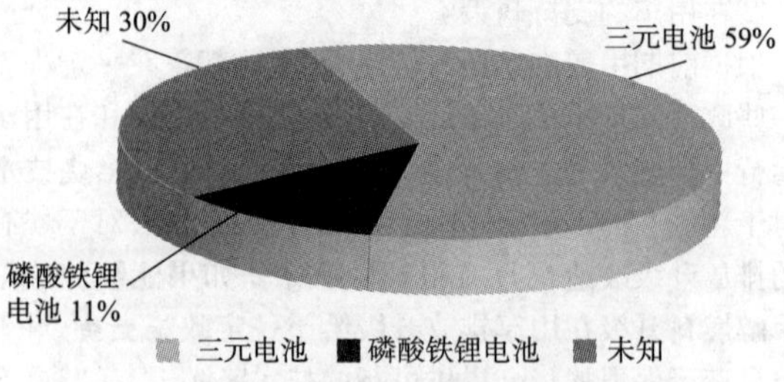

图 1-38 事故电动汽车所用电池种类分析

表 1-11 2018 年以来韩国发生的储能电池起火事件

（单位：亿韩元）

序号	发生时间	地 点	用途	电池	经济损失
1	2018-5-2	韩国电力公社庆山变电站	调频	12×4 MW	319
2	2018-6-2	韩国灵岩郡金井面火城山灵岩风力发电园区	储能	4 MW/12 MWh	46
3	2018-6-15	韩国群山市 太阳光电厂	储能	19 MWh	6
4	2018-7-12	韩国海南郡 太阳光电厂	储能	3 MWh	4.5
5	2018-7-21	韩国居昌郡 风力发电厂	储能	9.6 MWh	30
6	2018-7-28	韩国世宗市 Asahi 造纸厂	调峰	18 MWh	31
7	2018-9-1	韩国永同郡太阳光电厂	储能		3.3
8	2018-9-7	韩国泰安郡太阳光电厂	储能		0.6
9	2018-9-14	韩国电力公社济州支社	调峰		0.1
10	2018-10-1	韩国电力公社信用仁变电所	调频		5
11	2018-11-12	韩国荣州市太阳光电厂	储能	1.5 MWh	7
12	2018-11-12	韩国天安市太阳光电厂	储能	3 MWh	2
13	2018-11-22	韩国居昌郡太阳光电厂	储能	4.1 MWh	4
14	2018-11-22	韩国闻庆市太阳光电厂	储能	1.3 MWh	8
15	2018-12-17	韩国堤川室水泥厂	调峰		41
16	2018-12-22	韩国三涉市太阳光电厂	储能		18
17	2019-1-14	韩国梁山市高丽制钢	调峰		6.5
18	2019-1.14	韩国莞岛郡太阳光电厂	储能		18
19	2019-1-15	韩国长水郡太阳光电厂	储能		
20	2019-1-21	韩国蔚山大成工业瓦斯		10 MW/46.7 MWh	48

2. 安全事故的成因分析

电池的安全性与其化学体系密切相关。锂离子电池采用高氧化性的正极、强还原性的负极，以及易燃的有机碳酸酯电解液，除了正常的充电-放电反应外，还存在许多潜在的放热副反应，包括电解液与充电态负极的反应（130 ℃～140 ℃）、充电态正极的热分解（200 ℃～220 ℃）、电解液的氧化分解和热分解、黏结剂与石墨负极中锂的反应等。这些反应在正常工作温度和工作电压下不会发生，但当电池温度过高或充电电压过高时，易被引发。因此，当某一因素（如短路或过充）引起电池内部温度大幅度升高，引发电解液与充电态负极之间的放热副反应时，反应放出的热将引起电池内部温度的进一步上升，并先后引发正极的热分解、电解液的氧化分解、热分解等放热副反应。由于短时间内反应产生的大量热量来不及扩散，电池就会进入自加温的热失控状态，从而发生胀裂、燃烧、甚至爆炸。其中，正极在电池中的质量占比最大，其分解放热及析氧对电池的安全性影响很大。由于三元材料较磷酸铁锂的热稳定性差，因此其安全性问题更加突出。但并不能就此认为磷酸铁锂电池绝对安全。因为造成电池热失控的反应中，正极分解放热仅仅是其中一个因素，其他放热副反应仍然存在，也足以引起安全性事故。这就是为什么实际应用中磷酸铁锂电池也会发生安全事故，而三元电池事故率更高的原因。

从锂离子电池的热失控机理来看，任何可导致电池内部温度上升至 130 ℃以上的因素均有可能引发不安全行为。显然，过充电、短路、挤压、穿刺、振动、跌落和高温热冲击均可满足此条件。如，当电池处于过充状态时，正极电势随过充程度的增加而迅速上升，超过一定限度后，电解液势必发生氧化分解，并产生大量的热，导致电池内部温度升高。由于高度脱锂的正极材料的分解及其他放热反应只有达到一定的温度才能发生，因此对过充电来说，电解液在过充的正极表面的氧化分解是引起电池温度升高并导致最终热失控的根本原因。又如，在短路发生时，电池因以非常大的电流放电，其温度也极易升至 130 ℃以上；而挤压、穿刺、振动、跌落均可能导致电池发生短路现象，高温热冲击则可使电池直接暴露在高温环境下，因此均可能成为电池不安全行为的引发条件。

现在需要回答的问题是，为什么在没有机械滥用（震动、跌落、碰撞等）和电滥用（外短路、过充、过放）的情况下，锂离子电池仍会发生自燃，且事故率非常高？大量试验已证实，导致正常使用条件下电池发生爆炸、燃烧等不安全行为的主要原因是电池内部短路。尽管装车电池在成组时全部通过了短路测试，但由于这种内部短路往往是在使用过程中形成的，因此非常难以发现和避免。导致内部短路的主要原因有：①吸附在隔膜表面的导电粉尘。当电池装配车间环境控制不当时，空气中飘浮的导电粉尘有可能通过静电作用吸附在隔膜和极片表面。如果导电粉尘直接造成了电池微短路，这部分电池在筛选时会被发现，不会装配到成组电池中；但如果粉尘没有刺穿隔膜，则会带来潜在短路风险。我们知道，每循环一周，电池厚度均要经历一个膨胀收缩过程。在膨胀过程中导电微粒因受到挤压而可能刺穿隔膜，导致电池内部发生微短路；②极片有毛刺。如果极片边缘存在不太严重的毛刺，并且没有造成直接的内部短路，电池往往因不能被发现而作为合格产品出厂。但在正常使用过程中可能因电池厚度不断膨胀收缩导致毛刺刺透隔膜而发生内部短路；③正极材料中含有游离金属杂质。游离金属在充电过程中氧化溶解，并随即在负极表面还原沉积，极易造成电池正负极的直接接触，形成短路；④负极表面析锂。低温充电、大电流充电均可能引起金属锂在负极表面的沉积。对于采用有机电解液的锂离子电池来说，电极表面的极化总是高于其内部，而且这种极化差随着电解液电导率的降低和充电电流的增大而增加。当温度较低，或充电电流较大时，负极表面的电势有可能降至金属锂的电势以下，造成锂的沉积。此外，电解液在电池中的分布不均和极片在充电过程中电流分布不均匀也可能造成负极局部表面析锂。析出的金属锂容易刺穿隔膜，造成电池内短路。

由上可知，应用过程中短路无法完全避免，因此锂离子电池在应用过程中总是存在一定的安全隐患。但通过净化环境、控制毛刺、改善注液的均一性、优化正负极质量比等可以在一定程度上降低内短路的发生概率，提高电池在正常使用条件下的安全性。

除内短路外，电池在使用过程还存在其他因素导致的短路和过充风险。如电池系统绝缘受损，箱体或插件进水，电池漏液，振动引起极片掉粉，采样或通信线路接触不良造成电池深度过放等，这些情况均可能造成电池外短路或内短路；而 BMS 死机或功能故障、采样或通信线路接触不良/故障、充电继电器异常等则可能造成电池过充，从而引发安全事故。这些是电池包层面需要重点考察的因素,也是常见安全隐患的成因。

3. 基于动力电池安全及整车运行安全的设计、制造、应用建议

改善动力电池的安全性需要在材料、单体、系统3个层面开展工作。在材料层面,重点提高材料和界面的热稳定性,降低产热量;在单体层面,重点优化热设计和结构设计,发展自激发热保护技术,如PTC电极、新型热关闭隔膜等;在系统层面,重点开展隔热设计,防止热扩展。其中,材料是基础,单体是关键,系统是保障。

在提升材料和界面的热稳定性方面,可借鉴的技术措施包括:①表面包覆。通过在正极活性材料表面包覆热稳定的保护层,减小活性材料和电解液的直接接触,抑制界面放热副反应。常用的包覆物包括:磷酸盐〔$AlPO_4$、$Co_3(PO_4)_2$、$Mn_3(PO_4)_2$等〕,氧化物(Al_2O_3、TiO_2、ZrO_2、ZnO、SiO_2等),氟化物〔AlF_3、ZrF_x等〕,聚合物〔聚吡咯(PPy)、聚酰氨酸亚胺(PI)等〕;②构建浓度梯度材料或壳核结构的材料。利用高热稳定性的正极组成为表层,低热稳定但高容量的正极组成为核,降低界面反应的产热量;③提高负极表面SEI膜的热稳定性。利用磷酸酯、硫酸酯、硼酸盐等功能性添加剂,形成高热稳定性的SEI膜,提高放热反应的触发温度。在单体层面,首先要优化电池的热设计及结构设计。电池内部的热量积累是引起电池温升,引发电池热失控的根本原因。改善电池的安全性,一方面需要降低电池在滥用条件下的产热速率,另一方面需要加快电池的散热速率,从而降低电池的温升。一般来说,电池容量越大、内阻越小,产热速率越快;而电极和电池越厚,散热速率越慢。这就需要在热及结构方面开展优化设计。除此之外,还需要大力开发电池的自激发热保护技术,利用温度敏感材料切断危险温度下电极上的电子或离子传输,关闭电池反应,阻止电池温度的进一步上升。如利用正温度系数导电剂的电阻率随温度升高而急剧增大的特点,切断高温下电极上的电子传输;利用微球修饰隔膜的热封闭功能,切断高温下电极之间的离子传输等。在系统层面,重点需要解决的热扩展和热蔓延问题。除了隔热设计外,开发具有短路预警、析锂预警的先进BMS系统,以及相关的干预技术也是非常重要的一项工作。

此外,避免低温充电、优化充电策略、确保高压绝缘、提高箱体防水性能和BMS功能可靠性,也是应用过程中需要重点考虑的因素。

4. 政策和法规层面的建议

(1)明确动力电池安全责任的主体:动力电池的安全问题成因复杂,涉及单体、BMS、系统结构设计、电器与原器件、控制管理策略、安全防护设计等诸多因素,因此,需明确电池系统制造商为第一责任主体,并有义务保障系统的正常和安全使用;

(2)推行和出台电动汽车的年检制度:遵循非破坏性原则,开展单体电池的安全性、电池系统的密封性、涉水能力等性能检测。动力电池的年检可分为两个部分:物理检测和性能评估。物理检测可参照日常年检制度进行,重点在于电池系统的编码是否与备案文件一致,外观是否存在变形、损坏等;性能评估由国家电动汽车运行监控平台根据系统一年来的运行状态,出具动力电池系统健康状态评估函,并联网备案。

(3)加强电池安全性的检测与评估:安全强检虽然覆盖了从单体、模块到系统的检测,但仅仅针对的是新鲜电池。事实上,随着环境温度的变化、循环次数的增加,电池不可避免地会出现析锂、气胀、局部过充、负极黑斑生长等问题,这些都会严重影响电池的安全性。因此,需开展全生命周期电池安全性能的检测与评估。

十五、锂离子电池材料

Chapter 15 Lithium-ion Battery Material

(中国科学院物理研究所 黄学杰)

2018年全球锂离子电池出货量196 GWh,全球动力电池出货量略高于100 GWh,中国约占60%,即60 GWh,比2017年增长67%,其中三元电池出货量约35 GWh,磷酸铁锂电池月23.5 GWh。系统比能量进一步提升,近几期工信部发布的《新能源汽车推广应用推荐目录》的纯电动车型中,三元正极电池系统能量密度最高已超过180 Wh/kg。随着国家补贴政策直接与电池能量密度挂钩,企业选用高镍811成为动力电池的发展趋势,但安全方面的风险不容忽视。锂离子动力电池存在各种各样的起火原因,只是应用三元材料的电池在出问题时更容易点燃电解液。磷酸铁锂电池的成本优势突出,不仅在电动公交车,在物流车和乘用车配套中比例逐步提升,也是企业应对补贴退坡的一种趋势。除了正极材料本身稳定性的提升,与之相匹配的电压电解液、隔膜、电池的安全性控制结构、系统保护结构等技术也需要稳步提升。

动力电池材料成本占比一般高达80%,四大电池材料的生产在整个锂电池产业链中最为重要。电池材料行业总体产能过剩,技术同质化,成本透明化,进入激烈的价格竞争阶段。未来几年,随着补贴退坡,加上国际动力电池巨头进入,动力电池及产业链上下游企业将迎来最为艰难的一段时期,尤其是在降本压力上,会面临前所未有的挑战,需要整个产业链协作共渡难关。

1. 正极材料

国外主要走镍钴锰和镍钴铝三元材料的路线,主要的正极材料制造商包括日本的日亚化学、户田工业、住友金属矿山、清美化学,韩国的L&F公司和ECOPRO公司,比利时优美科,德国巴斯夫等。国内动力锂电正极材料的主流路线是磷酸铁锂和三元材料,磷酸铁锂以其高安全稳定性、长寿命

周期和低成本的优点得到了迅速的发展，三元材料则以高能量密度、长续航里程占据了迅速增长的乘用车市场。随着材料体系的高镍化进程，国内三元电池企业开始批量应用NCM811高镍三元材料，电池单体能量密度从200 Wh/kg向240～260 Wh/kg迈进。

2018年全球正极材料出货量超过41万t，以三元材料为主，其中NCM约15万t，NCA约6.5万t，钴酸锂出货量月约6.5万t，磷酸铁锂出货量约7.0万t，锰酸锂出货量约4.2万t。

2018年我国三元材料市场份额因新能源动力汽车而加码，2018年三元正极材料产量13.7万t，占比50.5%，同比增长61.7%。国内NCM523的量带起来，NCM622主要是日韩的几款电池，NCA主要是用于特斯拉小圆柱电池用。磷酸铁锂电池的安全性、低成本、使用寿命长等优点，在动力汽车和储能领域应用广泛。因客车基数低，2018年磷酸铁锂正极材料产量约6.8万t，与2017年持平，产能出现严重过剩，利用率仅达到20%。因成本和优势，2019年增加量会比较多。

锰酸锂电池具备功率性能、放电倍率性能、低温性能好、成本低的特点，除继续与三元混合用于乘用车外，锰酸锂电池在新能源专业车领域应用面扩大，增速领先于正极材料其他3个品种。

从市场规模上看，中国的正极材料企业占据份额已经成为全球第一，超过日本和韩国。随着中国正极材料的规模化增大，正极材料技术水平与国外先进水平差距正在缩小。随着国外正极材料企业产能继续向中国转移，国际大企业已经将中国作为主要正极材料生产基地。

2. 负极材料

锂离子电池负极材料的生产主要在中日两国，从出货量看中国占比超过80%。中国的代表企业有贝特瑞、杉杉，江西紫宸、江西正拓、深圳斯诺等，日本的代表企业有日历化学、三菱化学、JFE、日本碳素等。2018年全球负极材料总产量接近21万t，其中人造石墨12万t，天然石墨9万t，中间相碳微球1.5万t，硬软碳2 500 t，硅/氧化硅和钛酸锂合计不超过2 000 t。2018年国内负极材料销量17.5万t，人造石墨国产化率大于97%。天然石墨国产化率大于90%，以一氧化硅为主的硅基负极材料国产化率也大于90%。

基于性能和成本的综合考虑，负极材料首选人造石墨类负极材料，占比比例大幅提升，但2018年负极材料厂家利润较上年普遍下滑。自2017年以来的负极材料价格调涨并没有覆盖其原料加工费用的增加，是因为人造石墨需求增加带动了针状焦在负极材料市场的消费，加之一部分产能被调整，供给不足价格上涨过快。但针状焦行业产能扩张迅速，另考虑到2019年锂电负极产量仍将继续攀升，出口市场仍将不断扩大，产品价格会有一定下调空间。

（1）隔膜

隔膜作为锂离子电池的重要组成部分，在锂电材料总成本占比为5%～10%。从世界隔膜材料市场来看，中国、日本、韩国三足鼎立，占据主要份额。2018年中国锂电池湿法隔膜出货量13.1亿m^2，增速超过60%，干法双拉隔膜占比进一步缩小，其性能提升有限，且无法做薄。湿法隔膜出货量占比继续上升，湿法隔膜成本大幅下滑，主流产品厚度为9 μm和12 μm隔膜，数码电池甚至量产使用5 μm湿法隔膜，湿法隔膜薄层化趋势明显。通过陶瓷涂覆技术，湿法隔膜可以在厚度、通孔特性、安全性等性能上全面超越干法隔膜，湿法隔膜和陶瓷涂覆的组合也已成为未来隔膜发展的主要方向。

2018年国内隔膜在产能建设、成本下行、技术提升等方面都取得很大的进步。隔膜国产化率2018年超过93%，出口量持续增加，销量上升速度超过电池产量增速，但产值下降近10%，主要是因为隔膜生产成本大幅下行和价格一直呈现价格下行趋势，2018年湿法隔膜及干法单拉隔膜价格降幅超过40%，湿法基膜价格已低至2元/m^3。

隔膜市场出现阶段性供求关系失衡，锂离子电池隔膜行业面临的市场竞争也愈加激烈。2019年隔膜价格仍将呈现向下调整态势，不同企业面临不同的选择，到2020年锂电池隔膜行业将呈现清晰的格局。

（2）电解液

全球锂电池电解液主要厂商集中在中国、韩国、日本。中国电解液产量也已占到70%以上，基本形成了天赐材料、新宙邦、国泰华荣三大巨头并列的局面。电解液配方具备定制属性，电解液厂商对下游客户具备一定黏性。电解液库存周期短，且是高危化学品，储存和运输成本高，因此电解液供应商会选择就近客户建厂。随着电池厂的洗牌，电解液生产集中度提升。2018年中国电解液出货量14万t，同比增长27.3%，但价格大幅下滑，导致产值同比下降3.1%，电解液锂盐六氟磷酸锂一直处于下行趋势，价格已低于10万元/t。

2019年随着中国动力电池市场高速发展电解液的产量将进一步提升，新型体系材料逐渐批量应用，对高镍三元和长寿命铁锂电池的电解液需求保持增长。主要溶质六氟磷酸锂市场竞争格局开始好转，新型锂盐双氟磺酰亚胺锂将开始导入应用，国内主流电解液企业价格将趋于稳定。

十六、电池管理系统

Chapter 16 Battery Management System

（北京交通大学 王占国）

2018年是新能源汽车突飞猛进的一年，成为车市寒冬中的亮点。据统计2018年全球新能源乘用车销量突破200万辆，新能源汽车渗透率达到2.1%。全年全球新能源汽车销量一直保持着超过60%的同比增长率，其中中国品牌占据49%的市场份额，美国占据16%，德国占据7%。

2018年国内新能源汽车产销分别完成127万辆和125.6

万辆，比 2017 年同期分别增长 59.9% 和 61.7%。其中纯电动汽车产销分别完成 98.6 万辆和 98.4 万辆，比 2017 年同期分别增长 47.9% 和 50.8%；插电式混合动力汽车产销分别完成 28.3 万辆和 27.1 万辆，比上年同期分别增长 122% 和 118%；燃料电池汽车产销均完成 1527 辆。随着新能源汽车全球突破式增长，对保证电池安全的关键部件动力电池管理系统的性能指标和可靠性也相应提出了更高的要求。2018 年科技部重点专项中就明确规定：全寿命周期、宽工作温度范围内荷电状态（SOC）、功率状态（SOP）和健康状态（SOH）的估计误差绝对值≤3%，单体电池之间的最大温差≤2 ℃，功能安全达到 ISO 26262 ASIL-C。

1. 电池管理系统发展情况

（1）专利申报情况

通过专利检索 2018 年在电池管理方面新申请的专利情况见表 1-12，电池管理方面的专利（如图 1-39 所示）主要集中在热管理、均衡、充放电控制、状态估算、故障诊断、高压互锁等方面，其中热管理、均衡、充放电控制分列前三位。随着高能量密度电池的广泛应用，动力电池热管理系统研究不断深入，相关方面的专利大幅度增加。

表 1-12 2018 年在电池管理方面新申请的专利

功 能	总 数	发明专利	实用新型
故障诊断	22	13	9
高压互锁	11	5	6
均衡	54	43	11
充放电控制	26	23	3
热管理	63	40	23
状态估算	24	24	0

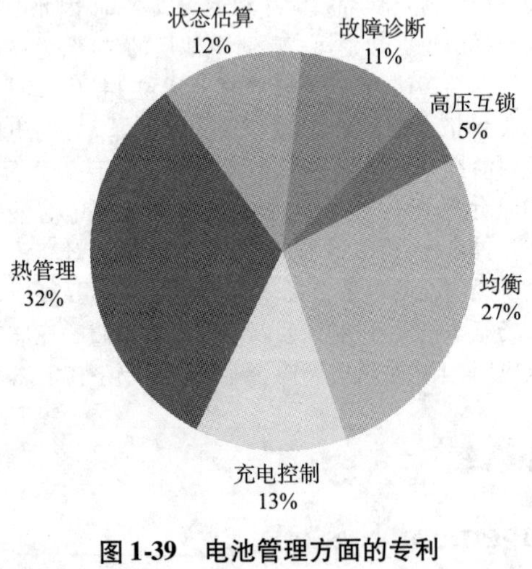

图 1-39 电池管理方面的专利

（2）电池管理系统标准

2019 年 3 月，BMS 国标顺利通过审查，已经形成报批稿。新国标重点完善了电池管理系统的环境适应性，充分考虑电池管理系统汽车应用环境特点，电气环境适用性中新增了叠加交流电压、供电电压缓升缓降、供电电压瞬态变化等测试，机械环境适用性新增加了随机振动、机械冲击，细化了电磁环境适应性的测试项目，新增了电快速瞬态脉冲群抗扰度和静电发电等测试，分别从电气环境、气候环境、机械环境、电磁环境方面全面地对电池管理系统的硬件可靠性进行了评测，使电池管理系统的硬件可靠性从通用电气设备全面升级为汽车电子部件级别。

全面提升电池管理系统的电气安全性能要求，由于电动汽车具有高压动力回路，因此根据动力电池系统电压等级以及系统绝缘方式，提升了绝缘电阻和耐压测试中试验电压等级，有效地提高电池管理系统的安全性，保障了动力电池系统及整车的系统安全。

首次将电池管理系统 SOC 估算的硬件设计要求与控制策略进行系统划分，详细分析了 SOC 估算误差的影响因素，将与 BMS 硬件设计相关的 SOC 估算累积误差的要求提高到 5%，并针对不用应用车型，选择两种运行工况和多个温度点进行试验；而与电池模型以及控制算法密切相关的初始误差仅给出推荐测试方法，充分保障电池管理系统 SOC 估算精度评估的正确性和科学性，有利于合理利用动力电池，延长电池组的使用寿命。

另外，针对动力电池工程应用中，与厂家技术方案以及电池状态密切相关的 SOP 估算精度和均衡问题，标准也给出推荐测试方法。标准首次给出 SOP 的定义，采用试测 + 曲线拟合的方法，即保证测试精度又确保了测试的可操作性。均衡测试考虑了主动均衡和被动均衡不同技术路线，设置了偏高的 SOC 和偏低的 SOC，采取单体放电容量差进行均衡效果评估，充分降低单体一致性差异对测试的影响。

（3）国内主要电池管理系统厂家及产品应用情况

2018 年根据不完全统计，国内电池管理系统的市场仍然处于整车企业、电池企业和第三方企业三分天下的局面。2018 年 BMS 装机量排名前 20 的企业共计装机 99.7 万辆，占总体 BMS 装机量的 79%，其中位于前 10 的企业分别是比亚迪、宁德时代、上海捷能、北汽新能源、亿能、华霆动力、奇瑞、电装电子、贵博新能源、PREH。

①第三方企业

第三方 BMS 企业在技术布局、人才配备等方面具有较高的专业性，同时参与的企业数量也最多，2018 年 BMS 装机量排名前 20 的企业中，第三方企业占比为 50%，排名前三分别为上海捷能、惠州亿能、华霆动力。

②电池企业

国内排名前列的电池企业主营业务覆盖了从电芯到电池包的全过程，包括电芯、BMS、PACK 等多个环节，将 BMS 配备在自行研产的动力电池系统中。2018 年 BMS 装机量排名前 20 的企业中，电池企业占比为 25%，排名前三的分别为宁德时代、上海卡耐、深圳比克。

③整车企业

国内实力较强的整车企业都将业务拓展到上游产业链，凭借资本优势，通过收购、战略合作等方式将 BMS 业务纳入版图。国内主流企业比亚迪、北汽、奇瑞、长安、吉利等均有专门的BMS研发团队或业务，不过一般仅为自产电动汽车配套相应产品。而江淮汽车则通过与华霆动力进行战略合作的方式，来布局BMS领域。2018年BMS装机量排名前20的企业中，整车企业占比为25，排名前三的分别为比亚迪、北汽新能源、奇瑞。

比亚迪电池有限公司：产品涵盖私家车、出租车、城市公交、道路客运、城市商品物流、城市建筑物流、环卫车七大常规领域，以及仓储、港口、机场、矿山四大特殊领域。2018年比亚迪BMS装机量为22.5万辆，排名第一位。绝大部分是乘用车，占比达到94.3%，全部供应自产车型；客车BMS装机量为1.2万辆，占比5.3%，主要配套比亚迪和广汽比亚迪。

宁德时代新能源科技股份有限公司：已与国内众多家主流车企建立合作关系，并率先进入国际顶尖车企的锂离子动力电池制造商供应链。2018年BMS装机量为19.7万辆，排名第二，其中乘用车占比65%，主要配套客户有北汽新能源、豪情、东风、广汽、威马、吉利、东风等；客车占比26%，主要配套宇通、中通、湖南中车、厦门金旅、金龙、厦门金龙、安凯汽车、申龙、江铃、北汽福田等企业；专用车占比9%，主要配套东风、江铃、吉利、上汽大通、宇通重工、福建龙马等企业。

上海捷能汽车技术有限公司：专注于混合动力和电动汽车的动力系统集成和控制集成的开发，主要依靠上汽技术中心的整车开发能力，通过广泛合作，开发电池系统、电力电子技术和其他配套零部件。2018年BMS装机量为10.8万辆，排名第三位，全部为乘用车，主要配套上海汽车、上汽通用等企业。

北京新能源汽车股份有限公司：国有控股高科技上市公司和全球领先的绿色智慧出行一体化解决方案提供商，构建了全新平台正向开发的新能源整车体系化能力。2018年北汽新能源BMS装机量为9.5万辆，排名第四位，绝大部分为乘用车，占比达到94.70%，全部配套自产车型；专用车占比为5.3%，主要配套北汽新能源、北汽和昌河汽车。

惠州市亿能电子有限公司：集研发、销售、制造、服务为一体，是国内领先、市场占有率高的电池管理系统及电池系统总成专业供应商。2018年BMS装机量为5.9万辆，排名第五位，其中乘用车占比95.40%，主要配套江淮、江铃、长城、海马、一汽、卡威、北汽等企业；客车占比0.2%，主要为宇通配套；专用车占比4.4%，主要配套江淮、北汽、云南航天神州、东风、江铃、陕汽、山西成功等。

华霆动力技术有限公司：主要从事纯电动汽车动力系统总成及部件研发及制造。2018年BMS装机量为3.7万辆，排名第六位，乘用车占比99.4%，主要为江淮、吉利、豪情、云度、上汽通用、东南汽车等提供配套；专用车占比0.6%，主要为赣州汽车、山东凯马、江西玖发等提供配套。

奇瑞新能源汽车技术有限公司：集新能源汽车研发、生产、销售、售后维修等一体化业务的企业，已经逐步建立起国际化的整车开发流程和标准体系，拥有国内先进的电动化系统实验室和一流的研发团队。2018年BMS装机量为3.4万辆，排名第七位，全部为乘用车，为奇瑞汽车和奇瑞商用车提供配套。

上海卡耐新能源有限公司：专业从事动力锂离子电池研发、生产和销售。2018年BMS装机量为2万辆，排名第十二，全部为上汽通用五菱提供配套。

深圳比克动力电池有限公司：已经发展成为集锂离子电池、电动汽车、电池回收三大核心业务为一体的国际领先的新能源企业。2018年比克BMS装机量为1.9万辆，排名第十四位，乘用车占比93.6%，主要配套领途、海马、郑州日产、上汽通用五菱、东风、东风柳州、东南汽车、江南汽车等；专用车占比6.4%，主要配套东风、一汽、重庆长安、金龙、海马、北汽福田、江铃等。

2. 技术突破

产品性能质量稳步提高：通过导入汽车电子开发流程和设计方法，功能安全在电池管理系统的实施，并且通过模块化、去线束化不断提升生产、维护过程控制水平，BMS产品质量稳步提高，可靠性方面大大改善，基本可以达到50 ppm的质量水平。

专用ASIC技术更加成熟：BMS前端采用AFE芯片进一步提升系统的采集精度、采集周期、硬件滤波算法、同步性、通讯速度、集成度等方面的性能指标。电压采样的菊花链的连接方式级联方案也已经批量应用，在电气隔离、通信速率、成本、可靠性等方面与原有的光电隔离或电磁隔离相比均具有较大优势。

OTA应用取得阶段性成果：以OTA为标志的信息化、智能化发展也延伸到BMS领域，目前已有厂商实现了BMS的OTA固件更新功能。与传统的进店维护相比，OTA可以更快地实现产品的功能迭代，提升用户体验。

3. BMS产业面临的问题

（1）AutoSAR基础软件架构开发

汽车电子不断推行AutoSAR软件架构，但是由于国内基础软件供应商偏少，并且软件架构并未与MCU、应用软件实现完全互联互通，导致软件开发投入大，周期长等问题。急需行业甚至国家支持国内基础软件的开发，充分发挥国内互联网相关人才优势，尽快实现汽车电子领域软件的国产化。

（2）高性能SOX估算功能适应性

SOX估算功能对电池适应性还有进一步提升空间，尤其是电池系统全生命周期的估算精度的保证能力。高校、科研单位做了很多理论研究工作，需要同合适的途径，进行产业化的验证、迭代、优化。

（3）电池系统热电能量交互和利用技术

高能量比电池的广泛应用对电池热管理系统的重要性进一步提升，热管理还是存在能耗较高等问题，尤其在低温下对电动汽车的续航里程影响较大，亟待在热电能量交互和利用技术方面取得实质性突破。

4. BMS发展趋势

更加智能化的能量管理：通过对单体电芯的建模和自学习功能，结合云端监控平台的大数据挖掘和分析，在电池系统的全生命周期内实现更精确的SOC、SOH、SOE的计算，以满足电动车辆运行、维护以及梯次利用的需求。

更高效高精度的热管理系统方案：热管理方案目前还处于满足基本要求阶段，未来产品对热管理技术的控制精度将越来越精细,绝对温度的控制范围更宽泛,需要进一步从理论仿真和实验研究两方面入手,探索新一代更加高效的动力电池热管理方案。

功能安全的进一步产业化实现:功能安全认证将成为电池管理系统的一个基本技术门槛,各个 OEM 根据自身的需求提出不同的功能安全要求,并从 OEM 的角度去审核产品的符合性。

梯次利用促使 BMS 技术升级:随着梯次利用市场逐渐开启,退役电池的特性为 BMS 带来巨大挑战,BMS 需要能够在电池全生命周期内进行管理,因此 BMS 技术将由现有"硬件 + 算法"的体系升级为"数据 + 主动式管理"的体系。

十七、动力电池测试

Chapter 17 Power Battery Test

(中国汽车技术研究中心有限公司 王 芳 马天翼)

中国新能源汽车市场在近年来得到了快速发展,也带动了动力电池产业的发展和技术革新。2018 年我国动力电池出货量达到了 65 GWh,比 2017 年同期增长了 46%。我国对于电动汽车下一步的发展政策是激励续航里程和能量密度的提升,并特别强调企业注重安全性、一致性,不仅要求电动汽车技术指标先进,同时也要求质量可靠、安全有保障。作为电动汽车的动力源和核心部件,动力电池的性能和安全性对电动汽车的整车安全、生产成本、续驶里程和用户体验都具有直接的影响。如何评价动力电池的性能和安全性也受到行业的广泛关注。在动力电池测试和评价领域,我国已经构建了相对完善的标准体系,覆盖了动力电池单体、模块、系统等层级。

1. 新能源汽车和动力电池产业发展情况

中国的节能与新能源汽车已形成了较为完善的研发和产业体系,2018 年新能源汽车销量达到 125.6 万辆,占全球市场保有量 50% 以上。预计到 2020 年,新能源汽车年产销将达到 200 万辆。2018 年新能源汽车的发展真正做到了"质""量"兼顾。与 2017 年相比,各级别纯电动乘用车的工况续航里程全面提升:两座车型电池能量密度进步显著,其续航里程从 2017 年的不足 200 km 普遍发展到 300 km 以上;随着消费者购买能力的提升,满足不同需求的各类新能源车型层出不穷,以 SUV 车型为例,最高续航里程能够达到 460 km。在动力电池方面,根据工信部车型数据统计:2017 年车用动力电池装车量达到 36.7 GWh, 2018 年达到 56.89 GWh,增长了 55%。在各企业的市场占比上,2018 年宁德时代动力电池配套量以 234.4 亿 Wh 高居榜首,第二名惠州比亚迪动力电池配套量为 114.3 亿 Wh,第三到五名分别为国轩高科、力神和孚能,配套量分别为 30.7 亿 Wh、20.5 亿 Wh 和 19.1 亿 Wh。

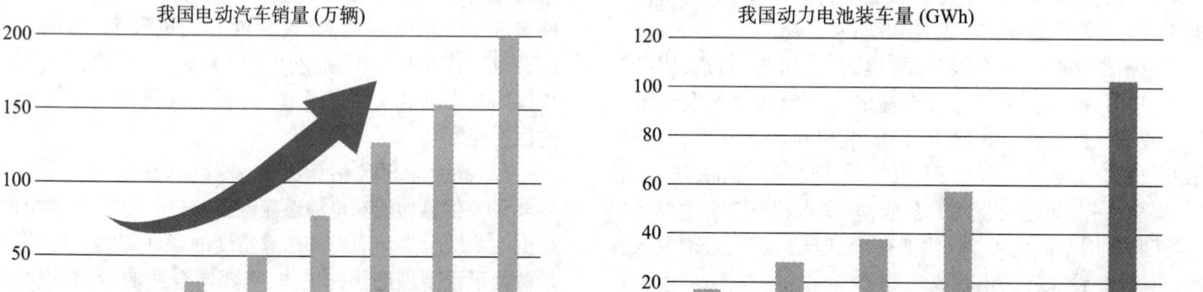

图 1-40 我国电动汽车销量和动力电池装车辆

2. 典型动力电池测试情况

根据中国汽车技术研究中心有限公司 2018 年对 110 余款动力电池系统及其单体能量密度的统计数据,磷酸铁锂电池单体平均能量密度为 163 Wh/kg,比 2017 年提高了 13%;电池系统平均能量密度为 137.5 Wh/kg,比 2017 年提高了 17%;磷酸铁锂电池的平均集成/转化率为 84.1%,比 2017 年提高了 2.7%。三元电池单体平均能量密度为 208.6 Wh/kg,比 2017 年提高了 13%;三元电池系统平均能量密度为 143.7 Wh/kg,比 2017 年提高了 21%;三元电池的平均集成/转化率为 68.9%,比 2017 年提高了 5.8%。从数据中可以看到,三元电池 2018 年得到了更快速地发展,单体、系统的能量密度以及成组率都有了显著提高。随着电池系统能量密度的提高,液冷方式在电池系统的比例中明显提升,从 2017 年的 8 款(占比 5.5%)提升到 36 款(占比 23.5%)。市场上以自然冷却为散热方式动力电池比例虽然有所下降,但仍占 70% 以上。

3. 典型动力电池测试标准体系的发展情况

针对动力电池领域,中国已经构建了比较完善的测试标准体系，主要包括电性能、安全性、循环寿命、互换性、系统附件、回收利用等六大类标准，覆盖了动力电池单体、模块、系统等产品层级。已经发布的标准汇总见表1-13。

表 1-13　动力电池测试标准汇总

序号	标准类型	标准号	标准名称	测试对象
1	电性能测试	GB/T 31486—2015	电动汽车用动力蓄电池电性能要求及试验方法	单体、模块
2		GB/T 31467. 1—2015	电动汽车用锂离子动力蓄电池包和系统　第 1 部分　高功率应用测试规程	包或系统
3		GB/T 31467. 2—2015	电动汽车用锂离子动力蓄电池包和系统　第 2 部分　高能量应用测试规程	包或系统
4	安全性测试	GB/T 31485—2015	电动汽车用动力蓄电池安全要求及试验方法	单体、模块
5		GB/T 31467. 3—2015	电动汽车用锂离子动力蓄电池包和系统　第 3 部分　安全性要求和测试方法	包或系统
6	循环寿命测试	GB/T 31484—2015	电动汽车用动力蓄电池循环寿命要求及试验方法	单体、模块、包或系统
7	互换性要求	GB/T 34013—2017	电动汽车用动力蓄电池产品规格尺寸	单体、模块、包或系统
8		QC/T 840—2010	电动汽车用动力蓄电池产品规格尺寸	单体和模块
9	系统附件	QC/T 897—2011	电动汽车用电池管理系统技术条件	电池管理系统
10		QC/T 989—2014	电动汽车动力蓄电池系统电池箱通用要求	电池箱
11	回收利用	GB/T 33598—2017	车用动力电池回收利用　拆解规范	电池拆解
12		GB/T 34015—2017	车用动力电池回收利用　余能检测	退役电池余能检测
13		GB/T 34014—2017	汽车动力蓄电池编码规则	电池编码规则

在动力电池新国标方面，为进一步加强安全技术支撑体系，建立安全标准规范体系，强化远程运行的监控体系，健全安全责任体系，2016 年，国标委下达动力电池安全性强制标准的制定计划，以 GB/T 31485—2015《电动汽车用动力蓄电池安全要求及试验方法》和 GB/T 31467. 3—2015《电动汽车用锂离子动力蓄电池包和系统　第 3 部分　安全性要求和测试方法》为基础，启动"电动汽车用动力蓄电池安全要求"的制定工作，并于 2018 年 6 月通过标准审查会，形成报批稿。该标准对原有标准测试项目进行了一定的删减和修改，删除了电池模组安全性、单体针刺、单体低气压、单体跌落、单体海水浸泡，以及电池包电了装置振动、跌落和翻转等测试项目。并对电池单体过充电、电池单体挤压及电池包或系统振动、机械冲击、模拟碰撞、挤压、浸水安全、湿热循环、温度冲击、外部火烧、盐雾、高海拔、过温保护、短路保护、过充电保护、过放电保护等项目进行修改，增加电池包或系统热扩散和过流保护等项目。

为进一步完善电池管理系统的功能性需求和安全性需求，电动汽车电池管理系统国家推荐性标准制定计划于 2016 年下达，已形成征求意见稿，该标准规定了电动汽车用电池管理系统的状态参数、SOC 估算精度、故障诊断、绝缘性能、电气适应性、环境适应性及电磁兼容性能等相关试验方法和试验要求。

在国际标准方面，基于国内动力电池领域标准的工作，中国正积极参与国际标准规范的起草工作，包括电动汽车安全全球法规（EVS-GTR）以及 ISO TC22-SC37-WG3 等。在电动汽车安全全球法规（EVS-GTR）方面，中国积极牵头参与电动汽车安全全球法规（EVS-GTR），在一阶段，中国专家作为小组负责人，负责并主导 TF1，TF5，TF8 等工作组工作。在电动车遇水后的触电防护、电池热失控及热扩散、商用车安全要求等方面做了大量工作，并取得显著成果，正式发布 UN GTR 20。在第二阶段，中国将继续深度参与新能源汽车全球法规制定工作，在电动汽车动力电池热扩散、浸水安全、振动安全、有毒气体防护等领域发挥更加积极的作用。后续工作重点将是结合在 EVS-GTR 的工作基础，积极输出企业设计文件内容规范、热失控触发方法与判定条件等提案。

4. 动力电池发展和测试评价体系建立的技术难点

（1）动力电池新材料新体系的技术发展和测评方法

为了进一步降低电动汽车的生产成本，提高电动汽车的舒适性和安全性，动力电池需要突破当前的材料体系，进一步提高电池的能量密度，开发下一代新体系动力电池。在新材料体系的技术路线上，在研发的是以高镍三元材料或富锂锰基材料为正极，锡基/硅基等合金类复合材料为负极的电池体系。CATL/力神/国轩 3 个承担新能源汽车专项的项目团队采用高镍三元正极和 Si/C 负极，研制出比能量达到 300 Wh/kg 的软包装锂离子电池，其中部分项目单位样品技术性能指标已接近应用要求。在新体系电池的测试评价方面，动力电池的测试评价方法最小测试单元是电池单体。采用的测试方法均是对电池样品进行电信号、机械信号和环境信号的激励，通过测试样品的响应情况，判断其是否达到指标要求。为了探究动力电池性能和安全性能演变的关键因素，需要将动力电池测试评价方法拓展到电极和材料层级，发展一系列多层级的无损分析和失效分析方法。随着锂离子电池基础理论的材料体系技术的突破，固态电池、锂硫电池、锂-空气电池都有可能实现具备产业化的前景。在测评技术方面需要提前布局，开展这类新体系电池的测试方法研究，尤其是以锂金属作为电极的动力电池的测试方法，建立相应的评价体系。

(2)基于整车应用的动力电池测试评价技术

电动汽车广义上的测试评价应涉及研发、生产、运输、存储、使用、维修、报废等整个生命周期。作为电动汽车的关键部件,动力电池的测评技术应进一步与电动汽车的测评联系起来,基于整车工况、充电系统、车桩兼容、电能质量等电动汽车使用中的关键问题,开展围绕动力电池性能、安全性和可靠性的测试评价技术,形成更为全面、更为准确的测试评价技术体系。

5. 2018 年国家重点研发计划“动力电池测试与评价技术”

2018 年由中汽中心牵头承担国家重点研发计划“新能源汽车”专项项目“动力电池测试与评价技术”,项目研究周期 3 年。研究内容为针对新能源汽车大规模应用对动力电池高水平测试评价的迫切需求,从动力电池复杂构效关系评价、动力电池性能演化模拟仿真与评价、动力电池管理系统精准评价、动力电池系统性能量化评价、动力电池数据库开发与应用 5 项关键技术开展研究,解决材料—电池—性能多尺度闭环构效关系获取与关联、全生命周期多维度性能演化规律研究与预测、系统集成应用多工况综合性能参数表征与量化三大科学问题。重点建设动力电池材料、动力电池单体、动力电池 BMS、动力电池系统 4 项测试评价标准化平台;建设动力电池材料、动力电池单体、动力电池 BMS、动力电池系统四大产品数据库;形成相关测试评价标准。最终构建多尺度、多维度、多工况的动力电池测评体系,建成具有国际先进水平的综合测评平台,建立基于标准化测试方法和量化指标的产品数据库并实现应用。项目的研究成果将加速先进检测技术与动力电池研发应用的融合,保障我国新能源汽车科学发展的全球领先地位,增强其应对国际激烈竞争的能力,促进我国动力电池产业健康快速发展。

6. 总　结

2018 年,在国家政策和科技计划的支持下,动力电池测试行业得到了持续发展,测试评价技术也在深度和广度上都有了大幅度提升。在新能源汽车大规模应用的前景下,动力电池测试会基于新能源汽车全产业链的需求,集中力量突破行业所面对的关键问题和共性需求,构建更为完善的测试评价体系,推动新能源汽车产业技术升级。

十八、动力电池装备

Chapter 18　Power Battery Equipment

(深圳吉阳智能科技有限公司　阳如坤)

1. 2018 年动力电池装备产业的总体情况

随着市场需求的快速增长,新能源汽车产量规模从 2014 年 8.3 万辆增长到 2017 年 81.1 万辆,3 年增长近 10 倍。动力电池是新能源汽车产业的重要组成部分,在新能源汽车产业的带动下,也保持快速增长。2018 年国内新能源汽车销量突破 125.6 万辆,渗透率达到 4.4%,动力电池配套量超过 57.1 GWh,直接拉动锂电池生产装备产值达 206.8 亿元,较 2017 年增长 21.6%。

据高工产研锂电研究所(GGII)调研显示,2018 年锂电池生产装备增长的主要原因有:

(1)主流动力电池企业扩产提速,对整线生产设备及一体化设备需求快速增长。为应对后补贴时代,动力电池企业将降本提效作为 2018 年的主要任务之一,而自动化程度更高、效率更高的整线生产设备及一体化设备能较好满足主流动力电池企业的需求,因此以先导智能、大族激光、吉阳智能等为代表的整线生产企业占据 CATL、比亚迪、国轩等主流动力电池企业的供给份额,实现快速增长。

(2)高能量密度趋势下,对设备提出新需求。在补贴政策及市场需求双重导向下,高能量密度成为发展趋势,因此对高镍、大尺寸体系的动力电池生产设备提出新的需求,未来配套高镍及大尺寸体系的设备开发将成为设备企业布局的重点,如粉料干燥系统、高耐腐蚀注液设备、激光复合焊接技术等。

(3)国产化率不断提升。国内锂电池产能快速扩张给国产设备带来良好发展契机,国内设备企业加大研发投入推出高端产品,在成本和服务的明显优势下,国产锂电设备不断向高端迈进,其产生的高附加值有力推动中国锂电设备市场规模发展。

(4)产线改进升级,全自动化率逐渐提升。锂电池技术不断进步,对设备的效率、精度、稳定性、自动化等要求逐步提高,特别在动力电池对电芯的品质要求较高,因此全自动化设备市场需求逐步加大,大企业整线改造升级加速。

2. 2018 年动力电池装备技术发展情况

中国锂电池生产装备的优势在于产业规模大,创新升级快,相对于半导体产业和汽车产业,锂电池生产装备的国产化率达到 70% 以上。劣势在于缺少规划协调,缺少行业规范,野蛮发展。由于工业基础薄弱,制造理念不够,粗制滥造现象严重,虽然产能大,但优质的设备不多,中国动力电池装备的规模占全球约 35% ~ 40% 的份额。中国动力电池装备技术的综合评估,核心优势在于:随着动力电池产品的需求快速换型优势、联合创新优势、价格优势以及技术不断创新升级优势。但在设备的稳定性以及大规模的生产经验上和国外还存在一定差距。这个差距需要一个逐步追赶的过程,工业基础的差异导致稳定性差异,这需要一定的时间去验证、去突破。

表 1-14　动力电池装备技术发展情况

系统名称	设备名称	指　　标
环境、设备统一要求		设备 CMK 约 1.33,MTBF <1 000 h
浆料制造	真空搅拌机/高速分散机	➢ 固含量精度:1% ➢ 温度控制精度:±5 ℃ ➢ 黏度精度:±500 cps ➢ 金属异物含量:50 PPB ➢ 高速搅拌速度差:3%
极片制造	宽幅高速涂布/正反面同时涂布/多层同时涂布/干法涂布机	➢ 涂布宽度:0.8 m ➢ 涂布速度大于 80 m/min ➢ 精度 ±3.0 μm
	预变形滚压、分条一体机	➢ 走带速度 80 m/min ➢ 精度 ±1.5 μm ➢ CCD 在线质量检测 ➢ 双联加热轧辊 ➢ 预测性维护 ➢ 极片涂层压缩比(正/负极):32%/20% ➢ 双辊线速度差 1% 以内
卷芯制造	双幅高速激光模切机	➢ 走带速度:60 m/min ➢ 切割精度:±0.5 mm ➢ 粉尘≤30 万级
	高速直驱方形卷绕机	➢ 卷绕线速度:120 m/min ➢ 对齐度:±0.5 mm ➢ 张力波动小于 10%
	高速 21700 及其他圆柱电池高速卷绕机	➢ 21700 卷绕 30 PPM ➢ 32131 卷绕 12 PPM ➢ 对齐度:±0.4 mm ➢ 张力波动小于 10%
	高速叠片一体机	➢ 叠片效率:100 PPM ➢ 对齐度单片:±0.4 mm ➢ 整体:±0.5 mm
卷芯组装	组装、焊接、封口设备	➢ 方形、软包线组装、封口效率:12 PPM ➢ 圆柱组装线效率:120 PPM
干燥注液	高效电芯干燥线	➢ 连续流程化干燥,综合干燥时间小于 4 h
	高效无人化注液	➢ 效率 20 PPM ➢ 注液精度:1.5% ➢ 电解液损失率小于 2%
化成分容	加热能量回馈负压化成	➢ 电流精度:1‰ ➢ 回馈效率大于 60% ➢ 自动化程度:少人自动化
	智能化成	➢ 一致性变异系数 1.5%
	极片厚度连续检测	➢ 检测精度:0.5 μm
	极片表面质量连续检测	➢ 误判率:万分之五
电池 PACK	电芯分选设备	➢ 单机自动化
	模组自动化设备	➢ 单机自动化
	PACK 自动化设备	➢ 模组自动化,手工+物流
电池回收	模组快速分选	➢ 适应多种电池包、模组 ➢ 检测精度 3‰ ➢ 满足 1C 倍率
	电池包快速分选	
	电芯破碎设备	➢ 破碎能力 1 t/h
	材料提取设备	➢ 主要核心材料回收 98%,挥发材料 70%
智能制造	设备、物料、系统互联互通互操作	➢ 基本网络通信
	微服务平台	➢ 商业微服务平台
	质量分析优化平台	➢ 常规质量分析

3. 亟须解决的技术难点及解决方案

动力电池装备产业还存在诸多需要解决的关键产业技术、产业发展、优化问题,主要在以下方面。

(1)动力电池及其零部件的标准化

产业标准的确立是制造业成熟的重要标志,锂离子电池产业是一个新兴的产业,由于技术发展很快,产品定型困难,导致标准的发展速度落后产业发展的速度。对于锂离子电池制造而言迫切需要解决的标准问题包括:电池的性能标准,电池材料及零部件的标准化:主要指电池的连接件、集流体、壳、安全阀、电池的对外电器、机械连接接口方式及尺寸;电池结构及尺寸标准:针对不同使用要求的电池,其结构变化很大,尺寸变化也很大,迫切需要一套锂离子电池产品标准来规范锂离子电池的设计、制造、使用、运输、比较、替换和回收,由于没有完善的标准,将极大地影响电池制造的工艺过程,电池装备的定型,更进一步影响装备的成熟、电池制造的效率及合格率,这对实施智能制造是非常重要的一步。

首先,组织行业领先的企业牵头,根据使用要求,结合其他电池的结构特点,以及利用三维 CAD 设计立体模型来分析确定常规特性和特型部件的尺寸,按照形状、大小分为几个大类,从而减少零件的种类及数量,提高制造加工的批量化程度;

其次,将形成的锂离子电池行业标准化尺寸和现状递交给国家相应的管理部门,为其他企业提供数据模板。行业内各个企业在已经制定的基本模板的基础上进行修改和建议,提出自己符合标准的电池形状和标准化尺寸,从而达到提高整个行业的标准化水平。

(2)动力电池装备的数字化实施的难度

锂离子电池装备的数字化,是实施智能制造的关键环节,装备的数字化主要对装备的生产数据、装备运行数据、生产质量数据进行在线,离线,远程监控和调整。主要实施的难度在于锂离子电池制造过程复杂,涉及化学、电子、机械、材料种类多,材料状态变化,制造过程的影响因素多。因而对制造过程的质量、效率影响的参数也众多,限于成本的原因,我们又不能面面俱到,只能在质量和成本中取得动态平衡。在保证质量的前提下实现经济有效的控制。

4. 其他重要的方面

建议政府把动力电池制造装备列入汽车产业装备发展规划。高端装备是汽车产业的短板。就汽车行业而言,我国已成为世界第一汽车产销大国,我们的任务是建设汽车强国。从汽车产业链来看,对比汽车强国的目标,制造水平我国已与国际先进水平相当,创新能力、产品开发能力也在不断增强,而关键材料、核心部件和高端装备,已成为我国汽车产业的短板。首先,没有高端装备能力,会影响我国汽车产业的安全发展。其次,如果动力电池制造装备不能达到世界先进水平,动力电池的性能也不可能达到世界先进水平。因此动力电池产品必须与动力电池制造装备同步发展。

十九、动力电池回收循环与梯次利用

Chapter 19 Recycling and Step Utilization of Power Batteries

(清华大学环境学院 董庆银 李金惠①)

【摘要】近年来,随着国内新能源汽车产业的兴起,作为新能源汽车的重要组成部分,动力电池的回收利用问题愈发受到社会的广泛关注。废旧动力电池回收体系建设以及安全问题引发重视,动力电池的综合利用技术还有诸多难点。本文从我国动力电池回收与梯次利用的产业现状和重难点问题入手,分析提出解决方案,预测产业未来发展需求与趋势。

【关键词】动力电池;回收体系;梯次利用;再生利用

1. 2018 年动力电池回收利用产业概述

(1)动力电池产生及报废情况

①新能源汽车产量:我国新能源汽车累计产量已超 280 万辆,推广规模居于世界首位。区域分布上,主要集中在京津冀、长三角及珠三角地区,广东、上海、北京、山东、浙江保有量位列全国前 5 位[1]。2018 年,新能源汽车产销量分别为 126.9 万辆、125.5 万辆;动力类型上,以纯电动为主,占总产量约 78.4%,插电式混合动力约 21.6%。

②动力电池配套量:我国动力电池累计配套量超过 131 GWh,产业规模位居世界第一,磷酸铁锂、三元电池分别占比约 54%、40%。据锂电网数据,2018 年,我国动力电池装机量 57.4 GWh,乘用车占装机量的 57%,三元材料占比约 60%。

③动力电池报废量:从企业质保期限、电池循环寿命、车辆使用工况等方面综合测算,2018 年后新能源汽车动力电池将进入规模化退役,预计到 2020 年累计将超过 20 万 t(24.6 GWh),如果按 70% 可用于梯次利用,大约有累计 6 万 t 电池需要报废处理[2]。

(2)动力电池回收网点建设概况

根据工信部 2018 年公布的两批动力电池回收服务网点数据,共有 45 家新能源汽车生产企业(包含 2 家进口商)在全国 31 个省(市)设立了 3 204 个回收服务网点,主要集中在新能源汽车保有量较大的京津冀、长三角、珠三角和中部地区,网点数量超过 100 个省级行政区有广东、浙江、江苏、上海、山东,均是东部沿海地区。网点建设主要依托现有售后服务机构升级改造(占 98.55%)。

以北京市为例[3],根据工信部新能源汽车动力电池回收服务网点信息,截至 2019 年 4 月,北京市共有 98 座,占全国总数的 4%,有近 60% 的回收站点在北京五环路外。回收网点由 28 个汽车生产企业负责。与销量市场不同,在回收端布局较多的企业是浙江豪情汽车制造有限公司、华晨宝马汽车有限公司、宝马(中国)汽车贸易有限公司和广汽丰田汽车有限公司。

(3)动力电池梯次利用市场概况

研究表明,当动力电池容量下降到 80% 以下时,将不能继续用于汽车,梯次利用可延长动力电池的生命周期和使用寿命,我国鼓励开展动力电池梯次利用。主要应用方向包括:通信基站(铁塔为代表)、电力储能(国家电网为代表)、低速电动车(中天鸿锂“以租代售”商业模式)、光储能(北京匠芯为代表)等。

2018 年我国梯次利用尚处于起步阶段,主要原因:一是梯次利用的相关法规、标准才完成制定和发布;二是退役的电池需进行测试并分类,然后重新组装,最后应用到储能场所,从目前来看中间环节的成本很高,梯次利用的经济性变差;三是尚未出台强制动力电池报废政策,部分车用动力电池容量远低于 80%,即使梯次利用,其寿命也很短,不具备良好经济性[4]。

(4)动力电池再生利用市场概况

2019 年 2 月,工信部节能与综合利用司发布最新工作动态称,新能源汽车废旧动力电池再生利用初具规模,总体上再生利用技术相对成熟,但有价金属高效提取等关键技术和装备还有待升级,废旧动力电池拆解处理污染防治水平有待提升,磷酸铁锂电池再生利用面临经济性较差的问题。部分企业开展了动力电池回收利用技术研发,并取得了一定成效。如湖北格林美公司建成废旧动力电池智能化无损拆解线,开发了“液相合成和高温合成”工艺,2018 年的再生钴规模 4 000 t;湖南邦普公司研发了动力电池模组和单体自动化拆解装备,2018 年邦普年处理废旧电池总量超过 3 万 t、总回收率超过 98.58%;浙江华友钴业建设废旧锂电池循环利用生产线,电池包回收处理产能达 6.5 万吨/年以上。

2. 动力电池回收利用产业发展情况

(1)动力电池回收体系建设主流方案

①方案一:以整车厂为主体布局回收网点

汽车生产企业依托现有销售 4S 店、售后服务网点建设废旧动力电池回收服务网点,就近收集废旧动力电池,积累到一定数量后按照市场价格出售给梯次利用或再生利用企业。汽车生产企业对回收服务网点的消防、安全、环保负责。优点:合作方式简单,权属清晰、依托现有网络,操作容易。

① 基金项目:北京市社科基金重大项目“新能源汽车动力电池回收模式研究”(17ZDA27)。

缺点:4S 店大多位于城市中心,很难达到消防要求,没有利润很难长期发展。如北汽新能源电池运营生态圈模式,即"产品 + 充电 + 运营 + 服务 + 回收利用"的一体化解决方案。

②方案二:依托动力电池生产商建设回收网点

消费者将废旧动力电池就近交到汽车生产企业建设的回收服务网点,汽车生产企业以协议价格将动力电池转运给电池生产企业,由其进行专业化处理,电池生产企业可以继续利用再生的金属材料生产新电池;另外,报废汽车回收拆解企业在回收报废电动汽车时,也将拆解出来的动力电池销售给电池生产企业。宁德时代、比亚迪、中航锂电、国轩高科等动力电池生产企业,已均在废旧动力电池回收领域展开了积极的市场布局。

③方案三:与综合利用企业共建回收服务网点

第三方综合利用企业包括动力电池梯次利用企业和再生利用企业,根据自身情况在珠三角、长三角、京津冀、中部地区等动力电池回收密集区的主要城市建立回收服务网点。回收网点要符合安全、环保、消防要求,最好能具备一定的拆解和预处理能力,还要保证动力电池运输的安全性。优点:能回收本区域内的电池,专业性强。缺点:综合利用企业一次性投入大,能否盈利与回收量关系较大。梯次利用单位主要包括中国铁塔公司、河南省电科院、国网北京市电力公司等。再生利用企业以格林美、湖南邦普、华友钴业、赣州豪鹏等为代表。

(2)典型省市动力电池回收体系建设情况

①深圳试点

2018 年 3 月,深圳发布《深圳市开展国家新能源汽车动力电池监管回收利用体系建设试点工作方案(2018—2020 年)》,主要工作任务包括构建动力电池信息管理体系、建立废旧动力电池回收管理体系、建立动力电池梯级利用和再生利用产业体系 3 个方面。2019 年 1 月,深圳市发改委发布《深圳市 2018 年新能源汽车推广应用财政支持政策》,成为国内首个设立动力电池回收补贴的城市,并按 20 元/kWh 的标准专项计提动力电池回收处理资金,对已按要求计提动力电池回收处理资金的企业,按经审计确定的金额的 50% 对企业给予补贴。

②京津冀试点

2018 年 12 月《京津冀地区新能源汽车动力蓄电池回收利用试点实施方案》发布。据预测,京津冀地区 2018 年退役 3 466 t,2019 年退役 6 483 t,2020 年退役 10 446 t。计划到 2020 年,建成京津冀地区动力电池溯源信息系统,建成 2 ~ 4 家废旧动力电池拆解示范线和梯次利用工厂,探索和布局 1 ~ 2 家动力电池资源化再生利用企业。2019 年 6 月,三地联合公示 18 家回收利用试点示范项目。

③浙江试点

2018 年 12 月,浙江省印发《浙江省新能源汽车动力电池回收利用试点实施方案》,计划到 2020 年,建成一批运行良好的梯次利用示范项目,发布一批动力电池回收利用相关团体标准,形成一批废旧动力电池回收利用商业模式。重点提出,鼓励梯次利用企业发展"以租代售"商业模式,即梯次利用企业向回收企业租用符合梯次利用标准的退役动力电池,既可避免动力电池所有权的转移,又能降低梯次利用企业资金压力。方案公布了 9 家试点单位及 18 项回收利用试点工作项目。

(3)动力电池梯次利用技术及应用案例

由于不同电动汽车企业的电池路线、电池的规格型号选择,以及对电池的性能要求各不相同,动力电池及系统型号多样,并且每个批次的梯次电池规格尺寸、性能指标都不同,动力电池梯次利用难度很大。基于此,国家设立了相关科技资金。针对动力电池梯次利用过程中的问题,天津力神电池股份有限公司牵头申报了国家重点研发计划"固废资源化"重点专项"退役动力电池异构兼容利用与智能拆解技术"(2018 年 12 月 19 日正式获批立项),开展退役电池诊断、余能检测和分级技术,高离散退役动力电池异构兼容并网技术,多维识选与智能转载输送技术,智能安全拆解与全组分物料智能归集技术等研究。

中国铁塔公司在全国 31 个省份约 12 万个基站开展梯次利用,使用梯次利用电池约 1.5 GWh,替代铅酸电池约 4.5 万 t,与中国邮政、商业银行、国网电动车等企业合作研究将梯次利用电池应用于机房备用电源、电网削峰填谷、新能源发电及电力动态扩容等方面。动力电池的另一重要应用领域是低速电动车。中天鸿锂创新梯次利用模式,采用"以租代售"的方式在全国 30 多个城市投放梯次利用动力电池组,广泛应用于快递三轮、四轮车等。

(4)动力电池再生利用技术及应用案例

再生利用包括前期拆解预处理及后期湿法冶金。动力电池拆解方面,湖北格林美、湖南邦普等开发了自动化拆解成套工艺。湿法冶金方面,湖南邦普开发了"定向循环和逆向产品定位"工艺,湖北格林美开发了"液相合成和高温合成"工艺。传统动力电池再生利用过程包括物理拆解技术、破碎分选技术、提纯除杂技术、新材料合成技术等,主要工艺流程如图 1-41、图 1-42、图 1-43、图 1-44 所示。

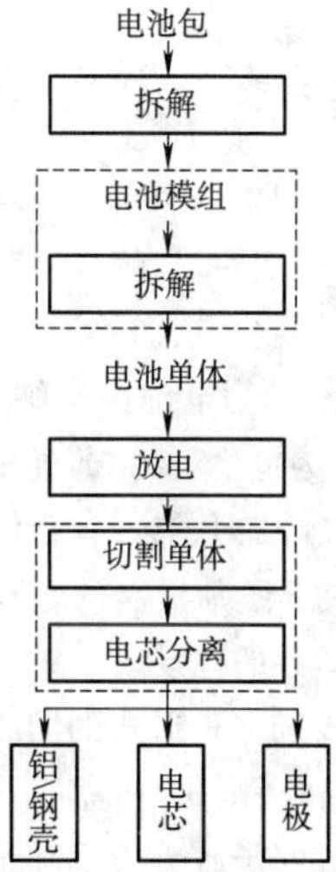

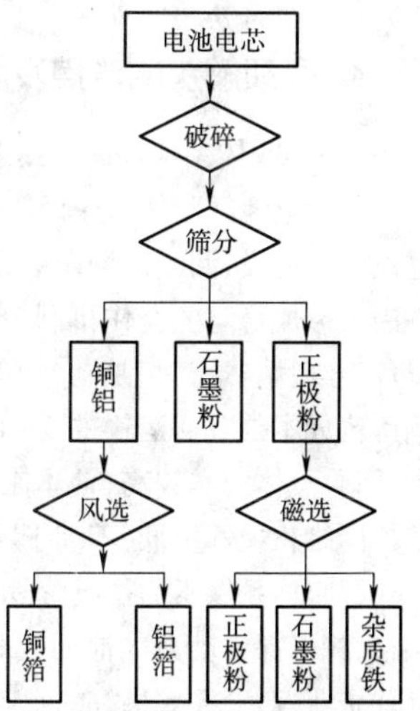

图 1-41　物理拆解技术　　**图 1-42　破碎分选技术**

邦普集团公司[5]在动力电池回收领域采用定向循环工艺:首先将废旧动力电池拆解,获得金属外壳,再经热解去除有机溶剂,过程用旋风除尘,碱液喷淋吸收。最后,通过机械破碎分选分离出塑料外壳、正极、负极和隔膜等材料。正极材料经过酸浸出,经 P204、P507 萃取除铜、除铁铝后,净化液通入氨水碱化沉淀生成镍钴锰氢氧化物,作为原料供应到三元材料前驱体的制备步骤,再添加回收的碳酸锂,烧结制备三元材料。

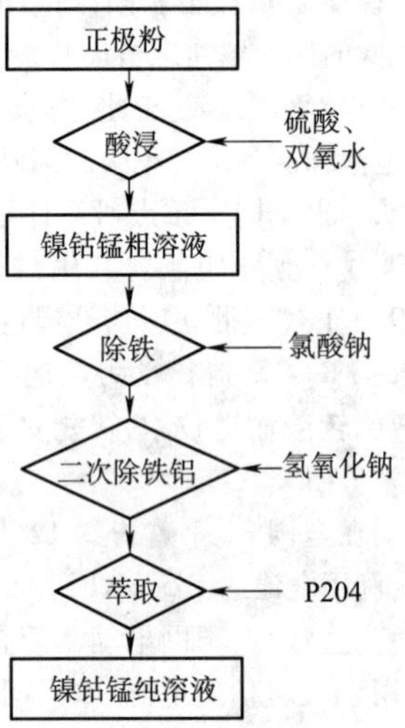

图 1-43　提纯除杂技术

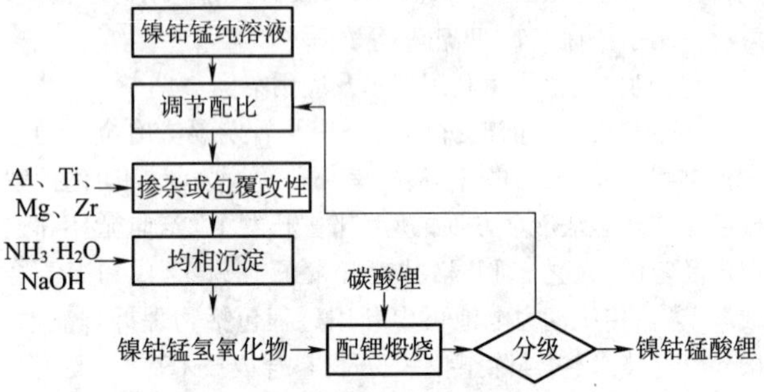

图 1-44　新材料合成技术

3. 亟须解决的难点及解决方案

(1)回收体系建设尚在摸索阶段,回收市场尚不成熟

动力电池回收体系建设还处于试点阶段,绝大多数动力电池尚未退役,回收市场还不成熟,回收渠道尚不通畅,相关方尚未形成稳定的合作机制。另外,动力电池虽未纳入《国家危险废物名录》,但是动力电池作为危险货物,通过专业车辆运输成本是普通运输的 5~6 倍,再加上购买和仓储等成本,回收总体成本较高,使本来就缺乏激励机制的电动汽车销售网络积极性更低,不利于回收体系的建设。

回收体系探索的初级阶段,应鼓励多种形式的回收体系共存,积极探索动力电池回收利用盈利模式,树立行业示范标杆企业,对管控效果好的企业应该给予政策激励和税务优惠,充分调动回收与梯次利用产业积极性。

(2)动力电池回收利用过程的安全问题引发关注

动力电池贮存运输过程中曾多次发生火灾等事故,回收网点建设环保及消防要求、安全防护措施、运输及包装方式等问题还有待进一步明确。主要解决方案:一是加快推进动力电池设计生产、梯次利用、再生利用放电、梯次利用产品等环节的标准出台和实施落实,给予相关从业人员积极的政策引导与建议。二是把好动力电池梯次利用产品质量关,防止被非法商贩私自改装二次销售,侵害消费者合法权益并带来环境安全隐患。三是制定事故应急预案,定期组织人员培训,普及消防安全知识,提高从业人员的安全意识。

(3)综合利用相关技术及标准亟需突破、完善

《京津冀地区新能源汽车动力蓄电池回收利用试点实施方案》中指出,在废旧新能源汽车动力电池的一致性和电池成组连接技术、残余寿命模型、安全性能指标评价、工程实际应用、自动化拆解、回收处理再资源化工艺设备能力等方面仍缺乏有效技术支撑,且相关技术标准不完善,还难以有效支撑规模化的动力电池梯次利用和再生利用。

建议一是继续设立专项资金,加大梯次利用和再生利用关键技术研发与攻关;二是制定相关技术标准及规范,细化梯次利用上下游相关主体的责任;三是建立新能源汽车动力电池第三方评价标准,为动力电池梯次利用企业在动力电池余能检测、残值评估等提供技术指导[6]。

4. 未来几年动力电池回收利用产业发展趋势

(1)短期产业发展方向

短期内,产业发展方向以加速前端回收网络布局,抢占市场为主。动力电池回收网络将向着多元化方向发展,车企自有渠道建设,依托动力电池生产商建设,依托第三方综合利用企业建设回收网络等模式将并存。整车企业将在回收网络、梯次利用、再生利用等环节具有布局和合作,其中以回收网络布局为主;电池生产企业主要在梯次利用和再利用方面进行布局,回收网络较少涉及;第三方综合利用等盈利环节的企业将会更加积极地参与回收网络建设;具有一定规模的材料企业将在全产业链进行布局。可能出现联盟等第三方机构统筹回收网点的建设与共享,动力电池上下游产业将深度融合,逐步建立稳定的合盈利作模式。

国家层面会加紧对动力电池回收利用产业相关政策标准的出台,对回收网点的建设要求将逐渐完善和提高,对动力电池的运输包装进行规范,对动力电池绿色设计的要求会有所提升,不排除配套一些财税补贴政策支持动力电池回收利用产业的发展。

(2)中长期产业发展趋势

长远来看,掌握核心技术才是综合利用企业盈利和持续发展的根本,随着回收利用市场的不断洗牌,企业对核心技术的需求将更加迫切。余能检测技术、寿命评估技术、电池包重组技术、自动化拆解技术、贵金属提取技术以及污染控制技术将得到发展。随着动力电池回收模式的融合创新,物联网信息技术将逐步深入到体系建设的各个环节,物联网信息技术在信息共享、安全环保监管、市场布局优化等方面的作用将更加凸显。依托物联网技术建设的信息监管平台将逐步实现动力电池全生命周期的追溯,是否建设可靠的信息监管平台将成为未来回收利用企业之间竞争的重要筹码。

5. 未来市场需求分析预测

(1)回收利用体系有待优化和调整

动力电池回收利用产业作为国家政策鼓励发展的新兴产

业,汽车生产企业、电池生产企业、梯次利用企业、汽车拆解企业、再生利用企业、材料企业纷纷加快产业布局,通过自建或者合作方式抢占市场。随着"白名单"制度的取消,回收利用市场更加开放和包容,回收利用产业的竞争压力也会越来越大。

国内的新能源汽车主要分布在东部沿海等经济发达地区,回收网络布局密度大,竞争激烈;但是,从长远来看,随着新能源汽车的快速推广,经济稍弱的地区也存在一定的市场需求,未来有可能成为新的爆发点,建议企业根据自身优势提前做好布局。物流在回收利用过程中占有重要地位,建议提前做好上下游甚至全产业链布局,合理优化厂址和回收路线,降低物流运输成本。

(2)再生金属提取及应用技术亟待提升

随着电动汽车产业的高速发展,动力电池回收利用产业也迎来了广阔的市场契机。据估算,从废旧动力锂电池中回收钴、镍、锰、锂、铁和铝等金属所创造的回收市场规模在2020年将超过100亿元,2023年废旧动力锂电池市场将达250亿元[7]。但是,由于废旧动力电池材料无害化再利用技术起步较晚,资源回收利用效率较低,再生金属提取及应用技术亟待提升。开发普适的锂、镍、钴、锰和铜等有价金属选择性浸出工艺,有价金属分离富集工艺,复杂多元溶液中钴、镍、锰萃取分离工艺,以及有机电解质的无害化处理工艺是动力电池产业的迫切需求[5],也是动力电池产业走绿色循环发展之路的必要环节。

参考文献

[1] 中华人民共和国工业和信息化部. 新能源汽车动力蓄电池回收利用调研报告简介[Z]. 2019-02-22. http://www.miit.gov.cn/n1146285/n1146352/n3054355/n3057542/n3057547/c6651773/content.html

[2] 中华人民共和国工业和信息化部. 关于新能源汽车动力蓄电池回收利用管理暂行办法的解读材料[Z]. 2018-02-28. http://www.miit.gov.cn/n1146295/n1652858/n1653018/c6070767/content.html

[3] 刘嘉辰. 北京市纯电动乘用车动力电池回收路径研究[D],清华大学,2019.

[4] 李波. 车用动力电池梯次利用的探讨[J]. 新能源汽车, 2019(4):60-61.

[5] 王芳,张邦胜,刘贵清,等. 废旧动力电池资源再生技术进展[J]. 中国资源综合利用,2018(10):106-110.

[6] 代晓霞,曹慧莉,徐阳阳. 我国动力电池梯次利用规模化发展的问题与对策[N]. 中国计算机报,2018(10):0-14.

[7] 中商产业研究院. 中国动力电池回收产业发展前景研究报告[J]. 电器工业, 2018(11):21-31.

二十、车用燃料电池

Chapter 20 Vehicle Fuel Cell

(中国科学院大连化学物理研究所 侯 明 衣宝廉)

2018年5月李克强总理访日期间特别关注丰田氢燃料电池车,在《政府工作报告》他明确指出"推动加氢等设施建设";在博鳌亚洲论坛上,李克强总理又再一次强调"加快发展人工智能、自动驾驶、氢能源等新兴产业,并为科技成果转化提供更好的市场环境"。国家发改委适时发布《汽车产业投资管理规定》,其中对新建车用燃料电池电堆/系统投资项目作出了条件限定,对企业法人、燃料电池电堆企业、燃料电池系统企业的能力都作出了明确规定;国内超过40个省市都纷纷推出了氢能与燃料电池发展规划。在国家各级政府强力支持与推动下,燃料电池车产业迎来了投资热潮,国内资本大量进入,同时也吸引国际技术进入中国,加快了关键材料、部件、电堆的技术进步与产业化。2018年燃料电池车推广目录有86个车型入选,其中商用车占比78%。从功率级别看,国内车用燃料电池堆主要以30 ~ 50 kW为主,功率等级普遍低于国际同类燃料电池车,其原因从表面上看是企业在迎合财政补贴门槛,但从深层次方面是我国高比功率技术与国际先进水平还有一定的距离(无论是引进的电堆及本土电堆),装车电堆比功率一般在2 kW/L左右。因此,有必要提高功率密度,尤其是乘用车上有限的空间内要装载一定功率的燃料电池堆更需要高的功率密度。另外,从降低成本的角度,提高功率密度可以降低燃料电池材料、部件等硬件消耗,进而可以显著地降低燃料电池成本。

2018年国内车用燃料电池技术水平有了一定的提高,从关键材料、部件、电堆、系统多个层次均有进步,主要表现在:(1)合金催化剂研究取得一定进展;(2)膜电极性能有了显著提升;(3)国产电堆比功率有所提高;(4)基于国产电堆系统逐渐成熟。以下将从这几方面进行具体阐述。

1. 催化剂研究进展

针对质子交换膜燃料电池中常用的商用催化剂Pt/C在活性、稳定性方面存在的不足,研究者通过Pt晶面控制、Pt-M合金催化剂、Pt-M核壳催化剂、Pt表面修饰、Pt单原子层催化剂等多种途径探索高活性、高稳定性催化剂解决方案,这些研究中可以实际应用的仍然是Pt基合金(Pt-M)催化剂。Pt-M催化剂是Pt与过渡金属形成的合金催化剂,通过过渡金属催化剂对Pt的电子与几何效应,在提高稳定性同时,质量比活性也有所提高;降低了贵金属的用量,使催化剂成本也得到大幅度降低。如Pt-Co/C、Pt-Fe/C、Pt-Ni/C等二元合金催化剂,展示出了较好的活性与稳定性。

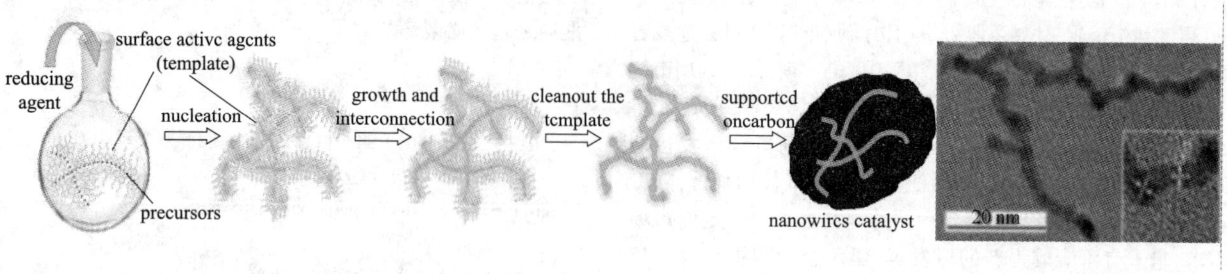

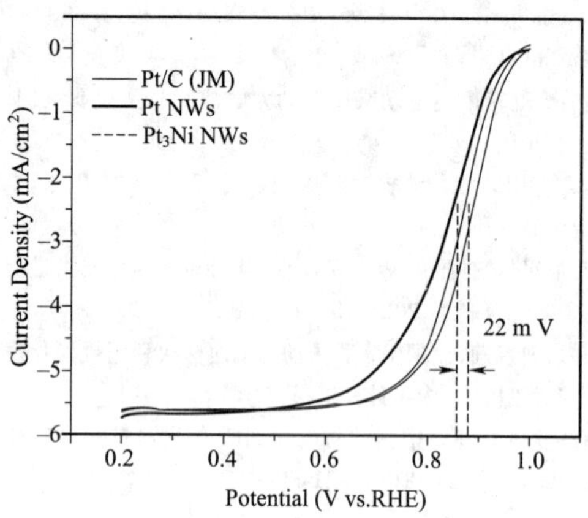

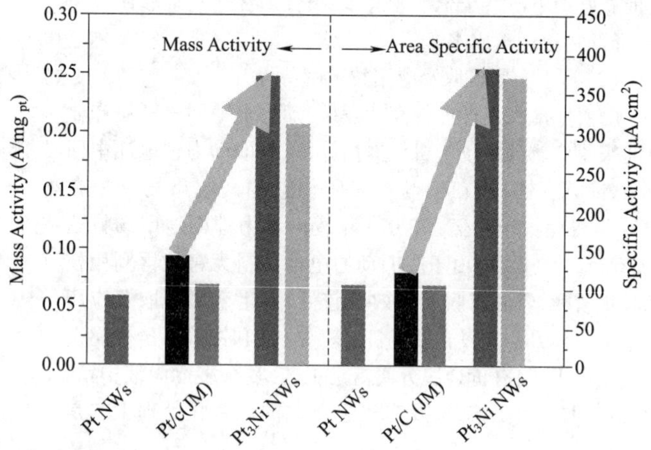

图 1-45　PtNi 纳米线合金催化剂

丰田公司在所发布的商业化燃料电池车 Mirai 上也是采用了 Pt-Co 合金催化剂，使其催化剂活性提高 1.8 倍。大连化物所开发的 Pt_3Pd/C 催化剂已经在燃料电池电堆得到了验证，其性能可以完全替代商品化催化剂；近期大连化物所研制的 PtNi 纳米线合金催化剂质量与面积比活性分别达到 Pt/C 的 2.5 和 3.3 倍（如图 1-45 所示），此外，还研制出了超小 PtCu 合金催化剂，其质量比活性是 Pt/C 的 3.8 倍，这种基于电极电位高于氢的 Cu、Ag 等金属形成的合金，其在车载工况下可能溶出的金属离子可以在氢气的气氛下得到迅速还原，减轻了自由基的形成以及金属离子对环境的污染，展示了较好的应用前景。但从应用的角度，Pt-M 催化剂的稳定性还需要进一步研究。Pt 合金催化剂的稳定性保障，除了提高自身的稳定性以外，还要从系统控制策略出发，减少催化剂的衰减工况，对催化剂稳定性提高起到重要作用。

2. 膜电极组件（MEA）进展

MEA 是燃料电池堆的核心，3 种膜电极技术中，即 GDE（Gas Diffusion Electrode）、CCM（Catalyst Coated Membrane）与有序化膜电极，CCM 型膜电极仍然是主流技术。研究与开发的热点有两方面，一是继续提高膜电极的性能、降低 Pt 用量；二是开发膜电极的量产工艺、提高产能、降低成本。

在提高膜电极性能方面，主要途径：(1)使用高活性催化剂，降低催化剂的活化极化损失；(2)采用薄型复合膜，降低质子传递电阻；(3)采用合理的界面结构，改进质子、电子传导以及局部近 Pt 表面的传质；(4)采用高气体通量的扩散层，降低传质极化。丰田公司在 Mirai 电堆上采用质子交换膜厚度是原来的 1/3，质子传导率提高 3 倍，降低了欧姆极化；另外，采用了低密度扩散层，并配合 3D 流场，提高了工作电流密度。在降低 Pt 用量方面，高质量比活性催化剂的使用，将有效降低 Pt 用量；另外，提高电堆比功率，也从另一方面降低了 Pt 催化剂用量。近期国内科研机构如大连化物所、武汉理工大学、上海交通大学等在膜电极技术方面，有了长足的进展，性能已经超过 1.5 W/cm^2，大连化物所优化了催化层、气体扩散层的配方和工艺，基于 10 μm 的质子交换膜制备了 CCM 型膜电极组件，电池最高功率密度达到了 1.85 W/cm^2。非 Pt 催化剂从国内外研究进展看，以 Fe/N/C 为主的研究仍然是主流方向，但是从性能到耐久性方面还达不到实际应用水平。

在膜电极批量生产技术方面，国内有几个公司正在推进。难点是如何实现卷对卷高效生产。据报道苏州擎动科技有限公司投产了“卷对卷直接涂布法”膜电极产线，可以将催化剂电极材料分别直接涂布到质子交换膜卷料的两面形成阴阳极，与传统的喷涂法和转印法制作工艺相比，该工艺具有自动化程度高，效率高，制造成本低，产品性能和耐久性高等特点。卷对卷狭缝涂布技术仅被少数几家国际知名车企所掌握，如果实现国产化将直接降低国产燃料电池膜电极生产成本。鸿基创能科技（广州）有限公司也是目标聚焦在燃料电池膜电极产业化的企业，他们建立了自主研发的全自动化 MEA 生产线，在产能、效率、一致性以及产品质量方面有了较大的提高，并正式发布了第一代膜电极产品（“HyKey1.0”）。大连化物所在潍柴动力牵头的科技部重点研发项目“燃料电池动力系统”中承担了“低 Pt 膜电极及量产工艺”子任务，项目正在积极推进中，并已初步建立了

MEA 批量生产工艺与设备。

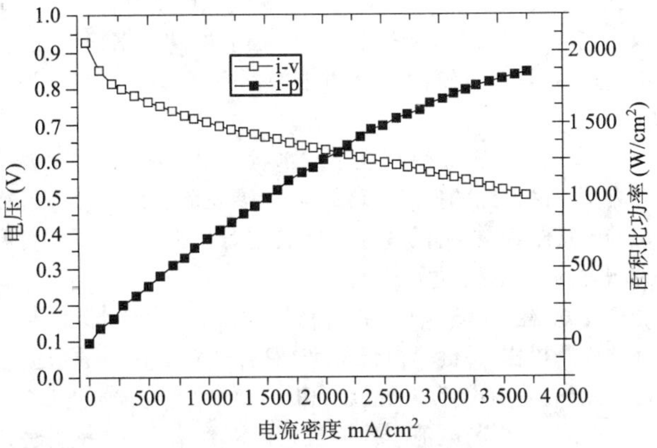

图 1-46 大连化物所膜电极性能

3. 电堆技术进展

国际代表性的燃料电池电堆，如丰田的 Mirai、本田的 Clarity、现代的 Nexo，其电堆比功率均超过 3.1 kW/L，且单堆功率在 95 ~ 114 kW，电堆技术是朝大功率、高功率密度方向发展。国内的电堆技术有了长足的进展，单堆功率从原来的 30 ~ 50 kW 提高到 85 kW，电堆的比功率也有大幅提高。新源动力股份有限公司通过电堆结构优化、流体仿真，解决了流体分配一致性的难题，保证电堆在高电流密度下稳定的性能输出；结合氢循环的水热管理技术，实现产品在空气无增湿条件下的稳定运行，发布了基于薄金属双极板燃料电池电堆模块 HYMOD®-70（图 1-47），单堆功率达到 85 kW，电堆体积功率密度突破 3.4 kW/L，且可以实现 -30 ℃启动/ -40 ℃存储。其他企业如神力科技、明天氢能、氢璞创能、江苏清能等也在致力于自主化国产电堆的研发，并取得了显著的进展。

图 1-47 新源动力燃料电池模块（HYMOD®-70）

表 1-15 新源动力燃料电池模块 HYMOD®-70 参数表

型　号	HYMOD® - 70
性能参数	
额定功率	70 kW
额定电流	275 A
峰值功率	85 kW
峰值电流	365 A
电压范围	230 ~ 370 V DC
工作介质	
氢气	高纯氢 符合 GB/T 3634.2—2011
氧化剂	空气
冷却剂	商用冷却剂
工作条件	
氢气入口压力	30 ~ 170 kPa
空气入口压力	10 ~ 150 kPa
空气入口湿度	无增湿
冷却剂入口压力	≤60 kPa
冷却剂入口温度	-30 ℃ ~ 70 ℃
运行环境温度	-30 ℃ ~ 45 ℃
运行环境湿度	5% ~ 95% RH
储存环境温度	-40 ~ 60 ℃
其他参数	
尺寸	739 mm × 520 mm × 175 mm
防护等级	IP67
抗振性能	SAE J2380
通讯接口	CAN 2.0B

4. 燃料电池系统

基于国产电堆的燃料电池系统逐渐成熟，亿华通、明天氢能、大连擎研、上汽捷氢等公司纷纷推出了采用国产电堆集成的系统，从性能等方面展示了国产电堆系统的一定竞争力。亿华通基于十多年的技术研发和车辆示范运行经验，自主研发的国产氢燃料电池发动机 YHTG60（如图 1-48 所示），采用自主国产研发电堆，额定功率达到 63 kW（见表 1-16），并实现高度集成化、模块化，节省空间、便于维护，降低维护成本；此外，还采用了远程智能监控和诊断技术，发动机运行状态实时监控、数据实时智能诊断。

图 1-48 亿华通燃料电池系统（YHTG60）

表 1-16　亿华通燃料电池系统(YHTG60)参数表

尺寸	1270 mm×750 mm×665 mm
质量	248 kg
额定功率	63 kW
系统效率	55%
工作环境温度	−30 ℃ ~60 ℃
储存温度	−40 ℃

5. 未来发展建议

燃料电池已经到了产业化推进阶段,要注重新技术、新工艺的开发,对形成的新产品要尽快实际验证,如国产材料与部件,要装车运行。从提高性能与降低成本角度考虑,要继续提高燃料电池比功率,日本已经提出明确发展路线图,预计到 2030 年,燃料电池堆比功率 2025 年可以达到 5 kW/L,2030 年达到 6 kW/L。通过采用高活性催化剂、薄增强复合膜、导电耐腐蚀双极板等创新性材料角度实现燃料电池堆高比功率性能外,电堆结构优化也同步考虑,如通过 3D 流场可以改善大电流的传质极化,优化组装过程可以有效降低欧姆极化,提高电堆的一致性有利于保证电堆高功率输出,这些措施都可以促进燃料电池堆性能的提高,有利于燃料电池堆比功率的提升。

在耐久性方面,要建立车载水状态阻抗测试装置,要注意有利于耐久性的控制策略的实施,要发展适用于冷冻液冷却的电堆结构,提高低温适用性,通过氢气循环等手段,发展无增湿的简化燃料电池系统。

此外,建议建立第三方的燃料电池关键材料、部件、系统等的检测机构,并健全测试标准,对各开发商报道的数据进行检测核实,指出存在的问题,切实可行地推进技术进步。

总之,在燃料电池车发展投资高潮到来之际,我们建议大家要保持清醒的头脑,避免盲目投资、炒作投资、低水平重复投资,要关注燃料电池全产业链建设,特别要关注上游关键材料的批量生产线,掌控核心技术,使燃料电池产业健康、可持续发展。

二十一、车用固态锂电池

Chapter 21　Solid-state Lithium Batteries for Automobiles

(中国科学院物理研究所　李　泓;　北京卫蓝新能源科技有限公司　向　晋)

电池作为一种实现化学能与电能互相转化的装置,在国民经济和国防工业中的地位十分重要。近些年来随着互联网技术和电子信息技术的高速发展,以及电子仪器设备的智能化和小型化,移动电源市场需求激增。此外,全球范围内各国纷纷制定全面禁售燃油车的时间表,汽车电动化已成为不可逆转的趋势,动力电池的市场规模将超万亿。固态锂电池以固体电解质替代了传统锂离子电池的电解液,一方面可以提高安全性与能量密度等综合性能,另一方面还使得新型高容量/高电压正极材料和金属锂负极材料的应用成为可能,因此被视为下一代电池技术。

1. 2018 年车用固态电池产业的总体情况

2018 年,全球车用固态锂电池开发热度不减,消息不断。6 月,日本经济产业省与日本新能源产业技术综合开发机构(NEDO)宣布启动新一代高效电池"全固态电池"核心技术的开发,该项目囊括了包括丰田、本田、日产和松下等在内的 23 家汽车、电池和材料企业,以及京都大学、日本理化学研究所等 15 家学术机构,计划到 2022 年全面掌握全固态电池相关技术。7 月,现代汽车宣布投资全固态电池制造商 Ionic Materials 公司,并希望通过该项投资促进其电池技术的发展,提升其电动汽车的性能。9 月,丰田披露了其全固态电池的框架,并计划 2025 年起实现商业化。此外,丰田与松下将于 2020 年联合设立生产车用电池的新公司,通过联合开发来降低研发费用、降低风险,进一步推动新一代电池研发。同月,Quantum Scape 得到德国大众公司投资的 1 亿美元用于合作开发固态电池,计划 2025 年量产。10 月,菲斯克公司宣称其新款固态锂电池充电仅需 9 min,并将实现量产。11 月,三星 SDI、LG 化学和 SK 创新同意联手开发核心电池技术,此外,3 家公司将成立一个规模 1 000 亿韩元(约合 9 000 万美元)的基金,它们将共同投资于研发项目,来打造下一代电池产业生态系统,其中就包含了固态电池技术。总体来看,全球各大车企和电池企业对固态电池开发投入呈现不断加码的态势,行业的普遍预期都是在 2025 年前后实现固态锂电池的装车应用。

2. 2018 年车用固态电池技术发展情况

(1)2018 年车用固态电池技术发展特点

固态锂电池的技术路线依据固态电解质的类型分有(有机)聚合物电解质、(无机)氧化物电解质、(无机)硫化物电解质和复合电解质体系。依据电池有无液态电解质又分为全固态电池和混合固液电池体系。2018 年,硫化物电解质、氧化物电解质及复合电解质体系仍是研究的主流方向,而聚合物电解质体系呈现热度减退的趋势,同时混合固液电池技术逐渐升温。以丰田和三星为代表的日韩企业将硫化物电解质体系作为主要研究方向,主要成果集中于新型固态电解质、电极与电解质界面问题的解决方案,而氧化物固态电解质则是寻求与聚合物电解质进行复合,来解决不易加工和固固界面问题,代表型的企业有卫蓝新能源、台湾辉能和清陶新能源等。基于该思路,2018 年卫蓝新能源开发出了 Ah 级 300 Wh/kg 的全固态锂电池,实现了室温正常充放电和较长的循环寿命。2018 年 3 月,博世宣布决定不再自行生产电池,并出售其固态电池子公司 Seeo,PEO 聚合物电解质是 Seeo 公司的核心技术,但该体系存在能量密度低和只能高温工作的缺点,这也被外界认为是 PEO 聚合物电解质体系降温的信号。混合固液电解质体系因为较高的离子导电率和较好的安全性,也能较好的解决固固界面问题,因而逐渐受到了很多企业的青昧。美国企业就采用了先混合固态电池，后全固态电池的发展路线，例如Solid Energy推出的采用混合固液电解质路线开发的Hermes™电池，主要用于航空航天领域，容量为3 Ah，质量和体积能量密度分别达到450 Wh/kg和1 200Wh/L，其面向电动汽车领域的Apollo™电池预计将于2020年推出。

(2)2018年车用固态电池实现的主要技术突破点

2018年固态电池的研究重点聚焦在循环寿命及充放电倍率性能的提升，其本质是通过新型复合电解质、新材料和新结构开发等技术突破解决固界面的阻抗及稳定性问题。例如，2018年4月，美国得克萨斯大学奥斯汀分校John B. Goodenough团队通过采用两种电解质串联的结构，制备出了循环寿命高达2.3万次的固态电池[1]，同时该团队还通过石榴石与碳在700 ℃下的简单还原反应，消除了石榴石结构固态电解质$Li_7La_3Zr_2O_{12}$表面的Li_2CO_3杂相，显著降低了石榴石结构电解质的界面阻抗，同时显著减少了固态电解质晶界处Li-Al-O玻璃相的数量，从而降低了电解质内的晶界电阻，提升了库伦效率和循环稳定性[2]。同月，中国的研究团队与美国德州大学奥斯汀分校的John. B. Goodenough教授合作研发，利用PEO(聚氧乙烯)/石榴石通过无溶剂热压法制备了两种具有较高电导率、较强柔韧性、高放电容量和优异循环性能的复合固体电解质[3]。7月，日本东京工业大学Taro Hitosugi团队开发出利用$Li(Ni_{0.5}Mn_{1.5})O_4$(LNMO)作为电极材料的全固态电池，电化学阻抗谱表征该电池的界面的电阻为7.6 Ω/cm^2，为实现全固态电池的超高速充放电带来了希望[4]。10月，哈佛大学李鑫教授课题组通过调控硫化物固态电解质的制备条件，得到了具有核壳结构的LSPS晶体，该结构可使Li-Si-PS硫化物电解质的稳定窗口进一步扩宽，将其应用于全固态锂电池上，实现了室温下的高容量及稳定循环特性[5]。12月，美国橡树岭国家实验室报道其研究人员通过对锂离子电池内部工作原理的研究，开发了一种高灵敏度的技术来表征和测量电解质和电极界面，这项研究有助于理解决定固态电解质膜的(SEI)组成和稳定性的基本因素，从而指导研究人员进一步的改进电解质，为高性能高稳定性固态电池的研究提供帮助[6]。

(3)亟须解决的技术难点及解决方案

硫化物和氧化物固态电解质的优点是有些材料体相离子电导率高，能够耐受高电压，电化学、化学、热稳定性好，抑制锂枝晶方面有较好效果。从组装器件考虑，一般无机固体电解质需要加工成薄膜或者薄片。除了LiPON等少数几种固体电解质，大多数材料难以制备成薄膜。陶瓷薄膜和薄片的缺点是韧性差，容易在加工、组装、运行过程中出现裂纹。无论是薄膜还是陶瓷片，与正极、负极的物理接触相对于液体较差。为了增大接触面积，需要在正极内部复合大量的固体电解质。在充放电过程中由于正负极材料的体积形变，物理接触会进一步恶化。另外，接触面积小导致单位几何面积的界面电阻较大。界面电阻还与空间电荷层效应导致的电阻提高有关，这一点在硫化物与氧化物电解质复合时较为突出。为了降低界面电阻，除了需要在正极侧引入足够体积分数的固体电解质以修饰正极表面，有时还需在电芯两侧加压，这导致电芯质量和体积能量密度较低、电芯加工时带来了较大的难度，一致性较难保证。相对于氧化物，日韩研发团队聚焦开发的硫化物由于相对较软，更容易加工，通过热压法可以制备全固态锂电池，但是硫化物电解质存在空气敏感，容易氧化，遇水容易产生硫化氢等有害气体。通过在硫化物中复合氧化物或掺杂，这一问题可以改善，但最终能否满足应用对安全性、环境友好特性的要求还需要实验验证。采用无机陶瓷固体电解质的全固态大容量电池的质量和体积能量密度还显著低于现有液态锂离子电池。总体来说，基于氧化物电解质、硫化物电解质或聚合物电解质来开发全固态电池都各有所长，又各有所短，很难做到一种类型材料解决所有问题，固复合电解质体系能够兼顾各个体系的优势，有效规避各自的缺点，被认为是未来开发兼顾力学特性、离子电导率、宽电化学窗口和高稳定性固态电解质体系的解决方案之一。此外，为了解决全固态电池循环过程中的固接触问题，原子级复合技术也是可能的解决方案，例如低温界面闪烧技术、化学原位生长技术和电化学原位生长技术等。

(4)2018年国内外技术差异

国外全固态电池技术起步较早，特别是日本在全球全固态电池产业中开发中布局最早，积累最多，处于绝对领先的地位。此外，日韩等国的技术路线相对明确，以硫化物固态电解质体系为主流，并且采用强强联合的研发合作模式。以丰田为龙头的38家研究所和企业所组成的研发团队实力强劲，而韩国三大电池生产商三星SDI、LG化学、SK创新也选择抱团取暖，联合开发。与国外相比，我国全固态电池发展起步较晚，处于难点突破和技术攻关阶段，同时研究力量相对分散，技术路线也呈现多样化。不过，2018年国内在复合电解质材料开发及性能优化方面取得了较为显著的成就，固态电池的研发也受到了国家的重点支持。中科院宁波材料技术与工程研究所牵头承担的纳米先导专项“全固态电池”课题于2018年年底通过验收，课题团队开发了一系列高性能固态电解质材料、基于原位固态化的混合固液电解质电池以及全固态锂电池单体，为推动下一代动力电池技术奠定了基础。另外，由中科院上海硅酸盐研究所牵头承担的国家重点研发计划智能电网技术与装备重点专项“高安全性长寿命储能型固态电池的基础与应用研究”项目和由中科院青岛生物能源与过程研究所牵头承担的国家重点研发计划新能源汽车专项“高比能固态锂电池技术”项目分别立项，标志着中国固态电池的研发及产业化进入了快轨道。

3. 未来几年车用固态电池技术发展趋势

行业对固态电池商业化预期的时间表是在2025年，因此未来的4~5年内车用固态电池技术将迎来突破性进展和快速发展期，技术路线将日趋明朗。硫化物固态电解质体系和氧化物电解质体系有可能长期并存，谁能最终胜出还要看谁能先解决离子导电率、固固界面兼容性、电化学稳定性、成本和工艺等一系列难题，复合固态电解质体系很有希望成为最终的解决方案。在全固态电池技术成熟前，混合固液电池体系也有可能率先商业化，逐步替代传统的液态电池产品，在电动汽车中实现应用。

4. 未来市场需求分析预测

发展高能量密度动力电池体系是国际主流趋势，高能量密度是我国“十三五”规划动力电池的核心技术指标之一，这也是产业化的电动汽车续航里程仍未满足市场需求所推动的必然结果。国内外政府机构纷纷把2020年的电池能量密度目标提高到了300 Wh/kg，而在《中国制造2025》中2030年动力电池的能量密度目标定格在了500 Wh/kg。锂离子电池具有能量密度高、使用寿命长的特点，已成为动力电池市场的主要产品，但是锂离子电池在电动汽车等大型电池领域应用还存在一些问题急需解决，其中安全问题是关键。易挥发易燃易爆的有机电解液是引起锂离子电池安全问题的主要因素，近期电动汽车安全事故频发，2018年电动汽车起火事故就达40余起，并呈现高发趋势，这正是由所采用的液态电解质锂离子电池引起的，虽然发生事故的电池都已经由电池检测机构证明安全，仍引起了多起着火事故。因此，开发应用高能量密度和高安全的固态电池是车用动力电池的急迫需求，未来的市场空间巨大。

参考文献

[1] Braga M H, M Subramaniyam C, Murchison A J, et al. Nontraditional, safe, high voltage rechargeable cells of long cycle life[J]. Journal of the American Chemical Society, 2018, 140(20): 6343-6352.
[2] Li Y, Chen X, Dolocan A, et al. Garnet electrolyte with an ultralow interfacial resistance for Li-metal batteries[J]. Journal of the American Chemical Society, 2018, 140(20): 6448-6455.
[3] Chen L, Li Y, Li S P, et al. PEO/garnet composite electrolytes for solid-state lithium batteries: From "ceramic-in-polymer" to "polymer-in-ceramic"[J]. Nano Energy, 2018, 46: 176-184.
[4] Kawasoko H, Shiraki S, Suzuki T, et al. Extremely low resistance of Li3PO4 electrolyte/Li (Ni0.5Mn1.5)O4 electrode interfaces[J]. ACS applied materials & interfaces, 2018, 10(32): 27498-27502.
[5] Wu F, Fitzhugh W, Ye L, et al. Advanced sulfide solid electrolyte by core-shell structural design[J]. Nature communications, 2018, 9(1): 4037.
[6] Oak Ridge National Laboratory. Batteries-Solid-liquid interface. [2018-12-04]. https://www.ornl.gov/news/batteries-solid-liquid-interface-0.

二十二、车用超级电容器

Chapter 22 Vehicle Supercapacitor

（上海奥威科技开发有限公司 华 黎 安仲勋）

引 言

随着环境和能源问题的日益凸显，发展电动汽车、实现汽车能源动力系统的电气化，在国际上已经形成了共识。2018年7月的新闻发布会上，工信部表示将全面落实国务院印发的《打赢蓝天保卫战三年行动计划》，继续加大新能源汽车推广力度，争取2020年实现产销量达到200万辆左右的目标。

超级电容器具有高比功率、长循环寿命、充电时间短和使用温度范围宽等一系列优势，作为电动汽车的一种较理想的辅助或主动力源已得到了认可，并在新能源汽车领域得到了应用。超级电容器通过与锂离子电池或燃料电池的混合使用，既可满足电动汽车启动、加速和爬坡时的高功率要求，又可延长蓄电池循环使用寿命，实现了电动车动力电池系统性能的优化。在固定路线的短程公交领域，使用超级电容作为主动力源，利用车辆发车间歇时间进行快速充电，满足了电动公交行驶里程的能量需求，实现了全天候无间断运营，最大程度节约了运营成本。

1. 2018年车用超级电容器产业的总体情况

根据智研咨询对中国超级电容器行业的调研及预测，截止到2017年中国超级电容器市场规模已突破100亿元，2018年整体市场规模将达到120亿元。在车用超级电容器领域，国内企业的代表是上海奥威科技开发有限公司。上海奥威科技于2006年在上海率先推出了以超级电容器为主动力源的电动公交车；经过10多年的发展，产品由早期的无机镍炭混合型超级电容器发展到第二代高能量混合型超级电容器，单体能量密度从10 Wh/kg提高到90 Wh/kg，一次充电车辆有效驱动距离从3～5 km发展到超过了30 km。截至2018年上海奥威科技已在运行的超级电容城市电动公交车已超过300多辆，且在以色列、奥地利、白俄罗斯等欧美国家得到了广泛运营。国外车用超级电容器企业的代表是美国的Maxwell公司，其趁着中国新能源的推广东风和苏州金龙、郑州宇通等客车企业联合展开了混合动力客车的推广；截至2018年，搭载Maxwell超级电容器的混合动力客车累计已超过1万辆。

随着新能源汽车的热度越来越高，超级电容器从早期的客车领域应用为主逐步过渡到乘用车领域；乘用车制造商对超级电容器也投入了更多的关注。2018年1月，世界顶级跑车制造商兰博基尼宣称，将和麻省理工共同开发使用超级电容提供动力的超级跑车。2018年6月，美国超级电容制造商Maxwell宣布与浙江吉利控股建立技术合作关系，将Maxwell最先进的超级电容器和功率转换电子器件整合到吉利全球汽车产品线中，助力吉利汽车电气化战略。而在2018年底，则传来了美国汽车制造商Tesla收购超级电容器制造商Maxwell的消息。

领先的汽车制造商和国际超级电容器企业之间的技术合作，起到了带头示范效应，推动了国内超级电容器企业由客车领域向市场更广阔的乘用车领域迈进。2018年，上海奥威科技、浙江中车新能源、无锡烯晶碳能等企业纷纷开始和乘用车企业展开技术合作，预计2～3年内国内乘用车领域将迎来超级电容器的广泛应用。

2. 2018年车用超级电容器技术发展情况

（1）2018年车用超级电容器技术发展特点

2018年车用超级电容器的技术发展，主要是两个方向：应用于混合动力领域的更高功率密度和应用于汽车主动力源的更高能量密度。

对于混合动力领域，双电层电容器凭借突出的功率特性已在国外乘用车 stop-star 装置中得到了小范围的应用。作为能量回收和起停应用的超级电容器，具有 -40 ℃ ~65 ℃的宽温度工作范围，能够满足汽车对零部件高可靠性的要求。但相对于乘用车有限的空间来说，汽车制造商更希望超级电容器能够布置在发动机所在的前舱中；这就要求超级电容器进一步提高其工作温度至 85 ℃以满足车载要求。提高超级电容器的上限工作温度和产品耐久性，是 2018 年超级电容器技术发展的主要特点。而对于宽工作温度范围的锂离子电容器来说，尽管已经实现 85 ℃的工作温度和产品耐久性，但价格仍高居不下，大大限制了其在车用领域的推广。降低锂离子电容器的生产成本以满足市场要求，仍然是锂离子电容器技术发展的主要方向。

对于用作主动力源的能量混合型超级电容器，在保持长寿命安全性的前提下、追求更高能量密度和更长的车辆续航里程仍然是技术发展的主要方向。上海奥威科技的能量混合型超级电容器技术，已经经历了几代技术产品发展，能量密度从早期的不到 10 Wh/kg 提高到最新的 90 Wh/kg，车辆续航里程从早期的 3 ~5 km 提高到 30 ~40 km，能量密度和续航里程都提高到原有的接近 10 倍；产品覆盖了 6 ~8 m、10 ~12 m 和 18 m 等主流的城市公交领域。随着车辆电子设备和续航里程更多能量的需求，追求更高能量密度的能量混合型超级电容器产品仍然是必须的。

(2)2018 年车用超级电容器实现的主要技术突破点

2018 年上海奥威科技开发有限公司在上海市科委的项目支持下，在已有产品研发的技术基础上，通过对能量混合型超级电容器反应机理的深入研究，选择和开发高容量大比表面积的碳材料、调整优化工艺技术、开发新型电解液和无孔集流体负极预掺杂等技术进行攻关，成功突破了传统超级电容器能量密度的限制，将能量混合型超级电容器的能量密度一举提高到 90 Wh/kg，同时产品仍保持了良好的功率特性和长寿命高安全特点。在此基础上，奥威科技的车用超级电容器产品跟随国家“一带一路”倡议，成功的落地到白俄罗斯明斯克中白工业园，为白俄罗斯和广大苏联地区的电动公交化发展提供了高性能的车用超级电容器动力源。

清华大学骞伟中教授和南通中天科技进行了超级电容器项目联合攻关，成功开发出了基于石墨烯-离子液体-铝基泡沫集流体的高电压超级电容器技术，将传统双电层电容器的工作电压从 2.7 V 提高到 4 V，实现了双电层电容器电压的大步突破；开发了新型的泡沫铝集流体，突破了国外技术封锁，填补了国产高性能集流体的空白。

(3)亟须解决的技术难点及解决方案

对车用超级电容器来说，技术发展方向仍然是追求更高能量密度和功率密度、宽温度范围、低成本的产品。车用超级电容器产品，相对主流的车用锂电池来说，能量密度仍然远远不够且价格高昂。

提高超级电容器的能量密度，对双电层电容器来说，开发更高容量的活性炭材料、提高电解液的耐电压能力都有助于提高产品的能量密度。优化电极制造工艺和产品结构设计，有助于提升产品的功率密度；规模化、自动化生产则有助于价格的进一步降低。对能量型超级电容器来说，寻找更高比容量的材料及复配技术以及电极工艺的优化研究，有助于进一步提高能量型超级电容器的能量密度。低成本材料的开发和规模化自动化生产以降低生产制造成本，有望带来价格的进一步降低。成本的降低和车用超级电容器市场的推广是相辅相成的，二者互相促进。

(4)2018 年国内外技术差异

国内外车用超级电容器技术的发展，方向上各有侧重点。以美国 Maxwell 为代表的欧美超级电容器企业，更多的将超级电容器应用于混合动力和起停领域；产品以双电层电容器为主，技术上着力于提高车用超级电容器的功率密度和高可靠性。以日本 JM Encrgy 为代表的日系超级电容器企业，更多发展活性炭正极/锂电池负极体系的锂离子电容器，这种产品相对于双电层电容器有更高的工作电压和能量密度、工作温度等系列优点，但生产过程中的高制造成本不易解决，产品价格往往是双电层电容器的 2 ~3 倍；高价格极大限制了产品的应用推广。国内的车用超级电容器企业，技术发展则更多偏向于电池/电容的能量混合型超级电容器，结合锂离子电池和超级电容器的双重优点；兼顾高功率高能量密度的能量混合型超级电容器，更符合国内市场需求，在新能源汽车和轨道交通、特种车辆和舰艇船舶等领域中得到了广泛应用。

3. 未来几年车用超级电容器技术发展趋势

车用超级电容器的发展目标，是在保持长寿命高安全高可靠性的前提下，不断的追求更高能量密度更高功率密度的产品。基于这一目标，技术的发展趋势主要有以下几方面。

(1)高性能低成本的碳材料

碳材料是超级电容器最核心的关键原材料，无论是双电层电容器、锂离子电容器还是能量混合型超级电容器，更高容量、长寿命、低成本的活性炭材料都是必不可少的组成部分。常见活性炭材料原材料主要是两种：常规容量低成本的椰壳炭和高容量高成本的焦炭。开发出高容量低成本的活性炭材料，是超级电容器行业技术一直在追求的目标。

(2)先进的电极制造工艺

超级电容器最核心的技术就是电极制造工艺。高性能的电极制造工艺，能够带来产品性能的极大提升。2018 年美国 Tesla 汽车接洽收购超级电容器制造商 Maxwell，据说看中的就是其核心的干电极制造工艺。

(3)宽温度高电压的电解液技术

工作温度达到 85 ℃的超级电容器电解液，在车用领域有迫切的需求；提高超级电容器的耐电压能力，对提高产品的能量密度最为直接。小容量的超级电容器已经从传统的 2.7 V 工作电压提高到 3.0 V，但大容量的超级电容器 3.0 V 还存在不少的问题；开发高性能的电解液迫在眉睫。

(4)更优的电极复配技术和正负极配比优化

对锂离子电容器和能量混合型超级电容器来说，电极的复配和正负极配比优化，意味着能量密度的提升和长寿命的保证。研究电极复配技术和正负极配比优化，不断提高锂离子电容器和能量混合型超级电容器的能量密度，是车用超级电容器行业追求的目标。

4. 未来市场需求分析预测

随着国内新能源汽车的大力推广和普及，在领头企业的带动下，未来车用超级电容器的市场有望加速发展。根据统计，2012—2018 年，超级电容器行业的复合增长率为 35% 左右，市场规模从 2012 年的 16 亿元增长到 2018 年的 120 亿元；相信在未来五年内，随着车用市场的推动，车用超级电容器的复合增长率有望达到 50% 左右。

5. 其他方面

超级电容器从 1957 年 Becker 申请第一个专利开始，发展到今天已经有 60 年的历史；在 21 世纪随着电子行业和新能源的发展得到了高速推广。相信随着未来 5G 技术和物联网、装备制造、新能源汽车等领域的推动，超级电容器的市场会呈现急速的增长。对车用超级电容器企业来说，既是良好的发展机遇，也需要进一步加大研发力度生产出更符合新能源汽车需求的车用超级电容器，促进超级电容器行业的发展。

二十三、车用驱动电机及系统

Chapter 23 Vehicle Driving Motor and System

（上海电驱动股份有限公司 贡 俊）

1. 2018 年驱动电机及系统产业的总体情况

根据中国汽车工业协会的数据，2018 年我国新能源汽车产销量分别完成 127 万辆和 125.6 万辆，较 2017 年同期分别增长 59.9% 和 61.7%，连续多年保持高速增长。数据表明，汽车动力电动化已成为汽车行业必然趋势，新能源汽车市场形势仍将持续保持快速发展。

驱动电机是新能源汽车核心关键部件，在我国“三纵三横”的研发布局和多年国家科技项目的支持下，我国新能源汽车驱动电机系统技术和产业伴随国家新能源汽车同步快速发展。从多年来我国新能源汽车主要配套供应商分布看，我国自主驱动电机始终占据绝对份额，仅有极少数几个乘用车车型采用外资企业提供的驱动电机系统，我国已经形成了从驱动电机、电机控制器、变速器、电驱动总成、主要关键材料和关键器件的完整产业链，并全部实现了国产化。以中汽协 2018 年统计数据为例，我国自主配套驱动电机、电机控制器和电驱动总成的比例达到 95% 以上。从产业规模看，我国新能源汽车公告中驱动电机和电机控制器生产企业达到 200 余家，前 20 位生产企业的驱动电机和电机控制器产品占总量的比例达到 70% 以上；特别是在新能源公交客车、纯电动卡车和纯电动物流车应用领域，几乎全部由本土供应商配套。

2. 2018 年驱动电机及系统技术发展情况

（1）2018 年驱动电机及系统技术发展特点

①高速度、高密度、高效率、低噪音和低成本是新能源驱动电机的重点发展方向，扁导线绕组成为提升转矩和功率密度以及效率的主要手段，是面向 2020 年量产电机的工艺路线重点方向之一。近年来，我国驱动电机在功率密度、系统集成度、电机最高效率和转速、绕组制造工艺、冷却散热技术等方面持续进步，与国外先进水平并驾齐驱；我国驱动电机研究开始延伸至振动噪音和铁磁材料层面，进一步提升驱动电机的设计精度、工艺制造水平以及产品质量。

②在电机控制器本体技术方面，通过持续进行集成化设计与多种控制器的功能集成，我国电机控制器集成度和功率密度水平持续提升。在电机控制器产品方面，我国采用电力电子集成优化设计技术，将汽车级功率模块、超薄膜电容器与复合母排、高效散热器以及功率部件连接件的优化设计，进一步提升了电机控制器本体功率密度，从 8 kW/L 提升至 12～16 kW/L。IGBT 芯片双面焊接与模块双面冷却技术、电力电子集成技术是不断提升电机控制器集成度、功率密度和效率的主要技术发展方向。结合我国“十三五”科技部重点研发计划新能源汽车重大专项实施，上海电驱动、上海大郡、中车时代等推出了自主开发出了车用 IGBT 芯片、双面冷却 IGBT 模块封装和高功率密度电机控制器，我国高密度电机控制器技术水平迅速追赶国际先进水平。

③在电驱动总成方面，通过将驱动电机、电机控制器、减速器一体化集成，进一步提升了电驱动总成系统的集成度，成为纯电动乘用车动力总成技术方向之一。采用一体化电驱动总成可省去三相交流电缆和接插件，又大幅度提升系统可靠性；通过将驱动电机与减速器直接集成为通用模块化产品，一方面可以进一步降低总成体积和重量，另一方面通过集成化和精细化的匹配，提升电驱动总成的 NVH 水平。近年来，我国自主研制的应用于乘用车的电驱动一体化总成开发成功并应用于国内多个新能源乘用车进行试验验证，多个企业开发了电驱动总成产品。

（2）2018 年驱动电机及系统主要技术突破点

①在高密度驱动电机方面，我国主要电机研制企业如上海电驱动、精进电动、中车时代电动、苏州汇川、安徽巨一自动化、比亚迪、华域电动等等纷纷开发出功率密度达到 3.8～4.6 kW/kg 的样机和产品，最高转速达 13 000～16 000 r/min，并实现了电驱动一体化集成，电机冷却方式涵盖水冷和油冷多种类型，技术指标达到国际先进水平。华域汽车为上汽 EDU 二代电驱动总成和纯电动汽车平台配套驱动电机采用扁导线，同时与麦格纳成立合资公司为大众 MEB 平台配套扁导线感应电机；精进电动依托国家重点研发计划专项开发了高速乘用车扁导线电机样机；上海电驱动将扁导线技术应用于 48VBSG 电机总成，为上汽通用混合动力汽车配套。另外，精进电动还开发出转矩密度达到 20.3 Nm/kg 的商用车直驱电机，北京佩特来应用扁导线技术开发了 3 500 Nm 外转子直驱电机，天津松正、菲仕电机也报到开发出了商用车扁导线直驱电机，我国商用车电机技术水平总体达到国际先进水平。

②在高密度电机控制器方面，上海电驱动联合上海道之，采用芯片双面焊接工艺和电力电子功率组件的直焊互连工艺，研制出峰值功率 125 kW 高密度电机控制器，30 s 功率

密度达到17.5 kW/L,10 s 峰值功率密度达到23.1 kW/L;中车时代电气采用自主IGBT芯片、双面焊接与双面冷却技术、自主驱动芯片和电力电子集成封装技术,开发出600A/750V双面散热模块及组件产品,基于双核 MCU(微处理器)芯片开发出功率密度达到20 kW/L以上的电机控制器;上海大郡联合上海道之采用双面焊接模块与双面水冷结构,通过功率组件的模块化组合,开发出输入功率达到260 kW,电机控制器功率密度达到23.5 kW/L,双电机控制器与国外同类双控制器产品相比较,功率密度指标相当。

③在电驱动总成方面,上海电驱动、精进电动、中车时代、汇川技术、上海大郡、巨一自动化、深圳比亚迪等均开发了集成电机、控制器和减速器的一体化总成,总成峰值功率95～150 kW,总成输出转矩3 200～3 900 Nm,总成输出转速1 200～1 500 r/min。我国重庆青山、株洲欧格瑞、上海汽车变速器等已开发出了最高转速12 000 r/min的高速减速器。其中,上汽变速器开发了最高转速达到16 000 r/min高速减速器,我国高速减速器(大于12 000 r/min)技术和产品正在快速追赶国外先进水平。

④在轮毂电机自主开发方面,中国汽车工程研究院与上海电驱动合作,联合开发电动轮总成样机,采用拼块式定子铁心、超短端部绕线和双面水冷结构技术,转矩密度达到20.6 Nm/kg,功率密度达到2.1 kW/kg,相同功率和转矩指标的电机重量和尺寸均减轻30%以上。在商用车电动轮领域,深圳比亚迪、宇通客车、安凯客车先后研发并产业化轮边和轮毂电机驱动的新能源客车,在新能源客车应用方面取得了良好的效果。同时,我国在轮毂电机和电动轮方面的产业并购加快,浙江亚太机电、浙江万安科技、湖北泰特机电等多家企业与国外厂商通过合资,快速推动分布式驱动产业发展。

⑤在驱动电机系统产业链方面,我国电驱动系统产业联盟持续发展,联盟产品涵盖了硅钢、磁钢、绝缘材料、高速轴承、IGBT器件、碳化硅器件、膜电容器、传感器、集成芯片等关键上游材料和器件,联盟在高密度电机控制器、全碳化硅电机控制器、高密度驱动电机、电驱动总成等方面取得进展,在核心零部件方面推动研发与验证,有望进一步提升我国零部件自主竞争力。

3. 我国驱动电机系统技术差距及技术发展趋势

从国内外新能源汽车驱动电机系统技术发展趋势看,朝着集成一体化、永磁高效化、数字智能化方向发展,并根据驱动电机和电机控制器本体技术方向,分解为不同技术发展领域。

(1)在驱动电机方面,以不断提高材料利用率、不断提升电机与整车工况效率匹配,以及提升电机品质和降低成本为主要技术发展方向。驱动电机在功率密度、转速、效率等关键技术指标与国外相当,在扁导线制造工艺方面有一定积累;同时加大低重稀土永磁材料、耐电晕耐高温绝缘材料、高强度高热导耐高温绝缘材料及骨架、直接油冷电机材料的兼容性、高导磁低损耗材料替代应用问题的研究。

(2)在电机控制器方面,技术发展方向是更高功率密度和更高效率,双面焊接与单面/双面冷却是电机控制器主流封装工艺技术;我国如嘉兴斯达(上海道之)、中车时代电动、深圳比亚迪等在IGBT功率模块封装、控制器系统级工程化集成能力提升很快,部分自主IGBT模块已经实现量产。电力电子晶圆和芯片、相关集成电路(IC)等方面材料、技术和工艺、产品有待加强,在国产IGBT晶圆应用方面我国正在加速推进。

(3)电驱动一体化总成是乘用车领域一个明确的产品发展方向,起步与国外基本同步,我国有多个企业推出了电驱动总成产品,上海汽车变速器研发了16 000 r/min高速减速器样机,我国需要加快自主高速减速器及其轴承、齿轮等配套关键零部件开发,并强化电机和减速器的深度集成。新能源乘用车电力电子总成以DCDC变换器、AC/DC车载充电机以及高压配电单元(PDU)的集成化为另一个总成方向。

(4)轮毂电动轮依然是新能源汽车行业发展的热点之一,轮毂电机发展需要从电动轮总成角度进行集成开发。轮毂电机集成、安全与控制问题仍是瓶颈技术,轮毂电机作为一个技术方向需持续关注和增加研究投入。轮毂电机在商用车(公交客车)和特种车辆(低速多轮驱动电动车辆)应用已经开始起步,但轮毂电机在高速乘用车的工程化及批量应用仍需要较长时间。

二十四、车用电机测试

Chapter 24 Vehicle Motor Testing

(北京理工大学 宋 强)

1. 2018年车用电机测试技术发展总体情况

2018年,在车用电机测试领域,第一,电力测功机的最高工作转速向着高速化方向发展,超过20 000 r/min的高速电力测功机受到重视;第二,面向车用驱动电机系统生产的自动下线性能检测和质量控制设备受到重视,成了车用电机生产企业缩短产品终端检测时间、提高生产效率,降低检测成本、提高产品质量的重要保证;第三,电机系统可靠性国家标准进入修订阶段,可靠性和故障诊断技术在测试台架和车载检测方面进行了应用研究,NVH特性测试、电磁兼容特性测试仍旧是行业关注的重点;第四,寻求为电机控制器单独制定相关技术条件和试验方法标准,引导更多企业进入车用驱动电机控制行业;第五,电机测试技术的网络化管理和云端平台仍旧是建设现代化检测平台的方向之一,台架系统通信网络化、控制数字化、测试自动化是趋势,大数据分析、数据挖掘成为分析的重要手段;第六,随着碳化硅技术在电机控制器中的应用,高效高频复杂谐波条件下车用驱动电机系统测试精度的提高成了研究重点;第七,基于电机控制器硬件在环的功率级电机模拟器逐步成熟，并在行业获得应用。

2. 2018 年技术发展特点

（1）2018 年国内车用电机测试技术总体进展及特点

2018 年，电力测功机仍是车用驱动电机系统性能测试的主流负载设备，在科研机构和整车及零部件企业的研发生产中获得广泛应用。在技术实施过程中，采用电机对拖形式的电机性能检测方式应用规模较大，可以有效降低试验成本，越来越多的企业购置了采用专用软硬件结构的电力测功机，提高了试验精度。国产的专用电力测功机凭借较低的价格和良好的服务在应用市场中占有一席之地，但是在试验台架的协同控制、动态响应能力、软件性能和试验管理方面还存在诸多不足；与此同时，来自国外的专业化测功设备占领了国内的高端市场，在试验检测过程的可靠性、检测精度和硬件在环试验方面具有突出优势。

以电力测功机作为负载主体形成了电机测试台架的自动化控制和检测网络，将测功设备、电池模拟设备、传感器、检测分析设备、硬件在环设备、被测电机等形成一个自动化网络化的试验平台，利用软件设计和系统控制方法，提高了试验检测的自动化程度和试验数据的分析能力。随着驱动电机向高速化和小型化发展，对更高工作转速的电力测功机需求增强，15 000 r/min 的最高工作转速已经开始不能满足研发需要，超过 20 000 r/min 的高速电力测功机受到重视，但是受到控制技术和测功电机生产水平的限制，国内测功机生产厂家所能提供的较为成熟的大功率测功产品基本在 10 000 r/min 之内，还没有形成对未来市场需求的技术支撑。另外，碳化硅高压高频高温控制技术的应用，以及“电机系统＋减/变速器＋差速器”集成结构、电驱动桥、轮毂/轮边驱动方式和 48 V 电驱动系统的商业化应用为测试设备的制造和测试方法的更新提出了新的需求。

车用驱动电机产业化规模的扩大需要高效快速的自动化检测设备，一方面，在电机下线检测过程中需要快速的连接和夹紧装置以增强安装的快速性和可靠性，国内电机企业进行了大量的夹具研制和开发工作，提高了安装效率；另一方面，在下线检测的快速性和自动化方面，国内企业的研究还非常不足，检测过程自动化水平不够，人工工作量较大，电机下线检测时间偏长，制约了电机高效产业化生产，提高了生产成本，自动化和快速化的高效检测设备成了车用电机生产企业缩短电机下线终端检测时间、提高生产效率，降低检测成本、提高产品质量的重要保证。国内能够提供较高自动化程度的电机下线测功机的供应商非常少，技术成熟度不够，国内车用电机生产企业开始从国外引进了部分相关设备以满足大规模产业化生产的需求。

两项国家标准《GB/T 18488.1—2015 电动汽车用驱动电机系统　第 1 部分　技术条件》和《GB/T 18488.2—2015 电动汽车用驱动电机系统　第 2 部分　试验方法》继续用于产品的试验和公告管理，新的国家标准《GB/T 36282—2018 电动汽车用驱动电机系统电磁兼容要求和试验方法》也已经公布，为电磁兼容测试提供了试验和评价方法。电机系统可靠性国家标准进入修订阶段，整车和电机企业及科研机构进行了相关试验和技术讨论工作。车用 IGBT 等关键零部件的标准受到重视。车用电机控制器技术标准和试验方法被行业所关注，寻求为电机控制器单独制定相关标准，将为电机控制器技术指标的完善奠定基础，有利于摆脱了现阶段车用电机和电机控制器只有一体化系统试验方法的制约，并引导更多的企业进入车用驱动电机控制行业，促进控制器水平的提高，为整车企业提供更多的控制器类型和厂家的选择。

车用电机系统的快速可靠性检测和故障诊断技术获得重视，常规的基于大样本数据分析的可靠性试验体系和评价方法还没有建立，影响了车用电机系统性价比的提高。基于异类传感器信息融合的可靠性和故障诊断技术在测试台架和车载检测方面进行了研究，有助于产品的可靠性分析和寿命预测，并为大批量生产的质量保证提供技术支持。随着产业化技术发展，车用电机系统的耐久性、电磁兼容性、NVH 特性仍旧是测试和研究的热点，影响了电机零部件产业化水平和性价比的提高。

2018 年，除了原有的单个台架测试系统的网络化通信技术、数字化控制技术和自动化测量技术需求之外，对多个测试平台的网络化管理技术和云端技术也是平台建设的新需求，从试验调度、试验安排，到试验数据的分析和数据挖掘等，都实施分级网络化管理，更加注重试验数据的分析和挖掘以促进电机产品性能和可靠性的提高，更加注重云端平台的数据传输和管理，更好地服务于科研开发和生产制造。

面向驱动电机和控制器的硬件在环技术和设备越来越成为电机测试台架的标准配置。电机测试台架的整车传动结构及负载的建模和实时模拟技术为新型电机和控制技术的开发奠定了技术基础，也促进了整车动力传动系统的开发，有利于整车动力性、经济性、舒适性的前期性能测试和验证，节省了开发成本，缩短了开发时间。面向电机控制策略及软件开发的信号级硬件在环仿真系统在控制策略开发和测试中获得广泛应用，面向电机控制器的功率级硬件在环仿真技术开始受到重视，面向电机控制器硬件在环的功率级电机模拟器逐步成熟，国内外企业已经推出相关产品，并在行业中获得应用。

（2）2018 年国内车用电机测试技术实现的主要技术突破点

电机测试系统的数字化控制和网络化集成逐渐普及，在增强单个测功台架自动化水平的同时，多个测试台架的协同管理成了电机测试技术的新需求，依据客户需求进行定制化设计和开发，实现电机测试环境的集成化、网络化管理，实现多个测试平台的协同调度，实现电机测试过程中云端平台的建设和应用，实现电机试验数据的大数据分析和电机系统的性能和功能的技术挖掘，为电机测试技术的发展和测试设备功能的充分发挥提供了新的技术手段。

国产的大功率电池模拟器开始推向市场，具有了与国外产品相当的静态性能和动态性能，在电机测试台架中的配置越来越普遍，性价比更高。电机模拟技术也获得青睐，国际上推出了几种电机模拟器产品，并开始进入中国市场，国内的供应商也适时推出了大功率电机模拟设备，提供了电气接口和机械接口，具备性能分析功能和故障注入功能，为电机控制器开发提供了硬件在环技术模拟试验平台。硬件在环技术可以结合车辆动力传动系统建模和车用电机建模，并实现功率级实时仿真功能。

面向车用电机驱动系统产业化生产的产品下线性能和故障自动化检测设备应用增多,具备了电机的快速夹装和工作区域的自动化检测功能,结合传感技术,为电机产品的下线提供了高效快速的自动化检测,缩短了电机下线终端检测时间,提高了生产效率,降低了检测成本,确保了产品质量。

2018 年公布了针对车用电机系统的电磁兼容国家标准,也在车用 IGBT、DC/DC 等关键零部件模块的性能要求和试验方法方面进行了广泛的讨论,同时完成了电机控制器技术条件和试验方法相关标准建立的可行性及必要性分析,为引导车用电机系统及其关键零部件的研发、生产和试验提供了技术支撑。

(3)亟须解决的技术难点及解决方案

亟需攻克车用电机系统检测过程中的若干关键技术问题,并促进先进检测技术提高和产业化应用。

首先,需要提高电机系统检测过程中的高精度和高效性。充分利用自动化技术、计算机技术、控制技术等,增强测试装置的高速数据采集和分析能力,减少自动化试验过程中的人为调整和干涉,在机电协同方面增强电机性能检测和标定的效率。提高大功率电力测功机的最高工作转速至 20 000 r/min,适应车用电机系统高速化和小型化的发展趋势,并为碳化硅技术在车用电机控制中的应用提供试验平台。在检测过程中,基于异类传感器的信息融合和数据分析,采用电机故障诊断技术,实现对所生产电机性能的评价和故障电机系统的快速筛选。

其次,加强电池模拟器、电机模拟器等关键试验设备的软硬件开发,提高产品可靠性,并与车用电机系统的测试台架实现无缝结合。一方面要开发高精度的车辆传动系统模型库及人—车—路模型库,为基于电驱动系统的硬件在环试验提供模型基础;另一方面要研究测试台架与被试电机系统在试验检测过程中的耦合关系,实现机电动力学和运动学的准确模拟,提高测试准确性。

加强车用电机系统可靠性、电磁兼容性、振动噪声等和产业化及产品质量密切相关的试验方法研究,结合车辆的工作环境和负荷需求,考虑试验成本,加强试验方法对产业化的影响分析,合理设计试验条件,避免过强度考核和欠强度考核,为提高车用电机产品的性价比奠定基础。

加强电机系统关键零部件的试验测试技术研究,包括电机控制器、高速轴承、高耐压绝缘材料、SiC MOSFET 模块、高效低噪声硅钢材料等,结合车载工况,研究技术条件,提出试验方法,开发专用试验测试设备,这将为高性能车用电机系统的发展提供开发、测试和验证平台。

3. 2018 年典型类别电机的测试情况介绍

2018 年,车用驱动电机系统性能检测认证机构、高等院校、研究院所、整车企业和车用电机制造企业对车用电机系统进行试验验证和技术对标工作,《GB/T 18488.1—2015 电动汽车用驱动电机系统　第 1 部分:技术条件》和《GB/T 18488.2—2015 电动汽车用驱动电机系统　第 2 部分:试验方法》两项国家标准在电动汽车产品认证公告体系中使用,《GB/T 36282—2018 电动汽车用驱动电机系统电磁兼容要求和试验方法》公布并实施,整车和电机企业对此标准进行了重点关注,并进行了相关的技术测试和性能分析。由于测试内容范围的扩大和测试严酷程度的提升,测试成本和测试时间增加,但是也增强了对电机系统的可靠性和安全性的保障,测试结果暴露了国内现阶段车用电机系统存在的技术短板,有利于进一步的技术改进。

"车用电机系统 + 减/变速器 + 差速器"集成结构、电驱动桥、轮毂/轮边驱动方式和 48V 电驱动系统的测试方法在 2018 年获得重点关注,但是国内现有的测试体系还不能充分满足以上新产品性能测试及产业化发展的需求,还没有形成完善的测试方法,现阶段主要是根据现有的标准体系进行适当修改以满足试验测试的需要,或者基于厂家的设计参数或者整车单位的技术需求进行特殊的试验设计,试验测试方法不具有普遍性,专用的试验设备开发欠缺,测试结果的全面性和可行度不足,这就为新型测试设备的开发制造和测试方法的更新提出了更高的要求。同时,现有的测试设备和测试方法还无法满足高压高频高温碳化硅控制下的车用电机系统高精度测试需求,新的测试方法以至于测试设备还有待于进一步研究。

4. 未来几年车用电机测试技术的发展趋势

在未来几年,基于高性能交流电力测功机系统的电机测试平台的数字化控制、自动化测试和网络化集成将更加普遍,利用互联网技术的测试台架也将出现,互联网技术、自动测试技术和数据挖掘技术相结合,将推动测试设备对电机功能的深度开发和充分利用;计算机仿真软件、试验台架和被试电机相结合的程度越来越大,分别依托于电机测试台架、电机控制策略开发和电机控制器的硬件在环仿真和试验测试技术将更为成熟,并成为技术发展的主要方向之一。由于碳化硅新技术在电力电子行业的应用和普及,适用于高温高频高效控制条件下的电机及控制器的高精度测试技术将获得发展。

二十五、新能源汽车电子

Chapter 25　New Energy Vehicle Electronics

(同济大学　魏学哲)

【摘要】汽车电子技术是决定汽车功能和性能的关键技术,汽车电子控制技术和汽车电子信息技术的不断拓展使得汽车更加节能、安全、舒适、可靠,随着电动化和智能化的发展,汽车电子技术的发展出现了新的功能和新的需求,以电力电子技术和信息技术为代表的新型汽车电子技术开始在汽车上大规模应用,由此支撑汽车向低碳环保、安全智能的新型移动出行交通工具转型,汽车电子技术面临新的问题和挑战,同时汽车电子技术将更加开放包容,该领域将出现更加广阔的发展空间。

【关键词】汽车；汽车电子；电动化；智能化

1. 引　言

自20世纪70年代以来，汽车开始了电子化过程，汽车电子化被认为是汽车技术发展进程中的一次革命，汽车电子化的程度被看作衡量现代汽车水平的重要标志，是用来开发新车型、改进汽车性能最重要的技术措施，电子技术的应用几乎已经深入到汽车所有的系统[1]。毫无疑问，增加汽车电子设备的数量、促进汽车电子化是夺取未来汽车市场的最重要的技术手段之一。

回顾历史，在汽车电子技术形成独具特色的知识体系之前，经历了以下3个重要的阶段。

(1)电子—机械替代(20世纪50年代至60年代末)：由分立元件组成的单一电子零部件被应用到汽车上，用来改善某些机械部件的性能或直接取代传统的机械部分，比较典型的应用有晶体管点火装置、晶体管电压调节器等，这一阶段电子技术在汽车上的成功开启了电子技术与汽车产业融合的大门，也在一定程度上提升了汽车使用性能。

(2)独立模块电子控制(20世纪70年代初至80年代中期)：这一阶段为了解决汽车的安全、燃油经济性和污染等问题，出现了以微型计算机和集成电路为基础的专用独立汽车电子系统，例如，电子控制汽油喷射系统、制动防抱死(ABS)系统等。这些独立系统解决了机械结构无法应对的复杂控制问题，有效提高了车辆的可靠性、节能性和环保性。

(3)分布式电子控制(20世纪80年代中期至90年代中期)：随着大规模集成电路技术的发展、计算控制技术的突破、通信技术的发展，使得汽车电子技术可完成多种功能的综合系统成为这一阶段汽车电子产品的典型代表，例如集发动机控制与自动变速器控制为一体的动力传动系统控制系统等。在这一阶段，通过汽车电子技术，汽车已经从纯粹的机械产品转变成了一个具有机电一体化显著特征的工业产品。

按照对汽车行驶性能作用的影响划分，可以把汽车电子产品归纳为两类：一类是汽车电子控制装置，汽车电子控制装置要和车上机械系统耦合在一起工作，即所谓“机电结合”的汽车电子装置，它们主要包括发动机、传动、底盘、车身电子控制等。典型系统如电子燃油喷射系统(Electronic Control Fuel Injection System，EFI)、制动防抱死控制(Anti-lock Brake System，ABS)、加速防滑控制(Acceleration Skid Control System，ASR)、牵引力控制系统(Traction Control System，TCS)、电子控制悬架(Eletronic Control Suspension System，ECS)、电子控制自动变速器(Automatic Transimission，AT)、电子动力转向(Electronic Power Steering，EPS)等。这一类电子系统的关键词是“控制”。另一类是车载汽车电子信息装置，它们和汽车本身的行驶性能并无直接关系，主要是辅助驾驶员驾驶和为车内成员提供信息支撑，包括汽车信息系统(行车电脑)、导航系统、汽车音响及娱乐系统、车载通信系统、上网设备等，第二类电子系统的关键词是“信息”。作为电子信息技术与传统汽车技术的结合应用，本文根据作用和目的将汽车电子分为汽车电子控制技术和汽车电子信息技术两大类别，前者实现汽车零部件的控制，而后者实现信息的处理。

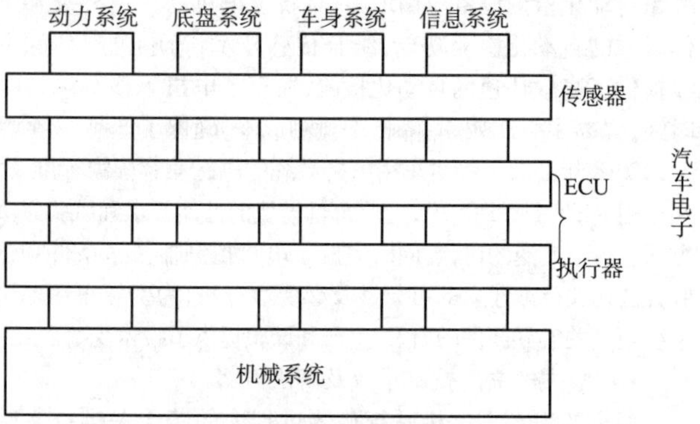

(ECU: Electronic Control Unit，电子控制单元)

图1-49　汽车电子系统

由于汽车上的电子电器装置数量的急剧增多，为了减少连接导线的数量和重量，网络、总线技术在此期间有了很大的发展。通信线将各种汽车电子装置连接成为一个网络，通过数据总线发送和接收信息。电子装置除了独立完成各自的控制功能外，还可以为其他控制装置提供数据服务。由于使用网络化的设计，简化了布线，减少了电气节点的数量和导线的用量，使装配工作更为简化，同时也增加了信息传送的可靠性。通过数据总线可以访问任何一个电子控制装置，读取故障码对其进行故障诊断，使整车维修工作变得更加简单。

依赖于网络技术和多体动力学技术的进步，电子技术发展向集成综合控制发展，例如，将发动机管理系统和自动变速器控制系统，集成为动力传动系统的综合控制(Powertrain Control Management，PCM)；将制动防抱死控制系统(ABS)、牵引力控制系统(TCS)和加速防滑控制系统(ASR)综合在一起进行制动控制；将制动、悬架、转向、动力传动等控制系统结合在一起，对各子系统进行协调，将车辆行驶性能控制到最佳水平，形成一体化底盘控制系统(Uniform Chassis Control，UCC)。

随着汽车电子装置的增多，车辆上的汽车电子系统的复杂程度也逐渐增加，随之而来开发过程也日益复杂，开发成本压力也越来越大、优化程度也越来越高，也就是说，汽车电子的问题从具体明确的机电耦合系统的控制问题演变成了复杂系统问题，复杂性成为汽车电子的主要特点，为了更有体系性地解决汽车电子复杂性增加带来的问题，需要形成独具特色的汽车电子的方法论和工具链。

2. 汽车电子学科体系的形成

自20世纪90年代中期至2010年，面对汽车电子系统日益增加的复杂性，为了进一步缩短开发周期、降低开发成本，人们已开始考虑以成本、质量、可重用性、可移植性这样一些非功能性需求驱动的开发架构体系的建立，出现了以电子电气架构、软件架构、开发流程为代表的汽车电子方法论的形成。其主要特点如下。

(1)分布式电子电气架构

传统的原理及线束设计已经远不能满足现今汽车平台

化、模块化开发的要求，在这样的背景下，在 CAN 总线技术、LIN 总线技术及 FlexRay 总线技术等通信技术支撑下，汽车电子电气架构（Electronic & Electrical Architecture，EEA）的概念诞生了。EEA 可以理解为汽车电子电气系统的总布置，是在功能需求、法规和设计要求等的特定约束下，综合考虑功能、性能、成本和装配等方面的因素后，得到的最佳电子电器模型。汽车电子电器架构的宏观表现为物理架构和逻辑架构[2]。其主要内容包括：配置定义、电源管理、网络管理、路由规划、原理设计和线束设计等。EEA 开发过程中需要处理庞杂的数据和流程，完备的模型库和合适的开发工具可以有效加快开发进度[3]。

（2）模块化开放式软件架构

为了避免大量基本功能软件的重复开发造成的资金和资源的浪费，使汽车制造商和系统供应商可以专注于开发具有各自特色的系统应用软件，需要提出一个基于共享理念的开放的、标准化的架构。AUTOSAR 就是这样一个针对分布式嵌入系统软件开发的汽车开放系统架构，根据该架构的规范可实现基本系统功能（基本软件）标准化和功能接口标准化[4,5]。其根本宗旨是要建立汽车电子电气架构的开放式标准，使其成为汽车嵌入式应用功能管理的基础架构，基于一个统一的由标准软件模块组成的开发设计平台，可以避免由异构子系统集成而产生的问题，使各电子系统在网络中的集成、匹配更加容易，同时也使得同步开发、缩短开发周期和实现差异化竞争成为可能。

（3）V 模式开发流程及其工具链

汽车具有移动性强、多样化、安全、舒适、低成本的和可靠耐用的商品属性，便要求汽车嵌入式系统应用具有很高的功能完备性和运行可靠性。为了保证这一要求的实现，必须采用建立科学的开发流程，对整个产品开发过程加以控制。从系统产品的功能定义和方案设计一直到产品完成后的集成测试/匹配/标定，可靠的功能性设计—实现—验证贯穿研发过程的每一个阶段。普遍应用于汽车电子系统产品研发的 V 模式开发流程是反映这种全新开发理念的一个代表，与专门针对汽车嵌入式应用软件开发的 AUTOSAR 体系规范，以及其他一些由非功能性需求驱动建立的架构方法构成了汽车电子系统产品开发的方法论。汽车电子系统产品开发的方法论与嵌入式系统实现技术都对汽车电子的发展产生重要的影响。汽车电子产品开发流程中任何一个设计、验证和按架构体系进行的任何设计与实现过程都需要有相应的符合规范的开发预测试工具，即所谓开发理念的工具化，将方法论物化成为开发工程师和项目管理者易于使用的软硬件工具。因此，汽车嵌入式产品开发工具对汽车嵌入式技术的发展具有重要的意义。

以汽车控制用嵌入式软件技术形成方法论和工具链为特征，汽车电子软件开发脱离了个性艺术，以电子电气架构、AUTOSAR 软件架构、V 模式开发和代码自动生成为典型技术的汽车电子技术进行了深度整合，形成了具有自身特征的方法论和工具链，形成了平台化、流程化的大型工程规范，大大提高了软件的生产效率和可靠性[6]。汽车电子技术因此成为具有自身明显特征的专业知识体系[7]。

自 2010 年以来，汽车电动化、智能化的两大趋势开始出现，在电子控制领域，电力电子技术被广泛应用在汽车上，控制技术从弱电扩展到强电；而在汽车电子信息领域，随着车内车外信息互联互通，信息来源极大丰富，其功能也从辅助驾驶员驾驶到逐步替代驾驶员驾驶，智能技术成为信息处理的主要技术手段[8]。电动化和智能化对汽车电子技术形成了很大的挑战，也带来了新一轮发展的可能。

3. 电动化对汽车电子技术发展新需求

电动汽车包含混合动力汽车（含插电式混合动力）、纯电动汽车、燃料电池汽车等。电动化主要针对是动力系统的改变，其主要分类如图 1-50 所示。

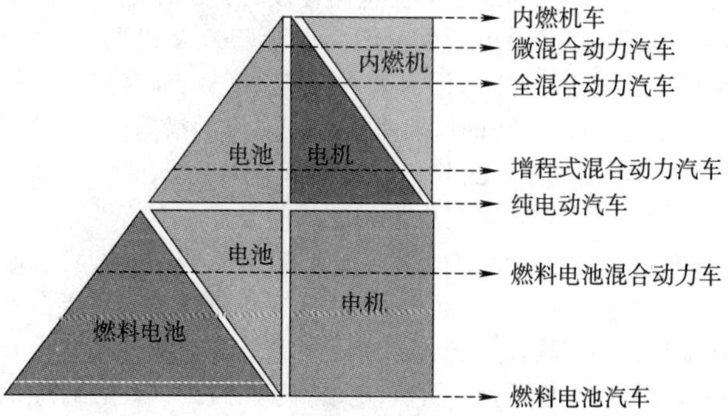

图 1-50 汽车的电动化

电动汽车带来了全新的动力系统控制对象，如锂离子电池、燃料电池等。虽然其特征与内燃机完全不同，但从控制方法论上，与内燃机控制并无根本不同。但电动汽车中电动机成为主要的动力源，电能变换成为主要的功率变换手段，电力电子技术也因此大规模应用，带来了电动化条件下汽车电子控制技术的主要差异，所涉及的主要技术问题包括。

（1）高效能电力电子技术

传统汽车只有发电机和启动电机是千瓦级的用电负载，电压等级也是 12～24 V 的低压直流体系，而电动汽车把电功率提高到了百千瓦级别。电动汽车的电驱系统和电能转换和变流系统是高电压、大电流、高功率的电力电子装置集合，从部件上看主要包括驱动电机控制器、发电机控制器、车载充电机、无线电能传输、高低压电源变换器和辅助电机控制器等功率变换控制器；从拓扑结构也有桥式电路、升压、降压和各种零电压、零电流谐振电路等；从功率开关器件看主要包括绝缘栅场效应管（IGBT）和金属场效应晶体管（MOSFET），以及新一代宽禁带电力电子器件如 SiC、GaN 等[9-11]，大规模电力电子技术的应用，是电动汽车电子技术有别于传统汽车电子技术的根本特征。

（2）高集成电磁兼容技术

与传统汽车相比，电动汽车集成了包括高压动力驱动系统和信息智能设备在内的更多的电子系统，这些高低压电子器件集中布置、混合使用，共同构成的强弱电共存的复杂电磁环境，而且这些电子电气设备的电气特性和功能特性都与电磁干扰密切相关。EMC 问题已然成了制约电动汽车的瓶颈技术和保障车辆行驶安全和系统可靠性的巨大挑战[12]。整车层面上的 EMC 干扰问题主要来源于电驱主控、DC/DC、辅驱等电气设备，从相关研究和实验的结果上来看，有多达

90% 的电动汽车 EMC 干扰问题来源于电驱系统[13]。这些功率半导体器件在通过脉宽调制(PWM)进行能量变换过程中,会产生干扰强度高、耦合路径复杂且与工况密切先关的电磁干扰。电力电子装置作为一个集成安装在车辆内部的强电磁干扰源,其对车辆内部电磁环境,尤其是对于弱电系统的影响是不可忽视的,针对电力电子系统车用环境下的电磁兼容问题,还需要在基础理论、系统设计和测试标准等方面加强研究。

(3)高电压电气安全技术

电动汽车电气安全的问题主要包括绝缘监测、高压互锁和碰撞安全3个典型高电压安全问题。电动汽车的高压供电系统一般为电动汽车的能量储存装置其工作电压已经远远超过了人体安全电压的范围,一般为300 V以上,有些车辆的工作电压已经达到了600 V甚至800 V,面对如此高的工作电压,许多潜在的风险都需要相对应的措施予以防范。首先,在电动汽车上安装相应的绝缘监测系统,必要时断开高压回路对于有效防范乘员触电风险是非常有必要的。其次,在系统运行过程中如果高压回路连接不正常松脱或断开,车辆将断电并失去动力,并有可能在断开瞬间高压击穿两端口间的空气,产生电弧伤害。针对该风险需使用高压互锁设计进行有效防范。再次,电动汽车的高压风险在碰撞危险发生时将变得更为突出。电动汽车在高速行驶过程中如果发生碰撞或充电过程中被其他车辆碰撞,都有可能造成车辆动力系统的高压漏电、短路等危险情况,车内乘员也可能遭受触电伤害[14],为了规避这一风险,就要求电动汽车在碰撞危险发生时能够主动切断高压回路防止电击伤人和起火。

4. 智能化对汽车电子技术发展新需求

以移动互联、大数据、云计算、5G通信及人工智能等技术为代表的新一轮科技革命方兴未艾,在这些高新技术的强力推动下,互联网革命的浪潮正在席卷以汽车行业为代表的传统制造行业,汽车与信息的融合度不断提升,成为解决能源、环境、安全、拥堵等产业发展困局的关键手段之一,汽车也迈上了智能化的道路。如果说传统汽车的电子系统能够完成产生信息、处理信息和反馈信息的自我闭环,每辆车都是一个信息的“孤岛”,那么具备了先进环境感知和V2X通信能力的智能网联汽车就是行驶在开放信息的“海洋”里。

借助现代通信和网络技术,以及先进的车载传感器、控制器、执行器等装置,汽车正在逐步实现车与X(人、车、路、后台等)的智能信息交换,并逐步具备复杂的环境感知、智能决策、协同控制和执行等功能,催生出了智能网联汽车的概念[15],智能网联汽车、智能汽车与车联网、智能交通等概念间的相互关系如图1-51所示。

智能网联汽车被公认为汽车智能化发展的最佳方向,其整体技术架构十分复杂,涉及车辆、信息交互与基础支撑3个领域。云平台与大数据技术、高精度地图与高精度定位技术是智能网联汽车的基础信息平台,而V2X通信技术是车联与基础信息平台之间交互的通道,环境感知、智能决策、控制执行、信息安全这大技术则是与汽车电子信息系统的主要内涵。围绕信息展开的智能化对汽车电子技术需求主要体现在以下几个方面。

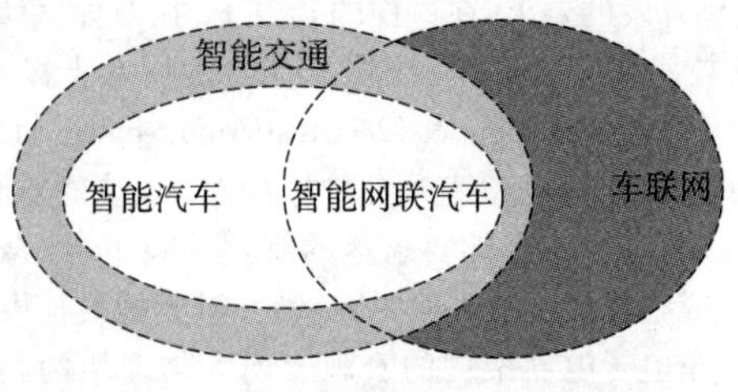

图1-51　汽车智能化相关概念关系图

(1)高可靠、高带宽、低时延信息传输技术

传统的车载通信仅仅局限在车内通信,使用总线、蓝牙、WiFi等通信方式,完成车辆系统内部的信息传输功能,但是在汽车智能化的背景下,车载通信模式也出现了向车际通信、广域通信的方向发展的趋势。V2X通信技术能够为车辆的自动驾驶提供先验信息,提高车辆环境识别效率和准确率,消除车辆视野盲点安全隐患,起到提高行车安全和疏导交通流量等作用。V2X车联网通信技术的通信需求包括:①极短的网络接入时间;②低传输时延;③高传输可靠性;④高信息安全性和隐私保护;⑤在有限的范围内,使频谱再利用和低干扰;⑥拥有足够的通信带宽。

应用较为广泛的通信技术方案是DSRC和LTE-V。DSRC基于802.11p协议及其延伸扩展,起源于20世纪90年代,适合应用在V2V(车与车)和V2I(车与路边设施)场景下,尤其是一些和安全相关的场景[16],而且DSRC技术成熟度和标准化程度也较高,但是它也存在可容纳用户数受限和商业化推广困难等问题[17]。LTE-V是基于第四代移动通信技术的扩展技术,是专门针对车间通信的协议而设计的V2X标准,LTE-V版本属于4.5G技术,未来可以平滑演进到5G,相较于DSRC,LTE-V的部署也更加容易,频谱带宽也可根据实际情况进行灵活分配,传输更为可靠,覆盖范围也可以更广[18]。随着5G技术开始步入商用时代,基于5G通信的车联网技术将成为网联汽车信息传输最有效的解决方案[19]。

(2)复杂环境感知与信息融合技术

环境感知中的信息融合就是指把分布在不同位置的多个同类或不同类传感器所提供的局部数据资源加以综合,采用计算机技术对其进行分析,消除信息与信息之间可能存在的冗余和矛盾,加以互补,降低其不确实性,获得被测对象的一致性解释与描述,从而提高系统决策、规划、反应的快速性和正确性,使系统获得更充分的信息[20,21]。

信息融合技术可以通过整合不同来源的数据来提高系统的可靠性、安全性以及信息的精度和可信度。环境感知获得的驾驶环境信息是智能网联车辆的决策基础,毫米波雷达、视觉传感器等先进传感器的出现和图像识别技术的发展提高了车辆对环境的自适应能力,催生了一批包括自适应巡航、车道保持、主动避撞、全景倒车辅助等在内的系列高级驾驶辅助技术。但是单一传感器都有其局限性,以激光雷达为例,其优点是方向性好,波束窄,测角、测距精度高,不受地面杂波干扰,但是其在浓雾、雨、雪天气就无法工作,因为它对环境的探测效果受大气的光传输效应影响很大。所以在复杂的车辆行驶环境下(包括各种天气情况),单一传感器不能够完整地完成对全部环境的感知,因此智能汽车必须配备多种类型的传感器，并利用传感器融合技术，将各种类型的传感器采集到的信息加以融合，为智能网联汽车决策终端提供更加真实可靠的环境信息，保障其高级辅助驾驶或自动驾驶的安全性[16]。

（3）高可靠决策技术

基于环境感知技术得到的信息，结合车辆的行驶意图及其当前位置，考虑安全、舒适、节能、高效的行驶目标，系统对车辆做出最合理的行为决策即为智能决策技术，其主要包括驾驶员多样性影响分析、群体决策和协同技术、危险事态建模技术、危险预警与控制优先级划分、局部轨迹规划及轨迹跟踪等。在车路互联架构下，车端的信息获取和决策与路况信息获取和决策的界面划分、分工协作机制是亟需厘清和界定的关键技术。

（4）高精度运动控制技术

运动控制系统任务是将行为决策的宏观指令解释为带有时间信息的轨迹曲线，从而控制车辆的速度与行驶方向，使其跟踪规划的速度曲线与路径。具体而言，运动控制执行技术是解决在一定的约束条件下优化某个范围内的时空路径问题，包括面向驱动/制动的纵向运动控制，面向转向的横向运动控制，基于驱动/制动/转向/悬架的底盘一体化控制，融合车联网（V2X）通信及车载传感器的多车队列协同和车路协同控制等。运动控制中的执行器需要线控执行控制单元（X-By-Wire），具体包括线控驱动[22]、线控转向[23]和线控制动[24]，自动驾驶和驾驶辅助技术对线控系统的精度、可靠性和失效安全性提出了很高的挑战。

（5）高可信信息安全技术

汽车智能化的发展，将消费者对于安全问题的担忧从实体物理层面拓展到了虚拟数字空间。随着智能网联技术的不断发展，互联网原有的安全问题可能会派生到车载系统中，由于车辆自身是一个高速移动系统，一旦遭受到针对性的安全攻击，造成的危害将不仅仅存在与数字层面，会扩展到其周围的实体区域。此外，智能网联交通系统需要根据采集的大数据，利用电脑和软件来进行机械化控制，这中间涉及信息采集、储存、交换和处理等多个环节，流程的复杂程度增加可能会使得安全风险进一步加大[25, 26]。因为车载系统中的很多数据也与用户隐私相关，如行程路线、日程安排等，所以必须要有一个完整的网络安全机制保障智能网联汽车的信息安全。

在智能网联汽车通信环境下的信息安全需求主要包括：①数据机密性，即在信息传输过程不能被窃听以及被中间恶意节点获取其中的内容，数据机密性可以通过加密机制实现；②数据完整性，是指消息不能被中间节点修改，修改包括增加、删除等。一般通过数字签名的技术实现数据完整性的保护；③数据的不可抵赖性（数据的不可否认性），是指在通信过程中实体不能否认自己发出的消息。该性质主要是预防恶意节点模仿合法节点发送数据，一般可通过电子签名技术来保护；④身份认证性，是指在智能网联汽车通信中，只有身份认证通过的用户才被授权参与V2X通信等过程。身份认证一般是通过第三方可信机构实现的，恶意节点无法通过第三方可信机构的注册，这样可以保证整个通信系统中的节点的身份可靠；⑤数据隐私性，是指不仅仅是要求非法的恶意的用户不能得到用户的隐私，在有关的政府部门在未经用户许可的情况下，同样不能获取用户隐私消息。

5. 汽车电子技术发展趋势

在半个多世纪的发展过程中，汽车电子已经深刻改变了汽车技术和汽车产业，而汽车电动化和智能化又对汽车电子提出了新的挑战。汽车的电动化的意义是车辆的能量来源将完成由化石能源向电能的切换，这也意味着汽车将成为以电能作为工作基础的电气化产品。汽车的智能化过程的意义是汽车驾驶中处理信息的主体从驾驶员向车辆本体切换，以上两个趋势的叠加将使得汽车向一个集成了高效能源转换、复杂运动控制和智能信息处理的全新的产品方向演化，这既是汽车产品进化的必然方向，也是汽车电子技术发展的必然方向。

汽车作为人们重要的出行工具之一，是人的第三空间，在使用过程中会和用户的生命财产息息相关，汽车在安全性、私密性、可靠性方面也将比其他电子信息产品有更高的要求。所以汽车电子并不是其他领域中的电子技术简单向汽车中迁移，依然需要对通用电子技术附加“汽车级”的专业化改造。而汽车产品数量巨大，涉及的零部件众多、产业链长的特点，也使得复杂性这一导致汽车电子学科体系化的基本动因依然存在，甚至在电动化和智能化这一新的挑战下，复杂性这一问题更加突出。因此，需要在新的知识融入的过程中，发展新的理念，形成新的规范，确定新的流程，建设新的工具。

因此，在电动化和智能化的大趋势下，电力电子技术和智能信息处理技术的加入，必然会要求重新定义汽车电子的概念，重新规范其开发理念、方法和体系，这也必将为汽车电子带来更为广阔的发展空间。

参考文献

[1] 龚进峰，曹健，袁大宏．浅谈我国汽车电子产业现状及发展建议［J］．汽车工程，2004（3）：363-6.
[2] 高焕吉．汽车电子电气架构设计与优化［J］．汽车电器，2011，（6）：7-9.
[3] 贾承前．汽车电子电气架构开发［J］．汽车电器，2011（12）：4-6.
[4] 阴晓峰，刘武东．汽车电子系统软件开发新标准 AUTOSAR［J］．西华大学学报（自然科学版），2010，29（2）：102-6.
[5] 孙升，宋珂，章桐．AUTOSAR 标准发展及应用现状［J］．机电一体化，2014（12）：33-8 + 44.
[6] 单忠伟，宋珂，章桐．符合 AUTOSAR 规范的汽车软件开发工具链及其应用流程［J］．机电一体化，2018，24（03）：47-52 + 64.
[7] 魏学哲，戴海峰，孙泽昌．汽车嵌入式系统开发方法、体系架构和流程［J］．同济大学学报（自然科学版），2012，40（07）：1064-70.
[8] 邓伟文．电气化与智能化技术——未来汽车的驱动力（英文）［J］．汽车安全与节能学报，2010，1（03）：179-89.
[9] 张波，邓小川，张有润，et al. 宽禁带半导体 SiC 功率器件发展现状及展望［J］．中国电子科学研究院学报，2009，4（02）：111-8.
[10] 张波，陈万军，邓小川，et al. 氮化镓功率半导体器件技术［J］．固体电子学研究与进展，2010，30（01）：1-10 + 7.
[11] 朱梓悦，秦海鸿，董耀文，et al. 宽禁带半导体器件研究现状

与展望［J］. 电气工程学报，2016，11(01)：1-11.
［12］赵晓凡. 新能源车高压电驱动系统电磁兼容关键技术［J］. 安全与电磁兼容，2018，05)：9-10.
［13］石也. 纯电动汽车电磁兼容问题分析与研究［J］. 汽车电器，2018，01)：1-3.
［14］陆中奎，陈勇，刘天鸣. 纯电动汽车碰撞高压安全系统设计及控制策略［J］. 重庆理工大学学报(自然科学)，2019，33(03)：86-90.
［15］李克强，戴一凡，李升波，et al. 智能网联汽车(ICV)技术的发展现状及趋势［J］. 汽车安全与节能学报，2017，8(01)：1-14.
［16］谢志萍，雷莉萍. 智能网联汽车环境感知技术的发展和研究现状［J］. 成都工业学院学报，2016，19(04)：87-92.
［17］和福建，田晓笛，王长园. 车联网发展现状及趋势研究［J］. 中国汽车，2019(04)：55-8.
［18］SHI M，ZHANG Y，YAO D，et al. Application-Oriented Performance Comparison of 802.11p and LTE-V in a V2V Communication System［J］. Tsinghua Science and Technology，2019，24(02)：123-33.
［19］周建军，夏志朗. 基于5G的车联网技术的优势及局限性分析［J］. 信息通信，2019(02)：250-2.
［20］姜元清. 多传感器融合技术在汽车避障中的应用［D］；长春理工大学，2008.
［21］崔硕，姜洪亮，戎辉，et al. 多传感器信息融合技术综述［J］. 汽车电器，2018(09)：41-3.
［22］宗长富，刘凯. 汽车线控驱动技术的发展［J］. 汽车技术，2006(03)：1-5.
［23］季学武，刘亚辉，杨恺明，et al. 乘用车电控转向系统的发展趋势［J］. 汽车安全与节能学报，2015，6(03)：208-16.
［24］林逸，沈沉，王军，et al. 汽车线控制动技术及发展［J］. 汽车技术，2005(12)：1-3+43.
［25］冉斌，谭华春，张健，et al. 智能网联交通技术发展现状及趋势［J］. 汽车安全与节能学报，2018，9(02)：119-30.
［26］赵世佳，徐可，薛晓卿，et al. 智能网联汽车信息安全管理的实施对策［J］. 中国工程科学，2019，1-6.

二十六、新能源汽车自动变速器

Chapter 26 Automatic Transmission of New Energy Vehicle

（北京航空航天大学、国家乘用车自动变速器工程技术研究中心　徐向阳）

1. 引　言

2018年，我国新能源汽车产销量达到125.6万辆，全球新能源汽车产销总量是200万辆，我国新能源汽车占比达到62.8%，这已经是连续4年我国新能源汽车产销占比超过全球一半。伴随着新能源汽车市场的快速发展，新能源汽车变速器产业也得到了快速发展，我国新能源汽车变速器行业在核心技术上也得到了突破，如2017年上汽集团的双电机混合动力变速器EDU获得国家科技进步二等奖，搭载在荣威PHEV车型上累计销售7万余台；广汽的混合动力变速器GMC获得2018年“第二届世界十佳变速器”称号，搭载在广汽和广汽三菱的PHEV车型上，2018年实现销售2万余台；比亚迪的混动系统DM是国内最早实现量产的混合动力变速器，已经演进到了第三代，2018年搭载第三代DM系统的比亚迪宋DM实现销售39318台，比亚迪唐新能源也销售37 146台。在纯电动减速器和多挡位自动变速器领域，苏州绿控传动科技股份有限公司、株齿、精进电动、上汽变速器等企业的产品，在自主新能源客车、商用货车、纯电动等领域也得到广泛应用。与此同时，长城汽车旗下的蜂巢传动、吉利汽车、广汽、比亚迪等整车企业的新能源汽车自动变速器也在自主的整车上实现了批量应用，为新能源汽车整车发展作出了积极贡献。

经过多年的技术攻关和产业化发展，我国新能源汽车自动变速器已经形成了多种技术路线并举、整车企业和独立变速器企业同台竞争、新势力快速融入的产业发展阶段。

2. 新能源汽车自动变速器发展技术路线

(1)混合动力自动变速器技术路线

混合动力自动变速器按照构型可以分为Add-on式(扩展式，基于传统自动变速器集成电机构成混合动力自动变速器，包括P0/P1/P2/P2.5/P3/P4及其组合)和DHT(Dedicated Hybrid Transmission，混动专用变速器，如丰田的THS)，我国新能源汽车自动变速器技术路线既有Add-on式，也有DHT式。

经过十多年的发展，我们传统自动变速器技术已经实现突破和产业化应用，基于传统自动变速器的Add-on式混合动力自动变速器由于具有很好的技术和产业继承性、成本低等优点，因此，各类Add-on混合动力自动变速器在国内都得到了发展。有代表性的产品，如盛瑞的P2-8AT，长城蜂巢传动的P2-7DCT，吉利的P2.5-7DCT，比亚迪基于DCT的P0+P3+P4，奇瑞的P2-CVT，长城汽车的P0+P4，绿控的P2-AMT等，都是基于传统AT/AMT/CVT/DCT的Add-on混合动力自动变速器。

在DHT方面，科力远(前身是吉利混动研发部门)是国内最早开展DHT研发的企业，经过十多年的发展，已经开发出了双电机混动自动变速器CHS系列产品，其中CHS1800已经搭载在帝豪PHEV车型上，实现了少批量生产，更大扭矩的CHS2800系列也在研发中。上汽与上汽变速器合作开发的混动EDU，2017年获得国家科技进步二等奖，第一代EDU搭载在上汽荣威等PHEV车型也已经批量上市，截至2018年，累计销售7万余台。广汽自主开发的混动自动变速器GMC也已经批量生产，除了搭载在广汽乘用车的GA3S PHEV/GS4 PHEV，并成功导入广汽三菱的棋智PHEV，这是国内第一家自主的混动自动变速器导入合资品牌车型，具有重要的标志性意义。2018年广汽GMC销售超过2万台，其中 GA3S PHEV 销售 8852 台，GS4 PHEV 销售 10924 台，广汽三菱的祺智 PHEV 销售 2478 台。另外，宇通客车的 DHT、精进电动的 DHT 也都实现销售或者整车搭载。在第一代混动动力自动变速器成功实现量产后，上汽变速器、广汽、宇通等企业正在进行第二代产品的研发，基于行星排的 DHT 技术路线已经成为行业发展的共识。

(2)纯电动汽车自动变速器技术路线

尽管国内纯电动车发展迅速，但国内纯电动乘用车还普遍采用单挡减速器，客车和商用车多挡自动变速器已经开始得到应用。最近几年，乘用车多挡位(2～3 挡)，特别是乘用车 2 挡自动变速器成为国内新能源汽车领域研发的热点，整车企业、传统变速器企业、零部件企业、电机企业和新造车势力纷纷进入乘用车多挡位自动变速器的研发中，纯电动乘用车自动变速器技术路线也呈现出多种技术路线并举的发展格局。

纯电动车自动变速器技术路线按照挡位数量，可以分为单挡减速器和多挡自动变速器；按照换挡类型，可以分为有动力换挡(基于 AT/DCT 技术)和无动力换挡(基于 AMT 技术)；按照传动比是否连续变化，可以分为有级自动变速器(基于 AT/AMT/DCT)和无级自动变速器(基于 CVT)；按照电机数量，可分为单电机和双电机；按照换挡元件，可分为同步器、同步齿套、电磁离合器、湿式离合器、干式离合器、多模离合器等。国内纯电动车自动变速器各种技术路线并存，在乘用车领域，基本处于 A/B 样机研制阶段，在客车和商用车领域，部分产品已经开始走向市场。

3. 产业发展概况

国内传统自动变速器产品进口或者外资占据了 80% 以上的市场份额。与传统自动变速器技术不同，在新能源汽车领域，我国自主品牌车企普遍采用自主的新能源汽车自动变速器或者减速器，特别市客车和商用车领域，自主品牌新能源汽车普遍采用自主的新能源自动变速器。巨大的市场发展空间，高速增长的新能源汽车市场，为新能源汽车自动变速器的发展带来了机遇，也吸引了众多的资本进入该领域。国内新能源汽车自动变速器产业有四类构成。第一类是传统的独立自动变速器企业，如万里扬、盛瑞、容大、青山、株齿等；第二类是整车企业自身或者旗下的传统自动变速器企业，如比亚迪、蜂巢传动、吉利、上汽变速器等；第三类是原来从事电机电控或相关企业，如精进电动、巨一等；第四类是新造车势力和看好这一市场的新的初创企业，如蔚来汽车、绿传科技等。四类企业相互竞争，各有优势，技术路线也不尽相同，共同推动了行业的技术进步和发展，使自主品牌新能源自动变速器获得了 80% 以上的市场份额。

4. 主要企业经营发展情况

国内从事新能源汽车自动变速器整机研发和生产的企业有几十家，最具代表性的企业包括上汽变速器、蜂巢传动、吉利、比亚迪、广汽、长安、万里扬、盛瑞传动、株齿、绿控、精进电动、蔚来汽车等。

(1)上海汽车变速器有限公司

上海汽车变速器有限公司(以下简称“上汽变速器”)是国内最早从事 DCT 研发的企业之一，在传统自动变速器方面，上汽变速器已在生产 DCT360(6 速)、DCT250(7 速)两个系列双离合器自动变速器，并在 2018 年投产 CVT180 自动变速器。在此基础上，正在产业化研发第二代 DCT380/280，以及 CVT250。

在新能源变速器方面，在产混动产品主要是 EDU(双电机 PHEV)。在此基础上，后续即将量产 EDU2(单电机 PHEV)、HDCT(单电机 PHEV)以便满足不同客户的需求。

纯电动方面主要生产功率 85～110 kW 的一挡电驱总成，并在 2018 年投产双电电驱总成匹配荣威 marvel 高端车型。上汽变速器基于长远战略，全力发展深度集成的电驱总成 SEDS(三合一集成电驱动系统，峰值功率 110～150 kW，输出扭矩达 3 900 Nm)平台，未来将覆盖 80～150 kW 的各种整车配置需求。

上汽变速器 2018 年度主要生产制造情况：双离合器自动变速器生产制造约 50 万台；CVT 自动变速器生产制造约 2 万台；EDU(PHEV)生产制造约 7 万台；各类纯电驱总成生产制造约 8 万台。

(2)蜂巢传动科技有限公司

蜂巢传动科技有限公司系长城汽车全资子公司，是一家专注于传动技术研发、制造、销售，以及工程技术服务的综合性企业，有独立的研究院、试制车间、试验室、生产基地，产品覆盖手动变速器、自动变速器、新能源减速器、混合动力自动变速器、四驱分动器系统等产品。2017 年公司的 7DCT 成功实现量产，并在 7DCT 基础上研发成功了 P0 + P4 的插电式混合动力系统，2018 年搭载在长城魏 P8 车型上市。

近几年，蜂巢传动科技有限公司深耕电驱动总成，在新能源汽车领域，开发了最高输入转速 10 000 r/min，最高输出转矩 15 000 Nm，减速比 8.35 的 1 挡 2 级减速器；最高输入转速 12 500 r/min，最高输出转矩 2 675 Nm 的两挡可选挡变速器；与 9DCT 同平台的 9HDCT，9DCT + 48P1，面向商用车的集成电桥等新能源汽车变速器产品。

2018 年，蜂巢传动科技有限公司产品销量超 100 万台，包括 5MT、6MT、7DCT、电机减速器等多款产品。其中 7DCT 获得了“世界十佳变速器”荣誉称号。搭载车型覆盖皮卡、SUV、轿车等品类并且在 HEV 与 EV 领域均有搭载产品在售，新能源减速器共计生产 2 万余台。

(3)吉利汽车

吉利汽车在其开发的 7DCT 的基础上，开发了 P2.5-7DCT，该产品 2018 年年底实现量产，并搭载在吉利博瑞 PHEV 和领克 01 PHEV 车型上。另外，吉利也曾与科力远合作，在帝豪 PHEV 上搭载科力远 CHS1800 专用混合动力变速器产品。与此同时，吉利还在研发自己的基于行星排的 DHT 产品。

在纯电动方面，吉利帝豪 EV 采用的是单级减速器，未来开发的新的电动车平台将会采用单级减速器或者两挡自动变速器，基于 AMT 技术的两挡自动变速器正在开发中。

(4)比亚迪汽车

比亚迪是国内最早从事 DCT 开发的企业之一，基于 DCT 技术，比亚迪推出了自主的插电式混动变速器 P3-DCT。基于 P3-DCT 的比亚迪双模混动系统 DM 系统已经经历了三代产品的演进。2018 年，搭载第三代 DM 系统的比亚迪宋

DM 实现销售 39 318 台,比亚迪唐新能源也销售 37 146 台。比亚迪插电混动自动变速器成为国内累计产销量最多的混动动力自动变速器。

在纯电动领域,比亚迪的产品经历了单级分离式电驱动、单级二合一电驱动和单级三合一电驱动三代产品的演变,并正在开发能够满足未来集成度更高的全新 EV 平台的电驱动产品。在第三代三合一电驱动总成中,比亚迪基于同一平台技术,开发了 40 kW、70 kW、120 kW、180 kW 的 4 个驱动三合一产品,最高转速 12 000 r/min,最大输入转矩 120 ~330 Nm,搭载在比亚迪 A00/A0/A/B 级车型上。另外,比亚迪也在研发纯电动两挡自动变速器。

(5)广汽乘用车

广汽自主开发的混动自动变速器 GMC 也已经批量生产,除了搭载在广汽乘用车的 GA3S PHEV/GS4 PHEV,并成功导入广汽三菱的祺智 PHEV,这是国内第一家自主的混动自动变速器导入合资品牌车型,具有重要的标志性意义,2018 年广汽 GMC 销售超过 2 万台,其中 GA3S PHEV 销售 8 852 台,GS4 PHEV 销售 10 924 台,广汽三菱的祺智 PHEV 销售 2 478 台。在 GMC 一代的基础上,广汽研究院正在进行 GMC 二代产品的开发,预计 2021 年实现量产。

在纯电动变速器领域,广汽纯电动车目前装配的是单级减速器,从外部采购,自主的三合一单级减速器和两挡自动变速器正在研发中。

(6)长安汽车

在插电式混合动力自动变速器方面,长安已经开发或者正在开发 P2、P134 构型的混动自动变速器。

2014 年 2 月,逸动 C2 插电式混合动力项目(P2)通过公司立项,混动系统采用 1.0T 增压直喷 3 缸发动机 + P2 耦合系统(干式离合器)+7 速双离合器变速器,2017 年 10 月 19 日正式上市。

2017 年 2 月,C3 插电式混合动力项目(P2)通过公司立项,混动系统 1.5T 增压直喷 4 缸发动机 + 集成电机系统的 P2 6 速双离合器变速器,预计 2020 年上市。

2016 年 1 月,长安 CS75 插电式四驱混合动力项目(P134)通过公司立项,前驱:采用 1.5T94 kW 增压发动机 + 多模变速器 +70 kW 发电机 +70 kW 驱动电机,后驱:采用峰值 80 kW 的驱动电机 + 两挡减速机构。该 P134 产品在 2018 年 9 月 12 日上市。

在纯电驱动方面,长安新能源产品匹配青山公司的量产减速器 EF1XX 系列,EF1XX 系列,两大系列纯电动产品于 2018 年 9 月和 2019 年 12 月进入量产;纯电动产品已经实现平台化。

(7)苏州绿控传动科技股份有限公司

苏州绿控传动科技股份有限公司(以下简称"苏州绿控")位于清华大学苏州研究院,是一家专注于新能源汽车传动产品研发生产制造的企业,是新能源客车和商用车领域传动产品的主要供应商之一。

2012—2015 年,苏州绿控的主要产品是针对 10 ~ 12 m 公交车的并联混动系统,当时主要是采购中德、北奔、綦江的变速箱,加上执行机构和控制器,采购电驱动、大郡的电机,组合成动力总成。

2014 年开始,苏州绿控开始变速箱和电机的设计开发,2016 年自制的变速箱和电机开始出货,2018 年变速箱和电机出货已经大部分是自制型号。苏州绿控有轴、齿、壳体的加工能力,壳体铸造能力,总成设计能力,控制器开发能力,动力系统控制能力。

2017—2018 年,苏州绿控主流产品从混动转变为纯电动。混动产品主要在向重卡、轻客拓展。纯电动产品在向集成化、高速化方面发展。

苏州绿控有 6 个产品系列:TED 系列,基于 AMT 的纯电动系统;DM 系列,纯电动直驱系统;STEA 系列,中央电驱桥及轮边电驱桥;MHD 系列,增强版混联混合动力系统;PHD 系列,并联混合动力系统,2010 年上市以来,装车量超过 2.5 万套;AMT 系列,电控机械式自动变速箱。每个系列具有多款产品,覆盖多种规格的商用车。

苏州绿控主要针对商用车客户,客车领域几乎所有的有影响力的厂家都是苏州绿控的客户,已为中通客车、北汽福田、苏州金龙、厦门金龙、厦门金旅、宇通客车等国内 40 余家客车企业,以及中国一汽、东风汽车、中国重汽、陕汽重卡、江淮汽车等卡车企业批量供货。绿控产品,主要销往国内市场,也有少量出口,包括澳大利亚、西班牙、韩国、菲律宾、卡塔尔等国家。

(8)精进电动科技股份有限公司(以下简称"精进电动")

精进电动是国内领先的新能源汽车电机和动力传动系统提供商,也是行业内少数能全面涵盖新能源汽车关键的应用动力系统及其核心零部件制造商,拥有丰富的产品组合,包括电机、电控、控制软件、新能源汽车专用变速器、减速器总成等。其产品已经成功配套了全球主要的乘用车和商用车企业,以及大量汽车行业的高端创新先锋企业。

精进电动在新能源汽车传动领域的主要产品包括:

①3 000 Nm 二合一(OD220 电机 + 二级减速动力总成),已成功搭载国内多款车型并批量供货。

②3 000 Nm 三合一(OD220 电机 + 二级减速动力总成),电机、减速器和逆变器的一体化设计,结构优化和紧凑,形成低 NVH 的整体解决方案,2018 年已经完成 B 样机研制,功搭载某客户的整车并进行道路试验。

③油冷双电机串并联混合动力总成。高度集成一体化设计,含油冷双电机、减速器、油冷系统、驻车系统,结构紧凑;采用高功率密度的油冷双电机系统;免维护电磁离合器;可实现动力的五种工作模式切换。产品已在多家主机厂进行整车试验。

④油冷双电机增程型混合动力总成。高度集成一体化设计,含油冷双电机、减速器、油冷系统、驻车系统,结构紧凑;采用高功率密度的油冷双电机系统。与 eRDM 后驱模块组合做成四驱,加强整车动力性。产品已提供主机厂进行样车试装和试验。

⑤后驱纵置中型电驱动两挡变速器。高度集成一体化设计,含油冷双电机、减速器、油冷系统、驻车系统,结构紧凑;采用高功率密度的油冷双电机系统;变速器具有直接挡、低速挡、空挡 3 个挡位,采用非接触式电磁式换挡操作方案。产品已广泛应用于国内外主流的中型客车、公交、大巴和中型商用货车,是商用车领域不可或缺的核心电驱动动力总成。

⑥OD220 单级减速电驱动总成。最高输入转速 12 000 r/min,电机峰值功率 140 kW,峰值扭矩 320 Nm,已搭载于国内众多客户的物流车、轻货车,受到市场广泛认可。

(9)株洲齿轮有限责任公司

株洲齿轮有限责任公司(以下简称“株齿”)是由潍柴动力股份有限公司和株洲齿轮股份有限公司组建的高新技术企业,是中国汽车齿轮行业骨干企业。最近十多年来,株齿紧紧抓住新能源汽车市场高速增长的机会,在新能源汽车减速器市场取得了不菲的成绩。株齿是国内最早(2007 年)从事新能源汽车传动系统的公司之一,是新能源汽车市场销量最大的专业传动系统供应商,2018 年株齿在电动车单级减速器市场占有率达到 30%。

在新能源汽车变速器和电驱动总成方面,株齿量产的产品已经形成了单挡减速器、机电一体化(二合一)电驱动总成、纯电多挡动力总成等三大系列产品。

①单级减速器。1T07 系列,包括 1T07/1T07M/1T07K/1T07HG/1T07SP5 个产品,1T07 系列变速器匹配奇瑞、通用五菱、长城华冠、雷丁、御捷马、中通巨龙、宝雅等公司的纯电动轿车,通过了台架实验和道路实验,2010 年底开始批产。1T25 系列减速器包括:1T25B/1T25C/1T25D/1T25E/1T25FP/1T25X/1T25JP/1T25KP 等,主要用于 SUV/MPV 型电动轿车,1T25B 减速器现主要力帆汽车;1T25C 减速器现主要郑州日产汽车;1T25D 减速器现主要匹配云度汽车;1T25E 减速器现主要匹配云度汽车;1T25FP 减速器现主要匹配奇瑞汽车;1T25X 减速器现主要匹配东南汽车;1T25JP 减速器现主要匹配长丰猎豹;1T25KP 减速器现主要匹配小鹏汽车。1T25 系列是株齿的主打产品。

②机电一体化(二合一)总成。机电一体化总成是株齿二合一电驱动总成系列产品,包括 Y1T07/Y1T15/Y1T25/S1T20/S1T35,覆盖峰值转矩从 150 ~ 350 Nm,转速9 000 ~ 16 000 r/min。

③纯电动多挡动力总成。2 挡自动变速器 2T07AMT,包括 2T07/2T07A/2T07B/2T07C/2T07D, 2T07AMT 是专为纯电动汽车设计的两挡变速箱,采用 AMT 换挡机构,已匹配众泰云 100、知豆汽车、雷丁汽车;电动商用车用 2 挡 AMT 2TR35,采用三锥同步器换挡兼容齿套换挡;电动物流车用 2 挡 AMT 自动变速器系列,D2TR90 平台应用于 4.5 ~ 5 t 物流,6 m 客车主要客户是中车、上饶客车,D2TR120 平台应用 4.5 ~ 6 t 物流,6 m 客车,主要客户是中车、上饶客车、雅骏。D2TR210 平台应用车型:7.5 ~ 10 t 物流车,8 m 客车,主要客是中车、上饶客车。电动商用车用 4 挡 AMT 自动变速器 4TR120AMT,是为后驱纯电动公交车开发的一款产品,主要应用于 10 ~ 12 m 城市客车,物流车等,输入端接电机,输出端接后桥主动齿轮轴,进行小批量生产。

(10)其他有代表性的企业

盛瑞传动股份有限公司。盛瑞传动在成功研发世界首款前置前驱 8AT 的基础上,2018 年开发出了基于 8AT 的 P2-8AT 混合动力变速器,并开始整车搭载试验;另外,开发出了更低基于 6AT 的 P2-6AT 混合动力变速器样机和后驱用 P2-8AT 混合动力样机,以便适用汽车电动化的发展趋势。

浙江万里扬股份有限公司。为了迎合新能源车型的发展趋势,2018 年万里扬在 CVT25 变速箱的基础上开发了适用于混动系统的 CVT38 PHEV 变速箱,最高能够承受 380 Nm 的额定扭矩。CVT38 PHEV 是一款 P2 结构,具备 P1/P3 模式的全新一代单电机多模式混合动力变速器,可以适配国内市场 A、B 级主流车型。与此同时,万里扬还开发出了电动车专用的无级变速器样机,该款 E-CVT 其扭矩容量达 280 Nm,最高转速 8 000 r/min,综合传动效率 95%。

北京绿传科技有限公司,2018 年开发出了一款电动车专业两挡自动变速器 2DET,2DET 采用湿式离合器技术的,可实现动力换挡,样机已经在整车上进行试验测试。

安徽星瑞齿轮传动有限公司主要产品是生产纯电动汽车单级减速器,产品包括乘用车和商用车减速器,扭矩 215 ~ 400 Nm 主要用户是江淮、北汽新能源、奇瑞、小康、吉利等,两挡自动变速器变速箱在计划开发中。

作为新造车势力,蔚来汽车在 2018 年 ES8 车型销售超过 1 万台,为了满足自身对电驱动系统的需求,蔚来汽车也在致力于三合一电驱动系统的研发,开发了 XPT 160 kW EDS 三合一电驱动系统,采用单级减速器,最高输入转速 15 000 r/min,最大输入扭矩 305 Nm。

5. 产品技术进展与创新情况

在混合动力和插电式混合的动力汽车领域,经过多年的自主创新,我国已经形成了多种技术路线发展的格局,在基于 AT/AMT/CVT/DCT 的可扩展式混合动力变速不同构型方案方面(P0/P1/P2/P3/P4 及其组合)都已经实现了技术突破,多款产品实现了量产,在混合动力专业变速器 DHT 方面,也实现了技术突破,并实现了小批量生产。

在纯电动新能源汽车领域,纯电动自动变速器与电机、电机控制器统称为电驱动总成,电驱动总成经过十多年的发展,经历了三代产品的研发。第一代电驱动总成是分离式的,电机、减速器和电机控制器都是分立的,独立装配安装;第二代电驱动总成是二合一,电机和减速器(自动变速器)一体化设计;第三代电驱动总成是三合一,电机、电机控制器和减速器(自动变速器)高度集成一体化;未来在第三代基础上,更高集成度的 EV 电驱动平台化是发展方向。国内纯电动车搭载的电驱动总成大多处于第二代产品阶段,单挡和多挡第三代三合一电驱动总成是国内外产品研发和技术创新的热点。

新能源汽车电机的引入,使新能源汽车传动系统的转速由传统内燃车的 6 500 r/min 左右,提升到了 12 000 r/min、16 000 r/min,甚至更高,集成化、一体化、低成本、低噪声、高性能等发展趋势,给新能源汽车变速器在噪声控制、冷却润滑和热管理、密封、换挡或模式切换平顺性、高精密齿轮制造等方面带来了巨大的挑战,相关领域的研究和技术创新也成为新能源汽车变速器领域研究的热点;新能源汽车高速增长的市场,又为新能源汽车变速器行业带来了商机。因此,新能源汽车变速器行业需要聚行业智慧,共同面对挑战,为新能源汽车产业发展作出应用的贡献。

二十七、车载充电机

Chapter 27　off-board Charger

（北京新能源汽车股份有限公司　赵春阳）

车载充电机是安装在电动汽车内，可将公共电网的交流电转换成直流电，为电动汽车的动力电池包充电的电力转换装置。国内、外新能源电动汽车均标配了车载充电机。

1. 2018 年车载充电机产业的总体情况及产业预测

车载充电机是电动汽车重要的核心零部件，其市场规模随着新能源汽车市场的快速增长而扩大。2016 年我国车载充电机市场规模为 20.3 亿元，2017 年为 24.1 亿元，2018 年我国车载充电机市场规模约 30 亿元。专家预测，未来几年均复合增长率约为 28.25%，2022 年预计将达到 79 亿元。

在直流快速充电时间还无法与加油时间相媲美的条件下，交流充电为电动汽车的主流充电方式，这也是车载充电机目前无法去掉的重要原因。并且由于私人交流充电桩具有充电时间灵活自由、可以夜间充电的多方面因素，成为大多数车主所青睐的充电方式。纵观国内充电桩市场，私人交流充电桩可谓占据了半壁江山。中国充电联盟官方发布的数据显示，截至 2018 年底，全国充电桩保有量约为 77.7 万台，其中私人交流充电桩 47.7 万台。虽然中国私人交流充电桩比例已经达到 50%，但是和西方发达国家相比，此比例仍然有待提高。以美国为例，私人交流充电桩占据了整个充电桩数量的 3/4。在交流充电方式如此大环境下，车载充电机未来几年也依然电动汽车重要的核心零部件。

新能源汽车产业的快速发展带动了车载充电机的市场需求，车载充电机企业开始注重技术研发，开发先进的电源电气技术，对自身产品进行升级，以适应新能源汽车行业发展需求。为实现车载充电机的智能化、小型化、轻量化、高效化、集成化等方面的相关研究与开发工作也取得了很大的发展，逐渐满足整车企业对结构及效率方面的较高需求。市场规模的快速扩大以及研发技术的不断突破，车载充电机产业也迎来一段爆发期。

2. 2018 年车载充电机技术发展情况

车载充电机作为电动汽车内重要的电力电子零部件，从机械结构设计上，电动汽车上使用的充电机主要是密封式车载充电机，车载式充电机按照技术标准应满足抗振、防水、散热等基本要求，这就决定了其应是密封式金属外壳、内部采用全灌胶或局部灌胶工艺，否则是很难实现汽车产品标准的要求。

从整车高压电路上，交流充电口直接进入车载充电机的输入端，车载充电机的输出端与动力电池包相连，如图 1-52 所示。

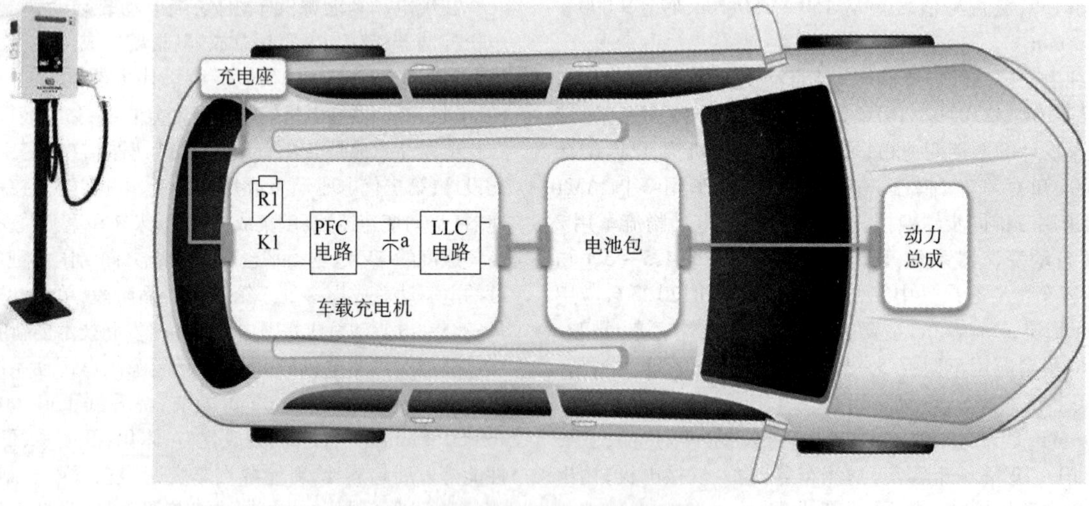

图 1-52　电动汽车高压电路简图

车载充电机的主功率电路拓扑由有源功率因数校正电路（简称“PFC 电路”）和直流变换电路（通常为 LLC 控制变换电路）组成，如图 1-52 中车载充电机内部电气结构。除此之外，车载充电机辅助电路还有输入、输出的各种电压和电流的检测电路、与整车控制器及 BMS 的通信电路等实现各种功能和保护。

近两年，关于车载充电机新的功能和新的技术也不断地被提出，即：双向车载充电机的对外放电功能，以及车载充电机和 DC/DC 的磁集成技术。双向车载充电机逐渐流行，主要是由于各整车企业均规划且实施了纯电动汽车对外放电

(交流电)的功能和宣传,其中比亚迪与北汽新能源宣传的较早。并且新制定的国标草案《电动汽车用传导式车载充电机》中也加入了关于双向车载充电机的要求,可以实现对外放电的功能。

关于双向车载充电机的电路拓扑目前均采用无桥式PFC电路和双向LLC电路拓扑,如图1-53所示,交流220 V从充电机的AC口输入,经过PFC整流电路到C1电容两端进行滤波与储能,电压为380~420 V有波动的直流电压,再经过后级的LLC隔离变换电路进行调压到C2电容,得到动力电池所需要的直流电压及电流。

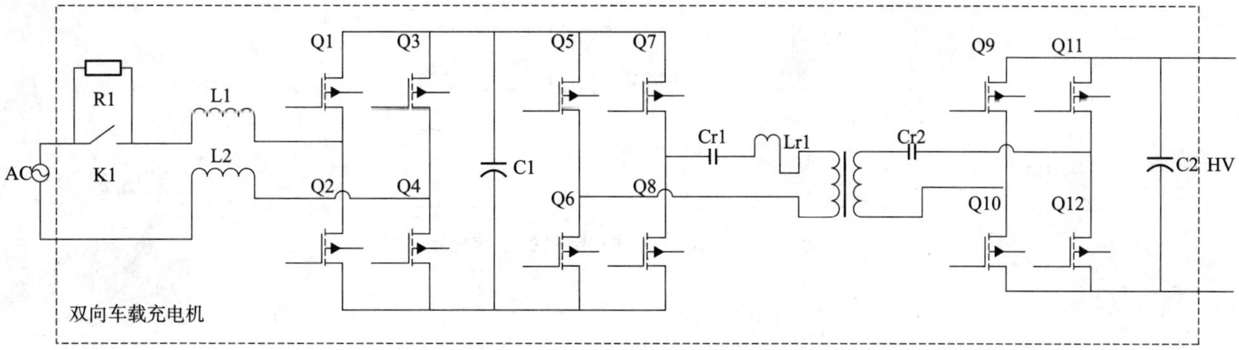

图1-53 双向车载充电机主功率电路拓扑

前级的无桥PFC电路拓扑相对常见,由图1-53中L1、L2、Q1~Q4及C1组成。后级的双向变换电路为C1和C2之间的电路,较常用电路拓扑为双向LLC谐振变换,电能可以从C1转递到C2,也可以从C2传递到C1,双向变换均能实现调压及限流控制,并且双向变换控制均实现软开关、高效率,此拓扑应用与研究目前是双向车载充电机的技术开发重点。

另外,车载充电机与车载DC/DC的磁集成技术,也是各车载电源产品供应商新提出的技术。车载充电机是实现由电网交流电转换成高压直流电,为整车高压动力电池充电;DC/DC是将动力电池的高压电转换成蓄电池的低压12 V电为整车低压电器供电,如大灯、转向系统、车载娱乐系统等。以前这两个产品从电路结构上分成两套系统,各自单独控制电能的转换,每个系统都要有自己的主控芯片及通信芯片。在整车布置也就造成了安装不便捷,各自的系统线束较多、占用车内空间较大。而且,两个产品的总元器件较多,成本也比较高。两个产品的功率转换电路图如图1-54所示。

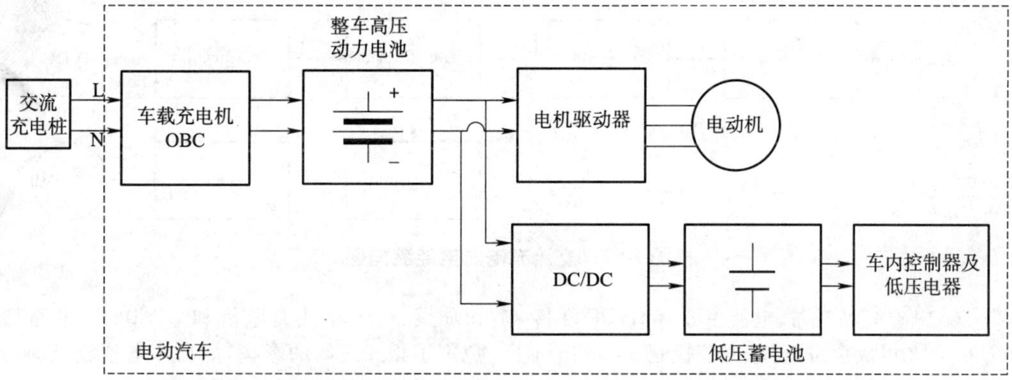

图1-54 车载充电机与DC/DC的整车高压系统框图

磁集成技术提出了一种新型的电路拓扑,将车载充电机和DC/DC集成到一个电路拓扑中,主要是通过变压器的集成化设计,实现了驱动电路和MOS管共用、采样检测电路共用、同一颗主控芯片控制,以及输入输出的EMC滤波电路共用。此集成产品在整车高压系统中如图1-55所示,交流充电时可以为高压动力电池和低压蓄电池同时充电,行车时可以由高压电池为低压蓄电池补电。

磁集成电路的电压变换拓扑如图1-56所示。

电路左侧的L、N为电网的交流电,Q1~Q4和L1、L2及C1组成PFC电路,与双向充电机相同。最关键在于T1主变压器的设计,绕组分别为N1、N2、N3。N1绕组对应AC端,N2绕组对应HVDC端(动力电池端),N3绕组对应LV端(蓄电池端)。

当此电路以实现交流充电为主时,电能主要由AC传递到高压HVDC端,为主输出通路。电路转换由Q5~Q8组成全桥LLC拓扑,以HVDC的输出电压为电压环控制,N3绕组为跟随输出(开环输出),通过Q15、D1、L4组成的BUCK电路调节LV的输出电压,满足蓄电池的电压需求。功率传输如图1-57所示。

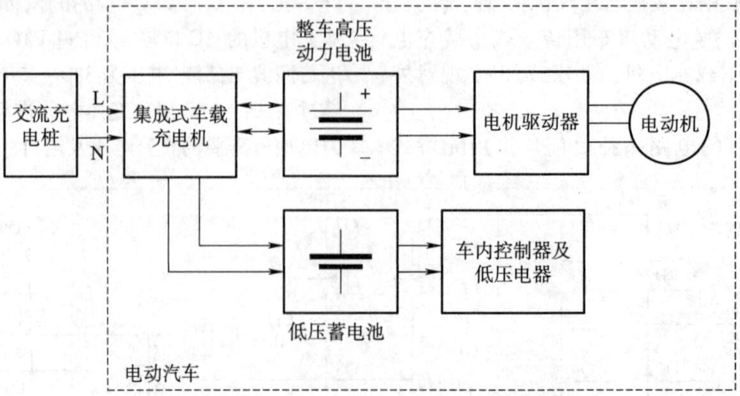

图 1-55　集成式车载充电机的系统框图

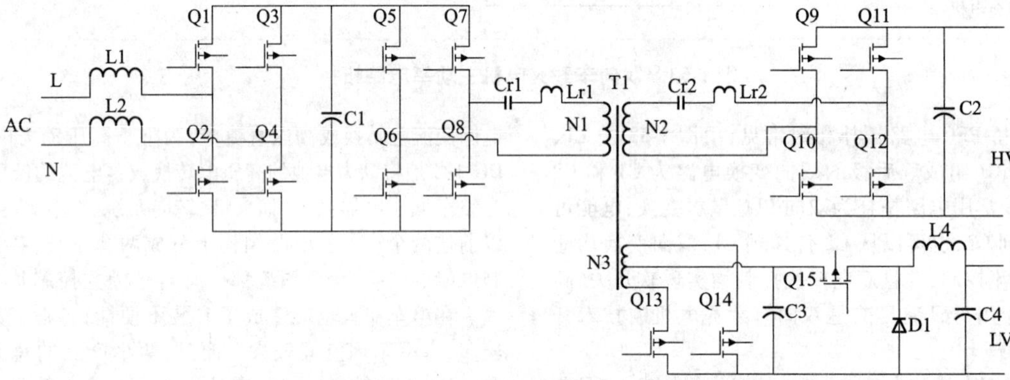

图 1-56　磁集成电路拓扑

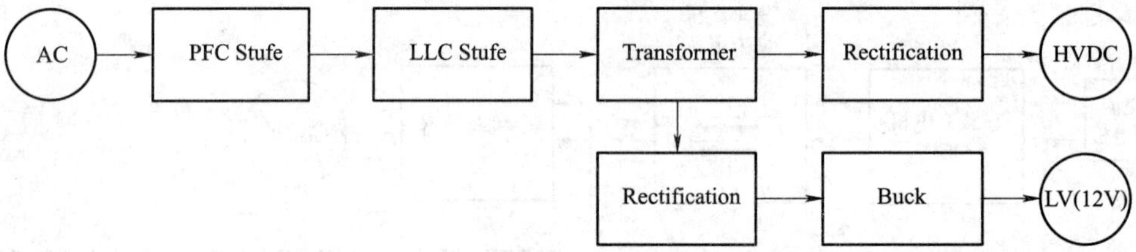

图 1-57　交流充电时电能流向图

当电路以实现 DC/DC 转换时，电能主要有 HVDC 端传递到 LV 端。Q9 ~ Q12 组成全桥拓扑，调节控制 LV 输出电压。功率传输如图 1-58 所示。

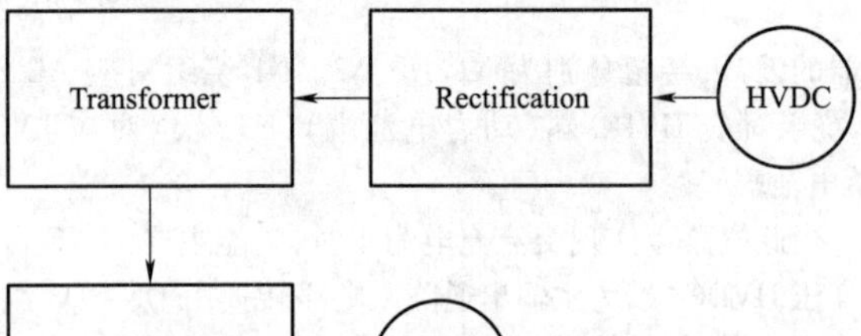

图 1-58　整车启动时电能流向图

当然，磁集成式车载充电机的技术方案也有厂家提出质疑，由于车载充电机和 DC/DC 的电路高度耦合，避免不了相互之间的影响，如高压电池较低时，对低压输出的功率是否受限制；交流充电时，整车低压电器突然开启或关闭是否会对充电有影响；还有逆变放电时也有如上等疑问，以上均为变压器的各输出支路间的负载效应和交叉调整率造成的，理论上只要将变压器参数设计好，以及软件做好各种工况组合的策略，以上问题均能解决。实际上，已有部分车型上应用了此技术，但多数供应商与车企还是持保守态度。

无论是双向车载充电还是磁集成车载充电，都是近两年在车载充电机上的新技术应用，其功能更多、更智能、体积更小、重量更轻、效率更高等技术研究趋势。随着电动汽车市场发展，消费者需求及市场竞争导向均对车载充电技术提出更高需求，需求拉引和技术推进将共同推动车载充电技术的不断创新。

3. 当前技术难点及解决方案

当前车载充电机在当前的技术难点主要有3点，分别为充电效率瓶颈、电磁兼容优化设计、功能安全开发。

车载充电机技术当前阶段，满载充电效率普遍在93%~95%之间，这里指的是充电机输出某一电压点时的充电效率，但实际充电过程中，随之电池充电越满，电池电压越来越高，也就是说车载充电机的输出电压在充电过程中是逐渐升高的，但是由于充电机的电路原理特性，满功率充电时不同输出电压下效率是不一样的，效率几乎成抛物线趋势，高电压和低电压时效率偏低，电压中间段时效率相对较高，普遍相差0.5~1个百分点。所以若要求整个充电过程中效率均做高是较难设计的，需要优化电路中变压器及谐振电路中的参数、优化开关变换控制算法可能将效率进一步提升，另外就是采用碳化硅MOSFET器件，降低元器件的损耗也可以提升效率，但碳化硅MOSFET现阶段价格较高、资源较少，不宜批量生产。

电磁兼容设计一直是开关电源类产品的开发难点，尤其是车载充电机是针对个人用户使用的，其电磁兼容相关标准更加严格。其实解决方案基本上就是增加滤波电路、增加屏蔽层等措施，但这些措施就要增加车载充电机的体积和重量，违背了充电机的高功率密度及轻量化的发展需求。所以电磁兼容的优化设计都要从电路拓扑及PCB布局的根源上处理与抑制。

车载充电机的功能安全开发，也是最近整车厂和供应商新提出来的要求。如出现异常故障一定要保护，不得发生人身伤亡或着火等危险事件。简单地说功能安全开发就是要证明车载充电机本身能够保护住的措施，从软件、硬件要做到很低的失效率，且要满足ISO 26262标准中开发流程的规定。这就要求车载充电机要改变原设计电路中检测方法、执行方法等，要增加或替换相关元器件，增加成本，对车载充电机原技术开发平台具有一定的冲击。

4. 国内外技术差异

国内车载充电机的电路技术开发创新方面已经超过了国外，无论是电路拓扑的创新、控制算法的创新，还是磁性元器件的优化。如双向车载充电机和集成式设计均是由国内供应商开发出，国内车企率先使用。国外充电机开发企业相对保守，电路拓扑设计都是传统电源开发的思路。所以国内车载充电机普遍效率相对较高，体积较小，功率密度较高。

国外车载充电机开发注重产品的工艺性设计及自动化生产设计，其产品具有一定的汽车电气品质感。国内供应商在学习和升级阶段，国外部分企业已经具有了功率元器件晶圆封装技术应用在了车载充电机中，如全桥电路中4个MOSFET管封装成了一颗MOSFET模块，既能缩小了体积又能优化散热，此技术开发的前期成本投入较大，国内供应商处于探索阶段。

5. 未来几年车载充电机技术发展趋势

未来几年车载充电机的技术还有会进一步升级与迭代，一方面是V2G功能在车载充电机上开发；另一方面是第三代半导体功率元器件在车载充电机上的应用。电动汽车市场数量逐年上升，大量电动汽车对电网提出新挑战，车辆到电网（V2G）技术可以通过电动汽车帮助电网实现电力平衡。V2G（Vehicle-to-grid）描述了这样的一个系统：当电动车没有运行的时候，可以将其电池的能量传送到电网；反之，当电动汽车需要充电时，电池可以从电网获取电能。V2G的功能也是基于双向车载充电机开发升级出来了，双向车载充电机逆变输出由原有的离网型电源，增加了可并网使用的电源。由于电动汽车并网的相关国家标准没有开展研究，所以V2G还处于概念阶段。第三代半导体-碳化硅在电动汽车功率电子零部件上的应用。由于传统硅基功率半导体器件在诸多方面的性能已达到了极限，碳化硅正成为突破硅半导体性能瓶颈的首选材料。低开关损耗、耐高温和高开关频率等性能亮点，令其成为实现电动汽车中功率电子最佳性能的理想选择。与传统解决方案相比，基于碳化硅开发的车载充电机使系统效率更高、重量更轻及结构更加紧凑。碳化硅成本较高，不宜推广使用，但随着碳化硅制程技术越来越成熟，价格逐渐降低，性能更加稳定，一定会在车载充电机上率先使用。

6. 未来市场需求分析预测

对于未来车载充电机市场需求以下有两种截然不同的预测。一种预测是车载充电机功率提升，三相11 kW或22 kW车载充电机的推广。随着电动汽车续航里程增加，整车电量越来越高，当电量在70 kWh以上后，单相7 kW的车载充电机充满电的最长时间将会超过10 h，交流充电充一宿都充不满可能会成为用户吐槽的话题。国外一些电动汽车均标配了三相车载充电机，如特斯拉全系车、保时捷Mission E等，而国内只有比亚迪E6/E5车型支持三相交流充电，其使用电机控制器方向应用为三相交流充电的，严格意义不属于三相车载充电机。但是关于三相交流充电也有另一种说法，交流充电仅仅是用户日常补电，大多数情况电池不会放空才充电，一夜时间是可以充满，而且三相车载充电机成本高、体积大，不合适在电动汽车上的应用。所以，三相车载充电机当前不能普及是受制于产品的价格和体积，以及三相充电设施较少。随着参与研究的企业越来越多，相关技术和配套日趋成熟，大规模使用也只是时间问题。另一种预测是去掉车载充电机，将充电机外置给车充电。将交流转直流的变换器放在壁挂充电桩中，或设计成便携式充电机，输出直流电，对电动汽车直流充电口进行小功率充电。这样规划有几点好处，车内没有充电机及其配套的充电线束总成，降低了汽车的价格，去掉了占用整车的空间，也减轻了重量，而且车身上不必再开一个慢充口，车身钣金完整等。但去掉车载充电机也要考虑新的问题，外置充电机的可靠性怎么保证？出现问题谁来负责？充电机外置必然是要自然冷却或强制风冷，要想功率最大到7 kW几乎就要带风扇强制风冷。一方面，户外的开关电源产品普遍生命周期都很短，要适应各种各样的恶劣环境，如高盐度、高灰尘、絮状物多等地区设计很难，风扇故障率会非常高，导致充电机热坏或不能工作，但车载充电机在车内有水循环散热是不用考虑以上问题的。另一方面，外置充电机大规模泛滥，网络商城平台随处可见，质量参差不齐，若使用中发生故障，由于充电机的原因将整车其他部件充坏也很有可能。车载充电机还起到安全保障的作用，和BMS联合起来，跟外面的充电桩，一起构成安全的充电体系。如果是外面的外置充电机，要满足所有整车厂对电池管理安全的要求，会很难。还有些安全问题，另外各厂家技术路线不一定认可。外置直流充电机提供了一条技术路线，但最终还是要交与市场去选择。

二十八、新能源汽车电动空调

Chapter 28 New Energy Vehicle Electric Air Conditioning

（上海加冷松芝汽车空调股份有限公司 黄国强； 三花集团中央研究院 祁照岗）

1. 2018年电动汽车空调产业概况

2018年中国新能源汽车实现销售123.83万辆，比2017年增长59.4%，其中纯电动车96.88万辆，比2017年增长48.6%，插电混合动力26.95万辆，比2017年增长115.7%。按车型来分，乘用车105.30万辆，比2017年增长81.9%，商用车18.53万辆，比2017年减少6.4%。新能源汽车空调也跟随新能源汽车行业的增长而增长，也呈现相同的销售和增长比例。新增部分主要在电池热管理领域，包括电子水泵、电子冷却器、电子膨胀阀、膨胀水壶、温度传感器、电子PTC水加热器、电池冷板等零部件，以及水回路集成及控制。单套电池热管理系统增值大约在2 700元，新增工业产值大约在33.43亿元。

2. 2018年电动汽车空调技术发展概况

针对新能源汽车动力转换、行驶里程焦虑、电池安全等一系列技术问题，电动汽车空调行业主要在电动化、高效化、智能化、环保化和舒适化等5个方向进行技术演进。

电动化主要是制冷制热循环驱动电动压缩机、电子水泵、电子加热器、电子膨胀阀的技术开发。高效化重点还是从能量全效率角度出发进行余热回收和再利用、热泵空调制冷制热循环设计、热量储存和释放等方面技术的开发。智能化是指针对温湿度精确控制、自动化控制程度、智能识别热负荷需求变化和智能响应，以及物理操作器的人机界面（包括语音识别、手势识别等）等方面进行技术开发。环保化主要是从再循环材料、低GWP制冷剂的使用和替代（如欧盟对汽车空调用制冷剂有GWP<150的法规要求）等。舒适化主要是从解决乘员舱的空气VOC、空气PM2.5值降低、快速降温、快速制热、模式切换、降低气动噪声和机械振动等方面进行技术开发。

（1）2018年电动汽车空调技术发展特点

在新能源汽车发展起步阶段，针对乘员舱制热困难主要采用PTC加热器替代传统空调箱中的水暖加热器，但这种加热方式对续航里程有很大影响，因此需要寻找加热效率更高的替代技术，以减少对续航里程的影响。行业内空调供应商主要从两个方向来进行替代技术的研究和开发。一是热泵空调。尤其是在冬季工况下，通过制冷剂流动方向的改变，使得冷凝器在车室内放热，从而提高系统能效，降低电量消耗，增加汽车行驶里程。二是电机电控余热回收与再利用。针对电池冷却，早期采用自然空气冷却技术，其优势是成本低但电池温度不能精确受控，使得电池安全性受到挑战。针对上述问题进一步引入被动式冷却技术，包括空气强制冷却、冷却液强制冷却等，但入口空气或冷却液温度仍不受控，电池温度不受控范围依然较大。2018年随着电池热失控管理要求的不断提高，电动汽车空调技术领域最大特点是主动冷却技术的进一步发展，包括空气强制冷却、冷却液强制冷却、制冷剂强制冷却等，冷却介质入口温度按照电池发热量的变化受到更严格控制，极大地降低了电池热失控的风险，同时也使得电池工作在最合适的温度范围内。商用车和乘用车对于电池冷却方式的技术路径选择，也使得电池热管理从独立式向集成式发展。集成式电池热管理系统是将电池冷却加热和乘员舱的冷却及加热集成在一个系统回路中，一方面可以大大降低系统成本，另一方面是电池及乘员舱温湿度控制和集成能力进一步提高。

（2）2018年电动汽车空调实现的主要技术突破点

2018年电动汽车空调技术的最大突破来自热泵空调的进一步普及和推广。热泵空调从两换热器回路架构到三换热器回路架构、带中间换热器的补气增焓回路架构都有空调供应商在进行开发，部分厂家已经通过台架测试并且装车，实现了部分量产。如上汽乘用车ei5、Marvel X，一汽轿车的X80，比亚迪的宋和唐，蔚兰汽车的ES8。主动冷却的冷却液电池热管理已经成为电池包冷却的主流技术选择，并且在大部分的新能源汽车上进行批量应用。

（3）亟须解决的技术难点及解决方案

电动汽车空调或电动汽车热管理系统仍亟需解决的技术难点主要包括以下几个方面。①热泵系统进一步优化与简化。目前提出的热泵系统回路控制元件仍显较多，系统控制仍较复杂，系统可靠性和集成化不够。②电动零部件集成化和模块化需进一步提高。如电子膨胀阀和电池冷却器的集成化、四通换向阀及系统可靠性和耐久性等。③热泵工况下系统性能进一步提升。尤其是在−20 ℃以下环境温度下，R134a/R1234yf系统性能急剧降低，制热量不够、功耗增加，同时车室外换热器在低温工况下（2 ℃/1 ℃环境温度）严重结霜、系统性能恶化等问题。④热泵系统成本需进一步降低。电动汽车空调热泵系统由于其复杂性和更多零部件，使得其成本相对于常规空调系统居高不下。一方面需要进一步推广热泵系统以"摊薄"设计和开发成本，另一方面通过技术改进（如前述系统优化、低成本替代材料等）和集成化设计与制造降低成本。⑤二氧化碳系统的进一步研发。在环保和热泵等发展趋势下，二氧化碳热泵系统受到越来越多的重视，但其中仍有很多技术问题亟需解决，如性能提升、系统设计与匹配、降成本等。上述问题的解决有赖于在基础材料、传热传质机理、系统控制等领域加大研发，以及高校、科研院所和行业进一步的产学研合作。

(4)2018 年国内外技术差异

在热泵空调方面，国外主要汽车空调竞争厂商都在做开发。日本电装已经设计架构和生产应用了带闪发器和喷气增焓制冷回路的 R134a 热泵空调，适应环境温度 -10 ℃的使用，与非补气增焓热泵系统相比，环境温度 -10 ℃时制热能力提高 26%，与 PTC 加热相比，环境温度 5 ℃时节能 60%。日本三电开发了使用二氧化碳的热泵空调用压缩机，装配到奔驰车型上。国内比亚迪开发和生产了使用 R410A 的热泵空调，能够满足 -40 ℃寒冷环境的整车制热需要，COP 在 -10 ℃时达到 3.5。上海加冷松芝开发的三换热器乘用车 R134a 热泵空调可以满足环境温度 -20 ℃的使用，COP 在 -10 ℃达到 1.8。也开发和量产了带中间换热器和喷气增焓制冷回路的超低温 R410A 大巴热泵空调，可以满足环境温度 -30 ℃的使用，COP 在 -20 ℃达到 1.48。国内外竞争厂商在热泵空调技术开发上基本上还是齐头并进、各有千秋，都覆盖制冷、制热、除湿，以及多种混合模式的乘员舱和电池热管理要求，在乘用车领域国外技术商业化量产比国内略早，在大型客车领域中国厂商则是一枝独秀、相对领先。

3. 未来几年电动汽车空调技术发展趋势

总体上电动汽车空调技术发展趋势仍是前述的“五化”，同时考虑到电池热管理的需求，技术可靠性将会进一步突出，包括空调失效、机械振动、化学、电气等方面的更高要求。未来几年，空调企业的技术研发重点仍集中在热泵空调、全能量效率优化的技术开发。热泵空调重点在制冷制热回路架构开发和高效制冷剂的选择，包括从两换热器回路到三换热器回路、带中间换热器的补气增焓回路、双级压缩回路等系统设计。全能量效率优化以电池能量利用率作为全效率计算和优化的基准目标，技术开发主要在电机电控余热回收再利用的水回路架构、制冷剂回路的电子化精确控制回路、水回路和制冷剂回路的热交换器应用、方向盘和座椅的局部加热、分区冷热量分配和分区温度控制、热量储存和释放等。

4. 未来市场需求分析预测

随着新能源汽车细分市场的发展，电动车在新能源汽车中的比例会不断上升，新能源热管理系统的需求也会不断上升。预计到 2020 年，新能源汽车产销量将达到 288 万辆，占整个汽车市场 10% 左右，其中新能源乘用车占比会达到 90%，A0 级车、A 级车和 SUV 车会占主导地位。按照 288 万辆新能源汽车的产销量和年降 3% 的幅度测算，新能源汽车热管理系统产业新增产值在 73.87 亿元的量级规模上。

二十九、充电基础设施

Chapter 29　Charging Infrastructure

（中国电力企业联合会标准化管理中心　刘永东）

2018 年充电基础设施产业取得了长足进步，有力支撑了我国电动汽车产业的发展。据中国电动汽车充电基础设施促进联盟（充电联盟）统计，截至 2018 年 12 月，我国公共类充电桩达到 33.1 万台，比 2017 年净增约 11.7 万台，私人充电桩数量达到 47.7 万台。公共类充电桩和私人充电桩总量超过 80.8 万台，车桩比为 3.7:1，发展规模持续保持全球首位。

1. 行业动态

(1)政策发布

2018 年，国家能源局等四部委联合发布了《提升新能源汽车充电保障能力行动计划》（发改能源〔2018〕1698 号）提出了力争用 3 年时间大幅提升充电技术水平的工作目标；2019 年四部委发布的《关于进一步完善新能源汽车推广应用财政补贴政策的通知》明确了取消新能源汽车地方补贴，转为用于支持充电（加氢）基础设施“短板”建设和配套运营服务等方面。“高品质”成为下一步发展重心，产业链上下游协同、充电关键技术研发及应用、确保充电安全、提高充电服务水平是充电基础设施产业发展的重要方向。

(2)地方政府承担推动充电设施发展的主体责任

各地方政府是政策的执行者，2018 年部分地方政府在中央政策的指导下，制定了适应当地市场的政策实施细则，为当地产业环境的改善提供政策支撑。

北京市城管理和交通委发布《关于加强停车场内充电设施建设和管理的实施意见》，要求对辖区内尚未建设充电设施且向社会开放使用的既有停车场（含限时开放停车场），按照不低于 10% 车位比例配建公用充电设施；引导燃油车避免占用电动汽车充电车位，发现燃油车辆占用电动汽车专用泊位的情况，及时通知公安交通管理部门开展执法，这也为停车场及充电运营商对燃油车占位管理提供了政策依据。

为促进当地电动汽车应用，部分地区制定了非常优惠的充电电价政策。一是直接降低充电电费价格，在促进电动汽车规模增长的基础上，改善了充电设施运营环境，例如，福建省制定相关政策，经过电力报装的充电场站可享受大工业电价减半政策；二是电力企业开放售电侧市场的基础上，允许充电运营商参与到电力交易当中；三是制定“绿电交易”机制，使充电设施可以享受消纳清洁能源的电价优惠政策，例如，张家口市和国网冀北电力公司开展的线上绿电交易机制。

(3)联盟标识管理（认证）体系

充电联盟组织开展充电设施认证工作。截至 2018 年，总计有 30 家企业的 40 款型号产品申请联盟标识（检测、认证)评定,其中已完成标识(检测、认证)评定工作的有 23 款型号产品,未通过的有 6 款型号产品,已通过的有 17 款型号产品,在评的有 17 款型号产品,标识(检测、认证)评定一次通过率为 74 %。

中电联认证中心、天津华诚认证中心(中汽研)、上海添唯认证技术有限公司(上电科)、许昌开普检测研究院股份有限公司、中国质量认证中心等 5 家授权认证机构已发放标识 34 203 张。

2. 充电设施标准体系建设

(1)深化充电设施标准体系

为适应充电技术的发展和产业需求,2018 年,在原有标准体系的基础上,在电动汽车充电安全、大功率及小功率直流充电技术、电动汽车充放电双向互动技术等方面进行了标准体系的前期研究工作,分析技术应用场景,提出了标准体系,做好标准前期顶层设计。

(2)加快标准制修订步伐

2018 年,充电设施标准化工作进展顺利、整体推进有序。向政府有关部门报送标准 6 项,发布标准 6 项。分别是《电动汽车充放电设施术语》(NB/T 33028—2018)、《电动汽车充电与间隙性电源协同调度规范》(NB/T 33029—2018)、《电动汽车非车载传导式充电机技术条件》(NB/T 33001—2018)、《电动汽车车载静止式直流电能表技术条件》(GB/T 36277—2018)、《电动汽车充换电设施接入配电网技术规范》(GB/T 36278—2018)、《电动汽车分散充电设施工程技术标准》(GB/T 51313—2018)。充电设施有效标准50 项,正编计划项目共47 项,其中,国家标准 14 项,行业标准 13 项,中电联标准 20 项。

3. 充电基础设施建设情况

(1)公共充电设施总体情况

截至 2018 年 12 月,公共类充电桩保有量超过 4 万台的省市有北京和上海,分别为北京 44 640 台、上海 41 315 台;公共充电桩保有量超过 3 万台的省份有广东和江苏,分别为广东 36 009 台、江苏 33 809 台;公共充电桩保有量在 1 万台以上的省市有山东、浙江、河北、天津、湖北、安徽及陕西,保有量分别为山东 24 854 台、浙江 18 962 台、河北 14 969 台、天津 14 197 台、湖北 10 821 台、安徽 10 751 台和陕西 10 145 台。我国公共充电桩区域集中度较高,北京、上海、广东和江苏这 4 个区域的公共充电桩在全国占比达到 46%,北京、上海、广东、江苏、山东、浙江和河北这几个区域的公共充电桩占比更是达到 65%。

2018 年全年各省新增了 93 943 台公共充电桩,其中江苏 2018 年新增公共充电桩 10 187 台,增量超过1 万台,公共充电桩增量在 5 000 ~ 10 000 台的省市有上海、浙江、山东、北京、广东和陕西,其中上海 8 874 台、浙江省 7 108 台、山东省 7 008 台、北京 6 939 台、广东 6 669 台、陕西 5 990 台。另外,湖北、福建、天津、河北等省市新增公共充电桩数量也较多。

(2)公共充电设施类型情况

2018 年我国交流桩和直流桩保有量均有较大幅度的增长,而交直流一体桩的保有量变化较小。直流桩保有量占比已由 2017 年 12 月的 39. 45% 持续上涨,到 2018 年 12 月直流桩保有量占比已达到 46%。对 2018 年各季度交、直流桩增量的数据进行分析可以发现,新增公共充电桩中直流桩的数量高于交流桩的数量。而随着时间的不断推移,在新增公共充电桩中,直流桩占比不断提升,从 2018 年第一季度的 54. 36% 上涨至 2018 年第四季度的 67. 08%。2018 年新增公共充电桩中,直流桩增量为 58 746 台,占比达到 63%,而交流桩增量为 35 184 台,占比仅为 37%。交直流一体桩仅有微量上涨。

(3)私人充电设施发展情况

随着新能源汽车的飞速发展,私人充电桩的配建工作也呈现较好势头。截至 2018 年 12 月,根据收集到的 706 926 条车企上报车桩相随数据来看,我国已配建私人充电桩数量达到 476 869 台,配建率为 67. 46%。进入 2018 年以来,私人充电桩配建率维持在 68% 左右。

4. 充电基础设施建设运营存在的问题

虽然充电基础设施发展较快,但行业仍然面临着基础不牢固、发展不均衡不充分等问题。一是充电设施平均利用率相对较低,行业盈利能力低,商业模式尚未成熟,有待进一步探索。二是充电设施运营企业在整体产业链中处于弱势地位,车企参与度相对较低,动力电池充电技术升级难以协调。三是充电设施总量虽然较大,但技术水平依然偏低。各类充电设施只能实现单向充电,还难以与电网互动,私人充电设施无法提供智能共享服务。四是充电运营企业众多,手机应用程序较多,运营商平台数据“互联互通”水平有待提升。

5. 促进充电基础设施建设的建议

(1)充电技术创新应用

随着全球汽车电动化的进程,充电技术也日新月异,大功率充电、无线充电、V2G 等技术也逐渐从实验室走向市场示范应用,“智能、高效、便捷、安全”称为充电产业发展的主要目标和方向。第一,动力电池实现技术突破、成本有较大幅度的降低,既可以实现电动汽车高功率安全快速充电,也为电动汽车参与电网互动提供经济效益基础。第二,充电设备在原材料和加工工艺上实现进步,提高设备质量可靠性,为先进充电技术的产业化奠定基础。第三,引导规模化电动汽车参与电网互动,一是通过制定电动汽车向电网送电的相关政策措施,利用电动汽车储能的特性,实现电网削峰填谷,从而产生经济效益;二是电动汽车通过智慧车联网服务平台以及智慧能源服务平台,实现绿色电力网上交易,消纳过剩的清洁能源;三是依托互联网和现代信息通信技术,把分布式电源、储能、负荷等分散在电网的各类资源相聚合,进行协同优化运行控制和市场交易,实现以电网为中心实现用户侧“源—网—荷—储”的智能互动。

(2)多元化充电运营模式探索

随着社会经济从“互联网 + ”向“ + 互联网”模式的转变,充电基础设施产业运营模式的创新也将会在与互联网融合的过程中进行创新,充电增值服务体系将形成充电服务为基础、互联网平台为入口、出行配套服务为生态的服务体系架构。

(3)充电设施与多产业融合发展

为更好地打造电动汽车生态服务体系,充电设施需要发挥其跨领域、学科的优势,积极连接上下游及相关产业,延长充电产业链、提升价值链、完善利益链,形成多主体参与、多机制联结、多要素发力、多模式推进的发展体系。一是联合高科技企业,借助互联网、能源等行业的技术力量,实现电动汽车车联网、充电设施服务网、智慧能源互联网、智慧交通网的融合,实现产业集群化发展;二是加强充电产业与出行服务等产业融合,赋予充电产业新的服务模式,提升产业盈利能力,并带动产业向智慧出行服务产业延伸;三是有效整合现有行业参与主体,以市场为导向,推进产业市场融合,建立政府监管、市场引导、多主体参与的有序发展模式。

三十、电动汽车无线充电

Chapter 30　Wireless Charging for Electric Vehicle

(中国科学院电工研究所　王丽芳)

1. 电动汽车无线充电系统产业发展现状

当今世界正面临全球性的能源危机与日益严峻的环境保护压力,交通运输领域作为世界经济的命脉,正经受着高能源消耗与高环境污染的双重挑战。针对此问题,世界各国均发布并实施了各自的电动汽车战略。

我国也已经开始新能源汽车的推广和基础充电设施的建设进程。截至2016年,我国电动汽车销量同比增长65%达到40.9万辆,公共类充电机建设同比增长118%达到141 254个。根据我国对新能源汽车发展的目标,到2020年,我国纯电动汽车和插电式混合动力汽车生产能力将达到200万辆、累计产销量超过500万辆,中国已成为全球最大的电动汽车市场。若充电设施与电动汽车按1:2的比例建设,无线充电技术渗透率为50%,按安装一套无线充电装置一万元计算,预计2020年仅我国无线充电的市场规模将达到百亿规模。此外,据权威机构预测,2017年全球的无线充电市场将达73亿美元,2019年将突破100亿美元,而2015年还不足20亿美元,4年复合增速超过50%。预计随着技术提升及商用突破,无线充电将呈现广阔市场空间。

为了促进电动汽车无线充电系统产业的发展,国家发展改革委、国家能源局于2016年3月下发的《能源技术革命创新行动计划(2016—2030年)》中,要求到2020年突破电动汽车无线充电技术,以电动汽车无线充电为应用对象,研发高效率、低成本的无线充电系统,实现即停即充,甚至在行驶中实现动态充电。

在世界范围内,智能化和无人驾驶已成为电动汽车的重要发展方向。而无线充电系统更适用于无人驾驶的智能电动汽车,已成为解决电动汽车充电问题的有效手段和现实途径,受到了各大车厂的青睐。丰田准备了插电式普锐斯车型作为试验车,在丰田汽车总部所在地——日本爱知县的10位车主住宅中进行试验。丰田希望无线充电系统可以在几年内量产面市。日产公布了关于一套无线充电系统的相关信息,该系统被形容为"未来加油站";这套无线充电系统由日产和Foster + Partners公司共同开发;首款搭载车型为日产聆风。奔驰、宝马研发电动汽车无线充电技术。奔驰已经在S级上进行测试,而宝马则应用到HEVi8上。奥迪推出充电效率90%的无线充电系统,这套系统的最大特点是供电线圈为可升降形式。庞巴迪研发无线充电系统PRIMOVE,充电功率可达100 kW以上,2015年将该系统应用在纯电动巴士无线充电中,在德国曼海姆、柏林、不伦瑞克市等地进行了运行。韩国科学技术研究院(KAIST)针对电动汽车动态无线充电技术进行了深入研究,并于2013年起在龟尾市等多地进行测试应用。宝马BMW在2018款530e iPerformance款混动汽车上搭配了无线充电技术,该系统搭配了一块充电板,充电板与220V电源相连,仅需3.5 h就能充满9.4 kWh的电池组,整套系统或将于2019年量产。

在国内从事电动汽车无线充电的企业主要有中兴新能源(ZTEV)、中惠创智(Zonecharge)、万安科技等。中兴新能源(ZTEV):中兴新能源(ZTEV)成立于2014年6月,是中兴通讯(ZTE)旗下的控股子公司。ZTEV研发出电动汽车3～60 kW大功率无线充电系列产品,为新能源智能网联汽车提供自动、自在、自由的汽车充电整体解决方案,并在成都、襄阳等地开展了示范运行。中惠创智(Zonecharge)成立于2014年7月,致力于无线供电技术的研发与产业化运营。在烟台总部建有无线电能传输技术研发中心,在深圳公司建有电磁兼容标准化实验室。公司旗下有专注低功率无线供电芯片研发生产的"泰沃"品牌,和专注高功率新能源汽车充电桩研发生产的"能度"品牌。2016年7月,万安科技出资74%与Evatran在中国设立合资公司—浙江万安亿创电子科技有限公司,主要聚焦于无线充电业务。

2. 无线充电系统技术概况

电动汽车无线充电系统主要由功率因数校正电路(PFC)、高频逆变器、无线能量传输线圈、补偿网络、高频整流桥组成。无线充电系统的结构简图如图1-59所示。功率因数校正电路将220 V的交流市电转变为直流电,减小输入电流谐波;高频逆变器将直流电转变为高频交流电;无线能量传输线圈包括发射端线圈与接收端线圈,通过空间电磁场实现能量的无线传输;补偿网络调整发射端的电源特性,以及接收端的负载特性,以优化系统的传输效率、输出功率、软开关等特性;高频整流桥将接收端的交流电转变为直流电,并为动力电池进行供电。

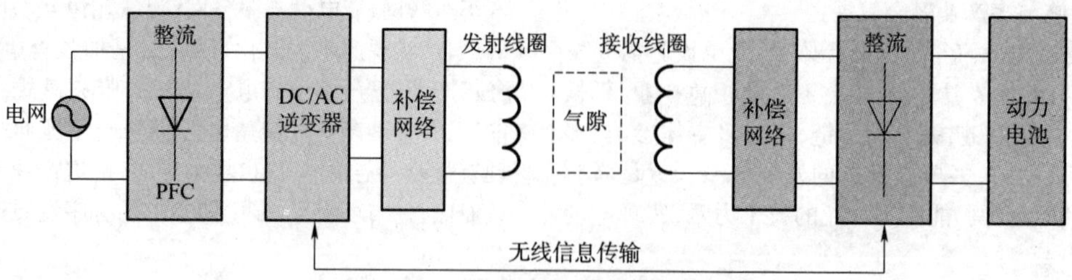

图 1-59　无线充电系统结构简图

(1)功率因数校正电路

在中国,市电是电压为 220 V/50 Hz 的交流电。作为市电负载的电气产品阻抗特性存在 3 种状况:电容性、电感性和电阻性。其中,电阻性负载消耗有功功率(实际做功的功率),而容性和感性负载则消耗无功功率。为了使电气产品正常工作,作为能量源的市电则需要提供的总功率应为负载消耗的有功功率和无功功率之和。当负载消耗的无功功率越小,市电需提供的总功率也越小,从而市电的利用率就越大。因此,为了实现市电利用率的最大化,在市电和市电负载之间需要增加功率因数校正电路,使得市电的输出负载特性接近纯阻性。常见的功率因数校正电路拓扑结构如图 1-60 所示。单相拓扑的功率因数校正电路主要应用于千瓦级的无线充电系统中,三相拓扑的功率因数校正电路主要应用于大功率的无线充电系统中。

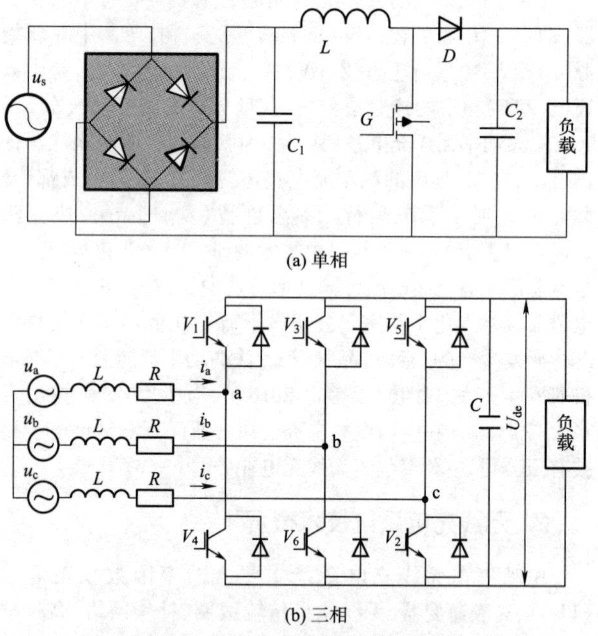

图 1-60　功率因数校正电路结构

(2)高频逆变器

高频逆变器是原边电路中的核心部分之一,其主要作用是把 PFC 电路输出的直流电转换成高频交流电。该高频交流电的波形为方波,幅值与直流电电压幅值相等。逆变器基本的结构有:推挽型逆变器、半桥逆变器和全桥逆变器。推挽逆变器通常应用与小功率场合,在中大功率应用场合中,多采用半桥逆变器和全桥逆变器,其中全桥逆变器以其灵活的控制方式及无需均压电容的优点得到了广泛应用。因此,在电动汽车无线充电系统中,高频逆变器常采用全桥拓扑进行设计。采用全桥拓扑的高频逆变器如图 1-61 所示。

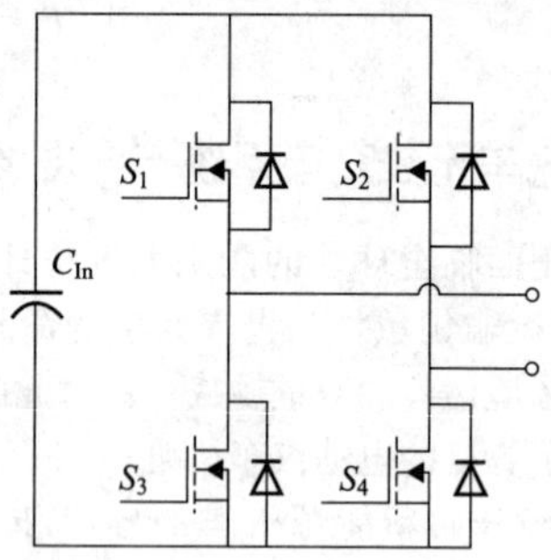

图 1-61　高频逆变器拓扑结构

(3)无线能量传输线圈

无线能量传输线圈包括发射线圈和接收线圈。发射线圈内的电流产生高频电磁场铰链到接收线圈,进而在接收线圈内产生感应电流提供给负载电能。无线充电系统线圈与传统变压器的本质区别,在于原副边耦合性能的差异,耦合系数 k 用来描述两个线圈之间的耦合程度($0 < k < 1$),传统变压器耦合系数通常在 0.95 ~ 0.98 之间,而磁耦合无线能量传输系统的线圈属于松耦合,耦合系数一般在 0.5 以下,甚至不到 0.1。线圈之间的耦合性能是无线充电系统的核心和基础,耦合性能越好,传输效率越高,系统的稳定性也越高。主流的线圈结构主要包括平面盘式螺旋线圈、交错并联式 DD 型线圈、串联式 DD 线圈和工字形线圈等结构,其各自形状如图 1-62 所示。

为了提高线圈间的耦合系数以及减小电磁辐射,在耦合线圈两侧需要添加电磁屏蔽材料。常见的电磁屏蔽结构类型如图 1-63 所示。

(4)补偿网络

原副边补偿网络的主要作用是调整系统最大输出功率和传输效率的工作点。通过对原边补偿网络的设计,改变原边回路阻抗的实部和虚部,实现对系统最大输出功率点的调节;通过对副边补偿网络的设计,改变副边回路阻抗的实部和虚部,实现对系统最大传输效率点的调节。

根据线圈自感和补偿网络中电容的连接方式,简单的补偿网络拓扑可分为:串联型拓扑和并联型拓扑。这两种补偿方式结构简单,易于实现,但不能达到最优性能指标,只适合特定的场合。含有多个电容或多个电感的复合补偿网络,如 LCC 补偿,结构相对复杂,但能更好地进行回路阻抗的阻抗变换,保证系统性能指标。主要补偿网络结构如图 1-64 所示。

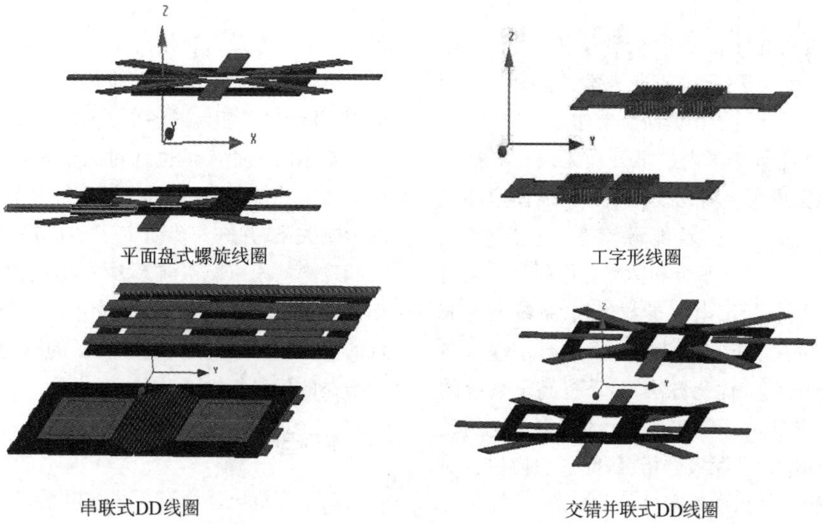

图 1-62　主流线圈结构图

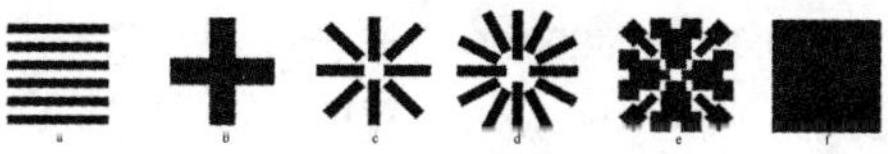

图 1-63　电磁屏蔽结构

谐振拓扑	串联	并联	并联	串联	复合补偿
副边补偿 机械气隙 原边补偿	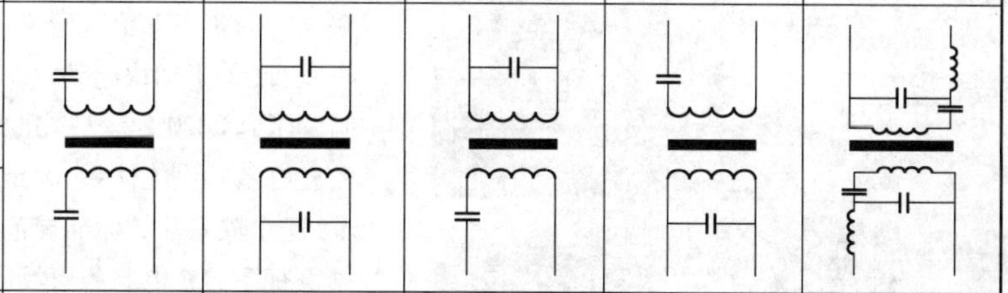				
	串联	并联	串联	并联	复合补偿

图 1-64　补偿网络结构

(5)高频整流桥

电动汽车无线充电系统中的高频整流桥通常采用全桥不控整流结构,其主要由 4 个二极管及一个滤波电容组成。它的作用是将副边接收线圈感应的交流电转化为直流电,经电容滤波后为电池供电。高频整流桥的电路如图 1-65 所示。

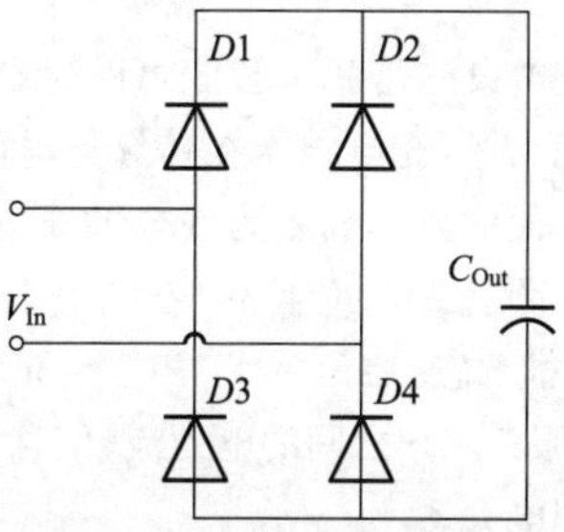

图 1-65　高频整流桥拓扑结构

3. 无线充电技术研究进展概况

在无线充电技术方面,国外主要有新西兰奥克兰大学、美国橡树林国家实验室、韩国科学技术院、美国密歇根大学等国外科研机构投入了大量研究,并提出一些典型结构与设计方案。新西兰奥克兰大学团队提出了 DD 型线圈结构,并对其设计方法以及物理参数的影响进行了深入的研究,进而发展出 DDQ 等多种线圈结构类型。美国橡树林国家实验室(ORNL)从 2009 年开始开展了电动汽车用无线充电系统的研发工作,他们采用方形线圈(圆角)结构,2013 年开发了输出 6 kW 的电动汽车用无线充电系统,系统工作频率为 22 kHz,在 15 cm 传输距离时达到了超过 97% 的线圈效率。韩国科学技术院团队同样采用方形圆角的线圈结构开发了额定输出功率为 6.6 kW 的电动汽车用无线充电系统,在20 cm 传输距离条件下获得了超过 95% 的 DC-DC 效率。密歇根大学团队也采用 DD 型线圈,设计了 DC-DC 效率超过 95% 输出功率高达 8 kW 的电动汽车用无线充电系统。

对于电动汽车无线充电技术，国内主要有中国科学院电工研究所、重庆大学、东南大学、天津工业大学、清华大学、哈尔滨工业大学等科研院所开展了相关研究工作。

中国科学院电工研究所是国内最早开展无线充电技术研究的单位之一，承担完成了多项无线充电方面的国家和北京市科技攻关项目，包括国家“新能源汽车”重点专项、“863”计划、支撑计划、自然科学基金和国际合作项目。在电动汽车无线充电系统线圈设计、电容参数优化、系统电磁兼容性、系统动态特性、磁场分析与屏蔽等方面进行了深入研究；提出了一种无线充电系统优化方法，显著提高了系统的偏移容忍度；对电动汽车静止式和移动式无线充电系统的动态特性与切换瞬态特性进行了深入分析；研究了切换位置对移动式无线充电系统稳态输出和暂态冲击的影响，并提出了最佳导轨切换控制方案。进而，研发了电动乘用车用 3.3 kW 无线充电系统，传输距离为 20 cm，最高系统效率大于 90%，并在北京新能源汽车股份有限公司的 E150、E200、EU260 等纯电动乘用车上进行了装车试用（如图 1-66 所示），开展电动汽车无线充电系统的小规模示范运行与推广。

图 1-66　中科院电工所 3.3 kW 无线充电系统

同时，还在 20 cm 传输距离条件下开发了 6.6 kW 无线充电系统，DC-DC 最高效率达到 94.2%；以及 30 kW 无线充电系统，DC-DC 最高效率达到 95.3%。并且，开展了电动汽车移动式无线充电系统研发，试验平台效率达到 90.8%。研发的系统参加了北京市科技博览会、全国科技周等展览和科普活动，获得了广泛好评。

重庆大学自动化学院孙跃团队于 2000 年开始磁感应式无线电能传输（WPT）技术的研究，围绕该技术的基本原理、高频谐振软开关变换器的建模方法及非线性行为分析、功率传输的稳定性等方面进行了较为深入的研究并在磁感应式 WPT 技术的推广和应用方面做了大量的工作，研制了多套实验样机。东南大学黄学良科研团队，针对磁耦合谐振式无线电能传输系统特性，提出了功率调频控制技术、动态频率调控技术、电动汽车无线充电技术及无线充电电动汽车与电网互动技术等一系列关键技术，并搭建了电动汽车磁耦合谐振式无线充电装置，充电功率最高 3 kW，传输效率保持在 90%。

天津工业大学针对磁耦合谐振式无线电能传输系统的频率分裂特性及系统建模方法等理论上作了一些研究，上探讨了磁耦合谐振式无线电能传输系统发生频率分裂现象的原因，并给出了相应的解决方法。

哈尔滨工业大学也针对磁耦合谐振式无线充电进行了相关实验和模型分析，得出了系统参数与系统充电效率之间的影响关系，并进一步研究了如何提高系统传输的功率、距离和效率。南京航空航天大学则在磁感应式 WPT 的电路拓扑方面做了大量研究工作，提出了适应宽负载和耦合系数变化的 S/SP 补偿拓扑，在 1.5 kW 的原理样机上验证了其恒电压增益的优异特性。

4. 电动汽车无线充电系统标准相关进展

为了促进电动汽车无线充电系统产业化的进程，无线充电系统相关标准的制定已显得格外重要。在国外，国际电工委员会 IEC 在 2015 年 8 月发布了电动汽车无线充电系统通用要求，其通信要求、磁场无线充电技术要求两部分正在制定中。国际标准化组织 ISO 正在制定电动汽车无线充电的互操作性及安全要求相关标准。此外，美国标准化组织 SAE 已正式发布了一种电动车无线充电技术的行业标准 SAE J2954，该标准旨在为插电式混动车以及纯电动车的无线充电技术制定规范，其对于不同的高度传输的功率、效率，以及偏移时的效率都给了定义。在国内，2015 年 9 月 29 日国务院发布《关于加快电动汽车充电基础设施建设的指导意见》，明确了到 2020 年，基本建成适度超前、车桩相随、智能高效的充电基础设施体系，满足超过 500 万辆电动汽车的充电需求；建立较完善的标准规范和市场监管体系，形成统一开放、竞争有序的充电服务市场的工作目标，指导意见中明确要求制定无线充电等新型充电技术标准。2015 年 4 月 30 日国家标准委已计划立项《电动汽车无线充电系统通用要求》，2018 年，由中国电力企业联合会牵头制定的《电动汽车无线充电电磁暴露限值与测试方法》《电动汽车无线充电系统特殊要求》《电动汽车车载充电机与无线充电设备通信协议》3 项国家标准送审稿已通过审查。2019 年，已启动《电动汽车无线充电系统 互操作性要求及测试》等标准的编制工作。

5. 小　结

电动汽车充电设施是我国智能电网建设和绿色交通相结合的重要体现，无线充电技术在传导充电的基础上，为用户提供了更为简便的操作和更为安全的充电服务。无线充电设施作为充电设施的一个特殊应用，它利用高级测量技术、高效控制技术、高速通信技术，构建了充电设施与电网、与电动车辆、与服务用户之间的电力流、信息流、业务流实时互动的新型供用电关系。

无线充电技术应用的出现加快了充电设施企业的新一轮技术创新步伐，新技术发展、新产品研发、新成果应用，快速转化为产业生产能力。并带动上下游产业链的技术、装备、监管和能力的同步提升。同时也为企业扩大对外交流与协作，聚集发展要素，为科研单位，高等院校实现产学研结合，高科技成果转化提供了广泛的渠道。

三十一、新能源汽车轻量化

Chapter 31 Lightweight of New Energy Vehicles

（中国汽车工程学会 曲 兴）

1. 2018 年新能源汽车轻量化产业的总体情况

轻量化是现阶段汽车实现节能减排的最有效措施之一，是汽车工业追求健康可持续发展的必经趋势。电动汽车由于需要增加电池、电机和电控系统，并且今后还要增加智能网联的相关设备，相比传统车重量要增加 5%～25%，根据测试结果来看，重量对于新能源尤其是电动汽车更加敏感，轻量化对于新能源汽车尤其重要。新能源汽车通过轻量化降低电池成本并提高续驶里程，降低能耗。

2016 年，中国汽车工程学会组织行业专家编写的《节能与新能源汽车技术路线图》（以下简称《轻量化路线图》）发布，明确了新能源汽车作为未来汽车行业发展方向的必要和必然性，更是确定了汽车轻量化作为七大领域之一，为新能源汽车产业提供关键技术支撑的重要地位。汽车行业在其指导下，快速加大重点技术领域布局，并取得了良好的成绩。在新能源汽车轻量化方面，截至 2018 年底，我国汽车轻量化水平提升较快，在高性能轻质材料、先进制造工艺和轻量化结构优化设计技术等方面取得了重大进展。先后突破了多项重点技术，并在奇瑞 eQ1、蔚来 ES8、前途 K50、北汽 LITE 等车型实现了全铝车身、碳纤维车身、多材料车身的产业化。

2. 2018 年新能源汽车轻量化技术发展情况

（1）2018 年新能源汽车轻量化技术发展特点

2018 年，我国新能源汽车轻量化水平提升较快，在汽车用高性能轻质材料开发与应用、异种材料连接、轻质材料车身等方面取得重大进展。轻量化技术已经进入“深水区”，技术和产品形态变化很快，对我国汽车轻量化行业提出了新的挑战。

（2）2018 年新能源汽车轻量化实现的主要技术突破点

①2.2 GPa 超级钢

由北京科技大学、香港大学、台湾大学等共同开发的超级钢薄板，实现了力学性能上的跃升，达到前所未有的 2.2 GPa 屈服强度和 16% 的均匀延伸率，突破了金属材料中，强度和延展性是“不可兼得”理论。

针对“超级钢”，京港台三地的钢铁科学家建立了“新位错理论”，并通过调控可动位错密度来获得高强度和高塑性，即高可动位错密度不仅可以增加金属材料的强度，还可以提高其延伸率。

该超级钢没有通过大量使用昂贵的合金元素，其合金成本低，且可以通过工业界广泛使用的加工工艺来制备，实现工业化潜力巨大，对商用车轻量化具有重要意义。

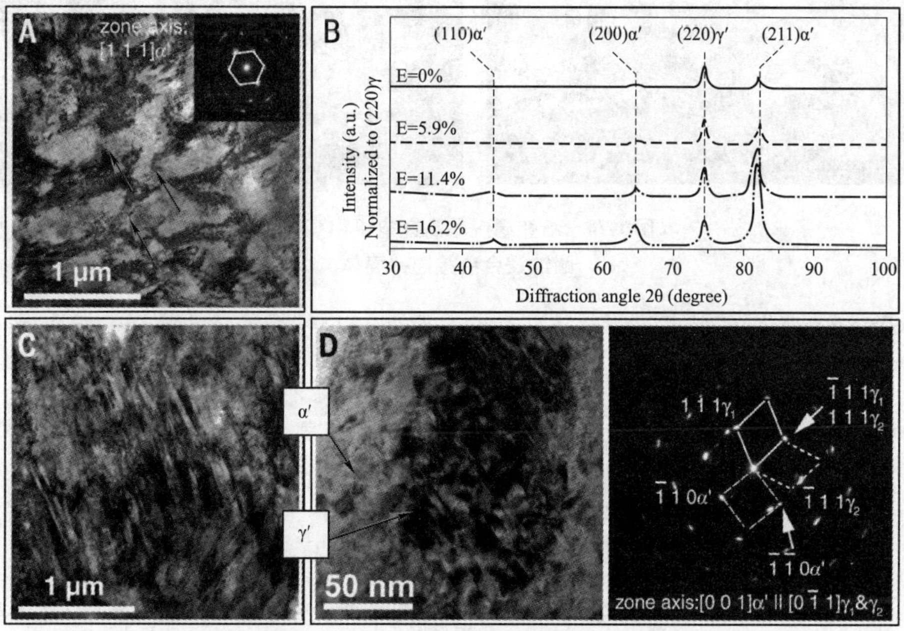

图 1-67 拉伸试验后的 D&P 钢结构

②自主汽车企业全铝车身成套应用关键技术取得重大进展

自2017年以来，国内奇瑞eQ1、蔚来ES8先后上市，其采用全铝车身实现了产业化，与传统“以钢为主”的车身相比，全铝车身实现减重25%以上。经过多年积累和技术开发，我国新能源乘用车全铝车身的成套应用关键技术取得了重大的突破。

a. 奇瑞eQ1和蔚来ES8分别代表A00级和B级车型，大量选用铝合金板材、挤压铝合金型材、压铸铝合金及航空级7003系列铝合金等材料，如奇瑞eQ1车身铝型材的比例达66.9%，铝板材占24.2%；蔚来ES8采用压铸铝合金及航空级7003系列铝合金；

b. 奇瑞eQ1和蔚来ES8采用了氩弧焊、FDS(热融自攻铆接)、RSW(铝点焊)、CMT(冷金属过渡弧焊)、SPR(自冲铆接)、Adhesive结构胶、Laser(激光焊接)、Monobolt(高强度抽芯拉铆)等多种连接方式，实现了全铝车身多种连接工艺设计与关键性能评价的核心技术开发与产业化；

图1-68　奇瑞小蚂蚁全铝车身框架

c. 全铝车身采用了复杂断面设计、高强度铝合金挤压成型、3D空间精密弯曲等成型工艺和结构设计技术，自主攻克了全铝车身典型零部件截面特性和结构正向设计的关键技术；

图1-69　蔚来ES8白车身用材示意图

d. 奇瑞eQ1等车型采用先进的设计理念和材料应用，创新应用了先进的、创新的制造工艺，优化了传统冲焊涂总四大工艺，减少了厂房建设和工装投入，实现了性能和成本的双重保障。

奇瑞eQ1和蔚来ES8采用全铝车身技术路线，并突破了铝合金应用关键技术，对我国汽车轻量化和铝合金应用具有积极的推动作用；

③新能源汽车高速电机用高扭矩耐蚀镁合金减速器壳体

新能源汽车高速电机用高扭矩减速器壳体需要满足高转速(15 000 r/min)、高扭矩传输(840 Nm)，并可以在140 ℃以下持续工作，同时其散热性能、整体NVH(特别是一、二级齿轮齿合NVH)性能等要求较高。由蔚来汽车、宝钢中央研究院联合开发，历时一年，采用纯净化等技术手段，成功开发出平均腐蚀较低、蠕变性能好的新型耐蚀高蠕变镁合金，并通过结构设计优化实现镁合金减速器壳体满足承载性、NVH等关键技术要求。

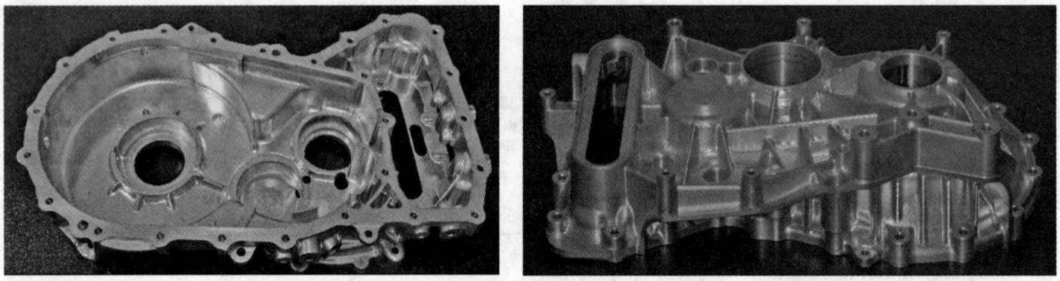

图1-70　新能源汽车高速电机用高扭矩耐蚀镁合金减速器壳体

④48K大丝束碳纤维产业化关键技术与装备

2018年6月齐齐哈尔天久碳纤维科技有限公司(以下简称“天久公司”)在国内投产首条500 t 48K大丝束碳纤维生产线。该生产线的投产也标志着国内突破大丝束工业级碳纤维的技术封锁，得到中国工程院杜善义院士高度评价和认可，也为工业级，尤其是汽车领域规模化应用奠定了基础。

天久公司完全采用自主研发技术，实现了48K(每束碳纤维根数大于4.8万根)大丝束碳纤维的聚合、纺丝、氧化炭化工艺等关键技术突破，产品强度达到了T300以上水平，平均拉伸强度达到3.5GPa以上，离散系数控制在2%以内，其成本比传统T300降低了15%以上，可以满足工业级使用水平。

⑤自主品牌电动车首次实现碳纤维批量化应用

2018年8月8日，国内首款自主设计纯电动车前途K50车型正式上市，该车29个碳纤维复合材料零部件总重量仅为46.7 kg，比使用汽车钢和铝合金分别实现了减重40%和20%以上，该车首先实现了碳纤维在自主品牌乘用车上的应用。

该车型采用T700级碳纤维，在制造工艺方面，前途汽车创新性地采用高温快速预浸料模压成型工艺，建立了碳纤维零部件生产线。

图 1-71 天久公司 500 t 48K 大丝束碳纤维生产线和产品

图 1-72 前途 K50

前途汽车经过多年技术开发与积累,开展了轻量化碳纤维复合材料结构与功能设计、零部件结构与工艺的正向设计、碳纤维复合材料等异种材料连接工艺设计与性能评价,以及涂装工艺优化等关键技术开发,逐步建立了碳纤维复合材料的材料—结构—工艺等设计技术体系,实现了新材料、新工艺和新技术产业化应用中多项关键技术突破。

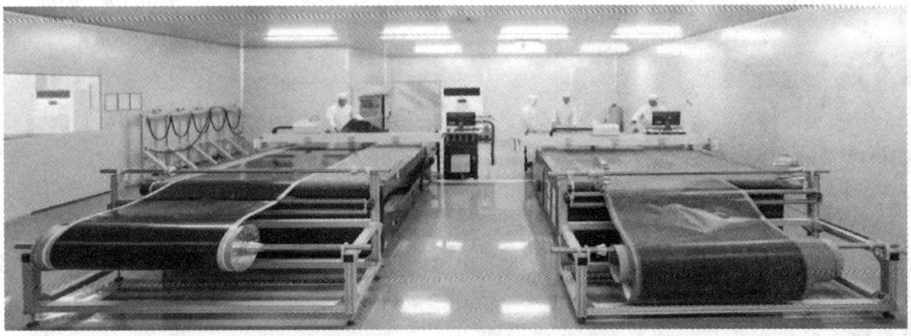

图 1-73 前途汽车碳纤维零部件批量生产线

⑥中通客车突破了镁合金在客车车身应用多项核心技术

2018 年 8 月,中通客车与山东省科学院新材料研究所等单位联合开展镁合金车身应用关键技术开发,实现了新型镁合金设计与制备、型材快速挤压技术、异种材料的连接技术和表面处理技术等多项核心技术突破,实现减重 910 kg。

a. 该车身部件采用 CAD/CAE/CAM 一体化数值模拟与轻量化结构设计,并进行了不同典型工况和载荷的 CAE 分析,建立镁合金车身部件轻量化结构模型,在此基础上优化典型零部件截面,设计出 22 种规格的车身用镁合金型材,开发出的全镁车身骨架;

图 1-74 镁合金车身骨架图

b. 开发的低成本高性能 ZTM 镁合金型材本体屈服强度超过 280 MPa,抗拉强度大于 340 MPa,延伸率大于 10%,力学性能超过常用的 Q235 和 6 系铝合金水平;

c. 针对镁合金耐蚀性较差的问题,项目研发了无氟无铬环保型镁合金型材磷化表面处理技术,表面处理后型材的中性盐雾腐蚀实验超过 800 h,达到 9 级,涂层附着力达到 0 级。

⑦北汽新能源采用多材料、多种轻量化技术路线实现整车减重

北汽集团自主研发的 Lite 车型采取了铝合金、镁合金、热成型、复合材料应用、以塑代钢、先进连接工艺、结构优化、以轻代重等多材料的轻量化整车集成技术路线,与同级别车型相比,实现了整车减重 14%。

该车型车身采用汽车钢、铝合金、镁合金、非金属材料的多材料结构,建立了多材料应用体系,在产品开发全过程,采用多学科联合优化、厚度灵敏度分析优化、拓扑优化、薄壁化等结构优化设计方法,突破了多项核心技术,仅该项轻量化技术,对产品的轻量化贡献了 39%,如图 1-75 所示。

Lite 车身平台采用铝合金"框架式"结构(图 1-76)和模块化设计理念,如前端总成、驾驶舱总成、后端总成、顶盖骨架总成 5 个模块,集成应用了挤压铝(53%)、冲压铝(17%)、压铸铝(11%)、浇铸铝(19%)等多种类型的铝合金材料,仅车

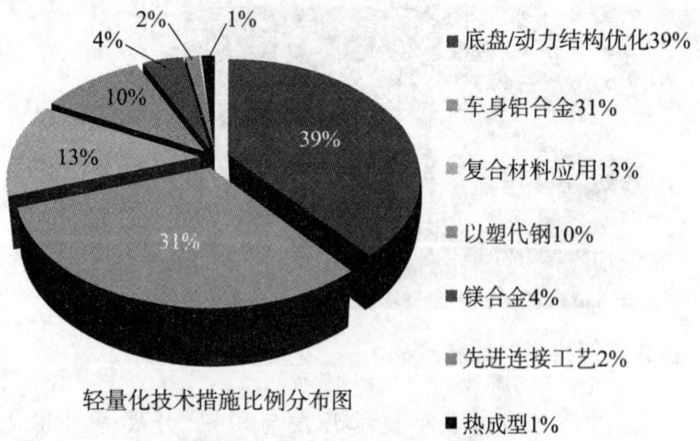

图 1-75　轻量化技术分布框架式

身(含风挡玻璃、覆盖件及开闭件)较传统同级别车型车身减重 30%~33%。

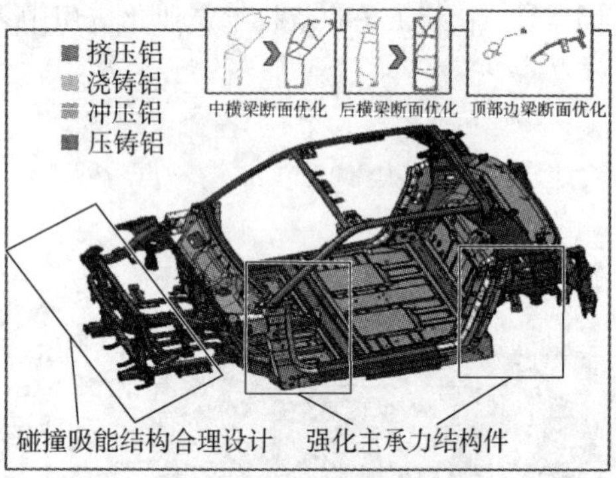

图 1-76　轻量化车身设计方案

为了保证连接性能和车身尺寸精度,以及局部车身结构强度控制是关键技术难点,为此,北汽新能源自主开发了不同成型工艺铝合金之间的连接及铝合金与复合材料等异种材料的连接技术和铝合金空间框架式车身结构集成技术。

(3)亟须解决的技术难点及解决方案

结合当前轻量化技术发展情况,在高强度钢、铝合金、镁合金和碳纤维应用方面,还存在以下不足。

①虽然北汽新能源等企业部分车型应用高强度钢的强度等级和高强度钢应用比例已经达到《轻量化路线图》阶段目标要求,但是,国内大部分汽车企业还没有实现这一水平,主要体现在两方面:一是 780 MPa、980 MPa 级别的高强钢应用偏少,二是针对 2GP 高强度钢产业化应用,还有大量技术问题需要解决。

②国内乘用车铝合金基本占到整车质量的 6%~10%。主要用于覆盖件(如发动机罩盖、车门、行李箱盖、车顶盖、翼子板等)、前后保险杠横梁等,其中,在保险杠横梁和发动机罩盖上的应用较多,全铝车身与钢铝混合车身的车型国内较少,距《轻量化路线图》要求的 2020 年平均单车用铝 190 kg 有一定差距。

③受耐腐蚀性能较弱的影响,镁合金目前主要用于仪表板支撑、方向盘骨架等非外露件,平均单车用量不超过 10 kg。与国外尤其是美国差距明显,与《轻量化路线图》中要求 2020 年单车用镁 15 kg 的目标也还有一定差距。

④碳前途汽车的 K50 已经实现碳纤维复合材料产业化应用,但该车型采用小丝束 T700 材料,T 从汽车行业的大批量生产角度,该车型用材还可以进一步进行优化,实现成本、性能和生产效率的优化。

3. 未来几年新能源汽车轻量化技术发展趋势

随着铝合金、镁合金和碳纤维复合材料等应用关键技术突破和成本逐渐降低,这些轻质材料在新能源汽车中的有应用将越来越广泛,同时随着高强度钢材料及生产工艺的改进,"合适的材料用到合适的地方"将是未来新能源汽车轻量化技术的发展方向。以钢为主的车身—全铝车身—多材料车身—超轻复合材料车身是新能源汽车必然的发展趋势。要结合产品定位,在控制成本的前提下,选择不同的技术路线,发挥每种材料的优势,做好每种汽车轻量化材料和在汽车轻量化中的作用和定位;要加强新材料的应用带来的制造技术、连接技术、设计技术、装备技术等方面的全面研究;此外,要做好汽车轻量化技术整条的应用研究,建立轻量化数据库,为轻量化技术的发展提供数据支撑。

4. 未来市场需求分析预测

我国新能源汽车行业在 2018 年取得了突飞猛进的进展,产销量分别达到 127.05 万辆和 125.62 万辆,同比分别增长 43.42% 和 38.21%。其中纯电动汽车产销量分别达到 98.56 万辆和 98.37 万辆,同比增长 47.85% 和 50.83%。

由于电池的成本问题,新能源汽车可以很好地平衡轻质材料的应用所带来的成本上升问题,从而促进新材料和装备产业的发展,是国家新材料和装备产业发展战略的需要。在新能源汽车的飞速发展前提下,铝合金、镁合金、纤维增强复合材料等轻质材料在汽车中所占的比例将越来越高。在汽车市场的需求和材料技术的飞速发展双重激励下,新能源汽车轻量化会取得更快的发展,为市场提供更加安全、舒适、环保的汽车。

三十二、智能网联汽车关键技术

Chapter 32　Intelligent Connected Vehicle Key Technology

(上海交通大学　殷承良)

1. 前　言

汽车保有量不断增加,交通拥堵问题日益严重,随之产生的环境污染加重问题以及交通时间浪费问题也变得不可忽视;同时,每年的交通事故数量也居高不下,由此也带来了巨大的人民生命财产损失。图 1-77 为 2010—2016 年中华人民共和国国家统计局发布的关于民用汽车保有量、汽车交通事故量、汽车交通事故死亡人数、受伤人数及直接财产损失的统计数据。交通事故和人民生命财产损失常年居高不下，交通安全问题十分严峻。

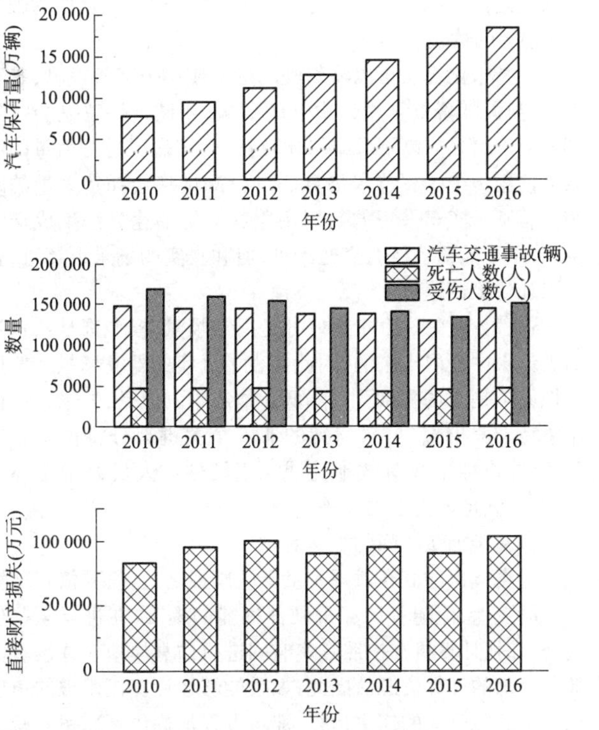

图 1-77 国家统计局统计数据

汽车虽然给人们的社会交通生活带来了极大地便利，但也带来了不少新的问题。随着汽车保有量的持续快速增长，交通堵塞、交通事故、能源消耗以及环境污染等社会问题也受到了越来越多的关注。根据网络公开的相关公安部交管局发布的统计数据，2016 年中国共发生汽车责任道路交通事故 16.52 万起，导致 5.18 万人死亡，16.83 万人受伤，直接经济损失达到 6630 亿元。除了交通事故以外，交通阻塞也对人们的生活产生巨大的影响。每年节假日高速路段堵车的新闻屡见不鲜，而城市内堵车更被视为生活常态。然而，汽车因拥堵而不断重复起停状态，会让燃油得不到充分的燃烧，不仅增加了油耗，还会产生更多的一氧化碳、碳氢化合物以及氮氧化合物与颗粒物，这些有害物质极大了增加了环境治理的难度。此外，交通拥堵容易使人感到沮丧、烦躁以及愤怒的不良情绪，甚至会对人们的身心健康造成相应的影响。

近年来，随着控制技术与车间通信技术的快速发展，智能网联汽车的概念被提出。如图 1-78 所示，国家制造强国建设战略咨询委员会发布的《节能与新能源技术路线图》将智能网联技术按照智能化程度划分为 5 级，按照网联化程度划分为 3 级，智能网联汽车的最终目标时实现网联自动驾驶。

智能网联汽车是在一般汽车上增加雷达、摄像头等先进传感器、控制器、执行器等装置，通过车载环境感知系统和信息终端实现与车、路、人等的信息交换，使车辆具备智能环境感知能力，能够自动分析车辆行驶的安全及危险状态，并使车辆按照人的意愿到达目的地，最终实现替代人来做驾驶决策及操作的目的。

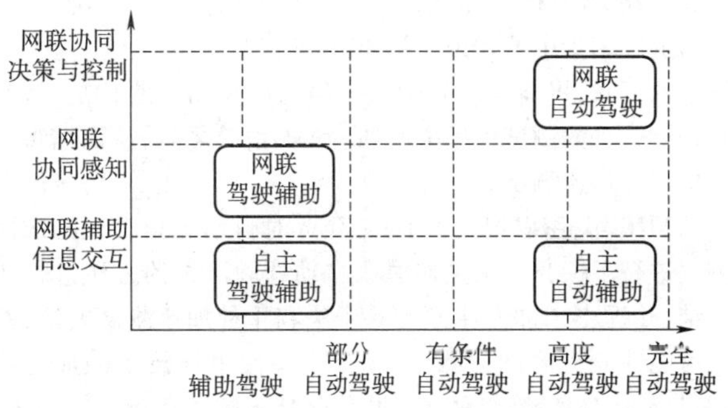

图 1-78 智能网联等级划分

智能汽车的初级阶段是具有先进驾驶助系统（Advanced Driver Assistance Systems，ADAS）的汽车，智能汽车与网络相连便成为智能网联汽车。

智能网联汽车本身具备自主的环境感知能力，也是智能交通系统的核心组成部分，是车联网体系的一个结点，通过车载信息终端实现与车、路、行人、业务平台等之间的无线通信和信息交换。智能网联汽车的聚焦点是在车上，发展重点是提高汽车安全性，其终极目标是无人驾驶汽车。

从狭义上讲，智能网联汽车是搭载先进的车载传感器、控制器、执行器等装置，并融合现代通信与网络技术，实现 V2X 智能信息交换共享，具备复杂的环境感知、智能决策、协同控制和执行等功能，可实现安全、舒适、节能、高效行驶，并最终可替代人来操作的新一代汽车。从广义上讲，智能网联汽车是以车辆为主体和主要节点，融合现代通信和网路技术，使车辆与外部节点实现信息共享和协同控制，以达到车辆安全、有序、高效、节能行驶的新一代多车辆系统。

2. 关键技术

近两年以来，智能网联汽车研究的热点领域主要集中在以下几个方面。

(1) 自动驾驶的加速测试

近年来，随着自动驾驶研究热潮的兴起与发展，自动驾驶汽车的测试评价技术变得越来越重要。虽然汽车的智能化与网联化程度不断提高，然而智能网联汽车的功能安全性与驾乘舒适性却没有完善的测试标准与测试方法。

自动驾驶汽车的测试可以分为实车测试和虚拟仿真测试。实车测试又可以分为试验场地测试和真实道路测试，可以较为真实地反映自动驾驶汽车行驶的真实状况，然而实车测试具有路测周期长、成本高、安全风险高、场景覆盖有限且多元化场景的适应能力不足等缺点。虚拟仿真测试利用计算机软件模拟真实环境以及自然交通流，从而完成自动驾驶汽车的规划决策测试。虚拟测试可以模拟实车测试，弥补不可重复、危险场景难以实现等问题，然而无法解决测试时间长的问题。加速测试即通过一定的手段达到加快测试进程，提高测试效率的目的。测试加速主要分为基于加快时间的加速测试和基于提高有效测试场景的加速测试。

①基于提高有效测试场景的加速测试

基于提高有效测试场景的加速测试是通过一定的方法

提高感兴趣测试场景的出现次数，从而加速自动驾驶汽车在所需测试场景中的表现。例如，在虚拟测试中增大危险场景发生的概率，提高自动驾驶汽车遇到危险场景的频次，从而在相对较少的测试里程中遇到更多的危险场景，从而缩短测试里程并加速测试。

2016 年，密歇根大学 Ding Zhao 对自动驾驶汽车的加速测试进行了探究。该文对过去自动驾驶测试的方法进行了总结，并提出了加速测试的 6 步法和 4 种加速测试方法：基于可能性分析的加速测试、基于重要性采样技术的加速测试、自适应加速测试、基于随机优化技术的动态场景加测试，并且进行仿真测试验证了加速测试方法的有效性。加速测试的方法如图 1-79 所示。

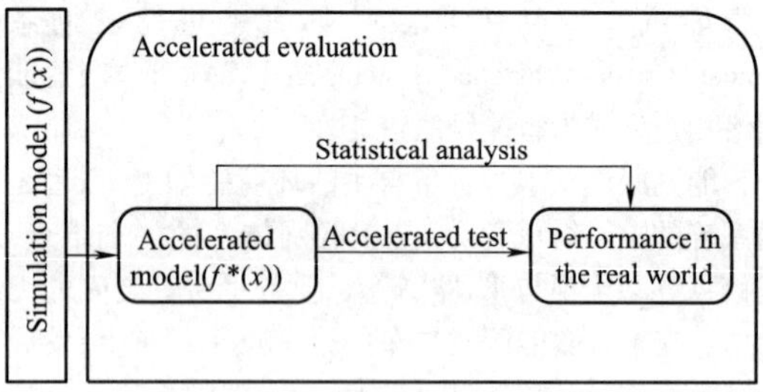

图 1-79　加速测试的方法

加速测试的 6 个步骤：收集大量的自然交通数据；提取可能造成多车碰撞的事件；使用随机模型建立碰撞驾驶场景的模型，把其他车辆作为自动驾驶汽车的主要干扰建立模型，随机性被建模为随机变量的向量 x，x 的概率分布为发 $f(x)$；通过改变概率密度函数减少非安全事故的事件，通过把 $f(x)$ 替换为加速的分布 $f^*(x)$ 来改变干扰数据，进而减少相对安全的事件；

对改变后的概率密度函数进行蒙特卡洛模拟，加强机驾和人驾之间的相互作用；"歪斜"模拟结果以计算自然驾驶条件下 AV 的性能。

蒙特卡洛算法可以将驾驶场景变成一个随机模型，基于大数定理，随着重复测试次数的增大，测试结果总是会收敛到真值。但是如果要求结果比较精确，则需要进行大量的测试。使用传统的蒙特卡洛算法进行测试将会耗费大量的时间。若基于实车采集的数据用蒙特卡洛加速算法生成交通场景，虽不能覆盖所有交通场景，但和真实的场景更接近，且可以加快测试速度。

这种方法的一个主要好处是所有场景/模型都是从自然驾驶记录中提取出来的，因此代表了真实的驾驶场景。使用模拟而不是现场测试可以降低评估成本。但是，如果直接使用蒙特卡罗模拟，自然驾驶的非安全关键部分将占主导地位，因此模拟不能有效地完成。当硬件或人员处于循环中时，此方法可能无法加速该过程。

②基于加快时间的加速测试

仿真模拟建立在对现实世界的模拟之上，需要依赖现实世界的流逝，但随着计算机硬件性能的提升，在进行某些仿真任务时，计算机在按照真实时间进行仿真模拟时并没有消耗其全部的计算资源。因此，如果能够让计算机模拟的速度以高于真实时间的速率运行，那将可以加快仿真速率并减少仿真时间。

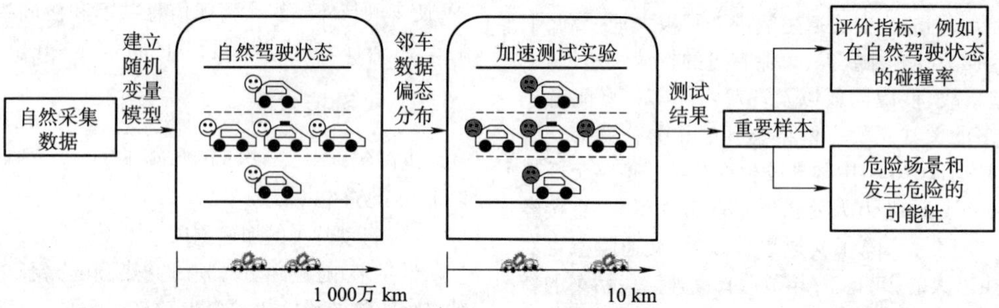

图 1-80　加速测试方法原理与流程

基于加快时间的加速测试即依赖计算机群强大的计算力将仿真任务分配给各个计算节点，从而实现虚拟仿真的分布式并行计算以加快测试的运行速度，从而加速测试。

分布式计算可以将计算和存储任务进行拆分，让互相连接的每一台计算机承担一部分的计算和存储任务，并在需要的时候进行数据的同步和收集，降低单个节点成本，提供系统整体的计算能力和存储容量。常见的分布式框架有 Hadoop，Storm，Spark。

云计算包括分布式计算、并行计算和网格计算。通过云计算来实现虚拟仿真的加速测试，可以通过并行计算同时测试多个测试用例，而分布式计算通过分解仿真任务加快虚拟仿真测试。因此，云计算可以通过同时运行多个测试用例并分配仿真计算任务来实现虚拟仿真的加速测试。

③小结

传统的加速测试主要关注于提高危险场景的出现频次来实现加速测试。而随着分布式计算、并行计算以及云计算等计算机技术的发展，同时运行多个测试用例并分配计算任务以加快仿真时间的方法将逐渐发展起来。今后，分布式计算、并行计算以及云计算技术与传统的加速测试技术结合起来进行虚拟仿真的加速测试将成为今后自动驾驶测试技术发展的趋势。

(2)多车协同控制

车辆协同控制，是指在兼顾道路交通安全与效率的前提下，充分利用道路条件，将若干单车组成跨车道柔性车队，使其不仅具有单车道车队速度快、间距小等特点，还能根据不同道路条件，通过车队之间的协调与合作，一方面简化交通控制与管理的复杂程度，有效减缓交通拥堵；另一方面可以减少由人为因素所致的交通事故，保证交通安全，并在此基础上节约能源,减少环境污染。网联驾驶辅助系统与自主驾驶辅助系统的区别在于网联驾驶辅助系统通过车间/车路(V2X)通信技术对交通环境进行感知,V2X 通信技术相对于车载传感器感知范围更广,且能够方便直接的获取丰富的交通信息。

①应用场景层面

多车协同控制可以应用于多个典型的场景之中,例如交通状况良好的高速公路、城市环境中的交叉路口和收费站入口等合流场景。

a. 高速公路场景

随着成本更低、可靠性更强的传感器逐步推向市场,国内外针对队列行驶的研发工作也越来越多,各个国家针对自动驾驶和队列行驶的研究组织也在不断增加。20 世纪 80 年代美国加利福尼亚州的 PATH 项目是解决车辆队列问题的最早计划之一。该项目的目标是通过对现有基础设施的最小改动来最大化提高公路运营能力和车流量。该项目背景假定所有高速公路上的车辆都是自动行驶的,包括车队的头车,在保持车间距离尽可能小的前提下,该研究提高道路通行能力和交通效率,确保队列行驶的稳定性。

对于车间通信,文献主要介绍了无人车车队高速行驶时车间通信的发展历程以及其主要结构、工作方式,详细阐述了通信网络在车辆队列行驶中的重要性。日本的 Tsugawa 等人于 2000 年提出了车辆协同驾驶系统结构。该系统结构在分析了车辆协同驾驶功能需求和任务分解的基础上,设计了包括交通控制层、车辆管理层和车辆控制层的 3 层体系结构,如下图 1-81 所示。

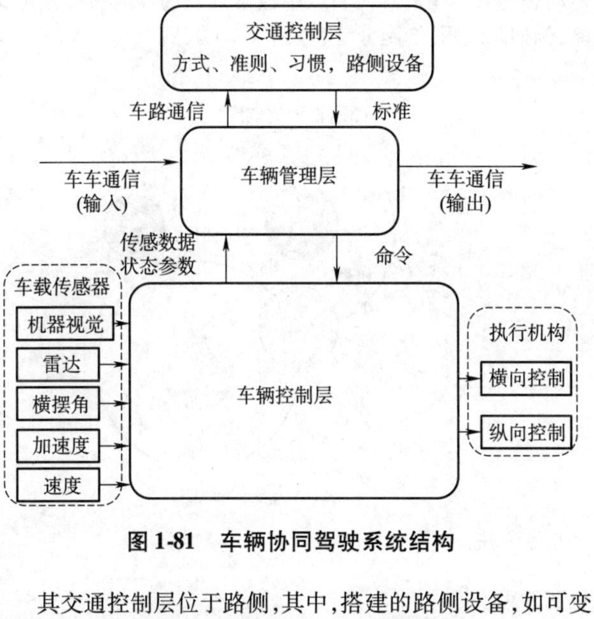

图 1-81 车辆协同驾驶系统结构

其交通控制层位于路侧,其中,搭建的路侧设备,如可变情报板、标示牌、通信设备等,均用于支持车辆的协同驾驶;制定的基本准则,如规则、规定、行为方式等,均用于指导车辆的协同驾驶。车辆管理层和控制层位于车载端,用于协同驾驶策略的决策与执行。

此后,加拿大的 Halle 等人吸取和借鉴了 Tsugawa 的成果,提出了车辆协同驾驶系统结构,主要对管理层和控制层进行具体的模块化设计,并针对车队协同驾驶过程中数据采集与处理、车队协同控制、车队通信、策略决策等做了详细的说明。此系统结构都具有较高的实用价值,为车辆协同控制系统提供了很好的参考。

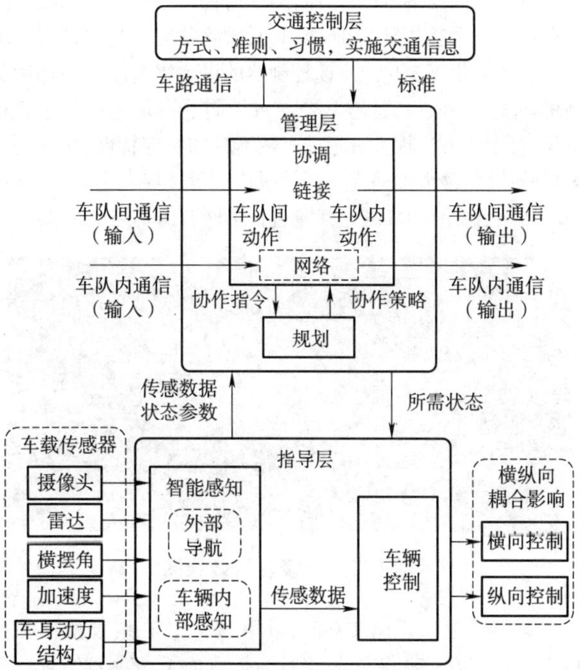

图 1-82 车辆协同驾驶系统改进结构

协作驾驶挑战(Grand Cooperative Driving Challenge,GCDC)2011 是由荷兰应用科学委员会(the Netherlands Organisation,TNO)组织,为了推进驾驶协作系统而举办的一场竞赛。在 2011 年的 GCDC 竞赛中,车辆自动控制只实现了纵向控制,而车辆的横向控制是由驾驶员自主进行的;项目用来进行试验的场地车辆包括重型车辆与乘用车,除了某些通信受限的车辆,每辆车都配备了不同数量的传感器组,分别在城市和高速公路的驾驶场地下都进行了测试。协作驾驶挑战(Grand Cooperative Driving Challenge,GCDC)2016 是 GCDC 2011 的延续。不同的是这次竞赛的焦点不仅仅局限于纯粹的队列行驶,本次比赛的焦点还包括队列合并和合作导航。

应用于多车协同控制的模糊控制器优点是其简单、灵活并易于处理非线性系统。文献提出了一种基于模糊控制的多车巡航控制结构。这是西班牙 AUTOPIA 项目的一部分,旨在开发用于各种自动车辆应用试验的试验台。文献设计了一个基于多车系统的横向和纵向控制的模糊控制器,但由于视觉算法的限制其无法应用于高速行驶的车辆。

PID 控制结构简单,在实际应用时具有一定的优势。PID 多车协同控制是 Naus 等人在多车系统稳定性分析方向的研究成果之一,但是该研究在分析多车协同控制系统稳定性时没有考虑通信和执行器的延迟。该研究对多车系统控制系统稳定性分析主要包括两部分:首先,基于不同种类的车辆找到合理的稳定性标准,其次,对恒定间距和可变间距策略进行了比较。最终得出在不考虑通信延迟的情况下,变间距策略的控制效果更好这一结论。在 2011 年的 GCDC 挑战中，大多数协同式自适应控制的实现都使用了含有一个前馈的线性反馈控制器，但是该方法拥有一定的局限性。线性反馈控制器假定一个简化的汽车模型，模型参数对反馈控制器的影响可以忽略不计，然而在实际行驶过程中，汽车模型随着车辆中的乘客数量，轮胎牵引力，道路状况和是否拥有斜坡等因素的变化而变化。反馈控制器的设计需基于周围环境为理想环境这一假设，这常常会导致控制器在现实应用中表现不佳；且上述方法也没有考虑车辆本身的物理特性，如车辆最大行驶速度，最大加速度和制动减速度等。Lee 等人使用 PID 控制器结合 CARSIM 对起亚车进行了联合仿真测试。

图 1-83　仿真测试效果图

Bu 等人在 Infinity FX45 上演示了一款在线模型预测控制器车辆。该文献将在线 MPC 与车载 ACC 控制器结合在一起，把来自 MPC 控制器的输出被转换成一个虚拟速度命令，输入到 ACC 控制器。这种分为两阶段的方在管理车辆间距方面非常有效。

b. 车辆合流场景

由于车道变换安全性的重要性，最近的文献已经致力于车道变换的 4 个主要方面，即车辆变道预警系统，车辆变道行为研究，车辆变道轨迹规划和车辆变道控制器设计。

车辆变道预警系统。根据 ISO 标准 17387，车辆变道决策辅助系统（Lane Change Decision Aid System，LCDAS）包括 3 种不同类型的警告系统：盲点警告（Blind Spot Warning，BSW），车辆接近警告（Vehicle Proximity Warning，VPW）和车道变更警告（Lane Change Warning，LCW）。在 BSW 系统中，如果任何障碍物干扰驾驶员的盲点或区域，则会触发警告消息。VPW 系统能够在相邻车道从后面识别接近的车辆。LCW 系统被认为是混合系统，其具有 BSW 系统和 VPW 系统的功能。根据该标准，已经进行了一些研究。例如，Hiller 等人中基于速度障碍物的概念，提出了针对邻近车辆的碰撞预警方法，其设计为警告驾驶员潜在的前方碰撞和可能危险的变道操纵。为了避免变道中的假警报，需要预测车道变更操纵。Tomar 等人提出了一种警告和干预策略，以帮助驾驶员进行变道操作。该策略包括相对运动估计器和监控器。为了评估变道情况中的威胁，车辆传感器信息和后侧雷达传感器信息已经在相对运动估计器中组合。

车辆变道行为研究。前人已经在车辆变道行为研究中进行了许多工作，这些研究表明，驾驶员改变车道的决定与驾驶员特性，驾驶员态度（例如积极行为）相关，并且取决于许多因素。由于此项研究与多车协同控制技术相关性不强，在此不详细介绍。

车辆变道轨迹规划。在车辆变道期间一定要跟踪一条预先规划好的轨迹。因此，轨迹规划在自主车道变换操作中是非常重要的问题。其主要目的是生成满足一些限制或目标（例如加速度，联合抖动，时间间隔最小化，振动，避撞或其他动态约束。在机器人领域中经常提及的经典轨迹规划策略，例如路线图，细胞分解和人工势场方法。

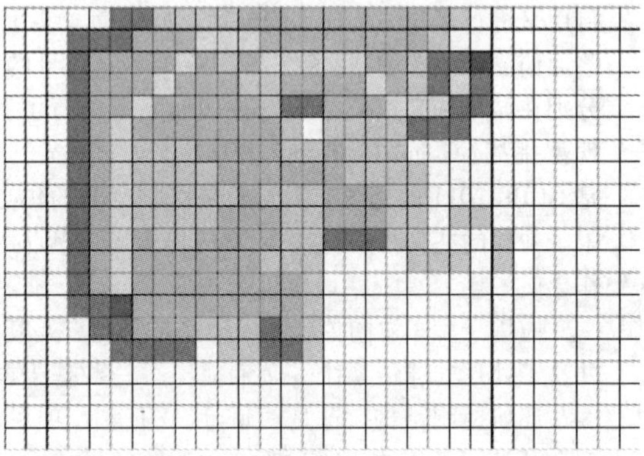

(a) 栅格法

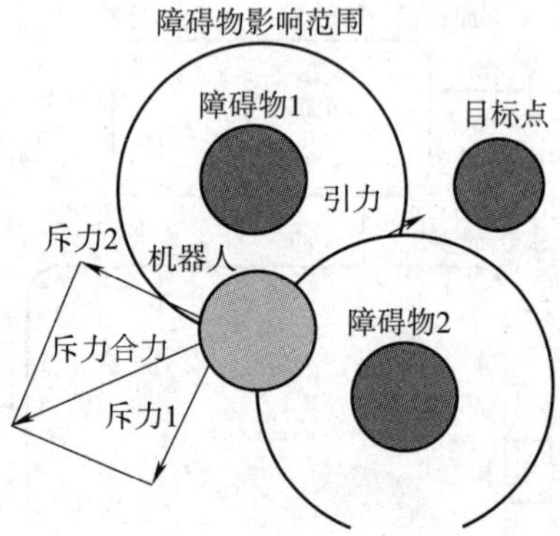

(b) 人工势场法

图 1-84　常用路径规划方法

然而，他们有可能陷入局部最低点。此外，在参数过多的情况下，需要极长的时间才能收敛至全局最小值。实际上，用于车道变换的轨迹规划总是简单的。现有的方法有各种类型的曲线—圆形，谐波，多项式和线段法等。除此以外，还提出了梯形加速度曲线轨迹以产生用于车道变换的最小可能横向加速度的方法。该文献还评估了 3 种不同的路径规划方法：状态网格、基于搜索树的样条法，基于约束的预测规划。尽管有这些发展，最新的趋势集中在基于协作技术的规划方法。

车辆变道控制器设计。为了实现自动变道，应该开发控制器以根据车辆状态和道路信息跟踪预定轨迹。已经提出了许多不同的用于轨迹跟踪的控制算法。Bayar 设计了一种用于轨迹跟踪的传统 PID 控制器，这不仅是因为其结构简单，易于实现，还因为其可接受的跟踪性能，然而，该控制器不能满足需要高跟踪精度的场合。在 Berntorp 等人的研究中，得出了基于偏航加速度最小化的最优轨迹，并且还使用不同的速度值进行了模拟和比较分析。Ying 等人通过滑模法针对多车协同系统研究了车辆纵向车道变换的纵向和横向耦合控制。Ren 等人对上述方法进行了优化，设计了一个两层非线性自适应转向控制器。自适应控制器能够处理具有自组织能力的参数不确定性，然而，这需要较高的计算成本。

国外对于高速公路入口匝道与主车道之间的车道变更与合并问题进行了深入研究，文献设计了一个高速公路入口车辆合并模拟器，用来研究不同车辆类型对车流量的影响。他首先对车辆变道操作进行了分析，如图 1-85 所示。

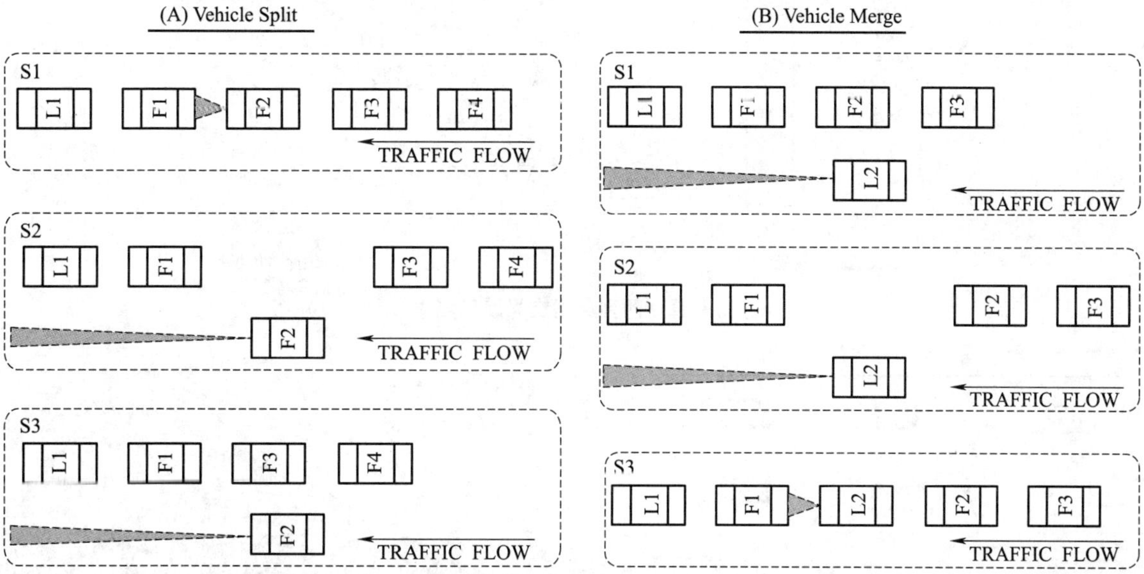

图 1-85　车辆变道操作分析

并针对四车辆汇合与分散的情况进行了分析。

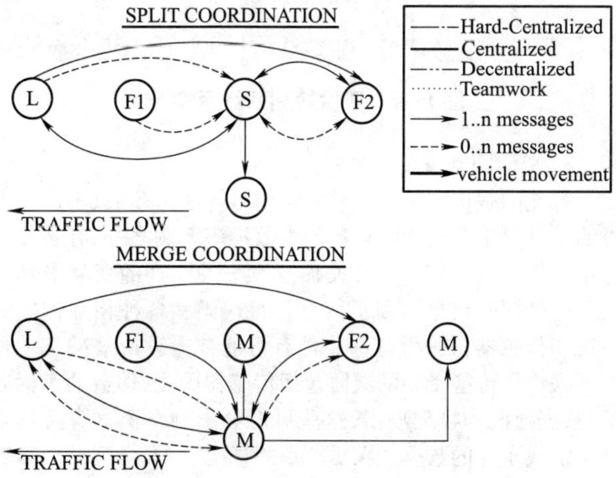

图 1-86　四车辆协同控制模型

c. 交叉路口场景

一般来讲，交叉口上的交叉顺序由交通灯或停车标志控制。在合流公路的情况下，匝道计量是调节合流到高速公路的车辆流量的一种常用方法，但也意味着在第二条道路上的车辆必须停车以减少交通拥挤，这两个场景如图 1-87 所示。

②应用功能层面

基于不用的应用场景，对于多车协同控制的研究目标也有所不同。例如，在交通状况相对复杂的环境下，多车协同控制的主要目标多为路径规划和协同避障；而在交通情况良好的环境下，研究方向多为自适应巡航等。

a. 协同路径规划

多车协同路径规划的研究方向之一是换道轨迹规划和轨迹跟踪。轨迹规划方法有基于几何法和优化算法两种。几何法轨迹规划简单、迅速，能够提高车辆实时性，但同时因为未充分考虑车辆的运动学约束和动力学约束，可能导致车辆不能实时跟踪规划的轨迹，如基于正弦曲线的轨迹规划；相反，优化算法考虑了车辆的动力学约束，为车辆实时跟踪提供了前提，但计算复杂。轨迹跟踪控制主要是基于车辆五自由度动力学模型的控制，控制较为精确，同时因为模型非线性，自由度较多，为简化模型，多只采用横向控制，忽略了换道控制的纵横向耦合特性，如滑模轨迹跟踪控制。

协同换道控制策略是基于车车通信的环境下为完成安全换道提出的控制策略，国内外研究集中在合流区协同换道控制策略和双车道（或三车道）协同换道控制策略。合流区协同换道控制策略是指合流车为实现合流目的必须实现车道变换，是一种强制车道变换。其研究方法是将合流区场景简化为两辆车的场景，较为简单；其协同控制方法是将安全距离指标加入目标函数进行协同控制，但其未充分考虑其他车辆的影响。双车道（或三车道）协同换道控制策略是基于规则的换道策略，只能用于交通流仿真，而且在控制方法方面还处于分析阶段，有待进一步研究。

多车协同换道中，换道轨迹规划对各个换道车辆的换道安全性、舒适性和交通通行效率有重要影响。在轨迹规划中，基于多项式的换道轨迹规划能够较好保证换道过程中的舒适性、计算的实时性、曲率变化率的连续性等，是自动换道轨迹制定中最优的曲线之一。

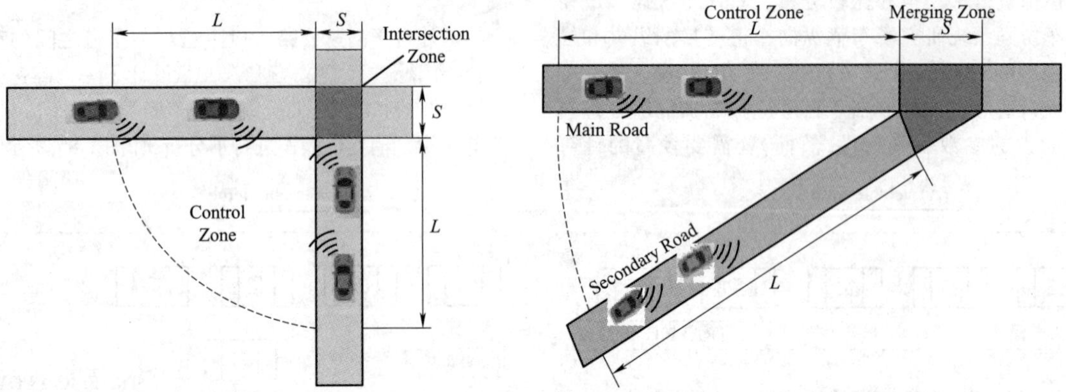

(a) 交通路口场景　　(b) 道路合流场景

图 1-87　两种典型交叉路口场景

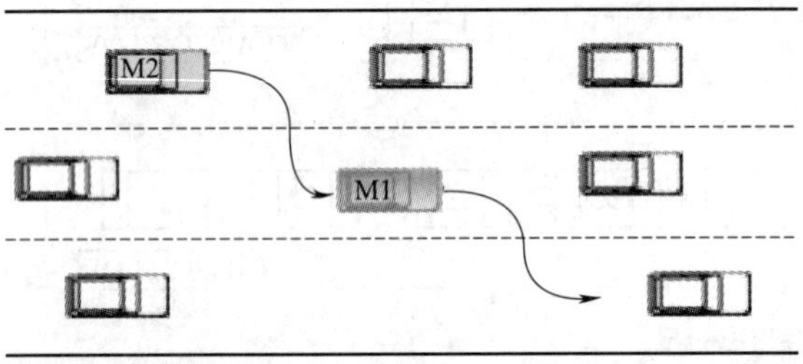

图 1-88　协同行为示意图

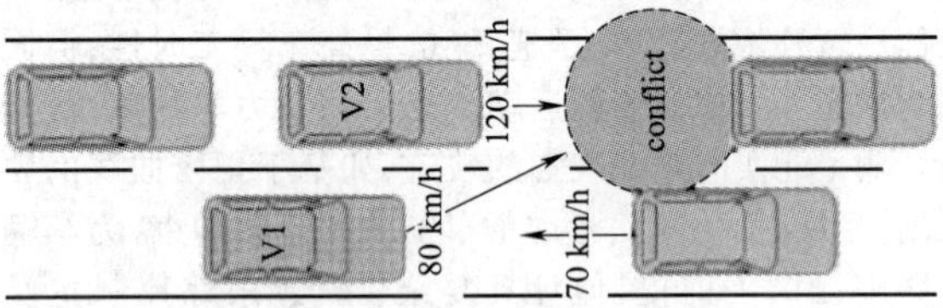

图 1-89　双车道协同场景

b. 协同自适应巡航

自适应巡航控制和协同式自适应巡航控制之间的主要区别在于引入车辆位置，速度和加速度在无线网络中的车辆之间的无线通信。协同式自适应巡航控制已被证明允许更小的车间间距，同时能够保持车辆队列的稳定性。但是，通用的协同式自适应巡航控制器还没有开发出来，大部分控制器的设计只是针对特定场景进行了算法优化。

协同式自适应巡航控制器的控制结构仅考虑本车辆与本车辆前方的单个车辆或多个车辆之间的间距策略问题。为了避免可能发生的后车辆与本车辆的追尾碰撞事件，一种可行的策略是设计变更车道辅助系统，基于此来帮助车辆检测变道环境，环境安全允许下运行变道辅助系统。在实际行驶过程中，驾驶员如果在变更车道过程中稍有不慎，就可能陷入危险，变更车道辅助系统常常需要车辆自身配备雷达传感器，警告显示灯，信息显示屏和激活按钮等。如图 1-90 所示，一般来讲，车辆的尾部需要配备两个雷达传感器来检测后方及侧方车辆的位置状态信息，再通过传感器与控制器的集成来实现对车辆换道辅助系统的控制。

图 1-90　环境检测系统示意图

c. 智能网联汽车信息安全

智能网联汽车是信息技术超越传统信息领域、不需要人类的干预自主改造现实世界的为数不多案例之一，有必要去仔细分析其对人和信息的关系、人类信息生产的变革作用。

智能网联汽车使用了数百万行代码和各种相互连接的系统和传感器——所有这些都有可能被操纵或被破坏。智能网联汽车可能受到的威胁包括传感器干扰、伪造的车辆通信、数据泄漏和物理攻击，这些可能会影响车辆本身及其安全系统或车主的数据。在更严重的情况下，安全问题会影响乘客和其他人的安全。

针对无人驾驶车辆的一些攻击，需要访问一般人难以访问到的设备。最可能的威胁来自容易获取的项目和知识，使用笔记本电脑、USB 数据线和从互联网上下载的一些软件的攻击，比那些使用激光和其他部件的软件更有可能对智能网联汽车的传感器造成威胁。对于开发商和制造商来说，了解当前的威胁形势是很重要的。

汽车产业与信息通信技术深度融合，汽车产品加快向智能化和网联化方向发展，在满足交通出行的基础上，汽车转变为大型移动智能终端、储能单元和数字空间。在这一发展过程中，涉及多个系统的海量信息传输，一旦发生安全事故将对财产安全、人身安全甚至国家安全造成严重的影响。近年来，汽车信息安全事故频发，著名的事件有：宝马汽车 Connected Drive 功能漏洞造成的大规模远程修复、JEEP 汽车可远程破解导致 140 万辆汽车被召回等。因此，信息安全问题是汽车产业转型升级发展的重中之重，只有实现汽车的信息安全才能保障智能网联汽车健康发展。

我国对汽车信息安全技术研究起步较晚，直至“十二五”才首次提出将汽车信息安全作为关键基础问题进行研究。

①加密和认证技术

数据和通信安全方面，北京邮电大学的孟震提出了终端使用永久有效的认证证书和实时更新的临时假名证书相结合的认证方式，改进智能网联汽车的通信系统；电子科技大学的张鸥设计了基于车载中心网关节点的安全网关总线防御机制，提出基于混合消息认证码的集中式认证机制、基于多重计数器的新鲜度管理策略、基于双向挑战认证模式的节点认证策略等安全网关技术，并应用于 AUTOSAR 构架的硬件中；中国软件评测中心的丁文龙等对车载 CAN 总线与网关进行了渗透测试，发现 OBD 接口是车载 CAN 总线信息安全方面的薄弱点，应设置物理防范措施、校验功能和防火墙；中国汽车技术研究中心的高夕冉等提出云平台的服务器组的安全防护应采用基于 DES 安全算法的软加密机制和硬加密设备结合的方式，APP 采用源代码、SO/SDK、APP 安全加固等三重防护，T-BOX 采用源代码保护和白盒 AES 加密技术；上汽通用五菱汽车股份有限公司的彭杨等针对 T-BOX 面临的安全威胁，提出 AES 信息加密、基于 RSA 或 HMAC 加密算法的双向认证、数字签名、时间戳和计数器等安全防护方案；重庆工程学院的王娟提出车载网关是汽车信息安全与功能安全的结合物，应遵循 ISO 26262 开发流程与要求，并采用安全机制和加密算法。汽车系统的维护升级方面，电子科技大学的张海强对 T-BOX 安全远程升级技术进行了改进，使用硬件加密机、安全元件智能 SE 卡等硬件、结合 PKI 证书体系、密钥管理体系等方法提高安全等级；天津大学的陈程杰研究了基于 CAN 总线的新型 Bootloader ECU 在线刷写和远程服务系统，设计安全访问和强制进入两种刷写模式。

另外，考虑到用户的隐私安全问题，北京交通大学的沈岑着重研究了汽车通信安全和隐私防护机制，提出了在车辆漫游场景下基于椭圆曲线密码的安全认证方案和位置服务场景下基于差分隐私的轨迹隐私保护方案，有效减少位置隐私泄露风险。

综上所述，针对智能网联汽车信息安全的薄弱环节，往往综合使用加密技术和认证技术进行信息安全保护，包括数据加密、通讯加密、身份认证、数字签名等多种形式，确保汽车信息的机密性、完整性和可用性。

②入侵检测技术

汽车 CAN 总线网络和网关的入侵检测技术研究成果较为丰富。电子科技大学的曾凡设计了字节级别和位级别的入侵检测规则，设计并实现了完整的基于 CAN 总线网络的入侵检测系统，包括数据采集、数据预处理、入侵检测引擎、记录与告警、规则更新等模块；吉林大学的于赫等提出了使用 CAN 总线信息熵和报文相对距离进行 CAN 总线网络异常检测的方法；成都理工大学的王礼设计了仪表数据更新系统进行 CAN 网络诊断，系统与汽车仪表和 CAN 报文收发工具连接完成在线检测，避免拆卸仪表；湖南大学的朱立民针对普通 CAN 总线的安全缺陷提出基于 AES-CCM 算法的安全 CAN 总线协议，并提出了针对 AES 解密的 DFA 攻击方法和基于 S 盒分布表的优化攻击方法，提高攻击速度；天津理工大学的杨宏研究了基于特征和信息熵的异常检测系统和基于支持向量机的异常检测系统，仿真实验结果显示其对 CAN 总线报文数据的篡改攻击有很好的检测效果。

VANET 信息安全方面，吉林大学的博士研究生黄玥进行了系统的研究。针对 VANET 的特殊性质提出 VANET 入侵检测系统整体架构设计方案，引入车辆节点本地检测机制和协同响应机制；针对 VANET 中安全消息的泛洪攻击、女巫攻击及重放攻击提出了基于熵的异常检测方法；为提高检测准确率，提出基于优化的随机森林的异常检测方法。

可以看出，入侵检测技术可以有效弥补加密和认证机制的不足，对网络防御进行有效补充。相比于高级加密认证和数字签名技术，汽车 CAN 网络总线和网关的入侵监测系统更符合目前的信息安全需求，可运用向量机、信息熵等多种理论方法进行入侵检测系统优化；VANET 尚处于开发阶段，无线传输的开放性环境对 V2X 信息安全提出了更高要求，主要有基于熵的异常检测方法和基于优化的随机森林的异常检测方法两种。

③威胁建模技术

安全威胁必然伴随着技术的发展不断出现，部分学者对汽车威胁的种类进行了总结归纳，并提出对应的解决措施。中国信息科学研究院的冯志杰等梳理了车载信息系统、ECU 系统、行车信息感知系统遭受攻击的途径和种类，并从汽车主动和被动两方面提出防护技术方法；上汽通用五菱汽车股份有限公司的彭杨等分析了网络层的数据篡改攻击、网络层的 Dos 攻击，以及应用层的安全漏洞等安全威胁，提出应深入车辆安全认证技术和研发汽车电子设备的访问控制技术等关键技术的研发、制定车联网配套标准、汽车厂商互联网公司跨界合作、健全相关法律体系等建议；江苏警官学院的李馥娟等在分析车域网、VANET 和车载移动互联网面临的安全威胁的基础上，提出基于 DSS 与对称加密相结合的数字签名、身份认证、数据验证、可信计算 4 个方面对车联网安全提出相应的解决方案。

有学者针对具体的车辆安全威胁和关键技术展开了深入研究，辽宁大学的周翰逊等针对车联网蠕虫威胁建立了随机传播模型，包括没有安全软件防护的理想车联网环境下基于 Galton-Watson 分支过程的模型，证明车联网蠕虫传播的灭绝概率只与车流有关，而与车流的概率分布形式无关，有安全软件防护的现实车联网环境下，车流符合泊松分布时的排队论模型和车流符合正态分布时的马尔可夫模型；电子科技大学的黄涛针对车控网络的漏洞设计了面向 UDS 协议的模糊测试系统，可有效进行漏洞挖掘。

车辆安全威胁问题逐渐引起重视，但针对性的车辆安全威胁模型较少，安全威胁模型应在产品或技术开发之前创建，并随着产品或技术的更新升级根据目标的改变进行持续的维护和更新，从而有效应对系统持续出现的缺陷和漏洞。

3. 发展趋势与展望

对于自动驾驶车辆来说，从硬件结构来说需要具备的基本组件通常包括融合了毫米波雷达、激光雷达、磁罗盘、车辆运动传感器、卫星定位系统、机器视觉系统等多车载传感系统以及对传感器信息进行处理后实现车辆控制的车载控制系统组成。从软件层面上讲，自动驾驶技术是一个融合了环境感知、路径规划、控制决策等关键技术的前沿研究课题，其安全性与可靠性仍然有待进一步提高，在其可靠性达到一定程度之前由此带来的相关法律伦理问题也是社会关注的焦点，所以尽管当前已经有许多研究机构，如 Google 推出了具 Level5 级别的自动驾驶原型车辆，且有研究表明自动驾驶车辆的事故概率小于人类驾驶员，但各大汽车厂商在把相应技术推向市场的过程中仍然抱着十分谨慎的态度。

对于智能汽车技术发展来说，是从仅依靠传感器的单车智能化技术发展起步，并伴随着通信技术的日益成熟，逐渐开始朝着网联化的方向迈进的过程。而到如今，单车智能化、网联化两个方向正齐头并进相互促进共同推动着智能网联汽车的发展，其终极目标都是实现车辆的无人驾驶。2015 年 5 月，国务院发布了"十三五"规划纲要，明确实施《中国制造 2025》。其中已将智能网联汽车产业纳入重点领域，并且制定了清晰的发展路线图。在智能网联汽车的研究当中，通信技术对系统的设计与实现起到了举足轻重的作用。随着网络及通信等技术的不断发展，汽车通信网络的应用使得车辆的行驶过程可以从过去依赖自身传感器的独立行驶，逐渐由单向通信向双向通信发展，最后发展到建立以车载自组网为基础的全方位通信网络。

三十三、自动驾驶地图与定位技术产业

Chapter 33 Autopilot Map and Location Technology Industry

〔清华大学 杨殿阁；国汽（北京）智能网联汽车研究院有限公司 李庆建；
北京百度网讯科技有限公司 彭 伟；清华大学 江 昆；
北京四维图新科技股份有限公司 朱大伟；通用汽车（中国）投资有限公司 李金隆；
华为技术有限公司 伍 勇；戴姆勒大中华区投资有限公司 吕 明；
国汽（北京）智能网联汽车研究院有限公司 王 艳〕

前 言

高精地图的发展与自动驾驶汽车紧密相关，自从自动驾驶汽车开始上路公开测试以来，高精地图产业就应势而生并飞速发展。相对于以往的导航地图，高精地图是专为自动驾驶而生的，其服务的对象并非人类驾驶员，而是自动驾驶汽车。对于 L3 级别以上的自动驾驶汽车而言，高精地图是必备选项。一方面，高精地图是为自动驾驶汽车规划道路行径的重要基础，能够为车辆提供定位、决策、交通动态信息等依据。另一方面，在自动驾驶汽车传感器出现故障或者周围环境较为恶劣时，高精地图也能确保车辆的基本行驶安全。

如今，政府、行业协会、高校、图商、车企等各方均认识到高精地图和高精定位对于自动驾驶的好处。但是中国高精地图的政策，法规，技术标准面临什么瓶颈，需要怎么解决和规划，仍未有一个系统和完整的解答。

1. 国际高精度地图产业发展现状

（1）概述

发达国家从 20 世纪 70 年代就开始进行自动驾驶汽车研究，在可行性和实用性方面，美国和德国走在前列。早在 20 世纪 80 年代，美国就提出了自主地面车辆（ALV）计划。在自动驾驶汽车研究位于世界前列的德国汉堡 Ibeo 公司，推出了可以在复杂的城市道路系统中实现无人驾驶的汽车，借助于隐藏在前灯和尾灯附近的激光扫描仪观察周围 183 m 内的道路状况，识别各种道路交通标识，并实时构建三维道路模型匹配先验的内置地图。

表 1-17 国内外主要高精度地图厂商发展现状进行分析

企业名称	创立时间	地 点	采集方式	最新进展
Waymo	2016	美国	集中制图	自动驾驶汽车打车服务，已经满足美国凤凰城等多个城市的 L4 级别自动驾驶
Carmera	2015	美国	众包制图	采用的是激光雷达 + 摄像头的多传感器方案，地图的精度会比单纯使用摄像头更高，提供增强版的地图方案
Mobileye	1999	以色列	众包制图	能对高精度地图数据的实时更新。通过图像 + 智能 + 网联的结合方案，可以做到 10 cm 级的高精度。2018 年在耶路撒冷测试 100 辆无人驾驶汽车
CivilMaps	2014	美国	众包制图	整合自动驾驶汽车传感器上得到的 3D 数据，直接供自动驾驶汽车使用的高精度地图
DeepMaP	2016	美国	众包制图	提供高精度地图、精确实时的位置定位，服务基础架构服务，携手上汽提供自驾车地图服务
Lvl5	2016	美国	众包制图	为自动驾驶车辆提供高精度地图，并在地图中定位。2017 年已完成美国超过 90% 的高速公路数据采集
Here	2012	芬兰	众包制图	提供语音导航，公共交通信息，以及丰富的道路交通信息等。计划在下一批具有高度自动驾驶功能的量产车中使用 HERE HD Live Map
TomTom	1991	荷兰	集中制图	高精度地图数据已经实现对美国本土洲际公路和高速公路的全覆盖，高精度地图已覆盖全球近 38 万 km

数据来源：亿欧

美国在自动驾驶领域的研究处于世界领先地位，对于自动驾驶所必需的高精度地图，美国自动驾驶相关企业很早就开始了布局与研发。其中的参与者除了有诸如 Mapbox 这样的传统导航地图企业，还有 Waymo、Uber、Mobileye 等公司，福特也在参与自动驾驶地图的测绘与研发中。由于美国政策法规对自动驾驶的包容与开放，美国也成为拥有自动驾驶技术、高精度地图初创企业最多的国家。

2013 年，日本启动了名为 SIP 的项目，自动驾驶是它的核心之一。为了将 SIP 成果（基础地图的数据格式，精度管理方式）产业化，设立了“Dynamic Map Planning Co.，Ltd.”（以下简称 DMP）。DMP 成立代表日本动态高精度地图开始走向产业化。他们的目标是在 2020 年，也就是东京奥运会之前，实现日本高精度地图的覆盖。DMP 公司 2016 年 6 月成立，DMP 公司 2016 年 12 月开始提供高速公路样本数据（约 500 km）；2018 年 1 月开始提供部分高速公路数据（约 1.4 万 km/半程）；预计 2019 年 3 月开始提供高速公路数据（约 3 万 km/全程）。

（2）Waymo

Waymo 是谷歌旗下自动驾驶公司，具有全球最先进的自动驾驶技术。Waymo 在 2009 年开始为自动驾驶创建地图，目前以满足美国多个城市的 L4 级别自动驾驶。

Waymo 的高精度地图由谷歌地图发展而来，有强大的数据与技术背景，其制作的高精度地图仅用于自己的自动驾驶，并不作为商业化产品。其采集地图的手段为激光雷达加组合导航定位系统，并拥有一支庞大的测绘车队一起集中创建高精度地图。

（3）Carmera

Carmera 是一家要在车辆上安摄像头的公司。而在地图数据的采集形式上，Carmera 也引入了众包模式，发动第三方来帮助绘制高精地图。不过与 lvl5 不同，他们的合作对象不是打车平台的司机，而是各物流公司的物流车。Carmera 通过在各物流车上安装其传感器套件，采集高精地图。同时基于实时数据的挖掘，为物流车队提供安全以及能效方面的建议作为“回报”。不过在商业模式上，Carmera 认为其采集的数据不仅可为自动驾驶所用，还可以辅助工程测量，以及实时分析区域内的人、车流量，为城市规划提供依据。

（4）Mobileye

Mobileye 是以色列一家生产协助驾驶员在驾驶过程中保障乘客安全和减少交通事故的视觉系统的公司。已投身研发 12 年并收获了前所未有的技术知识。公司在单目视觉高级驾驶辅助系统（ADAS）的开发方面走在世界前列，提供芯片搭载系统和计算机视觉算法运行客户端功能。2017 年 3 月 13 日，英特尔正式宣布收购 Mobileye。

Mobileye 本身不涉及高精度地图的制作，但 Mobileye 的每一个摄像头都可以采集到前面的路况。例如，摄像头可以把路面中的车道线或者是限速块的距离可以定位出来，把每一个图像解析成数据，再把数据打包成数据包进行上传，并且在图商的底图上进行实时的叠加。通过 Mobileye 和大众、日产以及通用的合作，会有越来越多的车搭载 Mobileye 的摄像头。通过图像 + 智能 + 网联的结合方案，可以做到 10 cm 级的高精度。

（5）Civil Maps

Civil Maps 成立于 2014 年，位于美国加州。2018 年 5 月与 AWare 背后的软件技术公司 Renovo 合作，使高度自动化汽车制造商和技术提供商可无缝接入 Civil Maps 的车辆认知堆栈。Civil Maps 主要路线为开发高精度地图与定位解决方案，通过提供给车厂软件和硬件系统进行车端数据收集、3D 地图绘制以及自车定位。

Civil Maps 的测绘方式是与车厂合作，利用摄像头或者雷达进行众包采集。其软件可将客户端收集到的数据进行处理，将有效数据上传到云平台，依靠强大的人工智能技术，它能高效的从庞大的点云数据中提取有用要素，将 1TB 大小的点云图压缩至 8MB，极大提高了传输与存储效率。

（6）DeepMap

高精度地图初创公司 DeepMap 与 2016 年成立于美国，其创始团队有着谷歌地图、谷歌地球、苹果地图、百度无人车等强大背景。DeepMap 的技术路线是提供高精度地图完整的解决方案，包括地图的构建、更新、维护和云端服务，同时也提供高精度定位、仿真等服务。DeepMap 的地图和定位模块已应用到多种车型和车队中，进行自动驾驶训练。在各种复杂路况、天气条件与驾驶速度下均展现了良好的性能。它获得了诸如博世风投、英伟达、高盛等大型企业与资本的投资，在 2018 年 7 月，获得了来中国的阿里巴巴、滴滴与北汽约 6 000 万美元投资，DeepMap 在中国的发展布局愈发明显。

DeepMap 的收集地图数据的主要方式是利用激光雷达与组合导航定位系统的多传感器融合方案，以众包的模式进行数据采集。其开发的软件可以将众包车辆传感器收集到的数据转化成详细的地图。DeepMap 提供可嵌入车辆的软件，解决定位、数据更新、路线规划和数据收集等问题，可以高效处理大规模数据。其高精度地图有着三维厘米级的道路信息，且可以提供实时的道路动态信息。

（7）Lvl5

Lvl5 由前特斯拉工程师创办，主要为自动驾驶车辆提供高精度地图，以极低的传感器成本——手机摄像头加上 App 来众包生产地图。这家公司开发了一款名为 Payver 的 IOS 应用，Payver 上传的是行驶视频、GPS 以及加速计信息，只要同一路段有多个用户行驶过后，就能制作高精度地图。

现在 Lvl5 已经能生成拥有交通标志、交通灯和车道线等特征的高精度地图。虽然不用激光雷达会面临特别的挑战，如使用消费级硬件会让定位精度受到影响，而且整个过程很耗时，需要不少的加工处理。但 Lvl5 通过多辆车收集到的信息，用自己独特的方式克服了这一困难。而录制的视频在经过 Lvl5 后台处理后，能生成自动驾驶所需的高精度地图。

Lvl5 已经覆盖了美国超过 90% 的高速公路，而到逐步在覆盖大部分的普通道路。这一地图范围比任何其他公司高出好几个数量级。

（8）Here

Here 前身为美国地图公司 NAVTEQ，2008 年被诺基亚收购并入自己的 Here 地图部门。2015 年 4 月，诺基亚宣布剥离 Here 部门。最终奔驰、宝马、奥迪临时组成的联合体全资收购 Here。与博世、大陆、先锋合作，使用他们的车载传感器（激光雷达、毫米波雷达、摄像头等）来实时更新地图。

Here的自动驾驶地图是传统导航地图的延伸。地图精度至少要达到亚米级，信息也更加丰富。道路基础信息（车道线、道路中心线等）、特征物（红绿灯、标志牌等）以及动态信息层（实时交通路况、天气等）分别由不同的图层，可以根据主机厂需要做个性化叠加。

2018年5月，Here，四维图新，Increment P（IPC）/Pioneer，SK Telecom宣布共同成立OneMap联盟，旨在制定全球地图标准。从2020年开始向行业提供统一标准的高精度地图产品与服务，为全球OEM自动驾驶方案的落地提供支撑。

（9）TomTom

TomTom是一家主营业务为地图、导航和GPS设备的荷兰公司，总部位于阿姆斯特丹。TomTom是全球少数拥有数字地图资产的公司之一，TomTom是Facebook、苹果等公司地图业务最重要的数据提供商。

TomTom的核心业务是在静态地图方面有着多年的开发经验，但这类地图产品是嵌入到车辆的导航装置当中的，近年来的需求量正在迅速下滑。为了转型，TomTom已经开始将重点放在对无人驾驶所需要的高精地图进行投资上。

2017年7月，TomTom宣布与百度达成合作协议，共同研发用于自动驾驶技术的高精地图。

2. 中国高精度地图产业发展现状

高精度地图作为汽车自动驾驶系统的重要组成部分，相较于传统的导航电子地图更专注于自动驾驶场景，让自动驾驶车辆人性化的理解不断变化的道路现实环境，通过云端实时更新的高精度动态地图数据，在自动驾驶车感知、定位、决策、规划等环节起到重要作用，是自动驾驶解决方案不可或缺的一环。

与美国不同，我国高精地图的门槛非常高，首先是因为我国的国情决定。地理数据涉及国家安全，需要甲级测绘资质。其次，高精地图涉及的外采和内业，都有非常高的技术含量。尤其是采集数据处理方面，需要利用深度学习、自动化提取。另外，数据采集和处理以及地图的生产，都需要耗费巨大的资金，动辄数亿甚至数十亿元的投入。

截至2019年5月，中国有19家企业获得导航电子地图制作甲级测绘资质。分别是百度，长地万方、四维图新、高德、凯立德、易图通、城际高科、国家基础地理信息中心、科菱航睿、光庭信息、浙江省第一测绘院、江苏省基础地理信息中心、灵图、立德空间信息、滴图科技、中海庭、初速度、宽凳科技、江苏晶众、江苏智途。

（1）高精度地图采集状况

国内对于高精度地图应用与采集的研究集中在传统图商与高校。我国高精度地图总体已经完成高速道路的全部覆盖，开始场景验证，以及商业化应用阶段。但国内的地图行业呈现三足鼎立的状况，长地万方（百度旗下的子公司）、高德（阿里巴巴旗下的子公司）、四维图新（腾讯是第二大股东），其背后是互联网巨头对地图入口的争夺。

国内主流图商采集设备通过自制或购买成熟设备自采并上传制作高精地图，自动驾驶地图格式尚未统一，暂未建立合作采集平台。主流图商采集进展目前基本相当，基本完成30万km高速路采集，预计2020年左右完成城市道路采集。初创公司以众包制图为主。具体见表1-18。

表1-18 高精地图采集

调研问题	主要高精地图公司		
	图商1	图商2	图商3
采集方式	激光雷达+全景摄像头+GPS+地基差分+惯导（可夜间采集）	激光雷达+摄像头+GPS+惯导+地基差分（可夜间采集）	激光雷达+全景摄像头+惯导+GNSS+地基差分（可夜间采集）
精度（定位误差）	5~10 cm	10 cm	10 cm
采集规模	40辆高精度采集车（自研）	5辆RIEGL专业采集车，高精度采集车（自研）及普通地图采集车若干	10辆专业采集车
	300+辆普通地图采集车		300辆普通地图采集车
数据上传方式	采集完，采用专用存储设备由专人带到数据中心上传	采集完，采用存储设备人工带到数据中心上传	采集完，采用存储设备人工带到数据中心上传
地图更新频率	每月	每季度	每季度
进展	30万km：高速路+城市快速路	100%高速路+城市快速路	35万km+：高速公路+城市环路
采集规划	2017全国高速，2020城市道路	2017全国高速，2020城市道路	2017全国高速，2020城市道路
偏转插件	偏转精度有所提高，但对L3或L4自动驾驶需要继续测试和优化，且希望参与算法优化	偏转插件和车端插件性能有提升，但对L3及以上仍需要测试摸索	偏转插件和车端插件性能有提升，暂不影响当前驾驶辅助车辆使用，对L3+及以上自动驾驶有影响

众包制图对于动态地图信息（如道路是否拥堵、是否有交通事故、交通管制情况、天气情况等）的实时更新相比专业采集模式有极大的优势。一方面，高精地图采集生产成本高，初创公司难以承受。自动驾驶所需要的高精地图，需要极高的专业设备和专业采集能力，这也意味着极高的投入和成本。另一方面，高精地图采集资质门槛高，初创公司没有资质。地图公司要想在国内进行高精地图的采集制作，必须拥有“导航电子地图资质”甲级测绘资质。

（2）高精地图企业简介

①长地万方

百度地图已经完成30万km的高速公路和部分城市道路测绘，相对精度达到10~20 cm。这些收集到的道路数据通过人工智能自动识别，并由人工验证信息后再上传至云端，百度自动驾驶地图数据自动化处理程度达到90%以上。

百度也利用Learning-Map平台以众包模式收集更新道路数据，只要安装了百度地图和传感器，车内手机、后装硬件和车端传感器采集到的环境数据，都会发送到该平台。

百度现已和福田、一汽、比亚迪、大众等诸多车企达成合作，共同研发自动驾驶地图。人们很快就能看到百度自动驾驶地图出现在江淮明年下半年推出自动驾驶量产车型上，未来也将应用在宝马、大众汽车上。近期，百度和博世集团、TomTom等相关产业巨头打造起一个“AI Based Map”，融汇基础数据、出行方式、智慧交通等信息，共同构建起“地图大脑”。

②四维图新

2013年，四维图新开始了在自动驾驶地图领域的技术研究和探索。2015年成立智能地图事业部，正式开启面向Level3及以上自动驾驶系统的自动驾驶地图产品化研发与商业化落地工作。四维图新已经掌握了从数据采集、自动化制图到众包更新以及快速迭代的自动驾驶地图完整产品能力解决方案。

四维图新已于2019年初与宝马签署自动驾驶地图及相关服务许可协议，将为宝马集团所属品牌在中国2021—2024年量产上市的新平台提供面向L3及以上自动驾驶系统的自动驾驶地图产品及服务。

③高德地图

高德地图在2014年被阿里巴巴收购，并于同年开始自动驾驶地图研发。2016年10月高德宣布在自动驾驶汽车开发测试期间，将免费向汽车行业的合作伙伴提供自动驾驶地图数据。2017年8月，高德与千寻位置合作研发自动驾驶地图+高精度定位。

高德已经完成了超过32万km的自动驾驶高精地图采集。高德专门用于HAD级别自动驾驶地图的采集车主要通过2个激光雷达和4个摄像头采集道路信息，精度可达10 cm。高德和精准位置服务商千寻位置合作，提供“自动驾驶地图+高精度定位”综合解决方案。双方在车道级定位上的解决方案可以实现普通道路条件下横向误差和纵向误差在7 cm以内，高速/城市环路条件下横向误差6 cm，纵向误差5 cm以内。

高德先后和博世、英伟达、凯迪拉克合作研发自动驾驶地图中定位图层和数据更新方案。其自动驾驶高精地图已经应用在凯迪拉克的Super Cruise系统上。

④滴图科技

滴图（北京）科技有限公司成立于2016年02月，是北京小桔科技有限公司的全资子公司，后者就是我们常说的“滴滴出行”。不同于BAT收购现成的测绘公司。2017年11月，滴图科技获得了导航电子地图制作的甲级测绘资质。庞大的快车、专车、出租车队伍对于滴滴来说是一笔财富，公司可以通过众包模式，利用滴滴运营车辆收集各地道路信息，数据量也是不可想象的。众包车辆的配置会决定回传哪些数据，决定更新哪些地图要素，未来滴滴就有能力参与到定义车辆的环节中去，利用自动驾驶功能和地图测绘结合，实现最终的理想更新模式。

⑤立得空间

立得空间信息技术股份有限公司（简称“立得空间”）成立于1999年9月，是由武汉大学、两院院士李德仁、国内知名科技投资公司等共同组建的高科技企业，立得空间的主营业务由移动测量、智慧城市大数据及行业应用、物联网地图三大板块鼎足而成。立得空间是中国移动测量系统（MMS：Mobile Mapping System）的发明人，致力于运用“天—空—地”移动测量技术推动测绘产业变革，促进地理空间大数据的快速获取与利用。

⑥初速度

北京初速度科技有限公司（Momenta）成立于2016年，致力于“打造自动驾驶大脑”，其核心技术是基于深度学习的环境感知、高精度地图、驾驶决策算法，致力于建设以机器视觉为主的自动驾驶导航地图的完整技术方案，大幅提升高精地图的建图效率，降低建图成本，实现自动驾驶的高精度定位和导航。产品包括不同级别的自动驾驶方案，以及衍生出的大数据服务。

Momenta高精地图主要通过提取众包车辆拍摄的2D图像语义点（车道标线、标牌等地标点），鉴于多张图像存在视差，Momenta利用点的对应关系，融合来自GPS和IMU的数据，可创建更高精度的地图，即可重建道路、交通标志及周围环境的3D位置。其成本据说可到使用激光雷达方案的1/10甚至1/100。

⑦宽凳科技

宽凳（北京）科技有限公司成立于2016年03月，致力于通过智能众包高精度地图商业模式推动自动驾驶的广泛应用。核心技术包括深度学习、图像识别、三维视觉、智能机器人、地图构建以及基于此的大数据云服务。在地图采集上，传统地图企业多采用激光雷达的方案，宽凳科技则更重视视觉方案，其地图采集设备并没有装备激光雷达。随着自动驾驶技术和高精地图产业的发展，市场空间加大，势必会有更多的企业争取获得甲级测绘资质并进入自动驾驶用高精地图产业。

⑧DeepMotion

DeepMotion尚未获得甲级测绘资质，成立于2017年7月，为无人驾驶汽车提供基于多传感器融合的3D环境感知、高精定位，以及高精地图构建的解决方案。以高精地图为核心，强调三维视觉与深度学习的结合，以及解决方案的可部署与可量产化。产品将包括硬件设备、软件算法以及相关的数据服务，并且注重针对中国交通道路环境特点的适配与优化。DeepMotion已经能达到前后30～40 cm、10～20 cm的定位精度。

（3）面临的挑战

近几年，国内外科研机构和企业等开始了对高精度地图进行了大量研究，并准备商业化应用。国内外已经对高精度地图的使用方法进行了框架性的设计。但现阶段高精地图还存在以下问题：

①绝大多数高精度地图数据采集更新慢、采集成本较高等问题。

②高精度地图中不仅仅需要传感器采集的精确数据，还需要标准的数据地图格式。针对高精度地图主流的地图数据格式有OpenDRIVE和Navigation Data Standard（简称NDS）等。OpenDRIVE主要面向交通与驾驶仿真，将车道、

道路、信号灯以及路面属性均标准化；NDS 则由汽车制造商和供应商共同开发，旨在面向无人驾驶导航应用，采用模块化的分层结构，已经有超过 60 家企业、供应商和高校机构加入该标准，包括百度、高德、Here、TomTom 等。但是上述主流的地图标准中的数据存储格式均是基于欧洲道路设计，难以完全覆盖国内复杂多变的交通环境，以及道路特征及交通规制。

③国内研究高精度地图的企业、机构很多，陆续发布高精度地图相关调研报告，但并未形成统一的标准。

3. 智能网联汽车定位技术发展现状

(1)国际主流卫星导航系统

全球导航卫星系统(GNSS)是能在地球表面或近地空间的任何地点为用户提供全天候的 3 维坐标和速度以及时间信息的空基无线电导航定位系统。全球 GNSS 市场基本形成"1＋3"格局，即美国的 GPS、俄罗斯的格洛纳斯卫星导航系统(GLONASS)、欧洲的伽利略系统(GALILEO)和中国的北斗系统(BDS)。

GNSS 定位过程中，其广播讯号受到许多因素的影响，如大气层折射、卫星轨道位置偏差及时钟误差等，而会使其定位精确度受到影响。使用 GPS 广播的 P 码(PPS：Precise Positioning Service)，由于精确度较高，因此受到严格限制，只有美国军方及特殊授权者才能使用。C/A 码的使用则没有限制(SPS：Standard Positioning Service)，但其精确度较低，若 SA(Selective Availability)也被开启后，则误差会更加剧，因此对需要较高精确度的实时定位而言，便需要一套使用 C/A 码，但却可以大幅提高精确度的系统。

除了上述 4 大全球系统外，还包括区域系统和增强系统，其中区域系统有日本的 QZSS 和印度的 IRNSS，增强系统有美国的 WAAS、日本的 MSAS、欧盟的 EGNOS、印度的 GAGAN 及尼日尼亚的 NIG-GOMSAT-1 等。

(2)中国高精度定位技术发展现状

中国高精度卫星导航定位应用始于 20 世纪末，外资企业携其成熟的高精度 GPS 产品与方案向中国市场推广。高精度卫星导航定位产品主要应用于工程测量、测绘工程、地理信息、灾害监测、精准农业应用、气象预测、飞行器控制等专业领域。通过引进国外技术和自主研发，国产厂商已经具备自主创新，产品升级换代的能力。经过 10 多年的发展，我国高精定位行业已经主导了国内市场，并积极参与国际市场的竞争。

按照规划，北斗系统正在按从国内覆盖、到亚太区域覆盖、再到全球覆盖"三步走"的规划稳步推进。预计到 2018 年底前后面向"一带一路"沿线国家和地区提供基本服务，到 2020 年将实现 35 颗北斗卫星全球组网，具备服务全球的能力。2014 年 9 月，我国北斗地基增强系统正式启动研制建设。我国已初步建成由超过 2 200 个增强站组成的北斗地基增强"全国一张网"，可在全国范围内提供实时米级、亚米级精准定位服务，在中东部 17 个省市提供实时厘米级和后处理毫米级高精度服务。

在国内用的最多的是 GPS＋北斗＋GLONASS 三套卫星导航系统。通过接收多个导航体系的卫星以及多个卫星导航体系下的不同频段来做联合结算，使得定位精度更高、性能更稳定。这样 3 套系统的匹配运行能很好地解决定位问题。

表 1-19　车厂商对于高精度地图与定位的需求

车企	车企一	车企二	车企三	车企四	车企五	车企六	车企七
自动驾驶何时需要自动驾驶地图	L3 级及以上	L4 级及以上	L3 级及以上	L3 级及以上	L3 级＋至 L4 级	L3 级及以上	L3 级及以上
预计产业化运用时间	2020	2020	2021	2021 以后	—	2020-6 前	2020
精度要求(绝对精度)	<1 m	10～20 cm，偏转后 1.5 m 内	<50 cm	20 cm	1 m 左右	<1 m	1 m 左右
精度要求(相对精度)	<10 cm	<10 cm	<20 cm	<20 cm	<20 cm	<10 cm	<10 cm
高程相关信息不能采集供用户使用，车企是否有高架桥等道路高程等信息需求	可分段表示，误差<1 m，用于定位车辆在道路的哪一层	有需求，可采用梯度表示或相对量	有需求，需了解高架桥各条道路不同位置的高度、宽度、曲率、限速及可行驶方向	通过与有资质的图商合作获得，供用户使用	需求不强	建议一定程度开放高程信息，比如可分段表示，0～1 m，1～2 m 等	有需求，高层精度达到 1 m 内

按照《关于导航电子地图管理有关规定的通知》《关于加强自动驾驶地图生产测试与应用管理的通知》规定，高精度定位数据使用之前需要对数据坐标做加密偏转处理，加密偏转处理对自动驾驶高精度定位的影响还在测试和探索中。

2017 年 11 月 09 日，在中国卫星导航定位协会主办的"高精度地图座谈会"，全国 13 家图商与测绘局共同参加，国家局领导针对新版偏转插件做了以下几个方面的介绍。

①新版偏转插件能够满足现阶段自动驾驶需求。

②新版偏转插件可以保证偏转后的信号与加密后的地图匹配精度在中误差 ±10 cm 范围之内，最大误差不明确。

③新版偏转插件在明确审图标准后可投放市场使用。

由于自动驾驶控制系统的复杂性，以及对安全极高的要求，定位模块 ASIL 等级的降低将给车辆行驶安全、可靠性带来隐患。通过"改善偏移算法，使高精地图的相对精度满足自动驾驶规范"这一解决方案，虽然有可能满足自动驾驶技术规范的要求，但是不符合功能安全技术要求的偏移插件仍存在，使安全的可靠性要求无法满足。ASIL 变化后对应失效率对比：HIGH RISK。

（3）自动驾驶的高精度定位技术

行驶安全是车辆驾驶的底限，高可用的定位能力是L3+级别自动驾驶安全行驶的前提。定位的高可用性包含定位结果的精准性、定位频率的实时性、定位架构的稳定性、定位场景的包容性等。

L3以下的辅助驾驶需要驾驶员在驾驶过程中全程参与，采用"人+算法局部定位"和"算法全局定位"相结合的策略。由于算法只是驾驶辅助，人作为系统安全的最后一道防线，所以对于局部定位和全局定位的可用性要求较高，在算法部分不可用，甚至完全不可用的极端场景，也能够基本保证驾驶行为的安全。

L3级别的自动驾驶中，人的参与程度降低，由自动驾驶系统替代原本由驾驶员参与的环境观察、驾驶决策等功能，对定位的可用性的要求升高。

L4/L5级别自动驾驶要求定位系统在限定区域实现全天候、全天时、稳定可靠的定位能力，也就意味着自动驾驶定位系统需要在卫星信号丢失、无4G/WiFi网络、雨雪天气、道路环境巨大变化等的场景下，依然能够高可靠的保证定位的精度。

高精地图相当于人类大脑记忆中的路线，也就是对大脑中物理空间的记忆，GNSS定位相当于人类对空间位置和时空判断的感知，通过二者结合从而知道去哪里、怎么去，自动驾驶或者机器人也是往着这方向在发展。自动驾驶系统广泛采用的了基于GNSS的定位技术。

自动驾驶中高精度定位技术大体上可以分为3类：基于信号的定位、基于航迹推算的定位、基于环境特征匹配的定位。

①基于信号的定位技术

普通的多星（GPS、北斗、伽利略）定位精度能做到1～2 m，不能满足L3+级别无人驾驶厘米级定位的要求。为了达到更好的定位精度，自动驾驶中普遍采用RTK的卫星定位技术。RTK定位的优点是全球可达、全天候全天时可用、定位精度高、使用简便等，在空旷无遮挡的区域能够实现对车辆的厘米级定位。但是也存在一些问题，如基站布设成本高，易受电磁环境干扰、易受环境遮挡、信号多径效应、4G/5G/WiFi网络环境差的影响等，从而影响定位精度和定位系统的可用性。

②基于航迹推算的定位技术

航迹推算（Dead Reckoning）通过测量运动主体移动的距离和方位，与原位置叠加，从而推算出当前位置的方法。在其位精度降低或不可用的情况下，如当车辆在无法接收GPS/GNSS信号的区域（隧道或地下通道）或发生非常强烈的多径传播（被高层玻璃覆盖的建筑物环绕的区域）中移动时，通过使用来自各种传感器（陀螺仪传感器，加速度计，速度脉冲等）的信息来计算当前位置。

IMU（Inertial Measurement Unit，惯性测量单元）是常用的航迹推算系统，优势在于没有外部依赖，可以提供短时高精度的定位结果，缺点在于在连续的位置和方向的测量中误差会不断累积，导致位置和姿态的测量结果偏离实际位置，因而无法做长时间的高精度定位。航位推算解决方案广泛应用于汽车导航系统。

②基于环境特征匹配的定位技术

环境特征匹配技术通过实时测量提取环境特征，并与预先采集的基准数据进行匹配，从而获取确定自动驾驶车辆的当前位置。在实际的应用中，环境特征的定位系统都需要其他定位系统辅助给出初始位置，从而实现在限定区域中匹配环境特征，达到降低计算量、减少特征测量值与预采集基准数据之间可能发生的多重匹配，实现更优的定位结果匹配的目的。

在自动驾驶系统中，常用的环境匹配的定位方案是基于激光点云匹配的定位方案和基于图像匹配的定位方案。

4. 智能网联汽车对于高精地图的技术需求

汽车自动驾驶系统包括环境感知与定位、智能规划与决策、控制执行三大核心模块，先进的自身位置评估和感知周边环境是自动驾驶汽车可上路行驶的基础，包括高精地图、通信、各类传感器在内的感知系统，在感知各种道路和复杂的道路交通环境中各自发挥不可或缺的作用。

高精地图又是各类感知系统中尤为关键的一环。高精地图可以不受各种气候环境的影响为车辆纵向加减速和横向转向、变道等决策提供精确定位以及精准车道预测，可避免因传感器在沙尘暴、浓雾等极端气候下发生误判致使自动驾驶系统失效诱发交通事故，保证自动驾驶车辆在任何环境下的安全。高精地图同时也可以提供动态实时交通信息，可以为自动驾驶车辆提前规划行驶路径，躲避拥堵和交通障碍提供支持。高精地图的应用可以极大地降低自动驾驶车辆对于昂贵传感器的依赖，有利于降低成本，更快地进入批量产业化。

（1）对于高精地图需求

①要素和精度要求

高精度地图包括静态地图和动态地图两部分。其中高精度静态地图主要包括道路线、车道边线、车道中心线、车道节点、道路坡度/曲率/航向，道路设施等，主要用于自动驾驶时基于车道导航、变道提醒等。高精度动态地图主要包括道路交通管制信息、实时交通信息、道路周边气象服务信息、潮汐车道信息等，动态信息具有实时性，动态性、可变性，主要用于路径规划时参考信息。不同级别自动驾驶对高精度地图要素内容要求不同。

相比一般普通导航地图的精度是以米为单位，高精地图可以做到厘米级别，其国内主流图商公布的采集精度能够达到5～10 cm。

由于自动驾驶级别的不同，对于高精地图的要素和精度的要求也不同。随着地图采集和定位精度等技术的进步，高精地图要素和精度的要求也会发生改变。

②加密插件安全性需求

按照《关于加强自动驾驶地图生产测试与应用管理的通知》，我国自动驾驶地图参照导航电子地图法规进行管理。而依据现行国家强制标准《导航电子地图安全处理技术基本要求（GB 20263—2006）》，用于传统车辆的导航电子地图需进行加密处理。同时，为补偿地图加密处理造成的坐标系变化，使导航功能得到应用，在车端引入了卫星定位信号加密插件。

符合自动驾驶需求的加密插件，在设计之初即应考虑全面满足精准性、完整性、连续性和实时性等技术指标。同时，作为自动驾驶车辆安全相关组件，加密插件应符合 GB/T 34590—2007（ISO 26262:2011）的功能安全相关要求。

（2）高精度地图测绘资质问题

依据《中华人民共和国测绘法》的规定，没有测绘资质的汽车企业无法采集最基本的地理位置信息和道路标线标牌等。但自动驾驶地图要求地理位置和路况高时效性，如道路信息、车道信息、三维结构物等信息更新要求 <1 个月（基础地图），对交通管制、道路施工等信息更新要求 <1 h（准静态地图）。仅依靠地图公司专业采集车无法实现全国范围内道路的及时更新，需要汽车企业在开发调试和大量车辆上路行驶过程中收集数据，实现自动驾驶地图数据的及时更新，满足功能测试和车辆自动驾驶要求。现有审图模式无法满足基础地图和准静态地图更新周期要求，更无法满足信息更新 <1 s 的要求（周边车辆、行人信息信号信息等），同时对于大量采用众包模式的初创企业带来极高的准入门槛和极大的政策风险。

因为地图勘测本就涉及国家机密，所以明令禁止外资企业开展地图采集工作，即使是针对互联网服务和信息服务业务也实施了严格的外资准入制度。

（3）众包采集时数据传输需求

众包模式作为采集和更新的一种手段，在高精地图产业中占据很重要的地位。一方面，高精地图采集生产成本高，初创公司难以承受。自动驾驶所需要的高精地图，需要极高的专业设备和专业采集能力，这也意味着极高的投入和成本。另一方面，高精地图采集资质门槛高，初创公司没有资质。地图公司要想在国内进行高精地图的采集制作，必须拥有“导航电子地图资质”甲级测绘资质。

众包模式对于动态地图信息（如道路是否拥堵、是否有交通事故、交通管制情况、天气情况等）的实时更新相比专业采集模式有极大的优势。而对于众包模式采集的数据和这些数据传输的标准化更是有强烈的需求。

（4）对信息安全需求

高精地图作为车辆超视距感知和决策的关键手段，在线升级和实时动态交通信息更新的要求非常关键。而在车载软硬件系统日益受到网络黑客攻击的情况下，信息安全的管理尤为重要。

地图绘制阶段需要考虑安全需求，测绘阶段地理数据需要安全管理，不可经过公网传输，否则危及国家安全；地图数据上传阶段，需要在隔离网络中经过安全的传输通道进行上传到云端，防止数据泄露；云端地图数据需要加密存储，对地图数据的访问需要进行身份认证和授权过程，防止越权访问；高精地图生产环节需增加访问控制机制，保证网络隔离，防止制图阶段数据外泄；审图环节需要增加审图偏转，防止数据泄露。

随着高精地图对于自动驾驶决策变得日益重要，高精地图的信息安全也提到一个很高的需求层面。

（5）在线升级需求

L3/L4/L5 级别的自动驾驶对于高精地图的依赖非常强，但是高精地图是对物理世界的数字三维化，物理世界时时刻刻都在发生着变化，如何应对快速变化的道路环境在自动驾驶时代是一个迫切需要解决的问题。

在基于环境匹配的定位中，如果道路环境变化，就可能会影响到匹配算法的准确度，进而出现定位偏移，影响自动驾驶汽车对于周围环境的判断，最终影响到驾驶的安全性。

对于路径规划、行为预测、系统决策等也存在同样的问题。自动驾驶往往都是车道级的路径规划，如果实际道路环境中，车道数量、位置发生了变化，与实际环境不匹配的道路信息对各个功能模块都会提供错误的信息输入，最终影响到驾驶系统的可靠性和稳定性。

所以在自动驾驶的时代，能够快速更新高精地图数据 OTA 系统不可或缺。高精地图的在线升级（OTA）技术要求也是亟需确定的。

（6）自动驾驶同步定位与地图构建（SLAM）

自动驾驶同步定位与地图构建（Simultaneous Localization and Mapping 简称 SLAM）指在自动驾驶的自身位置不确定的条件下，在完全未知的环境中创建地图，同时利用地图进行自主定位和导航。汽车从未知环境的未知地点出发，在运动过程中通过重复观测到的地图特征（如道路、路口等）定位自身位置和姿态，再根据自身位置增量式的构建地图，从而达到同时定位和地图构建的目的。在定位的同时构建地图其基本原理是通过概率统计的方法，通过多特性匹配来达到定位和减少定位误差的，并在定位的同时通过多传感器获得的信息构建高精度地图。

现有的采用 64 线激光雷达同步定位与地图构建技术对车辆进行高精度定位与地图构建，但成本太高，难以实现产品化。现有的视觉 SLAM 技术多应用于室内机器人导航，无法满足车辆室外大场景视觉定位与地图构建的稳定性和鲁棒性要求。同时现有单车辆 SLAM 技术依赖于多传感器融合方案，整体硬件成本较高，并且单车辆 SLAM 的地图构建效率较低，只能对可观测的环境进行 SLAM，无法对未知环境进行导航，降低了车辆定位与地图构建系统的环境适应性。

5. 中国自动驾驶地图政策法规现状

我国现行相关法律法规，涉及自动驾驶地图数据采集、要素表达、数据加密、数据更新、审图、发布、成果保密等方面。国家出于安全的考虑，测绘政策对于高精地图的生产，使用做了诸多规定。

我们从事自动驾驶地图产业需要遵守国家法律法规政策，同时需要满足自动驾驶对高精度地图数据的要求，仍然需要尝试做很多尝试和努力。

（1）高精地图数据需加密的规定

现行国家强制标准《导航电子地图安全处理技术基本要求（GB 20263—2006）》规定：导航电子地图在公开出版、销售、传播、展示和使用前，必须由测绘行政主管部门指定的机构采用国家规定的方法统一进行空间位置技术处理。为补偿地图空间位置加密处理造成的坐标系变化，使导航功能得到应用，车端引入了卫星定位信号加密插件。

《关于加强自动驾驶地图生产测试与应用管理的通知》《关于导航电子地图管理有关规定的通知》中规定我国自动驾驶地图参照导航电子地图法规进行管理，需按规定加密。

(2)地理要素限制表达的规定

按照国家《测绘管理工作国家秘密范围管理规定》(2003 年印发)、导航电子地图安全处理技术基本要求(GB 20263—2006)》(2006 年印发)、《关于导航电子地图管理有关规定的通知》(2007 年印发)、《公开地图内容表示补充规定(试行)》(2009 年印发)、《基础地理信息公开表示内容的规定》(2010 年印发)等法规标准的要求，公开的导航电子地图数据产品中，不得表达道路的最大纵坡、车行桥坡度、最大(小)曲率半径、平面坐标、高程等信息(国家正式公布的信息除外)。

(3)高精地图数据必须保密的规定

国家测绘地理信息局《关于加强自动驾驶地图生产测试与应用管理的通知》规定：各单位、企业用于自动驾驶技术试验、道路测试的地图数据(包括在传统导航电子地图基础上增添内容、要素或精度提升的)，应当按照涉密测绘成果进行管理，并采取有效措施确保数据安全，未经省级以上测绘地理信息行政主管部门批准，不得向外国的组织和个人以及在我国注册的外商独资和中外合资、合作企业提供、共享地图数据，不得在相关技术试验或道路测试中允许超出范围的人员接触地图数据。

(4)测绘资质限制规定

我国对从事测绘活动的单位实行测绘资质管理制度。《中华人民共和国测绘法》第五章第二十七条规定：从事测绘活动的单位应当具备响应条件，并依法取得相应等级的测绘资质证书，方可从事测绘活动；第二十九条规定：测绘单位不得超越资质等级许可的范围从事测绘活动，不得以其他测绘单位的名义从事测绘活动，不得允许其他单位以本单位的名义从事测绘活动。

国家测绘地理信息局 2016 年下发的《关于加强自动驾驶地图生产测试与应用管理的通知》中规定：自动驾驶地图属于导航电子地图的新型种类和重要组成部分，其数据采集、编辑加工和生产制作必须由具有导航电子地图制作测绘资质的单位承担，导航电子地图制作单位在与汽车企业合作开展自动驾驶地图的研发测试时，必须由导航电子地图制作单位单独从事所涉及的测绘活动。

因此，根据相关法律法规，未有测绘资质的汽车企业不得采集地理位置和道路标线标牌等信息，不得制作导航电子地图。

由于自动驾驶对于高精地图的强烈需求，主机厂和图商均在与政府相关监管机构密切沟通，希望在政策法规方面有一些突破。现有的政策法规也会对高精地图的技术标准产生决定性的效果。

节能与新能源汽车年鉴

YEARBOOK OF ENERGY-SAVING AND NEW ENERGY VEHICLES

第二篇 Section Ⅱ

政策与规划

Policy and Planning

一、国家主要政策与规划

Chapter 1 National Major Polices and Planning

新能源汽车动力蓄电池回收利用管理暂行办法

工信部联节〔2018〕43 号

一、总 则

第一条 为加强新能源汽车动力蓄电池回收利用管理，规范行业发展，推进资源综合利用，保障公民生命财产和公共安全，促进新能源汽车行业持续健康发展，依据《中华人民共和国环境保护法》《中华人民共和国固体废物污染环境防治法》《中华人民共和国清洁生产促进法》《中华人民共和国循环经济促进法》等法律，按照《国务院关于印发节能与新能源汽车产业发展规划(2012—2020 年)的通知》及《国务院办公厅关于加快新能源汽车推广应用的指导意见》要求，制定本办法。

第二条 本办法适用于中华人民共和国境内(台湾、香港、澳门地区除外)新能源汽车动力蓄电池(以下简称“动力蓄电池”)回收利用相关管理。

第三条 在生产、使用、利用、贮存及运输过程中产生的废旧动力蓄电池应按照本办法要求回收处理。

第四条 工业和信息化部会同科技部、环境保护部、交通运输部、商务部、质检总局、能源局在各自职责范围内对动力蓄电池回收利用进行管理和监督。

第五条 落实生产者责任延伸制度，汽车生产企业承担动力蓄电池回收的主体责任，相关企业在动力蓄电池回收利用各环节履行相应责任，保障动力蓄电池的有效利用和环保处置。坚持产品全生命周期理念，遵循环境效益、社会效益和经济效益有机统一的原则，充分发挥市场作用。

第六条 国家支持开展动力蓄电池回收利用的科学技术研究，引导产学研协作，鼓励开展梯次利用和再生利用，推动动力蓄电池回收利用模式创新。

二、设计、生产及回收责任

第七条 动力蓄电池生产企业应采用标准化、通用性及易拆解的产品结构设计，协商开放动力蓄电池控制系统接口和通信协议等利于回收利用的相关信息，对动力蓄电池固定部件进行可拆卸、易回收利用设计。材料有害物质应符合国家相关标准要求，尽可能使用再生材料。新能源汽车设计开发应遵循易拆卸原则，以利于动力蓄电池安全、环保拆卸。

第八条 电池生产企业应及时向汽车生产企业等提供动力蓄电池拆解及贮存技术信息，必要时提供技术培训。汽车生产企业应符合国家新能源汽车生产企业及产品准入管理、强制性产品认证的相关规定，主动公开动力蓄电池拆卸、拆解及贮存技术信息说明以及动力蓄电池的种类、所含有毒有害成分含量、回收措施等信息。

第九条 电池生产企业应与汽车生产企业协同，按照国家标准要求对所生产动力蓄电池进行编码，汽车生产企业应记录新能源汽车及其动力蓄电池编码对应信息。电池生产企业、汽车生产企业应及时通过溯源信息系统上传动力蓄电池编码及新能源汽车相关信息。

电池生产企业及汽车生产企业在生产过程中报废的动力蓄电池应移交至回收服务网点或综合利用企业。

第十条 汽车生产企业应委托新能源汽车销售商等通过溯源信息系统记录新能源汽车及所有人溯源信息，并在汽车用户手册中明确动力蓄电池回收要求与程序等相关信息。

第十一条 汽车生产企业应建立维修服务网络，满足新能源汽车所有人的维修需求，并依法向社会公开动力蓄电池维修、更换等技术信息。新能源汽车售后服务机构、电池租赁等运营企业应在动力蓄电池维修、拆卸和更换时核实新能源汽车所有人信息，按照维修手册及贮存等技术信息要求对动力蓄电池进行维修、拆卸和更换，规范贮存，将废旧动力蓄电池移交至回收服务网点，不得移交其他单位或个人。

新能源汽车售后服务机构、电池租赁等运营企业应在溯源信息系统中建立动力蓄电池编码与新能源汽车的动态联系。

第十二条 汽车生产企业应建立动力蓄电池回收渠道，负责回收新能源汽车使用及报废后产生的废旧动力蓄电池。

(一)汽车生产企业应建立回收服务网点，负责收集废旧动力蓄电池，集中贮存并移交至与其协议合作的相关企业。

回收服务网点应遵循便于移交、收集、贮存、运输的原则，符合当地城市规划及消防、环保、安全部门的有关规定，在营业场所显著位置标注提示性信息。

(二)鼓励汽车生产企业、电池生产企业、报废汽车回收拆解企业与综合利用企业等通过多种形式，合作共建、共用废旧动力蓄电池回收渠道。

(三)鼓励汽车生产企业采取多种方式为新能源汽车所有人提供方便、快捷的回收服务，通过回购、以旧换新、给予补贴等措施，提高其移交废旧动力蓄电池的积极性。

第十三条 汽车生产企业与报废汽车回收拆解企业等合作，共享动力蓄电池拆卸和贮存技术、回收服务网点以及报废新能源汽车回收等信息。回收服务网点应跟踪本区域内新能源汽车报废回收情况，可通过回收或回购等方式收集报废新能源汽车上拆卸下的动力蓄电池。

报废新能源汽车回收拆解，应当符合国家有关报废汽车回收拆解法规、规章和标准的要求。

第十四条 新能源汽车所有人在动力蓄电池需维修更换时，应将新能源汽车送至具备相应能力的售后服务机构进行动力蓄电池维修更换；在新能源汽车达到报废要求时，应将其送至报废汽车回收拆解企业拆卸动力蓄电池。动力蓄电池所有人(电池租赁等运营企业)应将废旧动力蓄电池移交至回收服务网点。废旧动力蓄电池移交给其他单位或个人，私自拆卸、拆解动力蓄电池，由此导致环境污染或安全事故的,应承担相应责任。

第十五条　废旧动力蓄电池的收集可参照《废蓄电池回收管理规范》(WB/T 1061—2016)等国家有关标准要求,按照材料类别和危险程度,对废旧动力蓄电池进行分类收集和标识,应使用安全可靠的器具包装以防有害物质渗漏和扩散。

第十六条　废旧动力蓄电池的贮存可参照《废电池污染防治技术政策》(环境保护部公告2016年第82号)、《一般工业固体废物贮存、处置场污染控制标准》(GB 18599—2016)等国家相关法规、政策及标准要求。

第十七条　动力蓄电池及废旧动力蓄电池包装运输应尽量保证其结构完整,属于危险货物的,应当遵守国家有关危险货物运输规定进行包装运输,可参照《废电池污染防治技术政策》(环境保护部公告2016年第82号)、《废蓄电池回收管理规范》(WB/T 1061—2016)等国家相关法规、政策及标准要求。

三、综合利用

第十八条　鼓励电池生产企业与综合利用企业合作,在保证安全可控前提下,按照先梯次利用后再生利用原则,对废旧动力蓄电池开展多层次、多用途的合理利用,降低综合能耗,提高能源利用效率,提升综合利用水平与经济效益,并保障不可利用残余物的环保处置。

第十九条　综合利用企业应符合《新能源汽车废旧动力蓄电池综合利用行业规范条件》(工业和信息化部公告2016年第6号)的规模、装备和工艺等要求,鼓励采用先进适用的技术工艺及装备,开展梯次利用和再生利用。

第二十条　梯次利用企业应遵循国家有关政策及标准等要求,按照汽车生产企业提供的拆解技术信息,对废旧动力蓄电池进行分类重组利用,并对梯次利用电池产品进行编码。

梯次利用企业应回收梯次利用电池产品生产、检测、使用等过程中产生的废旧动力蓄电池,集中贮存并移交至再生利用企业。

第二十一条　梯次利用电池产品应符合国家有关政策及标准等要求,对不符合该要求的梯次利用电池产品不得生产、销售。

第二十二条　再生利用企业应遵循国家有关政策及标准等要求,按照汽车生产企业提供的拆解技术信息规范拆解,开展再生利用;对废旧动力蓄电池再生利用后的其他不可利用残余物,依据国家环保法规、政策及标准等有关规定进行环保无害化处置。

四、监督管理

第二十三条　工业和信息化部会同国家标准化主管部门研究制定拆卸、包装运输、余能检测、梯次利用、材料回收、安全环保等动力蓄电池回收利用技术标准,建立动力蓄电池回收利用管理标准体系。

第二十四条　建立动力蓄电池回收服务网点上传制度,汽车生产企业应定期通过溯源信息系统上传动力蓄电池回收服务网点等信息,并通过信息平台及时向社会公布有关信息。

第二十五条　工业和信息化部、质检总局负责建立统一的溯源信息系统,会同环境保护部、交通运输部、商务部等有关部门建立信息共享机制,确保动力蓄电池产品来源可查、去向可追、节点可控。

第二十六条　工业和信息化部会同有关部门对梯次利用电池产品实施管理,加强对梯次利用企业的指导,规范梯次利用企业产品,保障产品质量和安全。

第二十七条　鼓励社会资本发起设立产业基金,研究探索动力蓄电池残值交易等市场化模式,促进动力蓄电池回收利用。

第二十八条　工业和信息化部会同质检总局等部门,在各自职责范围内,通过责令企业限期整改、暂停企业强制性认证证书、公开企业履责信息、行业规范条件申报及公告管理等措施,对有关企业落实本办法有关规定实施监督管理。

第二十九条　任何组织和个人有权对违反本办法规定的行为向有关部门投诉、举报。

五、附则

第三十条　本办法由工业和信息化部商科技部、环境保护部、交通运输部、商务部、质检总局、能源局负责解释。

第三十一条　本办法自2018年8月1日施行。

附录

术语和定义

一、动力蓄电池:为新能源汽车动力系统提供能量的蓄电池,由蓄电池包(组)及蓄电池管理系统组成,包括锂离子动力蓄电池、金属氢化物/镍动力蓄电池等,不含铅酸蓄电池。

二、废旧动力蓄电池是指:

(一)经使用后剩余容量或充放电性能无法保障新能源汽车正常行驶,或因其他原因拆卸后不再使用的动力蓄电池;

(二)报废新能源汽车上的动力蓄电池;

(三)经梯次利用后报废的动力蓄电池;

(四)电池生产企业生产过程中报废的动力蓄电池;

(五)其他需回收利用的动力蓄电池。

以上废旧动力蓄电池包括废旧的蓄电池包、蓄电池模块和单体蓄电池。

三、回收:废旧动力蓄电池收集、分类、贮存和运输的过程总称。

四、拆卸:将动力蓄电池从新能源汽车上拆下的过程。

五、拆解:对废旧动力蓄电池进行逐级拆分,直至拆出单体蓄电池的过程。

六、贮存:废旧动力蓄电池收集、运输、梯次利用、再生利用过程中的存放行为,包括暂时贮存和区域集中贮存。

七、利用:废旧动力蓄电池回收后的再利用,包括梯次利用和再生利用。

八、梯次利用:将废旧动力蓄电池(或其中的蓄电池包/蓄电池模块/单体蓄电池)应用到其他领域的过程,可以一级利用也可以多级利用。

九、再生利用:对废旧动力蓄电池进行拆解、破碎、分离、提纯、冶炼等处理,进行资源化利用的过程。

十、汽车生产企业:获得《道路机动车辆生产企业及产品公告》的国内新能源汽车生产企业和新能源汽车进口商。

十一、电池生产企业:国内动力蓄电池生产企业和动力蓄电池进口商。

十二、回收服务网点:汽车生产企业在本企业新能源汽车销售的行政区域(至少地级)内,通过自建、共建、授权等方式建立的废旧动力蓄电池回收服务机构。

十三、报废汽车回收拆解企业:取得资质认定,从事报废汽车回收拆解经营业务的企业。

十四、综合利用企业:是指符合《新能源汽车废旧动力蓄电池综合利用行业规范条件》要求的废旧动力蓄电池梯次利用企业或再生利用企业。

十五、梯次利用企业:即梯次利用电池产品生产企业,是指对废旧动力蓄电池(或其中的蓄电池包/蓄电池模块/单体蓄电池)进行必要的检测、分类、拆解和重组,使其可应用至其他领域的企业。

十六、再生利用企业:是指对废旧动力蓄电池进行拆解、破碎、分离、提纯、冶炼等处理,实现资源再生利用、原材料回收利用等的企业。

工业和信息化部
科学技术部
环境保护部
交通运输部
商务部
国家质量监督检验检疫总局
国家能源局
2018 年 1 月 26 日

关于调整完善新能源汽车推广应用财政补贴政策的通知

财建〔2018〕18 号

各省、自治区、直辖市、计划单列市财政厅(局)、工业和信息化主管部门、科技厅(局、科委)、发展改革委:

为贯彻落实党的十九大精神,加快促进新能源汽车产业提质增效、增强核心竞争力、实现高质量发展,做好新能源汽车推广应用工作,现将有关事项通知如下。

一、调整完善推广应用补贴政策

(一)提高技术门槛要求。根据动力电池技术进步情况,进一步提高纯电动乘用车、非快充类纯电动客车、专用车动力电池系统能量密度门槛要求,鼓励高性能动力电池应用。提高新能源汽车整车能耗要求,鼓励低能耗产品推广。不断提高燃料电池汽车技术门槛。新能源汽车产品纳入《新能源汽车推广应用推荐车型目录》(以下简称“目录”)后销售推广方可申请补贴,2017 年目录内符合调整后补贴技术条件的车型,可直接列入新的目录。有关部委将根据新能源汽车技术进步、产业发展、推广应用规模等因素,提前研究发布 2019 年和 2020 年关键技术指标门槛。

(二)完善新能源汽车补贴标准。根据成本变化等情况,调整优化新能源乘用车补贴标准,合理降低新能源客车和新能源专用车补贴标准。燃料电池汽车补贴力度保持不变,燃料电池乘用车按燃料电池系统的额定功率进行补贴,燃料电池客车和专用车采用定额补贴方式。鼓励技术水平高、安全可靠的产品推广应用。

(三)分类调整运营里程要求。对私人购买新能源乘用车、作业类专用车(含环卫车)、党政机关公务用车、民航机场场内车辆等申请财政补贴不作运营里程要求。其他类型新能源汽车申请财政补贴的运营里程要求调整为 2 万 km,车辆销售上牌后将按申请拨付一部分补贴资金,达到运营里程要求后全部拨付,补贴标准和技术要求按照车辆获得行驶证年度执行。

二、进一步加强推广应用监督管理

(一)加快完善信息化监管平台。各级行业主管部门牵头,尽快建成企业、地方、国家三级联网的新能源汽车监管平台并发挥作用,动态掌握车辆生产、销售、运行、充电设施运营情况,结合现有管理手段实现对生产准入、目录审核、补贴发放、安全运营、运营里程等环节监管的全覆盖。

(二)建立与补贴挂钩的整车和电池“一致性”抽检制度。在整车和动力电池生产、销售等环节随机抽查一定比例产品,进行动力电池能量密度、整车能耗等关键参数一致性检测。建立常态化信息发布机制,对抽检产品参数与推荐车型目录内参数值不一致的,根据情节轻重程度,暂停推荐车型目录、按型号扣减或缓拨补贴资金,并按有关规定对相关企业和检测机构给予处罚。

(三)拓宽监督渠道,夯实监管责任。设立并公开举报电话或网上举报平台,充分发挥社会监督的作用。加大对骗补企业的处罚力度,除依据《财政违法行为处罚处分条例》予以没收违法所得和罚款外,还将视情节轻重采取暂停或取消推荐车型目录、取消补贴资格并纳入“黑名单”等限制性措施。有关地方应进一步落实推广主体责任,健全管理制度,加强审核把关和监督检查,对玩忽职守、徇私舞弊的单位和个人应予以严肃追责,对监管不严、骗补等问题多发的地区按有关规定严肃处理。

三、进一步优化推广应用环境

(一)破除地方保护,建立统一市场。各地不得采取任何形式的地方保护措施,包括但不限于设置地方目录或备案、限制补贴资金发放、对新能源汽车进行重复检验、要求生产企业在本地设厂、要求整车企业采购本地零部件等措施。对经有关部门认定存在地方保护行为的地方,中央财政将视情节相应扣减充电基础设施奖补资金。各地对列入《车辆生产企业及产品公告》的新能源汽车产品应一视同仁执行免限行、免限购、发放新能源汽车专用号牌等支持措施。地方应不断加大基础设施建设力度和改善新能源汽车使用环境,从 2018 年起将新能源汽车地方购置补贴资金逐渐转为支持充电基础设施建设和运营、新能源汽车使用和运营等环节。

(二)落实生产者责任,提高生产销售服务管理水平。企业应进一步落实生产者责任,对自身生产和销售环节加强管理与控制,建立企业监控平台,及时准确上报新能源汽车推广补贴申报信息,确保真实、可查。新能源汽车生产企业应按有关文件要求对消费者提供动力电池等储能装置、驱动电机、电机控制器质量保证。建立新能源汽车安全事故统计和审查机制,对已销售产品存在安全隐患、发生安全事故的,企业应提交产品事故检测报告、后续改进措施等材料。对由于产品质量引起安全事故的车型,视事故性质、严重程度等给予暂停车型推荐目录、暂停企业补贴资格等处罚，并扣减该车型补贴资金。

本通知从2018年2月12日起实施，2018年2月12日至2018年6月11日为过渡期。过渡期期间上牌的新能源乘用车、新能源客车按照《财政部　科技部　工业和信息化部　发展改革委关于调整新能源汽车推广应用财政补贴政策的通知》（财建〔2016〕958号）对应标准的0.7倍补贴，新能源货车和专用车按0.4倍补贴，燃料电池汽车补贴标准不变。

落实推广应用主体责任、建立惩罚机制等其他相关规定继续按《财政部　科技部　工业和信息化部　发展改革委关于调整新能源汽车推广应用财政补贴政策的通知》（财建〔2016〕958号）、《财政部　工业和信息化部　科技部　发展改革委关于新能源汽车推广应用审批责任有关事项的通知》（财建〔2016〕877号）、《财政部　科技部　工业和信息化部发展改革委关于2016—2020年新能源汽车推广应用财政支持政策的通知》（财建〔2015〕134号）等有关文件执行。

附件：新能源汽车推广补贴方案及产品技术要求

新能源汽车推广补贴方案及产品技术要求

一、新能源乘用车补贴标准和技术要求

（一）新能源乘用车补贴标准。

<table>
<tr><th>车辆类型</th><th colspan="6">纯电动续驶里程 R（工况法、公里）</th></tr>
<tr><td rowspan="2">纯电动乘用车</td><td>150≤R<200</td><td>200≤R<250</td><td>250≤R<300</td><td>300≤R<400</td><td>R≥400</td><td>R≥50</td></tr>
<tr><td>1.5</td><td>2.4</td><td>3.4</td><td>4.5</td><td>5</td><td>—</td></tr>
<tr><td>插电式混合动力乘用车（含增程式）</td><td colspan="5">—</td><td>2.2</td></tr>
<tr><td colspan="7">单车补贴金额＝里程补贴标准×电池系统能量密度调整系数×车辆能耗调整系数。单位电池电量补贴上限不超过1 200元/kWh。</td></tr>
</table>

（二）新能源乘用车技术要求

1. 纯电动乘用车30 min最高车速不低于100 km/h。

2. 纯电动乘用车工况法续驶里程不低于150 km。插电式混合动力（含增程式）乘用车工况法续驶里程不低于50 km。

3. 纯电动乘用车动力电池系统的质量能量密度不低于105 Wh/kg，105（含）~120 Wh/kg的车型按0.6倍补贴，120（含）~140 Wh/kg的车型按1倍补贴，140（含）~160 Wh/kg的车型按1.1倍补贴，160 Wh/kg及以上的车型按1.2倍补贴。

4. 根据纯电动乘用车能耗水平设置调整系数。按整车整备质量（m）不同，工况条件下百公里耗电量（Y）应满足以下门槛条件：$m\leq 1\,000$ kg时，$Y\leq 0.0126\times m+0.45$；$1\,000<m\leq 1\,600$ kg时，$Y\leq 0.0108\times m+2.25$；$m>1\,600$ kg时，$Y\leq 0.0045\times m+12.33$。百公里耗电量（Y）优于门槛0（含）~5%的车型按0.5倍补贴，优于门槛5（含）~25%的车型按1倍补贴，优于门槛25%（含）以上的车型按1.1倍补贴。

5. 工况法纯电续驶里程低于80 km的插电式混合动力乘用车B状态燃料消耗量（不含电能转化的燃料消耗量）与现行的常规燃料消耗量国家标准中对应限值相比小于65%，比值介于60%（含）~65%之间的车型按0.5倍补贴，比值小于60%的车型按1倍补贴。工况法纯电续驶里程大于等于80 km的插电式混合动力乘用车，其A状态百公里耗电量应满足纯电动乘用车门槛要求。

二、新能源客车补贴标准和技术要求

（一）新能源客车补贴标准。具体如下。

<table>
<tr><th rowspan="2">车辆类型</th><th rowspan="2">中央财政补贴标准（元/kWh）</th><th rowspan="2" colspan="3">中央财政补贴调整系数</th><th colspan="3">中央财政单车补贴上限（万元）</th></tr>
<tr><th>6 m<L≤8 m</th><th>8 m<L≤10 m</th><th>L>10 m</th></tr>
<tr><td rowspan="3">非快充类纯电动客车</td><td rowspan="3">1 200</td><td colspan="3">系统能量密度（Wh/kg）</td><td rowspan="3">5.5</td><td rowspan="3">12</td><td rowspan="3">18</td></tr>
<tr><td colspan="2">115~135（含）</td><td>135以上</td></tr>
<tr><td colspan="2">1</td><td>1.1</td></tr>
<tr><td rowspan="3">快充类纯电动客车</td><td rowspan="3">2 100</td><td colspan="3">快充倍率</td><td rowspan="3">4</td><td rowspan="3">8</td><td rowspan="3">13</td></tr>
<tr><td>3C~5C（含）</td><td>5C~15C（含）</td><td>15C以上</td></tr>
<tr><td>0.8</td><td>1</td><td>1.1</td></tr>
<tr><td rowspan="3">插电式混合动力（含增程式）客车</td><td rowspan="3">1 500</td><td colspan="3">节油率水平</td><td rowspan="3">2.2</td><td rowspan="3">4.5</td><td rowspan="3">7.5</td></tr>
<tr><td>60%~65%（含）</td><td>65%~70%（含）</td><td>70%以上</td></tr>
<tr><td>0.8</td><td>1</td><td>1.1</td></tr>
<tr><td colspan="8">单车补贴金额＝Min（车辆带电量×单位电量补贴标准；单车补贴上限）×调整系数（包括：电池系统能量密度系数、单位载质量能量消耗量系数、快充倍率系数、节油率系数）</td></tr>
</table>

（二）新能源客车技术要求

1. 单位载质量能量消耗量（E_{kg}）不高于0.21Wh/（km·kg），0.15~0.21（含）Wh/（km·kg）的车型按1倍补贴，0.15Wh/（km·kg）及以下的车型按1.1倍补贴。计算E_{kg}值所需的附加质量按照《关于2016—2020年新能源汽车推广应用财政支持政策的通知》（财建〔2015〕134号）执行，能量消耗率按《电动汽车能量消耗率和续驶里程试验方法》（GB/T 18386—2017）测试（新能源货车和专用车也按此计算）。

2. 纯电动客车（不含快充类纯电动客车）续驶里程不低于200 km（等速法）。插电式混合动力（含增程式）客车纯电续驶里程不低于 50 km(等速法)。

3. 非快充类纯电动客车电池系统能量密度要高于 115 Wh/kg,快充类纯电动客车快充倍率要高于 3C,插电式混合动力(含增程式)客车节油率水平要高于 60%。

三、新能源货车和专用车补贴标准和技术要求

(一)新能源货车和专用车补贴标准。新能源货车和专用车以提供驱动动力的动力电池总储电量为依据,采取分段超额累退方式给予补贴,具体如下。

补贴标准(元/kWh)			中央财政单车补贴上限(万元)
30(含)kWh以下部分	30~50(含)kWh 部分	50 kWh以上部分	
850	750	650	10

(二)新能源货车和专用车技术要求

1. 装载动力电池系统能量密度不低于 115 Wh/kg。

2. 纯电动货车、运输类专用车单位载质量能量消耗量(E_{kg})不高于 0.4Wh/(km·kg),对 0.35~0.4 Wh/(km·kg)(含)的按 0.2 倍补贴,对 0.35Wh/(km·kg)及以下的按 1 倍补贴。

3. 作业类纯电动专用车吨百公里电耗(按试验质量)不超过 8 kWh。

四、燃料电池汽车补贴标准和技术要求

(一)燃料电池汽车补贴标准。燃料电池乘用车按照搭载燃料电池系统的额定功率进行补贴,燃料电池客车、货车采取定额补贴,具体如下。

车辆类型	补贴标准(元/kW)	补贴上限(万元/辆)
乘用车	6 000	20
轻型客车、货车	—	30
大中型客车、中重型货车	—	50

(二)燃料电池汽车技术要求

1. 燃料电池系统的额定功率与驱动电机的额定功率比值不低于 30%,比值介于 0.3(含)~0.4 的车型按 0.8 倍补贴,比值介于 0.4(含)~0.5 的车型按 0.9 倍补贴,比值在 0.5(含)以上的车型按 1 倍补贴。

2. 乘用车燃料电池系统的额定功率不小于 10 kW,商用车燃料电池系统的额定功率不小于 30 kW。

3. 燃料电池汽车纯电续驶里程不低于 300 km。

4. 燃料电池汽车所采用的燃料电池应满足《道路车辆用质子交换膜燃料电池模块》(标准号 GB/T 33978—2017)标准中的储存温度要求。

财政部 工业和信息化部
科技部 发展改革委
2018 年 2 月 12 日

关于 2016 年度乘用车企业平均燃料消耗量管理有关工作的通知

中华人民共和国工业和信息化部 商务部
海关总署 质检总局公告
2018 年第 14 号

根据《关于 2016 年度、2017 年度乘用车企业平均燃料消耗量管理有关工作的通知》(工信部联装〔2017〕266 号)要求,现将 2016 年度中国乘用车企业平均燃料消耗量与新能源汽车积分情况予以公告。

2016 年度中国境内 124 家乘用车企业共生产/进口乘用车 2 449.47 万辆(含新能源乘用车,不含出口乘用车,下同),行业平均整车整备质量为 1 410 kg,平均燃料消耗量实际值为 6.43 L/100 km,燃料消耗量正积分为 1 174.86 万分,燃料消耗量负积分为 142.99 万分,新能源汽车正积分为 98.95 万分。

其中,96 家境内乘用车生产企业累计生产乘用车 2 358.96 万辆,平均整车整备质量为 1 392 kg,平均燃料消耗量实际值为 6.39 L/100 km,燃料消耗量正积分为 1 135.11 万分,燃料消耗量负积分为 124.47 万分,新能源汽车正积分为 92.89 万分。28 家进口乘用车供应企业进口乘用车 90.51 万辆,平均整车整备质量为 1 875 kg,平均燃料消耗量实际值为 7.52 L/100 km,燃料消耗量正积分为 39.75 万分,燃料消耗量负积分为 18.52 万分,新能源汽车正积分为 6.06 万分。

附件:

2016 年度中国乘用车企业平均燃料消耗量与新能源汽车积分核算情况表

表一 2016 年度乘用车平均燃料消耗量达标企业积分核算情况表

序号	企业名称	企业类型	乘用车产量/进口量(辆)	新能源乘用车产量/进口量(辆)	平均整车整备质量(kg)	企业平均燃料消耗量(L/100 km)		实际值/达标值(%)	平均燃料消耗量积分	新能源汽车积分	
						2016 年达标值	2016 年实际值			共产生积分数量	可用于交易数量
1	北京新能源汽车股份有限公司	境内乘用车生产企业	4 133	4 133	1 051.09	6.03	0.00	0.00	24 922	11 035	11 035
2	河北御捷车业有限公司	境内乘用车生产企业	754	753	969.95	5.76	0.00	0.00	4 343	2 003	2 003
3	金华青年汽车制造有限公司	境内乘用车生产企业	1 025	1 025	880.95	5.76	0.00	0.00	5 904	1 366	45
4	河北红星汽车制造有限公司	境内乘用车生产企业	122	120	1 301.23	6.95	0.02	0.29	1 354 * *	384	384
5	浙江飞碟汽车制造有限公司	境内乘用车生产企业	53	51	1 662.45	7.60	0.06	0.79	641 * *	301	300
6	河北中兴汽车制造有限公司	境内乘用车生产企业	4	2	1 581.25	7.30	1.83	25.07	39 * *	5	5
7	比亚迪汽车工业有限公司	境内乘用车生产企业	150 428	45 991	1 724.63	7.68	2.30	29.95	809 303	153 130	153 073
8	荣成华泰汽车有限公司	境内乘用车生产企业	14 504	3 219	1 565.29	7.33	3.13	42.70	60 917	11 946	11 946

续上表

序号	企业名称	企业类型	乘用车产量/进口量(辆)	新能源乘用车产量/进口量(辆)	平均整车整备质量(kg)	企业平均燃料消耗量(L/100 km)		实际值/达标值(%)	平均燃料消耗量积分	新能源汽车积分	
						2016 年达标值	2016 年实际值			共产生积分数量	可用于交易数量
9	比亚迪汽车有限公司	境内乘用车生产企业	272 063	40 056	1 430.86	7.04	3.59	50.99	938 617	141 220	141 220
10	北京汽车股份有限公司	境内乘用车生产企业	345 973	41 929	1 273.53	6.69	3.92	58.59	958 345	127 013	119 442
11	浙江吉利汽车有限公司	境内乘用车生产企业	366 350	39 173	1 382.32	6.89	4.09	59.36	1 025 780	109 489	92 934
12	江铃控股有限公司	境内乘用车生产企业	97 592	17 349	1 580.26	7.44	4.71	63.31	266 426	45 456	45 456
13	湖南江南汽车制造有限公司	境内乘用车生产企业	292 358	35 925	1 431.38	7.08	4.54	64.12	742 589	90 573	85 775
14	上海汽车集团股份有限公司	境内乘用车生产企业	312 962	21 496	1 401.35	6.90	4.93	71.45	616 535	44 301	44 301
15	奇瑞汽车股份有限公司	境内乘用车生产企业	431 948	20 015	1 314.22	6.73	5.24	77.86	643 603	44 465	39 847
16	安徽江淮汽车股份有限公司	境内乘用车生产企业	328 523	18 337	1 331.23	6.83	5.47	80.09	446 791	54 876	54 876
17	浙江豪情汽车制造有限公司	境内乘用车生产企业	500 198	7 480	1 361.11	6.83	6.03	88.29	400 158	19 571	19 560
18	华晨宝马汽车有限公司	境内乘用车生产企业	305 335	359	1 671.32	7.57	6.69	88.38	268 695	718	718
19	重庆力帆乘用车有限公司	境内乘用车生产企业	3 449	114	1 255.47	6.58	5.83	88.60	2 587	422	422
20	天津一汽丰田汽车有限公司	境内乘用车生产企业	492 066	0	1 269.64	6.54	5.83	89.14	349 367	0	0
21	北京奔驰汽车有限公司	境内乘用车生产企业	337 636	0	1 715.25	7.61	6.80	89.36	273 485	0	0
22	东风汽车公司	境内乘用车生产企业	149 902	5 046	1 386.42	6.94	6.24	89.91	104 931	22 309	22 309
23	江苏九龙汽车制造有限公司	境内乘用车生产企业	426	20	1 983.33	8.64	7.80	90.28	2 565 * *	56	56
24	广州汽车集团乘用车有限公司	境内乘用车生产企业	380 632	3 300	1 490.74	7.14	6.46	90.48	258 830	3 300	0
25	长安马自达汽车有限公司	境内乘用车生产企业	188 614	0	1 356.77	6.74	6.14	91.10	113 168	0	0
26	广汽丰田汽车有限公司	境内乘用车生产企业	423 402	43	1 483.10	7.16	6.59	92.04	241 339	96	96
27	江西五十铃汽车有限公司	境内乘用车生产企业	1 701	0	2 043.42	8.67	8.00	92.27	1 140	0	0
28	华晨汽车集团控股有限公司	境内乘用车生产企业	103 514	748	1 341.03	6.83	6.32	92.53	52 792	1 945	1 945
29	芜湖凯翼汽车有限公司	境内乘用车生产企业	1 009	0	1 370.07	7.10	6.59	92.82	515	0	0
30	大庆沃尔沃汽车制造有限公司	境内乘用车生产企业	1 432	0	1 785.26	7.87	7.33	93.14	7 532 * *	0	0
31	江西昌河铃木汽车有限责任公司	境内乘用车生产企业	31 559	0	989.60	5.95	5.55	93.28	12 624	0	0
32	一汽海马汽车有限公司	境内乘用车生产企业	59 178	109	1 399.85	7.05	6.60	93.62	26 630	303	303
33	一汽-大众汽车有限公司	境内乘用车生产企业	1 919 187	20	1 404.84	6.94	6.50	93.66	844 442	40	40
34	福建奔驰汽车有限公司	境内乘用车生产企业	8 242	0	2 406.32	9.54	8.96	93.92	4 780	0	0
35	重庆长安铃木汽车有限公司	境内乘用车生产企业	113 847	0	1 117.88	6.20	5.83	94.03	42 123	0	0
36	广汽本田汽车有限公司	境内乘用车生产企业	635 430	0	1 314.61	6.66	6.29	94.44	235 109	0	0
37	长安标致雪铁龙汽车有限公司	境内乘用车生产企业	14 508	0	1 515.96	7.10	6.73	94.79	5 368	0	0
38	一汽吉林汽车有限公司	境内乘用车生产企业	52 900	0	1 270.00	6.57	6.23	94.82	17 986	0	0
39	东风本田汽车有限公司	境内乘用车生产企业	563 668	0	1 401.54	6.86	6.56	95.63	169 100	0	0
40	广汽吉奥汽车有限公司	境内乘用车生产企业	221	5	1 385.63	7.08	6.79	95.90	1 003 * *	13	13
41	北京汽车制造厂有限公司	境内乘用车生产企业	6 868	261	1 611.80	7.45	7.21	96.78	1 648	1 016	1 016
42	上汽通用汽车有限公司	境内乘用车生产企业	868 414	209	1 394.07	6.90	6.69	96.96	182 367	418	418
43	上汽大众汽车有限公司	境内乘用车生产企业	1 979 146	0	1 300.51	6.70	6.50	97.01	395 829	0	0
44	合肥长安汽车有限公司	境内乘用车生产企业	166 128	0	1 169.96	6.45	6.26	97.05	31 564	0	0
45	上汽通用五菱汽车股份有限公司	境内乘用车生产企业	1 839 007	1 082	1 291.89	6.89	6.70	97.24	349 411	2 878	2 878
46	上汽通用东岳汽车有限公司	境内乘用车生产企业	464 463	0	1 443.87	6.98	6.79	97.28	88 248	0	0
47	贵州航天成功汽车制造有限公司	境内乘用车生产企业	285	0	1 160.00	6.57	6.40	97.41	610 *	0	0
48	东风小康汽车有限公司	境内乘用车生产企业	301 097	1 686	1 323.65	7.02	6.84	97.44	54 197	5 396	5 396
49	中国第一汽车集团公司	境内乘用车生产企业	200 720	547	1 419.79	6.99	6.84	97.85	30 108	1 094	1 094
50	华晨鑫源重庆汽车有限公司	境内乘用车生产企业	11 623	0	1 499.75	7.46	7.30	97.86	1 860	0	0
51	东风雷诺汽车有限公司	境内乘用车生产企业	33 064	0	1 500.73	7.18	7.03	97.91	4 960	0	0
52	北汽(广州)汽车有限公司	境内乘用车生产企业	37 166	450	1 481.61	7.12	6.99	98.17	4 832	1 719	1 719

续上表

序号	企业名称	企业类型	乘用车产量/进口量(辆)	新能源乘用车产量/进口量(辆)	平均整车整备质量(kg)	企业平均燃料消耗量(L/100 km)		实际值/达标值(%)	平均燃料消耗量积分	新能源汽车积分	
						2016年达标值	2016年实际值			共产生积分数量	可用于交易数量
53	四川野马汽车股份有限公司	境内乘用车生产企业	40 945	608	1 554.66	7.40	7.28	98.38	4 913	1 328	817
54	江西昌河汽车有限责任公司	境内乘用车生产企业	61 694	4	1 230.57	6.63	6.53	98.49	6 169	11	11
55	神龙汽车有限公司	境内乘用车生产企业	593 573	0	1 302.93	6.65	6.57	98.80	47 486	0	0
56	北京现代汽车有限公司	境内乘用车生产企业	1 141 422	50	1 349.63	6.78	6.70	98.82	91 314	80	0
57	山西成功汽车制造有限公司	境内乘用车生产企业	400	0	1 202.86	6.74	6.67	98.96	28	0	0
58	北汽(镇江)汽车有限公司	境内乘用车生产企业	19 255	252	1 452.34	7.10	7.03	99.01	1 348	958	958
59	观致汽车有限公司	境内乘用车生产企业	24 185	0	1 488.45	7.08	7.02	99.15	1 451	0	0
60	东风汽车有限公司	境内乘用车生产企业	1 139 676	923	1 318.06	6.71	6.66	99.25	56 984	2 677	2 677
61	北汽福田汽车股份有限公司	境内乘用车生产企业	35 522	0	1 579.81	7.61	7.56	99.34	1 776	0	0
62	南京汽车集团有限公司	境内乘用车生产企业	184	0	2 374.62	9.66	9.60	99.38	11	0	0
63	北京宝沃汽车有限公司	境内乘用车生产企业	29 552	0	1 728.75	7.81	7.77	99.49	1 182	0	0
64	北汽银翔汽车有限公司	境内乘用车生产企业	249 536	0	1 402.27	7.13	7.10	99.58	7 486	0	0
65	福建新龙马汽车股份有限公司	境内乘用车生产企业	3 677	5	1 237.99	6.73	6.71	99.70	74	7	0
66	东风柳州汽车有限公司	境内乘用车生产企业	239 755	0	1 461.08	7.25	7.24	99.86	2 398	0	0
67	东风悦达起亚汽车有限公司	境内乘用车生产企业	650 111	28	1 318.09	6.69	6.69	100.00	0	111	111
68	天津一汽夏利汽车股份有限公司	境内乘用车生产企业	34 741	19	1 095.65	6.23	6.23	100.00	0	56	56
69	拓速乐汽车销售(北京)有限公司	进口乘用车供应企业	10 822	10 822	2 198.63	8.99	0.00	0.00	97 290	53 962	53 962
70	沃尔沃汽车销售(上海)有限公司	进口乘用车供应企业	17 357	0	1 717.92	7.79	6.61	84.85	20 481	0	0
71	神龙汽车有限公司	进口乘用车供应企业	572	0	1 539.71	7.37	6.60	89.55	1 705 *	0	0
72	保时捷(中国)汽车销售有限公司	进口乘用车供应企业	64 230	2 174	2 010.99	8.48	7.71	90.92	49 457	2 174	0
73	宝马(中国)汽车贸易有限公司	进口乘用车供应企业	196 332	1 001	1 798.67	7.88	7.20	91.37	133 506	3 550	3 550
74	一汽进出口有限公司	进口乘用车供应企业	50 662	0	1 877.09	8.07	7.72	95.66	17 732	0	0
75	大众汽车(中国)销售有限公司	进口乘用车供应企业	35 112	455	1 902.82	8.17	7.90	96.70	9 480	919	919
76	丰田汽车(中国)投资有限公司	进口乘用车供应企业	117 269	0	1 794.02	7.89	7.66	97.08	26 972	0	0
77	斯巴鲁汽车(中国)有限公司	进口乘用车供应企业	45 118	0	1 562.85	7.32	7.14	97.54	8 121	0	0
78	梅赛德斯-奔驰(中国)汽车销售有限公司	进口乘用车供应企业	168 670	0	1 835.15	7.99	7.82	97.87	28 674	0	0
79	现代汽车(中国)投资有限公司	进口乘用车供应企业	5 652	0	1 874.32	8.31	8.28	99.64	170	0	0
80	雷诺(北京)汽车有限公司	进口乘用车供应企业	850	5	1 429.39	6.95	6.95	100.00	3 545 * *	19	19

表二 2016年度乘用车平均燃料消耗量不达标企业积分核算情况

序号	企业名称	企业类型	乘用车产量/进口量(辆)	新能源乘用车产量/进口量(辆)	平均整车整备质量(kg)	企业平均燃料消耗量(L/100 km)		实际值/达标值(%)	平均燃料消耗量积分	新能源汽车积分	
						2016年达标值	2016年实际值			共产生积分数量	可用于交易数量
1	长安福特汽车有限公司	境内乘用车生产企业	929 641	0	1 482.52	7.12	7.2	101.12	−74 371	0	0
2	奇瑞捷豹路虎汽车有限公司	境内乘用车生产企业	64 231	0	1 898.74	8.2	8.32	101.46	−7 708	0	0
3	海马汽车有限公司	境内乘用车生产企业	152 751	1 148	1 334.22	6.79	6.92	101.91	−19 858	1 731	935
4	潍柴(重庆)汽车有限公司	境内乘用车生产企业	12 857	0	1 273.93	6.74	6.87	101.93	−1 671	0	0
5	江铃汽车股份有限公司	境内乘用车生产企业	58 031	0	1 883.25	8.28	8.47	102.29	−11 026	0	0
6	长城汽车股份有限公司	境内乘用车生产企业	977 177	173	1 567.23	7.36	7.6	103.26	−234 522	555	555
7	重庆长安汽车股份有限公司	境内乘用车生产企业	997 365	5 666	1 379.55	6.97	7.2	103.30	−229 394	21 476	21 476
8	上汽通用(沈阳)北盛汽车有限公司	境内乘用车生产企业	462 913	0	1 419.09	6.94	7.21	103.89	−124 987	0	0
9	重庆力帆汽车有限公司	境内乘用车生产企业	49 138	3	1 392.9	7.12	7.56	106.18	−21 621	8	8
10	广汽菲亚特克莱斯勒汽车有限公司	境内乘用车生产企业	150 566	0	1 697.69	7.57	8.04	106.21	−70 766	0	0

续上表

序号	企业名称	企业类型	乘用车产量/进口量(辆)	新能源乘用车产量/进口量(辆)	平均整车整备质量(kg)	企业平均燃料消耗量(L/100 km)		实际值/达标值(%)	平均燃料消耗量积分	新能源汽车积分	
						2016年达标值	2016年实际值			共产生积分数量	可用于交易数量
11	海马商务汽车有限公司	境内乘用车生产企业	1	0	1 195	6.57	7	106.54	0	0	0
12	东南(福建)汽车工业有限公司	境内乘用车生产企业	113 185	292	1 450.13	7.09	7.57	106.77	-54 329	737	715
13	上汽大通汽车有限公司	境内乘用车生产企业	15 050	63	2 145.21	9.09	9.72	106.93	-9 482	84	0
14	广汽三菱汽车有限公司	境内乘用车生产企业	57 006	0	1 483.86	7.12	7.63	107.16	-29 073	0	0
15	四川一汽丰田汽车有限公司	境内乘用车生产企业	157 384	0	1 688.44	7.57	8.19	108.19	-97 578	0	0
16	郑州日产汽车有限公司	境内乘用车生产企业	35 857	100	1 487.18	7.24	7.84	108.29	-21 514	118	0
17	沈阳华晨金杯汽车有限公司	境内乘用车生产企业	88 149	0	1 499.78	7.44	8.07	108.47	-55 534	0	0
18	广东福迪汽车有限公司	境内乘用车生产企业	3 866	0	1 879.85	8.38	9.1	108.59	-2 784	0	0
19	汉腾汽车有限公司	境内乘用车生产企业	14 701	0	1 607.63	7.42	8.06	108.63	-9 409	0	0
20	东风裕隆汽车有限公司	境内乘用车生产企业	40 092	23	1 498.9	7.13	7.77	108.98	-25 659	60	60
21	河北长安汽车有限公司	境内乘用车生产企业	28 461	0	1 411.48	7.22	7.89	109.28	-19 069	0	0
22	安徽猎豹汽车有限公司	境内乘用车生产企业	87 189	10	1 679.19	7.71	8.87	115.05	-101 139	38	38
23	北京汽车集团有限公司	境内乘用车生产企业	10 887	0	2 055.44	8.7	10.01	115.06	-14 262	0	0
24	庆铃汽车股份有限公司	境内乘用车生产企业	593	0	1 713.19	7.64	9.12	119.37	480 *	0	0
25	厦门金龙联合汽车工业有限公司	境内乘用车生产企业	1 425	0	1 732.99	7.96	10.27	129.02	-3 292	0	0
26	厦门金龙旅行车有限公司	境内乘用车生产企业	1 845	0	1 768.39	7.93	10.67	134.55	-5 055	0	0
27	庆铃汽车(集团)有限公司	境内乘用车生产企业	68	0	1 675.15	7.58	10.2	134.56	-178	0	0
28	丹东黄海汽车有限责任公司	境内乘用车生产企业	134	0	1 732.54	7.76	10.58	136.34	-378	0	0
29	双龙汽车(上海)有限公司	进口乘用车供应企业	129	0	1 417.25	7.01	7.32	104.42	231 *	0	0
30	日产(中国)投资有限公司	进口乘用车供应企业	14 548	0	1 798.47	7.99	8.54	106.88	-8 001	0	0
31	福特汽车(中国)有限公司	进口乘用车供应企业	49 768	0	1 938.79	8.29	8.93	107.72	-31 852	0	0
32	捷豹路虎(中国)投资有限公司	进口乘用车供应企业	60 753	0	2 244.38	9.05	9.93	109.72	-53 463	0	0
33	克莱斯勒(中国)汽车销售有限公司	进口乘用车供应企业	29 653	0	2 152.53	8.96	9.86	110.04	-26 688	0	0
34	玛莎拉蒂(中国)汽车贸易有限公司	进口乘用车供应企业	11 705	0	2 142.86	8.96	10.12	112.95	-13 578	0	0
35	三菱汽车销售(中国)有限公司	进口乘用车供应企业	13 030	0	1 894.46	8.23	9.97	121.14	-22 672	0	0
36	铃木(中国)投资有限公司	进口乘用车供应企业	3 204	0	1 115.57	6.11	7.46	122.09	-4 325	0	0
37	广汽本田汽车有限公司	进口乘用车供应企业	480	0	1 764.5	7.77	9.65	124.20	-902	0	0
38	本田技研工业(中国)投资有限公司	进口乘用车供应企业	961	0	1 732.4	7.68	9.54	124.22	-1 787	0	0
39	东风汽车有限公司	进口乘用车供应企业	3 927	0	2 331.83	9.27	12.09	130.42	-11 074	0	0
40	上汽通用汽车销售有限公司	进口乘用车供应企业	3 507	0	2 064.98	8.58	11.22	130.77	-9 258	0	0
41	北京路特斯汽车销售有限公司	进口乘用车供应企业	20	0	1 182	6.3	9.6	152.38	-66	0	0
42	迈凯伦汽车销售(上海)有限公司	进口乘用车供应企业	235	0	1 447.65	7.1	10.86	152.96	118 * *	0	0
43	法拉利汽车国际贸易(上海)有限公司	进口乘用车供应企业	389	0	1 631.75	7.53	11.59	153.92	-1 579	0	0
44	阿斯顿马丁拉共达(中国)汽车销售有限公司	进口乘用车供应企业	155	0	1 866.45	7.97	12.7	159.35	8 * *	0	0

注:1. 按照 GB 27999,2016 年企业达标值为目标值的134%;

2. 企业平均燃料消耗量按车型对应产量/进口量加权计算得出,车型燃料消耗量须按照统一的检测方法 GB/T 19233—2008《轻型汽车燃料消耗量试验方法》检测;

3. 试验室检测燃料消耗量数据与实际燃料消耗量数据存在差异;

4. 平均燃料消耗量核算不含出口乘用车;

5. 根据《关于 2016 年度、2017 年度乘用车企业平均燃料消耗量管理有关工作的通知》要求,对部分特殊企业在计算平均燃料消耗量积分时达标值乘以相应数值。标注“* *”的表示达标值乘以160%,标注“*”的表示乘以130%。

工业和信息化部

商务部

海关总署

质检总局

2018 年 3 月 9 日

智能网联汽车道路测试管理规范(试行)

工信部联装〔2018〕66 号

第一章 总 则

第一条 为深入贯彻落实党的十九大精神,加快制造强国、科技强国、网络强国、交通强国建设,推动汽车智能化、网联化技术发展和产业应用,推进交通运输转型升级创新发展,规范智能网联汽车道路测试管理,依据《道路交通安全法》《公路法》等法律法规,制定本规范。

第二条 本规范适用于在中华人民共和国境内进行的智能网联汽车道路测试。

第三条 工业和信息化部、公安部、交通运输部定期联合发布智能网联汽车道路测试相关信息。

第四条 省、市级政府相关主管部门可以根据当地实际情况,依据本规范制定实施细则,具体组织开展智能网联汽车道路测试工作。

本规范所称省、市级政府相关主管部门,包括各省、自治区、直辖市及计划单列市、新疆生产建设兵团工业和信息化主管部门、公安机关交通管理部门和交通运输主管部门。

第二章 测试主体、测试驾驶人及测试车辆

第五条 测试主体是指提出智能网联汽车道路测试申请、组织测试并承担相应责任的单位,应符合下列条件:

(一)在中华人民共和国境内登记注册的独立法人单位;

(二)具备汽车及零部件制造、技术研发或试验检测等智能网联汽车相关业务能力;

(三)对智能网联汽车测试时可能造成的人身和财产损失,具备足够的民事赔偿能力;

(四)具有智能网联汽车自动驾驶功能测试评价规程;

(五)具备对测试车辆进行实时远程监控的能力;

(六)具备对测试车辆事件进行记录、分析和重现的能力;

(七)法律、法规规章规定的其他条件。

第六条 测试驾驶人是指经测试主体授权,负责测试并在出现紧急情况时对测试车辆实施应急措施的驾驶人,应符合下列条件:

(一)与测试主体签订有劳动合同或劳务合同;

(二)取得相应准驾车型驾驶证并具有 3 年以上驾驶经历;

(三)最近连续 3 个记分周期内无满分记录;

(四)最近 1 年内无超速 50% 以上、违反交通信号灯通行等严重交通违法行为记录;

(五)无饮酒后驾驶或者醉酒驾驶机动车记录,无服用国家管制的精神药品或者麻醉药品记录;

(六)无致人死亡或者重伤的交通事故责任记录;

(七)经测试主体自动驾驶培训,熟悉自动驾驶测试规程,掌握自动驾驶测试操作方法,具备紧急状态下应急处置能力;

(八)法律、法规规章规定的其他条件。

第七条 测试车辆是指申请用于道路测试的智能网联汽车,包括乘用车、商用车辆,不包括低速汽车、摩托车,应符合以下条件:

(一)未办理过机动车注册登记。

(二)满足对应车辆类型除耐久性以外的强制性检验项目要求;对因实现自动驾驶功能而无法满足强制性检验要求的个别项目,测试主体需证明其未降低车辆安全性能。

(三)具备人工操作和自动驾驶两种模式,且能够以安全、快速、简单的方式实现模式转换并有相应的提示,保证在任何情况下都能将车辆即时转换为人工操作模式。

(四)具备车辆状态记录、存储及在线监控功能,能实时回传下列第 1、2、3 项信息,并自动记录和存储下列各项信息在车辆事故或失效状况发生前至少 90 s 的数据,数据存储时间不少于 3 年:

1. 车辆控制模式;
2. 车辆位置;
3. 车辆速度、加速度等运动状态;
4. 环境感知与响应状态;
5. 车辆灯光、信号实时状态;
6. 车辆外部 360°视频监控情况;
7. 反映测试驾驶人和人机交互状态的车内视频及语音监控情况;
8. 车辆接收的远程控制指令(如有);
9. 车辆故障情况(如有)。

(五)测试车辆应在封闭道路、场地等特定区域进行充分的实车测试,符合国家行业相关标准,省、市级政府发布的测试要求以及测试主体的测试评价规程,具备进行道路测试的条件。

(六)测试车辆自动驾驶功能应由国家或省市认可的从事汽车相关业务的第三方检测机构进行检测验证,检测验证项目包括但不限于附件 1 所列的项目。

第三章 测试申请及审核

第八条 省、市级政府相关主管部门在辖区内道路选择若干典型路段用于智能网联汽车道路测试并向社会公布。

第九条 测试主体向拟开展测试路段所在地的省、市级政府相关主管部门提出道路测试申请。申请材料应至少包括:

(一)测试主体、测试驾驶人和测试车辆的基本情况;

(二)属国产机动车的,应当提供机动车整车出厂合格证,但未进入公告车型的应当提供出厂合格证明和国家认可的第三方检测实验室出具的相应车型强制性检验报告;属进口机动车的,应当提供进口机动车辆强制性产品认证证书、随车检验单和货物进口证明书;

(三)自动驾驶功能说明及其未降低车辆安全性能的证明;

(四)机动车安全技术检验合格证明;

（五）测试主体在封闭道路、场地等特定区域进行实车测试的证明材料；

（六）获得国家或省市认可的从事汽车相关业务的第三方检测机构出具的自动驾驶功能委托检验报告；

（七）测试方案，包括测试路段、测试时间、测试项目、测试规程、风险分析及应对措施；

（八）交通事故责任强制险凭证，以及每车不低于500万元人民币的交通事故责任保险凭证或不少于500万元人民币的自动驾驶道路测试事故赔偿保函。

第十条　省、市级政府相关主管部门负责组织受理、审核测试申请，为审核通过的测试车辆逐一出具智能网联汽车道路测试通知书（见附件2），定期报工业和信息化部、公安部和交通运输部备案并向社会公布。

第十一条　测试通知书应当注明测试主体、车辆识别代号、测试驾驶人姓名及身份证号、测试时间、测试路段等信息。其中，测试时间原则上不超过18个月。

第十二条　如需变更测试通知书基本信息的，由测试主体提交变更说明及相应证明材料，省、市级政府相关主管部门审核通过后出具变更后的测试通知书。

第十三条　测试主体凭测试通知书及《机动车登记规定》所要求的证明、凭证，向测试通知书载明的公安机关交通管理部门申领试验用机动车的临时行驶车号牌。

第十四条　临时行驶车号牌规定的行驶区域应当根据测试通知书载明的测试路段合理限定，临时行驶车号牌有效期不应当超过测试通知书载明的测试时间。

第十五条　已申领临时行驶车号牌的测试车辆，如需在其他省、市进行测试，测试主体还应申请相应省、市的测试通知书，并重新申领临时行驶车号牌。但是，相应省、市级政府准许持其他省、市核发的测试通知书、临时行驶车号牌在本行政区域指定道路测试的除外。

第四章　测试管理

第十六条　测试车辆应当遵守临时行驶车号牌管理相关规定。未取得临时行驶车号牌，不得上路行驶。

测试主体、测试驾驶人均应遵守我国道路交通安全法律法规，严格依据测试通知书载明的测试时间、测试路段和测试项目开展测试工作，并随车携带测试通知书、测试方案备查。

第十七条　测试车辆车身应以醒目的颜色标示“自动驾驶测试”字样，提醒周边车辆注意。

第十八条　测试驾驶人应始终处于测试车辆的驾驶座位上、始终监控车辆运行状态及周围环境，随时准备接管车辆。

当测试驾驶人发现车辆处于不适合自动驾驶的状态或系统提示需要人工操作时，应及时接管车辆。

第十九条　测试过程中，测试车辆不得搭载与测试无关的人员或货物。

第二十条　测试过程中，除测试通知书载明的测试路段外，不得使用自动驾驶模式行驶；测试车辆从停放点到测试路段的转场，应使用人工操作模式行驶。

第二十一条　测试主体应每6个月向出具测试通知书的省、市级政府相关主管部门提交阶段性测试报告，并在测试结束后1个月内提交测试总结报告。

第二十二条　省、市级政府相关主管部门于每年6月、12月向工业和信息化部、公安部和交通运输部报告辖区内智能网联汽车道路测试情况。

第二十三条　测试车辆在测试期间发生下列情形之一的，省、市级政府相关主管部门应当撤销测试通知书：

（一）省、市级政府相关主管部门认为测试活动具有重大安全风险的；

（二）测试车辆有违反交通信号灯通行、逆行或者依照道路交通安全法律法规可以处暂扣、吊销机动车驾驶证或拘留处罚等的严重交通违法行为的；

（三）发生交通事故造成人员重伤、死亡或车辆毁损等严重情形，测试车辆方负主要以上责任的。

省、市级政府相关主管部门撤销测试通知书时应当一并收回临时行驶车号牌，并转交给临时行驶车号牌核发地公安交管部门；未收回的，书面告知核发地公安交管部门公告牌证作废。

第五章　交通违法和事故处理

第二十四条　在测试期间发生交通违法行为的，由公安机关交通管理部门按照现行道路交通安全法律法规对测试驾驶人进行处理。

第二十五条　在测试期间发生交通事故，应当按照道路交通安全法律法规认定当事人的责任，并依照有关法律法规及司法解释确定损害赔偿责任。构成犯罪的，依法追究刑事责任。

第二十六条　测试车辆在道路测试期间发生事故时，当事人应保护现场并立即报警。

造成人员重伤或死亡、车辆损毁的，测试主体应在24h内将事故情况上报省、市级政府相关主管部门；省、市级政府相关主管部门应在3个工作日内上报工业和信息化部、公安部和交通运输部。

第二十七条　测试主体应在事故责任认定后5个工作日内，以书面方式将事故原因、责任认定结果及完整的事故分析报告等相关材料上报省、市级政府相关主管部门；省、市级政府相关主管部门应在5个工作日内上报工业和信息化部、公安部和交通运输部。

第六章　附　　则

第二十八条　本规范所称智能网联汽车是指搭载先进的车载传感器、控制器、执行器等装置，并融合现代通信与网络技术，实现车与X（人、车、路、云端等）智能信息交换、共享，具备复杂环境感知、智能决策、协同控制等功能，可实现安全、高效、舒适、节能行驶，并最终可实现替代人来操作的新一代汽车。智能网联汽车通常也被称为智能汽车、自动驾驶汽车等。

智能网联汽车自动驾驶包括有条件自动驾驶、高度自动驾驶和完全自动驾驶。有条件自动驾驶是指系统完成所有驾驶操作,根据系统请求,驾驶人需要提供适当的干预;高度自动驾驶是指系统完成所有驾驶操作,特定环境下系统会向驾驶人提出响应请求,驾驶人可以对系统请求不进行响应;完全自动驾驶是指系统可以完成驾驶人能够完成的所有道路环境下的操作,不需要驾驶人介入。

第二十九条　本规范自2018年5月1日起施行。

附件:

1. 智能网联汽车自动驾驶功能检测项目
2. 智能网联汽车道路测试通知书(略)

附件1

智能网联汽车自动驾驶功能检测项目

序　号	检 测 项 目
1	交通标志和标线的识别及响应
2	交通信号灯的识别及响应 *
3	前方车辆(含对向车辆)行驶状态的识别及响应
4	障碍物的识别及响应
5	行人和非机动车的识别及响应 *
6	跟车行驶(包括停车和起步)
7	靠路边停车
8	超车
9	并道行驶
10	交叉路口通行 *
11	环形路口通行 *
12	自动紧急制动
13	人工操作接管
14	联网通信 *

* 注:1. 标注 * 的项目为选测项目。
2. 企业声明车辆具有标注 * 项目的自动驾驶功能或者测试路段涉及相应场景的,应进行相关项目的检测。

工业和信息化部
公安部
交通运输部
2018年4月3日

关于做好平行进口汽车燃料消耗量与新能源汽车积分数据报送工作的通知

工信厅联装函〔2018〕184号

各平行进口乘用车供应企业:

根据《乘用车企业平均燃料消耗量与新能源汽车积分并行管理办法》(工业和信息化部　财政部　商务部　海关总署　质检总局令第44号)有关要求,为做好乘用车企业平均燃料消耗量和新能源汽车积分核算工作,各平行进口乘用车供应企业应及时报送其所进口的乘用车燃料消耗量和新能源乘用车相关数据。现将有关事项通知如下:

一、报送范围

在中华人民共和国境内进口并用于境内销售的、最大设计总质量不超过3 500 kg的乘用车,包括能够燃用汽油、柴油或者气体燃料的传统能源乘用车(含非插电式混合动力乘用车),以及纯电动、插电式混合动力(含增程式)、燃料电池等新能源乘用车。

二、报送要求

(一)从2018年1月1日起进口的乘用车产品,凡属于报送范围内的,应当按要求报送。

(二)进口乘用车供应企业作为核算主体,报送其乘用车燃料消耗量、新能源乘用车相关数据。

(三)须按照一车一条数据的原则进行报送。

(四)进口乘用车在车辆进口核销(即签发随车检验单)后48h内(节假日顺延)上报燃料消耗量和新能源乘用车相关数据。

(五)报送数据内容见乘用车燃料消耗量与新能源乘用车数据表(附件1)。

三、操作流程

(一)企业提交以下加盖企业公章的纸质材料,获取上传账号:

1. 企业基本情况表(附件2);
2. 企业营业执照复印件;
3. 企业相关人员从事数据报送相关工作的授权委托书以及相关人员身份证复印件(正反两面);
4. 进口乘用车供应企业产品代理委托书复印件或者进口许可证明复印件。

(二)下载汽车燃料消耗量数据管理系统客户端填报软件(http://202.106.120.126:52805/package_file/free_file/汽车燃料消耗量数据管理系统.zip),进行本地安装并使用上传账号登录。

(三)企业应用填报软件及时报送新进口的乘用车产品的燃料消耗量数据。

(四)数据报送成功后,获得反馈信息。反馈信息由企业保存备查。

四、数据补报

(一)自2018年7月1日起,各平行进口乘用车供应企业需在车辆进口核销(即签发随车检验单)后48h内(节假日顺延)上报燃料消耗量和新能源乘用车相关数据,获得强制性产品认证车辆的随车检验单的签发日期为2018年1月1日至2018年6月30日的乘用车数据需进行补报,补报时间截止到2018年8月1日。

(二)请各企业按时间节点认真完成数据补报工作,确保数据真实、准确,逾期需提交企业法定代表人签名并加盖企业公章的纸质说明材料,申请数据修订。

附件:

1. 乘用车燃料消耗量与新能源乘用车数据表
2. 企业基本情况表(略)

附件1

乘用车燃料消耗量与新能源乘用车数据表

序号	参数名称	数据	备注
1. 车辆基本信息			
1	乘用车生产企业		
2	进口乘用车供应企业		仅进口乘用车供应企业填写
3	备案号		采用车辆识别代号(VIN)
4	车辆制造日期/进口核销日期		
5	产品型号		
6	通用名称		
7	海关商品编码		仅进口乘用车填写
8	车辆类型		
9	越野车(G类)		
10	燃料种类		选填汽油、柴油、两用燃料、双燃料、气体燃料、非插电式混合动力、插电式混合动力、纯电动、燃料电池或者其他
11	座椅排数		
12	整备质量(kg)		
13	总质量(kg)		
14	最高车速(km/h)		
15	额定载客(人)		
16	轮胎规格		
17	前轮距/后轮距(mm)		
18	轴距(mm)		
19	驱动形式		
20	其他信息		可填多项,非必填项
2.1 传统能源乘用车填写			
21	发动机型号		
22	发动机气缸数目		
23	发动机排量(mL)		
24	D发动机功率(kW)		
25	发动机最大净功率(kW)		非必填项
26	变速器形式		
27	变速器挡位数		
28	燃料消耗量(市区,L/100 km)		
29	燃料消耗量(市郊,L/100 km)		
30	燃料消耗量(综合,L/100 km)		
31	CO_2排放量(综合,g/km)		
2.2 非插电式混合动力乘用车填写			
32	混合动力结构形式		串联/并联/混联/其他
33	是否具有行驶模式手动选择功能		
34	电动汽车储能装置种类		金属氢化物镍电池/三元锂电池/磷酸铁锂电池/锰酸锂电池/其他
35	储能装置总储电量(kWh)		
36	动力电池系统能量密度(Wh/kg)		
37	纯电驱动模式续驶里程(工况法,km)		有纯电动模式的车辆填写
38	纯电动模式下1 km最高车速(km/h)		有纯电动模式的车辆填写
39	储能装置总成标称电压(V)		
40	驱动电机类型		
41	混合动力汽车电功率比(%)		
42	驱动电机峰值转矩(Nm)		
43	驱动电机额定功率(kW)		
44	燃料消耗量(市区,L/100 km)		填写修正后(电能平衡值为0)的燃料消耗量
45	燃料消耗量(市郊,L/100 km)		填写修正后(电能平衡值为0)的燃料消耗量
46	燃料消耗量(综合,L/100 km)		填写修正后(电能平衡值为0)的燃料消耗量
47	CO_2排放量(综合,g/km)		填写修正后(电能平衡值为0)的CO_2排放量
48	发动机型号		
49	发动机气缸数目		
50	发动机排量(mL)		
51	发动机功率(kW)		
52	发动机净功率(kW)		非必填项
53	变速器形式		
54	变速器挡位数		
2.3 插电式混合动力乘用车填写			
55	混合动力结构形式		串联/并联/混联/其他
56	是否具有行驶模式手动选择功能		
57	电动汽车储能装置种类		金属氢化物镍电池/三元锂电池/磷酸铁锂电池/锰酸锂电池/其他
58	储能装置总储电量(kWh)		
59	动力电池系统能量密度(Wh/kg)		
60	纯电驱动模式续驶里程(工况法,km)		
61	纯电动模式下1 km最高车速(km/h)		
62	储能装置总成标称电压(V)		
63	驱动电机类型		
64	混合动力汽车电功率比(%)		
65	驱动电机峰值转矩(Nm)		
66	驱动电机额定功率(kW)		
67	条件A试验电能消耗量(kWh/100 km)		
68	条件B试验燃料消耗量(L/100 km)		
69	工况条件下100 km耗电量(kWh/100 km)		填写加权平均值
70	燃料消耗量(综合,L/100 km)		填写加权平均值
71	CO_2排放量(综合,g/km)		填写加权平均值
72	发动机型号		
73	发动机气缸数目		

续上表

序号	参数名称	数据	备　注
74	发动机排量(mL)		
75	发动机功率(kW)		
76	发动机净功率(kW)		非必填项
77	变速器形式		
78	变速器挡位数		
2.4 纯电动乘用车填写			
79	电动汽车储能装置种类		金属氢化物镍电池/三元锂电池/磷酸铁锂电池/锰酸锂电池/其他
80	储能装置总储电量(kWh)		
81	动力电池系统能量密度(Wh/kg)		
82	30 min 最高车速(km/h)		
83	储能装置总成质量与整备质量的比值(%)		
84	储能装置总成标称电压(V)		
85	电动汽车续驶里程(工况法,km)		
86	驱动电机类型		
87	驱动电机额定功率(kW)		
88	驱动电机峰值转矩(Nm)		
89	工况条件下百 km 耗电量(kWh/100 km)		
2.5 燃料电池乘用车填写			
90	燃料电池燃料种类		
91	电动汽车储能装置种类		金属氢化物镍电池/三元锂电池/磷酸铁锂电池/锰酸锂电池/其他
92	燃料电池系统额定功率(kW)		
93	燃料电池堆功率密度(kW/L)		
94	电电混合技术条件下动力电池系统能量密度(Wh/kg)		
95	燃料消耗量(综合,kg/100 km)		非必填项
96	电动汽车续驶里程(工况法,km)		
97	30 min 最高车速(km/h)		
98	驱动电机类型		
99	驱动电机额定功率(kW)		
100	驱动电机峰值转矩(Nm)		
101	燃料电池汽车气瓶型号		
102	燃料电池汽车气瓶公称工作压力(MPa)		
103	燃料电池汽车气瓶公称水容积(L)		
3. 检测试验情况			
104	检测机构名称		
105	报告编号		

工业和信息化部办公厅
商务部办公厅
海关总署办公厅
市场监管总局办公厅
2018 年 5 月 22 日

关于公布城市绿色货运配送示范工程创建城市的通知

交办运〔2018〕75 号

按照《交通运输部办公厅 公安部办公厅 商务部办公厅关于组织开展城市绿色货运配送示范工程的通知》(交办运〔2017〕191 号),经城市申报、各省初选推荐和专家评审,并经交通运输部、公安部、商务部研究同意,确定天津、石家庄、邯郸、衡水、鄂尔多斯、苏州、厦门、青岛、许昌、安阳、襄阳、十堰、长沙、广州、深圳、成都、泸州、铜仁、兰州、银川、太原、大同等 22 个城市为绿色货运配送示范工程创建城市。现将有关事项通知如下。

一、完善示范工程创建实施方案

有关省级交通运输、公安、商务主管部门要加强对创建城市的支持和指导,督促各创建城市对照城市绿色货运配送示范工程创建要求,根据评审过程中专家提出的意见建议,进一步完善示范工程实施方案,细化考核指标和建设任务、明确各项任务项目载体、科学制定工作进度计划、落实责任分工和保障措施。实施方案经省级交通运输、公安、商务主管部门审核同意后,于 2018 年 6 月 30 日前,报交通运输部(附电子版光盘)。

二、推进落实示范工程工作任务

有关省级交通运输、公安、商务主管部门要切实加强城市绿色货运配送示范工程的组织领导,进一步完善示范工程建设领导机构和部门联动工作机制,强化统筹协调和业务指导,督促创建城市加快建立完善推动城市绿色货运配送发展的体制机制和保障措施,确保示范工程建设取得实效。要指导和督促创建城市人民政府落实示范工程建设主体,按照实施方案的工作安排,围绕完善城市配送物流基础设施、推广新能源物流配送车辆普及应用、优化配送车辆便利通行政策、推广先进运输组织模式、推进信息互联共享、落实支持政策和保障措施等重点任务,加大改革创新力度,积极探索城市绿色货运配送发展新举措、新经验,按期保质完成各项工作任务。

三、加大示范工程支持力度

交通运输部将对创建城市中符合要求的货运枢纽(物流园区)项目,按照《"十三五"交通运输专项建设规划中期评估调整方案》和相关管理规定,给予重点考虑。有关省级交通运输、公安、商务主管部门要对创建城市给予必要的政策扶持，指导创建城市人民政府积极完善配套政策，从配送节点建设、新能源物流配送车辆购置及运营、配送车辆通行便利政策、融资保险、土地、财税等方面对示范工程相关项目给予扶持，切实落实各项保障措施，确保实现创建工作目标，全面提升城市绿色货运配送的服务质量和服务水平，使广大人民群众共享示范工程创建成果。

四、强化示范工程建设绩效考核

交通运输部将会同公安部、商务部对照《城市绿色货运配送示范工程绩效考核评价指标体系》（以下简称《指标体系》，详见附件1），从政策保障、基础设施、技术装备、市场主体、信息化、通行政策、先进组织模式、物流降本增效、节能减排等八个方面，组织专家组对创建城市进行定期督导检查。有关省级交通运输、公安、商务主管部门要加强对创建城市的跟踪督导和绩效评估，及时总结示范工程进展情况、存在问题和阶段成效，编写示范工程创建工作年度报告，于每年12月20日前，由省级交通运输、公安、商务部门审核后报交通运输部。

示范工程创建时间为2年（2018年7月至2020年6月），示范建设期末，交通运输部将会同公安部、商务部组织专家按照《指标体系》要求，结合各创建城市实施方案确定的工作目标，对创建城市进行验收考核。

为进一步加强沟通联络，请各有关省级交通运输、公安、商务部门及创建城市人民政府，于2018年6月30日前报送本单位一名处级干部作为示范工程创建工作联系人。

附件

1. 城市绿色货运配送示范工程绩效考核评价指标体系
2. 城市绿色货运配送示范工程联系人报名表（略）

附件1

城市绿色货运配送示范工程绩效考核评价指标体系

序号	指标分类	指标内容	考核类型
1	体制机制保障	城市配送多部门协同工作机制建设情况	考核指标
2		行业主管部门制定城市配送企业运营服务规范	参考指标
3		行业主管部门制定城市配送企业考核管理办法	考核指标
4		省、市政府在新能源车购置与营运、配送中心建设、先进组织模式推广应用、市场主体培育等方面出台相关扶持政策	考核指标
5	城市配送物流基础设施	干支衔接型货运枢纽（物流园区）	考核指标
6		公共配送中心	考核指标
7		末端公共配送站（货物装卸点）	参考指标
8	城市配送车辆及配套设施	新增新能源城市配送车辆	考核指标
9		新增新能源城市配送车辆占新增（更新）城市配送车辆的比例	考核指标
10		城市配送新能源纯电动货车与充电桩的配置比例	考核指标
11		冷藏保温配送车辆占城市配送车辆比重	参考指标
12	便利 通行 政策	新能源物流配送车辆便利通行政策	考核指标
13		城市货运配送需求调查预测制度	考核指标
14		配送车辆分时、错时、分类通行和停放措施出台情况	考核指标
15		设置城市货运配送车辆临时停靠点	参考指标
16	先进配送组织模式	中心区大型超市（卖场）、连锁店等商贸流通企业采用共同（集中、夜间）配送的比例	考核指标
17	信息化建设	货运配送公共信息服务平台	考核指标
18		企业城市配送信息系统	考核指标
19	市场主体培育	运作高效、服务规范的专业城市配送企业	考核指标
20	物流 降本 增效	城市配送车辆利用效率较示范建设期初提高的比例	考核指标
21		城市配送成本较示范建设期初降低的比例	考核指标
22	节能减排	城市配送车辆单位周转量能耗较示范建设期初降低的比例	考核指标

《城市绿色货运配送示范工程绩效考核评价指标体系》说明

一、体制机制保障

1. 城市配送多部门协同工作机制建设情况

示范建设期内，城市人民政府跨部门联动工作机制的建立及落实情况，特别是在城市配送网络节点体系规划建设、货运配送车辆城区通行总量调控、夜间配送等先进组织模式推广应用等方面是否建立协同联动工作机制。

2. 行业主管部门制定城市配送企业运营服务规范

示范建设期内，行业主管部门发布实施城市配送企业运营服务规范，明确示范企业从事城市配送服务的基本要求、服务标准、质量保障等，强化配送各环节的监管和责任界定，提升城市配送服务水平。

3. 行业主管部门制定城市货运配送企业考核管理办法

示范建设期内，行业主管部门制定出台城市配送企业考核管理办法，明确考核评价的内容、标准、方法和周期，定期对示范企业开展考核评估，评估结果作为调整优化城市配送运力调控和车辆城区通行证管控政策的重要依据。同时，对排名靠后的企业重点督导，引导城市配送企业规范健康发展。

4. 省、市相关管理部门出台相关扶持政策

省、市人民政府设立专项资金支持城市绿色货运配送发展，在新能源车购置与营运、配送中心建设、先进组织模式推广应用、公共信息平台建设、市场主体培育等方面给予资金支持。

二、城市配送物流基础设施

5. 干支衔接型货运枢纽（物流园区）

示范建设期末，投入运营的干支衔接型货运枢纽（物流园区）数量。干支衔接型货运枢纽（物流园区）是城市货运配送一级节点，具有仓储、分拨、配载、配送、信息服务、中转换装等功能，突出干线甩挂运输、多式联运和末端城市共同配送有机衔接，能够实现干线规模化运输与支线集散分拨的一体化组织（单位：个）。

6. 公共配送中心

示范建设期末，投入运营的公共配送中心数量。公共配送中心是城市货运配送二级节点，是联接一级节点与末端公共配送站的纽带，应突出统一存储、集中分拣、共同配送的集约组织等功能（单位：个）。

7. 末端公共配送站

示范建设期末，投入运营的末端公共配送站（货物装卸点）数量。末端公共配送站（货物装卸点）是面向终端客户，提供停靠、装卸、分拣等服务，满足社区、高校、商务区等末端商品配送需求（单位：个）。

三、城市配送车辆及配套设施

8. 新增新能源城市配送车辆

示范建设期内，新增纯电动城市配送车辆的数量（单位：辆）。

9. 新增新能源城市配送车占新增（更新）城市配送车辆的比例

示范建设期内，新增新能源城市配送车辆数量占全部新增和更新城市配送车辆的比例，见式（2-1）。

$$A_1 = \frac{T_1}{T'} \times 100\% \tag{2-1}$$

式中 A_1——新增新能源城市配送车占新增（更新）城市配送车辆的比例；

T_1——新增新能源城市配送车辆数量；

T'——全部新增和更新城市配送车辆数量。

10. 城市配送新能源纯电动货车与充电桩的配置比值示范建设期末，城市配送新能源纯电动货车保有量与充电桩总量的比值，见式（2-2）。

$$A_2 = \frac{T_2}{C} \tag{2-2}$$

式中 A_2——城市配送新能源纯电动货车与充电桩的配置比值；

T_2——城市配送新能源纯电动货车保有量；

C——充电桩总量。

11. 冷藏保温配送车辆占城市配送车辆比重

示范建设期末，符合相关标准要求，且《车辆运输证》经营范围为“冷藏保鲜运输”的城市配送车辆数占全部城市配送车辆保有量的比例，见式（2-3）。

$$A_3 = \frac{T_3}{T} \times 100\% \tag{2-3}$$

式中 A_3——冷藏保温配送车辆占城市配送车辆比重；

T_3——冷藏保温配送车辆保有量；

T——全部城市配送车辆保有量。

四、便利通行政策

12. 新能源物流配送车辆便利通行政策

示范建设期内，与传统燃油城市配送车辆相比，给予新能源物流配送车辆更加优惠和便利的通行政策。

13. 城市货运配送需求调查预测制度

示范建设期内，城市有关管理部门结合本地区城市配送发展的实际情况，开展城市配送需求调查预测工作，并形成了科学合理的调查预测结果。

14. 配送车辆分时、错时、分类通行和停放措施出台情况

示范建设期内，城市有关管理部门根据城市配送需求调查结果和行业发展趋势，科学制定配送车辆分时、错时、分类通行和停放措施。

15. 设置城市配送车辆临时停靠点

示范建设期内，在中心城区货流密集地区或者具备条件的道路范围内规划建设配送车辆的临时停车泊位数量（单位：个）。

五、先进配送组织模式

16. 中心城区大型超市（卖场）、连锁店等商贸流通企业采用共同（集中、夜间）配送的比例

示范建设期内，示范企业通过共同（集中、夜间）配送模式，配送至中心城区商贸流通企业门店的货运量占中心城区全部商品配送总货运量的比例，见式（2-4）。

$$B = \frac{Y_1}{Y} \times 100\% \tag{2-4}$$

式中 B——中心城区大型超市（卖场）、连锁店等商贸流通企业采用共同（集中、夜间）配送的比例；

Y_1——采取共同（集中、夜间）配送的货运量；

Y——全部商品配送总货运量。

六、信息化建设

17. 货运配送公共信息服务平台

示范建设期内，建成城市绿色货运配送运行监测服务平台，整合交通、商务、邮政、公安、工商等部门政务信息，并与示范企业信息平台有效对接，为货主和配送企业提供信息查询、车辆监管、交通诱导、数据分析等基本服务，满足政府对示范企业日常监管、绩效考核和示范企业对政务信息服务的需求（单位：个）。

18. 企业城市配送信息系统

示范建设期内，示范企业依托移动互联网技术搭建信息平台，实现物流资源集约整合和精准匹配，有效提高城市配送运行效率；向客户企业提供信息查询、物流追踪、在线交易、保险理赔等基本服务以及多元化的增值服务，满足供应链上下游企业一站式服务需求（单位：个）。

七、市场主体培育

19. 运作高效、服务规范的专业城市配送企业

示范建设期末，培育形成3A级（含）以上城市配送企业数量（单位：家）。

八、物流降本增效

20. 城市配送车辆利用率较示范建设期初提高的比例

示范建设期末，城市配送示范企业车辆平均日单车行驶里程较示范建设期初（2018 年 7 月）提升的比率，见式(2-5)。

$$C_1 = \left(\frac{K_2}{K_1} - 1\right) \times 100\% \tag{2-5}$$

式中 C_1——城市配送车辆利用率较示范建设期初提高的比例；

K_2——期末平均日单车行驶里程；

K_1——期初平均日单车行驶里程。

21. 城市配送成本较示范建设期初降低的比例

示范建设期末，城市配送吨公里运输成本较示范建设期初（2018 年 7 月）下降的比率。配送运输成本应按照《社会物流统计指标体系》(GB/T 24361—2009)的要求核算，见式(2-6)。

$$C_2 = \left(\frac{P_1}{P_2} - 1\right) \times 100\% \tag{2-6}$$

式中 C_2——城市配送成本较示范建设期初降低的比例；

P_1——期初平均吨公里配送运输成本；

P_2——期末平均吨公里配送运输成本。

22. 城市配送车辆单位周转量能耗较示范建设期初降低的比例

示范建设期末，城市配送车辆百吨公里周转量燃料消耗较示范建设期初（2018 年 7 月）下降的比率。百吨公里燃料消耗量 = 燃料消耗总量/(总货物周转量/100)，见式(2-7)。

$$C_3 = \left(\frac{R_1}{R_2} - 1\right) \times 100\% \tag{2-7}$$

式中 C_3——城市配送车辆单位周转量能耗较示范建设期初降低的比例；

R_1——期初百吨公里燃料消耗量；

R_2——期末百吨公里燃料消耗量。

交通运输部办公厅
公安部办公厅
商务部办公厅
2018 年 6 月 13 日

打赢蓝天保卫战三年行动计划（新能源汽车节选）

国发〔2018〕22 号

打赢蓝天保卫战，是党的十九大作出的重大决策部署，事关满足人民日益增长的美好生活需要，事关全面建成小康社会，事关经济高质量发展和美丽中国建设。为加快改善环境空气质量，打赢蓝天保卫战，制定本行动计划。

一、总体要求

（一）指导思想。以习近平新时代中国特色社会主义思想为指导，全面贯彻党的十九大和十九届二中、三中全会精神，认真落实党中央、国务院决策部署和全国生态环境保护大会要求，坚持新发展理念，坚持全民共治、源头防治、标本兼治，以京津冀及周边地区、长三角地区、汾渭平原等区域（以下称重点区域）为重点，持续开展大气污染防治行动，综合运用经济、法律、技术和必要的行政手段，大力调整优化产业结构、能源结构、运输结构和用地结构，强化区域联防联控，狠抓秋冬季污染治理，统筹兼顾、系统谋划、精准施策，坚决打赢蓝天保卫战，实现环境效益、经济效益和社会效益多赢。

（二）目标指标。经过 3 年努力，大幅减少主要大气污染物排放总量，协同减少温室气体排放，进一步明显降低细颗粒物（PM2.5）浓度，明显减少重污染天数，明显改善环境空气质量，明显增强人民的蓝天幸福感。

到 2020 年，二氧化硫、氮氧化物排放总量分别比 2015 年下降 15% 以上；PM2.5 未达标地级及以上城市浓度比 2015 年下降 18% 以上，地级及以上城市空气质量优良天数比率达到 80%，重度及以上污染天数比率比 2015 年下降 25% 以上；提前完成“十三五”目标任务的省份，要保持和巩固改善成果；尚未完成的，要确保全面实现“十三五”约束性目标；北京市环境空气质量改善目标应在“十三五”目标基础上进一步提高。

（三）重点区域范围。京津冀及周边地区，包含北京市，天津市，河北省石家庄、唐山、邯郸、邢台、保定、沧州、廊坊、衡水市以及雄安新区，山西省太原、阳泉、长治、晋城市，山东省济南、淄博、济宁、德州、聊城、滨州、菏泽市，河南省郑州、开封、安阳、鹤壁、新乡、焦作、濮阳市等；长三角地区，包含上海市、江苏省、浙江省、安徽省；汾渭平原，包含山西省晋中、运城、临汾、吕梁市，河南省洛阳、三门峡市，陕西省西安、铜川、宝鸡、咸阳、渭南市以及杨凌示范区等。

二、调整优化产业结构，推进产业绿色发展

三、加快调整能源结构，构建清洁低碳高效能源体系

四、积极调整运输结构，发展绿色交通体系

（十五）加快车船结构升级。推广使用新能源汽车。2020 年新能源汽车产销量达到 200 万辆左右。加快推进城市建成区新增和更新的公交、环卫、邮政、出租、通勤、轻型物流配送车辆使用新能源或清洁能源汽车，重点区域使用比例达到 80%；重点区域港口、机场、铁路货场等新增或更换作业车辆主要使用新能源或清洁能源汽车。2020 年底前，重点区域的直辖市、省会城市、计划单列市建成区公交车全部更换为新能源汽车。在物流园、产业园、工业园、大型商业购物中心、农贸批发市场等物流集散地建设集中式充电桩和快速充电桩。为承担物流配送的新能源车辆在城市通行提供便利。（工业和信息化部、交通运输部牵头，财政部、住房城乡建设部、生态环境部、能源局、铁路局、民航局、中国铁路总公司等参与）

大力淘汰老旧车辆。重点区域采取经济补偿、限制使用、严格超标排放监管等方式，大力推进国Ⅲ及以下排放标准营运柴油货车提前淘汰更新，加快淘汰采用稀薄燃烧技术和“油改气”的老旧燃气车辆。各地制定营运柴油货车和燃气车辆提前淘汰更新目标及实施计划。2020 年底前，京津冀及周边地区、汾渭平原淘汰国Ⅲ及以下排放标准营运中型和重型柴油货车 100 万辆以上。2019 年 7 月 1 日起，重点区域、珠三角地区、成渝地区提前实施国Ⅵ排放标准。推广使用达到国六排放标准的燃气车辆。（交通运输部、生态环境部牵头，工业和信息化部、公安部、财政部、商务部等参与）

推进船舶更新升级。2018 年 7 月 1 日起，全面实施新生产船舶发动机第一阶段排放标准。推广使用电、天然气等新能源或清洁能源船舶。长三角地区等重点区域内河应采取禁限行等措施，限制高排放船舶使用，鼓励淘汰使用 20 年以上的内河航运船舶。（交通运输部牵头，生态环境部、工业和信息化部参与）

五、优化调整用地结构，推进面源污染治理

六、实施重大专项行动，大幅降低污染物排放

七、强化区域联防联控，有效应对重污染天气

八、健全法律法规体系，完善环境经济政策

加大税收政策支持力度。严格执行环境保护税法，落实购置环境保护专用设备企业所得税抵免优惠政策。研究对从事污染防治的第三方企业给予企业所得税优惠政策。对符合条件的新能源汽车免征车辆购置税，继续落实并完善对节能、新能源车船减免车船税的政策。（财政部、税务总局牵头，交通运输部、生态环境部、工业和信息化部、交通运输部等参与）

九、加强基础能力建设，严格环境执法督察

十、明确落实各方责任，动员全社会广泛参与

国务院

2018 年 6 月 27 日

关于 2017 年度乘用车企业平均燃料消耗量管理有关工作的通知

中华人民共和国工业和信息化部　商务部
海关总署　市场监管总局公告

2018 年第 34 号

根据《关于 2016 年度、2017 年度乘用车企业平均燃料消耗量管理有关工作的通知》（工信部联装〔2017〕266 号））要求，现将 2017 年度中国乘用车企业平均燃料消耗量与新能源汽车积分情况予以公告。

2017 年度，中国境内 130 家乘用车企业共生产/进口乘用车 2 469.29 万辆（含新能源乘用车，不含出口乘用车，下同），行业平均整车整备质量为 1 438 kg，平均燃料消耗量实际值为 6.05 L/100 km，燃料消耗量正积分为 1 238.14 万分，燃料消耗量负积分为 168.90 万分，新能源汽车正积分为 179.32 万分。

其中，101 家境内乘用车生产企业累计生产乘用车 2 367.46 万辆，平均整车整备质量为 1 419 kg，平均燃料消耗量实际值为 6.00L/100 km，燃料消耗量正积分为 1 200.91 万分，燃料消耗量负积分为 149.02 万分，新能源汽车正积分为 168.69 万分。29 家进口乘用车供应企业进口乘用车 101.83 万辆，平均整车整备质量为 1 875 kg，平均燃料消耗量实际值为 7.13L/100 km，燃料消耗量正积分为 37.23 万分，燃料消耗量负积分为 19.88 万分，新能源汽车正积分为 10.63 万分。

特此公告。

附件：2017 年度中国乘用车企业平均燃料消耗量与新能源汽车积分核算情况表

表一　2017 年度乘用车平均燃料消耗量达标企业积分核算情况

序号	企业名称	企业类型	乘用车产量/进口量（辆）	新能源乘用车产量/进口量（辆）	平均整车整备质量（kg）	企业平均燃料消耗量（L/100 km）		实际值/达标值（%）	平均燃料消耗量积分	新能源汽车积分	
						2016 年达标值	2016 年实际值			共产生积分数量	可用于交易数量
1	北京新能源汽车股份有限公司	境内乘用车生产企业	79 558	79 558	1 037.94	0.00	5.76	0	458 254	219 302	219 302
2	陕西通家汽车股份有限公司	境内乘用车生产企业	575	575	1 761.46	0	7.49	0	4 307	2 839	2 595
3	北汽新能源汽车常州有限公司	境内乘用车生产企业	502	502	895.00	0	5.50	0	2 761	1 305	1 305
4	福建省汽车工业集团云度新能源汽车股份有限公司	境内乘用车生产企业	2 495	2 495	1 330.62	0	6.32	0	15 768	7 093	7 093
5	河北御捷车业有限公司	境内乘用车生产企业	5 244	5 244	1 059.20	0	5.73	0	30 048	13 852	13 852
6	金华青年汽车制造有限公司	境内乘用车生产企业	1 891	1 891	875.96	0	5.50	0	10 401	4 936	4 936
7	河北红星汽车制造有限公司	境内乘用车生产企业	495	495	980.00	0	5.50	0	4 356 * *	1 317	1 317
8	江苏卡威汽车工业集团股份有限公司	境内乘用车生产企业	124	115	1 839.44	0.14	7.54	1.86	918	444	444
9	重庆力帆乘用车有限公司	境内乘用车生产企业	3 589	2 826	1 100.23	0.39	6.00	6.50	20 134	8 701	8 701
10	荣成华泰汽车有限公司	境内乘用车生产企业	12 033	5 784	1 362.19	1.32	6.55	20.15	62 933	17 753	17 753
11	江苏九龙汽车制造有限公司	境内乘用车生产企业	828	353	2 066.71	1.99	8.54	23.30	9 663 * *	1 045	1 045
12	江铃控股有限公司	境内乘用车生产企业	71 476	31 116	1 293.41	1.74	6.44	27.02	335 937	81 589	81 589
13	比亚迪汽车工业有限公司	境内乘用车生产企业	78 233	22 536	1 714.07	2.42	7.51	32.22	398 206	74 039	74 039
14	比亚迪汽车有限公司	境内乘用车生产企业	241 883	70 097	1 510.39	2.26	6.91	32.71	1 124 756	223 335	223 335
15	安徽江淮汽车集团股份有限公司	境内乘用车生产企业	174 730	28 246	1 507.93	4.08	6.99	58.37	508 464	79 692	79 692
16	北京汽车股份有限公司	境内乘用车生产企业	164 411	19 524	1 313.46	3.97	6.50	61.08	415 960	70 368	70 368
17	东风汽车集团有限公司	境内乘用车生产企业	101 574	13 315	1 397.45	4.05	6.63	61.09	262 061	62 638	62 638
18	浙江吉利汽车有限公司	境内乘用车生产企业	422 503	46 144	775.40	4.08	6.59	61.91	1 060 483	143 605	143 605
19	湖南江南汽车制造有限公司	境内乘用车生产企业	252 418	36 173	1 510.50	4.43	6.90	64.20	623 472	98 390	98 386

续上表

序号	企业名称	企业类型	乘用车产量/进口量（辆）	新能源乘用车产量/进口量（辆）	平均整车整备质量（kg）	企业平均燃料消耗量（L/100 km）		实际值/达标值（%）	平均燃料消耗量积分	新能源汽车积分	
						2016 年达标值	2016 年实际值			共产生积分数量	可用于交易数量
20	奇瑞汽车股份有限公司	境内乘用车生产企业	320 535	28 564	1 304.97	4.33	6.40	67.66	663 507	79 730	79 730
21	上海汽车集团股份有限公司	境内乘用车生产企业	535 566	43 706	1 404.59	4.56	6.58	69.30	1 081 843	125 475	125 475
22	江西昌河汽车有限责任公司	境内乘用车生产企业	40 903	3 803	1 230.90	4.41	6.35	69.45	79 352	11 567	11 567
23	四川野马汽车股份有限公司	境内乘用车生产企业	23 657	2 074	1 564.53	5.12	7.09	72.21	46 604	7 895	7 895
24	北汽（广州）汽车有限公司	境内乘用车生产企业	4 742	403	1 486.73	5.21	6.81	76.51	7 587	1 539	1 539
25	山西成功汽车制造有限公司	境内乘用车生产企业	495	20	1 224.85	5.29	6.54	80.89	2 559 * *	72	72
26	海马汽车有限公司	境内乘用车生产企业	94 088	6 000	1 298.83	5.25	6.41	81.90	109 142	15 817	15 817
27	浙江豪情汽车制造有限公司	境内乘用车生产企业	970 759	31 059	1 391.72	5.66	6.60	85.76	912 513	111 725	111 725
28	华晨宝马汽车有限公司	境内乘用车生产企业	396 591	2 043	1 619.67	6.17	7.09	87.02	364 864	4 086	4 086
29	天津一汽丰田汽车有限公司	境内乘用车生产企业	516 641	0	1 287.96	5.52	6.27	88.04	387 481	0	0
30	东风裕隆汽车有限公司	境内乘用车生产企业	16 233	558	1 412.21	5.94	6.64	89.46	11 363	1 451	1 451
31	重庆长安汽车股份有限公司	境内乘用车生产企业	922 238	29 103	1 439.36	6.22	6.82	91.20	553 343	96 281	96 281
32	广汽丰田汽车有限公司	境内乘用车生产企业	439 042	0	1 473.72	6.27	6.78	92.48	223 911	0	0
33	北京奔驰汽车有限公司	境内乘用车生产企业	431 931	0	1 711.53	6.83	7.27	93.95	190 050	0	0
34	重庆比速汽车有限公司	境内乘用车生产企业	39 861	0	1 544.23	6.72	7.14	94.12	16 742	0	0
35	江西昌河铃木汽车有限责任公司	境内乘用车生产企业	36 919	102	1 106.71	5.72	6.07	94.23	12 922	272	272
36	大庆沃尔沃汽车制造有限公司	境内乘用车生产企业	27 026	0	1 755.31	6.97	7.39	94.32	11 351	0	0
37	长安马自达汽车有限公司	境内乘用车生产企业	190 279	0	1 363.86	6.10	6.45	94.57	66 598	0	0
38	一汽-大众汽车有限公司	境内乘用车生产企业	1 985 060	324	1 404.82	6.30	6.62	95.17	635 219	648	648
39	北京汽车制造厂有限公司	境内乘用车生产企业	6 871	274	1 587.22	6.81	7.12	95.65	2 130	1 052	1 052
40	奇瑞商用车（安徽）有限公司	境内乘用车生产企业	9 430	0	1 355.13	6.48	6.77	95.72	2 735	0	0
41	福建奔驰汽车有限公司	境内乘用车生产企业	21 513	0	2 375.43	8.74	9.11	95.94	7 960	0	0
42	东风本田汽车有限公司	境内乘用车生产企业	713 890	0	1 423.53	6.36	6.62	96.07	185 611	0	0
43	上汽通用汽车有限公司	境内乘用车生产企业	1 232 217	5 199	1 436.95	6.43	6.69	96.11	320 376	10 398	10 398
44	长安标致雪铁龙汽车有限公司	境内乘用车生产企业	5 966	0	1 502.31	6.54	6.78	96.46	1 432	0	0
45	北京宝沃汽车有限公司	境内乘用车生产企业	44 106	0	1 635.71	6.99	7.23	96.68	10 585	0	0
46	重庆长安铃木汽车有限公司	境内乘用车生产企业	76 638	0	1 127.89	5.74	5.93	96.80	14 561	0	0
47	芜湖凯翼汽车有限公司	境内乘用车生产企业	2 316	0	1 368.37	6.57	6.78	96.90	486	0	0
48	上汽通用五菱汽车股份有限公司	境内乘用车生产企业	1 865 707	15 572	1 261.72	6.30	6.48	97.22	335 827	41 422	41 422
49	江西五十铃汽车有限公司	境内乘用车生产企业	3 651	0	2 062.32	8.06	8.28	97.34	803	0	0
50	安徽猎豹汽车有限公司	境内乘用车生产企业	129 216	3 232	1 583.57	6.96	7.13	97.62	21 967	12 455	12 455
51	天津一汽夏利汽车股份有限公司	境内乘用车生产企业	21 384	91	1 125.27	5.90	6.04	97.68	2 994	297	297
52	中国第一汽车集团公司	境内乘用车生产企业	234 992	248	1 408.77	6.53	6.66	98.05	30 549	798	798
53	上汽大众汽车有限公司	境内乘用车生产企业	2 052 716	0	1 353.01	6.42	6.53	98.32	225 799	0	0
54	神龙汽车有限公司	境内乘用车生产企业	374 193	0	1 372.05	6.40	6.50	98.46	37 419	0	0
55	东风汽车股份有限公司	境内乘用车生产企业	85	0	1 932.24	8.00	8.12	98.52	10	0	0
56	北汽（镇江）汽车有限公司	境内乘用车生产企业	21 153	515	1 455.97	6.70	6.78	98.82	1 692	1 957	1 957
57	广汽本田汽车有限公司	境内乘用车生产企业	709 913	0	1 374.72	6.42	6.49	98.92	49 694	0	0
58	北汽福田汽车股份有限公司	境内乘用车生产企业	28 553	257	1 609.57	7.33	7.39	99.19	1 713	826	826
59	一汽吉林汽车有限公司	境内乘用车生产企业	64 255	0	1 309.99	6.34	6.37	99.53	1 928	0	0
60	北京现代汽车有限公司	境内乘用车生产企业	790 107	427	1 347.05	6.47	6.49	99.69	15 802	2 071	2 071
61	广州汽车集团乘用车有限公司	境内乘用车生产企业	508 412	5 785	1 570.82	6.99	7.01	99.71	10 168	15 461	14 632
62	东风悦达起亚汽车有限公司	境内乘用车生产企业	354 423	633	1 294.23	6.35	6.35	100.00	0	2 519	2 519
63	拓速乐汽车销售（北京）有限公司	进口乘用车供应企业	17 011	17 011	2 274.67	0	8.79	0	149 527	85 014	85 014

续上表

序号	企业名称	企业类型	乘用车产量/进口量(辆)	新能源乘用车产量/进口量(辆)	平均整车整备质量(kg)	企业平均燃料消耗量(L/100 km)		实际值/达标值(%)	平均燃料消耗量积分	新能源汽车积分	
						2016 年达标值	2016 年实际值			共产生积分数量	可用于交易数量
64	沃尔沃汽车销售(上海)有限公司	进口乘用车供应企业	23 862	304	1 794.31	6.64	7.67	86.57	24 578	608	608
65	现代汽车(中国)投资有限公司	进口乘用车供应企业	2 895	0	1 698.45	6.52	7.44	87.63	2 663	0	0
66	宝马(中国)汽车贸易有限公司	进口乘用车供应企业	206 700	1 765	1 805.87	7.02	7.55	92.98	109 551	8 275	8 275
67	神龙汽车有限公司	进口乘用车供应企业	184	0	1 539.70	6.60	7.04	93.75	81	0	0
68	保时捷(中国)汽车销售有限公司	进口乘用车供应企业	70 124	2 166	1 981.96	7.56	8.03	94.15	32 958	2 166	0
69	捷豹路虎(中国)投资有限公司	进口乘用车供应企业	68 491	2 587	2 230.05	8.21	8.63	95.13	28 766	5 174	5 174
70	长安马自达汽车有限公司	进口乘用车供应企业	2 797	0	1 271.01	6.08	6.27	96.97	531	0	0
71	雷诺(北京)汽车有限公司	进口乘用车供应企业	2 599	0	1 460.40	6.62	6.75	98.07	338	0	0
72	一汽进出口有限公司	进口乘用车供应企业	46 080	58	1 875.15	7.61	7.73	98.45	5 530	116	116
73	大众汽车(中国)销售有限公司	进口乘用车供应企业	59 518	866	1 916.85	7.76	7.85	98.85	5 357	3 960	3 960
74	丰田汽车(中国)投资有限公司	进口乘用车供应企业	144 182	0	1 784.23	7.50	7.53	99.60	4 325	0	0

表二 2017 年度乘用车平均燃料消耗量不达标企业积分核算情况

序号	企业名称	企业类型	乘用车产量/进口量(辆)	新能源乘用车产量/进口量(辆)	平均整车整备质量(kg)	企业平均燃料消耗量(L/100 km)		实际值/达标值(%)	平均燃料消耗量积分	新能源汽车积分	
						2016 年达标值	2016 年实际值			共产生积分数量	可用于交易数量
1	合肥长安汽车有限公司	境内乘用车生产企业	101 738	515	1 221.98	6.29	6.27	100.32	−2 035	2 099	2 099
2	江铃汽车股份有限公司	境内乘用车生产企业	70 317	0	2 032.53	8.38	8.35	100.36	−2 110	0	0
3	北汽银翔汽车有限公司	境内乘用车生产企业	119 446	41	1 425.90	6.97	6.92	100.72	−5 972	121	121
4	上汽通用东岳汽车有限公司	境内乘用车生产企业	324 902	0	1 484.08	6.80	6.75	100.74	−16 245	0	0
5	上汽通用(沈阳)北盛汽车有限公司	境内乘用车生产企业	341 633	0	1 415.74	6.69	6.62	101.06	−23 914	0	0
6	东南(福建)汽车工业有限公司	境内乘用车生产企业	160 727	3 158	1 359.26	6.60	6.53	101.07	−11 251	9 856	9 856
7	东风雷诺汽车有限公司	境内乘用车生产企业	74 446	0	1 535.95	7.05	6.94	101.59	−8 189	0	0
8	东风汽车有限公司	境内乘用车生产企业	1 287 198	0	1 337.60	6.58	6.46	101.86	−154 464	0	0
9	奇瑞捷豹路虎汽车有限公司	境内乘用车生产企业	83 744	0	1 892.56	7.94	7.78	102.06	−13 399	0	0
10	贵州航天成功汽车制造有限公司	境内乘用车生产企业	184	0	1 160.00	6.40	6.27	102.07	−24	0	0
11	长城汽车股份有限公司	境内乘用车生产企业	888 103	2 965	1 630.55	7.34	7.16	102.51	−159 859	9 488	9 488
12	东风小康汽车有限公司	境内乘用车生产企业	289 722	1 163	1 397.94	7.03	6.85	102.63	−52 150	4 097	4 097
13	华晨汽车集团控股有限公司	境内乘用车生产企业	52 908	0	1 355.88	6.74	6.54	103.06	−10 582	0	0
14	一汽海马汽车有限公司	境内乘用车生产企业	22 263	1	1 450.71	7.09	6.85	103.50	−5 343	3	3
15	东风柳州汽车有限公司	境内乘用车生产企业	210 319	216	1 518.21	7.30	7.03	103.84	−56 786	691	691
16	华晨鑫源重庆汽车有限公司	境内乘用车生产企业	39 968	14	1 552.94	7.50	7.22	103.88	−11 191	43	43
17	潍柴(重庆)汽车有限公司	境内乘用车生产企业	14 001	0	1 308.45	6.79	6.52	104.14	−3 780	0	0
18	福建新龙马汽车股份有限公司	境内乘用车生产企业	2 701	0	1 254.29	6.77	6.45	104.96	−864	0	0
19	长安福特汽车有限公司	境内乘用车生产企业	822 340	0	1 477.15	7.15	6.80	105.15	−287 819	0	0
20	观致汽车有限公司	境内乘用车生产企业	16 348	0	1 544.44	7.33	6.92	105.92	−6 703	0	0
21	重庆力帆汽车有限公司	境内乘用车生产企业	35 991	403	1 514.71	7.52	7.09	106.06	−15 476	1 048	1 048
22	贵航青年莲花汽车有限公司	境内乘用车生产企业	1 000	0	1 060.00	6.12	5.76	106.25	−360	0	0
23	湖南猎豹汽车股份有限公司	境内乘用车生产企业	3 932	0	1 442.97	7.50	7.04	106.53	−1 809	0	0
24	广州汽车集团乘用车(杭州)有限公司	境内乘用车生产企业	250	0	1 321.00	7.00	6.53	107.20	−118	0	0
25	郑州日产汽车有限公司	境内乘用车生产企业	34 968	13	1 453.10	7.43	6.84	108.63	−20 631	53	53
26	上汽大通汽车有限公司	境内乘用车生产企业	30 513	98	2 152.09	9.50	8.72	108.94	−23 800	314	314

续上表

序号	企业名称	企业类型	乘用车产量/进口量(辆)	新能源乘用车产量/进口量(辆)	平均整车整备质量(kg)	企业平均燃料消耗量(L/100 km)		实际值/达标值(%)	平均燃料消耗量积分	新能源汽车积分	
						2016 年达标值	2016 年实际值			共产生积分数量	可用于交易数量
27	广汽三菱汽车有限公司	境内乘用车生产企业	122 197	450	1 521. 10	7. 53	6. 89	109. 29	-78 206	900	900
28	广汽菲亚特克莱斯勒汽车有限公司	境内乘用车生产企业	210 777	0	1 588. 38	7. 67	7. 00	109. 57	-141 221	0	0
29	广东福迪汽车有限公司	境内乘用车生产企业	3 226	0	1 911. 29	8. 93	8. 08	110. 52	-2 742	0	0
30	四川一汽丰田汽车有限公司	境内乘用车生产企业	185 721	0	1 714. 73	8. 07	7. 30	110. 55	-143 005	0	0
31	沈阳华晨金杯汽车有限公司	境内乘用车生产企业	85 787	0	1 533. 40	7. 96	7. 19	110. 71	-66 056	0	0
32	河北长安汽车有限公司	境内乘用车生产企业	74 343	0	1 382. 59	7. 72	6. 89	112. 05	-61 705	0	0
33	庆铃汽车股份有限公司	境内乘用车生产企业	218	0	1 746. 31	8. 40	7. 48	112. 30	778 * *	0	0
34	汉腾汽车有限公司	境内乘用车生产企业	50 236	59	1 584. 29	8. 02	7. 00	114. 57	-51 241	118	80
35	浙江众泰汽车制造有限公司	境内乘用车生产企业	11 312	0	1 567. 80	8. 25	7. 09	116. 36	-13 122	0	0
36	浙江飞碟汽车制造有限公司	境内乘用车生产企业	1	0	1 280. 00	7. 50	6. 27	119. 62	-1	0	0
37	北京汽车集团有限公司	境内乘用车生产企业	21 539	0	2 034. 61	9. 91	8. 24	120. 27	-35 970	0	0
38	厦门金龙联合汽车工业有限公司	境内乘用车生产企业	74	0	1 757. 09	9. 42	7. 69	122. 50	213 * *	0	0
39	厦门金龙旅行车有限公司	境内乘用车生产企业	637	0	1 769. 42	10. 74	7. 58	141. 69	-2 013	0	0
40	斯巴鲁汽车(中国)有限公司	进口乘用车供应企业	27 871	0	1 549. 72	7. 10	6. 98	101. 72	-3 345	0	0
41	梅赛德斯-奔驰(中国)汽车销售有限公司	进口乘用车供应企业	178 484	0	1 836. 96	7. 83	7. 63	102. 62	-35 697	0	0
42	阿尔法罗密欧(上海)汽车销售有限公司	进口乘用车供应企业	17 677	0	1 788. 53	7. 60	7. 36	103. 26	-4 242	0	0
43	广汽本田汽车有限公司	进口乘用车供应企业	1 452	0	1 949. 19	8. 63	8. 10	106. 54	6 287 * *	0	0
44	福特汽车(中国)有限公司	进口乘用车供应企业	86 145	497	1 925. 70	8. 52	7. 88	108. 12	-55 133	994	994
45	日产(中国)投资有限公司	进口乘用车供应企业	20 758	0	1 778. 83	8. 23	7. 56	108. 86	-13 908	0	0
46	上汽通用汽车销售有限公司	进口乘用车供应企业	498	0	1 570. 00	8. 10	7. 04	115. 06	1 574 * *	0	0
47	玛莎拉蒂(中国)汽车贸易有限公司	进口乘用车供应企业	17 851	0	2 192. 68	10. 34	8. 70	118. 85	-29 276	0	0
48	爱威汽车销售(上海)有限公司	进口乘用车供应企业	36	0	1 780. 00	9. 10	7. 55	120. 53	-56	0	0
49	铃木(中国)投资有限公司	进口乘用车供应企业	5 335	0	1 078. 53	7. 25	5. 77	125. 65	-7 896	0	0
50	克莱斯勒(中国)汽车销售有限公司	进口乘用车供应企业	10 212	2	2 138. 85	10. 92	8. 46	129. 08	-25 122	4	4
51	东风汽车有限公司	进口乘用车供应企业	2 827	0	2 332. 07	12. 02	8. 86	135. 67	-8 933	0	0
52	三菱汽车销售(中国)有限公司	进口乘用车供应企业	3 630	0	2 155. 00	12. 00	8. 70	137. 93	-11 979	0	0
53	阿斯顿马丁拉共达(中国)汽车销售有限公司	进口乘用车供应企业	333	0	1 855. 50	11. 34	7. 54	150. 40	240 * *	0	0
54	北京路特斯汽车销售有限公司	进口乘用车供应企业	118	0	1 246. 82	9. 48	6. 23	152. 17	-384	0	0
55	迈凯伦汽车销售(上海)有限公司	进口乘用车供应企业	143	0	1 439. 75	10. 73	6. 77	158. 49	-566	0	0
56	法拉利汽车国际贸易(上海)有限公司	进口乘用车供应企业	512	0	1 661. 47	11. 78	7. 27	162. 04	-2 309	0	0

注:1. 按照 GB 27999,2017 年企业达标值为目标值的 128%;

2. 企业平均燃料消耗量按车型对应产量/进口量加权计算得出,车型燃料消耗量须按照统一的检测方法 GB/T 19233—2008《轻型汽车燃料消耗量试验方法》检测;

3. 试验室检测燃料消耗量数据与实际燃料消耗量数据存在差异;

4. 平均燃料消耗量核算不含出口乘用车;

5. 根据《关于 2016 年度、2017 年度乘用车企业平均燃料消耗量管理有关工作的通知》要求,对部分特殊企业在计算平均燃料消耗量积分时达标值乘以相应数值。标注"* *"的表示达标值乘以 160%,标注"*"的表示乘以 130%。

工业和信息化部

商务部

海关总署

市场监管总局

2018 年 6 月 29 日

关于节能新能源车船享受车船税优惠政策的通知

财税〔2018〕74 号

各省、自治区、直辖市、计划单列市财政厅(局)、工业和信息化主管部门、交通运输厅(局),国家税务总局各省、自治区、直辖市、计划单列市税务局,新疆生产建设兵团财政局、工业和信息化委员会:

为促进节约能源,鼓励使用新能源,根据《中华人民共和国车船税法》及其实施条例有关规定,经国务院批准,现将节约能源、使用新能源(以下简称"节能""新能源")车船的车船税优惠政策通知如下。

一、对节能汽车,减半征收车船税。

(一)减半征收车船税的节能乘用车应同时符合以下标准:

1. 获得许可在中国境内销售的排量为 1.6L 以下(含 1.6L)的燃用汽油、柴油的乘用车(含非插电式混合动力、双燃料和两用燃料乘用车);

2. 综合工况燃料消耗量应符合标准,具体要求见附件 1。

(二)减半征收车船税的节能商用车应同时符合以下标准:

1. 获得许可在中国境内销售的燃用天然气、汽油、柴油的轻型和重型商用车(含非插电式混合动力、双燃料和两用燃料轻型和重型商用车);

2. 燃用汽油、柴油的轻型和重型商用车综合工况燃料消耗量应符合标准,具体标准见附件 2、附件 3。

二、对新能源车船,免征车船税。

(一)免征车船税的新能源汽车是指纯电动商用车、插电式(含增程式)混合动力汽车、燃料电池商用车。纯电动乘用车和燃料电池乘用车不属于车船税征税范围,对其不征车船税。

(二)免征车船税的新能源汽车应同时符合以下标准:

1. 获得许可在中国境内销售的纯电动商用车、插电式(含增程式)混合动力汽车、燃料电池商用车;

2. 符合新能源汽车产品技术标准,具体标准见附件 4;

3. 通过新能源汽车专项检测,符合新能源汽车标准,具体标准见附件 5;

4. 新能源汽车生产企业或进口新能源汽车经销商在产品质量保证、产品一致性、售后服务、安全监测、动力电池回收利用等方面符合相关要求,具体要求见附件 6。

(三)免征车船税的新能源船舶应符合以下标准:

船舶的主推进动力装置为纯天然气发动机。发动机采用微量柴油引燃方式且引燃油热值占全部燃料总热值的比例不超过 5% 的,视同纯天然气发动机。

三、符合上述标准的节能、新能源汽车,由工业和信息化部、税务总局不定期联合发布《享受车船税减免优惠的节约能源使用新能源汽车车型目录》(以下简称《目录》)予以公告。

四、汽车生产企业或进口汽车经销商(以下简称汽车企业)可通过工业和信息化部节能与新能源汽车财税优惠目录申报管理系统,自愿提交节能车型报告、新能源车型报告(报告样本见附件 7、附件 8),申请将其产品列入《目录》,并对申报资料的真实性负责。

工业和信息化部、税务总局委托工业和信息化部装备工业发展中心负责《目录》组织申报、宣传培训及具体技术审查、监督检查工作。工业和信息化部装备工业发展中心审查结果在工业和信息化部网站公示 5 个工作日,没有异议的,列入《目录》予以发布。对产品与申报材料不符、产品性能指标未达到标准或者汽车企业提供其他虚假信息,以及列入《目录》后 12 个月内无产量或进口量的车型,在工业和信息化部网站公示 5 个工作日,没有异议的,从《目录》中予以撤销。

五、船舶检验机构在核定检验船舶主推进动力装置时,对满足本通知新能源船舶标准的,在其船用产品证书上标注"纯天然气发动机"字段;在船舶建造检验时,对船舶主推进动力装置船用产品证书上标注有"纯天然气发动机"字段的,在其检验证书服务簿中标注"纯天然气动力船舶"字段。

对使用未标记"纯天然气发动机"字段主推进动力装置的船舶,船舶所有人或者管理人认为符合本通知新能源船舶标准的,在船舶年度检验时一并向船舶检验机构提出认定申请,同时提交支撑材料,并对提供信息的真实性负责。船舶检验机构通过审核材料和现场检验予以确认,符合本通知新能源船舶标准的,在船舶检验证书服务簿中标注"纯天然气动力船舶"字段。

纳税人凭标注"纯天然气动力船舶"字段的船舶检验证书享受车船税免税优惠。

六、财政部、税务总局、工业和信息化部、交通运输部根据汽车和船舶技术进步、产业发展等因素适时调整节能、新能源车船的认定标准。在开展享受车船税减免优惠的节能、新能源车船审查和认定等相关管理工作过程中,相关部门及其工作人员存在玩忽职守、滥用职权、徇私舞弊等违法行为的,按照《公务员法》《监察法》《财政违法行为处罚处分条例》等有关国家规定追究相应责任;涉嫌犯罪的,移送司法机关处理。

对提供虚假信息骗取列入《目录》资格的汽车企业,以及提供虚假资料的船舶所有人或者管理人,应依照相关法律法规予以处理。

七、本通知发布后,列入新公告的各批次《目录》(以下简称新《目录》)的节能、新能源汽车,自新《目录》公告之日起,按新《目录》和本通知相关规定享受车船税减免优惠政策。新《目录》公告后,第一批、第二批、第三批车船税优惠车型目录同时废止;新《目录》公告前已取得的列入第一批、第二批、第三批车船税优惠车型目录的节能、新能源汽车,不论是否转让,可继续享受车船税减免优惠政策。

八、本通知自发布之日起执行。《财政部 国家税务总局 工业和信息化部关于节约能源使用新能源车船税优惠政策的通知》(财税〔2015〕51 号)以及财政部办公厅、税务总局办公厅、工业和信息化部办公厅《关于加强〈享受车船税减免优

惠的节约能源 使用新能源汽车车型目录〉管理工作的通知》(财办税〔2017〕63 号)同时废止。

附件

1. 节能乘用车综合工况燃料消耗量限值标准
2. 节能轻型商用车综合工况燃料消耗量限值标准
3. 节能重型商用车综合工况燃料消耗量限值标准(略)
4. 新能源汽车产品技术标准(略)
5. 新能源汽车产品专项检验标准目录(略)
6. 新能源汽车企业要求(略)
7. 节能车型报告(略)
8. 新能源车型报告(略)

附件 1

节能乘用车综合工况燃料消耗量限值标准

单位:L/100 km

整车整备质量(CM)kg	2018 年		2019 年		2020 年	
	两排及以下座椅	三排或以上座椅	两排及以下座椅	三排或以上座椅	两排及以下座椅	三排或以上座椅
CM≤750	4.4	4.7	4.2	4.6	4.0	4.3
750<CM≤865	4.6	4.8	4.5	4.7	4.2	4.4
865<CM≤980	4.7	5.0	4.6	4.8	4.3	4.5
980<CM≤1 090	5.0	5.2	4.8	5.0	4.5	4.7
1 090<CM≤1 205	5.2	5.4	5.0	5.2	4.7	4.9
CM>1 205	5.4	5.4	5.2	5.2	4.9	4.9

附件 2

节能轻型商用车综合工况燃料消耗量限值标准(N1 类车辆)

单位:L/100 km

整车整备质量(CM)kg	2018 年		2019 年		2020 年	
	汽油	柴油	汽油	柴油	汽油	柴油
CM≤750	5.0	4.5	4.7	4.3	4.5	4.1
750<CM≤865	5.2	4.7	5.0	4.4	4.7	4.2
865<CM≤980	5.5	5.0	5.2	4.7	5.0	4.5
980<CM≤1 090	5.8	5.2	5.5	5.0	5.2	4.7
1 090<CM≤1 205	6.0	5.5	5.7	5.2	5.4	5.0
1 205<CM≤1 320	6.4	5.8	6.1	5.5	5.8	5.2
1 320<CM≤1 430	6.8	6.0	6.4	5.7	6.1	5.4
1 430<CM≤1 540	7.1	6.3	6.8	6.0	6.4	5.7
1 540<CM≤1 660	7.5	6.6	7.1	6.2	6.7	5.9
1 660<CM≤1 770	7.8	6.8	7.4	6.5	7.1	6.2
1 770<CM≤1 880	8.2	7.1	7.8	6.8	7.4	6.4
1 880<CM≤2 000	8.6	7.5	8.2	7.1	7.8	6.7
2 000<CM≤2 110	9.1	7.8	8.6	7.4	8.2	7.1
2 110<CM≤2 280	9.5	8.2	9.1	7.8	8.6	7.4
2 280<CM≤2 510	10.0	8.6	9.5	8.1	9.0	7.7
2 510<CM	10.5	9.0	10.0	8.6	9.5	8.1

节能轻型商用车综合工况燃料消耗量限值标准

(最大设计总质量不大于 3 500 kg 的 M2 类车辆)

单位:L/100 km

整车整备质量(CM)kg	2018 年		2019 年		2020 年	
	汽油	柴油	汽油	柴油	汽油	柴油
CM≤750	4.5	4.2	4.3	4.0	4.1	3.8
750<CM≤865	4.9	4.5	4.6	4.3	4.4	4.1
865<CM≤980	5.2	4.8	5.0	4.5	4.7	4.3
980<CM≤1 090	5.6	5.0	5.3	4.8	5.0	4.5
1 090<CM≤1 205	5.9	5.3	5.6	5.0	5.4	4.8
1 205<CM≤1 320	6.3	5.6	6.0	5.3	5.7	5.0
1 320<CM≤1 430	6.7	5.9	6.3	5.6	6.0	5.3
1 430<CM≤1 540	7.0	6.1	6.7	5.8	6.3	5.5
1 540<CM≤1 660	7.4	6.4	7.0	6.1	6.7	5.8
1 660<CM≤1 770	7.7	6.7	7.4	6.3	7.0	6.0
1 770<CM≤1 880	8.1	6.9	7.7	6.6	7.3	6.3
1 880<CM≤2 000	8.6	7.2	8.1	6.8	7.7	6.5
2 000<CM≤2 110	9.0	7.6	8.6	7.2	8.1	6.8
2 110<CM≤2 280	9.5	7.9	9.0	7.5	8.5	7.1
2 280<CM≤2 510	9.9	8.3	9.4	7.9	8.9	7.5
2 510<CM	10.4	8.6	9.8	8.2	9.3	7.8

财政部
税务总局
工业和信息化部
交通运输部
2018 年 7 月 10 日

推进运输结构调整三年行动计划(2018—2020 年)(新能源汽车节选)

国办发〔2018〕91 号

为贯彻落实党中央、国务院关于推进运输结构调整的决策部署,打赢蓝天保卫战、打好污染防治攻坚战,提高综合运输效率、降低物流成本,制定本行动计划。

一、总体要求

二、铁路运能提升行动

三、水运系统升级行动

四、公路货运治理行动

五、多式联运提速行动

六、城市绿色配送行动

(十九)加大新能源城市配送车辆推广应用力度。加快新能源和清洁能源车辆推广应用,到 2020 年,城市建成区新增和更新轻型物流配送车辆中,新能源车辆和达到国六排放标准清洁能源车辆的比例超过 50%,重点区域达到 80%。各地将公共充电桩建设纳入城市基础设施规划建设范围,加大用地、资金等支持力度,在物流园区、工业园区、大型商业购物中心、农贸批发市场等货流密集区域,集中规划建设专用充电站和快速充电桩。结合城市配送需求,制定新能源城市配送车辆便利通行政策,改善车辆通行条件。在有条件的地区建立新能源城市配送车辆运营补贴机制，降低使用成本。在重点物流园区、铁路物流中心、机场、港口等推广使用电动化、清洁化作业车辆。（交通运输部、工业和信息化部牵头，公安部、财政部、自然资源部、生态环境部、铁路局、民航局参与）

七、信息资源整合行动

（二十三）加强运输结构调整信息报送和监测分析。研究建立运输结构调整指标体系，探索相关分析方法。建立货物运输“公转铁、公转水”运行动态、多式联运发展状态、新能源车辆推广应用等信息运行监测和报送机制。（交通运输部牵头，工业和信息化部、生态环境部、铁路局、中国铁路总公司参与）

八、加大政策保障力度

九、加大督导考核力度

十、营造良好发展环境

国务院办公厅

2018 年 9 月 17 日

关于加强低速电动车管理的通知

工信部联装〔2018〕227 号

各省、自治区、直辖市人民政府：

低速电动车主要指行驶速度低、续驶里程短，电池、电机等关键部件技术水平较低，用于载客或载货的三轮、四轮电动机动车（包括老年代步车等）。多数产品属于道路机动车辆，但生产使用未纳入机动车管理体系，产品制动、转向、碰撞等性能不符合机动车安全技术标准。近年来，部分地区出现低速电动车大规模生产使用情况，其无序增长加剧了城市拥堵，由其引发的道路交通事故呈快速上升态势，严重影响城市绿色交通、慢行交通发展和人民群众生命财产安全。为从源头上加强低速电动车管理，经国务院同意，现将有关事项通知如下：

一、开展低速电动车生产销售企业清理整顿

省级人民政府是加强低速电动车管理的责任主体，要落实属地管理责任，认真组织开展低速电动车生产销售企业清理整顿。清理整顿分 3 个阶段：

第一阶段（2018 年 11 月）为调查摸底阶段，地方各级人民政府相关职能部门要摸清本区域内从事低速电动车生产企业的设立时间、生产规模及产品等基本情况，其中：许可部门负责调查汇总已经取得各类相关许可的生产企业情况；工业和信息化主管部门负责调查汇总《道路机动车辆生产企业及产品公告》（以下简称《公告》）企业及其他生产企业情况；市场监管部门负责调查汇总非公路用旅游观光车生产企业情况，并会同有关部门负责调查汇总清理整顿期间未取得许可和营业执照的生产企业情况。

第二阶段（2018 年 12 月—2019 年 1 月）为整改阶段。地方各级人民政府相关职能部门要切实履行监管责任，对在摸底调查中发现的借用道路机动车辆生产企业及产品准入许可，或借用非公路用旅游观光车生产许可名义超范围生产销售低速电动车产品的企业，责令企业制定整改计划，停止生产销售违规产品。拒不改正的，依法暂停其《公告》生产资质，或注销或依法吊销其相应生产许可项目。无营业执照的，依法予以取缔查封。

第三阶段为清理整顿阶段。各省级人民政府要在此基础上制定本区域低速电动车产能压减淘汰转型调整方案，设定工作目标，落实部门责任，严格督办落实，待《四轮低速电动车技术条件》国家标准及低速电动车规范管理相关政策发布后，按照明确的相关标准、政策、措施，制定实施本地区清理整顿专项计划，依法采取综合措施清理不达标生产企业，严禁生产销售未经许可及未取得强制性产品认证的低速电动车；引导有条件的低速电动车生产企业通过转型升级或与现有机动车生产企业整合重组，生产符合相关标准的道路机动车辆产品。

二、严禁新增低速电动车产能

地方各级人民政府要严格执行国家关于机动车辆生产销售相关法律法规，停止制定发布鼓励低速电动车发展相关政策，停止制定发布低速电动车准入条件，停止核准或备案低速电动车投资项目，停止新建低速电动车企业、扩建生产厂房等基建项目，停止新增低速电动车车型；已制定发布相关政策的地区，应立即停止执行，正在建设的项目要立即纠正，确保低速电动车产能不增长，待国家出台规范管理政策及规定后再按照相关要求进行管理。

三、建立长效监管机制

各省级人民政府要充分认识该项工作的必要性和复杂性，科学制定工作方案，切实抓好组织协调和落实工作，及时反馈工作进展情况，要及时商有关方面妥善处置相关风险及可能带来的社会矛盾，既要保证低速电动车治理工作有序进行，也要保护合法合规非公路用旅游观光车、残疾人机动轮椅车等生产、销售、使用的正当权益，要深入开展调查研究，根据本地区具体情况制订在用低速电动车处置办法，研究设置一定时间的过渡期，通过置换、回购、鼓励报废等方式加速淘汰违规低速电动车在用产品。要加强对区域内低速电动车生产企业的监督管理，督促企业按照许可资质和相关产品标准依法依规生产销售相应产品，严禁违法违规生产低速电动车产品。

工业和信息化部、科技部、公安部、交通运输部、市场监管总局等部门要组成联合督导组对各地落实情况开展督查，制定考核评估办法，对落实要求成效显著的地区和部门予以表彰，对工作不力的予以通报批评，对不作为的追责问责。要按照“升级一批、规范一批、淘汰一批”总体思路，加快制定发布《四轮低速电动车技术条件》等国家标准，加快研究提出低速电动车生产、销售、税费、保险和使用管理、售后服务等环节具体管理措施，建立完善低速电动车管理体系。同时，要通过报纸、电视、广播和各类新媒体，广泛宣传驾乘不符合安全标准机动车的危害，曝光损害消费者权益、弄虚作假等行为，扶优汰劣，为切实加强低速电动车管理营造良好的舆论氛围。

工业和信息化部

国家发展和改革委员会

科学技术部

公安部

交通运输部

国家市场监督管理总局

2018 年 11 月 2 日

提升新能源汽车充电保障能力行动计划

发改能源〔2018〕1698 号

我国新能源汽车正处于市场化发展的关键时期，充电基础设施是新能源汽车推广应用的重要基础之一。近年来，在党中央、国务院的正确领导下，在各有关方面的大力支持下，我国充电基础设施快速发展，已建成充电桩数量超过 60 万个，为新能源汽车提供了配套能源保障，在能源供给侧结构性改革和大气污染防治等方面发挥了重要作用。

当前，新能源汽车和充电设施尚处于发展过程中，特别是充电基础设施依然面临着建设落地难、运营效率低等问题，仍是制约新能源汽车发展的短板之一，新能源汽车充电保障能力亟待提升。为加快推进充电基础设施规划建设，全面提升新能源汽车充电保障能力，推动落实《电动汽车充电基础设施发展指南（2015—2020 年）》，根据《国务院办公厅关于加快电动汽车充电基础设施建设的指导意见》（国办发〔2015〕73 号）要求，特制定本行动计划。

一、总体要求

深入贯彻习近平新时代中国特色社会主义思想，落实党中央、国务院关于加快新能源汽车发展的决策部署，以新能源汽车推广应用为出发点，以提升充电保障能力为行动目标，推动充电基础设施高质量发展，为新能源汽车发展提供坚实能源保障，为新能源汽车用户提供更高效便捷的充电服务。

二、工作目标

力争用 3 年时间大幅提升充电技术水平，提高充电设施产品质量，加快完善充电标准体系，全面优化充电设施布局，显著增强充电网络互联互通能力，快速升级充电运营服务品质，进一步优化充电基础设施发展环境和产业格局。

三、重点任务

（一）提高充电设施技术质量

加强充电技术研究和充电设施产品开发，满足充电可靠性要求，促进充电设施智能化，实现充电连接轻量化，探索充电方式无线化，改善用户充电体验，满足新能源汽车不同场景的充电需求。充分发挥整车、动力电池、充电设备生产、设施运营等企业主体作用，加快技术创新，加强品质管控，促进充电技术的创新开发应用，确保充电设备质量优良、环境友好、使用便捷、安全可靠。严格执行充电接口及通信协议标准，加强跨专业合作，跟踪先进充电技术的发展，加快大功率充电、无线充电、智能充电等技术的研发应用，共同提升电动汽车充电保障能力。

（二）提升充电设施运营效率

充电设施运营企业要全面提升设施运营维护水平，加强管理和资源保障，采购符合标准的充电设备，系统排查现有设施设备运行状态，确保运营安全，积极盘活“僵尸桩”，结合服务场景科学配置车桩比例，切实提升充电设施利用效率和服务能力。继续探索出租车、租赁车等特定领域电动汽车换电模式应用。

（三）优化充电设施规划布局

各地能源主管部门要牵头会同相关方面，加强协同，形成合力，根据中长期新能源汽车保有量、区域分布、类型结构等，梳理总结行驶停放及充电规律，分析充电需求场景，优化车桩匹配，及时滚动编制充电设施建设专项规划，并将其纳入城乡整体规划，指导充电设施科学合理布局，千方百计解决老旧居民区充电桩、城市中心公共充电设施等建设难题，补齐充电网络短板，有效缓解充电设施利用率低和车辆充电不便利并存的矛盾。

进一步明确和细化充电基础设施的用地政策，保证公交车、出租车、物流车、分时租赁车、共享汽车等运营类新能源汽车充电设施的建设用地，以及有明确需求的其他新能源车辆的充电专用场地，提高充电保障能力。针对老旧、电力增容困难且有充电需求的居民区要在周边合理范围内，科学规划公共充电设施建设用地。在企事业单位停车场按需配建充电设施，鼓励在商业区、旅游区停车场因地制宜建设充电设施。深度挖掘城市停车空间，加强停车场规划与充电设施规划的衔接，支持结合停车场一体建设充电设施，并鼓励通过化零为整的方式，将分散的各类城市停车充电设施集中委托给停车场管理单位或有实力的充电服务企业，开展规模化建设或经营。进一步落实简化规划审批要求，重点加快居民自有停车库、停车位建桩，企事业单位既有停车位建桩，以及运营商在城市公共停车场建桩的推进速度。建立和完善充电设施建设用地及其相关管理标准、规范，明确场地方、建设方、运营方责任和管理措施。

（四）强化充电设施供电保障

将充电设施电力接入作为发展新能源汽车基础配套设施范畴统筹考虑。对用户充电规律、充电电量、使用场景进行系统研究预测，将设施供电纳入配电网专项规划，保证供电容量满足需求并具有包容性。电网企业要按照相关专项规划，做好基础设施配套电网建设与改造，合理建设充电设施接入系统工程，相关成本纳入电网输配电价。各供电企业要进一步规范接电报装流程，落实开辟绿色通道和限时办结的要求，为充电设施建设提供便利、高效服务。

加强居民区充电设施接入服务。新建居民区应统一将供电线路敷设至固定停车位（或预留敷设条件），预留用电容量。全面摸排现有居民区停车位安装充电桩及供电现状，研究探索公共电网对物业管理停车位直接供电模式，加快推广电动汽车智能化有序充电，针对老旧居民区电力容量不够等问题，引导电动汽车低谷充电，挖掘现有电网设备利用潜力，千方百计满足“一车一桩”接电需求。

保障公交、出租、物流、环卫等专用充电设施用电需求。根据专用电动车辆的增长情况，提前做好配网规划，并保障充电设施红线外供配电设施投资建设，实现配套电网建设工程与充电设施同步施工、同步接电，服务专用领域电动汽车规模化应用。

（五）推进充电设施互联互通

着力提升充电互联互通水平，加快构建和完善充电基础设施信息互联互通网络，有效解决充电用户找桩难、联通难、结算难等问题，为充电用户提供更好的充电服务保障，促进产业科学健康发展。

推进国家充电基础设施信息服务平台和国家新能源汽车监管平台协同发展。研究建立数据共享机制，实施新能源汽车充电溯源管理，做到充电行为数据可追溯、节能减排数据可计算、车桩信息数据可统计。推进国家级信息平台与重点城市信息平台、企业平台的互联互通，逐步形成充电设施信息服务网络。

各充电设施运营企业要提升信息化水平，面向用户提供充电服务信息，准确提供充电设施的状态信息，强化所属设备的支付结算、运行维护和充电安全等信息管理。鼓励整车企业优化新能源汽车运行监测平台，与充电设施运营、出行服务等企业对接，实现信息互联互通。

（六）完善充电设施标准体系

做好标准顶层设计和体系规划，发挥标准技术引领、规范充电设施市场的作用，促进新能源汽车与充电设施行业标准间的协调统一。加快推进充电标准化进程，建立形成国家标准、行业标准、团体标准有效互补的充电标准体系，满足充电技术发展需要。

结合新技术、新工艺、新材料发展，完善传导充电、无线充电标准体系。提高产品质量要求，完善充电设施关键元器件、材料、工艺团体标准，制定高温高湿沿海地区、低温严寒地区充电设施防护标准。制定电动客车大功率充电技术标准，开展乘用车大功率充电技术研发及标准预研工作，制定电动汽车无线充电互操作标准，启动无线充电互操作测试，研究大电流交流充电标准。研究电动汽车、充电设施与电网互动标准体系，结合有序充电、充电电力需求侧管理、微电网-充放电示范试点，加快制定电网互动标准。

继续开展充电互操作性测试活动，提升相关实验室的检验检测能力。加强充电信息安全标准建设，完善充电设施、新能源汽车充电信息安全测试评价标准。完善互联互通标准，制定充电设施-充电服务平台、充电服务平台-整车平台通信协议标准，满足国家级、城市级信息平台建设需要，以及个人桩分享、即插即充充电业务需求。

积极开展电动汽车充电设施国际标准化工作，参与国际充电标准制定。推动我国充电标准国际化，提高我国在国际标准中的地位，服务行业企业走出去。

四、保障措施

（一）积极鼓励商业模式创新

进一步加大对充电设施运营模式创新的支持力度。在公共、私人、专用充电服务领域创新商业模式，鼓励打造商业模式创新示范工程，为电动汽车用户提供更好的充电服务体验与综合增值服务，促进形成健康、可持续发展的商业生态环境。

鼓励整车、充电设施运营服务、出行服务等企业开展合作，促进充电服务专业化发展，通过众筹建桩、电力市场、车位经营、车辆租赁、广告服务、大数据应用、电动汽车充放电等多种方式增加运营收入。开拓电动汽车销售、租赁、维修保养等服务市场，探索创新公交、出租、环卫、物流、分时租赁、网约、共享、通勤、旅游巴士等专用充电领域商业运营模式。鼓励充电场站与商业地产相结合的发展方式，提升商场、超市、电影院、便利店、旅游景区等公共领域充电服务水平。

（二）持续加大政策支持力度

加大相关部门间统筹协调力度，系统解决项目建设用地、电力接入、配建预留、燃油车占位、运营盈利难等共性问题。

鼓励地方充分发挥“十三五”中央财政充电基础设施奖补政策作用，促进整车行业与充电设施建设运营行业合作，调动社会资本积极性，为私人用户提供建桩充电保障。引导地方财政补贴从补购置转向补运营，逐渐将地方财政购置补贴转向支持充电基础设施建设和运营、新能源汽车使用和运营等环节。支持采用“互联网＋”等方式，加强对享受补贴充电设施的事中事后考核监管，确保相关充电设施产品符合国家相关标准并发挥实效。

电网公司要按照规定落实现有优惠电价政策。具备条件的充电设施，通过安装核减表，满足电费发票抵扣需求，促进电价规范和公平竞争。加大峰谷电价实施力度，引导充电基础设施参与电力削峰填谷，降低电力使用成本。利用智能电网、智能网联汽车等技术，鼓励新能源汽车提供储能服务，并通过峰谷差获得收益。引导鼓励开发充电设施的财产险、产品责任险等险种，保护消费者权益。加强技术储备，开展电动汽车充放电试点，探索分布式发电、储能与电动汽车充放电技术的结合，促进清洁能源消纳。

（三）充分发挥行业协会作用

充分发挥中国充电联盟等行业组织的作用，积极促进充电设施行业向规模化、规范化、多元化方向发展，促进创新，提质增效。通过开展自愿性产品检测认证、行业白名单制定等工作，配合政府部门严格产品准入和事中事后监督，引导充电技术进步，提升充电设施产品质量和服务水平，强化企业社会责任和行业自律。推动国家充电基础设施信息服务平台建设，加快与国家新能源汽车监管平台的信息互联互通。

国家发展改革委
国家能源局
工业和信息化部
财政部
2018 年 11 月 9 日

道路机动车辆生产企业及产品准入管理办法

第一章 总　则

第一条　为了规范道路机动车辆生产企业及产品准入管理，维护公民生命、财产安全和公共安全，促进汽车产业发展，根据《中华人民共和国行政许可法》《中华人民共和国道路交通安全法》《国务院对确需保留的行政审批项目设定行政许可的决定》等法律法规，制定本办法。

第二条　国家对从事道路机动车辆生产的企业及其生产的在境内使用的道路机动车辆产品实行分类准入管理。

道路机动车辆生产企业及产品分为乘用车类、货车类、客车类、专用车类、摩托车类、挂车类六类。客车类道路机动车辆生产企业及产品分为整车类和改装类。

本办法所称道路机动车辆，是指由动力装置驱动或牵引，上道路行驶的供人员乘用或用于运送物品以及进行工程专项作业的轮式车辆，不包括汽车列车、无轨电车、有轨电车、轮式专用机械车、拖拉机及拖拉机运输机组。

第三条　工业和信息化部负责全国道路机动车辆生产企业及产品准入和监督管理工作。

省、自治区、直辖市人民政府工业和信息化主管部门依照本办法规定配合工业和信息化部实施本行政区域内道路机动车辆生产企业及产品准入和监督管理有关工作。

第四条　道路机动车辆生产企业应当按照道路机动车

辆生产企业及产品准入的内容组织生产，承担道路机动车辆产品质量和生产一致性责任。

第二章　申请和受理

第五条　申请道路机动车辆生产企业准入的，应当具备下列条件：

（一）具有法人资格；

（二）按照国家有关投资管理规定完成投资项目手续并建设完成；

（三）有与从事生产活动相适应的场所、资金和人员等；

（四）有与从事生产活动相适应的产品设计开发能力、生产能力、生产一致性保证能力、售后服务保障能力等；

（五）法律、行政法规、规章规定的其他条件。

第六条　申请道路机动车辆产品准入的，应当具备下列条件：

（一）取得道路机动车辆生产企业准入；

（二）生产的道路机动车辆产品能够满足安全、环保、节能、防盗等技术标准以及工业和信息化部制定发布的安全技术条件；

（三）法律、行政法规、规章规定的其他条件。

第七条　申请道路机动车辆生产企业准入的，应当向工业和信息化部提交下列材料：

（一）道路机动车辆生产企业准入申请书（示范文本由工业和信息化部制作并公布）；

（二）根据国家有关投资管理规定办理完成投资项目手续的文件；

（三）加盖企业公章的企业章程及营业执照副本复印件；

（四）企业法定代表人签署的依法开展道路机动车辆产品生产承诺书。

第八条　申请道路机动车辆产品准入的，应当向工业和信息化部提交下列材料：

（一）道路机动车辆产品及类别、特点、技术功能等情况说明；

（二）道路机动车辆产品主要技术参数，包括表征道路机动车辆产品基本特征的参数，与道路机动车辆产品安全、环保、节能、防盗性能相关的参数和图片等；

（三）道路机动车辆产品检验资料，包括检验项目统计表、样车情况说明、检验检测机构出具的检验报告等（列入强制性产品认证目录的道路机动车辆产品零部件检验报告可以由强制性产品认证证书替代）；

（四）合法使用道路机动车辆产品商标的说明材料（仅在首次申请包含该商标的道路机动车辆产品准入时提供）、道路机动车辆产品依法进行环保信息公开情况等其他资料。

第九条　道路机动车辆生产企业有权自主选择依法取得相关资质认定的检验检测机构开展道路机动车辆产品检验；开展整车检验的，应当选择取得国家级产品质量监督检验中心资质的检验检测机构。

送检的道路机动车辆产品应当由申请人制造，相关技术参数应与申请准入的道路机动车辆产品一致。

第十条　工业和信息化部收到道路机动车辆生产企业及产品准入申请后，应当依法进行审查，对于申请材料不齐全或者不符合规定形式的，当场或者在五个工作日内一次性告知申请人需要补正的全部内容；对于申请材料齐全、符合规定形式的，应当予以受理。

第三章　审查和决定

第十一条　工业和信息化部委托技术服务机构组织专家对道路机动车辆生产企业及产品准入申请进行技术审查。

第十二条　技术服务机构应当客观、公正实施技术审查，如实向工业和信息化部报告审查结果。

第十三条　技术服务机构不得泄露因审查活动知悉的商业秘密，开展技术审查不得向申请准入的企业收取任何费用。

第十四条　工业和信息化部应当对符合准入条件的道路机动车辆生产企业及产品予以公示，公示期为五个工作日。

公示期内社会公众提出异议的，工业和信息化部可以委托技术服务机构组织专家进行复核。

第十五条　工业和信息化部应当自受理准入申请之日起二十个工作日内作出准入或者不予准入的决定。决定准入的，应当以公告形式向社会发布；决定不予准入的，应当书面通知申请人并说明理由。二十个工作日内不能作出决定的，经工业和信息化部负责人批准，可以延长十个工作日，并将延长期限的理由告知申请人。

技术审查、复核所需时间不计算在前款规定的期限内，所需时间应当书面告知申请人。

第十六条　道路机动车辆生产企业取得相关准入后方可生产、销售相应的道路机动车辆产品。

道路机动车辆生产企业应当持续保持准入条件。

第十七条　道路机动车辆生产企业变更法定代表人、企业名称、注册地址、注册商标、股权结构的，应当在依法完成变更登记手续后及时报工业和信息化部备案。

报送备案应当提交变更情形的说明、变更前后加盖企业公章的营业执照副本复印件等材料，涉及办理投资项目手续的还应当提交相关的投资项目文件。

第十八条　道路机动车辆生产企业变更道路机动车辆产品技术参数的，应当符合相关技术标准及道路机动车辆同一型号命名等技术规范要求，并在道路机动车辆产品投入生产前报工业和信息化部备案。

报送备案应当提交申请变更道路机动车辆产品型号、名称、类别，变更的原因及内容，符合安全、环保、节能、防盗等相关技术标准、技术条件的声明，以及相关检验项目统计表、检验报告等。

第十九条　道路机动车辆生产企业变更生产地址的，应当按照本办法第七条的规定向工业和信息化部提交有关材料。工业和信息化部应当依照本办法的规定进行审查。

第二十条　工业和信息化部对符合本办法规定条件的变更事项以公告形式发布。

第二十一条　道路机动车辆生产企业按照本办法规定变更企业名称、注册地址、生产地址、注册商标、道路机动车辆产品技术参数等的，可以在工业和信息化部发布变更公告后的六个月内继续销售按照原准入事项生产的库存道路机动车辆产品，但国家政策、标准另有规定的除外。

第二十二条　依法取得的道路机动车辆生产企业及产

品准入,不得出租、出借、买卖或者以其他形式非法转让。

第二十三条 道路机动车辆生产企业应当建立道路机动车辆产品出厂合格证明(以下简称“合格证”)管理制度,规范合格证制作、发放、传送、追溯、备案等工作,实时填报、传送合格证电子信息,在道路机动车辆产品检验合格准予出厂后随车配发合格证。

合格证载明的信息应当与获得准入的道路机动车辆产品技术参数,以及道路机动车辆产品实际的技术参数一致。合格证不得涂改、复制、买卖、伪造和抵押。

第四章 特别规定

第二十四条 鼓励道路机动车辆生产企业进行技术创新。因采用新技术、新工艺、新材料等原因,不能满足本办法规定的准入条件的,企业在申请道路机动车辆生产企业及产品准入时可以提出相关准入条件豁免申请。

工业和信息化部应当评估其必要性、充分性,根据技术审查和评估结果,作出是否准入的决定。决定准入的,工业和信息化部可以设置准入有效期、实施区域等限制性措施。

第二十五条 鼓励道路机动车辆生产企业实施企业集团化管理。

符合规定条件的企业集团可以试点开展道路机动车辆产品自我检验;成员企业可以委托企业集团内部取得同类别道路机动车辆生产企业准入的其他企业生产其取得准入的道路机动车辆产品;工业和信息化部可以简化其成员企业的准入审查要求。

第二十六条 工业和信息化部推行道路机动车辆产品系族管理,鼓励道路机动车辆生产企业按照系族提出道路机动车辆产品准入申请。

第二十七条 工业和信息化部优化平板、仓栅、厢式、自卸货车管理。

货车类道路机动车辆生产企业可以委托上装生产企业完成平板、仓栅、厢式、自卸货车产品的上装生产作业。货车类道路机动车辆生产企业对采用本企业生产的底盘进行上装生产的平板、仓栅、厢式、自卸货车产品进行统一道路机动车辆产品准入申请,承担产品质量和生产一致性责任。

第二十八条 鼓励道路机动车辆生产企业之间开展研发和产能合作,允许符合规定条件的道路机动车辆生产企业委托加工生产。

鼓励道路机动车辆研发设计企业与生产企业合作,允许符合规定条件的研发设计企业借用生产企业的生产能力申请道路机动车辆生产企业及产品准入。

第二十九条 特别规定事项的具体管理办法由工业和信息化部另行制定。

第五章 监督检查

第三十条 工业和信息化部应当加强对道路机动车辆生产企业及产品准入的监督管理,建立和完善以随机抽查为重点的日常监督检查制度。对于社会反映集中、问题性质严重的道路机动车辆生产企业及产品,工业和信息化部应当组织开展专项监督检查。

第三十一条 道路机动车辆生产企业应当加强自查,发现生产、销售的道路机动车辆产品存在安全、环保、节能、防盗等严重问题的,应当立即停止相关产品的生产、销售,采取措施进行整改,并及时向工业和信息化部及所在地的省、自治区、直辖市人民政府工业和信息化主管部门报告。

省、自治区、直辖市人民政府工业和信息化主管部门发现本行政区域内道路机动车辆生产企业不能保持准入条件、生产一致性发生重大变化或者有其他违法违规生产经营行为的,应当及时向工业和信息化部报告。

第三十二条 道路机动车辆生产企业不能保持准入条件,生产的道路机动车辆产品存在影响公共安全、人身健康、生命财产安全等隐患的,工业和信息化部应当责令停止生产、销售相关产品,并责令立即改正。

第三十三条 道路机动车辆生产企业买卖、伪造合格证,合格证载明的信息与获得准入的道路机动车辆产品技术参数不一致或者与道路机动车辆产品实际的技术参数不一致,或者有其他违反合格证管理规定的,工业和信息化部应当责令限期整改,视情节轻重暂停道路机动车辆生产企业合格证电子信息传送。

第三十四条 道路机动车辆生产企业不能维持正常生产经营的,工业和信息化部应当予以特别公示。特别公示前,应当书面告知道路机动车辆生产企业,并听取申辩意见。

经特别公示的道路机动车辆生产企业,工业和信息化部在公示期间不予办理准入变更。道路机动车辆生产企业申请移出特别公示的,工业和信息化部应当对其保持道路机动车辆生产企业及产品准入条件情况进行核查。

不能维持正常生产经营是指:连续两年年均乘用车产量少于2 000辆、货车产量少于1 000辆、客车(整车类)产量少于1 000辆、客车(改装类)产量少于100辆、摩托车产量少于5 000辆、通用货车挂车产量少于100辆。工业和信息化部可以根据产业发展情况调整有关产量数值。

第三十五条 道路机动车辆生产企业破产、自愿终止道路机动车辆生产,或者存在法律、行政法规规定的其他情形的,工业和信息化部应当依法撤销、注销相关的道路机动车辆生产企业及产品准入。

第三十六条 承担道路机动车辆产品检验的检验检测机构应当在完成道路机动车辆产品检验后的三个月内保证检验样品的可追溯性,六年内保证检验记录、试验图像、影像资料等数据资料的可追溯性。工业和信息化部对检验检测机构开展道路机动车辆产品准入检验情况进行检查。

第三十七条 工业和信息化部建立信用记录制度,将道路机动车辆生产企业、检验检测机构失信行为记入信用档案。

第六章 法律责任

第三十八条 隐瞒有关情况或者提供虚假材料申请道路机动车辆生产企业及产品准入的,工业和信息化部不予受理或者不予准入,并给予警告;申请人在一年内不得再次申请道路机动车辆生产企业及产品准入。

以欺骗、贿赂等不正当手段取得道路机动车辆生产企业及产品准入的,工业和信息化部应当撤销道路机动车辆生产企业及产品准入;申请人在三年内不得再次申请道路机动车辆生产企业及产品准入。

第三十九条 违反本办法规定,未经准入擅自生产、销售道路机动车辆产品的,工业和信息化部应当依照《中华人民共和国道路交通安全法》第一百零三条第三款的规定予以处罚。

第四十条　违反本办法规定，在报送备案时隐瞒有关情况、提供虚假材料的，工业和信息化部不予备案或者撤销备案，并给予警告。

第四十一条　违反本办法规定，出租、出借、买卖或者以其他形式非法转让道路机动车辆生产企业及产品准入的，工业和信息化部给予警告，并责令立即改正。

第四十二条　道路机动车辆生产企业在监督检查中隐瞒有关情况、提供虚假资料，或者不接受工业和信息化主管部门监督检查的，工业和信息化部给予警告。

第四十三条　检验检测机构出具虚假检验报告或者检验结果存在重大失误的，工业和信息化部向检验检测机构资质管理部门进行通报。

第四十四条　工业和信息化部工作人员在道路机动车辆生产企业及产品准入管理中玩忽职守、滥用职权、徇私舞弊的，依法给予处分；构成犯罪的，依法追究刑事责任。

第七章　附　则

第四十五条　道路机动车辆生产企业及产品准入审查要求，工业和信息化部另行制定。

第四十六条　新能源汽车生产企业及产品准入管理适用本办法，相关规章另有规定的，依照其规定执行。

第四十七条　本办法自 2019 年 6 月 1 日起施行。2002 年 11 月 30 日公布的《摩托车生产准入管理办法》（原国家经济贸易委员会令第 43 号）同时废止。

部长　苗圩

2018 年 11 月 27 日

二、地方政府政策与规划

Chapter 2　Local Government Policy and Planning

地方政府	政　策	文件号	发布单位	发布日期	内　容
北京市	《北京市自动驾驶车辆道路测试能力评估内容与方法（试行）》和《北京市自动驾驶车辆封闭测试场地技术要求（试行）》	—	北京市经济和信息化委员会委员 北京市交通委员会 北京市公安局公安交通管理局	2018-2-2	该方法规定了北京市自动驾驶车辆道路测试能力评估内容与方法；要求规定了自动驾驶车辆封闭测试场地所包含的测试训练场地、能力评估场地和配套办公及服务设施等技术要求
	北京市推广应用新能源汽车管理办法	京科发〔2018〕25 号	北京市科学技术委员会 北京市经济和信息化委员会 北京市财政局 北京市城市管理委员会 北京市交通委员会	2018-2-24	该《办法》指出，北京市鼓励购买和使用新能源汽车，相关财政补助政策参照《关于调整完善新能源汽车推广应用财政补贴政策的通知》另行研究制定
	北京市关于调整完善新能源汽车推广应用财政补助政策的通知	京财经〔2018〕1296 号	北京市财政局 北京市科学技术委员会 北京市经济和信息化委员会	2018-6-29	该通知明确：1. 对新能源汽车（纯电动汽车、燃料电池汽车）按照中央与地方 1:0.5 比例安排市级补助，相关技术要求参照《关于调整完善新能源汽车推广应用财政补助政策的通知》（财建〔2018〕18 号）执行。2. 对私人购买新能源小客车不作运营里程要求，对其他类型新能源汽车，在车辆运营满 2 万 km 后，给予市级补助。3. 新能源环卫车、新能源公交车、行政事业单位使用财政性资金购买的新能源汽车，不享受本市财政补助
	《顺义区 2018 年新能源汽车置换补贴实施细则》和《顺义区 2018 年电动汽车公用充电设施补贴实施细则》	顺发改〔2018〕161 号	顺义区发展和改革委员会	2018-7-4	该通知对顺义区推广应用新能源汽车给予 3 方面的区级补贴：1. 对将燃油汽车置换为新能源车的车主（包含货运车辆及机场地区专用车辆）给予最高 57.5%（不超过 5.75 万元/台）的补贴。2. 新能源汽车使用顺义区境内公用充电桩进行充电，给予充电服务费用 50%（最高不超过 0.4 元/kWh）的补贴。3. 在顺义区建设的公共充电设施，给予不高于项目总投资 30% 的区政府固定资产投资支持
	关于对北京市部分环保行业实施用电支持政策的通知	京发改〔2018〕1559 号	北京市发展和改革委员会	2018-7-30	该通知对电动汽车集中式充换电设施、污水处理、港口岸电运营、海水淡化等执行两部制电价企业，免收需量（容量）电费

续上表

地方政府	政策	文件号	发布单位	发布日期	内容
北京市	关于加强停车场内充电设施建设和管理的实施意见	京管发〔2018〕94 号	北京市城市管理委员会 北京交通委员会	2018-8-9	该意见明确：1. 各区城市管理委（市政市容委）会同区交通委（交通局）、区规划国土分局、区供电公司等部门和单位，要对辖区内尚未建设充电设施且向社会开放使用的既有停车场（含限时开放停车场）进行摸底梳理，按照不低于10%车位比例配建公用充电设施。2. 对于建设社会公用充电设施的停车场，各区停车管理部门要组织、指导停车场产权（经营）单位划定电动汽车充电专用泊车位，按照不少于1个专用泊车位的原则划定
	北京市打赢蓝天保卫战三年行动计划	京政发〔2018〕22 号	北京市人民政府	2018-9-7	该通知明确：1. 大力推进车辆电动化。到2020年，邮政、城市快递、轻型环卫车辆（4.5 t以下）基本为电动车，办理货车通行证的轻型物流配送车辆（4.5 t以下）基本为电动车，在中心城区和城市副中心使用的公交车辆为电动车。2. 加快充电基础设施建设。到2020年，形成平原地区平均服务半径小于5 km的充电网络，其中城市核心区、城市副中心、“三城一区”、2022年北京冬奥会和冬残奥会延庆赛区、北京新机场等重点区域实现充电设施平均服务半径小于0.9 km
	北京市电动汽车社会公用充电设施运营考核奖励暂行办法	京管发〔2018〕107 号	北京市城市管理委员会 北京市财政局	2018-9-25	该办法对北京市社会公用充电设施运营考核奖励的范围、条件、方式、标准、实施期限等提出了相关要求。 1. 奖励范围。社会公用充电设施（以下简称“充电设施”），即在社会公共停车场或可用于充电服务的停车场所内建设，向社会开放的，为电动汽车提供充电服务的经营性充电设施。 2. 奖励条件。充电设施建设、运营服务、维护管理符合国家和本市相关技术标准、设计规范、建设标准和管理要求；充电设施企业将所属社会公用充电设施接入市级公用充电设施数据信息服务平台。 3. 奖励方式和标准。以充电设施的充电量为基准，结合对充电站运营的考核评价结果，给予充电设施企业一定的财政资金奖励。具体标准每年由北京市城市管理委会同市财政局确定。 4. 考核指标。充电站运营考核指标每年由市城市管理委根据本市充电设施建设运营情况制定，充电站等级根据充电站运营考核评价结果确定
	2018—2019 年度北京市电动汽车社会公用充电设施运营考核奖励实施细则	京管发〔2018〕108 号	北京市城市管理委员会	2018-9-28	该细则对北京市2018—2019年度社会公用充电设施运营考核奖励标准、充电站评价方法等提出了相关要求。 1. 奖励标准 日常考核奖励：根据考核情况，对考核评价A级充电站给予每度电0.2元的奖励；对考核评价B级充电站给予每度电0.1元的奖励；对考核评价C级充电站给予每度电0.05元的奖励；对考核评价D级充电站不予奖励；奖励上限为1 500度/千瓦年。 年度考核奖励：根据考核评价结果，对考核评价A级充电站给予106元/kW年的奖励，奖励上限为20万元/站年；对考核评价B级充电站给予90元/kW年的奖励，奖励上限为17万元/站年；对考核评价C级充电站给予74元/kW年的奖励，奖励上限为14万元/站年；对考核评价D级充电站不予奖励。其中：年度考核奖励根据标准和考核年度内充电设

续上表

地方政府	政　策	文 件 号	发布单位	发布日期	内　容
北京市	2018—2019年度北京市电动汽车社会公用充电设施运营考核奖励实施细则	京管发〔2018〕108号	北京市城市管理委员会	2018-9-28	施纳入运营奖励对象范围的具体天数(天数不少于90天)给予。 2. 充电站评价方法 2018—2019年度电动汽车社会公用充电站考核评价分为日常运营考核和年度运营考核两部分,其中:日常运营考核设置了平均充电收费标准、数据变化推送及时率、利用率等3个指标;年度运营考核设置了安全生产、维护管理、互联互通和附加项等四大类9个考核指标
天津市	天津市智能网联汽车道路测试管理办法(试行)	—	天津市交通运输委 天津市工业和信息化委 天津市公安局	2018-6-21	该通知明确指出,按照"鼓励创新,保证安全,统筹布局,有序推进"的原则,引导天津市智能网联汽车从研发测试向示范应用和商业化推广转变,鼓励和支持天津市智能网联汽车产业发展
	天津市打好污染防治攻坚战8个作战计划	津政发〔2018〕18号	天津市人民政府	2018-7-29	该通知明确 1. 以公交车、物流车、出租车(网约车)、公务用车和租赁用车为重点领域,持续加大新能源汽车推广力度。 2. 2018—2020年,全市每年新增新能源汽车2万辆,占全市汽车保有量比例到2020年提高至4.5%。 3. 加快推进城市建成区新增和更新的公交、环卫、邮政、出租、通勤、轻型物流配送车辆使用新能源或清洁能源汽车,2020年底前使用比例达到80%;港口、机场、铁路货场等新增或更换作业车辆主要使用新能源或清洁能源汽车;2020年底前,建成区公交车全部更换为新能源汽车。 4. 大力推进充电基础设施建设,在物流园、产业园、工业园、大型商业购物中心、农贸批发市场等物流集散地建设集中式充电桩和快速充电桩,为承担物流配送的新能源车辆在城市通行提供便利,2018年新增公共充电桩3 000台,到2020年全市公共充电桩保有量达到2万台
	天津市新能源产业发展三年行动计划	津政办发〔2018〕42号	天津市人民政府办公厅	2018-10-22	该计划结合全球产业发展趋势和本市产业基础与需求,积极培育氢能及氢燃料电池等新兴领域,着力提升光伏、风电等领域发展效益,加快推动锂离子动力电池和新能源汽车等领域研发、制造与应用融合发展,推动新能源重点领域科学发展
	天津市加快新能源汽车充电基础设施建设实施方案(2018—2020)	—	天津市发展和改革委员会	2018-11-29	该方案明确:1. 到2020年,在中心市区,环市四区和滨海新区的建成区,建设全面覆盖、密度较高的充电服务网络,基本建成平均服务半径为0.9 km的公用充电基础设施网络体系。 2. 在环市四区和滨海新区的其他区域、其他五区建成区建设布局均衡、适当集中的充电服务网络,基本建成平均服务半径为3 km的公用充电基础设施网络体系。 3. 在静海、宝坻、武清、宁河、蓟州区五区的其他区域形成分级明确、适当预留的充电服务网络,基本建成平均服务半径为5 km的公用充电基础设施网络体系。 4. 在2017年底已经建成运营8 000台的基础上,2018—2020三年间,全市新增公共充电桩1.2万台,总数达到2万台
	关于开展低速电动车生产企业摸底调查工作的通知	津工信装备〔2018〕2号	天津市工业和信息化局 天津市发展和改革委员会 天津市市场监督管理委员会	2018-12-5	该通知明确:各区人民政府要严格执行关于机动车辆生产销售相关法律法规,停止制定发布鼓励低速电动车发展相关政策,停止制定发布低速电动车准入条件,停止核准或备案低速电动车投资项目,停止新建低速电动车企业、扩建生产厂房等基建项目,停止新增低速电动车车型

续上表

地方政府	政　策	文件号	发布单位	发布日期	内　容
上海市	上海市智能网联汽车道路测试管理办法(试行)	沪经信规范〔2018〕3号	上海市经济和信息化委员会 上海市公安局 上海市交通委员会	2018-2-22	该通知明确:测试车辆是指申请用于道路测试的智能网联汽车,包括乘用车、商用车,不包括低速汽车、摩托车。明确了智能网联汽车道路测试申请条件、测试申请及审核、测试管理、事故处理、违规操作责任等方面的要求
	上海市燃料电池汽车推广应用财政补助方案	沪科规〔2018〕2号	上海市科学技术委员会 上海市发展和改革委员会 上海市经济和信息化委员会 上海市财政局	2018-5-21	通知明确:1. 按照中央财政补助1:0.5给予本市财政补助。 2. 燃料电池系统达到额定功率不低于驱动电机额定功率的50%,或不小于60 kW的,按照中央财政补助1:1给予本市财政补助
	上海市清洁空气行动计划(2018—2022年)	沪府办发〔2018〕25号	上海市人民政府办公厅	2018-7-3	通知明确:1. 加快新能源汽车推广。2018—2020年,新能源汽车推广数量分别不低于4.3万辆、5万辆、6万辆。 2. 新增、更新公务用车中新能源车比例大于80%。还要加大出租、物流、环卫、邮政等行业新能源车推广力度。 3. 2020年底前,建成区公交车全部更换为新能源汽车
	上海市关于二手新能源汽车相关操作流程的通知	沪经信装〔2018〕474号	上海市经济和信息化委员会 上海市商务委员会 上海市交通委员会 上海市公安局	2018-8-2	该《通知》指出,消费者受让二手新能源汽车流程包括审核意向用户购车资格、安装充电设施、审核《电动汽车充电设施安装登记证明》(简称"登机证明")、发放二手新能源汽车确认凭证、完成车辆转让、变更等5个阶段
	上海市挥发性有机物深化防治工作方案(2018—2020年)	沪环保防〔2018〕324号	上海市环境保护局 上海市发展和改革委员会 上海市经济和信息化委员会 上海市交通委 上海市住房和城乡建设管理委员会 上海市质量技术监督局	2018-9-11	通知明确:深入推进交通源VOCs污染防治,推广新能源和清洁能源汽车。 1. 2018—2020年新能源汽车(标准车)推广数量分别不低于4.3万辆、5万辆、6万辆。新增、更新公务用车中新能源车比例大于50%。加大出租、物流、环卫、邮政等行业新能源车推广力度。 2. 2020年,中心城区公交车和新增、更新校车力争实现新能源化;加快推进新能源出租车试点,根据要求扩大使用规模。新能源货车推广规模超过5 000辆。 3. 加快充电桩等配套基础设施建设,到2020,电动汽车充电设施服务半径中心城区小于1 km,外环以外区域小于2 km
重庆市	重庆市自动驾驶道路测试管理实施细则(试行)	渝经信发〔2018〕14号	重庆市经济和信息化委员会 重庆市公安局 重庆市交通委员会 重庆市城市管理委员会	2018-3-11	该通知明确:1. 在本市上公共道路开展自动驾驶道路测试工作的独立法人单位(以下简称"测试主体")均应遵守本实施细则。 2. 测试主体为具有自动驾驶技术及产品研发或生产能力的整车企业、改装车生产企业、零部件企业、电子信息企业、科研院所/高校、交通运输企业、其他科技型企业。 3. 测试主体应按评审要求提供申请材料(参考附件1),并对所提交材料的真实性、合法性负责
	重庆市2018年度新能源汽车推广应用财政补贴政策	渝财产业〔2018〕52号	重庆市财政局	2018-6-21	该政策明确新能源乘用车补贴标准,$R \geqslant 300$纯电车型约为同期国家标准的50%,其余车型为同期国家标准的46%。新能源客车补贴标准约为同期国家标准的20%。新能源货车(专用车)补贴标准,约为同期国家标准的30%。燃料电池汽车补贴标准约为同期国家标准的40%
	重庆市加快新能源和智能网联汽车产业发展若干政策措施(2018—2022年)	渝府办发〔2018〕185号	重庆市人民政府办公厅	2018-12-14	该措施从平台支持、研发支持、降低成本支持、人才支持、服务保障5个方面给予新能源和智能网联汽车产业发展提供12项政策支持

续上表

地方政府	政　策	文件号	发布单位	发布日期	内　容
重庆市	重庆市支持新能源汽车推广应用政策措施(2018—2022年)	渝府办发〔2018〕184号	重庆市人民政府办公厅	2018-12-14	措施明确:积极拓展新能源汽车应用市场,从5个方面支持新能源汽车推广应用。 1. 快充电基础设施建设:加快公用快充设施建设。加快新建建筑充电设施建设。加快现有停车场(库)充电设施建设。 2. 优化使用环境:新能源汽车充电服务费执行政府指导价,上限为0.4元/kWh。对使用新能源专用号牌且最大设计总质量不超过4.5 t的渝籍牌照载货汽车发放主城区货车通行证。对纳入城市配送体系或者更新替换传统能源的且最大设计总质量不超过3.5 t的新能源货车,发放绿色通行证。 3. 推动公共领域率先应用:市级单位通过政府集中采购新增和更换车辆中新能源汽车占比不低于50%。 4. 落实推广应用地方配套补助政策:按照国家有关要求,市级财政资金配套支持新能源汽车推广应用。 5. 加强考核评估:将支持鼓励新能源汽车推广应用政策贯彻落实情况纳入市政府督查范围
河北省	河北省打赢蓝天保卫战三年行动方案	冀政发〔2018〕18号	河北省人民政府	2018-8-23	通知明确:加快推广应用新能源汽车。 1. 加快推进城市建成区公交、环卫、邮政、出租、通勤、轻型物流配送车辆采用新能源或清洁能源汽车,到2020年,石家庄、唐山、廊坊、保定、沧州、衡水、邢台、邯郸市和定州、辛集市使用比例达到80%。 2. 港口、机场、铁路货场等新增或更换作业车辆主要采用新能源或清洁能源汽车。加快完善优化充电基础设施,在物流园、产业园、工业园、大型商业购物中心、农贸批发市场等物流集散地建设集中式充电桩和快速充电桩,为承担物流配送的新能源车辆在城市通行提供便利,到2020年,初步形成覆盖主要城市的城际快充网络。对可识别的新能源汽车,不实行限行措施。 3. 2018年全省推广应用新能源汽车不低于3万辆(标准车),力争达到4.3万辆(标准车);2019年全省推广应用新能源汽车不低于3万辆(标准车),力争达到5.5万辆(标准车);到2020年,全省累计推广应用各类新能源汽车30万辆(标准车),建设充电站1970座、充电桩65 625个;石家庄市建成区公交车全部更换为新能源车
	唐山市2016年和2017年新能源汽车推广应用地方财政补贴办法	唐财建〔2018〕10号	唐山市财政局 唐山市工业和信息化局	2018-2-26	补贴办法明确:1. 补贴范围:2016年1月1日—2017年12月31日,在唐山市公安车管部门完成初始注册登记、实际运行使用的唐山市购车用户可申领补贴。 2. 补贴标准:公交车按照中央财政补贴标准的50%给予补贴。公交车以外的其他车辆,新能源乘用车按照每辆车最高不超过1万元、新能源客车按照每辆车最高不超过4.5万元、新能源专用车按照每辆车最高不超过3万元标准,给予补贴。补贴上限同时不得超过中央财政单车补贴额的50%。非个人用户购买的新能源汽车累计行驶里程须达到3万km(作业类专用车除外)
	石家庄市打赢蓝天保卫战三年行动计划(2018-2020年)	石政发〔2018〕23号	石家庄市人民政府	2018-12-29	该计划提到,将培育壮大新能源汽车产业。加大对新能源汽车产业的扶持,强化要素保障,重点建设奇瑞石家庄新能源汽车生产基地、中车石家庄新能源汽车生产基地等项目,

续上表

地方政府	政　策	文件号	发布单位	发布日期	内　容
河北省	石家庄市打赢蓝天保卫战三年行动计划（2018-2020年）	石政发〔2018〕23号	石家庄市人民政府	2018-12-29	建设华北地区新能源汽车制造基地。同时，依托中博汽车、河北瑞腾等重点企业，加快新能源汽车关键技术研发。支持精进电动、德澳科技等企业，加快发展电机、电池、电控、高性能充电桩，提高产品技术性能，尽快形成规模优势，满足新能源汽车配套需求
山西省	山西省新能源汽车产业2018年行动计划	晋经信产业字〔2018〕77号	山西省经济和信息化委员会	2018-4-4	该通知明确：1. 2018年，推进一批重点项目投产或部分投产，力争全年完成投资50亿元以上；推动一批龙头企业实现规模化生产，全省新能源汽车生产能力达到30万辆；引进一批核心配套产业项目，培育与新能源汽车相关的协作产业链。 2. 做好补贴政策调整。在执行好山西省现行新能源汽车营销补贴政策的基础上，做好补贴政策调整工作。探索建立新的产业扶持政策，引导产业健康快速发展。 3. 落实国家新能源汽车税收优惠政策。对列入《免征车辆购置税的新能源汽车车型目录》的新能源汽车免征车辆购置税；对符合《关于节约能源使用新能源车船车船税优惠政策的通知》要求的新能源汽车免征车船税。鼓励各级党政机关、公共机构、公共服务领域、省属国有及国有控股企业集团本部新增、更新车辆，优先选用新能源汽车
	山西省打赢蓝天保卫战三年行动计划	晋政发〔2018〕30号	山西省人民政府	2018-7-29	该通知明确：1. 加快推进城市建成区新增和更新的公交、环卫、邮政、出租、通勤、轻型物流配送车辆使用新能源或清洁能源汽车，全省使用比例达到80%；全省机场、铁路货场等新增或更换作业车辆主要使用新能源或清洁能源汽车。 2. 加大资金补贴力度。2020年底前，11个设区市城市建成区公交车、出租车、环卫车全部更换换为新能源汽车。 3. 2019年7月1日起，重点区域提前实施机动车国Ⅵ排放标准
	太原市柴油货车和工程机械污染管控综合治理行动方案	并政办发〔2018〕32号	太原市人民政府办公厅	2018-5-26	该通知明确：加大新能源和清洁能源车辆推广力度。 1. 积极推广新能源车辆，新增和更新的公交、市政、通勤、物流配送车辆，鼓励优先使用纯电动车辆和燃气货运车辆。 2. 新增渣土运输车辆使用新能源车辆
	太原市打赢蓝天保卫战三年行动计划	并政发〔2018〕40号	太原市人民政府	2018-9-29	该行动计划明确：加快机动车结构升级，推广使用新能源汽车。具体为： 1. 加快推进城市建成区新增和更新的邮政、通勤、轻型物流配送车辆使用新能源或清洁能源汽车，2020年底前全市使用比例达到80%。 2. 全市机场、铁路货场等新增或更换作业车辆主要使用新能源或清洁能源汽车。加大资金补贴力度，2020年底前，城市建成区公交车、出租车、环卫车全部更换为新能源汽车。 3. 在物流园、产业园、工业园、大型商业购物中心、农贸批发市场等物流集散地建设集中式充电桩和快速充电桩，为承担物流配送的新能源车辆在城市通行提供便利
	运城市2018—2019年秋冬季大气污染综合治理攻坚行动方案	运政发〔2018〕28号	运城市人民政府	2018-10-24	该通知明确：加快机动车结构升级，推广使用新能源汽车。 1. 加快推进城市建成区新增和更新的公交、环卫、邮政、出租、通勤、轻型物流配送车辆使用新能源或清洁能源汽车。机场、铁路货场等新增或更换作业车辆主要使用新能源或清洁能源汽车。

续上表

地方政府	政　策	文 件 号	发布单位	发布日期	内　容
山西省	运城市2018—2019年秋冬季大气污染综合治理攻坚行动方案	运政发〔2018〕28号	运城市人民政府	2018-10-24	2. 在物流园、产业园、工业园、大型商业购物中心、农贸批发市场等物流集散地建设集中式充电桩和快速充电桩，为物流配送新能源车辆城市通行提供便利。 3. 2018年12月底前，新增和更新纯电动公交车60辆、更新新能源出租车200辆。电动公交保有总量1 168辆，比例达到69%
内蒙古自治区	内蒙古自治区打赢蓝天保卫战三年行动计划实施方案	内政发〔2018〕37号	内蒙古自治区办公厅	2018-9-29	该实施方案中明确：推广新能源汽车使用。 1. 加快全区新能源汽车推广应用，有效缓解能源和环境压力，促进汽车产业转型升级。 2. 全区推广应用新能源汽车达到10万辆（标准车），每2 000辆电动汽车应至少配套建设一座公共充电站，充换电基础设施建设基本完善，新建公共充电站不低于50个，新建各类充电桩不低于35 000个
	博尔塔拉蒙古自治州打赢蓝天保卫战三年行动方案（2018—2020年）	博州政办发〔2018〕107号	博尔塔拉蒙古自治州人民政府	2018-12-18	该方案明确：加快车船结构升级。 1. 加快推进城市建成区新增和更新的公交、环卫、邮政、出租、通勤、轻型物流配送车辆使用新能源或清洁能源汽车。在物流园、产业园、工业园、大型商业购物中心、农贸批发市场等物流集散地建设集中式充电桩和快速充电桩；为承担物流配送的新能源车辆在城市通行提供便利。 2. 大力推动公共机构使用新能源汽车，2020年新能源汽车占当年公共机构配备更新车辆总量的比例不低于30%
辽宁省	辽宁省人民政府关于大力发展现代物流业的实施意见	辽政发〔2018〕30号	辽宁省人民政府	2018-10-12	该实施意见明确：倡导绿色物流。推广液态天然气、压缩天然气等清洁能源和新能源运输车辆、装卸设备，完善加气站、加氢站、充电桩等配套设施建设
	辽宁省打赢蓝天保卫战三年行动方案（2018—2020年）	辽政发〔2018〕31号	辽宁省人民政府	2018-10-13	新能源汽车方面，行动方案明确：继续推进城市客运行业“油改气”，鼓励客运、货运车辆优先使用清洁能源或新能源车辆，逐步提高清洁能源或新能源车辆比例。 1. 2018年，城市中心城区公共交通占机动化出行比例达到50%，城市公交车、出租车应用清洁能源或新能源汽车比例力争达到80%、90%。 2. 2019年，城市中心城区公共交通占机动化出行比例达到55%，城市公交车、出租车应用清洁能源或新能源汽车比例力争达到85%、95%。 3. 2020年，城市中心城区公共交通占机动化出行比例达到60%，城市公交车、出租车力争全部更新（改造）为清洁能源或新能源汽车
	大连市鼓励电动汽车充电基础设施发展专项资金管理办法	大发改能源字〔2018〕161号	大连市发展和改革委员会 大连市经济和信息化委员会 大连市科学技术局 大连市财政局	2018-4-9	该办法明确：1. 对专用、公用充电基础设施建设，给予充电设施投资30%的财政资金补贴。直流充电设施（含交直流一体机）补贴600元/kW，交流充电设施补贴300元/kW。 2. 申请专项资金补贴的充电设施投资建设企业，须符合五大条件： 1）本办法充电基础设施补助对象为设施投资建设单位，包括专业充电基础设施运营企业和场地产权业主单位两类。 2）专业充电基础设施运营企业须在全市范围内累计建设运营充电桩超过200个；产权业主单位自建须累计投资建设超过10个。 3）须具备完善的充换电设施建设运营管理

续上表

地方政府	政 策	文件号	发布单位	发布日期	内 容
辽宁省	大连市鼓励电动汽车充电基础设施发展专项资金管理办法	大发改能源字〔2018〕161号	大连市发展和改革委员会 大连市经济和信息化委员会 大连市科学技术局 大连市财政局	2018-4-9	制度,保证设施建设运营安全。 4)专业充电基础设施运营企业须具备8名以上充换电设施专职技术人员。其中,在册持进网作业证上岗电工不少于3人,高压电工不少于2人;业主单位自建的须具备在册持进网作业证上岗电工不少于2人。 5)具备数据输出功能和数据输出接口,输出接口符合国家和本市有关规范要求。对充换电和运营数据进行采集和存储,数据保持期限不低于2年
	大连市关于加快新能源汽车产业创新发展的指导意见	大政办发〔2018〕144号	大连市人民政府办公厅	2018-10-25	该意见明确提出:2020年前,大连市内四区公交运营线路全部淘汰传统燃油汽车。2025年前,实现全市网约车全部采用新能源汽车
	沈阳市加快新能源汽车推广促进产业做大做强实施方案	沈政办发〔2018〕142号	沈阳市人民政府办公厅	2018-11-25	该通知明确:以创新驱动为核心,以纯电驱动新能源汽车为主要战略取向,强化政策引领和市场培育,扩大新能源汽车推广应用规模。统筹规划,合理布局,适度超前建设智能高效充电基础设施网络。引进优势企业来沈阳市建厂、合作,积极推进产业化,鼓励社会资本参与新能源汽车生产和充电设施建设与运营
黑龙江省	黑龙江省企业新增新能源汽车产品公告奖励政策实施细则	黑工信装规联发〔2018〕15号	黑龙江省工业和信息化委员会黑龙江省财政厅	2018-9-28	该实施细则明确:黑龙江省内企业每新上1个新能源汽车产品公告,且新能源商用车销量达到100辆(或者乘用车销量达到2 000辆)的,省财政给予100万元奖励
	哈尔滨市关于调整市区货运机动车通行措施的通告	哈公交规〔2018〕12号	哈尔滨市公安交通管理局	2018-10-23	该通告明确:哈尔滨将于2018年11月15日起调整市区(市辖9个行政区)货运机动车(以下简称"货车")通行措施。其中新能源货车的轻型、微型货车不受前款货运车辆限行措施限制
江苏省	江苏省打赢蓝天保卫战三年行动计划实施方案	苏政发〔2018〕122号	江苏省人民政府	2018-9-30	该行动方案明确:加快车船结构升级,推广使用新能源汽车。 1. 2018—2020年全省推广新能源汽车15万辆以上标准车。鼓励清洁能源车辆的推广使用,加快推进城市建成区新增和更新的公交、环卫、邮政、出租、通勤、轻型物流配送车辆使用新能源或清洁能源汽车,2020年底前使用比例达到80%。 2. 2019年7月1日起,港口、机场、铁路货场及城市建成区内的其他企业新增或更换作业车辆和非道路移动机械应主要使用新能源或清洁能源。开展高速公路服务区、机场场内充电设施建设。 3. 2019年底前,沿江地区和徐州市基本实现新能源或清洁能源电动公交"全覆盖";2020年底前,全省公交车基本改用新能源或清洁能源汽车。 4. 在物流园、产业园、工业园、大型商业购物中心、大型商品交易市场、农产品批发市场等物流集散地建设集中式充电桩和快速充电桩。为承担物流配送的新能源车辆在城市通行提供便利。推广使用达到国Ⅵ排放标准的燃气车辆
	苏州市氢能产业发展指导意见(试行)	苏府办〔2018〕60号	苏州市人民政府办公室	2018-3-13	该指导意见指出:加快发展氢能产业,是我国应对全球气候变化、保障国家能源供应安全和实现可持续发展的战略选择,是苏州贯彻落实党的十九大精神和总书记视察江苏重要讲话精神、推动高质量发展的必然要求,是超前布局先导产业、抢占能源技术制高点的重要举措,是发挥苏州制造综合优势、建设具有国际竞争力的现代产业名城的关键抓手,是

续上表

地方政府	政　策	文件号	发布单位	发布日期	内　容
江苏省	苏州市氢能产业发展指导意见(试行)	苏府办〔2018〕60号	苏州市人民政府办公室	2018-3-13	探索能源变革驱动城市全面发展、建设国际能源变革发展典范城市的重要实践
	苏州市关于下达2018年新能源汽车推广应用和充电设施建设目标的通知	苏新汽工办〔2018〕7号	苏州市经济和信息化委员会	2018-5-11	该通知明确:苏州市2018年新能源汽车推广应用和充电设施建设的目标任务为新能源汽车推广应用9 000辆标准车,充电桩建设2 245个
	连云港市新能源汽车推广应用方案(2018年度)	连政办发〔2018〕94号	连云港市人民政府办公室	2018-6-26	该通知明确:1. 总体思路:坚持政府引导、市场配置、企业运作相结合,率先在公交、公务车等领域推广应用一批新能源汽车,鼓励私人消费者购买和使用新能源汽车;加快推进充电基础设施规划建设,促进新能源汽车在社会各个领域的应用。 2. 推广目标:2018年,全市推广应用新能源汽车2 000辆标准车以上,建设新能源汽车充电设施1 100个以上。 3. 重点工作:扩大新能源汽车推广领域;加快充电基础设施建设等
	《关于核定2018年第三季度我市纯电动汽车(7座以下)充电设施服务价格的通知》	苏价环字〔2018〕79号	苏州市物价局	2018-7-2	该通知明确对纯电动汽车(7座以下)充电服务价格按充电电度收取,最高价格2.04元/kWh
	南京市关于调整纯电动汽车充换电服务收费标准的通知	—	南京市物价局	2018-7-4	该通知明确:1. 纯电动客车(12m)充、换电服务最高收费标准、纯电动汽车(7座以下)充电服务最高收费标准分别1.46元/kWh、2.00元/km、1.68元/kWh。 2. 纯电动汽车(7座以下)换电服务最高收费不作调整,仍为0.68元/km
	张家港市氢能产业发展三年行动计划(2018—2020年)	张政发〔2018〕93号	张家港市人民政府	2018-12-24	计划明确:1. 到2020年氢能产业链年产值突破100亿元,其中制氢环节10亿元、氢能装置(关键零部件)40亿元、氢燃料电池系统20亿元、氢燃料电池汽车30亿元。 2. 建设氢能产业创新中心,加快氢能基础设施建设,加速氢燃料电池汽车、氢分布式能源系统等示范运营,形成氢能产业集聚区和氢能示范生态圈,带动突破氢能源燃料电池电堆关键材料与零部件核心技术,培育经济社会发展新增长点
浙江省	浙江省进一步加强能源"双控"推动高质量发展实施方案(2018—2020年)	浙发改能源〔2018〕491号	浙江省发展和改革委员会	2018-8-28	该双控实施方案明确:打好运营柴油货车污染治理攻坚战,加快淘汰老旧营运车辆和老旧高排放港作机械,鼓励采用LNG、电力等清洁能源或新能源车辆
	杭州市网络预约出租汽车经营服务管理实施细则	杭政办函〔2018〕12号	杭州市人民政府办公厅	2018-2-8	该细则明确:申请网络预约出租汽车运输证的车辆,应当符合六大条件: 1. 具有杭州市号牌,使用性质登记为"预约出租客运"的7座及以下乘用车(微型面包车除外)。 2. 新能源汽车(包括插电式混合动力汽车、纯电动汽车和燃料电池电动汽车),轴距达到2 600mm以上或综合工况续航里程达到250 km以上。 3. 非新能源汽车,轴距达到2 700 mm以上或车辆购置的计税价格在12万元以上。 4. 车辆使用年限不超过5年。 5. 车辆技术性能符合环保和运营安全相关标准要求。 6. 安装具有行驶记录功能的车辆卫星定位装置、应急报警装置;未喷涂巡游出租汽车标志标识、未安装顶灯装置

续上表

地方政府	政　策	文 件 号	发布单位	发布日期	内　容
浙江省	义乌市新能源汽车销售企业管理暂行办法	—	义乌市经济和信息化委员	2018-3-27	该办法要求：1. 新能源汽车销售企业是指在义乌市注册登记，具有独立法人资格并经义乌市经信委备案的汽车销售机构。 2. 新能源汽车包括国产纯电动汽车、插电式混合动力汽车、燃料电池汽车。 3. 新能源汽车销售企业应完成部门备案。 4. 义乌经信委按年度对完成备案的新能源汽车销售企业实施积分制管理。各销售企业得分按年度得分进行累计计算
	杭州市打赢蓝天保卫战行动计划	杭政函〔2018〕103 号	杭州市人民政府	2018-11-28	该计划提到，将推广新能源、清洁能源车辆，推进营运车辆新能源或清洁能源更新替代，持续推进私人领域新能源车辆推广应用
	温州市大气环境质量限期达标规划	温政办〔2018〕128 号	温州市人民政府办公室	2018-12-7	该规划明确：发展清洁交通，具体为： 1. 合理控制燃油机动车保有量，加快普及节能和以天然气汽车、电动汽车为主的清洁能源运输装备。到 2020 年，政府部门及公共机构新购买车辆中新能源汽车占比不低于 50%。 2. 稳步推进新能源汽车在公交领域的推广应用，到 2020 年，投入清洁能源车占公交车总数比例达到 30% 以上，其中在中心城区每年新增或更新的公交车中，节能和新能源等环保型公交车的比例达到 80% 以上。到 2025 年，中心城区内运行的公交车 65% 替代为新能源或清洁能源车辆。 3. 城市公交、环卫、建筑垃圾运输车、驾校等行业车辆制定实施更新淘汰计划，推动更新为新能源车或国Ⅴ及以上标准车辆，鼓励引导燃油出租车实施淘汰改造。加快清洁能源基础设施建设，实现主要高速公路服务区快充站全覆盖。 4. 加快城市建成区内充电（加气）桩建设，基本形成适应重点城市和城际运行需要的加气、充换电配套设施及安全服务体系。到 2020 年，新建充换电站 52 座，充电桩 1.5 万个
	安徽省打赢蓝天保卫战三年行动计划实施方案	皖政〔2018〕83 号	安徽省人民政府	2018-9-27	该方案明确：加快车船结构升级。推广使用新能源汽车。 1. 2020 年新能源汽车产销量达到 15 万辆左右。 2. 加快推进城市建成区新增和更新的公交、环卫、邮政、出租、通勤、轻型物流配送车辆使用新能源或清洁能源汽车，使用比例达到 80%；港口、机场、铁路货场等新增或更换作业车辆主要使用新能源或清洁能源汽车。 3. 2020 年底前，合肥及有条件的城市建成区公交车全部更换为新能源汽车。 4. 在物流园、产业园、工业园、大型商业购物中心、农贸批发市场等物流集散地建设集中式充电桩和快速充电桩。为承担物流配送的新能源车辆在城市通行提供便利
	安庆市支持新能源汽车产业发展和推广应用若干政策	—	安庆市人民政府	2018-6-1	该通知明确：1. 对新成立新能源汽车整车企业和实缴资本达到 5 000 万以上的关键零部件（电池、电机、电控）企业，按连续两个年度固定资产投资（不含土建）的 20% 比例给予一次性补助，最高不超过2 000 万元。 2. 对新成立实缴资本达到 3 000 万以上的新能源汽车其他关键零部件/系统（电动空调、电动转向机、电动刹车、电仪表、远程监控

续上表

地方政府	政　策	文 件 号	发布单位	发布日期	内　容
安徽省	安庆市支持新能源汽车产业发展和推广应用若干政策	—	安庆市人民政府	2018-6-1	装置、制动能量回收装置)企业,按连续两个年度固定资产投资(不含土建)的20%比例给予一次性补助,最高不超过1 000万元。 3. 支持本市企业转型升级研发生产新能源汽车整车及关键零部件(类别同上),按当年为新能源汽车产业研发生产新购置设备投入20%比例给予补助,每年最高不超过500万元
	合肥市新能源汽车推广应用财政补助管理细则(2018年修订)	合科〔2018〕115号	合肥市科学技术局	2018-11-14	该通知明确:1. 补助对象:合肥市辖区内购买和使用新能源汽车的单位和个人;开展车用动力电池回收处理的电池、整车生产或其授权企业。 2. 补助标准: 购车补助:对单位和个人购买轴距≥2.2m且纯电续航里程(工况法)≥250 km的纯电动乘用车,按照中央财政补助标准1:0.5的比例给予地方配套补助;其他规格类型新能源汽车上按中央财政补助标准1:0.2的比例给予地方配套补助。地方配套资金含省市两级资金,中央和地方补助资金总额不超过车辆售价的60%。 团购补助:对自行或组织员工一次性购买纯电动乘用车超过10辆的法人单位,给予2 000元/辆的财政资金补助。 交强险补助:对新购纯电动乘用车的个人用户首次机动车交通事故责任强制保险费用给予全额财政补助。 电费补助:对新购纯电动乘用车的个人用户给予2 000元的电费补贴。 电池回收奖励:对整车、电池生产企业等建立废旧动力电池回收系统并回收利用的,按电池容量给予10元/kWh的奖励
	福建省推进电子商务与快递物流协同发展实施方案	闽政办〔2018〕23号	福建省人民政府办公厅	2018-4-2	该方案明确:1. 鼓励快递物流领域加快推广使用新能源汽车和满足更高排放标准的燃油汽车,由省经信委安排新能源汽车专项资金给予补助,逐步提高新能源汽车使用比例。 2. 便利配送车辆通行。对配送车辆采取限行或禁行措施的城市,积极配合行业主管部门制定出台城市配送车辆标识管理办法和配送车型标准,对按邮政管理部门的规范要求喷涂统一专用标识的城区快递运输车辆放宽通行限制,给予通行便利。 3. 推动在城市道路、街区合适位置,增加配送车辆的临时停靠点,允许配送车辆在驾驶人不离车的前提下停靠,根据不同路段确定允许临时停车时段、时长、车辆类型,并完善相关交通标志。 4. 举行大型展会、重大活动或"双十一"等快递旺季期间,公安交通管理部门在确保安全的前提下为从事快递服务的车辆提供通行便利。在节假日期间,若无特别规定,从事快递服务的车辆不受单、双号限制
	福建省打赢蓝天保卫战三年行动计划实施方案	闽政〔2018〕25号	福建省人民政府	2018-11-6	该方案明确:加快车船结构升级。推广使用新能源汽车。 1. 加快推进城市建成区新增和更新的公交、环卫、邮政、出租、通勤、轻型物流配送车辆使用新能源或清洁能源汽车,鼓励使用纯电动汽车。 2. 在物流园、产业园、工业园、大型商业购物中心、农贸批发市场等物流集散地建设集中式充电桩和快速充电桩,为承担物流配送的新能源车辆在城市通行提供便利。

续上表

地方政府	政 策	文 件 号	发布单位	发布日期	内 容
福建省	福建省打赢蓝天保卫战三年行动计划实施方案	闽政〔2018〕25 号	福建省人民政府	2018-11-6	3. 2018 年,将全省 2011—2013 年购入的传统燃油城市公交车更新为纯电动公交车;到 2020 年,全省城市公交更新为新能源汽车和清洁能源汽车,适宜应用新能源汽车的公路客运车实现电动化率达到 50%,城市出租车电动化率高于全国平均水平,分时租赁车辆实现电动化,环卫和物流等城市专用车实现电动化率达到 50%,全省累计推广新能源汽车 35 万辆
	福建省关于加快推进交通运输服务业发展的若干政策措施	闽发改服务〔2018〕687 号	福建省发展和改革委员会 福建省交通运输厅 福建省工业和信息化厅 福建省财政厅 福建省自然资源厅	2018-11-26	该通知明确:1. 商业区、居住区、学校等区域内部应设置物流配送车辆停车区,供物流车辆停靠、装卸、充电使用。 2. 对交通物流企业选择使用符合国家标准及低速电动车规范管理政策的载货电动机动车(含三轮车、四轮车)、新能源汽车和清洁能源汽车作为城市运输和收投服务工具的,各行业主管部门和公安交通管理部门要尽量放宽投放数量限制
	关于加快新能源汽车推广应用建设电动莆田的实施意见	莆政办〔2018〕24 号	莆田市人民政府办公室	2018-2-22	该意见指出:1. 推进党政机关、公共机构和企事业单位使用。公务车服务机构当年购买的新能源汽车数量占当年配备更新车辆总量的比例不低于 70%,国有企业在采购公务车辆时,比照上述比例执行。公安部门新增和更新巡逻用车,质监、工商、城管、环保等执法部门新增和更新巡逻、执法用车时,新能源汽车比例不低于 50%。 2. 促进公共服务领域推广使用。邮政、物流、环卫等公共服务领域在新增和更新车辆时,尽量采购新能源汽车,到 2020 年新能源汽车所占比例达到 60% 以上。 3. 鼓励集中及个人购买。 4. 促进农村市场推广。 5. 加大营销推广力度
	漳州市 2017—2020 年新能源非公交汽车推广应用补助资金实施办法	漳经信重工〔2018〕265 号	漳州市经济和信息化委员会 漳州市财政局	2018-8-24	该办法明确:1. 补助对象。补助对象是消费者。漳州市新能源非公交汽车地方配套补助,由在漳州市注册登记具有独立法人资格的汽车销售机构统一申领。经销商在销售新能源汽车时,按照扣减国家和地方补助后的价格与消费者进行结算。 2. 补助产品。在漳州市销售上牌,纳入国家《新能源汽车推广应用推荐车型目录》的车型;符合国家补助的相关条件(含技术、管理等);对私人购买新能源乘用车、作业类专用车(含环卫车)、党政机关公务用车、民航机场场内车辆等申请财政补贴不作运营里程要求;其他类型新能源汽车申请财政补贴的运营里程要求调整为 2 万 km。 3. 补助标准。漳州市新能源非公交汽车推广应用补助资金由市级财政承担,补助标准按照国家同期补助资金的 15% 执行
	宁德市"十三五"节能减排综合工作方案	宁政〔2018〕19 号	宁德市人民政府	2018-9-13	该方案明确:推进产业和能源结构优化;抓好重点领域节能。 1. 围绕锂电新能源、不锈钢新材料、铜材料和新能源汽车四大主导产业,积极引进节能、高效的项目,用高新技术、信息化手段改造提升传统产业,推进传统产业换代升级。 2. 锂电新能源产业加强锂离子电池正、负极、隔离膜、电解液等四大关键材料及其他配套材料研发,探索更加先进的生产技术和制造工艺,继续保持行业"领跑"优势。

续上表

地方政府	政　策	文件号	发布单位	发布日期	内　容
福建省	宁德市"十三五"节能减排综合工作方案	宁政〔2018〕19号	宁德市人民政府	2018-9-13	3. 抓好重点领域节能。强化交通节能，鼓励使用新能源环保型车辆，到2020年，全市累计推广新能源汽车3万辆。推动交通运输智能化，实现道路客运全市网上售票和多数车站联网售票，引导培育"共享"交通运输模式。 4. 引导绿色消费，积极引导消费者购买节能与新能源汽车、高效家电、节水型器具等节能环保低碳产品
	漳州市打赢蓝天保卫战三年行动计划实施方案	漳政综〔2018〕186号	漳州市人民政府	2018-12-13	该通知明确：积极调整运输结构，发展绿色交通体系，加快车船结构升级。 1. 推广使用新能源车船。加快推进城市建成区新增和更新的公交、环卫、邮政、出租、通勤、轻型物流配送车辆使用新能源或清洁能源汽车，鼓励使用纯电动汽车。 2. 在物流园、产业园、工业园、大型商业购物中心、农贸批发市场等物流集散地建设集中式充电桩和快速充电桩，为承担物流配送的新能源车辆在城市通行提供便利。 3. 2018年，将全市2011—2013年购入的传统燃油城市公交车更新置换为纯电动公交车；到2020年，全市城市公交全部更新为新能源汽车，适宜应用新能源汽车的公路客运车实现电动化率达到50%，城市出租车电动化率高于全国平均水平，环卫和物流等城市专用车实现电动化率达到50%，分时租赁车辆实现电动化，环卫和物流等城市专用车实现电动化率达到50%
江西省	江西省关于加快推进新能源汽车产业发展的实施意见	赣府厅发〔2018〕17号	江西省人民政府办公厅	2018-5-20	该意见明确：1. 到2020年，全省新能源汽车及"三电"关键零部件技术达到国内领先水平，新能源汽车产能达50万辆，锂离子动力电池产能达40 GWh，新能源汽车产业主营业务收入达500亿元，力争形成一家销售收入过100亿元的整车企业 2. 加快推广应用。分类推广应用新能源汽车。推进公交客车电动化，2018—2020年每年新增及更换的公交车中，新能源公交客车的比例要分别达到55%、65%、75%。鼓励公共服务领域优先使用新能源汽车，2018—2020年每年新增或更新的公务、环卫、物流等公共服务领域车辆中，新能源汽车比例分别不低于30%、40%、50%。 3. 到2020年，全省累计推广应用10万辆新能源汽车，全省建成充电站260座、充电桩10万根，满足10万辆以上电动汽车充电需求
	2018年江西省新能源汽车推广应用奖励办法	赣车办字〔2018〕7号	江西省新能源汽车推广应用工作协调小组办公室	2018-5-31	该通知明确：1. 汽车生产企业所生产的新能源汽车必须为进入工信部《新能源汽车推广应用推荐车型目录》的纯电动汽车、插电式混合动力（含增程式）汽车，不含过户的新能源汽车。 2. 申请奖励的新能源汽车必须安装车载监控装置。 3. 新能源汽车生产企业销售达标奖励标准：新能源乘用车按销售数量最高奖励3 600万元；新能源客车按销售数量最高奖励1 500万元；新能源专用车按销售数量最高奖励900万元。 4. "三电"系统生产企业与新能源汽车生产企业完成配套的，年配套销售额超过（含）1.5亿元，奖励200万元；年配套销售额超过（含）

续上表

地方政府	政策	文件号	发布单位	发布日期	内容
江西省	2018年江西省新能源汽车推广应用奖励办法	赣车办字〔2018〕7号	江西省新能源汽车推广应用工作协调小组办公室	2018-5-31	5亿元，奖励500万元；奖励金额500万元封顶。 5. 新能源生产企业采购了省内企业生产的“三电”系统，年采购额超过（含）1.5亿元，奖励200万元；年采购额超过（含）5亿元，奖励500万元；奖励金额500万元封顶
	九江市2016—2017年新能源汽车推广应用财政补助实施细则	九新车组字〔2018〕1号	九江市新能源汽车推广应用领导小组办公室	2018-3-7	该细则明确：1. 符合补贴方案补助对象和条件的生产企业或销售机构，在2018年4月30日之前，向所在地县（市、区）工信部门提出申请，由县（市、区）工信部门牵头会同相关部门审核汇总，经县（市、区）新能源汽车推广应用领导小组审核，并在各县（市、区）政府（部门）公共网站公示7个工作日后，由各县（市、区）工信部门于6月1日前送九江市新能源汽车推广应用领导小组办公室复审（包括申请对象提交的所有材料）。市新能源汽车推广应用领导小组办公室根据补助方案明确的程序完成审核后，按程序由财政下达资金。 2. 2016—2017年度在九江市辖区内新购买并在本市注册登记上牌使用新能源汽车的消费者，包括个人用户和法人用户可申领补贴。其中，个人用户仅限于购置新能源乘用车。 3. 2016年市级财政补助标准与2016年江西省省级财政补助标准1:1配套。2017年补助标准主要依据中央财政补助标准和要求，以及与2017年江西省省级财政补助标准1:1配套。 4. 市级财政补助按照额定输出功率，对充电基础设施进行一次性补贴，直流充电设施（含交直流一体机）400元/kW，交流充电设施200元/kW（每个交流充电终端补贴总额不超过7 kW）
山东省	山东省打赢蓝天保卫战作战方案暨2013—2020年大气污染防治规划三期行动计划（2018—2020年）	鲁政发〔2018〕17号	山东省人民政府	2018-8-3	该计划明确：1. 实施运输绿色化改造。推广济东高速公路、青岛港、日照港等绿色交通试点、示范经验，积极争取在青岛港划定港口污染排放控制区，在全省开展交通基础设施绿色提升工程；将京杭运河航道山东段打造为低碳内河水运通道，实现绿色岸电基本全覆盖；推进高速公路服务区和普通国省道沿线充电站（桩）设施建设，加快形成城际快充网络。 2. 到2020年，全省高速公路服务区充电站达160座以上。 3. 落实国家对新能源汽车产销量的指标要求。促进交通用能清洁化，大力推广新能源、天然气（CNG/LNG）等节能环保运输工具。 4. 凡是财政资金购买的公交车、公务用车及市政、环卫车辆优先采用新能源车，力争到2020年实现全覆盖。2020年年底前，济南、青岛市中心城区在保留必要燃油公交车进行应急保障的基础上，全部更换为新能源或清洁能源汽车。 5. 加快推进城市建成区新增和更新的公交、环卫、邮政、出租、通勤、轻型物流配送车辆采用新能源或清洁能源汽车，其中7个传输通道城市达到80%；7个传输通道城市港口、机场、铁路货场等新增或更换作业车辆主要使用新能源或清洁能源汽车。 6. 在物流园、产业园、工业园、大型商业购物中心、农贸批发市场等物流集散地建设集中式充电桩和快速充电桩，为物流配送新能源车辆城市通行提供便利

续上表

地方政府	政　　策	文 件 号	发布单位	发布日期	内　　容
山东省	山东省新能源产业发展规划（2018—2028 年）	鲁政字〔2018〕204 号	山东省人民政府	2018-9-17	该通知明确：1. 把加快新能源汽车发展作为培育新动能、发展新经济、推动产业迈向中高端的重要内容，以纯电动汽车、插电式混合动力汽车和氢燃料电池汽车为发展的主攻方向，以提高发展质量和档次为核心，瞄准世界新能源汽车产业发展前沿，坚持自主研发与开放合作相结合，结合市场需求统筹规划布局，加快全省新能源汽车产业技术、产品、市场优化升级，增强市场竞争能力，扩大市场规模，推动新能源汽车向绿色化、高端化、智能化发展。 2. 到 2022 年，建成济南、青岛、淄博、烟台、潍坊、聊城等一批新能源汽车产业集聚区，新能源汽车产量达到 50 万辆左右，新能源汽车产业产值达 2 500 亿元。 3. 到 2028 年，成为国内重要的新能源汽车和关键零部件生产基地，实现由低端新能源汽车生产大省向高端新能源汽车制造强省转变，新能源汽车产业产值达到 4 000 亿元
	山东省人民政府关于进一步扩内需补短板促发展的若干意见	鲁政发〔2018〕24 号	山东省人民政府	2018-11-4	该意见明确：1. 对纳入国家推广应用工程推荐车型目录的新能源汽车，按规定给予每辆 2 万元～50 万元推广应用补贴。对符合条件的新能源及非插电式混合动力公交车给予运营补助。 2. 各级党政机关和企事业单位凡使用财政资金购置的公务用车、公交车，除涉及国家安全、侦察办案、防汛抢险救灾等特殊工作要求外，一律选用列入工业和信息化部《新能源汽车推广应用推荐车型目录》的国产新能源和清洁能源汽车。 3. 新布局建设一批充电桩、加氢站，到 2020 年建成充电站 920 座、充电桩 10 万个、加氢站 10 座
	山东省落实《京津冀及周边地区 2018—2019 年秋冬季大气污染综合治理攻坚行动方案》实施细则	鲁政办字〔2018〕217 号	山东省人民政府办公厅	2018-11-7	该实施细则明确：积极调整运输结构。 1. 按照国家要求，7 个传输通道城市城市建成区新增和更新的公交、环卫、邮政车辆等基本采用新能源或清洁能源汽车。港口、机场、铁路货场等新增或更换作业车辆主要采用新能源或清洁能源汽车。 2. 济南市制定建成区公交车全部更换为新能源及清洁能源汽车的实施方案。 3. 7 个传输通道城市加快淘汰国Ⅲ排放标准的营运中重型柴油货车、采用稀薄燃烧技术或“油改气”老旧燃气车辆
	山东省关于加强低速电动车管理工作的实施意见	鲁政办字〔2018〕241 号	山东省人民政府办公厅	2018-12-15	
	山东省推进运输结构调整工作实施方案（2018—2020 年）	鲁政办发〔2018〕38 号	山东省人民政府办公厅	2018-12-29	该方案提到，将加大新能源城市配送车辆推广应用力度。积极争取并统筹利用国家出台的新能源汽车推广应用补助、新能源汽车运营补助、新能源充电基础设施奖励等各类政策，鼓励各地出台加快推动新能源城市配送车辆推广应用的政策措施，支持新能源城市配送车辆优先上牌、简化办证程序。推动新能源城市配送车辆通行优惠政策落地，对于存量汽柴油车辆更新为新能源车辆的优先发放通行证，提高燃油货运车辆市区通行证发放标准，引导物流配送企业优先使用合格新能源车辆。加大对新能源城市配送车辆充

续上表

地方政府	政　策	文件号	发布单位	发布日期	内　容
山东省	山东省推进运输结构调整工作实施方案（2018—2020年）	鲁政办发〔2018〕38号	山东省人民政府办公厅	2018-12-29	电设施建设的用地、资金等支持力度，鼓励在物流园区、产业园区、大型商业购物中心、农贸批发市场等物流集散地建设集中式充电桩和快速充电桩，在有条件的市、县（市、区）建立新能源城市配送车辆运营补贴机制。2020年年底前，城市建成区新增和更新轻型物流配送车辆中，新能源车辆和达到国Ⅵ排放标准清洁能源车辆的比例达到80%
	关于青岛市2016年新能汽车推广应用财政补助的通知	青科电字〔2018〕1号	青岛市科学技术局 青岛市财政局 青岛市公安局	2018-2-6	该通知指出：1. 对购买新能源汽车的消费者，按照《关于2016—2020年新能源汽车推广应用财政支持政策的通知》（财建〔2015〕134号）规定的2016年新能源汽车推广应用中央财政补助标准给予配套补助。 2. 纯电动乘用车、插电式混合动力（含增程式）乘用车每辆按中央财政补助标准的1:1；纯电动客车、插电式混合动力（含增程式）客车、燃料电池车每辆按中央财政补助标准的20%；纯电动专用车（邮政、物流、环卫等）按电池容量补助1 000元/kWh且每辆补助额最高不超过2万元。 3. 单车享受的中央财政与本市财政补助总额不得超过车辆售价（须与市场公允价相符）的60%，高于售价60%的，按售价60%扣除中央财政补助后计算本市补助金额。 4. 申请补助车辆为在本市初次挂牌登记，主要在本市辖区内使用，自挂牌之日起五年内不得转让过户到外地。通知还提到，除作业类专用车（含环卫车）、个人购买的乘用车外，其他申请补助的车辆2020年底前累计行驶里程须达到3万km
	潍坊市“十三五”电动汽车充电基础设施发展规划（2016—2020年）	（潍发改能交〔2018〕140号）	潍坊市发展和改革委员会	2018-3-30	该规划明确：2020年，潍坊全市将形成由171座充换电站、5.05万台充电桩组成的充换电服务网络
	关于明确青岛市电动汽车充电服务费政策的通知	青价格〔2018〕16号	青岛市物价局	2018-5-29	该通知明确：充电服务费按充电电度收取，实行最高限价管理。电动公交车充电服务费最高不得超过0.60元/kWh，电动乘用车充电服务费最高不得超过0.65元/kWh
	济南市低碳发展工作方案（2018—2020年）	济政发〔2018〕24号	济南市人民政府办公室	2018-11-9	该工作方案提到：推动交通绿色发展。改善交通用能结构，鼓励使用节能、清洁能源和新能源运输工具，加快淘汰老旧高耗能车辆，提高全市新能源公交车数量。到2020年，累计推广应用新能源汽车和清洁能源汽车3 000辆，高速公路收费站ETC车道覆盖率达到100%
河南省	河南省新能源及网联汽车发展三年行动计划（2018—2020年）	豫政办〔2018〕46号	河南省人民政府办公厅	2018-8-6	该三年行动计划明确：到2020年，力争新引进整车企业若干家，全省新能源汽车产能达到30万辆、带动整车产能突破250万辆，网联汽车新车占比达到50%，汽车零部件本地配套率达到60%以上，重点区域充电设施网络基本完善，智能网联汽车试验示范区启动运行，新型产业生态加快形成，建成郑州5 000亿级汽车产业集群和若干在全国具有重要影响力的新能源汽车及零部件产业集群
	河南省污染防治攻坚战三年行动计划（2018—2020年）	豫政〔2018〕30号	河南省人民政府	2018-9-7	该通知其中第二部分“坚决打赢蓝天保卫战”，要求认真落实国务院《打赢蓝天保卫战三年行动计划》，重点打好结构调整优化、工业企业绿色升级、柴油货车治理、城乡扬尘全面清洁、环境质量监控全覆盖5个标志性攻坚战役。明确要大力发展新能源汽车产业

续上表

地方政府	政　策	文件号	发布单位	发布日期	内　容
河南省	河南省推进工业结构调整打赢污染防治攻坚战工作方案	豫政办〔2018〕73 号	河南省人民政府办公厅	2018-12-5	该方案明确:大力发展新能源汽车产业。 1. 时间节点:2020 年年底前建成具有较强竞争力的新能源汽车产业基地,党政机关及公共机构购买的新能源汽车占当年配备更新总量的比例不低于 50%。 2. 主要任务:完善动力电池产业链,加快新型动力电池关键技术研发及产业化;推动新能源汽车整车及核心零部件跨越提升,大力发展新能源汽车整车及动力总成;加快发展便捷智能充电基础设施,完善配套设施和运营服务体系。积极推广清洁能源运输装备、装卸设备,原则上全省新增公交车辆、市政环卫车辆全部纯电动化
	郑州市汽车及零部件产业转型升级行动计划(2017—2020 年)	郑政办〔2018〕40 号	郑州市人民政府办公厅	2018-3-28	该计划指出:1. 到 2020 年,努力把郑州市建设成为世界客车制造名城、全国具有重要影响力的汽车及零部件制造基地、新能源汽车研发生产基地和汽车后市场商贸信息中心,成为全国一流的综合性汽车新城。 2. 到 2020 年,郑州市汽车及零部件产业实现销售收入 2 500 亿元,工业增加值 750 亿元,整车企业产能达到 200 万辆,汽车产量超过 100 万辆,培育销售收入超 500 亿元以上企业 2 家。 2. 到 2020 年,新能源汽车产能达到 20 万辆,实现销售收入 500 亿元,占汽车产业比重明显上升。 4. 持续推出具有国际先进水平的乘用车型,到 2020 年末,汽车及零部件行业争创 1 ~ 2 个省级制造业创新中心。 5. 到 2020 年,本地核心零部件企业具有与整车同步开发和模块化供应能力,汽车零部件本地配套率达到 60% 以上
	2018 年驻马店市新能源汽车推广应用实施方案	驻政办〔2018〕81 号	驻马店市人民政府办公室	2018-6-8	该方案明确:1. 总体思路:坚持“政府引导、市场运作、突出重点、分步普及”,以城区为主,鼓励和支持有条件的县区重点在公交车、公用车、公务车等公共服务领域推广新能源汽车。 2. 目标任务:驻马店市 2018 年推广应用新能源汽车 2 300 辆。 3. 推进公共领域新能源汽车应用:2018 年全市新增及更换的公交车中,新能源公交车比重应不低于 75%。全市旅游景区 2018 年新增及更换的车辆中,新能源汽车比重不低于 40%。 4. 推动企业和私人使用新能源汽车,加大对新能源汽车的宣传力度,鼓励企业和私人购买使用新能源汽车,采取市场化方式,推进企业日常办公车辆、通勤班车和私家车等应用新能源汽车
	焦作市污染防治攻坚战三年行动计划(2018—2020 年)	焦政〔2018〕20 号	焦作市人民政府	2018-11-8	该三年行动计划明确:将大力发展新能源汽车产业。 1. 完善动力电池产业链,加快新型动力电池关键技术研发及产业化;推动新能源汽车核心零部件跨越提升,大力发展新能源汽车动力总成;加快发展便捷智能充电基础设施,完善配套设施和运营服务体系;建设具有较强竞争力的新能源汽车产业基地。 2. 积极推广清洁能源运输装备、装卸设备。原则上全市新增、更新公交车辆、市政环卫车

续上表

地方政府	政　策	文件号	发布单位	发布日期	内　容
河南省	焦作市污染防治攻坚战三年行动计划（2018—2020年）	焦政〔2018〕20号	焦作市人民政府	2018-11-8	辆全部纯电动化，配套建设充电桩等设施。全市新增及更换的邮政、出租、市政、通勤及轻型物流配送等作业车辆和作业机械，2018年底清洁能源车比重不低于75%；2019年底不低于85%；2020年底不低于95%。党政机关及公共机构购买的新能源汽车占当年配备更新总量的比例，2018年底不低于30%；2019年底不低于40%；2020年底不低于50%。 3）重点区域推广使用清洁能源车辆运输。在产业集聚区、工业园区、物流园、大型商业购物中心、农贸批发市场等物流集散地建设一定数量的充电桩，为承担物流配送的新能源车辆在城市通行提供便利
湖北省	湖北省关于开展低速电动车治理工作的通知	鄂经信机械〔2018〕220号	湖北省经济和信息化厅 湖北省发展和改革委员会 湖北省科学技术厅 湖北省公安厅 湖北省交通运输厅 湖北省市场监督管理局	2018-11-27	该通知明确：1. 开展低速电动车生产销售企业清理整顿工作：2018年11月底前完成低速电动车生产销售企业情况的调查摸底；2018年12月至2019年1月底完成低速电动车生产企业自查整改。 2. 切实加强低速电动车监督管理：严禁新增产能；建立长效监管机制；开展督查考核
	武汉市新能源汽车推广应用地方财政补贴资金实施细则	武经信〔2018〕4号	武汉市经济和信息化委员会 武汉市财政局 武汉市科学技术局 武汉市发展和改革委员会	2018-2-5	该细则明确：武汉市在中央财政专项资金补贴的基础上，对单位和个人购买的轴距大于2.2 m的纯电动汽车、插电式混合动力（含增程式）汽车，按照中央财政单车补贴金额的50%确定地方财政补贴标准
	关于襄阳市2018年新能源汽车推广应用财政支持政策的通知（征求意见稿）	—	襄阳市新能源汽车产业发展领导小组办公室	2018-12-4	该征求意见明确：1. 补助对象：襄阳市新能源汽车推广应用的财政补助对象是2018年1月1日—2018年12月31日期间完成在襄阳市购买、开具发票及车辆上牌的新能源汽车的消费者。 2. 补助产品：襄阳市财政补助的产品是纳入《新能源汽车推广应用工程推荐车型目录》的纯电动汽车、插电式混合动力客车和燃料电池汽车。 3. 补助范围：市级财政资金补贴范围限于主城区（包含襄城区、樊城区、高新区、鱼梁洲、东津新区，不含襄州区）。未在市级财政补贴范围的其他各县（市）区，按现行财政体制，自行制定补贴政策
湖南省	长沙市智能网联汽车道路测试管理实施细则（试行）	长经信发〔2018〕60号	长沙市经济和信息化委员会 长沙市公安局 长沙市交通运输局 湖南湘江新区管理委员会经济发展局	2018-4-13	该细则中指出测试区将逐级申请、逐级开放、分类监管，大幅增强交通安全风险可控性，这在全国智能驾驶测试方案中尚属首创，具有极强的行业规范和指导意义。长沙自动驾驶测试场地分第一级和第二级，将逐级开放，随着测试级别的提高，对智能驾驶技术标准要求也就越高
广东省	关于做好广东省新能源汽车推广应用地方财政补贴工作的通知	粤发改产业函〔2018〕518号	广东省发展改革委 广东省财政厅 广东省经济和信息化委 广东省科技厅	2018-1-25	该通知指出：1. 2017—2020年在广东省（不含深圳，下同）购买或直接向生产厂家购买新能源汽车的单位和个人可申报补贴，且要求在广东省初次注册登记的纯电动汽车、插电式混合动力汽车和燃料电池汽车。 2. 纯电动和插电式混合动力汽车地方购车补贴额（地方各级财政购车补贴总和，以下简称“地方补贴”），不超过中央财政单车补贴额（以下简称“国家补贴”）的50%。 3. 燃料电池汽车地方补贴不超国家补贴，各市根据本地实际情况确定本地区具体补贴标准。

续上表

地方政府	政　策	文件号	发布单位	发布日期	内　容
广东省	关于做好广东省新能源汽车推广应用地方财政补贴工作的通知	粤发改产业函〔2018〕518 号	广东省发展改革委 广东省财政厅 广东省经济和信息化委 广东省科技厅	2018-1-25	4. 各级财政补贴资金单车的补贴总额（国家补贴加地方补贴），最高不超过车辆销售价格（国家补贴 + 地方补贴 + 消费者支付金额）的 60%
	广东省关于加快新能源汽车产业创新发展的意见	粤府〔2018〕46 号	广东省人民政府	2018-6-6	该意见中提到，全力推进公交电动化（含氢燃料电池汽车），深圳市 2017 年已实现公交纯电动化，广州、珠海市 2018 年底实现公交电动化，珠三角其余各市到 2020 年前全部实现公交电动化（其中纯电动公交车占比超 85%）；粤东西北各市市区到 2020 年电动公交车占比超 80%。（各地级以上市政府负责）依托省公共资源交易中心，鼓励各地市对新能源公交车实行联合集中采购，降低采购成本
	广东省进一步扩大对外开放积极利用外资若干政策措施（修订版）	粤府〔2018〕78 号	广东省人民政府	2018-9-6	该通知明确：进一步扩大市场准入领域，将全面落实《外商投资准入特别管理措施（负面清单）（2018 年版）》，在新能源汽车制造领域，支持设立外商独资企业
	广州市汽车产业 2025 战略规划的通知	穗府办〔2018〕5 号	广州市人民政府办公厅	2018-3-29	该规划明确：1. 到 2025 年，广州市新能源汽车产能达 100 万辆，进入国内前三位。 2. 到 2025 年，广州市汽车总产能达 500 万辆，力争产销规模居中国汽车制造基地第一，力争实现汽车制造业年产值 1 万亿元。中国品牌汽车在全国布局产能达 250 万辆，产销规模位居中国品牌前三位。乘用车新车整体油耗降至 4 L/100 km。 3. 广州市政府将重点支持汽车前沿技术、共性关键技术研发、汽车产业基础研究。整合现有市级产业基金，成立广州汽车产业创新发展基金，采用股权投资等市场化方式，重点向中国品牌汽车、新能源汽车、智能网联汽车、燃料电池汽车和核心汽车零部件倾斜。 4. 政策支持方面，鼓励金融机构对中国品牌汽车、新能源汽车、智能网联汽车、燃料电池汽车和核心汽车零部件优先给予信贷支持，通过资本市场、融资租赁、互联网金融等方式拓宽企业融资渠道，支持汽车产业企业利用多层次资本市场做大做强。 5. 加强用地支撑，制定广州市汽车产业重点发展目录，优先将目录内汽车项目列入省、市重点建设项目，在项目立项、规划、用地报批等方面给予绿色通道支持，优先保障用地
	广州市电动汽车充电基础设施补贴资金管理办法	穗工信规字〔2018〕3 号	广州市工业和信息化委员会 广州市财政局	2018-6-1	该通知明确：1. 直流充电桩、交直流一体化充电桩、无线充电设施按照 550 元/kW 的标准补贴。交流充电桩按照 150 元/kW 的标准补贴。 2. 换电设施项目按照 2 000 元/kW 的标准补贴。 3. 对于专用、公用充电设施给予年度运营电量补贴，按照 0.1 元/kW 时的补贴标准，单桩（单个换电工位）补贴上限小时数为每年不超过 2 000 h
	深圳市关于对新能源纯电动物流车继续实施通行优惠政策的通告	深公交（通）〔2018〕110 号	深圳市公安局交通警察局	2018-6-16	该通告显示：深圳市对完成电子备案的新能源物流车的优惠政策力度在不断加大
	广州市推动新能源汽车发展若干意见	穗新能源汽车办〔2018〕3 号	广州市新能源汽车发展工作领导小组办公室	2018-7-19	该通知明确：1. 在广州市推广新能源汽车，取得中央财政购车补贴资金（以下简称“国家补贴”）后，经审核给予地方财政购车补贴资金（以下简称“地方补贴”，含省级奖补资金）。

续上表

地方政府	政策	文件号	发布单位	发布日期	内容
广东省	广州市推动新能源汽车发展若干意见	穗新能源汽车办〔2018〕3号	广州市新能源汽车发展工作领导小组办公室	2018 7 19	2. 除燃料电池汽车按照不超过国家补贴1:1的比例给予地方补贴外，对续航里程电池能量密度符合要求的纯电动汽车按照不超过国家补贴1:0.5的比例给予地方补贴，对插电式混合动力（含增程式）汽车按照不超过国家补贴1:0.3的比例给予地方补贴，且国家补贴和地方补贴资金总额最高不超过车辆销售价格（国家补贴+地方补贴+消费者支付金额）的60%。 3. 2018年1月1日—2018年6月30日广州市地方补贴，燃料电池汽车不超过国家补贴，纯电动和插电式混合动力（含增程式）汽车不超过国家补贴的50%，且国家补贴和地方补贴资金总额不超过车辆销售价格（国家补贴+地方补贴+消费者支付金额）的60%
	深圳市泥头车、搅拌车和非道路移动工程机械更新改造工作方案	深建废管〔2018〕23号	深圳市住房和建设局 深圳市交通运输委员会 深圳市人居环境委员会	2018-8-24	该方案明确：1. 通过出台相关补贴政策，2019年5月31日前，一次性淘汰深圳市全部在用传统泥头车。政府通过出台补贴奖励等政策鼓励使用新能源（含纯电动、LNG）车辆。 2. 2018年12月31日前，完成深圳市1360辆柴油搅拌车DPF安装改造或提前淘汰工作。 3. 励使用纯电动泥头车。以略低于同类项主流燃油车价格为基准，在达到一定行驶里程节能减排效果后，给予纯电动泥头车一次性节能减排奖励。 4. 鼓励使用纯电动搅拌车，待符合深圳市行业使用要求的相关产品公告上市后，参照泥头车做法另行制定超额减排奖励政策
	东莞市电动汽车充换电设施建设运营管理办法	东发改〔2018〕540号	东莞市发展和改革局	2018-9-21	该通知指出：1. 新建住宅小区停车位应100%建设充换电设施或预留充换电设施安装接口，且建有充换电设施的非固定产权停车位不应低于总停车位的25%。 2. 既有住宅小区结合已建停车场和道路停车位积极推进电气化改造，按不低于总停车位10%的比例逐步改造或加装充换电设施。 3. 新建的商业服务业建筑、旅游景区、交通枢纽、公共停车场、道路停车位等场所，原则上按不低于总停车位的25%配建充换电设施或预留充换电设施安装条件（包括电力管线预埋和电力容量预留）。 4. 已有大型公共机构停车场、社会公共停车场按照不低于总停车位20%的比例逐步改造或加装充换电基础设施。 5. 在东莞市销售新能源公交车的企业必须提供符合其所销售公交车运营需求的充电服务。 6. 新建高速公路服务区和有条件的加油（气）站，原则上应该按不低于停车位总数20%的比例配建充换电设施或预留充换电设施接口，凡具备安全条件的加油（气）站、高速公路服务区等应实现充换电设施全覆盖。 鼓励支持利用路灯网络、咪表停车位、公共停车位、城市道路桥下空间等布局建设充换电设施
	东莞市推进公共交通纯电动化工作方案	东府办〔2018〕95号	东莞市人民政府办公室	2018-9-27	该方案提出：年底前实现全市60%公交车纯电动化；合理利用首末站等公共场所建充电设施

续上表

地方政府	政　　策	文 件 号	发布单位	发布日期	内　　容
广东省	关于加快推动深圳市出租车快速充电桩及配套设施建设工作有关事项的通知	深交〔2018〕342 号	深圳市交通运输委员会 深圳市发展和改革委员会 深圳市规划和国土资源委员会	2018-9-30	该通知明确:1. 内设出租车快速充电桩的配电房及雨棚等简易建筑视为临时建筑,不视为永久性建筑。 2. 出租车快速充电桩服务设施配置指引另行制定,配置指引不作为出租车快速充电桩及配套设施审批的条件。 3. 在除国家明令禁止区域以外的其他用地上建设出租车快速充电桩及配套设施应给予同意并按规定办理相关手续
	东莞市关于明确出租汽车纯电动化要求的通知	东道运〔2018〕516 号	东莞市道路运输管理局	2018-10-16	通知明确:自 2018 年 10 月 15 日起,东莞市新增过更新巡游出租汽车、网络预约出租汽车全部使用纯电动汽车
	东莞市物流快递领域车辆纯电动化发展实施方案	—	东莞市发展和改革局	2018-11-7	该方案明确:1. 全面促进东莞市物流车、快递车、邮政车等物流快递领域车辆加快实现纯电动化,重点支持纯电动车辆在物流快递领域的加快推广。 2. 出台便捷通行政策,加快充电网络基础设施建设,组织实施物流快递专用车纯电动化三年示范项目,激发各方资源积极参与,以示范应用带动全面推广。 3. 2018 年起,全市新增和更新的物流配送车辆全部使用纯电动或燃料电池等新能源车
	深圳市新能源汽车充电设施管理暂行办法	深发改规〔2018〕3 号	深圳市发展和改革委员会	2018-11-8	该暂行办法明确:1. 充电设施是指各类新能源汽车集中式充换电站和分散式充电桩及其接入上级电源的相关设施,包括充电站地面构筑物,充电站(桩)等充电设备及其接入上级电源、监控系统的相关配套设施等。 2. 凡是在深圳市建设运营的新能源汽车充电设施均纳入本办法管理范围。投入运营的充电设施,可按全市新能源汽车推广应用财政支持政策提出充电设施建设补贴申请
	广州市加快推进电动汽车充电基础设施建设三年行动计划(2018—2020 年)	穗工信〔2018〕8 号	广州市工业和信息化委员会	2018-11-12	该行动计划明确:1. 工作目标:到 2020 年,进一步健全充电设施建设的体制机制,全市公共服务领域(包括公用、专用领域)的充电设施充电服务能力达到 90 万 kW,其中 2018—2020 年新增约 65 万 kW,新增充电站点 685 个;打造服务全市的"广州市充电设施智能管理平台(羊城充 APP)";营造良好的电动汽车安全、便捷的充电使用环境。2018 年,新增充电服务能力约 33 万 kW,充电站点 325 个,换电站 10 座,重点完成全市公交电动化充电设施建设目标任务;2019 年,全市新增充电服务能力约 16 万 kW,充电站点 180 个;2020 年,全市新增充电服务能力约 16 万 kW,充电站点 180 个,形成"互联网 + 充电设施"的智能管理和服务体系。 2. 主要任务:落实新建项目规划建设要求;着力推进专用领域充电设施建设;适度超前布局公用充电网络;加快推进居住地自用充电设施建设;升级打造广州市充电设施智能管理平台;建立充电设施安全运营管理体系;加快推进一批示范项目建设
	中山市关于广东省新能源汽车充电基础设施财政补贴专项资金管理实施细则	中发改规字〔2018〕04 号	中山市发展和改革局	2018-11-12	该细则所指的专项资金扶持范围是中山市范围内建设的充电基础设施以及加氢站项目。 1. 充电基础设施按充电设施额定输出功率进行补贴,其中,2018 年建成竣工验收并投入使用的充电基础设施,按直流充电桩 550 元/kW、

续上表

地方政府	政 策	文 件 号	发布单位	发布日期	内 容
广东省	中山市关于广东省新能源汽车充电基础设施财政补贴专项资金管理实施细则	中发改规字〔2018〕04号	中山市发展和改革局	2018-11-12	交流充电桩100元/kW予以补贴;2019—2020年建成竣工验收并投入使用的充电基础设施,按直流充电桩300元/kW、交流充电桩60元/kW予以补贴。 2. 加氢站的补贴标准:100万元/站
	深圳市纯电动泥头车超额减排奖励实施办法	深发改规〔2018〕4号	深圳市发展和改革委员会 深圳市交通运输委员会 深圳市财政委员	2018-11-13	该办法明确:1. 奖励对象:本办法实施之日起至2019年12月31日期间取得深圳市纯电动泥头车营运资格证件,并从事泥头车运营的运输企业或设备租赁企业。 2. 奖励标准:对符合奖励条件的纯电动泥头车给予超额减排奖励80万元/车。纯电动泥头车生产企业提供考核担保的,奖励资金一次性发放;没有提供考核担保的,奖励资金分年度考核发放(共5年),考核合格的,按照每年16万元/车发放
	关于促进广州市小微型客车分时租赁行业规范健康发展的指导意见	穗交规字〔2018〕17号	广州市交通委员会	2018-11-20	该通知明确:鼓励使用新能源汽车,不提倡使用非新能源汽车开展分时租赁业务,在营运的非新能源分时租赁车辆应逐步更新为新能源汽车。 1. 鼓励探索在有条件区域通过优惠停车费等措施,在不增加城市道路拥堵、不影响其他社会车辆停放的情况下,以市场化的方式推动新能源分时租赁车辆在特定区域依法划设的城市公共停车泊位停放和充电。 2. 对使用新能源车辆开展分时租赁的,按照新能源汽车发展有关政策在充电基础设施布局和建设方面给予扶持。贯彻落实广州市能源发展"十三五"规划关于交通领域充换电基础设施建设工作目标,至2020年,建设分散式公共充电设施3万个。 3. 鼓励政府机关、公共机构和企事业单位充分利用内部停车场资源,规划建设新能源汽车专用停车位和充换电设施,并与客车分时租赁平台经营者合作,提高充电桩使用率,支持利用客车分时租赁公务出行。 4. 番禺、黄埔、南沙等条件较好的区域应率先开展"新能源+客车分时租赁"试点工程和示范区建设,并向市政府报备,在条件允许的区域,在停车、充电、公务出行等方面予以支持,进一步完善公众出行体系。其他区可根据辖区实际做好小微型客车分时租赁规范与鼓励工作,在充电桩建设、公务出行等方面支持区域内分时租赁行业发展
	东莞市新能源汽车推广应用资金管理办法(2018年修订)(征求意见稿)	—	东莞市发展和改革局	2018-11-26	征求意见明确:1. 补贴对象:在本市辖区内推广应用或购置并依法注册登记和使用新能源汽车的单位和个人;在本市辖区内投资建设电动汽车专用充电设施和公用充电设施(不含自用的私人乘用车充电桩)的本市法人机构。 2. 补贴标准:a. 2017—2020年期间在东莞市初次注册登记,符合要求的各类新能源汽车,按照不超过中央财政同期补贴标准的50%确定地方购车补贴标准。各级财政(含国家、省、市)补贴资金总额,最高不超过车辆获得各级财政购车补贴资金总额加消费者支付资金总额的60%,补贴标准和技术要求按车辆获得行驶证年度政策执行。2016年度新能源汽车推广应用的补贴情况,按照省的有关要求执行。b、对符合标准的充电设施按额定输出功率给予建设补贴。对2016—2018年

续上表

地方政府	政策	文件号	发布单位	发布日期	内容
广东省	东莞市新能源汽车推广应用资金管理办法(2018年修订)(征求意见稿)	—	东莞市发展和改革局	2018-11-26	期间建成并具备且符合验收条件和相关要求的充电设施(不含自用的私人乘用车充电桩),统筹省市资金按充电设施装机功率给予建设补贴,直流充电设施600元/kW,交流充电设施300元/kW;2019—2020年,补贴标准退坡20%
	关于征求《深圳市小汽车增量调控管理暂行规定(修订征求意见稿)》及《深圳市小汽车增量调控管理实施细则(修订征求意见稿)》意见的通告	—	深圳市交通运输委员会	2018-12-5	征求意见稿明确:现行的增量调控管理细则将于2019年1月21日过期。修订后深圳小汽车增量指标的配置周期、额度、比例及方式与现行仍然保持一致;但企业申请增量指标的门槛有所提高。混合动力小汽车增量指标和纯电动小汽车增量指标无额度限制
	关于对新能源纯电动物流车继续实施通行优惠政策的通告	深公交(通)〔2018〕253号	深圳市公安局交通警察局	2018-12-12	该通告明确:对深圳市部分道路限制新能源纯电动物流车行驶的时间、路线和区域进行调整,新能源纯电动物流车须依法完成电子备案登记(即办理"FRID"电子标签)才能享受相应路权优惠政策
	佛山市加快新能源汽车产业发展及推广应用若干政策措施	佛府办〔2018〕49号	佛山市人民政府办公室	2018-12-29	该措施指出:1. 积极引进外市知名的纯电动、氢能源、混合动力等新能源汽车整车企业,形成新能源汽车产业发展的龙头引领。 2. 积极引进外市新能源汽车动力系统、驱动系统、控制系统及其他关键零部件企业,形成支撑新能源汽车产业发展的配套企业集群。 3. 鼓励在佛山市工商注册并设立独立法人的现有燃油汽车整车生产企业(含改装车企业)研发新能源汽车产品,每开发一款新能源客车、货车、乘用车、专用车产品,在本政策颁布实施之后纳入国家《新能源汽车推广应用推荐车型目录》,并完成100辆(其中专用车完成50辆)以上的销售后,分别给予乘用车100万元/款、客车、货车50万元/款、专用车40万元/款的一次性奖励。 4. 鼓励佛山市现有的整车、汽配生产企业做大做强,延伸产业链条投资新能源汽车产业项目;鼓励佛山市非汽车行业的企业实施跨界转型,投资新能源汽车产业项目
广西壮族自治区	广西工业高质量发展行动计划(2018—2020年)	(桂政发〔2018〕30号)	广西壮族自治区人民政府	2018-7-4	该通知明确:1. 推进新能源汽车整车产品规模化、重要零部件本地化、关键技术自主化,加快发展电池、电机、电控核心部件及零部件,提高关键零部件本地配套率,落实国家和自治区发展新能源汽车政策,鼓励社会资本进入充电设施建设领域,加快新能源汽车应用推广,加快把柳州、南宁、贵港、桂林等地打造成为国内领先的新能源汽车研发制造基地。 2. 到2020年,实现总产值300亿元
	广西壮族自治区关于支持新能源汽车发展若干措施	(桂政办发〔2018〕111号)	广西壮族自治区人民政府办公厅	2018-9-6	该通知明确:1. 研发生产环节:广西新能源汽车生产企业研发的新车型进入国家《新能源汽车推广应用推荐车型目录》的,每款车型自治区财政给予50万元的一次性奖励。对企业新获得国家、自治区认定并开展新能源汽车研发工作的研发机构,各级财政资金扶持标准在原有基础上提高50%。 2. 充电基础设施建设运营环节:新能源汽车充电服务费实行政府指导价。为新能源公交客车和出租汽车服务的充电设施,尽量结合现有的公交站场、公共停车场进行配套建设。 3. 采购及使用环节:2018—2020年,对消费

续上表

地方政府	政　策	文 件 号	发布单位	发布日期	内　容
广西壮族自治区	广西壮族自治区关于支持新能源汽车发展若干措施	(桂政办发〔2018〕111 号)	广西壮族自治区人民政府办公厅	2018-9-6	者购置新能源汽车产品的，自治区本级财政按国家标准一半的 40%，即国家标准的 20% 给予补贴；鼓励广西新能源汽车生产企业参加国际、国内和自治区组织的展会，对参展企业给予不超过 70% 的场地租赁费补贴；对于在中央一级媒体做产品广告的广西新能源汽车生产企业，按照其广告费的 5% 给予补贴。每户企业每年补贴额不超过 500 万元
	百色市"十三五"新能源汽车推广应用财政补贴资金管理实施细则(暂行)	—	百色市工业和信息化委员会 百色市财政局	2018-6-26	该通知明确：1. 财政补贴重点支持对象：一是重点支持公交、客运、公务、市政、邮政、出租、旅游景区、机场通勤等公共服务领域推广新能源汽车；二是支持私人消费领域推广纯电动汽车，私人消费者补贴对象仅限于购置新能源乘用车。 2. 产业发展补助支持：对产品列入工业和信息化部产品公告的百色市行政区域内具备独立法人资格的新能源汽车生产企业，每款汽车产品给予 50 万元一次性奖励。 3. 购置补贴：1) 新能源汽车购置补贴数量：按我市财力保障能力情况，"十三五"期间全市补贴的推广新能源汽车数量为 7 000 辆(标准车)，待全市"十三五"期间完成财政补贴推广新能源汽车 7 000 辆(标准车)后，不再进行补贴。 2) 补贴标准：按照新能源汽车购置当年中央财政补助标准的一定比例分层级给予购置补贴。 4. 充电设施建设补贴标准：按单个充换电终端输出最大功率补贴，直流充换电设施补贴 300 元/kW，交流充换电设施补贴 200 元/kW，最高补贴不超过总投资的 20%。市县两级各按补贴额的 50% 分担补贴资金
	贵港市大气污染防治攻坚三年作战实施方案(2018—2020 年)	贵政办发〔2018〕35 号	贵港市人民政府	2018-10-11	方案明确：加快车船结构升级，推广使用新能源车。 1. 重点打造新能源汽车产业集群。推进充电基础设施建设和电动汽车推广应用，加快充电站、充电桩等配套设施建设。 2. 推进公交首末站充电桩基础设施建设。推进新增和更新的公交、出租、环卫、邮政、物流配送、通勤、部分公务车及港口、铁路货场等作业车辆采用纯电动或其他清洁能源车。 3. 2019 年底，全市新增及更换公交车中新能源公交车比重不低于 30%
	南宁市电动汽车充电基础设施专项规划(2017—2020 年)	南发改能源〔2018〕35 号	南宁市发展和改革委员会办公室	2018-10-31	该规划提出电动汽车充电基础设施规划布局：1. 至 2020 年，南宁市建成充电站 95 座，其中公交车充电站 37 座，出租车充电站 8 座，环卫专用车充电站 14 座，物流专用车充电站 14 座，城市公共充电站 22 座；建成充电桩 19 220 个，其中公交、出租、环卫、物流等专用车充电站内专用充电桩 1 131 个，城市公共充电站内公用充电桩 206 个，公共分散式充电桩 1 933 个，公务车与私人乘用车自用充电桩 15 950 个。 2. 至 2025 年，南宁市建成充电站 236 座，其中公交车充电站 80 座，出租车充电站 38 座，环卫专用车充电站 32 座，物流专用车充电站 46 座，城市公共充电站 40 座；建成充电桩 51 598 个，其中公交、出租、环卫、物流等专用车充电站内专用充电桩 3 118 个，城市公

续上表

地方政府	政　　策	文 件 号	发布单位	发布日期	内　　容
广西壮族自治区	南宁市电动汽车充电基础设施专项规划（2017—2020 年）	南发改能源〔2018〕35 号	南宁市发展和改革委员会办公室	2018-10-31	共充电站内公用充电桩 395 个，公共分散式充电桩 5 285 个，公务车与私人乘用车自用充电桩 42 800 个
	广西科技创新支撑产业高质量发展三年行动方案（2018—2020 年）	（桂政发〔2018〕51 号）	广西壮族自治区人民政府	2018-11-29	该方案明确：组织重大产业科技攻关。汽车领域主要是着力夯实汽车零部件、新能源汽车、智能汽车等领域技术基础，重点突破乘用车和新能源整车技术、轻量化制造技术、乘用车模块化平台开发技术、电机电池电控研发技术、汽车零部件技术等 24 项技术，推动汽车产业向电动化、轻量化、高端化、智能化方向发展，促进汽车生产技术能力达到国际或国内领先水平
海南省	海南省省级 2018—2019 年政府集中采购目录及标准	琼财采〔2018〕1015 号	海南省财政厅	2018-8-1	该通知明确对采购制度、采购范围、政府采购工程项目公开招标数额标准以及省级预算单位购置公务用车选用标准等内容进行了调整，省级预算单位购置公务用车应全部选用新能源汽车
	海南省关于鼓励纯电动小客车分时租赁行业健康发展的若干意见（试行）	琼交运管〔2018〕859 号	海南省交通运输厅 海南省公安厅 海南省住房和城乡建设厅 海南省自然资源和规划厅 海南省发展和改革委员会	2018-11-1	该意见提到，鼓励分时租赁经营者通过资源共享、互利共赢等形式，推动行业规模化、网络化、品牌化发展。分时租赁网点应优先布局于机场、高铁、码头、车站等人员密集区域，实现全岛网络覆盖，为消费者提供“一点租多点还”服务
	海南省交通运输厅关于切实做好纯电动小客车分时租赁备案管理有关工作的通知	—	海南省交通运输厅	2018-11-5	该通知明确：拟在海南省从事分时租赁经营的，应当向企业注册地交通运输行政主管部门办理企业和车辆有关备案、登记手续
	海南省优化营商环境行动计划（2018—2019 年）	—	海南省人民政府	2018-12-10	该行动计划明确：1. 加大对重点产业领域的开放，取消新能源汽车制造外资准入限制。2. 建设安全、可靠、绿色、高效的智能电网，为清洁能源接入、电动汽车推广、能源综合利用等提供多元友好、灵活多样的能效服务
	海南省关于调整完善新能源汽车推广应用财政补贴政策的通知	琼财建〔2018〕414 号	海南省财政厅 海南省工业和信息化厅 海南省发展和改革委员会	2018-4-3	该通知明确：2018 年，新能源汽车车辆购置地方财政补贴标准继续按中央财政同期补贴标准的 1∶0.5 执行，其中，省、市县两级财政各承担 50%。各市县要加快推进充电基础设施建设，新能源汽车地方购置补贴资金将根据中央政策要求逐渐转为支持充电基础设施建设和运营、新能源汽车使用和运营等环节
四川省	成都市关于新能源汽车及充电设施接入市级监测监管平台的通知	成新汽办〔2018〕10 号	成都市新能源汽车推广应用工作推进小组办公室	2018-9-7	该通知明确：2018 年 9 月 10 日—9 月 30 日，原有已上牌的车辆和已投入运营的充电设施在此期间集中接入；2018 年 10 月 1 日以后销售的车辆、投入运营的充电设施须在完成上牌、投入运营后 20 个工作日内接入平台
	内江市关于加快新能源汽车推广应用的实施意见	内府办发〔2018〕63 号	内江市人民政府办公室	2018-9-26	该实施意见明确：1. 目标任务：2018 年，全市累计推广应用新能源汽车（含节能汽车，下同）1 400 辆；2019 年，全市累计推广应用新能源汽车 2 000 辆；2020 年，全市累计推广应用新能源汽车 3 300 辆。 2. 购置补贴：对在本市购买已纳入国家《新能源汽车推广应用工程推荐车型目录》的纯电动汽车、插电式混合动力汽车和燃料电池汽车，且在本市上牌和使用新能源汽车的单位和个人，在中央财政补贴的基础上，按中央财政单车补贴额的 50% 给予市级配套补贴，

续上表

地方政府	政策	文件号	发布单位	发布日期	内容
四川省	内江市关于加快新能源汽车推广应用的实施意见	内府办发〔2018〕63号	内江市人民政府办公室	2018-9-26	补贴所需资金由市、县(市、区)财政各按50%比例负担。 3. 充电设施建设补贴:对在符合规划的前提下,投资新建并竣工投运的经营性集中式充电站(含换电、无线充电等),给予建设投资(不含土地费用)20%、最高200万元补贴。对个人消费者在本市购买、上牌新能源汽车后,在自用车位安装建设充电桩,给予每个充电桩600元一次性补贴。一辆车只享受一次补贴。对利用现有场地,投资新建充电桩群(充电桩数量不低于3个)并竣工投运,给予每个充电桩600元一次性补贴。 4. 零部件本地配套补贴:在内江市境内进行工商注册和税务登记的规模以上新能源汽车整车及零部件制造企业,采购市内中小微企业配套工业产品年累计在2 000万元以上的(采购产品不包含水、电、气、油、物流等生产要素),按新增采购额的0.5%给予专项奖励,单个企业奖励最高不超过30万元
贵州省	贵州省打赢蓝天保卫战三年行动计划	黔府发〔2018〕26号	贵州省人民政府	2018-9-12	该行动计划明确:加快车船结构升级,推广使用新能源汽车。 1. 加快推进城市建成区新增和更新的公交、环卫、邮政、出租、通勤、轻型物流配送车辆使用新能源或清洁能源汽车,机场、铁路货场等新增或更换作业车辆主要使用新能源或清洁能源汽车。 2. 2020年底前,重点区域新增及更换的公交车中新能源汽车比重不低于35%。 3. 规范新能源物流车辆进入城区管理,在物流园、产业园、工业园、大型商业购物中心、农贸批发市场等物流集散地建设集中式充电桩和快速充电桩,为承担物流配送的新能源车辆在城市通行提供便利
陕西省	陕西省铁腕治霾打赢蓝天保卫战三年行动方案(2018—2020年)	陕政发〔2018〕16号	陕西省人民政府	2018-4-22	该通知明确:1. 在城市公交、厂区通勤、出租以及环卫、物流等领域加快推广和普及新能源车。 2. 城市新增公交车和出租车全部使用新能源车。 3. 2020年底前,关中城市现有燃油公交车更新为新能源公交车,其中,2018年不少于40%,2019年不少于40%
陕西省	西安市新能源汽车推广应用地方财政补贴资金管理暂行办法	市政办发〔2018〕52号	西安市人民政府办公厅	2018-5-29	该通知明确: 1. 地补资金支持范围:符合《西安市新能源汽车生产销售企业及产品审核备案暂行规定》(市政办发〔2017〕102号),已经享受中央财政补贴并在本市完成销售、注册登记的新能源汽车,给予车辆补贴;在本市建设运营的充(换)电设施,给予充(换)电设施补贴。 2. 地补资金支持标准:对单位和个人购买新能源汽车的,以享受的中央补贴为基数,公共服务领域(包括公交领域,巡游出租车领域,环卫用车、救护车和校车)的单车按1:0.5给予地方补贴,非公共服务领域的单车按1:0.3给予地方补贴

续上表

地方政府	政　策	文 件 号	发布单位	发布日期	内　容
陕西省	陕西省关于推动汽车产业加快发展的支持措施	陕政发〔2018〕22 号	陕西省人民政府	2018-7-12	该措施明确：支持新能源与清洁能源汽车推广应用。 1. 加快全省公交、出租、物流等公共领域新能源汽车替换，对公共领域用车替换为新能源汽车的给予国家补贴标准 30% 的资金补贴。 2. 扩大甲醇、乙醇、氢燃料等汽车在全省推广应用。 3. 对于购买省内生产的甲醇、乙醇、氢燃料等汽车，重卡按每辆 1 万元补助，乘用车按每辆 5 000 元补助
陕西省	西安市汽车产业发展规划（2018—2025 年）	市政发〔2018〕48 号	西安市人民政府	2018-11-20	该规划提到，西安到 2021 年，新能源汽车产量达到 60 万辆；到 2025 年，新能源汽车产量达到 150 万辆以上。此外，的全覆盖；加强与省内新能源整车配套协作，巩固并培育形成全国竞争优势明显新能源核心部件产业集群。在新能源汽车领域，着力引进动力电池、电机、电控、充电桩等新能源关键零部件，打造并强化新能源汽车全产业链
陕西省	西安市汽车产业链发展推进方案（2018—2025 年）	市政发〔2018〕48 号	西安市人民政府	2018-11-20	该新能源汽车产业链方面，推进方案明确： 1. 加大技术研发力度。以比亚迪、吉利、开沃及其配套企业为核心，重点突破新能源汽车储能系统、驱动系统、控制系统、充电加注、试验检测等共性关键技术，推动电池、电机、电控等核心零部件以及整车集成技术联合攻关，掌握新能源汽车整车及关键零部件核心技术。 2. 加强关键零部件配套能力。电池主要围绕三星、北京国能、天津力神等企业扩大产能规模、提高工艺质量，为吉利、开沃等整车企业提供配套。支持捷普电机、正麒电机围绕整车企业需求及时实施技术改造，提高电机技术水平和产品质量，保障本地企业市场需求。到 2021 年，动力电池电芯产销超过 15 GWh。积极承接比亚迪汽车电池、电机和电控项目布局。继续引进国内外知名电机、电控企业，实现产业集聚。进一步完善电动车充换电设施建设，在大型社区、高速公路服务区等地建设新能源汽车快充站。支持法士特建设以轮边减速、EMT 等新能源产品为主的新能源基地项目，实现产品在重卡、轻卡、客车及新能源商用车等领域的全覆盖。 3. 力争到 2021 年，新能源动力电池、电机和电控等关键零部件完成产值 100 亿元；到 2025 年，完成产值 300 亿元
陕西省	陕西省电动汽车充电基础设施建设运营管理办法	陕发改煤电〔2018〕1512 号	陕西省发展和改革委员会	2018-11-28	该通知明确：1. 新建住宅配建停车位建设充电基础设施或预留建设安装条件的比例应达到 100%，大型公共建筑物配建停车场、社会公共停车场建设充电基础设施或预留建设安装条件（包括电力管线和配电容量预留）的车位比例不低于 10%，将建设情况纳入整体工程验收范围。鼓励在已建停车场、停车库配建充电基础设施。 2. 鼓励省内油（气）经营企业在符合安全要求的前提下，利用加油（气）站辅助服务区增建充电设施。 3. 每 2 000 辆电动汽车应至少配套建设一座快速充电站

续上表

地方政府	政　策	文件号	发布单位	发布日期	内　容
陕西省	西安市“铁腕治霾·保卫蓝天”三年行动方案(2018—2020年)(修订版)	市政发〔2018〕56号	西安市人民政府	2018-12-28	该方案提到将加快车辆结构升级,推广使用新能源汽车。加快推进城市建成区新增和更新的环卫、邮政、出租、通勤、轻型物流配送车辆使用新能源或清洁能源汽车,到2020年使用率达到80%;铁路货场等新增或更换作业车辆主要使用新能源或清洁能源汽车。2019年底前,全市出租汽车、公交车全部更换为纯电动或甲醇汽车等新能源汽车。在物流园、产业园、工业园、大型商业购物中心、农贸批发市场等物流集散地建设集中式充电桩和快速充电桩。为承担物流配送的新能源车辆在城市通行提供便利
甘肃省	甘肃省2018年工业大气污染防治工作方案	甘工信发〔2018〕228号	甘肃省工业和信息化委员会	2018-5-15	该通知明确:推进新能源汽车使用。认真贯彻落实《国务院办公厅关于加快新能源汽车推广应用的指导意见》和省政府《甘肃省新能源汽车推广应用实施方案(2016—2020)》,按照《甘肃省新能源汽车补贴资金管理办法》,进一步加强政策引导,积极落实新能源汽车财政补贴和税收优惠政策,努力营造新能源汽车推广应用氛围,加快全省新能源汽车推广应用
	甘肃省打赢蓝天保卫战三年行动作战方案(2018—2020年)	甘政发〔2018〕68号	甘肃省人民政府	2018-10-16	通知明确:提高新能源汽车使用率。 1. 加快推进城市市区新增和更新的公交、环卫、邮政、出租、通勤、轻型物流配送车辆使用新能源或者清洁能源汽车。加快党政机关、公共场所、社区充电桩设施建设。 2. 支持企业与高校、院所等合作,加强对新能源汽车新型充换电设施及装备技术、前瞻性技术的研究,促进新能源汽车产业发展,推动能源结构调整,减少城市交通污染
	甘肃省工信系统打赢蓝天保卫战工作方案	甘工信发〔2018〕579号	甘肃省工业和信息化厅	2018-12-5	该通知明确:提高新能源汽车使用率。 1. 加快推进城市市区新增和更新的公交、环卫、邮政、出租、通勤、轻型物流配送车辆使用新能源或者清洁能源汽车。加快党政机关、公共场所、社区充电桩设施建设。 2. 支持企业与高校、院所等合作,加强对新能源汽车新型充换电设施及装备技术、前瞻性技术的研究,促进新能源汽车产业发展,推动能源结构调整,减少城市交通污染。 3. 对符合条件的新能源汽车免征车辆购置税
新疆维吾尔自治区	新疆维吾尔族自治区打赢蓝天保卫战三年行动计划(2018—2020年)	新政发〔2018〕66号	新疆维吾尔自治区人民政府	2018-9-20	该三年行动计划明确:加快车船结构升级。 1. 加快推进城市建成区新增和更新的公交、环卫、邮政、出租、通勤、轻型物流车配送车辆使用新能源或清洁能源汽车。 2. 到2020年底前,“乌—昌—石”“奎—独—乌”区域出租车及城市公交车气(电)化率争取达100%,其中,2019年底前应达到80%。 3. 在物流园、产业园、工业园、大型商业购物中心、农贸批发市场等物流集散地建设集中式充电桩和快速充电桩;为承担物流配送的新能源汽车辆在城市通行提供便利。 4. 大力推动公共机构使用新能源汽车,2020年,新能源汽车占当年公共机构配备更新车辆总量的比例不低于30%

第三篇 Section Ⅲ

地区概况

Regional Profile

北京市

一、2018年节能与新能源汽车推广应用情况

2018年，北京市持续推进国家新能源汽车技术创新中心建设，积极打造国家智能网联汽车创新中心，初步形成完整的、领先的新能源智能汽车创新体系。

在推广应用方面，在全国范围内率先取消备案制，首创基础设施运营奖励与考核评价相挂钩的监督管理机制，引导企业由“重建设、轻管理”向“建管并重”转变，有效激发市场活力。截至2018年12月底，累计推广纯电动汽车23.38万辆，其中公共领域推广5.52万辆，私人领域推广17.86万辆，应用规模全国第一。

全面提升新能源智能汽车核心竞争力，龙头企业北京新能源汽车股份有限公司成为新能源整车第一股，全年实现销售15.8万辆，同比增长超过50%。

二、2018年节能与新能源汽车扶持政策与措施

2018年2月，市科委联合市经济信息化委、市财政局、市城市管理委、市交通委发布《北京市推广应用新能源汽车管理办法》(京科发〔2018〕25号)，在全国范围内率先取消备案制，强化企业主体责任，加强事中事后监督。

2018年7月，市财政局会同市科委、市经济信息化委发布了《关于调整完善北京市新能源汽车推广应用财政补助政策的通知》(京财经一〔2018〕1296号)，按照中央与地方1∶0.5比例安排对新能源汽车(纯电动汽车、燃料电池汽车)的市级补助，并引入车辆运营里程要求。

三、2018年节能与新能源汽车产业概况

做强产业创新引导，加快构建高精尖经济结构，产业集聚效应初步显现。

1. 增量聚焦。推进北京经济技术开发区产业集聚方面，北汽集团计划建设高端智能工厂和动力系统基地，总投资70亿元，规划形成年产10万辆新能源整车及年产40万套一体化电机电控总成的产能；北京奔驰汽车有限公司在现有车间内对原有生产线进行增设和改造，规划新增12万辆纯电动乘用车产能；北京卫蓝新能源科技有限公司迁址经济技术开发区。在推进顺义区产业集聚方面，奔驰高端新能源汽车生产基地落户，项目投资总额119亿元，一期年产能15万辆；推动地平线智能驾驶研发总部及产业化项目落户；推进滴滴全球新能源汽车服务公司落户，将打造包括安全驾驶、自动驾驶等功能于一体的半开放共享式测试及应用基地。

2. 存量优化。推进北京国能电池科技有限公司在房山区扩大产能；依托北汽福田现有新能源汽车设计制造基地，持续优化产业布局；推进房山区长安新能源汽车产业基地转型升级。

四、基础设施建设及运行情况

截至2018年12月底，累计建成充电桩约16.18万个，其中，自用充电桩12.21万个、社会公用充电桩2.21万个、单位内部公用充电桩1.56万个、专用充电桩0.2万个。

按照“管住新建、优化既有”原则，加强停车场内充电设施的建设和管理。2018年8月，市城市管理委、市交通委发布了《关于加强停车场内充电设施建设和管理的实施意见》(京管发〔2018〕94号)，明确了停车场内充电设施建设、日常使用管理和安全管理等内容。按照不低于10%车位比例配建公用充电设施，并将充电设施建设和划定电动汽车专用停车泊位要求与停车场备案登记相结合。

按照“依托市场、创新机制”原则，加强社会公用充电设施运维管理。将财政资金利用与管理机制相结合，2018年9月，市城市管理委、市财政局印发了《北京市电动汽车社会公用充电设施运营考核奖励暂行办法》(京管发〔2018〕107号)及细则，其中日常考核奖励上限为1 500度/kW年，年度考核奖励上限为20万元/站年。

五、发展规划

2018年9月，北京市发布了《北京市打赢蓝天保卫战三年行动计划》(京政发〔2018〕22号)，明确到2020年全市累计推广新能源智能汽车不低于40万辆。下一步，将组织重点任务牵头单位有针对性、分领域、分步骤制定2019年新能源汽车推广计划，将新能源智能汽车推广应用作为助力本市大气污染防治和汽车产业转型升级的重要工作抓紧抓实，努力将北京打造成为新能源智能汽车创新中心和示范应用高地。

六、2018年节能与新能源汽车推广应用统计表

单位：辆

车型 燃料	公交车	旅游大巴	公务车	出租车	租赁用车	私人用车	环卫车	物流车	邮政车	工程车	载货车	其他	合计
纯电动汽车	625	248	0	752	689	54 249	442	5 830	0	0	0	0	62 835
插电式混合动力汽车	0	0	0	0	0	0	0	0	0	0	0	0	0
增程式电动汽车	0	0	0	0	0	0	0	0	0	0	0	0	0
燃料电池汽车	0	0	0	0	0	0	0	0	0	0	0	0	0
合计	625	248	0	752	689	54 249	442	5 830	0	0	0	0	62 835

七、2018 年 12 月底本地区电动汽车充(换)电站(桩)保有量统计表

充电站		充电桩(个)		换电站
城市名称	数量(座)	慢充	快充	数量(座)
北京市	4 702	22 806	20 320	—

天津市

一、2018 年节能与新能源汽车产业概况

天津市已基本形成整车开发、动力电池、控制系统、试验检测和推广应用等较为完善的新能源汽车产业体系。拥有天津比亚迪、一汽夏利、清源等新能源汽车整车企业,力神电池、巴莫科技、国安盟固利、松正等动力电池电控生产制造企业,聚集了中汽研中心、中国电科 18 所等试验检测科研机构。全市新能源汽车产能超过 20 万辆,动力电池产能超过 10 GWh。

二、2018 年节能与新能源汽车扶持政策与措施

政策名称	文件号	发布单位	发布日期	政策概要
关于印发天津市新能源汽车推广应用工作领导小组成员名单的通知	津新能源推广〔2018〕2 号	天津市新能源汽车推广应用领导小组办公室	2018-8-20	统筹推进天津市新能源汽车推广应用和充电基础设施建设工作,成立由市长任组长的领导小组,推动全市新能源汽车推广应用和产业发展
关于印发《天津市加快新能源汽车充电基础设施建设实施方案(2018—2020)》	—	天津市发展和改革委员会	2018-11-29	明确到 2020 年天津市新能源汽车充电基础设施的建设目标,并提出全面推进居民区充电基础设施建设、加快公交场站充电设施建设、推进单位内部充电设施建设、加快推动公共充电基础设施建设等 4 方面的重点任务

三、2018 年节能与新能源汽车推广应用情况

2018 年,天津市共推广应用新能源汽车 4 万辆,在全国单一城市中排在前五名。截至 2019 年 4 月底,全市新能源汽车保有量已达到 12.5 万辆,占全市机动车保有量比例接近 4%,位居全国重点城市前六名。分领域来看,私人购车领域推广数量占比逐年提高,2019 年前 4 个月已达推广总量的 83%;公交领域新能源公交车累计投运已达到 3 670 辆,占运车辆总量 36%;邮政快递及城市物流领域不断推动新能源车企、租赁公司和快递企业对接,累计推广超过 1.5 万辆;机关公务用车领域积极探索尝试新能源汽车分时租赁模式,累计完成上牌及投放新能源汽车运营 500 辆;天津滨海国际机场、天津港等领域正在逐步探索尝试使用新能源汽车。

四、2018 年节能与新能源汽车主要企业经营情况

天津市拥有天津比亚迪、一汽夏利、清源等新能源汽车整车企业,以及力神电池、巴莫科技、国安盟固利、松正等动力电池电控生产制造企业。据统计,2018 年,全市新能源汽车产能超过 20 万辆,动力电池产能超过 10 GWh,同比增长 1.5 倍。新能源汽车产能的提升,带动产业链上下游配套的发展。天津汽车模具有限公司全年净利润,比 2017 年翻了一番。电池正负极材料、电解液、隔膜等制造企业,都实现了大幅增长。

五、2018 年节能与新能源汽车项目及园区建设情况

天津市加快新能源汽车产业发展,加强大项目好项目的引进和建设。一汽丰田新生产线、国能新能源汽车项目即将全面投产,卡罗拉插电版(PHEV)、国能 NEV-93 车型相继下线并投放市场;天津艾康尼克新能源 MPV 项目、一汽夏利重组项目正在积极推进中,天津力神百亿瓦时动力电池项目的集团审批正在积极推进中,国安盟固力 5GWh 三元软包动力电池项目正在稳步建设,三星 SDI 三条 18650 锂离子动力电池电芯生产线正在加速建设。在新能源汽车整车和动力电池生产企业的带动下,全球新能源汽车生产及配套企业不断向天津市聚集,为天津新能源汽车产业发展提供了源源不断的动能。

六、2018 年基础设施建设及运行情况

2018 年,天津市出台了《天津市加快新能源汽车充电基础设施建设实施方案(2018—2020)》,明确到 2020 年,在中心市区,环市四区和滨海新区的建成区,建设全面覆盖、密度较高的充电服务网络,基本建成平均服务半径为 0.9 km 的公用充电基础设施网络体系;在环市四区和滨海新区的其他区域、其他五区建成区建设布局均衡、适当集中的充电服务网络,基本建成平均服务半径为 3 km 的公用充电基础设施网络体系;在静海、宝坻、武清、宁河、蓟州区五区的其他区域形成分级明确、适当预留的充电服务网络,基本建成平均服务半径为 5 km 的公用充电基础设施网络体系。全市累计建设公共充电桩总数达到 2 万台。

在公共充电桩建设方面,形成了以集充电、餐饮、休息为一体的大规模充电场站为支撑,分散桩为补充的空间布局,全市公共充电桩保有量达到 1.4 万个,在全国主要城市中排名第五。拥有国网、特来电、星星充电、普天新能源、天津出

行、华瑞快充等近30家充电桩建设运营企业。高速充电站建设方面,已在途径天津市的高速公路服务区建设快充站30座,充电桩140台,初步建成了覆盖京津冀全部高速公路的充电服务网络。公交场站建设方面,截至2018年底,共建设完成公交场站60多座,充电桩600余台,有效满足了新能源公交车的使用。小区充电桩建设方面,持续推进国网充电桩建设绿色通道,保障购置电动汽车居民的充电需求。同时,针对部分电力容量不足,无法大规模建桩的小区,深入开展老旧小区公共充电桩建设。

七、2018年12月底本地区电动汽车充(换)电站(桩)保有量统计表

充电站		公共充电桩(个)	换电站
城市名称	数量(座)		数量(座)
天津	60余座(公交领域)	14 000	3

上 海 市

一、2018年节能与新能源汽车产业概况

2018年,上海市新能源汽车产业发展继续保持有效增长、年度推广规模再创历史新高:2018年实现新能源汽车制造业产值259.23亿元,同比增长11.5%;年度推广上牌数量2018年首次突破7万辆,达到73 724辆,截至2018年底累计达到24万辆。总体而言,上海市新能源汽车产业重点领域发展实现全面强化,以上汽集团为代表的新能源整车产品创新与市场竞争能力大幅提升,新能源汽车重大产业项目引进落地成效显著,燃料电池相关技术研发与产业化能力加速推进,新能源汽车推广应用进入较高质量发展阶段。

二、2018年节能与新能源汽车扶持政策与措施

政策名称	文件号	发布单位	发布日期	政策概要
上海市鼓励购买和使用新能源汽车实施办法	沪府办规〔2018〕7号	上海市人民政府办公厅	2018-1-31	消费者购买符合上海市管理规定的新能源汽车用于非营运,在非营业性客车总量控制原则下免费发放新能源汽车专用牌照额度;对符合条件的新能源汽车,按照中央财政补助1∶0.5、1∶0.3再给予上海市财政补助
上海市燃料电池汽车推广应用财政补助方案	沪科规〔2018〕2号	上海市科委	2018-5-21	对符合条件的燃料电池汽车,根据相应的技术要求水平,按照中央财政补助1∶1、1∶0.5给予上海市财政补助

三、2018年节能与新能源汽车推广应用情况

2018年本市共实现新能源汽车推广上牌73 724辆,同比增长20.1%,年度新能源汽车推广应用数量首次突破7万辆再创历史新高,其中乘用车占2018年推广应用市场比例94%,私人领域占2018年推广应用市场比例71.6%,插电式混合动力占2018年推广应用市场比例70.6%。综合来看上海市新能源汽车推广应用已在相关政策的鼓励引导下进入市场驱动、自主选择、私人消费为主的可持续发展轨道。

四、2018年节能与新能源汽车主要企业经营情况

上汽集团搭载斑马智能车载操作系统的荣威ei6插电强混互联网轿车、荣威eRX5插电强混互联网SUV、荣威ERX5纯电动互联网SUV、全球首款纯电动互联网休旅车荣威Ei5均取得优异的国内市场表现,2018年荣威ei6市场销量突破3万辆、荣威eRX5、Ei5市场销量均突破2万辆;荣威纯电动超级轿跑SUV Marvel X实现量产上市,并获得2018年中国国际工业博览会"创新金奖";与宁德时代合资设立的"上汽时代"电池系统公司、"时代上汽"动力电池公司先后建成投产;成立上海捷氢科技有限公司,通过整合资源和市场化运作,构建上汽燃料电池系统研发、制造、运营的完整业务体系。上汽大通纯电动宽体轻客EV80完成德国、英国市场交付数百辆,燃料电池轻客FCV80已在全国3个城市实现商业运营,车队规模超过300台。上海申沃全新开发的具备行业领先水平的12 m全低地板燃料电池客车,作为联合国开发计划署(UNDP)三期示范运行项目指定用车,已正式投入上海嘉定公交运营。上汽大众途观L和新帕萨特插电混动车型成功上市。蔚来汽车研发的全铝车身纯电动SUV ES8量产上市后已完成车辆交付超过1万辆,并正式发布其第二款高性能长续航智能电动SUV ES6。

五、2018年节能与新能源汽车项目及园区建设情况

上汽大众MEB工厂项目(大众集团全球首个专为MEB纯电动车型生产而全新设计建造的汽车工厂)在上海国际汽车城正式启动建设,项目总投资约170亿元,计划于2020年建成投产,规划年产能30万辆,将投产包括奥迪、大众、斯柯达等品牌的多款全新一代纯电动汽车。特斯拉上海超级工厂在临港产业区正式开工,作为上海市有史以来最大的外资制造业项目,总投资高达500亿元,工厂一期生产规模为25万辆纯电动整车,包括Model 3等系列车型,全部建成后年产量将逐步增加至50万辆纯电动整车。

六、2018年基础设施建设及运行情况

2018年上海市继续加快充电设施建设,完成新建公共充电桩共计约1.05万个。截至2018年底已累计建成各类充

电桩超过 21.06 万个，其中公共充电桩 3.62 万个、专用充电桩 3.26 万个、私人充电桩 14.18 万个，全市新能源汽车车桩比进一步提升至 1.13∶1，能够较为有效的应对和满足快速增长的新能源汽车充电服务需求。

七、发展规划

产值规模方面，新能源汽车产值力争突破 300 亿元，继续保持较为合理的增长速度；推广数量方面，计划推广应用新能源汽车 50 000 辆左右，进一步优化应用结构；充电设施方面，按照《上海市电动汽车充电基础设施专项规划（2016—2020）》与《上海市清洁空气行动计划（2018—2022 年）》（沪府办发〔2018〕25 号）的相关要求，稳步推进公共及专用充电设施建设布局，并积极提升快充桩的数量比例。

八、2018 年节能与新能源汽车推广应用统计表

车型 / 燃料	公交车	旅游大巴	公务车	出租车	租赁用车	私人用车	环卫车	物流车	邮政车	工程车	载货车	其他	合计
纯电动汽车	1 783	95	2 703	350	3 782	10 549	0	2 343	0	0	0	0	21 605
插电式混合动力汽车	113	0	5 438	0	4 293	42 261	0	0	0	0	0	0	52 105
增程式电动汽车	0	0	0	0	0	0	0	0	0	0	0	0	0
燃料电池汽车	6	0	0	0	0	0	0	8	0	0	0	0	14
合计	1 902	95	8 141	350	8 075	52 810	0	2 351	0	0	0	0	73 724

九、2018 年 12 月底本地区电动汽车充（换）电站（桩）保有量统计表

充电站		充电桩(个)		换电站
城市名称	数量(座)	慢充	快充	数量(座)
上海市	—	197 944	12 706	—

重庆市

一、2018 年节能与新能源汽车产业概况

全市现有长安、长安福特、力帆、金康、华晨鑫源、众泰、北汽银翔等 9 家乘用车企业，恒通、五洲龙、穗通 3 家客车企业，庆铃、瑞驰、盛时达、长帆 4 家物流车企业取得新能源汽车生产资质，已集聚约 30 家配套企业，初步构成“9 +3 +4 +30”的新能源汽车产业体系雏形。2018 年，全市生产新能源汽车 4.04 万辆，与上年基本持平，实现产值 52.9 亿元，同比增长 12%。

二、2018 年节能与新能源汽车扶持政策与措施

政策名称	文件号	发布单位	发布日期
重庆市 2018 年度新能源汽车推广应用财政补贴政策	渝财产业〔2018〕52 号	重庆市财政局 重庆市经济和信息化委员会	2018-4-24
重庆市人民政府办公厅关于印发重庆市加快新能源和智能网联汽车产业发展若干政策措施(2018—2022 年)的通知	渝府办发〔2018〕185 号	重庆市人民政府办公厅	2018-12-14
重庆市人民政府办公厅关于印发重庆市支持新能源汽车推广应用政策措施(2018—2022 年)的通知	渝府办发〔2018〕184	重庆市人民政府办公厅	—

三、2018 年节能与新能源汽车推广应用情况

2018 年，全市推广应用新能源汽车 13 789 辆。其中，乘用车 12 900 辆，客车 505 辆，货车（专用车）384 辆。

四、2018 年基础设施建设及运行情况

截至 2018 年 11 月底，全市累计建成充电桩 9 779 个，较 2017 年新增 4 735 个，其中慢充桩 7 027 个，快充桩 2 752 个。

五、2018 年度重庆市新能源汽车生产、推广销售统计

单位：辆

企业名称			1 月	2 月	3 月	4 月	5 月	6 月	7 月	8 月	9 月	10 月	11 月	12 月	合计
重庆长安汽车股份有限公司	生产	重庆地区企业产量	1 412	3 600	2 672	1 482	913	935	1 000	1 200	3 875	2 062	3 100	2 482	24 733
	推广销售	外地企业在本市推广	1 316	769	1 133	1 787	2 366	2 000	1 800	2 634	3 552	3 292	2 054	4 188	26 891
		其中：重庆地区企业推广	337	137	171	688	507	1 000	370	770	850	758	350	400	6 338

续上表

企业名称			1月	2月	3月	4月	5月	6月	7月	8月	9月	10月	11月	12月	合计
重庆瑞驰汽车实业有限公司	生产	重庆地区企业产量	0	0	0	622	321	1 069	984	818	586	880	745	1	6 026
	推广销售	外地企业在本市推广	0	0	0	488	375	1 001	906	803	428	910	1 020	81	6 012
		其中：重庆地区企业推广	0	0	0	1	7	9	10	6	29	11	7	1	81
重庆力帆乘用车有限公司	生产	重庆地区企业产量	51	0	809	33	200	697	688	1 236	444	205	683	732	5 778
	推广销售	外地企业在本市推广	35	0	809	17	26	569	414	1 035	338	689	835	1 046	5 813
		其中：重庆地区企业推广	0	0	0	17	26	211	1	22	120	318	30	449	1 194
重庆力帆汽车有限公司	生产	重庆地区企业产量	0	0	0	500	0	0	0	0	0	0	0	0	500
	推广销售	外地企业在本市推广	0	0	0	0	0	0	0	0		0	0	0	0
		其中：重庆地区企业推广	0	0	0	0	0	0	0	0	0	0	0	0	0
华晨鑫源重庆汽车有限公司	生产	重庆地区企业产量	0	0	0	192		0	0	1 058	414	308	140	717	2 829
	推广销售	外地企业在本市推广	0	0	0	11	0	0	0	796	427	318	283	900	2 735
		其中：重庆地区企业推广	0	0	0	1	0	0	0	23	25	24	11	219	303
重庆众泰汽车工业有限公司	生产	重庆地区企业产量	0	0	0	0	0	0	311	53	22	37	20	4	447
	推广销售	外地企业在本市推广	0	0	0	0	0	0	245	52	1	8	16	142	464
		其中：重庆地区企业推广	0	0	0	0	0	0	4	14	1	0	16	105	140
重庆盛时达汽车有限公司	生产	重庆地区企业产量	0	50	0	0	0	0	0	0	0	0	0	0	50
	推广销售	外地企业在本市推广	0	0	0	0	0	0	0	0	0	0	0	0	0
		其中：重庆地区企业推广	0	0	0	0	0	0	0	0	0	0	0	0	0
市外车企（重庆推广销售）汇总（主要包含知豆、吉利、东风、比亚迪、奇瑞等）			0	0	0	0	0	298	0	0	0	1 766	0	3 669	5 733
知豆			0	0	0	0	0	0	0	0	0	311	0	0	311
吉利（含帝豪）			0	0	0	0	0	0	0	0	0	180	0	1 354	1 534
比亚迪			0	0	0	0	0	201	0	0	0	663	0	333	1 197
奇瑞			0	0	0	0	0	97	0	0	0	612	0	1 272	1 981
上汽乘用车			0	0	0	0	0	0	0	0	0	0	0	99	99
长城魏派			0	0	0	0	0	0	0	0	0	0	0	13	13
长城欧拉			0	0	0	0	0	0	0	0	0	0	0	93	93

河 北 省

一、2018 年节能与新能源汽车产业概况

（一）产业发展水平显著提升。2018 年全省新能源汽车产量达 27 468 辆，首次突破 2 万辆，同比增长 2.5 倍。2019 年 1—5 月新能源汽车产量 24 525 辆，同比增长 12 倍（去年同期为 2.6 倍），全省拥有各类新能源汽车生产企业 36 余家，其中整车生产企业 7 家，公告产品 65 个，年生产能力 36.6 万辆；动力电池年产能 9.5 亿 Ah，产业体系逐步建立，产业链条初步形成。产品涵盖纯电动客车、混合动力客车、纯电动轿车、纯电动物流车、纯电动教练车、纯电动环卫车、动力电池等，长城汽车插电式混合动力汽车 P8、纯电动汽车欧拉 R1 等顺利上市，石家庄中博汽车的新能源公交车、河北银隆新能源的钛酸锂动力电池、沧州明珠动力电池隔膜、张家口亿华通氢燃料动力电池等已达到国内同类产品先进水平。

（二）推广应用规模不断扩大。省财政统筹省级大气污染防治专项资金，推动河北省新能源汽车推广应用工作顺利开展。2018 年全省共推广新能源汽车 37 563 辆（折合标准车 69 347 辆），完成全省任务量 231%（按标准车计）。其中，推广应用新能源公交车 2 150 辆、私人车 32 823 辆、物流车 1 986 辆、环卫 46 辆、其他车 432 辆。地产车推广 9 090 辆。全省 13 个市（含定州、辛集）进度全部超过 100%。

截至 2019 年 6 月，河北省共注册登记新能源汽车 121 069 辆，较 2018 年底（87 555）增加 33 514 辆，增长 38.28%。其中，纯电动汽车保有量 108 815 辆，占全省总量的 89.88%，混合动力汽车占总量的 10.06%，燃料电池汽车保有量 74 辆。省新能源汽车推广工作超额完成国家要求任务，2016 年、2017 年共争取国家新能源汽车基础设施奖励资金 2.4 亿元。

充电基础设施持续推进。省政府专门出台《关于加快全省电动汽车充电基础设施建设的实施意见》，提出到“十三五”末，全省新建充电站 1 970 座，充电桩 65 625 个。截至 2018 年底共建设充电站 2 561 座，充电桩 66 298 个（其中公共桩 31 078 个，自备桩 35 220 个）。其中 2018 年建设充电站 541 座，充电桩 27 214 个（其中公共桩 8 020 个，自备桩

19 194 个)。省住建厅加强规划引导约束,严格建设充电设施配建比例要求,截至 2018 年 12 月底,全省各市审批的相关项目中,在规划条件出具和方案审批中均落实了电动汽车充电设施配置要求,明确需预留电动汽车充电设施建设安装条件的停车位 343 853 个,明确需要建设充电设施的停车位 2 961 个。省自然资源厅积极做好新能源汽车项目用地预审和土地供应工作,1—12 月共完成各类新能源汽车生产、充换电、服务配套等项目土地供应 12 宗,总面积 926 亩。国网河北电力公司配合雄安新区管委会编制完成基于“源—网—桩—车”智能互动的“核心区小于 1 km,全区域小于 2 km”便捷充电圈规划。

(三)政策保障体系日益完善。一是加大资金支持力度,及时转发国家调整完善新能源汽车推广完善财政补贴政策的通知。省财政厅加大省级财政补贴资金筹措力度。省工信厅牵头开展中央新能源汽车推广应用补助资金清算申报工作。中央财政补助河北 6 家生产企业累计逾 11 亿元。二是省商务厅积极鼓励融资租赁企业积极参与新能源汽车推广,以融资租赁方式销售新能源汽车,逐步提高融资租赁企业参与新能源汽车发展的信心和动力。全年有一家融资租赁企业用融资租赁方式销售北京牌新能源汽车 300 辆。三是河北省税务局大力贯彻落实使用新能源车船税税收优惠政策,2018 年 1—11 月,全省共实现新能源汽车车船税减免 11 355 辆,金额 305. 58 万元。四是在《河北省打赢蓝天保卫战三年行动方案》中制定新能源汽车推广应用专项作战计划。

(四)便利使用环境逐渐形成。一是省公安厅交管局积极推广应用新能源汽车专用号牌。从 2017 年 11 月 20 日起,保定、廊坊市、石家庄、邢台市分批启动新能源汽车专用号牌,2018 年全省 13 个城市全部启动新能源汽车专用号牌。二是省直机关管理局积极做好省直机关新能源汽车公务用车分时租赁试点前期准备工作。在 2018 年省直党政机关公务车配备中,机要通信车首次配备 28 辆新能源汽车。与北汽绿行新能源科技(北京)有限公司、石家庄特来电新能源有限公司、保定长城汽车有限公司进行了接洽,进一步了解新能源汽车分时租赁情况,适时启动。三是完善充换电服务费形成机制,省物价局完善电动汽车充电服务费形成机制,进一步降低电动汽车用电成本,城市电动公交汽车充电服务费上限标准维持 0. 6 元/kWh,其他电动汽车由 1. 6 元/kWh 降低至 1 元。四是省交通运输厅积极推动公交电动化,据统计,2018 年全省新增及更换新能源公交车 2 244 余辆,占比 99%。全省已累计推广新能源公交车 1. 6 万余辆,新能源公交车数量占我省城市公交车总数的 50% 以上,新能源公交车应用成效显著,基本满足了居民出行。省邮政管理局督促各市邮管部门积极使用新能源汽车,全省邮政行业使用新能源车辆约为 380 辆。

二、2018 年本地区重点新能源汽车企业产销量统计表

单位:辆

排名	城市	任务数量(标车)	完成数量(标车)	完成率(%)	实车数量	车型领域						地产车
						公交车	出租车	私人	物流	环卫	其他	
1	邢台	3 500	8 699. 5	248. 56	7 537	96	0	7 321	89	31	0	2 721
2	廊坊	1 800	4 264. 5	236. 92	2 742	200	21	2 503	9	9	0	0
3	衡水	1 800	3 760	208. 89	1 161	222	0	611	173	0	155	2
4	石家庄	4 500	9 187	204. 16	4 086	110	100	3 680	84	0	112	0
5	邯郸	4 300	7 950	184. 88	5 024	174	0	4 850	0	0	0	0
6	沧州	3 500	5 066	144. 74	2 536	230	0	2 306	0	0	0	0
7	保定	11 000	14 444	131. 31	8 747	507	0	8 000	233	0	7	5 094
8	承德	2 000	2 268	113. 40	310	178	0	101	0	0	31	85
9	张家口	4 000	4 518	112. 95	639	97	5	411	0	0	126	40
10	唐山	3 000	3 299	109. 97	2 647	46	0	2 330	270	0	1	20
11	秦皇岛	1 400	1 423	101. 64	540	80	0	454	0	6	0	0
12	辛集	200	2 446	1 223. 00	246	200	0	46	0	0	0	0
13	定州	2 000	2 022	101. 10	1 348	10	0	210	1 128	0	0	1 128
全省		43 000	69 347	161. 00	37 563	2 150	126	32 823	1 986	46	432	9 090

山 西 省

一、2018 年节能与新能源汽车产业概况

山西省 2018 年主要整车和零部件生产企业完成工业总产值 330. 75 亿元、工业销售产值 321. 66 亿元、工业增加值 25. 23 亿元、利润总额 28. 25 亿元。新能源汽车产值约 132 亿元,工业增加值 10. 2 亿元。整车产销量分别为 141 239 辆和 140 992 辆,其中电动汽车生产 44 547 辆,销售 44 539 辆。电动物流车生产 4 599 辆、销售 4 609 辆,电动轿车生产 39 386 辆、销售 39 368 辆,

电动客车生产562辆、销售562辆。

二、公共领域新能源汽车推广应用基本情况

1. 道路货运行业，注册登记的新能源车辆63 887辆，其中电动汽车9 213辆、燃气汽车54 674辆。

2. 城市公交行业，全省共有公交车15 247辆，其中新能源纯电动公交车8 894辆、燃气公交车4 306辆、双燃料公交车100辆。2018年新增更新公交车624辆，新能源车占比91.7%。全省共有充电站171座，充电桩2 554个。

3. 城市出租行业，全省共有出租汽车43 083辆，其中新能源纯电动出租汽车9 268辆，双燃料汽车31 105辆，全省使用新能源和清洁能源的出租汽车占全部车辆的93.7%。

辽 宁 省

一、2018年节能与新能源汽车产业概况

2018年，受全国汽车工业增速放缓影响，辽宁省汽车产量呈现小幅下降。全年累计生产汽车95.5万辆，同比下降1.2%。汽车制造业实现主营业务收入3 135.5亿元，同比增长8.2%；利润319.3亿元，同比增长12.3%。其中新能源汽车在市场和政策的共同推动下，实现了迅猛增长，全年累计产量21 790辆，同比增长4.7倍。

辽宁省从事新能源汽车整车、零部件企业和科研院所60家左右，产品涵盖纯电动汽车、插电式混合动力汽车等整车系列产品，动力电池、驱动电机、电子控制和系统集成等核心零部件和关键技术，动力电池正极材料、负极材料、电池隔膜、电池电解液等电池原料，以及新能源汽车充电设备等。新能源汽车产业链主要分布在沈阳、大连、丹东、鞍山、朝阳等地区，华晨汽车集团、曙光汽车集团、比亚迪汽车大连分公司等新能源汽车整车生产企业在研发设计、示范推广应用等方面走在我省前列，辽宁省已形成了产学研用相结合的新能源汽车产业研发生产体系。

出台《辽宁省建设具有国际竞争力的先进装备制造业基地工程框架实施方案》，将节能与新能源汽车工程列入八大重点发展领域之一，设立工程指挥部，实施工程行政指挥系统和设计师指挥系统“两条线”。通过事业单位机构改革，组建“辽宁省先进装备制造业基地建设工程中心”，内设交通装备发展服务部，负责全省节能与新能源汽车产业发展服务、支撑、保障。省长牵头、工业管理部门推动、科技、发改部门协调，事业单位支撑的高效政府公共服务体系基本形成。

二、2018年节能与新能源汽车扶持政策与措施

政策名称	文件号	发布单位	发布日期	政策概要
辽宁省建设具有国际竞争力的先进装备制造业基地工程框架实施方案	辽委办发〔2018〕8号	辽宁省人民政府办公厅	2018-6-4	围绕做优做强航空装备、海工装备及高技术船舶、节能汽车与新能源汽车、重大成套装备，发展壮大高档数控机床、机器人及智能装备、先进轨道交通装备、集成电路装备，实施八项子工程
关于印发沈阳市加快新能源汽车推广促进产业做大做强实施方案的通知	沈政办发〔2018〕142号	沈阳市人民政府办公厅	2018-11-25	加强新能源汽车推广应用，创新新能源汽车应用商业模式，对新能源汽车推广应用进行补贴

三、2018年节能与新能源汽车推广应用情况

辽宁结合产业基础和地域特点，将新能源汽车推广应用的重点放在市政、公交、邮政、物流等公共领域，积极推进新能源汽车在公共交通运输领域的推广应用。一是开展城市客运行业“油改气”工作，要求新增或更新的城市公交车和出租汽车全部使用清洁能源或新能源车辆。二是下发《新能源公交车推广使用考核办法（试行）》，确定了2015—2019年，各省辖市新增及更换的公交车中新能源公交车比重分别达到10%、15%、20%、25%、30%，沈阳、大连两市在此基础上分别增加5%的工作目标。2015—2018年，全省新增及更换公交车中新能源比例分别达到74%、87%、75%、88%，超额完成了工作目标。三是加大绿色交通发展政策支持力度，通过获批绿色交通、申报交通运输部节能减排专项资金、安排中央油补退坡资金等补助资金，为企业提供更多的资金支持。在多方共同推动下，辽宁省新能源公交车推广应用规模不断扩大，很多城市新增公交车主要以新能源汽车为主，同时，新能源汽车市场商业模式出现新的变化，涌现出很多新能源物流车、新能源乘用车的租赁企业，引领了新能源汽车的使用和销售。截至2018年，全省2.4万台公交车中，新能源公交车有1.6万台，占全部公交车的65%。其中，2018年新增1 373台公交车中，新能源公交车有1 211台，占比达到88.2%。投入运营的新能源出租车已达到2 057台。省邮政局印发《辽宁省邮政管理局2019年行业生态环境保护工作要点》，积极推动邮政行业新能源车辆应用，推动快递运输配送方式绿色化发展。邮政系统新能源汽车保有量达到200台左右，主要集中在沈阳、大连地区。

四、2018年节能与新能源汽车主要企业经营情况

——整车领域

辽宁省新能源整车生产企业有华晨汽车集团、华晨宝马汽车、曙光汽车集团、大连比亚迪、辽宁乾丰、辽宁凌源凌河汽车、沈阳华龙新能源汽车、华晨雷诺金杯汽车、华晨客车（大连）有限公司、一汽客车（大连）有限公司、辽宁海诺建设机械集团等。

1. 华晨集团控股有限公司

华晨汽车集团新能源汽车产品涵盖混合动力旅游客车、纯电动城市公交客车、LNG公交客车、纯电动双层旅游巴士、

纯电动物流车、纯电动环卫车等。推广城市包括沈阳、大连、北京、天津、西安、济南、太原、哈尔滨、呼和浩特、银川、兰州等。

华晨研发中心拥有一支将近200人的新能源项目研发队伍，设有专门的部门用于新能源电控、高压架构、电机电池等关键零部件的研发和测试。公司参与了多项新能源国家标准的制定，并编写了几十项新能源领域的企标，获得了多项专利，具有完整的正向开发能力。在整车集成、新能源硬件、新能源软件等方面有较强的竞争优势。

2. 华晨宝马汽车有限公司

华晨宝马汽车自主研发插电式混合动力乘用车。电池配套企业是宁德时代新能源科技有限公司。公司使用永磁同步驱动电机，自配驱动电机。华晨宝马在新能源乘用车研发制造领域走在全省前列，其技术水平处于国内领先水平。

3. 辽宁曙光汽车集团股份有限公司

丹东黄海2009年即成为国内首批获得国家工信部认定的新能源汽车准入"通行证"的企业之一，通过近年来对研发能力的不断建设，现已具备新能源控制系统研发实验能力、新能源整车实验能力、零部件实验测试能力、底盘系统和动力模块实验检测能力，完成了集团车桥零部件实验中心的建立，实现了底盘系统、动力模块实验检测能力的提升。已成功开发出油电、气电插电式混合动力、纯电动大中型客车、纯电动皮卡，以及纯电动欧系轻客及改装专用车产品，已完成了新能源大中型客车、轻型客车和电驱动车桥平台的搭建，可满足城市公交、团体通勤、旅游租赁、短途客运、商务接待、物流运输等各类需求。主要的电池配套企业包括宁德时代新能源科技股份有限公司、中信国安盟固利动力科技有限公司。技术合作方包括东软集团等。推广应用城市主要为昆明、桂林、鞍山等地。

4. 大连比亚迪汽车有限公司

大连比亚迪汽车有限公司主要从事纯电动大巴K9的生产制造。推广应用城市包括吉林、大连、承德、太原、西安、杭州、南京、青岛、深圳等。产品主要出口韩国济州岛、英国伦敦、美国加利福尼亚州、匈牙利、巴西、印度、日本等国家。

大连比亚迪工业园，一期工程产能1 000辆，投资约5亿元；二期工程投资约10亿元，产能3 000辆；三期工程计划投资约15亿元，产能5 000辆，并增加纯电动中巴、物流车、货车等相关车型。大连比亚迪纯电动大巴生产基地，是比亚迪在东北地区唯一的新能源汽车生产、出口、物流基地。

5. 辽宁乾丰专用车有限公司

辽宁乾丰新能源客车主要是以生产销售大中型新能源客车、冷藏车、物流车、旅居车及配套充电桩为主。动力电池配套企业包括国能、万象、春兰、创源。产品主要出口南非、意大利、匈牙利、柬埔寨、罗马尼亚等国家。自主研发核心技术，建设专业的技术研发团队，并与南京金龙客车在技术、生产及售后方面展开全面合作。

6. 辽宁凌源凌河汽车制造有限公司

辽宁凌源凌河汽车制造有限公司已拥有新能源整车控制软硬件开发能力，已掌握燃料电池集成技术，满足纯电动及燃料电池车使用需求，可针对用户需求开展定制性开发。技术合作方包含中国航天科技集团公司一院第十五研究所、航天新长征电动汽车技术有限公司。动力电池配套企业主要为宁德时代新能源科技有限公司和河南锂想动力科技有限公司。驱动电机配套企业包括湖南中车时代电动汽车股份有限公司、苏州绿控传动科技有限公司。

7. 沈阳华龙新能源汽车有限公司

沈阳华龙新能源汽车有限公司是自助研发纯电动、插电式混合动力、增程式商用车。技术合作方是北京科凌电动车辆股份有限公司。电池配套企业包括江苏春兰清洁能源研究院有限公司、深圳市沃特玛电池有限公司。公司使用永磁同步驱动电机，驱动电机配套企业包括长沙威康动力技术有限公司、潍柴动力股份有限公司和深圳市大地和电气股份有限公司。公司主要开发增程式和纯电动城市和纯电动物流车，完全依靠自有增程式动力系统核心技术国家发明专利，依靠公司技术团队完全正向开发的增程式和纯电动客车系列产品；在同类产品中的竞争处于领先水平。

8. 沈阳金杯车辆汽车有限公司

沈阳金杯车辆在新能源方面主要生产纯电动商用车，使用永磁同步电机，驱动电机配套企业为上海电驱动股份有限公司，动力电池配套企业为大连中比动力电池有限公司。推广应用城市包括沈阳、广州、厦门。

9. 华晨雷诺金杯汽车有限公司

华晨雷诺金杯由于合资公司刚成立，已有商用汽油车生产资质，正与华晨研究院合作研发新能源电动车。预计2019年整车产能达到7 000辆/年。

10. 华晨客车(大连)有限公司

具有一定的车身、底盘及新能源系统匹配研发能力，具备一定的电池系统及电机系统检测能力。自主研发燃油团体客车及纯电动、LNG公交车及纯电动的物流车系列。公司使用的动力电池类型为磷酸铁锂电池，驱动电机类型为永磁同步电机，配套的电机企业为精进电机。

11. 一汽客车(大连)有限公司

主要以10.5 m、12 m纯电动客车、12 m插电式混动客车为主。按一汽集团统一规划布置，一汽客车(大连)未来5年开发节能与新能源客车产品的规划目标：适应性开发二代纯电动客车并进行技术升级；开发国Ⅴ气电插电式混合动力客车；开发升级8～12 m的国Ⅴ排放CNG、LPG公交系列客车。一汽客车(大连)合作的动力电池配套企业包括江苏智航和江苏星恒。驱动电机配套企业为无锡华宸、大洋电机等。

12. 忠大集团辽宁海诺建设机械集团有限公司

公司在新能源领域与山东五征环保科技股份有限公司合作生产纯电动专用车。动力电池配套企业为中聚(杭州)新能源科技有限公司。驱动电机配套企业为东湖科技(北京)有限公司。

13. 一汽凌源汽车制造有限公司

飞和"一汽凌源"纯电动商用车将以一汽凌源各系列商用车底盘为基础，通过对动力总成的更换等方式达成满足不同用户和不同用途的纯电动商用车型。"一汽凌源"纯电动商用车将利用飞和汽车早已储备的大连"易威"电动车技术实现车辆产品化目的。

14. 大连鹏迪电动车辆有限公司

大连鹏迪自主研发纯电动专用车，目前研发能力薄弱，技术水平处于中层。动力电池配套企业为河南锂动电源有限公司,使用磷酸铁锂电池,驱动电机配套企业为常州华盛电机厂。

15. 辽宁张世新能源汽车制造有限公司

该公司在建设阶段,已持有国内风能电动汽车发电供电系统发明专利。主要生产新能源客车零部件及整车,新能源环卫车零部件及整车。

——科研院所

1. 中国科学院大连化学物理研究所

研究所研究方向主要包括:催化化学、工程化学、化学激光、分子反应动力学、近代分析化学、生物技术、化石能源与应用催化、低碳催化与工程、节能与环境、燃料电池、储能、氢能与先进材料、生物能源、太阳能、海洋能、能源基础和战略、能源研究技术、国防安全、精细化工等。承接多个国家或省级新能源项目。

研发的具有自主知识产权的新型高比能量锂硫动力电池技术实现了成果转移、转化,成立了国内首家创新型动力电池生产企业——中科派思储能技术有限公司,完成了生产线的建设并顺利投产,产品已经向国内多家企业供样测试,收到了良好的效果。

2. 大连交通大学(辽宁省新能源电池重点实验室)

大连交通大学研究方向为燃料电池、超级电容器以及新型储能技术。承接多个国家或省级新能源项目。"薄型金属双极板子交换膜燃料电池堆研究"项目取得金属双极板制备技术成果已经应用于新源动力股份有限公司的燃料电池发电系统,该成果于 2011 年获辽宁省科技发明三等奖。辽宁省自然科学奖二等奖,新能源电池高性能电极材料研究。

3. 大连理工大学

大连理工大学研究方向为新能源汽车动力系统控制;新能源汽车驱动电机控制;新能源汽车车载信息终端(数据采集器);电动汽车整车控制(VCU);新能源汽车大功率 DC/DC 系统;电动汽车智能感知。

4. 沈阳仪表科学研究院有限公司

新能源汽车传感器(包括新能源汽车电池组主回路电流传感器、新能源汽车电池组加热回路电流传感器、新能源汽车电池组温度传感器、汽车轮速传感器、汽车胎压传感器(TPMS)、雨量照度传感器、方向盘角度传感器、刹车油门转角传感器等),新能源汽车零部件检测服务等方向。

5. 沈阳工业大学国家稀土永磁电机工程技术研究中心

机构研究方向为永磁电机的研发,承接国家或部门新能源项目有国家"863"计划——车用电机磁性材料性能稳定性评价技术研究(2006AA11A182)、钕铁硼永磁材料的评价技术、电动大巴车用永磁电机的研发等。

6. 沈阳工业大学

沈阳工业大学研究方向为新能源汽车用驱动电机、电控系统,承接或共同合作企业项目:众泰新能源汽车有限公司,纯电动汽车整车电控集成系统产业化项目——新型汽车级电机驱动控制关键技术的研发,该电驱动系统已经批量应用于众泰 E200 车型和内部代号为 V10 的一款物流车。

7. 东北大学

机构研究方向为新能源汽车的研发,承接新能源汽车电控系统关键技术的研究项目。项目开展情况:整车控制器和基于 CAN 总线的远程监控系统已应用,特别是纯电动汽车整车控制器已在汽车上获得应用。

——新能源汽车零部件

1. 电力驱动系统

辽宁省主要企业有:大连电机集团、沈阳永磁电机、大连创为电机和辽阳一汽普雷特电机。

(1)大连电机集团

大连电机集团有限具有 70 年的电机及控制驱动产品设计制造经验,新能源汽车驱动系统的研发是公司重点发展目标之一。

公司致力于科技创新,是省级技术中心企业。曾承担国际"863"课题,拥有多项专利。其产品配套车型从纯电动轿车、物流车、旅行车、环卫车、中巴车至 12 m 大巴车。主要用户有北汽新能源、郑州宇通、山东沂星、北汽福田、东湖科技等十余家整车企业。公司拥有多项专利,已逐渐成为国内新能源汽车驱动系统制造领域规格最全、品种最多的企业之一。年生产能力 1 万套,50 万 kW。

(2)沈阳永磁电机

沈阳永磁电机制造有限公司,是一家生产稀土永磁电动机和新能源汽车驱动技术的高新技术企业。

永磁方波电机区别于市场上的普通永磁同步电机和永磁无刷电机,是永磁电机行业的一场技术革命,技术水平处于国际领先。沈阳永磁电机制造有限公司自主研发、世界首创的"狼王牌"方波稀土永磁无刷直流电动机,是对传统电动机的一次革命,它解决了传统电机在效率、寿命、智能、体积和重量等方面的不足,达到国际领先水平。

公司产品广泛应用于大巴、中巴、物流车等电动汽车,已申请多项发明专利,并拥有 10 余项核心技术,年生产能力 1 万套。

(3)大连创为电机

大连创为电机有限公司主要生产混合动力牵引电机、纯电动异步牵引电机及驱动控制系统、纯电动永磁牵引电机及驱动控制系统。混合动力牵引电机主要配套电动公交车,配套企业包括安凯、厦门金龙、金旅、扬州亚星;配套车型主要为 8 m、10 m、12 m、18 m 客车,以及 SUV、小轿车、面包车、氢燃料物流车等;纯电动永磁牵引电机及驱动控制系统主要配套四川野马;纯电动异步牵引电机及驱动控制系统主要配套金华青年客车。

(4)辽阳一汽普雷特

辽阳一汽普雷特电驱动有限公司,引进国际先进的汽车零部件技术,研发和生产电机壳体、减速器壳体、电机轴、电驱动总成等产品。产品适用于新能源乘用车和商用车,目前处于市场开发阶段。

2. 电源系统

辽宁省主要车用动力电池企业有:大连中比动力、辽宁比科新能源、东软睿驰、新源动力、朝阳立塬、辽宁凯信、锦州凯美等,其中新源动力是燃料电池生产企业,朝阳立塬、锦州凯美以生产超级电容为主,其他都是锂动力电池生产企业。

(1)大连中比动力

大连中比动力电池有限公司主要生产磷酸铁锂动力电池,主要生产设备多为日本进口设备,具备独立自主的研发试验能力且可以独立完成 UL 相关测试。公司持有动力电池相关国内专利 19 项，车用动力电池产能 280 万 kWh/年。

(2)辽宁比科新能源

辽宁比科新能源股份有限公司产能 22 万 kWh/年，以自主研发为主，另外与中南大学、东北师范大学、大连理工大学等科研院校进行合作，持有动力电池相关国内专利 10 项，主要为河南中力新能源环卫设备制造有限公司生产的电动环卫清扫车配套。

(3)东软睿驰

东软睿驰汽车技术(沈阳)有限公司自主研发电池管理系统，进行电芯成组技术研发及生产。产能 40 万 kWh/年。持有动力电池相关国内专利 20 项，主要为长城、黄海、北汽银翔、吉利、本田等企业配套。产品处在小批量生产及试装阶段，产品技术水平处于国内领先水平。

(4)新源动力

新源动力股份有限公司持有氢燃料电池相关国内专利 449 项，国外专利 6 项，氢燃料电池产能 1 万 kWh/年。目前为上海荣威、上汽大通生产的燃料电池轿车、客车配套。

(5)朝阳立塬

是研发、生产、销售超级电容器和电容型锂离子电池、新能源电池材料的科技型民营企业，也是辽宁(朝阳)新能源产业集群的龙头企业和公共研发检测平台。朝阳立塬系列产品包含电容型磷酸铁锂系列电池、电容型三元系列电池和超级电容器三大系列。车用动力电池产能 230 万 kWh/年。

(6)辽宁凯信

辽宁凯信新能源技术有限公司自主研发锰酸锂动力电池技术路线，产能 10 万 kWh/年。持有动力电池相关国内专利 16 项，主要为南京金龙客车进行配套。

3. 辅助系统

新能源零部件辅助系统包括动力电池材料、电容器、空气压缩机、车载电器、充电桩、电泵、电流传感器等，辽宁省主要新能源辅助系统生产企业有：大连瑞源、大连宏光锂业、辽宁亿金、东软集团、鞍山新磁、大连德润等。

(1)大连瑞源

大连瑞源动力股份有限公司主要产品包括：动力电池三元高镍正极材料及高镍三元前驱体，电池级硫酸镍，硫酸锰，硫酸钴纳米氧化锌等，年生产能力 1.5 万 t。

(2)大连宏光锂业

大连宏光锂业股份有限公司主要生产锂离子电池石墨负极材料，年生产能力 3 500 t。企业技术水平达到国内先进水平。

(3)辽宁亿金

辽宁亿金电子有限公司位于辽宁省阜新高新技术产业开发区，主要产品包括：直流支撑电容器，无功补偿电容器、智能电容器，矿热炉电容器，电动机电容器，发爆器电容器，汽车电容器，年生产能力 200 万台。

(4)东软集团

东软集团主要产品包括：IVI 多媒体信息娱乐系统，T-BOX 终端，全液晶仪表，V2X，车联网服务后台，大数据处理，UI 设计等。技术水平居于国内领先，年生产能力 200 万台。主要为奔驰、宝马、奥迪、大众、通用、本田、广汽等企业配套软件解决方案；其 IVI/T-Box/仪表产品主要配套：北汽、华晨、吉利、长安、奇瑞、观致、比亚迪戴姆勒、华晨宝马等企业。

(5)鞍山新磁

鞍山新磁电子是集专业研发、制造、销售为一体的新能源及常规汽车零部件配套企业。总部位于鞍山经济开发区，同时在深圳、大连设立研发中心。持有 16 项国家级专利技术，年生产能力 10 万套。主要生产的产品有两大类：第一类是主要应用于新能源汽车电流传感器中的磁芯及霍尔元器件；第二类是被称为新能源汽车“小三电”中的 2 种，共 4 款产品。主要有电动空调压缩机、空调系统总成、电动空压机、电动真空泵。作为新能源汽车零部件，其第一类产品主要供应国内比亚迪、莱姆等知名企业，并出口到日本、保加利亚、泰国等国家；第二类产品主要销往国内东风、北汽、吉利知豆等知名企业。

(6)大连德润

大连德润电动汽车科技有限公司主要生产新能源汽车用滑片式空气压缩机、新能源汽车用电液转向泵，为中国重汽、中通客车、上海申龙等新能源重卡、物流车、客车企业配套，年生产能力 1.5 万台。

除上述企业外，辽宁尚有部分新能源零部件辅助系统生产企业，如徨产电动汽车群能充电系统的大连特来电新能源有限公司，生产单项交流充电桩、三项交流充电桩、交流充电桩广告机、直流移动充电桩、一体式直流快速充机的辽宁雷风新能源科技有限公司，生产新能源汽车电池组电流传感器的沈阳仪表科学研究院有限公司，电泵、电机(电机电控)、汽车电子生产企业阜新德尔汽车部件股份有限公司等，这些企业产品适用于新能源乘用车和商用车，目前多处于市场开发阶段。

五、2018 年节能与新能源汽车项目及园区建设情况

1. 省级行业管理部门首次将燃料电池汽车产业规划提上日程。

12 月 26 日，辽宁省工信厅在沈阳召开了全省氢能产业发展研讨会。“政产学研用”产业链上的重点单位近 60 名代表参加了会议。各界代表从各自领域梳理总结科研实力、产品研制、示范应用、产业规划等发展现状，提出在科技成果转化、金融环境、政府政策扶持等方面与发达地区还有显著差距，建议政府进一步加大产业发展顶层设计，完善产业链条，汇聚资源优势，坚持问题导向，促进产业实现稳健发展。

2. 华晨宝马新能源乘用车品牌落户辽宁沈阳。

2018 年 10 月 11 日，在华晨宝马成立 15 周年之际，宝马集团和华晨汽车集团联合宣布，股东双方将延长华晨宝马的合资协议至 2040 年(2018—2040 年)。与此同时，对华晨宝马的投资将增加 30 亿欧元，用于未来几年沈阳生产基地的改扩建项目。宝马成为第一家把中国作为电动车基地、全面出口全球的跨国车企。纯电动的 BMW iX3 将于 2020 年在大东工厂下线，该车型将只在中国生产，出口到全球市场。

六、2018 年基础设施建设及运行情况

辽宁省人大常委会与 2018 年 11 月 26 日审议的《辽宁省绿色建筑条例(草案)(二次审议稿)》提出：新建公共租赁

住房应当按照全装修成品住房的要求建设;装修成品住房的室内空气质量应当满足国家有关标准要求;绿色建筑附属停车场或停车库应当按照国家和省有关规定配建电动汽车充电设施。

七、发展规划

重点发展节能汽车、新能源汽车和智能网联汽车。在节能汽车领域,掌握汽车低碳高效内燃机、先进变速器、轻量化材料等技术和产品;在新能源汽车领域,提升动力电池、驱动电机、整车控制等核心技术的工程化和产业化能力;在智能网联汽车领域,突破信息化、智能化核心技术。

主要抓好节能汽车产品优化升级,提高市场占有率;推进新能源汽车新产品研发和产业化,完善动力电池、驱动电机、电控系统等新能源汽车配套体系,加快新能源汽车在公交、物流、邮政、市政、旅游等领域的推广应用;积极开展燃料电池汽车示范运行,带动氢能制备、储运和加注装备技术发展。(责任单位:省工业和信息化委、省新能源汽车工作联席会议成员单位)

专栏 节能汽车与新能源汽车工程	
重点发展产品	小型纯电动乘用车、插电式混合动力中级乘用车、纯电动客车、插电式混合动力客车、增程式纯电动客车、燃料电池客车、新能源物流运输车等
突破关键技术	整车智能控制技术、高集成度动力系统电动化技术,无人驾驶技术、宽温度/长寿命/全固态电池技术、智能/高效电池管理技术;燃料电池高可靠性隔膜、催化剂、双极板、供给系统及其相关技术等
依托重点企业	华晨汽车集团、华晨宝马、辽宁曙光汽车集团、上汽通用(沈阳)北盛、大连比克电池、辽宁凯信新能源技术、大连新源动力、中科院大连化物所等
重点支撑项目	全新一代多用途乘用车 M8X 平台建设项目、新能源汽车高压电池装配及检测项目等 14 个项目

(一)加强组织实施

成立建设具有国际竞争力的先进装备制造业基地工程指挥部,设立工程总指挥,负责对工程进行全面管理,实施工程行政指挥系统和设计师指挥系统“两条线”,加强对工程的组织领导,明确工作职责、任务及分工,落实责任主体,强化督导考核,统筹推进工程实施。指挥部下设办公室,承担指挥部的日常工作。(责任单位:省工业和信息化委、省科技厅、省发展改革委等部门)

(二)深化体制机制改革

加快政府职能转变,深入推进简政放权,优化企业发展环境。开展降低实体经济企业成本行动,优化运营模式,增强盈利能力。清理和规范涉企行政事业性收费,减轻企业负担,完善公平竞争、促进企业健康发展的政策和制度。积极发展混合所有制经济,鼓励非公企业参与国企改革。大力发展民营经济,进一步增强市场主体活力。(责任单位:省编办、省国资委、省发展改革委、省工业和信息化委)

(三)推进产业转型升级

推进两化融合,开展200项智能制造和智能服务试点示范,加快装备制造业智能化转型升级;加快军民融合发展,推进军民科技成果双向转化;每年推进50项工业强基项目,破解先进装备制造业产业发展瓶颈;推进绿色制造发展,开展绿色制造技术和制造装备的推广应用;加强产业创新能力建设,促进科技成果转化和推广应用;充分发挥装备制造业产业联盟作用,推动产业链协同发展;推进200项重大项目建设,加快产业结构调整;积极争取国家专项资金支持,促进产业高端化发展。(责任单位:省工业和信息化委、省科技厅、省发展改革委)

(四)推进国际产能合作

落实“一带一路”倡议,推动国际产能和装备制造合作,带动辽宁装备“走出去”。鼓励企业逐步实现由产品输出向技术输出、资本输出和服务输出转变。推进建设一批境外制造业产业基地,实施一批重点国际产能和装备制造合作项目。(责任单位:省发展改革委、省商务厅、省工业和信息化委)

(五)加快人才引进培养

建立和完善人才引进、培养与激励机制,建立装备制造业人才库,加快培养和引进装备制造业的中高级技工队伍、研发专家和团队、高级经营管理人才,为产业发展提供智力支持和人才保障。强化职业教育和技能培训,建立一批实训基地。(责任单位:省工业和信息化委、省人力资源社会保障厅、省教育厅)

八、2018 年本地区重点新能源汽车企业产销量统计表

单位:辆

产品名称	2018 年生产	2018 年销售
新能源汽车	23 841	23 803
其中:纯电动	2 200	2 259
其中:插电式混合动力	21 640	21 543
乘用车	21 547	21 450
华晨宝马——530Le 混合动力	13 346	13 259
华晨宝马——之诺 60H(M13)	61	88
华晨宝马——X1 混合动力	8 140	8 103
商用车	2 294	2 353
丹东黄海——纯电动客车	50	50
丹东黄海——插电式混合动力客车	93	93
华晨客车(大连)——纯电动客车	43	39
华晨客车(大连)。纯电动专用车	1	1
沈阳金杯车辆制造有限公司——纯电动物流车	10	36
一汽客车(大连)有限公司——纯电动物流车	2 097	2 134
华晨鑫源重庆汽车有限公司——纯电动专用车	620	424

黑龙江省

一、2018 年节能与新能源汽车产业概况

截至 2018 年末，黑龙江省共有新能源汽车整车生产企业 3 家，分别是哈尔滨通联客车制造有限公司、黑龙江龙华汽车有限公司和哈尔滨龙江客车制造有限公司，3 户新能源客车企业都在根据市场需求不断调整产品结构和发展目标，新能源汽车整车及配套产品研发制造能力得到大幅提升。受多方面因素影响，2018 年黑龙江省新能源汽车产销量大幅度下降，全年仅生产新能源汽车 113 辆。

二、2018 年节能与新能源汽车扶持政策与措施

政策名称	文件号	发布单位	发布日期	政策概要
关于印发《黑龙江省企业新增新能源汽车产品公告奖励政策实施细则》的通知	黑工信装规联发〔2018〕15 号	黑龙江省工业和信息化厅黑龙江省财政厅	2018-9-26	为推动全省新能源汽车推广应用，鼓励全省新能源汽车生产企业加快发展，依据《黑龙江省人民政府关于推动新能源汽车产业创新发展的意见》（黑政规〔2017〕33 号）中关于企业新增新能源汽车产品公告奖励政策的有关规定，制定本实施细则

三、2018 年节能与新能源汽车推广应用情况

2018 年全省共推广应用节能与新能源汽车 4 876 辆，其中：纯电动客车 2 986 辆、纯电动乘用车 703 辆、插电式混合动力乘用车 945 辆、纯电动箱式运输车 242 辆。

四、2018 年节能与新能源汽车主要企业经营情况

2018 年，哈尔滨通联客车制造有限公司共生产销售新能源客车 112 辆，其中：HKC6681BEV 纯电动城市客车 50 辆；HKC6810BEV01 纯电动城市客车 42 辆；HKC6123CHEV 混合动力城市客车 20 辆。哈尔滨龙江客车制造有限公司生产销售 LJK5040XXYDEV1 纯电动箱式物流车 1 辆。

五、2018 年节能与新能源汽车项目及园区建设情况

哈尔滨龙江客车制造有限公司现生产地址位于平房区镜泊路 11 号，占地面积 30 000 m^2，厂房建筑面积 11 450 m^2，办公楼建筑面积 3 000 m^2，研发实验室建筑面积 800 m^2。拥有健全的客车焊装、涂装、总装、制件、检测生产线，具备国内领先的新能源研发实验及零部件检测设备。已具备年产 1 000 辆新能源客车及专用车的生产能力。

六、2018 年基础设施建设及运行情况

随着新能源汽车应用数量的大幅度增加，黑龙江省充电基础设施建设步伐不断加快，2018 年全省新建充电站 198 个，充电桩 3 142 个。

七、2018 年节能与新能源汽车推广应用统计表

单位：辆

燃料 \ 车型	公交车	旅游大巴	公务车	出租车	租赁用车	私人用车	环卫车	物流车	邮政车	工程车	载货车	其他	合计
纯电动汽车	2 986	0	0	0	0	703	0	0	0	0	242	0	3 931
插电式混合动力汽车	0	0	0	786	0	159	0	0	0	0	0	0	945
增程式电动汽车	0	0	0	0	0	0	0	0	0	0	0	0	0
燃料电池汽车	0	0	0	0	0	0	0	0	0	0	0	0	0
合计	2 986	0	0	786	0	862	0	0	0	0	242	0	4 876

八、2018 年本地区重点新能源汽车企业产销量统计表

生产企业名称	产品商标	车辆类型	通用名称	产量统计（辆）	销量统计（辆）
哈尔滨通联客车制造有限公司	哈尔滨	HKC6681BEV 纯电动城市客车	商用车	50	50
	哈尔滨	HKC6810BEV01 纯电动城市客车	商用车	42	42
	哈尔滨	HKC6123CHEV 混合动力城市客车	商用车	20	20
哈尔滨龙江客车制造有限公司	龙江	LJK5040XXYDEV1 纯电动箱式物流车	商用车	1	1

九、2018年12月底本地区电动汽车充(换)电站(桩)保有量统计表

充电站		充电桩(个)		换电站
城市名称	数量(座)	慢充	快充	数量(座)
哈尔滨市	72	1 202	—	—
齐齐哈尔市	20	433	—	—
牡丹江市	37	180	—	—
佳木斯市	13	284	—	—
大庆市	8	72	—	—
鸡西市	9	139	—	—
双鸭山市	9	117	—	—
伊春市	11	156	—	—
七台河市	0	182	—	—
鹤岗市	2	48	—	—
绥化市	14	245	—	—
大兴安岭	3	78	—	—
农垦	0	6	—	—

江苏省

一、2018年节能与新能源汽车产业概况

1. 整车生产

2018年,全省新能源汽车及"三电"重点企业实现销售收入640.8亿元,同比增长43.3%。新能源汽车产量16.9万辆,同比增长151.6%,占全国总量13.3%;销量16.4万辆,同比增长158.2%,占全国总量13.1%,实现整车销售收入304.9亿元,同比增长57.8%。分地区看,全省新能源汽车产量排名前三的依次是南京、南通、常州,分别为9.6万辆、3.1万辆和2.6万辆,分别同比增长236.1%、72.2%和48.8%。重点企业方面,南汽集团全年累计生产新能源乘用车达6.7万辆,同比增加5倍;南京金龙产销新能源客车0.96万辆和0.85万辆,分别同比增长16.3%和64.8%;扬州亚星产销新能源客车均为0.19万辆,分别同比增长18.9%和21.3%。

2. 配套产业链

全省"三电"(电池、电机、电控)重点企业60家,2018年实现销售收入336亿元,同比增长25.8%。主要动力电池生产企业31家,电解液、隔膜、电极材料等配套企业12家,2018年实现销售收入244亿元。动力电池装机量14.8GWh,增长66.3%,约占全国24.5%。主要电机电控研发生产企业17家,2018年实现销售收入91.9亿元。

3. 创新发展

智能网联汽车(车联网)发展全面启动。全国省级层面首家印发《江苏省智能网联汽车道路测试实施细则(试行)》,推动两部一省共建国家智能网联交通综合测试基地。率先印发《智能网联汽车标准体系建设指南》,指导开展重点标准研制,全省制定和发布了"道路车辆智能监测、机动车号牌图像自动识别、车联网V2X通信技术规范、机动车电子标识"等10多件国家和行业标准。5G通信、智能传感等技术取得突破。无锡市建成全球首家城市级车联网应用网络,开展示范应用。南京理工大学等3个车联网项目列入工信部示范应用项目。全省氢燃料电池汽车快速发展,初步形成了涵盖电堆、系统、整车、氢气制备和储运、加氢站等完善产业生态,如皋、常熟、张家港等地区开通氢燃料电池公交,推进示范应用。

二、2018年节能与新能源汽车推广应用情况

2018年在省委省政府的坚强领导下,江苏省新能源汽车推广应用工作取得了很大的进展,全年推广应用新能源汽车47 582辆,同比增长21%,折合标准车109 850辆,超额完成省政府确定的年度目标任务。其中南京市推广数量超过1万辆,苏州、常州推广数量超过5 000辆。全省建设充电桩16 683个,其中直流桩6 825个,交流桩9 858个。截至2018年底,全省累计推广应用新能源汽车13.2万辆,建设各类充电桩6.6万个。

三、2018年节能与新能源汽车主要企业经营情况

重点企业方面,南汽集团全年累计生产新能源乘用车达6.7万辆,同比增加5倍;南京金龙产销新能源客车0.96万辆和0.85万辆,分别同比增长16.3%和64.8%;扬州亚星产销新能源客车均为0.19万辆,分别同比增长18.9%和21.3%。

四、2018年节能与新能源汽车项目及园区建设情况

两年内聚焦新能源汽车领域,共实施65项重大投资项

目,实现投资额330.7亿元,一批高水平汽车项目稳步推进,有力提升了产业竞争力和影响力。拜腾汽车通过与一汽集团战略合作,有序推进纯电动乘用车2019年量产计划。坤泰7速双离合变速箱项目列入省领导挂钩联系重大项目,突破了高端变速箱的关键技术,预计2019年将全面实现国产化。观致汽车、国新新能源、康迪等一批新能源整车项目获批,将进一步丰富产品种类,提升我省产业规模。中航锂电、乐金化学、上汽时代等动力电池项目纷纷投产,越博动力江北生产基地项目稳步推进。

五、2018年基础设施建设及运行情况

全省建设充电桩16 683个,其中直流桩6 825个,交流桩9 858个。截至2018年底,全省累计建设各类充电桩6.6万个。

六、2018年12月底本地区电动汽车充(换)电站(桩)保有量统计表

序号	城市	车辆推广数量(辆)			充电桩建设数量(个)						
		实物车总数	公交	乘用车	专用车	折合标准车	完成率(%)	总数	直流	交流	完成率(%)
1	南京	13 388	1 290	11 075	954	27 465	448	4 066	1 722	2 344	102
2	无锡	3 832	524	1 869	1 285	9 278	119	4 387	978	3 409	109
3	徐州	4 527	325	2 857	1 023	7 123	153	1 036	420	616	42
4	常州	5 304	236	4 858	209	7 568	313	513	345	168	52
5	苏州	8 980	1 236	7 579	134	21 825	315	2 986	1 454	1 532	128
6	南通	1 833	290	1 412	42	6 023	173	503	248	255	50
7	连云港	1 425	284	1 070	24	4 839	315	710	280	430	105
8	淮安	1 467	420	1 063	0	6115	138	200	104	96	125
9	盐城	2 029	369	1467	175	6 806	208	456	126	330	110
10	扬州	1 655	308	196	50	3 924	323	663	442	221	133
11	镇江	583	110	465	4	1 845	121	368	199	169	145
12	泰州	2 126	318	1 656	151	5 538	395	350	180	170	175
13	宿迁	379	109	207	0	1 501	76	445	327	118	89
合计		47 528	5 819	35 774	4 051	109 850	203	16 683	6 825	9 858	95

安徽省

一、2018年节能与新能源汽车产业概况

2018年,安徽省新能源汽车产业共实现总产值约500亿元,新能源汽车发展进一步提速,产业链日趋完善。

(一)龙头企业发展快。安徽省已形成以江淮汽车、奇瑞汽车、合肥长安汽车、猎豹汽车为代表的新能源乘用车生产企业,以安凯客车为代表的新能源客车生产企业,以江淮汽车、华菱汽车为代表的新能源货车生产企业协同发展的格局。奇瑞新能源汽车公司获得纯电动乘用车单独生产资质。江淮大众新能源汽车合资公司获得国家纯电动乘用车批复,并被列为安徽省先进制造业"一号工程"进行推进,首款纯电动汽车已下线并初步具备量产条件,将正式上市。

(二)产业链相对完整。在主机厂的带动下,安徽省也发展起并吸引集聚形成了一大批关键零部件企业,形成了以合肥国轩高科、中盐红四方锂电、芜湖天弋能源、合肥华霆动力为代表的动力电池及系统企业,以巨一动力、奇瑞安川为代表的电机及控制系统生产企业,以国网电力、普天新能源、合肥充电、易开租车为代表的充电设施建设及运营服务企业,新能源汽车产业配套日益完善。在氢燃料电池汽车上,拥有以明天氢能、全柴动力、合肥通用院等为代表的氢燃料电池关键零部件企业。

(三)创新能力不断提升。全省已建成国家节能环保汽车、国家电动客车整车系统集成2个国家级工程技术研究中心,1个国家级新能源汽车重点实验室,拥有国家级工业设计中心2家(江淮汽车、奇瑞汽车),国家级企业技术中心4家(江淮汽车、奇瑞汽车、华菱汽车、国轩高科),系统掌握了整车设计、系统集成、整车电控、电机驱动、电池管理以及混合动力耦合等关键技术和新能源汽车试验验证能力,有力支撑了安徽省新能源汽车技术创新。

二、2018年节能与新能源汽车推广应用情况

安徽省不断加快新能源汽车产品开发,如江淮汽车的第七代纯电动轿车、奇瑞汽车的全铝车身"小蚂蚁"纯电动轿车和艾瑞泽5e、瑞虎3Xe纯电动乘用车、安凯客车的7~12 m纯电动客车和10~12 m插电式混合动力客车等一批综合性能优、市场竞争力强的产品投放市场并获得畅销。

2018年,安徽省实现生产和销售新能源汽车分别为15.8万辆、15.7万辆,同比分别增长1.5倍和1.6倍,占全国比重高达12.4%。

2018年,省内新能源汽车实现推广应用8万余辆。其中,合肥市推广新能源汽车57 923辆,其中纯电动乘用车52 865辆,插电式混合动力乘用车277辆,纯电动客车605辆和插电式混合动力客车120辆(其中新能源公交车683辆),线电动货车和专用车4 056辆;芜湖市推广新能源汽车13 380辆,其中纯电动客车18辆、物流车6 951辆、纯电乘用车6 411辆。

三、2018年节能与新能源汽车主要企业经营情况

2018年,奇瑞汽车、江淮汽车分别实现销售新能源汽车9万辆和6.4万辆,分别位居全国第四位和第六位。

四、2018年节能与新能源汽车项目及园区建设情况

合肥市:

江淮大众新能源乘用车项目:计划投资额50亿元,首款车E20X已于2018年5月正式下线,将正式上市。

江淮蔚来10万辆新能源汽车项目:计划投资额23亿元,2018年江淮蔚来ES8产销达到1.28万辆,第二款车型ES6量产工作正稳步推进。

合肥长安汽车二期项目:计划投资额35亿元,设计实现汽车产能24万辆/年。

芜湖市:

总投资15.6亿元的奇瑞新能源铝车身骨架纯电动乘用车项目,建成投产后,具备年产6万辆铝车身骨架纯电动汽车生产能力;总投资3亿元的奇瑞新能源燃料电池系统项目正加快建设;总投资15亿元的奇瑞商用车总部及新能源汽车总装车间项目即将投产;总投资30.8亿元的忠旺铝合金精深加工项目正加快建设,预计2020年建成投产;总投资10.5亿元的威迈斯电源项目计划2020年建成投产。

五、2018年基础设施建设及运行情况

截至2018年底,全省建成充电桩约5万余个,其中合肥市3.6万个,芜湖市0.33万个。

2018年度,合肥市新建充电桩10 232个(交流桩8 104个、直流桩2 128个),芜湖市新建充电桩643个(交流桩613个、直流桩30个)。

六、2018年12月底本地区电动汽车充(换)电站(桩)保有量统计表

充电站		充电桩(个)		换电站
城市名称	数量(座)	慢充	快充	数量(座)
合肥市	2018年度	8 104	2 128	—
合肥市	截至2018年度保有量	36 000		—
芜湖市	2018年度	613	30	—
芜湖市	截至2018年度保有量	3 378		—

福建省

一、2018年节能与新能源汽车产业概况

经过多年的努力,福建省新能源汽车产业发展较好,新能源客车、动力电池等产品技术水平均处于全国前列,已形成新能源汽车产业发展的集聚效应。全省新能源汽车整车生产企业9家,基本涵盖了所有类别的新能源汽车产品。2018年,全省实现新能源汽车产销2.46万辆和2.52万辆,同比增长18.64%和46.19%,其中金龙集团新能源汽车产销1.40万辆和1.29万辆,同比增长39.4%和25.9%。新引进的上汽集团宁德基地项目一期投资50亿元,产能24万辆,主要生产荣威、名爵等品牌乘用车,已于2019年6月实现首辆通线车下线。宁德时代2018年动力电池装机量23.43 GWh,国内市场占有率约41%,全球市场占有率约23%,连续两年位居全球第一。厦门钨业锂离子动力电池关键材料、新能源汽车驱动电机等产品在行业中均处于优势地位,其中锂离子动力电池关键材料产销全国排名第一,在全球位列前三名。福耀玻璃汽车玻璃产量全球第一;漳州正兴车轮钢制车轮产量全球前三;厦门正新轮胎和莆田佳通轮胎产量继续保持国内领先。2018年全省新能源汽车全产业链产值超过1 000亿元。

二、2018年节能与新能源汽车扶持政策与措施

政策名称	文件号	发布单位	发布日期	政策概要
关于2017—2020年新能源汽车推广应用补助办法的通知	闽经信函装备〔2018〕482号	福建省工业和信息化厅、福建省财政厅	2018-6-11	新能源汽车推广应用补助办法(2019年6月25日前政策)

三、2018年节能与新能源汽车推广应用情况

2018年,全省推广应用新能源汽车33 926辆,其中推广应用新能源公交车4 084辆。截至2018年底,全省累计推广应用新能源汽车71 570辆,其中公交车12 227辆。

四、2018年节能与新能源汽车项目及园区建设情况

上汽集团宁德基地项目一期投资50亿元,产能24万辆,主要生产荣威、名爵等品牌乘用车,已于2019年6月实现首辆通线车下线。

五、2018年基础设施建设及运行情况

2018年,全省共建设公共充电桩6 383个,完成年度目标任务的179.3%。截至2018年底,全省累计建设公共充电桩15 475个,完成"十三五"目标的50.3%。近年来,福建省虽然加大对新能源充电桩建设的投入,充电桩数量迅速增长,但距离消费者对充电桩便利性的需求还有差距。

六、发展规划

（一）着力打造新能源汽车产业集群。重点培育和打造福莆宁新能源乘用车厦门新能源客车、龙岩新能源物流和专用车、三明新能源商用车，形成闽东北乘用汽车、闽西南商用汽车千亿产业集群；壮大宁德、漳州、南平新能源动力电池基地，打造千亿级新能源汽车动力电池及材料产业集群。

（二）加快关键技术突破。一是推动智能网联汽车的研发应用，加强物联网、大数据、人工智能、5G 通信等技术与汽车产业深度融合，加快研发应用。二是扩大锂离子动力电池产业优势，加强固态电池和石墨烯、超级电容器等新技术研发；三是加强氢燃料电池系统、电堆、膜电极、催化剂等生产技术的引进和消化吸收，推动包括大规模液氢制备及储运在内的制氢、储氢、加氢等配套技术研发应用。

（三）加大推广应用支持力度。进一步优化充电设施和加氢站的规划与布局，提高新能源汽车充电和加氢的便利性。加强部门联动，进一步推动城市公共服务领域和公务用车优先使用新能源汽车（含氢燃料电池汽车），形成示范带动效应。

七、2018 年节能与新能源汽车推广应用统计表

单位：辆

车型 燃料	公交车	旅游大巴	公务车	出租车	租赁用车	私人用车	环卫车	物流车	邮政车	工程车	载货车	其他	合计
纯电动汽车	3 769	30	0	4 602	1 547	21 792	0	3 609	0	1	158	14	35 522
插电式混合动力汽车	315	49	0	0	10	1 653	0	0	0	0	0	0	2 027
增程式电动汽车	0	0	0	0	0	0	0	0	0	0	0	0	0
燃料电池汽车	0	0	0	0	0	0	0	0	0	0	0	0	0
合计	4 084	79	0	4 602	1 557	23 445	0	3 609	0	1	158	14	37 549

八、2018 年本地区重点新能源汽车企业产销量统计表

生产企业名称	产品商标	车辆类型	产量统计（辆）
厦门金龙联合汽车工业有限公司	金龙	纯电动城市客车	1 225
厦门金龙联合汽车工业有限公司	金龙	纯电动厢式运输车	31
厦门金龙联合汽车工业有限公司	金龙	纯电动客车	16
厦门金龙联合汽车工业有限公司	金龙	混合动力城市客车	27
厦门金龙旅行车有限公司	金旅	纯电动冷藏车	1
厦门金龙旅行车有限公司	金旅	纯电动厢式运输车	829
厦门金龙旅行车有限公司	金旅	纯电动客车	202
厦门金龙旅行车有限公司	金旅	纯电动城市客车	1 864
厦门金龙旅行车有限公司	金旅	插电式混合动力城市客车	288
东南（福建）汽车工业有限公司	东南	纯电动轿车	1 122
福建省汽车工业集团云度新能源汽车股份有限公司	云度	纯电动轿车	2 764
福建新福达汽车工业有限公司	福达	纯电动城市客车	30
福建新龙马汽车股份有限公司	福龙马	纯电动厢式运输车	795

九、2018 年 12 月底本地区电动汽车充（换）电站（桩）保有量统计表

序号	城市名称	充电站	换电站	公共充电桩（个）		专用充电桩（个）	
		数量（座）	数量（座）	慢充	快充	慢充	快充
1	福州	351	—	1 209	1 366	54	369
2	厦门	282	12	590	2 494	13	512
3	漳州	183	—	199	1 838	60	343
4	泉州	288	—	522	2 105	103	438
5	三明	75	—	299	633	445	139
6	莆田	105	—	228	622	114	216
7	南平	87	—	144	422	5	125
8	龙岩	97	—	201	491	5	50
9	宁德	104	—	327	811	165	199
10	平潭	22	—	678	296	—	50

江西省

一、新能源汽车产业总体情况

江西新能源汽车产业初步形成了从整车到"三电"关键零部件较完整的产业体系。整车建成了南昌、上饶两个聚集区,培育了江铃新能源、江铃股份、汉腾汽车、上饶客车等重点企业,动力电池建成了宜春、赣州、抚州3个聚集区,培育了孚能科技、福斯特、江西安弛等重点企业。截至2018年底,江西省已有10家新能源汽车生产企业,新能源汽车产销量5.4万辆和5.6万辆,销量首次突破了5万辆,全国占比达4.4%;实现主营业务收入120亿元。

二、新能源汽车推广运用情况

2018年,江西省推广应用新能源汽车2.38万辆,全省新能源汽车保有量达5.3万辆。

三、重点企业发展情况

江铃新能源纯电动乘用车销量50 011辆,在全国纯电动乘用车市场排名前十位;江铃股份纯电动轻卡销量3 593辆,在同行业排名第三位。孚能科技三元软包动力电池产量2GWh,装机量排全国前五位。江铃新能源主力车型续百公里电耗指标位于同行业前列;江铃股份纯电动物流车特顺在第三届新能源汽车物流车挑战赛上获得最佳节电能力、最佳续航能力等十多项大奖。孚能科技动力电池继续占据行业领先地位,成为国内动力电池主流供应商。

四、2018年节能与新能源汽车项目及园区情况

1. 新能源汽车整车项目

(1)江铃汽车股份有限公司在小蓝工业园建设富山新工厂项目。

(2)江铃新能源有限公司在赣江新区建设江铃集团新能源汽车有限公司新基地项目。

(3)博能上饶客车有限公司在上饶经开区建设年产2万辆新能源客车技术改造项目。

2. 新能源汽车动力电池项目

(1)孚能科技(赣州)有限公司在赣州经开区建设年产锂离子电池10 GWh产能项目。

(2)远东福斯特新能源有限公司在宜春经开区建设高能量密度动力储能锂电池研发及产业化项目。

五、基础设施建设与运行情况

截至2018年底,全省建设充电站约470座,公用和专用充电桩共计约4 300根。充电桩覆盖到全省80多个县(市、区)公交车站,沪昆、福银、大广、高速公路服务区建成快充站96座。

山东省

一、山东省新能源汽车生产和使用规模居全国前列

全省共有新能源汽车生产企业22家,其中整车8家,产品涵盖纯电动乘用车、客车、物流车和各类专用车,以及混合动力客车和燃料电池客车等,门类较为齐全。2018年全省生产新能源汽车17万辆(乘用车15万辆,其中北汽新能源9万辆,荣成华泰5万辆;商用车2万辆,其中中通客车6 500辆,重汽1 100辆),占全国产量的13%。2018年,由于国家补贴政策调整,企业对应开发高续航产品,生产出现一定波动,1—4月,全省生产2万辆,同比下降60%。目前企业已基本恢复正常,生产相继回升,预计全年不会有太大下降。

山东拥有一批在国内外具有较高知名度的新能源汽车生产企业。乘用车方面,北汽新能源青岛分公司,产能35万辆,是全国最大的纯电动汽车生产基地;上汽通用五菱、一汽大众等一批新能源汽车企业和研发机构也先后落地青岛。此外,还有威海的荣成华泰汽车和即将投产的日照中兴汽车,产能分别为5万辆和10万辆,以及淄博的山东国金汽车,产能10万辆,通过工信部审核,是省内第一家自主的纯电动乘用车企业。商用车方面,中通客车是国内前三位的新能源客车生产企业,重汽豪沃客车2018年也跻身前十。还有烟台舒驰、山东沂星,在国内也有一定知名度。潍柴集团燃料电池客车达到世界先进水平,开发出30~60 kW燃料电池发动机总成和整车动力系统,已投放60辆燃料电池公交车。除此之外,重汽商用车、一汽解放青岛公司、淄博唐骏欧铃、山东凯马汽车等企业也从事新能源载货车开发生产。

山东不仅是新能源汽车生产大省,还是使用大省。2018年,全省推广新能源汽车8.5万辆,同比增长67.4%,占当年新增及更新汽车总量的4.3%。截至2018年底,全省新能源汽车保有量达到24.8万辆,居全国前列,新能源公交车占公交比重达到64%,居全国第二。配套的充电基础设施也不断完善。基本建成以高速公路为骨干、高等级公路为支撑的跨城际电动汽车出行保障网络,建有各类充换电站2 500余座、充电桩2.67万个,公共场所、居民小区、单位内部、高速公路等主要场所覆盖率逐年提升。

二、山东新能源汽车起步早,规模大,但在发展中仍然存在一些突出问题

如新能源汽车自主创新能力不强,除客车具有一定技术优势外,乘用车技术水平和性能与国内外高端产品相比存在明显差距,产品层次低,品种单一。产业布局分散,许多市都在谋划发展电动汽车,重复建设明显。电池、电机、电控等核心零部件配套能力不足,关键技术仍需突破。充电基础设施建设还不能充分满足需求,加氢站管理办法缺失,规划建设滞后等。2018年10月,山东省印发了《山东省高端装备制造

业发展规划(2018—2025 年)》,对新能源汽车产业进行了统筹谋划。山东省将重点抓好规划落实,引导企业在汽车轻量化、智能网联、整车优化等方面加大研发投入和技术攻关,全面提升整车性能和质量,加快向绿色化、高端化、智能化发展。对于产品层次低、布局分散的乘用车,坚持扶优扶强与淘汰落后并举,整合资源、优化结构、主攻高端。针对电机、电池、电控系统等关键零部件供给短板,坚持自主研发、招商引资、合资合作相结合,加快培育完整的配套体系,力争到 2025 年,将山东打造成为全国一流的新能源汽车生产基地。

三、2018 年本地区重点新能源汽车企业产销量统计表

单位:辆

车型	企业家数(家)	月度产量情况			累计产量情况			累计销量情况			累计出口量情况		
		12 月份产量	上年同期	同比增幅(%)	本年累计	上年同期	同比增幅(%)	本年累计	上年同期	同比增幅(%)	本年累计	上年同期	同比增幅(%)
新能源汽车合计	—	13 308	26 748	-50.25	169 702	145601	16.55	172 105	142 339	20.91	2 604	513	407.6
新能源客车	6	1 458	4 032	-63.84	10 649	20 310	-47.57	10 435	20 270	-48.5	0	0	—
新能源乘用车	5	11 228	19 980	-43.80	148 220	111 862	32.50	150 030	109 049	37.6	0	0	—
专用车	6	622	2 736	-77.27	10 833	13 429	-19.33	11 640	13 020	-10.6	2 604	513	407.6
小型纯电动车	23	64 677	98 480	-34.3	695 892	680 679	2.23	691 850	677 280	2.2	335	1 065	-68.5
场地用车	5	3	200	-98.5	722	2 435	-70.35	672	2 445	-72.5	18	29	-37.9
总计	—	77 988	125 428	-37.8	866 316	828 715	4.54	864 627	822 064	5.2	2 957	1 607	84.0
四轮及场地	—	64 680	98 680	-34.45	696 614	683 114	1.98	692 522	679 725	1.88	353	—	—
汽车整车+新能源	—	190 546	208 638	-8.67	2 249 842	2 132 195	5.52	2 272 954	2 132 009	6.61	—	—	—
合计	—	255 226	307 318	-16.95	2 946 456	2 815 309	4.66	2 965 476	28 117 34	5.47	—	—	—

河 南 省

一、2018 年节能与新能源汽车产业概况

2018 年,河南省新能源汽车生产企业的 248 个车型列入国家 2018 年度《新能源汽车推广应用推荐车型目录》。按产品类别分,客车产品 162 个,专用车产品 66 个,乘用车产品 20 个;按动力形式分,纯电动产品 213 个,插电式混合动力产品 26 个,燃料电池产品 9 个(按照《关于调整完善新能源汽车推广应用财政补贴政策的通知》(财建〔2018〕18 号)要求,自 2018 年 6 月 12 日起,2017 年第 1 ~ 12 批及 2018 年第 1 ~ 4 批《新能源汽车推广应用推荐车型目录》废止)。全省新能源客车产品已基本实现产业化,新能源乘用车产量占全省新能源汽车产量的 24.94%,新能源乘用车应用比重不断增加。全年新能源汽车整车实现产销 5.84 万辆和 5.74 万辆,占全省汽车总量的 8.24% 和 8.13%,占全国新能源汽车总量的 4.60% 和 4.57%,同比分别增长 53.32% 和 48.31%,低于全国平均增速 6.58 个百分点和 13.39 个百分点。其中,新能源乘用车实现产销量 1.46 万辆和 1.40 万辆,同比增长 17.31% 和 6.19%;新能源商用车实现产销量 4.38 万辆和 4.33 万辆,同比分别增长 70.72% 和 70.17%。新能源商用车中,新能源客车实现产销 2.52 万辆和 2.48 万辆,同比增长 0.44% 和下降 0.46%。

二、2018 年节能与新能源汽车扶持政策与措施

政策名称	文件号	发布单位	发布日期	政策概要
河南省新能源及网联汽车发展三年行动计划	豫政办〔2018〕46 号	河南省人民政府办公厅	2018-8-6	抢抓新能源及网联汽车产业发展机遇,推动汽车产业向电动化、网联化、智能化、共享化方向转型发展

三、2018 年节能与新能源汽车推广应用情况

2018 年在省委省政府领导下,全省新能源汽车推广应用取得了良好成效。全年共计推广各类新能源汽车 52 651 辆,折合标准车 124 228 辆,完成国家下达任务的 4.4 倍,完成省自定任务的 3.3 倍。其中,新能源公交车 5 028 辆,占新增公交车辆 97.4%,新增纯电动出租汽车、网约车 1 172 辆。郑州市新增 20 辆氢燃料电池公交车辆,为探索氢燃料电池客车示范应用打下了良好基础。

四、2018 年节能与新能源汽车主要企业经营情况

整车制造情况:2018 年全省生产新能源汽车 55 831 辆,约占全国 4%,其中新能源客车 24 333 辆,约占全国 24.6%。具体是:宇通客车:24 333 辆,郑州日产:1 835 辆,海马汽车:9 663 辆,开封奇瑞 22 000 辆。整车技术创新有突破。正向

设计开发水平进一步提高,整车轻量化水平进一步提升,产品智能化水平进一步增强。宇通自主研发的第三代氢燃料电池公交车,整车实现污染零排放,加氢时间仅需 10 ~ 15 min,续航里程超过 500 km,可以实现 -30 ℃低温启动,能够很好地适应寒冷气候。

五、2018 年节能与新能源汽车项目及园区建设情况

宇通客车经开区生产基地、上汽郑州二期扩能、海马汽车第三工厂、海马新能源跨类生产轿车技改等项目顺利推进。河南速达公司 10 万辆纯电动汽车乘用车项目顺利通过工信部公告准入,计划 2019 年 5 月投产。银隆新能源洛阳项目进展顺利,专用车项目 1 车间厂房建设已基本完工,2、3、4、5 车间钢构已基本完成,正在进行屋面檩条安装等工作;商用车项目厂房桩基施工已完成,承台开挖和基础梁施工正在按计划推进;电池生产项目正在与集团总部对接电池项目的具体方案。安阳德力新能源 2 万辆商用车项目、河南福田智蓝新能源汽车 5 万辆商用车项目已通过项目核准,新项目正在加紧建设。

六、2018 年基础设施建设及运行情况

积极推进充电基础设施建设,将符合准入条件的 63 家企业进行公示,并列入电动汽车充电设施运营商目录管理,全省充电设施运营商达到 118 家。省财政厅研究出台扩大充电设施建设财政奖补范围政策措施,由公交、专用车扩大到社会公共充电设施,促进公用充电设施建设。全年建设充电站 97 座,充电桩 11 490 个,在建加氢站 2 个。

七、发展规划

2019 年新能源汽车主要聚焦规模化、智能化、网联化和使用共享化,扩大新能源汽车推广应用,完善使用环境,推动新能源汽车健康发展。

(一)扩大新能源汽车推广应用。2019 年,国家给省下达的推广任务是不低于 3.8 万辆(标准车,下同)。全省新增及更新的公交车辆、市政环卫车辆全部新能源化,不断扩大新能源汽车应用市场。

(二)加快充电基础设施建设。推动公共服务领域、单位内部停车场、用户居住地停车位、高速公路服务区按规定比例配建充电设施,探索分领域、分地域多元化建设和运营模式,增强新能源汽车充换电的使用性、便利性。

(三)继续扩大新能源汽车生产规模。扩大新能源汽车应用市场,支持现有企业扩大先进产能。推进宇通集团、安阳德力、福田(商丘)智蓝新能源汽车商用车和森源汽车 5 万辆纯电动乘用车项目建设。

(四)提升动力电池研发生产能力。整合动力电池资源,引进龙头企业,提高产业集中度,提升产品竞争力。加快燃料电池、锂硫电池、金属空气电池、全固态锂离子电池等新一代电池研发,积极开发动力电池高效回收利用技术和专用装备,推动梯级利用、再生利用与处置等能力建设。

(五)发展新能源汽车新模式。积极推广共享用车新模式,郑州市率先建立新能源及网联汽车监测服务平台,整合提供分时租赁、预约出租、智能充电、共享停车等服务,促进新能源及网联汽车推广应用,打造以新能源汽车为主的共享用车示范区,逐步向郑州大都市区及全省拓展推广。

八、节能与新能源汽车推广应用统计表

单位:辆

省辖市	2018 年计划推广数量(标准车)	2018 年实际推广数量(非标准车)		2018 年实际推广折合标准车数量	2018 年完成进度(%)(标准车)	2018 年完成进度排名
		公交(客车)	其他车辆			
郑州	5 500	1 346	14 275	30 427	553.22	2
开封	3 000	177	3 146	5 270	175.67	11
洛阳	3 000	814	3 772	13 542	451.33	3
鹤壁市	2 000	20	500	742	37	18
安阳市	2 000	231	3 413	6 185	309.25	6
新乡市	3 000	120	2 700	4 140	138	14
濮阳市	2 000	359	2 111	6 419	320.95	5
焦作市	3 000	39	1 497	1 965	65.5	16
许昌市	3 000	500	788	7 688	226.67	9
平顶山	2 000	454	1 548	6 996	349.80	4
漯河市	2 000	272	1 102	4 366	218.3	10
三门峡	2 000	173	274	3 288	164.40	12
南阳市	2 000	743	2 553	11 549	577.45	1
商丘市	2 000	200	600	3 000	150.00	13
信阳市	2 000	305	1 904	5 564	278.20	7
周口市	2 000	10	972	1 092	54.60	17
驻马店	2 000	257	2 213	5 297	264.85	8

续上表

省辖市	2018 年计划推广数量(标准车)	2018 年实际推广数量(非标准车)		2018 年实际推广折合标准车数量	2018 年完成进度(%)(标准车)	2018 年完成进度排名
		公交(客车)	其他车辆			
济源市	200	140	830	2 510	125.50	15
直管县(市)	—	347	1 946	—	—	—
合计	37 200	6 507	46 144	124 228	264.83	—

九、2018 年 12 月底本地区电动汽车充(换)电站(桩)保有量统计表

城市名称	充电站				充电桩(个)	
	数量(座)	充电机功率总计(kW)	充电站占地面积(m^2)	投资金额(万元)	慢充	快充
郑州市	25	3 060	0	486	6 949	0
开封市	10	0	15 496	409.42	33	24
洛阳市	0	0	0	0	1 187	54
鹤壁市	1	1 800	37 227	900	81	2
安阳市	14	35 714	13 424	2 631	142	530
新乡市	11	5 592	14 165	1 108	6	85
濮阳市	0	0	0	0	0	0
焦作市	2	0	0	0	507	0
许昌市	7	5 868	2 780	1 206	384	55
平顶山市	2	1 200	1 000	400	180	15
漯河市	2	10 500	13 320	1 200	0	70
三门峡市	8	8 000	—	1 282	0	88
南阳市	4	12 000 kW	65 963	3 564	0	126
商丘市	8	370 000	30 000	4 500	0	313
信信阳市	0	0	0	0	0	0
周口市	8	7 510	45 331	2 950	69	30
驻马店市	3	8 850	60 725	5 500	0	295
济源市	2	720	1 000	840	283	27
合计	97	470 814	300 431	26 976	9 776	1 714

湖 北 省

一、2018 年节能与新能源汽车产业概况

2018 年，湖北省新能源汽车累计生产 89 600 辆(2017 年生产 70 396 辆)，位于全国前列。

二、2018 年节能与新能源汽车主要企业经营情况

1. 整车生产能力：已建成新能源汽车整车生产企业 14 家，已具备新能源乘用车 8 万辆/年、新能源客车 4 万辆/年、各类新能源专用汽车 2 万辆/年的生产能力。

2. 核心零部件配套能力：已形成驱动电机 15 万套/年，电子控制器 15 万套/年，锂离子动力电池 12 亿 Wh/年的配套能力。

3. 产业布局及优势企业：以武汉、襄阳为核心的新能源汽车生产和示范推广基地已经形成；十堰、随州新能源商用车已初具规模。

东风汽车集团有限公司、扬子江汽车集团有限公司、湖北新楚风汽车股份有限公司代表着湖北新能源汽车整车及零部件的中坚力量，另外吉利、威马、金龙、比亚迪、江淮、众泰、海立美达、深圳西湖、格罗夫等公司相继来鄂投资；宁德时代、天津力神、深圳沃尔玛、中航锂电、骆驼电池、金泉新材料等一批动力电池项目在建。

湖 南 省

一、2018 年节能与新能源汽车产业概况

近年来，湖南省节能与新能源汽车产业发展迅速，已成为湖南工业经济的支柱产业。全省现有规模以上的汽车、摩托车及其零部件生产企业 400 多家，列入工信部《道路机动车辆生产企业及产品公告》的企业 66 家，其中制造类生产企业 18 家，具有

新能源汽车生产企业资格的13家，产品涵盖了乘用车和商用车，包括轿车、越野车、载货车、客车、专用车、新能源汽车、三轮车、摩托车等产品系列。现有整车生产能力200万辆左右。

据调度，2018年度，湖南省汽车行业实现整车生产1 040 046辆，完成工业总产值1 337.49亿元，同比分别小幅上涨0.96%和5.72%；新能源汽车重点企业累计生产新能源汽车91 784辆，同比增加80.8%，约占全国同期产量（127万辆）的7.2%。

二、2018年节能与新能源汽车推广应用情况

2018年，湖南省新能源汽车推广总量为21 262辆，同比下降16.4%；折算标台数为80 364标台，是国家下达的目标任务值2.8万标台的2.9倍，同比下降20.4%。其中，推广新能源客车5 223辆，同比下降29.6%；推广新能源乘用车14 706辆，同比下降17.3%；推广新能源专用车1 333辆，同比上升460.1%。按燃料类型统计，纯电动汽车20 513辆，插电式混合动力汽车749辆；按地区统计，长株潭城市群推广数量为17 251辆，占全省的81.1%，同比下降0.2%；其他地区推广量为4 011辆，占全省的18.9%，同比下降50.9%。

据不完全统计，截至2018年底，湖南省新能源汽车保有量79 417辆，占全省汽车保有量682万辆的1.1%。

三、2018年节能与新能源汽车主要企业经营情况

1. 上汽大众汽车有限公司长沙分公司实现产值360.68亿元、产量327 218辆，同比分别增长18.2%、16.3%。

2. 广汽菲亚特克莱斯勒汽车有限公司全年产值84.92亿元、产量49 254辆，同比分别增长－30.0%、－38.5%。

3. 比亚迪汽车工业有限公司长沙分公司全年产值300.9亿元、产量133 726辆，同比分别增长48.5%、133.5%。其中，新能源汽车产值97.30亿元，新能源客车及客车底盘总产量38 149辆，同比增加689%。

4. 广汽三菱汽车有限公司全年产值161.83亿元、产量147 000辆，同比分别增长3.9%、20.6%。其中，新能源汽车产值4.60亿元，新能源乘用车总产量3 312辆，实现零的突破。

5. 浙江豪情汽车制造有限公司湘潭分公司全年产值178.13亿元、产量192 535辆，同比分别增长5.0%、0。

6. 长丰集团有限责任公司（湖南猎豹汽车股份有限公司）全年产值69.15亿元、产量61 899辆，同比分别增长－54.9%、－54.4%。其中，新能源汽车产值1.90亿元，新能源乘用车总产量1 120辆，同比减少65%。

7. 北京汽车股份有限公司株洲分公司全年产值83.33亿元、产量73 995辆，同比分别增长46.5%、2.3%。其中，新能源汽车产值49.90亿元，新能源乘用车总产量36 839辆，同比增加772%。

8. 湖南中车时代电动汽车股份有限公司全年新能源汽车产值50.50亿元，新能源客车、新能源专用车总产量5 333辆，同比减少17.9%。

9. 湖南江南汽车制造有限公司星沙制造厂全年新能源汽车产值5.60亿元，新能源乘用车总产量6 590辆，同比减少77.0%。

10. 长沙梅花汽车制造有限公司全年新能源汽车产值0.45亿元，新能源客车、新能源专用车总产量101辆，同比减少80.2%。

11. 中联重科股份有限公司全年新能源专用车总产量342辆，同比增加1 166%。

四、2018年节能与新能源汽车项目及园区建设情况

截至2018年年底，统计数据显示，湖南省已建成投产新能源整车企业9家，新能源汽车产量占比为8.64%，大大超过全国平均水准（约为2倍）。

五、2018年基础设施建设及运行情况

据初步统计，2018年全省共建成电动汽车充电站574座，充电桩5 316根（其中直流充电桩2 688根、交流充电桩2 628根）。截至2018年12月31日，全省已实际建成并投入使用的充电站及换电站累计1 298座（其中充电站1 295座、换电站3座）。全省已实际建成并投入使用的充电桩16 708根（其中直流桩5 501根、交流桩11 207根）。

除“长株潭”城市群以外，衡阳、益阳、岳阳、常德等城市也初步形成城市内部充电网络，京港澳高速沿线初步形成快充服务网络。在充电运营服务方面仍然存在燃油车占位、缺乏统一的运营平台、车主找桩困难、设施利用率低、且充电运营企业难以盈利等问题。

六、发展规划

湖南省经济和信息化委员会发布的《湖南省节能与新能源汽车等汽车制造产业发展五年行动计划（2016—2020年）》指出，到2020年，湖南省节能汽车产能达到200万辆；新能源汽车产能达到50万辆，含自主品牌新能源乘用车45万辆，新能源商用车5万辆（其中新能源客车产能达到3万辆，新能源专用车产能达到2万辆）。大力发展节能汽车零部件产业，包括节能发动机、变速箱、电机电控等系统总成，不断提升湖南汽车零部件制造整体水平，形成节能汽车、新能源汽车产业健康发展的新格局，节能与新能源汽车产业主营业务收入达到3 000亿元。充分利用湖南省在动力电池及电池管理系统、电池材料、电机、电控方面已有基础，争取到2020年，通过实施品牌战略，动力蓄电池产品形成1～2家骨干企业，2～3家重点企业；新能源电机、电控产品形成2～4家重点企业，面向全国行业配套。

湖南省发展与改革委员会发布的《湖南省电动汽车充电基础设施专项规划（2016—2020年）》（湘发改能源〔2016〕314号）指出，到2020年，全省新增集中式充换电站415座，分散式充电桩20万个，满足全省22万辆电动汽车充电需求。同步推进长株潭、环洞庭湖、大湘南、大湘西区域内部充电基础设施的互联互通，争取实现与国家层面的互联互通，形成统一开放、竞争有序的充电服务市场。培育一批具有行业竞争力的整车制造、零配件生产及充电服务企业，力争到2020年全省电动汽车产业产值突破1 000亿元。

七、2018 年节能与新能源汽车推广应用统计表

单位:辆

车型 燃料	公交车	旅游大巴	公务车	出租车	租赁用车	私人用车	环卫车	物流车	邮政车	工程车	载货车	其他	合计
纯电动汽车	5 223	0	6	5	9 798	4 102	0	1 333	0	0	0	46	20 513
插电式混合动力汽车	0	0	2	0	82	646	0	0	0	0	0	19	749
增程式电动汽车	0	0	0	0	0	0	0	0	0	0	0	0	0
燃料电池汽车	0	0	0	0	0	0	0	0	0	0	0	0	0
合计	5 223	0	8	5	9 880	4 748	0	1 333	0	0	0	65	21 262

八、2018 年本地区重点新能源汽车企业产销量统计表

生产企业名称	产品商标	车辆类型	通用名称	产量统计(辆)	销量统计(辆)
比亚迪汽车工业有限公司长沙分公司	比亚迪	纯电动汽车	K8	2 469(含总成零部件)	2 469(含总成零部件)
			K7	460(含总成零部件)	460(含总成零部件)
			T3	15(含总成零部件)	15(含总成零部件)
			K9	100(含总成零部件)	100(含总成零部件)
			元 EV	35 203	35 203
湖南中车时代电动汽车股份有限公司	中国中车	纯电动汽车	纯电动客车(无通用名称)	5 333	5 333
湖南江南汽车制造有限公司星沙制造厂	众泰	纯电动汽车	云 100PLUS	6 590	6 501
长沙梅花汽车制造有限公司	同心	纯电动汽车	纯电动客车(无通用名称)	53	41
			纯电动厢式运输车(无通用名称)	48	48
中联重科股份有限公司	中联	纯电动汽车	纯电动桶装垃圾运输车等(无通用名称)	342	151
北京汽车股份有限公司株洲分公司	北京	纯电动汽车	EU/EX 系列	36 839	36 845
湖南猎豹汽车有限公司	猎豹	纯电动汽车	CS9	1 120	3 497
广汽三菱汽车有限公司	祺智	插电式混合动力汽车	祺智 PHEV	2 880	2 258
		纯电动汽车	祺智 EV	432	218

九、2018 年 12 月底本地区电动汽车充(换)电站(桩)保有量统计表

充电站		充电桩(个)		换电站
城市名称	数量(座)	慢充	快充	数量(座)
长沙市	806	9 235	1 985	2
株洲市	92	306	421	—
湘潭市	95	642	197	—
衡阳市	36	653	329	—
邵阳市	28	99	264	1
岳阳市	73	103	365	—
常德市	17	3	349	—
张家界市	10	32	124	—
益阳市	21	58	723	—
郴州市	17	23	169	—
永州市	13	12	192	—
怀化市	76	31	202	—
娄底市	6	10	77	—
湘西自治州	5	0	104	—
总计	1 295	11 207	5 501	3

广 东 省

一、2018 年节能与新能源汽车产业概况

2018 年全省新能源汽车产量约为 13.27 万辆，同比大幅增长 206.1%，占全国新能源汽车产量超过 10%。动力电池产业继续保持全国领先地位，全国动力电池装机前 10 位企业中，广东省有 3 家，分别位居第二、六、七位。广汽集团新能源汽车基地年产 20 万辆整车一期项目建成投产。一汽大众佛山工厂 MEB 新能源电动车项目、小鹏汽车肇庆基地、长江汽车新能源汽车研发中心和产业化项目以及广汽时代动力电池项目等一批新能源汽车龙头项目全面开工建设。广东省在全国率先实现氢燃料电池堆产业化，自主研发了 Caven 系列燃料电池驱动系统，佛山爱德曼、广州鸿基创能、深圳氢蓝科技等一批项目加快建设，2018 年全省氢燃料电池商用车产量超过 300 辆，电堆和系统产量超过 4 000 套，全省已建成加氢站 6 座，在建 10 座。

二、2018 年节能与新能源汽车扶持政策与措施

政策名称	文件号	发布单位	发布日期	政策概要
广东省人民政府关于加快新能源汽车产业创新发展的意见	粤府〔2018〕46 号	广东省人民政府	2018-6-6	优化新能源汽车产业发展、推广应用等政策环境、加快新能源汽车在公共领域的推广应用，全力破解充电、加氢基础设施建设难题，推动全省新能源汽车产业发展

三、2018 年节能与新能源汽车推广应用情况

2018 年，全省共推广应用新能源汽车 188 518 辆，其中商用车 38 490 辆（包括公交车 14 967 辆），乘用车 150 028 辆（包括私人领域乘用车 95 508 辆），全省新能源汽车保有量接近 40 万辆。从分布区域来看，珠三角地区 184 521 辆，粤东西北地区 3 997 辆。氢燃料电池汽车推广应用取得突破，2018 年全省累计推广氢燃料电池汽车 170 辆，其中客车 135 辆、物流车 35 辆，集中在佛山（160 辆）、云浮（10 辆）两市，总体来看，我省上牌的氢燃料电池车辆居于全国前列。

四、2018 年基础设施建设及运行情况

到 2018 年底，全省累计建成集中式充电站（不含城际快充站）1 213 座，比 2015 年底增加 956 座，完成规划目标的 87%；建成城际快充站 89 座，比 2015 年底增加 87 座，完成规划目标的 87%；累计建成公用充电桩 9.7 万个，比 2015 年底增加约 8.8 万个，完成规划目标的 60%；公用充电桩和电动汽车数量比达 1∶2.6，高于同期全国平均水平（1∶8），满足广东省桩车比 1∶5 的要求，充电服务半径、充电服务覆盖比例等指标均能完成或超过预期进度要求；建成私人充电桩（按私人电动汽车保有量统计）约 4 万个，远低于规划目标（约 20 万个）。总体来看，各市从节约集约用地考虑，更加注重集中式充电站建设，绝大部分市的充电站建设超预期。

五、2018 年节能与新能源汽车推广应用统计表

单位：辆

车型 燃料	公交车	旅游大巴	公务车	出租车	租赁用车	私人用车	环卫车	物流车	邮政车	工程车	载货车	其他	合计
纯电动汽车	14 963	135	1 342	13 738	29 940	36 488	81	21 812	73	0	0	1 009	119 581
插电式混合动力汽车	4	0	1 273	152	8 296	59 020	0	0	0	0	0	0	68 745
增程式电动汽车	0	0	0	0	0	0	0	0	0	0	0	0	0
燃料电池汽车	135	0	0	0	0	0	0	35	0	0	0	0	170
合计	15 102	135	2 615	13 890	38 236	95 508	81	21 847	73	0	0	1 009	188 496
备注			其中纯电汽车中 3 辆为客车，其余为乘用车		其中纯电汽车中205 辆为客车，其余为乘用车							其中 575 辆为企业通勤纯电动客车，12 辆为企业通勤混合动力客车，其余为纯电动特种车	

六、2018 年本地区重点新能源汽车企业产销量统计表

序号	所在地区	企业名称	工厂名称	2018 年产量	
				新能源整车产量(辆)	新能源汽车类别
1	广州	广汽本田汽车有限公司	—	212	乘用车
2	广州	广汽菲亚特克莱斯勒	—	108	乘用车
3	广州	广汽丰田汽车有限公司	—	1 000	乘用车
4	广州	广州广汽比亚迪新能源客车	—	5 046	客车
5	广州	广州汽车集团乘用车有限公司	—	13 916	乘用车
6	广州	北汽(广州)汽车有限公司	北汽(广州)汽车有限公司	3 117	乘用车
7	广州	东风汽车有限公司	东风日产花都工厂	9 054	乘用车
8	深圳	比亚迪汽车工业有限公司	比亚迪汽车工业有限公司	51 075	乘用车
9	深圳	深圳市五洲龙汽车股份有限公司	深圳市五洲龙汽车股份有限公司	52	客车
10	佛山	佛山飞驰汽车	—	548	客车
11	佛山	北汽福田汽车股份有限公司	佛山汽车厂	105	客车
12	佛山	北汽福田汽车股份有限公司	欧辉客车事业部广东工厂	950	客车
13	东莞	中汽宏远汽车	—	2 651	客车
14	中山	晓兰汽车	—	300	客车
15	珠海	广通汽车(银隆)	—	5 054	客车
16	珠海	广通汽车(中兴)	—	720	客车

广西壮族自治区

一、2017 年节能与新能源汽车产业概况

广西形成以上汽通用五菱汽车股份有限公司、东风柳州汽车有限公司、桂林客车工业集团有限公司、广西华奥汽车制造有限公司、柳州五菱汽车工业有限公司、广西申龙汽车制造有限公司、柳州延龙汽车有限公司和广西玉柴专用汽车有限公司等企业为主的新能源汽车整车研发及生产格局。

上汽通用五菱汽车股份有限公司、东风柳州汽车有限公司、桂林客车工业集团有限公司、广西华奥汽车制造有限公司、广西申龙汽车制造有限公司等企业已获得新能源汽车整车资质。柳州五菱汽车工业有限公司、柳州延龙汽车有限公司和广西玉柴专用汽车有限公司等企业也拥有新能源专用车生产资质。为新能源汽车配套的企业也正在逐步建设,卡耐新能源电池、桂林星辰电机控制器、南南铝全铝车身等一批新能源汽车配套项目正在加快建设。

截至 2018 年 12 月,广西壮族自治区共有 256 款车型纳入工业和信息化部《道路机车车辆生产企业及产品公告》,产品涵盖了纯电动轿车、纯电动多用途乘用车、纯电动客车、插电式混合动力客车、纯电动邮政车、纯电动厢式运输车、纯电动仓栅式运输车、纯电动自卸式垃圾车和纯电动冷藏车等多种车型。

2018 年,广西新能源汽车产销量分别为 3. 54 万辆和 3. 19 万辆,同比分别增长 90. 3% 和 89. 9%。

二、2018 年节能与新能源汽车扶持政策与措施

政策名称	文件号	发布单位	发布日期	政策概要
广西壮族自治区人民政府办公厅关于印发支持新能源汽车发展的若干措施的通知	桂政办发〔2018〕111 号	广西壮族自治区人民政府办公厅	2018-9-26	在新能源汽车的研发生产、充电基础设施建设运营、采购及使用等环节提出了支持政策
广西壮族自治区工业和信息化委关于印发广西汽车产业集群及产业链发展方案的通知	桂工信装备〔2018〕889 号	广西壮族自治区工业和信息化厅	2018-10-23	对新能源汽车产业集群发展和新能源汽车重大项目建设提出了支持政策

三、2018 年节能与新能源汽车推广应用情况

2018 年,广西在公交领域新增推广新能源汽车 1 858 辆,占全部新增及更换的公交车总量的 98%。其中南宁 349 辆、柳州 231 辆、桂林 244 辆、梧州 178 辆、防城港 59 辆、钦州 115 辆、贵港 262 辆、玉林 180 辆、贺州 23 辆、百色 42 辆、河

池126辆、来宾8辆、崇左41辆。

四、2018年节能与新能源汽车主要企业经营情况

上汽通用五菱汽车有限公司2018年生产销售汽车195.5万辆和206.0万辆，产量同比下降9.9%，销量下降4.2%；完成工业总产值1 055.3亿元，下降4.5%；主营业务收入1 008.9亿元，下降4.6%；新能源汽车销量2.6万辆，同比增长126.2%。东风柳汽生产销售汽车18.7万辆和18.3万辆，同比分别下降34.8%和35.9%。完成工业总产值204.0亿元，下降25.8%；主营业务收入193.5亿元，下降25.6%；新能源汽车销量3 452辆，同比增长108.2%。广西申龙汽车制造有限公司实现产值21.95亿元，税金5 093万元，利润35 104万元，产销新能源汽车2 110辆（含1 610辆新能源客车、500辆纯电动厢式物流车），同比分别增长43%、131%、97%、61%。

五、节能与新能源汽车项目及园区建设情况

重大项目

1. 上汽通用五菱汽车股份有限公司跨十工程项目，总投资22.72亿元。其中新能源汽车项目为：（1）CN210S PHEV产品项目。项目产品为宝骏RS-5插电式混合动力SUV，属中高端车型产品。预计2019年第四季度完成生产线改造工作。计划于2020年上半年正式投产。（2）E200Plus产品项目。为公司开发的3座纯电动汽车。项目利用宝骏基地现原有厂房，对冲压、涂装、车身车间以及新能源总装车间原有的生产线和设备进行适应性改造。

2. 广西汽车集团有限公司新能源客车建设项目，总投资15.79亿元，建设年产5.5万辆新能源客车项目。新建冲压车间、焊装车间、涂装车间、总装车间、零部件车间、试验室、办公楼和试车跑道并配套相应生产设备。

3. 广西申龙汽车制造有限公司新能源客车及物流车生产基地项目，总投资29.55亿元。项目引进国内先进技术，建设冲压、焊装、涂装、总装四大工艺车间，购置制件、焊接、喷漆、组装和检测设备等，外购汽车底盘或自制新能源汽车底盘生产新能源客车和物流车，形成年产1万辆新能源客车、3万辆新能源物流车的生产能力。

六、2018年基础设施建设及运行情况

全区新能源汽车充电站点共435个，充电桩5 300个，智能充电插座约1.2万个。部分城市充电设施建设情况：南宁市充电站221座、充电桩1 741个，智能充电插座2 589个；柳州市充电站173座、充电桩1 448个、智能充电插座9 300个；梧州市充电站9座、充电桩217个；玉林市充电站15座、充电桩173个；贺州市充电站点1个、充电桩105个。

七、发展规划

2017年2月，广西壮族自治区工业和信息化委员会印发实施《广西新能源汽车产业发展“十三五”规划》，提出到2020年，全区形成新能源整车年生产能力40万辆，新能源动力总成年生产能力突破5万套，新能源汽车产业实现年产值300亿元；推广新能源公交车2 500辆、新能源出租车3 500辆，新能源汽车在环卫车辆中的比例不低于20%。新能源汽车在全区得到推广应用，充电等配套设施建设不断完善，新能源汽车及零部件出口基地形成比较优势，形成新源汽车整车及零部件的开发、生产、销售、检测、服务为一体的新能源汽车产业发展体系。《广西汽车产业新跨越行动方案》提出到2020年新能源汽车销量突破10万辆。

八、2018年节能与新能源汽车推广应用统计（不完全统计）

单位：辆

车型 燃料	公交车	旅游大巴	公务车	出租车	租赁用车	私人车	环卫车	物流车	邮政车	电力工程车	载货车	其他	合计
纯电动汽车	1 828	288 +4	2	708 +36	3 584 +9	28 403 + 393	6	78	0	0	106	864	36 309
非插电式混合动力汽车	0	0	0	+5	0	2 001 + 426	0	0	0	0	0	2	2 434
插电式混合动力汽车	30	0	0	0	0	0	0	0	0	0	0	0	30
增程式电动汽车	0	0	0	0	0	0	0	0	0	0	0	0	0
燃料电池汽车	0	0	0	0	0	0	0	0	0	0	0	0	0
合计	1 858	292	2	749	3 593	31 223	6	78	0	0	106	866	38 773

九、2018年本地区重点新能源汽车企业产销量统计表

生产企业名称	产品商标	车辆类型	通用名称	产量统计（辆）	销量统计（辆）
上汽通用五菱汽车股份有限公司	宝骏	LAW7000EVA、LAW7001EVA、LZW7001EVAA、LZW7001EVABE	宝骏 E100	13 610	17 212
	宝骏	LZW7002EVBBG、LZW7002EVBHH	宝骏 E200	15 391	8676
东风柳州汽车有限公司	东风风行	纯电动轿车	风行 S50EV	3 731	2 881
	东风风行	纯电动多用途乘用车	菱智 M5EV	481	488
	乘龙汽车	纯电动物流车	乘龙 L2EV	79	79
	乘龙汽车	纯电动环卫车	乘龙 M3BEV	4	4

续上表

生产企业名称	产品商标	车辆类型	通用名称	产量统计(辆)	销量统计(辆)
柳州五菱汽车工业有限公司	五菱	纯电动改装车		339	337
	五菱	纯电动客车		8	8
	五菱	纯电动观光车			1 386
柳州延龙汽车有限公司	延龙牌	延龙牌 LZL5021XXYBEV 纯电动厢式运输车	/	12	12
	延龙牌	延龙牌 LZL5030CTYBEV 纯电动桶装垃圾运输车	/	9	6
广西申龙汽车制造有限公司	紫象牌	纯电动汽车、纯电动物流车、插电式混合动力汽车		1 644	1 644
	申龙牌	纯电动汽车		466	466
广西玉柴专用汽车有限公司	玉柴专汽牌	纯电动专用车		8	
广西华奥汽车制造有限公司	金华奥牌	纯电动汽车、运输类纯电动汽车		540	
合计(辆)				36 322	33 199

十、2018 年 12 月底本地区电动汽车充(换)电站(桩)保有量统计表(不完全统计)

城市名称	充电站				充电桩			换电站
	数量(座)	充电机功率总计(kW)	充电站占地面积(m^2)	投资金额(万元)	总数(个)	慢充(个)	快充(个)	数量(座)
南宁市	221	—	—	—	1 741	1 082	659	—
柳州市	173	—	—	—	1 448	1 088	360	—
桂林市	—	—	—	—	423	—	—	—
梧州市	9	6 405	9 375. 59	8 863	217	100	117	1
崇左市	—	—	—	—	—	—	—	—
玉林市	15	—	—	—	173	143	30	—
百色市	—	—	—	—	—	—	—	—
防城港市	—	—	—	—	11	8	3	—
贵港市	1	792	13 320	466. 4	367	359	8	—
北海市	—	—	—	—	210	—	—	—
贺州市	1	440	7 992	92	105	95	10	—
来宾市	14	5 500	56 000	2 500	434	319	115	—
钦州市	—	—	—	—	—	—	—	—
河池市	1	2 138	5 470	816	171	134	37	—
合计	435	—	—	—	5 300	—	—	1

海 南 省

一、2018 年节能与新能源汽车产业概况

海南省节能与新能源汽车产业处于起步阶段。2018 年，由于海马集团发展战略调整，海南省唯一的整车生产企业——一汽海马汽车有限公司没有量产新能源汽车车型上市销售。未来，海南依托节能与新能源汽车推广，加强清洁能源汽车产业链发展顶层设计，推进智能网联汽车测试示范专项工程，氢燃料汽车示范应用专项工程，清洁能源汽车文旅产业发展专项工程，使海南在清洁能源汽车产业链、创新链、价值链形成鲜明特色，具备突出的全球化品牌效应，成为拉动区域经济发展的战略性支柱产业。

二、2018 年节能与新能源汽车扶持政策与措施

政策名称	文件号	发布单位	发布日期	政策概要
关于加快新能源汽车在交通运输行业推广应用的实施意见	琼交运函〔2018〕525 号	海南省交通运输厅	2018-5-7	明确了 2020 年海南省交通运输领域新能源汽车推广目标和比例要求，在政策制定、充电基础设施建设、推广模式、安全运营管理等方面提出明确措施
转发财政部、工业和信息化部、科技部、发展改革委〈关于调整完善新能源汽车推广应用财政补贴政策的通知〉	琼财建〔2018〕414 号	海南省财政厅 海南省工业和信息化厅 海南省发展和改革委员会	2018-4-3	根据国家要求，调整海南省新能源汽车推广地方补贴政策，明确 2018 年补贴标准

续上表

政策名称	文件号	发布单位	发布日期	政策概要
关于进一步做好新能源汽车销售企业备案管理工作的通知	无	海南省商务厅	2018-9-10	根据《汽车销售管理办法》(商务部令2017年第1号)规定,明确新能源汽车销售企业备案管理要求,加强售后服务体系建设
关于鼓励纯电动小客车分时租赁行业健康发展的若干意见(试行)的通知	琼交运管〔2018〕859号	海南省交通运输厅 海南省公安厅 海南省住房和城乡建设厅 海南省自然资源和规划厅 海南省发展和改革委员会	2018-11-1	对全省纯电动汽车分时租赁企业提出规范化管理要求,完善备案审批流程,解决分时租赁汽车上牌难问题
关于印发海南省电动汽车充电基础设施建设消防安全要求的通知	琼建城〔2018〕303号	海南省住房和城乡建设厅 海南省消防总队	2018-12-17	明确室内停车库建设充电基础设施的消防安全要求,对充电桩技术标准予以明确
关于印发海南省绿色生态小区技术标准的通知	琼建定〔2018〕187号	海南省住房和城乡建设厅	2018-7-20	明确绿色生态小区停车位配建充电基础设施要求及比例,并作为海南省工程建设地方标准实施

三、2018年节能与新能源汽车推广应用情况

2018年全省推广应用新能源汽车5 231辆,完成全年任务目标的147%。截至2018年底,全省累计推广新能源汽车2.28万辆,新能源汽车保有量占比达到1.8%。分领域看,2018年全省新增和更换公务用车83辆,100%为新能源汽车;新增和更换公交车491辆,新能源汽车占比85.3%;新增和更换的巡游出租车212辆,100%为清洁能源汽车,其中新能源汽车占比57.1%。截至2018年底,全省公交领域清洁能源化比例提升至77%;出租领域清洁能源汽车占比达90%以上,已基本完成车辆清洁能源化。

四、2018年基础设施建设及运行情况

2018年全省建设充电桩1 896个(其中公共充电桩1 550个),完成全年任务目标的32%(公共充电桩完成目标任务的122%)。18个市县中,陵水、昌江完成全年建设任务;海口、三亚全年分别建设充电桩755个、661个,乐东、临高、琼中等建桩数不足10个。截至2018年底,全省累计建设充电桩约4 602个,4个换电站,环岛高速公路和中线高速公路建成16个快充电站并投入商业运行,均距约53 km,环岛出行构架初步形成。

五、发展规划

2018年,为贯彻落实习近平总书记"4·13"重要讲话和中央12号文件精神,加快建设国家生态文明试验区,海南省工业和信息化厅牵头编制了《海南省清洁能源汽车发展规划》,规划着重阐述"绿色智慧出行新海南"发展总目标的行动推进指南、总体要求和具体目标,围绕2030年中长期愿景制定三个阶段性目标。规划全面分析研判面临的形势,以问题为导向,创新提出一揽子解决方案、重点任务和专项工程,对全省清洁能源汽车推广应用和新能源汽车全产业链发展具有重大指导意义。

六、2018年节能与新能源汽车推广应用统计表

单位:辆

燃料 \ 车型	公交车	旅游大巴	公务车	出租车	租赁用车	私人用车	环卫车	物流车	邮政车	工程车	载货车	其他	合计
纯电动汽车	562	2	0	184	2 381	900	3	567	0	0	3	0	4 602
插电式混合动力汽车	0	0	22	0	93	514	0	0	0	0	0	0	629
增程式电动汽车	0	0	0	0	0	0	0	0	0	0	0	0	0
燃料电池汽车	0	0	0	0	0	0	0	0	0	0	0	0	0
合计	562	2	22	184	2 474	1 414	3	567	0	0	3	0	5 231

七、2018年本地区重点新能源汽车企业产销量统计表

生产企业名称	产品商标	车辆类型	通用名称	产量统计(辆)	销量统计(辆)
一汽海马汽车有限公司	海马牌	纯电动汽车	E3	260	260

八、2018 年 12 月底本地区电动汽车充(换)电站(桩)保有量统计表

充电站		充电桩(个)		换电站
城市(县)名称	数量(座)	慢充	快充	数量(座)
海口市	294	1 187	712	3
三亚市	145	503	496	1
儋州市	25	70	42	0
琼海市	34	117	87	0
东方市	5	11	5	0
文昌市	21	92	15	0
万宁市	19	77	143	0
五指山市	4	13	9	0
昌江县	8	19	28	0
澄迈县	37	206	63	0
临高县	8	29	6	0
定安县	10	28	37	0
屯昌县	5	21	2	0
陵水县	15	75	32	0
保亭县	10	27	19	0
乐东县	13	21	48	0
白沙县	6	20	4	0
琼中县	6	5	8	0
海南省总计	665	2 521	1 756	4

四川省

一、2018 年节能与新能源汽车产业概况

全省已建成年产 10 万辆新能源汽车生产能力,共有新能源汽车生产企业 18 户,关键零部件企业 68 户,研发销售运营企业 14 户,初步形成了较为完整的产业链。四川省新能源汽车生产 2.4 万余辆,相关整车及零部件产值约 250 亿元,累计推广应用新能源汽车 8.6 万辆。充分利用四川省优势,抢抓氢能和燃料电池汽车产业发展的机遇,在成都市郫都区建成西部首条氢燃料电池客车示范线并揭幕运营西部首个加氢站,首批 10 辆四川省自主研发的氢燃料客车全部上路投入载人运行,顺利运行近 400 天,累计行驶近 40 万 km,得到国家有关部委、省内外媒体及行业单位广泛关注。

二、2018 年节能与新能源汽车推广应用情况

率先在成都市郫都区建成西部首条氢燃料电池客车示范线并揭幕运营西部首个加氢站,首批 10 辆四川省自主研发的氢燃料客车全部上路投入载人运行,顺利运行近 400 天,累计行驶近 40 万 km。在郫都区进行新能源汽车轻量化客车试点示范,投入 10 辆新能源轻量化公交车。引入环球车享(EVCard)和曹操专车开展电动汽车分时租赁示范运营,已投放新能源汽车 6 000 余辆,带动全省累计推广应用新能源汽车 8.6 万辆。

三、2018 年节能与新能源汽车项目及园区建设情况

成都吉利 BMA 乘用车项目进展顺利,进行设备安装,预计 2019 年竣工投产,将形成年产 30 万辆乘用车的生产能力。吉利南充新能源商用车二期项目正加快主体厂房建设,预计 2019 年竣工投产,将建成年产 5 000 台新能源清洁能源客车、5 万台新能源商用车动力总成生产基地。吉利跑诗达(Polestar)新能源汽车项目加快推进,进行样车送检,预计年底竣工投产,将形成年产 3 万辆的我国最高档次的新能源轿跑车基地。宜宾凯翼汽车、奇瑞新能源汽车项目进展顺利,已完成首车总装下线,正在进行试生产,预计 2019 年竣工投产,将形成年产 15 万辆传统汽车、5 万辆新能源汽车的生产能力。

四、2018 年基础设施建设及运行情况

已建成充电站 600 余座,各种充电桩约 2 万余个,加快打通成南、成自泸、成德绵 3 条高速公路充电基础设施网络,现已建成 12 对充电站,初步构建了互联互通的充电服务网络

五、节能与新能源汽车推广应用统计表

1. 成都市2018年新能源汽车推广应用数量

单位：辆

燃料 \ 车型	公交车	旅游大巴	公务车	出租车	租赁用车	私人用车	环卫车	物流车	邮政车	工程车	载货车	其他	合计
纯电动汽车	1 949	18	87	1 930	7 203	7 815	0	8 706	0	0	0	780（企业通勤）	28 488
燃料电池汽车	10	0	0	0	0	0	0	0	0	0	0	0	10
合计	1 959	18	87	1 930	7 203	7 815	0	8 706	0	0	0	780	28 498

2. 攀枝花市2018年新能源汽车推广应用数量

单位：辆

燃料 \ 车型	公交车	旅游大巴	公务车	出租车	租赁用车	私人车	环卫车	物流车	邮政车	电力工程车	载货车	其他	合计
纯电动汽车	60	0	0	0	0	140	0	0	0	0	0	0	200
插电式混合动力汽车	0	0	0	0	0	0	0	0	0	0	0	0	0
增程式电动汽车	0	0	0	0	0	0	0	0	0	0	0	0	0
燃料电池汽车	0	0	0	0	0	0	0	0	0	0	0	0	0
合计	60	0	0	0	0	140	0	0	0	0	0	0	200

3. 德阳市2018年新能源汽车推广应用数量

单位：辆

燃料 \ 车型	公交车	旅游大巴	公务车	出租车	租赁用车	私人车	环卫车	物流车	邮政车	电力工程车	载货车	其他	合计
纯电动汽车	123	0	0	2	0	110	0	16	4	0	13	12	280
插电式混合动力汽车	0	0	0	0	0	66	0	0	0	0	0	0	66
增程式电动汽车	0	0	0	0	0	0	0	0	0	0	0	0	0
燃料电池汽车	0	0	0	0	0	0	0	0	0	0	0	0	0
合计	123	0	0	2	0	176	0	16	4	0	13	12	346

4. 绵阳市2018年新能源汽车推广应用数量

单位：辆

燃料 \ 车型	公交车	旅游大巴	公务车	出租车	租赁用车	私人车	环卫车	物流车	邮政车	电力工程车	载货车	其他	合计
纯电动汽车	27	0	0	9	299	0	0	0	0	0	6	566	907
插电式混合动力汽车	64	0	0	0	0	0	0	0	0	0	0	243	307
增程式电动汽车	0	0	0	0	0	0	0	0	0	0	0	0	0
燃料电池汽车	0	0	0	0	0	0	0	0	0	0	0	0	0
合计	91	0	0	9	299	0	0	0	0	0	6	809	1214

5. 南充市2018年新能源汽车推广应用数量

单位：辆

燃料 \ 车型	公交车	旅游大巴	公务车	出租车	租赁用车	私人车	环卫车	物流车	邮政车	电力工程车	载货车	其他	合计
纯电动汽车	159	0	0	9	1	397	0	0	0	0	5	0	571
插电式混合动力汽车	0	0	0	1	0	200	0	0	0	0	1	0	202
增程式电动汽车	0	0	0	0	0	0	0	0	0	0	0	0	0
燃料电池汽车	0	0	0	0	0	0	0	0	0	0	0	0	0
合计	159	0	0	10	1	597	0	0	0	0	6	0	773

6. 2018 年广安市新能源汽车推广应用数量

单位：辆

车型 燃料	公交车	旅游大巴	公务车	出租车	租赁用车	私人车	环卫车	物流车	邮政车	电力工程车	载货车	其他	合计
纯电动汽车	4	0	5	229	0	204	0	0	0	0	0	16	458
插电式混合动力汽车	0	0	6	0	0	61	0	0	0	0	0	3	70
增程式电动汽车	0	0	0	0	0	0	0	0	0	0	0	0	0
燃料电池汽车	0	0	0	0	0	0	0	0	0	0	0	0	0
合计	4	0	11	229	0	265	0	0	0	0	0	19	528

7. 雅安市 2018 年新能源汽车推广应用数量

单位：辆

车型 燃料	公交车	旅游大巴	公务车	出租车	租赁用车	私人车	环卫车	物流车	邮政车	电力工程车	载货车	其他	合计
纯电动汽车	0	0	0	2	0	88	0	5	0	0	0	0	95
插电式混合动力汽车	0	0	0	0	0	31	0	0	0	0	0	0	31
增程式电动汽车	0	0	0	0	0	0	0	0	0	0	0	0	0
燃料电池汽车	0	0	0	0	0	0	0	0	0	0	0	0	0
合计	0	0	0	2	0	119	0	5	0	0	0	0	126

8. 遂宁市 2018 年新能源汽车推广应用数量

单位：辆

车型 燃料	公交车	旅游大巴	公务车	出租车	租赁用车	私人车	环卫车	物流车	邮政车	电力工程车	载货车	其他	合计
纯电动汽车	50	0	90	0	0	0	0	0	0	0	0	0	140
插电式混合动力汽车	0	0	0	0	0	182	0	0	0	0	0	0	182
增程式电动汽车	0	0	0	0	0	0	0	0	0	0	0	0	0
燃料电池汽车	0	0	0	0	0	0	0	0	0	0	0	0	0
合计	50	0	90	0	0	182	0	0	0	0	0	0	322

9. 巴中市 2018 年新能源汽车推广应用数量

单位：辆

车型 燃料	公交车	旅游大巴	公务车	出租车	租赁用车	私人车	环卫车	物流车	邮政车	电力工程车	载货车	其他	合计
纯电动汽车	39	0	0	44	0	100	0	0	0	0	12	0	195
插电式混合动力汽车	0	0	0	0	0	134	0	0	0	0	0	0	134
增程式电动汽车	0	0	0	0	0	0	0	0	0	0	0	0	0
燃料电池汽车	0	0	0	0	0	0	0	0	0	0	0	0	0
合计	39	0	0	44	0	234	0	0	0	0	12	0	329

10. 资阳市 2018 年新能源汽车推广应用数量

单位：辆

车型 燃料	公交车	旅游大巴	公务车	出租车	租赁用车	私人车	环卫车	物流车	邮政车	电力工程车	载货车	其他	合计
纯电动汽车	55	0	0	19	11	44	0	0	0	0	2	5	136
插电式混合动力汽车	0	0	0	0	0	38	0	0	0	0	0	0	38
增程式电动汽车	0	0	0	0	0	0	0	0	0	0	0	0	0
燃料电池汽车	0	0	0	0	0	0	0	0	0	0	0	0	0
合计	55	0	0	19	11	82	0	0	0	0	2	5	174

六、2018 年 12 月底本地区电动汽车充（换）电站（桩）保有量统计表

单位：辆

充电站		充电桩		换电站
城市名称	数量（座）	慢充（个）	快充（个）	数量（座）
成都市	413	4 025 个	5	
攀枝花市	3	6	44	0

续上表

充电站		充电桩		换电站
城市名称	数量(座)	慢充(个)	快充(个)	数量(座)
德阳市	9	191	512	0
绵阳市	2 671	869	2 789	3
南充市	10	20	150	0
雅安市	9	10	25	—
资阳市	2	46	0	0
巴中市	—	—	52	—
遂宁市	12	75	119	—
宜宾市	约50～60座	快慢充总数697		0

贵州省

一、2018年节能与新能源汽车产业概况

截至2018年底,贵州省共有列入《道路机动车辆生产企业及产品公告》的汽车生产企业15家,其中:商用车生产企业12家,乘用车生产企业3家,产品包含轿车、载货汽车、客车(含微型客车)、专用车等,产能约为30万辆。汽车零部件产品主要有汽车电机、车用电器及电子产品、汽车门锁、汽车散热器、轮胎及橡胶制品、铝合金铸件、汽车内饰件等,全省汽车工业从业人数为1.9万人。

2018年,全省生产节能和新能源汽车3668辆,其中,节能汽车(甲醇汽车)2621辆,新能源汽车1047辆。

二、2018年节能与新能源汽车推广应用情况

2018年,贵州省推广新能源汽车12 560辆,同比增长96.6%,截至2018年底,贵州省累计推广新能源汽车23 763辆,按车型分,乘用车14 676辆,占61.8%,其中:纯电动乘用车11 940辆、插电式混合动力乘用车2 736辆;客车7 000辆,占29.4%,其中纯电动客车5 780辆、插电式混合动力客车1 220辆;专用车及货车2 087辆,占8.8%。按地区分,贵阳市12 056辆,占50.7%;遵义市2 896辆,12.2%;安顺市及贵安新区2 117辆,占8.9%;黔南州1 504辆、黔西南州1 265辆、六盘水市1 182辆、黔东南州1 143辆、铜仁市717辆。

三、2018年节能与新能源汽车项目及园区建设情况

2018年,节能和新能源汽车重点项目建设加快推进。吉利汽车贵阳分公司、遵义梅花汽车科技公司通过工信部组织的企业准入审查,吉利汽车贵阳生产基地实现批量生产。贵州长江纯电动货车项目、观致汽车贵阳分公司新能源汽车项目、中电新能源汽车西南产业园等项目获得核准或备案。贵阳吉利年产40万台发动机项目建设顺利推进。

四、2018年基础设施建设及运行情况

2018年,全省新建成充电桩5 765个,截至2018年底,全省累计建成充电桩12 631个,已接入全省统一信息化监控平台3 682个,其中,贵阳市接入1 734个,遵义市接入568个,六盘水市接入237个,安顺市接入462个,毕节市接入61个,铜仁市接入89个,黔东南州接入245个,黔南州接入170个,黔西南州接入92个。平台统计总充电容量17.0万kW,累计充电量915.7万kWh,替代原油消耗787.5t,替代燃油消耗760.0 t,减少二氧化碳排放9 129.3 t。

五、发展规划

"十三五"期间,贵州省紧抓国家实施《中国制造2025》战略和大力发展新能源汽车产业的重大机遇,构建汽车产业新体系。以发展节能和新能源汽车为重点,加快传统汽车转型升级,差异化发展燃油汽车,形成特色竞争优势。同时,着力提升产业配套能力,健全服务体系,不断完善产业链,构建良好发展环境,增强产业竞争力,初步形成以节能和新能源汽车为引领,燃油汽车特色优势突出,零部件配套能力较强,服务体系健全的汽车产业发展新体系,成为西南地区重要的汽车制造基地。

六、2018年节能与新能源汽车推广应用统计表

单位:辆

车型 燃料	合计
纯电动汽车	10 670
插电式混合动力汽车	1 890
合计	12 560

云南省

一、2018年节能与新能源汽车产业概况

全省共7家企业取得新能源汽车生产资质,新能源汽车产能约5万辆,50个车型进入国家公告目录,产品涵盖纯电动客车、厢式货车、乘用车(SUV),以及混合动力客车等类型。北汽昆明新能源汽车工程技术中心、东风云南汽车有限

公司杨林新厂区两个新能源汽车项目建成，即将投产。江铃昆明新能源汽车项目、航天神州整体搬迁项目2018年开工建设，预计2019年建成。2018年，云南省生产新能源汽车1 985辆，销售新能源汽车1 977辆，主要产品为纯电动客车、纯电动物流车、混合动力客车等。

二、2018年节能与新能源汽车扶持政策与措施

政策名称	文件号	发布单位	发布日期	政策概要
云南省人民政府办公厅关于印发云南省加快新能源汽车推广应用工作方案的通知	云政办发〔2018〕74号	云南省人民政府办公厅	2018-9	明确地方财政补贴标准、出台鼓励购买和使用新能源汽车相关政策

三、2018年节能与新能源汽车推广应用情况

2018年，云南省加大新能源汽车推广工作力度，全年推广新能源汽车16 875辆，增长45.79%，其中乘用车13 711辆，客车1 646辆，物流车及专用汽车1 518辆。全省新能源汽车保有量36 317辆，增长86.15%。

四、2018年节能与新能源汽车主要企业经营情况

2018年，云南航天神州汽车有限公司生产销售新能源汽车908辆，昆明客车制造有限公司生产销售新能源汽车406辆，东风云南汽车有限公司生产销售新能源汽车259辆，一汽红塔云南汽车有限公司生产和销售新能源汽车214辆和207辆，云南五龙汽车有限公司生产和销售新能源汽车198辆和197辆。

五、2018年节能与新能源汽车项目及园区建设情况

云南滇中新区汽车产业园是云南省发展新能源汽车的核心园区，位于国家级杨林经济技术开发区，总规划控制面积为18.58 km^2，园区近期规划发展目标（至2020年）计划引进3～4家大型汽车企业入驻，整车总产能达到40万辆，其中乘用车30万辆（新能源汽车20万辆），商用车10万辆，汽车整车及零部件产值预计达600亿元。截至2018年底，园区道路网、供排水网、能源网、物流网、互联网为主的“五网”基本建成，配套建设的公租房已投入使用。北汽昆明新能源汽车工程技术中心、东风云汽、江铃汽车、中汽中心高原检测中心等项目入驻，其中北汽昆明新能源汽车工程技术中心、东风云南汽车有限公司搬迁项目可在2019年建成投产。园区配套建有零部件基地，已建成广田衡器、金利马等一批标准厂房供汽车零部件项目入驻使用，以及呈达玻璃、太平龙机械、德铭汽车零配件、云内动力发动机再制造、民塑汽车注塑件等一批零部件配套项目，园区汽车及配套产业聚集发展态势基本形成。

六、2018年基础设施建设及运行情况

2018年，云南省新增公共充电桩4 522个，其中直流充电桩2 881个，交流充电桩1 641个，总功率13.7万kW，新能源汽车充电基础设施进一步完善。

七、发展规划

2016年11月，省政府印发《云南省新能源汽车产业发展规划》（2016—2020年），提出以纯电动和混合动力为主攻方向，通过招商引资和现有企业提升改造，大力发展新能源乘用车、客车、专用车，带动发展关键配套，规划到2020年，形成年产30万辆新能源汽车能力。

八、2018年节能与新能源汽车推广应用统计表

单位：辆

车型 / 燃料	公交车	旅游大巴	公务车	出租车	租赁用车	私人用车	环卫车	物流车	邮政车	工程车	载货车	其他	合计
纯电动汽车	1 546	0	0	0	3 000	7 671	0	1 518	0	0	0	0	13 735
插电式混合动力汽车	100	0	0	0	0	3 040	0	0	0	0	0	0	3 140
增程式电动汽车	0	0	0	0	0	0	0	0	0	0	0	0	0
燃料电池汽车	0	0	0	0	0	0	0	0	0	0	0	0	0
合计	1 646	0	0	0	3 000	10 711	0	1 518	0	0	0	0	16 875

九、2018年本地区重点新能源汽车企业产销量统计表

生产企业名称	产品商标	车辆类型	通用名称	产量统计（辆）	销量统计（辆）
东风云南汽车有限公司	东风	纯电动物流车	—	259	259
云南五龙汽车有限公司	长江	纯电动公交车	—	198	197
昆明客车制造有限公司	云海	纯电动公交车	—	305	305
	云海	插电式混合动客车	—	100	100
云南航天神州汽车有限公司	神州	纯电动物流车	—	908	908
一汽红塔云南汽车有限公司	解放	纯电动物流车	—	214	207

十、2018 年 12 月底本地区电动汽车充(换)电站(桩)保有量统计表

充电站		充电桩		换电站
城市名称	数量(座)	慢充(个)	快充(个)	数量(座)
云南省	—	1 641	2 881	1
高速公路	—	92	528	—
昆明市	—	1 101	333	1
玉溪市	—	59	554	—
红河州	—	232	251	—
曲靖市	—	40	223	—
丽江市	—	36	314	—
楚雄州	—	38	180	—
大理州	—	7	105	—
普洱市	—	17	126	—
其他	—	19	267	—

陕 西 省

一、2018 年节能与新能源汽车产业概况

陕西新能源汽车起步早、发展快,初步形成了纯电动和混合动力轿车,纯电动客车、物流车、环卫车等全系列新能源汽车产品发展格局。2018 年全省新能源汽车产量 13.85 万辆,增长 70.02%(全国产量 127 万辆,增长 59.9%),占全国产量的 10.9%,产销规模居全国前列。其中,比亚迪掌握电池、电机、电控核心技术,纯电动、混合动力汽车研发实力跻身世界水平,领跑国内企业,2018 年,实现产销 12.9 万辆,增长 88.9%。

二、2018 年节能与新能源汽车推广应用情况

截至 2018 年底,全省替换推广新能源汽车 8.2 万辆。其中,公交车替换推广新能源公交车 8 811 辆;出租车替换推广新能源汽车 726 辆;邮政及物流车替换推广新能源汽车 19 924 辆;环卫车替换推广新能源汽车 36 辆。

三、2018 年节能与新能源汽车主要企业经营情况

陕西新能源汽车整车生产企业 3 户。其中:2018 年比亚迪汽车公司产销新能源汽车 12.9 万辆,增长 88.9%;陕汽商用车公司产销纯电动中轻型物流车 1 726 辆;陕西通家汽车产销纯电动微型物流车 7 530 辆。

四、2018 年节能与新能源汽车项目及园区建设情况

整车项目引进建设方面:2018 年以来,西安吉利、比亚迪二期、雷丁秦星、宝能汽车等一批重大项目落地陕西,陆续建设,陕西省在建新能源汽车产能突破 100 万辆以上。

汽车产业园建设方面:围绕现有和在建整车项目,一批零部件配套项目聚集发展,形成了多个新能源整车及配套产业聚集区。主要汽车产业园区分别为西安经开区,轿车和商用车整车及零部件产业基地;西安高新区,轿车和客车及零部件产业基地;宝鸡高新区,轿车及零部件产业基地;宝鸡蔡家坡经开区,中轻卡及专用车产业基地;咸阳科技产业园,新能源汽车及零部件产业基地;渭南高新区,动力电池产业基地。

五、2018 年基础设施建设及运行情况

陕西省共建成充电桩 39 260 个。其中,公共桩 8 076 个,专用桩 3 891 个,私人桩 27 293 个。

六、2018 年新能源汽车推广应用数量

单位:辆

车型 / 燃料	公交车	旅游大巴	公务车	出租车	租赁用车	私人用车	环卫车	物流车	邮政车	工程车	载货车	其他	合计
纯电动汽车	3 024	0	0	0	4 821	0	36	5 149	0	0	0	0	13 030
插电式混合动力汽车	0	0	0	0	0	0	0	0	0	0	0	0	0
增程式电动汽车	0	0	0	0	0	0	0	0	0	0	0	0	0
燃料电池汽车	0	0	0	0	0	0	0	0	0	0	0	0	0
合计	3 024	0	0	0	4 821	0	36	5 149	0	0	0	0	13 030

七、2018 年本地区重点新能源汽车企业产销量统计表

生产企业名称	产品商标	车辆类型	通用名称	产量统计(辆)	销量统计(辆)
比亚迪汽车工业有限公司	比亚迪	插电式混合动力多用途乘用车	秦 DM	47 057	47 425
	比亚迪	插电式混合动力多用途乘用车	唐 DM	36 832	37 146
	比亚迪	纯电动轿车	秦 EV	11 090	10 527
	比亚迪	纯电动轿车	E5	46 222	46 213
	比亚迪	纯电动轿车	E6	6 608	6 508
	比亚迪	插电式混合动力多用途乘用车	宋 DM	39 075	39 318
	比亚迪	纯电动轿车	宋 EV	4 645	4 316
	比亚迪	纯电动轿车	元 EV	35 704	35 699

八、2018 年 12 月底本地区电动汽车充(换)电站(桩)保有量统计表

充电站		充电桩(个)		换电站
城市名称	数量(座)	慢充	快充	数量(座)
陕西省	—	27 293	11 967	—

甘肃省

一、2018 年节能与新能源汽车产业概况

甘肃省节能与新能源汽车产业集中在兰州市、兰州新区,依托兰石集团、长城电工、兰州电机、金川公司等企业,发展驱动电机、电控系统、动力电池等新能源汽车关键零部件,发展电池关键材料和充电桩等配套基础设备,尽快形成规模化配套能力。已形成珠海银隆、兰州知豆、亚太专用车、兰石兰驼等为龙头的新能源汽车企业产业链,并依托构建电动车、动力电池及客车零部件等战略性新兴产业产品及产业链的延伸。兰州知豆已形成年产新能源乘用车 4 万台能力;兰州广通新能源客车生产基地建设完成,将达到年产 6 000 台新能源客车生产能力;兰石兰驼两款新能源物流车取得了产品公告,进入了国家新能源汽车推广应用目录,并经工信部会同国家税务总局的审查通过,享受车船税减免优惠政策,同时建立了新能源物流车厢体生产线、装配线,可达年产两万台新能源物流车的生产能力。同时,积极引进专业化服务公司为新区重点新能源企业提供项目设计、人员培训、节能低碳等服务,推动新能源汽车产业快速发展。

二、2018 年节能与新能源汽车推广应用情况

2018 年,全省推广应用节能与新能源汽车 4 969 辆,其中:新能源客车 1 161 辆,新能源乘用车 3 285 辆,新能源专用车 523 辆。

三、2018 年节能与新能源汽车主要企业经营情况

兰州知豆电动汽车有限公司 2018 年 1—12 月产量为 11 214 台,实现产值 70 942.267 303 万元;兰州兰石集团兰驼农业装备有限公司 2018 年 1—12 月销售量为 101 台(新能源物流车),实现产值 1 755.38 万元。

四、2018 年节能与新能源汽车项目及园区建设情况

兰州知豆电动汽车有限公司是知豆电动汽车有限公司全资子公司,其前身为兰州吉利汽车工业有限公司,成立于 2006 年 7 月。2014 年底,企业进行了重大战略调整,即由传统燃油汽车的制造,转型为新能源纯电动汽车的制造。2015 年 5 月,企业正式更名为兰州知豆电动汽车有限公司,注册资本 4.2 亿元,旗下拥有知豆电动汽车技术集成有限公司、山东知豆电池集成科技有限公司、宁海知豆电动汽车销售有限公司三个全资子公司。是拥有冲压、焊装、涂装、总装四大工艺的整车制造企业,占地面积 650 亩。2017 年 2 月 28 日,兰州知豆年产 4 万辆纯电动乘用车项目经国家发改委核准批复,项目总投资 8.8 亿元,其中利用原有固定资产 3.9 亿元,新增投资 4.9 亿元(固投 3.96 亿元,流动资金 0.94 亿元),主要生产知豆牌纯电动乘用车。项目自 2017 年 3 月启动建设,目前已全部建成,并于 2017 年 11 月 1 日,正式获得中华人民共和国工业和信息化部兰州知豆纯电动乘用车生产资质。

兰州广通新能源汽车有限公司是由珠海银隆新能源股份有限公司牵头,增资重组原兰州宇通客车有限公司而来。兰州广通新能源汽车生产基地项目,规划总占地面积 1 087 亩,一期建设用地面积 668 亩,总建筑面积 18 万 m^2。主要建设客车联合厂房(含制件车间、焊装车间、涂装车间、总装车间)、检测调整车间、底盘及改装车间、淋雨试验室、综合办公楼、倒班楼及食堂等;预留试制车间、研发中心、电池 PACK 车间及两个生产车间。项目总投资 11.5 亿元,于 2017 年 5

月3日奠基动工,2018年11月2日建成投产。

兰州兰石集团兰驼农业装备有限公司以下简称"兰石兰驼公司"始建于1952年,作为兰石集团的全资子公司,隶属甘肃省国资委,是兰石集团重要的战略板块和全新的产业增长点。2012年,兰石兰驼启动"出城入园"项目建设,在兰州新区建设研发、设计、生产基地,项目总占地面积696亩,建筑面积22.36万m^2,拥有国内一流的产品研发中心,拥有行业领先的柔性加工中心、焊装线、电泳自动化涂装线及年产30万台套能力总装流水线和全套整车检测设备。项日可实现各类产品综合产能8.2万台(套)、工业总产值23亿元,利税总额2.4亿元,可提供就业岗位2 200人。建成5 000 m^2国内首家集整车销售、零配件、售后服务、信息反馈为一体的4S互动体验营销中心,已经一次性顺利投产。兰石兰驼公司在快速推进城市环境卫生治理方面开发了各类环卫车辆;按照省委省政府大力发展旅游产业的号召,开发了旅居车(又称房车)、集装箱酒店及其他营地装备,并提供露营地整体规划及运营策划;在物流运输方面,开发了冷藏车、厢式运输车及新能源物流车;积极响应国家"厕所革命"战略开发了生态卫浴、移动卫生间,并致力于卫浴产品生物降解技术的研发,为甘肃省城市治理、物流运输及旅游业发展作出了杰出的贡献。兰石兰驼公司已取得专用作业车、专用货车、特种作业车、专用客厢车、通用货车挂车、其他挂车6类专用车产品生产资质。已完成25种专用车产品的开发工作,其中22种专用车产品已取得产品公告。

五、2018年基础设施建设及运行情况

根据国务院办公厅发布的《关于加快电动汽车充电基础设施建设的指导意见》,鼓励企业创新商业合作与服务模式,引导社会资本参与充电基础设施体系建设运营,到2020年要完成为500万辆电动汽车配套相应规模的充电基础设施建设,为发展新能源汽车产业提供重要保障。甘肃省积极推进充电基础设施建设,共建设充电站318座(占地面积500 294.99 m^2),充电桩4 488个,换电站11个,充电机功率总计240 410 kW,投资72 803.75万元,运行情况良好。

六、发展规划

力争2020年,甘肃省在新能源汽车整车、关键零部件发展及推广应用和充电基础设施建设等方面取得明显进展,有利于新能源汽车发展的环境进一步优化,初步建成以市场为导向、企业为主体、产学研用紧密结合的新能源汽车创新与产业体系,汽车后市场及服务业在价值链中比重大幅度上升。产业发展方面:围绕新能源汽车重点发展领域,实施研发及产业化专项,加快培育和发展新能源汽车产业,打造新能源汽车产业链,引导和培育自主品牌的龙头企业,顺应新能源汽车电动化、智能化、网联化发展方向,推动甘肃省新能源汽车整车研发、设计、制造及产业整合发展,提升产品竞争力和市场占有率。动力电池、电机、和充电配套设备等关键零部件产业化步伐加快。到2020年,全省初步形成240亿元规模的新能源汽车产业,并带动电池及充电设施等配套产业快速发展。推广应用方面:2017—2020年,全省新能源汽车(标准车)分年度推广数量分别不低于1.2万辆、1.5万辆、2.0万辆、3.0万辆,且推广的新能源汽车数量占本地区新增及更新汽车总量比例不低于1.5%、2%、2.5%、3%。充电基础设施方面:到2020年基本建立适度超前、车桩相随、布局合理、设备先进的充电设施服务网络。其中,新能源汽车推广应用城市公共充电桩与电动汽车比例不低于1:5,省内其他城市公共充电桩与电动汽车比例力争达到1:10,能够满足推广应用新能源汽车运行需要。

七、2018年节能与新能源汽车推广应用统计

单位:辆

车型 燃料	公交车	旅游大巴	公务车	出租车	租赁用车	私人车	环卫车	物流车	邮政车	电力工程车	载货车	其他专用车	其他	合计
纯电动汽车	1 123	36	9	202	682	1 802	5	487	0	0	2	23	6	4 377
非插电式混合动力汽车	0	0	0	0	0	62	0	0	0	0	0	0	0	62
插电式混合动力汽车	0	2	0	1	5	521	0	0	0	0	0	0	0	529
增程式电动汽车	0	0	0	0	0	1	0	0	0	0	0	0	0	1
燃料电池汽车	0	0	0	0	0	0	0	0	0	0	0	0	0	0
合计	1 123	38	9	203	687	2 386	5	487	0	0	2	23	6	4 969

八、2018年本地区重点新能源汽车企业产销量统计表

生产企业名称	产品商标	车辆类型	通用名称	产量统计(辆)
兰州广通新能源汽车有限公司	广通	纯电动公交车	—	430
兰州知豆电动汽车有限公司	知豆	纯电动轿车	D2	5 782
	知豆	纯电动轿车	D2S	1 324

九、2018 年 12 月底本地区电动汽车充(换)电站(桩)保有量统计表

充电站					充电桩(个)		换电站
城市名称	数量(座)	充电机功率总计(kW)	充电站占地面积(m^2)	投资金额(万元)	慢充	快充	数量(座)
甘南州	1	600	3 000	127	30		2
兰州市	145	124 362	129 755.9	40 904.5	1 100	1 272	3
定西市	34	33 840	107 758	3 680	36	214	2
嘉峪关市	0	0	0	0	7	0	0
金昌市	0	0	0	0	48	11	0
酒泉市	12	8 952	21 458	2 450	93	311	4
临夏州	2	3 040	18 540	1 256	43	15	0
平凉市	16	19 876	31 470.46	8 836.15	147	174	0
庆阳市	2 座 95 台	3 060	14 418	692.5	38	13	0
天水市	3	2 140	5 590	678	18	42	0
武威市	8	19 500	89 473.63	5 090.6	199	105	0
张掖市	75	3 700	24 200	1 769	40	90	0
白银市	6	11 240	46 711	4 020	22	230	0
陇南市	14	10 100	7 920	3 300	130	60	0
合计	318	240 410	500 294.99	72 803.75	1 951	2 537	11

浙 江 省

一、2018 年节能与新能源汽车产业概况

(一)产业生态初步形成。2018 年,全省新能源汽车整车产量约 5.2 万辆,占全省整车产量的 3%。全省已初步形成新能源汽车示范运营、充电设施制造与建设、整车制造、关键零部件制造、核心基础材料研发生产等较为完整的产业链。包括:以西湖集团、吉利曹操专车等为代表的运营企业;以省电网公司、万马股份为代表的充电桩建设运营企业;以吉利、众泰、长江、威马等为代表的整车制造企业;以万向、微宏为代表的电池制造企业;以万向、亚太、三花、均胜等为代表的关键零部件制造企业。

(二)关键技术攻关取得突破。围绕补强短板、做强产业链、构筑创新链,先后在新能源汽车及关键零部件企业布局了 19 家省级重点企业研究院,开展重大瓶颈技术攻关,取得一批新突破。吉利汽车研究院研发的帝豪 EV 纯电动轿车,已实现批量生产,市场反馈良好;微宏动力成为全球实现商业化大规模生产“10 min 充满电”动力电池的 3 家企业之一;阿里巴巴菜鸟网络已经在封闭园区开展无人物流车路上试验。19 家研究院建设投入累计超过 3.3 亿元,研究院人才数量超过 2.5 万人。

(三)商业模式创新走在全国前列。西湖电子集团探索纯电动公交车“融资租赁”模式,在杭州投放已超过 2 000 余辆。吉利汽车在杭州开展“曹操专车”网约车的营运模式,已投放超 3 000 辆。康迪汽车率先在杭州推出电动汽车分时租赁模式,投放汽车 18 000 余辆,已成为全国推广应用比较成功的模式之一,并在全国多个城市复制。

(四)安全监管信息化水平进一步提升。为加强新能源汽车安全运营管理,西湖电子、康迪汽车、众泰汽车等企业,都已对新能源汽车行驶情况进行实时监控。各租赁、运营服务企业对本公司销售和租赁的新能源汽车也建立了监管平台。杭州市正在创建全市域新能源公交车、出租车、租赁车统一监管平台,并组织创建全市充电设施监控平台,强化对充电设施的安全监管,进一步提升信息化管理水平。

(五)重大项目加速推进。2017 年,省发改委核准了包括万向创新聚能城、长兴吉利 15 万辆新能源汽车、杭州吉利 10 万辆汽车、浙江新吉奥 2 万辆新能源商用车、长城 10 万辆整车、西虎 6 万辆新能源汽车、威马 5 万辆新能源汽车等一批新能源汽车项目,万向创新聚能城、长兴吉利新能源汽车等重大项目前期工作取得积极进展。

二、2018 年节能与新能源汽车推广应用情况

(一)推广应用规模再创新高。2018 年,全省新能源汽车推广应用再上新台阶,全年推广应用计划为 4.3 万辆(标准车),2018 年实际推广应用超 13 万辆,是计划的 3 倍。同比去年增长 184%。其中,杭州推广应用 5.09 万辆(占全省 39%),宁波推广应用 2.15 万辆,湖州推广应用 1.41 万辆,温州市推广应用 1.12 万辆,上述 4 个地市推广应用数量均超过万辆(台州 9 671 辆,绍兴 7 294 辆,金华 7 166.5 辆,嘉兴 4 890 辆,丽水 1 925 辆,舟山 1 835 辆,衢州 858.5 辆)。截至 2018 年底,全省累计推广应用新能源汽车 231 488 辆(标准车)。

(二)充电设施建设稳步推进。2018 年浙江省新建充换电站 305 座(其中:公交等专用站 101 座、城市公用站 201 座、

高速快充站4座），城市公用分散充电桩4 660个，分别达到年度计划的231%和138%。截至2018年底，全省累计共建成充换电站883座，公用分散充电桩18 531个，分别达到“十三五”目标的110.4%、154.4%，充电基础设施网络已初步形成，一方面，城市桩站建设积极推进，杭州市已形成2 km充电服务圈。公交等专用站的建设推进较快，电动公交占有率大幅提升，杭州主城区公交车已基本实现清洁能源化。另一方面，全省高速公路快充服务网络也已基本构建，充电次数和充电电量成倍增长，有力保障了新能源（电动）汽车跨城际长距离出行。

（三）财政资金支持力度加大。2018年，省财政厅筹措安排3亿元新能源汽车奖补资金，并按照因素法及时将奖补资金下达到全省10个市，由各市统筹安排，有力促进了全省新能源汽车产业发展和推广应用。经省领导同意，2019年将扩大新能源汽车奖补资金额度，由原来的3亿元增加至5亿元，其中2亿元用于支持重大项目建设。

三、发展规划

围绕加快推进浙江省新能源汽车产业发展和推广应用，省联席办主要做好5个方面工作：

（一）加强统筹协调，形成工作合力。省联席办充分发挥综合协调职能，加强与各成员单位的沟通衔接，联合省经信委、科技厅、财政厅、能源局等部门，协同做好政策制定落实、重大技术攻关、市场推广应用、基础设施建设等方面工作，形成了良好的工作氛围。为进一步明确分工，增强工作联动性，省联席办制定了《2019年工作任务清单》，会上已印发大家征求意见，会后将根据反馈意见修改完善后正式印发。

（二）制定规划方案，明确工作导向。积极开展新能源汽车产业发展课题研究，组织编制了《浙江省汽车产业高质量发展研究》课题，省发改委会同省经信厅编制了《浙江省汽车产业高质量发展行动计划（2019—2022年）》，省政府以2019年1号文件印发实施。同时积极配合国家发改委制定《汽车产业投资管理规定》，提出浙江省意见建议。通过研究谋划，进一步明确了浙江省新能源汽车产业发展的目标任务和政策导向。

（三）组织资金申报，严格规范管理。按照国家有关通知要求，省发改委等四部门及时组织全省汽车生产企业开展两次中央财政补助资金清算工作，包括比亚迪、杭州长江、广汽（杭州）、浙江豪情、湖南江南、东风裕隆、青年汽车等7家企业向国家申报11.62亿元财政资金补助。为加强管理，四部门还联合印发了《关于进一步规范浙江省新能源汽车推广应用中央财政补助资金清算申报工作的补充通知》，对申报流程进行进一步规范。

（四）聚焦产业热点，促进产业提升。为加快探索智能汽车发展，组织召开智能网联汽车产业发展座谈会，启动《浙江省智能汽车创新发展规划》编制工作，并积极谋划智能汽车发展示范区建设。带队赴广东调研氢燃料电池汽车产业发展情况，向省领导报送了《加快我省燃料电池产业发展》的有关建议，冯飞、高兴夫两位省领导都作了批示，为浙江省新能源汽车产业提升发展奠定了良好工作基础。

内蒙古自治区

一、2018年节能与新能源汽车产业概况

截至2018年底，内蒙古自治区拥有新能源整车生产企业3户：包头北方奔驰重型汽车股份有限公司，主要生产重型载货汽车、自卸车、专用车；华泰汽车控股集团，主要生产SUV汽车；奇瑞汽车股份有限公司鄂尔多斯分公司，主要生产轿车和越野车。新能源汽车产能4万辆。汽车动力电池生产企业3户，产能6 GWh。

二、生产经营

新能源汽车产业发展较快。截至2018年底，内蒙古自治区具有新能源汽车整车资质的有3家企业，北奔重汽、奇瑞汽车和华泰汽车，产能突破4万台。其中2015年北奔重汽和杉杉集团合作成立青杉客车，主要生产新能源客车；2017年，奇瑞汽车投资约6亿元，启动了鄂尔多斯新能源汽车生产项目，改扩建后的新能源生产线具备了批量生产新能源乘用车的能力，年产能2.35万台，2018年元月该项目通过了工信部的审核，具备了生产新能源乘用车的资质，2018年共生产新能源汽车11 547辆，主营业收入15亿元。新能源汽车配套产业园区建设进展加快。2016年，呼和浩特金山高新技术产业开发区新能源汽车产业园开始兴建，该项目是由土左旗政府、沃特玛创新联盟和中国一冶集团共同建设。产业园基础设施采取PPP模式建设，中国一冶作为社会资本投资方与土左旗政府共同出资进行基础设施及园区配套设施的建设，入园企业采取租赁厂房，自带设备及流动资金的方式入驻产业园区。项目规划总投资200亿元，占地面积2 605亩，建筑面积102.7万 m^2，拟入驻规模以上工业企业20家以上，建成后预计实现产值500亿元，提供就业岗位3万个。入驻项目主要为锂电池、正极、负极、隔膜、电解液、充电桩和动力总成等，占地面积1 041亩，建筑面积42万 m^2。

三、市场发展

按照自治区汽车工业发展规划，将加大对新能源汽车制造业的政策支持力度，适时出台加大对我区新能源汽车制造企业的扶持政策，在企业融资、市场、人才、用水、用电、用地等方面给予倾斜，切实解决企业存在的实际困难。对符合国家产业政策的新能源汽车项目，自治区各级政府要加大扶持力度，在政策上予以倾斜，对符合《财政部科技部工业和信息化部发展改革委关于2016—2020年新能源汽车推广应用财政支持政策的通知》（财建〔2015〕134号）推广的新能源汽车，予以补助。推动汽车产业技术进步和自主创新，支持汽车企业研究开发新产品、新技术、新工艺，实施符合国家产业政策的技术改造项目，自治区工业专项资金予以倾斜。

四、新能源汽车推广应用情况

内蒙古自治区新能源汽车产业及推广应用工作取得进

展，自治区有关部门认真落实《自治区政府办公厅关于加快新能源汽车推广应用的实施意见》精神，加大政策宣传力度，细化任务，明确目标，落实支持政策，营造了推广应用新能源汽车的良好社会氛围。2018 年，内蒙古自治区推广应用各类新能源汽车推广应用各类新能源汽车 3 421 辆，折合标准车 18 261 台。截至 2018 年底，内蒙古自治区推广应用各类新能源汽车 11 071 辆（折合标准车 5 万台），占全区汽车保有量的 0.2%

充电基础设施建设稳步增长，新能源汽车运行条件逐步改善。截至 2018 底，全区累计建成充电站 78 个，各类充桩 2 508 个，呼和浩特市和包头市初步构建了城市公交车的充电网路，其他盟市充电基础设施建设也处在高速增长期。充电基础设施建设，是新能源汽车运行的保障，自治区规划到 2020 年，全区充换电基础设施建设基本完善，新建公共充电站不低于 50 个，新建各类充电桩不低于 35 000 个。为鼓励使用新能源汽车，降低运行成本，自治区出台了《自治区政府关于进一步深化电力体制改革促进产业结构调整有关事宜的通知》（内政发〔2016〕61 号），将新能源汽车充电列入优先交易范围，风光发电参与，不设限值，使新能源汽车运行成本进一步降低。

新疆维吾尔自治区

一、2018 年节能与新能源汽车产业概况

截至 2018 年年底，新疆具有公告资质汽车生产企业 14 家，其中整车生产企业 4 家，客车改装企业 1 家，专用汽车改装企业 9 家。其中陕汽新疆汽车有限公司、东风商用车新疆有限公司新疆工厂，研发生产的 LNG/CNG 天然气载重汽车在新疆及中亚有一定市场。另外，特变电工等一批企业也通过合资合作调整产品结构，积极涉足新能源汽车充电设施设计、成套装置制造和运维市场。新疆没有电动汽车生产企业。

二、2018 年节能与新能源汽车扶持政策与措施

政策名称	文件号	发布单位	发布日期	政策概要
关于印发《新疆维吾尔自治区城乡道路客运成品油价格补助专项资金管理办法》的通知	新财建〔2018〕101 号	自治区财政厅 自治区交通厅	2018-5-24	对购置新能源公交车、农村客运车辆、新能源出租汽车给予支持

三、2018 年节能与新能源汽车推广应用情况

2018 年新疆 15 个地州市，共推广新能源汽车 3 512 辆（以 2018 年 1—12 月登记的新能源汽车专用号牌为准）。其中，纯电动汽车 2 111 辆，插电式混合动力汽车 1 401 辆。

新疆经过 3 年的新能源汽车推广，2018 年实现较快发展。2016 年以来，合计登记注册推广新能源汽车 4 520 辆，其中，纯电动汽车推广前三位的地区依次是喀什 384 辆、乌鲁木齐 381 辆、伊犁 339 辆，插电式混合动力汽车推广前三位的地区依次是乌鲁木齐 642 辆、伊犁 197 辆、阿克苏 106 辆；其中，新能源汽车推广数量最少的地区依次是克州、吐鲁番、塔城。

（备注：未登记专用新能源汽车号牌车辆不在统计范围内）

四、2018 年节能与新能源汽车主要企业经营情况

东风商用车新疆有限公司新疆工厂：2018 年生产载重汽车 1 195 辆，实现工业总产值 2.1 亿元，同比下降 34.6%。

陕汽新疆汽车有限公司：2018 年生产载重汽车 3 101 辆，实现工业总产值 8.1 亿元，同比下降 8.3%。

五、2018 年节能与新能源汽车项目及园区建设情况

广汽乘用车有限公司新疆分公司已完成一期一阶段项目建设，2018 年 5 月正式生产并投放市场，当年完成产量 5 080 台，实现工业总产值 5.05 亿元。该项目包括新能源汽车，但未生产新能源汽车车型。

新疆汽车工业总体处于起步发展阶段，产业基础薄弱、集中度低，还没有形成汽车产业集群发展和规模效应。受经济下行的影响，部分汽车生产企业不能维持正常生产经营，有 4 家企业被列入工信部《特别公示车辆生产企业（第 3 批）》。14 家汽车及零部件生产企业主要分布在乌鲁木齐经济技术开发区、乌鲁木齐高新技术开发区及相应的工业园区内，没有形成专门的汽车及零部件产业园区。

六、2018 年基础设施建设及运行情况

2018 年，自治区发展改革委发布了 3 批电动汽车充电设施建设运营商公告，23 家企业满足准入条件，可在全疆范围内开展充电设施建设和运营。截至 2018 年底，新疆共有 7 批 41 家企业纳入自治区《电动汽车充电设施建设运营商管理目录》，可在全疆范围内开展充电设施建设和运营。

七、发展规划

围绕培育汽车产业集群的发展目标，以乌鲁木齐技术开发区（头屯河区）为汽车及零部件产业核心集聚区，坚持内地引进和本地培育并重策略，大力发展配套零部件产业，积极培育汽车制造业产业链，形成产业集群，发挥产业集聚效益，将乌鲁木齐建成为西部地区重要的汽车组装、制造出口基地。

八、2018 年节能与新能源汽车推广应用统计表

单位:辆

燃料 \ 车型	公交车	旅游大巴	公务车	出租车	租赁用车	私人用车	环卫车	物流车	邮政车	工程车	载货车	其他	合计
纯电动汽车	887	35	0	263	0	0	0	0	0	0	3	0	2 111
插电式混合动力汽车	248	1	0	0	0	0	0	0	0	0	0	0	1 401
增程式电动汽车	0	0	0	0	0	0	0	0	0	0	0	0	0
燃料电池汽车	0	0	0	0	0	0	0	0	0	0	0	0	0
合计	1 135	36	0	263	0	0	0	0	0	0	3	0	3 512

沈 阳 市

一、产业基本情况

沈阳市作为全省乃至全国汽车产业的重点城市,在新能源汽车方面,具有一定产业基础。沈阳拥有华晨宝马、上通北盛、华晨雷诺、华晨中华、金杯车辆、沈阳五洲龙、沈阳华龙等整车企业,除上通北盛外都具有新能源汽车生产资质。华晨宝马 X3 纯电动汽车将于 2020 年正式投放市场;华晨汽车与北汽新能源合作项目还在洽谈中;华晨宝马已形成全球领先的动力电池系统集成能力;妙盛动力电池项目将于年内投产;沈阳国科金能新材料有限公司是依托中科院金属所的新型能源材料企业,主要产品为低温高倍率磷酸铁锂系列产品,性能指标达到国内领先水平;东软睿驰、美行科技在国内汽车信息技术领域已形成优势;一汽普雷特项目已落户沈阳,未来将建成重要的电机、电控等新能源汽车核心零部件生产基地。

2018 年以来,沈阳市新能源汽车产业呈现快速发展趋势,2018 年,全市新能源汽车产量为 21 647 辆,比 2017 年净增 19 544 辆,增长 829%,占全部整车产量的比重为 2.3%;实现工业产值 110 亿元,比 2017 年全年增长 1 274%。主要为华晨宝马生产的 530LE 和 X1 混合动力车型,其中 5 系混合动力(530LE)13 446 辆,X1 混合动力 8 140 辆。沈阳市共推广新能源汽车 5 888 辆,其中纯电动汽车 2 513 辆,插电式混合动力 3 375 辆,充电桩建设 1 007 个。沈阳市新能源汽车大数据采集与监测平台硬件设施已完成并开始试运行。

二、重点项目进展情况

1. 华晨雷诺金杯汽车有限公司整车生产项目

该项目主要对原华晨金杯总装、涂装、车身及冲压四大工艺车间进行技术改造,增加部分工艺厂房和物流用地,进行新产品开发,项目不增加新的整车生产能力。2018 年 10 月 16 日,华晨集团、雷诺集团与沈阳市政府在法国正式签署战略合作协议,未来 3 年雷诺要在中国引入 3 款轻型商用电动车型。项目按计划已开展模具设计及工程招标工作,涂装车间土建招标已完成,新建涂装车间已于 2018 年 12 月 18 日正式进行土建施工。

2. 一汽普雷特新能源核心零部件项目

2018 年 3 月底,一汽普雷特集团新能源汽车核心零部件项目正式落户沈阳市,项目规划占地 34.9 hm^2。一期规划占地 22 hm^2,计划投资 30.5 亿元,主要建设新能源汽车驱动电机生产基地、新能源汽车轻量化零部件生产基地、一汽普雷特集团总部及研究院;二期规划占地 12.7 hm^2,计划投资 32.5 亿元,主要建设 BMS(电池管理系统)及 VCU(整车控制系统)生产基地、新能源汽车氢燃料电池生产基地。

新能源汽车电驱动总成生产基地项目用地(147 亩)已完成土地证办理、土地平整及地勘测量,工程规划审批手续及工程预施工许可证已经完成。项目于 2018 年 10 月 2 日正式开工建设,目前正在进行厂房基础施工,厂房钢结构已制作完成。

3. 华晨宝马动力电池中心二期项目

2018 年 5 月 28 日,华晨宝马动力电池中心二期项目顺利奠基,这是继去年 10 月沈阳动力电池中心投产后,华晨宝马在推动新能源战略本土化发展方面的又一重要举措。项目总投资 6.74 亿元,位于沈阳经济技术开发区宝马大道 2 号,在华晨宝马发动机工厂院内,扩建动力电池组装车间,新增建筑面积 12 533 m^2;购置进料检查、模块焊接、壳体装配及最终测试设备等设备,形成动力电池生产的电池模块组装、部件分装、总成组装、测试、包装生产线。动力电池中心的扩建,不仅增加华晨宝马动力电池和新能源汽车的产能,还将进一步提升其在新能源核心领域的自主研发和生产的能力。目前厂房结构已基本建成,已开始进行设备安装。

4. 华晨与北汽新能源合作项目

2018 年 6 月 27 日,华晨集团与北汽集团在"第十届 APEC 中小企业技术交流暨展览会"上正式签署了战略合作框架协议。根据协议,华晨集团与北汽集团将在新能源公务用车、出租车、网约车、私人用车、速递物流车及分时租赁领域展开合作,共同推动新能源汽车产业在沈阳乃至东北市场的示范效应,未来进一步拓展至全国市场。双方将在产品开发、生产制造、充换电设施建设以及资本运作等领域实现资源共享,并设立合资公司,全面深化战略合作。该项目由于沈阳出租汽车市场电动化尚未启动而停滞,待合适时机该项目还将重新启动。

大 连 市

一、新能源汽车推广应用

（一）优化政策环境

为推动新能源汽车发展，大连市早在2008年就建立了由市长牵头、20多个相关部门和单位共同推进的工作机制，成立了大连市节能与新能源汽车示范项目领导小组，明确工作职责，各司其职，互相支持，密切配合。先后编制了《新能源汽车中长期发展规划（2010—2020）》《产业创新工程实施方案》，在《中国制造2025大连行动计划》、《大连市工业和信息化“十三五”发展规划》及《大连市战略性新兴产业发展实施方案（2018—2020年）》等重要文件中，均对新能源汽车发展提出了具体工作目标和任务。鼓励政策方面，大连市出台了《大连市人民政府办公厅关于进一步推动新能源汽车应用的意见》（大政办发〔2014〕68号）车辆购置补贴政策，对符合条件的新能源汽车用户，按与中央财政0.8:1的标准给予配套补贴；根据实际受理情况及时调整政策，出台了《关于调整纯电动客车地方财政购置补贴的通知》（大政办发〔2015〕86号），确保了市场公平竞争。已累计补贴车辆超过4 000辆，累计安排资金7.7亿元。2016年以后，受全国“骗补风波”影响，大连市暂未出台新的补贴政策。除购置补贴政策外，还对新能源汽车实行不限行、充电电价优惠、鼓励技术创新等措施。其中，经营性集中式充电设施用电执行大工业用电价格，居民充电享受合表用户电价。近期，大连市充电设施建设运营补贴政策《大连市鼓励电动汽车充电基础设施发展专项资金管理办法（暂行）》也将颁布实施，将对符合要求的充电设施建设和运营单位给予补贴。

（二）加大推广应用力度

充分依托各种宣传渠道，并借助在大连市举行各类大型活动之良机，广泛宣传国家和省、市政策，积极调动各方购买使用新能源汽车的积极性。按照市政府确定的“公共领域先行，多种模式推进”工作思路，一方面加快推进公交领域纯电化进程，另一方面积极推动新能源汽车在出租、环卫及私人领域的推广应用。全市已累计推广新能源汽车超过7 400辆。主要投放领域包括公交领域2 200多辆，环卫及物流领域近300辆，私家车1 300多辆，其余3 600多辆为企事业单位、出租车和车辆租赁公司及其他公司用车。

1. 公交领领域，新能源汽车推广应用工作开展之初，市政府就提出公交纯电动化目标。此举不仅促进节约能源、改善环境，更积极的意义是要借机带动全领域推广和产业发展。截至2017年底，市内主城区公交线路累计投放纯电动公交车1 540辆，纯电动化率达到40%；近郊公交线路更换新能源汽车700辆，占比超过90%。2018年至2019年，大连市将继续推动公交电动化工作，计划在主城区公交线路再投放1 200辆纯电动公交车，届时市内公交纯电动化率将突破70%。

2. 其他领域。纯电动出租车推广应用：开辟绿色通道，投放纯电动出租车，通过以租代购等模式，继续尝试探索出租车领域的推广工作；纯电动环卫车推广应用：结合城市生态文明建设和农村清洁乡镇建设，在城乡推广应用纯电动环卫车；纯电动物流车推广应用：启动商业化推广试点，聚焦物流配送终端最后一公里，在邮政和快递等领域推广应用纯电动物流车。规定路线用新能源汽车推广应用：结合全市黄标车治理专项行动，扩大旅游和通勤班车等领域新能源汽车推广规模。另外，通过出台配套补贴政策、继续采取不限行等措施，鼓励企事业单位、私人消费者购买使用新能源汽车。

3. 推广模式创新。借力“互联网+”，成立新能源汽车运营服务公司，探索创新推广模式。一是为大型产业园区提供班车定制服务，采取预先订票制，已开通定点接送线路10余条；二是与物业管理服务公司合作，开通小区巴士，解决小区业主距离公共交通最后两公里难题；三是依托“滴滴出行”平台，建设纯电动网约车队伍，为市民提供“如私家车”的超值乘车服务。四是以市场竞争方式鼓励企业开发专用APP，以“共享新能源汽车”“分时租等赁”等模式带动推广。

4. 安全运行监管。高度重视推广应用工作的安全问题，及时对接国家监管系统，申请权限通过地方登陆端口对已投放新能源汽车实现动态监管。同时，要求运营单位建立安全管理责任制，制定车辆及充电站使用管理制度、充电设备技术操作规程、周期性维护规章和突发事件应急演练方案、电池燃爆及火灾处置应急预案；及时维护新能源公交车运行监控平台，实时接收车辆电池、电机、电控等核心零部件的运行状态，紧急情况适时预警。对其他领域，要求加强领导、落实责任，并定期发送安全运行提示短信。

（三）完善基础设施建设

按照统筹规划、适度超前的原则，将充电设施建设放在更加突出的位置，结合不同领域、不同层次的充电需求，研究全市充换电设施建设整体规划，科学确定规模和空间布局，有序推进互联互通、标准统一、智能高效的新能源汽车充电服务网络建设。公用领域已建设14座快充站，其中市内9座、高速公路服务区5座；公交领域已建设25座充电站；安装分布式充电桩约3 000个。（数据更新到2017年10月）

二、加快推动新能源汽车产业发展

坚持“以推广应用带动产业发展，以产业发展促进推广应用”原则，推动新能源汽车产业产需互促、良性发展，全面提升我市新能源汽车整车及零部件企业产业化水平。着力提升整车研发和产业化水平。依托现有新能源汽车企业实施改、扩建，增加产品品种，提升产能；在国家相关政策的指导下，引导传统汽车企业研发、生产新能源汽车产品。加快推进动力电池、驱动电机、电控系统及其他关键零部件技术创新和成果转化，提高产品的安全性、可靠性和稳定性。

（一）精心培育整车企业

比亚迪纯电动客车生产基地作为东北唯一的纯电动大巴生产、出口基地，一期项目产能已达1 400台/年。2017

年产销纯电动大巴 1 100 多辆，产值 10 亿元，主要销往北京、玉溪等地；2018 年，公司订单状况依旧良好。一汽大客与江苏正豪公司签署战略增资扩股协议完成了混合所有制改制，企业获得优质资金注入，在客车生产基础上又研发多款电动厢式物流车，形成公司新的利润增长点。2017 年产销纯电动客车及物流车 1 800 多台，产值 4.7 个亿元；2018 年一季度既签署了 5 000 台的电动车全年生产订单，为企业实现规模化生产奠定坚实基础。华晨集团生产的插电式混合动力客车和纯电动客车销售情况良好，目前正在研发新车型开拓新市场。

（二）鼓励核心零部件企业创新发展

1. 动力电池。大连中比动力电池有限公司一期项目配备了 4 条国内最先进的锂离子电池自动生产线，高能动力锂离子电池年产能达到 8 亿 Wh，可满足纯电动汽车及储能产品 10 万套动力电池组的需求，目前已与一汽大众、华晨宝马、长城汽车等整车企业签署合作协议。二期电芯工厂主要生产方形大电池，现已进入工厂内部装修阶段，将配备 2 条最先进智能全自动锂离子电池生产线，预计今年投产。达产后年产能为 32 亿 Wh，可满足大巴车、物流车、集装箱储能产品 5 万套大型动力电池包的需求。

大连松下汽车能源有限公司动力电池技术水平全球领先，其投建的车载动力电池项目一期占地 17 万 m^2，主要从事车载用锂离子动力电池设计、制造、销售与售后服务等。计划建设 6 条生产线，其中两条生产线已经投产，第三条生产线进入设备导入和安装阶段。下一步，公司将筹备启动二期项目。

2. 燃料电池。新源动力拥有了燃料电池电堆、系统及关键零部件工程技术、工艺验证以及测试平台和氢源技术工程化实验平台等，其自行研发的燃料电池系统功率密度已达到 300 W/kg，居国内领先水平，具有 300 台/年的集成试制和工程技术验证能力，是目前国内最先进最完善的燃料电池产业化平台。公司拥有自主知识产权约 500 项，其中国际专利 6 项，部分关键技术已达到国际一流水平。与上汽等大型车企合作，已经累计交付燃料电池模块及系统产品 200 余台，产品的可靠性、耐久性有了质的飞越，燃料电池发动机技术也得到了进一步的完善。预计 2018 年底产能将扩充至 1 000 台/年。

3. 驱动电机。大连电机集团有限公司是国内最早进入新能源汽车驱动系统研发及制造的企业之一，现已开发了从 5.5 kW 到 160 kW 交流永磁同步驱动系统、交流异步驱动系统，配套车型涵盖纯电动轿车、物流车、旅行车、环卫车、中巴车及 12 m 客车。其主要客户有北汽新能源、郑州宇通、山东沂星、陕汽通家、唐骏欧铃、重庆恒通、航天新长征电动汽车有限公司等十余家整车企业。公司已成为国内新能源汽车驱动系统领域规格最全、品种最多的企业之一。其研发的驱动电机具有全部自主知识产权，拥有多项发明和实用新型专利，其中 30 kW 永磁驱动系统入选科技部中德合作项目，送到德国爱因霍夫研究所按德国标准进行测试，内嵌式 IPM 永磁同步电机申报辽宁省引进海外研发团队项目，获日本电机专家指导设计，同款永磁同步电机相比其他厂家减少一个机座号，具有更高的功率密度和性价比，产品水平国内领先。

（三）其他配套产品亮点频现

大连伊科能源科技有限公司专业研发、生产锂离子电池隔膜，拥有世界首创的干法双向拉伸制备多孔膜技术，独立完成了世界单机产能最大的拉膜生产线和车速最快的涂覆生产线，锂离子电池隔膜及涂覆隔膜的产能分别达到 28 000 万 m^2 和 10 800 万 m^2。大连宏光锂业股份有限公司主要从事锂离子电池石墨类负极材料的生产、加工、销售，产品 30 余种，年产能达 3 500 余 t；2017 实现主营业务收入 5 076 万元，同比增长 34%。大连罗宾森电源设备有限公司成功开发“智能充电堆”，实现了集智能控制、管理和监控于一体，充电设施整体品质大幅提升，已成为国内多个整车企业的供应商，产品出口英国、荷兰、韩国等多地。另外，大连冰山集团研制的新能源汽车专用空调质量优良，已成为国内多家整车生产企业协议供货商。

三、下一阶段工作重点

看到成绩的同时，更要看到面临的问题和挑战。推广应用方面，全市新能源汽车推广基数较好，但是受补贴政策空档期及充电网络不够完善等因素影响车辆增速较慢，推广模式需要创新，推广领域也需要进一步拓展。产业发展方面，全市新能源汽车产业总体规模较小，个别具有代表性的企业尚没有做大做强，产业链整合有待加强，需要构建和优化本地企业加快发展和行业龙头企业来连落户的政策环境。特别是与深圳、青岛等平行城市相比，虽然工业基础较好，但在新能源汽车产业发展上已经处于落后态势。根据《研究促进新能源汽车产业发展有关工作会议纪要》指出的当下我国新能源汽车产业发展面临的问题和挑战，“一是核心技术有待突破，二是配套环境亟需改善，三是政策体系仍需完善”，下一步，将坚持市场主导、创新驱动、重点突破、协调发展，进一步加强统筹规划，优化政策措施，强化研发支持，完善软硬环境，加快实现技术升级、产品换代和市场推广，推动新能源汽车更加协调、更高质量、更可持续发展。重点做好以下 3 方面工作。

（一）扎实推进产业发展，出台相关激励政策

新能源汽车作为战略性新兴产业对大连市未来工业发展的拉动作用举足轻重，尽快实现突破性发展将有助于大连经济新飞越。大连市新能源汽车产业虽然存在发展短板，但成长空间巨大。整车方面，从技术路线看，燃料电池车尚没有企业尝试开发，从车型上看，新能源乘用车也没有企业涉足；核心零部件方面，电池、电机具有较强基础，但电控系统还没做大做强；小三电等其他零部件有待发展。下一步，大连市将调整政策，由鼓励推广应用转换为激励产业发展和产品推广。根据大连市实际情况，尽快研究制定相关政策，鼓励企业科研创新、开发新产品；引导产业链上下游配套合作，充分发挥现有产业资源优势，整合提升产业链整体水平；加大招商引资力度，吸引国内外行业龙头企业落户大连，建设工厂或生产基地，将新能源汽车产业做大做强，形成具有大连市特色的新能源汽车生产体系。

（二）进一步加大充电设施建设

充电设施是新能源汽车推广应用的保障。2015 年之前，

由于相关标准体系的缺失，公用充电设施尤其是大型公共建筑配建停车场和城市公共停车场的充电设施配套工作难以开展，造成大连市充电设施规划布局无法顺利实施。国家已经出台了《关于加快电动汽车充电基础设施建设的指导意见》，国家标准化管理委员会和能源局已发布充电设施建设标准30多项，并将停车场配建充电设施的相关要求列入《城市停车规划的规范》；国家发改委、住房和建设部、交通运输部、国家能源局印发了《关于统筹加快推进停车场与充电基础设施一体化建设的通知》；大连市也在即将出台充电设施建设运营补贴办法。将以此为契机，充分调动社会资本投资充电设施的积极性，推进公用充电服务网络建设，加快各领域充电设施布局。

（三）对接国家监控平台加强车辆运行监管

新能源汽车推广应用的安全问题，既涉及人民群众的生命财产安全，也关系到新能源汽车产业持续健康发展大局。确保新能源汽车运营安全、确保用户使用安全，是推广应用工作的一项重要任务。按照工信部要求，各地要加强公共服务领域新能源汽车运营监控，实时接收车辆运行安全状态、行驶里程和充电量，整车和动力电池、驱动电机等关键系统故障等信息。下一步我们将及时对接国家相关司局，尽快取得地方监控登录权限（国家整体监控系统尚在建立中），实现对公共领域已投放车辆的有效监控。

长 春 市

一、2018 年节能与新能源汽车产业概况

长春市现有新能源汽车生产企业7户，其中乘用车企业3户，分别是一汽红旗、一汽轿车、一汽大众；客车生产企业2户，分别是一汽客车、长春新能源；专用车企业2户，分别是双龙专用车和金马特种车。

新能源乘用车。一汽轿股在现有奔腾系列 B50EV、B50PHEV、X80EV、B30EV 的基础上，正在推进新能源汽车新车型研发；红旗品牌除 H7PHEV 外，全新纯电动 SUV 红旗 E-HS3 已经下线。一汽集团首款搭载氢燃料电池的红旗 H5 已于10月在江苏公开展示。一汽大众也积极布局奥迪、迈腾等新能源车型，一汽丰越公司扩能项目正式启动，将引进新能源车型。

新能源专用车。主要包括一汽客车公司电动物流车、双龙专用车和金马特种车的2.5 t纯电动垃圾车。一汽客车公司4.2 m和5.9 m纯电动物流车已实现批量生产并交付。

二、2018 年节能与新能源汽车扶持政策与措施

政策名称	文件号	发布单位	发布日期	政策概要
关于印发《长春市充电基础设施发展规划》和《长春市电动汽车充电基础设施建设运营管理暂行办法》的通知	长发改能联〔2018〕106号	长春市发改委、工信局、财政局、规划局、建委、房地局	2018-4-19	一是明确长春市充电基础设施发展目标、布局原则和重点任务，推进充电基础设施建设。 二是确定充电基础设施建设运营的原则、要求和保障措施等，明确政府各部门职责，鼓励社会资本开展充电基础设施建设运营
关于2017—2018年长春市新能源汽车推广应用市级财政补贴相关工作的通知	长财企〔2018〕672号	长春市财政局、工信局、交通局	2018-6-29	对2017—2018年在长春市实现销售并初次登记的，纳入工信部推荐车型目录的新能源汽车给予市级财政补贴。补贴标准原则按照吉林省补贴标准的1:1配套，省、市补贴不超过国家补贴的50%

三、2018 年节能与新能源汽车推广应用情况

2018年，长春市共推广新能源公交车492辆。

四、2018 年节能与新能源汽车主要企业经营情况

2018年，一汽集团发布红旗技术品牌“阴旗”计划，其中包含新能源汽车“旗羿”计划。红旗“旗羿”计划将以全部电动化作为新红旗的驱动动力。按照规划，2018年，新红旗首款纯电动车正式量产；2019年，新红旗燃料电池车开始批量实地运行；2020年，新红旗推出续航里程达600 km的系列电动车；到2025年，新红旗将推15款电动车型。2018年，一汽集团在长春实现新能源汽车产销分别为7 675辆和6 746辆。

五、2018 年基础设施建设及运行情况

据不完全统计，长春市已建成约343个充电桩。其中，一汽新能源49个，特来电公司176个，中兴公司21个，星星充电26个，长春供电公司60个；宇通、海格等企业自建11个充电桩。另外，企业个人自建部分充电桩。

六、2018 年新能源汽车推广应用数量

单位：辆

车型 燃料	公交车	旅游大巴	公务车	出租车	租赁用车	私人用车	环卫车	物流车	邮政车	工程车	载货车	其他	合计
纯电动汽车	492	0	0	0	0	0	0	0	0	0	0	0	0
插电式混合动力汽车	0	0	0	0	0	0	0	0	0	0	0	0	0
增程式电动汽车	0	0	0	0	0	0	0	0	0	0	0	0	0

续上表

车型 / 燃料	公交车	旅游大巴	公务车	出租车	租赁用车	私人用车	环卫车	物流车	邮政车	工程车	载货车	其他	合计
燃料电池汽车	0	0	0	0	0	0	0	0	0	0	0	0	0
合计	492	0	0	0	0	0	0	0	0	0	0	0	492

七、2018年本地区重点新能源汽车企业产销量统计表

生产企业名称	产品商标	车辆类型	通用名称	产量统计(辆)	销量统计(辆)
中国第一汽车集团有限公司	奔腾	纯电动轿车	B30EV	612	611
	奔腾	纯电动多用途乘用车	X40EV	200	37
	新特	纯电动轿车	DEV	3 460	2 825
	红旗	插电式轿车	H7 PHEV	107	107
	奥迪	插电式轿车	A6 PHEV	2 466	2 466
	解放	4.2 m纯电动物流车	—	380	250
	解放	5.9 m纯电动物流车	—	450	450
合计(辆)				7 675	6 746

八、2018年12月底本地区电动汽车充(换)电站(桩)保有量统计表

充电站		充电桩(个)		换电站
城市名称	数量(座)	慢充	快充	数量(座)
长春	1	108	235	1

南京市

一、2018年节能与新能源汽车产业概况

2018年,全市新能源汽车产业持续保持高速增长的势头。全市累计生产新能源汽车9.7万辆,同比增长258%。全年新能源汽车产业实现主营业务收入300亿元,同比增长150%,占全市工业的比重约为2.5%;产量占全省66.7%,占全国8%。随着上汽ei5、长安欧力威EV等新能源乘用车产品放量生产,塔菲尔电池、国轩二期等项目相继投产,FMC、南京银隆等一批新能源项目的开工建设,预计南京市新能源汽车将继续保持快速增长的态势。

1. 产业规模

2018年,全市新能源汽车产业持续保持高速增长的势头。全市累计生产新能源汽车9.7万辆,同比增长258%。产量占全省66.7%,占全国8%;全年新能源汽车产业实现主营业务收入300亿元元。随着上汽ei5、长安欧力威EV等新能源乘用车产品放量生产,塔菲尔电池、国轩二期等项目相继投产,FMC、南京银隆等一批新能源项目的开工建设,预计南京市新能源汽车将继续保持快速增长的态势。

2. 企业结构

全市共有新能源整车制造企业8家(南汽集团、南京依维柯、上海大众南京分公司、上汽大通南京分公司、南京长安、南京金龙、比亚迪南京分公司、江苏建康);在建整车企业3家(南京银隆、拜腾、重庆长安南京分公司);已建成LG新能源、南京国轩、塔菲尔等3家电芯厂和在建欣旺达等电芯厂4家,其中已建成产能5.5 GWh,在建产能20 GWh;拥有越博动力、奥特佳、协众等一批新能源汽车核心部件龙头企业。

3. 产业链情况

产业链条基本形成。南京市新能源乘用车、客车、货车、专用车已初具规模。形成以南汽、南维柯、南京金龙、南京特种车辆厂、南京比亚迪等新能源整车、专用车生产企业,以LG化学(动力电池)、南京越博(纯电动汽车电控系统)、奥特佳冷机(纯电动汽车空调压缩机)等新能源汽车主要零部件生产企业,以国电南瑞等新能源汽车配套设备生产企业为主的一条完整的新能源产业链。

4. 主要产品

南京市已经构建了较为完整的新能源汽车产品链条,整车产品包括纯电动及插电式混合动力轿车、大中型客车、轻重型载货车;关键零部件产品包括三元及磷酸铁锂动力电池、纯电动汽车电控系统、纯电动汽车空调系统、电动助力转向系统等。荣威ERX5、EI6、新帕萨特混动等新能源乘用车已经成为南京市新能源汽车行业的亮点。

5. 研发体系逐步完善

南京市以打造创新名城为契机,积极实施科技创新“121”战略,把新能源汽车技术创新放在突出位置,把增强自

主创新能力作为南京市新能源汽车产业基地发展方式的核心内容，以现有南京金龙、南京越博等新能源汽车骨干企业为基础，大力支持自主研发、联合开发，积极支持引进消化吸收再创新，推动集成创新，积极探索和实施具有南京特色的技术创新机制和激励措施，逐步形成基地技术优势、品牌优势和市场优势，以及具有自主知识产权的技术、标准和品牌，实现南京新能源汽车产业整体水平的不断提高，促进产品档次的持续升级换代。

(1)产业技术水平

从研发创新角度看，南京市新能源汽车产业中，部分核心零部件企业研发能力突出。全市新能源汽车产业共有市级以上企业技术中心14家。其中，国家级企业技术中心2家，占全市国家级企业技术中心比重为12.5%；省级企业技术中心4家，占全市工业企业省级企业技术中心比重1.5%；市级企业技术中心8家，占全市市级企业技术中心比重2.3%。

细分行业来看，在纯电动汽车动力总成、汽车空调等核心零部件行业，南京越博、南京奥特佳新能源等企业技术研发创新优势明显，占据行业龙头位置。在新能源整车行业，南京金龙自2013年开始成立新能源客车研发团队，新能源客车研发能力迅速提升，在商用车领域走在全国全列；上南合作后，上汽集团将商用车软件中心转移到南汽集团，有力支撑了南汽集团研发创新能；南京拜腾在全球设立了多个研发中心，总研发人员超过600人；一汽集团、长安集团、敏安集团已设立了(或计划设立)新能源及智能网联研发中心，使得南京新能源汽车产业人才集聚度不断提升。在动力电池行业，随着塔菲尔等一批电池企业总部的入住，快速提升了我市动力电池研发能力。

(2)产学研合作情况

近年来，南京市积极推动和加强新能源汽车整车企业、关键零部件企业、高等院校、科研院所的密切合作，以整车带动部件，以部件促进整车，在整车为龙头的引领下，培育并带动动力电池、电机、汽车电子等产业链加快发展，加强整车企业与关键零部件的纵向联合和本土化采购，推动南京新能源汽车产业基地全面协调可持续发展。

南京市共有包括南京大学、东南大学、南京航空航天大学、南京理工大学、南京工程学院、南京工业大学涉及新能源汽车专业的高校共7家，新能源汽车产业科教资源丰富。南京越博、南京金龙等近百家企业与南理工、吉林大学、同济大学、北理工开展了校企合作，设立了研究生工作站。

(3)建立特色明显的科技创新体系

①突破了一批关键技术

近几年，全市突破整车设计、动力总成、整车匹配等关键共性技术，全市新一代新能源乘用车、大中型、轻型纯电动客车的研发及产业化稳步推进；通过招商引资，重点推进动力电池关键技术研发，突破安全性、一致性、循环寿命、成本及系统集成等技术瓶颈，开展电机、电动转向等关键产品和机电耦合、轻量化等关键技术研发；支持高校和科研机构在基础和前沿技术领域与相关政府部门、相关企业开展合作研究，推进全市企业和研发机构开展全球研发服务外包。

②实施标准与知识产权战略

推进全市新能源汽车整车和零部件生产企业积极采用国际标准和国外先进标准，提高行业准入门槛，促进产业可持续发展；加强新能源汽车知识产权工作的统筹规划、系统设计，推进基地内企业实施专利和品牌战略，提升市场竞争力；鼓励全市企业开展国际专利检索与分析，建立新能源汽车专利信息服务平台，加强知识产权的创造、运用、保护和管理。

③实施产业创新能力建设工程

围绕新能源汽车产业发展重点领域，建设一批省级工程实验室、工程中心和重点实验室，推进建设国家级和国家地方联合创新平台，形成配置完整、功能齐全的共性技术研发平台体系；支持基地内企业在境外设立研发机构和开展联合研发活动，推动境外企业和机构在南京设立研发机构。

④加强人才培养与引进

南京市新能源汽车产业在业内已经有了较大的知名度，目前产业仍仅局限于生产制造领域，在科研和服务领域，仍需要进一步强化。此外，吸引一批具有国际水平的专家人才群体和熟练的产业工人队伍是新能源汽车产业基地下一步的工作重点。

一是加大本地人才的培养力度，充分发挥南京本地科研院所技术力量雄厚、科研人才集中、研发能力突出的优势，在新能源汽车的关键核心技术领域，培养一批国内知名的领军人才；加强与南京本地高校中电化学、新材料、汽车电子、车辆工程、机电一体化等相关学科领域的合作，培养一批技术研究、产品开发、经营管理、知识产权和技术应用的人才队伍；重视发展职业教育和岗位技能提升培训，加大对于现有产业工人和技术人员的培训；支持企业采取股权、期权等方式激励集聚高层次人才。

二是结合全市人才政策，加大引进诸如动力电池、电池关键材料、电池管理系统、驱动电机、电控系统、电池和整车检测等领域的高层次技术人才；将人才公寓和办公用房优先配置给产业内的高端人才；在子女入学、配偶就业等方面提供便利，构建全方位人才服务体系。

二、2018年节能与新能源汽车推广应用情况

南京市新能源汽车发展总量为40 337辆(2014年3 835辆、2015年5 209辆、2016年3 540辆、2017年14 365辆、2018年13 388辆)，其中：新能源公交车5 587辆，市级公务车2辆，出租车1 000辆，电力系统用车17辆，物流、环卫等专用6 308车辆，市区大客包车3 272辆，各类小型乘用车24 151辆(含5 000辆网约车)。

三、2018年节能与新能源汽车主要企业经营情况

2018年，南京汽车集团有限公司产量为67 129辆；南京金龙客车制造有限公司产量为9 554辆；南京依维柯汽车有限公司产量为1 258辆；南京长安汽车有限公司产量为10 784辆；上汽大众南京分公司产量为2 657辆；上汽大通汽车有限公司南京分公司产量为1 995辆；比亚迪汽车工业有限公司南京分公司产量为1 965辆；江苏建康汽车有限公司

产量为 200 辆。

四、2018 年基础设施建设及运行情况

南京市除服务换电式公交车的 3 座专用换电站、服务充电式公交车的 70 座充电站 1 749 根专用充电桩、服务出租汽车的 284 根充电桩外，还已建成社会公用交、直流充电桩共计 15 187 根。

五、发展规划

牢牢把握高质量发展要求，以打造自主可控的产业体系为主线，逐步清出低端低效产能，重点推进纯电动汽车、插电式混合动力汽车、燃料电池汽车开发，积极布局智能网联汽车产业，着力提升新能源汽车产业自主创新和核心竞争能力。坚持规模质量并举，推动区域错位协同，促进特色集群突破，鼓励本地整零配套，以应用促发展，以发展带应用，努力将新能源汽车产业打造成支撑南京新一轮发展的产业地标。

到 2020 年，全市新能源汽车整车产量占全省一半以上，主营业务收入力争达 1 000 亿元，在全国城市中排名前五；拥有 3 ~ 5 家重点骨干新能源乘用车企业，6 ~ 8 家重点骨干新能源商用车企业，8 ~ 10 家关键零部件行业龙头企业。新能源汽车整车及核心零部件的主要技术指标和设计、制造工艺达到国际先进水平，成为国内著名的新能源汽车产业基地。

到 2025 年，全市新能源汽车整车产量在全国城市中排名前三，主营业务收入力争达 3 000 亿元以上；拥有两家具有世界品牌效应的整车企业和 10 家以上全球知名核心零部件企业。产业创新能力和竞争力较强，成为具有全球影响力的新能源汽车产业创新城市和应用先导城市。

六、2018 年新能源汽车推广应用数量

单位：辆

燃料 \ 车型	公交车	旅游大巴	公务车	出租车	租赁用车	私人用车	环卫车	物流车	邮政车	工程车	载货车	其他	合计
纯电动汽车	1 200	159	0	0	6 000	3 706	0	954	0	0	0	0	12 019
插电式混合动力汽车	0	0	0	0	0	1 065	0		0	0	0	0	1 065
增程式电动汽车	0	0	0	0	0	0	0	0	0	0	0	0	0
燃料电池汽车	0	0	0	0	0	0	0	0	0	0	0	0	0
合计	1 200	159	0	0	6 000	4 771	0	954	0	0	0	0	13 084

七、2018 年 12 月底本地区电动汽车充(换)电站(桩)保有量统计表

充电站		充电桩(个)		换电站
城市名称	数量(座)	慢充	快充	数量(座)
南京市		2 478	1 566	3

南通市

一、2018 年节能与新能源汽车产业概况

2018 年，全市拥有汽车产业规上生产企业 142 家，拥有整车(含新能源汽车生产企业)生产企业 4 家，改装车生产企业 1 家，零部件生产企业 135 家，专用车生产企业 2 家。全年整车产量 1.48 万辆，销量 1.37 万辆(2017 年，康迪没有资质因此没生产；皋开、青年汽车未投产，因此没有同比数据)；改装车产量 0.17 万辆，同比增长 47.6%，销量 0.15 万辆，同比增长 28.5%。新能源汽车产业完成主营业务收入 671.7 亿元，同比增长 16.1%，实现利润总额 56.7 亿元，同比 24.1%。

二、2018 年节能与新能源汽车扶持政策与措施

政策名称	文件号	发布单位	发布日期
关于印发《2018—2019 年南通市新能源汽车推广应用地方财政补贴实施细则》的通知	通财建二〔2019〕19 号	南通市财政局 南通市交通运输局	2019-5-31

三、2018 年节能与新能源汽车推广应用情况

2018 年南通市共推广新能源汽车 1 731 辆，其中：纯电动客车 371 辆；燃料电池客车 8 辆；纯电动乘用车 1 240 辆；插电式混合动力乘用车 73 辆；纯电动专用车 39 辆，折合标准车 5 921 台。充电桩建设 497 根。其中，直流充电桩 248 根，交流充电桩 249 根。

四、2018 年节能与新能源汽车主要企业经营情况

2018 年，江苏陆地方舟新能源车辆有限公司 8.3 m 客车

主要销往深圳、江苏，同时研制了一款 10 m 氢燃料客车即将推广市场。江苏陆地方舟公司 2014 年投产销售以来，研发数十款新能源客车、专用车产品，不断开拓市场，在江苏、广东、山西、湖北、福建、海南等省份均已实现大批量销售。2018 年，客车、专用车销售量达 500 余辆。

五、2018 年节能与新能源汽车项目及园区建设情况

全市已形成以如皋为核心，通州、港闸、海安、启东多地协同的新能源汽车产业集聚区，拥有汽车产业江苏省新型工业化示范基地 1 家——如皋汽车及零部件产业基地。

如皋市初步形成了集大中型客车、乘用车、专用车等为一体，以混合动力、纯电动、燃料电池动力系统并行发展的产业集群，拥有赛麟汽车、康迪电动汽车、陆地方舟等一批龙头骨干企业。同时，前瞻布局氢能产业，形成了集制储氢、加氢、氢燃料电池研发生产、氢燃料电池汽车开发制造、氢能产品示范应用“五位一体”的氢能源汽车产业链，集聚了百应能源、安思卓、江苏清能、国家能源集团、势加透博等 10 余家重点企业。如皋市获批江苏省氢能小镇、国际氢能与燃料电池汽车大会永久会址落户如皋。

六、2018 年基础设施建设及运行情况

2018 年建设充电桩建设 497 根，其中：直流充电桩 248 根；交流充电桩 249 根，运行正常，且全部接入南通市充电设施监控平台。

七、发展规划

（一）发展产业链关键环节。以中国制造 2025 国家级示范区创建工作为引领，以培育地标性特色产业为抓手，尽快研究出台新能源汽车产业发展实施方案和扶持政策，推动新能源汽车产业集群差异互补、特色发展。立足南通市产业基础，实施“强链补链”工程，聚焦氢燃料电池领域，重点发展零部件领域关键核心技术，力争形成覆盖氢能制储运、燃料电池及关键材料、燃料电池汽车等环节的氢燃料电池产业链。

（二）加快突破重大项目。加大优质项目的招引工作力度。聚焦新能源汽车产业链关键环节，积极承接上海重大产业项目转移；推动市县联动，加强与国内前 10 强企业的对接，组织产业板块、特色园区开展精准招商引资和高端招才引智活动，促进新能源汽车产业重大项目落户南通。加大重大项目的跟踪和服务力度。紧盯 9 个投资超亿元重点实施项目，聚焦 2 个超 30 亿元（三元车用锂电池复合新材料项目、当升锂电池正极材料三期项目）、5 个超 10 亿元重点项目（三电石墨烯车用通风设备、沪海汽车轻量化关键部件、鹏德汽车零部件、新凌嘉锂电池、嘉朗精密机械），强化服务保障，及时跟踪进度，主动协调打通“堵点”，力促项目尽早开工、尽快投产。

（三）培育龙头骨干企业。全面贯彻落实《南通市“5215”工业大企业培育实施方案》，跟踪服务好康迪电动汽车、陆地方舟等一批新能源汽车产业重点联系企业。推动设立新能源汽车产业发展基金，鼓励企业开展上市及并购，支持企业实施项目建设、并购重组、品牌打造、市场拓展等战略，引导企业加强科技创新和管理创新，推动企业深耕细作、集约发展、做大做强。依托产业联盟，邀请院士、“千人计划”专家、世界 500 强、国内 100 强企业负责人、省级以上行业协会负责人等高层次人才来通宣讲，组织专家团队深入行业龙头企业，为企业发展提供咨询把脉。

（四）推动特色载体建设。引导如皋经济技术开发区、南通高新技术产业开发区 2 个省级园区，围绕“一主一副”产业定位发展，按照“一本特色园区规划、一支专业化工作队伍、一个公共服务平台、一批龙头企业”的“四个一”要求，形成差异互补、特色发展的特色产业园区良性竞争格局。细分产业领域，整车领域重点发展如皋新能源汽车整车产业园，零部件领域重点发展通州、海安新能源汽车零部件产业园，吸引产业加速集聚，形成示范辐射。

（五）提升公共服务水平。不断提高新能源汽车产业联盟活跃度，促进本地上下游企业间，企业与相关高校、科研院所、金融机构间深度开展技术、生产、市场、资金合作。积极推动建设汽车产业联合研究中心、公共技术服务中心、公共监测平台，开展人才培养、技术攻关、成果转换等合作。突出企业主体作用，组织行业内“科企双见面”活动，实现国内外科技资源与企业的全面合作对接。优化完善汽车产业人才培养、发现、评价、激励机制，大力引进国内外汽车（新能源汽车）产业高端人才和创新团队。

八、2018 年节能与新能源汽车推广应用统计表

单位：辆

车型 燃料	公交车	旅游大巴	公务车	出租车	租赁用车	私人用车	环卫车	物流车	邮政车	工程车	载货车	其他	合计
纯电动汽车	312	0	9	38	510	661	0	1	0	0	0	119	1 650
插电式混合动力汽车	0	0	0	0	0	0	0	0	0	0	0	0	0
增程式电动汽车	0	0	21	0	0	52	0	0	0	0	0	0	73
燃料电池汽车	0	0	0	0	0	0	0	0	0	0	0	8	8
合计	312	0	30	38	510	713	0	1	0	0	0	127	1 731

九、2018 年本地区重点新能源汽车企业产销量统计表

生产企业名称	产品商标	车辆类型	通用名称	产量统计(辆)	销量统计(辆)
江苏陆地方舟新能源车辆股份有限公司	陆地方舟	纯电动客车	RQ6830YEVH8	36	36
	陆地方舟	纯电动客车	RQ6830YEVH10	26	26
	陆地方舟	纯电动客车	RQ6830YEVH11	9	9
	陆地方舟	纯电动客车	RQ6830YEVH14	1	1
	陆地方舟	纯电动客车	RQ6110YEVH3	25	25
	陆地方舟	纯电动客车	RQ6110YEVH5	1	1
	陆地方舟	纯电动客车	RQ6110YEVH8	1	1
	陆地方舟	纯电动厢式运输车	RQ5026XXYEVH0	202	202
	陆地方舟	纯电动厢式运输车	RQ5026XXYEVH2	1	1
	陆地方舟	纯电动厢式运输车	RQ5026XXYEVH3	20	20
	陆地方舟	纯电动厢式运输车	RQ5022XXYEVH9	123	123
	陆地方舟	纯电动厢式运输车	RQ5022XXYEVHJ	7	7
	陆地方舟	纯电动厢式运输车	RQ5022XXYEVHF	2	2
	陆地方舟	纯电动客车	RQ6830YEVH8	36	36

十、2018 年 12 月底本地区电动汽车充(换)电站(桩)保有量统计表

充 电 站		充 电 桩(个)		换 电 站
城市名称	数量(座)	慢 充	快 充	数量(座)
南通市	18	1 421	1 079	—

扬 州 市

一、2018 年节能与新能源汽车产业概况

扬州市拥有亚星客车、潍柴亚星新能源商用车、九龙汽车等 3 家具备新能源汽车生产资质企业，以及银宝专用车有限公司一家新能源汽车生产企业，主要生产销售纯电动和插电式客车、纯电动专用车等。2018 年，《推荐车型目录》内新能源汽车产销量分别为 4 032 辆、4 003 辆。

零部件方面，电池有仪征的中兴派能、江都的金阳光锂电、邗江的罗斯韦尔等企业；罗斯韦尔还生产电控系统部件、电机；充电设施有北辰电气、鼎充、智绿等企业。还有部分企业正在争取进入新能源领域。

二、2018 年节能与新能源汽车扶持政策与措施

政策名称	文件号	发布单位	发布日期	政策概要
关于印发 2018 年扬州市新能源汽车推广应用地方财政补助工作实施细则的通知	扬财工贸〔2019〕12 号	扬州市财政局扬州市工业和信息化局	2019-6-5	对当年的新能源汽车推广应用及充电设施建设，与省级财政补贴资金进行配套补贴

三、2018 年节能与新能源汽车推广应用情况

截至 2018 年底，累计推广应用新能源实物车 4 952 辆，其中乘用车 1 883 辆、纯电动客车 1 762 辆、插电式混合动力客车 991 辆、专用车 316 辆。2018 年推广新能源汽车实物车 1 453 辆，其中乘用车 1 014 辆、纯电动客车 115 辆、插电式混合动力客车 224 辆、专用车 100 辆。

四、2018 年节能与新能源汽车主要企业经营情况

扬州亚星客车股份有限公司生产 1 897 辆，销售 1 883 辆；实现开票销售 165 658 亿元，入库税收 1 254. 27 亿元。

江苏九龙汽车制造有限公司生产 2 069 辆，销售 2 050 辆；实现开票销售 86 021 亿元，入库税收 3 612. 11 亿元。潍柴扬州亚星新能源商用车有限公司生产 12 辆，销售 16 辆。

江苏银宝专用车有限公司生产54辆，销售54辆。

江苏金阳光新能源科技有限公司动力电池系统装机量1 176套，动力电池电芯出货量3 620 637套。

另外，扬州市盛达特种车公司、金威环保科技公司等企业，正在进入新能源专用车生产领域。

五、2018年节能与新能源汽车项目及园区建设情况

2018年，全市汽车产业新开工重大项目9项，其中新建2项，技改7项，新能源汽车项目有2项，为江苏氢璞创能科技有限公司的锂电池二期项目和金阳光新能源科技有限公司的5 000台氢燃料电池电堆项目。

2018年底，上汽大众汽车有限公司与扬州、仪征市人民政府正式签署扩大投资协议，标志着上汽大众仪征扩建及二期项目全面启动，预计2020年6月建成，将实现扬州新能源乘用车"零的突破"。

六、2018年基础设施建设及运行情况

截至2018年底，全市累计建成充电桩2 535个，其中直流充电桩1 156个，交流充电桩1 379个；累计建成充电站175个。2018年建设充电站58个、充电桩663个。2018年累计充电量超过1 000万kWh。

七、发展规划

到2020年，新能源汽车产业产值突破百亿元，产能达15万辆。突破新能源乘用车，争取形成"乘用车、客车、专用车"产品体系；建成国内重要的纯电动客车生产基地；加快车用动力电池、关键原材料布局；形成完整的充电服务解决方案、设备制造、建设运营、数据管理等服务体系；培育1～2个省级共性技术研发服务平台，科技服务能力和创新水平明显增强。

八、2018年节能与新能源汽车推广应用统计表

单位：辆

燃料＼车型	公交车	旅游大巴	公务车	出租车	租赁用车	私人用车	环卫车	物流车	邮政车	工程车	载货车	其他	合计
纯电动汽车	84	0	0	0	31	0	6	94	0	0	0	252	467
插电式混合动力汽车	204	20	0	0	0	762	0	0	0	0	0	0	986
增程式电动汽车	0	0	0	0	0	0	0	0	0	0	0	0	0
燃料电池汽车	0	0	0	0	0	0	0	0	0	0	0	0	0
合计	288	20	0	0	31	762	6	94	0	0	0	252	1 453

九、2018年本地区重点新能源汽车企业产销量统计表

生产企业名称	产品商标	车辆类型	通用名称	产量统计(辆)	销量统计(辆)
潍柴扬州亚星新能源商用车有限公司	亚星	纯电动汽车	—	12	16
扬州亚星客车股份有限公司	亚星	纯电动汽车	—	1 603	1 594
		插电式混合动力汽车	—	287	287
		燃料电池汽车	—	7	2
江苏九龙汽车制造有限公司	九龙	纯电动汽车	—	2 064	2 045
		燃料电池	—	5	5
江苏银宝专用车有限公司	银宝	纯电动汽车	—	54	54

十、2018年12月底本地区电动汽车充(换)电站(桩)保有量统计表

充电站		充电桩(个)		换电站
城市名称	数量(座)	慢充	快充	数量(座)
扬州	58	221	442	—

盐城市

一、2018年产业发展基本情况

一是重点企业发展有序。2018年，盐城市新能源汽车产业主营收入约25亿元，同比增长约80%。其中，整车企业方面：东风悦达起亚、江苏奥新、江苏登达等3家新能源汽车整车企业全年累计产、销新能源汽车7 110辆、6 145辆，整车销售额合计约8.5亿元；悦达专用车正不断加大市场开拓力度，力争2019年形成新的批量销售；三电企业方

面：江苏维科新能源科技有限公司、江苏正昀新能源技术有限公司、实联长宜（盐城）科技有限公司、江苏悦达新能源电池有限公司、江苏兴邦能源科技有限公司、江苏艾鑫科电气技术有限公司等6家“三电”重点企业全年累计动力电池系统装机量0.079 GWh，动力电池电芯出货量0.041 4 GWh，主营业务收入达3.12亿元。

二是重点项目加快建设。北汽巴顿新能源越野车项目通过省发改委备案，该项目总投资26.3亿元，建成后可形成年产5万辆纯电动SUV汽车生产能力，计划2019年建设研发总部和销售总部；江苏国新新能源乘用车有限公司碳纤维轻量化纯电动乘用车项目正式获得批复，该项目总投资29.5亿元，建成后可形成年产7万辆纯电动乘用车生产能力；年产10 GWh的捷威动力电池项目，总投资60亿元，主要从事新能源汽车锂离子动力电池、模组及整体电池系统的研发、生产和销售，厂房正在建设中。此外，还有悦达新能源电池年产8亿Wh动力电源管理系统项目、实联长宜年产800万支磷酸铁锂储能电池项目等一批亿元以上项目建成投产。

三是园区载体稳步发展。市开发区专门规划建设盐城市新能源汽车产业园，规划建设面积20 km^2，一期已建成2.21 km^2，完成基础设施投资10亿元，基本具备新能源汽车研发、展示、孵化、检测、服务和制造六大功能，已获批省新能源汽车产业基地、省新型工业化示范基地、省特色产业园。2018年，园区实现开票销售30.9亿元，初步形成了整车、动力电池、电机、电控、三电总成全产业链发展格局。

四是推广应用扎实推进。2018年，在省工信厅精心指导下，盐城市认真贯彻落实省新能源汽车推广应用有关决策部署，扎实有序推进，进一步扩大新能源公交推广规模，规范分时租赁行业发展，支持个人购买使用新能源乘用车，全年推广新能源汽车2 029辆，其中客车387辆，专用车175辆，乘用车1 467辆，折合标准车6 807辆；新建充电设施456个，其中直流充电桩126个，交流充电桩330个，均超额完成省下达目标任务。

二、下一阶段工作打算

一是重抓整车企业发展。推动DYK积极开发储备纯电动车型，加快推进插电式混合动力车型量产，提升新能源汽车产量占比，以新能源车型为切入点，提升“起亚”品牌影响力，加大与北京现代的区别度，同时启动中长期新能源车型研发试制工作，以满足国家油耗和新能源汽车“双积分”要求。推动悦达集团与东风集团、现代集团沟通对接，支持华骐新能源乘用车向中高端国产自主品牌转型，积极开发储备纯电动车型，加快推进插电式混合动力车型量产，提升新能源汽车产量占比。支持登达客车重组后转型发展，支持中车在盐发展新能源汽车整车。推动华人运通加快推进相关整车项目，深化与中车株机合作，加快发展超级电容客车。

二是重抓产业项目突破。加快推动华人运通借用DYK现有产能进行代工生产事宜，推动DYK扩大新能源汽车生产布局和市场布局，全力跟踪北汽巴顿、奥新新能源等新能源汽车重大项目建设，以新能源汽车配套项目带动新能源整车项目突破，在推进在建实施项目基础上，推动市开发区新能源汽车产业园、大丰2.5汽车产业园组建新能源汽车专业招商团队，重点围绕整车制造、三电总成、电机电控、汽车新材料等领域，加快突破一批具有行业领先水平的龙头企业、配套项目。

三是重抓研发能力提升。大力引进汽车产业高端人才，提升新能源汽车产业整体竞争力，为新能源汽车发展提供有力支撑，大力推进江苏省新能源汽车研究院建设，充分整合高校、院所、企业各自优势资源，加快建成国内一流研究所。支持DYK按照起亚全球区域研发中心标准加快建设汽车研究院，面向全球招聘专业人才，加快研制开发具备自主知识产权的新能源汽车产品。推动长三角新能源汽车研究院深化与相关院校及团队合作，打造具备国内领先水平的新能源汽车开放合作、技术集成和成果转化平台。

四是重抓新能源汽车推广应用。推动全市各地继续深入开展新能源汽车推广应用和充电桩建设推进工作，在确保完成省下达年度目标基础上，重点支持悦达集团采用分时租赁方式，加快推广华骐及起亚品牌新能源乘用车，放宽纯电动物流车进城限制，扩大奥新新能源物流车销售规模。与此同时，组织整车企业参加国内各类汽车展示展销活动，帮助企业拓展省内外市场。

合 肥 市

一、2018年节能与新能源汽车产业概况

（一）主要指标完成情况

2018年1—12月，合肥新能源汽车产业基地累计实现产值307.19亿元，税收15.58亿元，投资63.61亿元，分别实现同比增长8.8%、15.4%和42.8%。整车产销量超过7万辆，同比增长124.6%，其中乘用车6.3万辆，同比增长123.4%。

（二）创新能力提升情况

合肥市新能源汽车重点企业累计获得发明专利3 500余件，主导或参与国家标准19项、行业标准15项。大力支持企业国家级创新平台、国外研发中心建设，形成电动汽车正向开发能力。江淮汽车突破电池热管理系统技术，搭载在iEVS4、iEVA60等车型上的新一代电池智能温控技术提高用车安全的同时，大大延长电池寿命。国轩高科研制的三元电池单体能量密度突破302Wh/kg，技术水平国际领先。安凯研制的氢燃料电池客车、无人驾驶客车试点应用。重点企业商业模式不断创新，江淮汽车“和行约车”平台在合肥市上线运营，是拥有整车厂商背景，且具备投放和运营能力的企业。

二、2018 年节能与新能源汽车扶持政策与措施

政策名称	文件号	发布单位	发布日期	政策概要
合肥市培育新动能促进产业转型升级推动经济高质量发展若干政策	合办〔2018〕19 号	合肥市人民政府	2018-06-01	进一步促进先进制造业发展、支持自主创新
关于进一步做好新能源汽车推广应用工作的通知	合政办〔2018〕48 号	合肥市人民政府	2018-10-23	进一步加大新能源汽车推广力度,建设高效智能的充电网络,调整市级财政补助资金,打造绿色出行城市

三、2018 年节能与新能源汽车推广应用情况

截至 2018 年底,合肥市在全国范围内累计推广应用新能源汽车超过 15 万辆,2018 年全年在本地推广超过 5 万辆,其中新能源乘用车 53 142 辆(其中私人领域 48 881 辆、租赁运营等领域 4 261 辆),新能源客车 725 辆,新能源货车和专用车 4 056 辆。

四、2018 年节能与新能源汽车主要企业经营情况

按照"龙头企业—产业链—产业集群—产业基地"的发展思路,全市集聚了江淮、安凯、长安、奇瑞(巢湖)、国轩高科、华霆动力、巨一电机等一批龙头企业。其中国轩高科动力电池销量保持全国第三、世界第五。2018 年 ES8 全年实现整车下线 12 807 辆,实现产值 50.4 亿元,第二款车型 ES6 已完成全部产线改造任务,并于 2018 年 12 月 15 日在上海上市。

市场方面,江淮新能源强化品牌影响力和营销体系重构,以产品、技术为主的线上咨询和实车的线下体验为突破口,优先布局一线城市、限行限购城市、地方鼓励消费城市等区域的服务网络,确立了三大市场推广方向,即公共服务领域、商业运营领域以及私人消费领域。

单位:亿元

企业名称	总产值	年税收	利润
江淮汽车	500	14	−7.86
安凯客车	30.8	0.18	−8.989 3
国轩高科	52	1.02	1.65
星凯龙	2.37	0.021 0	−0.79
巨一	3.461	0.138	−0.198 1
合肥长安	36.83	2.34	0.747 0

五、2018 年节能与新能源汽车项目及园区建设情况

2018 年 1—12 月,新能源汽车基地新开工项目 3 个,总投资 6.49 亿元,已完成投资 1.44 亿元;续建项目 50 个,总投资 191.63 亿元,已完成投资 120.12 亿元,其中已完工项目 31 个,完成投资 48.49 亿元;储备项目 2 个,总投资 35.6 亿元。

六、2018 年基础设施建设及运行情况

合肥市积极推进充电桩建设工作,破解充电设施建设选址难、落地难、场站不便捷等问题,合理布局、优选各类公共停车场等重要交通枢纽、旅游景区停车场、各类市民服务设施停车场、政府、企事业单位、科研院所等交通便利、群众使用方便的停车场作为充电设施建设选点,结合城市骨干交通网络、重点区域,建设大功率公共快充场站,切实保障新能源汽车便捷、高效充电,充分发挥政府主导的优越性和公益服务属性,积极推进构建公共快充服务体系。合肥市 2018 年新建成充电桩 10 232 个,其中交流桩 8 104 个,直流桩 2 128 个,截至 2018 年累计建成充电桩 3.6 万个。

七、发展规划

(一)加强充电设施的建设与管理。修订出台充电设施专项规划,加快推进居民小区充电桩建设,加快建设全市统一的充电设施监管平台,整合充电桩建设和运营企业 APP,促进互联互通,形成便捷高效充电设施服务网。

(二)开展氢燃料和智能汽车试点示范。启动氢燃料公交车试点示范,推动加氢站建设。制定智能网联汽车道路测试管理规范,划定公开运行场地,发放开放道路示范运行牌照。以试点示范促进技术进步、产业升级。

(三)加大公共领域推广应用力度。贯彻落实打赢蓝天保卫战行动计划,加快推进合肥市建成区公交电动化工作;推进出租车、网约车电动化;争取交通运输部的"城市绿色货运配送"示范工程,加大电动物流车推广应用。

(四)服务重大项目建设。积极支持招商引资、引智工作,跟踪江淮大众等重大项目进展,调度重点项目,帮助解决重点项目推进中存在的问题和困难。

八、2018 年节能与新能源汽车推广应用统计表

单位:辆

车型 / 燃料	公交车	旅游大巴	公务车	出租车	租赁用车	私人用车	环卫车	物流车	邮政车	工程车	载货车	其他	合计
纯电动汽车	605	0	0	0	4 261	48 604	0	0	0	0	4 056	0	57 526
插电式混合动力汽车	120	0	0	0	0	277	0	0	0	0	0	0	397
增程式电动汽车	0	0	0	0	0	0	0	0	0	0	0	0	0

续上表

燃料 \ 车型	公交车	旅游大巴	公务车	出租车	租赁用车	私人用车	环卫车	物流车	邮政车	工程车	载货车	其他	合计
燃料电池汽车	0	0	0	0	0	0	0	0	0	0	0	0	0
合计	725	0	0	0	4 261	48 881	0	0	0	0	4 056	0	57 923

九、2018 年本地区重点新能源汽车企业产销量统计表

生产企业名称	产品商标	车辆类型	通用名称	产量统计(辆)	销量统计(辆)
安徽江淮汽车集团股份有限公司	江淮	纯电动乘用车	IEV7S	5 549	5 540
安徽江淮汽车集团股份有限公司	江淮	纯电动乘用车	IEVA50	2 053	2 049
安徽江淮汽车集团股份有限公司	江淮	纯电动乘用车	IEV6E	43 189	43 155
安徽江淮汽车集团股份有限公司	江淮	纯电动乘用车	IEV7	124	120
安徽江淮汽车集团股份有限公司	江淮	纯电动乘用车	ES8	12 807	12 807
安徽江淮汽车集团股份有限公司	江淮	纯电动货车	皮卡	113	113
安徽江淮汽车集团股份有限公司	江淮	—	星锐	589	589
安徽江淮汽车集团股份有限公司	江淮	纯电动货车	轻型货车	2 958	2 886
安徽江淮汽车集团股份有限公司	江淮	—	客车	2 793	2 745
奇瑞新能源汽车技术有限公司合肥分公司	奇瑞	纯电动乘用车	—	3 700	3 700
合肥长安汽车有限公司	长安	纯电动乘用车	CS15EV	4 555	2 322
安徽星凯龙客车有限公司	星凯龙	纯电动客车	—	386	386

十、2018 年 12 月底本地区电动汽车充(换)电站(桩)保有量统计表

充电站		充电桩(个)		换电站
城市名称	数量(座)	慢充	快充	数量(座)
合肥	32	31 679	3 882	2

杭州市

一、2018 年节能与新能源汽车产业概况

2018 年,杭州市持续做好吉利新能源汽车、亚太轮毂电机、智能网联汽车、万向创新聚能城等大项目的跟踪服务工作。长江汽车、吉利大江东整车项目完成新能源乘用车生产资质的现场准入审核。零跑科技与长江汽车成功合作。积极谋划氢能源汽车产业,推进润丰氢燃料电池项目落户富阳区。2018 年,杭州市共生产新能源汽车 2.76 万辆,新能源汽车产业产值约 150 亿元。

二、2018 年节能与新能源汽车扶持政策与措施

政策名称	文件号	发布单位	发布日期
杭州市智能网联车辆道路测试管理实施细则(试行)	杭经信联推进〔2018〕121 号	杭州市经济和信息化委员会、杭州市公安局、杭州市交通运输局	2018-7-16

三、2018 年节能与新能源汽车推广应用情况

截至 2018 年 12 月,杭州市累计推广应用新能源汽车 11.3 万辆,其中个人用户购买占比 36%。2018 年当年推广 50 946 辆,同比增长 68%,继续保持高速增长态势。从车辆类型看,新能源公交车 740 辆,新能源物流配送车 680 辆,个人用户购买 23 191 辆,其他单位用户26 335辆。

四、2018 年节能与新能源汽车主要企业经营情况

2018 年,杭州市共生产新能源汽车 2.76 万辆,其中湖南江南汽车制造有限公司浙江分公司 19 948 辆新能源乘用车,广州汽车集团乘用车(杭州)有限公司 6 098 辆新能源乘用车,比亚迪汽车工业有限公司杭州分公司1 200 辆新能源公交车,上汽万向新能源客车有限公司 446 辆新能源公交车,

杭州长江汽车有限公司生产248辆纯电动中巴车和物流车，东风裕隆汽车有限公司172辆乘用车。

五、2018 年基础设施建设及运行情况

2018年，杭州市新建成新能源汽车充电桩3 355个，其中公用充电桩1 368个。2016年以来，累计建成公用充电桩逾4 000个。主城区早晚高峰交通限行区域内公用充电服务半径缩小至1.5 km。据统计分析，公用充电桩日均充电次数约8 000次，日均充电量约15万度。

六、2018 年节能与新能源汽车推广应用统计表

单位：辆

燃料＼车型	公交车	旅游大巴	公务车	出租车	租赁用车	私人用车	环卫车	物流车	邮政车	工程车	载货车	其他	合 计
纯电动汽车	740	0	0	2 500	1 500	10 628	0	680	0	0	0	15 663	31 711
插电式混合动力汽车	0	0	0	0	0	12 563	0	0	0	0	0	6 672	19 235
增程式电动汽车	0	0	0	0	0	0	0	0	0	0	0	0	0
燃料电池汽车	0	0	0	0	0	0	0	0	0	0	0	0	0
合计	740	0	0	2 500	1 500	23 191	0	680	0	0	0	22 335	50 946

七、2018 年本地区重点新能源汽车企业产销量统计表

生产企业名称	产品商标	车辆类型	通用名称	产量统计（辆）	销量统计（辆）
湖南江南汽车制造有限公司浙江分公司	众泰	纯电动轿车	Z500	19 948	—
杭州长江汽车有限公司	长江	纯电动客车	—	248	—
比亚迪汽车工业有限公司杭州分公司	比亚迪	纯电动客车	K9	1 200	—
万向集团公司	万向	纯电动客车	—	446	—
东风裕隆汽车有限公司	裕路	纯电动轿车	裕路 EV2	172	—
广州汽车集团乘用车（杭州）有限公司	传祺	纯电动轿车	—	6 098	—

宁 波 市

一、节能与新能源汽车产业概况

宁波汽车产业起步于20世纪80年代初期，经过近40年的快速发展，2016年开始跃升为全市第一大产业。宁波现有汽车制造业企业超过4 400多家，规上企业660家，拥有浙江吉利汽车有限公司、浙江中车电车有限公司等7家新能源汽车生产企业，车型包括新能源轿车、客车、微型车和专用车，动力包括纯电动、混合动力；拥有宁波杉杉、宁波容百、宁波富理、宁波威睿、宁波中车新能源等动力电池、超级电容企业，宁波菲仕、圣龙、均胜等新能源关键零部件企业，博氢等氢燃料电池企业。宁波市新能源三电系统产业链发展势头迅猛，正在加速布局新能源汽车产业。据统计，2018年宁波地区共生产新能源汽车28 049辆，产值55.01亿元，产值同比增长40.3%。

二、扶持政策

1. 2018年3月27日，市发改委出台了《关于印发2018年市级公交企业电动公交车充电基础设施建设计划的通知》（甬发改能源〔2018〕107号），明确了新能源公交车基础建设计划。

2. 2018年7月12日，市经信局、市财政局、市科技局、市发改委联合出台了《2018年宁波市新能源汽车推广应用资金补助政策的通知》（甬经信装备〔2018〕134号），明确了2018年在宁波市推广的新能源汽车地方财政补助政策。

3. 2018年12月13日，市物价局出台了《宁波市物价局关于新能源电动汽车公用充电桩充电服务价格的通知》（甬价费〔2018〕53号），明确了宁波地区新能源汽车充电电价。

三、节能与新能源汽车推广应用情况

2018年，宁波市推广应用新能源汽车12 742辆，折合标准车21 529.5辆。其中，纯电动客车793辆，纯电动专用车辆129，纯电动乘用车10 547辆，插电式混合动力乘用车1 273辆。

四、节能与新能源汽车主要企业经营情况

2018年，吉利汽车全年实现产销150万辆，同比增长20.3%，国内乘用车销量排名第四，自主品牌蝉联冠军。2018年，吉利在宁波地区的节能与新能源乘用车产量2.6万辆，产值36.7亿元。

五、节能与新能源汽车项目研发情况

2018年，宁波市设立新能源汽车领域重大专项7项，包括中国科学院宁波材料技术与工程研究所“高比能锂金属二

次电池技术”、浙江中车电车有限公司“集中式驱动电动客车整车结构研发项目”、宁波吉利汽车研究开发有限公司“智能混合动力车辆仿真验证平台开发”、吉利汽车研究院(宁波)有限公司“智能混合动力整车域控制器平台开发”等项目,累计投资额达4.5亿元以上,立项总额达5 945万元,推动了宁波市新能源汽车领域的技术创新。

六、新能源汽车基础设施建设及运行情况

2018年,宁波市新建了充电桩1 178个,其中快充桩556个,慢充桩622个,总功率9.01万kW、总投资2.22亿元。已建成投运的公交充电设施共21个站点,596个充电桩,有力地保障了宁波地区新能源公交车的运营。宁波市累计建设了充电桩6 039个。为便于充电设施运营,委托国网宁波供电公司初步建成了市级充电设施公共数据采集与监测服务平台,并具备接入和互联互通条件,国网宁波供电公司、宁波永耀电力投资集团公司、宁波绿捷新能源公司、宁波特来电新能源公司、宁波云杉智慧新能源公司、宁波云充新能源汽车科技有限公司等11家运营企业的充电设施基本数据已基本完成接入。为支持充电设施建设,加强充电设施改造升级和充电服务平台的建设运营,起草了《宁波市电动汽车充电基础设设施财政支持奖励补贴办法(征求意见稿)》,进一步落实所需的奖励补贴资金,奖励补贴办法征求意见等相关工作也在开展中。

七、发展规划

一是继续做好新能源汽车推广应用工作。继续以公共交通、公务用车、环卫以及出租、物流等公共服务领域为重点,鼓励新能源汽车采用分时租赁、网约车等新型商业化模式提高车辆使用效率,带动新能源汽车私人领域市场发展。2019年,计划推广新能源汽车8 800辆标准车以上。加快公共领域新能源汽车安全检测平台建设与运行,推进监管平台实用化,以平台为载体,重点做好公共领域新能源汽车安全状态检测和安全事故技术分析服务工作。完成公众服务开发APP上线,向全市电动汽车车主提供多运营商整合的智能充电导航服务。

二是组织开展新能源汽车国家补助资金清算和地方补助资金的拨付。根据新能源汽车国家资金补助相关文件,组织全市新能源汽车生产企业做好国家资金补助清算。同时,根据我市新能源汽车补助政策,组织开展地方补助资金的审查和拨付。根据国家政策调整方向,及时研究2019年宁波市地方财政补助配套政策,保持宁波市新能源汽车推广应用政策的延续性,确保国家和地方新能源汽车补贴政策落地。

三是加大新能源汽车产业布局。加快招引知名新能源汽车整车及关键零部件企业入驻宁波,合理规划布局新能源汽车产业,培育和发展新能源汽车产业链,明确新能源汽车发展方向。纯电动汽车重点发展中高端整车和攻关底盘一体化设计技术、高效驱动系统关键技术、系统集成与轻量化、能源管理控制技术等。插电式混合动力汽车重点攻关新型高性价比混合动力总成开发、混合动力整车控制系统优化等。动力电池重点攻关高容量/高电压正极材料、高容量负极材料、安全性/高电压电解液、高熔点隔膜等新材料技术,做大做强动力电池和超级电容。氢燃料电池汽车重点发展整车及其关键核心零部件,重点攻关氢燃料电池电堆控制系统、氢气制备、双极板、膜电极、电堆、燃料电池、加氢、储氢罐等关键核心产品与技术以及测试与标准制定,推进氢燃料电池与动力电池、超级电容在新能源公交车上的应用。开展新能源汽车动力电池回收利用试点示范,建立完善废旧汽车拆解回收利用和零部件再制造,推动回收利用产业发展。

四是加快推进基础设施建设。继续做好充电站的布局和建设,推进新能源公交车充电设施建设,为社会公众提供高效的智能充电服务。2019年,计划新建充电站20座、充电桩1 300个。加快充换电桩(站)、加氢站、加气站、加油站等新能源汽车基础设施网络建设,促进基础设施互联互通,鼓励建设统一的基础设施公共信息智能服务平台,提供充电(加氢、加气、加油)导航、预约、状态查询、费用结算等服务。鼓励企业、业主、运营服务商、充电设施制造商等各类主体投资新能源汽车基础设施建设,提升运行维护和服务专业化水平。

五是加大新能源公交车推广。建立公交企业年度车辆新购计划审批制度,严格控制公交企业新购公交车的柴油车比例,力争2019年新增公交车新能源车型比例不低于85%。

绍 兴 市

一、2018年主要工作:

1. 明确任务,落实推广工作主体责任

根据浙江省推动纯电动汽车产业发展工作联席会议《关于下达2018年全省新能源汽车(标准车)推广应用计划的通知》(浙汽办〔2018〕2号)的要求,2018年省下达给绍兴市的新能源汽车推广应用目标任务为35 00辆(标准车)。为加快推广应用工作的开展,绍兴市以绍兴市新能源汽车推广应用工作领导小组办公室的名义下达了全市2018年新能源汽车推广应用计划,将车辆推广任务分解到各区、县(市)。同时,绍兴市将新能源汽车推广写入节能目标责任书,通过目标责任制考核督促各地加大新能源汽车推广力度。同时,加大宣传力度,激发消费者购买、使用新能源汽车的热情,积极在多个领域推动新能源汽车的应用。通过各方努力,2018年全市累计推广各类新能源汽车5 026辆,折合标准车7 294辆,超额完成省下达的目标任务。

2. 出台政策,加强推广应用财政激励

为加快新能源汽车的推广应用,根据省下达的任务计划,并参考其他城市的财政扶持政策,绍兴市制定出台了《绍兴市区2018年新能源汽车推广应用补助办法》,对从绍兴市区注册的汽车销售企业购买新能源汽车的个人或单位用户,以及在绍兴市区投资建设充电设施项目的企业进行财政补助,其他县、市参照执行。按照补助办法,绍兴市对在市区推广的新能源汽车按中央财政补贴标准的50%给予补助,国家和地方的新能源汽车补助总额最高不超过车辆市场指导价的50%。此外,对在绍兴

市区投资建设充电设施项目的，按充电设备实际投资额的20%给予补助。

3. 积极布局，加大基础设施建设力度

自2016年以来，绍兴市在电动汽车充电基础设施项目建设上持续稳步推进，取得了阶段性成效，累计建成集中式充电站33座，分散式充电桩1 957个。其中2018年，全市共建成专用站7座，分散桩474个，站桩数量稳步增长。

4. 多方合作，探索多种商业推广模式

探索车辆推广使用和基础设施建设方面的商业模式，鼓励新能源汽车推广应用的商业模式创新，鼓励和支持社会资本进入充电设施建设和运营、整车租赁、电池租赁和回收等服务领域。积极开展电动乘用车分时租赁示范应用。如绍兴市上虞区舜畅新能源汽车服务有限公司与交通集团合作，开展主城区内公共租赁汽车成网服务，预计总投资1.1亿元，分3年陆续建设新能源汽车充电场站45座，新能源汽车充电桩600个以上，投放新能源汽车600辆，逐步形成分布合理的新能源汽车分时租赁体系和充电服务网络。

5. 精准招商，加快相关产业优化发展

重抓新能源汽车产业重大项目招引和推进，德升年产5.5万t动力电池三元前驱体及5.5万t三元材料项目、电咖新能源汽车研发试生产及零部件基地项目先后纳入省重大产业项目库；浙江美都海创锂电池材料产业链项目、帕瓦新能源再造4万t高性能动力锂电池用三元材料项目、全兴精工年产100万套电控助力转向系统总成项目等5个重大项目列入省市县长工程；三花控股集团新能源汽车零部件产业园项目、卧龙电气集团股份有限公司新能源汽车动力总成产业化项目列入2018年省重点建设项目；中国恒天集团有限公司与绍兴市政府签署战略合作协议，拟在柯桥建立REDS（智能移动空间）新能源汽车生产研发基地，项目总投资约150亿元，总规划年产能20万辆。

二、存在的问题

1. 国家政策变数较多

近几年来，国家层面在新能源汽车财政补助政策上一直没有形成比较稳定的机制，每年都会出现较大的调整，这一方面加大了地方配套补助政策制订的难度，另一方面也使生产和销售企业在生产和经营节奏上难以准确把握。最近几年每到年底，各种政策调整的传言满天飞，企业为了规避风险，纷纷赶在年底前上牌。这种扎堆上牌的现象，无法反映新能源汽车推广应用的真实情况，给推广工作的健康有序推进带来了不小的挑战。

2. 补助拨付流程拉长

自2016年起，国家对于非个人用户购买的新能源汽车，须在行驶里程达到3万km后方能申报补助（现已调整为2万km），这导致同一时间销售的车辆在补助申报和拨付上会出现较大的差异，这一规定导致2016年以来绍兴市推广的大部分新能源汽车至今尚未取得补助，部分使用频率较低的车辆取得补助时间有可能会在2020年以后，这一方面导致销售企业资金大量积压，加大了经营的难度，另一方面也给地方财政补助资金的安排和测算上带来了较大的困扰。

3. 基础设施建设滞后

新能源汽车的车辆推广和充电基础设施建设相辅相成，即相互促进，又相互制约。经过几年的发展，绍兴市虽已初步形成电动汽车智能充电服务网络，但从总体来看，一方面存在配套设施布点不均的问题，难以实现服务范围全覆盖，不少桩站使用率极低，另一方面充电桩数量也偏少，不足车辆数量的1/3，充电难的问题仍然广泛存在。此外，虽然早在2015年，国务院就在《关于加快电动汽车充电基础设施建设的指导意见》中要求原则上新建住宅配建停车位应100%建设充电设施或预留建设安装条件，大型公共建筑物配建停车场、社会公共停车场建设充电设施或预留建设安装条件的车位比例不低于10%，但城市规划中很少考虑此类配套设施，在城市建设用地资源总体紧张的前提下，配套设施建设用地问题落实难。

4. 私人购买意愿不强

绍兴市已推广的新能源汽车主要以公交和物流车为主，私人购买的乘用车数量较少。以2018年为例，全年推广应用新能源汽车5 026辆，其中个人购买的乘用车仅有808辆，占比为16.1%，表明绍兴市市民对新能源汽车的接受度还不高，购买意愿还有待加强。究其原因，一方面是由于新能源乘用车在品质和价格上还没有找到合适的切入点，价格便宜的车型品质上与传统车相比还有较大差距，而整体质量性能稍好的车型价格上又比传统车高出一截，难以得到普通消费者的认可；另一方面，新能源汽车还没有得到足够的时间检验，消费者对其电池的耐用性、售后服务的保障等问题上还存在不少顾虑。

三、2019年工作思路

1. 修订完善地方财政补助政策。

根据国家政策的调整情况，继续完善地方财政支持政策。研究制定2019年年新能源汽车推广应用财政补助办法，持续推进我市新能源汽车推广应用工作。

2. 持续推动各领域应用

继续在公共交通领域大力推动新能源车辆的应用，新增（更新）城市公交车、出租车中新能源车辆分别达75%和50%以上。引导相关单位和企业选用合适的新能源车型，全年推广新能源汽车折合标准车3 800辆以上。

3. 继续推进基础设施建设

根据新能源汽车的发展和市场使用情况科学合理配置充电站和充电桩。采取以企业投资为主、政府补贴为辅的方式，引进专业化运营企业参与新能源汽车配套基础设施的投资运营。

4. 加快新能源汽车产业发展

充分发挥产业优势，加大招商引资力度，引进落户一批新能源汽车产业项目，发挥政策和市场双重驱动作用，大力发展新能源汽车整车生产，持续完善产业链条，实现新能源汽车关键零部件突破。同时，加强规划引导，引导资源向优势企业集聚，壮大新能源汽车产业规模，提升产业化水平。

四、2018年节能与新能源汽车推广应用情况

单位：辆

车型 / 燃料	公交车	旅游大巴	公务车	出租车	租赁用车	私人用车	环卫车	物流车	邮政车	工程车	载货车	其他	合计
纯电动汽车	138	0	0	0	0	4 504	0	123	0	0	0	0	4 765
插电式混合动力汽车	172	0	0	0	0	89	0	0	0	0	0	0	261
增程式电动汽车	0	0	0	0	0	0	0	0	0	0	0	0	0
燃料电池汽车	0	0	0	0	0	0	0	0	0	0	0	0	0
合计	310	0	0	0	0	4 593	0	123	0	0	0	0	5 026

五、2018年12月底本地区电动汽车充（换）电站（桩）保有量统计表

充电站		充电桩（个）		换电站
城市名称	数量（座）	慢充	快充	数量（座）
浙江绍兴	33	1 566	391	0

湖州市

一、2018年节能与新能源汽车产业概况

2018年湖州市新能源汽车产业共有企业104家，全年工业增加值增速为6.8%，低于面上工业增加值增速2.5个百分点，主营业务收入同比增长7.9%，利税总额同比下降。其中，市本级新能源汽车产业工业增加值增速11.5%，德清县工业增加值增速22%，长兴县工业增加值增速－6.2%，安吉县工业增加值增速14.5%。

二、2018年节能与新能源汽车推广应用情况

2018年湖州市新能源汽车保有量达到15 041辆，保有量增长率为35.8%，其中2018年推广应用的新能源汽车3 877辆（含进口车及非插电式混合动力汽车），具体为新能源客车625辆，新能源物流车159辆，新能源乘用车3 093辆（其中纯电动乘用车1 847辆）。累计建成充电站77座，分散充电桩2 148个，其中2018年新建充电站43座，分散充电桩344个。

2018年湖州市市本级共有875辆纯电动公交车，已实现市本级公交电动化全覆盖。

三、2018年节能与新能源汽车主要企业经营情况

微宏动力系统（湖州）有限公司工业总产值及利税均呈下滑趋势，主营业务收入同比增幅不高；湖州杉杉新能源科技有限公司主营业务收入、工业总产值同比增加，但利税明显降低；湖州天丰电源有限公司各项数值均明显下降；天能电池集团股份有限公司锂电板块产值下降；浙江超威电源有限公司锂电板块产值同比增加；新能源汽车产业总体趋势下滑。

四、2018年节能与新能源汽车项目及园区建设情况

2018年湖州市长兴县引进了总投资约326亿元的吉利汽车项目，其中总投资102亿元的吉利长兴自动变速器有限公司年产60万台新能源变速器生产基地项目和总投资70亿元的吉利长兴新能源汽车有限公司年产15万辆乘用车项目已于2018年12月底开工建设。此外，2018年湖州市共有合计总投资约181亿元的17个动力电池类重点项目在建，合计总投资17亿元的4个其他零部件类项目在建。

五、2018年基础设施建设及运行情况

已建成的充电基础设施基本全部投入运营，其中2018年湖州市市本级已正式投入使用、且使用频率较高的42个充电场站为新能源汽车合计提供了2 305万度电的充电量，其中纯电动公交车的充电量为2 147万度，占比约为93%。

六、发展规划

湖州市计划2019年实现全市范围内公交车电动化全覆盖，同时加快公交沿线大功率快速充电场站的建设进度，为纯电动公交车的运行提供保障。

七、2018年节能与新能源汽车推广应用统计表

单位：辆

车型 / 燃料	公交车	旅游大巴	公务车	出租车	租赁用车	私人用车	环卫车	物流车	邮政车	工程车	载货车	其他	合计
纯电动汽车	591	33	0	15	1 206	652	0	149	0	0	0	0	2 646

续上表

燃料 \ 车型	公交车	旅游大巴	公务车	出租车	租赁用车	私人用车	环卫车	物流车	邮政车	工程车	载货车	其他	合计
插电式混合动力汽车	0	0	0	0	0	164	0	0	0	0	0	0	164
增程式电动汽车	0	0	0	0	0	0	0	0	0	0	0	0	0
燃料电池汽车	0	0	0	0	0	0	0	0	0	0	0	0	0
合计	591	33	0	15	1 206	816	0	149	0	0	0	0	2 810

八、2018 年本地区重点新能源汽车企业产销量统计表

生产企业名称	产品商标	车辆类型	通用名称	产量统计(辆)	销量统计(辆)
浙江普朗特电动汽车有限公司	三角行牌	纯电动物流车	鼎峰	455	428

九、2018 年 12 月底本地区电动汽车充(换)电站(桩)保有量统计表

充电站		充电桩(个)		换电站
城市名称	数量(座)	慢充	快充	数量(座)
湖州市	77	1 574	574	0

金华市

一、2018 年节能与新能源汽车产业概况

(一)推广应用成效显著。经各新能源汽车销售公司统计,2018 年全市新推广新能源汽车 4 752 辆,折标准车 7 166.5 辆,超额完成省下达的 4 000 辆标准车任务,累计推广 13 832 辆。公交领域,2015 年以来,金华市区先后开通运行金华公交 BRT1-5 号线和金兰快线,投放“青年”纯电动公交车 179 辆。2018 年市公交公司共采购各类车辆 101 台,其中新能源车辆 76 台。高品质大容量的 BRT 成为金华市治堵先锋,形成了良好的绿色出行氛围。

(二)产业规模进入调整期。通过多年培育和发展,金华市新能源汽车产业已经形成了以青年、众泰、爱特、绿源、尤奈特、金大等企业为代表的新能源整车制造和电机、电控等关键零部件制造的产业体系。但受国内乘用车整车市场不振影响,近年来我市汽车产业震荡下行。据统计,2016—2018 年全年汽车产业产值为 378.57 亿元、341.3 亿元、261.2 亿元,呈逐年下降态势。

(三)推广模式不断创新。按照“稳步推进、逐步推广”的原则,创新了一系列商业推广模式。在私人领域以政策补助降低成本进行推广,在物流领域以租赁模式进行推广,在公交领域以 BRT 示范线建设进行推广,在公共领域以组团租赁进行推广等等。多种模式合力推进不仅有效消除了消费者对新能源汽车价格贵、使用不方便的疑虑和担忧,也加快了全市新能源汽车的推广应用。

(四)配套政策日趋完善。2011 年 9 月,按照省级新能源汽车推广应用试点有关要求,市政府制定了《金华市区新能源汽车推广应用实施方案》,对市区居民和单位购买新能源汽车予以补助。2015 年 6 月出台了《金华市区新能源汽车推广应用财政补助暂行办法》,对购买新能源客车按照国家补助标准,给予 1∶1 配套补助。2017 年出台《金华市区新能源汽车推广应用财政补助暂行办法》,对购买新能源汽车按国家补助标准的 50% 予以补助,政策有效期至 2018 年底。

(五)基础设施加快推进。为规范市区电动汽车充电基础设施建设,2016 年,市区引进青岛特来电公司建设金华市区公共充电桩,形成了国网金华供电公司和特来电协同推进充电基础设施及相关服务的格局。按照“适度超前、车桩相宜、智能高效”的原则,依托电动汽车租赁平台、商场等人员相对密集区建设以直流快充为主的充电设施。2018 年,全市共建成充电桩 1 460 个,其中,专用桩 57 个,公用桩 672 个,居民区及个人桩 731 个,超额完成省下达的年度任务。

二、存在的问题

近两年来,受新能源汽车骗补核查、公告目录调整、技术标准提升等因素影响,全国新能源汽车国补清算兑付周期延长,造成新能源汽车生产、销售企业资金大量沉淀。如非个人用户购买的新能源汽车累计行驶里程须达到 2 万 km,造成了自 2016 年以来已推广的大部分车辆无法国补清算。同时各地基本上要求车辆获国补清算后再享受地补,也造成了地补资金兑现较慢,影响销售企业资金回笼。政策不确定、补助退坡、补贴领取难等问题困扰新能源汽车产业发展和推广应用。

三、下步工作打算

(一)加大新能源汽车产业发展的支持力度。继续把新能源汽车及关键零部件作为主导产业来优先培育、优先发展,高起点规划,高标准建设,全力支持新能源汽车产业发展大平台、大项目、大企业。

(二)支持新能源汽车基础设施建设和推广应用。推进新能源汽车充电基础设施建设,鼓励建设快慢充相结合的充

电设施，满足用户对公共充电服务设施的要求。围绕公交、网约车、物流租赁、私人购买等领域制定2019年新能源汽车推广方案，力争全年推广3 000辆标准车。

（三）优化新能源汽车推广应用政策。结合国补退坡政策，综合评价车辆的性能和生产成本等因素，逐渐退出地方补助政策，引导新能源新车产业健康有序发展。

四、2018年节能与新能源汽车扶持政策与措施

政策名称	文件号	发布单位	发布日期	政策概要
关于印发《金华市区新能源汽车推广应用财政补助暂行办法》的通知	金经信资源〔2017〕64号	金华市经信委、金华市财政局	2017-3-16	金华市区新能源汽车财政补助标准按中央财政单车补贴额的50%确定，相关技术要求按照《关于调整新能源汽车推广应用财政补贴政策的通知》（财建〔2016〕958号）执行

五、2018年节能与新能源汽车推广应用情况

金华市2018年1—12月共推广4 753辆（折合标准车7 166.5辆），累计推广13 832辆。

六、2018年节能与新能源汽车推广应用统计表

单位：辆

车型 燃料	公交车	旅游大巴	公务车	出租车	租赁用车	私人用车	环卫车	物流车	邮政车	工程车	载货车	其他	合计
纯电动汽车	168	0	61	0	641	3 411	5	23	0	0	69	0	4 378
插电式混合动力汽车	136	0	0	0	0	239	0	0	0	0	0	0	375
增程式电动汽车	0	0	0	0	0	0	0	0	0	0	0	0	0
燃料电池汽车	0	0	0	0	0	0	0	0	0	0	0	0	0
合计	304	0	61	0	641	3 650	5	23	0	0	69	0	4 753

七、2018年本地区重点新能源汽车企业产销量统计表

生产企业名称	产品商标	车辆类型	通用名称	产量统计（辆）	销量统计（辆）
湖南江南汽车制造有限公司星沙制造厂	众泰	纯电动轿车	众泰云100	6 328	6 540
湖南江南汽车制造有限公司浙江分公司	众泰	纯电动轿车	众泰V10EV	244	244
湖南江南汽车制造有限公司金坛分公司	众泰	纯电动轿车	芝麻E30	4 826	4 842
湖南江南汽车制造有限公司浙江分公司	众泰	纯电动轿车	E200	18 802	18 849
湖南江南汽车制造有限公司浙江分公司	众泰	纯电动轿车	众泰Z500EV	133	133
湖南江南汽车制造有限公司	众泰	纯电动轿车	众泰TTEV	812	812

八、2018年12月底本地区电动汽车充（换）电站（桩）保有量统计表

充电站		充电桩（个）		换电站
城市名称	数量（座）	慢充	快充	数量（座）
金华市	136	3 624	1 020	—

武汉市

一、2018年节能与新能源汽车产业概况

武汉市汽车产业规模居中部地区第一，2018年生产乘用车170.38万辆，汽车产业产值达到3 200亿元，是中国重要的汽车生产基地，汽车产业连续9年成为武汉第一大支柱产业。

整车企业集聚：形成了七大乘用车整车企业：东风本田、上汽通用、神龙公司、东风雷诺、东风乘用车、吉利汽车、东风日产（其中吉利汽车、东风日产项目正在建设），四大客车整车企业：比亚迪、扬子江、武汉开沃、武汉客车厂。

零部件配套齐全：武汉市汽车零部件企业总数500多家，主要集中在武汉开发区（汉南区）、江夏区、东西湖区和东湖高新区，涵盖车身、发动机、电气设备、底盘等多个领域，其中世界500强企业16家。重点包括：武汉金丰汽配有限公司、东风李尔汽车座椅有限公司、上海纳铁福传动轴有限公司武汉工厂、武汉提爱思全兴汽车零部件有限公司、湖北东

峻工贸有限公司、法雷奥市光（中国）车灯有限公司、武汉泰极江森汽车座椅有限公司、东风模具冲压技术有限公司、东风（武汉）实业有限公司、博世华域转向系统（武汉）有限公司、延锋安道拓（武汉）座椅有限公司、武汉市必达机电实业有限公司。

武汉市在新能源客车和氢燃料电池汽车研发方面起步较早，有着较为先进的技术和领军人才。全市正大力推进新能源汽车推广应用、汽车产业新旧动能转换和基础设施建设配套等方面工作，新能源汽车产业正逐步发展壮大。

2018 年，武汉市新能源汽车产业步入快速成长期。东风乘用车纯电动汽车已实现量产，上汽通用、神龙汽车、东风本田和东风雷诺将于 2019 年内投产新能源车型。随着吉利汽车、东风日产项目的落户建设，未来武汉市新能源汽车产业规模将快速增长。同时，四大客车整车企业（比亚迪、扬子江、武汉开沃、武汉客车厂）的新能源汽车项目正逐步扩产。从零部件配套领域来看，武汉市已拥有较为完善的新能源汽车核心零部件配套产业链，在新能源汽车动力电池上，已有东风时代、武汉力神、蓝时集团、东软睿驰、武汉惠强等企业。在电机电控领域，武汉市已有东风航盛、东风电机、合康动力、理工通宇新能源、中冶南方自动化、712 研究所、英康汇通等企业。

2016—2018 年武汉市汽车整车产量、产值完成情况表

	2016 年	2017 年	2018 年
产量（万辆）	176.86	189.40	170.38
产值（亿元）	2 003.46	2 313.93	2 039.22

二、2018 年节能与新能源汽车扶持政策与措施

政策名称	文件号	发布单位	发布日期	政策概要
关于印发《武汉市新能源汽车推广应用地方财政补贴资金实施细则》的通知	武经信〔2018〕4 号	武汉市经济和信息化委员会 武汉市财政局 武汉市科学技术局 武汉市发展和改革委员会	2018-2	为规范武汉市新能源汽车地方财政补贴资金管理，该文件明确了补贴对象和标准、资金申报时间、申报主体、申报资料以及流程资金审核和下达相关事宜

三、2018 年节能与新能源汽车推广应用情况

武汉市积极响应国家号召，相继出台了新能源汽车推广应用的系列政策文件，从财政资金补贴、优先路权、设施配套等方面予以支持，尤其是在地方财政资金补贴方面，按照国补资金的 50% 进行顶格补贴，截至 2018 年底新能源汽车保有量 5 万辆。其中，2018 年全年共推广新能源汽车14 409 辆。

四、2018 年节能与新能源汽车主要企业经营情况

东风乘用车、神龙公司纯电动汽车已实现量产，东风本田、上汽通用、东风雷诺均计划 2019 年内投产新能源汽车，武汉四大客车整车企业（比亚迪、扬子江、武汉开沃、武汉客车厂）的新能源汽车项目正逐步扩产。

五、2018 年节能与新能源汽车项目及园区建设情况

从电动汽车领域来看，东风乘用车纯电动汽车已实现量产，上汽通用新能源汽车将于 2019 年上市销售，神龙汽车新打造的富康牌新能源汽车已进入试生产阶段，东风本田和东风雷诺的新能源车型也进入研发测试阶段。随着吉利汽车、东风乘用车扩产项目的落户建设，未来武汉市新能源汽车产业规模将快速增长。

从燃料电池汽车领域来看，2018 年 9 月 28 日，全市首条燃料电池公交车线路在东湖开发区进行示范运行，首个加氢站也建成投用，这是武汉燃料电池汽车推广应用和产业化发展的标志性事件。

六、2018 年基础设施建设及运行情况

武汉市做到配套设施建设先行，全市成立了市停车场及新能源汽车配套设施建设工作领导小组，下设指挥部，专班推进新能源汽车配套设施建设工作。截至 2018 年底新能源汽车保有量 48 639 辆，建成充电桩 3.7 万个，公共桩 2.2 万个，集中式充电站 389 座（含公交充电站），其中快充桩 4 000 个。氢燃料电池公交首度在汉示范运行，加氢站也首次投入应用，已投入运营的加氢站 2 座。建成投入新能源汽车及充电基础设施一体化的第三方监测管理平台，能够实时掌握和采集全市新能源汽车的运行及充电设施运营数据，将通过对监管数据的分析应用，来解决当前“车找不到桩、桩等不到车”等实际应用问题。

七、发展规划

五大整车企业新能源汽车产业化步伐加快，2019 年将在全市量产 3 ~ 6 款新能源汽车，新能源汽车行业占比将进一步提升。雄韬股份和资环工研院的燃料电池汽车批量示范运行，将带动全市燃料电池汽车产业发展。同时，全市将力争在 2019 年底前再建 10 万个充电桩（包含具备安装条件），新建加氢站 3 座。

八、2018 年节能与新能源汽车推广应用统计表

单位：辆

燃料 \ 车型	公交车	旅游大巴	公务车	出租车	租赁用车	私人用车	环卫车	物流车	邮政车	工程车	载货车	其他	合计
纯电动汽车	595	0	436	1 911	6 437	2 946	460	743	0	0	0	4	13 532
插电式混合动力汽车	0	0	111	0	1	719	2	0	0	0	0	0	833
增程式电动汽车	0	0	0	0	0	0	0	0	0	0	0	0	0
燃料电池汽车	44	0	0	0	0	0	0	0	0	0	0	0	44
合计	639	0	547	1 911	6 438	3 665	462	743	0	0	0	4	14 409

九、2018 年本地区重点新能源汽车企业产销量统计表

生产企业名称	产品商标	车辆类型	通用名称	产量统计（辆）	销量统计（辆）
东风汽车集团股份有限公司乘用车公司	东风风神	纯电动乘用车	东风风神 E70	9021	8197
比亚迪汽车工业有限公司	比亚迪	纯电动客车	—	—	302（仅武汉上牌）
神龙汽车有限公司	东风富康	纯电动乘用车	—	300	205（仅武汉上牌）
扬子江汽车集团有限公司	扬子江	纯电动客车	—	—	34（仅武汉上牌）
武汉客车制造股份有限公司	华中牌	纯电动客车	—	—	33（仅武汉上牌）

十、2018 年 12 月底本地区电动汽车充（换）电站（桩）保有量统计表

充电站		充电桩（个）		换电站
城市名称	数量（座）	慢充	快充	数量（座）
武汉市	389	33 000	4 000	1

襄阳市

一、2018 年节能与新能源汽车产业概况

2018 年新能源汽车整车产量突破 4 万辆（40 065 辆），同比增长 23.8%；全市新能源汽车规模以上企业产值达到 233.48 亿元，同比增长 24.6%，均创历史新高。

二、2018 年节能与新能源汽车扶持政策与措施

政策名称	文件号	发布单位	发布日期	政策概要
关于襄阳市 2018 年新能源汽车推广应用财政支持政策的通知	襄汽办发〔2018〕70 号	襄阳市汽车办、财政局、科技局	2018-12-24	对 2018 年 1 月 1 日—12 月 31 日在襄阳市购买新能源汽车的消费者给予补贴

三、2018 年节能与新能源汽车推广应用情况

2018 年，襄阳市共推广新能源汽车 11 827 辆。

四、2018 年节能与新能源汽车主要企业经营情况

2018 年东风汽车股份公司 E11K 轩逸电动车、EV30 爱丽舍电动教练车已正式上市。

五、2018 年节能与新能源汽车项目及园区建设情况

骆驼电池梯级利用回收、东风海博思新能源电池、中克洛瑞和中车新能源乘用车电机项目落户襄阳。湖北东润专用车有限公司获得省发改委新能源商用车项目核准。

六、2018 年基础设施建设及运行情况

2018 年，主城区新增充电终端 382 个，累计突破 1 600 个。

郑州市

一、2018 年节能与新能源汽车产业概况

郑州市拥有新能源汽车生产及相关企业近 20 家，宇通客车、海马汽车、郑州日产、宇通重工、少林客车等企业在新能源汽车整车控制、系统集成等核心技术研发方面具有较强实力。宇通新能源客车在国内大型客车市场占有率达到 30% 以上，市场占有率位居行业第一；海马汽车新能源乘用车产销量快速增长，与小鹏汽车合作生产的小鹏 X3 已批量交付客户；郑州日产生产的纯电动物流车和皮卡具有良好市场前景；宇通重工生产的纯电动环卫车在省内外多个城市投入使用；比克新能源汽车的纯电动应急电源车项目已通过工信部现场准入审核；上汽乘用车和东风日产将于 2019 年在郑州市投产新能源车型。2018 年，新能源汽车产量 3.92 万辆。

郑州市新能源汽车产业链不断完善，配套体系齐全。拥有比克电池、河南国能、跃博电器、科林空调等一批新能源汽车零部件配套企业。零部件配套体系主要产品涵盖电池、电控、汽车电子等新能源汽车核心零部件企业。

二、2018 年节能与新能源汽车扶持政策与措施

政策名称	文件号	发布单位	发布日期
郑州市鼓励新能源汽车推广应用若干政策	郑政〔2016〕30 号	郑州市人民政府	2016-9-9

三、2018 年节能与新能源汽车推广应用情况

2018 年，全市推广应用新能源汽车 3.75 万辆。

四、2018 年节能与新能源汽车主要企业经营情况

2018 年，宇通新能源客车产量 2.52 万辆，海马新能源乘

用车产量1.1万辆,郑州日产乘用车产量0.2万辆,宇通重工专用车约产量0.1万辆。

五、2018年基础设施建设及运行情况

2018年,全市新建充电站25个(站内充电桩431个),充电桩6 949个,全年总计建桩7 380个。

六、发展规划

到2020年,力争新引进新能源整车生产企业1~2家,全市新能源汽车产能达到20万辆,全市建成区内布局较为完善的充电及车联网、智能化基础设施,全市累计推广新能源汽车10万辆(标准车)。

七、2018年本地区重点新能源汽车企业产销量统计表

生产企业名称	产品商标	车辆类型	通用名称	产量统计(辆)	销量统计(辆)
宇通客车有限公司	宇通	纯电动客车	—	25 200	—
海马汽车有限公司	海马	纯电动轿车	—	11 000	—

八、2018年12月底本地区电动汽车充(换)电站(桩)保有量统计表

充电站		充电桩(个)		换电站
城市名称	数量(座)	慢充	快充	数量(座)
郑州市	32	9 550	1 450	2

新乡市

一、2018年节能与新能源汽车产业概况

2018年,全市电池与电动车产业53户规上企业主营业务收入同比增长19.4%,占全市总量的3.5%。

二、2018年节能与新能源汽车推广应用情况

2018年共推广新能源汽车2 825辆,其中纯电动2 657辆,混合动力168辆。纯电动车中:客车120辆、乘用车2 256辆、载货车276辆、环卫车5辆;混合动力车:乘用车168辆。

三、2018年节能与新能源汽车项目及园区建设情况

依据《新乡市人民政府关于加快先进制造业专业园区建设的实施意见》,新乡市将在高新技术开发区建设新能源汽车专业园、在牧野区建设电池及电动车专业园、在凤泉区建设动力电池专业园,重点发展纯电动专用车、充电设施、动力电池、电池材料等新能源汽车及相关产业。

四、2018年基础设施建设及运行情况

2018年新建充电站4座,包含慢充桩6个、快充桩85个。

五、发展规划

2016年10月24日,《新乡市加快新能源汽车推广应用及产业化发展实施方案(2016—2020年)》印发,新乡市将大力推广新能源汽车并支持产业化发展。依据《新乡市电池与电动车产业"十三五"发展指导规划》,"十三五"期间,新乡市将着力推动锂离子电池为主的动力电池升级,重点做大做强锂离子电池、完善锂电池产业链、研发新型电池,推动新能源汽车及相关产业快速发展。

六、2018年节能与新能源汽车推广应用统计表

单位:辆

车型 燃料	公交车	旅游大巴	公务车	出租车	租赁用车	私人用车	环卫车	物流车	邮政车	工程车	载货车	其他	合计
纯电动汽车	120	0	166	0	0	2 090	5	0	0	0	276	0	2 657
插电式混合动力汽车	0	0	0	0	0	168	0	0	0	0	0	0	168
增程式电动汽车	0	0	0	0	0	0	0	0	0	0	0	0	0
燃料电池汽车	0	0	0	0	0	0	0	0	0	0	0	0	0
合计	120	0	166	0	0	2 258	5	0	0	0	276	0	2 825

七、2018年12月底本地区电动汽车充(换)电站(桩)保有量统计表

充电站		充电桩(个)		换电站
城市名称	数量(座)	慢充	快充	数量(座)
新乡市	53	531	496	4

广 州 市

一、2018 年节能与新能源汽车产业概况

2018 年，广州市新增新能源汽车 73 160 辆，保有量达到 134 041 辆，同比增长 165%，占全市机动车保有量 257.33 万辆的 5.2%。截至 2018 年底，全市累计推广应用纯电动公交车 11 225 辆。

二、2018 年节能与新能源汽车扶持政策与措施

政策名称	文件号	发布单位	发布日期	政策概要
广州市新能源汽车发展工作领导小组办公室关于印发广州市推动新能源汽车发展若干意见的通知	穗新能源汽车办〔2018〕3 号	穗新能源汽车办	2018-7-19	贯彻落实国家、省大力发展新能源汽车战略部署和工作要求，加快推进我市新能源汽车发展
广州市新能源汽车发展工作领导小组办公室关于印发广州市党政机关公务绿色出行新能源汽车分时租赁试点实施方案的通知	穗新能源汽车办〔2018〕6 号	穗新能源汽车办	2018-9-13	积极探索、利用分时租赁等市场化解决方案，充分挖掘党政机关现有停车资源，加快布局充电设施，进一步提高公务领域的新能源汽车使用率，发挥示范推广效应。按照“车桩协调推进”的原则，以试点为带动，逐步完善商业模式，扩大推广规模
广州市落实《广东省人民政府关于加快新能源汽车产业创新发展的意见》实施方案	穗新能源汽车办〔2018〕8 号	穗新能源汽车办	2018-12-20	加强城市公共充电基础设施和用户居住地充电基础设施建设，加快建设氢燃料电池商业运营示范区和智能网联汽车测试示范区，优化新能源汽车发展环境，落实公共服务领域新能源汽车推广目标

三、2018 年节能与新能源汽车推广应用情况

2018 年，广州市新增新能源汽车 73 160 辆，保有量达到 134 041 辆，同比增长 165%，占全市机动车保有量 257.33 万辆的 5.2%，占全国新能源汽车保有量 261 万辆的 5.1%。其中，公交车 11 225 辆、巡游出租车 1 396 辆、网约车 26 300 辆、环卫车 90 辆、公务车 63 辆，货车超过 5 000 辆、私人用车约 89 000 辆。另外，小型化环卫车 660 辆、港口作业车 72 辆。推广规模紧随上海、北京、深圳之后，车辆累计行驶里程超 30 亿 km。

四、2018 年节能与新能源汽车主要企业经营情况

广州市共有自主品牌新能源汽车企业 8 家（包括广汽乘用车、广汽比亚迪、东风启辰、东风日产、北汽（广州）、广汽新能源、广汽蔚来、小鹏汽车），已经实现新能源汽车量产企业有广汽乘用车、广汽比亚迪、东风日产、东风启辰、北汽（广州）、广汽新能源、小鹏汽车。截至 2018 年底，广汽乘用车全年产量 2.1 万辆，广汽比亚迪 5 406 辆，东风 0.9 万辆，北汽 0.3 万辆。

五、2018 年节能与新能源汽车项目及园区建设情况

广汽智能网联新能源汽车产业园、小鹏汽车、广汽时代动力电池、中汽中心华南基地等一批新能源汽车重大项目加快建设。2018 年底，在省、市主要领导的见证下，广汽新能源 20 万辆/年电动汽车项目建成投产。全市新能源汽车产能已达 30 万辆/年，全年广汽新能源产销超过 2 万辆，同比增长 4 倍以上。

六、2018 年基础设施建设及运行情况

全市累计建成各类充电桩约 2.6 万个、换电站 13 座，累计充电 4 亿度。公交充电站点达 164 个，充电桩 4 515 个，充电终端 6 820 个，充电服务能力约 47.9 万 kW。在平台登记的充电运营商已达 65 家，接入充电站点 2 108 个、充电桩 17 662 个。

七、发展规划

（一）深入开展重大问题研究，完善相关政策措施。

（二）加快产业项目建设，不断扩大产销规模。

（三）加快完善充电、加氢基础设施建设。

（四）加大公共服务领域新能源汽车推广应用。

（五）继续营造促进新能源汽车发展良好环境。

八、2018 年节能与新能源汽车推广应用统计表

单位：辆

车型 燃料	公交车	旅游大巴	公务车	出租车	租赁用车	私人车	环卫车	物流车	邮政车	电力工程车	载货车	合计
纯电动汽车	7 184	19	9	4 818	16 895	8 247	0	1 942	0	0	12 961	73 160
插电式混合动力汽车	0	0	44	423	4 025	16 593	0	0	0	0		
增程式电动汽车	0	0	0	0	0	0	0	0	0	0		
燃料电池汽车	0	0	0	0	0	0	0	0	0	0		
合计	7 184	19	53	5 241	20 920	24 840	0	1 942	0	0		

九、2018 年本地区重点新能源汽车企业产销量统计表

生产企业名称	产品商标	车辆类型	销量统计(辆)
广州汽车集团乘用车有限公司	广汽传祺	GAC6450CHEVA5B 插电式混合动力乘用车	197
	广汽传祺	GAC6450CHEVA5C 插电式混合动力乘用车	9
	广汽传祺	GAC6450CHEVA5D 插电式混合动力乘用车	2 616
	广汽传祺	GAC6450CHEVA5E 插电式混合动力乘用车	1 956
	广汽传祺	GAC7000BEVH0A 纯电动乘用车	628
	广汽传祺	GAC7150CHEVA5A 插电式混合动力乘用车	119
	广汽传祺	GAC7150CHEVA5C 插电式混合动力乘用车	16
	广汽传祺	GAC7150CHEVA5D 插电式混合动力乘用车	58
	广汽传祺	GAH7000BEVH0A 纯电动乘用车	303
	广汽传祺	GAH7000BEVH0B 纯电动乘用车	1 129
东风汽车有限公司	东风日产	DFL7000NAH1BEV 纯电动乘用车	1

十、2018 年 12 月底本地区电动汽车充(换)电站(桩)保有量统计表

充 电 站					充 电 桩(个)		换 电 站
城市名称	数量(座)	充电机功率总计(kW)	充电站占地面积(m^2)	投资金额(万元)	慢充	快充	数量(座)
广州市	164	479 000	—	—	21 500	4 515	13

深 圳 市

一、2018 年节能与新能源汽车产业概况

2018 年深圳市新能源汽车产值 1 400 亿元,年均增长率超过 20%,产值增速远高于同期深圳市 GDP 增速。深圳市已发展成为全球范围内新能源汽车产业链最完善的城市之一,形成以比亚迪新能源汽车整车生产厂家为主导,比克电池、星源材质、新宙邦、贝特瑞等动力电池及原材料企业,大地和等驱动电机企业,欣旺达、汇川技术、威迈斯、蓝海华腾、欣锐特等电控系统企业,奥特迅、科士达等充电基础设施企业为配套的完善产业链,其中动力电池及原材料领域产值占比超过 50%,整车、充电基础设施及系统检测等领域产值占比 36%,驱动电机及电控系统领域产值 13%。

(一)整车领域优势明显。深圳市整车企业主要包括比亚迪、五洲龙、深圳东风、长安标致雪铁龙等。据中汽协统计,2018 年,新能源汽车全年累计销量达到 98.5 万辆,同比增长 88.9%,其中,比亚迪汽车累计销售 24.8 万辆,市场占比达 25% 以上,比亚迪在整车领域具有绝对优势。

(二)动力电池规模位居国内前列。比亚迪、比克电池出货量全球排名稳居前十,动力电池部分细分领域产能规模位居行业前列。贝特瑞电池负极材料国际市场占有率 24%;新宙邦电解液国际市场占有率 15%。

(三)电机电控系统领域实力国内领先。一是产值规模,在大地和、汇川技术、威迈斯、蓝海华腾等领军企业的带动下,深圳市电机电控系统产值超过 120 亿元,在国内处于领先地位。二是技术水平,大地和拥有永磁同步系统和交流异步系统的自主知识产权,控制器安全等级达到国际水平,转矩密度和噪音指标均处于国内领先水平;威迈斯车载双向充电机集成了充电机外围的高压配电功能单元,处于国内领先地位;欣锐科技新能源汽车车载电源(车载 AC/DC 变换器和车载充电机)技术处于国内领先水平;蓝海华腾电机驱动核心控制技术同样也处于国内领先水平。

(四)充电基础设施核心技术行业领先。深圳市充电基础设施企业与国电南瑞、许继电气、万马股份等国家电网公司直属企业相比,存在规模相对较小的问题,国内营收前十企业仅有科陆电子和科士达两家。但充电基础设施核心技术行业领先。如科士达推出新一代 15 kW 高效充电模块效率高达 96.4%,在国内处于领先水平,并且开发出行业体积最小的充电桩系统;奥特迅在行业内首创并推出填补国内空白的矩阵式柔性充电堆产品。

二、2018 年节能与新能源汽车扶持政策与措施

政策名称	文件号	发布单位	发布日期	政策概要
深圳市 2018 年新能源汽车推广应用财政支持政策	深财规〔2019〕1 号	深圳市财政委员会、深圳市发展和改革委员会	2019-1-10	根据财建〔2018〕18 号文有关要求,2018 年新能源汽车地方财政购置补贴标准分为以下 3 种情形。 1. 2018 年 1 月 1 日—2018 年 2 月 11 日上牌的车辆按照《深圳市 2017 年新能源汽车推广应用财政支持政策》(深财规〔2017〕10 号)对应标准补贴。

续上表

政策名称	文件号	发布单位	发布日期	政策概要
深圳市2018年新能源汽车推广应用财政支持政策	深财规〔2019〕1号	深圳市财政委员会、深圳市发展和改革委员会	2019-1-10	2. 2018年2月12日—2018年6月11日上牌的新能源乘用车、纯电动客车按照《深圳市2017年新能源汽车推广应用财政支持政策》(深财规〔2017〕10号)对应标准的0.7倍补贴,纯电动货车和专用车按对应标准的0.4倍补贴,燃料电池汽车补贴标准不变。 3. 2018年6月12日—2018年12月31日上牌的新能源乘用车、纯电动客车、纯电动货车和专用车按照财建〔2018〕18号文对应标准的0.5倍补贴,燃料电池汽车按照财建〔2018〕18号文对应标准的1倍补贴
深圳市2016—2020年新能源汽车推广应用工作方案	深发改〔2016〕1122号	深圳市发展和改革委员会	2016-9-13	根据《关于加快新能源汽车推广应用的指导意见》和《关于加快电动汽车充电基础设施建设的指导意见》等文件精神,制订了深圳市2016—2020年新能源汽车推广应用工作方案,提出了具体工作目标

三、2018年节能与新能源汽车推广应用情况

2018年,深圳市出台了《深圳市2018年新能源汽车推广应用财政支持政策》和《深圳市人民政府办公厅关于印发2018年“深圳蓝”可持续行动计划的通知》等政策,并安排约20亿元新能源汽车推广应用专项资金,重点支持新能源汽车车辆购置、充电基础设施建设等,进一步扩大新能源汽车推广应用规模,年内已基本实现出租车全面纯电动化,成为全球纯电动出租车规模最大的城市。

2018年全年,深圳市已累计推广新能源汽车90 444辆,其中纯电动客车387辆、纯电动出租车9 101辆、纯电动物流车17 621辆、新能源租赁乘用车12 699辆、新能源私家车50 579辆、纯电动环卫车57辆。

四、2018年节能与新能源汽车主要企业经营情况

2018年内,比亚迪股份有限公司实现收入约人民币1 300.55亿元,同比增长22.79%;归属于上市公司股东的净利润27.80亿元,同比降31.63%;其中汽车及相关产品业务的收入约760.07亿元,同比上升34.23%;占比亚迪总收入的比例分别为58.4%;新能源汽车业务收入约524.22亿元,同比增长34.21%,占集团收入比例进一步提升至40.31%。

比亚迪全年累计销售52.07万辆,同比增长27.09%。其中,新能源汽车24.78万辆,燃油汽车27.29万辆,基本实现新能源与燃油车平分秋色的局面。

五、2018年节能与新能源汽车项目及园区建设情况

深圳市坪山区在做大做强新能源汽车产业的同时,2018年3月还成功申请创建又一国家级“金字招牌——全国新能源汽车产业知名品牌创建示范区”。该示范区的获批创建,将进一步引导新能源汽车及相关产业提升质量水平、增强核心竞争力、扩大品牌影响力、占领市场高地,并推动坪山区打造全国核心企业集聚度高、自主研发能力强、关键零部件生产配套全的新能源汽车产业核心集聚园区。

示范区已引进企业27家、公共技术平台14个,拥有以比亚迪、新宙邦等为代表的一批新能源企业和“北理工电动车辆国家工程实验室(深圳)”,以及3家国家合格评定认可委员会CNAS认证实验室、4家国家级技术中心研究院所实验室、12家地方级技术中心研究院所实验室等高端科技研发平台。形成了从正负极材料、电解液、隔膜到动力电池成品制造,从新能源汽车的电机、电控、电动总成、配套充电设施到整车制造,集研发、生产及销售为一体的完全产业链条。

六、2018年基础设施建设及运行情况

2018年1—12月,深圳市累计建成各类充电桩20 331个,其中公交快速充电桩331个、社会快速充电桩6 264个、物流园区、大型商场充电桩13 736个。

七、发展规划

到2020年底,小型物流车纯电动化率超过50%;深圳市累计建设公交综合车场(充电站)13个,各类快慢充电桩约12万个;城市中心区域社会公共充电站服务半径小于0.9 km。

八、2018年节能与新能源汽车推广应用统计表

单位:辆

燃料 \ 车型	公交车	旅游大巴	公务车	出租车	租赁用车	私人用车	环卫车	物流车	邮政车	工程车	载货车	其他	合计
纯电动汽车	0	30	1 237	9101	12 254	14 540	57	17 621	0	0	0	0	54 840
插电式混合动力汽车	0	0	0	0	802	33 545	0	0	0	0	0	0	35 604

续上表

燃料 \ 车型	公交车	旅游大巴	公务车	出租车	租赁用车	私人用车	环卫车	物流车	邮政车	工程车	载货车	其他	合计
增程式电动汽车	0	0	0	0	0	0	0	0	0	0	0	0	0
燃料电池汽车	0	0	0	0	0	0	0	0	0	0	0	0	0
合计	0	30	2 494	9101	13 056	48 085	57	17 621	0	0	0	0	90 444

九、2018 年本地区重点新能源汽车企业产销量统计表

生产企业名称	产品商标	车辆类型	通用名称	产量统计（辆）	销量统计（辆）
比亚迪汽车工业有限公司	比亚迪牌	插电式混合动力乘用车	唐	5 525	5 571
	比亚迪牌		全新一代唐 DM	31 307	31 575
	比亚迪牌	纯电动乘用车	元 EV	35 704	35 699
	比亚迪牌		E6	6 608	6 508
	比亚迪牌	非快充类纯电动客车	K8A	4 741	4 741
	比亚迪牌		K8	909	909
	比亚迪牌		K8S	65	65
	比亚迪牌		K8BA	316	316
	比亚迪牌		C8B	34	34
	比亚迪牌		K9	325	325
	比亚迪牌		K9KA	1 933	1 933
	比亚迪牌		C6	11	11
	比亚迪牌		K7E	646	646
	比亚迪牌		K7	128	128
	比亚迪牌		K7G	2 363	2 363
	比亚迪牌		K9FE	98	98
	比亚迪牌		K8C	95	95
	比亚迪牌		C8	14	14
	比亚迪牌		C6B	26	26
	比亚迪牌		K6FA	4	4
	比亚迪牌		K7A	100	100
	比亚迪牌		C7A	15	15
	比亚迪牌		C7B	16	16
	比亚迪牌		K8BB	550	550
	比亚迪牌		C10MS	6	6
	比亚迪牌		C9	13	13
	比亚迪牌		K11	38	38
	比亚迪牌		K9S	2	2
	比亚迪牌		C10MS	12	12
	比亚迪牌		D6	31	31
	比亚迪牌		D7	11	11
	比亚迪牌		D8	93	93
	比亚迪牌		D9	82	82
	比亚迪牌		K7M	4	4
	比亚迪牌		K8M	9	9
	比亚迪牌	纯电动货车和专用车	Q1A	5	5
	比亚迪牌		Q3M	4	4
	比亚迪牌		T10ZT	1 153	1 153
	比亚迪牌		T4C	60	60

续上表

生产企业名称	产品商标	车辆类型	通用名称	产量统计（辆）	销量统计（辆）
比亚迪汽车工业有限公司	比亚迪牌	纯电动货车和专用车	T5	2 473	2 473
	比亚迪牌		T5A	395	395
	比亚迪牌		T7A	102	102
	比亚迪牌		T8B	2	2
	比亚迪牌		T8E	91	91
	比亚迪牌		T8SA	87	87
	比亚迪牌		T3	2 763	2 763
	比亚迪牌		T4	778	778
	比亚迪牌		Q1MA	14	14
	比亚迪牌		Q1R	3	3
	比亚迪牌		T8A	36	36
	比亚迪牌		T9R	3	3
	腾势	纯电动乘用车	腾势	4 076	1 974
深圳市五洲龙汽车股份有限公司	五洲龙	FDG6105EVG1	无	39	8
	五洲龙	FDG5040XXYEV2	无	15	13
深圳东风汽车有限公司	东风牌	纯电动专用车	桶装垃圾运输车	62	60
	东风牌	纯电动专用车	扫路车	2	0

十、2018 年 12 月底本地区电动汽车充（换）电站（桩）保有量统计表

充 电 站		充 电 桩（个）		换 电 站
城市名称	数量（座）	慢　充	快　充	数量（座）
深圳市	4 287	62 016	11 884	0

佛 山 市

一、2018 年节能与新能源汽车产业概况

新能源汽车产业是国家、省培育发展的战略性新兴产业。近年来，佛山市积极响应国家、省培育发展新能源汽车的决策部署，依托制造业基础和优势，将新能源汽车产业作为优先发展的战略性新兴产业，加强项目引进，加大政策支持，努力将其打造为我市支柱产业。全市新能源汽车产业在整车生产能力、关键零部件和材料生产、应用推广和基础设施建设等领域走在全省前列，氢燃料电池汽车快速发展，集聚效应明显。

佛山市现有汽车整车生产企业 9 家（一汽-大众佛山工厂、北汽福田南海汽车厂、福田汽车三水工厂、飞驰客车、福迪汽车、粤海汽车、广东康盈、顺肇专用车、路之友专用车），在建或拟建企业 4 家（陆地方舟（在建）、长江汽车（在建）、一汽解放（拟建）、广东探索（拟建）），规模以上零部件企业超过 150 家，涵盖整车制造、关键零部件、材料生产和汽车服务环节。全市新能源汽车产能 1.5 万辆，排名全省第三，2018 年产量 1 422 台；在建拟建产能 21.5 万辆，预计排名全省第三。

二、2018 年节能与新能源汽车扶持政策与措施

政策名称	文件号	发布单位	发布日期	政策概要
佛山市人民政府办公室关于调整佛山市氢能产业发展工作议事协调机构的通知	佛府办函〔2018〕886 号	佛山市人民政府办公室	2018-11-5	佛山市将原佛山市氢能产业发展暨氢能源汽车示范推广工作领导联席会议制度调整为以市长为组长，各区政府主要领导、市直有关单位主要领导为成员的佛山市氢能产业发展领导小组
佛山市新能源公交车推广应用和配套基础设施建设财政补贴资金管理办法	佛发改交能〔2018〕54 号	佛山市发展和改革局、住房和城乡建设管理局、财政局	2018-11-20	明确新能源公交车、公交充电设施及加氢站的补贴标准及要求

续上表

政策名称	文件号	发布单位	发布日期	政策概要
佛山市人民政府关于印发佛山市氢能源产业发展规划（2018—2030年）的通知	佛府函〔2018〕191号	佛山市人民政府	2018-11-23	规划提出：到2030年，集聚氢能及燃料电池企业超过150家，培育氢能及燃料电池龙头企业8家，形成氢能源及相关产业产值超过千亿元，建成57座加氢站；将重点推动技术突破、产业成链、示范推广、设施配套、开放协同、科普教育等6方面20项任务逐一落实，近期将着力实施加氢站建设、氢源保障、示范推广、平台搭建、招商引资等5项行动计划
佛山市人民政府办公室关于印发《佛山市加快新能源汽车产业发展及推广应用若干政策措施》的通知	佛府办〔2018〕49号	佛山市人民政府办公室	2018-12-29	通知明确需加强引进培育，推动新能源汽车产业集聚发展；加强技术研发，提高新能源汽车产品核心竞争力；加强推广力度，积极鼓励使用新能源汽车

三、2018年节能与新能源汽车推广应用情况

2018年1—12月，全市累计上牌新能源汽车4 465辆（其中：公交车1 613辆、物流车673辆、公务车4辆、私人乘用车1 551辆，其他车辆624辆）。截至2018年12月底，全市累计推广新能源汽车10 229辆。在公共领域，全市推广新能源汽车合计5 054辆，其中，公交车3 829辆，出租车180辆，物流车849辆，公务车18辆，旅游客车178辆。

氢燃料电池汽车推广应用情况：截至2018年12月底，全市累计推广氢燃料电池汽车187辆，其中氢能源公交车125辆，氢能源物流车59辆，其他氢能源客车3辆。

四、2018年节能与新能源汽车项目及园区建设情况

2015年，佛山启动佛山市氢能源产业发展战略及规划研究，2018年11月正式发布《佛山市氢能源产业发展规划（2018—2030年）》。以规划为指引，佛山充分吸纳了国内外氢能源产业发展经验教训，本着“因地制宜、实事求是”的原则，同步推进氢能源产业链的构建与完善。截至佛山氢能源产业链条基本构建完善。上游环节，在氢气制备、氢气储存—运输—加注装备制造等关键环节的技术引进已经完成，其中华特气体、海德利森、国能联盛等项目已落地实施。中游环节，佛山集聚了广东国鸿氢能、佛山中车四方轨道车辆有限公司、广东爱德曼氢能源装备有限公司、广东国鸿重塑能源科技有限公司、广顺新能源动力科技有限公司等国内氢燃料电池及系统核心零部件行业领军企业，还积极培育广东泰极动力科技有限公司、广东泰罗斯汽车动力系统有限公司、广东氢标科技有限公司、佛山市清极能源科技有限公司等“小精尖”科创型企业。下游环节，佛山市飞驰汽车制造有限公司已经完成交付氢燃料电池汽车330余辆，是国内仅次于东风特汽的整车生产厂家；佛山中车四方轨道车辆有限公司形成了年生产现代有轨电车300列的产能，积极推动一汽解放氢燃料电池卡车项目和探索汽车项目落地。佛山强化规划引领，稳步推进氢能源产业集聚发展，已形成南海区“广东新能源汽车产业基地”、高明区“中车四方现代有轨电车车辆制造基地”和佛山、云浮两市共建的“佛山（云浮）产业转移工业园氢能产业园”三大氢能源产业发展基地，产业集聚发展效应初显。

五、2018年基础设施建设及运行情况

2018年1—12月，全市建成充电站45座（公交充电站29座、城市公共充电站16座）；建成充电桩1 733个（不含私人充电桩）。

截至2018年12月底，累计建成充电站120座（公交充电站80座、出租充电站6座，城市公共充电站34座），建成充电桩4 000个（不含私人充电桩）。

六、2018年节能与新能源汽车推广应用统计表

单位：辆

燃料 \ 车型	公交车	旅游大巴	公务车	出租车	租赁用车	私人用车	环卫车	物流车	邮政车	工程车	载货车	其他	合计
纯电动汽车	1 494	0	4	0	360	958	0	638	0	0	0	64	3 518
插电式混合动力汽车	0	0	0	0	197	593	0	0	0	0	0	0	790
增程式电动汽车	0	0	0	0	0	0	0	0	0	0	0	0	0
燃料电池汽车	119	0	0	0	0	0	0	35	0	0	0	3	157
合计	1613	0	4	0	557	1 551	0	673	0	0	0	67	4 465

成都市

一、2018年节能与新能源汽车产业概况

全市拥有新能源汽车企业49户，其中规上企业13户，整车生产企业10户。2018年，规上企业完成主营业务收入375.7亿元，增长24.1%；实现整车产量1.22万辆，增长48.5%。电动车领域，形成了比较完整的整车制造体系和零部件配套体系，整车产品涵盖轿车、SUV等乘用车和客车、载重货车、物流车、环卫车等商用车；零部件产品涵盖动力电池、驱动电机、电控系统等关键零部件及充电设施、充电控制管理系统等配套设备；氢燃料电池领域，形成了以东方电气为主的、具有自主知识产权的部分技术和产品，包括氢堆、氢燃料电池、储氢瓶、加氢站加注设备。2018，全市首台具有自主知识产权的氢燃料电池客车下线，首座撬装式加氢站建成，并相互协同完成了示范运行。

二、2018年节能与新能源汽车扶持政策与措施

政策名称	文件号	发布单位	发布日期	政策概要
成都市人民政府关于同意《成都市绿色智能汽车产业发展规划（2018—2022）》的批复	成府函〔2018〕122号	成都市人民政府	2018-10-15	对全市绿色智能汽车产业的发展机遇和挑战、发展思路、原则及目标、重点领域、空间布局、重点任务和保障措施进行了规划
成都市电动汽车充电基础设施建设及运行维护技术要求（试行）	成建委〔2018〕674号	成建委、经信委、质监局、安监局、市消防支队	2018-11-21	规范全市充电基础设施建设和运行维护
成都市电动汽车充电设施安全管理工作指南（试行）	—	安监局	2018-8-7	规范全市充电基础设施生产和职业病防治

三、2018年节能与新能源汽车推广应用情况

截至2018年底，成都市累计推广应用新能源汽车超过6.91万辆，其中2018年推广应用2.84万辆，包括公共交通及客运领域1.11万辆、物流配送领域车0.87万辆、党政机关及参公事业单位领域82辆和私人消费领域0.78万辆。建立并上线了成都市新能源汽车及充电设施监测监管平台。

四、2018年节能与新能源汽车主要企业经营情况

整车企业：成都大运汽车集团有限公司产量1 135辆，产值3.1亿元；中嘉汽车制造（成都）有限公司产量4 626辆，产值15亿元；四川野马汽车股份有限公司产量6 661辆，产值8.6亿元；中植一客成都汽车有限公司产量620辆，产值4.5亿元；成都雅骏汽车制造有限公司产量713辆，产值1.9亿元；成都客车股份有限公司是一家有着66年历史的专业客车制造企业，是四川省、成都市重点支持的节能与新能源客车研发制造及产业化骨干企业。公司研发生产的“蜀都牌”4～18 m全系列产品覆盖天然气（CNG/LNG）、插电式混合动力、纯电动、氢燃料电池等多种能源形式，适用于公交、旅游、客运、校车、物流等不同场景。受非市场因素影响，近年来我公司经营业绩有所下滑。2018年生产客车501辆，较2017年减少57%；销售客车508辆，较2017年减少53%。2018年主营业务收入15 446.8万元，较2017年减少49%；中国重汽集团成都王牌主要产品有CDW5020XXYNEV纯电动厢式运输车、CDW5020ZZZNEV纯电动自装卸式垃圾车、CDW5031XGCEV纯电动工程车、纯电动微卡厢式车、纯电动轻卡厢式车、增程式洒水车等，销售整车50台；成都广通汽车有限公司是珠海广通汽车有限公司全资子公司，属于汽车制造业，建制件生产线、焊接生产线、涂装生产线、总装生产线、整车调整车间、检测车间、淋雨实验室、试车跑道、产品车停车场、充电站、固废站、油化库、变电站等生产设施，具备大中型客车年产5 000台生产能力，实现主要产品产量2 445台，较2017年主要产品产量增加1 946台，主营收入227 234.75万元，同比增加263%。跑诗达新能源汽车有限公司，第一款产品为“极星”混动轿跑车PS1，项目主体厂房已封顶，样车已下线并开始测试，预计2019年实现产品批量生产和上市销售。企业性质为民营有限责任公司，2018年3月由浙江豪情汽车制造有限公司、成都兆圆新能源汽车投资有限公司、北辰汽车（上海）有限公司3家公司联合控股变更为北辰汽车（上海）有限公司100%全资控股。

成都雅骏新能源汽车科技股份有限公司，作为最早涉足新能源物流车领域的企业，主营新能源汽车三电系统（电池、电机、电控）及电池储能产品的研发、生产、销售等。已完成年产5 000套新能源汽车电控集成系统生产线的建设及使用。2018年受行业政策及市场影响，产销量较17年下降。企业性质为民营股份有限公司，由黄卫东、成都帝景企业发展有限公司、西藏德商投资有限公司、成都同创共景企业管理合伙企业、成都德商奇点汇智股权投资基金中心等联合控股。

零部件企业：四川思博瀚宇新材料有限公司生产高性能锂电池隔膜；主要产品产能：4 000万 m^2/年；产量2 616万 m^2、销售1 644万 m^2；主营业务收入及同比：3 274.7万元、同比1.63%；由威海星宜新材料科技有限公司持股100%。四川科能锂电有限公司主要从事于磷酸铁锂正极材料、磷酸铁锂电池、锂离子动力电池及储能电源系统的研发、生产，产值2 300万元。肯保捷股份有限公司主要从事于汽车传感器、车窗防夹系统、继电器的研发、生产，主营业务收入1 600万元。四川南都国舰新能源股份有限公司主要从事于蓄电池、动力电池、成套储能电站的研发和生产，产值53 000万元。四川大能科技有限公司主要从事于电机控制系统研发、生产，主营业务收入186.5万元。东方电气（成都）氢燃料电池科技有限公司为东方电气股份有限公司100%控股，国有独资企业，主要产品膜电极、电堆、燃料电池发动机、燃料电池车辆

动力总成解决方案、燃料电池测试平台，并提供相关技术开发、技术咨询等服务，产品产销量：发动机产量43台，销量10台，主营收入：1 067.71万元，同比增长2 412%。四川中力汇通新能源汽车有限公司为有限责任公司（民营），由刘蜀伟持股81%，彭梓耕持股9.5%，张园尚持股9.5%，主要生产电动汽车三电（电池、电机、电控）系统，电动汽车整车集成方案设计及整车销售，整车销售量32台，同比下降47.5%，主营业务收入1 177万元，同比下降32.3%。

五、2018年节能与新能源汽车项目及园区建设情况

成都经开区：经开区新能源汽车整车产量1.37万辆，（占成都市新能源汽车整车产量的86%），占成都开经区汽车总产量的1.1%，实现产值33.1亿元（2017年1.5万辆，产值50.1亿元），占我区整车总产值的1.9%。新能源汽车零部件实现产值10.1亿元，占我区汽车零部件总产值的3.1%。新能源汽车产业总产值43.2亿元，占我区汽车产业产值的2.1%。成都经开区集聚了新能源整车生产企业6家（成都市为10家），分别是四川野马（纯电动SUV）、一汽专汽（专用车）、成都大运（纯电动货车）、中植一客（纯电动客车）、成都雅骏（纯电动物流车）、航天万欣（纯电动货车，技改中未投产），其中4家企业建立了省级企业技术中心，1家建立了市级企业技术中心，4家被认定为国家级高新技术企业。新能源汽车总产能约4.3万辆（野马3万辆、中植一客0.5万辆、大运0.5万辆、雅骏0.2万辆、专汽0.1万辆），占成都经开区汽车总产能的2.9%，占成都市新能源汽车总产能的64%。成都经开区已拥有新能源汽车关键零部件配套企业16家。电机方面有华川电装、富临精工等企业；电控方面有联腾动力、中能绿驰、云科新能源等企业；电池方面有晶元新材料、广东亿纬理能等企业，基本涵盖了“三电”系统。其中6家企业被认定为高新技术企业，3家建立了省级以上企业技术中心，特别是华川电装、航天世源电机产品已处于国内行业领先地位。成都经开区有一汽-大众成都分公司正在进行可以实现新能源汽车和燃油车共线生产的技改项目；吉利集团30万产能的BMA项目（共线生产）；中植一客2.5万辆的扩能项目；成都大运产能6万辆的二期技改项目（共线生产）；航天万欣0.2万辆的扩能项目。

成都高新区：成都高新区集聚了新能源汽车产业相关企业近40家，其中，新能源汽车及“三电”（电机、电池、电控）产品研发生产企业7户，新能源汽车销售企业20余户，新能源汽车使用环节（充电桩/充电站建设、运营，新能源汽车租赁等）相关企业10户。

郫都区：郫都区作为四川省氢能运用示范区之一（另一地点为凉山州），形成了以东方电气、成都客车组装生产氢燃料电池城市客车、四川金星清洁能源装备股份有限公司建设临时加氢站并运营、郫都巴士公交负责氢能客车公交运营的产业生态。在加氢站建设方面，已建成全省第一座具备完整的氢气卸气、增压、加注、计量能力的撬装式加氢站并投入试运行，能满足10辆氢燃料汽车加注要求。示范运行方面，10辆氢燃料客车投入到P09公交线运行示范，该线路为往返于郫都区客运中心至唐昌公交站之间，约22 km。从2018年4月以来，氢燃料电池客车示范运营良好，累计里程30万km以上，氢耗水平达到国内领先水平，取得了良好的示范运行效果。

新津县：主要依托银隆新能源成都产业园项目布局新能源汽车产业，项目一期占地规划约2 000亩，二期占地约2 200亩，总投资约150亿元。一期投产后，具备新能源电池10亿Ah/年、新能源客车1万辆/年、各类专用车5 000辆/年，以及充电储能装备、智能装备、精密模具的生产能力，规划二期投产后将实现年产20万辆新能源乘用车的生产能力。

天府新区：天府新区新兴产业园节能及新能源汽车项目，2018年仅2家企业，分别为跑诗达新能源汽车有限公司及成都雅骏新能源汽车科技股份有限公司。跑诗达新能源汽车有限公司品牌Polestar-指引之星，是吉利打造的豪华电动高性能汽车品牌，样车已开始测试，暂未实现批量生产和销售。成都雅骏新能源汽车科技股份有限公司，作为全国最早涉足新能源物流车行业的企业，已完成新能源汽车整车及零部件实验中心的搭建，产品技术居全国领先水平，产品已应用于新能源物流车、环卫车、牵引车、叉车等领域；但2018年受行业政策及市场影响，产销量断崖式下降。

六、2018年基础设施建设及运行情况

累计建成各类充（换）电站418座，包括55座公交充电站，充电桩1.4万个，包括382个公交充电桩。其中，2018年新建充电站112座，充电桩4 025个。同时，规划了4座综合充电枢纽站、240宗公交场站用地。

七、发展规划

到2022年，力争新能源整车产能达到100万辆、年产量达到50万辆，新能源汽车产业主营业务收入突破1 000亿元，把成都市建设成为国家西部重要的新能源汽车生产基地。

八、2018年新能源汽车推广应用数量

单位：辆

车型 / 燃料	公交车	旅游大巴	公务车	出租车	租赁用车	私人用车	环卫车	物流车	邮政车	工程车	载货车	其他	合计
纯电动汽车	1 949	18	87	1 930	7 203	7 815	0	8 706	0	0	0	780（企业通勤）	28 488
燃料电池汽车	10	0	0	0	0	0	0	0	0	0	0	0	10
合计	1 959	18	87	1 930	7 203	7 815	0	8 706	0	0	0	780	28 498

九、2018 年本地区重点新能源汽车企业产销量统计表

生产企业名称	产品商标	车辆类型	通用名称	产量统计(辆)	销量统计(辆)
成都大运汽车集团有限公司	大运	纯电动汽车	—	1 058	1 060
	大运	纯电动客车	—	77	78
成都广通汽车有限公司	广通牌	纯电动客车	纯电动客车	2 445	2 445
成都客车股份有限公司	蜀都客车	纯电动客车	CDK610	28	28
	蜀都客车	纯电动客车	CDK611	62	62
	蜀都客车	燃料电池客车	CDK690	10	10
	蜀都客车	插电式混合动力汽车	CDK685	41	41
	蜀都客车	纯电动客车	CDK685	86	86
	蜀都客车	纯电动客车	CDK663	2	2
成都雅骏汽车制造有限公司	通途	纯电动物流车	物流运输车	30	30
	通途	纯电动环卫车	环卫转运车	12	12
跑诗达新能源汽车有限公司	极星	混动轿跑车	PS1	0	0
四川野马汽车股份有限公司	野马	纯电动 MPV	EC30	1 924	1 831
	野马	纯电动 SUV	EC70	2 878	3 049
	野马	纯电动轻型客车	EC32	274	264
	野马	纯电动大型客车	10 m 公交	28	22
	野马	纯电动箱式物流车	EC31	239	234
中国重汽集团成都王牌商用车有限公司	王牌牌	纯电动厢式运输车	纯电动微卡物流车	50	50
中嘉汽车制造(成都)有限公司	沃尔沃	插电式混合动力汽车	沃尔沃 S60	104	0
	沃尔沃	插电式混合动力 SUV	沃尔沃 XC60	4 522	0
中植一客成都汽车有限公司	中植汽车牌	纯电动物流车	CDL5020XXYBEV2	3	3
	中植汽车牌	纯电动物流车	CDL5030XXYBEV	3	3
	中植汽车牌	纯电动物流车	CDL5030XXYBEV2	1	1
	中植汽车牌	纯电动物流车	CDL5040XDWBEV	1	1
	中植汽车牌	纯电动城市客车	CDL6660URBEV	20	20
	中植汽车牌	纯电动城市客车	CDL6850URBEV	20	20
	中植汽车牌	纯电动城市客车	CDL6810URBEV	2	2
	中植汽车牌	纯电动城市客车	CDL6100URBEV6	1	1
	中植汽车牌	纯电动城市客车	CDL6100URBEV9	1	1
	中植汽车牌	纯电动城市客车	CDL6101URBEV	10	10
	中植汽车牌	纯电动城市客车	CDL6850URBEV1	1	1
	中植汽车牌	纯电动客车	CDL6800LRBEV2	3	3
	中植汽车牌	纯电动客车	CDL6810LRBEV2	9	9
	中植汽车牌	纯电动客车	CDL6810LRBEV3	36	36
	中植汽车牌	纯电动客车	CDL6110LRBEV1	100	100
	中植汽车牌	纯电动客车	CDL6110LRBEV2	55	55
	中植汽车牌	纯电动客车	CDL6110LRBEV4	10	10
	中植汽车牌	纯电动客车	CDL6110LRBEV5	1	1

十、2018 年 12 月底本地区电动汽车充(换)电站(桩)保有量统计表

充 电 站		充 电 桩(个)		换 电 站
城市名称	数量(座)	慢　充	快　充	数量(座)
成都市	413	4 025		5

自贡市

2018年节能与新能源汽车产业概况

自贡市新能源汽车产业以明君汽车有限公司以及四川新国荣能源材料有限公司、自贡朗星达科技有限公司、自贡市江阳磁材有限公司等新能源汽车电池及电池关键零部件、电机零配件生产企业构成。

明君汽车有限公司已掌握新能源汽车整车控制系统的核心技术；包含系统的原理、结构、功能和性能要求、控制方法、通信和数据交换等，专门设立了新能源研究组，统一负责产品设计和制造过程的开发工作；其研发设计能力符合已获得生产许可车辆类别的新能源汽车研发设计要求。获得MJC5060XXYEBLBP2-BEV、MJC5020XXYN2L6BEV、MJC6443N2L6BEV三个生产许可的产品品牌及型号，涵盖纯电动厢式运输车、纯电动乘用车两个车型。明君汽车有限公司正在积极寻找有雄厚资金实力，拥有汽车市场推广经验的集团、企业合作共同开拓新能源汽车市场。

新能源汽车零部件生产企业3家，涉及新能源汽车的关键零部件中锂离子电池和电机两个方面。

四川新国荣能源材料有限公司，产品为新能源汽车动力电池的关键零部件——锂电池正极材料，目前已为多家国内电池企业企业供货。2018年主营业务收入约3 000万元。

自贡市江阳磁材有限责任公司，产品为永磁铁氧体元器件，是新能源汽车关键零部件——电机的关键零部件。2018年主营业务收入约1.2亿元。

自贡朗星达科技有限公司，产品为低速电动车配套的锂离子电池。2018年主营业务收入约4 000万元。

攀枝花市

一、2018年节能与新能源汽车推广应用情况

攀枝花公交公司逐步推广使用了新能源公交车。累计投入资金8 054万元购置新能源公交车辆125台（其中纯电动车辆80台、LNG气电混合动力车辆45台），占运营车辆总数18%；截至目前我市市民购买新能源小型轿车140余辆。

二、2018年基础设施建设及运行情况

市公交公司投入资金1 600余万元分别在炳三区、中冶金沙、河门口、湖滨路等公交首末场站建设充电桩44套。

三、发展规划

正在制定《攀枝花市新能源与智能汽车产业培育方案》。

四、2018年新能源汽车推广应用数量

单位：辆

燃料 \ 车型	公交车	旅游大巴	公务车	出租车	租赁用车	私人车	环卫车	物流车	邮政车	电力工程车	载货车	其他	合计
纯电动汽车	60	0	0	0	0	140	0	0	0	0	0	0	200
插电式混合动力汽车	0	0	0	0	0	0	0	0	0	0	0	0	0
增程式电动汽车	0	0	0	0	0	0	0	0	0	0	0	0	0
燃料电池汽车	0	0	0	0	0	0	0	0	0	0	0	0	0
合计	60	0	0	0	0	140	0	0	0	0	0	0	200

五、2018年12月底本地区电动汽车充（换）电站（桩）保有量统计表

充电站		充电桩(个)		换电站
城市名称	数量(座)	慢充	快充	数量(座)
攀枝花市	3	6	44	0

德阳市

一、2018年节能与新能源汽车产业概况

2018年，德阳市积极贯彻落实《国务院关于印发节能与新能源汽车产业发展规划（2012—2020年）的通知》《国务院办公厅关于加快新能源汽车推广应用的指导意见》《四川省新能源汽车产业发展规划2015—2020》《四川省"十三五"

汽车产业发展指导意见》等文件精神，大力推进新能源汽车产业发展及推广应用工作，取得了一些成绩，形成了较为完整的新能源电动汽车动力电池产业链，具备较强的新能源汽车零部件加工制造能力，但受制于技术、成本、市场、政策等多方面原因，我市新能源汽车产业发展仍处于起步阶段。2018年，德阳拥有威旭锂电、德源电气、华兴宇、同华科技、蔚宇科技等一批优质企业，产品涉及新能源汽车电池材料、动力电池、电控系统、电池管理系统、交直流充电桩等多个领域，实现产值3.8亿元，同比增长8.5%，产业规模较小，还需进一步发展壮大。

二、2018年节能与新能源汽车推广应用情况

2018年，全市共推广应用新能源汽车346辆，其中123辆纯电动客车，应用于城市公共交通和城乡客运交通等领域；2辆纯电动汽车应用于出租领域；110辆纯电动汽车和66辆插电式混合动力汽车，应用于私人领域；45辆纯电动汽车，应用于物流、邮政、载货等领域，较好地完成了新能源汽车推广应用工作。

三、2018年节能与新能源汽车主要企业经营情况

四川德源电气有限公司是专业从事新能源相关产品研发、制造与销售的独立法人的单位，拥有多项发明专利和实用新型专利。特别是近年在新能源智能核心技术上，智能铁塔的重大突破。产品涵盖UPS蓄电池及锂电UPS智能管理系统，蓄电池预防、诊断、处置建议一体化解决方案；风力发电机变桨系统蓄电池在线监测智能化系统；伴生气储能能源；新能源汽车储能式充电桩设备及"车桩合一"云平台管理系统；智能立体停车库设备；智能铁塔监控及管理系统。2018年，德源电气完成工业总产值3 825万元，实现主营业务收入3 606万元，实现利润101万元，利税67万元。

四川省同华科技有限公司成立于2013年6月，主营业务为电池组、电源管理系统、新能源汽车的电气控制系统软件及硬件的研发、生产和销售。该公司以新能源汽车动力系统为基础，以系统内的电池包、BMS(电源管理系统)、主动均衡系统、热管理系统为核心，打造适合大巴、中巴、乘用车(小车、SUV)、物流车、专用车等不同车型的动力系统。2018年同华科技完成工业总产值2 648万元，实现主营业务收入2 566万元，由于国家对动力电池系统技术要求不断调整及变化，企业实现利润-386万元。

德阳威旭锂电科技有限责任公司为民营企业，于2012年9月3日在德阳市旌阳区注册成立，公司注册资本金为2000万元。威旭锂电主营业务为电池、电池材料的研究及销售及上述产品的进出口业务。威旭锂电公司为一家专门从事锂电池正极材料研发、生产和销售的高技术企业，与四川大学签订长期产学研合作协议，研发水平达到国内领先水平，同时，公司主要产品磷酸铁锂正极材料性能稳定，质量较高。在锂电池正极材料行业中属于行业领先的佼佼者，项目产品的技术水平达到国内领先水平。2018年，威旭锂电完成工业总产值3 000万元，实现主营业务收入2 400万元，实现利润120万元，利税68万元。

四、2018年节能与新能源汽车项目及园区建设情况

四川省同华科技有限公司新能源汽车电池包产业化建设项目，投资7 000万元，致力于自主研发的新能源汽车电池包防刺技术、温度一致性技术SOC精确控制技术及电池模组散热技术。项目预期年产2 000组新能源汽车动力电池包项目建成后，年均销售收入可达20 000万元，年均利税总额200余万元，带动地方就业约40人。完成3 000 m^2厂房建设，完成100余台/套设备投入。

四川思特瑞锂业有限公司的单线年产1万t电池级氢氧化锂及单线年产8 000 t微粉碳酸锂生产项目，计划总投资12 000万元，建设生产厂区，氢氧化锂生产线一条，微粉碳酸锂生产线一条，原料及产品库房，实现产能电池级氢氧化锂100 00 t/年，微粉碳酸锂8 000 t/年，预计建成将实现销售收入18 000万元。已投资完成10 000万元，氢氧化锂生产线已建成，正在建设碳酸锂项目。

四川优源新能源公司的10 000 t锂电正极材料生产项目，计划总投资25 000万元，建设年产10 000 t锂离子电池正极材料磷酸铁锂和三元材料及其前驱体项目。一期投资5 000万元建设2 000 t锂离子电池正极材料，二期投资20 000万元建设8 000 t锂离子电池正极材料。预计建成后将实现销售收入50 000亿元。已完成投资2 360万元，一号厂房及化验室修建完毕，一号车间一条线设备安装调试完成，试制样品在两个客户处通过认证，并形成小批量供货，另外两家客户正在认证中。一条生产线进行半成品调试。

五、2018年基础设施建设及运行情况

德阳市结合本地实际，坚持结合全市范围内已(在)建停车场等公共服务设施，形成以合建、配建为主，独立占地建站为补充的建设思路，充分利用已有条件，集约高效利用土地资源，分区域、分步骤规划推进充电设施建设。截至2018年12月31日，全市已建设电动汽车充电站9座，各类充电桩703个(其中慢充191个、快充512个)。

六、发展规划

(一)制定促进新能源汽车产业发展措施。德阳认真贯彻和执行国务院、四川省有关部门发布的关于加快新能源汽车产业发展等相关文件要求，结合我市实际，编制新能源汽车产业发展规划和地方鼓励政策等。

(二)加大对新能源汽车产业的支持和引导。以国家大力推广应用新能源汽车的契机，加快本地新能源汽车产业发展，通过地方产业的发展进一步推进推新能源汽车广应用工作。一是要制定产业扶持政策支持，落实各项财税优惠政策。二是积极引进大型新能源汽车整车制造企业和零部件生产企业落户德阳，形成涵盖新能源汽车整车及零部件的开发、生产、销售、检测、服务等的新能源汽车产业发展体系，完善整个产业链。三是加大对相关企业科技研发的支持力度，鼓励和支持骨干企业积极与省内外高校、科研机构建立紧密合作关系，围绕动力电池、驱动电机、电控系统等方面进行技术攻关和新产品开发。

（三）加快基础设施建设。充分利用城市综合体配套设施，按照统筹兼顾、综合布局原则，将构建汽车充电服务网络纳入城市总体建设规划，在电价、土地等方面出台扶持政策，适度超前开展建设与之配套的网络化、标准化、现代化和规模化的能量供应保障系统。从城市基础交通建设投入方面向新能源汽车倾斜，给予新能源汽车发展创造良好的外部环境，确保充电设施建设与新能源汽车推广应用同步运行。

（四）加大技术人才培养和引进。实施人才引进计划，加大人才培养引进的投入，重点培养和引进新能源汽车产业发展急需的创新型研发设计人才、开拓型经营管理人才、高级技能人才等专业人才。建立多层次的人才培养体系，鼓励高校与企业联合，面向新能源汽车产业建立专业技术人才培养机构；鼓励本市职业技术学院试行设立相关学科和专业，培养新能源汽车产业的专业技术人才。

（五）加大新能源汽车推广宣传力度。充分发挥电视、广播、报刊等传统媒体和互联网、微博、微信等新媒体的舆论宣传引导作用，通过多种形式大力宣传新能源汽车对降低能源消耗、减少污染物排放的重大作用。通过媒体宣传，提高全社会对新能源汽车的认知度和接受度，形成有利于新能源汽车消费的氛围，培育有利于新能源汽车大规模推广应用的市场环境。

七、2018 年节能与新能源汽车推广应用统计表

单位：辆

车型 燃料	公交车	旅游大巴	公务车	出租车	租赁用车	私人车	环卫车	物流车	邮政车	电力工程车	载货车	其他	合计
纯电动汽车	123	0	0	2	0	110	0	16	4	0	13	12	280
插电式混合动力汽车	0	0	0	0	0	66	0	0	0	0	0	0	66
增程式电动汽车	0	0	0	0	0	0	0	0	0	0	0	0	0
燃料电池汽车	0	0	0	0	0	0	0	0	0	0	0	0	0
合计	123	0	0	2	0	176	0	16	4	0	13	12	346

八、2018 年 12 月底本地区电动汽车充（换）电站（桩）保有量统计表

充电站		充电桩（个）		换电站
城市名称	数量（座）	慢充	快充	数量（座）
德阳市	9	191	512	0

绵阳市

一、2018 年节能与新能源汽车产业概况

现有川汽野马、天津力神、泰坦豪特等新能源汽车企业 11 余家，产品涵盖新能源汽车整车、动力电池、充电桩等多个品类。2018 年，生产新能源汽车整车 1 168 辆，产值 1 亿元，同比下降 63.6%。

二、2018 年节能与新能源汽车推广应用情况

2018 年推广运用新能源汽车 1 158 辆，其中小型新能源汽车 1 069 辆，新能源公交车 89 辆。

三、2018 年节能与新能源汽车主要企业经营情况

野马汽车绵阳公司产值 9.77 亿元，同比下降 2%。生产新能源汽车 1 168 辆，产值 1 亿元，同比下降 63.6%。

四、2018 年节能与新能源汽车项目及园区建设情况

新签约总投资 202 亿元的威马汽车项目，落户安州区，建成后达到年产 30 万辆新能源汽车产能。

五、2018 年基础设施建设及运行情况

截至 2018 年 12 月底，建成充电站 2 671 座，充电桩（慢充）869 个，充电桩（快充）2 789 个，换电站 3 座，已全部投入运行。

六、2018 年新能源汽车推广应用数量

单位：辆

车型 燃料	公交车	旅游大巴	公务车	出租车	租赁用车	私人车	环卫车	物流车	邮政车	电力工程车	载货车	其他	合计
纯电动汽车	27	0	0	9	299	0	0	0	0	0	6	566	907
插电式混合动力汽车	64	0	0	0	0	0	0	0	0	0	0	243	307

续上表

车型 燃料	公交车	旅游大巴	公务车	出租车	租赁用车	私人车	环卫车	物流车	邮政车	电力工程车	载货车	其他	合计
增程式电动汽车	0	0	0	0	0	0	0	0	0	0	0	0	0
燃料电池汽车	0	0	0	0	0	0	0	0	0	0	0	0	0
合计	91	0	0	9	299	0	0	0	0	0	6	809	1 214

七、2018 年本地区重点新能源汽车企业产销量统计表

生产企业名称	产品商标	车辆类型	通用名称	产量统计(辆)	销量统计(辆)
四川野马汽车绵阳制造有限公司	野马	纯电动 SUV	T70	1168	1148

八、2018 年 12 月底本地区电动汽车充(换)电站(桩)保有量统计表

充电站		充电桩(个)		换电站
城市名称	数量(座)	慢充	快充	数量(座)
绵阳市	2 671	869	2 789	3

南充市

一、2018 年节能与新能源汽车产业概况

2018 年 1—12 月,全市汽车汽配产业共有企业 43 户,实现产值 285.080 7 亿元,同比增长 14.7%。

二、2018 年节能与新能源汽车推广应用情况

2018 年,全市推广应用新能源汽车 773 辆。其中:纯电动汽车 571 辆(含纯电动城市客车 159 辆),插电式混合动力汽车公交车 202 辆。

三、2018 年节能与新能源汽车主要企业经营情况

吉利四川商用车公司实现工业总产值 101 亿元、主营业务收入 12.942 8 亿元,实现利润 1.594 5 亿元。企业生产整车 4 818 辆、销售整车 5 027 辆。已申请国际专利 1 项、发明专利 5 项、新型实用专利 6 项,外观专利 8 项,主持起草 2 项国家甲醇汽车及发动机技术条件行业标准,参与制订电动汽车用增程器技术条件行业标准。2018 年 11 月在广州车展上发布了首款增程式物流轻卡。

四、2018 年节能与新能源汽车项目及园区建设情况

2018 年,全市汽车汽配产业新签约项目 18 个、新开工项目 14 个、新投产(含租赁厂房边建设边生产、试生产等情况)项目 10 个。5 月,吉利年产 5 万台动力总成和 5 000 台新能源客车项目开工建设,截至 2018 年 12 月底,项目四大车间(总装车间、焊装车间、涂装车间、检测调整车间)厂房基础完成 50%,钢柱安装完成 10%,发动机联合厂房完成桩基施工,动力总成项目实验室进入内部装修阶段。

五、2018 年基础设施建设及运行情况

2018 年南充市新建充电站 10 个,共新建充电桩 170 个(慢充 20 个,快充 150 个),主要用于公交车使用。

六、发展规划

南充市计划围绕吉利商用车公司打造新能源汽车产业集群,大力推进错位发展、项目推动、招商引资、龙头带动、推广应用、创新驱动、人才支撑等重点工作,逐步完善集新能源汽车设计、研发、制造、贸易、物流等为一体的汽车产业链,2019 年计划生产新能源汽车 1 万辆以上。

七、2018 年节能与新能源汽车推广应用统计表

单位:辆

车型 燃料	公交车	旅游大巴	公务车	出租车	租赁用车	私人车	环卫车	物流车	邮政车	电力工程车	载货车	其他	合计
纯电动汽车	159	0	0	9	1	397	0	0	0	0	5	0	571
插电式混合动力汽车	0	0	0	1	0	200	0	0	0	0	1	0	202
增程式电动汽车	0	0	0	0	0	0	0	0	0	0	0	0	0

续上表

车型 / 燃料	公交车	旅游大巴	公务车	出租车	租赁用车	私人车	环卫车	物流车	邮政车	电力工程车	载货车	其他	合计
燃料电池汽车	0	0	0	0	0	0	0	0	0	0	0	0	0
合计	159	0	0	10	1	597	0	0	0	0	6	0	773

八、2018 年本地区重点新能源汽车企业产销量统计表

生产企业名称	产品商标	车辆类型	通用名称	产量统计(辆)	销量统计(辆)
吉利四川商用车有限公司	远程牌	纯电动轻卡	—	4 430	4 404
	远程牌	纯电动客车	—	97	112
	嘉龙牌	传统能源货车	—	291	508

九、2018 年 12 月底本地区电动汽车充(换)电站(桩)保有量统计表

充电站		充电桩(个)		换电站
城市名称	数量(座)	慢充	快充	数量(座)
南充市	10	20	150	0

雅安市

一、2018 年节能与新能源汽车产业概况

雅安市拥有新能源汽车整车生产企业 1 户,为四川新筑通工汽车有限公司,2018 年企业实现产销新能源汽车 400 余辆,实现工业总产值约 3.9 亿元。

二、2018 年节能与新能源汽车推广应用情况

截至 2018 年底,我市登记注册新能源汽车共计 293 辆,其中 2018 年新增登记 126 辆。

三、2018 年节能与新能源汽车主要企业经营情况

雅安市拥有新能源汽车整车生产企业 1 户,为四川新筑通工汽车有限公司,2018 年企业实现产销新能源汽车 400 余辆,实现工业总产值约 3.9 亿元。

四、2018 年基础设施建设及运行情况

截至 2018 年底,我市拥有新能源汽车充电站 9 座,充电桩 35 个,其中慢充 10 个、快充 25 个。

五、2018 年新能源汽车推广应用数量

单位:辆

车型 / 燃料	公交车	旅游大巴	公务车	出租车	租赁用车	私人车	环卫车	物流车	邮政车	电力工程车	载货车	其他	合计
纯电动汽车	0	0	0	2	0	88	0	5	0	0	0	0	95
插电式混合动力汽车	0	0	0	0	0	31	0	0	0	0	0	0	31
增程式电动汽车	0	0	0	0	0	0	0	0	0	0	0	0	0
燃料电池汽车	0	0	0	0	0	0	0	0	0	0	0	0	0
合计	0	0	0	2	0	119	0	5	0	0	0	0	126

六、2018 年本地区重点新能源汽车企业产销量统计表

生产企业名称	产品商标	车辆类型	通用名称	产量统计(辆)	销量统计(辆)
四川新筑通工汽车有限公司	通工	纯电动汽车	—	405	405

七、2018 年 12 月底本地区电动汽车充(换)电站(桩)保有量统计表

充电站		充电桩(个)		换电站
城市名称	数量(座)	慢充	快充	数量(座)
雅安市	9	10	25	—

宜宾市

一、2018 年节能与新能源汽车产业概况

宜宾市汽车产业由汽车整车及零部件制造业相关产业构成。据统计调查，至 2018 年底，宜宾市汽车产业相关企业共有 25 家（含规上企业 10 家），其中汽车整车生产企业 2 家（凯翼汽车公司、奇瑞新能源宜宾分公司）。整车企业工业总产值 7.9 亿元，营业收入 7.7 亿元（来源于统计数据，奇瑞新能源宜宾分公司尚未投产），利润 180 万元；有统计数据的零部件生产企业 12 家，2018 年累计实现工业总产值 14.9 亿元，同比增长 14.87%；营业收入 14.6 亿元，同比增长 10.4%；利润总额 2 亿元，同比增长 50%。

二、2018 年节能与新能源汽车扶持政策与措施

政策名称	文件号	发布单位	发布日期	政策概要
关于宜宾市支持汽车产业发展壮大的若干政策（试行）	宜府办函〔2018〕129 号	宜宾市人民政府办公室	2018-10-15	对在本地投资建设的整车企业、汽车零部件配套企业和购买本地产汽车的单位和个人在产业基地支持、技术研发与产业化支持以及应用推广等方面的支持
关于加快推进宜宾市电动汽车充电基础设施建设的实施意见	宜府办函〔2018〕111 号	宜宾市人民政府办公室	2018-08-16	在规划引领、配建要求、推进设施建设、支持保障措施、组织保障措施等方面出台指导实施意见，支持和鼓励宜宾市各单位、企业和个人建设充电基础设施建设

三、2018 年节能与新能源汽车推广应用情况

2018 年宜宾市新增新能源汽车 748 辆。

四、2018 年节能与新能源汽车主要企业经营情况

1. 宜宾凯翼汽车公司经营情况。宜宾凯翼汽车公司（原芜湖凯翼汽车公司）成立于 2014 年 1 月，注册资本 31.65 亿元，是四川省首家具有轿车、SUV 和 MPV 三大系乘用车生产资质的企业。2018 年在售车型为 E3（轿车）、X3 和 X5（SUV）、V3（MPV），2018 年产销汽车 4.15 万辆，实现销售收入 25 亿元（含奇瑞出口部分等）。

2. 奇瑞新能源宜宾分公司经营情况。奇瑞汽车股份有限公司成立于 1997 年 1 月 8 日，注册资本 39.8 亿元。2017 年 7 月 29 日宜宾市政府同奇瑞汽车签署《投资协议》，约定奇瑞方在宜宾市成立分公司生产新能源汽车，发展汽车相关产业。奇瑞新能源宜宾分公司落户宜宾市临港经开区，是奇瑞集团在西南地区唯一的乘用车生产基地，规划产能 5 万辆，设备总投资 2 亿元，2018 年完成投资 8 000 万元。

五、2018 年节能与新能源汽车项目及园区建设情况

汽车产业园一期建设项目：奇瑞宜宾分公司与宜宾凯翼汽车公司工厂采取一体化同步建设，选址在宜宾市临港经开区汽车产业园，一期占地 973 亩。2018 年初启动建设工作，2019 年 1 月 7 日，总装车间和试车跑道建成，冲、焊、涂等车间建设正在全面推进，将于 2019 年全部建成投产。

配套产业基地一期项目：项目位于临港经开区汽车产业园，概算总投资 15 亿元，占地 441 亩，建设已正式启动，预计 2019 年底完成部分厂房建设，由普什集团、市汽车产业投资有限公司和凯翼汽车共同成立的合资公司负责投建。

六、2018 年基础设施建设及运行情况

2018 年 1 月 31 日，成立全资国有的宜宾宜行汽车科技有限公司，负责统筹推进全市共享汽车和充电基础设施建设。一是加快中心城区充电基础设施建设。以其为主体，2018 年共计完成 697 个充电桩的新建。二是营造新能源汽车使用氛围。2018 年 6 月 15 日，宜行汽车科技有限公司分时租赁业务正式上线运营，已投放 60 台汽车（其中 20 台奇瑞新能源）运营。

七、发展规划

已制定了《宜宾市新能源汽车产业发展专项规划（2018—2021）》和《宜宾汽车产业园区产业发展规划（2018—2028 年）》，规划目标为到 2028 年，实现汽车产业整车产销量 100 万辆，实现工业总产值 1 500 亿元以上，基本形成由 3～4 户整车企业、10 户以上新能源汽车“三电系统”企业、50 户以上汽车核心零部件企业共同构成的汽车全产业链生态体系。同时，在翠屏区、南溪区、叙州区等地依托原有汽车零部件企业，布局汽车零配件、新能源汽车充电设施等配套产业，全力将宜宾发展成为西南地区重要的汽车产业生产基地。

节能与新能源汽车年鉴

YEARBOOK OF ENERGY-SAVING AND NEW ENERGY VEHICLES

第四篇 Section Ⅳ

重点单位发展概况

Development of Key Units

中国第一汽车集团有限公司

一、单位概况

中国第一汽车集团有限公司(以下简称"中国一汽")是国有特大型汽车企业集团。旗下有红旗、解放、奔腾等自主品牌和一汽-大众、一汽-奥迪、一汽-丰田等合资合作品牌。截至2018年末,中国一汽在册职工13万人。

中国一汽坚持国家"绿色发展"的基本国策,把握"新能源汽车是实现汽车制造强国的重要战略"的战略导向,将发展新能源汽车作为企业的重要战略,加快新能源产业化进程。利用混合动力、纯电动自主创新的核心技术,完成多款新能源产品开发;在市场销售方面,立足企业投资地,积极创新商业模式,在新能源汽车市场推广方面取得良好成绩。

二、经营情况

2018年中国一汽新能源汽车生产11 785辆,同比增长384%,销售10 666辆,同比增长325.6%。

三、技术进展及研发能力建设

中国一汽从事新能源汽车产品开发的相关技术人员有1 200余人,制定了新能源汽车整车和关键总成产品开发流程,以及支撑流程运行的设计规范500余项,试验验证标准300余项。作为国际安全法规EVS中国区专家组组长单位,引领国内40多家企业,制定第一个以主要牵头国身份参与完成的全球技术法规EVS-GTR电动车辆安全法规。2018年10月13日,红旗品牌举办燃料电池发动机点火仪式。这是国内首款用于搭载乘用车的50 kW级别燃料电池发动机,是中国乘用车燃料电池领域的最新突破。

建立具有国际先进水平的新能源汽车整车、电机、电池、电控和高压系统的试验和验证基地,拥有动力总成综合试验台架、HCU开发HIL试验台、电机性能试验台、电池单体穿刺试验台、电池单体测试系统、电池模块测试系统、电池总成测试系统、纯电动高压系统试验台、高压配电盒性能试验台等新能源总成和零部件试验设备。体系化解决新能源汽车整车平台开发,以及电机、电池、电控等关键总成开发中所面临的大批技术难题,掌握单电机和双电机深度混合动力构型、高功率密度的机电耦合变速器、高能量密度和安全性的电池组及整车控制器等关键技术、动力总成开发技术和动力系统的集成技术等;成功开发奔腾系列新能源轿车、红旗H7混合动力轿车、红旗纯电动轿车、A0级纯电动轿车等新能源乘用车产品、纯电动城市公交客车、一代和二代混合动力城市公交客车、纯电动城市物流车和环卫车等新能源汽车产品。

四、主要产品

序号	产品型号	产品名称	品牌	通用名称
1	CA7002EV	纯电动汽车	红旗	E-HS3
2	CA7001EVA	纯电动城市乘用车	奔腾	B30EV
3	CA7006BEV	纯电动城市乘用车	奔腾	X40EV
4	CA5040XXYBEV21	纯电动厢式运输车	解放	豪客
5	CA5041XXYBEV22	纯电动厢式运输车	解放	侠客
6	CA5030XXYBEV21	纯电动厢式运输车	解放	捷客
7	CA6100URBEV24	纯电动城市公交客车	解放	—
8	CA68600URBEV22	纯电动城市公交客车	解放	—

五、发展目标与规划

中国一汽将紧跟国内外法规政策趋势,关注市场发展,加快新能源产业化进程。发布红旗R. Flag"阡旗"计划技术品牌,其中红旗e. RFlag"旗羿计划"是红旗在电动化领域的技术品牌。在新能源汽车领域,红旗e. RFlag"旗羿计划"将以全部电动化作为新红旗的驱动动力。2019年,新红旗燃料电池车开始批量实地运行;2020年,新红旗推出续航里程达600 km的系列电动车;到2025年,新红旗将推15款电动车型。打造平台化、模块化的新能源动力总成体系和整车序列;产品方面,投放红旗、奔腾等品牌的多款新能源产品,满足消费者需求;市场销售方面,发挥企业投资地优势,积极开拓全国重点新能源消费市场。

上海汽车集团股份有限公司

一、单位概况

上海汽车集团股份有限公司(简称"上汽集团",股票代码600104)是国内A股市场最大的汽车上市公司,总股本达到116.83亿股。上汽集团努力把握产业发展趋势,加快创新转型,从传统的制造型企业,向为消费者提供移动出行服务与产品的综合供应商发展。上汽集团主要业务包括整车(含乘用车、商用车)的研发、生产和销售,正积极推进新能源汽车、互联网汽车的商业化,并开展智能驾驶等技术研究和产业化探索;零部件(含动力驱动系统、底盘系统、内外饰系统,以及电池、电驱、电力电子等新能源汽车核心零部件和智能产品系统)的研发、生产、销售;物流、汽车电商、出行服务、节能和充电服务等汽车服务贸易业务;汽车相关金融、保险和投资业务;海外经营和国际商贸业务;在产业大数据和人工智能领域积极布局。

二、经营情况

2018 年上汽集团整车销售实现逆势走强，经营业绩继续稳中有进。全年实现整车销售 705.2 万辆，同比增长 1.8%，高出总体市场增速 5.6 个百分点。其中，乘用车销售 616.2 万辆，同比下降 0.4%，商用车销售 88.9 万辆，同比增长 19.8%；国内市场占有率达到 24.1%，同比大幅提升 1 个百分点，进一步扩大了在国内市场的领先优势。2018 年，上汽集团实现营业总收入 9 021.94 亿元，同比增长 3.62%；实现归属于上市公司股东的净利润 360.09 亿元，同比增长 4.65%，主要业绩指标增速高于销量增速，上汽集团继续保持高质量发展，经营业绩再创历史最好水平。

三、技术进展及研发能力建设

上汽集团积极贯彻国家能源战略，瞄准汽车驱动电力化趋势，全面实施“纯电动、插电强混、燃料电池”3 条技术路线。截至 2018 年底，上汽集团新能源汽车累计投资超过 150 亿元，自主品牌技术开发人才队伍近 6 500 人。新能源汽车当年销量为 14.2 万辆，同比增长 120%，连续第五年实现“翻番式”增长。

上汽集团已经自主掌控电池、电驱、电控等核心技术，并在电池电芯、IGBT 模块等关键零部件开展全方位布局，加快形成产业链体系优势。2018 年，电驱变速箱、电轴、逆变器、电池管理系统等“三电”技术第二轮创新，全新电动车 E 架构开发工作持续深入推进，未来发展将加快提升上汽在新能源领域的核心技术优势。

四、主要产品

序号	产品型号	产品名称	品牌	通用名称
1	CSA6461FBEV3	纯电动多用途乘用车	荣威	Marvel X
2	CSA7001UBEV1	纯电动轿车	名爵	EZS
3	SH5020XXYK1BEV	纯电动厢式运输车	大通	EV31
4	SVW7001AEV	纯电动轿车	大众	纯电动
5	SVW6471APV	插电式混合动力多用途乘用车	大众	途观 L
6	SVW7141BPV	插电式混合动力轿车	大众	帕萨特
7	SGM7008LEBEV	纯电动轿车	别克	Velite 6
8	LZW7002EVBEN	纯电动轿车	宝骏	E200

五、合资合作及重大项目建设

2017 年，上汽集团与 CATL 宁德时代在资本和产业两个方面进行战略合作，成立了“时代上汽”和“上汽时代”两家合资企业，成为国内较早在电芯生产领域布局的整车企业。2018 年 3 月，上汽集团还与全球著名的英飞凌开展 IGBT 合资合作，并于下半年实现批产交付，在这个全球技术高度垄断的领域，实现战略卡位，为今后新能源可持续发展提供了战略安全性保证。不仅如此，上汽集团还有华域在新能源产业链上的强大支撑，2018 年 5 月，华域和麦格纳在电驱动领域进行合资合作，打造中国一流的电驱动解决方案；联合电子、纳铁福等企业也在电驱动领域积极布局，面向未来，抢占技术制高点。

六、发展目标与规划

2025 年，上汽集团立志成为全球新能源汽车主流品牌，新能源车型进一步丰富，覆盖主流细分市场，新能源生态圈具备行业领先优势，呈现国际化特征。

至 2020 年，树立上汽新能源汽车国内行业领先地位，在技术上打造全球行业标杆的新能源车型，建立创新的新能源汽车用户综合解决方案。新能源领域专项投资超过 200 亿元，投放 30 款以上全新车型，新能源汽车销量达到 60 万辆。

七、2018 年 1—12 月企业在新能源汽车方面经济指标统计

填报单位名称	指标名称	本期累计（亿元）	同期累计（亿元）	增长率（%）
上海汽车集团股份有限公司	2018 年末资产总计	7 827.70	7 235.33	8.19
	2018 年营业总收入	9 021.94	8 706.39	3.62
	2018 年利润总额	543.44	542.61	0.15

东风汽车集团有限公司

一、单位概况

东风汽车集团有限公司（简称“东风公司”）是中央直管的特大型汽车企业，总资产 3 256 亿元，员工 16 万多名。东风公司主营业务涵盖全系列商用车、乘用车、新能源汽车、军车、关键汽车总成和零部件、汽车装备，以及汽车相关业务。事业分布在武汉、十堰、襄阳、广州等国内 20 多个城市，在瑞典建有海外研发基地，在中东、非洲、东南亚等区域建有海外制造基地，在南美、东欧、西亚等区域建有海外营销平台，拥有法国 PSA 集团 14% 的股份，是 PSA 三大股东之一。2018 年销量 382 万辆，销售收入超过 6 052 亿元，世界 500 强第 65 位、中国企业 500 强第 15 位、中国制造业 500 强第 3 位，中国汽车行业排名第 2 位。

公司建立了较完善的新能源汽车及其核心总成的研发和产业化体系。

二、经营情况

2018 年公司新能源汽车销量全年实现销量 70 396 辆，

同比增长 28.5%，其中乘用车销量 50 520 辆，同比增长 222.7%。

三、产能建设

东风易捷特新能源公司已建成 12 万辆/年新能源乘用车产能，为集团提供共享产能。东风新能源汽车产业园已完成 1 号园区建设，达到了年产 5 万套电池系统、12 万套电驱动总成、20 万套控制系统的能力，为公司全系列乘用车、商用车提供核心动力总成。已启动 2 号园区建设，规划产能为年产 200 万套电驱动系统和 1 万套燃料电池系统。

四、技术进展及研发能力建设

h3 纯电动和 h2 混合动力总成模块技术已实现整车搭载。升级版的东风 E70 纯电动网联版轿车投放，续驶里程达到 401 km。成立了燃料电池汽车专项，承担了国家科技部课题，开发了燃料电池乘用车、物流车、客车等多个车型。已建成电池、电机、电控等系统实验室 28 个，覆盖“三电”关键零部件性能测试能力。

五、主要产品

序号	产品型号	产品名称	品牌	通用名称
1	DFM7000G1ABEV1	纯电动轿车	风神牌	E70
2	DFA7000G1F1BEV	纯电动轿车	俊风牌	E11K
3	DFL7000NAH1BEV	纯电动轿车	东风日产牌	轩逸 EV
4	YQZ7202GPHEV	插电式混合动力轿车	起亚牌	起亚 K5 PHEV
5	DFM6460D5F1CIIEV	插电式混合动力多用途乘用车	风神牌	东风风神 AX7PHEV
6	EQ5045XXYTBEV39	纯电动厢式运输车	东风牌	—
7	DFA5040XXYKBEV2	纯电动厢式运输车	东风牌	—
8	EQ6620CACBEV	纯电动城市客车	东风牌	—

六、发展目标与规划

2018 年发布了新能源汽车发展规划（2019—2023）和新能源汽车核心总成发展规划。规划到 2023 年销量达成 80 万辆，市占率 18%，整车性能水平达国际一流水平，完全自主掌控新能源核心总成。

北京新能源汽车股份有限公司

一、单位概况

北京新能源汽车股份有限公司（以下简称“北汽新能源”）创立于 2009 年，是世界 500 强企业——北京汽车集团有限公司控股子公司，是我国首家独立运营、首个获得新能源汽车生产资质、首家进行混合所有制改革、首批试点国有企业员工持股改革的新能源汽车企业。2018 年，北汽新能源正式登陆 A 股市场。

北汽新能源现拥有北京、山东青岛、江苏常州等多个整车生产基地和美国硅谷、底特律、德国亚琛、西班牙巴塞罗那等数个海外研发中心，业务范围涵盖新能源汽车整车及核心零部件研发、生产、销售和服务等业务板块，以及分时租赁、充换电运营、二手车置换等综合服务板块，同时布局智能制造、能源管理、智慧出行、互联网 + 等多个战略新兴产业，是国内市场规模最大、产业链覆盖最广、产品线最丰富的领军企业，是我国制造业服务化转型的典范。

自 2009 年成立以来，北汽新能源累计销量为 40.66 万辆（截至 2019 年 6 月底），其中 2017 年销量超过特斯拉，成为全球纯电动汽车市场第一名，EC 国民车系列车型摘得全球最畅销纯电动车桂冠；2018 年销售整车 15.8 万辆，已连续 6 年蝉联全国第一。

北汽新能源已拥有 BJEV/ARCFOX 两大产品品牌，EC/EV/EX/EU/ES/EH 六大系列数十款产品，在行业内率先实现了“大、中、小”，“高、中、低”，“3、4、5”（续航里程 300 ~ 500 km）的全面覆盖。2017 年，公司产品获得了莱茵认证和欧盟出口资质认证。2019 年 6 月 26 日，世界品牌实验室（World Brand Lab）发布 2019 年《中国 500 最具价值品牌》排名，北汽新能源以 372.65 亿元的品牌价值名列第 174 位，连续两年成为唯一入榜的新能源汽车品牌。

成立以来，北汽新能源不断加大研发投入，截至 2019 年 6 月底，累计申请专利 4 199 项（人均申请专利 2.55 件）、授权2 334 项，拥有企业标准 1 583 项，主导、参与外部（国家、地方）标准 70 余项。2017 年，北汽新能源提出“开放・共享”战略，以开放式平台重塑产业结构，联合一切可以联合的力量，共同推进新能源汽车产业的可持续发展。2018 年 3 月 1 日，由北汽新能源作为建设主体单位牵头组建的国家新能源汽车技术创新中心正式揭牌，将协同相关新能源企业，为国内新能源汽车创新、前沿技术研发提供支撑和保障。

“十三五”期间，北汽新能源将秉持“开放共享”战略，坚持“一个卫蓝梦、两个世界级”品牌愿景和“新・无止境”品牌主张，以建成“世界级新能源汽车科技创新中心”和“世界级新能源汽车企业”为目标，致力将北汽新能源建设成为国内领先、全球前三的纯电动汽车品牌，成为一家世界级绿色智能科技服务平台，为长期推动我国新能源汽车产业发展、打造新能源汽车国家名片、实现《中国制造 2025》等一系列国家战略贡献力量。

二、经营情况

2018 年，面对行业竞争加剧、新能源补贴退坡、产业链优质核心资源紧缺、中美贸易争端等多重因素叠加影响，北汽新能源紧密围绕“调结构、提质量、增效能、创效益”经营方针，上下同心、攻坚克难，整体经营质量迈上新台阶，全年完成销售 15.8 万辆，同比增长 53%，持续 6 年领跑全国纯电动乘用车市场。

1. 中高端产品销售占比大幅提升，“产品向上、品质向上”战略落地见效

2018 年，北汽新能源调整产品策略，在确保 A00 市场独占鳌头的同时，提升中高端产品销量结构，EU 系列全年销售 3.2 万辆，占比 20.3%，较 2017 年上升 14 个百分点，“产品向上、品质向上”战略成效显著。

2. 瞄准市场，成功打造爆款产品，EX360 年销 2.87 万辆

北汽新能源通过提升续驶里程、降低产品成本、优化车辆内饰、强化营销等方式，打造 EX360 产品，自 2018 年 3 月底正式上市以来，EX360 连续 6 个月保持 A0 级 SUV 市场销量第一，成为继 EC 系列之后的又一爆款车型。

3. 强化商业模式创新，市场影响力稳步提升

北汽新能源聚焦客户消费升级，针对不同场景，相继推出擎天柱二期、租售通、EV 置换、车电分离等销售模式，并通过召开充电伙伴大会、成立卫蓝产业联盟等，借助产业生态建设持续发力，有效提升了品牌影响力和终端销售。

4. 产品质量稳步提升，获 J. D. POWER 高度评价

北汽新能源加快推进客户导向的质量管控体系建设，从产品、零部件、售后、体系、过程等方面全面管控质量，EC 系列车型在 J. D. POWER 组织召开的 2018 年新车质量联合研究 IQS 发布会上，荣获新能源微型轿车车型细分市场第一名，这是全球权威质量机构对北汽新能源产品的高度肯定，也充分说明北汽新能源质量水平再上新台阶。

5. 生态联盟高度协同，助推新能源产业快速发展

北汽新能源吸引戴姆勒入股，双方战略合作进一步深化；与麦格纳合资，致力于打造对外开放共享的高端智能纯电动汽车研发与制造中心；与华为合作推进车辆自动驾驶技术开发；与滴滴成立合资公司推进网约车市场布局；主导成立国家新能源汽车技术创新中心；此外，还与华晨、苏宁等多家企业展开合作，进一步完善了产业生态圈建设。

6. 跻身全球十大创新机构，发布达尔文系统技术品牌

2018 年，北汽新能源积极推进整车技术、三电系统、智能驾驶、智能网联，以及数据安全等多领域研发，承担国家科技部、市科委科技项目 20 余项，参与行业标准起草 20 余项，全年申请专利 1 117 件，获得授权 868 件。

10月 18 日，北汽新能源正式发布“达尔文系统”技术品牌，并展示了全天候电池技术、大功率充电系统、V2X（车用无线通信）技术、智能座舱、自动驾驶等 11 项智能电动“黑科技”。

7. 服务品质持续提升，连续 4 年荣获 CACSI 客户满意度行业第一

北汽新能源以客户数据体系为基础，加快数字化变革转型，建设智慧管家微信公众号等数字化移动客户服务平台，打造伙伴式的客户关系维系。搭建车企充电服务平台，解决用户充电痛点，推进“充电吧”平台建设，覆盖 15 万个公共桩，拥有 20 万注册用户。建设换电站 126 座，运营换电车辆 1 万辆，年换电 118 万次，顺利完成“两会”及“上合-青岛峰会”等重大活动换电服务保障工作。2018 年，北汽新能源连续四年荣获 CACSI 客户满意度行业第一的殊荣，并获得 C-NPS 顾客最推荐品牌奖。

8. 持续推进制度建设，公司治理体系进一步完善

北汽新能源以资产重组形式完成上市，在上市筹备与审核工作推进中，进一步完善了公司三重一大制度建设和公司治理体系，梳理规范了企业信息报告机制和信息披露机制，并于 9 月 27 日在上交所正式敲钟上市，成为国内新能源汽车第一股。上市之后，更加注重合规制度建设，严格规范统计数据审批，确保对外披露的数据规范、合规、准确。

三、产能建设

1. 青岛莱西工厂：是由北汽集团携手青岛莱西市打造的一个新能源汽车产业园区，产能 15 万台，2018 年投产产品主要为 EC、EX 系列车型。

2. 北京高端智能生态工厂：是北汽集团构建“高、新、特”发展格局的战略举措，规划产能 12 万台，一次规划、分期建设，其中一期产能 5 万台，计划 2019 年开工建设。

3. 江苏常州工厂：年产 5 万台新能源汽车，2018 年度主要生产车型为 LITE，以及 EC 系列新能源车型。

4. 河北黄骅工厂：涵盖冲压、焊装、涂装、总装等整车生产四大工艺车间，规划产能 15 万台，生产车型包含电动物流车和 EU 系列车型。

四、技术进展及研发能力建设

1. 新能源汽车关键核心技术研发能力建设

一是锂离子电池材料性能研发与产业化，正极材料方面，加速镍基材料在正极中的占比，由主流的 NMC111 向 NMC622、NMC811 发展，进一步降低电池成本、增加电池能量密度。负极材料方面，提高硅基材料在负极中的占比，形成石墨/硅复合材料结构，提升快速充电性能。电解液方面，重点发展凝胶材料，实现由有机溶剂向聚合物材料的过渡。二是前沿布局新型电池，加快研发具有更高理论能量密度和更低理论成本的锂空气电池、锂硫电池等，提升试验检测能力和验证水平。三是重点突破氢燃料电池汽车核心技术及产业化瓶颈，加快质子交换膜、贵金属催化剂等基础材料研发、提升氢燃料电池的技术指标，以及扩大氢燃料电池专用车和客车在不同应用场景下的示范推广。四是加大电动汽车开发平台的开发力度，推动企业加快转变思路，摆脱传统汽车平台开发的束缚，结合电池电驱一体化控制技术、车身结构轻量化技术、底盘轻量化线控技术、车辆智能化技术、模块化组合和接口技术、自动驾驶技术，以及互联网运营思维，加快开发下一代电动汽车专属平台。

2. 布局全球的国际研发能力建设

北汽新能源布局全球，建设国际研发能力，已拥有中国北京、美国硅谷、德国亚琛、美国底特律、西班牙巴塞罗那 5 家研发中心，涵盖了电驱动总成系统、互联网和智能化、增程式电动汽车动力系统、轻量化多材料整车以及高性能运动车型的设计和研发等，将有效助力北汽新能源成为世界级科技创新中心和世界级新能源汽车企业。

2018 年，北汽新能源大力实施开放共享战略，聚合全球优质资源，与麦格纳合资设立技术公司，致力于打造对外开放共享的高端智能纯电动汽车研发中心；与华为深化战略合作在技术研发、产品创新等方面开展全面合作。着手打造全球首个商业搭载 5G 技术的平台——IMC 智能模块标准架构，并探索基于用户体验的生态营销模式，为品牌向上筑基

蓄力。开放共享战略成效初显，已成功打造了高端新能源汽车品牌ARCFOX，并已面向全球发布。

3. 开放共享，打造试验验证能力

北汽新能源斥资10亿余元，建成了5万m^2的新能源汽车试验中心，全面覆盖电池、电机、电控、智能网联、轻量化、整车应用六大关键核心领域，已成为国内领先、国际一流的新能源汽车试验验证平台，其试验设备先进水平全球领先，试验验证能力全面涵盖整车性能测试、整车环境测试、NVH测试、结构耐久测试、充电性能测试、淋雨密封测试、道路测试，电池系统、驱动系统，以及材料性能、研发试验等，其中三电测试能力及整体测试能力已达到世界先进水平。

试验中心对照未来世界级智能网联电动汽车开发需求，与业内优秀伙伴共建共享。已与戴姆勒·奔驰等合作伙伴深度合作建设试验室，并制定了全球顶级的测试规范，致力于打造开放共享的世界级新能源汽车试验验证平台。

试验中心已通过中国合格评定国家认可委员会（CNAS）评审组评定，并获得相关证书。承担了北京市电动汽车产业核心关键技术试验研究课题，被授予"北京市工程实验室和重点实验室""北京市新能源乘用车节能与安全重点实验室""纯电动乘用车开发技术北京市工程实验室"等称号。

五、主要产品

序号	产品型号	产品名称	品牌	通用名称
1	BJ7001BPHA-BEV	纯电动轿车	北汽新能源	EC220
2	BJ7001BPH6-BEV	纯电动轿车	北汽新能源	EC3
3	BJ7001BPHD-BEV	纯电动轿车	北汽新能源	EC3
4	BJ7000KPC4C-BEV	纯电动轿车	北汽新能源	LITE
5	BJ7000USD-BEV	纯电动轿车	北汽新能源	EX3
6	BJ7000C5D3-BEV	纯电动轿车	北汽新能源	EU5
7	BJ7000C5D2-BEV	纯电动轿车	北汽新能源	EU5
8	BJ7000C5E10-BEV	纯电动轿车	北汽新能源	EU300
9	BJ7000C5EA-BEV	纯电动轿车	北汽新能源	EU300
10	BJ7001U5E2-BEV	纯电动轿车	北汽新能源	EX5

六、合资合作及重大项目建设

加强新能源公司生态链建设。紧随共享化潮流，与滴滴公司旗下小桔车服共同出资成立了京桔新能源汽车科技有限公司，在新能源汽车运营、大数据应用、出行服务、网约车定制、充换电等方面深入探索布局，将提升北汽新能源在共享出行领域的竞争力。

联合华为技术有限公司共建"1873戴维森创新实验室"，深耕智能网联前瞻性技术、加速前沿科技产业化应用。与麦格纳签署合作协议，致力于打造对外开放共享的高端智能纯电动汽车研发与制造中心，并计划首先投产北汽新能源高端品牌ARCFOX的相关车型。

七、发展目标与规划

北汽新能源致力于打造成为世界级科技创新中心和世界级新能源汽车企业，在"十三五"期间，北汽新能源将通过实施品质增长、创新发展、服务转型、互联网+、开放合作等五大核心举措，力争成为国内第一、全球前三的纯电动汽车生产企业。

在产品开发方面，实现A00级至B级市场全覆盖，续航里程突破500 km，实现L3及以上自动驾驶。在核心技术研发方面，重点突破电池、电机、电控、智能化、车联网、轻量化等核心关键技术，通过技术创新不断提升产品核心竞争力。通过设立五国七地研发中心，充分整合海外研发资源，推进新能源汽车研发技术向"高、精、尖"发展；联合全球顶尖合作伙伴，共同打造中国新能源汽车中高端品牌ARCFOX，该品牌将采用IMC智能模块标准架构，具备超级拓展、超级智能、超级交互、超级进化的4个超级属性，将是全球首个商业搭载5G技术的平台，实现自主品牌向上迈进。在智能制造方面，加快与数字化、定制化和智能化快速融合，打造国内新能源汽车智能工厂新标杆。在市场层面，持续为国内和海国际市场赋能，不断提升品牌的竞争力和国际影响力。在产业链建设方面，秉承"开放共享"理念，与产业链合作伙伴广泛合作，在"十三五"末力争打造完整的新能源汽车产业生态圈。在后市场方面，与能源产业、出行产业、通信与智能产业无界融合，打造车电价值分离模式、智慧出行服务模式、车规级安全交互模式等三大模式，让出行更加智慧、愉悦。

2025年，北汽新能源力争继续保持中国第一、世界前三的行业地位，成为具有全球影响力的新能源汽车品牌。

广州汽车集团股份有限公司

一、单位概况

广州汽车集团股份有限公司（以下简称"广汽集团"）主要有汽车研发、整车（汽车、摩托车）、零部件、商贸服务、金融服务五大业务板块。旗下拥有二十多家知名投资企业，生产销售传祺系列、广汽新能源以及广汽丰田、广汽本田、广汽三菱、广汽菲克等数十种知名品牌汽车产品。集团连续6年入围《财富》世界500强，2018年位列世界500强企业第202名（比上年上升36位）。

自主品牌广汽传祺始终坚持"定位高端、品质优先、创新驱动"的发展路径，率先开展供给侧结构性改革，全面构建智能制造体系，深入优化产能结构，紧密围绕市场导向，推动广汽传祺实现高品质、高效益增长。轿车、SUV、MPV全矩阵产品实现均衡发展。

广汽传祺坚持围绕电动化、智联化、轻量化、情感化的"四化"发展技术创新，深耕新能源动力系统、智能网联等核心技术。通过十余年的发展，取得了一系列业绩，斩获数十项国家、行业、省市等科技奖励，包括中国汽车工业科学技术一等奖、广东省科学技术一等奖等。

广汽集团于2017年启动了广汽智联新能源汽车产业园

建设，该产业园是广州市实施汽车产业“153”战略之一。总体规划面积约7 500亩，总投资450亿元，到2025年建成40万台汽车年产能。围绕“智能制造、创新研发、汽车小镇”三大领域，打造智能、开放、创新、绿色、共享、生态的国际智联新能源汽车产业创新生态城。广汽新能源在“十三五”期间要完成涵盖各细分市场的近30款车型开发，以支撑广汽自主品牌的销量目标，并将之打造为世界级中国汽车品牌。

“匠于心　品于行”，广汽集团将始终坚持“人为本、信为道、创为先”的企业理念，努力成为客户信赖、员工幸福、社会期待的世界一流企业，为人类美好移动生活持续创造价值。

二、经营情况

广汽集团2018年完成汽车产销219.4万辆和214.8万辆，同比增长8.8%和7.4%；工业总产值3 086亿元，同比增长5.8%；在地产值2 691亿元，同比增长4.8%。营业收入3 811亿元，同比增长7.7%；利税总额660亿元，同比增长6.3%。广汽自主品牌从2011年销售1.7万辆到2017年突破50万辆，年均复合增长率达75%。2018年广汽传祺销量53.5万辆，同比增长5.2%。

三、产能建设

广汽新能源智能生态工厂20万产能项目于2018年12月23日竣工，是广汽智联新能源汽车产业园的首个项目，发挥着带动产业集聚的龙头作用。围绕“智能制造、创新研发、汽车小镇”3个理念，广汽智联新能源汽车产业园将在2025年带来40万台汽车年产能，并形成智能、开放、创新、绿色、共享、生态的国际智联的新能源汽车产业创新生态城。广汽时代动力电池系统项目、广汽爱信变速箱项目、汽车小镇等项目也于2018年年底奠基。

四、技术进展及研发能力建设

广汽集团在新能源技术研发领域已拥有了多年的技术积累，在新能源技术路线规划方面坚持纯电动兼顾插电式混动的路线，已建成纯电动和插电式混动系统两大新能源车型平台，建立了新能源汽车正向研发及验证体系，掌握了新能源汽车的正向开发技术。同时还大力发展智能网联技术，结合5G、大数据、云计算、人工智能AI等技术，目标是形成“智能网联+电动”的产品组合。

广汽集团围绕GEP平台架构，推动全新一代A/A0、B/C纯电专属平台的开发，提升全新新能源平台产品实力，将结合新车型开发形成“平台架构+车型族群”的平台先行开发模式，提升研发效率。

在新能源关键技术及核心零部件的研发方面，广汽集团也取得了突破性的进展和成果。在技术开发方面，全力打造新能源三电开发流程及新能源整车验证体系和两大平台（EV兼容FCV平台架构、PHEV/HEV混动平台架构），努力实现七大技术引领（高效功率电子控制技术、电动系统集成技术、先进整车控制技术、动力电池系统技术、集成电力驱动单元系统技术、混合动力机电耦合技术、燃料电池集成技术）。广汽研究院已经自主掌握了电池、电机、电控、机电耦合和系统集成等几大关键核心技术。

在零部件层面，自主研发的G-MC广汽机电耦合系统（已搭载车型上市），以及包括动力电池系统、电机控制系统等核心零部件，均已完成自主研发和产业化搭载。

已经具备全面的动力电池系统设计、仿真、验证能力。自主开发电池包产品平台，可应用于各类新能源车；采用了高能高功率的三元材料以及新型“铝质+复合塑料”的先进壳体材料。已经完成了样车搭载试验。

自主开发电机系统平台，涵盖驱动电机、电机控制器、差速器等，具有高可靠性、高精度等特点，可灵活运用于各新能源车型。正在开展集成式的电驱动系统开发，具有高度集成化、轻量化、低成本等优点。

自主开发电机控制-充放电单元，集成电机控制、大功率交流充电、车辆-电网能量双向流动（V2G）、车-车应急充电（V2V）、移动电站对外放电等功能，显著提升用户体验；实现功率器件等复用，降低成本。

独立自主开发的全新多模式机电耦合系统（G-MC，GAC Mechatronic Coupling），高效地将发电机、驱动电机、离合器、传动系统以及差减速器集成于一体，通过合理控制发动机、发电机和驱动电机的动力耦合输出，实现纯电动、串联、并联及混联等多种驱动模式。

除了自研新能源车型外，广汽研究院还为多家合资公司开发新能源车型，开创性地实现了向合资企业输出新能源车型及技术的突破。广汽三菱导入的祺智PHEV和祺智EV，以及广汽丰田导入的iX4纯电动SUV均已成功上市并取得不错的市场表现。展现广汽自主品牌新能源车型开发能力，同时积累了合资企业开发导入经验。

五、主要产品

序号	产品型号	产品名称	品牌	通用名称
1	GAM7000BEVA0C	纯电动轿车	广汽新能源	AION S
2	—	纯电动多用途乘用车	广汽新能源	AION LX
3	GAC7000BEVH0A	纯电动轿车	广汽新能源	GE3 530
4	GAC6450CHEVA5E	插电式混合动力多用途乘用车	广汽新能源	GS4PHEV
5	GAC7150CHEVA5D	插电式混合动力轿车	广汽新能源	GA3S PHEV

六、合资合作及重大项目建设

广汽时代动力电池系统项目、时代广汽动力电池系统项目、汽爱信变速箱项目、汽车小镇等项目于2018年12月23日奠基。

此外，汽研究院化龙研发基地建设项目、广汽本田年产24万台发动机建设项目、广汽本田增城工厂产能扩大建设项目、广汽丰田发动机新增产品型号（M20C）发动机建设项目、广汽获原二期能扩建设项目、广汽商贸南沙国际汽车产业园项目按计划推进。

广汽蔚来带来全新品牌“HYCAN合创”于2019年5月20日在杭州发布首款概念车。该车的发布代表了优势制造与创新思维“两股力量”融合的开始，在电动化、智能化、互联化、共享化的新出行生态中，融合资源发挥优势。

七、发展目标与规划

紧抓产品开发和技术创新两大战场并加快推进，以“电动化、智联化、轻量化、情感化”为重点突破口，强化“两个先行”（平台开发先行，技术开发先行），努力加快由“跟随”到“引领”的转型发展。

全力发展自主品牌，实现自主品牌跨越式发展；实现电动化、国际化、网联化3个方面的重大突破。力争新能源汽车技术及应用2020年达到国内前五，2025年达到国内前三，2027年前后比肩国际领先水平力争在2027年即公司成立30周年之际广汽集团争取进入世界企业100强；在2037年即公司成立40周年之际广汽集团将成为具有全球竞争力的世界一流企业。

长城汽车股份有限公司

一、单位概况

长城汽车股份有限公司（以下简称“长城汽车”）是国内首家在香港H股上市的民营整车汽车企业。长城汽车发展至今，连续入选中国企业500强，中国机械500强，中国民营企业上市公司10强，河北省企业百强之首。通过创新发展之路，长城汽车得到高速发展：SUV连续16年中国市场第一，哈弗进入2018年全球汽车最具价值品牌TOP 20；WEY品牌自上市以来VV7、VV5单月销量双双破万；皮卡连续21年保持中国市场销量冠军。

2018年，长城汽车由内而外变革，在品牌、对外合作和上下产业链等方面多方布局，全力塑造更加开放、包容、国际化的形象2018年8月1日，长城汽车正式发布新能源独立品牌欧拉ORA。至此，长城汽车完成了哈弗、WEY、欧拉和长城四大品牌的整体布局。同时，长城汽车独立了4个零部件公司，搭建了总体业务的组织架构，零部件业务也开始搭建市场化运营的组织，并开始策划市场化战略与举措。在出行方面，长城汽车旗下欧拉出行运营平台开始启动，平台定位于互联网+新能源出行服务，首批运营车辆已经于2018年9月率先在河北保定投放。

2018年，长城汽车在对外合作方面布局深远。2018年7月6日，长城汽车与宝马签署合资合作协议，双方各持股50%建立光束汽车有限公司。双方将共同开发新一代纯电动汽车平台，该平台除生产宝马MINI电动汽车外，还将生产自有品牌电动汽车。双方签订协议后，合作项目进展迅速。8月13日，长城汽车与张家港市人民政府签订整车合资项目投资协议，光束汽车正式落户张家港市。作为国家合资股比政策调整后的首个整车合资项目，此次合作不仅能为长城汽车深耕新能源市场提供强大的助力，从而奠定在新能源领域的领先地位，更可以快速完成长城汽车的国际化战略构想。

2018年上半年，长城汽车建成氢能技术中心，全面具备燃料电池汽车核心部件的测试、试制，以及整车集成与测试能力。8月，长城集团收购上海燃料电池汽车动力系统有限公司51%股权，控股了上燃动力，使长城汽车具备了部署燃料电池驱动的能力，同时具有成本竞争力。10月，长城汽车入股世界领先的德国加氢站运营商H2 MOBILITY，成功将“触角”延伸到氢燃料基础设施建设及运营领域，长城打造了世界顶级氢能技术测试中心，综合测试试验能力达到国际前五水平。涵盖国内第一座104 MPa高压氢气循环测试实验室、国内第一座70 MPa液态储氢加氢站、国内第一座燃料电池汽车动力系统测试实验室、国内第一台6轴储氢瓶缠绕机、燃料测试实验室等一系列世界级高端研发设备。

二、经营情况

2018年长城汽车全年共销售新车105.3万辆，营业总收入994.69亿元，净利润53.95亿元。

2018年8月长城第一款基于ME专属纯电动平台打造的纯电动车型欧拉iQ上市，补贴后最低市场价为8.98万元。该车定位为紧凑型纯电动SUV，采用跨界设计风格，综合续航里程为400 km，具备高颜值、大空间、更智能、更安全、高品质五大优势，一经上市便成为都市人群的新宠。在上市后短短的4个月时间里，销量便突破3 500辆，订单数突破1万辆。

2018年11月长城新能源车型欧拉R1开始预售，补贴后最低市场价为5.98万元，而同级别竞品车型终端售价集中在12万元以上，欧拉R1上市后以超高的性价比及Q萌的外形，迅速获得行业及私人用户的关注，自上市以来销量节节攀升。

三、产品出口

长城汽车是第一批走出国门的中国汽车企业，1998年实现出口，产品涵盖SUV、轿车、皮卡，主要出口俄罗斯、智利、南非等国家与地区。

长城汽车的全球化战略也积极响应国家的“一带一路”号召，已经在马来西亚、厄瓜多尔和伊朗拥有3个海外KD组装厂。

长城汽车在海外市场积极拓展哈弗品牌销售网络，哈弗的出口区域涵盖澳洲、南美洲、东南亚、中东、非洲等多个国家及地区，欧洲、中南美、中东、亚洲、非洲及俄罗斯、澳大利亚、南非、阿尔及利亚、意大利、智利、伊拉克已经成为长城的主要出口地区和国家，2018年长城汽车海外销量为46 995辆，同比增加20%，长城汽车已累计实现海外销售新车60多万辆，海外网络数量总计超500余家。

四、产能建设

2018年3月28日，长城汽车永川基地正式开工，新工厂计划于2019年底投产，可新增整车及配套零部件16万台套，未来将生产旗下的高端皮卡和中大型SUV哈弗H9等车型。

新能源方面，到2020年长城汽车将在国内建成年产16万台规模的新能源生产基地，其中：

1. 插电式混合动力SUV P8；
2. 纯电紧凑型跨界车欧拉iQ 6万台/年；

3. 微型纯电动轿车欧拉 R1；
4. 欧拉 R2 共计产能 10 万台/年。

五、技术进展及研发能力建设

长城汽车为加强新能源汽车核心技术研发能力，保定研发总部建立电池及氢能技术中心，投资约 4 亿元，含综合试验中心，液态加氢站和破坏性测试区，已于 2018 年 8 月 3 日正式运行。

长城汽车已构建以保定总部为核心，涵盖欧洲、日本、北美、印度、奥地利、韩国等研发布局，在美国、德国、日本、印度建立了包括智能驾驶、智能网联、造型等研发中心和技术孵化实验室。在韩国京畿道城南市和奥地利下奥地利州建立了新能源技术研发中心，利用国际一流人才资源与国内协同开发先行技术。

长城汽车在新能源汽车的核心领域，如电机、电控、动力电池等都有所布局，已经建成电芯、机理分析、PACK、BMS 试制试验室以及电池试制车间、试验中心、分析中心等。

六、主要新产品

1. 整车

序号	产品型号	产品名称	通用名称
1	CC7000ZM00ABEV	纯电动轿车	欧拉 R1
2	CC7000ZM01BEV	纯电动轿车	欧拉 R1
3	CC7001CE02ABEV	纯电动轿车	欧拉 iQ
4	CC7001CE03BEV	纯电动轿车	欧拉 iQ
5	CC7000ZM00BEV	纯电动轿车	欧拉 R1
6	CC7000ZM00BBEV	纯电动轿车	欧拉 R1
7	CC6483AD21APHEV	插电式混合动力多用途乘用车	P8s
8	CC6483AD21APHEV	插电式混合动力多用途乘用车	P8
9	CC7001ZM01BEV	纯电动轿车	欧拉 R2

2. 零部件

序号	产品名称	产品型号
1	33 kWh 动力电池系统	PE328100B
2	31 kWh 动力电池系统	PE307100A
3	34 kWh 动力电池系统	PE333102A
4	32 kWh 动力电池系统	PE311102A
5	47 kWh 动力电池系统	P-E-05884600-BE
6	35 kW 永磁同步电机	TZ180XS62BZ
7	120 kW 永磁同步电机	TZ242XS002
8	驱动电机控制器	KTZ33X42SGW1
9	驱动电机控制器	KTZ33X11S01ZL
10	6.6 kW 车载充电机	SCW662JCES-CC01
11	3.3 kW 车载充电机	VCDC02-B-3.3-1.4
12	6.6 kW 车载充电机	VCDC02-B-6.6-1.4

七、合资合作及重大项目建设

在智能汽车和智能交通领域，2018 年 3 月 8 日，长城汽车与中国移动、华为联合开发的基于 5G 的自动远程驾驶技术在长城汽车徐水试验场通过测试，汽车响应延时达到毫秒级。10 月，长城汽车与百度联手推进车辆智能网联、自动驾驶相关技术研发及应用，升级车联网方面的合作，协力打造车辆智能网联、自动驾驶技术联合巨头。11 月，长城汽车“国家智能汽车与智慧交通（京冀）示范区”开放运营，该示范区的封闭测试区是全国第一条覆盖 LTE-V2X 的高速环道，同时也是国内第一个覆盖 5G 网络的城市道路场景封闭测试区。

2018 年 7 月 10 日，长城汽车股份有限公司与宝马（荷兰）控股公司在德国正式签署了合资经营合同。合同规定，长城宝马建立合资公司，双方各持股 50%。新公司命名为光束汽车有限公司，合资公司规划了标准年产能 16 万辆的国际先进整车工厂，是宝马集团在全球范围内首个纯电动车合资项目，也是长城新能源汽车迈向国际化的桥头堡。

2019 年 2 月 13 日，长城汽车平湖项目签约仪式在杭州西子湖畔举行，该项目计划总投资约 110 亿元，计划于 2021 年投产运营，重点建设冲压、焊装、涂装、总装、电池包等工艺工厂，形成 5 万辆新能源乘用车、5 万辆燃油车的生产能力。同时在平湖建立长城长三角研发中心，将建设包括研发大楼、实验室和环形测试跑道等，以新能源、智能化为主攻方向，主要从事长城汽车中高端品牌的产品开发和技术突破。该中心将建成为国际一流的整车造型中心、整车试制中心、核心零部件研发中心、自动驾驶 + 智能网联、试车跑道 + 智能交通等。

八、发展目标与规划

为响应新能源汽车产业政策，长城汽车已将新能源汽车列为重要发展战略：未来长城汽车将投入 300 亿元，打造全球化研发体系，在主被动安全技术、智能互联、自动驾驶等方面形成领先优势。同时，不断加快新能源汽车业务布局，通过梳理和完善哈弗产品结构，实现产品市场竞争力的提升。2020 年，新能源汽车年销 15 万辆。2025 年，新能源汽车年销 70 万辆，打造新能源汽车市场领先地位。

长城汽车将打造两个纯电动专属平台，并结合全新平台开发推出 10 余款新能源车型，包含 EV 、PHEV 及 FCV，车型级别涵盖小型到大型，品类涵盖 SUV、轿车。

在智能化方面，长城汽车自 2010 年已开始进行 ADAS 技术研究。2017 年，长城汽车发布 i-Pilot“智慧领航”规划，公司根据美国 Level 4、Level 5 标准进行产品开发，Level 4 项目已到性能调试阶段。计划到 2020 年，量产车超过 L3 级别的自动驾驶水平；2025 年，完全实现 L5 级别的自动化驾驶。在网联化方面，长城汽车与国内外互联网巨头企业建立战略合作，已与百度、华为、京东和中国移动签署战略合作协议，在车联网技术、内容全面合作，打造专属车联网服务，共建未来汽车生态。

九、2018 年 1—12 月企业在智能网联与新能源汽车方面经济指标统计

填报单位名称	指标名称	本期累计（亿元）	同期累计（亿元）	增长率（%）
长城汽车股份有限公司	2018 年营业收入	992.30	1 001.5	-1.92
	2018 年利润总额	62.32	59.3	6.45

浙江吉利控股集团有限公司

一、单位概况

浙江吉利控股集团(以下简称“吉利控股集团”)始建于1986年,现已发展成为一家集汽车整车、动力总成和关键零部件设计、研发、生产、销售和服务于一体,并涵盖出行服务、线上科技创新、金融服务、教育、体育等在内的全球型集团。现资产总值超过3 300亿元,员工总数超过12万人,连续7年进入世界500强(位居267位)。

吉利控股集团已发展成为一家集汽车整车、动力总成和关键零部件设计、研发、生产、销售和服务于一体,并涵盖出行服务、线上科技创新、金融服务、教育、体育等在内的全球型集团。集团总部设在杭州,旗下拥有吉利汽车、领克汽车、沃尔沃汽车、Polestar、宝腾汽车、路特斯汽车、伦敦电动汽车、远程新能源商用车、太力飞行车、曹操专车、荷马、盛宝银行、铭泰等品牌。吉利控股集团还是沃尔沃集团第一大持股股东,旗下吉利集团是戴姆勒股份公司第一大股东。

吉利控股集团旗下汽车企业在中国上海、杭州、宁波,瑞典哥德堡、英国考文垂、西班牙巴塞罗那、美国加州建有设计、研发中心,研发设计、工程技术人员超过2万人,拥有大量发明创新专利,全部产品拥有完整知识产权。在中国、美国、英国、瑞典、比利时、白俄罗斯、马来西亚建有世界一流的现代化汽车整车和动力总成制造工厂,拥有各类销售网点超过4 000家,产品销售及服务网络遍布世界各地。

二、经营情况

2018年,吉利控股集团旗下吉利与沃尔沃两个汽车品牌实现总销量214.3万辆,同比增长18%;实现总销售收入3 285亿元,缴纳税收388亿元。沃尔沃汽车实现全球销量64.2万辆,同比增长12.4%,其中在中国销量13.1万辆,同比增长14.1%;吉利汽车(含领克)销量150.1万辆,同比增长20.3%,在行业“负增长”态势下实现逆行,以高增长率稳居中国品牌销量之首。

三、产能建设

截至2018年底,吉利集团建成新能源乘用车产能27万辆、新能源商用车产能13.5万辆。

四、技术进展及研发能力建设

凭借关键共性技术、前沿引领技术、现代工程技术和颠覆性技术等创新优势获评“2018年度国家地方联合新能源汽车智能制造工程研究中心”,实现市场需求驱动、研发和生产一体化的规模化定制新能源汽车智能制造新模式,打造新能源汽车“智能工厂原型”和“互联网协同制造平台”。

在研发技术发面,2018年吉利汽车进一步深化“iNTEC”技术品牌内涵,聚焦新能源汽车的发展和实践,中文名“睿·科技”顺势而出。在新能源领域,吉利自主研发的NX-11电池包一次性通过了国家振动测试及针刺测试,48V BSG轻混系统实现高效启停、能量回收、扭矩助力、发电四大功能,有效提升低速扭矩输出,综合节油率最高可达15%。

2018年吉利汽车相继推出了帝豪EV450、博瑞GE、帝豪GSe、领克01 PHEV等多款新能源及电气化产品,全年累计销量达到67 069辆,成为吉利高质量增长的新动能。其中全新帝豪EV450和帝豪GSe两款车型,以纯电动轿车+SUV的“双子星”产品布局推向市场,标志着吉利汽车正式开启新能源领域的全面布局。在纯电动A级轿车市场,帝豪EV450率先成功上市,成为首款NEDC 400 km的纯电动A级车型,全年销量突破3.1万辆,同比增长55%,延续了帝豪EV诞生以来纯电动A级车型销量冠军的成绩。6月,帝豪GSe纯电动A级SUV成功上市,完善了吉利新能源产品布局,实现终端月销量最高超2 000台,延续了吉利新能源销量冠军的态势。

2018年,吉利新能源商用车集团共推出7款新能源整车产品,其中4款城市物流产品包括:采用GAPF增程式动力系统续航达500 km的增程式轻卡RE500、配备86 kWh电量续航达345 km的窄体纯电动轻卡、配备100 kWh电量续航达210 km的宽体纯电动轻卡、配备58 kWh电池续航达250 km的纯电动LCV厢式物流车E6;3款纯电动城市公交车包括:8 m中型纯电动城市公交车、10 m和12 m大型纯电动城市公交车。伦敦电动汽车TX5已逐渐成为全球城市交通领域零排放的先行者。

五、主要产品

序号	产品型号	产品名称	品牌	通用名称
1	HQ7002BEV15	纯电动轿车	吉利	帝豪Gse
2	HQ7002BEV59	纯电动轿车	吉利	帝豪Gse
3	HQ7002BEV61	纯电动轿车	吉利	帝豪Gse
4	HQ7002BEV57	纯电动轿车	吉利	帝豪EV450
5	HQ7002BEV56	纯电动轿车	吉利	帝豪EV450
6	HQ7002BEV53	纯电动轿车	吉利	帝豪EV450
7	HQ7002BEV51	纯电动轿车	吉利	帝豪EV450
8	HQ7002BEV50	纯电动轿车	吉利	帝豪EV450
9	HQ7002BEV63	纯电动轿车	吉利	帝豪EV450
10	MR7153PHEV01	插电式混合动力轿车	吉利	博瑞GE
11	JL6453PHEV08	插电式混合动力多用途乘用车	领克	领克01 PHEV
12	JL6453PHEV01	插电式混合动力多用途乘用车	领克	领克01 PHEV
13	DNC5049XXYBEV05	4.5T轻卡	吉利远程	—
14	DNC5042XXYBEVK2	4.5T轻卡	吉利远程	—
15	DNC5020XXYBEV01	E5微面	吉利远程	E5
16	DNC5030XXYBEV04	E6微面	吉利远程	E6

续上表

序号	产品型号	产品名称	品牌	通用名称
17	DNC5030XXYBEV31	3.5T 小卡	吉利远程	—
18	DNC6100BEVG6	纯电客车	吉利远程	—
19	DNC6100BEVG8	纯电客车	吉利远程	—
20	JHC6100BEVG4	纯电客车	吉利远程	—
21	JHC6120BEVG4	纯电客车	吉利远程	—
22	DNC6120BEVG6	纯电客车	吉利远程	—

六、合资合作及重大项目建设

2018 年吉利汽车相继推出了帝豪 EV450、博瑞 GE、帝豪 GSe、领克 01 PHEV 等多款新能源及电气化产品，全年累计销量达到 67 069 辆，成为吉利高质量增长的新动能。在纯电动 A 级轿车市场，帝豪 EV450 率先成功上市，成为首款 NEDC400 km 的纯电动 A 级车型，全年销量突破 3.1 万辆。

2018 年，吉利新能源商用车集团共推出 7 款新能源整车产品，其中 4 款城市物流产品包括：采用 GAPF 增程式动力系统续航达 500 km 的增程式轻卡 RE500、配备 86 kWh 电量续航达 345 km 的窄体纯电动轻卡、配备 100 kWh 电量续航达 210 km 的宽体纯电动轻卡、配备 58 kWh 电池续航达 250 km 的纯电动 LCV 厢式物流车 E6；3 款纯电动城市公交车包括：8 m 中型纯电动城市公交车、10 m 和 12 m 大型纯电动城市公交车。

七、发展目标与规划

从传统汽车向新能源汽车转型：立足于“蓝色吉利行动”新能源发展战略，以“智擎”新能源动力系统为基础，全面布局纯电动、混合动力、增程式、甲醇、氢燃料等多线路新能源领域，专门成立独立的新能源纯电品牌“几何”，打造高端纯电品牌。

战略布局未来移动出行：吉利汽车将通过曹操专车平台及与戴姆勒集团战略合作等方式，积极拥抱变革，布局未来移动出行领域，致力成为行业领先的未来移动出行服务提供商。

技术驱动品质，拉动品牌提升：秉承“iNTEC 人性化智驾科技”，以人为本，布局涵盖动力、安全、网联、环保以及智能驾驶等技术，拉动吉利产品从性价比向高品质跨越，以技术驱动产品品质升级，推动吉利品牌向上突破。

八、2018 年 1—12 月企业在新能源汽车方面经济指标统计

填报单位名称	指标名称	本期累计（万元）	同期累计（万元）	增长率（%）	增长额（万元）
浙江吉利控股集团有限公司	2018 年营业收入（新能源汽车）	1 090 956	439 729	148	651 227

重庆长安新能源汽车科技有限公司

一、单位概况

2017 年，长安汽车发起“第三次创业——创新创业计划”，并发布新能源“香格里拉计划”和“北斗天枢”智能化两大战略，实现从传统汽车制造企业向智能出行科技公司转型。长安汽车以创新为驱动，将效率打造成为组织核心竞争力，着力推动四大转型，明确了“1143” 战略架构。

长安汽车自 2001 年进入新能源领域，是中国最早进入新能源汽车领域的企业之一，具备丰富的技术研发经验积累；先后经历技术研究、产业化推广和市场化运行 3 个阶段，完成了从样车到产品的正向开发历程；构建了从开发流程、核心技术、核心产品，到生产制造、供应链等成体系的市场竞争能力。2018 年 5 月，成立重庆长安新能源汽车科技有限公司，目前已超过 1 000 人。

长安新能源以“第三次创新创业”为指引，聚焦落地香格里拉计划，构建价值伙伴关系的整车、零部件、创新服务一体化产业平台、为客户提供极致体验的智慧新能源汽车及服务、做最有价值的新能源汽车出行方案解决者，打造新能源汽车科创企业。

二、经营情况

成立以来，先后在整车、科技、能源、充电、出行等多个领域，与一汽、BAT、宁德时代、国家电网、滴滴出行等多个行业领先企业开展深度合作，创建了最庞大最权威的产业链联盟。长安新能源正在积极整合社会资源，实现价值共创、价值共享，未来将成为拥有多元化股权结构的世界一流新能源汽车科创企业，并最终形成“智慧新能源汽车领导者”的品牌形象。

三、产品出口

形成重庆、北京、保定、合肥、深圳五大新能源整车生产基地。截至 2017 年 12 月，累计销售新能源汽车逾 9.1 万辆；搭建长安出行平台，开展分时租赁、网约、试乘试驾等活动，已布局重庆、杭州、南京、合肥等地。

四、产能建设

投资 1.2 亿元，建成占地面积 5 000 m^2 的新能源动力电池生产基地；产品涵盖 EV 及 PHEV 动力电池集成，年产能 4 万套/年，形成规模化制造能力。在长安鱼嘴基地投资建设全新动力电池生产线，满足长安新能源动力电池产品需求。

五、技术进展及研发能力建设

长安新能源一直坚持自主掌握核心技术，基于长安在传统车领域强大的开发能力，差异化掌握了纯电动整车平台开发、“大三电”核心技术开发、新能源热管理系统开发等技术。整车平台开发方面，正在进行 3 个纯电专用平台的打造，其中大平台采用四驱架构，定位为高性能车，面向中高端客户，最大里程达到 600 km，其首发车型将于 2020 年上市。

轻量化技术方面，基于全新纯电专用平台，通过轻量化结构设计、轻量化材料应用、全新工艺设计，具备零件集成化、尺寸形状优化、整车及零部件多学科/多目标拓扑优化等结构轻量

化设计能力，掌握激光焊接及激光钎焊、搅拌摩擦焊、锁铆及自锁铆技术、流钻螺钉、胶粘连接等整车工艺设计关键技术。

热管理方面，具备整车热管理多场耦合模型开发、多源数据融合的热管理控制系统开发、带余热回收的高能效比一体化热泵空调的匹配应用等能力，构建了两个热管理系统平台架构，实现耦合动力系统冷却、电池总成热管理、乘员舱热管理四个系统的一体化热管理，能量利用效率最大化，冬季采暖工况续航里程较传统热管理技术提升20%以上。

整车性能集成方面，将“超低能耗”打造成技术标签，体现长安新能源高水平集成能力，提升用户使用经济性，突出绿色续航的理念。建立整车能量流分析能力，通过降阻、动力系统效率优化、开发高效热管理系统、整车轻量化等措施持续进行能耗优化，逸动EV460电耗达到13.2 kWh/100 km，达到国际一流水平。

电控系统开发方面，自主掌握了控制器硬件开发、软件开发、系统集成、标定匹配四大关键能力，是国内第一家通过ISO 26262功能安全认证的汽车企业。基于传统车电气平台，融合新能源专用系统，正在进行第二代控制系统平台搭建，具有智能域控、高速互联、安全可靠、适应性高的特点。

电池系统集成与控制方面，自主掌握了动力电池集成设计、电池管理与控制、动力电池生产制造三大关键能力，逸动EV460搭载自主设计、自主生产的电池系统，其系统集成效率达69.5%、能量密度达151 Wh/kg，具备主动热管理(液冷/暖)能力，国内领先。与清华大学开展电池安全关键技术开发合作，从机理上研究电池热安全，开发电池包的火灾安全策略以及电池系统的内短路识别技术，提升电池安全性。

电驱系统开发方面，具备电机、电机控制器、减速器、充电机、直流变换器等零部件自主开发能力，掌握电驱系统结构集成开发关键技术，具有全面的NVH、EMC开发能力，具备产品设计、仿真、测试及问题整改的能力。首个自主开发的电驱“三合一”集成产品搭载逸动EV460实现产业化应用，较传统分体式产品实现体积、重量、价格降低，NEDC效率提升。

在仿真与试验领域，形成了整车及零部件性能分析及优化、新能源系统结构可靠性分析及轻量化设计、热管理性能评价及优化三大仿真分析能力。基于传统车完善的试验验证体系，搭建了新能源汽车专属的CA-ETVS验证体系，并建成了新能源5大领域的13个实验室，形成2127项试验验证能力。

六、主要产品

序号	产品型号	产品名称	品牌	通用名称
1	SC7003ACBEV	纯电动轿车	逸动EV	EV460/EV520
2	SC7001AGBEV	纯电动轿车	新奔奔EV	奔奔EC450
3	SC7004CBBEV	纯电动轿车	CS15EV	CS15EV
4	SC7104AA5HEV	插电式混合动力轿车	逸动PHEV	CS75PHEV

七、合资合作及重大项目建设

开放合作：长安在与宁德时代、博世集团、蔚来汽车、滴滴集团、华为、百度、腾讯、阿里巴巴等形成战略合作的基础上，也通过合资参股、联合开发、产业链合作等多种方式，在电池研究、智能网联新能源汽车研发、充电方式及环境的建设、出行方案等多个领域，与各大行业标杆企业开展深度创新合作。其中，2017年4月与蔚来汽车签署战略合作框架协议，就整车研发、生产、销售、服务以及安全领域开展合作。2017年11月，出资5.19亿元参股CATL，持股比例为0.57%。

T3出行项目：2019年3月，由中国第一汽车集团有限公司、东风汽车集团有限公司、重庆长安汽车股份有限公司三大车企联合阿里、腾讯、苏宁等互联网巨头共同出资的“T3出行”项目正式进入实施阶段。T3出行的车辆是集中采购的定制化、智能化的新能源车型。长安新能源作为T3出行梦之队之一，早在年初长安梦之队成员就已开始为T3出行做着各项准备工作。并在2019年5月底，将8 000台新能源汽车分别在南京和重庆顺利上牌。

八、发展目标与规划

2017年10月19日，长安汽车发布新能源战略——“香格里拉计划”。提出预计到2020年，完成三大新能源专用平台打造；到2025年，全面停售传统意义燃油车，实现全谱系产品电气化。并制定四大战略行动——千亿行动、万人研发、伙伴计划、极致体验。

到2025年，将在全产业链上累计投入超过1 000亿元。其中，新能源产品研发领域的投入将超过400亿元，新能源专有平台的打造投入将超过100亿元，动力电池领域的投入将超过300亿元，共享、充电设施和服务等领域的投入将达到200亿元。依托长安“全球研发”体系、1.1万名研发人员队伍、17个国籍的近500名专家团队、10余名“千人计划”专家，全面加速新能源研发，致力于打造世界领先、中国最强大的新能源研发能力。整合全球最优秀的资本、顶尖的技术、专业的人才等资源，携手跨界企业，构建新能源生态圈。

资本链：打造专业的新能源产业基金投资平台——长安新能源产业基金。

产品：2020年前打造3大新能源汽车专用平台，2025年前累计推出多种形态的全新纯电动汽车21款、插电式混合动力汽车12款。

里程：实现电动汽车“充电5 min，续航100 km”，插电式混合动力续航里程将超过1 000 km。

安全：依托200余人安全团队，打造五星安全新能源产品。

智能：将率先在新能源汽车上实现L3至L4级自动驾驶功能。

比亚迪汽车工业有限公司

一、单位概况

比亚迪汽车工业有限公司(原名：深圳市比亚迪汽车有限公司，以下简称“比亚迪或公司”)是2006年8月3日经深圳市工商行政管理局批准成立的有限责任公司，由比亚迪股份有限公司和BYD(H.K.)CO. LIMITED共同出资组建的合资公司,公司注册资本44 800万美元。

公司具有乘用车、商用车生产资质。主要承担着全新一代唐、e6、腾势等车型的生产任务以及K系、C系、T系等一系列新能源车型的研发、试制任务。

公司占地250多万m^2,位于深圳市坪山新区比亚迪汽车生产园区内,地处比亚迪葵涌工业园和宝龙工业园之间,距盐田港、平湖编组站、大亚湾港等交通枢纽均为30~40 km,是比亚迪研发和生产基地,也是比亚迪总部所在地;是集研发试制、整车生产、销售为一体的新的汽车企业。

二、经营情况

比亚迪的汽车业务包括新能源汽车和传统燃油汽车两大板块,其中,传统燃油汽车主要车型有:秦Pro燃油版、宋、宋MAX、宋Rro、元、唐燃油版等。新能源汽车主要车型有:e1、S2、e5、e6、腾势、秦ProEV、宋EV、宋RroEV、元EV、唐EV;插电式混合动力车秦Pro、宋、宋MAX、宋Pro、唐、元;T3货车、纯电动洗扫车T8SA;纯电动客车K6~K11和C6~C10等。

2018年,比亚迪收入约1 300.55亿元,同比增长22.79%,其中汽车及相关产品业务的收入约760.07亿元,同比增长34.23%,当中新能源汽车业务收入约524.22亿元,同比增长34.21%,占总收入的比例增至40.31%,成为公司重要的收入和利润来源。

2018年比亚迪汽车总销量为52.07万辆。其中,新能源车产销分别达到24.79万辆和24.78万辆。2018年比亚迪新能源汽车销量继续保持高速增长,连续4年全球新能源汽车销量排名第一。

比亚迪新能源汽车历年销量统计表

年份	2009	2010	2011	2012	2013	2014	2015	2016	2017	2018	合计
销量(辆)	48	480	1 323	3 153	3 125	20 972	65 851	115 743	126 977	247 811	585 483

三、产品出口

2018年,比亚迪汽车累计出口12 017辆。

四、产能建设

2018年,比亚迪汽车工业有限公司乘用车和客车产能利用率分别约为85.92%和162.67%。

五、技术进展及研发能力建设

1. 技术创新能力

技术是比亚迪的DNA,强大的研发实力是公司迅速发展的根本。在汽车领域,比亚迪是全球率先同时掌握电池、电机、电控、IGBT等新能源汽车核心技术的车企。比亚迪始终坚持“技术为王,创新为本”的发展理念,坚信技术改变生活,并最终改变世界。投入巨资成立“六大研究院”,即中央研究院、汽车工程研究院、汽车智慧生态研究院、卡车研究院、客车研究院、产品规划及汽车新技术研究院。从硬件、软件以及测试等配备1.5万名高精尖的技术队伍,在新材料、汽车、新能源等多领域积累了丰富的自主开发经验。2018年,研发人员数量约3.11万人,占比达14.12%,研发投入金额为85.36亿元,占营业收入比例为6.56%。

(1)“542科技”

从性能、安全、油耗3方面重新定义汽车标准,动力更强劲、能耗更节省、操控更灵活。

(2)驱动电机及控制技术

在电机技术方面,比亚迪自主开发了永磁同步电机系统,能够开发更为节能、环保的电动汽车产品;比亚迪生产的高能效电机完全可以替代国外的同类产品。在电控系统方面,比亚迪完全掌握了能量控制系统、再生制动控制系统、电动助力转向控制系统、动力总成控制系统,且诸多技术指标已经达到国际先进水平。

(3)动力电池技术

比亚迪是国内最早开展车用动力电池领域研发的企业之一,也是目前国内唯一实现动力电池全产业链研发与生产的企业。作为全球领先的动力电池生产者,比亚迪自主研发设计的铁电池具有安全性高、充电速度快、循环寿命长、绿色环保等特点。同时,具备强大的电池制造能力,拥有从原材料输入到电池产出过程的全自动化生产线,在保证电池品质的基础上实现高效率、高精度的生产。

截至2018年底,比亚迪已建成拥有28 GWh产能的动力电池产线。未来,随着比亚迪动力电池业务的拆分,比亚迪将为更多的公司提供动力电池。

(4)BYD双向逆变充放电技术

集驱动电机、车载充电器、直流充电站3者功能于一身,使电动车摆脱对专业充电站的依赖,同时也使得电动车成为移动电站,有效解决充电站带来的占地空间大、成本高、不利普及等问题。

2. 全球领先的汽车三大实验室

比亚迪汽车已建成120多个专业实验室,实验室总占地面积约30万m^2,可以进行4 000多项汽车试验。汽车工程研究院汽车及零部件检测中心和中央研究院材料分析测试中心,均通过了中国合格评定国家认可委员会认可。比亚迪斥资数十亿元建成的碰撞实验室、EMC实验室、NVH实验室更是达到了世界一流水平。

六、主要产品

1. 整车				
序号	产品型号	产品名称	品牌	通用名称
1	BYD7008BEVA7	纯电动轿车	比亚迪	秦 Pro
2	BYD6461ST6HEV1	插电式混合动力多用途乘用车	比亚迪	宋 Pro DM
3	BYD6461SBEV	纯电动多用途乘用车	比亚迪	宋 Pro EV
4	BYD7003BEV4	纯电动轿车	比亚迪	元 EV
5	BYD6490STHEV1	插电式混合动力多用途乘用车	比亚迪	新唐 DM 100
6	BYD7005BEV8	纯电动轿车	比亚迪	e5(5AEC)400
7	BYD5030XXYBEV6	纯电动厢式运输车	比亚迪	T3 货车
8	BYD6110HLEV2	纯电动客车	比亚迪	C8
9	BYD6122LGEV7	纯电动低入口城市客车	比亚迪	K9KA

续上表

序号	产品型号	产品名称	品牌	通用名称
10	XBE5180GQXBEV	纯电动清洗车	比亚迪	T8QX
11	BYD3310EH9BEV2	纯电动自卸车	比亚迪	T10

2. 零部件

序号	产品名称	产品型号	产品应用
1	磷酸铁锂蓄电池	FADM07315B	比亚迪纯电动自卸车
2	涡轮增压/缸内直喷/分层燃烧/自动延时冷却/可变气门正时/全铝合金发动机	BYD476ZQA	比亚迪插电式混合动力多用途乘用车
3	镍钴锰酸锂电池	FADM07326	比亚迪插电式混合动力多用途乘用车
4	镍钴锰酸锂电池	FADM07328	比亚迪插电式混合动力多用途乘用车
5	永磁同步电机	BYD-2217TZ-XS-F	比亚迪插电式混合动力多用途乘用车

七、合资合作及重大项目建设

比亚迪以电池起家，先后成为 MOTOROLA、NOKIA 等第一个中国锂离子电池供应商。

2010 年 5 月 27 日，比亚迪股份有限公司与戴姆勒股份公司签署合同，成立深圳比亚迪戴姆勒新技术有限公司，双方各占一半股权。2012 年 3 月 30 日，推出了中国首个专注于新能源汽车的品牌腾势（DENZA）。2017 年 10 月 31 日，比亚迪汽车工业有限公司与佛吉亚（中国）投资有限公司合资设立深圳佛吉亚汽车部件有限公司。2018 年 7 月 5 日，深圳佛吉亚汽车部件有限公司正式成立。2018 年 6 月 27 日，比亚迪青海动力电池工厂正式投产。2018 年 7 月 5 日，比亚迪与长安汽车签署战略合作协议，合资成立动力电池公司。

2018 年 12 月 10 日，比亚迪发布 IGBT4.0 技术。

八、发展目标与规划

比亚迪力争把中国道路交通领域所有用油的地方全部用电替代，逐步实现全市场布局。在个人消费领域，比亚迪以插电式双模电动汽车为主、纯电动车为辅，二者共同推进；在公共交通领域，坚持发展纯电动汽车。公交电动化和出租车电动化是大势所趋，接下来的三到五年，比亚迪将积极推进新能源汽车从一线及限购城市向二、三线城市的拓展，最终实现新能源汽车在全国范围的销售。

比亚迪将把握新能源汽车行业蓬勃发展的历史机遇，进一步加强研发，提升产品竞争力，全面推进技术、产品和品牌三大战略。通过技术创新，颠覆传统，打造汽车互联网生态，重新定义汽车动力和安全；贯彻“7 + 4”全市场战略，面向全国范围内大力推广新能源汽车；投入更多资源和精力到品牌升级中，并进行一系列旨在提升品牌的战略部署，引入更多世界级团队，在不断丰富“王朝”系列车型的基础上，推出更多高性价比并具有竞争力的产品。

九、2018 年 1—12 月企业在新能源汽车方面经济指标统计

填报单位名称	指标名称	本期累计（万元）	同期累计（万元）	增长率（%）	增长额（万元）
比亚迪汽车工业有限公司	2018 年末资产总计	19 532 926	17 809 943	9.67	1 722 983
	2018 年营业收入	13 005 522	10 591 470	22.79	2 414 052

安徽江淮汽车集团股份有限公司

一、单位概况

安徽江淮汽车集团股份有限公司创建于 1964 年，是集商用车、乘用车及动力总成的研发、制造、销售和服务及相关多元业务于一体的综合型汽车厂商，是国家火炬计划高新技术企业，国家级创新型企业；位居中国企业 500 强、中国百强工业企业。

具有年产 70 万辆整车、80 万台发动机及相关核心零部件的生产能力，拥有乘用车 40 万辆、商用车 30 万辆的生产能力。2001 年在上海证交所挂牌上市，2015 年 4 月圆满完成集团公司整体上市工作。2018 年 2 月成立新能源乘用车公司，下设新能源汽车研究院、新能源乘用车营销公司、安庆分公司以及平台管理部门，研产销一体化独立运作。

二、经营情况

全年销售各类整车及底盘 46.24 万辆，其中新能源乘用车 6.37 万辆，同比增长 125.28%；实现营业收入 500.92 亿元，研发费用投入 21 亿元。

三、产品出口

坚持聚焦重点市场、重点产品，持续推进结构优化，2018 年公司实现出口 7.48 万辆，同比增长 12.53%，位居中国汽车出口第四位，其中，中高端轻卡出口继续保持行业第一位。

四、产能建设

打造合肥、安庆两大产业化基地，已形成年产 35 万辆新能源汽车生产能力。

五、技术进展及研发能力建设

1. 构建了 iEV 平台技术，全面掌控整车及“三大电”产业化技术

（1）深耕产业化核心技术，从用户体验需求角度，已经不断开发了续驶里程达 500 km、快充电时间 1.5 h，更加美丽、智能、舒适的电动车；内修电池安全、寿命、低温性能及软件可靠性。

（2）突破了高比能电池热失控安全；经过 10 年时间，联合供应链，开展上千次爆炸试验研究，江淮电动车热失控安全技术取得突破，实现单个电芯热失控，电动车不起火、不爆炸；形成五层次高比能动力电池系统热失控安全开发方法。

（3）形成了电池液冷技术开发能力，提升电池的安全性和使用寿命。

(4)大量实践积累了软件可靠性技术,功能安全方面,故障诊断与处理方面。

(5)形成了技术成熟的方法,围绕功能、性能、耐久性和可靠性4个维度,举出结构类部件与控制软件的"白盒"测试和"黑盒"测试用例近5 000项。

2. 面向未来,已构建了可扩展无人驾驶的电子电气架构。面向未来,形成了基于大数据,技术不断迭代升级的研发模式;基于大数据,研究电池生产一致性,远程诊断车辆,支持售后服务和生产质量管控。基本成熟的产业链。形成了深度战略合作的供应体系价值链;通过合资合作方式,在"三电"的"电池系统"与"电机"两个核心零部件领域实现战略布局。

六、主要新产品

序号	产品型号	产品名称	通用名称
1	HFC7002MEV/HFC7002MEV1/HFC7002MEV2/HFC7002MEV3/HFC7002MEV4	纯电动轿车	iEVS4
2	HFC7001CEV/HFC7001CEV1	纯电动轿车	iEVA60
3	HFC7000WEV2/HFC7000WEV4/HFC7000WEV5/HFC7000EWEV4/HFC7000EWEV5/HFC7000EWEV6/HFC7000EWEV7	纯电动轿车	iEV6E
4	HFC7000BEV5/HFC7000BEV6/HFC7000BEV9/HFC7000BEV10	纯电动轿车	iEVA50
5	HFC7001EAEV9/HFC7001EAEV9/HFC7001EAEV9/HFC7001EAEV9	纯电动轿车	iEV7S

七、合资合作及重大项目建设

江淮大众新能源乘用车项目被列为安徽省先进制造业的"一号工程",顺利获得营业执照,正式运营;江淮大众多用途车研发与销售合资项目签署了合作备忘录,深化了双方的合作;与蔚来汽车合作项目完成生产线建设,并实现产品公告下发,开始生产线的生产。

八、发展目标与规划

战略定位,坚持创新驱动,掌握核心技术,持续构筑领先的纯电驱动技术优势,重点发展纯电动和插电式混合动力两大技术平台。

战略目标,到2025年,江淮新能源汽车总产销量占江淮总产销量的30%以上,形成节能汽车、新能源汽车、智能网联汽车共同发展的新格局。

九、2018年1—12月企业在智能网联与新能源汽车方面经济指标统计

填报单位名称	指标名称	单位	本期累计	同期累计	增长率(%)	增长额/提高百分点
安徽江淮汽车集团股份有限公司新能源乘用车公司	2018 全年完成投资额	万元	12 000	12 000	0	0
	2018 年营业收入	万元	508 814	278 700	82.57	230 114
	2018 年利润总额	万元	66 055	14 800	346.32	51 255
	2018 年产品销售率	%	100	100	—	—
	2018 年销售利润率	%	13	5.3	145.3	7.7%

上汽通用五菱汽车股份有限公司

一、单位概况

上汽通用五菱汽车股份有限公司(以下简称"公司")在2002年11月18日正式挂牌成立,是由上海汽车集团股份有限公司、通用汽车(中国)公司、柳州五菱汽车有限责任公司,三方共同组建的大型中外合资汽车公司,国内拥有柳州本部河西、柳东及青岛、重庆四大生产基地2017年在印尼投资的工厂正式投产,成为拓展海外市场尤其是东南亚市场的基地。公司全面实施通用汽车公司的全球制造管理体系,形成了商用车和乘用车两大系列整车和发动机的生产能力;公司产品拥有新宝骏、宝骏和五菱三大汽车品牌。

二、经营情况

公司从2009年起实现产销超越100万辆,2015年产销超越200万辆;合资以来累计产销量超过2 000万辆。2018年公司实现产销汽车197万辆和206万辆;其中宝骏品牌新能源汽车产销29 001辆和25 888辆。

三、产能建设

2018年宝骏新能源两班年产8万辆,与传统车共线。

四、技术进展及研发能力建设

2018年,上汽通用五菱汽车股份有限公司在新能源领域主要获得以下3个方面的进展和成果:

1. 新能源汽车核心技术:

(1)电池能量密度提升技术研发依托E200项目,通过推动新一代创新型轻量化材料及新一代锂电池集成效率技术的突破,将电池能量密度从E100项目的93 Wh/kg提升到E200项目的140 Wh/kg,并实现高能量密度电池面向量产应用。电池模组采用柔性采样线束FPC技术方案,装配效率高且节省空间,还轻量化等优势。

(2)电驱动技术依托E200项目,实现二合一集成电桥的量产。不仅节约了电机减速箱连接的花键、轴承、密封圈等

部件,还降低由于变速箱轴与电机轴不对心造成对轴承的交变负荷,提高系统的可靠性。同时,对系统振动噪声方面有大幅改善。

(3)通过研发标准化的充电接口,实现充电接口的平台化,降低车辆的研发成本和零件成本,支持不同充电场景的应用。通过研发不同功率的车载充电机(2 kW、3.3 kW和6.6 kW),便于用户根据充电设施自主选择不同的充电功率,使车辆兼容不同的充电场景,为用户提供个性化的充电体验。通过研发集成充电、DC/DC、高压配电等多功能集成一体的方式,提高充电系统和高压系统的软硬件集成度和工作效率,通过平台化设计和集成设计,降低充电系统和高压系统的零件成本。

(4)国内首款搭载48 V P0结构的轻混系统MPV(宝骏730)量产上市,自主掌握了48 V BSG、48 V动力蓄电池总成以及48 V/12 V DCDC整套48 V轻混系统技术。48 V轻混系统技术通过对发动机启停、起步、刹车等工况下的优化来达到节油的目的,节油率达到12%。

2. 新能源前沿技术

上汽通用五菱汽车股份有限公司新能源团队在掌握新能源汽车核心关键技术的同时,突破在无人驾驶、5G通信、车联网、能源梯次利用等领域技术壁垒,开展40多个技术研究项目。完成100台智能无人驾驶示范车辆开发,行驶超过12万km,实现无人自主泊车1.5万次;建立融合了5G技术、人车路云互联互通的8.9 km道路示范区;自主开发车联网系统,搭建可承载100万辆车同时接入的大数据平台,实现车辆远程控制和远程升级。

3. 研发能力建设

公司组建新能源测试团队,建设了一个广西规模最大、测试能力最全的新能源汽车试验室,占地11 600 m^2,配置了25套国际领先的测试设备,分为电池测试、驱动测试、整车与控制测试、高压测试四大模块,具备新能源整车及关键零部件试验验证能力。

五、主要产品

序号	产品型号	产品名称	品牌	通用名称
1	LZW7001EVA	宝骏E100	宝骏	E100
2	LZW7002EVA	宝骏E200	宝骏	E200

六、发展目标与规划

在产品规划上,公司会加速新能源产品发展,大力探索纯电、弱混和插电强混等技术路线并全面布局产品。纯电以E平台为依托,丰富产品系列(E100、E200、E300等),实现规模产销,E100创造性地构建了三大生态,即用户驱动的新价值链生态,大数据驱动的智造生态、政产学研联动的环境生态。E100仅是公司新四化先导产品,未来还有更多的新能源产品推出。弱混主要选择48 V成熟适用的新能源路线,为消费者提供高性价比、环境友好的可靠产品,此外,还将探索多途径的插电强混模式。在新技术应用上,为满足未来第五阶段油耗、国Ⅵ排放,以及更严格的安全要求,在发动机燃烧技术、车身轻量化、自动变速器等方面寻求突破,通过与互联网络、大数据等领域的交叉应用,实现产品的发展升级。

七、2018年1—12月企业在新能源汽车方面经济指标统计

填报单位名称	指标名称	单位	本期累计	同期累计	增长率(%)
上汽通用五菱汽车股份有限公司	2018年末资产总计	万元	4 791 842	5 379 760	-10.9
	2018全年完成投资额	万元	362 397	414 765	-12.6
	2018年营业收入	万元	10 088 521	10 572 396	-4.6
	2018年利润总额	万元	517 319	664 339	-22
	2018年产品销售率	%	105	99	6
	2018年销售利润率	%	51.28	62.83	-11.5

东风柳州汽车有限公司

一、单位概况

东风柳州汽车有限公司(以下简称"东风柳汽")前身为创立于1954年的柳州农械厂。1969年进入汽车行业,同年生产出广西第一辆汽车——"柳江"牌载货汽车;1981年加入东风汽车集团;1997年改制为东风柳州汽车有限公司。拥有员工5 738多人,其中研发人员1 153人,占地面积350.7万m^2,已形成商用车基地年产10万辆商用车、乘用车基地年产40万辆乘用车、发动机年产10万台的生产能力,拥有"乘龙"商用车品牌和"风行菱智""风行景逸"等乘用车品牌,营销、服务网络遍布全国,产品远销东南亚、西亚和非洲各国。

二、经营情况

2018年全年汽车销量18.3万辆,其中:商用车实现销售5.5万辆,创历史新高;乘用车实现销售12.8万辆。整体销售收入达200亿元。

三、产品出口

2018年海外市场销量明显提升,全年实现出口5 606辆,同比增长12.4%,创公司出口销量新高。出口目的地主要为东南亚的越南,老挝,菲律宾等国,以及南美洲的秘鲁、智利等国。

四、技术进展及研发能力建设

东风柳汽拥有商用车、乘用车两大技术中心,已形成较完备的商用车、乘用车自主研发体系。东风柳汽建设有国家级博士后科研工作站、广西院士工作站、自治区级工程技术中心等的科技创新平台,运行良好,管理制度完善,已经成为企业技术创新体系建设的补充。企业商用车、乘用车开发达到区内领先水平,推动广西汽车行业技术的快速发展。

五、主要新产品

序号	产品名称	产品型号	通用名称
1	S50EV	LZ7000SLAEV	纯电动轿车
		LZ7001SLAEV	
		LZ7002SLAEV	
		LZ7003SLAEV	
		LZ7004SLAEV	
2	M5EV	LZ6512MLAEV	纯电动多用途乘用车
		LZ6511MLAEV	
		LZ6510MLANEV	
		LZ6510MLAEV	

六、合资合作及重大项目建设

东风柳汽的两大生产基地均位于柳州柳东新区的广西汽车城园区内,其中商用车生产基地占地面积 212.8 万 m^2,乘用车基地占地 130.8 万 m^2。两大生产基地从 2010 年开始开工建设,其中乘用车生产基地已于 2014 年交付使用,商用车生产基地 2018 年 8 月交付使用。

试验能力建设,开展新能源试验能力建设的同时整合提升自治区内外新能源试验检测能力,解决试验开展进度无法有效把控、对试验技术掌握不全面、对试验经验及研发设计积累不足、委外周期长费用高、自有试验设备不足导致技术创新能力不强等问题。

数字化智能工厂建设,针对公司柳东乘用车基地智能工厂建设的需求,推进数字化设计、装备智能化柔性化升级、工艺流程优化、精益生产、可视化管理、质量控制与追溯、智能物流等应用,推动企业全业务流程智能化整合。

七、发展目标与规划

汽车产业"五化"趋势日益明显,并呈现相互融合之势。"五化"的叠加效应不仅带来汽车产品和技术的变革,而且将带来汽车产业格局的调整和生态体系的重构。东风柳汽作为传统汽车产业,在新一轮的汽车变革中,需要把握"五化"发展趋势开展转型升级。

1. 乘势而为,加快五化技术研究

东风柳汽要保证产品优势,需要开展五化技术研究,掌握核心技术,保证产品竞争力。在轻量化方面,要加快研究高强度钢、轻质金属、非金属复合材料等轻型材料在汽车方面的应用,研究先进的成型工艺、结构设计拓扑优化等轻量化技术。在电动化方面,要研究并掌握整车控制、三电核心技术、混合动力技术、氢燃料电池技术等先进技术。在智能化方面,研究智能辅助驾驶技术、自动驾驶技术等。在网联化方面,要加快车辆通信技术的研究,车联网技术的研究。共享化方面:柳汽要开展研究共享运营模式、智能调度、智能监控等技术。

2. 加快产品布局,实现五化深度融合,推进高质量发展

东风柳汽要加快产品布局,实现汽车产品的全面覆盖,并把五化技术在新产品上深度融合应用,提高汽车产品质量、产品附加值,打造国家品牌。

东风柳汽将加快低碳智联下一代商用车平台的研究,着重研发国Ⅵ平台产品,并搭载轻量化、智能网联技术,提高产品竞争力;加快中高端 SUV 系列平台车型开发;加快电动车开发,针对电动物流车、环卫车、港口车、工程车、轿车、商务车、SUV 加快研发工作,同时要进行氢燃料电池车、混动汽车的规划;加快乘用车发动机技术与产业化,提高乘用车核心竞争力。

3. 集智汇力,加快创新能力建设,形成产业融通新局面

东风柳汽联合一切可为其所用的资源,联合优势供应商,大中院校,科研院所,形成产业融通创新的新局面,推动自治区汽车产业高质量发展。加强产学研用的联合,在项目开发过程中,联合外部资源,开展协同创新工作;加快自身创新能力建设,加快研发、试验、试制能力建设;联合产业上下游及外部科研院所,围绕五化发展趋势,汽车产业高质量发展构建以柳汽为中心的产业融合创新平台。

东风悦达起亚汽车有限公司

一、单位概况

东风悦达起亚汽车有限公司(以下简称"公司")系由东风汽车集团有限公司、江苏悦达投资股份有限公司、韩国起亚自动车株式会社按 25%:25%:50% 的股份结构共同组建的中外合资乘用车制造企业。公司总资产 243 亿元,注册资本 62 400 万美元,员工 5 315 人。公司总部位于盐城,在上海设有分公司。公司自 2002 年成立以来,迅速发展壮大,产销规模逐年攀升,公司主要产品有中高级轿车 K5、K4、凯绅,紧凑型轿车 K3、福瑞迪和赛拉图,都市 SUV KX7、KX5、新一代智跑、傲跑 KX3、奕跑、KX CROSS,经济型 轿车 K2、焕驰等,新能源汽车拥有华骐纯电动轿车、K5 插电混动和 KX3 纯电动轿车,产品覆盖乘用车全系列,现已发展成为江苏省规模最大的汽车企业和全国主流汽车制造企业。公司在盐城拥有 3 个工厂,总产能规模为年产乘用车 89 万辆,其中一工厂年设计产能 14 万辆,二工厂年设计产能为 30 万辆、三工厂设计产能为 45 万辆。

二、经营情况

2018 年,公司各项对外品质指标均取得了较好成绩,新车品质调查结果(IQS)取得行业第二名,售后满意度(CSI)取得行业第五名,均位居行业前列,智跑、KX CROSS 、新一代 K2 获得中国汽车用户满意度(CACSI)细分市场第一名。企业社会责任指数上升至中国汽车企业第四位,公司获得慈善领域政府最高奖"最具爱心慈善捐赠企业奖"。

三、产品出口

为响应国家“一带一路”倡议，积极开拓海外市场，促进销售多元化，提高工厂产能利用率，2018 年，公司积极争取，最终获得整车海外出口权，实现 DYK 整车出口“零的突破”。18 年率先开辟菲律宾、埃及和斯洛伐克市场，实现整车出口 1 260 台，发动机出口 288 台。2019 年，公司将全面开展出口业务，一方面利用起亚海外销售网络，以代工模式出口，另一方面自主开拓销售渠道，实现自营出口和平行二手车出口。计划全年实现整车出口两万台以上，将海外市场逐渐延伸到东南亚、非洲、中南美、亚中东等地区 30 多个国家和地区，进一步扩大海外市场占有率。明年，我们还将推动 CKD 出口和发动机出口，帮助全供应链提高产能利用率，培育新的经济增长点。

四、产能建设

公司在盐城拥有 3 个工厂，总产能规模为年产乘用车 89 万辆，其中一工厂年设计产能 14 万辆，二工厂年设计产能为 30 万辆、三工厂设计产能为 45 万辆。3 个工厂均建设有冲压、焊装、涂装、总装及发动机生产线，已建产能可共线生产燃油车和新能源汽车。

五、技术进展及研发能力建设

东风悦达起亚汽车研发中心为东风悦达起亚有限公司汽车整车及零部件产品的研发机构，专业从事传统燃油动力汽车整车和新能源汽车的研发设计、试制、试验及零部件的研发、试验相关工作工作。研发中心位于盐城开发区第三工厂内，于 2012 年 10 月开工建设，占地面积 47 万 m^2，其中建筑面积 3.8 万 m^2，由 1 幢研发设计大楼、1 幢试验楼、2 个试作车间和一条长 1 960 m 的椭圆形高速试验跑道构成。于 2013 年 10 月投入使用，一期投资 8 亿元。研发中心按照韩国现代起亚汽车集团全球区域研发中心标准进行建设，拥有整车设计造型室、整车排放室、噪声试验室、发动机及变速箱试验室、纯电动汽车研发试验室、零部件试验室等，共有 51 种设计和试验设备，主要设备来源于韩国、德国和日本，可用于整车及关键零部件的研发、试制和试验。同时中心拥有 CATIA、ANSYS 等先进的设计和分析软件，构筑产品生命周期管理系统（PLM），研发中心的软、硬件能力国内领先、国际先进，达到国际合资企业水平。研发中心常态化运营人员规模约 140 人，19 年将达到 200 人。主要工作围绕自主华骐品牌汽车及主导在中国销售的新能源汽车开发，韩国导入车型的收益性、品质确保、商品性改善，公司产品年度改款和中期改款开发，开发试制车制作，国家认证对应及上市支援，中国政府政策法规对应等开展。

六、主要产品

序号	产品型号	产品名称	品牌	通用名称
1	YQZ27003BEV	纯电动乘用车轿车	起亚	华骐 300E
2	YQZ7202PHEV	插电式混合动力轿车	起亚	K5 插电混动
3	YQZ6420BEV	纯电动乘用车轿车	起亚	KX3 纯电动

七、发展目标与规划

公司将抢抓中国新能源汽车发展机遇，加大新能源汽车和智能网联汽车研发，丰富新能源车商品线，今后开发的主力车型均同时开发插电混动和纯电动车型，同时确保新能源车的性能竞争力和成本竞争力。“十三五”期间，公司计划投放新能源汽车 6 款，包括 3 款插电式混合动力和 3 款纯电动汽车，与起亚总部共同努力，力争在 5 年内实现全面电动化的目标。此外，公司将大力研发智能网联汽车、电动汽车、无人驾驶等先进技术，到 2020 年，实现部分无人驾驶汽车量产，到 2025 年，实现完全无人驾驶汽车量产，抢抓智能化、电动化发展机遇，引领中国汽车发展潮流。

东风裕隆汽车有限公司

一、单位概况

东风裕隆汽车有限公司（以下简称“公司”）由东风汽车公司与裕隆大陆投资有限公司于 2010 年 10 月合资组建，是海峡两岸首个以大中华自主品牌定位，并涵盖整车研发、生产、销售、售后服务全价值链的汽车制造企业。

公司自 2011 年启动“东风裕隆 EV 事业发展 & 商业模式研究”，2011 年 6 月即开展“东风裕隆纯电动汽车杭州市政府公务车示范运行”，2013 年 3 月通过新能源生产准入审查，自成立 8 年以来，已搭建起 NV、GP、LC 三个整车平台，先后获得了三款新能源整车的产品公告，其中两款车型（一款 A0 级、一款 A 级）分别于 2017 年 6 月和 2018 年 11 月正式投放市场。

二、经营情况

公司自 2011 年投产，截至 2018 年底，已累计销售 24.7 万辆，累计营业收入达 327.83 亿元，累计上缴税收 39.02 亿元。2018 年 11 月完成一款纯电动汽车（A 级）投放市场，当年度拿到 256 台订单，实现交车 180 台，获得营业收入 3 160 万元。

三、产品出口

贯彻落实“走出去”战略，公司计划在东南亚、中亚、中东、非洲经济成长良好但欠缺汽车工业的国家，输出产品与技术，盘活资产与投资，创造收益。于 2018 年启动了全新的项目管理方式（立项公关、团队合作、协同作战），积极开拓埃塞俄比亚、巴拉圭、玻利维亚等全新外销市场提升国际影响力，达成全年出口业绩完成销售 180 台，较 2017 年增加 200%，顺利完成涉外技术培训，为车辆销售打好售服基础，增加了人员出口业务经验，全员士气大受鼓舞。2019 年目标外销 300 台，从 2020 年起，每年至少 1 000 辆以上输出。

四、产能建设

公司已建成发动机、冲压、焊装、涂装、总装、树脂六大生产车间，实现整车以年产 12 万台产能设计，并预留 24 万扩充空间（新能源车型采共线生产）。

五、技术进展及研发能力建设

1. 技术发展

(1)新能源汽车发展

顺应国内环保意识及节能的发展趋势,东风裕隆汽车有限公司研究院已成立先进动力研究中心,建置了新能源试验室,配备了电机电控试验台(带环境箱)、电池包充放电试验台(带步入式环境箱)、三电联调测试系统、三综合测试台、EE Buck 等设备设施,具备了动力系统、驱动系统和控制系统集成测试能力(包括制动回馈功能测试能力)、电子电控系统功能测试能力及耐环境性(高温、低温、振动)测试能力、通信系统模拟测试能力、控制软件分析测试能力、硬件在环测试能力。

新能源产品方面,企业运用现有的整车平台,研发“纯电动车”技术。2018 年底到 2019 年年初研究院开发了一款 A 级纯电动车,采用三元锂电池 + 永磁同步电机,最大功率 130 kW,最大扭矩 150 Nm,电池容量 50 kWh,NEDC 续驶里程达 320 km,等速法续驶里程达 360 km。作为纳智捷品牌的首款新能源产品,同时导入 AR View 七重安全防护系统、12 寸屏幕、自然语音控制及 B-paddle 等前瞻配置,极大提升该款纯电动车型市场竞争力。

(2)汽车智能技术

公司产品已融入了与汽车产业相结合的 IT 产业的最新技术,以低成本、快速对应市场的策略,开创创新差异化产品,构建高端的汽车品牌,例如通过配备了 THINK + 智慧车载系统、全方位视频智能驾驶系统、ESC 液压制动增压系统等高端安全装备,来提高整车的安全系数,以智能驾驶提升交通安全,将前段科技、智慧互联作为公司品牌的潜在 DNA。“豪华”与“智能”兼具的人性化智慧设计在汽车领域得到了广大用户的认可。

2. 研发能力建设

公司非常重视新产品和新技术的研发,每年投入研发的费用约占公司营业收入的 5% 左右。截至 2018 年底,研究院已建成新能源试验室、排放性能试验室、动力总成试验室、车辆整备间、试作中心、研发大楼;拥有研发人员 294 人,同时建立了一套完整的质量管理体系,经过多款车型的研发,研究院基本能够独立完成公司新能源车及关键系统的设计、开发、试制、验证、认证等相关研发工作。

研究院已先后被评为“杭州市企业技术中心”“浙江省重点企业研究院”“浙江省企业技术中心”。

六、主要产品

序号	产品型号	产品名称	品牌	通用名称
1	DYM7003BBBEV	纯电动轿车	纳智捷	U5 EV

七、合资合作及重大项目建设

东风裕隆在新能源车研发,分为下列几个方向进行合作项目发展。

1. 参与东风集团新能源车联合开发项目,取得优势新能源车产品;

2. 利用国内优势零部件厂商资源,取得可靠、信赖性佳及成本合宜零件,生产优质新能源车产品;

3. 于杭州设立新能源车动力系统生产制造基地;

4. 持续自主开发,调校新能源混和动力系统。

八、发展目标与规划

配合国家“十三五”政策,节能环保车辆以纯电及混和动力车型两步走,发展新能源车,2018 年 11 月已推出一款纯电 A0 级电动车,预计 2020 年初推出改款纯电 A0 级电动车。

2019—2020 在杭州建置混和动力生产基地,预计 2021 年推出 B 级混和动力车型。

奇瑞新能源汽车股份有限公司

一、单位概况

奇瑞新能源汽车股份有限公司以下简称“奇瑞新能源”或“公司”始于 1999 年,率先开启新能源汽车自主研发之路,2010 年 4 月 22 日正式注册成立,是集新能源汽车研发、生产、销售及售后服务于一体的新能源整车制造企业,是安徽省战略性新兴产业中具有较高成长性的高新技术企业。

2015 年 6 月,以奇瑞新能源为龙头的芜湖市新能源汽车产业集聚发展基地被批准为安徽省战略性新兴产业集聚发展基地。2016 年 10 月 25 日,公司通过了国家发改委关于新建纯电动乘用车项目的核准。2017 年度获得“安徽省先进集体”“安徽省智能工厂”“安徽省服务性制造示范企业”等荣誉称号,牵头组建了安徽省纯电动汽车工程中心、安徽省新能源汽车知识产权联盟、芜湖市新能源汽车协会等;2018 年 9 月 6 日,获得国家工信部新能源车辆生产资质。这是公司继 2016 年 10 月获得国家发改委核准之后再次拿下工信部批复,获得独立生产、销售的“双资质”。公司还设有国家级的博士后科研工作站。

二、经营情况

2017 年奇瑞新能源实际销售 32 124 台,同比增长 85.5%。全年销售收入 24.3 亿元。2018 年度 1—12 月累计销售 60 754 台,同比增长 89%,小蚂蚁单车销售 4.3 万辆,细分市场第一。销售收入为 59.5 亿元,同比增长 161.0%。

三、产能建设

芜湖城北传统车身工厂占地 20.5 万 m^2,年产 2.5 万辆;

芜湖城南全铝车身工厂占地 80 624 m^2,年产 6 万辆;

齐河分公司占地 199 800 m^2,年产 3 万辆;

合肥分公司占地 19 200 m^2,年产 3 万辆;

石家庄分公司占地 269 060 m^2,年产 5 万辆;

宜宾分公司占地 32 000 m^2,年产 5 万辆。

四、技术进展及研发能力建设

奇瑞汽车1999年开始研发新能源汽车技术，是国内最早研发新能源汽车的公司。建立了完善的节能与新能源汽车研发体系、世界先进的新能源试验中心、试制中心等，完全掌握了新能源汽车的核心技术。自2016年获得发改委新能源汽车生产资质后，2018年奇瑞新能源再次获得工信部新能源汽车生产资质，成为全国第八家取得“双资质”的车企。

2018年，奇瑞新能源在小蚂蚁cQ1、艾瑞泽5e及瑞虎3xe等多款主力车型的助力下，市场销量一直呈高增长态势。全年销量为60 754辆，同比增长161%。位居自主品牌第二位。奇瑞新能源接下来还将会陆续推出多款重量级的新品，形成从A00级到A级、从轿车到SUV等多个细分市场的全面覆盖，届时势必对新能源市场产生更大的冲击。

车型产品取得的成果源自研发生产的推动，奇瑞新能源坚持技术、工艺方面的不断突破，建立起领先、成熟的生产平台，技术创新实力不凡。奇瑞新能源现已拥有国内汽车行业的一个节能环保国家工程实验室，逐渐形成了全系列的新能源乘用车研发体系和集成平台、四大新能源整车平台、五大通用子系统、七大核心技术的行业领先优势。

五、主要产品

序号	产品型号	产品名称	品牌	通用名称
1	NEQ7000BEVJ72A	纯电动轿车	奇瑞	eQ1
2	NEQ7000BEVJ60	纯电动轿车	奇瑞	艾瑞泽5e
3	SQR7000BEVJ696	纯电动轿车	奇瑞	瑞虎3Xe
4	SQR7000BEVT19	纯电动轿车	奇瑞	瑞虎5Xe
5	S61EV	纯电动轿车	奇瑞	S61 SUV

六、合资合作及重大项目建设

奇瑞新能源已初步完成新能源供应链体系建设，并积极开展核心零部件产业布局。在电池系统方面重点培养全资子公司芜湖奇达，与CATL、国轩等电芯供应商建立战略合作关系；在驱动系统方面与全球领先的电机企业日本安川组建合资公司；在新材料领域与辽宁忠旺达成在芜湖投资建厂意向。努力在核心零部件技术中达到行业领先地位。

参与国家“863”、安徽省科技厅等多项新能源汽车项目的开发与研究工作；公司通过与中机第一设计研究院有限公司、清华大学、合肥工业大学等国内著名的高校和科研院所在新能源汽车整车及零部件的技术开发方面进行了充分的合作，培养了一支电动汽车系统开发专业队伍。

七、发展目标与规划

2018—2022年，奇瑞新能源计划上市纯电动12款，最终实现2022年目标：新能源技术第一，行业领先者；具有新能源独立资质和品牌的上市公司；奇瑞新能源市场与国内市场、国际市场并肩形成三大主力市场。

八、2018年1—12月企业在新能源汽车方面经济指标统计

填报单位名称	指标名称	单位	本期累计	同期累计	增长率(%)	提高百分点
奇瑞新能源汽车股份有限公司	2018年末资产总计	万元	778 163.3	491 393.4	158.4	58.4
	2018年营业收入	万元	596 001.0	238 055.2	250.4	50.4
	2018年利润总额	万元	9 242.6	11 798.4	78.3	-21.7
	2018年销售利润率	%	2	4	50.0	-50.0

重庆力帆乘用车有限公司

一、发展概况

力帆实业（集团）股份有限公司成立于1992年，历经27年艰苦奋斗，力帆已迅速发展成为以新能源产业为战略发展方向，融科研开发、发动机、通机、摩托车和汽车的生产、销售（包括出口）为主业，并集金融证券、房地产于一体的大型民营企业。

力帆控股于2007年投身于新能源产业，依托力帆集团的雄厚基础、技术实力和完善的汽车工艺，先后成立了上海中科力帆电动汽车有限公司、河南力帆新能源电动车有限公司、重庆无线绿洲通信技术有限公司、重庆力帆新能源汽车有限公司、重庆海博瑞德科技有限公司、重庆力帆智能新能源汽车研究院，逐步建立了完整的新能源产业研发、生产、和销售体系。

二、生产经营

力帆实业集团锐意进取，屡创佳绩，产品远销东南亚、西亚、欧洲、非洲、南美等120多个国家和地区。开发的汽车、发动机、摩托车等产品通过欧盟的e-mark认证，标志着力帆产品可以自由进入欧洲18个国家。

2015年6月发布“力帆新能源I. BLUE 1.0战略”，全方位解析力帆新能源产业的产品、运营、服务发展流向，构建集互联网+、智能汽车、能源互联网于一体的新能源汽车完整生态链和产业链，是力帆为实现新能源车向“国民车”转变的重大突破。

作为国内新能源汽车的先驱企业，力帆新能源致力于新能源智能化低碳出行交通工具的研究开发与专业制造，推出了纯铅酸、锂电、氢燃料电池等三大领域、八大系列产品，能覆盖各类消费人群；在2025年前，力帆新能源共计划推出21款纯电和混合动力（含氢燃料动力）产品，实现新能源整车累计销售50～100万台，逐步实现“92345”计划，即平均每9度电行驶100 km、综合油耗每100 km小于2L、换电和换氢的时间少于3 min及快充30 min的性能目标；并将在未来5年，在全国范围内推广建成500座充换电和加

氢能源站,根据客户的不同需求,不断推出个性化、定制化的绿色出行服务,引领新能源汽车产业的全面发展,做新能源领域的创新引领者,成为国际一流的智能新能源汽车品牌。

三、产能建设

力帆实业(集团)股份有限公司总体生产能力为:年产整车≥20 万辆、汽车发动机≥20 万台、新能源汽车≥15 万辆。公司拥有先进的冲压、焊接、涂装、总装、汽车发动机生产线,以及整车动态性能检测线,为生产出高品质的品牌轿车打下了坚实的基础。

2014 年 9 月,投资 22 亿元建成投产的河南力帆新能源电动车有限公司位于济源市高新技术产业开发区,由力帆实业(集团)股份有限公司全资兴建,设计产能 12 万辆/年,年产值 50 亿元人民币以上,是力帆集团"专业交通工具制造商"产业链中必要的一环,是全国首家既拥有汽车生产资质又拥有新能源电动车生产资质进入低速电动车领域的汽车制造企业。

四、技术进展及研发能力进展

力帆新能源汽车研发分为重庆、济源及上海 3 个基地,重庆基地和济源基地依托力帆汽车研究院以及力帆智能新能源汽车研究院为研发班底,以新能源中心及各专业所技术精英为团队建立新能源汽车项目组,负责混合动力汽车、纯电动乘用车及低速电动车研发,上海基地以上海中科力帆电动汽车有限公司为主,负责高端纯电动汽车开发及试制,目前重庆、济源与上海两个研发基地共有工程技术人员近 600 人,博士后、博士、硕士、高级工程师等技术骨干所占比例近 20%。

力帆具备新能源汽车整车控制器(VCU)、电池管理系统(BMS)、驱动电机、电机控制器、车联网、动力电池,氢燃料电池集成自主开发能力并已有成熟产品批量应用,具备整车开发、性能匹配、动力仿真分析、碰撞 CAE 分析等设计分析能力,同时具备电动汽车三大系统联调能力及性能测试能力,公司拥有专用测试开发设备:D2P 开发平台、三综合振动试验台、三电 HIL 仿真测试系统、电池电芯测试系统、电机测试台架、四立柱实验系统、多个环境实验系统、电池充放电测试系统、底盘测功机、双立柱龙门举升机、直流充电机和交流充电桩、高工位举升机、程控仪器设备、Labcar、CANOE、各类仪器如示波器网络分析仪等、电动汽车动力总成台架测试系统、新能源汽车车载测试系统、DC-DC 性能测试系统等新能源汽车专用零部件测试设备。

重庆力帆乘用车有限公司于 2010 年 6 月通过国家新能源汽车生产资质审查,并取得新能源汽车生产资质,生产规模可达到年产 15 万辆。目前已有多款纯电动乘用车型完成公告并进行销售。

五、主要产品

序号	名　称	型　号
1	力帆 330EV 纯电动轿车	LF7004DEV、LF7004FEV、LF7004GEV
2	力帆 650EV300 纯电动轿车	LF7002FEV、LF7002GEV
3	力帆 820EV 纯电动轿车	LF7007FEV
4	力帆纯电动教练车	LF7002PEV
5	力帆轩朗纯电动 MPV	LF6470EV
6	力帆迈威纯电动 SUV	LF6440EV
7	力帆 650EV400 纯电动轿车	LF7002SEV

六、合资合作

力帆在新能源产品研发、换电运营、充电及电池梯次利用、和租赁服务三大板块共同发力。成立和整合了 3 家企业来共同推进力帆智蓝战略 I. BLUE 1.0。其中包括从事物联网(车联网、电池管理)通信技术的无线绿洲、从事能源存储及换电服务的移峰能源以及从事新能源汽车分时租赁的盼达用车。无线绿洲与移峰能源是上市公司力帆股份的全资子公司,盼达用车则由力帆控股投资。

七、发展规划

2015 年 6 月 8 日,力帆正式发布了未来新能源发展战略——智蓝战略 I. BLUE 1.0, I. BLUE 1.0 旨在构建新能源汽车完整产业链,智蓝战略计划在 2025 年前,推出 21 款纯电和混合动力(含氢燃料电池)产品,实现新能源整车累计销售 50 万~100 万台;并将在未来五年,在全国范围内推广建成500 座能源站,根据客户的不同需求,不断推出个性化、定制化的绿色出行服务,引领新能源汽车产业的全面发展,做新能源领域的创新践行者,成为国际一流的智能新能源汽车品牌。

海马新能源汽车有限公司

一、单位概况

海马新能源汽车有限公司(简称"海马新能源")是海马汽车集团股份有限公司(深交所上市公司,股票代码000572)下属一级子公司,专注于纯电动汽车的研发、制造和销售。公司注册资金 8.66 亿元,总资产 11 亿元,2018 年产值近 10 亿元。海马新能源兼具纯电动汽车(纯电动乘用车、纯电动厢式运输车等)与燃油汽车(乘用车、客车、货车等)整车生产资质,具备 6 万辆整车年生产能力。

海马新能源具备完整的传统车和新能源整车及关键系统、总成研发能力:具备电池选型、试验验证、模组与 PACK 设计、电效率分析与优化能力;整车控制系统开发遵循国际通用标准"V"字形开发流程规范,具备规范的测试体系和仿真技术;具备铝车身正向设计开发、仿真分析能力;车间内具备完整的试验检测设备、生产工艺装备以及冲压、焊接、涂装、总装和车辆检测等 16 条流水线,并先后通过 ISO 9001、QS 9000、IATF 16949 质量体系认证及国家强制性 3C 产品认证。

海马新能源基于传统燃油车成熟技术和十余年三电技术能力,为老百姓短途代步造好车,打造的海马爱尚电动汽车，自2016年投放市场以来，连续3年成为河南省销量第一的纯电动车型。海马E3和E7车型着眼于政府公务用车、共享用车、白领出行等电动车使用场景，在海南市场海马出行平台海马小明已率先投放使用。基于此，海马新能源打造了新能源车辆监控平台、海马小明共享用车平台。同时为了更好服务客户、打造良好的用车环境，截至2018年底，海马新能源在郑州市已建设充电桩近7 000台，分布在大型商超、写字楼、酒店、共享汽车停放点、居民社区等地点。

二、经营情况

海马新能源汽车有限公司近3年来营业收入累计实现15.48亿元，2018年较上年增长4%，保持较快的增长势头。截至2018年12月31日，资产总额10.62亿元，流动资产8.05亿元，负债合计3.02亿元，所有者权益7.6亿元，资产负债率28.4%。

三、产能建设

2018年7月9日，河南省发改委发布《关于海马新能源汽车有限公司跨细分类生产新能源轿车技改项目核准的批复》，同意建设海马新能源汽车有限公司跨细分类生产新能源轿车技改项目，在总产能保持不变的情况下，新增5万辆电动轿车生产能力，其他乘用车和N1类载货汽车生产能力调整为1万辆。

四、技术进展及研发能力建设

整车控制技术：自主开发第四代整车控制器，优化整车控制策略；结合ESP提升能量回收率；采用高效智能能量管理策略，减少不必要的能量损失，能量回收效率达到90%。

电池：已初步完成电池组模块化平台开发；自主研发电池管理系统已完成实车验证。

自动驾驶技术：已建立LEVEL3级自动驾驶技术仿真开发试验室，并完成内部封闭道路600 km试运行，初步具备系统布置设计能力、仿真分析能力、软件和硬件自主开发能力、系统架构搭建能力；2019年实现LEVEL2级自动驾驶技术车型量产。

PHEV技术：已完成P2结构车型产品开发，具备机电耦合模块的设计开发能力，硬件在环测试能力，动力总成的详细定义及HCU软件的测试标定能力，车型将2019年量产。

五、主要新产品

序号	产品型号	产品名称	通用名称
1	HMA7003S201BEV	纯电动轿车	爱尚EV202
2	HMA7003S202BEV	纯电动轿车	爱尚EV202
3	HMA7003S203BEV	纯电动轿车	爱尚EV360
4	HMA7003S204BEV	纯电动轿车	爱尚EV360
5	HMA7000ACBEV	纯电动轿车	爱尚EV360
6	HMA7003S303BEV	纯电动轿车	E3

六、发展目标与规划

汽车产业向“电动化、智能化、网联化、轻量化、共享化”的方向快速发展，新趋势和新技术将开创新品类。海马新能源也将在当前基础上，聚焦可变轻量化专用电动平台、高效三电、智能网联技术，旨在为城市白领出行造好车、成为长续航电动汽车领先者。基于全新平台和技术开发的新车型将于2020年陆续上市销售。

七、2018年1—12月企业在新能源汽车方面经济指标统计

填报单位名称	指标名称	单位	本期累计	同期累计	增长率(%)
海马新能源汽车有限公司	2018年末资产总计	万元	105 929.7	112 675.9	-5.99
	2018全年完成投资额	万元	14 087.22	20 705.22	112.85
	2018年营业收入	万元	55 430.1	56 506.02	-1.90
	2018年利润总额	万元	-5 419.7	-13 875.8	-60.94
	2018年产品销售率	%	1.00	1.00	0
	2018年销售利润率	%	-0.10	-0.25	-60.18

东南(福建)汽车工业有限公司

一、单位概况

东南(福建)汽车工业有限公司(以下简称“东南汽车”)成立于1995年，是由福建省汽车工业集团有限公司、台湾裕隆集团旗下中华汽车、日本三菱汽车三方组建的合资汽车企业。为构筑产业集群效应，在工厂建设的同时，青口东南汽车城同步建设，并于1999年9月26日建成。东南汽车城内含有51家由欧、美日等国家及中国台湾地区设立的一阶汽车零部件厂，以东南汽车城的产业集群效应为依托，共同打造具国际竞争力的汽车工业基地。

东南汽车已建立了较为雄厚的自主研发及质量管理体系，产品线覆盖轿车、SUV、商用车等多个领域，旗下多款车型获得了省科技进步二等奖。2017年获得工信部“全国两化融合贯标示范企业”称号(全国仅50家，福建仅两家)；秉承“原创设计　匠心品质”的品牌精髓，东南汽车始终致力于产品魅力和品牌价值的持续向上，2017年、2018年东南汽车品牌连续2年获得由世界品牌实验室颁发的“中国500最具价值品牌”奖项、2018年还获得“亚洲品牌500强”荣誉奖项。

为实现人、车、社会和谐共生，东南汽车亦积极投入新能源产品的研发中，在2011年推出的东南得利卡纯电动轻型客车以及在2013年推出的V3换电式纯电动轿车，都是国内首批获准贩售的同类别新能源产品，其后陆续推出V5充换兼容式纯电动轿车、EV10纯电动轿车、DX3 EV纯电动SUV等系列纯电动车型。

二、经营情况

东南汽车2016年与2017年已连续两年企业营收、产值双双突破百亿,2017年产销量突破15万台,达成国家批复产能。2018年汽车市场出现28年以来的首次负增长,在严峻的外部环境下,2018年公司仍实现了盈利。

2011以来东南汽车积极开拓电动车市场,在河南省新乡市投入V3菱悦换电式纯电动轿车近500台,进行试点运行,已顺利运行3 200万km。2015年7月,东南汽车与宁德闽运集团建立了合作关系,试行100台V5菱致电动车。2017年11月,首款A00级纯电动轿车EV10上市。2018年3月,东南汽车首款纯电动SUV车型DX3 EV上市,同年8月DX3 EV 400上市。其中,DX3 EV 400参加了中国首届新能源汽车大赛,斩获了六项冠军,并获得了2018年度最佳新能源小型SUV推荐车型。

新能源汽车营销方面,在新能源汽车共享和网约出行方面也作了新突破,比如与福汽租赁合作,以分时租赁模式积极探索适应行政企事业单位的公务用车改革方案,推进新能源汽车共享化。

三、产品出口

2018年东南汽车实现外销2 000多台,同比增长360%以上。并首次实现以SKD(半散件)方式出口缅甸组装,实现从产品输出到技术输出的转变尝试。首批DX3 SKD(半散件)在缅甸已经组装上市,取得了良好的市场反馈。

东南汽车产品已远销至全球三大洲。在中南美洲,在厄瓜多尔、哥伦比亚、秘鲁、智利、哥斯达黎加、玻利维亚等国家,均建立了比较完善的销售网络和售服体系。另外,对中东沙特、科威特和非洲埃及等地的海外新市场的开拓,也进展顺利。新能源车型出口也在评估中,后续将进一步尝试拓宽“一带一路”沿线国家的外销业务。

四、技术进展及研发能力建设

1. 技术进展

2018年,东南汽车以其旗下热卖车型DX7为平台,先后完成了DX7轮毂电机混动车型、DX7 P04混动车型两种不同的混动方案设计,储备相关设计开发经验,实现油电四驱混合动力的技术积累。纯电动平台车型,DX3 EV 400和DX3 e500也进行动力电池质的提升,其能量密度分别超过140 Wh/kg和160 Wh/kg,在同期产品里处于领先水平。在安全设计方面,两款动力电池均设计采用智能液冷温控系统,大大提升整车的安全性和使用寿命。东南汽车也同步启动增程式电动车型的设计研发,已完成第一台增程式电动车的样车试制,在燃料电池汽车领域也整合省内优势资源,正在设计开发阶段,届时也将填补节能与新能源汽车技术路线的空白。

2. 研发能力建设

(1)在新能源汽车研发方面,东南已具备整车控制器(VCU)及电池管理系统(BMS)的自主设计能力。2019年4月,东南汽车新能源汽车研发能力提升建设工程项目建设完成。该项目总投资约1.5亿元,建设有整车半消声室、电驱系统台架试验室、电池充放电试验室、三电综合试验室等,技术与验证更充分的结合也将显著提升东南汽车新能源的综合实力。

(2)东南汽车推行智能化车间改造项目,利用大数据挖掘工具,自主开发了全价值链数据集成平台,打造企业的“经营决策驾驶舱”,整合多达10余个资讯系统实现了数据实时对接、计算与展示,可实时化、可视化的反馈生产经营情况,实现了东南汽车全价值链的高度可视化、信息化及数据化。

五、合资合作及重大项目建设

2019年4月,东南汽车以DX3车型为平台,与中兴通讯、福建移动、福州大学四方联合研发的5G+智能远程驾驶成果。该项目以DX3 EV 400为匹配搭载平台,可满足遥控驾驶系统对于车辆的精确控制,具备完善的自动驾驶开发功能。同时,东南汽车也与国外知名增程器供应商共同研究更先进的车载增程器方案,“增程式电动汽车动力平台”和“零振动发动机”这两项前瞻性研究已经在2019年上海车展东南汽车展台上进行展出。

六、发展目标与规划

短期内,东南汽车将对市场需求细分推出不同续航性能的产品,将推出最大续航里程达到500 km的DX3 e500纯电动车型。此外,东南汽车也将进一步丰富新能源产品线,比如长期以来享誉市场的得利卡、A5翼舞等车型,已在电动化设计开发中。

未来,东南汽车还将通过以下等方面加大在纯电动领域的研发投入:

1. 电驱系统控制器(MCU)将逐步展开自主合作开发,力争2020年取得阶段性研究成果,具备自主设计能力,为后续的新能源三电系统技术升级提供支持;

2. 氢燃料电池技术的研究,深入了解氢燃料电池的工作原理、系统组成、系统控制等技术,计划于2019—2020年完成氢燃料电池的样车试制工作;

3. 无线充电技术的研究,深入了解无线充电的工作原理、系统组成、系统控制等技术,计划于2019—2020年完成无线充电的样车试制工作。

通过加快项目建设、加大市场拓展、加强创新发展、加快技术改造等方面,实现企业高质量发展,未来每年推出一款全新产品,为“十四五”期间公司的转型升级打下坚实基础。

浙江合众新能源汽车有限公司

一、单位概况

浙江合众新能源汽车有限公司(以下简称“合众汽车”),成立于2014年,是一家集创新设计、产品研发、生产制造和销售服务于一体的高新技术企业,是全国第七家拿到发改委工信部“双资质”的新能源汽车企业。

合众汽车拥有业内领先的独立研发机构，汇聚全球顶尖的前瞻技术，构建国际领先的研发体系，形成“四国七地”研发布局，重点研究智能驾驶技术、核心算法与AI技术。

合众汽车计划开发2个平台5款车型，覆盖A0～A+级主流市场，首款量产车哪吒N01已经上市。第二款量产车新一代情感科技纯电SUV合众U在2019上海国际车展开启预售，并在年底上市。

合众汽车以“客户价值”为导向，以“用户体验”为准绳，通过全价值链模式的创新，链通产品设计、渠道经销与消费服务，为客户创造极致消费体验。

合众汽车发展历程如下。

2014年10月，浙江合众新能源汽车有限公司在浙江省桐乡市成立，注册资金6.257亿元。

2016年5月，第一款整车试制下线。

2016年11月，无人驾驶参加第三届互联网大会。

2017年4月，发改委核准整车生产资质。

2017年10月，引入知合出行战略投资。

2017年12月，参加第四届世界互联网大会。

2018年4月，合众新能源（硅谷）智能驾驶研发中心在美国正式挂牌。

2018年5月，桐乡智慧工厂竣工。

2018年5月，合众新能源与驭势科技、维信诺签署战略合作协议，分别就自动驾驶技术、未来智能驾舱等领域展开深度合作。

2018年6月，获得工信部核准的纯电动乘用车生产资质。

2018年6月，正式发布了自己的汽车品牌——NETA哪吒汽车。

2018年7月，首批城市合伙人签约仪式发布。

2018年7月，旗下首款量产车——哪吒N01正式下线。

2018年7月，正式发布企业中期战略——“阿基米德计划”1.0版，品牌旗下首款无人驾驶概念车Eureka 01与首款量产车哪吒N01同时亮相。

2018年11月，首款量产车——哪吒N01于广州车展上市，同时发布了“云海计划”。

2019年3月，在合众汽车北京设计中心，合众U对外公布。

2019年4月，上海车展，合众汽车公布合众U正式开启预售。

二、产能建设

2019年下半年可以达到规划计划的生产能力：年度5万辆整车。

三、技术进展及研发能力建设

2019年合众汽车在智能驾驶、智能座舱等核心技术上加大了投入，加强了技术攻关，已经取得了阶段性的成果，同时EP11/EP12/EP30等车型完成了开发。

四、主要产品

序号	产品型号	产品名称	品牌	通用名称
1	THZ7000BEVS003	纯电动乘用车	哪吒	N01
2	THZ7000BEVS004	纯电动乘用车	哪吒	N01
3	THZ7000BEVS005	纯电动乘用车	哪吒	N01

江西江铃集团新能源汽车有限公司

一、单位概况

以“致力于成为纯电动乘用车研发制造与绿色出行领域的专家”为企业愿景，秉承“创新智造未来，驱动绿色生活”的发展理念，为消费者提供最适用的新能源国民车，引领绿色出行的未来，实现客户、企业以及合作方企业、社会的共赢。

5年来，面对新形势，尤其是在国补加退坡、市场竞争加剧的挑战下，江西江铃集团新能源汽车有限公司汇合力量、凝聚智慧，快速推进合资公司搭建，着力抓市场、抓产品，一方面保持A00级产品竞争力，另一方面加快A0级产品升级和A级产品布局。以智能制造工厂为规划蓝图的三大新能源车制造基地得到有力推进，新能源汽车公司昆明基地总装车间实现投产；新能源汽车公司赣江基地总装车间完成厂房建设，设备正在进场安装，涂装车间和焊装车间完成厂房封顶。

法国雷诺汽车公司入股江西江铃集团新能源汽车有限公司，2019年6月17日正式签订合作协议，雷诺汽车出资10亿元占股50%。雷诺汽车将与新能源在产品、技术、资金、品牌背书等方面全面开展合作，推动新能源汽车公司产品、技术和管理水平提升，强化持续发展能力，并保持其独立竞争力，协助产品出口海外，参与全球竞争。

二、经营情况

2018年，江西江铃集团新能源纯电动汽车销售50 011万辆，连续4年翻倍增长。

江西江铃集团新能源汽车始终是全国新能源汽车私人客户比例比较高的企业，是真正将新能源汽车补贴用来改善老百姓出行的企业，是同类车型第一家将县乡销售网络织得最密的企业。主要举措有：

1. 进一步完善产品纵深布局，通过开发更加多元的产品，满足不同消费者需求，提升在纯电动乘用车领域的竞争力。

2. 创新营销模式，要利用一切符合消费者习惯及市场需求的手段来实现营销的突破。

3. 实现更高的销售目标，主动探索市场方向，明确各自业务的经营目标，不断学习，寻找差距，快速改善。

4. 加快品牌建设推广工作，系统构建“易至”品牌，持续丰富品牌内涵。

5. 整合内外部研发能力资源，推进三电技术迭代研发出成果；组建智能网联开发团队、进行前瞻技术研究和示范应用工作；严格按项目节点推进已立项整车产品项目的开发工作，以支持公司未来业务机会的获取。

6. 降本增效，通过引入更高性价比的动力电池供应商，加大力度进行竞争性谈价，大幅降低动力电池采购成本；通过集中采购和集成化设计等措施，降低三电等价值量高的其他关键零部件的采购成本。

三、产能建设

已投入大量资金对现有技术进行了技改及新建项目以确保产品质量，确保产品品质优质。焊接方面：焊装已采用三坐标进行检测，来确保产品必须与数模的一致性。涂装方面：加强底漆线，中涂线、面漆线建设，以满足产品涂装要求，新建涂装中央空调建设项目来保障涂装防腐涂层的最佳温度，确保产品比同类产品更持久的耐磨防腐能力。总装及调试线：新引进最新检测线、淋雨线，试车道、发车库停车场改造及大量公用设施的改造，以保障从生产到发运过程中的产品质量要求。

采用精益生产方式，车间内各生产工位不设大量零部件存放，所用零部件在车间物流缓存区配套后直接送至装配工位；生产线具备柔性生产能力；为提高生产效率，确保装配质量，大量使用电气动工具；部件总成分装区临近主线相应工位布置；进入车间的外协件零部件经检验合格后上线，关键工序设检验工位，以保证装配质量。

四、技术进展及研发能力建设

本着自主研发，不断创新的宗旨，已成功自主开发的关键零部件有：动力蓄电池、驱动电机、电机控制器、整车控制器，有力地支持了公司产品的市场占有率的持续攀升。纯电动汽车及关键零部件产品制造领域处于国内领先地位。公司现有产品整车 E300、E200 系列纯电动轿车，并正在研究开发 E180、E50、E400L、GSE 纯电动轿车、SUV 车型。零部件现有产品整车控制器、动力蓄电池余种产品，零部件品种齐全，覆盖面广，涵盖了轿车、专用物流车、轻型卡车、轻型客车等众多领域。

坚持以自主研发、技术创新为主线，以强化引进消化吸收再创新为生点，以企业为主体、市场为导向、科研院所为依托，加强产学研有机结合，实施知识产权和品牌战略，建立健全技术创新体制和机制，提高企业产品核心竞争力，提升产业技术水平，增强公司综合竞争力，保障企业健康可持续发展。对技术中心的研究方向、重点技术攻关及经费预算等方面进行决策，并监督技术中心的研发工作。同时，在公司领导的主持下外聘有关专家、教授组成专家委员会，加强对技术中心科技创新的技术决策研究和技术咨询、评估等工作，为技术中心的科技创新提供了强有力的技术支撑。

三电系统实验室建设的主要内容包括基础设施建设、尖端设施建设、技术能力建设、人才队伍建设。通过对电芯产热机理、热安全问题的防控机制、高精度高效的电驱动控制算法、电控策略架构及软件安全等基础研究，整合实验室技术储备的优势资源，实现整车控制系统、电驱动系统、车载可充电储能系统等三电核心零部件的研发、测试、评估、验证及中试生产任务，将实验室建设成为集技术与流程体系于一体的三电系统产品开发能力。

围绕实验室的建设目标，项目组配备了专业的测试设备（电池充放电设备、HIL 设备，EMC 设备、动力总成台架等），多专业多层次的人才队伍（特聘专家（韩国）1 人、江西省“百千万人才”1 人、中科院可再生能源重点实验室客座研究员 1 人、洪城特聘专家 2 人、“海鸥计划”2 人、教授级高级工程师 2 人、高级工程师 5 人等），新能源三电系统技术开发涉及车辆、机械、电气、能动、化学、软硬件、测试等专业领域的知识，以确保三电系统的应用及产业化。

由江铃新能源牵头，联合同济大学、北京易航远智科技有限公司、苏州豪米波科技有限公司、纵目科技股份有限公司等多家高校和科技创新企业共同攻关，旨在打破国外技术和产品垄断，实现智能辅助驾驶系统核心零部件的产业化；建立面向电动车智能辅助驾驶集成应用的驾驶行为数据采集和分析平台；研发适用于我国路况和驾驶行为的智能辅助驾驶系统及辅助驾驶功能评测方法。通过该项目的研发，加快了我省具有智能辅助驾驶功能汽车的产业化应用。

研发高性能的智能辅助驾驶技术集成平台，遵循 ISO 26262 安全设计要求，以相关项定义、危害分析和风险评估后得到的安全目标及汽车安全完整性等级为导向，建立功能安全目标和功能安全要求。建立涵盖信号基本故障诊断、信号合理性故障诊断等要素，建立各监控层级的故障诊断系统，实现控制系统全生命周期的功能安全保证。

五、主要新产品

1. 整车			
序号	产品型号	产品名称	通用名称
1	JX7001ESCBEV	纯电动轿车	EV3
2	JX7001EUABEV	纯电动轿车	E400L
3	JX7002ESEBEV	纯电动轿车	E180
4	JX7003ESCBEV	纯电动轿车	E200

2. 零部件		
序号	产品型号	产品名称
1	JMEV-SHZLW001	动力蓄电池包
2	JMEV-VCPCBZ002	整车控制器

六、发展目标与规划

江西江铃集团新能源汽车有限公司的长期发展目标是结合《汽车产业中长期发展规划》，深入实施创新驱动发展战略，推进技术、管理、体制和模式创新，实现重点领域和关键环节的突破发展；加快推进设计、制造和服务一体化，实现产品全生命周期网络协同；创新整车与零部件合作模式，推进协同发展。企业创新能力明显增强，整车研发、动力电池、驱动电机等关键核心技术处于国内领先水平。

新能源汽车厂面临着巨大的生存压力。补贴退坡、产能过剩以及新势力造车企业的涌入正在加剧竞争。从自身盈利性分析，一方面成本不断攀升；另一方面盈利模式尚待重构，新的利润来源存在较大不确定性。因此，如何应对挑战、破局而出是摆在新能源汽车企业面前的一道必解之题。

随着电池技术的持续发展,能量密度的不断提高,电动车的续航里程提升是必然趋势。此外,通过对消费者的调研后发现,60% 高端车主和 89% 中低端车主认为续航里程超过 400 km 的纯电动汽车可以满足他们的日常使用需求。

面对新能源汽车市场快速发展的机遇,江西江铃集团新能源汽车有限公司计划进一步扩大生产规模。根据公司发展规划,2020 年左右要将江西江铃集团新能源汽车有限公司建设成为市场占比 10% 以上的新能源汽车企业,到 2025 年具备 30 万辆纯电动乘用车的生产能力。

七、2018 年 1—12 月企业在新能源汽车方面经济指标统计

填报单位名称	指标名称	单位	本期累计	同期累计	增长率(%)	增长额/提高百分点
江西江铃集团新能源汽车有限公司	2018 年末资产总计	万元	610 311.25	283 841.33	115.02	326 469.92
	2018 全年完成投资额	万元	71 254.55	14 538.04	390.12	56 716.51
	2018 年营业收入	万元	645 795.81	413 146.46	56.31	232 649.35
	2018 年利润总额	万元	2 883.55	2 601.94	10.82	281.61
	2018 年产品销售率	%	102.52	73.96	38.62	28.56
	2018 年销售利润率	%	0.45	0.63	-29.1	-0.18
	工业经济效益综合指数	%	210.62	322.82	-34.76	-112.20

上海蔚来汽车有限公司

一、单位概况

上海蔚来汽车有限公司(以下简称“蔚来”)于 2014 年 11 月,致力于通过提供高性能的智能电动汽车与极致用户体验,为用户创造愉悦的生活方式。蔚来已在全球汇聚 9 000 多名人才,在上海、北京、圣何塞、慕尼黑、伦敦等全球 11 地设立研发与生产机构;在中国市场初步建立了覆盖全国的用户服务体系。2018 年 6 月 28 日,蔚来开始正式向公众交付高性能智能电动旗舰 SUV 蔚来 ES8;2018 年 9 月 12 日,蔚来在纽约证券交易所上市;2018 年 12 月 15 日,高性能长续航智能电动 SUV 蔚来 ES6 正式上市。

二、经营情况

蔚来 ES8 自 2018 年中开始交付用户,2018 年总产量为 12 775 辆,交付总量为 11 348 辆。2018 年蔚来汽车总收入近 50 亿元。

销售方面,蔚来采取线上、线下结合的直销模式,蔚来中心作为蔚来打造用户企业的重要一环,已在全国 14 个城市建设了 17 家门店。为提升用户体验,蔚来打造了充换电服务品牌“蔚来能源”,已建设超过 120 座换电站,覆盖了 G4 京港澳高速、G2 京沪速;实现了 G15 沈海速的部分贯通;部署了超过 500 辆充电车,并建设了自有超充桩站。

三、主要产品

序号	产品名称	品　牌	通用名称
1	纯电动城市乘用车	蔚来	ES8
2	纯电动城市乘用车	蔚来	ES6

四、合资合作及重大项目建设

除了与江淮汽车的制造合作,蔚来还与另外两家自主品牌车企开启了战略合作。

2018 年 4 月广汽蔚来落户广州市南沙区,广汽蔚来由广汽集团、广汽新能源汽车有限公司与上海蔚来汽车有限公司及湖北长江蔚来新能源产业发展基金共同出资。致力于智能网联新能源汽车的研发、销售及服务。广汽将主要负责整车的研发和生产,蔚来将提供智能网联技术和能源支撑体系。2019 年 5 月 20 日,广汽蔚来旗下全新品牌“HYCAN 合创”正式发布,同时合创品牌旗下的首款概念车亮相。

2018 年 8 月 17 日,由长安汽车与蔚来共同出资打造的合创公司“长安蔚来新能源汽车科技有限公司”落户南京江宁开发区。长安和蔚来的合作将探索创新的商业模式,共同在纯电动整车研发、智能汽车前沿技术、销售服务模式、产业链的整合、大数据分析及软件应用及创新管理机制等方面作出积极的探索。

五、技术进展及研发能力建设

蔚来独立研发三电和智能化 6 项核心技术:电机、电控、电池包、智能网关、智能座舱、自动辅助驾驶系统。蔚来具备行业领先水平的高性能电驱动单元组合,可实现 ES8 百公里加速时间 4.4 s,ES6 百公里加速时间 4.7 s,配合行业率先投放的 811 电芯的 84 kWh 电储能系统,产品续航最高可达 510 km(NEDC 标准)。同时可支持 NIO Power 快速换电系统及 400 V 快充标准的高性能电池系统。蔚来 ES8 和 ES6 配备了达到 L2 级别的高级辅助驾驶能力—— NIO Pilot,并在全系车型上进行硬件标配。

威马汽车科技集团有限公司

一、单位概况

威马汽车科技集团有限公司（WM Motor，以下简称“威马汽车”）成立于2015年，是国内新兴的新能源汽车产品及出行方案提供商。自创立之初，威马汽车制定了明确的集团发展“三步走”战略，即：做智能电动汽车的普及者；成为数据驱动的智能硬件公司；成长为智慧出行新生态的服务商。威马汽车构建了以用户为核心的新零售渠道网络，开创新4S（Space、Store、Station和Spot）模式，已累计签约85家智行合伙人，覆盖北京、上海、广州等近57座国内主要城市，为用户提供“安全可靠，质量稳定，体验出色，成本合理”的产品和服务。

威马汽车正不断完善智慧出行的布局，旗下开放、独立运营的智慧出行品牌，秉承“智能、环保、高效、共享”的宗旨，携手合作伙伴，构建以“威马ID”为纽带的平台，向用户提供全面、人性化的智慧出行解决方案，连接产品、服务、场景和社群，打造“智享优品，即客先行”的智行新生态，成为新时代品智出行的普及者。威马汽车·即客行作为威马汽车布局出行领域的先行品牌，目前正在逐步布局和推出公共充电、城市共享、旅游共享等业务，为用户提供多元化、一站式的整合智慧出行服务。

二、经营情况

截至2018年12月，威马汽车科技集团有限公司的团队规模已达3 000人，秉承“开放，聚能，内驱，尊重”的核心价值观，构建了多元化的人才结构，汇聚了众多来自全球的全产业链人才，分布在德国萨尔州（整车技术研发中心）、美国硅谷（人工智能研究院）、上海（集团总部、设计·采购中心、智能网联研发中心）、北京（区域总部及政策法规协同中心）、成都（全球研发总部）、绵阳（自动驾驶技术中心）和温州（新能源汽车智能产业园、生产智造与产业化研发中心）。

德国萨尔州（整车技术研发中心）：主要业务包括整车及材料开发、高性能动力结构研发等；

美国硅谷（人工智能研究院）：智能驾驶的前瞻规划和布局；

上海（集团总部、设计·采购中心、智能网联研发中心）：主要业务包括集团综合运营、战略规划、品牌营销等；

北京（区域总部及政策法规协同中心）：主要业务包括国家政策研究、行业政策分析等；

成都（全球研发总部）：负责旗下产品和技术的国内研发；

绵阳（自动驾驶技术中心）：尖端智能驾驶技术的开发与测试，加速自动驾驶的商业化进程；

温州（新能源汽车智能产业园）：聚焦智能制造，主要负责生产制造，落地C2M客制化生产；

温州（生产智造与产业化研发中心）：负责转化成都研究总部在产品、技术、智能制造等维度的研发成果，将其更好地落地于生产制造领域，从而提升威马汽车的产品品质及智能制造水平，强化在智能制造、工业4.0和自动化生产等领域的实力。

在战略资本合作上，获得百度集团，腾讯集团，远景能源，五矿集团，远东租赁，诚通基金，成为资本，红杉资本，百度资本、SIG海纳亚洲、阿米巴基金，七海基金等战略性投资威马汽车。

三、产能建设

位于浙江省温州市瓯江口工业区的威马新能源汽车智能产业园，是威马汽车科技集团在国内建造的首座新能源汽车智能产业园。园区于2016年11月23日奠基，设计之初围绕“智能化、自动化、质量保证体系”三大核心，集合众多智慧交通领域的产业配套，集智能制造、智慧物流、零部件柔性化配套、自动驾驶试验四大功能于一身，总用地面积近1 000亩。按照“一次规划，分期实施”的原则，一期可实现10万台产能，随着用户需求及市场反馈，可分步释放总规划20万台的产能。2018年3月，威马新能源智能产业园生产线全面贯通，自主建成投产的工业4.0智能制造整车工厂的建设成功，标志着威马产品实现量产化。2018年9月28日，首款全车交互纯电SUV威马EX5量产交付，截至2019年2月28日，威马汽车温州新能源智能产业园的总装下线量已达1万台，日峰值产量已经超过200辆。

产业园三大核心亮点。智能化包含C2M客制化生产、高数字化投入、扩展空间预留、对外软件接口、RFID无线射频技术（开发测试阶段）等多个方面。威马汽车温州产业园的特点是实现了主线自动化率100%。其中，视觉引导系统应用在了很多方面，如车身车间，可实现白车身侧围拼装和顶盖的拼装工位。一般主机厂采用的都是人工拼装的形式，在ASE-1中，这种拼装工位应用了最先进的机器人视觉引导技术，通过机器人视觉系统来判断零件的具体位置及状态，然后将这些信息转化成机器人轨迹的偏移量，从而攻克了常规机器人拼装定位不稳定的技术壁垒，实现了更高柔性化和信息化的全自动生产模式。如冲压车间，可实现整线3～5 min内自动换模（ADC）。不仅如此，AGV合车系统等先进技术，也是主线100%自动化的一部分。质量保证体系包含多个方面，其中主线采用在线测量系统，负责测量白车身的尺寸。这套在线测量系统，是一套基于视觉和激光测量技术的在线非接触测量系统。在原有抽样检测的基础上，实现对白车身100%的在线测量，加大测量样本量，实时监控车身工艺尺寸波动，为提高制造过程能力控制及生产工艺改进提供数据支持。门盖采用离线测量系统，该系统与在线测量系统都属于非接触式测量系统。相比三坐标的检测具有自动化率高、检测效率高等特点。国内除了大型合资企业之外，只有为数不多的整车制造厂拥有该类离线测量系统。三坐标测量室选用的意大利海克斯康的双悬臂测量机和控制系统等，可完成两平台4车型白车身、底板、侧围、和门盖总成的测量工作。同时，还有2 mm工程、AI在线质检等多个维度同共保障产品品质。

四、技术进展及研发能力建设

威马汽车在设计、技术等领域的专利数量已近千项。在智造和技术方面也同步升级，智造方面，威马汽车将打通全球资源，强化产业化能力，增强供应链及智能制造能力。2019年3月7日已经成立了温州生产智造与产业化研发中心，将更好地发挥工业4.0的温州工厂的自动化、智能化优势，深化C2M客制化，不断满足更多元化、个性化的需求。

技术升级方面，将会强化前瞻技术储备，加快前沿技术的量产落地，尤其是加快三电、全车交互智能引擎和自动驾驶等核心科技的突破。智能网联的优化，OTA更新频率保持3个月一次；三电技术，电池密度将提升，强化在续航方面的优势；自动驾驶，不仅有L2级ADAS高级自动驾驶辅助系统将上线量产，还与百度集团合作成立研发中心为威马L3、L4技术做储备，计划于2021年实现L3自动驾驶技术的量产应用，更好地将科技普惠于民。

五、合资合作及重大项目建设

2018年3月24日，威马汽车智行合伙人研讨会暨首批智行合伙人合作签约仪式；

2018年3月26日，威马汽车与产业链龙头企业——远景智能及远东宏信有限公司签署了战略合作协议；

2018年4月11日，威马汽车在海南召开发布会，与海南省交通投资控股有限公司正式签署合作协议，助力海南智慧交通的建设。威马汽车对外公布了“智慧共享全球化”发展的三步战略，并带来了旗下独立的智慧出行品牌——“GETnGO即客行”；

2018年7月2日，威马汽车第二批来自13座城市的13家智行合伙人在延安举行签约仪式；

2018年9月19日，威马汽车科技集团携威马EX5亮相工博会；在2018成都国际投资峰会上，与成都龙泉驿区人民政府签订投资协议，在龙泉驿区投资建设威马新能源智能汽车全球研发总部；

2018年11月2日，威马汽车与中国铁塔签署战略合作协议，双方将在电池梯度利用、电池回收等方面展开合作，助推绿色智慧经济的可持续发展；

2019年1月8日，威马汽车登陆美国拉斯维加斯CES展会，并和百度宣布达成战略合作，成立“威马&Apollo智能汽车联合技术研发中心”，共同研发自动驾驶解决方案；

2019年1月12日，威马汽车在美国硅谷举办了首届海外交流会，并宣布“Project W——威马按需出行计划”第一阶段启动；

2019年1月19日，威马汽车即客行·海南椰行旅游租车服务正式落地，完善了威马汽车在出行服务领域的布局；

2019年1月30日，威马汽车与美团打车达成战略合作，双方以用户为核心，将充分发挥各自的优势资源，不断探索出行跨界新模式。

六、发展目标与规划

紧密围绕集团发展“三步走”战略（第一步，做智能电动汽车的普及者；第二步，成为数据驱动的智能硬件公司；第三步，成长为智慧出行新生态的服务商），制定以下发展规划与目标。

在未来产品规划上实行“128”战略，即围绕1个核心架构，延伸出“STD”和“PL”2个整车平台8款产品。2019年发布由Living Motion三电动能系统、Living Pilot智行辅助系统和Living Engine全车交互智能引擎构建起的威马汽车核心技术矩阵及由智行2.0版威马EX5、威马EX5 Pro以及威马EX6 Limited和EVOLVE CONCEPT两款量产概念车，组成的最强产品矩阵。

携手合作伙伴，构建以“威马ID”为纽带的平台，向用户提供全面、人性化的智慧出行解决方案。“即客行”APP已接入10万支充电枪，囊括全国189座城市，将持续布局和推出公共充电、城市共享、旅游共享等业务，打造“智享优品，即客先行”的智行新生态。

爱驰汽车有限公司

一、单位概况

爱驰汽车有限公司（以下简称“爱驰汽车”）创立于2017年2月，是一家国际化的智能新能源汽车科技公司。爱驰汽车顺应中国智造品质革命的浪潮，致力于以AI科技加速智能汽车工业进化，重塑汽车产业价值链。自成立以来，爱驰汽车已在核心技术及产品研发、供应链建设、制造基地建设、汽车后市场和出行服务布局、全球化布局、团队建设、投融资等方面不断取得进展与突破，并在2019年正式推出首款智能电动车U5。

二、经营情况

爱驰汽车总部位于上海杨浦区长阳创谷，自2017年2月成立以来，在江西上饶自建了超级智慧工厂，在上海嘉定建设了技术中心，在江苏常熟全资投入拥有电池包工厂。在海外，爱驰汽车在德国设有全资子公司爱驰恭博汽车有限公司，由爱驰汽车CPO（首席产品官）Roland Gumpert先生担任子公司的CEO兼德国技术中心负责人；在美国密歇根州底特律设有前瞻技术实验室，侧重自动驾驶技术研究。2019年2月，爱驰汽车注资丹麦甲醇燃料电池系统开发商Blue World Technologies公司，共同在高温甲醇燃料电池领域发力，并在电动车增程技术与清洁能源应用方面进行深入探索，加速汽车动力系统的变革迭代。爱驰汽车已打造出世界首个上钢下铝的纯电整车正向开发平台MAS和跑车平台GES。

三、产品出口

爱驰汽车瞄准全球市场，按照欧洲标准进行产品开发，并放眼全球进行布局。爱驰汽车注资丹麦甲醇燃料电池系统开发商Blue World Technologies公司，合作技术成果甲醇重整制氢燃料电池技术也将助力双方开发下一代更高效率的可持续动力系统，有望未来批量应用于全球市场。2019年3

月，爱驰 U5 亮相2019 日内瓦国际车展，在欧洲市场开启预订，正式进入了海外市场运营的实操阶段。

四、产能建设

爱驰汽车常熟电池包工厂

位于江苏常熟的电池包工厂，由爱驰汽车全资投资建设，一期年产能规划为 3.5 万台套，主要生产 EV 用动力电池总成系统。工厂以打造一流的标准化、可视化电池包工厂为目标，按照 IATF（International Automotive Task Force，国际汽车工作组）标准进行产品开发和量产管理。工厂生产具有自动化、轻量化、模块化三大特点，力求打造业内最高竞争力的电池系统。同时，这座工厂未来还将面向所有整车厂开放生产订单，以满足中国新能源汽车行业爆发式增长的动力电池需求，充分体现出爱驰汽车“分享、共享”的底层商业理念。

爱驰汽车超级智慧工厂

建于江西省上饶市的爱驰汽车超级智慧工厂于 2017 年 5 月开始动工建设，2018 年 12 月完成所有设备安装，已全线贯通并通过验收进入到试生产阶段 。超级智慧工厂总占地面积 950 亩，是集合冲压、焊装、涂装、总装与电池包生产为一体的全工序工厂，规划年产能为 30 万辆新能源整车，分两期建设，一期完成 15 万辆产能建设。

工厂在规划之初就定位为以工业 4.0 标准打造的“物理工厂 + 数字工厂”的双胞胎智慧工厂，它拥有世界上最快的机械压力机冲压线，也是国内智能化程度最高的钢铝混合、全柔性、多平台、高速生产线，主线自动化率 100%，支持多平台、多车型的混线、共线生产，还可实现喷胶、喷漆工艺全自动化，最高可满足 13 种颜色共线，可以共线生产 6 种车型；全球标准下的质量管控体系能够生产满足欧洲法规的产品；同时，这也是一座符合国内最高排放标准的绿色工厂。

爱驰的智能制造规划也正在分阶段稳步推进中，以实现精益化、集成化、柔性化为目标，满足定制化、小批量、短周期的交付需求；赋予智能制造系统判断和深度学习能力，形成以智能生产、智能物流、智能质量和智能管理为整体架构的智慧工厂蓝图；通过智能数据的外延和共享，最终覆盖研发、生产、市场整个运营价值链和产品全生命周期，形成完整的爱驰汽车智能制造生态环境。

五、技术进展及研发能力建设

核心科技与平台

自主研发包括 AIPT（Power Train 三合一智能电驱系统）、AIBP〔电池包干湿隔离冷却和预热系统（三明治结构）〕、AIAD（Autonomous Driving 高性价比量产化智能驾驶系统）、AICO（智能情感化车联网）在内的几大核心技术，自主打造集成化、模块化、轻量化的智能纯电整车 MAS 平台与赛道级电动跑车 GES 平台，并拥有强大的工业 4.0 时代的数字化智能制造能力。

爱驰汽车嘉定研发中心

为了更进一步地提高企业的技术水平，爱驰汽车在上海嘉定建立了研发中心，并于 2018 年 4 月 13 日正式启用。研发中心占地面积为 31 439 m^2，设备总投资超过 3 亿元，具备完成整车开发过程中核心试验验证及测试的能力，油泥模型制作、样车试制、动力系统、电子电器测试工作正在有条不紊地进行。未来，技术中心将实现 MINI 智能驾驶及能源综合利用等专门针对智能电动车的测试及应用场景。

六、主要产品

序号	产品型号	产品名称	品牌	通用名称
1	JX6470UBEV	纯电动乘用车	爱驰	U5

七、合资合作及重大项目建设

爱驰汽车整合全球优秀资源的供应链体系，拥有国际一流的供应商和合作伙伴，如博世、西门子、乔治费歇尔等全球顶尖企业。这些优秀的供应商和合作伙伴在动力和充电、内饰与外饰、制造与生产、电子电器、底盘车身与安全、车联网等方面给予支持，助力爱驰汽车快速地落地优质产品。2019 年，爱驰汽车又先后与人工智能公司思必驰，以及北京四维智联科技有限公司签署战略合作协议，加速智能互联领域的探索和开发；并于同年与“化工巨头”巴斯夫（中国）签署战略合作协议，在轻量化材料、色彩开发、电池材料研究等多个领域有更深入的合作。

天际汽车科技集团有限公司

一、单位概况

天际汽车科技集团有限公司（以下简称“天际汽车”）是集新能源汽车研发、生产、销售和服务于一体的高端出行科技企业，秉承全球设计、顶尖品质、智能互联的品牌理念，致力于用创新科技去重构汽车的设计、品质、豪华与智能体验，不断颠覆对于汽车的想象，探寻未来出行的无限可能。天际团队由来自大众、通用、保时捷、沃尔沃等车企精英汇聚而成，核心成员均拥有 20 年以上深厚的行业积淀。

二、经营情况

天际汽车已设立天际（ENOVATE）品牌用于乘用车、电咖（DEARCC）品牌用于商用车。天际（ENOVATE）首款车型高端智能 SUV ME7 已于 2018 年广州车展亮相，并在 2019 年上海车展开启预售。

天际汽车已拥有各类整车生产资质。天际汽车位于绍兴滨海新城的乘用车生产基地，已于 2018 年 4 月动工，2018 年 12 月主体结顶，2019 年将正式建成并投入使用。天际品牌的 ME7 也将在此生产。

三、产能建设

天际汽车科技集团有限公司绍兴工厂位于浙江省绍兴市滨海新城，是浙江省“十二五”重点布局的 15 个省级产业集聚区和重点开发区（园区）之一。绍兴工厂选址位于云帆道以北、汇通路以东、听海路以西、北塘河以南区域，占地约1 000亩。工厂主要建构筑物有冲压、焊装、涂装、总装四大车间和研发试车跑道等公用配套设施，建构筑物占地面积117 520 m²。工厂主要生产产品为ME7 BEV纯电动汽车。绍兴工厂规划产能共计18万辆/年，分两期建设。其中，一期规划产能6万辆/年，二期规划产能12万辆/年。

四、技术进展及研发能力建设

天际汽车是一家基于深刻洞察用户的智能科技公司，其主要的用户群体为“80、90后”的千禧一代，伴随着互联网、信息科学发展成长起来，他们追求极具科技感的产品，对于前沿科技特别是3D、虚拟现实、人工智能的互联网技术应用非常关注。为此，天际汽车的研发理念就是打造极致科技产品，让用户享受科技带来的乐趣。

天际汽车的科技创新是围绕三电系统和智能网联两大核心方面展开的。

在电池技术方面，天际汽车进行了前瞻性的布局，2021年前采用高性能的三元锂电池，如2019年底投产的ME7搭载的电池电芯能量密度高达258 Wh/kg，电池包能量密度超过160 Wh/kg，整车续驶里程高达500 km，后续采用811体系及硅碳负极电芯技术。2021年小批量投产固态电池，电芯能量密度可达300～500 Wh/kg，固态电池是三元锂电池下一代技术，从安全性、能量密度、工作温度和快充等维度有了很大的提升。

在电驱及电控系统技术方面，天际汽车采用高功率永磁同步电驱技术，第一代电驱系统采用分体式，电机和电机控制器采用博世技术，电机峰值功率170 kW，峰值扭矩330 Nm，效率高达98%。下一代电驱系统采用电机、电机控制器、减速器三合一方案，A样设计已完成。第一代整车控制器硬件采用博世技术，应用层自主开发。第二代整车控制器将与BMS融合成为VBU集成方案，由天际汽车自主开发，A样设计已完成。新一代电驱系统及VBU将于2019年下半年完成A样，在2021年6月批量投产。

在智能网联方面，为了保证用户体验，在硬件平台方面，ME7采用4核CPU的高通S820 pre处理器，该处理器具备320G FLOPS的视频和55K DMIPS高速处理能力，是斑马系统所适配的TI J6处理器CPU运算速度的2倍，GPU运算速度的4倍。在架构层面，前后大屏分别配备两台主机驱动，主机之间通过百兆以太网连接，为海量数据快速处理、快速交互提供了硬件基础。在云端大数据处理方面采用了AI技术，对云端车辆及用户行为数据进行挖掘，车辆分析诊断的结果自动与售后系统对接，通过用户行为数据的分析进行用户头像并将结果传输到车端，使车辆更了解用户并提供智能化的服务。另外，语音语义交互融合方案也采用了AI技术保证人车自然交互，同时AI技术也运用到了人脸识别功能上，提高识别精度。此外，ME7大量采用3D虚拟技术，在车辆控制、虚拟展示、导航地图方面采用3D渲染、AR技术相结合，使展示的画面更逼真，大大提升了用户体验，让用户近距离地感受科技的魅力。

在智能驾驶方面，天际汽车打造的ME7车型可实现L2.5的智能驾驶功能。ME7车型上搭载高达数量22个环境感知传感器，全范围、360°无死角地对车辆周围行驶环境进行监控。基于此，16种驾驶辅助功能可让用户在复杂的驾驶场景中应对自如。前向系统基于视觉与毫米波雷达融合技术方案，应用博世最新技术；自动泊车系统基于环视与超声波雷达融合技术，与国内供应商德赛合作研发可实现全自动泊车及遥控泊车功能。侧向采用毫米波雷达，可实现盲点检测、倒车辅助、开门预警等功能。相比于同行业竞品车型，ME7车型推出的智能驾驶功能非常有竞争力。

五、主要产品

产品型号	产品名称	品牌	通用名称
QAC6461BEVAA	纯电动多用途乘用车	天际	ME7

六、合资合作及重大项目建设

天际汽车2017年下半年与绍兴滨海新城签订合作协议，该项目已列入浙江省重大产业项目。项目拟建冲压、车身、涂装、总装车间及试车跑道，以及能源中心、变电站、物流仓库等相关配套设施，生产制造完全采用德系造车标准，以智能制造体系融合四大工艺、数字化供应链管理系统、生产制造系统、质量控制系统与自动化工艺生产线，确保制造过程灵活高效。

天际汽车在核心零部件、共享出行，充电服务，电池梯度利用等领域都已与博世、德赛、EV CARD、星星充电、特来电等上下游企业开启了合作，共同打造天际汽车的生态圈。

七、发展目标与规划

天际汽车正快速打造包括整车、造型、底盘、车身、电子电器、新能源、车联网、智能驾驶在内的完整研发体系，未来5年，天际汽车将不断完善产品布局，围绕主流到高端，包括乘用车及商用车打造多款车型，全面覆盖各细分市场。

销售体系方面，天际汽车围绕用户为中心提供多样生活场景的在线商品与服务购买体验，覆盖在线订车、服务套餐购买、金融增值产品购买、精品配附件购买、维保产品购买、新生态平台构建的综合零售模式。建立线上线下一体化的新零售购车模式，实现全渠道+流量池（OMO）、线上线下统一定价（ONE PRICE）、7×24 h在线（ALWAYS ONLINE）、订单透明化（ORDER TRANSPARENCY）、个性化定制按订单生产模式（C2M）。

网络体系方面，天际汽车采取了直营体验中心与品牌授权经销商相结合的创新零售渠道模式。在重点城市核心商圈设立厂家直营的天际中心，可让品牌快速起步为目标消费者提供高端统一的品牌、产品体验和丰富的客户活动，配合由经销商运营的智选空间，充分调动地方关系和最强营销资源，为品牌提供可持续性的客流导入和转化的销售模式。

渠道建设方面，天际汽车已规划了4种渠道，将建设全方位、多层次的线下销售服务体系，包括：天际中心（品牌体验店）、智选空间（销售中心）、安心工场（服务中心）、速捷驿站（快捷网点）。天际汽车未来将依据交付的计划和数量，以及每个区域消费市场、用户群、未来销售的可能性来进行规划。初步的目标是覆盖80个城市,在一、二、三线市场来发展营销服务。

重庆金康赛力斯汽车有限公司

一、公司概况

重庆金康赛力斯汽车有限公司(以下简称“金康赛力斯”),隶属于小康集团旗下,专注于新能源电动汽车领域。秉承“推动汽车能源变革,创享智慧移动生活“的使命,金康赛力斯将为用户打造一款“车随心动”的电动汽车。金康赛力斯拥有新能源电动汽车领域的生产和销售双资质,其中2017年1月获得了发改委生产资质,2018年9月获得了工信部产品资质。在过去的3年里,金康赛力斯将研发中枢放在了硅谷,并形成了全球四国六地的产品研发布局,已掌握了领先的电驱动核心技术(含电机、电控、电池包等)和保护性自主驾驶技术等,取得了全球领先的电池管理系统、先进的热管理及多重电池防护、车载式的增程器平台等多项技术成果。

在生产制造方面,以工业4.0标准打造的金康赛力斯重庆两江智能工厂已全面投产。此外,金康赛力斯开启了汽车新制造模式的探索,以数字化为核心驱动力,结合人工智能、物联网、云计算等新技术,以实现真正以用户需求为导向,以实时在线的响应方式,快速精准地进行C2M规模定制生产。

在产品方面,金康赛力斯在新能源电动汽车领域推出了首款车型SERES SF5,并将于2019年在中国市场正式上市交付。

二、品牌概述

SERES(赛力斯)是金康赛力斯旗下的中高端智能电动汽车品牌,也是在电动汽车领域同时推出纯电与增程的新能源汽车品牌。

SERES(赛力斯)由5个英文字母组成,词形正反对称协调,达到完美平衡。其中“S”代表硅谷(Silicon valley),“E”代表电动汽车(Electric vehicle),“R”代表增程式(Range-extended),整体代表SERES(赛力斯)品牌致力于打造全球领先的“基于纯电的增程式”智能电动汽车,即“新电动”。

三、研发创新及技术优势

SERES(赛力斯)立足硅谷,汇集全球技术资源,构建跨国研发体系,在全球范围内设立了工程设计、智能交互、电驱电控、高能量电池和智能驾驶等研发实验室,专注于新电动领域从算法到工程技术的原创研发,正在申请及已获得的全球技术专利超过1 000项。

为了解决用户使用纯电动车的充电难、里程焦虑和性能衰减等痛点,SERES(赛力斯)致力于增程电动新技术的自主研发,其核心竞争力是一体化的增程系统、增程控制技术以及电机、电池、电控技术,将为行业提供技术开放共享。在增程系统方面,SERES(赛力斯)搭载了一体式车载增程器,采用1.5T涡轮四缸发动机和最大功率90 kW永磁同步发电机直连式一体化设计,以直驱供电形式有效避免了能量链条过长带来的能量损耗。

SERES(赛力斯)的一体式车载增程器基于不同工况的智能增程逻辑,可进行两大模式5种智能工作状态。第一种是纯电驱动模式,电量充足情况下,由电池输出能量驱动电机;第二种是增程模式,包括4种工作状态:(1)联合供电状态,在急加速工况下,电池和增程器共同向驱动电机输入能量,保证驱动电机功率需求;(2)驱动+充电状态,增程器发电机在直接作用于驱动电机满足动力需求的同时,增程器发电机的剩余电力还可以对电池组进行充电;(3)发电直驱状态,当电池电量低于SOC时,增程器介入后直接向驱动电机进行供电;(4)供电状态,增程器不仅可以对电池包进行充电,还可以通过V2V和V2L对其他车辆进行充电救援或为生活电器提供电量支持。

相比第一代、第二代增程电动汽车,SERES(赛力斯)增程器由1.5T涡轮四缸发动机和最大功率90 kW永磁同步发电机组成,通过发动机带动发电机发电,增程器可以同时供给前后驱动电机和电池包。这也是在增程电动汽车领域里最大排量的内燃机,具有超50万台汽车搭载验证的高度成熟技术和可靠表现。相比前两代增程技术要么采用小排量发动机要么采用小容量电池,SERES(赛力斯)通过同时采用大排量发动机、高功率驱动电机和大容量电池,完美优化了前两代存在的技术缺陷,在保持电动驾驶性能的同时对NVH做了很大改善。

SERES(赛力斯)的增程电动产品是基于自主研发的纯电平台进行开发的,采用了和纯电车型同款的三合一高效驱动电机。这套由SERES(赛力斯)硅谷团队自主研发的三合一高效电驱动系统,极大地提升了车辆的运动性能和操纵性能,有着良好的稳定性。此外,SERES(赛力斯)还拥有软硬一体的电控技术,不仅原创开发了通用于不同车型的硬件平台,还开发了精准的控制算法,底层软件和系统软件,强大的整车控制器(VCU)、电机控制器(MCU)和电池系统管理(BMS)三大系统协助集成整车所有控制单元,从而实现整车一体最大程度满足用户的驾驶需求。

智能方面,SERES(赛力斯)以智能科技融合汽车硬件、软件、大数据与服务,与阿里、华为、博世、英伟达等顶级供应商进行深度智能化合作,并自主主导智能化方面的产品、软件和算法的设计与研发,结合用户需求,进行定制化开发。此外,SERES(赛力斯)还进行全球化保护性自动驾驶领域的研发,不仅与博世、Mobileye等顶尖供应商达成战略合作,还携手美国密歇根大学、加州大学伯克利等名校,对智能技术进行不断优化,满足用户对于高度智能出行的追求和体验。

四、首款产品介绍

SERES(赛力斯)推出的首款SUV产品——SF5,包括纯电和增程双版本。SF5增程车型采用了业内领先的增程电动技术,即在纯电平台的基础上搭载一体式车载增程器的电动技术,让用户在享受纯电动超凡性能快感的同时,不再被里程所束缚,实现“纯电驱动,充电无忧;有电加电,无电加油”。

性能方面,SF5增程型采用前后双电机驱动,峰值功率可达510 kW，峰值扭矩为1 040 Nm，可实现百公里加速小于4.8 s，最高车速达230 km/h。里程方面，SF5增程车型在纯电模式下可达到续航150 km，足以满足日常通勤和短途出行需求，在城市中用纯电自由穿梭，享受纯电驾乘感受和零排放清洁出行；在启动增程辅助之后，增程器将燃油高效转化为电能，实现无限续航。

SERES SF5是首批搭载AliOS 2.0智能网联系统的智能电动车，拥有优于同级的智能化表现，具备AI深度学习能力。其智能AR仪表导航系统可以实时显示车、路、人、环境的全方位信息，配合智能中控地图桌面，提供为便利、精准的导航服务。L2+级高级辅助驾驶系统在提供更加安全的保障下让用户驾驶体验变得更加轻松、便利。OTA升级及管理平台可以依托自主研发的三电体系，实现整车在软硬件方面的升级，让用户拥有的产品不断迭代，进而时刻拥有最佳的产品体验感受。

SERES SF5已经正式开启预订，预订价格从27.8万元起到45.8万元，用户可以通过官网扫码预约，获得优先试驾体验、优先交付等诸多优先权益。作为SERES(赛力斯)的首款电动车型，SERES SF5将在金康两江智能工厂进行量产，其高度智能化、柔性化、透明化、平台化和个性化的智能制造，不仅保证了SF5高质量的交付，还推动了"先体验、后定制、再交付"的全新商业模式的建立和落地，并将正式上市。

五、工厂概述

金康两江智能工厂位于重庆两江新区，工厂总占地面积约800亩，依据德国工业4.0、《中国制造2025》及工业互联网的要求，全力打造"中国领先、世界一流"的高标准智能制造数字化工厂。工厂的五大工艺车间：冲压，焊装，涂装，总装，及电池PACK车间，共拥有超过1 000台智能机器人，关键工序100%自动化，100%全时在线检测，可实现高度的智能化、柔性化、透明化、平台化和个性化。

金康赛力斯积极践行汽车新制造全新商业模式，两江智能工厂以数字化为核心驱动力，结合人工智能、物联网、云计算等新技术，实现了整个生产线的平台化、柔性化和透明化，既可以确保所生产车型实现"高品质交付"，还可以满足用户的个性化定制。

六、发展目标及规划

在推动新能源汽车发展的道路上，金康赛力斯将一如既往，持续创新迭代，挑战更高目标。

在企业层面，金康赛力斯将执行新电动蓝天计划：100%电动化和油电同价。金康赛力斯还力求实现"四个一"品牌发展目标：一款新电动车、一片蓝天白云、一条发展新路、一个新商业模式。

在技术层面，金康赛力斯聚焦于打造电驱动核心技术以及基于纯电的增程新技术，解决用户使用纯电动车的充电难、里程焦虑和性能衰减的痛点。

在产品层面，面对不同用户对电动汽车的多样化需求，SERES(赛力斯)计划在2025年以前，累计推出25款以上车型，类型将覆盖SUV、轿车、MPV及跑车等。

在营销层面，金康赛力斯将全面推进体验式营销，让SERES(赛力斯)品牌和产品更加贴近用户。

贵安新区新特电动汽车工业有限公司

一、发展概况

贵安新区新特电动汽车工业有限公司(以下简称"新特汽车")成立于2017年9月，是立足于全球的智能电动汽车公司，致力于打造以用户为核心，以智能电动汽车、出行服务、智能车联网为承载的多维消费生态体系，为用户创造新一代的电动出行体验。

新特汽车已完成了由重庆市长寿区相关产业基金领投的B轮融资，估值已经迅速突破百亿。新特汽车成立两年以来发展迅速，创造了造车新势力量产交付的速度奇迹。2018年10月底，成立仅一年余的新特汽车完成了首款A0智能电动汽车DEV 1的批量交付，2018年底实现累计交付4 000台，交付量位列新造车势力前三位。2019年，新特汽车继续深化产品战略，布局了从A00级，到A0级、A级车的多个产品序列。在出行方面，推出出行品牌"新电出行"，已获得贵安新区、重庆、成都三大重点城市的地方网约车运营牌照，并与高德出行、同程艺龙、滴滴小桔租车、悟空租车、美团打车等达成战略合作。

创新提出"销售+运营"模式，深耕三四线城市。新特汽车也在持续发力智能化领域，新特D·OS系统已经迭代至2.0版本，在智能车辆、用户商城和用户社交三大板块取得一系列重要突破。智能车辆方面，新特自研的Teddy语音助手已经可以提供人性化的语音互动策略，成为车主的行车助理；D-USER ID也能实现人车无缝衔接，车辆分享、个性化设置随车记录等功能。

新特APP已经积累了十几万活跃用户，同时新特推出的特饭商城与小米有品、网易严选等知名电商平台合作，为用户在手机端和车机端同时提供了优质商品。

二、生产经营

新特汽车已完成了首款智能电动汽车DEV 1的量产交付，2019年正在规划从A00级，到A0级、A级车的多个产品序列。并推出了新势力首个出行品牌"新电出行"，创新提出"销售+运营"模式，独立研发的新特D·OS智能车联系统，形成了围绕电动产品、智能系统、出行服务、销售模式、充电储能服务的立体化新能源产业布局。

在渠道方面，新特汽车已经完成了在全国超过80个城市，70余家D.BOX城市体验展厅的布局，累计签约订单超过44 000台。2019年计划将覆盖150个城市，拥有200家D.BOX一级销售网点。

2018年新特汽车完成3.7亿元销售额，2019年计划实现营销翻倍，平台注册用户超过50万。新特汽车将不断创新产品和服务，持续深耕三四线大众消费市场，为用户创造新一代智能电动出行生活，打造深受用户喜爱的智能电动汽车企业。

三、产能建设

在产品研发、生产制造方面，新特2018年1月与一汽轿车签订了为期5年的生产制造合作协议，双方将共同致力于电动汽车产品的设计、研发、生产制造。同时，新特在贵安新区、重庆长寿两地分别布局了试制车间，进行不同车型的研发、试制工作。

四、技术进展及研发能力进展

新特汽车将怀着"科技之上，新生独特"的愿景，于国家大数据中心之上，用科技智能的想象力，让全球电动智能出行触手可及。

五、主要产品

序号	产品型号	产品名称	通用名称
1	CA7001BEV	SITECH DEV 1	新特 DEV 1

续上表

序号	产品型号	产品名称	通用名称
2	CA7001BEVB	GEV 1	GEV 1

六、合资合作

2018年，新特汽车作为发起股东之一与成都城投等企业联合投资成立成都启能汽车科技有限公司。启能汽车旗下布局中高端产品，涵盖A级车、C级车。其中，GYON品牌是启能汽车推出的新高端品牌，GYON旗下新高端车型GYON Matchless原型车在2019年上海车展期间首次亮相，以时间沙漏的车身线条和设计理念，引起媒体和行业的广泛关注。

七、发展规划

新特汽车根据市场的发展趋势，提前谋划，在未来几年将精准投放数款极具竞争力的新能源车型，并将继续在智能、销售、出行领域布局，形成多系的新能源汽车产业布局，新特将走出单车销售的传统框架，构建生态化、体系化、服务化的综合商业模式，激发市场潜力。

郑州宇通客车股份有限公司

一、单位概况

郑州宇通客车股份有限公司（简称"宇通客车"）是一家集客车产品研发、制造与销售为一体的大型现代化制造企业，主要产品可满足5～18 m不同车长的需求，拥有133个产品系列的完整产品链，主要用于公路客运、旅游客运、公交客运、团体通勤、校车、景区车、机场摆渡车、客车专用车等各个细分市场。业务覆盖国内所有市县市场及全球主要的客车进口国家，以直销为主，经销为辅，以订单模式提供标准化及定制化的产品。

宇通客车于1997年在上海证券交易所上市（证券代码600066），主要经济指标连续十余年快速增长，并连续十余年获得中国工商银行AAA级信用等级。

二、经营情况

宇通客车按照全年工作计划，认真落实和推进"十三五"和"五条主线"的战略规划要求，在新能源补贴政策持续退坡的情况下，攻坚克难，2018年累计实现客车销售60 868辆，同比下降9.51%；实现营业收入317.46亿元，同比下降4.44%；实现归属于上市公司股东的净利润23.01亿元，同比下降26.45%。公司净利润出现下降的主要原因为：2018年，受国家新能源补贴标准进一步下调的影响，宇通新能源客车盈利能力受到了较大影响，但仍好于行业整体水平。随着补贴政策的进一步完善，产品经过时间的检验，技术实力强、产品优质、综合性价比高的企业将在未来新能源客车市场中居于主导地位。

三、产品出口

宇通客车海外销售累计出口已超过6.4万辆，产品远销至法国、英国、俄罗斯、哈萨克斯坦、委内瑞拉、智利、埃塞俄比亚、南非、尼日利亚、新加坡、菲律宾、澳大利亚、沙特、科威特等全球主要客车需求国家与地区。在主要目标市场，宇通客车已成为国际客车主流供应商之一。在新能源客车领域，正在稳步开发国际市场，已在法国、英国、保加利亚、冰岛、智利等国家，以及在澳门地区等市场成功示范运营，在法国、智利等国和澳门地区的市场形成批量销售。

四、产能建设

宇通客车日投产量最高达430台，年生产能力达7万台以上。主厂区位于河南省郑州市宇通工业园，占地面积1 700亩，2012年新建成投产的新能源厂区占地2 100余亩，建筑面积达60万m^2，拥有底盘车架电泳、车身电泳、机器人喷涂等国际先进的客车电泳涂装生产线。

五、技术进展及研发能力建设

1．研发投入

宇通客车在2018年度内发生研发支出18.63亿元，占营业收入的5.87%，在同行业中居于较高水平。2018年研发支出主要投向如下。

（1）公路、公交换代新产品项目的设计与开发；

（2）高端公交、旅游及双层车、摆渡车等高端产品研发；

（3）结合行业发展和市场环境变化，进行前瞻性的技术研究，开展低碳化、智能化、网联化、电动化、轻量化、自动驾驶等研究。

2. 研发成果

（1）按照国家纯电驱动的技术转型战略，宇通客车坚持电动化、智能化、网联化的产业发展方向，确立了"三横五纵"的研发布局，开发插电式、纯电动、燃料电池三大动力系统，重点突破动力电池与电池管理、电机驱动与电力电子、电动客车智能化、充电/加氢技术、高效电附件等共性核心技术，自主研发的新能源客车综合技术处于国际先进水平，其中整车节能与控制技术、高压隔离电源变换技术、高密度电驱动控制技术等方面处于国际领先水平。

（2）拥有国内最完备的节能与新能源客车产品型谱，其中包括6～14 m纯电动客车、8～18 m插电式混合动力客车、8～18 m混合动力客车。截至2018年底，宇通客车已获得111款插电式混合动力客车公告、12款燃料电池客车公告和302款纯电动客车公告，其中383款入选《新能源汽车推广应用工程推荐车型目录》，414款入选《免征车辆购置税的新能源汽车车型目录》。

（3）2018年，宇通客车新能源技术共获得授权专利及软件著作权286项，其中发明专利32项，软件著作权10项；主持、参与制订《GB电动客车安全要求》等国家、行业标准3项。

3. 研发人员数量与质量

截至2018年底宇通客车拥有专业技术人员3 800余人，已形成由22名首席专家、44名博士及1 000余名技术骨干组成的新能源与智能网联客车专职研发团队。

4. 研发机构建设情况

宇通客车拥有客车行业内首家“博士后科研工作站”、行业内首家“国家认定企业技术中心”，组建了“客车安全控制技术国家地方联合工程实验室”“国家电动客车电控与安全工程技术研究中心”“交通安全应急信息技术国家工程实验室车辆信息技术分实验室”等科研创新平台；试验中心通过中国合格评定国家认可委员会批准成为“国家认可实验室（CNAS）”。宇通客车是科技部等四部委认定的“国家首批创新型企业”、行业内首家“国家火炬计划重点高新技术企业”和“国家技术创新示范企业”“国家级信息化和工业化深度融合示范企业”“客车智能制造试点示范企业”。

六、主要产品

序号	产品型号	产品名称	品牌	通用名称
1	ZK6906BEVQY15	纯电动客车	宇通客车	—
2	ZK6906FCEVQ1	燃料电池客车	宇通客车	—
3	ZK6745DX61	中小学生专用校车	宇通客车	—

续上表

序号	产品型号	产品名称	品牌	通用名称
4	ZK6113CHEVPQY51	插电式混合动力客车	宇通客车	—

七、合资合作及重大项目建设

宇通客车先后承担了国家“863”计划、国家科技支撑计划、国家重点研发计划、河南省及郑州市重大科技专项等46项国家和省市级科研项目。“十三五”以来，宇通集团及成员企业在动力电池系统、燃料电池公交车、插电式混合动力商用车、N2/N3类纯电动商用车等领域承担了国家重点研发计划项目4项，项目总投入3.67亿元，其中专项经费支持1.51亿元；在燃料电池客车领域承担了河南省首批创新引领专项、在纯电动客车领域承担了郑洛新产业集群专项。

宇通客车与清华大学、北京理工大学、吉林大学、哈尔滨工业大学、同济大学、郑州大学、中国汽车技术研究中心有限公司、中国汽车工程研究院等国内知名高校和科研院所建立产学研合作关系，集成优势科技资源，提升了研发水平和创新能力。截至2018年底，宇通客车已获得国家及省市级科技进步奖16项，包括国家科学技术进步二等奖1项，河南省科技进步一等奖4项，河南省科技进步二等奖7项，河南省科技进步三等奖4项。其中宇通客车主持完成的《节能与新能源客车关键技术研发及产业化》项目凭借领先的关键技术和产生的重大经济效益荣获2015年度国家科学技术进步奖二等奖。

八、发展目标与规划

未来5年，宇通客车将继续围绕“成为全球领先的客车及出行解决方案提供商”的远景目标，在全球范围内实现规模和竞争力的提升。聚焦“产品升级、技术升级、模式创新、扩展海外、夯实基础、外延发展、升级文化”等七大主题，在做好客车基础技术、应用技术的研发和储备的基础上，大力推进新能源、智能化、网联化技术的融合发展，推动多项战略举措高标准的落地，支撑企业完成管理转型和品牌影响力的双提升，用更加先进的新能源技术为我国节能减排事业做出更大贡献，为客户、股东、社会等利益相关者创造更大价值。

九、2018年1—12月企业在新能源汽车方面经济指标统计

填报单位名称	指标名称	单位	本期累计	同期累计	增长率（%）	增长额/提高百分点
郑州宇通客车股份有限公司	2018年末资产总计	万元	3 785 498	3 405 925	11.14%	379 573
	2018全年完成投资额	万元	56 758	5 819	875.38%	50 939
	2018年营业收入	万元	3 099 029	3 251 078	-4.68%	-152 051
	2018年利润总额	万元	297 539	358 916	-17.10%	-61 377
	2018年产品销售率	%	98.74%	94.74%	4.22%	4.00%
	2018年销售利润率	%	9.60%	11.04%	-13.03%	-1.44%

北汽福田汽车股份有限公司

一、单位概况

北汽福田汽车股份有限公司（简称“福田汽车”）成立于1996年8月，1998年6月在上海证券交易所上市，经过20多年的发展，现有资产899.95亿元，员工近4万人，以优质的产品和服务覆盖全球110个国家和地区，品牌价值已超千亿元，连续14年蝉联商用车行业第一位，累计产销汽车904.5万辆，海外累计出口54.3万辆。

福田汽车集团现已形成集整车制造、核心零部件、汽车金融、车联网、福田电商、二手车为一体的汽车生态体系。整车业务覆盖卡车、客车、商务汽车、微车、多功能汽车、工程机械及环境装备、新能源汽车等七大业务单元、17个产品品牌。

在行业标准方面，福田汽车积极参与汽车行业标准的制定，授权专利达7 900多项；合作方面，链合全球三大合作伙伴——戴姆勒、康明斯、采埃孚等建立全球创新联盟；客户方面，与百度、中国电信、德邦物流、阿里巴巴、京东、菜鸟等客户建立战略联盟；企业荣誉方面，福田积极参与国家重大事件，在APEC会议、G20峰会、“一带一路”国际合作高峰论坛以及平昌冬奥会等赛事和活动中承担重要任务，荣获“G20杭州峰会官方指定用车”“阿斯塔纳世博会中国馆指定用车”等多项美誉，入选工信部智能制造试点示范项目；企业责任方面，累计投入物资数亿元，发起“七彩书屋”等大型公益活动，惠及全国近30个省市，打造出一张独具特色的“公益名片”。

未来，福田汽车将以突破科技引领智能与高效的汽车体验为愿景，在实现效率与可靠性的进程中不断驱动品质超越，连接高效汽车未来。至2025年，福田汽车将建设成为绿色、智能高科技的全球化企业，成为中国商用车领导者、全球商用车主流品牌。

二、经营情况

福田汽车大力发展中高端新能源汽车产品，对新能源产品不断进行技术升级，并预留技术提升空间，长期着眼后补贴市场，布局新能源汽车产品的正向开发工作。福田新能源汽车产品包含客车、卡车、商务汽车、乘用车、皮卡、环境装备六大品类85个开发项目，涵盖纯电动、燃料电池、混合动力三大技术路线。福田智蓝新能源依托核心三电技术及创新的商业模式，融入“智能、环保、专业、安全”理念，打造适用电商物流、冷链配送、专用车等多领域、多场景、全生命周期服务的新能源物流车产品，是智能互联的新能源物流车专家。2018年福田新能源汽车销量3 720台，同比下降44%，主要受18年欧辉客车北京公交订单推迟交付影响，北京公交订单已在2019年释放，后续市场将快速增长。其中，新能源物流车2018年销量1 656台，同比增长103%。

三、产品出口

2018年福田汽车欧辉客车海外订单出口505台（整车458台、底盘47台），各销售区域分布情况如下：南亚区161台、亚太区170台、中东区103台、美洲区37台、非洲区17台、东亚区17台。

四、产能建设

福田汽车在国内的京、鲁、湘、粤、冀、浙等多个省市布局六大生产基地，建设专业化的中高端重卡工厂、多平台的乘用车、商用车生产及孵化工厂、柔性协同的轻卡工厂群，以及核心零部件制造基地，共计22个工厂，整车总体产能86.05万辆/年（含宝沃汽车）。通过对现有生产线的升级改造，已实现传统能源与新能源车型共线生产。

五、技术进展及研发能力建设

福田欧辉以同步全球的领先核心动力科技，全面覆盖中高端客车产品型谱，拥有城间、城市、校车三大产品系列，拥有10个车身平台，6个底盘平台和500多个产品资源，全部具有独立的知识产权。

在产品安全方面，全系产品车身采用桁架式全承载结构和高强度钢材料，实现主被动安全结合，全面保障产品的安全性。在技术创新方面，福田欧辉一直致力于实现产品的领先科技和卓越性能，BRT无人驾驶技术、氢燃料电池客车、碳纤维车身、复合材料等前瞻技术方面，福田欧辉实现了产品布局并卓有成效。

在氢燃料电池客车方面，福田欧辉经过长期开发研究，创建了燃料电池客车“分频均衡能量型”架构，构建了多重网络架构控制系统、多工况能量平衡管理策略及一体化余热利用综合热管理方案，使整车氢耗下降了20%左右；提出了自适应准稳态功率分配策略，主动抑制燃料电池系统的工况频繁突变、消除高电位和频繁变载等不良工况，燃料电池系统寿命明显提高；提出了氢燃料电池与动力电池、DC/DC变换器与阴极空气循环的协同控制方法，实现了整车－30 ℃低温启动、－40 ℃低温存储。整车性能多数指标已与国外水平相当，部分指标优于国际水平，成本具有明显优势。

在纯电动和混合动力方面，福田欧辉积极开拓，已拥有领先的新能源核心技术，并实现“人—机—电”一体化智能操控平台，产品涵盖5.9～18 m全线产品。

福田欧辉已形成以北京为中心，北京、广东和山东为基地的“一个中心、多个工厂、南北呼应”的战略布局。福田欧辉技术研究院依托国家级企业技术中心的福田汽车工程研究院，共同为福田欧辉客车的发展不断探索创新；另外，商用车领域唯一的国家级节能减排重点试验室，也为产品的减排及性能检测提供支持。

福田致力于新能源整车技术及核心零部件关键技术研发，基于市场需求，应对国家关于新能源政策技术指标要求，基于公司产品平台化、模块化要求，针对产品技术指标不断升级、全方面测试，同时保证性能突出，产品安全、可靠。新能源核心技术研发突破，在整车控制器方面：建立了VCU开发能力，满足全系商用车的应用开发，同时具备了HIL台架测试及标定能力。电池系统方面：建立PACK工程应用能力及测试评价能力，针对整车电气平台，电池系统中电气总成设计在以往的基础上增加了充电回路、热管理策略,该电气原理可以在整车商用车平台推广应用。BMS 平台化控制策略,同一个架构满足不同车型需求。电力驱动方面:集成 PEU 开发实现了同一个 PEU 满足 12T 以下的所有车型。

2018 年全年,完成纯电动整车项目 P202-EV、V5-EV-4.5m、V1-EV、M4_6T-EV,完成整车开发、系统设计与集成、测试验证、公告认证、生产支持;M4_8T 燃料电池的小批量生产、18T 混动、V1 智能驾驶、M4 智能驾驶、M3 智能驾驶等科研项目按进度开展。

授权新能源汽车技术相关专利 300 余项(不含宝沃),获第二十届中国专利优秀奖。

六、主要产品

序号	产品型号	产品名称	品牌
1	BJ5049CCYEV1	纯电动仓栅式运输车	奥铃
2	BJ5049XLCEV1	纯电动冷藏车	奥铃
3	BJ5049XSHEV1	纯电动售货车	奥铃
4	BJ5079XXYEV1、BJ5049XXYEV2、BJ5049XXYEV3、BJ5045XXYEV3	纯电动厢式运输车	奥铃
5	BJ5049XYZEV1	纯电动邮政车	奥铃
6	BJ1049EVJA	纯电动载货汽车	奥铃
7	BJ5072ZZZEV-H1	纯电动自装卸式垃圾车	奥铃
8	BJ6123CHEVCA-10、BJ6140CHEVCA-1、BJ6123PHEVCA-15、BJ6105CHEVCA-9、BJ6855PHEVCA-1、BJ6855CHEVCA-3、BJ6123CHEVCA-5、BJ6855CHEVCA-5、BJ6905CHEVCA-12、BJ6123PHEVCA-17、BJ6105CHEVCA-12、BJ6105PHEVCA-17、BJ6105CHEVCA-11、BJ6123CHEVCA-7、BJ6680SHEVCA、BJ6855SHEVCA、BJ6105CHEVCA-13、BJ6127SHEVCA、BJ6105PHEVCA-19、BJ6140SHEVCA、BJ6140CHEVCA、BJ6680SHEVCA-1	插电式混合动力城市客车	欧辉
9	BJ6128SHEVCA-3	插电式混合动力双层城市客车	欧辉
10	BJ6680EVCA、BJ6105EVCA-37、BJ6805EVCA-22、BJ6851EVCA-9、BJ6851EVCA-8、BJ6805EVCA-21、BJ6105EVCA-26、BJ6805EVCA-17、BJ6851EVCA-16、BJ6105EVCA-32、BJ6123EVCA-42、BJ6805EVCA-19、BJ6117EVCA、BJ6805EVCA-16、BJ6105EVCA-36、BJ6805EVCA-23、BJ6105EVCA-43、BJ6105EVCA-31、BJ6805EVCA-18、BJ6851EVCA-17、BJ6105EVCA-29、BJ6105EVCA-33、BJ6105EVCA-28、BJ6105EVCA-40、BJ6123EVCA-47、BJ6105EVCA-38、BJ6851EVCA-23、BJ6123EVCA-48、BJ6105EVCA-42、BJ6851EVCA-26、BJ6805EVCA-20、BJ6123EVCA-46	纯电动城市客车	欧辉
11	BJ6802EVUA-7、BJ6117EVUA-5	纯电动客车	欧辉
12	BJ6851FCEVCH、BJ6123FCEVCH-1、BJ6851FCEVCH-1、BJ6105FCEVCH、BJ6123FCEVCH-2	燃料电池城市客车	欧辉
13	BJ5092TSLEV-H1	纯电动扫路车	欧马可
14	BJ5092TXSEV-H1	纯电动洗扫车	欧马可
15	BJ5045XXYEV、BJ5045XXYEV1	纯电动厢式运输车	欧马可
16	BJ5088XXYFCEV	燃料电池厢式运输车	欧马可
17	BJ5042ZXXEV-H1	纯电动车厢可卸式垃圾车	时代
18	BJ6425EVAA3、BJ6455EVAA2	纯电动多用途乘用车	时代
19	BJ5032TYHEV-H1、BJ5042TYHEV-H1	纯电动路面养护车	时代
20	BJ5030XSHEV5	纯电动售货车	时代
21	BJ5025XXYEV1BJ5036XXYEV2、BJ5043XXYEV1、BJ5030XXYEV4、BJ5030XXYEV6、BJ5035XXYEV2、BJ5046XXYEV1、BJ5030XXYEV2	纯电动厢式运输车	时代
22	BJ5035XYZEV1、BJ5025XYZEV1	纯电动邮政车	时代
23	BJ1030EVJA4	纯电动载货汽车	时代
24	BJ5046ZZZEV1	纯电动自装卸式垃圾车	时代
25	BJ6608EVUA2	纯电动轻型客车	图雅诺
26	BJ5048XXYEV3	纯电动厢式运输车	图雅诺
27	BJ5048XYZEV2	纯电动邮政车	图雅诺
28	BJ6533EVCA1	纯电动多用途乘用车	拓陆者

七、合资合作及重大项目建设

福田汽车集团通过国际战略联盟整合全球化、智能化、网联化、新能源等发展所需市场、产品、技术和管理等关键资源,在国际战略合作方面取得显著成绩。

1. 2011 年 12 月 16 日,福田、德国戴姆勒成立股比 50%:50% 的中重卡合资公司,注册资本 56 亿元,引进奔驰先进技术、管理经验和全球化运营经验,在中国主要生产高端中重卡、OM457 发动机，中重卡设计产能 16 万辆，OM457 设计产能 4.5 万台，并在欧洲、南美和南亚拓展合作。在高端中重卡、发动机、海外产业化有合作外，双方还在新能源、智能驾驶方面正在探讨合作。

2. 2007 年 10 月 26 日，福田、美国康明斯在中国设立了股比 50%∶50% 的全球最大轻型柴油发动机合资公司，生产可以满足国Ⅵ B 排放法规世界先进的 2.8 L/3.8 L 轻型发动机，设计产能 40 万台，在取得轻型柴油发动机领导优势地位后，双方继续开发了可以满足国Ⅵ B 排放法规要求的 10 L/12 L/13 L 重型发动机，设计产能 12 万辆。并且，福田与康明斯在动力系统集成、智能驾驶、新能源方面正在展在合作。

3. 2017 年 4 月 18 日，福田、德国 ZF 成立了轻型变速箱、重型变速箱合资公司。福田∶ZF 在轻型合资公司的股比分别为 60%∶40%，在重型合资公司的股比分别为 49%∶51%，轻型合资公司产品为世界先进的 5S/6S 轻型 MT 变速箱，设计产能 32 万台；重型合资公司产品为 ZF 全球最新、最先进的 12AMT、16MT 变速箱，设计产能 19 万台。福田与 ZF 正在开展电驱动、智能转向系统的合作。

通过战略联盟合作，福田汽车集团整合了发展所需战略资源、学习了跨国公司先进管理理念、全球化运营经验，提升了集团品牌知名度、促进了产品结构升级、管理升级和全球化业务发展。

八、发展目标与规划

2018 年，福田汽车发布了“智蓝新能源”战略，聚焦物流应用场景，以“绿色、智能、互联”为核心，助力智慧城市、推动绿色城配、引领域配车辆新标准，立足打造全物流链产品与服务综合解决方案提供商，力争成为新能源商用车领导者。

业务规划：全面布局纯电动、燃料电池、混合动力三大技术路线，提高产品开发的精准度，通过细化场景定义，实现产品的定制化开发；以福田“智蓝新能源”为平台，创新业务运营模式，拓展上下游产业链，实现经营指标的持续提升。

厦门金龙联合汽车工业有限公司

一、单位概况

厦门金龙联合汽车工业有限公司（以下简称“金龙客车”）成立于 1988 年，专注大、中、轻型客车整车的研发、生产、销售和服务，下辖厦门大中型、厦门轻型、绍兴公交/前置客车 3 个生产基地，总占地面积 80 万 m^2，大中型客车年产能超过 1 万辆，轻型客车年产能超过 3 万辆，产品涵盖 4.8～18 m 各种类型客车。30 年来，金龙客车累计生产客车超过 45 万辆，出口 136 个国家和地区，出口客车达 10 万辆。厦门大中型客车生产基地集研发、试验、制造、营销服务为一体，周围配套完善的产业集群，厦门基地自建立以来，不断升级制造装备及大力推进智能制造水平，已形成自动化程度高、工艺先进的世界级客车制造工厂；厦门轻客基地拥有先进的冲压、焊装、电泳、涂装、总装五大工艺自动化生产线，是国内少有的具有完备现代化轻客生产线的制造基地。金龙客车拥有国家认定的企业技术研究院、国家级试验中心及博士后工作站，是国家“两化融合”示范企业。并长期与高等院校及优秀企业合作开展技术研究，与清华、华为、美的、百度及阿里巴巴等的合作都取得了丰硕的成果。

二、经营情况

2018 年，金龙客车销售 29 653 台，实现销售额 72.96 亿元。其中，销售新能源汽车 4 692 辆，实现新能源汽车销售额 32.7 亿元。

三、产品出口

金龙客车 2018 年度整车出口销量合计为 10 239 台，行业排名第三位，同比增长 27.1%，其中大中客出口销量为 2 349 台，同比增长 21%，轻客出口销量为 7 890 台，同比增长 29%。

四、产能建设

金龙客车致力于成为具备全球影响力的客运系统解决方案（产品和服务）提供商。产品涵盖 4.3～18 m 段不同车型，包括客运、团体旅游、公交、新能源、校车及特种车，覆盖传统动力、CNG/LNG、混合动力及纯电动、氢燃料动力等多种动力平台，以及自动驾驶开发平台，全面满足各个细分市场和场景的用车需求。大中型生产能力为 1.56 万辆，轻型客车的生产能力为 3.4 万辆。

五、技术进展及研发能力建设

1. 整车技术：

（1）电机电池电控方面：已完成新型高能量密度电池、耐寒电池、耐高温电池的技术储备；已经成熟掌握双枪充电技术、无线充电技术；已完成金龙自主控制系统“易驱 3.0”的全面升级；三电系统实现 IP68 防护等级；整车控制实现 OTA 空中下载技术远程升级。

（2）车辆轻量化技术：近几年金龙客车不断探索与研究客车轻量化技术，在材料轻量化、结构轻量化以及零部件轻量化上都取得了突破性进展；材料方面，高强度钢材、铝合金材料、碳纤维材料，以及复合型材料的合理搭配利用最大可实现整车整备质量下降 2%；结构方面，金龙公司通过利用有限元仿真技术、拓扑结构优化技术、六立柱试验台架等先进的设计辅助手段不断对产品设计进行仿真、优化、验证，最后经典的金龙 3H 骨架结构、金龙全承载骨架结构也确实为金龙客车带来了轻量化 2% 的不俗成绩；零部件方面，金龙公司近年来对所有零部件提出了“提质降重”的要求，通过新材料应用、零部件集成等手段一批轻量化零部件入住金龙客车，如轻量化座椅、轻量化轮毂、多合一电控系统等将金龙客车轻量化水平推向了一个新的高度，金龙客车较之前整备质量最大可下降 6%。

（3）车辆动力性提升：随着新能源客车在全国各地的普及，运行环境对新能源客车的动力性提出了更高的要求，为满足市场需求金龙公司新能源产品通过动力总成优化实现全系动力提升，一些代表行业发展方向的先进技术比如带档箱驱动技术、双电机驱动技术、双离合技术、轮边电机驱动技术等都已经成熟的应用在金龙新能源产品上，15% 的爬坡度、0 ~ 50 km/h 加速时间 12s 为用户提供不一样的驾驶体验。

(4) 车辆经济性提升：近年来国家对新能源产品的技术指标要求不断提高，金龙客车不断对新能源系统进行优化，力求能量利用的精准化和能量回收的最大化，金龙新能源产品除特殊市场特殊要求外，正向规划的产品均能满足 EKG≤0.15 达到产品最高补贴技术指标要求。

2. 产品研发：

(1) 纯电动客车：金龙纯电动产品发展到产品线已经非常全面，4 ~ 6 m 的轻型客车，6 ~ 18 m 公交客车，8 ~ 12 m 公路、团体旅游客车，从长度和用途上均已经达到市场全覆盖，各米段车型均已经实现产业化，车辆性能极具竞争力。

(2) 插电式混合动力公交车：金龙客车在插电式混合动力公交客车产品主要集中在 8.5 m、10.5 m 和 12 m^3 个长度段，之前在 8 m 公交、9 m 公交、11.5 m 公交、10.7 m 公路、12 m 公路等产品由于补贴政策和市场需求等原因已经取消布局。产品在市场表现出色，动力性和经济性能均为行业一线水平。

(3) 燃料电池客车：金龙客车在燃料电池领域的技术已经成熟，金龙客车 12 m 氢燃料电池公交 XMQ6127AGFCEV 于 2017 年初开发完成，并于 2017 年 6 月获得准入资质。车型采用高性能质子交换膜燃料电池，峰值功率可达 55%，寿命1 万 h 以上，燃料电池成熟可靠。采用先进节能控制核心技术，等速续驶里程达 800 km，等速氢耗 2.75 kg/100 km(盐城试验场实测)。研发的 8.5 m 和 10.5 m 城市公交，已经初步具备产业化条件，示范推广工作正在持续推进。

3. 试验能力：

(1) 燃料电池系统测试：100 kW 燃料电池发动机测试系统采用国内行业领先设备，由测试台架、负载系统、辅助高压电源、气源供给系统、冷却系统、尾排系统、报警系统、辅助低压电源等构成。主要用于检验燃料电池发电机的功能、性能、稳定性和安全性等，适用于燃料电池发动机的来料检验及研发测试等。

(2) 硬件在环测试能力：金龙客车硬件在环测试能力覆盖电池管理系统在环测试、电机控制器在环测试及整车控制器在环测试，并能实现三电联调，可覆盖不同米段纯电和混动车型的三电控制器功能验证。

(3) 高压配电安全测试系统：高压电安全测试评价系统，初期主要建设针对绝缘保护，漏电保护，高压管理，耐压测试等基础的高压安全项目的检测和试验能力。通过模拟高压配电系统及负载工作的实时环境，实现对电动汽车高压配电各个接口复杂的测试。能够将测试过程从实车使用中分离，避免短路、过载、漏电等故障对车载设备造成损伤。可以模拟高压系统各种极限工况和故障工况，对发生故障时电动汽车的时序逻辑捕捉分析等。

(4) 电磁振动：金龙客车建立的电磁振动平台可完成多种零部件耐振动试验，尤其是新能源零部件、电子电气器件，可完成垂直、水平、正弦、随机、冲击等多种试验。

(5) 高低温试验(快速温变)：金龙客车引进先进品牌快速温变试验箱，可模拟高温、低温、温变、湿热环境，检测被测样品的耐温度性能。设备具有 12 m^3 内箱容积，5 ℃/min 升降温速率，可进行电子电器零部件、车辆底盘相关零部件等耐温度性能试验，可结合电池充放电设备进行动力电池耐温度性能相关试验，并具有烟感报警装置、一氧化碳自动灭火系统、自来水喷淋系统以及防爆装置，保证试验过程的安全。

(6) 盐雾试验：金龙客车引进著名品牌盐雾试验箱，可进行人造气氛盐雾腐蚀试验，检测被测材料防腐蚀性能。设备具有 12 m^3 内箱容积，可进行电子电器零部件、动力电池、车辆底盘相关零部件等盐雾试验，并具有烟感报警装置、一氧化碳自动灭火系统、自来水喷淋系统以及防爆装置，保证试验过程的安全。

4. 技术预研：

(1) 分布式驱动技术：

已开发完成 6 ~ 13.7 m 分布式驱动公交，初步掌握分布式驱动的整车应用技术，并将其作为重点新技术持续投入研发。

(2) 无人驾驶技术：

金龙客车与百度于 2017 年 8 月合作开发无人驾驶微循环电动巴士车阿波龙。2018 年 7 月量产，阿波龙车辆的自动驾驶等级达到 L4 级别。2019 年将尝试在 12 m 公交车上导入百度 Apollo 无人驾驶系统。联合百度、大唐电信探索无人车在厦门 BRT 上运行的可行性。2019 年将基于无人驾驶技术在常规车辆上实现车道保持 LKA，紧急制动 AEB，自动巡航 ACC 等智能辅助驾驶技术。

六、主要新产品

序号	产品型号	产品名称
1	XMQ6106AGBEVL25	纯电动城市客车
2	XMQ6802AGBEVL14	纯电动城市客车
3	XMQ6850AGBEVL14	纯电动城市客车
4	XMQ6127AGBEVL7	纯电动城市客车
5	XMQ6650AGBEVL2	纯电动城市客车

七、合资合作及重大项目建设

2018 年，金龙客车与百度共同开发的中国首辆 L4 级无人驾驶巴士金龙阿波龙率先实现商业化落地，成为全球无人驾驶技术的引领者。金龙无人驾驶巴士依托金龙客车扎实的研发实力和车辆制造平台，结合百度 Apollo 的自动驾驶解决方案，开启了国内无人驾驶巴士整车设计、量产标准和上路运行模式的探索先河，在中国客车乃至汽车工业“智造”的进程中迈出里程碑式的新步伐。

八、发展目标与规划

公司坚持自主核心技术的研发，特别是节能环保、主被动安全、舒适、智能网联等技术开发和应用，智能网联科技方面包括金龙智慧云服务平台、智驱、易驱(ECO-Chip)、自动限速、前向防撞、车道偏离提醒，以及自动驾驶等系列技术提升。提升新能源产品平台性能，降低产品成本，提高客户使用获得感，积极布局公路新能源产品。

中车时代电动汽车股份有限公司

一、单位概况

中车时代电动汽车股份有限公司（以下简称“中车电动”）是由中国中车集团打造新能源装备产业的重要业务主体，是我国一家专业从事电动汽车整车、电气系统及关键零部件研发、试验和制造企业，也是我国成功将高铁动车组电传动及控制技术、电连接工艺应用于新能源汽车领域的高科技企业，并成功打造了新能源汽车从 IGBT 元器件到驱动电机、电池管理系统等关键零部件及动力系统平台和整车制造的新能源汽车全产业链平台，公司拥有株洲、常德、无锡、宁波、石家庄、广州六大生产基地，产品涵盖 4～18 m 段纯电动和 8～12 m 段插电式客车，物流车、特种专用车，并广泛引用于公交、公路、团体、旅游、城市物流等领域。

二、经营情况

截至 2018 年 12 月底整车累计销量 3.6 万多台，电驱动系统累计 12 万套，位居行业前列，每年减少碳排放 378 万 t，相当于每年植树 2 062 万棵。

三、产品出口

中车电动产品批量服务湖南、广东、北京、上海、河北、山西、广西、云南、海南、贵州、浙江、台湾等 20 多个省市，并相继突破匈牙利、白俄罗斯、新西兰、法国、马来西亚市场，系统产品进入北美。

四、产能建设

中车电动建成了行业一流的底盘、焊装、电泳、涂装、总装、检测生产流水线，具备年产整车 3 万辆的生产能力，是我国新能源客车重要的产业化基地。为满足当前新能源客车市场高品质、短交期、定制化的需求，中车电动搭建了包括 ERP、MES、PLM、CRM 等平台的智能化生产管理体系，有效提升产品质量，缩短产品生产周期，确保产品及时交付。

五、技术进展及研发能力建设

中车电动共享中车株洲所电气技术与材料工程研究院平台，为新能源汽车电驱动系统、关键零部件提供基础和前瞻性技术研究；

拥有一支包括中国工程院院士、中国电动汽车百人会理事丁荣军先生、国家“863”电动汽车项目组成员、中国电动汽车百人会成员郭淑英女士、5 名博士在内的 200 余人新能源汽车研发团队。中车电动是承担国家“863”电动汽车项目最多的企业，涉及电机、电控、电源、动力系统集成、电动整车集成、电动整车试验与运营管理等全纵深的技术领域。

T 动力是由中车电动依托于轨道交通技术、自主研发的首个电动汽车领域全开放、全兼容、全交互的纯电驱动系统平台。自 2001 年以来，专注于电驱动系统部件的技术开发，并始终处于行业领先地位。驱动电机已陆续开发 25 种，类型涵盖异步驱动电机、永磁驱动电机、电励磁发电机、永磁发电机、并开发了一系列控制总成、传动总成和 AMT 总成产品。

2018 年 10 月 26 日，中车电动研发的智能驾驶客车成为全国第一个获得智能网联汽车开放道路测试号牌的智能驾驶公交车。

2018 年全新一代车联系统云智通升级，通过云联、云算、云智，理解用户需求，主动提供服务，串联人、车、服务三张网，赋车辆以智慧，为终端用户提供生态场景服务，推动交通工具向生活空间的转变。

六、主要产品

1. 整车

序号	产品型号	产品名称	品牌	通用名称
1	TEG6106BEV35	纯电动城市客车	中国中车牌	
2	TEG6106BEV20	纯电动城市客车	中国中车牌	
3	TEG6851BEV34	纯电动城市客车	中国中车牌	
4	TEG6851BEV33	纯电动城市客车	中国中车牌	
5	TEG6801BEV15	纯电动城市客车	中国中车牌	

2. 零部件

序号	产品名称	产品型号	产品应用
1	控制总成	T-Power-DE5	上海申龙纯电动客车、奇瑞万达纯电动客车
2	单电机控制器	T-Power-DM5S	扬州亚星纯电动客车、珠海银隆纯电动客车
3	单电机控制器	T-Power-TVN7	长春一汽纯电动客车、上海万象纯电动客车
4	永磁同步电机	tDriver-MD31	上海申龙纯电动客车、奇瑞万达纯电动客车、扬州亚星纯电动客车
5	永磁同步电机	tDriver-2001A	云南五龙纯电动客车、扬州亚星纯电动客车
6	传动总成	tDriver-MD2002	云南五龙纯电动客车
7	传动总成（AMT）	tDriver-MD2004D +4D500	上海申龙纯电动客车
8	DC/DC 大功率变换器	BDC/DCF	上汽捷氢科技有限公司

七、发展目标与规划

以客户需求为中心，坚持技术领先，拓展并完善产品型谱，加强智能网联技术应用，通过开展无锡、广州、常德等并购投资项目，实现新能源客车全国战略布局，做强做大新能源客车产业。

开沃新能源汽车集团有限公司

一、单位概况

开沃新能源汽车集团有限公司总部位于南京溧水开发区，占地面积 83 万 m^2，建筑面积 50 万 m^2，总投资 43 亿元，可年产 2 万台大中型客车、20 万台轻型客车、10 万台乘用车。公司有员工 3 000 余人。布局全国分别在深圳、武汉、西安、呼和浩特、徐州、渭南建立生产基地。公司已拥有齐全的产品链，涵盖 4 ~ 18 m 全系列新能源汽车产品，在公交、旅游、通勤、物流、专用车等领域均有相应的汽车产品可供选择。

二、经营情况

据工信部统计，2014—2017 年，南京金龙纯电动客车产量连年位居全国前四位，2018 年在全年汽车销量下降的大环境下，开沃汽车取得近 32% 的增长，增幅位居行业前列。2019 上半年开沃汽车整车产出 4 087 辆，同比增长 70. 93%；整车销售 5 503 辆，同比增长 80. 01%。

三、产品出口

从 2017 年开始，开沃纯电动客车已陆续获得智利、蒙古国、韩国、菲律宾、泰国、印度、乌克兰、克罗地亚、南非等多个国家，以及香港和澳门等地区的订单，开沃纯电动客车已经初步打开海外市场。

四、产能建设

开沃新能源汽车集团有限公司占地面积 83 万 m^2，建筑面积 50 万 m^2，总投资 43 亿元，可年产 2 万台大中型客车、20 万台轻型客车、10 万台乘用车。

五、技术进展及研发能力建设

在技术研发上，开沃汽车拥有一支以专家、博士、硕士为技术领头人的 700 余人的技术团队，集中了国内优秀的研究、试验队伍和先进的技术成果。新能源技术开发平台在自主研发和试验检测方面均做到国内一流；技术成果在电驱动智能化、整车控制策略、电安全保障、轻量化、舒适性设计、内外饰等方面打造国内一流产品。2014 年通过“南京市高端人才团队引进项目”审核，成为南京唯一一家入围的新能源汽车企业。除了紧跟国家新能源战略步伐以外，在产学研合作创新方面也有所突破，被评为“2017 年中国产学研合作好案例”。2017 年 3 月公司成立了中央研究院，分别从核心技术平台、通用技术平台、产品研发平台以及产品技术规划部、科技管理部 5 个方面给予技术支持。通过自主创新和对外合作，已取得专利 500 余项，其中发明专利 200 余项，实用新型专利 331 项。

六、主要产品

1. 整车

序号	产品型号	产品名称	品牌	通用名称
1	NJL6600EV	纯电动城市客车	开沃汽车	H6
2	NJL6859FCEV	氢燃料城市客车	开沃汽车	H85
3	NJL6802EV	纯电动客车	开沃汽车	W80
4	NJL6100EV	纯电动城市客车	开沃汽车	H10
5	NJL6859FCEV	氢燃料城市客车	开沃汽车	F85
6	NJL6117EV	纯电动客车	开沃汽车	W10
7	开沃 D10	纯电动物流车	开沃汽车	D10
8	开沃 D11	纯电动物流车	开沃汽车	D11
9	开沃“创业者”	纯电动多功能乘用车	开沃汽车	“创业者”
10	开沃“蓝鲸号”	纯电动无人驾驶观光车	开沃汽车	“蓝鲸号”
11	NJL5310ZLJBEV	纯电动自卸式垃圾车	开沃汽车	Z31
12	NJL5040TSLBEV	纯电动扫路车	开沃汽车	Z04

续上表

2. 零部件

序号	产品名称	产品应用
1	纯电动客车标准箱液冷电池系统	开沃纯电动客车等

七、合资合作及重大项目建设

2018 年 10 月 31 日，开沃汽车自主研发的“新一代 VCU 和 BMS 二合一控制器”荣获国家级技术金桥奖“优秀项目奖”，这也是开沃汽车首次获得国家级技术奖项。此外，开沃汽车关于“车辆轻量化材料”项目被列为 2018 江苏省重大技术攻关项目，这也是开沃汽车在新能源汽车技术领域不断探索突破的又一佐证。2019 年 5 月，开沃汽车荣登中国独角兽企业榜单。

八、发展目标与规划

2017 年开沃汽车正式进军乘用车市场，商乘并举。预计在 2025 年实现大客车年产销 2 万台，实现主营业务收入 200 亿元；轻型车年产销 20 万台，主营业务收入 200 亿元；乘用车年产销 50 万台，主营业务收入 500 亿元；零部件主营业务收入 300 亿元，全年总收入突破 1 200 亿元。实现开沃新能源汽车的千亿级目标。

九、企业在新能源汽车方面经济指标统计

	年份	资产总额（万元）	营业收入（万元）	利润总额（万元）	上交税金（万元）	固定资产投入（万元）	研发经费投入（万元）
主要经济指标	2016	797 837. 22	465 200	18 000	5 257. 95	45 770. 21	15 375. 97
	2017	998 723. 17	341 400	22 900	4 389. 28	57 360. 76	11 236. 02
	2018	1 369 047. 7	433 690. 38	26 476. 92	6 925. 01	90 695. 49	14 023. 15

中国重汽集团济南豪沃客车有限公司

一、发展概况

2010年中国重汽集团按照国家汽车产业政策的要求，为进一步优化企业产业布局，实现全系列商用车产品的发展，进行了客车板块的投入，在原济南客车厂的基础上实施整体搬迁、改造，落户章丘重汽工业园，更名设立中国重汽集团济南豪沃客车有限公司（以下简称“豪沃客车”），具备年产12 000台大中型客车的生产能力。

豪沃客车凭借中国重汽集团在核心总成零部件发动机、前后桥、变速箱等方面的独特优势，导入战略伙伴德国曼，截至2018年8月共计开发产品及通过目录公告230个，产品涵盖各型中高档公路客车、城市公交客车、旅游客车和团体客车共计60多个品种。按动力种类分为燃油车、燃气车、纯电车、氢燃料电池、油电及气电混合动力新能源车和无轨电车。依托中国重汽在卡车领域庞大的售后服务体系，豪沃客车在服务上更加及时有效。秉持集团公司“客户满意是我们的宗旨”核心价值观，豪沃客车将坚持“中、高端产品定位”不动摇，为用户创造最大价值，实现自身更快、更健康发展。

二、生产经营

豪沃客车国内销售部分覆盖大部分省市，且已在国内的建立经销单位50余个；海外营销部分依托集团国际部下设非洲部、亚澳部、亚俄部、美洲部、亚欧部等部门，以及在台湾、香港和澳门等地区设立了营销部，形成较为健全的营销网络。豪沃客车销量持续保持较快增长，2018年共销售新能源客车1 400余辆。

三、产能建设

豪沃客车为中国重型汽车集团有限公司的全资子公司，前身为济南客车厂，是集客车及客车底盘的研发、生产、销售为一体的综合性客车生产企业。公司注册资本5.8亿元，总投资额8亿元。公司成立于2010年2月23日。拥有生产设备609台（套），工装模具150套，关键检测及检验设备19台；具有年产1.2万台大中型客车的生产能力。拥有国家级工程技术研究中心、质量监督检验中心和博士后科研工作站。

产品核心总成部件均由中国重汽自己生产，无论是技术、生产还是质量控制都具有独特的优势，依托中国重汽集团在卡车领域庞大的售后服务体系，服务更及时、成本更低。为追求安全、节能、环保、智能的发展目标，2015年起公司侧重于生产新能源客车、清洁能源客车等“绿色交通”产品。

四、技术进展及研发能力进展

中国重汽集团技术发展中心（以下简称“技术中心”）为首批国家级企业技术中心，成立于1983年，总部设在济南，拥有浙江杭州、山西大同和山东济宁等3个分支机构，是中国重汽新产品研发和试验的综合科研基地，集产品开发设计、科研试验和检测、工艺与生产准备管理、标准化与信息化等管理于一体。

技术中心员工总数1 200余人，其中专职研发人员979人，各类行业专家50余人，下设整车设计、零部件设计、基础研发、综合管理、技术支持、检测等15个业务单元，已形成一支由本科、硕士及博士（后）组成的年龄梯次及专业结构合理、高层次科研队伍格局。并拥有一支专业素质较高、综合能力较强的专业学术带头人队伍。

技术中心相继被国家及省市主管部门认定为山东省重型汽车行业技术中心、山东省重型汽车工程技术研究中心、国家重型汽车工程技术研究中心，以及山东省“泰山学者”设岗单位和国家人事部认定的博士后科研工作站。技术中心下属产品试验部门也被认定为山东省汽车质量监督检验站、济南汽车质量监督检验鉴定试验所、济南汽车检测中心和国家重型汽车质量监督检验中心，具备向社会提供公正检测技术服务的资质条件。

技术中心历年来承担了国家级项目13项（重点研发计划4项、国家“863”项目5项、国家科技支撑计划项目4项）、省级项目2项、市级项目4项，有力地支持了集团公司研发实力的提升，并主持和参与了国家、行业和地方标准的制修订。在知识产权保护方面拥有有效专利2 653项，其中发明专利174项。

多年来，技术中心通过对整车及车身技术、关键总成及核心零部件技术、整车及总成零部件试验检测、重型汽车新材料、新工艺开发的研究与推广，形成了行业领先的车身、动力系统、传动系统、电子控制系统和整车匹配等五大核心优势，建立了技术管理、设计开发、中试生产和试验检测等软硬件相对完善的研发体系，搭建起可同时启动多个并行项目的产品研发平台。

技术中心已拥有完善的新能源汽车开发工具链以及强大的研发团队，并且不断继续大力引进燃料电池系统集成、动力电池PACK、电机及电机控制器、新能源专用AMT、新能源汽车核心零部件开发和子系统集成等领域的专业技术人才。具备新能源汽车整车控制系统的硬件设计、软件开发和集成测试能力以及动力总成的集成开发、测试和标定能力，搭建了包括新能源整车控制器硬件在环仿真平台（HIL），基于Altium Designer、Multisim等硬件电路设计和仿真平台，集成Matlab/Simulink仿真软件、快速原型开发工具、代码自动生成工具的软件开发平台，以及包括自主知识产权柔性多能源动力总成综合试验台、振动试验台、高低温、湿热试验箱、盐雾试验箱等在内的试验检测平台在内的新能源综合研发平台。

此外，技术中心于2016年底建设完成新能源动力总成多功能试验台，并匹配动力电池模拟器，使台架能够模拟动力总成的整车运行工况；2017年启动了“氢动能汽车及动力总成平台”项目，该项目作为2017年济南市重大科技专项，到2022年，将围绕新能源商用车整车和核心零部件，着力开展关键技术研究、产品开发、技术合作、人才培养、研发能力建设，其中整车覆盖中重卡、轻卡、客车、特种车等商用车系列车型；核心零部件包括氢燃料电池系统、驱动电机及其控制系统、动力电池PACK及其管理系统、整车控制系统、高效

AMT系统、电驱桥系统等领域。

自2010年开展与新能源汽车相关的研究工作以来，已开发出多款拥有自主知识产权的新能源汽车整车控制器，并相继开发出混合动力、纯电动客车等多种系列产品，并成功进入工信部新能源汽车推荐推广目录。新能源客车产品主要有混合动力、纯电动、双源无轨、氢燃料电池车型。技术中心节能与新能源汽车产品技术水平、质量水平达到国内领先、国际先进水平。

五、主要产品

序号	名　称	型　号
1	纯电动城市客车	JK6806GBEVQ3
2	纯电动城市客车	JK6806GBEVQ4
3	纯电动城市客车	JK6806GBEVQ5
4	纯电动城市客车	JK6106GBEVQ10
5	纯电动城市客车	JK6106GBEVQ4
6	纯电动城市客车	JK6106GBEVQ5
7	纯电动城市客车	JK6106GBEVQ8
8	纯电动城市客车	JK6126GBEVQ1
9	纯电动城市客车	JK6126GBEVQ2
10	纯电动客车	JK6116HBEVQA10
11	混合动力城市客车	JK6106GPHEVN51
12	混合动力城市客车	JK6106GPHEVN5Q2
13	混合动力城市客车	JK6126GPHEVN5Q
14	混合动力城市客车	JK6126GPHEVN5Q2
15	混合动力城市客车	JK6106GCHEVN5Q2
16	混合动力城市客车	JK6126GCHEVN5Q

六、合资合作

2009年7月15日中国重汽集团与德国曼公司签署战略合作协议，双方将在重型汽车、发动机、车桥、客车的生产制造、质量控制、销售和售后服务等方面开展合作。豪沃客车利用曼项目契机，以国产化的曼总成产品和曼客车底盘技术，实施自主创新和集成创新，实现中国重汽客车底盘及大客车产品技术的全面升级，形成豪沃客车公司独有的竞争优势。已有德国、美国、意大利、日本、奥地利等国家著名企业与中国重汽集团建立了战略合作关系：ZF（方向机）、福士（插接件）、威伯科（AMT控制系统、ABS系统）、曼·胡墨尔（滤清器）、瀚瑞森（橡胶悬架）、贝耳（散热系统）、VDO（仪表和控制系统）均已在济南建厂或已开工建厂，生产专供中国重汽集团与国际重型汽车同步配套的汽车部件。

七、发展规划

豪沃客车公司自2010年开展与新能源汽车相关的研究工作以来，以中国重汽集团自有技术和自身产业链为依托，自主研发了一系列领先于国内同行业先进水平的客车产品，截至2018年12月共计开发产品及通过目录公告230个，产品涵盖了从6～18 m的新能源公交客车、新能源旅游客车、新能源团体客车等共计60多个品种。按照中国重汽集团节能与新能源汽车战略规划，豪沃客车公司未来将围绕引进吸收曼技术高端旅游客车及城市公交车，并在纯电动专用车及纯电动物流车等重点领域，开发更加符合客户需求的节能与新能源产品，为我国乃至全球新能源汽车产业发展作出更大的贡献。

江西博能上饶客车有限公司

一、单位概况

江西博能上饶客车有限公司，前身为上饶客车厂，始建于1969年，为全国客车重点生产企业和江西省“十大战略新兴产业”重点扶持企业，江西省唯一的省级客车技术研发中心和省级节能与新能源商用车工程研究中心。2018年江西博能上饶客车有限公司已有超过30款新能源客车产品获得国家公告，通过与清华大学、西北工业大学等“985”重点高校就驱动控制系统和传统客车降噪技术方面进行专项合作，与南昌大学、长安大学等“211”重点高校在电池管理系统和车身轻量化技术方面开展专题项目合作和定期交流活动，公司已获得授权或正在公示审查的核心技术发明专利21项，实用新型专利和软件著作权若干。

二、经营情况

2018年江西博能上饶客车有限公司全年实现客车销售3 550辆，同比增长35.14%；销售额17.45亿元，增长36.33%，其中新能源客车实现销售2 393辆，增长112.3%，在江西占据新能源客车总销量连续多年第一，增速势头迅猛。专用校车等其他车型销售1 157辆，主要市场包括广东等地，专用校车市场份额继续保持全国一线梯队。

三、产品出口

江西博能上饶客车有限公司在应对国内的机遇和挑战的同时，冲出国门打开国外市场，为加快海外市场的战略实施，成立了海外事业部，聘请我国高校优秀人才拓展海外销售渠道。2018年，江西博能上饶客车有限公司批量出口到斯里兰卡、孟加拉、秘鲁、科威特、阿联酋、印度、菲律宾等全球各地以及香港和澳门地区。

四、产能建设

2017年赣发改高技1396号文获批节能与新能源工程研究中心（省发改委）。中心总人数超过189人，直接研发工程师127人，下设试验验证中心、控制系统部、前沿技术开发部等9个部门。其中前沿技术开发部负责对外产学研项目合作项目引进和管理工作；试验验证中心负责整车和关键系统试验验证工作。

2018年，江西博能上饶客车有限公司围绕年度目标想方设法提升产能，在原有产能15辆/天的基础上提升到 20 ~ 25 辆/天。具备年产传统客车、校车 4 000 辆及新能源客车2 000 辆的生产能力。产品涵盖 5 ~ 12 m，普，中高档次的校车、团体旅游、公交、客运、新能源和特种车六大系列多个品种。

五、技术进展及研发能力建设

2018 年，江西博能上饶客车有限公司持续加强与中国科学院全方位合作，2016 年被评为“高新技术企业”，先后投资 3 000 余万元建立了江西省省内为数不多的动力实验室和电子实验室，拥有较为丰富的技术储备和人才储备。

截至 2018 年，江西博能上饶客车有限公司获得了电动汽车制动系统及其控制方法、汽车供电系统及相应的汽车供电控制方法、新能源汽车动力系统部件的多功能拆装设备等发明专利 36 项，实用新型专利 23 项，经国际检索机构检索，研发的 3 种新能源汽车技术已达国内先进水平。

2018 年，江西博能上饶客车有限公司新研发产品超过 30 款，已取得国家工信部产品公告目录及《新能源汽车推广应用推荐车型目录》，其中大部分新研发产品实现了当年研发、当年批量销售。

六、主要产品

序号	产品型号	产品名称	品牌
1	SR6800BEV2/BEV3 系列	纯电动城市客车	上饶牌
2	SR6800BEVG/BEVG1 系列	纯电动城市客车	上饶牌
3	SR6810BEVG1/BEVG2/BEVG3/BEVG4/BEVG6 系列	纯电动城市客车	上饶牌
4	SR6101BEVG/BEVG1/BEVG3、SR6106BEVG1 系列	纯电动城市客车	上饶牌
5	SR6107PHEVN/PHEVNG、SR 6127PHEVN 系列	插电式混合动力城市客车	上饶牌
6	SR6106PHEVG5、 SR6116 PHEVG5 系列	插电式混合动力城市客车	上饶牌
7	SR6106PHEVNG、 SR6116 PHEVNG、SR6126PHEVNG 系列	插电式混合动力城市客车	上饶牌

七、合资合作及重大项目建设

在新能源汽车产业链布局上，江西博能上饶客车有限公司联合国内市场份额前三的动力电池上市企业高管团队、中组部“千人计划”专家等多方投资 21 亿元建设年产 10 亿 Ah 动力电池项目也于 2016 年已建设完成，2017 年 7 月前第一期已经实现量产。自主研发电控电机等其他核心系统零部件的产业化工作已在 2018 年全面完成。

江西博能上饶客车有限公司积极推选与国内外知名企业、高校及科研院所的技术合作，如中科院电动车辆研发中心、清华大学、北京理工大学、南昌大学、合肥工业大学等，成功开发出了 SR6800BEV2/BEV3 系列纯电动客车，SR6810BEVGl/ BEVG2/ BEVG3/ BEVGA/ BEVG6 系列等系列纯电动城市客车。

八、发展目标与规划

2019—2020 年，江西博能上饶客车有限公司制定了“保四争五”，保证最低实现客车销售 4 000 辆，力争实现 5 000 辆，产值超 20 亿元，规模和产值再次翻番的奋斗目标。市场拓展上在稳定现有市场资源的基础上新增 5 个重点省份和 10 家传统客车有效经销商，提升服务水平。为了江西博能上饶客车有限公司的长远发展，上饶客车在工信部《新能源汽车生产企业及产品准入管理规定》发布的半年前已经与上饶市经开区签约启动上饶客车单班年产 2 万辆、最高年产 3 万辆的新厂建设设计工作。江西博能上饶客车有限公司新厂建设已经于 2017 年 3 月全面开工建设，项目用地 1 200 余亩，总投资 30 亿元，正在有序推进中，预计 2019 年 9 月正式迁厂，计划 2021 年达产达标，年产值将超 100 亿元。

九、2018 年 1—12 月企业在新能源汽车方面经济指标统计

填报单位名称	指标名称	单位	本期累计	同期累计	增长率	增长额/提高百分点
江西博能上饶客车有限公司	2018 年末资产总计	万元	290 600	236 062	23.1%	54 538
	2018 全年完成投资额	万元	63 931	24 068	165.6%	39 863
	2018 年营业收入	万元	69 334	68 111	1.80%	1 223
	2018 年利润总额	万元	3 446	3 620	-4.80%	-174
	2018 年产品销售率	%	100.3%	109.3%	-8.23%	-9%
	2018 年销售利润率	%	4.97%	5.31%	-6.4%	-0.34%

山东沂星电动汽车有限公司

一、单位概况

山东沂星电动汽车有限公司始建于 1948 年 11 月，2004 年 5 月迁至临沂高新技术产业开发区，是国家工信部公告内汽车生产企业，是东湖产业投资基金管理有限公司旗下东湖新能源汽车(集团)有限公司的控股子公司。公司注册资金 3 亿元，占地面积 14.5 万 m^2，生产建筑面积9 万 m^2，现有职工 500 余人，专业技术人员 160 余人，主要生产设备 700 余台(套)，具备年产 2 000 台纯电动客车、专用车的生产能力。

山东沂星电动汽车有限公司前身为山东中通飞燕汽车有

限公司，具有50多年的客车生产历史，具备较强的客车技术研发和生产制造基础。2009年起顺应新能源汽车产业发展趋势，调整产品结构，全面进行产品转型，专心致力于新能源汽车的研发与生产，2010年获得纯电动客车生产资质，现具有纯电动客车（自制自用底盘）、轻型客车、大中型客车、专用客厢车、专用货车、通用汽车挂车等产品生产资质。是国内较早专业生产纯电动客车的企业，产品远销日本等海外市场和香港等地区。

山东沂星电动汽车有限公司自2010年首批电动客车投入示范运行至今，已先后在临沂、香港、青岛、淄博、日照、新乡、许昌、武汉、深圳、哈尔滨、衢州、霸州等城市和越南、日本等国家示范运行，效果良好，现已陆续投入运行车辆2 000余台，累计运行里程已超过2亿km，其中单车最长运行里程已达60余万km，车辆运行稳定、安全、可靠，节能环保，深受当地政府、公交公司和广大市民的高度认可。

二、经营情况

山东沂星电动汽车有限公司主营业务包括纯电动客车、纯电动城市客车，2018年全年累积销售车辆233辆，销售额19 228.50万元。

三、产品出口

2018年6月8日，沂星公司出口至韩国EDISON公司的8.9 m纯电动公交客车亮相2018年釜山国际车展，备受行业瞩目。

四、产能建设

为扩大产能，加大技术成果转化能力，山东沂星电动汽车有限公司积极响应山东省新旧动能转换的号召，在临沂高新技术产业开发区筹建年产5 000辆新能源客车建设项目，项目用地面积747.82亩，总投资26.7亿元，新建生产车间、研发大楼、公用辅助设施等建筑面积334 101 m^2，购置整车生产设备748台（套），计划建成集纯电动客车、燃料电池客车、燃料电池堆、控制系统、驱动电机五位一体的新能源客车生产基地。该项目于2018年7月4日获得山东省发改委核准批复（鲁发改工业〔2018〕758号）。一期12万m^2的电动客车生产线已于2018年12月开工建设，计划2019年底建成试运行。

五、技术进展及研发能力建设

山东沂星电动汽车有限公司现有研发人员79人，具有中高级职称的研发人员14人，本科以上学历人员为70人，占中心人员总数的比例为88%。通过多年的研发和产学研合作，掌握了国内领先的全承载铝合金轻量化车身技术和高效可靠的整车控制技术，已获得25项国家专利，其中发明专利2项，实用新型专利18项，外观设计专利5项。2018年11月山东沂星电动汽车有限公司获得“国家高新技术企业”认定。

山东沂星电动汽车有限公司把氢燃料电池客车作为技术创新的重要方向，研发氢燃料电池大巴已顺利下线，现正准备启动与亚开行、唐山等合作项目。

六、主要产品

续上表

序号	产品型号	产品名称	品牌
1	SDL6802EV	纯电动客车	飞燕牌
2	SDL6122EVL	纯电动旅游客车	飞燕牌
3	SDL6100EVG4	纯电动城市客车	飞燕牌
4	SDL6104EVG	纯电动城市客车	飞燕牌
5	SDL6120EVG8	纯电动城市客车	飞燕牌
6	SDL6125EVG3	纯电动城市客车	飞燕牌
7	SDL6125EVG4	纯电动城市客车	飞燕牌
8	SDL6126EVG	纯电动城市客车	飞燕牌
9	SDL6837EVG	纯电动城市客车	飞燕牌
10	SDL6840EVG	纯电动城市客车	飞燕牌
11	SDL6850EVG	纯电动城市客车	飞燕牌
12	SDL6100EVG6	纯电动城市客车	飞燕牌
13	SDL6125EVG5	纯电动城市客车	飞燕牌

七、合资合作及重大项目建设

1. 氢燃料电池客车研发取得重大成功

山东沂星电动汽车有限公司和北京科技大学开展产学研合作攻关，为已试运行2年多的燃料电池客车解决了电堆系统集成、控制等多项关键课题，一次加氢续驶里程达540 km，百公里耗氢仅有5 kg，达到国际先进水平，并与国际知名企业加拿大氢能公司合作开发燃料电池客车。

2. 轻量化技术创新实现新突破

山东沂星电动汽车有限公司和山东省科学院联合承担的镁合金车身电动客车成功研发，该项目已由中国有色金属协会进行技术验收，并在2017年世界镁业大会上获得“国家镁协优秀奖”。为进一步提高轻量化车身的技术水平，沂星公司正在进行碳纤维车身轻量化技术研发，首台样车已经完成，处于产业化技术论证测试阶段。

八、发展目标与规划

山东沂星电动汽车有限公司建设的新生产基地是沂星公司响应国家大力发展新能源汽车和加速新旧动能转换的产业要求的一项重要举措，总用地面积747.82亩，主体建设项目为车身、涂装和总装3个生产车间及一个燃料电池生产区。项目建成后，将具备年产3 000台纯电动城市客车和2 000台氢燃料电池客车总共年产5 000辆新能源大巴的生产能力。沂星公司与国际知名企业北京蓝吉氢能科技有限公司、加拿大Hydrogenics（氢能公司）合作开发燃料电池客车，2020年底前实现燃料电池堆国产化，有效提升国内燃料电池堆技术成果国产化能力。

九、2018年1—12月企业在新能源汽车方面经济指标统计

填报单位名称	指标名称	单位	本期累计	同期累计	增长率(%)	增长额/提高百分点
山东沂星电动车有限公司	2018年末资产总计	万元	156 135	160 501	-2.7%	-4 366
	2018全年完成投资额	万元	1 636	419	290.0%	1 217
	2018年营业收入	万元	24 362	57 351	-57.5%	-32 989
	2018年利润总额	万元	1 229	1 716	-28.4%	-487
	2018年产品销售率	%	100%	100%	0	0
	2018年销售利润率	%	5.0%	3.0%	66.7%	2.0%

成都客车股份有限公司

一、单位概况

成都客车股份有限公司(以下简称“公司”)成立于1952年,是一家股份制的汽车整车企业,至今已有60余年的客车生产历史,是四川省重点支持的节能与新能源客车研发制造及产业化基地。

公司已通过ISO 9001质量体系认证、ISO/TS 16949认证,建立了完善的管理流程和人员培训体系,从研发、采购、生产、检验、服务全过程控制产品品质。

公司客车产品系列已覆盖车长4~18 m,包括节能型柴油及CNG/LNG、插电式混合动力、纯电动、燃料电池等多种能源形式,覆盖BRT公交、干线公交、社区公交、旅游、公务通勤、专用特种等多种应用场景。

伴随着国家优先发展城市公共交通、城乡一体化,以及西部大开发战略的深入实施,经过坚持不懈的努力,公司在城市客车领域取得了快速发展,已成为四川及中西部地区具有明显区域优势的大中型客车生产企业。

二、产品出口

公司与欧洲、非洲、东南亚、墨西哥等地区的外商进行了接洽,与印度、巴基斯坦的合作伙伴签订了战略合作协议,出口印度的6 m纯电动样车已交付并投入使用,即将展开更多产品的合作。

三、产能建设

公司具备先进和完备的汽车生产设施,拥有冲压、焊装、涂装、总装、调试等生产线及各类产品检测线,具备单班年产大中型节能与新能源客车及底盘5 000辆的生产能力。

四、技术进展及研发能力建设

成都客车股份有限公司是国家高新技术企业,建有院士(专家)创新工作站、四川省企业技术中心、成都市工业设计中心、四川汽车轻量化研究中心、成都新能源客车研究中心等研究机构。在具备传统汽车底盘、车身、电器技术的深厚积淀的同时,深入掌握了完全自主知识产权的整车控制器软硬件技术、燃料电池系统集成匹配、动力电池集成管理技术、驱动电机设计制造等“三电”系统的核心技术,拥有数十项发明和实用新型专利,具备国内一流的研发能力。

五、主要产品

1. 整车				
序号	产品型号	产品名称	品牌	通用名称
1	CDK6116CBEV5	纯电动城市客车	蜀都牌	EC11
2	CDK6810CBEV	纯电动城市客车	蜀都牌	EC81
3	CDK6900CEFCEV	燃料电池城市客车	蜀都牌	FC90
4	CDK6126CBEV4	纯电动低入口城市客车	蜀都牌	EC12
5	CDK5180XCCBEV	纯电动餐车	蜀都牌	EZ18
6	CDK6590CBEV1	纯电动城市客车	蜀都牌	EC59
7	CDK6850CBEV9	纯电动城市客车	蜀都牌	EC85
8	CDK6110CSBEV	纯电动双层城市客车	蜀都牌	ES11

2. 零部件			
序号	产品名称	产品型号	产品应用
1	整车控制器	TZ350XSCD1	CDK6126CBEV4、CDK6850CBEV9、CDK6810CBEV 等
2	整车控制器	TZ420XSCD1	CDK6116CBEV5 等
3	整车控制器	TZ290XSCD1	CDK6590CBEV1 等

六、合资合作及重大项目建设

联合东方电气开发的国内具有完全自主知识产权的氢燃料电池客车产品,首批10台车辆已投入成都市郫都区示范运行,运行情况良好,受到省市领导的高度评价。这也是西部地区第一条正式载客运营的氢燃料电池客车示范线路,以此为契机,郫都区被成都市政府确定为氢能产业示范基地。

联合清华大学汽车安全与节能国家重点实验室、氢能时代环保科技有限公司等单位开发的HCNG天然气掺氢客车,为国Ⅵ标准下天然气掺氢的推广应用进行了先期探索。

七、2018年1—12月企业在新能源汽车方面经济指标统计

填报单位名称	指标名称	单位	本期累计	同期累计	增长额/提高百分点
成都客车股份有限公司	2018年末资产总计	万元	97 186.8	145 234.05	-33
	2018全年完成投资额	万元	1 166.3	2 191.47	-46.7
	2018年营业收入	万元	15 446.8	30 406.46	-49.2
	2018年利润总额	万元	-861.2	112.08	-868
	2018年销售利润率	%	—	0.36	—

沈阳华龙新能源汽车有限公司

一、单位概况

沈阳华龙新能源汽车有限公司成立于2015年7月，注册资金5亿元，为辽宁省经信委、沈阳市发改委"十三五"辽宁省战略性新兴支柱产业重点扶持项目。主要以自主专利技术研发、生产6～12 m各型新能源客车，公司建有钣金冲压、组合件、焊接、车身焊装、整车水性涂料涂装、底盘组装、总装调试、整车检测等生产线，拥有一流的生产设备，生产过程采用总装、冲压、焊接、底盘、检测等完整的流水生产线，拥有激光切割机、数控折弯机、中央蒙皮点焊机、液压涨拉蒙皮机、水性涂料涂装设备等大型先进设备，各类主要设备近1 000台(套)。

至2017年底，沈阳华龙新能源汽车有限公司所研发的纯电驱动客车，纯电驱动续航里程达330 km以上，并已取得新能源汽车推广目录及新能源汽车免税目录等一系列国家公告目录。

二、产能建设

2015年起公司投资5亿元，建设新能源汽车生产基地，占地面积144 715.4 m^2，总建筑面积75 311.2 m^2，2017年公司在原有基础上进一步改造生产线，提升产能，以达到设计年产2 000台大中型新能源客车的生产能力，基本满足生产需要。

三、技术进展及研发能力建设

沈阳华龙新能源汽车有限公司以开发轻量化安全、可靠、经济的新能源汽车产品为目标。结合自主专利技术开发的纯电驱动车型采用智能高压配电系统，水冷辅机系统(DC/DC，DC/AC)6项水冷电机配制，通过超高效的电机驱动系统，每公里比同类产品降低能耗30%，续航里程达330 km以上，特别是公司研发的全铝质车身，三开门，低地板增程式车型(已获得产品造型专利)节能达50%以上，增程模式下续航里程达550 km以上，彻底解决纯电动客车缺少充电桩问题。

沈阳华龙新能源汽车有限公司从成立之初就非常重视技术团队建设，广泛吸取各类技术专业人才。公司工程师以上级别人才达50多人，占公司总人数30%以上。并且公司与多家高校合作，持续技术后备人才培养。

四、主要产品

序号	产品型号	产品名称
1	SKC6810EVGF	纯电动城市客车
2	SKC6120EVGH	纯电动城市客车
3	SKC5080XXYEV1	纯电动物流车
4	SKC6100EVGF	纯电动城市客车
5	SKC6120HEVGG	混合动力城市客车

五、发展目标与规划

沈阳华龙新能源汽车有限公司将持续新能源汽车产品的研发与发展，在自主核心技术基础上不断创新，完善，以持续向社会不断推出轻量化、安全、可靠、经济的纯电驱动汽车产品，并在此基础上并逐步向新能源乘用车、无人驾驶、燃料电池等技术领域发展。

浙江新吉奥控股集团有限公司

一、单位概况

浙江新吉奥控股集团有限公司(以下简称"新吉奥集团")位于全球金融中心、世界东方明珠——上海浦东新区。集团下辖房车智造、新能源汽车智造和融资租赁三大板块，拥有桐乡、台州及澳大利亚墨尔本三大智造基地，在桐乡和上海分别设有研发中心和互联网运营中心。新吉奥集团在互联网+汽车领域主动探索，研发并运营共享房车、新能源物流车互联网平台，已成为国内造车企业进军互联网的先锋。

新吉奥集团以十余年整车研发及制造经验为基础，联合清华大学新能源研究院、合肥工业大学、同济大学、德国亚琛工业大学等国内外权威机构，整合新能源汽车生产制造的新材料、新技术、新工艺，全力聚焦新能源物流车、新能源城市公交车及新能源关键零部件的研发及智造。在桐乡设有新能源汽车研发中心和试制试验中心，拥有专业、资深的研发、工艺团队，构建了完备的研发体系，是新吉奥集团新能源汽车产业的科技创新平台和技术研发平台。在台州路桥建有新能源汽车智造基地，同时在台州湾循环经济产业集聚区一期投资42亿元，建设占地600余亩、年产2万辆商用车的智造基地。在上海成立融资租赁公司，专门从事汽车融资租赁，尤其是新能源汽车金融服务，为客户提供一站式的汽车金融服务体验。集团新能源汽车产品包括小型车平台、中型车平台和大型车平台，涵盖纯电动汽车、增程式电动汽车以及氢燃料汽车。

新吉奥集团在沪、杭、苏金三角中心、世界互联网大会永久会址地——中国桐乡成立了国内首家房车研发中心，占地550亩，投资21.6亿元，是亚洲具有一定影响力的房车领域综合性企业。并积极在全球进行战略布局，成功收购澳大利亚第二大房车生产商Regent公司，成为国内特种车行业率先在国外建立了完整研发、制造、销售和售后服务体系的房车企业。集团房车产品涵盖自行式旅居车与旅居挂车，可提供高端私人定制化设计服务，配备国际化的室内设计团队，在科技与舒适感方面具有独特优势。

新吉奥集团在互联网+汽车领域主动探索，成功开发房车共享互联网平台，与旅游产业紧密对接，包含O2O房车共享、房车租赁及销售、高速公路服务区微营地、旅游景区房车营地连锁酒店开发建设、招商加盟、运营辅导、客户引流、培育房车出行智慧旅游新生态，打造互联网运营服务平台，通过线上引流、输出品牌、提供产品，联创共投、合作加盟多模式构建房车旅游产业生态圈，全力推动房车互联网化运营。

二、经营情况

新吉奥集团下设桐乡、台州及澳大利亚墨尔本三大智造基地，建立健全了营销售网络及售后服务网络，2018 年车销售 811 辆。

三、产品出口

新吉奥集团在聚焦国内市场的同时，加速海外市场的战略布局，已成功开拓澳洲房车市场，并已形成完整的销售及售后服务网络，2018 年共计出口 303 辆。

四、技术进展及研发能力建设

新吉奥集团建立了完善的新能源汽车开发团队和新能源汽车试验能力。已掌握纯电动汽车、增程式电动汽车、氢燃料汽车整车及关键零部件的集成应用能力，具备新能源汽车整车控制器、电池管理系统、驱动电机、电机控制器、车联网、动力电池集成自主开发能力，并已有成熟产品应用。

集团与全球知名的轻量化科研研究院所——德国亚琛工业大学签署了轻量化战略合作合同，通过学习亚琛工业大学轻量化科研所的轻量化策略，利用研究所研发的轻量化新型材料，实现轻量化目标，使新吉奥集团走在了行业的前列。

五、主要产品

序号	产品型号	产品名称	品牌
1	ZDD5020XXYBEV	纯电动厢式运输车	戴德牌
2	ZDD9020XLJ	旅居挂车	戴德牌
3	ZDD9025XLJ	旅居挂车	戴德牌
4	ZDD9030XLJ	旅居挂车	戴德牌
5	ZDD5041XLJC	旅居车	戴德牌
6	ZDD5043XLJ	旅居车	戴德牌
7	ZDD5047XLJ	旅居车	戴德牌
8	ZDD5047XLJ1	旅居车	戴德牌
9	ZDD5048XLJ	旅居车	戴德牌
10	ZDD5049XLJ	旅居车	戴德牌
11	ZDD9021XLJ	旅居挂车	隆翠牌
12	ZDD5040XLJC	旅居车	隆翠牌
13	ZDD5049XLJ1	旅居车	隆翠牌

六、发展目标与规划

未来，新吉奥集团将持续加大技术、市场、服务等方面的投入，基于互联网思维，依托 O2O 共享经济模式，以核心零部件技术开发、整车轻量化、智能驾驶及前沿技术等核心领域为切入点，不断打造卓越的产品，提供优质的服务，满足更多客户群体的需求，始终引领行业发展。

湖北新楚风汽车股份有限公司

一、单位概况

湖北新楚风汽车股份有限公司（以下简称“公司”）系中国恒天集团旗下核心汽车业务板块，成立于2010 年6 月，由中国恒天集团和随州市政府鼎力合作，旗下经纬纺织机械股份有限公司对湖北省原专用汽车制造厂（2007 年3 月成立）战略重组而来。公司坐落随州市两水经济开发区，注册资金 10.5 亿元，是随州市唯一一家具有自主商用整车生产资质的企业。

二、经营情况

自 2015 年湖北新楚风汽车股份有限公司推进新能源汽车战略以来，在纯电动城市物流车领域取得跨越式发展，截至 2018 年底，已实现在全国 83 个区域城市实现 85 家大客户，已连续 3 年保持新能源轻卡车型销量全国排名第二。

在市场端，经过 4 年的打磨和坚持，湖北新楚风汽车股份有限公司的客户、运营商、经销商已遍布全国 87 个城市，从北边的黑龙江，到南边的海南省，从西部的新疆、云南到东部的上海，深耕了京津冀、长三角、珠三角城市群。产品经历了高寒、高温、高原、高盐等多种极端生态环境的检验，得到客户广泛认可。

三、产能建设

公司现有员工 500 余人，占地 618 亩，总资产 24 亿元。拥有 5 万台整车及底盘、车架和 2 万台车身总成能力，1 万台传统、新能源专用车与客车生产能力。

四、技术进展及研发能力建设

公司在北京、天津、欧洲设置了研究院，800 多名研发人员持续对整车集成、汽车智能、核心零部件正向开发，在核心部件方面已形成天津 PACK 基地、北京 BMS 基地、VCU 基地、广州远程终端基地。为了将来的汽车智能数据发展，公司还同中意德电签约，设置私有云服务器。这一切的产业布局，已经为未来汽车业态变化做好了准备。

五、主要产品

序号	产品型号	产品名称	品牌	通用名称
1	HQG5037XXYEV1	纯电动厢式运输车	楚风牌	恒好（中面）
2	HQG5035XXYEV1	纯电动厢式运输车	楚风牌	恒运（微货）
3	HQG5043XXYEV9	纯电动厢式运输车	楚风牌	恒远（厢货）
4	HQG5040TQSEV4	纯电动清扫车	楚风牌	无
5	HQG5085TQZEV1	纯电动清障车	楚风牌	无

六、合资合作及重大项目建设

公司拥有省级企业技术中心，与湖北专用汽车研究院共同创建了“新能源汽车联合研发中心”，以纯电动物流车为主打产品，以“智能”物流为技术核心，打造属于“恒天”品牌的优势产品，新能源物流车和专用车部分产品已达到国际国内先进水平。公司成功被纳入“国家军品装备承制单位”体系，“楚风”品牌被誉为湖北省著名商标。

新楚风积极拓展平台，同货拉拉、京东、唯品会、中铁、宅急送等签订战略合作，积极将各地客户引入优质平台。

七、发展目标与规划

为了进一步提高客户的满意度，已开始在全国投建16个营销服务配件中心，提供营销、服务、配件、金融、充电等服务，并对周边进行辐射。在做好物流车的同时，在洒水、洗扫车、压缩、餐厨垃圾车等新能源产品上已做好技术储备。按照中国恒天集团发展新能源汽车产业的总体战略规划布局，公司依托随州专用汽车之都产业集聚优势，正稳步推进“新能源汽车＋专用汽车定制底盘”两项战略，以优异的产品服务致力于品牌价值提升，朝着“十三五”期末实现年产销汽车5万台，实现销售收入70亿元，专用汽车和定制底盘销量进入全国前五名的目标迈进，努力地区经济社会发展作出更大的贡献。

八、2018年1—12月企业在新能源汽车方面经济指标统计

填报单位名称	指标名称	单位	本期累计	同期累计	增长率（%）	增长额/提高百分点
湖北新楚风汽车股份有限公司	2018年末资产总计	万元	353 816	250 713	41.12	103 103
	2018全年完成投资额	万元	2 153	1 835	17.33	318
	2018年营业收入	万元	177 411	189 487	－6.37	－12 076
	2018年利润总额	万元	－1 628	5 305	－130.69	－6 933
	2018年产品销售率	%	145%	80%	81.25%	65%
	2018年销售利润率	%	－0.92%	2.8%	－132.86%	－3.72%

山东吉海新能源汽车有限公司

一、发展概况

山东吉海新能源汽车有限公司（以下简称“吉海公司”）成立于2015年，位于山东省广饶县，占地59.6万m^2，员工1 000余人，是国家工信部《道路机动车辆生产企业及产品公告》内商用汽车整车生产企业、新能源汽车整车生产企业、专用汽车（含特种作业车）生产企业（目录序号：160）。主要产品有载货汽车、纯电动载货汽车、纯电动厢式运输车、纯电动仓栅式运输车、纯电动邮政车、压缩式垃圾清运车、车载修井机等，其中纯电动载货汽车、纯电动厢式运输车、纯电动仓栅式运输车和纯电动邮政车均被列入《新能源汽车推广应用推荐车型目录》《免征车辆购置税的新能源汽车车型目录》《享受车船税减免优惠的节约能源使用新能源汽车车型目录》。

二、技术研发能力

山东吉海新能源汽车有限公司技术研究院共有研发人员100余人，其中高级工程师10人、工程师40人。主要研发软件包括CAE、成型工艺分析、三维设计软件、数据管理系统、数据保护系统、整车性能仿真软件等设计软件和办公软件等。主要研发设备包括三坐标测量划线机、油泥铣削机、3D打印机、发动机综合性能测试台、液压伺服系统、驱动桥综合试验台、车顶静压试验台、四门一盖试验台、整车排放分析系统、汽车高低温（湿热）环境试验室、机动车综合性能测试仪、四轮定位剪式双层举升机、里程表综合测试仪、汽车发动机转速表综合测试仪、电器综合测试台、电池振动综合试验台、绝缘耐压测试仪、绝缘电阻测试仪、工频磁场干扰模拟器、脉冲传导抗干扰信号模拟器、步入式盐雾室等，具备汽车造型设计、3D扫描、逆向工程、油泥模型制作、整车试验及验证能力。技术研究院建有PLM产品数据管理系统，对设计规范、2D图纸、3D模型、整车及各总成设计过程文件、CAE分析报告、工艺文件、检验规范、检验报告、评审整改记录等进行信息化管理。整车试验场建有标准长直线、搓板路、扭曲路、坑洼路、涉水路、标准坡道等，可进行车辆的出厂路试、整车及零部件的可靠性路试等相关试验测试项目。

三、产能建设

吉海公司拥有完整的汽车生产工艺（冲压、焊接、涂装、总装）流水线、驱动电机及控制器生产流水线，具备年产5万台整车、3万架车桥及3万台驱动电机和控制器的生产能力。

四、质量控制

吉海公司建立了完整的质量控制体系，已获得ISO 9001:2015质量管理体系证书，生产车型通过国家强制性产品认证（CCC认证），产品质量和生产一致性将得到切实保证。公司检测中心具备从零部件进货到整车出厂生产过程的质量控制能力。

吉海公司建有ERP数据管理系统，实现了从销售计划的下达、零部件采购、零部件入库、生产、财务、车辆入库过程的数据化管理。

吉海公司建立了新能源汽车运行信息化管理平台，并与国家、地方新能源监控平台对接，对每台出厂的新能源车辆的运行状态进行实时监控。

五、销售和售后服务保障

吉海公司在全国建立了100多家销售店和68家特约维修站，销售网络全面覆盖了国内20多个省市一级城市，基本布局二、三线城市，形成了比较完善的销售、售后服务网络。采用ERP-U8经营管理平台，实现从产品库存、产品销售、产品档案、服务协议、服务保养策略、服务请求，以及服务执行、服务过程结算费用支持、服务投诉和回访整个售后和客户、用户接触、服务以及收入的全流程。公司建立了新能源汽车动力蓄电池回收利用溯源综合管理台，对公司出厂的新能源车辆的电池以及电池单体纳入平台集中化管理。

六、主要产品

序号	产品型号	产品名称
1	纯电动载货汽车	JHN1031CDBEV1、JHN1024CCBEV1、JHN1024CCBEV2、JHN1032CGBEV1、JHN1032CGBEV2
2	纯电动载货汽车底盘	JHN1031CDEV1、JHN1024CCEV1、JHN1024CCEV2、JHN1032CGEV1、JHN1032CGEV2
3	纯电动厢式运输车	JHN5031CDXXYBEV1、JHN5030CGXXYBEV1、JHN5024CCXXYBEV1、JHN5024CCXXYBEV2、JHN5032CGXXYBEV1
4	纯电动售货车	JHN5031CDXSHBEV1、JHN5032CGXSHBEV1、JHN5032CGXSHBEV2
5	纯电动冷藏车	JHN5032CGXLCBEV1、JHN5032CGXLCBEV2

华晨鑫源重庆汽车有限公司

一、单位概况

华晨鑫源重庆汽车有限公司是由华晨汽车集团与东方鑫源控股有限公司合资组建的大型汽车企业，拥有独立的汽车生产资质和新能源汽车生产资质，拥有完善的设计、研发、制造、销售、服务体系。在意大利米兰、重庆建有设计中心和研发中心。旗下拥有的品牌包括：SWM 斯威汽车——乘用车品牌、华晨金杯——商用车品牌和 SRM 鑫源新能源——新能源汽车品牌（SUV、MPV、微客、微卡等）。在重庆涪陵建有年产 30 万辆乘用车、30 万台发动机及 5 万辆新能源汽车的生产基地，在重庆九龙坡区含谷建有年产 10 万辆商用车生产基地。销售、服务网络覆盖全国 1 000 多个县市，产品远销海外。

二、经营情况

华晨鑫源新能源汽车从 2012 年开始进行新能源的研发，2017 年第一款新能源车型新海狮 EV300 下线上市，在纯电动城市物流车领域取得跨越式发展，截至 2018 年底，新能源微型物流车车型销量全国排名前三。在大客户市场上，和深圳货拉拉结成深度战略合作伙伴关系，并在浙江台州等部分城市城乡客运上取得优异的成绩，获得客户广泛的认可。

三、产品出口

产品远销泰国、老挝、越南等东南亚市场。

四、产能建设

在重庆涪陵建有年产 30 万辆乘用车、30 万台发动机及 5 万辆新能源汽车的生产基地，在重庆九龙坡区含谷建有年产 10 万辆商用车生产基地。

涪陵生产基地和位于沈阳的宝马铁西工厂均采用世界先进的联合厂房设计理念，由同一家设计院开发设计，与宝马莱比锡工厂异曲同工。园区占地 1704 亩，分南北厂区两期建成，一期设计 15 万辆整车及发动机产能，二期设计 15 万辆整车及发动机产能，总投资 45 亿元，建成后年产值可达 300 亿元。

五、技术进展及研发能力建设

华晨鑫源新能源汽车从 2012 年开始进行新能源的研发、制造，具备强大的研发团队及研究实力，拥有完整的整车资质、新能源资质和完善的产品谱系。研究设计中心位于米兰中心，研究院目前总人数 1 000 余人，在整车设计、发动机开发、性能匹配等方面有丰富开发经验，目前已具备数据分析、CAE 仿真设计、NVH 分析、可靠性验证、底盘匹配、整车电器匹配等关键设计能力。在建有多功能环境仓、排放仓等先进试验室，具有 NVH 等高端检测设备。并与沈阳华晨研究院强强合作，完成了多款新能源车型的开发。

除了硬件保障，SRM 鑫源新能源由宝马设计师担当顾问，其生产质量由华晨集团首席质量官亲自讲解把控，确保每一辆车都符合欧洲品质与安全标准。先进的硬件设备投入、严格的质量管控体系、强大的供应体系支撑为 SRM 鑫源新能源品质提供了可靠而坚实的保障。

六、主要产品

序号	产品型号	产品名称	品牌	通用名称
1	JKC6420FXBEV	纯电动城市客车	鑫源牌	小海狮 EV
2	JKC5031XXY-DDBEV	纯电动厢式货车	鑫源牌	T50EV
3	JKC5022XXY-DABEV	纯电动厢式货车	鑫源牌	T20EV
4	JKC5030XXY-FXBEV	纯电动厢式运输车	鑫源牌	好运 1 号
5	JKC6451AXBEV	纯电动城市客车	鑫源牌	新海狮 EV300

七、合资合作及重大项目建设

随着物流业的高速发展和政府对于新能源汽车的政策扶持，越来越多的运营商和物流公司选用纯电动的微面车型，作短途业务运输的用途。同深圳货拉拉签订战略合作，好运一号车队将担当西南地区货拉拉的物流配送服务，为公司合作伙伴带来高品质的物流服务体验。在城乡客运方面，浙江台州率先选择公司新海狮 EV300 车型，作为台州市村村通的主力交通运力获得广泛的认可。

八、发展目标与规划

鑫源集团从创办之初，始终坚持“创造物质、知识、精神财富，分享给员工、客户及社会”的企业使命，不断开拓进取，并积极响应国家号召和顺应市场趋势，在新能源板块创立了 SRM 新能源品牌，为未来绿色出行提供解决方案。按照集团发展新能源汽车产业的总体战略规划布局，公司依托重庆汽车之都产业集聚优势，正稳步推进“新能源汽车 + 专用汽车”两项战略，以优异的产品服务致力于品牌价值提升，随着口碑沉淀和产能释放，SRM 鑫源新能源还将在新能源汽车市场上有更大作为，成为中国新能源品牌城配物流的最优选择。

江西中城通达新能源装备有限公司

一、单位概况

江西中城通达新能源装备有限公司（以下简称“公司”）是由中国中车集团下属的中车城市交通有限公司联合中通、申通、韵达、上海城合共同在赣江新区打造的新能源装备制造平台。公司主要从事新能源物流车、专用作业车的研发、制造与销售，智能轨道车辆的本地化组装与维保。

公司具备完善的研发、制造、质量、营销及人才储备体系。公司享有物流快递巨头提供的市场优先，享有中国中车最有价值的品牌输入，享有轨道交通装备部件一流供应商提供的制造资源支持，将积极为客户提供优质的新能源整车装备，同时做好全产业链的资源开发，旨在打造辐射华中区域的新能源装备制造总部基地。

二、经营情况

江西中城通达公司2017年10月注册成立；2018年2月12日，江西省发改委项目核准批复；3月13日，ISO 9001体系认证审查通过并获得质量管理体系证书；6月6日，工信部《道路机动车辆生产企业及产品公告》第308批正式公布中城通达新建专用汽车生产企业生产准入通过。

8月初，CLE5043XXYEV1车型公告已正式发布；9月，CLE5042XXYEV1、CLE5044XXYEV1两款车型公告发布。公司已签订350台车辆采购订单。

三、产品出口

经过前期紧张有序的研发工作，已开发3款纯电动厢式运输车，分别为CLE5042XXYEV1、CLE5043XXYEV1、CLE5044XXYEV1。其中CLE5042XXYEV1车型采用东风襄旅二类底盘，搭载苏州绿控55 kW电机配两档变速器，动力电池为国能78.8 kWh（磷酸铁锂）；CLE5043XXYEV1车型采用东风柳汽二类底盘，搭载苏州绿控75 kW直驱电机，动力电池为力神77.8 kWh（磷酸铁锂），CLE5044XXYEV1车型采用成都大运二类底盘，搭载普林亿威50 kW直驱电机，动力电池为国轩96.8 kWh（磷酸铁锂）。

下一步的产品方向是专用作业车（环卫车、冷藏车）以及整车开发，都已经成立项目组，正式立项。

四、产能建设

生产部下设4个工段，分别为焊装工段、涂装工段、总装工段、调试工段。生产厂房长度为253.6 m，宽度为96 m，建筑面积为24 346 m^2，共有4跨。东起第一跨为焊接工段，分为两部分，东半部分为下料成型区，西半部分为焊接区，焊装工段采用动力网架集中供风、供气、供电、起重，制作采用柔性化工装及基础平台确保车型快速换线；第一跨与第二跨南部端头为涂装工段，涂装工段采用自动化悬挂式流水线；第二跨为货厢车总装工段；第三跨东半部为欧系轻客总装工段，西半部为微面总装工段，总装工段采用动力网架集中供风、供气、供电，登高作业采用液压升降平台，现场通过MES系统进行拉动式生产；第四跨东半部分为调试工段，其中南部端头为淋雨房（车间内新建淋雨房15 m×5 m，面积75 m^2），北部为制动试验台、大灯检测及地沟返修区，西半部分为物流车试驾区，西北部端头还设有新能源物流车的推广展示区，调试工段采用国内顶尖检测线及淋雨设施。焊接区共设10个工位，生产节拍为30 min/台车。涂装工段共设6个工位，生产节拍为30 min/台车，涂装生产线采用封闭式，环绕式涂装生产线。总装工段生产节拍为1 h/台车，采用动力集成网架，工作简便，轻松，大大提高效率。调检工段分别为检测线、淋雨线、动调线，生产节拍为30 min/台车。

五、技术进展及研发能力建设

1. 研发部涵盖底盘、车身、电器、产品认证各科室，具备对专用客厢车和专用货车的产品策划、整车匹配、客厢车盲窗、隔断以及货车上装（货厢）等工作的独立开发设计能力。已经开发出3款4.5 t纯电动轻卡产品，陆续推向市场；同时为了满足下阶段的更严苛的法规标准，研发部已经成立了轻量化专题小组，继续攻关上装的轻量化，为迭代的产品做好准备。

2. 为了进一步拓展产品方向，研发部成立了专用作业车小组，定向开发满足江西市场的环卫车以及冷藏车，立项工作已经开展，前期技术储备也已经在进行。

3. 为了掌握新能源汽车核心技术，中城通达研发部成立了新产品项目组，专注于新能源整车开发，包含底盘、车身、电器等经验丰富的专业研发人员，具备底盘、三电系统等正向开发能力，能够使用CAE专业软件进行结构仿真轻量化分析。已经通过了前期的造型评审，相关工作正在稳步推进。

六、主要产品

序号	产品型号	产品名称	品牌
1	CLE5042XXYEV1	纯电动厢式运输车	轻卡
2	CLE5043XXYEV1	纯电动厢式运输车	轻卡
3	CLE5044XXYEV1	纯电动厢式运输车	轻卡
4	CLE1021	—	—

七、合资合作及重大项目建设

公司规划用地416.22亩，用于专用车厂搬迁扩建。152.22亩土地已摘牌，另外264亩土地8月底挂牌；项目计划投资13亿元，全部达产后将实现年产1.5万台纯电动专用车。

八、发展目标与规划

1. 结合当地政府资源，中城通达拓展专用车新领域：专用作业车，已经开始在周边城市调研，由于专用作业车附加值高，且隶属于政府采购，有利于中城通达进行布局。

2. 由于专用车资质只能进行上装的生产，物流车上装附加值低，不利于公司长期发展，中城通达已经启动整车新产品研发项目，并且在新产业园开始启动整车货车生产资质准入的计划。

天津清源电动车辆有限责任公司

一、发展概况

天津清源电动车辆有限责任公司（以下简称“清源汽车”）是一家集新能源汽车研发、生产、销售于一体的高新技术企业，由中南创发国际有限公司、中国汽车技术研究中心有限公司、天津力神电池股份有限公司等单位共同组建，致力于链合全球资源，成为国际一流的新能源汽车企业。

2001 年清源汽车成立，2002 年被天津市政府授权为天津市电动车辆研究中心，2003 年被国家人事部授予博士后科研工作站，2006 年被认定为国家高新技术企业，2008 年取得国家工信部授权的“新能源汽车整车生产企业”资质，2009 年清源汽车的电动汽车动力系统关键零部件试验室通过了国家实验室认可委员会的资质认定，可以为行业提供产品准入所需的评价试验，并先后通过了 ISO 9001、ISO/TS 16949 认证，2018 年清源汽车成功实现增资重组。

经过 10 多年的科研攻关和技术积累，清源汽车培养了一批专业分布合理、理论基础全面、技术经验丰富的电动汽车技术研发团队，拥有中机车辆公告准入特聘专家，建立了国际先进的电动汽车整车及其动力系统研发和评价的软硬件条件，具备了全新整车车型正向开发、电动汽车动力系统核心部件开发以及电动车辆工程技术开发等方面的研发能力。

二、产能建设

清源汽车拥有年产 3 万辆纯电动汽车装配线和年产3 万套动力总成生产线，率先实现纯电动汽车大批量出口。具备电动汽车整车、电驱动系统、动力电池包、控制系统等关键零部件的开发、试验、和检测能力，是国内重要的电动汽车开发、试验和生产基地。

三、技术进展及研发能力进展

2018 年，天津市政府把清源汽车列入新能源汽车重点发展企业，2018 年 7 月 15 日，天津市发展和改革委员会下发《关于天津清源电动车辆有限责任公司轻量化纯电动货车建设项目核准的批复》同意建设清源电动车辆有限责任公司轻量化纯电动货车建设项目，建设年产 6 000 辆纯电动货车整车。2018 年 7 月清源汽车与中汽中心签署了关于智能网联汽车的战略合作协议，双方在无人驾驶系统、智能网联终端、电子电气架构的设计与测试，智能网联交通场景的设计与开发等方面开展深度合作，致力于为智能化未来出行提供解决方案。

截至 2018 年 12 月，清源汽车参与制定国家标准 17 份，汽车行业标准 8 份；清源先后承担并完成了国家“863”专项、国家科技支撑项目、天津市项目 30 余项，取得了大量的技术专利和科技成果。

核心技术方面，清源汽车已经掌握研发制造的核心技术，具备整车控制器 VCU，电机电控系统和动力电池系统的研发和生产能力。尤其是在电池 PACK 方面，依托近 20 年的整车和关键零部件开发和技术积累，联合美国 PPI 公司共同开发，已形成了完全正向的电池 PACK 开发流程，并打造了集高性能、低成本、高安全性和高可靠性于一身的模块化电池 PACK，技术达到世界领先水平。清源汽车还开发了风光互补技术，在提升充电便利性的同时，有效解决纯电动汽车充电随机性对电网运行带来的不确定性。

无人驾驶汽车技术方面，由清源汽车联合中国汽车技术研究中心有限公司、苏州金龙汽车三方打造的 L4 级自动驾驶客车——Pro-Blue 深蓝在上海国际车展正式亮相，整车无驾驶位、无方向盘、无加速踏板及刹车踏板、无换挡机构，无需专门的驾驶员操纵车辆，一切由车辆自身“自主”驾驶。

整车研发方面，清源汽车打造了 A0 级系列产品平台，与合作伙伴共同打造了 B 级产品系列平台。由这两个平台分别衍生的产品“清源小尊”及“清源尊者”业已在上海国际车展正式发布。此外，在现有物流车的基础上，清源汽车正在潜心研发更具市场竞争力的新型物流车。

四、主要产品

序号	产品级别	产品名称
1	A0 级	清源小尊
2	B 级	清源尊者
3	L4 级无人驾驶小巴	Pro-Blue 深蓝
4	物流车	—

五、发展目标与规划

清源汽车致力于为人类创造智能、舒适、愉悦的汽车生活。清源汽车处于发展初期阶段，侧重于核心技术的研发，特别是在智能化、网联化、燃料电池等前瞻性技术领域，将在模块化电池包、无人车开发、BMS 电池管理系统等技术方面进行对外输出；另外，清源汽车也会把“平台化、模块化、共享化”的创新合作模式付诸实践，规划建设智能化新能源汽车平台，在新能源整车平台的打造和共享方面加紧布局，将研发平台在全球范围内向第三方开放，与国内、外新能源汽车企业展开深入战略合作。未来几年，清源汽车亦将针对不同的市场需求同时进行发力，推出多款新产品。

云南力帆骏马车辆有限公司

一、单位概况

云南力帆骏马车辆有限公司成立于 2004 年。经过十多年发展，现已成为以商用汽车研发、制造、销售为主的生产制造厂商。近年来，公司积极推进项目技改，努力开拓“一带一路”沿线各国市场，先后在缅甸、老挝、柬埔寨、斯里兰卡、孟加拉、巴基斯坦等 10 多个东南亚、南亚国家建立了近 300 个销售、服务代理网点。2017 年云南力帆骏马车辆有限公司位列“中国民营企业 500 强”第 314 位、“中国民营企业制造业 500 强”第 181 位、“云南省非公企业 100 强”第 2 位、“云南省非公企业制造业 20 强”第 1 位，成为全省现代装备制造产业的龙头企业。提供就业岗位 8 600 余个，为大理州经济社会发展作出了较大贡献。

二、产能建设

云南力帆骏马车辆有限公司以上登时骏商用车制造基

地为承载主体，注册资金11 818万元，园区占地面积813亩，建筑面积25万m^2，综合产能为20万辆商用车。建设有综合办公楼、冲压车间、焊装车间、车架焊装车间、车架电泳车间、涂装车间、技术中心及其他生产配套设施，具有国际先进ABB机器人、AGV物料输送系统、MES、ERP、WMS系统，建有冲压、焊接、涂装、总装生产线。

三、技术进展及研发能力建设

云南力帆骏马车辆有限公司新能源汽车产品的总体发展规划是重点加快推进纯电动汽车和插电式混合动力电动汽车产业化，同时推动氢燃料电池汽车的研发升级工作。

从2014年开始，云南力帆骏马车辆有限公司就已投入巨资研发节能与新能源汽车，坚持技术引进和自主研发相结合的原则，逐步开发了电动观光车、纯电动商用车（含物流车和环卫车）等；氢燃料电池汽车正在研发推动中。同时还掌握了整车控制策略核心技术，并攻破了增程器、电动空调、电子真空泵、电动助力转向、电动空气压缩机等系列核心零部件技术，这使得公司的电动汽车整车技术相对成熟，为产业化打下了良好基础。此外，针对用户“里程焦虑”“充电不便捷”“购买成本高”及“安全顾虑”等新能源用车痛点，在电池、电机、电控三电核心技术上充分自主创新、并在技术进化中不断突破。已建成了新能源车辆制造厂，具备了新能源汽车产品研发、试验检测和生产能力。

四、主要产品

序号	产品型号	产品名称
1	SJGD14A	电动观光车
2	SD01	2.5T物流车
3	SD02	3.5T物流车
4	SD03	4.5T物流车

五、合资合作及重大项目建设

通过与各知名高校联合，内联外引，建立不同职能的联合研发中心、专家（院士）工作站，进一步提升集团技术中心的整体研究能力。同时在海内外不同的区域，吸引不同层次的专业技术人才，在上海成立前沿技术研究院，东南亚、欧洲区域等区域建立相应的专业技术研究院，以达到集技术中心全球化布局的需求。

集团技术中心的工作职能，在实现汽车研发设计、产品验证及相关技术培训的技术服务外，将汽车检测、车辆鉴定和计量等工作也作为集团技术中心的重点建设目标。

宁德时代新能源科技股份有限公司

一、单位概况

宁德时代新能源科技股份有限公司（以下简称“公司”）是全球领先的动力电池系统提供商，专注于新能源汽车动力电池系统、储能系统的研发、生产和销售，致力于为全球新能源应用提供一流解决方案。公司在电池材料、电池系统、电池回收等产业链关键领域拥有核心技术优势及可持续研发能力，形成了全面、完善的研发、生产、销售服务体系。

二、经营情况

宁德时代新能源科技股份有限公司拥有独立的研发、采购、生产和销售体系，主要通过销售锂离子动力电池系统、储能系统和锂电池材料等产品实现盈利。统计期内，公司实现营业总收入2 961 126.54万元，与2017年同期相比增长了48.08%。2018年，公司完成A股首次公开发行并在创业板挂牌上市，由此提升了品牌影响力、公信力，丰富了资本市场融资渠道，完善了员工长效激励机制，首发募集资金的到位也为公司进一步提升研发、生产能力提供支持。

统计期内，各业务主要经营情况如下。

1. 动力电池系统

动力电池系统包括电芯、模组和电池包，其销售构成公司主要收入来源。根据中国汽车技术研究中心有限公司数据，2018年动力电池装机总量为56.9 GWh，其中宁德时代新能源科技股份有限公司以23.4 GWh的装机电量领先同业，市场占有率为41%。2018年，动力电池系统销售收入为2 451 542.99万元，较2017年同期增长47.18%。

2. 储能系统

在储能市场的需求和技术发展背景下，宁德时代新能源科技股份有限公司持续加强研发投入，不断提升产品性能以满足不同客户的需求，一方面通过加强自身的市场推广力度和研发投入，另一方面通过与产业链上下游公司合资合作，以持续增强在储量领域的技术和产品储备。2018年，储能系统销售收入为18 949.62万元，前期储能市场布局及推广开始取得成效。

3. 锂电池材料

宁德时代新能源科技股份有限公司进一步加大在锂电池材料回收及生产领域的投资建设。2018年，锂电池材料销售收入为38 607 629万元，较去年同期增长56.27%，占主营业务收入的比例为13.52%。

三、产能建设

2018年，为应对快速增长的市场需求，宁德时代新能源科技股份有限公司逐步提升基地产能，其中江苏溧阳基地已正式投产，并已开始筹划在德国建设首个海外生产基地。

四、技术进展及研发能力建设

宁德时代新能源科技股份有限公司以自主研发为主，建立了面向市场需求和多部门、内外协同的研发模式，构建了标准、高效、持续的研发体系。公司对于动力电池系统的研发投入保持了其在电池技术上的领先优势，动力电池系统的能量密度不断提高、生产效率不断提升、单位成本不断下降，安全性亦得到持续加强，并具有循环次数多、寿命周期长等产品优势，符合市场对于动力电池能量密度、功率密度、安全性等方面不断提高的要求。公司对于储能系统的研发投入提高了储能系统的循环寿命，降低了单位使用成本并加强了储能系统产品的安全可靠性。公司对锂电池材料的研发投入帮助其进一步完善了废旧电池中有价金属的加工、提纯、合成等工艺，提升了生产效率和产品质量，完善了公司在锂电池材料循环利用技术上的科研布局。

2018 年，宁德时代新能源科技股份有限公司积极参加国内外行业标准制定，获得国家标准管理委员会批复开展“锂离子电池国家高新技术产业标准化试点”，参与制定的联合国《电动汽车安全全球技术法规》（GTR 20）正式发布，牵头起草的国家强制性标准《电动汽车用动力蓄电池安全要求》通过技术审查，承办了 ISO/IEC 锂离子电池相关的国际标准工作组会议。

截至 2018 年 12 月 31 日，宁德时代新能源科技股份有限公司拥有研发技术人员 4 217 名，其中，拥有博士学历的 112 名、硕士学历的 958 名，并包括 2 名国家“千人计划”专家和 6 名“福建省百人计划”及“创新人才”，整体研发团队规模和实力在行业内处于领先。

完善的研发体系、强大的研发团队推动宁德时代新能源科技股份有限公司研发技术水平持续提升。截至 2018 年 12 月 31 日，宁德时代新能源科技股份有限公司及其子公司共拥有 1 618 项境内专利及 38 项境外专利，正在申请的境内和境外专利合计 2 110 项。

五、合资合作及重大项目建设

宁德时代新能源科技股份有限公司一方面持续推进与上汽、东风、广汽、吉利、一汽等下游重要车企客户的合资合作，与下游领军企业共同发展；另一方面加强与上游优质供应商的技术、商务合作，以保证技术领先、成本领先。

六、发展目标与规划

1. 发展目标

宁德时代新能源科技股份有限公司将继续加快全球业务布局，优化业务流程，加速研发步伐，优化质量和售后管理体系，坚持打造“以客户为中心”的服务理念，提升客户满意度。

2. 发展规划

（1）研发计划

公司将继续加大基础研发投入，密切关注市场需求和前沿技术的发展，多梯次多路径地驱动新技术商用化，以提高技术和产品的综合竞争力。在乘用车领域，以持续探索高能量密度纯电动产品为主要方向，保证产品能量密度和成本持续领先，在续航里程和成本方面追赶传统燃油车，加速电动化进程；在商用车领域，依托当前平台，继续开发高能量密度、低成本商用车产品，同时继续拓展商用车市场，在工程车和海外商用车业务方面取得突破；在储能领域，加深对业务场景和客户需求的理解，布局有竞争力的产品，积极开拓海外市场；坚持推动新技术，继续推进高镍三元材料体系产品的开发，同时参与相关多项国家标准、行业标准的修订。

（2）业务发展计划

① 乘用车：全方位布局各应用市场和车型级别，凭借产品的综合竞争力与战略客户建立长期合作关系，积极应对国内外客户的性能和成本需求，加快新技术的落地，攻坚克难。同时，继续争取在欧洲、北美和日本等海外大型车企客户的定点项目，加强与战略客户的联合创新，用有竞争力的产品和领先的技术与客户共同推动汽车的电动化、智能化和网联化。

② 商用车：在商用车市场总量增长趋于平稳的背景下，利用产品各方面不同的优势，积极拓宽应用场景，构建新的商业模型，推动市场发展；布局海外商用车市场，参与国际竞争，提升海外商用车市场占有率。

③ 储能：采取“全球销售、区域深耕、部分场景重点打造”的整体策略，以欧美、澳、韩日、中国四大区域为主战场，多渠道、多模式实现业务增长。

④ 电池回收：在国内外进行电池回收布点，实现资源的有效回收循环利用，履行社会责任。

七、2018 年 1—12 月企业在新能源汽车方面经济指标统计

填报单位名称	指标名称	本期累计（万元）	同期累计（万元）	增长率（%）	增长额（万元）
宁德时代新能源科技股份有限公司	2018 年末资产总计	7 388 370.40	4 966 288.58	48.77	2 422 081.82
	2018 全年完成投资额	692 366.67	884 931.69	−21.76	−192 565.02
	2018 年营业收入	2 961 126.54	1 999 686.09	48.08	961 440.45
	2018 年利润总额	420 481.32	484 810.02	−13.27	−64 328.70

比亚迪股份有限公司

一、单位概况

比亚迪股份有限公司（以下简称“比亚迪”）是一家致力于“用技术创新，满足人们对美好生活的向往”的高新技术企业。比亚迪成立于 1995 年 2 月，经过 20 多年的高速发展，已由成立之初的 20 人壮大到 22 万人，并在全球设立 30 多个工业园，实现全球六大洲的战略布局。比亚迪业务布局涵盖电子、汽车、新能源和轨道交通等领域，并在这些领域发挥着举足轻重的作用，从能源的获取、存储，再到应用，全方位构建零排放的新能源整体解决方案。比亚迪是香港和深圳上市公司，营业额和总市值均超过千亿元。

二、技术进展及研发能力建设

在二次充电电池领域，比亚迪进行全产业链布局，从矿产资源开发到电池包产出、梯次利用、产品回收；技术上，具备深厚的材料研发实力，精湛的电芯及封装设计能力；同时拥有完备的大规模全自动化生产线，处于国际领先水平；产品涵盖钴酸锂电池，磷酸铁锂电池，三元电池，广泛被应用于

电子产品，电动汽车，储能等领域。

三、合资合作及重大项目建设

独立带载，可多机并联带载，通过核级认证。核电站“非能动”应急电源对储能电站的可靠性和大功率输出有着非常高的要求，根据设计，核电站应急电源储能电站要直接启动500 kW 异步电机，要求储能电站必须具备“多机并启”和很强的过载能力，可满足 MW 级功率输出需求。这个课题曾由国内一流院校和机构多次研究，最终评估结果是技术水平根本无法实现。比亚迪凭借自主研发的“铁电池”和“双向换流器多主机离网负载技术”的突破，结合丰富的 MW 级电网储能电站实际运行经验，经过可靠性的全面升级，最终实现了技术突破，开发出应用在核电应急电源领域的储能系统，实现了中国核电站“非能动”应急电源技术的升级。

比亚迪双玻组件为全球率先获得 TüV 莱茵认证的硅胶双玻太阳能光伏组件，组件设计拥有 7 项核心技术及相关专利，解决了组件 PID 功率衰减及蜗牛纹等问题，实现了相对于常规组件而言更长的使用寿命(40 年)的优势，独特的硅胶封装及双层玻璃设计为组件在更多的建筑结构及更加恶劣的使用环境中应用提供了更广阔的空间，比亚迪作为全球率先使用此种设计的硅胶双玻组件的厂家，已累计生产及出货 300 MW 此类双玻组件至国内部分省市，以及日本、以色列及巴西等国家和地区。

四、发展目标与规划

比亚迪动力电池与整车厂无缝合作，积累丰富经验，打造了专业的开发及服务团队，拥有全面的预知及应对机制。目前，比亚迪动力电池应用车型超过 40 款，涵盖乘用车、商用车、专用车等领域。

1. 全产业链布局：具备动力电池完整的研发及生产体系，包括：矿产资源开发、材料研发制造、工艺研发、电芯研发制造、BMS 研发制造、模组研发制造、电池包开发制造、梯级利用回收。

2. 强大的产品研发能力：以基础材料研发为基石，以电池性能为中心，以创新技术为导向，进行全方位研发布局；在固态电解质、复合隔膜、电解液等领域都有深入研究。

3. 设备及测试能力：先进、全面的设备研发能力；完备的测试能力。

4. 智能造：智能化、信息化、工业 4.0。

天津力神电池股份有限公司

一、单位概况

天津力神电池股份有限公司(以下简称“力神公司”)是一家国有控股的国家高新技术企业，创立于 1997 年 12 月 25 日，注册资本约 17.3 亿元，是国内首家锂离子电池研发与制造企业，拥有超过 20 年锂离子电池研发与制造经验。力神公司已具备 150 亿 Wh 锂离子蓄电池的年生产能力，国际高端市场占有率位居全球锂电行业前列。

力神公司致力于为客户提供整体电源解决方案，是国内新能源领域的先行者和引导者。产品包括圆(柱)型、方型、动力和聚合物电池以及光伏系统、超级电容器等六大系列近千个型号。产品应用涵盖“动力、消费、储能、特电”四大领域，客户包括 Apple、Samsung、LG、Dell、HP、华为、联想、宇通、金龙、中通、江淮、现代、普天、华晨、东风、一汽、北汽、上汽、五洲龙、长安、吉利、中国国家电网、中国南方电网等国际国内一流企业，同时成为奔驰国内首家定点供应商、雷诺日产易捷特项目唯一定点供应商、福特国内首家定点供应商。

二、经营情况

近年来，在国家政策变动，行业整合的大环境下，由于产品降价以及原材料涨价，锂电企业利润空间大幅度压缩，但是力神公司在波动中仍然保持了稳定增长的势头。2018 年销售额达到 513 832.53 万元，动力电池装机量 2 050.43 MWh，同比增长 91.66%，位居全国第四，市场占比 3.6%，在市场浪潮的起起伏伏中，表现稳中有升。

三、产品出口

2018 年天津力神进一步开拓欧洲市场，与德国 EK、IPS、永恒力等深化合作，主要在专用车、乘用车领域。全年出口三元电池 2 516.6 kWh，磷酸铁锂电池 117 515.2 kWh。

四、产能建设

2018 年天津力神进一步进行产能布局，从年产能 100 亿 Wh 提升至 150 亿 Wh。天津地区六期工厂投入使用，并逐步释放产能，苏州基地落成，青岛基地加紧进度，也将会在 2019 年第一季度落成。

五、技术进展及研发能力建设

高比能量动力锂离子电池开发取得突破性进展，完成科技部国家重点研发计划中期检查，电池单体比能量达到 302 Wh/kg。动力电池系统方面，适应于高比能量动力电池单体，立项开发高安全高比能动力电池系统，取得国家科技部支持。电池回收方面，开展退役动力电池异构兼容利用与智能拆解技术研究，解决多年来节能与新能源汽车快速发展带来的大量退役电池的利用问题。

大股东中国电子科技集团整合天津力神与中电十八所，成立中电力神集团有限公司，推行“三级架构、两级经营”的模式。在中电力神子集团架构下，充分发挥“所企融合”的优势资源，打造新的科技创新体系。

六、主要产品

序号	产品名称	产品型号	产品应用
1	三元动力电池	LP2714897	长安纯电动汽车
2	动力电池模组	PABR2714897UA-53Ah-1P12S	威马纯电动汽车
3	动力电池模组	PJI2714897YA-51Ah-2P6SPHEV	吉利纯电动汽车

七、合资合作及重大项目建设

为抢抓战略机遇期，满足市场需求，加快完善产业布局，促进技术成果持续向产业转化，稳步提升产业规模，壮大产业实力，力神公司按照“集中发展电芯、灵活发展Pack”原则开展产业布局。2018 年力神公司实现与整车产业链合作，与四联汽贸合资成立动力电池系统公司，绑定主流车企。注册成立欧洲力神公司，进军对接欧洲知名车企，为“十三五”战略规划的落实、力神中长期发展规划奠定基础。

八、发展目标与规划

产业上进一步完善全国产能布局，2020 年产能达到 300 亿 Wh，2025 年达到 500 亿 Wh；

科技创新上，充分发挥科技创新体系优势，到 2021 年实现 240 ~ 260 Wh/kg 方型和圆柱形电池、300 Wh/kg 软包电池的产业化应用；根据消费类电池的发展规律及 2021 年后的客户需求，软包电芯是未来的一个重要发展方向，到 2025 年实现 350 Wh/kg 软包电池的产业化应用；在下一代电池开发方面，固态锂电池由于安全性好、比能量密度高的特点，成为业界的研究热点，2025 年前开发完成具备优异性能的 350 Wh/kg 固态电池小试样品，并在 2030 年具备成熟稳定的工艺技术，实现固态电池的产业化应用。

九、2018 年 1—12 月企业在新能源汽车方面经济指标统计

填报单位名称	指标名称	单位	本期累计	同期累计	增长率(%)	增长额/提高百分点
天津力神电池股份有限公司	2018 年末资产总计	万元	382 710	370 328	3.34%	12 382
	2018 全年完成投资额	万元	152 996	118 000	29.66%	34 996
	2018 年营业收入	万元	144 022	166 538	-13.52%	-22 516
	2018 年利润总额	万元	-30 218	-45 156	33.08%	14 938
	2018 年产品销售率	%	88.11%	72.83%	20.98%	15.28%
	2018 年销售利润率	%	-18.69%	-22.13%	15.54%	3.44%

合肥国轩高科动力能源有限公司

一、单位概况

合肥国轩高科动力能源有限公司（以下简称“国轩高科”）为国轩高科股份有限公司全资子公司，成立于 2006 年 5 月，坐落于合肥市新站区瑶海工业园，拥有合肥、庐江、南京、苏州、青岛、唐山等多个生产基地，实现了国轩动力电池产品的多元化发展。

专业从事新型锂离子电池及其材料的研发、生产和经营，拥有核心技术知识产权。主要产品为磷酸铁锂材料及电芯、三元电芯、动力电池组、电池管理系统及储能型电池组。在市场应用方面，国轩高科为国内主流整车企业提供“芯动力”，与宇通、申龙、中通、安凯、金龙、北汽、江淮、上汽、奇瑞、众泰等一大批优秀的企业携手共进，以“产品为王”的经营理念赢得用户认可。2018 年底，国轩动力电池市场份额全国前三、全球前六。

作为国家重点高新技术企业、国家级企业技术中心、三项国家“863”重大课题承担单位，三项新能源汽车创新工程参与者，公司先后通过 ISO 9000 等“三标一体”认证和 TS 16949 质量体系认证，被评为国家 CNAS 认可检测中心、国家级博士后工作站，成立院士工作站，获评第三届安徽省政府质量奖等。2016 年，由国轩牵头的“高比能量动力锂离子电池的研发与集成应用”课题、“年产 6 亿 Ah 锂离子动力电池生产基地项目”及“新能源汽车锂动力电池智能工厂”项目分别成功申报国家“十三五规划”新能源汽车重大专项、发改委 2016 年增强制造业核心竞争力专项和工信部新能源汽车锂动力电池智能工厂重点项目。

国轩高科专注技术驱动，秉承“产品为王、人才为本”的经营理念，不断实现动力电池技术新突破。在合肥、上海、美国硅谷、美国独立城、日本筑波、欧洲（筹）建立全球六大研发中心。有专业研发队伍 2 000 余人，其中硕博占 70% 以上。截至 2018 年 12 月，公司累计申请专利 2 961 项，其中发明专利 1 440 项；授权专利 1 560 项，其中发明专利 333 项（含授权海外发明专利 33 项）。专利成果覆盖正极材料的制备、电池的制备技术、电池的原辅材料设计、电池的成组技术、电池的筛选技术、电池的 PACK 技术、电池管理系统等电池制备到应用的全过程。

二、生产经营

2018 年国轩高科稳固扩充产能，加大市场开拓力度，动力锂电池业务发展良好，营业收入和营业利润较 2017 年同期大幅增长，同时在确保既有产品优化改进的前提下，积极拓展三元电池、储能业务、电池回收等战略领域新业务。2018 年，主要围绕以下经营原则展开工作，一是夯实营销基础，开拓市场格局；二是坚持用户导向，专注技术驱动；三是产线全面升级，生产保质保量；四是紧盯车厂型谱，加强项目管控；五是贯彻交付意识，严抓质量成本；六是完善管理制度，提高工作效率；七是深入资本市场，推进并购整合。并着重开展了以下重点工作。

1. 国轩高科管理层积极面对行业政策调整，深耕战略客户渠道保障公司市场份额持续扩张。2018 下半年继续保持与中通客车、宇通客车、上海申龙、安凯客车、苏州金龙、安凯客车、东风汽车等商用车企良好合作，加强与北汽新能源、江淮汽车、众泰汽车、奇瑞汽车等乘用车企战略合作，推动三元电池的市场投入，扩大公司在新能源汽车乘用车市场的战略布局，继续布局物流车领域，建立和巩固与成都大运、奇瑞商用车、江淮商用车、中通轻客、湖北新楚风、天津恒天

的战略合作伙伴关系。

2. 为丰富公司的产品结构，促进公司经营目标实现，确保公司可持续性发展，合肥国轩拟以自有资金出资20 000万元在合肥经济技术开发区设立全资子公司合肥国轩电池有限公司，从事动力锂离子电池的研发、生产及销售。

3. 2018年10月23日，国轩高科与江淮汽车动力能源有限公司签订了战略合作协议，签订的2019年全年4 GWh的供货协议，确保江淮汽车续增含乘用车、商用车在内的共计七款车型的电池，销售额超40亿元。2019年上半年，又接连与国内知名企业众泰汽车、北汽集团和北汽福田、奇瑞商用车签署新的合作协议，为新一年的发展奠定了良好基础。

4. 产业链布局持续完善，重点项目稳步推进。国轩高科凭借在动力电池市场多年的企业信用和良好的商誉，积极联合国内外上下游企业，共建锂电生态圈，不断完善“镍钴锂资源—电池四大材料—电芯及PACK”纵向垂直布局。与中冶新能源在唐山曹妃甸设立合资公司，建立稳定的钴镍原料供货关系；与上海电气合资设立基于动力锂电池储能业务公司，实现业务范围进一步扩大；加快前次募集资金项目建设，其中“年产4 GWh高比能动力锂电池产业化项目”“南京国轩年产3亿Ah高比能动力锂电池产业化项目”等募集资金投资项目按照规划进度已实现部分产线分批投产，动力锂电池产能将迅速得到释放。

5. 开拓国际锂电池市场，布局全球供应链体系。2019年2月，合肥国轩与BOSCH签订采购框架协议，成功进入BOSCH全球供应链体系，将为BOSCH提供锂离子电池、模组和电池包（零件、产品）等。其后，合肥国轩与印度Tata AutoComp签订了《合资协议》，双方拟在印度合资设立一家Pack公司。其中，合肥国轩以现金出资4 000万卢比（约390万元人民币），持合资公司40%股权，Tata AutoComp以现金出资6 000万卢比（约585万元人民币），持合资公司60%股权。设立合资公司，将有利于合资双方建立稳定的合作关系，推动国轩向国际化进程迈进。

三、产能建设

合肥国轩高科动力能源有限公司拥有合肥、庐江、南京、苏州、青岛、唐山等多个生产基地，2018年底公司产能可达20 GWh以上。

四、技术进展及研发能力进展

国轩高科是专注于锂离子动力电池材料研发及制造的国家级高新技术企业，拥有国家级企业技术中心、国家CNAS认可检测实验中心、国家博士后科研工作站、安徽省院士工作站等创新平台，先后参与碳纳米管浆料国际标准、多项国家标准（GB/T 31485—2015、GB/T 31467.2—2015等）制定工作，并承担多项国家级重点科研项目（No.2012AA110407，No.2016YFB0100300等），相关成果获得国家专利优秀奖、安徽省专利金奖和安徽省科技进步奖等。

承担的国家工信部智能制造综合标准化与新模式应用项目顺利通过专家组验收；承担的国家科技部新能源汽车重点专项、国家发改委新能源重点专项及安徽省科技重大专项进展顺利。科研创新成果产业化突出，截至2018年12月底，累计申请专利2 961项，其中发明专利1 440项；授权专利1 560项，其中授权发明333项（含授权海外发明专利33项），累计发表论文208篇。

科研项目获安徽省科技进步一等奖，获合肥市科技进步三等奖，两项产品被认定为安徽省新产品。截至2018年12月底，已累计获安徽省科技进步奖6项、合肥市科技进步奖6项、安徽省新产品10余项、安徽省专利金奖1项、安徽省专利优秀奖2项、安徽省工业精品2项、安徽省名牌产品1项、安徽著名商标1项、中国驰名商标1项。

积极致力于电池技术的研发创新，完成了磷酸铁锂190 Wh/kg电芯单体和140 Wh/kg成组电池产品的技术改造和产线调整，高压实磷酸铁锂材料的生产导入，实现高比能能量密度的三元电芯量产和软包电芯的产品工艺设计。在正极材料、高比能材料领域的处于行业领先地位，承担的高比能专项取得重大进展，三元电芯循环寿命突破1 500周。在电解液添加剂研发、硅基负极材料等几项核心技术上取得一定突破，为公司2019年及未来发展奠定了良好的基础。

五、主要产品

序号	产品型号	产品名称
1	DJ1818	纯电动乘用车动力电池组
2	DJ1906	纯电动乘用车动力电池组
3	DK1902	纯电动客车动力电池组
4	DK1910	纯电动客车动力电池组
5	DT1902	纯电动物流车动力电池组

六、合资合作

2018年国轩高科长期股权投资合作单位概况如下。

（1）投资中冶瑞木新能源科技有限公司，合肥国轩向中冶瑞木注资28 105.20万元，公司持股比例30.00%。公司对中冶瑞木的投资旨在满足对三元锂离子电池的生产需求，扩充在动力锂电池产业链布局，促进经营目标顺利实现。

（2）投资上海电气国轩新能源科技有限公司，国轩高科出资12 900.00万元，持股43%。投资目的旨在与上海电气集团股份有限公司建立稳定的合作关系，充分发挥各自资源优势开展产业合作，将完善国轩高科基于钛酸锂材料为负极的储能电池战略布局，延伸市场空间，进一步巩固公司新能源汽车动力锂电池的市场领先地位。

（3）投资合肥铜冠国轩铜材有限公司，国轩高科持股11.25%。铜冠国轩主要从事于铜成品材、电线、电磁线制造；铜合金加工等业务，系合肥国轩采购铜箔的主要供应商。国轩高科对铜冠国轩的投资旨在与铜陵有色金属集团股份有限公司建立稳定的合作关系，同时促进公司电池产业链向上游延伸。

(4)投资合肥星源新能源材料有限公司,合肥国轩向合肥星源注资3 500万元,持股26.92%。合肥星源主要建设锂离子电池隔膜生产线项目,系合肥国轩采购电池隔膜的主要供应商。对合肥星源的投资旨在与深圳市星源材质科技股份有限公司建立稳定的合作关系,实现强强联合,同时促进公司电池产业链向上游延伸。

(5)投资北京国轩福威斯光储充技术有限公司,国轩高科持股25%。对国轩福威斯的投资旨在与北京福威斯油气技术有限公司加强合作,共同推进北京集美大红门门店直流光储充一体化综合能源管理项目。

(6)投资利通能源科技股份有限公司,国轩高科持股20%。对利通能源的投资旨在与唐荣车辆科技股份有限公司加强合作,共同开发适销对路的新能源汽车用动力锂电池产品。

七、发展规划

公司坚持立足安徽、面向全国,放眼世界,以动力电池材料科学研发为根本,规划未来5年内,实现在国内纯电动车动力电池产销量位居领先地位。公司秉承"珍惜、务实、诚信、创新"的理念,坚持以科学发展观为指导,以市场需求为导向,以发展动力电池技术、实现动力电池产业化为己任,持续推动电池技术创新步伐和新能源汽车产业化进程。

未来,国轩高科将继续坚持"产品为王、人才为本"的经营理念,把握新能源产业机遇,积极拓展储能、电池回收、充电桩制作等战略领业务,巩固公司行业龙头地位,创造优秀产品,为推动中国新能源汽车产业的发展、人类文明进步作出新的贡献。

深圳市比克动力电池有限公司

一、单位概况

深圳市比克动力电池有限公司(以下简称"比克电池")于2001年在中国深圳成立,现已发展成为集锂离子动力电池、消费类数码电池研发、生产、销售及回收再利用于一体的国际领先新能源企业。在国内拥有深圳比克动力、郑州比克电池两大生产基地,产品涵盖电芯、模组、整包,应用于乘用车、巴士车、物流车、专用车等全系列车型。比克动力电池产能已达8 GWh,累计装车达18万辆,单车最长行驶纪录超40万km。

二、经营情况

拥有深圳、郑州两大生产基地,现已发展成为集锂离子电池、电动汽车、电池回收三大核心业务为一体的国际领先的新能源企业。比克电池产品和服务包括圆柱、方型和聚合物电芯,以及电池封装、电池解决方案等,主要应用于新能源交通出行、消费数码及后备储能等领域。

比克电池以18650圆柱动力电池为基础,配合21700圆柱电池及大方型电池,以超强循环寿命、稳定安全性能、领先续航里程、超强温度和空间适应性等优势,为国内外知名新能源汽车整车厂商提供动力驱动。此外,依托锂离子电池核心技术,比克电池已提前布局并持续发力纯电动商用车领域的研发、制造和推广。

三、产能建设

比克电池推动智能制造升级,进行动力电池智能生产制造体系建设,着重推进新能源汽车动力电池产能提升;以郑州、成都生产基地为主,实现高质量产能扩张;重点布局储能市场,扩大方形电池产能提升。2018年已达到8 GWh产能。计划2020年达到16 GWh产能,到2022年达到30 GWh产能。

四、技术进展及研发能力建设

比克电池拥有一个国家级博士后科研工作站,多个研发团队,遍及国内和欧洲、北美等地。拥有专职研发人员超过800余人,并与多家国内知名院校、科研机构保持着长期合作。研发投入方面,比克每年保持5%以上的营业收入投入研发体系。比克在数码、储能、动力电池等应用领域具备从电芯、模组及系统完整的批量化制造能力。

五、主要产品

序号	产品名称	产品型号	产品应用
1	N18650CP	18650圆柱3.2 Ah动力电池	新能源电动车
2	N18650CK	18650圆柱3.0 Ah动力电池	新能源电动车
3	N18650CL	18650圆柱2.9 Ah动力电池	新能源电动车
4	H18650CNP	18650圆柱2.5 Ah动力电池	新能源电动车
5	N21700	21700圆柱4.8 Ah动力电池	新能源电动车

惠州亿纬锂能股份有限公司

一、单位概况

惠州亿纬锂能股份有限公司(以下简称"亿纬锂能公司")自2001年成立以来,历经18年快速发展,已成为中国锂电池行业的领先企业。公司于2009年10月在深圳创业板上市,是首批28家创业板企业之一(股票代码300014)。自2015年开始,公司在动力储能领域投资超50亿元,采用高度自动化与信息化的生产方式,为客户提供一流的产品和服务;通过几年的努力,公司已成长为业内排名前列的动力电池企业。

二、经营情况

2018年,公司实现营业总收入43.5亿元,同比增长45.9%;实现归属于母公司所有者的净利润5.7亿元,同比增长41.5%，增幅连续4年保持在40%以上的高速增长。2019年上半年，亿纬锂能实现营业总收入25亿，同比增长34%。

三、产能建设

公司在广东惠州和湖北荆门分别兴建了动力储能电池生产基地，2019年将形成11 GWh产能规模（不含圆柱电池产能），其中方形铁锂电池6 GWh，方形三元电池2 GWh，软包三元电池3 GWh，在2020年提升至26 GWh。

四、技术进展及研发能力建设

亿纬锂能是国家级高新技术企业，专注于锂电池的创新发展。拥有1126项国家专利，其中3项发明专利获得国家知识产权局授予的“中国专利优秀奖”，两次荣获“广东省科学技术奖励一等奖”，2018年荣获中国轻工联“科学技术发明一等奖”。

公司在研发上的投入逐年上涨，2018年的研发投入上升至占当年总营收的9.07%。拥有40名博士领衔，超过500名集材料、电化学、结构设计和电子电路设计等跨学科综合研发工程师团队。同时还拥有由两院院士和海内外专家组成的专业技术顾问团队，与武汉大学、美国马里兰大学、以色列StoreDot、斯坦福大学等高等院校和研究机构就新材料、前研技术等建立广泛合作关系。

五、合资合作及重大项目建设

在新能源客车市场，公司与东风、南京金龙、宇通、吉利等行业排名前列的客户保持深入合作关系。公司聚焦高端乘用车领域，用国际领先的技术服务国际、国内一流车企，已进入到德国、韩国两家国际车企供应链，预计客户未来5～6年对亿纬锂能的动力电池订单需求超过20 GWh；与国内具有创新活力的造车新势力合众、小鹏等也已经达成战略合作。

浙江遨优动力集团公司

一、单位概况

浙江遨优动力集团公司（简称“遨优集团”）是浙江之信控股集团旗下专业研发制造新能源电池的产业集团。遨优集团依托母公司强大实力，以打造全球受人尊敬的新能源动力解决方案商为目标，专业生产高一致性、高安全性、长寿命的动力电池及储能电池。产品体系丰富，包含三元材料、磷酸铁锂、锰酸锂、富锂锰等系列电池。

遨优集团始终坚持“技品领先”和“研发先行”战略，企业创建伊始就投巨资组建了新能源电池研究院，拥有国际一流的技术研发团队，技术实力雄厚，确保遨优的技术与产品在行业内保持领先地位。

二、经营情况

2018年，遨优集团实现销售收入6.3亿元，实现利税5 100万元。2019年，全集团预算销售收入约10亿元，其中10%海外市场（含间接出口）。

三、产品特点

产品主要特点如下。

1. 高能量密度：磷酸铁锂软包电芯195 Wh/kg，系统160 Wh/kg；三元电芯260 Wh/kg，系统160 Wh/kg；

2. 长寿命：磷酸铁锂循环寿命≥4 000次，三元循环寿命≥3 500次，富锂锰循环寿命≥3 000次，锰酸锂循环寿命≥3 000次；

3. 支持大倍率充放电：支持35C放电，支持3～15C充电；

4. 产品宽温应用：可满足－20 ℃充电、－40 ℃放电，适用北方极寒地带；高效热管理系统，可满足夏季高温持续运行；

5. 高一致性：全自动化智能工厂设计、生产，确保产品高一致性；

6. 材料体系丰富：主要有磷酸铁锂体系、三元体系、锰酸锂体系、富锂锰体系等；

7. 富锂锰动力电池领跑行业：遨优富锂锰电池为下一代高比能低成本电池，于2018年5月通过国家强检、7月取得两款车型公告，其低成本、高性能的优势具有广泛的市场应用前景；

8. 产品设计灵活：依据市场需要可作定制设计，推出乘用车标准模组、商用车标准箱，产品广泛应用于乘用车、商用车、物流车、储能、电摩及两轮车等领域。

四、产能建设

2019年产能5 GWh，2020年将达到8 GWh。

五、技术进展及研发能力建设

遨优集团拥有以“亚洲电动车之父”陈清泉、费爱国等多名院士为顾问、行业领军人物陈光森博士为首席科学家的国际一流技术研发团队（也是国内第一批实现锂电池量产的技术团队）和以资深企业家冯枫为核心的经验丰富的经营管理团队。研发人员共180余人，其中博士18人，硕士42人。

遨优技术团队在新能源动力电池领域深耕10余年，在三元、磷酸铁锂、新型锰酸锂等材料体系积累了丰富经验，能依据市场需求快速研发可靠的新产品；持有各型专利300余项，其中发明专利30多项。2017年，遨优技术团队经过8年的持续研发，取得重大突破，率先在行业内实现富锂锰基电池的产业化应用。

核心技术优势：

遨优软包电池相比圆柱、方形电池具有安全性能好、重量轻、容量大、内阻小、设计灵活等优势；

遨优解决了软包电芯封口泄露的技术难题，并取得双重保护发明专利，可通过300 ℃烘焙热失控实验，有效提高产品的安全可靠性；

遨优三元动力电池能量密度始终保持行业领先优势，2016

年量产三元能量密度达 200 Wh/kg,2017 年达 240 Wh/kg,2018 年达 260 Wh/kg;

遨优在行业内率先研发并量产富锂锰基电池,为持续提高能量密度、有效降低成本提供了解决方案;

遨优高效的热管理系统关键技术方案,可确保电池高效热均衡,控制电池之间的温差≤2℃,充放电温升小;

遨优高精度、高鲁棒的状态评估 BMS 技术方案,精度误差小于 5%,可有效防止过充过放。

江苏塔菲尔新能源科技股份有限公司

一、单位概况

江苏塔菲尔新能源科技股份有限公司(以下简称“塔菲尔”)位于江苏南京,是国家高新技术企业,江苏省培育独角兽企业,专注于研发、生产、销售新能源锂离子动力电池及储能电池,已经通过了 ISO 9001、ISO 14001、IATF 16949 等各项质量管理体系认证。项目总投资 80 亿元,占地约 500 亩,总建筑面积为 80 万 m^2,涵盖生产、办公、科研、配套、景观等多个功能区域,建设完成后实现年产能 6.5 GWh。该项目一期已经投产运行,实现 1.5 GWh/年的能量存储设备生产能力。塔菲尔南京生产线高度自动化、智能化,并于 2018 年 11 月,被江苏省工业和信息化厅正式授予“2018 江苏省省级示范智能车间”。塔菲尔始终坚持以技术为根本,专注于车规级动力电池的研发与创新,为新能源汽车电池应用及其梯次利用提供高效解决方案。

二、经营情况

塔菲尔新能源科技与国内多家车企建立了紧密的合作关系,截至 2018 年 12 月已有 39 款配备公司产品的车型进入国家工信部《新能源汽车推广应用推荐车型目录》。302 期目录及 304 期目录中,配备塔菲尔电芯的知豆车型均为当期最高能量密度车型,能量密度达到 158.07 Wh/kg;311 期目录中,配备塔菲尔电芯的南京金龙纯电动多用途乘用车 NJL6420BEV5 能量密度达到 161.6 Wh/kg;配备塔菲尔电芯的山西原野湛龙物流车最大续航里程达到业内顶级水准 570 km。塔菲尔产品获得了终端客户的高度认可,并与一汽、东风、长城、陕汽、南京金龙等企业达成深度战略合作关系,实现了塔菲尔新能源产业整体布局的提升与拓展。在高质量产品作为后盾力量的支持下,塔菲尔的市场占有率节节攀升,2018 年 11 月,塔菲尔在动力电池企业装机量排名中位居前 10。塔菲尔计划于 2019 年实现销售额突破 20 亿元、电池出货量 2 GWh 的发展目标。

三、产能建设

在新能源产业迅猛发展的大背景下,塔菲尔以南京总部为基地,立足于长三角、珠三角同时辐射周边地域,面向全国展开了全产业链发展的战略布局。塔菲尔在国内有五大研发生产基地,分别是东莞和南京两大自建基地以及湖南常德、山东齐河、贵州贵安三大合建基地。到 2020 年年底实现规划产能 14 GWh,产销规模达到国内第一梯队;2021 年年底实现规划产能 24 GWh,远期规划则更多。实际电池产能2 GWh,分别是江苏南京一期 1.5 GWh 和广东东莞 0.5 GWh。

四、技术进展及研发能力建设

塔菲尔新能源科技主要产品为“高性能方形铝壳锂离子电池”“轻量化锂离子电池模组”“定制化高性能电池系统”三大系列,广泛应用于电动汽车、电动大巴、风光储能、家庭储能和基站后备电源等领域,塔菲尔产品运用了高容量、高安全的正极材料(三元材料与磷酸铁锂),高容量、高压实的石墨负极材料,以及高性能的功能电解液,并采取了多重安全保护措施,这些新材料与新技术在全国乃至全球都处于领先水平。

塔菲尔在技术研发方面,与中科院化学研究所、南开大学、华南理工大学等院校行业顶级导师展开了紧密的战略合作,积极拓展产学研合作项目,包括锂金属电池、全固态锂离子电池和锂空气电池等,主要合作方向有:全固态电池研发,全固态电池开发和硅基高能量密度电池开发,高能量密度碳负极动力电池开发,高能量密度碳负极动力电池开发等。为塔菲尔未来开发更高性能、更优质产品奠定良好的技术基础。

塔菲尔量产的产品主要以 NCM523 三元电池为主,2019 年下半年将推出 NCM811 产品,能量密度达 255 Wh/kg;2021 年计划量产能量密度达 300 Wh/kg 的 NCM811 产品,负极采用硅碳材料;2025 年计划量产能量密度 300 ~ 500 Wh/kg 的固态电池,2030 年计划量产能量密度达 500 ~ 700 Wh/kg 的锂金属或锂空气电池。塔菲尔电池产品拥有自己的专利堡垒,截至 2018 年底已申请专利增至 319 项,其中,实用新型 228 项,发明专利 90 项、PCT 国际专利 1 项,授权专利 120 多项。

五、主要产品

序号	产品名称	产品型号	产品应用
1	锂离子电池	LFP80Ah	乘用车、储能
2	锂离子电池	LFP115Ah	高倍率型电芯、氢燃料汽车
3	锂离子电池	LFP136Ah	储能、大巴
4	锂离子电池	LFP150Ah	储能、大巴
5	锂离子电池	LFP202Ah	大巴车
6	锂离子电池	NCM38Ah	乘用车
7	锂离子电池	NCM10Ah	48V 启停电源
8	锂离子电池	NCM45Ah	快充型
9	锂离子电池	NCM51Ah	HPEV
10	锂离子电池	NCM100Ah	乘用车
11	锂离子电池	NCM135Ah	物流车、乘用车

续上表

序号	产品名称	产品型号	产品应用
12	锂离子电池	NCM153Ah	乘用车
13	锂离子电池	NCM180Ah	乘用车
14	锂离子电池	NCM220Ah	MEB 标准模组
15	锂离子电池	NCM234Ah	MEB 标准模组

六、发展目标与规划

未来，塔菲尔将立足新能源乘用车市场，从车规级动力电池标准出发，以满足市场需求为目标，在电池技术方面不断进行探索革新，为客户提供高质量更加安全的电池产品，为动力电池产业的创新发展奉献自己的力量，为中国新能源事业发展贡献更多智慧。

远东福斯特新能源有限公司

一、单位概况

远东福斯特新能源有限公司（简称“福斯特”）成立于2009年7月，是一家专业从事锂离子电池和动力电池研发、生产、销售及服务于一体的国家高新技术企业，是远东智慧能源股份有限公司（股票代码600869）上市公司的全资控股子公司。

福斯特总部坐落于江西省宜春经济技术开发区，注册资金3亿元，占地700余亩，10年来专注圆柱形锂电池设计、制造，员工人数2 000多人，拥有近20万 m^2 的高洁净厂房、先进的自动化生产设备；拥有73项自主知识产权（发明专利26件、实用新型专利37件、外观设计专利4件、软件著作权6件），掌握了行业先进的生产工艺技术；管理团队稳定优秀；产品竞争力强、交期准时。

福斯特通过了ISO 9001：2008质量管理体系认证、ISO 14001：2004环境管理体系认证、TS 16949：2009汽车质量管理认证体系、OHSAS 18001：2007职业健康安全体系认证；产品通过了IEC 62133、CE、UN38.3、2006/66/EC指令测试、UL1642等认证。

二、经营情况

福斯特18650锂电池、动力电池（组）产品广泛应用于新能源乘用车、新能源物流车和太阳能储能、风能储能、基站储能以及电动自行车、笔记本电脑、移动电源等领域。2018年福斯特销售产值近15亿元，现日产18650、21700圆柱锂离子电池超140万支产能超6 GWh，动力电池现生产规模为年产10万组。

三、产能建设

福斯特现日产18650、21700圆柱锂离子电池超140万支产能超6 GWh，动力电池现生产规模为年产10万组。2018年公司启动投资38.89亿元的“年产3 GWh高能量密度动力储能锂电池研发及产业化项目”，一期投资20亿元重点布局18650型升级产品——21700型动力电池，引进了以日本、韩国为主的两条日产40万支200PPM的3 GWh 21700动力电池智能化、绿色化生产线，2018年10月已全面量产。3 GWh 21700-4.0Ah、4.5Ah、5.0Ah产品，适用于高端纯电动乘用车、物流车等，产品能量密度高，品质好、内阻低，循环寿命长，性能稳定，性价比高，安全环保。该项目通过ERP系统和MES系统开创锂电池智能制造的新模式，构建基于工业总线的智能装备与智能制造系统的交互机制，通过新型传感技术，树立成为锂电行业“绿色数字化工厂”标杆。福斯特2019年拟投资18亿元建设远东福斯特高能量密度动力储能（方形）锂电池研发及产业化项目，打造4条全进口方形动力电芯生产线。

四、技术进展及研发能力建设

近年来，福斯特高度重视生产效率和整体运营效率的提升，在自动化生产和信息化运营方面取得了较大的突破。2018年10月投产的3 GWh 21700全自动化、智能化进口动力电池生产线，实现了生产方式由半自动向全自动方式的升级。该项目引进以日本、韩国为主的两条智能化、绿色化生产线，日产21700电池40万支。远东福斯特的21700-4.5Ah电池单体能量密度在240 Wh/kg以上，计划2019年投产的21700-5.0Ah电池，单体能量密度将达260 Wh/kg。福斯特加大力度进行信息化平台项目建设，引入Oracle ERP、MES、PLM、EXCEL服务器、OA自动化办公等信息系统，实现了公司在采购、生产、仓储、物流、财务等方面的信息集成和统一管理，大大提升了企业管理运营的效率和科学性。

通过对生产自动化和运营信息化等方面的持续升级，公司的自动化生产和信息化运营水平在同行业处于相对领先位置，为行业内企业运营效率的提升起到了较强的示范作用。

福斯特研究院自主投入近5 000万元购进国内外先进的检测设备，包括原子光谱仪、比表面仪、气相色谱-质谱仪、激光粒度仪、万能试验机、氩气手套箱、电化学工作站、高精度电池及电池包测试系统、大型振动试验机、大型防爆挤压试验机等行业领先的测试设备。研究院下辖研发实验室，动力实验室，电池中试线，PACK中试线等多个实验室，具备锂电池原材料理化性能测试，动力电池性能测试，动力电池模块、电动汽车PACK性能测试，电池、模块、PACK安全性能测试，动力电池中试实验（1.5万pcs），PACK中试实验的能力。

福斯特拥有67项创新专利技术。福斯特18650锂电池、动力电池产品广泛应用于新能源乘用车、新能源物流车和太阳能储能、风能储能、基站储能以及电动自行车、笔记本电脑、移动电源等领域。2018年福斯特销售产值突破15亿元。现日产18650、21700圆柱锂离子电池超140万支，动力电池现生产规模为年产10万组。2016年经工信部专家审查，福斯特顺利进入符合工信部《汽车动力蓄电池行业规范条件》的第四批企业目录。

福斯特是宜春锂电龙头企业，现有员工1 800多人。引进了国家“千人计划”专家薛嘉渔博士担任福斯特首席科学家、研究院院长为学科带头人，拥有一批以博士后、博士、硕士、资深工程师为核心的研发技术团队，现有研发技术人员近200人，团队专业背景以化学、材料类为主，是一支项目经验丰富、具有超强创新能力的技术团队，荣获“江西省高能电池技术创新团队”，获批“国家博士后科研工作站”和“院士工作站”。

福斯特与中科院、清华大学、复旦大学、浙江大学、南昌大学、江西理工大学、宜春学院等重点高校、学术机构建立了广泛的产学研合作关系。并承担建设了复合材料锂电池制造技术国家地方联合工程研究中心、江西省锂电池工程研究中心、江西省锂离子动力电池工程技术研究中心、江西省高能电池技术创新团队、宜春市钛-锰电池工程技术研究中心和宜春市锂电产业服务平台。

五、主要产品

序号	产品名称	产品型号	产品应用
1	汽车动力电池组	E100B	江铃纯电动轿车
2	汽车动力电池组	E100A	江铃纯电动轿车
3	汽车动力电池组	E200L	江铃纯电动轿车
4	汽车动力电池组	E200P	江铃纯电动轿车
5	汽车动力电池组	陕汽5029	陕汽纯电动物流车

六、发展目标与规划

2019年拟投资18亿元建设远东福斯特高能量密度动力储能(方形)锂电池研发及产业化项目，打造4条全进口方形动力电芯生产线。

福斯特立志成为“全球领先的动力系统和储能系统服务商”，发扬勇往直前的奋斗精神，力争进入行业前三。结合“智慧能源”产业链，未来定位有三点：第一，做精做强现有业务，争取实现圆柱锂电池全球第一的目标。第二，通过与智慧能源及其下属子公司的协同整合，通过与智慧能源及其下属子公司的协同整合，发展BMS(电池管理系统)以及电池云业务，抢占交通用户的数据流量入口；充分利用各方资源，广泛接触，集中力量对一线整车厂等优质客户重点攻克；通过合资/合作，获得上游锂矿资源并与下游整车厂重点客户在PACK、电池回收等领域结成战略联盟合作伙伴关系；探索动力电池新的商业模式创新，积极切入整车厂和终端市场针对智能出行等领域未来重点布局，深化合作。第三，发挥电池的梯级利用效应，发展储能业务，抢抓全球未来趋势，投入研发布局缆储一体化业务。通过在国家顶层设计大力推动“互联网+智慧能源”的大背景下，新能源汽车、能源互联网、智慧能源的建设将成为能源行业未来发展的重要方向。

七、2018年1—12月企业在新能源汽车方面经济指标统计

填报单位名称	指标名称	单位	本期累计	同期累计	增长率(%)	增长额/提高百分点
远东福斯特新能源有限公司	2018年末资产总计	万元	253 022.71	243 077.71	4.09	9 945
	2018全年完成投资额	万元	58 886.86	12 038.79	3.89	46 848.07
	2018年营业收入	万元	106 513.98	143 556.63	-26	-37 042.65
	2018年利润总额	万元	-8 894.87	9 920.78	-190	-18 815.65
	2018年产品销售率	%	90.19%	87.62%	2.93%	0.03%
	2018年销售利润率	%	-8.28%	6.43%	-2.29%	-14.71%

欣旺达电动汽车电池有限公司

一、单位概况

欣旺达电动汽车电池有限公司(以下简称“欣旺达”)是一家以“创新驱动新能源世界进步”为使命的国家级高新技术企业，致力于以先进的锂电池集成技术，为全球新能源车企提供电动汽车电池系统整体解决方案。公司坚持以客户为中心，以服务为导向，在提供优质产品的同时为客户提供高效快速的响应服务。

欣旺达电动汽车电池有限公司将围绕“全产业链深度参与，培养综合竞争力；全区域化战略布局，建立战略客户资源；全生命周期质量管理，夯实可持续经营基础”的“三全”战略，以锂离子电池产业为核心，向上游电芯正负极材料、动力电芯制造、下游电动汽车、分时租赁、动力电池梯次利用等产业延伸，全力创建产业链一体化宏伟蓝图。

二、经营情况

截至2018年12月，新增9款公告目录车型，公告车型累计增加至16款。欣旺达始终致力于通过先进的锂电池集成技术，为海内外整车纯电动、混合动力电池系统的研发及制造提供整套解决方案。2018年，高端客户开发成绩斐然，获得吉利乘用车、吉利商用车、易捷特、雷诺 、日产、本特勒项目定点函；第一款自主量产电芯投产当年即开始向东风柳汽、云度汽车批量供货；并与威马、广汽、戴姆勒等国内外车企开展深入交流。

欣旺达已经建立起了一支涵盖产品研发设计、测试验证、生产制造、质量管理等强大的技术团队，在坚持自主研发的同时，也积极与国内外知名公司、国家工信部、科学研究院、华南理工等机构建立科研项目合作关系。

2018年，欣旺达共获得多项殊荣。连续两年获得东风柳州汽车有限公司授予“研发贡献奖”、获得由易捷特新能源有限公司颁发的“合格供应商”证书、获得中汽研(CATRC)颁发的“中国优秀汽车零部件企业”贡献奖、荣获“广东省高安全电池系统及智能化生产工程技术研究中心”认定。

三、产能建设

2018年8月，欣旺达动力电池在惠州产业基地正式投产，一期实现年产能2.5 GWh电芯和6 GWh PACK产能。同步规划二期产线，预计2019年第二季度实现4 GWh电芯产能。

为更好地服务于客户，欣旺达同步规划贴近主机厂扩充产能。2019年初步完成全区域化战略布局，在江苏省建立动力电池及PACK制造研发生产基地，该项目计划投入100亿元以上，总产能可达30GW。根据与国外客户的合作进展，计划未来5年在法国、德国或东欧建立电池工厂，以满足欧洲客户对电池的需求。

四、技术进展及研发能力建设

欣旺达建立了完善的新产品开发流程和研发体系，具备动力电池、模组、电池管理系统、电池系统的设计及验证能力，并建立了汽车动力电池系统产品的相关设计规范，通过应用产品开发信息数据库（PLM）来管理整个项目的生命周期。

欣旺达设有两大研发中心，截至2018年，研究开发累计投入额为4亿元，研发人员达2 100余人，技术骨干拥有在锂离子电池行业领先企业5年以上工作经验。2018年12月，共申请93件专利（不包括撤回及驳回），其中发明专利36件，共计获得授权专利42件，参与国家/地方/行业标准编制共11项。

动力电池研发向高能量密度、长循环寿命、安全可靠性、耐候性、耐久性、快充性等方向发展，其中产品在快充，能量密度，处于行业领先水平。逐步形成了“量产一代，开发一代和预研一代的研发布局”，面向不同应用的电池型号、关键共性技术及产品平台、先导技术。

在产学研合作交流方面，欣旺达构建了全方位多层次的产学研合作体系，实现多项科技成果转化，与清华大学深圳研究生院联合建立了硕士研究生联合培养实践基地，与华南理工大学组建先进储能技术联合实验室，引进南开大学化学学院院长陈军院士团队组建欣旺达专家院士工作站。

五、主要产品

序号	产品名称	产品型号(kWh)	产品应用
1	动力电池	11.4、52	吉利汽车
2	动力电池系统	56.97	东风柳汽
3	动力电池系统	50.37	云度汽车
4	动力电池系统	47.17	小鹏汽车

六、合资合作及重大项目建设

2017年9月8日，欣旺达发布2017年度创业板非公开发行A股股票预案等，拟募集资金总额不超过27.12亿元。其中20.5亿元将用于建设年产6 GWh的动力锂电池（含4 GWh动力锂电池电芯）生产线，时间周期为2年。同年10月10日，欣旺达在惠州市博罗县举行惠州新能源产业园开园暨系列合作签约仪式，宣布一期项目正式奠基。

2018年8月，欣旺达动力电池投产仪式在惠州博罗园区举行。项目所在产业园一期2 GWh电芯和6 GWh的PACK产线已完成调试工作。在电池形态方面，欣旺达主打方形铝壳产品，未来随着自有电芯产量的增加，产品工艺及制造还将根据客户需求进一步优化。

七、发展目标与规划

发展定位：成为国内领先、世界一流的动力电池系统产品和解决方案提供商。

发展目标：到2023年，电动汽车电池出货量达50 GWh，销售收入超过500亿元，位居国内动力电池前五名。

根据欣旺达未来5年的客户需求和销量计划，公司动力电池电芯2019年将达到10 GWh，2020年20 GWh；动力电池PACK规划产能，2018年6 GWh，2019年12 GWh，2020年20 GWh。

八、2018年1—12月企业在新能源汽车方面经济指标统计

填报单位名称	指标名称	单位	本期累计（万）	同期累计（万）	增长率（%）
欣旺达电动汽车电池有限公司	2018年末资产总计	万元	99 130.53	35 052.87	183%
	2018年营业收入	万元	28 607.57	13 352.36	114%
	2018年产品销售率	%	88%	43%	—

惠州市亿鹏能源科技有限公司

一、发展概况

惠州市亿鹏能源科技有限公司（以下简称“亿鹏能源”）成立于2014年1月，注册资金10 625万元，公司总部位于惠州市惠城区水口街道东江工业区，是一家专注于新能源汽车动力锂离子电池系统和储能设备用锂离子电池系统的高新技术企业。公司主营业务为插电式混合动力汽车和纯电动汽车锂离子动力电池及系统的研发、制造、销售和服务；是郑州宇通、苏州金龙、厦门金旅、上海申龙、南京金龙、奇瑞、东风商用等十几家大型汽车企业的正式供应商。尤其在混合动力客车细分市场，亿鹏能源电池凭借领先的技术优势，丰富的行业经验，快速的占领了市场，赢得了良好的口碑，行业排名位居全国第二。有1万余台装配亿鹏电池的车辆在全国各地运行，累积安全行驶里程总行驶里程突破8亿km。

亿鹏能源自创立以来，以年均增长率超100%的速度高速发展，2018年实现销售锂电池系统5 000套，销售收入达3.5亿元。

二、产能建设

亿鹏能源已形成从锂电池电芯、电池系统（PACK）和废旧电池回收循环利用为一体的完整产业链；拥有赣州和惠州2个生产基地；赣州基地以电芯生产制造为主，惠州基地以电池系统（PACK）生产为主。

赣州基地一期项目投资2亿元，生产厂房面积2.4万m^2，

拥有2条生产线,年产能0.5 GWh,于2019年初完成投产;二期项目预计总投资10亿元,总占地100亩,共建设6条生产线,达产后年产能2.8 GWh,预计2020年全面投产。

惠州基地拥有3条完整的自动化电池系统(PACK)生产线,主要工序涵盖电芯检测,模组拼装、全自动激光焊接、Pack总装、总检调试等;能实现纯电动汽车用能量型磷酸铁锂、氢燃料及混合动力汽车用功率型锰酸锂等各类型动力电池的整装集成,年交付能力达3万套。

三、技术及研发能力

亿鹏能源有员工455人,其中专业技术人员78人;博士3人,本科以上150人;研发团队由海外归国的电池和BMS专家组成,在国际主流的锰酸锂电池技术的基础上自主研发了高功率锂离子动力电池,技术性能居领先地位;BMS采用国际最先进的实时动态自适应技术,保障电池系统的安全、可靠和长寿命。公司技术工程中心配备国内先进、安全可靠的锂离子电池实验室,具备GB/T 31484、GB/T 31485、GB/T 31486测试能力。亿鹏能源通过了GB/T 24001—2016/ISO 14001:2015环境体系、IATF 16964:2016质量体系等体系认证,2018年公司售后获得GB/T 27922—2011《商品售后服务评价体系》五星级标准。

四、产品介绍

序号	产品名称	产品型号	产品系列
1	4.8 m小海狮纯电动物流车	能量型-磷酸铁锂	41.08 kWh
2	5.3m海狮纯电动物流车	能量型-磷酸铁锂	44.66~51.8 kWh
3	微面纯电动物流车	能量型-磷酸铁锂	40.7 kWh
4	纯电动公交客车(6~12m)	能量型-磷酸铁锂	68~300 kWh
5	混合动力客车(8~10m)	功率型-锰酸锂	20~30 kWh
6	混合动力客车(10~12m)	功率型-锰酸锂	42~51 kWh
7	氢燃料电池客车(8~12m)	功率型-锰酸锂	30~60 kWh
8	氢燃料电池物流车	功率型-锰酸锂	42.6 kWh

桑顿新能源科技有限公司

一、单位概况

桑顿新能源科技有限公司成立于2011年,位于湖南湘潭,是桑德集团旗下专业提供锂电能源研发及生产解决方案的锂电创新领先型企业。公司致力于新能源电池系统、动力电池创新平台等研究与生产,业务以正极材料、单体电芯、电池系统集成(PACK)、储能技术为核心。正极材料广泛用于动力电池、储能电池、数码电池产品等。动力及储能产品广泛应用于纯电动乘用车、纯电动专用车、智能电网、风光电储能、大型UPS、基站、高端电动工具等领域。

桑顿新能源技术团队依托桑德集团企业技术中心和博士后工作站等平台优势,与清华大学、湖南大学、中南大学、湘潭大学等名校进行前沿技术的产学研合作,建立了以博士、硕士或专利发明人为主要力量的技术团队,研发团队规模已达500人。公司申请多项发明专利及核心技术先后获得省市专利奖、科技进步奖及技术发明奖等奖项,相关科研成果已进入规模化生产。

二、产能建设

15 GWh三元软包电池,3 GWh方形铝壳电池。其中长沙四期项目建成后将形成年产8 GWh三元软包电池,3 GWh方形铝壳电池。

三、技术进展及研发能力建设

自公司成立以来,先后获得“国家高新技术企业”“国家知识产权优势企业”“国家绿色工厂示范企业”“中国动力电池十强企业”“中国锂电池正极材料十大品牌”等多项殊荣。公司获批为锂离子动力电池及材料技术中心(湖南省企业技术中心)、湖南省锂离子电池系统工业设计中心和湖南省锂离子电池智能制造工程技术研究中心。

四、主要产品

序号	产品名称	产品型号	产品应用
1	正极材料	分为三元材料、锰酸锂、磷酸铁锂3个主要体系。三元材料方面,根据镍含量分为低镍系列523/622/811/NCA	—
2	能量型电芯	能量密度规划260~300 Wh/kg	纯电动乘用车、纯电动专用车
3	功率型电芯	HEV类产品:10Ah PHEV类产品:37Ah、42Ah、48Ah	混动型乘用车
4	快充型电芯	180 Wh/kg和220 Wh/kg体系电芯具有最大4C持续充电能力,15 min内可充电至80% 240 Wh/kg和260 Wh/kg体系电芯具有最大2C持续充电能力,结合阶梯充电方式可实现20 min充电至80%	纯电动乘用车、纯电动专用车

辉能科技股份有限公司

一、单位概况

辉能科技股份有限公司(以下简称“辉能”)成立于2006年,是一家致力于研发并量产固态锂陶瓷电芯的创业公司。辉能采用固态陶瓷电解质取代传统聚合物电解液,创造具安全性与稳定性的固态电池,并导入卷自动化式生产制程,实现了固态锂陶瓷电芯的规模化生产。为满足各市场应用需求,辉能推出多种类的固态电池:FLCB(超薄可弯曲固态锂陶瓷电池)、PLCB(高容量软包固态锂陶瓷电池)、BLCB(高电压固态锂陶瓷电池)及 MAB 固态电池包。产品获得国际安规与飞航认证:UL1642、IEC62133、PSE、BSMI、RoSH、UN38.3

二、经营情况

2012 年发表超薄可弯曲电池产品 FLCB 后,以安全、超薄可弯曲的特性打进穿戴、消费性、IOT 与智能卡市场,与 HTC、日本软银(Softbank C & S)、Digitsole 等品牌协力推出更轻薄安全的电子产品。

随着电池技术与生产规模提升,辉能于 2017 年起跨足对电池容量与电性要求更高的新能源车市场,电芯通过欧美中日各大车厂安全测试并获得极高评价,分别与各车厂进行合作案商讨,并开始进行样车打造。

2018 年,辉能发布突破传统锂电框架的 BiPolar + 技术(双极电池),直接于电芯内部串并联,从机构面大幅拉升能量密度,并于 2019 年发表了全球首个固态电池包设计,结合双极电池技术与固态锂陶瓷电池技术,创造出体积仅传统电池包一半、七成成本的颠覆性固态电池包方案,荣获全球两大科技创新奖项——美国 CES 创新奖与美国爱迪生奖金奖的肯定,并与车厂共同完成固态电池装车测试。

三、产能建设

自有产能部分,辉能 2013 年完成在台湾桃园市建设 G1 工厂,该产线实现固态电池卷片生产,并于于 2017 年完成全线自动化,产能 40 MWh/年。另于 2018 年底开始于台湾桃园兴建 G2 厂,预估 2019 年底完工,2020 年投产,规划产能 1 ~ 2 GWh/年。

四、技术进展及研发能力建设

辉能 12 年来专注自主研发电芯与生产技术,在全球建立 100% 自有专利布局,截至 2019 年 7 月,共获得 134 项专利,并有 90 项申请中,范畴广含产品、技术、机构/化学系统、设备、制程、应用等。

动力电池技术方面,辉能同时发展固态电池芯技术及针对固态电池所发展出的机构组装技术,在本质安全的基础上,同步拉升"电芯能量密度"与"成组效率"来达到高的电池包能量密度,规划在 2022 年辉能以 800 Wh/L 的电芯搭配 75% 成组效率制造出 600 Wh/L 的电池包。

产品连续多年荣获多项国际奖项:

2013—2015 连续三年荣获 Computex 台北国际计算机展"创新设计奖";

2013—2014 连续二年荣获 Computex 台北国际计算机展"最佳产品奖";

2015.04 荣获 2015 年"台湾第 23 届精品奖"殊荣;

2017—2019 连续 3 年荣获美国 CES 消费性电子展"创新奖";

2019.04 荣获美国爱迪生奖(Edison Awards)"金奖"。

五、主要产品

序号	产品名称	产品型号	产品应用
1	MAB 固态电池包	MAB	电动车
2	高容量软包固态锂陶瓷电池	PLCB	消费性电子、工业用
3	超薄可弯曲固态锂陶瓷电池	FLCB	穿戴电子、IOT

六、合资合作及重大项目建设

为加速进入动力电池市场,辉能开始进行技术授权合作或合营模式(JV)的推展,将固态电池生产技术授权予和伙伴,并提供产线建置的辅导,目标于极短时间内建置以辉能固态电池技术为中心的动力电池阵线,于成本、产量上创造优势,与近 30 家国内外的车厂、电池厂、电子厂共同规划合作中。

技术开发部分,为完整发挥固态电池优势,辉能针对固态电池的高安全性、散热能力还有机构特性而开发出全新的封装方式,打造了 MAB 电池包,并与车厂协力开发动力系统,结合车厂三电系统技术积累与辉能固态双极电池技术,共同开发更具效率与安全性的新能源车动力系统。已与国内、欧洲数家车厂签订面相偕同开发的战略协议。

七、发展目标与规划

辉能计划与车厂及相关企业合作,于 2021、2023、2025 年在全球批次投入固态电池产业化建设,规划于 2025 年,辉能 JV 及授权公司达到共 180 GWh 的总产能。辉能不懈追求兼具效率与产业化前景的前端电池技术,目标在最短时间内将固态电池带入新能源车市场,协助车厂突破新能源车在安全性、续航里程上的瓶颈,加速驱动交通绿色转型升级。

科力美汽车动力电池有限公司

一、单位概况

科力美汽车动力电池有限公司(以下简称"公司")是由 Primearth EV Energy 株式会社(PEVE)、丰田通商株式会社、丰田汽车(中国)投资有限公司与湖南科力远新能源股份有限公司、常熟新中源创业投资有限公司共同出资建立的一家中外合资企业。是 PEVE 首次在日本本土之外投资建厂,其生产的镍氢动力电池主要用于配套一汽丰田、广汽丰田国产化混合动力汽车。公司成立于 2014 年 8 月,主要产品为汽车用镍氢动力电池。工厂建设和生产准备期共 2 年,于 2016 年末正式投产。产能供不应求,公司正在扩建二、三、四期工程,项目预计于 2021 年全部建成并投产,未来将满足中国混合动力汽车市场的需求。

公司一期总占地面积 40 377 m^2,员工约 450 人,待

2021 年扩建工程全部建成并投产之际员工预计将达 900 余人。在生产准备期间，PEVE 及相关日方技术人员会派驻科力美，全程做技术支持和生产调试，以确保产品在量产时的品质安全性和稳定性。伴随着产能的逐步稳定，科力美的产能将在满足一汽丰田、广汽丰田对镍氢动力电池需求的同时，还将能满足中国国内品牌的节能车用镍氢动力电池的需求。公司将发挥各出资方的技术优势及产业链资源优势，制造综合性能优越的、最安全的汽车动力电池，推动中国汽车混合动力产业发展，实现节能及环境改善使命。

二、经营情况

公司生产的动力电池模块组主要搭载于一汽丰田卡罗拉双擎和亚洲龙双擎、广汽丰田雷凌双擎和凯美瑞双擎。该产品在全球的销售实绩已达 1 300 万台。

科力美于 2016 年底正式投产，同年 12 月份产能达到 1 000 台，2017 年初开始供货，2017 年 5 月基本开始满负荷稳定运转。2018 年科力美全年销售台数达 15.1 万台。

三、产品出口

公司产品 100% 应对中国市场需求，根据客户（丰田汽车）的经营战略，不排除将来出口海外市场的可能性。

四、产能建设

公司实行三班两运转体制，即保证了机器设备的 24 h 运转。公司一期工程于 2016 年底正式投产，2017 年初开始向客户供货，2017 年 5 月基本开始满负荷稳定运转，2018 年内实现了满产目标。目前产能供不应求，公司正在扩建二、三、四期工程，项目预计于 2021 年全部建成并投产，未来将满足中国混合动力汽车市场的需求。

五、技术进展及研发能力建设

产品采用日本 PEVE 和丰田汽车的产品设计和制造工艺，不断与 PEVE、丰田汽车更新的技术相匹配，在提升产品性能的同时也力争降低成本。

六、主要产品

序号	产品名称	产品型号	产品应用
1	汽车镍氢动力电池模块组（28 模块）	G9028-02010	一汽丰田卡罗拉双擎 & 广汽丰田雷凌双擎
2	汽车镍氢动力电池模块组（34 模块）	G9028-06010	一汽丰田亚洲龙双擎 & 广汽丰田凯美瑞双擎

七、合资合作及重大项目建设

合资状况：Primearth EV Energy 株式会社 41%、湖南科力远新能源股份有限公司 40%、常熟新中源创业投资有限公司 10%、丰田汽车（中国）投资有限公司 5%、丰田通商株式会社 4%。

重大项目：公司正在扩建二、三、四期工程，项目预计于 2021 年全部建成并投产。

八、发展目标与规划

积极进行对外销售的宣传和推广活动，加强与潜在客户的接触与技术交流，争取尽早实现对外销售。另外，随着中国对环境管控越来越严格，对汽车新能源市场整个体系提出更多更苛刻的要求，科力美公司正着眼于环保科技的最前沿，并积极为环境事业和汽车新能源产业作出更大的贡献。

广州鹏辉能源科技股份有限公司

一、单位概况

广州鹏辉能源科技股份有限公司创立于 2001 年，是一家拥有自主知识产权核心技术的股份制高科技企业，专注于锂离子电池的技术研发、生产和营销。注册资本 25 200 万元，产品囊括圆柱形、软包、聚合物、储能、动力电池五大系列几百个型号，广泛应用于个人电子消费产品、电动工具、交通运输和储能等领域。借助国家新能源汽车示范推广优惠政策和国家汽车产业振兴和调整规划，广州鹏辉能源科技股份有限公司将产业重点转移到新能源汽车方向，主要集中于：动力电池开发、电池模组开发、电池热管理、BMS 的开发与应用，成功打造了新能源汽车关键零部件的循环产业链。

二、经营情况

2018 年全年鹏辉能源共实现营业收入 256 870.56 万元，比 2017 年同期增长 22.41%；归属母广州鹏辉能源科技股份有限公司股东的净利润 26 480.06 万元，比 2017 年同期增长 5.33%。锂离子电池 2018 年全年实现销售收入 233 390.92 万元，与 2017 年相比增长 25.96%。锂离子电池业务在广泛分布于消费类电池、汽车类电池及储能类电池，在该领域中保持过往优势，实现持续增长。

鹏辉能源专注电芯研发制造近 20 年，伴随新能源汽车时代飞速发展，延续过往经验与优势，在新能源汽车领域逐步抢占市场份额。在 2018 年凭借核心竞争力产品与多家车企进行深入合作，成功与东风汽车股份有限公司、上汽通用五菱汽车先后签署战略合作协议，与客户达成全面深入的合作。

三、产品出口

2018 年产品出口总额在 6 000 万美元左右，产品畅销北美、欧洲、港澳台、北非、东南亚等 50 多个国家和地区，伴随着“一带一路”市场的兴起海外储能销售也带来了可观的快速增长。

四、产能建设

为进一步完善公司长三角地区布局，2018 年广州鹏辉能源科技股份公司正式开工建设常州鹏辉工业园，预计 2020 开始分批投产。

五、技术进展及研发能力建设

2018 年广州鹏辉能源科技股份有限公司已经申报 41 项

专利发明，其中包括1项PCT、28个发明。2018年内，已成功获得21个专利授权，其中包括2个发明，16个实用新型。已经开展军工项目申办，并成功取得国武器装备质量管理体系GJB 9001C—2017、装备承制单位资格审查两项证书。

六、主要产品

序号	产品名称	产品型号	产品应用
1	24 kWh 动力电池系统	LZW7001EVAEP	上汽通用五菱用车
2	22 kWh 动力电池系统	LZW7002EVBEN	上汽通用五菱用车
3	43 kWh 动力电池系统	SQR5030XXYBEVK06	东风纯电动厢式运输车

续上表

序号	产品名称	产品型号	产品应用
4	33 kWh 动力电池系统	SC5032XXYDAAABEV	长安纯电动厢式运输车

七、2018年1—12月企业在新能源汽车方面经济指标统计

填报单位名称	指标名称	本期累计(万元)	增长率(%)
广州鹏辉能源科技股份有限公司	2018年营业收入	256 870.56	22.41
	2018年利润总额	26 480.06	5.33

中兴高能技术有限公司

一、单位概况

中兴高能技术有限责任公司（以下简称“公司”）成立于2016年，是中兴通讯旗下新能源板块全资子公司。公司落户武汉临空港经济技术开发区，注册资本4亿元，总投资76.7亿元，总用地600余亩。中兴高能技术有限公司专注于中高端乘用车动力电池的研发、生产和销售，为绿色交通提供先进的动力电池解决方案。基于高安全、长循环、高比能量的三元锂离子动力电池核心技术，建设高度数字化、智能化的电池研发生产基地。

二、经营情况

公司一期基地已经于2018年10月正式投产，三元锂电池产品已经获得了奇瑞，汉腾，吉利，众泰等厂商的认可。在第320批《道路机动车辆生产企业及产品公告》中，有4款车型配备公司电池产品。预计2019年，公司锂电产品销售额将达到6亿元。

三、产能建设

项目分三期建设，一期已经投产，具备1 GWh/年的生产能力，可满足超3万辆新能源乘用车的配套需求。公司将于2019年年底启动二期建设，二期项目占地252亩，建成后每年可新增4 GWh产能，2022年三期建设完成后，公司将具备8 GWh/年的产能。

四、技术进展及研发能力建设

1. 技术进展

近年来，公司技术中心引进了大批高水平技术专业人才，当前技术团队中海归博士和硕士占比50%以上。在一流技术团队的努力下，公司成功开发了油电混合车用51Ah方形铝壳动力电池，乘用车用51Ah、53Ah、75Ah、87Ah方形铝壳动力电池。这些产品在能量密度循环可靠性上达到行业领先水平，深受客户的欢迎。为解决动力汽车续行短、充电慢的焦虑和对安全的顾虑。公司技术中心通过自主研发，并联合日本KRI、武汉理工大学高校，开发软包78Ah和固态电池，并获得多项发明专利。

2. 研发与试验基础条件

（1）研发场所

高能研发中心占地面积达6 000 m^2，包含两大区域：产品试制线（PTO）和测试中心。2018年4月产品试制线（PTO）投入使用，2018年9月测试中心投入使用。测试中心由5个实验室组成：原材料实验室、结构件实验室、电性能实验室、模组实验室和安全实验室。测试中心具备从原材料（电芯、模组）、工艺半成品以及成品的验证能力，能满足产品生命周期过程中的各项研发技术需要。

（2）仪器设备配置

公司建设有一流的测试平台，测试中心当前拥有测量仪器175台，设备总价近4 000万元。其中关键测试项目全部采用国外高精度测量设备，公司拥有日本电子JSM-7610F Plus场发射扫描电镜、安捷伦7890B/5977B气相色谱质谱联用仪、苏力强1470E电化学工作站，Arbin高精度充放电测试柜等行业一流设备，设备测试精度处于行业先进水平。

（3）中试设备情况

电芯中试线主要用于产品研发、客户样车、小批量电芯试制，具备软包、硬壳的磷酸铁锂、三元333/523/622/811、锰酸锂、硅系等体系的试制能力，共计设备仪器75台，设备总价近2 700万元。

五、主要产品

序号	产品名称	产品型号	产品应用
1	51Ah 三元锂电池	ZNP2714895A-51Ah	Phev，BEV
2	75Ah 三元锂电池	ZNP3914895A-75Ah	BEV
3	87Ah 三元锂电池	ZNP3914897A-87Ah	BEV
4	51Ah 三元锂电池模组	05CME110	Phev，BEV

六、合资合作及重大项目建设

随着补贴政策逐渐退坡，新能源汽车市场将回归市场主导的正常发展，高端产品需求将进一步增大，高能技术将利用公司产品的质量和性能优势，进一步扩大市场占有率。当前，公司已经与奇瑞，吉利，汉腾，众泰等车企建立了紧密的合作关系，并正在拓展其他国内外高端客户。为满足不断增加的产能需求，公司将在当地政府支持下，于2019年年底启动二期厂区建设，并在2022年完成三期建设，达成8 GWh/年的产能目标。

七、发展目标与规划

高能技术将立足于中高端乘用车需求，以创新智慧构建产品和解决方案为客户、社会增添新动能，为构建绿色能源出行世界贡献自己的力量。公司将继续聚焦动力电池主航道，夯实技术基础，加大研发和市场投入，本着技术领先，品质过硬，服务到位的宗旨，为更多客户提供更可靠，更安全，更高效的动力电池产品。

东莞市创明电池技术有限公司

一、单位概况

东莞市创明电池技术有限公司成立于2009年9月18日，自成立以来一直专注于18650圆柱形锂离子电池的研发、制造和销售，产品广泛应用于新能源汽车、消费类电子产品、智能家居、储能、电动工具等。东莞市创明电池技术有限公司已被认定为国家高新技术企业、广东省创新型试点企业、东莞市成长型中小企业、东莞市专利优势企业。东莞市创明电池技术有限公司管理体系健全，通过了IATF 16949、ISO 9001、ISO 14001、OHSAS 18001等体系认证，同时内部推行TPM、MES及6Sigma管理，产品通过了UL、CB、ROHS、BIS、KC、PSE、GB 31241等认证，在国内外市场形成了强有力的竞争力。

二、经营情况

2014年以来东莞市创明电池技术有限公司大力开拓新能源汽车的市场，相继与国内外大型车企展开合作，合作项目包括微公交、乘用车、专用车，以及商用大巴车等全系列电源解决方案。截至2018年，东莞市创明电池技术有限公司新能源汽车装车近6万辆，处于国内新能源汽车应用市场的领先地位，主要客户分布于长三角、珠三角地区。东莞市创明电池技术有限公司成功推出并量产3 350 MAh高能量密度18650锂电池，主打高端3C数码产品市场，已经成功推向市场并取得了一定的品牌知名度。

三、产品出口

东莞市创明电池技术有限公司锂电池产品远销欧美、印度、韩国、日本等国外市场，2018年出口额4 000万元。

四、产能建设

东莞市创明电池技术有限公司是专业的18650动力电池研发生产企业，主要生产镍钴锰系三元材料的18650锂离子电池，2018年的产能达到1 GWh。

五、技术进展及研发能力建设

东莞市创明电池技术有限公司非常重视研发工作，成立了产品设计研发机构——创明研究院。研究院面积达3 930 m^2，有独立的研发试制线和实验室。获得授权的专利技术共有124项，其中12项为发明专利，105项为实用新型专利，7项为外观专利。其中大部分专利及企业内部科研立项已成功转化为产品。

东莞市创明电池技术有限公司于2010年开始涉足新能源汽车用动力锂电池的研发和生产，是国内较早批量装车三元18650的电池生产企业。与中南大学、深圳大学、天津大学一直保持良好的合作和沟通，对技术进步起到很大推动作用。

六、主要产品

序号	产品名称	产品型号	产品应用
1	2600 MAh 18650锂离子电池	CMICR 18650F8L	新能源汽车、扫地机、电动自行车
2	2500 MAh 18650锂离子电池	CMICR 18650F8P	电动工具
3	3350 MAh 18650锂离子电池	CMICR 18650F9L	移动电源
4	2600 MAh 18650锂离子电池	CMICR 18650F8R	移动电源、pos机、蓝牙音箱

七、合资合作及重大项目建设

东莞市创明电池技术有限公司一直注重产学研合作，与中南大学、华南理工大学、深圳大学保持紧密的合作与沟通。公司还通过各种形式积极参与地区相关领域的技术平台，与中南大学、深圳大学、天津大学等研究机构和大学建立科研合作和人才交流制度，不定期邀请同行专家学者来到创明公司讲学或者举办学术会议。

八、发展目标与规划

东莞市创明电池技术有限公司秉承绿色新能源产品改变世界能源结构的理念，坚持科技创新、客户至上、品质卓越、高效一致，把创明打造成18650圆柱锂离子电池这一细分行业综合实力最强的企业之一。

九、2018年1—12月企业在新能源汽车方面经济指标统计

填报单位名称	指标名称	单位	本期累计	同期累计	增长率(%)
东莞市创明电池技术有限公司	2018年末资产总计	万元	50 969	63 153	-19
	2018全年完成投资额	万元	7 000	10 000	-30
	2018年营业收入	万元	43 852	48 805	-10
	2018年利润总额	万元	-712	903	-179
	2018年产品销售率	%	98	104	-6
	2018年销售利润率	%	-2	2	-101

芜湖天弋能源科技有限公司

一、单位概况

芜湖天弋能源科技有限公司成立于2014年9月12日，是一家集锂离子电池研发、制造及销售的高科技企业，致力于为全球提供能源储存整体解决方案。芜湖天弋能源科技有限公司已经形成了集电芯、电池Pack及电池管理系统等动力电池系统全方位的研发生产体系。芜湖天弋能源科技有限公司拥有国际化的专业团队，核心团队成员拥有广泛的电池技术背景和丰富的设计及制造经验。

二、经营情况

研发、生产及销售电动汽车用动力锂离子电池、消费锂离子电池、燃料电池、大容量储能电池、超级电容器、电池管理系统、可充电电池包、风光电储能系统、能源材料及能源装备（涉及前置许可的除外）；废旧动力电池梯次利用和再生利用技术领域的技术开发、技术服务；新能源技术开发；自营和代理各类商品和技术的进出口业务（国家限定公司经营或禁止进出口的商品和技术除外）。

在北京、郑州、合肥、上海、武汉、深圳高有办事。2020年除内蒙古西藏外将建立9个全国服务大区，20个办事处，当地特约维修站。

三、产能建设

芜湖天弋能源有限公司位于安徽省芜湖市，总占地约800亩。其中一期建筑面积5.2万m^2，二期和三期分别占地面积500亩和300亩。已达产能4 GWh，计划全面达产14 GWh。

四、技术进展及研发能力建设

芜湖天弋能源科技有限公司新推出高能量密度的电芯（302 Ah，228 Ah）和第四代标准箱产品，该产品按照业内认可的标准体系开发。已经顺利通过国家《电动客车安全技术条件》中对电芯及动力电池系统要求的所有测试，并已取得各项强检报告。

在电芯制造方面，芜湖天弋能源科技有限公司拥有薄膜涂覆设备和技术、极耳成型工艺设备技术、精密的电芯合成设备及技术、全密封和选择式密封开发设备、电芯常规性能检测和检验设备、滥用安全评估体系设备等一系列从生产到制造代表国内外先进水平和领先技术的精密可靠性体系评价。

在动力电池系统设计制造方面，芜湖天弋能源科技有限公司拥有先进的焊接、测试等生产设备，结合先进的生产管理质量控制体系及专业设计团队的丰富设计经验，具备了为客户提供品质优良可靠产品的能力。

五、主要产品

序号	产品型号	产品名称
1	磷酸铁锂电池	—
2	三元电池	—
3	商用车电池包	—
4	乘用车电池包	—

六、发展目标与规划

产能规划：CE电芯总产能预计2020年达到7 200万只；EV电芯总产能预计2020年达到14 GWh。技术规划：国家要求及产品质量指标，能量密度值预计2020年300 Wh/kg，2025年500 Wh/kg。

“1—3—5—7”客户反馈机制：1天内给客户反馈，3天内给客户初步分析报告，5天内给客户完善的分析报告，7天内给客户整改措施。“24—48—72”售后服务机制：周边300 km内，24 h内到场解决问题；周边600 km内，48 h内到场解决问题；国内其他地区，72 h内到场解决问题。

广东天劲新能源科技股份有限公司

一、单位概况

广东天劲新能源科技股份有限公司（以下简称“天劲股份或公司”）创立于2006年9月，是一家提供新能源汽车（软包）动力电池智能制造的国家高新技术企业。历年被授予“广东省动力电池标准化技术委员会委员单位”，龙华区“工业百强企业”。是广东省动力电池工程技术研究中心，博士后创新实践基地，中科院深圳研究院全固态电池联合创新中心。天劲股份已专注锂电技术近13年，确立了聚焦软包动力锂电智能制造技术路线，致力打造国内软包动力电池龙头企业。

二、经营情况

2018年天劲股份实现新能源汽车动力电池装机量309 MWh。在乘用车领域，主要配套纯电动乘用车，三元软包装机量同比增长343.1%。

市场方面，天劲股份建立了市场营销战略（区域）体系，初步规划了华北、华东、华南、华中和西部沿线等五大市场营销战略（区域）。已经与奇瑞汽车（物流车、乘用车）、（吉利）知豆汽车（乘用车）、长安汽车（乘用车）、国金汽车（乘用车）、华晨汽车（乘用车）、东风柳汽（乘用车）、东风小康（物流车）、陕西通家（物流车、乘用车）、山东唐骏（物流车）等20多家新能源车企建立了长期的战略合作伙伴关系，软包动力市场占有率达10.18%。

三、产能建设

天劲股份拥有电池产能2 GWh，佛山基地2019年10月进行试投产。到2020年，年产能将达到10 GWh，全年可满足30万辆新能源电动汽车的配电需求，可实现年产值达100亿元以上。

四、技术进展及研发能力建设

公司专注于（聚合物）软包锂离子电池和软包动力电池的研发与智能制造，采用软包叠片工艺，材料体系以三元32 Ah、37 Ah、48 Ah、51 Ah电芯为主。天劲股份已经量产的三元软包电池单体能量密度达240 Wh/kg，系统能量密度已达到150 Wh/kg以上。2019年推出的51AhVDA三元软包电池，单体能密260 Wh/kg，系统能密160 Wh/kg以上，已经通过国家强检认证并实现小批量出货，285 Wh/kg的电芯产品已经完成研发，而300 Wh/kg能量密度的VDA电池将在2020年之后实现量产。

公司高度重视自主知识产权和专有技术的研发，自创立以来，获得国内100多家知名媒体、平台及权威机构所颁发的200多个行业奖项；跻身锂电行业前列。已获得“发明专利”“实用新型专利”等108项，其中发明专利58项，以及多项核心专利技术和软件著作等非专利技术。公司注重人才的引进和培养以及人力资源的优化和配置，现拥有200余人的高素质专职研发队伍，引进博士、硕士、动力电池技术专家30多人。

五、主要产品

序号	产品名称	产品型号	产品应用
1	动力电池系统总成VDA	TG25C01-355.2V51.15 kWh	奇瑞纯电动多用途乘用车
2	动力电池组总成	TG04C01-344.1V55.05 kWh	国金纯电动多用途乘用车
3	动力电池组总成	TG11W02-355.2V34.10 kWh	奇瑞纯电动厢式运输车
4	动力电池组总成	TG10W02-104V19.99 kWh	山东唐骏纯电动厢式运输车
5	动力电池组总成	TG31C01 148V27.38 kWh	知豆纯电动轿车
6	动力电池组总成	TG55C01-081186	东风纯电动轿车
7	动力电池组总成	03LPEJL156616D	吉利远程皮卡
8	动力电池组总成	TJ33612001	重庆瑞驰纯电动封闭货车

六、合资合作及重大项目建设

公司牵头的200 Wh/kg动力电池系统研发与产业化项目入围深圳市“2017年度战略性新兴和未来产业专项资金扶持计划项目”，该项目的合作参与单位还有清华大学深圳研究生院、深圳新宙邦科技股份有限公司、深圳市星源材质科技股份有限公司、深圳市德方纳米科技有限公司等。此外，公司独立申请的“锂离子电池集装箱式储能高效大电流均衡及系统关键技术研发”项目顺利获批科创委“2017年度重点技术攻关项目”。

公司“高比能软包动力电池组先进热管理技术”项目已通过中国高科技产业化研究会科技成果评价，相关指标包括：控制电池温差在5 ℃内，保证电池系统适应极限高温、极限低温工况，扩大整车应用区域和使用便利性热管理系统可以达到温升7 ℃，温差3 ℃的水平。

七、发展目标与规划

根据公司的发展战略规划，天劲股份一方面是在专用车、物流车领域的深耕，另一方面天劲股份还将在未来2～3年内重点拓展乘用车市场，争取在3年内成为动力电池软包细分领域领军企业。

八、2018年1—12月企业在新能源汽车方面经济指标统计

填报单位名称	指标名称	单位	本期累计	同期累计	增长率（%）	增长额
广东天劲新能源科技股份有限公司	2018年末资产总计	万元	169 976.00	155 844.67	9.07	14 131.33
	2018全年完成投资额	万元	20 996.62	15 957.48	31.58	5 039.14
	2018年营业收入	万元	6 378 964	109 135.59	-41.55	-45 345.95
	2018年利润总额	万元	2 259.16	4 969.86	-54.54	-2 710.7
	2018年产品销售率	%	106.05	95	—	—
	2018年销售利润率	%	3.54	4.55	—	—

河南平煤国能锂电有限公司

一、单位概况

平煤锂电公司（以下简称“公司”）是中国平煤神马集团与新乡市政府、河南电池研究院共同创建的高科技企业，计划总投资50亿元，在新乡市凤泉区动力电池专业园区建设10 GWh高安全性、高比能动力锂离子电池生产线。

主要产品定位高端，使用具有近70年历史的“中华牌”老字号商标，具备高安全性、高比能量、低成本、长循环等多重保证，市场竞争优势明显。项目全部建成后预计将实现动力电池及产业链年销售收入200亿元，利税50亿元。

二、产能建设

计划建设 10 GWh 动力锂电池项目,公司首期1 GWh 高比能动力锂电池项目已建成投产。

三、主要产品

序号	产品名称	产品型号	产品应用
1	电池系统总成	J2101670C01S01	南京金龙 D10 车型
2	电池系统总成	J2101670AW1S01	南京金龙 D11 车型

四、发展目标与规划

公司以中国平煤神马集团"六个坚持"总要求为指引,以科学高效可持续发展为原则,以安全环保为前提,以质量效益为追求,以打造中国电池行业标杆为总目标。从生产、人才、市场、产业等方面,着力实现"四个一":打造一套国内领先的生产系统;培养一支精干高效的人才队伍;重塑一个世界驰名的电池品牌;形成一片协同发展的产业集群。

山东魔方新能源科技有限公司

一、单位概况

山东魔方新能源科技有限公司(以下简称"魔方新能源")于 2009 年开始新能源电池技术开发,已在贵州贵阳、广东东莞、山东聊城、湖北武汉建成研发、运营和生产基地。山东魔方新能源科技有限公司,创立于 2015 年 12 月,致力于以下三大领域的创新研发、设计、生产与服务。

1. 锂离子动力与储能电池系统;

2. 新能源电池生产线,涵盖锂离子、氢燃料电池系统及其核心组件(电堆、双极板、质子交换膜);

3. 燃料电池辅助系统(BOP)零部件,包括电池巡检模块(CVM)、去离子罐、空气滤清器、增湿器等。

山东魔方新能源科技有限公司有员工 100 余名,其中博士 2 名,硕士 5 名,本科以上学历人员超过 40%,与国内外多家科研院校和领军企业建立了长期合作关系。已获得和申请中的各类专利逾 50 项,并通过 IATF 16949:2016 质量管理体系、ISO 14001:2004 环境管理体系及 OHSAS 18001:2007 职业安全卫生管理体系认证,是一家极具创新活力的高新技术企业。

二、产能建设

未来规划

1. 燃料电池产线生产基地(发动机、电堆、双极板、膜电极等),年产值 10 亿元 ;

2. 燃料电池零部件生产基地(CVM、增湿器、空压机等),年产值 3 亿元;

3. 锂电动力与储能系统生产基地,年产值 2 亿元。

四、技术进展及研发能力建设

1. 燃料电池产线:发动机、电堆和 MEA 自动化生产线设计与实施;

2. 燃料电池系统辅助部件:CVM、DC/DC、增湿器、空压机等开发;

3. 动力锂电池:动力锂电池模组、Pack 与系统集成设计与生产;

4. 生产信息系统:追溯系统,ACS 系统等。

五、主要产品

续上表

序号	产品名称	产品型号	产品应用
1	174.3 kWh 动力电池系统	S028NCM-618.2-282	中通
2	61.82 kWh 动力电池系统	S037LFP-537.6-115	中植
3	69.18 kWh 动力电池系统	S040NCM-368-188	亚星
4	132 kWh 动力电池系统	S016LFP-512-258-01	青年
5	50.69 kWh 动力电池系统	S045LFP-563.2-90	申龙

六、合资合作及重大项目建设

立足新能源汽车生产集中的山东省,面向河南、安徽、浙江、江西等新能源汽车生产大省辐射,实现省内顶尖电池系统生产企业,国内一流动力/储能电池系统供应商的目标。

到 2020 年底完成:

1. 燃料电池产线生产基地(发动机、电堆、双极板、膜电极等):投资 3 000 万元,厂房面积 6 000 m^2,年产能 10 万条,年产值 2 亿元;

2. 燃料电池零部件生产基地(CVM、增湿器、空压机等):投资 2 000 万元,厂房面积 4 000 m^2,年产能 1 万套,年产值 1 亿元;

3. 锂电动力与储能系统生产基地:投资 3 000 万元,厂房面积 5 000 m^2,年产能 1 GWh,年产值 2 亿元。

七、发展目标与规划

围绕燃料电池产业布局,积极稳妥分步建立新能源领域锂电系统、燃电产线和零部件三大业务竞争优势,成为国内领先的新能源研发型供应商。结合电动汽车产业、风光一体储能产业、沿海岛屿离岛电站等对动力/储能电池系统的比能量、安全性和需求。研发和生产高能量比密度,高安全性能的动力电池系统。紧密围绕电动汽车安全、高效、可靠运行关键技术问题,紧密围绕电动汽车安全、高效、可靠运行关键技术问题,开展动力电池系统研发设计、制造工艺研发、制造设备设计、功能评估体系开发等诸多方面的产业技术体系创新研究、开发与生产,整体技术水平达到国际先进、国内领先水平。及时组织科研成果产业化,创造显著经济效益,填补山东省乃至全国在该领域的产业技术空白,带动全省新能源产业体系集成建设,为山东省新能源汽车动力电池、超薄超轻消费类电子电池的广泛开发利用提供强有力技术支撑。到 2020 年营收规模实现年产值 5 亿元。

八、2018 年 1—12 月企业在新能源汽车方面经济指标统计

填报单位名称	指标名称	单位	本期累计	同期累计	增长率(%)	提高百分点
山东魔方新能源科技有限公司	2018 年末资产总计	万元	9 630.86	8 305.69	15.95	16
	2018 全年完成投资额	万元	4 000	3 000	33.33	33
	2018 年营业收入	万元	6 709.09	4 497.89	49.16	49
	2018 年利润总额	万元	2 544.53	1 642.33	54.93	55
	2018 年产品销售率	%	100	100	0.00	0
	2018 年销售利润率	%	37.93	36.51	3.87	4

华霆(合肥)动力技术有限公司

一、单位概况

华霆动力公司(以下简称“公司”)是一家主要从事新能源汽车动力系统总成及关键零部件的研发和制造的国家级高新技术企业,公司成立于2010年4月19日,核心业务为设计和制造乘用车动力电池系统(含成组及管理系统),作为一级供应商为国内外的主机厂提供配套服务。公司业务涉及从事商用车动力电池系统,工业装备电池系统,与储能、电网(换电式电池系统及电池管理系统,发、输、配环节储能电池管理系统,用电侧储能系统)等相关技术衍生领域的业务。除此之外,作为战略业务,公司在电机及驱动器、热电池、辅助动力系统等领域实现了技术储备。

公司有员工1 000余人,聚集了一批行业精英,技术人员总计220多人,研发团队15%以上拥有硕士以上学历,其中包括来自特斯拉汽车(Tesla Motors),麦格纳(Magna Powertrain),A123 Systems,泰科电子(Tyco Electronics),以及硅谷的资深专家和创业者。核心团队成员均具有10年以上电池、电机、驱动系统的开发、设计经验,累计具有数十余款电动汽车项目的开发资历和经验。平均年度累计开发项目数达35项,已成功为国内江淮、北汽、长城、上汽、东南、云度等10多家整车厂供货,并达成迭代研发长期合作意向。

随着产业市场的发展,华霆动力不断壮大团队建设,公司在美国成立研发事业部、合肥市经开区锦绣大道119号建立江淮华霆合资有限公司、莆田建立华霆动力莆田分公司,印度成立海外分公司基地和常州成立华霆(常州)动力技术有限公司,占地面积7 000 m^2,累计产能4 GWh/年,出货量4万多台,装载车辆累计行驶超过6.5亿km。广西柳州、安徽安庆、张家港等分公司已在积极筹建中,业务储能、大巴、乘用车项目已拓展到海外,力争在新能源退坡补贴和双积分的双层政策的引导下公司发展成为行业领军企业。

二、经营情况

过去4年公司收入复合增长率达到36.5%, 2018年收入超过15.2亿元,装机量达到1 GWh。

作为科技驱动收入增长的公司,华霆动力持续加大对研发投入,过去4年研发费用复合增长率达到37.1%,超过收入增速;2018年公司研发费用超过1亿元。

研发费用/收入占比常年高于6%,剔除收入中的电芯采购,2018年研发/收入比例达到20.2%。

三、产品出口

公司依托技术和制造能力,以美国公司为枢纽,积极布局全球市场,已在美国和印度市场取得阶段性突破。在印度Pune筹建了一支10人团队,服务于塔塔汽车、利兰等印度主要电动车企业客户,2017年已经为塔塔汽车提供175套电动电池系统。公司为硅谷自动驾驶独角兽企业Nuro(2018年取得了软银Vision基金近10亿美元投资)首款全自动无人配送车提供动力电池系统。公司为加拿大汽车制造商Electra Meccanica提供动力电池系统。

四、产能建设

公司在合肥和莆田有两个生产基地,年产能达到4.7 GWh。

五、技术进展及研发能力建设

作为国家级高新技术企业,公司注重研发的投入,技术中心研发人员200多人,其中主要研发骨干具有本科及以上学历,30%以上具备工程师职称。博士5人,硕士22人,外聘咨询顾问3人。企业技术中心已成为省内领先的科研基地。形成包括软硬件、电气、结构、热管理、工艺等动力电池系统核心自主知识产权841项,其中发明申请360项件;获得授权专利415件,其中发明授权46件。

公司拥有先进的BMS开发平台和完善的测试验证平台,并且与中国科学技术大学、安徽大学、安徽建筑大学建立长期稳定的产学研合作。公司经过多年的持续研发和生产实践,已掌握了高比能高安全动力电池系统生产的整套核心技术,具体包括:热管理、热失控防护、热失控报警、快充算法、成组设计、轻量化、BMS技术、梯次利用和VDA标准模组技术等。

六、主要产品

序号	产品名称	产品型号	产品应用
1	23 kWh 动力电池系统	2101010X1101	江淮 IEV5 纯电动轿车

续上表

序号	产品名称	产品型号	产品应用
2	33 kWh 动力电池系统	2101010X4100	江淮 IEV6S 纯电动轿车
3	39 kWh 动力电池系统	2101010X4130	江淮 IEV7S 纯电动轿车
4	39.6 kWh 动力电池系统	A2100024	云度 A301 纯电动轿车
5	45.6 kWh 动力电池系统	89C01B001	东南 DX3 纯电动轿车

七、合资合作及重大项目建设

公司与力神、国轩、比克等国内一线电芯企业建立长期良好的合作关系，并通过股权合作与技术实力领先行业的三星 SDI 建立了紧密的合作关系 。

华霆与江淮的成功合作案例帮助公司与国内外 13 家主机厂建立了合作，年均有 30～40 个项目处于研发状态，能够持续的转入量产状态，保证公司收入的稳定增长。

华霆动力致力于拓展建立与多家整车企业的合作关系，分散产品组合风险。已与国内外 13 家主机厂展开合作。有 45 个项目处于不同的研发阶段，将陆续进入量产阶段。

公司独家配套安徽省先进制造业发展“一号工程”德国大众和江淮汽车合资的电动车项目，确定公司为电池包独家供应商。

八、发展目标与规划

华霆动力将进一步加大对研发的投入，专注于技术创新和提高服务客户的能力，并根据客户需求扩大生产能力，巩固在新能源汽车动力电池系统领域的领导地位。公司 2019—2022 三年的产能规划是 4.7 GWh、7 GWh 和 12 GWh。

九、2018 年 1—12 月企业在新能源汽车方面经济指标统计

填报单位名称	指标名称	单位	本期累计	同期累计	增长率(%)	增长额/提高百分点
华霆(合肥)动力技术有限公司	2018 年末资产总计	万元	51 684.47	50 641.72	2.06	1 042.76
	2018 全年完成投资额	万元	5 040.93	1 343.41	275	3 697.52
	2018 年营业收入	万元	78 443.51	25 287.79	210	53 155.72
	2018 年利润总额	万元	－5 433.73	－7 671.69	29	2 237.96
	2018 年产品销售率	%	151	73	107	78
	2018 年销售利润率	%	－6.93	－30.34	77.17	23.41

福建冠城瑞闽新能源科技有限公司

一、单位概况

福建冠城瑞闽新能源科技有限公司（简称“冠城瑞闽”）成立于 2015 年 6 月，由冠城大通股份有限公司（股票代码 SH600067）和福投股份合资创建，冠城瑞闽位于福建省福清市融侨经济开发区，占地面积 120 亩，一期总建筑面积 3 万 m^2。

冠城瑞闽引进国内外先进锂离子电池全自动化生产制造设备，进行软包锂离子动力电池系列产品的设计、生产与制造。

冠城瑞闽进行软包电池的设计、研发、生产和销售，和多家主流乘用车企建立了密切合作关系。秉承“产品质量和安全首位　优化供应链成本服务”的理念，通过 IATF 16949，质量管理体系认证，环境管理体系认证，职业健康与安全管理体系认证，已和长安、云度、东南等车企实现深度合作及销售，产品得到客户的认可和好评。

二、产能建设

冠城瑞闽不断扩大市场份额，进行项目扩建和设备投入，到 2020 年底，总产能将达到 10 GWh。

三、技术进展及研发能力建设

冠城瑞闽研发团队由多年新能源行业经验的海归领衔，核心研发人员约 180 人，其中博士及硕士占比 60%，在电芯、模组、电池包等方面拥有专业研发制造能力和创新能力。已授权专利 10 项，申请中专利 18 项。冠城瑞闽与中科院、福州大学、北京化工大学、福建师范大学等科研院所、重点高校建立了广泛的“产—学—研”合作关系；2017 年，与中科院物质结构研究所成立新能源材料及器件联合实验室，同福建师范大学联合建立锂离子动力电池联合实验室、锂离子动力电池工程实践基地。

2019 年，冠城瑞闽自主研发的软包叠片锂离子电池性能取得大幅提升。EV 能量型电芯的能量密度达到 260 Wh/kg，系统能量密度超过 160 Wh/kg，已实现量产并交付客户使用。PHEV 功率型电芯能量密度达到 180 Wh/kg，4C/4C 循环 3 000 次容量保持率大于 90%。

2019 年底，公司将完成 280 Wh/kg 能量型电芯的设计定型。高镍三元材料与硅碳负极等前沿电芯技术上取得飞跃进步，300 Wh/kg 电芯循环寿命达到 1 100 次。

四、主要产品

序号	产品名称	产品型号
1	商用车电池包	—
2	乘用车电池包	—
3	模组	—
4	软包电芯	—

五、合资合作及重大项目建设

冠城瑞闽与当升科技、贝特瑞、星源材质、新宙帮等企业建立了长期的战略合作关系，稳定了供应链的供给，下游与长安、东南、云度、吉海等车企签订了战略合作协议，进行产品的深入研发和配套销售。

六、发展目标与规划

冠城瑞闽将继续加大研发技术投入，有计划、有步骤地

开展业务布局，不断提升技术能力和产品性能，成为新能源汽车动力电池系统的专业提供商，同时将业务延伸至储能电池领域，并且拓展电池上游材料行业、进行电池下游废旧电池回收利用，打造全产业链闭环。

湖南金杯新能源发展有限公司

一、发展概况

湖南金杯新能源发展有限公司是上市公司（以下简称“公司”）金杯电工（股票代码 002533）的控股子公司，是专业的新能源汽车动力电池系统供应商，为客户提供动力电池系统整体解决方案。

金杯新能源致力于新能源汽车动力蓄电池系统（包括 BMS）的研发、生产和销售。公司产品广泛应用于新能源纯电动车、混动汽车、通信基站后备电源、家庭储能等不同领域，与长安、海马、天际、通家等主机厂建立了良好合作关系。

公司于 2016 年获得 TS 16949、ISO 14001、OHSAS 18001 体系证书，并于 2018 年成功升级换版。在湖南长沙、江苏镇江、山东淄博等多地建立了生产基地。

二、生产经营能力

公司引进先进的 PLM、MES 与 ERP 等智能化、自动化监控系统，已建设完成 3 条智能化、自动化、信息化程度一流的动力电池系统集成生产线。已拥有圆柱、方形铝壳和软包电池的模组和 PACK 制造能力，PACK 模组的年生产能力达 3 GWh。建设完成达中国汽车检验检测标准的新能源汽车核心部件检测中心。检测中心大楼包括：BMS 综合实验室、可靠性实验室、热管理实验室、安全性实验室、焊接实验室、机械实验室等实验室，可以独立完成国标要求的除火烧外的各项试验测试项目。

三、技术创新能力

公司重视技术创新，与日本老牌汽车电子企业京滨电子建立了长期合作关系，双方共同开发新一代集中式 BMS 平台。公司设立了企业自己的技术中心，组建了专职研发团队开展包括机械、硬件、软件和测试技术的研发及产品创新。

公司有从事技术研发的技术人员 60 人，其中高级职称人员 10 人，与中南大学，湖南大学等科研机构合作，建立起了以企业技术中心为核心的联合研发机构，进行产学研协同开发。与重庆长安，国金汽车、陕西通家等重点用户单位建立起了战略合作，保持公司产品紧密联系市场需求。

公司自成立之初就非常重视核心技术的研发，申请专利 53 项，其中发明专利为 28 项，已授权 11 项，基本构建了 BMS 技术平台上的专利壁垒。

四、发展规划

金杯新能源在母公司金杯电工的支持下，协同集团中的其他公司，已经基本完成新能源车零部件研发、新能源车销售、新能源车租赁和运营、充电基础设施运营和新能源汽车维修保养检测等全产业链布局。未来将继续推动各环节的资源整合，促进产业链的良性循环。

公司将继续新建智能化工厂，生产线将大量采用智能传感器、智能视觉识别系统、专用机器人、机械臂、数控加工设备等自动化设备，购置并二次开发部署 MES 智能生产制造执行系统、企业资源计划 ERP 系统、PLM 产品全生命周期管理系统等软件系统。构建基于工业互联网的生产执行环境，实现生产计划自动优化、生产过程故障自检测自排查，减少人员职守，电池能量包生产全过程无人干预，模组自动化率 100%，良品率 100%。

公司还将继续加大投入推动轻量化材料和技术的研究。通过应用铝型材焊接与碳纤维轻量化材料的应用力争实现箱体减重 40%～50%。此外在热管理技术、功能安全技术、测试技术等领域进行预研，确保未来产品的核心技术优势。

北京华特时代电动汽车技术有限公司

一、单位概况

北京华特时代电动汽车技术有限公司（以下简称“公司”），是北京长城华冠汽车科技股份有限公司的全资子公司。成立于 2014 年 1 月，是一家集电动汽车动力系统及主要零部件研发生产与销售于一体的高新技术企业。

公司整合长城华冠多年的整车设计及零部件专业设计能力，依托强大的产品研发团队、专业的生产及质量控制体系，为国内外众多电动汽车制造商提供标准电池箱、可再充电能量储存系统（RESS）、整车控制器（VCU）、电池管理系统（BMS）等三电产品，以及碳纤维复合材料、铝合金车身等轻量化材料产品的服务和整体解决方案。

二、经营情况

标准电池箱生产与销售：标准电池箱采用模块化的设计，优点在于可在结构和数量上进行标准化设计，可根据客户需求进行组装；采用液态介质冷暖温控系统，对电池一致性进行调配，最大限度发挥电池性能。

可再充电能量储存系统（RESS）生产、销售及定制服务：可根据客户需求，基于整车性能分析，为客户定制、开发满足国家法规、标准要求的 RESS 系统、提供从设计、生产安装到调试的一站式服务。碳纤维复合材料及铝合金等轻量化材料的研发、生产和销售，以及提供轻量化材料设计、分析、成型等方面的技术服务。

公司产品已批量应用于前途汽车生产的首款纯电动跑车前途 K50 上。此外,公司还积极与其他新能源汽车制造商、重型卡车/矿车等工程机械类制造商、储能系统集成商等厂家合作,扩大产品用途,拓展业务领域。

三、产能建设

标准电池箱工厂建筑面积 12 592 m^2,设计产能 4.1 GWh,可年产 52 万件标准电池箱。在工厂流水生产线上,智能机器人、激光焊机及大功率充放电检测设备高效协同,使一个标准电池箱的生产节拍仅需 72s,生产效率和生产节拍领先于在整个行业。此外,工厂生产线达到 80% 以上自动化程度,将自动化制造、物料信息在线管理、品质生产信息管理相融合,体现了中国国内智能制造的最高水平,在国际上也属于行业领先的工厂。

碳纤维零部件生产线具有高度自动化和高度信息化,生产基地占地约 4 000 m^2,具备年产各类碳纤维复合材料汽车零部件 3 万件的能力,碳纤维公司产能的 55% 为前途汽车提供复合材料零部件,其余 45% 产能为其他主机厂、航空航天企业提供零部件及生产少量的碳纤工艺品。规划中的二期生产基地主要产品为注塑汽车内外饰零部件。

四、技术进展及研发能力建设

华特电动研发中心共有研发人员 120 余人。具有设计开发整车控制器(VCU)、可再充电能量储存系统(RESS)、两档变速器等能力;拥有国际先进的测试设备及测试能力;拥有远程监控平台,可对车辆进行实时监控;申请专利 200 余项,涵盖新能源汽车核心部件;参与编制国家/企业标准 90 余项。

五、主要产品

序号	产品名称	产品型号	产品应用
1	标准电池箱	710 mm×275 mm×200 mm	前途 K50 跑车
2	可再充电能量储存系统(RESS)	根据客户需求配置	前途 K50 跑车
3	整车控制器(VCU)	—	前途 K50 跑车
4	电池管理系统(BMS)	—	前途 K50 跑车

江西安驰新能源科技有限公司

一、单位概况

江西安驰新能源科技有限公司(简称“安驰科技”)成立于 2016 年 5 月,注册资金 5.28 亿元,项目总投资 305 665 万元,总部位于江西省上饶市国家级经济开发区,占地面积 183 亩,是一家由中国民企 500 强企业家、美国斯坦福大学海归博士、国家“千人计划”专家、上市公司高管团队等共同创立的新能源高科技公司。安驰科技成立不到 4 年,先后获得“国家高新技术企业”“中国十大锂电行业黑马企业”“江西省企业技术中心”“江西省智能制造示范企业”等称号。

二、经营情况

安驰科技专注于动力电池的研发设计生产,主营产品以方形铝壳电芯、电池模组、PACK 系统为主,主打产品为磷酸铁锂电池。安驰科技从一期产线投产以来,以高品质产品迅速打开市场,与上饶客车、长安、一汽、东风等多家车企建立了紧密的战略合作关系,2018 年营业收入 20 716 万元,利润总额 1 027 万元。

三、产品出口

出口产品主要以 2P12S、6P4S 等以分布式储能为主,主要出口至欧美国家。

四、产能建设

安驰科技 10 亿 Ah 动力锂电池生产线建设项目共分为两个阶段,第一阶段 2 亿 Ah 生产线已于 2017 年 4 月正式投产,一期产能已满负荷生产。公司正在积极推动二期 8 亿 Ah 动力锂电池生产线的建设。

五、技术进展及研发能力建设

安驰科技技术中心聚集了一批国家“千人计划”专家和海内外行业技术精英,从成立起就明确了生产一代、研发一代、储备一代的技术思路。第一代为磷酸铁锂,通过工艺创新,已经投产的一期项目磷酸铁锂电池能量密度达到 175 Wh/kg,PACK 能量密度可达 140 Wh/kg 以上。2018 年底三元体系动力电池,能量密度超过 240 Wh/kg,2019 年,通过材料和工艺革新,安驰科技将推出“高镍 + 硅碳”体系电池,安驰科技还在积极储备研发锂硫/钠电/全固态等下一代电池。

安驰科技申请 35 项发明专利,63 项实用新型专利,其中 2 篇发明、42 篇实用新型已获得授权。2018 年两项省级新产品通过鉴定,新产品“高比能磷酸铁锂动力电池” 技术水平达到国内领先,“高比能车用动力电池系统”技术水平达到国内先进,荣获 2018 年高工锂电金球奖年度创新技术与产品。

安驰科技与华中科技大学建立科研合作关系,与中国科学院程时杰院士合作建立院士工作站,不断提升核心竞争力,增强企业发展后劲。安驰科技以追求卓越,持续创新为战略发展目标,不断吸纳高层次顶尖人才,打造 500 人高水平核心研发团队。

六、主要产品

序号	产品名称	产品型号	产品应用
1	42.5 kWh 动力电池系统	CA6420EVK3	吉林一汽纯电动乘用车
2	127.5 kWh 动力电池系统	SR6800BEVGS	上饶客车 8 m 纯电动客车
3	212.5 kWh 动力电池系统	SR6107BEVTS2	上饶客车 10 m 纯电动客车
4	25.34 kWh 动力电池系统	KMC1030BEVA240WK	山东凯马纯电动专用车
5	25.34 kWh 动力电池系统	NJL5030ZXXBEV	南京长安纯电动乘用车
6	33.79 kWh 动力电池系统	SC5027XXYDAABEV	河北长安纯电动专用车

七、合资合作及重大项目建设

二期产线将新建电池生产车间一栋，总建筑面积 2.6 万 m^2，并配套完成水电动力暖通等辅助设施建设。设备方面，项目拟购置工业机器人、合浆设备、挤压式涂布机、自动电极制造系统等设备。项目采用新一代工业互联网和全链条智能制造技术，实现生产制造智能化、过程管控智能化、数据采集智能化，打造工业化和信息化深度融合的智慧工厂。

二期生产线建设将把两化融合的互联互通作为重点建设的一部分，重点打造工业互联网平台和数字化智能车间，搭建企业数据中心，购置与应用集散式控制系统（DCS）、数据采集与视频监控系统（SCADA）、制造执行系统（MES）、高级排程系统（APS）、智能仓储系统（WMS）等工业控制系统及计算机辅助设计、工程、工艺规划、制造、产品数据管理、产品全生命周期管理等工业软件，实现智能制造技术与信息技术融合。

八、发展目标与规划

2019 年：一期项目满产运行、二期项目建成投产。2020—2022 年：新建 2 个 4 GWh 基地，跻身一线阵营，完成科学技术研发实验室、院士工作站、博士后工作站建设；公司进入行业前三名，布局全球客户，完成上市目标。2022 年之后：公司产能达到 20 GWh，销售收入达 200 亿元，净利润 30 亿元，市值 1 000 亿元。

九、2018 年 1—12 月企业在新能源汽车方面经济指标统计

填报单位名称	指标名称	单位	本期累计	同期累计	增长率（%）
江西安驰新能源科技有限公司	2018 年末资产总计	万元	83 361.32	69 318.29	20.26
	2018 全年完成投资额	万元	1 250	26 450	-95.27
	2018 年营业收入	万元	20 716.69	14 407.15	43.79
	2018 年利润总额	万元	1 027.08	964.37	6.5
	2018 年产品销售率	%	39.52	47.58	-16.94
	2018 年销售利润率	%	4.96	6.69	-25.86

航天钧和科技有限公司

一、单位概况

航天钧和科技有限公司隶属于中国运载火箭技术研究院第十八研究所，是以航天机电伺服驱动技术与储能技术为依托，研发、实验、生产、销售新能源汽车领域的相关产品。其中主要产品有电池管理系统（简称“BMS”）、动力电池系统、交流充电桩、直流充电桩。

二、经营情况

航天钧和科技有限公司 2016 年主营的动力电池系统销往各地经销商 6 000 余台，2017 年销售各类 PACK 1 000 余台，2018 年销售动力电池系统 500 余台。

三、产能建设

航天钧和科技有限公司拥有分选机、电焊机、测试机等设备，在新能源产品的生产上拥有国内一流的生产线，动力电池系统的产能更是大幅提高，年产能已达到 1 万台。

四、技术进展及研发能力建设

通过与高等学府、科研机构合作，提升技术水平与行业影响力，全面构建多领域多层次的动力电池研发体系，建立起规范化的、具有国内先进水平的动力电池系统开发试验基地，在引进消化国外先进技术的基础上，实现二次创新，着重于“功能安全”“模块轻量化”“高效热管理”等，软硬件设计方面采用三层架构，实现产品多向可扩展性，满足市场的多元化需求。打造专业的具有创新能力的科研队伍。用先进的技术装备武装，用现代化的管理工具和管理方法管理，使企业生产实现高度的自动化，生产效率达到国内先进水平。

五、主要产品

序号	产品名称	产品型号
1	40 kWh 动力电池系统	JH-EVHC-320125-01
2	25 kW 储能系统	JH-CN-12-380-01
3	50 kW 储能系统	JH-CNS-576V85AH-01

风帆有限责任公司

一、单位概况

风帆有限责任公司(以下简称“风帆”)为中国船舶重工集团动力股份有限公司全资子公司。风帆一直承担着国家小型军用电池的研发、生产任务,包括航空、装甲、坦克、海航等多系列产品,是东风猛士、北汽勇士战车等高端军车的独家配套企业。国庆35周年、50周年、60周年和纪念抗日战争胜利70周年“9·3”阅兵、建军90周年阅兵全部由风帆提供产品与服务保障。

风帆先后通过国军标 9001A—2001 和 ISO/TS 16949:2002 质量管理体系认证, ISO 14001 和 ISO 18001 环境和职业健康安全管理体系认证。拥有博士后工作站和行业内唯一的发改委、科技部双认定的国家级企业技术中心,被国家知识产权局确定为第三批国企事业知识产权试点单位,取得国家认可委(CNAS)颁发的“国家实验室”和“国防科技实验室”认可证书。

二、经营情况

2018年实现产值72.97亿元,营业收入首次突破百亿,达到101.69亿元,利润总额3.53亿元,截至2018年底,资产总额89.35亿元。

三、产品出口

汽车电池,2018年出口到东南亚、非洲、欧洲等地区,出口金额约2 500万元。

四、产能建设

风帆已经具备年产3 000万只(约1GWh)的数码类锂离子电池和小型动力电池的产能,动力电源分公司具有年产1.5GWh的动力电池和70万套48 V混动系统车载电源产能。

五、技术进展及研发能力建设

风帆拥有国家级企业技术中心,博士后科研工作站。是中国电池工业协会及中国化学与物理电源行业协会副理事长单位,是河北省动力电池工程技术研究中心管理运行单位。公司有省级以上高级人才13人,拥有有效专利178件。2018年,科研经费投入5 748万元,科研仪器设备投入1 130万元,有科研仪器设备439台(套),其中20万元以上科研仪器设备48台(套)。

风帆投入3亿余元建设汽车动力电源研发中心,研究内容囊括先进铅酸电池、锂离子电池、下一代锂电池、燃料电池,主要应用于汽车起动/起停/混动/纯电驱动、分布式储能和大规格储能,预计在2020年正式投入使用。

六、主要产品

序号	产品名称	产品型号
1	电芯	FC-N08-50G1M7-01SH
2	电芯	FC-N10-60G1M7-01SH
3	12VEV 起动电源	FS-F15-012030-00SS
4	12VICE 起停电源	FS-F14-012040-00SS
5	48VP0 混动电源	FS-N08-048008-00SM
6	48VP2 混动电源	FS-N10-048020-00SM

七、合资合作及重大项目建设

重大项目建设:动力型锂离子电池项目,汽车动力电源研发中心项目。

风帆与上海大学、大连化物所开展长期合作,主要研究动力锂离子电池技术及先进储能电池技术。

2015年,风帆与中国科学院大连化学物理研究所在北京正式签订战略合作协议,并一同为先进电池技术联合研发中心揭牌。

2016年风帆与上海大学签订《战略合作协议》,2017年公司与上海大学正式签署了《上海大学风帆动力电池系统工程技术创新中心合作协议》。

八、发展目标与规划

风帆是中国汽车起动/起停铅酸电池市场数一数二的产品供应商,以“建设成为中国第一、世界前列的创新型电源企业”为愿景,以着重车载低压电源和民用储能市场、兼顾纯电动交通工具(汽车、船艇)和军品电源为产品策略,规划在2023年成为中国第一、全球主力的车载低压电源厂商。

赣州市豪鹏科技有限公司

一、单位概况

赣州市豪鹏科技有限公司(以下简称“赣州豪鹏”)成立于2010年9月21日,主要股东成员有:厦门钨业股份有限公司、北汽新能源汽车股份有限公司、豪鹏国际集团。公司主营业务为废旧新能源汽车动力电池回收及梯次利用,废旧电池无害化和资源循环利用企业。是国内最早从事废旧二次电池回收及加工利用的国家级高新技术企业之一。2017年8月被工信部认定为首批国家级绿色工厂。2018年7月,工信部公告的首批5家符合《新能源汽车废旧动力蓄电池综合利用行业规范条件》企业之一,江西省新能源汽车动力蓄电池回收利用试点工作牵头企业。

赣州豪鹏利用股东优势,已初步构成动力电池回收闭合生态圈:生产电池(豪鹏国际)—汽车制造(北汽新能源)—电池回收利用(赣州豪鹏)—电池原材料制造(厦门钨业)——电池生产(豪鹏国际)。

面对未来，赣州豪鹏将以智能化＋绿色化＋尖端化＋现代化为新动能，发展成为国际一流的电池无害化处理企业，积极践行循环经济，为废旧新能源动力电池的回收利用作出积极的努力。

二、经营情况

赣州豪鹏在七余年的迅速发展中，一直围绕企业定位“专业、专注、专致”发展。积极开展了废旧动力电池的回收、拆解、梯次利用和再生利用技术研究。拥有专业的废旧电池回收处理团队、专业的废旧电池运输车辆和贮存仓库、拥有专业的回收处理生产线；专注于废旧电池回收市场开发、专注于废旧电池无害化处理技术研究，专注于为客户提供优质的绿色服务；专注于把废旧电池回收和无害化处理这一件事做好。

基于成熟的技术团队、自主的知识产权，标准化的信息管理手段，以顾客为关注焦点的服务，赣州豪鹏绿色回收无害化处理网络体系正在形成。

三、产能建设

赣州豪鹏一期项目2015年已建成投产，年回收处理废旧锂电池1万t。建设中的二期项目，预计2020年建成投产，届时将达到年回收处理废旧锂电池5万t，年产三元前驱体2万t，年产高性能碳酸钴粉4 000 t。

四、技术进展及研发能力建设

赣州豪鹏拥有一个市级企业技术中心，中心占地2 000 m^2，下设动力电池回收利用研究室、工艺技术研究室、工程检测室；全方面进行研究布局，遵循产学研用相结合原则，加快废旧动力电池无害化处理技术联合创新，搭建拥有自主知识产权的废旧动力电池全生命周期研究平台；中心设备先进、工艺技术要求严格、产品质量稳定、管理规范。赣州豪鹏参与制定、修订国家标准3项，行业标准2项，团体标准6项；形成自主知识产权44项，其中7项为核心发明专利，20余项为动力电池回收利用相关技术专利。

五、合资合作

2017年8月10日，厦门钨业股份有限公司向赣州豪鹏增资控股。至此，从股东结构分析，赣州豪鹏动力电池回收闭合生态圈已初步构成。

六、发展目标与规划

未来，赣州豪鹏将采用4＋5模式，专注于废旧电池回收利用。

（1）4项目标建设

智能化——利用机器互联、大数据处理实现精准化的智能生产，高标准的线上和线下监测/检测系统，保证品质。

绿色化——在现有绿色工厂基础上，不断升级用地集约化、原料无害化、生产洁净化、废物资源化、能源低碳化。

尖端化——通过建设国家级动力电池技术中心，省级检测中心，博士后流动站，形成一家持续掌握自主核心技术的科技企业。

现代化——用最新的技术装备武装，用现代化的管理工具和管理方法来管理，使企业生产实现高度的自动化，使企业劳动生产率达到国内先进水平。形成产权清晰、权责明确、管理科学的现代化企业。

（2）5个基地建设

废旧动力电池回收利用循环基地、再生钴镍锰锂金属循环利用基地、废旧动力电池梯次利用基地、高性能电池材料生产基地、废旧电池固废处理基地。

浙江华友循环科技有限公司

一、单位概况

华友钴业股票代码603799成立于2002年，总部位于浙江桐乡经济开发区，是一家专注于锂电新能源材料制造、钴新材料深加工，以及钴、铜有色金属采、选、冶的高新技术企业。2018年华友钴业钴产品产量在国内市场份额超过40%，全球市场份额达到20%；集团已形成“华友资源”、“华友有色”“华友新能源材料”和“华友循环”四大产业板块。为打造动力蓄电池全生命周期价值链，华友钴业高瞻远瞩提前布局，打造了华友钴业循环板块，以衢州华友钴新材料有限公司（以下简称“衢州华友”）为再生利用载体、浙江华友循环科技有限公司（以下简称“华友循环”）为回收综合利用平台，面向全国乃至全球规划布局废旧动力蓄电池回收体系，打造世界一流回收生态链。2018年9月，衢州华友入选工信部《新能源汽车废旧动力蓄电池综合利用行业规范条件》企业名单（第一批），正式进入废旧动力蓄电池回收利用行业，在国内实现“矿山冶炼”和“再生材料”分离生产。

华友循环成立于2017年3月，是华友钴业的全资子公司。公司专业从事新能源汽车废旧动力蓄电池的回收利用，业务包括废旧动力蓄电池的回收、梯次利用研究及推广、无害化物理拆解及自动化研究、关键材料的高效提取、再生技术研究推广等。

华友循环在废旧动力蓄电池的自动化拆解、环保预处理、镍钴锰锂的高效提取，以及资源综合利用等方面技术创新，并拥有多项成果在实践中应用。同时拥有完善的回收体系、精准的溯源系统、先进的智能制造、安全的监控防护、绿色的环保生产、一体化的解决方案，致力打造行业标杆。

二、经营情况

2018年华友钴业总营业额144.5亿元，钴产品约2.5万t。主要客户包括CATL，LGC、三星、大众、奔驰、宝马、比亚迪、吉利、沃尔沃等国内外知名汽车生产企业和电池生产企业。

积极参与各省市《新能源汽车废旧动力蓄电池回收利用试点工作》，其中“梯次利用储充电站建设”和“回收体系构建”同时入选《京津冀地区新能源汽车动力蓄电池回收利用试点示范项目》。核心参与浙江省、广东省和江苏省的《新能源汽车动力蓄电池回收利用试点工作》。

三、产能建设

已实现矿山材料与再生材料分离、独立冶炼生产。其中,再生利用专线处理能力(电池包)6.5 万 t/年;原有“矿山和再生材料”共用生产线处理能力 3.8 万 t 钴金属量(折合电池包)100 万 t/年。

四、技术进展及研发能力建设

已建成300多人的科研技术团队,在废旧动力蓄电池回收利用各方面开发了相应的独有技术:

1. 开发了自动化柔性拆解和基于污染物及多组元形态定向调控的全湿法分选技术,实现安全高效、绿色环保的预处理工艺,有效解决行业现状存在的迫切问题。

2. 开发了基于微环境反应调控和多金属选择性提取分离的短程化绿色冶金技术,实现了废旧动力电池中多种稀有金属元素的高效分离和清洁生产。在解决“废旧动力蓄电池再生利用”方面完全具备产业技术基础,为华友循环提供坚实的技术储备。

3. 开发了储充一体化储能系统、电池包级别和模组级别的三元梯次电池铁塔备电产品、叉车和低速车的梯次产品替代铅酸电池。

4. 自动化生产线已投入使用,打造了示范性的安全仓储和自动化拆解生产线。

5. 生产过程实现废水、废渣的资源综合化利用,积极践行“两山”理念。

近年来,积极贯彻国家“生态文明”建设的国策方针,公司在绿色、环保制造和技术上得到了国家和有关部委、省市的高度认可;同时,也为行业提供完善、领先的解决方案。

五、合资合作

2018 年华友循环与世界 500 强企业韩国 LGC、POSCO 联手分别合作建立前驱体合资公司和正极材料合资公司,2019 年成功收购正极材料生产公司巴莫科技有限公司,为产业一体化实现产业闭环打下良好基础。

六、发展目标与规划

打造一流回收生态、树立行业标杆、建立行业标准。

国内

1. 回收网点建设:与产业链相关企业在全国新能源汽车推广较好的城市,共建共享回收服务网点。

2. 物理拆解中心:计划在华北、华南、西南布局物理拆解中心,实现就近拆解处理,减少长途运输并降低安全风险。

海外

1. 已收购韩国 TMC,布局海外废旧动力电池回收。

2. 计划在印尼和欧洲筹建循环产业基地,布局海外回收体系。

中天鸿锂清源股份有限公司

一、单位概况

中天鸿锂清源股份有限公司(以下简称“中天鸿锂”)是由江西云锂与广州天赐(股票代码 002709)于 2017 年 3 月 8 日携手创立的一家专注于废旧锂电池的回收拆解、梯次利用与再生利用的公司,已建设完成年处理 2 万 t 废旧锂电池回收综合利用的项目。

中天鸿锂已形成绿色智能锂生态链:回收——网点覆盖广;拆解——先进的智能自动化拆解工艺;梯次——小动力电池组储能产品;再生——钴、镍、铜、铝、钛等贵金属回收。建成了一条自动化程度高的动力蓄电池包的智能自动化拆解生产线。

二、经营情况

1. 构建回收平台,抢滩动力电池回收

中天鸿锂与第三方企业达成战略合作关系,建立和布局动力电池回收网点。合作的企业有上汽通用五菱、广汽研究院、广州公交集团、孚能科技及上海卡耐新能源等,通过与汽车拆解企业、汽车4S 店、汽车修理店、新能源汽车企业、动力电池企业等第三方的合作,成为掘金动力电池回收蓝海的先行者之一。

2. 自主研发高举创新科技大旗

中天鸿锂研发团队实力雄厚,在技术研发方面,公司建立了企业级的“工程技术中心”、“动力电池回收技术研究院”和“研究生实践基地”等技术创新平台;取得了全国工商联“院士专家技术服务站”的授牌。2019 年 5 月,中天鸿锂电池回收技术研究院荣获“全国低碳工程实验室”和“全国低碳工程技术中心”。

中天鸿锂坚持产学研结合技术路线,与北京清华同方股份公司合作大数据平台建设开发、运营管理及大数据增值业务开发;与清华大学苏州汽车研究院张家港国家再制造产业研究院达成战略合作;申报了 3 个发明专利和 10 多个实用新型专利,取得了 1 个专利和 8 个实用新型专利的授权;参与了动力电池回收和梯次利用的 4 个行业团体标准和 2 个动力电池回收和梯次利用装备设备标准的起草和牵头起草工作;在梯次利用技术研究和产品开发梯次利用产品检测技术、档次利用产品市场开发上开展全方位的合作。

3. 敢为天下先,“以租代售”开创商业新模式

中天鸿锂旗下的“中天动力”品牌,开创“以租代售”的梯次利用新商业模式,即通过出租而非出售的方式,先向客户收取一部分押金,然后每个月收取一定租金,一是可以尽可能延长电池使用年限,二是可以平衡用户采购成本高的问题,三是梯级利用完后还可以再冶炼回收原材料。“中天动力”以极高性价比吸引广大用户采用,租赁服务已经在北京、广东、广西、江西、江苏、浙江、上海、山东、湖南等省市打开了市场。中天动力电池包在电池模组中创新性的安装有 GPS/北斗和 GPRS/4G/NB-IOT 等动态检测和监控装置,增加互联网功能,提供查询电量、定位等服务,增加用户体验。2019年,中天鸿锂将深化模式,开发物联网相关技术,如开发“指纹”“刷脸’等生物识别新技术等;在电商发达、快递最后一公里需求强劲的一线大城市,专门开发了定制的“换电模

式”，使充电智能化、安全化，快速化，解决城市中充电不安全问题。2018 年中天鸿锂获得了中国再生资源回收利用“百强企业”的称号、摘得了高工锂电的技术创新企业的金球奖。

4. 绿色循环持续再生，中天鸿锂铸建中国城市锂资源矿山

对不能梯次利用的退役动力电池，公司成立了企业级的动力蓄电池材料回收技术研发中心，建设有废旧锂电池的回收分选研究室、改性再生研究室、梯级循环利用研究室，将废旧锂电池进行拆解再生，通过物理法回收技术将电池中的 7 种原材料（废正极粉、废负极粉、铝箔、铜箔粉、电解液、隔膜、电池壳体等）全组分自动精确分离和收集，按电池整体重量算，回收率高达 90% 以上。废旧锂电池的再生修复利用，让整个产业链真正实现绿色、环保、循环可持续发展。

5. “互联网 + 物联网”启航电池梯次利用智慧溯源

基于“互联网 + 物联网”技术，搭建能源互联网与产业互联网多网融合产业协作平台，提供末端电动两轮车与三轮车安全用电与出行解决方案，共同打造智慧社区与智慧城市网络。2019 年 7 月，中天鸿锂与深圳云动未来科技有限公司在广州签署战略合作协议。双方具体达成在全国范围内的充换电运营合作，尤其针对电动自行车动力电池管理运营及电池后续回收利用方面。依托智能 BMS 跟物联网模块等动态检测监控装置的创新型动力电池，提供了动力电池在线管理运营服务，打造 F2C2F 模式的电池物联网云平台，以数据驱动产业的闭环升级，提高社会资源的利用率，满足电动自行车高频用户，提供“专业、可靠、高效”的服务来服务民众。

此次强强联合，云动未来科技与中天鸿锂将凭借专业的物联网技术与深厚的行业发展底蕴，整合各自资源，优势互补，共同推进电动自行车电池的互联网共享租赁方式落地和商业模式的创新，加速物联网产业的落地和升级。

6. 研发智能拆解装置，科创重大环保技术

中天鸿锂自主研发废旧动力电池智能自动化拆解生产线，生产线基于全流程数据管控的 MES 系统，结合智能化柔性运动控制单元，配合多任务执行机构工作站，以及快换的机械手，CCD 影像识别与运动定位引导，保证智能拆解装备的可靠运行。工业化产线智能处理的方式，把原来以人工拆解为主的处理方式变成产线规模化处理，实现对电池无害化及资源化处理，创新了退役动力电池拆解装备标准化模式，解决退役动力电池规模化拆解，解决梯次利用产业化基础问题，以智能装备的开发和智能流水线化生产，解除对电池处理再次污染的担忧，保证效率、效益的实现。

三、产能建设

中天鸿锂已建设完成的“年处理 2 万 t 废旧锂电池回收综合利用项目”，总投资达 1.25 亿元，达产达标后，可年处理 2 万 t 废旧锂电池，年产 5 万组锂电池组、4 000 t 三元材料电池电极片、2 000 t 磷酸铁锂电池电极片、2 000 t 锰酸锂电池电极片，年产值达 4 亿元以上，贡献税收约 0.15 亿元。

四、技术进展及研发能力建设

中天鸿锂成立了动力蓄电池材料回收技术研发中心，依托并规划建设有新能源材料院士工作站、新材料工程技术研究中心、企业技术中心和研究生创新实践基地等创新平台。建筑面积 1 800 m^2，建设有废旧锂电池的回收分选研究室、改性再生研究室、梯级循环利用研究室。中心设备先进、工艺技术要求严格、产品质量稳定、管理规范。申报了 3 个发明专利和 10 多个实用新型专利，取得了 8 个实用新型专利的授权；参与了动力电池回收和梯次利用的 4 个行业团体标准和 2 个动力电池回收和梯次利用装备设备标准的起草和牵头起草工作，加入了“中国再生资源回收利用协会”；取得了全国工商联“院士专家技术服务站”的授牌。

五、主要产品

序号	产品名称	产品型号	产品应用
1	低速二轮车锂电池	4850RT1	美团外卖、饿了么
2	快递三轮车用动力电池组	6032RT3	顺风、京东、申通、圆通
3	旅游观光车用动力电池组	72220T1	福建莆田旅游
4	环卫清扫车用动力电池组	60120T1	湖南亿洁

六、合资合作及重大项目建设

2019 年 6 月，在退役动力电池梯次利用方式，分别与中国铁塔、中再生达成战略合作。

2019 年 7 月与云动未来科技达成战略合作协议，搭建能源互联网与产业互联网多网融合产业协作平台，提供末端电动两轮车与三轮车安全用电与出行解决方案，共同打造智慧社区与智慧城市网络。

七、发展目标与规划

中天鸿锂专注于动力电池的回收和梯次利用。未来，将围绕以下六大板块深化建设中天鸿锂绿色锂链条。

1. 大动力电池事业部；
2. 小动力电池事业部；
3. 储能产品事业部；
4. 动力电池拆解事业部；
5. 动力电池回收技术研究院；
6. 租赁运营管理中心。

湖南长远锂科股份有限公司

一、单位概况

湖南长远锂科股份有限公司（以下简称“长远锂科”）成立于 2002 年，是中国五矿集团直管单位，中央企业电动汽车联盟成员企业。公司主要从事高效电池材料的研究与生产，拥有锂电多元材料前驱体和多元锂电正极材料完整产品体

系。长远锂科全资子公司金驰能源材料有限公司（以下简称“金驰能源”）于2018年3月开始切入废旧动力蓄电池回收利用领域；2019年4月，建成免放电清洁安全年处理5 000 t废旧动力蓄电池的拆解示范线；2019年4月，成为湖南省新能源汽车动力蓄电池回收利用试点单位。

长远锂科利用中国五矿集团内部拥有相互配套的锂、镍、钴、锰 产业集群，依托长沙矿冶研究院有限责任公司及自身新材料技术研发力量，建立了从基础研究到产业转化的完整研发与运营体系，已初步构成“资源　材料　器件—回收利用”的循环产业链。

二、经营情况

长远锂科作为中国五矿成员企业，借助集团公司镍、钴、锰、锂等资源长远保障优势和全产业链优势，坚持品质，集聚人才，专注研发，以最好的技术，做最好的产品，推动整个企业、整个行业的发展，致力于成为全球技术领先、品质优良、价格最优、受行业尊敬的一流锂电池材料供应商。长远锂科产品具有电性能优异、电池安全性好、振实密度高、加工性能优良、品质稳定等特点，代表了高性能锂离子电池正极材料的发展方向，动力三元、高镍材料在行业内享誉盛名。

废旧动力蓄电池资源循环利用业务作为五矿集团新能源板块的配套，是集团打造新千亿计划的关键一环，金驰能源作为湖南省新能源汽车动力蓄电池回收利用试点企业，将以重点建设项目为抓手，稳步推进试点工作，着力解决动力蓄电池高效再生利用瓶颈问题，努力成为行业标杆企业，为试点工作起到示范作用。

三、产能建设

长远锂科拥有麓谷基地和铜官基地两个生产基地，拥有3万t/年的前驱体、4.5万t/年的正极材料产能，预计2022年正极材料总产能将达到1.25万t/年。公司于2019年建成投产一条年处理5 000 t废旧动力蓄电池示范生产线，规划将于2020年启动年处理10万t废旧动力蓄电池项目，预计2025年将达到年回收处理废旧动力蓄电池10万t。

四、技术进展及研发能力建设

长远锂科是致力于锂离子电池正极材料及前驱体研发的高新技术企业，以技术研究院为研发平台，建有动力电池正极材料制备湖南省工程实验室科研创新中心，拥有麓谷和铜官两大研发和中试基地。技术研究院博士研究生和硕士研究生占60%以上，部分拥有国外研究经历。长期特聘海外电池和材料专家提供技术咨询。公司拥有三元、NCA、钴酸锂、锰酸锂及前驱体等材料的授权专利，为公司生产经营和合作伙伴提供技术支持与服务。

围绕废旧动力电池拆解分选与资源回收过程中的关键共性难题，开展废旧动力电池安全拆解与高效分选、电极废料短流程高值化清洁利用等关键技术与装备的研发工作，研发出废旧动力电池安全拆解与清洁回收短流程湿法处理技术，借助能量耦合与资源循环的手段，解决了锂电领域的“资源保障”与环保高效回收的瓶颈问题，与现有市场一般工艺相比，在电池拆解与湿法提取都存在明显技术优势，建成了免放电清洁安全拆解示范线，避免了放电过程污染严重、安全风险大的问题，采用保护气下的免放电直接拆解，大幅提高生产效率；同时采用先进的RTO焚烧技术，彻底解决有机废气二次污染问题。实现了有价金属的“资源—材料—器件—回收利用”闭路循环，开发出的选择性优先提取技术，将锂的回收率从75%提高至90%以上，开发的短流程梯度耦合分离技术，获得的镍钴锰溶液满足前驱体的生产要求，实现了有价金属的闭路循环。

五、主要产品

序号	产品名称	产品型号	产品应用
1	钴酸锂	LC205A、LC216、LC218、LC210	作为锂离子电池的正极材料，此类锂电池主要用于3C数码产品，此类产品电化学性能优越，比容量高
2	三元正极（镍钴锰酸锂、镍钴铝酸锂）	LY305V、LY306V、LY306S、LY318S、LY366S	作为锂离子电池的正极材料，此类锂电池具有比容量高，高电压，成本低等优点，是新能源汽车（特别是乘用车）用锂电池的首选
3	三元前驱体（氢氧化镍钴锰、氢氧化镍钴铝）	203、303、503、703、603Z、A2/A3、906	用于制备三元正极材料。三元前驱体与碳酸锂按一定比例混合，进行烧结后就是三元正极材料
4	球镍（氢氧化镍钴锌）	Y5、Y6、YL9、Y8	作为镍氢电池的正极材料。此类电池安全性较好，也更环保

六、合资合作及重大项目建设

2018年10月，长远锂科引进深圳安晏投资合伙企业（有限合伙）等11家外部战略投资机构，并与上汽、北汽、华能等终端应用客户建立股权纽带联系，有助于进一步进行广泛的战略协同，2019年4月，长远锂科进行股份制改革，长远锂科股份有限公司成立。

长远锂科新建设的金驰能源铜官基地2+1项目，计划实现车用锂电三元正极材料2万t，以及前驱体1万t，计划总投资金额29亿元，项目于2017年7月启动，2018年底部分实现，计划2019年8月全部交付，满产优化产能可达4.5万t。公司规划建设车用锂电正极材料扩产项目，计划实现年产车用锂电多元正极材料8万t，计划总投资金额77亿元，2019年启动建设。公司新建设的废旧电池循环利用示范生产线项目，年处理废旧动力电池5 000 t，项目总投资金额2 824万元，项目于2018年3月启动，2019年4月完成项目建设进入调试试生产。

七、发展目标与规划

未来，长远锂科的目标是成为高端正极材料市场的绝对龙头，并积极践行循环经济，致力于成为废旧动力蓄电池回收利用领域的龙头企业。

（1）近期：2019—2020，巩固现有优势，对接资本市场，实现50亿元以上销售额，成为高端正极材料市场龙头；完成前驱体/正极材扩产，正极材料成为绝对龙头；实现股权多元化，对接资本市场；培育电池回收再造业务，择机产业化；加大固态电池等新体系电池及材料研发；把握产业链重构机会，择机收购优质材料端企业。

（2）中期：2025 年左右，开展产业链整合布局，确立体系化优势，实现 500 亿元销售额和千亿元市值，成为全球领先的新能源电池材料产业运营商；电池回收再造领域成为龙头企业；通过新体系电池及材料研发，成为国际领先的电池材料企业；通过多种方式，开展卓有成效的产业链整合，切入产业链各领域，构筑产业生态圈。

长沙矿冶研究院有限责任公司

一、单位概况

长沙矿冶研究院有限责任公司（以下简称“长沙矿冶院”）始建于 1955 年，曾先后隶属于中国科学院、国防科工委、冶金工业部，1999 年转制为中央直属大型科技企业，2003 年开始由国务院国资委直接管理，2009 年成为中国五矿集团有限公司（以下简称“中国五矿”）的直管科研单位。拥有国家金属矿产资源综合利用工程技术研究中心、深海矿产资源开发利用技术国家重点实验室等国家及省部级研发平台 13 个。

作为国家金属资源开发利用重大创新基地，长沙矿冶院自建院以来一直是国家金属矿产资源开发利用科技计划项目的主要承担单位，取得国家及省部级科技成果 1 200 余项，为行业技术进步作出了突出贡献。践行国家海洋战略 30 年，先后成功开展我国首次深海输运试验和海底采矿试验，掌握了深海矿产资源开发利用核心技术，跻身国际先进行列。

作为中央企业电动车产业联盟成员单位，专业从事新能源材料研究开发 30 年，形成了完整的“基础研究—技术开发—中试孵化—产业转化—龙头示范”创新创业链，以“一院二园一基地一基金”（长沙新能源材料工业技术研究院、中国五矿麓山科技创新园、中国五矿麓谷科技产业园、中国五矿国家新能源材料产业基地、新能源材料双创基金）为建设内容，与长沙市人民政府共建“中国五矿新能源材料双创示范基地”，聚集全球高端人才和领军人物，吸引国内外创新企业，打造全球最重要的新能源材料科技协同创新平台。

长沙矿冶院坚持“技术研发、产业孵化、成果转移”创新发展模式，经过 60 余年的改革发展，培养造就了以余永富、刘宝琛院士为首的一大批科技创新人才，荣获“中国十大科技成就”“国家科学技术进步奖特等奖”等国家及省部级科技成果奖励 500 多项，孵化了以金瑞科技（现更名为五矿资本，股票代码 600390）、惠同新材（股票代码 833751）、长远锂科、金驰材料、金炉科技等公司为代表的高新技术企业集群，为集团公司打造“世界一流的金属矿产企业集团”提供强有力的科技支撑。

二、经营情况

长沙矿冶院近年来以战略定位调整和管理变革为主线，推进落实各项重大战略举措，巩固提升传统优势业务，大力拓展战略性新兴业务，全院经营业绩快速提升并达到历史最好水平，科研与产业发展呈现稳中有进、进中向好的良好态势。

2018 年度，一大批重大科技项目、产业建设项目取得圆满成功，业务发展、能力建设和企业化转型稳步推进，全年经营业绩再创新高，营业收入、科技业务收入、归母净利润等主要指标均同步大幅增长，发展质量大幅提升。2018 年，全年实现营业收入 16.5 亿元，较 2017 年增长 29%；实现利润总额 2 亿元，较 2017 年增长 35%；资产总额 50.2 亿元（其中股权投资 26 亿元），资产负债率 35%。

三、产能建设

长沙矿冶院以传统优势专业有色金属选矿冶金技术为基础，以 1992 年承担国家“863”计划项目镍氢电池正极材料研发为契机，进入新能源电池材料研发领域，是动力电池材料领域最重要的技术创新源与产品供应商。2013—2015 年发展规划更是进一步布局了“原料提纯—前驱体—正极材料—动力电池—废旧动力电池回收”的产业链发展战略，到 2025 年正极材料产能达到 10 万 t，镍钴锂原料的需求量分别达到 3 万 t、1.2 万 t、0.72 万 t，废旧动力电池的回收业务将为全产业链提供稳定的原料保障。

多年的多金属复杂矿选冶技术积累为处理配方繁杂多变的电池体系提供了技术保障和持续开发能力，对报废动力电池的资源化回收处理技术已有扎实的技术储备。2018 年底建成的 5 000 t 级废旧动力电池示范生产线，为电池回收业务提供了有利条件。梯次利用方面，已建成两套 1.5MWh 分布式储能示范线，开始运营。后续将在湖南、江苏以及五矿内部推广应用。

依托自身产业配套优势，择机开展铜仁金瑞年产 3 万 t 锰酸锂生产线建设项目，拓展产业链条，打造创新、绿色、高端、现代化的锰基新材料产业基地。大力推动实现石墨烯制备、硅石墨烯负极材料、硅碳负极材料等产品的研发及产业化。

建立从基础研究到产业转化的完整研发与运营体系，形成“资源—材料—器件—回收利用”一体的新能源化循环产业链，贯通上下游“新动力板块”，并实现绿色、高质量发展转型。

四、技术进展及研发能力建设

2018 年度申请专利 114 项，其中发明专利 62 项，年增长率达 192%；获授权专利 62 项，其中发明专利 30 项。获省部级科技进步一等奖 2 项，五矿集团公司科技进步奖一等奖 1 项、二等奖 1 项，五矿集团公司科技协同奖 1 项。组织起草的 11 项国家及行业标准正式批准颁布，扩大了长沙矿冶院行业影响力。顺利承办“长沙—长沙矿冶院政产学研用对接活动”，对长沙矿冶院最新科技成果进行推介，受到政府部门与业界的高度评价，促进了科技成果转化，扩大了行业影响力。

在回收有价金属等新技术方面，实现了废旧三元锂离子电池中锂/镍/钴/铜/锰等有价金属的全回收，完成了百公斤级的扩大试验，相关研究成果已申请10项国家发明专利和PCT国际专利优先权，其中已授权发明专利3项。

五、合资合作及重大项目建设

作为主责单位，推进实施车用锂电正极材料产业化和环保技改项目（“2+1”项目），建成产线规模为2万t车用锂电正极材料/年和1万t前驱体/年；该项目如期实现带料调试，生产出合格产品，并于2018年12月28日举办投产仪式。

与德国逆向物流有限公司（RLG）签订合作协议，借助RLG端到端管理和逆向物流供应链集成能力，共同打造新能源废旧电池回收网络体系，提供价值提升综合性解决方案，打造具有市场影响力、覆盖全国新能源汽车退役动力电池的回收网络体系。

在湖南省工业和信息化厅指导下，由长沙矿冶研究院、铁塔能源有限公司湖南省分公司、中车时代电动汽车有限公司共同发起的“湖南省新能源汽车动力蓄电池回收利用产业联盟”成立，长沙矿冶院任联盟第一届理事会理事长单位，积极地促进了湖南省动力蓄电池回收利用产业的发展，推动了湖南省新能源汽车动力蓄电池回收利用试点工作广泛开展。

六、发展目标与规划

继续调整各主要业务领域的战略布局，创新发展迈上新台阶。努力实现传统冶金矿业工程技术领域的整合提升及锰系产业的充分挖潜；在环保工程、海洋矿产资源开发利用、新能源材料与器件、废旧（退役）动力电池回收利用等领域进行布局，业务培育取得较大突破，中央研究院建设和双创示范基地建设有序推进，创新引领作用与成效初步显现。2019年度，计划实现营业收入的基本目标为18亿元；利润总额基本目标为2亿元。

退役动力电池回收网络平台建设方面，以长沙矿冶院为依托，借助欧洲成熟技术合作建立适合中国本土化的回收网络体系企业，到2025年实现回收网络企业业务覆盖全国，形成全国性的回收、交易、物流平台，回收资源控制量达到30%以上。

深圳市斯诺实业发展有限公司

一、单位概况

深圳市斯诺实业发展有限公司成立于2002年，为国民技术（股票代码300077）控股子公司。总部位于深圳市南山区高新科技园区，是一家专业从事锂离子电池负极材料研发、生产、销售和服务于一体的国家高新技术企业。

深圳市斯诺实业发展有限公司始终致力于人造石墨负极材料的研究与应用，在石墨整形和造孔及表面改性方面具有多项核心技术，拥有50多项自主知识产权，具有行业前沿技术的开发和转换能力。尤其在新能源汽车锂离子动力电池负极材料方面，具有独特的生产工艺技术以保证产品良好的一致性。深圳市斯诺实业发展有限公司先后开发的多款负极材料产品广泛应用于电动汽车领域，市场地位处于国内领先水平，产品同时也通过IATF 16949、ISO 9001、ISO 14001、OHSAS 18001等体系标准认证。

二、经营情况

随着新能源产业蓬勃发展、智能电网、储能电站等产业新热点迅速推广及其他领域对高性能新能源的旺盛需求，国内新能源产业具备发展机遇，但同时由于复杂经济环境影响，新能源产业也面临巨大挑战。受2018年宏观经济环境及资金政策影响，深圳市斯诺实业发展有限公司主要利润增长点内蒙古呼和浩特石墨化项目建设进程延后。

深圳市斯诺实业发展有限公司销售模式为以销定产，不断优化公司客户结构，根据不同产品细分领域，有针对性地开拓下游领域的优质客户、平衡动力和3C领域的产品出货量。主要合作客户有天津力神、合肥国轩、沃泰通、广东天劲、格林德、多氟多、塔菲尔、孚能、优特利、沃特玛和哈光宇等11家电池企业。

三、产能建设

深圳市斯诺实业发展有限公司下辖5家全资子公司和两家分公司，现具备年产5万t负极材料的能力，综合实力位于行业前列水平。

四、技术进展及研发能力建设

深圳市斯诺实业发展有限公司设有研发中心、江西中试基地、内蒙古石墨化及负极生产基地，现具有专职研发人员40多人，均为本科以上学历，专业涵盖材料学、电化学、物理学、机械制造等，形成了一支多学科有机互补、专业搭配合理的研发队伍。研发中心同时与国内多家高校和科研院所建立了产学研和技术合作，在自主研发的同时开展校企合作，通过对石墨负极材料基础研究和产品应用研究，持续提升公司锂离子电池负极材料研发与制造水平。斯诺实业对高容量、长循环硅碳复合材料负极保持持续投入和跟踪，对关键工艺特性的技术进行研发储备并形成相应的专利和技术成果。优化现有高能量密度高倍率消费类和动力类负极材料、高性价比动力类负极材料的生产和应用，改进性产品在市场正逐步获得客户的认可。

五、主要产品

序号	产品名称	产品型号	产品应用
1	人造石墨	MAG-4CG	3C、储能
2	人造石墨	MAG-09	3C、EV
3	人造石墨	MAG-10	3C、EV
4	人造石墨	MAG-09D	3C、EV
5	人造石墨	MAG-106	3C、EV、储能
6	人造石墨	MAG-507	3C
7	人造石墨	SN-P7	3C
8	人造石墨	SN-H01/SN-P2F	EV、储能
9	人造石墨	SN-SF2	EV、储能
10	人造石墨	MAG-09G	EV、储能

续上表

序号	产品名称	产品型号	产品应用
11	人造石墨	SN-4D/SN-4D-1	EV、储能
12	人造石墨	SN-P2H/MAG-P2A	航模/无人机/电动工具/电子烟

六、合资合作及重大项目建设

2018年10月,深圳市斯诺实业发展有限公司在内蒙古地区投资建设石墨化生产基地正式投产,该生产基地拥有国内排名前列的负极材料石墨化窑炉,加工技术成熟,具备1.6万t/年石墨化生产能力,不仅可以公司自身人造石墨负极材料的生产需求,也可为行业其他负极材料企业和电极生产企业提供石墨化加工服务。

七、发展目标与规划

未来,深圳市斯诺实业发展有限公司除开发人造石墨类的高端负极材料外,将拓展到以硅碳复合材料为代表的高能量密度新型负极材料,以硬碳、碳纤维为代表的高倍率型碳负极材料,以石墨烯、碳纳米管为代表的高端导电添加剂,以及高性能的针状焦、沥青焦和石油焦原材料等。

斯诺实业产品以动力型人造石墨为主,随着未来几年,中国锂离子电池市场主要受动力电池市场增长带动,公司的动力型人造石墨的市场占比将会逐渐提高。争取2020年负极销量及市场占比达到14.04%。

北京亿华通科技股份有限公司

一、单位概况

北京亿华通科技股份有限公司是一家专注于氢燃料电池发动机系统研发及产业化的高新技术企业,致力于成为世界领先的氢燃料电池发动机供应商。北京亿华通科技股份有限公司具备自主核心知识产权,率先实现了发动机系统及燃料电池电堆的批量国产化,产品主要应用于客车、物流车等商用车型。北京亿华通科技股份有限公司曾先后承担多项国家高技术研究发展计划("863"计划)项目、科技部国家重点研发计划项目,以及北京市科委项目等燃料电池领域重大专项课题,历经了中国燃料电池产业从技术研发为主向示范运营和产业化推进的重要转变。

北京亿华通科技股份有限公司与国内知名的商用车企业如宇通客车、北汽福田、中通客车、苏州金龙及申龙客车等建立了深入的合作关系。搭载北京亿华通科技股份有限公司发动机系统的燃料电池客车先后在北京、张家口、郑州、上海、苏州等地上线运营。

二、经营情况

2018年度,北京亿华通科技股份有限公司共计实现燃料电池发动机系统销售303套,实现主营业务收入36 833.69万元,在国内率先开启了氢燃料电池发动机批量商业化的进程。

三、产能建设

已具备2 000台/年的生产能力,建设年产能8 000台燃料电池发动机系统自动化生产线。

四、技术进展及研发能力建设

在技术创新方面,北京亿华通科技股份有限公司一直以来坚持正向开发策略,采取由表及里的纵向开发模式,已完成从燃料电池发动机系统研发到核心电堆研发的突破。北京亿华通科技股份有限公司坚持自主创新,与清华大学、华东理工大学等高校院所开展基础研发合作,依托在北京、上海的研发中心进行产品迭代开发,最新一代的产品关键性能已接近国际先进水平。北京亿华通科技股份有限公司加强国际合作与交流,积极与丰田汽车等燃料电池领域内的国际领先企业开展业务与技术合作,交流和吸收国外先进技术及理念,从而保证产品技术的先进性。

采取了有效措施提升人才队伍规模和高质量人才培养与引进。建立了院士工作站、重点实验室、工程技术中心和社会实践基地等研发创新平台,引进了大批燃料电池领域内的研发、技术和生产人才,并通过承接国家重大课题、高校产学研合作、参与国家标准制定和企业自身的持续研发等为该等人才后续培养提供了良好的土壤,进而储备了一批拥有专业能力和丰富经验的技术、研发和生产团队。北京亿华通科技股份有限公司员工人数自2016年末的233人扩大至2018年末474人,其中研发团队规模自70人扩大至132人,研发人员中硕士以上学历占比从35.71%增长至43.18%。

五、主要产品

序号	产品名称	产品型号	产品应用
1	30/40 kW 氢燃料电池发动机	YHTG30/40	9 m级客车
2	60/80 kW 氢燃料电池发动机	YHTG60/80	12 m级客车

六、发展目标与规划

1. 技术创新规划

将继续坚持正向开发策略,层层深入继续布局膜电极等燃料电池核心部件,通过自主创新与国际合作相结合,保证前瞻、在研、应用三代产品同步推进,围绕燃料电池发动机系统低温环境适应性、耐久性、可靠性、效率、安全性、成本六大设计指标开展研发活动。

探索新工艺、新材料、新构型,不断提升功率密度;提升测试能力,验证车用极限条件下的耐受性及保护策略,不断提升安全性;加强落实全面质量管理,根绝缺陷源头,不断提升可靠性;提升材料寿命,优化控制策略,不断提升耐久性;增强模块复用性,精简零件数量,不断降低成本。

2. 市场推广规划

结合现阶段燃料电池产业的发展情况和我国氢能资源分布,制定了“点—线—面”的燃料电池市场推广发展战略。

“点”:在北京、张家口、上海、郑州、成都、苏州、滨州等燃料电池产业资源或氢能资源丰富的城市,积极布局氢能产业落地和燃料电池汽车示范运营。

“线”:以核心城市为中心,拓展直线距离500 km内的燃料电池汽车推广城市,形成“点—线”辐射的推广布局。

“面”:以大规模制氢技术突破为契机,利用前期已推广城市、城间管网为纽带,建设我国氢能产业大区域,从而实现“点—线—面”战略。

3. 人才发展规划

人才是企业持续发展的基础和保障,将在强化内部人才培养、加快引进外部人才和完善人才激励机制3方面开展公司人才战略,打造一支能够适应燃料电池产业竞争和公司发展需求的人才队伍。

强化内部人才培养:优化公司内部人才结构,完善公司内部员工培养和发展体制,深挖员工潜力,通过理论与实践相结合,加大能力培训的广度和深度,不断拓宽专业技术人员的业务能力和水平,在公司内部发现、培养一批高技能、高素质专业人才,推动人才全面发展。

加快引进外部人才:依托清华大学等高校资源,每年引进多名燃料电池学科毕业的硕士、博士生,为企业研发团队增加新鲜血液。同时多渠道引进高素质的经营管理人才和专业素质过硬的技术人才,推动人才结构战略性调整。除提供有竞争力的薪酬之外,制定科学合理的高端人才认定标准和职业发展通道,为高端人才的引进营造良好的发展环境。

完善人才激励机制:完善岗位价值评估体系,最大限度地满足不同层次的人才需求。进一步完善股权激励、员工持股,不断提升企业的凝聚力和创新精神,实现公司利益和员工利益的长久共赢。

七、2018年1—12月企业在新能源汽车方面经济指标统计

填报单位名称	指标名称	单位	本期累计
北京亿华通科技股份有限公司	2018年末资产总计	万元	120 439.76
	2018全年完成投资额	万元	10 569.13
	2018年营业收入	万元	36 847.39
	2018年利润总额	万元	1 786.53
	2018年产品销售率	%	96.5
	2018年销售利润率	%	5.68

上海重塑能源科技有限公司

一、单位概况

自2014年成立之初起,上海重塑能源科技有限公司(以下简称“重塑科技”)就致力于打通氢能和燃料电池全方位产业链,推动氢能和燃料电池产业化的可持续发展。其主营业务包括燃料电池系统的研发、制造和相关工程服务,旗下的CAVEN系列燃料电池发动机被广泛应用于轻、中、重型商用车领域。公司已为全国40余家汽车企业提供了燃料电池系统产品及工程服务,用户包括一汽解放、东风、宇通、中通等国内一线商用车企,累计已配套超过40款燃料电池车型,是国内开发燃料电池车型及配套应用最多的企业之一。在中国市场已投入商业化运营的燃料电池汽车中,有一半均搭载了重塑科技CAVEN系列燃料电池系统产品。

重塑科技与同济大学、北京理工大学共建联合实验室,并与国内外多家机构合作开展燃料电池相关研究,是国内首批进入中国汽车工业协会《氢燃料电池行业白名单》的企业。重塑科技现为“工信部中国汽车动力电池产业创新联盟燃料电池分会”的理事长单位,同时也是“国际氢能委员会Hydrogen Council”的成员。

二、经营情况

自2016年起,Powered by Re-Fire的氢燃料电池汽车已在上海、广东、湖北等多地相继进入了商业化示范运营。例如,2017年在上海地区启动的全球范围内规模最大的500辆氢燃料电池物流车商业化示范运营项目,各大知名电商物流企业陆续引入该批氢燃料电池物流车作为城际配送车辆;此外,佛山、云浮两地自2016年起投放12辆氢燃料电池公交后,又于2018年底和2019年初共增配了270辆氢燃料电池公交,持续为城市绿色公共出行提供便利。截至2018年年底,车辆累计安全运营里程突破500万km。

三、产能建设

重塑科技下设研发中心、验证中心、生产基地、动力系统售后服务中心,以及专用数据业务平台。公司在广东省云浮市建有目前全球最大的商用车用燃料电池系统生产基地,一期产能为5 000套/年,扩产后可达到2万套/年。

四、技术进展及研发能力建设

重塑科技约有400名员工,其中研发团队硕士及博士占比近40%。核心研发团队具有10~18年的燃料电池系统开发背景及丰富的整车开发经验。公司拥有自主知识产权、标准化的开发流程及完善的质量验证体系,并在动力系统开发中拥有独立的工程设计能力和试制能力。

团队拥有燃料电池电堆的设计开发和评价能力,燃料电池系统和关键零部件开发能力,动力系统集成设计能力,整车集成、试制和调试的能力。重塑科技关注产品开发前期仿真,建立了联合仿真平台,覆盖燃料电池的三位CFD仿真,动力系统仿真和整车性能仿真。

团队已完成车用燃料电池系统和燃料电池整车控制器(VCU)、燃料电池系统控制器(FCU)、氢热管理控制器

(HTCU)开发。并在车用开发流程的基础上完成了燃料电池整车,燃料电池系统和电控产品的3项专用开发流程及相应的产品验证体系。

五、主要产品

序号	产品名称	产品型号	产品应用
1	32 kW 燃料电池系统	CAVEN3	中、小型客车,中、轻型货车
2	46 kW 燃料电池系统	CAVEN4	中、小型客车,中、轻型货车

六、合资合作及重大项目建设

1. 2018年重塑科技建成1个燃料电池运维保障站,在建1个研发中心,形成燃料电池产业化的完整路线。

2. 2019年重塑科技和佛山市南海区人民政府签约,共同投资建设"重塑科技氢能产业基地项目"。

七、发展目标与规划

公司未来发展战略以市场开拓和研发为基石逐步推进。

1. 加强市场开拓和产品应用:以商用车为重点快速开拓客户,推广产品,提升市场占有率。

2. 坚持技术研发为核心:通过自主开发和批量生产按照降本优先的顺序逐步推进燃料电池零部件、核心电堆成本的快速下降,提高燃料电池技术的经济性。

新源动力股份有限公司

一、单位概况

新源动力股份有限公司(以下简称"新源动力")成立于2001年4月,由中国科学院大连化学物理研究所、兰州长城电工股份有限公司等单位发起设立,是国内最早致力于燃料电池产业化的股份制企业之一。注册资本1.12亿元,员工人数已超过200人。2006年"燃料电池及氢源技术国家工程研究中心"获得国家发改委正式授牌,同年获国家人事部批准建立"博士后科研工作站"。

新源动力自成立以来,一直专注并深耕于燃料电池电堆技术和产品的研发与商业化推广,业务范围覆盖燃料电池电堆、系统、关键零部件及其测试台架。已发展成为中国燃料电池领域规模最大,集科研开发、工程转化、产品生产、人才培养于一体的专业化燃料电池研发制造企业。

新源动力于2009年通过ISO 9001质量体系认证,2010年取得CE产品安全认证证书,2014年10月取得中国电器工商协会会员证书,2015年12月21日获批"大连市燃料电池工程技术研究中心",2016年6月荣获标准化良好行为证书,2016年7月取得知识产权管理体系认证证书,2017年第四次被认定为高新技术企业,2018年取得科技型中小企业入库编号,2018年12月顺利通过ISO 9001体系换版认证及IATF 16949认证。

二、技术能力

新源动力从"十一五"以来一直承担"863"计划、国家重点研发计划等多个科技部重大专项——车用燃料电池发动机研制相关课题,完成的各项技术指标国内领先,部分关键技术已达到国际一流水平,并以此为基础在燃料电池发动机技术领域取得了多项创新成果,拥有完整独立的自主知识产权。

新源动力所拥有的自主知识产权专利技术,涵盖了质子交换膜燃料电池发动机系统关键材料、关键部件、电堆、系统各个层面,并取得了多项科技创新成果。截至2019年6月,新源动力拥有自主知识产权专利技术473项,国际专利3件。

新源动力的产品研发范围包括新型催化剂、质子交换膜等基础材料选型与评价、新型电堆设计与开发、燃料电池流体力学和固体力学仿真、新产品试制和测试评价、产品批量制造工艺开发。拥有二维/三维设计软件、流体力学和固体力学模拟仿真软件,可实现关键零部件功能性前期开发;拥有PDM信息管理系统,可实现对研发产品数据收集和分析功能;拥有微机工作站、光学显微镜、万能试验机、电化学工作站等软硬件配套设施,以保证关键零部件的安全性和可靠性检测。

新源动力秉承现代企业管理理念,以顾客为中心,本着"加强过程管理,致力于持续改进,提供顾客满意的产品和服务"的质量方针,通过18年的研发和制造积累,建立健全了产品开发体系,测试评价体系,生产管理体系,售后服务等体系。为满足车企要求制定了基于APQP和GVDP的燃料电池产品的开发流程,详细定义各阶段的工作内容及输出,并进行评审,严格控制研发质量。

凭借雄厚的技术实力,新源动力研制和开发的燃料电池相关产品已成功应用在多个领域,并在2008年北京奥运会、2009年联合国开发计划署(UNDP)上海示范项目、2010年上海世博会、2011年德国柏林第十一届必比登挑战赛、创新征程——2014年新能源汽车万里行活动等相关重要的示范运行活动中均取得了优异的成绩。

2017年11月17日,搭载新源动力生产的HYMOD®-36型车用燃料电池电堆模块的上汽大通首款氢燃料电池轻客FCV80于广州车展正式发布上市,FCV80是国内首款正式量产上市的燃料电池汽车,它从电堆到整车,完全由国内自主研发、自主生产。它的上市代表着我国最先进的氢燃料电池技术成果落地,代表着我国燃料电池汽车正式步入商业化进程。

自2016年以来,新源动力已经实现累计装车600余辆,累计运行里程超过1 000万km,减少碳排放量2 000 t以上。其中,爆款产品HYMOD®-36型车用燃料电池电堆模块,通过了产品概念开发、功能样件、工程样件、小批量生产阶段,截至2018年12月31日已累计生产销售约500套。

新源动力在确保技术先进性的同时持续扩充产能,现已初步完成产业化布局和 1 000 台(套)/年的产能建设,规划至2020 年底,筹资投入 3.5 亿元,提升产能至每年 3 000 台(套)。

三、主要产品

新源动力开发的燃料电池产品已经完全能够满足乘用车、商用车和专用车辆需求,并已通过第三方的转动实验检测、HYMOD®-36 型车用燃料电池电堆模块已耐久性突破8 000h,实现 10℃低温启动,防水防尘等级达到 IP67,通过GB/T 33978—2017《道路车辆用质子交换膜燃料电池模块》要求的 -40℃ ~60℃储存试验。

2019 年 2 月 27 日,第十五届东京燃料电池展览会上,首次发布了最新一代产品:大功率金属双极板 HYMOD®-70 型车用燃料电池电堆模块。

1. 主要技术优势

(1)高集成度的大功率单电堆模块:通过多轮的结构优化设计、流体分配仿真验证,解决了流体分配一致性的难题,保证电堆在高电流密度下稳定的性能输出;

(2)基于阳极水管理的、无空增湿的燃料电池电堆模块:通过优化电极结构、流道设计及明确操作条件对膜含水量和电池性能的影响,结合氢循环的水热管理技术,实现产品在空气无增湿条件下的稳定运行,氢气利用率可达 99% 以上;

(3)高安全性、高可靠性:该模块防水防尘性能达到 IP67等级要求,抗振性能满足 SAE J2380 要求,EMC 满足 ISO 11452 7637 等级及 CISP25 二级要求,绝缘性能优秀,使用过程中安全可靠;

(4)长寿命、高耐久性:依据燃料电池的性能衰减机理的分析,实现燃料电池电堆关键材料体系的筛选及控制策略的优化,保证了电堆的长寿命和高耐久性;

(5)环境适应性强:采用不影响电堆耐久性的低温环境应用策略及水热管理方案,实现 -30℃低温启动和 -40℃低温存储;

(6)易于批量制造:采用易于批量制造的薄金属双极板方案,配备有规模化的膜电极生产线,电堆/模块组装生产线、专用质量保证下线测试台架。

2019 年 5 月 10 日,HYSTK®、HYMOD®6 款燃料电池新产品正式上市销售,分别为:

(1)复合板电堆模块 HYMOD®-50:额定功率 52 kW、峰值功率 58 kW;

(2)复合板电堆模块 HYMOD®-60:额定功率 70 kW、峰值功率 78 kW;

(3)金属板电堆模块 HYMOD®-70:额定功率 70 kW、峰值功率 85 kW;

(4)复合板电堆 HYSTK®-30:额定功率26 kW、峰值功率29 kW;

(5)复合板电堆 HYSTK®-40:额定功率35 kW、峰值功率39 kW;

(6)金属板电堆 HYSTK®-70:额定功率70 kW、峰值功率85 kW。

以上 6 款新产品均针对车用工况开发和验证,适用于乘用车和商用车的应用。其产品技术优势在于,性能更加领先,功率密度高;高可靠性和耐久性;环境适应性强(低温环境可无辅助加热启动):更易于系统集成。HYMOD®-70 型车用燃料电池电堆模块已经获得多家车企的小批量订单。

2. 近期科技奖励

2018 年 5 月,200 系列车用燃料电池电堆技术及整车应用开发项目荣获 2018 年度"上汽技术创新奖"。

2019 年 7 月 2 日,以新源动力为代表的"高比功率的车用燃料电池电堆"技术成果,在 2019 世界新能源汽车大会上被评选为本届世界新能源汽车大会 8 项"全球新能源汽车前沿技术"之一。

四、研发进展

HYMOD®-70 型车用燃料电池电堆模块为新源动力研发的第三代金属双极板质子交换膜燃料电池,是"十三五"国家重点研发项目"高性能低成本燃料电池电堆及关键材料的关键技术研究与工程化开发"研发成果,其技术性能更加卓越。该项目主要针对车用燃料电池电堆的开发需求,完成了自增湿膜电极开发、适应高电流密度操作金属双极板设计、高度集成化的电堆设计及开发等工作。其金属双极板经过电堆环境 5 000h 运行测试表明,可以满足车载工况运行的要求。该项目同时进行了膜电极关键材料的开发,使膜电极的性能已经达到 0.2g Pt/kW 的要求。项目开发的大功率金属双极板燃料电池电堆在阴极无外增湿的操作条件下,额定输出功率达 70kW,峰值输出功率达 85 kW,电堆功率密度达到3.4 kW/L。该电堆的可靠性、环境适应性已通过实验验证和第三方检测:电堆的抗震性能满足设计要求,电堆模块防护等级达到 IP67,绝缘性能 ≥2 MΩ,可以实现 -40℃ 储存/-30℃启动。项目成果为我国燃料电池汽车开发提供了关键技术支撑,已申请专利 50 余件,发表论文 20 余篇。

新源动力正加速推进第四代金属双极板质子交换膜燃料电池的研发工作,单堆功率将突破 120 kW,并可满足全功率燃料电池的应用需求,预计 2019 年底前完成开发。新源动力将继续坚持燃料电池核心技术的自主创新、正向开发,提高产品性能,降低产品成本;将继续坚持开放合作、独立商业化运营的共赢理念,以满足所有整车企业、系统集成商等客户的产品需求。作为中国燃料电池产业化实践的领跑者,新源动力一直践行着公司成立的初心与愿景:"燃料电池驱动世界",并将竭尽全力推动中国燃料电池产品技术的创新和氢能燃料电池产业的蓬勃发展。

苏州弗尔赛能源科技股份有限公司

一、单位概况

苏州弗尔赛能源科技股份有限公司(以下简称"弗尔赛能源"),是以"氢能高效利用"为业务核心的综合能源设备与解决方案提供商,业务覆盖以氢能为核心的燃料电池领域、以天然气为核心的分布式能源系统领域及能源终端管理平台增值服务领域三大业务领域，是掌握氢能燃料电池核心技术并具备综合能源气体解决方案提供能力的国家高新技术企业。公司作为国内最大的系列化自主开发燃料电池产品企业已在新三板挂牌，股票代码834626。

作为中国自主燃料电池技术与产品的领航者，弗尔赛能源掌握车用燃料电池与燃料电池电源系统关键零部件（电堆）与系统的设计开发、检测评价与生产制造的核心技术，并先后承担了多项国家“863”和国家科技支撑计划燃料电池专项课题的研发任务，参与了上海世博会、广州亚运会和深圳大运会等重大活动的燃料电池新能源汽车示范运营；联合三大运营商开展了国内最大规模的通信用燃料电池的示范运营，在长期的产品开发与运营中积累了完善的自主研发经验，形成了一支高学历、高技术的管理团队和研发团队，公司申请专利累计近200项，已在获得授权专利100项；其中发明专利32项。

弗尔赛能源已形成车用燃料电池和固定电源系统两大产品开发平台，燃料电池模块、车用燃料电池发动机、固定式燃料电池电源三大产品系列，产品广泛应用于乘用车、客车、商用轻卡车、商用重载卡车、物流车、专用车、观光车、通信电源等诸多领域，并与安凯客车、江苏奥新、亚星客车、中通客车、陕重汽、陕汽轻卡、中国移动等大型企业建立了良好的合作关系。

弗尔赛能源在燃料电池技术领域与国际、国内行业龙头企业开展合作，联合打造氢能燃料电池全产业链，合作建设燃料电池车用产品开发平台，持续拓展产品的应用领域。未来将以自主创新为基础，结合国内外优势资源，持续引领中国氢燃料电池技术发展，开创氢能社会可持续发展的未来。

二、经营情况

具备电堆模块系列化（3～120 kW）的自主开发能力，在车用燃料电池电堆领域，国内同类型产品应用规模最大。数据积累最丰富，累计应用量达300余套，累计应用时间超10万h，性能获第三方检测“车用电堆模块”获国家高新技术产品认证。关键零部件及系统均为自主开发设计，产品功率等级覆盖12～120 kW，应用覆盖乘用车、物流车、客车、专用车、重型载货车等多种车型。

三、产能建设

弗尔赛已建成的国内首条燃料电池双极板自动化生产线及系统组装线，具备年产千套级燃料电池模块和燃料电池系统的生产组装能力和配套的检测检验能力。

1. 关键零部件自动化生产线

生产能力：6 000 kW/年；实现关键工序的自动化；多年工艺积累的体现，自主开发并有专利保护；保障了产品的一致性与合格率。

2. 国内首条自动化电堆产线（建设中）：生产效率达25 s/cell；关键部件装配实现主要参数控制和数据存取功能；产线可多产品系列兼容，质量可控制及追溯；整体线体控制系统具备线体和设备、机构联动功能，可接入智慧工厂系统。

四、技术进展及研发能力建设

企业通过与多家国内大型车企开展合作，已形成匹配客户需求的自主开发能力，具备系列化车用燃料电池模块/系统的开发能力，已拥有从零部件开发、检测到系统开发及检测等多个产品开发环节所需的软硬件设备，如单电池检测、燃料电池电堆开发与标定，多功能燃料电池电堆活化/检测平台，燃料电池系统全真模拟测试平台等，形成了燃料电池直至百千瓦级的独立开发与测试能力，并具备多功率等级燃料电池动力系统的匹配与集成能力。

功率等级覆盖单电池—短堆—长堆开发全流程，支撑分阶段设计合理性评估与优化，实现电堆运行全真工况模拟测试，可对电堆极化性能、最大功率、额定功率、额定电压、循环寿命等关键指标进行标定，满足电堆密封性、敏感性和单电池一致性综合性能测试。

五、主要产品

序号	产品名称	产品型号
1	氢燃料电池电堆	40 kW
2	氢燃料电池电堆	60 kW
3	氢燃料电池发动机	30 kW
4	氢燃料电池发动机	45 kW

六、合资合作及重大项目建设

在新能源汽车领域产品开发方面，弗尔赛与国内外知名大型企业建立起良好合作伙伴关系，带动了燃料电池的产业化发展。已为安凯、中通、亚星、陕汽轻卡等整车厂提供燃料电池测试解决方案。已和北京卡达克汽车技术开发有限责任公司签署相关业务战略合作框架协议。

七、发展目标与规划

企业将坚持自主创新，继续开展燃料电池关键技术的突破，持续提高产品的市场化开发能力，形成覆盖多功率等级的车用燃料电池模块、系统产品组合；带动应用规模的扩大，成为国内率先具备国际竞争力的燃料电池厂商。

嘉兴德燃动力系统有限公司

一、单位概况

嘉兴德燃动力系统有限公司（以下简称“德燃动力”）定位于燃料电池汽车、工程及特种车辆动力系统、氢储能系统。2017年7月成立，总部在浙江清华长三角研究院，在上海设有技术中心，在重庆、安徽设有全资子公司，拥有先进的氢燃料电池发动机及核心部件生产基地、试验与试制中心，与同济大学成立联合实验室，和浙江清华长三角研究院联合成立氢燃料电池汽车技术研究中心。

公司核心骨干是国内最早从事燃料电池发动机开发与示范运营的团队成员，积累丰富的产业化经验，硕士博士人员比例超过70%。已完成国内多家一流车企的多款车型开发与配套，并发布多款自主研发的燃料电池发动机与核心部件产品，技术指标国内领先并填补国内多项空白，实现进口替代。

德燃动力以核心技术与部件为业务支撑，产业布局涉及系统产品（燃料电池系统和动力系统）、核心部件（空压机和供氢回氢组件及其他）、工程服务三大模块，实现行业全面发展，始终坚持以技术创新助推行业发展，为中国燃料电池国产化起到显著的引领及促进作用。

德燃动力2018年获得浙江省科技型企业认证，已取得ISO 9001与IATF 16949质量体系认证，具有多项燃料电池相关发明专利。在2019全国大众创业万众创新活动周中，德燃动力作为全国燃料电池行业代表企业向国家领导人展示并汇报燃料电池技术进展，并荣获中科协双创活动"2019颠覆性创新潜力榜全国40强"。

二、经营情况

嘉兴德燃动力系统有限公司是一家从事氢燃料电池发动机与核心部件研发与生产的企业，车型覆盖乘用车、物流车、客车、专用车及特种车辆等。公司燃料电池发动机产品已通过国家权威检测机构产品检验及认证，与中国一汽集团、长安汽车、广汽集团、中国中车、安凯客车等主机厂合作开发各类车型的燃料电池汽车。

三、产能建设

德燃动力已建成氢燃料电池发动机零部件生产线及燃料电池发动机组装线，具备年产千套级燃料电池发动机的生产组装能力和配套的检测检验能力。整个厂区设有"5区1场"，即：燃料电池系统产线与测试区、零部件产线与测试区、仓储区、动力系统与车辆调试区、办公区、室外车辆调试场。

德燃动力两江新区项目建设：总投资10亿元，建成年产3 000套车用燃料电池发动机及核心零部件生产基地，初期实现500辆燃料电池车示范运行。

四、技术进展及研发能力建设

德燃动力拥有强大的研发能力与国内外行业优势资源，成功开发多款燃料电池发动机及核心零部件产品，已通过长期实车验证。公司为多家车企及政府提供技术咨询服务，包含研发体系建设、生产准入能力建设、样车与样机开发及地方产业规划等。

德燃动力发布的10～60 kW级燃料电池发动机系列产品已应用于轿车及各种商用车。发动机产品基于自主开发的核心部件，采用中高压进气与引射回氢技术路线，具有多种成熟的电堆配置方案供用户选取，高度的集成化设计，具高可靠性与安全性。氢燃料电池发动机专用空压机完全自主研发，采用高速电机直驱、离心式增压、无油润滑等技术，有效降低传动系统噪声，避免润滑油泄漏导致电堆损坏，更符合中高压电堆对高压比的运行要求。供氢回氢组件产品，采用电控喷氢＋引射回氢的国际主流技术路线，满足各工况范围内氢循环要求，实现大工况范围内高当量比的氢气循环效果，并有效提高氢气利用率。

德燃动力具备完善的正向研发能力，遵照ISO 26262功能安全国际标准体系，具有先进的V开发流程。在产品研发与生产环节，遵照ISO 9001与IATF 16949质量体系，具备完整的系统及关键部件研发及测试能力。

五、主要产品

序号	产品名称	产品型号	产品应用
1	氢燃料电池发动机	FCE-10	应用于观光车、叉车、无人机等
2	氢燃料电池发动机	FCE-30	应用于乘用车、商用车、专用车
3	氢燃料电池发动机	FCE-60	应用于乘用车、商用车、专用车
4	氢燃料电池发动机	FCE-80	应用于乘用车、商用车、专用车
5	氢燃料电池发动机专用空压机	FAC-40-D	适用15～30 kW燃料电池发动机
6	氢燃料电池发动机专用空压机	FAC-50-D	适用30～60 kW燃料电池发动机
7	供氢回氢组件	HSE-42-P	适用30～45 kW燃料电池发动机
8	供氢回氢组件	HSE-72-M	适用45～60 kW燃料电池发动机
9	供氢回氢组件	HSE-72-P	适用45～60 kW燃料电池发动机
10	供氢回氢组件	HSE-13-P	适用60～100 kW燃料电池发动机

六、合资合作及重大项目建设

1. 2019年德燃动力与重庆市两江新区签订合作协议，将建设燃料电池发动机及核心零部件生产基地，初期实现500辆燃料电池车辆示范运行，筹划建设"氢能及燃料电池汽车西南研究院"，携手共同推进两江新区乃至西南地区的氢能产业发展。

2. 德燃动力是长三角氢能产业技术联盟燃料电池系统方向的副理事长单位，将参与与助推浙江省及长三角地区燃料电池车辆的示范运营。

七、发展目标与规划

德燃动力始终坚持技术创新助推行业发展，以能源体系的升级换代推广为使命，以品质为基石，以可行、可信、可再生为产品理念，响应国家与时代号召，立志成为享誉海内外的国际一流氢能动力系统企业，为中国燃料电池产业的国产化起到积极的引领及促进作用。

武汉泰歌氢能汽车有限公司

一、单位概况

2016年9月21日，武汉市人民政府、同济大学、中国地质大学（武汉）三方共建氢能汽车产业创新发展平台合作协议在武汉签约，作为市场化运营主体，武汉泰歌氢能汽车公司应运而生。

武汉泰歌以资本和产业为纽带，面向全球整合氢能汽车技术创新资源和优势产业资源，发挥同济大学国内外一流的燃料电池汽车系统集成与控制技术能力，对氢能动力整车系统集成产业化中的关键技术进行攻关研究，突破汽车氢能化、智能化、轻量化、互联网化的技术瓶颈，大力推进氢能汽车整车系统集成创新与产业化应用示范推广。公司依托武汉资环工研院的开放性、全球化的战略性创新资源整合平台，整合欧美领先的核心资源，致力于氢能燃料电池动力系统的研发，为整车提供氢能燃料电池发动机产品和系统集成控制服务。

二、经营情况

2018年公司完成了40 kW、60 kW、80 kW燃料电池发动机系统的开发工作，10台燃料动力系统交付整车厂，并投入运营。

三、产能建设

氢能动力发动机装配线第一期建设已完成，2019年6月投产。在保证过程、质量一致性的前提下，可实现单班年产1 000台产能；中长期结合核心零部件自制等规划，建设契合《中国制造2025》要求的现代化、智能化示范线生产基地。

四、技术进展及研发能力建设

以燃料电池动力系统开发为核心业务，开发相关应用场景的商用车燃料电池系统；进行小批量试运营，燃料电池系统MTBF超过1 000 h。上海新研发中心一期占地面积4 000 m^2，二期预留8 000 m^2，规划了4个燃料电池发动机系统功能/耐久测试台架，2个电堆测试平台，1个振动测试平台，1个环境适应性模拟测试仓，以及各类子系统、零部件测试平台若干。研发中心预计2019年8月启用。

五、主要产品

序号	产品名称	产品型号	产品应用
1	氢能动力系统	T40-FC11111	开沃 NJL6859FCEV 燃料电池公交车
2	氢能动力系统	T40-FC11112	泰歌燃料电池物流车
3	燃料电池集成化端板模块	—	—
4	CVM 燃料电池单体电压巡检控制器	—	—
5	DCU 燃料电池系统水热管理控制器	—	—
6	HCU 氢系统管理控制器	—	—
7	气水分离器	—	—
8	氢气前处理模块	—	—
9	氢气后处理模块	—	—
10	氢气引射器	—	—

六、合资合作及重大项目建设

1. 武汉泰歌与南京金龙（武汉开沃）合作开发的氢燃料公交车NJL6859FCEV在武汉首条氢能公交359路示范线及汉南272路示范线投入运营，截至2019年4月，累计运行里程超4万km；

2. 武汉泰歌与江铃汽车合作开发的氢燃料物流车正在研发中；

3. 武汉泰歌、江铃重汽、太原理工大学、合作开发的氢燃料干线重卡正在研发中；

4. 武汉泰歌与武汉格罗夫氢能汽车有限公司合作开发的氢燃料乘用车已在2019年4月上海车展正式发布；

5. 重庆泰歌氢能汽车有限公司注册成立，计划建设万台氢能系统生产基地，并于2019年3季度进行氢燃料公交示范运营。

七、发展目标与规划

1. 2019年：氢能动力系统产品成熟，达到量产水平；核心零部件自主开发或联合开发；业务领域涉及通信市场，推出相应的产品原型机；

2. 2020年：氢能动力系统核心零部件80%以上全部自主；开拓电堆自主研发业务；

3. 2021年：电堆实现量产，氢能动力系统100%自主；其他领域产品达到量产水平，完成产业链布局。

东方电气（成都）氢燃料电池科技有限公司

一、单位概况

东方电气（成都）氢燃料电池科技有限公司（以下简称“东方氢能”）是中国东方电气集团有限公司（以下简称“东方电气”）下属子公司，是东方电气氢能及燃料电池产业发展的核心平台。

东方氢能致力于成为燃料电池行业领先的供应商和服务商，竭诚为客户提供氢能利用整体解决方案及燃料电池相关的核心设备和一流服务。东方氢能坚持核心技术创新与自主产品开发，历经多年潜心研究，全面掌握了燃料电池核心部件研制、电堆工程设计及系统集成与控制等关键技术，成功开发出具有完全自主知识产权的氢燃料电池系列产品。

产品包括：膜电极、电堆、燃料电池发动机、供氢系统、燃料电池车辆动力总成解决方案（燃料电池发动机系统、驱动电机、电机控制器、整车控制器等）、燃料电池测试平台，提供相关技术开发、技术咨询、运维等服务。应用领域覆盖交通（汽车、船舶、无人机）、航天、军民融合、分布式发电和备用电源等。东方氢能以“氢能点亮美好生活”为使命，将与广大客户携手并肩，共同推动氢能与燃料电池产业的发展，为“中国蓝天保卫战”注入新动力。

二、经营情况

2018 年成立，新签合同 10 余个，合同金额 1 500 余万元。

三、产能建设

已建成自动化制造中心，分为膜电极、电堆、系统 3 个制造部分。具备年产 5 000 套燃料电池发动机、50 000 m^2 燃料电池核心组件膜电极的能力。

四、技术进展及研发能力建设

膜电极技术取得突破。在第二代膜电极基础上，完成了第三代车用膜电极技术定型，大幅提升了催化反应活性，降低了电极电阻，优化了运行操作窗口，改善了环境适应性，产品性能和耐久性等技术指标均得到大幅提升。完成批量化试生产。

电堆开发稳步推进。持续开展电堆模拟车况耐久性测试。通过流场匹配设计、运行工况优化，系统集成持续升级。在示范应用的基础上，持续推进技术优化和系统升级，开发出第三代燃料电池发动机样机，各项技术指标均达到设计要求。开展低温启动技术研究，完成了初步验证试验。

五、主要产品

序号	产品名称	产品型号	产品应用
1	膜电极	M003	燃料电池电堆
2	电堆	V 系列（20 kW、30 kW）	燃料电池发动机
3	燃料电池发动机	VM 系列(30 kW、45 kW、47 kW)	交通领域（公交车、物料车、公路车等）、发电领域
4	燃料电池测试平台	—	燃料电池研发设备、测试设备
5	供氢系统	GQ35	燃料电池汽车

六、合资合作及重大项目建设

投资 3 000 万元建成占地 1 000 m^2 西部首条燃料电池自动化生产线，分为膜电极、电堆、系统 3 个制造部分。

七、发展目标与规划

加快产品开发，拓展产品系列。一要加快动力系统产品定型，获得权威机构的性能检测报告，开展多场景、多工况装车示范验证。紧盯市场，适时开展现有动力系统在船用、分布式发电等领域的应用拓展。

加速关键技术攻关，做好技术储备。通过开展技术对标，分析技术发展趋势，结合自身短板，加快膜电极、电堆和系统集成关键技术攻关。一要保持膜电极性能领先，进一步提升车况耐久性。加快高功率密度电堆设计，基于示范反馈数据，优化系统集成方案，提升发动机可靠性与耐久性。

加强政府沟通，扩大试点示范。加强与省区市三级政府的沟通，积极争取示范项目。对接一流车企，提升产业能力。创新商业模式，加强市场开拓。发挥主业优势，进入发电市场。

安徽明天氢能科技股份有限公司

一、单位概况

安徽明天氢能科技股份有限公司（以下简称“明天氢能公司”）于 2017 年 8 月成立，工厂坐落在“六安明天氢能产业园”，总占地 2 km^2。明天氢能公司氢能及燃料电池研究院设立在上海环同济知识经济圈，现有研究员、博导、博士、硕士 50 余名。明天氢能公司核心技术为自主研发的高性能燃料电池电堆及系统，功率密度达 3.0 kW/L，技术水平国内领先，接近国际先进水平 3.1 kW/L。技术来源于中国科学院大连化学物理研究所和同济大学。明天氢能公司是安徽省“三重一创”承担单位，获得安徽省“高层次科技人才团队”荣誉，拥有燃料电池领域唯一的安徽省院士工作站。

二、经营情况

明天氢能公司 2018 年与安徽安凯汽车股份有限公司联合开发的 8.5 m 燃料电池客车，已申报完成第 311 批《道路机动车辆生产企业及产品公告》，与南京金龙客车、奇瑞商用车、东风汽车、广汽集团、申龙客车、安凯客车等重点主机厂联合开发燃料电池商用车、乘用车，完成多种车型样车试制；在轨道交通领域，与中铁轨道联合开发燃料电池有轨电车项目；在固定式电站领域，与国家电网联合开发打造兆瓦级氢能源储能电站；在军工装备领域，积极配合中央军委装备部，研发生产符合条件的燃料电池军工产品。

三、产能建设

明天氢能公司已完成万套级自主燃料电池电堆冲压、焊接、组装、测试等工艺装备的解决方案，并达到以下关键指标：①不良率控制在 50 PPM 以内；②采用高度自动化、智能化的装备，大大提升生产效率；③成本降低 30%~40%；④三年内产品寿命超过 2 万 h 。

公司与中科院大连化学物理研究所、同济大学等联合开发了自主的生产工艺及生产线

自主生产工艺

燃料电池系统过程工艺、电堆装配工艺、电堆测试工艺、金属双极板冲压工艺、金属双极板激光焊接工艺、MEA 生产工艺、金属双极板表面处理工艺及燃料电池系统测试工艺等八大工艺。

自主生产线

全自动化燃料电池极板冲压、双极板焊接、双极板镀膜、MEA 制备、电堆组装、电堆测试、系统组装、系统测试等 8 条生产线。

四、技术进展及研发能力建设

1. 明天氢能公司采用体积小、重量轻的金属双极板燃料电池，基于中科院大化所第二代金属双极板电堆的基础上开发而成，结构紧凑、故障点少，可维修性强，体积比功率 3.0 kW/L；

2. 存储温度 -40℃ ~80℃，工作温度 -20℃ ~70℃，可适应高原环境；

3. 耐久性能好，使用超过 1 万 h，功率衰减小于 10%；

4. 明天氢能公司产品 30 kW 燃料电池系统、46 kW 燃料电池系统、51 kW 燃料电池系统均已通过国家检测机构强检认证。并完成开发具有完全自主知识产权的燃料电池系统测试台架，整个测试系统，包括阴阳极供气系统、加湿器、超温检测，氢气检测报警系统。研究燃料电池在不同氢气流量、氧气流量和负载等情况下的电池性能及其规律。

明天氢能公司高度重视自主知识产权工作，在燃料电池电堆，电堆组件膜电极、双极板，燃料电池动力系统，电堆及系统测试，双极板、膜电极测试等关键技术拥有自主知识产权。已申请发明专利 33 项，实用新型专利 34 件，外观设计专利 5 项，共 72 项；其中已授权实用新型专利 13 项，外观专利 2 件。

随着 2019 年新能源汽车补贴政策的调整，明天氢能公司针对中重型卡车、乘用车需求，已预先完成大功率、长寿命电堆及系统的开发工作。结合公司的高性能金属双极板电堆与先进的系统集成设计，能为客户提供更优质和可靠的产品。

五、主要产品

序号	产品名称	产品型号	产品应用
1	30 kW 燃料电池电堆系统	HD30	安凯燃料电池客车、南京金龙燃料电池轻型客车
2	46 kW 燃料电池电堆系统	MT40	安凯燃料电池客车、奇瑞燃料电池卡车、申龙燃料电池客车
3	51 kW 燃料电池电堆系统	MT50	广汽燃料电池乘用车、中铁轨道有轨电车

六、发展目标与规划

2018 年建成加氢站、万套级电堆及系统工厂，启动核心零部件工厂建设；

2020 年实现电堆批量生产，万套级工厂达产；

2022 年实现 10 万套级电堆及系统生产能力，核心零部件工厂全面投产；

2028 年形成 30 万套产能，完成产业链布局。

七、2018 年 1—12 月企业在新能源汽车方面经济指标统计

填报单位名称	指标名称	单位	本期累计	同期累计	增长率(%)	增长额/提高百分点
安徽明天氢能科技股份有限公司	2018 年末资产总计	万元	15 000	3 000	400	12 000
	2018 全年完成投资额	万元	18 000	5 000	260	13 000
	2018 年营业收入	万元	500	260	92	240
	2018 年利润总额	万元	-2 300	-500	360	-1 800
	2018 年产品销售率	%	100	100	—	—
	2018 年销售利润率	%	-460	-192	139	-268

武汉雄韬氢雄燃料电池科技有限公司

一、单位概况

雄韬氢雄由深圳市雄韬电源科技股份有限公司(以下简称“公司”)(股票代码 002733)于 2017 年 12 月投资成立，专注于燃料电池解决方案的供应商。奉行打造产品核心竞争力的经营理念，公司汇聚了一批资深行业从事者，立志提供高质量、安全可信赖的产品与服务。公司自主研发的燃料电池发动机系统，功率覆盖 30 ~ 90 kW，各项性能处于国内领先水平，并已实现在公交车、物流车等多种车型上的应用。

雄韬氢雄布局了一条从发动机系统集成到其核心零部

件的完整的燃料电池国产化产业链，并积极促进氢能燃料电池汽车的推广与普及——投资建设的两座加氢站已落成，计划于2020年第一季度投入使用；2019年，装载公司燃料电池发动机系统的70辆氢能源公交车将展开示范运营，运营规模为全国前列。雄韬氢雄坚持以安全环保为己任，用氢能建设清洁美丽世界。

二、经营情况

公司自2017年12月成立以来，处于稳定迅速成长的趋势，财务状况良好。2018年7月，公司2018年9月，公司与山西省大同市签署300台氢能源公交车订单的框架协议，2018年12月，第一批50台氢能源公交车的燃料电池发动机系统已全部交付。同年，公司向武汉经开公交公司提供20台氢能源公交车的燃料电池发动机系统。

三、产能建设

公司在武汉、大同两地建有氢能产业园，两地产业园一期燃料电池发动机自动化生产线均已投产，总年产能达2万套。雄韬氢雄武汉氢能产业园全线达产后，燃料电池发动机系统与电堆总年产能均可达10万套，总产值达百亿级；大同氢能产业园全线达产后，燃料电池发动机系统与电堆总年产能均可达5万套。

四、技术进展及研发能力建设

由公司自主研发的燃料电池发动机系统，功率已覆盖30~90 kW，寿命、稳定性、环境适应性等各项性能均为国内先进水平。其中45 kW燃料电池发动机系统，体积比功率密度381 W/L，质量比功率密度401 W/kg，功率密度优势明显。公司引进了行业内大量优秀人才，包括多位在燃料电池行业有十余年从业经验的专家，研发团队硕博学历比例超过40%。

五、主要产品

序号	产品名称	产品型号	产品应用
1	45 kW燃料电池发动机系统	XTQX3045C	开沃燃料电池城市客车、东风燃料电池厢式运输车、中通燃料电池城市客车
2	60 kW燃料电池发动机系统	XTQX6080A	（该应用是2019年的）申龙燃料电池城市客车、中车燃料电池城市客车

六、合资合作及重大项目建设

2018年3月，雄韬氢雄大同氢能产业园一期开始建设，同年9月28日落成，一期燃料电池发动机年产能1万套。

2018年5月，雄韬氢雄武汉氢能产业园一期开始建设，同年11月23日落成，一期燃料电池发动机年产能1万套。

七、发展目标与规划

雄韬氢雄武汉氢能产业园全线达产后，燃料电池发动机系统与电堆总年产能均可达10万套，总产值达百亿级；大同氢能产业园全线达产后，燃料电池发动机系统与电堆总年产能均可达5万套。公司在上海设立了产品监控中心，提供全面的售后维保服务。此外，公司还规划在深圳、广州、加拿大温哥华等地投建产业园或研发中心，旨在协同各地、全面发展。

公司积极拓展燃料电池应用领域，除现有的燃料电池城市客车与厢式运输车外，正积极开发用于重卡、船舶以及发电领域的大功率燃料电池发动机系统，推动国产燃料电池向全功率技术迈进。

上海奥威科技开发有限公司

一、单位概况

上海奥威科技开发有限公司（以下简称“奥威或奥威科技”）成立于1998年，公司总部位于浦东张江高科技园区郭守敬路188号，在南汇老港还建有占地66 600 m^2的产业化基地。

作为国家高新技术企业，奥威专业从事超级电容器及其应用系统的技术开发20余年，是国内最早的超级电容器生产企业，也是“国家车用超级电容器系统工程技术研究中心”的依托单位，已建成了国内最具规模的超级电容器研发基地，先后承担了包括国家“863”计划、国家科技支撑计划、科技部重大专项及上海市科委登山行动计划等在内的国家和地方重大科研项目攻关。

上海奥威科技开发有限公司拥有超级电容器的自主知识产权，产品广泛应用于电子电器和机械制造等行业，其中UCK系列高能量超级电容器及其系统集成技术已经达到世界先进水平，产品应用于各种车辆、内燃机的启动，轻型车、电动公交车的牵引，以及工程机械、能源电力等领域。

二、经营情况

奥威产品已覆盖了世界上所有商业化超级电容器产品的技术路线，其中UCK系列超级电容器的能量密度大于100 Wh/kg，已达国际领先水平，并能根据客户的技术要求量身定做超级电容产品。2018年1月，奥威荣获由工信部、中国超级电容产业联盟、中国电子工业标准化技术协会等单位联合评选的“2017年度中国超级电容器产业十佳企业”之首。

奥威实现量产的UCK系列有机混合型超级电容器、UCR系列有机对称型超级电容器等产品已被广泛应用于超级电容电动城市客车、纯电动重型牵引车、矿用电机车、电动游览车、混合动力汽车、节能电梯、混合动力工程机械、港口机械、AGV智能化运载、后备电源等诸多领域，并出口以色列、奥地利、保加利亚、塞尔维亚、白俄罗斯、意大利和马其顿等国家和地区，在超级电容电动城市客车、现代有轨电车等领域的市场占有率均为行业第一。

三、产品出口

继 2014 年 4 月底保加利亚索菲亚 11 路超级电容公交示范线率先开通运营以来，以色列、塞尔维亚、奥地利、白俄罗斯、意大利、马其顿等国的超级公交示范线相继投入运营，2019 年 6 月，百辆超级电容电动城市客车出色地完成明斯克欧运会期间的客运任务，超级电容电动城市客车还成功进军丹麦奥尔堡，成为这个古老城市的首台新能源公交车。

四、产能建设

2016 年开始，奥威科技位于南汇老港的生产基地一期、二期工程陆续投建，已经形成 100 多万只的产能。2015 年奥威科技超级电容技术作为新能源产业的代表，入选“中白工业园”首批项目，并于 2018 年 8 月 29 日正式投产运营，成为“中白工业园”首家竣工投产的中国高科技企业。

五、技术进展及研发能力建设

奥威科技曾获“全国职工优秀技术创新成果一等奖”“上海市科学技术一等奖”“浦东新区科学技术一等奖”等荣誉，并先后通过 ISO 9001、ISO 14001、IATF 16949、SA 8000、OHSAS 18001 等体系认证和 ROHS、CE、UL、ECER10、ECER100 等产品认证。奥威已申请国内外超级电容器相关专利百余项，主持和参与制定行业及地方标准 8 项，其中主持制定的国内第一部行业标准《车用超级电容器》（QC/T 741）已被工信部作为准入管理的强制性检测依据，主持制定的《超级电容电动城市客车供电系统》（QC/T 839—2010）已正式转化为以色列国家标准《Overhead Contact Power Supply System for Ultracapacitor City Bus》（SI 6289—2014）并颁布实施。

六、主要新产品

序号	产品名称	产品型号
1	UCR 系列超级电容器	UCR27V3000B
2	UCK 系列超级电容器	UCK42V6800C
3	UCK 系列超级电容器	UCK42V9000
4	UCK 系列超级电容器	UCK42V14000C
5	UCK 系列超级电容器	UCK42V28000
6	模块系列超级电容器	MUCK24V2870
7	模块系列超级电容器	MUCK72V2870
8	模块系列超级电容器	MUCK24V1910
9	模块系列超级电容器	MUCK48V196A
10	有轨电车用超级电容器系统	SS45V19-K8-A
11	有轨电车用超级电容器系统	S820V29-K8-A
12	有轨电车用超级电容器系统	S456V22-K8
13	城市客车用超级电容器系统	SS85V36-K7
14	城市客车用超级电容器系统	S720V40-K7
15	电机车用超级电容器系统	S585V73-K7
16	电机车用超级电容器系统	S585V55-K7
17	智能下压式授电弓充电站系统	CPSG5-4

上海电驱动股份有限公司

一、单位概况

上海电驱动股份有限公司（以下简称“公司”）成立于 2008 年，专业从事节能与新能源汽车用永磁同步驱动电机系统的研发、生产、销售和服务。

2018 年度，公司团队继续扩大，至 2018 年年底，公司在职人员超过了 800 人，拥有一支专业的年富力强的技术团队，有工程技术人员 200 余名，技术覆盖车用电机系统领域各方面，技术团队曾先后获得上海市政府上海市科技创新团队建设项目的资助，团队中有 5 人次技术骨干分别获得上海市青年科技启明星计划（B 类）项目的支持，1 人次获得上海市浦江人才计划项目的支持，2 人次获得上海市优秀学科带头人，2 人次被选为上海市后备领军人才培养计划，1 人次上海市领军人才，1 人次国家万人计划中青年领军人才。完成国家科技支撑计划项目 1 项，完成上海市科委科技项目 5 项，完成横向委托任务 100 多项，通过这些项目的开展形成了一系列的科技成果。2018 年在车用驱动电机系统方面实现了约 10.30 亿元的销售收入。2018 年公司新申请专利 41 项，新获授权专利 17 项。

公司拥有车用永磁同步驱动电机系统的产业化生产能力。

公司发起成立的全国电动汽车电驱动系统全产业链技术创新战略联盟，2018 年新增了 4 家新的联盟成员单位，联盟成员单位由原先的 34 家增加至 38 家，联盟实力得到了进一步增强。以电动汽车电驱动系统全产业链技术创新战略联盟为平台，进一步围绕车用电驱动上游产业链关键材料、关键器件等广泛开展产学研合作，对国内车用电驱动上游产业的发展起到了有效的拉动作用，对于推动我国电动汽车产业发展具有巨大的战略意义。

二、经营情况

2018 年电动汽车用电机及其控制系统销售收入约 10.30 亿元。

三、产品出口

公司电机系统量产主要出口至比利时，2018 年销售额约 1 350 万元，另外有开发项目正在进行，如法国，德国，印度。预计 2020 年陆续量产。

四、产能建设

上海电驱动股份有限公司嘉定生产基地，占地 123 亩，2018 年 7 月新建成一条 230 定子线，单班日产能 70 台；2018 年 11 月新建成一条 180 定子线，单班日产能 80 台。

五、技术进展及研发能力建设

1. 驱动电机功率密度不断提升

在驱动电机设计方面，采用基于机、电、热、磁的永磁同步电机多领域集成优化方法，对高密度永磁电机极限设计和精确分析，开发的产品具有转矩脉动小、效率高、功率密度高的优点。上海电驱动典型驱动电机产品功率密度达到3.8 kW/kg，电机的峰值效率达到97%以上，超过80%的高效率区达到80%以上。

2. 电机控制器集成度不断提高

在电机控制器设计方面，采用电力电子模块化集成技术，将汽车级功率模块、一体化功率母排与膜电容器以及高换热效率的散热器高度集成，电机控制器功率密度不断提升；典型控制器产品功率密度达到12.0 kW/kg，电机及其控制系统的峰值效率达到94%，超过80%的高效率区达到80%以上。同时，依托国家重点研发计划项目，研发基于管芯封装的新一代电机控制器，峰值功率密度达到20 kW/L。

3. 关键工艺技术不断应用

通过对车用驱动电机系统的关键生产工艺进行不断优化与创新，上海电驱动掌握了在拼块定子铁心与高密度绕线技术、定子水冷机座设计与整体铸造技术、多级永磁转子整体充磁技术等方面的专业工艺技术，提升了自动化生产水平，提高了生产效率及产品质量。探索完成了高速永磁电机扁导线定子制造技术，在48V BSG电机上开展应用研究与工艺验证。

六、主要产品

序号	产品名称	产品型号	产品应用
1	36 kW 电驱动系统	EC2047A05/EM2393C01	纯动轿车
2	35 kW 二合一电驱动总成	EP2015A01/EP2009A02	纯动轿车
3	120 kW 三合一电驱动总成	EC2059A05/EM2423	纯动轿车
4	125 kW 三合一电驱动总成	EC2059A04/EM2435Y01	纯动轿车
5	行星排系统	EC3101A03/EC3201A03/EM3008A02/EM3009A02	10～12 m 公交车

七、合资合作及重大项目建设

与大洋集团其他新能源汽车团队市场拓展、技术研发、运营协调、资源调配等方面进一步深入对接和整合，进一步提高公司在新能源汽车驱动电机系统领域的综合实力，提升研发实力，丰富产品结构，拓展产品市场，提高品牌影响力和市场占有率，增强公司的持续盈利能力。

八、发展目标与规划

1. 发展战略

在全球新能源汽车市场良好的发展趋势下，一方面公司将充分利用技术、质量及品牌优势，积极布局国内新能源汽车市场；另一方面公司将加强与国外整车厂商合作，推动公司加快进入全球新能源汽车供应链体系，把公司打造成具有全球视野的国际一流汽车零部件供应商。

2. 经营目标

继续致力于提供高效节能的新能源汽车驱动电机系统开发及产业化，建成系列化产品平台，形成批量化产品生产能力，设立完善的产品测试评价体系，力争在产品质量、集成化程度以及成本控制方面达到国际同类产品的先进水平。

3. 主要实施计划

（1）研发和创新计划

加大对新能源车用驱动电机系统工程化和产业化关键技术的投入，进一步提升产品的稳定性、可靠性、功率密度等性能。

（2）人力资源发展计划

不断完善优化用人机制，根据业务发展需要，引进优秀的精细化生产管理人才、技术研发人才及市场营销人才，建立科学的人力资源管理体系，进一步增强公司持续发展能力。

（3）市场和业务开拓计划

国内市场方面：注重与整车制造厂商的合作，积极储备优质项目资源，通过提供高性价比产品，不断扩大市场份额，此外，拟通过在具有大批量采购需求的整车生产企业周边建立生产工厂的模式，提供点对点的产品和服务，以进一步提高客户“黏性”及满意度。国外市场方面：通过加大工程化和产业化关键技术的投入，积极开发高品质、高性能的驱动电机系统产品，以满足国际市场需求，公司计划通过加强与国外整车厂商合作，推动公司加快进入全球新能源汽车供应链体系。

（4）供应链体系建立计划

建立一体化的供应链体系，进一步不断提高产品的稳定性、可靠性及集成度，使公司的产品质量及集成化水平逐步趋于国际先进水平。

九、2018年1—12月企业在新能源汽车方面经济指标统计

填报单位名称	指标名称	本期累计（万元）	同期累计（万元）	增长率（%）	增长额（万元）
上海电驱动股份有限公司	2018年末资产总计	266 693.44	152 918.44	74	113 775
	2018全年完成投资额	6 547.2	3 101.10	111	3 446.1
	2018年营业收入	103 011.31	118 231.44	－13	－15 220.13

武汉理工通宇新源动力有限公司

一、单位概况

武汉理工通宇新源动力有限公司(以下简称“理工动力”)是一家拥有自主知识产权核心技术并致力于新能源汽车驱动系统及关键零部件的国家高新技术企业,集设计、研发、制造、销售和服务于一体。公司创立于2010年7月,地处武汉东湖国家自主创新示范区。

公司注册类型为有限责任公司,注册资金8 683万元,有员工224人,其中,研发技术98人(占总人数的44%),本科以上87人(占总人数的39%)。拥有新能源汽车动力系统相关技术专利50余项,并于2010年通过ISO/TS 16949质量管理体系认证,是武汉理工大学在电动汽车动力系统方面科研成果转化及产业化基地。

二、经营情况

长期以来与国内主流商务车生产企业达成配套合作。主要合作的有:柳州五菱、舒驰客车、南京金龙、中植汽车、中通客车、东风(十堰)特种商用车有限公司、恒通客车、武汉客车、东风襄阳旅行车等。

三、产能建设

武汉研发制造中心分为总成生产车间、电控生产车间和零部件生产车间,总成生产车间拥有3条自动化总成装配线,能完成总成装配及检测全流程,年产量为10万台(套)。电控生产车间拥有4条半自动化装配流水线,能完成单板测试、整机老化、带载测试等,年产量为8万套。

河南省在建生产基地占地268.73亩,项目新增专业化生产线,购置生产和检测等主要设备共计208台(套),并配套建设给排水、电气、信息化设备等辅助工程,形成年产5万台新能源电机的生产能力。

四、技术进展及研发能力建设

公司技术中心于2013年被湖北省认定为企业技术中心。在产品开发和研发成果产业化方面有着十分丰富的经验。先后承担国家“863计划”项目,国家科技部中小企业创新基金项目,湖北省电动汽车发展专项项目,武汉市新能源与新能源汽车专项项目,武汉市重大新产品专项项目等。技术中心实验室配备了高性能测功机,综合试验平台,智能电磁振动试验台、精密型盐雾试验机、可编程式恒温恒湿试验箱,可调高压直流源,老化实验房等完善的产品测试与试验仪器设备,支持新产品和新技术的试制和产业化,为高质量、快速度的技术研发工作打下了坚实的基础。

五、主要产品

序号	产品名称	产品型号
1	60/100 kW 电驱桥	CSMA360-T1
2	50/90 kW EMT 动力总成	EMT350-T2
3	80/120 kW EMT 动力总成	EMT750-T2
4	110/200 kW EMT 动力总成	EMT1350-T2/T4
5	150/360 kW EMT 动力总成	EMT2000-T6
6	KH45 系列主驱控制器	KH45 1-B
7	KH60 系列主驱控制器	KH60 3-B
8	KH90 系列主驱控制器	KH90 2-A
9	三合一控制器	KH60 T11-B
10	五合一控制器	KH60 F10-C

六、发展目标与规划

1. 创建一个充满精益管理、核心技术、智能制造的技术通宇、品质通宇、人才通宇的企业文化。

2. 通过团队智慧实现管理流程化、管理数字化、管理要素化、制造标准化、生产准时化、营业创新化、技术专利化、品质稳定化、成本最优化、绩效目标化的卓越的通宇企业文化。

3. 通过与客户要求保持高度一致和同步,公司管理与执行保持高度一致,企业发展与全球的技术与市场保持高度一致,实现信赖通宇的企业文化。

4. 公司在新能源汽车市场与政策引导下,一方面将巩固发展新能源商用车产品系列,另一方面,积极布局乘用车新能源动力系统市场,构建完备的产品系列,向客户提供整套的新能源驱动系统解决方案。形成新能源汽车关键零部件研发设计生产制造全产业核心竞争力。

广西玉柴机器股份有限公司

一、单位概况

广西玉柴机器股份有限公司作为全国最大的独立内燃机生产商,年产能60万台,位列2018年中国品牌500强103位,品牌价值415.98亿元。广西玉柴机器股份有限公司从2004年开始研发和投放混合动力系统,累计投放市场的混合动力系统达5 000多台(套)。

2015年底,借着国家大力扶持新能源汽车产业的东风,在新能源汽车领域早有布局的广西玉柴机器股份有限公司成立了新能源动力事业部,正式向市场投放新能源产品(混合动力总成系统、纯电系统总成),独立专业运作新能源动力市场。并启动进行燃料电池、eCVT混合动力系统、集成电桥、集成发电式发动机动力系统开发。

二、经营情况

自2015年成立玉柴新能源动力事业部以来，玉柴新能源动力研发和营销体系日趋完善。具备独立的动力仿真分析、控制器策略开发、电机仿真分析等研发能力，独立研发燃料电池、eCVT混合动力系统、集成电桥、集成发电式发动机动力系统、纯电系统、并联混合动力系统、混联混合动力系统。具备年产1万台(套)电机的生产线，混合动力生产线由玉林基地生产，并启动了eCVT混合动力系统生产线建设工作。与AVL、爱尔铃、大陆、博世、苏州驿力、汇川技术、上海电驱动、中信国安盟固利、CATL、浙江方正等国内外企业合作，共同开拓新能源动力市场。

配套厦门金龙、厦门金旅、重庆恒通、苏州金龙、青年客车、中通客车、江西百路佳、广西申龙、龙华客车、海通科创、三环智能、吉利新能源商用等国内主流主机厂，累计投放市场6 000多台(套)新能源动力系统。新能源售后服务回归玉柴服务大系统，借助玉柴强大的售后服务网络，更好地服务客户。

三、产能建设

2018—2020年建成年产2万台混合动力系统的产能；2018—2020建成年产500台燃料电池产能；2019—2020年混合动力系统规划产能为2万台(套)。

四、技术进展及研发能力建设

集成发电式发动机动力总成系统(增程器)：采用发动机+FISG(飞轮集成式)电机的高度集成化设计的技术方案。发动机与FISG电机直连，高度集成，结构紧凑，满足多种安装需求。国内首创FISG永磁同步电机，取消传统飞轮、柔性连接盘，具有长度短、惯量小、加速快、重量轻、能耗低等优势，整体结构简单，故障点少，FISG电机替代发动机起动机。实现机电耦合混合动力控制。FISG电机可以匹配玉柴国Ⅴ(T3)、国Ⅵ(T4)平台的6款混合动力专用发动机系列，FISG电机额定功率覆盖48～100 kW，额定扭矩覆盖350～560 Nm。

五、主要产品

序号	产品型号	产品名称
1	YC048ZQ-1	48 kW增程器
2	YC055ZQ-1	55 kW增程器
3	YC065ZQ-1	65 kW增程器
4	YC100ZQ-1	100 kW增程器

六、发展目标与规划

起步阶段：2004—2015年，开始介入混合动力系统，累计销售并联式混合动力系统3 000台(套)。

发展阶段：2016—2018年，成立事业部，正式投放新能源产品(混动系统总成、纯电系统总成)，启动燃料电池、eCVT混合动力、集成电桥、集成发电式发动机动力总成系统开发工作。玉柴大服务体系全面负责新能源业务。

高速发展阶段：2019—2020年，投放全新一代新能源产品(eCVT混合动力、纯电系统总成、集成发电式发动机动力总成系统)；2020小批投放燃料电池系统，建立智能化服务网络平台。

斯太尔动力(常州)发动机有限公司

一、单位概况

斯太尔动力股份有限公司(股票代码000760)的下属子公司：斯太尔动力(江苏)投资有限公司和斯太尔动力(常州)发动机有限公司(以下简称"公司")。技术源自奥地利斯太尔，业务涵盖发动机、增程器等新能源产品及混合动力解决方案的设计、研发、生产、销售及售后服务。公司着眼于高性能柴油机的开发混合动力解决方案，可提供高度定制化、系列化产品，概念、仿真模拟，验证、测试及许可证等服务。

斯太尔发动机拥有核心知识产权的连体机身技术，燃油系统，电控系统。具有结构紧凑、质量轻、震动低、噪音小、可靠性高、油耗低、多燃料适用等特点。可应用于军工、乘用车、轻型商用车、新能源、工程机械、发电机组、海事船舶等领域。

二、经营情况

1. 集中资源全力发展增程器新能源业务及特殊用途柴油机业务。自2014年启动增程器产品研发和研发团队的搭建，搭载项目达到30余项，涉及大巴车、物流车、港口机械、农用机械、工程机械等领域。已经在各领域打开突破口，并在市场上经过试运营测试，达到较为理想的运营状态。

2. 公司正在积极寻找合适的战略投资者，希望将来和战略投资者实现强强合作，发挥资源互补优势，协同发展发动机项目。以实现盘活公司现有资产，同时为上市公司创造业绩增长空间。

三、产能建设

一期一段位于江苏省常州市武进高新区武宜南路377号创新产业园2和4号厂房，总占地面积7 615 m^2。公司建设的全封闭、微正压、恒温、节能、环保工厂，可以确保M12/4/6缸发动机线产能3万台/年，REX线产能2.4万台/年。其中包含M14和M16装配线、M12装配线、冷试台架、下线热试台架、REX产线等多条生产线。

四、技术进展及研发能力建设

重点推进增程系列产品和特殊用途柴油发动机系列产品的研发。M12 REX和M14 REX增程器开发工作取得阶段性成果，NVH振动水平提升，产品风险基本可控，已在客户样机搭载，取得较好效果。此外，公司无锡增程已自主承担增程器控制器和控制系统的软硬件开发，掌握产品的核心控制技术，进一步增强了产品竞争力，提升了客户端的配套服务能力。

五、主要产品

序号	产品名称	产品型号	产品应用
1	M12 柴油发动机	SCZ2M49Y1E50	道路、工程机械、发电
2	M14 柴油发动机	SCZ4M150F1E30	道路、工程机械、发电
3	M16 柴油发动机	SCZ6M270F1E30	特殊用途、发电
4	M12 柴油增程器	—	道路
5	M14 柴油增程器	—	道路

六、发展目标与规划

未来，公司将继续巩固和发展高性能柴油发动机在新能源辅助动力、非道路、军车等方面的各项核心优势，并深度发展产品。在混合动力上的创新性应用，打造新能源动力系统。将通过战略合作、并购、重整等方式，积极寻找新的利润增长点，进一步增强企业盈利能力，保障企业的可持续发展。

1. 生产建设方面：2019 年，将进一步优化现有年产 3 万台全自动柔性化生产线和高性能检测设备的使用与配置，重点推进 M12CR 发动机及配套增程器的生产和测试，以及公司产品在特种领域应用开发。

2. 市场开拓方面：2019 年，将继续强化销售队伍建设，加强市场形势研判，充分利用公司产品及品牌优势，做好重点客户跟踪维护、项目开拓等工作，通过与新能源大巴车生产企业、物流运营生产企业合作，努力实现公司增程器在新能源汽车、物流车及商用车市场的布局及批量化应用。

3. 技术研发方面：2019 年，将进一步优化增程器系列产品、特殊用途发动机的开发，积极跟进样机搭载情况，有效控制指标、性能风险。此外，公司将以无锡增程公司为平台，致力于增程器产品的技术升级与研发，努力打造增程式能量源系统，集成电池组、冷却系统等，为整车提供一整套的纯电驱动系统。公司提前谋划，计划启动醇氢燃料增程器的研发，为未来增程式动力系统要求的提升做好技术储备。

七、2018 年 1—12 月企业在新能源汽车方面经济指标统计

填报单位名称	指标名称	本期累计（万元）	同期累计（万元）	增长率（%）	增长额（万元）
斯太尔动力（常州）发动机有限公司	2018 年末资产总计	79 820.8	240 620.2	-66.8	-160 799.4
	2018 年营业收入	21 753.3	15 136.1	43.7	6 617.2
	2018 年利润总额	-129 540.8	-10 126.5	-1 179.2	-119 414.3

华域汽车电动系统有限公司

一、单位概况

华域汽车电动系统有限公司（以下简称“公司”）由上汽集团下属华域汽车系统股份有限公司、航天科工集团下属航天科工海鹰集团有限公司及贵州航天工业责任有限公司共同出资建立，致力于提供“新能源汽车驱动系统”的集成解决方案及核心电机电控零部件的研发与制造，是新能源汽车核心零部件供应商。公司注册资金 7 亿元，主营业务为研发、生产、销售各类车用电机及其控制系统。

华域电动在新能源电机及控制器核心技术方面拥有完全自主的知识产权，并具有卓越的产品研发、软件开发、系统集成、成套制造等能力。平台化产品具有高性能、高可靠性等特点，灵活的模块化设计可为多类新能源汽车的不同应用需求提供高效的定制化集成解决方案。

华域汽车电动系统有限公司于 2018 年被上汽通用评为智能制造“标准化”标杆工厂，获得“最佳质量奖”。

1. 自主创新，掌握核心技术

华域电动自主研发了包括永磁同步电机、控制器等多款新能源汽车核心零部件，这些产品可按照不同车型平台的技术要求进行定制，并安装在纯电动、混合动力等多种新能源汽车上。

公司于 2014 年在国内率先研制扁铜线导体电枢工艺，具有功率密度高，效率高，输出扭矩大，调速范围宽，防护等级高等优点。2017 年国内首款扁铜线电机实现批量生产，随后更进一步完善产品系列，开发出多款扁铜线驱动电机先后为上汽通用、荣威、名爵进行批量供货。

截至 2018 年 12 月，在节能与新能源汽车领域，华域电动通过自主研发，拥有专利 70 项，其中发明专利 2 项，实用新型专利 57 项，软件著作权 3 项，外观专利 8 项。

2. 提供卓越解决方案和优质产品

华域电动拥有多条成熟的平台产品线，一直致力于为客户提供完整的驱动电机与控制器的集成解决方案和优质产品。通过灵活、柔性的设计和制造技术，实现产品的性能、功能、结构等方面的差异化，为客户提供符合自身特色的产品方案。

二、经营情况

截至 2018 年 12 月，华域电动拥有两个生产基地，形成了多系列、多品种的电机及控制器产品线，以满足客户不同生产规模的制造需求。公司引进先进齐全的试验验证设备及自动化生产线，试验能力达到国家标准的要求，在国内率先建立了较为完善的汽车驱动电机性能和可靠性验证体系。同时，公司建立了完善的质量管理体系和管理模式，已顺利通过了 IATF 16949 质量管理体系、ISO 14001 环境管理体系、

OHSAS 18001 职业健康安全管理体系认证。

三、产品出口

已获取欧美两大车企品牌多个项目定点。预计 2020 年开始批量供货。

四、产能建设

华域汽车电动系统有限公司为满足新能源汽车行业的快速发展,正积极打造工业 4.0,通过自动化生产线引进、精密模具和先进设备的投入,以及智能化信息系统的构建,将更高效地为客户提供高集成、高可靠性、高效率的优质产品。华域电动现有 5 条生产线,规划可达到年产 40 万台驱动电机和 6 万台控制器。

五、技术进展及研发能力建设

华域电动研发技术人员占总人数 40%,其中博士 4 人,硕士以上学历占比达到 70%,核心技术人员均有新能源电机控制器产品开发经验。

在研发核心能力规划上,将继续深入研究驱动电机扁铜线技术、高磁阻电机技术,投入更多的研发在非稀土永磁电机技术和铝漆包线应用研究上。实现控制器功能安全 C 级和芯片级集成技术。在未来 3 年内实现集成产品的集成封装技术和集成一体化技术。并将继续发展集成一体化电驱动动力总成产品,包含电机控制、DCDC、PDU 等,采用新材料、新原理、新工艺、集成技术打造更高功率密度、更低制造成本、更高集成度的新能源汽车电控系统。

六、主要产品

序号	产品名称	产品应用
1	85 kW Hair-pin 永磁同步电机	上汽荣威、上汽通用
2	52 kW Hair-pin 永磁同步电机	上汽荣威
3	105 kW Hair-pin 永磁同步电机	上汽名爵
4	150 kW 驱动电机、1 500 A 控制器	上汽大通
5	52 kW 驱动电机、400 A 控制器	众泰

七、合资合作及重大项目建设

2018 年底,第二生产基地宝山工厂正式投产。公司计划在 2020 年 6 月前完成两条全球先进自动化生产线的扩建工作,预计产能将达到 80 万台驱动电机。

八、发展目标与规划

为更满足汽车零部件产品在设计与生产等环节上的规范性和安全要求,华域电动已开始 ISO 26262 道路车辆功能安全标准认证的相关体系和技术准备工作,于 2018 年通过功能安全流程认证,计划于 2020 年通过功能安全产品认证。

公司将通过持续投入和创新,掌握行业核心技术和工艺,全面推广平台化战略,持续更新和迭代平台产品,使产品在性能、成本、可制造性等方面成为行业领先,打造国际一流的新能源汽车核心零部件企业。

江苏马威动力技术有限公司

一、单位概况

江苏马威动力技术有限公司是马威动力控制技术(上海)有限公司控股的一家企业,上海马威是一家致力于新能源汽车的电驱动系统的前瞻研究的公司,其意大利母公司在 1999 年成立,曾经为航空,军工企业大量设计,开发,制造过多款超高转速电机。2005 年“最有创意的欧洲 100 强企业”法国国家能源科学院 IFP 的加入,马威得到其开发的变频器的生产授权,助力马威成为世界级的新能源汽车驱动系统世界顶级供应商。

二、产能建设

于江苏泰州征地 100 亩,建设厂房面积 5 万 m^2,办公楼面积 8 000 m^2,项目总投资 10 亿元、注册资本 5 亿元。一期电机与电控系统 EMS 平台在 2019 年达到 10 万台产能,二期在 2021 年达到 30 万台总成产能。三期在 2020 年减速器总成生产线开建的同时确保达到 10 万台减速器总成的产能。四期是在 2023 年电机与电控总成的产能达到 40 万台、减速机总成产能达到 30 万台。客户包含所有国际主流传统 OEM,以及国内大牌新能源汽车厂家。

三、技术进展及研发能力建设

为解决新能源汽车需求的高效率,高功率密度等问题,MAVEL 开创性地采用混磁及软开关技术。MAVEL 在两个关键指标上具有明显优势,对比欧洲量产车型采用的先进技术,MAVEL 在功率密度指标上也有明显优势;MAVEL 的超高速电机,采用空气轴承,转速达到 15 万转以上,潜在应用于氢能源汽车等领域。为解决一系列的技术难点,共产生 70 余项发明专利。MAVEL 核心技术主要包括:混磁同步电机技术、软开关技术、高速化结构等。最终实现电机高功率、小体积、高节能性及高度集成化设计。该三项技术,对应未来新能源汽车领域高功率密度、高效率、低成本及高集成化的需求。在国内外市场有着广泛应用前景。

当前团队由三部分构成,包括:意大利 MAVEL,53 人的开发团队;与意大利合作的法国石油能源科学院(IFPEN)近百人的试制以及实验认证团队;中国 MAVEL,生产及开发团队共计 30 余人。公司主要扩张中方团队,致力国产化及市场开拓。其中意大利及中国 MAVEL 团队,包含大学教授 3 名(都林理工大学)、博士 5 名、硕士 30 余人。

四、主要产品

序号	产品名称	产品型号	产品应用
1	35 kW 混磁同步电驱系统	eMISSA200PK90	纯电动及混动汽车
2	70 kW 混磁同步电驱系统	eMISSB200PK160	纯电动及混动汽车
3	60 kW 超高速电机	MGU-H-MSPD106	燃料电池车,电涡轮发电机

五、合资合作及重大项目建设

1. 为戴姆勒开发最新一代混合动力汽车用电机；
2. 针对三菱汽车，开发超高速发电机系统；
3. 与北汽合作开发最新一代三合一电驱动系统。

六、发展目标与规划

整体发展规划主要包括三个维度：

工厂建设：泰州工程于2020年建设成为先进制造中心，产品线囊括电驱系统，超高速电机以及减速器系统。

中方工程：进一步扩展中方工程团队规模，计划于2019年建设50人开发团队，实现独立承接及开发项目，包括电机，控制器以及减速器。

新产品线：当前产品主推电机及控制器二合一构成，计划于2020年冻结大功率(150 kW)三合一同轴驱动产品设计。

株洲中车时代电气股份有限公司

一、单位概况

株洲中车时代电气股份有限公司（以下简称“公司”）是中国中车的二级子公司，2006年12月20日在香港H股上市（股票代码03898. HK），是中国轨道交通装备制造业首家境外上市公司。

公司具备超强的自主研发能力，经过多年发展，不仅自主掌握了具有列车“心脏”“大脑”之称的牵引电传动和网络控制关键核心技术，同时坚持“同心多元化”发展战略，将轨道交通牵引电传动技术应用于新能源汽车领域，形成以电动汽车电机驱动系统为核心的系列产品及配套产业链。公司在高功率密度、高可靠性、高安全性等设计技术上实现了多项技术突破，性能指标处于国内先进水平。产品已应用于纯电动乘用车及专用车、混合动力轿车等领域。公司致力于成为国内领先、世界知名的新能源汽车核心部件供应商和服务提供商。

二、经营情况

2018年营业收入156.6亿元。

三、产能建设

拥有年产5万台电机控制器自动化生产线2条；正建设年产30万台电动汽车控制器制造基地。

襄阳制造基地占地面积500亩；车用电机产能达20万台/年。

四、技术进展及研发能力建设

实现无位置传感器控制技术实现车辆跛行；产品可满足ASIL-C的功能安全等级；零部件达到Class 3，未来可达到Class 4、Class 5；控制器最高效率98%，转矩误差3%，转矩响应≥1 000 Nm/s；完成研制自主芯片的电机控制器，一体化电驱桥通过单体搭载试验。

覆盖晶闸管、IGCT、IGBT、SiC、功率组件全系列，掌握单面焊接、双面焊接与压接式封装技术，在互连、散热、绝缘保护等关键技术方面继续深入研究，拥有芯片—模块—功率单元完整产业链，产业规模国内领先。

五、主要新产品

序号	产品名称	产品型号
1	电驱动系统	DM3011
2	电驱动系统	DM3012
3	电驱动系统	DM3016
4	电驱动系统	DM3018
5	电驱动系统	DM3028

六、合资合作及重大项目建设

2018年，株洲中车时代电气股份有限公司与一汽集团、北汽签订了战略合作协议；与德国Hofer针对一体化驱动桥进行合资合作。

七、发展目标与规划

借助中国中车的品牌影响力，以及时代电气在半导体和变流器领域的优势，成为国内领先、世界知名的新能源汽车核心部件供应商，提供全方位解决方案。

浙江龙芯电驱动科技有限公司

一、单位概况

浙江龙芯电驱动科技有限公司（以下简称“公司”）是一家集新能源汽车驱动电机研发、制造、销售于一体的高新技术企业。公司总部坐落于长三角经济带核心区——上海，公司与国内多家知名高校建立产学研紧密合作，拥有多款具有核心技术和自主知识产权的高性能扁线电机产品。

公司凭借严谨的研发体系、质量管控体系和创新资源，力争成为新能源汽车驱动电机行业的领军企业。产品覆盖增程式新能源汽车和氢燃料电池新能源汽车的应用。

做混合动力系统优质电机产品的提供商与相关技术方案服务商；做纯电动系统、高性能电机平台方案的提供商，高质量、高性价比产品的制造商；做整车企业或动力总成公司自有电机生产工厂方案提供商，以及投资合作伙伴。

二、经营情况

浙江龙芯电驱动科技有限公司成立于2018年9月，注册资本1亿元。专注于新能源汽车高效驱动电机研发、制造、销售与咨询服务，与国内多家知名高等院校及科研院所合作，开发出多款拥有多项核心技术的国内第二代扁线电机及高磁阻扭矩永磁同步电机产品。产品具有高效、高功率密度、低噪音等优点，是下一代新能源汽车驱动电机的理想选择。产品覆盖纯电动车A00级、A0级、A级、B级、C级、D级、SUV、MPV、中巴、轻卡等各级别整车需求，可自由选择单电机或双电机组合，实现整车性能目标。

三、产能建设

总投资7.9亿元，总占地面积6.6万m^2，厂房面积12.9万m^2。采用先进生产工艺，购置多套全自动扁铜线电枢生产线、定子装配线、转子装配线、总成装配线等生产、检测及辅助设备，设计产能（扁线电机）100万台。

四、技术进展及研发能力建设

公司具有先进高效的电机试制能力：

1. 具备圆导线和扁导线两种电枢样机试制能力；
2. 工装及部分设备自主开发能力；
3. 特定样机定制和小批量试制能力；
4. 快速打样能力；
5. 工艺参数提前验证能力。

公司产品具有如下特点。

可柔性生产：特有6层扁线均衡绕组技术，相同冲片模具下，实现可变并联支路和可变极对数设计，具有优异的可柔性生产特性。

高功率密度：优质的绝缘体系，兼顾油冷和水冷方案。采用油冷时，实现有效功率密度＞5 kW/kg，扭矩密度10 Nm/kg（＞45 Nm/L）。

高速高效：创新转子磁路设计，满足电机工作高速＞17 000 r/min，宽高效区效率＞90%，区域面积大于85%，最高效率接近97%。

低噪音：优化绕组设计，使电机具备超低谐波含量和低噪音特征。

公司拥有领先水平的研发团队，拥有先进电磁设计能力、CAE仿真验证能力，试制及试验能力。

五、合资合作及重大项目建设

1. 基于油冷却的高性能扁线驱动电机平台及产线建设

公司通过研究高性能扁线绕组技术（包括设计和制造工艺）和新一代油冷却技术，开发出具备良好可柔性制造、更高功率密度、更高性价比、更低NVH、更宽高效率区，并具有独立知识产权的电机产品平台，相关产品的性能指标超过国家2025年的要求。其项目主要计划节点为：2019年7月，完成功能样机测试，2019年11月完成典型产品的可靠性验证，2020年1月底完成具备量产能力的柔性线建设。产品线投产后，计划在不少于3个车型（包括混合动力和纯电动项目）推广使用，产线满产后，计划形成产能10万台/年，形成产值2～3亿元/年。

2. 吉利增程式混合动力用双电机技术开发

公司技术团队通过参与吉利RW11项目，和吉利混合动力变速箱团队合作开发增程式混合动力用双电机（包括起发电机和驱动电机）。该项目于2019年2月立项，2019年6月完成电机的样机研制，计划于2020年完成产品的可靠性验证，于2021年和吉利公司湖州工厂共同完成相关产线建设。项目达产后预计最高产能达到15万套/年，能够实现产值近5亿元/年。

六、发展目标与规划

至2021年：成为国内整车动力电机的主要方案及产品提供商并实现盈利，产品配套于国内2～3家国内主流品牌车型，并择机进入合资品牌车型。生产立足湖州基地，将湖州基地建设成省级研发中心，在国内启动1～2个主机厂端分工厂建设。直接或间接销售配套电机12万套/年，并实现产值3.5亿元/年，产品利润超过3 000万元。

至2026年：成为国内动力电机产品生产和研发领军企业，国内市场占有率达到25%以上，在国际行业内具备较强竞争力，4个以上国内生产基地稳定生产，将湖州基地建设成国家级动力电机研发中心。超过3个产品配套在国际主流品牌车型，启动1～2个海外公司或工厂建设，实现产值40亿元，产品利润3亿元。

湘电莱特电气有限公司

一、单位概况

湘电莱特电气有限公司是湘电集团有限公司上市板块湘潭电机股份有限公司引进世界最先进的电机电控成套技术，立足打造中国低压电机领军品牌而创建的一家现代化中美合资企业，致力于方案研究、产品研发、生产制造、营销服务于一体解决方案，为“湘电”品牌旗下唯一低压电机研发、制造、经销和服务的供应商。

湘电莱特电气有限公司是依托湘电股份上市公司国家级企业技术中心、国家级研发检测中心、国家级计量中心强大的技术研发团队，致力于为高端客户提出一体化解决方案。公司核心技术团队从2002年就从事电机与控制、电传动车辆、低压高效电机科研开发，承担国家“863”电动汽车重大专项、省市电动汽车科研项目等，系列化电动汽车驱动系统与国内知名车企形成批量配套。

拥有发明专利30余项，多项国家“863”计划重大项目，国家重点产品以及国家、省市科技进步奖等。有各类专业人员230余人，其中：技术研发人员46人，享受政府津贴技术专家1人、国家“863”专家3人、研究员级工程师2人、高级工程师5人，拥有世界唯一一条年产1万台非晶电机柔性生产线和一个年产能100万kW的低压电机半自动化生产基地。2017年根据物流车批量供货的实际需求，搭建打造10

万台产能自动生产线及测试能力。产品广泛应用于风力发电、水泵、钢铁冶金、船舶、电力、水泥、造纸等行业和新能源汽车、太阳能、风力发电、工程机械及其配套系统。

二、经营情况

2002 年，纯电动客车用驱动电机开发开发成功，并成功配套中巴车运行。（湘电股份）

2005 年，12 m 并联式混合动力客车开发成功，并开辟湖南省首条混合动力客车示范运营线。（湘电股份）

2007 年，承担国家“863”串并联混合动力车用驱动电机系统研发项目，助力东风、吉利、夏利、华普、长城汽车配套。（湘电股份）

2011 年，引进先进非晶电机技术，成立湘电莱特，研发非晶增程器、为博世开发铸铜转子 BSG 电机并小批供货。

2015 年，投资 2 亿元，搬迁新厂区，开发出永磁系列电机系统平台，为重庆瑞驰、东风小康纯电动物流车电驱动系统批量供货。

2017—2018 年，物流车批量供货，排名前五，搭建 10 万台产能自动生产线及测试能力。进入乘用车领域。

三、产品出口

1. 低压交流电机：6 300 台（套）；
2. 非晶电机：1 350 台（套）；
3. 新能源汽车配套：与采埃孚股份公司进行前期对接，已完成资格审查和样子试制工作。

四、产能建设

1. 年产 1 万台非晶电机柔性生产线；
2. 年产能 100 万 kW 的低压电机半自动化生产基地；
3. 年产 10 万台 30 kW 电机自动生产线及配套进口奥地利试验 AVL 台架。

五、技术进展及研发能力建设

2002 年，组建核心团队迈入电动行业；

2003 年，开发客车用电驱动系统；

2004 年，开发并联式混合动力客车开辟示范运营线；

2006 年，承担国家“863”重大专项，开发系列化产品；

2011 年，开发非晶高效电机及非晶集成式增程器；

2012 年，开发混合动力车用铸铜转子 BSG 电机、轮毂电机；

2015 年，开发 30 kW、70 kW 纯电动物流车系统并批量装车；

2017 年，开发混合动力车用 ISG、BSG 电驱动系统；电机减速箱集成产品；

产品已覆盖 20 ~ 150 kW 包括纯电动、混合动力方案。

低压交流电机已广泛应用于风力发电、水泵、钢铁冶金、船舶、电力、水泥、造纸等行业，形成完善的产销一体化。

六、主要新产品

序号	产品名称	产品型号
1	30 kW 永磁同步电机	TYC30-8/180
2	30 kW 永磁同步电机	TZ180XS001
3	30 kW 永磁同步电机	TZ180XS30C
4	50 kW 永磁同步电机	TZ210XS50C
5	30 kW 永磁同步电机	TZ0121031010H

七、合资合作及重大项目建设

已上公告并批量供货：东风小康 EC36、重庆瑞驰 EC35；

样机完成试装并上公告：力帆丰顺、力帆轩朗；

项目样机开发阶段：陕西通家、长丰猎豹、中能绿驰、湘潭吉利、国金汽车、东风小康 580P2 混动。

深圳市蓝海华腾技术股份有限公司

一、单位概况

深圳市蓝海华腾技术股份有限公司是一家拥有完全自主知识产权的国家级高新技术企业，专业致力于电动汽车电机控制器、变频器、伺服驱动器等电力电子产品的研发、制造、销售和服务。曾荣获中国电工技术学会，电动车辆专业委员会和中国汽车工程学会，电动汽车分会联合颁发的“2012 电动汽车技术卓越奖”，荣获变频器行业协会“技术创新”奖、中国电工协会“最具竞争力自主品牌”奖等奖项。公司于 2016 年在创业板成功上市（股票代码 300484）。

在新能源电动汽车行业，蓝海华腾电机控制器作为核心部件之一，在性能、安全性、可靠性、使用寿命等方面处于行业领先水平，具有完善的产业化设计和生产平台，在新能源电动汽车电机控制器拥有丰富完整的产品系列：同步/异步主驱动电机控制器、ISG 和 BSG 电机控制器、油泵/气泵电机控制器等单机标准系列和客户化定制的二合一、三合一及多合一集成产品几十种型号，功率覆盖 3 ~ 355 kW；并通过与多家系统总成厂家、部件厂家及整车厂密切合作，截至 2018 年 12 月已有 30 万台（套）主电机控制器、辅助电机控制器和多合一集成产品，在国内众多主流车厂的各种混合动力和纯电动车型上批量配套，并成功应用于西班牙、意大利、巴基斯坦、菲律宾、埃及等国际市场。

蓝海华腾在全国各地分别设立办事处和售后服务机构。并秉持“技术是基础，质量是生命，不断创新，持续改进，为顾客提供优质的产品和满意的服务”的质量方针，为客户提供优质的产品和满意的服务。

二、主要产品

序号	产品名称	产品型号	产品应用
1	电动汽车电机控制器	KTZ75X60S100-A	安凯电动客车
2	电动汽车电机控制器	KTZ53X52SKL180-F	金龙电动客车
3	电动汽车电机控制器	KTZ54X63S-3575A	金旅电动客车
4	电动汽车电机控制器	KTZ54X42SH33-6D	海格电动客车

北京理工华创电动车技术有限公司

一、单位概况

北京理工华创电动车技术有限公司成立于2010年，是广东华锋新能源科技股份有限公司全资子公司(上市代码002806)，是北京理工大学电动汽车技术的产业化依托单位。长期致力于新能源汽车关键技术的研究，在整车动力学控制、电池成组及高压安全、电驱动与传动系统、分布式驱动和车辆智能网联等领域掌握了一系列核心技术，形成了整车控制器、功率转换集成控制器、分布式驱动系统控制器及电驱动传动系统等产品，可提供电动汽车动力系统平台解决方案，已成为我国电动汽车领域技术发展方向的引领者、先进动力系统平台及关键零部件提供者。

二、主要产品

序号	产品名称	产品型号
1	整车控制器	HCDN67VCU-42B
2	智能网联整车控制器	HCDN67VCU-41A
3	电机双挡 AMT 动力总成	HC2U12PWT-BZA
4	3036 Nm 动力总成	HCIN03PWT-LMC
5	500 Nm4 档 AMT 动力总成	HC4U05PWT-BZA
6	800 Nm2 档 AMT 动力总成	HC2U08PWT-EQA
7	PLUS 版五合一高压集成控制器	HC60LFPIC-F20
8	五合一高压集成控制器	HC60LCPIC-F20
9	PLUS 版四合一高压集成控制器	HC60L9PIC-F60
10	四合一高压集成控制器	HC60l5PIC-720
11	四合一高压集成控制器	HC60LKPIC-K21
12	四合一高压集成控制器	HC60LLPIC-B11
13	高压线束/充电插座	HC6S14GXS/HC6S08GXS

广州领世汽车科技有限公司

一、单位概况

广州领世汽车科技有限公司(以下简称“领世”)成立于2015年，致力于研究和发展新能源汽车、智能网联汽车等前沿汽车科技。公司办公地点位于交通便利、环境优雅的广州清华科技园。公司主营新能源和智能汽车控制系统产品和技术开发，其愿景是成为品牌一流的汽车控制技术和产品提供商。

领世依托所掌握的汽车 ECU(电子控制单元)开发平台、电动汽车控制、智能汽车控制三大核心技术，面向整车企业、汽车零部件企业、互联网汽车公司提供各类汽车控制系统产品和服务。

二、经营情况

1. VCU 产品经营情况

2018年6月，领世发布第一代 VCU 产品，并同步启动东莞工厂的 VCU 生产线，着手建立 VCU 研发和生产质量管理体系。2018年11月，领世 VCU 开始进入整车企业供应链，成为国内某纯电动乘用车车企 A 点供应商，该项目计划配套数量(2020—2023年)超过20万台。2019年6月，领世发布第二代 VCU 产品，并启动与国内多家主流新能源车企的合作与互动。

2. ACU 产品经营情况

2018年3月，领世开发出第一款 ACU 应用，即满足自动驾驶测试车需求的线控套件 ADAS-Kit。该线控套件成功应用于林肯 MKZ 和传祺 GE3，作为产品提供给数十家客户，其中包括整车企业、Tier1 系统供应商、互联网巨头、通信行业巨头、自动驾驶创业公司、科研院所和高校等，并受到自动驾驶行业同仁的一致青睐。

三、产能建设

领世与台湾 KUS 集团在汽车电子产品研发、生产和销售领域展开战略合作，所研发的汽车电子产品将主要在 KUS 集团位于东莞的工厂批量生产。领世已经在该工厂建立年产能20万台的 VCU 生产线。

KUS 和领世已经具备 IATF 16949 生产质量管理体系认证，KUS 和领世计划于2019年内完成 IATF 16949 研发质量管理体系认证。

四、技术进展及研发能力建设

1. VCU 技术进展

领世第一代 VCU 已经与车厂进行前装量产配套，成功应用于新能源乘用车和商用车。此后，领世与国内多家主流新能源车企保持合作、互动的同时，针对不断升级的市场需求，快速开发出了业内领先水平的第二代 VCU 产品。第二代 VCU 产品相比第一代 VCU 产品在多个方面有较大提升，主要表现在：

(1)更高的安全等级：

功能安全等级从 ASIL-B 提升到 ASIL-C。

(2)更强的硬件性能：

①采用英飞凌 Aurix 三核 MCU；

②CPU 计算性能提升450%；

③FLASH 和 RAM 容量提升300%；

④更多的 I/O 资源，共42路输入和35路输出；

⑤更强的总线通信,共5路CAN-FD和1路LIN。

3. 更全的软件功能:

①全面支持AUTOSAR 4.2;

②更完善的UDS和CCP/XCP通信协议栈;

③更完善的模型开发和代码生成技术;

④覆盖各种EV和PHEV车型;

⑤支持4WD和各种ADAS控制。

2. ACU技术进展

领世ACU最早应用于自动驾驶测试车线控套件,即ADAS-Kit。该套件包含一个ACU、一个安全辅助控制单元S-BOX,一个电源分配器PDM和一个人机交互接口HMI。ACU通过CAN总线接口与上层智能驾驶系统IDS交互,实现完整的线控功能,即油门、刹车、转向、档位、驻车和声光系统均可以通过软件进行完全控制。

领世ADAS-Kit采用车规级控制器ACU保证了与前装零部件相同的可靠性;通过实施严格的功能安全方案保证ASIL-C级的功能安全等级,其主要的安全目标是安全驾驶员总是能够接管车辆;通过采用明确的分层架构,以及制定标准的控制接口协议保证了产品的易用性,使得客户与领世之间非常容易建立清晰的分工,实现有效的合作。

2019年9月,领世发布ACU产品的第二个应用,即自动泊车APA。该系统采用12个超声波雷达和4个环视摄像头探测周边车位和障碍物,在ACU的控制下实现自动泊入和泊出功能,泊车场景适应率超过70%。

五、主要新产品

序号	产品名称	产品型号	产品应用
1	整车控制器	V1201	新能源电动/混动乘用车
2	整车控制器	V2401	新能源电动/混动商用车
3	远程监控单元	T1201	新能源电动/混动乘用车
4	远程监控单元	T2401	新能源电动/混动商用车
5	整车控制器	V1202	新能源电动/混动乘用车
6	自动驾驶控制器	A1201	L1/L2级自动驾驶汽车

上述产品中,整车控制器V1201、V2401、T1201、T2401已经批产,V1202和A1201已经完成工程样件开发。

六、发展目标与规划

领世从成立之初就制定了9年发展计划(2016—2025年),并坚定不移地按照所制定的发展目标和规划前进。领世将9年计划划分成3个阶段,每个阶段的时间跨度是3年:第一个3年(2016—2018年),重点研发整车控制器产品,并实现批量生产和配套,截至2018年底该目标已经实现。第二个3年(2020—2022年),重点研发自动驾驶控制器产品,并实现批量生产和配套。VCU国内市场占有率超过10%。第三个3年(2023—2025年),重点研发并推广网联驾驶控制器,并实现批量生产和配套。VCU国内市场占有率超过30%,ACU国内市场占有率超过10%。

合肥阳光电动力科技有限公司

一、单位概况

阳光电源股份有限公司(股票代码300274)是一家专注于太阳能、风能、储能、电动汽车等新能源电源设备的研发、生产、销售和服务的国家重点高新技术企业。自1997年成立以来,公司始终专注于新能源领域培育了一支研发经验丰富、自主创新能力较强的专业研发队伍。

团队先后斩获“国家重点新产品”“国家能源科技进步一等奖”“国家高新技术产业化示范基地”等荣誉,先后承担了20余项国家重大科技计划项目,主持起草了多项国家标准,是行业内为数极少的掌握多项自主核心技术的企业之一。在团队群策群力下,阳光被认定为“国家级博士后科研工作站”“国家认定企业技术中心”。产品先后通过TÜV、UL、CSA等多家国际权威认证机构的认证与测试,已批量销往德国、意大利、澳大利亚、美国、日本、印度等60多个国家。

阳光电源电动车事业部成立于2010年,专注于新能源汽车驱动系统的开发、生产、销售和服务,产品适用于各类新能源乘用车、客车及专用车。2016年注册为阳光电源全资子公司——阳光电动力科技有限公司(以下简称“公司”),进一步整合集团人才、技术、供应链等优势资源,致力于为新能源汽车提供高品质的电控产品。各类产品凭借优异的设计,先后获得“中国工业设计红星奖”、全球顶尖工业设计大奖“红点最佳设计奖”等荣誉。

二、经营情况

公司主营新能源汽车驱动系统开发、生产、销售和服务,产品具有高效能、高可靠和高功率密度的特点。自2010年以来,公司已连续多年为优质新能源乘用车、商用车企业提供产品及服务,乘用车主要客户有吉利、一汽、江铃、众泰等,商用车主要客户有安凯、厦门金龙、厦门金旅、奇瑞汽车等。

截至2018年底,公司的EC10单款产品已累计装车量就突破5万余台。搭载公司电控系统的新能源汽车累计续驶里程超过20亿km。

三、产能建设

公司具备年产10万套产品的能力,规划产能仍在持续提升中。

四、技术进展及研发能力建设

公司极其重视研发人才队伍建设,全公司共有3 000多名员工,其中35%以上为研发技术人员,汽车驱动业务的技术人才有200人以上。在产品开发上,采用源自IBM公司的IPD集成产品开发模式,以降低试错风险并在确保质量的前提下最大化缩短开发周期。为了保障研发能力,公司设有独立的检测中心,负责对开发的产品进行内部检测。作为多年向欧美地区出口电气产品的公司，有着经验丰富的 EMC 设计团队，此外，公司还投入 4 000 万元建设了业内最大的 10 m 法电波暗室，可自主完成电驱动系统的传导、辐射等各项测试，这也是电控行业企业自建最大规模 EMC 实验室。

公司的电控产品具有高效能、高可靠和高功率密度的“三高”特色。作为全球最大的逆变器出货商，效能一直是阳光孜孜不倦的追求，公司光伏产品效率全线突破 99%，电控产品最高效率也达到了 99%，除了做好电控本身的高效率，公司更关注于如何通过电机设计和算法优化，以提升电机系统的效率，使系统高效区尽可能落在符合 NEDC 工况或实际工况运行概率较大的区域。由于采用模块化的软硬件设计，历经多年数万台产品的市场检验，公司的驱动系统在可靠性上的表现也显出超过行业平均水平。此外，在功率密度上也是公司产品的一大特色，阳光拥有自主设计和制造层叠母排的能力，同时率先在行业内量产应用了立体热管理技术，使得产品功率输出能力更强，体积更小，从而功率密度更高，公司的 EC30 产品可以实现 29.8 kVA/L 的容量密度。

五、主要新产品

序号	名 称	型号	典型应用车型
1	乘用车电机控制器	EC10 系列	适用各类 A00、A0 级微型纯电动乘用车
2	乘用车电机控制器	EC30 系列	适用各类 A、B 级高端纯电动乘用车
3	商用车电机控制器	EC50 系列	适用于 6～12 m 大中型纯电动商用车
4	商用车集成式控制器	EE50 系列	适用于 6～12 m 大中型纯电动商用车
5	电气与机械集成单元	EM 系列	适用于 A 级、B 级纯电动乘用车
6	电辅驱集成控制单元	EA 系列	适用于各类新能源车辆

六、发展目标与规划

随着我国提高资源利用率，实现节能减排战略的推进及新能源汽车的大力发展，电机控制器作为新能源汽车核心零部件之一，市场需求将逐步提高。行业已由“从无到有”过渡到“从有到优”的阶段，如何开发出综合成本更优的产品是行业当前面临的重要问题。

阳光始终专注于电机控制技术的开发与应用，历经 22 年在电控适配能力、算法优化、功能安全等领域均有着深入的研究。近年来，公司持续强化与汽车业内人才的交流，并以高度开放的方式积极与业内优秀的整车及零部件企业开展技术及产品合作，持续为新能源汽车提供更高品质的电驱动系统。

天津英捷利汽车技术有限责任公司

一、单位概况

天津英捷利汽车技术有限责任公司(以下简称“公司”)是专门从事电动汽车关键零部件的研究、开发、生产与经营的高新技术企业，拥有电动汽车动力系统关键零部件试验室。通过“十五”和“十一五”的积累，英捷利公司已形成了规范的开发流程，掌握了电动汽车关键技术、共性技术和集成、匹配优化技术，建立了电动汽车动力系统技术平台。依托中汽中心的平台，天津英捷利汽车技术有限责任公司具备完善的电动汽车零部件测试评价体系。

电机控制器生产车间设有高标准防静电工作环境，装配生产采用具有柔性生产能力的装配生产线，能够生产不同类型电机控制器。高温老化室、基于 NI-PXI 的自动检测设备等可对关键组件、成品控制器进行严格检测，确保了产品质量。公司已通过了 ISO 9001 认证和 TS 16949 认证。

二、经营情况

公司具有高素质的经营管理团队和高水平的科研开发团队，驱动电机系统试验评价研究、整车动力性能仿真研究、控制器硬件在环仿真研究、有限元分析等理论和试验研究软硬件条件。公司及其前身清源电动汽车，深耕于电动汽车领域十余年，具有丰富的电动汽车整车及零部件开发，以及生产经验。建立了电动汽车动力系统技术平台、关键技术和零部件的研发流程和支撑体系；开发并产业化了的电动汽车关键零部件，公司具备单班年产 6 万台(套)以上电动汽车动力总成的生产能力，以及完善的生产下线检验能力。公司生产的低压交流及直流电机控制器已累计实验销售近万台。

三、产能建设

公司整合多方资源，通过不断引入先进的研发、制造等资源，通过 3～5 年的发展建设，实现以天津作为总部基地，以成都、广州等处为生产基地的经营模式，总产能超过 40 万套。

四、技术进展及研发能力建设

结合国家新能源汽车产业规划及发展趋势，电动汽车动力系统将朝着高功率密度、系统集成化、电机永磁化、高速化、减速系统多档化、冷却系统多样化方向发展，英捷利顺应行业发展要求及自身多年行业积累的技术优势特点制定产品开发计划。公司根据发展需要，投资建设了电动汽车、混合动力汽车等新能源车辆动力总成评价试验中心。该中心拥有超高响应的瞬态测功机、大功率高速测功机、动力总成耐久测功机及动力电池充放电测试等高性能测试设备，可以完成各种功率的电动汽车动力总成的开发、标定和优化匹配等方面的试验评价，拥有对电动汽车各种电子控制系统的高温、低温、湿热、盐雾、防护等级等方面进行全面测试、评价，以及环境适应性的强化试验考核能力。公司在技术服务上可以提供各种功率的电动汽车动力总成的委托研发、标定和优化匹配等方面的试验评价服务。

五、主要产品

序号	产品名称	产品型号	产品应用
1	20～80 kW 永磁同步电机控制系统	YJLK-B 系列车用驱动系统	小型及微型乘用车、物流车、专用车、工程车
2	100～120 kW 永磁同步电机控制系统	YJLK-G 系列车用驱动系统	纯电动汽车和纯电动大型工程车辆
3	交流电机控制器	YJLTKT14X 系列交流电机控制器	纯电动及混合动力乘用车、物流车等
4	低压交流电机控制器	YJL-E 系列车用驱动系统	老年代步车、高尔夫球车、观光车、巡逻车
5	3～6 kW 永磁同步电机控制器	YJLKTZ 系列车用驱动系统	老年代步车、高尔夫球车、观光车、巡逻车
6	新能源汽车专用真空泵	—	纯电动及混合动力乘用车、物流车等

续上表

序号	产品名称	产品型号	产品应用
7	直流电机控制器	D 型他励直流电机控制器	老年代步车、高尔夫球车、观光车、巡逻车

六、合资合作及重大项目建设

英捷利前身为天津清源电动车辆有限责任公司动力总成事业部（中国汽车技术研究中心电动车研发中心），主要从事电动汽车动力系统开发、匹配研究 10 余年，承担并完成了多项国家“863”计划重大专项课题及天津市重大专项等课题，具备了深厚的技术积累及产业资源，公司还获得了国家级科技型中小企业和天津市科技型企业的资质。

七、发展目标与规划

立足行业高度，整合多方资源，通过不断引入先进的研发、制造等资源，大幅提升公司在新能源汽车行业的技术水平及综合实力，打造新能源汽车动力总成系统行业第一品牌，引领产品技术潮流，持续为中国新能源汽车行业的发展提供源泉与动力。

八、2018 年 1—12 月企业在新能源汽车方面经济指标统计

填报单位名称	指标名称	单位	本期累计	同期累计	增长率(%)
天津英捷利汽车技术有限责任公司	2018 年末资产总计	万元	4 268.84	3 376.87	26.41
	2018 年营业收入	万元	913.73	894.18	2.19
	2018 年利润总额	万元	121.85	69.24	75.98
	2018 年产品销售率	%	24.46	5.05	384.36
	2018 年销售利润率	%	13.33	7.74	72.22

江西精骏电控技术有限公司

一、单位概况

江西精骏电控技术有限公司是汉腾新能源汽车科技有限公司旗下的子公司。是以新能源汽车驱动电机、电机控制器、整车控制器及动力总成系统的研发、生产、销售为核心业务的国家级高新技术企业。

精骏电控以“高起点，对接全球化；会整合，创新赢未来”的经营战略，高度整合国内外电力电子、电机控制、电机设计、整车控制和制造领域顶尖人才和团队，组成高素质研发团队，协同国内外知名新能源汽车整车企业，研发生产高功率密度、高可靠性、高效率、高安全性的交流异步电机、永磁同步电机、同步磁阻电机以及相匹配的控制器和动力总成系统产品。产品技术路线覆盖纯电动、插电混合动力和增程式混合动力等新能源汽车的需求。公司规划占地面积 8 万 m^2，建筑面积 5 万 m^2。一期生产面积 1.5 万 m^2，办公面积 3 000 m^2，可实现年产 15 万套新能源汽车驱动电机、驱动器及控制系统的生产能力。

二、经营情况

精骏电控产品和方案在市场上得到了汉腾汽车、众泰汽车、猎豹汽车、开瑞新能源、吉利汽车、江铃汽车、上饶客车、新吉奥汽车、中汽瑞华、新楚风、雷丁汽车、瑞易电动、长安跨越的认可，实现多个主机厂的合作配套。

三、产能建设

一期生产面积 1.5 万 m^2，办公面积 3 000 m^2，可实现年产 15 万套新能源汽车驱动电机、驱动器及控制系统的生产能力。

四、技术进展及研发能力建设

精骏电控由国家特聘专家王长江博士领衔组建和培养了一支电动车辆驱动系统领域的系统设计和产品开发队伍，截至 2019 年初，研发团队占公司总人数的 60%，其中高工及硕士以上学历占比超过 20%。团队由国内外电机，电控，整

车控制领域资深专业人员组成，集深厚的理论知识和丰富的实践开发经验于一体，掌握了电动车辆电机及其控制系统、核心算法软件及电力电子硬件方面的核心技术。实验室占地1 200 m^2，拥有国内领先的乘用车测功机、乘用车对拖台架（带环境箱）、商用车测功机、商用车对拖台架（带环境箱）、高低温交变湿热环境箱、高低温冷热冲击试验箱、三综合振动实验台、NVH消声室、盐雾箱、防尘箱、防水箱等设备。可以按照国家标准规范要求进行驱动电机及控制器系统的功能测试、性能测试、可靠性测试、台架标定、EMC、安规、NVH噪声测试，以及全面的高低温湿度、冷热冲击、三综合振动、盐雾、IP防护等级等环境类项目测试。

南京泓凯动力系统科技有限公司

一、单位概况

南京泓凯动力系统科技有限公司成立于2016年3月，坐落于南京市溧水经济开发区。具有软硬件综合设计研发能力，主导产品汽车主动安全防护系统采用AUTOSAR分层设计架构；融合汽车功能安全ISO 26262，软硬件平台具有极强的兼容性和可复用性。南京泓凯动力系统科技有限公司拥有员工30余人，其中博士2名、研究生5名，技术人员占50%以上。专注于汽车智能驾驶辅助系统研发，主要产品包括：车道偏离预警系统、前碰撞预警系统、前碰撞紧急制动系统、盲点检测系统、车道并线辅助系统、倒车辅助制动系统、驾驶员行为监测系统、行人识别系统，封闭环境下的无人驾驶系统。

二、经营情况

南京泓凯动力系统科技有限公司拥有国内近40多家汽车制造商合作伙伴。包括客车企业、商用货车企业、物流车生产企业、乘用车生产企业等。

三、产能建设

南京泓凯动力系统科技有限公司具备完善的车辆主动安全系统生产供应能力，年产能可达3 000套以上。

四、技术进展及研发能力建设

南京泓凯动力系统科技有限公司所研发的车辆智能辅助系统从理解人、理解车、理解环境3个方面出发，根据汽车行驶环境与场景应用特征，将主动式安全预警与被动式防护进行深度融合；结合先进的传感器与感知技术，实现了多复杂道路交通环境下危险预警与主动式防护能力。

自动紧急制动系统（Autonomous Emergency Braking System，以下简称“AEBS”）：其主要功能是自动采集本车行驶过程中的车速、与前车距离及其他车辆运行状态信息，根据系统内设定的前方车辆碰撞危险状态判断方法，以声音、发光提示等方式警告或警示驾驶员，或在驾驶员无采取安全措施的绝对危险状态下，采取主动控制本车制动方式避免同一车道内追尾事故的发生或减轻其造成的危害。该系统采用了基于TTC（即碰撞时间）/DRV（考虑车辆路面及驾驶员建模）双裕度安全距离模型的主动安全系统。相比基于传统安全距离模型的系统，该系统可以提供更加舒适而安全的制动体验。

视觉安全辅助系统：其主要功能是利用车载摄像头检测前方车道线，根据系统内设定的车道偏离算法计算出车身与车道线之间的距离，当驾驶员无意识偏离车道时，或前方出现碰撞风险时，以声音、图像提示等方式警告或警示驾驶员，避免危险。该系统采用带有自学习功能的神经网络模型，拥有更好的鲁棒性与识别率。

盲点检测系统：该系统基于超声波雷达、24GHZ毫米波雷达的传感器信息，根据车辆当前速度，后方障碍物与车辆相对运动速度信息对搭建车辆换道过程中与后方车辆的碰撞风险模型，提供给驾驶员不同级别的警报信息。相比传统的盲点检测系统，该系统可以更加合理的反应车辆换道过程中与后方车辆的碰撞风险，具有更良好的使用体验。

驾驶员监控系统：该系统通过一个面向驾驶员的红外摄像头来实时监测驾驶员的头部、眼部、面部等细节，将获取到的信息数据进行模式识别，进而做出疲劳或分神状态判断。系统采用近红外主动成像技术，适应各种光源环境，在夜间、逆光等高挑战性光照环境下也能提供高品质的成像质量。并可以将系统识别到的信息实时上传到数据平台，方便集团用户进行统一管理。

五、主要新产品

序号	产品名称	产品型号
1	紧急主动制动系统	HKA-A-AH1QN-JBS
2	视觉安全辅助系统	HKA-S-N0706-DEP
3	盲点检测系统	HKA-B-E0605-DEP
4	驾驶员监控系统	HKA-D-E0906-DEP
5	智能驻车及智能停车系统	HKA-E-N0711-DEP

六、发展目标与规划

南京泓凯动力科技系统有限公司将顺应国家发展战略与车辆智能化的行业趋势，继续注重人才队伍建设，加快研发进度，在高级辅助驾驶系统的基础上继续扩展，建立L3～L4的无人驾驶平台。根据不同的市场需求，开发满足市场需求的高级驾驶辅助与无人驾驶汽车产品，提高公司的综合竞争能力。

电装(中国)投资有限公司

一、单位概况

作为日本汽车零部件及系统供应商株式会社电装在中国的事业统括公司,电装(中国)投资有限公司〔DENSO (CHINA) INVESTMENT CO., LTD.〕自2003年成立以来,在尊重中国地域文化的基础上,通过投资统括活动,有效地整合中国的人才及资源优势,将中国发展为电装重要的生产基地,并通过提供高品质产品和服务,最大限度地满足中国汽车生产厂家及用户的需要。积极承担作为一个良好企业市民的社会责任,为实现"人·车和谐共存"的理想汽车社会不断努力。除位于北京的总公司外,在天津、上海、广州、长春、武汉、济南、重庆设有分公司,并在上海设有技术中心。主要业务包括销售、技术研发、行政管理及对中国20多家生产公司的投资统括。

产品范围包括动力传动系统产品(如喷油器、燃油泵、ECU等)、空调相关产品(如空调单元、压缩机、冷凝器等)、车身相关产品(如雨刮系统、仪表等)、驾驶安全相关产品(如安全气囊ECU、毫米波雷达等)、信息通信产品(如车载导航等)、汽车后市场产品(如火花塞、雨刮片等)及机械手、扫码器等其他领域产品。

二、合资合作及重大项目建设

面向未来移动社会,电装始终致力于"电动化""先进安全/自动驾驶""智能网联"等技术的研发。在"电动化"领域,电装发挥在电子产品、旋转电机领域所积累的专业技术及优势,拥有逆变器、电动发电机等丰富的产品线。此次在中国首次亮相的ELEXCORE/睿核的品牌,象征着电装立志成为电动化中坚力量的决心,并将"用尽最后一度电"的技术人员的热情表现在品牌名称和产品设计中。

电装一直致力于"实现安心的技术"和"保护环境的技术"的研发。通过对于交通、环境、移动需求等整个城市的数据进行收集的新物联网技术,通过云端安全控制交通,有助于降低占交通事故主要原因的驾驶员操作失误。通过高效的能源再生系统、利用半导体集成化及高性能冷却的电驱动技术、较大限度地发挥发动机性能的燃烧、排放技术,实现主要产品的高性能化,致力于二氧化碳减排。

新公司BluE Nexus主要进行驱动模块的开发及销售。驱动模块是把电动化汽车驱动中必不可少的电机、逆变器、集成传动轴这三大关键部件打包,实现直接驱动车轴的一种产品。爱信的集成传动轴,电装的逆变器,皆享有世界范围内较高的市场占有率。此外,在电机开发领域两家公司都具备了世界先进的高技术水平。正因为有这样的强强联手,BluE Nexus生产的驱动模块可以更低成本地实现高效化、高舒适驾乘感以及小型化设计。爱信与电装拥有在各种组合部件开发中磨炼出的技术强项,将这些强项结合活用,研发出新的技术和产品,才能最终打造成这样的驱动模块。

另外新公司BluE Nexus的动力传动产品可以用于混合动力车或插电式混合动力车使用的双电机模式及单电机模式的油电混动单元,还可以用于作为电气汽车或燃料电池车驱动源的e-Axle以及各种类型的电动汽车

三、发展目标与规划

电装集团于2017年10月31日,正式对公司内外发布了2030年企业长期方针。以"为地球、社会和全世界的人们,创造笑容绽放的未来"为口号,旨在打造为实现绿色环保,让全世界人们都感受到安心和幸福的智能移动社会而不懈努力,坚持创造全新价值的企业。核心价值:环境、安心、共鸣。在中国,电装在生产和销售众多降低油耗、净化尾气排放、助力安全驾驶等相关产品的同时,也积极投身于中国汽车产业的发展和环境保护。

博世集团

一、单位概况

博世集团是世界领先的技术及服务供应商。博世集团近4.1万名员工(截至2018年12月31日)在2018财政年度创造了785亿欧元的销售业绩。博世业务划分为4个业务领域,涵盖汽车与智能交通技术、工业技术、消费品及能源与建筑技术领域。作为全球领先的物联网企业,博世为智能家居、智慧城市、互联交通和互联工业提供创新的解决方案。博世运用其在传感器技术、软件和服务领域的专知,以及自身的云平台,为客户提供整合式跨领域的互联解决方案。通过其产品和服务,博世为人们提供创新有益的解决方案,打造互联生活。凭借其创新科技,博世在世界范围内践行"科技成就生活之美"的承诺。

二、经营情况

作为博世集团最大的业务部门,汽车与智能交通技术业务部在2018年的销售总额达476亿欧元,占集团总销售额的61%,使博世成为全球最大的汽车部件供应商之一。汽车与智能交通技术业务部致力于打造零事故、零排放、零担忧的未来交通愿景,该业务部融合了集团在自动化、电气化和互联化三大前沿领域的专业技术,并向客户提供一体化的交通解决方案。其业务领域主要包括传统内燃机、混合动力及纯电动等多样化的动力总成解决方案、转向系统、安全和驾驶员辅助系统、用户友好型车载信息娱乐技术、车辆对车辆和车辆对基础设施通信、维修服务网络及汽车售后市场技术与服务。博世是汽车创新的大本营,诸如电控发动机管理、电子车身稳定系统及柴油共轨技术等均来自博世。

三、产能建设

博世集团包括罗伯特·博世有限公司及其遍布约60个国家的460家分公司和区域性公司。如果将其销售和服务伙伴计算在内,博世的业务几乎遍及全世界每一个国家。博世的长远健康发展建立在不断创新的基础上。博世的研发网络拥有68 700名研发人员,遍布全球130个国家和地区。

四、主要产品

产品名称	产品应用
Pushbelt 压力钢带	钢带应用于如 Jacto 加特可和万里扬等 CVT 变速箱内

杜邦中国集团有限公司

一、单位概况

杜邦公司(纽交所代码 DD)提供以科技为基础的材料、原料和解决方案,致力于成为全球创新推动者之一,为各行各业和人们的日常生活带来革新。员工运用多样化的科学技术和专业经验,协助客户推进他们的创意,在电子、交通、建筑、水处理、健康和保健、食品和工作防护等关键市场提供重要的创新。

二、杜邦交通与工业事业部

杜邦交通与工业事业部(T & I)为交通运输、电子、医疗、工业及消费品市场提供广泛的科技产品和解决方案。通过在聚合物和材料科学领域的丰富经验和专业知识,T & I与客户一起推动创新。材料系统解决方案能够满足整个价值链中客户的最为苛刻的应用和环境要求。

三、杜邦安全部门

安全部门属于杜邦安全与建筑事业部,旨在对水、建筑和安全方面的生活基本需求提供创新。安全部门包含:个人防护装备和材料、医疗和药品包装、航空航天轻量化、新能源汽车隔热系统四个大类的业务。安全部门拥有 Kevlar®、Nomex®、Tyvek®品牌材料,在全球拥有7个生产基地,目标是保护人、产品、关键工艺流程和我们的地球。

1. 由 Kevlar®材料制成的防护服每年为500万军人或警察提供防护;

2. Tyvek®防护每年为2亿在各种环境中工作的人员提供防护;

3. 目标到2030年减少200万职业意外死亡人数;

4. 100%商用飞机都采用了 Nomex®和 Kevlar®品牌材料制成的蜂窝;

5. lNomex®材料在广泛的电气绝缘和防火应用中提供了优异的材料性能和久经考验的可靠性。

上海汉钟精机股份有限公司

一、单位概况

上海汉钟精机股份有限公司(以下简称“汉钟”),坐落于自然环境优美的上海市金山区枫泾古镇,地处G60沪杭高速公路、沪杭高铁与320国道交会处,位居长三角中心位置、地理位置优越。公司于2007年8月在深圳A股首发通过,成为上海市第一家台商投资上市企业。汉钟精机整合上下游产业链,旗下有9家子公司、4家分公司及多个办事处。

汉钟专业从事压缩机和泵相应技术的研制开发、生产销售及售后服务,广泛运用于各行各业,是重要的通用机电设备之一。清洁能源是未来能源发展方向,而智能的锂电和燃料电池新产业给市场带来前所未有的商业模式。汉钟针对新能源大巴的刹车制动系统及空调制热系统,成功研制出最新一代涡旋压缩机,多压缩室可同时、连续工作,压缩力矩变化平稳,充分满足模块化电动车及混合动力技术方面的需求,而下一代燃料电池应用新技术产品的开发,也将为未来氢能源产业保驾护航。

经过多年的发展,汉钟已成为集压缩机及泵的设计研发、生产制造、品质保证、销售服务、能源管理于一体,并逐步向系统服务营运商延伸,成为中国大陆较具实力的压缩机生产厂家之一。

二、经营情况

2018年度,在汉钟管理层的领导及全体员工的努力下,实现营业收入较2017年同期有所增长。

通过不懈的努力及金山区区政府、枫泾镇政府等有关部门的大力支持,汉钟蓬勃发展,企业规模也日益壮大,汉钟获得了多项奖项与荣誉。“2013—2014年度金山区工业企业50强”“金山区科技进步奖三等奖”“中国制冷学会优秀单位会员”。2016年被评为“上海市健康促进企业”“上市公司制造业100强”“上海冷冻空调行业优秀企业”“2015年度冷冻冷藏十大品牌” 2015—2016年度金山区百强企业、制冷展创新产品、卧室加工系统化生产先进操作创新奖、金山区100强、通用机械协会压缩机分会副理事长单位。2017年被评为“上海市五一劳动奖”。2018年被评为工信部“服务型制造示范项目”“上海制造业企业100强”“中国制造业上市公司价值创造500强”等称号。

三、产品出口

产品不仅行销国内市场，还远销东南亚、澳洲、美洲等世界各地50多个国家。汉钟紧跟国家"一带一路"倡议，不断展开全球化产业布局，顺应世界多极化、经济全球化的需求，打造更大范围、更高水平、更高层次的区域合作，不断提升公司综合竞争力。公司主要出口产品有空气压缩机及机组、冷冻式空气压缩机组、涡旋压缩机及机组、干式真空泵。

四、产能建设

随着国内市场份额的扩展和海外市场的开拓，现有生产能力已经不能满足市场需求，企业通过技术改造、提高生产自动化，达到扩大生产能力，从而弥补市场需求，降低生产成本，提升企业竞争力，替代进口产品。企业投资建设压缩机零部件自动化生产线，培养和形成一支知识结构体系完善、技术能力强的技术团队。通过技术改造，为企业后续产业的发展提供良好的产业支撑，进一步提高市场占有率，产品的技术水平达到国际先进。

通过生产线的建设，公司产能大大提高，有较好的经济效益。

汉钟已建成车用无油空气压缩机生产线两条，产能1万台/年，新能源车用空调电动涡旋压缩机生产线两条20万台/年。

五、技术进展及研发能力建设

主要技术开发项目，汉钟除了对原有传统产品进行前沿技术及产品进行开发外，专门成立了车用压缩机研发中心并与西安交通大学进行产学研合作，成立了西安交大上海汉钟院士工作站并以新能源产业为主，每年以6个研究方向课题进行技术研发，覆盖新能源产业纯电动汽车和氢能源汽车所需的空气压缩机、空调压缩机、氢气回收用压缩机，以及氢燃料堆用空气压缩机等方面的研发。主要生产检测设备引进德国、日本等国，处于国际先进水平，运行情况良好。

六、主要产品

序号	产品名称	产品型号
1	3.7 kW 无油空气压缩机	SAM-440
2	乘用车用空调压缩机	27cc/r
3	轻型客车用空调压缩机	34cc/r
4	客车及巴士用空调压缩机	75cc/r
5	动/静涡盘	—
6	直流永磁电机	—
7	启动及运行控制器	—

七、合资合作及重大项目建设

2018年，为进一步拓展铸造加工业务及拓展海外业务渠道，分别在韩国，以及安徽省设立了两家全资子公司。汉钟精机工业云端服务建设项目"云端服务管理系统"的建立，是为了通过信息化的方式，集中管理分布在全国各地的设备，全面掌握设备的使用状况，如设备所处的具体位置，设备是否正常工作等，能及时警报和处理设备故障，整合历史数据，通过大数据分析，评估压缩机产品的性能情况，并对运行不良的机组给予保养提醒，能最大的满足客户服务，提升满意度。

八、发展目标与规划

新能源汽车和氢能源事业，涡卷压缩机未来将专注于新能源汽车上的应用，如巴士刹车、汽车空调等，汉钟全力投入新能源汽车和巴士应用，除乘用车外，大巴、中巴 、小巴之应用产品也将陆续研发和量产。

氢能源产业是未来二三十年燃料电池产业。将逐渐被用于新能源汽车上。在燃料电池汽车中，空气泵、氢回收泵是重要零部件，涡卷机、螺杆机、离心机是主要产品，汉钟投入研发资源，配合当地之业界开发和应用，以期在早期"Specification-in"，未来可进入氢能源汽车领域。

奥特佳新能源科技股份有限公司

一、公司概况

奥特佳新能源科技股份有限公司是深交所上市公司(股票代码002239)。在汽车业务板块，奥特佳拥有南京奥特佳新能源科技有限公司、空调国际集团、牡丹江富通汽车空调科技有限公司三家控股公司。公司拥有汽车空调压缩机、汽车空调及整车热管理系统、新能源汽车电控产品三大系列产品，是中国最大全球第五的汽车压缩机供货商。

二、旗下核心企业

1. 南京奥特佳新能源科技有限公司

南京奥特佳新能源科技有限公司成立于2000年，总部位于江苏省南京市，客户以国内自主品牌乘用车为主，年产能为900万台，员工总数将近3 500人。对所研发生产的产品拥有独立的知识产权，拥有专利145项，其中发明专利25项，2018年新获专利16项。成立了江苏省汽车空调工程技术研发中心，获得省部级科技进步一等奖，参与起草多项汽车空调相关国家标准，承担了多个国家"863"课题项目、国家科技计划支撑项目和国家"强基工程"技术改造项目等重大项目。

形成合作关系的主要客户包括通用五菱、比亚迪、奇瑞汽车、吉利汽车、华晨汽车、神龙汽车、南京依维柯、菲亚特、北汽福田、长春一汽、天津一汽、东南汽车、东风乘用车、名爵汽车、长安汽车、海马汽车等国内知名汽车厂商，以及德尔福(DELPHI)、法雷奥(VALEO)等国际一流汽车零部件系统配套商。2016年公司成为法国标致(PSA)的供货商，2017年成为德国大众的供货商。

电动压缩机是新能源汽车空调系统核心，将电机、控制器与压缩机组成有机整体，具备良好的自动控制性能及与整车控制系统的信息交换。公司电动压缩机销量连续多年保持高速增长，2017 年被确定向比亚迪、北汽新能源、德国（大众）和一汽（大众）等国内外龙头新能源汽车整车厂批量供货，已于 2018 年 4 月起向比亚迪、北汽新能源国内两家最大的新能源汽车制造商批量供货。

南京奥特佳开发的热泵型电动汽车空调压缩机，获得机械部科技进步一等奖。已在上汽、一汽、吉利、奇瑞等新能源汽车上取得了应用。

公司引进了以博士硕士为主的高端技术团队，为新能源汽车电动压缩机及变排量空调压缩机机电一体化高端产品做好了技术储备，确保未来公司继续保持行业领先地位。

2. 牡丹江富通汽车空调有限公司

牡丹江富通汽车空调有限公司位于黑龙江省牡丹江市，是集研发设计、生产销售为一体的国家高新技术企业，连续多年获一汽大众 A 级供应商、一汽海马、华晨金杯等用户“优秀质量奖”和“售后服务奖”等多项荣誉。

多年来，紧跟国际前沿技术，引进国内外高级专家，并与国内外知名院校、科研院所合作推进自主创新，在引进德尔福 V-5、SP 系列汽车空调压缩机技术的基础上，先后开发了 SC、FM10G/S 系列和高端 SV 系列压缩机，获国家专利 88 项。富通空调主要生产摇盘式变排量压缩机、斜盘式变（定）排量压缩机等活塞压缩机。活塞压缩机更符合现在车型的主流产品，其中的变排量活塞压缩机符合自主品牌汽车升级换代趋势。公司全面导入 ISO 9001、ISO 14001、QS 9000、VDA 6.1、TS 16949 等质量体系，推行 TPS 精益生产线模式，实现质量与成本控制，坚持持续改进，创新变化提高企业竞争力。

2016 年 8 月，与上市公司——奥特佳新能源科技股份有限公司完成资本重组后，实现了协同共赢。为一汽-大众、一汽轿股、海马、福特-江铃、东风贝洱/日产、上汽五菱、华晨金杯、长城、吉利、湖南长丰、陕重汽等 20 多个车厂配套，并出口到北美、东欧和中东等地区，已经成为奥特佳集团旗下优质生产供应基地。富通空调联手集团内企业上海空调国际获得大众欧洲 WQB37W 项目和一汽大众 MQBA0 项目供应商资格，为奥迪、斯柯达、高尔夫等多种车型配套；通过协同竞争，富通空调还获得了长城、吉利、观致、江淮等众多项目。

3. 空调国际集团

空调国际热能系统于 1967 年成立于澳大利亚墨尔本，在汽车行业有超过 50 年的历史，为全球乘用车市场设计、开发、制造和供应空调总成系统、动力冷却系统，以及新能源汽车热管理系统，是一家具有全球竞争力和强劲增长前景的企业。空调国际的业务布局已覆盖全球 80% 的汽车生产区域，在中国上海、美国底特律、中国重庆、墨西哥杜兰戈、泰国罗勇府、澳大利亚墨尔本、德国法兰克福、印度普纳、捷克皮尔森、英国考文垂各地成立分公司及办公机构，以支持产品研发、生产和客户服务。空调国际为全球 6 大区域超过 30 家合作伙伴供货，包括捷豹路虎、大众、通用、福特、马自达、菲亚特-克莱斯勒、吉利、长城、上汽、长安、北汽、奇瑞、广汽、一汽、东风、蔚来汽车等客户。

空调国际热能系统在全球拥有 3 大研发中心，1 个位于美国，2 个位于中国（上海和重庆），另外还设立了 7 个区域性技术中心，为全球客户提供现场支持。早在 1995 年，空调国际就进军中国，成立了空调国际（上海）有限公司，并于 2000 年在重庆与兵装集团合资成立了南方英特有限公司，是国内最早一批汽车热管理系统研发和生产企业之一。位于上海的中国区研发中心拥有将近 200 名工程师，具有强大的本土开发能力，并同时支持北美、欧洲及印度市场的产品开发。上海试验中心具有完备的整车热能系统试验能力，能进行全部的性能及耐久试验，并将在 2019 年三季度建成一个整车全天候风洞，用于整车级空调及冷却系统的性能试验。

空调国际热能系统早在 2008 年就开始致力于新能源汽车热管理系统的研发和制造，具 2016 年开始为蔚来汽车 ES8 开发整车热管理系统，2017 年开始为蔚来汽车 ES6 开发热泵空调系统及香氛系统，2018 年开始为吉利 PMA 纯电动平台、一汽新能源、北汽新能源、广汽新能源、长安汽车、华人运通、FMC 拜腾等开发新能源热泵空调系统。以上项目的开发为空调国际积累了丰富的项目经验，抢占了市场先机，巩固和提升了在新能源热管理系统的竞争优势。

在新能源商用车方面，考虑到快充电池热管理需求，在 2016 年通过了 CATL 的严格审核，为 CATL 开发和供货了用于电池热管理的一体化自动温控机组，可根据电池温度，自动为电池加热或冷却，保证电池工作在合适的温度，有效延长电池寿命。在未来战略发展方向上，奥特佳将紧紧抓住新能源汽车的产业机会，紧紧围绕 4 个战略方向，致力于成为新能源汽车热管理龙头。

新能源化：巩固电动压缩机的市场领先地位，积极拓展新能源机车核心零部件领域。

国际化：抓住与国内外新能源汽车行业龙头合作的机会，并充分利用空调国际的全球网络，走国际化道路。

热管理系统化：突破传统汽车热管理概念，拓展至电池、电机系统的热管理。

技术领先：在新能源汽车热管理相关技术上继续加大投入，掌握最尖端的核心技术。

上海加冷松芝汽车空调股份有限公司

一、单位概况

上海加冷松芝汽车空调股份有限公司创立于 1998 年，专业研发、制造各类车辆空调系统。2010 年在深交所成功上市，股票简称松芝股份（股票代码 002454）。控股厦门松芝、安徽松芝、重庆松芝、成都松芝、柳州松芝、武汉松芝、南京博士朗等 20 余家分子公司。上海总部建有春光路、华宁路、颛兴路三大厂区，总计占地面积 18.1 万 m^2，建筑面积 22.4 万 m^2。员工 3 000 余人，其中技术人员近 600 人，中高级职称 300 余人，硕士学位 40 余人，博士学位 3 人，汽车行业专家顾问10人。

依托20年的卓越管理与雄厚的技术积淀，松芝股份业务领域逐步覆盖大中型客车空调、乘用车空调、轨道车空调、冷冻冷藏车空调、车用空调零部件、新能源汽车空调及压缩机领域，日益发展成为国内移动空调领域的翘楚。

二、经营情况

松芝股份致力于打造移动式空调系统的民族第一品牌，始终坚持"高效、节能、环保"的产品战略和"高技术、高品质、高服务"的技术营销市场理念。已拥有20余家分子公司，形成以上海为中心，以安徽、重庆、武汉、柳州、成都、北京、厦门等地区为主要基地的国内市场布局，业务覆盖全国34个省市。2016年在印度尼西亚设立子公司。2017年，收购3家公司，新同创（苏州）、首钢福田（北京）、Lumikko（芬兰）。2018年，成立全资子公司上海松芝酷能汽车技术有限公司。

三、产品出口

松芝产品远销俄罗斯、智利、土耳其、巴西、马来西亚、印度尼西亚等海外30多个国家。2018年境外营收140 924 000.65元，同比上涨24.65%。客车空调销量54 049台，其中电动客车空调28 737台。

四、产能建设

已具备上千种产品的产业化能力，客车空调年产能达6.5万套，换热器芯体年产能达400万件，空调总成年产能180万套。引入国内领先的自动总装线、芯体装配线、自动焊接机、自动氦检机、激光切割等，形成以上海为中心，覆盖厦门、江淮、柳州、重庆、南京、武汉等地的全国生产布局。

通过企业资源计划系统（ERP）、制造执行系统（MES系统）及仓库管理系统（WMS）等信息化系统进行资源整合，实现生产物料透明化、作业指导信息化、生产过程可视化，贯彻信息化和工业化深度融合，打造数字化智能制造的标杆工厂。

五、技术进展及研发能力建设

为了提高研发能力和水平，投入大量资金建设国际领先的研发设备和体系。其中，总投资额超过1.5亿元、由德国和日本知名企业共同建设的环境模拟风洞实验室已于2018年6月投入使用。实验室在参数范围、控制精度、可重复性、系统的控制版本、硬件的运行效率、设备的更新状态等各种重要指标均达到国际先进水平。全面提高产品搭载整车的试验能力，为整车集成开发提供更加完善、可靠的数据分析和技术评价。2016年，试验中心获得"中国合格评定国家认可委员会实验室认可证书"（CNAS认证）。构建自主创新与知识产权体系，核心技术累计申请专利400余项，制定国家标准2件、行业标准3件，注册商标21项。自主研发的产品获得国家科技进步二等奖、上海市科技进步二等奖、国家重点新产品、上海市重点新产品、国家机械工业科技进步二等奖、国家发明展"发明创造奖"项目奖金奖、产学研一等奖、闵行区科技进步奖一等奖等。

六、主要产品

序号	产品名称	产品型号	产品应用
1	大中型客车空调	SZA ~ SZR系列、JLD系列、JLE系列等	大中型客车空调
2	乘用车空调	江淮J10、东风柳汽景逸S50、上汽通用五菱宝骏系列等	乘用车空调
3	轨道车空调	KLD29/35/40系列等	轨道车空调
4	冷冻冷藏车空调	全电式半挂车冷藏机组、新能源全电式机组等	冷冻冷藏车空调
5	电动涡旋压缩机	新能源C型、EVH型电动压缩机等	电动涡旋压缩机

七、发展目标与规划

加快推进公司产品功能的模块化，推进产品体系整体的平台化、规格的系列化、零部件的通用化，从全球市场的视野高度，谋划公司的布局和产能建设，立足上海、辐射全国。加快上海标杆工厂的建设，推动两化融合进程，向智能化、信息化迈进。实现移动式空调热系统主要产品系列全面正向开发能力，有计划地推进冷却模块和相关热系统产品的研发，把新能源电动空调系统、电动压缩机、电池冷却系统的研发摆在优先位置，加快集团分子公司产品研究中心和集团研究院布局，加强基础研究和产品研发的功能配置。

八、2018年1—12月企业在新能源汽车方面经济指标统计

填报单位名称	指标名称	单位	本期累计	同期累计	增长率(%)
上海加冷松芝汽车空调股份有限公司	2018年末资产总计	万元	590 127	615 464	-4.12
	2018全年完成投资额	万元	108 675	94 818	14.61
	2018年营业收入	万元	145 848	133 313	9.4
	2018年利润总额	万元	44 398	23 756	86.89
	2018年产品销售率	%	98	98	0
	2018年销售利润率	%	124 060	113 163	9.63

浙江银轮机股份有限公司

一、单位概况

浙江银轮机股份有限公司(以下简称“公司”)围绕“节能、减排、智能、安全”4条产品发展主线,专注于油、水、气、电介质间的热交换产品及后处理排气系统相关产品的研发、生产与销售。公司是国家级高新技术企业,是中国内燃机标准化技术委员会热交换器行业标准的牵头制定单位,建有国家级技术研究中心、国家试验检测中心、省级重点企业研究院、省级工程实验室和国家级博士后科研工作站。公司近年来不断进行全球国际化战略布局,不仅在浙江、上海、湖北、山东等地建有生产基地和研发中心,在北美、欧洲等地也建有生产基地和研发分中心。

主要产品有:新能源汽车热管理相关的高低温水箱、Chiller(电池深冷器)、电池冷却板、电机冷却器、电控冷却器、前端冷却模块、PTC加热器、电子风扇、电子水泵、热泵空调系统等;乘用车热管理相关的发动机机油冷却器及总成、机油滤清器及总成、EGR(废气再循环)冷却器及总成、EGR阀、中冷器、水箱、铝铸件、前端冷却模块等;商用车热管理相关的发动机机油冷却器及总成、机油滤清器及总成、前端冷却模块、铝铸件、EGR(废气再循环)冷却器及总成、空调系统等;工程机械热管理相关的前端冷却模块、铝铸件、空调系统等;工业及船用热管理相关的ORC(余热回收)、工业换热器、铝铸件等;农业机械及其他行业热管理相关的冷却模块等;尾气后处理相关的SCR、DPF、DOC系统等。

公司产品广泛应用于汽车、工程机械、农业机械、压缩机、风力发电、火车机车、轮船、空调等热交换及尾气后处理领域。

二、经营情况

2018年,公司面临着内外巨大的压力,始终坚持“安全清洁”与“发展变革”这两个主题,高度重视安全和清洁发展,加快内部变革,不断创新管理及商业模式,做好平台建设,努力实现全球协同,不断提升公司经营管理能力,坚定实现近期经营目标不动摇,确保公司健康经营。报告期内,公司实现营业总收入501 924.15万元,较2017年同期增长16.10%;实现利润总额46 175.80万元,较2017年同期增长14.42%;实现归属于上市公司股东的净利润34 912.26万元,同比增长12.26%。

“打造更加集约高效、更加灵活柔性、更加变革创新、更加开放共享的平台型组织”是公司平台化建设的宗旨和目标。公司着力打造3个平台,即由创新管理总部牵头的“创新管理平台”、由质量策划提升委员会及办公室牵头的“质量策划平台”、由项目管理委员会及总经理办公室牵头的“项目管理平台”。这3个平台将承担着公司探索“打造平台型组织,实现功能平台化”的模式的重任,也是公司2018年推进管理变革创新的重要方向。

公司持续推进智能工厂,继续打造0PPM产品线。2018年建立0PPM产品示范线11条,验收通过3条,有条件通过7条,未通过1条。持续推进装备自动化改造和投入,推进汽车零部件生产过程智能化改造项目,完成总投资额的47.4%。

公司制定了更高标准,打造一支有学习力、战斗力、凝聚力、年轻化、国际化的骨干队伍。坚持“德才兼备、以德为先”的原则,将有良好职业道德的高素质年轻化员工通过青干班定期培训等,尽快明确为骨干,加以重点关注和培养,使他们尽快成长,最终走上领导干部的职位,挑起更重的责任。成立了客户经理、项目经理、技术经理组成的“金三角”自营体团队,为客户提供端对端的服务,推行目标、预算管理,明确契约责任和激励方式。经过一系列的变革和努力,基本实现了年初定下的经营目标。

三、产品出口

2018年实现出口营业收入12.18亿元,营业收入比2017年同期增长15.56%,毛利率比2017年同期增长1.83%。

四、产能建设

子公司上海银轮投资有限公司于2018年8月与AMAN MEHTANI,DARSHAN KUMARMEHTANI在印度的PUNE,合资成立印度银轮(Yinlun ADM India Pvt. Ltd.),计划建设年产20万件尾气再循环冷却器项目。

五、技术进展及研发能力建设

银轮致力于为客户提供“安全”“节能”“减排”“智能”高效换热和排放系统解决方案。公司建立了产品发展战略规划体系,产品研究开发系统以及产品试制、试验系统,拥有专利近300余项,牵头制订标准22项,并成为中国热交换器行业标准牵头制订单位。公司先后与清华大学、浙大、上海交大、哈工大、山东大学、AVL等建立了战略合作关系,并同相关院校成立了联合研发中心。联合创新、联合研发,并卓有成效。

公司拥有完善先进的产品性能测试设备,是国内同行中设施最完善、规模最大的热交换器产品测试基地,通过了ISO/IEC 17025体系认证,是中国合格评定国家认可委员会(CNAS)国家认证实验室,测试基地的部分试验手段超过了国外同行水平;公司已形成了模拟仿真计算与可靠性设计技术、试验方法与装备开发技术、冷却系统集成与匹配技术、排放后处理产品技术(SCR和EGR)、发动机智能化热管理技术、节能清洁的钎焊技术(五室半连续真空炉)六大核心技术。

公司具备配套同步开发能力,在与国内外知名主机厂合作时,基于数值计算和仿真技术的设计方法,在产品开发过程中广泛应用;在主机厂的新产品开发过程中,公司能直接根据主机厂提出的性能要求和安装要求进行同步开发,并能接受客户的意见不断优化,持续改进产品的性能和质量,并积极解决客户在新产品研发过程中出现的问题。与国际大客户合作时,公司即时、快速、灵敏的反应能力以及产品的改进、开发速度得到客户的认可和赞赏。

六、主要产品

序号	产品名称	产品型号	产品应用
1	电池冷却器	150552	吉利、比亚迪、广汽新能源汽车
2	电池水冷板	312815-01	福特、通用、PSA、吉利、广汽等新能源汽车
3	电子水阀	三通和四通水阀	一汽,广汽,江铃等新能源汽车
4	PTC 冷却液加热器	6 kW	广汽,东风小康,重塑,亿华通
5	前段冷却模块	—	吉利,奇瑞,沃尔沃
6	热泵空调	—	江铃

七、发展目标与规划

2018 年,公司召开了以“新目标、新使命、新担当,再创辉煌”为主题的战略研讨会,明确了 2019—2038 年为二次创业阶段,2019 年是二次创业的开局之年,是奠定接下来 2022 年阶段性目标顺利实现信心的关键。要从事关二次创业发展全局的高度去谋划好 2019 年,用成绩检验我们的经营水平和发展能力。

2019 年预计营业收入:55 ~ 60 亿元:预计实现归属上市股东净利润:3. 85 ~ 4. 20 亿元。

翰昂汽车零部件(上海)有限公司

一、单位概况

翰昂系统成立于 1986 年,提供汽车热管理应用全线产品,如空调、压缩机、动力系统冷却、空调管路、电子及流体压力控制,以及适用于电动、混合动力和燃料电池车辆的热管理和排放解决方案。翰昂系统在 21 个国家设立了 51 处制造基地和 23 个工程中心,有超过 2. 2 万个员工。

二、主要产品系列

1. 混合动力和电动车热管理方案

(1)热泵系统

热泵系统可以从外部空气中获取能量,始终为乘客营造冷暖适中的车厢环境。该系统特别适用于电动汽车和混合动力汽车,这些车型对于能量消耗有着极高的要求,特别是在 0℃以下的酷寒环境中,通过热泵技术可以使续航里程得到极大的提升。翰昂系统在热泵系统创新上处于行业领先地位,该产品在 2015 年获得了 IR52 Jang Young Shil 大奖,并在全球范围内率先量产。

(2)电池热管理系统

电池接触式热交换器和电池组集成用以转换电池组和冷却液或制冷剂回路之间的热能,它可以精确地对纯电动车和混合动力车的温度进行控制,尤其是锂离子电池的应用。该技术可以根据不同的电池结构设计和环境温度变化对电池进行冷却或加热。

(3)燃料电池车热管理方案

燃料电池车是通过氢气化学反应转换成电能,不会产生有害物质,因此燃料电池车是无污染汽车,可以满足严苛的环保要求。翰昂系统率先量产了支持这一全新车辆架构的先进热管理产品。

2. 动力系统冷却

冷却模块位于发动机舱的前端,包括冷凝器,散热器,低温散热器,中冷器和油冷器。翰昂系统的集成化模块易于运输和车辆组装。使用获 PACE 奖的波浪形风扇叶片和锯齿状的风罩,以及 BLDC 电机可以降低声噪,去锁止销技术达到低速碰撞保护标准,先进的 300 V 架构可以满足电动车及燃料电池电动车的制冷需求。

3. 压缩机

压缩机是空调系统的核心部件,翰昂系统在汽车压缩机研发和制造领域有几十年的经验。其压缩机产品具有环保和高效的特性,能适用于任何一种车辆架构。翰昂系统最新一代的电动压缩机设计采用由一个自带的电动机和集成电力电子控制器驱动的耐用的涡旋技术。电动压缩机适用于 EV/HEV 以及热泵系统,实行独立运作,并且在发动机关闭的情况下仍可提供座舱制冷。

4. 空调管路

同轴管替代了部分吸气、液体管在逆流布局中进行热交换。创新的同轴管设计以卓越的低成本优势增强了制冷剂系统的性能和制冷量。同轴管可以适配低 GWP 的 R1234yf 制冷剂。翰昂系统的业内标准化金属密封连接头(MSF)拥有一项管路密封专利,可以实现制冷剂对环境的零泄漏。MSF 赢得了 2013 年 PACE 创新技术奖。

5. 电子及流体压力控制

(1)电子冷却风扇

集成了无刷直流电机的电子冷却风扇,其叶片和风罩使用优化的最新流体动力学设计(CFD)和 FEM(有限元建模)工具提升性能和效率。无刷电机和有刷电机相比具备众多优势,如更高的效率和可靠性;低油耗、低噪音、低二氧化碳排放;寿命长(没有碳刷损耗);没有换向器火花,大幅降低 EMC 干扰;低能耗;尺寸和重量减小;控制器集成在马达内,提高电流与控制电路分离;全系列电机通过 VDA 认证。

(2)电子冷却液泵

电子冷却液泵是热能管理中必不可少的关键部件,它为系统运行提供所需的冷却液。翰昂系统电子冷却液泵能依据要求对发动机进行精确冷却,从而减少燃料消耗,同时还可提供降低摩擦损失和废气排放的额外效益。其可应用于增压型内燃发动机、启停技术、混合动力及纯电动、燃料电池电动车。该泵可支持下一代热能管理系统的多项应用,尤其是无皮带发动机的电池冷却,DC/DC 变换器冷却和电力电子系统冷却。翰昂系统的电子冷却液泵产品系列提供广泛的功率选择,能够精确控制冷却液量并且快速响应,实现发动机冷却并提供舒适的座舱环境,在特定情况下还可减少系统中使用的冷却液泵的数量。

(3)电子冷却液阀

电子冷却液阀根据热能控制的要求,将冷却液导入不同的冷却回路中。直流电机驱动的球形阀对冷却液流经不同方向通路进行控制。翰昂系统电子冷却液阀应用于自然吸气和增压发动机、启停技术、混合动力及纯电动、燃料电池电动车。该阀可支持下一代热能管理系统的多项应用,包括电池冷却,DC/DC 变换器冷却和电子系统冷却。

深圳市力辉电机有限公司

一、单位概况

深圳市力辉电机有限公司(以下简称“力辉电机”)成立于 2001 年,是一家专业从事微特电机研发、生产和销售的国家级高新技术企业。自成立以来,一直致力于微特电机的研发与生产。从 2010 年开始涉足汽车电机领域,已在汽车技术领域自主开发了数十款适用于传统汽车以及新能源汽车的电机,应用于汽车电动座椅、电动汽车排挡系统、电动汽车循环冷却系统等。随着业务的不断扩大及其良好的产品品质,力辉电机已在国内外市场赢得很高的声誉。

二、经营情况

力辉电机产品主要集中于家用电器领域及汽车技术领域,2018 年营业额达 11 亿元,并以平均每年 4 个百分点的增速稳步增长,产品种类逐渐丰富,客户遍布全球各地。近年来,公司不断加大对汽车电机的研发与生产投入。

三、产能建设

新开 2 条用于汽车电机制造的全自动化生产线,现拥有 40 余条全自动及半自动化的生产线,月总产能超过 350 万台,年产能超 4 000 万台。在汽车电机生产线方面,拥有新能源汽车电机生产线、座椅电机生产线等 10 余条,月产量达到 10 万台。

四、技术进展及研发能力建设

获得国家级高新技术企业资质,获广东省科学技术厅颁发的“广东省智能化高效节能微电机工程技术研究中心”。

五、主要产品

序号	产品名称	产品型号	产品应用
1	EV 冷却泵无刷电机	PBL7640024	比亚迪纯电动客车
2	汽车座椅电机	PGM-WP75AL	北汽新能源电动轿车

六、发展目标与规划

1. 预计未来 3 年汽车电机自动化生产线的投入达上亿元,不断提高汽车电机的产量;

2. 结合国内外最新技术,引进先进人才,不断改善原有产品以及开发新产品,产品设计不断实现轻量化以及无刷化的转变;

3. 着力于新能源汽车的车身系统的舒适性和自动化不断发展。

上海赢双电机有限公司

一、单位概况

上海赢双电机有限公司是一家致力于旋变位置传感器技术研发、产品制造和营销服务的高新技术企业。在旋变领域具有扎实技术基础和丰富的产品制造与工程应用经验,具备产业化生产能力。是该领域国内企业的龙头单位,产品性能处于国际先进国内领先水平。

上海赢双电机有限公司成立以来先后参与十多项国家“863”计划重大专项、上海市科委、上海市经信委科技项目技术攻关,在新能源电机驱动系统中的位置传感器-磁阻式旋转变压器的研发取得了一系列重大突破。经过多年的努力,已形成 44 项专利,其中授权发明专利 5 项、授权实用新型专利 25 项,授权外观专利 3 项,参与制定国家标准(GB/T 31996-20151)1 项,拥有企业标准 2 项,软件著作权 1 项,注册商标 2 项。公司自主研发的磁阻式旋转变压器已随着国内重点新能源汽车电机驱动系统企业的产品应用于各大知名汽车企业的整车中。

上海赢双电机有限公司于 2010 年通过 ISO 9001 质量体系认证,2014 年通过 TS 16949 汽车质量管理体系认证,并于 2018 年 6 月通过 IATF 16949:2016/ISO 9001:2015 体系认证。2012 年被授予“上海市高新技术企业”,2015 年被授予上海市“专精特新”企业,2016 年被上海市科委评为“上海市科技小巨人培育企业”。

二、经营情况

上海赢双电机有限公司磁阻式旋转变压器应用于各大汽车厂家如中通客车、安凯客车、北汽汽车、比亚迪汽车等新能源车中,包括纯电动汽车、混合动力轿车及客车、燃料电池汽车、电动环卫车、电动叉车、电动场馆车等。此外,磁阻式旋变压器还应用于包括高铁、轨道交通等。

为满足国家电动汽车产业化配套需求,上海赢双电机有限公司组建了磁阻式旋转变压器自动化生产线,加强质量管控和产品的环境试验验证,确保产品性能的可靠性与稳定性。一些磁阻式旋变试制品已应用至国外汽车企业的新能源汽车中,并为全球几大新能源汽车零部件配套商进行了样品开发。磁阻式旋转变压器已完成产品系列化开发,其外径尺寸 $\phi 37 \sim 424$ mm,可满足从微型电动车到混合动力大客车等车型的需求。通过多年来的技术创新积累,企业产品具有高性能、高可靠性、低成本的特点,能替代同类进口产品,国内市场占有率进一步提升。2018 年,上海赢双电机有限公司磁阻式旋变压器市场销售量较2107年增长12.5%,企业营业收入和盈利能力得到快速增长,步入稳步发展的轨道。

三、产品出口

产品主要出口德国,意大利,加拿大,美国等欧洲市场和美洲市场。

四、产能建设

上海赢双电机有限公司为了满足当前和数年后的国内电动汽车电机驱动系统中旋变的需求,加快了磁阻式旋转变压器的产能建设,已有1条全自动化生产线、2条柔性化自动化生产线自动化,以及半自动化生产线,可满足年200万套的配套需求。预计2020年可达年产250万套配套能力,2022年可达400万套,通过产能建设不断完善智能制造的生产方式,适应新能源汽车市场发展的需要。

五、技术进展及研发能力建设

上海赢双电机有限公司非常注重人才队伍建设,注重人才的引进和培养,制定了系列激励政策引进和培育人才。已建立一支研发、设计与制造的骨干队伍,形成以专家带队、青年科技工程人员为主的研发团队。通过承担国家"863"计划等重大科研项目的研发任务,锻炼了技术队伍。通过在新能源汽车电机系统中的磁阻式旋转变压器的设计、生产和制造工艺等方面的研发,能够快速满足客户的各种定制磁阻式旋转变压器的需求。产品既满足BEV纯电动汽车、HEV混合动力汽车电机的要求,同时公司技术储备瞄准下一代电机-减变速箱-驱动控制三和一一体化同油冷产品,所需的耐油、耐高温型接线柱磁阻式旋转变压器开展研发。

上海赢双电机有限公司拥有研发实验室,配备专业研发仪器设备和环境试验设备,为产品的研发、性能的可靠性、一致性和稳定性,提供必要的软件和硬件支持。2018年上海赢双电机有限公司被评为上海市闵行区"区级研发机构"。

六、主要产品

序号	产品名称	产品应用
1	磁阻式旋转变压器	北汽、比亚迪纯电动轿车、宇通客车

七、合资合作及重大项目建设

在上海市闵行区政府的支持下,上海赢双电机有限公司获得上海市闵行区北吴路都会路地块16.2亩的工业用地,厂房建筑面积为21 600 m^2。新厂房于2019年动工,2020年下半年建成,上海赢双电机有限公司将在新落成的生产基地中扩大磁阻式旋转变压器的生产规模,为我国新能源汽车的发展努力作出贡献。

株洲齿轮有限责任公司

一、发展概况

株洲齿轮有限责任公司始建于1958年,现为潍柴集团控股子公司。主要从事乘用车变速器、新能源减速器、一体化动力总成、分动器、工程机械减速机等齿轮传动及控制系统总成的研发、制造和销售。是国家高新技术企业,拥有国家级企业技术中心、高性能复杂制造国家重点实验室产业化研究基地、湖南省汽车齿轮传动工程技术研究中心。2008年入选"中国机械500强"、连续多年被评为"中国百佳汽车零部件供应商""中国机械行业管理创新示范企业"。具有完善的质量管理体系,先后通过了ISO 9001、QS 9000、TS 16949质量体系认证和GJB9001B国军标认证。

自2009年就开展新能源齿轮传动产品的研发生产,开发的1T07系列、1T15系列、1T25系列、1T35系列、1T40系列等新能源产品,能覆盖A00级~B级以上纯电动轿车、纯电动SUV,也开发了系列化的两档纯电物流车的动力系统和乘用车DHT专用混合动力系统,已给北汽新能源、奇瑞新能源、吉利汽车、通用五菱、长安汽车、江铃东南汽车、东风汽车、宇通客车、长丰猎豹、小鹏、敏安等厂商批量供货。新能源减速器国内市场占有率逐年攀升,2018年以28%的市场占有率为国内第一。

株洲齿轮有限责任公司参与了2018年国家重点研发计划新能源汽车专项《高性能精密一体化驱动电机系统研制》,并成为课题承担单位;公司承担了多项省、市级新能源汽车产业相关项目。研制的高速减速器现已达到最高转速16 000 r/min,传动效率96%,技术处于国内领先。

二、生产经营状况

注册资金53 131万元,株齿公司近3年销售收入实现了翻番式增长,2018年实现销售收入的8亿元,2019年将超过10亿元。

三、产能建设

现有新能源减速器装配线两条、纯电动物流车装配线一条、一体化动力总成装配线一条(2019年9月到位)。具备年产新能源变速器45万台的能力。

四、研发能力

1. 研发投入

拥有300余人的研发队伍,其中博士、硕士70余人,高级工程师25人,2018年投入研发费用占比超过6%。

2. 合作单位

株洲齿轮有限责任公司与一批国内外知名企业、科研院所共同开展新能源汽车相关技术研究工作。与卧龙电气、上海电驱动、中车时代电电气、中车电机等开展业务合作;与AVL、SMT、潍柴东京研发中心等国际顶尖汽车行业设计咨询公司开展联合研发。公司是中南大学高性能复杂制造国家重点实验室产业化研究基地,与重庆理工大学共建联合实验室、与吉林大学共同开展国家重点研发计划研究工作。除此之外,公司还与中科院软件所、湖南大学、北京航空航天大学、河北工业大学、湖南工业大学、重庆大学等高校和科研机构建立了合作关系。

3. 研发设备

拥有一批先进的实设计仿真、试验检测设备，设备原值达9 158万元。可实现自主进行静扭、疲劳寿命、NVH、高低温、动态密封、润滑冷却等变速箱总成实验。

五、主要产品

1. 新能源减速箱

序号	名称	速比	最高转速 r/min	输入扭矩 Nm	中心矩 mm	匹配车型
1	1T07 减速箱	6.74～11	9 000	50～150	161	小平台 A00 级纯电动轿车
2	1T15 减速箱	7.7～12	11 000	120～180	189	小平台 A0 级纯电动轿车
3	1T25J 减速箱	7.82～9.04	12 000	220～280	214	中平台 纯电动轿车
4	1T25F 减速箱	9.11	12 000	250～280	210	中平台 纯电动轿车，SUV
5	1T25KP 减速箱	8.28	12 000	280～320	210～214	中平台 纯电动轿车，SUV
6	1T28 减速箱	12.8	16 000	200～280	210	高速 纯电动 SUV，轿车
7	1T35 减速箱	9.8	12 000	300～330	214	大平台 纯电动 SUV，轿车
8	1T36P 减速箱	9.06	14 000	320～360	214	大平台 纯电动 SUV，轿车
9	1T40 减速箱	9.036	12 000	360～400	214	大平台 纯电动 SUV，轿车

实现了1T07、1T15、1T25、1T35、1T40平台单减速箱产品序列，满足70～400 Nm的电机扭矩输入需求；其中1T40可实现输出扭矩4 000 Nm，1T28实现16 000 r/min的高速传动，1T23、1T42是轮边传动减速器。

核心技术亮点：突出的NVH性能，满足电动机安静背景需求，带P挡及控制器满足高配要求，高转速，与AVL合作开发了16 000 r/min高速减速箱。

2. 一体化动力总成

株齿有近5年的动力总成系统设计，装配，测试的丰富经验，从最初的组件打包到二合一、三合一系统高度集成，株齿的动力总成从第一代发展至第五代，形成了系列动力总成平台。

株齿的动力总成依托专业的技术团队，减速器核心技术，系统集成设计，CAE仿真能力，NVH优化能力及外部丰富的合作资源等几方面优势，构建了株齿动力总成的产品特色：

① 高转速、大速比，最高输入转速16 000 r/min；

② 高功率密度，动力总成已达到1.8 kW/kg；

③ 系统匹配NEDC工况优化设计，高效率；

④ 低NVH，特殊齿制，精密传动设计制造；

⑤ 可靠的P挡驻车机构功能可选。

重庆青山工业有限责任公司

一、单位概况

重庆青山工业有限责任公司（以下简称“公司”）系中国兵器装备集团公司所属的国有大型工业企业。公司始建于1965年1月，资产总额逾36亿元。

公司专注于传动系统领域。拥有重庆、成都、郑州三大生产基地，年产能达300万台，累计产销各类变速器2 000余万台。

公司技术力量雄厚，自主研发能力强，拥有国家认证企业技术中心、CNAS认可实验室、博士后科研工作站，形成“两国三地五中心”的全球性布局，具备设计、分析、试制、匹配、试验、验证、工程化七大研发能力。专注于打造出满足3.0L以下乘用车的MT、DCT、纯电动、混合动力四大产品平台，形成20个产品系列、近300个型号的产品谱系，覆盖轿车、SUV、MPV、微客等多种车型。

青山公司将秉承“感恩、诚信、自立、超越”的核心价值观，愿与各界朋友携手并进、精诚合作，为中国民族汽车工业的振兴发展作出贡献。

二、经营情况

公司始建于1965年1月，经过50余年的发展，拥有员工2 000余人，其中技术研发人员300余人，资产总额逾36亿元。

三、产能建设

拥有重庆、成都、郑州三大生产基地，年产能达300万台，累计产销各类变速器2 000余万台。

四、技术进展及研发能力建设

公司技术力量雄厚，自主研发能力强，截至2018年公司共申请了391项国家专利，其中发明186项；共拥有有效专利325项，其中发明专利168项，专利覆盖了DCT、AMT、新能源以及传统手动变速器等关键技术。代表行业主持制定发布了《汽车机械式变速器总成技术条件》等4项行业标准，1项正在审批中。公司拥有国家认证企业技术中心、CNAS认可实验室、博士后科研工作站，形成“两国三地五中心”的全球性布局，具备设计、分析、试制、匹配、试验、验证、工程化七大研发能力。专注于打造出满足扭矩400 Nm以下乘用车的MT、DCT、纯电动、混合动力四大产品平台，形成20个产品系列、近300个型号的产品谱系，覆盖轿车、SUV、MPV、微客等多种车型。

五、主要产品

序号	产品名称	产品型号	产品应用
1	5 速横置 160 Nm 手动变速器	MF515	长安汽车、上汽通用五菱、一汽集团、东风小康、北汽集团江陵控股
2	6 速横置 220 Nm 手动变速器	MF622	东风柳汽、东风小康、北汽集团、江淮汽车
3	6 速横置 280 Nm 手动变速器	MF628	东风柳汽、海马汽车
4	5 速纵置 150 Nm 手动变速器	MR515	长安汽车、东风柳汽、东风小康、北汽福田
5	5 速纵置 200 Nm 手动变速器	MR520	开发中
6	6 速纵置 230 Nm 手动变速器	MR625	东风柳汽
7	6 速纵置 400 Nm 手动变速器	MR640	开发中
8	5 速 160 Nm 双离合自动变速器	DF515	长安汽车
9	7 速 250 Nm 双离合自动变速器	DF722	开发中
10	7 速 270 Nm 双离合自动变速器	DF727	长安汽车、东风柳汽、奇瑞汽车
11	减速器产品（单挡 + 两挡）	EF115	开发中
12	减速器产品（单挡 + 两挡）	EF125	海马汽车、奇瑞汽车、力帆汽车、北汽新能源、东风电动车、东风电汽、河南速达
13	减速器产品（单挡 + 两挡）	EF140	长安汽车、奇瑞汽车、北汽集团、天津国能、绿驰汽车
14	电驱动总成（三合一）	PEF115	开发中
15	电驱动总成（三合一）	PEF125	开发中
16	电驱动总成（三合一）	PEF140	长安汽车、合肥巨一
17	电桥产品（P4）	ED130	开发中
18	混合动力产品	HF628（P2.5）	开发中
19	混合动力产品	HF640（P2）	开发中

六、2018 年 1—12 月企业在新能源汽车方面经济指标统计

填报单位名称	指标名称	单位	本期累计
重庆青山工业有限责任公司	2018 年末资产总计	万元	419 135
	2018 年营业收入	万元	423 564
	2018 年产品销售率	%	103.51

国电南瑞科技股份有限公司

一、单位概况

国电南瑞科技股份有限公司（以下简称“公司”）成立于 2001 年 2 月 28 日，由南瑞集团作为主发起人，2003 年 9 月首次向社会公众发行 A 股股票并于 10 月 16 日在上海证券交易所上市，成为国家电网公司系统内的首家上市公司，股票简称“国电南瑞”（证券代码 600406）。

国电南瑞是以能源电力智能化为核心的能源互联网整体解决方案提供商，是我国能源电力及工业控制领域卓越的 IT 企业和电力智能化领军企业，下设 1 个研究院、4 个事业部，14 家分公司、46 家子公司。公司以先进的控制技术和信息技术为基础，以“大数据、云计算、物联网、移动互联、人工智能”等技术为核心，为电网、发电、轨道交通、水利水务、市政公用、工矿等行业和客户提供软硬件产品、整体解决方案及应用服务。

二、经营情况

2017 年营收 241.98 亿元，归属于上市公司股东的净利润为 32.4 亿元；2018 年营收 285.4 亿元，归属于上市公司股东的净利润为 41.62 亿元。

三、产品出口

在巴西、印度尼西亚、美国、加拿大、泰国、印度等 18 个国家和地区设立境外子公司和办事处，出口高压直流输电、变电站综合自动化及电网调度系统等产品，并实现本地化工程服务。

四、产能建设

在南京、北京、上海、天津等 20 多个地区，拥有 8 条进口表面贴装（SMT）生产线，具备每年 100 万块电路板模件的生产测试能力；打造 424 亩天津装备制造产业基地，装备 12 条硅钢卷材剪切线，48 条非晶带材剪切线；建有 3 m^2 柔性输、配、用电装备产业基地。

五、技术进展及研发能力建设

在电网调度、电动汽车充换电设施、继电保护、特高压输电等技术领域，主导国际标准 10 项，其中发布 5 项，还成功将 6 项中国标准方案纳入 IEC 标准体系；拥有以 2 名工程院院士为领军、百余名省部级及以上专家为中坚、4 000 余名硕博研究生为骨干的人才队伍；拥有智能电网重点领域实验室 24 个，其中含 1 个国家重点实验室、2 个国家能源局实验室、5 个国家电网公司实验室；拥有专门从事电力设备试验检测的第三方权威机构，是 CQC 中国质量认证中心和中国船级社的签约委托检测实验室，以及国家电网、南方电网物资采购签约检测机构。

六、发展目标与规划

国家电网公司电工装备制造产业的主力军和“技术、效益、装备”的重要贡献者，国内电力行业的技术引领者和市场引导者、国际知名的能源互联网和能源信息技术引领者及整体解决方案提供商。到2020年，基本建成国际一流高科技产业集团；到2025年，初步建成具有全球竞争力的国际一流高科技产业集团；到2035年，全面建成具有全球竞争力的国际一流高科技产业集团。

奥动新能源汽车科技有限公司

一、单位概况

奥动新能源汽车科技有限公司（以下简称“公司”）成立于2016年，是一家电动汽车行业的高新技术企业，致力于电动汽车换电服务的商业化运营和新能源汽车换电整体解决方案。其子公司上海电巴新能源科技有限公司成立2000年，专注于新能源汽车换电技术的研发和快换产品制造。公司拥有动力电池快换核心专利超过350项，其智能自动充电和3 min自动快速更换电池的技术解决方案使电动汽车摆脱了充电桩和充电时间的束缚，支撑纯电动汽车大范围内连续运行，这一高效电能补充方式尤其适合在出租、网约、物流等运营类车辆上应用，也给城市中没有停车位不能建充电桩的广大私人用户使用电动汽车的机会，解决了电动汽车充电的难题，使电动汽车大规模普及成为可能。

公司研发的商用车快换设备及快换电池箱曾先服务于2008年北京奥运会、2010年上海世博会、2010年广州亚运会，为绿色出行提供保障，得到中央及各地方政府的肯定。乘用车换电系统曾服务于2018中国两会、2017年3月厦门金砖峰会、2018上合峰会等国内外重要活动，为媒体交通和城市公共提供了24 h连续出行服务。并在中国20多个城市及德国、波兰等国成功示范和实践。

二、经营情况

奥动新能源汽车科技有限公司联合北京新能源汽车股份有限公司以解决充电焦虑和提升运营类车辆运营效率为根本出发点，率先在全国的出租车行业推广换电车型，并探索出全新的换电商业模式。换电技术完成零部件、系统和整车三级验证，运行可靠。本技术已搭载整车平台1套，实现EU220、EU260、EU300共3款车型量产并应用，分别在北京、厦门、兰州、广州等8个城市投放了4 500辆换电出租车，累计更换电池200万次，累计行驶里程3亿km，单车最长行驶里程超过62万km。换电站已建150座，在建51座。

2018年，其中奥动新能源汽车科技有限公司的在广州、厦门的运营子公司在运营2年之内均实现单城盈利。

三、产品出口

2017年由公司研发制造的电动巴士换电站出口到波兰TAURON集团，在波兰开展示范运营，推广电动巴士。

2019年，公司的乘用车换电站出口到德国柏林，由欧亚电巴开展示范运营。

四、产能建设

公司投资4.5亿元在上海市浦东新区临港重装备园区，建成新能源汽车充换电站设备研发生产基地，园区占地6.7万 m^2，该基地集新能源汽车应用、智能储能站、节能增效管理为一体，对电动汽车退役的电池进行梯次利用，建成4 MWh容量的梯次储能站，是世界上首个集“风、光、储、行”为一体的绿色能源产业基地，成为绿色能源和绿色出行协同发展模式的典范。

公司具备各种自动化机械加工设备及全机械手自动焊接生产线，形成了换电电池箱4万套、换电站150座的年生产配套能力，经全自动化改造后，生产产能可达到20万套电池箱，300个换电站。

公司具备完整的生产及质量管控能力，通过ISO 9001、IATF 16949、ISO 14001、OHS 18001的体系认证。

五、技术进展及研发能力建设

公司高度重视技术革新，不断进行发明创造，改进产品新能。是上海市认证的“高新技术企业”、省市级专利试点企业、浦东新区的企业研发机构，年度研发投入超过销售额10%。公司产品集装箱式纯电动乘用车换电系统产品在2017年经中国科学院上海科技查新咨询中心的查新认证，达到“国内领先，国际先进”水平，电动巴士换电站产品通过德国TUV莱茵公司认证，获得全球首张换电系统的CE证书。

公司的第三代换电站可达到3 min稳定换电，每天300次服务能力，设备占地仅70 m^2，小型撬装，即放即用。即将发布的第四代换电站，换电服务效率翻倍（1.5 min）

公司投入5 000万研发智能换电数据运营平台，实现车、站、电池、人的互联互通，实时在线，同时满足政府监管、安全监控以及支撑运营管理功能。

六、主要产品

序号	产品名称	产品型号	产品应用
1	乘用车充换电站	DB01A-J1128	乘用车换电
2	电池箱及安装架总成	DB01A.14.0C(c)	乘用车换电
3	乘用车车端连接器（直出线）	DB01A.14.20(b)	乘用车换电
4	乘用车电池端连接器	DB01A.13.8	乘用车换电
5	商用车充换电站	DB01H-J0612	商用车换电
6	托架总成	DB02J.01(a1)	商用车换电
7	箱体总成	DB02J.03(a)	商用车换电
8	车端连接器	DBL02C(2+14)A021	商用车换电
9	电池端连接器	DBL02D(2+14)A002	商用车换电

七、合资合作及重大项目建设

2017年公司与德国Inframobility GmbH公司合资成立，

欧亚电巴国际有限公司 INFRAMOBILITY GmbH，在德国和欧盟推广换电及储能的应用。

2018 年公司与国网电动车建立战略合作关系，共同打造换电生态圈。

八、发展目标与规划

公司以北京、厦门等典型城市样本为起点，有序开启百站计划、百城千站计划以及联动计划，覆盖范围从城市换电网络到城市群换电网络最后形成全域换电网络。换电站数量单城不少于 20 座，全国网络在 5 年内达到 5 000 座，平均换电半径达到 3 km，支撑各类换电车辆超过 150 万辆。

九、2018 年 1—12 月企业在新能源汽车方面经济指标统计

填报单位名称	指标名称	单位	本期累计	同期累计	增长率(%)	增长额
奥动新能源汽车科技有限公司	2018 年末资产总计	万元	90 314	44 189	104%	4 6124
	2018 年营业收入	万元	9 031	10 642	-15%	-1 610
	2018 年利润总额	万元	-5 587	-3 564	-57%	-2 023
	2018 年产品销售率	%	-63%	-33%	-87%	—
	2018 年销售利润率	%	-62%	-33%	-85%	—

深圳欣锐科技股份有限公司

一、单位概况

深圳欣锐科技股份有限公司（简称“欣锐科技”，股票代码 300745），2005 年 1 月在中国深圳成立，是以新能源汽车产业为核心业务的国家高新技术企业，拥有汽车级 IATF 16949 体系认证标准的专业化工厂，为客户提供高效率、高功率密度、智能化、高可靠性的高压“电控”解决方案，产品服务全球。

欣锐科技自 2006 年初进入新能源汽车产业，专注新能源汽车高压“电控”解决方案（其主要技术集中在车载 DC/DC 变换器和车载充电机，统称为车载电源），欣锐科技拥有车载电源原创性核心技术的全部自主知识产权，在车载电源和大功率充电领域积累了丰富的研发及产业经验，欣锐科技的车载电源配套了国内外众多主流车型，是车载电源细分领域的龙头企业，促进国内新能源汽车朝市场化方向发展。

二、产能建设

作为新能源汽车车载电源细分领域的龙头企业，欣锐科技在不断积累和总结产业化经验的基础之上，加大对制造工厂的资金投入与系统升级，顺利于 2017 年完成领亚工厂的建设并投产，规模 3 万 m^2，拥有自动化及信息化生产流程，信息平台化管理。

欣锐科技定义车载电源专业化制造的四大工艺、16 道工序、9 个质量控制门，为客户提供大批量量产的全方位专业化制造服务，提升客户满意度，朝服务型制造企业方向发展。

三、技术进展及研发能力建设

欣锐科技拥有新能源汽车车载电源（DC/DC 变换器和车载充电机）的全部自主知识产权，已拥有核心技术专利 150 多项，核心软件著作权 250 多项，正在申请的 PCT48 项。是全球范围内重要的技术研究、产品开发团队之一。欣锐科技始终专注在新能源汽车车载电源细分领域，产品技术迭代升级。

欣锐科技拥有符合国家实验室标准的创新研发中心，规模 6 000 m^2，共有 5 个专用开发场地，每个开发场地 8 个单元，可同时开展 40 个全新技术平台研究或 160 个汽车级零部件项目开发。

四、主要产品

序号	产品名称	产品应用
1	车载充电机	乘用车、商用车
2	DC/DC 变换器	乘用车、商用车
3	D + C 一体化集成产品	乘用车、商用车
4	CDU 系统集成产品	乘用车、商用车
5	燃料电池车专用产品	乘用车、商用车

杭州富特科技股份有限公司

一、发展概况

杭州富特科技股份有限公司（以下简称“公司”）成立于 2011 年 8 月，坐落在环境优美的杭州西湖科技园，占地面积约 1.5 万 m^2。公司长期专注于新能源汽车车载 OBC 和车载 DC/DC 转换器等核心零部件的研发、生产及销售。在行业

内率先通过了IATF 16949汽车电子质量管理体系认证，为国家级高新技术企业。现有员工近500人，其中技术人员超150人，具有极其丰富的工程实践经验。拥有多项自主研发的专利技术以及10余款软件著作权。2015年以来，广汽集团（601238）、长高集团（002452）、蔚来资本、安吉产投等知名企业陆续成为公司战略股东。

2018年开始，公司规划投资3.5亿元在湖州安吉建设新基地，建设10条符合车规级的产线，基地具备年产能150万台的能力。

二、产能建设

2017年公司具备年产能20万套能力，已有员工400余人，技术人员80余人；2018年公司具备年产能40万套能力，已有员工400余人，技术人员120余人；2019年计划新增PCBA产线2条，二代线4条，具备年产能50万套能力，已有员工近500人，技术人员150余人。

三、技术进展及研发能力进展

在公司技术专家刘钢的带领下，经过多年的潜心研究和测试成功研发了新一代具备车规级车载充电机产品系列、车载DC产品系列、集成产品系列，本公司产品设计紧凑，占用空间小、重量轻，完全符合市场对于该类新能源产品的期望，现已广泛应用于长城、广汽、雷诺、吉利、江淮、东南等新能源汽车上。

四、主要产品

序号	产品名称	产品型号
1	车载充电机	VC04-B，VC03-A，VC03-B
2	OBC & DC 控制器	VCDC02-B
3	车载DC/DC转换器	VDC03-A，VDC02-A，VDC04-A
4	一体机	—

五、合资合作

公司与浙江大学等国内知名大学有着长期的产学研合作关系，并与浙江大学电气学院共建有产学研合作基地，与知名学校的深度合作，为公司进一步发展拓宽了技术路线，也极大丰富了公司继续发展的人才来源。

六、发展规划

2020年：具备年产能70万套，计划新增PCBA线3条，二代线5条；

2021年：具备年产能90万套，计划新增PCBA线6条，二代线5条；

2022年：具备年产能120万套，计划新增PCBA线8条，二代线7条。

深圳市车电网络有限公司

一、单位概况

深圳市车电网络有限公司（以下简称“公司”）是深圳市科陆电子科技股份有限公司与国开基金共同出资成立，承载科陆电子在充电站充电桩全产业链布局下的综合运营服务商。注册资本2.1亿元，主要从事新能源汽车充电设备研发，充电网络的建设、运营维护以及相关增值服务。

深圳市车电网络有限公司秉承创新驱动研发的理念，一直致力于为客户提供更智能、更节能、更经济的充电解决方案。通过自主研发充电云平台，向上对接政府监管平台、横向完成互联互通操作，向下兼容停车，广告媒体等应用场景，完善的C端和B端应用为客户提供智能高效的运营管理平台。通过标准化的场站建设流程，积累了丰富的充电场站的建设经验，为客户提供充电场站的规划、设计、施工，以及后期场站的运营管理服务。

二、经营情况

2018年，公司持续中标国家电网、南方电网充电桩招标项目，成为南网年供货量第一的供应商以及国网的主力供应商之一。随着新能源领域蓬勃发展，车电网充电桩产品业务也不断延伸和发展，已为一汽、海马、小鹏、北汽、东风、比亚迪、众泰、金龙、五洲龙、江铃集团、恒天集团、普天集团、福瑞特等多家新能源汽车厂、运营机构提供充电机产品及解决方案。服务包括有充电桩/站的建设与运营、通勤客车租赁、物流车租赁、分时租赁、新能源车辆体验店、智慧网络云平台等。深圳市车电网络有限公司拥有完善的线上和线下运营团队，2018年全平台充电量已超过一亿度，年度增长率超过200%。凭借独立运营、代管运营、加盟运营、互联互通等多样化运营模式，截至2019年5月，根据中国电动汽车充电基础设施促进联盟最新统计数据，车电网运营规模位居全国前七，场站数量位居全国前五。

三、技术进展及研发能力建设

在充电设备上，深圳市车电网络有限公司有近10年的产品研发经验，涉及开发交流充电桩、直流充电桩、交直流一体式充电桩、交直流群充系统、大功率充电设备等20多款标准产品，产品系列全、业务模式和场景应用覆盖范围广。自主研发制造充电桩内部核心单元，如充电控制单元、功率调度单元、计费控制单 元等，有效保障产品质量、降低产品成本；软硬件系统设计上采用三级架构，充电业务和底层控制分离，实现产品多向可扩展性，满足市场的多元化需求；在柔性功率输出控制上，可满足各种场景的控制策略，采用CPLD进行逻辑互锁保护，优化功率接触器投切时序，可有效地解决充电桩产品充电过程中安全隐患的问题，提高充电设备的输出效率，得到了客户的高度认可。2018年，公司调整产品架构，全面推出新一代5899充电控制硬件及软件平台，产品的灵活性、可靠性、适用性、可生产性及可维护性得到了显著提高；公司与广州供电局、南昌供电局就有序及共享充电系统类课题展开合作研发和项目实施，利用大数据分析及边缘化计算等先进技术实现“功率警察”，有效解决了住宅小区因增设充电设施而对原供电网络可能产生的负荷冲击；在国家大力推进充电设施建设的背景下，公司组织专家团队积极参加各种标准会议，参编多个国标、行标、地标等标准的修订，推动统一相关设施与运营标准，实现共建共享、互联互通。

四、主要产品

序号	产品名称	产品型号
1	便携式直流充电机	CL5870
2	一体式直流充电机	CL5899
3	分体式直流充电机	CL5823
4	壁挂式交流充电桩	CL5431
5	落地式交流充电桩	CL5415
6	充电云平台	—

五、合资合作及重大项目建设

作为深圳最早拿到运营资质的厂商之一，深圳市车电网络有限公司组建专业的云平台开发团队，自主研发智慧充电云平台、充电 APP、维修 APP 等。公司打造的智慧网络充电云平台服务于新能源汽车生态圈成员企业，包括充电运营商、新能源汽车运营商、新能源汽车个人用户、充电业务销售、新能源汽车经销商等超过 150 家充电运营商，共接入充电场站超过 2 000 个，充电桩超 2 万个，提供充电服务上亿次，服务新能源汽车上万辆。与深圳巴士集团、鹏程电动等展开全面合作，在全国多个城市自投自建公交、出租、物流等多种充电场站。仅在深圳就为巴士集团兴建了近 10 个大型充电站（单个场地面积都在 1 万 m^2 左右，可以服务车辆近 100 台），场站建设以集运营、充电、维保为一体的综合性场站，充电桩总功率超过 2 万 kW，总投资超过 1 亿元。2018 年 8 月，公司又中标深圳巴士集团出租车充电桩建设项目设计采购施工（EPC）工程总承包项目，为促进城市公共交通领域充电基础设施作出重要贡献。

六、发展目标与规划

针对未来充电设施需求不断的开发与创新新技术，使电动汽车的社会效益最大化，车电网未来也将始终坚持以“智能化，灵活互动，做城市级的充电运营管理商”为核心目标，充分发挥充电产品和运营管理平台两个优势，继续加大技术和资源投入，提高充电产品的竞争力，同时基于充电云平台的大数据分析提升充电设备价值。在城市新能源汽车、充电设施等业务领域的信息化程度不断提高的基础上，有效的集成环境促进行业信息化与业务管理的高效融合，有效促进新能源汽车、充电设施等业务等各业务的协同管理，大幅改善新能源产业生态环境。

深圳市通茂电子有限公司

一、单位概况

深圳市通茂电子有限公司（以下简称“公司”）成立于 1996 年，是一家专业从事各类光、电连接器的研发、生产、销售、并致力于为企业全面提供连接器技术解决方案的国家高新技术企业。公司占地 1.6 万多 m^2，现有职工千余人，其中高级工程师 20 余人，技术人员 200 余人。公司营销和服务网点遍及全国，在北京、上海、广州、深圳、南京、武汉、西安、成都、等地设立办事处。

公司先后通过 ISO 9001:2008 质量管理体系认证、ISO/TS 16949:2009 质量管理体系认证、国家高新技术企业认证等。公司参与制定多项国家标准，产品先后获得多项国际重点新产品证书、国家专利证书及各种荣誉证书并先后通过了 TUV、UL、CQC、CE 等认证。公司产品广泛应用于各种通信、航空、航天、船舶、邮电、电子、电力、交通、新能源汽车等领域。

新能源事业部专注于新能源汽车连接器、充电枪及线束；充电桩用连接器、充电枪及线束系统的连接技术解决方案的研究和开发。

通讯与交通事业部专注于铁路机车、高铁和城市轨道用重载连接器、圆形连接器、印制电路连接器、光纤光缆连接器、通信、电网领域连接器等，着重于致力于客户子系统连接解决方案。

二、经营情况

公司生产具有完全自主知识产权的产品 300 多个系列、5 000 多个品种、5 万多种规格，每年开发新产品 400 种以上。主要有新能源汽车连接器及线束、充点枪系列、充电桩用连接器及线束、DJL 型模块电源连接器、TJ 系列矩形连接器、JL 系列矩形连接器、MIL-38999 系列、MIL-5015 系列、推拉式圆形电连接器、大电流电源连接器、滤波电连接器、YDA 型电网连接器、印制电路连接器、微矩形电连接器等。公司年平均增长速度超过 30%，是深圳市成长型工业 500 强。

三、产能建设

通茂公司现有 7 个生产制造车间，30 余条生产线，其中已拥有充电枪的自动化生产线，3 条贯军标生产线，生产制造范围覆盖模具加工、注塑、冲压、机加、电镀、热处理及装配过程，年生产能力进千万只。

四、技术进展及研发能力建设

公司共承担总装备部新品研制任务 28 项，型谱研制任务两项、宇高工程项目 1 项、军标生产建设任务 4 项、深圳市科技创新项目 1 项；主导制定了 6 项、参与制定了 13 项国家军用标准，获得了发明专利 2 项、实用新型专利 30 项，外观设计专利 8 项，有 3 项产品被国家科技部、商务部、环境保护部、国家质量监督检验检疫总局列为国家重点新产品计划。在新能源汽车领域研制的电机用关键连接器 QCL1 型旋变接插件替代了日本和美国的进口产品，获得国家科技部国家重点新产品；电机电控盒用 QCL3-62 型电控总成接插件比其他同类产品接触密度更高，获得国家实用新型专利 1 项

公司研发产品涉及高压系列、充电系列、快换系列、信号类连接器、高压控电盒、充电枪及线束等各类产品，并广泛应用于新能源汽车的驱动电机、配电盒、控制器、电池包等各个部件，旋变接插件与电控总成接插件都批量装配于 BYD

"E6"、"K9"、"秦"、"唐"、"宋"和戴勒姆的"腾势"等众多新能源车型。

五、主要产品

序号	产品名称	产品型号
1	充电枪及线束	QEC 交流充电枪系列、QED 直流充电枪系列、QDH1 系列
2	高压系列连接器	QCLY4 系列、QCLY10 系列、QCL16、QCLY1、QCLY4、QCLY7 系列、QCLY8 系列
3	模块电源连接器	DJL 系列
4	信号类连接器	QCL1、QCL2 系列、QCL3-62、QCL11 系列等
5	快换系列连接器	QCL13-9 系列
6	高压配电盒	QBT 系列

六、合资合作及重大项目建设

公司与深圳比亚迪股份有限公司、重庆长安新能源汽车有限公司、浙江方正电机股份有限公司、众泰控股集团有限公司、奇瑞新能源汽车技术有限公司、正宇电动汽车技术有限公司、重庆穗通新能源汽车制造有限公司、许继集团、英科瑞科技股份有限公司等先后合作开发多种新能源汽车用电机、电控用高、低压接插件及线束、充电枪等产品。

七、发展目标与规划

公司重点进行新能源高、低压连接器、充电枪、充电桩大功率模块电源连接器的产品开发，结合新能源汽车市场快速发展的需要，实现多种解决方案，以全面满足客户需求

公司将对信息化建设重点投入，打造数字智能化企业，实现"精益生产、协同制造、协同运营、移动互联"，推动企业"两化融合"的深入应用，不断开拓创新，全面实现企业现代化、加快企业产业升级和特色新型工业化进程，实现企业"制造"向"智造"转型，提升企业可持续竞争力。

山东龙立电子有限公司

一、单位概况

山东龙立电子有限公司位于临沂国家高新区(以下简称"公司")，成立于2002年，占地近50亩，是集研发、生产、销售高端电连接器于一体的国家高新技术企业。

公司生产的智能电网专用连接器、新能源汽车专用连接器、铁路机车专用连接器、军工连接器等几十个系列、近万个规格品种，广泛应用于航空航天、军事电子装备、电网、铁路、新能源、通信、石油、煤矿等国民经济各领域，用户遍及五大洲的多个国家和地区。

多年以来，公司专科研，重人才，不断加大研发经费的投入，积极建立高效执行力的人才梯队，先后荣获了"山东省创新型企业"、"山东省专利明星企业"、"守合同重信用企业"、"山东省'一企一技术'创新企业"、"山东省创新型民营企业"、"山东省电子信息优秀创新企业"、"临沂市十佳科技创新企业"、"山东省著名商标"和"山东名牌等"称号，在业内打响了品牌知名度，实现了公司的快速发展。

二、经营情况

公司坚持差异化发展战略，重点围绕智能电网、铁路机车、新能源汽车和军工等领域发展，近年来重点加大新能源汽车连接器、交直流充电桩等充电设备的研发投入，开发系列产品，布局市场，主导产品市场占有率力争10%以上。公司产值已达到3.5亿元

三、产品出口

公司产品出口20多个国家和地区，重点市场是欧洲、东南亚、北美等国家，以及中国台湾地区。

四、产能建设

公司现有玻璃烧结、绞线插针等十余个生产车间，占地面积3万余 m^2，拥有先进生产设备800余台(套)，形成了从坯料成型到零部件加工再到装配成品的全方位生产流程，可实现年产符合国标、国军标的各类电连接器600余万套。

五、技术进展及研发能力建设

公司始终坚持创新发展战略，不断提升核心竞争力。公司每年投入的研发经费占销售收入的6%以上，建有博士后科研工作站、省级工程技术研究中心、省级企业技术中心和省级"一企一技术"研发中心等科研创新平台。多项具有自主知识产权的科研成果填补了国内空白，有16项科研成果先后通过了省市科技成果鉴定，其中2项技术达到世界先进水平、12项达到国内领先水平。有50余个科研项目被列入科技部和省市科技计划，先后获得过"山东省科技进步奖""山东省中小企业科技进步奖""临沂市科技进步奖"等多项省市级荣誉。有专利73项，其中发明专利11项。

六、主要产品

序号	产品名称	产品型号
1	充电枪	LDAC 国标交流充电枪系列 LDDC 国标直流充电枪系列 LDFC 非标交流充电枪系列 LDEA 欧标交流充电枪系列
2	充电插座	LDAC 系列国标交流充电插座 LDDC 系列国标直流充电插座 LDFC 系列非标交流充电插座 LDEA 系列欧标交流充电插座
3	高压连接器	LGY 系列卡扣式高压连接器 LGCB32 系列圆形推拉锁紧式连接器 LGC1 系列推拉式高压连接器 LGP 系列高压连接器 LGS 系列塑壳高压连接器

续上表

序号	产品名称	产品型号
4	低压信号连接器	LGCA26 系列圆形推拉锁紧式连接器 LGCA20-3 圆形推拉锁紧式连接器 LGY 系列卡扣式低压信号连接器 LXS 系列推拉式低压信号连接器 LDY 系列卡扣式低压连接器 LDY1 卡扣式低压连接器
5	线束	LG 系列充电线束、高压线束和低压线束

七、合资合作及重大项目建设

公司注重与高校、科研机构的产学研合作，与北京交通大学、北京邮电大学、中国科学院、山东省科学院、山东省电力科学院、山东大学、山东理工大学、临沂大学等有着密切的合作关系，为企业的创新发展提供了有力的技术支撑。

由山东龙立电子有限公司全资控股的济南无线电九厂有限公司，成立于1965年，是专业研制和生产电连接器的国有军工企业、总装备部“装备承制单位”、国防科工局“科研生产许可单位”、三级保密单位、国军标体系认证单位，是海、陆、空三军合格供方单位，积累了50余年的科研、生产经验，技术力量雄厚，研制生产的高可靠连接器先后为导弹、火箭、飞机、飞船、卫星、舰船等重点军事工程配套。

八、发展目标与规划

在现有交直流充电连接装置、高压连接器、高低压线束等产品的基础上，继续拉伸新能源汽车配套产品的产业链，丰富产品品种，重点开发车内高压控制盒、低压控制盒、交流充电桩、直流快充充电装置、便携式快速充电器以及欧标美标充电装置等产品，预计到2020年，年生产各类新能源汽车配套产品30万台（套），公司将由此发展成为国内知名的新能源汽车的配套企业。

乐清市八达光电科技股份有限公司

一、单位概况

乐清市八达光电科技股份有限公司（以下简称“公司”）创建于2012年，是一家集专业生产新能源汽车高压控制装置、充电及放电系统、高压连接器、高压线束总成等系列产品的高新技术企业，坐落于浙江省乐清市经济开发区内。

公司总部厂房面积4万多 m^2，下设深圳分公司，重庆分公司，员工640人左右；具有冲压、注塑、机加、激光焊接、超声波焊接、端子全自动组装、高压线束与高压连接器组装、SMT贴片等加工能力。

公司已通过IATF 16949:2016质量管理体系认证，ISO 14001:2015环境管理体系认证、OHSAS 18001:2007职业健康安全体系认证；主要产品通过中汽研、UL、TUV、SGS、CTI等第三方产品检验和认证，建立了完善的产品开发体系。

公司先后荣获“高新技术企业”“八达光电新能源汽车关键零部件省级高新技术企业研究开发中心”“浙江省科技型中小企业”“温州市企业技术研究开发中心”“乐清市企业技术研究开发中心”“科技进步先进单位”等荣誉。

二、经营情况

公司主营电动汽车高压控制装置、充电及放电系统、高压连接器系列、高压线束总成等系列产品。其中，公司市场销售规模位居国内电动汽车同类零部件行业内排列前茅，2018年完成整车配套20万台，同类产品市场占有率15%以上。

三、产能建设

公司具有超过50万台整车高压线束配套能力和1 000万套高压连接器生产能力、300万套充电枪座生产能力。

四、技术进展及研发能力建设

公司参与制定1项国家标准，参与制定行业团体标准1项。

公司研制的新产品取得自主知识产权63项，其中授权发明专利6项、实用新型专利49项，外观专利6项，软著登记2项。

公司拥有1 300 m^2 试验中心，拥有32台试验设备，实验室划分为电气性能测试区（载流量曲线及温升测试台、接触电阻、耐压、绝缘等）、环境性能测试区（高低温交变湿热试验、高温老化、冷热冲击、臭氧老化、盐雾腐蚀等）、模拟验证区（振动、瞬断、冲击、插拔寿命、IP67、IP6K9K等）等。

引进PLM软件，建立产品设计数据库。

五、合资合作及重大项目建设

2017年重庆工厂投产，厂房面积6 000 m^2；
2019年全自动立体仓库，高压线束自动化生产建立中；
2019年青岛工厂规划中，厂房面积12 000 m^2。

六、发展目标与规划

通过5～10年努力，建设成为面向主机配套、满足前后端市场需求、立足国内、面向国际的优秀企业——建设一流的现代科技型企业，建成国内一流、国际知名的新能源汽车零部件供应商。

苏州智绿环保科技有限公司

一、单位概况

苏州智绿环保科技有限公司（以下简称“智绿”）从事新能源汽车领域大功率电子器件、高压电气领域的技术研发、生产、销售及提供系统的解决方案服务。业务链涵盖动力电池、驱动电机、电控技术、整车制造、充换电设施等若干细分领域。

产品：纯电动及混合动力汽车提供内部的大功率电子器件，高压连接产品，高压配电盒等；电池高压断路器等；充电接口、换电接口装置；便携式充电设备等。

服务：为整机厂提供电动汽车整车的高压电气化系统布局的解决方案服务。

二、经营情况

成立于2010年，位于苏州园区，占地2.1万m^2，公司员工260多人，其中大专以上学历占40%以上，是江苏省高新技术企业、电动汽车零部件100强供应商。

连续6年每年投入销售额的10%以上的资金用于研发，逐步成为具备9个品类的高压连接器、5个系列MSD、全球3大标准的充电连接器、5种换电连接器、多种电池成组连接产品及若干客户定制化的BDU/PDU（高压配电单元）；参与起草国标及行业标准7项，申请专利超过120项，逐步成为该领域技术领先、系统完整的标杆企业。

三、产品出口

智绿是国内首个产品通过UL认证的企业，公司的主打产品系列——充电接口已出口北美、日韩、欧洲等国家地区，是新能源零部件走出国门的佼佼者。

四、产能建设

智绿在苏州园区已建成可满足年产30万台整车充电和高压连接线束、35万套BDU/PDU高压配电单元的生产线及相关配套设施，并持续提升制造能力。

到2021年前将在江苏常州建设配套能力超过100辆新能源汽车的制造基地，在广西柳州建设配套能力超过30辆新能源汽车的分基地。

五、技术进展及研发能力建设

智绿被评定为苏州式高压连接工程技术中心，正在建设省级的技术研发中心。

智绿针对新能源汽车领域的研发路线为：充换电连接系统—高压连接系统—配电系统——整车高压电气系统解决方案、核心零部件国产化、高压电气解决方案的研发应用。

1. 充换电连接系统AC 8~63A、DC 80~250A符合国标的4种充电模式的全产品线的开发，符合全球三大标准（GB/T 20234、IEC 62196、SAE j1772）的充电产品；整车智能化充电定制方案；高防护等级的换电装置等；

2. 高压连接系统，从20~400 A的多品类的高压连接器、高压连接与线束总成、电流传导安全保护技术、高压连接轻量化技术等；

3. 电池成组与安全，电连接成组技术和母排技术、电池电气中心管理技术、安全维修开关；

4. 集成高压电池配电管理技术，整车高压配电管理系统；

5. 多种高压大电流端子技术、电媒介技术；

6. 整车高压连接的系统化解决方案；

7. 重要高压电气零部件的国产化。

六、主要产品

序号	产品名称	产品应用
1	充电接口	通用五菱
2	直流充电枪	许继、南瑞、普瑞特等
3	MSD	CATL、A123、奇瑞、广汽、东风等
4	高压连接器	通用五菱、长安、电驱动等
5	高压配电单元	吉利、奇瑞、广汽、上汽、柳汽等

七、合资合作及重大项目建设

1. 在江苏常州投资建设配套能力超过100辆新能源汽车的制造基地；

2. 在广西柳州投资建设配套能力超过30辆新能源汽车的分基地。

八、发展目标与规划

未来5年是新能源汽车快速发展的5年，智绿将紧紧抓住这一千载难逢的机遇，争取在2021年前成为新能源汽车核心部件供应商的佼佼者，并达成下列目标。

1. 中国电动汽车高压电连接与电管理的第一品牌，市场占有率超过15%。

2. 2021年前投资建设智绿的总部基地，满足到2025年公司业务发展的需要。

3. 研发和技术发展目标：成立省级以上的实验室及研发中心，提升企业的研发水平和国际竞争力。

4. 人才战略目标：加大专业技术人才的储备和行业领军人物的引进，构建学习型组织。

5. 资本市场启动IPO，使智绿成为管理先进、运作规范、遵章守法、公开透明、有社会责任感的公众企业。并通过整合资源，逐步形成产业链优势突出，市场影响力大的卓越企业。

南京康尼新能源汽车零部件有限公司

一、单位概况

南京康尼新能源汽车零部件有限公司(以下简称"公司")是南京康尼机电股份有限公司控股子公司,位于南京经济技术开发区内,公司专业从事新能源汽车的高压电气系统的设计、制造、销售与服务。

公司注册资金 3 000 万元,生产办公面积约为 2.5 万 m^2,未来规划建设年 200 万套的生产能力。公司主要产品有交、直流充电插座线束,交流充电枪、直流充电枪、充电模式二、充电模式三、高压接口插件(线束)、维修开关、充电桩、车载高压配电盒、BDU 及整车高压线束等,已成为国内主要自主品牌新能源汽车企业的重要供应商。

公司组建了专业技术团队进行市场开拓、产品和制造过程开发,参与国家标准和产品认证规则的讨论,制定并执行汽车行业的体系要求。公司人才荟萃,全体员工本科以上学历 100 余人,其中从事市场、研发、工程和质量的管理人员有 180 余人。

二、经营情况

康尼新能源立足于新能源汽车产业爆发式增长的关键时期,凭借自主开发技术,以产品质量好、可靠性高、性价比高的优势,开辟华东、华南、华北、华中等多个片区一级市场,取得了与上汽、比亚迪、吉利、奇瑞、广汽、江淮、长城、众泰等主机厂的合作,成为这些新能源整车生产厂商充电系统的重要供应商。在服务好自主品牌的主机厂的同时,康尼新能源还获得了合资品牌大众 MQB 充电插座项目、通用 K228 高压配电箱项目、捷豹路虎 D8 的充电枪项目,项目将于 2019 年陆续开始 SOP。

2015 年,康尼新能源营业总额达 1.59 亿元;2016 年,康尼新能源营业总额达 2.72 亿元;2017 年营业额达 3 亿元;2018 年营业总额达到 4.2 亿元。

三、产能建设

公司生产办公面积约 2.5 万 m^2,未来规划建设年 200 万套的生产能力。

四、技术进展及研发能力建设

康尼参与制定两项国家标准,并与主机厂共同制定 1 项行业标准。

拥有 337 项授权专利,其中包括 67 项发明专利、11 项国际发明专利,且核心发明专利荣获第 12 届、14 届及 16 届"中国杰出专利奖";

荣获中国标准创新贡献二等奖;

荣获"中国知识产权优势企业"称号;

康尼新能源是中国大功率充电标准委员会委员单位;

康尼新能源是中德大功率充电标准委员会中方委员单位;

康尼新能源是铝/铝导体标准发起单位;

康尼新能源电动汽车模式二用插头标准工作组成员单位;

康尼新能源充电接口、高压线束、高压模块产品是国内八大主流整机厂的一级供应商;

小型化电子锁产品国内领先;

围绕高压电气系统的开发,提供全面的解决方案。

五、主要产品

序号	产品名称	产品应用
1	交流充电枪	国内各乘用车主机厂及充电桩
2	直流充电枪	国内各乘用车、商用车主机厂及充电桩
3	充电模式二、三	国内各乘用车主机厂及充电桩
4	交流充电桩	国内各乘用车主机厂
5	交流充电插座线束	国内各乘用车主机厂
6	直流充电插座线束	国内各乘用车主机厂
7	电子锁	国内各乘用车主机厂
8	PDU	国内各乘用车主机厂
9	MSD	国内各乘用车主机厂、商用车主机厂、电池厂
10	高压接插件	国内各乘用车主机厂、商用车主机厂、电池厂
11	高压线束	国内各乘用车主机厂、商用车主机厂

六、发展目标与规划

到 2020 年营收规模实现 15.09 亿元,年产量 200 万套,在高压接口及高压线束领域进入行业前五名,主产品稳居行业市场细分前三,稳固国内新能源汽车连接器首选系统供应商地位。

东莞市日新传导科技有限公司

一、单位概况

东莞市日新传导科技有限公司(以下简称"日新传导")成立于 2000 年,注册地为东莞市桥头镇东部工业园桥头园区,专业从事新能源汽车配套的充电连接器、高压连接器、通讯连接器、PDU 控制盒、铜母铝软排及充电线缆、高压线缆和线束组件系统的研发、制造与销售,力争成为电能连接系统解决方案的全产业链提供商。产品适用于新能源客车、乘用车、物流车、商用车、特种车以及为汽车配套产品电池、电机、电控的连接系统。

2016 年正式加入中航工业宝胜集团,成为中航工业旗下宝胜科技创新股份有限公司的全资子公司,中航工业在世界 500 强排名 159 位,集团拥有 30 多家上市公司,营业收入近 5 000 亿元,员工总人数超过 50 万人。日新传导坚持以安全、节能、环保为市场需求导向，以清洁生产、绿色节能、低碳减排为制造发展目标，始终深信人才是企业发展的根本，创新是企业发展的灵魂，秉承敬德修业、辉光日新的企业精神，经过在技术领域不断自主创新，培育自有品牌，打造自主知识产权，倡导走“引进—消化—吸收—再创新”的发展之路，在新能源汽车电能连接的研发和制造专业方向上已取得了重大的突破，并得到了政府和业界客户的广泛认可，力争从无到有，从小到大，以客户为中心、以人才为资本、以成效为目标的企业价值观，迅速发展成为全球卓越的电能与智能产业集团，完成传输幸福能量，智引工业未来的光荣使命，为振兴民族工业、维护人类社会安全和创造洁净生存空间贡献一份微薄的力量。

二、经营情况

日新传导隶属中央国资委旗下中航工业宝胜股份控股的100%全资子公司，宝胜集团是中国企业500强，2018年中国电线电缆综合排名第一，拥有博士后科研工作站和院士工作创新平台，2018年销售收入456亿元，员工近5 000名，东莞日新驻车资本16 800万元，主营新能源汽车配套的充电连接器、高压连接器、通讯连接器、PDU控制盒、铜母铝软排以及充电线缆、高压线缆和线束组件的系统解决方案，力争成为中国新能源汽车零部件的优质供应商。

三、产品出口

公司具备进出口权，每年出口占比65%左右。

四、产能建设

日新传导在总公司的大力支持下，首批投入2.16亿元的资金，在东莞工厂已经建成独立的新能源汽车零部件生产车间，拥有国际一流生产制造和检测设备，打造成中国电能连接产品产业链最全的新能源汽车配套服务企业。

五、技术进展及研发能力建设

从充电连接器、高压连接器、高压线束再到PDU等产品，全系列均有开发，大部分已完成量产。研发人才大部分来自行业标杆企业技术骨干自愿加入，具有丰富的行业经验和设计理念。

六、主要产品

序号	产品名称	产品型号	产品应用
1	高压连接器	16～600 A单芯～三芯金属塑胶	乘用车、物流车、商用车、特种车
2	充电连接器	16～80 A交流，40～250 A直流	乘用车、物流车、商用车、特种车
3	高低压线束	根据客户要求定制整车高低压线束	乘用车、物流车、商用车、特种车
4	同母铝软排	根据客户要求定制储能、电池等用	乘用车、物流车、商用车、特种车
5	新能源线缆	0.5～240 m^2 多材质高压充电线缆	乘用车、物流车、商用车、特种车
6	PDU控制器	根据客户要求定制二合一到七合一	乘用车、物流车、商用车、特种车

七、发展目标与规划

日新传导的发展目标规划为：整体规划、统一管理、分步实施 的步进式发展战略 ，以华东上海为研发中心、逐步发展的德国慕尼黑、美国底特律的研发部；以华南东莞为公司新能源汽车零部件制造基地；逐步进入华东上海、华北天津、华中武汉、西南成都、西北兰州，以及进入日本、德国、美国等国家，共9个生产装配工厂；在全球建立22个销售网点。

八、2018年1—12月企业在新能源汽车方面经济指标统计

填报单位名称	指标名称	本期累计（万元）
东莞市日新传导科技有限公司	2018年末资产总计	56 000
	2018全年完成投资额	11 000
	2018年营业收入	82 600
	2018年利润总额	2 500

贵州航天电器股份有限公司

一、单位概况

贵州航天电器股份有限公司是中国航天科工集团第十研究院上市公司，始创于1968年，2004年7月在深圳交易所挂牌上市(股票代码002025)，是“全国五一劳动奖状”获得者、国家级企业技术中心。苏州华旗航天电器有限公司是贵州航天电器股份有限公司(航天电器)全资子公司，坐落于江苏省苏州市高新区。

苏州华旗航天电器有限公司于2005年在苏州市高新区嵩山路268号申请用地150亩建设民品生产基地，建筑面积6.7万 m^2，注册成立苏州华旗航天电器有限公司，注册资金30亿元，现有员工1 800人，下辖6个专业车间，11个职能部门，77条生产线和一个实验中心。苏州航天电器主要从事连接器、继电器、线束的研制、生产和销售。其产品广泛应用于通讯、新能源、家电、石油、轨道交通、医疗、工业等领域。经过近14年的发展，苏州航天电器已获得良好的市场口碑，先后多次被华为、美的等世界500强企业评为核心供应商和战略供应商，并被江苏省认定为高新技术企业、企业技术中心、抗电磁波干扰滤波连接器工程技术中心等。通过并获得GB/T 28001—2011职业健康安全管理体系认证证书、GB/T 19001—2008质量管理体系认证证书、GB/T 24001—2004环

境管理体系认证证书、IATF 16949—2009 认证证书。公司主要客户有诺基亚、三星、华为、中兴、奇瑞汽车、飞碟汽车、神州汽车、中车时代电动、美的、哈里伯顿、中海油服、株洲中车、迈瑞医疗、GE 等。为更好地服务客户公司先后设立国内服务机构 8 处、海外销售服务机构 4 处。

二、经营情况

苏州华旃航天电器有限公司立足于民用产业发展，致力于推动新能源领域主营充电传导装置、高压线束、高压连接器、PDU、BDU 等产品的市场应用于提升；企业凭借连接器行业的良好口碑及开发技术，以高品质、高可靠、高性价比等优势，先后取得与奇瑞、五征、神州、新吉奥等主机厂的合作，成为新能源整车生产厂商的重要供应商。

三、产能建设

生产办公面积约 2500 m^2，未来规划建设年产 30 万跟高压线束和 2 000 万只连接器生产能力。

四、技术进展及研发能力建设

苏州华旃航天电器有限公司积极引进各类人才，现有新能源领域从业 3 年以上资深专业设计研发人才 30 余人，技术实力雄厚。

五、主要产品

序号	产品名称	产品型号	产品应用
1	汽车高压连接器	HVQ 系列 HVQJ 系列 HVL 系列 HVPL 系列 MMSD 系列 HVB 系列	奇瑞商用车、飞碟汽车、神州汽车
2	充电传到连接器	EV01-DC 系列 EV01-AC 系列 EV01-DCV 系列 EV01-ACV 系列	奇瑞商用车、飞碟汽车、神州汽车
3	高压线束	—	奇瑞商用车、飞碟汽车、神州汽车
4	PDU	—	飞碟汽车、神州汽车

厦门 ABB 低压电器设备有限公司深圳分公司

一、单位概况

从发电端到用电端，基于深厚的行业专长和广泛的产品组合，ABB 为智慧城市出行中的各种应用场景提供可靠保障。ABB 致力于落地业务场景，拓展自身业务边界，与合作伙伴共同创造更完善的解决方案，满足顶层规划、中间架构、终端设备互联的建设需求。

在推动电动车领域快速发展方面，自 2018 年起，ABB 与 E 级方程式（即电动方程式，Formula-E）宣布建立开创性的合作伙伴关系，领航电动汽车可持续发展的未来。ABB 将为赛事提供领先技术，同时冠名赞助，支持“ABB 国际汽车联盟 E 级方程式锦标赛”。

ABB 是电动交通基础设施领域的全球领导企业，作为电动汽车提供全方位充电解决方案，已在全球 76 个国家安装了 1.1 万个直流快速充电机，ABB OppCharge 充电弓技术，实现了全自动连接，能在 3 ~ 6 min 为电动大巴充入下一行程所需的电能，引领全球公交电动化。

厦门 ABB 低压电器设备有限公司深圳分公司是世界 500 强 ABB 集团旗下子公司，坐落于深圳宝安，公司通过了 ISO 9001、ISO 14001、OHSAS 18001 体系认证。作为 ABB 在中国的电动汽车基础设施业务单元，依托于 ABB 集团在电气产品领域长期积累的产品优势，公司提供全面、可靠、安全的新能源汽车充电解决方案，包括适用于高速公路及交通枢纽的 Terra 系列直流快速充电机，以及为商业中心、物流、分时租赁、单位及公寓住宅度身定做的 Wallbox 直流充电机，以及与新能源汽车及住宅商建配套的 EVinn 交流充电机。同时，ABB 提供充电设备的在线连接云服务，能够帮助充电设施业主实现远程监控、远程诊断、远程升级等功能，实现充电桩的互联和智能化。

二、产品销售

产品出口至美国、德国、意大利、荷兰等国家和销往香港、澳门、台湾等地区。

三、技术进展及研发能力建设

ABB 拥有全球领先的充电桩技术，参与制定了多个充电标准。ABB 在超高功率充电桩方面的研究也取得巨大突破，ABB OppCharge 充电弓技术，实现了全自动连接，能在 3 ~ 6 min 为电动大巴充入下一行程所需的电能，引领全球公交电动化。ABB 在全球拥有 3 个充电桩技术研发中心，分别位于荷兰、意大利和中国。其中厦门 ABB 低压电器设备有限公司深圳分公司在国内拥有超过 50 人的研发团队，包含软件、硬件及结构管理等完整的研发链条，同时保持与欧洲 ABB 充电桩的研发团队的紧密合作，立足本土、面向全球，致力于提供全面、领先、安全、可靠的新能源汽车充电方案。

四、主要新产品

序号	产品名称	产品型号
1	60 kW 落地式直流充电桩	Terra 63Z
2	10 kW/20 kW 壁挂式直流充电桩	Wallbox 10/20
3	7 kW 交流充电桩	EVinn-OP/BC
4	180 kW 分体式直流充电桩	Terra 184Z
5	90 kW/120 kW 落地式直流充电桩	Terra 93Z/Terra 123Z

广州通达汽车电气股份有限公司

一、单位概况

广州通达汽车电气股份有限公司(以下简称“公司”)成立于1994年,注册资本2.64亿元,是一家专业从事车载智能终端综合信息管理系统及配套汽车电气产品研发、生产、销售的高新技术企业、新三板挂牌企业(股票代码870399)。公司主要为客车、物流车生产厂商提供车载智能系统系列产品、新能源汽车电机与热管理系统系列产品、公交多媒体信息发布系统系列产品、车载部件系列产品等,致力于成为国内车载电气领域最具竞争力的企业之一。

通达电气旗下拥有10家全资、控股或参股公司,分布在广东、武汉、海南、北京、天津、香港等核心地区。其中包括与广州市第二公共汽车司共同成立的“广州思创科技发展有限公司”,与中国汽车技术研究中心有限公司共同发起成立的“天津英捷利汽车技术有限责任公司”,与中国恒天集团(央企)共同发起成立的“北京恒天鑫能新能源汽车技术有限公司”,公司员工有1 000多名。

二、经营情况

公司产品业务主要围绕互联网+、新能源汽车、交通运输三大市场服务与拓展,产品涵盖车载智能系统系列产品、公交多媒体信息发布系统系列产品、车载部件系列产品、新能源汽车电机与热管理系统系列产品。车载智能系统系列产品指智能公交综合信息管理系统主要配套智能硬件,硬件产品主要包括车载智能终端、新能源车载远程监控终端、乘客信息管理系统(LED动态显示屏、中央控制器、线路管理及播报器)、漏气报警器、监控录像系统、电子信息公交站台等。公交多媒体信息发布系统系列产品。公交多媒体信息发布系统系列产品主要为车载广告媒体硬件,包括多媒体风道、全彩广告屏、可视变光信息广告一体化系统等。车载部件系列产品主要包括车载照明产品、普通风道、车内外装饰件和公交车载收银系统等构成。新能源汽车电机与热管理系统系列产品主要为新能源汽车发动机、电池、电机热管理系统、新能源电机热管理系统、直流无刷磁力泵等新能源汽车电机产品。

公司生产经营保持良好的增长趋势,总资产和营业收入实现了可持续增长,销售收入逐年递增,财务稳健,公司经营状况整体良好,到2018年公司实现含税销售收入11亿元,资产总额12.5亿元,实现净利润1.6亿元。特别是公司新三板上市以来,凭借公司自身的实力,已经实现2亿元的融资,用于企业自身的建设,公司股东包括中信证券投资有限公司、广东粤科纵横融通创业投资合伙企业等有实力的企业。

三、产品出口

公司客户囊括国内众多客车企业并成功挺进国际市场,是郑州宇通、比亚迪客车、厦门金龙、安凯客车、中通客车等国内前十名客车生产厂家的标准配套商,产品覆盖我国全部一线城市和大部分二三线城市;在国际市场中,公司产品出口到亚洲、非洲、欧洲、南美洲等30多个国家和地区。公司多款产品在2008年北京奥运会、2010年广州亚运会、2011年深圳世界大学生运动会、2013年沈阳全运会、2014年青奥会及2018年春晚等国内大型活动中均有应用。

四、产能建设

公司在广州市黄埔区广州开发区东区枝山路13号的电气信息系统产业园建筑面积7 m^2,白云区广州民营科技园车联网产业园建筑面积13万 m^2,两个产业园集研发中心、行政中心、销售中心于一体,并承担产品制造功能。公司有专业的研发实验室和检测中心从人员,同时也有充足的场地等条件来讲能满足产品产业化的批量生产,企业有一整套成熟的产品实现策划机制,确保公司拥足够的产品产业化能力。

公司近年来进行了乘客信息系统生产线升级技术改造项目、车载电气柔性生产线升级技术改造项目、新能源汽车车载部件自动化生产线项目、车联网配套零部件自动化生产线项目等多个技术改造项目,公司购买贴片机、数控折弯机、数控剪板机、自动插片机和全自动锡膏印刷机、光纤激光切割机、雕刻机、全自动切铝机等一批自动化数控生产设备、全自动光学检测设备等智能化检测设备,购并配套组建关于车载电气产品的智能化、自动化生产线,根据生产规模和产品加工工艺的需要,形成系统化生产流程;实现对产品性能和生产工艺的进一步改善、提升,实现车载电气产品生产线的更新升级,最终实现车载电气产品的自动化生产,大大提高了新增车载IT系统、巴士在线智能公交管理系统和车载电气等产品的生产产能,工艺质量和生产效率。通过技术改造项目的完成,实现了提升30%的生产产能,劳动生产率得到大幅提升。

公司主要产品产能为车载智能终端一体机年均产能7 500套;乘客信息管理系统年均产能3.5万套;多媒体风道年均产能15 750套;通道灯年均产能2万套。

五、技术进展及研发能力建设

通达电气技术中心成立于2008年,建立了较为完善的技术研发管理体系,以“广东省省级企业技术中心”,“广东省智能公交工程技术研究中心”“全国院士专家企业工作站”为技术创新平台,制定了系列研发管理制度,各职能部门分工明确、职责清晰,实现了技术研发的制度化、流程化、规范化、标准化的运作管理机制,运行良好。因技术的先进,公司从2012年开始一直保持国家高新技术企业的光荣称号。参加省市级科技项目5项以上,与中山大学、华南理工大学、广州大学建立密切产学研合作关系,承接广东省科技厅重大专项——《“巴士在线”大数据管理分析平台关键技术研究与应用》《基于移动车联网的智能物流支撑平台的关键技术研发及应用》《面向智能交通的人工智能理论和算法研究与应用》。

公司针对专利的申请、办理、奖励等活动制定了《知识产权管理制度》来进一步加强公司自主知识产权工作,提高产品自主开发能力,提高员工创新意识,鼓励自主开发,推动企业技术水平的不断提高。经过几年知识产权体系的建立,已经取得了一定的成果,已经获得知识产权管理体系认证,截至2019年4月,公司共有核心知识产权118项,公司先后获得64项国家专利(含发明专利)、30项软件著作权,商标15项,域名9项。

项目团队注重研发工程师的综合能力发展,拥有一支具有高素质、高知识层次的研发队伍,拥有一支以华南理工大学背景为主的核心技术团队,拥有专门从事软、硬件研发人员337人,研发人员占比达到30%以上。公司通过积极开展内部培训、专家讲学、外派学习、产学研合作等形式多样的培训活动,培养出了一批行业内具有高素质、高知识层次、科技成果转化能力强的综合型人才,为通达电气的发展提供强大的技术支持。公司建立了由资深技术人员为主体的研发团队,人员层次结构合理,由优秀专业技术和管理人才队伍组成的团队,可保障公司科技创新各项工作的顺利开展。

公司近年来持续加大对于研发的经费投入,尤其是对于车联网、智能交通系统软硬件的研发投入。近3年年均研发投入占主营业务收入的4.8%以上。其中,2016年研发经费为2 257.14万元,占营业收入的4.16%;2017年研发经费为3 609.93万元,占营业收入的4.61%,同比增长50.25%;2018年研发经费为5564.70万元,占营业收入的5.86%,同比增长54.15%。

六、主要产品

序号	产品名称	产品型号	产品应用
1	乘客信息管理系统(LED动态显示屏、LCD液晶多媒体信息屏、线路管理及播报器)	TD-D-48	郑州宇通、厦门金龙、苏州金龙、安凯客车、中通客车、比亚迪客车等客车生产厂家
2	客车铝风道系列产品	TD-L-06	郑州宇通、厦门金龙、苏州金龙、安凯客车、中通客车、比亚迪客车等客车生产厂家
3	DSM司机行为监控系统	TD-ADSK-DSM	郑州宇通、厦门金龙、苏州金龙、安凯客车、中通客车、比亚迪客车等客车生产厂家
4	车载智能远程终端	TD-D-55-WNSLB2	郑州宇通、厦门金龙、苏州金龙、安凯客车、中通客车、比亚迪客车等客车生产厂家
5	新能源电机热管理系统	TD-ATS-DS222A0	郑州宇通、厦门金龙、苏州金龙、安凯客车、中通客车、比亚迪客车等客车生产厂家
6	车载易燃挥发物智能报警系统	TD-C-37-V	郑州宇通、厦门金龙、苏州金龙、安凯客车、中通客车、比亚迪客车等客车生产厂家

七、合资合作及重大项目建设

1. 公司于2018年6月21日向中国证券监督管理委员会提交了首次公开发行A股股票并上市的申请,2018年6月25日中国证监会出具了第180945号《中国证监会行政许可申请受理单》,公司首次公开发行A股股票并上市的申请已被中国证监会受理。

2. 广州通达汽车电气股份有限公司在广州市黄埔区广州开发区东区枝山路13号的电气信息系统产业园竣工。

3. 白云区广州民营科技园车联网产业园正式开工建设。

4. 公司与中山大学产学研合作获批广东省科技厅2018年省科技发展专项资金项目《面向智能交通的人工智能理论和算法研究与应用》。

八、发展目标与规划

公司发展战略:公司一直致力于车载智能终端综合信息管理系统及配套汽车电气产品研发、生产、销售。坚持工业化、信息化深度融合,开发公交车客车、新能源商用车的信息化监管平台,并围绕平台打造车载智能、电机与热管理、信息发布、车载部件四大系列产品,为客户提供一站式软硬件系统解决方案。致力于成为国内车载电气领域最具竞争力的企业之一。

经营计划或目标:公司经过20多年的行业积累,已与国内主要客车厂家建立长期稳定的业务配套关系,并积极开拓商用车市场。公司未来将继续坚持以客户需求为导向,以产品开发与服务创新为根本,以持续研发投入及人才引进与培养为保障,以规范管理为基础,积极推进研发及产品检测中心建设,继续在细分领域内稳步发展,做大做强,不断推出符合客户需求的产品和服务,保持企业行业领先地位和较快速发展势头。同时公司将根据发展需要,多渠道开展融资,积极推进公司主板IPO进度,积极对接和利用资本市场,控制融资风险。

九、2018年1—12月企业在新能源汽车方面经济指标统计

填报单位名称	指标名称	本期累计(万元)	同期累计(万元)	增长率(%)
广州通达汽车电气股份有限公司	2018年末资产总计	126 260.34	98 387.63	28.33
	2018年营业收入	95 247.10	78 307.62	21.63
	2018年利润总额	19 182.66	16 465.94	16.5

武汉电动汽车技术开发有限公司

一、单位概况

武汉电动汽车技术开发有限公司(以下简称"公司")成立于2011年10月,是一家专注于提供新能源汽车TSP车联网平台、分时租赁平台、电池溯源平台和前后装车载智能产品的高新技术企业,公司位于中国武汉光谷。

公司拥有核心知识产权的产品有 V-link 车载数据交互终端、TBOX 车载数据采集终端、VBOX 语音数据交互终端、智联液晶钥匙、汽车智联手环、汽车智联手表等智能车载终端及汽车穿戴类产品，终端产品涵盖到 2G/3G/4G，下一代的产品集成以太网等技术，不断地提升产品应用拓展。

车联网即时通信平台、新能源安全监控平台、电池溯源平台、分时租赁平台、智能充电平台等系统平台为核心为整车企业、运营企业、政府部门提供数据服务。

公司作为业内领先的数据应用服务商，全程参与了 GB/T 32960 国标文件的起草与制定，为整车企业产品数据接入国家平台提供强有力的技术支持。通过 8 年的卓越发展，作为 GB/T 32960 起草单位和中国新能源汽车大数据联盟成员单位之一，坚持以技术创新、产品创新来为整车企业服务，推动智能网联的快速发展。

公司 2015 年与中国电信签署了战略合作协议，作为中国电信车联网平台服务的唯一提供商。

公司硬件产品已为 18 家整车企业 397 款新能源车辆的前装项目服务，其中包括：比亚迪汽车工业有限公司、东风乘用车有限公司、东风商用车有限公司、东风日产乘用车有限公司、海马汽车有限公司、海马新能源汽车有限公司、一汽海马汽车有限公司、郑州日产汽车有限公司、东风启辰汽车有限公司、东风襄阳旅行车有限公司、东风（十堰）特种专用车有限公司、东风华神汽车有限公司、武汉客车制造股份有限公司、东风电动车辆股份有限公司、福建新龙马环卫装备有限公司等。软件产品已为 7 家整车企业、5 家运营企业、2 家政府部门提供服务。

二、经营情况

公司自主研发的新能源汽车智能网联车载终端、远程监控终端 2018 年全年出货量达 8 万套，位列全国新能源汽车安全监控车载终端销售前茅，业务范围已经辐射全国 8 个省份。智能网联 Elink 系统平台已服务十多家整车企业，平台接入车辆超过 10 万辆，通过国家平台车辆符合性测试的车型达 397 款，是全国领先的车联网数据应用及运营解决方案提供商。

三、产能建设

公司硬件终端产品年产能 20 万套。

四、技术进展及研发能力建设

公司团队由国内一线整车企业高管、整车研发人员、市场人员组成，拥有国家专利 21 项，软件著作权 19 项，通过高新企业认定、软件企业认定、CMMI-3 认证、IATF 16949、ISO 9001 等体系认证。专注于为整车企业提供完善的数据解决方案，是国内领先的数据应用服务商。

核心研发团队由汽车电子、计算机软件、信息管理、遥感与测绘、计算机图像等专业人员组成。由知名高校遥感与测绘学院教授领队，开发团队 75% 拥有硕士、博士学位。

平台产品的设计，利用大数据设计架构将繁琐的车辆 CAN 总线通信、大数据存储与管理、负载均衡、服务器技术等集成封装，可实现海量车辆数据的存储与计算、监控分析、数据挖掘、数据应用，为整车企业研发部门、售后部门、销售部门、法规部门提供大数据支撑，并提供 APP 客户端供整车企业管理人员、车主用户使用。

五、主要产品

序号	产品名称	产品型号	产品应用
1	新能源安全监控车载终端	EVT-088E	车载 TBOX
2	新能源数据采集车载终端	EVT-098	车载 TBOX
3	车联网数据通信终端	EVT-108	车载 TBOX
4	智联液晶钥匙	CSC-527	汽车液晶钥匙
5	汽车精品智联手环	CSC-521	汽车类智能穿戴
6	汽车精品智联手表	CSC-725	汽车类智能穿戴

六、发展目标与规划

公司 2020—2022 年 3 年战略发展将围绕“车、人、出行、AI”4 方面，不断拓展产品链条、丰富产品功能、纵深行业领域。

1. 2020 年主要以现有新能源汽车智能互联平台及车载终端为基础，在以“S(smart)C(connet)+智能网联应用”为业务线条，以启辰、NISSAN 业务为契机，围绕智能网联穿戴类产品拓展市场形成新的业务增长，在出行服务领域面向 C 端开发可智能判断需求及出行方案的 APP，同时在 AI 技术方面探索发展车内驾驶员安全预警系统，进一步巩固市场地位。

2. 2021 年紧跟新能源智能网联汽车技术发展，推出满足 CA 级智能化的“智能网关”产品，并获得至少 6 家整车企业 Tier1 的资格，在出行服务领域进一步丰富 APP 功能，不断提升客户体验感，增加客户黏性。

3. 在 2022 年着重发展满足 HA/FA 级智能化的视觉智能产品开发及产业化，不断在 AI 技术方面探索开发新产品，同时在 V2X 基于华为芯片开展应用研究，预研新一代产品。

（1）以现有新能源汽车智能互联平台及车载终端为基础，巩固市场地位，保持每年 25% 的增长，在 2020 年实现销售收入 8 000 万元，完成 A 轮融资 3 000 万元。

（2）紧跟新能源智能网联汽车技术发展，在 2021 年推出满足 CA 级智能化的“智能网关”产品，并获得至少 6 家整车企业 Tier1 的资格，实现销售收入 1.5 亿元以上，完成 B 轮融资 5 000 万元。

（3）在 2022 年同时启动满足 HA/FA 级智能化的视觉智能产品开发及产业化，启动 C 轮融资及 IPO 工作。

七、2018 年 1—12 月企业在新能源汽车方面经济指标统计

填报单位名称	指标名称	单位	本期累计	同期累计	增长率(%)	增长额
武汉电动汽车技术开发有限公司	2018 年末资产总计	万元	4 151	3 717	11.6	434
	2018 年营业收入	万元	4 084	3 363	21.4	721
	2018 年利润总额	万元	610	476	28	134
	2018 年产品销售率	%	90	85	5.8	—
	2018 年销售利润率	%	15	14	0.75	—

深圳新荷科技有限公司

一、单位概况

深圳新荷科技有限公司(以下简称“公司”)成立于2015 年,注册资金 500 万元,公司拥有运营、售后、客服及专业研发团队,软、硬件技术人员达 20 人。主要从事计算机软硬件的研发与销售,网络技术及计算机技术开发、技术咨询、技术转让,数据处理及储存服务,信息技术服务,销售、租赁新能源汽车,新能源汽车的技术开发与技术咨询,汽车配件的研发与销售,充电设备的设计与安装、维护、租赁、充电服务,充电桩的安装、运营、建设,车载智能终端的研发、安装、销售等业务。是一家专注于绿色出行的新能源汽车高新技术企业。

二、经营情况

公司自成立以来,专业积累物联网底层技术研发,2017 年初介入新能源汽车行业,分别与湖北三环专用汽车有限公司、云南贵航云马汽车有限公司、云南北汽专用车有限公司、华晨铁岭专用汽车有限公司建立合作,提供新能源汽车自动化平台与国Ⅵ监控数据平台。

三、产品出口

公司新能源自动化平台与海外哥伦比亚 Renting Colombia 公司建立深度合作,为其新能源汽车提供监控、运维、售后维保等业务。

四、技术进展及研发能力建设

售后服务——与传统车辆维修进行区分,新荷联合整车企业与供应商建立全国新能源汽车维修服务专业化、智能化体系,将售后服务前置,做到车未到,各地服务站已熟悉该车辆维修、保养方法,以此达到售后服务整体升级。

产品供应——车企结合车辆运行数据与维保数据,分析供应商产品问题,生成运行报告,指导供应商提高生产工艺。新荷与供应商直接对接,保障现场问题第一时间告知,节省维修时间。

车企管理——按照国家要求,车企需不断完善对新能源汽车零配件及数据的追溯,新荷平台支持车企制造入库、销售出库等阶段,完成对车辆数据回溯、零配件维保和更换追溯,一方面保障车企能够满足国家要求,另一方面优化车企管理结构,走向数据指引的道路。

五、主要新产品

序　号	产品名称	产品型号
1	智能终端 T-BOX	TK-VT600
2	新能源自动化平台	V3.0
3	国Ⅵ智能终端 T-BOX	XH_HT

六、发展目标与规划

建成中国最大的开放式新能源 + 国Ⅵ燃油车自动化平台,为中小型车企提供车辆全国售后维保、建立良性市场发展网络及提高服务能力。

新荷科技采用终端 + 平台一体化运营模式,为车企提供国标过检及国家要求所有数据及技术集成方案,满足车企基础要求与日后扩展,通过高频数据平台为车企提供健全的数据服务,帮助车企了解市场需求、技术指标、应用领域及客户导向,更好的立足于市场。

广东威浦电器有限公司

一、单位概况

广东威浦电器有限公司(以下简称“威浦电器”)成立于1996 年,是一家专业设计生产工业用防水连接器、圆形连接器、组合防水配电箱的企业。公司自创立以来一直专业致力于工业接插装置,形成一套完整的研发、生产、品检体系,并拥有多项国家专利。自有厂区占地 30 亩,厂房面积 4 万多 m^2,员工 450 人,其中研发人员 20 多人,品管人员 30 多人,并且在北京、上海、广州设立商务中心,直接面对客户提供售前售后服务。

威浦电器是“全国电器附件标准化技术委员会”成员,国标 GB/T 11918—2014 的起草单位之一。威浦电器的质量管理体系在 2011 年就通过 GB/T 19001—2016 / ISO 9001:2015 双认证,产品符合 RoHS 标准,已通过 CCC、CQC、CE、CSA 和 UL 认证。

威浦电器主要产品系列有：

1. 矩形连接器（重载）系列。IP67 防水设计，有金属、塑料、高防护等多种外壳类型，适用多种应用场合。

2. 圆形连接器（航空插）系列。航空插头、插座、连接器，耐压由 500 ~ 4 000 V，电流由 3 ~ 150 A，连接形式有普通螺纹锁紧、卡扣式锁紧和推入式快速锁紧 3 种，接线方式有焊接、螺丝压紧和压接 3 种，极数从 1 针到 61 针，防护等级从 IP44 到 IP68，可满足各种环境使用，尤其擅长于户外防水连接。

3. 防水工业插 CEE/IEC309 系列。包括 1 000 V 以下、10 ~ 400 A 工业用插头、插座和电缆连接器、组合插座配电箱、检修电源箱等。

其中，航空插的 WY/WF/WS 系列在新能源汽车领域、防水插的 TYP 系列和重载系列在新能源汽车制造业上下游产品配套产业均有广泛的应用。

威浦电器产品有接触电阻小、插拔柔和、电流大、抗振耐冲击、可靠性高等特点，所有的产品均按不同应用场合的最高要求设计，并能随时为新能源汽车订制各种规格的连接器。

二、经营情况

威浦电器始终坚持专业化的发展理念，产品有 WS 系列、TYP 系列和重载系列贯穿整个自动化设备和电工电气配套领域，近期开发的 WY、WF、SP、SA 等系列，在新能源商用车、氢能源车上广泛应用，并因高质量得到好评。

三、产品出口

威浦电器的产品现已销售到全球 78 个国家和地区，销量稳步上升。

四、产能建设

威浦电器产品从原材料进仓开始到成品检验出仓（除电镀、着色外）都是自主完成，配置注塑、压铸、数控、模具、铜件制造、铝件制造和装配 7 个车间。公司现有自动化数控设备 130 多台，注塑机 28 台，压铸机 9 台，每天产能 7 万只左右。

五、技术进展及研发能力建设

威浦电器有一个 20 多人的研发团队，从原型设计、模具开发到生产都是全程自主，还能根据客户的各种特殊要求快速开发各种特殊规格的连接器，加快新能源汽车生产企业的研发和生产进度。

近年来威浦电器在生产环节大量采用数控设备和引进工业机器人，以提高产品质量和可靠性，同时释放生产设备的产能。大型生产设备均已采用机器人协作实现无人操作。

威浦电器有严格的品控和检测，实验室设备配置齐备，检测技术上也有创新。原材料测试设备包括阻燃、耐热、抗电痕化、热变形和老化、抗 UV 等测试机。在产品性能测试方面则有测试振动、温度、湿度、防尘、防水、盐雾、综合试验系统等十几种大中型检测设备。生产线上还配套各种特制的检测仪器，其中全自动电脑检测设备是威浦电器的创新。连接器的关键部件插针和插套，都是经过全自动电脑检测各种插拔力，确保接插可靠性和一致性。

六、主要产品

序号	产品名称	产品型号
1	航空插头、插座、连接器	WY/WF/WS/SA/SP 等系列
2	工业防水插头、插座、连接器	TYP 系列
3	组合插座配电箱	拼接式插座配电箱、吊挂式插座配电箱、线盘插座配电箱、橡胶插座配电箱
4	重载连接器	HA/HB/HP 系列

中国汽车技术研究中心有限公司

一、单位概况

中国汽车技术研究中心有限公司（简称“中汽中心”）成立于 1985 年，总部位于天津，是隶属于国务院国资委的中央企业，是在国内外汽车行业具有广泛影响力的综合性科技企业集团。

中汽中心共有职能部门 9 个、全资子公司 22 家、控股公司 7 家，总资产 100 亿元，净资产 74.8 亿元，占地总面积 8 085 亩，员工总数 4 692 人。形成了以行业智库服务、汽车产品检测认证、共性及前瞻性技术研发为核心的覆盖汽车全产业链和全生命周期的技术服务能力，业务涵盖行业服务、标准业务、政策研究、检测试验、工程技术研发、认证业务、大数据、工程设计与总包、咨询业务、新能源、产业化和战略新兴业务等 12 大领域。除天津总部外，中汽中心在北京、上海、广州、武汉、昆明、宁波、盐城、牙克石等地打造了多个区域中心，构建了覆盖我国大部分地区的服务网络。中汽中心还积极推动企业国际化发展，在德国慕尼黑、日本东京设立了常驻办事处。

二、2018 年科研项目及成果

2018 年，中汽中心新立科研课题 94 项，其中重点课题 23 项，培育类课题 47 项，青年基金课题 24 项。

2018 年，中汽中心作为项目牵头单位共获得 4 项国家科技部重点研发计划、新能源汽车专项项目，获得国家科技（专项）经费 14 679 万元。此外，中心还参与其他国家/省部级项目 12 项，获得专项经费共计 1 940 万元。

年度从事的重要科研项目包括：科技部国家重点研发计划“自动驾驶电动汽车测试与评价技术”、“国Ⅵ排放标准技术体系研究”、“动力电池测试与评价技术”和“典型区域多种燃料电池汽车示范运行研究”，天津市科技计划项目“满足移动源柴油车国Ⅵ标准排放后处理装置研发与应用”“锂电池智能化三维无损成像检测装备的开发及应用”，以及中心自立项目“车用燃料电池低温冷起动及性能衰减机理研究”“汽车盲区多维重构监测系统及标准研究”“全自动泊车系统的关键技术研究""基于云平台的汽车售后件服务研究及应用系统开发"等。

2018年,中汽中心主持或参与的项目中获得省部级奖项共7项,其中《节能与新能源汽车能源系统测评关键技术研究》项目获得"中国汽车工业科学技术进步奖一等奖";《新能源汽车生产企业及产品准入条件研究》项目获得"中国汽车工业科学技术进步奖三等奖";《中国电动汽车标准化工作路线图研究与应用》项目获得"中国汽车工业科学技术进步奖三等奖";《GB 11551—2014 汽车正面碰撞的乘员保护》标准获得"中国标准创新贡献奖三等奖";《乘用车动力系统震动噪声控制关键技术研究与应用》项目获得"中国机械工业科学技术奖二等奖";《中重型货车对乘用车及行人的防护技术研究及应用》项目获得"中国机械工业科学技术奖三等奖";《实车碰撞关键测试技术与成套装备研究及工程应用》项目获得"中国机械工业科学技术奖二等奖"。《汽车碰撞试验成套装备及关键技术研究》获得"天津市科学技术进步奖二等奖"。

三、2018年科研设施及科研能力建设

中汽中心集中优势资源,加大对智库、检测认证、共性及前瞻性技术三大领域的投入;全年围绕完善网络化布局和培育战略性新兴业务,共实施基建项目132个、股权投资项目10个,完成金额17.38亿元。主院区扩建工程、华南基地建设工程、武汉试验基地改造提升工程均顺利推进,高寒、高温、高原的"三高"试验基地布局正式成型。

中汽中心获批成为"国家技术创新示范企业",获批筹建"天津市智能网联汽车创新中心",汉阳所获批筹建"国家新能源汽车监督检验中心",云南卡达克获批筹建"国家高原机动车质量监督检验中心",广州工作部已正式向国家认监委申请建设"国家新能源汽车监督检验中心"。

2018年5月受天津市工信局委托,中汽中心筹建"天津市智能网联汽车创新中心"(以下简称创新中心)。

创新中心依托中心内部数据、软件资源、开发能力和试验检测资质能力,组织产业上下游资源(不含整车企业)共同组建,整体布局将以"国家智能网联汽车质量监督检验中心试验场"(以下简称"试验园区")和"中国智能网联汽车测试及开发云平台"(以下简称"云端平台")两条主线进行延展,着力解决智能网联产业发展面临的测试验证、数据交互、信息安全等系列核心问题。中心与西青区政府所属的投资单位将签订《合资公司框架协议》设立实体公司,由西青区负责整体基础建设投入,"试验园区"和"云端平台"则作为两个独立的业务单元,由试验所和数据中心作为主要运营主体分别进行管理。

试验园区业务主要涵盖面向智能网联汽车实车测试的专项试验场建设及运营管理。将以国家智能网联汽车质量监督检验中心提供检测资质支撑,以智能网联车辆测试及智能加时赛事为主要需求进行驾驶场景的建设,实现对智能网联综合驾驶能力的评估,加快和落实智能网联车路面测试展开。"云端平台"业务主要包含封闭测试场(数据体系建设部分)、开放道路智能设施改造(85.6 km)、5G通信试点、高精度地图(厘米级)、综合管理平台等10个重点子项,将与试验场实体紧密结合,共同打造一个国际最前沿的立体化智能网联综合示范平台。

四、2018年国际合作

日本办事处:日本办事处设立主要目的是为在日本宣传中汽中心检测认证,受托试验,信息咨询等全方位的能力,提高CATARC的国际影响力;同时就近服务日本客户,加强日系企业同CATARC的合作交流;以办事处为窗口,为检测事业部及中心其他院所在日本开展项目合作,设备采购,信息咨询等提供支持服务。主要业务包括:汽车CCC认证业务、中国汽车产业政策、认证法规、测试技术等相关咨询服务、高端人才及高端设备引进、中国地区适应性相关测试服务。依托于检测认证事业部的各项资源,日本办事处将发挥好日本窗口的作用,依据日本汽车制造商的需求,优化认证模式。同时依托事业部内欧洲认证资质,实现检测认证一体化的同时,探讨国内认证与欧洲认证一体化的运营模式。

中汽研欧洲检测认证有限责任公司:中汽研欧洲检测认证有限责任公司,是中汽中心为响应国家"一带一路"倡议号召和适应中汽中心国际化战略发展需要,由中汽中心的全资子公司中汽研汽车检验中心(天津)有限公司在德国慕尼黑成立的全资子公司。主要业务包括产品检测、认证相关服务,标准技术咨询及培训,公司旨在服务欧洲汽车产业整车企业、零部件企业、研发及认证机构等。公司将紧密依托中汽中心丰富的资源,积极搭建检测认证平台、研发平台、信息咨询平台,为欧洲汽车整车、零部件、认证机构提供优质的服务。

清华大学汽车安全与节能国家重点实验室

一、单位概况

2018年固定人员90名,其中研究人员75人、技术人员14人、管理人员1人,这对基础研究和工程应用都要兼顾的汽车安全与节能国家重点实验室来说是一个比较合理的研究队伍结构。研究人员中,正高职称(教授、研究员)32人、副高职称研究人员(副教授、副研究员)35人、中级职称研究人员(助理研究员)8人,分别占43%、47%和11%;中国科学院院士1人、中国工程院院士1人、长江学者特聘教授5人、长江学者特聘讲席教授1人、国家"千人计划"3人、国家青年"千人计划"2人、"万人计划"3人、"国家杰出青年科学基金"获得者3人、"国家优秀青年科学基金"获得者3人、科技部中青年科技创新领军人才6人。固定人员中60岁以上的正高职称研究人员7人,正高职称研究人员平均年龄53岁;40岁以下的副高职称研究人员7人,副高职称研究人员平均年龄47岁。

2018年着力建设从高端院士到青年骨干的人才梯队建设,以“双轮战略”为根本指导,强调国际一流学科与国内行业一流并重,同时协同“双梯建设”和“双青计划”,形成人才聚集效应。在高端人才方面继续取得重要突破:继2017年欧阳明高老师当选科学院院士之后,2018年3月正式引进工程院李骏院士,成立了智能汽车设计与安全性技术研究中心,至此实验室已有2位60岁的全职院士(全校70岁以下院士共28位),后续院士储备及引进人选也提上日程。王建强入选长江学者特聘教授,李建秋和王志入选国家“万人计划”,王建强、李亮、郑新前入选科技部创新人才(占比全校入选人数1/4),李升波入选北京市杰青,4位青年教师(徐梁飞、刘亚辉、聂冰冰、马骁)进入“万人青拔”、科技部创新人才、北京人才计划答辩阶段;4位教师(王志、李建秋、刘亚辉、李哲)申请了新一年度“长江学者”。在行业影响力方面持续加强:成波、张俊智入选中国汽车工程学会会士,系共8位教师入选,占比1/4,为最多成员单位;李升波获得中国汽车工业青年科技人才奖、并出任学会青年工作委员会主任委员;聂冰冰入选青年人才托举工程;李骏、张扬军、郑新前3人获中国内燃机工业杰出科技创新奖;王志获中国内燃机学会突出贡献奖。

2018年持续加强海外人才储备工作,力求搭建海内外杰出青年人才集群平台。连续2年开展海外宣讲与招募,与十余位海外青年人才面对面交流,建立起点对点联系;在《汽车工程系人才支持计划》基础上,2018年在校友捐赠基础上,建成伦氏龙门基金(1 000万元),用于支持优秀人才海外提升;首次在重点实验室开放基金中为海外青年人才设立青年学者专项基金,鼓励海外青年学者申请,最终有4位海外学者入选;在第18届国际交通科技年会中增设院长与青年学者论坛,特邀多位海外青年学者与会做深入交流。

二、科研项目及成果

2018年共承担科研项目266项,到款科研总经费24 096万元,其中国家重点研发计划、“973”计划、“863”计划、科技支撑计划、自然科学基金等国家级项目和省部级项目总到款8 646万元(36%),军工专项到款1 289万元(5%),国际合作项目到款1 641万元(7%),横向项目到款12 521万元(52%)。另有依托单位支持双一流建设经费1 020万元,实到科研经费总计25 116万元。年度重点项目类型广泛多元,作为项目负责人/课题负责人承担重点研发计划16项,其中国拨经费共4 715万。共申请国家自然科学基金38项,获批11项,资助率29%,其中重点项目3项,面上基金4项,青年基金3项,外国青年基金1项。

2018年发表SCI论文212篇,EI论文374篇,授权发明专利50项。危银涛团队获得第20届中国轮胎技术研讨会优秀论文一等奖;王志指导的博士生费舒波获得中国工程热物理学会多相流学术年会“青年学者优秀论文陈学俊奖”;王建强指导的博士生郑讯佳获第18届国际交通科技年会(CICTP2018)最佳会议论文奖。

2018年,获国家级二等奖1项,省部级一等奖2项。2014—2018年,共获国家奖4项,省部级一等奖12项、二等奖6项、三等奖5项。“基于共用架构的汽车智能驾驶辅助系统关键技术及产业化”获2018年国家科学技术进步奖二等奖(第一完成人和第一完成单位)。首次提出了用于智能驾驶辅助系统的新型共用架构,突破了基于该架构的汽车节能与安全驾驶辅助技术瓶颈,并研制了具有自主知识产权的产品,实现了大规模产业化。“高效清洁内燃机爆震燃烧机理”获2018年中国内燃机学会自然科学奖一等奖(第一完成人和第一完成单位),本项目系统深入地开展了内燃机爆震燃烧的应用基础研究,形成了完整的超级爆震燃烧机理和高效清洁燃烧方法。

三、科研设施及科研能力建设

2018年实验室购置仪器设备732台,总经费2 768万元。包括燃料电池阻抗测试系统、发动机状态测试系统、发动机台架、全工况测试系统、高性能服务器、质谱仪、车轮滑移模拟系统、流动燃烧激光测试系统、动力电池量热仪、锥形量热仪、单体动力电池测试系统、并行计算集群Infiniband组件、多通道电池测试系统、驱动系统测试台架、高低温试验箱、高速相增强系统。其中大部分仪器设备都能够开放共享。

四、主要研究方向

实验室的主要研究方向:汽车主动安全性、汽车被动安全性、汽车电子控制、发动机与排放控制、新型动力与电动汽车。

汽车主动安全性包括汽车动力学与控制、汽车振动与噪声控制、驾驶行为识别与安全辅助系统、交通安全与事故再现。

汽车被动安全性包括汽车碰撞力学、汽车安全性设计、乘员保护及人体损伤机理、汽车新型材料与轻量化。

汽车电子控制包括发动机电子控制、底盘电子控制、智能汽车、智能交通。

发动机与排放控制包括发动机燃料与燃烧、发动机排放控制、发动机热流体学、动力总成与性能优化。

新型动力与电动汽车包括车用动力电池系统、纯电驱动系统、混合动力系统、燃料电池动力系统。

五、国内外交流

2018年,继续打造重点实验室学术沙龙这一品牌活动,累计已举办224期,年度共16期,2 500余人次参与,主讲嘉宾中有中国科学院院士、清华大学常务副校长、企业CEO等。学术沙龙不断与时俱进,第224期学术沙龙将首次尝试与汽车人发展基金合作,精选1~2位嘉宾,录制视频直播,制作线上学术沙龙栏目,扩大在学术界和行业的影响力。

《汽车安全与节能学报》先后已被《中国科技论文统计源期刊(中国科技核心期刊)》(CSTPCD)和《中国科学引文数据库》(CSCD)收录,年度出版4期,刊发学术文章58篇,业内影响力不断扩大。实验室第一份国际化全英文季刊Journal of Intelligent and Connected Vehicles(JICV)于2018年度共出版了2期杂志。该期刊由李克强任主编,王建强任执行主编,该期刊对提升实验室在国际学术界的影响力与国际知名度发挥了重要意义。

2018年国内外学者前来访问交流800余人次,其中海外知名学者及工业界人士来访交流110余人次,教职工因公派出115人次。主办了4次大型国际学术会议,包括第18届国际交通科技年会、第 14 届国际先进车辆控制大会、第 5 届国际智能网联汽车技术年会、国际氢能产业创新发展论坛，在国内外产生了广泛影响力；接待了壳牌燃油技术副总裁 Steve Bryce 博士、瑞典 Chalmers 理工大学交通研究中心 Krajnovic 教授。通过学术交流、参观来访和合作洽谈，进一步扩大系在国内外汽车行业的影响力。

六、发展规划

1. 争创优秀级的车辆领域国家重点实验室，联合国内优势学术团队，引领国家汽车技术发展。

2. 建立起适应国家重点实验室改革的人才队伍体系：一方面调整人员结构，实现汽车、能源、先进交通、人工智能、互联网与大数据等人才多样化；另一方面改善人才梯队，加强顶尖人才突破的支持力度、加强中青年人才蓄积。

3. 结合汽车系升级为车辆与运载学院，突出学科发展的新思路：一方面形成优势学科团队，聚焦智能汽车 + 新能源汽车；另一方面加强发展新学科和交叉学科，以更好适应车辆学科高度交叉融合的特点。

同济大学新能源汽车工程中心

一、发展概况

同济大学新能源汽车工程中心成立于 2000 年，是国家燃料电池及动力系统工程技术研究中心、新能源汽车及动力系统国家工程实验室、国家级国际联合研究中心、中德电动汽车联合研究中心、中国燃料电池汽车技术创新战略联盟秘书长单位、工信部授权的第一个国家智能网联汽车试点示范区（上海）。此外，受科技部委托，中心同时承担了国际氢能经济和燃料电池伙伴计划（IPHE）联络办公室的工作，代表科技部出席相关会议，定期向科技部汇报国际上氢能燃料电池的最新进展。现阶段主要专注于新能源与智能化汽车相关技术的研究。

二、科研项目及成果

中心承担或参与了国家“十五”“十一五”、“十二五”和“十三五”期间 30 余项“863”项目、“973”项目和国家重点研发计划的科研任务，代表性的项目有：高性能低成本燃料电池电堆及关键材料的关键技术研究与工程化开发；燃料电池发动机及动力系统的全工况仿真及试验研究；大功率燃料电池发动机系统集成与控制、可再生能源专项测试系统多维度在线监测、健康诊断及寿命预测模块开发；四轮驱动电动汽车关键技术研究；轮边电驱动系统应用技术研究；乘用车混合动力总成开发与整车集成；高性能分布式驱动电动汽车关键基础问题研究等。历年来，出色完成了多项国家和省部级重点项目，并获得了数十项国家、地方及行业奖项。代表性的奖项包括：燃料电池轿车动力平台关键技术（国家科学技术进步奖二等奖）、燃料电池汽车供氢关键技术（国家科学技术进步奖二等奖）、燃料电池轿车动力系统集成与控制技术（上海市科学技术奖一等奖）、世博新能源汽车研发与应用示范项目组（上海世博会先进集体）、同济增程式混合动力系统（中国国际工业博览会“创智汇”路演最具人气路演项目）等。

同济大学新能源汽车团队从 2006 年以来，共发表论文 1 900 多篇，已获授权专利 213 项（其中发明专利 76 项）。通过承担上述科技项目，已形成了一支科研实力雄厚、年龄结构合理的技术团队。近年来引进高级人才 12 名，分别来自德国、日本、美国和国内著名高校与企业。该技术团队现有 109 人，拥有正高职称 29 名，副高职称 25 人，其中博士 59 人，平均年龄不超过 45 岁；拥有国家重点研发计划总体组责任专家 2 名，教育部长江学者特聘教授 1 名，“千人计划”3 人，“海外名师”1 人，聘请多名国内外著名汽车专家为兼职教授或客座教授；是一支知识结构合理、国际交流经验丰富、富有创新精神的研发团队。近年来，先后获得国家教育部长江学者及创新团队计划中的“节能环保汽车”创新团队、科技奥运先进集体、上海世博会先进集体、“十一五”国家科技计划执行优秀团队等荣誉。

三、科研设施及科研能力建设

同济大学新能源汽车工程中心已建成国内领先的智能与新能源汽车研发与试验平台，具备了从零部件至整车的全系列测试和研发能力，具有代表性的科研设施主要有：整车空气动力学风洞、整车热力学风洞、半消声环境的四转鼓整车性能测试实验室、整车环境舱与动力性能测试平台、整车耐久性测试平台、全路况智能汽车试车场、整车及零部件振动测试台、汽车尾气测试与分析系统、新能源汽车动力系统测试与模拟实验室、燃料电池发动机测试平台、智能网联汽车测试与评价基地、国家工信部授权的第一个国家智能网联汽车试点示范区、燃料电池发动机环境舱、燃料电池电堆测试平台、新能源汽车关键材料分析仪器、各零部件至整车等级的完善模拟仿真计算平台等。相关科研能力建设为本单位的前瞻性科学研究和工程技术开发奠定了良好的基础。

面向车用新能源的发展需求，围绕高压储供氢、燃料电池复合电源、燃料电池发动机系统 3 个主要研究方向，着力发展车用燃料电池复合电源相关的新材料和动力系统的开发、测试、集成技术，完善学科交叉、产学研结合和成果转化机制，实现车用新能源领域的基础性、前瞻性、战略性科技创新。

面向智能汽车技术领域，围绕智能动力系统、V2X 与组合定位、感知与决策、运动规划与控制、测试与评价五大研究方向，开展深入应用基础研究、工程化应用研究及产学研合作研究。

四、主要研究方向

1. 智能动力系统；
2. V2X 与组合定位；
3. 感知与决策；
4. 运动规划与控制；
5. 智能汽车测试与评价；

6. 智能驱动技术；
7. 线控底盘；
8. 燃料电池复合电源动力系统；
9. 燃料电池关键材料；
10. 燃料电池电堆；
11. 燃料电池发动机；
12. 氢能综合利用；
13. 氢能与燃料电池测试评价。

五、国内外交流

1. 上海-斯图加特汽车及动力技术国际研讨会；
2. 第二届汽车智能交通分会第一次全体委员大会；
3.《基于基础设施的智能驾驶——新型无人驾驶模式》讲座；
4.《汽车电动化和智能化发展》的讲座；
5. 中德电动汽车联合研究中心；
6. IPHE 联络办公室的工作；
7. 中瑞交通安全研究中心；
8. 中国-加拿大(安大略省)氢能燃料电池科技合作研讨会。

六、发展规划

致力于智能型新能源汽车关键技术的前瞻性研究和工程化开发，推动国内先进汽车技术发展与产业的推广落地，拓展国际合作扩大中国汽车技术世界影响力，确保我国汽车技术与产业的持续健康发展。

上海交通大学汽车工程研究院

一、单位概况

上海交通大学车辆工程学科始建于 1936 年，1954 年北迁至长春市。车辆工程专业于 1986 年重建，1996 年被评为“上海市重点学科”，1998 年建立车辆工程博士点。系所瞄准国际汽车科技前沿技术，在政府、学校及企业等多方面的支持下，通过整合和优化上海交通大学汽车工程相关学科和研究方向，组建的具有上海交通大学特色的汽车学科大平台。学科下建有两大研究基地平台，分别是汽车电子控制技术国家工程实验室和上海市复杂薄板结构数字化重点实验。

汽车电子控制技术国家工程实验室在 2008 年由国家发改委批准成立，定位为围绕国家节能减排和汽车产业升级的重大需求，突破汽车电子控制技术瓶颈，在汽车电子核心技术原始创新方面为行业技术进步、企业产品创新提供有力支撑。其拥有一支事业心强、富于创新精神的科研团队及 10 000 m^2的汽车实验大楼，研究涵盖汽车底盘与控制、汽车发动机以及汽车电子等各个方面。响应智能网联汽车国家战略。最近学科新成立了智能汽车研究所，形成了一支跨学科合作、学术思想活跃、工程实践能力强的研究团队。依托汽车电子控制技术国家工程实验室，重点开展先进汽车电子技术、汽车发动机开发与测试技术、汽车底盘与控制、新能源汽车电机和电池技术、无人驾驶和智能网联汽车技术等研究。

上海市复杂薄板结构数字化重点实验室于 1996 年创建，原名“汽车车身制造技术中心”(Auto-Body Manufacturing Technology Center，BMTC)；2004 年由上海市科委批准成立“上海市数字化汽车车身工程重点实验室”；2012 年更名为“上海市复杂薄板结构数字化重点实验室”。实验室重点发展薄板精益成形技术、制造质量控制技术、薄板连接技术、车身轻量化设计技术、装配工艺数字化设计技术等高水平研究。主要研究方向包括：(1)薄板成形模拟与精益成形技术；(2)薄板先进连接工艺技术；(3)薄板装配工艺数字化设计技术；(4)薄板产品制造质量控制技术；(5)薄板结构轻量化技术。研究所与国内外著名企业建立了紧密的产学研合作关系，与美国通用、宝钢股份、上汽集团、上汽通用五菱、重庆长安、中国商飞、中国中车等建立了 7 个产学研合作基地，拥有实验室面积 2 000 余 m^2，形成了完善的薄板成形、连接、装配及其质量控制的实验平台，为工程应用与高端人才培养建立了国际一流的实验室。

智能汽车研究所成立于 2019 年，依托车辆工程、自动化、信息安全、计算机、机器人等优势学科，以跨学科交叉研究为基础，发挥基础研究拔尖的优势，深度融合智能化、网联化和电动化相关专业，联合上海交大已有平台优势，包括上海市新能源汽车公共数据采集与检测研究中心、上海市北斗导航与位置服务重点实验室、上海市信息安全综合管理技术研究重点实验室、上海云计算联合实验室等交大核心学院和实验室。中心以核心共性基础技术为战略目标，以电动化、智能化、信息化、个性化、网络化、轻量化、共享化、终端化的先进理念打造下一代汽车。建立适应行业发展的人才培养、教育体系，为行业培养领军人与技术骨干，建成促进科技成果转化的产学研融合平台，为政府推进汽车产业发展提供的公共服务平台。

二、科研项目及成果

上海市复杂薄板结构数字化重点实验室承担了国家“973”、国家“863”、国家自然科学基金、国际合作以及企业攻关等大量科研课题，形成了汽车板精益成形、车身制造质量控制(中国 2 mm 工程)、车身数字化封样等一批核心技术，在上汽集团、宝钢集团、柳州五菱等企业得到推广应用，为我国汽车制造业质量进步作出了重要贡献，并在航天、航空、高铁、军工等国家基础制造业技术的自主开发中取得了显著成效。在 ASME、IEEE、中国科学等国内外期刊上发表 1 000 多篇学术论文，获得了 80 余项发明专利；建成上海市复杂薄板结构数字化重点实验室、机械系统与振动国家重点实验室(制造系统及质量控制方向)、GM-CRL-AMP、宝钢汽车板使用技术联合实验室、PACE 中心、重庆长安、柳州五菱、上飞制造工艺技术中心等科研基地和工程服务中心。先后获得国家级科技成果奖励 5 项、省部级科技成果奖励 11 项。

汽车电子控制技术国家工程实验室以对接国家战略、进行人才培养和开展产学研合作为重心，承担包括科技部重点研发计划、自然科学基金、上海市科委/经信委项目在内的一大批国家及省部级项目，服务于国家对推动科技进步和提升自主创新能力的战略性需求。国家工程实验室旨在培养面向企业的高端人才，同时以产学研合作的方式，从学科层面服务于产业界的发展，与美国通用、上海汽车、上汽通用五菱、江淮汽车、吉利汽车、华为、百度等国内外知名车企长期合作，建成了多个研究中心，在国际合作和校企合作方面做出了特色。近期典型科研成果包括：创新性48 V电驱动车辆，全线控驾驶底盘系统，高效增程式发动机系统，车载无线充电系统，高效电池管理系统等。

三、科研设施及科研能力建设

汽车电子控制技术国家工程实验室定位为围绕国家节能减排和汽车产业升级的重大需求，突破汽车电子控制技术瓶颈，在汽车电子核心技术原始创新方面为行业技术进步、企业产品创新提供有力支撑。发展的方向是：形成一个以公共平台为支撑，面向整车与关键零部件企业服务的"三纵三横"（三纵为动力与传动、底盘与安全和汽车总线电子，三横为基础核心技术、共性关键技术和工程应用技术）研发布局。实验室建有基础元器件研发、控制仿真与策略研发、动力传动系统控制、汽车总线与电子电器、底盘控制与主动安全等5个研发平台。国家工程实验室的具备科研设备先进、功能合理、管理科学的实验平台，有一支国际水平的研发创新团队；通过产学研合作，突破了数项汽车电子行业急需解决的共性关键技术和基础核心技术，承担一批重大产业工程，开发一批自主知识产权的汽车电控产品并推广应用。同时为行业提供技术支撑与服务，培训高级工程技术人员。实验室根据车辆工程专业特点，紧密联合企业，构建汽车行业公共研发平台；进行汽车电子核心技术攻关；促进先进技术的成果转化；研究与制定我国汽车电子技术产品标准；检测与评估汽车电子产品和技术；培养我国汽车电子行业发展所需的高级人才；起到作为我国汽车电子行业资讯交流及国际合作交流的枢纽作用。

四、主要研究方向

薄板成形模拟与精益成形技术：汽车板成形技术正在向轻质高强材料和非确定性成形质量稳定控制方向发展。开展高强钢板成形性能评估、先进成形技术和成形工艺稳健设计方法研究，将传统汽车板成形技术和精益六西格玛质量控制方法相结合，形成汽车板精益成形技术，提供降低车身冲压件废品率和提高车身零件质量的关键技术。

薄板先进连接工艺技术：针对汽车轻量化对车身连接技术的挑战，开发新型连接工艺，研究连接机理及接头质量监测与控制技术，形成技术规范、标准和软硬件系统，推动先进高强钢、超高强钢，以及铝、镁等轻量化材料在轿车车身中的应用。在研的新型连接工艺主要包括：伺服电阻点焊技术、磁控电阻点焊技术、电弧点焊技术、胶接变形控制技术及摩擦铆焊技术等。

薄板装配工艺数字化设计技术：通过板壳力学、工程统计学与制造工艺学相结合，研究复杂薄板产品装配偏差流仿真和精度控制理论方法，建立面向精度控制的薄板产品数字化工艺设计平台，开发制造过程质量检测、分析与诊断的软硬件工具，形成数据驱动的制造质量控制技术体系。

薄板结构轻量化技术：面向汽车工业快速发展以及节能、减排的需求，基于多领域知识及多学科的轿车车身结构性能综合仿真技术与现代优化设计方法，开展现代轿车车身优化设计、多学科性能仿真、轻量化等关键技术研究，形成支持车身产品开发全过程的数字化技术体系。

先进汽车发动机技术：发动机燃烧喷雾研究，发动机使能装置研发与产业化，发动机工程化开发，汽车电子使能装置研发与产业化，先进发动机技术研发。

先进新能源汽车技术：汽车功率电力电子系统设计和开发，新能源动力总成系统研究，电池管理系统研究与开发，无线充电系统研究与开发，基于能量流的高效动力系统分析技术。

汽车底盘与控制技术：车辆动力学理论与控制，线控转向/制动系统设计与开发，汽车底盘控制技术，汽车变速箱开发和先进传动技术。

智能网联汽车技术：全面覆盖智能网联电动汽车的关键技术领域，包括面向自动驾驶的多源异构传感器信息融合方法；研究汽车驾驶路径规划和智能行为决策技术；智能网联电动汽车车载信息系统安全和网络安全防护技术。面向智能驾驶的线控底盘优化控制技术；基于大数据分析的无人驾驶行为优化和测试评价分析。

五、发展规划

上海交通大学汽车电子控制技术国家工程实验室和复杂薄板结构数字化重点实验室将继续加大科研投入，加强与海内外各科研机构的学术交流。如今汽车产业挑战与机遇并存，如何发挥高校在学术界和工业界的推动作用十分棘手。上海交通大学汽车工程学科将立足中国，放眼全球，一方面为汽车产业培养优秀人才，另一方面进一步促进产学结合，使前沿科技成果更好地服务汽车产业，提高中国汽车产业的国际竞争力。

辽宁省节能与新能源汽车动力控制与整车技术重点实验室

一、发展概况

2018年实验室有固定人员44人，其中教学科研岗位38人、专职实验岗位6人；正高级职称12人、副高级职称20人、中级职称12人；博士生导师15人。在整个师资队伍中，有长江学者特聘教授1人、国家"千人计划"引进专家1人、国务院"政府特殊津贴"获得者1人、国家人事部"百千万人才工程"第一、二层次人选1人、国家"杰出青年基金获得者"2人、"863"主题专家1人、国家"青年千人计划"入选者1人、辽宁省"百千万"人才"千人"层次1人、辽宁省"高等学校学科拔尖人才"1人、辽宁省"汽车工业协会专家"3人。

师资队伍中,60%以上的教师具有国外学习、进修或作为访问学者的经历,最高学位为博士的教师占85%以上,45岁以下教师占85%以上,教授、副教授大部分是年富力强的中青年教师,师资队伍整体结构呈年轻化、专业化。在这些教师中,26位教师具有在企业工作过或在企业实践6个月以上的经历,10名教师作为企业技术咨询专家长期为企业提供技术咨询,18位教师承担技术合作项目,合计75%以上具有企业实践经验。

现任实验室主任周雅夫教授长期从事电动汽车整车技术、电机及控制系统和发动机电子控制等方面的研究,连续12年获得科技部"863"专项资助,是科技部项目评审专家、教育部科技奖励评审专家、中国汽车工程学会科技奖励评审委员会专家、大连市节能与新能源汽车示范项目专家、辽宁省汽车工业协会专家库专家,在新能源车辆动力系统领域具有较高声誉,在中德电动汽车合作战略平台中承担着重要角色。

二、科研项目及成果

1. 双源驱动系统

针对燃料电池电动汽车驱动系统在效率、成本和技术成熟度等方面的不足,实验室研发了一种新型双源驱动系统。该系统省去了DC/DC变换器,通过对双源电机的控制,可实现驱动、制动能量回收、燃料电池和二次电池的能量交换、对燃料电池内阻进行测量等系列功能。核心技术包括:双源驱动电机技术(双源电机结构的选择、双源电机系统参数的设计);双源驱动系统仿真匹配技术(多模型、多学科联合仿真);双源电机控制技术(双源电机控制器的软、硬件开发)。

2. 适用于燃料电池动力系统的DC/DC解决方案

面向燃料电池车辆现有的驱动系统,实验室开发了具有自己特色的DC/DC变换器,其主要特点在于输入输出双重控制、多相工作的拓扑结构、多模式的控制方法及相互转换机制、适合燃料电池特性的控制策略,燃料电池电流纹波得到最大优化,转换效率大于93%的高效工作区域达到100%。

3. 电动汽车安全运营智能监控管理平台

实验室建立了电动汽车安全运营智能监控管理平台,开发了车载电池安全性预测终端,通过远程后台服务器与车载终端的协调工作,实现对各种电动汽车的锂离子动力电池安全性和老化程度的综合分级。若经过智能平台分析发现锂离子动力电池可能发生安全隐患,系统将通过向车内CAN网络发送报文、向相关人员手机自动发送报警短信、在远程后台服务器上形成报警文件等方式提醒人工干预,可有效减少动力电池起火爆炸等恶性事故的发生。

4. 车用永磁同步电机控制技术

在车用驱动电机及其控制技术方面:实验室先后承担多项相关国家"863"专项子项,主持企业相关委托项目20余项,为企业开发混合动力中巴车控制系统、混合动力客车多能源控制系统、混合动力高压电安全监测系统、永磁同步电机控制系统、交流异步感应电机控制系统、开关磁阻电机控制系统、双凸极永磁电机控制系统、汽车仪表总成等。

5. 新能源汽车整车控制技术

实验室所开发的整车控制器现已应用于纯电动客车,试验运行时间达3年。实现整车控制与车载信息系统高度集成,可便捷的实现4G和未来5G通信,为未来车联网、智能车的信息传递提供高效通讯支持。

三、科研设施及科研能力建设

实验室现有科研、办公、实验用房3 800 m^2,拥有的大型仪器设备包括高性能电机试验台架、整车试验台架、电池模拟器、安全监测与保护系统、升速箱、调压器、锂离子动力电池组、功率分析仪、汽车CAN总线测试工具、车身NVH实验台等,能够满足新能源汽车驱动系统、整车系统研究与产品化设计开发的需求,设备总资产2 582万元,已实现全面的对外开放和共享。

在自行研制和改造仪器设备方面,实验室自行开发有新能源汽车驱动电机动态测试台架、电机控制器、电动汽车原型样车、节能与新能源汽车车载信息化平台,并研制有全新的"彩虹"电动汽车、轻量化房车等。

四、主要研究方向

实验室立足辽宁,瞄准国际前沿,针对我国节能与新能源汽车发展诸多关键科学问题,以电气化、智能化、轻量化为特色,坚持基础研究与应用基础研究并重,现有研究方向包括:

节能与新能源汽车动力总成及控制、新能源汽车整车匹配设计与控制、基于车联网的新能源汽车信息化、燃料电池车双源驱动系统,燃料电池用DC/DC、导航AGV车、自动化物流运输系统、智能感知技术、特种智能车辆设计、基于深度学习的车载环境认知与自主导航控制、主动安全技术、传感器技术、汽车轻量化制造工艺与自动化装备、汽车车身工程、汽车材料、汽车服务工程等。

五、国内外交流

实验室与美国密歇根大学、美国Kettering大学、美国纽约州立大学、美国密执安大学汽车研究中心、英国杜伦大学、德国DFKI RIC人工智能研究中心——机器人创新中心、Fraunfofer IFAM Bremen研究所、韩国科学技术研究院(KAIST)多所国际著名大学建立了稳定的科技合作、研究生培养和人才交流关系。其中,与美国Kettering大学之间的师生国际交流活动自2008年启动以来,已成功举办10年。实验室定期邀请国外专家到我院访问讲学,派遣优秀教师出国进修。

六、发展规划

加强组织申报国家级重大课题及相关科技奖励,预期在3年内承担国家重大/重点项目2项、国家自然科学基金8~10项,获省部级科技奖励(二等奖以上)1~3项,发表本领域高水平论文40~60篇,授权国家发明专利30~40项,进一步引进或培育领域内高端人才,加强产学研合作,促进科研成果在省内至全国的转化,积极筹备申报国家级重点实验室。

电动汽车智能化动力集成技术国家地方联合工程研究中心(青岛)

一、单位概况

电动汽车动力集成技术国家地方联合工程研究中心(青岛),是在青岛市电动汽车智能化动力集成系统工程实验室基础上,于2017年12月由国家发改委正式批复建设。电动汽车动力集成技术国家地方联合工程研究中心依托青岛大学,联合北京理工大学电动车辆国家工程实验室、青岛特锐德电气股份有限公司、中通客车控股股份有限公司技术中心、山东威能环保电源科技股份有限公司以及山东理工大学等单位合作共建。

具备电动汽车动力系统组件及产品集成开发所需要的设计、试制、试验检测条件和能力。具备一流的研究开发能力及相应的人才队伍。工程中心现有研发人员55人,其中"千人计划"专家1人,"泰山学者"3人,具有博士学位的47人,形成了一支多学科合理交叉、年龄结构合理的协同创新队伍。电动汽车动力集成技术国家地方联合工程研究中心(青岛)与中车四方机车车辆股份有限公司、潍柴动力股份有限公司、中通客车控股股份有限公司、北汽新能源汽车股份有限公司、上海万象汽车汽车制造有限公司、青岛国轩电池有限公司、力神(青岛)新能源有限公司、青岛交运集团、青岛华通集团、北京理工大学、山东理工大学等单位建立了良好的合作关系。

二、科研项目及成果

主持或承担科技项目35项,其中省部级以上项目20项,横向项目15项;参与制定标准4项;"新能源汽车高性能动力电池研发与应用"获山东省科技进步一等奖,"一种直流降压电路"获山东省人民政府专利奖二等奖;获批专利48项(含发明专利25项);制定新技术及新工艺8项,全部在合作单位得到推广应用;实现成果转化2项;发表学术论文42余篇,其中SCI收录25篇,带动合作单位新增销售收入11.3亿元。

三、科研设施及科研能力建设

电动汽车动力集成技术国家地方联合工程研究中心(青岛)拥有电动汽车动力系统测试系统、动力电池及电池组性能测试系统、动力电池及材料热失控测试系统、动力电池材料分析测试设备、动力电池组环境试验设备、动力电池组可靠性试验台、汽车底盘测功机、60 kW燃料电池系统整车试验平台、整车控制器及电机控制器硬件、软件开发系统、大型动态数据采集系统、全自动影像测量仪、液压试验台、发动机试验台等先进的研发检测设备;设备原值4 000多万元,研发场地面积达到3 000 m^2。

四、主要研究方向

1. 动力电池开发及设计;
2. 动力源智能集成及管理技术;
3. 智能快速充电技术;
4. 动力传动系统智能控制及设计优化技术;
5. 燃料电池系统集成与控制技术。

五、国内外交流

电动汽车动力集成技术国家地方联合工程研究中心(青岛)已建立完善的国内外合作和学术交流平台,积极开展国内外合作,承接的国内外技术合作开发项目15项。

六、发展规划

1. 形成电动汽车领域国内领先、国际一流的创新能力;
2. 形成较强的技术转化、工程化和产业化能力;
3. 形成行业技术成果转化平台和行业技术开放服务平台;
4. 打造军民融合研发创新平台。

中国汽车技术研究中心有限公司汽车工程研究院

一、单位概况

中国汽车技术研究中心有限公司汽车工程研究院暨中汽研(天津)汽车工程研究院有限公司(以下均简称"AERI")由中汽中心全资建设,整合了中汽中心汽车工程开发领域的人才、成果和设备等优势资源,于2009年4月正式挂牌成立。

成立以来,AERI围绕"性能开发""研发验证"两大品牌展开业务布局,通过引进建立NVH实验室、发动机综合实验室、混合动力实验室、HIL硬件在环仿真测试系统、K & C实验台、风洞实验室等先进研发实验条件,通过长三角研究院、深圳院和德国代表处的网络化、国际化建设布局,构建了国内领先、世界一流的性能开发与研发验证平台。AERI拥有的研发仪器和设备原值达11亿元,性能开发和研发验证能力实现了汽车主被动安全、NVH、底盘性能、动力总成、节能减排、热管理、汽车电子、新能源、智能网联、空气动力学等汽车核心技术领域的全覆盖。AERI坚持面向汽车产业链,通过持续技术创新实现高端研发供给,建设以工程研发、科技创投、产研融合为主要特征的新型研发机构。

二、主要研究领域

新能源和燃料电池汽车关键技术领域涉及典型新能源/燃料电池汽车对标、经济性动力性开发、整车热管理开发及测试验证、整车电子电器架构设计开发、整车EMC优化、整车电平衡、整车功能安全设计、整车NVH正向开发及测试验证、电池PACK安全性设计及测试验证、燃料电池发动机系统集成设计及测试验证、关键零部件 HIL 测试、高压电安全设计、续航里程提升、新能源监控平台搭建、新能源汽车底盘校核、碰撞安全设计、系统集成、三电产品关键算法开发及多核底层软件开发等技术领域。在新能源汽车的整车功能开发和性能开发上,具备正向开发及整改优化的设计能力及测试设备支持。此外,在新能源专用电控零部件产品开发、动力总成产品、新能源用售后服务诊断仪、新能源专用测试和下线设备方面,具备产品配套能力。

三、2018 年科研项目及成果

在燃料电池汽车发动机系统匹配集成和新能源电控核心产品功能安全方面在进行关键技术开发及平台搭建科研工作。

四、2018 年科研设施及科研能力建设

具备电动汽车性能开发手段,包含 NVH、结构安全、主动安全、热管理、EE 架构、EMC、HIL、动力系统以及电动汽车整车性能测试验证设备手段。此外,还具备电动汽车在专用关键系统的开发手段,包含 AVL 电力测功机测试系统、Bitrode 电池 PACK 测试系统、电池 PACK 振动测试系统、电动汽车动力模拟装置标定系统、高压电器的路试数据采集系统、三综合测试系统、电磁兼容、转毂环境仓、整车振动测试系统、NVH 整车及动力系统测试环境、ECU 快速开发平台、全套 dSPACE HIL 台架、全套 Vector 总线开发工具、标定工具、多种主流 MCU 工具链以及各领域的仿真计算软件、协议栈软件。

五、2018 年国际合作

与 IPG、dSPACE、南德、Vector、英飞凌、凌特、巴拉德、三星电机等国外公司在新能源电控系统测试、功能安全评估、协议栈开发、硬件开发等方面进行深入合作。

六、主要产品

整车控制器 VCU、混合动力控制器 HCU、电池管理系统 BMS 、电机控制器 MCU、监控系统车载终端、高压三合一、高压四合一、高压五合一、VCU 和 BMS 集成 VMS。

中国汽车技术研究中心有限公司汽车标准化研究所

一、2018 年概况

汽车标准化研究所在中汽中心领导的正确指引下,一手抓改革,积极落实国家深化标准化改革方案,一手抓发展,提升标准化业务的能力及影响力。标准所主要的业务板块包括政府主管部门技术支撑、汽标委秘书处管理、分标委管理、标准制修订、标准化服务、对外交流合作、C-NCAP 管理运行等方面的工作,2018 年各板块业务均取得良好进展。落实国家战略和产业政策,成为政府的重要执行机构;贯彻标准化改革方案,在标准化领域进行供给侧改革;推进《装备制造业标准化和质量提升规划》,提高汽车标准化水平;加强汽车标准体系的顶层设计,引领汽车行业转型升级;履行智库建言献策职责,完成多项人大、政协提案回复工作;承担了多个部委的研究项目,做好相关领域的标准化工作;承担多项主管部门委托的临时性任务,为汽车管理提供技术支撑;强化工信部委托机构职能,提升了标准所行业地位;积极承办或参与政府相关活动,协助部委推进相关工作;加强对公安、环保等政府部门的技术服务,深化交流与沟通。2018 年新发布标准 47 项(其中,国标 28 项,行标 19 项);汽车标委会秘书处复核并上报标准报批稿 52 项(其中,国标 32 项,行标 20 项),上报标准制修订计划项目 65 项(其中,国标 41 项,行标 24 项),组织并参与行业标准立项计划评审答辩;获批计划 62 项(国标 24 项,行标 38 项)。汽车节能、新能源、智能网联、安全、整车、基础等重点领域标准研究取得重大突破。全面推进下一阶段汽车油耗标准研究。进一步推进乘用车第五阶段燃料消耗量标准制定,启动纯电动汽车、燃料电池汽车能量消耗率和续驶里程试验方法标准修订工作。在智能网联汽车领域创新提出多多项国家标准,进一步推进智能网联汽车快速发展。完善 C-WP.29 组成方案,全面参与 WP.29 相关工作。全年工作包括组织行业专家对 ISO/TC 22、IEC/TC 69 国际标准草案进行投票表决,投票率 100%。

二、主要研究领域

汽车节能和新能源标准法规是推动我国汽车电动化、低碳化发展的重要抓手,也是汽车企业产品研发的重要依据和输入。汽车标准化研究所作为汽标委节能分标委、电动汽车分标委秘书处单位,承担了我国节能和新能源领域标准法规的归口管理工作以及全球技术法规和国际标准对口协调工作。同时,标准所作为牵头起草单位组织开展多项汽车节能标准和新能源汽车标准研究和制定。

汽车节能领域,标准所以国家和汽车产业整体利益为导向,以《汽车产业中长期发展规划》等政府文件中提出的 2025 年节能目标为核心,开展相关标准研究和制定,为工信部双积分、公告、标识等相关节能管理提供坚实保障,推动节能汽车产业发展和节能技术进步。

三、2018 年科研项目及成果

标准所全年的业务开展更加注重综合服务能力的提升。通过创新工作方式,强化对政府服务,在政府主管部门技术支撑、汽标委秘书处管理、分标委管理、标准制修订、对外交流合作等方面取得了一系列可喜的成绩,获奖项 7 项及一项发明专利:两项“2018 中国标准创新贡献奖”三等奖、“中国汽车工业科学技术进步奖”三等奖、“2018 中国机械工业科学技术奖”三等奖、“中国汽车技术研究中心科技成果奖”二等奖、两项“中国汽车技术研究中心科技成果奖”和发明专利“一种碰撞试验中假人膝部位移的测量方法”。

2018 年,标准所共承担了 6 项国家级、省部级课题和 4 项国际合作课题:科技部“国家重点研发计划”《基于中国工况的轻型和重型插电式混合动力电动汽车能耗与排放测试方法研究》和《满足 ASIL-C 等级的 PCU 功能安全开发》,科技部“重点研发计划(新能源汽车)”《基于新型电力电子器件的高性能充电系统关键技术》和《动力电池测试与评价技

术-动力电池数据库开发与应用技术》、天津市“支撑计划”《汽车绿色制造与循环经济标准体系研究》,工信部《2018 工业节能与绿色标准化课题》;与美国能源基金会合作课题《电动汽车能量消耗率限值标准研究》《插电式混合动力电动汽车能耗测试方法标准研究》《智能网联汽车对节能减排的影响研究》和《乘用车第五阶段燃料消耗量标准制定研究》。

标准所承担了7项中心重点课题,其中4项在研,3项已完成验收。承担了7项中心培育类课题。

标准所同国内外多家企业和机构签订横向合作项目20余项,合作经费1 000万元。在智能网联汽车法律法规适用性、先进辅助驾驶标准、汽车功能安全、汽车节能标准、新能源汽车、汽车电子等领域开展共同研究。

标准所全年在热点领域完成了多项专著,发布标准48项,发表论文19篇、其中EI检索一篇,完成课题报告和政府研究报告两篇。

四、2018 年科研设施及科研能力建设

2018年,我国汽车节能标准领域面对油耗排放标准协调、新试验工况导入等复杂局面完成了多项重点工作任务包括全面推进乘用车第五阶段燃料消耗量标准,传统汽柴油车、混合动力汽车、纯电动汽车和燃料电池汽车能耗试验方法等重要标准项目的研究与制定工作,不断完善我国汽车节能标准体系,促进我国汽车行业健康、有序和快速发展。

在科研过程中,标准所始终坚持注重科研设施及科研能力的建设,不断完善科研管理制度,加大科研经费投入,加强人才团队建设与管理。节能与新能源领域有研究员级高级工程师3名、高级工程师3名、中级工程师5名;首席专家1名、学科后备带头人1名、青年科技骨干2名;涵盖了正高级职称、副高级职称及中级职称在内的技术人员,形成了以首席专家为负责人,学科后备带头人与青年科技骨干共同协作的人才梯队。除标准制定及相关科研活动外,通过参加各类各种学术会议及交流活动,与相关技术机构展开研究成果沟通与共享,促进科研能力提升。

在积极推动相关体制机制改革的基础上,标准所探索重点标准领域发展新模式、新业务、新途径,逐步建立起适合我国国情和产业发展特点的自主标准体系强化重点领域标准的引领作用,取得了丰硕成果。

牵头组建中汽中心跨院所、跨部门的整车、智能网联汽车、节能与新能源技术创新团队,整合全中心资源,提升研究实力,开展相关标准研究。

重新定制出台了《标准所人才培养管理暂行办法》,适应标准化业务的开展,培养技术基础扎实、专业素养优秀、思路清晰、思想开放的复合型标准创新人才。

五、2018 年国际合作

——成立“中国东盟汽车标准法规研究中心”

在国标委指导下,中汽中心与上汽通用五菱联合发起在印度尼西亚西爪哇省勿加泗成立的“中国东盟汽车标准法规研究中心”,是“一带一路”倡议下推动中国与东盟全面经贸合作与互联互通的重要举措,标志着中国与东盟国家汽车标准法规的合作交流迈向新的台阶。

——承办中亚汽车标准培训活动

通过“乌兹别克斯坦专家汽车标准培训”的顺利举办,进一步加强了中乌双方的合作伙伴关系,更好地推动双方在更多具体领域合作项目的尽快落实。

——承办“第二届中国-东盟汽车标准法规交流合作对话会”

通过交流,进一步深化了同东盟各国汽车标准法规领域的系统交流与理解,达成了后续交流合作的议题和方向,进一步完善了中国与东盟各国汽车主管部门的常态化交流机制,助力中国企业“走出去”,为中国与东盟汽车产业融合发展打下了坚实的基础。

——中国东盟汽车标准法规研究中心出访印尼泰国

通过走访两国汽车主管部门,掌握了两国汽车标准法规、市场准入、新能源车辆激励政策的最新发展与未来趋势,促进了东盟国家对我国汽车产业和管理的了解,加深了彼此之间的感情、增进互信,为后续开展更加全面深入的交流合作开创了一个十分良好的开局。

中国汽车技术研究中心有限公司汽车技术情报研究所

一、单位概况

汽车技术情报研究所成立于1985年,是中国汽车技术研究中心成立之初的1院4所之一,是国家汽车行业信息归口管理单位。情报所专业从事汽车产业软科学研究与信息服务,拥有汽车工业发展规划和技术经济政策研究能力,为国家和地方汽车行业主管部门、生产企业、相关行业机构及各类企业提供多方面的技术信息服务。主要业务涉及产业政策研究、信息咨询、消费者调研、智能汽车研究、行业活动、汽车文化以及出版传播,目前已经成为汽车行业权威的信息服务机构,为政府和行业提供了大量卓有成效的服务。

二、主要研究领域

从事汽车产业相关政策规划研究和咨询服务,研究领域包括:汽车产业发展战略/产业政策、循环经济、智能制造/智能汽车、WTO与自贸区、国际化战略与政策和区域产业咨询等。

三、2018 年科研项目及成果

完成了“汽车产品及典型部件全生命周期追溯体系设计及示范应用(2018YFC1902704)——牵头”,“快速识别、材质检测和传感技术及车载计量与监控一体化技术集成研发(2018YFC1902702)——参与”和“动力电池全生命周期价值链生态耦合模式研究(2018YFC1902205)——参与”共3个国家重点研发计划固废资源化专项课题的申报立项和部分阶段性工作。完成了北京市经信局委托的“京津冀地区新能源汽车动力蓄电池回收利用试点工作推动”的工作。配合试验所共同完成了中心重点科研课题“基于监控的动力电池全生命周期评价体系”的研究工作,开展了中心培育科研课题“废旧动力蓄电池

回收利用服务平台建设(18191240)”的阶段性研究工作。

四、2018 年科研设施及科研能力建设

新能源汽车动力蓄电池回收利用行业和政策研究能力持续提高。

五、2018 年国际合作

2018 年 6 月 19 日,中美双方共同举办“交通领域三个革命及中美积分交易政策研讨会”,为电动化、智能化、共享化变革下的交通发展建言献策,同时,双方还就两国积分交易政策进行了探讨。中美新能源汽车政策实验室在政策研究、政策推进方面的国际影响力和知名度日益提高。在进行多次的政策交流后,荷兰方面主动提出加入中美新能源汽车政策实验室,2018 年 9 月,中美荷新能源汽车政策实验室应运而生,后续将联合开展具体研究项目。

汉阳专用汽车研究所

一、发展概况

汉阳专用汽车研究所隶属于中国汽车技术研究中心有限公司,是承担全国专用汽车行业技术归口管理的唯一科研机构。下设中汽研汽车检验中心(武汉)有限公司及多个业务部门,是全国汽车标准化委员会专用汽车分技术委员会、全国汽车标准化委员会车身附件分技术委员会、中国汽车工业协会专用车分会和中国汽车工程学会专用车分会等 4 个行业分支机构秘书处的管理单位。主办有“中国国际商用车展览会”“中国专用汽车产业发展国际论坛”等行业活动。截至 2018 年 12 月,汉阳专用汽车研究所全体员工约 180 人,总资产超过 5 亿元。

2018 年,汉阳专用汽车研究所收入 14 706 万元,同比增长 44.8%;净利润 4 951 万元,同比增长 45.5%。同年先后成立了场地服务部、碰撞试验研究部和电磁兼容试验研究部,业务范围由原专用汽车检测和汽车零部件检测逐步向新能源汽车、商用汽车、节能排放、碰撞安全、电磁兼容等新业务发展。全国客户数近 600 家,具备检测能力 1 400 余项,在湖北随州和山东梁山拥有 2 个综合检测试验场。

2018 年,汉阳专用汽车研究所下属中汽研汽车检验中心(武汉)有限公司申报建设“国家新能源汽车质量监督检验中心”项目。2018 年 7 月 4 日,国家认证认可监督管理委员会正式批准同意筹建该项目。项目建成后可承担我国新能源汽车及零部件领域的最高质量监督及仲裁检验,对于促进我国新能源汽车产业产品质量水平的提升、促进国家及地方新能源汽车产业的发展具有十分重大的战略意义。

汉阳专用汽车研究所下属中汽研汽车检验中心(武汉)有限公司自 2016 年 12 月 13 日起具备国家高新技术企业资质。2018 年,该公司依托汉阳专用汽车研究所的检验和科研技术能力,获批湖北省发改委认定的“湖北省企业技术中心”和武汉市科学技术局、武汉市科学技术协会等单位联合评定的“武汉科技创新企业领跑者”称号。汉阳专用汽车研究所还分别与北京理工大学、武汉理工大学等高校一同搭建产学研战略合作平台。

汉阳专用汽车研究所始终重视行业工作。2018 年,协助公安部交通管理科学研究所编写《危险品运输车辆公安查验作业指导书》,协助交通运输部公路科学研究院编写《车用起重尾板安装与使用技术要求》宣贯教材及《挂车车轴》标准,完成多项国标、行标的制修订工作;全年组织各类行业会议活动约 12 场次,如 2018 中国专用汽车产业发展论坛、GB 7258 标准培训会、轿运车厢式车冷藏车研讨会、轻量化技术交流会等,会议关注行业发展大趋势,抓住行业热点重点问题,切实解决企业迫切需求,推动行业发展。

二、测试技术及规范研究与制定

2018 年,汉阳专用汽车研究所主持或参与了 GB 36220《运油车辆、加油车辆安全技术条件》、GB 20300《道路运输爆炸品和剧毒化学品车辆安全技术条件》等 4 项国家标准和十余项行业标准的制修订工作,结合标准相关技术要求,对抑尘车、可交换箱体、清障车、紧急切断阀等多种专用汽车产品的专用性能提出了多项测试方法。

三、检测能力建设

2018 年,汉阳专用汽车研究所坚持创新与能力建设协调发展,根据行业发展需要,开拓创新,寻求新的发展机遇,不断加强硬件能力建设,大力发展专用汽车专项、汽车被动安全、新能源汽车整车及零部件、汽车整车及零部件电磁兼容、智能网联汽车技术等相关领域的检测能力建设,已建成汽车整车检测项目全覆盖、专用汽车检测项目全国领先、同时涵盖汽车零部件及汽车节能排放的大型综合性汽车实验室。

汉阳专用汽车研究所在能力建设过程中放眼全球,积极关注国内外法规标准要求,并积极开发认证试验及研发试验项目,截至年底,新增已获认可和资质认定的检测能力共计 428 项,已立项并在建设中的项目共计 216 项,检测能力正在大幅度提升。

汉阳专用汽车研究所在传统汽车检测能力的更新换代、新能源汽车三电系统、汽车节能排放、汽车电磁兼容、汽车碰撞等领域拟新增投资达到近 5 亿元。新增能力将有利于公司在汽车整车及零部件的共性技术、前瞻技术检测试验、逆向开发、标准研制等方面形成一站式规模化技术服务能力。

四、国内外交流

2018 年 9 月 21—29 日,依托中国汽车工业协会专用车分会和中国汽车工程学会专用车分会,组织行业内多家企业赴德国参加汉诺威国际商用车展(IAA2018)、卡塞尔罐车展(PetroTrans),考察欧洲商(专)用车发展现状、与专业对口企业进行技术交流、参观德国曼恩公司(MAN)、德国大陆集团(Continental)等世界著名的商(专)用车厂商及其相关零部

件生产企业。

2018年12月2—4日在武汉组织主办了2018中国专用汽车产业发展论坛，参会人员逾500人，国家工信部、交通部、市监局、信息中心、湖北省经信委、武汉市质监局等主管部门的领导出席了会议并发表讲话。本届论坛重点关注宏观环境变化、政策变化及影响、共性技术及前沿技术发展、优秀企业成长等四大主题，通过这4个维度，为专用汽车企业全方位建言献策。论坛上还进行了“纪念改革开放40周年’中国专用汽车优秀企业暨领军人物’”的行业评选活动，获奖专用汽车企业数约占行业总数的2.7%，基本覆盖专用汽车八大类，为中国专用汽车产业的良性发展起到指引作用。

五、发展规划

在“十三五”期间，完成“国家新能源汽车质量监督检验中心”的建设和验收工作并全面投入使用，为汽车行业搭建试验验证、技术创新、标准研究、质量监督、质量仲裁的第三方服务平台。

在未来，通过加大在行业政策、标准、法规、市场等方面的深入研究，依托国家新能源汽车质量监督检验中心，将汉阳专用汽车研究所打造成国内极具专业特色的研究机构和行业发展支撑机构，提供覆盖行业全产业链的检验检测技术服务，最终发展成为汽车行业广义概念的综合技术中心。

国家轿车质量监督检验中心

一、单位概况

国家轿车质量监督检验中心暨中汽研汽车检验中心（天津）有限公司（原天津汽车检测中心，简称“天检中心”）始建于1987年，是由中国汽车技术研究中心有限公司投资建立，具有行业影响力的独立第三方汽车产品检测及技术服务机构，被国家认证认可监督管理委员会（CNCA）授权为国家轿车质量监督检验中心、国家智能网联汽车质量监督检验中心（天津），已通过了国家认证认可监督管理委员会（CNCA）资质认定、中国合格评定国家认可委员会（CNAS）实验室认可。

天检中心已获得政府部门认可授权的资质有：国家轿车质量监督检验中心、国家智能网联汽车质量监督检验中心（天津）、国家汽车新产品申报公告检测机构、国家强制性产品认证（CCC）检测机构、免于强制性产品认证的特殊用途进口产品检测的机构、国家科技成果鉴定试验机构、道路运输车辆燃料消耗量检测机构、工业产品（汽车）质量控制实验室、工业产品（节能与新能源汽车）质量控制实验室、工信部产业技术基础公共服务平台。

二、主要研究领域

在国家科技部的主导下，我国的新能源汽车研发事业取得长足进展，已经跻身于世界电动汽车技术发展的前列。在开展新能源汽车整车、关键零部件测试评价技术研究，具体细分包括电池、电驱动、充电、燃料电池四大专业领域，多个研究方向：后电池分析平台；电池对标分析平台；BMS开发测试平台；电池系统综合测试平台；电池数据分析与应用平台；电池梯次回收平台；电驱动系统HIL & PHIL故障诊断与功能安全测试平台；基于五电机的能量流测试；电机控制器MCU可靠性测试平台；电动汽车充电安全测评技术；无线充电测试平台；OBC与DCDC功能安全；极限环境整车充电测试；FCV整车密闭空间泄漏测试设备及方法研发；燃料电池汽车整车性能试验能力；燃料电池汽车关键系统部件性能试验能力；燃料电池汽车及其关键部件电磁兼容性试验能力；燃料电池汽车被动安全试验能力；燃料电池汽车加氢试验能力。

在排放节能领域我们开展的工作主要包括：轻型整车国Ⅵ排放开发标定，轻型混合动力汽车OBD系统设计开发，轻型整车高海拔、高湿，高热等环境下实际道路排放及OBD测试技术研究，轻型车高海拔、高湿，高热等环境模拟下的性能标定，轻型车燃油蒸发及加油排放正向研发等。参与协助生态环境部制订和发布重型车国家第六阶段排放标准；协助机动车排污中心（VECC）开展对移动源排放标准的评估和研究并制订排放标准制修订方法；对下阶段轻重型排放法规进行了预研；开展了未来排放控制技术的研究；针对重型车国Ⅵ排放标准开展的认证技术研究；汽油车三元催化器和颗粒捕集器产品标准的修订；汽油机净功率国家标准的修订；汽油机台架耐久SBC测试方法的研究；国家一、二阶段船机排放标准以及认证技术研究；燃油润滑油测试评价技术研究、“燃油清净增效剂”绿色产品认证等。进行《中国汽车行驶工况》系列标准的制定；推进中国工况曲线在下阶段重型商用车燃料消耗量及新能源汽车能耗测试方法标准、循环外节能技术和标识标准的应用；推进中国工况在双积分政策中的应用。

三、2018年科研项目及成果

在新能源领域，2018年实验室共承担及参与国家级科研项目18项，省部级科研项目2项，中心级课题15项，天检课题4项。其中，国家级科研项目主要包括：科技部重点研发——高比能量锂离子电池热失控机理和防范机制的研究和开发；科技部国际科技合作专项——基于中美合作的电动汽车前沿技术与应用联合研究；科技部重点研发——动力电池管理系统精准评价技术；科技部重点研发——动力电池系统性能量化评价技术；科技部重点研发——动力电池数据库开发与应用技术；科技部重点研发——退役动力电池无损诊断、余能检测方法研究及分级装备研制；科技部国家自然科学基金——电动汽车无线充电系统互操作性及其优化控制关键问题研究；科技部重点研发——燃料电池公交车电-电深度混合动力系统平台及整车；科技部重点研发——高环境适应性的公路客车燃料电池动力系统和整车集成技术；科技部重点研发——燃料电池发动机及商用车产业化技术与应用。实验室2018年共获得省部级以上科技奖励3项，包含新能源汽车动力电池安全性关键测评技术及应用一等奖、教育部电动汽车能源动力系统测评关键技术及应用科技进步二等奖及中国汽车工程学会中国汽车工业科学技术进步一等奖。在学术成果方面，实验室共主导和参与制定的国内标准共31项，其中全程参与EVS GTR电动汽车安全全球技术法规1项，国家标准13项，行业标准3项，团体标准14项。共发表学术论文66篇，SCI检索论文3篇，EI论文7篇。获批或申请专利共23项。软件著作权3项．参与起草出版专著2本。

在排放节能领域承担的科研项目包括国家重点研发计划——汽油车车载排放测试和后处理关键部件性能评价技术研究；国家重点研发计划——基于中国工况的轻型车国Ⅵ排放标准技术路线研究；国家重点研发计划——汽车排放标准评估与重要标准研究；国家重点研发计划——移动污染源排放快速在线监测技术应用示范等；工信部质量共性技术推广——车辆排放能耗信息化系统公共服务平台建设；国家重点研发计划——汽油车车载排放测试和后处理关键部件性能评价技术研究；国家重点研发计划——基于中国工况的轻型车国Ⅵ排放标准技术路线研究；国家重点研发计划——汽车排放标准评估与重要标准研究；环保部公益项目——国Ⅵ阶段机动车尾气油颗粒物的粒数和质量排放限值研究；国家重点研发计划——移动污染源排放快速在线监测技术应用示范等。此外，主导或深度参与了多项国家及地方标准的制修订工作，包括轻型汽车污染物排放限值及测量方法（中国第六阶段），车用压燃式、气体燃料点燃式发动机与汽车排气污染物排放限值及测量方法（中国第六阶段），轻型汽车燃料消耗量试验方法标准，轻型混合动力电动汽车能量消耗量试验方法，重型柴油车、气体燃料车排气污染物测量方法及技术要求，乘用车燃料消耗量评价方法及指标，乘用车燃料消耗量限值重型汽车排气污染物排放限值及测量方法（车载法第四、五阶段），重型汽车排气污染物排放限值及测量方法（OBD法 第四、五阶段），推动了整个行业在节能减排方面的技术更新，为大气污染治理攻坚献力献策。

四、2018年科研设施及科研能力建设

在新能源汽车领域，新建动力电池系统BMS开发测试系统，在BMS性能与功能表征测评体系研究方法，形成基于数据库的软件性能功能安全评价方法、基于安全可靠的硬件功能安全评价方法、形成基于多级参数的功能安全评价方法。针对新能源汽车电驱动行业内电机、电机控制器、减速器等集成化、一体化发展趋势，试验室新引入3电机总成台架及5电机总成台架各1套，形成了两驱及四驱电驱总成测试能力，为企业一体化总成标定开发、性能验证、可靠性验证等研发验证，以及整车能量流测评分析提供了有力的测试平台。在新能源汽车充电方面，试验室引入无线充电测试台架1套，为企业无线充电技术研发、性能验证及测试分析提供了平台；建立低温充电测试系统，为企业产品低温充电性能的研究提供了测试与分析平台。初步形成从燃料电池单体到燃料电池汽车整车的科研服务能力，建设完成低温冷启动试验装置1台、绿光120 kW燃料电池堆试验台1套、120 kW燃料电池发动机试验台1台、60 kW燃料电池发动机试验台1台、燃料电池发动机环境试验舱1台、16 m FCV整车环境试验舱。提出燃料电池汽车及零部件测评体系，初步形成从燃料电池发动机关键零部件到燃料电池汽车整车的研发测试评价能力。满足燃料电池汽车研发试验需要。

在排放节能领域，针对国Ⅵ标准的发布，试验室在现有排放设备的基础上，新增加一套满足国Ⅵ及美标排放测试的系统，包含环境仓、排放分析仪、四驱转股、阳光模拟系统4个部分。环境仓可模拟－40℃～60℃的环境温度，满足企业进行空调热平衡等研发类试验的需求。新增国内唯一的重型汽油车蒸发测试密闭室，可容纳长7.3 m，高3 m的重型汽油车进行蒸发和加油排放测试。新增国内唯一的MINI-SHED和Micro-SHED分体式蒸发排放检测系统，可以精准测量碳罐末端逸出，为企业研发提供技术支持。新增3套轻/重型PEMS测试设备，完成了高海拔，高湿，高热路线的备案，部分路线获得国内及欧洲主管机构的批准，完善了国Ⅵ/欧Ⅵ认证研发测试能力。新增轻型车OBD系统全项功能测试能力，包括氧传感器模拟器、失火发生器等多套正对不同OBD系统的故障模拟设备，形成了OBD的PVE测试团队，可满足国六标准要求的量产车PVE测试需求和OBD系统研发验证需求。新增3套重型PEMS测试设备，目前共拥有6套PEMS设备，完成了高海拔，高湿，高热、高寒路线的整车PEMS排放验证，部分试验获得国内及欧洲主管机构的批准，完善了国Ⅵ/欧Ⅵ认证研发测试能力。新增重型车远程排放监控平台，平台搭建和系统开发均属于中汽研汽车检验中心（天津）有限公司自主知识产权，平台搭建规模能够满足接入10万辆重型商用车远程监控，并发量可满足10万辆需求。新增润滑油评价试验室、洁净室，形成了润滑油拆装、评分、精密测量的能力和满足德国VDA19清洁度要求的汽车零部件检测中心及培训中心建设，实现了润滑油评价能力和德国VDA中国标准体系的建立。

五、2018年国际合作

在新能源汽车领域，与德国宝马、奥迪、戴姆勒，韩国三星、SK，日本松下、本田等新能源电池国际一流企业保持密切合作关系，致力于共同开展动力电池研发验证开发试验。与大陆、ZF、法雷奥西门子、GKN、丰田、本田、舍弗勒、德尔福等国际企业保持合作，共同开展电驱动总成研发验证试验。与福特、本田、丰田、戴姆勒等国际一流企业展开关于电动汽车充电互操作、充电适应性调研及测试项目。天津市有突出贡献专家王芳博士带领团队参与2018年3月13—16日在日内瓦召开的联合国世界车辆协调论坛（WP. 29）第174次会议，作为主要牵头国制定电动汽车安全全球技术法规（EVS-GTR），深入交流电池热失控扩散相关研究。郝冬博士参与国际会议“第三届上海-斯图加特汽车动力技术研讨会”，“2018世界氢能大会（WHEC2018）”且在次会议作FCV氢耗方面的大会演讲报告。

借助中国汽车技术研究中心有限公司平台，承担和参与轻型车国Ⅵ等标准的制修订工作已成为国际上最为严格的6阶段排放标准。在法规方面，与美国环保局（EPA）、加州空

气资源委员会(CARB)、欧盟联合研究中心(JRC)、欧洲汽车工业协会(ACEA)建立了长期的研讨机制。此外,与国际上多家检测机构或试验室进行了试验设备的比对工作,为加深双方合作,进一步实现资源共享和试验室互认奠定基础。此外,与奔驰、宝马、雅富顿、日产、丰田、大众等国际知名企业开展了整车、发动机及相关零部件综合性能测试评价及开发验证技术的项目合作。

六、主要产品

(1)重型车车载 OBD 远程通信终端;
(2)非道路移动机械环保信息终端;
(3)移动源排放远程监控平台;
(4)手持式 OBD 排放快速检测设备;
(5)OBD 云诊断平台。

国家客车质量监督检验中心

一、单位概况

国家客车质量监督检验中心暨重庆车辆检测研究院有限公司新能源汽车中心积极主动响应国家大力发展推广新能源汽车的号召,集公司各个实验室的优势资源而打造的一个综合性试验研究中心,同时也是为了适应我国战略性新兴产业发展的任务要求,在现有基础上,补充建设技术能力并完善了服务功能建设而成的,中心是面向全社会开放,为全国新能源汽车产业化发展提供检测评价技术支撑,为新能源产业发展提供技术依托的公共技术服务平台,助力新能源汽车产业全面、可持续、健康的发展。

新能源汽车中心具备新能源汽车产品准入管理要求的整车(含纯电动汽车、混合动力汽车和燃料电池汽车等)、驱动电机系统及动力电池等全部检测能力。可按国家标准、欧盟指令,ECE 法规、ISO/IEC、SAE 及行业标准的有关技术要求和试验规程进行新能源汽车整车、动力电池系统、驱动电机系统的性能试验和安全测试。不仅能够根据不同用户的需求帮助新能源汽车及关键零部件生产企业进行产品的前期研发性试验及各种产品鉴定试验外,还可以进行整车、驱动电机系统、动力电池及管理系统等试验研究工作和技术咨询服务。

2017 年 3 月 29 日,重庆车检院和深圳坪山区签署合作框架协议,将在 2018 年 7 月建成新能源汽车及关键零部件检测平台。该项目建成后,将更好地为深圳及周边区域的新能源汽车及相关产业的快速发展,提供测试评价、技术咨询等优质服务。

二、测试技术及规范研究与制定

随着新能源汽车技术水平的不断提高,相关产品标准也在不断升级,重庆车检院作为全国汽车标准化技术委员会电动车辆分技术委员会委员单位和全国汽车标准化技术委员会电动汽车整车标准工作组成员单位,积极参与新能源汽车相关标准和测试技术、规范的研究中。参与制定/修订的强制性标准包括 GB/T 18386—2017《电动汽车 能量消耗率和续驶里程》、GB/T 4094.2—2017《电动汽车操纵件、指示器及信号装置的标志》、GB《电动客车安全技术条件》、GB《电动汽车安全要求》、GB《电动汽车用锂离子动力蓄电池安全要求》等,其中后三项标准已经通过汽标委电动车辆分标委的技术审查。

三、检测能力建设

重庆车辆检测研究院有限公司在重庆市高新区金凤电子信息产业园征地 600 余亩,已建成直径 300 m 的 ESP 动态广场、直线 2.5 km 长性能试验路、ABS 试验路、噪声试验路、涉水池、浸水池及多个电动汽车交直流充电桩和其他一些辅助设施,该项目的建设将更好地为重庆市乃至全国新能源汽车及零部件行业提供质量监督、检测技术、人才培养,并开展相关领域的科技研究与技术创新,同时,也会为整个新能源汽车及零部件企业提供更加便利、更加优质、更加超值的服务。重庆车检院投入 5 000 余万元进行能力建设,从德国 AVL 公司购建了燃油蒸发测试系统、从 Horiba 公司购置了 460 kW 发动机台架测试系统和满足国Ⅵ标准的发动机性能台架及排放测试系统;通过购置电池模拟测试系统、振动试验台、冲击试验台、穿刺挤压试验台、盐雾试验箱、防尘试验箱、淋雨试验台等设备,进一步完善了新能源电池及电池包测试系统检测能力。

公司在深圳坪山设立新能源汽车检测分场所,建设有动力电池、电机及电控检测实验室,主要面向深圳市、珠三角及周边地区的新能源汽车关键零部件生产企业提供检测服务。

四、国内外交流

重庆车检院积极组织和参加行业内技术研讨交流活动。2017 年,重庆车检院和电动汽车资源网联合主办的“2017 中国新能源汽车测试评价技术发展高峰论坛”在深圳市坪山新区成功召开。重庆车检院安排多名行业专家就新能源汽车整车安全、电磁兼容、动力电池系统、驱动电机系统等测试内容发表主题演讲,并与参会专家和代表进行了广泛的沟通和交流。重庆车检院分别受邀参加“2017 客车技术发展论坛”“2017 第三届中国新能源汽车运营商与车企对接采购交流会”和“2017(第三届)中国国际电动汽车与混合动力汽车技术大会”,并分别发表《对客车安全技术现状及政策的几点思考》《电动汽车动力电池检测探讨》和《电动汽车安全测试技术要点剖析》和《新能源客车安全检测技术解析》的主题演讲,就新能源客车的安全现状及我国产业政策提出了建议,并对动力电池和电动汽车在测试过程中出现的问题和目前新我国能源客车的安全和技术标准现状及影响客车安全的关键技术因素与参会代表进行深入探讨。

五、发展规划

随着电动汽车技术水平的不断发展，相关的整车及零部件标准也需要不断提升（如燃料电池电动汽车技术不断发展、电动汽车远程监控体系不断完善、电动汽车互联互通技术水平不断提升、电动汽车无线充电技术水平不断发展等），为了更好地为企业服务，重庆车检院将努力提升自身的检测水平与能力，加强新能源汽车检测能力建设，其中包括燃料电池电动汽车、远程监控、电动汽车车桩互连互通及电动汽车无线充电等方面的检测与科研能力。

重庆车检院将紧跟时代发展步伐，密切关注新能源汽车技术水平的不断进步和标准体系的不断更新，持续加大新能源汽车检测能力投入，在国家级汽车检测中心中率先实现试验检测、科研开发及技术咨询的全面协调发展。

2017 年，重庆车检院新基地试验室一期工程已建成，购建了满足国Ⅵ排放标准的轻型车排放污染物测试能力、轻型车底盘耐久测试能力、重型发动机性能、耐久及排放测试能力、车内空气质量（VOC）测试能力和轻型车车载法排放测试能力的设备设施；投入 3 000 余万元完善和升级新能源汽车电机、电控、电池的测试能力，并结合国家标准法规制定情况完善车载充电系统检测能力。正在建设的新基地二期试验室项目占地约 160 亩，规划建筑面积 10 万 m^2，计划投资 7.5 亿元，建设国际先进、国内一流水平的整车、碰撞、整车排放、发动机排放、新能源汽车、部件、电磁兼容、部件安全等专业试验室，全部工程将于 2020 年建成投用。

国家机动车质量监督检验中心（重庆）

一、单位概况

中国汽车工程研究院股份有限公司检测中心试验室面积 90 700 m^2，主要仪器设备 900 多台（套），设备固定资产 7.1 亿元。通过多年发展，中国汽研已建设完善的新能源汽车电驱动系统检测能力，检测产品覆盖电机及控制器、电机及减速器、电驱动桥、新能源动力总成以及混合动力系统。其中 EMC 检测部能够全面进行新能源车整车的 EMC 性能（包括人体防护测试）开发、测试、认证、优化等一站式服务，关键零部件（三电系统、低压电子电器零部件）的 EMC 测试评价，高压线束及连接器的屏蔽效能测试。

二、测试技术及规范研究与制定

1. 中国汽研正在牵头编制《电动汽车工程手册——测试评价卷》，以期对新能源汽车及零部件测试提供指导。中国汽研与比亚迪及高校联合申报并实施了“广东省重点领域研发计划 2018—2019 年度新能源汽车重大科技专项”中的专题四项目“混合动力汽车新一代机电耦合系统研发项目”。同时中国汽研也开展了课题研究“新能源纯电动汽车动力总成系统耐久性试验方法研究及应用”，已取得一定成果。

2. EMC 检测部参与的制定的标准 GB/T 37130—2018《车辆电磁场相对于人体暴露的测量方法》和 GB/T 36282—2018《电动汽车用驱动电机系统电磁兼容性要求和试验方法》成功发布，并被新能源企业广泛应用，EMC 检测部负责起草的团体标准《电动汽车高压线缆及连接器表面转移阻抗测试方法》完成工作组讨论稿。

三、检测能力建设

1. 中国汽研建设了系列新能源汽车电驱动系统测试台架，包括 AVL 单测功机（400 kW、15 000 r/min、14 000 Nm）、AVL 双测功机（220 kW、3 000 Nm、3 000 r/min）、西门子测功机（280 kW、7 000 r/min、500 Nm）、德国（900 kW、4 500 r/min、8 000 Nm）等数 10 套国外进口测试台架。建设了 HORIBA 电动力总成及传动系统 NVH 测试系统，可进行电机、变速箱、传动轴、离合器、后桥、传动系统噪声及异响测试。建设了美国 ETS 测试环境系统（包括十米法半电波暗室、三米法半/全电波暗室），可进行辐射发射、传导发射、辐射抗干扰度、传导抗干扰度和静电放电测试等。

2. EMC 检测部针对新能源车添置了两套电源模拟器、高压人工电源网络，自行研制了一套水利测功机加载系统、采购了人体防护测试设备、实现新能源车在电波暗示内进行慢充和快充测试；在行业内率先建立了新能源汽车高压线缆及连接器屏蔽效能测试能力，已经全面覆盖 IEC 62153-4-3 系列标准，测试方法包括三同轴法、管中管法、表面转移阻抗测试方法。针对新能源车的专有 EMC 项目完成了 GB/T 18387—2017、GB/T 36282—2018 和 GB/T 37130—2018 等变更和扩项工作。

四、国内外交流

1. 中国汽研与比亚迪、广汽研究院、吉利研究院、长安新能源、北汽新能源、上海理工大学等进行了广泛的技术交流，并联合研究相关技术，包括混合动力汽车新一代机电耦合系统研发、电驱动总成测试规范开发等。

2. EMC 检测部与部分国内外的新能源整车企业以及零部件企业建立了业务往来，包括吉利、广汽、蔚来、长安、奇瑞、比亚迪、杭州铁诚、桑顿电池包等，积极参与和引领新能源 EMC 标准的制修订。

五、发展规划

中国汽研高度重视新能源汽车关键零部件试验能力建设，为了更好地为企业服务，正积极进行全国，分别在华南、华北、华东、西南布局了新能源测试评价能力，同时会根据行业标准变化及业务开展的需要，不断完善新能源汽车关键零部件尤其是作为电动汽车核心部件的电池系统的安全试验能力。中国汽研致力建成完整的电驱动总成测试评价服务能力，包括标准体系的建立以及完善的开发验证测试能力，以期为新能源汽车以及零部件生产企业提供有价值的服务。将不断完善新能源车相关的 EMC 测试能力，积极拓展整车人体防护以及智能车 EMC 测试业务，整体提升新能源车及其关键零部件的 EMC 性能。

国家汽车质量监督检验中心(襄阳)

一、单位概况

国家汽车质量监督检验中心(襄阳)暨襄阳达安汽车检测中心有限公司(以下简称"达安中心),是经中国合格评定国家认可委员会认可和授权的、具有独立法律地位的第三方综合性汽车检测及技术服务机构,获得国家认监委、工信部、交通部、生态环境部等对于汽车检测机构的全部资质授权:

1. 国家汽车质量监督检验中心(襄阳);
2. 国家智能网联汽车质量监督检验中心(湖北);
3. 国家级汽车试验场;
4. 国家授权的《公告》车辆产品检测机构;
5. 国家指定的强制性产品认证检测机构;
6. 国家指定的新生产机动车噪声和排放污染检测机构;
7. 国家指定的缺陷汽车产品检测和实验机构;
8. 国家指定的道路运输车辆燃料消耗量检测机构;
9. 汽车专用仪器和汽车检测线的校准实验室;
10. 国家认可的汽车产品检查中心;
11. 汽车产品认证检测机构和科研成果技术鉴定试验机构。

自1985年建设起,历经34年的发展积累,达安中心始终保持着国内领先的行业地位。达安中心已形成高集中度、前瞻性、专业化的测试能力,检测范围涵盖汽车整车和零部件全系列。达安中心已形成"四个中心"(试验开发验证中心、国家智能网联汽车质量监督检验中心(湖北)、国家汽车质量监督检验中心(襄阳)、襄阳达安检查中心)的业务形态。助力汽车强国梦想实现,达安中心以提升试验技术能力、提高工作服务质量,拓展检测认证业务为核心,始终致力于打造倍受信赖的汽车检测认证技术研究服务机构,业务范围遍布海内外1 200余家整车及零部件企业,与12个国家和地区的汽车认证主管部门和认证机构展开合作。

二、测试技术及规范研究与制定

达安中心积极参加国标和行业标准制定/修订,是全国汽车标准化技术委员会电动车辆分委会委员、汽车节能分技术委员会委员、客车分委会委员,是电动汽车碰撞安全要求标准研究工作组、电动车整车标准研究工作组、电驱动系统及关键零部件EMC标准研究专项工作组、电动汽车电磁兼容工作组、电动车动力蓄电池标准工作组成员单位、燃料电池电动汽车标准工作组副组长单位等。

2018年参与以下8项标准制修订工作,以下是2018发布标准:GB 30510—2018重型商用车辆燃料消耗量限值;GB/T 18655—2018车辆、船和内燃机 无线电骚扰特性 用于保护车载接收机的限值和测量方法;GB/T 12539—2018汽车爬陡坡试验方法;JTT 325—2018营运客车类型划分及等级评定;JJF(机械)1002—2018发动机试验台架校准规范;JJF(机械)1003—2018轻型汽车排放检测系统校准规范;JJF(机械)1017—2018机动车综合性能测试仪校准规范;JTT 1178. 1—2018营运货车安全技术条件 第1部分:载货汽车。

三、检测能力建设

达安中心可按国家标准、欧盟指令,ECE法规及行业标准的有关技术要求和试验规程进行新能源汽车整车、动力电池系统、驱动电机系统的性能试验和环境测试试验能力。

四、国内外交流

国家汽车质量监督检验中心(襄阳)积极组织与主管部门、认证机构、国内外企业开展法规、认证技术交流,提升法规认证技术服务能力和行业知名度。

五、发展规划

面对汽车产品电动化、智能化、网联化、轻量化、共享化的发展趋势,达安中心加快新能源和智能网联检测技术研究和积累。已形成完整的氢能源试验检测能力。作为首批获得批准的国家智能网联汽车监督检验中心,达安中心已形成完善的整车ADAS测试以及自动驾驶试验测试能力,并完成了现有园区的智能化网联化改造,已能满足所有国家相关部委要求的智能网联场景的检测测试,在快速推进的扩建工程中,达安中心将搭建百余种智能网联测试场景,处于国内领先地位。

信息产业化学物理电源产品质量监督检验中心

一、单位概况

信息产业化学物理电源产品质量监督检验中心(以下简称"中心")于1985年成立,是国内最大的综合性的化学物理电源产品质量检验的第三方机构。2013年2月,经国家认监委正式发文授权,成为国内第一家综合性的新能源产品测试国家中心。多年来,受国家有关部委、部门委托,中心先后对各类化学物理电源产品进行了全国统检、监督抽查、性能评估等;产品司法鉴定、技术鉴定和仲裁检测;产品选型、进出口检测、产品应用及可行性评估等各类检测和试验;中心具备CCC中国强制性(自愿性)产品认证(简称3C认证)的软硬件条件。

二、测试技术及规范研究与制定

具备的第三方检测机构资质:

国家化学与物理电源产品质量监督检验中心;

工业和信息化部工业产品(化学物理电源)质量保证和技术评价实验室;

中国实验室认可委员会(CNAS)认可的实验室(№ L0591);

国防科技工业实验室认可委员会认可的实验室(№ DL014);

中国国家认证认可监督管理委员会考核批准,取得资质认定计量认证合格的实验室(部中心)(16001701593);

中国国家认证认可监督管理委员会考核批准,取得资质认定计量认证合格的实验室(国家中心)(160017013368),认定授权(2016)国认鉴认字(528 号);

世界上 4 个具有光伏计量基准标定资格的实验室之一;

国家工信部电动汽车动力蓄电池产品强制性检测单位;

铁道部机车和客车用蓄电池的专检和发证单位;

国内第一个 IECEE 关于光伏测试的 CBTL 实验室;

美国认证机构 UL 签约光伏、动力电池认证测试的实验室

德国 TUV-SUD 公司关于光伏、动力电池认证测试的签约实验室;

美国 CEC(美国加州能源委员会)指定实验室;

中国质量认证中心(CQC)签约实验室;

北京鉴衡认证中心签约实验室。

三、检测能力建设

中心现已具备的条件主要包括:化学与物理电源产品检测评估实验室、环境力学实验室、计量实验室、理化分析实验室等部分,各类实验室总面积达到 6 000 m^2,其中恒温面积 1 700 m^2,拥有各种国内外先进的检测仪器和设备 532 台(套),固定资产总值达到 8 000 余万元。检测手段先进,能够按照 IEC、JIS、MIL 等国际标准、国家标准、行业标准和企业标准等对包括动力蓄电池在内的化学物理电源产品进行电性能、环境、力学、安全性及寿命等的检测评估工作。

测试能力涉及的相关标准:

GB/T 31467. 1—2015《电动汽车用锂离子动力蓄电池包和系统 第 1 部分 高功率应用测试规程》

GB/T 31467. 2—2015《电动汽车用锂离子动力蓄电池包和系统 第 2 部分 高能量应用测试规程》

GB/T 31467. 3—2015《电动汽车用锂离子动力蓄电池包和系统 第 3 部分:安全性要求和测试方法》

GB/T 31484—2015《电动汽车用动力蓄电池循环寿命要求及试验方法》

GB/T 31485—2015《电动汽车用动力蓄电池安全要求及试验方法》

GB/T 31486—2015《电动汽车用动力蓄电池电性能要求及试验方法》

QC/T 741—2014《车用超级电容器》

CGC/GF 025:2013 CNCA/CTS 0037—2014《储能系统用锂离子电池》

GB/T 22473—2008《储能用铅酸蓄电池》

GB 31241—2014《便携式电子产品用锂离子电池和电池组安全要求》

GB/T 24533—2009《锂离子电池石墨类负极材料》

UL 2580—2011《电动汽车用电池 UL 安全性试验标准》

UL 1642—2015《锂电池安全标准》

QB/T 2947. 3—2008《电动自行车用蓄电池及充电器 第三部分:锂离子蓄电池及充电器》

四、国内外交流

中心多年来与国内外多家动力电池企业保持着技术交流关系,同时与多家国外认证机构、科研院所、高校保持着合作关系。多次与中央电视台和地方电视台合作拍摄化学电源相关科普类节目。积极参加工信部、科技部相关测试课题的研究工作,承担了科技部《动力电池系统测试验证技术研究》和《基于客车大数据的动力电池系统集成分析与评价》等课题。

五、发展规划

加强与政府机构的合作。发挥检测机构在专业领域的优势,协助国家各部委和地方政府机构进行产品市场调研、产品质量监督、国家和行业标准的制订以及问题反馈等工作,服务社会。加强试验室内部管理。进行信息化建设,完成试验室软件管理系统上线运行,提高检测工作运行的效率和水平。结合军工产品质量管理经验,开展针对典型问题的故障分析,通过故障分析、定位,采取措施加以解决,为提高产品质量提供技术支持。

国家汽车质量监督检验中心(北京顺义)

一、单位概况

国家汽车质量监督检验中心(北京顺义)(以下简称“中心”)由原国家质量监督检验检疫总局批准筹建(国质检〔2009〕61 号);北京市产品质量监督检验院在原北京市质量技术监督局领导下,积极联合北京及周边地区汽车检测优势资源,并通过市政府立项投资建设高水平实验室,打造功能齐全、设施完善的独立、公正、科学、权威的第三方汽车专业检测研究机构。

中心占地总面积 14. 3 万 m^2,建设用地面积 9. 5 万 m^2,规划总面积 12. 3 万 m^2,一期建设 7. 8 万 m^2,建有碰撞安全实验室、零部件实验室、整车性能实验室、排放节能实验室、灯光电器与新能源实验室、电磁兼容实验室、材料与油品实验室、仿真分析实验室、缺陷工程分析实验室,拥有先进设备 468 台(套)。中心检测能力覆盖 161 个产品,2 418 个参数,具备汽车及相关产品强制性检验能力。

二、检验能力

1. 碰撞安全

碰撞安全实验室具备检测能力 4 项,可进行 3. 5 t 以下车辆的正面碰撞,30 度斜角,40% 可变形壁障偏置碰撞,25%

偏置碰撞,正面柱碰撞,侧面碰撞,侧面柱碰撞,追尾碰撞,翻滚,拖底等多种类型的碰撞安全试验,以及 RCAR 等气囊标定试验,可实现时速 120 km 的单车碰撞,或时速 80 km 的车正对、偏置对碰撞;可进行 1 t 以下的车辆安全部件和约束系统的模拟碰撞试验。

行人保护:腿部冲击试验,头型冲击试验。

2. 整车性能

包括整车动力性、经济性、ABS 及制动、噪声、操纵稳定性、平顺性和可靠性等多种道路试验。

具备国家强制性检测项目要求的整车基本性能检测能力,同时具备国家环保部噪声检测资质,以及相关 ECE、ISO 等项目的检测能力。

3. 节能环保与新能源

具备轻型车辆欧洲第 5 阶段机动车污染物排放限值的试验能力;

具备对关键部件噪声测量、分析的实验研发能力;

具备轻型车辆曲轴箱污染物、排放耐久、车载故障诊断系统等的试验能力;

具备电动汽车、动力电池及配套设施检测研究能力;

具备新能源汽车质量安全监控平台,具备新能源汽车远程监测车载终端和企业监测平台检测资质。

4. 零部件

中心建立涵盖车辆底盘、车身、电气、附件等主要总成和零件的试验检测能力和环境技术条件。主要包括:座椅、头枕、安全带、内饰材料、后视镜、门锁、门铰链、轮胎、燃油箱、制动软管、暖风机、遮阳板、电喇叭、玻璃升降器、风窗洗涤器、刮雨器、减震器、传动轴、驱动桥、V 形带等产品的性能和耐久试验。

5. 其他

具备整车及车载电子电器设备的电磁兼容实验研究和检测能力;

具备结构仿真和汽车导航等模拟分析与检测能力;

具备车内空气质量与车内材料有害物的检测能力;

具备汽柴油、润滑油检测能力;

具备部分汽车专业计量校准能力。

节能与新能源汽车年鉴

YEARBOOK OF ENERGY-SAVING AND NEW ENERGY VEHICLES

第五篇 Section V

整车产量统计

Vehicle Output Statistics

一、新能源汽车累计产量统计（2009—2018 年）

Chapter 1 Statistics on Cumulative Output of New-Energy Vehicles(2009 to 2018)

（辆，vehicle）

车型	2009 年 合计 Total	2010 年 合计 Total	2011 年 合计 Total	2012 年 合计 Total	2013 年 合计 Total	2014 年 合计 Total	2015 年 合计 Total	2016 年 合计 Total	2017 年 合计 Total	2018 年												
										1 月 January	2 月 February	3 月 March	4 月 April	5 月 May	6 月 June	7 月 July	8 月 August	9 月 September	10 月 October	11 月 November	12 月 December	合计 Total
纯电动客车 Pure Electric Bus	78	655	1360	1904	1607	12877	97272	115664	91102	2487	1037	2782	6594	14350	4378	3061	3892	8479	6931	11939	27127	93057
纯电动乘用车 Pure Electric Passenger Car	37	1141	4759	9699	14478	46727	151272	247345	453808	19688	24530	43785	58551	48789	39401	47274	60764	67060	87893	120947	133252	751934
纯电动专用车 Pure Electric Special Purpose Vehicle	60	167	588	1869	2036	4033	49394	58773	154774	3330	936	1696	3920	6037	4034	6376	7144	9176	11456	22434	37954	114493
插电式混合动力客车 Plug-in Hybrid Bus	37	345	289	262	718	16848	63755	19576	16242	264	77	375	647	2081	95	368	459	287	115	548	677	5993
插电式混合动力乘用车 Plug-in Hybrid Passenger Car	70	280	197	277	4736	13746	24614	74229	102793	13962	10339	16742	16966	15446	18501	21677	23799	26421	29447	35971	26174	255445
插电式混合动力专用车 Plug-in Hybrid Electric Special Vehicle	0	0	0	0	0	0	0	1	0	0	0	0	0	0	0	0	0	0	0	1	2	3
燃料电池客车 Fuel Cell Passenger Bus	0	2	0	0	0	8	10	33	280	1	2	0	54	116	3	5	36	3	210	3	277	710
燃料电池乘用车 Fuel Cell Passenger Car	0	46	0	0	0	0	0	64	0	0	0	0	0	0	0	0	0	0	0	0	0	0
燃料电池专用车 Fuel Cell Special Vehicle	0	0	0	0	0	0	0	532	992	0	0	5	0	0	10	1	2	12	2	1	876	909
合计 Total	2336	7605	13470	28760	36297	102655	401345	602398	819991	39732	36921	65385	86732	86819	66422	78762	96096	111438	136054	191844	226339	1222544

二、2018 年新能源汽车产量统计

Chapter 2 Statistics on Output of New-Energy Vehicle in 2018

1. 纯电动汽车产量统计/Statistics on Output of Pure Electric Vehicle

（1）大中型客车、轻型客车/Large and Medium Sized Bus and Light Bus

企业名称 Company Name	品牌 Brand	车辆型号 Vehicle Model	底盘型号 Chassis Model	外形尺寸 Dimension (mm) 长 Length	宽 Width	高 Height	轴距 Wheel Base (mm)	总质量 Total Weight (kg)	整备质量 Vehicle Weight (kg)	续驶里程 Driving Mileage of Electric vehicle (等速法 Isokinetic Method) (km)	30分钟最高车速 Maximum Speed of Electric Car in 30 Minutes (km/h)	最高车速 Maximum Speed (km/h)	1月 January	2月 February	3月 March	4月 April	5月 May	6月 June	7月 July	8月 August	9月 September	10月 October	11月 November	12月 December	2018年产量合计 Total Output in 2018 (辆,vehicle)
郑州宇通客车股份有限公司	宇通牌	ZK6105BEVG19A	—	10500	2500	3050,3200	6100	16500	10200,10640,11090,11500	245	69	69	0	0	0	0	1	0	0	0	0	0	0	0	22426
		ZK6105BEVG21	—	10500	2500	3050,3200	6100	16500	9850,10300,10800	270	69	69	0	0	0	0	89	0	0	0	0	0	0	0	
		ZK6105BEVG23	—	10500	2500	3050,3200	6100	16500	10050,10500,11000	305	69	69	255	31	78	86	717	0	0	0	0	0	0	0	
		ZK6105BEVG25	—	10500	2500	3050,3200	6100	16500	10400,10850,11350	375	69	69	31	0	48	58	67	0	0	0	0	0	0	0	
		ZK6105BEVG26	—	10500	2500	3050,3200	6100	16500	10400,10850,11350	375	69	69	0	0	0	0	40	0	0	0	0	0	0	0	
		ZK6105BEVG27	—	10500	2500	3050,3000,3200	6100	16500	10900,11350,11850	440	69	69	10	0	12	0	26	0	0	0	0	0	0	0	
		ZK6105BEVG29	—	10500	2500	3000,3050,3200,3360	6100	18000	12000	505	69	69	309	0	0	0	74	0	16	0	0	0	0	0	
		ZK6105BEVG32	—	10500	2500	3050,3000,3200	6100	16500	10250,10700,11200,11700	305	69	69	0	0	22	18	0	0	0	0	0	0	0	0	
		ZK6105BEVG33A	—	10500	2500	3050,3200	6100	16500	10050,10450,10900,11400	300	69	69	0	0	0	86	0	0	0	0	0	0	0	0	
		ZK6105BEVG39	—	10500	2500	3050,3215	5800	18000	9000,9400,9800,10200	285	69	69	0	0	0	0	0	0	0	0	0	0	31	60	
		ZK6105BEVG40	—	10500	2500	3050,3215	5800	18000	9800,10200,10600,11100	400	69	69	0	0	0	0	0	0	0	0	0	40	0	100	
		ZK6105BEVG42	—	10500	2500	3050,3215	5800	18000	9900,10300,10700,11200	505	69	69	0	0	0	0	0	0	0	0	0	0	0	50	
		ZK6105BEVG46	—	10500	2500	3050,3215	5800	18000	9600,9950,10400,10850	380	69	69	0	0	0	0	0	0	0	30	10	23	50	17	
		ZK6105BEVG53	—	10500	2500,2540	3050,3215	5800	18000	9000,9400,9800,10200	305	69	69	0	0	0	0	0	76	35	65	105	41	303	501	
		ZK6105BEVG55	—	10500	2500	3050,3215	5800	18000	9400,9800,10200,10550	385	69	69	0	0	0	0	0	600	6	197	162	156	67	696	
		ZK6105BEVG57	—	10500	2500	3050,3215	5800	18000	9800,10200,10600,11100	470	69	69	0	0	0	0	0	0	0	15	22	134	109	165	
		ZK6105BEVG59	—	10500	2500	2980,3050,3215	5800	18000	10800,11200	585	69	69	0	0	0	0	0	0	0	0	18	0	276	108	
		ZK6105BEVG59B	—	10500	2500	3050,3215,2980	5800	18000	10450,10800,11200	580	69	69	0	0	0	0	0	0	0	0	0	0	0	135	

续上表

企业名称 Company Name	品牌 Brand	车辆型号 Vehicle Model	底盘型号 Chassis Model	外形尺寸 Dimension (mm) 长 Length	宽 Width	高 Height	轴距 Wheel Base (mm)	总质量 Total Weight (kg)	整备质量 Vehicle Weight (kg)	续驶里程 Driving Mileage of Electric vehicle (等速法 Isokinetic Method) (km)	30分钟最高车速 Maximum Speed of Electric Car in 30 Minutes (km/h)	最高车速 Maximum Speed (km/h)	1月 January	2月 February	3月 March	4月 April	5月 May	6月 June	7月 July	8月 August	9月 September	10月 October	11月 November	12月 December	2018年产量合计 Total Output in 2018 (辆,vehicle)
郑州宇通客车股份有限公司	宇通牌	ZK6105BEVG59C	—	10500	2500	3050,3215	5800	18000	12250	650	69	69	0	0	0	0	0	0	0	0	0	32	0	50	22426
		ZK6106BEVG1	—	10500	2550	3235	5800	18000	10800,11200	585	69	69	0	0	0	0	0	0	0	0	287	174	293	0	
		ZK6115BEVG13A	ZK6106EVGC13A	10690	2500	3200,3430	5250	17000	11600,11000	302	69	69	0	0	0	0	0	6	2	4	24	14	45	32	
		ZK6115BEVG13B	ZK6106EVGC13B	10690	2500	3200,3430	5250	18000	11100,11700	315	69	69	0	0	0	0	0	0	0	0	0	0	0	42	
		ZK6115BEVG13C	ZK6106EVGC13C	10690	2500	3200,3430	5250	18000	10650,10950,11250	285	90	90	0	0	0	0	0	0	0	0	0	0	9	44	
		ZK6115BEVG16	ZK6106EVGC16	10690	2500	3200,3430	5250	18000	11100,11400,11700	470	69	69	0	0	0	0	0	0	0	0	30	41	36	90	
		ZK6115BEVG5	ZK6106EVGC5	10690	2500	3200,3430	5250	16500	11100,11600	305	69	69	16	0	3	0	23	0	0	0	0	0	0	0	
		ZK6115BEVG52	ZK6106EVGC52	10690	2500	3200,3430	5250	16500	11200,11800	355	69	69	2	0	57	84	96	0	0	0	0	0	0	0	
		ZK6115BEVG53	ZK6106EVGC53	10690	2500	3200,3430	5250	16500	11400,12000	415	69	69	59	41	0	0	70	1	0	0	0	0	0	0	
		ZK6115BEVY13A	ZK6106EVC32	10690	2500	3200,3430	5250	17000	11600,11000	267	90	90	0	0	0	0	0	1	17	5	48	31	53	96	
		ZK6115BEVY13B	ZK6106EVC33	10690	2500	3200,3430	5250	18000	10650,10950,11250	285	90	90	0	0	0	0	0	0	0	0	0	0	0	104	
		ZK6115BEVY16A	ZK6106EVC36	10690	2500	3200,3430	5250	18000	11200,11500,11800,12100	435	90	90	0	0	0	0	0	0	0	0	0	0	8	40	
		ZK6115BEVY51	ZK6106EVC19	10690	2500	3200,3430	5250	17000	11100,11700	305	90	90	5	2	4	0	26	1	0	0	0	0	0	0	
		ZK6115BEVY52	ZK6106EVC21	10690	2500	3200,3430	5250	17000	11200,11800	355	90	90	0	0	0	26	37	2	0	0	0	1	0	42	
		ZK6115BEVY53	ZK6106EVC23	10690	2500	3200,3430	5250	17000	11600,12200	415	90	90	0	1	0	0	48	0	0	0	0	0	0	0	
		ZK6115BEVZ13A	ZK6106EVC31	10690	2500	3200,3430	5250	17000	11600,11000	310	90	90	0	0	0	0	0	4	4	2	2	17	5	110	
		ZK6115BEVZ51	ZK6106EVC20	10690	2500	3200,3430	5250	17000	11100,11700	305	90	90	12	1	17	42	46	1	2	0	0	0	0	0	
		ZK6115BEVZ52	ZK6106EVC22	10690	2500	3200,3430	5250	17000	11200,11800	355	90	90	6	4	1	3	7	0	0	0	1	0	0	0	
		ZK6115BEVZ62	ZK6106EVC24	10690	2500	3200,3430	5250	17000	11300,11900	355	90	90	0	0	0	0	0	2	0	0	0	0	0	0	
		ZK6119BEVQY15P	—	11300	2500	3450,3650	5680	17000	11870,11600	308	90,100	90,100	0	0	0	0	0	0	1	0	2	0	20	37	
		ZK6119BEVQY16P	—	11300	2500	3450,3650	5680	18000	12250,11900	401	90,100	90,100	0	0	0	0	0	0	1	4	7	32	24	75	
		ZK6119BEVQY18P	—	11300	2500	3450,3650	5680	18000	12600	655	90,100	90,100	0	0	0	0	0	0	1	0	220	0	0	0	
		ZK6119BEVQY18P1	—	11300	2500	3450,3650	5680	18000	13200	653	90,100	90,100	0	0	0	0	0	0	0	0	3	0	0	12	
		ZK6119BEVQY51	—	11300	2500	3450,3650	5680	17000	11970	320	90,100	90,100	0	0	12	0	0	0	0	0	0	0	0	0	
		ZK6119BEVQY53	—	11300	2500	3450,3650	5680	17000	11970	320	90,100	90,100	0	0	0	2	0	0	0	0	0	0	0	0	
		ZK6119BEVQZ51	—	11300	2500	3450,3650	5680	17000	11970	320	100,90	100,90	0	0	0	0	1	0	0	0	1	0	10	0	
		ZK6125BEVG21	—	12000	2550	3050,3200	6100	18000	11000,11400,11800	280	69	69	0	0	0	0	40	0	0	0	0	0	0	0	

续上表

企业名称 Company Name	品牌 Brand	车辆型号 Vehicle Model	底盘型号 Chassis Model	外形尺寸 Dimension (mm) 长 Length	宽 Width	高 Height	轴距 Wheel Base (mm)	总质量 Total Weight (kg)	整备质量 Vehicle Weight (kg)	续驶里程 Driving Mileage of Electric vehicle (等速法 Isokinetic Method) (km)	30 分钟最高车速 Maximum Speed of Electric Car in 30 Minutes (km/h)	最高车速 Maximum Speed (km/h)	1 月 January	2 月 February	3 月 March	4 月 April	5 月 May	6 月 June	7 月 July	8 月 August	9 月 September	10 月 October	11 月 November	12 月 December	2018 年产量合计 Total Output in 2018 (辆, vehicle)
郑州宇通客车股份有限公司	宇通牌	ZK6125BEVG23	—	12000	2550	3050,3200	6100	18000	11300,11750,12200	352	69	69	30	0	0	0	28	0	0	0	0	0	0	0	22426
		ZK6125BEVG25	—	12000	2550	3050,3200,3360	6100	18000	12900	475	69	69	0	0	0	0	6	0	0	0	0	0	0	0	
		ZK6125BEVG25D	—	12000	2550	3050,3200	6100	18000	11100,11600,12050,12590	420	69	69	0	0	0	0	50	0	0	0	0	0	0	0	
		ZK6125BEVG27	—	12000	2550	3050,3200,3360	6100	18000	12900	530	69	69	0	25	1	1	20	0	0	0	0	0	0	0	
		ZK6125BEVG27D	—	12000	2550	3050,3200	6100	18000	12900	530	69	69	0	0	0	0	0	1	0	0	0	0	0	0	
		ZK6125BEVG55	—	12000	2550	3050,3215	6100	18000	10500,10950,11400	490	69	69	0	0	0	0	0	0	30	0	0	45	0	10	
		ZK6125BEVG57	—	12000	2550	3050,3215	6100	18000	12500,11200,11600,12000	565	69	69	0	0	0	0	0	0	0	35	0	0	28	78	
		ZK6125BEVG59	—	12000	2550	3050,3215	6100	18000	12250,12600,12900	640	69	69	0	0	0	0	0	0	0	0	0	28	6	0	
		ZK6125BFVG59E	—	12000	2550	3360	6100	18000	12250,12650,13100	650	69	69	0	0	0	0	0	0	0	0	0	0	316	14	
		ZK6126BEVGS1	—	12300	2550	4140	5500 + 1600	25000	17000,18000	375	69	69	10	0	0	0	0	0	0	0	0	0	0	0	
		ZK6126BEVGS3	—	12300	2550	4140	5500 + 1600	25000	16900	375	69	69	0	0	0	0	40	6	0	0	4	16	0	0	
		ZK6605EEVG1	—	5970	2100	2980	3150	7600	4870,5030,5200	355	69	69	0	0	0	0	0	0	0	0	0	0	13	10	
		ZK6641EEVQ2	—	6395,6415	2065	2710,2930	3850	6200	4150,4340	257	45	80	0	1	0	0	1	0	0	0	0	0	0	0	
		ZK6650BEVG11	—	6540	2100	2770,2980	3320	7600	4850,5050,5250	360	69	69	0	0	0	0	5	0	0	0	0	0	0	0	
		ZK6650BEVG13	—	6540	2100	2770,2980	3320	7600	4850,5050,5250	360	69	69	0	10	0	28	55	0	0	0	0	0	0	0	
		ZK6650BEVG16	—	6540	2100	2770,2980	3320	7600	4800,5050,5250	210	69	69	12	14	26	36	69	0	0	0	0	0	0	0	
		ZK6650BEVG18	—	6540	2100	2770,2980	3320	7800	4850,5050,5200	330	69	69	0	0	0	0	4	23	0	1	0	1	2	36	
		ZK6650BEVG21	—	6540	2100	2770,2980	3320	8500	5270,4620,4870,5070	350	69	69	0	0	0	0	0	62	11	76	11	58	183	168	
		ZK6650BEVG22	—	6540	2100	2770,2980	3320	8500	4870,5070,5270	501	69	69	0	0	0	0	0	0	0	0	88	8	0	0	

续上表

企业名称 Company Name	品牌 Brand	车辆型号 Vehicle Model	底盘型号 Chassis Model	外形尺寸 Dimension (mm) 长 Length	宽 Width	高 Height	轴距 Wheel Base (mm)	总质量 Total Weight (kg)	整备质量 Vehicle Weight (kg)	续驶里程 Driving Mileage of Electric vehicle (等速法 Isokinetic Method) (km)	30分钟最高车速 Maximum Speed of Electric Car in 30 Minutes (km/h)	最高车速 Maximum Speed (km/h)	1月 January	2月 February	3月 March	4月 April	5月 May	6月 June	7月 July	8月 August	9月 September	10月 October	11月 November	12月 December	2018年产量合计 Total Output in 2018 (辆,vehicle)
郑州宇通客车股份有限公司	宇通牌	ZK6650BEVG23	—	6540	2100	2770,2980	3320	9500	5350,5550,5750,5950	455	69	69	0	0	0	0	0	0	0	0	0	0	0	68	22426
		ZK6701BEVQ5	—	7045	2065	2710,2930	4500	6200	4150,4340	257	45	100	0	0	0	0	0	0	0	7	0	0	0	0	
		ZK6805BEVG11	—	8050	2350	2975,3105,3135	4450	11100	6980,7300	251	69	69	37	10	101	308	480	16	0	0	0	0	0	0	
		ZK6805BEVG12	—	8050	2350	2975,3105	4450	11100	6980,7300	251	69	69	0	0	98	12	237	7	0	0	0	0	0	0	
		ZK6805BEVG13	—	8050	2350	2975,3105,3135	4450	11500	7100,7400,7600	280	69	69	41	0	28	118	394	20	0	0	0	0	0	0	
		ZK6805BEVG15	—	8050	2350	2975,3105,3135	4450	11800	7900,7300,7650	310	69	69	25	0	24	30	183	0	0	0	0	0	0	0	
		ZK6805BEVG15A	—	8050	2350	2975,3150	4450	12000	7300,7650,7900	310	69	69	0	0	0	0	4	0	0	0	0	0	0	0	
		ZK6805BEVG17	—	8050	2350	2975,3105	4450	11800	7550,7900	385	69	69	10	0	0	0	188	26	0	0	0	0	0	0	
		ZK6805BEVG19A	—	8050	2350	2975,3135	4450	11800	7400,7700,7950,8150	215	69	69	0	0	0	50	8	28	0	0	0	0	0	0	
		ZK6805BEVG21	—	8050	2350	2975,3135	4200	12600	8050,8400,8600	420	69	69	0	0	0	0	10	0	0	0	0	0	0	0	
		ZK6808BEVQZ51	—	8045	2360	3025,3250	4450	11480	7900,8300	305	90,80	90,80	0	0	0	6	0	0	0	0	0	0	0	0	
		ZK6808BEVQZ52	—	8045	2360	3025,3250	4450	11480	7800,8200	255	90,80	90,80	0	1	2	12	72	1	0	0	0	0	0	0	
		ZK6808BEVQZ53	—	8045	2360	3025,3250	4450	11500	8050,8380	370	90,80	90,80	2	0	0	0	13	0	0	0	0	0	0	0	
		ZK6809BEVG12	—	8035	2245	2890,3030	4250	10500	6610,6870	320	69	69	0	0	0	0	0	0	0	0	23	0	3	0	
		ZK6809BEVG12A	—	8035	2245	2890,3030	4250	10500	7200	305	90,69	90,69	0	0	0	0	0	0	0	0	0	0	23	26	
		ZK6809BEVG12B	—	8035	2245	2890,3030	4250	10500	7200	305	69	69	0	0	0	0	0	0	0	0	0	0	13	34	
		ZK6809BEVG51	—	8035	2245	2875,3030	4250	10400	6600,6800,7150	255	69	69	0	0	0	0	1	0	0	0	0	0	0	0	
		ZK6809BEVQZ12	—	8035	2245	2890,3030	4250	10500	6870,6610	305	69,90	90,69	0	0	0	0	0	0	0	17	2	5	25	57	
		ZK6809BEVQZ12B	—	8035	2245	2890,3030	4250	10500	7200	305	69,90	90,69	0	0	0	0	0	0	0	0	0	1	1	4	
		ZK6815BEVG1	—	8145	2350	2975,3150	4200	13700	6400,6650,6950,7300	210	69	69	0	0	0	0	0	101	173	99	234	346	300	1064	
		ZK6815BEVG10	—	8145	2350	2975,3150	4200	13700	6550,6850,7150,7500	235	69	69	0	0	0	0	0	0	0	0	0	0	0	1	
		ZK6815BEVG11	—	8145	2350	2975,3150	4200	13700	6600,6900,7200,7550	305	69	69	0	0	0	0	0	0	0	0	0	0	0	48	

续上表

企业名称 Company Name	品牌 Brand	车辆型号 Vehicle Model	底盘型号 Chassis Model	外形尺寸 Dimension（mm） 长 Length	宽 Width	高 Height	轴距 Wheel Base（mm）	总质量 Total Weight（kg）	整备质量 Vehicle Weight（kg）	续驶里程 Driving Mileage of Electric vehicle（等速法 Isokinetic Method）（km）	30分钟最高车速 Maximum Speed of Electric Car in 30 Minutes（km/h）	最高车速 Maximum Speed（km/h）	1月 January	2月 February	3月 March	4月 April	5月 May	6月 June	7月 July	8月 August	9月 September	10月 October	11月 November	12月 December	2018年产量合计 Total Output in 2018（辆，vehicle）
郑州宇通客车股份有限公司	宇通牌	ZK6815BEVG13	—	8145	2350	2975，3150	4200	13700	6750，7050，7350，7700	355	69	69	0	0	0	0	0	0	0	0	0	0	4	71	22426
		ZK6815BEVG15	—	8145	2350	2975，3150	4200	13700	7200，7500，7800，8150	450	69	69	0	0	0	0	0	0	0	0	0	0	0	62	
		ZK6815BEVG2	—	8145	2350	2975，3150	4200	13700	7000，7300，7600，7850	365	69	69	0	0	0	0	0	0	0	0	0	0	0	1	
		ZK6815BEVG3	—	8145	2350	2975，3150	4200	13700	6550，6850，7150，7500	250	69	69	0	0	0	0	0	167	69	93	171	213	336	799	
		ZK6815BEVG4	—	8145	2350	2975，3150	4200	13700	6550，6850，7150，7500	255	69	69	0	0	0	0	0	0	4	13	0	45	40	4	
		ZK6815BEVG4L	—	8145	2350	2975，3150	4200	13700	6850，7150，7450，7800	290	69	69	0	0	0	0	0	0	0	0	0	0	20	0	
		ZK6815BEVG5	—	8145	2350	2975，3150	4200	13700	6700，7000，7300，7500	300	69	69	0	0	0	0	0	0	20	74	92	75	150	464	
		ZK6815BEVG9	—	8145	2350	2975，3150	4200	13700	7200，7500，7800，8150	400	69	69	0	0	0	0	0	0	5	10	10	35	9	8	
		ZK6815BEVG9A	—	8145	2350	2975，3150	4200	13700	7200，7500，7850	410	69	69	0	0	0	0	0	0	0	0	10	23	197	269	
		ZK6826BEVG12A	—	8245	2500	3240，3460	4000	13500	9130，8730	305	69	69	0	0	0	0	0	8	28	2	0	63	13	58	
		ZK6826BEVG13A	—	8245	2500	3240，3460	4000	13500	9300，8900	370	69	69	0	0	0	0	0	0	0	0	78	28	6	80	
		ZK6826BEVQG50	—	8245	2500	3180，3440	4000	13500	8800，9200	251	69	69	2	0	7	12	49	1	0	0	0	0	0	0	
		ZK6826BEVQG51	—	8245	2500	3180，3440	4000	13500	9000，9400	302	69	69	0	0	0	0	34	0	0	0	0	0	0	0	
		ZK6826BEVQY12A	—	8245	2500	3240，3460	4000	13500	9130，8730	305	100，90	100，90	0	0	0	0	0	0	1	15	1	0	10	8	
		ZK6826BEVQY13A	—	8245	2500	3240，3460	4000	13500	9300，8900	370	90，100	90，100	0	0	0	0	0	0	0	9	44	2	26	133	
		ZK6826BEVQY51	—	8245	2500	3200，3460	4000	13500	9000，9400	302	100，90	100，90	1	0	12	3	48	1	0	0	0	0	0	0	
		ZK6826BEVQY52	—	8245	2500	3200，3460	4000	13500	9200，9600	351	100，90	100，90	0	0	0	1	1	0	0	0	0	0	0	0	
		ZK6845BEVG10	—	8405	2500	3020，2980，3215	4300	13000	8600，8950，9150	380	69	69	0	0	0	0	72	0	0	0	0	0	0	0	
		ZK6845BEVG11	—	8405	2500	3020，2980，3215	4300	13000	8890，9150	455	69	69	0	0	0	14	1	2	0	0	0	0	0	0	
		ZK6845BEVG6A	—	8405	2500	3020，3215	4300	13000	8800，9050，8150，8500	260	69	69	0	6	0	0	0	0	0	0	0	0	0	0	
		ZK6845BEVG7	—	8405	2500	3020，3215	4300	13000	8350，8700，9050	320	69	69	0	0	0	13	69	0	0	0	0	0	0	0	

续上表

企业名称 Company Name	品牌 Brand	车辆型号 Vehicle Model	底盘型号 Chassis Model	外形尺寸 Dimension (mm) 长 Length	宽 Width	高 Height	轴距 Wheel Base (mm)	总质量 Total Weight (kg)	整备质量 Vehicle Weight (kg)	续驶里程 Driving Mileage of Electric vehicle (等速法 Isokinetic Method) (km)	30分钟最高车速 Maximum Speed of Electric Car in 30 Minutes (km/h)	最高车速 Maximum Speed (km/h)	1月 January	2月 February	3月 March	4月 April	5月 May	6月 June	7月 July	8月 August	9月 September	10月 October	11月 November	12月 December	2018年产量合计 Total Output in 2018 (辆, vehicle)
郑州宇通客车股份有限公司	宇通牌	ZK6850BEVG19A	—	8455	2500	3020,3175,3215	4300	13000	7800,8100,8400,8700	201	69	69	0	0	50	0	36	0	0	0	0	0	0	0	22426
		ZK6850BEVG39	—	8500	2500	3020,3215	4300	14000	7500,7800,8100,8400	230	69	69	0	0	0	0	0	0	0	0	0	0	102	75	
		ZK6850BEVG53	—	8500	2500	3020,3215	4300	14000	7700,8000,8200	345	69	69	0	0	0	0	0	0	0	20	20	111	10	44	
		ZK6850BEVG55	—	8500	2500	3020,3215	4300	14000	7900,8200,8400	420	69	69	0	0	0	0	0	0	0	0	0	22	25	42	
		ZK6850BEVG57	—	8500	2500	3020,3215,2960	4300	14000	9100,8200,8500,8800	430	69	69	0	0	0	0	0	10	0	29	59	24	382	40	
		ZK6850BEVG57A	—	8500	2500	2960,3020,3215	4300	14000	8200,8500,8800	550	69	69	0	0	0	0	0	0	0	0	0	0	0	12	
		ZK6906BEVQY13A	—	8995	2500	3240,3460	4750	14000	9900,9600	365	90,100	90,100	0	0	0	0	0	0	0	0	0	0	0	4	
		ZK6906BEVQY15	—	8995	2500	3240,3450,3460	4750	14000	10050,9840	450	100,90	100,90	0	0	0	0	0	0	0	0	2	12	0	26	
		ZK6906BEVQY52	—	8995	2500	3200,3450	4750	14000	10100,10400	485	100,90	100,90	0	0	0	0	20	0	0	0	0	0	0	0	
		ZK6935BEVG2	—	9340	2500	3050,3200	4600	15000	10050,10350	470	69	69	0	0	0	0	29	0	0	0	0	0	0	0	
		ZK6935BEVG3	—	9340	2500	3020,3170	4600	15500	10500,10940	630	69	69	0	0	0	0	0	0	0	0	0	0	1	0	
比亚迪汽车工业有限公司	比亚迪牌	BYD6100LGEV10	BYD6100DGPEV	10490	2550,2530	3250,3150	5000	18000	11700	460	69	69	0	0	0	215	658	34	0	208	38	45	0	0	6419
		BYD6100LGEV6	BYD6100DGKEV	10490	2550	3250	5000	18000	12500	480	69	69	0	0	0	0	0	0	0	0	0	0	1	0	
		BYD6100LGEV8	BYD6100DGMEV	10490	2550	3250	5000	18000	10600	325	69	69	0	0	0	366	14	0	0	0	0	0	0	0	
		BYD6100LGEV9	BYD6100DGNEV	10490	2550,2530	3250,3150	5000	18000	12200	560	69	69	0	0	0	1100	40	0	0	0	20	11	69	371	
		BYD6100LSEV3	BYD6100DSDEV	10350	2550	4200	5800	18000	12400	470	69	69	0	0	0	30	0	10	0	0	13	0	0	0	
		BYD6100LSEV4	BYD6100DSEEV	10350	2550	4200	5800	18000	12600	537	69	69	0	0	0	0	0	0	0	0	0	0	0	12	
		BYD6101HGEV1	BYD6101DGLEV	10490	2550,2530	3250,3150	5170	18000	11300	435	69	69	0	0	0	0	0	0	95	0	0	0	0	0	
		BYD6101LGEV1	BYD6101DGBEV	10500	2550	3200	5000	18000	12350,11900	510	69	69	0	0	0	0	0	0	0	0	40	33	0	0	
		BYD6101LGEV4	BYD6101DGEEV	10500	2550	3360	5000	18000	12400,11900	560	69	69	0	0	0	0	0	0	0	0	0	0	0	50	
		BYD6101LGEV5	BYD6101DGFEV	10500	2550	3180	5000	18000	10700,11200	475	69	69	0	0	0	0	0	0	0	0	0	0	70	173	
		BYD6110LLEV3	BYD6100DLDEV	10690	2500	3580,3530	5250	18000	12700,13100	495	100	100	0	0	0	0	1	0	0	16	0	4	0	19	
		BYD6121LGEV3	BYD6121DGDEV	12000	2550	3360	6050	18000	12300,12800,13000	480	69	69	0	0	0	89	28	9	0	0	0	0	0	0	

续上表

企业名称 Company Name	品牌 Brand	车辆型号 Vehicle Model	底盘型号 Chassis Model	外形尺寸 Dimension (mm) 长 Length	宽 Width	高 Height	轴距 Wheel Base (mm)	总质量 Total Weight (kg)	整备质量 Vehicle Weight (kg)	续驶里程 Driving Mileage of Electric vehicle (等速法 Isokinetic Method) (km)	30 分钟最高车速 Maximum Speed of Electric Car in 30 Minutes (km/h)	最高车速 Maximum Speed (km/h)	1月 January	2月 February	3月 March	4月 April	5月 May	6月 June	7月 July	8月 August	9月 September	10月 October	11月 November	12月 December	2018年产量合计 Total Output in 2018 (辆, vehicle)
比亚迪汽车工业有限公司	比亚迪牌	BYD6122LGEV1	BYD6122DGBEV	12000	2550	3360	6050	18000	12500	620	69	69	0	0	0	84	101	99	0	30	0	0	30	354	6419
		BYD6122LGEV2	BYD6122DGCEV	12000	2550	3360	6050	18000	12400,12100	470	69	69	0	0	0	0	0	0	20	0	0	0	0	50	
		BYD6700HZEV2	BYD6670DZAEV	7010	2160	3090	3430	9500	5700,5400	360	69	69	0	0	0	0	0	0	0	0	4	0	0	0	
		BYD6710HLEV2	—	7110	2060	2685,2760,2845	3985	8900	5700	370	100	100	0	0	0	0	0	0	0	0	0	20	6	0	
		BYD6810HZEV5	BYD6770DZBEV	8090	2420	3230,3400	4040	14000	8100	410	69	69	0	0	0	0	0	0	80	30	17	112	29	30	
		BYD6810HZEV7	BYD6770DZDEV	8090	2420	3230,3400	4040	14000	7650	270	69	69	0	0	0	0	0	0	0	0	0	285	6	43	
		BYD6810LZEV6	BYD6780DZGEV	8090	2420	3470	4140	13500	8800	390	69	69	0	0	0	67	0	0	0	0	0	0	21	93	
		BYD6811HZEV	BYD6791DZAEV	8120	2500	3410,3290,3450	3800	14000	9200,8800	475	69	69	0	0	0	0	0	0	0	0	0	0	0	16	
		BYD6850HZEV2	BYD6800DZEEV	8490	2420	3200	4440	14000	7580,8030,8530	410	69	69	0	0	0	0	0	0	0	0	435	33	17	60	
		BYD6850HZEV3	BYD6800DZFEV	8490	2420	3200	4440	14000	7880,8330,8830	500	69	69	0	0	0	0	0	0	0	0	0	0	0	350	
		BYD6900HLEV1	BYD6880DLBEV	8995	2500	3450,3305	4675	15000	9800,10290	380	100,90	100,90	0	0	0	0	0	0	0	0	0	0	0	15	
中通客车控股股份有限公司	中通牌	LCK6108EV3	—	10460	2500	3330,3450	5400	16500	10500,11100	250	90	90	0	0	0	0	0	1	0	0	0	0	0	0	6008
		LCK6108EVG12	—	10480	2500	3280,3120	6100	16500	10400,11000	305	65	69	0	0	0	52	80	0	0	0	0	0	0	10	
		LCK6108EVG15	—	10480	2500	3280,3120	6100	16300	10200,10800	258	65	69	0	0	0	30	92	0	0	0	0	0	0	0	
		LCK6108EVG16	—	10480	2500	3280,3120	5400	17600	12000	475	65	69	0	0	0	0	64	0	0	0	0	0	0	0	
		LCK6108EVG17	—	10480	2500	3280,3120	5400	17100	10900,11500	440	65	69	0	0	108	109	0	0	0	0	0	0	0	0	
		LCK6108EVG3A1	—	10480	2500	3280,3120	5600	18000	10000,10500	308	69	69	0	0	0	0	0	0	2	0	0	50	0	51	
		LCK6108EVG3A2	—	10480	2500	3280,3120	5600	18000	10500,11000	463	69	69	0	0	0	0	0	0	0	0	0	0	45	182	
		LCK6108EVG3A3	—	10480	2500	3280,3120	5600	18000	10200,10700	373	65	69	0	0	0	0	0	20	0	213	30	0	34	174	
		LCK6108EVG3A4	—	10480	2500	3280,3120	5600	18000	10700,11200	580	65	69	0	0	0	0	0	0	30	0	0	0	6	4	
		LCK6108EVG3A5	—	10480	2500	3280,3120	5300	18000	10400,10900	474	65	69	0	0	0	0	0	0	0	0	0	0	0	45	
		LCK6108EVG3D2	—	10480	2500	3280,3120	5600	18000	10500,11000	474	65	69	0	0	0	0	0	0	0	0	0	0	0	145	
		LCK6108EVG8	—	10480	2500	3280,3120	6100	16000	9900,10400	270,250	69	69	0	0	0	10	0	0	0	0	0	0	0	0	
		LCK6108EVGL	—	10480	2500	3280,3120	6100	16000	9900,10400	225	65	69	0	0	0	20	0	0	0	0	0	0	0	0	
		LCK6108EVGL2	—	10480	2500	3280,3120	6100	16500	10400,11000	350	65	69	0	0	15	0	0	0	0	0	0	0	0	0	
		LCK6117EVA	—	10980	2500	3330,3450	5700	17900	11700	380	90	90	0	0	0	0	0	12	0	0	22	0	3	18	
		LCK6117EVG8	—	10690	2500	3330,3450	5630	16500	11000,11600	255	69	69	4	0	0	0	0	0	0	0	0	0	0	0	
		LCK6117EVGA	—	10980	2500	3330,3450	5700	17900	11700	380	69	69	0	0	0	0	0	36	0	0	0	0	31	40	
		LCK6117EVGA1	—	10980	2500	3330,3450	5700	18000	10600,11250	320	69	69	0	0	0	0	0	0	0	0	0	20	0	15	
		LCK6117EVGA2	—	10980	2500	3330,3450	5700	17900	11300	290	69	69	0	0	0	0	0	0	0	0	4	0	0	0	

续上表

企业名称 Company Name	品牌 Brand	车辆型号 Vehicle Model	底盘型号 Chassis Model	外形尺寸 Dimension (mm) 长 Length	宽 Width	高 Height	轴距 Wheel Base (mm)	总质量 Total Weight (kg)	整备质量 Vehicle Weight (kg)	续驶里程 Driving Mileage of Electric vehicle (等速法 Isokinetic Method) (km)	30分钟最高车速 Maximum Speed of Electric Car in 30 Minutes (km/h)	最高车速 Maximum Speed (km/h)	1月 January	2月 February	3月 March	4月 April	5月 May	6月 June	7月 July	8月 August	9月 September	10月 October	11月 November	12月 December	2018年产量合计 Total Output in 2018 (辆,vehicle)
中通客车控股股份有限公司	中通牌	LCK6117EVGD	—	10980	2500	3330,3450	5700	17900	11300	290	69	69	0	0	0	0	0	0	0	0	0	0	0	1	6008
		LCK6120EVG3A1	—	11990	2550	3280,3120	6100	18000	12400,11800	560	65	69	0	0	0	0	0	0	50	0	34	0	0	4	
		LCK6120EVG3A2	—	11990	2550	3320,3280	6100	18000	12600,12000	560	65	69	0	0	0	0	0	0	0	0	0	0	0	30	
		LCK6120EVG3D1	—	11990	2550	3280,3120	6100	18000	12600,12300	630	65	69	0	0	0	0	0	0	0	0	0	0	0	120	
		LCK6122EVG5	—	11990	2550	3280,3150	6100	17900	12200,12800	320	69	69	1	0	0	0	0	0	0	0	0	0	0	0	
		LCK6607DEVQG	—	6050	1995	2650	3665	4990	2950	240	69	69	0	0	0	0	0	10	0	0	0	0	0	0	
		LCK6668EVGA	—	6645	2280	2880,3000	3300	8000	5300,5500	260	65	69	0	0	0	0	0	0	20	8	1	0	0	0	
		LCK6668EVGC	—	6645	2280	2880,3000	3300	9300	5250,5450	233	65	69	0	0	0	0	0	0	0	0	0	7	0	6	
		LCK6669EVGA	—	6645	2280	2880,3000	3300	8000	5300,5500	320	65	69	0	0	0	0	0	0	0	4	13	0	0	0	
		LCK6669EVGB	—	6645	2280	2880,3000	3300	9000	5750,5550	456	65	69	0	0	0	0	0	0	0	0	0	1	0	68	
		LCK6669EVGC	—	6645	2280	2880,3000	3300	9000	5300,5500	305	65	69	0	0	0	0	0	0	0	0	0	0	13	17	
		LCK6723EVGA	—	7240	2280	2890,3020	3870	8500	5550,5750	260	65	69	0	0	6	0	0	0	2	0	0	0	0	0	
		LCK6806EVGA	—	8045	2245	2920,2800	4395	12100	6700,6320	270	65	69	0	0	0	0	0	0	0	0	0	0	2	17	
		LCK6806EVGL	—	8045	2245	2920,2800	4395	12100	6700,6320	270	65	69	0	0	0	0	0	0	0	0	0	0	44	16	
		LCK6808EVQA	—	8030	2320	3050,2920	4300	11600	7900,7500	260	85	90	0	0	0	0	1	10	0	0	0	0	0	0	
		LCK6808EVQA1	—	8040	2480	3355,3210	4250	14000	8650,8150,7700	255	85	90	0	0	0	0	0	22	0	10	8	1	23	6	
		LCK6808EVQA11	—	8040	2480	3355,3210	4250	14000	8800,8300,7900	255	85	90	0	0	0	0	0	0	0	0	0	0	5	0	
		LCK6808EVQGA	—	8030	2320	3050,2920	4300	11600	7900,7500	260	65	69	0	0	0	0	48	10	0	0	0	0	0	0	
		LCK6808EVQGA1	—	8040	2480	3355,3210	4250	14000	8500,8150,7700	290	65	69	0	0	0	0	0	42	2	2	31	2	16	154	
		LCK6809EVG3A1	—	8010	2390	3090,2950	4500	11200	7250,6850,6500	251	65	69	0	0	0	0	4	0	0	0	0	0	0	0	
		LCK6809EVG3A2	—	8010	2390	3090,2950	4500	11200	7250,6850,6500	290	65	69	0	0	0	0	79	1	0	0	0	0	0	0	
		LCK6809EVG3A3	—	8010	2390	3090,2950	4500	11500	7500,7100,6700	345	65	69	0	0	0	0	34	20	0	0	0	0	0	0	
		LCK6809EVG3A4	—	8010	2390	3090,2950	4500	13000	7250,6850,6500	255	65	69	0	0	0	0	0	0	0	0	58	0	0	0	
		LCK6809EVG3A5	—	8010	2390	3090,2950	4500	13000	7200,6800,6450	211	65	69	0	0	0	0	0	0	5	39	8	0	45	1	
		LCK6809EVG3A6	—	8010	2390	3090,2950	4500	13000	7250,6850,6500	253	65	69	0	0	0	0	0	40	69	36	74	38	113	129	
		LCK6809EVG3A7	—	8010	2390	3090,2950	4500	13000	7450,7050,6700	310	65	69	0	0	0	0	0	0	16	18	45	101	118	247	
		LCK6809EVG3A9	—	8010	2390	3090,2950	4500	13000	7450,7050,6700	335	65	69	0	0	0	0	0	0	0	0	0	0	0	136	
		LCK6809EVG3D5	—	8010	2390	3090,2950	4500	13000	7250,6850,6500	218	65	69	0	0	0	0	0	0	0	17	19	0	0	0	
		LCK6809EVG3D6	—	8010	2390	3090,2950	4500	13000	7350,7000,6600	298	65	69	0	0	0	0	0	0	0	0	0	0	0	32	
		LCK6809EVG3F2	—	8010	2390	3090,2950	4500	13000	7250,6850,6500	229	65	69	0	0	0	0	0	59	0	4	8	0	0	0	
		LCK6809EVG3L2	—	8010	2390	3090,2950	4500	13000	7350,6950,6550	282	65	69	0	0	0	0	0	0	0	0	0	0	0	36	

续上表

企业名称 Company Name	品牌 Brand	车辆型号 Vehicle Model	底盘型号 Chassis Model	外形尺寸 Dimension (mm) 长 Length	宽 Width	高 Height	轴距 Wheel Base (mm)	总质量 Total Weight (kg)	整备质量 Vehicle Weight (kg)	续驶里程 Driving Mileage of Electric vehicle (等速法 Isokinetic Method) (km)	30 分钟最高车速 Maximum Speed of Electric Car in 30 Minutes (km/h)	最高车速 Maximum Speed (km/h)	1 月 January	2 月 February	3 月 March	4 月 April	5 月 May	6 月 June	7 月 July	8 月 August	9 月 September	10 月 October	11 月 November	12 月 December	2018 年产量合计 Total Output in 2018 (辆, vehicle)
中通客车控股股份有限公司	中通牌	LCK6809EVGK	—	8010	2390	3090,2950	4500	11200	7250,6850,6500	205	65	69	0	0	8	18	53	7	0	0	0	0	0	0	6008
		LCK6809EVGL	—	8010	2390	3090,2950	4500	11200	7550,7150	325	65	69	85	0	35	0	292	0	0	0	0	0	0	0	
		LCK6809EVGM1	—	8010	2390	3090,2950	4500	11700	7600,7200,6800	235	65	69	0	0	0	0	0	8	0	0	0	0	0	0	
		LCK6809EVGM4	—	8010	2390	3090,2950	4500	11700	7600,7200,6800	235	65	69	0	0	16	0	0	0	0	0	0	0	0	0	
		LCK6809EVGM5	—	8010	2390	3090,2950	4500	11200	7150,6850,6500	205	65	69	0	0	0	200	5	0	0	0	0	0	0	0	
		LCK6809EVGT	—	8010	2390	3090,2950	4500	11200	7400,7000	265	65	69	0	0	0	26	99	56	0	0	0	0	0	0	
		LCK6809EVGT1	—	8010	2390	3090,2950	4500	11200	7550,7150	325	65	69	0	0	0	0	55	0	0	0	0	0	0	0	
		LCK6809EVGW	—	8010	2390	3090,2950	4500	11200	7400,7000,6600	215	65	69	0	0	0	11	0	0	0	0	0	0	0	0	
		LCK6811EVGC	—	8080	2340	3150,2980,3200,3000	4500	11000	6500,6800,7000	253	65	69	0	0	0	11	11	4	0	0	0	0	0	0	
		LCK6813EVGA	—	8080	2340	3150,2980	4500	11000	6900,7100	285	65	69	0	0	0	0	31	0	0	0	0	0	0	0	
		LCK6815EVGA	—	8080	2340	2980,3130	4500	12400	6550,6750	233	65	69	0	0	0	0	0	0	0	0	3	1	0	0	
		LCK6816EVGA	—	8080	2340	2980,3130	4500	12400	6700,6900	293	65	69	0	0	0	0	0	0	0	0	49	18	98	318	
		LCK6826EVGA1	—	8190	2390	3090,2950	4250	13600	7800,7350,6950	410	65	69	0	0	0	0	0	0	0	0	0	0	10	49	
		LCK6850EVG3A2	—	8545	2480	3280,3120	4200	14800	9200,9600	460	65	69	0	0	0	0	0	0	0	0	2	0	55	0	
		LCK6850EVGA1	—	8545	2480	3280,3120	4200	14800	8900,9300	390	65	69	0	0	0	0	0	0	0	0	0	10	0	0	
广州广汽比亚迪新能源客车有限公司	广汽牌	GZ6100LGEV5	—	10490	2550	3250	5000	18000	12200	560	69	69	0	0	0	0	5	615	280	410	681	263	204	0	5049
		GZ6121LGEV1	—	12000	2550	3360	6050	18000	13180	570	69	69	3	0	0	0	0	0	0	0	0	0	0	0	
		GZ6122LGEV	—	12000	2550	3360	6050	18000	12850	560	69	69	0	0	0	0	0	70	103	269	573	150	0	0	
		GZ6850HZEV	—	8490	2420	3360,3200	4440	14000	9050	550	69	69	0	0	0	0	0	0	0	0	868	508	0	47	
湖南中车时代电动汽车股份有限公司	中国中车牌	TEG6105BEV01	—	10500	2500	3280,3150	5800	18000	10200,9900,9600	258	65	69	0	0	0	0	0	0	0	0	0	0	0	100	4999
		TEG6105BEV03	—	10500	2500	3280,3150,3380	5800	18000	10750,10450,10150	350	65	69	0	0	0	0	0	0	0	0	0	0	0	151	
		TEG6105BEV04	—	10500	2500	3280,3150	5800	18000	11000,10600,10300	390	65	69	0	0	0	0	0	0	0	0	0	0	4	0	
		TEG6105BEV05	—	10500	2500	3280,3150	5800	18000	10150,9850,9550	251	65	69	0	0	0	0	0	0	0	0	0	0	0	135	
		TEG6106BEV11	—	10490	2490	3280,3150	5600	16000	10900,10600,1030011400,11100,10800	300	65	69	50	0	0	0	50	10	0	0	0	0	0	0	
		TEG6106BEV12	—	10490	2490	3280,3150	5600	16500	11600,11300,11000	465	65	69	0	0	0	0	32	0	0	0	0	0	0	0	

续上表

企业名称 Company Name	品牌 Brand	车辆型号 Vehicle Model	底盘型号 Chassis Model	外形尺寸 Dimension (mm) 长 Length	宽 Width	高 Height	轴距 Wheel Base (mm)	总质量 Total Weight (kg)	整备质量 Vehicle Weight (kg)	续驶里程 Driving Mileage of Electric vehicle (等速法 Isokinetic Method) (km)	30分钟最高车速 Maximum Speed of Electric Car in 30 Minutes (km/h)	最高车速 Maximum Speed (km/h)	1月 January	2月 February	3月 March	4月 April	5月 May	6月 June	7月 July	8月 August	9月 September	10月 October	11月 November	12月 December	2018年产量合计 Total Output in 2018 (辆,vehicle)
湖南中车时代电动汽车股份有限公司	中国中车牌	TEG6106BEV13	—	10490	2490	3380	5600	17000	12400,12100,11800	520	65	69	0	0	0	0	29	0	0	0	0	0	0	0	4999
		TEG6106BEV15	—	10490	2490	3280,3150	5600	16000	11100,10800,10500	130	65	69	0	0	6	0	0	0	0	0	0	0	0	0	
		TEG6106BEV16	—	10490	2490	3280,3150	5600	16000	11400,11100,10800	230	65	69	0	0	20	100	18	15	0	0	0	0	0	0	
		TEG6106BEV17	—	10490	2490	3280,3150	5600	16000	11500,11200,10900	280	65	69	0	0	4	0	0	0	0	0	0	0	0	0	
		TEG6106BEV20	—	10490	2490	3280,3150	5600	16700	11600,11200	420	65	69	0	10	0	26	290	1	160	0	0	0	0	0	
		TEG6106BEV32	—	10490	2490	3280,3150	5600	16000	10800,10400,9900	275	65	69	0	0	3	0	0	0	0	0	0	10	0	0	
		TEG6106BEV33	—	10490	2490	3280,3150	5600	16500	10400,10900,11300	410	65	69	0	0	5	0	0	0	0	0	0	0	0	0	
		TEG6106BEV34	—	10490	2490	3280,3150	5600	17000	11300,11900	490	65	69	0	0	5	0	0	0	33	0	0	0	145	271	
		TEG6106BEV35	—	10490	2490	3380	5600	17500	12400,11800	519	69	69	0	0	0	0	0	0	0	0	440	22	34	0	
		TEG6106BEV36	—	10490	2490	3280,3150	5600	16500	10400,11000	257	65	69	0	0	0	0	0	56	0	30	0	0	0	0	
		TEG6106BEV37	—	10490	2490	3150,3280	5600	16500	11000,11500	380	65	69	0	0	0	0	0	100	0	0	0	0	0	158	
		TEG6106BEV38	—	10490	2490	3280,3150	5600	16500	10800,11200	380	65	69	0	0	0	0	0	15	0	0	0	0	0	0	
		TEG6106BEV41	—	10490	2490	3280,3150	5600	17900	10900,10600	300	65	69	0	0	0	0	0	0	0	0	0	0	6	155	
		TEG6106BEV44	—	10490	2490	3280,3150	5600	17800	10800,10400	330	65	69	0	0	0	0	0	0	0	0	35	65	0	38	
		TEG6106BEV45	—	10490	2490	3280,3150	5600	17800	10700,10300	260	65	69	0	0	0	0	0	0	0	0	0	0	78	102	
		TEG6106BEV46	—	10490	2490	3280,3150	5600	18000	11200,10700	350	65	69	0	0	0	0	0	0	0	0	0	0	0	118	
		TEG6106BEV48	—	10490	2490	3280,3150	5600	18000	11500,11100	495	65	69	0	0	0	0	0	0	0	0	0	0	0	100	
		TEG6110BEV01	—	10900	2540	3470,3340	5400	16900	11900,11500	280	65	69	0	0	3	0	0	0	0	0	0	0	0	0	
		TEG6110BEV03	—	10900	2540	3470,3340	5400	16900	11400,11000	240	65	69	0	0	0	0	0	0	0	0	0	0	0	3	
		TEG6110EV06	—	10900	2540	3470,3340	5400	16900	11900,11500	380	90	100	0	0	3	0	0	0	0	0	0	0	0	0	
		TEG6110EV09	—	10900	2540	3470,3340	5400	18000	12350,11950	450	90	100	0	0	0	0	0	0	0	0	0	0	0	1	
		TEG6120EV01	—	11650	2540	3470,3340	6000	18000	11800,11400	256	90	100	0	0	0	0	0	0	0	0	0	0	0	2	
		TEG6125BEV05	—	11980	2540	3200,3280	5900	18000	11300,11700	204	65	69	0	0	0	0	0	0	0	0	0	32	0	0	
		TEG6125BEV08	—	11980	2540	3200,3280	5900	18000	11300,10900	230	65	69	0	0	0	0	0	0	0	0	0	0	0	20	
		TEG6129BEV04	—	11950	2540	3365,3150	5900	17800	12000,11600	201	65	69	0	0	3	0	0	0	0	0	0	0	0	0	
		TEG6129BEV05	—	11950	2540	3280,3150	5900	17800	12900,12500	405	65	69	0	0	5	0	0	0	0	0	0	0	0	0	
		TEG6129BEV06	—	11950	2540	3365,3280	5900	17800	13050,12650	500	65	69	100	0	0	0	0	0	0	0	0	0	0	0	

续上表

企业名称 Company Name	品牌 Brand	车辆型号 Vehicle Model	底盘型号 Chassis Model	外形尺寸 Dimension (mm) 长 Length	宽 Width	高 Height	轴距 Wheel Base (mm)	总质量 Total Weight (kg)	整备质量 Vehicle Weight (kg)	续驶里程 Driving Mileage of Electric vehicle (等速法 Isokinetic Method) (km)	30分钟最高车速 Maximum Speed of Electric Car in 30 Minutes (km/h)	最高车速 Maximum Speed (km/h)	1月 January	2月 February	3月 March	4月 April	5月 May	6月 June	7月 July	8月 August	9月 September	10月 October	11月 November	12月 December	2018年产量合计 Total Output in 2018 (辆, vehicle)
湖南中车时代电动汽车股份有限公司	中国中车牌	TEG6129BEV09	—	11950	2540	3380	5900	18000	12450,12850	520	65	69	0	0	4	0	0	0	0	0	0	0	0	86	4999
		TEG6180BEV01	—	17980	2540	3300	5800+6100	28000	17500,18400	212	65	69	0	0	0	0	0	0	0	0	0	8	0	0	
		TEG6660BEV01	—	6645	2250	2850,2960	3400	8500	5500,5700	380	65	69	0	0	0	0	0	0	0	0	0	0	0	1	
		TEG6660BEV02	—	6645	2250	2850,2960	3400	8500	5200,5400	240	65	69	0	0	0	0	0	0	0	0	0	0	0	1	
		TEG6801BEV01	—	8040	2400	3000,3150	4400	11000	7200,7500	251	65	69	0	0	16	0	10	0	0	0	0	0	0	0	
		TEG6801BEV03	TEG6801BEVC03	8040	2400	3000,3150	4400	11000	7500,7900	290	65	69	0	0	0	0	25	0	0	0	0	0	0	0	
		TEG6801BEV08	—	8040	2400	3000,3150	4400	11200	6900,7300	220	65	69	0	0	5	0	0	0	0	7	0	0	0	0	
		TEG6801BEV11	—	8040	2400	3000,3150	4400	11200	7400,7700	300	65	69	0	0	0	0	0	0	0	0	22	0	20	0	
		TEG6801BEV14	—	8040	2400	3000,3150	4400	12300	7300,7600	280	65	69	0	0	0	0	0	0	0	0	0	0	0	41	
		TEG6801BEV15	—	8040	2400	3000,3150	4400	12500	7400,7700	305	65	69	0	0	0	0	0	0	0	0	0	0	107	40	
		TEG6801BEV16	—	8040	2400	3000,3150	4400	12500	7500,7200	285	65	69	0	0	0	0	0	0	0	0	0	0	0	1	
		TEG6801BEV17	—	8040	2400	3000,3150	4400	12300	7400,7100	220	65	69	0	0	0	0	0	0	0	0	5	0	0	55	
		TEG6801BEV18	—	8040	2400	3000,3150	4400	12500	7200,7500	240	65	69	0	0	0	0	0	0	0	0	0	0	0	66	
		TEG6850BEV06	—	8490	2470	3200	5300	13400	8300,8700	251	65	69	0	0	4	0	0	0	0	0	0	0	0	0	
		TEG6851BEV09	—	8540	2470	3030,3180	4500	12500	8400,8000	277	65	69	0	0	0	36	0	0	0	0	0	0	0	0	
		TEG6851BEV10	—	8540	2470	3030,3180	4500	12500	8400,8000	340	65	69	0	20	0	0	10	100	0	0	0	0	0	0	
		TEG6851BEV12	—	8540	2470	3030,3180	4500	12500	7800,8200	110	65	69	0	0	3	0	0	0	0	0	0	0	0	0	
		TEG6851BEV15	—	8540	2470	3030,3180	4500	12500	8150,8550	300	65	69	0	0	3	0	0	0	0	0	0	0	0	0	
		TEG6851BEV16	—	8540	2470	3030,3180	4500	12500	7850,8250	201	65	69	0	0	4	0	0	0	0	0	0	0	0	0	
		TEG6851BEV25	—	8540	2470	3180,3030	4500	12500	8600,8200	385	65	69	0	0	5	0	68	0	0	0	22	0	0	0	
		TEG6851BEV26	—	8540	2470	3180,3030	4500	13200	8900,8600	424	65	69	0	0	0	0	0	0	0	0	163	0	0	0	
		TEG6851BEV30	—	8540	2470	3030,3180	4500	12000	7650,8050	210	65	69	0	0	0	0	0	0	0	0	0	0	0	1	
		TEG6851BEV32	—	8540	2470	3180,3030	4500	13200	8300,8000	374	65	69	0	0	0	0	0	0	0	0	0	29	65	22	
		TEG6851BEV33	—	8540	2470	3180,3030	4500	13500	8500,8200	405	65	69	0	0	0	0	0	0	0	0	0	0	86	161	
		TEG6851BEV34	—	8540	2470	3180,3030	4500	13500	8900,8600	520	65	69	0	0	0	0	0	0	0	0	0	165	75	10	
		TEG6851BEV35	—	8540	2470	3180,3030	4500	13500	8200,7800	280	65	69	0	0	0	0	0	0	0	0	0	0	0	20	
珠海广通汽车有限公司	广通牌	GTQ6101BEVBT9	—	10200	2500	3160	6085	14000	10000,9500	130	69	69	0	0	44	0	90	0	0	0	0	0	0	0	4617
		GTQ6103BEVB1	—	10490	2520	3160	6085	14000	10000,9500	130	69	69	0	0	0	0	9	0	0	0	0	0	0	0	
		GTQ6103BEVBT3	—	10490	2520	3160	6085	14000	10000,9500	130	69	69	0	0	0	0	3	0	0	0	0	0	0	0	
		GTQ6105BEVB22	—	10480	2500	2950,3150	5350	16500	10800,11200	410	69	69	0	0	0	0	0	20	0	0	0	4	20	0	
		GTQ6105BEVBT11	—	10480	2500	3050,3150,3300	5350	16500	11300,11600	145	69	69	47	134	0	0	0	0	0	0	0	0	0	8	

续上表

企业名称 Company Name	品牌 Brand	车辆型号 Vehicle Model	底盘型号 Chassis Model	外形尺寸 Dimension (mm) 长 Length	宽 Width	高 Height	轴距 Wheel Base (mm)	总质量 Total Weight (kg)	整备质量 Vehicle Weight (kg)	续驶里程 Driving Mileage of Electric vehicle (等速法 Isokinetic Method) (km)	30分钟最高车速 Maximum Speed of Electric Car in 30 Minutes (km/h)	最高车速 Maximum Speed (km/h)	1月 January	2月 February	3月 March	4月 April	5月 May	6月 June	7月 July	8月 August	9月 September	10月 October	11月 November	12月 December	2018年产量合计 Total Output in 2018 (辆, vehicle)
珠海广通汽车有限公司	广通牌	GTQ6105BEVBT20	—	10480	2500	3150	5350	16500,17500	11360,11500,12000	169	69	69	0	0	0	0	0	0	0	0	0	0	1000	0	4617
		GTQ6111BEVBT1	—	10830	2500	3250	5400	17500	11800,12500	150	69	69	0	0	0	0	493	0	0	0	0	0	0	0	
		GTQ6111BEVBT20	—	10830	2500	3250	5400	17800	11800	150	69	69	0	0	0	0	0	0	0	0	0	0	200	0	
		GTQ6118BEVP3	—	10690	2500	3560	5540	16400	12200,11800	210	100	100	0	0	0	0	63	57	0	0	0	0	0	4	
		GTQ6119BEVH1	—	10700	2500	3210,3460	5700	16500	11200,11800	230	100	100	0	0	1	119	0	0	0	0	0	0	0	0	
		GTQ6119BEVH9	—	10700	2500	3210,3460	5700	16500	11200,11800	224	100	100	0	0	0	148	0	0	0	0	0	0	0	0	
		GTQ6119BEVPT9	—	10700	2500	3210,3460	5700	16500	12500	201	100	100	1	0	0	0	0	0	0	0	0	0	0	0	
		GTQ6121BEVB20	—	12000	2540	2950,3050,3150	6100	18000	12600,12300,11800	480	69	69	0	0	0	0	0	0	0	82	10	0	0	1	
		GTQ6121BEVBT21	—	12000	2540	3040	6100	18000	12500,12800	160	69	69	0	0	0	0	0	0	0	0	0	0	0	400	
		GTQ6121BEVBT3	—	12000	2540	3040,2840	6100	18000	13000,13600	160,150,150,150	69	69	117	131	0	0	0	30	0	0	0	0	0	0	
		GTQ6123BEVB1	—	12000	2550	3450	6100	18000	12700	210	69	69	0	0	0	0	5	0	0	0	0	0	0	0	
		GTQ6123BEVBT11	—	12000	2550	3450	6100	18000	13000	135	69	69	0	0	0	0	10	0	0	0	0	0	0	0	
		GTQ6126BEVB20	—	12000	2550	3350	5980	18000	12100,12500	450	69	69	0	0	0	0	0	0	285	0	0	0	0	2	
		GTQ6126BEVBT20	—	12000	2550	3350	5980	18000	11800,12200,12500	130	69	69	0	0	0	0	0	0	0	0	0	12	0	260	
		GTQ6126BEVBT3	—	12000	2550	3350	5900	17900	11400,11800,12200	130	69	69	0	0	0	0	236	0	0	0	0	0	0	0	
		GTQ6129BEVB20	—	12000	2550	3330,3460	6250	18000	12100,12450	400	69	69	0	0	0	0	0	0	0	0	0	0	0	38	
		GTQ6131BEVST8	—	12800	2550	3995	5550+1450	25500	19000	165	69	69	0	0	0	0	0	0	0	0	0	0	0	100	
		GTQ6146BEVBT8	—	13670	2550	3350	6100+1470	24000	16100	151	69	69	0	0	0	0	21	0	0	0	0	0	1	0	
		GTQ6186BEVBT20	—	18000	2550	3350	5900+6000	28000	20300	158	69	69	0	0	0	0	0	0	0	8	0	0	0	0	
		GTQ6601BEV3	—	6005	2040	2645,2745	3720	4860	3325	380	100	100	0	0	0	0	0	1	0	0	0	20	0	0	
		GTQ6801BEVBT9	—	8045	2500	3160	4180	12500	8600,8200	110	69	69	0	0	0	0	45	0	0	0	0	0	0	0	
		GTQ6853BEVB20	—	8500	2500	3450	3900	13500	8500,8800	310	69	69	0	0	0	0	0	0	0	0	0	60	0	0	
		GTQ6853BEVBT20	—	8500	2500	3450	3900	13500	8900,9200	120	69	69	0	0	0	0	0	0	0	0	100	0	0	0	
		GTQ6853BEVBT3	—	8500	2500	3450	3900	13500	9200,9600	151	69	69	0	0	0	0	0	0	0	0	0	0	0	5	
		GTQ6858BEVB21	—	8490	2480	2950,3065	4300	13500	8500,8800	310	69	69	0	0	0	0	0	0	0	0	0	0	0	13	
		GTQ6858BEVBT11	—	8490	2480	3050	4300	13500	9100	115	69	69	0	0	0	0	138	0	0	0	0	21	0	0	
南京金龙客车制造有限公司	开沃牌	NJL6100BEV35	—	10490	2550	3050,3200	6100	16500	10100,10400	250	69	69	1	0	0	0	0	0	0	0	0	0	0	0	4238
		NJL6100BEV36	—	10490	2550	3050,3200	6100	16500	10640,10940	300	69	69	0	0	0	0	8	0	0	0	0	0	0	0	

续上表

企业名称 Company Name	品牌 Brand	车辆型号 Vehicle Model	底盘型号 Chassis Model	外形尺寸 Dimension (mm) 长 Length	宽 Width	高 Height	轴距 Wheel Base (mm)	总质量 Total Weight (kg)	整备质量 Vehicle Weight (kg)	续驶里程 Driving Mileage of Electric vehicle (等速法 Isokinetic Method) (km)	30分钟最高车速 Maximum Speed of Electric Car in 30 Minutes (km/h)	最高车速 Maximum Speed (km/h)	1月 January	2月 February	3月 March	4月 April	5月 May	6月 June	7月 July	8月 August	9月 September	10月 October	11月 November	12月 December	2018年产量合计 Total Output in 2018 (辆, vehicle)
南京金龙客车制造有限公司	开沃牌	NJL6100BEV37	—	10490	2550	3050,3200	6100	16500	10900,11200	420	69	69	0	0	0	0	352	54	0	0	0	0	0	0	4238
		NJL6100BEV42	—	10490	2550	3050,3200	6100	16500	10160,10460	250	69	69	1	0	0	0	0	0	0	0	0	0	0	0	
		NJL6100BEV47	—	10490	2550	3050,3200	6100	16500	11080,11380	450	69	69	1	0	0	0	0	0	0	0	0	0	0	0	
		NJL6100BEV49	—	10490	2550	3200	6100	16500	12120	480	69	69	1	0	0	0	0	0	0	0	0	0	0	0	
		NJL6100BEV50	—	10490	2550	3200	6100	16500	10940	300	69	69	1	0	0	0	0	0	0	0	0	0	0	0	
		NJL6100BEV51	—	10490	2550	3200	6100	16500	11380	400	69	69	1	0	0	0	0	0	0	0	0	0	0	0	
		NJL6100BEV54	—	10490	2550	3200	6100	17200	12160	425	69	69	1	0	0	0	0	0	0	0	0	0	0	0	
		NJL6100BEV55	—	10490	2550	3050,3200	6100	18000	11400,12000,12650	560	69	69	1	0	0	0	0	0	0	0	0	131	0	8	
		NJL6100EV1	—	10490	2550	3050,3200	6100	16500	10500,10900	282	69	69	0	0	0	0	0	0	0	0	0	0	0	1	
		NJL6100EV2	—	10490	2550	3050,3200	6100	18000	10940,11240	420	69	69	0	0	0	0	0	0	0	0	0	0	0	5	
		NJL6100EV3	—	10490	2550	3050,3200	6100	16500	10350,10600	250	69	69	0	0	0	0	0	0	0	0	0	0	0	1	
		NJL6100EV5	—	10490	2550	3050,3200	6100	16500	10350,10600	220	69	69	0	0	0	0	0	0	0	0	0	0	0	1	
		NJL6100EV6	—	10490	2550	3050,3200	6100	18000	11450,11700,12200	520	69	69	0	0	0	0	0	0	0	0	419	0	0	0	
		NJL6100EV7	—	10490	2550	3050,3200	6100	16500	10750,11000	330	69	69	0	0	0	0	0	0	0	0	0	0	0	1	
		NJL6100EV8	—	10490	2550	3050,3200	6100	18000	12200	140	69	69	0	0	0	0	0	0	0	0	0	1	0	0	
		NJL6100EVG	—	10490	2550	3050,3200	6100	18000	10400,10700,11100	398	69	69	0	0	0	0	0	0	0	0	0	0	20	0	
		NJL6100EVG2	—	10490	2550	3050,3200	6100	18000	10940,11240	460	69	69	0	0	0	0	0	0	0	0	0	0	2	7	
		NJL6100GSBEV	—	10200	2540	4170	6100	18000	13500	300	69	69	1	0	0	0	0	0	0	0	0	0	0	0	
		NJL6100GSEV1	—	10200	2540	4170	6100	18000	13000	550	69	69	0	0	0	0	0	0	10	0	0	0	0	0	
		NJL6101BEV	—	10095	2460	3120	5950	14000	9460	260	69	69	1	0	0	0	0	0	0	0	0	0	0	0	
		NJL6101EV	—	10095	2440	3035,3120	5950	14000	9150,9350	350	69	69	0	0	0	0	0	0	0	0	0	0	16	20	
		NJL6107BEV12	—	10420	2480	3580	5100	16400	11300	280	90	90	1	0	0	0	3	0	0	0	0	0	0	0	
		NJL6117BEV25	—	10995	2480	3540	5600	17500	12240	280	90	90	0	2	0	0	0	0	0	0	0	0	0	0	
		NJL6117BEV26	—	10995	2480	3540	5600	17500	12500	280	90	90	0	0	0	0	0	1	0	0	0	0	0	0	
		NJL6117BEV28	—	10995	2480	3540	5600	17500	12660	380	90	90	1	0	0	0	0	0	0	0	0	0	0	0	
		NJL6117BEV33	—	10995	2480	3540	5600	17500	12440	280	90	90	1	0	0	0	0	0	0	0	0	0	0	0	
		NJL6117BEV35	—	10995	2480	3450,3540	5600	17500	12650,13000	350	90	90	1	0	0	0	0	0	0	0	0	0	0	0	
		NJL6117BEV36	—	10995	2480	3450,3540	5600	17500	11800,12150	350	90	90	0	0	0	0	0	1	0	0	0	0	0	0	
		NJL6117BEVG	—	10995	2480	3540	5600	17500	13000	350	69	69	1	0	0	0	0	0	0	0	0	0	0	0	

续上表

企业名称 Company Name	品牌 Brand	车辆型号 Vehicle Model	底盘型号 Chassis Model	外形尺寸 Dimension (mm) 长 Length	宽 Width	高 Height	轴距 Wheel Base (mm)	总质量 Total Weight (kg)	整备质量 Vehicle Weight (kg)	续驶里程 Driving Mileage of Electric vehicle (等速法 Isokinetic Method) (km)	30分钟最高车速 Maximum Speed of Electric Car in 30 Minutes (km/h)	最高车速 Maximum Speed (km/h)	1月 January	2月 February	3月 March	4月 April	5月 May	6月 June	7月 July	8月 August	9月 September	10月 October	11月 November	12月 December	2018年产量合计 Total Output in 2018 (辆,vehicle)
南京金龙客车制造有限公司	开沃牌	NJL6117EV1	—	10995	2480	3450,3540	5600	17500	11300,11800	300	90	90	0	0	0	0	0	0	0	0	0	0	0	2	4238
		NJL6117EV2	—	10995	2480	3450,3540	5600	17500	11470,11970	300	90	90	0	0	0	0	0	0	0	0	10	0	20	100	
		NJL6117EV4	—	10995	2480	3450,3540	5600	17500	12120,12620	500	90	90	0	0	0	0	0	0	0	0	0	0	0	1	
		NJL6117EV5	—	10995	2480	3450,3540	5600	17500	11960,12460	516	90	90	0	0	0	0	0	0	0	0	0	0	0	146	
		NJL6129BEV30	—	11990	2550	3200	6100	17920	11580	300	69	69	1	0	0	0	0	0	0	0	0	0	0	0	
		NJL6129BEV32	—	11990	2550	3200	6100	17920	12120	450	69	69	1	0	0	0	0	0	0	0	0	0	0	0	
		NJL6129BEV34	—	11990	2550	3200	6100	17920	12400	450	69	69	1	0	0	0	0	0	0	0	0	0	0	0	
		NJL6129BEV35	—	11990	2550	3200	6100	17920	11600	300	69	69	1	0	0	0	0	0	0	0	0	0	0	0	
		NJL6129BEV39	—	11990	2550	3200	6100	17920	12840	500	69	69	1	0	0	0	0	0	0	0	0	0	0	0	
		NJL6129BEV55	—	11990	2550	3050,3200	6100	18000	12400,12800	550	69	69	0	0	0	0	300	0	0	0	0	0	0	0	
		NJL6129EV1	—	11990	2550	3050,3200	6100	18000	11700,12100,12600	400	69	69	0	0	0	0	500	0	0	0	0	0	0	0	
		NJL6129EV2	—	11990	2550	3050,3200	6100	18000	12100,12450	390	69	69	0	0	0	0	0	0	0	0	0	0	0	1	
		NJL6129EV3	—	11990	2550	3050,3200,3330	6100	18000	11550,11850	250	69	69	0	0	0	0	0	0	0	0	0	0	0	1	
		NJL6129EV4	—	11990	2550	3050,3200	6100	18000	12100,12400,12850	520	69	69	0	0	0	0	0	0	0	0	37	37	0	0	
		NJL6180BEV	—	18000	2550	2914,3130	5835+6165	27900	18200	300	69	69	1	0	0	0	0	0	0	0	0	0	0	0	
		NJL6520BEV	NJL6520BEV	5200	1700	2240,1980	2890	3490	2000	308	100	100	0	0	0	0	0	0	0	0	0	0	3	627	
		NJL6600EV1	—	6005	2130	2850,2980	3000	7960	4500,4740	267	69	69	0	0	0	0	0	0	0	0	0	0	0	4	
		NJL6600EV51	—	5995	2130	2850,2980	3000	7960	4500,4740	267	69	69	0	0	0	0	0	0	0	0	0	0	3	35	
		NJL6680BEV25	—	6800	2270	2821,2952	3700	9200	6060,6260	220	69	69	1	0	0	0	0	0	0	0	0	0	0	0	
		NJL6680BEV27	—	6800	2270	2821,2952	3700	9500	6150,6330	250	69	69	1	0	0	0	0	0	0	0	0	0	0	0	
		NJL6680BEV28	—	6800	2270	2821,2952	3700	9500	5935,6235,6535	420	69	69	1	0	0	0	0	0	0	0	0	0	0	0	
		NJL6680BEV8	—	6800	2270	2821,2952	3400	7500	5540,5740	250	69	69	1	0	0	0	0	0	0	0	0	0	0	0	
		NJL6680EV1	—	6800	2270	2821,2952	3700	9500	6060,6260	200	69	69	0	0	0	0	0	0	0	0	0	0	0	1	
		NJL6680EV2	—	6800	2270	2680,2910	4200	9500	6100,6300	202	69	69	0	0	0	0	0	0	0	0	0	0	0	50	
		NJL6706EV2	—	7000	2050	2640,2740,2860	3935	8000	4800,5000	220	100	100	0	0	0	0	0	0	0	0	0	0	0	1	
		NJL6769BEV1	—	7590	2370	2990,3050	3850	11200	8000,8200	260	69	69	1	0	0	0	0	0	0	0	0	0	0	0	
		NJL6802BEV	—	8040	2450	3150,3300	4450	11500	8200,8500,8800	285	90	90	1	0	0	0	0	0	0	0	0	0	0	0	
		NJL6802BEVG	—	8040	2450	3150,3300	4450	13000	8200,8500	285	90	90	0	0	0	0	0	0	0	2	0	0	0	1	

续上表

企业名称 Company Name	品牌 Brand	车辆型号 Vehicle Model	底盘型号 Chassis Model	外形尺寸 Dimension (mm) 长 Length	宽 Width	高 Height	轴距 Wheel Base (mm)	总质量 Total Weight (kg)	整备质量 Vehicle Weight (kg)	续驶里程 Driving Mileage of Electric vehicle (等速法 Isokinetic Method) (km)	30分钟最高车速 Maximum Speed of Electric Car in 30 Minutes (km/h)	最高车速 Maximum Speed (km/h)	1月 January	2月 February	3月 March	4月 April	5月 May	6月 June	7月 July	8月 August	9月 September	10月 October	11月 November	12月 December	2018年产量合计 Total Output in 2018 (辆,vehicle)
南京金龙客车制造有限公司	开沃牌	NJL6802EV1	—	8040	2450	3150,3300	4450	13000	8300,8700	323	90	90	0	0	0	0	0	0	0	0	0	0	0	1	4238
		NJL6802EV2	—	8040	2450	3150,3300	4450	13000	7900,8200	211	90	90	0	0	0	0	0	0	0	1	0	0	0	0	
		NJL6806BEV12	—	8010	2160	2860	4500	9000	5940	250	80	80	0	0	0	0	0	1	0	0	0	0	0	0	
		NJL6806BEV16	—	8010	2160	2860	4500	9000	5900	250	100	100	1	0	0	0	0	0	0	0	0	0	0	0	
		NJL6806BEV18	—	8010	2160	2860	4500	9000	5900	250	100	100	0	0	0	0	1	0	0	0	0	0	0	0	
		NJL6806BEVG10	—	8010	2160	2860	4500	9000	5820	250	69	69	1	0	0	0	0	0	0	0	0	0	0	0	
		NJL6806BEVG12	—	8010	2160	2860	4500	9000	5940	250	69	69	0	0	0	0	0	3	0	0	0	0	0	0	
		NJL6806BEVG20	—	8010	2160	2860	4500	9000	5820	250	69	69	1	0	0	0	0	0	0	0	0	0	0	0	
		NJL6806EV1	—	8010	2160	2720,2860	4500	9000	5700,5900	315	100	100	0	0	0	0	0	0	0	0	0	2	1	4	
		NJL6809BEV10	—	8005	2340	2800,3060	4550	10700	7150,7350	250	69	69	1	0	0	0	0	0	0	0	0	0	0	0	
		NJL6809BEV13	—	8005	2340	2800,3060	4550	10700	7100,7300	250	69	69	0	0	0	0	6	0	0	0	0	0	0	0	
		NJL6809BEV14	—	8005	2340	2800,3060	4550	10700	7100,7300	250	69	69	1	0	0	0	0	0	0	0	0	0	0	0	
		NJL6809BEV6	—	8005	2340	2800,3060	4550	10700	7530,7730	300	69	69	0	0	16	0	4	20	0	0	0	0	0	0	
		NJL6809EV1	—	8030	2370	2800,3060	4550	10700	7100,7300	265	69	69	0	0	0	0	0	0	0	30	0	0	0	0	
		NJL6809EV2	—	8030	2370	2800,3060	4550	10700	7150,7350	269	69	69	0	0	0	0	0	1	0	44	16	0	12	61	
		NJL6809EV3	—	8030	2370	2800,3060	4550	10700	7200,7400	340	69	69	0	0	0	0	0	0	0	0	0	0	0	1	
		NJL6809EV6	—	8030	2370	2800,3060	4550	10700	7100,7300	290	69	69	0	0	0	0	0	0	0	0	0	0	2	1	
		NJL6809EVG	—	8030	2370	2800,3060	4550	13000	6950,7250,7500	230	69	69	0	0	0	0	0	0	0	0	0	0	28	75	
		NJL6809EVG1	—	8030	2370	2800,3060	4550	13000	6950,7250,7500	283	69	69	0	0	0	0	0	0	0	0	0	0	29	78	
		NJL6859BEV40	—	8490	2460	3035,3120	4465	12200	8280,8480	250	69	69	0	0	0	0	0	0	12	0	0	0	0	0	
		NJL6859BEV42	—	8490	2460	3035,3120	4465	12200	8300,8500	260	69	69	1	0	0	0	0	0	0	0	0	0	0	0	
		NJL6859BEV44	—	8490	2460	3035,3120	4465	12200	8880,9080	350	69	69	1	0	0	0	0	0	0	0	0	0	0	0	
		NJL6859BEV46	—	8490	2460	3035,3120	4465	12200	9000,9200	350	69	69	1	0	0	0	0	66	0	0	0	0	0	10	
		NJL6859BEV47	—	8490	2460	3035,3120	4465	12200	8400,8600	350	69	69	1	0	0	80	20	0	0	0	0	0	0	0	
		NJL6859BEV49	—	8490	2460	3035,3120	4465	13200	8900,9100	520	69	69	1	0	0	476	0	0	0	0	0	0	0	24	
		NJL6859EV1	—	8545	2440	3035,3150	4465	13200	8500,8700	350	69	69	0	0	0	0	0	0	0	16	0	0	0	0	
		NJL6859EV2	—	8545	2440	3035,3150	4465	13200	8200,8400	250	69	69	0	0	0	0	0	0	0	0	3	0	0	0	
		NJL6859EV3	—	8545	2440	3035,3150	4465	13200	8600,8800	320	69	69	0	0	0	0	0	0	0	0	0	0	20	0	
		NJL6859EV7	—	8545	2440	3035,3150	4465	13200	8900,9100,9400	550	69	69	0	0	0	0	0	0	0	0	90	0	0	0	
厦门金龙联合汽车工业有限公司	金龙牌	XMQ6106AGBEVL16	—	10500	2500	3070,3120,3230,3270	5700	18000	10800,11400,12000	460	69	69	0	0	0	0	0	0	0	17	18	0	10	50	3742

续上表

企业名称 Company Name	品牌 Brand	车辆型号 Vehicle Model	底盘型号 Chassis Model	外形尺寸 Dimension (mm) 长 Length	宽 Width	高 Height	轴距 Wheel Base (mm)	总质量 Total Weight (kg)	整备质量 Vehicle Weight (kg)	续驶里程 Driving Mileage of Electric vehicle (等速法 Isokinetic Method) (km)	30分钟最高车速 Maximum Speed of Electric Car in 30 Minutes (km/h)	最高车速 Maximum Speed (km/h)	1月 January	2月 February	3月 March	4月 April	5月 May	6月 June	7月 July	8月 August	9月 September	10月 October	11月 November	12月 December	2018年产量合计 Total Output in 2018 (辆, vehicle)
厦门金龙联合汽车工业有限公司	金龙牌	XMQ6106AGBEVL17	—	10500	2500	3070, 3120, 3230, 3270	5700	17500	10400, 11000, 11600	340	69	69	0	0	0	0	0	2	0	15	0	0	0	0	3742
		XMQ6106AGBEVL18	—	10500	2550	3600	5100	17500	10600, 11200, 11800	230	69	69	0	0	0	0	7	0	0	0	0	0	0	0	
		XMQ6106AGBEVL19	—	10500	2500	3070, 3120, 3230, 3270	5700	17500	10200, 10800, 11400	260	69	69	0	0	0	0	15	0	0	0	0	30	6	0	
		XMQ6106AGBEVL22	—	10500	2500	3070, 3120, 3230, 3270	5700	18000	10000, 10600, 11200	270	69	69	0	0	0	0	0	0	10	50	0	0	0	0	
		XMQ6106AGBEVL24	—	10500	2500	3070, 3120, 3230, 3270	5700	18000	10200, 10800, 11400	375	69	69	0	0	0	0	0	0	0	0	32	0	19	10	
		XMQ6106AGBEVL25	—	10500	2500	3070, 3120, 3230, 3270	5700	18000	10600, 11200, 11800	486	69	69	0	0	0	0	0	0	0	42	60	25	145	139	
		XMQ6106AGBEVL26	—	10500	2500	3070, 3120, 3230, 3270	5700	18000	10600, 11200, 11800	486	69	69	0	0	0	0	0	0	0	0	0	0	0	23	
		XMQ6106AGBEVL4	—	10500	2500	3070, 3120, 3230, 3270	5700	17500	10300, 10800, 11300	260	69	69	0	0	6	0	0	0	0	0	0	0	0	0	
		XMQ6106AGBEVL6	—	10500	2500	3070, 3120, 3230, 3270	5100, 5700	17500	11000, 11500, 12100	400	69	69	101	0	20	127	103	0	0	0	0	0	0	0	
		XMQ6106AGBEVL8	—	10500	2500	3070, 3120, 3230, 3270	5700	17500	10800, 11150, 11650	300	69	69	0	0	156	35	18	0	0	0	0	0	0	0	
		XMQ6106AGBEVM1	—	10500	2500	3400, 3450	5700	17500	10300, 10800, 11300	300	69	69	0	0	0	0	51	0	0	0	0	0	0	0	
		XMQ6106AGBEVM2	—	10500	2500	3400, 3450	5700	18000	10000, 10600, 11200	270	69	69	0	0	0	0	0	0	0	0	0	0	0	50	
		XMQ6106AGBEVM3	—	10500	2500	3400, 3450	5700	18000	10000, 10600, 11200	270	69	69	0	0	0	0	0	0	0	0	0	20	39	66	
		XMQ6110BCBEVL10	—	10700	2500	3300, 3380	5350	16400	10700	300	100	100	0	0	4	0	1	0	0	0	0	0	0	0	
		XMQ6110BCBEVL11	—	10700	2500	3300, 3380	5350	16400	11100	365	100	100	0	0	0	5	3	1	0	0	0	0	4	0	
		XMQ6110BCBEVL14	—	10700	2500	3200, 3300, 3380	5350	17000	10700	290	100	100	0	0	0	0	0	0	0	6	2	3	7	7	
		XMQ6110BCBEVL8	—	10700	2500	3300, 3380	5350	16400	10600	300	100	100	0	0	0	0	4	0	0	0	0	0	0	0	
		XMQ6110BGBEVL5	—	10700	2500	3300, 3380	5350	16400	11100	365	69	69	0	0	0	0	0	0	1	0	0	0	0	0	
		XMQ6110BGBEVL7	—	10700	2500	3200, 3300, 3380	5350	16400	10700	255	69	69	0	0	0	0	0	4	0	0	0	0	0	0	
		XMQ6110BGBEVL8	—	10700	2500	3200, 3300, 3380	5350	17000	10700	290	69	69	0	0	0	0	0	0	2	0	0	0	26	5	

续上表

企业名称 Company Name	品牌 Brand	车辆型号 Vehicle Model	底盘型号 Chassis Model	外形尺寸 Dimension (mm) 长 Length	宽 Width	高 Height	轴距 Wheel Base (mm)	总质量 Total Weight (kg)	整备质量 Vehicle Weight (kg)	续驶里程 Driving Mileage of Electric vehicle (等速法 Isokinetic Method) (km)	30分钟最高车速 Maximum Speed of Electric Car in 30 Minutes (km/h)	最高车速 Maximum Speed (km/h)	1月 January	2月 February	3月 March	4月 April	5月 May	6月 June	7月 July	8月 August	9月 September	10月 October	11月 November	12月 December	2018年产量合计 Total Output in 2018 (辆, vehicle)
厦门金龙联合汽车工业有限公司	金龙牌	XMQ6127AGBEVL3	—	11980	2550	3070,3120,3230,3270	6100	18000	11800,12300,12800	450	69	69	0	0	218	0	10	0	0	0	0	0	0	0	3742
		XMQ6127AGBEVL4	—	11980	2550	3070,3120,3230,3270	6100	18000	11800,12300,12500	335	69	69	0	0	0	0	19	0	0	0	0	0	0	0	
		XMQ6127AGBEVL7	—	11980	2550	3070,3120,3230,3270,3400,3450	6100	18000	12400,13100	610	69	69	0	0	0	0	0	0	0	0	0	0	38	51	
		XMQ6127AGBEVM1	—	11980	2550	3400,3450	6100	18000	11600,12200,12800	255	69	69	0	0	0	0	0	0	0	0	0	0	0	70	
		XMQ6127BYBEVL	—	12000	2550	3550,3730	6050	18000	13100	330	100	100	0	0	5	0	0	0	0	0	0	0	0	0	
		XMQ6650AGBEVL1	—	6520	2100	2740,2780,2855,2895	3320	8000	4850,5100,5350	220	69	69	0	0	0	0	0	8	10	0	0	0	0	0	
		XMQ6650AGBEVL2	—	6520	2100	2740,2780,2855,2895	3320	9000	5000,5200,5450	425	69	69	0	0	0	0	0	0	0	0	15	0	18	50	
		XMQ6802AGBEVL11	—	8005	2350	2930,2985,3030,3090	3850	11500	7350,7650,7950	335	69	69	0	0	0	0	20	0	12	0	0	0	0	0	
		XMQ6802AGBEVL12	—	8005	2350	2930,2985,3030,3090	3850	13000	7150,7450,7750	250	69	69	0	0	0	0	0	0	0	50	0	0	9	3	
		XMQ6802AGBEVL14	—	8005	2350	2930,2985,3030,3090	3850	13000	7500,7800,8100	340	69	69	0	0	0	0	0	0	22	1	14	69	45	0	
		XMQ6802AGBEVL2	—	8005	2350	2930,2985,3030,3090	3850	11500	7500,7900,8300	300	69	69	18	0	0	0	64	0	0	0	0	0	0	0	
		XMQ6802AGBEVL4	—	8005	2350	2930,2985,3030,3090	3850	11500	7500,7850,8250	280	69	69	0	0	6	0	96	0	0	0	0	0	0	0	
		XMQ6802AGBEVL5	—	8005	2350	2930,2985,3030,3090	3850	11500	7500,7900,8300	350	69	69	0	0	4	0	81	0	0	0	0	0	0	0	
		XMQ6802AGBEVL9	—	8005	2350	2930,2985,3030,3090	3850	11500	7000,7400,7800	280	69	69	0	0	0	0	22	0	0	0	0	0	0	0	
		XMQ6806BGBEVL	—	8080	2280	2870,2990	4200	9500	5800,6100	300	69	69	0	0	0	50	70	0	0	0	0	0	0	0	
		XMQ6806BGBEVL2	—	8080	2280	2870,2990	4200	9500	5950,6250	270	69	69	0	0	0	0	0	0	0	0	5	4	0	26	
		XMQ6806BYBEVL	—	8080	2280	2870,2990	4200	9500	5800,6100	300	100	100	0	0	0	1	0	0	0	0	0	0	0	0	
		XMQ6806BYBEVL2	—	8080	2280	2870,2990	4200	9500	5800,6090	270	100	100	0	0	0	0	0	0	0	0	0	0	1	0	
		XMQ6821CGBEVL3	—	8210	2500	3340,3410	3850	14000	8500,9000	328	69	69	0	0	0	0	0	0	0	0	2	0	22	25	
		XMQ6821CYBEVL3	—	8210	2500	3340,3410	3850	14000	8500,9000	328	100	100	0	0	0	0	0	0	0	0	0	0	10	56	
		XMQ6821CYBEVL4	—	8210	2500	3340,3410	3850	14000	8500,9000	365	100	100	0	0	0	0	0	0	0	0	0	0	0	11	

续上表

企业名称 Company Name	品牌 Brand	车辆型号 Vehicle Model	底盘型号 Chassis Model	外形尺寸 Dimension (mm) 长 Length	宽 Width	高 Height	轴距 Wheel Base (mm)	总质量 Total Weight (kg)	整备质量 Vehicle Weight (kg)	续驶里程 Driving Mileage of Electric vehicle (等速法 Isokinetic Method) (km)	30分钟最高车速 Maximum Speed of Electric Car in 30 Minutes (km/h)	最高车速 Maximum Speed (km/h)	1月 January	2月 February	3月 March	4月 April	5月 May	6月 June	7月 July	8月 August	9月 September	10月 October	11月 November	12月 December	2018年产量合计 Total Output in 2018 (辆, vehicle)
厦门金龙联合汽车工业有限公司	金龙牌	XMQ6850AGBEVL14	—	8545	2450	3030,3090,3130,3190	4250	13000	8300,8700,9100	510	69	69	0	0	0	0	0	0	0	85	26	2	25	10	3742
		XMQ6850AGBEVL15	—	8545	2450	3030,3090,3130,3190	4250	14000	8100,8500,8900	335	69	69	0	0	0	0	0	0	0	2	0	15	0	0	
		XMQ6850AGBEVL16	—	8545	2450	3030,3090,3130,3190	4250	14000	8300,8700,9100	410	69	69	0	0	0	0	0	0	0	0	0	20	84	0	
		XMQ6850AGBEVL4	—	8545	2450	3030,3090,3130,3190	4250	13000	8400,8800,9300	300	69	69	0	0	165	10	0	0	0	0	0	0	0	0	
		XMQ6850AGBEVL7	—	8545	2450	3030,3090,3130,3190	4250	13000	8750,9250,9750	490	69	69	0	0	0	0	18	0	0	0	0	0	0	0	
		XMQ6850AGBEVL8	—	8545	2450	3030,3090,3130,3190	4250	13000	9200	440	69	69	0	189	0	0	56	0	0	0	0	0	0	0	
		XMQ6850BGBEVM1	—	8545	2450	3275,3340	4700	13000	8900,9400,9800	260	69	69	0	0	0	0	24	0	0	0	0	0	0	0	
		XMQ6850BGBEVM2	—	8545	2450	3275,3340	4700	14000	8400,8800,9200	251	69	69	0	0	0	0	0	0	0	0	0	0	0	44	
		XMQ6850BGBEVM3	—	8545	2450	3275,3340	4700	14000	8400,8800,9200	252	69	69	0	0	0	0	0	0	0	0	0	0	0	34	
厦门金龙旅行车有限公司	金旅牌	XML6102JEVW0	—	10490	2500,2550	3400,3600	5200	17500	12000,11600,11200	201	100	100	0	0	0	0	1	0	0	0	0	0	0	0	3575
		XML6102JEVW01	—	10490	2550	3430,3600	5200	17500	12000,11600	237	100	100	0	0	0	0	60	0	0	0	0	0	0	0	
		XML6102JEVW02	—	10490	2550	3430,3600	5200	17100	11700	256	100	100	0	0	0	0	42	0	0	0	20	8	6	35	
		XML6102JEVW0C	—	10490	2550	3430,3600	5200	17500	11200,11600,12000	201	69	69	0	0	0	0	32	0	0	0	0	0	0	0	
		XML6102JEVY0	—	10490	2550	3430	5200	17000	11400	211	100	100	0	0	0	0	43	1	0	0	45	0	9	1	
		XML6102JEVY0C	—	10490	2550	3430	5200	17000	11200,11600	234	69	69	0	0	0	0	0	0	0	0	0	4	9	25	
		XML6105JEVA0C1	—	10480	2550	3300,3150	5000	17500	11800,12200	264	69	69	0	0	0	10	0	0	0	0	0	0	0	0	
		XML6105JEVD0C1	—	10480	2550	3300,3150,3520	5000	17500	11600,12090	265	69	69	0	0	30	391	90	0	0	0	0	0	0	0	
		XML6105JEVJ0C1	—	10480	2550	3300,3150	5000	17400	11650	221	69	69	0	0	0	0	0	0	0	0	0	0	0	33	
		XML6105JEVJ0C3	—	10480	2550	3300,3150	5000	18000	10800	300	69	69	0	0	0	0	0	0	0	0	0	0	0	132	
		XML6105JEVJ0C5	—	10480	2550	3300,3150	5000	18000	11300	560	69	69	0	0	0	0	0	0	0	0	0	0	0	51	
		XML6105JEVN0C	—	10480	2550	3300,3150	5000	17500	11600,12090	265	69	69	0	0	0	0	30	0	0	0	0	0	0	0	
		XML6105JEVW0C1	—	10480	2550	3300,3150,3450	5000	18000	12200,12600	398	69	69	100	256	0	158	0	0	0	0	0	0	0	0	
		XML6105JEVW0C8	—	10480	2550	3300,3150	5000	18000	11900,11450	306	69	69	0	0	0	0	0	0	0	0	0	0	30	10	
		XML6105JEVY0C	—	10480	2550	3300,3150	5000	17400	10900,11400	235	69	69	0	0	0	0	0	0	0	13	0	20	0	0	

续上表

企业名称 Company Name	品牌 Brand	车辆型号 Vehicle Model	底盘型号 Chassis Model	外形尺寸 Dimension (mm) 长 Length	宽 Width	高 Height	轴距 Wheel Base (mm)	总质量 Total Weight (kg)	整备质量 Vehicle Weight (kg)	续驶里程 Driving Mileage of Electric vehicle (等速法 Isokinetic Method) (km)	30分钟最高车速 Maximum Speed of Electric Car in 30 Minutes (km/h)	最高车速 Maximum Speed (km/h)	1月 January	2月 February	3月 March	4月 April	5月 May	6月 June	7月 July	8月 August	9月 September	10月 October	11月 November	12月 December	2018年产量合计 Total Output in 2018 (辆,vehicle)
		XML6105JEVY0C2	—	10480	2550	3300,3150	5000	17400	11250,11650	206	69	69	0	0	0	0	0	0	0	0	0	0	0	8	
		XML6125JEVY0C1	—	12000	2550	3300,3150	5980	18000	11800,12200	220	69	69	0	0	0	0	0	0	0	0	0	0	20	0	
		XML6125JEVY0C2	—	12000	2550	3300,3150,3500	5980	18000	12300,12700,12500,12900	396(配置1),475(配置2)	69	69	0	0	0	0	0	0	0	0	0	0	46	0	
		XML6532JEVD0	—	5330	1700	1980,2066,2240	2890	3260	2140	246	100	100	1	0	0	0	0	0	0	0	0	0	0	0	
		XML6606JEV10C	—	6045	2020	2560,2640,2695	3820	5140	2800,2950,3100	201	69	69	0	0	0	0	0	0	0	0	14	0	1	0	
		XML6606JEV20C	—	6045	2020	2560,2640,2695	3820	5440	3100,3300	275	69	69	0	0	0	0	0	0	0	0	0	0	0	5	
		XML6606JEV60C	—	6045	2020	2560,2640,2695	3820	5440	3250,3450	287	50	50	0	0	0	0	0	0	0	0	0	0	14	39	
		XML6606JEVA0C	—	5995	2020	2560,2640,2695	3790	5440	3250,3450	287	50	50	0	0	0	0	0	0	0	0	0	0	0	38	
		XML6700JEVD0C	—	7045	2050	2640,2770,2890	3935	8100	5250	239	69	69	0	0	0	8	0	0	0	0	0	0	0	0	
		XML6700JEVW0	—	7045	2050	2640,2770,2715,2890	3935	8100	4800	213	100	100	0	0	0	0	0	0	0	0	0	0	7	2	
厦门金龙旅行车有限公司	金旅牌	XML6700JEVW0C	—	7045	2050	2640,2770,2890	3935	8100	4900	227	69	69	0	0	0	0	0	0	0	0	0	21	1	0	3575
		XML6805JEVD0C	—	8045	2350	2930,3050	4550	11400	7350,7750	214	69	69	0	0	0	83	10	0	0	0	0	0	0	0	
		XML6805JEVJ0C2	—	8045	2350	2980,3110,3135	4550	12400	7450,7850	263	69	69	0	0	0	0	0	0	0	0	0	0	5	0	
		XML6805JEVL0C	—	8045	2350	2930,3050	4550	11400	7200,7600	201	69	69	0	0	0	0	0	1	0	0	0	0	0	0	
		XML6805JEVN0C	—	8045	2350	2930,3050	4550	11400	7380,7830	248	69	69	0	0	0	13	0	0	0	0	0	0	0	0	
		XML6805JEVW0C	—	8045	2350	2930,3050	4550	11400	7200,7600	201	69	69	20	0	110	0	0	0	0	0	0	0	0	0	
		XML6805JEVY0C	—	8045	2350	2930,3050	4550	12400	7450,7850	263	69	69	0	0	0	0	56	0	0	0	0	0	0	0	
		XML6805JEVY0C1	—	8045	2350,2360	2980,3135	4550	13000	7200,7500	323	69	69	0	0	0	0	0	0	0	0	0	78	12	66	
		XML6805JEVY0C2	—	8045	2350,2360	2980,3135	4550	13000	7300,7100	224	69	69	0	0	0	0	0	0	0	0	0	0	15	20	
		XML6809JEVD0	—	8050	2280	2860,2980	4185	9600	6350	201	100	100	0	0	36	13	2	0	0	0	0	0	0	0	
		XML6809JEVD0C1	—	8050	2280	2860,2980	4185	9600	6350	206	69	69	0	0	0	10	0	0	0	0	0	0	0	0	
		XML6809JEVD0C2	—	8050	2280	2860,2980	4185	9600	6350	205	69	69	0	0	0	0	0	2	0	0	0	0	0	0	
		XML6809JEVJ0C1	—	8050	2280	2860,2980	4160	10600	6100	300	69	69	0	0	0	0	0	0	0	0	0	0	30	0	
		XML6809JEVW01	—	8050	2280	2860,2980	4160	9850	6100	240	100	100	0	0	0	60	0	0	25	10	2	0	6	13	

续上表

企业名称 Company Name	品牌 Brand	车辆型号 Vehicle Model	底盘型号 Chassis Model	外形尺寸 Dimension (mm) 长 Length	宽 Width	高 Height	轴距 Wheel Base (mm)	总质量 Total Weight (kg)	整备质量 Vehicle Weight (kg)	续驶里程 Driving Mileage of Electric vehicle (等速法 Isokinetic Method) (km)	30分钟最高车速 Maximum Speed of Electric Car in 30 Minutes (km/h)	最高车速 Maximum Speed (km/h)	1月 January	2月 February	3月 March	4月 April	5月 May	6月 June	7月 July	8月 August	9月 September	10月 October	11月 November	12月 December	2018年产量合计 Total Output in 2018 (辆,vehicle)
厦门金龙旅行车有限公司	金旅牌	XML6809JEVW0C	—	8050	2280	2860,2980	4160,4185	9600	6350	201	69	69	0	0	39	0	110	0	0	0	0	0	0	0	3575
		XML6809JEVW0C1	—	8050	2280	2860,2980	4160	9850	6100	240	69	69	0	0	0	0	34	0	0	0	0	11	0	17	
		XML6827JEVY0C	—	8190	2530	3240,3350	4470	14000	9000	375	69	69	0	0	0	0	0	0	0	0	0	0	0	17	
		XML6855JEVM0C	—	8520	2450	3050,3165	4700	13000	8700,9000	201	69	69	42	8	0	0	0	0	0	0	0	0	0	0	
		XML6855JEVS0C	—	8520	2450	3050,3195	4700	13500	8100,8600	260	69	69	0	0	0	0	0	0	0	0	0	0	17	0	
		XML6855JEVW0C	—	8520	2450	3050,3165	4700	13500	8700,9200	215	69	69	0	0	23	100	53	0	0	0	0	0	0	0	
		XML6855JEVW0C3	—	8490	2450	3050,3165	4700	13900	9100,9600	287	69	69	0	0	51	24	80	0	0	0	0	0	0	0	
		XML6855JEVW0C5	—	8520	2450	3050,3195	4700	13900	8650,8150	227	69	69	0	0	0	0	30	0	0	0	0	0	0	2	
		XML6855JEVW0C6	—	8520	2450	3050,3195	4700	14000	8650,8150	266	69	69	0	0	0	0	0	0	0	0	23	0	22	38	
		XML6855JEVY0C	—	8520	2450	3050,3195	4700	13900	8500,9000	350	69	69	0	0	0	0	0	0	0	0	0	0	0	80	
		XML6855JEVY0C1	—	8520	2450	3050,3195	4600	13500	8500,8050	201	69	69	0	0	0	0	0	0	0	0	0	0	61	50	
		XML6855JEVY0C2	—	8520	2450	3050,3195	4700	14000	8100,8400	369	69	69	0	0	0	0	0	0	0	0	24	0	0	0	
		XML6935JEV10C	—	9340	2500	3300,3150	4700	16500	11750,11070	362	69	69	0	0	0	0	0	1	0	0	0	0	0	0	
上海申龙客车有限公司	申龙牌	SLK6101UBEVN1	—	10490	2500	3350	5800	18000	11500,12000	520	69	69	0	0	0	0	0	0	0	0	0	0	40	0	3024
		SLK6108ABEVW1	—	10495	2500	3395,3295	5200	16400	10900	290	100	100	0	0	0	0	10	0	0	0	0	0	40	100	
		SLK6108AEBEVS	—	10495	2500	3395,3295	5200	16000	11000	210	100	100	0	0	0	0	0	0	0	0	0	0	0	1	
		SLK6109UBEVL5	—	10500	2500	3200,3060	6100	18000	10700,11000	280	69	69	0	0	0	0	0	0	0	0	10	200	0	0	
		SLK6109UBEVL9	—	10500	2500	3200,3060	6100	18000	10700,11000	400	69	69	0	0	0	0	0	0	0	0	0	0	60	0	
		SLK6109UBEVW1	—	10500	2500	3200,3060	6100	16500	10300,10700	295,295	69	69	0	0	0	0	42	0	0	10	5	0	0	0	
		SLK6109UBEVW17	—	10500	2500	3200,3060	6100	18000	10700,11000	380	69	69	0	0	0	0	0	0	0	0	0	10	0	93	
		SLK6109UBEVW3	—	10500	2500	3200,3060	6100	16500	10700,11300	385,385	69	69	0	0	0	0	50	0	0	0	0	28	25	4	
		SLK6109ULE0BEVS5	—	10500	2500	3200,3060	6100	16500	10200,10500	201	69	69	0	0	0	0	50	0	0	0	0	0	0	0	
		SLK6109ULE0BEVS9	—	10500	2500	3200,3060	6100	16500	10600,11000	245	69	69	0	0	0	0	20	0	0	0	0	0	0	0	
		SLK6118ABEVN1	—	10995	2500	3395,3295	5550	16400	11500,12000	380	100	100	0	0	0	0	0	0	0	0	0	0	0	60	
		SLK6118ABEVW7	—	10995	2500	3395,3295	5550	16400	11500,12000	430	100	100	0	0	0	0	0	0	0	0	0	34	36	397	
		SLK6118ABEVZ1	—	10995	2500	3395,3295	5550	16400	11200,11500	290,290	100	100	0	0	0	0	0	0	0	0	0	0	41	104	
		SLK6118ALE0BEVS6	—	10995	2500	3395,3295	5550	16400	11600,12000	280	100	100	0	0	0	0	105	0	0	0	0	0	0	0	
		SLK6118UBEVN3	—	10995	2500	3395,3295	5550	17200	11700,12400	550	100	100	0	0	0	0	0	0	0	0	0	0	13	50	
		SLK6118UBEVW3	—	10995	2500	3395,3295	5550	16400	11200,11500	290	69	69	0	0	0	0	50	0	0	0	0	0	0	16	
		SLK6123UBEVN1	—	11980	2550	3250	6100	18000	12300,12800	525	69	69	0	0	0	0	0	0	0	0	0	0	0	11	
		SLK6129UBEVN1	—	11995	2500	3080,3220	6100	18000	12500	550	69	69	0	0	0	0	0	0	0	20	0	0	0	26	

续上表

企业名称 Company Name	品牌 Brand	车辆型号 Vehicle Model	底盘型号 Chassis Model	外形尺寸 Dimension (mm) 长 Length	宽 Width	高 Height	轴距 Wheel Base (mm)	总质量 Total Weight (kg)	整备质量 Vehicle Weight (kg)	续驶里程 Driving Mileage of Electric vehicle (等速法 Isokinetic Method) (km)	30 分钟最高车速 Maximum Speed of Electric Car in 30 Minutes (km/h)	最高车速 Maximum Speed (km/h)	1 月 January	2 月 February	3 月 March	4 月 April	5 月 May	6 月 June	7 月 July	8 月 August	9 月 September	10 月 October	11 月 November	12 月 December	2018 年产量合计 Total Output in 2018 (辆, vehicle)
上海申龙客车有限公司	申龙牌	SLK6663UBEVW1	—	6640	1920	2740,2880	3320	6900	4800	235	69	69	0	0	0	0	0	0	0	0	0	70	0	0	3024
		SLK6803ABEVW1	—	8045	2480	3235,3430	4400	12200	8350	320	100	100	0	0	0	0	0	0	0	0	0	20	0	1	
		SLK6803UEBEVJ1	—	8045	2480	3235,3430	3800	12200	8350	205	69	69	0	0	0	0	3	0	0	0	0	0	0	0	
		SLK6819UBEVN1	—	8090	2350	2920,3050	4200	14000	7500,7800	215	69	69	0	0	0	0	0	0	0	0	40	0	0	157	
		SLK6819UBEVN3	—	8090	2350	2920,3050	4200	14000	7500,7800	280	69	69	0	0	0	0	0	0	0	0	0	0	10	44	
		SLK6819UBEVN7	—	8090	2350	2920,3050	4200	14000	7500,7800	280	69	69	0	0	0	0	0	0	0	0	0	0	40	0	
		SLK6819UBEVN9	—	8090	2350	2920,3050	4200	14000	7500,7800	200	69	69	0	0	0	0	0	0	0	0	0	50	0	0	
		SLK6819UBEVW1	—	8090	2350,2420	2920,3050	4200	12200	7600,7950	235,235	69	69	0	0	0	0	0	0	35	8	0	0	0	50	
		SLK6819UBEVW21	—	8090	2350,2420	2920,3050	4200	14000	7500,7800	235	69	69	0	0	0	0	0	0	0	0	14	0	25	9	
		SLK6819UBEVW3	—	8090	2350,2420	2920,3050	4200	12200	7600,7950	260,260	69	69	0	0	34	0	0	0	0	0	0	0	0	1	
		SLK6819UBEVW5	—	8090	2350,2420	2920,3050	4200	12200	7600,7950	310	69	69	0	0	0	0	50	0	0	15	2	0	0	1	
		SLK6819UBEVW9	—	8090	2350,2420	2920,3050	4200	12200	7600,7950	245	69	69	0	0	0	0	0	0	0	0	0	0	0	1	
		SLK6819UEBEVJ1	—	8090	2350	2920,3050	4200	12200	7950,8350	205	69	69	0	0	0	0	130	0	0	0	0	0	0	0	
		SLK6859UBEVN1	—	8545	2500	3200,3060	4430	13500	8800,9300	465	69	69	0	0	0	0	0	0	0	0	0	0	2	0	
		SLK6859UBEVW1	—	8545	2500	3200,3060	4430	13200	8500,9000	300	69	69	0	0	0	0	0	0	0	0	0	0	20	4	
		SLK6859UBEVW3	—	8545	2500	3200,3060	4430	13200	8500,9000	360	69	69	0	0	0	0	0	0	0	0	0	0	20	52	
		SLK6859UBEVW5	—	8545	2500	3200,3060	4430	13200	8500,9000	275	69	69	0	0	0	0	0	0	0	0	0	0	0	1	
		SLK6859UEBEVJ3	—	8545	2500	3200,3060	4430	13200	8700,9200	210	69	69	0	0	0	40	160	0	0	0	0	0	0	0	
		SLK6859UEBEVL5	—	8545	2500	3200,3060	4430	13200	8500,9000	210	69	69	0	0	0	0	110	0	0	0	0	0	0	0	
		SLK6949UBEVN1	—	9395	2500	3200,3060	5230	15000	10300,10600	530	69	69	0	0	0	0	0	0	0	0	0	16	28	0	
东莞中汽宏远汽车有限公司	宏远牌	KMT6106GBEV1	—	10450	2480	3220,2980	5250	18000	10600,10350	248	69	69	0	0	0	0	0	0	0	0	0	0	0	218	2651
		KMT6106GBEV2	—	10450	2480	3220,2980	5250	18000	11000,10750	385	69	69	0	0	0	0	0	0	0	0	0	0	0	58	
		KMT6802GBEV1	—	8010	2410	3050,2800	4250	10200	6900,6650	380	69	69	0	0	0	0	49	0	0	0	0	0	0	0	
		KMT6802GBEV3	—	8010	2410	3050,2800	4250	11200	6700,6450	393	69	69	0	0	0	0	0	0	0	0	211	0	0	109	
		KMT6860GBEV7	—	8560	2410	3080,2910	4600	13500	8800,8550	291	69	69	0	0	0	0	92	0	0	0	0	0	0	0	
		KMT6861GBEV1	—	8560	2410	3080,2910	4600	14000	8300,8050	213	69	69	0	0	0	0	0	0	0	0	0	0	0	656	
		KMT6861GBEV2	—	8560	2410	3080,2910	4600	14000	9100,8850	420	69	69	0	0	0	0	0	0	0	0	0	0	12	1246	
金龙联合汽车工业(苏州)有限公司	海格牌	KLQ6109EV0N	—	10490	2500	3590,3690	5170	17000	12600,13000,12000	337	90	90	47	0	0	0	0	0	0	0	0	0	0	0	2626

续上表

企业名称 Company Name	品牌 Brand	车辆型号 Vehicle Model	底盘型号 Chassis Model	外形尺寸 Dimension (mm) 长 Length	宽 Width	高 Height	轴距 Wheel Base (mm)	总质量 Total Weight (kg)	整备质量 Vehicle Weight (kg)	续驶里程 Driving Mileage of Electric vehicle (等速法 Isokinetic Method) (km)	30分钟最高车速 Maximum Speed of Electric Car in 30 Minutes (km/h)	最高车速 Maximum Speed (km/h)	1月 January	2月 February	3月 March	4月 April	5月 May	6月 June	7月 July	8月 August	9月 September	10月 October	11月 November	12月 December	2018年产量合计 Total Output in 2018 (辆,vehicle)
金龙联合汽车工业(苏州)有限公司	海格牌	KLQ6109GAEVN10	—	10490	2550	3080,3120,3240,3280	6000	18000	10950,10750	385	69	69	0	0	0	0	0	0	0	0	0	4	15	30	2626
		KLQ6109GAEVN11	—	10490	2550	3080,3120,3240,3280	6000	18000	10650,10470,10200	265	69	69	0	0	0	0	0	0	0	61	24	2	0	5	
		KLQ6109GAEVN4	—	10490	2480,2550	3120,3230,3280	5700	16500	10700,11000,11400	204	69	69	10	0	0	0	0	0	0	0	0	0	0	0	
		KLQ6109GAEVN5	—	10490	2480,2550	3120,3230,3280	5700	17000	11000,11400,11650	300	69	69	0	0	40	0	0	0	0	0	0	0	0	2	
		KLQ6109GAEVN6	—	10490	2550	3120,3230,3280	6000	17000	10800,11300	300	69	69	0	0	40	15	20	0	0	0	0	0	0	0	
		KLQ6109GAEVN7	—	10490	2550	3060,3180,3220,3300	6000	18000	11500,11800	445	69	69	0	0	0	10	53	0	0	0	20	0	0	12	
		KLQ6109GAEVN8	—	10490	2550	3060,3180,3220,3280	6000	18000	10800,11000	335	69	69	0	0	0	0	0	0	34	0	8	0	0	0	
		KLQ6109GAEVN9	—	10490	2550	3080,3120,3240,3280	6000	18000	11200,10800	595	69	69	0	0	0	0	0	0	0	0	0	75	326	73	
		KLQ6109GAEVW4	—	10490	2550	3080,3120,3240,3280	5700	18000	11100,10800	275	69	69	0	0	0	0	0	0	0	0	0	30	0	0	
		KLQ6111HZEV0N	—	10760	2550	3300,3450	5420	18000	10950	290	90	90	0	0	0	0	0	0	0	0	0	0	15	0	
		KLQ6111HZEV1N1	—	10760	2550	3300,3450	5420	18000	11050	315	90	90	0	0	0	0	0	0	0	0	10	2	0	30	
		KLQ6111HZEV1N2	—	10760	2550	3300,3450	5420	17000	11300,11800	400	90,100	90,100	0	0	0	0	0	0	0	0	0	0	0	14	
		KLQ6115HZEV0X3	—	10990	2500	3390,3530	5670	16900	11680	255	90	90	0	0	0	0	28	0	0	0	0	0	0	0	
		KLQ6115HZGEVN	—	10990	2500	3390,3530	5670	18000	10900	302	69	69	0	0	0	0	0	0	0	2	12	0	0	20	
		KLQ6121HZEV1N	—	11600	2550	3310,3465	5850	18000	11700	355	100	100	0	0	0	0	0	0	0	0	0	1	0	40	
		KLQ6129GAEVN2	—	12000	2550	3110,3150,3280,3320	6100	18000	12000,12580	570	69	69	0	0	0	0	0	0	0	0	0	0	0	30	
		KLQ6601GBEVN7	—	6045	2020	2690,2860	3670	4995	2960,3035	280	69	69	0	0	0	0	0	0	0	0	11	0	20	10	
		KLQ6601GBEVX6	—	6045	2020	2690,2860	3670	4830	3040,3140	235	69	69	0	0	0	3	40	0	0	0	0	0	0	0	
		KLQ6650GEVN2	—	6530	2100	2740,2780,2855,2895,2960	3320	8500	5270,5070	330	69	69	0	0	0	0	0	100	51	49	10	50	51	5	
		KLQ6800GEVN10	—	8040	2340,2385	3020,3180	4500	13700	7400,7600	225	69	69	0	0	0	0	0	0	24	25	26	0	6	45	
		KLQ6800GEVN3	—	8040	2370	3020,3120	4700	11305	7300,7600,7950	235	69	69	0	0	0	4	13	0	0	0	0	0	0	0	
		KLQ6800GEVN4	—	8040	2340	3020,3180	4700	11305	8100,7900	315	69	69	8	0	0	0	18	0	0	0	0	0	0	0	
		KLQ6800GEVN5	—	8040	2340	3020,3180	4500	11500	7000,7400,7800	280	69	69	0	0	0	0	28	0	0	0	0	0	0	0	
		KLQ6800GEVN7	—	8040	2340	3020,3180	4500	13000	6900,7200,7500	230	69	69	0	0	0	0	0	0	31	4	0	0	0	70	

续上表

企业名称 Company Name	品牌 Brand	车辆型号 Vehicle Model	底盘型号 Chassis Model	外形尺寸 Dimension (mm) 长 Length	宽 Width	高 Height	轴距 Wheel Base (mm)	总质量 Total Weight (kg)	整备质量 Vehicle Weight (kg)	续驶里程 Driving Mileage of Electric vehicle (等速法 Isokinetic Method) (km)	30分钟最高车速 Maximum Speed of Electric Car in 30 Minutes (km/h)	最高车速 Maximum Speed (km/h)	1月 January	2月 February	3月 March	4月 April	5月 May	6月 June	7月 July	8月 August	9月 September	10月 October	11月 November	12月 December	2018年产量合计 Total Output in 2018 (辆,vehicle)
金龙联合汽车工业(苏州)有限公司	海格牌	KLQ6800GEVN8	—	8040	2340	3020,3180	4500	13700	7500,7750	285	69	69	0	0	0	0	0	0	0	10	24	55	82	20	2626
		KLQ6800GEVN9	—	8040	2340	3020,3180	4500	14000	7700,8100	340	69	69	0	0	0	0	0	0	0	0	0	0	120	0	
		KLQ6812KAEV1N1	—	8110	2480	3310,3420	3900	13500	9200,8700	225	100	100	0	0	0	0	0	0	0	0	0	0	1	8	
		KLQ6812KAEV1N2	—	8110	2480	3310,3420	3900	13500	9200,8700	340	100	100,90	0	0	0	0	0	0	0	0	0	0	0	6	
		KLQ6812KAGEVN1	—	8110	2480	3310,3420	3900	15000	8800,9000	302	69	69	0	0	0	0	0	0	0	0	14	10	29	26	
		KLQ6822EV0N1	—	8200	2270	2845,2950	4200	10090	6250,6390	277	90	90	0	0	0	0	0	0	0	0	4	8	0	18	
		KLQ6822GEVN1	—	8200	2270	2845,2950	4200	10580	6100,6200	283	69	69	0	0	0	0	0	0	0	0	25	0	0	23	
		KLQ6822GEVN2	—	8200	2270	2845,2950	4200	10580	6000,6130	398	69	69	0	0	0	0	0	0	0	0	0	0	0	4	
		KLQ6832GEVN1	—	8340	2370,2421	3070,3260	5800	13000	8300,8550	360	69	69	0	0	0	0	0	0	0	1	0	0	0	113	
		KLQ6850GEVN10	—	8540	2440	3050,3190,3250	4200	14000	9100,9300	425	69	69	0	0	0	0	0	0	0	0	0	0	44	0	
		KLQ6850GEVN2	—	8540	2440	3080,3180,3250	4700	13000	9150,9300,9500	380	69	69	0	0	0	0	30	0	0	0	0	0	0	0	
		KLQ6850GEVN6	—	8540	2440	3050,3190,3250	4200	13000	8150,8440,8670	265	69	69	12	0	0	0	36	0	0	0	0	0	0	0	
		KLQ6850GEVN7	—	8540	2440	3050,3190,3250	4200	13000	8375,8820,9000	410	69	69	0	0	0	0	0	0	0	0	0	0	31	0	
		KLQ6850GEVN9	—	8540	2440	3050,3190,3250	4200	14000	8150,8440,8670	290	69	69	0	0	0	0	0	0	10	0	0	0	0	0	
安徽安凯汽车股份有限公司	安凯牌	HFF6100G03EV-61	—	10450	2500	3150,3250	5500	17800	12500	576	68	69	118	0	0	0	0	0	0	0	15	10	266	50	2228
		HFF6100G03EV-8	—	10450	2550	3150,3250	5500	17900	10350,10950	425	68	69	0	0	0	0	0	0	45	0	0	0	0	0	
		HFF6104G03EV42	—	10010	2350	3000,3100,3270	5670	13500	9520,10050	498	68	69	0	0	0	0	8	0	0	0	0	0	0	0	
		HFF6104G03EV6	—	10010	2350	3000,3100	5670	13500	9170,9700	360	68	69	0	0	0	0	0	0	0	0	0	0	0	21	
		HFF6109G03EV13	—	10450	2500	3150,3250	6100	16500	10350,10950	450	68	69	0	0	0	1	0	0	0	0	0	0	0	0	
		HFF6109G03EV14	—	10450	2550	3150,3250	6100	17900	10200,10800	420	68	69	0	0	0	0	0	0	0	34	0	3	0	0	
		HFF6109G03EV22	—	10450	2550	3400	6100	17900	9900,10500	300	68	69	0	0	0	0	0	0	0	0	0	0	63	124	
		HFF6109G03EV3	—	10450	2500	3150,3250	6100	16500	10700,11300	300	68	69	0	0	0	0	20	0	0	0	0	0	0	0	
		HFF6109G03EV31	—	10450	2550	3150,3250	6100	16500	10650,11250	520	68	69	0	0	0	0	0	34	0	0	0	0	0	0	
		HFF6109G03EV32	—	10450	2550	3150,3250	6100	17900	10400,11000	475	68	69	0	0	0	0	0	0	0	0	0	0	0	1	
		HFF6109K10EV31	—	10490	2500	3430	5120	16000	10400	255	88	90	0	0	0	1	0	0	0	0	0	0	0	0	
		HFF6119GEV2	—	10990	2500	3290,3430	5500	17900	11050,11250	505	68	69	0	0	0	0	0	0	0	0	0	0	0	31	
		HFF6124G03EV3	—	12000	2550	3450	6100	18000	13100,13500	680	68	69	0	0	0	1	0	0	0	0	0	0	0	0	
		HFF6124G03EV31	—	12000	2550	3400	6100	18000	12100,12700	640	68	69	0	0	0	0	0	0	0	0	0	0	33	0	

续上表

企业名称 Company Name	品牌 Brand	车辆型号 Vehicle Model	底盘型号 Chassis Model	外形尺寸 Dimension (mm) 长 Length	宽 Width	高 Height	轴距 Wheel Base (mm)	总质量 Total Weight (kg)	整备质量 Vehicle Weight (kg)	续驶里程 Driving Mileage of Electric vehicle (等速法 Isokinetic Method) (km)	30分钟最高车速 Maximum Speed of Electric Car in 30 Minutes (km/h)	最高车速 Maximum Speed (km/h)	1月 January	2月 February	3月 March	4月 April	5月 May	6月 June	7月 July	8月 August	9月 September	10月 October	11月 November	12月 December	2018年产量合计 Total Output in 2018 (辆, vehicle)
安徽安凯汽车股份有限公司	安凯牌	HFF6124GS03EV	—	12000	2550	4200	5170 + 1520	23400	16950	480	68	69	0	0	0	0	22	0	4	0	0	0	20	0	2228
		HFF6129G03EV1	—	12000	2550	3150,3250,3400	6100	18000	12800	750	68	69	0	0	0	0	0	0	0	0	0	0	0	50	
		HFF6129G03EV2	—	12000	2550	3150,3250	6100	18000	13300	680	68	69	0	0	0	0	0	0	0	0	0	0	0	1	
		HFF6129G03EV-45	—	12000	2550	3250,3360	6100	18000	13900	690	68	69	0	0	0	0	1	0	0	0	0	0	0	0	
		HFF6129G03EV-46	—	12000	2550	3560	6100	18000	13300	212	68	69	0	0	0	0	40	0	0	0	0	0	0	0	
		HFF6650GEV1	—	6540	2100	2870,2970	3200	8500	5050,5200	336	68	69	0	0	0	0	3	81	12	0	0	65	0	166	
		HFF6650GEV3	—	6540	2100	2870,2970	3200	8990	5000,5100	296	68	69	0	0	0	0	0	0	0	0	0	0	50	0	
		HFF6650GEV31	—	6540	2100	2870,2970	3200	8990	5200,5300	454	68	69	0	0	0	0	0	0	0	0	0	0	15	0	
		HFF6668GEV	—	6605	2320	2870	4400	8980	5500	105	68	69	0	0	0	0	0	0	0	2	0	0	0	0	
		HFF6800G03EV62	—	8005	2350	3000,3100	4450	10200	6800,7200	280	68	69	0	0	0	0	160	0	0	0	0	0	0	0	
		HFF6800G03EV63	—	8005	2350	3000,3100	4450	11000	6850,7000	310	68	69	0	0	0	0	18	0	0	0	0	0	0	0	
		HFF6800G03EV64	—	8005	2350	3000,3100	4450	13000	6850,7000	270	68	69	0	0	0	0	0	0	0	0	6	0	0	0	
		HFF6800G03EV75	—	8005	2350	3000,3100	4450	11000	6850,7000	345	68	69	0	0	0	1	36	17	0	10	0	0	20	0	
		HFF6800G03EV76	—	8005	2350	3000,3100	4450	11500	6700,6850	270	68	69	0	0	0	0	0	0	0	37	0	0	26	0	
		HFF6800G03EV77	—	8005	2350	3000,3100	4450	13000	6850,7000	350	68	69	0	0	0	0	0	0	0	0	0	0	14	131	
		HFF6800G03EV8	—	8005	2350	3000,3100	4450	10200	6800,7200	280	68	69	0	10	0	31	25	1	0	0	0	0	0	10	
		HFF6800G03EV82	—	8005	2350	3000,3100	4450	13000	6850,7000	270	68	69	0	0	0	0	0	0	0	0	0	11	0	43	
		HFF6803KEVB	—	8010	2280	2750,2980	4500	9300	5900,6100	275	98	100	0	0	0	0	1	1	0	0	1	0	0	0	
		HFF6803KEVB1	—	8010	2280	2750,2980	4500	9700	6120,6320	380	98	100	0	0	0	0	1	2	0	0	20	0	0	0	
		HFF6829GEV	—	8245	2500	3430,3290	4000	13500	8500	320	68	69	0	0	0	0	0	0	0	0	0	0	0	1	
		HFF6853G03EV1	—	8510	2420	3120,3270	4600	13000	8200,8600	320	68	69	0	0	0	40	0	0	0	0	0	0	0	0	
		HFF6854G03EV	—	8540	2350	3000,3100	4500	13500	7900,8100	405	68	69	0	0	0	0	0	0	0	10	0	0	0	30	
		HFF6855G03EV	—	8540	2550	3000,3100	4370	14000	8200,8500	488	68	69	0	0	0	0	0	0	0	0	0	53	29	20	
		HFF6855G03EV1	—	8540	2550	3000,3100	4370	14000	8500,8800	565	68	69	0	0	0	0	0	0	0	0	0	0	0	1	
成都广通汽车有限公司	广通牌	CAT6100CRBEVT1	—	10200	2500	3160	6085	14000	10200	150	69	69	0	0	0	0	0	0	0	0	0	0	0	400	2031
		CAT6100CRBEVT2	—	10200	2500	3160	6085	14300	10300,10500	175	69	69	0	0	0	0	0	0	0	114	396	199	1	0	
		CAT6180DRBEVT1	—	18000	2550	3350	5900 + 6000	28000	20300	190	69	69	0	0	0	0	0	0	0	0	0	171	0	0	
		CAT6680CRBEVT2	—	6840	2290	3060	4080	9500	6400,6600	105	69	69	0	0	0	0	0	330	280	7	0	0	133	0	
东风汽车集团有限公司	东风牌	EQ6100CACBEV	—	10480	2500	3040,3170	5000	16500	10700,11000	270	69	69	0	0	0	65	0	0	0	0	0	0	0	0	1855
		EQ6800CACBEV4	EQ6760KRACBEV7	8050	2260	2835,2990	4100	10000	6380,6580	280	69	69	0	0	0	12	84	0	0	0	0	0	0	0	
		EQ6800CACBEV5	EQ6760KRACEV9	8050	2260	2835,2990	4100	10000	6000,6200	250,310	69	69	0	18	3	4	262	44	0	0	0	0	0	0	

续上表

企业名称 Company Name	品牌 Brand	车辆型号 Vehicle Model	底盘型号 Chassis Model	外形尺寸 Dimension (mm) 长 Length	宽 Width	高 Height	轴距 Wheel Base (mm)	总质量 Total Weight (kg)	整备质量 Vehicle Weight (kg)	续驶里程 Driving Mileage of Electric vehicle (等速法 Isokinetic Method) (km)	30 分钟最高车速 Maximum Speed of Electric Car in 30 Minutes (km/h)	最高车速 Maximum Speed (km/h)	1 月 January	2 月 February	3 月 March	4 月 April	5 月 May	6 月 June	7 月 July	8 月 August	9 月 September	10 月 October	11 月 November	12 月 December	2018 年产量合计 Total Output in 2018 (辆, vehicle)
东风汽车集团有限公司	东风牌	EQ6800CACBEV9	EQ6760KRACEV16	8050	2260	2875,3050	4100	10000	6140,6380	280,310	69	69	0	0	0	0	1	0	0	0	0	0	0	0	1855
		EQ6810CACBEV1	EQ6760KRACEV8	8100	2400	2950,3150	4100	12000	6500,6750	230,250	69	69	0	0	0	0	12	0	0	0	0	0	0	0	
		EQ6810CACBEV2	EQ6760KRACEV11	8100	2400	2950,3150	4100	12000	7050,7300	300	69	69	0	0	0	0	46	0	0	0	0	0	0	0	
		EQ6811LACBEV1	EQ6761KRACEV1	8100	2360	3050,3180,3260	4100	10000	6830,7030	290	100	100	0	0	1	0	2	0	0	0	0	0	0	0	
		EQ6100CACBEV2	—	10480	2500	3040,3170	5000	17000	10800,11100	390	69	69	0	0	0	0	0	0	0	0	12	0	0	0	
		EQ6100CACBEV4	—	10480	2500	3040,3170	5000	17000	11000,11300	460	69	69	0	0	0	0	0	0	0	0	0	0	36	266	
		EQ6620CACBEV	EQ6540KSACEV	6200	2000	2750,2890	3300	6500	4160,4310	210	69	69	0	0	0	0	1	0	0	0	0	2	0	0	
		EQ6651CACBEV	EQ6621KRACEV	6540	2120	2730,2930	3300	8500	4730,4930	275	69	69	0	0	0	0	0	0	0	0	0	0	2	5	
		EQ6651CACBEV1	EQ6621KRACEV1	6540	2120	2730,2930	3300	8500	4850,5050	270	69	69	0	0	0	0	0	0	0	0	0	0	0	15	
		EQ6800CACBEV10	EQ6760KRACEV18	8050	2260	2875,3050	4100	11000	6090,6340	330	69	69	0	0	0	0	0	0	44	0	8	22	58	191	
		EQ6800CACBEV11	EQ6760KRACEV19	8050	2260	2875,3050	4100	11000	6080,6320	270	69	69	0	0	0	0	0	0	29	40	34	9	38	104	
		EQ6800CACBEV12	EQ6760KRACEV20	8050	2260	2875,3050	4100	11000	6090,6340	330	69	69	0	0	0	0	0	0	0	0	5	0	0	235	
		EQ6800CACBEV13	EQ6760KRACEV22	8050	2260	2875,3050	4100	11000	6250,6500	330	69	69	0	0	0	0	0	0	40	0	0	0	0	0	
		EQ6800CACBEV5	EQ6760KRACEV9	8050	2260	2835,2990	4100	10000	6000,6200	250,310	69	69	0	0	0	0	0	0	0	0	20	0	0	10	
		EQ6800CACBEV8	EQ6760KRACEV9	8050	2260	2835,2990	4100	10000	6000,6200	250,310	69	69	0	0	0	0	0	15	0	0	0	2	0	0	
		EQ6810CACBEV5	EQ6760KRACEV23	8100	2400	2950,3150	4100	12000	6750,7000	350	69	69	0	0	0	0	0	0	0	0	1	0	0	30	
		EQ6811CACBEV1	EQ6761KRACEV4	8100	2360	3050,3225	4100	10800	6610,6840	360	100	100	0	0	0	0	0	0	0	0	0	0	0	16	
		EQ6811LACBEV4	EQ6761KRACEV4	8100	2360	3050,3225	4100	10800	6610,6840	360	100	100	0	0	0	0	0	0	0	0	0	0	0	1	
		EQ6850CACBEV1	EQ6800KRACEV1	8470	2400	2960,3140	4100	12500	7400,7550	410	69	69	0	0	0	0	0	0	0	0	0	0	0	10	
扬州亚星客车股份有限公司	亚星牌	JS6101GHBEV12	—	10100	2400	3020,3190,3360	5780	14000	9200,9700	300	69	69	0	0	0	0	0	1	0	0	0	0	0	0	1596
		JS6101GHBEV15	—	10100	2400	3020,3190,3360	5780	14000	9500,9800	320	69	69	0	0	0	0	0	1	0	0	0	0	0	0	
		JS6101GHBEV17	—	10100	2400	3020,3190,3360	5780	14000	9300,9600	320	69	69	0	0	0	0	30	1	0	0	0	0	0	0	
		JS6101GHBEV18	—	10100	2400	3020,3190,3360	5780	14000	9500,9900	335	69	69	0	0	0	0	180	0	0	0	0	0	0	0	
		JS6101GHBEV19	—	10100	2400	3020,3190,3360	5780	14000	8550,9000	265	69	69	0	0	27	0	45	11	0	0	0	0	0	0	
		JS6101GHBEV22	—	10100	2400	3020,3190	5120	12500	8000,8400	220	69	69	0	0	0	0	0	1	0	0	0	0	0	0	
		JS6101GHBEV26	—	10100	2400	3020,3190,3360	5780	14000	8550,9000	350	69	69	0	0	0	50	0	0	0	0	0	0	0	20	
		JS6108GHBEV10	—	10500	2500	3050,3210,3265	5950	16500	10700,11300	450	69	69	0	0	0	0	6	0	0	0	0	0	0	0	

续上表

企业名称 Company Name	品牌 Brand	车辆型号 Vehicle Model	底盘型号 Chassis Model	外形尺寸 Dimension (mm) 长 Length	外形尺寸 Dimension (mm) 宽 Width	外形尺寸 Dimension (mm) 高 Height	轴距 Wheel Base (mm)	总质量 Total Weight (kg)	整备质量 Vehicle Weight (kg)	续驶里程 Driving Mileage of Electric vehicle (等速法 Isokinetic Method) (km)	30分钟最高车速 Maximum Speed of Electric Car in 30 Minutes (km/h)	最高车速 Maximum Speed (km/h)	1月 January	2月 February	3月 March	4月 April	5月 May	6月 June	7月 July	8月 August	9月 September	10月 October	11月 November	12月 December	2018年产量合计 Total Output in 2018 (辆, vehicle)
扬州亚星客车股份有限公司	亚星牌	JS6108GHBEV11	—	10500	2500	3050,3210,3265	5950	16500	10000,10500	280	69	69	0	0	0	0	68	1	0	0	0	0	0	0	1596
		JS6108GHBEV17	—	10500	2500	3050,3265	5950	16500	10000,10500	365	69	69	0	0	0	0	0	6	0	0	0	0	0	0	
		JS6108GHBEV18	—	10500	2500	3050,3265	5950	16500,18000	10000,10500	335,335	69	69	0	0	0	0	0	0	0	0	0	0	0	60	
		JS6108GHBEV20	—	10500	2500	3050,3210,3265	5600	16500	10100,10600	521	69	69	0	0	0	0	0	0	0	0	0	0	0	40	
		JS6108GHBEV21	—	10500	2500	3050,3210,3265	5600,5950	16500	10000,10400	412,493	69	69	0	0	0	0	0	0	0	2	6	0	0	405	
		JS6108GHBEV22	—	10500	2500	3050,3210,3265	5950	16500	9500,10000	322	69	69	0	0	0	0	0	0	0	20	0	0	0	8	
		JS6108GHBEV23	—	10480	2400	3020,3190	5500	14000	8400,8800,8500,9000	306,344	69	69	0	0	0	0	0	0	0	0	0	0	0	14	
		JS6111SHBEV	—	10800	2500	3980,4180	5650	18000	11200,11700,11800,12400	322,357	69	69	0	0	0	0	0	0	0	0	0	0	0	10	
		JS6128GHBEV15	—	12000	2550	3050,3265	6150	18000	12500,12900	385	69	69	0	0	0	0	20	0	0	0	0	0	0	0	
		JS6128GHBEV8	—	12000	2550	3050,3210,3265	6150	17850	12400,13000	275	69	69	0	0	0	0	21	0	0	0	0	0	0	0	
		JS6815GHBEV	—	8125	2400	2950,3150	4200	11600	6600,6950	238	69	69	0	0	0	0	0	0	61	0	0	0	0	0	
		JS6815GHBEV1	—	8125	2400	2950,3150	4180	11600	6600,6950,7280	295,297	69	69	0	0	0	0	0	0	32	0	226	1	34	26	
		JS6815GHBEV2	—	8145	2400	2950,3150	4180	14000	7300,7700	303	69	69	0	0	0	0	0	0	0	0	0	0	0	14	
		JS6818GHBEV11	—	8110	2190	2775,2910	4500	9150	5900,6200	320	69	69	0	0	0	0	0	1	0	0	0	0	0	0	
		JS6818GHBEV7	—	8110	2190	2775,2910	4500	9150	5900,6200	300	69	69	0	0	0	0	0	1	0	0	0	0	0	0	
		JS6851GHBEV17	—	8540	2400	2950,3150	4600	12500	7200,7580,7800,8200	341,356	69	69	0	0	0	0	0	0	0	0	0	0	0	76	
		JS6851GHBEV19	—	8540	2400	2950,3150	4600	13000	7600,8000	418	69	69	0	0	0	0	0	0	0	0	0	11	0	0	
		JS6851GHBEV21	—	8540	2400	2950,3150,3210	4400	14000	7700,8100	385	69	69	0	0	0	0	0	0	0	0	0	0	0	34	
		YBL6111GHBEV	—	10990	2500	3660,3550,3510,3400	5440	16400	9800,10200	323	69	69	0	0	0	0	0	14	0	0	0	0	0	0	
		YBL6111HBEV3	—	10990	2500	3690,3580,3510,3400	5440	17500	9800,10200,10500	310,334	100	100	0	0	0	0	0	0	0	0	0	0	0	11	
北汽福田汽车股份有限公司	福田牌	BJ6103EVUA-2	—	10490	2500	3280,3465	5170	15500	10800,11100	332,293	100	100	0	0	5	0	0	0	0	0	0	0	0	0	1574
		BJ6105EVCA-20	—	10500	2500	3100,3200,3250	5700	17500	11300,11750,12200	313,267	69	69	0	0	0	0	2	0	0	0	0	0	0	0	
		BJ6105EVCA-25	—	10500	2500,2550	3100,3200,3250	5700	17500	11800,12100,12500	435	69	69	0	0	0	0	30	0	0	0	0	0	0	0	
		BJ6105EVCA-27	—	10500	2500,2550	3060,3100,3200,3250	5700	17500	10600,11000,11400	250	69	69	0	0	0	0	0	0	0	43	0	0	30	16	

续上表

企业名称 Company Name	品牌 Brand	车辆型号 Vehicle Model	底盘型号 Chassis Model	外形尺寸 Dimension (mm) 长 Length	宽 Width	高 Height	轴距 Wheel Base (mm)	总质量 Total Weight (kg)	整备质量 Vehicle Weight (kg)	续驶里程 Driving Mileage of Electric vehicle (等速法 Isokinetic Method) (km)	30分钟最高车速 Maximum Speed of Electric Car in 30 Minutes (km/h)	最高车速 Maximum Speed (km/h)	1月 January	2月 February	3月 March	4月 April	5月 May	6月 June	7月 July	8月 August	9月 September	10月 October	11月 November	12月 December	2018年产量合计 Total Output in 2018 (辆, vehicle)
北汽福田汽车股份有限公司	福田牌	BJ6105EVCA-28	—	10500	2500,2550	3060,3100,3200,3250,3420	5700	17500	11000,11600,12000	配置1、3:370,配置2、4:408	69	69	0	0	0	0	0	0	0	15	20	0	0	50	1574
		BJ6105EVCA-30	—	10500	2500,2550	3060,3100,3200,3250	5700	17500	10600,11000,11400	270	69	69	0	0	0	0	0	0	0	0	0	0	0	34	
		BJ6105EVCA-31	—	10500	2500,2550	3060,3100,3200,3250	5700	17500	11000,11600,12000	340	69	69	0	0	0	0	200	0	0	2	0	0	0	0	
		BJ6105EVCA-41	—	10500	2500,2550	3060,3100,3200,3250	5700	18000	10400,10800,11200	275	69	69	0	0	0	0	0	0	0	0	0	0	0	16	
		BJ6117EVUA-5	—	11210	2550	3420,3560	5700	16400	11200,11450	285	100	100	0	0	0	0	0	0	1	0	1	0	0	20	
		BJ6123EVCA-32	—	12000	2550	3100,3200,3250	5900	18000	12900,13300,13400	543,603	69	69	0	0	8	0	6	0	0	0	0	0	0	0	
		BJ6123EVCA-33	—	12000	2550	3100,3200,3250	5900	18000	11850,12350	266,233	69	69	151	0	0	0	0	0	0	0	0	0	0	0	
		BJ6123EVCA-43	—	12000	2550	3100,3200,3250	5900	18000	11300,11800	210,240	69	69	0	0	0	0	0	0	0	0	0	0	0	90	
		BJ6608EVUA2	—	5990	2000	2450,2675	3750	4250	2840	350	100	100	0	0	0	0	0	0	0	0	0	0	3	8	
		BJ6802EVUA-6	—	8005	2450	3280,3380	3800	12080	8000,8470	252	100	100	0	0	1	0	14	0	0	0	0	0	0	0	
		BJ6802EVUA-7	—	8005	2450	3280,3380	3800	12080	7700,8170	240	100	100	0	0	0	0	0	0	2	0	0	0	0	0	
		BJ6805EVCA-16	—	8005	2350	3000,3100	4250	11200	7200,7500	283	69	69	0	6	18	0	93	0	0	0	0	0	0	0	
		BJ6805EVCA-17	—	8005	2350	3000,3100	4250	11200	7200,7500	383,402	69	69	0	0	0	0	60	0	0	0	0	50	0	0	
		BJ6805EVCA-18	—	8005	2350	3000,3100	4250	11200	6900,7100	235	69	69	0	0	0	0	0	0	0	0	2	0	0	1	
		BJ6805EVCA-19	—	8005	2350	3000,3100	4150	11200	6900,7100	220,260	69	69	0	0	0	0	0	0	0	0	0	3	0	0	
		BJ6805EVCA-20	—	8005	2350	3000,3100	4250	11200	6900,7200	310,260	69	69	0	0	0	0	0	0	0	20	0	0	0	0	
		BJ6805EVCA-8	—	8005	2350	3000,3100	4250	11200	7000,7400	229,262	69	69	20	0	0	0	0	0	0	0	0	0	0	0	
		BJ6851EVCA-16	—	8540	2450	3100,3050	4600	13700	9000,9200	436,499	69	69	0	0	0	0	0	0	0	1	0	40	0	0	
		BJ6851EVCA-17	—	8540	2450	3100,3000	4600	13700	8400,8700	285	69	69	0	0	0	0	0	0	21	0	5	10	0	0	
		BJ6851EVCA-20	—	8540	2435	3100,3000	4450	13700	8800,9100	450	69	69	0	0	0	0	0	0	0	0	0	0	0	67	
		BJ6851EVCA-22	—	8540	2450	3100,3000	4450	14000	8200,8500	230	69	69	0	0	0	0	0	0	0	0	0	0	0	21	
		BJ6851EVCA-25	—	8540	2435	3100,3000	4450	14000	8400,8600	508	69	69	0	0	0	0	0	0	0	0	0	0	0	30	
		BJ6851EVCA-8	—	8540	2450	3100,3050	4600	13700	8400,8800	318	69	69	0	0	0	0	20	0	0	0	0	0	0	0	
		BJ6851EVCA-9	—	8540	2450	3100,3050	4600	13700	8050,8250	233,222,239	69	69	318	0	0	0	0	0	0	0	0	0	0	0	
江苏陆地方舟新能源车辆股份有限公司	陆地方舟牌	RQ6110YEVH3	—	10960	2500	3600	5600	17300	12610	335	90	90	0	0	0	0	30	0	0	0	0	0	0	0	1502
		RQ6110YEVH5	—	10960	2500	3600	5600	17300	11800	280	90	90	0	0	0	1	0	0	0	0	0	250	751	0	

续上表

企业名称 Company Name	品牌 Brand	车辆型号 Vehicle Model	底盘型号 Chassis Model	外形尺寸 Dimension (mm) 长 Length	宽 Width	高 Height	轴距 Wheel Base (mm)	总质量 Total Weight (kg)	整备质量 Vehicle Weight (kg)	续驶里程 Driving Mileage of Electric vehicle (等速法 Isokinetic Method) (km)	30分钟最高车速 Maximum Speed of Electric Car in 30 Minutes (km/h)	最高车速 Maximum Speed (km/h)	1月 January	2月 February	3月 March	4月 April	5月 May	6月 June	7月 July	8月 August	9月 September	10月 October	11月 November	12月 December	2018年产量合计 Total Output in 2018 (辆,vehicle)
江苏陆地方舟新能源车辆股份有限公司	陆地方舟牌	RQ6110YEVH8	—	10960	2500	3600	5600	17300	11200	250	90	90	0	0	0	1	0	0	0	0	0	0	0	0	1502
		RQ6830GEVH4	—	8348	2280	2880,2980	5100	9400	6400	330	69	69	0	0	0	1	0	0	0	0	0	0	0	0	
		RQ6830GEVH5	—	8348	2280	2880,2980	5100	9400	6400	330	69	69	0	0	0	1	0	0	0	0	0	0	0	0	
		RQ6830YEVH10	—	8348	2280	2880,2980	5100	9400	6650	310	100	100	0	0	0	0	26	0	0	0	0	0	0	0	
		RQ6830YEVH11	—	8348	2280	2880,2980	5100	9400	6550	300	100	100	0	0	0	0	7	0	0	0	0	0	0	0	
		RQ6830YEVH14	—	8348	2280	2880,2980	5100	9400	6400	330	100	100	0	0	0	1	0	0	0	0	0	100	304	0	
		RQ6830YEVH15	—	8348	2280	2880,2980	5100	9400	6400	330	100	100	0	0	0	1	0	0	0	0	0	0	0	0	
		RQ6830YEVH8	—	8348	2280	2880,2980	5100	9400	6550	300	100	100	0	0	0	0	28	0	0	0	0	0	0	0	
中国重汽集团济南豪沃客车有限公司	黄河牌	JK6106GBEVQ4	—	10500	2500	3120,3250	5800	16500	10150	290	69	69	0	0	300	200	0	0	0	0	0	0	0	0	810
		JK6126GBEVQ1	—	11990	2500	3220,3375	6000	18000	11650,12000	390	69	69	0	0	0	0	0	0	100	0	60	0	0	0	
		JK6806GBEVQ3	—	8050	2500	3120,3250	4250	12500	8350,8600	380	69	69	0	0	0	0	0	0	0	0	150	0	0	0	
珠海市广通客车有限公司	广客牌	GTZ6109BEVB1	—	10660	2500	3250	5600	16500	10800	293	69	69	0	0	0	0	0	0	0	0	0	0	30	0	724
		GTZ6119BEVB2	—	10660	2520	3250	5600	16500	10800	293	69	69	0	0	0	0	0	21	0	0	0	0	0	0	
		GTZ6129BEVB	—	11990	2520	3250	5600	16500	10800	293	69	69	1	0	0	100	0	0	0	0	0	0	0	0	
		GTZ6129BEVB1	—	11990	2520	3250	5600	16500	10800	293	69	69	0	0	0	0	0	100	94	113	0	0	0	0	
		GTZ6129BEVB2	—	11990	2520	3250	5600	16500	10800	293	69	69	0	0	0	0	0	65	49	0	0	0	0	0	
		GTZ6810BEV	—	11990	2520	3250	5600	16500	10800	293	69	69	0	0	0	0	0	1	0	0	0	0	0	0	
		GTZ6810BEV1	—	8050	2280	2860,2980	4160	9800	6100	275	100	100	0	0	0	0	0	0	0	0	0	0	4	0	
		GTZ6819BEVB	—	8190	2400	3200	4250	11200	7400	235	69	69	35	0	0	0	0	0	0	0	0	0	0	0	
		GTZ6859BEVB1	—	8490	2520	3200	4250	11200	7400	235	69	69	0	0	0	0	0	0	0	68	43	0	0	0	
广西源正新能源汽车有限公司	紫象牌	HQK6109BEVB11	—	10500	2500	3200,3060	6100	16500	11300,11750	546	69	69	0	0	0	0	0	100	0	102	108	1	0	0	617
		HQK6109BEVB13	—	10500	2500	3200,3060	6100	16500	10700,11300	386	69	69	0	0	0	0	55	0	0	0	0	45	0	0	
		HQK6109BEVB15	—	10500	2500	3200,3060	6100	16500	10300,10700	233	69	69	0	0	0	0	0	0	0	40	0	0	0	0	
		HQK6109BEVB19	—	10500	2500	3200,3060	6100	16500	10300,10700	233	69	69	0	0	0	0	0	0	0	28	40	0	0	0	
		HQK6120BEVB1	—	11990	2500	3340	6000	17900	12000	535	69	69	0	0	0	0	0	1	4	0	0	0	0	0	
		HQK6188BEVB1	—	17990	2500	3180	5800+6200	28000	19500	430	69	69	0	0	0	0	0	0	5	0	0	0	0	0	
		HQK6819BEVB4	—	8090	2350	2920,3050	4200	12200	7600,7900	262	69	69	0	0	0	0	0	0	0	0	16	0	0	0	
		HQK6819BEVB5	—	8090	2350	2920,3050	4200	12200	7600,7900	262	69	69	0	0	0	0	22	0	0	0	0	25	0	0	
		HQK6859BEVB4	—	8545	2500	3200,3060	4430	13200	8800,9300	461	69	69	0	0	0	0	0	0	0	25	0	0	0	0	
江苏九龙汽车制造有限公司	大马牌	HKL6600BEV11	—	5990	1880	2320	3720	4450	2775	350	100	100	0	0	0	0	0	1	0	0	0	1	0	0	531
		HKL6680GBEV	—	6780	2100	2960,2870	3685	9900	5150	210	69	69	0	0	0	0	0	0	0	0	0	0	1	0	

续上表

企业名称 Company Name	品牌 Brand	车辆型号 Vehicle Model	底盘型号 Chassis Model	外形尺寸 Dimension（mm） 长 Length	宽 Width	高 Height	轴距 Wheel Base（mm）	总质量 Total Weight（kg）	整备质量 Vehicle Weight（kg）	续驶里程 Driving Mileage of Electric vehicle（等速法 Isokinetic Method）（km）	30 分钟最高车速 Maximum Speed of Electric Car in 30 Minutes（km/h）	最高车速 Maximum Speed（km/h）	1 月 January	2 月 February	3 月 March	4 月 April	5 月 May	6 月 June	7 月 July	8 月 August	9 月 September	10 月 October	11 月 November	12 月 December	2018 年产量合计 Total Output in 2018（辆，vehicle）
江苏九龙汽车制造有限公司	大马牌	HKL6801BEV1	—	8050	2400	2980	4100	10000	6550	260	100	100	0	0	0	0	15	0	0	0	0	0	0	0	531
		HKL6801GBEV	—	8050	2250	2910,2980	4100	9000	6150	255	69	69	0	0	0	0	7	0	0	0	0	0	0	0	
		HKL6801GBEV2	—	8050	2250	2910,2980	4100	9000	6150	255	69	69	0	0	92	0	50	0	0	0	0	0	0	0	
		HKL6801GBEV3	—	8050	2250	2910,2980	4100	9000	6350	290	69	69	0	0	1	119	0	0	0	0	0	0	0	0	
		HKL6801GBEV5	—	8050	2250	2910,2980	4100	11400	6150	250	69	69	0	0	0	0	0	0	6	0	0	0	0	0	
		HKL6801GBEV6	—	8050	2250	2910,2980	4100	11400	6150	255	69	69	0	0	0	0	0	0	0	0	13	6	19	50	
		HKL6801GBEV7	—	8050	2250	2910,2980	4100	11400	6350	325	69	69	0	0	0	0	0	0	0	0	0	90	6	54	
北京北方华德尼奥普兰客车股份有限公司	北方牌	BFC6109GBEV2	—	10500	2500	3100,3200	6100	15900	10700,11000	225	69	69	0	0	0	0	20	0	0	0	0	0	0	0	530
		BFC6109GBEV5	—	10500	2500	3050,3150	6100	18000	10450,10700	445	69	69	0	0	0	0	0	0	0	0	0	0	0	400	
		BFC6809GBEV5	—	8010	2350	2950,3050	4450	10900	7260,7490	252	69	69	0	0	0	0	10	0	0	0	0	0	0	0	
		BFC6809GBEV9	—	8010	2350	2900,3000	4450	13000	7000,7250	223	69	69	0	0	0	0	0	0	0	0	0	0	100	0	
浙江中车电车有限公司	中国中车牌	CSR6110GLEV6	—	10505	2500	3150,3200	6100	16500	10700,11000	543	69	69	0	0	0	0	0	0	0	0	0	0	51	0	511
		CSR6110GSEV3	—	10505	2500	3370	6100	16000	10700	220	69	69	0	0	0	38	226	0	0	0	0	0	0	0	
		CSR6110GSEV4	—	10505	2500	3370	6100	18000	10400,10700	281	69	69	0	0	0	0	0	0	0	0	0	0	0	35	
		CSR6121GSEV6	—	12000	2550	3370	5950	18000	11600,11940	261.7	69	69	0	0	0	0	0	0	0	0	0	0	36	30	
		CSR6850GLEV3	—	8490	2500	3100,3050	4300	13000	7800,8200	290	69	69	0	0	0	0	21	0	0	0	0	0	0	0	
		CSR6850GLEV7	—	8490	2500	3050,3100	4300	13000	7800,8100	228	69	69	0	0	0	0	0	0	0	0	0	0	0	15	
		CSR6850GLEV8	—	8500	2500	3050,3150	4300	14000	8800,9200	430	69	69	0	0	0	0	0	0	0	0	0	4	27	27	
		CSR6851GLEV1	—	8500	2380	3100,2950	5300	11000	6750,6900	252	69	69	1	0	0	0	0	0	0	0	0	0	0	0	
烟台舒驰客车有限责任公司	舒驰牌	YTK6110EV	—	10950	2510	3370	5700	14950	9950	300	95	100	0	0	0	0	0	0	0	0	0	0	0	2	504
		YTK6118EV9	—	10980	2490	3630	5300	16400	11700	256	98	100	4	0	50	0	0	0	0	0	0	0	0	0	
		YTK6830GEV6	—	8280	2400	3220,3070	4380	11230	7180,7000	285	65	69	0	0	0	200	100	50	98	0	0	0	0	0	
天津比亚迪汽车有限公司	金马牌	TJK6105BEV	BYD6101DGHEV	10500	2550	3360	5000	18000	11900	565	69	69	0	0	0	0	0	0	0	0	0	0	0	500	500
山西新能源汽车工业有限公司	远程牌	JHC6100BEVG2	—	10500	2500	3100,3220	5200	16500	11100,11500	350	69	69	0	0	0	0	20	0	0	0	0	0	0	0	484
		JHC6100BEVG4	—	10500	2550	3300	5200	16500	11000,11400	504	69	69	0	0	0	0	0	0	0	0	0	0	51	113	
		JHC6120BEVG4	—	12000	2550	3300	6200	18000	11900,12300	501	69	69	0	0	0	0	0	0	0	0	33	67	100	100	
广西申龙汽车制造有限公司	紫象牌	HQK6109BEVB10	—	10500	2500	3200,3060	6100	16500	10700,11300	437	69	69	0	0	0	0	0	0	0	0	0	0	0	33	453
		HQK6109BEVB11	—	10500	2500	3200,3060	6100	16500	11300,11750	546	69	69	0	0	0	0	0	0	0	0	0	0	179	1	
		HQK6109BEVB23	—	10500	2500	3200,3060	6100	17000	10300,10700	260	69	69	0	0	0	0	0	0	0	0	0	0	0	105	
		HQK6109BEVB25	—	10500	2500	3200,3060	6100	17000	10300,10700	261	69	69	0	0	0	0	0	0	0	0	0	0	0	20	
		HQK6120BEVB1	—	11990	2500	3340	6000	17900	12000,12600	519	69	69	0	0	0	0	0	0	0	0	0	0	0	27	

续上表

企业名称 Company Name	品牌 Brand	车辆型号 Vehicle Model	底盘型号 Chassis Model	外形尺寸 Dimension (mm) 长 Length	宽 Width	高 Height	轴距 Wheel Base (mm)	总质量 Total Weight (kg)	整备质量 Vehicle Weight (kg)	续驶里程 Driving Mileage of Electric vehicle (等速法 Isokinetic Method) (km)	30分钟最高车速 Maximum Speed of Electric Car in 30 Minutes (km/h)	最高车速 Maximum Speed (km/h)	1月 January	2月 February	3月 March	4月 April	5月 May	6月 June	7月 July	8月 August	9月 September	10月 October	11月 November	12月 December	2018年产量合计 Total Output in 2018 (辆,vehicle)
广西申龙汽车制造有限公司	紫象牌	HQK6819BEVB10	—	8090	2350	2920,3050	4200	12200	7600,7900	257	69	69	0	0	0	0	0	0	0	0	0	0	0	2	453
		HQK6819BEVB16	—	8090	2350	2920,3050	4200	13200	7600,7900	262	69	69	0	0	0	0	0	0	0	0	0	0	1	19	
		HQK6819BEVB24	—	8090	2350	2920,3050	4200	12200	7600,7900	233	69	69	0	0	0	0	0	0	0	0	0	0	0	20	
		HQK6819BEVB4	—	8090	2350	2920,3050	4200	12200	7600,7900	262	69	69	0	0	0	0	0	0	0	0	0	0	0	21	
		HQK6859BEVB4	—	8545	2500	3200,3060	4430	13200	9500,9800	461	69	69	0	0	0	0	0	0	0	0	0	0	25	0	
万向集团公司	万向牌	WXB6100GEV	—	10495	2500	3250,3360	5000	18000	12800	439	65	69	0	0	0	0	0	0	0	0	0	0	36	0	448
		WXB6121GEV2	—	11990	2500	3400	6100	18000	13400	492	65	69	0	0	0	0	200	0	0	0	0	0	0	0	
		WXB6121GEV7	—	11990	2500	3400	6100	18000	12600	530	65	69	0	0	0	0	0	0	0	0	0	0	60	40	
		WXB6860GEV	—	8600	2500	3200	4500	13100	9200	304	65	69	0	0	0	0	40	0	0	0	0	0	0	0	
		WXB6860GEV3	—	8600	2500	3200	4500	13200	8900	396	65	69	0	0	0	0	0	2	0	0	0	0	30	40	
上海申沃客车有限公司	申沃牌	SWB6108BEV04	SWB6108BEV04	10495	2500	3250,3360	5000	18000	11800,11500	501,460	65	69	0	0	41	0	0	0	0	0	0	0	0	0	441
		SWB6108BEV32	SWB6108BEV32	10495	2520	3250,3360	5000	18000	11800,11500	501,460	65	69	0	0	0	0	91	0	0	93	0	21	24	4	
		SWB6128BEV31	SWB6128BEV31	11990	2520	3250,3360	5000	18000	11800,11500	501,460	65	69	0	0	0	0	0	0	0	60	0	0	0	0	
		SWB6129BEV38	SWB6129BEV38	12000	2550	3200	5900	18000	12300	625	65	69	0	0	0	0	0	0	0	0	0	0	0	6	
		SWB6802BEV58	SWB6772BEV58	8040	2450	3400	4300	12200	8200	300	97	100	0	0	0	0	0	0	0	0	0	0	2	0	
		SWB6808BEV27	SWB6778BEV27	8020	2350	3000	4345	11600	8150	590	65	69	0	0	0	0	0	0	0	0	0	87	12	0	
江西江铃集团晶马汽车有限公司	晶马牌	JMV6105GRBEV8	—	10480	2500	3150,3300	5000	17000	10990,11340	360	69	69	0	0	0	0	0	0	0	29	16	0	79	17	427
		JMV6660BEV	—	6570	2280	2920,2840,2740,2670	3250	7500	4610	228	100	100	0	0	0	0	0	0	0	3	1	0	0	11	
		JMV6660BEV1	—	6570	2280	2920,2840,2740,2670	3250	8200	4710	325	100	100	0	0	0	0	0	0	0	0	1	0	1	0	
		JMV6660GRBEV1	—	6570	2280	2920,2740	3250	8200	4710	325	69	69	0	0	0	0	0	0	0	0	22	1	0	12	
		JMV6800GRBEV1	—	8045	2400	2960,3130	4200	11200	7400	215	69	69	0	0	0	0	6	0	0	0	0	0	0	0	
		JMV6801GRBEV2	—	8045	2400	2960,3130	4200	11200	7350	295	69	69	0	0	0	0	0	0	0	0	5	0	0	0	
		JMV6801GRBEV3	—	8045	2400	2960,3130	4200	11200	7230	251	69	69	0	0	0	0	0	8	0	0	2	3	0	5	
		JMV6801GRBEV5	—	8045	2400	2960,3130	4200	11500	7590	345	69	69	0	0	0	0	0	0	0	0	0	15	0	15	
		JMV6820GRBEV5	—	8200	2280	2950,2820	4260	10000	6435	275	69	69	0	0	28	1	0	0	0	0	0	0	0	0	
		JMV6821BEV	—	8200	2280	2950,2900,2820,2750	4260	10000	6365	315	100	100	0	0	0	6	7	1	0	3	0	2	3	22	
		JMV6821GRBEV	—	8200	2280	2950,2820	4260	10000	6270	310	69	69	0	0	0	0	10	0	0	0	0	2	23	22	
		JMV6821GRBEV1	—	8200	2280	2950,2820	4260	10000	6160	260	69	69	0	0	0	0	0	0	25	0	12	0	0	7	
奇瑞万达贵州客车股份有限公司	万达牌	WD6105BEV12	—	10490	2500	3230,3110	5250	16900	10500	260	69	69	0	0	0	24	36	6	0	0	0	0	0	0	427
		WD6105BEVG01	—	10490	2500	3200,3080	5800	15800	10050,9700,9400	305	65	69	0	0	0	0	0	0	0	0	14	0	0	0	

续上表

企业名称 Company Name	品牌 Brand	车辆型号 Vehicle Model	底盘型号 Chassis Model	外形尺寸 Dimension (mm) 长 Length	宽 Width	高 Height	轴距 Wheel Base (mm)	总质量 Total Weight (kg)	整备质量 Vehicle Weight (kg)	续驶里程 Driving Mileage of Electric vehicle (等速法 Isokinetic Method) (km)	30 分钟最高车速 Maximum Speed of Electric Car in 30 Minutes (km/h)	最高车速 Maximum Speed (km/h)	1 月 January	2 月 February	3 月 March	4 月 April	5 月 May	6 月 June	7 月 July	8 月 August	9 月 September	10 月 October	11 月 November	12 月 December	2018 年产量合计 Total Output in 2018 (辆, vehicle)
奇瑞万达贵州客车股份有限公司	万达牌	WD6105BEVG02	—	10490	2500	3270,3140	5800	15800	9900,9600,9300	275	65	69	0	0	0	0	0	0	0	0	0	0	55	0	427
		WD6105BEVG05	—	10490	2500	3270,3140	5800	17000	10600	405	65	69	0	0	0	0	0	0	0	0	0	0	0	140	
		WD6815BEVG01	—	8055,8145	2365	3070,3200	4300	11300	6950,7100	260	69	69	0	0	0	0	0	10	5	29	0	0	0	7	
		WD6815BEVG03	—	8145	2365	3190,3050	4300	11300	7200	265	65	69	0	0	0	0	0	0	0	0	0	0	0	1	
		WD6815BEVG05	—	8145	2365	3190,3050	4300	13800	8000	335	65	69	0	0	0	0	0	0	0	0	0	0	0	100	
江西宜春客车厂有限公司	中宜牌	JYK6101GBEV1	—	10490	2500	3130,3250	5950	16500	10700,10900	300	69	69	0	0	70	0	0	0	0	0	0	0	0	0	394
		JYK6800GBEV2	—	8050	2400	2910,2980	4100	10700	6750	220	69	69	44	0	58	2	20	0	0	0	0	10	0	30	
		JYK6803GBEV3	—	8050	2250	2910,2980	4100	9500	6150	255	69	69	0	0	0	0	0	88	0	0	0	0	12	0	
		JYK6803GBEV5	—	8050	2250	2910,2980	4100	10700	6100	270	69	69	0	0	0	0	0	0	0	0	0	0	0	20	
		JYK6805GBEV1	—	8050	2400	2910,3040	4450	11500	7550,7650	310	69	69	0	0	0	0	10	0	0	0	0	0	0	0	
		JYK6805GBEV2	—	8050	2400	2930,3070	4450	12500	7100,7300	335	69	69	0	0	0	0	0	0	0	0	0	0	0	30	
江西博能上饶客车有限公司	上饶牌	SR6107BEV	—	10490	2490	3490,3590	5300	16550	10360,10660,10410,10710	267	100	100	0	0	20	0	0	12	0	0	0	0	0	0	357
		SR6107BEVTS2	—	10490	2490	3490,3590	5300	16550	10570,10870,10620,10920	382	100	100	0	0	0	0	0	0	0	3	2	0	1	0	
		SR6660BEVG	—	6620	2270	2810,2980	3300	8500	4880,5090	251	69	69	0	0	0	0	0	0	0	0	0	0	5	34	
		SR6660BEVG1	—	6620	2260	2810,2980	3300	8500	4980,5210	331	69	69	0	0	0	0	0	0	0	0	0	12	0	8	
		SR6800BEV2	—	8040	2280	2990,2860	4500	9600	5770,5950	257	100	100	0	0	0	0	0	1	0	0	0	0	0	0	
		SR6800BEVG2	—	8040	2280	2860,2990	4200	9800	6250,6450	325	69	69	0	0	0	0	20	12	0	0	0	0	0	0	
		SR6800BEVGS	—	8040	2280	2870,3000	4200	9800	6250,6450	383	69	69	0	0	0	0	0	0	0	0	0	0	24	12	
		SR6810BEVG6	—	8100	2350	2920,3120	4450	12200	7450,7880	258	69	69	0	0	0	30	12	8	0	0	20	0	21	30	
		SR6820BEVGS	—	8200	2360	2920,3120	4450	12200	7410,7580	310	69	69	0	0	0	0	0	0	0	0	0	0	0	70	
河北长安汽车有限公司	长安牌	SC6805ABBEV	—	8005	2260	2815,2950	4500	10200	7000,7200	270	69	69	0	6	19	1	73	1	0	0	0	0	0	0	298
		SC6805ABEV	—	8005	2260	2815,2950	4500	11700	6400,6600	265	69	69	0	0	0	0	0	0	0	0	10	0	1	60	
		SC6805ACBEV	—	8005	2260	2815,2950	4500	10200	7000,7200	315	69	69	0	0	0	0	0	1	0	0	0	0	0	0	
		SC6805BBEV	—	8005	2260	2815,2950	4500	11700	6550,6750	335	69	69	0	0	0	0	0	0	0	0	0	0	0	70	
		SC6836EBEV	—	8345	2400	3060,3210	4500	13500	7100,7400,7600	320	69	69	0	0	0	0	0	0	0	0	0	0	1	55	
兰州广通新能源汽车有限公司	广通牌	LZG6121BEVBT1	GTQ6121EV1	12000	2540	3150	6100	18000	12750	185	69	69	0	0	0	0	0	0	0	0	0	0	0	250	250
杭州长江汽车有限公司	长江牌	FDC6100PBABEV13	—	10480	2500	3300,3120	5500	18000	11000,10750	490	60	69	0	0	0	0	0	0	0	0	0	10	26	28	239
		FDC6750TDABEV03	—	7490	2195	2735	4135	8000	5260	300	100	100	0	0	0	0	1	0	0	4	0	0	0	0	
		FDC6750TDABEV05	—	7490	2195	2735	4135	9900	5560	305	100	100	0	0	0	0	0	0	0	0	0	0	0	1	

续上表

企业名称 Company Name	品牌 Brand	车辆型号 Vehicle Model	底盘型号 Chassis Model	外形尺寸 Dimension (mm) 长 Length	宽 Width	高 Height	轴距 Wheel Base (mm)	总质量 Total Weight (kg)	整备质量 Vehicle Weight (kg)	续驶里程 Driving Mileage of Electric vehicle (等速法 Isokinetic Method) (km)	30分钟最高车速 Maximum Speed of Electric Car in 30 Minutes (km/h)	最高车速 Maximum Speed (km/h)	1月 January	2月 February	3月 March	4月 April	5月 May	6月 June	7月 July	8月 August	9月 September	10月 October	11月 November	12月 December	2018年产量合计 Total Output in 2018 (辆,vehicle)
杭州长江汽车有限公司	长江牌	FDC6810TDABEV06	—	8080	2195	2735	4935	8020	5246	340	100	100	60	0	0	1	104	0	0	0	0	0	0	0	239
		FDC6810TDABEV08	—	8080	2195	2735	4935	9900	5570	260	100	100	0	0	0	0	0	0	0	0	0	0	0	1	
		FDC6810TDABEV09	—	8080	2195	2735	4935	9900	5570	300	100	100	0	0	0	0	0	0	0	0	0	0	0	3	
中植一客成都汽车有限公司	中植汽车牌	CDL6100URBEV5	—	10450	2500	3265	5500	16800	10800	300	69	69	0	0	0	0	0	1	0	0	0	0	0	0	231
		CDL6100URBEV6	—	10485	2500	3000,3160	5800	16500	10250	280	69	69	0	0	0	0	0	0	0	0	0	0	0	1	
		CDL6100URBEV9	—	10416	2500	3080,3200	5700	17500	10500	450	69	69	0	0	0	0	0	0	0	0	0	0	0	1	
		CDL6101URBEV	—	10485	2500	3032,3160	5800	16500	10250	400	69	69	0	0	0	0	0	0	0	0	0	0	10	0	
		CDL6110LRBEV1	—	10990	2500	3500,3600	5700	16150	11600	270	100	100	0	0	0	0	100	0	0	0	0	0	0	0	
		CDL6110LRBEV2	—	10990	2500	3500,3600	5700	16150	11600	280	100	100	0	0	0	0	50	0	0	0	0	0	0	0	
		CDL6110LRBEV4	—	10990	2500	3600	5700	17700	11000	280	100	100	0	0	0	0	0	0	0	0	0	10	0	0	
		CDL6110LRBEV5	—	10990	2500	3600	5700	17700	11600	410	100	100	0	0	0	0	0	0	0	0	0	0	0	1	
		CDL6660URBEV	—	6630	2160	2830	3300	8900	5000	210	69	69	0	0	0	0	0	0	0	0	0	0	0	20	
		CDL6800LRBEV2	—	8045	2185	2750	4500	9000	5400	300	100	100	0	0	0	0	0	0	0	3	0	0	0	0	
		CDL6810LRBEV2	—	8060	2180	2630,2860	4500	8600	5750	275	100	100	0	0	0	0	8	1	0	0	0	0	0	0	
		CDL6810LRBEV3	—	8060	2180	2630,2860	4500	8600	5750	278	100	100	0	0	0	0	0	1	0	0	0	0	0	0	
		CDL6810URBEV	—	8060	2180	2705,2935	4500	8900	5800	255	69	69	0	0	0	0	0	2	0	0	0	0	0	0	
		CDL6820URBEV3	—	8230	2400	3220	4100	12350	8000	250	69	69	0	0	0	0	0	1	0	0	0	0	0	0	
		CDL6850URBEV	—	8490	2400	2940,3100	4300	13700	8050	270	69	69	0	0	0	0	0	0	0	0	0	0	0	20	
		CDL6850URBEV1	—	8490	2400	2940,3100	4300	13700	8000	250	69	69	0	0	0	0	0	0	0	0	0	0	0	1	
山东沂星电动汽车有限公司	飞燕牌	SDL6100EVG4	—	10500	2550	3250	5200	16900	10500	260	69	69	0	0	0	0	1	0	0	0	0	0	0	0	209
		SDL6100EVG5	—	10500	2550	3250	5200	18000	10500	300	69	69	0	0	0	0	0	0	0	0	0	1	0	0	
		SDL6103EVG	—	10500	2550	3340	5000	17500	12200	300	69	69	0	35	0	0	33	0	0	0	0	0	0	0	
		SDL6120EVG8	—	12000	2550	3250	6200	18000	11500	260	69	69	0	0	0	0	1	0	0	0	0	0	0	0	
		SDL6122EVL	—	12000	2550	3520	6000	18000	12400,12800	350	100	100	0	0	0	0	0	1	1	0	0	0	0	0	
		SDL6125EVG3	—	12000	2550	3330	6200	18000	11700	350	69	69	0	0	0	0	1	0	0	0	0	0	0	0	
		SDL6125EVG4	—	12000	2550	3330	6200	18000	12400	550	69	69	0	0	0	0	0	1	0	0	0	0	0	130	
		SDL6802EV	—	8040	2160	2840	4500	9000	5750,5900	300	80	80	0	1	0	0	0	0	0	0	0	0	0	1	
		SDL6835EVG	—	8300	2530	3200	3900	12500	8050	260	69	69	0	0	0	0	1	0	0	0	0	0	0	0	
		SDL6836EVG	—	8300	2530	3200	3900	12500	8050	260	69	69	0	0	0	0	1	0	0	0	0	0	0	0	
衡阳客车专用车厂	雁城牌	HYK6850GBEV	HQG6800EV	8545	2460	3100,2960	4600	13200	8500,8300	410	69	69	0	0	0	0	0	0	0	0	0	0	0	201	201
长沙梅花汽车制造有限公司	同心牌	TX6831BEV2	TX6790EV2	8260	2400	3150	4300	12000	7220	255	69	69	0	0	0	0	0	0	0	0	0	0	0	201	201

续上表

企业名称 Company Name	品牌 Brand	车辆型号 Vehicle Model	底盘型号 Chassis Model	外形尺寸 Dimension (mm) 长 Length	宽 Width	高 Height	轴距 Wheel Base (mm)	总质量 Total Weight (kg)	整备质量 Vehicle Weight (kg)	续驶里程 Driving Mileage of Electric vehicle (等速法 Isokinetic Method) (km)	30分钟最高车速 Maximum Speed of Electric Car in 30 Minutes (km/h)	最高车速 Maximum Speed (km/h)	1月 January	2月 February	3月 March	4月 April	5月 May	6月 June	7月 July	8月 August	9月 September	10月 October	11月 November	12月 December	2018年产量合计 Total Output in 2018 (辆, vehicle)
南京市公共交通车辆厂	建康牌	NJC6850GBEV3	—	8540	2500	3100	4700	12500	8500	250	69	69	0	0	0	0	0	100	0	0	0	0	0	100	200
昆明客车制造有限公司	云海牌	KK6102GEV01	HFF6109D03EV14	10450	2550	3150,3250	6100	17900	10200,10800	420	68	69	0	0	0	0	0	0	0	0	0	0	0	80	192
		KK6660GEV01	LCK6619REVGA	6645	2280	2880,3020	3300	8000	5300,5500	320	65	69	0	0	0	0	0	0	0	0	0	0	0	12	
		KK6850GEV01	HFF6815D03EV	8540	2550	3000,3100	4370	14000	8200,8500	488	68	69	0	0	0	0	0	0	0	0	0	0	0	100	
上海万象汽车制造有限公司	象牌	SXC6105CBEV	—	10490	2500	3550	5100	16700	11410	312	100	100	0	0	0	1	0	0	0	0	0	0	0	0	190
		SXC6110GBEV11	—	10800	2500	3200	6100	18000	11690	465	69	69	0	0	0	0	1	0	0	0	0	20	20	0	
		SXC6120GBEV9	—	12000	2500	3220	6100	18000	12180,12750	445	69	69,100	0	0	0	0	0	0	0	0	0	16	42	0	
		SXC6750GBEV4	—	7500	2300	2980	4600	9500	6650	395	69	69	0	0	0	0	0	0	0	0	0	0	8	0	
		SXC6810GBEV	—	8150	2380	2860,3160	4310	12500	8210,8010	323,282	69	69	0	0	0	0	0	0	0	0	0	0	0	24	
		SXC6940GBEV3	—	9400	2500	3150	4700	14800	10700	418	69	69	0	0	0	0	24	0	0	0	0	0	0	0	
		SXC6940GBEV4	—	9400	2500	3200	4700	15500	10580	443	69	69	0	0	0	0	0	0	0	0	0	0	11	23	
佛山市飞驰汽车制造有限公司	飞驰牌	FSQ6110BEVG1	EQ6100KRACEV2	10600	2490	3320,3220	5800	16500	10500,10200	262	69	69	0	0	0	0	0	0	2	0	0	0	0	0	183
		FSQ6111BEVG1	EQ6100KRACEV3	10600	2490	3320,3220	5800	16500	10500,10200	262	69	69	0	0	0	0	0	0	1	0	0	0	0	0	
		FSQ6850BEVG1	EQ6820KRACEV	8545	2490	3090	4700	13500	8200,7900	263	69	69	0	0	0	0	0	0	1	0	0	0	0	0	
		FSQ6850BEVG2	—	8545	2490	3090	4350	14000	8700	450	69	69	0	0	0	0	0	0	0	0	0	100	51	0	
		FSQ6851BEVG1	EQ6820KRACEV1	8545	2490	3090	4700	13500	8200,7900	212	69	69	0	0	0	0	0	0	1	0	0	0	0	0	
		FSQ6851BEVG4	—	8545	2490	3150	4700	13500	7800	225	69	69	0	0	0	0	0	0	0	0	27	0	0	0	
陕西秦星汽车有限责任公司	原点之星牌	SYD6100GBEV	—	10490	2480	3005,3290	5150	16500	10200,10500,10800	223	69	69	0	0	0	0	30	0	100	0	0	0	0	0	161
		SYD6101GBEV	—	10495	2500	3180,3300	4970	18000	10400,10600	420	69	69	0	0	0	0	0	0	0	0	0	0	0	31	
东风特种汽车有限公司	东风牌	EQ6603CTBEV	EQ6570KSTEV	5990	2100	2825,2925	2800	6500	3940,4100	250	69	69	0	0	0	0	0	0	0	0	0	0	0	1	154
		EQ6671CTBEV1	—	6740	2260	2865,3025	3200	8000	4960,5200	255	69	69	0	0	0	0	2	0	0	0	0	0	0	0	
		EQ6810CTBEV	—	8060	2260	2860,2990	4400	10000	6500,6700	280	69	69	0	0	0	0	86	0	0	0	0	0	0	0	
		EQ6810CTBEV1	—	8060	2260	2860,2990	4400	10000	6500,6700	340	69	69	0	0	0	0	6	0	0	0	0	0	0	0	
		EQ6810CTBEV3	—	8060	2260	2860,2990	4400	11000	6300,6500	275	69	69	0	0	0	0	0	0	0	0	5	0	0	0	
		EQ6830CTBEV7	—	8340	2340	2910,3050	4600	12500	7700,7900	255	69	69	0	0	0	0	10	0	0	0	0	0	0	0	
		EQ6830CTBEV9	—	8340	2340	2910,3050	4600	12500	7600	255	69	69	0	0	24	0	20	0	0	0	0	0	0	0	
江西凯马百路佳客车有限公司	江西牌	JXK6107BEV	—	10480	2550	3250	6100	16500	10800	420	62	69	0	0	0	0	0	0	0	31	0	23	86	0	140
北汽(常州)汽车有限公司	北京牌	BJ6101B12EV	—	10500	2532	3250	5100	18000	9800,10100	275	69	69	0	0	0	0	0	0	0	0	0	0	23	0	130
		BJ6101B22EV	—	10490	2532	3100,3250	5100	18000	10100,10400	398	69	69	0	0	0	0	0	0	0	0	0	0	0	23	
		BJ6121B11EV	—	11980	2532	3250	6200	18000	10200,10500	275	69	69	0	0	0	0	0	0	0	0	0	0	0	53	

续上表

企业名称 Company Name	品牌 Brand	车辆型号 Vehicle Model	底盘型号 Chassis Model	外形尺寸 Dimension (mm) 长 Length	宽 Width	高 Height	轴距 Wheel Base (mm)	总质量 Total Weight (kg)	整备质量 Vehicle Weight (kg)	续驶里程 Driving Mileage of Electric vehicle (等速法 Isokinetic Method) (km)	30 分钟最高车速 Maximum Speed of Electric Car in 30 Minutes (km/h)	最高车速 Maximum Speed (km/h)	1月 January	2月 February	3月 March	4月 April	5月 May	6月 June	7月 July	8月 August	9月 September	10月 October	11月 November	12月 December	2018年产量合计 Total Output in 2018 (辆, vehicle)
北汽(常州)汽车有限公司	北京牌	BJ6600CJ01EV	—	6040	2020	2650,2360,2850,2560	3665	4680	2960	255	100	100	0	0	0	0	0	30	0	0	0	0	0	0	130
		BJ6830C01EV	—	8290	2550	3200	4500	9500	6700	290	90	90	0	0	0	0	0	1	0	0	0	0	0	0	
贵州长江汽车有限公司	贵州牌	GK6100GBEV	EQ6100KRACEV8	10490	2500	3045,3160	6000	17000	9000,9200	310	69	69	0	0	0	0	0	0	0	0	0	0	6	0	127
		GK6800GBEV1	EQ6760KRACEV17	8005	2380	3200,3040	4400	12200	6960,7100	220	69	69	0	0	0	0	0	0	0	0	0	6	0	5	
		GK6850GBEV	EQ6810KRACEV3	8500	2380	3168,3040	4400	12500	7245,7525	260	69	69	12	18	44	0	0	0	0	0	0	0	1	0	
		GK6851GBEV2	EQ6810KRACEV5	8500	2380	3040,3200	4400	12500	7200,7450	315	69	69	0	0	0	0	0	0	0	0	0	0	0	35	
成都客车股份有限公司	蜀都牌	CDK6103CBEV	—	10495	2500	3250,3000	6100	16500	10950	310	65	69	0	0	0	0	28	0	0	0	0	0	0	0	116
		CDK6630CBEV2	—	6330,6410	2160	2770,2820	3650	7500	5150,4950	251	60	69	0	0	0	0	0	2	0	0	0	0	0	0	
		CDK6850CBEV3	—	8535	2460	3120,3000	4700	13300	7800,8230	260	69	69	0	0	0	0	80	0	0	0	0	0	0	0	
		CDK6850CBEV8	—	8535	2460	3120,3000	4700	12700	7800,8070	285	69	69	0	0	0	0	6	0	0	0	0	0	0	0	
江苏常隆客车有限公司	常隆牌	YS6101GBEVA	—	10490	2500	3150	5700	16500	10350	350	69	69	0	0	0	0	50	0	0	0	0	0	0	0	100
		YS6860GBEVD	—	8640	2380	3120,3000	4400	12500	7800,7650	250	69	69	0	0	0	0	0	0	0	0	0	50	0	0	
吉利四川商用车有限公司	远程牌	DNC6100BEVG4	—	10500	2550	3300	5200	16500	11000,11400	504	69	69	0	0	0	0	0	0	0	0	0	0	0	87	97
		DNC6810BEVG1	—	8080	2500	3100,3200	4200	13500	8700,9100	483	69	69	0	0	0	0	0	0	0	0	0	0	0	10	
扬子江汽车集团有限公司	扬子江牌	WG6110BEVHR6	—	10700	2550	3200	5050	16500	12000	330	69	69	0	0	16	0	0	0	0	0	0	0	0	0	91
		WG6120BEVHR3	—	12000	2550	3200,3320	6150	18000	12500	230	69	69	0	0	0	0	33	0	0	0	0	0	0	0	
		WG6850BEVZR9	—	8530	2550	3000,3200	5000	12500	8000,8300	245	69	69	0	30	12	0	0	0	0	0	0	0	0	0	
石家庄中博汽车有限公司	广通客车牌	SQ6121BEVBT21	—	12000	2540	3040,2840	6100	18000	13600	190	69	69	0	0	0	0	0	0	0	0	0	0	0	86	86
上汽大通汽车有限公司	大通牌	SH6631A4BEV-5	—	6120,6030,6320	1998	2370	4180	4180	2605	265	100	100	0	0	2	0	0	0	0	0	0	0	0	0	85
		SH6632A4BEV-2	—	6120,6030,6320	1998	2352,2570	4180	4370	2810	280	100	100	0	0	0	1	0	0	0	0	0	0	0	0	
		SH6632A4BEV-5	—	6120,6030,6320	1998	2370	4180	4180	2605	288	100	100	0	0	0	0	0	0	0	0	0	1	11	70	
云南五龙汽车有限公司	长江牌	FDE6100PBABEV03	—	10480	2500	3300,3120	5500	18000	10850,10500	320	60	69	0	0	0	0	1	54	0	0	0	0	0	0	83
		FDE6100PBABEV09	—	10480	2500	3300,3120	5730	18000	11700	340	60	69	15	0	0	0	0	0	0	0	0	0	0	0	
		FDE6850PBABEV02	—	8500	2380	3200,3100	4400	12500	7200,6950	245	60	69	0	0	0	0	0	0	0	0	0	0	0	1	
		FDE6850PBABEV04	—	8500	2380	3200,3100	4400	12500	7450,7250	295	60	69	0	0	0	0	0	0	0	0	12	0	0	0	

续上表

企业名称 Company Name	品牌 Brand	车辆型号 Vehicle Model	底盘型号 Chassis Model	外形尺寸 Dimension (mm) 长 Length	宽 Width	高 Height	轴距 Wheel Base (mm)	总质量 Total Weight (kg)	整备质量 Vehicle Weight (kg)	续驶里程 Driving Mileage of Electric vehicle (等速法 Isokinetic Method) (km)	30 分钟最高车速 Maximum Speed of Electric Car in 30 Minutes (km/h)	最高车速 Maximum Speed (km/h)	1 月 January	2 月 February	3 月 March	4 月 April	5 月 May	6 月 June	7 月 July	8 月 August	9 月 September	10 月 October	11 月 November	12 月 December	2018 年产量合计 Total Output in 2018 (辆, vehicle)
成都大运汽车集团有限公司	大运牌	CGC6101BEV1K5	—	10500	2500	3050,3215	5800	18000	9000,9400,9800,10200	305	69	69	0	0	0	0	0	0	0	0	0	0	0	51	78
		CGC6801BEV1K3	—	8050	2350	2975,3105	4450	11100	7300	251	69	69	0	0	0	0	26	0	0	0	0	0	0	0	
		CGC6801BEV1K4	—	8145	2350	2975,3150	4200	13700	6400,6650,6950,7300	210	69	69	0	0	0	0	0	0	0	0	0	0	0	1	
江苏友谊汽车有限公司	友谊牌	ZGT6118LBEV1	—	10800	2540	3297,3100	6000	18000	12450,12300	420	69	69	0	0	0	0	2	0	0	0	0	0	0	0	76
		ZGT6609LBEV	ZGT6571BEV	5995	2160	2780,2700	3300	6500	4700,4600	220	69	69	0	0	0	0	0	0	0	0	0	0	0	1	
		ZGT6830LBEV	—	8300	2280	2860	4600	9400	6550,6490	386	99	99	0	11	0	0	0	11	0	0	0	0	0	0	
		ZGT6830LBEV1	—	8300	2280	2860	4600	9400	6550,6490	386	99	99	0	0	0	0	2	0	0	0	0	0	0	0	
		ZGT6831LBEV	—	8300	2280	2860	4600	9700	6320,6180	380	99	99	0	0	0	0	0	0	0	5	0	0	0	1	
		ZGT6852LBEV	—	8510	2500	3250,3010	4300	13000	8800,8500	280	69	69	20	0	0	0	0	0	0	0	2	6	0	15	
云南航天神州汽车有限公司	神州牌	YH6100BEVL	—	10420	2480	3525,3325	5100	16400	10900	310	90	90	0	0	0	0	0	0	0	1	0	0	1	1	76
		YH6600CBEV-A	YH6600CBEV-A	5995	2250	2810	3300	6300	4400,4300	200	90	90	0	0	0	0	0	0	0	1	0	0	0	0	
		YH6600GBEV	—	6010	2050	2670	3300	6700	3950,4000	205	69	69	0	0	0	0	0	0	0	0	0	0	1	49	
		YH6600LBEV-A	—	5995	2050	2630	3300	6700	4100,4200	220	90	90	0	0	0	0	0	0	0	1	0	0	0	0	
		YH6663BEV-A	—	6550	2280	2800,2700	3600	6860	4500,4300	205	69	69	0	0	0	0	20	0	0	0	0	0	0	0	
		YH6801BEV-A	—	8030	2400	2765,2650	4600	9800	5550,5350	203	69	69	0	0	0	0	1	0	0	0	0	0	0	0	
四川野马汽车股份有限公司	野马牌	SQJ6100S2BEV	SQJ6100KDEV1	10485	2480	3245	5300	14000	8400	235	90	100	0	0	0	0	0	0	0	0	0	0	0	4	68
		SQJ6630S2BEV	SQJ6570KDEV1	6275	2090	2620	3300	6800	3900	230	90	90	0	0	0	0	0	0	0	0	0	0	2	56	
		SQJ6821S1BEV	SQJ6771KDEV2	8210	2385	3060,3040	4200	11000	6550	300	69	69	0	0	0	0	0	0	0	0	0	0	0	3	
		SQJ6830S1BEV	SQJ6770KDEV1	8255	2470	3160	4000	11000	6500	200	90	100	0	0	0	0	0	0	0	0	0	0	0	3	
四川省客车制造有限责任公司	峨嵋牌	EM6105BEVG	—	10495	2500	3050,3200	5000	16500	10600,10900	390,455	69	69	0	0	0	0	0	13	0	24	0	0	0	0	67
		EM6120BEVG	—	11990	2550	3450	6000	18000	12500,12170	460	69	69	0	0	0	0	0	1	0	0	0	0	0	0	
		EM6830BEVL	EQ6800RACEV	8290	2360	3140,3350	4300	12000	7640,7940	380	100	100	0	0	0	0	0	0	0	0	0	0	0	10	
		EM6850BEVG	—	8540	2500	3050,3200	4350	12500	8050,8300	355	69	69	0	0	0	0	0	19	0	0	0	0	0	0	
安徽星凯龙客车有限公司	星凯龙牌	HFX6106BEVG02	—	10480	2500	3050,3150	5350	16000	10080,10300	255	69	69	0	0	0	0	0	0	0	0	0	0	0	1	53
		HFX6107BEVG02	—	10480	2500	3050,3150	5350	16500	10480,10700	366	69	69	0	0	0	0	0	0	0	0	0	0	0	50	
		HFX6851BEVG13	—	8510	2440	2950,3180	4250	12600	7980,8200	255	69	69	0	0	0	0	0	0	0	0	0	0	0	1	
		HFX6852BEVG13	—	8510	2440	2950,3180	4250	12600	7880,8100	256	69	69	0	0	0	0	0	0	0	0	0	0	0	1	
常德中车新能源汽车有限公司	中国中车牌	CKY6105BEVG	TEG6106BEVC01	10500	2550	3330,3040	5600	16500	10500,10800	250	65	69	0	0	0	0	0	0	0	0	0	0	0	1	52
		CKY6125BEVG	TEG6129BEVC01	12000	2550	3330,3040	5900	17800	11300,11850	210	65	69	0	0	0	0	0	0	0	0	0	0	0	1	
		CKY6801BEV02	TEG6801BEVC13	8040	2400	3000,3150	4400	12100	7200,7500	240	65	69	0	0	0	0	0	0	0	0	0	0	0	50	

续上表

企业名称 Company Name	品牌 Brand	车辆型号 Vehicle Model	底盘型号 Chassis Model	外形尺寸 Dimension (mm) 长 Length	宽 Width	高 Height	轴距 Wheel Base (mm)	总质量 Total Weight (kg)	整备质量 Vehicle Weight (kg)	续驶里程 Driving Mileage of Electric vehicle (等速法 Isokinetic Method) (km)	30分钟最高车速 Maximum Speed of Electric Car in 30 Minutes (km/h)	最高车速 Maximum Speed (km/h)	1月 January	2月 February	3月 March	4月 April	5月 May	6月 June	7月 July	8月 August	9月 September	10月 October	11月 November	12月 December	2018年产量合计 Total Output in 2018 (辆,vehicle)
丹东黄海汽车有限责任公司	黄海牌	DD6100EV2	—	10010	2440	3070,3230	5670	14000	8900,9200	360	65	69	0	2	0	0	0	0	0	0	0	0	0	0	52
		DD6100EV4	—	10010	2440,2500	3080,3120,3200,3240	5670	15700	9000,9300,9600	配置1:460,配置2:390	65	69	0	0	0	0	0	0	0	0	0	0	0	20	
		DD6129EV19	—	12000	2532	3100,3270,3470	6250	17900	12150,12600	490	65	69	0	0	0	0	0	0	0	0	10	0	0	0	
		DD6800EV1	—	8040	2440	3020,3220	4300	11360	7600,7900	320	65	69	0	0	0	0	14	0	0	0	0	0	0	0	
		DD6851EV5	—	8540	2440	3080,3200	4700	13700	8300,8800	配置1:360,配置2:320	65	69	0	0	0	0	0	0	0	0	0	0	0	6	
宁波比亚迪汽车有限公司	比亚迪牌	BYD6850NHZEV	BYD6800DZGEV	8490	2420	3200	4440	14000	8530	410	69	69	0	0	0	0	0	0	0	0	0	0	0	45	45
华晨客车(大连)有限公司	佰斯威牌	WK6101UREV1	—	10490	2500	3045,3160	6000	15300	9620	310,320	69	69	0	0	0	3	0	0	0	0	0	40	0	0	43
深圳市五洲龙汽车股份有限公司	五洲龙牌	FDG6105EVG1	—	10490	2500	3200	5300	18000	12400	350	69	69	0	0	0	0	39	0	0	0	0	0	0	0	39
四川国宏汽车有限公司	乐达牌	LSK6105GEV1	EQ6100ACEV1	10500	2550	3150	5600	17400	10200	300	69	69	0	0	0	0	0	0	0	0	0	0	0	30	34
		LSK6810GEV1	—	8100	2360	3200	4100	12000	7500	210	69	69	0	0	0	0	0	0	0	0	4	0	0	0	
武汉客车制造股份有限公司	华中牌	WH6101GBEV	HFC6100EVY	10480	2530	2950,3100	5350	16900	10900	235	69	69	0	0	0	0	2	0	0	0	0	0	0	0	33
		WH6110GBEV1	EQ6100KRACEV10	10550	2530	3030,3180	5350	17300	10100,9800	270	69	69	0	0	0	0	0	0	0	0	31	0	0	0	
金华青年汽车制造有限公司	青年牌	JNP6103BEVBN	—	10150	2500	3100	5100	14500	9200	275	66	69	0	0	0	0	0	10	20	0	0	0	0	0	33
		JNP6123BEV1P	—	12000	2550	3200	5800	18000	11800	153	66	69	0	0	0	0	0	0	1	0	0	0	0	0	
		JNP6123BEV3N	—	12000	2550	3200	5800	18000	11400	251	66	69	0	0	2	0	0	0	0	0	0	0	0	0	
芜湖中骐汽车制造有限公司	帅骐牌	HL6850BEV01	NJL6791BEVD	8490	2460	3035,3120	4465	12200	8000,8200	250	69	69	0	0	0	12	0	0	0	0	0	0	0	0	32
	斯帕德牌	HL6800BEV01	—	8020	2160	2860	4500	9200	6050	320	100	100	0	0	0	0	0	0	10	10	0	0	0	0	
福建新福达汽车工业有限公司	福达牌	FZ6108UFBEV02	—	10480	2500	3300,3150	5000	18000	11850	408	69	69	0	0	0	0	0	30	0	0	0	0	0	0	31
		FZ6125UFBEV01	—	12000	2550	3300,3150	5980	18000	12700	495	69	69	0	0	0	0	0	0	0	0	0	0	0	1	
中植汽车睢宁有限公司	舒驰牌	NK6810BEVL	CDL6760CREV2	8060	2180	2630,2860	4500	8600	5750	275	100	100	0	0	0	1	30	0	0	0	0	0	0	0	31
襄阳九州汽车有限公司	九州牌	SYC6100CBEVA	—	10470	2500	3285	5000	16500	10300	300	69	69	0	0	0	0	1	0	0	0	0	0	23	1	25
广西华奥汽车制造有限公司	金华奥牌	CCA6121BEVG02	CCA6121BEVD	11990	2550	3360,3460	6350	18000	11700	302	69	69	7	0	0	0	0	0	0	0	0	0	0	0	24
		CCA6830BEVG05	—	8340	2360	2910,3050	4600	12500	7900	295	69	69	0	0	0	0	17	0	0	0	0	0	0	0	
一汽延边现通汽车有限责任公司	长白山牌	ZY6820BEV01	ND6780BEV02	8190	2400	3140,3285	4100	12480	8140,8370	308	69	69	0	0	0	0	0	0	0	0	0	20	0	0	20

续上表

企业名称 Company Name	品牌 Brand	车辆型号 Vehicle Model	底盘型号 Chassis Model	外形尺寸 Dimension (mm) 长 Length	宽 Width	高 Height	轴距 Wheel Base (mm)	总质量 Total Weight (kg)	整备质量 Vehicle Weight (kg)	续驶里程 Driving Mileage of Electric vehicle (等速法 Isokinetic Method) (km)	30 分钟最高车速 Maximum Speed of Electric Car in 30 Minutes (km/h)	最高车速 Maximum Speed (km/h)	1月 January	2月 February	3月 March	4月 April	5月 May	6月 June	7月 July	8月 August	9月 September	10月 October	11月 November	12月 December	2018年产量合计 Total Output in 2018 (辆, vehicle)
江苏登达汽车有限公司	钻石牌	SGK6109BEVGK11	—	10500	2500	3050,3300	6000	17000	9600,9900	230	69	69	0	0	0	0	0	1	0	0	0	0	0	0	13
		SGK6109BEVGK12	—	10500	2500	3050,3300	6000	17500	9500,9800	255	69	69	0	0	0	0	0	0	0	0	0	0	0	5	
		SGK6851BEVGK11	—	8540	2440	2900,3150	4100	12500	7900,8200	250	69	69	0	0	0	0	0	0	0	7	0	0	0	0	
四川新筑通工汽车有限公司	通工牌	TG6120CBEV1	—	12000	2550	3440	5900	18000	11700,11400	41	69	69	0	0	0	0	0	0	0	0	0	0	0	10	10
桂林客车工业集团有限公司	五菱牌	GL6606BEV	—	6005	2098	2645,2735,2765,2895	3310	5700	3500	215	69	69	0	0	0	0	2	0	0	0	0	0	0	0	8
		GL6608BEV	—	6005	2098	2645,2735,2765,2895	3310	5700	3500	254	69	69	0	0	0	0	0	0	0	0	6	0	0	0	
中植汽车(淳安)有限公司	中植汽车牌	SPK6100BEVP	—	10500	2500	3300	5000	14000	9450	250	100	100	0	0	0	0	0	3	0	0	0	0	0	0	5
		SPK6100BEVP1	—	10500	2500	3330	5000	14500	9100	270	100	100	0	0	0	0	0	0	0	0	0	0	0	2	
重庆恒通客车有限公司	恒通客车牌	CKZ6851HBEVG	—	8545	2400	3255	4200	12960	8200,8650,9200	251	69	69	0	0	0	0	3	0	0	0	0	0	0	0	3
山西原野汽车制造有限公司	湛龙牌	YYC6107GBEV	—	10480	2550	3300,3150	5000	17500	11800,11400	218	69	69	0	1	0	0	0	0	0	0	0	0	0	0	3
		YYC6129GBEV	—	12000	2550	3300,3150	6100	18000	12450,12800	265	69	69	0	1	0	0	0	0	0	0	0	0	0	0	
		YYC6801GBEV	—	8005	2260	2815,2950	4500	10200	6780,6980	290	69	69	0	1	0	0	0	0	0	0	0	0	0	0	
河南少林客车股份有限公司	少林牌	SLG6100EVG	—	10500	2500	3130,3260	6100	16500	9830,10150	300	69	69	1	0	0	0	0	0	0	0	0	0	0	0	2
		SLG6829EVG	SLG6770DR	8240	2390	3060,3200	4100	12000	6980,7250	210	69	69	1	0	0	0	0	0	0	0	0	0	0	0	
湖北三江航天万山特种车辆有限公司	金旅牌	WS6105WEVJ0C3	—	10480	2550	3300,3150	5000	18000	10800	300	69	69	0	0	0	0	0	0	0	0	0	0	1	0	2
		WS6805WEVY0C2	—	8045	2350	2980,3135	4550	13000	7300	224	69	69	0	0	0	0	0	0	0	0	0	0	1	0	
湖州恩驰汽车有限公司	恩纳德牌	HZK6651BEVH	FZ6600UBEV03	6490	2190	2975	4100	8200	5380	305	97	100	0	0	0	0	0	0	0	0	0	0	2	0	2
山西皇城相府宇航汽车制造有限公司	山西牌	SXK6108GBEV	—	10490	2500	3045,3160	6000	15500	9350	330	69	69	0	0	0	0	0	0	0	0	1	0	0	0	2
		SXK6852GBEV	—	8520	2500	3190	4600	12500	7700	300	69	69	0	0	0	0	0	0	0	0	1	0	0	0	
陕西汉中客车有限公司	汉龙牌	SHZ6102GEV	EQ6100KRACEV4	10490	2500	2950,3170	5600	16900	10190,10450	280	69	69	0	0	0	0	2	0	0	0	0	0	0	0	2
四川现代汽车有限公司	康恩迪牌	CHM6710LBEV	CHM6700KHEV	7090	2050	2755,2685	4085	7000	5200	250	100	100	0	0	0	0	0	0	0	0	0	0	0	2	2
苏州益茂电动客车有限公司	东鸥牌	ZQK6810EV8	EQ6770KRACEV6	8100	2280,2160	2780,2980,2720,2840	4500	9400	6000	250	69	69	0	0	0	0	0	0	0	0	0	0	0	2	2
唐山上汽客车有限公司	飞翼牌	SK6858BEV25	SWB6818BEV25	8500	2500	3200	4500	12550	8300	430	65	69	0	0	0	0	0	0	0	0	0	0	0	1	1
中山市顺达客车有限公司	上佳牌	HA6660BEVB1	—	6645	2250	2960,2850	3400	8500	5700,5500	380	65	69	0	0	0	0	0	0	0	0	0	0	0	1	1

续上表

企业名称 Company Name	品牌 Brand	车辆型号 Vehicle Model	底盘型号 Chassis Model	外形尺寸 Dimension (mm) 长 Length	宽 Width	高 Height	轴距 Wheel Base (mm)	总质量 Total Weight (kg)	整备质量 Vehicle Weight (kg)	续驶里程 Driving Mileage of Electric vehicle (等速法 Isokinetic Method) (km)	30分钟最高车速 Maximum Speed of Electric Car in 30 Minutes (km/h)	最高车速 Maximum Speed (km/h)	1月 January	2月 February	3月 March	4月 April	5月 May	6月 June	7月 July	8月 August	9月 September	10月 October	11月 November	12月 December	2018年产量合计 Total Output in 2018 (辆,vehicle)
安源客车制造有限公司	安源牌	PK6605BEV	—	6050	1995	2620,2700	3665	4755	3250	249	69	69	0	0	0	0	0	1	0	0	0	0	0	0	1
北奔重型汽车集团有限公司	北奔牌	ND6102BEV00	—	10490	2500	3125,3300	5150	16400	10220,10600	210	69	69	0	0	0	0	0	0	0	0	0	0	1	0	1
东风汽车股份有限公司	东风牌	DFA6800EBEV2	EQ6760KRACEV19	8050	2260	2875,3050	4100	11000	6260,6460	270	100	100	0	0	0	0	0	0	0	0	0	0	0	1	1
贵州贵航云马汽车工业有限责任公司	云马牌	YM6801BEVG	—	8050	2250	2910,2980	4100	9000	6150	255	69	69	0	0	0	0	0	1	0	0	0	0	0	0	1
哈尔滨龙江客车制造有限公司	龙江牌	LJK6100PBABEV1	DD6100DEV1	10010	2440	3070,3230	5670	13500	8500,8800	290	65	69	0	0	0	0	0	0	0	0	0	0	1	0	1
2018年产量合计/Total output in 2018(辆,vehicle)													2487	1037	2782	6594	14350	4378	3061	3892	8479	6931	11939	27127	93057

(2)乘用车/Passenger Car

企业名称 Company Name	品牌 Brand	车辆型号 Vehicle Model	底盘型号 Chassis Model	外形尺寸 Dimension (mm) 长 Length	宽 Width	高 Height	轴距 Wheel Base (mm)	总质量 Total Weight (kg)	整备质量 Vehicle Weight (kg)	续驶里程 Driving Mileage of Electric Vehicle (工况法 Operating Condition Method,km)	续驶里程 Driving Mileage of Electric Vehicle (等速法 Isokinetic Method, km)	30分钟最高车速 Maximum Speed of Electric Car in 30 Minutes (km/h)	最高车速 Maximum Speed (km/h)	1月 January	2月 February	3月 March	4月 April	5月 May	6月 June	7月 July	8月 August	9月 September	10月 October	11月 November	12月 December	2018年产量合计 Total Output in 2018 (辆,vehicle)
北京新能源汽车股份有限公司	北京牌	BJ7001BPH1-BEV	—	3675	1630	1518	2360	1360	1050	156	202	100	101	2703	2505	2	1	0	1	0	0	0	0	0	0	84745
		BJ7001BPH2-BEV	—	3675	1630	1518	2360	1360	1058	156	202	100	101	0	0	0	0	0	1	0	0	0	0	0	0	
		BJ7001BPH5-BEV	—	3675	1630	1518	2360	1360	1030	162	200	100	101	2677	2288	4215	1590	0	0	0	0	0	0	0	0	
		BJ7001BPH6-BEV	—	3684	1630	1518	2360	1430	1110	261	315	120	120	0	0	0	0	0	0	0	0	55	13622	9341	3713	
		BJ7001BPH7-BEV	—	3675	1630	1518	2360	1360	1030	170	210	100	101	800	0	3240	478	3	0	0	0	0	0	0	0	
		BJ7001BPH8-BEV	—	3675	1630	1518	2360	1360	1050	156	202	100	101	593	1086	3518	2269	754	0	0	0	0	0	0	0	
		BJ7001BPH9-BEV	—	3675	1630	1518	2360	1360	1030	171	215	101	101	0	0	0	5328	3939	0	0	0	0	0	0	0	
		BJ7001BPHA-BEV	—	3675	1630	1518	2360	1360	1050	206	256	100	101	0	0	0	0	0	0	0	4469	2617	819	10957	1141	
		BJ7001BPHB-BEV	—	3675	1630	1518	2360	1430	1092	270	320	100	100	0	0	0	0	0	0	0	0	10	0	0	10	
安徽江淮汽车集团股份有限公司	江淮牌	HFC7000BEV	—	4590	1765	1490	2710	2125	1750	310	390	120	130	1	4	0	0	1	99	0	0	0	42	0	0	64533
		HFC7000BEV1	—	4590	1765	1490	2710	2060	1685	330	400	130	150	0	49	1	0	4	70	0	31	19	0	0	0	
		HFC7000BEV2	—	4590	1765	1490	2710	2175	1800	400	500	130	150	0	48	0	10	64	49	0	34	16	0	0	0	
		HFC7000BEV5	—	4590	1765	1490	2710	2165	1790	402	500	120	130	0	0	0	0	0	0	0	0	1	2	0	1475	
		HFC7000BEV6	—	4590	1765	1490	2710	2195	1820	402	502	130	150	0	0	0	0	0	0	0	0	2	0	0	25	
		HFC7000EWEV3	—	3690,3775	1685	1570	2390	1620	1320	310	390	102	102	0	0	0	0	303	1011	1459	1602	1300	1126	1087	617	

续上表

企业名称 Company Name	品牌 Brand	车辆型号 Vehicle Model	底盘型号 Chassis Model	外形尺寸 Dimension (mm) 长 Length	宽 Width	高 Height	轴距 Wheel Base (mm)	总质量 Total Weight (kg)	整备质量 Vehicle Weight (kg)	续驶里程 Driving Mileage of Electric Vehicle (工况法 Operating Condition Method, km)	续驶里程 Driving Mileage of Electric Vehicle (等速法 Isokinetic Method, km)	30分钟最高车速 Maximum Speed of Electric Car in 30 Minutes (km/h)	最高车速 Maximum Speed (km/h)	1月 January	2月 February	3月 March	4月 April	5月 May	6月 June	7月 July	8月 August	9月 September	10月 October	11月 November	12月 December	2018年产量合计 Total Output in 2018 (辆, vehicle)
安徽江淮汽车集团股份有限公司	江淮牌	HFC7000W3EV	—	3630	1670	1475	2390	1450	1150	156	190	102	102	0	3639	4366	3244	2035	0	0	0	0	0	0	0	64533
		HFC7000WEV	—	3630	1670	1475	2390	1475	1175	170, 200, 203	205, 230, 230	102	102	2478	522	176	24	150	0	0	0	0	0	0	0	
		HFC7000WEV1	—	3630	1670	1475	2390	1475	1175	255	310	102	102	0	0	0	0	0	798	2028	2407	2744	2877	3416	3748	
		HFC7001A1EV	—	4320	1710	1515	2490	1635	1260	180	250	120	120	0	1	88	0	0	0	0	0	0	0	0	0	
		HFC7001AEV2	—	4320	1710	1515	2490	1715	1340	255	310	120	120	0	0	0	0	0	0	0	0	0	0	0	30	
		HFC7001EAEV2	—	4135	1750	1560, 1565	2490	1835	1460	280	350	130	130	235	220	0	0	10	0	0	0	0	0	0	0	
		HFC7001EAEV4	—	4135	1750	1560, 1565	2490	1835	1460	280, 302	350, 380	130	130	0	0	430	72	0	0	0	0	0	0	0	1163	
		HFC7001EAEV5	—	4135	1750	1560, 1565	2490	1835	1460	301	350	102	102	0	0	0	0	0	0	0	995	519	482	1	1367	
		HFC7001EAEV6	—	4135	1750	1560, 1565	2490	1855	1480	355	430	130	130	0	0	0	0	0	0	0	0	0	2	0	20	
		HFC7001EWEV	—	3775	1685	1570	2390	1550	1250	170	205	102	102	0	0	0	0	2	0	0	0	0	0	0	0	
	思皓牌	HFC7001E1AEV	—	4135	1750	1565	2490	1855	1460, 1480	302	380	130	130	0	0	0	0	0	0	0	0	2	0	296	824	
	蔚来牌	HFC6502ECEV1-W	—	5022	1962	1756	3010	3099	2460	355	500	180	200	0	0	0	0	0	0	0	0	0	1577	1472	1253	
		HFC6502ECEV2-W	—	5022	1962	1756	3010	3099	2460	355	500	180	200	0	0	0	0	0	0	0	0	0	195	1333	1766	
		HFC6502ECEV-W	—	5022	1962	1756	3010	3099	2460	355	500	180	200	0	0	2	1	85	229	612	1374	1731	305	497	138	
奇瑞汽车股份有限公司	奇瑞牌	SQR7000BEVJ00	—	3564	1620	1527	2340	1428	1128	≥151	≥170	100	100	0	0	0	0	0	0	0	0	0	0	0	1	59768
		SQR7000BEVJ002	—	3564	1620	1527	2340	1440	1140	251	300	100	100	0	0	0	0	5	1	18	2	25	75	8	1	
		SQR7000BEVJ601	—	4572, 4602	1825	1496	2670	1935	1560	351	400	100	152	10	30	43	477	127	239	49	9	0	0	1	3	
		SQR7000BEVJ602	—	4572, 4602	1825	1496	2670	1920	1545	401	450	100	152	0	0	0	0	0	0	0	25	287	147	529	135	
		SQR7000BEVJ604	—	4572, 4602	1825	1496	2670	1935	1560	401	—	100	152	0	0	0	0	0	0	0	0	0	634	690	262	
		SQR7000BEVJ605	—	4572, 4602	1825	1496	2670	1920	1545	415	—	100	160	0	0	0	0	0	0	0	0	0	0	0	3	
		SQR7000BEVJ691	—	4200	1760	1570	2555	1890	1515	351	445	100	100	254	6	177	446	1483	2246	1297	287	0	0	0	6	
		SQR7000BEVJ692	—	4200	1760	1570	2555	1875	1500	401	—	100	100	0	0	0	0	0	0	0	36	149	21	17	132	
		SQR7000BEVJ694	—	4200	1760	1570	2555	1890	1515	401	—	100	100	0	0	0	0	0	0	0	0	1247	1533	1027	641	
		SQR7000BEVJ72	—	3200	1670	1550, 1590	2150	1005, 1195	855, 895	151	180	100	100	957	443	0	0	4	0	0	0	0	0	0	0	
		SQR7000BEVJ721	—	3200	1670	1550, 1590	2150	1285	985	251	310	100	100	0	2488	3369	3	0	0	0	7	0	0	1	0	
		SQR7000BEVJ725	—	3200	1670	1550, 1590	2150	1285, 1115	985, 965	251	310	100	100	0	0	699	2910	1933	3906	1797	479	0	0	2	3	
		SQR7000BEVJ726	—	3200	1670	1550, 1590	2150	1145, 1315	995, 1015	301	—	102	102	0	0	0	0	0	839	2407	1956	2258	513	591	726	
		SQR7000BEVJ727	—	3200	1670	1550, 1590	2150	1125, 1295	975, 995	301	—	100	100	0	0	0	0	0	0	0	0	0	0	2	749	
		SQR7000BEVJ728	—	3200	1670	1550, 1590	2150	1115, 1285	965, 985	301	—	100	100	0	0	0	0	0	0	0	0	0	407	1908	773	

续上表

企业名称 Company Name	品牌 Brand	车辆型号 Vehicle Model	底盘型号 Chassis Model	外形尺寸 Dimension (mm) 长 Length	宽 Width	高 Height	轴距 Wheel Base (mm)	总质量 Total Weight (kg)	整备质量 Vehicle Weight (kg)	续驶里程 Driving Mileage of Electric Vehicle (工况法 Operating Condition Method,km)	续驶里程 Driving Mileage of Electric Vehicle (等速法 Isokinetic Method, km)	30分钟最高车速 Maximum Speed of Electric Car in 30 Minutes (km/h)	最高车速 Maximum Speed (km/h)	1月 January	2月 February	3月 March	4月 April	5月 May	6月 June	7月 July	8月 August	9月 September	10月 October	11月 November	12月 December	2018年产量合计 Total Output in 2018 (辆,vehicle)
奇瑞汽车股份有限公司	奇瑞牌	SQR7000BEVJ729	—	3200	1670	1550,1590	2150	1115,1285	965,985	301	—	100	100	0	0	0	0	0	0	0	1613	3406	3448	1748	2196	59768
		SQR7003BEVJ51	—	4250	1726	1510	2510	1700,1650	1325,1275	251	300	102	102	0	0	0	0	0	0	0	0	0	20	150	216	
比亚迪汽车有限公司	比亚迪牌	BYD6460SBEV4	—	4565	1870	1700,1675	2660	2425	2050	350	400	140	140	0	0	0	0	0	405	0	0	0	0	0	0	59039
		BYD6460SBEV7	—	4600	1870	1700,1675	2660	2445,2465	2070,2090	400	500	140	150	0	0	0	0	0	0	0	0	482	951	534	1347	
		BYD7005BEV	—	4680	1765	1500	2660	2220,2275	1845,1900	305	360	130	130	4	0	0	0	0	0	0	0	0	0	0	0	
		BYD7005BEV1	—	4680	1765	1500	2660	2275	1900	400	480	130	130	0	720	4506	9564	1773	2652	2843	3159	2904	3583	3849	2135	
		BYD7005BEV8	—	4680	1765	1500	2660	2025	1650	405	480	130	130	0	0	0	0	0	0	0	0	0	100	2940	4455	
		BYD7008BEV3	—	4740	1770	1490	2670	2325	1950	400	480	145	150	0	0	0	1384	1012	523	491	1505	1371	527	72	384	
		BYD7008BEVA	—	4765	1837	1515	2718	2025	1650	420	500	150	150	0	0	0	0	0	0	0	0	16	12	674	2162	
比亚迪汽车工业有限公司	比亚迪牌	BYD6440SBEV2	—	4100,4360	1785	1690	2535	2070	1695	305	360	120	140	0	0	0	0	0	913	508	1193	989	1221	1408	1392	49347
		BYD6450VBEV1	—	4460	1720	1875	2725	2305	1780	360	430	100	100	0	0	0	0	0	0	0	0	0	0	0	100	
		BYD7003BEV	—	4100,4360	1785	1680	2535	1870	1495	305	360	101	101	0	0	0	0	0	1075	2687	3472	3212	4700	6172	6246	
		BYD7006BEVG	—	4560	1822	1630	2830	2855	2450	450	550	140	140	0	0	0	0	322	1049	1448	2673	1801	1257	1268	83	
		BYD7006BEVH	—	4560	1822	1630	2830	2795	2420	400	520	140	140	0	0	1	0	74	0	0	2	0	0	0	0	
	腾势牌	QCJ7007BEV1	—	4642,4672	1850	1642	2880	2550	2160,2120	352,451	473,635	120	150	0	0	2	76	22	291	510	0	0	0	0	0	
		QCJ7007BEV2	—	4642,4672	1850	1642	2880	2550	2160,2120	352,451	473,635	120	150	0	0	1	436	116	101	55	0	0	0	0	0	
		QCJ7007BEV3	—	4672	1850	1642	2880	2410	1900	403	515	120	150	0	0	0	0	0	0	2	1	178	809	556	922	
		QCJ7007BEV4	—	4672	1850	1642	2880	2410	1900	451	560	120	150	0	0	0	0	0	0	2	1	0	0	0	0	
浙江豪情汽车制造有限公司	帝豪牌	HQ7002BEV05	—	4631	1789	1495	2650	1970	1595	400	480	140	140	10	64	68	1871	2079	1900	1841	3414	2962	2232	2390	2998	43097
		HQ7002BEV08	—	4631	1789	1495	2650	1913	1538	300	360	140	140	578	610	680	68	0	0	0	0	0	0	0	0	
		HQ7002BEV11	—	4631	1789	1495	2650	1950	1575	300	360	140	140	0	0	14	12	0	0	0	0	0	0	0	0	
		HQ7002BEV12	—	4631	1789	1495	2650	1950	1575	300	360	140	140	0	0	0	620	1358	1277	669	437	519	965	768	56	
		HQ7002BEV15	—	4440	1833	1560	2700	2010	1635	353	460	140	140	0	0	0	0	0	33	2181	409	2132	1100	1093	546	
		HQ7002BEV17	—	4440	1833	1560	2700	2010	1635	353	460	140	140	0	0	0	0	0	0	0	0	0	1	0	0	
		HQ7002BEV35	—	4631	1789	1495	2650	1970	1595	400	480	140	140	0	0	0	0	0	0	0	0	0	0	8	192	
		HQ7002BEV36	—	4631	1789	1495	2650	1970	1595	400	480	140	140	0	0	0	0	0	0	0	0	0	0	805	10	
		JL7001BEV55	—	3778	1663	1519	2353	1450	1075	155	200	110	110	0	0	0	0	1	0	0	0	0	0	0	0	
	吉利牌	JL7001BEV33	—	2806	1540	1555	1765	870,955	690,775	155	165	100	100	0	0	0	0	0	0	0	0	0	0	0	1	
		JL7001BEV35	—	2806	1540	1555	1765	890,955	740,775	155	165	100	100	0	82	478	480	1043	218	0	0	0	0	0	0	

续上表

企业名称 Company Name	品牌 Brand	车辆型号 Vehicle Model	底盘型号 Chassis Model	外形尺寸 Dimension (mm) 长 Length	宽 Width	高 Height	轴距 Wheel Base (mm)	总质量 Total Weight (kg)	整备质量 Vehicle Weight (kg)	续驶里程 Driving Mileage of Electric Vehicle (工况法 Operating Condition Method, km)	续驶里程 Driving Mileage of Electric Vehicle (等速法 Isokinetic Method, km)	30 分钟最高车速 Maximum Speed of Electric Car in 30 Minutes (km/h)	最高车速 Maximum Speed (km/h)	1 月 January	2 月 February	3 月 March	4 月 April	5 月 May	6 月 June	7 月 July	8 月 August	9 月 September	10 月 October	11 月 November	12 月 December	2018 年产量合计 Total Output in 2018 (辆, vehicle)
浙江豪情汽车制造有限公司	吉利牌	JL7001BEV45	—	2806	1540	1555	1765	955	775	155	165	100	100	0	309	257	551	235	18	0	0	0	0	0	0	43097
		JL7001BEV46	—	2806	1540	1555	1765	955	775	155	165	100	100	0	0	0	0	0	0	0	0	0	0	0	3	
		JL7001BEV47	—	2975	1585	1590	1865	1020	870	155	165	100	100	0	0	8	15	217	0	0	0	0	0	0	0	
		JL7001BEV57	—	2806	1540	1555	1765	955	775	155	165	100	100	0	0	29	113	2	1	0	0	0	0	0	0	
		JL7001BEV60	—	2806	1540	1555	1765	955	775	155	165	100	100	0	0	0	0	5	61	0	0	0	0	0	0	
江铃控股有限公司	江铃牌	JX70014BEV	—	3580, 3650	1570	1485	2345	1250	950	152	—	100	100	0	0	0	0	713	183	0	0	0	0	0	0	41648
		JX70015BEV	—	3580, 3650	1570	1485	2345	1250	950	152	—	100	100	0	0	0	1383	1450	848	0	0	0	0	0	0	
		JX70016BEV	—	3580, 3650	1570	1485	2345	1250	950	152	—	100	100	1206	71	2300	9	515	2	0	0	0	0	0	0	
		JX70019BEV	—	3994	1626	1505	2400	1290	990	152	—	100	100	0	0	0	1	91	247	0	0	0	0	0	0	
		JX70021BEV	—	4160	1810	1670	2560	1865	1490	252	—	118	120	0	0	22	69	64	30	34	5	1	3	0	57	
		JX70022BEV	—	3580, 3650	1570	1485	2345	1220	920	152	—	100	100	0	0	0	0	879	163	0	0	0	0	0	0	
		JX70023BEV	—	3580, 3650	1570	1485	2345	1220	920	152	—	100	100	0	0	979	1125	186	3	0	0	0	0	0	0	
		JX70025BEV	—	3580, 3650	1570	1485	2345	1278	978	252	—	102	102	0	0	0	0	0	1	0	62	0	1	0	1	
		JX70026BEV	—	3580, 3650	1570	1485	2345	1250	950	202	—	102	102	0	0	0	0	126	453	145	27	0	0	0	7	
		JX70027BEV	—	3427	1565	1510	2260	1134	834	202	—	100	102	0	0	0	1	0	0	170	47	7	414	418	270	
		JX70028BEV	—	3994	1626	1505	2400	1345	1045	252	—	102	102	0	0	0	0	0	0	0	0	1	182	238	336	
		JX70029BEV	—	3580, 3650	1570	1485	2345	1275	975	202	—	102	102	0	0	0	0	0	0	596	192	1	1	673	37	
		JX70031BEV	—	3427	1565	1510	2260	1104	804	202	—	100	102	0	0	0	0	0	0	13	1308	734	440	207	1498	
		JX70032BEV	—	3580, 3650	1570	1485	2345	1278	978	255	—	102	102	0	0	0	0	0	0	0	0	0	0	9	191	
		JX70033BEV	—	4160	1810	1670	2560	1865	1490	305	—	102	102	0	0	0	0	0	0	0	0	0	0	0	250	
		JX70034BEV	—	4160	1810	1670	2560	1865	1490	310	—	100	100	0	0	0	0	0	0	250	242	648	325	578	1355	
		JX70035BEV	—	3580, 3650	1570	1485	2345	1278	978	260	—	100	100	0	0	0	0	0	0	0	349	214	279	109	403	
		JX70036BEV	—	3580, 3650	1570	1485	2345	1278	978	260	—	100	100	0	0	0	0	0	0	0	0	882	1446	1509	1471	
		JX70038BEV	—	3580, 3650	1570	1485	2345	1278	978	252	—	100	100	0	0	0	0	0	0	0	0	0	1	4570	2347	
		JX7005BEV	—	3427	1565	1450, 1510	2260	1125	825	152	—	100	100	0	0	559	1173	1027	215	0	0	0	0	0	0	

续上表

企业名称 Company Name	品牌 Brand	车辆型号 Vehicle Model	底盘型号 Chassis Model	外形尺寸 Dimension (mm) 长 Length	宽 Width	高 Height	轴距 Wheel Base (mm)	总质量 Total Weight (kg)	整备质量 Vehicle Weight (kg)	续驶里程 Driving Mileage of Electric Vehicle (工况法 Operating Condition Method,km)	续驶里程 Driving Mileage of Electric Vehicle (等速法 Isokinetic Method, km)	30分钟最高车速 Maximum Speed of Electric Car in 30 Minutes (km/h)	最高车速 Maximum Speed (km/h)	1月 January	2月 February	3月 March	4月 April	5月 May	6月 June	7月 July	8月 August	9月 September	10月 October	11月 November	12月 December	2018年产量合计 Total Output in 2018 (辆,vehicle)
北京汽车股份有限公司	北京牌	BJ7000C5D2-BEV	—	4650	1820	1510	2670	2055	1680	460	570	155	155	0	0	0	0	0	0	0	0	0	0	0	1	41601
		BJ7000C5D3-BEV	—	4650	1820	1510	2670	1975	1600	416	520	155	155	0	0	0	0	0	1	1501	2651	3053	3475	4045	5919	
		BJ7000C5E1-BEV	—	4582,4602	1794	1515	2650	2023	1603,1613	200,252	260,330	125,100	140,100	0	0	0	0	4	1	0	0	0	0	0	0	
		BJ7000C5E2-BEV	—	4602	1794	1515	2650	2023	1613	252	330	100	100	0	0	0	0	780	0	1	0	0	0	0	0	
		BJ7000C5E4-BEV	—	4602	1794	1515	2650	2058	1683	360	460	100	100	62	137	95	464	88	0	493	117	5	0	2	264	
		BJ7000C5E6-BEV	—	4602	1794	1515	2650	2053	1633	300	380	100	100	0	0	0	0	0	0	0	0	0	0	2	0	
		BJ7000C5E7-BEV	—	4602	1794	1515	2650	2053	1613	300	380	100	100	0	34	6	113	25	7	25	289	204	234	1071	938	
		BJ7000C5E8-BEV	—	4602	1794	1515	2650	2053	1613	300	380	100	100	0	0	4	0	0	0	0	0	0	1	0	500	
		BJ7000C5E9-BEV	—	4602	1794	1515	2650	2023	1613	300	350	100	100	0	0	0	0	0	0	0	0	0	0	110	1623	
		BJ7000U3D7-BEV	—	4110	1750	1583	2519	1880	1480	318	390	100	100	0	0	273	1747	3489	2768	2189	2459	306	7	1	11	
		BJ7001U5E2-BEV	—	4480	1837	1673	2665	2137	1762	415	520	150	160	0	0	0	0	0	0	0	0	0	0	6	0	
上海汽车集团股份有限公司	荣威牌	CSA6456BEV1	—	4554	1855	1686,1716	2700	2155	1710	320	425	130	135	548	461	794	1002	0	0	0	0	0	0	0	0	34919
		CSA6456BEV2	—	4554	1855	1686,1716	2700	2155	1710	320	425	130	135	0	0	0	0	510	95	30	120	428	626	202	0	
		CSA6461FBEV1	—	4678	1919	1616	2800	2185	1759	403	500	160	170	0	0	0	0	0	0	1	63	365	958	1002	949	
		CSA6461FBEV2	—	4678	1919	1618	2800	2290	1870	370	500	160	170	0	0	0	3	0	0	0	0	1	142	329	114	
		CSA7002FBEV1	—	4544	1818	1509,1532	2665	1859	1420	301	401	145	145	4	48	970	2379	3587	3550	3526	3489	3364	1993	15	2	
		CSA7002FBEV3	—	4544	1818	1513,1536	2665	1974	1535	400	540	145	145	0	0	0	0	0	0	0	0	0	0	0	2403	
		CSA7002FBEV4	—	4544	1818	1513,1536	2665	1994	1555	420	570	145	150	0	0	0	0	0	0	0	0	0	0	23	823	
湖南江南汽车制造有限公司	江南牌	JNJ7000EVA11	—	3300	1405	1480	2175	1040	710	150	160	100	100	0	0	0	0	0	1	0	0	0	0	0	0	32116
		JNJ7000EVA9	—	3300	1405	1480	2175	1040	710	150	160	100	100	0	0	0	309	491	1	0	0	0	0	0	0	
	众泰牌	JNJ6408EV1	—	3995	1620	1915	2700	2015	1435	155	210	100	100	0	0	0	0	3	0	0	0	0	0	0	0	
		JNJ7000EVB	—	4405	1830	1640,1665	2610	1973	1598	250	330	140	140	0	0	21	56	116	36	71	55	7	46	7	13	
		JNJ7000EVC1	—	4750	1810	1510	2750	2050	1675	250	310	140	140	0	0	1	2	0	100	0	0	0	0	0	0	
		JNJ7000EVC4	—	4750	1810	1510	2750	1995	1620	330	440	140	140	0	0	0	0	0	0	0	0	2	0	6	20	
		JNJ7000EVE6	—	2798	1563	1572	1765	960	810	150	170	100	100	0	0	0	31	0	0	0	0	0	0	0	0	
		JNJ7000EVEA	—	2798	1563	1572	1765	935	785	211	220	100	105	0	0	34	867	1134	941	915	144	0	0	0	0	
		JNJ7000EVEB	—	2798	1563	1572	1765	1010	860	330	380	100	100	0	0	0	0	0	0	5	744	0	0	0	0	
		JNJ7000EVK1	—	2735	1600	1630	1810	1270	1080,1100	160	185	100	120	0	141	1776	2150	2428	1	0	0	0	0	0	0	
		JNJ7000EVK5	—	2735	1600	1630	1810	1270	1080	165	220	100	120	509	0	0	0	0	0	0	0	0	0	0	0	
		JNJ7000EVK9	—	2735	1600	1630	1810	1270	1080	301	330	100	105	0	0	0	0	0	769	1912	1958	1745	2068	1559	2398	

续上表

企业名称 Company Name	品牌 Brand	车辆型号 Vehicle Model	底盘型号 Chassis Model	外形尺寸 Dimension (mm) 长 Length	宽 Width	高 Height	轴距 Wheel Base (mm)	总质量 Total Weight (kg)	整备质量 Vehicle Weight (kg)	续驶里程 Driving Mileage of Electric Vehicle (工况法 Operating Condition Method,km)	续驶里程 Driving Mileage of Electric Vehicle (等速法 Isokinetic Method, km)	30分钟最高车速 Maximum Speed of Electric Car in 30 Minutes (km/h)	最高车速 Maximum Speed (km/h)	1月 January	2月 February	3月 March	4月 April	5月 May	6月 June	7月 July	8月 August	9月 September	10月 October	11月 November	12月 December	2018年产量合计 Total Output in 2018 (辆,vehicle)
湖南江南汽车制造有限公司	众泰牌	JNJ7000EVX14	—	3559,3627	1620	1476	2360	1340,1420	1040,1120	155	200	100	102	0	0	0	0	300	0	0	0	0	0	0	0	32116
		JNJ7000EVX17	—	3559,3627	1620	1476	2360	1340	1040	155	200	100	102	0	0	0	0	2	0	0	0	0	0	0	0	
		JNJ7000EVX19	—	3559,3627	1620	1476	2360	1375	1075	255	320	100	102	0	0	0	0	0	187	1064	343	11	0	0	0	
		JNJ7000EVX20	—	3559,3627	1620	1476	2360	1375	1075	255	320	100	102	0	0	0	0	0	0	0	1	13	986	749	650	
		JNJ7000EVX21	—	3559,3627	1620	1476	2360	1280	980	165	200	100	102	1	0	0	0	400	0	0	0	0	0	0	0	
		JNJ7000EVX25	—	3559,3627	1620	1476	2360	1375	1075	305	380	100	102	0	0	0	0	0	0	0	0	0	213	1263	332	
		JNJ7000EVX26	—	3559,3627	1620	1476	2360	1375	1075	310	360	100	102	0	0	0	0	0	0	0	0	0	0	0	8	
重庆长安汽车股份有限公司	长安牌	SC6388BVBEV	—	3800	1700	1670	2505	1715	1340	252	300	100	130	1	0	0	1	0	0	0	0	0	0	0	0	29667
		SC6388CVBEV	—	3800	1700	1670	2505	1715	1340	310	370	100	130	0	96	4	83	622	628	724	296	263	130	78	0	
		SC6458ACBEV	—	4465	1725	1685,1700	2680	1895	1520	315	382	130	130	0	0	0	41	963	487	1957	1045	344	909	146	20	
		SC6458AGBEV	—	4465	1725	1685,1700	2680	1895	1520	405	—	130	130	0	0	0	0	0	0	0	0	0	5	9	793	
		SC7001ADBEV	—	3730	1650	1528	2410	1615	1240	180	225	105	125	1	0	0	0	1	0	0	0	0	0	0	0	
		SC7001AGBEV	—	3730	1650	1528	2410	1615	1240	251	300	105	125	822	443	1536	1468	868	153	0	0	0	1	0	124	
		SC7001AKBEV	—	3730	1650	1528	2410	1615	1240	180	220	105	125	0	0	0	0	1	0	0	0	0	0	0	0	
		SC7001AMBEV	—	3730	1650	1528	2410	1510	1135	210	260	100	105	0	0	0	0	0	11	5	348	697	1231	385	188	
		SC7001AQBEV	—	3730	1650	1528	2410	1635	1260	316	400	105	125	0	0	0	0	0	0	0	0	634	26	43	9	
		SC7001ATBEV	—	3730	1650	1528	2410	1615	1240	301	380	105	125	0	0	0	0	0	0	0	201	862	274	13	638	
		SC7001BABEV	—	2770	1545	1690	1680	945	795	205	—	100	100	0	0	0	0	0	0	0	0	0	33	228	814	
		SC7001CAABEV	—	3580	1570	1485	2345	1280	980	152	—	100	100	0	0	0	132	389	0	0	0	0	0	0	0	
		SC7001CABBEV	—	3580	1570	1485	2345	1280	980	152	—	100	100	0	0	225	920	131	0	0	0	0	0	0	0	
		SC7003AABEV	—	4620	1820	1515	2660	1985	1610	200	255	120	140	0	0	0	0	1	0	0	0	0	0	0	0	
		SC7003ACBEV	—	4620	1820	1540	2660	1985,2055	1610,1680	305,300	360	120	140	633	616	701	0	0	0	0	0	183	14	0	0	
		SC7003AEBEV	—	4740	1820	1515,1530	2700	2025	1650	405	500	120	145	0	0	0	0	0	0	0	10	152	229	1119	938	
		SC7003AHBEV	—	4740	1820	1515,1530	2700	2025	1650	405	—	120	145	0	0	0	0	0	0	0	0	0	0	0	385	
		SC7003ALBEV	—	4535	1820	1530	2700	2025	1650	405	—	120	140	0	0	0	0	0	0	0	0	0	0	0	20	
		SC7004CBBEV	—	4100	1740	1630	2510	1905	1530	300	340	110	110	100	50	0	234	103	50	409	88	132	0	0	0	

续上表

企业名称 Company Name	品牌 Brand	车辆型号 Vehicle Model	底盘型号 Chassis Model	外形尺寸 Dimension (mm) 长 Length	宽 Width	高 Height	轴距 Wheel Base (mm)	总质量 Total Weight (kg)	整备质量 Vehicle Weight (kg)	续驶里程 Driving Mileage of Electric Vehicle (工况法 Operating Condition Method, km)	续驶里程 Driving Mileage of Electric Vehicle (等速法 Isokinetic Method, km)	30分钟最高车速 Maximum Speed of Electric Car in 30 Minutes (km/h)	最高车速 Maximum Speed (km/h)	1月 January	2月 February	3月 March	4月 April	5月 May	6月 June	7月 July	8月 August	9月 September	10月 October	11月 November	12月 December	2018年产量合计 Total Output in 2018 (辆, vehicle)
上汽通用五菱汽车股份有限公司	宝骏牌	LZW7000EVA	—	2488	1506	1620,1670	1600	880	700,750	155(对应整备质量750kg),165(对应整备质量700kg)	160(对应整备质量750kg),170(对应整备质量700kg)	100	100	17	1	0	77	0	0	0	9	0	0	0	0	28857
		LZW7001EVA	—	2488	1506	1620,1670	1600	880	700,750	155(对应整备质量750kg),165(对应整备质量700kg)	160(对应整备质量750kg),170(对应整备质量700kg)	100	100	2254	3835	110	42	0	0	0	0	0	0	0	0	
		LZW7001EVAA	—	2488	1506	1670	1600	880	735	155	160	100	100	2	151	7	0	0	0	0	0	0	0	0	0	
		LZW7001EVABA	—	2488	1506	1670	1600	900	750	155	160	100	100	0	0	0	0	2	0	0	0	0	0	0	0	
		LZW7001EVABD	—	2488	1506	1670	1600	890	720,740	100	105	100	100	0	0	0	0	2	0	0	0	0	0	0	0	
		LZW7001EVABE	—	2488	1506	1670,1646	1600	980	830	200	200	100	100	0	0	0	0	10	2929	3088	220	1	0	0	640	
		LZW7001EVADH	—	2488	1506	1670	1600	990	840	250	255	100	100	0	0	0	0	0	0	0	95	0	0	0	0	
		LZW7002EVBBG	—	2497	1526	1616	1600	980	830	210	270	100	100	0	0	0	0	0	0	0	0	972	4424	4952	3062	
		LZW7002EVBDH	—	2497	1526	1616	1600	992	842	230	300	100	100	0	0	0	0	0	0	0	0	0	4	0	1	
		LZW7002EVBHH	—	2497	1526	1616	1600	996	846	250	330	100	100	0	0	0	0	0	0	0	0	0	0	0	1950	
东风汽车集团有限公司	东风牌	EQ6510LM5F1BEV	—	5145	1720	1980	3000	2500	1880	200	—	100	120	1	2	2	0	1	5	0	0	0	0	0	0	28395
		EQ7000LS1F1BEV	—	4665	1790	1526	2700	1915	1540	255	—	110	150	0	0	0	0	0	2	5	5	3	2	0	1	
		EQ7000LS1F1BEV	—	4665	1790	1526	2700	1915	1540	255	—	110	150	1	6	2	0	3	5	0	0	0	0	0	0	
	风神牌	DFM7000G1F3BEV	—	4680	1720	1530	2700	1939	1564	351	—	135	145	98	48	729	1280	743	30	0	0	0	0	0	0	
		DFM7000G1F3BEV	—	4680	1720	1530	2700	1939	1564	351	—	135	145	0	0	0	0	0	659	1121	1387	174	360	474	1658	
		DFM7000G1F6BEV	—	4680	1720	1530	2700	1939	1550	401	—	145	150	0	0	0	0	0	0	0	0	0	5	19	1035	
	俊风牌	DFA7000G1F1BEV	—	4680	1720	1545	2700	2105	1670	256	—	110	115	0	0	0	0	150	0	0	0	0	0	0	0	
		DFA7000G1F2BEV	—	4680	1720	1545	2700	2120	1685	320	—	110	115	0	0	0	0	3	0	0	0	0	0	0	0	
		DFA7000G1F3BEV	—	4680	1720	1545	2700	1925	1500	260	—	115	125	0	0	1	1	0	0	0	0	0	0	0	0	
		DFA7000G1F4BEV	—	4680	1720	1545	2700	2105	1670	290	—	110	115	0	0	0	0	234	0	0	0	0	0	0	0	
		DFA7000L2ABEV3	—	3775	1665	1530	2450	1350	1050	160	—	115	115	0	0	0	0	12	0	0	0	0	0	0	0	
		DFA7000A1F2BEV	—	4665	1700	1540	2700	2050	1675	405	—	110	125	0	0	0	0	0	0	0	0	2	0	0	2	
		DFA7000A1F4BEV	—	4665	1700	1540	2700	1925	1500	405	—	115	125	0	0	0	0	0	0	0	0	3	396	1662	160	
		DFA7000A1F5BEV	—	4665	1700	1540	2700	1925	1500	405	—	115	120	0	0	0	0	0	0	0	0	0	0	3	201	

续上表

企业名称 Company Name	品牌 Brand	车辆型号 Vehicle Model	底盘型号 Chassis Model	外形尺寸 Dimension（mm） 长 Length	宽 Width	高 Height	轴距 Wheel Base（mm）	总质量 Total Weight（kg）	整备质量 Vehicle Weight（kg）	续驶里程 Driving Mileage of Electric Vehicle（工况法 Operating Condition Method，km）	续驶里程 Driving Mileage of Electric Vehicle（等速法 Isokinetic Method，km）	30分钟最高车速 Maximum Speed of Electric Car in 30 Minutes（km/h）	最高车速 Maximum Speed（km/h）	1月 January	2月 February	3月 March	4月 April	5月 May	6月 June	7月 July	8月 August	9月 September	10月 October	11月 November	12月 December	2018年产量合计 Total Output in 2018（辆，vehicle）
东风汽车集团有限公司	俊风牌	DFA7000A1F6BEV	—	4665	1700	1540	2700	1925	1450	310	—	115	125	0	0	0	0	0	0	0	0	0	0	0	3	28395
		DFA7000A1F7BEV	—	4665	1700	1540	2700	1925	1530	405	—	115	125	0	0	0	0	0	0	0	0	0	0	1049	1552	
		DFA7000C1A1BEV	—	4427	1748	1476	2652	1780	1350	305	—	105	115	0	0	0	0	0	0	0	0	0	0	4	22	
		DFA7000G1F3BEV	—	4680	1720	1545	2700	1925	1500	260	—	115	125	0	0	0	0	0	69	0	0	0	0	0	0	
		DFA7000G1F5BEV	—	4680	1720	1545	2700	2120	1685	408	—	110	125	0	0	0	0	0	0	0	0	0	0	0	5	
		DFA7000G1F6BEV	—	4680	1720	1545	2700	1925	1500	310	—	115	125	0	0	0	0	0	178	362	390	0	0	70	4	
		DFA7000G1F7BEV	—	4680	1720	1545	2700	1925	1540	405	—	115	125	0	0	0	0	0	0	13	2	50	98	0	10	
		DFA7000L2ABEV4	—	3775	1665	1530	2450	1400	1100	255	—	115	115	0	0	0	0	0	0	0	3352	2856	1144	3418	717	
	富康牌	DFM7000G1F3PBEV	—	4680	1720	1530	2700	1939	1564	351	—	135	145	0	0	0	0	0	0	0	0	0	0	81	250	
北汽新能源汽车常州有限公司	北京牌	BJ7000BRDFC-BEV	—	4025	1720	1503	2500	1735	1360	301	380	120	125	0	0	0	500	0	5	0	0	0	8	1	0	15350
		BJ7000KPCC-BEV	—	2986	1676	1492	1870	1045	895	150	190	100	110	64	139	148	143	72	0	0	0	0	0	0	1	
		BJ7000URD4C-BEV	—	4110	1750	1583，1543	2519	1880	1480	318	390	100	100	0	0	0	0	0	375	710	982	3149	3365	3150	2536	
		BJ7001BPH1C-BEV	—	3675	1630	1518	2360	1360	1050	156	202	100	101	0	0	0	0	1	0	0	0	0	0	0	0	
		BJ7001BPH2C-BEV	—	3675	1630	1518	2360	1360	1058	156	202	100	101	0	0	0	0	1	0	0	0	0	0	0	0	
浙江吉利汽车有限公司	吉利美日牌	MR7002BEV03	—	4631	1789	1495	2650	1945，1973	1570，1598	253，300	330，360	140	140	0	0	6	0	0	0	0	8	17	11	7	6	13319
		MR7002BEV11	—	4631	1789	1495	2650	1913	1538	300	360	140	140	0	0	0	11	0	0	0	0	0	0	0	0	
	吉利牌	SMA7000BEV05	—	2770	1560	1610	1880	1150	990	153	195	102	102	1	0	770	180	252	0	0	0	0	0	0	0	
		SMA7000BEV20	—	2770	1560	1610	1880	1170	1020	202	265	102	102	0	0	0	0	0	0	0	0	0	1	399	0	
		SMA7001BEV25	—	3971	1745	1496	2461	1545	1170	151	195	102	102	0	0	230	0	370	0	0	0	0	0	0	0	
		SMA7001BEV40	—	3971	1745	1496	2461	1555	1180	202	265	102	102	0	0	0	0	0	0	2	68	3	923	0	0	
		SMA7001BEV41	—	4005	1760	1575	2480	1575	1200	202	—	102	102	0	0	0	0	0	0	0	133	19	128	5	0	
		SMA7001BEV48	—	3971	1745	1496	2461	1615	1240	302	—	102	102	0	0	0	0	0	0	0	0	288	212	202	1	
		SMA7001BEV49	—	4005	1760	1575	2480	1685	1310	302	—	102	102	0	0	0	0	0	0	0	0	305	1051	607	820	
		SMA7001BEV23	—	2806，2811	1540，1540	1555，1555	1765	870，890，955	690，740，775	155	165	100	100	13	0	0	324	1508	162	0	0	0	0	0	0	
	知豆牌	SMA7001BEV61	—	2806，2811	1540	1555	1765	955	775	155	165	100	100	0	316	425	455	0	30	0	0	0	0	0	0	
		SMA7001BEV66	—	2806，2811	1540	1555	1765	955	775	155	165	100	100	0	0	100	117	1	0	0	0	0	0	0	0	
		SMA7001BEV75	—	2806	1540	1555	1765	1000	820	255	265	100	100	108	0	526	488	4	1	0	0	0	0	0	0	
		SMA7001BEV76	—	2806	1540	1555	1765	955	775	155	165	100	100	60	433	202	875	18	117	0	0	0	0	0	0	
海马汽车有限公司	海马牌	HMA7002S302BEV	—	4553	1737	1510	2600	1808	1433	315	400	120	130	0	17	10	7	5	0	43	0	29	47	61	134	11457
		HMA7003S13BEV	—	3662	1540	1495，1502	2332	1250	950	151	155	100	100	329	762	629	2051	2230	1	0	0	0	0	0	0	

续上表

企业名称 Company Name	品牌 Brand	车辆型号 Vehicle Model	底盘型号 Chassis Model	外形尺寸 Dimension (mm) 长 Length	宽 Width	高 Height	轴距 Wheel Base (mm)	总质量 Total Weight (kg)	整备质量 Vehicle Weight (kg)	续驶里程 Driving Mileage of Electric Vehicle (工况法 Operating Condition Method,km)	续驶里程 Driving Mileage of Electric Vehicle (等速法 Isokinetic Method, km)	30 分钟最高车速 Maximum Speed of Electric Car in 30 Minutes (km/h)	最高车速 Maximum Speed (km/h)	1 月 January	2 月 February	3 月 March	4 月 April	5 月 May	6 月 June	7 月 July	8 月 August	9 月 September	10 月 October	11 月 November	12 月 December	2018 年产量合计 Total Output in 2018 (辆,vehicle)
海马汽车有限公司	海马牌	HMA7003S201BEV	—	3662	1540	1495,1502	2332	1250	950	202	232	100	100	0	0	0	0	0	0	0	97	710	983	391	532	11457
		HMA7003S202BEV	—	3662	1540	1495,1502	2332	1250	950	202	232	100	100	0	0	0	0	0	0	0	0	0	0	613	746	
		HMA7003S203BEV	—	3680	1550	1530	2340	1370	1070	302	352	100	100	0	0	0	0	0	0	0	0	0	0	0	55	
	小鹏牌	HMA7000S60BEV	—	4470	1818	1600,1668	2610	1873	1458	260	330	150	170	12	14	1	68	0	32	1	0	0	0	0	0	
		HMA7000S68BEV	—	4450	1820	1600,1668	2610	2035	1585	351	500	150	170	0	0	0	0	0	0	0	0	0	0	117	485	
		HMA7001S60BEV	—	4470	1818	1600	2610	1873	1472	304	375	150	170	0	12	3	0	0	0	0	0	0	0	0	0	
		HMA7001S68BEV	—	4450	1820	1600,1668	2610	2035	1585	351	—	150	170	0	0	0	0	0	0	0	0	0	0	2	47	
		HMA7002S60BEV	—	4470	1818	1600,1668	2610	1873	1472	304	375	150	170	1	2	0	38	0	99	0	0	0	0	0	0	
		HMA7002S68BEV	—	4450	1820	1600,1668	2610	2035	1585	365	—	150	170	0	0	0	0	0	0	0	0	0	0	0	35	
		HMA7003S68BEV	—	4450	1820	1600,1668	2610	2035	1585	351	—	150	170	0	0	0	0	0	0	0	0	0	0	5	1	
领途汽车有限公司	领途牌	YGM7001BEVB	—	4100	1710	1595	2520	1775	1400	310	—	102	102	0	0	0	0	0	0	0	0	0	0	1	688	9243
	御捷马牌	YGM7000BEVA4	—	3675,3749	1655	1575	2385	1445	1145	306	—	100	105	0	0	0	0	0	0	0	0	2215	2984	1977	1339	
		YGM7003BEVA1	—	3500	1500	1550	2385	1275	975	266	—	100	105	0	0	0	0	0	0	0	0	0	0	0	30	
		YGM7003BEVA2	—	3500	1500	1550	2385	1275	975	266	—	100	105	0	0	0	0	0	0	0	0	0	0	0	9	
东风汽车有限公司	东风日产牌	DFL7000NAH1BEV	—	4677	1760	1520	2700	1940	1520	338	389	144	144	0	0	0	0	0	2	0	137	1750	2200	2437	2466	8992
长城汽车股份有限公司	欧拉牌	CC7000ZM00ABEV	—	3495	1660	1530,1560	2475	1300	990	351	—	102	102	0	0	0	0	0	0	0	0	0	0	335	2063	8513
		CC7000ZM01BEV	—	3495	1660	1530,1560	2475	1280	970	310	—	102	102	0	0	0	0	0	0	0	0	0	0	0	502	
		CC7001CE02ABEV	—	4445	1735	1567	2615	1855	1480	360	460	140	150	0	0	0	0	0	0	285	600	893	468	109	0	
		CC7001CE03BEV	—	4445	1735	1567	2615	1855	1480	401	—	140	150	0	0	0	0	0	0	0	0	0	0	434	1004	
	长城牌	CC7000CE04BEV	—	4471	1705	1525	2610	1765	1390	270	370	140	150	93	206	501	540	338	32	0	0	98	12	0	0	
东风小康汽车有限公司	东风牌	DXK6450EC4BEV	—	4500	1680	2000	3050	2250	1690	255	270	100	100	0	0	0	0	0	5	45	321	532	376	475	266	7184
		DXK6450EC5BEV	—	4500	1680	2000	3050	2250	1690	252	—	100	100	0	0	0	0	0	0	0	0	0	353	1746	1384	
		DXK6450EC6BEV	—	4500	1680	2000	3050	2250	1690	260	—	100	100	0	0	0	0	0	0	0	0	0	0	0	1681	
福建省汽车工业集团云度新能源汽车股份有限公司	云度牌	YDE7000BEV1B	—	4010	1729	1621	2460	1785	1410	250	330	120	140	0	0	7	2	0	2	0	0	0	0	0	0	6218
		YDE7000BEV1C	—	4010	1729	1621	2460	1685	1310	150	200	105	120	168	1	9	61	2	1	0	0	0	0	0	0	
		YDE7000BEV1D	—	4010	1729	1621	2460	1785	1410	250	330	120	140	585	46	285	11	2	1	0	0	0	0	0	0	
		YDE7000BEV1F1	—	4010	1729	1621	2460	1745	1370	301	—	100	100	0	0	0	0	0	0	0	236	200	494	533	245	
		YDE7000BEV1H	—	4010	1729	1621	2460	1785	1410	402	526	100	100	0	0	0	0	0	0	100	363	310	284	270	5	
		YDE7000BEV2A	—	4340	1765	1610	2580	1825	1450	260	350	120	140	0	69	23	0	0	0	0	0	0	0	0	0	
		YDE7000BEV2B	—	4340	1765	1610	2602	1825	1450	260	350	120	140	0	0	41	91	5	10	0	0	0	0	0	0	

续上表

企业名称 Company Name	品牌 Brand	车辆型号 Vehicle Model	底盘型号 Chassis Model	外形尺寸 Dimension (mm) 长 Length	宽 Width	高 Height	轴距 Wheel Base (mm)	总质量 Total Weight (kg)	整备质量 Vehicle Weight (kg)	续驶里程 Driving Mileage of Electric Vehicle (工况法 Operating Condition Method, km)	续驶里程 Driving Mileage of Electric Vehicle (等速法 Isokinetic Method, km)	30 分钟最高车速 Maximum Speed of Electric Car in 30 Minutes (km/h)	最高车速 Maximum Speed (km/h)	1 月 January	2 月 February	3 月 March	4 月 April	5 月 May	6 月 June	7 月 July	8 月 August	9 月 September	10 月 October	11 月 November	12 月 December	2018 年产量合计 Total Output in 2018 (辆, vehicle)
福建省汽车工业集团云度新能源汽车股份有限公司	云度牌	YDE7000BEV2C	—	4340	1765	1610	2580	1825	1450	251	350	120	140	0	0	3	0	0	0	0	0	0	0	0	0	6218
		YDE7000BEV2D	—	4340	1765	1610	2602	1825	1450	251	350	120	140	0	0	5	427	436	3	0	0	0	0	0	0	
		YDE7000BEV2H	—	4340	1765	1610	2602	1845	1470	360	500	120	140	0	0	0	0	0	0	133	339	209	119	40	39	
		YDE7000BEV3A	—	3718	1652	1498	2460	1395	1095	260	350	100	101	0	0	0	0	0	0	3	0	0	0	0	0	
广州汽车集团乘用车(杭州)有限公司	传祺牌 Trumpchi	GAH7000BEVH0A	—	4337	1825	1637,1662	2560	2080	1667	310	475	145	156	0	0	0	0	0	0	1	296	203	26	7	0	6096
		GAH7000BEVH0B	—	4337	1825	1640,1665	2560	2080	1648	410	530	145	156	0	0	0	0	0	0	0	46	864	1730	1423	1500	
重庆力帆乘用车有限公司	力帆牌	LF7002KEV	—	4625	1715	1510	2610	1815	1440	300	—	100	110	0	0	0	0	0	0	40	11	0	1	3	25	5653
		LF7002PEV	—	4625	1715	1510	2610	1850	1470	305	—	105	140	0	0	0	3	27	856	585	1128	319	10	160	443	
		LF7002PEV3	—	4625	1715	1510	2610	1885	1510	300	—	105	120	0	0	0	0	0	0	0	0	0	6	0	0	
		LF7002REV	—	4625	1715	1510	2610	1845	1470	300	—	100	100	0	0	0	0	0	0	0	4	40	0	0	10	
		LF7004GEV	—	3775	1620	1420	2340	1370,1395	995,1020	180	240	100	105	0	0	801	0	0	0	0	0	0	0	0	0	
		LF7007FEV	—	4865	1835	1500	2775	2225	1850	330	—	100	105	0	0	0	0	0	0	0	1	200	103	93	17	
		LF7007FEV1	—	4865	1835	1500	2775	2145	1770	401	—	130	130	0	0	0	0	0	0	0	0	0	1	505	261	
威马汽车制造温州有限公司	威尔马斯特牌	SZS6460A05BEV	—	4585	1835	1672	2703	2166	1791	403	—	145	160	0	0	0	0	0	0	0	0	13	509	2622	2191	5620
		SZS6460A06BEV	—	4585	1835	1672	2703	2101	1726	303	—	145	160	0	0	0	0	0	0	0	0	14	27	108	133	
		SZS6460A07BEV	—	4585	1835	1672	2703	2178	1803	460	—	145	160	0	0	0	0	0	0	0	0	0	2	1	0	
上汽通用汽车有限公司	别克牌/BUICK	SGM7008LEBEV	—	4650	1817	1510	2660	1940	1540	250	—	135	150	0	0	0	0	0	0	0	0	0	0	0	5044	5044
东风柳州汽车有限公司	东风牌	LZ6462MLAEV	—	4620	1810	1740,1720	2750	1995	1620	220	—	110	150	0	0	0	0	0	0	0	0	0	0	0	1	4174
		LZ6463MLAEV	—	4620	1810	1740,1720	2750	2185	1660	220	—	110	150	0	0	0	0	0	0	0	0	0	0	0	8	
		LZ6510MLAEV	—	5145	1720	1980	3000	2500	1880	200	—	100	120	0	1	0	0	0	1	0	0	0	1	0	1	
		LZ6510MLANEV	—	5145	1720	1995	3000	2570	1980	330	—	100	120	0	0	0	0	0	0	0	0	0	3	3	45	
		LZ6511MLAEV	—	5145	1720	1995	3000	2420	1870	353	—	100	120	0	0	0	0	0	0	0	0	0	0	65	3	
		LZ6512MLAEV	—	5145	1720	1995	3000	2570	1950	330	—	100	120	0	0	0	0	0	0	0	0	11	104	102	166	
		LZ7000SLAEV	—	4705	1790	1540	2700	2036	1661	410	—	110	150	0	0	0	0	0	0	1	13	91	164	396	1002	
		LZ7001SLAEV	—	4665	1790	1526	2700	1929	1554	403	—	110	130	0	0	0	0	0	0	9	327	232	449	472	503	
江西江铃集团新能源汽车有限公司	易至牌	JX7001ESBBEV	—	3720	1640	1494,1485	2390	1470	1170	252	—	120	120	0	0	0	0	0	0	0	0	0	0	7	136	3792
		JX7001ESDBEV	—	3720	1640	1494,1485	2390	1415	1115	301	—	100	100	0	0	0	0	0	0	0	0	0	0	46	111	
		JX7003ESABEV	—	3580,3650	1570	1485	2345	1278	978	302	—	100	100	0	0	0	0	0	0	0	0	0	0	1424	2068	
奇瑞商用车(安徽)有限公司	开瑞牌	SQR6440BEVK081	—	4450	1760	1790	2755	2075	1550	255	—	110	120	2	0	147	110	76	0	0	0	0	0	0	0	3702
		SQR6460BEVK09	—	4618	1790	1780,1760	2765	2136	1611	301	—	110	110	0	0	0	0	1	619	499	198	25	100	432	335	

续上表

企业名称 Company Name	品牌 Brand	车辆型号 Vehicle Model	底盘型号 Chassis Model	外形尺寸 Dimension (mm) 长 Length	宽 Width	高 Height	轴距 Wheel Base (mm)	总质量 Total Weight (kg)	整备质量 Vehicle Weight (kg)	续驶里程 Driving Mileage of Electric Vehicle (工况法 Operating Condition Method,km)	续驶里程 Driving Mileage of Electric Vehicle (等速法 Isokinetic Method, km)	30分钟最高车速 Maximum Speed of Electric Car in 30 Minutes (km/h)	最高车速 Maximum Speed (km/h)	1月 January	2月 February	3月 March	4月 April	5月 May	6月 June	7月 July	8月 August	9月 September	10月 October	11月 November	12月 December	2018年产量合计 Total Output in 2018 (辆,vehicle)
奇瑞商用车(安徽)有限公司	开瑞牌	SQR6461BEVK09	—	4618	1790	1780,1760	2765	2136	1571	351	—	120	120	0	0	0	0	0	0	0	0	0	2	3	3	3702
		SQR6461BEVK091	—	4618	1790	1780,1760	2765	2136	1611	351	—	120	120	0	0	0	0	0	0	0	0	1	36	186	927	
东南(福建)汽车工业有限公司	东南牌	DN7004MBEV	—	3692	1650	1532,1551	2400	1350	1050	155	230	100	100	0	9	0	0	97	11	0	0	0	0	1	0	3614
		DN7005MBEV	—	3692	1650	1532,1551	2400	1350	1050	155	230	100	100	0	0	0	0	0	2	0	0	0	0	0	0	
		DN7006MBEV	—	3692	1650	1532,1551	2400	1330	1030	155	230	100	100	0	0	0	0	0	1	0	0	0	0	0	0	
		DN7007HBEVS3	—	4354	1840	1648,1664	2610	2015	1640	351	400	110	125	0	0	0	0	0	0	0	1	0	228	613	641	
		DN7007MBEV	—	4354	1840	1664	2610	2040	1665	255	300	110	125	0	0	0	0	18	0	0	0	0	1	0	0	
		DN7007MBEVS3	—	4354	1840	1648,1664	2610	2015	1640	351	400	110	125	0	0	0	0	0	0	0	0	0	6	3	17	
		DN7008MBEVD	—	3692	1650	1532,1551	2400	1390	1090	270	370	100	100	0	0	0	0	0	0	0	0	0	0	31	331	
		DN7008MBEVS	—	3692	1650	1532,1551	2400	1390	1090	255	320	100	100	0	0	0	0	0	0	0	0	173	219	892	319	
合肥长安汽车有限公司	长安牌	SC7004CABEV	—	4100	1740	1630	2510	1905	1530	300,302	340	110	110	0	0	116	198	499	91	501	360	411	2	748	16	3328
		SC7004DBBEV	—	4100	1740	1630	2510	1905	1530	351	420	110	110	0	0	0	0	0	0	0	10	5	94	277	0	
中国第一汽车集团有限公司	一汽牌	CA7001BEV	—	3735	1655	1550	2415	1420	1120	305	350	100	100	0	0	0	0	0	0	0	0	1	95	1239	1617	3129
		CA7001EVA	—	4625	1790	1500	2630	1860	1450	205	280	130	140	0	0	0	0	0	0	0	0	0	0	1	0	
		CA7006BEV	—	4315	1780	1655	2600	1955	1580	310	400	140	160	0	0	0	0	0	0	0	0	0	1	0	175	
广州汽车集团乘用车有限公司	传祺牌 Trumpchi	GAC7000BEVH0A	—	4337,4346	1825	1637,1662	2560	2080	1667	310	475	145	156	572	947	842	486	4	0	0	0	0	0	0	0	2851
北汽(广州)汽车有限公司	北京牌	BJ7000C5E7G-BEV	—	4602	1794	1515	2650	2053	1613	300	380	100	100	0	0	0	0	0	0	0	0	0	0	0	1287	2435
		BJ7000U3D7G-BEV	—	4110	1750	1583	2519	1880	1480	318	390	100	100	0	0	0	0	0	0	0	0	0	0	0	1148	
华晨鑫源重庆汽车有限公司	鑫源牌	JKC6450AXBEV	—	4495	1680	1990	2925	2100	1570	190	220	100	110	0	0	0	0	1	0	0	0	0	0	0	0	2321
		JKC6451AXBEV	—	4495	1680	1990	2925	2495	1615	305	—	100	110	0	0	0	21	105	85	144	775	507	130	74	479	
南京金龙客车制造有限公司	开沃牌	NJL6420BBEV4	—	4165	1690	1930	2605	2360	1480	302	—	102	105	0	0	0	0	0	0	0	0	12	2	17	318	2084
		NJL6420BEV5	—	4165	1690	1930	2605	2360	1480	302	—	102	105	0	0	0	0	0	0	0	0	1	18	1614	97	
		NJL6420BEV8	—	4165	1690	1930	2605	2360	1520	302	—	102	105	0	0	0	0	0	0	0	0	0	0	0	5	
郑州日产汽车有限公司	东风牌	ZN6452V1YBEV	—	4500	1695	1870	2695	2320	1720	301	345	105	120	0	0	0	0	25	68	24	72	13	30	13	72	1578
		ZN6453V1YBEV	—	4500	1695	1870	2695	2310	1710	304	345	105	110	0	0	0	0	0	0	0	0	0	0	226	395	
		ZN6495H2YBEV	ZN6495H2YEV	4949	1820	1940	2950	2650	2050	300	345	105	120	0	1	33	51	19	3	2	64	43	46	44	226	
		ZN6496H2YBEV	ZN6495H2YEV	4949	1820	1940	2950	2640	2040	255	300	105	110	0	0	0	0	0	0	0	0	0	0	0	108	
河北红星汽车制造有限公司	红星牌	HX6340BBEV	—	3140,3410	1605	1680	2025	1445	1110,1145	252	—	100	100	0	0	0	0	0	1	0	32	43	61	523	469	1509
		HX6340DBEV	—	3140,3410	1605	1680	2025	1475	1140,1175	302	—	102	102	0	0	0	0	0	0	0	0	0	0	0	380	

续上表

企业名称 Company Name	品牌 Brand	车辆型号 Vehicle Model	底盘型号 Chassis Model	外形尺寸 Dimension (mm) 长 Length	宽 Width	高 Height	轴距 Wheel Base (mm)	总质量 Total Weight (kg)	整备质量 Vehicle Weight (kg)	续驶里程 Driving Mileage of Electric Vehicle (工况法 Operating Condition Method,km)	续驶里程 Driving Mileage of Electric Vehicle (等速法 Isokinetic Method, km)	30分钟最高车速 Maximum Speed of Electric Car in 30 Minutes (km/h)	最高车速 Maximum Speed (km/h)	1月 January	2月 February	3月 March	4月 April	5月 May	6月 June	7月 July	8月 August	9月 September	10月 October	11月 November	12月 December	2018年产量合计 Total Output in 2018 (辆,vehicle)
汉腾汽车有限公司	汉腾牌	GXQ6450BEVT	—	4501	1820	1648	2600	1995	1620	252	330	140	140	0	0	42	1103	30	59	40	9	0	1	0	7	1291
东风悦达起亚汽车有限公司	华骐牌	YQZ7002BEV	—	4535	1735	1470	2610	1835	1445	265	310	140	140	5	3	4	10	171	14	0	2	0	5	0	86	1244
		YQZ7003BEV	—	4535	1735	1470	2610	1870	1480	300	420	140	140	0	0	0	0	0	0	0	71	12	18	85	602	
	起亚牌	YQZ6420BEV	—	4290	1780	1635,1650	2590	2065	1650	300	380	150	150	0	0	0	0	0	0	0	0	0	0	77	79	
北京现代汽车有限公司	北京现代牌	BH7000BEVBA	—	4569,4601	1777	1493	2655	1845	1429,1470	270	335	140	140	3	1	1	0	1	64	0	0	0	100	0	156	1214
		BH7001BEVBA	—	4569,4601	1777	1493	2655	1845	1470	310	355	140	140	0	0	0	1	17	142	301	200	10	46	107	64	
四川野马汽车股份有限公司	野马牌	SQJ6460B2BEV	—	4555	1835	1715,1688	2665	2250	1775	250	350	120	120	0	47	52	0	4	14	0	8	24	0	0	2	1158
		SQJ6460B5BEV	—	4555	1835	1715,1688	2665	2250	1770	370	—	110	110	0	0	0	0	0	0	0	0	0	0	1	0	
		SQJ6460B7BEV	—	4555	1835	1715,1688	2665	2250	1750	304	—	105	105	0	0	0	0	0	0	0	0	2	4	79	200	
		SQJ6460B7BEV	—	4555	1835	1715,1688	2665	2250	1750	304	—	105	105	0	0	0	0	0	0	0	20	24	0	0	0	
		SQJ6460M1BEV	—	4580	1730	1825	2800	2290	1765	255	—	110	110	51	68	43	41	65	40	63	0	0	0	0	0	
		SQJ6460M3BEV	—	4580	1730	1825	2800	2290	1755	355	—	105	105	0	0	0	0	0	0	0	21	0	0	0	0	
		SQJ6460M3BEV	—	4580,4614	1730	1825	2800	2290	1755	355	—	105	105	0	0	0	0	0	0	0	0	0	107	9	150	
		SQJ6460M5BEV	—	4580	1730	1825	2800	2450	1635	300	—	105	105	0	0	0	0	0	0	0	0	0	0	0	19	
湖南猎豹汽车股份有限公司	猎豹牌	LBA7000BABEV	—	4315	1840	1650	2600	2020	1645	310	440	130	130	0	0	0	0	0	0	0	0	222	478	420	3	1123
浙江合众新能源汽车有限公司	哪吒牌	THZ7000BEVS003	—	3872	1648	1611,1571	2370	1476	1176	301	380	100	102	0	0	0	0	0	0	0	0	0	0	0	48	1115
		THZ7000BEVS004	—	3872	1648	1611,1571	2370	1476	1176	301	380	100	102	0	0	0	0	0	0	0	1	141	72	599	250	
		THZ7000BEVS005	—	3872	1648	1611,1571	2370	1476	1176	301	380	100	102	0	0	0	0	0	0	0	0	0	0	0	4	
广汽丰田汽车有限公司	广汽牌	GTM6450GBEV	—	4525	1852	1685	2640	2135,2171	1735,1771	270	376	139	156	0	0	0	0	0	1	0	0	0	0	527	473	1001
兰州知豆电动汽车有限公司	知豆牌	LZD7001BEV01	—	2806	1540	1555	1765	955	775	165	210	100	100	0	0	0	0	8	0	0	0	0	0	0	0	918
		LZD7001BEV02	—	2806	1540	1555	1765	955	775	165	210	100	100	0	0	7	0	0	0	0	0	0	0	0	0	
		LZD7001BEV05	—	2806	1540	1555	1765	1000	820	260	310	100	100	0	0	7	0	1	0	0	0	0	0	0	0	
		LZD7001BEV07	—	2806	1540	1555	1765	1025	875	255	310	100	100	0	0	15	0	0	429	141	0	0	60	12	0	
		LZD7001BEV08	—	2806	1540	1555	1765	1025	875	255	310	100	100	0	0	0	0	0	0	0	0	21	0	0	0	
		LZD7001BEV15	—	2806	1540	1555	1765	1010	860	255	310	100	100	0	0	0	0	0	0	0	51	1	77	28	0	
		LZD7002BEV03	—	2975	1585	1590	1865	1100	950	315	390	100	100	0	0	0	26	5	0	29	0	0	0	0	0	
陕西通家汽车股份有限公司	国金汽车牌	STJ6460EV1	—	4615	1845	1655	2840	2330	1880	350	—	135	150	6	59	144	101	110	147	14	2	81	10	0	111	822
		STJ6460EV5	—	4615	1845	1655	2840	2330	1880	430	—	135	150	0	0	0	0	0	10	0	11	0	4	0	1	

续上表

企业名称 Company Name	品牌 Brand	车辆型号 Vehicle Model	底盘型号 Chassis Model	外形尺寸 Dimension (mm) 长 Length	宽 Width	高 Height	轴距 Wheel Base (mm)	总质量 Total Weight (kg)	整备质量 Vehicle Weight (kg)	续驶里程 Driving Mileage of Electric Vehicle (工况法 Operating Condition Method,km)	续驶里程 Driving Mileage of Electric Vehicle (等速法 Isokinetic Method, km)	30分钟最高车速 Maximum Speed of Electric Car in 30 Minutes (km/h)	最高车速 Maximum Speed (km/h)	1月 January	2月 February	3月 March	4月 April	5月 May	6月 June	7月 July	8月 August	9月 September	10月 October	11月 November	12月 December	2018年产量合计 Total Output in 2018 (辆,vehicle)
陕西通家汽车股份有限公司	通家福牌	STJ6407EV	—	4030	1620	1900	2700	2050	1400	220	—	80	85	0	0	0	1	0	0	0	0	0	0	0	0	822
		STJ6408EV	—	4030	1620	1900	2700	1995	1470	305	—	100	100	0	0	0	0	0	0	0	0	0	0	10	0	
江西昌河汽车有限责任公司	昌河牌	CH7002BEVH2CB	—	3443	1540	1460	2260	1190	890	256	—	101	101	0	0	0	0	0	0	0	0	0	0	0	216	816
		CH7005BEVC3CB	—	3664	1610	1689,1722	2485	1650	1170	260	280	105	105	0	0	0	0	0	0	0	0	0	0	0	600	
荣成华泰汽车有限公司	华泰牌	SDH7000BEVBL	—	4777	1794	1481	2700	2053	1678,1712,1698	195,255,230	245,319,288	130	130	0	1	0	201	73	0	0	0	0	8	1	0	712
		SDH7000BEVYL	—	3461	1560	1470	2260	1210	910,852	160,155	180,180	100	100	0	70	0	0	69	3	0	0	0	0	0	0	
		SDH7000BEVZL	—	3520	1570	1490	2345	1465	1040	155,155	200,200	105	105	0	0	0	190	73	0	0	0	0	0	0	0	
	华泰圣达菲牌	SDH6440BEVGL	—	4426	1862	1683,1709	2660	2139	1764	266;255	332;320	132.5	130	0	0	0	1	11	11	0	0	0	0	0	0	
重庆金康新能源汽车有限公司	金康牌	SKE7000BEVF	—	4385	1850	1650	2640	2130	1755	305	392	140	155	0	0	0	0	0	0	0	0	0	0	37	5	629
	瑞驰牌	SKE7001BEVF	—	4385	1850	1650	2655	2130	1755	305	—	140	155	0	0	0	0	0	0	0	0	0	0	0	169	
		SKE7002BEVF	—	4385	1850	1650	2655	2130	1755	305	—	140	155	0	0	0	0	0	0	0	0	0	0	86	332	
北京汽车制造厂有限公司	北京牌	BJ6330CA41BEV	—	3290	1482	1624	2143	1260	960	112	135	102	102	0	0	0	0	0	0	0	0	0	0	0	600	603
		BJ6420MA41BEV	—	4212	1656	1910	2850	1950	1400	200	225	100	100	0	0	0	0	0	0	0	0	0	0	0	1	
		BJ6420MA42BEV	—	4212	1656	1910	2850	1950	1400	200	225	100	100	0	0	0	0	0	0	0	0	0	0	0	2	
北汽福田汽车股份有限公司	福田牌	BJ6425EVAA2	—	4200	1680	1875	2700	2050	1380	185	230	100	105	0	0	0	0	10	0	0	0	0	0	0	0	571
		BJ6455EVAA2	—	4495	1680	1890	2995	2500	1500,1520	360,324	441,—	128,100	128	0	0	0	0	0	0	4	0	7	8	26	514	
		BJ6533EVCA1	BJ6533EVCA1	5310	1860,1880	1980,2070	3105	2900	2400	305	350	100	120	0	0	0	0	0	0	0	0	0	0	0	2	
一汽吉林汽车有限公司	解放牌	CA6420EVK3	—	4205	1680	1910	2700	1990	1540	301	—	100	120	0	0	0	0	0	0	0	0	0	0	0	519	568
	森雅牌	CA7007REV	—	4305	1780	1655,1682	2600	1845,1975	1470,1600	180,270	—	130	140	0	0	0	1	0	0	0	0	0	0	9	9	
		CA7007REVZX	—	4305	1780	1655	2600	1960	1585	375	—	130	140	0	0	0	0	0	0	0	0	0	0	0	30	
中国第一汽车集团公司	一汽牌	CA7001EVA	—	4625	1790	1500	2630	1860	1450	205	280	130	140	0	0	29	343	138	0	0	0	0	0	0	0	510
广汽三菱汽车有限公司	广汽牌	GMC7000BEV	—	4337	1825	1640	2560	2080	1648	410	530	145	156	0	0	0	0	0	0	0	0	0	0	204	228	432
江苏九龙汽车制造有限公司	大马牌	HKL6320BEV1	—	3180	1495	1720	2100	1530	1155	385	—	100	100	0	0	0	0	0	0	0	0	0	4	185	58	368
		HKL6440BEV	—	4397	1730	1758	2721	2100	1540	300	—	105	105	0	0	0	0	0	0	0	0	0	7	9	89	
		HKL6520BEV	—	5150	1835	1890	3200	3275	2610	450	—	120	120	0	0	0	0	0	0	0	0	0	0	15	1	
金华青年汽车制造有限公司	欧联牌	JNP7003BEV	—	2727	1565	1558	1860	970,930,934	820,780,784	152	—	100	100	54	0	0	18	22	0	0	0	165	90	0	0	349
一汽海马汽车有限公司	海马牌	HMC6481MM0BEV	—	4770	1800	1695	2800	2335	1885	355	—	140	150	0	0	0	0	0	0	0	0	0	0	0	3	267
		HMC7000LH0BEV	—	3662	1540	1495,1502	2332	1250	950	151	—	100	100	0	1	0	0	0	0	0	0	0	0	0	0	

续上表

企业名称 Company Name	品牌 Brand	车辆型号 Vehicle Model	底盘型号 Chassis Model	外形尺寸 Dimension (mm) 长 Length	宽 Width	高 Height	轴距 Wheel Base (mm)	总质量 Total Weight (kg)	整备质量 Vehicle Weight (kg)	续驶里程 Driving Mileage of Electric Vehicle (工况法 Operating Condition Method, km)	续驶里程 Driving Mileage of Electric Vehicle (等速法 Isokinetic Method, km)	30分钟最高车速 Maximum Speed of Electric Car in 30 Minutes (km/h)	最高车速 Maximum Speed (km/h)	1月 January	2月 February	3月 March	4月 April	5月 May	6月 June	7月 July	8月 August	9月 September	10月 October	11月 November	12月 December	2018年产量合计 Total Output in 2018 (辆, vehicle)
一汽海马汽车有限公司	海马牌	HMC7000NS0BEV	—	4553	1737	1510	2600	1808	1433	315	—	120	130	0	0	0	0	0	12	0	0	0	0	0	250	267
		HMC7001BM0BEV	—	4430	1718	1634	2670	1865	1490	165	190	120	130	0	1	0	0	0	0	0	0	0	0	0	0	
东风裕隆汽车有限公司	纳智捷牌	DYM7003BABEV	—	4415	1783	1603	2650	2034	1615	320	365	150	150	0	0	0	0	0	0	0	0	0	0	7	175	182
上汽大通汽车有限公司	大通牌	SH6522C1BEV	—	5168	1980	1928	3198	3210	2685	200	255	130	150,100	0	0	0	0	34	0	0	0	0	0	0	0	157
		SH6523C1BEV	—	5168	1980	1928	3198	3210	2685	308	450	130,100	150,100	0	0	0	0	0	0	0	2	28	26	10	57	
天津一汽夏利汽车股份有限公司	骏派牌	CA7003EVA	—	4610	1790	1500	2652	1860	1450	205	280	130	140	0	50	49	29	22	1	0	0	0	0	0	0	156
		CA7004EV	—	4500	1835	1690	2700	2110	1700	370	—	140	160	0	0	0	0	0	0	0	0	0	0	0	5	
前途汽车（苏州）有限公司	前途牌	QTE7000BEV02	—	4634	2069	1253	2650	2110	1960	≥380	≥510	≥150	200	0	0	0	0	0	0	0	12	22	56	25	26	141
山西成功汽车制造有限公司	太行成功牌	SCH6431BEV1	—	4330	1650	1920	2850	1950	1340	305	—	105	105	0	0	0	0	0	0	0	0	0	2	3	100	105
广汽本田汽车有限公司	理念牌	GHA7000PAN0ABEV	—	4308	1824	1625	2610	2110	1625,1635,1670	340	430	120	140	0	0	0	0	0	0	0	0	0	0	0	101	101
河北长安汽车有限公司	长安牌	SC6443NBEV	—	4430	1655	1935	2800	2160	1510	310	—	105	105	0	0	0	0	0	0	0	20	0	9	3	0	93
		SC6459ABEV	—	4450	1685	1810,1835	2750	1980	1510	310	—	105	105	0	0	0	0	0	0	0	0	0	0	0	61	
潍柴（重庆）汽车有限公司	英致牌	YZ6320BEV	—	3248	1617	1600	2090	1330	1030	160	—	110	115	0	0	0	0	0	4	21	0	0	0	0	0	82
		YZ6450BEV	—	4508	1760	1750,1715	2785	2010	1530	252	—	108	120	0	0	0	0	0	1	0	1	48	0	6	1	
江铃汽车股份有限公司	江铃牌	JX6461PB5BEV	—	4588	1932	1676	2712	2125	1750	301	—	100	100	0	0	0	0	0	0	0	0	0	0	0	49	49
重庆力帆汽车有限公司	力帆牌	LF6420EV	—	4201	1650	1908	2850	1900	1420	305	—	100	100	0	0	0	0	0	0	0	0	0	9	1	0	44
		LF6440EV	—	4480	1770	1730	2720	2200	1700	405	—	100	100	0	0	0	0	0	0	0	0	17	15	0	0	
		LF6470EV	—	4720	1840	1665	2780	2300	1820	405	—	100	100	0	0	0	0	0	0	0	0	0	0	1	1	
江苏卡威汽车工业集团股份有限公司	卡威牌	JNQ6340BEV	—	3450	1500	1500	2260	1380	980	180	—	110	110	0	0	5	5	0	0	0	0	0	0	0	0	36
		JNQ6450BEV	—	4515,4560	1750	1760,1795	2725	2295	1770	350	—	130	130	0	0	2	2	0	0	1	0	0	1	0	9	
		JNQ6460BEV3	—	4600	1855	1810	2730	2500	1850	255	—	130	130	0	0	0	1	0	0	0	0	0	0	0	10	
湖南恒润汽车有限公司	恒润牌	HRQ6350BEV	—	3560	1610	1705	2250	1420	1100	352,355	—	102	102	0	0	0	0	0	0	0	0	11	16	0	2	29
观致汽车有限公司	观致牌/QOROS	QAL7000EAABEV	—	4633	1839	1510	2702	2180	1700	460	610	160	160	0	0	0	0	0	0	0	0	0	0	0	26	26
安徽猎豹汽车有限公司	猎豹牌	LBA6431BABEV	—	4315	1840	1650	2600	2095	1645	255	310	130	130	1	0	0	0	0	18	1	0	0	0	0	0	22
		LBA6450AABEV	—	4558	1730	1687,1712	2550	1893	1490	250	320	≥80	120	0	0	0	0	0	0	2	0	0	0	0	0	

续上表

企业名称 Company Name	品牌 Brand	车辆型号 Vehicle Model	底盘型号 Chassis Model	外形尺寸 Dimension (mm) 长 Length	宽 Width	高 Height	轴距 Wheel Base (mm)	总质量 Total Weight (kg)	整备质量 Vehicle Weight (kg)	续驶里程 Driving Mileage of Electric Vehicle (工况法 Operating Condition Method, km)	续驶里程 Driving Mileage of Electric Vehicle (等速法 Isokinetic Method, km)	30分钟最高车速 Maximum Speed of Electric Car in 30 Minutes (km/h)	最高车速 Maximum Speed (km/h)	1月 January	2月 February	3月 March	4月 April	5月 May	6月 June	7月 July	8月 August	9月 September	10月 October	11月 November	12月 December	2018年产量合计 Total Output in 2018 (辆, vehicle)
北京宝沃汽车有限公司	宝沃牌	BW6471N2BEV	—	4713	1923	1690	2760	2410	1950	308	375	165	195	0	0	0	5	0	0	0	6	1	3	2	4	21
杭州长江乘用车有限公司	长江牌	FDH7000BEV01	—	3620	1620	1560	2400	1665	1290	260	300	105	105	0	0	0	0	0	0	0	0	0	0	3	10	13
福建新龙马汽车股份有限公司	福建牌	FJ6450BEVC1	—	4505	1730	1788	2721	2065	1540	305	—	100	120	0	0	0	0	0	0	0	0	0	0	0	12	12
北汽云南瑞丽汽车有限公司	北京牌	BJ6410U3DX-BEV	—	4110	1750	1605	2519	1810	1410	250	300	100	100	0	0	0	7	0	0	0	0	0	0	0	0	7
国能新能源汽车有限责任公司	龙基牌	GNE7001AFCAEV	—	4684	1778	1514	2677	2200	1700	305	400	140	140	0	0	0	0	0	0	0	0	0	0	0	3	3
北汽(镇江)汽车有限公司	北京牌	BJ6450UD4EV	—	4510	1837	1673	2665	2137	1762	415	520	150	160	0	0	0	0	0	0	0	0	0	0	0	2	2
大连黄海汽车有限公司	黄海牌	DD6455BEV01	—	4578	1835	1665	2703	2341	1966	330	—	145	170	0	0	1	1	0	0	0	0	0	0	0	0	2
江西志骋汽车有限责任公司	昌河牌	CH7000BEVH2CA	—	3675	1630	1518	2360	1360	1050	156	202	100	101	0	0	0	0	0	0	0	0	0	0	2	0	2
2018年产量合计/Total Output in 2018(辆, vehicle)														19688	24530	43785	58551	48789	39401	47274	60764	67060	87893	120947	133252	751934

(3)专用车(运输车、邮政车、服务车、垃圾车、自卸车、扫路车、洒水车、售货车、载货车、工程车等)/Special Vehicles (Transport Truck, Postal Vehicle, Service Truck, Garbage Truck, Dump Truck, Sweeper, Sprinkler, Vending Truck, Cargo Truck, Engineering Vehicle, etc)

企业名称 Company Name	品牌 Brand	车辆型号 Vehicle Model	车辆类型 Vehicle Type	底盘型号 Chassis Model	外形尺寸 Dimension(mm) 长 Length	宽 Width	高 Height	轴距 Wheel Base (mm)	总质量 Total Weight (kg)	整备质量 Vehicle Weight (kg)	续驶里程 Driving Mileage of Electric Vehicle (工况法 Operating Condition Method, km)	续驶里程 Driving Mileage of Electric Vehicle (等速法 Isokinetic Method, km)	30分钟最高车速 Maximum Speed of Electric Car in 30 Minutes (km/h)	最高车速 Maximum Speed (km/h)	1月 January	2月 February	3月 March	4月 April	5月 May	6月 June	7月 July	8月 August	9月 September	10月 October	11月 November	12月 December	2018年产量合计 Total Output in 2018 (辆, Vehicle)
奇瑞商用车(安徽)有限公司	开瑞牌	SQR1040BEVH16	纯电动载货汽车	SQR1040BEVH16-E	5995	2000	2320	3360	4495	3060	—	205	80	90	1	0	0	0	0	0	0	0	0	0	0	0	14240
		SQR5020XXYBEVK061	纯电动厢式运输车	—	4430	1626	1940	2800	2600	1524	200	—	105	110	0	0	0	0	0	0	0	0	0	0	699	1306	
		SQR5021XXYBEVK061	纯电动厢式运输车	—	4430	1626	1940	2800	2600	1530	254	—	105	110	0	0	0	0	0	0	0	0	355	3328	2612	1713	
		SQR5025XXYBEVK06	纯电动厢式运输车	—	4430	1626	1940	2800	2600	1550	256	—	105	110	2	0	0	0	0	0	0	0	0	471	932	596	
		SQR5026XXYBEVK06	纯电动厢式运输车	—	4430	1626	1940	2800	2600	1550	256	—	105	110	2	0	0	0	0	0	332	686	306	112	20	11	
		SQR5027XXYBEVK06	纯电动厢式运输车	—	4430	1626	1940	2800	2600	1550	260	—	105	110	2	0	0	0	0	0	0	0	0	0	0	0	
		SQR5029XXYBEVK06	纯电动厢式运输车	—	4430	1626	1940	2800	2600	1550	240	—	105	110	0	0	0	0	0	0	0	0	0	50	0	46	

续上表

企业名称 Company Name	品牌 Brand	车辆型号 Vehicle Model	车辆类型 Vehicle Type	底盘型号 Chassis Model	外形尺寸 Dimension(mm) 长 Length	外形尺寸 Dimension(mm) 宽 Width	外形尺寸 Dimension(mm) 高 Height	轴距 Wheel Base (mm)	总质量 Total Weight (kg)	整备质量 Vehicle Weight (kg)	续驶里程 Driving Mileage of Electric Vehicle (工况法 Operating Condition Method,km)	续驶里程 Driving Mileage of Electric Vehicle (等速法 Isokinetic Method, km)	30 分钟最高车速 Maximum Speed of Electric Car in 30 Minutes (km/h)	最高车速 Maximum Speed (km/h)	1月 January	2月 February	3月 March	4月 April	5月 May	6月 June	7月 July	8月 August	9月 September	10月 October	11月 November	12月 December	2018年产量合计 Total Output in 2018 (辆, Vehicle)
奇瑞商用车(安徽)有限公司	开瑞牌	SQR5031XXYBEVH08	纯电动厢式运输车	SQR1031BEVH08-E	4910	1600, 1650	2385	3050	2670	1650	228	—	100	105	0	0	0	0	0	0	0	0	66	73	135	209	14240
		SQR5040XLCBEVH16	纯电动冷藏车	SQR1042BEVH16-E	5995	2050, 2200	3040, 3240	3360	4495	3050	230	320	80	90	0	0	0	0	0	0	0	0	0	0	0	4	
		SQR5040XXYBEVH16	纯电动厢式运输车	SQR1040BEVH16-E	5995	2000	2990	3360	4490	3360	—	205	80	90	3	0	0	0	0	0	0	0	0	0	0	0	
		SQR5042XXYBEVH16	纯电动厢式运输车	SQR1042BEVH16-E	5995	2000, 2150	2990, 3200	3360	4495	2995	—	320	80	90	0	0	0	0	0	0	0	0	7	0	27	134	
东风汽车集团有限公司	东风牌	EQ1045TTBEV	纯电动载货汽车	EQ1045TTEVJ3	5900	1980	2300, 2720	3300	4495	3040	—	240	75	100	0	0	0	0	1	0	0	0	0	0	0	0	7535
		EQ5020XXYSZ3EV	纯电动厢式运输车	—	4495	1680	1990	2925	2300	1440	220	—	110	110	30	188	0	1	3	0	0	0	0	0	0	0	
		EQ5020XXYSZBEV1	纯电动厢式运输车	—	4495	1680	1990	2925	2300	1440	220	—	110	110	8	15	0	0	2	0	0	0	0	0	0	0	
		EQ5020XXYTBEV2	纯电动厢式运输车	—	4580	1640	2110, 2330	2800	2330	1550	160	—	75	80	28	0	0	0	0	0	0	0	0	0	0	0	
		EQ5020ZXXTBEV	纯电动车厢可卸式垃圾车	—	4585	1595	1925	2800	2330	1600	160	—	75	80	0	0	2	0	0	0	0	0	0	0	0	0	
		EQ5025XXYACBEV	纯电动厢式运输车	EQ6350KRACEV	3750	1510	1820	2400	1750	1180	220	—	65	80	2	0	0	0	0	0	0	0	0	0	0	0	
		EQ5027XXYTBEV	纯电动厢式运输车	—	4495	1680	1990	2925	2300	1500	270	—	100	110	10	0	0	0	0	0	0	0	0	0	0	0	
		EQ5033ZZZACBEV	纯电动自装卸式垃圾车	EQ1033TACEVJ1	4140	1680, 1630, 1710	1940, 1990	2330	2610	1810	160	—	65	80	0	0	0	0	40	0	0	0	0	0	0	0	
		EQ5040XXYACBEV11	纯电动厢式运输车	—	5995	2100	2890, 3090	3308	4495	3060	—	255	80	90	0	0	0	0	100	0	0	0	0	0	0	0	
		EQ5044XXYACBEV	纯电动厢式运输车	—	5990	2040	2740	3360	4495	2800	—	280	95	100	0	0	0	0	0	1	0	0	0	0	0	0	
		EQ5045XLCTBEV2	纯电动冷藏车	—	5960	2050, 2100	2920, 3020, 3220	3300	4495	3400	—	240	75	85	0	0	1	4	0	0	0	0	0	0	0	0	
		EQ5045XXYTBEV12	纯电动厢式运输车	—	5900, 5995	2020, 2100, 2200	2840, 2970, 3030	3300	4495	3350, 3260	—	360, 415	75	95	0	0	0	0	0	1	0	0	0	0	0	0	
		EQ5045XXYTBEV3	纯电动厢式运输车	—	5900, 5995	2020, 2100, 2200	2840, 2970, 3030	3100	4495	2805, 2940	—	262	75	85	0	0	0	0	2	0	0	0	0	0	0	0	
		EQ5045XXYTBEV4	纯电动厢式运输车	—	5900, 5995	2020, 2100, 2200	2840, 2970, 3030	3300	4495	2805, 2930	—	240	75	100	0	0	0	0	203	281	0	0	0	0	0	0	
		EQ5045XXYTBEV9	纯电动厢式运输车	EQ1045TTEVJ9	5900, 5995	2020, 2100, 2200	2940, 3000	3300	4495	3160	—	300	80	95	0	0	0	0	1	0	0	0	0	0	0	0	
		EQ1045TTBEV	纯电动载货汽车	—	5900	1980	2300, 2720	3300	4495	3040	—	240	75	100	0	0	0	0	0	0	10	0	16	0	200	21	

续上表

企业名称 Company Name	品牌 Brand	车辆型号 Vehicle Model	车辆类型 Vehicle Type	底盘型号 Chassis Model	外形尺寸 Dimension(mm) 长 Length	宽 Width	高 Height	轴距 Wheel Base (mm)	总质量 Total Weight (kg)	整备质量 Vehicle Weight (kg)	续驶里程 Driving Mileage of Electric Vehicle (工况法 Operating Condition Method,km)	续驶里程 Driving Mileage of Electric Vehicle (等速法 Isokinetic Method,km)	30分钟最高车速 Maximum Speed of Electric Car in 30 Minutes (km/h)	最高车速 Maximum Speed (km/h)	1月 January	2月 February	3月 March	4月 April	5月 May	6月 June	7月 July	8月 August	9月 September	10月 October	11月 November	12月 December	2018年产量合计 Total Output in 2018 (辆,Vehicle)
东风汽车集团有限公司	东风牌	EQ4250GTBEV	纯电动半挂牵引车	—	7390	2500	2930	3800 + 1300	25000	11430	—	240	90	110	0	0	0	0	0	0	0	0	0	0	0	1	7535
		EQ5020XXYTBEV2	纯电动厢式运输车	—	4580	1640	2110, 2330	2800	2330	1550	160	—	75	80	0	0	0	0	0	0	0	0	0	8	0	0	
		EQ5020ZLJTBEV	纯电动自卸式垃圾车	—	4580	1595	1890	2800	2330	1710	160	—	75	80	0	0	0	0	0	0	0	0	0	0	0	20	
		EQ5023XXYACBEV6	纯电动厢式运输车	—	4150	1620	1905	2700	2290	1400	265	—	80	85	0	0	0	0	0	0	0	0	0	0	0	1	
		EQ5023XXYACBEV7	纯电动厢式运输车	—	4150	1620	1905	2700	2290	1370	248	—	85	85	0	0	0	0	0	0	0	0	0	0	0	37	
		EQ5025XXYACBEV	纯电动厢式运输车	EQ6350KRACEV	3750	1510	1820	2400	1750	1100	220	—	65	80	0	0	0	0	0	0	0	19	0	0	0	99	
		EQ5025XXYACBEV1	纯电动厢式运输车	EQ1020BACEVJ1	3750	1515	1850	2400	1750	1100	220	—	65	80	0	0	0	0	0	0	0	0	0	0	0	1	
		EQ5028XXYTBEV3	纯电动厢式运输车	—	4030	1635	1910	2700	2030	1400	330	—	80	85	0	0	0	0	0	0	0	0	20	0	80	1	
		EQ5030XXYTZBEV	纯电动厢式运输车	—	4495	1680	1990	2925	2510	1480	310	—	85	85	0	0	0	0	0	0	0	0	0	0	0	1	
		EQ5030XXYTZBEV1	纯电动厢式运输车	—	4495	1680	1990	2925	2510	1480	310	—	85	85	0	0	0	0	0	0	0	0	0	0	0	1	
		EQ5030XXYTZBEV2	纯电动厢式运输车	—	4495	1680	1990	2925	2510	1620	270	—	85	85	0	0	0	0	0	0	0	0	0	0	0	1	
		EQ5032XXYTBEV	纯电动厢式运输车	EQ1032TTEVJ	5280, 5620, 5820	1820	2150, 2570, 2670	3000	3495	2120, 2250	240	—	80	90	0	0	0	0	0	0	0	0	0	0	0	1	
		EQ5034XDWTZBEV	纯电动流动服务车	—	5300	1700	1995	2890	2580	2450	260	—	80	85	0	0	0	0	0	0	0	0	0	0	0	2	
		EQ5034XDWTZBEV1	纯电动流动服务车	—	5300	1700	1995	2890	2870	2610	380	—	80	85	0	0	0	0	0	0	0	0	0	0	0	2	
		EQ5040XXYACBEV12	纯电动厢式运输车	—	5995	2100	2890, 3090	3308	4495	3175	—	255	80	90	0	0	0	0	0	0	1	0	0	0	0	0	
		EQ5040XXYACBEV6	纯电动厢式运输车	—	5995	2205, 2305	2890, 3090	3308	4495	2805	—	300	80	90	0	0	0	0	0	0	0	0	0	0	70	0	
		EQ5040XXYACBEV7	纯电动厢式运输车	EQ1040TACEVJ9	5995	2120, 2240	2890, 3090	3308	4495	2980	—	300	80	90	0	0	0	0	0	3	598	1	450	42	102	816	
		EQ5041XXYACBEV15	纯电动厢式运输车	—	5800, 5980	2036	2375, 2590	3610	4495	2800	—	300	95	100	0	0	0	0	0	0	6	0	7	0	48	39	
		EQ5045XXYTBEV15	纯电动厢式运输车	—	5900, 5995	2020, 2100, 2200	2840, 2970, 3030	3300	4495	3000	—	310	70	85	0	0	0	0	0	0	0	0	0	0	0	1	
		EQ5045XXYTBEV19	纯电动厢式运输车	EQ1045TTEVJ19	5995	2200	2890, 3120	3300	4495	3110	—	308	80	100	0	0	0	0	0	0	0	0	3	1	99	88	
		EQ5045XXYTBEV27	纯电动厢式运输车	EQ1045TTEVJ27	5995	2200	2890, 3120	3300	4495	2850	—	210	80	90	0	0	0	0	0	0	0	0	0	0	0	1	
		EQ5045XXYTBEV28	纯电动厢式运输车	EQ1045TTEVJ28	5995	2020, 2100, 2200	2950, 3080, 3130	3300	4495	2995, 3120	—	330	80	95	0	0	0	0	0	0	0	0	0	0	0	1	
		EQ5045XXYTBEV3	纯电动厢式运输车	—	5900, 5995	2020, 2100, 2200	2840, 2970, 3030	3100	4495	2805, 2940	—	262	75	85	0	0	0	0	0	0	0	0	0	0	0	1	

续上表

企业名称 Company Name	品牌 Brand	车辆型号 Vehicle Model	车辆类型 Vehicle Type	底盘型号 Chassis Model	外形尺寸 Dimension(mm) 长 Length	宽 Width	高 Height	轴距 Wheel Base (mm)	总质量 Total Weight (kg)	整备质量 Vehicle Weight (kg)	续驶里程 Driving Mileage of Electric Vehicle (工况法 Operating Condition Method,km)	续驶里程 Driving Mileage of Electric Vehicle (等速法 Isokinetic Method, km)	30分钟最高车速 Maximum Speed of Electric Car in 30 Minutes (km/h)	最高车速 Maximum Speed (km/h)	1月 January	2月 February	3月 March	4月 April	5月 May	6月 June	7月 July	8月 August	9月 September	10月 October	11月 November	12月 December	2018年产量合计 Total Output in 2018 (辆,Vehicle)
东风汽车集团有限公司	东风牌	EQ5045XXYTBEV32	纯电动厢式运输车	EQ1045TTEVJ32	5950	2050	2920	3100	4495	3050	—	280	85	85	0	0	0	0	0	0	0	0	2	0	0	0	7535
		EQ5045XXYTBEV33	纯电动厢式运输车	EQ1045TTEVJ33	5995	2020, 2100, 2200	2950, 3080, 3130	3300	4495	2995, 3120	—	330	80	90	0	0	0	0	0	0	0	0	0	0	0	1	
		EQ5045XXYTBEV36	纯电动厢式运输车	EQ1045TTEVJ36	5995	2100, 2200	2950, 3080, 3130	3300	4495	2995, 3150	—	360	80	95	0	0	0	0	0	0	0	0	0	0	0	1	
		EQ5045XXYTBEV38	纯电动厢式运输车	EQ1045TTEVJ38	5995	2200	2890, 3120	3300	4495	2960	—	280	80	90	0	0	0	0	0	0	0	0	0	0	0	2	
		EQ5045XXYTBEV4	纯电动厢式运输车	EQ1045TTEVJ3	5900, 5995	2020, 2100, 2200	2840, 2970, 3030	3300	4495	2805, 2930	—	240	75	100	0	0	0	0	0	0	104	101	1912	323	782	54	
		EQ5045XXYTBEV40	纯电动厢式运输车	EQ1045TTEVJ40	5995	2020, 2100, 2200	2950, 3080, 3130	3300	4495	2995, 3120	—	330	80	95	0	0	0	0	0	0	0	0	0	0	0	3	
		EQ5070XLCACBEV	纯电动冷藏车	EQ1070TACEVJ8	5990	2200, 2245	3020	3308	7320	4630, 4230	—	230	80	90	0	0	0	0	0	1	371	0	0	0	28	5	
		EQ5072XLCTBEV	纯电动冷藏车	EQ1072GTEVJ	6180	2200	3020, 3120	3300	7350	4730	—	350	70	90	0	0	0	0	0	0	0	0	0	0	0	1	
东风汽车股份有限公司	东风牌	DFA5020XXYCBEV4	纯电动厢式运输车	—	4150	1620	1905	2700	2290	1350	215	—	80	85	0	0	0	0	0	0	28	185	150	21	1203	416	6836
		DFA5025XXYACBEV	纯电动厢式运输车	EQ1020BACEV	3750, 3960	1515	1850, 2100	2400	1750	1100	220	—	65	80	0	0	0	0	0	1	0	0	0	0	12	187	
		DFA5030XGCPBEV	纯电动电力工程车	EQ1030PACEV	5619, 5730	1870	1864, 2075	3500	3300	2200	370	—	110	110	0	0	0	0	0	0	0	2	0	0	6	4	
		DFA5030XLCCBEV	纯电动冷藏车	—	4150	1620	2095	2700	2550	1650	255	—	80	85	0	0	0	0	0	0	0	0	0	0	12	38	
		DFA5030XXYABEV	纯电动厢式运输车	EQ6420RACEV	4490	1680	2190	2850	3050	1900	240	—	85	90	0	0	0	0	0	0	0	0	0	0	8	42	
		DFA5030XXYABEV1	纯电动厢式运输车	—	4495	1680	1990	2925	2520	1480	290	—	110	110	0	0	0	0	0	0	0	0	0	180	308	72	
		DFA5030XXYABEV2	纯电动厢式运输车	—	4495	1680	1990	2925	2520	1500	290	—	110	110	0	0	0	0	0	0	0	0	0	20	18	2	
		DFA5030XXYABEV3	纯电动厢式运输车	—	4495	1680	1990	2925	2520	1480	320	—	90	110	0	0	0	0	0	0	0	0	0	0	0	2	
		DFA5030XXYABEV4	纯电动厢式运输车	—	4495	1680	1990	2925	2520	1500	320	—	90	110	0	0	0	0	0	0	0	0	0	0	0	2	
		DFA5030XXYABEV5	纯电动厢式运输车	—	4495	1680	1990	2925	2520	1480	260	—	100	110	0	0	0	0	0	0	0	0	0	0	0	2	
		DFA5030XXYEBEV	纯电动厢式运输车	—	5200	1700	2240	2890	3495	1830	205	—	100	100	0	0	0	0	0	0	0	0	2	2	0	13	
		DFA5030XXYFBEV	纯电动厢式运输车	—	4500	1680	2000	3050	2505	1580	245	—	85	100	0	0	0	0	0	0	0	0	11	129	571	288	
		DFA5030XXYFBEV1	纯电动厢式运输车	—	4500	1680	2000	3050	2505	1580	240	—	85	100	0	0	0	0	0	0	0	0	0	0	0	8	
		DFA5030XXYFBEV3	纯电动厢式运输车	—	4500	1680	2000	3050	2505	1580	245	—	80	80	0	0	0	0	0	0	0	0	0	0	0	1	
		DFA5030ZZZBEV	纯电动自装卸式垃圾车	EQ1030ZACEV1	4390	1517	2240	2400	2750	1770	130	—	75	85	0	0	0	0	0	0	0	0	0	0	200	3	

续上表

企业名称 Company Name	品牌 Brand	车辆型号 Vehicle Model	车辆类型 Vehicle Type	底盘型号 Chassis Model	外形尺寸 Dimension(mm) 长 Length	宽 Width	高 Height	轴距 Wheel Base (mm)	总质量 Total Weight (kg)	整备质量 Vehicle Weight (kg)	续驶里程 Driving Mileage of Electric Vehicle (工况法 Operating Condition Method,km)	续驶里程 Driving Mileage of Electric Vehicle (等速法 Isokinetic Method, km)	30 分钟最高车速 Maximum Speed of Electric Car in 30 Minutes (km/h)	最高车速 Maximum Speed (km/h)	1月 January	2月 February	3月 March	4月 April	5月 May	6月 June	7月 July	8月 August	9月 September	10月 October	11月 November	12月 December	2018年产量合计 Total Output in 2018 (辆,Vehicle)
东风汽车股份有限公司	东风牌	DFA5040XGCBEV	纯电动工程车	DFA5040XXYBEV	5990	2036	2375, 2590, 2675, 2890	3610	4495	3235	—	570	95	100	0	0	0	0	0	0	0	0	0	0	0	2	6836
		DFA5040XLCKBEV	纯电动冷藏车	EQ1040KACEVJ5	5990	2100, 2140	3020, 2890	3308	4495	3025	—	340	80	90	0	0	0	0	0	0	0	0	0	0	1	1	
		DFA5040XLCTBEV	纯电动冷藏车	EQ1040TACEV1	5555	1820	2590	2800	4300	2510	—	220	90	90	0	0	0	0	0	0	0	0	1	0	0	0	
		DFA5040XXYBEV	纯电动厢式运输车	—	5800, 5980	2036	2375, 2590	3610	4495	3050	—	570	95	100	0	0	0	0	0	0	0	0	0	1	0	12	
		DFA5040XXYBEV1	纯电动厢式运输车	—	5800, 5980	2036	2375, 2590	3610	4495	2900	—	340	80	100	0	0	0	0	0	0	0	1	3	0	84	76	
		DFA5040XXYDBEV	纯电动厢式运输车	EQ1040DACEV	5995	1970, 2100	3010	3308	4495	2980	—	305	80	90	0	0	0	0	0	0	0	0	0	0	0	2	
		DFA5040XXYDBEV1	纯电动厢式运输车	EQ1040DACEV1	5995	1970, 2100	2920, 3120	3308	4495	2980	—	305	80	90	0	0	0	0	0	0	0	0	0	0	35	1	
		DFA5040XXYDBEV2	纯电动厢式运输车	EQ1040DACEV2	5995	2024, 2100	2975	3400	4495	3210	—	480	80	90	0	0	0	0	0	0	0	0	0	5	15	52	
		DFA5040XXYGBEV	纯电动厢式运输车	EQ1040GACEV	5990	1986	2740	3360	4495	2960	—	310	95	100	0	0	0	0	0	0	0	0	0	0	0	1	
		DFA5040XXYKBEV	纯电动厢式运输车	EQ1040KACEV	5995	2120, 2240	2890, 3090	3308	4495	3010	—	275	80	90	0	0	0	0	0	0	0	0	0	0	0	1	
		DFA5040XXYKBEV10	纯电动厢式运输车	EQ1040KACEVJ10	5995	2100	2890, 3090	3308	4495	3210	—	340	80	90	0	0	0	0	0	0	0	0	0	0	0	1	
		DFA5040XXYKBEV12	纯电动厢式运输车	EQ1040KACEVJ12	5995	2100	2890, 3090	3308	4495	3210	—	320	80	90	0	0	0	0	0	0	0	0	0	0	0	5	
		DFA5040XXYKBEV14	纯电动厢式运输车	EQ1040KACEVJ14	5995	2100	2890, 3090	3308	4495	3210	—	390	80	90	0	0	0	0	0	0	0	0	0	0	0	1	
		DFA5040XXYKBEV15	纯电动厢式运输车	EQ1040KACEVJ15	5995	2100	2890, 3090	3308	4495	3060	—	310	80	90	0	0	0	0	0	0	0	0	0	0	0	3	
		DFA5040XXYKBEV2	纯电动厢式运输车	—	5995	2100	2890, 3090	3308	4495	3060	—	310	80	90	0	0	0	0	0	0	6	88	63	247	486	196	
		DFA5040XXYKBEV3	纯电动厢式运输车	EQ1040KACEVJ3	5995	2100	2890, 3090	3308	4495	2995	—	330	80	90	0	0	0	0	0	0	0	50	0	321	373	8	
		DFA5040XXYKBEV4	纯电动厢式运输车	EQ1040KACEVJ4	5995	2100	2890, 3090	3308	4495	2995	—	330	80	90	0	0	0	0	0	0	1	5	0	4	101	1	
		DFA5040XXYKBEV5	纯电动厢式运输车	EQ1040KACEVJ5	5995	2100	2890, 3090	3308	4495	2995	—	340	80	90	0	0	0	0	0	0	0	0	0	0	0	1	
		DFA5040XXYKBEV6	纯电动厢式运输车	EQ1040KACEVJ6	5995	2100	2890, 3090	3308	4495	3210	—	345	80	90	0	0	0	0	0	0	0	0	10	36	90	68	
		DFA5040XXYKBEV7	纯电动厢式运输车	EQ1040KACEVJ7	5995	2100	2890, 3090	3308	4495	2995	—	330	80	90	0	0	0	0	0	0	4	31	5	12	0	18	
		DFA5040XXYKBEV8	纯电动厢式运输车	EQ1040KACEVJ8	5995	2110, 2230	2890, 3090	3308	4495	3210	—	330	80	90	0	0	0	0	0	0	0	0	0	0	0	2	

续上表

企业名称 Company Name	品牌 Brand	车辆型号 Vehicle Model	车辆类型 Vehicle Type	底盘型号 Chassis Model	外形尺寸 Dimension(mm) 长 Length	宽 Width	高 Height	轴距 Wheel Base (mm)	总质量 Total Weight (kg)	整备质量 Vehicle Weight (kg)	续驶里程 Driving Mileage of Electric Vehicle (工况法 Operating Condition Method,km)	续驶里程 Driving Mileage of Electric Vehicle (等速法 Isokinetic Method, km)	30分钟最高车速 Maximum Speed of Electric Car in 30 Minutes (km/h)	最高车速 Maximum Speed (km/h)	1月 January	2月 February	3月 March	4月 April	5月 May	6月 June	7月 July	8月 August	9月 September	10月 October	11月 November	12月 December	2018年产量合计 Total Output in 2018 (辆,Vehicle)
东风汽车股份有限公司	东风牌	DFA5040XXYKBEV9	纯电动厢式运输车	EQ1040KACEVJ9	5995	2110,2230	2890,3090	3308	4495	3210	—	340	80	90	0	0	0	0	0	0	0	0	0	0	0	2	6836
		DFA5040XXYLBEV	纯电动厢式运输车	—	5400	1995	2360	3250	4080	2480	—	300	100	100	0	0	0	0	0	0	0	12	38	0	0	0	
		DFA5040XXYTBEV1	纯电动厢式运输车	EQ1040TACEV1	5450	1820	2300	2800	4300	2400	—	220	90	90	0	0	0	0	0	0	0	0	0	0	0	1	
		DFA5042XXYFBEV	纯电动厢式运输车	EQ1042FACEV4	5995	2080	2940	3300	4495	3100	—	350	90	90	0	0	0	0	0	0	0	0	0	0	0	100	
		DFA5042XXYKBEV	纯电动厢式运输车	EQ1042KACEV	5995	2150	2960	3300	4495	2920	—	270	90	90	0	0	0	0	0	0	0	0	0	0	0	1	
		DFA5070XDYKBEV	纯电动电源车	EQ1070KEVJ	5995	2100	2890,3090	3308	7320	7190	—	220	80	90	0	0	0	0	0	0	0	0	0	0	0	2	
重庆瑞驰汽车实业有限公司	瑞驰牌	CRC5030XXYB-LBEV	纯电动厢式运输车	—	4500	1680	2000	3050	2510	1640	233	—	60	80	0	0	0	475	15	0	0	0	0	0	0	0	6001
		CRC5030XXYE-LBEV	纯电动封闭货车	—	4500	1680	1985	3050	2660	1510	225	—	70	80	0	0	0	128	309	537	792	502	71	467	302	0	
		CRC5030XXYF-LBEV	纯电动封闭货车	—	4500	1680	1985	3050	2600	1520	290	—	70	80	0	0	0	0	0	0	0	2	18	0	0	0	
		CRC5031XXYD-LBEV	纯电动封闭货车	—	4500	1680	1985	3050	2600	1540	295	—	70	80	0	0	0	0	0	0	0	3	46	113	291	0	
		CRC5034XXYC-LBEV	纯电动封闭货车	—	4500	1680	1985	3050	2660	1500	225	—	70	80	0	0	0	0	4	533	193	305	413	55	2	0	
		CRC5034XXYD-LBEV	纯电动封闭货车	—	4500	1680	1985	3050	2600	1500	295	—	70	80	0	0	0	0	0	0	0	0	2	0	5	0	
		CRC5035XXYA-LBEV	纯电动厢式运输车	CRC5035DALBEV	4750	1670	2400	3050	2600	1450	290	—	70	80	0	0	0	0	0	0	0	0	13	161	244	0	
陕西通家汽车股份有限公司	通家福牌	STJ5020XXYEV6A	纯电动厢式运输车	—	4030	1620	1900	2700	2100	1305	305	—	80	80	0	0	0	0	0	0	0	0	0	0	0	1252	5963
		STJ5022XXYEV6	纯电动厢式运输车	—	4030	1620	1900	2700	2050	1355	255	—	100	100	0	2	0	3	0	0	0	0	0	0	0	0	
		STJ5022XXYEV6P	纯电动厢式运输车	—	4030	1620	1900	2700	2100	1280	296	—	80	80	0	0	0	0	0	0	0	0	0	0	246	144	
		STJ5022XXYEV6P1	纯电动厢式运输车	—	4030	1620	1900	2700	2100	1345	340	—	80	80	0	0	0	0	0	0	0	0	0	0	0	160	
		STJ5023XXYEV1	纯电动厢式运输车	—	4030	1620	1900	2700	2050	1325	260	—	65	75	0	2	0	0	0	0	0	0	0	0	0	0	
		STJ5023XXYEV6	纯电动厢式运输车	—	4030	1620	1900	2700	2050	1370	325	—	85	85	0	0	0	10	95	103	0	0	0	0	0	0	
		STJ5024XXYEV	纯电动厢式运输车	—	4030	1620	1900	2700	2050	1400	225	—	80	85	0	0	0	0	442	392	0	0	0	0	0	0	
		STJ5024XXYEV6	纯电动厢式运输车	—	4030	1620	1900	2700	2050	1370	287	—	85	85	97	2	0	33	173	1	0	0	0	0	0	0	
		STJ5024XXYEV6B	纯电动厢式运输车	—	4030	1620	1900	2700	2100	1280	301	—	80	80	0	0	0	0	0	0	1	440	309	146	0	24	
		STJ5024XXYEV7	纯电动厢式运输车	—	4030	1620	1900	2700	2050	1300	253	—	85	88	0	61	45	134	195	5	0	0	0	0	0	0	
		STJ5024XXYEV8	纯电动厢式运输车	—	4030	1620	1900	2700	2050	1285	242	—	85	88	333	0	0	15	0	0	0	0	0	0	0	0	
		STJ5025XXYEV6H	纯电动厢式运输车	—	4030	1620	1900	2700	2100	1280	301	—	80	80	0	0	0	0	0	0	0	0	0	255	547	230	
		STJ5026XXYEV6	纯电动厢式运输车	—	4030	1620	1900	2700	2050	1370	287	—	85	85	2	0	0	5	0	3	0	0	0	0	0	0	
		STJ5029XXYEV6	纯电动厢式运输车	—	4030	1620	1900	2700	2100	1250	278	—	80	80	0	0	0	0	1	0	0	4	0	0	0	1	
		STJ5031XXYEV2	纯电动厢式运输车	—	4900	1755	2100	2570	3400	1935	200	—	80	100	0	0	0	0	0	0	0	0	0	3	10	37	
湖北新楚风汽车股份有限公司	楚风牌	HQG5022XXYEV4	纯电动厢式运输车	—	4070	1680	1905	2700	2435	1450	321	—	80	80	1	0	0	0	8	6	0	0	0	0	2	0	5072
		HQG5022XXYEV6	纯电动厢式运输车	—	4070	1680	1905	2700	2435	1450	325	—	80	80	0	0	0	0	1	0	0	0	0	0	0	0	

续上表

企业名称 Company Name	品牌 Brand	车辆型号 Vehicle Model	车辆类型 Vehicle Type	底盘型号 Chassis Model	外形尺寸 Dimension(mm) 长 Length	宽 Width	高 Height	轴距 Wheel Base (mm)	总质量 Total Weight (kg)	整备质量 Vehicle Weight (kg)	续驶里程 Driving Mileage of Electric Vehicle (工况法 Operating Condition Method,km)	续驶里程 Driving Mileage of Electric Vehicle (等速法 Isokinetic Method, km)	30分钟最高车速 Maximum Speed of Electric Car in 30 Minutes (km/h)	最高车速 Maximum Speed (km/h)	1月 January	2月 February	3月 March	4月 April	5月 May	6月 June	7月 July	8月 August	9月 September	10月 October	11月 November	12月 December	2018年产量合计 Total Output in 2018 (辆,Vehicle)
湖北新楚风汽车股份有限公司	楚风牌	HQG5037XXYEV	纯电动厢式运输车	—	4900	1700	2160	2570	3250	1930	200	—	100	100	0	0	0	0	0	0	0	0	1	0	0	0	5072
		HQG5037XXYEV1	纯电动厢式运输车	—	4430	1626	1940	2800	2600	1550	310	—	80	80	0	0	0	0	0	0	0	0	0	0	1	1000	
		HQG5041XXYEV	纯电动厢式运输车	—	5880,5990	1940	2850,2760	3100	4495	2805	—	198	85	85	0	0	0	0	400	0	0	0	0	0	0	0	
		HQG5041XXYEV1	纯电动厢式运输车	—	5880,5990	1940	2850	3300	4495	2805	—	198	85	85	0	0	0	0	0	1	0	0	0	0	0	0	
		HQG5042XXYEV10	纯电动厢式运输车	—	5880,5990,5940	2110,2160	2830,2930	3300	4495	2850	—	148	85	85	0	0	0	0	0	10	0	0	0	0	0	0	
		HQG5042XXYEV5	纯电动厢式运输车	—	5880,5990,5940	1940,2160	2850,2950	3100	4495	2650	—	85	85	85	1	0	0	0	0	0	0	0	0	0	0	0	
		HQG5042XXYEV9	纯电动厢式运输车	—	5880,5990,5940	1940,2160	2850,2950,2760	3100	4495	3010	—	223	85	85	0	9	0	0	277	6	0	0	0	0	0	0	
		HQG5043XLCEV	纯电动冷藏车	HQG1043EV1	5990	2110	2850,2950	3300	4495	2980	—	275	85	85	0	0	0	0	0	0	0	0	2	0	1	0	
		HQG5043XXYEV3	纯电动厢式运输车	HQG1043EV3	5880,5990	1940,2110	2780,2880,2980	3300	4495	2985	—	345	85	85	0	0	0	0	0	0	0	0	0	3	139	717	
		HQG5043XXYEV5	纯电动厢式运输车	HQG1043EV5	5880,5990	1940,2110	2780,2880,2980	3300	4495	2870	—	270	85	85	0	0	0	0	0	0	0	0	0	1	1	1303	
		HQG5043XXYEV6	纯电动厢式运输车	HQG1043EV6	5880,5990	1950,2110	2780,2880,2980	3100	4495	2985	—	275	85	85	0	0	0	0	0	0	0	0	0	1	14	556	
		HQG5043XXYEV7	纯电动厢式运输车	HQG1043EV7	5880,5990	2110	2880,2980	3100,3300	4495	2950	—	255	85	85	0	0	0	0	0	0	0	0	0	0	180	420	
		HQG5085TQZEV1	纯电动清障车	HQG1085EV1	7395,6910,6500,6200	2280	2435	3800	8275	5250	—	230	90	90	0	0	0	0	0	0	0	0	0	0	1	9	
北汽新能源汽车常州有限公司	北京牌	BJ5030XXYVRRC-BEV	纯电动厢式运输车	—	4500	1650	1940	2920	2820	1600	220	253	80	80	0	0	0	0	0	298	162	1175	912	391	1713	151	4804
		BJ5030XYZVRRC-BEV	纯电动邮政车	—	4500	1650	1940,2150	2920	2820	1600	220	253	80	80	0	0	0	0	0	0	0	0	0	0	2	0	
河北长安汽车有限公司	长安牌	SC1027DACABEV	纯电动载货汽车	SC1027DACABEV	4560	1600	1870,1890	2900	2250	1250	215	—	100	110	0	0	0	0	0	0	0	0	136	242	315	447	4596
		SC5027XXYDAABEV	纯电动厢式运输车	SC1027DACABEV	4615	1600	2325	2900	2250	1325	210	—	100	110	0	0	0	0	0	0	0	0	87	175	284	424	
		SC5028XXYNBEV	纯电动厢式运输车	—	4430	1655	1935	2800	2160	1380	290	—	105	105	0	0	0	0	0	1	0	175	207	122	47	2	
		SC5033XXYGBEV	纯电动厢式运输车	—	4805	1715	1990	3050	2810	1550	335	—	80	80	0	0	0	0	0	0	0	0	0	0	0	150	

续上表

企业名称 Company Name	品牌 Brand	车辆型号 Vehicle Model	车辆类型 Vehicle Type	底盘型号 Chassis Model	外形尺寸 Dimension(mm) 长 Length	宽 Width	高 Height	轴距 Wheel Base (mm)	总质量 Total Weight (kg)	整备质量 Vehicle Weight (kg)	续驶里程 Driving Mileage of Electric Vehicle (工况法 Operating Condition Method,km)	续驶里程 Driving Mileage of Electric Vehicle (等速法 Isokinetic Method, km)	30分钟最高车速 Maximum Speed of Electric Car in 30 Minutes (km/h)	最高车速 Maximum Speed (km/h)	1月 January	2月 February	3月 March	4月 April	5月 May	6月 June	7月 July	8月 August	9月 September	10月 October	11月 November	12月 December	2018年产量合计 Total Output in 2018 (辆,Vehicle)
河北长安汽车有限公司	长安牌	SC5033XXYHBEV	纯电动厢式运输车	—	4805	1715	2200	3050	2870	1610	315	—	80	80	0	0	0	0	0	0	0	0	0	0	16	50	4596
		SC5033XXYJBEV	纯电动厢式运输车	—	4805	1715	1990	3050	2810	1550,1590	248	—	80	80	0	0	0	0	0	0	0	0	0	0	506	800	
		SC5033XXYKBEV	纯电动厢式运输车	—	4805	1715	2200	3050	2870	1610	248	—	80	80	0	0	0	0	0	0	0	0	0	0	195	215	
吉利四川商用车有限公司	远程牌	DNC1047BEV01	纯电动载货汽车	DNC1047BEVJ05	5995	2100	2450	3360	4495	3060	—	330	90	90	0	0	0	0	0	0	0	0	0	1	2	0	4412
		DNC1047JBEV02	纯电动专用车	DNC1047JBEVJ01	5995	1950	2440	3360	4495	3060	—	330	90	90	0	0	0	0	0	0	0	0	0	1	0	1	
		DNC5030XXYBEV01	纯电动专用车	—	5450	1700	2160	3110	3480	2070	200	260	100	100	0	0	0	0	0	30	80	161	58	1	100	148	
		DNC5030XXYBEV02	纯电动专用车	—	5450	1700	2160	3110	3495	2130	230	—	100	100	0	0	0	0	0	0	0	0	0	0	0	201	
		DNC5030XXYBEV03	纯电动专用车	—	5450	1700	2160	3110	3495	2150	250	—	100	100	0	0	0	0	0	0	0	0	0	0	0	2	
		DNC5045XXYBEV02	纯电动专用车	DNC1045BEVJ02	5995	2100,2350	3150	3360	4495	3010	230	320	90	90	0	0	0	0	0	0	25	0	9	17	49	28	
		DNC5046XXYBEV02	纯电动专用车	DNC1046BEVJ02	5995	2100	3150,3050	3360	4495	2960	230	310	80	80	0	0	0	0	0	0	0	1	150	0	1	208	
		DNC5046XXYBEV03	纯电动专用车	DNC1046BEVJ03	5995	2100	3050,3150	3360	4495	3020	220	310	90	90	0	0	0	0	0	0	10	0	0	0	4	5	
		DNC5047CCYBEV01	纯电动专用车	DNC1047BEVJ05	5995	2100	3050	3360	4495	3060	—	330	90	90	0	0	0	0	0	0	0	0	1	11	23	7	
		DNC5047XXYBEV01	纯电动专用车	—	5995	2100	3050	3360	4495	3450	—	385	80	80	30	131	348	14	25	4	0	0	0	0	0	0	
		DNC5047XXYBEV03	纯电动专用车	DNC1047BEVJ03	5995	2100	3050	3360	4495	2960	270,270	385,385	80	80	0	0	0	0	1	57	190	0	78	62	0	98	
		DNC5047XXYBEV04	纯电动专用车	DNC1047BEVJ04	5995	2100	3150,3050	3360	4495	3010	230	320	80	80	0	0	0	0	0	0	0	2	0	1	0	4	
		DNC5047XXYBEV05	纯电动专用车	DNC1047BEVJ05	5995	2100	3150,3050	3360	4495	3060	230	330	90	90	0	0	0	0	0	111	580	518	1	10	1	660	
		DNC5047XXYJBEV01	纯电动专用车	DNC1047JBEVJ01	5995	1950	2850	3360	4495	3060	—	330	90	90	0	0	0	0	0	0	0	0	0	1	0	1	
		DNC5049XXYBEV02	纯电动专用车	DNC1049BEVJ02	5995	2100	3050,3150	3360	4495	3070	—	345	90	90	0	0	0	0	0	0	0	33	71	5	1	1	
		DNC5077XLCBEV02	纯电动专用车	DNC1077BEVJ02	6080	2200	2900,3150	3360	7350	4300	200	230	80	80	0	0	0	2	0	5	1	0	14	6	1	7	
		DNC5077XXYBEV03	纯电动专用车	DNC1077BEVJ02	5995	2100	3150,3050	3360	7350	3700	200	230	80	80	0	0	0	0	0	0	0	0	0	0	1	1	
安徽江淮汽车集团股份有限公司	江淮牌	HFC5030XXYEV1	纯电动专用车	HFC1030EV1	5165,5200	1650,1690	2610,2400	2600	2980	1975,2105	205	240	80	80	0	0	71	120	51	0	0	0	0	0	0	1	3547
		HFC5031XXYEV2	纯电动专用车	HFC1031EV2	5605	1660,1890	2650,1990	2850	3120	2070	282	325	80	80	0	0	0	0	0	0	2	68	1	0	130	0	
		HFC5031XXYEV3	纯电动专用车	HFC1031EV3	5605	1660,1890	2650,1990	2850	3120	2070	300	345	80	80	0	0	0	0	0	0	0	5	137	62	365	83	
		HFC5037XXYD1EV2	纯电动专用车	HFC1037D1EV2	5605	1830	1840	3380	3455	2150	265	350	90	90	0	0	0	0	0	0	0	0	1	0	0	1	
		HFC5037XXYD1EV3	纯电动专用车	HFC1037D1EV3	5605	1830	1840	3380	3455	2150	255	—	90	90	0	0	0	0	0	0	0	0	0	0	2	110	

续上表

企业名称 Company Name	品牌 Brand	车辆型号 Vehicle Model	车辆类型 Vehicle Type	底盘型号 Chassis Model	外形尺寸 Dimension(mm) 长 Length	宽 Width	高 Height	轴距 Wheel Base (mm)	总质量 Total Weight (kg)	整备质量 Vehicle Weight (kg)	续驶里程 Driving Mileage of Electric Vehicle (工况法 Operating Condition Method,km)	续驶里程 Driving Mileage of Electric Vehicle (等速法 Isokinetic Method, km)	30分钟最高车速 Maximum Speed of Electric Car in 30 Minutes (km/h)	最高车速 Maximum Speed (km/h)	1月 January	2月 February	3月 March	4月 April	5月 May	6月 June	7月 July	8月 August	9月 September	10月 October	11月 November	12月 December	2018年产量合计 Total Output in 2018 (辆,Vehicle)
安徽江淮汽车集团股份有限公司	江淮牌	HFC5041XXYEV1	纯电动专用车	HFC1041EV1	5995	2015,1965,2150	2975	3360	4495	3150	—	425	90	90	0	0	0	0	0	0	1	3	49	74	153	23	3547
		HFC5041XXYEV5	纯电动专用车	HFC1041EV5	5995	2015,1965,2150	2975,3100	3360	4495	3150	—	405	90	90	0	0	0	0	0	0	1	14	266	151	80	50	
		HFC5041XXYEV6	纯电动专用车	HFC1041EV6	5995	2015,1965	2975	3360	4495	3150	—	405	90	90	0	0	0	0	0	0	0	0	0	0	97	339	
		HFC5041XXYEV7	纯电动专用车	HFC1041EV7	5995	2015,1965	2975	3360	4495	3150	—	375	90	90	0	0	0	0	0	0	0	0	0	0	0	1	
		HFC5041XXYP73EV1C5	纯电动专用车	—	5995	2015,1965	3005,3045	3815	4495	3450	—	385	90	90	0	0	0	58	169	0	0	0	0	0	0	0	
		HFC5043XXYEV1	纯电动专用车	HFC1043EV1	5995	2015,1965	3005	3815	4495	3275	—	455	90	90	0	0	0	0	0	0	0	0	0	0	93	127	
		HFC5049XXYEV1H	纯电动专用车	—	5995	2098	2645	3570	4495	3225	—	315	100	100	0	0	0	0	80	0	0	0	0	0	0	0	
		HFC5049XXYEV3H	纯电动专用车	—	5995	2098	2645	3570	4495	3120	—	415	100	100	0	0	0	0	0	0	3	28	107	86	165	26	
		HFC5049XXYEV4H	纯电动专用车	—	5995	2098	2645	3570	4495	3200	—	430	100	100	0	0	0	0	0	0	0	0	0	1	0	92	
江铃汽车股份有限公司	江铃牌	JX5040XXYTC-M5BEV	纯电动专用车	—	4944	1972	2215,2025	2835	3510	2040	—	420	120	120	0	0	0	0	0	0	0	0	0	1	0	1	3547
		JX5040XXYTHA-M5BEV	纯电动专用车	—	5696	1972	2240,2625	3570	3510	2300,2360	—	505	120	120	0	0	0	0	0	0	0	0	0	1	0	11	
		JX5040XXYTH-M5BEV	纯电动专用车	—	5696	1972	2240	3570	3510	2310	—	300	100	100	0	1	1	0	0	0	0	0	0	0	0	0	
		JX5043XLCTG25BEV	纯电动专用车	JX1043TG25BEV	5995	2270	3110,3210	3360	4495	2900	—	374	90	90	0	0	0	0	0	0	0	0	0	0	0	50	
		JX5043XXYTG25BEV	纯电动专用车	JX1043TG25BEV	5995	2015,2225,2180	2965,3135	3360	4495	2805	—	400	90	90	0	0	0	4	0	0	0	0	5	1	38	454	
		JX5043XXYTGA25BEV	纯电动专用车	JX1043TGA25BEV	5995	2015,2225	2965,3135	3360	4495	3305	—	290,290	90	90	0	0	1	49	1	0	0	0	0	0	0	0	
		JX5043XXYTGB25BEV	纯电动专用车	JX1043TGB25BEV	5995	2015,2225	2965,3135	3360	4495	2805	—	290	90	90	0	0	1	0	0	0	0	0	0	0	0	0	
		JX5043XXYTGD25BEV	纯电动专用车	JX1043TGD25BEV	5995	2015,2225,2180	2965,3135	3360	4495	3250	—	325	90	90	0	0	0	0	0	0	446	27	1	3	122	2298	
		JX5063XXYTG25BEV	纯电动专用车	JX1063TG25BEV	5995	2015,2225,2180	2965,3135	3360	5995	3525	—	350	90	90	0	0	0	0	0	0	0	0	0	0	0	30	
山西成功汽车制造有限公司	太行成功牌	SCH5022XXY-BEV8	纯电动专用车	—	4330	1650	1920	2850	1950	1310,1340	233	—	85	90	0	100	220	185	474	0	0	0	0	0	0	0	3430
		SCH5022XXY-BEV9	纯电动专用车	—	4330	1650	1920	2850	2000	1325	250	—	85	90	0	0	0	0	150	0	0	0	0	0	0	0	

续上表

企业名称 Company Name	品牌 Brand	车辆型号 Vehicle Model	车辆类型 Vehicle Type	底盘型号 Chassis Model	外形尺寸 Dimension（mm） 长 Length	宽 Width	高 Height	轴距 Wheel Base（mm）	总质量 Total Weight（kg）	整备质量 Vehicle Weight（kg）	续驶里程 Driving Mileage of Electric Vehicle（工况法 Operating Condition Method,km）	续驶里程 Driving Mileage of Electric Vehicle（等速法 Isokinetic Method，km）	30 分钟最高车速 Maximum Speed of Electric Car in 30 Minutes（km/h）	最高车速 Maximum Speed（km/h）	1 月 January	2 月 February	3 月 March	4 月 April	5 月 May	6 月 June	7 月 July	8 月 August	9 月 September	10 月 October	11 月 November	12 月 December	2018 年产量合计 Total Output in 2018（辆，Vehicle）
山西成功汽车制造有限公司	太行成功牌	SCH5022XXY-BEVC	纯电动专用车	—	4330	1650	1920	2850	2210	1310	240	—	85	90	0	0	0	0	0	0	0	461	409	670	322	353	3430
		SCH5022XXY-BEVE	纯电动专用车	—	4330	1650	1920	2850	2150	1325	280	—	85	90	0	0	0	0	0	0	0	0	0	0	0	66	
		SCH5025XXYD1-BEV3	纯电动专用车	—	4825	1650	2480	2850	2210	1460	210	—	85	90	0	0	0	11	0	5	0	0	0	0	0	0	
		SCH5025XXYD-BEV4	纯电动专用车	—	4625	1650	2480，2210	3050	2290	1350	250	—	90	90	0	0	0	0	0	0	0	0	0	0	0	4	
南京金龙客车制造有限公司	开沃牌	NJL5021XXYBEV24	纯电动专用车	—	4430	1626	1930	2800	2390	1475	238	—	80	90	1	0	0	0	0	0	0	0	0	0	0	0	3110
		NJL5021XXYBEV25	纯电动专用车	—	4430	1626	1930	2800	2390	1475	243	—	80	90	1	0	0	0	0	0	0	0	0	0	0	0	
		NJL5021XXYBEV27	纯电动专用车	—	4430	1626	1930	2800	2390	1475	227	—	80	90	1	0	0	0	0	0	0	0	0	0	0	0	
		NJL5021XYZBEV5	纯电动专用车	—	4430	1626	1930	2800	2390	1475	238	—	80	90	1	0	0	0	0	0	0	0	0	0	0	0	
		NJL5022XXYBEV6	纯电动专用车	—	3900	1510	1870	2430	1840	1180	188	—	70	80	1	0	0	0	0	0	0	0	0	0	0	0	
		NJL5022XXYBEV8	纯电动专用车	—	3900	1510	1870	2430	1840	1150	237	—	70	80	1	0	0	0	0	0	0	0	0	0	0	0	
		NJL5025XXYBEV	纯电动专用车	—	4165	1690	1930	2605	2290	1400	236	—	85	85	1	0	0	1	0	0	0	1	1	30	3	37	
		NJL5025XXYBEV1	纯电动专用车	—	4165	1690	1930	2605	2290	1400	223	—	85	85	1	0	0	0	0	0	0	0	0	0	0	0	
		NJL5025XYZBEV	纯电动专用车	—	4165	1690	1930	2605	2290	1400	223	—	85	85	1	0	0	0	0	0	0	0	0	0	0	0	
		NJL5026XXYBEV1	纯电动专用车	—	4165	1690	1930	2605	2390	1380	240	—	85	85	0	0	0	0	0	0	0	0	0	0	3	2	
		NJL5031XXYBEV	纯电动专用车	—	4900	1700	2240，1980	2590	3390	1900	221	—	100	100	1	0	0	0	0	0	0	0	0	0	0	0	
		NJL5031XXYBEV6	纯电动专用车	—	4900	1700	2240，1980	2590	3390	1900	197	—	100	100	1	0	0	0	0	0	0	0	0	0	0	0	
		NJL5031XXYBEV7	纯电动专用车	—	4900	1700	2240，1980	2590	3250	1800	184	—	100	100	1	0	0	0	0	0	0	0	0	0	0	0	
		NJL5031XXYBEV8	纯电动专用车	—	4900	1700	2240，1980	2590	3250	1800	197	—	100	100	1	0	0	0	0	0	0	0	0	0	0	0	
		NJL5031XXYBEV9	纯电动专用车	—	4900	1700	2240，1980	2590	3250	1800	174	—	100	100	1	0	0	0	0	0	0	0	0	0	0	0	
		NJL5032XXYBEV	纯电动专用车	—	5200	1700	2240，1980	2890	3490	2000	213	—	100	100	0	0	0	88	20	0	0	0	0	0	0	0	
		NJL5032XXYBEV1	纯电动专用车	—	5200	1700	2240，1980	2890	3490	2000	200	—	100	100	7	62	12	54	44	80	95	80	58	87	221	674	
		NJL5032XXYBEV12	纯电动专用车	—	5200	1700	2240，1980	2890	3250	1850	190	—	100	100	1	0	0	0	0	0	0	0	0	0	0	0	
		NJL5032XXYBEV13	纯电动专用车	—	5200	1700	2240，1980	2890	3250	1850	179	—	100	100	1	0	0	0	0	0	0	0	0	0	0	0	
		NJL5032XXYBEV14	纯电动专用车	—	5200	1700	2240，1980	2890	3250	1850	179	—	100	100	1	0	0	0	0	14	6	7	16	0	4	147	
		NJL5032XXYBEV15	纯电动专用车	—	5200	1700	2240，1980	2890	3250	1850	208	—	100	100	0	0	0	0	0	5	0	6	32	8	15	80	

续上表

企业名称 Company Name	品牌 Brand	车辆型号 Vehicle Model	车辆类型 Vehicle Type	底盘型号 Chassis Model	外形尺寸 Dimension(mm)			轴距 Wheel Base (mm)	总质量 Total Weight (kg)	整备质量 Vehicle Weight (kg)	续驶里程 Driving Mileage of Electric Vehicle (工况法 Operating Condition Method,km)	续驶里程 Driving Mileage of Electric Vehicle (等速法 Isokinetic Method, km)	30 分钟最高车速 Maximum Speed of Electric Car in 30 Minutes (km/h)	最高车速 Maximum Speed (km/h)	1月 January	2月 February	3月 March	4月 April	5月 May	6月 June	7月 July	8月 August	9月 September	10月 October	11月 November	12月 December	2018年产量合计 Total Output in 2018 (辆,Vehicle)
					长 Length	宽 Width	高 Height																				
南京金龙客车制造有限公司	开沃牌	NJL5032XXYBEV16	纯电动专用车	—	5200	1700	2240, 1980	2890	3250	1850	208	—	100	100	0	0	0	0	0	0	0	0	0	0	11	115	3110
		NJL5032XXYBEV7	纯电动专用车	—	5200	1700	2240, 1980	2890	3250	1850	190	—	100	100	1	0	0	0	0	0	0	0	0	0	0	0	
		NJL5032XXYBEV9	纯电动专用车	—	5200	1700	2240, 1980	2890	3250	1850	179	—	100	100	1	0	0	0	0	0	0	0	0	0	0	0	
		NJL5038XXYBEV3	纯电动专用车	—	5200	1700	2240, 1980	2890	3250	1900	236	—	100	100	0	0	0	0	0	0	0	0	0	5	2	1	
		NJL5038XXYBEV4	纯电动专用车	—	5200	1700	2240, 1980	2890	3250	1900	220	—	100	100	0	0	0	0	0	0	0	0	0	0	0	575	
		NJL5038XXYBEV5	纯电动专用车	—	5200	1700	2240, 1980	2890	3250	1900	216	—	100	100	0	0	0	0	0	0	0	0	0	0	0	33	
		NJL5040XSWBEV4	纯电动专用车	—	5960	2020	2650, 2360	3665	4390	2980	—	225	100	100	1	0	0	0	0	0	0	0	0	0	0	0	
		NJL5040XXYBEV1	纯电动专用车	—	5960	2020	2650, 2360	3665	4490	2860, 2810	—	276	100	100	0	0	1	0	0	0	0	0	0	0	0	0	
		NJL5040XXYBEV15	纯电动专用车	—	5960	2020	2650, 2360	3665	4490	2910	—	272	100	100	1	0	0	0	0	0	0	0	0	0	0	0	
		NJL5040XXYBEV20	纯电动专用车	—	5960	2020	2650, 2360	3665	4490	2910	—	283	100	100	1	0	0	0	0	0	0	0	0	0	0	0	
		NJL5040XXYBEV21	纯电动专用车	—	5960	2020	2650, 2360	3665	4490	2910	—	270	100	100	1	0	0	0	0	0	0	0	0	0	0	0	
		NJL5040XXYBEV22	纯电动专用车	—	5960	2020	2650, 2360	3665	4490	2910	—	213	100	100	1	0	0	0	0	0	0	0	0	0	0	0	
		NJL5040XXYBEV23	纯电动专用车	—	5960	2020	2650, 2360	3665	4490	2910	—	276	100	100	1	0	0	0	0	0	0	0	0	0	0	0	
		NJL5040XXYBEV24	纯电动专用车	—	5960	2020	2650, 2360	3665	4490	2910	—	298	100	100	1	0	0	0	0	0	0	0	0	0	0	0	
		NJL5040XXYBEV25	纯电动专用车	—	5960	2020	2650, 2360	3665	4490	2910	—	348	100	100	1	0	0	0	0	0	0	0	0	0	0	0	
		NJL5040XXYBEV26	纯电动专用车	—	5960	2020	2650, 2360	3665	4490	2910	—	290	100	100	1	0	0	0	0	0	1	0	0	0	0	0	
		NJL5040XXYBEV27	纯电动专用车	—	5960	2020	2650, 2360	3665	4490	2910	—	290	100	100	1	0	0	0	0	0	0	0	0	0	0	0	
		NJL5040XXYBEV28	纯电动专用车	—	5960	2020	2650, 2360	3665	4490	2910	—	290	100	100	1	0	0	0	0	0	1	1	0	2	0	155	
		NJL5040XXYBEV29	纯电动专用车	—	5960	2020	2650, 2360	3665	4490	2800	—	278	100	100	0	0	0	0	0	0	83	0	0	78	10	3	
		NJL5043XXYBEV1	纯电动专用车	KMC1042BEVB336M3	5995	2240	3200	3360	4495	2980	—	365	90	100	0	0	0	0	0	0	0	0	0	0	0	1	
		NJL5043XXYBEV2	纯电动专用车	KMC1042BEVD336M3	5995	2240	3200	3360	4495	2900	—	310	85	90	0	0	0	0	0	0	0	0	0	0	0	1	
		NJL5129XDYEV	纯电动专用车	—	8200	2370	2900	3900	12000	11850	—	280	90	90	0	0	0	0	0	0	0	0	0	1	0	0	

续上表

企业名称 Company Name	品牌 Brand	车辆型号 Vehicle Model	车辆类型 Vehicle Type	底盘型号 Chassis Model	外形尺寸 Dimension(mm) 长 Length	宽 Width	高 Height	轴距 Wheel Base (mm)	总质量 Total Weight (kg)	整备质量 Vehicle Weight (kg)	续驶里程 Driving Mileage of Electric Vehicle (工况法 Operating Condition Method,km)	续驶里程 Driving Mileage of Electric Vehicle (等速法 Isokinetic Method, km)	30 分钟最高车速 Maximum Speed of Electric Car in 30 Minutes (km/h)	最高车速 Maximum Speed (km/h)	1 月 January	2 月 February	3 月 March	4 月 April	5 月 May	6 月 June	7 月 July	8 月 August	9 月 September	10 月 October	11 月 November	12 月 December	2018 年产量合计 Total Output in 2018 (辆, Vehicle)
上汽大通汽车有限公司	大通牌	SH5020XXYK6BEV	纯电动专用车	—	4500	1780	1895	2910	2380	1420	230	—	90	90	0	0	0	0	0	0	0	0	0	0	0	9	2720
		SH5040XXYA7BEV	纯电动专用车	—	4950, 5160, 5035	1998	2345, 2132	3100	3760	2745	—	250	100	100	0	0	0	0	1	4	0	0	0	0	0	0	
		SH5040XXYA7BEV-4	纯电动专用车	—	4950, 5160, 5035	1998	2345, 2132	3100	3760	2490	—	345	100	100	0	0	0	0	1	0	0	0	0	0	0	0	
		SH5040XXYA7BEV-5	纯电动专用车	—	4939, 5024, 5149	1998	2174, 2380	3100	3760	2230	—	290	100	100	0	0	0	0	6	1	1	58	4	77	0	29	
		SH5041XDWA7BEV-6	纯电动专用车	SH5041XXYA7BEV-6	5700, 5785, 5910	1998	2345, 2458, 2470, 2552, 2680, 2695, 2715, 2920	3850	4100	3180	—	320	100	100	0	0	0	0	0	1	0	0	0	0	0	0	
		SH5041XLCA7BEV-D6	纯电动专用车	SH5041XXYA7BEV-D6	5700, 5785, 5910	1998	2650	3850	4100	3020	—	355	100	100	0	0	0	0	0	0	0	0	1	0	15	0	
		SH5041XXYA7BEV	纯电动专用车	—	5700, 5910, 5785	1998	2345, 2552	3850	4100	2810	—	295	100	100	0	0	0	1	0	2	1	0	0	0	0	0	
		SH5041XXYA7BEV-6	纯电动专用车	—	5700, 5910, 5785	1998	2376, 2574	3850	4100	2440	—	365	100	100	0	0	0	1	9	0	0	101	1	2	11	683	
		SH5041XXYA7BEV-7	纯电动专用车	—	5700, 5910, 5785	1998	2345, 2552	3850	4100	2650	—	360	100	100	0	0	0	0	1	0	0	0	0	0	0	0	
		SH5041XXYA7BEV-D6	纯电动专用车	—	5700, 5910, 5785	1998	2376, 2574	3850	4100	2440	—	355	100	100	0	0	0	0	0	0	0	0	11	18	6	18	
		SH5043XXYA7BEV-9	纯电动专用车	—	5700, 5785, 5910	1998	2345, 2552	3850	4100	2540	—	368	100	100	0	0	0	0	0	0	0	0	0	0	0	176	
	跃进牌	SH5047XLCZFEVNZ	纯电动专用车	SH1047ZFEVNZ	5995	2050, 2150	2880, 2980, 3080	3308	4495	3015	—	290	90	100	0	0	0	0	0	0	0	0	0	0	135	195	
		SH5047XXYZFEVMZ	纯电动专用车	SH1047ZFEVMZ	5995	1980, 2160	2800, 2970, 3170	3308	4495	2980	—	285	90	90	0	0	0	0	0	0	0	0	0	0	0	5	

续上表

企业名称 Company Name	品牌 Brand	车辆型号 Vehicle Model	车辆类型 Vehicle Type	底盘型号 Chassis Model	外形尺寸 Dimension(mm) 长 Length	宽 Width	高 Height	轴距 Wheel Base (mm)	总质量 Total Weight (kg)	整备质量 Vehicle Weight (kg)	续驶里程 Driving Mileage of Electric Vehicle (工况法 Operating Condition Method,km)	续驶里程 Driving Mileage of Electric Vehicle (等速法 Isokinetic Method, km)	30分钟最高车速 Maximum Speed of Electric Car in 30 Minutes (km/h)	最高车速 Maximum Speed (km/h)	1月 January	2月 February	3月 March	4月 April	5月 May	6月 June	7月 July	8月 August	9月 September	10月 October	11月 November	12月 December	2018年产量合计 Total Output in 2018 (辆,Vehicle)
上汽大通汽车有限公司	跃进牌	SH5047XXYZFEVNZ	纯电动专用车	SH1047ZFEVNZ	5995	1980, 1980, 2160	2800, 2970, 3170	3308	4495	3120, 2870	—	295	90	100, 90	0	2	0	0	3	0	0	0	35	116	320	655	2720
		SH5047XXYZFEVNZ1	纯电动专用车	SH1047ZFEVNZ1	5995	1980, 1980, 2160	2800, 2970, 3170	3308	4495	2870	—	380	100	100	0	0	0	0	0	0	0	0	0	0	0	4	
一汽客车(大连)有限公司	解放牌	CA5020XXYBEV31	纯电动专用车	—	4205	1685	1900	2700	2380	1650	250	—	100	100	0	32	442	525	0	1	0	0	0	0	0	0	2134
		CA5020XXYBEV32	纯电动专用车	—	4205	1685	1900	2700	2380	1650	250	—	100	100	150	50	0	0	174	0	0	0	0	0	0	0	
		CA5021XXYBEV32	纯电动专用车	—	4405	1680	1910	2800	2350	1460	260	—	100	100	0	0	0	0	0	0	0	0	0	0	0	7	
		CA5040XXYBEV31	纯电动专用车	—	5960, 5835	2030, 1995	2690	3665	4490	2750	—	270, 320	100	100	50	0	0	0	0	1	400	122	150	0	0	30	
奇瑞汽车股份有限公司	开瑞牌	SQR5023XXYBEVK06	纯电动专用车	—	4430	1626	1930	2800	2050	1390	235	—	90	100	0	0	219	1123	258	0	0	0	0	0	0	0	2000
		SQR5024XXYBEVK06	纯电动专用车	—	4430	1626	1930	2800	2110	1450	275	300	100	110	0	0	14	377	9	0	0	0	0	0	0	0	
厦门金龙旅行车有限公司	金旅牌	XML5036XLCEVD0E	纯电动专用车	XML6532JEVD0	5330	1700	2460	2890	3260	2240	182	—	100	100	1	0	0	0	0	0	0	0	0	0	0	0	1838
		XML5036XXYEVL0	纯电动专用车	—	5330	1700	2240, 2066, 1980	2890	3260	2050	185	—	100	100	0	0	0	0	10	0	0	0	0	0	0	0	
		XML5036XXYEVL01	纯电动专用车	—	5330	1700	2260, 2066, 1980	2890	3260	1970	200	—	100	100	0	0	0	0	0	0	0	52	3	0	2	0	
		XML5036XXYEVL02	纯电动专用车	—	5330	1700	2260, 2066, 1980	2890	3260	1970	200	—	100	100	0	0	0	0	0	0	0	0	49	1	1	0	
		XML5036XXYEVL03	纯电动专用车	—	5330	1700	2260, 2066, 1980	2890	3260	1900	200	—	100	100	0	0	0	0	0	0	0	0	82	458	727	441	
		XML5036XXYEVW01	纯电动专用车	—	5330	1700	2260, 2066, 1980	2890	3260	1910	200	—	100	100	0	0	0	0	0	0	0	0	10	0	1	0	
重庆长安汽车股份有限公司	长安牌	SC5021XXYLAD01BEV	纯电动专用车	—	4040	1645	1910	2605	2325	1295	260	—	80	80	0	0	0	0	0	0	0	89	106	45	101	57	1778
		SC5021XXYLAD02BEV	纯电动专用车	—	4040	1645	1910	2605	2325	1330	265	—	80	80	0	0	0	0	0	0	0	0	0	0	87	713	
		SC5031XXYKDD01BEV	纯电动专用车	SC1031KDT01BEV	4498	1735	1940	2900	2785	1660	280	—	80	80	0	0	0	0	0	40	5	47	64	4	151	221	
		SC5031XXYYGD51BEV	纯电动专用车	SC1031YGD51BEV	5280	1750	2570	3190	3495	1890	225	—	85	85	0	0	0	0	0	0	0	0	0	0	6	40	
		SC5041XXYFRD53BEV	纯电动专用车	—	5640	1860	2705	3600	4495	2780	—	320	80	85	0	0	2	0	0	0	0	0	0	0	0	0	
山东昊宇车辆有限公司	超雷牌	CLP3020ZEV	纯电动专用车	—	4400	1528	1880	2740	2320	1500	110	130	70	70	11	3	38	99	147	134	254	69	105	23	0	0	1777
		CLP5020EV-XXY	纯电动专用车	—	3695	1510	1823	2355	2190	1430	80	110	80	80	14	13	41	72	147	200	100	200	98	0	9	0	

续上表

企业名称 Company Name	品牌 Brand	车辆型号 Vehicle Model	车辆类型 Vehicle Type	底盘型号 Chassis Model	外形尺寸 Dimension(mm) 长 Length	宽 Width	高 Height	轴距 Wheel Base (mm)	总质量 Total Weight (kg)	整备质量 Vehicle Weight (kg)	续驶里程 Driving Mileage of Electric Vehicle (工况法 Operating Condition Method,km)	续驶里程 Driving Mileage of Electric Vehicle (等速法 Isokinetic Method, km)	30 分钟最高车速 Maximum Speed of Electric Car in 30 Minutes (km/h)	最高车速 Maximum Speed (km/h)	1月 January	2月 February	3月 March	4月 April	5月 May	6月 June	7月 July	8月 August	9月 September	10月 October	11月 November	12月 December	2018年产量合计 Total Output in 2018 (辆,Vehicle)
北汽福田汽车股份有限公司	福田牌	BJ1030EVJA4	纯电动专用车	BJ1030EVJA4	3900	1510	1970	2000	2510	1260	210	—	85	90	0	0	0	0	0	0	0	0	0	1	0	0	1739
		BJ5023XXYEV4	纯电动专用车	BJ6425EVAA2	4200	1680	1875	2700	2050	1320	185	230	100	105	0	0	0	0	10	0	0	0	0	0	0	0	
		BJ5030XXYEV2	纯电动专用车	BJ1030EVJA2	4745	1707	2440	2400	2650	1600	245	—	85	85	0	0	0	0	0	0	0	0	0	0	0	1	
		BJ5030XXYEV6	纯电动专用车	BJ1030EVJA6	4030	1587	2420	2000	2510	1450	170	—	90	90	2	0	0	0	0	0	0	0	0	0	0	0	
		BJ5032TYHEV-H1	纯电动专用车	—	5610	1745	2205	2800	3494	2940	240	280	90	90	3	0	0	0	0	0	0	0	0	0	0	0	
		BJ5033XGCEV1	纯电动专用车	BJ6533EVCA1	5310	1860,1880	1980,2070	3105	2900	2400	310	350	100	100	0	0	0	0	0	0	0	0	0	0	0	105	
		BJ5035XXYEV2	纯电动专用车	BJ6455EVAA2	4495	1680	1890	2995	2500	1470,1490	360,324	—	128,100	128	0	0	0	0	0	0	1	0	2	6	24	509	
		BJ5043XXYEV1	纯电动专用车	BJ1043EVJA1	5995	2170,2450,2490	2970,3070	3360	4495	3100,2995,3300	—	275,270,292	90	90	1	0	0	0	0	0	1	0	3	0	10	0	
		BJ5045XXYEV	纯电动专用车	BJ1045EVJA	5995	2100,2240	2980,3180	3360	4495	2990	—	378	90	90	0	0	0	0	0	0	0	0	0	0	0	1	
		BJ5045XXYEV1	纯电动专用车	BJ1045EVJA1	5995	2100,2240	2980,3180	3360	4495	2990	—	290	90	90	0	0	0	0	0	0	0	0	0	0	219	183	
		BJ5045XXYEV2	纯电动专用车	BJ1045EVJA2	5995	2100,2240	2980,3180	3360	4495	2990	—	378	90	90	0	0	0	0	0	0	0	0	0	0	50	203	
		BJ5048XXYEV2	纯电动专用车	—	5990	2000	2440	3750	4250	2850	—	307	100	100	0	0	0	0	5	0	0	0	0	0	0	0	
		BJ5048XXYEV3	纯电动专用车	—	5990	2000	2460	3750	4250	2600	—	350	100	100	0	0	0	0	0	0	0	0	6	39	0	1	
		BJ5048XYZEV2	纯电动专用车	—	5990	2000	2630,2460	3750	4250	2600	—	350	100	100	0	0	0	0	0	0	0	0	0	0	0	40	
		BJ5049XXYEV2	纯电动专用车	—	5995	2050,2200,2350,2450	2920,2995,3120,3320	3360	4330	2950,3110	—	260	90	90	3	0	0	0	0	0	0	0	0	0	0	0	
		BJ5049XXYEV5	纯电动专用车	—	5995	1900,1950,2000	2900,3100	3360	4495	3100,2995	—	260	90	90	0	0	0	0	300	0	0	0	0	0	0	0	
		BJ5072ZZZEV-H1	纯电动专用车	—	5470	2230	2630	3360	7355	4700,4900	—	220	90	90	0	0	0	0	10	0	0	0	0	0	0	0	
陕西汽车集团有限责任公司	陕汽牌	SX3317M4406EV	纯电动专用车	SX3317M4406EV	10770	2520	3515	1800 + 3975 + 1400	31000	19010	—	110	75	80	0	0	0	0	0	0	0	0	0	4	0	2	1732
		SX5040XXYBEV331H	纯电动专用车	SX1040EV331H	5995	2100,2150,2200	2850,2880,2980,3080	3300	4495	3360	—	300	85	85	0	1	0	0	0	0	0	0	0	0	0	0	

续上表

企业名称 Company Name	品牌 Brand	车辆型号 Vehicle Model	车辆类型 Vehicle Type	底盘型号 Chassis Model	外形尺寸 Dimension(mm) 长 Length	宽 Width	高 Height	轴距 Wheel Base (mm)	总质量 Total Weight (kg)	整备质量 Vehicle Weight (kg)	续驶里程 Driving Mileage of Electric Vehicle (工况法 Operating Condition Method,km)	续驶里程 Driving Mileage of Electric Vehicle (等速法 Isokinetic Method, km)	30 分钟最高车速 Maximum Speed of Electric Car in 30 Minutes (km/h)	最高车速 Maximum Speed (km/h)	1月 January	2月 February	3月 March	4月 April	5月 May	6月 June	7月 July	8月 August	9月 September	10月 October	11月 November	12月 December	2018年产量合计 Total Output in 2018 (辆,Vehicle)
陕西汽车集团有限责任公司	陕汽牌	SX5040XXYBEV331M	纯电动专用车	SX1040EV331M	5995	2100, 2150, 2200, 2300, 2400, 2500	2850, 2880, 2980, 3080, 3150	3300	4495	2990	—	310	90	90	0	0	0	0	0	0	0	0	0	0	1	119	1732
		SX5040XXYBEV331S	纯电动专用车	—	5995	2100, 2150, 2200, 2300, 2400	2850, 2880, 2980, 3080	3300	4495	3350	—	265	85	85	0	0	0	0	154	0	0	0	0	0	0	0	
		SX5041XLCBEV331S	纯电动专用车	SX1041EV331S	5995	2050, 2150, 2200, 2250	2850, 2950, 3050, 3150, 3250	3300	4495	2990	—	350	90	90	0	0	0	0	0	1	4	18	24	28	102	99	
		SX5041XXYBEV281M	纯电动专用车	SX1041EV281M	5330, 5510	1800, 1820	2220, 2500, 2700	2800	4250	2350	—	230	85	85	0	0	0	0	0	0	0	0	0	0	0	52	
		SX5041XXYBEV331L	纯电动专用车	—	5995	2100, 2150, 2200, 2300, 2400	2850, 2880, 2980, 3080	3300	4495	3445	—	335	85	85	0	0	0	0	200	0	0	0	0	0	0	0	
		SX5041XXYBEV331S	纯电动专用车	SX1041EV331S	5495, 5995	2100, 2150, 2200, 2400, 2500	2850, 2880, 2980, 3080, 3150	3300	4495	2910	—	370	90	90	0	0	0	0	0	0	4	1	2	16	29	116	
		SX5042XXYBEV331S	纯电动专用车	SX1042EV331S	5495, 5995	2100, 2150, 2200, 2400, 2500	2850, 2880, 2980, 3080, 3150	3300	4495	2910	—	370	90	90	0	0	0	0	0	0	0	0	4	0	2	0	
		SX5043CCYBEV331L	纯电动专用车	SX1043EV331L	5995	2100, 2150, 2200	2850, 2930, 3030, 3130	3300	4495	2910	—	325	90	90	0	0	0	0	0	0	4	1	0	7	10	35	
		SX5043XLCBEV331L	纯电动专用车	SX1043EV331L	5995	2050, 2150, 2200, 2250	2850, 2950, 3050, 3150, 3250	3300	4495	2990	—	305	90	90	0	0	0	0	0	2	1	0	0	0	1	0	
		SX5043XXYBEV331L	纯电动专用车	SX1043EV331L	5995	2100, 2150, 2200	2850, 2880, 2980, 3080, 3150	3300	4495	2910	—	325	90	90	0	0	0	0	0	8	5	7	21	11	7	384	

续上表

企业名称 Company Name	品牌 Brand	车辆型号 Vehicle Model	车辆类型 Vehicle Type	底盘型号 Chassis Model	外形尺寸 Dimension(mm) 长 Length	宽 Width	高 Height	轴距 Wheel Base (mm)	总质量 Total Weight (kg)	整备质量 Vehicle Weight (kg)	续驶里程 Driving Mileage of Electric Vehicle (工况法 Operating Condition Method, km)	续驶里程 Driving Mileage of Electric Vehicle (等速法 Isokinetic Method, km)	30 分钟最高车速 Maximum Speed of Electric Car in 30 Minutes (km/h)	最高车速 Maximum Speed (km/h)	1月 January	2月 February	3月 March	4月 April	5月 May	6月 June	7月 July	8月 August	9月 September	10月 October	11月 November	12月 December	2018年产量合计 Total Output in 2018 (辆, Vehicle)
陕西汽车集团有限责任公司	陕汽牌	SX5044XXYBEV331L	纯电动专用车	SX1044EV331L	5995	2100, 2150, 2200	2850, 2880, 2980, 3080, 3150	3300	4495	2910	—	325	90	90	0	0	0	0	0	0	3	4	0	0	1	215	1732
		SX5045XXYBEV331L	纯电动专用车	SX1045EV331L	5995	2100, 2150, 2200	2850, 2880, 2980, 3080, 3150	3300	4495	2910	—	325	90	90	0	0	0	0	0	0	0	0	0	0	1	1	
		SX5120TCABEV381L	纯电动专用车	SX1120EV381L	6315, 6600	2286	2865, 2650	3800	11950	6465	—	200	95	95	0	0	0	0	0	0	0	0	0	0	0	20	
南京汽车集团有限公司	畅达牌	NJ5038TYHEV	纯电动专用车	NJ1038PBEVNZ	4930	1700	2190	2650	3495	2450	230	—	100	100	1	0	0	0	0	0	0	0	0	0	0	2	1402
		NJ5038XTYEV	纯电动专用车	NJ1038PBEVNZ	5335	1830	2155	2650	3495	2500	230	—	100	100	0	0	0	0	0	0	0	2	0	0	0	0	
		NJ5038ZZZEV	纯电动专用车	NJ1038PBEVNZ	4935	1680	2320	2650	3495	3100	230	—	100	100	0	0	0	0	0	0	0	2	0	0	0	0	
		NJ5038ZZZEV1	纯电动专用车	NJ1038PBEVNZ3	4940	1620	2010	2500	2900	2400	170	—	90	90	0	0	0	0	0	0	0	0	1	1	0	0	
		NJ5100TQZEV	纯电动专用车	NJ1100ZHDCWZEV	7985	2400	2535	4200	9995	6890	—	200	90	90	0	0	1	0	0	0	0	0	0	0	0	0	
	依维柯牌	NJ5047XLCEVFC3	纯电动专用车	NJ6457CYEV1	5990	2000	2930	3310	4490	3200	—	355	70	100	0	0	0	0	0	0	0	0	0	0	0	3	
		NJ5047XSHEVFC	纯电动专用车	NJ6457CYEV3	5990	2000	2890, 2950	3310	4490	4150	—	410	70	100	0	0	0	0	0	0	0	0	0	0	1	0	
		NJ5047XXYCEV1	纯电动专用车	NJ6457CYEV	4845, 4905	2000	2570	2800	4490	2725	—	350	70	100	0	0	0	0	0	30	0	0	0	0	0	1	
		NJ5047XXYCEV3	纯电动专用车	NJ6457CYEV1	5990	2000	2730	3310	4490	2890	—	355	70	100	0	0	0	0	0	333	169	307	1	191	89	0	
		NJ5047XXYCEV5	纯电动专用车	NJ6457CYEV3	5990	2000	2730	3310	4490	2950	—	410	70	100	0	0	0	0	0	0	0	0	0	0	29	0	
		NJ5047XXYLCEV3	纯电动专用车	NJ1047CFEV	5995	2180, 2240	3120	3310	4495	2995	—	355	70	100	0	0	0	0	0	0	0	0	0	0	1	0	
		NJ5057XXYCEV7	纯电动专用车	NJ6577CYEV7	5990	2000	2750	3310	4490	3400, 3095	—	410	70	100	0	0	1	6	192	2	0	0	0	0	1	35	
江苏九龙汽车制造有限公司	大马牌	HKL5040XXYBEV2	纯电动专用车	—	4840, 4990	1880	1998	2570	4020	2395	—	300	100	100	0	0	0	0	0	0	0	0	0	25	259	316	1152
		HKL5041XXYBEV1	纯电动专用车	—	5380, 5530	1880	2285	3110	4300	2550	—	325	100	100	1	0	0	0	0	0	0	0	0	61	183	306	
		HKL5042XLCBEV	纯电动专用车	—	6010, 6160	1880	2585	3720	4300	2700	—	225	100	100	0	0	1	0	0	0	0	0	0	0	0	0	
成都大运汽车集团有限公司	大运牌	CGC4250BEV1Z1	纯电动专用车	—	7335	2500	3500	3800 + 1350	24700	13340	—	140	85	90	0	0	0	0	0	24	0	0	20	0	0	22	1107
		CGC4250BEV1Z2	纯电动专用车	—	6835	2500, 2550	2980	3300 + 1350	25000	11880, 13000	—	205	85	90	0	0	0	0	0	0	0	0	0	0	0	1	
		CGC5025XXYBEV1NEBFBAXY	纯电动专用车	—	4198	1666	1933	2715	2200	1480	265	—	100	100	48	0	0	0	0	0	0	0	0	0	0	0	

续上表

企业名称 Company Name	品牌 Brand	车辆型号 Vehicle Model	车辆类型 Vehicle Type	底盘型号 Chassis Model	外形尺寸 Dimension(mm) 长 Length	宽 Width	高 Height	轴距 Wheel Base (mm)	总质量 Total Weight (kg)	整备质量 Vehicle Weight (kg)	续驶里程 Driving Mileage of Electric Vehicle (工况法 Operating Condition Method,km)	续驶里程 Driving Mileage of Electric Vehicle (等速法 Isokinetic Method, km)	30分钟最高车速 Maximum Speed of Electric Car in 30 Minutes (km/h)	最高车速 Maximum Speed (km/h)	1月 January	2月 February	3月 March	4月 April	5月 May	6月 June	7月 July	8月 August	9月 September	10月 October	11月 November	12月 December	2018年产量合计 Total Output in 2018 (辆,Vehicle)
成都大运汽车集团有限公司	大运牌	CGC5040XXYBEV1CAH0	纯电动专用车	—	5470	2050, 2150	2870, 2970	2800	4490	2800	—	200	80	80	24	0	0	0	0	0	0	0	0	0	0	0	1107
		CGC5040XXYBEV1ZAH0	纯电动专用车	—	5470	2050, 2150	2870, 2970	2800	4490	2800	—	200	80	80	31	0	0	0	0	0	0	0	0	0	0	0	
		CGC5045XLCBEV1Z2	纯电动专用车	CGC1045EV1Z4	5995	2150, 2175, 2275	3070, 2790, 3100, 3200	3300	4495	3210	—	295	80	90	0	0	0	0	0	0	0	2	0	1	0	3	
		CGC5045XLCBEV1Z3	纯电动专用车	CGC1045EV1Z5	5995	2150	2900, 3100	3300	4495	3210	—	345	80	90	0	0	0	0	0	1	0	10	5	4	4	14	
		CGC5045XLCBEV1Z4	纯电动专用车	CGC1045EV1Z9	5995	2150, 2175, 2275	2900, 3070, 3100, 2790, 3200	3300	4495	3210	—	345	80	90	0	0	0	0	0	0	0	0	0	0	0	2	
		CGC5045XXYBEV1Z10	纯电动专用车	CGC1045EV1Z10	5995	2200, 2250	2770, 2970, 3070	3300	4495	2995	—	294, 294	80	90	0	0	0	0	0	0	0	0	0	0	2	11	
		CGC5045XXYBEV1Z12	纯电动专用车	CGC1045EV1Z12	5995	2200, 2250	2770, 2970, 3070	3300	4495	2995	—	300	80	90	0	0	0	0	0	0	0	0	0	0	0	1	
		CGC5045XXYBEV1Z13	纯电动专用车	CGC1045EV1Z13	5995	2200, 2250	2770, 2970, 3070	3300	4495	2995	—	300	80	90	0	0	0	0	0	0	0	0	0	0	0	20	
		CGC5045XXYBEV1Z4	纯电动专用车	CGC1045EV1Z4	5995	2200, 2250	2970, 3070, 2770	3300	4495	2995	—	305, 275, 298	80	90	0	0	0	0	0	3	22	10	8	19	38	259	
		CGC5045XXYBEV1Z5	纯电动专用车	CGC1045EV1Z5	5995	2200, 2250	2970, 3070, 2770	3300	4495	2995	—	336	80	90	0	0	0	0	0	0	1	5	2	5	1	128	
		CGC5045XXYBEV1Z7	纯电动专用车	CGC1045EV1Z7	5995	2200, 2250	2970, 3070, 2770	3300	4495	2995	—	305	80	90	0	0	0	0	0	0	0	2	0	1	31	112	
		CGC5045XXYBEV1Z9	纯电动专用车	CGC1045EV1Z9	5995	2200, 2250	2770, 2970, 3070	3300	4495	2995	—	345	80	90	0	0	0	0	0	0	0	0	0	0	0	2	
		CGC5045XXYBEV2Z2	纯电动专用车	CGC1045EV2Z2	5995	2200, 2250	2970, 3070, 2770	3300	4495	2880	—	295	80	90	0	0	0	0	0	0	0	0	0	13	56	132	
		CGC5045XXYBEV2Z3	纯电动专用车	CGC1045EV2Z3	5995	2200, 2250	2970, 3070, 2770	3300	4495	2880	—	335	80	90	0	0	0	0	0	0	0	0	0	0	0	7	

续上表

企业名称 Company Name	品牌 Brand	车辆型号 Vehicle Model	车辆类型 Vehicle Type	底盘型号 Chassis Model	外形尺寸 Dimension (mm) 长 Length	宽 Width	高 Height	轴距 Wheel Base (mm)	总质量 Total Weight (kg)	整备质量 Vehicle Weight (kg)	续驶里程 Driving Mileage of Electric Vehicle (工况法 Operating Condition Method, km)	续驶里程 Driving Mileage of Electric Vehicle (等速法 Isokinetic Method, km)	30 分钟最高车速 Maximum Speed of Electric Car in 30 Minutes (km/h)	最高车速 Maximum Speed (km/h)	1月 January	2月 February	3月 March	4月 April	5月 May	6月 June	7月 July	8月 August	9月 September	10月 October	11月 November	12月 December	2018年产量合计 Total Output in 2018 (辆, Vehicle)
浙江飞碟汽车制造有限公司	飞碟牌	FD5024XXYBEV	纯电动专用车	FD1020DPBEV	3910	1400	1905	1800	1700	1070	180	220	80	80	0	0	5	19	66	198	634	16	0	62	0	0	1063
		FD5032XXYD66KBEV-1	纯电动专用车	—	5695	1875	2525, 2625	2860	3495	2250	215	—	85	85	0	0	0	0	10	0	0	0	0	0	0	0	
		FD5041XXYW17KBEV	纯电动专用车	FD1041W17KEV	5995	2160, 2220, 2420	2950, 3150, 3350	3360	4495	2995	—	300	90	90	0	0	0	0	0	0	0	6	0	0	0	25	
		FD5082ZYSW17KBEV	纯电动专用车	FD1082W17KEV	6580, 6910	2050, 2095	2570	3360	8275	6175, 6345	—	240	85	85	0	0	0	0	3	0	1	0	0	0	0	0	
		FD5083ZYSW17KBEV	纯电动专用车	FD1083W17KEV	6580, 6910	2050, 2095	2570	3360	8275	5885, 6050, 6175, 6340	—	227	85	85	0	0	0	0	17	0	0	0	0	0	0	1	
烟台舒驰客车有限责任公司	舒驰牌	YTK5040XXYEV11	纯电动专用车	—	5960	1995	2650	3665	4490	2870	—	275	95	100	0	0	0	0	0	0	0	0	0	2	3	1	1052
		YTK5040XXYEV2	纯电动专用车	—	5960	1995	2650	3665	4490	3000	—	380	98	100	593	1	0	0	0	0	0	0	3	0	0	444	
		YTK5040XXYEV3	纯电动专用车	—	5960	1995	2650	3665	4490	2870	—	330	95	100	0	0	0	0	0	0	0	0	0	0	0	1	
		YTK5040XXYEV6	纯电动专用车	—	5960	1995	2650	3665	4490	2870	—	320	95	100	0	0	0	0	0	0	4	0	0	0	0	0	
一汽解放青岛汽车有限公司	解放牌	CA5040XXYP40L1BEVA83	纯电动专用车	CA1040P40LBEVA83	5995	2250	3110, 3310	3300	4495	2995	—	310	85	90	0	0	0	0	0	0	0	0	0	0	0	1	986
		CA5045XXYP40L1BEVA84	纯电动专用车	—	5998	2025, 2220	2910, 3110	3300	4495	3000	—	200	80	90	1	0	0	0	0	0	0	0	0	0	0	0	
		CA5046XXYP40L1BEVA84	纯电动专用车	CA1046P40L1BEVA84	5998	2060, 2250	2905, 3105	3300	4495	3250	—	320	85	90	0	0	0	1	2	0	0	0	0	0	0	0	
		CA5047XXYP40L1BEVA83	纯电动专用车	CA1047P40L1BEVA83	5998	2060, 2250	2905, 3105	3300	4495	2995	—	350	85	90	0	0	0	0	0	0	0	3	0	0	1	8	
		CA5048XLCP40L1BEVA83	纯电动专用车	CA1048P40L1BEVA83	5998	2060, 2250	2910, 3110	3300	4495	2995	—	330	85	90	0	0	0	0	0	0	0	0	0	1	0	0	
		CA5048XXYP40L1BEVA83	纯电动专用车	CA1048P40L1BEVA83	5998	2060, 2250	2905, 3105	3300	4495	2995	—	330	85	90	0	0	0	0	2	16	62	95	98	156	257	282	
扬子江汽车集团有限公司	扬子江牌	WG5023XXYBEV	纯电动专用车	WG5023XXYBEV	4500	1680	2000	3050	2450	1740, 1770	255	285	100	100	0	0	0	0	0	36	0	0	0	0	0	0	928
		WG5031XXYBEV	纯电动专用车	WG5031XXYBEV	4430	1626	1930	2800	2650	1645	265	295	100	100	0	0	0	0	0	0	0	0	0	0	312	280	
		WG5031XXYBEV1	纯电动专用车	WG5031XXYBEV1	4430	1626	1930	2800	2650	1425	290	—	100	100	0	0	0	0	0	0	0	0	0	0	0	300	
北汽(常州)汽车有限公司	北京牌	BJ5040XDWCJC2EV	纯电动专用车	BJ5040XXYCJ03EV	5960	2020	2650, 2360	3665	4495	2960	—	280	100	100	0	0	0	0	1	0	0	0	0	0	0	0	835
		BJ5040XJECJ01EV	纯电动专用车	BJ5040XXYCJ01EV	5960	2020	2650, 2360, 3320, 3030	3665	4495	2960	—	285	100	100	0	0	0	0	1	0	0	0	0	0	0	0	
		BJ5040XJECJ02EV	纯电动专用车	BJ6600CJ01EV	5960	2020	3170, 2850, 2650	3665	4495	4300	—	355	100	100	0	0	0	0	0	0	0	0	0	0	0	2	

续上表

企业名称 Company Name	品牌 Brand	车辆型号 Vehicle Model	车辆类型 Vehicle Type	底盘型号 Chassis Model	外形尺寸 Dimension(mm) 长 Length	宽 Width	高 Height	轴距 Wheel Base (mm)	总质量 Total Weight (kg)	整备质量 Vehicle Weight (kg)	续驶里程 Driving Mileage of Electric Vehicle (工况法 Operating Condition Method,km)	续驶里程 Driving Mileage of Electric Vehicle (等速法 Isokinetic Method, km)	30分钟最高车速 Maximum Speed of Electric Car in 30 Minutes (km/h)	最高车速 Maximum Speed (km/h)	1月 January	2月 February	3月 March	4月 April	5月 May	6月 June	7月 July	8月 August	9月 September	10月 October	11月 November	12月 December	2018年产量合计 Total Output in 2018 (辆,Vehicle)
北汽(常州)汽车有限公司	北京牌	BJ5040XJHCJ01EV	纯电动专用车	—	5960	2020	2850, 2650	3665	4495	3200	—	285	100	100	0	0	0	0	1	0	0	0	0	0	0	0	835
		BJ5040XLCCJ01EV	纯电动专用车	BJ5040XXYCJ09EV	5960	2020	2890	3665	4495	3040	—	420	100	100	0	0	0	0	0	0	0	0	0	0	1	20	
		BJ5040XLJCJ01EV	纯电动专用车	—	5960	2020	2850, 2560, 2650, 2360	3665	4495	3200	—	285	100	100	0	0	0	0	1	0	0	0	0	0	0	0	
		BJ5040XSWCJ01EV	纯电动专用车	BJ6600CJ01EV	5960	2020	2850, 2560, 2650, 2360	3665	4495	2960	—	255	100	100	0	0	0	0	1	0	0	0	0	0	0	0	
		BJ5040XSWCJ04EV	纯电动专用车	BJ6600CJ01EV	5960	2020	2850, 2560, 2650, 2360	3665	4495	3100	—	380	100	100	0	0	0	0	0	0	0	1	0	2	0	0	
		BJ5040XXYCJ01EV	纯电动专用车	—	5960	2020	2650, 2360	3665	4495	2960	—	285	100	100	0	0	1	0	0	0	0	0	0	0	0	0	
		BJ5040XXYCJ02EV	纯电动专用车	—	5960	2020	2650, 2360	3665	4495	2860	—	256	100	100	0	0	0	0	1	0	0	0	0	0	0	31	
		BJ5040XXYCJ03EV	纯电动专用车	—	5960	2020	2650, 2360	3665	4495	2960	—	280	100	100	0	0	0	0	0	0	0	0	49	0	1	100	
		BJ5040XXYCJ04EV	纯电动专用车	—	5960	2020	2650, 2360	3665	4495	2860	—	260	100	100	0	0	0	0	1	0	0	0	0	0	0	0	
		BJ5040XXYCJ05EV	纯电动专用车	—	5960	2020	2650, 2360	3665	4495	2860	—	240	100	100	0	0	0	0	1	0	0	0	0	0	0	0	
		BJ5040XXYCJ06EV	纯电动专用车	—	5960	2020	2650, 2360	3665	4495	2860	—	315	100	100	0	0	0	0	1	0	0	0	0	0	0	0	
		BJ5040XXYCJ07EV	纯电动专用车	—	5960	2020	2650, 2360	3665	4495	2860	—	315	100	100	0	0	0	0	1	0	0	0	0	0	0	0	
		BJ5040XXYCJ08EV	纯电动专用车	—	5960	2020	2650, 2360	3665	4495	2810	—	355	100	100	0	0	0	0	0	0	0	0	0	1	84	530	
		BJ5040XXYCJ09EV	纯电动专用车	—	5960	2020	2650, 2360	3665	4495	2860	—	420	100	100	0	0	0	0	0	0	0	1	0	0	0	1	
福建新龙马汽车股份有限公司	福建牌	FJ5020XXYBEVA12	纯电动专用车	—	4071	1677	1902	2700	1940	1340, 1350	220	235	80	100	220	31	69	0	0	0	0	0	0	0	0	0	825
		FJ5020XXYBEVA17	纯电动专用车	—	4071	1677	1902	2700	1980	1340, 1350	235	—	80	100	20	0	0	0	0	0	0	0	0	0	0	0	
		FJ5020XXYBEVA19	纯电动专用车	—	4071	1677	1902	2700	1980	1355, 1365	235	250	80	100	44	3	0	0	0	0	0	0	0	0	0	0	
		FJ5020XXYBEVA22	纯电动专用车	—	4071	1677	1902	2700	2300	1340, 1350	210	—	80	100	0	0	0	0	0	0	0	0	0	0	1	83	
		FJ5020XXYBEVA5	纯电动专用车	—	4071	1677	1902	2700	1940	1330	210	240	80	100	53	0	0	0	0	0	0	0	0	0	0	0	

续上表

企业名称 Company Name	品牌 Brand	车辆型号 Vehicle Model	车辆类型 Vehicle Type	底盘型号 Chassis Model	外形尺寸 Dimension(mm) 长 Length	宽 Width	高 Height	轴距 Wheel Base (mm)	总质量 Total Weight (kg)	整备质量 Vehicle Weight (kg)	续驶里程 Driving Mileage of Electric Vehicle (工况法 Operating Condition Method,km)	续驶里程 Driving Mileage of Electric Vehicle (等速法 Isokinetic Method, km)	30分钟最高车速 Maximum Speed of Electric Car in 30 Minutes (km/h)	最高车速 Maximum Speed (km/h)	1月 January	2月 February	3月 March	4月 April	5月 May	6月 June	7月 July	8月 August	9月 September	10月 October	11月 November	12月 December	2018年产量合计 Total Output in 2018 (辆,Vehicle)
福建新龙马汽车股份有限公司	福建牌	FJ5020XXYBEVA6	纯电动专用车	—	4071	1677	1902	2700	1940	1340, 1350	235	250	80	100	301	0	0	0	0	0	0	0	0	0	0	0	825
国宏汽车集团有限公司	泓锋泰牌	HFT5021XXYBEV14	纯电动专用车	HFT5021XXYBEVEL	4640	1591, 1535	2020	2770	2000	1150	170	210	59	60	811	0	0	0	0	0	0	0	0	0	0	0	814
		HFT5040XXYBEV00	纯电动专用车	HFT5040XXYBEV00	5940	1990	2800	3300	4495	2990	—	350	90	90	0	0	0	0	0	0	0	0	0	0	3	0	
上海申龙客车有限公司	申龙牌	SLK5030XXYBEV1	纯电动专用车	—	4430	1626	1930	2800	2550	1515	255	—	90	90	0	0	2	0	50	0	0	0	0	20	30	50	808
		SLK5032XXYBEV1	纯电动专用车	—	4430	1626	1930	2800	2550	1400	240	—	90	90	0	0	0	0	0	0	0	1	0	0	30	50	
		SLK5032XXYBEV3	纯电动专用车	—	4430	1626	1940	2800	2600	1500	256	—	110	110	0	0	0	0	0	0	0	0	0	0	20	480	
		SLK5042XXYBEV	纯电动专用车	—	5990	1986	2740	3360	4495	2920	—	270	100	100	0	0	0	0	0	0	0	50	0	0	0	0	
		SLK5046XSHBEV	纯电动专用车	—	5980	2010	2650	3665	4490	2990	—	275	100	100	0	0	0	0	0	0	0	0	0	0	0	5	
		SLK5046XXYBEV	纯电动专用车	—	5980	2010	2650	3665	4490	2760	—	290	100	100	0	0	0	0	0	0	0	0	0	0	0	20	
比亚迪汽车工业有限公司	比亚迪牌	BYD10311N7BEV1	纯电动专用车	BYD10311N7BEVD1	5180	1750	2060	2700	3495	2040	265	—	110	110	0	0	0	0	0	0	0	0	0	0	0	40	699
		BYD3310EH9BEV2	纯电动专用车	BYD1310EH9BEVD1	9610	2550	3110	1850 + 3200 + 1350	31000	17950, 18300	—	320	85	85	0	0	0	0	0	0	0	0	0	2	63	186	
		BYD4180D8CBEV	纯电动专用车	—	5955	2550	3080	3550	18000	8000	—	150	85	85	0	0	0	0	0	0	0	0	2	0	3	0	
		BYD4250DDABEV	纯电动专用车	—	6945	2550	3080	3350 + 1350	25000	9500	—	140	85	85	0	0	0	0	0	0	0	0	0	0	0	4	
		BYD5040XLCBEV	纯电动专用车	BYD104014BBEVD1	5995	2090	3150	3360	4495	3000	—	355	100	100	0	0	0	0	0	0	0	0	0	5	2	0	
		BYD5040XXYBEV1	纯电动专用车	BYD104014BBEVD1	5995	2090	3150	3360	4495	3000	—	355	100	100	0	0	0	0	0	0	12	28	48	67	230	0	
		BYD5160GSSBEV	纯电动专用车	BYD5160GSSBEVD	8290	2500, 2540	3000, 3080	4500	16000	10680	—	300	85	85	0	0	0	0	2	0	0	0	0	0	0	0	
		BYD5160TXSBEV	纯电动专用车	BYD5160TXSBEVD	8265	2500	3260	4500	16000	14750	—	460	85	85	0	0	0	0	5	0	0	0	0	0	0	0	
贵州航天成功汽车制造有限公司	航天牌	GHT5021XXYD-EEV	纯电动专用车	—	4010	1620	1915	2700	1960	1320	210	—	85	85	0	0	0	0	1	18	0	0	0	0	0	0	686
		GHT5021XXYD-EEV1	纯电动专用车	—	4010	1620	1915	2700	1960	1320	235	—	85	85	0	117	0	0	202	18	0	0	0	0	0	0	
		GHT5021XXYD-EEV3	纯电动专用车	—	4010	1620	1915	2700	2150	1300	280	—	85	90	0	0	0	0	0	5	1	0	0	0	0	0	
		GHT5021XXYD-EEV6	纯电动专用车	—	4010	1620	1915	2700	2290	1460	306	—	85	90	0	0	0	0	0	0	0	2	45	20	211	46	
珠海广通汽车有限公司	广通牌	GTQ5024XXYBEV2	纯电动专用车	—	4030	1620	1900	2700	2100	1280	301	—	80	80	0	0	0	0	0	0	0	0	20	10	0	331	656
		GTQ5024XXYEV	纯电动专用车	—	4030	1620	1900	2700	2050	1400	225	—	80	85	0	1	23	0	0	0	0	0	0	0	0	0	
		GTQ5025XXYEV	纯电动专用车	—	4430	1626	1930	2800	2180	1450	235	—	85	85	0	0	1	0	0	0	0	0	0	0	0	0	
		GTQ5043XXYBEV1	纯电动专用车	—	5990	2040	2740	3360	4495	2700	—	250	95	105	0	0	10	0	0	18	0	0	0	0	0	0	
		GTQ5043XXYBEV2	纯电动专用车	—	5990	2040	2740	3360	4495	2850	—	310	95	100	0	0	0	0	0	241	0	0	0	0	0	1	
山东吉海新能源汽车有限公司	吉海牌	JHN1024CCBEV1	纯电动专用车	JHN1024CCEV1	4360	1600	1865	2900	2100	1190	250	—	70	70	0	0	0	0	0	0	0	10	5	0	0	0	647
		JHN1024CCBEV2	纯电动专用车	JHN1024CCEV2	4360	1600	1865	2900	1990	1160	215	—	70	70	0	0	0	0	0	0	0	8	12	0	12	1	

续上表

企业名称 Company Name	品牌 Brand	车辆型号 Vehicle Model	车辆类型 Vehicle Type	底盘型号 Chassis Model	外形尺寸 Dimension(mm) 长 Length	宽 Width	高 Height	轴距 Wheel Base (mm)	总质量 Total Weight (kg)	整备质量 Vehicle Weight (kg)	续驶里程 Driving Mileage of Electric Vehicle (工况法 Operating Condition Method,km)	续驶里程 Driving Mileage of Electric Vehicle (等速法 Isokinetic Method, km)	30分钟最高车速 Maximum Speed of Electric Car in 30 Minutes (km/h)	最高车速 Maximum Speed (km/h)	1月 January	2月 February	3月 March	4月 April	5月 May	6月 June	7月 July	8月 August	9月 September	10月 October	11月 November	12月 December	2018年产量合计 Total Output in 2018 (辆,Vehicle)
山东吉海新能源汽车有限公司	吉海牌	JHN1031CDBEV1	纯电动专用车	JHN1031CDEV1	4745	1600	1925	2900	2510	1355	240	—	80	80	0	0	0	0	0	0	0	0	0	7	0	3	647
		JHN1032CGBEV1	纯电动专用车	JHN1032CGEV1	4745	1600	1925	2900	2510	1315	210	—	80	80	0	0	0	0	0	0	0	0	0	0	0	20	
		JHN5024CCXXYBEV1	纯电动专用车	JHN1024CCEV1	4390	1710	2220	2900	2100	1240	250	—	70	70	0	0	0	0	0	0	0	14	16	0	0	4	
		JHN5024CCXXYBEV2	纯电动专用车	JHN1024CCEV2	4390	1710	2220	2900	1990	1210	215	—	70	70	0	0	0	0	0	0	0	14	16	3	38	47	
		JHN5024CCXXYBEV3	纯电动专用车	JHN1024CCEV3	4390	1710	2220	2900	2100	1280	240	—	70	70	0	0	0	0	0	0	0	0	0	0	0	4	
		JHN5031CDXSHBEV1	纯电动专用车	JHN1031CDEV1	4715	1710	2470	2900	2510	1650	245	—	80	80	0	0	0	0	0	0	0	0	0	0	0	1	
		JHN5031CDXXYBEV1	纯电动专用车	JHN1031CDEV1	4745	1710	2500,2150	2900	2510	1410	205	—	80	80	0	0	0	0	0	4	0	44	19	28	1	1	
		JHN5032CGXLCBEV1	纯电动专用车	JHN1032CGEV1	4745	1735	2500	2900	2510	1500	210	—	80	80	0	0	0	0	0	0	0	0	0	0	0	12	
		JHN5032CGXSHBEV1	纯电动专用车	JHN1032CGEV1	4715	1710	2470	2900	2510	1650	205	—	80	80	0	0	0	0	0	0	0	0	0	0	0	25	
		KRD5022CCYBEV	纯电动专用车	KRD1022DEV	4390	1635	2170	2900	1919	1139	180,220	—	70	70	10	0	11	2	3	0	3	2	0	0	0	0	
		KRD5022CCYBEV02	纯电动专用车	KRD1122DEV	4390	1635	2170	2900	1990	1210	210,280	—	70	70	4	4	1	9	10	2	20	2	0	0	1	1	
		KRD5022XXYBEV	纯电动专用车	KRD1022DEV	4390	1710	2220	2900	1919	1139	180	—	70	70	0	0	3	36	21	0	14	2	0	0	0	0	
		KRD5022XXYBEV02	纯电动专用车	KRD1122DEV	4390	1710	2220	2900	1990	1210	210,280	—	70	70	9	5	31	25	20	10	12	3	0	1	1	0	
山西皇城相府宇航汽车制造有限公司	山西牌	SXK5031XXYBEV	纯电动专用车	NJL6520BEV	5200	1700	2240,1980	2890	3490	1900	236	—	100	100	0	0	0	0	0	0	0	0	0	0	3	627	630
华晨鑫源重庆汽车有限公司	鑫源牌	JKC1021DABEV	纯电动专用车	JKC1021DABEV	4600	1560	1870	2760	2100	1080	245	290	85	85	0	0	0	0	0	0	28	45	23	51	64	57	620
		JKC1030DDBEV	纯电动专用车	—	5245	1707	2023	3400	3495	1670	337	—	90	90	0	0	0	0	0	0	0	0	0	0	1	5	
		JKC5021XXY-DABEV	纯电动专用车	JKC1021DABEV	4600	1560	2300	2760	2100	1210	235	280	85	85	0	0	0	0	0	0	36	0	38	11	10	40	
		JKC5030XXY-AXBEV	纯电动专用车	—	4495	1680	1990	2925	2510	1500	285	—	100	110	0	0	0	0	0	0	0	0	92	65	0	51	
		JKC5030XXY-DDBEV	纯电动专用车	JKC1030DDBEV	5588	1795	2440	3400	3495	2040	330	—	90	90	0	0	0	0	0	0	0	0	0	0	0	3	
云南航天神州汽车有限公司	神州牌	YH5020XSHBEV	纯电动专用车	—	5035	1760	2490	3050	2320	1860,1760	260	290	100	100	1	0	0	0	1	19	0	0	0	0	0	0	585
		YH5022XXYBEV	纯电动专用车	—	4495	1680	1990	2925	2190	1560	280	—	85	85	0	0	0	0	0	0	19	4	4	27	1	25	
		YH5024XXYBEV	纯电动专用车	—	4495	1680	1990	2925	2510	1520	300	—	100	100	0	0	0	0	0	0	0	0	84	97	76	227	
中国第一汽车集团有限公司	解放牌	CA5030XXYBEV21	纯电动专用车	—	4500	1680	2000	3050	2550	1530	230	—	100	100	0	0	0	0	0	0	0	0	0	0	0	250	554
		CA5041XXYBEV21	纯电动专用车	—	5990	2100	2800	3360	4495	3100	—	310	85	90	0	0	0	0	0	0	0	0	0	0	0	4	
		CA5041XXYBEV22	纯电动专用车	—	5990	2100	2800	3360	4495	3120	—	310	85	90	0	0	0	0	0	0	0	0	0	0	247	53	
河北中兴汽车制造有限公司	田野牌	BQ1023FBEV	纯电动专用车	BQ1023FBEV	5060	1715	1710	2900	2395	1550	155	—	80	80	0	0	0	0	0	0	0	0	2	4	0	0	509
		BQ1030E2BEV	纯电动专用车	BQ1030E2BEV	5100	1750	1725	2900	2605	1880	300	350	100	100	0	0	0	5	0	2	0	0	0	0	0	0	
		BQ1030E2V1BEV	纯电动专用车	BQ1030E2V1BEV	5060	1715	1730	2900	2995	1910	320	—	100	100	0	0	0	0	0	0	0	37	9	0	4	27	

续上表

企业名称 Company Name	品牌 Brand	车辆型号 Vehicle Model	车辆类型 Vehicle Type	底盘型号 Chassis Model	外形尺寸 Dimension(mm) 长 Length	宽 Width	高 Height	轴距 Wheel Base (mm)	总质量 Total Weight (kg)	整备质量 Vehicle Weight (kg)	续驶里程 Driving Mileage of Electric Vehicle (工况法 Operating Condition Method,km)	续驶里程 Driving Mileage of Electric Vehicle (等速法 Isokinetic Method, km)	30分钟最高车速 Maximum Speed of Electric Car in 30 Minutes (km/h)	最高车速 Maximum Speed (km/h)	1月 January	2月 February	3月 March	4月 April	5月 May	6月 June	7月 July	8月 August	9月 September	10月 October	11月 November	12月 December	2018年产量合计 Total Output in 2018 (辆,Vehicle)
河北中兴汽车制造有限公司	田野牌	BQ5023XLHFBEV	纯电动专用车	BQ1030E2BEV	5060	1715	1710	2900	1810	1550	145（仅采用市区循环）	—	80	80	2	3	5	1	1	0	0	0	0	0	0	0	509
		BQ5030XXYE2BEV	纯电动专用车	BQ5030XXYE2BEV	5100	1750	1835	2900	2675	1920	330	—	100	100	0	0	0	0	0	0	6	0	0	0	0	0	
		BQ5031XXYHBEV	纯电动专用车	—	4430	1626	1940	2800	2600	1550	256	—	105	110	0	0	0	0	0	0	0	0	0	0	50	351	
广西申龙汽车制造有限公司	紫象牌	HQK5042BEVXXY	纯电动专用车	—	5990	1986	2740	3360	4495	2920,3050	—	270	100	100	0	0	0	0	0	0	0	0	0	0	0	34	500
		HQK5042BEVXXY1	纯电动专用车	—	5990	1986	2740	3360	4495	2920,3050	—	261	100	100	0	0	0	0	0	0	0	0	0	0	0	466	
中通客车控股股份有限公司	中通牌	LCK5024XXYEV8	纯电动专用车	—	3940	1640	1865	2500	1920	1270	290	—	100	100	0	0	0	0	0	0	0	0	0	0	65	0	463
		LCK5025XXYEV1	纯电动专用车	—	4495	1680	1990	2925	2200	1460	251	—	100	100	0	0	0	0	0	8	55	0	1	7	22	1	
		LCK5042XXYEV2	纯电动专用车	—	5245	1995	2360	3255	4490	2580,2650	—	200,270	100	100	1	0	0	0	0	0	0	0	0	0	0	0	
		LCK5047XXYEV7	纯电动专用车	—	5990	1990,2040	2740	3360	4495	2,995,314,529,002,750	—	240	100	100	0	0	0	0	0	2	0	0	20	0	0	0	
		LCK5047XXYEV9	纯电动专用车	—	5990	1990,2040	2740	3360	4495	2995,3145	—	240	100	100	0	0	0	0	0	0	0	0	0	0	0	1	
		LCK5048XXYEVH2H	纯电动专用车	HFC5041XXYEV3	5980	2050,2190	2905,3050	3360	4495	2995,3290	—	320	90	90	0	0	0	0	0	0	0	0	0	0	0	167	
		LCK5048XXYEVH2YB	纯电动专用车	HFC1042EV2	5980	2030,2170	2905,3050	3360	4495	2995,3290	—	321	90	90	0	0	0	0	0	0	0	0	0	0	0	1	
		LCK5048XXYEVH3H	纯电动专用车	HFC1042EV1	5980	2030,2170	2905,3050	3360	4495	2995,3290	—	311	90	90	0	0	0	0	0	0	0	0	0	0	0	111	
		LCK5049XXYEVH3	纯电动专用车	—	5980	2000,2040,2160	2800,2880	3300	4495	2600,2750,2860	—	130	90	90	0	1	0	0	0	0	0	0	0	0	0	0	
厦门金龙联合汽车工业有限公司	金龙牌	XMQ5030XXYBEVS10	纯电动专用车	—	5340,5300	1700	1995,2085	2890	3260	1910	265	—	100	100	0	0	0	0	0	0	0	0	0	0	0	1	430
		XMQ5030XXYBEVS11	纯电动专用车	—	5340,5300	1700	1995,2085	2890	3260	1870	220	—	100	100	0	0	0	0	0	0	1	0	0	0	4	1	
		XMQ5030XXYBEVS12	纯电动专用车	—	5340,5300	1700	1995,2085,2285	2890	3260	1880	260	—	100	100	0	0	0	0	0	0	0	1	100	52	224	46	
浙江普朗特电动汽车有限公司	三角行牌	PLT5041XXYBEV01	纯电动专用车	PLT1041BEV01	5995	2150	3000	3360	4495	3350,3150	—	270,320	85	85	0	0	0	1	0	0	1	16	43	121	114	132	428
江苏奥新新能源汽车有限公司	达福迪牌	JAX5027XXYBEVF266LB5M2X1	纯电动专用车	JAX1020EV	4330	1500	2210	2500	2150	1310	260	—	60	72	1	0	0	0	0	0	0	0	0	0	0	0	391
		JAX5042XXYBEV	纯电动专用车	JAX1040EV	5980,5995	2090,2190	2750,2950	3300	4495	2925,2950	—	280	80	90	0	0	0	0	0	0	0	30	2	50	138	170	

续上表

企业名称 Company Name	品牌 Brand	车辆型号 Vehicle Model	车辆类型 Vehicle Type	底盘型号 Chassis Model	外形尺寸 Dimension(mm)			轴距 Wheel Base (mm)	总质量 Total Weight (kg)	整备质量 Vehicle Weight (kg)	续驶里程 Driving Mileage of Electric Vehicle (工况法 Operating Condition Method,km)	续驶里程 Driving Mileage of Electric Vehicle (等速法 Isokinetic Method, km)	30分钟最高车速 Maximum Speed of Electric Car in 30 Minutes (km/h)	最高车速 Maximum Speed (km/h)	1月 January	2月 February	3月 March	4月 April	5月 May	6月 June	7月 July	8月 August	9月 September	10月 October	11月 November	12月 December	2018年产量合计 Total Output in 2018 (辆,Vehicle)
					长 Length	宽 Width	高 Height																				
江西大乘汽车有限公司	骐铃牌	JML5041XXYBEV01	纯电动专用车	JML1041BEV01	5995	2025, 2095	3040	3360	4495	2960	—	270	90	90	0	0	0	0	0	0	0	0	6	0	0	0	323
		JML5041XXYBEV02	纯电动专用车	JML1041BEV02	5995	2025, 2095	3040	3360	4495	2960	—	325	90	90	0	0	0	0	0	0	0	0	6	0	0	0	
		JML5041XXYBEV03	纯电动专用车	JML1041BEV03	5995	2025, 2095, 2125	3040	3360	4495	2960	—	290	90	90	0	0	0	0	0	0	0	0	156	150	0	5	
柳州五菱汽车工业有限公司	五菱牌	LQG5036XXYBEV	纯电动专用车	LQG1036BEV	4580, 4715	1595, 1635	2080, 2320	3050	2505	1430	280	—	80	100	0	0	0	0	0	0	0	0	0	5	33	268	306
上海汽车商用车有限公司	大通牌	SH5040XXYA7BEV	纯电动专用车	—	4950, 5160, 5035	1998	2345, 2132	3100	3760	2745	—	250	100	100	14	0	0	0	0	0	0	0	0	0	0	0	294
		SH5041XXYA7BEV	纯电动专用车	—	5700, 5910, 5785	1998	2345, 2552	3850	4100	2810	—	295	100	100	280	0	0	0	0	0	0	0	0	0	0	0	
郑州宇通重工有限公司	宇通牌	YTZ5030TYHZ0BEV	纯电动专用车	YTZ5030PBEV	4880, 4960	1700, 1740	2370	2500	3495	2980, 2850	297	—	75	75	0	0	0	2	6	0	0	0	0	0	0	0	293
		YTZ5030TYHZ1BEV	纯电动专用车	YTZ5030P01BEV	4880, 4960	1700, 1760	2370, 2430	2500	3495	2730, 2860	330,251	—	80	80	0	0	0	1	0	1	0	15	5	1	6	2	
		YTZ5040TXSZ0BEV	纯电动专用车	YTZ5040PBEV	5530	1750, 1700	2350, 2400	3000	4490	370,038, 504,050	—	355	75	75	1	8	1	6	9	0	0	1	2	2	1	2	
		YTZ5040TXSZ1BEV	纯电动专用车	YTZ5040PBEV	5530	1740	2400, 2495	3000	4490	3950, 4070	—	355	80	80	0	1	0	0	0	3	2	4	1	2	0	6	
		YTZ5040TXSZ2BEV	纯电动专用车	YTZ5040PBEV	5530	1760	2400, 2495	3000	4490	4070	—	330	80	80	0	0	0	0	0	0	0	0	0	0	2	3	
		YTZ5040ZLJZ0BEV	纯电动专用车	YTZ5040PBEV	5335	1830	2385, 2525	3000	4490	2900	—	220	75	75	0	0	0	3	0	0	0	0	0	0	2	0	
		YTZ5040ZZZZ0BEV	纯电动专用车	YTZ5040PBEV	5335	1830	2525	3000	4490	3000, 3145	—	218	75	75	0	0	0	0	0	0	0	0	0	0	0	1	
		YTZ5040ZZZZ1BEV	纯电动专用车	YTZ5041PBEV	5400, 5520	1760	2525	3000	4490	3500, 3650	—	205	75	75	0	0	0	0	1	1	0	1	0	0	0	0	
		YTZ5040ZZZZ2BEV	纯电动专用车	YTZ5042PBEV	5335	1825	2525	3000	4490	3200	—	310	80	80	0	0	0	0	0	0	0	0	0	0	0	1	
		YTZ5040ZZZZ3BEV	纯电动专用车	YTZ5043PBEV	5415, 5520	1760	2525	3000	4490	3480	—	290	80	80	0	0	0	0	25	0	0	15	7	4	3	2	
		YTZ5070TSLZZBEV	纯电动专用车	YTZ5070P01EV	5880	2000	2470	3360	7300	5200	—	200	80	80	0	0	0	0	0	0	0	0	0	0	0	1	
		YTZ5080TSLZ0BEV	纯电动专用车	YTZ5080PBEV	6975	2100	2600	3850	8495	6300	—	300	80	80	0	0	0	0	0	0	0	0	0	0	0	1	
		YTZ5080TSLZ1BEV	纯电动专用车	YTZ5080P01BEV	6975	2100	2630, 2730	3850	8495	6300, 6600	—	330	80	80	0	0	0	0	0	0	0	0	0	0	25	0	
		YTZ5080TXSZ0BEV	纯电动专用车	YTZ5080PBEV	6975	2100	2630	3850	8495	6500	—	300	80	80	0	0	0	0	2	3	0	0	2	0	0	0	
		YTZ5080TXSZ1BEV	纯电动专用车	YTZ5080P01BEV	6975	2100	2630, 2730	3850	8495	6500, 6850	—	330	80	80	0	0	0	0	0	0	0	0	0	5	1	2	

续上表

企业名称 Company Name	品牌 Brand	车辆型号 Vehicle Model	车辆类型 Vehicle Type	底盘型号 Chassis Model	外形尺寸 Dimension(mm) 长 Length	宽 Width	高 Height	轴距 Wheel Base (mm)	总质量 Total Weight (kg)	整备质量 Vehicle Weight (kg)	续驶里程 Driving Mileage of Electric Vehicle (工况法 Operating Condition Method,km)	续驶里程 Driving Mileage of Electric Vehicle (等速法 Isokinetic Method, km)	30分钟最高车速 Maximum Speed of Electric Car in 30 Minutes (km/h)	最高车速 Maximum Speed (km/h)	1月 January	2月 February	3月 March	4月 April	5月 May	6月 June	7月 July	8月 August	9月 September	10月 October	11月 November	12月 December	2018年产量合计 Total Output in 2018 (辆,Vehicle)
郑州宇通重工有限公司	宇通牌	YTZ5080ZYSZCBEV	纯电动专用车	YTZ5081PBEV	7795, 7630	2030	2390	3850	8495	6350, 6600	—	365	80	80	0	0	0	0	0	0	0	0	0	7	0	0	293
		YTZ5180GQXZCBEV	纯电动专用车	YTZ5180P01BEV	9160, 8080, 9060, 8680	2520	2390	3850	8495	6350, 6600	—	365	80	80	0	0	0	0	0	0	0	4	25	2	2	5	
		YTZ5180GQXZZBEV	纯电动专用车	YTZ5180P01BEV	8026, 9000	2520	2390	3850	8495	6350, 6600	—	365	80	80	0	0	0	0	0	0	0	1	1	0	0	0	
		YTZ5180TSLZ0BEV	纯电动专用车	YTZ5180P01BEV	8180	2490	3250	4500	18000	12560, 12950	—	410	85	85	0	0	0	0	0	0	0	0	0	0	0	1	
		YTZ5180TXSZ0BEV	纯电动专用车	YTZ5180P01BEV	8276	2490	3200	4500	18000	12700, 12950	—	410	85	85	0	1	1	0	0	1	0	0	2	0	1	0	
		YTZ5180TXSZ2BEV	纯电动专用车	YTZ5180P01BEV	8276	2500	3200, 3140	4500	18000	12950	—	410	90	90	0	0	0	0	0	0	0	4	16	0	3	12	
郑州日产汽车有限公司	东风牌	ZN5030XXYV1YBEV	纯电动专用车	—	4500	1695	1870	2695	2600	1685	298	334	100	120	0	0	0	30	0	2	21	11	11	0	50	103	266
		ZN5034XXYV1YBEV	纯电动专用车	—	4500	1695	1870	2695	2600	1650	295	330	100	110	0	0	0	0	0	0	0	0	0	0	0	10	
		ZN5036XGCH2YBEV	纯电动专用车	ZN6495H2YEV	4949	1690, 1820	1940	2950	2900	2230, 2039	235,255	280,300	100	120	0	0	2	0	0	0	0	0	0	20	6	0	
四川野马汽车股份有限公司	野马牌	SQJ5020XXYBEV1	纯电动专用车	—	4200	1680	1930	2700	2300	1360	260	—	85	85	0	0	0	0	0	0	14	60	21	2	1	1	231
		SQJ5020XXYBEV2	纯电动专用车	—	4200	1680	1930	2700	2300	1320	250	—	85	85	0	0	0	0	0	0	0	0	0	0	55	57	
		SQJ5020XXYM1BEV	纯电动专用车	SQJ6460M1BEV	4580	1730	1825	2800	2290	1710	255	—	110	110	0	19	0	0	1	0	0	0	0	0	0	0	
一汽红塔云南汽车制造有限公司	解放牌	CA5020XXYBEV	纯电动专用车	CA1020EV	3975	1510	1920	2700	1990	1150	205	—	82	85	0	0	0	0	0	0	5	0	0	0	0	58	228
		CA5030XXYBEV	纯电动专用车	CA1030EV	4770	1705	2650	2400	3160	2035	215	—	90	90	0	0	0	0	0	0	4	0	0	0	0	54	
		CA5040XXYL3BEV	纯电动专用车	CA1040L3BEV	5995	2150	2950	3360	4495	3200	200	380	100	100	0	0	0	0	0	0	3	0	0	0	1	103	
贵州长江汽车有限公司	贵州牌	GK5020XXYBEV	纯电动专用车	JKC6451AXBEV	4495	1680	1990	2925	2495	1495	290	—	100	110	0	0	0	0	0	0	0	0	0	0	0	179	226
		GK5041XXYBEV	纯电动专用车	EQ1042FACEV1	5988	2130	2870, 2970	3300	4495	2900	—	250	90	90	0	0	0	0	0	0	0	0	0	2	0	45	
芜湖宝骐汽车制造有限公司	劲骐牌	WXS5023XXYBEV05	纯电动专用车	—	4178	1630	1898	2705	2100	1270	210	—	80	80	0	0	0	0	0	0	0	0	0	0	2	0	220
	帅骐牌	WXS5021XXYBEV01	纯电动专用车	WXS5021XXYBEV01	3910	1400	1905	1800	1750	1120	255	—	80	80	0	0	0	0	0	0	0	0	0	0	1	0	
		WXS5021XXYBEV04	纯电动专用车	WXS5021XXYEV04	3910	1400, 1450	1905, 2225	1800	1750	1120	240	—	80	80	0	0	0	0	0	0	0	0	0	0	50	167	
赣州汽车改装厂	环球牌	GZQ5020CTYBEV	纯电动专用车	—	4790	1630	1930	2900	2450	1320	119	140	80	80	3	0	6	5	0	1	0	0	0	0	0	0	216
		GZQ5020XSHBEV	纯电动专用车	—	5000	1720	2650	2900	2450	1690	119	140	80	80	0	0	0	0	0	1	0	0	0	0	0	0	
		GZQ5021CCYBEV	纯电动专用车	—	4650	1670	2190	2900	2450	1130	119	140	80	80	1	0	0	0	0	0	0	0	0	0	0	0	
		GZQ5021ZXXBEV	纯电动专用车	—	4260	1620	1920	2900	2450	1360	119	140	80	80	1	0	0	0	0	0	0	0	0	0	0	0	
		GZQ5022XXYBEV	纯电动专用车	—	4650	1700	2280	2900	2450	1325	119	140	80	80	0	0	0	0	5	10	0	0	0	0	0	0	
		GZQ5022ZZZBEV	纯电动专用车	—	4560	1680	2010	2900	2450	1770	119	140	80	80	0	0	0	0	0	1	0	0	0	0	0	0	

续上表

企业名称 Company Name	品牌 Brand	车辆型号 Vehicle Model	车辆类型 Vehicle Type	底盘型号 Chassis Model	外形尺寸 Dimension(mm) 长 Length	宽 Width	高 Height	轴距 Wheel Base (mm)	总质量 Total Weight (kg)	整备质量 Vehicle Weight (kg)	续驶里程 Driving Mileage of Electric Vehicle (工况法 Operating Condition Method,km)	续驶里程 Driving Mileage of Electric Vehicle (等速法 Isokinetic Method, km)	30分钟最高车速 Maximum Speed of Electric Car in 30 Minutes (km/h)	最高车速 Maximum Speed (km/h)	1月 January	2月 February	3月 March	4月 April	5月 May	6月 June	7月 July	8月 August	9月 September	10月 October	11月 November	12月 December	2018年产量合计 Total Output in 2018 (辆,Vehicle)
赣州汽车改装厂	环球牌	GZQ5025XXYBEV	纯电动专用车	JHN1024CCEV2	4390	1710	2220	2900	1990	1210	225	—	70	70	0	0	0	0	0	0	0	0	0	0	1	0	216
		GZQ5030XXYBEV	纯电动专用车	KMC1032EV29D	4650	1700	2280	2900	2510	1260	120	—	75	80	5	0	10	30	0	43	40	25	28	0	0	0	
北京汽车股份有限公司	北京牌	BJ5023XXYV3RK-BEV	纯电动专用车	—	4500	1650	1940	2920	2410	1600	220	260	80	80	0	0	0	0	203	0	0	0	0	0	0	0	203
东风云南汽车有限公司	东风牌	EQ5023XXYPBEVB	纯电动专用车	—	4010	1620	1915	2700	1960	1320	235	—	85	85	1	0	0	0	0	0	0	0	0	0	0	0	201
		EQ5030ZXXPBEV	纯电动专用车	—	4260	1620	1880	2330	2610	1630	160	—	65	80	0	0	0	0	100	0	0	0	0	0	0	0	
		EQ5030ZZZPBEV	纯电动专用车	—	4140	1680, 1630, 1710	1940, 1990	2330	2610	1810	160	—	65	80	0	0	0	0	100	0	0	0	0	0	0	0	
河南森源重工有限公司	森源牌	SMQ5030XLCBEV	纯电动专用车	SMQ5031BEV	4440	1640	2320	2600	2510	1510	230	—	90	90	0	0	0	0	0	0	0	0	0	0	0	1	199
		SMQ5030XXYBEV	纯电动专用车	SMQ5031BEV	4380	1635	2265	2600	2510	1410	211	—	90	90	0	0	0	0	0	0	0	2	2	1	4	21	
		SMQ5040XLCBEV	纯电动专用车	SMQ5040BEV	5990	2200	2920	3360	4495	3210	—	295	90	90	0	0	0	0	0	0	0	0	0	0	0	2	
		SMQ5040XXYBEV	纯电动专用车	SMQ5040BEV	5960	2010	2670	3360	4495	2915	—	245	90	90	0	0	1	0	1	1	0	0	0	0	0	63	
		SMQ5070GQXBEV	纯电动专用车	SMQ5075BEV	6415, 5965	2025	2340	3315	7490	4310	—	205	80	80	0	0	0	0	0	0	0	0	0	0	0	1	
		SMQ5070XYKBEV	纯电动专用车	SMQ5075BEV	5990	2200	2940	3315	7490	4090	—	205	80	80	0	0	0	0	0	1	0	1	0	0	0	4	
		SMQ5073TSLBEV	纯电动专用车	SMQ5076BEV	5990	2060	2565	3360	7490	5350	—	205	80	80	0	0	0	0	0	0	0	0	0	0	0	2	
		SMQ5073XLCBEV	纯电动专用车	SMQ5075BEV	5995	2200	3055	3315	7490	4280	—	205	80	80	0	0	0	0	0	0	0	0	0	0	0	3	
		SMQ5073XXYBEV	纯电动专用车	SMQ5075BEV	5970	2200	3075	3315	7490	3490	—	205	80	80	0	0	0	0	0	0	0	19	0	0	0	53	
		SMQ5073ZXXBEV	纯电动专用车	SMQ5075BEV	5565	2060	2340	3315	7490	3770	—	205	80	80	0	0	0	0	0	0	0	0	0	0	2	0	
		SMQ5073ZZZBEV	纯电动专用车	SMQ5075BEV	5995	2290	2570	3315	7490	5090	—	205	80	80	0	0	0	0	0	0	0	0	0	0	0	1	
		SMQ5076XXYBEV	纯电动专用车	SMQ5077BEV	5970	2200	3120	3315	7490	3950	—	240	80	80	0	0	0	0	0	0	0	0	0	0	0	1	
		SMQ5080TXSBEV	纯电动专用车	SMQ5080BEV	6855	2060	2530	3800	8495	6300	—	240	80	80	0	0	0	0	0	0	0	0	0	0	2	3	
		SMQ5182GQXBEV	纯电动专用车	SMQ5182BEV	9140, 8140	2500	2850	4500	18000	9325	—	220	80	80	0	0	0	0	0	0	0	0	0	0	1	0	
		SMQ5182TDYBEV	纯电动专用车	SMQ5182BEV	8935	2500	3730	4500	18000	10210	—	220	80	80	0	0	0	0	0	0	0	0	0	0	3	0	
		SMQ5183TXSBEV	纯电动专用车	SMQ5183BEV	8450	2500	3160	4500	18000	11350	—	220	80	80	0	0	0	0	0	0	0	0	0	0	1	0	
		SMQ5250GJBBEV	纯电动专用车	SMQ5250BEV	8800	2500	3760	3500 + 1350	25000	13165	—	130	80	80	0	0	0	0	0	0	0	0	0	0	0	2	
山东凯马汽车制造有限公司	凯马牌	KMC1023EVA29D	纯电动专用车	—	4650	1655, 1625	1920	2900	2410	1460	220(鹏翔), 230(德朗能)	—	75	80	0	0	0	0	1	0	0	0	0	0	0	0	190
		KMC1030BEVA240WK	纯电动专用车	KMC1030BEVA240WK	4575, 4360, 4610, 4395	1590	1970	2400	2510	1260	160	—	85	90	0	0	0	0	0	0	0	0	0	1	0	0	

续上表

企业名称 Company Name	品牌 Brand	车辆型号 Vehicle Model	车辆类型 Vehicle Type	底盘型号 Chassis Model	外形尺寸 Dimension(mm) 长 Length	宽 Width	高 Height	轴距 Wheel Base (mm)	总质量 Total Weight (kg)	整备质量 Vehicle Weight (kg)	续驶里程 Driving Mileage of Electric Vehicle (工况法 Operating Condition Method,km)	续驶里程 Driving Mileage of Electric Vehicle (等速法 Isokinetic Method, km)	30分钟最高车速 Maximum Speed of Electric Car in 30 Minutes (km/h)	最高车速 Maximum Speed (km/h)	1月 January	2月 February	3月 March	4月 April	5月 May	6月 June	7月 July	8月 August	9月 September	10月 October	11月 November	12月 December	2018年产量合计 Total Output in 2018 (辆, Vehicle)
山东凯马汽车制造有限公司	凯马牌	KMC1030EV21D	纯电动专用车	KMC1030EV21D	4060, 4340	1510	1950	2400	2510	1200	130	—	75	85	0	4	0	0	0	0	0	0	0	0	0	0	190
		KMC1032EV29D	纯电动专用车	KMC1032EV29D	4650	1655, 1625	1920	2900	2510	1220	140	—	75	80	0	4	0	0	0	0	0	0	0	0	0	0	
		KMC1035BEVA296W1	纯电动专用车	KMC1035BEVA296W1	4880, 5360	1700, 1840	2100	2960, 3300	3490	1890	190	—	85	90	0	0	0	0	0	0	0	0	0	0	1	29	
		KMC1035EVA30D	纯电动专用车	—	4880, 5360	1700, 1840	2100	2960	3490	1980	200	—	75	80	0	0	0	0	1	0	0	0	0	0	0	0	
		KMC1035EVK30D	纯电动专用车	KMC1035EVK30D	4880, 5360, 4770	1700, 1840	2100	3300	3490	1980	200	—	75	80	0	3	0	0	0	0	0	0	0	0	0	0	
		KMC1041BEVA28M1	纯电动专用车	KMC1041BEVA28M1	5930, 5995	2020, 1960	2330	3300	4495	2760	—	260	85	90	0	0	0	0	0	0	0	0	0	1	3	0	
		KMC1042EVK33D	纯电动专用车	KMC1042EVK33D	5995	2240	2390	3360	4495	3200	—	270	75	80	0	4	0	0	0	0	0	0	0	0	0	0	
		KMC3311GCBEVA77M3	纯电动专用车	—	9380, 10500	2400	2950, 3060	1800 + 3650 + 1350	31000	10800	—	210	80	85	0	0	0	0	0	0	0	0	0	0	0	2	
		KMC5021CCYEV21D	纯电动专用车	—	4020, 4340	1510	2290	2400	1955	1140	110	130	85	85	0	4	0	0	0	0	0	0	0	0	0	0	
		KMC5022ZXXEV29D	纯电动专用车	—	4240	1670	1860	2900	2450	1420	120	140	80	80	2	0	0	0	0	0	0	0	0	0	0	0	
		KMC5023CCYEVA29D	纯电动专用车	—	4700	1655, 1625	2480, 2280	2900	2415	1490	220 (鹏翔), 230 (德朗能)	—	75	80	0	4	0	0	0	0	0	0	0	0	0	0	
		KMC5030XSHBEVA240WK	纯电动专用车	KMC1030BEVA240WK	4605, 4390, 4640, 4425	1630	2290, 2090	2400	2510	1885	160	—	85	90	0	0	0	0	0	0	0	0	0	0	0	1	
		KMC5030XXYBEVA240WK	纯电动专用车	KMC1030BEVA240WK	4605, 4390, 4640, 4425	1630	2290, 2090	2400	2510	1385	160	—	85	90	0	0	0	0	0	0	0	0	0	1	0	4	
		KMC5032CCYEV29D	纯电动专用车	KMC1032EV29D	4700	1655, 1625	2480, 2280	2900	2510	1280	140	—	75	80	0	4	0	0	0	0	0	0	0	0	0	0	
		KMC5032XXYEV29D	纯电动专用车	KMC1032EV29D	4650	1700	2480, 2280	2900	2510	1385	140	—	75	80	0	4	0	0	0	0	0	0	0	0	0	0	
		KMC5035XLCEVA30D	纯电动专用车	—	4920, 5400	1760, 1900	2560, 2360	2960, 3300	3490	2370	200	—	75	80	0	4	1	0	0	0	0	0	0	0	0	0	
		KMC5036TCABEVA260K1	纯电动专用车	KMC1036BEVA260K1	4850	1710	2480	2600	3495	2370	230	—	85	90	0	0	0	0	0	0	0	0	0	0	0	20	
		KMC5036XXYBEVA260K1	纯电动专用车	KMC1036BEVA260K1	4990, 4550, 4930	1840, 1710	2660, 2270, 2590	2600	3495	1980	230	—	85	90	0	0	0	0	0	0	0	0	0	0	0	5	

续上表

企业名称 Company Name	品牌 Brand	车辆型号 Vehicle Model	车辆类型 Vehicle Type	底盘型号 Chassis Model	外形尺寸 Dimension(mm) 长 Length	宽 Width	高 Height	轴距 Wheel Base (mm)	总质量 Total Weight (kg)	整备质量 Vehicle Weight (kg)	续驶里程 Driving Mileage of Electric Vehicle (工况法 Operating Condition Method,km)	续驶里程 Driving Mileage of Electric Vehicle (等速法 Isokinetic Method, km)	30分钟最高车速 Maximum Speed of Electric Car in 30 Minutes (km/h)	最高车速 Maximum Speed (km/h)	1月 January	2月 February	3月 March	4月 April	5月 May	6月 June	7月 July	8月 August	9月 September	10月 October	11月 November	12月 December	2018年产量合计 Total Output in 2018 (辆,Vehicle)
山东凯马汽车制造有限公司	凯马牌	KMC5041XXYBEVA28M1	纯电动专用车	KMC1041BEVA28M1	5930, 5995	2040, 1980	3200, 3000	3300	4495	2900	—	260	85	90	0	0	0	0	0	0	0	0	0	5	0	2	190
		KMC5041XXYBEVB330M1	纯电动专用车	KMC1041BEVB330M1	5995, 5890	2040, 1980, 1910	3200, 3000, 2800	3300	4495	2900	—	295	85	90	0	0	0	0	0	0	0	0	0	0	0	62	
		KMC5042XLCEVA33D	纯电动专用车	—	5995	2240	3200, 3000	3360	4495	3305	—	270	75	80	0	3	0	0	0	0	0	0	0	0	0	0	
		KMC5042XLCEVK33D	纯电动专用车	KMC1042EVK33D	5995	2240	3200, 3000	3360	4495	3455	—	270	75	80	0	3	0	0	0	0	0	0	0	0	0	0	
		KMC5042XXCBEVA33M3	纯电动专用车	KMC1042BEVA33M3	5995	2240, 2100, 2030	3200, 3000, 2910	3360	4495	4300	—	295	85	90	0	0	0	0	0	0	0	0	0	0	0	1	
		KMC5042XXCEVK33D	纯电动专用车	KMC1042EVK33D	5995	2240, 2100, 2030	3200, 3000, 2910	3360	4495	4300	—	270	75	80	0	2	0	0	0	0	0	0	0	0	0	0	
		KMC5042XXYEVA33D	纯电动专用车	—	5995	2240	3000, 3200	3360	4495	3305	—	270	75	80	0	0	0	0	1	0	0	0	0	0	0	0	
		KMC5042XXYEVK33D	纯电动专用车	KMC1042EVK33D	5995	2240	3200, 3000	3360	4495	3305	—	270	75	80	0	3	0	0	0	0	0	0	0	0	0	0	
河北红星汽车制造有限公司	红星牌	HX5020XXYBEV	纯电动专用车	—	4430	1626	1930	2800	2260	1410	290	350	110	110	0	0	0	0	0	3	71	33	80	0	0	0	188
		HX5021XXYVEV	纯电动专用车	—	4430	1626	1930	2800	2050	1390	230	240	90	100	1	0	0	0	0	0	0	0	0	0	0	0	
金龙联合汽车工业(苏州)有限公司	海格牌	KLQ5022XXYEV1	纯电动专用车	—	4205	1685	1910	2700	2365	1620	235	—	80	80	0	0	0	50	19	1	0	0	0	0	0	0	154
		KLQ5035XXYBEV	纯电动专用车	—	4572	1780	1942	2950	2510	1460	205	—	90	90	0	0	0	0	0	0	0	0	0	0	11	0	
		KLQ5041XXYBEV2	纯电动专用车	—	5500	1700	2220	3110	3520	2150	—	266	100	100	0	0	0	0	0	0	0	0	0	51	0	22	
中国第一汽车集团公司	解放牌	CA5040XXYBEV21	纯电动专用车	—	5980	2020	2650	3665	4490	2720	—	320	100	100	0	0	0	0	0	0	150	0	0	0	0	0	150
奇瑞万达贵州客车股份有限公司	万达牌	WD5040XXYBEV	纯电动专用车	WD6540BEV	5410, 5571	1920	2290	3110	3740	2340	—	220	100	100	0	0	0	0	0	0	0	0	0	3	3	51	138
		WD5040XXYBEV1	纯电动专用车	WD6540BEV1	5410, 5571	1920	2290	3110	3740	2340	—	205	100	100	0	0	0	0	0	0	0	0	0	0	0	81	
庆铃汽车股份有限公司	庆铃牌(繁体)牌	QL5041XXYBEVECCA	纯电动专用车	QL1041BEVECCAY	5995	2100	3100	3360	4495	2866	—	310	100	100	0	0	0	0	0	10	0	2	10	11	3	0	138
		QL5041XXYBEVECCA1	纯电动专用车	QL1041BEVECCA1Y	5995	2100	3090	3360	4495	2866	—	248,240	100	100	0	0	0	0	0	0	0	0	1	0	0	0	
		QL5041XXYBEVECCA2	纯电动专用车	QL1041BEVECCA2Y	5995	2100	3090	3360	4495	2950	—	302,270	100	100	0	0	0	0	0	0	0	0	1	0	100	0	
湖北三环专用汽车有限公司	十通牌	STQ1049L02Y1NBEV5	纯电动专用车	STQ1049L02Y1NBEV5	5995	2100, 2150, 2200, 2300, 2400	2380	3300	4495	3170	—	320	80	80	0	0	0	0	0	0	0	0	0	1	0	2	132
		STQ5047XXYNBEV	纯电动专用车	STQ1047L02Y1NBEV	5995	2150, 2350	3000, 3100, 3200	3300	4495	3370	—	420	80	80	0	0	0	0	0	0	0	0	0	0	0	1	

续上表

企业名称 Company Name	品牌 Brand	车辆型号 Vehicle Model	车辆类型 Vehicle Type	底盘型号 Chassis Model	外形尺寸 Dimension(mm) 长 Length	宽 Width	高 Height	轴距 Wheel Base (mm)	总质量 Total Weight (kg)	整备质量 Vehicle Weight (kg)	续驶里程 Driving Mileage of Electric Vehicle (工况法 Operating Condition Method,km)	续驶里程 Driving Mileage of Electric Vehicle (等速法 Isokinetic Method, km)	30分钟最高车速 Maximum Speed of Electric Car in 30 Minutes (km/h)	最高车速 Maximum Speed (km/h)	1月 January	2月 February	3月 March	4月 April	5月 May	6月 June	7月 July	8月 August	9月 September	10月 October	11月 November	12月 December	2018年产量合计 Total Output in 2018 (辆, Vehicle)
湖北三环专用汽车有限公司	十通牌	STQ5049CCYNBEV5	纯电动专用车	STQ1049L02Y1NBEV5	5995	2100, 2150, 2200, 2300, 2400	3000, 3100, 3200, 3300, 3400	3300	4495	3170	—	320	80	80	0	0	0	0	0	0	0	0	0	2	0	1	132
		STQ5049XLCNBEV6	纯电动专用车	STQ1049L02Y1NBEV6	5995	2220, 2280	2900, 3170, 3220	3300	4495	3170	—	340	80	80	0	0	0	0	0	0	0	0	0	0	30	1	
		STQ5049XXYNBEV	纯电动专用车	STQ1049L02Y1NBEV	5995	2090, 2290, 2390	3100, 3200, 3300	3300	4495	3370	—	295	80	80	0	0	1	0	2	0	0	0	0	0	0	0	
		STQ5049XXYNBEV2	纯电动专用车	STQ1049L02Y1NBEV2	5995	2150, 2350	3000, 3100, 3200	3300	4495	3370	—	420	80	80	0	0	0	0	0	7	0	0	0	0	0	0	
		STQ5049XXYNBEV6	纯电动专用车	STQ1049L02Y1NBEV6	5995	2150, 2250, 2350, 2450	3000, 3100, 3200, 3300, 3400	3300	4495	3170	—	340	80	80	0	0	0	0	0	0	0	0	3	2	2	3	
		STQ5049XXYNBEV7	纯电动专用车	STQ1049L02Y1NBEV7	5995	2150, 2250, 2350, 2450	3000, 3100, 3200, 3300, 3400	3300	4495	3170	—	320	80	80	0	0	0	0	0	0	0	0	0	0	6	10	
		STQ5078XLCNBEV	纯电动专用车	STQ1078L02Y1NBEV	5995	2220, 2280	2960, 3050, 3200, 3300	3380	7495	4305	—	255	80	80	0	0	0	0	0	0	4	4	5	1	0	42	
		STQ5079XXYNBEV	纯电动专用车	STQ1079L02Y1NBEV	5995	2090, 2290, 2390	3100, 3200, 3300	3300	7490	4305	230	—	80	80	0	0	0	0	0	0	0	0	0	0	0	1	
		STQ5181XXYNBEV2	纯电动专用车	STQ1181L11Y2NBEV2	10100, 12000	2550	3800, 3990	5600	18000	8700	—	245	90	90	0	0	0	0	0	0	0	0	0	0	0	1	
安徽鑫盛汽车制造有限公司	沿锋牌	AXS5022XLCEEV	纯电动专用车	—	3960	1510	2080	2700	1960	1240	205	230	82	85	0	0	0	0	0	0	0	0	7	0	4	0	130
		AXS5022XXYBEV	纯电动专用车	—	3960	1510	1920, 2170	2700	1960	1120	205	230	82	85	0	0	0	0	0	0	3	8	10	3	31	64	
北京华林特装车有限公司	华林牌	HLT5030TYHEV	纯电动专用车	EQ1031TACEVJ7	4960	1750	2075	2950	3490	2570	180	—	65	80	0	0	0	0	1	0	0	0	0	0	0	0	129
		HLT5030ZXXEV	纯电动专用车	—	4310	1680	1960	2800	3495	1990	200	—	100	100	0	0	0	0	0	2	0	0	0	0	0	0	
		HLT5034CTYEV	纯电动专用车	—	4865	1695	1960	2800	3495	2200	200	—	100	100	0	0	0	0	0	0	0	0	0	0	8	0	
		HLT5040TYHEV	纯电动专用车	EQ1046PBEVJ2	5665	1735	2140	2800	4000	2730	—	200	80	80	0	0	0	0	0	0	0	0	0	0	0	56	
		HLT5070XXYEV	纯电动专用车	—	5995	2080, 2140	2960	3360	7320	4790	—	350	100	100	0	0	0	0	0	1	0	0	0	0	0	0	

续上表

企业名称 Company Name	品牌 Brand	车辆型号 Vehicle Model	车辆类型 Vehicle Type	底盘型号 Chassis Model	外形尺寸 Dimension(mm) 长 Length	宽 Width	高 Height	轴距 Wheel Base (mm)	总质量 Total Weight (kg)	整备质量 Vehicle Weight (kg)	续驶里程 Driving Mileage of Electric Vehicle (工况法 Operating Condition Method,km)	续驶里程 Driving Mileage of Electric Vehicle (等速法 Isokinetic Method, km)	30分钟最高车速 Maximum Speed of Electric Car in 30 Minutes (km/h)	最高车速 Maximum Speed (km/h)	1月 January	2月 February	3月 March	4月 April	5月 May	6月 June	7月 July	8月 August	9月 September	10月 October	11月 November	12月 December	2018年产量合计 Total Output in 2018 (辆,Vehicle)
北京华林特装车有限公司	华林牌	HLT5070ZLJEV	纯电动专用车	BYD1070A7BBEVD	5995	2295	2320	3360	7320	5190	—	450	100	100	0	0	0	0	0	0	0	0	0	0	2	0	129
		HLT5075ZYSEV	纯电动专用车	—	6370, 6770, 6670	2046	2450	3360	7320	5650, 5810, 5850	—	450	100	100	0	0	0	0	0	0	0	0	0	0	0	20	
		HLT5120TXSEV	纯电动专用车	—	7180	2310	2650	4250	11860	9260	—	400	90	100	0	0	0	0	0	0	0	0	0	0	11	0	
		HLT5160TSLEV	纯电动专用车	BYD5160TXSBEVD	8200	2500	3270	4500	16000	14300	—	470	85	85	0	0	0	0	0	0	0	0	0	0	28	0	
湖北世纪中远车辆有限公司	中悦牌	ZYP5030TCABEV	纯电动专用车	ZYP1030TEVJ3	5130	1700	2100	3300	3495	2450	238	—	72	85	0	0	0	0	0	0	0	0	0	1	0	0	123
		ZYP5030XSHBEV4	纯电动专用车	ZYP1030TEVJ8	4490, 4940	1680	2250	2850	3495	2000	255	—	72	85	0	0	0	0	0	0	0	0	0	0	0	60	
		ZYP5030ZXXBEV4	纯电动专用车	ZYP1030TEVJ6	4850	1690	2055	3300	3495	1980	255	—	72	85	0	0	0	0	0	0	0	0	0	0	0	40	
		ZYP5030ZZZBEV3	纯电动专用车	ZYP1030TEVJ6	4900	1840	2175	3300	3495	2080	255	—	72	85	0	0	0	0	0	0	0	0	0	0	0	10	
		ZYP5044XXYBEV1	纯电动专用车	ZYP1044TEVJ1	5950, 5995	2250	2990	3300	4495	3000	—	290	80	90	0	0	0	0	0	0	0	0	0	0	0	1	
		ZYP5070TCABEV	纯电动专用车	ZYP1070EVJ	5800	2150	2630	3300	7495	4500	—	148	72	85	0	0	0	0	0	0	0	0	0	0	0	1	
		ZYP5070ZZZBEV	纯电动专用车	ZYP1070EVJ	5800	2150	2630	3300	7495	4500	—	148	72	85	0	0	0	0	0	0	0	0	0	0	0	10	
贵州新山地新能源汽车制造有限公司	山地牌	NSD5030XXYBEV	纯电动专用车	NSD5030XXYBEV	4510	1515	2180, 2360	2760	2550	1510	180	250	70	80	0	0	0	0	0	0	1	0	1	100	0	0	122
		NSD5031CCYBEV	纯电动专用车	NSD5030XXYBEV	4510	1515	2330	2760	2550	1290	180	250	70	80	0	0	0	0	0	0	0	0	0	0	10	0	
		NSD5032ZXXBEV	纯电动专用车	NSD5030XXYBEV	4000	1500	1860	2760	2550	1380	180	250	70	80	0	0	0	0	0	0	0	0	0	0	10	0	
长沙中联重科环境产业有限公司	中联牌	ZBH5030ZZZSHBEV	纯电动专用车	SH1037PBEVNZ4	5155	1670	2440	2650	3495	3050, 3140	185	—	102	102	0	0	0	0	0	9	9	4	0	0	0	0	117
		ZBH5033TSLSHBEV	纯电动专用车	SH1037PBEVNZ4	5100	1660	2180, 2240	2650	3495	2860	185	—	102	102	0	0	0	0	0	0	1	0	0	1	0	0	
		ZBH5040CTYSABEV	纯电动专用车	SH1047ZFEVNZ	6243	2050, 2100	2260	3308	4495	3960	—	295	100	100	0	0	0	0	0	0	0	0	0	0	3	1	
		ZBH5040CTYSHBEV	纯电动专用车	SH1047PBEVNZ	5160, 4960	1850, 1930	1990	2650	4300	2340	—	230	90	90	0	0	0	0	0	0	0	0	0	0	0	1	
		ZBH5040TYHSABEV	纯电动专用车	SH1047ZFEVNZ	5907	2080	2350	3308	4495	3760	—	295	100	100	0	0	0	0	0	0	3	0	0	1	0	0	
		ZBH5040TYHSHBEV	纯电动专用车	SH1047PBEVNZ	5395	1640	2165	2650	4300	2540	—	230	90	90	0	0	0	0	0	0	1	0	0	2	0	0	
		ZBH5040XTYSABEV	纯电动专用车	SH1047ZFEVNZ	6240	2080	2520	3308	4495	4135	—	295	100	100	0	0	0	0	0	0	0	0	0	4	0	0	
		ZBH5040ZZZSHBEV	纯电动专用车	SH1047PBEVNZ	5170	1670	2440	2650	4300	3050, 3140	—	230	90	90	0	0	0	0	0	0	0	2	0	0	0	1	
		ZBH5043TSLSHBEV	纯电动专用车	SH1047PBEVNZ	5100	1660	2240	2650	4300	2860	—	230	90	90	0	0	0	0	0	0	0	1	0	0	0	4	
		ZBH5103GQXSHBEV	纯电动专用车	SH1107ZKEVWZ	7430	2175	2410	4200	9995	6400	—	311	80	80	0	0	0	0	0	0	0	0	0	0	2	0	
		ZBH5103TSLSHBEV	纯电动专用车	SH1107ZKEVWZ	7068	2200	2618	4200	9995	7980	—	311	80	80	0	0	0	0	0	0	0	0	0	10	0	0	
		ZBH5180TXSEQBEV	纯电动专用车	EQ1180GEVJ	8950	2500	3150	5300	18000	14180, 13780	—	300	100	100	0	0	0	0	1	0	1	4	0	4	10	0	

续上表

企业名称 Company Name	品牌 Brand	车辆型号 Vehicle Model	车辆类型 Vehicle Type	底盘型号 Chassis Model	外形尺寸 Dimension(mm) 长 Length	宽 Width	高 Height	轴距 Wheel Base (mm)	总质量 Total Weight (kg)	整备质量 Vehicle Weight (kg)	续驶里程 Driving Mileage of Electric Vehicle (工况法 Operating Condition Method,km)	续驶里程 Driving Mileage of Electric Vehicle (等速法 Isokinetic Method, km)	30分钟最高车速 Maximum Speed of Electric Car in 30 Minutes (km/h)	最高车速 Maximum Speed (km/h)	1月 January	2月 February	3月 March	4月 April	5月 May	6月 June	7月 July	8月 August	9月 September	10月 October	11月 November	12月 December	2018年产量合计 Total Output in 2018 (辆,Vehicle)
长沙中联重科环境产业有限公司	中联牌	ZBH5180ZYSEQBEV	纯电动专用车	EQ1180GEVJ2	8670, 9030, 8760, 8710, 8850	2525	3255	4500	18000	11620, 11900, 12050, 12200	—	178	100	100	0	0	0	0	0	0	0	0	0	0	0	1	117
		ZBH5181TDYEQBEV	纯电动专用车	EQ1180GEVJ	10620	2500	3855	5300	18000	12960	—	300	100	100	0	0	1	0	0	0	0	0	0	3	0	0	
		ZBH5182GQXEQBEV	纯电动专用车	EQ1180GEVJ2	9110	2495	2860	4500	18000	8960	—	175,178	100	100	0	0	0	0	0	1	4	1	5	6	2	0	
		ZBH5183TSLX1EQBEV	纯电动专用车	EQ1180GEVJ	8810	2500	3100	5300	18000	13700	—	300	100	100	0	0	0	0	0	0	1	0	10	1	0	0	
		ZLJ5103TSLEQBEV	纯电动专用车	—	7090	2210	2640	4200	10000	8300	—	260	90	90	0	0	0	0	0	0	0	0	0	0	1	0	
湖南江南汽车制造有限公司	众泰牌	JNJ5020XXYEV2	纯电动专用车	—	3995	1620	1915	2700	2010	1335	185	245	102	102	0	0	0	0	0	6	0	0	0	0	0	0	111
		JNJ5020XXYEV3	纯电动专用车	—	3995	1620	1915	2700	2015	1345	210	285	102	102	0	0	0	0	0	4	0	0	0	0	0	0	
		JNJ5020XXYEV7	纯电动专用车	—	4090	1645	1880	2700	2200	1345	300	350	102	102	0	0	0	0	0	0	0	55	0	17	29	0	
苏州益茂电动客车有限公司	东鸥牌	ZQK5026XXYBEV	纯电动专用车	NJL6420BEV4	4165	1690	1930	2605	2360	1420	302	—	102	105	0	0	0	0	0	0	0	0	0	0	1	109	110
江苏陆地方舟新能源车辆股份有限公司	陆地方舟牌	RQ5022XXYEVH9	纯电动专用车	—	4500	1680	2000	3050	2550	1600, 1635	230,240	—	95	105	0	0	0	0	96	0	0	0	0	0	0	0	108
		RQ5026XXYEVH0	纯电动专用车	—	4495	1680	1990	2925	2520	1580, 1680	220,255	—	80	85	0	0	0	0	11	0	0	0	0	0	0	0	
		RQ5027XXYEVH0	纯电动专用车	—	4022	1600	1878	2630	2510	1220	170	—	70	70	0	0	0	0	0	1	0	0	0	0	0	0	
广东圣宝汽车实业有限公司	圣宝牌	GSB5020XXYXYKBEV	纯电动专用车	JKC6451AXBEV	4495	1680	1990	2925	2495	1500	305	—	100	110	0	0	0	0	0	0	0	39	16	0	5	7	89
		GSB5040XTYBEV1	纯电动专用车	EQ1042KACEV	5995	2250	3000	3300	4495	3005	—	270	90	90	0	0	0	0	0	0	0	0	0	0	0	1	
		GSB5040XXYDFBEV	纯电动专用车	—	5995	2100, 2100, 2230	2890, 3090	3308	4495	3060	—	310	80	90	0	0	0	0	0	0	0	4	9	2	0	6	
航天新长征电动汽车技术有限公司	蓝速牌	BYN5020XXYBEV1	纯电动专用车	—	4825	1650	2420	2850	2210	1400	220	—	80	80	0	0	0	0	0	0	0	0	4	0	0	0	81
		BYN5030XXYBEV3	纯电动专用车	SC1031GTD52BEV	4750	1600	2160, 2540	2830	3200	1650, 1680	205	—	80	85	0	0	0	0	0	0	0	1	0	10	34	0	
		BYN5031XXYBEV	纯电动专用车	SC1031YGD51BEV	5280	1750	2570	3190	3495	1890	225	—	85	85	0	0	0	0	0	0	0	0	0	1	0	30	
		BYN5040XLCBEV	纯电动专用车	—	5410	1770, 1740	2700	3050	4070	3015	—	260	80	80	0	0	0	0	0	0	0	0	1	0	0	0	
一汽吉林汽车有限公司	解放牌	CA5020XXYEVH3	纯电动专用车	—	4205	1680	1910	2700	2350	1432	265	NA	100	100	0	0	0	0	0	0	0	0	0	0	69	0	79
		CA5021XXYEVH4	纯电动专用车	—	4405	1680	1910	2800	2350	1460	260	NA	100	120	0	0	0	0	0	0	0	0	0	0	10	0	
桂林客车工业集团有限公司	桂林牌	GL5036XXYBEV	纯电动专用车	—	4495	1680	1990	2925	2510	1500	293	—	110	110	0	0	0	0	0	0	0	0	0	0	0	13	74
		GL5042XXYBEV1	纯电动专用车	—	5990	1986	2740	3360	4495	2960	—	265	95	95	0	0	0	0	0	0	0	0	0	0	0	14	
		GL5034XXYBEV	纯电动专用车	—	4490	1615	1900	3050	2510	1400	270	—	80	100	0	0	0	0	0	0	0	0	0	0	5	0	
	五菱牌	GL5035XXYBEV	纯电动专用车	—	4490	1615	1900	3050	2510	1400, 1430	295	—	80	100	0	0	0	0	0	0	0	0	1	8	1	32	

续上表

企业名称 Company Name	品牌 Brand	车辆型号 Vehicle Model	车辆类型 Vehicle Type	底盘型号 Chassis Model	外形尺寸 Dimension(mm) 长 Length	宽 Width	高 Height	轴距 Wheel Base (mm)	总质量 Total Weight (kg)	整备质量 Vehicle Weight (kg)	续驶里程 Driving Mileage of Electric Vehicle (工况法 Operating Condition Method,km)	续驶里程 Driving Mileage of Electric Vehicle (等速法 Isokinetic Method, km)	30分钟最高车速 Maximum Speed of Electric Car in 30 Minutes (km/h)	最高车速 Maximum Speed (km/h)	1月 January	2月 February	3月 March	4月 April	5月 May	6月 June	7月 July	8月 August	9月 September	10月 October	11月 November	12月 December	2018年产量合计 Total Output in 2018 (辆,Vehicle)
昆明客车制造有限公司	云海牌	KK5020XXYEV	纯电动专用车	EQ1020BACEV	3750	1515	1850	2400	1750	1100	220	—	65	80	0	0	0	0	1	0	0	2	0	0	0	0	72
		KK5030XXYEV04	纯电动专用车	HFC5031XXYPV4EV5B3	5165	1650	2610	2600	2980	1975	205	—	80	80	0	0	0	0	10	0	0	0	0	0	0	0	
		KK5030XXYEV05	纯电动专用车	HFC1031EV3	5640	1690	2670	2850	3120	2070	300	—	80	80	0	0	0	0	0	0	0	0	1	0	0	0	
		KK5031XXYEV01	纯电动专用车	EQ1030TACEV	5320	1820	2750	2800	3365	2240	240	—	90	90	0	0	0	0	0	1	0	0	0	0	0	1	
		KK5041XXYEV01	纯电动专用车	HFC5041XXYP73EV1C5	5995	2015,1965	3005,3045	3815	4495	3450	—	385	90	90	0	0	0	0	20	0	0	0	0	0	0	0	
		KK5041XXYEV02	纯电动专用车	HFC1041EV1	5995	2015,1965	2975	3360	4495	3150	—	425	90	90	0	0	0	0	0	0	0	0	1	0	13	0	
		KK5042XXYEV01	纯电动专用车	EQ1042FACEV1	5988	2130	2870	3300	4495	2995	—	280	90	90	0	0	0	0	0	1	0	0	0	0	0	1	
		KK5043XXYEV01	纯电动专用车	EQ6570KSACEV	5990	2150	2695	3800	4495	2970	—	345	100	100	0	0	0	0	0	0	0	0	0	0	1	19	
湖北东润汽车有限公司	东润牌	WSH5030XSHBEV	纯电动专用车	WSH1030BEVJ	4780	1650	2180,2400,2660	3050	2510	1520	280	—	80	90	0	0	0	0	0	0	0	0	0	2	8	7	70
		WSH5030XXYBEV	纯电动专用车	WSH1030BEVJ	4780	1650	2180,2400,2660	3050	2510	1520	255	—	80	90	0	0	0	0	0	0	0	0	0	0	0	51	
		WSH5040XLCBEV	纯电动专用车	WSH1040TEVJ	5995	2000,2100	2950,3050	3300	4495	3015	—	285	80	90	0	0	0	0	0	0	0	0	0	0	0	1	
		WSH5040XXYBEV	纯电动专用车	WSH1040TEVJ	5995	2000,2050	2890,3090	3300	4495	3000	—	265	80	90	0	0	0	0	0	0	0	0	0	1	0	0	
合加新能源汽车有限公司	合加牌	HJK5030CTYSTBEV	纯电动专用车	STQ1035L01Y1NBEV	4860	1800	2050	2950	3495	2080	230	—	80	80	0	0	0	0	0	0	0	0	0	0	0	1	68
		HJK5030TSLSTBEV	纯电动专用车	STQ1031L02Y1NBEV	5040	1780	2170	3300	3495	2900	230	—	80	80	0	0	0	0	0	0	0	0	0	0	0	1	
		HJK5030TYHSTBEV	纯电动专用车	STQ1035L01Y1NBEV	4895	1840,1820	2280,2180	2950	3495	2260	170,235	—	80	80	0	0	0	0	0	0	0	0	0	0	0	27	
		HJK5030ZXXSTBEV	纯电动专用车	STQ1035L01Y1NBEV	4446	1800	2005	2950	3495	1940	180,233	—	80	80	0	0	0	0	0	0	0	0	0	0	0	5	
		HJK5080CTYSTBEV	纯电动专用车	STQ1081L06Y1NBEV	6260	2370	2450	3500	8495	5020	—	260	85	85	0	0	0	0	0	0	0	0	0	0	0	1	
		HJK5080TCASTBEV	纯电动专用车	STQ1081L06Y1NBEV	6275	2325	2975	3500	8495	7100	—	260	85	85	0	0	0	0	0	0	0	0	0	0	0	1	
		HJK5080ZXXSTBEV	纯电动专用车	STQ1081L06Y1NBEV	5640	2340	2450	3500	8495	5340	—	260	85	85	0	0	0	0	0	0	0	0	0	0	0	2	
		HJK5100GSSSTBEV	纯电动专用车	STQ1101L06Y1NBEV	6760	2235	2660	4200	10000	6355	—	320	80	80	0	0	0	0	0	0	0	0	0	0	0	1	
		HJK5100TSLSTBEV	纯电动专用车	STQ1101L06Y1NBEV	6820	2235	2660	4200	10000	7970	—	320	80	80	0	0	0	0	0	0	0	0	1	0	0	0	
		HJK5100ZYSSTBEV	纯电动专用车	STQ1102L06Y1NBEV	7135,6985	2290	2550	3500	10000	7150	—	300	85	85	0	0	0	0	0	0	0	0	0	0	0	2	
		HJK5100ZZZSTBEV	纯电动专用车	STQ1102L06Y1NBEV	6200	2330	2970	3500	10000	6180	—	300	85	85	0	0	0	0	0	0	0	0	0	0	0	1	
		HJK5101ZZZSTBEV	纯电动专用车	STQ1102L06Y1NBEV	6105	2505	2805	3500	10000	6660	—	300	85	85	0	0	0	0	0	0	0	0	0	0	0	1	
		HJK5120TXSSTBEV	纯电动专用车	STQ1121L07Y1NBEV	7600	2400	2780	4500	12495	9800	—	350	80	80	0	0	0	0	0	0	0	0	0	0	0	1	
		HJK5120ZDJSTBEV	纯电动专用车	STQ1121L05Y1NBEV	6960	2540	3160	4000	12495	8000	—	350	80	80	0	0	0	0	0	0	0	0	0	0	0	1	

续上表

企业名称 Company Name	品牌 Brand	车辆型号 Vehicle Model	车辆类型 Vehicle Type	底盘型号 Chassis Model	外形尺寸 Dimension(mm) 长 Length	宽 Width	高 Height	轴距 Wheel Base (mm)	总质量 Total Weight (kg)	整备质量 Vehicle Weight (kg)	续驶里程 Driving Mileage of Electric Vehicle (工况法 Operating Condition Method,km)	续驶里程 Driving Mileage of Electric Vehicle (等速法 Isokinetic Method, km)	30分钟最高车速 Maximum Speed of Electric Car in 30 Minutes (km/h)	最高车速 Maximum Speed (km/h)	1月 January	2月 February	3月 March	4月 April	5月 May	6月 June	7月 July	8月 August	9月 September	10月 October	11月 November	12月 December	2018年产量合计 Total Output in 2018 (辆,Vehicle)
合加新能源汽车有限公司	合加牌	HJK5120ZYSSTBEV	纯电动专用车	STQ1121L05Y1NBEV	8130, 7925	2365	3100	4000	12495	9750	—	350	80	80	0	0	0	0	0	0	0	0	0	0	0	1	68
		HJK5181GQXEQBEV	纯电动专用车	EQ1180GTEVJ5	9480	2500	2900	4500	18000	9400	—	245	85	85	0	0	0	0	0	0	0	0	0	0	0	2	
		HJK5186GQXEQBEV	纯电动专用车	EQ1180GTEVJ4	9550	2520	3015	5100	18000	10075	—	260	70	85	0	0	0	0	0	0	0	0	0	0	0	2	
		HJK5186GSSEQBEV	纯电动专用车	EQ1180GTEVJ4	8460	2520	3015	5100	18000	9600	—	260	70	85	0	0	0	0	0	0	0	0	0	0	1	6	
		HJK5186TXSEQBEV	纯电动专用车	EQ1180GTEVJ4	8760	2520	3000	5100	18000	12250, 12800	—	270,290	70	85	0	0	0	0	0	0	0	0	0	0	0	10	
东风柳州汽车有限公司	乘龙牌	LZ5040XXYL2AZBEV	纯电动专用车	—	5998	2150	3150	3360	4495	3135	—	260	90	90	0	1	0	0	0	0	0	0	0	0	0	0	66
		LZ5041XXYL2AZBEV	纯电动专用车	LZ1041L2AZBEVT	5998	2150	3150	3360	4495	3135	—	290	90	90	0	0	0	1	0	0	0	0	0	0	0	0	
		LZ5042XXYL2AZBEV	纯电动专用车	LZ1042L2AZBEVT	5998	2150, 2400	3150, 3350	3360	4495	2970	294	340	90	90	0	0	0	0	0	1	8	0	1	0	10	6	
		LZ5043XXYL2AZBEV	纯电动专用车	LZ1043L2AZBEVT	5998	2150, 2400	3150, 3350	3360	4495	2970	—	295	90	90	0	0	0	0	0	0	0	0	0	0	0	3	
		LZ5044XXYL2AZBEV	纯电动专用车	LZ1044L2AZBEVT	5998	2150, 2400	3150, 3350	3360	4495	2970	—	311	90	90	0	0	0	0	0	0	0	0	0	0	0	4	
		LZ5045XXYL2AZBEV	纯电动专用车	LZ1045L2AZBEVT	5998	2150, 2400	3150, 3350	3360	4495	2970	—	270	90	90	0	0	0	0	0	0	0	0	0	0	0	28	
		LZ5181XYKM3AZBEV	纯电动专用车	LZ5181XXYM3AZBEVT	8500, 9100, 10100, 12000	2550	3850, 4000	5700	18000	8800, 9200	—	230	90	90	0	0	0	0	0	0	0	0	0	0	0	3	
深圳东风汽车有限公司	东风牌	EQ5040TSLBEVS	纯电动专用车	EQ1040TACEV	5290	1670	2170	2800	4300	3300	—	220	90	90	0	0	0	0	0	0	0	0	0	0	1	0	62
		EQ5070XTYBEVS	纯电动专用车	EQ1070TACEVJ8	6070, 5870	2300	2510	3308	7320	4500	—	230	80	90	0	0	0	0	0	0	1	17	2	8	31	1	
		EQ5080XTYBEVS	纯电动专用车	EQ1080TTEVJ3	6635, 6570, 6170, 5970	2300	2530	3300	8270	4850, 4750	—	160	80	100	0	0	0	0	0	0	0	0	0	0	0	1	
襄阳九州汽车有限公司	九州牌	SYC5020XXYBEVD	纯电动专用车	—	4030	1630	1820	2600	1950	1150	250	—	85	85	0	0	0	0	0	0	0	0	0	0	0	1	61
		SYC5030XLCABEV	纯电动专用车	—	4500	1680	2000	3050	2550	1790	250	—	85	85	0	1	0	0	0	0	0	0	0	0	0	0	
		SYC5040XXYTBEV	纯电动专用车	—	5995	1995	2650	3665	4490	2800	—	180	100	100	0	3	4	37	13	0	0	0	0	1	0	0	
		SYC5041XXYBEVL	纯电动专用车	—	5990	1986	2740	3360	4495	2760	—	280	95	105	0	0	0	0	0	0	0	0	0	0	0	1	
安徽华菱汽车有限公司	华菱之星牌	HN4251H35C8BEV	纯电动专用车	—	7490	2550	3200, 3520, 3835	3800 + 1350	25000	11800	90	135	85	85	0	0	0	0	0	0	0	0	0	0	1	21	55
		HN4253H35C8BEV	纯电动专用车	—	7490	2550	3200, 3520, 3835	3800 + 1350	25000	12500	82	130	90	90	0	0	0	0	0	0	0	0	0	0	0	1	
		HN5040XXYG14C3BEV	纯电动专用车	HN1040G14C3BEVJ	5995	2200, 2150	2980, 2880	3300	4495	3140	—	300	90	90	0	0	0	0	0	0	0	20	0	0	0	12	

续上表

企业名称 Company Name	品牌 Brand	车辆型号 Vehicle Model	车辆类型 Vehicle Type	底盘型号 Chassis Model	外形尺寸 Dimension(mm) 长 Length	宽 Width	高 Height	轴距 Wheel Base (mm)	总质量 Total Weight (kg)	整备质量 Vehicle Weight (kg)	续驶里程 Driving Mileage of Electric Vehicle (工况法 Operating Condition Method,km)	续驶里程 Driving Mileage of Electric Vehicle (等速法 Isokinetic Method, km)	30 分钟最高车速 Maximum Speed of Electric Car in 30 Minutes (km/h)	最高车速 Maximum Speed (km/h)	1月 January	2月 February	3月 March	4月 April	5月 May	6月 June	7月 July	8月 August	9月 September	10月 October	11月 November	12月 December	2018年产量合计 Total Output in 2018 (辆,Vehicle)
江苏银宝专用车有限公司	银宝牌	SYB5030ZZZBEV	纯电动专用车	SC1031GTD51BEV	4620	1560,1660	2135	2830	3300	2290	210	—	90	90	0	0	0	0	0	0	0	0	2	2	0	36	54
		SYB5071ZYSBEV	纯电动专用车	SC1070EAD53BEV	5940	2060	2400	3360	7350	4750	—	200	80	80	0	0	0	0	0	0	0	0	4	8	0	2	
安阳市德力专用汽车有限公司	德帅牌	DSP5024XXYBEV	纯电动专用车	JKC6451AXBEV	4495	1680	1990	2925	2495	1440	305	—	100	110	0	0	0	0	0	0	0	0	0	1	51	0	52
程力专用汽车股份有限公司	程力威牌	CLW5030XJXBEV	纯电动专用车	CLW5030XJXBEV	5475	1740	2170	3380	2950	2425	200	—	100	110	0	0	0	2	3	0	0	0	3	3	20	0	51
		CLW5032XSHBEV	纯电动专用车	CLW5033BEV	4600	1750	2580	2900	2550	1770	100	—	70	70	0	0	0	0	0	0	1	0	2	0	17	0	
中国重汽集团成都王牌商用车有限公司	王牌牌	CDW5020XXYNEV	纯电动专用车	CDW1020NEV	3910	1400	1905	1800	1800	1120	250	—	80	80	0	0	0	0	0	0	0	0	0	0	2	48	51
		CDW5040XXYH4PEV	纯电动专用车	CDW1040H4PEV	5995	2100	3300	3360	4495	2995	—	270	90	90	0	0	0	0	0	0	0	1	0	0	0	0	
江西中城通达新能源装备有限公司	中城通达牌	CLE5042XXYEV1	纯电动专用车	EQ1042FACEV1	5995	2130	2870	3300	4495	2860,2995	—	280	90	90	0	0	0	0	0	0	0	0	0	0	0	20	50
		CLE5043XXYEV1	纯电动专用车	LZ1045L2AZBEVT	5995	2230,2400	2830,3350	3360	4495	3060,2970	—	270	90	90	0	0	0	0	0	0	0	0	0	0	0	30	
淄博舜泰汽车制造有限公司	舜泰牌	ZST5020XXYBEV	纯电动专用车	BJ6420MA41BEV	4212	1656	1910	2850	1950	1400,1415	200	—	100	100	4	0	20	9	1	0	0	0	0	0	0	0	48
		ZST5021XXYBEV	纯电动专用车	BJ6420MA42BEV	4212	1656	1910	2850	1950	1400	200	—	100	100	0	0	0	0	0	14	0	0	0	0	0	0	
成都雅骏汽车制造有限公司	通途牌	CTT5021XXYGX1BEV	纯电动专用车	JKC6451AXBEV	4495	1680	1990	2925	2495	1525	305	—	100	110	0	0	0	0	0	0	0	0	0	0	0	1	41
		CTT5032CCYGC1BEV	纯电动专用车	SC1031GTD51BEV	4790	1580	2490	2830	2995	1870	210	—	90	90	0	0	0	0	0	0	0	0	0	0	0	2	
		CTT5032XLCGC1BEV	纯电动专用车	SC1031GTD51BEV	4220,4380	1560,1580	2485	2830	2995	1960	210	—	90	90	0	0	0	0	0	0	0	1	0	1	2	1	
		CTT5032XXYGC1BEV	纯电动专用车	SC1031GTD51BEV	4590,4790	1560,1580	2540	2830	2995	1760	215	—	90	90	0	0	0	0	0	0	0	0	0	0	0	1	
		CTT5032ZXXGC1BEV	纯电动专用车	SC1031GTD51BEV	4270	1580	1910	2830	3300	1780	210	—	90	90	0	0	0	0	0	0	0	0	0	0	0	1	
		CTT5032ZZZGC1BEV	纯电动专用车	SC1031GTD51BEV	4620	1560,1660	2135	2830	3300	2290	210	—	90	90	0	0	0	0	0	0	0	0	0	0	0	1	
		CTT5033ZZZGC1BEV	纯电动专用车	SC1031GTD51BEV	4660	1580	2100	2830	3300	2280	210	—	90	90	0	0	0	0	0	0	0	0	0	0	0	1	
		CTT5040XLCGC3BEV	纯电动专用车	SC1040EAD56BEV	5995	1950	2930	3360	4495	3100	—	310	85	85	0	0	0	0	0	0	0	0	0	0	0	1	
		CTT5040XXYGC3BEV	纯电动专用车	SC1040EAD56BEV	5995	1980,1950	2930,2980	3360	4495	2900	—	310	85	85	0	0	0	0	0	0	0	0	0	0	0	1	
		CTT5040XXYGD1BEV	纯电动专用车	EQ1042FACEV2	5995	2150	2930	3300	4495	2950	—	295	90	90	0	0	0	0	0	0	0	0	0	0	0	2	
		CTT5040XXYGW1BEV	纯电动专用车	—	5995	2000,2120	2900	3360	4495	3200,3370	—	290	80	80	0	0	0	1	1	0	0	0	0	0	0	0	
		CTT5041XXYBEV	纯电动专用车	—	5995	1980,2120	2900	3360	4495	3200,3370	—	250	80	80	0	0	0	0	18	0	0	0	0	0	0	0	
		CTT5041XXYGC3BEV	纯电动专用车	SC1040EAD55BEV	5995	1980,1950	2930	3360	4495	2900	—	295	85	85	0	0	0	0	0	0	0	0	0	0	2	0	

续上表

企业名称 Company Name	品牌 Brand	车辆型号 Vehicle Model	车辆类型 Vehicle Type	底盘型号 Chassis Model	外形尺寸 Dimension(mm) 长 Length	宽 Width	高 Height	轴距 Wheel Base (mm)	总质量 Total Weight (kg)	整备质量 Vehicle Weight (kg)	续驶里程 Driving Mileage of Electric Vehicle (工况法 Operating Condition Method,km)	续驶里程 Driving Mileage of Electric Vehicle (等速法 Isokinetic Method, km)	30分钟最高车速 Maximum Speed of Electric Car in 30 Minutes (km/h)	最高车速 Maximum Speed (km/h)	1月 January	2月 February	3月 March	4月 April	5月 May	6月 June	7月 July	8月 August	9月 September	10月 October	11月 November	12月 December	2018年产量合计 Total Output in 2018 (辆,Vehicle)
成都雅骏汽车制造有限公司	通途牌	CTT5070ZYSGC2BEV	纯电动专用车	SC1070EAD53BEV	5940	2060	2400	3360	7350	4750	—	200	80	80	0	0	0	0	0	0	0	0	0	0	0	2	41
		CTT5072TCAGN BEV	纯电动专用车	DNC1077BEVJ04	5995	2390	2650	3360	7350	5800	—	210	90	90	0	0	0	0	0	0	0	0	0	0	1	0	
南京特种汽车制配厂有限公司	金龙牌	NJT5023XXYBEV1	纯电动专用车	—	4110	1690	1930	2605	2340	1470	240	280	80	80	0	0	0	40	0	0	0	0	0	0	0	0	40
浙江宝成机械科技有限公司	宝裕牌	ZBJ5030CTYBEV	纯电动专用车	ZBJ5030BEV	5015	1620	1960	2900	2510	1600	180	190	100	100	0	0	0	0	0	2	0	0	1	0	0	5	39
		ZBJ5030GQXBEV	纯电动专用车	ZBJ5030BEV	4600	1620	2080	2900	2510	1600	180	190	100	100	0	0	0	0	0	0	0	1	0	0	0	0	
		ZBJ5030ZXXBEV	纯电动专用车	ZBJ5030BEV	4250	1600	1960	2900	2510	1530	180	190	100	100	0	0	0	0	0	0	0	0	0	0	0	30	
湖南中车时代电动汽车股份有限公司	中国中车牌	TEG5021XXYFV01	纯电动专用车	STJ6407EV	4030	1620	1900	2700	2050	1400	220	—	80	85	0	0	5	0	0	0	0	0	0	0	0	0	38
		TEG5041XXYFV01	纯电动专用车	EQ6580CACBEV	5800,5980	2036	2590	3610	4495	3000	—	300	80	100	0	0	4	0	0	0	0	0	0	0	0	0	
		TEG5041XXYFV03	纯电动专用车	EQ1042FACEV3	5995	2150	2930	3300	4495	2970	—	310	90	90	0	0	0	0	0	0	0	0	1	2	0	20	
		TEG5050XXYFV02	纯电动专用车	—	6005	1995	2650	3665	4600	2950	—	261	85	100	0	0	6	0	0	0	0	0	0	0	0	0	
徐州徐工汽车制造有限公司	徐工牌	NXG5081XXYBEV	纯电动专用车	—	5995,6345,7065	2200	2880,2960,3060,3310	3360	7510	3900	—	240	80	95	1	0	2	0	2	0	0	0	1	0	0	22	28
福建龙马环卫装备股份有限公司	福龙马牌	FLM5040CTYDTBEV	纯电动专用车	EQ1046TTEVJ	4690	1880	1995	2960	4150	2250	—	220	80	90	0	0	0	0	0	0	0	0	0	0	0	1	27
		FLM5040TYHDTBEV	纯电动专用车	EQ1046TTEVJ1	5000	1760	2090	2960	4150	2590	—	210	80	90	0	0	0	0	0	0	0	2	0	2	4	1	
		FLM5040ZXXNBEV	纯电动专用车	SH1047PBEVNZ	4690	1690	1990	2650	4300	2010	—	230	90	90	0	0	0	0	0	0	0	0	0	0	0	1	
		FLM5120TSLDTBEV	纯电动专用车	EQ1120TTEVJ	7025	2235	2590	4200	11900	8400	—	420	80	90	0	0	0	0	0	0	0	0	0	0	1	0	
		FLM5120ZYSDTBEV	纯电动专用车	EQ1120TTEVJ	7620,7250,7490	2200	2520,2630	4200	11900	7780,7630,7880	—	420	80	90	0	0	0	0	0	0	0	0	0	0	0	1	
		FLM5180GQXDFBEV	纯电动专用车	EQ1180GEVJ3	9110	2500	2840	4500	18000	8630	—	175	100,89	100,89	0	0	0	0	0	0	0	0	0	0	0	1	
		FLM5180GQXDFBEVS	纯电动专用车	EQ1180GEVJ3	7845	2500	2840	4500	18000	8375	—	175	100,89	100,89	0	0	0	0	0	0	0	0	0	0	2	0	
		FLM5180GQXDLBEVS	纯电动专用车	LZ1180M3AZBEVT	7780	2520	2840	4500	18000	8375	—	175	100,89	100,89	0	0	0	0	0	0	0	0	0	0	0	1	
		FLM5180TDYDFBEV	纯电动专用车	EQ1180GEVJ1	9680,8790	2480	3865,3425	5300	18000	12450,11070	—	365	100,89	100,89	0	0	0	0	0	0	0	0	0	0	0	1	
		FLM5180TSLDFBEV	纯电动专用车	EQ1180GEVJ1	8970	2500	3020	5300	18000	12200	—	365	100,89	100,89	0	0	0	0	0	0	0	0	0	0	0	1	
		FLM5180TXSDFBEV	纯电动专用车	EQ1180GEVJ	8810	2500	3020	5300	18000	13140	—	320	100	100	0	0	0	0	0	1	1	0	2	0	0	1	
		FLM5180ZYSDFBEVK	纯电动专用车	EQ1180GEVJ3	8935,8450,8760	2500	2990	4500	18000	10900,10610,11050	—	175	100,89	100,89	0	0	0	0	0	0	0	0	0	0	1	2	
新日(无锡)发展有限公司	新日牌	XRF5031XXYBEV	纯电动专用车	XRF1031BEV01	4410	1605	2200	2600	2530	1550	220	—	90	90	0	0	0	0	1	0	0	0	0	0	0	0	27
		XRF5032XXYBEV	纯电动专用车	XRF1031BEV01	4540	1605	2280	2600	2530	1321	190	—	90	90	0	0	0	0	0	0	0	0	0	0	26	0	

续上表

企业名称 Company Name	品牌 Brand	车辆型号 Vehicle Model	车辆类型 Vehicle Type	底盘型号 Chassis Model	外形尺寸 Dimension(mm) 长 Length	宽 Width	高 Height	轴距 Wheel Base (mm)	总质量 Total Weight (kg)	整备质量 Vehicle Weight (kg)	续驶里程 Driving Mileage of Electric Vehicle (工况法 Operating Condition Method,km)	续驶里程 Driving Mileage of Electric Vehicle (等速法 Isokinetic Method, km)	30分钟最高车速 Maximum Speed of Electric Car in 30 Minutes (km/h)	最高车速 Maximum Speed (km/h)	1月 January	2月 February	3月 March	4月 April	5月 May	6月 June	7月 July	8月 August	9月 September	10月 October	11月 November	12月 December	2018年产量合计 Total Output in 2018 (辆,Vehicle)
山东时风商用车有限公司	时风牌	SSF5010XXYAJEVA	纯电动专用车	—	3050	1520	1635	2000	1210	940	92	105	70	70	10	0	3	2	8	1	1	0	0	1	0	0	26
中汽商用汽车有限公司(杭州)	中汽牌	ZQZ5030TSLBEV	纯电动专用车	EQ1031TACEVJ7	4550,5570	1750	2400	2950	3490	3020	180	—	65	80	0	0	0	0	0	0	0	0	0	0	1	0	25
		ZQZ5040XLCBEV	纯电动专用车	CDL5040XDWBEV	5960	1995	2950	3665	4490	3200	—	300	100	100	0	0	0	0	0	0	0	0	0	0	0	2	
		ZQZ5041XLJBEV	纯电动专用车	CDL5041XDWBEV	5960	1995	2650,2800,2950	3665	4490	3600	—	300	100	100	0	0	0	0	0	0	0	0	0	0	0	1	
		ZQZ5070XLCBEV	纯电动专用车	EQ1070TACEVJ8	5990	2240	3020	3308	7320	4630	—	230	80	90	0	0	1	0	0	0	0	0	0	0	20	0	
柳州延龙汽车有限公司	延龙牌	LZL5021XXYBEV	纯电动专用车	—	4071	1677	1902	2700	1940	1330	230	—	80	80	1	0	0	0	11	0	0	0	0	0	0	0	24
		LZL5027CCYBEV	纯电动专用车	—	4390	1520	2340	2950	1980	1140	255	—	80	80	0	0	0	0	0	1	0	0	0	0	0	0	
		LZL5029XXYBEV	纯电动专用车	—	4390	1535	2340	2950	1980	1200	255	—	80	80	0	0	0	0	0	1	0	0	0	0	0	0	
		LZL5030CTYBEV	纯电动专用车	—	4875	1510	1795	2950	2505	1420	205	—	80	80	0	0	0	0	0	0	0	0	0	7	2	0	
		LZL5031CTYBEV	纯电动专用车	—	4875	1510	2500,2300	2950	2505	1450	235	—	80	80	0	0	0	0	0	0	0	0	0	0	0	1	
广东顺肇专用汽车制造有限公司	顺肇牌	SZP5030ZZZGC1BEV	纯电动专用车	SC1031GTD51BEV	4660	1580	2100	2830	3300	2280	210	—	90	90	0	0	0	0	0	0	0	1	0	0	0	3	20
		SZP5032XLCGC1BEV	纯电动专用车	SC1031GTD51BEV	4220,4380	1560	2485	2830	2995	1960	210	—	90	90	0	0	0	0	0	0	0	1	0	3	0	3	
		SZP5032ZXXGC1BEV	纯电动专用车	SC1031GTD51BEV	4270	1580	1910	2830	3300	1780	210	—	90	90	0	0	0	0	0	0	0	0	0	0	0	2	
		SZP5040XLCGC3BEV	纯电动专用车	SC1040EAD56BEV	5995	1950,1950,2050	2930,2930,2980	3360	4495	3100	—	310	85	85	0	0	0	0	0	0	0	0	0	0	0	5	
		SZP5041XXYGC3BEV	纯电动专用车	SC1040EAD55BEV	5995	1980	2930	3360	4495	2900	—	295	85	85	0	0	0	0	0	0	0	2	0	0	0	0	
浙江戴德隆翠汽车有限公司	戴德牌	ZDD5020XXYBEV	纯电动专用车	ZDD1020	4365	1515	2280	2625	1900	1245	180	—	100	100	0	0	0	0	0	0	0	20	0	0	0	0	20
山西原野汽车制造有限公司	湛龙牌	YYC5030ZXXBEV	纯电动专用车	SC1031GND52BEV	4280	1520	1945	2700	2840	1665	130	—	80	80	0	7	0	0	0	0	0	0	0	0	0	0	17
		YYC5030ZZZBEV	纯电动专用车	SC1031GND52BEV	4450	1520	2120	2700	2840	2020	130	—	80	80	0	6	0	0	0	0	0	0	0	0	0	0	
		YYC5046XXYBEV	纯电动专用车	EQ1044TACEVJ1	5990	2040	2740	3360	4495	3100	—	420	95	100	0	3	0	0	0	1	0	0	0	0	0	0	
海马商务汽车有限公司	奥路卡牌	ZQ5020XXYZC1BEV	纯电动专用车	—	4198	1666	1933	2715	2200	1445	262	300	81	81	0	0	0	0	0	5	0	0	0	0	0	0	16
		ZQ5020XXYZC3BEV	纯电动专用车	—	4198	1666	1933	2715	2360	1435	301	345	81	81	0	0	0	0	0	0	0	0	0	0	0	11	
江西博能上饶客车有限公司	上饶牌	SR5040XSHBEV	纯电动专用车	EQ6580ACEV	5995	1998	2860	3750	4495	3830	—	245	90	90	0	0	0	0	0	0	0	0	0	0	5	10	15
深圳市五洲龙汽车股份有限公司	五洲龙牌	FDG5040XXYEV2	纯电动专用车	—	5990	2040	2740	3360	4495	2960	—	300	100	100	0	0	0	0	0	0	0	0	0	0	0	15	15
中国重汽集团济南商用车有限公司	豪沃牌	ZZ5047XXYF331CZ145BEV	纯电动专用车	ZZ1047F331CZ145EV	5995	2120,2220,2420,2520	2900,3150,3250,3350	3280	4495	2995	—	335	90	90	0	0	0	0	0	0	0	0	0	0	7	6	13

续上表

企业名称 Company Name	品牌 Brand	车辆型号 Vehicle Model	车辆类型 Vehicle Type	底盘型号 Chassis Model	外形尺寸 Dimension(mm) 长 Length	宽 Width	高 Height	轴距 Wheel Base (mm)	总质量 Total Weight (kg)	整备质量 Vehicle Weight (kg)	续驶里程 Driving Mileage of Electric Vehicle (工况法 Operating Condition Method,km)	续驶里程 Driving Mileage of Electric Vehicle (等速法 Isokinetic Method, km)	30 分钟最高车速 Maximum Speed of Electric Car in 30 Minutes (km/h)	最高车速 Maximum Speed (km/h)	1月 January	2月 February	3月 March	4月 April	5月 May	6月 June	7月 July	8月 August	9月 September	10月 October	11月 November	12月 December	2018年产量合计 Total Output in 2018 (辆, Vehicle)
江西玖发专用车有限公司	谊玖牌	GJF5030CCYBEV	纯电动专用车	KMC1032EV29D	4650	1670	2190	2900	2510	1130	115	—	75	80	0	0	0	0	0	0	0	0	1	0	0	0	13
		GJF5030CTYBEV	纯电动专用车	KMC1032EV29D	4790	1630	1930	2900	2510	1320	120	—	75	80	0	0	0	0	0	0	0	5	2	0	0	0	
		GJF5030XSHBEV	纯电动专用车	KMC1032EV29D	4650	1700	2280	2900	2510	1270	120	—	75	80	0	0	0	0	0	0	0	0	1	0	0	0	
		GJF5030XXYBEV	纯电动专用车	KMC1032EV29D	4650	1700	2280	2900	2510	1260	120	—	75	80	0	0	0	0	0	0	0	2	0	1	0	0	
		GJF5031XSHBEV	纯电动专用车	KMC1032EV29D	5000	1720	2650	2900	2510	1690	115	—	75	80	0	0	0	0	0	0	0	0	1	0	0	0	
中植一客成都汽车有限公司	中植汽车牌	CDL5020XXYBEV2	纯电动专用车	—	4030	1620	1900	2700	2050	1350	235	—	85	85	0	0	0	0	0	3	0	0	0	0	0	0	11
		CDL5030XXYBEV	纯电动专用车	—	5300	1700	2050, 2250	2890	3450	2460	350	—	100	100	0	0	0	0	0	3	0	0	0	0	0	0	
		CDL5030XXYBEV2	纯电动专用车	—	5300	1700	2050, 2250	2890	3450	2050	180	—	100	100	0	0	0	0	0	1	0	0	0	0	0	0	
		CDL5040XDWBEV	纯电动专用车	—	5960	1995	2650	3665	4490	3200	—	300	100	100	0	0	0	0	0	1	0	0	0	0	0	2	
		CDL5041XDWBEV	纯电动专用车	—	5960	1995	2650	3665	4490	3200	—	300	100	100	0	0	0	0	0	0	0	0	0	0	1	0	
沈阳金杯车辆制造有限公司	金杯牌	SY1030DEV3AK	纯电动专用车	SY1030DEV3AK	5030	1620	1980	2770	2640	1600	150	—	85	85	0	0	0	0	0	0	0	0	0	0	0	1	10
		SY1040DEV4S	纯电动专用车	—	5990	2000	2220	3350	4495	2568	—	165	85	85	0	0	0	0	0	0	0	0	0	0	0	1	
		SY1040DEV5S	纯电动专用车	SY1040DEV5S	5990	2000	2220	3350	4495	2920	—	260	95	95	0	0	0	0	0	0	0	0	0	0	0	1	
		SY1046DEV2S	纯电动专用车	SY1046DEV2S	5995	2000	2335	3350	4495	2980	—	320	95	95	0	0	0	0	0	0	0	0	0	0	0	2	
		SY5010XXYDBA-EV1	纯电动专用车	SY5010XXYDBA-EV1	3400	1515	2050	2100	1350	880	120	—	85	85	0	0	1	0	0	0	0	0	0	0	0	0	
		SY5030XXYDAK-EV3	纯电动专用车	SY1030DEV3AK	5030	1620	2450	2770	2625	1750	150	—	85	85	0	0	0	0	0	0	0	0	0	0	0	1	
		SY5040XXYD-EV4	纯电动专用车	—	5990	2000	2940, 3040	3350	4330	2705	—	165	85	85	0	0	0	0	0	0	0	0	0	0	0	1	
		SY5040XXYD-EV5	纯电动专用车	SY1040DEV5S	5990	2000	2940, 3040	3350	4495	3195	—	260	95	95	0	0	0	0	0	0	0	0	0	0	1	0	
		SY5046XXYD-EV2	纯电动专用车	SY1046DEV2S	5995	2000	2950, 3050	3350	4495	3260	—	320	95	95	0	0	0	0	0	0	0	0	0	0	1	0	
徐州工程机械集团有限公司	徐工牌	XZJ5030TYHDBEV	纯电动专用车	EQ1031TACEVJ7	5178	1760	2100	2950	3490	2480	180	—	65	80	0	0	0	0	0	0	0	0	0	0	0	1	10
		XZJ5030ZXXBBEV	纯电动专用车	—	4315	1680	1960	2800	3495	2220	200	—	100	100	0	0	0	0	0	0	0	0	0	0	0	1	
		XZJ5031TYHDBEV	纯电动专用车	EQ1033TACEVJ1	4745	1560	2080	2330	2610	1970	150	—	65	80	0	0	0	0	0	0	0	0	0	0	0	1	
		XZJ5080XTYXBEV	纯电动专用车	XGA1081BEVXAX	6665	2190	2685	3360	8280	4780	—	240	80	95	0	0	0	0	0	0	0	0	0	0	0	7	
宁波杉杉汽车有限公司	杉杉牌	NSS5030XXYBEVA	纯电动专用车	EQ1030TACEV	5350	1820	2750	2800	3495	2080	240	—	90	90	0	0	0	0	0	0	0	0	0	0	0	1	9
		NSS5042XXYBEVA	纯电动专用车	EQ1042DACEV3	5995	2040	2900	3300	4495	2820	—	280	90	90	0	0	0	0	0	0	0	0	6	0	1	1	
湖北合加环境设备有限公司	合加牌	HJK5030TYHSTBEV	纯电动专用车	STQ1035L01Y1NBEV	4895	1840	2280	2950	3495	2260	170	—	80	80	0	0	1	0	0	0	0	0	0	0	0	0	8
		HJK5180GQXEQBEV	纯电动专用车	EQ1180GTEVJ1	9525	2520	3060	5100	18000	9790	—	190	70	85	0	0	0	0	4	0	0	0	0	0	0	0	
		HJK5180GSSEQBEV	纯电动专用车	EQ1180GTEVJ1	8325	2520	3060	5100	18000	9790	—	190	70	85	0	0	0	0	0	0	3	0	0	0	0	0	

续上表

企业名称 Company Name	品牌 Brand	车辆型号 Vehicle Model	车辆类型 Vehicle Type	底盘型号 Chassis Model	外形尺寸 Dimension(mm) 长 Length	宽 Width	高 Height	轴距 Wheel Base (mm)	总质量 Total Weight (kg)	整备质量 Vehicle Weight (kg)	续驶里程 Driving Mileage of Electric Vehicle (工况法 Operating Condition Method,km)	续驶里程 Driving Mileage of Electric Vehicle (等速法 Isokinetic Method, km)	30分钟最高车速 Maximum Speed of Electric Car in 30 Minutes (km/h)	最高车速 Maximum Speed (km/h)	1月 January	2月 February	3月 March	4月 April	5月 May	6月 June	7月 July	8月 August	9月 September	10月 October	11月 November	12月 December	2018年产量合计 Total Output in 2018 (辆,Vehicle)
江苏友谊汽车有限公司	友谊牌	ZGT5026XXYHBEV	纯电动专用车	JKC6451AXBEV	4495	1680	1990	2925	2495	1500	305	—	100	110	0	0	0	0	0	0	0	0	2	5	0	0	8
		ZGT5042XXYBEV	纯电动专用车	—	5995	2040	2670	3360	4495	2990, 3250	—	340	90	90	0	0	0	0	0	0	0	0	0	0	0	1	
四川南骏汽车集团有限公司	南骏牌	NJA1042PDB33BEV	纯电动专用车	NJA1042PDB33EV	5995, 5950	2150, 1950	2480, 2550, 2780	3300	4495	3060	305	350	90	90	0	0	0	0	0	0	0	0	1	0	0	0	8
		NJA5030XXYSDB32BEV	纯电动专用车	NJA1030SDB32EV	5425, 5375, 5325, 5275	1760, 1700	2580	3200	2525	1650, 1510	205, 210	280	100	100	0	0	0	0	0	0	0	0	0	0	0	2	
		NJA5040XXYPDB33BEV	纯电动专用车	NJA1040PDB33EV	5995	2150, 2000, 1950	3050, 2900	3300	4495	3455, 2920	150	255	90	90	0	0	1	0	0	0	0	0	0	0	1	0	
		NJA5042XXYPDB33BEV	纯电动专用车	NJA1042PDB33EV	5995	2150, 2000, 1950, 2250	3050, 2900	3300	4495	3060	305	350	90	90	0	0	0	0	0	0	0	0	1	0	0	2	
山东唐骏欧铃汽车制造有限公司	欧铃牌	ZB5045XXYBEVKDD6	纯电动专用车	ZB1045BEVKDD6	5997	1980, 2035	2940	3360	4495	2950	—	310	85	95	0	0	0	0	0	0	0	0	0	0	2	3	7
		ZB5060XXYBEVJDD6	纯电动专用车	ZB1060BEVJDD6	5995	2180, 2245	3180	3360	5995	3250	—	210	80	90	0	0	0	0	0	0	0	0	0	0	2	0	
中通汽车工业集团有限责任公司	东岳牌	ZTQ5080TXSE5K38BEV	纯电动专用车	EQ1080KACEV	7020	2300	2750	3800	8495	6950	—	202	80	80	0	0	0	0	0	0	0	0	1	0	0	2	7
		ZTQ5180GSSE1J50BEV	纯电动专用车	EQ1180GEVJ4	9250	2520	2750	3800	8495	6950	—	202	80	80	0	0	0	0	1	0	0	0	0	0	0	0	
		ZTQ5180TDYE1J53BEV	纯电动专用车	EQ1180GEVJ	10180, 9500, 9300	2520	2750	3800	8495	6950	—	202	80	80	0	0	0	0	1	0	0	0	0	0	0	0	
		ZTQ5180TXSE1J53BEV	纯电动专用车	EQ1180GEVJ	8950	2480	3205	5300	18000	14750	—	320	100	100	0	0	0	0	0	0	0	0	0	0	0	2	
鞍山森远路桥股份有限公司	森远牌	AD5030ZZZBEV	纯电动专用车	SC1035DDBEV	5080, 5280	1690	2330	3300	3490	2660	255	—	80	80	0	0	0	0	0	0	0	0	0	0	0	6	6
重庆穗通新能源汽车制造有限公司	穗通牌	YST5030XXYBEV	纯电动专用车	—	5020	1840	2170	2590	3150	1900	250	—	90	90	0	0	0	0	0	0	1	0	0	0	0	0	6
		YST5040XXYBEV	纯电动专用车	—	5980	2100, 2280	2850, 2800, 2900, 3200	3300	4495	3100, 2880	—	350	85	85	0	0	0	0	0	0	0	0	0	1	1	3	
江西昌河汽车有限责任公司	昌河牌	CH5015XXYBEVA2CD	纯电动专用车	—	3400	1575	1685, 1750	2335	1480	940	165	200	80	80	0	0	0	0	0	0	0	0	0	0	5	0	5
江西江铃汽车集团改装车股份有限公司	智道牌	JSV5030XXYMBEV	纯电动专用车	JSV1030MEV	5190, 5305	1860	1910, 1800	3095	3100	2030	320	—	115	115	0	0	0	0	0	0	0	0	3	0	1	1	5
长沙梅花汽车制造有限公司	同心牌	TX5040XXYBEV2	纯电动专用车	—	5980	2005	2650	3665	4390	3040	—	260	100	100	1	0	0	0	0	0	0	0	0	0	0	0	4
		TX5040XXYBEV4	纯电动专用车	—	5980	2005	2650	3665	4490	2890	—	280	100	100	0	0	0	0	0	0	0	0	0	0	0	1	

续上表

企业名称 Company Name	品牌 Brand	车辆型号 Vehicle Model	车辆类型 Vehicle Type	底盘型号 Chassis Model	外形尺寸 Dimension(mm) 长 Length	宽 Width	高 Height	轴距 Wheel Base (mm)	总质量 Total Weight (kg)	整备质量 Vehicle Weight (kg)	续驶里程 Driving Mileage of Electric Vehicle (工况法 Operating Condition Method,km)	续驶里程 Driving Mileage of Electric Vehicle (等速法 Isokinetic Method, km)	30 分钟最高车速 Maximum Speed of Electric Car in 30 Minutes (km/h)	最高车速 Maximum Speed (km/h)	1月 January	2月 February	3月 March	4月 April	5月 May	6月 June	7月 July	8月 August	9月 September	10月 October	11月 November	12月 December	2018年产量合计 Total Output in 2018 (辆,Vehicle)
长沙梅花汽车制造有限公司	同心牌	TX5040XXYBEV6	纯电动专用车	—	5980	2005	2650	3665	4490	2990	—	280	100	100	0	0	0	0	0	0	0	0	0	0	0	1	4
		TX5041XXYBEV	纯电动专用车	EQ1042FACEV1	5988	2130	2880	3300	4495	2890	—	280	90	90	0	0	0	0	0	0	0	0	0	0	0	1	
重庆力帆汽车有限公司	力帆牌	LF5029XXYEV	纯电动专用车	—	4201	1650	1908	2850	2150	1310	210	—	85	100	0	0	0	1	1	0	0	0	0	0	0	0	4
		LF5029XXYEV1	纯电动专用车	—	4201	1650	1908	2850	2200	1390	305	—	100	100	0	0	0	0	0	0	0	0	2	0	0	0	
淮安市苏通市政机械有限公司	苏通牌	HAC5021CTYEV1	纯电动专用车	KMC1022EV29D	4840	1660	1920	2900	2450	1450	120	—	80	80	0	0	0	2	0	0	0	0	0	0	0	0	3
		HAC5021ZZZEV1	纯电动专用车	—	4580, 4400	1670, 1620	2090, 2185	2900	2450	1680	120	—	80	80	1	0	0	0	0	0	0	0	0	0	0	0	
洛阳中集凌宇汽车有限公司	凌宇牌	CLY5030TYHEQEV	纯电动专用车	EQ1031TACEVJ7	4760	1760	2010	2950	3490	2980	160	—	65	80	1	0	0	0	0	0	0	0	0	0	0	0	3
		CLY5040TSLSHBEV	纯电动专用车	SH1047PBEVNZ	5110	1720	2200	2650	4300	3440	—	230	90	90	0	0	0	0	0	0	1	0	0	0	0	0	
		CLY5100TXSSHBEV	纯电动专用车	SH1107ZKEVWZ	7068	2240	2635	4200	9995	8000	—	316	80	80	0	0	0	0	0	0	1	0	0	0	0	0	
天津路通电动汽车有限公司	牧夫牌	LTA5012XXYEV	纯电动专用车	LTA5012	3510	1445	1710	2346	1360	830	120	150	55	62	0	0	0	1	1	1	0	0	0	0	0	0	3
北京汽车制造厂有限公司	北京牌	BJ5020XXY1Z431BEV	纯电动专用车	BJ6420MA41BEV	4212	1656	1910	2850	1950	1350, 1370	200	225	100	100	0	0	0	0	0	0	0	0	0	0	0	1	2
		BJ5020XXY1Z432BEV	纯电动专用车	BJ6420MA42BEV	4212	1656	1910	2850	1950	1350, 1370	200	225	100	100	0	0	0	0	0	0	0	0	0	0	0	1	
杭州西湖比亚迪新能源汽车有限公司	比亚迪牌	XBE5160TXSBEV	纯电动专用车	BYD5160TXSBEVD	8265	2550	3260	4500	16000	14750	—	470	85	85	0	0	0	0	0	0	0	0	0	0	0	2	2
河南少林客车股份有限公司	少林牌	SLG5041XXYEV1	纯电动专用车	SLG6560DM	5995	2000	2940	3300	4495	2990	—	306	98	98	0	0	0	0	0	0	0	0	0	1	0	0	2
		SLG5041XXYEV4	纯电动专用车	SLG6551DD	5960	2020	2650	3665	4490	2860	—	330	98	98	0	0	0	0	0	0	0	0	0	1	0	0	
明君汽车有限公司	华凯牌	MJC5040XXYBEV1	纯电动专用车	MJC1040EV1	5995	2085	3020	3300	4495	2950	—	285	90	90	0	0	0	0	2	0	0	0	0	0	0	0	2
扬州亚星客车股份有限公司	亚星牌	YBL5030XXYBEV	纯电动专用车	—	4900	1700	2240, 1980	2590	3390	1900	200	—	100	100	0	0	0	0	0	1	0	0	0	0	0	0	2
		YBL5031XXYBEV	纯电动专用车	—	5200	1700	2240, 1980	2890	3490	2000	200	—	100	100	0	0	0	0	0	1	0	0	0	0	0	0	
山东泰开汽车制造有限公司	岱阳牌	TAG5110JGK17BEV	纯电动专用车	BYD111017GBEVD	8498	2440	3300	4250	10695	10500	—	350	90	100	0	0	0	0	0	0	0	0	0	1	0	0	1
烟台海德专用汽车有限公司	海德牌	CHD5180GSSBEV	纯电动专用车	CA1180P62L2BEVA80	8300	2500	3095	5000	18000	10350	—	503	85	85	0	0	0	0	0	0	0	1	0	0	0	0	1
大运汽车股份有限公司	大运牌	DYX5044XXYBEV1DBNLQAGK	纯电动专用车	CGC1044EV1DBNLQAGK	5995	2050, 2150, 2250, 2200	2870, 2970, 3070, 2770	3300	4490	2800	—	280	80	80	0	0	0	0	0	0	0	0	0	1	0	0	1
华晨客车(大连)有限公司	佰斯威牌	WK5030ZZZBEV1	纯电动专用车	SY1030DEV3AK	4630	1600	2170	2770	2640	1980	150	—	85	85	1	0	0	0	0	0	0	0	0	0	0	0	1
东风小康汽车有限公司	东风牌	DXK5030XXYC9BEV	纯电动专用车	—	4500	1680	2000	3050	2510	1675	226	235	60	80	1	0	0	0	0	0	0	0	0	0	0	0	1

续上表

企业名称 Company Name	品牌 Brand	车辆型号 Vehicle Model	车辆类型 Vehicle Type	底盘型号 Chassis Model	外形尺寸 Dimension(mm) 长 Length	宽 Width	高 Height	轴距 Wheel Base (mm)	总质量 Total Weight (kg)	整备质量 Vehicle Weight (kg)	续驶里程 Driving Mileage of Electric Vehicle (工况法 Operating Condition Method,km)	续驶里程 Driving Mileage of Electric Vehicle (等速法 Isokinetic Method, km)	30分钟最高车速 Maximum Speed of Electric Car in 30 Mimutes (km/h)	最高车速 Maximum Speed (km/h)	1月 January	2月 February	3月 March	4月 April	5月 May	6月 June	7月 July	8月 August	9月 September	10月 October	11月 November	12月 December	2018年产量合计 Total Output in 2018 (辆,Vehicle)
哈尔滨龙江客车制造有限公司	龙江牌	LJK5040XXYDEV1	纯电动专用车	EQ1042DACEV3	5995	1990	2900	3300	4495	2820	—	280	90	90	0	0	0	0	0	0	0	0	0	0	1	0	1
安徽广通汽车制造股份有限公司	安通牌	CHG5050XXYBEV	纯电动专用车	—	5995	2020	2670	3670	4500	3000	—	160	100	100	0	0	0	0	1	0	0	0	0	0	0	0	1
中国一拖集团有限公司	东方红牌	LT5030TSLBAD5	纯电动专用车	EQ1031TACEVJ7	4950	1760	2110	2950	3490	3040	180	—	65	80	0	0	0	0	0	0	0	0	0	0	0	1	1
中国重汽集团柳州运力专用汽车有限公司	运力牌	LG5180GSSCBEV	纯电动专用车	LZ1180M3AZBEVT	8015	2530	2990	4500	18000	8100	—	230	90	90	0	0	0	0	0	0	1	0	0	0	0	0	1
中原特种车辆有限公司	中油牌	ZYT5250TXJBEV	纯电动专用车	CA1250P1L2T1BEVA80	12700	2520	3205	5300	18000	14750	—	320	100	100	0	0	0	0	0	0	0	0	0	0	1	0	1
重庆迪马工业有限责任公司	迪马牌	DMT5048XYCEV1	纯电动专用车	NJ5047XXYCEV1	4905, 5105	2000	2480, 2570	2800	4490	3220	—	350	70	100	0	0	0	0	0	0	0	0	0	0	0	1	1
重庆盛时达汽车有限公司	炫虎牌	DAT5045XXYEVC	纯电动专用车	DAT1070EVCA2	5995	2160	2870	3360	4495	3300	—	265	85	85	0	0	0	0	1	0	0	0	0	0	0	0	1
2018年产量合计/Total output in 2018(辆,Vehicle)															3330	936	1696	3920	6037	4034	6376	7144	9176	11456	22434	37954	114493

2. 插电式混合动力汽车产量统计/Statistics on Output of Plug-in Hybrid Electric Vehicle(PHEV)

(1)大中型客车、轻型客车/Large and Medium Sized Bus and Light Bus

企业名称 Company Name	品牌 Brand	车辆型号 Vehicle Model	底盘型号 Chassis Model	外形尺寸 Dimension(mm) 长 Length	宽 Width	高 Height	轴距 Wheel Base (mm)	总质量 Total Weight (kg)	整备质量 Vehicle Weight (kg)	油耗 Oil Consumption (L/100km)	混动电功率比 HEV Electric Power Ratio (%)	续驶里程 Driving Mileage of Electric Vehicle (等速法 Isokinetic Method, km)	30分钟最高车速 Maximum Speed of Electric Car in 30 Mminutes (km/h)	混合动力汽车纯电动模式下1km最高车速 Maximum Speed of 1km in Pure Electric Mode of Hybird Electric Vehicle (km/h)	最高车速 Maximum Speed (km/h)	1月 January	2月 February	3月 March	4月 April	5月 May	6月 June	7月 July	8月 August	9月 September	10月 October	11月 November	12月 December	2018年产量合计 Total Output in 2018 (辆,Vehicle)
郑州宇通客车股份有限公司	宇通牌	ZK6105CHEVNPG26	—	10500	2500	3050, 3200, 3360	5200	16500	11350, 11800, 12300, 12590	—	94.84	51	69	50	69	0	0	0	0	1	0	0	0	0	0	0	0	1850
		ZK6105CHEVNPG29	—	10500	2500	3050, 3200, 3360	5200	16500	11250, 11700, 12250, 12590	—	94.84	75	69	50	69	0	0	0	5	31	5	0	0	35	0	0	0	
		ZK6105CHEVNPG33	—	10500	2500	3400	5200	16550	11400, 11900, 12380, 12640	—	121.94	68	69	50	69	21	0	0	0	98	0	8	1	0	1	0	0	

续上表

企业名称 Company Name	品牌 Brand	车辆型号 Vehicle Model	底盘型号 Chassis Model	外形尺寸 Dimension(mm) 长 Length	宽 Width	高 Height	轴距 Wheel Base (mm)	总质量 Total Weight (kg)	整备质量 Vehicle Weight (kg)	油耗 Oil Consumption (L/100km)	混动电功率比 HEV Electric Power Ratio (%)	续驶里程 Driving Mileage of Electric Vehicle (等速法 Isokinetic Method, km)	30分钟最高车速 Maximum Speed of Electric Car in 30 Mminutes (km/h)	混合动力汽车纯电动模式下1km最高车速 Maximum Speed of 1km in Pure Electric Mode of Hybird Electric Vehicle (km/h)	最高车速 Maximum Speed (km/h)	1月 January	2月 February	3月 March	4月 April	5月 May	6月 June	7月 July	8月 August	9月 September	10月 October	11月 November	12月 December	2018年产量合计 Total Output in 2018 (辆,Vehicle)
郑州宇通客车股份有限公司	宇通牌	ZK6105CHEVNPG35C	—	10500	2500	3400	5200	16550	11400, 11900, 12380, 12640	—	121.94	68	69	50	69	0	0	22	20	11	9	40	50	3	2	0	21	1850
		ZK6105CHEVNPG36	—	10500	2550	3050, 3200, 3360	5050	16550	10650, 11100, 11600, 12100	—	121.94, 106.78	68	69	50	69	0	0	0	0	0	0	0	0	24	15	24	10	
		ZK6105CHEVPG29	—	10500	2500	3050, 3200	5200	16500	11200, 11650, 12100, 12330	18.3	100.00, 90.74	75	69	50	69	0	0	12	0	1	0	0	0	0	0	0	0	
		ZK6105CHEVPG29C	—	10500	2500	3050, 3200	5200	16500	11200, 11650, 12100, 12330	18.3	100.00	75	69	50	69	0	0	0	0	80	0	0	0	0	0	0	0	
		ZK6105CHEVPG33	—	10500	2500	3400	5200	16550	11100, 11600, 12100, 12380	14.9	128.57, 116.67	58, 58	69, 69	50, 50	69	0	20	0	25	38	0	2	0	0	1	0	4	
		ZK6105CHEVPG35	—	10500	2500	3400, 3480	5200	16550	11100, 11600, 12100, 12380	14.9	128.57, 116.67	58	69	50	69	0	0	0	0	66	17	0	0	0	0	0	0	
		ZK6105CHEVPG36	—	10500	2550	3050, 3200	5050	16550	10350, 10800, 11250, 11750	14.9	128.57, 107.39	68	69	50	69	0	0	0	0	0	0	0	0	0	0	0	33	
		ZK6115CHEVPG1	ZK6106CHEVGC1	10690	2500	3150, 3300	5250	16550	11900, 11300	14.9	170.75	58	69	50	69	0	0	0	0	28	0	0	0	0	0	0	0	
		ZK6125CHEVNPG29	—	12000	2550	3050, 3200, 3360	6100	18000	12350, 12850, 13330, 13750	—	94.84	70	69	50	69	0	0	0	0	124	0	0	0	0	0	0	0	
		ZK6125CHEVNPG35	—	12000	2550	3400, 3480	6100	18000	12350, 12850, 13330, 13750	—	121.94	68	69	50	69	39	0	0	0	21	39	0	0	60	0	0	0	
		ZK6125CHEVNPG36	—	12000	2550	3360	6050	18000	11600, 12100, 12650, 13200	—	106.78, 121.94	63	69	50	69	0	0	0	0	0	0	0	0	0	0	0	1	
		ZK6125CHEVPG1	—	12000	2550	3320, 3400	6050	18000	13000, 13600	20.3	170.75	68	69	50	69	0	0	0	0	2	2	0	0	0	0	0	0	

续上表

企业名称 Company Name	品牌 Brand	车辆型号 Vehicle Model	底盘型号 Chassis Model	外形尺寸 Dimension(mm) 长 Length	宽 Width	高 Height	轴距 Wheel Base (mm)	总质量 Total Weight (kg)	整备质量 Vehicle Weight (kg)	油耗 Oil Consumption (L/100km)	混动电功率比 HEV Electric Power Ratio (%)	续驶里程 Driving Mileage of Electric Vehicle (等速法 Isokinetic Method, km)	30分钟最高车速 Maximum Speed of Electric Car in 30 Mminutes (km/h)	混合动力汽车纯电动模式下1km最高车速 Maximum Speed of 1km in Pure Electric Mode of Hybird Electric Vehicle (km/h)	最高车速 Maximum Speed (km/h)	1月 January	2月 February	3月 March	4月 April	5月 May	6月 June	7月 July	8月 August	9月 September	10月 October	11月 November	12月 December	2018年产量合计 Total Output in 2018 (辆, Vehicle)
郑州宇通客车股份有限公司	宇通牌	ZK6125CHEVPG35	—	12000	2550	3400, 3480	6100	18000	12100, 12590, 13050	20.6	128.57, 116.67	68	69	50	69	0	0	0	0	35	0	0	0	0	0	0	0	1850
		ZK6825CHEVNPG23C	—	8250	2350	3265	3850	12550	8700, 9000	—	121.40	51	69	—	69	0	0	0	0	1	0	0	0	0	0	0	0	
		ZK6825CHEVPG23C	—	8250	2350	3265	3850	12550	8550, 8830	12.1	113.60, 121.40	51	69	—	69	0	0	0	0	0	1	0	0	0	0	0	0	
		ZK6850CHEVNPG23	—	8500	2500	3400	4050	13000	8350, 8750, 9150, 9450	—	121.40	51	69	69	69	0	0	0	0	0	0	0	0	0	1	0	0	
		ZK6850CHEVNPG33	—	8530	2500	3400	4050	13000	9130, 9530, 9850, 10050	—	121.36	60	69	50	69	0	0	0	0	13	0	0	0	0	1	11	0	
		ZK6850CHEVNPG35	—	8530	2500	3400, 3480	4050	12600	9050, 9450, 9780, 9990	—	121.36	52	69	50	69	0	0	0	0	0	0	0	0	0	1	0	0	
		ZK6850CHEVNPG35C	—	8530	2500	3400	4050	13000	9130, 9530, 9850, 10050	—	121.36	60	69	50	69	0	0	0	81	59	0	0	0	12	1	0	0	
		ZK6850CHEVNPG36	—	8540	2500	3050, 3180, 3360	4120	13000	8600, 8950, 9300, 9740	—	121.36	55	69	50	69	0	0	0	0	0	0	0	0	0	0	26	155	
		ZK6850CHEVPG27	—	8500	2500	3050, 3240, 3340	4050	13000	8900, 9200, 9500	18.1, 18.2	113.64, 121.36	51	69	50	69	0	0	0	1	0	0	0	0	0	0	0	0	
		ZK6850CHEVPG29A	—	8530	2500	3340	4050	13000	8950, 9350, 9600, 9740	14.9	121.36, 113.64	60	69	50	69	0	0	0	2	0	0	0	0	0	0	0	0	
		ZK6850CHEVPG33	—	8530	2500	3200, 3400	4050	12600	8850, 9200, 9470	12.1	121.36, 113.64	52	69	50	69	0	0	0	20	82	1	0	45	30	0	48	20	
		ZK6850CHEVPG35	—	8530	2500	3200, 3400	4050	12600	8850, 9200, 9470	12.1	121.36, 113.64	52	69	50	69	0	0	0	4	23	0	1	50	0	0	0	0	
		ZK6850CHEVPG36	—	8540	2500	3050, 3180	4120	12650	8250, 8600, 8900, 9190	12.1	113.64, 121.36	55	69	50	69	0	0	0	0	0	0	0	0	0	0	50	3	

续上表

企业名称 Company Name	品牌 Brand	车辆型号 Vehicle Model	底盘型号 Chassis Model	外形尺寸 Dimension(mm) 长 Length	宽 Width	高 Height	轴距 Wheel Base (mm)	总质量 Total Weight (kg)	整备质量 Vehicle Weight (kg)	油耗 Oil Consumption (L/100km)	混动电功率比 HEV Electric Power Ratio (%)	续驶里程 Driving Mileage of Electric Vehicle (等速法 Isokinetic Method, km)	30分钟最高车速 Maximum Speed of Electric Car in 30 Mininutes (km/h)	混合动力汽车纯电动模式下1km最高车速 Maximum Speed of 1km in Pure Electric Mode of Hybird Electric Vehicle (km/h)	最高车速 Maximum Speed (km/h)	1月 January	2月 February	3月 March	4月 April	5月 May	6月 June	7月 July	8月 August	9月 September	10月 October	11月 November	12月 December	2018年产量合计 Total Output in 2018 (辆, Vehicle)
厦门金龙联合汽车工业有限公司	金龙牌	XMQ6106AGCHEVD57	—	10500	2500	3070, 3120, 3190, 3230, 3400	5100	16500	11200, 11700, 12400	13.5	54.1, 54.1	95	69	69	69	0	0	0	47	85	0	0	0	0	0	0	0	670
		XMQ6106AGCHEVN512	—	10500	2500	3400, 3450	5100	16500	11700, 12300, 12900	—	52.8, 52.8	90	69	69	69	0	0	0	0	45	0	70	0	0	0	9	0	
		XMQ6120BGPHEVD51	—	12000	2550	3250, 3400, 3455	6000	18000	12430	18.5	43	80	69	69	69	0	0	0	5	0	0	0	0	0	0	0	0	
		XMQ6127AGCHEVD56	—	11980	2550	3070, 3120, 3190, 3230, 3400	6000	18000	12400, 13100	20.0	51.7	52	69	69	69	0	0	0	0	27	0	0	0	0	0	0	0	
		XMQ6127AGCHEVD58	—	11980	2550	3070, 3120, 3190, 3230, 3400	6000	18000	11600, 12600, 13300	20.1	51.7, 51.7	95	69	69	69	0	0	0	0	29	0	0	0	0	0	0	0	
		XMQ6127AGCHEVN512	—	11980	2550	3400, 3450	6000	18000	12000, 12800, 13400, 13800	—	52.8, 52.8	90	69	69	69	0	0	0	0	43	0	125	0	0	0	0	0	
		XMQ6850AGCHEVD54	—	8545	2450	3030, 3140, 3290	4250	13000	9200, 9600	12.0	59.0, 56.3	65	69	69	69	0	0	0	30	5	0	0	0	0	0	0	0	
		XMQ6850AGCHEVD55	—	8545	2450	3030, 3090, 3130, 3190, 3290	4250	13000	9000, 9400, 9800	12.1, 12.0	59.0, 56.3	70	69	69	69	0	0	0	0	0	0	0	0	5	2	0	41	
		XMQ6850AGCHEVN56	—	8545	2450	3030, 3090, 3130, 3190, 3290, 3350	4250	13000	9200, 9600, 10100	—	59.0, 56.3	70	69	69	69	0	0	0	0	0	0	0	0	0	0	0	34	
		XMQ6850AGPHEVD52	—	8545	2450	3290	4250	13000	8700, 9200	15.0	49.1, 49.1	72	69	69	69	0	0	0	20	0	0	0	0	0	0	0	0	
		XMQ6850AGPHEVN52	—	8545	2450	3290, 3350	4250	13000	8700, 9200, 9600	—	49.1, 49.1	78	69	69	69	0	0	0	0	48	0	0	0	0	0	0	0	

续上表

企业名称 Company Name	品牌 Brand	车辆型号 Vehicle Model	底盘型号 Chassis Model	外形尺寸 Dimension(mm) 长 Length	宽 Width	高 Height	轴距 Wheel Base (mm)	总质量 Total Weight (kg)	整备质量 Vehicle Weight (kg)	油耗 Oil Consumption (L/100km)	混动电功率比 HEV Electric Power Ratio (%)	续驶里程 Driving Mileage of Electric Vehicle (等速法 Isokinetic Method, km)	30分钟最高车速 Maximum Speed of Electric Car in 30 Mminutes (km/h)	混合动力汽车纯电动模式下1km最高车速 Maximum Speed of 1km in Pure Electric Mode of Hybird Electric Vehicle (km/h)	最高车速 Maximum Speed (km/h)	1月 January	2月 February	3月 March	4月 April	5月 May	6月 June	7月 July	8月 August	9月 September	10月 October	11月 November	12月 December	2018年产量合计 Total Output in 2018 (辆,Vehicle)
厦门金龙旅行车有限公司	金旅牌	XML6105JHEVG5C6	—	10480	2550	3300, 3150	5000	17500	12625, 12125	14.9	88.7	66	64	50	64	0	0	177	0	0	0	0	0	0	0	0	0	631
		XML6105JHEVG5C7	—	10480	2550	3500, 3300, 3150	5000	17500, 16900	13050, 12650	14.9	95.2	64	69	50	69	0	0	9	0	0	0	0	0	0	0	0	0	
		XML6105JHEVG5CN6	—	10480	2550	3500, 3300, 3150	5000	17500, 16900	12555, 13045	—	90.3, 90.3	63	69	50	69	0	0	0	0	0	0	0	12	0	0	0	0	
		XML6105JHEVG5CN7	—	10480	2550	3500, 3300, 3150	5000	17500	12500, 13000	—	90.3, 88.6	75	69	50	69	20	0	75	0	0	0	0	0	0	0	0	0	
		XML6105JHEVL5C	—	10480	2550	3500, 3300, 3150	5000	17500	11820, 12340	14.9	91.8, 83.3, 90.6, 91.8	64	69	50	69	0	0	0	0	25	0	0	0	0	0	0	34	
		XML6125JHEVG5CN1	—	12000	2540, 2550	3500, 3300, 3150	5980	18000	12465, 13000, 13410	—	90.3	50	69	50	69	0	0	0	0	10	0	0	0	0	0	0	0	
		XML6125JHEVG5CN5	—	12000	2540, 2550	3500, 3300, 3150	5980	18000	12850, 13400, 13800	—	90.3	60	69	50	69	0	0	0	0	0	0	0	95	0	0	0	0	
		XML6125JHEVL5C	—	12000	2540, 2550	3500, 3300, 3150	5980	18000	12300, 12790, 13300	18.5	91.8, 83.3, 82.3	60.5	69	50	69	0	0	0	0	0	1	0	0	0	0	0	0	
		XML6855JHEVC5C	—	8520	2460	3085, 3195, 3340	4000	13200	9465, 9920	12.1	112, 127.1	52	69	50	69	0	0	0	111	40	0	0	0	0	0	22	0	
中国重汽集团济南豪沃客车有限公司	黄河牌	JK6106GPHEVN51	JK6105GPHEVK1EN	10500	2500	2980, 3060	5000	16800	11700, 12100	—	43.59	65	69	69	69	0	0	0	0	0	0	0	0	0	40	0	0	521
		JK6106GPHEVN5Q2	—	10500	2500	3050, 3170, 3350, 3250	5000	16700	11600, 12000	—	43.6	75	69	69	69	0	0	0	60	209	0	0	0	0	0	30	0	
		JK6126GPHEVN5Q2	—	11990	2500	3110, 3245, 3450, 3350	6000	18000	12080, 12400	—	43.6	71	69	69	69	0	0	0	62	0	0	0	0	0	0	120	0	
金龙联合汽车工业(苏州)有限公司	海格牌	KLQ6109GAHEVC5K	—	10490	2480, 2550	3120, 3250, 3350, 3485	5100	17000	11650, 11850, 12200	—	103.2	68	69	50	69	0	0	0	0	40	0	0	8	0	0	0	0	359
		KLQ6109GAHEVE5K1	—	10490	2480, 2550	3120, 3250	5100	16600	11180, 11500	14.9, 14.9	52.1	62	69	50	69	0	0	0	0	0	0	0	0	0	0	0	44	

续上表

企业名称 Company Name	品牌 Brand	车辆型号 Vehicle Model	底盘型号 Chassis Model	外形尺寸 Dimension(mm) 长 Length	宽 Width	高 Height	轴距 Wheel Base (mm)	总质量 Total Weight (kg)	整备质量 Vehicle Weight (kg)	油耗 Oil Consumption (L/100km)	混动电功率比 HEV Electric Power Ratio (%)	续驶里程 Driving Mileage of Electric Vehicle (等速法 Isokinetic Method, km)	30分钟最高车速 Maximum Speed of Electric Car in 30 Mminutes (km/h)	混合动力汽车纯电动模式下1km最高车速 Maximum Speed of 1km in Pure Electric Mode of Hybird Electric Vehicle (km/h)	最高车速 Maximum Speed (km/h)	1月 January	2月 February	3月 March	4月 April	5月 May	6月 June	7月 July	8月 August	9月 September	10月 October	11月 November	12月 December	2018年产量合计 Total Output in 2018 (辆, Vehicle)
金龙联合汽车工业(苏州)有限公司	海格牌	KLQ6129GAHEVC5K	—	12000	2550	3120, 3250, 3350, 3485	6100	18000	12800, 13200, 13430	—	103.2, 98.4	59	69	50	69	0	0	0	0	95	0	0	0	0	0	0	0	359
		KLQ6850GAHEVC5K	—	8549	2440	3080, 3200, 3320, 3440	4000	13000	9550, 9750, 9950	—	50.4	56	69	50	69	0	0	0	0	34	0	40	0	0	30	28	0	
		KLQ6850GAHEVE5K	—	8549	2440	3080, 3200	4000	13000	9200, 9480	12.1, 12.1	50.4	53	69	50	69	0	0	0	0	40	0	0	0	0	0	0	0	
扬州亚星客车股份有限公司	亚星牌	JS6108GHEV16	—	10500	2500	3090, 3210	5000	16500	11000, 11600	16.8	98.8	68.2	69	69	69	0	0	40	0	0	0	0	0	0	0	0	0	310
		JS6108GHEV17	—	10500	2500	3090, 3210	5000	16500	10800, 11400	16.9	98.8	71.2	69	69	69	0	0	0	0	31	0	0	0	0	0	0	0	
		JS6108GHEVC16	—	10500	2500	3090, 3210, 3460	5000	16500	11100, 11700, 12400	—	103	68.2	69	69	69	0	0	0	0	6	0	0	123	0	0	0	0	
		JS6108GHEVC17	—	10500	2500	3090, 3210, 3460	5000	16500	10900, 11500, 12200	—	87.1	72.8	69	69	69	0	0	0	0	0	2	0	0	0	0	0	0	
		JS6128GHEV15	—	12000	2550	3090, 3210	5900	18000	11900, 12600	18.5	75.0	72.3	69	69	69	0	0	0	0	27	0	0	0	0	0	0	0	
		JS6128GHEVC12	—	12000	2550	3090, 3210, 3460	5900	18000	12300, 13000	—	90.9	70.6	69	69	69	0	0	0	0	0	0	0	0	60	0	0	0	
		JS6851GHEVC3	—	8540	2400	3020, 3120, 3370	4100	13000	8110, 8440, 8800	—	106.8	70.2	69	69	69	0	20	0	0	0	0	0	0	0	0	0	0	
		YBL6101GHEV1	—	10330	2550	3315, 3455	5370	12700	9000, 9500	15.8	91.6	70.5	69	69	69	0	0	0	0	0	1	0	0	0	0	0	0	
北汽福田汽车股份有限公司	福田牌	BJ6105CHEVCA-11	—	10500	2500	3100, 3200, 3250, 3420	5000	16550	11200, 11700, 12150	—	51	80	69	69	69	0	0	0	0	0	0	0	0	0	0	0	43	309
		BJ6105PHEVCA-17	—	10500	2500	3100, 3200, 3250, 3420	5000	16550	11200, 11700, 12150	—	46.7, 46.7, 46.3	101	69	69	69	0	0	0	0	0	0	50	0	0	0	0	0	
		BJ6105PHEVCA-19	—	10500	2500	3100, 3200, 3250, 3420	5000	16550	11000, 11500, 12000	—	46.7	80	69	69	69	0	0	0	0	0	0	0	0	0	0	0	74	

续上表

企业名称 Company Name	品牌 Brand	车辆型号 Vehicle Model	底盘型号 Chassis Model	外形尺寸 Dimension(mm) 长 Length	宽 Width	高 Height	轴距 Wheel Base (mm)	总质量 Total Weight (kg)	整备质量 Vehicle Weight (kg)	油耗 Oil Consumption (L/100km)	混动电功率比 HEV Electric Power Ratio (%)	续驶里程 Driving Mileage of Electric Vehicle (等速法 Isokinetic Method, km)	30分钟最高车速 Maximum Speed of Electric Car in 30 Mminutes (km/h)	混合动力汽车纯电动模式下1km最高车速 Maximum Speed of 1km in Pure Electric Mode of Hybird Electric Vehicle (km/h)	最高车速 Maximum Speed (km/h)	1月 January	2月 February	3月 March	4月 April	5月 May	6月 June	7月 July	8月 August	9月 September	10月 October	11月 November	12月 December	2018年产量合计 Total Output in 2018 (辆, Vehicle)
北汽福田汽车股份有限公司	福田牌	BJ6123PHEVCA-15	—	12000	2550	3100, 3200, 3250, 3420	5900	18000	12000, 12500, 13000	—	46.7, 43.5	89	69	60	69	20	0	0	0	47	0	30	0	0	0	0	0	309
		BJ6855CHEVCA-2	—	8540	2450	2950, 3080	4000	13000	8550, 9050	12.1	53.6	55	69	69	69	0	0	0	0	0	0	0	0	0	8	0	0	
		BJ6855PHEVCA-1	—	8540	2450	2950, 3080, 3300	4000	13000	8550, 9050, 9400	—	56.9	74.3	69	69	69	0	17	0	0	0	0	0	0	0	0	0	0	
		BJ6905CHEVCA-10	—	8990	2450	3000, 3100, 3300	4250	13700	8750, 9050, 9400	—	53.7	69	69	69	69	0	20	0	0	0	0	0	0	0	0	0	0	
中通客车控股股份有限公司	中通牌	LCK6107PHEVNG2	—	10500	2500	3120, 3280, 3480	5000	16600	10600, 11200, 11880	—	87.1	88	69	69	69	0	0	0	0	0	0	0	0	0	0	20	5	260
		LCK6119PHEVG	—	11300	2500	3600, 3500	5720	16500	11670, 12390	18.2, 18.3	36.9	55	69	69	69	0	0	0	4	0	0	0	0	0	0	0	0	
		LCK6127PHEVNG2	—	11990	2550	3180, 3280, 3480	6000	17900	11550, 12100, 12600	—	76	85	69	69	69	0	0	0	0	0	0	0	60	0	0	0	0	
		LCK6127PHEVNG3	—	11990	2550	3180, 3280, 3480	6000	17900	11550, 12100, 12600	—	76	85	69	69	69	118	0	0	0	0	0	0	0	0	0	0	0	
		LCK6127PHEVNG31	—	11990	2550	3150, 3280, 3455	6000	17900	11550, 12100, 12600	—	76	81	69	69	69	0	0	0	0	0	0	0	0	1	0	38	0	
		LCK6850PHEVNG4	—	8545	2480	3280, 3120, 3455	4200	12600	8000, 8400, 8900	—	98	60	65	69	69	0	0	0	0	0	14	0	0	0	0	0	0	
湖南中车时代电动汽车股份有限公司	中国中车牌	TEG6106EHEV17	—	10490	2490	3280, 3150	5050	16510	11800, 11400, 11000	20	92.6; 92.6; 95;96.8	100	65	65	69	0	0	0	0	121	0	0	0	0	0	0	0	255
		TEG6106EHEV19	—	10490	2490	3280, 3150	5050	16510	11800, 11400, 11000	14.8	123.4	65	65	65	69	0	0	0	0	0	0	0	0	0	0	0	105	
		TEG6106EHEVN08	—	10490	2490	3150, 3280, 3510	5050	16500	12500, 12900, 13300	—	96.8, 96.8, 96.8, 96.8	100	65	65	69	0	0	7	0	0	0	0	0	0	0	0	0	
		TEG6106EHEVN09	—	10490	2490	3150, 3280, 3510	5050	16500	12400, 12800, 13200	—	96.8, 96.8, 96.8, 96.8	100	65	65	69	0	0	12	0	0	0	0	0	0	0	0	0	

续上表

企业名称 Company Name	品牌 Brand	车辆型号 Vehicle Model	底盘型号 Chassis Model	外形尺寸 Dimension(mm) 长 Length	宽 Width	高 Height	轴距 Wheel Base (mm)	总质量 Total Weight (kg)	整备质量 Vehicle Weight (kg)	油耗 Oil Consumption (L/100km)	混动电功率比 HEV Electric Power Ratio (%)	续驶里程 Driving Mileage of Electric Vehicle (等速法 Isokinetic Method, km)	30分钟最高车速 Maximum Speed of Electric Car in 30 Mminutes (km/h)	混合动力汽车纯电动模式下1km最高车速 Maximum Speed of 1km in Pure Electric Mode of Hybird Electric Vehicle (km/h)	最高车速 Maximum Speed (km/h)	1月 January	2月 February	3月 March	4月 April	5月 May	6月 June	7月 July	8月 August	9月 September	10月 October	11月 November	12月 December	2018年产量合计 Total Output in 2018 (辆,Vehicle)
湖南中车时代电动汽车股份有限公司	中国中车牌	TEG6129EHEVN07	—	11980	2540	3480, 3280, 3150	6000	17800	13300, 12900, 12500, 12100	—	96.8; 96.8; 96.8	95	65	65	69	0	0	5	0	0	0	0	0	0	0	0	0	255
		TEG6851EHEVN02	—	8540	2470	3380, 3030, 3180	4000	12500	8900, 9300	—	119, 117	51	65	65	69	0	0	5	0	0	0	0	0	0	0	0	0	
安徽安凯汽车股份有限公司	安凯牌	HFF6100G03CHEV12	—	10450	2500	3150, 3250, 3360	5100	16600	11200, 11800	14.7	53.6	75	68	52	69	0	0	0	0	30	0	0	15	0	0	0	20	247
		HFF6100G03CHEV13	—	10450	2500	3150, 3250, 3360	5100	16600	11200, 11800	14.7	53.6	75	68	52	69	0	0	0	0	0	0	0	0	0	0	88	10	
		HFF6100G03CHEV24	—	10450	2500	3150, 3250, 3360	5100	16600	12000, 12700	—	52.3	97	68	52	69	0	0	10	0	0	0	0	0	0	0	0	0	
		HFF6850G03CHEV1	—	8540	2350	3050, 3150, 3450	4240	12700	8200, 8600	12	57.5	56	68	68	69	0	0	0	0	8	0	0	0	0	12	12	20	
		HFF6850G03CHEV2	—	8540	2350	3050, 3150	4240	12700	8730, 9270	—	57.5	65	68	68	69	0	0	0	0	0	0	0	0	0	0	22	0	
昆明客车制造有限公司	云海牌	KK6122G03PHEV	HFF6122D03PHEV21	12000	2550	3400	6100	18000	11900, 12600, 13300	—	35.7	90	68	50	69	0	0	0	100	0	0	0	0	0	0	0	0	130
		KK6851G03CHEV	HFF6830D03CHEV11	8540	2350	3050, 3150	4240	12700	8200, 8600	12	52.7	56	68	68	69	0	0	0	0	30	0	0	0	0	0	0	0	
广西源正新能源汽车有限公司	紫象牌	HQK6109CHEVNG	—	10500	2500	3400	5000	16500	11800, 12500	—	52.3	87	69	69	69	0	0	0	0	81	0	0	0	0	0	0	0	101
		HQK6128PHEVNG5	—	11990	2550	3350	6000	17900	12680	—	64.5	82	69	69	69	0	0	0	0	20	0	0	0	0	0	0	0	
丹东黄海汽车有限责任公司	黄海牌	DD6109CHEV5N	—	10490	2482	3130, 3300	5000	16520	11200, 11600	—	85.4	76	60	65	69	0	0	0	0	0	0	1	0	0	0	0	0	97
		DD6109CHEV6	—	10490	2482	3480	5000	16500	11400, 11800	16.7	91.8	51	60	65	69	0	0	1	0	0	1	0	0	0	0	0	0	
		DD6120CHEV2N	—	11500	2532	3510	5880	18000	12000, 12450	—	87.5	51	60	65	69	1	0	0	0	28	0	0	0	0	0	0	0	
		DD6120CHEV3N	—	11500	2532	3440	5880	17900	12000, 12450	—	配置1:78.0, 配置2:87	90	60	65	69	0	0	0	0	45	2	0	0	0	0	0	0	
		DD6129PHEV1N	—	12000	2532	3220, 3380, 3510	6000	18000	11700, 12300	—	83.8	51	65	60	69	0	0	0	0	0	0	0	0	18	0	0	0	

续上表

企业名称 Company Name	品牌 Brand	车辆型号 Vehicle Model	底盘型号 Chassis Model	外形尺寸 Dimension(mm) 长 Length	宽 Width	高 Height	轴距 Wheel Base (mm)	总质量 Total Weight (kg)	整备质量 Vehicle Weight (kg)	油耗 Oil Consumption (L/100km)	混动电功率比 HEV Electric Power Ratio (%)	续驶里程 Driving Mileage of Electric Vehicle (等速法 Isokinetic Method, km)	30分钟最高车速 Maximum Speed of Electric Car in 30 Mninutes (km/h)	混合动力汽车纯电动模式下1km最高车速 Maximum Speed of 1km in Pure Electric Mode of Hybird Electric Vehicle (km/h)	最高车速 Maximum Speed (km/h)	1月 January	2月 February	3月 March	4月 April	5月 May	6月 June	7月 July	8月 August	9月 September	10月 October	11月 November	12月 December	2018年产量合计 Total Output in 2018 (辆,Vehicle)
上海申龙客车有限公司	申龙牌	SLK6109UDHEVL	—	10500	2500	3400	5000	16500	11800, 12300	14.9	48.1	85	69	69	69	0	0	0	0	5	0	0	0	0	0	0	0	52
		SLK6109UDHEVN1	—	10500	2500	3400	5000	16500	11800, 12300	15.4	51.2	90	69	69	69	0	0	0	0	12	0	0	0	0	0	0	0	
		SLK6859ULD5HEVL1	—	8545	2500	3200, 3060	4000	13200	8700, 9200	13.4	49.1	52	69	69	69	0	0	0	0	35	0	0	0	0	0	0	0	
东风汽车集团有限公司	东风牌	EQ6120CACCHEV	—	12000	2550	3020, 3150, 3360	6000	18000	12200, 12500	—	55.7	100	69	60	69	0	0	0	50	0	0	0	0	0	0	0	0	50
上海万象汽车制造有限公司	象牌	SXC6110GHEV2	—	10690	2490	3400	5200	17100	12700	18.1, 18.2	30以上	109	69	10	69	0	0	0	0	28	0	0	0	0	0	0	0	49
		SXC6120GHEV3	—	12000	2490	3400	6100	18000	13500	20.1, 20.2	30以上	102	69	10	69	0	0	0	0	21	0	0	0	0	0	0	0	
成都客车股份有限公司	蜀都牌	CDK6850CEHEV	EQ6820KRACCHEV	8520	2480	3280	4000	13000	8450, 8200	—	98.5	51	67	69	69	40	0	0	0	0	0	1	0	0	0	0	0	41
奇瑞万达贵州客车股份有限公司	万达牌	WD6125EHEV2	—	12000	2550	3530	6000	17800	13300	—	97	80	69	69	69	0	0	0	0	0	0	0	0	39	0	0	0	39
江西博能上饶客车有限公司	上饶牌	SR6106PHEVNG	SR6106PHEVNG1	10495	2500	3100, 3200, 3400	5000	16500	11050, 11280	—	—	95	65	69	69	0	0	0	0	5	0	0	0	0	0	0	0	15
		SR6116PHEVG5	—	11490	2500	3050, 3200	5700	18000	11405, 11700	18.5	—	95.5	65	69	69	0	0	0	0	5	0	0	0	0	0	0	0	
		SR6116PHEVNG	SR6116PHEVNG1	11490	2500	3100, 3300, 3450	5700	18000	11520, 11850	—	—	95	65	69	69	0	0	0	0	5	0	0	0	0	0	0	0	
南京金龙客车制造有限公司	开沃牌	NJL6109HEVN6	—	10490	2550	3190	5100	16500	11400	—	91.6	51	69	69	69	1	0	0	0	0	0	0	0	0	0	0	0	5
		NJL6129HEV5	—	11980	2550	3050, 3200	6000	17920	11760, 11960	14.9	45.64	70	69	69	69	1	0	0	0	0	0	0	0	0	0	0	0	
		NJL6129HEV6	—	11980	2550	3050, 3200	6000	17920	11760, 11960	14.9	45.64	70	69	69	69	1	0	0	0	0	0	0	0	0	0	0	0	
		NJL6859HEV3	—	8500	2440	3300	4050	13200	8800	12.1	53.5	50	69	69	69	1	0	0	0	0	0	0	0	0	0	0	0	
		NJL6859HEVN3	—	8500	2440	3300	4050	13200	8800	—	53.5	50	69	69	69	1	0	0	0	0	0	0	0	0	0	0	0	
浙江中车电车有限公司	中国中车牌	CSR6121GCHEV1	—	12000	2540	3400	6000	18000	12175, 12400	20.6	86	105	69	—	69	0	0	0	0	2	0	0	0	0	0	0	0	2
2018年产量合计/Total Output in 2018(辆,Vehicle)																264	77	375	647	2081	95	368	459	287	115	548	677	5993

(2)乘用车/Passenger Car

企业名称 Company Name	品牌 Brand	车辆型号 Vehicle Model	外形尺寸 Dimension(mm) 长 Length	宽 Width	高 Height	轴距 Wheel Base (mm)	总质量 Total Weight (kg)	整备质量 Vehicle Weight (kg)	油耗 /Oil Consumption (L/100km)	混动电功率比 HEV Electric Power Ratio (%)	续驶里程 Driving Mileage of Electric Vehicle (工况法 Operating Condition Method, km)	续驶里程 Driving Mileage of Electric Vehicle (等速法 Isokinetic Method, km)	30分钟最高车速 Maximum Speed of Electric Car in 30 Minutes (km/h)	混合动力汽车纯电动模式下1km最高车速 Maximum Speed of 1km in Pure Electric Mode of Hybird Electric Vehicle (km/h)	最高车速 Maximum Speed (km/h)	1月 January	2月 February	3月 March	4月 April	5月 May	6月 June	7月 July	8月 August	9月 September	10月 October	11月 November	12月 December	2018年产量合计 Total Output in 2018 (辆,Vehicle)
上海汽车集团股份有限公司	名爵牌	CSA7102SDPHEV	4695	1848	1458	2715	1889	1465	1.5	39.47	53	70	185	—	200	4	0	16	943	1364	205	493	580	566	306	289	16	68360
	荣威牌	CSA6454NDPHEV1	4554	1855	1689,1719	2700	2105	1730	1.6	32.6	60	80	185	—	200	2551	1552	2936	2873	0	0	0	0	0	0	0	0	
		CSA6454NDPHEV2	4554	1855	1689,1719	2700	2105	1730	1.6	32.6	60	80	185	—	200	0	0	0	0	2098	2065	1351	1755	2348	1676	2422	955	
		CSA7104SDPHEV1	4671	1835	1460	2715	1855	1430	1.5	59.41	53	70	185	—	200	2279	1425	2482	2442	8	1	1	0	0	0	0	0	
		CSA7104SDPHEV3	4671	1835	1460	2715	1875	1450	1.5	39.47	53	70	185	—	200	0	0	0	0	2340	3784	3840	3926	3203	3933	3541	2967	
		CSA7144CDPHEV1	4995	1857	1500	2837	2135,2210	1835	1.7	34.88	60	81	185	—	185	119	115	59	25	0	0	0	0	0	0	0	0	
		CSA7144CDPHEV2	4995	1857	1500	2837	2135,2210	1835	1.7	34.88	60	81	185	—	185	0	0	0	0	209	541	310	309	323	55	449	310	
比亚迪汽车有限公司	比亚迪牌	BYD6460STHEV10	4600	1870	1700,1675	2660	2485	2110	1.4	58.6	80	100	160	140	180	0	0	0	0	0	0	0	285	3068	4023	3108	56	67762
		BYD6460STHEV3	4565	1870	1700,1675	2660	2425	2050	1.4	97	81	100	160	120	180	0	0	0	0	1	3	1	0	0	0	8	24	
		BYD6460STHEV5	4565	1870	1700	2660	2495	2120	1.4	41.5	80	100	160	140	180	2704	3508	4720	2300	2440	1657	1063	0	0	0	0	1	
		BYD7150WT5HEV4	4740	1770	1480	2670	2135	1760	1.4	97.3	80	100	150	150	185	3134	2374	3029	4473	2944	3035	3326	3107	1016	384	206	0	
		BYD7150WT5HEV5	4740	1770	1480	2670	2160	1785	1.2	97.3	100	120	150	150	185	10	1	151	350	1074	1036	378	26	25	49	7	1	
		BYD7150WT5HEV6	4740	1770	1480	2670	2150	1775	1.1	97.3	80	100	150	150	185	0	0	0	0	0	0	0	0	0	0	0	290	
		BYD7152WTHEVB	4765	1837	1495	2718	2065	1690	1.0	97.35	82	105	200	150	200	0	0	0	0	0	0	0	15	1060	2467	1985	2839	
比亚迪汽车工业有限公司	比亚迪牌	BYD6480STHEV	4815	1855,1890,1875	1720,1725	2720	2725,2785,2995	2220,2280,2390	2.0	72.85	85,80	110,105	180	150	180	0	0	0	0	2	0	0	0	0	0	0	0	36342
		BYD6480STHEV3	4815	1875	1725	2720	2995	2390	1.7	72.85	100	120	180	150	180	40	0	15	1	5	0	0	0	0	0	0	0	
		BYD6480STHEV5	4815	1875	1725	2720	2995	2390	1.8	72.85	81	105	180	150	180	1273	234	386	20	5	1	92	36	0	0	297	310	
		BYD6490STHEV	4870	1950	1725	2820	2995	2390	1.8	51.45	81	105	180	150	180	0	0	0	0	0	1	3762	4584	4682	4096	4244	3223	
		BYD6490STHEV1	4870	1950	1725	2820	2995	2390	1.6	51.45	100	120	180	150	180	0	0	0	0	0	0	0	23	1303	2166	2466	3075	
华晨宝马汽车有限公司	宝马牌/BMW	BMW6462AAHEV (BMWX1)	4565	1821	1613	2780	2340	1900	1.80	70	60	—	190	120	195	828	579	706	719	806	491	847	811	859	703	719	67	21596
		BMW7201BMHEV	5087	1868	1490	3108	2495	1955	1.90	51.8519	61	—	210	140	225	121	126	473	1122	2	0	0	0	0	0	0	0	
		BMW7201CMHEV	5087	1868	1490	3108	2495	2005	2.00	51.8519	60	—	210	140	225	68	56	5	18	226	1076	1680	2202	2391	1952	1894	1	
	之诺牌/ZINORO	BBA6461AAHEV (ZINORO60H)	4582	1820	1609	2780	2340	1900	1.80	70	60	—	190	120	190	8	6	7	7	3	0	6	8	2	1	0	0	
上汽大众汽车有限公司	大众汽车牌/VOLKSWAGEN	SVW6471APV	4720	1839	1673	2791	2300	1830	1.90	50	52	—	—	130	200	0	0	0	0	0	0	0	0	17	1688	5167	4275	14036
		SVW7141BPV	4948	1836	1469	2871	2190	1730	1.40	50	63	—	—	130	200	0	0	0	0	0	0	0	0	0	90	1127	1672	

续上表

企业名称 Company Name	品牌 Brand	车辆型号 Vehicle Model	外形尺寸 Dimension(mm) 长 Length	宽 Width	高 Height	轴距 Wheel Base (mm)	总质量 Total Weight (kg)	整备质量 Vehicle Weight (kg)	油耗 /Oil Consumption (L/100km)	混动电功率比 HEV Electric Power Ratio (%)	续驶里程 Driving Mileage of Electric Vehicle (工况法 Operating Condition Method, km)	续驶里程 Driving Mileage of Electric Vehicle (等速法 Isokinetic Method, km)	30 分钟最高车速 Maximum Speed of Electric Car in 30 Minutes (km/h)	混合动力汽车纯电动模式下1km最高车速 Maximum Speed of 1km in Pure Electric Mode of Hybird Electric Vehicle (km/h)	最高车速 Maximum Speed (km/h)	1月 January	2月 February	3月 March	4月 April	5月 May	6月 June	7月 July	8月 August	9月 September	10月 October	11月 November	12月 December	2018年产量合计 Total Output in 2018 (辆,Vehicle)
浙江吉利汽车有限公司	吉利美日牌	MR7152PHEV01	4631	1789	1492	2650	1913	1538	1.4	25	61(纯电模式)	70(等速60纯电模式)	90(纯电模式)	90	175	59	36	0	5	42	46	0	0	0	0	0	6	11284
		MR7153PHEV01	4986	1861	1513	2870	2165, 2215	1790, 1840	1.6	27	60	65	100	125	210	0	0	0	0	9	1461	1243	2089	1658	1364	2561	629	
		MR7153PHEV08	4986	1861	1513	2870	2165, 2215	1790, 1840	1.6	45.5	60	65	180	125	210	0	0	0	0	0	0	0	0	0	0	0	71	
	吉利牌	MR6471PHEV04	4706	1909	1690	2805	2371	1846	1.6	46.15	56	80	180	120	200	0	0	0	0	0	0	0	0	0	0	0	5	
广州汽车集团乘用车有限公司	传祺牌/Trumpchi	GAC6450CHEVA5B	4510	1852	1677, 1708	2650	2150	1760	1.8	183.1	58	80	130	150	180	1	30	124	4	0	0	0	0	0	0	0	0	11054
		GAC6450CHEVA5C	4510	1852	1677, 1708	2650	2135	1760	1.8	183.1	60	80	130	150	180	215	2	3	0	0	0	0	0	0	0	0	0	
		GAC6450CHEVA5D	4510, 4525	1852	1677, 1708	2650	2150	1760	1.6	183.1	58	80	130	150	180	0	0	209	644	627	237	26	386	517	1226	984	723	
		GAC6450CHEVA5E	4510, 4525	1852	1677, 1708	2650	2135	1760	1.6	183.1	60	80	130	150	180	0	0	26	187	166	969	881	925	474	376	592	171	
		GAC7150CHEVA5A	4600	1790	1530	2620	2012	1623	1.7	183.1	60	85	140	180	180	0	1	0	0	0	0	0	0	0	0	0	0	
		GAC7150CHEVA5C	4600	1790	1530	2620	2012	1623	1.5	183.1	60	85	140	180	180	0	0	0	0	0	0	0	0	33	2	1	0	
		GAC7150CHEVA5D	4600	1790	1530	2620	2012	1623	1.5	183.1	63	90	140	180	180	0	0	0	0	0	0	0	0	72	208	4	5	
		GAC7151CHEVB5	4850	1830	1510	2720	2192	1775, 1785	1.6	183	70	100	130	180	180	0	0	0	0	0	0	3	0	0	0	0	0	
浙江豪情汽车制造有限公司	帝豪牌	HQ7152PHEV02	4725	1802	1493	2700	2025	1650	1.3	46.2	66	75	100	120	200	0	0	0	0	0	0	0	0	14	62	5	0	6497
		HQ7152PHEV05	4631	1789	1492	2650	1913	1538	1.4	25	61(纯电模式)	70(等速60纯电模式)	90(纯电模式)	90	175	0	0	0	0	0	0	0	0	3	48	42	182	
	领克牌	JL6453PHEV08	4512	1857	1673	2734	2250	1769	1.7	27.47	51	79	93	125	210	0	0	0	0	0	0	25	480	234	1044	1572	1123	
	沃尔沃牌	VCC6474C28PHEV	4688	1902	1658	2865	2660	2109	2.3	13.8	50	—	125	125	230	0	0	0	0	119	216	192	215	217	1	0	0	
		VCC6474H29PHEV	4688	1902	1658	2865	2660	2153	2.3	13.8	50	—	—	125	230	0	0	0	0	0	0	0	0	0	101	205	292	
		VCC7204C13PHEV	4715	1866	1481	2856	2450	1996	2.1	17	53	—	120	120	230	1	0	0	29	16	0	0	57	2	0	0	0	
长城汽车股份有限公司	魏派牌	CC6483AD21APHEV	4760	1931	1655	2950	2791	2281	2.3	51.5	50	—	190	121	210	0	0	0	0	0	0	2	0	0	0	0	0	3958
		CC6484AD21APHEV	4760	1931	1655	2950	2791	2281	2.3	51.5	50	—	190	121	210	4	0	99	241	452	571	721	630	518	200	392	128	
一汽-大众汽车有限公司	奥迪牌/AUDI	FV7201FAABHEV	5036	1874	1480	3012	2477	2035	2.30	65	50	55	84	130	210	172	45	233	406	51	358	184	285	182	286	397	426	3025
广汽三菱汽车有限公司	广汽牌/GAC	GMC6450ACHEV	4510	1852	1677, 1708	2650	2150	1760	1.8	183.1	58	80	130	150	180	370	225	533	38	0	8	6	0	0	0	0	0	2893
		GMC6450BCHEV	4510	1852	1677, 1708	2650	2135	1760	1.6	183.1	60	80	130	150	180	0	0	0	0	0	0	298	9	237	269	37	350	

续上表

企业名称 Company Name	品牌 Brand	车辆型号 Vehicle Model	外形尺寸 Dimension(mm) 长 Length	宽 Width	高 Height	轴距 Wheel Base (mm)	总质量 Total Weight (kg)	整备质量 Vehicle Weight (kg)	油耗/Oil Consumption (L/100km)	混动电功率比 HEV Electric Power Ratio (%)	续驶里程 Driving Mileage of Electric Vehicle (工况法 Operating Condition Method, km)	续驶里程 Driving Mileage of Electric Vehicle (等速法 Isokinetic Method, km)	30分钟最高车速 Maximum Speed of Electric Car in 30 Minutes (km/h)	混合动力汽车纯电动模式下1km最高车速 Maximum Speed of 1km in Pure Electric Mode of Hybird Electric Vehicle (km/h)	最高车速 Maximum Speed (km/h)	1月 January	2月 February	3月 March	4月 April	5月 May	6月 June	7月 July	8月 August	9月 September	10月 October	11月 November	12月 December	2018年产量合计 Total Output in 2018 (辆,Vehicle)
广汽三菱汽车有限公司	广汽牌/GAC	GMC6450CCHEV	4510	1852	1677,1708	2650	2150	1760	1.6	183.1	58	80	130	150	180	0	0	0	0	303	46	162	1	0	1	0	0	2893
重庆长安汽车股份有限公司	长安牌	SC6469GA5HEV	4650	1850	1695,1705	2700	2445	2020	1.6	66.67	60	—	—	120	180	0	0	0	0	3	11	193	304	527	240	551	152	2485
		SC7104AA5HEV	4620	1820	1525	2660	1975	1600	1.6	98	55,60	—	130	120	185	0	0	5	98	0	0	0	106	207	86	0	2	
长安福特汽车有限公司	福特牌	CAF7200A5PHEV	4873	1852	1470	2850	2233	1836	2.0	87.6	52	—	72	136	166	0	0	503	10	0	537	399	69	86	37	21	34	2152
		CAF7200A6PHEV	4873	1852	1470	2850	2233	1836	2.0	87.6	52	—	72	136	166	0	0	0	0	0	0	0	0	3	0	117	336	
北京现代汽车有限公司	北京现代牌	BH7200PHEVRAS	4855	1835	1475	2805	2230	1768	1.3	43.5	75	90	192	120	192	0	0	0	0	0	0	0	0	0	0	0	316	1536
		BH7200PHEVRAV	4855	1835	1475	2805	2230	1768	1.3	43.50	75	90	192	120	192	0	0	0	0	0	0	0	367	124	97	299	333	
东风悦达起亚汽车有限公司	起亚牌	YQZ7201PHEV	4855	1835	1475	2805	2200	1776	1.3	46.5	75	—	192	120	192	0	0	0	0	0	47	94	19	309	168	231	169	1037
大庆沃尔沃汽车制造有限公司	沃尔沃牌	VCD7204C21PHEV	5083	1879	1450	3061	2620	2093	2.2	24.8	53	—	—	125	230	0	0	0	0	2	89	2	0	0	0	0	0	401
		VCD7204C22PHEV	5083	1879	1450	3061	2620	2166	2.3	24.8	53	—	—	125	230	0	0	0	0	1	0	1	0	0	0	0	0	
		VCD7204C23PHEV	5083	1879	1450	3061	2620	2177	2.3	24.8	53	—	—	125	230	0	0	0	0	5	7	18	12	2	0	0	0	
		VCD7204C31PPHEV	5083	1879	1450	3061	2620	2093	2.0	24.8	50	—	—	125	230	0	0	0	0	0	0	19	31	55	0	0	0	
		VCD7204H21PHEV	5083	1879	1450	3061	2620	2093	2.0	24.8	50	—	—	125	230	0	0	0	0	0	0	0	0	0	0	30	127	
上汽通用汽车有限公司	别克牌/BUICK	SGM7158DACHEV	4579	1811	1494	2694	2030	1610	0.9	57.80	116	—	—	160	160	0	0	0	0	0	2	0	0	0	0	0	0	282
	凯迪拉克牌/CADILLAC	SGM7200KACHEV	5179	1879	1500	3109	2470	2000	1.7	37.54	80	—	—	—	240	0	0	0	0	0	0	58	144	74	4	0	0	
东风小康汽车有限公司	东风牌	DXK6470ASCHEVF	4680	1845	1715	2780	2300	1740	1.4	42.9	70	—	180	90	180	0	0	0	0	0	0	0	0	0	0	0	221	221
中国第一汽车集团有限公司	红旗牌	CA7200PHEVA	5095	1875	1485	2970	2460	2010	2.4	27.5	50	—	200	120	200	0	0	0	0	0	0	0	0	0	0	0	165	165
汉腾汽车有限公司	汉腾牌	GXQ6470PHEV	4775	1902	1697	2810	2380	2005	2.2	52	52	—	185	100	185	1	24	22	4	30	0	0	0	0	0	0	1	135
		GXQ6470PHEV1	4775	1902	1697	2810	2380	2005	1.8	52	60	70	185	100	185	0	0	0	0	0	0	0	2	10	38	1	2	
广汽本田汽车有限公司	广汽牌	GHA6450-C5APHEV	4516	1852	1708	2640	2135	1760	1.6	183	60	80	130	150	180	0	0	0	0	0	0	0	0	0	0	0	115	115
中国第一汽车集团公司	红旗牌	CA7200PHEVA	5095	1875	1485	2970	2460	2010	2.4	27.5	50	—	200	120	200	0	0	0	7	93	0	0	1	0	0	0	7	108
北京奔驰汽车有限公司	梅赛德斯-奔驰牌	BJ7205JLHEV	5065	1860	1476,1463	3079	2660	2115	2.1	0.5806	50	—	250	150	250	0	0	0	0	0	0	0	0	0	0	0	1	1
2018年产量合计/Total Output in 2018(辆,Vehicle)																13962	10339	16742	16966	15446	18501	21677	23799	26421	29447	35971	26173	255445

（3）专用车（运输车、邮政车、服务车、垃圾车、自卸车、扫路车、洒水车、售货车、载货车、工程车等）/Special Vehicles（Transport Truck, Postal Vehicle, Service Ttruck, Garbage Truck, Dump Truck, Sweeper, Sprinkler, Vending Truck, Cargo Truck, Engineering Vehicle, etc）

企业名称 Company Name	品牌 Brand	车辆型号 Vehicle Model	车辆类型 Vehicle Type	底盘型号 Chassis Model	外形尺寸 Dimension（mm） 长 Length	宽 Width	高 Height	轴距 Wheelbase（mm）	总质量 Total Weight（kg）	整备质量 Vehicle Weight（kg）	油耗/Oil Consumption（L/100km）	混动电功率比 HEV Electric Power Ratio（%）	续驶里程 Driving Mileage of Electric Vehicle（等速法 Isokinetic Method, km）	30分钟最高车速 Maximum Speed of Electric Car in 30 Minutes（km/h）	混合动力汽车纯电动模式下1km最高车速 Maximum Speed of 1km in Pure Electric Mode of Hybird Electric Vehicle（km/h）	最高车速/Maximum Speed（km/h）	1月 January	2月 February	3月 March	4月 April	5月 May	6月 June	7月 July	8月 August	9月 September	10月 October	11月 November	12月 December	2018年产量合计 Total Output in 2018（辆, Vehicle）
吉利四川商用车有限公司	远程牌	DNC5047XXYSHEVGJ11	插电式混合动力厢式运输车	DNC1047SHEVGJ11	5995	2100	3100	3360	4495	2996	9.5	166.7	103	80	90	90	0	0	0	0	0	0	0	0	0	0	1	1	2
东风汽车集团有限公司	东风牌	EQ5045XXYTZPHEV	插电式混合动力厢式运输车	EQ1045TTZPHEVJ	5995	2100, 2200	2950, 3080, 3130	3300	4495	3210	—	68.8	66	40	60	100	0	0	0	0	0	0	0	0	0	0	0	1	1
2018年产量合计/Total Output in 2018（辆, Vehicle）																	0	0	0	0	0	0	0	0	0	0	1	2	3

3. 燃料电池汽车产量统计/Statistics on Output of Fuel Cell Vehicle

（1）大中型客车、轻型客车/Large and Medium Sized Bus and Light Bus

企业名称 Company Name	品牌 Brand	车辆型号 Vehicle Model	底盘型号 Chassis Model	外形尺寸 Dimension（mm） 长 Length	宽 Width	高 Height	轴距 Wheel Base（mm）	总质量 Total Weight（kg）	整备质量 Vehicle Weight（kg）	续驶里程 Driving Mileage of Electric Vehicle（等速法 Isokinetic Method, km）	30分钟最高车速 Maximum Speed of Electric Car in 30 Minutes（km/h）	最高车速 Maximum Speed（km/h）	1月 January	2月 February	3月 March	4月 April	5月 May	6月 June	7月 July	8月 August	9月 September	10月 October	11月 November	12月 December	2018年产量合计 Total Output in 2018（辆, Vehicle）
佛山市飞驰汽车制造有限公司	飞驰牌	FSQ6110FCEVG1	EQ6110KRACFCEV	10960	2490	3500	5500	17900	12700	30（氢系统不工作），360（氢系统工作）	69	69	0	0	0	0	0	0	0	0	3	10	0	3	298
		FSQ6120FCEVG	—	12000	2550	3550	6200	17900	12500	45（氢系统不工作），415（氢系统工作）	69	69	0	0	0	0	0	0	0	1	0	0	0	0	
		FSQ6700FCEVG	EQ6680KRACFCEV	7040	2200	2880	4750	8300	5600	120（氢系统不工作），320（氢系统工作）	69	69	0	0	0	0	0	0	1	0	0	0	0	0	
		FSQ6860FCEVG	EQ6820KRACFCEV	8645	2490	3300	4350	13000	8590	85（氢系统不工作），308（氢系统工作）	69	69	0	0	0	0	80	0	0	0	0	0	0	0	
		FSQ6860FCEVGS	—	8645	2490	3300	4350	13000	8590, 8850	85（氢系统不工作），308（氢系统工作），500（氢系统工作）	65	65	0	0	0	0	0	0	0	0	0	200	0	0	
中通客车控股股份有限公司	中通牌	LCK6105FCEVG1	—	10500	2550	3450	5600	16500	10600, 11200	510（氢系统工作），165（氢系统不工作）	65	69	0	0	0	0	0	0	0	0	0	0	0	40	90
		LCK6900FCEVG1	—	8955	2550	3350	4900	13500	8700, 9100	90（氢系统不工作），350（氢系统工作）	65	69	0	0	0	0	0	0	0	0	0	0	0	2	
		LCK6900FCEVG4	—	8955	2550	3350	4900	13500	8700, 9100	90（氢系统不工作），350（氢系统工作）	65	69	0	0	0	0	0	0	0	0	0	0	0	19	
		LCK6900FCEVG5	—	8955	2550	3350	4900	13500	8700, 9100	90（氢系统不工作），350（氢系统工作）	65	69	0	0	0	0	0	0	0	0	0	0	0	29	
北汽福田汽车股份有限公司	福田牌	BJ6105FCEVCH	—	10500	2550	3470	5700	17000	12500	141（氢系统不工作），386（氢系统工作）	69	69	0	0	0	49	0	0	0	0	0	0	0	0	84
		BJ6123FCEVCH-1	—	12000	2550	3460	5900	18000	12200, 12700, 13400	58（氢系统不工作），450（氢系统工作）	69	69	0	0	0	0	0	0	0	5	0	0	0	0	
		BJ6852FCEVUH	—	8520	2450	3800	4100	12680	9600, 9800	450	100	100	0	0	0	0	30	0	0	0	0	0	0	0	
郑州宇通客车股份有限公司	宇通牌	ZK6105FCEVG1	—	10500	2500	3400	5200	16500	11300, 11800, 12300	600	69	69	0	0	0	0	0	0	0	0	0	0	0	2	57

续上表

企业名称 Company Name	品牌 Brand	车辆型号 Vehicle Model	底盘型号 Chassis Model	外形尺寸 Dimension(mm) 长 Length	宽 Width	高 Height	轴距 Wheel Base (mm)	总质量 Total Weight (kg)	整备质量 Vehicle Weight (kg)	续驶里程 Driving Mileage of Electric Vehicle (等速法 Isokinetic Method, km)	30分钟最高车速 Maximum Speed of Electric Car in 30 Minutes (km/h)	最高车速 Maximum Speed (km/h)	1月 January	2月 February	3月 March	4月 April	5月 May	6月 June	7月 July	8月 August	9月 September	10月 October	11月 November	12月 December	2018年产量合计 Total Output in 2018 (辆, Vehicle)
郑州宇通客车股份有限公司	宇通牌	ZK6105FCEVG2	—	10500	2500	3400	5200	16500	11300, 11800, 12300	600	69	69	0	0	0	0	0	0	0	0	0	0	0	8	57
		ZK6125FCEVG5	—	12000	2550	3400	6100	18000	12750, 13100, 13550	135(氢系统不工作), 600(氢系统工作)	69	69	0	0	0	0	0	0	4	23	0	0	0	20	
中植汽车(淳安)有限公司	中植汽车牌	SPK6890FCEV3	—	8945	2500	3400	4350	13700	9500	65(氢系统不工作),370(氢系统工作)	69	69	0	0	0	0	0	0	0	0	0	0	0	5	55
		SPK6891FCEV2	—	8990	2500	3565	4435	12500	9350	450	100	100	0	0	0	0	0	0	0	0	0	0	0	50	
南京金龙客车制造有限公司	开沃牌	NJL6129FCEV	—	11980	2550	3479	6000	17920	11800,12050	530,650	69	69	1	0	0	0	2	0	0	0	0	0	0	8	35
		NJL6859FCEV	—	8545	2440	3370	4465	13200	8800,9000	420	69	69	0	0	0	0	0	0	0	0	0	0	2	2	
		NJL6859FCEV2	—	8545	2440	3370	4465	13200	8800,9000	400	69	69	0	0	0	0	0	0	0	0	0	0	0	20	
上海申龙客车有限公司	申龙牌	SLK6109UQFCEVH	—	10500	2500	3470	5700	16500	12000,12500	150(氢系统不工作),387(氢系统工作)	69	69	0	0	0	0	0	0	0	0	0	0	0	1	34
		SLK6606GFCEVQ	—	6050	1995	2805	3665	5200	3600	170(氢系统不工作),400(氢系统工作)	100	100	0	0	0	0	0	0	0	0	0	0	0	2	
		SLK6859UQFCEVH	—	8545	2500	3470	4430	14000	9200,9700	85(氢系统不工作),360(氢系统工作)	69	69	0	0	0	0	0	0	0	0	0	0	0	1	
		SLK6903AFCEVH	—	8995	2480	3695	4800	13200	9300,9800	100(氢系统不工作),420(氢系统工作)	100	100	0	0	0	0	0	0	0	0	0	0	0	30	
东风汽车集团有限公司	东风牌	EQ6700LACFCEV	—	6965	1995	2930	4330	5500	4000	115(氢系统不工作), 305(仅氢系统工作)	90	90	0	0	0	0	0	0	0	0	0	0	1	20	21
成都客车股份有限公司	蜀都牌	CDK6900CEFCEV	EQ6860KRACFCEV	8975	2500	3390	4500	13800	9300,9650	500(氢系统工作)	69	69	0	2	0	4	4	0	0	0	0	0	0	0	10
金华青年汽车制造有限公司	青年牌	JNP6103BFCEV	—	10150	2500	3405	5100	15000	10200	440(纯氢 350 + 纯电 90)	66	69	0	0	0	0	0	3	0	0	0	0	0	5	8
上海申沃客车有限公司	申沃牌	SWB6128FCEV01	SWB6128FCEV01	11990	2520	3470	5900	18000	12300	560	65	69	0	0	0	0	0	0	0	6	0	0	0	0	6
江苏九龙汽车制造有限公司	大马牌	HKL6800GFCEV	—	8050	2400	3224	4100	12600	7550	500	69	69	0	0	0	0	0	0	0	0	0	0	0	5	5
金龙联合汽车工业(苏州)有限公司	海格牌	KLQ6109GAFCEV	XMQ6100GRFCEV	10490	2550	3470	5700	17000	12400, 12100, 11750	纯电动续驶里程 160, 氢系统工作时的续驶里程 602	69	69	0	0	0	0	0	0	0	0	0	0	0	5	5
上汽大通汽车有限公司	大通牌	SH6612A4FCEV	—	6120	1998	2612	4180	4220	3105,3130	430	80	100	0	0	0	1	0	0	0	1	0	0	0	0	2
2018年产量合计/Total Output in 2018(辆, Vehicle)													1	2	0	54	116	3	5	36	3	210	3	277	710

(2)专用车(运输车、邮政车、服务车、垃圾车、自卸车、扫路车、洒水车、售货车、载货车、工程车等)/Special Vehicles(Transport Truck, Postal Vehicle, Service Truck, Garbage Truck, Dump Truck, Sweeper, Sprinkler, Vending Truck, Cargo Truck, Engineering Vehicle, etc)

企业名称 Company Name	品牌 Brand	车辆型号 Vehicle Model	车辆类型 Vehicle Type	底盘型号 Chassis Model	外形尺寸 Dimension(mm) 长 Length	宽 Width	高 Height	轴距 Wheel Base (mm)	总质量 Total Weight (kg)	整备质量 Vehicle Weight (kg)	续驶里程 Driving Mileage of Electric Vehicle (等速法 Isokinetic Method, km)	30分钟最高车速 Maximum Speed of Electric Car in 30 Minutes (km/h)	最高车速 Maximum Speed (km/h)	1月 January	2月 February	3月 March	4月 April	5月 May	6月 June	7月 July	8月 August	9月 September	10月 October	11月 November	12月 December	2018年产量合计 Tota lOutput in 2018 (辆, Vehicle)
中通客车控股股份有限公司	中通牌	LCK5085XXYFCEVH9	燃料电池厢式运输车	EQ1080TACFCEVJ2	6880	2370	3060, 2915	3800	7985	4790, 5000, 5200	100(氢系统不工作), 360(氢系统工作)	90	90	0	0	0	0	0	0	0	0	0	0	0	100	700
		LCK5095XXYFCEVH9	燃料电池厢式运输车	EQ1090TACFCEVJ	7630	2370	3060	4100	8695	4900, 5100, 5400	40(氢系统不工作), 320(氢系统工作)	90	90	0	0	0	0	0	0	0	0	0	0	1	599	
东风汽车集团有限公司	东风牌	EQ5081XXYTFCEV	燃料电池厢式运输车	EQ6591KMTFCEV	6135	2090	2600, 2830	3600	7510	4320	305	70	90	0	0	0	0	0	10	0	0	0	0	0	0	57
		EQ5080XLCTFCEV	燃料电池冷藏车	EQ1080TTFCEVJ6	6695	2280	3250	3600	7600	5000	310	80	80	0	0	0	0	0	0	0	0	0	0	0	4	
		EQ5080XXYTFCEV1	燃料电池厢式运输车	—	6410	2200	2850	3600	7510	4100	305	70	85	0	0	0	0	0	0	0	0	2	0	0	0	
		EQ5080XXYTFCEV2	甲醇重整制氢燃料电池厢式运输车	—	6310	2200	2820	3600	7600	4800	310	75	80	0	0	0	0	0	0	0	0	0	2	0	0	
		EQ5080XXYTFCEV3	燃料电池厢式运输车	—	6650	2250	2950	3600	7510	4150	360	75	85	0	0	0	0	0	0	1	0	0	0	0	0	
		EQ5080XXYTFCEV4	燃料电池厢式运输车	EQ1080TTFCEVJ4	6350	2200	2850	3600	7600	4450	310	75	80	0	0	0	0	0	0	0	0	0	0	0	1	
		EQ5081XLCTFCEV	燃料电池冷藏车	EQ6591KMTFCEV1	6135	2060	2600, 2850	3600	7510	4450	400	70	90	0	0	0	0	0	0	0	0	0	0	0	1	
		EQ5081XXYTFCEV	燃料电池厢式运输车	EQ6591KMTFCEV	6135	2090, 2060	2600, 2830	3600	7510	4320	305	70	90	0	0	0	0	0	0	0	0	10	0	0	0	
		EQ5081XXYTFCEV1	燃料电池厢式运输车	EQ6591KMTFCEV1	6135	2060	2600, 2850	3600	7510	3920	420	70	90	0	0	0	0	0	0	0	0	0	0	0	26	
佛山市飞驰汽车制造有限公司	飞驰牌	FSQ5080XXYFCEV	燃料电池厢式运输车	EQ1080TACFCEVJ	6800	2200	2840	3800	7985	4315	90(氢系统不工作), 350(氢系统工作)	85	85	0	0	0	0	0	0	0	0	0	0	0	70	70
金华青年汽车制造有限公司	青年曼牌	JNP5080XXYFCEV3	燃料电池厢式运输车	—	6665	2100	2920	3800	7600	4470	378(纯氢305+纯电73)	78	80	0	0	5	0	0	0	0	2	0	0	0	50	57
北汽福田汽车股份有限公司	福田牌	BJ5088XXYFCEV	燃料电池厢式运输车	BJ1088FCEVJH	6965	2240	3250	3800	8275	4400	100km(氢气不工作), 410km(氢气工作模式)	90	90	0	0	0	0	0	0	0	0	0	0	0	25	25
2018年产量合计/Total Output in 2018(辆, Vehicle)														0	0	5	0	0	10	1	2	12	2	1	876	909

节能与新能源汽车年鉴

YEARBOOK OF ENERGY-SAVING AND NEW ENERGY VEHICLES

第六篇 Section Ⅵ

关键零部件配套数量统计

Statistics of Key Components and Accessories

一、储能装置配套统计

Chapter 1 Statistics on Output of Energy Storage Devices

储能装置单体生产企业 Single Cell Production Enterprise of Energy Storage Device	储能装置种类 Types of Energy Storage Devices	储能装置单体型号 Cell Odels of Energy Storage Device	储能装置单体标称电压(V) Nominal Voltage of Monomer for Energy Storage Unit (V)	储能装置单体质量(kg) Monomer Quality of Energy Storage Unit (kg)	超级电容器单体标称静电容量(F) Nominal Electrostatic Capacity of Super Capacitor Monomer (F)	储能装置单体数量 Single Cell Quantity of Energy Storage Device	储能装置总成生产企业 Production Company of Energy Storage Device Cell	储能装置总成标称电压(V) Nominal Voltage of Energy Storage Device Assembly (V)	储能装置总成额定输出电流(A) Rated Output Current of Energy Storage Device Assembly (A)	储能装置总成质量(kg) Quality of Energy Storage Device Assembly (kg)	储能装置总成标称容量(Ah) Nominal Capacity of Power Battery Assembly (Ah)	超级电容器总成标称静电容量(F) Nominal Electrostatic Capacity of Super Capacitor Assembly (F)	储能装置总储电量(kWh) Total Energy Storage Capacity of Energy Storage Device (kWh)	动力蓄电池箱是否具有快换装置 Whether Power Battery Box has Quick Change Device	车载能源管理系统型号(包括软件和硬件) Vehicle Energy Management System Model (Including Software and Hardware)	车载能源管理系统生产企业 Vehicle Energy Management System Manufacturing Enterprise	配套车辆类型 Matching Vehicle Type	2018年配套车型产量小计(辆) Subtotal Output of Supported Odels in 2018 (Vehicle)	2018年配套车型产量总计(辆) Total Output of Supported Odels in 2018 (Vehicle)
宁德时代新能源科技股份有限公司	磷酸铁锂	1AL0H2	3.2	2.28±0.3	—	220	宁德时代新能源科技股份有限公司	352	200	639	200	—	70.4	否	S00BMU0HSD/H00BMU0198	宁德时代新能源科技股份有限公司	纯电动专用车	176	436475
	磷酸铁锂	1AL0H2	3.2	2.28±0.3	—	336	宁德时代新能源科技股份有限公司	537.6	200	932	200	—	107.5	否	CES-B60S/CES-B60H	宁德时代新能源科技股份有限公司	纯电动专用车	5	
	磷酸铁锂	1AL0H2	3.2	2.28±0.3	—	336	宁德时代新能源科技股份有限公司	537.6	200	932	200	—	107.52	否	CES-B60S/CES-B60H	宁德时代新能源科技股份有限公司	纯电动专用车	582	
	磷酸铁锂	1AL0H2	3.2	2.28±0.3	—	504	宁德时代新能源科技股份有限公司	537.6	250	1398	300	—	161.2	否	CES-B60S/CES-B60H	宁德时代新能源科技股份有限公司	纯电动专用车	13	
	磷酸铁锂	47/173/132.5-86Ah	3.2	2.3	—	204	宁德时代新能源科技股份有限公司	326.4	172	620	172	—	56.14	否	H20_56.1kWh_NJL/BUS_G5_BMU_E	宁德时代新能源科技股份有限公司	纯电动专用车	2	
	磷酸铁锂	47/173/132.5-86Ah	3.2	2.3±0.3	—	108	宁德时代新能源科技股份有限公司	345.6	86	345	86	—	29.72	否	CEB-B60SV01/CEB-B60H	宁德时代新能源科技股份有限公司	插电式混合动力客车	68	
	磷酸铁锂	47/173/132.5-86Ah	3.2	2.3±0.3	—	180	宁德时代新能源科技股份有限公司	576	86	565	86	—	49.5	否	CEB-B60SV01/CEB-B60H	宁德时代新能源科技股份有限公司	燃料电池客车	1	
	磷酸铁锂	47/173/132.5-86Ah	3.2	2.3±0.3	—	180	宁德时代新能源科技股份有限公司	576	86	565	86	—	49.53	否	CEB-B60SV01/CEB-B60H	宁德时代新能源科技股份有限公司	插电式混合动力客车	5	
	磷酸铁锂	47/173/132.5-86Ah	3.2	2.3±0.3	—	378	北京普莱德新能源电池科技有限公司	604.8	172	1061	172	—	104.03	否	硬件:BC52/软件:SW2.0.35.355	安徽力高新能源技术有限公司	纯电动客车	15	
	磷酸铁锂	47/173/132.5-86Ah	3.2	2.3±0.3	—	378	北京普莱德新能源电池科技有限公司	604.8	172	1061	172	—	104.03	否	硬件:BC52/软件:SW2.0.35.355	安徽力高新能源技术有限公司	纯电动客车	117	
	磷酸铁锂	48/173/170	3.2	2.93	—	120	宁德时代新能源科技股份有限公司	384	120	520	120	—	46	否	软件: S05BMS000DV01Y13/硬件: H05BMS0010Y13	宁德时代新能源科技股份有限公司	纯电动客车	1	
	磷酸铁锂	48/173/170	3.2	2.93	—	144	宁德时代新能源科技股份有限公司	460.8	120	555	120	—	55.29	否	CATL-EV-BMS-SW-V01/CATL-EV-BMS-HW-V01	宁德时代新能源科技股份有限公司	纯电动专用车	3	
	磷酸铁锂	48/173/170	3.2	2.93	—	144	宁德时代新能源科技股份有限公司	460.8	120	555	120	—	55.29	否	S05BMS000DV01Y13/H05BMS0010Y13	宁德时代新能源科技股份有限公司	纯电动专用车	14	
	磷酸铁锂	48/173/170	3.2	2.93	—	162	宁德时代新能源科技股份有限公司	518.4	120	600	120	—	62.2	否	H20_62.2kWh_NJL/BUS_G5_BMU_E	宁德时代新能源科技股份有限公司	纯电动客车	1	
	磷酸铁锂	48/173/170	3.2	2.93	—	162	宁德时代新能源科技股份有限公司	518.4	60	655	120	—	62.2	否	G1_062 kWh/BUS_G5_BMU_E	宁德时代新能源科技股份有限公司	纯电动客车	9	
	磷酸铁锂	48/173/170	3.2	2.93	—	189	宁德时代新能源科技股份有限公司	604.8V	120	752	120	—	72.57	否	CATL-EV-BMS-SW-V01/CATL-EV-BMS-HW-V01	宁德时代新能源科技股份有限公司	纯电动专用车	1	
	磷酸铁锂	48/173/170	3.2	2.93	—	324	宁德时代新能源科技股份有限公司	518.4	200	1383	240	—	124.4	否	S05BMS000DV01Y13/H05BMS0010Y13	宁德时代新能源科技股份有限公司	纯电动客车	80	
	磷酸铁锂	48/173/170	3.2	2.93	—	468	宁德时代新能源科技股份有限公司	499	200	2000	360	—	180	否	S05BMS000DV01Y13/H05BMS0010Y13	宁德时代新能源科技股份有限公司	纯电动客车	47	

续上表

储能装置单体生产企业 Single Cell Production Enterprise of Energy Storage Device	储能装置种类 Types of Energy Storage Devices	储能装置单体型号 Cell Odels of Energy Storage Device	储能装置单体标称电压(V) Nominal Voltage of Monomer for Energy Storage Unit (V)	储能装置单体质量(kg) Monomer Quality of Energy Storage Unit (kg)	超级电容器单体标称静电容量(F) Nominal Electrostatic Capacity of Super Capacitor Monomer (F)	储能装置单体数量 Single Cell Quantity of Energy Storage Device	储能装置总成生产企业 Production Company of Energy Storage Device Cell	储能装置总成标称电压(V) Nominal Voltage of Energy Storage Device Assembly (V)	储能装置总成额定输出电流(A) Rated Output Current of Energy Storage Device Assembly (A)	储能装置总成质量(kg) Quality of Energy Storage Device Assembly (kg)	储能装置总成标称容量(Ah) Nominal Capacity of Power Battery Assembly (Ah)	超级电容器总成标称静电容量(F) Nominal Electrostatic Capacity of Super Capacitor Assembly (F)	储能装置总储电量(kWh) Total Energy Storage Capacity of Energy Storage Device (kWh)	动力蓄电池箱是否具有快换装置 Whether Power Battery Box has Quick Change Device	车载能源管理系统型号(包括软件和硬件) Vehicle Energy Management System Model (Including Software and Hardware)	车载能源管理系统生产企业 Vehicle Energy Management System Manufacturing Enterprise	配套车辆类型 Matching Vehicle Type	2018年配套车型产量小计(辆) Subtotal Output of Supported Odels in 2018 (Vehicle)	2018年配套车型产量总计(辆) Total Output of Supported Odels in 2018 (Vehicle)
宁德时代新能源科技股份有限公司	磷酸铁锂	48/173/170	3.2	2.93±0.3	—	120	宁德时代新能源科技股份有限公司	384	120	520	120	—	46	否	软件：S05BMS000DV01Y13/硬件：H05BMS0010Y13	宁德时代新能源科技股份有限公司	纯电动专用车	1	436475
	磷酸铁锂	48/173/170	3.2	2.93±0.3	—	180	宁德时代新能源科技股份有限公司	576	120	≤770	120	—	69.1	—	S05BMS000DV01Y13/H05BMS0010Y13	宁德时代新能源科技股份有限公司	燃料电池客车	10	
	磷酸铁锂	48/173/170	3.2	2.93±0.3	—	180	宁德时代新能源科技股份有限公司	576	120	770	120	—	69.1	—	S05BMS000DV01Y13/H05BMS0010Y13	宁德时代新能源科技股份有限公司	纯电动客车	2	
	磷酸铁锂	48/173/170	3.2	2.93±0.3	—	540	宁德时代新能源科技股份有限公司	576	200	2130	360	—	207.4	无	S05BMS000DV01Y13/H05BMS0010Y13	宁德时代新能源科技股份有限公司	纯电动客车	28	
	磷酸铁锂	48/173/170	3.2	2.93±0.3	—	720	宁德时代新能源科技股份有限公司	576	250	2900	480	—	276.4	否	S05BMS000DV01Y13/H05BMS0010Y13	宁德时代新能源科技股份有限公司	纯电动客车	1	
	磷酸铁锂	48/173/170	3.2	2.93±0.3	—	744	宁德时代新能源科技股份有限公司	595.2	400	2400	480	—	285.6	否	S05BMS000DV01Y13/H05BMS0010Y13	宁德时代新能源科技股份有限公司	纯电动客车	39	
	磷酸铁锂	6LH3L7	3.2	5	—	168	宁德时代新能源科技股份有限公司	537.6	240	995	240	—	129.02	否	CEB-B60SV01/CEB-B60H	宁德时代新能源科技股份有限公司	纯电动专用车	8	
	磷酸铁锂	6LH3L7	3.2	5	—	168	宁德时代新能源科技股份有限公司	537.6	240	995	240	—	129.02	否	CEB-B60SV01/CEB-B60H	宁德时代新能源科技股份有限公司	纯电动客车	6	
	磷酸铁锂	6LH3L7	3.2	5	—	171	宁德时代新能源科技股份有限公司	547.2	240	1009	240	—	131.32	否	CEB-B60SV01/CEB-B60H	宁德时代新能源科技股份有限公司	纯电动客车	4	
	磷酸铁锂	6LH3L7	3.2	5	—	171	宁德时代新能源科技股份有限公司	547.2	240	1009	240	—	131.32	否	CEB-B60SV01/CEB-B60H	宁德时代新能源科技股份有限公司	纯电动客车	262	
	磷酸铁锂	6LH3L7	3.2	5	—	186	宁德时代新能源科技股份有限公司	595.2	240	1108	240	—	142.84	否	CEB-B60SV01/CEB-B60H	宁德时代新能源科技股份有限公司	纯电动客车	404	
	磷酸铁锂	6LH3L7	3.2	5	—	204	宁德时代新能源科技股份有限公司	652.8	240	1207	240	—	156.67	否	CEB-B60SV01/CEB-B60H	宁德时代新能源科技股份有限公司	纯电动客车	82	
	磷酸铁锂	6LH3L7	3.2	5	—	288	宁德时代新能源科技股份有限公司	460.8	480	1696	480	—	221.18	否	CEB-B60SV01/CEB-B60H	宁德时代新能源科技股份有限公司	纯电动客车	17	
	磷酸铁锂	6LH3L7	3.2	5	—	324	宁德时代新能源科技股份有限公司	518.4	480	1922	480	—	248.83	否	CEB-B60SV01/CEB-B60H	宁德时代新能源科技股份有限公司	纯电动客车	29	
	磷酸铁锂	6LH3L7	3.2	5	—	336	宁德时代新能源科技股份有限公司	537.6	480	1990	480	—	258.04	否	CEB-B60SV01/CEB-B60H	宁德时代新能源科技股份有限公司	纯电动客车	98	
	磷酸铁锂	6LH3L7	3.2	5	—	360	宁德时代新能源科技股份有限公司	576	250	2120	480	—	276.48	否	CEB-B60SV01/CEB-B60H	宁德时代新能源科技股份有限公司	纯电动客车	287	
	磷酸铁锂	6LH3L7	3.2	5.0	—	144	宁德时代新能源科技股份有限公司	460.8	240	848	240	—	110	否	CEB-B60SV01/ CEB-B60H	宁德时代新能源科技股份有限公司	纯电动客车	165	
	磷酸铁锂	6LH3L7	3.2	5.0	—	168	宁德时代新能源科技股份有限公司	537.6	240	995	240	—	129	—	CEB-B60SV01/CEB-B60H	宁德时代新能源科技股份有限公司	纯电动客车	21	
	磷酸铁锂	6LH3L7	3.2	5.0	—	360	宁德时代新能源科技股份有限公司	576	250	2120	480	—	276.48	否	CEB-B60SV01/CEB-B60H	宁德时代新能源科技股份有限公司	纯电动客车	38	
	磷酸铁锂	6LH3L7	3.2	5.0±0.3	—	153	北京普莱德新能源电池科技有限公司	489.6	240	966	240	—	117.5	否	SW2.0.35.355/BC52	安徽力高新能源技术有限公司	纯电动客车	181	
	磷酸铁锂	6LH3L7	3.2	5.0±0.3	—	159	宁德时代新能源科技股份有限公司	508.8	200	944	240	—	122.11	否	CEB-B60SV01/CEB-B60H	宁德时代新能源科技股份有限公司	纯电动客车	175	
	磷酸铁锂	6LH3L7	3.2	5.0±0.3	—	162	宁德时代新能源科技股份有限公司	518.4	240	961	240	—	124.4	否	CEB-B60SV01/CEB-B60H	宁德时代新能源科技股份有限公司	纯电动客车	23	
	磷酸铁锂	6LH3L7	3.2	5.0±0.3	—	168	宁德时代新能源科技股份有限公司	537.6	240	995	240	—	129	否	CEB-B60SV01/ CEB-B60H	宁德时代新能源科技股份有限公司	纯电动客车	237	
	磷酸铁锂	6LH3L7	3.2	5.0±0.3	—	168	宁德时代新能源科技股份有限公司	537.6	240	995	240	—	129	否	CEB-B60SV01/CEB-B60H	宁德时代新能源科技股份有限公司	纯电动客车	66	
	磷酸铁锂	6LH3L7	3.2	5.0±0.3	—	168	宁德时代新能源科技股份有限公司	537.6	240	995	240	—	129.02	否	CEB-B60SV01/ CEB-B60H	宁德时代新能源科技股份有限公司	纯电动客车	49	

续上表

储能装置单体生产企业 Single Cell Production Enterprise of Energy Storage Device	储能装置种类 Types of Energy Storage Devices	储能装置单体型号 Cell Odels of Energy Storage Device	储能装置单体标称电压(V) Nominal Voltage of Monomer for Energy Storage Unit (V)	储能装置单体质量(kg) Monomer Quality of Energy Storage Unit (kg)	超级电容器单体标称静电容量(F) Nominal Electrostatic Capacity of Super Capacitor Monomer (F)	储能装置单体数量 Single Cell Quantity of Energy Storage Device	储能装置总成生产企业 Production Company of Energy Storage Device Cell	储能装置总成标称电压(V) Nominal Voltage of Energy Storage Device Assembly (V)	储能装置总成额定输出电流(A) Rated Output Current of Energy Storage Device Assembly (A)	储能装置总成质量(kg) Quality of Energy Storage Device Assembly (kg)	储能装置总成标称容量(Ah) Nominal Capacity of Power Battery Assembly (Ah)	超级电容器总成标称静电容量(F) Nominal Electrostatic Capacity of Super Capacitor Assembly (F)	储能装置总储电量(kWh) Total Energy Storage Capacity of Energy Storage Device (kWh)	动力蓄电池箱是否具有快换装置 Whether Power Battery Box has Quick Change Device	车载能源管理系统型号(包括软件和硬件) Vehicle Energy Management System Model (Including Software and Hardware)	车载能源管理系统生产企业 Vehicle Energy Management System Manufacturing Enterprise	配套车辆类型 Matching Vehicle Type	2018年配套车型产量小计(辆) Subtotal Output of Supported Odels in 2018 (Vehicle)	2018年配套车型产量总计(辆) Total Output of Supported Odels in 2018 (Vehicle)
宁德时代新能源科技股份有限公司	磷酸铁锂	6LH3L7	3.2	5.0±0.3	—	171	宁德时代新能源科技股份有限公司	547.2	200	1009	240	—	131.32	否	CEB-B60SV01/CEB-B60H	宁德时代新能源科技股份有限公司	纯电动客车	85	436475
	磷酸铁锂	6LH3L7	3.2	5.0±0.3	—	171;192	北京普莱德新能源电池科技有限公司;宁德时代新能源科技股份有限公司	547.2;614.4	240	1061;1180;1009;1142	240	—	131.32;147.45	否	PBMA001-01A; CEB-B60SV01/CEB-B60H	北京普莱德新能源电池科技有限公司;宁德时代新能源科技股份有限公司	纯电动客车	110	
	磷酸铁锂	6LH3L7	3.2	5.0±0.3	—	180	北京普莱德新能源电池科技有限公司	576	240	1100	240	—	138.24	否	SW2.0.35.355/BC52	安徽力高新能源技术有限公司	纯电动客车	55	
	磷酸铁锂	6LH3L7	3.2	5.0±0.3	—	180	北京普莱德新能源电池科技有限公司	576	240	1125	240	—	138.2	否	SW2.0.35.355/BC52	安徽力高新能源技术有限公司	纯电动客车	1	
	磷酸铁锂	6LH3L7	3.2	5.0±0.3	—	180	宁德时代新能源科技股份有限公司	576	200	1060	240	—	138.24	否	CEB-B60SV01/CEB-B60H	宁德时代新能源科技股份有限公司	纯电动客车	6	
	磷酸铁锂	6LH3L7	3.2	5.0±0.3	—	180	宁德时代新能源科技股份有限公司	576	200	1060	240	—	139	否	CEB-B60SV01/CEB-B60H	宁德时代新能源科技股份有限公司	纯电动客车	4	
	磷酸铁锂	6LH3L7	3.2	5.0±0.3	—	180	宁德时代新能源科技股份有限公司	576	240	1060	240	—	138.2	否	CEB-B60SV01/ CEB-B60H	宁德时代新能源科技股份有限公司	纯电动客车	1	
	磷酸铁锂	6LH3L7	3.2	5.0±0.3	—	180	宁德时代新能源科技股份有限公司	576	240	1060	240	—	138.2	否	CEB-B60SV01/CEB-B60H	宁德时代新能源科技股份有限公司	纯电动客车	80	
	磷酸铁锂	6LH3L7	3.2	5.0±0.3	—	180	宁德时代新能源科技股份有限公司	576	240	1060	240	—	138.24	否	CEB-B60SV01/ CEB-B60H	宁德时代新能源科技股份有限公司	纯电动客车	21	
	磷酸铁锂	6LH3L7	3.2	5.0±0.3	—	180	宁德时代新能源科技股份有限公司	576	240	1060	240	—	138.24	否	CEB-B60SV01/CEB-B60H	宁德时代新能源科技股份有限公司	纯电动客车	412	
	磷酸铁锂	6LH3L7	3.2	5.0±0.3	—	183	宁德时代新能源科技股份有限公司	585.6	240	1091	240	—	140.54	否	CEB-B60SV01/CEB-B60H	宁德时代新能源科技股份有限公司	纯电动客车	5	
	磷酸铁锂	6LH3L7	3.2	5.0±0.3	—	192	北京普莱德新能源电池科技有限公司	614.4	240	1206	240	—	147.5	否	SW2.0.35.355/BC52	安徽力高新能源技术有限公司	纯电动客车	4	
	磷酸铁锂	6LH3L7	3.2	5.0±0.3	—	192	北京普莱德新能源电池科技有限公司;宁德时代新能源科技股份有限公司	614.4	240	1206;1142	240	—	147.45	否	PBMA001-01A; CEB-B60SV01/CEB-B60H	北京普莱德新能源电池科技有限公司;宁德时代新能源科技股份有限公司	纯电动客车	20	
	磷酸铁锂	6LH3L7	3.2	5.0±0.3	—	192	宁德时代新能源科技股份有限公司	614.4	240	1142	240	—	147.4	否	CEB-B60SV01/CEB-B60H	宁德时代新能源科技股份有限公司	纯电动客车	2	
	磷酸铁锂	6LH3L7	3.2	5.0±0.3	—	198	宁德时代新能源科技股份有限公司	633.6	240	1170	240	—	152.1	否	CEB-B60SV01/CEB-B60H	宁德时代新能源科技股份有限公司	纯电动客车	33	
	磷酸铁锂	6LH3L7	3.2	5.0±0.3	—	288	宁德时代新能源科技股份有限公司	460.8	200	1696	480	—	221.18	否	CEB-B60SV01/CEB-B60H	宁德时代新能源科技股份有限公司	纯电动客车	487	
	磷酸铁锂	6LH3L7	3.2	5.0±0.3	—	318	宁德时代新能源科技股份有限公司	508.8	200	1888	480	—	244.22	否	CEB-B60SV01/CEB-B60H	宁德时代新能源科技股份有限公司	纯电动客车	351	
	磷酸铁锂	6LH3L7	3.2	5.0±0.3	—	318	宁德时代新能源科技股份有限公司	508.8	250	1888	480	—	244.2	否	CEB-B60SV01/CEB-B60H	宁德时代新能源科技股份有限公司	纯电动客车	24	
	磷酸铁锂	6LH3L7	3.2	5.0±0.3	—	324	宁德时代新能源科技股份有限公司	518.4	240	1922	480	—	248.8	否	CEB-B60SV01/CEB-B60H	宁德时代新能源科技股份有限公司	纯电动客车	1	
	磷酸铁锂	6LH3L7	3.2	5.0±0.3	—	330	宁德时代新能源科技股份有限公司	528	250	1950	480	—	253.4	否	CEB-B60SV01/CEB-B60H	宁德时代新能源科技股份有限公司	纯电动客车	37	
	磷酸铁锂	6LH3L7	3.2	5.0±0.3	—	336	北京普莱德新能源电池科技有限公司	537.6	240	2060	480	—	258.05	否	SW2.0.35.355/BC52	安徽力高新能源技术有限公司	纯电动客车	217	
	磷酸铁锂	6LH3L7	3.2	5.0±0.3	—	336	宁德时代新能源科技股份有限公司	537.6	200	1990	480	—	258	否	CEB-B60SV01/CEB-B60H	宁德时代新能源科技股份有限公司	纯电动客车	228	
	磷酸铁锂	6LH3L7	3.2	5.0±0.3	—	360	宁德时代新能源科技股份有限公司	576	250	2120	480	—	276.4	否	CEB-B60SV01/ CEB-B60H	宁德时代新能源科技股份有限公司	纯电动客车	1	
	磷酸铁锂	6LH3L7	3.2	5.0±0.3	—	384	宁德时代新能源科技股份有限公司	614.4	250	2284	480	—	294.9	否	CEB-B60SV01/CEB-B60H	宁德时代新能源科技股份有限公司	纯电动客车	101	

续上表

储能装置单体生产企业 Single Cell Production Enterprise of Energy Storage Device	储能装置种类 Types of Energy Storage Devices	储能装置单体型号 Cell Odels of Energy Storage Device	储能装置单体标称电压（V） Nominal Voltage of Monomer for Energy Storage Unit（V）	储能装置单体质量（kg） Monomer Quality of Energy Storage Unit（kg）	超级电容器单体标称静电容量(F) Nominal Electrostatic Capacity of Super Capacitor Monomer（F）	储能装置单体数量 Single Cell Quantity of Energy Storage Device	储能装置总成生产企业 Production Company of Energy Storage Device Cell	储能装置总成标称电压(V) Nominal Voltage of Energy Storage Device Assembly（V）	储能装置总成额定输出电流（A） Rated Output Current of Energy Storage Device Assembly（A）	储能装置总成质量（kg） Quality of Energy Storage Device Assembly（kg）	储能装置总成标称容量(Ah) Nominal Capacity of Power Battery Assembly（Ah）	超级电容器总成标称静电容量(F) Nominal Electrostatic Capacity of Super Capacitor Assembly（F）	储能装置总储电量（kWh） Total Energy Storage Capacity of Energy Storage Device（kWh）	动力蓄电池箱是否具有快换装置 Whether Power Battery Box has Quick Change Device	车载能源管理系统型号（包括软件和硬件） Vehicle Energy Management System Model(Including Software and Hardware)	车载能源管理系统生产企业 Vehicle Energy Management System Manufacturing Enterprise	配套车辆类型 Matching Vehicle Type	2018年配套车型产量小计（辆） Subtotal Output of Supported Odels in 2018（Vehicle）	2018年配套车型产量总计（辆） Total Output of Supported Odels in 2018（Vehicle）
宁德时代新能源科技股份有限公司	磷酸铁锂	6LH3L7	3.2	5.0±0.3	—	384	宁德时代新能源科技股份有限公司	614.4	250	2352	480	—	294.9	否	CEB-B60SV01/CEB-B60H	宁德时代新能源科技股份有限公司	纯电动客车	129	436475
	磷酸铁锂	6LH3L7	3.2	5.0±0.3	—	396	宁德时代新能源科技股份有限公司	633.6	200	2340	480	—	304.1	否	CEB-B60SV01/CEB-B60H	宁德时代新能源科技股份有限公司	纯电动客车	514	
	磷酸铁锂	6LH3L7	3.2	5.0±0.3	—	396	宁德时代新能源科技股份有限公司	633.6	250	2340	480	—	304	否	CEB-B60SV01/CEB-B60H	宁德时代新能源科技股份有限公司	纯电动客车	46	
	磷酸铁锂	6LH3L7	3.2	5.0±0.3	—	180	宁德时代新能源科技股份有限公司	576	240	1060	240	—	138.24	否	CEB-B60SV01/ CEB-B60H	宁德时代新能源科技股份有限公司	纯电动客车	14	
	磷酸铁锂	6LH3L7	3.2	5.00	—	360	宁德时代新能源科技股份有限公司	576	250	2120	480	—	276.48	否	CEB-B60SV01/CEB-B60H	宁德时代新能源科技股份有限公司	纯电动客车	93	
	磷酸铁锂	6LH3L7	3.2	5.00±0.30	—	168	宁德时代新能源科技股份有限公司	537.6	240	995	240	—	129	否	CEB-B60SV01/ CEB-B60H	宁德时代新能源科技股份有限公司	纯电动客车	1	
	磷酸铁锂	6LH3L7	3.2	5.00±0.30	—	180	宁德时代新能源科技股份有限公司	576	200	1060	240	—	138.2	否	CEB-B60SV01/CEB-B60H	宁德时代新能源科技股份有限公司	纯电动客车	51	
	磷酸铁锂	6LH3L7	3.2	5.00±0.30	—	180	宁德时代新能源科技股份有限公司	576	240	1060	240	—	138.2	否	CEB-B60SV01/ CEB-B60H	宁德时代新能源科技股份有限公司	纯电动客车	2	
	磷酸铁锂	6LH3L7	3.2	5±0.30	—	192	宁德时代新能源科技股份有限公司	614.4	240	1142	240	—	147.46	否	CEB-B60SV01/CEB-B60H	宁德时代新能源科技股份有限公司	纯电动客车	1	
	磷酸铁锂	6LH3L7	3.2	5±0.30	—	384/336	宁德时代新能源科技股份有限公司	614.4; 537.6	250	2284;1990	480	—	294.91; 258.05	否	CEB-B60SV01/CEB-B60H	宁德时代新能源科技股份有限公司	纯电动客车	41	
	磷酸铁锂	6LH3L8	3.22	(5.21±0.26)	—	186	宁德时代新能源科技股份有限公司	598.92	250	(1130±33.4)	271	—	162.3	否	CEB-B60SV01/CEB-B60H	宁德时代新能源科技股份有限公司	纯电动客车	51	
	磷酸铁锂	6LH3L8	3.22	5.21	—	165	宁德时代新能源科技股份有限公司	531.3	250	995	271	—	143.98	否	CEB-B60SV01/CEB-B60H	宁德时代新能源科技股份有限公司	纯电动客车	875	
	磷酸铁锂	6LH3L8	3.22	5.21	—	168	郑州深澜动力科技有限公司	540.96	250	1043	271	—	146.60	否	YN-B50SV01/YN-B50H	惠州市亿能电子有限公司	纯电动客车	75	
	磷酸铁锂	6LH3L8	3.22	5.21	—	174	宁德时代新能源科技股份有限公司	560	250	1043	271	—	151.83	否	CEB-B60SV01/CEB-B60H	宁德时代新能源科技股份有限公司	纯电动客车	17	
	磷酸铁锂	6LH3L8	3.22	5.21	—	174	宁德时代新能源科技股份有限公司	560.28	250	1043	271	—	151.83	否	CEB-B60SV01/CEB-B60H	宁德时代新能源科技股份有限公司	纯电动客车	1131	
	磷酸铁锂	6LH3L8	3.22	5.21	—	186	宁德时代新能源科技股份有限公司	598.92	250	1130	271	—	162.3	无	CEB-B60SV01/CEB-B60H	宁德时代新能源科技股份有限公司	纯电动客车	500	
	磷酸铁锂	6LH3L8	3.22	5.21	—	186	宁德时代新能源科技股份有限公司	598.92	250	1130	271	—	162.30	否	CEB-B60SV01/CEB-B60H	宁德时代新能源科技股份有限公司	纯电动客车	1331	
	磷酸铁锂	6LH3L8	3.22	5.21	—	186	宁德时代新能源科技股份有限公司	598.92	271	1130	271	—	162.30	否	CEB-B60SV01/CEB-B60H	宁德时代新能源科技股份有限公司	纯电动客车	6	
	磷酸铁锂	6LH3L8	3.22	5.21	—	192	宁德时代新能源科技股份有限公司	618	250	1162	271	—	167.54	否	CEB-B60SV01/CEB-B60H	宁德时代新能源科技股份有限公司	纯电动客车	133	
	磷酸铁锂	6LH3L8	3.22	5.21	—	192	宁德时代新能源科技股份有限公司	618.24	250	1162	271	—	167.54	否	CEB-B60SV01/CEB-B60H	宁德时代新能源科技股份有限公司	纯电动客车	60	
	磷酸铁锂	6LH3L8	3.22	5.21	—	288	宁德时代新能源科技股份有限公司	463.68	500	1720	542	—	251.31	否	CEB-B60SV01/CEB-B60H	宁德时代新能源科技股份有限公司	纯电动客车	530	
	磷酸铁锂	6LH3L8	3.22	5.21	—	312	宁德时代新能源科技股份有限公司	502.32	500	1894	542	—	272.25	否	CEB-B60SV01/CEB-B60H	宁德时代新能源科技股份有限公司	纯电动专用车	73	
	磷酸铁锂	6LH3L8	3.22	5.21	—	348	宁德时代新能源科技股份有限公司	560	250	2086	542	—	303.67	否	CEB-B60SV01/CEB-B60H	宁德时代新能源科技股份有限公司	纯电动客车	51	
	磷酸铁锂	6LH3L8	3.22	5.21	—	348	宁德时代新能源科技股份有限公司	560.28	500	2086	542	—	303.67	否	CEB-B60SV01/CEB-B60H	宁德时代新能源科技股份有限公司	纯电动客车	1433	
	磷酸铁锂	6LH3L8	3.22	5.21	—	360	宁德时代新能源科技股份有限公司	580	250	2150	542	—	314.14	否	CEB-B60SV01/CEB-B60H	宁德时代新能源科技股份有限公司	纯电动客车	63	
	磷酸铁锂	6LH3L8	3.22	5.21	—	372	宁德时代新能源科技股份有限公司	599	250	2260	542	—	324.61	否	CEB-B60SV01/CEB-B60H	宁德时代新能源科技股份有限公司	纯电动客车	11	

续上表

储能装置单体生产企业 Single Cell Production Enterprise of Energy Storage Device	储能装置种类 Types of Energy Storage Devices	储能装置单体型号 Cell Odels of Energy Storage Device	储能装置单体标称电压(V) Nominal Voltage of Monomer for Energy Storage Unit (V)	储能装置单体质量(kg) Monomer Quality of Energy Storage Unit (kg)	超级电容器单体标称静电容量(F) Nominal Electrostatic Capacity of Super Capacitor Monomer (F)	储能装置单体数量 Single Cell Quantity of Energy Storage Device	储能装置总成生产企业 Production Company of Energy Storage Device Cell	储能装置总成标称电压(V) Nominal Voltage of Energy Storage Device Assembly (V)	储能装置总成额定输出电流(A) Rated Output Current of Energy Storage Device Assembly (A)	储能装置总成质量(kg) Quality of Energy Storage Device Assembly (kg)	储能装置总成标称容量(Ah) Nominal Capacity of Power Battery Assembly (Ah)	超级电容器总成标称静电容量(F) Nominal Electrostatic Capacity of Super Capacitor Assembly (F)	储能装置总储电量(kWh) Total Energy Storage Capacity of Energy Storage Device (kWh)	动力蓄电池箱是否具有快换装置 Whether Power Battery Box has Quick Change Device	车载能源管理系统型号(包括软件和硬件) Vehicle Energy Management System Model (Including Software and Hardware)	车载能源管理系统生产企业 Vehicle Energy Management System Manufacturing Enterprise	配套车辆类型 Matching Vehicle Type	2018年配套车型产量小计(辆) Subtotal Output of Supported Odels in 2018 (Vehicle)	2018年配套车型产量总计(辆) Total Output of Supported Odels in 2018 (Vehicle)
宁德时代新能源科技股份有限公司	磷酸铁锂	6LH3L8	3.22	5.21±0.26	—	104	宁德时代新能源科技股份有限公司	334.88	200	614	271	—	90.75	否	CEB-B60SV01/CEB-B60H	宁德时代新能源科技股份有限公司	纯电动专用车	30	436475
	磷酸铁锂	6LH3L8	3.22	5.21±0.26	—	108	宁德时代新能源科技股份有限公司	347.76	250	645	271	—	94.24	否	CEB-B60SV01/ CEB-B60H	宁德时代新能源科技股份有限公司	纯电动客车	22	
	磷酸铁锂	6LH3L8	3.22	5.21±0.26	—	144	宁德时代新能源科技股份有限公司	463.68	250	860	271	—	125.65	否	CEB-B60SV01/CEB-B60H	宁德时代新能源科技股份有限公司	纯电动客车	1	
	磷酸铁锂	6LH3L8	3.22	5.21±0.26	—	150	宁德时代新能源科技股份有限公司	483	250	915	271	—	130.89	否	CEB-B60SV01/CEB-B60H	宁德时代新能源科技股份有限公司	纯电动客车	32	
	磷酸铁锂	6LH3L8	3.22	5.21±0.26	—	153	宁德时代新能源科技股份有限公司	492.66	250	931	271	—	133.51	否	CEB-B60SV01/ CEB-B60H	宁德时代新能源科技股份有限公司	纯电动客车	10	
	磷酸铁锂	6LH3L8	3.22	5.21±0.26	—	153	宁德时代新能源科技股份有限公司	492.66	250	931	271	—	133.51	否	CEB-B60SV01/CEB-B60H	宁德时代新能源科技股份有限公司	纯电动客车	883	
	磷酸铁锂	6LH3L8	3.22	5.21±0.26	—	156	宁德时代新能源科技股份有限公司	502.32	250	947	271	—	136.12	否	CEB-B60SV01/CEB-B60H	宁德时代新能源科技股份有限公司	纯电动客车	406	
	磷酸铁锂	6LH3L8	3.22	5.21±0.26	—	156	宁德时代新能源科技股份有限公司	502.32	250	947	271	—	136.128	否	CEB-B60SV01/CEB-B60H	宁德时代新能源科技股份有限公司	纯电动客车	923	
	磷酸铁锂	6LH3L8	3.22	5.21±0.26	—	162	宁德时代新能源科技股份有限公司	521.64	250	979	271	—	141.36	否	CEB-B60SV01/CEB-B60H	宁德时代新能源科技股份有限公司	纯电动客车	12	
	磷酸铁锂	6LH3L8	3.22	5.21±0.26	—	165	宁德时代新能源科技股份有限公司	531.3	250	995	271	—	143.98	否	CEB-B60SV01/CEB-B60H	宁德时代新能源科技股份有限公司	纯电动客车	400	
	磷酸铁锂	6LH3L8	3.22	5.21±0.26	—	165	宁德时代新能源科技股份有限公司	531.3	250	995	271	—	143.98	否	CEB-B60SV01/CEB-B60H	宁德时代新能源科技股份有限公司	纯电动客车	24	
	磷酸铁锂	6LH3L8	3.22	5.21±0.26	—	165	宁德时代新能源科技股份有限公司	531.30	250	995	271	—	143.98	否	CEB-B60SV01/CEB-B60H	宁德时代新能源科技股份有限公司	纯电动客车	143	
	磷酸铁锂	6LH3L8	3.22	5.21±0.26	—	165;144	宁德时代新能源科技股份有限公司	531.3;463.68	200;200	995;860	271;271	—	143.98;125.65	否	CEB-B60SV01/CEB-B60H	宁德时代新能源科技股份有限公司	纯电动客车	24	
	磷酸铁锂	6LH3L8	3.22	5.21±0.26	—	168	宁德时代新能源科技股份有限公司	540.96	250	1011	271	—	146.6	否	CEB-B60SV01/CEB-B60H	宁德时代新能源科技股份有限公司	纯电动客车	154	
	磷酸铁锂	6LH3L8	3.22	5.21±0.26	—	168	宁德时代新能源科技股份有限公司	540.96	250	1011	271	—	146.60	否	CEB-B60SV01/CEB-B60H	宁德时代新能源科技股份有限公司	纯电动客车	320	
	磷酸铁锂	6LH3L8	3.22	5.21±0.26	—	171	宁德时代新能源科技股份有限公司	550.62	250	1027	271	—	149.21	否	CEB-B60SV01/CEB-B60H	宁德时代新能源科技股份有限公司	纯电动客车	186	
	磷酸铁锂	6LH3L8	3.22	5.21±0.26	—	174	宁德时代新能源科技股份有限公司	560.28	250	1043	271	—	151.83	否	CEB-B60SV01/CEB-B60H	宁德时代新能源科技股份有限公司	纯电动客车	133	
	磷酸铁锂	6LH3L8	3.22	5.21±0.26	—	180	宁德时代新能源科技股份有限公司	579.6	200	1075	271	—	157.07	否	CEB-B60SV01/CEB-B60H	宁德时代新能源科技股份有限公司	纯电动客车	8	
	磷酸铁锂	6LH3L8	3.22	5.21±0.26	—	180	宁德时代新能源科技股份有限公司	579.6	250	1075	271	—	157.07	否	CEB-B60SV01/CEB-B60H	宁德时代新能源科技股份有限公司	纯电动客车	6	
	磷酸铁锂	6LH3L8	3.22	5.21±0.26	—	180	宁德时代新能源科技股份有限公司	579.6	250	1075	271	—	157.1	否	CEB-B60SV01/CEB-B60H	宁德时代新能源科技股份有限公司	纯电动客车	13	
	磷酸铁锂	6LH3L8	3.22	5.21±0.26	—	183	宁德时代新能源科技股份有限公司	589.26	250	1114	271	—	159.68	否	CEB-B60SV01/CEB-B60H	宁德时代新能源科技股份有限公司	纯电动客车	38	
	磷酸铁锂	6LH3L8	3.22	5.21±0.26	—	186	宁德时代新能源科技股份有限公司	598.92	250	1130	271	—	162.3	否	CEB-B60SV01/CEB-B60H	宁德时代新能源科技股份有限公司	纯电动客车	595	
	磷酸铁锂	6LH3L8	3.22	5.21±0.26	—	186	宁德时代新能源科技股份有限公司	598.92	250	1130	271	—	162.3	否	CEB-B60SV01/CEB-B60H	宁德时代新能源科技股份有限公司	纯电动专用车	6	
	磷酸铁锂	6LH3L8	3.22	5.21±0.26	—	186	宁德时代新能源科技股份有限公司	598.92	250	1130	271	—	162.30	否	CEB-B60SV01/CEB-B60H	宁德时代新能源科技股份有限公司	纯电动客车	17	
	磷酸铁锂	6LH3L8	3.22	5.21±0.26	—	186	宁德时代新能源科技股份有限公司	598.92	250	1130	271	—	162.30	否	CEB-B60SV01/CEB-B60H	宁德时代新能源科技股份有限公司	纯电动客车	210	
	磷酸铁锂	6LH3L8	3.22	5.21±0.26	—	189	宁德时代新能源科技股份有限公司	608.58	250	1146	271	—	164.92	否	CEB-B60SV01/CEB-B60H	宁德时代新能源科技股份有限公司	纯电动客车	1	
	磷酸铁锂	6LH3L8	3.22	5.21±0.26	—	192	宁德时代新能源科技股份有限公司	618.24	250	1162	271	—	167.54	否	CEB-B60SV01/CEB-B60H	宁德时代新能源科技股份有限公司	纯电动客车	426	

续上表

储能装置单体生产企业 Single Cell Production Enterprise of Energy Storage Device	储能装置种类 Types of Energy Storage Devices	储能装置单体型号 Cell Odels of Energy Storage Device	储能装置单体标称电压（V）Nominal Voltage of Monomer for Energy Storage Unit（V）	储能装置单体质量（kg）Monomer Quality of Energy Storage Unit（kg）	超级电容器单体标称静电容量（F）Nominal Electrostatic Capacity of Super Capacitor Monomer（F）	储能装置单体数量 Single Cell Quantity of Energy Storage Device	储能装置总成生产企业 Production Company of Energy Storage Device Cell	储能装置总成标称电压（V）Nominal Voltage of Energy Storage Device Assembly（V）	储能装置总成额定输出电流（A）Rated Output Current of Energy Storage Device Assembly（A）	储能装置总成质量（kg）Quality of Energy Storage Device Assembly（kg）	储能装置总成标称容量(Ah) Nominal Capacity of Power Battery Assembly（Ah）	超级电容器总成标称静电容量（F）Nominal Electrostatic Capacity of Super Capacitor Assembly（F）	储能装置总储电量（kWh）Total Energy Storage Capacity of Energy Storage Device（kWh）	动力蓄电池箱是否具有快换装置 Whether Power Battery Box has Quick Change Device	车载能源管理系统型号（包括软件和硬件）Vehicle Energy Management System Model(Including Software and Hardware)	车载能源管理系统生产企业 Vehicle Energy Management System Manufacturing Enterprise	配套车辆类型 Matching Vehicle Type	2018年配套车型产量小计（辆）Subtotal Output of Supported Odels in 2018（Vehicle）	2018年配套车型产量总计（辆）Total Output of Supported Odels in 2018（Vehicle）
宁德时代新能源科技股份有限公司	磷酸铁锂	6LH3L8	3.22	5.21±0.26	—	192	宁德时代新能源科技股份有限公司	618.24	250	1162	271	—	167.54	否	CEB-B60SV01/CEB-B60H	宁德时代新能源科技股份有限公司	纯电动客车	57	436475
	磷酸铁锂	6LH3L8	3.22	5.21±0.26	—	192	宁德时代新能源科技股份有限公司	618.24	250	1162	271	—	167.543	否	CEB-B60SV01/CEB-B60H	宁德时代新能源科技股份有限公司	纯电动客车	39	
	磷酸铁锂	6LH3L8	3.22	5.21±0.26	—	192	宁德时代新能源科技股份有限公司;北京普莱德新能源电池科技有限公司	618.24	250	1162;1186	271	—	167.54	否	CEB-B60SV01/CEB-B60H;b.02b.1801.001/PBMA001-01A	宁德时代新能源科技股份有限公司;北京普莱德新能源电池科技有限公司	纯电动客车	125	
	磷酸铁锂	6LH3L8	3.22	5.21±0.26	—	195	宁德时代新能源科技股份有限公司	627.9	250	1178	271	—	170.16	否	CEB-B60SV01/CEB-B60H	宁德时代新能源科技股份有限公司	纯电动客车	2	
	磷酸铁锂	6LH3L8	3.22	5.21±0.26	—	195	宁德时代新能源科技股份有限公司	627.90	250	1178	271	—	170.16	否	CEB-B60SV01/CEB-B60H	宁德时代新能源科技股份有限公司	纯电动客车	367	
	磷酸铁锂	6LH3L8	3.22	5.21±0.26	—	198	宁德时代新能源科技股份有限公司	637.56	250	1194	271	—	172.77	否	CEB-B60SV01/ CEB-B60H	宁德时代新能源科技股份有限公司	纯电动客车	114	
	磷酸铁锂	6LH3L8	3.22	5.21±0.26	—	198	宁德时代新能源科技股份有限公司	637.56	250	1194	271	—	172.77	否	CEB-B60SV01/CEB-B60H	宁德时代新能源科技股份有限公司	纯电动客车	83	
	磷酸铁锂	6LH3L8	3.22	5.21±0.26	—	306（配置1）;360（配置2）	宁德时代新能源科技股份有限公司	492.66（配置1）;580（配置2）	250	1862（配置1）;2150（配置2）	542	—	267.02（配置1）;314.14（配置2）	否	CEB-B60SV01/CEB-B60H	宁德时代新能源科技股份有限公司	纯电动客车	46	
	磷酸铁锂	6LH3L8	3.22	5.21±0.26	—	318	宁德时代新能源科技股份有限公司	511.98	250	1926	542	—	277.49	否	CEB-B60SV01/CEB-B60H	宁德时代新能源科技股份有限公司	纯电动客车	40	
	磷酸铁锂	6LH3L8	3.22	5.21±0.26	—	324	宁德时代新能源科技股份有限公司	521.64	250	1958	542	—	282.72	否	CEB-B60SV01/CEB-B60H	宁德时代新能源科技股份有限公司	纯电动客车	44	
	磷酸铁锂	6LH3L8	3.22	5.21±0.26	—	348	宁德时代新能源科技股份有限公司	560.28	250	2086	542	—	303.67	否	CEB-B60SV01/ CEB-B60H	宁德时代新能源科技股份有限公司	纯电动客车	30	
	磷酸铁锂	6LH3L8	3.22	5.21±0.26	—	348	宁德时代新能源科技股份有限公司	560.28	250	2086	542	—	303.67	否	CEB-B60SV01/CEB-B60H	宁德时代新能源科技股份有限公司	纯电动客车	634	
	磷酸铁锂	6LH3L8	3.22	5.21±0.26	—	348	宁德时代新能源科技股份有限公司	560.28	250	2086	542	—	303.671	否	CEB-B60SV01/CEB-B60H	宁德时代新能源科技股份有限公司	纯电动客车	40	
	磷酸铁锂	6LH3L8	3.22	5.21±0.26	—	354	宁德时代新能源科技股份有限公司	569.94	250	2118	542	—	308.9	否	CEB-B60SV01/CEB-B60H	宁德时代新能源科技股份有限公司	纯电动客车	454	
	磷酸铁锂	6LH3L8	3.22	5.21±0.26	—	360	宁德时代新能源科技股份有限公司	579.6	250	2150	542	—	314.1	否	CEB-B60SV01/CEB-B60H	宁德时代新能源科技股份有限公司	纯电动客车	307	
	磷酸铁锂	6LH3L8	3.22	5.21±0.26	—	360	宁德时代新能源科技股份有限公司	579.6	250	2150	542	—	314.14	否	CEB-B60SV01/CEB-B60H	宁德时代新能源科技股份有限公司	纯电动客车	693	
	磷酸铁锂	6LH3L8	3.22	5.21±0.26	—	360	宁德时代新能源科技股份有限公司	579.6	250	2150	542	—	314.14	否	CEB-B60SV01/CEB-B60H	宁德时代新能源科技股份有限公司	纯电动专用车	2	
	磷酸铁锂	6LH3L8	3.22	5.21±0.26	—	360	宁德时代新能源科技股份有限公司	579.6	250	2150	542	—	314.143	否	CEB-B60SV01/CEB-B60H	宁德时代新能源科技股份有限公司	纯电动客车	118	
	磷酸铁锂	6LH3L8	3.22	5.21±0.26	—	360	宁德时代新能源科技股份有限公司	579.60	250	2130	542	—	314.14	否	CEB-B60SV01/CEB-B60H	宁德时代新能源科技股份有限公司	纯电动客车	563	
	磷酸铁锂	6LH3L8	3.22	5.21±0.26	—	372	宁德时代新能源科技股份有限公司	598.92	250	2260	542	—	324.61	否	CEB-B60SV01/CEB-B60H	宁德时代新能源科技股份有限公司	纯电动客车	323	
	磷酸铁锂	6LH3L8	3.22	5.21±0.26	—	378	宁德时代新能源科技股份有限公司	608.58	250	2292	542	—	329.85	否	CEB-B60SV01/CEB-B60H	宁德时代新能源科技股份有限公司	纯电动客车	74	
	磷酸铁锂	6LH3L8	3.22	5.21±0.26	—	390	宁德时代新能源科技股份有限公司	627.9	250	2356	542	—	340.32	否	CEB-B60SV01/CEB-B60H	宁德时代新能源科技股份有限公司	纯电动客车	42	
	磷酸铁锂	6LH3L8	3.22	5.21±0.26	—	396	宁德时代新能源科技股份有限公司	637.56	250	2388	542	—	345.55	否	CEB-B60SV01/CEB-B60H	宁德时代新能源科技股份有限公司	纯电动客车	89	

续上表

储能装置单体生产企业 Single Cell Production Enterprise of Energy Storage Device	储能装置种类 Types of Energy Storage Devices	储能装置单体型号 Cell Odels of Energy Storage Device	储能装置单体标称电压(V) Nominal Voltage of Monomer for Energy Storage Unit (V)	储能装置单体质量(kg) Monomer Quality of Energy Storage Unit (kg)	超级电容器单体标称静电容量(F) Nominal Electrostatic Capacity of Super Capacitor Monomer (F)	储能装置单体数量 Single Cell Quantity of Energy Storage Device	储能装置总成生产企业 Production Company of Energy Storage Device Cell	储能装置总成标称电压(V) Nominal Voltage of Energy Storage Device Assembly (V)	储能装置总成额定输出电流(A) Rated Output Current of Energy Storage Device Assembly (A)	储能装置总成质量(kg) Quality of Energy Storage Device Assembly (kg)	储能装置总成标称容量(Ah) Nominal Capacity of Power Battery Assembly (Ah)	超级电容器总成标称静电容量(F) Nominal Electrostatic Capacity of Super Capacitor Assembly (F)	储能装置总储电量(kWh) Total Energy Storage Capacity of Energy Storage Device (kWh)	动力蓄电池箱是否具有快换装置 Whether Power Battery Box has Quick Change Device	车载能源管理系统型号(包括软件和硬件) Vehicle Energy Management System Model (Including Software and Hardware)	车载能源管理系统生产企业 Vehicle Energy Management System Manufacturing Enterprise	配套车辆类型 Matching Vehicle Type	2018年配套车型产量小计(辆) Subtotal Output of Supported Odels in 2018 (Vehicle)	2018年配套车型产量总计(辆) Total Output of Supported Odels in 2018 (Vehicle)
宁德时代新能源科技股份有限公司	磷酸铁锂	6LH3L8	3.22	5.21±0.26	—	495	宁德时代新能源科技股份有限公司	531.30	250	2985	813	—	431.94	否	CEB-B60SV01/CEB-B60H	宁德时代新能源科技股份有限公司	纯电动客车	5	436475
	磷酸铁锂	6LH3L8	3.22	5.21±0.26	—	96	宁德时代新能源科技股份有限公司	309.12	250	581	271	—	83.77	否	CEB-B60SV01/ CEB-B60H	宁德时代新能源科技股份有限公司	纯电动客车	9	
	磷酸铁锂	6LH3L8	3.22	5.21±0.26	—	174;153	宁德时代新能源科技股份有限公司	配置1:560;配置2:493	250	配置1:1043;配置2:931	271	—	配置1:151.8;配置2:133.5	否	CEB-B60SV01/CEB-B60H	宁德时代新能源科技股份有限公司	纯电动客车	6	
	磷酸铁锂	6LH3L8	3.22	5.21±0.26	—	348	宁德时代新能源科技股份有限公司	560	250	2112	542	—	303.6	是	CEB-B60SV01/ CEB-B60H	宁德时代新能源科技股份有限公司	纯电动客车	10	
	磷酸铁锂	7AL0H2	3.2	2.67±0.30	—	204	宁德时代新能源科技股份有限公司	326.4	240	716	240	—	78.33	否	CES-B60S/CES-B60H	宁德时代新能源科技股份有限公司	纯电动专用车	1	
	磷酸铁锂	7AL0H2	3.2	2.67±0.30	—	96	宁德时代新能源科技股份有限公司	307.2	120	328	120	—	36.86	否	S00BMU0M70/H00BMU0198	宁德时代新能源科技股份有限公司	纯电动专用车	1	
	磷酸铁锂	DAL0H2	3.2	3.06	—	184	宁德时代新能源科技股份有限公司	588.8	140	692	140	—	82.432	否	CES-B60S/CES-B60H	宁德时代新能源科技股份有限公司	纯电动专用车	2	
	磷酸铁锂	DAL0H2	3.2	3.06±0.3	—	—	宁德时代新能源科技股份有限公司	588.8	140	692±10	140	—	82.432	—	CES-B60S/CES-B60H	宁德时代新能源科技股份有限公司	纯电动专用车	2	
	磷酸铁锂	DAL0H2	3.2	3.06±0.3	—	108	宁德时代新能源科技股份有限公司	345.6	140	420	140	—	48.38	否	CES-B60S/CES-B60H;	宁德时代新能源科技股份有限公司	纯电动专用车	9	
	磷酸铁锂	DAL0H2	3.2	3.06±0.3	—	164	宁德时代新能源科技股份有限公司	524.8	140	624	140	—	73.47	否	CES-B60S/CES-B60H	宁德时代新能源科技股份有限公司	纯电动专用车	1	
	磷酸铁锂	DAL0H2	3.2	3.06±0.3	—	164;164	宁德时代新能源科技股份有限公司	524.8;524.8	140;140	624;608	140;140	—	73.47;73.47	否	CES-B60S/CES-B60H	宁德时代新能源科技股份有限公司	纯电动专用车	51	
	磷酸铁锂	DAL0H2	3.2	3.06±0.3	—	184	宁德时代新能源科技股份有限公司	588.8	140	692	140	—	82.4	否	CES-B60S/CES-B60H	宁德时代新能源科技股份有限公司	纯电动专用车	4	
	磷酸铁锂	DAL0H2	3.2	3.06±0.3	—	184	宁德时代新能源科技股份有限公司	588.8	140	692	140	—	82.4	否	CES-B60S/CES-B60H	宁德时代新能源科技股份有限公司	纯电动专用车	1930	
	磷酸铁锂	DAL0H2	3.2	3.06±0.3	—	184	宁德时代新能源科技股份有限公司	588.8	140	692	140	—	82.4	否	CES-B60S/CES-B60H	宁德时代新能源科技股份有限公司	纯电动专用车	7	
	磷酸铁锂	DAL0H2	3.2	3.06±0.3	—	184	宁德时代新能源科技股份有限公司	588.8	140	692	140	—	82.43	否	CES-B60S/CES-B60H	宁德时代新能源科技股份有限公司	纯电动专用车	1	
	磷酸铁锂	DAL0H2	3.2	3.06±0.3	—	184	宁德时代新能源科技股份有限公司	588.8	140	692	140	—	82.43	否	CES-B60S/CES-B60H	宁德时代新能源科技股份有限公司	纯电动专用车	2	
	磷酸铁锂	DAL0H2	3.2	3.06±0.3	—	184	宁德时代新能源科技股份有限公司	588.8	140	692	140	—	82.43	否	CES-B60S/CES-B60H	宁德时代新能源科技股份有限公司	纯电动专用车	3633	
	磷酸铁锂	DAL0H2	3.2	3.06±0.3	—	184	宁德时代新能源科技股份有限公司	588.8	140	692±20	140	—	82.43	否	CES-B60S/CES-B60H	宁德时代新能源科技股份有限公司	纯电动专用车	101	
	磷酸铁锂	DAL0H2	3.2	3.06±0.3	—	184	宁德时代新能源科技股份有限公司	588.8	140	704	140	—	82.4	否	CES-B60S/CES-B60H	宁德时代新能源科技股份有限公司	纯电动专用车	11	
	磷酸铁锂	DAL0H2	3.2	3.06±0.30	—	176	宁德时代新能源科技股份有限公司	563.2	140	668	140	—	78.8	否	CES-B60S/CES-B60H	宁德时代新能源科技股份有限公司	纯电动专用车	1478	
	磷酸铁锂	DAL0H2	3.2	3.06±0.30	—	184	宁德时代新能源科技股份有限公司	588.8	140	692	140	—	82.43	否	CES-B60S/CES-B60H	宁德时代新能源科技股份有限公司	纯电动专用车	168	
	磷酸铁锂	DAL0H2	3.2	3.06±0.30	—	184	宁德时代新能源科技股份有限公司	588.8	140	692±5	140	—	82.4	—	CES-B60S/CES-B60H	宁德时代新能源科技股份有限公司	纯电动专用车	2	
	磷酸铁锂	DAL0H2	3.2	3.06±0.30	—	46	宁德时代新能源科技股份有限公司	588.8	140	692	140	—	82.4	否	Etuck V6.0(CES-B60S/CES-B60H)	宁德时代新能源科技股份有限公司	纯电动专用车	1	
	磷酸铁锂	DALOH2	3.2	3.06	—	104	宁德时代新能源科技股份有限公司	332.8	140	396	140	—	46.6	否	CES-B60S/CES-B60H	宁德时代新能源科技股份有限公司	纯电动专用车	56	
	磷酸铁锂	DALOH2	3.2	3.06±0.3	—	184	宁德时代新能源科技股份有限公司	588.8	140	692	140	—	82.4	否	CES-B60S/CES-B60H	宁德时代新能源科技股份有限公司	纯电动专用车	32	

续上表

储能装置单体生产企业 Single Cell Production Enterprise of Energy Storage Device	储能装置种类 Types of Energy Storage Devices	储能装置单体型号 Cell Odels of Energy Storage Device	储能装置单体标称电压(V) Nominal Voltage of Monomer for Energy Storage Unit (V)	储能装置单体质量(kg) Monomer Quality of Energy Storage Unit (kg)	超级电容器单体标称静电容量(F) Nominal Electrostatic Capacity of Super Capacitor Monomer (F)	储能装置单体数量 Single Cell Quantity of Energy Storage Device	储能装置总成生产企业 Production Company of Energy Storage Device Cell	储能装置总成标称电压(V) Nominal Voltage of Energy Storage Device Assembly (V)	储能装置总成额定输出电流(A) Rated Output Current of Energy Storage Device Assembly (A)	储能装置总成质量(kg) Quality of Energy Storage Device Assembly (kg)	储能装置总成标称容量(Ah) Nominal Capacity of Power Battery Assembly (Ah)	超级电容器总成标称静电容量(F) Nominal Electrostatic Capacity of Super Capacitor Assembly (F)	储能装置总储电量(kWh) Total Energy Storage Capacity of Energy Storage Device (kWh)	动力蓄电池箱是否具有快换装置 Whether Power Battery Box has Quick Change Device	车载能源管理系统型号(包括软件和硬件) Vehicle Energy Management System Model (Including Software and Hardware)	车载能源管理系统生产企业 Vehicle Energy Management System Manufacturing Enterprise	配套车辆类型 Matching Vehicle Type	2018年配套车型产量小计(辆) Subtotal Output of Supported Odels in 2018 (Vehicle)	2018年配套车型产量总计(辆) Total Output of Supported Odels in 2018 (Vehicle)
	磷酸铁锂	FFH3H0	3.2	2.93	—	36	宁德时代新能源科技股份有限公司	115	130	160	130	—	14.9	否	S00BMU0J11V23216/E100 _ BMS - V2.1	宁德时代新能源科技股份有限公司	纯电动乘用车	6241	
	磷酸铁锂	MFH3L7	3.2	3.8	—	114	宁德时代新能源科技股份有限公司	364.8	176	520	176	—	64.20	否	CEB-B60SV01/CEB-B60H	宁德时代新能源科技股份有限公司/宁德时代新能源科技股份有限公司	纯电动客车	157	
	磷酸铁锂	MFH3L7	3.2	3.8	—	144	宁德时代新能源科技股份有限公司	460.8	176	642	176	—	81.1	否	CEB-B60SV01/CEB-B60H	宁德时代新能源科技股份有限公司	纯电动专用车	33	
	磷酸铁锂	MFH3L7	3.2	3.8	—	156	宁德时代新能源科技股份有限公司	499.2	176	710	176	—	87.85	否	CEB-B60SV01/CEB-B60H	宁德时代新能源科技股份有限公司/宁德时代新能源科技股份有限公司	纯电动客车	93	
	磷酸铁锂	MFH3L7	3.2	3.8	—	165	宁德时代新能源科技股份有限公司	528	176	765	176	—	92.92	否	CEB-B60SV01/CEB-B60H	宁德时代新能源科技股份有限公司	纯电动客车	1	
	磷酸铁锂	MFH3L7	3.2	3.8	—	168	宁德时代新能源科技股份有限公司	537.6	176	759	176	—	94.61	否	CEB-B60SV01/CEB-B60H	宁德时代新能源科技股份有限公司/宁德时代新能源科技股份有限公司	纯电动客车	1040	
	磷酸铁锂	MFH3L7	3.2	3.8	—	168	宁德时代新能源科技股份有限公司	537.6	176	759	176	—	94.61	无	CEB-B60SV01/CEB-B60H	宁德时代新能源科技股份有限公司	纯电动专用车	13	
	磷酸铁锂	MFH3L7	3.2	3.8	—	192	宁德时代新能源科技股份有限公司	614.4	176	856	176	—	108.13	否	CEB-B60SV01/CEB-B60H	宁德时代新能源科技股份有限公司	燃料电池客车	57	
	磷酸铁锂	MFH3L7	3.2	3.8	—	198	宁德时代新能源科技股份有限公司	633.6	176	918	176	—	111.51	否	CEB-B60SV01/CEB-B60H	宁德时代新能源科技股份有限公司	纯电动客车	1	
宁德时代新能源科技股份有限公司	磷酸铁锂	MFH3L7	3.2	3.8	—	201	宁德时代新能源科技股份有限公司	643.2	176	912	176	—	113.20	否	CEB-B60SV01/CEB-B60H	宁德时代新能源科技股份有限公司/宁德时代新能源科技股份有限公司	纯电动客车	678	436475
	磷酸铁锂	MFH3L7	3.2	3.8	—	288	宁德时代新能源科技股份有限公司	460.8	352	1284	352	—	162.20	否	CEB-B60SV01/CEB-B60H	宁德时代新能源科技股份有限公司/宁德时代新能源科技股份有限公司	纯电动客车	1828	
	磷酸铁锂	MFH3L7	3.2	3.8	—	324	宁德时代新能源科技股份有限公司	518.4	352	1468	352	—	182.47	否	CEB-B60SV01/CEB-B60H	宁德时代新能源科技股份有限公司/宁德时代新能源科技股份有限公司	纯电动客车	72	
	磷酸铁锂	MFH3L7	3.2	3.8	—	336	宁德时代新能源科技股份有限公司	537.6	240	1498	352	—	189.23	否	CEB-B60SV01/CEB-B60H	宁德时代新能源科技股份有限公司/宁德时代新能源科技股份有限公司	纯电动客车	10	
	磷酸铁锂	MFH3L7	3.2	3.8	—	354	宁德时代新能源科技股份有限公司	566.4	250	1590	352	—	199.37	否	CEB-B60SV01/CEB-B60H	宁德时代新能源科技股份有限公司	纯电动客车	20	
	磷酸铁锂	MFH3L7	3.2	3.8	—	354	宁德时代新能源科技股份有限公司	566.4	352	1590	352	—	199.37	否	CEB-B60SV01/CEB-B60H	宁德时代新能源科技股份有限公司/宁德时代新能源科技股份有限公司	纯电动客车	502	
	磷酸铁锂	MFH3L7	3.2	3.8	—	366	宁德时代新能源科技股份有限公司	585.6	250	1640	352	—	206.1	否	CEB-B60SV01/CEB-B60H	宁德时代新能源科技股份有限公司	纯电动客车	55	
	磷酸铁锂	MFH3L7	3.2	3.8	—	486	宁德时代新能源科技股份有限公司	518.4	528	2202	528	—	273.71	否	CEB-B60SV01/CEB-B60H	宁德时代新能源科技股份有限公司	纯电动专用车	9	
	磷酸铁锂	MFH3L7	3.2	3.8	—	531	宁德时代新能源科技股份有限公司	566.4	528	2385	528	—	299.05	否	CEB-B60SV01/CEB-B60H	宁德时代新能源科技股份有限公司/宁德时代新能源科技股份有限公司	纯电动客车	405	

续上表

储能装置单体生产企业 Single Cell Production Enterprise of Energy Storage Device	储能装置种类 Types of Energy Storage Devices	储能装置单体型号 Cell Odels of Energy Storage Device	储能装置单体标称电压（V） Nominal Voltage of Monomer for Energy Storage Unit（V）	储能装置单体质量（kg） Monomer Quality of Energy Storage Unit（kg）	超级电容器单体标称静电容量（F） Nominal Electrostatic Capacity of Super Capacitor Monomer（F）	储能装置单体数量 Single Cell Quantity of Energy Storage Device	储能装置总成生产企业 Production Company of Energy Storage Device Cell	储能装置总成标称电压（V） Nominal Voltage of Energy Storage Device Assembly（V）	储能装置总成额定输出电流（A） Rated Output Current of Energy Storage Device Assembly（A）	储能装置总成质量（kg） Quality of Energy Storage Device Assembly（kg）	储能装置总成标称容量（Ah） Nominal Capacity of Power Battery Assembly（Ah）	超级电容器总成标称静电容量（F） Nominal Electrostatic Capacity of Super Capacitor Assembly（F）	储能装置总储电量（kWh） Total Energy Storage Capacity of Energy Storage Device（kWh）	动力蓄电池箱是否具有快换装置 Whether Power Battery Box has Quick Change Device	车载能源管理系统型号（包括软件和硬件） Vehicle Energy Management System Model（Including Software and Hardware）	车载能源管理系统生产企业 Vehicle Energy Management System Manufacturing Enterprise	配套车辆类型 Matching Vehicle Type	2018年配套车型产量小计（辆） Subtotal Output of Supported Odels in 2018（Vehicle）	2018年配套车型产量总计（辆） Total Output of Supported Odels in 2018（Vehicle）
宁德时代新能源科技股份有限公司	磷酸铁锂	MFH3L7	3.2	3.8	—	576	宁德时代新能源科技股份有限公司	614.4	528	2568	528	—	324.40	否	CEB-B60SV01/CEB-B60H	宁德时代新能源科技股份有限公司	纯电动客车	76	436475
	磷酸铁锂	MFH3L7	3.2	3.8	—	576	宁德时代新能源科技股份有限公司	614.4	528	2568	528	—	324.40	否	CEB-B60SV01/CEB-B60H	宁德时代新能源科技股份有限公司/宁德时代新能源科技股份有限公司	纯电动客车	48	
	磷酸铁锂	MFH3L7	3.2	3.8±0.3	—	132	北京普莱德新能源电池科技有限公司	422.4	176	608	176	—	74.34	否	SW2.0.35.355/BC52	安徽力高新能源技术有限公司	纯电动客车	8	
	磷酸铁锂	MFH3L7	3.2	3.8±0.3	—	162	宁德时代新能源科技股份有限公司	518.4	176	734	176	—	91.2	否	CEB-B60SV01/CEB-B60H	宁德时代新能源科技股份有限公司	纯电动客车	6	
	磷酸铁锂	MFH3L7	3.2	3.8±0.3	—	165	宁德时代新能源科技股份有限公司	528	176	765	176	—	92.9	否	CEB-B60SV01/CEB-B60H	宁德时代新能源科技股份有限公司	纯电动客车	148	
	磷酸铁锂	MFH3L7	3.2	3.8±0.3	—	165	宁德时代新能源科技股份有限公司	528	176	765	176	—	92.9	否	CEB-B60SV01/CEB-B60H	宁德时代新能源科技股份有限公司	纯电动客车	3	
	磷酸铁锂	MFH3L7	3.2	3.8±0.3	—	165	宁德时代新能源科技股份有限公司	528	176	765	176	—	92.92	否	CEB-B60SV01/CEB-B60H	宁德时代新能源科技股份有限公司	纯电动客车	223	
	磷酸铁锂	MFH3L7	3.2	3.8±0.3	—	165	宁德时代新能源科技股份有限公司	528	176	765	176	—	92.92	否	CEB-B60SV01/CEB-B60H	宁德时代新能源科技股份有限公司/宁德时代新能源科技股份有限公司	纯电动客车	10	
	磷酸铁锂	MFH3L7	3.2	3.8±0.3	—	165;189	北京普莱德新能源电池科技有限公司;宁德时代新能源科技股份有限公司	528;604.8	176	770/765（普莱德/宁德,92.92kWh);870/844（普莱德/宁德,106.44kWh)	176	—	92.92;106.44	否	PBMA001-01A; CEB-B60SV01/CEB-B60H	北京普莱德新能源电池科技有限公司;宁德时代新能源科技股份有限公司	纯电动客车	20	
	磷酸铁锂	MFH3L7	3.2	3.8±0.3	—	168	宁德时代新能源科技股份有限公司	537.6	176	759	176	—	94.6	否	CEB-B60SV01/ CEB-B60H	宁德时代新能源科技股份有限公司	纯电动客车	200	
	磷酸铁锂	MFH3L7	3.2	3.8±0.3	—	168	宁德时代新能源科技股份有限公司	537.6	176	759	176	—	94.6	否	CEB-B60SV01/CEB-B60H	宁德时代新能源科技股份有限公司	纯电动客车	26	
	磷酸铁锂	MFH3L7	3.2	3.8±0.3	—	168	宁德时代新能源科技股份有限公司	537.6	176	759	176	—	94.61	否	CEB-B60SV01/CEB-B60H	宁德时代新能源科技股份有限公司	纯电动客车	26	
	磷酸铁锂	MFH3L7	3.2	3.8±0.3	—	177	宁德时代新能源科技股份有限公司	566.4	176	795	176	—	99.7	否	CEB-B60SV01/ CEB-B60H	宁德时代新能源科技股份有限公司	纯电动客车	8	
	磷酸铁锂	MFH3L7	3.2	3.8±0.3	—	186	宁德时代新能源科技股份有限公司	595.2	176	832	176	—	104.75	否	CEB-B60SV01/CEB-B60H	宁德时代新能源科技股份有限公司	纯电动客车	1	
	磷酸铁锂	MFH3L7	3.2	3.8±0.3	—	192	宁德时代新能源科技股份有限公司	614.4	176	856	176	—	108.13	否	CEB-B60SV01/CEB-B60H	宁德时代新能源科技股份有限公司	纯电动客车	82	
	磷酸铁锂	MFH3L7	3.2	3.8±0.3	—	195	宁德时代新能源科技股份有限公司	624	176	887	176	—	109.8	否	CEB-B60SV01/ CEB-B60H	宁德时代新能源科技股份有限公司	纯电动客车	29	
	磷酸铁锂	MFH3L7	3.2	3.8±0.3	—	198	宁德时代新能源科技股份有限公司	633.6	176	918	176	—	111.5	否	CEB-B60SV01/CEB-B60H	宁德时代新能源科技股份有限公司	纯电动客车	93	

续上表

储能装置单体生产企业 Single Cell Production Enterprise of Energy Storage Device	储能装置种类 Types of Energy Storage Devices	储能装置单体型号 Cell Odels of Energy Storage Device	储能装置单体标称电压（V） Nominal Voltage of Monomer for Energy Storage Unit（V）	储能装置单体质量（kg） Monomer Quality of Energy Storage Unit（kg）	超级电容器单体标称静电容量（F） Nominal Electrostatic Capacity of Super Capacitor Monomer（F）	储能装置单体数量 Single Cell Quantity of Energy Storage Device	储能装置总成生产企业 Production Company of Energy Storage Device Cell	储能装置总成标称电压（V） Nominal Voltage of Energy Storage Device Assembly（V）	储能装置总成额定输出电流（A） Rated Output Current of Energy Storage Device Assembly（A）	储能装置总成质量（kg） Quality of Energy Storage Device Assembly（kg）	储能装置总成标称容量（Ah） Nominal Capacity of Power Battery Assembly（Ah）	超级电容器总成标称静电容量（F） Nominal Electrostatic Capacity of Super Capacitor Assembly（F）	储能装置总储电量（kWh） Total Energy Storage Capacity of Energy Storage Device（kWh）	动力蓄电池箱是否具有快换装置 Whether Power Battery Box has Quick Change Device	车载能源管理系统型号（包括软件和硬件） Vehicle Energy Management System Model（Including Software and Hardware）	车载能源管理系统生产企业 Vehicle Energy Management System Manufacturing Enterprise	配套车辆类型 Matching Vehicle Type	2018年配套车型产量小计（辆） Subtotal Output of Supported Odels in 2018（Vehicle）	2018年配套车型产量总计（辆） Total Output of Supported Odels in 2018（Vehicle）
宁德时代新能源科技股份有限公司	磷酸铁锂	MFH3L7	3.2	3.8±0.3	—	288	宁德时代新能源科技股份有限公司	460.8	250	1284	352	—	162.2	否	CEB-B60SV01/CEB-B60H	宁德时代新能源科技股份有限公司	纯电动客车	141	436475
	磷酸铁锂	MFH3L7	3.2	3.8±0.3	—	318	宁德时代新能源科技股份有限公司	508.8	200	1444	352	—	179.09	否	CEB-B60SV01/CEB-B60H	宁德时代新能源科技股份有限公司	纯电动客车	209	
	磷酸铁锂	MFH3L7	3.2	3.8±0.3	—	318	宁德时代新能源科技股份有限公司	508.8	200	1444	352	—	179.1	否	CEB-B60SV01/CEB-B60H	宁德时代新能源科技股份有限公司	纯电动客车	215	
	磷酸铁锂	MFH3L7	3.2	3.8±0.3	—	324	宁德时代新能源科技股份有限公司	518.4	200	1468	352	—	182.47	否	CEB-B60SV01/CEB-B60H	宁德时代新能源科技股份有限公司	纯电动客车	32	
	磷酸铁锂	MFH3L7	3.2	3.8±0.3	—	324	宁德时代新能源科技股份有限公司	518.4	250	1468	352	—	182.47	否	CEB-B60SV01/ CEB-B60H	宁德时代新能源科技股份有限公司	纯电动客车	30	
	磷酸铁锂	MFH3L7	3.2	3.8±0.3	—	324	宁德时代新能源科技股份有限公司	518.4	250	1468	352	—	182.47	否	CEB-B60SV01/CEB-B60H	宁德时代新能源科技股份有限公司	纯电动客车	117	
	磷酸铁锂	MFH3L7	3.2	3.8±0.3	—	324	宁德时代新能源科技股份有限公司	518.4	250	1468	352	—	182.5	否	CEB-B60SV01/ CEB-B60H	宁德时代新能源科技股份有限公司	纯电动客车	1	
	磷酸铁锂	MFH3L7	3.2	3.8±0.3	—	336	宁德时代新能源科技股份有限公司	537.6	250	1518	352	—	189.2	否	CEB-B60SV01/CEB-B60H	宁德时代新能源科技股份有限公司	纯电动客车	8	
	磷酸铁锂	MFH3L7	3.2	3.8±0.3	—	336	宁德时代新能源科技股份有限公司	537.6	250	1518	352	—	189.23	否	CEB-B60SV01/CEB-B60H	宁德时代新能源科技股份有限公司	纯电动客车	43	
	磷酸铁锂	MFH3L7	3.2	3.8±0.3	—	336;384	北京普莱德新能源电池科技有限公司;宁德时代新能源科技股份有限公司	537.6;614.4	352	1540;1728;1518;1712	352	—	189.23;216.26	否	PBMA001-01A; CEB-B60SV01/CEB-B60H	北京普莱德新能源电池科技有限公司;宁德时代新能源科技股份有限公司	纯电动客车	41	
	磷酸铁锂	MFH3L7	3.2	3.8±0.3	—	348	宁德时代新能源科技股份有限公司	556.8	250	1566	352	—	195.99	否	CEB-B60SV01/CEB-B60H	宁德时代新能源科技股份有限公司	纯电动客车	142	
	磷酸铁锂	MFH3L7	3.2	3.8±0.3	—	354	宁德时代新能源科技股份有限公司	566.4	240	1590	352	—	199.37	否	CEB-B60SV01/CEB-B60H	宁德时代新能源科技股份有限公司	纯电动客车	5	
	磷酸铁锂	MFH3L7	3.2	3.8±0.3	—	360	宁德时代新能源科技股份有限公司	576	200	1616	352	—	202.75	否	CEB-B60SV01/CEB-B60H	宁德时代新能源科技股份有限公司	纯电动客车	1	
	磷酸铁锂	MFH3L7	3.2	3.8±0.3	—	360	宁德时代新能源科技股份有限公司	576	240	1616	352	—	202.75	否	CEB-B60SV01/ CEB-B60H	宁德时代新能源科技股份有限公司	纯电动客车	19	
	磷酸铁锂	MFH3L7	3.2	3.8±0.3	—	360	宁德时代新能源科技股份有限公司	576	240	1616	352	—	202.8	否	CEB-B60SV01/CEB-B60H	宁德时代新能源科技股份有限公司	纯电动客车	541	
	磷酸铁锂	MFH3L7	3.2	3.8±0.3	—	360	宁德时代新能源科技股份有限公司	576	250	1616	352	—	202.8	否	CEB-B60SV01/CEB-B60H	宁德时代新能源科技股份有限公司	纯电动客车	99	
	磷酸铁锂	MFH3L7	3.2	3.8±0.3	—	384	宁德时代新能源科技股份有限公司	614.4	200	1712	352	—	216.3	否	CEB-B60SV01/CEB-B60H	宁德时代新能源科技股份有限公司	纯电动客车	3	
	磷酸铁锂	MFH3L7	3.2	3.8±0.3	—	384	宁德时代新能源科技股份有限公司	614.4	240	1712	352	—	216.26	否	CEB-B60SV01/CEB-B60H	宁德时代新能源科技股份有限公司	纯电动客车	245	
	磷酸铁锂	MFH3L7	3.2	3.8±0.3	—	531	宁德时代新能源科技股份有限公司	566.4	250	2385	528	—	299.05	否	CEB-B60SV01/CEB-B60H	宁德时代新能源科技股份有限公司	纯电动客车	64	
	磷酸铁锂	MFH3L7	3.2	3.8±0.3	—	531;576	北京普莱德新能源电池科技有限公司;宁德时代新能源科技股份有限公司	566.4;614.4	240	2442;2385;2578;2568	528	—	299.05;324.4	否	PBMA001-01A; CEB-B60SV01/CEB-B60H	北京普莱德新能源电池科技有限公司;宁德时代新能源科技股份有限公司	纯电动客车	14	
	磷酸铁锂	MFH3L7	3.2	3.8±0.3	—	540	宁德时代新能源科技股份有限公司	576	250	2424	528	—	304.1	否	CEB-B60SV01/CEB-B60H	宁德时代新能源科技股份有限公司	纯电动客车	1	
	磷酸铁锂	MFH3L7	3.2	3.8±0.3	—	576	宁德时代新能源科技股份有限公司	614.4	250	2568	528	—	324.4	否	CEB-B60SV01/CEB-B60H	宁德时代新能源科技股份有限公司	纯电动客车	1	
	磷酸铁锂	MFH3L7	3.2	3.8±0.3	—	96	宁德时代新能源科技股份有限公司	307.2	176	428	176	—	54	否	CEB-B60SV01/CEB-B60H	宁德时代新能源科技股份有限公司	纯电动客车	8	
	磷酸铁锂	MFH3L7	3.2	3.8±0.3	—	165	北京普莱德新能源电池科技有限公司	528	176	770	176	—	92.9	否	PBMA001-01A（软件）/PBMA001-01A(硬件)	北京普莱德新能源电池科技有限公司	纯电动客车	1	
	磷酸铁锂	MFH3L7	3.2	3.8±0.3	—	336	宁德时代新能源科技股份有限公司	538	240	1518	352	—	189.23	否	CEB-B60SV01/ CEB-B60H	宁德时代新能源科技股份有限公司	纯电动客车	2	

续上表

储能装置单体生产企业 Single Cell Production Enterprise of Energy Storage Device	储能装置种类 Types of Energy Storage Devices	储能装置单体型号 Cell Odels of Energy Storage Device	储能装置单体标称电压(V) Nominal Voltage of Monomer for Energy Storage Unit (V)	储能装置单体质量(kg) Monomer Quality of Energy Storage Unit (kg)	超级电容器单体标称静电容量(F) Nominal Electrostatic Capacity of Super Capacitor Monomer (F)	储能装置单体数量 Single Cell Quantity of Energy Storage Device	储能装置总成生产企业 Production Company of Energy Storage Device Cell	储能装置总成标称电压(V) Nominal Voltage of Energy Storage Device Assembly (V)	储能装置总成额定输出电流(A) Rated Output Current of Energy Storage Device Assembly (A)	储能装置总成质量(kg) Quality of Energy Storage Device Assembly (kg)	储能装置总成标称容量(Ah) Nominal Capacity of Power Battery Assembly (Ah)	超级电容器总成标称静电容量(F) Nominal Electrostatic Capacity of Super Capacitor Assembly (F)	储能装置总储电量(kWh) Total Energy Storage Capacity of Energy Storage Device (kWh)	动力蓄电池箱是否具有快换装置 Whether Power Battery Box has Quick Change Device	车载能源管理系统型号(包括软件和硬件) Vehicle Energy Management System Model (Including Software and Hardware)	车载能源管理系统生产企业 Vehicle Energy Management System Manufacturing Enterprise	配套车辆类型 Matching Vehicle Type	2018年配套车型产量小计(辆) Subtotal Output of Supported Odels in 2018 (Vehicle)	2018年配套车型产量总计(辆) Total Output of Supported Odels in 2018 (Vehicle)
宁德时代新能源科技股份有限公司	磷酸铁锂	MFH3L7	3.2	3.8±0.3	—	288	宁德时代新能源科技股份有限公司	460.8	250	1284	352	—	162.2	否	CEB-B60SV01/CEB-B60H	宁德时代新能源科技股份有限公司	纯电动客车	100	436475
	磷酸铁锂	MFH3L7	3.2	3.80±0.30	—	132	北京普莱德新能源电池科技有限公司	422.4	176	608	176	—	74.34	否	SW2.0.35.355/BC52	安徽力高新能源技术有限公司	纯电动专用车	22	
	磷酸铁锂	MFH3L7	3.2	3.80±0.30	—	165	宁德时代新能源科技股份有限公司	528	176	765	176	—	92.9	否	CEB-B60SV01/CEB-B60H	宁德时代新能源科技股份有限公司	纯电动客车	130	
	磷酸铁锂	MFH3L7	3.2	3.80±0.30	—	165	宁德时代新能源科技股份有限公司	528	176	765	176	—	92.92	否	CEB-B60SV01/CEB-B60H	宁德时代新能源科技股份有限公司	燃料电池客车	1	
	磷酸铁锂	MFH3L7	3.2	3.80±0.30	—	168	宁德时代新能源科技股份有限公司	537.6	176	759	176	—	94.61	否	CEB-B60SV01/CEB-B60H	宁德时代新能源科技股份有限公司/宁德时代新能源科技股份有限公司	纯电动客车	26	
	磷酸铁锂	MFH3L7	3.2	3.80±0.30	—	294	宁德时代新能源科技股份有限公司	470.4	250	1346	352	—	165.5808	否	CEB-B60SV01/CEB-B60H	宁德时代新能源科技股份有限公司	纯电动客车	122	
	磷酸铁锂	MFH3L7	3.2	3.80±0.30	—	318	宁德时代新能源科技股份有限公司	508.8	240	1444	352	—	179.1	否	CEB-B60SV01/CEB-B60H	宁德时代新能源科技股份有限公司	纯电动客车	20	
	磷酸铁锂	MFH3L7	3.2	3.80±0.30	—	540	宁德时代新能源科技股份有限公司	576	250	2424	528	—	304.1	否	CEB-B60SV01/CEB-B60H	宁德时代新能源科技股份有限公司	纯电动专用车	1	
	磷酸铁锂	MFH3L7	3.2	3.80±0.30	—	576	宁德时代新能源科技股份有限公司	614.4	250	2568	528	—	324.4	否	CEB-B60SV01/CEB-B60H	宁德时代新能源科技股份有限公司	纯电动客车	1	
	磷酸铁锂	MFH3L7	3.2	3.80±0.30	—	96	宁德时代新能源科技股份有限公司	307.2	176	428	176	—	54	否	CEB-B60SV01/CEB-B60H	宁德时代新能源科技股份有限公司	燃料电池客车	1	
	磷酸铁锂	MFH3L7	3.2	3.80±0.30	—	99	宁德时代新能源科技股份有限公司	316.8	176	459	176	—	55.75	—	CEB-B60SV01/CEB-B60H	宁德时代新能源科技股份有限公司	纯电动客车	1	
	磷酸铁锂	MFH3L8	3.22	3.92	—	126	宁德时代新能源科技股份有限公司	405.72	202	576	202	—	81.95	否	CEB-B60SV01/CEB-B60H	宁德时代新能源科技股份有限公司	纯电动专用车	24	
	磷酸铁锂	MFH3L8	3.22	3.92	—	132	宁德时代新能源科技股份有限公司	425.04	202	616	202	—	85.85	否	CEB-B60SV01/CEB-B60H	宁德时代新能源科技股份有限公司	纯电动客车	659	
	磷酸铁锂	MFH3L8	3.22	3.92	—	156	宁德时代新能源科技股份有限公司	502.32	202	716	202	—	101.46	否	CEB-B60SV01/CEB-B60H	宁德时代新能源科技股份有限公司	纯电动客车	2317	
	磷酸铁锂	MFH3L8	3.22	3.92	—	168	宁德时代新能源科技股份有限公司	540.96	202	768	202	—	109.27	否	CEB-B60H/CEB-B60SV01	宁德时代新能源科技股份有限公司	纯电动客车	1	
	磷酸铁锂	MFH3L8	3.22	3.92	—	168	宁德时代新能源科技股份有限公司	540.96	202	768	202	—	109.27	否	CEB-B60SV01/CEB-B60H	宁德时代新能源科技股份有限公司	纯电动客车	35	
	磷酸铁锂	MFH3L8	3.22	3.92	—	168	宁德时代新能源科技股份有限公司	541	202	768	202	—	109.27	否	CEB-B60SV01/ CEB-B60H	宁德时代新能源科技股份有限公司	纯电动客车	30	
	磷酸铁锂	MFH3L8	3.22	3.92	—	168	宁德时代新能源科技股份有限公司	541	202	768	202	—	109.273	否	CEB-B60SV01/CEB-B60H	宁德时代新能源科技股份有限公司	燃料电池客车	40	
	磷酸铁锂	MFH3L8	3.22	3.92	—	171	宁德时代新能源科技股份有限公司	550.62	202	778	202	—	111.22	否	CEB-B60SV01/CEB-B60H	宁德时代新能源科技股份有限公司	纯电动客车	234	
	磷酸铁锂	MFH3L8	3.22	3.92	—	171	宁德时代新能源科技股份有限公司	551	202	780	202	—	111.22	否	CEB-B60SV01/CEB-B60H	宁德时代新能源科技股份有限公司	纯电动客车	36	
	磷酸铁锂	MFH3L8	3.22	3.92	—	180	宁德时代新能源科技股份有限公司	579.6	202	816	202	—	117.07	否	CEB-B60SV01/CEB-B60H	宁德时代新能源科技股份有限公司	纯电动客车	207	
	磷酸铁锂	MFH3L8	3.22	3.92	—	189	宁德时代新能源科技股份有限公司	608.58	202	852	202	—	122.93	否	CEB-B60SV01/CEB-B60H	宁德时代新能源科技股份有限公司	纯电动客车	2012	
	磷酸铁锂	MFH3L8	3.22	3.92	—	192	宁德时代新能源科技股份有限公司	618.24	202	864	202	—	124.88	否	CEB-B60SV01/CEB-B60H	宁德时代新能源科技股份有限公司	纯电动专用车	40	
	磷酸铁锂	MFH3L8	3.22	3.92	—		郑州深澜动力科技有限公司	618.24	202	896	202	—	124.88	否	SL-B10SV01/SL-B10H	郑州深澜动力科技有限公司	纯电动客车	48	

续上表

储能装置单体生产企业 Single Cell Production Enterprise of Energy Storage Device	储能装置种类 Types of Energy Storage Devices	储能装置单体型号 Cell Oεels of Energy Storage Device	储能装置单体标称电压(V) Nominal Voltage of Monomer for Energy Storage Unit (V)	储能装置单体质量(kg) Monomer Quality of Energy Storage Unit (kg)	超级电容器单体标称静电容量(F) Nominal Electrostatic Capacity of Super Capacitor Monomer (F)	储能装置单体数量 Single Cell Quantity of Energy Storage Device	储能装置总成生产企业 Production Company of Energy Storage Device Cell	储能装置总成标称电压(V) Nominal Voltage of Energy Storage Device Assembly (V)	储能装置总成额定输出电流(A) Rated Output Current of Energy Storage Device Assembly (A)	储能装置总成质量(kg) Quality of Energy Storage Device Assembly (kg)	储能装置总成标称容量(Ah) Nominal Capacity of Power Battery Assembly (Ah)	超级电容器总成标称静电容量(F) Nominal Electrostatic Capacity of Super Capacitor Assembly (F)	储能装置总储电量(kWh) Total Energy Storage Capacity of Energy Storage Device (kWh)	动力蓄电池箱是否具有快换装置 Whether Power Battery Box has Quick Change Device	车载能源管理系统型号(包括软件和硬件) Vehicle Energy Management System Model (Including Software and Hardware)	车载能源管理系统生产企业 Vehicle Energy Management System Manufacturing Enterprise	配套车辆类型 Matching Vehicle Type	2018年配套车型产量小计(辆) Subtotal Output of Supported Odels in 2018 (Vehicle)	2018年配套车型产量总计(辆) Total Output of Supported Odels in 2018 (Vehicle)
宁德时代新能源科技股份有限公司	磷酸铁锂	MFH3L8	3.22	3.92	—	288	宁德时代新能源科技股份有限公司	463.68	404	1296	404	—	187.32	否	CEB-B60SV01/CEB-B60H	宁德时代新能源科技股份有限公司	纯电动客车	705	436475
	磷酸铁锂	MFH3L8	3.22	3.92	—		郑州深澜动力科技有限公司	463.68	404	1344	404	—	187.32	否	YN-B50SV01/YN-B50H	惠州市亿能电子有限公司	纯电动客车	62	
	磷酸铁锂	MFH3L8	3.22	3.92	—	312	宁德时代新能源科技股份有限公司	502.32	404	1432	404	—	202.93	否	CEB-B60SV01/CEB-B60H	宁德时代新能源科技股份有限公司	纯电动客车	1884	
	磷酸铁锂	MFH3L8	3.22	3.92	—	336	宁德时代新能源科技股份有限公司	541	250	1536	404	—	218.54	否	CEB-B60SV01/CEB-B60H	宁德时代新能源科技股份有限公司	纯电动客车	60	
	磷酸铁锂	MFH3L8	3.22	3.92	—	342	宁德时代新能源科技股份有限公司	550.62	250	1560	404	—	222.45	否	CEB-B60SV01/CEB-B60H	宁德时代新能源科技股份有限公司	纯电动客车	44	
	磷酸铁锂	MFH3L8	3.22	3.92	—	342	宁德时代新能源科技股份有限公司	550.62	250	1560	404	—	222.45	否	CEB-B60H/CEB-B60SV01	宁德时代新能源科技股份有限公司	纯电动客车	140	
	磷酸铁锂	MFH3L8	3.22	3.92	—	342	宁德时代新能源科技股份有限公司	550.62	404	1560	404	—	222.45	否	CEB-B60SV01/CEB-B60H	宁德时代新能源科技股份有限公司	纯电动客车	556	
	磷酸铁锂	MFH3L8	3.22	3.92	—	348	宁德时代新能源科技股份有限公司	560.28	404	1584	404	—	226.35	否	CEB-B60SV01/CEB-B60H	宁德时代新能源科技股份有限公司	纯电动客车	388	
	磷酸铁锂	MFH3L8	3.22	3.92	—	372	宁德时代新能源科技股份有限公司	598.92	250	1680	404	—	241.96	无	CEB-B60SV01/CEB-B60H	宁德时代新能源科技股份有限公司	纯电动客车	160	
	磷酸铁锂	MFH3L8	3.22	3.92	—	513	宁德时代新能源科技股份有限公司	550.62	606	2340	606	—	333.67	否	CEB-B60SV01/CEB-B60H	宁德时代新能源科技股份有限公司	纯电动客车	236	
	磷酸铁锂	MFH3L8	3.22	3.92	—	540	宁德时代新能源科技股份有限公司	579.6	606	2448	606	—	351.23	否	CEB-B60SV01/CEB-B60H	宁德时代新能源科技股份有限公司	纯电动客车	446	
	磷酸铁锂	MFH3L8	3.22	3.92	—	90	宁德时代新能源科技股份有限公司	289.8	202	408	202	—	58.53	否	CEB-B60SV01/CEB-B60H	宁德时代新能源科技股份有限公司	纯电动专用车	88	
	磷酸铁锂	MFH3L8	3.22	3.92±0.2	—	156	宁德时代新能源科技股份有限公司	502.32	202	716	202	—	101.46	否	CEB-B60SV01/CEB-B60H	宁德时代新能源科技股份有限公司	纯电动客车	60	
	磷酸铁锂	MFH3L8	3.22	3.92±0.2	—	171	宁德时代新能源科技股份有限公司	550.62	202	780	202	—	111.22	否	CEB-B60SV01/CEB-B60H	宁德时代新能源科技股份有限公司	纯电动客车	66	
	磷酸铁锂	MFH3L8	3.22	3.92±0.2	—	288	宁德时代新能源科技股份有限公司	463.68	250	1296	404	—	187.3	否	CEB-B60SV01/CEB-B60H	宁德时代新能源科技股份有限公司	纯电动客车	247	
	磷酸铁锂	MFH3L8	3.22	3.92±0.2	—	312	宁德时代新能源科技股份有限公司	502.32	250	1432	404	—	202.93	否	CEB-B60SV01/CEB-B60H	宁德时代新能源科技股份有限公司	纯电动客车	138	
	磷酸铁锂	MFH3L8	3.22	3.92±0.2	—	336	宁德时代新能源科技股份有限公司	540.96	404	1536	404	—	218.54	否	CES-B60S/CES-B60H	宁德时代新能源科技股份有限公司	纯电动专用车	2	
	磷酸铁锂	MFH3L8	3.22	3.92±0.2	—	342	宁德时代新能源科技股份有限公司	550.62	250	1560	404	—	222.45	否	CEB-B60SV01/CEB-B60H	宁德时代新能源科技股份有限公司	纯电动客车	519	
	磷酸铁锂	MFH3L8	3.22	3.92±0.2	—	360	宁德时代新能源科技股份有限公司	579.6	400	1632	404	—	234.16	否	CEB-B60SV01/CEB-B60H	宁德时代新能源科技股份有限公司	纯电动专用车	6	
	磷酸铁锂	MFH3L8	3.22	3.92±0.2	—	384	宁德时代新能源科技股份有限公司	618.24	250	1728	404	—	249.76	否	CEB-B60SV01/CEB-B60H	宁德时代新能源科技股份有限公司	纯电动客车	4	
	磷酸铁锂	MFH3L8	3.22	3.92±0.20	—	120	宁德时代新能源科技股份有限公司	386.4	202	556	202	—	78.05	否	CEB-B60SV01/CEB-B60H	宁德时代新能源科技股份有限公司	纯电动专用车	1094	
	磷酸铁锂	MFH3L8	3.22	3.92±0.20	—	129	宁德时代新能源科技股份有限公司	415.38	202	586	202	—	83.9	否	CEB-B60SV01/CEB-B60H	宁德时代新能源科技股份有限公司	纯电动客车	37	
	磷酸铁锂	MFH3L8	3.22	3.92±0.20	—	132	宁德时代新能源科技股份有限公司	425.04	202	600	202	—	85.85	否	CEB-B60SV01/CEB-B60H	宁德时代新能源科技股份有限公司	纯电动客车	316	
	磷酸铁锂	MFH3L8	3.22	3.92±0.20	—	132	宁德时代新能源科技股份有限公司	425.04	202	616	202	—	85.85	否	CEB-B60SV01/CEB-B60H	宁德时代新能源科技股份有限公司	纯电动客车	50	
	磷酸铁锂	MFH3L8	3.22	3.92±0.20	—	135	宁德时代新能源科技股份有限公司	434.7	202	612	202	—	87.809	否	CEB-B60SV01/CEB-B60H	宁德时代新能源科技股份有限公司	纯电动客车	59	
	磷酸铁锂	MFH3L8	3.22	3.92±0.20	—	144	宁德时代新能源科技股份有限公司	463.68	200	648	202	—	93.66	否	CEB-B60SV01/CEB-B60H	宁德时代新能源科技股份有限公司	纯电动客车	61	
	磷酸铁锂	MFH3L8	3.22	3.92±0.20	—	144	宁德时代新能源科技股份有限公司	463.68	202	648	202	—	93.66	否	CEB-B60SV01/ CEB-B60H	宁德时代新能源科技股份有限公司	纯电动客车	44	

续上表

储能装置单体生产企业 Single Cell Production Enterprise of Energy Storage Device	储能装置种类 Types of Energy Storage Devices	储能装置单体型号 Cell Odels of Energy Storage Device	储能装置单体标称电压(V) Nominal Voltage of Monomer for Energy Storage Unit (V)	储能装置单体质量(kg) Monomer Quality of Energy Storage Unit (kg)	超级电容器单体标称静电容量(F) Nominal Electrostatic Capacity of Super Capacitor Monomer (F)	储能装置单体数量 Single Cell Quantity of Energy Storage Device	储能装置总成生产企业 Production Company of Energy Storage Device Cell	储能装置总成标称电压(V) Nominal Voltage of Energy Storage Device Assembly (V)	储能装置总成额定输出电流(A) Rated Output Current of Energy Storage Device Assembly (A)	储能装置总成质量(kg) Quality of Energy Storage Device Assembly (kg)	储能装置总成标称容量(Ah) Nominal Capacity of Power Battery Assembly (Ah)	超级电容器总成标称静电容量(F) Nominal Electrostatic Capacity of Super Capacitor Assembly (F)	储能装置总储电量(kWh) Total Energy Storage Capacity of Energy Storage Device (kWh)	动力蓄电池箱是否具有快换装置 Whether Power Battery Box has Quick Change Device	车载能源管理系统型号(包括软件和硬件) Vehicle Energy Management System Model (Including Software and Hardware)	车载能源管理系统生产企业 Vehicle Energy Management System Manufacturing Enterprise	配套车辆类型 Matching Vehicle Type	2018年配套车型产量小计(辆) Subtotal Output of Supported Odels in 2018 (Vehicle)	2018年配套车型产量总计(辆) Total Output of Supported Odels in 2018 (Vehicle)
宁德时代新能源科技股份有限公司	磷酸铁锂	MFH3L8	3.22	3.92±0.20	—	144	宁德时代新能源科技股份有限公司	463.68	202	648	202	—	93.66	否	CEB-B60SV01/CEB-B60H	宁德时代新能源科技股份有限公司	纯电动客车	181	436475
	磷酸铁锂	MFH3L8	3.22	3.92±0.20	—	144	宁德时代新能源科技股份有限公司	463.68	202	648	202	—	93.663	否	CEB-B60SV01/CEB-B60H	宁德时代新能源科技股份有限公司	纯电动客车	102	
	磷酸铁锂	MFH3L8	3.22	3.92±0.20	—	144	宁德时代新能源科技股份有限公司	463.68	202	648	202	—	93.7	否	CEB-B60SV01/CEB-B60H	宁德时代新能源科技股份有限公司	纯电动客车	12	
	磷酸铁锂	MFH3L8	3.22	3.92±0.20	—	156	宁德时代新能源科技股份有限公司	502.32	202	716	202	—	101.46	否	CEB-B60SV01/CEB-B60H	宁德时代新能源科技股份有限公司	纯电动客车	281	
	磷酸铁锂	MFH3L8	3.22	3.92±0.20	—	156	宁德时代新能源科技股份有限公司	502.32	202	716±21.4	202	—	101.46	否	CEB-B60SV01/CEB-B60H	宁德时代新能源科技股份有限公司	纯电动客车	1	
	磷酸铁锂	MFH3L8	3.22	3.92±0.20	—	162	北京普莱德新能源电池科技有限公司	521.64	202	780±23	202	—	105.371	否	FT_32BMS02	北汽福田汽车股份有限公司	纯电动专用车	253	
	磷酸铁锂	MFH3L8	3.22	3.92±0.20	—	168	北京普莱德新能源电池科技有限公司	540.96	202	772	202	—	109.27	否	b.02b.1801.001/PBMA001-01A	北京普莱德新能源电池科技有限公司	纯电动客车	4	
	磷酸铁锂	MFH3L8	3.22	3.92±0.20	—	168	宁德时代新能源科技股份有限公司	540.96	202	768	202	—	109.27	否	CEB-B60SV01/ CEB-B60H	宁德时代新能源科技股份有限公司	纯电动客车	279	
	磷酸铁锂	MFH3L8	3.22	3.92±0.20	—	168	宁德时代新能源科技股份有限公司	540.96	202	768	202	—	109.27	否	CEB-B60SV01/CEB-B60H	宁德时代新能源科技股份有限公司	纯电动客车	6	
	磷酸铁锂	MFH3L8	3.22	3.92±0.20	—	168	宁德时代新能源科技股份有限公司	540.96	202	768	202	—	109.27	否	CEB-B60SV01/CEB-B60H	宁德时代新能源科技股份有限公司	纯电动客车	290	
	磷酸铁锂	MFH3L8	3.22	3.92±0.20	—	168	宁德时代新能源科技股份有限公司	540.96	202	768	202	—	109.273	否	CEB-B60SV01/CEB-B60H	宁德时代新能源科技股份有限公司	纯电动客车	3	
	磷酸铁锂	MFH3L8	3.22	3.92±0.20	—	171	宁德时代新能源科技股份有限公司	550.62	202	780	202	—	111.22	否	CEB-B60SV01/CEB-B60H	宁德时代新能源科技股份有限公司	纯电动客车	235	
	磷酸铁锂	MFH3L8	3.22	3.92±0.20	—	171	宁德时代新能源科技股份有限公司	550.62	202	780	202	—	111.22	否	CEB-B60SV01/CEB-B60H	宁德时代新能源科技股份有限公司	燃料电池客车	5	
	磷酸铁锂	MFH3L8	3.22	3.92±0.20	—	171	宁德时代新能源科技股份有限公司;北京普莱德新能源电池科技有限公司	550.62	202	780;787	202	—	111.22	否	CEB-B60SV01/CEB-B60H;b.02b.1801.001/PBMA001-01A	宁德时代新能源科技股份有限公司;北京普莱德新能源电池科技有限公司	纯电动客车	3	
	磷酸铁锂	MFH3L8	3.22	3.92±0.20	—	174	宁德时代新能源科技股份有限公司	560.28	202	792	202	—	113.176	否	CEB-B60SV01/CEB-B60H	宁德时代新能源科技股份有限公司	纯电动客车	637	
	磷酸铁锂	MFH3L8	3.22	3.92±0.20	—	180	宁德时代新能源科技股份有限公司	579.6	200	816	202	—	117.08	否	CEB-B60SV01/CEB-B60H	宁德时代新能源科技股份有限公司	纯电动客车	2	
	磷酸铁锂	MFH3L8	3.22	3.92±0.20	—	180	宁德时代新能源科技股份有限公司	579.6	202	816	202	—	117.079	否	CEB-B60SV01/CEB-B60H	宁德时代新能源科技股份有限公司	纯电动客车	19	
	磷酸铁锂	MFH3L8	3.22	3.92±0.20	—	186	宁德时代新能源科技股份有限公司	598.92	202	840	202	—	120.98	否	CEB-B60SV01/CEB-B60H	宁德时代新能源科技股份有限公司	纯电动客车	84	
	磷酸铁锂	MFH3L8	3.22	3.92±0.20	—	186	宁德时代新能源科技股份有限公司	598.92	202	840	202	—	120.98	否	CEB-B60SV01/CEB-B60H	宁德时代新能源科技股份有限公司	纯电动客车	22	
	磷酸铁锂	MFH3L8	3.22	3.92±0.20	—	186	宁德时代新能源科技股份有限公司	598.92	202	840	202	—	120.98	否	CEB-B60SV01/CEB-B60H	宁德时代新能源科技股份有限公司	纯电动客车	84	
	磷酸铁锂	MFH3L8	3.22	3.92±0.20	—	186	宁德时代新能源科技股份有限公司	599	202	840	202	—	120.98	否	CEB-B60SV01/CEB-B60H	宁德时代新能源科技股份有限公司	纯电动客车	20	
	磷酸铁锂	MFH3L8	3.22	3.92±0.20	—	189	宁德时代新能源科技股份有限公司	608.58	202	852	202	—	122.93	否	CEB-B60SV01/CEB-B60H	宁德时代新能源科技股份有限公司	纯电动客车	69	
	磷酸铁锂	MFH3L8	3.22	3.92±0.20	—	192	宁德时代新能源科技股份有限公司	618.24	202	864	202	—	124.88	否	CEB-B60SV01/CEB-B60H	宁德时代新能源科技股份有限公司	纯电动客车	183	
	磷酸铁锂	MFH3L8	3.22	3.92±0.20	—	288	宁德时代新能源科技股份有限公司	463.68	250	1296	404	—	187.3	否	CEB-B60SV01/CEB-B60H	宁德时代新能源科技股份有限公司	纯电动客车	22	
	磷酸铁锂	MFH3L8	3.22	3.92±0.20	—	288	宁德时代新能源科技股份有限公司	463.68	250	1296	404	—	187.32	否	CEB-B60SV01/ CEB-B60H	宁德时代新能源科技股份有限公司	纯电动客车	31	
	磷酸铁锂	MFH3L8	3.22	3.92±0.20	—	288	宁德时代新能源科技股份有限公司	463.68	250	1296	404	—	187.32	否	CEB-B60SV01/CEB-B60H	宁德时代新能源科技股份有限公司	纯电动客车	278	

续上表

储能装置单体生产企业 Single Cell Production Enterprise of Energy Storage Device	储能装置种类 Types of Energy Storage Devices	储能装置单体型号 Cell Odels of Energy Storage Device	储能装置单体标称电压(V) Nominal Voltage of Monomer for Energy Storage Unit (V)	储能装置单体质量(kg) Monomer Quality of Energy Storage Unit (kg)	超级电容器单体标称静电容量(F) Nominal Electrostatic Capacity of Super Capacitor Monomer (F)	储能装置单体数量 Single Cell Quantity of Energy Storage Device	储能装置总成生产企业 Production Company of Energy Storage Device Cell	储能装置总成标称电压(V) Nominal Voltage of Energy Storage Device Assembly (V)	储能装置总成额定输出电流(A) Rated Output Current of Energy Storage Device Assembly (A)	储能装置总成质量(kg) Quality of Energy Storage Device Assembly (kg)	储能装置总成标称容量(Ah) Nominal Capacity of Power Battery Assembly (Ah)	超级电容器总成标称静电容量(F) Nominal Electrostatic Capacity of Super Capacitor Assembly (F)	储能装置总储电量(kWh) Total Energy Storage Capacity of Energy Storage Device (kWh)	动力蓄电池箱是否具有快换装置 Whether Power Battery Box has Quick Change Device	车载能源管理系统型号(包括软件和硬件) Vehicle Energy Management System Model(Including Software and Hardware)	车载能源管理系统生产企业 Vehicle Energy Management System Manufacturing Enterprise	配套车辆类型 Matching Vehicle Type	2018年配套车型产量小计(辆) Subtotal Output of Supported Odels in 2018 (Vehicle)	2018年配套车型产量总计(辆) Total Output of Supported Odels in 2018 (Vehicle)
宁德时代新能源科技股份有限公司	磷酸铁锂	MFH3L8	3.22	3.92±0.20	—	288	宁德时代新能源科技股份有限公司	463.68	250	1296	404	—	187.326	否	CEB-B60SV01/CEB-B60H	宁德时代新能源科技股份有限公司	纯电动客车	69	436475
	磷酸铁锂	MFH3L8	3.22	3.92±0.20	—	312	宁德时代新能源科技股份有限公司	502.32	250	1432	404	—	202.93	否	CEB-B60SV01/CEB-B60H	宁德时代新能源科技股份有限公司	纯电动客车	532	
	磷酸铁锂	MFH3L8	3.22	3.92±0.20	—	336	宁德时代新能源科技股份有限公司	540.96	250	1536	404	—	218.54	否	CEB-B60SV01/ CEB-B60H	宁德时代新能源科技股份有限公司	纯电动客车	192	
	磷酸铁锂	MFH3L8	3.22	3.92±0.20	—	336	宁德时代新能源科技股份有限公司	540.96	250	1536	404	—	218.54	否	CEB-B60SV01/CEB-B60H	宁德时代新能源科技股份有限公司	纯电动客车	652	
	磷酸铁锂	MFH3L8	3.22	3.92±0.20	—	336	宁德时代新能源科技股份有限公司	540.96	250	1536	404	—	218.54	否	CEB-B60SV01/CEB-B60H	宁德时代新能源科技股份有限公司	纯电动客车	362	
	磷酸铁锂	MFH3L8	3.22	3.92±0.20	—	336	宁德时代新能源科技股份有限公司	540.96	250	1536	404	—	218.547	否	CEB-B60SV01/CEB-B60H	宁德时代新能源科技股份有限公司	纯电动客车	162	
	磷酸铁锂	MFH3L8	3.22	3.92±0.20	—	342	北京普莱德新能源电池科技有限公司;宁德时代新能源科技股份有限公司	550.62	250	配置1: 1574; 配置2: 1560	404	—	222.45	否	b.02b.1801.001/PBMA001-01A; CEB-B60SV01/CEB-B60H	北京普莱德新能源电池科技有限公司;宁德时代新能源科技股份有限公司	纯电动客车	67	
	磷酸铁锂	MFH3L8	3.22	3.92±0.20	—	342	宁德时代新能源科技股份有限公司	550.6	250	1560	404	—	222.45	否	CEB-B60SV01/CEB-B60H	宁德时代新能源科技股份有限公司	纯电动客车	58	
	磷酸铁锂	MFH3L8	3.22	3.92±0.20	—	342	宁德时代新能源科技股份有限公司	550.62	250	1560	404	—	222.45	否	CEB-B60SV01/CEB-B60H	宁德时代新能源科技股份有限公司	纯电动客车	1509	
	磷酸铁锂	MFH3L8	3.22	3.92±0.20	—	348	宁德时代新能源科技股份有限公司	560.28	250	1584	404	—	226.353	否	CEB-B60SV01/CEB-B60H	宁德时代新能源科技股份有限公司	纯电动客车	57	
	磷酸铁锂	MFH3L8	3.22	3.92±0.20	—	360	宁德时代新能源科技股份有限公司	579.6	250	1632	404	—	234.158	否	CEB-B60SV01/CEB-B60H	宁德时代新能源科技股份有限公司	纯电动客车	90	
	磷酸铁锂	MFH3L8	3.22	3.92±0.20	—	360	宁德时代新能源科技股份有限公司	579.6	250	1632	404	—	234.2	否	CEB-B60SV01/CEB-B60H	宁德时代新能源科技股份有限公司	纯电动客车	5	
	磷酸铁锂	MFH3L8	3.22	3.92±0.20	—	366	宁德时代新能源科技股份有限公司	589.26	250	1656	404	—	238.06	否	CEB-B60SV01/CEB-B60H	宁德时代新能源科技股份有限公司	纯电动专用车	1	
	磷酸铁锂	MFH3L8	3.22	3.92±0.20	—	366	宁德时代新能源科技股份有限公司	589.26	250	1656	404	—	238.06	否	CEB-B60SV01/CEB-B60H	宁德时代新能源科技股份有限公司	纯电动客车	1	
	磷酸铁锂	MFH3L8	3.22	3.92±0.20	—	372	宁德时代新能源科技股份有限公司	598.92	250	1680	404	—	241.96	否	CEB-B60SV01/CEB-B60H	宁德时代新能源科技股份有限公司	纯电动客车	400	
	磷酸铁锂	MFH3L8	3.22	3.92±0.20	—	378	宁德时代新能源科技股份有限公司	608.58	250	1704	404	—	245.86	否	CEB-B60SV01/CEB-B60H	宁德时代新能源科技股份有限公司	纯电动客车	1	
	磷酸铁锂	MFH3L8	3.22	3.92±0.20	—	384	宁德时代新能源科技股份有限公司	618	404	1728	404	—	249.7	否	CEB-B60SV01/CEB-B60H	宁德时代新能源科技股份有限公司	纯电动专用车	22	
	磷酸铁锂	MFH3L8	3.22	3.92±0.20	—	384	宁德时代新能源科技股份有限公司	618.2	250	1728	404	—	249.8	否	CEB-B60SV01/CEB-B60H	宁德时代新能源科技股份有限公司	纯电动客车	51	
	磷酸铁锂	MFH3L8	3.22	3.92±0.20	—	384	宁德时代新能源科技股份有限公司	618.24	250	1728	404	—	249.76	否	CEB-B60SV01/CEB-B60H	宁德时代新能源科技股份有限公司	纯电动客车	465	
	磷酸铁锂	MFH3L8	3.22	3.92±0.20	—	384	宁德时代新能源科技股份有限公司	618.24	250	1728	404	—	249.76	否	CEB-B60SV01/CEB-B60H	宁德时代新能源科技股份有限公司	纯电动客车	33	
	磷酸铁锂	MFH3L8	3.22	3.92±0.20	—	384	宁德时代新能源科技股份有限公司	618.24	250	1728	404	—	249.768	否	CEB-B60SV01/CEB-B60H	宁德时代新能源科技股份有限公司	纯电动客车	272	
	磷酸铁锂	MFH3L8	3.22	3.92±0.20	—	384	宁德时代新能源科技股份有限公司	618.24	250	1728	404	—	249.77	否	CEB-B60SV01/CEB-B60H	宁德时代新能源科技股份有限公司	纯电动客车	34	
	磷酸铁锂	MFH3L8	3.22	3.92±0.20	—	384	宁德时代新能源科技股份有限公司	618.24	404	1728	404	—	249.76	否	CEB-B60SV01/CEB-B60H	宁德时代新能源科技股份有限公司	纯电动客车	95	
	磷酸铁锂	MFH3L8	3.22	3.92±0.20	—	513	宁德时代新能源科技股份有限公司	550.62	250	2340	606	—	333.7	否	CEB-B60SV01/CEB-B60H	宁德时代新能源科技股份有限公司	纯电动客车	86	

续上表

储能装置单体生产企业 Single Cell Production Enterprise of Energy Storage Device	储能装置种类 Types of Energy Storage Devices	储能装置单体型号 Cell Odels of Energy Storage Device	储能装置单体标称电压（V） Nominal Voltage of Monomer for Energy Storage Unit（V）	储能装置单体质量（kg） Monomer Quality of Energy Storage Unit（kg）	超级电容器单体标称静电容量（F） Nominal Electrostatic Capacity of Super Capacitor Monomer（F）	储能装置单体数量 Single Cell Quantity of Energy Storage Device	储能装置总成生产企业 Production Company of Energy Storage Device Cell	储能装置总成标称电压（V） Nominal Voltage of Energy Storage Device Assembly（V）	储能装置总成额定输出电流（A） Rated Output Current of Energy Storage Device Assembly（A）	储能装置总成质量（kg） Quality of Energy Storage Device Assembly（kg）	储能装置总成标称容量(Ah) Nominal Capacity of Power Battery Assembly（Ah）	超级电容器总成标称静电容量（F） Nominal Electrostatic Capacity of Super Capacitor Assembly（F）	储能装置总储电量（kWh） Total Energy Storage Capacity of Energy Storage Device（kWh）	动力蓄电池箱是否具有快换装置 Whether Power Battery Box has Quick Change Device	车载能源管理系统型号（包括软件和硬件） Vehicle Energy Management System Model(Including Software and Hardware)	车载能源管理系统生产企业 Vehicle Energy Management System Manufacturing Enterprise	配套车辆类型 Matching Vehicle Type	2018年配套车型产量小计（辆） Subtotal Output of Supported Odels in 2018（Vehicle）	2018年配套车型产量总计（辆） Total Output of Supported Odels in 2018（Vehicle）
宁德时代新能源科技股份有限公司	磷酸铁锂	MFH3L8	3.22	3.92±0.20	—	540	宁德时代新能源科技股份有限公司	579.6	250	2440	606	—	351.24	否	CEB-B60SV01/CEB-B60H	宁德时代新能源科技股份有限公司	纯电动客车	6	436475
	磷酸铁锂	MFH3L8	3.22	3.92±0.20	—	540	宁德时代新能源科技股份有限公司	579.60	250	2448	606	—	351.23	否	CEB-B60SV01/CEB-B60H	宁德时代新能源科技股份有限公司	纯电动客车	46	
	磷酸铁锂	MFH3L8	3.22	3.92±0.20	—	576	宁德时代新能源科技股份有限公司	618.24	606	2592±76.8	606	—	374.65	否	CEB-B60SV01/CEB-B60H	宁德时代新能源科技股份有限公司	纯电动专用车	1	
	磷酸铁锂	MFH3L8	3.22	3.92±0.20	—	96	宁德时代新能源科技股份有限公司	309.12	202	432	202	—	62.44	—	CEB-B60SV01/CEB-B60H	宁德时代新能源科技股份有限公司	纯电动客车	1	
	磷酸铁锂	MFH3L8	3.22	3.92±0.20	—	96	宁德时代新能源科技股份有限公司	309.12	202	432	202	—	62.44	否	CEB-B60SV01/ CEB-B60H	宁德时代新能源科技股份有限公司	纯电动客车	41	
	磷酸铁锂	MFH3L8	3.22	3.92±0.20	—	96	宁德时代新能源科技股份有限公司	309.12	202	432	202	—	62.44	否	CEB-B60SV01/CEB-B60H	宁德时代新能源科技股份有限公司	纯电动客车	33	
	磷酸铁锂	MFH3L8	3.22	3.92±0.20	—	配置1,3：336；配置2,4：384	配置1,2：宁德时代新能源科技股份有限公司；配置3,4：北京普莱德新能源电池科技有限公司	配置1,3：540.96；配置2,4：618.24	250	配置1：1536；配置2：1728；配置3：1544；配置4：1768	404	—	配置1,3：218.54；配置2,4：249.76	否	配置1、2：CEB-B60SV01/CEB-B60H；配置3、4：b.02b.1801.001/PBMA001-01A	配置1,2：宁德时代新能源科技股份有限公司；配置3,4：北京普莱德新能源电池科技有限公司	纯电动客车	85	
	磷酸铁锂	MFH3L8	3.22	3.92±0.20	—	配置1：372；配置2：312	宁德时代新能源科技股份有限公司	配置1：599；配置2：502	250	配置1：1680；配置2：1432	404	—	配置1：241.9；配置2：202.9	否	CEB-B60SV01/CEB-B60H	宁德时代新能源科技股份有限公司	纯电动客车	20	
	磷酸铁锂	MFH3L8	3.22	3.92±0.20	—	288	宁德时代新能源科技股份有限公司	463.68	250	1296	404	—	187.3	否	CEB-B60SV01/CEB-B60H	宁德时代新能源科技股份有限公司	纯电动客车	73	
	磷酸铁锂	MFH3L8	3.22	3.92±0.20	—	513	宁德时代新能源科技股份有限公司	550.62	250	2340	606	—	333.7	否	CEB-B60SV01/CEB-B60H	宁德时代新能源科技股份有限公司	纯电动客车	4	
	磷酸铁锂	V6H3L7	3.2	2.1±0.15	—	168	宁德时代新能源科技股份有限公司	537.6	140	430	92	—	49.45	否	CEB-B60SV01/CEB-B60H	宁德时代新能源科技股份有限公司	燃料电池客车	5	
	磷酸铁锂	V6H3L7	3.2	2.10±0.15	—	100	宁德时代新能源科技股份有限公司	320	92	268±4	92	—	29.44	否	CES-B60S/CES-B60H	宁德时代新能源科技股份有限公司	燃料电池专用车	4	
	磷酸铁锂	V6H3L7	3.2	2.10±0.15	—	162	宁德时代新能源科技股份有限公司	518.4	184	424	92	—	47.69	否	CEB-B60SV01/CEB-B60H	宁德时代新能源科技股份有限公司	插电式混合动力客车	105	
	磷酸铁锂	V6H3L7	3.2	2.10±0.15	—	180	宁德时代新能源科技股份有限公司	576.00	140	495	92	—	52.99	否	CEB-B60SV01/CEB-B60H	宁德时代新能源科技股份有限公司	燃料电池客车	30	
	磷酸铁锂	V6H3L7	3.2	2.10±0.15	—	486	宁德时代新能源科技股份有限公司	518.4	140	1230	276	—	143.07	否	CEB-B60SV01/CEB-B60H	宁德时代新能源科技股份有限公司	纯电动客车	7	
	磷酸铁锂	V6H3L7	3.2	2.10±0.15	—	486	宁德时代新能源科技股份有限公司	518.4	300	1230	276	—	143.07	否	CEB-B60SV01/CEB-B60H	宁德时代新能源科技股份有限公司	纯电动客车	32	
	磷酸铁锂	V6H3L7	3.2	2.10±0.15	—	648	宁德时代新能源科技股份有限公司	518.4	300	1640	368	—	190.77	否	CEB-B60SV01/CEB-B60H	宁德时代新能源科技股份有限公司	纯电动客车	8	
	磷酸铁锂	V6H3L7	3.2	2.10±0.15	—	804	宁德时代新能源科技股份有限公司	643.2	432	2136	368	—	236.7	否	CEB-B60SV01/CEB-B60H	宁德时代新能源科技股份有限公司	纯电动专用车	66	
	磷酸铁锂	Y3H3C8	3.2	1.45±0.15	—	168	宁德时代新能源科技股份有限公司	537.6	100	415	50	—	26.88	否	S05BMS000DV01Y13/H05BMS0010Y13	宁德时代新能源科技股份有限公司	插电式混合动力客车	27	

续上表

储能装置单体生产企业 Single Cell Production Enterprise of Energy Storage Device	储能装置种类 Types of Energy Storage Devices	储能装置单体型号 Cell Odels of Energy Storage Device	储能装置单体标称电压（V）Nominal Voltage of Monomer for Energy Storage Unit（V）	储能装置单体质量（kg）Monomer Quality of Energy Storage Unit（kg）	超级电容器单体标称静电容量（F）Nominal Electrostatic Capacity of Super Capacitor Monomer（F）	储能装置单体数量 Single Cell Quantity of Energy Storage Device	储能装置总成生产企业 Production Company of Energy Storage Device Cell	储能装置总成标称电压（V）Nominal Voltage of Energy Storage Device Assembly（V）	储能装置总成额定输出电流（A）Rated Output Current of Energy Storage Device Assembly（A）	储能装置总成质量（kg）Quality of Energy Storage Device Assembly（kg）	储能装置总成标称容量(Ah) Nominal Capacity of Power Battery Assembly（Ah）	超级电容器总成标称静电容量（F）Nominal Electrostatic Capacity of Super Capacitor Assembly（F）	储能装置总储电量（kWh）Total Energy Storage Capacity of Energy Storage Device（kWh）	动力蓄电池箱是否具有快换装置 Whether Power Battery Box has Quick Change Device	车载能源管理系统型号（包括软件和硬件）Vehicle Energy Management System Model(Including Software and Hardware)	车载能源管理系统生产企业 Vehicle Energy Management System Manufacturing Enterprise	配套车辆类型 Matching Vehicle Type	2018年配套车型产量小计（辆）Subtotal Output of Supported Odels in 2018（Vehicle）	2018年配套车型产量总计（辆）Total Output of Supported Odels in 2018（Vehicle）
宁德时代新能源科技股份有限公司	磷酸铁锂	Y3H3C8	3.2	1.45±0.15	—	168	宁德时代新能源科技股份有限公司	537.6	150	390	50	—	26.9	否	软件：CEB-B60SV01/硬件：CEB-B60H	宁德时代新能源科技股份有限公司	插电式混合动力客车	35	436475
	磷酸铁锂	Y3H3C8	3.2	1.45±0.15	—	192	宁德时代新能源科技股份有限公司	614.4	50	480	50	—	30.7	否	S05BMS000DV01Y13/H05BMS0010Y13	宁德时代新能源科技股份有限公司	插电式混合动力客车	5	
	磷酸铁锂	Y3H3C8	3.2	1.45±0.15	—	336	宁德时代新能源科技股份有限公司	537.6	180	780	100	—	53.7	否	CEB-B60SV01/CEB-B60H	宁德时代新能源科技股份有限公司	纯电动客车	3	
	磷酸铁锂	Y3H3C8	3.2	1.45±0.15	—	336	宁德时代新能源科技股份有限公司	537.6	200	780	100	—	53.7	否	CEB-B60SV01/CEB-B60H	宁德时代新能源科技股份有限公司	插电式混合动力客车	133	
	磷酸铁锂	Y3H3C8	3.2	1.45±0.15	—	336	宁德时代新能源科技股份有限公司	537.6	240	780	100	—	53.8	否	软件：S05BMS000DV01Y13/硬件：H05BMS0010Y13	宁德时代新能源科技股份有限公司	插电式混合动力客车	93	
	磷酸铁锂	Y3H3C8	3.2	1.45±0.15	—	432	宁德时代新能源科技股份有限公司	460.8	200	960	150	—	69.12	否	CEB-B60SV01/CEB-B60H	宁德时代新能源科技股份有限公司	纯电动客车	6	
	磷酸铁锂	Y3H3C8	3.2	1.45±0.15	—	612	北京普莱德新能源电池科技有限公司	652.8	207	1380	150	—	97.92	否	PBMA001-01A	北京普莱德新能源电池科技有限公司	纯电动客车	1	
	燃料电池	48/173/170	3.2	2.93±0.3	—	162	宁德时代新能源科技股份有限公司	518.4	120	650	120	—	62.2	—	S05BMS000DV01Y13/H05BMS0010Y13	宁德时代新能源科技股份有限公司	燃料电池客车	5	
	三元材料	148/27/91-42Ah	3.65	0.85	—	270	北京普莱德新能源电池科技有限公司	328.5	192	395	120	—	39.6	是	S00BMUOH23T10Y15/PBMA090-01A	北京普莱德新能源电池科技有限公司	纯电动乘用车	1733	
	三元材料	148/27/91-42Ah	3.65	0.85	—	270	北京普莱德新能源电池科技有限公司	330	192	395	126(新国标120)	—	37.8；41.4	是；否	S00BMUOH23T10Y15/PBMA090-01A；S00BMUOH23T10Y16/PB-MA090-01A	北京普莱德新能源电池科技有限公司	纯电动乘用车	5	
	三元材料	148/27/91-42Ah	3.65V	0.85	—	270	北京普莱德新能源电池科技有限公司	328.5	192	395	126(新国标120)	—	37.8	否；是	S00BMUOH23T10Y16/PBMA090-01A	北京普莱德新能源电池科技有限公司	纯电动乘用车	781	
	三元材料	299A0-0C	3.63	0.90	—	192	东风汽车有限公司	350	258	307	110	—	38	否	293A0 4AF0A/293A0-0C	Calsonic Kansei	纯电动乘用车	8992	
	三元材料	7FE891	3.65	1.25	—	176	国能新能源汽车有限责任公司	321	48	370	140	—	45	否	软件：BMC：KRSD1703M CMC：KRSD1703S/硬件：BMC：EPC005001 CMC：EPM005001	国能新能源汽车有限责任公司/江西科然科技有限公司	纯电动乘用车	3	
	三元材料	7FE891	3.65	1.25	—	184	北京普莱德新能源电池科技有限公司	336	140	370	140	—	45	是	S00BMU1/H00BMU0007V51100	宁德时代新能源科技股份有限公司	纯电动乘用车	4235	
	三元材料	7FE891	3.65	1.25	—	184	北京普莱德新能源电池科技有限公司	336	140	370	140	—	47	否	S00BMU1/H00BMU0007V51100	宁德时代新能源科技股份有限公司	纯电动乘用车	505	
	三元材料	7FE891	3.65	1.25	—	192	宁德时代新能源科技股份有限公司	350.4	140	387	140	—	49	否	S00BMU0F15A22Y16/H00BMU0143	宁德时代新能源科技股份有限公司	纯电动乘用车	9092	
	三元材料	7FE891	3.65	1.25	—	192	芜湖奇达动力电池系统有限公司	350	210	390	140	—	49	否	GVB-QR-M1AEV-96/M1AEV_BP_01_T2_06049096	安徽贵博新能科技有限公司	纯电动乘用车	988	
	三元材料	7FE891	3.65	1.25	—	192	芜湖奇达动力电池系统有限公司	350	210	395	140	—	49.0	否	A13T_BD_01_01_06810060/QR-GVB-A13T-96	安徽贵博新能科技有限公司	纯电动乘用车	6202	
	三元材料	7FE891	3.65	1.25±0.03	—	168	重庆长安新能源汽车有限公司	307	80	342	140	—	42.92	否	XLBCU01	重庆长安新能源汽车有限公司	纯电动乘用车	2942	
	三元材料	7FE891	3.65	1.25±0.03	—	176	重庆长安新能源汽车有限公司	321	80	370	140	—	45	否	XLBCU01	重庆长安新能源汽车有限公司	纯电动乘用车	2147	

续上表

储能装置单体生产企业 Single Cell Production Enterprise of Energy Storage Device	储能装置种类 Types of Energy Storage Devices	储能装置单体型号 Cell Odels of Energy Storage Device	储能装置单体标称电压(V) Nominal Voltage of Monomer for Energy Storage Unit (V)	储能装置单体质量(kg) Monomer Quality of Energy Storage Unit (kg)	超级电容器单体标称静电容量(F) Nominal Electrostatic Capacity of Super Capacitor Monomer (F)	储能装置单体数量 Single Cell Quantity of Energy Storage Device	储能装置总成生产企业 Production Company of Energy Storage Device Cell	储能装置总成标称电压(V) Nominal Voltage of Energy Storage Device Assembly (V)	储能装置总成额定输出电流(A) Rated Output Current of Energy Storage Device Assembly (A)	储能装置总成质量(kg) Quality of Energy Storage Device Assembly (kg)	储能装置总成标称容量(Ah) Nominal Capacity of Power Battery Assembly (Ah)	超级电容器总成标称静电容量(F) Nominal Electrostatic Capacity of Super Capacitor Assembly (F)	储能装置总储电量(kWh) Total Energy Storage Capacity of Energy Storage Device (kWh)	动力蓄电池箱是否具有快换装置 Whether Power Battery Box has Quick Change Device	车载能源管理系统型号(包括软件和硬件) Vehicle Energy Management System Model (Including Software and Hardware)	车载能源管理系统生产企业 Vehicle Energy Management System Manufacturing Enterprise	配套车辆类型 Matching Vehicle Type	2018年配套车型产量小计(辆) Subtotal Output of Supported Odels in 2018 (Vehicle)	2018年配套车型产量总计(辆) Total Output of Supported Odels in 2018 (Vehicle)
宁德时代新能源科技股份有限公司	三元材料	7FE891	3.65	1.25±0.03	—	180	宁德时代新能源科技股份有限公司	328	140	381	140	—	45.99	否	软件: 2510015ADU0300S. A/硬件: 2510015ADU0300H. A	宁德时代新能源科技股份有限公司	纯电动乘用车	1001	436475
	三元材料	7FE891	3.65	1.25±0.03	—	180	宁德时代新能源科技股份有限公司	328	140	381	140	—	45.99	否	软件 2510015ADU0300S. A/硬件 2510015ADU0300H. A	宁德时代新能源科技股份有限公司	纯电动乘用车	3384	
	三元材料	7FE891	3.65	1.25±0.03	—	192	上海捷新动力电池系统有限公司	350	140	357	140	—	48.3	否	10363291;RX5140/BMS-01	上海捷能汽车技术有限公司	纯电动乘用车	2805	
	三元材料	7FE891	3.65	1.25±0.03	—	192	上海捷新动力电池系统有限公司	350	140	357	140	—	48.3	否	RX5140/BMS-01	上海捷能汽车技术有限公司	纯电动乘用车	2011	
	三元材料	7FE891	3.65	1.25±0.03	—	88	重庆长安新能源汽车有限公司	321.2	70	187	70	—	22.48	否	XLBCU01	重庆长安新能源汽车有限公司	纯电动乘用车	1	
	三元材料	7FE891	3.65±0.02	1.25±0.03	—	192	北京普莱德新能源电池科技有限公司	350	140	379.0±11.0	140	—	49	否	S00BMU0S7N1/H00BMS	宁德时代新能源科技股份有限公司	纯电动乘用车	21	
	三元材料	7FE895	3.65	1.23	—	84	北京普莱德新能源电池科技有限公司	307	67	167	67	—	20.5	否	S00BMU1C10D/H00BMU0007V51100	宁德时代新能源科技股份有限公司	纯电动乘用车	20037	
	三元材料	DCH3D3	3.65±0.02	2.1±0.15	—	208	宁德时代新能源科技股份有限公司	379.6	190	636±5	190	—	72.1	否	CEB-B60SV01/ CEB-B60H	宁德时代新能源科技股份有限公司	纯电动专用车	248	
	三元材料	DCH3D3	3.65±0.02	2.1±0.15	—	208	宁德时代新能源科技股份有限公司	379.6	190	636±5	190	—	72.1	否	CEB-B60SV01/CEB-B60H	宁德时代新能源科技股份有限公司	纯电动专用车	3760	
	三元材料	DCH3D3	3.65±0.02	2.1±0.15	—	240	北京普莱德新能源电池科技有限公司	438	190	735±22	190	—	83.2	—	PBMA096-06A	北京普莱德新能源电池科技有限公司	纯电动专用车	3	
	三元材料	DCH3D3	3.65±0.02	2.1±0.15	—	240	北京普莱德新能源电池科技有限公司	438	190	735±22	190	—	83.2	否	PBMA096-06A	北京普莱德新能源电池科技有限公司	纯电动专用车	10	
	三元材料	DCH3D3	3.65±0.02	2.1±0.15	—	240	北京普莱德新能源电池科技有限公司	438	200	735	190	—	83.2	否	PBMA096-06A	北京普莱德新能源电池科技有限公司	纯电动专用车	300	
	三元材料	DCH3D3	3.65±0.02	2.1±0.15	—	240	北京普莱德新能源电池科技有限公司	438	190	735±22	190	—	83.2	—	PBMA096-06A	北京普莱德新能源电池科技有限公司	纯电动专用车	10	
	三元材料	DCH3D3	3.65±0.02	2.1±0.15	—	288	宁德时代新能源科技股份有限公司	525.6	190	840	190	—	99.8	否	CEB-B60SV01/CEB-B60H	宁德时代新能源科技股份有限公司	纯电动专用车	1	
	三元材料	DCH3D3	3.65±0.02	2.1±0.15	—	288	宁德时代新能源科技股份有限公司	525.6	190	840	190	—	99.8	否	CEB-B60SV01/CEB-B60H	宁德时代新能源科技股份有限公司	纯电动专用车	1076	
	三元材料	DCH3D3	3.65±0.02	2.1±0.15	—	288	宁德时代新能源科技股份有限公司	525.6	95	700	190	—	99.8	否	硬件 H05BMS0010Y13 / 软件 S05BMS000DV01Y13	宁德时代新能源科技股份有限公司	纯电动专用车	475	
	三元材料	DCH3D3	3.65±0.02	2.1±0.15	—	288	宁德时代新能源科技股份有限公司	525.6	95	840	190	—	99.8	否	硬件 H05BMS0010Y13 / 软件 S05BMS000DV01Y13	宁德时代新能源科技股份有限公司	纯电动专用车	2012	
	三元材料	DCH3D3	3.65±0.02	2.1±0.15	—	288	宁德时代新能源科技股份有限公司	525.6	95	880	190	—	99.8	否	硬件 H05BMS0010Y13 / 软件 S05BMS000DV01Y13	宁德时代新能源科技股份有限公司	纯电动专用车	81	
	三元材料	DCH3D3	3.65±0.02	2.1±0.15	—	312	宁德时代新能源科技股份有限公司	379.6	200	912	285	—	108.18	否	CEB-B60SV01/CEB-B60H	宁德时代新能源科技股份有限公司	纯电动专用车	1	
	三元材料	DCH3D3	3.65±0.02	2.1±0.15	—	88	宁德时代新能源科技股份有限公司	321.2	78	285	95	—	30.5	—	S05BMS000DV01Y13/ H05BMS0010Y13	宁德时代新能源科技股份有限公司	纯电动专用车	1	
	三元材料	DCH3D3	3.65±0.02	2.1±0.15	—	88	宁德时代新能源科技股份有限公司	321.2	78	285	95	—	30.5	无	S05BMS000DV01Y13/ H05BMS0010Y13	宁德时代新能源科技股份有限公司	纯电动专用车	240	

续上表

储能装置单体生产企业 Single Cell Production Enterprise of Energy Storage Device	储能装置种类 Types of Energy Storage Devices	储能装置单体型号 Cell Odels of Energy Storage Device	储能装置单体标称电压（V） Nominal Voltage of Monomer for Energy Storage Unit（V）	储能装置单体质量（kg） Monomer Quality of Energy Storage Unit（kg）	超级电容器单体标称静电容量（F） Nominal Electrostatic Capacity of Super Capacitor Monomer（F）	储能装置单体数量 Single Cell Quantity of Energy Storage Device	储能装置总成生产企业 Production Company of Energy Storage Device Cell	储能装置总成标称电压（V） Nominal Voltage of Energy Storage Device Assembly（V）	储能装置总成额定输出电流（A） Rated Output Current of Energy Storage Device Assembly（A）	储能装置总成质量（kg） Quality of Energy Storage Device Assembly（kg）	储能装置总成标称容量（Ah） Nominal Capacity of Power Battery Assembly（Ah）	超级电容器总成标称静电容量（F） Nominal Electrostatic Capacity of Super Capacitor Assembly（F）	储能装置总储电量（kWh） Total Energy Storage Capacity of Energy Storage Device（kWh）	动力蓄电池箱是否具有快换装置 Whether Power Battery Box has Quick Change Device	车载能源管理系统型号（包括软件和硬件） Vehicle Energy Management System Model（Including Software and Hardware）	车载能源管理系统生产企业 Vehicle Energy Management System Manufacturing Enterprise	配套车辆类型 Matching Vehicle Type	2018年配套车型产量小计（辆） Subtotal Output of Supported Odels in 2018（Vehicle）	2018年配套车型产量总计（辆） Total Output of Supported Odels in 2018（Vehicle）
宁德时代新能源科技股份有限公司	三元材料	DCH3D3	3.65±0.02	2.1±0.15	—	90	北京普莱德新能源电池科技有限公司	328.5	95	302	95	—	31.21	—	PBMA090-02A	北京普莱德新能源电池科技有限公司	纯电动乘用车	10	436475
	三元材料	DCH3D3	3.65±0.02	2.1±0.15	—	90	北京普莱德新能源电池科技有限公司	328.5	95	302	95	—	31.21	否	PBMA090-02A	北京普莱德新能源电池科技有限公司	纯电动专用车	10	
	三元材料	DCH3D3	3.65±0.02	2.1±0.15	—	96	北京普莱德新能源电池科技有限公司	350.4	95	348	95	—	33.3	否	PBMA096-05A	北京普莱德新能源电池科技有限公司	纯电动专用车	2	
	三元材料	DCH3D3	3.65±0.02	2.1±0.15	—	240	北京普莱德新能源电池科技有限公司	438	190	770;765	190	—	83.2	否	PBMA096-06A	北京普莱德新能源电池科技有限公司	纯电动专用车	5	
	三元材料	ELE895	3.65(1C)	2.4	—	95	宁德时代新能源科技股份有限公司	346(1C)	140	354	126(1C)	—	43.5(1C)	否	硬件:H00BMU0143/ 软件:S00BMU0H20	宁德时代新能源科技股份有限公司	纯电动乘用车	1936	
	三元材料	ELE895	3.65(1C)	2.4	—	95	宁德时代新能源科技股份有限公司	346(1C)	140	354	126(1C)	—	43.5(1C)	否	硬件:H00BMU0143/ 软件:S00BMU0H20	宁德时代新能源科技股份有限公司	纯电动乘用车	6695	
	三元材料	ELE895	3.65(1C)	2.4	—	95	宁德时代新能源科技股份有限公司	346(1C)	140	354	126(1C)	—	43.5(1C)	否	硬件:H00BMU0143/ 软件:S00BMU0H20	宁德时代新能源科技股份有限公司	纯电动乘用车	11	
	三元材料	ELE897	3.65	2.61	—	96	中国第一汽车集团有限公司	350	230	380	150	—	52.5	否	9260080-F09/9260015-F09	长春一汽延锋伟世通电子有限公司	纯电动乘用车	5	
	三元材料	ELE897	3.65	2.63	—	96	宁德时代新能源科技股份有限公司	350.4	145	350	145	—	50.8	否	S00BMUC039/810224-00120V1.3	宁德时代新能源科技股份有限公司	纯电动乘用车	1059	
	三元材料	ELE897	3.65	2.63±0.13	—	96	上海捷新动力电池系统有限公司	350	145	359	145	—	50.8	否	ROEWE148P/BMS-20	上海捷能汽车技术有限公司	纯电动乘用车	2403	
	三元材料	ELE897	3.65	2.67	—	100	常州普莱德新能源电池科技有限公司	365	150	382	150	—	54.75	否	软件:B64713MS/硬件:EV05	惠州市亿能电子有限公司	纯电动乘用车	3	
	三元材料	ELE897	3.65	2.67	—	110	北京普莱德新能源电池科技有限公司	401.5	150	425	150	—	60.2	否	BMS-C40-S008/H001	北京新能源汽车股份有限公司	纯电动乘用车	1	
	三元材料	ELE897	3.65	2.67	—	113	北京普莱德新能源电池科技有限公司	412	150	450	150	—	61.8	否	BMS-C51-S008/H001	北京新能源汽车股份有限公司	纯电动乘用车	8	
	三元材料	ELE897	3.65	2.67	—	92	欣旺达电动汽车电池有限公司	336	150	339	150	—	50.4	否	软件:2101AAA/硬件:2196AAA	南京军上电子科技有限公司	纯电动乘用车	2211	
	三元材料	ELE897	3.65	2.67	—	98	北京普莱德新能源电池科技有限公司	357.7	150	380	150	—	53.6	否	BMS-C40-S008/H001	北京新能源汽车股份有限公司	纯电动乘用车	20645	
	三元材料	ELE897	3.65	2.67	—	98	芜湖奇达动力电池系统有限公司	357	210	390	150	—	53.6	否	M1AEV_BP_01_T2_06960062/CNEV-BMS-M1AEV	奇瑞新能源汽车技术有限公司	纯电动乘用车	6037	
	三元材料	ELE897	3.65	2.67±0.2	—	104	威马汽车制造温州有限公司	379.6	200	412	150	—	56.940	无	软件:S00BMUC025/ 硬件:800224-00112V1.0	宁德时代新能源科技股份有限公司	纯电动乘用车	3	
	三元材料	ELE897	3.65	2.67±0.2	—	84	威马汽车制造温州有限公司	306.6	200	333	150	—	45.99	无	软件:S00BMUWM88/ 硬件:H00BMU0143	宁德时代新能源科技股份有限公司	纯电动乘用车	282	
	三元材料	ELE897	3.65	2.67±0.2	—	96	上海捷新动力电池系统有限公司	350	150	362	150	—	52.5	否	ROEWE153P/BMS-20	上海捷能汽车技术有限公司	纯电动乘用车	846	
	三元材料	ELE897	3.65	2.67±0.2	—	96	威马汽车制造温州有限公司	350.4	200	384	150	—	52.560	无	软件:S00BMUWM96/ 硬件:H00BMU0143	宁德时代新能源科技股份有限公司	纯电动乘用车	5335	
	三元材料	ELE897	3.65	2.67±0.2	—	96	威马汽车制造温州有限公司	355	200	384	153	—	54.35	否	软件:S00BMUWM96/ 硬件:H00BMU0143	宁德时代新能源科技股份有限公司	纯电动乘用车	2	

续上表

储能装置单体生产企业 Single Cell Production Enterprise of Energy Storage Device	储能装置种类 Types of Energy Storage Devices	储能装置单体型号 Cell Odels of Energy Storage Device	储能装置单体标称电压(V) Nominal Voltage of Monomer for Energy Storage Unit (V)	储能装置单体质量(kg) Monomer Quality of Energy Storage Unit (kg)	超级电容器单体标称静电容量(F) Nominal Electrostatic Capacity of Super Capacitor Monomer (F)	储能装置单体数量 Single Cell Quantity of Energy Storage Device	储能装置总成生产企业 Production Company of Energy Storage Device Cell	储能装置总成标称电压(V) Nominal Voltage of Energy Storage Device Assembly (V)	储能装置总成额定输出电流(A) Rated Output Current of Energy Storage Device Assembly (A)	储能装置总成质量(kg) Quality of Energy Storage Device Assembly (kg)	储能装置总成标称容量(Ah) Nominal Capacity of Power Battery Assembly (Ah)	超级电容器总成标称静电容量(F) Nominal Electrostatic Capacity of Super Capacitor Assembly (F)	储能装置总储电量(kWh) Total Energy Storage Capacity of Energy Storage Device (kWh)	动力蓄电池箱是否具有快换装置 Whether Power Battery Box has Quick Change Device	车载能源管理系统型号(包括软件和硬件) Vehicle Energy Management System Model(Including Software and Hardware)	车载能源管理系统生产企业 Vehicle Energy Management System Manufacturing Enterprise	配套车辆类型 Matching Vehicle Type	2018年配套车型产量小计(辆) Subtotal Output of Supported Odels in 2018 (Vehicle)	2018年配套车型产量总计(辆) Total Output of Supported Odels in 2018 (Vehicle)
宁德时代新能源科技股份有限公司	三元材料	ELE897	3.65	2.67±0.2	—	96	中国第一汽车集团有限公司	350.4	230	380	150	—	48	否	软件: 9260080-F09/硬件: 9260015-F09	中国第一汽车集团有限公司/长春一汽延锋伟世通电子有限公司	纯电动乘用车	176	436475
	三元材料	ELE897	3.65	2.67±0.2	—	96	重庆长安汽车股份有限公司	350.4	150	365	150	—	52.56	否	XLBCU01	重庆长安汽车股份有限公司	纯电动乘用车	385	
	三元材料	ELE897	3.65	2.67±0.20	—	100	宁德时代新能源科技股份有限公司	365	150	353	150	—	54.75	否	2510015ADU0400S/2510015ADU0400H	宁德时代新能源科技股份有限公司	纯电动乘用车	5563	
	三元材料	ELE897	3.65	2.67±0.20	—	100	宁德时代新能源科技股份有限公司	365	150	353	150	—	54.75	否	软件: 2510015ADU0400S/硬件: 2510015ADU0400H	宁德时代新能源科技股份有限公司	纯电动乘用车	432	
	三元材料	ELE897	3.65	2.67±0.20	—	96	上海捷新动力电池系统有限公司	350	150	380	150	—	52.5	否	ROEWE153N/BMS-01	上海捷能汽车技术有限公司	纯电动乘用车	3927	
	三元材料	ELE897	3.65(1C)	2.67	—	95	宁德时代新能源科技股份有限公司	346(1C)	140	384	150(1C)	—	51.9(1C)	否	硬件: H00BMU0143/软件: S00BMU0H22	宁德时代新能源科技股份有限公司	纯电动乘用车	7495	
	三元材料	ELE897	3.65(1C)	2.67	—	95	宁德时代新能源科技股份有限公司	346(1C)	140	384	150(1C)	—	51.9(1C)	否	硬件: H00BMU0143/软件: S00BMU0H22	宁德时代新能源科技股份有限公司	纯电动乘用车	21829	
	三元材料	ELE897	3.65(1C)	2.67	—	95	威睿电动汽车技术(苏州)有限公司	346(1C)	140	374	150(1C)	—	51.9(1C)	否	硬件: H00BMU0143/软件: S00BMU0H22	宁德时代新能源科技股份有限公司	纯电动乘用车	1015	
	三元材料	LAE895	3.65	1.68	—	96	宁德时代新能源科技股份有限公司	350	92	278	92	—	32.2	否	S00BMU0HYS/H00BMU0143	宁德时代新能源科技股份有限公司	纯电动乘用车	600	
	三元材料	LAE895	3.65	1.68	—	96	芜湖奇达动力电池系统有限公司	350	76	237	92	—	32.2368	否	S51EV_BP_065C0060/GVB-QR-S51EV	安徽贵博新能科技有限公司	纯电动乘用车	11729	
	三元材料	LAE895	3.65	1.68	—	96	芜湖奇达动力电池系统有限公司	350	76	268	92	—	32.2	否	S51EV_BP_065C0060/GVB-QR-S51EV	安徽贵博新能科技有限公司	纯电动乘用车	5868	
	三元材料	LAE895	3.65	1.75±0.08	—	138	北京普莱德新能源电池科技有限公司	503.7	100	352	100	—	50.37	否	FT_32BMS04	北汽福田汽车股份有限公司	燃料电池专用车	25	
	三元材料	LAE895	3.65	1.77	—	102	北京普莱德新能源电池科技有限公司	372.3	100	270	100	—	37.23	否	PBMA102-01A	北京普莱德新能源电池科技有限公司	纯电动乘用车	13	
	三元材料	LAE895	3.65	1.77	—	60	北京普莱德新能源电池科技有限公司	109	200	170	200	—	21.9	否	BMS-S008/H001	北京新能源汽车股份有限公司	纯电动乘用车	4521	
	三元材料	LAE895	3.65	1.77	—	84	北京普莱德新能源电池科技有限公司	306.6	100	221	100	—	30.6	否	S00BMUC016/800221-000	宁德时代新能源科技股份有限公司	纯电动乘用车	26751	
	三元材料	LAE895	3.65	1.77	—	96	上汽时代动力电池系统有限公司	350	100	265	100	—	35	否	ROEWE102P/BMS-20	上海捷能汽车技术有限公司	纯电动乘用车	5044	
	三元材料	LAE895	3.65	1.77	—	96	芜湖奇达动力电池系统有限公司	350	79	247	100	—	35	否	S51EV_BP_06640060/CNEV-BMS-S51EV	奇瑞新能源汽车技术有限公司	纯电动乘用车	12411	
	三元材料	LAE895	3.65	1.77±0.08	—	192	苏州正力蔚来新能源科技有限公司	350	200	525	200	—	70	是	软件:BMS_ES8/硬件:BMC 8.0	软件:上海蔚来汽车有限公司/硬件:联合汽车电子有限公司	纯电动乘用车	3294	
	三元材料	LAE895	3.65	1.77±0.08	—	192	蔚然(南京)储能技术有限公司	350	200	525	200	—	70	是	软件:BMS_ES8/硬件:BMC 8.0	软件:上海蔚来汽车有限公司/硬件:联合汽车电子有限公司	纯电动乘用车	4302	
	三元材料	LAE895	3.65	1.77±0.08	—	84	重庆长安新能源汽车有限公司	306.6	100	240	100	—	30.66	否	XLBCU01	重庆长安新能源汽车有限公司	纯电动乘用车	5415	
	三元材料	LAE895	3.65	1.77±0.08	—	90	长城汽车股份有限公司	328.5	100	218	100	—	33	否	B64V07/DZ06-2	惠州市亿能电子有限公司	纯电动乘用车	2398	

续上表

储能装置单体生产企业 Single Cell Production Enterprise of Energy Storage Device	储能装置种类 Types of Energy Storage Devices	储能装置单体型号 Cell Odels of Energy Storage Device	储能装置单体标称电压(V) Nominal Voltage of Monomer for Energy Storage Unit (V)	储能装置单体质量(kg) Monomer Quality of Energy Storage Unit (kg)	超级电容器单体标称静电容量(F) Nominal Electrostatic Capacity of Super Capacitor Monomer (F)	储能装置单体数量 Single Cell Quantity of Energy Storage Device	储能装置总成生产企业 Production Company of Energy Storage Device Cell	储能装置总成标称电压(V) Nominal Voltage of Energy Storage Device Assembly (V)	储能装置总成额定输出电流(A) Rated Output Current of Energy Storage Device Assembly (A)	储能装置总成质量(kg) Quality of Energy Storage Device Assembly (kg)	储能装置总成标称容量(Ah) Nominal Capacity of Power Battery Assembly (Ah)	超级电容器总成标称静电容量(F) Nominal Electrostatic Capacity of Super Capacitor Assembly (F)	储能装置总储电量(kWh) Total Storage Capacity of Energy Storage Device (kWh)	动力蓄电池箱是否具有快换装置 Whether Power Battery Box has Quick Change Device	车载能源管理系统型号(包括软件和硬件) Vehicle Energy Management System Model (Including Software and Hardware)	车载能源管理系统生产企业 Vehicle Energy Management System Manufacturing Enterprise	配套车辆类型 Matching Vehicle Type	2018年配套车型产量小计(辆) Subtotal Output of Supported Odels in 2018 (Vehicle)	2018年配套车型产量总计(辆) Total Output of Supported Odels in 2018 (Vehicle)
宁德时代新能源科技股份有限公司	三元材料	LAE895	3.65	1.77±0.08	—	96	上海捷新动力电池系统有限公司	350	100	265	100	—	35	否	ROEWE102P/BMS-01	上海捷能汽车技术有限公司	纯电动乘用车	22927	436475
	三元材料	LAE895	3.65	1.77±0.08	—	96	上汽时代动力电池系统有限公司	350.4	100	237	100	—	35	否	软件: BMSY11D12CA/硬件: BMSY11D12CA	江苏天宝汽车电子有限公司	纯电动专用车	9	
	三元材料	LAE895	3.65	1.77±0.08	—	96	浙江合众新能源汽车有限公司	350	71.3	249	100	—	35.04	否	HZ-EP1000D(软件:35.11.80/硬件:H1.20)	浙江合众新能源汽车有限公司	纯电动乘用车	1067	
	三元材料	LAE895	3.65(1小时率放电)	1.77±0.08	—	102	长城汽车股份有限公司	372.3(1小时率放电)	100	275±6	100(1小时率放电)	—	37.23(1小时率放电)	否	RCH-BMS-G01-SV1.0.0/RCH-BMS-G01-HV1.0.0	东软睿驰汽车技术(沈阳)有限公司	纯电动乘用车	1820	
	三元材料	M0H385	3.6	0.701	—	154	宁德时代新能源科技股份有限公司	277.2	152	169	53	—	14.7	否	BMU SP11	PREH	插电式混合动力乘用车	5305	
	三元材料	M0H385	3.6	0.701	—	154	宁德时代新能源科技股份有限公司	277.2	152	169	53	—	14.7	否	BMUSP11	PREH	插电式混合动力乘用车	2878	
	三元材料	P2-42NSR-A1	3.67;3.65	0.83	—	294;285	宁德时代新能源科技股份有限公司	359.66;346	140	400;416	126;120	—	45.3;41	否	硬件: H00BMU0007/软件: S00BMU0H05	宁德时代新能源科技股份有限公司	纯电动乘用车	55	
	三元材料	S5E891	3.65	0.82	—	84	欣旺达电动汽车电池有限公司	306.6	37	127	37	—	11.3	否	90125-088(软件:BMS_B019430701硬件:HW version:5)	宁波普瑞均胜汽车电子有限公司	插电式混合动力乘用车	275	
	三元材料	S5E891	3.65	0.82	—	84	欣旺达电动汽车电池有限公司	308.28;306.6	37;37	127;127	37;37	—	11.4;11.3	否;否	软件: BMS_B019430701/硬件: HW version:5	宁波普瑞均胜汽车电子有限公司	插电式混合动力乘用车	194	
	三元材料	S5E891	3.65	0.82	—	90	上海捷新动力电池系统有限公司	329	111	141	37	—	12	否	RX537/BMS-01	上海捷能汽车技术有限公司	插电式混合动力乘用车	27406	
	三元材料	S5E891	3.65	0.82	—	96	江苏悦达新能源电池有限公司	350	18	155(后排座椅靠背后方85+原备胎盆位置70)	37	—	12.9	否	B002	HYUNDAI MOBIS Co.;Ltd.	插电式混合动力乘用车	1220	
	三元材料	S5E891	3.65	0.82	—	96	江苏悦达新能源电池有限公司	350	18	155(后排座椅靠背后方85+原备胎盆位置70)	37	—	12.9	否	B002	软件开发企业:HYUNDAI MOTOR COMPANY/硬件生产企业:HYUNDAI MOBIS CO.;LTD	插电式混合动力乘用车	316	
	三元材料	S5E891	3.65	0.82	—	96	江苏悦达新能源电池有限公司	350	18	155(后排座椅靠背后方85+原备胎盆位置70)	37	—	12.9	否	B002	HYUNDAI MOBIS Co.;Ltd.	插电式混合动力乘用车	1037	
	三元材料	S5E891	3.65	0.82	—	96	上汽大众汽车有限公司	350	37	127	34.7	—	12.1	否	软件:0221/硬件:5KE 915 227	软件:Volkswagen Aktiengesellschaft/硬件:Zollner Electronik AG	插电式混合动力乘用车	2889	
	三元材料	S5E891	3.65	0.82	—	96	上汽大众汽车有限公司	350	37	127	34.7	—	12.1	否	硬件:5KE 915 227/软件:0221	硬件: Zollner Electronik AG/软件: Volkswagen Aktiengesellschaft	插电式混合动力乘用车	11147	

续上表

储能装置单体生产企业 Single Cell Production Enterprise of Energy Storage Device	储能装置种类 Types of Energy Storage Devices	储能装置单体型号 Cell Odels of Energy Storage Device	储能装置单体标称电压（V） Nominal Voltage of Monomer for Energy Storage Unit（V）	储能装置单体质量（kg） Monomer Quality of Energy Storage Unit（kg）	超级电容器单体标称静电容量（F） Nominal Electrostatic Capacity of Super Capacitor Monomer（F）	储能装置单体数量 Single Cell Quantity of Energy Storage Device	储能装置总成生产企业 Production Company of Energy Storage Device Cell	储能装置总成标称电压（V） Nominal Voltage of Energy Storage Device Assembly（V）	储能装置总成额定输出电流（A） Rated Output Current of Energy Storage Device Assembly（A）	储能装置总成质量（kg） Quality of Energy Storage Device Assembly（kg）	储能装置总成标称容量(Ah) Nominal Capacity of Power Battery Assembly（Ah）	超级电容器总成标称静电容量（F） Nominal Electrostatic Capacity of Super Capacitor Assembly（F）	储能装置总储电量（kWh） Total Energy Storage Capacity of Energy Storage Device（kWh）	动力蓄电池箱是否具有快换装置 Whether Power Battery Box has Quick Change Device	车载能源管理系统型号（包括软件和硬件） Vehicle Energy Management System Model（Including Software and Hardware）	车载能源管理系统生产企业 Vehicle Energy Management System Manufacturing Enterprise	配套车辆类型 Matching Vehicle Type	2018年配套车型产量小计（辆） Subtotal Output of Supported Odels in 2018（Vehicle）	2018年配套车型产量总计（辆） Total Output of Supported Odels in 2018（Vehicle）
宁德时代新能源科技股份有限公司	三元材料	S5E891	3.65	0.82±0.03	—	96	广州汽车集团乘用车有限公司	350	37	130	37	—	13	否	2520105ARTO000S. A/2520105ARTO000H. A	深圳市航盛电子股份有限公司	插电式混合动力乘用车	1535	436475
	三元材料	S5E891	3.65	0.82±0.03	—	96	广州汽车集团乘用车有限公司	350	37	130	37	—	13	否	2520105ARTO000S. A/2520105ARTO000H. A	深圳市航盛新能源有限公司	插电式混合动力乘用车	5056	
	三元材料	S5E891	3.65	0.82±0.03	—	96	华晨宝马汽车有限公司	350.4	135	117.2	37	—	12.9	否	SME BK AS4	PREH	插电式混合动力乘用车	13413	
	三元材料	S5E891	3.65	0.83	—	102	北京普莱德新能源电池科技有限公司	372.3	46	142	46	—	16.8	否	软件:BMS-S008/硬件:H001	北京新能源汽车股份有限公司	纯电动乘用车	567	
	三元材料	S5E891	3.65	0.83	—	192	中国第一汽车集团公司	350	120	285	92	—	32.24	—	9260080-AF05/9260010-AF05-C00	宁德时代新能源科技股份有限公司	纯电动乘用车	1	
	三元材料	S5E891	3.65	0.83	—	192	中国第一汽车集团公司	350	150	285	92	—	32.24	否	9260085AF05/9260015AF05-C00	宁德时代新能源科技股份有限公司	纯电动乘用车	1	
	三元材料	S5E891	3.65	0.83	—	192	中国第一汽车集团公司	350	150	285	92	—	32.24	否	9260085AF05/9260015AF05-C00	宁德时代新能源科技股份有限公司	纯电动乘用车	510	
	三元材料	S5E891	3.65	0.86±0.10	—	384	苏州正力蔚来新能源科技有限公司	350	192	525	192	—	67.2	是	软件:BMS_ES8/硬件:BMC 8.0	软件:上海蔚来汽车有限公司/硬件:联合汽车电子有限公司	纯电动乘用车	4974	
	三元材料	S5E891	3.65（1小时率放电）	0.82±0.03	—	96	长城汽车股份有限公司	350.4（1小时率放电）	37(1小时率放电)	140±5	37(1小时率放电)	—	12.96（1小时率放电）	否	S00BMU0G01/H00BMU0190	宁德时代新能源科技股份有限公司	插电式混合动力乘用车	3958	
	三元材料	S5E891	3.65±0.02	0.82±0.03	—	192	威睿电动汽车技术(苏州)有限公司	350.4	74	240	74	—	25.9	否	软件:97HH01MS/硬件:97HH01MH	惠州市蓝微新源技术有限公司	插电式混合动力专用车	2	
	三元材料	S5E891	3.65±0.02	0.82±0.03	—	84	威睿电动汽车技术(苏州)有限公司	306.6	37	116	37	—	11.3	否	PBMS-4(芯体硬件:0007B11C02;软件:0007B11D10/AA)	威睿电动汽车技术(苏州)有限公司	插电式混合动力乘用车	5	
	三元材料	S5E891	3.65±0.02	0.82±0.03	—	84	威睿电动汽车技术(苏州)有限公司	306.6	37	116	37	—	11.3	否	PBMS-4(芯体硬件:0007B11C02 软件:0007B11D10/AA)	威睿电动汽车技术(苏州)有限公司	插电式混合动力乘用车	11166	
	三元材料	S5E891	3.65±0.02	0.82±0.03	—	96	重庆长安汽车股份有限公司	350	37	136	37	—	12.9	否	XLBCU01	重庆长安汽车股份有限公司	插电式混合动力乘用车	1981	
	三元材料	S5E891	3.65±0.02	0.82±0.03	—	96	重庆长安新能源汽车有限公司	350	37	143	37	—	12.9	否	XLBCU01	重庆长安新能源汽车有限公司	插电式混合动力乘用车	504	
	磷酸铁锂	6LH3L8	3.22	5.21±0.26	—	372	宁德时代新能源科技股份有限公司	598.92	250	2260	542	—	324.61	否	CEB-B60SV01/CEB-B60H	宁德时代新能源科技股份有限公司	纯电动客车	282	
	磷酸铁锂	7AL0H2	3.2	2.67±0.30	—	98	宁德时代新能源科技股份有限公司	313.6	80	348	120	—	37.6	否	S00BMU0M70/H00BMU0198	宁德时代新能源科技股份有限公司	纯电动专用车	47	
	三元材料	7FE891	3.65	1.25±0.03	—	168	重庆长安新能源汽车有限公司	307	80	342	140	—	42.92	否	XLBCU01	重庆长安新能源汽车有限公司	纯电动乘用车	1166	
	三元材料	DCH3D3	3.65	2.1	—	192	北京普莱德新能源电池科技有限公司	350.4	190	660	190	—	66.6	否	PBMA096-08A	北京普莱德新能源电池科技有限公司	纯电动专用车	5	
	三元材料	S5E891	3.65	0.83	—	192	中国第一汽车集团公司	350	150	285	92	—	32.24	否	9260085AF05/9260015AF05-C00	宁德时代新能源科技股份有限公司	纯电动乘用车	151	
	磷酸铁锂	6LH3L7;6LH3L7	3.2;3.2	5.0±0.3;5.0±0.3	—	192;180	北京普莱德新能源电池科技有限公司	614.4;576	240;240	1206;1125	240;240	—	147.5;138.2	否	SW2.0.35.355/BC52;SW2.0.35.355/BC52	安徽力高新能源技术有限公司	纯电动客车	10	

续上表

储能装置单体生产企业 Single Cell Production Enterprise of Energy Storage Device	储能装置种类 Types of Energy Storage Devices	储能装置单体型号 Cell Odels of Energy Storage Device	储能装置单体标称电压(V) Nominal Voltage of Monomer for Energy Storage Unit (V)	储能装置单体质量(kg) Monomer Quality of Energy Storage Unit (kg)	超级电容器单体标称静电容量(F) Nominal Electrostatic Capacity of Super Capacitor Monomer (F)	储能装置单体数量 Single Cell Quantity of Energy Storage Device	储能装置总成生产企业 Production Company of Energy Storage Device Cell	储能装置总成标称电压(V) Nominal Voltage of Energy Storage Device Assembly (V)	储能装置总成额定输出电流(A) Rated Output Current of Energy Storage Device Assembly (A)	储能装置总成质量(kg) Quality of Energy Storage Device Assembly (kg)	储能装置总成标称容量(Ah) Nominal Capacity of Power Battery Assembly (Ah)	超级电容器总成标称静电容量(F) Nominal Electrostatic Capacity of Super Capacitor Assembly (F)	储能装置总储电量(kWh) Total Energy Storage Capacity of Energy Storage Device (kWh)	动力蓄电池箱是否具有快换装置 Whether Power Battery Box has Quick Change Device	车载能源管理系统型号(包括软件和硬件) Vehicle Energy Management System Model (Including Software and Hardware)	车载能源管理系统生产企业 Vehicle Energy Management System Manufacturing Enterprise	配套车辆类型 Matching Vehicle Type	2018年配套车型产量小计(辆) Subtotal Output of Supported Odels in 2018 (Vehicle)	2018年配套车型产量总计(辆) Total Output of Supported Odels in 2018 (Vehicle)
宁德时代新能源科技股份有限公司	磷酸铁锂	MFH3L7	3.2	3.8±0.3	—	165	宁德时代新能源科技股份有限公司;北京普莱德新能源电池科技有限公司	528;528	176;176	765;770	176;176	—	92.928;92.928	否	CEB-B60SV01/CEB-B60H;SW2.0.35.355/BC52	宁德时代新能源科技股份有限公司;安徽力高新能源技术有限公司	纯电动客车	86	436475
深圳市比亚迪锂电池有限公司	磷酸铁锂	C15FHE	3.2	6.9	—	160	汕尾比亚迪汽车有限公司	512	340	1232	340	—	174.08	—	4A52000D/BMC-C211A	惠州比亚迪电池有限公司	纯电动客车	621	151609
	磷酸铁锂	C15FHE	3.2	6.9	—	200	汕尾比亚迪汽车有限公司	640	300	1665	340	—	217.6	否	BYDBMC-120601	惠州比亚迪电池有限公司	纯电动专用车	9	
	磷酸铁锂	C15FHE	3.2	6.9	—	200	汕尾比亚迪汽车有限公司	640	340	1540	340	—	217.6	—	4A52000D/BMC-C211A	惠州比亚迪电池有限公司	纯电动客车	350	
	磷酸铁锂	C15FHE	3.2	6.9	—	280	汕尾比亚迪汽车有限公司	448	680	2156	680	—	304.64	—	4A52000D/BMC-C211A	惠州比亚迪电池有限公司	纯电动客车	12	
	磷酸铁锂	C15FHE	3.2	6.9	—	288	汕尾比亚迪汽车有限公司	460.8	680	2223.2	680	—	313.344	—	4A52000D/BMC-C211A	惠州比亚迪电池有限公司	纯电动客车	3008	
	磷酸铁锂	C15FHE	3.2	6.9	—	304	汕尾比亚迪汽车有限公司	486.4	680	2343.6	680	—	330.752	—	4A52000D/BMC-C211A	惠州比亚迪电池有限公司	纯电动客车	1863	
	磷酸铁锂	C15FHE	3.2	6.9	—	400	汕尾比亚迪汽车有限公司	640	600	3330	680	—	435.2	无	BYDBMC-120601	惠州比亚迪电池有限公司	纯电动专用车	251	
	磷酸铁锂	C15FHE	3.2	6.90	—	160	汕尾比亚迪汽车有限公司	512	340	1232	340	—	174.08	—	4A52000D/BMC-C211A	惠州比亚迪电池有限公司	纯电动客车	859	
	磷酸铁锂	C15FHE	3.2	6.90	—	288	汕尾比亚迪汽车有限公司	460.8	680	2223.2	680	—	313.344	—	4A52000D/BMC-C211A	惠州比亚迪电池有限公司	纯电动客车	1611	
	磷酸铁锂	C16FHA	3.2	4.53	—	120	汕尾比亚迪汽车有限公司	384	220	601.2	220	—	84.4	否	BMC-C211A	惠州比亚迪电池有限公司	纯电动专用车	392	
	磷酸铁锂	C16FHA	3.2	4.53	—	156	汕尾比亚迪汽车有限公司	499.2	220	781.4	220	—	109.824	—	4A52000D/BMC-C211A	惠州比亚迪电池有限公司	纯电动客车	4	
	磷酸铁锂	C16FHA	3.2	4.53	—	162	汕尾比亚迪汽车有限公司	518.4	220	811.5	220	—	114.048	—	4A52000D/BMC-C211A	惠州比亚迪电池有限公司	纯电动客车	334	
	磷酸铁锂	C16FHA	3.2	4.53	—	168	汕尾比亚迪汽车有限公司	537.6	220	841.6	220	—	118.272	—	4A52000D/BMC-C211A	惠州比亚迪电池有限公司	纯电动客车	26	
	磷酸铁锂	C16FHA	3.2	4.53	—	360	汕尾比亚迪汽车有限公司	576	440	1803.6	440	—	253.44	—	4A52000D/BMC-C211A	惠州比亚迪电池有限公司	纯电动客车	3012	
	磷酸铁锂	C16FHA	3.2	4.53	—	360	汕尾比亚迪汽车有限公司	576	440	1803.6	440	—	253.44	否	4A52000D/BMC-C211A	惠州比亚迪电池有限公司	纯电动客车	40	
	磷酸铁锂	C16FHA	3.2	4.53	—	360	汕尾比亚迪汽车有限公司	576.0	440	1803.6	440	—	253.44	—	4A52000D/BMC-C211A	惠州比亚迪电池有限公司	纯电动客车	70	
	磷酸铁锂	C16FHA	3.2	4.53	—	408	汕尾比亚迪汽车有限公司	652.8	440	2044	440	—	287.232	—	4A52000D/BMC-C211A	惠州比亚迪电池有限公司	纯电动客车	73	
	磷酸铁锂	FADM07315F	3.2	6.52	—	168	汕尾比亚迪汽车有限公司	537.6	200	1374	300	—	161.28	—	电池管理控制器型号:BYDBMC-120601 电池信息采集器型号:BYDBIC-120929	惠州比亚迪电池有限公司	纯电动专用车	22	
	磷酸铁锂	FADM07315F	3.2	6.52	—	168	汕尾比亚迪汽车有限公司	537.6	250	1374	300	—	161.28	—	BYDBMC-120601	惠州比亚迪电池有限公司	纯电动专用车	1	
	磷酸铁锂	FADM07315F	3.2	6.52	—	204	汕尾比亚迪汽车有限公司	650	200	1680	300	—	195	—	电池管理控制器型号:BYDBMC-120601	惠州比亚迪电池有限公司	纯电动专用车	11	
	磷酸铁锂	FADM07315F	3.2	6.52	—	344	汕尾比亚迪汽车有限公司	550	145	2856	600	—	330	—	BYDBMC-120601	惠州比亚迪电池有限公司	纯电动专用车	28	
	磷酸铁锂	FADM07315F	3.2	6.52	—	344	汕尾比亚迪汽车有限公司	550	145	2856	600	—	330	否	BYDBMC-120601	惠州比亚迪电池有限公司	纯电动专用车	2	

续上表

储能装置单体生产企业 Single Cell Production Enterprise of Energy Storage Device	储能装置种类 Types of Energy Storage Devices	储能装置单体型号 Cell Odels of Energy Storage Device	储能装置单体标称电压(V) Nominal Voltage of Monomer for Energy Storage Unit (V)	储能装置单体质量(kg) Monomer Quality of Energy Storage Unit (kg)	超级电容器单体标称静电容量(F) Nominal Electrostatic Capacity of Super Capacitor Monomer (F)	储能装置单体数量 Single Cell Quantity of Energy Storage Device	储能装置总成生产企业 Production Company of Energy Storage Device Cell	储能装置总成标称电压(V) Nominal Voltage of Energy Storage Device Assembly (V)	储能装置总成额定输出电流(A) Rated Output Current of Energy Storage Device Assembly (A)	储能装置总成质量(kg) Quality of Energy Storage Device Assembly (kg)	储能装置总成标称容量(Ah) Nominal Capacity of Power Battery Assembly (Ah)	超级电容器总成标称静电容量(F) Nominal Electrostatic Capacity of Super Capacitor Assembly (F)	储能装置总储电量(kWh) Total Energy Storage Capacity of Energy Storage Device (kWh)	动力蓄电池箱是否具有快换装置 Whether Power Battery Box has Quick Change Device	车载能源管理系统型号(包括软件和硬件) Vehicle Energy Management System Model(Including Software and Hardware)	车载能源管理系统生产企业 Vehicle Energy Management System Manufacturing Enterprise	配套车辆类型 Matching Vehicle Type	2018年配套车型产量小计(辆) Subtotal Output of Supported Odels in 2018 (Vehicle)	2018年配套车型产量总计(辆) Total Output of Supported Odels in 2018 (Vehicle)
	磷酸铁锂	FADM07315G	3.2	6.72	—	296	深圳市比亚迪锂电池有限公司	473.6	400	2500	640	—	303.1	—	4835000D/BYDBMC-120601	比亚迪汽车工业有限公司	纯电动客车	1	
	磷酸铁锂	FADM07315G	3.2	6.72	—	320	深圳市比亚迪锂电池有限公司	512	400	2600	640	—	327.7	—	软件：4835000D/硬件：BYDBMC-120601	比亚迪汽车工业有限公司	纯电动客车	3	
	三元材料	C08MCA;C08MSA	3.65	2.3	—	120	深圳市比亚迪锂电池有限公司	438	120	359	115	—	50.3	否	D100	惠州比亚迪电池有限公司	纯电动乘用车	100	
	三元材料	C08MCA/C08MSA	3.65	2.3	—	128	深圳市比亚迪锂电池有限公司	467	170	382	115	—	53.7	否	D104	惠州比亚迪电池有限公司	纯电动乘用车	2468	
	三元材料	C08MCA/C08MSA	3.65	C08MCA：2.3/C08MSA：2.3	—	100	深圳市比亚迪锂电池有限公司	365	115	300	115	—	42	否	HA	惠州比亚迪电池有限公司	纯电动乘用车	27564	
	三元材料	C20MSC;C20MCC	3.6	0.86;0.87	—	108	深圳市比亚迪锂电池有限公司	388.8	74	142	37	—	14.38	否	HA	惠州比亚迪电池有限公司	插电式混合动力乘用车	8366	
	三元材料	C20MSC;C20MCC	3.6	0.86;0.87	—	180	深圳市比亚迪锂电池有限公司	648	74	210	37	—	23.97	否	ST	惠州比亚迪电池有限公司	插电式混合动力乘用车	9033	
	三元材料	C20MSC/C20MCC	3.6	0.86/0.87	—	132	深圳市比亚迪锂电池有限公司	475	74	152	37	—	17.5	—	C100	惠州比亚迪电池有限公司	插电式混合动力乘用车	10540	
	三元材料	CE085/CE08E	3.65	2.35	—	128	深圳市比亚迪锂电池有限公司	467	170	389	130	—	62.3	否	D104	惠州比亚迪电池有限公司	纯电动乘用车	3	
深圳市比亚迪锂电池有限公司	三元材料	CE085/CE08E	3.65	CE085：2.35/CE08E：2.35	—	132	深圳市比亚迪锂电池有限公司	481.8	125	399	125	—	60.225	否	BYDBMC-130408	惠州比亚迪电池有限公司	纯电动专用车	40	151609
	三元材料	FADM07326;FADM07328	3.6	0.83;0.85	—	168	深圳市比亚迪锂电池有限公司	604.8	66	195	33	—	19.96	否	ST	惠州比亚迪电池有限公司	插电式混合动力乘用车	24592	
	三元材料	FADM07329;FADM07332	3.6	FADM07329:2.3 FADM07332:2.3	—	168	深圳市比亚迪锂电池有限公司	604.8	120	444	100	—	60.5	否	EVDBMS006	比亚迪汽车工业有限公司	纯电动乘用车	37688	
	三元材料	FADM07329;FADM07332	3.6	FADM07329:2.3;FADM07332:2.3;	—	168	深圳市比亚迪锂电池有限公司	604.8	120	444	100	—	60.5	否	EVDBMS006	比亚迪汽车工业有限公司	纯电动乘用车	7269	
	三元材料	FADM07329/FADM07332	3.6	FADM07329:2.3/FADM07332:2.3	—	172	深圳市比亚迪锂电池有限公司	619.2	100	456	100	—	61.9	否	SAEV	惠州比亚迪电池有限公司	纯电动乘用车	3719	
	三元材料	FADM07332/FADM07329	3.6	FADM07332:2.3/FADM07329:2.3	—	120	深圳市比亚迪锂电池有限公司	432	100	340	100	—	43.2	否	HA	惠州比亚迪电池有限公司	纯电动乘用车	7624	

续上表

储能装置单体生产企业 Single Cell Production Enterprise of Energy Storage Device	储能装置种类 Types of Energy Storage Devices	储能装置单体型号 Cell Odels of Energy Storage Device	储能装置单体标称电压（V） Nominal Voltage of Monomer for Energy Storage Unit（V）	储能装置单体质量（kg） Monomer Quality of Energy Storage Unit（kg）	超级电容器单体标称静电容量（F） Nominal Electrostatic Capacity of Super Capacitor Monomer（F）	储能装置单体数量 Single Cell Quantity of Energy Storage Device	储能装置总成生产企业 Production Company of Energy Storage Device Cell	储能装置总成标称电压（V） Nominal Voltage of Energy Storage Device Assembly（V）	储能装置总成额定输出电流（A） Rated Output Current of Energy Storage Device Assembly（A）	储能装置总成质量（kg） Quality of Energy Storage Device Assembly（kg）	储能装置总成标称容量（Ah） Nominal Capacity of Power Battery Assembly（Ah）	超级电容器总成标称静电容量（F） Nominal Electrostatic Capacity of Super Capacitor Assembly（F）	储能装置总储电量（kWh） Total Energy Storage Capacity of Energy Storage Device（kWh）	动力蓄电池箱是否具有快换装置 Whether Power Battery Box has Quick Change Device	车载能源管理系统型号（包括软件和硬件） Vehicle Energy Management System Model（Including Software and Hardware）	车载能源管理系统生产企业 Vehicle Energy Management System Manufacturing Enterprise	配套车辆类型 Matching Vehicle Type	2018年配套车型产量小计（辆） Subtotal Output of Supported Odels in 2018（Vehicle）	2018年配套车型产量总计（辆） Total Output of Supported Odels in 2018（Vehicle）
合肥国轩高科动力能源有限公司	磷酸铁锂	IFP1865140-14AH	3.2	0.355±0.005	—	1104	合肥国轩高科动力能源有限公司	294.4	68	423.6	168	—	49.46	否	硬件：EVS-200/软件：1.14.6.V12 F2.0版	北京海博思创科技有限公司/东风汽车公司	纯电动专用车	1	85238
	磷酸铁锂	IFP1865140-14AH	3.2	0.355±0.005	—	1104	合肥国轩高科动力能源有限公司	294.4	68	423.6	168	—	49.46	无	硬件：EVS-200/软件：1.14.6.V12 F2.0版	北京海博思创科技有限公司/东风汽车公司	纯电动专用车	1	
	磷酸铁锂	IFP1865140-14AH	3.2	0.355±0.005	—	1104	合肥国轩高科动力能源有限公司	294.4	68	423.6	168	—	49.46	—	硬件：EVS-200/软件：1.14.6.V12 F2.0版	北京海博思创科技有限公司/东风汽车公司	纯电动专用车	1	
	磷酸铁锂	IFP1865140-14AH	3.2	0.355±0.005	—	1104	合肥国轩高科动力能源有限公司	294.4	68	423.6	168	—	49.46	否	硬件：EVS-200/软件：1.14.6.V12 F2.0版	北京海博思创科技有限公司/东风汽车公司	纯电动专用车	2	
	磷酸铁锂	IFP1865140-16Ah	3.2	0.35	—	384	合肥国轩高科动力能源有限公司	154	128	216;200	128	—	19.66;20	否	210126EC1	华霆（合肥）动力技术有限公司；惠州市亿能电子有限公司	纯电动乘用车	13284	
	磷酸铁锂	IFP1865140-16Ah	3.2	0.35	—	432	合肥国轩高科动力能源有限公司	345.6	64	240;224	64	—	22;22.5	否	2101610X0010	惠州市亿能电子有限公司	纯电动乘用车	3323	
	磷酸铁锂	IFP1865140-16Ah	3.2	0.35	—	432	合肥国轩高科动力能源有限公司	345.6	64	240;224;224	64	—	22;22.5;22.5	否	2101610X0010;210126EC3;210126EC3	惠州市亿能电子有限公司	纯电动乘用车	27	
	磷酸铁锂	IFP1865140-16Ah	3.2	0.35	—	432	合肥国轩高科动力能源有限公司；安徽江淮华霆电池系统有限公司	346	64	240;224	64	—	22;22.5	否	2101610X0010	惠州市亿能电子有限公司	纯电动乘用车	2	
	磷酸铁锂	IFP20100140-27Ah	3.2	0.595	—	1920	合肥国轩高科动力能源有限公司	614.4	270	1412	270	—	165.88	否	GXEVSW-01/GXEV-1	合肥国轩高科动力能源有限公司	纯电动客车	40	
	磷酸铁锂	IFP20100140-27Ah	3.2	0.595±0.005	—	1080	合肥国轩高科动力能源有限公司	576	162	792.5	162	—	93.312	否	软件：GXEVSW-01/硬件：GXEV-1	合肥国轩高科动力能源有限公司	纯电动客车	205	
	磷酸铁锂	IFP20100140-27Ah	3.2	0.595±0.005	—	1080	合肥国轩高科动力能源有限公司	576	162	793	162	—	93.312	否	软件：GXEVSW-01/硬件：GXEV-1	合肥国轩高科动力能源有限公司	纯电动客车	160	
	磷酸铁锂	IFP20100140-27Ah	3.2	0.595±0.005	—	1344	合肥国轩高科动力能源有限公司	537.60	216	980	216	—	116.12	否	软件：GXEVSW-01/硬件：GXEV-1	合肥国轩高科动力能源有限公司	纯电动客车	1	
	磷酸铁锂	IFP20100140-27Ah	3.2	0.595±0.005	—	1488	合肥国轩高科动力能源有限公司	595	216	1085	216	—	128.5	否	软件：GXEVSW-01/硬件：GXEV-1	合肥国轩高科动力能源有限公司	纯电动客车	25	
	磷酸铁锂	IFP20100140-27Ah	3.2	0.595±0.005	—	1920	合肥国轩高科动力能源有限公司	614.4	270	1408	270	—	165.9	否	GXEVSW-01/GXEV-1	合肥国轩高科动力能源有限公司	纯电动客车	30	
	磷酸铁锂	IFP20100140-27Ah	3.2	0.595±0.005	—	1920	合肥国轩高科动力能源有限公司	614.4	270	1415	270	—	165.89	—	软件：GXEVSW-01/硬件：GXEV-1	合肥国轩高科动力能源有限公司	纯电动客车	200	
	磷酸铁锂	IFP20100140-27Ah	3.2	0.595±0.005	—	2880	合肥国轩高科动力能源有限公司	576	300	2100	432	—	248.8	否	软件：GXEVSW-01/硬件：GXEV-1	合肥国轩高科动力能源有限公司	纯电动客车	21	
	磷酸铁锂	IFP20100140-27Ah	3.2	0.595±0.005	—	2880	合肥国轩高科动力能源有限公司	576	432	2100	432	—	248.83	否	软件：GXEVSW-01/硬件：GXEV-1	合肥国轩高科动力能源有限公司	纯电动客车	30	
	磷酸铁锂	IFP20100140-27Ah	3.2	0.595±0.005	—	3240	合肥国轩高科动力能源有限公司	576	400	2372±68	486	—	279.94	否	软件：GXEVSW-01/硬件：GXEV-1	合肥国轩高科动力能源有限公司	纯电动客车	131	
	磷酸铁锂	IFP20100140-27Ah	3.2	0.595±0.005	—	3360	合肥国轩高科动力能源有限公司	537.6	540	2464	540	—	290.304	否	软件：GXEVSW-01/硬件：GXEV-1	合肥国轩高科动力能源有限公司	纯电动客车	459	
	磷酸铁锂	IFP20100140-27Ah	3.2	0.595±0.005	—	495	合肥国轩高科动力能源有限公司	316.8	135	455	135	—	42.768	否	硬件：EV05/软件：B39614	惠州市亿能电子有限公司	纯电动专用车	253	

续上表

储能装置单体生产企业 Single Cell Production Enterprise of Energy Storage Device	储能装置种类 Types of Energy Storage Devices	储能装置单体型号 Cell Odels of Energy Storage Device	储能装置单体标称电压(V) Nominal Voltage of Monomer for Energy Storage Unit (V)	储能装置单体质量(kg) Monomer Quality of Energy Storage Unit (kg)	超级电容器单体标称静电容量(F) Nominal Electrostatic Capacity of Super Capacitor Monomer (F)	储能装置单体数量 Single Cell Quantity of Energy Storage Device	储能装置总成生产企业 Production Company of Energy Storage Device Cell	储能装置总成标称电压(V) Nominal Voltage of Energy Storage Device Assembly (V)	储能装置总成额定输出电流(A) Rated Output Current of Energy Storage Device Assembly (A)	储能装置总成质量(kg) Quality of Energy Storage Device Assembly (kg)	储能装置总成标称容量(Ah) Nominal Capacity of Power Battery Assembly (Ah)	超级电容器总成标称静电容量(F) Nominal Electrostatic Capacity of Super Capacitor Assembly (F)	储能装置总储电量(kWh) Total Energy Storage Capacity of Energy Storage Device (kWh)	动力蓄电池箱是否具有快换装置 Whether Power Battery Box has Quick Change Device	车载能源管理系统型号(包括软件和硬件) Vehicle Energy Management System Model (Including Software and Hardware)	车载能源管理系统生产企业 Vehicle Energy Management System Manufacturing Enterprise	配套车辆类型 Matching Vehicle Type	2018年配套车型产量小计(辆) Subtotal Output of Supported Odels in 2018 (Vehicle)	2018年配套车型产量总计(辆) Total Output of Supported Odels in 2018 (Vehicle)
合肥国轩高科动力能源有限公司	磷酸铁锂	IFP20100140-27Ah	3.2	0.595 ± 0.005	—	960	合肥国轩高科动力能源有限公司	384	216	860	216	—	82.944	否	硬件:EV05/软件:B39616	惠州市亿能电子有限公司	纯电动专用车	80	85238
	磷酸铁锂	IFP20100140-27Ah	3.2	0.595 ± 0.005	—	960	合肥国轩高科动力能源有限公司	512	162	866	162	—	82.944	否	硬件:EV05/软件:B39618	惠州市亿能电子有限公司	纯电动专用车	247	
	磷酸铁锂	IFP20100140-27Ah	3.2	0.595 ± 0.005kg	—	3840	合肥国轩高科动力能源有限公司	614.4	540	2768	540	—	331.776	否	GXEVSW-01/GXEV-1	合肥国轩高科动力能源有限公司	纯电动客车	1	
	磷酸铁锂	IFP20100140-27Ah	3.2	0.60	—	648	合肥国轩高科动力能源有限公司	346	162	476	162	—	55.98	否	软件:GXEVSW-01/硬件:GXEV-1	合肥国轩高科动力能源有限公司	燃料电池客车	2	
	磷酸铁锂	IFP20100140-27Ah	3.2	0.62	—	1680	合肥国轩高科动力能源有限公司	537.6	270	1232	270	—	145.15	否	软件:GXEVSW-01/硬件:GXEV-1	合肥国轩高科动力能源有限公司	纯电动客车	1	
	磷酸铁锂	IFP20100140-27Ah;IFP20100140A-30Ah	3.2	0.595 ± 0.005;0.64 ± 0.01	—	972	合肥国轩高科动力能源有限公司	518.4	162;180	753.33 ±20;721 ±20	162;180	—	83.98;93.312	否	软件:GXEVSW-01/硬件:GXEV-1	合肥国轩高科动力能源有限公司	纯电动专用车	10	
	磷酸铁锂	IFP20100140A	3.2	0.6	—	1040片	合肥国轩高科动力能源有限公司	332.8	250	700	225	—	75	否	GXBMS-CCU	合肥国轩高科动力能源有限公司	纯电动专用车	284	
	磷酸铁锂	IFP20100140A	3.2	0.6	—	832片	合肥国轩高科动力能源有限公司	332.8	250	685	180	—	60	否	GXBMS-CCU	合肥国轩高科动力能源有限公司	纯电动专用车	19	
	磷酸铁锂	IFP20100140A	3.2	0.62	—	1400	合肥国轩高科动力能源有限公司	560	200	1155	200	—	112	否	GXEVSW-01/GXEV-1	合肥国轩高科动力能源有限公司	纯电动客车	58	
	磷酸铁锂	IFP20100140A	3.2	0.62	—	2016	合肥国轩高科动力能源有限公司	537.6	300	1620	300	—	161.2	否	软件:GXEVSW-01/硬件:GXEV-1	合肥国轩高科动力能源有限公司	纯电动客车	28	
	磷酸铁锂	IFP20100140A	3.2	0.62	—	2160	合肥国轩高科动力能源有限公司	576	300	1711	300	—	172.8	否	软件:GXEVSW-01/硬件:GXEV-1	合肥国轩高科动力能源有限公司	纯电动客车	16	
	磷酸铁锂	IFP20100140A	3.2	0.62 ±0.005	—	1392	合肥国轩高科动力能源有限公司	556.8	200	1120	200	—	111.36	否	GXEV-1	合肥国轩高科动力能源有限公司	纯电动客车	35	
	磷酸铁锂	IFP20100140A	3.2	0.620	—	1400	合肥国轩高科动力能源有限公司	560	200	1155	200	—	112	否	GXEVSW-01/GXEV-1	合肥国轩高科动力能源有限公司	纯电动客车	35	
	磷酸铁锂	IFP20100140A	3.2	0.620	—	1440	合肥国轩高科动力能源有限公司	576	200	1140	200	—	115.2	否	软件:GXEVSW-01/硬件:GXEV-1	合肥国轩高科动力能源有限公司	纯电动客车	1	
	磷酸铁锂	IFP20100140A	3.2	0.620	—	1440	合肥国轩高科动力能源有限公司	576	200	1140	200	—	115.2	否	软件:GXEVSW-01/硬件:GXEV-1	合肥国轩高科动力能源有限公司	纯电动客车	3	
	磷酸铁锂	IFP20100140A	3.2	0.620	—	1440	合肥国轩高科动力能源有限公司	576	200	1140	200	—	115.2	否	软件:GXEVSW-01/硬件:GXEV-1	合肥国轩高科动力能源有限公司	纯电动客车	200	
	磷酸铁锂	IFP20100140A	3.2	0.620	—	1680	合肥国轩高科动力能源有限公司	384	350	1330.4	350	—	134.4	否	GXEVSW-01/GXEV-1	合肥国轩高科动力能源有限公司	纯电动专用车	1	
	磷酸铁锂	IFP20100140A	3.2	0.620	—	2016	合肥国轩高科动力能源有限公司	537.6	300	1597	300	—	161.28	否	软件:GXEVSW-01/硬件:GXEV-1	合肥国轩高科动力能源有限公司	纯电动客车	20	
	磷酸铁锂	IFP20100140A	3.2	0.620	—	2160	合肥国轩高科动力能源有限公司	576	300	1711	300	—	172.8	否	软件:GXEVSW-01/硬件:GXEV-1	合肥国轩高科动力能源有限公司	纯电动客车	21	
	磷酸铁锂	IFP20100140A	3.2	0.620	—	2160个	合肥国轩高科动力能源有限公司	576	300	1710	300	—	172.8	否	软件:GXEVSW-01/硬件:GXEV-1	合肥国轩高科动力能源有限公司	纯电动客车	105	
	磷酸铁锂	IFP20100140A	3.2	0.620	—	2352;2016	合肥国轩高科动力能源有限公司	537.6	280;240	1862;1599	350;300	—	188.16;161.28	否	软件:GXEVSW-01/硬件:GXEV-1	合肥国轩高科动力能源有限公司	纯电动客车	2	

续上表

储能装置单体生产企业 Single Cell Production Enterprise of Energy Storage Device	储能装置种类 Types of Energy Storage Devices	储能装置单叠型号 Cell Odels of Energy Storage Device	储能装置单体标称电压（V） Nominal Voltage of Monomer for Energy Storage Unit（V）	储能装置单体质量（kg） Monomer Quality of Energy Storage Unit（kg）	超级电容器单体标称静电容量（F） Nominal Electrostatic Capacity of Super Capacitor Monomer（F）	储能装置单体数量 Single Cell Quantity of Energy Storage Device	储能装置总成生产企业 Production Company of Energy Storage Device Cell	储能装置总成标称电压（V） Nominal Voltage of Energy Storage Device Assembly（V）	储能装置总成额定输出电流（A） Rated Output Current of Energy Storage Device Assembly（A）	储能装置总成质量（kg） Quality of Energy Storage Device Assembly（kg）	储能装置总成标称容量（Ah） Nominal Capacity of Power Battery Assembly（Ah）	超级电容器总成标称静电容量（F） Nominal Electrostatic Capacity of Super Capacitor Assembly（F）	储能装置总储电量（kWh） Total Energy Storage Capacity of Energy Storage Device（kWh）	动力蓄电池箱是否具有快换装置 Whether Power Battery Box has Quick Change Device	车载能源管理系统型号（包括软件和硬件） Vehicle Energy Management System Model（Including Software and Hardware）	车载能源管理系统生产企业 Vehicle Energy Management System Manufacturing Enterprise	配套车辆类型 Matching Vehicle Type	2018年配套车型产量小计（辆） Subtotal Output of Supported Odels in 2018（Vehicle）	2018年配套车型产量总计（辆） Total Output of Supported Odels in 2018（Vehicle）
合肥国轩高科动力能源有限公司	磷酸铁锂	IFP20100140A	3.2	0.620	—	2520	合肥国轩高科动力能源有限公司	576	300	1995	350	—	201.6	否	软件:GXEVSW-01/硬件:GXEV-1	合肥国轩高科动力能源有限公司	纯电动客车	1	85238
	磷酸铁锂	IFP20100140A	3.2	0.620	—	2520	合肥国轩高科动力能源有限公司	576	300	1996	350	—	201.6	否	软件:GXEVSW-01/硬件:GXEV-1	合肥国轩高科动力能源有限公司	纯电动客车	10	
	磷酸铁锂	IFP20100140A	3.2	0.620	—	648	合肥国轩高科动力能源有限公司	345.6	120	513.3	150	—	51.84	否	软件:GXEVSW-01/硬件:GXEV-1	合肥国轩高科动力能源有限公司	纯电动专用车	1	
	磷酸铁锂	IFP20100140A	3.2	0.620	—	648	合肥国轩高科动力能源有限公司	345.6	120	513.3	150	—	51.84	否	软件:GXEVSW-01/硬件:GXEV-1	合肥国轩高科动力能源有限公司	纯电动客车	30	
	磷酸铁锂	IFP20100140A	3.2	0.620	—	728片	合肥国轩高科动力能源有限公司	332.8	180	560	175	—	58	否	C10/SQDTV1.0	合肥国轩高科动力能源有限公司	纯电动客车	1	
	磷酸铁锂	IFP20100140A	3.2	0.620±0.05	—	1620	合肥国轩高科动力能源有限公司	518.4	250	1283.4	250	—	129.6	否	软件:GXEVSW-01/硬件:GXEV-1	合肥国轩高科动力能源有限公司	纯电动客车	92	
	磷酸铁锂	IFP20100140A	3.2	0.62	—	648	合肥国轩高科动力能源有限公司	345.6	150	513	150	—	51.8	否	软件:GXEVSW-01/硬件:GXEV-1	合肥国轩高科动力能源有限公司	纯电动客车	43	
	磷酸铁锂	IFP20100140A-30Ah	3.2	0.64	—	840	合肥国轩高科动力能源有限公司	537.6	150	620±18	150	—	80.6	否	软件:GXEVSW-01/硬件:GXEV-1	合肥国轩高科动力能源有限公司	纯电动专用车	1	
	磷酸铁锂	IFP20100140A-30Ah	3.2	0.64±0.01	—	1008	合肥国轩高科动力能源有限公司	537.6	180	748	180	—	96.7	否	软件:GXEVSW-01/硬件:GXEV-1	合肥国轩高科动力能源有限公司	纯电动专用车	1	
	磷酸铁锂	IFP20100140A-30Ah	3.2	0.64±0.01	—	1008	合肥国轩高科动力能源有限公司	537.6	180	748	180	—	96.77	否	软件:GXEVSW-01/硬件:GXEV-1	合肥国轩高科动力能源有限公司	纯电动专用车	1043	
	磷酸铁锂	IFP20100140A-30Ah	3.2	0.64±0.01	—	1008	合肥国轩高科动力能源有限公司	537.6	180	748	180	—	96.77	无	软件:GXEVSW-01/硬件:GXEV-1	合肥国轩高科动力能源有限公司	纯电动专用车	10	
	磷酸铁锂	IFP20100140A-30Ah	3.2	0.64±0.01	—	1008	合肥国轩高科动力能源有限公司	537.6	180	748±20	180	—	96.76	否	软件:GXEVSW-01/硬件:GXEV-1	合肥国轩高科动力能源有限公司	纯电动专用车	41	
	磷酸铁锂	IFP20100140A-30Ah	3.2	0.64±0.01	—	1008	合肥国轩高科动力能源有限公司	537.6	180	748±20	180	—	96.768	否	软件:GXEVSW-01/硬件:GXEV-1	合肥国轩高科动力能源有限公司	纯电动专用车	12	
	磷酸铁锂	IFP20100140A-30Ah	3.2	0.64±0.01	—	1008	合肥国轩高科动力能源有限公司	537.6	180	748±20	180	—	96.77	否	软件:GXEVSW-01/硬件:GXEV-1	合肥国轩高科动力能源有限公司	纯电动专用车	36	
	磷酸铁锂	IFP20100140A-30Ah	3.2	0.64±0.01	—	1008	合肥国轩高科动力能源有限公司	537.6	180	748±20	180	—	96.77	否	软件:GXEVSW-01/硬件:GXEV-1	合肥国轩高科动力能源有限公司	纯电动专用车	537	
	磷酸铁锂	IFP20100140A-30Ah	3.2	0.64±0.01	—	1008	合肥国轩高科动力能源有限公司	537.6	180	748±20	180	—	96.78	否	软件:GXEVSW-01/硬件:GXEV-1	合肥国轩高科动力能源有限公司	纯电动专用车	6	
	磷酸铁锂	IFP20100140A-30Ah	3.2	0.64±0.01	—	416	合肥国轩高科动力能源有限公司	332.8	120	306	120	—	39.9	否	硬件:C10/软件:DT1802-V1.0	合肥国轩高科动力能源有限公司	纯电动专用车	1001	
	磷酸铁锂	IFP20100140A-30Ah	3.2	0.64±0.01	—	416	合肥国轩高科动力能源有限公司	332.8	120	306	120	—	39.936	否	软件:DT1802-V1.0/硬件:C10	合肥国轩高科动力能源有限公司	纯电动专用车	8008	
	磷酸铁锂	IFP20100140A-30Ah	3.2	0.64±0.01	—	792	天津恒天新能源汽车研究院有限公司	422.4	180	586	180	—	76.03	否	软件:CHTC-LMUs-36S/硬件:CHTC-LMU-36S	天津恒天新能源汽车研究院有限公司	纯电动专用车	1305	
	磷酸铁锂	IFP20100140A-30Ah	3.2	0.64±0.01	—	840	合肥国轩高科动力能源有限公司	537.6	150	620±13.5	150	—	80.64	否	软件:GXEVSW-01/硬件:GXEV-1	合肥国轩高科动力能源有限公司	纯电动专用车	111	
	磷酸铁锂	IFP20100140A-30Ah	3.2	0.64±0.01	—	840	合肥国轩高科动力能源有限公司	537.6	150	620±18	150	—	80.6	否	软件:GXEVSW-01/硬件:GXEV-1	合肥国轩高科动力能源有限公司	纯电动专用车	6	
	磷酸铁锂	IFP20100140A-30Ah	3.2	0.64±0.01	—	840	合肥国轩高科动力能源有限公司	537.6	150	620±18	150	—	80.64	否	软件:GXEVSW-01/硬件:GXEV-1	合肥国轩高科动力能源有限公司	纯电动专用车	6	
	磷酸铁锂	IFP20100140A-30Ah	3.2	0.64±0.01	—	960	合肥国轩高科动力能源有限公司	384	240	806	240	—	92.16	否	硬件:EV05/软件:B39616	惠州市亿能电子有限公司	纯电动专用车	415	
	磷酸铁锂	IFP20100140A-30Ah	3.2	0.64±0.01	—	972	合肥国轩高科动力能源有限公司	518.4	180	721±20	180	—	93.312	否	软件:GXEVSW-01/硬件:GXEV-1	合肥国轩高科动力能源有限公司	纯电动专用车	418	
	磷酸铁锂	IFP2265146A-21Ah	3.2	0.425	—	432	合肥国轩高科动力能源有限公司	346	85	243	85	—	29.2	否	210126EC6	惠州市亿能电子技术有限公司	纯电动乘用车	18018	

续上表

储能装置单体生产企业 Single Cell Production Enterprise of Energy Storage Device	储能装置种类 Types of Energy Storage Devices	储能装置单体型号 Cell Odels of Energy Storage Device	储能装置单体标称电压（V） Nominal Voltage of Monomer for Energy Storage Unit（V）	储能装置单体质量（kg） Monomer Quality of Energy Storage Unit（kg）	超级电容器单体标称静电容量（F） Nominal Electrostatic Capacity of Super Capacitor Monomer（F）	储能装置单体数量 Single Cell Quantity of Energy Storage Device	储能装置总成生产企业 Production Company of Energy Storage Device Cell	储能装置总成标称电压（V） Nominal Voltage of Energy Storage Device Assembly（V）	储能装置总成额定输出电流（A） Rated Output Current of Energy Storage Device Assembly（A）	储能装置总成质量（kg） Quality of Energy Storage Device Assembly（kg）	储能装置总成标称容量（Ah） Nominal Capacity of Power Battery Assembly（Ah）	超级电容器总成标称静电容量（F） Nominal Electrostatic Capacity of Super Capacitor Assembly（F）	储能装置总储电量（kWh） Total Energy Storage Capacity of Energy Storage Device（kWh）	动力蓄电池箱是否具有快换装置 Whether Power Battery Box has Quick Change Device	车载能源管理系统型号（包括软件和硬件） Vehicle Energy Management System Model（Including Software and Hardware）	车载能源管理系统生产企业 Vehicle Energy Management System Manufacturing Enterprise	配套车辆类型 Matching Vehicle Type	2018年配套车型产量小计（辆） Subtotal Output of Supported Odels in 2018（Vehicle）	2018年配套车型产量总计（辆） Total Output of Supported Odels in 2018（Vehicle）
合肥国轩高科动力能源有限公司	磷酸铁锂	IFP27175200A-105Ah	3.2	2.06±0.05	—	972	合肥国轩高科动力能源有限公司	518.4	300	2324	630	—	326.6	否	软件：GXEV-SW-V1/硬件：GXEV-HW-V1	合肥国轩高科动力能源有限公司	纯电动客车	114	85238
	磷酸铁锂	IFP27175200A-105Ah	3.2	2.060	—	486	合肥国轩高科动力能源有限公司	518.4	315	1162	315	—	163.29	否	软件：GXEV-SW-V1/硬件：GXEV-HW-V1	合肥国轩高科动力能源有限公司	纯电动客车	1	
	磷酸铁锂	IFP27175200A-105Ah	3.2	2.060	—	768	合肥国轩高科动力能源有限公司	614.4	420	1824	420	—	258.04	否	软件：GXEV-SW-V1/硬件：GXEV-HW-V1	合肥国轩高科动力能源有限公司	纯电动客车	50	
	磷酸铁锂	IFP27175200A-105Ah	3.2	2.060±0.05	—	522	合肥国轩高科动力能源有限公司	556.8	250	1249	315	—	175.4	否	软件：GXEV-SW-V1/硬件：GXEV-HW-V1	合肥国轩高科动力能源有限公司	纯电动客车	111	
	磷酸铁锂	IFP27175200A-105Ah	3.2	2.060±0.050	—	1026	合肥国轩高科动力能源有限公司	547.2	315	2452	630	—	344.736	否	软件：GXEV-SW-V1/硬件：GXEV-HW-V1	合肥国轩高科动力能源有限公司	纯电动客车	120	
	磷酸铁锂	IFP27175200A-105Ah	3.2	2.060±0.050	—	1080	合肥国轩高科动力能源有限公司	576	630	2550	630	—	362.88	否	软件：GXEV-SW-V1/硬件：GXEV-HW-V1	合肥国轩高科动力能源有限公司	纯电动客车	50	
	磷酸铁锂	IFP27175200A-105Ah	3.2	2.060±0.050	—	288	合肥国轩高科动力能源有限公司	460.8	210	684	210	—	96.768	否	软件：GXEV-SW-V1/硬件：GXEV-HW-V1	合肥国轩高科动力能源有限公司	纯电动客车	36	
	磷酸铁锂	IFP27175200A-105Ah	3.2	2.060±0.050	—	288	合肥国轩高科动力能源有限公司	460.8	210	684	210	—	96.768	否	软件：GXEV-SW-V1/硬件：GXEV-HW-V1	合肥国轩高科动力能源有限公司	纯电动客车	327	
	磷酸铁锂	IFP27175200A-105Ah	3.2	2.060±0.050	—	324	合肥国轩高科动力能源有限公司	518.4	210	772	210	—	108.9	否	软件：GXEV-SW-V1/硬件：GXEV-HW-V1	合肥国轩高科动力能源有限公司	纯电动客车	4	
	磷酸铁锂	IFP27175200A-105Ah	3.2	2.060±0.050	—	330	合肥国轩高科动力能源有限公司	528	210	790	210	—	110.88	否	软件：GXEV-SW-V1/硬件：GXEV-HW-V1	合肥国轩高科动力能源有限公司	纯电动客车	24	
	磷酸铁锂	IFP27175200A-105Ah	3.2	2.060±0.050	—	384;324	合肥国轩高科动力能源有限公司	614.4;518.4	210	912;772	210	—	129.02;108.86	否	软件：GXEV-SW-V1/硬件：GXEV-HW-V1	合肥国轩高科动力能源有限公司	纯电动客车	20	
	磷酸铁锂	IFP27175200A-105Ah	3.2	2.060±0.050	—	390	合肥国轩高科动力能源有限公司	624	210	930	210	—	131.04	否	软件：GXEV-SW-V1/硬件：GXEV-HW-V1	合肥国轩高科动力能源有限公司	纯电动客车	32	
	磷酸铁锂	IFP27175200A-105Ah	3.2	2.060±0.050	—	390	合肥国轩高科动力能源有限公司	624.00	210	930	210	—	131.04	否	软件：GXEV-SW-V1/硬件：GXEV-HW-V1	合肥国轩高科动力能源有限公司	纯电动客车	1	
	磷酸铁锂	IFP27175200A-105Ah	3.2	2.060±0.050	—	486	合肥国轩高科动力能源有限公司	518.4	315	1162	315	—	163.29	否	软件：GXEV-SW-V1/硬件：GXEV-HW-V1	合肥国轩高科动力能源有限公司	纯电动客车	34	
	磷酸铁锂	IFP27175200A-105Ah	3.2	2.060±0.050	—	486	合肥国轩高科动力能源有限公司	518.4	315	1162	315	—	163.29	否	软件：GXEV-SW-V1/硬件：GXEV-HW-V1	合肥国轩高科动力能源有限公司	纯电动客车	40	
	磷酸铁锂	IFP27175200A-105Ah	3.2	2.060±0.050	—	495	合肥国轩高科动力能源有限公司	528	300	1185	315	—	166.32	否	软件：GXEV-SW-V1/硬件：GXEV-HW-V1	合肥国轩高科动力能源有限公司	纯电动客车	1	
	磷酸铁锂	IFP27175200A-105Ah	3.2	2.060±0.050	—	513	合肥国轩高科动力能源有限公司	547.20	315	1226	315	—	172.36	否	软件：GXEV-SW-V1/硬件：GXEV-HW-V1	合肥国轩高科动力能源有限公司	纯电动客车	66	
	磷酸铁锂	IFP27175200A-105Ah	3.2	2.060±0.050	—	660	合肥国轩高科动力能源有限公司	528	315	1580	420	—	221.76	否	软件：GXEV-SW-V1/硬件：GXEV-HW-V1	合肥国轩高科动力能源有限公司	纯电动客车	23	
	磷酸铁锂	IFP27175200A-105Ah	3.2	2.060±0.050	—	708	合肥国轩高科动力能源有限公司	566.4	300	1684	420	—	237.88	否	软件：GXEV-SW-V1/硬件：GXEV-HW-V1	合肥国轩高科动力能源有限公司	纯电动客车	31	

续上表

储能装置单体生产企业 Single Cell Production Enterprise of Energy Storage Device	储能装置种类 Types of Energy Storage Devices	储能装置单体型号 Cell Odels of Energy Storage Device	储能装置单体标称电压(V) Nominal Voltage of Monomer for Energy Storage Unit (V)	储能装置单体质量(kg) Monomer Quality of Energy Storage Unit (kg)	超级电容器单体标称静电容量(F) Nominal Electrostatic Capacity of Super Capacitor Monomer (F)	储能装置单体数量 Single Cell Quantity of Energy Storage Device	储能装置总成生产企业 Production Company of Energy Storage Device Cell	储能装置总成标称电压(V) Nominal Voltage of Energy Storage Device Assembly (V)	储能装置总成额定输出电流(A) Rated Output Current of Energy Storage Device Assembly (A)	储能装置总成质量(kg) Quality of Energy Storage Device Assembly (kg)	储能装置总成标称容量(Ah) Nominal Capacity of Power Battery Assembly (Ah)	超级电容器总成标称静电容量(F) Nominal Electrostatic Capacity of Super Capacitor Assembly (F)	储能装置总储电量(kWh) Total Energy Storage Capacity of Energy Storage Device (kWh)	动力蓄电池箱是否具有快换装置 Whether Power Battery Box has Quick Change Device	车载能源管理系统型号(包括软件和硬件) Vehicle Energy Management System Model (Including Software and Hardware)	车载能源管理系统生产企业 Vehicle Energy Management System Manufacturing Enterprise	配套车辆类型 Matching Vehicle Type	2018年配套车型产量小计(辆) Subtotal Output of Supported Odels in 2018 (Vehicle)	2018年配套车型产量总计(辆) Total Output of Supported Odels in 2018 (Vehicle)
合肥国轩高科动力能源有限公司	磷酸铁锂	IFP27175200A-105Ah	3.2	2.060 ± 0.050	—	720	合肥国轩高科动力能源有限公司	576	420	1720	420	—	241.92	否	软件: GXEV-SW-V1/硬件: GXEV-HW-V1	合肥国轩高科动力能源有限公司	纯电动客车	35	85238
	磷酸铁锂	IFP27175200A-105Ah	3.2	2.060 ± 0.050	—	780	合肥国轩高科动力能源有限公司	624	300	1860	420	—	262.08	否	软件: GXEV-SW-V1/硬件: GXEV-HW-V1	合肥国轩高科动力能源有限公司	纯电动客车	145	
	磷酸铁锂	IFR32131	3.2	0.235	—	2656	合肥国轩高科动力能源有限公司	531.2	110	940	168	—	89.2	否	GXBMS-CCU	合肥国轩高科动力能源有限公司	纯电动客车	28	
	磷酸铁锂	IFR32131-12Ah	3.2	0.242 ± 0.005	—	1470	合肥国轩高科动力能源有限公司	313.6	192	510	192	—	60.211	否	硬件:EV05/软件:B39631	惠州市亿能电子有限公司	纯电动专用车	653	
	磷酸铁锂	IFR32131-12Ah	3.2	0.24	—	1235	安徽江淮华霆电池系统有限公司	304	153	464	153	—	46.5	否	210127TC1	华霆(合肥)动力技术有限公司	纯电动乘用车	147	
	磷酸铁锂	IFR32131-12Ah	3.2	0.24	—	460	合肥国轩高科动力能源有限公司	147	120	168	120	—	17.66	否	软件;B32628MS/硬件;ZD0B-BHW-V	合肥国轩高科动力能源有限公司	纯电动乘用车	66	
	磷酸铁锂	IFR32131-12Ah	3.2	0.24	—	560	合肥国轩高科动力能源有限公司	112	192	206	192	—	21.5	否	BMS-S008/H001	北京新能源汽车股份有限公司	纯电动乘用车	8220	
	磷酸铁锂	IFR32131-12Ah	3.2	0.24	—	672	合肥国轩高科动力能源有限公司;华霆(合肥)动力技术有限公司	307	115	259	81	—	24	否	2101600X1101/2101600X1100	合肥华霆动力科技有限公司;惠州市亿能电子有限公司	纯电动乘用车	89	
	磷酸铁锂	IFR32131-12Ah	3.2	0.240 ± 0.005	—	1200	合肥国轩高科动力能源有限公司	320	144	460	144	—	46.08	否	GXEVSW-01/GXEV-1	合肥国轩高科动力能源有限公司	纯电动专用车	1	
	磷酸铁锂	IFR32131-12Ah	3.2	0.240 ± 0.005	—	560	合肥国轩高科动力能源有限公司	112	192	195	192	—	21.5	否	BMS-S008/H001	北京新能源汽车股份有限公司	纯电动乘用车	20003	
	磷酸铁锂	IFR32135-15Ah	3.2	0.268	—	1235	安徽江淮华霆电池系统有限公司	304	190	490	190	—	59	否	210127TC5	华霆(合肥)动力技术有限公司	纯电动乘用车	1505	
	磷酸铁锂	IFR32135-15Ah	3.2	0.268	—	700	合肥国轩高科动力能源有限公司	320	105	270	105	—	32.5	否	210127LC1	惠州市亿能电子有限公司	纯电动乘用车	30	
	三元材料	IFP20100140A-30Ah	3.2	0.64 ±0.01	—	1008	合肥国轩高科动力能源有限公司	537.6	180	748	180	—	96.768	否	软件:GXEVSW-01/硬件:GXEV-1	合肥国轩高科动力能源有限公司	纯电动专用车	6	
	三元材料	INP2714891A-38AH	3.6	0.81	—	155	合肥国轩高科动力能源有限公司	111.6	190	199	190	—	20	否	BMS-S008/H001	北京新能源汽车股份有限公司	纯电动乘用车	1	
	三元材料	INP2714891A-38AH	3.6	0.81	—	480 片	合肥国轩高科动力能源有限公司	345.6	190	620	190	—	65	否	C10/SQDTV1.0	合肥国轩高科动力能源有限公司	纯电动专用车	1	
	三元材料	INP2714891A-38AH	3.6	0.81	—	96	江西优特汽车技术有限公司	345.6	190	145.7	38	—	13.1	否	硬件: KL-HW235102/软件: KL-SW235102	江西优特汽车技术有限公司	插电式混合动力乘用车	53	
	三元材料	INP2714891A-38AH	3.6	0.81 ± 0.005	—	96	江西优特汽车技术有限公司	345.6	190	145.7	38	—	13.1	否	硬件: KL-HW235102/软件: KL-SW235102	江西优特汽车技术有限公司	插电式混合动力乘用车	82	
	三元材料	INP2714891A-38AH	3.6	0.81	—	155	合肥国轩高科动力能源有限公司	111.6	190	199	190	—	20	否	BMS-S008/H001	北京新能源汽车股份有限公司	纯电动乘用车	1	
	三元材料	INP2714891A-43Ah	3.6	0.85	—	276	合肥国轩高科动力能源有限公司	331.2	155	357	129	—	42.7	否	软件: KL_SW235102/硬件: KL_HW235102	深圳市科列技术股份有限公司	纯电动乘用车	428	
	三元材料	INP2714891A-43Ah	3.6	0.85 ± 0.005	—	276	江西优特汽车技术有限公司	331.2	155	357	129	—	42.7	否	硬件: BMU05A-I-12V-400, 软件: KL_SW235102	深圳市科列技术股份有限公司	纯电动乘用车	1291	
	三元材料	INP2714891A-43Ah	3.6	0.93	—	480 片	合肥国轩高科动力能源有限公司	345.6	231.5	640	215	—	74	否	C10/SQDTV1.0	合肥国轩高科动力能源有限公司	纯电动专用车	1	
	三元材料	INP2714897A-50Ah	3.6	0.87	—	200	合肥国轩高科动力能源有限公司	360	74	257	100	—	36	否	S51EV_BP_06640064/CNEV-BMS-S51EV	奇瑞新能源汽车技术有限公司	纯电动乘用车	751	
	三元材料	INP2714897A-50Ah	3.6	0.87 ±0.01	—	288	合肥国轩高科动力能源有限公司	345.6	173	370	144	—	49.7	否	软件: KL-ASSEV6/硬件: KL-ASHEV6	深圳市科列技术股份有限公司	纯电动乘用车	28	

续上表

储能装置单体生产企业 Single Cell Production Enterprise of Energy Storage Device	储能装置种类 Types of Energy Storage Devices	储能装置单体型号 Cell Odels of Energy Storage Device	储能装置单体标称电压(V) Nominal Voltage of Monomer for Energy Storage Unit (V)	储能装置单体质量(kg) Monomer Quality of Energy Storage Unit (kg)	超级电容器单体标称静电容量(F) Nominal Electrostatic Capacity of Super Capacitor Monomer (F)	储能装置单体数量 Single Cell Quantity of Energy Storage Device	储能装置总成生产企业 Production Company of Energy Storage Device Cell	储能装置总成标称电压(V) Nominal Voltage of Energy Storage Device Assembly (V)	储能装置总成额定输出电流(A) Rated Output Current of Energy Storage Device Assembly (A)	储能装置总成质量(kg) Quality of Energy Storage Device Assembly (kg)	储能装置总成标称容量(Ah) Nominal Capacity of Power Battery Assembly (Ah)	超级电容器总成标称静电容量(F) Nominal Electrostatic Capacity of Super Capacitor Assembly (F)	储能装置总储电量(kWh) Total Energy Storage Capacity of Energy Storage Device (kWh)	动力蓄电池箱是否具有快换装置 Whether Power Battery Box has Quick Change Device	车载能源管理系统型号(包括软件和硬件) Vehicle Energy Management System Model(Including Software and Hardware)	车载能源管理系统生产企业 Vehicle Energy Management System Manufacturing Enterprise	配套车辆类型 Matching Vehicle Type	2018年配套车型产量小计(辆) Subtotal Output of Supported Odels in 2018 (Vehicle)	2018年配套车型产量总计(辆) Total Output of Supported Odels in 2018 (Vehicle)
合肥国轩高科动力能源有限公司	磷酸铁锂	IFP20100140A	3.2	0.62	—	2160	合肥国轩高科动力能源有限公司	576	240	1750	300	—	172.8	否	软件:GXEVSW-01/硬件:GXEV-1	合肥国轩高科动力能源有限公司	纯电动客车	68	85238
	磷酸铁锂	IFR32131-12Ah	3.2	0.24 ± 0.005	—	1008	合肥国轩高科动力能源有限公司	358.4	108	350	108	—	38.7	否	软件:GXEVSW-01/硬件:GXEV-1	合肥国轩高科动力能源有限公司	纯电动专用车	2	
惠州比亚迪电池有限公司	磷酸铁锂	FADM07315B	3.2	6.45 ±0.1	—	168	惠州比亚迪电池有限公司	540	200	1282	270	—	145	—	TB3-2152410-C1/TB3-2152420-C1	比亚迪汽车工业有限公司	纯电动专用车	1	63310
	磷酸铁锂	FADM07315B	3.2	6.45 ±0.1	—	344 节	惠州比亚迪电池有限公司	550	500	2850	540	—	297	—	BYDBMC-120601	比亚迪汽车工业有限公司	纯电动专用车	5	
	磷酸铁锂	FADM07315B	3.3	6.45	—	92	惠州比亚迪电池有限公司	303.6	81	700	270	—	82	否	e6A	比亚迪汽车工业有限公司	纯电动乘用车	77	
	磷酸铁锂	FADM07315F	3.2	6.52	—	288	惠州比亚迪电池有限公司	460.8	400	2395	600	—	276.5	—	4835000D/BYDBMC-120601	比亚迪汽车工业有限公司	纯电动客车	126	
	磷酸铁锂	FADM07315F	3.3	6.52	—	92	惠州比亚迪电池有限公司	303.6	150	730	300	—	91	无	e6A	比亚迪汽车工业有限公司	纯电动乘用车	9901	
	磷酸铁锂	FADM07316A;FADM07316B	3.2	3.45;3.55	—	144	惠州比亚迪电池有限公司	460	170	580;590	135;152	—	62;70	否	EVDBMS006	比亚迪汽车工业有限公司;惠州比亚迪电池有限公司	纯电动乘用车	1610	
	磷酸铁锂	FADM07319	3.3;3.2	0.75	无	216;200	惠州比亚迪电池有限公司	712	120	250	26	—	18.5;16.6	否	SEHA/SEH	比亚迪汽车工业有限公司	插电式混合动力乘用车	2	
	磷酸铁锂	FADM07325	3.2	1.81	—	203	惠州比亚迪电池有限公司	650	35	490	75	—	48.75	—	电池管理控制器型号:BYDBMC-130408/电池信息采集器型号:BYD-BIC-140825	比亚迪汽车工业有限公司	纯电动专用车	1	
	磷酸铁锂	FADM07325	3.2	1.81 ±0.04	—	203 节	惠州比亚迪电池有限公司	650	35	490	75	—	48.75	—	电池管理控制器型号:BYDBMC-130408/电池信息采集器型号:BYD-BIC-140825	比亚迪汽车工业有限公司	纯电动专用车	10	
	磷酸铁锂	FADM07325	3.2	1.85	—	198	惠州比亚迪电池有限公司	633.6	20	495	75	—	47.5	否	EVDBMS006	比亚迪汽车工业有限公司	纯电动乘用车	4	
	三元材料	FADM07326	3.6	0.83	—	143	惠州比亚迪电池有限公司	514	66	200	33	—	16.9	—	SAHF	比亚迪汽车工业有限公司	插电式混合动力乘用车	24	
	三元材料	FADM07326	3.6	0.83	无	128	惠州比亚迪电池有限公司	460.8	66	177	33	—	15.2	—	HA;HA	比亚迪汽车工业有限公司;比亚迪汽车工业有限公司	插电式混合动力乘用车	290	
	三元材料	FADM07326	3.6	0.83	无	128	惠州比亚迪电池有限公司	460.8	66	177	33	—	15.2	—	HA/HA	比亚迪汽车工业有限公司;比亚迪汽车工业有限公司	插电式混合动力乘用车	27028	
	三元材料	FADM07326	3.6	0.83	无	144	惠州比亚迪电池有限公司	518.4	66	183	33	—	17.1	—	HA/HA	比亚迪汽车工业有限公司;比亚迪汽车工业有限公司	插电式混合动力乘用车	3108	
	三元材料	FADM07326	3.6	0.83	无	192	惠州比亚迪电池有限公司	691	66	235	33	—	22.8	否	SEH/SEH	比亚迪汽车工业有限公司	插电式混合动力乘用车	61	
	三元材料	FADM07326;FADM07328	3.6	0.83;0.85	无	168	惠州比亚迪电池有限公司	604	66	230	33	—	19.9	否	SEH/SEH	比亚迪汽车工业有限公司	插电式混合动力乘用车	2654	
	磷酸铁锂	FADM07315B	3.2	6.45	—	204	惠州比亚迪电池有限公司	650	250	1725	270	—	175	—	BYDBMC-120601/BYDBIC-120929	比亚迪汽车工业有限公司	纯电动专用车	2	
	三元材料	FADM07326	3.6	0.83	—	143	惠州比亚迪电池有限公司	514	66	200	33	—	16.9	—	SAH	比亚迪汽车工业有限公司	插电式混合动力乘用车	18393	
	三元材料	FADM07326	3.6	0.83	—	143	惠州比亚迪电池有限公司	514	66	200	33	—	16.9	—	SAHF	比亚迪汽车工业有限公司	插电式混合动力乘用车	13	

续上表

储能装置单体生产企业 Single Cell Production Enterprise of Energy Storage Device	储能装置种类 Types of Energy Storage Devices	储能装置单体型号 Cell Odels of Energy Storage Device	储能装置单体标称电压(V) Nominal Voltage of Monomer for Energy Storage Unit (V)	储能装置单体质量(kg) Monomer Quality of Energy Storage Unit (kg)	超级电容器单体标称静电容量(F) Nominal Electrostatic Capacity of Super Capacitor Monomer (F)	储能装置单体数量 Single Cell Quantity of Energy Storage Device	储能装置总成生产企业 Production Company of Energy Storage Device Cell	储能装置总成标称电压(V) Nominal Voltage of Energy Storage Device Assembly (V)	储能装置总成额定输出电流(A) Rated Output Current of Energy Storage Device Assembly (A)	储能装置总成质量(kg) Quality of Energy Storage Device Assembly (kg)	储能装置总成标称容量(Ah) Nominal Capacity of Power Battery Assembly (Ah)	超级电容器总成标称静电容量(F) Nominal Electrostatic Capacity of Super Capacitor Assembly (F)	储能装置总储电量(kWh) Total Energy Storage Capacity of Energy Storage Device (kWh)	动力蓄电池箱是否具有快换装置 Whether Power Battery Box has Quick Change Device	车载能源管理系统型号(包括软件和硬件) Vehicle Energy Management System Model (Including Software and Hardware)	车载能源管理系统生产企业 Vehicle Energy Management System Manufacturing Enterprise	配套车辆类型 Matching Vehicle Type	2018年配套车型产量小计(辆) Subtotal Output of Supported Odels in 2018 (Vehicle)	2018年配套车型产量总计(辆) Total Output of Supported Odels in 2018 (Vehicle)
万向一二三股份公司	磷酸铁锂	WX12I3250	3.2	1.18	—	1680	万向一二三股份公司	537.6	350	2330	500	—	268.8	否	软件：WX-BSF0223AV100/硬件：WX-BF02V102	万向一二三股份公司	纯电动客车	36	49395
	磷酸铁锂	WX12I3250	3.2	1.18	—	1920	万向一二三股份公司	614.4	350	2660	500	—	307.2	否	软件：WX-BSF0223AV100/硬件：WX-BF02V102	万向一二三股份公司	纯电动客车	200	
	磷酸铁锂	WX12I3250	3.2	1.18	—	960	万向一二三股份公司	512	350	1333	300	—	153.6	否	软件：WX-BSF0223AV100/硬件：WX-BF02V102	万向一二三股份公司	纯电动客车	40	
	磷酸铁锂	WX12I3267	3.2	1.3	—	1540	万向一二三股份公司	492.8	320	2450	670	—	330.18	否	软件：WX-BSF0223AV700/硬件：WX-BF02V102	万向一二三股份公司	纯电动客车	100	
	磷酸铁锂	WX12I3267	3.2	1.3	—	880	万向一二三股份公司	563.2	320	1400	335	—	188.67	否	软件：WX-BSF0223AV700/硬件：WX-BF02V102	万向一二三股份公司	纯电动客车	72	
	三元材料	2101AAT	3.65	0.84	—	88	万向一二三股份公司	321	170	138	36	—	11.56	否	WX-BF02V105	万向一二三股份公司	插电式混合动力乘用车	7468	
	三元材料	WX12I3625	3.6	0.515	—	340	重庆长安新能源汽车有限公司	306	50	310	100	—	30	否	XLBCU01	重庆长安新能源汽车有限公司	纯电动乘用车	1	
	三元材料	WX12I3752	3.7	0.86	—	168	万向一二三股份公司	310.8	114	249	104	—	32.3	否	S15EV_BD_05_01_06680054/BCU_FSC_VG	万向一二三股份公司	纯电动乘用车	521	
	三元材料	WX14I3724	3.65	0.50	—	176	万向一二三股份公司	321	46	153	46	—	14.7	否	软件：2510016CAC0000S/硬件：WX-BF02V104	万向一二三股份公司	插电式混合动力乘用车	3	
	三元材料	WX14I3726	3.65	0.56	—	96	上海捷新动力电池系统有限公司	350	78	108	26	—	9.1	否	55026A/BMS-01	上海捷能汽车技术有限公司	插电式混合动力乘用车	32316	
	三元材料	WX14I3726	3.65	0.56	—	96	上海捷新动力电池系统有限公司	350	78	108	26	—	9.1	否	55026A/BMS-01	上海捷能汽车技术有限公司	插电式混合动力乘用车	8638	
孚能科技(赣州)有限公司	三元材料	IMP06160230	3.65	0.51	—	185	孚能科技(赣州)有限公司	135.05	140	148	145	—	17.89	否	OBRES01010101S01/OBFS01480102H01	孚能科技(赣州)有限公司	纯电动乘用车	3681	45779
	三元材料	IMP06160230	3.65	0.51	—	217	孚能科技(赣州)有限公司	113.1	203	198	203	—	20.3	否	BMS-S008/H001	北京新能源汽车股份有限公司	纯电动专用车	5	
	三元材料	IMP06160230	3.65	0.51	—	217	孚能科技(赣州)有限公司	113.1	203	198	203	—	20.3	否	BMS-S008/H001	北京新能源汽车股份有限公司	纯电动乘用车	3	
	三元材料	IMP06160230	3.65	0.51	—	384	孚能科技(赣州)有限公司	350	116	332	116	—	40.6	否	BMS-C33-S008/H001	北京新能源汽车股份有限公司	纯电动乘用车	514	
	三元材料	IMP06160230	3.65	0.51	—	384	孚能科技(赣州)有限公司	350	116	340	116	—	38.6	否	BMS-S008/H001	北京新能源汽车股份有限公司	纯电动乘用车	7	
	三元材料	IMP06160230	3.65	0.51	—	455	孚能科技(赣州)有限公司	332	145	395	145	—	48.1	否	BMS-S008/H001	北京新能源汽车股份有限公司	纯电动乘用车	28665	
	三元材料	IMP06160230	3.65	0.51	—	576	孚能科技(赣州)有限公司	350	174	469	174	—	54.4	否	BMS-S008/H001	北京新能源汽车股份有限公司	纯电动乘用车	1727	
	三元材料	IMP06160230	3.65	0.51±0.01	—	440	长城汽车股份有限公司	321.2	145	354±5	145	—	46.57	否	RCH-BMS-G02-SV1.0.0/RCH-BMS-G02-HV1.0.0	东软睿驰汽车技术(沈阳)有限公司	纯电动乘用车	3793	
	三元材料	IMR18650	3.65	0.042	—	2360	江西江铃集团新能源汽车有限公司	146	115	167	118	—	17.228	—	B69805MS5715/YT02-48	江西江铃集团新能源汽车有限公司	纯电动乘用车	1276	
	三元材料	IMR18650	3.65	0.045	—	2200	孚能科技(赣州)有限公司	146	130	150	132	—	18.08	否	OBRES01010100S01/OBFS01480102H01	孚能科技(赣州)有限公司	纯电动乘用车	896	
	三元材料	IMP06160230	3.65	0.51	—	217	孚能科技(赣州)有限公司	113.1	203	198	203	—	20.3	否	BMS-S008/H001	北京新能源汽车股份有限公司	纯电动乘用车	5212	

续上表

储能装置单体生产企业 Single Cell Production Enterprise of Energy Storage Device	储能装置种类 Types of Energy Storage Devices	储能装置单体型号 Cell Odels of Energy Storage Device	储能装置单体标称电压（V）Nominal Voltage of Monomer for Energy Storage Unit（V）	储能装置单体质量（kg）Monomer Quality of Energy Storage Unit（kg）	超级电容器单体标称静电容量（F）Nominal Electrostatic Capacity of Super Capacitor Monomer（F）	储能装置单体数量 Single Cell Quantity of Energy Storage Device	储能装置总成生产企业 Production Company of Energy Storage Device Cell	储能装置总成标称电压（V）Nominal Voltage of Energy Storage Device Assembly（V）	储能装置总成额定输出电流（A）Rated Output Current of Energy Storage Device Assembly（A）	储能装置总成质量（kg）Quality of Energy Storage Device Assembly（kg）	储能装置总成标称容量（Ah）Nominal Capacity of Power Battery Assembly（Ah）	超级电容器总成标称静电容量（F）Nominal Electrostatic Capacity of Super Capacitor Assembly（F）	储能装置总储电量（kWh）Total Energy Storage Capacity of Energy Storage Device（kWh）	动力蓄电池箱是否具有快换装置 Whether Power Battery Box has Quick Change Device	车载能源管理系统型号（包括软件和硬件）Vehicle Energy Management System Model（Including Software and Hardware）	车载能源管理系统生产企业 Vehicle Energy Management System Manufacturing Enterprise	配套车辆类型 Matching Vehicle Type	2018年配套车型产量小计（辆）Subtotal Output of Supported Odels in 2018（Vehicle）	2018年配套车型产量总计（辆）Total Output of Supported Odels in 2018（Vehicle）
深圳市比克动力电池有限公司	三元材料	N18650CL	3.6	0.05	—	4032	华霆（合肥）动力技术有限公司	346	113.4	320	113.4	—	39	否	210127SC2	华霆（合肥）动力技术有限公司	纯电动乘用车	967	34390
	三元材料	N18650CL	3.6	0.05	—	4032	华霆（合肥）动力技术有限公司	346	117	310	117	—	39	否	210127SC2	华霆（合肥）动力技术有限公司	纯电动乘用车	3364	
	三元材料	H18650CC 2.15Ah	3.6	0.044 ± 0.003	—	5520	大连中比动力电池有限公司	331.2	129	420	129	—	42.72	否	硬件：KL-AS63269LL/软件：S5921	深圳市科列技术股份有限公司	纯电动专用车	48	
	三元材料	H18650CC 2.15Ah	3.6	0.045	—	3567	大连中比动力电池有限公司	147.6	187.05	228	187.05	—	27.6	否	软件：A146001M6702/硬件：PWEVMBMS03	东莞钜威动力技术有限公司	纯电动专用车	120	
	三元材料	H18650CC 2.15Ah	3.6	0.045	—	3780 块	杭州杰能动力有限公司	281	104	310	104	—	29.2	否	JN-FBM-BMS-LECU V1.0（硬件）/JN-FBM-BMS-LECU V1.0（软件）	杭州杰能动力有限公司	纯电动乘用车	3	
	三元材料	H18650CC 2.15Ah	3.60	0.045	—	3168	杭州杰能动力有限公司	316.8	95	235；255	77.4	—	24.52	否	JN-FBM-BMS V2.0（硬件）/JN-FBM-BMS V2.0（软件）	杭州杰能动力有限公司	纯电动乘用车	6496	
	三元材料	H18650CIL 2.4Ah	3.6	0.046	—	2392	深圳市比克动力电池有限公司	331	57	226	62.4	—	20.66	否	S5921/KL-AS6336983	深圳市比克动力电池有限公司	纯电动乘用车	118	
	三元材料	H18650CIL 2.4Ah	3.6	0.046	—	2914	华霆（合肥）动力技术有限公司	338	72	267	71.3	—	24.1	否	软件：96000032/硬件：96000029	华霆（合肥）动力技术有限公司	纯电动乘用车	242	
	三元材料	H18650CIL 2.4Ah	3.6	0.046	—	3696	杭州杰能动力有限公司	316	100.8	226	100.8	—	31.9	否	V3.0/JN-FBM-BMS	杭州杰能动力有限公司	纯电动乘用车	12409	
	三元材料	H18650CIL 2.4Ah	3.6	0.046	—	8832	捷星新能源科技（苏州）有限公司	345.6	175	600	220.8	—	76.3	否	FSBMS-YWK-A36-BAK220Ah-V3.06/FSBMS-EV-F3	捷星新能源科技（苏州）有限公司	纯电动专用车	32	
	三元材料	H18650CIL 2.4Ah	3.6	0.046 ± 0.003	—	4042	深圳市比克动力电池有限公司	338.4	103.2	249	103.2	—	34.923	否	硬件：SBAK-BMS-H01/软件：SBAK-BMS-S01	深圳市比克动力电池有限公司	纯电动乘用车	8	
	三元材料	H18650CIL 2.4Ah	3.6	0.046 ± 0.003	—	4224	深圳市比克动力电池有限公司	345.6	105.6	305 ±5	105.6	—	36.49	否	硬件：主控：BAK-BMS-BCU-T31-001 从控：BAK-BMS-BMU-T31-001 软件：BAK-T31-BMS-V1.0	深圳市比克动力电池有限公司	纯电动专用车	11	
	三元材料	H18650CIL 2.4Ah	3.6	0.046 ± 0.003	—	4680	深圳市比克动力电池有限公司	374.4	120	370	108	—	40.4	否	24MDT001/24M13T01	深圳市比克动力电池有限公司	纯电动乘用车	11	
	三元材料	H18650CIL 2.4Ah	3.6	0.046 ± 0.003	—	5612	捷星新能源科技（苏州）有限公司	331.2	135	450	146.4	—	48.5	否	FSBMS-KL-BAK146Ah-V2.75/FSBMS-EV-F1	捷星新能源科技（苏州）有限公司	纯电动专用车	10	
	三元材料	H18650CIL 2.4Ah	3.6	0.046 ± 0.003	—	5940	深圳市比克动力电池有限公司	324	158.4	366	158.4	—	51.3	否	主控硬件：V65V1.020180627 主控软件：BAK-V65E50011808 从控硬件：BAK400495213054 从控软件：BAK-V65E50021808	深圳市比克动力电池有限公司	纯电动乘用车	12	
	三元材料	H18650CIL 2.4Ah	3.6	0.046 ± 0.003	—	6136	深圳市比克动力电池有限公司	374.4	141.6	400 ±5.0	141.6	—	53	否	主控：BAK-BMS-BMU-X3；硬件：2311；软件：0001/从控：BAK-BMS-LECU	深圳市比克动力电池有限公司	纯电动专用车	77	
	三元材料	H18650CIL 2.4Ah	3.6	0.047	—	2592	四川省同华科技有限公司	129	172.8	177	172.8	—	22.2	否	TH-BN316V20	四川省同华科技有限公司	纯电动专用车	18	
	三元材料	H18650CIL 2.4Ah	3.6	0.047	—	4416	深圳市比克动力电池有限公司	345.6	110	358	110	—	38.2	无	ZBAK-BMS-W101-96	深圳市比克动力电池有限公司	纯电动乘用车	1	
	三元材料	H18650CIL 2.4Ah	3.6	0.047	—	6912	四川省同华科技有限公司	345	180	470	172.8	—	59.7	否	TH-BN316V20	四川省同华科技有限公司	纯电动专用车	90	
	三元材料	H18650CIL 2.4Ah	3.6	0.047	—	9408	捷星新能源科技（苏州）有限公司	345.6	180	650	235.2	—	81.3	否	FSBMS-YWK-BAK235Ah-V2.75/FSBMS-EV-F1	捷星新能源科技（苏州）有限公司	纯电动专用车	237	

续上表

储能装置单体生产企业 Single Cell Production Enterprise of Energy Storage Device	储能装置种类 Types of Energy Storage Devices	储能装置单体型号 Cell Odels of Energy Storage Device	储能装置单体标称电压（V） Nominal Voltage of Monomer for Energy Storage Unit（V）	储能装置单体质量（kg） Monomer Quality of Energy Storage Unit（kg）	超级电容器单体标称静电容量（F） Nominal Electrostatic Capacity of Super Capacitor Monomer（F）	储能装置单体数量 Single Cell Quantity of Energy Storage Device	储能装置总成生产企业 Production Company of Energy Storage Device Cell	储能装置总成标称电压（V） Nominal Voltage of Energy Storage Device Assembly（V）	储能装置总成额定输出电流（A） Rated Output Current of Energy Storage Device Assembly（A）	储能装置总成质量（kg） Quality of Energy Storage Device Assembly（kg）	储能装置总成标称容量(Ah) Nominal Capacity of Power Battery Assembly（Ah）	超级电容器总成标称静电容量（F） Nominal Electrostatic Capacity of Super Capacitor Assembly（F）	储能装置总储电量（kWh） Total Energy Storage Capacity of Energy Storage Device（kWh）	动力蓄电池箱是否具有快换装置 Whether Power Battery Box has Quick Change Device	车载能源管理系统型号（包括软件和硬件） Vehicle Energy Management System Model(Including Software and Hardware)	车载能源管理系统生产企业 Vehicle Energy Management System Manufacturing Enterprise	配套车辆类型 Matching Vehicle Type	2018年配套车型产量小计（辆） Subtotal Output of Supported Odels in 2018（Vehicle）	2018年配套车型产量总计（辆） Total Output of Supported Odels in 2018（Vehicle）
深圳市比克动力电池有限公司	三元材料	H18650CIL 2.4Ah	3.6	0.049	—	4950	深圳市比克动力电池有限公司	356.4	120	304.5	120	—	42.7	否	硬件：KL-ASHEV5/软件：KL-ASSEV5	深圳市科列技术股份有限公司	纯电动专用车	2	34390
	三元材料	H18650CIL 2.4Ah	3.6	0.049	—	4950	深圳市比克动力电池有限公司	356.4	120	304.5	120	—	42.7	否	硬件：KL-ASHEV5/软件：KL-ASSEV5	深圳市科列技术股份有限公司	纯电动乘用车	10	
	三元材料	H18650CIL 2.4Ah	3.6	0.05	—	2106	深圳市比克动力电池有限公司	97	187	149	187	—	18.2	否	软件:150/硬件:MA020006	深圳市比克动力电池有限公司(软件)/深圳市比克动力电池有限公司(硬件)	纯电动乘用车	6002	
	三元材料	H18650CIL 2.4Ah	3.6	0.05	—	2106	深圳市比克动力电池有限公司	97	187	160	187	—	18.2	否	软件:150/硬件:MA020006	海马汽车有限公司(软件)/海马汽车有限公司(硬件)	纯电动乘用车	1	
	三元材料	H18650CIL 2.4Ah	3.6	0.05	—	4800	深圳市比克动力电池有限公司	346	120	400	120	—	41.5	否	软件:260/硬件:ZB000006	深圳市比克动力电池有限公司/深圳市比克动力电池有限公司	纯电动专用车	5	
	三元材料	H18650CIL 2.4Ah	3.6	0.05	—	4992	华霆(合肥)动力技术有限公司	346	117	403	117	—	40.4	否	S003/H003	华霆(合肥)动力技术有限公司	纯电动乘用车	19	
	三元材料	H18650CIL 2.4Ah	3.6	0.05	—	7200	深圳市比克动力电池有限公司	360	172.8	560	172.8	—	62.208	否	S3774/KL-AS576830	深圳市比克动力电池有限公司	纯电动专用车	2	
	三元材料	H18650CIL2.4Ah	3.6	0.046±0.003	—	4800	深圳市比克动力电池有限公司	345.6	120	350	120	—	41.472	否	BAK-A01	深圳市比克动力电池有限公司	纯电动专用车	1	
	三元材料	H18650CIL2.4Ah	3.6	0.05	—	4200	深圳市比克动力电池有限公司	302.4	120	350	120	—	36.4	否	S3483/KL-AS504510	深圳市科列技术股份有限公司	纯电动乘用车	2	
	三元材料	H18650CIL2.4Ah	3.6 V	0.046±3	—	4416	深圳市比克动力电池有限公司	331.2	115.2	320±10 kg	115.2	—	38.15	无	软件:RSTJ1605001/硬件:YSTJ1605001	深圳市比克动力电池有限公司	纯电动专用车	3	
	三元材料	H18650CIL2.4Ah	3.6	0.048	—	4416	深圳市比克动力电池有限公司	345.6	125	358	110.4	—	38.2	无	ZBAK-BMS-W101-96	郑州比克新能源汽车有限公司	纯电动专用车	222	
	三元材料	H18650CIL2.4Ah	3.6	0.048	—	4416	深圳市比克动力电池有限公司	345.6	125	358	110.4	—	38.2	无	ZBAK-BMS-W101-96	郑州比克新能源汽车有限公司	纯电动专用车	25	
	三元材料	N18650CL	3.6	0.05	—	5005	安徽江淮华霆电池系统有限公司	328	148	380	148	—	47	否	210127TC2	华霆(合肥)动力技术有限公司	纯电动乘用车	174	
	三元材料	N18650CL	3.6	0.05	—	6424	安徽江淮华霆电池系统有限公司	317	196	496	196	—	60	否	210127TC3	华霆(合肥)动力技术有限公司	纯电动乘用车	221	
	三元材料	N18650CL-29	3.6	0.046	—	1536	深圳市比克动力电池有限公司	115	130	127	130	—	14.9	否	KL-ASSEV5/KL-ASHEV5	深圳市比克动力电池有限公司	纯电动乘用车	160	
	三元材料	N18650CL-29	3.6	0.046	—	4224	金华市康迪新能源车辆有限公司	158	133	296	264	—	41.8	否	KD-BCU01V5.0/KD-BCU05	金华市康迪新能源车辆有限公司	纯电动乘用车	2619	
	三元材料	N18650CL-29	3.6	0.046±0.003	—	8140	大连中比动力电池有限公司	532.8	151.25	560±16.8	151.25	—	80.586	否	硬件:047HEAX01YC/软件:047SEAX01YC	大连中比动力电池有限公司	纯电动专用车	5	
	三元材料	N18650CL-29	3.6V	≤0.048	—	4488	深圳市比克动力电池有限公司	367.2	121	310	121	—	44.43	否	硬件：主控 BAK400223010101 从控 BAK400224025401/软件:1018070100	深圳市比克动力电池有限公司	纯电动专用车	1	
	三元材料	N18650CL-29 2.75Ah	3.6	0.046	—	2920	深圳市比克动力电池有限公司	144	170	200	200.75	—	28.9	—	型号:QT-BCU-48T16C(硬件:0022/软件:3002)	浙江高泰昊能科技有限公司	纯电动乘用车	216	
	三元材料	N18650CL-29 2.75Ah	3.6	0.046	—	4032	欣旺达电动汽车电池有限公司	345.6	115.5	300	115.5	—	39.9	否	软件:V3.30/硬件:BMS_V3.8	欣旺达电动汽车电池有限公司(软件)/欣旺达电动汽车电池有限公司(硬件)	纯电动乘用车	128	

续上表

储能装置单体生产企业 Single Cell Production Enterprise of Energy Storage Device	储能装置种类 Types of Energy Storage Devices	储能装置单体型号 Cell Odels of Energy Storage Device	储能装置单体标称电压（V） Nominal Voltage of Monomer for Energy Storage Unit (V)	储能装置单体质量（kg） Monomer Quality of Energy Storage Unit (kg)	超级电容器单体标称静电容量（F） Nominal Electrostatic Capacity of Super Capacitor Monomer (F)	储能装置单体数量 Single Cell Quantity of Energy Storage Device	储能装置总成生产企业 Production Company of Energy Storage Device Cell	储能装置总成标称电压（V） Nominal Voltage of Energy Storage Device Assembly (V)	储能装置总成额定输出电流（A） Rated Output Current of Energy Storage Device Assembly (A)	储能装置总成质量（kg） Quality of Energy Storage Device Assembly (kg)	储能装置总成标称容量(Ah) Nominal Capacity of Power Battery Assembly (Ah)	超级电容器总成标称静电容量（F） Nominal Electrostatic Capacity of Super Capacitor Assembly (F)	储能装置总储电量（kWh） Total Energy Storage Capacity of Energy Storage Device (kWh)	动力蓄电池箱是否具有快换装置 Whether Power Battery Box has Quick Change Device	车载能源管理系统型号（包括软件和硬件） Vehicle Energy Management System Model(Including Software and Hardware)	车载能源管理系统生产企业 Vehicle Energy Management System Manufacturing Enterprise	配套车辆类型 Matching Vehicle Type	2018年配套车型产量小计（辆） Subtotal Output of Supported Odels in 2018 (Vehicle)	2018年配套车型产量总计（辆） Total Output of Supported Odels in 2018 (Vehicle)
深圳市比克动力电池有限公司	三元材料	N18650CL-29 2.75Ah	3.6	0.046	—	4042	华霆（合肥）动力技术有限公司	338	118.25	324	118.25	—	39	否	软件:96000030/硬件:96000029	华霆（合肥）动力技术有限公司	纯电动乘用车	11	34390
	三元材料	N18650CL-29 2.75Ah	3.6	0.046	—	4136	华霆（合肥）动力技术有限公司莆田分公司	338	121	328	121	—	39.6	否	软件:96000126/硬件:96000029	华霆（合肥）动力技术有限公司	纯电动乘用车	239	
	三元材料	N18650CL-29 2.75Ah	3.6	0.046 ± 0.003	—	3848	欣旺达电动汽车电池有限公司	374	120	316	101.75	—	38.09	否	OX0103/BMS-4.01	欣旺达电动汽车电池有限公司	纯电动乘用车	3	
	三元材料	N18650CL-29 2.75Ah	3.6	0.046 ± 0.003	—	3848	欣旺达电动汽车电池有限公司	374	120	316	101.75	—	38.09	否	OX0103/BMS-4.01	欣旺达电动汽车电池有限公司	纯电动乘用车	35	
	三元材料	H18650CIL 2.4Ah	3.6	0.046 ± 0.003	—	4680	深圳市比克动力电池有限公司	374.4	120	370	108	—	40.4	否	24MDT001/24M13T01	深圳市比克动力电池有限公司	纯电动乘用车	4	
	三元材料	N18650CL-29 2.75Ah	3.6	0.046 ± 0.003	—	3848	欣旺达电动汽车电池有限公司	374	120	316	101.75	—	38.09	否	OX0103/BMS-4.01	欣旺达电动汽车电池有限公司	纯电动乘用车	6	
力神动力电池系统有限公司	磷酸铁锂	LP27148134	3.2	1.00	—	864	力神动力电池系统有限公司	460.8	130	1145	240	—	110.59	否	软件：BD_460.8V240AH_BMU/硬件:LS_BMS_EV_BE	力神动力电池系统有限公司	纯电动客车	100	30695
	磷酸铁锂	LP27148134	3.2V	1	—	864	力神动力电池系统有限公司	460.8	130	1145	240	—	110.59	否	软件：BD_460.8V240AH_BMU/硬件:LS_BMS_EV_BE	力神动力电池系统有限公司	纯电动客车	1	
	磷酸铁锂	LP27148204-76Ah	3.2	1.63	—	1008	力神动力电池系统有限公司	537.6	250	1976	456	—	245.15	否	LS-EV-BMS-SW-V01/LS-EV-BMS-HW-V01	力神动力电池系统有限公司	纯电动客车	6	
	磷酸铁锂	LP27148204-76Ah	3.2	1.63	—	320	武汉力神动力电池科技系统有限公司	512	152	652	152	—	77.8	无	LS_EV_BMS_SW_V01/LS_EV_BMU_FS_AA4	力神动力电池系统有限公司	纯电动专用车	2	
	磷酸铁锂	LP27148204-76Ah	3.2	1.63	—	360	力神动力电池系统有限公司	576	152	724	152	—	87.55	否	LS-EV-BMS-SW-V01/LS-EV-BMS-HW-V01	力神动力电池系统有限公司/力神动力电池系统有限公司	纯电动客车	5	
	磷酸铁锂	LP27148204-76Ah	3.2	1.63	—	396	力神动力电池系统有限公司	633.6	152	794	152	—	96.3	否	LS-EV-BMS-SW-V01/LS-EV-BMS-HW-V01	力神动力电池系统有限公司	纯电动客车	1	
	磷酸铁锂	LP27148204-76Ah	3.2	1.63	—	396	力神动力电池系统有限公司	633.6	152	794	152	—	96.30	否	LS-EV-BMS-SW-V01/LS-EV-BMS-HW-V01	力神动力电池系统有限公司/力神动力电池系统有限公司	纯电动客车	354	
	磷酸铁锂	LP27148204-76Ah	3.2	1.63	—	684	力神动力电池系统有限公司	547.2	200	1372	304	—	166.34	无	LS-EV-BMS-SW-V01/LS-EV-BMS-HW-V01	力神动力电池系统有限公司	纯电动客车	150	
	磷酸铁锂	LP27148204-76Ah	3.2	1.63	—	684	力神动力电池系统有限公司	547.2	304	1372	304	—	166.34	否	LS-EV-BMS-SW-V01/LS-EV-BMS-HW-V01	力神动力电池系统有限公司/力神动力电池系统有限公司	纯电动客车	2	
	磷酸铁锂	LP27148204-76Ah	3.2	1.63	—	828	力神动力电池系统有限公司	662.4	304	1658	304	—	201.36	否	LS-EV-BMS-SW-V01/LS-EV-BMS-HW-V01	力神动力电池系统有限公司/力神动力电池系统有限公司	纯电动客车	40	
	磷酸铁锂	LP27148204-76Ah	3.2	1.63 ± 0.05	—	320	武汉力神动力电池科技系统有限公司	512	152	652 ± 18	152	—	77.8	无	LS_EV_BMS_SW_V01/LS_EV_BMU_FS_AA4	力神动力电池系统有限公司	纯电动专用车	727	
	磷酸铁锂	LP27148204-76Ah	3.2	1.63 ± 0.05	—	320	武汉力神动力电池系统科技有限公司	512	152	640 ± 10	152	—	77.8	否	LS_EV_BMS_SW_V01/LS_EV_BMU_FS_AA4	力神动力电池系统有限公司	纯电动专用车	11	
	磷酸铁锂	LP27148204-76Ah	3.2	1.63 ± 0.05	—	320	武汉力神动力电池系统科技有限公司	512	152	652	152	—	77.8	否	软件:LS_EV_BMS_SW_V01/硬件:LS_EV_BMU_FS_AA4	力神动力电池系统有限公司	纯电动专用车	30	

续上表

储能装置单体生产企业 Single Cell Production Enterprise of Energy Storage Device	储能装置种类 Types of Energy Storage Devices	储能装置单体型号 Cell Odels of Energy Storage Device	储能装置单体标称电压(V) Nominal Voltage of Monomer for Energy Storage Unit (V)	储能装置单体质量(kg) Monomer Quality of Energy Storage Unit (kg)	超级电容器单体标称静电容量(F) Nominal Electrostatic Capacity of Super Capacitor Monomer (F)	储能装置单体数量 Single Cell Quantity of Energy Storage Device	储能装置总成生产企业 Production Company of Energy Storage Device Cell	储能装置总成标称电压(V) Nominal Voltage of Energy Storage Device Assembly (V)	储能装置总成额定输出电流(A) Rated Output Current of Energy Storage Device Assembly (A)	储能装置总成质量(kg) Quality of Energy Storage Device Assembly (kg)	储能装置总成标称容量(Ah) Nominal Capacity of Power Battery Assembly (Ah)	超级电容器总成标称静电容量(F) Nominal Electrostatic Capacity of Super Capacitor Assembly (F)	储能装置总储电量(kWh) Total Energy Storage Capacity of Energy Storage Device (kWh)	动力蓄电池箱是否具有快换装置 Whether Power Battery Box has Quick Change Device	车载能源管理系统型号(包括软件和硬件) Vehicle Energy Management System Model (Including Software and Hardware)	车载能源管理系统生产企业 Vehicle Energy Management System Manufacturing Enterprise	配套车辆类型 Matching Vehicle Type	2018年配套车型产量小计(辆) Subtotal Output of Supported Odels in 2018 (Vehicle)	2018年配套车型产量总计(辆) Total Output of Supported Odels in 2018 (Vehicle)
力神动力电池系统有限公司	磷酸铁锂	LP27148204-76Ah	3.2	1.63±0.05	—	320	武汉力神动力电池系统科技有限公司	512	152	652	152	—	77.8	否	软件:LS_EV_BMS_SW_V01;硬件:LS_EV_BMU_FS_AA4	力神动力电池系统有限公司	纯电动专用车	31	30695
	磷酸铁锂	LP27148204-76Ah	3.2	1.65±0.03	—	1008	力神动力电池系统有限公司	537.6	274	2040	456	—	245.146	否	LS-EV-BMS-SW-V01/LS-EV-BMS-HW-V01	力神动力电池系统有限公司	纯电动客车	1	
	磷酸铁锂	LP27148204-76Ah	3.2	1.65±0.05	—	396	宁波力神动力电池系统有限公司	633.6	152	778	152	—	96.3	否	LS_EV_BMS_NB01(Ver1.1)	宁波力神动力电池系统有限公司	纯电动客车	2	
	磷酸铁锂	LP2770134（3.2V、20Ah 能量型）	3.2	0.513	—	1176	力神动力电池系统有限公司	537.6	140	835	140	—	75.3	无	LS_EV_BMS_SW_V01/LS_EV_BMU_FS_AA4	力神动力电池系统有限公司	纯电动专用车	200	
	磷酸铁锂	LP2770134-24Ah	3.2	0.55	—	2520	力神动力电池系统有限公司	576	200	2000	336	—	193.5	否	LS-EV-BMS-SW-V01/LS-EV-BMS-HW-V01	力神动力电池系统有限公司	纯电动客车	1	
	磷酸铁锂	LP2770134-24Ah	3.2	0.55±0.01	—	1872cps	力神动力电池系统有限公司	499.2	230	1513	288	—	143.77	否	LS-EV-BMS-SW-V01/LS-EV-BMS-HW-V01	力神动力电池系统有限公司	纯电动专用车	1	
	磷酸铁锂	LP2770134-24Ah	3.2	0.56	—	2160	力神动力电池系统有限公司	576	200	1720	288	—	165.9	否	LS-EV-BMS-SW-V01/LS-EV-BMS-HW-V01	力神动力电池系统有限公司	纯电动客车	31	
	磷酸铁锂	LP54173210-202Ah	3.2	3.9	—	168	力神动力电池系统有限公司	537.6	202	775	202	—	108.59	否	LS_EV_BMS_SW_V01/LS_EV_BMS_HW_V01	力神动力电池系统有限公司	纯电动专用车	20	
	磷酸铁锂	LP54173210-202Ah	3.2	3.9	—	190	力神动力电池系统有限公司	608	202	874	202	—	122.81	否	LS-EV-BMS-SW-V01/LS-EV-BMS-HW-V01	力神动力电池系统有限公司	纯电动客车	20	
	磷酸铁锂	LP54173210-202Ah	3.2	3.9	—	192	力神动力电池系统有限公司	614.4	202	876	202	—	124.10	否	LS-EV-BMS-SW-V01/LS-EV-BMS-HW-V01	力神动力电池系统有限公司	纯电动客车	106	
	磷酸铁锂	LP54173210-202Ah	3.2	3.9	—	312	力神动力电池系统有限公司	499.2	250	1440	404	—	201.67	否	LS-EV-BMS-SW-V01/LS-EV-BMS-HW-V01	力神动力电池系统有限公司	纯电动客车	130	
	磷酸铁锂	LP54173210-202Ah	3.2	3.9	—	38	苏州科易新动力科技有限公司	122	170	198	202	—	24.6	否	KY-S01/KY-H01	苏州科易新动力科技有限公司	纯电动乘用车	1950	
	磷酸铁锂	LP54173210-202Ah	3.2	3.9±0.1	—	156	力神动力电池系统有限公司	499	202	727.6	202	—	100.8	否	LS-EV-BMS-SW-V01/LS-EV-BMS-HW-V01	力神动力电池系统有限公司	纯电动客车	71	
	磷酸铁锂	LP54173210-202Ah	3.2	3.9±0.1	—	168	力神动力电池系统有限公司	537.60	202	772	202	—	108.59	否	LS-EV-BMS-SW-V01/LS-EV-BMS-HW-V01	力神动力电池系统有限公司	纯电动客车	50	
	磷酸铁锂	LP54173210-202Ah	3.2	3.9±0.1	—	177	力神动力电池系统有限公司	566.4	200	812	202	—	114.412	否	LS-EV-BMS-SW-V01/LS-EV-BMS-HW-V01	力神动力电池系统有限公司	纯电动客车	60	
	磷酸铁锂	LP54173210-202Ah	3.2	3.9±0.1	—	192	力神动力电池系统有限公司	614	202	897	202	—	124	否	LS-EV-BMS-SW-V01/LS-EV-BMS-HW-V01	力神动力电池系统有限公司	纯电动客车	70	
	磷酸铁锂	LP54173210-202Ah	3.2	3.9±0.1	—	192	力神动力电池系统有限公司	614.4	200	876	202	—	124.108	否	LS-EV-BMS-SW-V01/LS-EV-BMS-HW-V01	力神动力电池系统有限公司	纯电动客车	36	
	磷酸铁锂	LP54173210-202Ah	3.2	3.9±0.1	—	192	力神动力电池系统有限公司	614.4	202	876	202	—	124.1	否	LS-EV-BMS-SW-V01/LS-EV-BMS-HW-V01	力神动力电池系统有限公司	纯电动客车	1	
	锰酸锂	LP2714897(37Ah)	3.65	0.81	—	432	力神动力电池系统有限公司	525.6	111	560	111	—	58.3	无	LS_EV_BMS_SW_V01/LS_EV_BMU_FS_AA4	力神动力电池系统有限公司	燃料电池专用车	2	
	三元材料	18650(2.6Ah)	3.6	0.045	—	2520	力神动力电池系统有限公司	144	163.8	179	163.8	—	23.59	否	YT02-48S	惠州市亿能电子有限公司	纯电动乘用车	10	

续上表

储能装置单体生产企业 Single Cell Production Enterprise of Energy Storage Device	储能装置种类 Types of Energy Storage Devices	储能装置单体型号 Cell Odels of Energy Storage Device	储能装置单体标称电压（V） Nominal Voltage of Monomer for Energy Storage Unit（V）	储能装置单体质量（kg） Monomer Quality of Energy Storage Unit（kg）	超级电容器单体标称静电容量（F） Nominal Electrostatic Capacity of Super Capacitor Monomer（F）	储能装置单体数量 Single Cell Quantity of Energy Storage Device	储能装置总成生产企业 Production Company of Energy Storage Device Cell	储能装置总成标称电压（V） Nominal Voltage of Energy Storage Device Assembly（V）	储能装置总成额定输出电流（A） Rated Output Current of Energy Storage Device Assembly（A）	储能装置总成质量（kg） Quality of Energy Storage Device Assembly（kg）	储能装置总成标称容量（Ah） Nominal Capacity of Power Battery Assembly（Ah）	超级电容器总成标称静电容量（F） Nominal Electrostatic Capacity of Super Capacitor Assembly（F）	储能装置总储电量（kWh） Total Energy Storage Capacity of Energy Storage Device（kWh）	动力蓄电池箱是否具有快换装置 Whether Power Battery Box has Quick Change Device	车载能源管理系统型号（包括软件和硬件） Vehicle Energy Management System Model（Including Software and Hardware）	车载能源管理系统生产企业 Vehicle Energy Management System Manufacturing Enterprise	配套车辆类型 Matching Vehicle Type	2018年配套车型产量小计（辆） Subtotal Output of Supported Odels in 2018（Vehicle）	2018年配套车型产量总计（辆） Total Output of Supported Odels in 2018（Vehicle）
力神动力电池系统有限公司	三元材料	18650(2.6Ah)	3.6	0.045	—	5184	力神动力电池系统有限公司	345.6	140.4	340	140.4	—	48.52	否	EV05	惠州市亿能电子有限公司	纯电动乘用车	11	30695
	三元材料	18650(2.6Ah)	3.6V	0.045kg	—	6720	苏州安靠电源有限公司	345.6	182	432	182	—	62.9	否	EV05	惠州市亿能电子有限公司	纯电动乘用车	15	
	三元材料	18650(3.6V,2.6Ah)	3.6	0.045	—	9600	力神动力电池系统有限公司	360	170	625	249.6	—	89.85	否	硬件:EV05 BCU/软件:B65P68MS	惠州市亿能电子有限公司	纯电动专用车	6	
	三元材料	2.6Ah	3.6	0.045	—	4224	力神动力电池系统有限公司	316.8	125	265	124.8	—	39.5	—	软件:LS-EV-BMS-FW-V01/硬件:LS-EV-BMS-HW-V01	力神动力电池系统有限公司	纯电动专用车	2	
	三元材料	21700(4.0Ah)	3.65	0.069±0.002	—	6272	力神动力电池系统有限公司	357.7	220	695	256	—	91.6	否	LS-EV-BMS-SW-V01/LS-EV-BMS-HW-V01	力神动力电池系统有限公司	纯电动专用车	3	
	三元材料	21700(4.0Ah)	3.65	0.069±0.002	—	6400	武汉力神动力电池系统科技有限公司	584	145	663±10	160	—	93.4	否	LS-EV-BMS-SW-V01/LS-EV-BMS-HW-V01	力神动力电池系统有限公司	纯电动专用车	1	
	三元材料	21700(4.0Ah)	3.65	0.069	—	2688	绵阳力神动力电池系统有限公司	306.6	124	292	124	—	38	否	硬件:HW1.0/软件:V1.00	绵阳力神动力电池系统有限公司	纯电动专用车	99	
	三元材料	21700(4.0Ah)	3.65	0.069	—	2688	绵阳力神动力电池系统有限公司	306.6	128	292	128	—	39.2	否	硬件:HW1.0/软件:V1.00	绵阳力神动力电池系统有限公司	纯电动专用车	112	
	三元材料	21700(4.0Ah)	3.65	0.069	—	2688	绵阳力神动力电池系统有限公司	350.4	112	300	112	—	39.24	否	软件:LS-EV-BMS-SW-01/硬件:LS-EV-BMS-HW-01	力神动力电池系统有限公司	纯电动乘用车	19	
	三元材料	21700(4.0Ah)	3.65	0.069	—	3196	武汉力神动力电池系统科技有限公司	343	136	331	136	—	46.6	否	软件:LS_EV_BMS_SW_V01/硬件:LS_EV_BMU_FS_AA4	力神动力电池系统有限公司（软件）/力神动力电池系统有限公司（硬件）	纯电动乘用车	353	
	三元材料	21700(4.0Ah)	3.65	0.069	—	6400	武汉力神动力电池系统科技有限公司	584	145	663	160	—	93.44	—	软件:LS-EV-BMS-SW-V01/硬件:LS-EV-BMS-HW-V01	力神动力电池系统有限公司	纯电动专用车	4	
	三元材料	21700(4.0Ah)	3.65	0.069±0.002	—	3196	武汉力神动力电池系统科技有限公司	343	136	331	136	—	46.6	否	LS_EV_BMS_SW_V01/LS_EV_BMU_FS_AA4	力神动力电池系统有限公司	纯电动乘用车	262	
	三元材料	21700(4.0Ah)	3.65	0.069±0.002	—	3360	力神动力电池系统有限公司	350.4	140	360	140	—	49	—	BMU05A-I-12-400	力神动力电池系统有限公司	纯电动专用车	1	
	三元材料	21700(4.0Ah)	3.65	0.069±0.002	—	3360	力神动力电池系统有限公司	350.4	140	360	140	—	49	否	BMU05A-I-12-400	力神动力电池系统有限公司	纯电动专用车	67	
	三元材料	21700(4.0Ah)	3.65	0.069±0.002	—	3360	力神动力电池系统有限公司	350.4	140	360	140	—	49	无	BMU05A-I-12-400	力神动力电池系统有限公司	纯电动乘用车	2320	
	三元材料	21700(4.0Ah)	3.65	0.069±0.002	—	3360	力神动力电池系统有限公司	350.4	140	360	140	—	49	无	BMU05A-I-12-400	力神动力电池系统有限公司	纯电动专用车	238	
	三元材料	21700(4.0Ah)	3.65	0.069±0.002	—	3360	力神动力电池系统有限公司	350.4	140	360	140	—	49.1	无	BMU05A-I-12-400	力神动力电池系统有限公司	纯电动专用车	208	
	三元材料	21700(4.0Ah)	3.65	0.069±0.002	—	3496	苏州安靠电源有限公司	335.8	152	360	152	—	51	否	BMU400V2.0	创驱（上海）新能源科技有限公司	纯电动乘用车	4681	
	三元材料	21700(4.0Ah)	3.65	0.069±0.002	—	3496	苏州安靠电源有限公司	335.8	152	370	152	—	51	否	BMU400V2.0	创驱（上海）新能源科技有限公司	纯电动乘用车	1231	
	三元材料	21700(4.0Ah)	3.65	0.069±0.002	—	4650	力神动力电池系统有限公司	547.5	124	470±14.1	124	—	67.89	否	FT_32BMS03	北汽福田汽车股份有限公司	纯电动专用车	105	
	三元材料	21700(4.0Ah)	3.65	0.069±0.002	—	4650	力神动力电池系统有限公司	547.5	124	470±14.1	124	—	67.89	否	FT_32BMS03	北汽福田汽车股份有限公司	纯电动乘用车	2	

续上表

储能装置单体生产企业 Single Cell Production Enterprise of Energy Storage Device	储能装置种类 Types of Energy Storage Devices	储能装置单体型号 Cell Odels of Energy Storage Device	储能装置单体标称电压（V）Nominal Voltage of Monomer for Energy Storage Unit（V）	储能装置单体质量（kg）Monomer Quality of Energy Storage Unit（kg）	超级电容器单体标称静电容量（F）Nominal Electrostatic Capacity of Super Capacitor Monomer（F）	储能装置单体数量 Single Cell Quantity of Energy Storage Device	储能装置总成生产企业 Production Company of Energy Storage Device Cell	储能装置总成标称电压（V）Nominal Voltage of Energy Storage Device Assembly（V）	储能装置总成额定输出电流（A）Rated Output Current of Energy Storage Device Assembly（A）	储能装置总成质量（kg）Quality of Energy Storage Device Assembly（kg）	储能装置总成标称容量（Ah）Nominal Capacity of Power Battery Assembly（Ah）	超级电容器总成标称静电容量（F）Nominal Electrostatic Capacity of Super Capacitor Assembly（F）	储能装置总储电量（kWh）Total Energy Storage Capacity of Energy Storage Device（kWh）	动力蓄电池箱是否具有快换装置 Whether Power Battery Box has Quick Change Device	车载能源管理系统型号（包括软件和硬件）Vehicle Energy Management System Model（Including Software and Hardware）	车载能源管理系统生产企业 Vehicle Energy Management System Manufacturing Enterprise	配套车辆类型 Matching Vehicle Type	2018年配套车型产量小计（辆）Subtotal Output of Supported Odels in 2018（Vehicle）	2018年配套车型产量总计（辆）Total Output of Supported Odels in 2018（Vehicle）
力神动力电池系统有限公司	三元材料	21700(4.0Ah)	3.65	0.069±0.002	—	5184	力神动力电池系统有限公司	350.4	180	572	216	—	75.69	否	JNE-EV-BMS-SW-V01/JNE-EV-BMS-HW-V01	宁波产城均胜新能源科技有限公司	纯电动专用车	466	30695
	三元材料	21700(4.0Ah)	3.65	0.069±0.002	—	7272	苏州安靠电源有限公司	368.65	288	740	288	—	106.17	否	AKEV-BCUA-A0（主板）/AKEV-BMUA60-A0(从板)	苏州安靠电源有限公司	纯电动专用车	23	
	三元材料	21700(4.0Ah)	3.65	0.069±0.002	—	2400	力神动力电池系统有限公司	350.4	100	255	100	—	35.04	否	AKEV-YTA48-A1/AKEV-BMUA48-A1	苏州安靠电源有限公司	纯电动专用车	403	
	三元材料	21700(4.0Ah)	3.65	0.069±0.002	—	4704	力神动力电池系统有限公司	350.4	196	481	196	—	68.6	否	KL-ASS EV6/AKEV-BCUA-A1	苏州安靠电源有限公司	纯电动专用车	9	
	三元材料	21700(4.0Ah)	3.65	0.069±0.002	—	3360	力神动力电池系统有限公司	350.4	140	360	140	—	49	无	BMU05A-I-12-400	力神动力电池系统有限公司	纯电动专用车	3	
	三元材料	21700(4.0Ah)	3.65	0.069±0.002	—	5184	力神动力电池系统有限公司	350.4	180	571.7	216	—	75.69	否	JNE-EV-BMS-SW-V01/JNE-EV-BMS-HW-V01	宁波产城均胜新能源科技有限公司	纯电动专用车	1	
	三元材料	3.65V、2.5Ah、能量型	3.65	0.05	—	5280	力神动力电池系统有限公司	321.2	150	392	150	—	48.18	—	硬件:LS_EV_BMU_FS_AA2/软件:B65PA4	力神动力电池系统有限公司	纯电动乘用车	20	
	三元材料	3.65V、2.5Ah、能量型	3.65	0.05	—	5280	力神动力电池系统有限公司	321.2	150	392	150	—	48.18	—	硬件:LS_EV_BMU_FS_AA2/软件:B65PA5D0	力神动力电池系统有限公司	纯电动乘用车	1123	
	三元材料	3.6V、2.6Ah、能量型	3.6	0.045±0.002	—	4224	力神动力电池系统有限公司	316.8	65	265	124.8	—	39.53	否	LS-EV-BMS-FW-V01/LS-EV-BMS-HW-V01	力神动力电池系统有限公司	纯电动专用车	1	
	三元材料	3.6V、2.6Ah、能量型	3.6	0.045±0.002	—	5280	力神动力电池系统有限公司	316.8	125	340	156	—	49.42	否	LS-EV-BMS-FW-V01/LS-EV-BMS-HW-V01	力神动力电池系统有限公司	纯电动专用车	1	
	三元材料	3.6V、2.6Ah、能量型	3.6	0.045	—	4608	苏州安靠电源有限公司	345.6	124.8	305	124.8	—	43.1	否	硬件:AKEV-BCUA-A0/软件:B65PD4D0	苏州安靠电源有限公司	纯电动乘用车	80	
	三元材料	3.6V、2.6Ah、能量型	3.6	0.045	—	4608	苏州安靠电源有限公司	345.6	124.8	305	124.8	—	43.1	否	硬件:AKEV-BCUA-A0/软件:B65PD4D0	苏州安靠电源有限公司	纯电动乘用车	54	
	三元材料	3.6V、2.6Ah、能量型	3.6	0.045	—	4608	苏州安靠电源有限公司	345.6	124.8	305	124.8	—	43.1	是	硬件:AKEV-BCUA-A0/软件:B65PD4D0	苏州安靠电源有限公司	纯电动乘用车	3531	
	三元材料	3.6V、2.6Ah、能量型	3.6	0.045	—	4800	福建易动力电子科技股份有限公司	360	124.8	330	124.8	—	44.93	否	EP-BMS-02A	福建易动力电子科技股份有限公司	纯电动专用车	11	
	三元材料	3.6V、2.6Ah、能量型	3.6	0.045	—	4800	苏州安靠电源有限公司	345.6	130	318	130	—	44.9	是	硬件:AKEV-YTA48-A1/软件:9203	苏州安靠电源有限公司	纯电动乘用车	6	
	三元材料	3.6V、2.6Ah、能量型	3.6	0.045	—	9768	天津新艺电子有限公司	532.8	171.6	603	171.6	—	91.428	否	软件：SD-BMU-X8-5.6.1/硬件：SD-BMU-X8-4.3	山东谦恒电子科技有限公司	纯电动专用车	7	
	三元材料	3.6V、2.6Ah、能量型	3.6	0.045±0.002	—	4032	上海精虹新能源科技有限公司	345.6	109.2	306	109.2	—	37.74	无	软件：OX3601（BCU）；OX6001（BMU）/硬件:OKFFFF(BCU盒)；OX6210(BMU盒)	软件:重庆长安汽车股份有限公司/硬件:上海精虹新能源科技有限公司	纯电动专用车	398	
	三元材料	3.6V、2.6Ah、能量型	3.6	0.045±0.002	—	4557	苏州安靠电源有限公司	334.8	127.4	320	127.4	—	42.653	否	BMU400 V2.0	创驱(上海)新能源科技有限公司	纯电动乘用车	2924	
	三元材料	3.6V、2.6Ah、能量型	3.6	0.045±0.002	—	5184	上海精虹新能源科技有限公司	345.6	140	370	140.4	—	48.5	无	软件：6815.910/硬件：主控：BMU05-I-G-12/24V-400V；从控：BSU05-48S20T-12/24V-100K-I	软件:重庆长安汽车股份有限公司/硬件:上海精虹新能源科技有限公司	纯电动专用车	532	

续上表

储能装置单体生产企业 Single Cell Production Enterprise of Energy Storage Device	储能装置种类 Types of Energy Storage Devices	储能装置单体型号 Cell Odels of Energy Storage Device	储能装置单体标称电压(V) Nominal Voltage of Monomer for Energy Storage Unit (V)	储能装置单体质量(kg) Monomer Quality of Energy Storage Unit (kg)	超级电容器单体标称静电容量(F) Nominal Electrostatic Capacity of Super Capacitor Monomer (F)	储能装置单体数量 Single Cell Quantity of Energy Storage Device	储能装置总成生产企业 Production Company of Energy Storage Device Cell	储能装置总成标称电压(V) Nominal Voltage of Energy Storage Device Assembly (V)	储能装置总成额定输出电流(A) Rated Output Current of Energy Storage Device Assembly (A)	储能装置总成质量(kg) Quality of Energy Storage Device Assembly (kg)	储能装置总成标称容量(Ah) Nominal Capacity of Power Battery Assembly (Ah)	超级电容器总成标称静电容量(F) Nominal Electrostatic Capacity of Super Capacitor Assembly (F)	储能装置总储电量(kWh) Total Energy Storage Capacity of Energy Storage Device (kWh)	动力蓄电池箱是否具有快换装置 Whether Power Battery Box has Quick Change Device	车载能源管理系统型号(包括软件和硬件) Vehicle Energy Management System Model (Including Software and Hardware)	车载能源管理系统生产企业 Vehicle Energy Management System Manufacturing Enterprise	配套车辆类型 Matching Vehicle Type	2018年配套车型产量小计(辆) Subtotal Output of Supported Odels in 2018 (Vehicle)	2018年配套车型产量总计(辆) Total Output of Supported Odels in 2018 (Vehicle)
力神动力电池系统有限公司	三元材料	3.6V、2.6Ah、能量型	3.6	0.045±0.002	—	6204	国蓉科技有限公司	338.4	171.6	450	171.6	—	58.06	否	硬件:SWBMS-01Z-2.9/软件:BMU0_LSHS0_1.0.0.180612	成都四威功率电子科技有限公司	纯电动专用车	2	30695
	三元材料	3.6V、2.6Ah、能量型	3.6	0.045±0.002	—	7840	南京中欧威能新能源动力系统有限公司	352.8	208	631	208	—	73.38	否	ZO-12	南京万亿源汽车电子有限公司	纯电动专用车	25	
	三元材料	3.6V、2.6Ah、能量型	3.6	0.045±0.002	—	9702	苏州安靠电源有限公司	352.8	257.4	660	257.4	—	90.8	否	EV05	惠州市亿能电子有限公司	纯电动专用车	624	
	三元材料	3.6V、2.6Ah、能量型	3.6	0.046	—	6120	力神动力电池系统有限公司	324	176.8	445	176.8	—	57.2	否	LS_EV_ LMU 48S _PCBA、LS_EV_BMU_FS_AA3_PCBA	力神动力电池系统有限公司	纯电动乘用车	640	
	三元材料	3.6V、2.6Ah、能量型	3.6	0.046	—	6120	力神动力电池系统有限公司	324	176.8	445	176.8	—	57.2	否	LS_EV_ LMU 48S _PCBA、LS_EV_BMU_FS_AA3_PCBA	力神动力电池系统有限公司	纯电动专用车	28	
	三元材料	LP2714897	3.65	0.81	—	96	力神动力电池系统有限公司	350.4	85	117	37	—	12.96	否	LS_PHEV_BMS_A1_SW/LS_PHEV_BMS_A1_HW	力神动力电池系统有限公司	插电式混合动力乘用车	165	
	三元材料	LP2714897(37Ah)	3.65	0.81	—	264	力神动力电池系统有限公司	321	111	330;350	111	—	35.6	否	软件:BMU:LQEB_BMU_X0d;HDCB_BMU_HAVE_HEAT_V1.0/LMU:LQEL_LMU_X0d/硬件:BMU:LS_EV_BMU_FS-A1_PCB_X04/LMU:E01496LS_EV_LMU48_FS_PAC2_PCB FR4 94V0 2.0MM	力神动力电池系统有限公司	纯电动乘用车	326	
	三元材料	LP2714897(37Ah)	3.65	0.81	—	432	力神动力电池系统有限公司	525.6	111	560	111	—	58.3	无	LS_EV_BMS_SW_V01/LS_EV_BMU_FS_AA4	力神动力电池系统有限公司	燃料电池专用车	1	
	三元材料	LP2714897(37Ah)	3.65	0.81	—	264	力神动力电池系统有限公司	321	111	330	111	—	35.6	否	软件:LQEB_BMU_X0d,LQEL_LMU_X0d/硬件:BMU:LS_EV_BMU_FS-A1_PCB_X04,LMU:E01496LS_EV_LMU48_FS_PAC2_PCB FR4 94V0 2.0MM	力神动力电池系统有限公司	纯电动乘用车	300	
	三元材料	LP2714897(37Ah)	3.65	0.81	—	94	武汉力神动力电池系统科技有限公司	343.1	111	122	37	—	12.69	否	软件:KL-ASSEV6/硬件:KL-ASHEV6	深圳市科列技术股份有限公司	插电式混合动力乘用车	221	
	三元材料	LP2714897(39Ah)	3.65	0.81	—	264	力神动力电池系统有限公司	321	117	350	117	—	37.5	否	软件:BMU:HDCB_BMU_HAVE_HEAT_V2.0/LMU:LQEL_LMU_X0d/硬件:BMU:LS_EV_BMU_FS-A1_PCB_X04/LMU:E01496LS_EV_LMU48_FS_PAC2_PCB FR4 94V0 2.0MM	力神动力电池系统有限公司	纯电动乘用车	888	
	三元材料	LP2714897(39Ah)	3.65	0.81	—	264	力神动力电池系统有限公司	321	117	349.4	117	—	37.58	否	软件:BMU:HDCB_BMU_HAVE_HEAT_V2.0;LMU:LQEL_LMU_X0d;硬件:BMU:LS_EV_BMU_FS-A1_PCB_X04;LMU:E01496LS_EV_LMU48_FS_PAC2_PCB FR4 94V0 2.0MM	力神动力电池系统有限公司	纯电动乘用车	788	

续上表

储能装置单体生产企业 Single Cell Production Enterprise of Energy Storage Device	储能装置种类 Types of Energy Storage Devices	储能装置单体型号 Cell Odels of Energy Storage Device	储能装置单体标称电压(V) Nominal Voltage of Monomer for Energy Storage Unit (V)	储能装置单体质量(kg) Monomer Quality of Energy Storage Unit (kg)	超级电容器单体标称静电容量(F) Nominal Electrostatic Capacity of Super Capacitor Monomer (F)	储能装置单体数量 Single Cell Quantity of Energy Storage Device	储能装置总成生产企业 Production Company of Energy Storage Device Cell	储能装置总成标称电压(V) Nominal Voltage of Energy Storage Device Assembly (V)	储能装置总成额定输出电流(A) Rated Output Current of Energy Storage Device Assembly (A)	储能装置总成质量(kg) Quality of Energy Storage Device Assembly (kg)	储能装置总成标称容量(Ah) Nominal Capacity of Power Battery Assembly (Ah)	超级电容器总成标称静电容量(F) Nominal Electrostatic Capacity of Super Capacitor Assembly (F)	储能装置总储电量(kWh) Total Energy Storage Capacity of Energy Storage Device (kWh)	动力蓄电池箱是否具有快换装置 Whether Power Battery Box has Quick Change Device	车载能源管理系统型号(包括软件和硬件) Vehicle Energy Management System Model(Including Software and Hardware)	车载能源管理系统生产企业 Vehicle Energy Management System Manufacturing Enterprise	配套车辆类型 Matching Vehicle Type	2018年配套车型产量小计(辆) Subtotal Output of Supported Odels in 2018 (Vehicle)	2018年配套车型产量总计(辆) Total Output of Supported Odels in 2018 (Vehicle)
力神动力电池系统有限公司	三元材料	LP2714897-43.0Ah	3.65	0.863	—	288	力神动力电池系统有限公司	350.4	129	375	129	—	45.2	否	软件:BMU:LS_EV_BMU_SW_KCEV_NOBOOT_HAVEHEAT_0017;LMU:LS_EV_LMU_48S_SW_APP_X10/硬件:BMU:LS_EV_BMU_FS_AA4;LMU:LS_EV_LMU48_FS_PAC3	力神动力电池系统有限公司	纯电动乘用车	156	30695
	三元材料	LP2714897-51Ah	3.65	0.925	—	188	重庆长安汽车股份有限公司	343.1	75	255	102	—	35	否	XLBCU01	重庆长安汽车股份有限公司	纯电动乘用车	1988	
	三元材料	LP2714897-51Ah	3.65	0.925±0.015	—	264	北京海博思创科技有限公司	321	51	380	153	—	50	否	K1A0500AY001	北京海博思创科技有限公司	纯电动乘用车	182	
	三元材料	LP2714897-51Ah	3.65	0.925±0.015	—	264	重庆长安汽车股份有限公司	321	153	356	153	—	49.14	否	XLBCU02	重庆长安汽车股份有限公司	纯电动乘用车	386	
	三元材料	LP2714897-51Ah	3.65	0.925±0.015	—	288	武汉力神动力电池系统科技有限公司	350.4	153	370±10	153	—	53.61	否	KL-ASHEV6/KL-ASSEV6	深圳市科列技术股份有限公司	纯电动乘用车	169	
	三元材料	LP2714897-51Ah	3.65	0.925±0.015	—	312	武汉力神动力电池系统科技有限公司	569.4	130	424	102	—	58.1	否	硬件: KL-ASHEV6/软件: KL-AS-SEV6	力神动力电池系统有限公司	纯电动专用车	2	
	三元材料	LP2714897-51Ah	3.65	0.925±0.015	—	432	武汉力神动力电池系统科技有限公司	525.6	150	578	153	—	80.4	否	硬件: KL-ASHEV6/软件: KL-AS-SEV6	力神动力电池系统有限公司	纯电动专用车	12	
	三元材料	LP2714897-51Ah	3.65	0.93	—	288	睿驰新能源动力系统(武汉)有限公司	350	153	430	153	—	53.6	否	软件:1K101-6V6-H010;硬件:BIC:HMP001SA/BMU:HMP002SA/HVM:HMP003SA	软件:东软睿驰汽车技术(沈阳)有限公司/硬件:大连阿尔派电子有限公司	纯电动乘用车	101	
	三元材料	LP2714897-53Ah	3.67	0.920±0.035	—	342	常熟华兴创一新能源科技有限公司	418.4	159	440	159	—	63.66	否	BCU_S601(主控软件)/BCU-01-02T(主控硬件);C1E01-BMU-S001.01(从控软件)/BMU-01-24(从控硬件)	北京航博新能科技有限责任公司	纯电动乘用车	26	
	三元材料	LP2714897-53Ah	3.67	0.93	—	564	力神动力电池系统有限公司	517.47	212	770±10	212	—	109.7	无	FT_32BMS01	北汽福田汽车股份有限公司	纯电动专用车	1	
	三元材料	3.6V、2.6Ah、能量型	3.6	0.045±0.002	—	4224	力神动力电池系统有限公司	316.8	65	265	124.8	—	39.5	否	LS-EV-BMS-FW-V01/LS-EV-BMS-HW-V01	力神动力电池系统有限公司	纯电动专用车	1	
	三元材料	LP2714897	3.65	0.81	—	96	力神动力电池系统有限公司	350.4	85	117	37	—	12.96	否	LS_PHEV_BMS_A1_SW/LS_PHEV_BMS_A1_HW	力神动力电池系统有限公司	插电式混合动力乘用车	108	
广西卡耐新能源有限公司	三元材料	CEB-LM34	3.65	0.605	—	124	广西卡耐新能源有限公司	113	136	140	136	—	15.3	否	S01/H01	上海卡耐新能源有限公司	纯电动乘用车	2	20302
	三元材料	CEB-LM34	3.65	0.605	—	155	广西卡耐新能源有限公司	113	170	160	170	—	19.2	否	S02/H01	上海卡耐新能源有限公司	纯电动乘用车	6888	
	三元材料	CEB-LM34	3.65	0.605	—	93	广西卡耐新能源有限公司	113	102	115	102	—	11.5	否	S04/H01	上海卡耐新能源有限公司	纯电动乘用车	2	
	三元材料	CEB-LM39	3.66	0.617	—	155	广西卡耐新能源有限公司	113	170	164	195	—	22.1	否	S05/H01	上海卡耐新能源有限公司	纯电动乘用车	13410	
远东福斯特新能源有限公司	三元材料	18650-2000mAh	3.7	0.045	—	2520	远东福斯特新能源有限公司	74	200	180	252	—	18.65	否	主 BMU03A-I-G-12/24V-400V/从BSU03-26S5T-12V-100K-B	深圳市科列技术股份有限公司	纯电动专用车	36	18325
	三元材料	18650-2400mAh	3.65	0.0475	—	9180	格林美(武汉)新能源汽车服务有限公司	394.2	204	750	204	—	80.4	无	产品型号:A1631 硬件:A1631C00/软件:A1631C00	深圳市国新动力科技有限公司	纯电动专用车	4	

续上表

储能装置单体生产企业 Single Cell Production Enterprise of Energy Storage Device	储能装置种类 Types of Energy Storage Devices	储能装置单体型号 Cell Odels of Energy Storage Device	储能装置单体标称电压(V) Nominal Voltage of Monomer for Energy Storage Unit (V)	储能装置单体质量(kg) Monomer Quality of Energy Storage Unit (kg)	超级电容器单体标称静电容量(F) Nominal Electrostatic Capacity of Super Capacitor Monomer (F)	储能装置单体数量 Single Cell Quantity of Energy Storage Device	储能装置总成生产企业 Production Company of Energy Storage Device Cell	储能装置总成标称电压(V) Nominal Voltage of Energy Storage Device Assembly (V)	储能装置总成额定输出电流(A) Rated Output Current of Energy Storage Device Assembly (A)	储能装置总成质量(kg) Quality of Energy Storage Device Assembly (kg)	储能装置总成标称容量(Ah) Nominal Capacity of Power Battery Assembly (Ah)	超级电容器总成标称静电容量(F) Nominal Electrostatic Capacity of Super Capacitor Assembly (F)	储能装置总储电量(kWh) Total Energy Storage Capacity of Energy Storage Device (kWh)	动力蓄电池箱是否具有快换装置 Whether Power Battery Box has Quick Change Device	车载能源管理系统型号(包括软件和硬件) Vehicle Energy Management System Model (Including Software and Hardware)	车载能源管理系统生产企业 Vehicle Energy Management System Manufacturing Enterprise	配套车辆类型 Matching Vehicle Type	2018年配套车型产量小计(辆) Subtotal Output of Supported Odels in 2018 (Vehicle)	2018年配套车型产量总计(辆) Total Output of Supported Odels in 2018 (Vehicle)
远东福斯特新能源有限公司	三元材料	18650-2400mAh	3.65	0.048	—	1258	山东奥冠新能源科技有限公司	60	100	108	177.6	—	11	否	E-Series-10.18.1.8/E-Series-10-10	石家庄杰泰特动力能源有限公司	纯电动专用车	3	18325
	三元材料	18650-2400mAh	3.65	0.048	—	2160	远东福斯特新能源有限公司	146	130	150	129.6	—	18.08	否	B62V10MS7325/YT02CM4819B	惠州市亿能电子有限公司	纯电动乘用车	4103	
	三元材料	18650-2400mAh	3.65	0.048	—	4400	远东福斯特新能源有限公司	321.2	65	340	120	—	36.5	否	硬件:A160100/软件:A160100	深圳市国新动力科技有限公司	纯电动专用车	5	
	三元材料	18650-2400mAh	3.65	0.048	—	4400	远东福斯特新能源有限公司	321.2	65	340	120	—	36.5	否	硬件:A160100/软件:A160100	深圳市国新动力科技有限公司	纯电动乘用车	1	
	三元材料	18650-2600mAh	3.6	0.0475	—	3040	远东福斯特新能源有限公司	144	180	192.5	197.5	—	28.4	否	BY5248D(硬件:HW1.1/软件:LG201712030501)	江西江铃集团新能源汽车有限公司	纯电动乘用车	6918	
	三元材料	18650-2600mAh	3.6	0.0475±0.0005	—	5184	捷星新能源科技(苏州)有限公司	345.6	140.4	345	140.4	—	48.52	否	软件:FSBMS-KL-FST140Ah-V4.0/硬件:FSBMS-EV-F2	捷星新能源科技(苏州)有限公司;捷星新能源科技(苏州)有限公司	纯电动专用车	423	
	三元材料	18650-2600mAh	3.6	0.048	—	1760	远东福斯特新能源有限公司	144	115	132	114.4	—	16.2	否	软件:B62V14MS7623/硬件:YT02CM4819B	惠州市亿能电子有限公司	纯电动乘用车	2293	
	三元材料	18650-2600mAh	3.6	0.048	—	2080	远东福斯特新能源有限公司	144	135	155	135.2	—	19.4	否	软件:B62V11MS7623/硬件:YT02CM4819B	惠州市亿能电子有限公司	纯电动乘用车	339	
	三元材料	18650-2600mAh	3.6	0.048	—	2280	远东福斯特新能源有限公司	144	150	150	149	—	21.5	否	软件:LG201712020501/硬件:HW1.1	安徽力高新能源技术有限公司	纯电动乘用车	4200	
郑州比克电池有限公司	三元材料	H18650CIL 2.4Ah	3.6	0.046±0.003	—	8968	郑州比克电池有限公司	547.2	109	658±10	141.6	—	77.4	否	系统型号:ZBAK-BMS-Q503-152/软件:V1.0/硬件:V1.0	郑州比克电池有限公司	纯电动专用车	31	18075
	三元材料	N18650CK(3.0Ah)	3.6	0.05	—	4032	安徽江淮华霆电池系统有限公司	346	122	314	122	—	41	否	210127SC4	华霆(合肥)动力技术有限公司	纯电动乘用车	1122	
	三元材料	N18650CK(3.0Ah)	3.6	0.05	—	4368	十堰猛狮新能源科技有限公司	374	126	325	126	—	47.1	否	软件:B6CZ01/硬件:EV05	惠州市亿能电子有限公司	纯电动乘用车	49	
	三元材料	N18650CK(3.0Ah)	3.6	0.05	—	4368	欣旺达电动汽车电池有限公司	374	126	325	126	—	47.1	否	软件:B6CZ01/硬件:EV05	惠州市亿能电子有限公司	纯电动乘用车	602	
	三元材料	N18650CK(3.0Ah)	3.6	0.048	—	3120	郑州比克电池有限公司	144	234	210	234	—	33.69	否	软件:sw-jl-01/硬件:hw-jl-01	江西江铃集团新能源汽车有限公司	纯电动乘用车	3492	
	三元材料	N18650CL-29	3.6	0.05	—	2120	郑州比克电池有限公司	144	145.75	149	145.75	—	20.99	否	软件:sw-bak-01/硬件:hw-bak-01	深圳市比克动力电池有限公司	纯电动乘用车	2713	
	三元材料	N18650CL-29	3.6	0.05	—	4800	郑州比克电池有限公司	346	137.5	378	137.5	—	47.52	否	软件:sw-bakrd-01/硬件:hw-bakrd-01	深圳市比克动力电池有限公司	纯电动专用车	11	
	三元材料	N18650CL-29 2.75Ah	3.6	0.046	—	3649	郑州比克电池有限公司	320.4	112.75	258	112.75	—	36.1251	否	软件:sw-bakyjcl1-01/硬件:hw-bakyjcl1-01	深圳市比克动力电池有限公司	纯电动乘用车	8515	
	三元材料	N18650CL-29 2.75Ah	3.6	0.046±0.003	—	4608	郑州比克电池有限公司	345.6	132	360±10	132	—	45.6	否	硬件:ZBAK-BMS-W102-96/软件:ZBAK-BMS-W102-96	郑州比克电池有限公司	纯电动专用车	250	
	三元材料	N18650CL-29 2.75Ah	3.6	0.046±0.003	—	4608	郑州比克电池有限公司	345.6	132	360±10	132	—	45.6	无	ZBAK-BMS-W102-96	郑州比克电池有限公司	纯电动专用车	604	
	三元材料	N18650CL-29 2.75Ah	3.6	0.046±0.003	—	5490	郑州比克电池有限公司	324	167.75	388	167.75	—	54.351	否	软件:SW-BAKA06-01/硬件:HW-BAKA06-01	深圳市比克动力电池有限公司	纯电动乘用车	621	
	三元材料	N18650CL-29 2.75Ah	3.6	0.046±0.003	—	5490	郑州比克电池有限公司	324	167.75	388	167.75	—	54.351	否	软件:SW-BAKA06-01/硬件:HW-BAKA06-01	深圳市比克动力电池有限公司	纯电动专用车	10	
	三元材料	N18650CL-29 2.75Ah	3.6	0.05	—	3440	郑州比克电池有限公司	144	236.5	224	236.5	—	34.05	否	软件:sw-bakel-01/硬件:hw-bakel-01	深圳市比克动力电池有限公司	纯电动乘用车	55	

续上表

储能装置单体生产企业 Single Cell Production Enterprise of Energy Storage Device	储能装置种类 Types of Energy Storage Devices	储能装置单体型号 Cell Odels of Energy Storage Device	储能装置单体标称电压(V) Nominal Voltage of Monomer for Energy Storage Unit (V)	储能装置单体质量(kg) Monomer Quality of Energy Storage Unit (kg)	超级电容器单体标称静电容量(F) Nominal Electrostatic Capacity of Super Capacitor Monomer (F)	储能装置单体数量 Single Cell Quantity of Energy Storage Device	储能装置总成生产企业 Production Company of Energy Storage Device Cell	储能装置总成标称电压(V) Nominal Voltage of Energy Storage Device Assembly (V)	储能装置总成额定输出电流(A) Rated Output Current of Energy Storage Device Assembly (A)	储能装置总成质量(kg) Quality of Energy Storage Device Assembly (kg)	储能装置总成标称容量(Ah) Nominal Capacity of Power Battery Assembly (Ah)	超级电容器总成标称静电容量(F) Nominal Electrostatic Capacity of Super Capacitor Assembly (F)	储能装置总储电量(kWh) Total Energy Storage Capacity of Energy Storage Device (kWh)	动力蓄电池箱是否具有快换装置 Whether Power Battery Box has Quick Change Device	车载能源管理系统型号(包括软件和硬件) Vehicle Energy Management System Model (Including Software and Hardware)	车载能源管理系统生产企业 Vehicle Energy Management System Manufacturing Enterprise	配套车辆类型 Matching Vehicle Type	2018年配套车型产量小计(辆) Subtotal Output of Supported Odels in 2018 (Vehicle)	2018年配套车型产量总计(辆) Total Output of Supported Odels in 2018 (Vehicle)
哈尔滨光宇电源股份有限公司	磷酸铁锂	FP31136227A	3.2	1.95	—	112	哈尔滨光宇电源股份有限公司	358	117	315	80	—	28.7	否	BMS-3C/BMS-3C	哈尔滨光宇电源股份有限公司	纯电动乘用车	1	16844
	三元材料	NCMP1690200A	3.7	0.62	—	200	哈尔滨光宇电源股份有限公司	148	120	179	120	—	17.76	否	硬件:GYB-EVBMS V3.0A/软件:V1.0	哈尔滨光宇电源股份有限公司	纯电动乘用车	3527	
	三元材料	NCMP1690200A	3.7	0.64	—	420	哈尔滨光宇电源股份有限公司	310.8	140	389	140	—	43.5	否	软件:M31RB01-BCU-S008/硬件:H001	北京新能源汽车股份有限公司	纯电动专用车	5007	
	三元材料	NCMP1690200A	3.7	0.65	—	156	哈尔滨光宇电源股份有限公司	144.3	120	142	120	—	17.3	否	软件:V1.0/硬件:GYB-EVBMSV3.5B	哈尔滨光宇电源股份有限公司	纯电动乘用车	1042	
	三元材料	NCMP4014898A	3.6	1.21	—	120	重庆长安汽车股份有限公司	144	180	185±3	180	—	25.9	否	BMS-A301-V1.0/GYB-EVBMS-V3.5B	哈尔滨光宇电源股份有限公司	纯电动乘用车	2865	
	三元材料	NCMP4014898A	3.6	1.32	—	120	哈尔滨光宇电源股份有限公司	144	192	198.5	192	—	27.6	否	软件:BMS-CK2-V1.0/硬件:GYB-EVBMSV3.5B	哈尔滨光宇电源股份有限公司	纯电动乘用车	30	
	三元材料	NCMP4014898A	3.6	1.32	—	176	哈尔滨光宇电源股份有限公司	317	128	295	128	—	40.55	否	软件 BMS-EX51-V1.0/硬件 GYB-EVBMSV3.6	哈尔滨光宇电源股份有限公司	纯电动乘用车	689	
	三元材料	NCMP4014898A	3.65	1.32	—	176	哈尔滨光宇电源股份有限公司	321.2	163	305	128	—	41	否	软件:V1.0/硬件:GYB-EVBMSV3.5B	哈尔滨光宇电源股份有限公司	纯电动乘用车	3683	
桑顿新能源科技有限公司	三元材料	SEPNi11217127P-32Ah	3.65	0.545	—	780	桑顿新能源科技有限公司	569.4	160	665.5	160	—	91.104	无	硬件:PK18001H07/软件:PK18001S07	桑顿新能源科技有限公司	纯电动专用车	450	13300
	三元材料	SEPNi11217127P-32Ah	3.65	0.545±0.015	—	336	桑顿新能源科技有限公司	306.6	128	279	128	—	39.24	否	硬件:A600+M603 HW1.00/软件:A600+M603SW1.00	桑顿新能源科技有限公司	纯电动专用车	554	
	三元材料	SEPNi11217127P-32Ah	3.65	0.545±0.015	—	352	桑顿新能源科技有限公司	321.2	128	328	128	—	41.11	否	软件:A600+M600 SW1.00/硬件:A600+M600 HW1.00	桑顿新能源科技有限公司	纯电动专用车	1505	
	三元材料	SEPNi11217127P-32Ah	3.65	0.545±0.015	—	360	桑顿新能源科技有限公司	328.5	128	300	128	—	42.04	—	硬件:PK18001H19/软件:PK18001S19	桑顿新能源科技有限公司	纯电动专用车	7	
	三元材料	SEPNi11217127P-32Ah	3.65	0.545±0.015	—	384	桑顿新能源科技有限公司	350.4	128	320	128	—	44.85	否	硬件:A602+M602 HW1.00/软件:A602+M602 SW1.00	桑顿新能源科技有限公司	纯电动乘用车	32	
	三元材料	SEPNi11217127P-32Ah	3.65	0.545±0.015	—	384	桑顿新能源科技有限公司	350.4	128	320	128	—	44.85	否	硬件:A602+M603 HW1.00/软件:A602+M603 SW1.00	桑顿新能源科技有限公司	纯电动乘用车	61	
	三元材料	SEPNi11217127P-32Ah	3.65	0.55	—	352	桑顿新能源科技有限公司	321.2	92	328	128	—	41.1	无	硬件:A600+M600 HW1.00/软件:A600+M600 SW1.00	桑顿新能源科技有限公司	纯电动乘用车	3483	
	三元材料	SEPNi7688190P-12.5Ah	3.6	0.260±0.015	—	450	桑顿新能源科技有限公司	108	187.5	211	187.5	—	20.2	否	硬件:BC30S108V205AH1P06H1/软件:S5104	深圳市科列技术股份有限公司	纯电动乘用车	300	
	三元材料	SEPNi7688190P-12.5Ah	3.6	0.275±0.015	—	860	桑顿新能源科技有限公司	309.6	125	410	125	—	38.7KWH	否	软件:S4029/硬件:KL-AS572690	深圳市科列技术股份有限公司	纯电动乘用车	103	
	三元材料	SEPNi8688190P-15Ah	3.6	0.278	—	1386	桑顿新能源科技有限公司	554.4	135	650	135	—	74.84	否	硬件:KL-ASHEV5/软件:KL-ASSEV5	深圳市科列技术股份有限公司	纯电动专用车	5	
	三元材料	SEPNi8688190P-15Ah	3.6	0.278	—	846	桑顿新能源科技有限公司	338.4	135	375	135	—	45.68	—	软件:STJHSDH010101/硬件:STJHSD010101	陕西中九汽车工程研究院有限公司	纯电动专用车	50	

续上表

储能装置单体生产企业 Single Cell Production Enterprise of Energy Storage Device	储能装置种类 Types of Energy Storage Devices	储能装置单体型号 Cell Odels of Energy Storage Device	储能装置单体标称电压(V) Nominal Voltage of Monomer for Energy Storage Unit (V)	储能装置单体质量(kg) Monomer Quality of Energy Storage Unit (kg)	超级电容器单体标称静电容量(F) Nominal Electrostatic Capacity of Super Capacitor Monomer (F)	储能装置单体数量 Single Cell Quantity of Energy Storage Device	储能装置总成生产企业 Production Company of Energy Storage Device Cell	储能装置总成标称电压(V) Nominal Voltage of Energy Storage Device Assembly (V)	储能装置总成额定输出电流(A) Rated Output Current of Energy Storage Device Assembly (A)	储能装置总成质量(kg) Quality of Energy Storage Device Assembly (kg)	储能装置总成标称容量(Ah) Nominal Capacity of Power Battery Assembly (Ah)	超级电容器总成标称静电容量(F) Nominal Electrostatic Capacity of Super Capacitor Assembly (F)	储能装置总储电量(kWh) Total Energy Storage Capacity of Energy Storage Device (kWh)	动力蓄电池箱是否具有快换装置 Whether Power Battery Box has Quick Change Device	车载能源管理系统型号(包括软件和硬件) Vehicle Energy Management System Model(Including Software and Hardware)	车载能源管理系统生产企业 Vehicle Energy Management System Manufacturing Enterprise	配套车辆类型 Matching Vehicle Type	2018年配套车型产量小计(辆) Subtotal Output of Supported Odels in 2018 (Vehicle)	2018年配套车型产量总计(辆) Total Output of Supported Odels in 2018 (Vehicle)
桑顿新能源科技有限公司	三元材料	SEPNi8688190P-15Ah	3.6	0.278 ±0.015	—	1168	桑顿新能源科技有限公司	525.6	120	550	120	—	63.072	无	主板软件:61HH12MS7620;主板硬件:BHN01MH6729;从板软件:BHN01ASS6B22;从板硬件:BHN01ASH6B22	惠州市蓝微新源技术有限公司	纯电动专用车	154	13300
	三元材料	SEPNi8688190P-15Ah	3.6	0.278 ±0.015	—	1380	桑顿新能源科技有限公司	331.2	225	655	225	—	74.52	否	硬件:KL-ASHEV5/软件:KL-ASSEV5	深圳市科列技术股份有限公司	纯电动专用车	1	
	三元材料	SEPNi8688190P-15Ah	3.6	0.278 ±0.015	—	420	桑顿新能源科技有限公司	302.4	75	187	75	—	22.68	否	硬件:KL-ASHEV5/软件:KL-ASSEV5	深圳市科列技术股份有限公司	纯电动乘用车	1	
	三元材料	SEPNi8688190P-15Ah	3.6	0.278 ±0.015	—	4200	桑顿新能源科技有限公司	540	210	1972	420	—	226.8	无	软件:V1.0.0/硬件:1.12	桑顿新能源科技有限公司	纯电动专用车	19	
	三元材料	SEPNi8688190P-15Ah	3.6	0.278 ±0.015	—	4200	桑顿新能源科技有限公司	540	420	2052	420	—	226.8	—	C10/HNSD-PB1754-V1.01	安徽锐能科技有限公司	纯电动专用车	7	
	三元材料	SEPNi8688190P-15Ah	3.6	0.278 ±0.015	—	752	桑顿新能源科技有限公司	338.4	55.56	353	120	—	40.61	否	A09601617803/PWMBMS05	桑顿新能源科技有限公司	纯电动专用车	65	
	三元材料	SEPNi8688190P-15Ah	3.6	0.278 ±0.015	—	816	桑顿新能源科技有限公司	367.2	120	372	120	—	44.06	否	主板软件:V1.0.0/主板硬件:1.12	桑顿新能源科技有限公司	纯电动专用车	1	
	三元材料	SEPNi8688190P-15Ah	3.6	0.278 ±0.015	—	846	桑顿新能源科技有限公司	338.4	135	375	135	—	45.68	否	软件:PK18001S10/硬件:PK18001H10	桑顿新能源科技有限公司	纯电动专用车	578	
	三元材料	SEPNi8688190P-15Ah	3.6	0.278 ±0.015	—	846	桑顿新能源科技有限公司	338.4	135	375	135	—	45.68	否	软件:PK18001S10/硬件:PK18001H10	桑顿新能源科技有限公司	纯电动专用车	1	
	三元材料	SEPNi8688190P-15Ah; SEP-Ni8688190P-17.5Ah	3.6;3.65	0.278 ± 0.015; 0.290 ± 0.025	—	816;816	桑顿新能源科技有限公司	367.2; 372.3	120;140	372;400	120;140	—	44.06; 52.122	否	主板软件:V1.0.0;主板硬件:1.12	桑顿新能源科技有限公司	纯电动专用车	27	
	三元材料	SEPNi8688190P-15Ah; SEP-Ni8688190P-17.5Ah	3.6;3.65	0.278 ± 0.015; 0.290 ± 0.025	—	816;816	桑顿新能源科技有限公司	367.2; 372.3	120;140	372;400	120;140	—	44.06; 52.122	否	主板软件:V1.0.0/主板硬件:1.12;硬件:PK18001H04/软件:PK18001S04	桑顿新能源科技有限公司	纯电动专用车	5	
	三元材料	SEPNi8688190P-17	3.6	0.290 ±0.015	—	3150	桑顿新能源科技有限公司	540	357	1488	357	—	192.78	无	软件:C601/硬件:M601	桑顿新能源科技有限公司	纯电动专用车	2	
	三元材料	SEPNi8688190P-17.5Ah	3.65	0.29 ±0.025	—	510	桑顿新能源科技有限公司	310	105	232	105	—	32.6	否	S8000/H101	桑顿新能源科技有限公司	纯电动乘用车	1965	
	三元材料	SEPNi8688190P-17.5Ah	3.65	0.29 ±0.025	—	784	桑顿新能源科技有限公司	358	140	354	140	—	50	否	S004/H004	桑顿新能源科技有限公司	纯电动乘用车	1509	
	三元材料	SEPNi8688190P-17.5Ah	3.65	0.290 ±0.025	—	2448	桑顿新能源科技有限公司	372.3	420	1160	420	—	156.36	否	硬件:PK18001H04/软件:PK18001S04	桑顿新能源科技有限公司	纯电动专用车	2	
	三元材料	SEPNi8688190P-17.5Ah	3.65	0.290 ±0.025	—	816	桑顿新能源科技有限公司	372.3	140	400	140	—	52.12	否	硬件:PK18001H04/软件:PK18001S04	桑顿新能源科技有限公司	纯电动专用车	1	
	三元材料	SEPNi8688190P-17.5Ah	3.65	0.290 ±0.025	—	816	桑顿新能源科技有限公司	372.3	140	400	140	—	52.122	否	主板软件:PK18001S04/主板硬件:PK18001H04	桑顿新能源科技有限公司	纯电动专用车	1	

续上表

储能装置单体生产企业 Single Cell Production Enterprise of Energy Storage Device	储能装置种类 Types of Energy Storage Devices	储能装置单本型号 Cell Odes of Energy Storage Device	储能装置单体标称电压(V) Nominal Voltage of Monomer for Energy Storage Unit (V)	储能装置单体质量(kg) Monomer Quality of Energy Storage Unit (kg)	超级电容器单体标称静电容量(F) Nominal Electrostatic Capacity of Super Capacitor Monomer (F)	储能装置单体数量 Single Cell Quantity of Energy Storage Device	储能装置总成生产企业 Production Company of Energy Storage Device Cell	储能装置总成标称电压(V) Nominal Voltage of Energy Storage Device Assembly (V)	储能装置总成额定输出电流(A) Rated Output Current of Energy Storage Device Assembly (A)	储能装置总成质量(kg) Quality of Energy Storage Device Assembly (kg)	储能装置总成标称容量(Ah) Nominal Capacity of Power Battery Assembly (Ah)	超级电容器总成标称静电容量(F) Nominal Electrostatic Capacity of Super Capacitor Assembly (F)	储能装置总储电量(kWh) Total Energy Storage Capacity of Energy Storage Device (kWh)	动力蓄电池箱是否具有快换装置 Whether Power Battery Box has Quick Change Device	车载能源管理系统型号(包括软件和硬件) Vehicle Energy Management System Model(Including Software and Hardware)	车载能源管理系统生产企业 Vehicle Energy Management System Manufacturing Enterprise	配套车辆类型 Matching Vehicle Type	2018年配套车型产量小计(辆) Subtotal Output of Supported Odels in 2018 (Vehicle)	2018年配套车型产量总计(辆) Total Output of Supported Odels in 2018 (Vehicle)
桑顿新能源科技有限公司	三元材料	SEPNi8688190P-17Ah	3.6	0.29 ±0.015	—	480	桑顿新能源科技有限公司	86.4	170	254.2 (含高压箱)	340	—	29.376	否	硬件: KL-ASHEV5/软件: KL-AS-SEV5;	桑顿新能源科技有限公司	纯电动专用车	1	13300
	三元材料	SEPNi8688190P-17Ah	3.6	0.290 ±0.015	—	2100	桑顿新能源科技有限公司	360	357	984	357	—	128.52	否	C601/M601	桑顿新能源科技有限公司	纯电动专用车	8	
	三元材料	SEPNi8688190P-17Ah	3.6	0.290 ±0.015	—	3150	桑顿新能源科技有限公司	540	357	1488	357	—	192.78	否	C601/M601	桑顿新能源科技有限公司	纯电动专用车	3	
	三元材料	SEPNi8688190P-17Ah	3.6	0.290 ± 0.020	—	465	桑顿新能源科技有限公司	334.8	85	232	85	—	28.45	否	硬件: KL-ASHEV5/软件: KL-AS-SEV5	深圳市科列技术股份有限公司	纯电动乘用车	2399	
星恒电源股份有限公司	锰酸锂	IMP18/66/133 (12.5)	3.7	0.33	—	1804	北京智行鸿远汽车有限公司	303.4	275	695	275	—	83.4	否	软件: V1.0.2/硬件: ZX-BCU-154-1506	重庆长安汽车股份有限公司/北京智行鸿远汽车有限公司	纯电动专用车	2	13166
	锰酸锂	IMP18/66/133(13)	3.7	0.33	—	1552	星恒电源股份有限公司	358.9	200	750	200	—	71.78	—	97S BMS 控制器	星恒电源股份有限公司	纯电动专用车	1	
	锰酸锂	IMP18/66/133(13)	3.7	0.33	—	860	星恒电源股份有限公司	318.2	120	400	130	—	41.4	否	硬件: C00V41D1507/软件: EC35-C.F-V1.0.002	星恒电源股份有限公司	纯电动专用车	490	
	锰酸锂	IMP18/66/133-12AH	3.7	0.31	—	860	星恒电源股份有限公司	318.2	120	400	120	—	38.2	无	硬件:RC-BMS001/软件:111606161001	重庆瑞驰汽车实业有限公司	纯电动专用车	1	
	锰酸锂	IMP18/66/133-13AH	3.7	0.31	—	1560	星恒电源股份有限公司	384.8	195	700	195	—	75	否	硬件:C00V41D1507/软件:DFXL4.4-C.F-V1.0.002	上海松岳电源科技有限公司	纯电动专用车	1	
	锰酸锂	IMP18/66/133-13AH	3.7	0.31	—	720	苏州星瑞合电气有限公司	333	120	340	104	—	34.6	否	BMU400V2.0	创驱(上海)新能源科技有限公司	纯电动乘用车	2	
	锰酸锂	IMP18/66/133-13AH	3.7	0.31	—	924	武汉天达汇能能源系统有限公司	310.8	71.5	430	143	—	44.4	否	TDBMS-WG5021	武汉天达汇能能源系统有限公司	纯电动专用车	36	
	锰酸锂	IMP26/148/97EAR	3.75	0.86	—	264	上海精虹新能源科技有限公司	330	120	338	120	—	39.6	无	软件: 0X3601(BCU); 0X6001(BMU)/硬件: KFFFF(BCU盒); 0X6210(BMU盒)	软件:重庆长安汽车股份有限公司/硬件:上海精虹新能源科技有限公司	纯电动专用车	800	
	锰酸锂	IMP26/148/97EAR	3.75	0.86	—	264	星恒电源股份有限公司	330	120	329.5	120	—	39.6	—	主控硬件:EV03-V2.0/软件:V2.0	星恒电源股份有限公司	纯电动专用车	79	
	锰酸锂	IMP26/148/97EAR	3.75	0.86	—	276	星恒电源股份有限公司	345	120	335	120	—	41.4	—	软件: SSY4M5RCx1CV000011803/硬件:SSYRC12450V11031709	星恒电源股份有限公司	纯电动专用车	20	
	锰酸锂	IMP26/148/97EAR	3.75	0.86	—	276	星恒电源股份有限公司	345	120	335	120	—	41.4	否	硬件: SSYRC12450V11031709/软件:SSY_CRCC31_RCV000011805	星恒电源股份有限公司	纯电动专用车	418	
	锰酸锂	IMP26/148/97EAR	3.75	0.86	—	276	星恒电源股份有限公司	345	120	359	120	—	41.4	否	软件:SSY_ECXH18_RCV000011801/硬件:SSYRC12450V11031709	星恒电源股份有限公司	纯电动专用车	3108	
	锰酸锂	IMP26/148/97EAR	3.75	0.86	—	520	星恒电源股份有限公司	390	200	660	200	—	78	否	硬件: SSYRC12450V11031710/软件 SSY_AJD95x_RCV000011803	星恒电源股份有限公司	纯电动专用车	1	
	锰酸锂	IMP26/148/97EAR	3.75	0.86	—	576	上海精虹新能源科技有限公司	540	160	719.1	160	—	86.4	否	软件:SSY_SJH45T_RCV000011804(BCU、BMU一致)/硬件: SSYRC12450V11031710-BCU; SSYRL1236V10011803-BMU	上海精虹新能源科技有限公司	纯电动专用车	70	

续上表

储能装置单体生产企业 Single Cell Production Enterprise of Energy Storage Device	储能装置种类 Types of Energy Storage Devices	储能装置单体型号 Cell Odels of Energy Storage Device	储能装置单体标称电压（V） Nominal Voltage of Monomer for Energy Storage Unit（V）	储能装置单体质量（kg） Monomer Quality of Energy Storage Unit（kg）	超级电容器单体标称静电容量（F） Nominal Electrostatic Capacity of Super Capacitor Monomer（F）	储能装置单体数量 Single Cell Quantity of Energy Storage Device	储能装置总成生产企业 Production Company of Energy Storage Device Cell	储能装置总成标称电压（V） Nominal Voltage of Energy Storage Device Assembly（V）	储能装置总成额定输出电流（A） Rated Output Current of Energy Storage Device Assembly（A）	储能装置总成质量（kg） Quality of Energy Storage Device Assembly（kg）	储能装置总成标称容量(Ah) Nominal Capacity of Power Battery Assembly（Ah）	超级电容器总成标称静电容量（F） Nominal Electrostatic Capacity of Super Capacitor Assembly（F）	储能装置总储电量（kWh） Total Energy Storage Capacity of Energy Storage Device（kWh）	动力蓄电池箱是否具有快换装置 Whether Power Battery Box has Quick Change Device	车载能源管理系统型号（包括软件和硬件） Vehicle Energy Management System Model(Including Software and Hardware)	车载能源管理系统生产企业 Vehicle Energy Management System Manufacturing Enterprise	配套车辆类型 Matching Vehicle Type	2018年配套车型产量小计（辆） Subtotal Output of Supported Odels in 2018（Vehicle）	2018年配套车型产量总计（辆） Total Output of Supported Odels in 2018（Vehicle）
星恒电源股份有限公司	锰酸锂	IMP26/148/97EAR	3.75	0.86	—	576	星恒电源股份有限公司	540	160	719	160	—	86.4	否	硬件:SSYRC12700V11031709/软件:SSY_XNY45T_RCV000011803	星恒电源股份有限公司	纯电动专用车	36	13166
	锰酸锂	IMP26/148/97EAR	3.75	0.86	—	576	星恒电源股份有限公司	540	160	719.1	160	—	86.4	否	软件:SSY_XNY45T_RCV000011803/硬件:SSYRC12700V11031709	星恒电源股份有限公司	纯电动专用车	2	
	锰酸锂	IMP26/148/97EAR	3.75	0.86	—	576	星恒电源股份有限公司	540	160	720	160	—	86.4	否	硬件:SSYRC12700V11031709/软件:SSY_XNY45T_RCV000011803	星恒电源股份有限公司	纯电动专用车	1	
	锰酸锂	IMP26/148/97EAR	3.75	0.86	—	88	星恒电源股份有限公司	330	120	330	120	—	39.6	否	硬件:SSYRC12450V11031709/软件:SSY_PLT125T_RCV000011801	星恒电源股份有限公司	纯电动专用车	5	
	锰酸锂	—	—	—	—	—	—	—	—	—	—	—	83.1	—	软件:DT75T-C. F-V1. 0. 002/硬件:C00V41D1507	上海松岳电源科技有限公司	纯电动专用车	1	
	三元材料	ISP18/66/133(15)	3.6	0.313±0.01	—	744	安徽天鑫能源科技有限公司	335	120	349	120	—	40.176	否	软件:WHQR06S2C93V01/硬件:TXBCU-ME	安徽天鑫能源科技有限公司	纯电动专用车	400	
	三元材料	ISP18/66/133(15)	3.6	0.313±0.01	—	744	安徽天鑫能源科技有限公司	335	120	349	120	—	40.176	否	软件:WHQR06S2C93V01/硬件:TXBCU-ME	安徽天鑫能源科技有限公司	纯电动专用车	2001	
	三元材料	ISP18/66/133(15.5)	3.6	0.313±0.01	—	376	星恒电源股份有限公司	338.4	62	174	62	—	20.98	否	硬件:BCU02V12/BSU02V12C24T16/软件:S0BCUER30V10Y16/S0BSUER30V10Y16	星恒电源股份有限公司	纯电动乘用车	12	
	三元材料	ISP18/66/133(15.5)	3.6	0.313±0.01	—	768	星恒电源股份有限公司	345.6	124	340	124	—	42.85	否	硬件:BCU02V12/BSU02V12C24T16/软件:S0BCU0E17V10Y16/S0BSU0E17V10Y16	星恒电源股份有限公司	纯电动乘用车	71	
	三元材料	ISP26/148/97(50)EAR	3.65	0.9	—	264	星恒电源股份有限公司	321.2	144	328	144	—	46.2528	否	硬件: SSYRC12450V11031710/软件:SSY_BCAG10_RCV000011808	星恒电源股份有限公司	纯电动专用车	1716	
	三元材料	ISP26/148/97EAR	3.65	0.86	—	264	露笑新能源技术有限公司	321.2	129	344	129	—	41.4	否	软件:LX-QR-Q22-HW-V001/硬件:LX-QR-Q22-SW-V001	安徽力高新能源技术有限公司	纯电动专用车	2	
	三元材料	ISP26/148/97EAR	3.65	0.86	—	276	星恒电源股份有限公司	335.8	128	358	128	—	42.98	无	硬件: SSYRC12450V11031709/软件:SSY_DXKC36_RCV300011809	星恒电源股份有限公司	纯电动乘用车	1681	
	三元材料	ISP26/148/97EAR	3.65	0.86	—	288	湖南海博瑞德电智控制技术有限公司	350.4	193.5	345	129	—	45.2	否	27.11.A1/HJ_BMS_HV_T1	芜湖宏景电子股份有限公司	纯电动乘用车	2209	
力神电池(苏州)有限公司	三元材料	21700(4.0Ah)	3.65	0.069±0.004	—	2816	力神动力电池系统有限公司	321.2	128	292	128	—	41.1	否	软件:LS-EV-BMS-FW-V01/硬件:LS-EV-BMS-HW-V01	力神动力电池系统有限公司	纯电动专用车	300	10868
	三元材料	21700(4.0Ah)	3.65	0.069±0.004	—	2816	力神动力电池系统有限公司	321.2	128	292	128	—	41.11	否	软件: LS-EV-BMS-FW-V01/硬件 LS-EV-BMS-HW-V01	力神动力电池系统有限公司	纯电动专用车	1	
	三元材料	21700(4.5Ah)	3.6	0.07	—	3552	江苏索尔新能源科技股份有限公司	345.6	166.5	355	166.5	—	57.542	否	软件:S96E11K.V01/硬件:BMU_96S_A00	江苏索尔新能源科技股份有限公司	纯电动乘用车	204	

续上表

储能装置单体生产企业 Single Cell Production Enterprise of Energy Storage Device	储能装置种类 Types of Energy Storage Devices	储能装置单体型号 Cell Odels of Energy Storage Device	储能装置单体标称电压（V） Nominal Voltage of Monomer for Energy Storage Unit（V）	储能装置单体质量（kg） Monomer Quality of Energy Storage Unit（kg）	超级电容器单体标称静电容量（F） Nominal Electrostatic Capacity of Super Capacitor Monomer（F）	储能装置单体数量 Single Cell Quantity of Energy Storage Device	储能装置总成生产企业 Production Company of Energy Storage Device Cell	储能装置总成标称电压（V） Nominal Voltage of Energy Storage Device Assembly（V）	储能装置总成额定输出电流（A） Rated Output Current of Energy Storage Device Assembly（A）	储能装置总成质量（kg） Quality of Energy Storage Device Assembly（kg）	储能装置总成标称容量（Ah） Nominal Capacity of Power Battery Assembly（Ah）	超级电容器总成标称静电容量（F） Nominal Electrostatic Capacity of Super Capacitor Assembly（F）	储能装置总储电量（kWh） Total Energy Storage Capacity of Energy Storage Device（kWh）	动力蓄电池箱是否具有快换装置 Whether Power Battery Box has Quick Change Device	车载能源管理系统型号（包括软件和硬件） Vehicle Energy Management System Model（Including Software and Hardware）	车载能源管理系统生产企业 Vehicle Energy Management System Manufacturing Enterprise	配套车辆类型 Matching Vehicle Type	2018年配套车型产量小计（辆） Subtotal Output of Supported Odels in 2018（Vehicle）	2018年配套车型产量总计（辆） Total Output of Supported Odels in 2018（Vehicle）
力神电池（苏州）有限公司	三元材料	21700（4.5Ah）	3.6	0.070±0.002	—	2120	苏州安靠电源有限公司	144	238.5	238	238.5	—	34.3	否	硬件：AKEV-YTA48-A0/软件：B65PD6MS8306D0-V1.0.0-beta	苏州安靠电源有限公司	纯电动乘用车	1808	10868
	三元材料	21700（4.5Ah）	3.6	0.072	—	2646	安徽江淮华霆电池系统有限公司	352	120	296	120	—	41.5	否	210126EC5	华霆（合肥）动力技术有限公司	纯电动乘用车	8505	
	三元材料	21700（4.5Ah）	3.6	0.072	—	3168	安徽江淮华霆电池系统有限公司	346	147	345	147	—	49.5	否	210127SC6	华霆（合肥）动力技术有限公司	纯电动乘用车	22	
	三元材料	21700（4.5Ah）	3.6	0.072±0.004	—	3267	力神动力电池系统有限公司	356.4	148.5	360±10.8	148.5	—	52.92	—	FT_32BMS01	北汽福田汽车股份有限公司	纯电动乘用车	19	
	三元材料	21700（4.5Ah）	3.6	0.072±0.004	—	3267	力神动力电池系统有限公司	356.4	148.5	360±10.8	148.5	—	52.92	—	FT_32BMS01	北汽福田汽车股份有限公司	纯电动专用车	9	
天津市捷威动力工业有限公司	三元材料	IXP116/103/306	3.7	0.77	—	288	天津市捷威动力工业有限公司	355	210	360	153	—	54.3	否	CNEV-BMS-M1AEV/M1AEV_BP_01_T2_06990060	奇瑞新能源汽车技术有限公司	纯电动乘用车	1478	10819
	三元材料	IXP116/103/306	3.7	0.77±0.02	—	192	浙江合众新能源汽车有限公司	355	70.4	238	102	—	36.23	否	HZ-EP1000D（软件：35.11.80/硬件：H1.20）	浙江合众新能源汽车有限公司	纯电动乘用车	48	
	三元材料	IXP74/212/269	3.65	0.8	—	552	苏州科易新动力科技有限公司	503.7	148	700	148	—	74.5	否	硬件：KPB04-KPL04-KPE600/软件：LSV1.0	苏州科易新动力科技有限公司	纯电动专用车	1	
	三元材料	IXP74/212/269	3.65	0.80±0.02	—	172	重庆长安新能源汽车有限公司	313.9	74	249	74	—	23.2	否	XLBCU01	重庆长安新能源汽车有限公司	纯电动乘用车	2	
	三元材料	IXP74/229/269	3.7	0.88	—	192	天津市捷威动力工业有限公司	355	76	271	107	—	38	否	S51EV_BP_066B0060/CNEV-BMS-S51EV	奇瑞新能源汽车技术有限公司	纯电动乘用车	9290	
青海比亚迪锂电池有限公司	三元材料	C08MCC；C08MSC	3.65	2.35	—	119	太原比亚迪汽车有限公司	434.4	162	360	130	—	56.4	否	D100	惠州比亚迪电池有限公司	纯电动乘用车	2864	10359
	三元材料	C08MCC；C08MSC	3.65	C08MCC：2.35；C08MSC：2.35	—	108	太原比亚迪汽车有限公司	394.2	≤147	334	130	—	51.2	否	D100	惠州比亚迪电池有限公司	纯电动乘用车	7495	
北京国能电池科技股份有限公司	磷酸铁锂	LP13181250	3.2	1.25±0.3	—	1050	河南森源重工有限公司	560	360	1561	360	—	201.6	否	1621B（主控模块：C10D；硬件：HW1.1/软件：V1.02.S19）	河南森源重工有限公司	纯电动专用车	4	9949
	磷酸铁锂	PL11181250	3.22	1.01	—	135	北京国能电池科技股份有限公司	144.9	159	180	150	—	21.73	否	软件：SW 3.0/硬件：BY5248D	安徽力高新能源技术有限公司	纯电动乘用车	1327	
	磷酸铁锂	PL11181250	3.22	1.01	—	504	北京国能电池科技股份有限公司	540.96	150	635	150	—	81.144	否	硬件：BNB-BMS-03/软件：BN-BBMSSW1.1	北京国能电池科技股份有限公司	纯电动专用车	2	
	磷酸铁锂	PL13161227	3.22	0.94	—	516	北京国能电池科技股份有限公司	554	159	728±5	159	—	88.06	否	软件：SW1.1/硬件：BC52B	北京国能电池科技股份有限公司	纯电动专用车	172	
	磷酸铁锂	PL13181250	3.2	1.25	—	1080	北京国能电池科技股份有限公司	576	360	1720	360	—	207.36	否	软件：A06530817328/硬件：PW2904	东莞钜威动力技术有限公司	纯电动专用车	1	
	磷酸铁锂	PL13181250	3.2	1.25	—	1312	北京国能电池科技股份有限公司	524.8	480	2099	480	—	251.904	否	硬件：PWMBMS04/软件：A06536117913	东莞钜威动力技术有限公司	纯电动客车	37	
	磷酸铁锂	PL13181250	3.2	1.25	—	1472	北京国能电池科技股份有限公司	588.8	480	2355	480	—	282.624	否	硬件：PWMBMS04/软件：A06535217913	东莞钜威动力技术有限公司	纯电动客车	1	
	磷酸铁锂	PL13181250	3.2	1.25	—	1620	北京国能电池科技股份有限公司	576	540	2580	540	—	311.04	否	软件：A06523717328/硬件：PW2904	东莞钜威动力技术有限公司	纯电动专用车	39	

续上表

储能装置单体生产企业 Single Cell Production Enterprise of Energy Storage Device	储能装置种类 Types of Energy Storage Devices	储能装置单体型号 Cell Odels of Energy Storage Device	储能装置单体标称电压（V）Nominal Voltage of Monomer for Energy Storage Unit（V）	储能装置单体质量（kg）Monomer Quality of Energy Storage Unit（kg）	超级电容器单体标称静电容量（F）Nominal Electrostatic Capacity of Super Capacitor Monomer（F）	储能装置单体数量 Single Cell Quantity of Energy Storage Device	储能装置总成生产企业 Production Company of Energy Storage Device Cell	储能装置总成标称电压（V）Nominal Voltage of Energy Storage Device Assembly（V）	储能装置总成额定输出电流（A）Rated Output Current of Energy Storage Device Assembly（A）	储能装置总成质量（kg）Quality of Energy Storage Device Assembly（kg）	储能装置总成标称容量(Ah) Nominal Capacity of Power Battery Assembly（Ah）	超级电容器总成标称静电容量（F）Nominal Electrostatic Capacity of Super Capacitor Assembly（F）	储能装置总储电量（kWh）Total Energy Storage Capacity of Energy Storage Device（kWh）	动力蓄电池箱是否具有快换装置 Whether Power Battery Box has Quick Change Device	车载能源管理系统型号（包括软件和硬件）Vehicle Energy Management System Model(Including Software and Hardware)	车载能源管理系统生产企业 Vehicle Energy Management System Manufacturing Enterprise	配套车辆类型 Matching Vehicle Type	2018年配套车型产量小计（辆）Subtotal Output of Supported Odels in 2018（Vehicle）	2018年配套车型产量总计（辆）Total Output of Supported Odels in 2018（Vehicle）
北京国能电池科技股份有限公司	磷酸铁锂	PL13181250	3.2	1.25	—	1620	北京国能电池科技股份有限公司	576	540	2580	540	—	311.04	否	软件:A06523717328/硬件:PW2F01	东莞钜威动力技术有限公司	纯电动专用车	5	9949
	磷酸铁锂	PL13181250	3.2	1.25	—	324	北京国能电池科技股份有限公司	345.6	180	507	180	—	62.2	否	硬件:PWMBMS05/软件:A06527917508	北京国能电池科技股份有限公司	纯电动客车	21	
	磷酸铁锂	PL13181250	3.2	1.25	—	480	北京国能电池科技股份有限公司	512	180	722	180	—	92.16	否	硬件: PW2904 + PW2F01/软件: A06522917324	东莞钜威动力技术有限公司	纯电动专用车	969	
	磷酸铁锂	PL13181250	3.2	1.25	—	480	北京国能电池科技股份有限公司	512	180	722	180	—	92.16	否	硬件: PW2904 + PW2F01/软件: A06522917324	东莞钜威动力技术有限公司	纯电动专用车	3	
	磷酸铁锂	PL13181250	3.2	1.25	—	480	北京国能电池科技股份有限公司	512	180	767.5	180	—	92.16	否	软件:A06513116C07/硬件:BMUB00PL	东莞钜威动力技术有限公司	纯电动客车	306	
	磷酸铁锂	PL13181250	3.2	1.25	—	480	北京国能电池科技股份有限公司	512	180	767.5	180	—	92.16	否	主板软件: A06511016B30/硬件: PWMBMS05/主控软件:BMUB00PL/主控硬件:BMU10B142	东莞钜威动力技术有限公司/北京国能绿控科技有限公司	纯电动客车	1	
	磷酸铁锂	PL13181250	3.2	1.25	—	480	北京国能电池科技股份有限公司	512	180	767.5	180	—	92.16	否	主板软件: A06513116C07/硬件: C箱:PW2F01,B箱:PW2904	东莞钜威动力技术有限公司	纯电动客车	100	
	磷酸铁锂	PL13181250	3.2	1.25	—	480	北京国能电池科技股份有限公司	512	180	767.5	180	—	92.16	否	主板软件: A06516617210/硬件: PW2F01 + PW2904	东莞钜威动力技术有限公司	纯电动客车	2	
	磷酸铁锂	PL13181250	3.2	1.25	—	480;570	北京国能电池科技股份有限公司	512;608	180	760;920	180	—	92.16;109.4	否	主控硬件:PWMBMS05/主控软件: A06515417107	东莞钜威动力技术有限公司	纯电动客车	390	
	磷酸铁锂	PL13181250	3.2	1.25	—	736	北京国能电池科技股份有限公司	588.8	240	1160	240	—	141.3	—	A06529217525/PW2D01 + PW2904	东莞钜威动力技术有限公司	纯电动客车	1	
	磷酸铁锂	PL13181250	3.2	1.25	—	736	北京国能电池科技股份有限公司	588.8	240	1177.1	240	—	141.31	否	PW2D01 + PW2904	东莞钜威动力技术有限公司	纯电动客车	125	
	磷酸铁锂	PL13181250	3.2	1.25	—	736	北京国能电池科技股份有限公司	588.8	240	1177.1	240	—	141.312	否	PW2D01;PW2904	东莞钜威动力技术有限公司	纯电动客车	124	
	磷酸铁锂	PL13181250	3.2	1.25	—	736	北京国能电池科技股份有限公司	588.8	240	1177.1	240	—	141.31	否	PW2D01 + PW2904	东莞钜威动力技术有限公司	纯电动客车	9	
	磷酸铁锂	PL13181250	3.2	1.25	—	840	北京国能电池科技股份有限公司	537.6	300	1340 ± 20	300	—	161.28	否	软件:A06516517122;硬件:PW2904	东莞钜威动力技术有限公司	纯电动客车	2	
	磷酸铁锂	PL13181250	3.2	1.25	—	880	北京国能电池科技股份有限公司	576	300	1338	300	—	172.8	否	硬件:PW2904 系列/软件:PW2904	东莞钜威动力技术有限公司	纯电动客车	1	
	磷酸铁锂	PL13181250	3.2	1.25	—	900	北京国能电池科技股份有限公司	576	300	1338	300	—	172.8	否	A06535617828/PW2904	东莞钜威动力技术有限公司	纯电动客车	70	
	磷酸铁锂	PL13181250	3.2	1.25	—	900	北京国能电池科技股份有限公司	576	300	1400	300	—	172.8	否	软件:A06523717328/硬件:PW2904	东莞钜威动力技术有限公司	纯电动专用车	20	
	磷酸铁锂	PL13181250	3.2	1.25	—	900	北京国能电池科技股份有限公司	576	300	1440	300	—	172.8	否	硬件:PWMBMS04/软件:A06536117913	东莞钜威动力技术有限公司	纯电动客车	19	
	磷酸铁锂	PL13181250	3.2	1.25	—	960	北京国能电池科技股份有限公司	614.4	300	1500	300	—	184.32	否	主板软件: A06528317510/硬件: PW2904	东莞钜威动力技术有限公司	纯电动客车	50	
	磷酸铁锂	PL13181250	3.2	1.25 ± 0.03	—	480	北京国能电池科技股份有限公司	512	180	740	180	—	92.16	否	主板软件: A06515017106/硬件: PWMBMS05	东莞钜威动力技术有限公司	纯电动客车	40	

续上表

储能装置单体生产企业 Single Cell Production Enterprise of Energy Storage Device	储能装置种类 Types of Energy Storage Devices	储能装置单体型号 Cell Odels of Energy Storage Device	储能装置单体标称电压（V） Nominal Voltage of Monomer for Energy Storage Unit（V）	储能装置单体质量（kg） Monomer Quality of Energy Storage Unit（kg）	超级电容器单体标称静电容量（F） Nominal Electrostatic Capacity of Super Capacitor Monomer（F）	储能装置单体数量 Single Cell Quantity of Energy Storage Device	储能装置总成生产企业 Production Company of Energy Storage Device Cell	储能装置总成标称电压（V） Nominal Voltage of Energy Storage Device Assembly（V）	储能装置总成额定输出电流（A） Rated Output Current of Energy Storage Device Assembly（A）	储能装置总成质量（kg） Quality of Energy Storage Device Assembly（kg）	储能装置总成标称容量（Ah） Nominal Capacity of Power Battery Assembly（Ah）	超级电容器总成标称静电容量（F） Nominal Electrostatic Capacity of Super Capacitor Assembly（F）	储能装置总储电量（kWh） Total Energy Storage Capacity of Energy Storage Device（kWh）	动力蓄电池箱是否具有快换装置 Whether Power Battery Box has Quick Change Device	车载能源管理系统型号（包括软件和硬件） Vehicle Energy Management System Model（Including Software and Hardware）	车载能源管理系统生产企业 Vehicle Energy Management System Manufacturing Enterprise	配套车辆类型 Matching Vehicle Type	2018年配套车型产量小计（辆） Subtotal Output of Supported Odels in 2018（Vehicle）	2018年配套车型产量总计（辆） Total Output of Supported Odels in 2018（Vehicle）
北京国能电池科技股份有限公司	磷酸铁锂	PL13181250	3.2	1.25±0.03	—	480	北京国能电池科技股份有限公司	512	180	767.5	180	—	92.16	否	主板软件：A06510516B30/硬件：PWMBMS05	东莞钜威动力技术有限公司	纯电动客车	10	9949
	磷酸铁锂	PL13181250	3.2	1.25±0.03	—	480	北京国能电池科技股份有限公司	512	180	767.5±23	180	—	92.1	否	A06511716B30/PW2F01+PW2904	东莞钜威动力技术有限公司	纯电动客车	1	
	磷酸铁锂	PL13181250	3.2	1.25±0.03	—	480	北京国能电池科技股份有限公司	512	180	767.5±23	180	—	92.16	否	软件：A06522817323/硬件：PW2F01+PW2904	东莞钜威动力技术有限公司	纯电动客车	1	
	磷酸铁锂	PL13181250	3.2	1.25±0.03	—	480	北京国能电池科技股份有限公司	512	180	767.5±23	180	—	92.16	否	主板软件：A06510516B30/硬件：PWMBMS05	东莞钜威动力技术有限公司	纯电动客车	70	
	磷酸铁锂	PL13181250	3.2	1.25±0.03	—	540	北京国能电池科技股份有限公司	576	180	860	180	—	103.68	—	主板软件：A06515917107/硬件：PWMBMS05	东莞钜威动力技术有限公司	纯电动客车	44	
	磷酸铁锂	PL13181250	3.2	1.25±0.03	—	540	北京国能电池科技股份有限公司	576	180	860	180	—	103.7	否	主板软件：A06517017213/硬件：PW2F01+PW2904	东莞钜威动力技术有限公司	纯电动客车	1	
	磷酸铁锂	PL13181250	3.2	1.25±0.03	—	540	北京国能电池科技股份有限公司	576	180	860±25	180	—	103.68	—	主板软件：A06521817314/硬件：PW2F01+PW2904	东莞钜威新能源有限公司	纯电动客车	7	
	磷酸铁锂	PL13181250	3.2	1.25±0.03	—	540	北京国能电池科技股份有限公司	608	180	860	180	—	109.44	—	硬件：PW2902 + PW2F01/软件：A06538617A16	东莞钜威动力技术有限公司	纯电动客车	86	
	磷酸铁锂	PL13181250	3.2	1.25±0.03	—	672	北京国能电池科技股份有限公司	537.6	240	1060±35	240	—	129.024	否	软件：A06534917823/硬件：PW2D01+PW2904	东莞钜威动力技术有限公司	纯电动客车	10	
	磷酸铁锂	PL13181250	3.2	1.25±0.03	—	736	北京国能电池科技股份有限公司	588.8	240	1120	240	—	141.312	否	主板软件：A06528217510/硬件：PW2D01+PW2904	东莞钜威动力技术有限公司	纯电动客车	1	
	磷酸铁锂	PL13181250	3.2	1.25±0.03	—	736	北京国能电池科技股份有限公司	588.8	240	1170	240	—	141.312	否	主板软件：A06510616B30/硬件：PWMBMS05	东莞钜威动力技术有限公司	纯电动客车	21	
	磷酸铁锂	PL13181250	3.2	1.25±0.03	—	736	北京国能电池科技股份有限公司	588.8	240	1177.1	240	—	141.312	否	软件：A06522017315/硬件：PW2D01+PW2904	东莞钜威动力技术有限公司	纯电动客车	1	
	磷酸铁锂	PL13181250	3.2	1.25±0.03	—	736	北京国能电池科技股份有限公司	588.8	240	1190	240	—	141.312	否	软件：A06534417818/硬件：PW2D01（对应GN-128V/240Ah）；PW2904（对应GN-76.8V/240Ah）	东莞钜威动力技术有限公司	纯电动客车	6	
	磷酸铁锂	PL13181250	3.2	1.25±0.03	—	768	北京国能电池科技股份有限公司	614.4	240	1146±30	240	—	147.456	否	软件：A06540817B14/硬件：PW2D01+PW2904	东莞钜威动力技术有限公司	纯电动客车	66	
	磷酸铁锂	PL13181250	3.2	1.25±0.03	—	840	北京国能电池科技股份有限公司	537.6	300	1340±20	300	—	161.28	否	软件：A06512116C06/硬件：PW2904	东莞钜威动力技术有限公司	纯电动客车	130	
	磷酸铁锂	PL13181250	3.2	1.25±0.03	—	900	北京国能电池科技股份有限公司	576	300	1338	300	—	172.8	否	硬件：PW2904/软件：A06549718413	东莞钜威动力技术有限公司	纯电动专用车	5	
	磷酸铁锂	PL13181250	3.2	1.25±0.3	—	1050	河南森源重工有限公司	560	360	1561	360	—	201.6	否	1621B（主控模块：C10D；硬件：HW1.1/软件：V1.02.S19）	河南森源重工有限公司	纯电动专用车	3	
	磷酸铁锂	PL13181250	3.2	1.25±0.03	—	736	北京国能电池科技股份有限公司	588.8	240	1170±35	240	—	141.312	否	主板软件：A06510616B30/硬件：WMBMS05	东莞钜威动力技术有限公司	纯电动客车	1	
	磷酸铁锂	PL14161227	3.2	1.17±0.03	—	416	北京国能电池科技股份有限公司	332.8	240	691	240	—	79.87	否	硬件：PWMBMS05/软件：A06533017821	北京国能电池科技股份有限公司	纯电动专用车	2	

续上表

储能装置单体生产企业 Single Cell Production Enterprise of Energy Storage Device	储能装置种类 Types of Energy Storage Devices	储能装置单体型号 Cell Odels of Energy Storage Device	储能装置单体标称电压(V) Nominal Voltage of Monomer for Energy Storage Unit (V)	储能装置单体质量(kg) Monomer Quality of Energy Storage Unit (kg)	超级电容器单体标称静电容量(F) Nominal Electrostatic Capacity of Super Capacitor Monomer (F)	储能装置单体数量 Single Cell Quantity of Energy Storage Device	储能装置总成生产企业 Production Company of Energy Storage Device Cell	储能装置总成标称电压(V) Nominal Voltage of Energy Storage Device Assembly (V)	储能装置总成额定输出电流(A) Rated Output Current of Energy Storage Device Assembly (A)	储能装置总成质量(kg) Quality of Energy Storage Device Assembly (kg)	储能装置总成标称容量(Ah) Nominal Capacity of Power Battery Assembly (Ah)	超级电容器总成标称静电容量(F) Nominal Electrostatic Capacity of Super Capacitor Assembly (F)	储能装置总储电量(kWh) Total Energy Storage Capacity of Energy Storage Device (kWh)	动力蓄电池箱是否具有快换装置 Whether Power Battery Box has Quick Change Device	车载能源管理系统型号(包括软件和硬件) Vehicle Energy Management System Model (Including Software and Hardware)	车载能源管理系统生产企业 Vehicle Energy Management System Manufacturing Enterprise	配套车辆类型 Matching Vehicle Type	2018年配套车型产量小计(辆) Subtotal Output of Supported Odels in 2018 (Vehicle)	2018年配套车型产量总计(辆) Total Output of Supported Odels in 2018 (Vehicle)
北京国能电池科技股份有限公司	磷酸铁锂	PL14161227	3.2	1.17±0.03	—	416	北京国能电池科技股份有限公司	332.8	240	691±15	240	—	79.872	—	硬件:PWMBMS05/软件:A06533017821	北京国能电池科技股份有限公司	纯电动专用车	2	9949
	磷酸铁锂	PL14161227	3.2	1.17±0.03	—	416	北京国能电池科技股份有限公司	332.8	240	691±15	240	—	79.872	否	软件:A06533017821/硬件:PWMBMS05	北京国能电池科技股份有限公司	纯电动专用车	1	
	磷酸铁锂	PL15161227	3.2	1.2	—	200	安徽天鑫能源科技有限公司	320	126	339	126	—	40.32	否	软件:WHQR06S2C100V01/硬件:TXBCU-ME-1701	安徽天鑫能源科技有限公司	纯电动专用车	401	
	磷酸铁锂	PL15161227	3.2	1.2	—	200	安徽天鑫能源科技有限公司	320	126	339	126	—	40.32	否	软件:WHQR06S2C100V01/硬件:TXBCU-ME-1701	安徽天鑫能源科技有限公司	纯电动专用车	1469	
	磷酸铁锂	PL15161227	3.22	1.2	—	200	露笑新能源技术有限公司	322	126	338	126	—	40.572	否	硬件:LX-QR-Q22-HW-V002/软件:LX-QR-Q22-SW-V002	露笑新能源技术有限公司	纯电动专用车	579	
	磷酸铁锂	PL15161227	3.22	1.2	—	216	北京国能电池科技股份有限公司	347.76	126	365	126	—	43.8	否	硬件:BNB-BMS-02/软件:BN-BBMSSW1.1	北京国能电池科技股份有限公司	纯电动专用车	324	
	磷酸铁锂	PL15161227	3.22	1.2±0.03	—	300	北京国能电池科技股份有限公司	322	189	505	189	—	60.858	否	硬件:BNB-BMS-03/软件:BN-BBMSSW1.2	北京国能电池科技股份有限公司	纯电动专用车	2	
	磷酸铁锂	PL15181210	3.22	1.25	—	240	北京国能电池科技股份有限公司	386.4	136	352	136	—	52.55	否	硬件:BNB-BMS-02/软件:BN-BBMSSW1.1	北京国能电池科技股份有限公司	纯电动客车	3	
	磷酸铁锂	PL15181210	3.22	1.25	—	360	北京国能电池科技股份有限公司	386.4	204	525	204	—	78.82	否	硬件:BNB-BMS-03/软件:BN-BBMSSW1.1	北京国能电池科技股份有限公司	纯电动客车	7	
	磷酸铁锂	PL15181210	3.22	1.25	—	360	北京国能电池科技股份有限公司	386.4	204	532	204	—	78.82	否	硬件:BNB-BMS-03/软件:BN-BBMSSW1.1	北京国能电池科技股份有限公司	纯电动专用车	1	
	磷酸铁锂	PL15181210	3.22	1.25	—	558	北京国能电池科技股份有限公司	598.92	204	840	204	—	122.17	否	硬件:BNB-BMS-03/软件:BN-BBMSSW1.1	北京国能电池科技股份有限公司	纯电动客车	563	
	磷酸铁锂	PL15181210	3.22	1.25	—	576	北京国能电池科技股份有限公司	618.2	204	868	204	—	126.12	无	硬件:BNB-BMS-03/软件:BN-BBMSSW1.1	北京国能电池科技股份有限公司	纯电动客车	448	
	磷酸铁锂	PL15181210	3.22	1.25	—	648	北京国能电池科技股份有限公司	521.64	272	920	272	—	141.88	否	硬件:BNB-BMS-04/软件:BN-BBMSSW1.1	北京国能电池科技股份有限公司	纯电动客车	48	
	磷酸铁锂	PL15181210	3.22	1.25	—	648	北京国能电池科技股份有限公司	521.64	272	920	272	—	141.886	否	硬件:BNB-BMS-04/软件:BN-BBMSSW1.1	北京国能电池科技股份有限公司	纯电动客车	30	
	磷酸铁锂	PL15181210	3.22	1.25	—	720	北京国能电池科技股份有限公司	579.6	272	1020	272	—	157.7	否	硬件:BNB-BMS-04/软件:BN-BBMSSW1.1	北京国能电池科技股份有限公司	纯电动客车	60	
	磷酸铁锂	PL15181210	3.22	1.25	—	744	北京国能电池科技股份有限公司	598.92	272	1065	272	—	162.9	否	硬件:BNB-BMS-04/软件:BN-BBMSSW1.1	北京国能电池科技股份有限公司	纯电动客车	10	
	磷酸铁锂	PL15181210	3.22	1.25	—	768	北京国能电池科技股份有限公司	618.2	272	1157	272	—	168.16	否	硬件:BNB-BMS-04/软件:BN-BBMSSW1.1	北京国能电池科技股份有限公司	纯电动客车	2	
	磷酸铁锂	PL15181210	3.22	1.25(±0.03)	—	1440	北京国能电池科技股份有限公司	579.6	544	2040	544	—	315.3	否	硬件:BNB-BMS-04/软件:BN-BBMSSW1.1	北京国能电池科技股份有限公司	纯电动专用车	2	
	磷酸铁锂	PL15181210	3.22	1.25(±0.03)	—	360	北京国能电池科技股份有限公司	579.6	136	510	136	—	78.83	否	软件:BNBBMSSW1.1/硬件:BNB-BMS-02	北京国能电池科技股份有限公司	纯电动专用车	242	

续上表

储能装置单体生产企业 Single Cell Production Enterprise of Energy Storage Device	储能装置种类 Types of Energy Storage Devices	储能装置单体型号 Cell Odels of Energy Storage Device	储能装置单体标称电压（V） Nominal Voltage of Monomer for Energy Storage Unit（V）	储能装置单体质量（kg） Monomer Quality of Energy Storage Unit（kg）	超级电容器单体标称静电容量（F） Nominal Electrostatic Capacity of Super Capacitor Monomer（F）	储能装置单体数量 Single Cell Quantity of Energy Storage Device	储能装置总成生产企业 Production Company of Energy Storage Device Cell	储能装置总成标称电压(V) Nominal Voltage of Energy Storage Device Assembly（V）	储能装置总成额定输出电流（A） Rated Output Current of Energy Storage Device Assembly（A）	储能装置总成质量（kg） Quality of Energy Storage Device Assembly（kg）	储能装置总成标称容量(Ah) Nominal Capacity of Power Battery Assembly（Ah）	超级电容器总成标称静电容量(F) Nominal Electrostatic Capacity of Super Capacitor Assembly（F）	储能装置总储电量（kWh） Total Energy Storage Capacity of Energy Storage Device（kWh）	动力蓄电池箱是否具有快换装置 Whether Power Battery Box has Quick Change Device	车载能源管理系统型号（包括软件和硬件） Vehicle Energy Management System Model(Including Software and Hardware)	车载能源管理系统生产企业 Vehicle Energy Management System Manufacturing Enterprise	配套车辆类型 Matching Vehicle Type	2018年配套车型产量小计（辆） Subtotal Output of Supported Odels in 2018（Vehicle）	2018年配套车型产量总计（辆） Total Output of Supported Odels in 2018（Vehicle）
北京国能电池科技股份有限公司	磷酸铁锂	PL15181210	3.22	1.25(±0.03)	—	360	北京国能电池科技股份有限公司	579.6	136	562	136	—	78.8256	否	软件：BNBBMSSW1.1/硬件：BNB-BMS-02	北京国能电池科技股份有限公司	纯电动专用车	1	9949
	磷酸铁锂	PL15181210	3.22	1.25(±0.03)	—	468	北京国能电池科技股份有限公司	502.32	204	665	204	—	102.47	否	硬件 BNB-BMS-03/软件 BN-BBMSSW1.1	北京国能电池科技股份有限公司	纯电动客车	201	
	磷酸铁锂	PL15181210	3.22	1.25(±0.03)	—	756	北京国能电池科技股份有限公司	608.58	272	1139±27	272	—	165.53376	否	硬件：BNB-BMS-04/软件：BN-BBMSSW1.1	北京国能电池科技股份有限公司	纯电动客车	14	
	磷酸铁锂	PL15181210	3.22	1.25(±0.03)	—	1152	北京国能电池科技股份有限公司	618.24	408	1640	408	—	252.24	否	硬件：BNB-BMS-03/软件：BN-BBMSSW1.1	北京国能电池科技股份有限公司	纯电动客车	60	
	磷酸铁锂	PL15181210	3.22	1.25(±0.03)	—	684	北京国能电池科技股份有限公司	550.62	272	970	272	—	149.76	否	硬件：BNB-BMS-04/软件：BN-BBMSSW1.1	北京国能电池科技股份有限公司	纯电动客车	40	
	磷酸铁锂	PL15181210	3.22	1.25±0.03	—	1080	浙江远威动力技术有限公司	579.6	272	1530	408	—	236.47	否	软件：A28800418515/硬件：PW2F02-36S	东莞钜威动力技术有限公司	纯电动客车	10	
	磷酸铁锂	PL15181210	3.22	1.25±0.03	—	240	北京国能电池科技股份有限公司	386.4	136	352±10	136	—	52.55	否	软件：BNBBMSSW1.1/硬件：BNB-BMS-02	北京国能电池科技股份有限公司	纯电动专用车	57	
	磷酸铁锂	PL15181210	3.22	1.25±0.03	—	324	北京国能电池科技股份有限公司	521.64	136	488	136	—	70.94	—	硬件：BNB-BMS-02/软件：BN-BBMSSW1.1	北京国能电池科技股份有限公司	纯电动客车	2	
	磷酸铁锂	PL15181210	3.22	1.25±0.03	—	360	北京国能电池科技股份有限公司	579.6	136	528	136	—	78.83	否	硬件：BNB-BMS-02/软件：BN-BBMSSW1.1	北京国能电池科技股份有限公司	纯电动客车	20	
	磷酸铁锂	PL15181210	3.22	1.25±0.03	—	360	北京国能电池科技股份有限公司	579.6	136	562	136	—	78.82	否	软件：BNBBMSSW1.1/硬件：BNB-BMS-02	北京国能电池科技股份有限公司	纯电动专用车	1	
	磷酸铁锂	PL15181210	3.22	1.25±0.03	—	360	北京国能电池科技股份有限公司	579.6	136	562	136	—	78.8256	—	软件：BNBBMSSW1.1/硬件：BNB-BMS-02	北京国能电池科技股份有限公司	纯电动专用车	47	
	磷酸铁锂	PL15181210	3.22	1.25±0.03	—	360	北京国能电池科技股份有限公司	579.6	136	562	136	—	78.8256	否	软件：BNBBMSSW1.1/硬件：BNB-BMS-02	北京国能电池科技股份有限公司	纯电动专用车	25	
	磷酸铁锂	PL15181210	3.22	1.25±0.03	—	360	北京国能电池科技股份有限公司	579.6	136	562	136	—	78.8256	否	软件：BNBBMSSW1.1/硬件：BNB-BMS-02	北京国能电池科技股份有限公司	纯电动专用车	8	
	磷酸铁锂	PL15181210	3.22	1.25±0.03	—	468	北京国能电池科技股份有限公司	502.32	204	700	204	—	102.47	否	硬件：BNB-BMS-03/软件：BN-BBMSSW1.1	北京国能电池科技股份有限公司	纯电动客车	3	
	磷酸铁锂	PL15181210	3.22	1.25±0.03	—	477	北京国能电池科技股份有限公司	511.98	204	675	204	—	104.442	否	硬件：BNB-BMS-03/软件：BN-BBMSSW1.1	北京国能电池科技股份有限公司	纯电动客车	20	
	磷酸铁锂	PL15181210	3.22	1.25±0.03	—	504	北京国能电池科技股份有限公司	540.96	204	749±15	204	—	110.35584	否	硬件：BNB-BMS-03/软件：BN-BBMSSW1.1	北京国能电池科技股份有限公司	纯电动客车	51	
	磷酸铁锂	PL15181210	3.22	1.25±0.03	—	504	北京国能电池科技股份有限公司	540.96	204	759	204	—	110.35	否	BNBBMSSW1.1/BNB-BMS-03	北京国能电池科技股份有限公司	纯电动客车	54	
	磷酸铁锂	PL15181210	3.22	1.25±0.03	—	624	北京国能电池科技股份有限公司	502.32	272	940	272	—	136.63	—	硬件：BNB-BMS-04/软件：BN-BBMSSW1.1	北京国能电池科技股份有限公司	纯电动客车	6	
	磷酸铁锂	PL15181210	3.22	1.25±0.03	—	648	浙江远威动力技术有限公司	521.64	272	945	272	—	141.89	否	硬件：PWMBMS04-E/软件：BN-BBMSSW1.1	东莞钜威动力技术有限公司	纯电动客车	2	

续上表

储能装置单体生产企业 Single Cell Production Enterprise of Energy Storage Device	储能装置种类 Types of Energy Storage Devices	储能装置单体型号 Cell Odels of Energy Storage Device	储能装置单体标称电压(V) Nominal Voltage of Monomer for Energy Storage Unit (V)	储能装置单体质量(kg) Monomer Quality of Energy Storage Unit (kg)	超级电容器单体标称静电容量(F) Nominal Electrostatic Capacity of Super Capacitor Monomer (F)	储能装置单体数量 Single Cell Quantity of Energy Storage Device	储能装置总成生产企业 Production Company of Energy Storage Device Cell	储能装置总成标称电压(V) Nominal Voltage of Energy Storage Device Assembly (V)	储能装置总成额定输出电流(A) Rated Output Current of Energy Storage Device Assembly (A)	储能装置总成质量(kg) Quality of Energy Storage Device Assembly (kg)	储能装置总成标称容量(Ah) Nominal Capacity of Power Battery Assembly (Ah)	超级电容器总成标称静电容量(F) Nominal Electrostatic Capacity of Super Capacitor Assembly (F)	储能装置总储电量(kWh) Total Energy Storage Capacity of Energy Storage Device (kWh)	动力蓄电池箱是否具有快换装置 Whether Power Battery Box has Quick Change Device	车载能源管理系统型号(包括软件和硬件) Vehicle Energy Management System Model(Including Software and Hardware)	车载能源管理系统生产企业 Vehicle Energy Management System Manufacturing Enterprise	配套车辆类型 Matching Vehicle Type	2018年配套车型产量小计(辆) Subtotal Output of Supported Odels in 2018 (Vehicle)	2018年配套车型产量总计(辆) Total Output of Supported Odels in 2018 (Vehicle)
北京国能电池科技股份有限公司	磷酸铁锂	PL15181210	3.22	1.25±0.03	—	696	北京国能电池科技股份有限公司	560.28	272	1049	272	—	152.4	否	硬件：BNB-BMS-04/软件：BN-BBMSSW1.1	北京国能电池科技股份有限公司	纯电动客车	20	9949
	磷酸铁锂	PL15181210	3.22	1.25±0.03	—	756	北京国能电池科技股份有限公司	608.58	272	1075	272	—	165.53	否	主板软件：BNBBMSSW1.1；硬件：BNB-BMS-04	北京国能电池科技股份有限公司	纯电动客车	20	
	磷酸铁锂	PL15181210	3.22	1.25±0.03	—	768	北京国能电池科技股份有限公司	618.24	272	1157	272	—	168.16	否	硬件：BNB-BMS-04/软件：BN-BBMSSW1.1	北京国能电池科技股份有限公司	纯电动客车	10	
	磷酸铁锂	PL15181210	3.22	1.25±0.03	—	954	北京国能电池科技股份有限公司	511.98	408	1416±30	408	—	208.89	否	软件：BNBBMSSW1.1/硬件：BNB-BMS-03	北京国能电池科技股份有限公司	纯电动客车	140	
	三元材料	PL62181250	3.7	0.65	—	384	北京国能电池科技股份有限公司	355.2	120	384	120	—	42.624	否	软件：A06531017072401T/硬件：mbms05	北京国能电池科技股份有限公司	纯电动专用车	1	
	三元材料	PL62181250	3.7	0.65	—	660	北京国能电池科技股份有限公司	407	180	630	180	—	73.26	否	软件：A06514317104/硬件：PWMBMS05	东莞钜威动力技术有限公司	纯电动专用车	600	
	三元材料	PL62181250	3.7	0.65±0.04	—	864	北京国能电池科技股份有限公司	532.8	180	770±21	180	—	95.904	—	软件：A06526017410/硬件：PWMBMS05（主控）PW2305-36S(从控)	东莞钜威动力技术有限公司	纯电动专用车	28	
	三元材料	PL62181250	3.7	0.65±0.04	—	864	北京国能电池科技股份有限公司	532.8	180	770±21	180	—	95.904	否	软件：A06526017410/硬件：PWMBMS05（主控）PW2305-36S(从控)	东莞钜威动力技术有限公司	纯电动专用车	7	
中航锂电（洛阳）有限公司	磷酸铁锂	L135F68	3.2	1.60	—	504	中航锂电（洛阳）有限公司	537.6	204	1110	204	—	109.7	否	主控硬件：M2DT01/主控软件：MBT001	深圳市航盛新能源有限公司	纯电动客车	3	9823
	磷酸铁锂	L135F68	3.2	1.60±0.15	—	504	中航锂电（洛阳）有限公司	537.6	204	1110	204	—	109.7	否	主控硬件：M2DT01/主控软件：MBT001	深圳市航盛新能源有限公司	纯电动客车	96	
	磷酸铁锂	L135F68	3.2	1.60±0.15	—	504	中航锂电（洛阳）有限公司	537.6	204	1110	204	—	109.7	否	硬件：M2DT01/软件：MBT001	深圳市航盛新能源有限公司	纯电动客车	1	
	磷酸铁锂	L135F68	3.2	1.60±0.15	—	576	中航锂电（洛阳）有限公司	614.4	204	1271	204	—	125.34	否	主控硬件：M2DT01/主控软件：MBT001	深圳市航盛新能源有限公司	纯电动客车	46	
	磷酸铁锂	L135F68	3.2	1.60±0.15	—	768	中航锂电（洛阳）有限公司	614.4	272	1672	272	—	167.1	否	硬件：M2DT01/软件：MBT001	深圳市航盛新能源有限公司	纯电动客车	1	
	磷酸铁锂	L135F68	3.2	1.60±0.15	—	768	中航锂电（洛阳）有限公司	614.4	272	1675	272	—	167.12	否	主控硬件：M2DT01/主控软件：MBT001	深圳市航盛新能源有限公司	纯电动客车	65	
	磷酸铁锂	L135F68	3.2	1.60±0.15	—	768;672	中航锂电（洛阳）有限公司	614.4;537.6	272	1705;1492	272	—	167.12;146.23	否	硬件：M2DT01/软件：MBT001；硬件：BC52/软件：LG_CALB_BC52	深圳市航盛新能源有限公司；安徽力高新能源技术有限公司	纯电动客车	5	
	磷酸铁锂	L135F73	3.2	1.6	—	324	中航锂电（洛阳）有限公司	345.6	219	618	219	—	75.68	否	CA-B01SVA/CA-B01H	中航锂电（洛阳）有限公司	纯电动客车	15	
	磷酸铁锂	L135F75	3.2	1.82±0.1	—	336	北京海博思创科技有限公司	537.6	93	850	150	—	80.6	否	硬件：EVS200-Z03（02）EVS200-C12P 软件：BP6161_ZH75_EVS200_Z03_2_0_20170322.s19	北京海博思创科技有限公司	纯电动专用车	100	
	磷酸铁锂	L135F80B	3.2	1.87	—	336	北京海博思创科技有限公司	537.6	160	770	160	—	86.02	否	硬件EVS-200/软件2.0版	北京海博思创科技有限公司	纯电动专用车	21	
	磷酸铁锂	L135F80B	3.2	1.87±0.1	—	336	北京海博思创科技有限公司	537.6	160	770±20	160	—	86.02	否	硬件EVS-200/软件2.0版	北京海博思创科技有限公司	纯电动专用车	1088	

续上表

储能装置单体生产企业 Single Cell Production Enterprise of Energy Storage Device	储能装置种类 Types of Energy Storage Devices	储能装置单体型号 Cell Odels of Energy Storage Device	储能装置单体标称电压(V) Nominal Voltage of Monomer for Energy Storage Unit (V)	储能装置单体质量(kg) Monomer Quality of Energy Storage Unit (kg)	超级电容器单体标称静电容量(F) Nominal Electrostatic Capacity of Super Capacitor Monomer (F)	储能装置单体数量 Single Cell Quantity of Energy Storage Device	储能装置总成生产企业 Production Company of Energy Storage Device Cell	储能装置总成标称电压(V) Nominal Voltage of Energy Storage Device Assembly (V)	储能装置总成额定输出电流(A) Rated Output Current of Energy Storage Device Assembly (A)	储能装置总成质量(kg) Quality of Energy Storage Device Assembly (kg)	储能装置总成标称容量(Ah) Nominal Capacity of Power Battery Assembly (Ah)	超级电容器总成标称静电容量(F) Nominal Electrostatic Capacity of Super Capacitor Assembly (F)	储能装置总储电量(kWh) Total Energy Storage Capacity of Energy Storage Device (kWh)	动力蓄电池箱是否具有快换装置 Whether Power Battery Box has Quick Change Device	车载能源管理系统型号(包括软件和硬件) Vehicle Energy Management System Model(Including Software and Hardware)	车载能源管理系统生产企业 Vehicle Energy Management System Manufacturing Enterprise	配套车辆类型 Matching Vehicle Type	2018年配套车型产量小计(辆) Subtotal Output of Supported Odels in 2018 (Vehicle)	2018年配套车型产量总计(辆) Total Output of Supported Odels in 2018 (Vehicle)
中航锂电(洛阳)有限公司	磷酸铁锂	L135F80B	3.2	1.87±0.1	—	336	北京海博思创科技有限公司	537.6	160	770±20	160	—	86.2	否	软件:2.0版/硬件:EVS-200	北京海博思创科技有限公司	纯电动专用车	3	9823
	磷酸铁锂	L135F80B	3.2	1.87±0.1	—	336	江苏金坛绿能新能源科技有限公司	537.6	160	770±20	160	—	86.02	否	硬件:LN-HBB-BMS V1.0/软件:LN-HBB-BMS V1.0	江苏金坛绿能新能源科技有限公司	纯电动专用车	311	
	磷酸铁锂	L135F80B	3.2	1.87±0.1	—	336	上海精虹新能源科技有限公司	537.7	160	735±10	160	—	86.01	否	软件:SSY_SJH45T_RCV000011804(BCU、BMU 一致)/硬件:SSYRC12450V11031710-BCU;SSYRL1236V10011803-BMU	上海精虹新能源科技有限公司	纯电动专用车	204	
	磷酸铁锂	L135F80B	3.2	1.87±0.1	—	336	中航锂电(洛阳)有限公司	537.6	160	770	160	—	86.01	否	CA-B01SVA/CA-B01H	中航锂电(洛阳)有限公司	纯电动专用车	25	
	磷酸铁锂	L135F80B	3.2	1.87±0.30	—	224	安徽瓯鹏动力科技有限公司	358.4	160	498	160	—	57.344	否	OFB-BMS18660	安徽瓯鹏动力科技有限公司	纯电动专用车	112	
	磷酸铁锂	L173F120	3.2	2.85±0.1	—	336	中航锂电(洛阳)有限公司	537.6	240	1285	240	—	129.02	—	硬件:PWMBMS03-N/软件:A01902216C01	东莞钜威动力技术有限公司	纯电动客车	10	
	磷酸铁锂	L173F120	3.2	2.85±0.10	—	486	中航锂电(洛阳)有限公司	518.4	360	1818±54	360	—	186.6	否	CA-B01SVA/CA-B01H	中航锂电(洛阳)有限公司	纯电动客车	7	
	磷酸铁锂	L173F130	3.2	2.95±0.15	—	100	中航锂电(洛阳)有限公司	320	130	359	130	—	41.6	—	硬件:CA-B01H/软件:CA-B01SVA	中航锂电(洛阳)有限公司	纯电动专用车	453	
	磷酸铁锂	L173F130	3.2	2.95±0.15	—	232	安徽瓯鹏动力科技有限公司	371.2V	260	835±25	260	—	96.512	否	OFB-BMS18460	安徽瓯鹏动力科技有限公司	纯电动专用车	93	
	磷酸铁锂	L173F176A	3.2	3.9	—	177;195	中航锂电(洛阳)有限公司	566.4;624	176	807;895	176	—	99.69;109.8	否	硬件:CA-B02H/软件:CA-B02SVA	中航锂电(洛阳)有限公司	纯电动客车	1	
	磷酸铁锂	L173F176A	3.2	3.9	—	180	中航锂电(洛阳)有限公司	576	176	817	176	—	101.3	否	硬件:CA-B02H/软件:CA-B02SVA	中航锂电(洛阳)有限公司	纯电动客车	255	
	磷酸铁锂	L173F176A	3.2	3.9	—	192	中航锂电(洛阳)有限公司	614.4	176	872	176	—	108.13	否	CA-B02SVA/CA-B02H	中航锂电(洛阳)有限公司	纯电动客车	1	
	磷酸铁锂	L173F176A	3.2	3.9	—	336	中航锂电(洛阳)有限公司	537.6	352	1488	352	—	189.23	否	硬件:CA-B02H/软件:CA-B02SVA	中航锂电(洛阳)有限公司	纯电动客车	12	
	磷酸铁锂	L173F176A	3.2	3.9	—	384	中航锂电(洛阳)有限公司	614.4	352	1744	352	—	216.26	否	CA-B02SVA/CA-B02H	中航锂电(洛阳)有限公司	纯电动客车	140	
	磷酸铁锂	L173F176A	3.2	3.9	—	384	中航锂电(洛阳)有限公司	614.4	352	1744	352	—	216.26	否	硬件:CA-B02H/软件:CA-B02SVA	中航锂电(洛阳)有限公司	纯电动客车	302	
	磷酸铁锂	L173F176A	3.2	3.9	—	384	中航锂电(洛阳)有限公司	614.4	352	1744	352	—	216.27	否	CA-B02SVA/CA-B02H	中航锂电(洛阳)有限公司	纯电动客车	50	
	磷酸铁锂	L173F176A	3.2	3.9±0.20	—	180	中航锂电(洛阳)有限公司	576	176	808	176	—	101.38	否	CA-B02SVA/CA-B02H	中航锂电(洛阳)有限公司	纯电动客车	5	
	磷酸铁锂	L173F176A	3.2	3.9±0.3	—	132	中航锂电(洛阳)有限公司	422.4	176	590	176	—	74.34	否	CA-B02SVA/CA-B02H	中航锂电(洛阳)有限公司	纯电动客车	42	
	磷酸铁锂	L173F176A	3.2	3.9±0.3	—	192	中航锂电(洛阳)有限公司	614.4	176	872	176	—	108.13	否	CA-B02SVA/CA-B02H	中航锂电(洛阳)有限公司	纯电动客车	3	
	磷酸铁锂	L173F176A	3.2	3.9±0.3	—	288	中航锂电(洛阳)有限公司	460.8	352	1308	352	—	162.2	否	CA-B02SVA/CA-B02H	中航锂电(洛阳)有限公司	纯电动客车	22	
	磷酸铁锂	L173F176A	3.2	3.9±0.3	—	384	中航锂电(洛阳)有限公司	614.4	352	1744	352	—	216.26	否	CA-B02SVA/CA-B02H	中航锂电(洛阳)有限公司	纯电动客车	202	
	磷酸铁锂	L173F176A	3.2	3.9±0.30	—	168	安徽瓯鹏动力科技有限公司	537.6	176	796±20	176	—	94.62	否	OFB-BMS17A62	安徽瓯鹏动力科技有限公司	纯电动专用车	998	
	三元材料	L148N48A	3.65	0.88	—	156	宁波利维能储能系统有限公司	142.3	192	195	192	—	27.33	否	软件:B6A004MS7B10D0/硬件:YT03CM48	惠州市亿能电子有限公司	纯电动乘用车	65	
	三元材料	L148N50	3.65	0.9	—	156	宁波利维能储能系统有限公司	142.3	200	198	200	—	28.47	否	软件:B6A004MS/硬件:YT03CM48	惠州市亿能电子有限公司	纯电动乘用车	1354	

续上表

储能装置单体生产企业 Single Cell Production Enterprise of Energy Storage Device	储能装置种类 Types of Energy Storage Devices	储能装置单体型号 Cell Odels of Energy Storage Device	储能装置单体标称电压(V) Nominal Voltage of Monomer for Energy Storage Unit (V)	储能装置单体质量(kg) Monomer Quality of Energy Storage Unit (kg)	超级电容器单体标称静电容量(F) Nominal Electrostatic Capacity of Super Capacitor Monomer (F)	储能装置单体数量 Single Cell Quantity of Energy Storage Device	储能装置总成生产企业 Production Company of Energy Storage Device Cell	储能装置总成标称电压(V) Nominal Voltage of Energy Storage Device Assembly (V)	储能装置总成额定输出电流(A) Rated Output Current of Energy Storage Device Assembly (A)	储能装置总成质量(kg) Quality of Energy Storage Device Assembly (kg)	储能装置总成标称容量(Ah) Nominal Capacity of Power Battery Assembly (Ah)	超级电容器总成标称静电容量(F) Nominal Electrostatic Capacity of Super Capacitor Assembly (F)	储能装置总储电量(kWh) Total Energy Storage Capacity of Energy Storage Device (kWh)	动力蓄电池箱是否具有快换装置 Whether Power Battery Box has Quick Change Device	车载能源管理系统型号(包括软件和硬件) Vehicle Energy Management System Model (Including Software and Hardware)	车载能源管理系统生产企业 Vehicle Energy Management System Manufacturing Enterprise	配套车辆类型 Matching Vehicle Type	2018年配套车型产量小计(辆) Subtotal Output of Supported Odels in 2018 (Vehicle)	2018年配套车型产量总计(辆) Total Output of Supported Odels in 2018 (Vehicle)
中航锂电(洛阳)有限公司	三元材料	L148N50	3.65	0.9	—	164	宁波利维能储能系统有限公司	149.65	200	206	200	—	29.93	否	软件:B6A005MS7C12D0/硬件:YT03CM48	惠州市亿能电子有限公司	纯电动乘用车	757	9823
	三元材料	L148N50	3.65	0.9±0.05	—	288	中航锂电(洛阳)有限公司	350.4	150	365±10	150	—	52.56	否	CA-B01H/CA-B01SVA	中航锂电(洛阳)有限公司	纯电动乘用车	418	
	三元材料	L148N50	3.65	0.9±0.05	—	288	重庆金康新能源汽车有限公司	350.4	150	365±10	150	—	52.56	否	JK-BMS-SC03/JK-BMS-HC03	重庆金康新能源汽车有限公司	纯电动乘用车	42	
	三元材料	L148N50	3.65	0.9±0.05	—	288	重庆长安汽车股份有限公司	350.4	150	372	150	—	52.56	否	XLBCU01	重庆长安汽车股份有限公司	纯电动乘用车	2468	
	三元材料	P161N28	3.65	0.52±0.02	—	864	惠州市蓝微新源技术有限公司	525.6	168	697	168	—	88.3	否	硬件:BHN02/软件:65PH06	惠州市蓝微新源技术有限公司	纯电动专用车	27	
惠州亿纬锂能股份有限公司	磷酸铁锂	LF105	3.2	1.98	—	384	惠州亿纬锂能股份有限公司	409.6	315	892	315	—	129.02	否	SEV6/HEV6	惠州亿纬锂能股份有限公司	纯电动客车	4	9412
	磷酸铁锂	LF105	3.2	1.98	—	540	惠州亿纬锂能股份有限公司	576	315	1260	315	—	181.44	否	SEV6/HEV6	惠州亿纬锂能股份有限公司	纯电动客车	3	
	磷酸铁锂	LF105	3.2	1.98	—	576	惠州亿纬锂能股份有限公司	614.4	315	1338	315	—	193.53	否	SEV6/HEV6	惠州亿纬锂能股份有限公司	纯电动客车	10	
	磷酸铁锂	LF105	3.2	1.98	—	576	惠州亿纬锂能股份有限公司	614.4	315	1338	315	—	193.54	—	SEV6/HEV6	惠州亿纬锂能股份有限公司	纯电动客车	201	
	磷酸铁锂	LF105	3.2	1.98	—	768	惠州亿纬锂能股份有限公司	614.4	420	1784	420	—	258.04	否	SEV6/HEV6	惠州亿纬锂能股份有限公司	纯电动客车	251	
	磷酸铁锂	LF105	3.2	1.98±0.05	—	1008	南京创源天地动力科技有限公司	537.6	500	2385	630	—	338.688	否	硬件:SKSH-05/软件:SKSS	南京创源天地动力科技有限公司	纯电动客车	300	
	磷酸铁锂	LF105	3.2	1.98±0.05	—	312	南京创源天地动力科技有限公司	499.2	210	738.6	210	—	104.8	否	硬件:SKSH-05/软件:SKSS	南京创源天地动力科技有限公司	纯电动客车	20	
	磷酸铁锂	LF105	3.2	1.98±0.05	—	312	南京创源天地动力科技有限公司	499.2	250	738.6	210	—	104.832	否	硬件:SKSH-05/软件:SKSS	南京创源天地动力科技有限公司	纯电动客车	133	
	磷酸铁锂	LF105	3.2	1.98±0.05	—	336	南京创源天地动力科技有限公司	537.6	250	796.2	210	—	112.896	否	硬件:SKSH-05/软件:SKSS	南京创源天地动力科技有限公司	纯电动客车	7	
	磷酸铁锂	LF105	3.2	1.98±0.05	—	384	南京创源天地动力科技有限公司	614.4	250	908	210	—	129.024	否	硬件:SKSH-05/软件:SKSS	南京创源天地动力科技有限公司	纯电动客车	245	
	磷酸铁锂	LF105	3.2	1.98±0.05	—	480	惠州亿纬锂能股份有限公司	512	315	1115	315	—	161.28	否	SEV6/HEV6	惠州亿纬锂能股份有限公司	纯电动客车	33	
	磷酸铁锂	LF105	3.2	1.98±0.05	—	480	南京创源天地动力科技有限公司	512	250	1135	315	—	161.28	否	硬件:SKSH-05/软件:SKSS	南京创源天地动力科技有限公司	纯电动客车	36	
	磷酸铁锂	LF105	3.2	1.98±0.05	—	480	南京创源天地动力科技有限公司	512	250	1135	315	—	161.280	否	硬件:SKSH-05/软件:SKSS	南京创源天地动力科技有限公司	纯电动专用车	1	
	磷酸铁锂	LF105	3.2	1.98±0.05	—	504	惠州亿纬锂能股份有限公司	537.6	315	1182	315	—	169.34	否	SEV6/HEV6	惠州亿纬锂能股份有限公司	纯电动客车	42	
	磷酸铁锂	LF105	3.2	1.98±0.05	—		南京创源天地动力科技有限公司	537.6	250	1192.6	315	—	169.344	否	硬件:SKSH-05/软件:SKSS	南京创源天地动力科技有限公司	纯电动客车	19	
	磷酸铁锂	LF105	3.2	1.98±0.05	—	504;576	惠州亿纬锂能股份有限公司	537.6;614.4	315;315	1182;1338	315;315	—	169.34;193.53	否	SEV6/HEV6	惠州亿纬锂能股份有限公司	纯电动客车	11	
	磷酸铁锂	LF105	3.2	1.98±0.05	—	540	惠州亿纬锂能股份有限公司	576	315	1260	315	—	181.4	否	SEV6/HEV6	惠州亿纬锂能股份有限公司	纯电动客车	11	
	磷酸铁锂	LF105	3.2	1.98±0.05	—	576	南京创源天地动力科技有限公司	614.4	250	1362	315	—	193.536	否	硬件:SKSH-05/软件:SKSS	南京创源天地动力科技有限公司	纯电动客车	151	
	磷酸铁锂	LF105	3.2	1.98±0.05	—	672	南京创源天地动力科技有限公司	537.6	420	1592.4	420	—	225.792	否	硬件:SKSH-05/软件:SKSS	南京创源天地动力科技有限公司	纯电动客车	20	
	磷酸铁锂	LF105	3.2	1.98±0.05	—	696	南京创源天地动力科技有限公司	556.8	500	1646.6	420	—	233.856	否	硬件:SKSH-05/软件:SKSS	南京创源天地动力科技有限公司	纯电动客车	500	
	磷酸铁锂	LF105	3.2	1.98±0.05	—	696	南京创源天地动力科技有限公司	556.8	500	1646.6	420	—	233.856	否	硬件:SKSH-05/软件:SKSS	南京创源天地动力科技有限公司	纯电动客车	501	
	磷酸铁锂	LF105	3.2	1.98±0.05	—	768	南京创源天地动力科技有限公司	614.4	500	1816	420	—	258.048	否	硬件:SKSH-05/软件:SKSS	南京创源天地动力科技有限公司	纯电动客车	160	
	磷酸铁锂	LF105	3.2	1.98±0.05	—	960	南京创源天地动力科技有限公司	512	500	2270	630	—	322.56	否	硬件:SKSH-05/软件:SKSS	南京创源天地动力科技有限公司	纯电动客车	149	

续上表

储能装置单体生产企业 Single Cell Production Enterprise of Energy Storage Device	储能装置种类 Types of Energy Storage Devices	储能装置单体型号 Cell Odels of Energy Storage Device	储能装置单体标称电压(V) Nominal Voltage of Monomer for Energy Storage Unit (V)	储能装置单体质量(kg) Monomer Quality of Energy Storage Unit (kg)	超级电容器单体标称静电容量(F) Nominal Electrostatic Capacity of Super Capacitor Monomer (F)	储能装置单体数量 Single Cell Quantity of Energy Storage Device	储能装置总成生产企业 Production Company of Energy Storage Device Cell	储能装置总成标称电压(V) Nominal Voltage of Energy Storage Device Assembly (V)	储能装置总成额定输出电流(A) Rated Output Current of Energy Storage Device Assembly (A)	储能装置总成质量(kg) Quality of Energy Storage Device Assembly (kg)	储能装置总成标称容量(Ah) Nominal Capacity of Power Battery Assembly (Ah)	超级电容器总成标称静电容量(F) Nominal Electrostatic Capacity of Super Capacitor Assembly (F)	储能装置总储电量(kWh) Total Energy Storage Capacity of Energy Storage Device (kWh)	动力蓄电池箱是否具有快换装置 Whether Power Battery Box has Quick Change Device	车载能源管理系统型号(包括软件和硬件) Vehicle Energy Management System Model(Including Software and Hardware)	车载能源管理系统生产企业 Vehicle Energy Management System Manufacturing Enterprise	配套车辆类型 Matching Vehicle Type	2018年配套车型产量小计(辆) Subtotal Output of Supported Odels in 2018 (Vehicle)	2018年配套车型产量总计(辆) Total Output of Supported Odels in 2018 (Vehicle)
惠州亿纬锂能股份有限公司	磷酸铁锂	LF280	3.2	5.22	—	108	惠州亿纬锂能股份有限公司	345.6	280	660	280	—	96.768	无	EV05	惠州亿纬锂能股份有限公司	纯电动专用车	2	9412
	磷酸铁锂	LF280	3.2	5.22	—	336	惠州亿纬锂能股份有限公司	537.6	560	2054	560	—	301.05	否	SEV6/HEV6	惠州亿纬锂能股份有限公司	纯电动客车	300	
	磷酸铁锂	LF280	3.2	5.22±0.05	—	168	南京创源天地动力科技有限公司	537.6	250	1064	280	—	150.528	否	硬件:SKSH-05/软件:SKSS	南京创源天地动力科技有限公司	纯电动客车	1	
	磷酸铁锂	LF280	3.2	5.22±0.05	—	336	南京创源天地动力科技有限公司	537.6	500	2128	560	—	301.056	否	硬件:SKSH-05/软件:SKSS	南京创源天地动力科技有限公司	纯电动客车	1	
	磷酸铁锂	LF56	3.2	1.45	—	1056	惠州亿纬锂能股份有限公司	563.2	177.6	2100	336	—	189.2	否	S5928/KL-AS57769830	深圳市科列技术股份有限公司	纯电动客车	30	
	磷酸铁锂	LF56	3.2	1.45	—	168	南京创源天地动力科技有限公司	537.6	168	340	56	—	30.105	否	硬件:SKSH-06/软件:SKSS	南京创源天地动力科技有限公司	燃料电池客车	3	
	磷酸铁锂	LF75	3.2	1.9	—	376	惠州亿纬锂能股份有限公司	601.6	100	985	150	—	90.2	否	S5928/KL-AS57769830	深圳市科列技术股份有限公司	纯电动客车	7	
	磷酸铁锂	LF75	3.2	1.90±0.05	—	348	南京创源天地动力科技有限公司	556.8	150	818	150	—	83.5	否	硬件:SKSH-05/软件:SKSS	南京创源天地动力科技有限公司	纯电动客车	1	
	磷酸铁锂	LF75	3.2	1.90±0.05	—	696	惠州亿纬锂能股份有限公司	556.8	220	1636	300	—	167.04	否	软件:dk928/硬件:k928	惠州亿纬锂能股份有限公司	纯电动客车	1	
	磷酸铁锂	LF75	3.2	1.90±0.05	—	696	南京创源天地动力科技有限公司	556.8	300	1636	300	—	167	否	硬件:SKSH-05/软件:SKSS	南京创源天地动力科技有限公司	纯电动客车	9	
	磷酸铁锂	LF75	3.2	1.90±0.05	—	696	南京创源天地动力科技有限公司	556.8	300	1739	300	—	167	否	硬件:SKSH-05/软件:SKSS	南京创源天地动力科技有限公司	纯电动客车	7	
	磷酸铁锂	LF75	3.2	1.90±0.05	—	768	南京创源天地动力科技有限公司	614.4	300	1792	300	—	184.3	否	硬件:SKSH-05/软件:SKSS	南京创源天地动力科技有限公司	纯电动客车	1	
	磷酸铁锂	LF80	3.2	1.58	—	336	无锡恩吉威新能源有限公司	537.6	160	660	160	—	86.016	否	软件:SWZ01/硬件:NGVBMU01	无锡恩吉威新能源有限公司	纯电动专用车	1	
	磷酸铁锂	LF80	3.2	1.58±0.05	—	336	惠州亿纬锂能股份有限公司	537.6	160	660	160	—	86	否	SEV6/HEV6	惠州亿纬锂能股份有限公司	纯电动专用车	111	
	磷酸铁锂	LF80	3.2	1.58±0.05	—	336	南京创源天地动力科技有限公司	537.6	160	686	160	—	86	否	硬件:SKSH-05/软件:SKSS	南京创源天地动力科技有限公司	纯电动专用车	1	
	磷酸铁锂	LF80	3.2	1.58±0.05	—	336	无锡恩吉威新能源有限公司	537.6	160	660	160	—	86.016	否	SWZ01/NGVBMU01	无锡恩吉威新能源有限公司	纯电动专用车	1	
	磷酸铁锂	LF90	3.2	2	—	180	惠州亿纬锂能股份有限公司	576	90	450	90	—	51.84	否	dk928/k928	惠州亿纬锂能股份有限公司	纯电动客车	50	
	磷酸铁锂	LF90	3.2	2	—	336	惠州亿纬锂能股份有限公司	537.6	130	832	180	—	96.77	否	dk928/k928	惠州亿纬锂能股份有限公司	纯电动客车	1	
	磷酸铁锂	LF90	3.2	2	—	384	惠州亿纬锂能股份有限公司	409.6	250	900	270	—	110.59	否	dk928/k928	惠州亿纬锂能股份有限公司	纯电动客车	1	
	磷酸铁锂	LF90	3.2	2.0	—	576	惠州亿纬锂能股份有限公司	614.4	270	1350	270	—	165.88	否	dk928/k928	惠州亿纬锂能股份有限公司	纯电动客车	86	
	磷酸铁锂	LF90	3.2	2.0±0.05	—	180	南京创源天地动力科技有限公司	576	90	534	90	—	51.8	否	硬件:SKSH-06/软件:SKSS	南京创源天地动力科技有限公司	插电式混合动力客车	1	
	磷酸铁锂	LF90	3.2	2.0±0.05	—	336	惠州亿纬锂能股份有限公司	537.6	180	832	180	—	96.76	否	dk928/k928	惠州亿纬锂能股份有限公司	纯电动客车	416	
	磷酸铁锂	LF90	3.2	2.0±0.05	—	336	惠州亿纬锂能股份有限公司	537.6	180	832	180	—	96.77	否	dk928/k928	惠州亿纬锂能股份有限公司	纯电动客车	1	
	磷酸铁锂	LF90	3.2	2.0±0.05	—	336	惠州亿纬锂能股份有限公司	537.6	200	832	180	—	96.77	否	dk928/k928	惠州亿纬锂能股份有限公司	纯电动客车	4	
	磷酸铁锂	LF90	3.2	2.0±0.05	—	336	南京创源天地动力科技有限公司	537.6	180	832	180	—	96.7	否	硬件:SKSH-05/软件:SKSS	南京创源天地动力科技有限公司	纯电动客车	5	
	磷酸铁锂	LF90	3.2	2.0±0.05	—	336	南京创源天地动力科技有限公司	537.6	180	833	180	—	96.7	否	SKS-BPWBMU05_V1.1	南京创源天地动力科技有限公司	纯电动客车	12	
	磷酸铁锂	LF90	3.2	2.0±0.05	—	336	南京创源天地动力科技有限公司	537.6	180	833	180	—	96.7	否	硬件:SKSH-05/软件:SKSS	南京创源天地动力科技有限公司	纯电动客车	7	
	磷酸铁锂	LF90	3.2	2.0±0.05	—	480	惠州亿纬锂能股份有限公司	512	200	1160	270	—	138	否	dk928/k928	惠州亿纬锂能股份有限公司	纯电动客车	3	

续上表

储能装置单体生产企业 Single Cell Production Enterprise of Energy Storage Device	储能装置种类 Types of Energy Storage Devices	储能装置单体型号 Cell Odels of Energy Storage Device	储能装置单体标称电压（V） Nominal Voltage of Monomer for Energy Storage Unit（V）	储能装置单体质量（kg） Monomer Quality of Energy Storage Unit（kg）	超级电容器单体标称静电容量（F） Nominal Electrostatic Capacity of Super Capacitor Monomer（F）	储能装置单体数量 Single Cell Quantity of Energy Storage Device	储能装置总成生产企业 Production Company of Energy Storage Device Cell	储能装置总成标称电压（V） Nominal Voltage of Energy Storage Device Assembly（V）	储能装置总成额定输出电流（A） Rated Output Current of Energy Storage Device Assembly（A）	储能装置总成质量（kg） Quality of Energy Storage Device Assembly（kg）	储能装置总成标称容量（Ah） Nominal Capacity of Power Battery Assembly（Ah）	超级电容器总成标称静电容量（F） Nominal Electrostatic Capacity of Super Capacitor Assembly（F）	储能装置总储电量（kWh） Total Energy Storage Capacity of Energy Storage Device（kWh）	动力蓄电池箱是否具有快换装置 Whether Power Battery Box has Quick Change Device	车载能源管理系统型号（包括软件和硬件） Vehicle Energy Management System Model（Including Software and Hardware）	车载能源管理系统生产企业 Vehicle Energy Management System Manufacturing Enterprise	配套车辆类型 Matching Vehicle Type	2018年配套车型产量小计（辆） Subtotal Output of Supported Odels in 2018（Vehicle）	2018年配套车型产量总计（辆） Total Output of Supported Odels in 2018（Vehicle）
惠州亿纬锂能股份有限公司	磷酸铁锂	LF90	3.2	2.0±0.05	—	480	江苏罗思韦尔电气有限公司	512	200	1160	270	—	138.24	否	硬件:dk928v3/软件:k928v723-lser	江苏罗思韦尔电气有限公司	纯电动客车	83	9412
	磷酸铁锂	LF90	3.2	2.0±0.05	—	480	南京创源天地动力科技有限公司	512	270	1160	270	—	138.2	否	硬件:SKSH-05/软件:SKSS	南京创源天地动力科技有限公司	纯电动客车	142	
	磷酸铁锂	LF90	3.2	2.0±0.05	—	540	惠州亿纬锂能股份有限公司	576	270	1350	270	—	155.52	否	dk928/k928	惠州亿纬锂能股份有限公司	纯电动客车	1	
	磷酸铁锂	LF90	3.2	2.0±0.05	—	576	惠州亿纬锂能股份有限公司	614.4	135	1392	270	—	165.89	否	硬件:dk928/软件:k928	惠州亿纬锂能股份有限公司	纯电动客车	1	
	磷酸铁锂	LF90	3.2	2.0±0.05	—	576	惠州亿纬锂能股份有限公司	614.4	200	1392	270	—	165.88	否	dk928/k928	惠州亿纬锂能股份有限公司	纯电动客车	4	
	磷酸铁锂	LF90	3.2	2.0±0.05	—	576	惠州亿纬锂能股份有限公司	614.4	270	1392	270	—	165.9	否	dk928/k928	惠州亿纬锂能股份有限公司	纯电动客车	1002	
	磷酸铁锂	LF90	3.2	2.0±0.05	—	576	南京创源天地动力科技有限公司	614.4	270	1392	270	—	165.88	否	硬件:SKSH-05/软件:SKSS	南京创源天地动力科技有限公司	纯电动客车	81	
	磷酸铁锂	LF90	3.2	2.0±0.05	—	672	惠州亿纬锂能股份有限公司	537.6	180	1624	360	—	193.54	否	硬件:dk928/软件:k928	惠州亿纬锂能股份有限公司	纯电动客车	1	
	磷酸铁锂	LF90	3.2	2.0±0.05	—	768	南京创源天地动力科技有限公司	614.4	360	1856	360	—	221.1	否	硬件:SKSH-05/软件:SKSS	南京创源天地动力科技有限公司	纯电动客车	407	
	磷酸铁锂	LF90	3.2	2.0±0.05	—	960	南京创源天地动力科技有限公司	512	540	2320	540	—	276.4	否	硬件:SKSH-05/软件:SKSS	南京创源天地动力科技有限公司	纯电动客车	2	
	磷酸铁锂	LF90	3.2	2±0.05	—	960	南京创源天地动力科技有限公司	512	540	2320	540	—	276.4	否	硬件:SKSH-05/软件:SKSS	南京创源天地动力科技有限公司	纯电动客车	1	
	燃料电池	LF105	3.2	1.98±0.05	—	348	南京创源天地动力科技有限公司	556.8	210	823.3	210	—	116.928	否	硬件:SKSH-05/软件:SKSS	南京创源天地动力科技有限公司	燃料电池客车	6	
	三元材料	3.6V 2.6Ah	3.6	0.045±0.002	—	1606	惠州亿纬锂能股份有限公司	79.2	186.15	109	186.15	—	14.74	否	硬件:BMS-HX02-1/软件:1.0版	苏州华祥信息科技有限公司	纯电动乘用车	1	
	三元材料	3.6V2.6Ah	3.6	0.045	—	2160;1760	天津华泰亿纬电源有限公司	144	137.7;112.2	190;132	137.7;112.2	—	19.8;16	否	软件:B51A/硬件:B51A	天津华泰亿纬电源有限公司	纯电动乘用车	142	
	三元材料	3.6V2.6Ah	3.6	0.045	—	2728	惠州亿纬锂能股份有限公司	316.8	79	200	79	—	24.5	否	硬件：FBM-BMS V2.0/软件：FBM-BMS V2.0	杭州杰能动力有限公司	纯电动乘用车	509	
	三元材料	3.6V2.6Ah	3.6	0.045	—	4320PCS	杭州杰能动力有限公司	324	108	330	108	—	35	否	硬件：JN-FBM-BMS-LECU V1.0/软件:JN-FBM-BMS-LECU V1.0	杭州杰能动力有限公司	纯电动专用车	4	
	三元材料	3.6V2.6Ah	3.6	0.045	—	6450	惠州亿纬锂能股份有限公司	540	109.65	500	109.65	—	59.211	无	EV05	惠州市亿能电子有限公司	纯电动专用车	2	
	三元材料	3.6V2.6Ah	3.6	0.045	—	7776	无锡恩吉威新能源有限公司	388.8	115.7	640	183.6	—	71.38	否	型号:NGVBMS-V01 硬件:NGVBMUV01 软件:SW170601	无锡恩吉威新能源有限公司	纯电动专用车	100	
	三元材料	3.6V2.6Ah	4.6	0.045±0.002	—	1840	惠州亿纬锂能股份有限公司	144	117.3	119	117.3	—	16.89	否	硬件:BMS-HX02-2/软件:1.0版	苏州华祥信息科技有限公司	纯电动乘用车	401	
	三元材料	3.6V2.6Ah	3.6	0.045±0.002	—	4050	南京创源天地动力科技有限公司	324	114.75	280	114.75	—	37.17	否	CY-HW02SW02KLBMU05-F	南京创源天地动力科技有限公司	纯电动专用车	74	
	三元材料	3.6V2.6Ah	3.6	0.045±0.002	—	4752	南京创源天地动力科技有限公司	316.8	137.7	378	137.7	—	43.6	否	硬件：SKS-BDK928-V3/软件：SKS-BDK928-007	南京创源天地动力科技有限公司	纯电动专用车	1671	
	三元材料	3.6V2.6Ah	5.6	0.045±0.002	—	5400	贵州贵安阳光新能源科技有限公司	324	153	405	153	—	49.572	否	B6AA05MS7602/EV05S-DM	贵州贵安阳光新能源科技有限公司	纯电动乘用车	317	
	三元材料	3.6V2.6Ah	3.6	0.045±0.002	—	5400	贵州贵安阳光新能源科技有限公司	324	153	405	153	—	49.572	否	B6AA05MS7602/EV05S-DM	贵州贵安阳光新能源科技有限公司	纯电动乘用车	228	

续上表

储能装置单体生产企业 Single Cell Production Enterprise of Energy Storage Device	储能装置种类 Types of Energy Storage Devices	储能装置单体型号 Cell Odels of Energy Storage Device	储能装置单体标称电压（V） Nominal Voltage of Monomer for Energy Storage Unit（V）	储能装置单体质量（kg） Monomer Quality of Energy Storage Unit（kg）	超级电容器单体标称静电容量（F） Nominal Electrostatic Capacity of Super Capacitor Monomer（F）	储能装置单体数量 Single Cell Quantity of Energy Storage Device	储能装置总成生产企业 Production Company of Energy Storage Device Cell	储能装置总成标称电压（V） Nominal Voltage of Energy Storage Device Assembly（V）	储能装置总成额定输出电流（A） Rated Output Current of Energy Storage Device Assembly（A）	储能装置总成质量（kg） Quality of Energy Storage Device Assembly（kg）	储能装置总成标称容量（Ah） Nominal Capacity of Power Battery Assembly（Ah）	超级电容器总成标称静电容量（F） Nominal Electrostatic Capacity of Super Capacitor Assembly（F）	储能装置总储电量（kWh） Total Energy Storage Capacity of Energy Storage Device（kWh）	动力蓄电池箱是否具有快换装置 Whether Power Battery Box has Quick Change Device	车载能源管理系统型号（包括软件和硬件） Vehicle Energy Management System Model（Including Software and Hardware）	车载能源管理系统生产企业 Vehicle Energy Management System Manufacturing Enterprise	配套车辆类型 Matching Vehicle Type	2018年配套车型产量小计（辆） Subtotal Output of Supported Odels in 2018（Vehicle）	2018年配套车型产量总计（辆） Total Output of Supported Odels in 2018（Vehicle）
惠州亿纬锂能股份有限公司	三元材料	3.6V2.6Ah	3.6	0.045±0.002	—	8208	惠州亿纬锂能股份有限公司	518.4	145.4	745	145.4	—	75.3	—	硬件：YJ2101415-12A（CSC盒），YJ2101416-12A（BMU盒）/软件：BMS.132.0.01	成都雅骏新能源汽车科技股份有限公司	纯电动专用车	18	9412
	三元材料	3.6V2.6Ah	6.6	0.045±0.002	—	9216	无锡恩吉威新能源有限公司	518.4	115.7	680	161.28	—	83.6	无	硬件：NGVBMUV01/软件：SW170501	无锡恩吉威新能源有限公司	纯电动专用车	1	
	三元材料	3.6V2.6Ah	3.6	0.045±0.002	—	9792	惠州亿纬锂能股份有限公司	518.4	173.4	780	173.4	—	89.9	—	软件：BMS.132.0.01/硬件：YJ2101415-12A（CSC盒），YJ2101416-12A（BMU盒）	成都雅骏新能源汽车科技股份有限公司	纯电动专用车	2	
	三元材料	3.6V2.6Ah	3.6	0.05	—	8208	惠州亿纬锂能股份有限公司	518.4	145.4	745	145.4	—	75.3	—	S4171/KL-AS578830	武汉力行远方电源科技有限公司	纯电动专用车	1	
	三元材料	ICR18650	3.68	0.045±0.002	2.5	4224	惠州亿纬锂能股份有限公司	323.84	120	277	120	—	38.86	—	AKEV-YTA48-A1/AKEV-BMUA48-A1（硬件：KL-ASHEV5/软件：KL-ASSEV5）	苏州安靠电源有限公司	纯电动乘用车	29	
	三元材料	ICR18650/22V	3.68	0.043	—	4320PCS	杭州杰能动力有限公司	324	96	325	96	—	31.1	否	硬件：JN-FBM-BMS-LECU V1.0/软件：JN-FBM-BMS-LECU V1.0	杭州杰能动力有限公司	纯电动专用车	6	
	三元材料	ICR18650/22V	3.68	0.043	—	9180	安徽欧鹏巴赫新能源科技有限公司	375.4	193.5	690	193.5	—	72.64	否	软件：OFB-SW669/硬件：OFB-HW01669	北京欧鹏巴赫新能源科技股份有限公司	纯电动专用车	1	
	三元材料	ICR18650/26V	3.68	0.045	—	3040	惠州亿纬锂能股份有限公司	147.2	190	199.5	190	—	27.96	否	软件：A13902118117001/硬件：BMS02-48S	惠州亿纬锂能股份有限公司	纯电动乘用车	9	
	三元材料	ICR18650/26V	3.68	0.045±0.002	—	4752	惠州亿纬锂能股份有限公司	397.4	55	370	110	—	43.72	—	硬件：YJ2101415-12A（CSC盒），YJ2101416-12A（BMU盒）/软件：BMS.21A01	成都雅骏新能源汽车科技股份有限公司	纯电动专用车	64	
	三元材料	ICR18650/26V	3.68	0.045±0.002	—	8000	南京创源天地动力科技有限公司	368	208	610	208	—	76.5	否	软件：SKSS-01；硬件：SKSH-05	南京创源天地动力科技有限公司	纯电动专用车	163	
	三元材料	ICR18650/26V	3.68	0.045±0.002	—	9792	惠州亿纬锂能股份有限公司	529.9	85	728	170	—	90.1	—	硬件：YJ2101415-12A（CSC盒），YJ2101416-12A（BMU盒）/软件：BMS.41A11	成都雅骏新能源汽车科技股份有限公司	纯电动专用车	20	
	三元材料	ICR18650/29V	3.68	0.045	—	4048	上海鼎研智能科技有限公司	338.56	120	292	121	—	40.96	是	DY801	上海鼎研智能科技有限公司	纯电动乘用车	18	
	磷酸铁锂	LF90	3.2	2.0±0.05	—	528	惠州亿纬锂能股份有限公司	563.2	270	1296	270	—	152.06	否	dk928/k928	惠州亿纬锂能股份有限公司	纯电动客车	1	
	三元材料	3.6V2.6Ah	3.6	0.045±0.002	—	4752	南京创源天地动力科技有限公司	316.8	137.7	378	137.7	—	43.6	否	硬件：SKS-BDK928-V3/软件：SKS-BDK928-007	南京创源天地动力科技有限公司	纯电动专用车	1	
	三元材料	3.6V2.6Ah	3.6	0.045±0.002	—	4050	惠州市蓝微新源技术有限公司	324	50	337	114.7	—	37.1	否	BHN01	惠州市蓝微新源技术有限公司	纯电动专用车	20	
	三元材料	ICR18650/26V	3.68	0.045±0.002	—	4300个	惠州市亿能电子有限公司	368	111.8	300	111.8	—	41.1	否	软件：EV05/硬件：EV05	惠州市亿能电子有限公司	纯电动专用车	6	
多氟多（焦作）新能源科技有限公司	三元材料	1265132	3.65	0.23	—	480	多氟多（焦作）新能源科技有限公司	146	100	175	120	—	17.52	否	BF104；YT02-48S；MBMS_LEV；QT-BCU-48T16C	哈尔滨冠拓电源设备有限公司；惠州市亿能电子有限公司；华霆（常州）动力技术有限公司；浙江高泰昊能科技有限公司	纯电动乘用车	2008	9112

续上表

储能装置单体生产企业 Single Cell Production Enterprise of Energy Storage Device	储能装置种类 Types of Energy Storage Devices	储能装置单体型号 Cell Odels of Energy Storage Device	储能装置单体标称电压（V）Nominal Voltage of Monomer for Energy Storage Unit（V）	储能装置单体质量（kg）Monomer Quality of Energy Storage Unit（kg）	超级电容器单体标称静电容量（F）Nominal Electrostatic Capacity of Super Capacitor Monomer（F）	储能装置单体数量 Single Cell Quantity of Energy Storage Device	储能装置总成生产企业 Production Company of Energy Storage Device Cell	储能装置总成标称电压(V) Nominal Voltage of Energy Storage Device Assembly（V）	储能装置总成额定输出电流（A）Rated Output Current of Energy Storage Device Assembly（A）	储能装置总成质量（kg）Quality of Energy Storage Device Assembly（kg）	储能装置总成标称容量(Ah) Nominal Capacity of Power Battery Assembly（Ah）	超级电容器总成标称静电容量（F）Nominal Electrostatic Capacity of Super Capacitor Assembly（F）	储能装置总储电量（kWh）Total Energy Storage Capacity of Energy Storage Device（kWh）	动力蓄电池箱是否具有快换装置 Whether Power Battery Box has Quick Change Device	车载能源管理系统型号（包括软件和硬件）Vehicle Energy Management System Model(Including Software and Hardware)	车载能源管理系统生产企业 Vehicle Energy Management System Manufacturing Enterprise	配套车辆类型 Matching Vehicle Type	2018年配套车型产量小计（辆）Subtotal Output of Supported Odels in 2018（Vehicle）	2018年配套车型产量总计（辆）Total Output of Supported Odels in 2018（Vehicle）
多氟多(焦作)新能源科技有限公司	三元材料	1265132	3.65	0.23	—	480	多氟多(焦作)新能源科技有限公司	146	120	170	120	—	17.52	否	软件:B68L13MS/硬件:YT02-48S	惠州市亿能电子有限公司	纯电动乘用车	240	9112
	三元材料	1265132	3.7	0.23	—	672	多氟多(焦作)新能源科技有限公司	355.2 (177.6*2)	140	464 (232*2)	140	—	49.7 (24.864*2)	否	软件编码：KL-ASSEV5/硬件编码:KL-ASHEV5	多氟多(焦作)新能源科技有限公司	纯电动专用车	10	
	三元材料	PSP10161227-46Ah	3.7	0.74	—	120	多氟多(焦作)新能源科技有限公司	148	138	134	138	—	20.42	否	软件:DFDYT03-48S/硬件:DFDYTHM-21	多氟多(焦作)新能源科技有限公司	纯电动乘用车	1359	
	三元材料	PSP10161227-46Ah	3.7	0.74	—	160	多氟多(焦作)新能源科技有限公司	148	120	175	184	—	27.23	否	软件:DFDYTD2-27/硬件:DFDYT03-48S	多氟多(焦作)新能源科技有限公司	纯电动乘用车	657	
	三元材料	PSP10161227-46Ah	3.7	0.74	—	192	多氟多(焦作)新能源科技有限公司	355.2	85	220	92	—	32.7	否	软件：DFDFT-HXK21-001/硬件：DFDFT01-928（主板），DFDFT02-56S(从板)	多氟多(焦作)新能源科技有限公司	纯电动乘用车	1129	
	三元材料	PSP10161227-46Ah	3.7	0.74	—	288	多氟多(焦作)新能源科技有限公司	532.8	92	292±5	92	—	49.02	否	软件：DFDXL2P72S-01/硬件：DFDBMSFT-01/DFDBMU-72S	多氟多(焦作)新能源科技有限公司	纯电动专用车	2	
	三元材料	PSP10161227-46Ah	3.7	0.74	—	288	多氟多(焦作)新能源科技有限公司	532.8	92	292±5	92	—	49.02	否	硬件主控：DFDBMSFT-01；从控：DFDBMU-72S/软件:DFDXL2P72S-01	多氟多(焦作)新能源科技有限公司	纯电动专用车	1	
	三元材料	PSP10161227-46Ah	3.7	0.74	—	444	多氟多(焦作)新能源科技有限公司	547.6	138	475	138	—	75.569	无	硬件主控：DFDBMSFT-01；从控：DFDBMU-148S/软件：DFDXL3P148S-01	多氟多(焦作)新能源科技有限公司	纯电动专用车	12	
	三元材料	PSP12161227-55Ah	3.7	0.85	—	180	多氟多(焦作)新能源科技有限公司	333	83	251	110	—	36.6	否	S51EV_BP_066E005A/CNEV-BMS-S51EV	奇瑞新能源汽车技术有限公司	纯电动乘用车	3088	
	三元材料	PSP12161227-55Ah	3.7	0.85	—	186	多氟多(焦作)新能源科技有限公司	344.1	110	251	110	—	37.9	否	软件：DFDFT-HXK21-001/硬件：DFDFT01-928（主板），DFDFT02-56S(从板)	多氟多(焦作)新能源科技有限公司	纯电动乘用车	380	
	三元材料	PSP76161227-30Ah	3.7	0.56	—	160	多氟多(焦作)新能源科技有限公司	148	120	136	120	—	17.76	否	软件：DFDYT-ZD2-120/硬件：DFDYT-48S	多氟多(焦作)新能源科技有限公司	纯电动乘用车	8	
	三元材料	PSP76161227-32Ah	3.7	0.57	—	352	多氟多(焦作)新能源科技有限公司	325.6	92	304	128	—	41.7	—	软件:B88-HXM21-001/硬件:DFD-FT-88S	多氟多(焦作)新能源科技有限公司	纯电动专用车	187	
	三元材料	PSP76161227-32Ah	3.7	0.57	—	352	河南森源重工有限公司	325.6	128	306±5	128	—	41.7	否	1621B(主控模块：C10D；硬件：HW1.1/软件：V1.02.S19)	河南森源重工有限公司	纯电动专用车	31	
江苏智航新能源有限公司	三元材料	ISR 18650	3.7	0.046	—	2288	江苏智航新能源有限公司	325.6	33.8	180	67.6	—	22.01	否	软件:MY-BCU730/硬件:DK928	江苏智航新能源有限公司	纯电动乘用车	25	8013
	三元材料	ISR 18650	3.7	0.046	—	7800	江苏智航新能源有限公司	577.2	65	600	130	—	75.036	否	主板软件：A15800161015/硬件：PWMBMS04	江苏智航新能源有限公司	纯电动专用车	57	
	三元材料	ISR18650	3.7	0.044	—	4576	江苏索尔新能源科技股份有限公司	325.6	135.2	380	135.2	—	44.0	否	BMS270-12A	江苏索尔新能源科技股份有限公司	纯电动专用车	592	
	三元材料	ISR18650	3.7	0.044	—	5720	江苏索尔新能源科技股份有限公司	325.6	≤169	415	169	—	55	否	软件 V3.0/硬件:BMS-24	江苏索尔新能源科技股份有限公司	纯电动专用车	6	

续上表

储能装置单体生产企业 Single Cell Production Enterprise of Energy Storage Device	储能装置种类 Types of Energy Storage Devices	储能装置单体型号 Cell Odels of Energy Storage Device	储能装置单体标称电压(V) Nominal Voltage of Monomer for Energy Storage Unit (V)	储能装置单体质量(kg) Monomer Quality of Energy Storage Unit (kg)	超级电容器单体标称静电容量(F) Nominal Electrostatic Capacity of Super Capacitor Monomer (F)	储能装置单体数量 Single Cell Quantity of Energy Storage Device	储能装置总成生产企业 Production Company of Energy Storage Device Cell	储能装置总成标称电压(V) Nominal Voltage of Energy Storage Device Assembly (V)	储能装置总成额定输出电流(A) Rated Output Current of Energy Storage Device Assembly (A)	储能装置总成质量(kg) Quality of Energy Storage Device Assembly (kg)	储能装置总成标称容量(Ah) Nominal Capacity of Power Battery Assembly (Ah)	超级电容器总成标称静电容量(F) Nominal Electrostatic Capacity of Super Capacitor Assembly (F)	储能装置总储电量(kWh) Total Energy Storage Capacity of Energy Storage Device (kWh)	动力蓄电池箱是否具有快换装置 Whether Power Battery Box has Quick Change Device	车载能源管理系统型号(包括软件和硬件) Vehicle Energy Management System Model (Including Software and Hardware)	车载能源管理系统生产企业 Vehicle Energy Management System Manufacturing Enterprise	配套车辆类型 Matching Vehicle Type	2018年配套车型产量小计(辆) Subtotal Output of Supported Odels in 2018 (Vehicle)	2018年配套车型产量总计(辆) Total Output of Supported Odels in 2018 (Vehicle)
江苏智航新能源有限公司	三元材料	ISR18650	3.7	0.044	—	5720	江苏索尔新能源科技股份有限公司	325.6	≤169	415	169	—	55	无	BMS-24	江苏索尔新能源科技股份有限公司	纯电动专用车	1	8013
	三元材料	ISR18650	3.7	0.046	—	4140	浙江远威动力技术有限公司	333	119.6	277	119.6	—	39.82	否	硬件：PW2305-36S，PW2305-60S，PWMBMS04/软件：A288003	东莞钜威动力技术有限公司	纯电动乘用车	26	
	三元材料	ISR18650	3.7	0.046	—	4576	江苏索尔新能源科技股份有限公司	325.6	135.2	380	135.2	—	44	无	BMS-24	江苏索尔新能源科技股份有限公司	纯电动专用车	374	
	三元材料	ISR18650	3.7	0.046	—	4576	江苏智航新能源有限公司	325.6	135.2	350	135.2	—	44	无	MY-BCU723/DK928	苏州妙益科技股份有限公司	纯电动专用车	1000	
	三元材料	ISR18650	3.7	0.046	—	7800	江苏智航新能源有限公司	577.2	100	600	130	—	75	否	软件：A15800161015/硬件：PWMBMS04	东莞钜威动力技术有限公司；江苏智航新能源有限公司	纯电动专用车	1041	
	三元材料	ISR18650	3.7	0.046	—	7800	江苏智航新能源有限公司	577.2	43.3	600	130	—	75	否	软件：A15800161015/硬件：PWMBMS04	江苏智航新能源有限公司	纯电动专用车	5	
	三元材料	ISR18650	3.7	0.046	—	7800	江苏智航新能源有限公司	577.2	43.3	600	130	—	75.0	否	A15800161015/PWMBMS04	江苏智航新能源有限公司	纯电动专用车	753	
	三元材料	ISR18650	3.7	0.046	—	7800	江苏智航新能源有限公司	577.2	65	600	130	—	75.036	否	主板软件：A15800161015/硬件：PWMBMS04	江苏智航新能源有限公司	纯电动专用车	1	
	三元材料	ISR18650	3.7	0.046	—	8640	江苏智航新能源有限公司	355	234	600	234	—	83.11	否	软件：MY-BCU715/硬件：DK918	苏州妙益科技股份有限公司	纯电动专用车	3	
	三元材料	ISR18650	3.7	0.046±0.002	—	4050个	河南锂想动力科技有限公司	333	50	318	117	—	38.96	否	软件：EV05/硬件：EV05	河南锂想动力科技有限公司	纯电动专用车	3194	
	三元材料	ISR18650	3.7	0.046±0.002	—	4140	贵州众智达系统新能源股份有限公司，贵州众智达系统新能源股份有限公司	333	70	350	120	—	39.8	否	硬件：GN-FBM-BMS-2.0，FBM-BMSV3.0/软件：FBM-BMSV60.0	杭州杰能动力有限公司	纯电动专用车	10	
	三元材料	ISR18650	3.7	0.046±0.002	—	4140	贵州众智达系统新能源股份有限公司，贵州众智达系统新能源股份有限公司	333	70	350	120	—	39.8	否	硬件：GN-FBM-BMS-2.0，FBM-BMSV3.0/软件：FBM-BMSV60.0	杭州杰能动力有限公司，杭州杰能动力有限公司	纯电动专用车	112	
	三元材料	ISR18650	3.7	0.046±0.002	—	4224	江苏智航新能源有限公司	325.6	63	310	124.8	—	40.63	—	软件：MY-BCU735/硬件：DK928	江苏智航新能源有限公司	纯电动专用车	7	
	三元材料	ISR18650	3.7	0.046±0.002	—	4320	贵州东瑞新能源汽车电源有限公司	333	124.8	325	124.8	—	41.55	否	NEV11	安徽锐能科技有限公司	纯电动专用车	1	
	三元材料	ISR18650	3.7	0.046±0.002	—	4320个	贵州东瑞新能源汽车电源有限公司	333	124.8	325	124.8	—	41.55	否	软件：D0B01-V2.0/硬件：NEV11	安徽锐能科技有限公司	纯电动专用车	337	
	三元材料	ISR18650	3.7	0.046±0.002	—	7800	江苏智航新能源有限公司	577.2	43.3	600	130	—	75.0	否	软件：A15800161015/硬件：PWMBMS04	江苏智航新能源有限公司	纯电动专用车	150	
	三元材料	ISR18650	3.7	0.046±0.002	—	8760	江苏智航新能源有限公司	444	63.3	570	189.8	—	84.271	否	软件：MY-BCU730/硬件：DK928	江苏智航新能源有限公司	纯电动专用车	300	
	三元材料	ISR18650	3.7	0.046±0.002	—	9600	中聚(杭州)新能源科技有限公司	576	150	714±6	150	—	85	否	硬件：C10/软件：HZZJ-BP1785-V1.0	中聚(杭州)新能源科技有限公司	纯电动专用车	18	
广东天劲新能源科技股份有限公司	三元材料	12A0Y2	3.7	0.74±0.03	—	288	广东天劲新能源科技股份有限公司	355.2	216	350	144	—	51.15	否	软件：SW3.1/硬件：HW1.2	奇瑞商用车(安徽)有限公司	纯电动乘用车	1158	7735
	三元材料	80F6Q0	3.7	0.55	—	288	广东天劲新能源科技股份有限公司	355.2	96	280	96	—	34.1	—	A1701C00/A1701H00	广东天劲新能源科技股份有限公司	纯电动专用车	1	
	三元材料	80F6Q0	3.7	0.55	—	288	广东天劲新能源科技股份有限公司	355.2	96	280	96	—	34.1	否	A1701C00/A1701H00	广东天劲新能源科技股份有限公司	纯电动专用车	1600	

续上表

储能装置单体生产企业 Single Cell Production Enterprise of Energy Storage Device	储能装置种类 Types of Energy Storage Devices	储能装置单体型号 Cell Odels of Energy Storage Device	储能装置单体标称电压(V) Nominal Voltage of Monomer for Energy Storage Unit (V)	储能装置单体质量(kg) Monomer Quality of Energy Storage Unit (kg)	超级电容器单体标称静电容量(F) Nominal Electrostatic Capacity of Super Capacitor Monomer (F)	储能装置单体数量 Single Cell Quantity of Energy Storage Device	储能装置总成生产企业 Production Company of Energy Storage Device Cell	储能装置总成标称电压(V) Nominal Voltage of Energy Storage Device Assembly (V)	储能装置总成额定输出电流(A) Rated Output Current of Energy Storage Device Assembly (A)	储能装置总成质量(kg) Quality of Energy Storage Device Assembly (kg)	储能装置总成标称容量(Ah) Nominal Capacity of Power Battery Assembly (Ah)	超级电容器总成标称静电容量(F) Nominal Electrostatic Capacity of Super Capacitor Assembly (F)	储能装置总储电量(kWh) Total Energy Storage Capacity of Energy Storage Device (kWh)	动力蓄电池箱是否具有快换装置 Whether Power Battery Box has Quick Change Device	车载能源管理系统型号(包括软件和硬件) Vehicle Energy Management System Model (Including Software and Hardware)	车载能源管理系统生产企业 Vehicle Energy Management System Manufacturing Enterprise	配套车辆类型 Matching Vehicle Type	2018年配套车型产量小计(辆) Subtotal Output of Supported Odels in 2018 (Vehicle)	2018年配套车型产量总计(辆) Total Output of Supported Odels in 2018 (Vehicle)
广东天劲新能源科技股份有限公司	三元材料	80F6Q0	3.7	0.55	—	336	广东天劲新能源科技股份有限公司	310.8	128	318	128	—	38.97	—	硬件:STJGTJ010101/软件:STJGTJN060101	陕西中九汽车工程研究院有限公司	纯电动专用车	1252	7735
	三元材料	80F6Q0	3.7	0.55	—	465	广东天劲新能源科技股份有限公司	344.1	160	450	160	—	55	选装	软件:STJGTJK010101001/硬件:STJGTJ010101	陕西中九汽车工程研究院有限公司	纯电动乘用车	785	
	三元材料	80F6Q0	3.7	0.55±0.03	—	288	广东天劲新能源科技股份有限公司	355.2	96	280	96	—	34.10	否	软件:A1701C00/硬件:A1701H00	广东天劲新能源科技股份有限公司	纯电动专用车	2005	
	三元材料	80F6Q0	3.7	0.55±0.03	—	288	广东天劲新能源科技股份有限公司	355.2	96	280	96	—	34.10	无	硬件:A1701H00/软件:A1701C00	广东天劲新能源科技股份有限公司	纯电动专用车	20	
	三元材料	9590D0	3.7	0.205	—	1340	广东天劲新能源科技股份有限公司	495.8	100	470	100	—	49.58	否	产品型号:A1657 软件:A1657C00 硬件:A1657C00	广东天劲新能源科技股份有限公司	纯电动专用车	1	
	三元材料	9590D0	3.7	0.205	—	1428	广东天劲新能源科技股份有限公司	377.4	210	440	140	—	52.836	否	硬件:H1M348SV1000/软件:S1M348SV1000	广东天劲新能源科技股份有限公司	纯电动专用车	28	
	三元材料	9590D0	3.7	0.205	—	968	广东天劲新能源科技股份有限公司	325.6	65	315	110	—	35.816	—	硬件:AXP-BMS02-88S/软件:AXP-SW02.1.0	深圳先进储能材料国家工程研究中心有限公司	纯电动专用车	834	
	三元材料	9590D0	3.7	0.205	—	968	广东天劲新能源科技股份有限公司	325.6	65	315	110	—	35.816	否	硬件:AXP-BMS02-88S/软件:AXP-SW02.1.0	深圳先进储能材料国家工程研究中心有限公司	纯电动专用车	25	
	三元材料	TLP84F6Q0-37Ah	3.7	0.63±0.04	—	465	广东天劲新能源科技股份有限公司	344.1	185	454	185	—	63.66	否	软件:B02BV1111/硬件:B02BV13	广东天劲新能源科技股份有限公司	纯电动乘用车	26	
珠海鹏辉能源有限公司	磷酸铁锂	GSP34135214F/113Ah	3.2	2.14	—	102	广州鹏辉能源科技股份有限公司	326.4	113	300	113	—	36.88	否	硬件:KL-ASHEV5/软件:KL-AS-SEV5	深圳市科列技术股份有限公司	纯电动专用车	363	7665
	磷酸铁锂	GSP34135214F/113Ah	3.2	2.14	—	88	广州鹏辉能源科技股份有限公司	281.6	113	227	113	—	31.82	否	硬件:KL-ASHEV5/软件:KL-AS-SEV5	深圳市科列技术股份有限公司	纯电动乘用车	7292	
	三元材料	GSP27135214	3.7	1.77	—	186	中海龙能源科技股份有限公司	344.1	120	450	172	—	59.185	无	GP-AP-D-MH-01-01A/GP-HS-93S-V1.0	广州鹏辉能源科技股份有限公司	纯电动专用车	10	
浙江衡远新能源科技有限公司	三元材料	FE30	3.6	0.55	—	90	浙江衡远新能源科技有限公司	324	30	95	30	—	9.4	否	8888741800/EABS00172AA	乐金电子部品(烟台)有限公司	插电式混合动力乘用车	4478	6437
	三元材料	FE30	3.6	0.55	—	96	浙江衡远新能源科技有限公司	346	90	114	30	—	10.1	否	31499074	LG Innotek	插电式混合动力乘用车	1959	
南昌卡耐新能源有限公司	三元材料	CEA-LM36	3.65	0.612	—	180	江西江铃集团新能源汽车有限公司	131.4	180	165	180	—	23.65	否	软件:B67H42MS7C03/硬件:YT02CM4819B	惠州市亿能电子有限公司/惠州市亿能电子有限公司	纯电动乘用车	758	6415
	三元材料	CEA-LM36	3.65	0.612	—	222	江西江铃集团新能源汽车有限公司	135	180	200	216	—	29.17	否	软件:B67H53MS/硬件:YT03CM48	江西江铃集团新能源汽车有限公司	纯电动乘用车	5308	
	三元材料	CEA-LM36	3.65	0.612	—	243	江西江铃集团新能源汽车有限公司	295.6	130	235	108	—	31.9	否	软件:EV05S/B67H46MS8124/硬件:EV05SM112A	江西江铃集团新能源汽车有限公司	纯电动乘用车	300	
	三元材料	CEA-LM36	3.65	0.612±0.007	—	376	上海卡耐新能源有限公司	343.1	160	360±5	144	—	49	有	EV05S(软件:B67H44MS8111/硬件:EV05SM112A)	江西江铃集团新能源汽车有限公司	纯电动乘用车	49	
江苏天鹏电源有限公司	三元材料	ICR18650	3.6	0.0455±0.0015	—	2000	江苏金坛绿能新能源科技有限公司	144	125	159	125	—	18	否	软件:LN-KLT-BMS V2.0/硬件:LN-KLT-BMS V2.0	江苏金坛绿能新能源科技有限公司	纯电动乘用车	4035	6167
	三元材料	ICR18650	3.7	0.043±0.001	—	2080	江苏金坛绿能新能源科技有限公司	148	114.4	171	114.4	—	16.93	否	硬件:LN-FBM-BMS-V1.0/软件:LN-FBM-BMS-V1.0	江苏金坛绿能新能源科技有限公司	纯电动乘用车	31	

续上表

储能装置单体生产企业 Single Cell Production Enterprise of Energy Storage Device	储能装置种类 Types of Energy Storage Devices	储能装置单体型号 Cell Odels of Energy Storage Device	储能装置单体标称电压(V) Nominal Voltage of Monomer for Energy Storage Unit (V)	储能装置单体质量(kg) Monomer Quality of Energy Storage Unit (kg)	超级电容器单体标称静电容量(F) Nominal Electrostatic Capacity of Super Capacitor Monomer (F)	储能装置单体数量 Single Cell Quantity of Energy Storage Device	储能装置总成生产企业 Production Company of Energy Storage Device Cell	储能装置总成标称电压(V) Nominal Voltage of Energy Storage Device Assembly (V)	储能装置总成额定输出电流(A) Rated Output Current of Energy Storage Device Assembly (A)	储能装置总成质量(kg) Quality of Energy Storage Device Assembly (kg)	储能装置总成标称容量(Ah) Nominal Capacity of Power Battery Assembly (Ah)	超级电容器总成标称静电容量(F) Nominal Electrostatic Capacity of Super Capacitor Assembly (F)	储能装置总储电量(kWh) Total Energy Storage Capacity of Energy Storage Device (kWh)	动力蓄电池箱是否具有快换装置 Whether Power Battery Box has Quick Change Device	车载能源管理系统型号(包括软件和硬件) Vehicle Energy Management System Model (Including Software and Hardware)	车载能源管理系统生产企业 Vehicle Energy Management System Manufacturing Enterprise	配套车辆类型 Matching Vehicle Type	2018年配套车型产量小计(辆) Subtotal Output of Supported Odels in 2018 (Vehicle)	2018年配套车型产量总计(辆) Total Output of Supported Odels in 2018 (Vehicle)
江苏天鹏电源有限公司	三元材料	INR18650-28HE	3.6	0.047	—	2528	华霆(合肥)动力技术有限公司	115	200	175	209.3	—	24.1	否	HT-S01/HT-H01	华霆(合肥)动力技术有限公司	纯电动乘用车	100	6167
	三元材料	INR18650-28HE1	3.7	0.047	—	2640	金华市康迪新能源车辆有限公司	162	130	183	159	—	25.9	是	KD-BCU01V5.0/KD-BCU05	金华市康迪新能源车辆有限公司	纯电动乘用车	1681	
	三元材料	ICR18650	3.7	0.047	—	4089	宁波利维能储能系统有限公司	321.9	65	320±5	112.8	—	36.3	否	BCU16-1、BMU14-2、EVPS_BMS 管理软件 1.0	宁波利维能储能系统有限公司	纯电动专用车	320	
银隆新能源股份有限公司	钛酸锂	66160A;66160F;66160F;66160F	2.3;2.3;2.3;2.3	1.15;1.18;1.18;1.18	—	1512;1260;1260;1260	银隆新能源股份有限公司	580	720;530;700;700	2508;2210;2180;2520	180;175;175;175	—	104.4;101.5;101.5;101.5	否	YLP-BMS-1205A	珠海银隆电器有限公司	纯电动客车	278	6021
	钛酸锂	66160F	2.3	1.18	—	1008	银隆新能源股份有限公司	580	840	2022	140	—	81.2	否	YLP-BMS-1205A	珠海银隆电器有限公司	纯电动客车	3	
	钛酸锂	66160F	2.3	1.18	—	1260	银隆新能源股份有限公司	580	530	2405	175	—	101.5	否	YLP-BMS-1205A	珠海银隆电器有限公司	纯电动客车	86	
	钛酸锂	66160F	2.3	1.18	—	1260	银隆新能源股份有限公司	580	543	2405	175	—	101.5	否	YLP-BMS-1205A	珠海银隆电器有限公司	纯电动客车	250	
	钛酸锂	66160F	2.3	1.18	—	1506	银隆新能源股份有限公司	577.3	1260(单组630)	3200	210(单组105)	—	121.2	否	YLP-BMS-1205A	珠海银隆电器有限公司	纯电动客车	22	
	钛酸锂	66160F	2.3	1.18	—	756	银隆新能源股份有限公司	580	550	1415	105	—	60.90	否	YLP-BMS-1205A	珠海银隆电器有限公司	纯电动客车	159	
	钛酸锂	66160F	2.3	1.18	—	756	银隆新能源股份有限公司	580	630	1650	105	—	60.9	否	YLP-BMS-1205A	珠海银隆电器有限公司	纯电动客车	5	
	钛酸锂	66160H	2.3	1.24	—	1008	银隆新能源股份有限公司	580	820	2100	160	—	92.8	否	YLP-BMS-1205A	珠海银隆电器有限公司	纯电动客车	181	
	钛酸锂	66160H	2.3	1.24	—	1008	银隆新能源股份有限公司	580	820	2100;2000;2100	160	—	92.8	否	YLP-BMS-1205A	珠海银隆电器有限公司	纯电动客车	8	
	钛酸锂	66160H	2.3	1.24	—	1008	银隆新能源股份有限公司	580	820	2105	160	—	92.8	否	YLP-BMS-1205A	珠海银隆电器有限公司	纯电动客车	10	
	钛酸锂	66160H	2.3	1.24	—	1008	银隆新能源股份有限公司	580;579.6	485;820	2090;1950	160;160	—	92.8;92.7	否	YLP-BMS-1205A	珠海银隆电器有限公司	纯电动客车	1000	
	钛酸锂	66160H	2.3	1.24	—	1008;1104	银隆新能源股份有限公司	580;634.8	960	1800;2120	160	—	92.8;101.568	否	YLP-BMS-1205A	珠海银隆电器有限公司	纯电动客车	236	
	钛酸锂	66160H	2.3	1.24	—	1008;1104	银隆新能源股份有限公司	580;634.8	960	1800;2120	160	—	92.8;101.6	否	YLP-BMS-1205A	珠海银隆电器有限公司	纯电动客车	272	
	钛酸锂	66160H	2.3	1.24	—	1104	银隆新能源股份有限公司	634.8	160	2120	160	—	101.568	否	YLP-BMS-1205A	珠海银隆电器有限公司	纯电动客车	493	
	钛酸锂	66160H	2.3	1.24	—	1104	银隆新能源股份有限公司	634.8	540	2140	160	—	101.568	否	YLP-BMS-1205A	珠海银隆电器有限公司	纯电动客车	200	
	钛酸锂	66160H	2.3	1.24	—	1260	银隆新能源股份有限公司	580	650	2485	200	—	116.0	否	YLP-BMS-1205A	珠海银隆电器有限公司	纯电动客车	400	
	钛酸锂	66160H	2.3	1.24	—	1500	银隆新能源股份有限公司	575	610×2	2890	240	—	138.0	否	YLP-BMS-1205A	珠海银隆电器有限公司	纯电动客车	8	
	钛酸锂	66160H	2.3	1.24	—	1512	银隆新能源股份有限公司	579.6	1224(单组612)	2962	240(单组120Ah)	—	139.1	否	YLP-BMS-1205A	珠海银隆电器有限公司	纯电动客车	100	
	钛酸锂	66160H	2.3	1.24	—	1632	银隆新能源股份有限公司	625.6	400*2	3120	240	—	150.144	否	YLP-BMS-1205A	珠海银隆电器有限公司	纯电动客车	171	
	钛酸锂	66160H	2.3	1.24	—	432	银隆新能源股份有限公司	496.8	405	840	80	—	39.744	否	YLP-BMS-1205A	珠海银隆电器有限公司	纯电动客车	750	
	钛酸锂	66160H	2.3	1.24	—	504	银隆新能源股份有限公司	580	480	1094	80	—	46.4	否	YLP-BMS-1205A	珠海银隆电器有限公司	纯电动客车	45	
	钛酸锂	66160H	2.3	1.24	—	756	银隆新能源股份有限公司	579.6	960	1420	120	—	69.6	否	YLP-BMS-1205A	珠海银隆电器有限公司	纯电动客车	100	

续上表

储能装置单体生产企业 Single Cell Production Enterprise of Energy Storage Device	储能装置种类 Types of Energy Storage Devices	储能装置单体型号 Cell Odels of Energy Storage Device	储能装置单体标称电压（V） Nominal Voltage of Monomer for Energy Storage Unit （V）	储能装置单体质量（kg） Monomer Quality of Energy Storage Unit （kg）	超级电容器单体标称静电容量（F） Nominal Electrostatic Capacity of Super Capacitor Monomer （F）	储能装置单体数量 Single Cell Quantity of Energy Storage Device	储能装置总成生产企业 Production Company of Energy Storage Device Cell	储能装置总成标称电压（V） Nominal Voltage of Energy Storage Device Assembly （V）	储能装置总成额定输出电流（A） Rated Output Current of Energy Storage Device Assembly （A）	储能装置总成质量（kg） Quality of Energy Storage Device Assembly （kg）	储能装置总成标称容量（Ah） Nominal Capacity of Power Battery Assembly （Ah）	超级电容器总成标称静电容量（F） Nominal Electrostatic Capacity of Super Capacitor Assembly （F）	储能装置总储电量（kWh） Total Energy Storage Capacity of Energy Storage Device （kWh）	动力蓄电池箱是否具有快换装置 Whether Power Battery Box has Quick Change Device	车载能源管理系统型号（包括软件和硬件） Vehicle Energy Management System Model（Including Software and Hardware）	车载能源管理系统生产企业 Vehicle Energy Management System Manufacturing Enterprise	配套车辆类型 Matching Vehicle Type	2018年配套车型产量小计（辆） Subtotal Output of Supported Odels in 2018 （Vehicle）	2018年配套车型产量总计（辆） Total Output of Supported Odels in 2018 （Vehicle）
银隆新能源股份有限公司	钛酸锂	66160H	2.3	1.24	—	768	银隆新能源股份有限公司	588.8	610	1460	120	—	70.656	否	YLP-BMS-1205A	珠海银隆电器有限公司	纯电动客车	400	6021
	钛酸锂	66160H	2.3	1.24	—	768	银隆新能源股份有限公司	588.8	720	1420	120	—	70.656	否	YLP-BMS-1205A	珠海银隆电器有限公司	纯电动客车	134	
	钛酸锂	66160H	2.3	1.24	—	840	银隆新能源股份有限公司	644	610	1600	120	—	77.28	否	YLP-BMS-1205A	珠海银隆电器有限公司	纯电动客车	710	
珠海鹏辉能源有限公司；河南省鹏辉电源有限公司	磷酸铁锂	GSP34135214F/113Ah	3.2	2.14	—	102	广州鹏辉能源科技股份有限公司；河南省鹏辉电源有限公司	326.4	113	300	113	—	36.88	否	硬件：KL-ASHEV5/软件：KL-AS-SEV5；硬件：PH2306H-48S/PH2305-60S/软件：PH-EM10	深圳市科列技术股份有限公司；广州鹏辉能源科技股份有限公司	纯电动专用车	1640	5835
	磷酸铁锂	GSP34135214F/113Ah	3.2	2.14	—	88	广州鹏辉能源科技股份有限公司；河南省鹏辉电源有限公司	281.6	113	227	113	—	31.82	否	硬件：KL-ASHEV5/软件：KL-AS-SEV5；硬件：PH2306H-48S/PH2305-48S 软件：PH R30EV	深圳市科列技术股份有限公司；广州鹏辉能源科技股份有限公司	纯电动乘用车	4195	
中信国安盟固利动力科技有限公司	锰酸锂	SPIM08161227-25	3.7	0.5±0.03	—	328	中信国安盟固利动力科技有限公司	606.8	50	310	50	—	30.34	否	16.8.14.1/A20	中信国安盟固利动力科技有限公司	插电式混合动力客车	37	5795
	锰酸锂	SPIM08161227-25	3.7	0.5±0.03	—	544	中信国安盟固利动力科技有限公司	503.2	100	510	100	—	50.32	否	16.8.14.1/A20	中信国安盟固利动力科技有限公司	插电式混合动力客车	147	
	锰酸锂	SPIM11245181-48	3.65	(1.04±0.02)	—	288	中信国安盟固利动力科技有限公司	525.6	192	400	96	—	50.45	否	软件：16.8.14.1/硬件：A20	中信国安盟固利动力科技有限公司	燃料电池客车	6	
	锰酸锂	SPIM11245181-48	3.65	0.88	—	172	中信国安盟固利动力科技有限公司	627.8	48	251	48	—	30.13	否	18.80.0.1/A20	中信国安盟固利动力科技有限公司	插电式混合动力客车	234	
	锰酸锂	SPIM11245181-48	3.65	0.88	—	288	中信国安盟固利动力科技有限公司	525.6	96	366	96	—	50.45	否	18.80.0.1/A20	中信国安盟固利动力科技有限公司	插电式混合动力客车	107	
	锰酸锂	SPIM11245181-48	3.65	0.88	—	288	中信国安盟固利动力科技有限公司	526	192	366	96	—	50.45	否	18.80.0.1/A20	中信国安盟固利动力科技有限公司	燃料电池客车	50	
	锰酸锂	SPIM11245181-48	3.65	0.88±0.02	—	152	中信国安盟固利动力科技有限公司	554.8	48	251±7.5	48	—	26.63	否	18.80.0.1/A20	中信国安盟固利动力科技有限公司	燃料电池专用车	600	
	锰酸锂	SPIM11245181-48	3.65	0.88±0.02	—	172	中信国安盟固利动力科技有限公司	627.8	48	251	48	—	30.13	否	18.80.0.1/A20	中信国安盟固利动力科技有限公司	燃料电池客车	20	
	锰酸锂	SPIM11245181-48	3.65	0.88±0.02	—	288	中信国安盟固利动力科技有限公司	525.6	96	366	96	—	50.457	否	18.80.0.1/A20	中信国安盟固利动力科技有限公司	燃料电池客车	1	
	锰酸锂	SPIM11245181-48	3.65	1.04±0.02	—	172	中信国安盟固利动力科技有限公司	627.8	96	251	48	—	30.13	否	18.80.0.1/A20	中信国安盟固利动力科技有限公司	插电式混合动力客车	82	
	锰酸锂	SPIM11245181-48	3.65	1.04±0.02	—	288	中信国安盟固利动力科技有限公司	525.6	192	360	96	—	50.456	否	18.80.0.1/A20	中信国安盟固利动力科技有限公司	插电式混合动力客车	100	
	锰酸锂	SPIM11245181-48	3.65	1.04±0.02	—	288	中信国安盟固利动力科技有限公司	525.6	96	360	96	—	50.45	否	18.80.0.1/A20	中信国安盟固利动力科技有限公司	插电式混合动力客车	117	
	锰酸锂	SPIM11245181-48	3.65	1.04±0.02	—	86	中信国安盟固利动力科技有限公司	313.9	48	130	48	—	15.06	否	18.80.0.1/A20	中信国安盟固利动力科技有限公司	燃料电池专用车	27	
	锰酸锂	SPIM11245190	3.7	0.76	—	276	中信国安盟固利动力科技有限公司	510.6	100	360	50	—	25.5	否	VER5.0.0.0/MSPHEV20	中信国安盟固利动力科技有限公司	插电式混合动力客车	8	

续上表

储能装置单体生产企业 Single Cell Production Enterprise of Energy Storage Device	储能装置种类 Types of Energy Storage Devices	储能装置单体型号 Cell Odels of Energy Storage Device	储能装置单体标称电压（V） Nominal Voltage of Monomer for Energy Storage Unit（V）	储能装置单体质量（kg） Monomer Quality of Energy Storage Unit（kg）	超级电容器单体标称静电容量（F） Nominal Electrostatic Capacity of Super Capacitor Monomer（F）	储能装置单体数量 Single Cell Quantity of Energy Storage Device	储能装置总成生产企业 Production Company of Energy Storage Device Cell	储能装置总成标称电压（V） Nominal Voltage of Energy Storage Device Assembly（V）	储能装置总成额定输出电流（A） Rated Output Current of Energy Storage Device Assembly（A）	储能装置总成质量（kg） Quality of Energy Storage Device Assembly（kg）	储能装置总成标称容量（Ah） Nominal Capacity of Power Battery Assembly（Ah）	超级电容器总成标称静电容量（F） Nominal Electrostatic Capacity of Super Capacitor Assembly（F）	储能装置总储电量（kWh） Total Energy Storage Capacity of Energy Storage Device（kWh）	动力蓄电池箱是否具有快换装置 Whether Power Battery Box has Quick Change Device	车载能源管理系统型号（包括软件和硬件） Vehicle Energy Management System Model（Including Software and Hardware）	车载能源管理系统生产企业 Vehicle Energy Management System Manufacturing Enterprise	配套车辆类型 Matching Vehicle Type	2018年配套车型产量小计（辆） Subtotal Output of Supported Odels in 2018（Vehicle）	2018年配套车型产量总计（辆） Total Output of Supported Odels in 2018（Vehicle）
中信国安盟固利动力科技有限公司	锰酸锂	SPIM11245190	3.7	0.77	—	282	中信国安盟固利动力科技有限公司	347.8	100	500	75	—	26	否	60.0.0.1/A20	中信国安盟固利动力科技有限公司	插电式混合动力客车	10	5795
	锰酸锂	SPIM11245190	3.7	0.77	—	486	中信国安盟固利动力科技有限公司	599.4	150	725	75	—	44.95	否	13.19.1.1/A20	中信国安盟固利动力科技有限公司	燃料电池客车	30	
	锰酸锂	SPIM11245190	3.7	0.77	—	276	中信国安盟固利动力科技有限公司	511	50	320	50	—	25.5	否	1.0.0.1/A20	中信国安盟固利动力科技有限公司	插电式混合动力客车	29	
	锰酸锂	SPIM11245190	3.7	0.77	—	276	中信国安盟固利动力科技有限公司	511	50	320	50	—	25.5	否	软件:41.3.0.1/硬件:A20	中信国安盟固利动力科技有限公司	插电式混合动力客车	2	
	锰酸锂	SPIM1124519032	3.7	0.79	—	220	中信国安盟固利动力科技有限公司	407	64	430	64	—	26.04	否	16.8.14.1/A20	中信国安盟固利动力科技有限公司/中信国安盟固利动力科技有限公司	插电式混合动力客车	79	
	锰酸锂	SPIM1124519032	3.7	0.79	—	220	中信国安盟固利动力科技有限公司	407	64	430	64	—	26.048	否	16.8.14.1/A20	中信国安盟固利动力科技有限公司	插电式混合动力客车	104	
	锰酸锂	SPIM1124519032	3.7	0.79	—	260	中信国安盟固利动力科技有限公司	481	64	468	64	—	30.78	否	16.8.14.1/A20	中信国安盟固利动力科技有限公司/中信国安盟固利动力科技有限公司	插电式混合动力客车	153	
	锰酸锂	SPIM1124519032	3.7	0.79	—	352	中信国安盟固利动力科技有限公司	651.2	64	625	64	—	41.67	否	16.8.14.1/A20	中信国安盟固利动力科技有限公司	插电式混合动力客车	28	
	锰酸锂	SPIM1124519032	3.7	0.79	—	352	中信国安盟固利动力科技有限公司	651.2	64	625	64	—	41.67	否	16.8.14.1/A20	中信国安盟固利动力科技有限公司/中信国安盟固利动力科技有限公司	插电式混合动力客车	83	
	锰酸锂	SPIM1124519032	3.7	0.79	—	432	中信国安盟固利动力科技有限公司	532.8	288	700	96	—	51.148	无	16.8.14.1/A20	中信国安盟固利动力科技有限公司	插电式混合动力客车	15	
	锰酸锂	SPIM1124519032	3.7	0.79	—	432	中信国安盟固利动力科技有限公司	532.8	96	700	96	—	51.1	否	软件:16.8.14.1/硬件:A20	中信国安盟固利动力科技有限公司	插电式混合动力客车	5	
	锰酸锂	SPIM1124519032	3.7	0.79	—	432	中信国安盟固利动力科技有限公司	532.8	96	700	96	—	51.14	否	16.8.14.1/A20	中信国安盟固利动力科技有限公司	插电式混合动力客车	485	
	锰酸锂	SPIM1124519032	3.7	0.79	—	432	中信国安盟固利动力科技有限公司	532.8	96	700	96	—	51.14	否	16.8.14.1/A20	中信国安盟固利动力科技有限公司/中信国安盟固利动力科技有限公司	插电式混合动力客车	372	
	锰酸锂	SPIM1124519032	3.7	0.79	—	432	中信国安盟固利动力科技有限公司	532.8	96	700	96	—	51.148	否	16.8.14.1/A20	中信国安盟固利动力科技有限公司	插电式混合动力客车	85	
	锰酸锂	SPIM1124519032	3.7	0.79	—	432	中信国安盟固利动力科技有限公司	532.8	96	700	96	—	51.15	否	16.8.14.1/A20	中信国安盟固利动力科技有限公司	插电式混合动力客车	292	
	锰酸锂	SPIM1124519032	3.7	0.79	—	432	中信国安盟固利动力科技有限公司	532.8	96	700	96	—	51.15	否	软件:16.8.14.1/硬件:A20	中信国安盟固利动力科技有限公司	插电式混合动力客车	49	
	锰酸锂	SPIM1124519032	3.7	0.79	—	432	中信国安盟固利动力科技有限公司	532.8	96	700(4*175=700)	96	—	51.14	否	16.8.14.1/A20	中信国安盟固利动力科技有限公司	插电式混合动力客车	2	

续上表

储能装置单体生产企业 Single Cell Production Enterprise of Energy Storage Device	储能装置种类 Types of Energy Storage Devices	储能装置单体型号 Cell Odels of Energy Storage Device	储能装置单体标称电压(V) Nominal Voltage of Monomer for Energy Storage Unit (V)	储能装置单体质量(kg) Monomer Quality of Energy Storage Unit (kg)	超级电容器单体标称静电容量(F) Nominal Electrostatic Capacity of Super Capacitor Monomer (F)	储能装置单体数量 Single Cell Quantity of Energy Storage Device	储能装置总成生产企业 Production Company of Energy Storage Device Cell	储能装置总成标称电压(V) Nominal Voltage of Energy Storage Device Assembly (V)	储能装置总成额定输出电流(A) Rated Output Current of Energy Storage Device Assembly (A)	储能装置总成质量(kg) Quality of Energy Storage Device Assembly (kg)	储能装置总成标称容量(Ah) Nominal Capacity of Power Battery Assembly (Ah)	超级电容器总成标称静电容量(F) Nominal Electrostatic Capacity of Super Capacitor Assembly (F)	储能装置总储电量(kWh) Total Energy Storage Capacity of Energy Storage Device (kWh)	动力蓄电池箱是否具有快换装置 Whether Power Battery Box has Quick Change Device	车载能源管理系统型号(包括软件和硬件) Vehicle Energy Management System Model (Including Software and Hardware)	车载能源管理系统生产企业 Vehicle Energy Management System Manufacturing Enterprise	配套车辆类型 Matching Vehicle Type	2018年配套车型产量小计(辆) Subtotal Output of Supported Odels in 2018 (Vehicle)	2018年配套车型产量总计(辆) Total Output of Supported Odels in 2018 (Vehicle)
中信国安盟固利动力科技有限公司	锰酸锂	SPIM1124519032	3.7	0.79	—	432	中信国安盟固利动力科技有限公司	532	96	700	96	—	51.14	否	16.8.14.1/A20	中信国安盟固利动力科技有限公司	插电式混合动力客车	47	5795
	锰酸锂	SPIM12161227-50	3.7	0.88	—	264	中信国安盟固利动力科技有限公司	325.6	150	405	150	—	48.8	否	软件:ES50A3B08A/硬件:FCh0169A	上海度普新能源科技有限公司	纯电动专用车	36	
	锰酸锂	SPIM12161227-50	3.7	0.88	—	264	中信国安盟固利动力科技有限公司	325.6	150	405	150	—	48.8	否	软件:ES50A3B08A/硬件:FCh0169A	上海度普新能源科技有限公司	纯电动专用车	2	
	锰酸锂	SPIM12161227-50	3.7	0.88	—	288片	中信国安盟固利动力科技有限公司	355.2	240	410	150	—	53	否	V1.0/BMSD11D18QA	上海度普新能源科技有限公司	纯电动专用车	176	
	锰酸锂	SPIM12161227-50	3.7	0.88	—	288片	中信国安盟固利动力科技有限公司	355.2	240	410	150	—	53	否	V1.0/BMSD11D1CQA	上海度普新能源科技有限公司	纯电动客车	84	
	锰酸锂	SPIM12161227-50	3.7	0.88	—	384片	中信国安盟固利动力科技有限公司	355.2	240	570	200	—	71	否	V1.0/BMSD11D18QA	上海度普新能源科技有限公司	纯电动专用车	878	
	锰酸锂	SPIM12161227-50	3.7	0.88	—	388	中信国安盟固利动力科技有限公司	359	200	548	200	—	71.8	否	软件:120.1.0.1/硬件:A25 BMS 12V	中信国安盟固利动力科技有限公司	纯电动乘用车	123	
	锰酸锂	SPIM12161227-50	3.7	0.88	—	432	中信国安盟固利动力科技有限公司	532.8	150	570	150	—	79.92	否	FT_32BMS01	北汽福田汽车股份有限公司	纯电动客车	11	
	锰酸锂	SPIM12161227-50	3.7	0.88	—	456	中信国安盟固利动力科技有限公司	562.4	150	648	150	—	84.36	无	FT_32BMS01	北汽福田汽车股份有限公司	纯电动专用车	402	
	锰酸锂	SPIM12161227-50	3.7	0.88kg	—	432	中信国安盟固利动力科技有限公司	532.8	150	570	150	—	79.92	否	FT_32BMS01	北汽福田汽车股份有限公司	纯电动专用车	86	
	锰酸锂	SPIM12202238-64	3.7	1.36±0.02	—	387;423	中信国安盟固利动力科技有限公司	477.3;521.7	400	652;740	192	—	91.64;100.16	否	18.80.3.6/A25	中信国安盟固利动力科技有限公司	纯电动客车	3	
	锰酸锂	SPIM12202238-64	3.7	1.36±0.02	—	423	中信国安盟固利动力科技有限公司	521.7	192	740	192	—	100.16	否	18.80.3.6/A25	中信国安盟固利动力科技有限公司	纯电动客车	44	
	锰酸锂	SPIM12202238-64	3.7	1.36±0.02	—	576;640	中信国安盟固利动力科技有限公司	532.8;592	256	960;1100	256	—	136.39;151.55	否	18.80.3.6/A25	中信国安盟固利动力科技有限公司	纯电动客车	90	
	锰酸锂	SPIM12202238-64	3.7	1.36±0.02	—	640	中信国安盟固利动力科技有限公司	592	256	1100	256	—	151.55	否	18.80.3.6/A25	中信国安盟固利动力科技有限公司	纯电动客车	136	
	锰酸锂	SPIM14245190	3.7	1.03	—	144	中信国安盟固利动力科技有限公司	532.8	35	280	35	—	18.65	否	VER8.1.1.3/A20	中信国安盟固利动力科技有限公司	插电式混合动力客车	41	
	锰酸锂	SPIM14245190	3.7	1.03	—	167	中信国安盟固利动力科技有限公司	617.9	35	320	35	—	21.63	否	MGL-HEV-BMS-SW-V01/MGL-HEV-BMS-HW-V01	中信国安盟固利动力科技有限公司	插电式混合动力客车	2	
	锰酸锂	SPIM14245190	3.7	1.03	—	167	中信国安盟固利动力科技有限公司	617.9	35	320	35	—	21.63	否	MGL-HEV-BMS-SW-V01/MGL-HEV-BMS-HW-V01	中信国安盟固利动力科技有限公司/中信国安盟固利动力科技有限公司	插电式混合动力客车	1	
	锰酸锂	SPIM14245190	3.7	1.03	—	192	中信国安盟固利动力科技有限公司	355	112.6	320	70	—	24.86	否	ZTPHEV35E	中通客车控股股份有限公司	插电式混合动力客车	4	
	锰酸锂	SPIM14245190	3.7	1.03	—	320	中信国安盟固利动力科技有限公司	592	140	490	70	—	41.44	否	16.8.14.1/A20	中信国安盟固利动力科技有限公司	燃料电池客车	5	
	锰酸锂	SPIM14245190	3.7	1.03	—	324	中信国安盟固利动力科技有限公司	599.4	70	644	70	—	41.96	否	16.8.14.1/A20	中信国安盟固利动力科技有限公司	插电式混合动力客车	163	
	锰酸锂	SPIM14245190	3.7	1.03	—	640	中信国安盟固利动力科技有限公司	592	140	980	140	—	82.88	否	16.8.14.1/A20	中信国安盟固利动力科技有限公司	燃料电池客车	49	
	锰酸锂	SPIM14245190	3.7	1.03	—	208	中信国安盟固利动力科技有限公司	385	140	375	70	—	27	否	软件:41.1.0.1/硬件:A20	中信国安盟固利动力科技有限公司	插电式混合动力客车	18	

续上表

储能装置单体生产企业 Single Cell Production Enterprise of Energy Storage Device	储能装置种类 Types of Energy Storage Devices	储能装置单体型号 Cell Odes of Energy Strage Device	储能装置单体标称电压(V) Nominal Voltage of Monomer for Energy Storage Unit (V)	储能装置单体质量(kg) Monomer Quality of Energy Storage Unit (kg)	超级电容器单体标称静电容量(F) Nominal Electrostatic Capacity of Super Capacitor Monomer (F)	储能装置单体数量 Single Cell Quantity of Energy Storage Device	储能装置总成生产企业 Production Company of Energy Storage Device Cell	储能装置总成标称电压(V) Nominal Voltage of Energy Storage Device Assembly (V)	储能装置总成额定输出电流(A) Rated Output Current of Energy Storage Device Assembly (A)	储能装置总成质量(kg) Quality of Energy Storage Device Assembly (kg)	储能装置总成标称容量(Ah) Nominal Capacity of Power Battery Assembly (Ah)	超级电容器总成标称静电容量(F) Nominal Electrostatic Capacity of Super Capacitor Assembly (F)	储能装置总储电量(kWh) Total Energy Storage Capacity of Energy Storage Device (kWh)	动力蓄电池箱是否具有快换装置 Whether Power Battery Box has Quick Change Device	车载能源管理系统型号(包括软件和硬件) Vehicle Energy Management System Model(Including Software and Hardware)	车载能源管理系统生产企业 Vehicle Energy Management System Manufacturing Enterprise	配套车辆类型 Matching Vehicle Type	2018 年配套车型产量小计(辆) Subtotal Output of Supported Odels in 2018 (Vehicle)	2018 年配套车型产量总计(辆) Total Output of Supported Odels in 2018 (Vehicle)
中信国安盟固利动力科技有限公司	锰酸锂	SPIM1424519C	3.7	1.03	—	324	中信国安盟固利动力科技有限公司	599	70	644	70	—	41.96	否	16.8.14.1/A20	中信国安盟固利动力科技有限公司	插电式混合动力客车	1	5795
	三元材料	PVS82165227-25	3.7	0.56	—	582	中信国安盟固利动力科技有限公司	359	150	590	150	—	54	否	软件:120.0.0.7/硬件:A20	中信国安盟固利动力科技有限公司	纯电动乘用车	34	
东莞市振华新能源科技有限公司	三元材料	SW18650-25HP	3.6V	0.045	—	2200	华霆(合肥)动力技术有限公司	144	100	180	120	—	17.28	否	MBMS_LEV	华霆(合肥)动力技术有限公司	纯电动乘用车	3	6166
	三元材料	SW18650-26HP	3.6	0.045	—	5040	惠州市蓝微新源技术有限公司	324	145.6	390	145.6	—	47.17	否	主板软件:72PH01MS710E+从板软件:BHN01ASS6B18/主板硬件:BHN01MH6729_V02+从板硬件:BHN01ASH5810_V02	惠州市蓝微新源技术有限公司	纯电动乘用车	287	
	三元材料	SW18650-26HP	3.6	0.045±0.001	—	5040	惠州市蓝微新源技术有限公司	324	145.6	390	145.6	—	47.17	无	主板软件:72PH01MS710E+从板软件:BHN01ASS6B18/主板硬件:BHN01MH6729_V02+从板硬件:BHN01ASH5810_V02	惠州市蓝微新源技术有限公司	纯电动专用车	20	
	三元材料	SW18650-26HP	3.6	0.045±0.015	—	4488	德兴市恒和新能源有限公司	367.2	114.4	395	114.4	—	42.01	否	软件:BHN01-V1.1.6;硬件:BHN01MH6729	惠州市蓝微新源技术有限公司	纯电动专用车	1	
	三元材料	SW18650-26HP	3.6	0.045±0.001	—	5040	惠州市蓝微新源技术有限公司	324	≤145.6	390	145.6	—	47.17	否	主板软件:72PH01MS710E+从板软件:BHN01ASS6B18/主板硬件:BHN01MH6729_V02+从板硬件:BHN01ASH5810_V02	惠州市蓝微新源技术有限公司	纯电动乘用车	371	
	三元材料	SW18650-26HPA	3.6	0.045	—	4176	陕西邦华新能源动力有限公司	313.2	125	340	124.8	—	39	—	软件:STJSBHN0601001/硬件:STJS-BH010101	陕西中九汽车工程研究院有限公司	纯电动专用车	1226	
	三元材料	SW18650-26HPA	3.6	0.045	—	4176	陕西邦华新能源动力有限公司	313.2	125	340	124.8	—	39	否	软件:STJSBHN0601001/硬件:STJS-BH010101	陕西中九汽车工程研究院有限公司	纯电动专用车	361	
	三元材料	SW18650-26HPA	3.65	0.045	—	4136	华霆(合肥)动力技术有限公司莆田分公司	343	114.4	320	114.4	—	38.5	否	软件:96000128/硬件:96000029	华霆(合肥)动力技术有限公司	纯电动乘用车	3512	
	三元材料	SW18650-25HP	3.6	0.045	—	4320	福建易动力电子科技股份有限公司	324	50	330	115.2	—	37.3	否	EP-BMS-02A	福建易动力电子科技股份有限公司	纯电动专用车	84	
	三元材料	SW18650-25HP	3.6	0.045	—	4320	福建易动力电子科技股份有限公司	324	50	330	115.2	—	37.3	否	EP-BMS-02A	福建易动力电子科技股份有限公司	纯电动专用车	301	
江苏塔菲尔新能源科技股份有限公司	磷酸铁锂	48/173/170-115Ah	3.2	2.84±0.3	—	168	山东魔方新能源科技有限公司	537.6	115	650	115	—	61.82	否	BC54B	安徽力高新能源技术有限公司	燃料电池专用车	100	4616
	磷酸铁锂	48/173/170-115Ah	3.2	2.84±0.3	—	168	山东魔方新能源科技有限公司	537.6	115	650±5	115	—	61.82	否	BC54B 软件:BC54B_HW1.23_SW1.1/硬件:BC54B_HW1.23	安徽力高新能源技术有限公司	燃料电池客车	50	
	磷酸铁锂	48/173/170-135Ah	3.2	2.84±0.05	—	768	江苏塔菲尔新能源科技股份有限公司	614.4	544	2881.28	544	—	334.24	是	硬件:HW1.1/软件:SW1.1	安徽力高新能源技术有限公司	纯电动专用车	1	
	磷酸铁锂	48/173/170-135Ah	3.2	2.87	—	184	江苏明美新能源科技有限公司	588.8	136	686	136	—	80.0768	无	硬件:TWS100/软件:TWS100.001.001	江苏明美新能源科技有限公司	纯电动专用车	120	
	三元材料	FFH3D3-120Aa	3.66	2.25	—	40	苏州科易新动力科技有限公司	146	120	126	120	—	17.52	否	软件:PK361ZDV0.1/硬件:KPB-KPE-KPL	苏州科易新动力科技有限公司	纯电动乘用车	7	
	三元材料	FFH3D3-120Aa	3.66	2.25	—	40	苏州科易新动力科技有限公司	146	120	126	120	—	17.52	否	硬件:KPB-KPE-KPL/软件:PK361ZDV0.1	苏州科易新动力科技有限公司	纯电动乘用车	145	

续上表

储能装置单体生产企业 Single Cell Production Enterprise of Energy Storage Device	储能装置种类 Types of Energy Storage Devices	储能装置单体型号 Cell Odels of Energy Storage Device	储能装置单体标称电压(V) Nominal Voltage of Monomer for Energy Storage Unit (V)	储能装置单体质量(kg) Monomer Quality of Energy Storage Unit (kg)	超级电容器单体标称静电容量(F) Nominal Electrostatic Capacity of Super Capacitor Monomer (F)	储能装置单体数量 Single Cell Quantity of Energy Storage Device	储能装置总成生产企业 Production Company of Energy Storage Device Cell	储能装置总成标称电压(V) Nominal Voltage of Energy Storage Device Assembly (V)	储能装置总成额定输出电流(A) Rated Output Current of Energy Storage Device Assembly (A)	储能装置总成质量(kg) Quality of Energy Storage Device Assembly (kg)	储能装置总成标称容量(Ah) Nominal Capacity of Power Battery Assembly (Ah)	超级电容器总成标称静电容量(F) Nominal Electrostatic Capacity of Super Capacitor Assembly (F)	储能装置总储电量(kWh) Total Energy Storage Capacity of Energy Storage Device (kWh)	动力蓄电池箱是否具有快换装置 Whether Power Battery Box has Quick Change Device	车载能源管理系统型号(包括软件和硬件) Vehicle Energy Management System Model (Including Software and Hardware)	车载能源管理系统生产企业 Vehicle Energy Management System Manufacturing Enterprise	配套车辆类型 Matching Vehicle Type	2018年配套车型产量小计(辆) Subtotal Output of Supported Odels in 2018 (Vehicle)	2018年配套车型产量总计(辆) Total Output of Supported Odels in 2018 (Vehicle)
江苏塔菲尔新能源科技股份有限公司	三元材料	FFH3D3-120Ah	3.66	2.25	—	40	苏州科易新动力科技有限公司	146	120	136	120	—	17.76	否	软件：PK361ZDV0.1/硬件：KPB-KPE-KPL	苏州科易新动力科技有限公司	纯电动乘用车	1705	4616
	三元材料	FFH3D3-120Ah	3.66	2.25	—	80	苏州科易新动力科技有限公司	146	120	240	240	—	35.04	否	软件：PK440ZDV0.1/硬件：KPB-KPE-KPL	苏州科易新动力科技有限公司	纯电动乘用车	60	
	三元材料	FFH3D3-120Ah	3.66	2.25±0.3	—	640	苏州高迈新能源有限公司	586	490	2080	480	—	281	否	1.1.93.96/BA63A_HW1.0	安徽力高新能源技术有限公司	纯电动专用车	1	
	三元材料	FFH3D3-135Ah	3.66	2.34	—	104	江苏明美新能源科技有限公司	380.64	135	350	135	—	51.39	否	TWS100	江苏明美新能源科技有限公司	纯电动专用车	52	
	三元材料	FFH3D3-135Ah	3.66	2.34±0.3	—	100	山东航天威能新能源动力系统有限公司	366	135	308	135	—	49.4	否	软件：HW/WI-YF-1825-071801/硬件：HW/WI-YF-1826-071801	山东航天威能新能源动力系统有限公司	纯电动乘用车	1730	
	三元材料	FFH3D3-135Ah	3.66	2.34±0.3	—	96	江苏明美新能源科技有限公司	351.36	135	355±10	135	—	47.4	否	TWS100.003.001/TWS100	江苏明美新能源科技有限公司	纯电动专用车	110	
	三元材料	FFH3D3-135Ah	3.66	2.34±0.3	—	99	山东航天威能新能源动力系统有限公司	362.3	135	344	135	—	48.2	否	软件：HW/WI-YF-1425-052101/硬件：HW/WI-YF-1426-052101	山东航天威能新能源动力系统有限公司	纯电动专用车	33	
	三元材料	LAE895-100Ah	3.66	1.70±0.30	—	84	蜂巢能源科技有限公司	307	100	206	100	—	30.7	否	B64V12/DZ06-2	惠州市亿能电子有限公司	纯电动乘用车	502	
上海德朗能动力电池有限公司	三元材料	INR18650-320	3.7	0.047	—	4032	欣旺达电动汽车电池有限公司	345.6	126	309	126	—	43.5	否	软件：V4.02/硬件：BMS_V3.8	欣旺达电动汽车电池有限公司	纯电动乘用车	15	4557
	三元材料	NCA18650-320	3.7	0.046	—	5104	浙江伊卡新能源汽车有限公司	325.6	185.6	420	185.6	—	60.43	—	硬件：BSC20/软件：0101	浙江高泰昊能科技有限公司	纯电动乘用车	32	
	三元材料	NCA18650-320	3.7	0.046	—	5104	浙江伊卡新能源汽车有限公司	325.6	185.6	420	185.6	—	60.43	否	软件：0101/硬件：BSC20	浙江高泰昊能科技有限公司	纯电动乘用车	2601	
	三元材料	NCA18650-320	3.7	0.046	—	5104	浙江伊卡新能源汽车有限公司	325.6	185.6	420	185.6	—	60.43	是	软件：QT-EVCU-2528/硬件：QT-EVCU-2528	浙江高泰昊能科技有限公司	纯电动乘用车	767	
	三元材料	NCA18650-320	3.7	0.046	—	5104	浙江伊卡新能源汽车有限公司	81.4	742.4	420	742.4	—	60.43	是	QT-EVCU-2518	浙江高泰昊能科技有限公司	纯电动乘用车	4	
	三元材料	NCA18650-320	3.7	0.046	—	5104	浙江伊卡新能源汽车有限公司	81.4	742.4	420	742.4	—	60.43	是	QT-EVCU-2518/QT-EVCU-2518	浙江高泰昊能科技有限公司	纯电动乘用车	414	
	三元材料	NCA18650-320	3.7	0.046	—	7656	浙江时空能源技术有限公司	81.4	1113.6	600	1113.6	—	90.65	是	BT-VCU-8849-01	杭州伯坦动力科技有限公司	纯电动专用车	1	
	三元材料	NCA18650-320	3.7	0.049	—	5104	浙江伊卡新能源汽车有限公司	81.4	742.4	420	742.4	—	60.43	是	BT-VCU-8849-01；QT-EVCU-2528	杭州伯坦动力科技有限公司；浙江高泰昊能科技有限公司	纯电动乘用车	3	
	三元材料	NCA18650-320	3.7	0.049	—	5104	浙江伊卡新能源汽车有限公司	81.4	742.4	420	742.4	—	60.43	是	QT-EVCU-2528	浙江高泰昊能科技有限公司	纯电动乘用车	5	
	三元材料	NCM18650-260	3.6	0.045	—	3402	航天钧和科技有限公司	97.2	150	248	327.6	—	31.8	否	硬件：BCUV1.0BMUV2.0/软件：MDJMV1.0	航天钧和科技有限公司	纯电动专用车	259	
	三元材料	NCM18650-260	3.6	0.045	—	4212	航天钧和科技有限公司	97.2	135	290	405.6	—	39.4	否	软件：JH-DS97405-1.0/硬件：JH-BMU01-24	航天钧和科技有限公司	纯电动专用车	220	
	三元材料	NCM18650-260	3.6	0.046	—	9116	上海德朗能动力电池有限公司	381.6	200	620	200	—	76.32	否	SJ-BMS-20-V2.2	上海中科深江电动车辆有限公司	纯电动专用车	1	
	三元材料	NCM18650-260	3.7	0.045	—	5104	浙江伊卡新能源汽车有限公司	81.4	603.2	408	603.2	—	49.10	是	BT-VCU-8849-01/QT-EVCU-2528	杭州伯坦动力科技有限公司；浙江高泰昊能科技有限公司	纯电动乘用车	234	
	三元材料	NCM18650-260	3.7	0.046	—	10080	浙江时空能源技术有限公司	532.8	182	720	182	—	96.97	否	硬件：QT-BSC23-A2/软件：1001	浙江高泰昊能科技有限公司	纯电动专用车	1	
广州鹏辉能源科技股份有限公司	多元复合	GSP27135206E/70Ah	3.55	1.57±0.03	—	376	广州鹏辉能源科技股份有限公司	333.7	280	690	280	—	93.4	否	BMU05-1-G-12/24V-400V/900	深圳市科列技术股份有限公司	纯电动专用车	2	4302
	多元复合	GSP27135206E-70AH	3.55	1.55	—	306	广州鹏辉能源科技股份有限公司	360	210	730	210	—	76	—	BMU01-P-H-12/24V-400/900V (BSU02-12SYBA-12/24V 从控)	广州鹏辉能源科技股份有限公司	纯电动专用车	1	

续上表

储能装置单体生产企业 Single Cell Production Enterprise of Energy Storage Device	储能装置种类 Types of Energy Storage Devices	储能装置单体型号 Cell Odels of Energy Storage Device	储能装置单体标称电压(V) Nominal Voltage of Monomer for Energy Storage Unit (V)	储能装置单体质量(kg) Monomer Quality of Energy Storage Unit (kg)	超级电容器单体标称静电容量(F) Nominal Electrostatic Capacity of Super Capacitor Monomer (F)	储能装置单体数量 Single Cell Quantity of Energy Storage Device	储能装置总成生产企业 Production Company of Energy Storage Device Cell	储能装置总成标称电压(V) Nominal Voltage of Energy Storage Device Assembly (V)	储能装置总成额定输出电流(A) Rated Output Current of Energy Storage Device Assembly (A)	储能装置总成质量(kg) Quality of Energy Storage Device Assembly (kg)	储能装置总成标称容量(Ah) Nominal Capacity of Power Battery Assembly (Ah)	超级电容器总成标称静电容量(F) Nominal Electrostatic Capacity of Super Capacitor Assembly (F)	储能装置总储电量(kWh) Total Energy Storage Capacity of Energy Storage Device (kWh)	动力蓄电池箱是否具有快换装置 Whether Power Battery Box has Quick Change Device	车载能源管理系统型号(包括软件和硬件) Vehicle Energy Management System Model(Including Software and Hardware)	车载能源管理系统生产企业 Vehicle Energy Management System Manufacturing Enterprise	配套车辆类型 Matching Vehicle Type	2018年配套车型产量小计(辆) Subtotal Output of Supported Odels in 2018 (Vehicle)	2018年配套车型产量总计(辆) Total Output of Supported Odels in 2018 (Vehicle)
广州鹏辉能源科技股份有限公司	磷酸铁锂	GSP27135206H	3.2	1.64±0.02	—	192	广州鹏辉能源科技股份有限公司	307.2	160	420±20	160	—	49.152	无	PHMBMS06	广州鹏辉能源科技股份有限公司	燃料电池专用车	1	4302
	磷酸铁锂	GSP27135206H	3.2	1.65±0.02	—	360	广州鹏辉能源科技股份有限公司	576	160	760	160	—	92.16	否	软件:576V160Ah/硬件:PHMBMS05	广州鹏辉能源科技股份有限公司	纯电动客车	8	
	磷酸铁锂	GSP34135214F/113Ah	3.2	2.14±0.03	—	160	江苏金阳光新能源科技有限公司	512	113	428±3	113	—	57.8	否	软件:GSE-256V113Ah/硬件:GSEBMS	江苏金阳光新能源科技有限公司	燃料电池客车	5	
	磷酸铁锂	GSP34135214F/113Ah	3.2	2.14±0.03	—	216	江苏金阳光新能源科技有限公司	345.6	226	576	226	—	78.1	否	软件:345.6V226Ah/硬件:GSEBMS	江苏金阳光新能源科技有限公司	纯电动客车	2	
	磷酸铁锂	GSP40173200	3.2	3.3	—	180	广州鹏辉能源科技股份有限公司	576	175	705	175	—	100.8	否	软件:PH-JLSW-01/硬件:PH-JLBMS-01	广州鹏辉能源科技股份有限公司	纯电动客车	6	
	三元材料	GSP09184165	3.7	0.55	—	240	广州鹏辉能源科技股份有限公司	148	120	196	180	—	26.64	否	软件:GP-AP-D-MF-01-01A/硬件:GP-AP-D-MH-01-01A	广州鹏辉能源科技股份有限公司	纯电动乘用车	1292	
	三元材料	GSP27135206E/70Ah	3.55	1.57±0.03	—	376	广州鹏辉能源科技股份有限公司	333.7	280	690	280	—	93.4	否	BMU05-I-G-12/24V-400V/900	深圳市科列技术股份有限公司	纯电动专用车	1	
	三元材料	GSP27135206E/70Ah	3.55	1.63	—	608	广州鹏辉能源科技股份有限公司	539.6	280	1078	280	—	151	无	BMU05-I-G-12/24V-400V/900	深圳科列技术股份有限公司	纯电动专用车	1	
	三元材料	GSP34135214E/110Ah	3.55	2.15±0.03	—	304	广州鹏辉能源科技股份有限公司	539.6	165	800±24	220	—	118.71	否	PHBMU06/PHBSU76S6T	广州鹏辉能源科技股份有限公司	纯电动专用车	72	
	三元材料	GSP34135214E/110Ah	3.55	2.15±0.03	—	304	广州鹏辉能源科技股份有限公司	539.6	165	854	220	—	118.71	否	PHBMU06/PHBSU76S6T	广州鹏辉能源科技股份有限公司	纯电动专用车	56	
	三元材料	GSP34135214E/110Ah	3.55	2.15±0.03	—	76	广州鹏辉能源科技股份有限公司	539.6	110	412	110	—	59.2	否	PHBMU06/PHBSU76S6T	广州鹏辉能源科技股份有限公司	纯电动专用车	1	
	三元材料	GSP34135214E/110Ah	3.55	2.15±0.03	—	76	广州鹏辉能源科技股份有限公司	539.6	110	412	110	—	59.35	否	硬件:PHBMU06/PHBSU76S6T/软件:T30120171205-1	广州鹏辉能源科技股份有限公司	纯电动专用车	1	
	三元材料	ICR18650P2500MA	3.6	0.045	—	1650	广州鹏辉能源科技股份有限公司	79	187.5	118	187.5	—	14.5	否	软件:GP-AP-D-MS-01-01A/硬件:GP-AP-D-MS-01-01A	广州鹏辉能源科技股份有限公司	纯电动乘用车	801	
	三元材料	ICR18650P2500MA	3.6	0.045	—	4488	广州鹏辉能源科技股份有限公司	316.8	127.5	335	127.5	—	38.37	否	硬件:STJGPH010101/软件:STJG-PHN060101001	陕西中九汽车工程研究院有限公司	纯电动专用车	395	
	三元材料	ICR18650P2500MA	3.6	0.045	—	5440	河南美力达汽车有限公司	288	127.5	387	170	—	48.96	否	软件:TTBMS-M01-STW-V1.1/硬件:TTBMS-M01-HDW-V1.1	河南美力达汽车有限公司	纯电动专用车	50	
	三元材料	ICR18650P2500MA	3.6	0.045±0.003	—	2250	广州鹏辉能源科技股份有限公司	108	187.5	162	187.5	—	20.25	否	软件:GP-AP-D-MF-01-01A/硬件:GP-AP-D-MH-01-01A	广州鹏辉能源科技股份有限公司	纯电动乘用车	2	
	三元材料	ICR18650P2500MA	3.6	0.045±0.003	—	3160	广州鹏辉能源科技股份有限公司	144	90	226	197.5	—	28	否	软件:GP-BMS05-48S8T-MF-01;硬件:GP-BMS05-12V-48S8T-400V	广州鹏辉能源科技股份有限公司	纯电动乘用车	1605	
惠州市亿鹏能源科技有限公司	磷酸铁锂	YPMTF68Ah	3.22	1.31	—	216	惠州市亿鹏能源科技有限公司	347.76	136	336	136	—	47.29	否	软件:YP-SW05/硬件:YP-HW05	惠州市亿鹏能源科技有限公司	纯电动专用车	81	4012
	磷酸铁锂	YPMTF68Ah	3.22	1.31	—	768	惠州市亿鹏能源科技有限公司	618	272	1242	272	—	168.16	否	软件:YP-SW05/硬件:YP-HW05	惠州市亿鹏能源科技有限公司	纯电动客车	100	
	磷酸铁锂	YPMTF68Ah	3.22	1.31±0.03	—	236	惠州市亿鹏能源科技有限公司	379.96	136	368	136	—	51.67	否	YP-SW05/YP-HW05	惠州市亿鹏能源科技有限公司	纯电动专用车	1708	
	磷酸铁锂	YPMTF68Ah	3.22	1.31±0.03	—	324	惠州市亿鹏能源科技有限公司	521.64	136	504	136	—	70.943	否	YP-SW05;YP-HW05	惠州市亿鹏能源科技有限公司	纯电动客车	1	

续上表

储能装置单体生产企业 Single Cell Production Enterprise of Energy Storage Device	储能装置种类 Types of Energy Storage Devices	储能装置单体型号 Cell Odels of Energy Storage Device	储能装置单体标称电压（V） Nominal Voltage of Monomer for Energy Storage Unit（V）	储能装置单体质量（kg） Monomer Quality of Energy Storage Unit（kg）	超级电容器单体标称静电容量（F） Nominal Electrostatic Capacity of Super Capacitor Monomer（F）	储能装置单体数量 Single Cell Quantity of Energy Storage Device	储能装置总成生产企业 Production Company of Energy Storage Device Cell	储能装置总成标称电压（V） Nominal Voltage of Energy Storage Device Assembly（V）	储能装置总成额定输出电流（A） Rated Output Current of Energy Storage Device Assembly（A）	储能装置总成质量（kg） Quality of Energy Storage Device Assembly（kg）	储能装置总成标称容量（Ah） Nominal Capacity of Power Battery Assembly（Ah）	超级电容器总成标称静电容量（F） Nominal Electrostatic Capacity of Super Capacitor Assembly（F）	储能装置总储电量（kWh） Total Energy Storage Capacity of Energy Storage Device（kWh）	动力蓄电池箱是否具有快换装置 Whether Power Battery Box has Quick Change Device	车载能源管理系统型号（包括软件和硬件） Vehicle Energy Management System Model（Including Software and Hardware）	车载能源管理系统生产企业 Vehicle Energy Management System Manufacturing Enterprise	配套车辆类型 Matching Vehicle Type	2018年配套车型产量小计（辆） Subtotal Output of Supported Odels in 2018（Vehicle）	2018年配套车型产量总计（辆） Total Output of Supported Odels in 2018（Vehicle）
惠州市亿鹏能源科技有限公司	磷酸铁锂	YPMTF68Ah	3.22	1.31±0.03	—	324	惠州市亿鹏能源科技有限公司	521.64	136	504	136	—	70.943	否	YP-SW05/YP-HW05	惠州市亿鹏能源科技有限公司	纯电动客车	42	4012
	锰酸锂	YPMT18Ah	3.6	0.525	—	352	惠州市亿鹏能源科技有限公司	633.6	36	360	36	—	22.80	否	YP-HEV-BMS-SW-V01/YP-HEV-BMS-HW-V01	惠州市亿鹏能源科技有限公司/惠州市亿鹏能源科技有限公司	插电式混合动力客车	1	
	锰酸锂	YPMT18Ah	3.6	0.525	—	658	惠州市亿鹏能源科技有限公司	338.4	126	820	126	—	42.63	否	软件：YP-SW05/硬件：YP-HW05	惠州市亿鹏能源科技有限公司	插电式混合动力客车	9	
	锰酸锂	YPMT18Ah	3.6	0.525	—	658	惠州市亿鹏能源科技有限公司	338.4	126	820	126	—	42.63	否	软件：YP-SW05/硬件：YP-HW05	惠州市亿鹏能源科技有限公司	插电式混合动力客车	12	
	锰酸锂	YPMT18Ah	3.6	0.525	—	768	惠州市亿鹏能源科技有限公司	345.6	144	900	144	—	49.8	否	软件：YP-PHEV346-144A/硬件：YP-HW05	惠州市亿鹏能源科技有限公司	插电式混合动力客车	95	
	锰酸锂	YPMTE30Ah	3.7	0.55±0.02	—	408	惠州市亿鹏能源科技有限公司	503.2	90	310	90	—	45.28	否	YP-SW05/YP-HW05	惠州市亿鹏能源科技有限公司	纯电动客车	15	
	锰酸锂	YPMTE30Ah	3.7	0.550±0.015	—	672	惠州市亿鹏能源科技有限公司	621.6	120	530	120	—	74.59	否	YP-SW05/YP-HW05	惠州市亿鹏能源科技有限公司	纯电动客车	91	
	锰酸锂	YPMTE30Ah	3.7	0.550±0.015	—	672	惠州市亿鹏能源科技有限公司	621.6	120	530	120	—	74.59	否	软件：YP-SW05/硬件：YP-HW05	惠州市亿鹏能源科技有限公司	纯电动客车	5	
	锰酸锂	YPMTE40Ah	3.7	0.87±0.02	—	312	惠州市亿鹏能源科技有限公司	577.2	80	380	80	—	46.17	否	YP-SW05/YP-HW05	惠州市亿鹏能源科技有限公司	燃料电池客车	1	
	锰酸锂	YPMTE48Ah	3.7	0.89±0.02	—	240	惠州市亿鹏能源科技有限公司	444	96	342	96	—	42.62	否	YP-SW05/YP-HW05	惠州市亿鹏能源科技有限公司	燃料电池客车	200	
	锰酸锂	YPMTE48Ah	3.7	0.89±0.02	—	240	惠州市亿鹏能源科技有限公司	444	96	370	96	—	42.62	否	软件：YP-SW05/硬件：YP-HW05	惠州市亿鹏能源科技有限公司	燃料电池专用车	70	
	锰酸锂	YPMTP26Ah	3.7	0.78	—	276	惠州市亿鹏能源科技有限公司	510.6	52	405	52	—	26.55	否	YP-SW05/YP-HW05	惠州市亿鹏能源科技有限公司/惠州市亿鹏能源科技有限公司	插电式混合动力客车	246	
	锰酸锂	YPMTP26Ah	3.7	0.78	—	316	惠州市亿鹏能源科技有限公司	584.6	52	449	52	—	30.39	否	YP-SW05/YP-HW05	惠州市亿鹏能源科技有限公司/惠州市亿鹏能源科技有限公司	插电式混合动力客车	25	
	锰酸锂	YPMTP26Ah	3.7	0.78	—	444	惠州市亿鹏能源科技有限公司	547.6	78	616	78	—	42.71	否	YP-SW05/YP-HW05	惠州市亿鹏能源科技有限公司/惠州市亿鹏能源科技有限公司	插电式混合动力客车	90	
	锰酸锂	YPMTP26Ah	3.7	0.78	—	528	惠州市亿鹏能源科技有限公司	651.2	78	700	78	—	50.79	否	YP-SW05/YP-HW05	惠州市亿鹏能源科技有限公司/惠州市亿鹏能源科技有限公司	插电式混合动力客车	129	
	锰酸锂	YPMTP26Ah	3.7	0.78±0.02	—	272	惠州市亿鹏能源科技有限公司	510.6	52	405	52	—	26.5	否	YP-SW05/YP-HW05	惠州市亿鹏能源科技有限公司	插电式混合动力客车	1	
	锰酸锂	YPMTP26Ah	3.7	0.78±0.02	—	272	惠州市亿鹏能源科技有限公司	584.6	52	449	52	—	30.39	否	YP-SW05/YP-HW05	惠州市亿鹏能源科技有限公司	插电式混合动力客车	1	
	锰酸锂	YPMTP26Ah	3.7	0.78±0.02	—	276	惠州市亿鹏能源科技有限公司	510.6	52	405	52	—	26.55	否	软件：YP-SW05/硬件：YP-HW05	惠州市亿鹏能源科技有限公司	插电式混合动力客车	173	
	锰酸锂	YPMTP26Ah	3.7	0.78±0.02	—	296	惠州市亿鹏能源科技有限公司	547.6	52	427	52	—	28.47	否	YP-SW05/YP-HW05	惠州市亿鹏能源科技有限公司	燃料电池客车	16	
	锰酸锂	YPMTP26Ah	3.7	0.78±0.02	—	316	惠州市亿鹏能源科技有限公司	584.6	52	449	52	—	30.39	否	YP-SW05/YP-HW05	惠州市亿鹏能源科技有限公司	插电式混合动力客车	132	
	锰酸锂	YPMTP26Ah	3.7	0.78±0.02	—	438	惠州市亿鹏能源科技有限公司	547.6	78	622	78	—	42.71	否	YP-SW05/YP-HW05	惠州市亿鹏能源科技有限公司	插电式混合动力客车	1	

续上表

储能装置单体生产企业 Single Cell Production Enterprise of Energy Storage Device	储能装置种类 Types of Energy Storage Devices	储能装置单体型号 Cell Odels of Energy Storage Device	储能装置单体标称电压(V) Nominal Voltage of Monomer for Energy Storage Unit (V)	储能装置单体质量(kg) Monomer Quality of Energy Storage Unit (kg)	超级电容器单体标称静电容量(F) Nominal Electrostatic Capacity of Super Capacitor Monomer (F)	储能装置单体数量 Single Cell Quantity of Energy Storage Device	储能装置总成生产企业 Production Company of Energy Storage Device Cell	储能装置总成标称电压(V) Nominal Voltage of Energy Storage Device Assembly (V)	储能装置总成额定输出电流(A) Rated Output Current of Energy Storage Device Assembly (A)	储能装置总成质量(kg) Quality of Energy Storage Device Assembly (kg)	储能装置总成标称容量(Ah) Nominal Capacity of Power Battery Assembly (Ah)	超级电容器总成标称静电容量(F) Nominal Electrostatic Capacity of Super Capacitor Assembly (F)	储能装置总储电量(kWh) Total Energy Storage Capacity of Energy Storage Device (kWh)	动力蓄电池箱是否具有快换装置 Whether Power Battery Box has Quick Change Device	车载能源管理系统型号(包括软件和硬件) Vehicle Energy Management System Model(Including Software and Hardware)	车载能源管理系统生产企业 Vehicle Energy Management System Manufacturing Enterprise	配套车辆类型 Matching Vehicle Type	2018年配套车型产量小计(辆) Subtotal Output of Supported Odels in 2018 (Vehicle)	2018年配套车型产量总计(辆) Total Output of Supported Odels in 2018 (Vehicle)
惠州市亿鹏能源科技有限公司	锰酸锂	YPMTP26Ah	3.7	0.78 ± 0.02	—	444	惠州市亿鹏能源科技有限公司	547.6	78	616	78	—	42.71	否	YP-SW05/YP-HW05	惠州市亿鹏能源科技有限公司	插电式混合动力客车	44	4012
	锰酸锂	YPMTP26Ah	3.7	0.78 ± 0.02	—	444	惠州市亿鹏能源科技有限公司	547.6	78	616	78	—	42.71	否	软件:YP-SW05/硬件:YP-HW05	惠州市亿鹏能源科技有限公司	插电式混合动力客车	60	
	锰酸锂	YPMTP26Ah	3.7	0.78 ± 0.02	—	528	惠州市亿鹏能源科技有限公司	325.6	156	700	156	—	50.79	否	YP-SW05/YP-HW05	惠州市亿鹏能源科技有限公司	插电式混合动力客车	20	
	锰酸锂	YPMTP26Ah	3.7	0.78 ± 0.02	—	528	惠州市亿鹏能源科技有限公司	651.2	78	700	78	—	50.79	否	YP-SW05/YP-HW05	惠州市亿鹏能源科技有限公司	插电式混合动力客车	143	
	三元材料	YPMTE55Ah	3.7	0.97	—	200	惠州市亿鹏能源科技有限公司	370	110	300	110	—	40.7	否	YP-SW05/YP-HW05	惠州市亿鹏能源科技有限公司	纯电动专用车	500	
微宏动力系统(湖州)有限公司	锰酸锂	DCF021EA	3.7	0.348	—	1296	微宏动力系统(湖州)有限公司	599.4	168	738	168	—	100.69	否	MPS-BMS-HV3.0/MPS-BMS-SV3.0	微宏动力系统(湖州)有限公司	纯电动客车	177	3860
	锰酸锂	DCF021EA	3.7	0.348	—	1944	微宏动力系统(湖州)有限公司	599.4	252	1088	252	—	151	否	MPS-BMS-HV3.0/MPS-BMS-SV3.0	微宏动力系统(湖州)有限公司	纯电动客车	31	
	锰酸锂	DCF021EA	3.7	0.348	—	1944	微宏动力系统(湖州)有限公司	599.4	252	1088	252	—	151.04	否	MPS-BMS-HV3.0/MPS-BMS-SV3.0	微宏动力系统(湖州)有限公司	纯电动客车	91	
	锰酸锂	DCF021EA	3.7	0.348	—	648	微宏动力系统(湖州)有限公司	599.4	84	370	84	—	50.3	否	MPS-BMS-SV3.0/MPS-BMS-HV3.0	微宏动力系统(湖州)有限公司	插电式混合动力客车	40	
	锰酸锂	DCF021EA	3.7	0.348 ±0.01	—	1296	微宏动力系统(湖州)有限公司	599.4	168	738	168	—	100.7	否	MPS-BMS-HV3.0/MPS-BMS-SV3.0	微宏动力系统(湖州)有限公司	纯电动客车	1	
	锰酸锂	DCF021EA	3.7	0.348 ±0.010	—	1296	微宏动力系统(湖州)有限公司	599.4	168	684	168	—	100.699	否	MPS-BMS-HV3.0/MPS-BMS-SV3.0	微宏动力系统(湖州)有限公司	纯电动客车	71	
	锰酸锂	DCF021EA	3.7	0.348 ±0.010	—	1296	微宏动力系统(湖州)有限公司	599.4	168	684	168	—	100.7	否	MPS-BMS-HV3.0/MPS-BMS-SV3.0	微宏动力系统(湖州)有限公司	纯电动客车	111	
	锰酸锂	DCF021EA	3.7	0.348 ±0.010	—	1296	微宏动力系统(湖州)有限公司	599.4	168	738	168	—	100.69	否	MPS-BMS-HV3.0/MPS-BMS-SV3.0	微宏动力系统(湖州)有限公司	纯电动客车	34	
	锰酸锂	DCF021EA	3.7	0.348 ±0.010	—	1296	微宏动力系统(湖州)有限公司	599.4	168	738	168	—	100.699	否	MPS-BMS-HV3.0/MPS-BMS-SV3.0	微宏动力系统(湖州)有限公司	纯电动客车	656	
	锰酸锂	DCF021EA	3.7	0.348 ±0.010	—	1296	微宏动力系统(湖州)有限公司	599.4	168	738	168	—	100.7	否	MPS-BMS-HV3.0/MPS-BMS-SV3.0	微宏动力系统(湖州)有限公司	纯电动客车	36	
	锰酸锂	DCF021EA	3.7	0.348 ±0.010	—	1296	微宏动力系统(湖州)有限公司	599.4	168	738	168	—	100.7	否	MPS-BMS-SV3.0/MPS-BMS-HV3.0	微宏动力系统(湖州)有限公司	纯电动客车	27	
	锰酸锂	DCF021EA	3.7	0.348 ±0.010	—	1728	微宏动力系统(湖州)有限公司	532.8	252	888 ±24	252	—	134.2656	否	硬件:MPS-BMS-SV3.0/软件:MPS-BMS-HV3.0	微宏动力系统(湖州)有限公司	纯电动客车	55	
	锰酸锂	DCF021EA	3.7	0.348 ±0.010	—	1944	微宏动力系统(湖州)有限公司	599.4	252	1026	252	—	151	否	MPS-BMS-HV3.0/MPS-BMS-SV3.0	微宏动力系统(湖州)有限公司	纯电动客车	28	
	锰酸锂	DCF021EA	3.7	0.348 ±0.010	—	1944	微宏动力系统(湖州)有限公司	599.4	252	1088	252	—	151	否	MPS-BMS-HV3.0/MPS-BMS-SV3.0	微宏动力系统(湖州)有限公司	纯电动客车	388	
	锰酸锂	DCF021EA	3.7	0.348 ±0.010	—	1944	微宏动力系统(湖州)有限公司	599.4	252	1088	252	—	151.04	否	MPS-BMS-HV3.0/MPS-BMS-SV3.0	微宏动力系统(湖州)有限公司	纯电动客车	125	
	锰酸锂	DCF021EA	3.7	0.348 ±0.010	—	1944	微宏动力系统(湖州)有限公司	599.4	252	1088	252	—	151.04	否	软件:MPS-BMS-SV3.0/硬件:MPS-BMS-HV3.0	微宏动力系统(湖州)有限公司	纯电动客车	187	
	锰酸锂	DCF021EA	3.7	0.348 ±0.010	—	1944	微宏动力系统(湖州)有限公司	599.4	252	1088	252	—	151.048	—	MPS-BMS-HV3.0/MPS-BMS-SV3.0	微宏动力系统(湖州)有限公司	纯电动客车	5	
	锰酸锂	DCF021EA	3.7	0.348 ±0.010	—	1944	微宏动力系统(湖州)有限公司	599.4	252	1088	252	—	151.048	否	硬　件：MPS-BMS-HV3.0/软　件：MPS-BMS-SV3.0	微宏动力系统(湖州)有限公司	纯电动客车	76	
	锰酸锂	DCF021EA	3.7	0.348 ±0.010	—	1944	微宏动力系统(湖州)有限公司	599.4	252	1088	252	—	151.048	否	MPS-BMS-HV3.0/MPS-BMS-SV3.0	微宏动力系统(湖州)有限公司	纯电动客车	250	

续上表

储能装置单体生产企业 Single Cell Production Enterprise of Energy Storage Device	储能装置种类 Types of Energy Storage Devices	储能装置单体型号 Cell Odels of Energy Storage Device	储能装置单体标称电压（V） Nominal Voltage of Monomer for Energy Storage Unit （V）	储能装置单体质量（kg） Monomer Quality of Energy Storage Unit （kg）	超级电容器单体标称静电容量（F） Nominal Electrostatic Capacity of Super Capacitor Monomer （F）	储能装置单体数量 Single Cell Quantity of Energy Storage Device	储能装置总成生产企业 Production Company of Energy Storage Device Cell	储能装置总成标称电压（V） Nominal Voltage of Energy Storage Device Assembly （V）	储能装置总成额定输出电流（A） Rated Output Current of Energy Storage Device Assembly （A）	储能装置总成质量（kg） Quality of Energy Storage Device Assembly （kg）	储能装置总成标称容量(Ah) Nominal Capacity of Power Battery Assembly （Ah）	超级电容器总成标称静电容量（F） Nominal Electrostatic Capacity of Super Capacitor Assembly （F）	储能装置总储电量（kWh） Total Energy Storage Capacity of Energy Storage Device （kWh）	动力蓄电池箱是否具有快换装置 Whether Power Battery Box has Quick Change Device	车载能源管理系统型号（包括软件和硬件） Vehicle Energy Management System Model（Including Software and Hardware）	车载能源管理系统生产企业 Vehicle Energy Management System Manufacturing Enterprise	配套车辆类型 Matching Vehicle Type	2018年配套车型产量小计（辆） Subtotal Output of Supported Odels in 2018 （Vehicle）	2018年配套车型产量总计（辆） Total Output of Supported Odels in 2018 （Vehicle）
微宏动力系统(湖州)有限公司	锰酸锂	DCF021EA	3.7	0.348±0.010	—	648	微宏动力系统(湖州)有限公司	599.4	84	342	84	—	50.349	否	MPS-BMS-HV3.0/MPS-BMS-SV3.0	微宏动力系统(湖州)有限公司	插电式混合动力客车	39	3860
	锰酸锂	DCF021EA	3.7	0.348±0.010	—	864	微宏动力系统(湖州)有限公司	532.8	126	476	126	—	67.1	否	MPS-BMS-HV3.0/MPS-BMS-SV3.0	微宏动力系统(湖州)有限公司	纯电动客车	51	
	锰酸锂	MPS036120MPE;MPS036105MPE	3.6	0.336±0.003	—	2560;2240	微宏动力系统(湖州)有限公司	576	290;260	1171;1025	240;210	—	138.24;120.96	否	MPS-BMS-HV3.0/MPS-MS-SV3.0	微宏动力系统(湖州)有限公司	纯电动客车	151	
	锰酸锂	MV06203127MPP	3.55	0.310±0.005	—	576	微宏动力系统(湖州)有限公司	340.8	176	526±5	60	—	20.45	无	MPS-BMS-HV2.0	微宏动力系统(湖州)有限公司	燃料电池专用车	2	
	锰酸锂	MV06203127MPP	3.55	0.310±0.005	—	576	微宏动力系统(湖州)有限公司	340.8	200	526	60	—	20.45	否	MPS-BMS-HV2.0/MPS-BMS-SV2.0	微宏动力系统(湖州)有限公司	燃料电池专用车	10	
	锰酸锂	MV06203127MPP	3.55	0.310±0.005	—	576	微宏动力系统(湖州)有限公司	340.8	200	526	60	—	20.45	否	MPS-BMS-HV2.0/MPS-BMS-SV2.0	微宏动力系统(湖州)有限公司	燃料电池专用车	10	
	锰酸锂	MV07203127MPP	3.55	0.335±0.005	—	1296	微宏动力系统(湖州)有限公司	575	200	810	88	—	50.6	否	LS _ BMS _ MPS—BMS—HV2.0/MPS—BMS—SV3.0EV_BE	微宏动力系统(湖州)有限公司	插电式混合动力客车	118	
	锰酸锂	MV07220126MPE	3.6	0.336	—	1728	微宏动力系统(湖州)有限公司	518.4	180	800	180	—	93.31	否	MPS-BMS-HV3.0/MPS-MS-SV3.0	微宏动力系统(湖州)有限公司	纯电动客车	172	
	锰酸锂	MV07220126MPE	3.6	0.336	—	2560	微宏动力系统(湖州)有限公司	576	240	1171	240	—	138.2	否	MPS-BMS-HV3.0/MPS-MS-SV3.0	微宏动力系统(湖州)有限公司	纯电动客车	2	
	锰酸锂	MV07220126MPE	3.6	0.336	—	2592	微宏动力系统(湖州)有限公司	518.4	270	1200	270	—	139.96	否	MPS-BMS-HV3.0/MPS-MS-SV3.0	微宏动力系统(湖州)有限公司	纯电动客车	1	
	锰酸锂	MV07220126MPE	3.6	0.336±0.003	—	1680;1560;1728	微宏动力系统(湖州)有限公司	604.8;561.6;518.4	180;180;180	769;714;800	150;150;180	—	90.7;84.2;93.31	否	MPS-BMS-HV3.0/MPS-MS-SV3.0	微宏动力系统(湖州)有限公司	纯电动客车	318	
	锰酸锂	MV07220126MPE	3.6	0.336±0.003	—	1728	微宏动力系统(湖州)有限公司	518.4	180	796	180	—	93.31	否	MPS-BMS-HV3.0/MPS-MS-SV3.0	微宏动力系统(湖州)有限公司	纯电动客车	25	
	锰酸锂	MV07220126MPE	3.6	0.336±0.003	—	1728	微宏动力系统(湖州)有限公司	518.4	180	800	180	—	93.3	否	MPS-BMS-HV3.0/MPS-MS-SV3.0	微宏动力系统(湖州)有限公司	纯电动客车	12	
	锰酸锂	MV07220126MPE	3.6	0.336±0.003	—	2560	微宏动力系统(湖州)有限公司	576	240	1171	240	—	138.2	否	MPS-BMS-HV3.0/MPS-MS-SV3.0	微宏动力系统(湖州)有限公司	纯电动客车	33	
	锰酸锂	MV07220126MPE	3.6	0.336±0.003	—	2560	微宏动力系统(湖州)有限公司	576	240	1179	240	—	138.24	否	MPS-BMS-HV3.0/MPS-MS-SV3.0	微宏动力系统(湖州)有限公司	纯电动客车	51	
	锰酸锂	MV07220126MPE	3.6	0.336±0.003	—	2560	微宏动力系统(湖州)有限公司	576	290	1171	240	—	138.2	否	MPS-BMS-HV3.0/MPS-MS-SV3.0	微宏动力系统(湖州)有限公司	纯电动客车	156	
	锰酸锂	MV07220126MPE	3.6	0.336±0.003	—	2560	微宏动力系统(湖州)有限公司	576	290	1171	240	—	138.24	否	MPS-BMS-HV3.0/MPS-MS-SV3.0	微宏动力系统(湖州)有限公司	纯电动客车	1	
	锰酸锂	MV07220126MPE	3.6	0.336±0.003	—	2592	微宏动力系统(湖州)有限公司	518.4	270	1200	270	—	139.97	否	MPS-BMS-HV3.0/MPS-MS-SV3.0	微宏动力系统(湖州)有限公司	纯电动客车	1	
	锰酸锂	MV07220126MPE	3.6	0.336±0.003	—	768	微宏动力系统(湖州)有限公司	345.6	120	405	120	—	41.47	—	MPS-BMS-HV3.0/MPS-MS-SV3.0	微宏动力系统(湖州)有限公司	燃料电池客车	80	
	锰酸锂	MV07220126MPE	3.6	0.336±0.003	—	780	微宏动力系统(湖州)有限公司	561.6	225	400	75	—	42.12	否	MPS-BMS-HV3.0/MPS-MS-SV3.0	微宏动力系统(湖州)有限公司	插电式混合动力客车	132	

续上表

储能装置单体生产企业 Single Cell Production Enterprise of Energy Storage Device	储能装置种类 Types of Energy Storage Devices	储能装置单体型号 Cell Odels of Energy Storage Device	储能装置单体标称电压（V）Nominal Voltage of Monomer for Energy Storage Unit（V）	储能装置单体质量（kg）Monomer Quality of Energy Storage Unit（kg）	超级电容器单体标称静电容量（F）Nominal Electrostatic Capacity of Super Capacitor Monomer（F）	储能装置单体数量 Single Cell Quantity of Energy Storage Device	储能装置总成生产企业 Production Company of Energy Storage Device Cell	储能装置总成标称电压（V）Nominal Voltage of Energy Storage Device Assembly（V）	储能装置总成额定输出电流（A）Rated Output Current of Energy Storage Device Assembly（A）	储能装置总成质量（kg）Quality of Energy Storage Device Assembly（kg）	储能装置总成标称容量(Ah) Nominal Capacity of Power Battery Assembly（Ah）	超级电容器总成标称静电容量（F）Nominal Electrostatic Capacity of Super Capacitor Assembly（F）	储能装置总储电量（kWh）Total Energy Storage Capacity of Energy Storage Device（kWh）	动力蓄电池箱是否具有快换装置 Whether Power Battery Box has Quick Change Device	车载能源管理系统型号（包括软件和硬件）Vehicle Energy Management System Model(Including Software and Hardware)	车载能源管理系统生产企业 Vehicle Energy Management System Manufacturing Enterprise	配套车辆类型 Matching Vehicle Type	2018年配套车型产量小计（辆）Subtotal Output of Supported Odels in 2018（Vehicle）	2018年配套车型产量总计（辆）Total Output of Supported Odels in 2018（Vehicle）
微宏动力系统（湖州）有限公司	锰酸锂	MV07335132MPE	3.6	0.50±0.01	—	288	微宏动力系统（湖州）有限公司	518.4	144	230	48	—	24.88	否	MPS-BMS-HV3.0/MPS-MS-SV3.0	微宏动力系统（湖州）有限公司	插电式混合动力客车	35	3860
	锰酸锂	MV07335132MPE	3.6	0.50±0.01	—	288	微宏动力系统（湖州）有限公司	518.4	144	230	48	—	24.9	否	MPS-BMS-HV3.0/MPS-MS-SV3.0	微宏动力系统（湖州）有限公司	插电式混合动力客车	40	
	锰酸锂	MV07335132MPE	3.6	0.50±0.01	—	432	微宏动力系统（湖州）有限公司	518.4	300	390	72	—	37.3	否	MPS-BMS-HV3.0/MPS-BMS-SV3.0	微宏动力系统（湖州）有限公司	纯电动客车	2	
	锰酸锂	MV07335132MPE	3.6	0.50±0.01	—	576	微宏动力系统（湖州）有限公司	518.4	280	440	96	—	49.76	否	MPS-BMS-HV3.0/MPS-BMS-SV3.0	微宏动力系统（湖州）有限公司	插电式混合动力客车	29	
河南锂动电源有限公司	磷酸铁锂	EV GLP40Ah-88210250	3.2	0.847±0.012	—	464	河南锂动电源有限公司	371.2	160	520	160	—	59.39	否	主控板型号：LDBCU01，从控板型号：LDBMU3601、LDBMU4801	河南锂动电源有限公司	纯电动客车	1	3525
	三元材料	GLM38Ah-75188236	3.65	0.685	—	360	河南锂动电源有限公司	328.5	152	350	152	—	49.93	否	软件：HZ059.04.V01/硬件：主控LDBCU01，从控LDBMU4801	河南锂动电源有限公司	纯电动乘用车	3	
	三元材料	GLM38Ah-75188236	3.65	0.685	—	360	河南锂动电源有限公司	328.5	152	350	152	—	49.93	是	软件：HZ059.04.V01/硬件：主控LDBCU01，从控LDBMU4801	河南锂动电源有限公司	纯电动乘用车	1004	
	三元材料	GLM43Ah-80188236	3.65	0.74	—	264	河南锂动电源有限公司	321.2	129	290	129	—	41.434	否	软件：HZ059.05.V01/硬件：主控LDBCU01，从控LDBMU4801	河南锂动电源有限公司	纯电动专用车	8	
	三元材料	GLM43Ah-80188236	3.65	0.74	—	368	河南锂动电源有限公司	335.8	172	360	172	—	57.757	否	软件：HZ104.01.V01/硬件：主控LDBCU01，从控LDBMU6001	河南锂动电源有限公司	纯电动乘用车	2394	
	三元材料	GLM43Ah-80188236	3.65	0.74±0.015	—	312	河南锂动电源有限公司	379.6	129	334	129	—	48.97	否	软件：HZ104.05.V01/硬件：主控：LDBCU01，从控：LDBMU6001	河南锂动电源有限公司	纯电动专用车	3	
	三元材料	GLM43Ah-80188236	3.65	0.74±0.015	—	576	河南锂动电源有限公司	525.6	172	645	172	—	90.4	否	软件：HZ104.02.V01/硬件：主控LDBCU01，从控LDBMU3601	河南锂动电源有限公司	纯电动专用车	112	
LG化学有限公司	三元材料	P1.5	3.7	0.375	—	200	威睿电动汽车技术（苏州）有限公司	370	220	140	23	—	8	否	软件：78HL15-3113230-A/硬件：78HL15-3113010-B	软件：LG/CPI/硬件：LGIT	插电式混合动力乘用车	105	3412
	三元材料	P2.7	3.7	0.554	—	192	GM	355	160	180.4	51	—	18.4	否	GlobalA/VICM	延锋伟世通汽车电子有限公司	插电式混合动力乘用车	280	
	三元材料	P2.7	3.7	0.554	—	192	GM Subsystems Manufacturing;LLC	355	50.4	183	50.4	—	18.0	否	VICM/Global A	Visteon	插电式混合动力乘用车	2	
	钛酸锂	5QE915123 *	3.62	0.7	—	104	三星（长春）动力电池有限公司	382	37	142	37.5	—	14.08	否	4GD915233 * /4GD915233 *	MarquardtGmbH	插电式混合动力乘用车	3025	
江西安驰新能源科技有限公司	磷酸铁锂	IFP23140160-55AH	3.2	1.1	—	144	江西安驰新能源科技有限公司	153.6	204	206	165	—	25.344	否	主控：BMU05，从控：BSU05	江西安驰新能源科技有限公司	纯电动专用车	210	3211
	磷酸铁锂	IFP23140160-55AH	3.2	1.15	—	360	江西安驰新能源科技有限公司	576	220	530±10	110	—	63.36	否	硬件编码：36ANCBBDK1701H1 软件编码：36ANCBBDK1701S1	江西安驰新能源科技有限公司	纯电动客车	39	

续上表

储能装置单体生产企业 Single Cell Production Enterprise of Energy Storage Device	储能装置种类 Types of Energy Storage Devices	储能装置单体型号 Cell Odels of Energy Storage Device	储能装置单体标称电压(V) Nominal Voltage of Monomer for Energy Storage Unit (V)	储能装置单体质量(kg) Monomer Quality of Energy Storage Unit (kg)	超级电容器单体标称静电容量(F) Nominal Electrostatic Capacity of Super Capacitor Monomer (F)	储能装置单体数量 Single Cell Quantity of Energy Storage Device	储能装置总成生产企业 Production Company of Energy Storage Device Cell	储能装置总成标称电压(V) Nominal Voltage of Energy Storage Device Assembly (V)	储能装置总成额定输出电流(A) Rated Output Current of Energy Storage Device Assembly (A)	储能装置总成质量(kg) Quality of Energy Storage Device Assembly (kg)	储能装置总成标称容量(Ah) Nominal Capacity of Power Battery Assembly (Ah)	超级电容器总成标称静电容量(F) Nominal Electrostatic Capacity of Super Capacitor Assembly (F)	储能装置总储电量(kWh) Total Energy Storage Capacity of Energy Storage Device (kWh)	动力蓄电池箱是否具有快换装置 Whether Power Battery Box has Quick Change Device	车载能源管理系统型号(包括软件和硬件) Vehicle Energy Management System Model (Including Software and Hardware)	车载能源管理系统生产企业 Vehicle Energy Management System Manufacturing Enterprise	配套车辆类型 Matching Vehicle Type	2018年配套车型产量小计(辆) Subtotal Output of Supported Odels in 2018 (Vehicle)	2018年配套车型产量总计(辆) Total Output of Supported Odels in 2018 (Vehicle)
江西安驰新能源科技有限公司	磷酸铁锂	IFP23140160-55AH	3.2	1.15	—	384	江西安驰新能源科技有限公司	614.4	110	520	110	—	67.6	否	硬件编码:36ANCBBDK1701H1 软件编码:36ANCBBDK1701S1	江西安驰新能源科技有限公司	纯电动专用车	15	3211
	磷酸铁锂	IFP23140160-55AH	3.2	1.15	—	648	江西安驰新能源科技有限公司	518.4	220	916	220	—	114	否	主控:BMU05 从控:BSU05 硬件:36ANCBBDK1701H1 软件:36ANCBBDK1701S1	江西安驰新能源科技有限公司	纯电动客车	32	
	磷酸铁锂	IFP23140160-55AH	3.2	1.15	—	936	江西安驰新能源科技有限公司	499.2	330	1355	330	—	164.7	否	主控:BMU05 从控:BSU05 硬件:36ANCBBDK1701H1 软件:36ANCBBDK1701S1	江西安驰新能源科技有限公司	纯电动客车	32	
	磷酸铁锂	IFP23140160-55AH	3.2	1.15±0.1	—	192	江西安驰新能源科技有限公司	307.2	110	270	110	—	33.792	—	硬件:36ANCBBDK1701H1 软件:36ANCBBDK1701S1	江西安驰新能源科技有限公司	纯电动专用车	1140	
	磷酸铁锂	IFP23140160-55AH	3.2	1.15±0.1	—	192	江西安驰新能源科技有限公司	307.2	110	270	110	—	33.792	—	硬件:36ANCBBDK1701H1 软件:36ANCBBDK1701S1	江西安驰新能源科技有限公司	纯电动专用车	970	
	磷酸铁锂	IFP23140160-55AH	3.2	1.15±0.1	—	320	江西安驰新能源科技有限公司	512	110	445±10	110	—	56.3	否	硬件:36ANCBBDK1701H1; 软件:36ANCBBDK1701S1	江西安驰新能源科技有限公司	纯电动专用车	1	
	磷酸铁锂	IFP23140160-55AH	3.2V	1.15±0.1	—	576	江西安驰新能源科技有限公司	614.4	165	835	165	—	101.38	否	整套硬件版本:KL-ASHEV5 整套软件版本:KL-ASSEV5	江西安驰新能源科技有限公司	纯电动客车	51	
	磷酸铁锂	IFP23140160-55AH	3.2V	1.1	—	576	江西安驰新能源科技有限公司	614.4	165	835	165	—	101.38	否	整套硬件版本:KL-ASHEV5 整套软件版本:KL-ASSEV5	江西安驰新能源科技有限公司	纯电动客车	70	
	磷酸铁锂	IFP23140160-61.5AH	3.2	1.16	—	1080	江西安驰新能源科技有限公司	576V	369	1500	369	—	212.5	否	主控:BMU05 从控:BSU05 硬件:36ANCBBDK1701H1 软件:36ANCBBDK1701S1	江西安驰新能源科技有限公司	纯电动客车	6	
	磷酸铁锂	IFP23140160-61.5AH	3.2	1.16	—	456	江西安驰新能源科技有限公司	486.4V	184.5	635	184.5	—	89.74	否	硬件编码:36ANCBBDK1701H1 软件编码:36ANCBBDK1701S1	江西安驰新能源科技有限公司	纯电动客车	20	
	磷酸铁锂	IFP23140160-61.5AH	3.2	1.16	—	648	江西安驰新能源科技有限公司	518.4	246	900	246	—	127.5	否	主控:BMU05 从控:BSU05 硬件:36ANCBBDK1701H1 软件:36ANCBBDK1701S1	江西安驰新能源科技有限公司	纯电动客车	36	
	磷酸铁锂	IFP23140160-61.5AH	3.2	1.16±0.1	—	216	江西安驰新能源科技有限公司	345.6	123	300±10	123	—	42.5	—	硬件:36ANCBBDK1701H1 软件:36ANCBBDK1701S1	江西安驰新能源科技有限公司	纯电动乘用车	519	
	磷酸铁锂	IFP23140160-61.5AH	3.2V	1.16	—	672	江西安驰新能源科技有限公司	537.6V	246	935	246	—	132.25	否	硬件编码:36ANCBBDK1701H1 软件编码:36ANCBBDK1701S1	江西安驰新能源科技有限公司	纯电动客车	70	
东莞塔菲尔新能源科技有限公司	三元材料	FFH3D3-120Ah	3.66	2.25	—	288	江苏明美新能源科技有限公司	351.36	170	935	360	—	126.49	否	硬件:TWSRC12VV1.1/软件:TWS-RC12VV1.2	江苏明美新能源科技有限公司	纯电动专用车	4	2977
	三元材料	FFH3D3-120Ah	3.66	2.25	—	300	江苏明美新能源科技有限公司	366	144	944	360	—	131.76	否	TWSRC12VV1.1	江苏明美新能源科技有限公司	纯电动专用车	2	
	三元材料	FFH3D3-120Ah	3.66	2.25	—	300	江苏明美新能源科技有限公司	366	144	944	360	—	131.76	否	型号:TWSRC12VV1.1/软件:TWS-RC12VV1.1/硬件:TWSRC12VV1.1	江苏明美新能源科技有限公司	纯电动专用车	13	
	三元材料	FFH3D3-135Ah	3.66	2.34±0.3	—	102	安徽瓯鹏动力科技有限公司	373.32	135	350	135	—	50.4	否	软件:OFB-SW18320/硬件:OFB-HW18320	安徽瓯鹏动力科技有限公司	纯电动专用车	1	

续上表

储能装置单体生产企业 Single Cell Production Enterprise of Energy Storage Device	储能装置种类 Types of Energy Storage Devices	储能装置单体型号 Cell Odels of Energy Storage Device	储能装置单体标称电压(V) Nominal Voltage of Monomer for Energy Storage Unit (V)	储能装置单体质量(kg) Monomer Quality of Energy Storage Unit (kg)	超级电容器单体标称静电容量(F) Nominal Electrostatic Capacity of Super Capacitor Monomer (F)	储能装置单体数量 Single Cell Quantity of Energy Storage Device	储能装置总成生产企业 Production Company of Energy Storage Device Cell	储能装置总成标称电压(V) Nominal Voltage of Energy Storage Device Assembly (V)	储能装置总成额定输出电流(A) Rated Output Current of Energy Storage Device Assembly (A)	储能装置总成质量(kg) Quality of Energy Storage Device Assembly (kg)	储能装置总成标称容量(Ah) Nominal Capacity of Power Battery Assembly (Ah)	超级电容器总成标称静电容量(F) Nominal Electrostatic Capacity of Super Capacitor Assembly (F)	储能装置总储电量(kWh) Total Energy Storage Capacity of Energy Storage Device (kWh)	动力蓄电池箱是否具有快换装置 Whether Power Battery Box has Quick Change Device	车载能源管理系统型号(包括软件和硬件) Vehicle Energy Management System Model (Including Software and Hardware)	车载能源管理系统生产企业 Vehicle Energy Management System Manufacturing Enterprise	配套车辆类型 Matching Vehicle Type	2018年配套车型产量小计(辆) Subtotal Output of Supported Odels in 2018 (Vehicle)	2018年配套车型产量总计(辆) Total Output of Supported Odels in 2018 (Vehicle)
东莞塔菲尔新能源科技有限公司	三元材料	LAE895-100Ah	3.66	1.69	—	96	惠州市亿能电子有限公司	351	100	249	100	—	35.13	否	软件:EV05/硬件:EV05	惠州市亿能电子有限公司	纯电动乘用车	2952	2977
	三元材料	LAE895-100Ah	3.66	1.695 ±0.3	—	156	惠州市亿能电子有限公司	571	100	400	100	—	57.1	—	EV05/EV05	惠州市亿能电子有限公司	纯电动专用车	5	
孚能科技(赣州)有限公司;远东福斯特新能源有限公司	三元材料	IMR18650; 18650-2400mAh	3.65	0.042; 0.048	—	2120;1800	江西江铃集团新能源汽车有限公司	146	75;90	148;165	106;108	—	15.476; 15.768	—	B69803MS/YT02-48	江西江铃集团新能源汽车有限公司	纯电动乘用车	2974	2974
SANYO Electric Co.; Ltd. Pa-sonic Group Automotive & Industrial System Company	三元材料	UF261591Q	3.69	0.72	—	84	Ford Motor Company	310	250A	121	28.9	—	9	否	JS78-14C197-**/JS78-10B687-**	Ford motor company/Delphi America	插电式混合动力乘用车	2152	2152
骆驼集团新能源电池有限公司	三元材料	LT-ISP-32Ah	3.65	0.68	—	180	骆驼集团新能源电池有限公司	329	57	210	64	—	21.02	否	3.0.0/3.1.0	骆驼集团新能源电池有限公司	纯电动乘用车	1	2048
	三元材料	LT-ISP-32Ah	3.65	0.68	—	352	骆驼集团新能源电池有限公司	321.2	100	348	128	—	41.1	无	软件:LTC194SV01/硬件:LTN01H	骆驼集团新能源电池有限公司	纯电动乘用车	2020	
	三元材料	LT-ISP-32Ah	3.65	0.68	—	425	骆驼集团新能源电池有限公司	310.25	120	449	160	—	49.64	否	骆驼 BHN01	骆驼集团新能源电池有限公司	纯电动专用车	1	
	三元材料	LT-ISP-32Ah	3.65	0.68	—	440	骆驼集团新能源电池有限公司	321.2	100	490	160	—	51.39	否	骆驼 PW2305	骆驼集团新能源电池有限公司	纯电动专用车	9	
	三元材料	LT-ISP-32Ah	3.65	0.68	—	636	骆驼集团新能源电池有限公司	386.9	192	630	192	—	74.28	否	骆驼 PW2305	骆驼集团新能源电池有限公司	纯电动专用车	16	
	三元材料	VNFA10161227-3.65V37Ah	3.65	0.71	—	546	骆驼集团新能源电池有限公司	332.2	222	660	222	—	73.7	否	硬件:BMS04/软件:LTS100	骆驼集团新能源电池有限公司	纯电动专用车	1	
力信(江苏)能源科技有限责任公司	磷酸铁锂	EFP54175200	3.2	3.884	—	192	力信(江苏)能源科技有限责任公司	614.4	89	884	178	—	109.36	否	CTS1_BMU_S08_02_01/CTS1_BMU48S_V10	镇江科信动力系统设计研究有限公司	纯电动客车	110	2023
	磷酸铁锂	EFP54175200	3.2	3.884	—	360	力信(江苏)能源科技有限责任公司	576	178	1680	356	—	205.06	否	CTS1_BMU48S_V10(CTS_BMU_S08_02_01 软件)	镇江科信动力系统设计研究有限公司	纯电动客车	6	
	磷酸铁锂	EFP54175200	3.2	3.884	—	384	力信(江苏)能源科技有限责任公司	614.4	178	1768	356	—	218.72	否	CTS1_BMU_S08_02_01/CTS1_BMU48S_V10	镇江科信动力系统设计研究有限公司	纯电动客车	15	
	磷酸铁锂	EFP54175200	3.2	3.884	—	576	力信(江苏)能源科技有限责任公司	614.4	534	2652	534	—	328.08	否	CTS1_BMU_S08_02_01/CTS1_BMU48S_V10	镇江科信动力系统设计研究有限公司	纯电动客车	1	
	磷酸铁锂	EFP54175200	3.22	4.0	—	144	迪斯达新能源(上海)有限公司	463.68	206	684	206	—	95.52	否	硬件:MBMS01/软件:A152020	迪斯达新能源(上海)有限公司	纯电动客车	11	
	磷酸铁锂	EFP54175200	3.22	4.00 ±0.20	—	384	迪斯达新能源(上海)有限公司	618.24	206	1824	412	—	254.71	否	MBMS01	迪斯达新能源(上海)有限公司	纯电动客车	467	
	磷酸铁锂	EFP54175200	3.22	4.00 ±0.20	—	96	迪斯达新能源(上海)有限公司	309.12	206	456	206	—	63.67	否	MBMS01	迪斯达新能源(上海)有限公司	纯电动客车	70	
	三元材料	ENP27148130	3.65	1.13 ±0.02	—	420	迪斯达新能源(上海)有限公司	511	156	660	156	—	79.716	否	MBMS05	东莞钜威动力技术有限公司	纯电动专用车	84	
	三元材料	ENP27148130	3.65	1.13 ±0.02	—	420	迪斯达新能源(上海)有限公司	511	156	660	156	—	79.716	否	软件:A152017/硬件:MBMS05	东莞钜威动力技术有限公司	纯电动专用车	3	
	三元材料	ENP27148130	3.65	1.13 ±0.02	—	420	迪斯达新能源(上海)有限公司	511	156	660	156	—	79.72	否	A152016/MBMS05	东莞钜威动力技术有限公司	纯电动专用车	15	
	三元材料	ENP27148130	3.65	1.13 ±0.02	—	420	河南森源重工有限公司	511	156	660	156	—	79.716	否	1621B(主控模块: C10D; 硬件: HW1.1/软件: V1.02.S19)	河南森源重工有限公司	纯电动专用车	69	

续上表

储能装置单体生产企业 Single Cell Production Enterprise of Energy Storage Device	储能装置种类 Types of Energy Storage Devices	储能装置单体型号 Cell Odels of Energy Storage Device	储能装置单体标称电压(V) Nominal Voltage of Monomer for Energy Storage Unit (V)	储能装置单体质量(kg) Monomer Quality of Energy Storage Unit (kg)	超级电容器单体标称静电容量(F) Nominal Electrostatic Capacity of Super Capacitor Monomer (F)	储能装置单体数量 Single Cell Quantity of Energy Storage Device	储能装置总成生产企业 Production Company of Energy Storage Device Cell	储能装置总成标称电压(V) Nominal Voltage of Energy Storage Device Assembly (V)	储能装置总成额定输出电流(A) Rated Output Current of Energy Storage Device Assembly (A)	储能装置总成质量(kg) Quality of Energy Storage Device Assembly (kg)	储能装置总成标称容量(Ah) Nominal Capacity of Power Battery Assembly (Ah)	超级电容器总成标称静电容量(F) Nominal Electrostatic Capacity of Super Capacitor Assembly (F)	储能装置总储电量(kWh) Total Energy Storage Capacity of Energy Storage Device (kWh)	动力蓄电池箱是否具有快换装置 Whether Power Battery Box has Quick Change Device	车载能源管理系统型号(包括软件和硬件) Vehicle Energy Management System Model (Including Software and Hardware)	车载能源管理系统生产企业 Vehicle Energy Management System Manufacturing Enterprise	配套车辆类型 Matching Vehicle Type	2018年配套车型产量小计(辆) Subtotal Output of Supported Odels in 2018 (Vehicle)	2018年配套车型产量总计(辆) Total Output of Supported Odels in 2018 (Vehicle)
力信(江苏)能源科技有限责任公司	三元材料	ENP27148130	3.65	1.13±0.02	—	420	河南森源重工有限公司	511	156	660	156	—	79.716	否	1621B(主控模块:C10D;硬件:HW1.1/软件:V1.02.S19)	河南森源重工有限公司	纯电动专用车	86	2023
	三元材料	ENP27148130	3.65	1.13±0.02	—	420	力信(江苏)能源科技有限责任公司	511	156	660±12	156	—	79.716	否	软件:CTS1_BMS_SW_V10/硬件:CTS1_BMS_HW_V10	力信(江苏)能源科技有限责任公司	纯电动专用车	4	
	三元材料	ENP27148130	3.65	1.175±0.03	—	432	力信(江苏)能源科技有限责任公司	525.6	186	700	186	—	97.8	—	MBMS05	力信(江苏)能源科技有限责任公司	纯电动专用车	7	
	三元材料	ENP27148130	3.65	1.175±0.03	—	96	湖南金杯新能源发展有限公司	350	58	148	58	—	21.03	否	GCBMSG1302M001-A/GCBMSG1302M0-B	湖南金杯新能源发展有限公司	纯电动乘用车	1075	
浙江遨优动力系统有限公司	富锂锰基	AYP110161227RLM48	3.7	0.85±0.045	—	192	浙江遨优动力系统有限公司	355.2	96	229±6.8	96	—	34.0992	否	硬件:AYP-EV100001-H1.0/软件:AYP-EV100001-S1.0	浙江遨优动力系统有限公司	纯电动专用车	26	2018
	三元材料	AYP120146295N50	3.65	1.17±0.035	—	192	苏州星瑞合电气有限公司	350.4	148	355	144	—	50.457	否	高压接线盒 HVB3.0(电池管理系统主机 BMS2.1,软件平台:IBP06D20)	创驱(上海)新能源科技有限公司	纯电动乘用车	1992	
横店集团东磁股份有限公司	三元材料	INR18650-26E	3.65	0.046	—	4410	横店集团东磁股份有限公司	328.5	122.5	340	122.5	—	39.44	否	软件:STJHDMN060101001/硬件:STJHDM010101	陕西中九汽车工程研究院有限公司	纯电动专用车	1032	1990
	三元材料	INR18650-26E	3.65	0.046	—	4410个	惠州市亿能电子有限公司	357.7	117	305	117	—	41.8	否	软件:EV05/硬件:EV05	惠州市亿能电子有限公司	纯电动专用车	150	
	三元材料	INR18650-26E	3.65	0.046	—	5208	浙江泓源汽车集团有限公司	302.4	100	390	161.2	—	48.74	否	HY-BMS01	浙江泓源汽车集团有限公司	纯电动专用车	1	
	三元材料	INR18650-2850	3.7	0.0455	—	5336	浙江伊卡新能源汽车有限公司	340	165.3	380	165.3	—	56.286	否	软件:IBP06E33/硬件:BMS2.1	创驱(上海)新能源科技有限公司	纯电动乘用车	807	
浙江超威创元实业有限公司	三元材料	IMP1368225F	3.65	0.393	—	510	浙江超威创元实业有限公司	372.3	100	320	100	—	37.2	—	BCU-BC52A	安徽力高新能源技术有限公司	纯电动专用车	19	1830
	三元材料	IMP1368225F	3.7	0.39	—	696	浙江超威创元实业有限公司	321.9	160	450	160	—	51.5	否	SW2.0/BC52A	安徽力高新能源技术有限公司	纯电动专用车	40	
	三元材料	INP1368130A	3.65	0.23	—	1040	浙江超威创元实业有限公司	380	120	398	120	—	45.5	无	EV05	惠州亿能电子有限公司	纯电动专用车	21	
	三元材料	NCM2614897P42	3.65	0.83	—	156	浙江超威创元实业有限公司	142.35	168	177	168	—	23.91	否	软件:B62S14/硬件:YT02CM4819B	惠州市亿能电子有限公司/惠州市亿能电子有限公司	纯电动乘用车	1500	
	三元材料	NCM2614897P42	3.65	0.83	—	294	浙江超威创元实业有限公司	357.7	126	334	126	—	45.07	否	JMEV-CWCY-BMU-E400L/B62S18MS8124D0(软件)/EV05SM112A(硬件)	江西江铃集团新能源汽车有限公司	纯电动乘用车	250	
天能电池集团有限公司	铅酸电池	3-EVF-200	6	35.5	—	12	天能电池集团有限公司	72	200	426	200	—	14.4	—	—	—	纯电动专用车	20	1823
	铅酸电池	3-EVF-200	6	36	—	12	天能电池集团有限公司	72	200	432	200	—	14.4	—	—	—	纯电动专用车	894	
	铅酸电池	3-EVF-200	6	36	—	12只	天能电池集团有限公司	72	200	432	200	—	14.4	—	—	—	纯电动专用车	883	
	铅酸电池	4-EVF-150Ah	8	33.5	—	8	天能电池集团有限公司	4	79	—	—	—	9.6	—	—	—	纯电动专用车	26	
肇庆遨优动力电池有限公司	磷酸铁锂	AYP100265200F36	3.2	1.07	—	840	肇庆遨优动力电池有限公司	537.6	290	1128	290	—	155.904	否	B006-5P24S-F58:硬件:AYP-EV000111A-B006-H1.0/软件:AYP-EV000111A-B006-S1.0 C006-5P30S-F58:硬件:AYP-EV000112A-C006-H1.0/软件:AYP-EV000112A-C006-S1.0	肇庆遨优动力电池有限公司	纯电动客车	1	1811

续上表

储能装置单体生产企业 Single Cell Production Enterprise of Energy Storage Device	储能装置种类 Types of Energy Storage Devices	储能装置单体型号 Cell Odels of Energy Storage Device	储能装置单体标称电压(V) Nominal Voltage of Monomer for Energy Storage Unit (V)	储能装置单体质量(kg) Monomer Quality of Energy Storage Unit (kg)	超级电容器单体标称静电容量(F) Nominal Electrostatic Capacity of Super Capacitor Monomer (F)	储能装置单体数量 Single Cell Quantity of Energy Storage Device	储能装置总成生产企业 Production Company of Energy Storage Device Cell	储能装置总成标称电压(V) Nominal Voltage of Energy Storage Device Assembly (V)	储能装置总成额定输出电流(A) Rated Output Current of Energy Storage Device Assembly (A)	储能装置总成质量(kg) Quality of Energy Storage Device Assembly (kg)	储能装置总成标称容量(Ah) Nominal Capacity of Power Battery Assembly (Ah)	超级电容器总成标称静电容量(F) Nominal Electrostatic Capacity of Super Capacitor Assembly (F)	储能装置总储电量(kWh) Total Energy Storage Capacity of Energy Storage Device (kWh)	动力蓄电池箱是否具有快换装置 Whether Power Battery Box has Quick Change Device	车载能源管理系统型号(包括软件和硬件) Vehicle Energy Management System Model (Including Software and Hardware)	车载能源管理系统生产企业 Vehicle Energy Management System Manufacturing Enterprise	配套车辆类型 Matching Vehicle Type	2018年配套车型产量小计(辆) Subtotal Output of Supported Odels in 2018 (Vehicle)	2018年配套车型产量总计(辆) Total Output of Supported Odels in 2018 (Vehicle)
肇庆遨优动力电池有限公司	磷酸铁锂	AYP100265200F36	3.2	1.070±0.043	—	297	肇庆遨优动力电池有限公司	316.8	174	450±13.5	174	—	55.1	否	硬件:AYP-EV124001-H1.0/软件:AYP-EV124001-S1.0	肇庆遨优动力电池有限公司	纯电动专用车	638	1811
	磷酸铁锂	AYP100265200F36	3.2	1.070±0.043	—	297	肇庆遨优动力电池有限公司	316.8	174	450±13.5	174	—	55.1	否	硬件:AYP-EV124001-H1.0/软件:AYP-EV124001-S1.0	肇庆遨优动力电池有限公司	纯电动客车	630	
	磷酸铁锂	AYP100265200F36	3.22	1.07	—	720	肇庆遨优动力电池有限公司	576	232	968	232	—	133.63	否	硬件:AYP-EV000107-B004-H1.0;AYP-EV000108-C004-H1.0/软件:AYP-EV000107-B004-S1.0;AYP-EV000108-C004-S1.0	肇庆遨优动力电池有限公司	纯电动客车	40	
	三元材料	AYP128188236N50	3.65	1.26±0.05	—	208	肇庆遨优动力电池有限公司	379.6	152	378	152	—	57.7	否	AYP-EV0902001-H1.00 /AYP-EV0902001-S1.00	肇庆遨优动力电池有限公司	纯电动乘用车	68	
	三元材料	AYP128188236N50	3.65	1.26±0.05	—	208	肇庆遨优动力电池有限公司	379.6	152	378	152	—	57.7	否	AYP-EV0902001-H1.00/AYP-EV0902001-S1.00	肇庆遨优动力电池有限公司	纯电动乘用车	434	
芜湖天弋能源科技有限公司	磷酸铁锂	CLH3L0	3.22	5.35	—	153	芜湖天弋能源科技有限公司	492.7	277	972	277	—	136.46	否	硬件:BSU-FXM3-1224P/软件:BSU-FXM3-1224P	芜湖天弋能源科技有限公司	纯电动客车	4	1802
	磷酸铁锂	CLH3L0	3.22	5.35	—	159	芜湖天弋能源科技有限公司	511.98	277	1020	277	—	141.8	否	软件:V1.0/硬件:BSU-FXM3-1224P	芜湖天弋能源科技有限公司	纯电动客车	1	
	磷酸铁锂	CLH3L0	3.22	5.35	—	171	芜湖天弋能源科技有限公司	550.6	250	1074	277	—	152.5	否	BSU-FXM3-1224P	芜湖天弋能源科技有限公司	纯电动客车	13	
	磷酸铁锂	CLH3L0	3.22	5.35±0.27	—	150	芜湖天弋能源科技有限公司	483	277	955	277	—	133.8	否	硬件:BSU-FXM3-1224P/软件:1.0	芜湖天弋能源科技有限公司	纯电动客车	56	
	磷酸铁锂	CLH3L0	3.22	5.35±0.27	—	180	湖南中车时代电动汽车股份有限公司	579.6	277	1125	277	—	160.54	否	T-power BSU-01/vs4801	湖南中车时代电动汽车股份有限公司	纯电动客车	86	
	磷酸铁锂	CLH3L0	3.22	5.35±0.27	—	324	湖南中车时代电动汽车股份有限公司	521.64	250	2046±100	554	—	288.98	否	T-power BSU-01/vs4801	湖南中车时代电动汽车股份有限公司	纯电动客车	100	
	磷酸铁锂	CLH3L7	3.2	5	—	180	芜湖天弋能源科技有限公司	576	240	1200	240	—	138.24	否	BSU-FXM3-1224P	芜湖天弋能源科技有限公司	纯电动客车	148	
	磷酸铁锂	CLH3L7	3.2	5	—	96	江苏银基烯碳能源科技有限公司	307.2	240	627	240	—	73.728	否	XTBMS-LCU-24S	江苏银基烯碳能源科技有限公司	纯电动专用车	1	
	磷酸铁锂	CLH3L7	3.2	5±0.3	—	168	上海索锂科技股份有限公司	537.6	240	1042	240	—	129	否	主控板硬件:TK-BMS-YT01/主控板软件:TK-CCM-V1.0-170420	安徽特凯贝电子科技有限公司	纯电动客车	30	
	磷酸铁锂	CLH3L7	3.2	5±0.3	—	189	宁波力神动力电池系统有限公司	604.8	170	1154	240	—	145.152	否	Ver1.1/LS_EV_BMS_NB01	宁波力神动力电池系统有限公司	纯电动客车	20	
	磷酸铁锂	FFH3H0	3.2	2.85	—	132	山东魔方新能源科技有限公司	422.4	120	500kg	120	—	50.688	否	BC54B_HW1.21_SW1.1/BC54B_HW1.21	安徽力高新能源技术有限公司	纯电动客车	10	
	磷酸铁锂	FFH3H0	3.2	2.85	—	288	山东魔方新能源科技有限公司	460.8	240	1071	240	—	110.5	否	软件 BC54B_HW1.21_SW1.1;硬件 BC54B_HW1.21	安徽力高新能源技术有限公司	纯电动客车	31	
	磷酸铁锂	-H3L0	3.22	4.0	—	168	芜湖天弋能源科技有限公司	540.96	206	812	206	—	111.44	否	软件型号:V1.0 硬件型号:BSU-FXM3-1224P	芜湖天弋能源科技有限公司	纯电动客车	1	
	磷酸铁锂	-H3L0	3.22	4.0±0.2	—	126	湖南中车时代电动汽车股份有限公司	405.72	206	600±30	206	—	83.57	否	T-power BSU-01/vs4801	湖南中车时代电动汽车股份有限公司	纯电动客车	1	

续上表

储能装置单体生产企业 Single Cell Production Enterprise of Energy Storage Device	储能装置种类 Types of Energy Storage Devices	储能装置单体型号 Cell Odels of Energy Storage Device	储能装置单体标称电压（V） Nominal Voltage of Monomer for Energy Storage Unit（V）	储能装置单体质量（kg） Monomer Quality of Energy Storage Unit（kg）	超级电容器单体标称静电容量（F） Nominal Electrostatic Capacity of Super Capacitor Monomer（F）	储能装置单体数量 Single Cell Quantity of Energy Storage Device	储能装置总成生产企业 Production Company of Energy Storage Device Cell	储能装置总成标称电压（V） Nominal Voltage of Energy Storage Device Assembly（V）	储能装置总成额定输出电流（A） Rated Output Current of Energy Storage Device Assembly（A）	储能装置总成质量（kg） Quality of Energy Storage Device Assembly（kg）	储能装置总成标称容量(Ah) Nominal Capacity of Power Battery Assembly（Ah）	超级电容器总成标称静电容量（F） Nominal Electrostatic Capacity of Super Capacitor Assembly（F）	储能装置总储电量（kWh） Total Energy Storage Capacity of Energy Storage Device（kWh）	动力蓄电池箱是否具有快换装置 Whether Power Battery Box has Quick Change Device	车载能源管理系统型号（包括软件和硬件） Vehicle Energy Management System Model（Including Software and Hardware）	车载能源管理系统生产企业 Vehicle Energy Management System Manufacturing Enterprise	配套车辆类型 Matching Vehicle Type	2018年配套车型产量小计（辆） Subtotal Output of Supported Odels in 2018（Vehicle）	2018年配套车型产量总计（辆） Total Output of Supported Odels in 2018（Vehicle）
芜湖天弋能源科技有限公司	磷酸铁锂	-H3L0	3.22	4.0±0.2	—	168	湖南中车时代电动汽车股份有限公司	540.96	206	800±40	206	—	111.43	否	T-power BSU-01/vs4801	湖南中车时代电动汽车股份有限公司	纯电动客车	41	1802
	磷酸铁锂	-H3L0	3.22	4.0±0.2	—	189	湖南中车时代电动汽车股份有限公司	608.58	206	887±40	206	—	125.36	否	T-power BSU-01/vs4801	湖南中车时代电动汽车股份有限公司	纯电动客车	1	
	磷酸铁锂	-H3L0	3.22	4.0±0.2	—	288	湖南中车时代电动汽车股份有限公司	463.68	250	1350±60	412	—	191.03	否	T-power BSU-01/vs4801	湖南中车时代电动汽车股份有限公司	纯电动客车	161	
	磷酸铁锂	-H3L0	3.22	4.0±0.2	—	336	湖南中车时代电动汽车股份有限公司	540.96	250	1600±80	412	—	222.87	否	T-power BSU-01/vs4801	湖南中车时代电动汽车股份有限公司	纯电动客车	258	
	磷酸铁锂	-H3L0	3.22	4.00	—	138	芜湖天弋能源科技有限公司	444.36	206	649	206	—	91.53	否	硬件：BSU-FXM3-1224P/软件：BSU-FXM3-1224P	芜湖天弋能源科技有限公司	纯电动客车	3	
	磷酸铁锂	-H3L0	3.22	4.00	—	168	芜湖天弋能源科技有限公司	540.8	206	800	206	—	111.4	否	硬件：BSU-FXM3-1224P/软件：BSU-FXM3-1224P	芜湖天弋能源科技有限公司	纯电动客车	3	
	磷酸铁锂	-H3L7	3.2	3.8	—	180	芜湖天弋能源科技有限公司	576	176	812	176	—	101.4	否	管理系统：硬件：BSU-FXM3-1224P/软件：1.0	芜湖天弋能源科技有限公司	纯电动客车	42	
	磷酸铁锂	-H3L7	3.2	3.8	—	198	安徽天鑫能源科技有限公司	633.6	176	927	176	—	111.5	否	硬件：TXBCU-ME-1601/软件：GZCJ03S6C198V1	安徽天鑫能源科技有限公司	纯电动客车	75	
	磷酸铁锂	-H3L7	3.2	3.8±0.3	—	165	南京中欧威能新能源动力系统有限公司	528	176	800	176	—	92.92	否	BSU-FXM3-1224P	南京中欧威能新能源动力系统有限公司	纯电动客车	1	
	磷酸铁锂	-H3L7	3.2	3.8±0.3	—	180	山东魔方新能源科技有限公司	576	176	880	176	—	101.3	否	BC54B/BC54B	安徽力高新能源技术有限公司	纯电动专用车	3	
	三元材料	S5E895	3.72	0.94	—	188	芜湖天弋能源科技有限公司	349.68	110	265±8	110	—	38.3	否	C10、BP1808-V1.0	安徽锐能科技有限公司	纯电动乘用车	712	
浙江谷神能源科技股份有限公司	三元材料	GSNCM46160M-25	3.6	0.605±0.01	—	288	浙江谷神能源科技股份有限公司	86.4	140	221(含高压箱)	300	—	25.92	否	硬件：GBMSHZMBAA024V1.2/软件：BMSXHZMBAA0.1	浙江谷神能源科技股份有限公司	纯电动专用车	217	1748
	三元材料	GSNCM46160M-25	3.6	0.605±0.01	—	288	浙江谷神能源科技股份有限公司	86.4	140	255(含高压箱)	300	—	25.92	否	硬件：GBMSHZMBAA024V1.2/软件：BMSXHZMBAA0.1	浙江谷神能源科技股份有限公司	纯电动专用车	1000	
	三元材料	GSNCM46160M-25	3.6	0.605±0.01 kg	—	288	浙江谷神能源科技股份有限公司	86.4	140	221(含高压箱)	300	—	25.92	否	硬件：GBMSHZMBAA024V1.2/软件：BMSXHZMBAA0.1	浙江谷神能源科技股份有限公司	纯电动专用车	50	
	三元材料	GSNCM46160M-31	3.7	0.67	—	368	浙江谷神能源科技股份有限公司	340.4	124	349	124	—	42.2096	否	主控单元模块硬件：GS-BMU-4P92FD(版本1.2)；主控单元模块软件：BMUXE70AA；高压单元模块硬件：GS-HMU-92A(版本3.1)；高压单元模块软件：HMUXE70AA；采样单元模块硬件：GS-LECU-24；采样单元模块软件：ECUXE70AA	浙江谷神能源科技股份有限公司	纯电动乘用车	329	
	三元材料	GSNCM46160M-38	3.7	0.7	—	384	浙江谷神能源科技股份有限公司	355.2	124	385	152	—	53.9904	否	主控单元模块：GSB120P0113(含软硬件)；高压单元模块：GSH12AP01-4(含软硬件)；采样单元模块：GSL12CC00XNP0104(含软硬件)	浙江谷神能源科技股份有限公司	纯电动乘用车	1	

续上表

储能装置单体生产企业 Single Cell Production Enterprise of Energy Storage Device	储能装置种类 Types of Energy Storage Devices	储能装置单体型号 Cell Odels of Energy Storage Device	储能装置单体标称电压（V） Nominal Voltage of Monomer for Energy Storage Unit（V）	储能装置单体质量（kg） Monomer Quality of Energy Storage Unit（kg）	超级电容器单体标称静电容量（F） Nominal Electrostatic Capacity of Super Capacitor Monomer（F）	储能装置单体数量 Single Cell Quantity of Energy Storage Device	储能装置总成生产企业 Production Company of Energy Storage Device Cell	储能装置总成标称电压（V） Nominal Voltage of Energy Storage Device Assembly（V）	储能装置总成额定输出电流（A） Rated Output Current of Energy Storage Device Assembly（A）	储能装置总成质量（kg） Quality of Energy Storage Device Assembly（kg）	储能装置总成标称容量（Ah） Nominal Capacity of Power Battery Assembly（Ah）	超级电容器总成标称静电容量（F） Nominal Electrostatic Capacity of Super Capacitor Assembly（F）	储能装置总储电量（kWh） Total Energy Storage Capacity of Energy Storage Device（kWh）	动力蓄电池箱是否具有快换装置 Whether Power Battery Box has Quick Change Device	车载能源管理系统型号（包括软件和硬件） Vehicle Energy Management System Model（Including Software and Hardware）	车载能源管理系统生产企业 Vehicle Energy Management System Manufacturing Enterprise	配套车辆类型 Matching Vehicle Type	2018 年配套车型产量小计（辆） Subtotal Output of Supported Odels in 2018（Vehicle）	2018 年配套车型产量总计（辆） Total Output of Supported Odels in 2018（Vehicle）
浙江谷神能源科技股份有限公司	三元材料	GSNCM46160M-31	3.7	0.67±0.01	—	368	浙江谷神能源科技股份有限公司	340.2	124	349	124	—	42.21	否	主控单元模块硬件：GS-BMU-4P92FD（版本 1.2）；主控单元模块软件：BMUXE70AA；高压单元模块型号：GS-HMU-92A（版本 3.1）；高压单元模块软件：HMUXE70AA；采样单元模块硬件：GS-LECU-24；采样单元模块软件：ECUXE70AA	浙江谷神能源科技股份有限公司	纯电动乘用车	150	1748
	三元材料	GSNCM46160M-31	3.7	0.67±0.01	—	368	浙江谷神能源科技股份有限公司	340.2	124	349	124	—	42.21	否	主控单元模块硬件：GS-BMU-4P92FD（版本 1.2）；主控单元模块软件：BMUXE70AA；高压单元模块型号：GS-HMU-92A（版本 3.1）；高压单元模块软件：HMUXE70AA；采样单元模块硬件：GS-LECU-24；采样单元模块软件：ECUXE70AA	浙江谷神能源科技股份有限公司	纯电动乘用车	1	
欣旺达电子股份有限公司	三元材料	SBP-01-0750	3.65	1.32	—	208	欣旺达电动汽车电池有限公司	380	150	406	150	—	56.9	否	0X0101/BMS-V4.17	欣旺达电动汽车电池有限公司	纯电动乘用车	1667	1667
湖州天丰电源有限公司	三元材料	86190245E9	3.7	0.83	—	160	山东知豆电池集成科技有限公司	148	120	193	184	—	27.23	否	软件：ZD-BMS-TF-V1/硬件：ZD-BMS-48S-V1	山东知豆电池集成科技有限公司	纯电动乘用车	21	1609
	三元材料	TFEV03-125	3.7	0.174	—	600	山东知豆电池集成科技有限公司	144	100	180	120	—	17.28	否	QT-BCU-48T16C；YT02-48S	浙江高泰昊能科技有限公司；惠州市亿能电子有限公司	纯电动乘用车	1370	
	三元材料	TFEV03-125	3.7	3.4	—	600	山东知豆电池集成科技有限公司	144	100	180	120	—	17.28	否	BF104；YT02-48S；MBMS_LEV；QT-BCU-48T16C	哈尔滨冠拓电源设备有限公司；惠州市亿能电子有限公司；华霆（常州）动力技术有限公司；浙江高泰昊能科技有限公司	纯电动乘用车	218	
江苏金阳光新能源科技有限公司	三元材料	GSE26800-57NP	3.6	0.115±0.003	—	2200	江苏金阳光新能源科技有限公司	360	125.4	375	125.4	—	45.1	否	软件：360V125.4Ah/硬件：GSEBMS	江苏金阳光新能源科技有限公司	纯电动专用车	1	1520
	三元材料	GSE26800-57NP	3.6	0.115±0.003	—	3600	江苏金阳光新能源科技有限公司	360	205.2	615	205.2	—	73.87	否	软件：360V205.2Ah/硬件：GSEBMS	江苏金阳光新能源科技有限公司	纯电动专用车	551	
	三元材料	GSE26800-68NP	3.6	0.115±0.003	—	1674	江苏金阳光新能源科技有限公司	334.8	122.4	278±3	122.4	—	41.0	否	软件：GSE-334.8V122.4Ah/硬件：GSEBMS	江苏金阳光新能源科技有限公司	纯电动乘用车	247	
	三元材料	GSE26800-68NP	3.6	0.115±0.003	—	1908	江苏金阳光新能源科技有限公司	381.6	122.4	325±3	122.4	—	46.7	否	软件：GSE381.6V122.4Ah/硬件：GSEBMS	江苏金阳光新能源科技有限公司	纯电动乘用车	105	
	三元材料	GSE26800-68NP	3.6	0.115±0.003	—	3000	江苏金阳光新能源科技有限公司	360	204	502±3	204	—	73.4	否	软件：GSE360V204Ah/硬件：GSEBMS	江苏金阳光新能源科技有限公司	纯电动专用车	600	
	三元材料	GSE26800-68NP	3.6	0.115±0.003	—	4200	江苏金阳光新能源科技有限公司	360	285.6	710±5	285.6	—	102.8	否	软件：GSE-360V285.6Ah/硬件：GSEBMS	江苏金阳光新能源科技有限公司	纯电动乘用车	16	
河南省鹏辉电源有限公司	磷酸铁锂	GSP27135206H	3.2	1.65	—	336	河南省鹏辉电源有限公司	537.6	160	660	160	—	86.016	否	PH2F03-94S	广州鹏辉能源科技股份有限公司	纯电动专用车	5	1418
	磷酸铁锂	GSP27135206H	3.2	1.65±0.02	—	336	河南省鹏辉电源有限公司	537.6	160	660±6	160	—	86.01	否	PH2F03-94S	广州鹏辉能源科技股份有限公司	纯电动专用车	16	

续上表

储能装置单体生产企业 Single Cell Production Enterprise of Energy Storage Device	储能装置种类 Types of Energy Storage Devices	储能装置单体型号 Cell Odels of Energy Storage Device	储能装置单体标称电压(V) Nominal Voltage of Monomer for Energy Storage Unit (V)	储能装置单体质量(kg) Monomer Quality of Energy Storage Unit (kg)	超级电容器单体标称静电容量(F) Nominal Electrostatic Capacity of Super Capacitor Monomer (F)	储能装置单体数量 Single Cell Quantity of Energy Storage Device	储能装置总成生产企业 Production Company of Energy Storage Device Cell	储能装置总成标称电压(V) Nominal Voltage of Energy Storage Device Assembly (V)	储能装置总成额定输出电流(A) Rated Output Current of Energy Storage Device Assembly (A)	储能装置总成质量(kg) Quality of Energy Storage Device Assembly (kg)	储能装置总成标称容量(Ah) Nominal Capacity of Power Battery Assembly (Ah)	超级电容器总成标称静电容量(F) Nominal Electrostatic Capacity of Super Capacitor Assembly (F)	储能装置总储电量(kWh) Total Energy Storage Capacity of Energy Storage Device (kWh)	动力蓄电池箱是否具有快换装置 Whether Power Battery Box has Quick Change Device	车载能源管理系统型号(包括软件和硬件) Vehicle Energy Management System Model (Including Software and Hardware)	车载能源管理系统生产企业 Vehicle Energy Management System Manufacturing Enterprise	配套车辆类型 Matching Vehicle Type	2018年配套车型产量小计(辆) Subtotal Output of Supported Odels in 2018 (Vehicle)	2018年配套车型产量总计(辆) Total Output of Supported Odels in 2018 (Vehicle)
河南省鹏辉电源有限公司	磷酸铁锂	GSP42173166-135Ah	3.2	2.58	—	104	广东鹏辉能源科技股份有限公司	332.8	135	355	135	—	44.92	—	硬件：STJGPH010101/软件：STJG-PHN060101	陕西中九汽车工程研究院有限公司	纯电动专用车	160	1418
	磷酸铁锂	GSP42173166-135Ah	3.2	2.58±0.03	—	100	河南省鹏辉电源有限公司	320	135	332	135	—	43.2	否	硬件：GP-AP-D-MH-01-01A/软件：GP-AP-D-MF-01-01A	河南省鹏辉电源有限公司	纯电动专用车	348	
	三元材料	INR18650C-2800D01	3.6	0.045±0.001	—	3160	江苏金坛绿能新能源科技有限公司	144	221	216	221.2	—	31.85	否	软件：LN-FBM-BMS-V3.0/硬件：LN-FBM-BMS-V3.0	江苏金坛绿能新能源科技有限公司	纯电动乘用车	749	
	三元材料	INR18650C-3000D05	3.6	0.0495	—	4032	欣旺达电动汽车电池有限公司	345.6	126	309	126	—	43.5	否	V4.02/BMS_V3.8	欣旺达电动汽车电池有限公司	纯电动乘用车	140	
浙江天能能源科技股份有限公司(装配2103AAT巨一驱动电机；2142AAN巨一驱动电机控制器)；远东福斯特新能源有限公司(装配2103AAU上海驱动电机；2142AAP上海驱动电机控制器；装配2103AAT巨一驱动电机；2142AAN巨一驱动电机控制器)	三元材料	TNL-ITR18650-2200P(天能)；18650-2400mAh(福斯特)	3.6(天能)；3.65(福斯特)	0.04(天能)；0.05(福斯特)	—	2304(天能)；2112(天能)；1920(福斯特)	浙江天能能源科技股份有限公司；芜湖奇达动力电池系统有限公司	345(天能)；350(奇达)	76	176(天能)；170(天能)；168(奇达)	52.8(天能)；48.4(天能)；48(奇达)	—	18.2(天能)；16.7(天能)；16.8(奇达)	否	S51EV_BP_01_T2_06018296/GVB-QR-S51EV-96；S51EV_BP_01_T2_06016796/GVB-QR-S51EV-96；S51EV_BP_01_T2_06016896/GVB-QR-S51EV-96	安徽贵博新能科技有限公司	纯电动乘用车	1404	1404
广西卓能新能源科技有限公司	三元材料	INP 18650P-2600	3.65	0.046	—	3080	江苏索尔新能源科技股份有限公司	146	200.2	194.5	200.2	—	29.23	否	软件：V1.0.0/硬件：BMS-64S	江苏索尔新能源科技股份有限公司	纯电动乘用车	200	1355
	三元材料	INP 18650P-2600	3.65	0.046±0.002	—	10064	江苏索尔新能源科技股份有限公司	540.2	176.8	700	176.8	—	95.5	否	S148KST/BMS-24B	江苏索尔新能源科技股份有限公司	纯电动专用车	20	
	三元材料	INR18650P	3.6	0.044	—	4400	浙江宝成机械科技有限公司	316.8	55	280	110	—	34.8	否	硬件：BZJBMS01/软件：ZBJBMSXXX	浙江宝成机械科技有限公司	纯电动专用车	39	
	三元材料	INR18650P	3.6	0.045	—	4400	天津中聚新能源科技有限公司	316.8	100	330	105	—	33.3	否	硬件：HW 1.0/软件：C 10C_BCU_XXXX	苏州德博新能源有限公司	纯电动专用车	34	
	三元材料	INR18650P	3.6	0.045	—	4400	天津中聚新能源科技有限公司	316.8	100	330	105	—	33.3	否	硬件：HW1.0/软件：C10C_BCU_XXXX	苏州德博新能源有限公司	纯电动专用车	1	
	三元材料	INR18650P	3.6	0.045	—	4400	天津中聚新能源科技有限公司	316.8	100	330	105	—	33.3	否	硬件：HW1.0/软件：C10C_BCU_XXXX	苏州德博新能源有限公司	纯电动乘用车	1	
	三元材料	INR18650P	3.6	0.046±0.0015	—	4704	河南锂想动力科技有限公司	345.6	90	330±3%	127.4	—	44.029	否	软件：SV_C8133_b3_3.13.1_LD15.1/硬件：EVBCM-8133	河南锂想动力科技有限公司	纯电动专用车	45	
	三元材料	INR18650P	3.6	0.046±0.0015	—	4950	江苏正昀新能源技术股份有限公司	324	143	420	143	—	46.33	否	ZY-11	上海正昀新能源技术有限公司	纯电动专用车	109	
	三元材料	INR18650P	3.6	0.046±0.0015	—	5390	江苏正昀新能源技术有限公司	352.8	143	360	143	—	50.4	否	ZY-11	上海正昀新能源技术有限公司	纯电动乘用车	5	
	三元材料	INR18650P	3.6	0.047	—	5082	江苏维科新能源科技有限公司	151.2	200	310	266.2	—	40.2	否	软件：30812/硬件：WK11	江苏维科新能源科技有限公司	纯电动专用车	1	

续上表

储能装置单体生产企业 Single Cell Production Enterprise of Energy Storage Device	储能装置种类 Types of Energy Storage Devices	储能装置单体型号 Cell Odels of Energy Storage Device	储能装置单体标称电压（V） Nominal Voltage of Monomer for Energy Storage Unit（V）	储能装置单体质量（kg） Monomer Quality of Energy Storage Unit（kg）	超级电容器单体标称静电容量（F） Nominal Electrostatic Capacity of Super Capacitor Monomer（F）	储能装置单体数量 Single Cell Quantity of Energy Storage Device	储能装置总成生产企业 Production Company of Energy Storage Device Cell	储能装置总成标称电压（V） Nominal Voltage of Energy Storage Device Assembly（V）	储能装置总成额定输出电流（A） Rated Output Current of Energy Storage Device Assembly（A）	储能装置总成质量（kg） Quality of Energy Storage Device Assembly（kg）	储能装置总成标称容量（Ah） Nominal Capacity of Power Battery Assembly（Ah）	超级电容器总成标称静电容量（F） Nominal Electrostatic Capacity of Super Capacitor Assembly（F）	储能装置总储电量（kWh） Total Energy Storage Capacity of Energy Storage Device（kWh）	动力蓄电池箱是否具有快换装置 Whether Power Battery Box has Quick Change Device	车载能源管理系统型号（包括软件和硬件） Vehicle Energy Management System Model（Including Software and Hardware）	车载能源管理系统生产企业 Vehicle Energy Management System Manufacturing Enterprise	配套车辆类型 Matching Vehicle Type	2018年配套车型产量小计（辆） Subtotal Output of Supported Odels in 2018（Vehicle）	2018年配套车型产量总计（辆） Total Output of Supported Odels in 2018（Vehicle）
广西卓能新能源科技有限公司	三元材料	INR18650P	3.6	0.047	—	5400	江苏正昀新能源技术股份有限公司	324	132	360	132	—	42.8	否	软件:30822/硬件:ZY11	上海正昀新能源技术有限公司	纯电动专用车	1	1355
	三元材料	INR18650P	3.6	0.047	—	5400	江苏正昀新能源技术股份有限公司	324	132	360	132	—	42.8	否	软件:30822/硬件:ZY11	上海正昀新能源技术有限公司	纯电动专用车	2	
	三元材料	INR18650P	3.6	0.047	—	9212	江苏正昀新能源技术股份有限公司	352.8	200	630	206.8	—	72.95	否	ZY11	上海正昀新能源技术有限公司	纯电动专用车	1	
	三元材料	INR18650P	3.6	0.047	—	9212	江苏正昀新能源技术有限公司	352.8	206.8	630	206.8	—	72.9	否	ZY-11	上海正昀新能源技术有限公司	纯电动专用车	174	
	三元材料	INR18650P	3.6（新国标）	0.047	—	9212	江苏正昀新能源技术股份有限公司	352.8	200	630	206.8	—	72.95	否	ZY11	上海正昀新能源技术有限公司	纯电动专用车	1	
	三元材料	INR18650P （3.6V 2.6Ah 能量型）	3.6	0.046 ± 0.0015	—	4500 个	河南锂想动力科技有限公司	324	83	345	130	—	42.12	否	EV05-1	河南锂想动力科技有限公司	纯电动专用车	16	
	三元材料	INR18650P （3.6V、2.4Ah、能量型）	3.6	0.045	—	2535	广西卓能新能源科技有限公司	140.4	156	177	156	—	21.9	否	软件:BMS_V1.0/硬件:MBMS_JF_V1.3	华霆（合肥）动力技术有限公司	纯电动专用车	206	
	三元材料	INR1865P	3.7	0.046	—	7920	江苏维科新能源科技有限公司	532.8	143	620	143	—	76.19	否	软件:30818/硬件:WK11	江苏维科新能源科技有限公司	纯电动专用车	390	
	三元材料	INR1865P	3.7	0.048 ± 0.002	—	3432	江苏索尔新能源科技股份有限公司	325.6	≤101.4	270	101.4	—	33	无	软件:V4.0/硬件:BMS-24B	江苏索尔新能源科技股份有限公司	纯电动专用车	2	
	三元材料	INR1865P	3.7	0.048 ± 0.002	—	9152	江苏索尔新能源科技股份有限公司	325.6	270.4	740	270.4	—	88.04	否	BMS-24B	江苏索尔新能源科技股份有限公司	纯电动专用车	100	
	三元材料	INR1865P	3.7	0.0485	—	4140	江苏正昀新能源技术股份有限公司	340.4	117	315	117	—	39.8	否	ZY11	上海正昀新能源技术有限公司	纯电动专用车	2	
	三元材料	INR1865P	3.7	0.0485	—		江苏正昀新能源技术有限公司	340.4	117	315	117	—	39.8	否	ZY-11	上海正昀新能源技术有限公司	纯电动专用车	5	
苏州宇量电池有限公司	三元材料	26800HE	3.6	0.111 ± 0.006	—	1350	苏州宇量电池有限公司	324	93	240	93	—	30.132	否	软件：YOULION-BMU-S5.0/硬件：YOULION-BMU-H5.0	苏州宇量电池有限公司	纯电动专用车	1	1285
	三元材料	26800HE	3.6	0.111 ± 0.006	—	2208	苏州宇量电池有限公司	331.2	148.8	364	148.8	—	49.2	否	软件：YOULION-BMU-S5.0/硬件：YOULION-BMU-H5.0	苏州宇量电池有限公司	纯电动专用车	575	
	三元材料	26800HE	3.6	0.111 ± 0.006	—	2600	苏州宇量电池有限公司	360	161.2	442	161.2	—	58.032	否	软件：YOULION-BMU-S5.0/硬件：YOULION-BMU-H5.0	苏州宇量电池有限公司	纯电动专用车	73	
	三元材料	26800YL	3.6	0.144 ± 0.004	—	2208;2632	苏州宇量电池有限公司	331.2;338.4	134.4;156.8	395;500	134.4;156.8	—	44.51;53.06	否	软件：YOULION-BMU-S5.0/硬件：YOULION-BMU-H5.0	苏州宇量电池有限公司	纯电动专用车	96	
	三元材料	26800YL	3.6	0.144 ± 0.004	—	2208;2632	苏州宇量电池有限公司	331.2，338.4	134.4;156.8	395;500	134.4;156.8	—	44.5;53.06	否	YOU LION -BMU -S5.0/YOU LION -BMU -H5.0	苏州宇量电池有限公司	纯电动专用车	11	
	三元材料	26800YL	3.6	0.112	—	2160	苏州宇量电池有限公司	324	134.4	396	134.4	—	43.55	否	YOULION-BMU-S5.0/YOULION-BMU-H5.0	苏州宇量电池有限公司	纯电动专用车	70	
	三元材料	2714897HE	3.65	0.830 ± 0.040	—	276	苏州宇量电池有限公司	335.8	150	335	150	—	50.3	否	软件：YOULION-BMU-S5.0/硬件：YOULION-BMU-H5.0	苏州宇量电池有限公司	纯电动乘用车	349	
	三元材料	2714897HE	3.65	0.830 ± 0.040	—	276	苏州宇量电池有限公司	335.8	150	335	150	—	50.3	否	软件：YOULION-BMU-S5.0/硬件：YOULION-BMU-H5.0	苏州宇量电池有限公司	纯电动专用车	110	
浙江天能能源科技有限公司	三元材料	TNL-ITR18650-2200P	3.6	0.045	—	2520	金华市康迪新能源车辆有限公司	108	167	184	185	—	20	否	KD-BCU01V4.0/KD-BCU04	金华市康迪新能源车辆有限公司	纯电动乘用车	1203	1216
	三元材料	TNL-ITR18650-2200P	3.6	0.045	—	2639	浙江天能能源科技有限公司	328	58	224	63.8	—	20.9	否	S5138/KL-AS632690	浙江天能能源科技有限公司	纯电动乘用车	2	

续上表

储能装置单体生产企业 Single Cell Production Enterprise of Energy Storage Device	储能装置种类 Types of Energy Storage Devices	储能装置单体型号 Cell Odels of Energy Storage Device	储能装置单体标称电压(V) Nominal Voltage of Monomer for Energy Storage Unit (V)	储能装置单体质量(kg) Monomer Quality of Energy Storage Unit (kg)	超级电容器单体标称静电容量(F) Nominal Electrostatic Capacity of Super Capacitor Monomer (F)	储能装置单体数量 Single Cell Quantity of Energy Storage Device	储能装置总成生产企业 Production Company of Energy Storage Device Cell	储能装置总成标称电压(V) Nominal Voltage of Energy Storage Device Assembly (V)	储能装置总成额定输出电流(A) Rated Output Current of Energy Storage Device Assembly (A)	储能装置总成质量(kg) Quality of Energy Storage Device Assembly (kg)	储能装置总成标称容量(Ah) Nominal Capacity of Power Battery Assembly (Ah)	超级电容器总成标称静电容量(F) Nominal Electrostatic Capacity of Super Capacitor Assembly (F)	储能装置总储电量(kWh) Total Energy Storage Capacity of Energy Storage Device (kWh)	动力蓄电池箱是否具有快换装置 Whether Power Battery Box has Quick Change Device	车载能源管理系统型号(包括软件和硬件) Vehicle Energy Management System Model (Including Software and Hardware)	车载能源管理系统生产企业 Vehicle Energy Management System Manufacturing Enterprise	配套车辆类型 Matching Vehicle Type	2018年配套车型产量小计(辆) Subtotal Output of Supported Odels in 2018 (Vehicle)	2018年配套车型产量总计(辆) Total Output of Supported Odels in 2018 (Vehicle)
浙江天能能源科技有限公司	三元材料	TNL-ITR18650-2200P	3.7	0.045	—	2880	浙江天能能源科技股份有限公司	74	316.8	210	316.8	—	23.4	否	DK-901	上海妙益电子科技发展有限公司	纯电动专用车	4	1216
	三元材料	TNL-ITR18650-2200P	3.7	0.045	—	2880	浙江天能能源科技有限公司	74	316.8	210	316.8	—	23.4	否	DK-901	上海妙益电子科技发展有限公司	纯电动专用车	3	
	三元材料	TNL-ITR18650-2200P	3.65	0.045	—	1848	浙江天能能源科技有限公司	76.7	150	140	193.6	—	14.84	否	DK918	苏州妙益科技股份有限公司	纯电动专用车	4	
深圳市比克动力电池有限公司;郑州比克电池有限公司	三元材料	N18650CL; N18650CK (3.0Ah)	3.6	0.05	—	4032	华霆(合肥)动力技术有限公司;安徽江淮华霆电池系统有限公司	346	113.4;122	320;314	113.4;122	—	39;41	否	210127SC2/210127SC4	华霆(合肥)动力技术有限公司	纯电动乘用车	1163	1163
东莞市创明电池技术有限公司	三元材料	CMICR18650F8	3.6	0.046	—	2280	金华市康迪新能源车辆有限公司	108	167	170	190	—	20.5	是	KD-BCU01V4.0/KD-BCU04	金华市康迪新能源车辆有限公司	纯电动乘用车	600	1152
	三元材料	CMICR18650F8	3.6	0.046	—	4512	浙江新吉奥动力科技有限公司	345.6	117.5	353	117.5	—	40.6	否	硬件:C10D/软件:BP1716	浙江新吉奥动力科技有限公司	纯电动专用车	37	
	三元材料	CMICR18650F8	3.6	0.046	—	4840	湖南金杯新能源发展有限公司	316.8	137.5	340	137.5	—	43.56	—	软件: STJHJBN060101001; 硬件: STJHJB010101	陕西中九汽车工程研究院有限公司	纯电动专用车	208	
	三元材料	CMICR18650F8	3.6	0.046	—		湖南金杯新能源发展有限公司	316.8	137.5	340	137.5	—	43.56	否	软件: STJHJBN060101001; 硬件: STJHJB010101	陕西中九汽车工程研究院有限公司	纯电动乘用车	10	
	三元材料	CMICR18650F8L	3.6	0.046	—	4800	江苏航天万源科技有限公司	360	124.8	355	124.8	—	44.93	否	硬件:EP-BMS-02A/软件:001版	福建易动力电子科技股份有限公司	纯电动专用车	6	
	三元材料	CMICR18650F8L	3.6	0.046	—	4950	江苏正昀新能源技术股份有限公司	324	143	420	143	—	46.33	否	ZY-11	上海正昀新能源技术有限公司	纯电动专用车	2	
	三元材料	CMICR18650F8L	3.6	0.046±0.0015	—	4950	江苏正昀新能源技术有限公司	324	143	420	143	—	46.3	否	ZY-11	上海正昀新能源技术有限公司	纯电动专用车	272	
	三元材料	CMICR18650F8Q	3.6	0.046	—	4992	浙江新吉奥动力科技有限公司	345.6	132.6	400	132.6	—	45.826	否	软件:BMS_KA01SW/硬件:主控:GCBMSD09M50002T/从控:GCBMSD09S09616T	浙江新吉奥动力科技有限公司	纯电动专用车	17	
力神电池(苏州)有限公司;力神动力电池系统有限公司	三元材料	21700(4.5Ah);21700(4.0Ah)	3.6;3.65	0.072±0.004; 0.069±0.002	—	3267;3465	力神动力电池系统有限公司	356.4; 361.35	148.5; 140	360±10.8; 365±10.8	148.5; 140	—	52.92; 50.59	—	FT_32BMS01/14HS1040010401	北汽福田汽车股份有限公司	纯电动乘用车	540	1073
	三元材料	21700 (4.5Ah); 21700(4.0Ah)	3.6;3.65	0.072±0.004; 0.069±0.002	—	3267;3465	力神动力电池系统有限公司	356.4; 361.35	148.5; 140	360±10.8; 365±10.8	148.5; 140	—	52.92; 50.59	—	FT_32BMS01/14HS1040010401	北汽福田汽车股份有限公司	纯电动专用车	533	
实联长宜淮安科技有限公司	磷酸铁锂	SAB60180	3.2	0.99	—	300	实联长宜淮安科技有限公司	320	129	341	129	—	41.28	否	ZRLK-BMS(硬件:ZR-BMS-EM12-HW2.0/软件: ZR-BMS-EM12-V1702)	北京中瑞蓝科电动汽车技术有限公司	纯电动专用车	999	1001
	磷酸铁锂	SAB60190	3.2	1.183	—	504	实联长宜淮安科技有限公司	537.6	156	712	156	—	83.865	否	硬件: ZRLK-BMS HW2.0/软件: BMC-DF4.5T V1.01	北京中瑞蓝科电动汽车技术有限公司	纯电动专用车	2	
江苏春兰清洁能源研究院有限公司	磷酸铁锂	IFPE110	3.2	2.7	—	504	江苏春兰清洁能源研究院有限公司	537.6	330	1822	330	—	177.4	否	硬件:HEV-BMS-V3/软件:DYL538-330B3-A11	江苏春兰清洁能源研究院有限公司	纯电动客车	69	959
	磷酸铁锂	IFPE110	3.2	2.7	—	688	江苏春兰清洁能源研究院有限公司	550.4	440	2422	440	—	242.18	否	硬件:HEV-BMS-V3/软件:DYL550-440B4-A11	江苏春兰清洁能源研究院有限公司	纯电动客车	20	

续上表

储能装置单体生产企业 Single Cell Production Enterprise of Energy Storage Device	储能装置种类 Types of Energy Storage Devices	储能装置单体型号 Cell Odels of Energy Storage Device	储能装置单体标称电压（V） Nominal Voltage of Monomer for Energy Storage Unit（V）	储能装置单体质量（kg） Monomer Quality of Energy Storage Unit（kg）	超级电容器单体标称静电容量（F） Nominal Electrostatic Capacity of Super Capacitor Monomer（F）	储能装置单体数量 Single Cell Quantity of Energy Storage Device	储能装置总成生产企业 Production Company of Energy Storage Device Cell	储能装置总成标称电压（V） Nominal Voltage of Energy Storage Device Assembly（V）	储能装置总成额定输出电流（A） Rated Output Current of Energy Storage Device Assembly（A）	储能装置总成质量（kg） Quality of Energy Storage Device Assembly（kg）	储能装置总成标称容量（Ah） Nominal Capacity of Power Battery Assembly（Ah）	超级电容器总成标称静电容量（F） Nominal Electrostatic Capacity of Super Capacitor Assembly（F）	储能装置总储电量（kWh） Total Energy Storage Capacity of Energy Storage Device（kWh）	动力蓄电池箱是否具有快换装置 Whether Power Battery Box has Quick Change Device	车载能源管理系统型号（包括软件和硬件） Vehicle Energy Management System Model（Including Software and Hardware）	车载能源管理系统生产企业 Vehicle Energy Management System Manufacturing Enterprise	配套车辆类型 Matching Vehicle Type	2018年配套车型产量小计（辆） Subtotal Output of Supported Odels in 2018（Vehicle）	2018年配套车型产量总计（辆） Total Output of Supported Odels in 2018（Vehicle）
江苏春兰清洁能源研究院有限公司	磷酸铁锂	IFPE110	3.2	2.70	—	504	江苏春兰清洁能源研究院有限公司	537.6	330	1822	330	—	177.4	否	硬件：HEV-BMS-V3/软件：DYL538-330B3-A11	江苏春兰清洁能源研究院有限公司	纯电动客车	180	959
	磷酸铁锂	IFPE202	3.2	3.95	—	336	江苏春兰清洁能源研究院有限公司	537.6	250	1548	404	—	217.19	否	HEV-BMS-V3	江苏春兰清洁能源研究院有限公司	纯电动客车	15	
	磷酸铁锂	IFPP42A	3.2	1.22	—	368	江苏春兰清洁能源研究院有限公司	588.8	84	680	84	—	49.4592	否	DYL589-84B2-C11/HEV-BMS-V3	江苏春兰清洁能源研究院有限公司	插电式混合动力客车	39	
	磷酸铁锂	IFPP42A	3.2	1.22	—	368	江苏春兰清洁能源研究院有限公司	588.8	84	680	84	—	49.46	否	硬件：HEV-BMS-V3/软件：DYL589-84B2-A11	江苏春兰清洁能源研究院有限公司	插电式混合动力客车	50	
	磷酸铁锂	IFPP50	3.2	1.32	—	312	江苏春兰清洁能源研究院有限公司	499.2	100	760	100	—	50	否	硬件：HEV-BMS-V3/软件：DYL500-100B2-A11	江苏春兰清洁能源研究院有限公司	插电式混合动力客车	1	
	磷酸铁锂	IFPP50	3.2	1.32	—	312	江苏春兰清洁能源研究院有限公司	499.2	100	760	100	—	50.0	否	硬件：HEV-BMS-V3/软件：DYL500-100B2-A11	江苏春兰清洁能源研究院有限公司	插电式混合动力客车	218	
	磷酸铁锂	IFPP50	3.2	1.32	—	312	江苏春兰清洁能源研究院有限公司	499.2	100	760	100	—	50.0	否	硬件：HEV-BMS-V3/软件：DYL500-100B2-A11	江苏春兰清洁能源研究院有限公司	插电式混合动力客车	71	
	磷酸铁锂	IFPP50	3.2	1.32	—	320	江苏春兰清洁能源研究院有限公司	512	100	672	100	—	51.2	否	硬件：HEV-BMS-V3/软件：DYL512-100B2-A11	江苏春兰清洁能源研究院有限公司	插电式混合动力客车	12	
	磷酸铁锂	IFPP92	3.2	2.1	—	112	江苏春兰清洁能源研究院有限公司	358.4	92	310	92	—	32.97	否	硬件：HEV-BMS-V3/软件：春兰纯电动商务车用锂电电源管理系统软件V2.0	江苏春兰清洁能源研究院有限公司	燃料电池客车	21	
	磷酸铁锂	LFL160	3.2	130×36×207	—	160	江苏春兰清洁能源研究院有限公司	512	60	420	60	—	30.7	否	硬件：HEV-BMS-V3/软件：DYL512-60-B11	江苏春兰清洁能源研究院有限公司	插电式混合动力客车	20	
	三元材料	ITPE60	3.6	1.06	—	202只	江苏春兰清洁能源研究院有限公司	363.6	120	290	120	—	43.63	否	软件：DYLT364-120B2-A11/硬件：HEV-BMS-V3	江苏春兰清洁能源研究院有限公司	纯电动乘用车	105	
	三元材料	ITPE60	3.6	1.06	—	202只	江苏春兰清洁能源研究院有限公司	363.6	120	290	120	—	43.63	否	软件：DYLT364-120B2-A11/硬件：HEV-BMS-V3	江苏春兰清洁能源研究院有限公司	纯电动专用车	66	
	三元材料	ITPE60	3.6	1.06	—	202只	江苏春兰清洁能源研究院有限公司	363.6	120	290	120	—	43.63	否	软件：DYLT364-120B2-A11/硬件：HEV-BMS-V3	江苏春兰清洁能源研究院有限公司	纯电动专用车	4	
	三元材料	ITRE30	3.6	0.65	—	392	江苏春兰清洁能源研究院有限公司	352.8	120	325	120	—	42.336	否	软件：DIST-353-120B4/硬件：HEV-BMS-V3	江苏春兰清洁能源研究院有限公司	纯电动专用车	68	
江苏海四达电源股份有限公司	磷酸铁锂	IFP36115200-68	3.2	1.6±0.1	—	328	陕西华星电子集团有限公司	524.8	136	742.8±5	136	—	71.37	无	EV05	惠州市亿能电子有限公司	纯电动专用车	1	874
	磷酸铁锂	IFP36115200-68	3.2	1.6±0.1	—	764	江苏海四达电源股份有限公司	611.2	272	1545	272	—	166.2	否	硬件：BMU05系列/软件：BMU05_Diagnostic	深圳市科列技术股份有限公司	纯电动客车	100	
	磷酸铁锂	IFP36115200-68	3.2	1.6±0.1	—	880	江苏海四达电源股份有限公司	563.2	340	1816	340	—	191.48	否	硬件：BMU05系列/软件：BMU05_Diagnostic	深圳市科列技术股份有限公司	纯电动客车	1	
	磷酸铁锂	IFP36115220-78	3.2	1.68	—	270	江苏海四达电源股份有限公司	432	156	585	156	—	67.39	否	硬件：HSD-BMS-02/软件：HSD-BMS-2-V1.0	江苏海四达电源股份有限公司	纯电动客车	58	
	磷酸铁锂	IFP36115220-78	3.2	1.68±0.1	—	376	江苏海四达电源股份有限公司	601.6	156	812	156	—	93.84	否	硬件：BMU05系列/软件：BMU05_Diagnostic	深圳市科列技术股份有限公司	纯电动客车	3	

续上表

储能装置单体生产企业 Single Cell Production Enterprise of Energy Storage Device	储能装置种类 Types of Energy Storage Devices	储能装置单体型号 Cell Odels of Energy Storage Device	储能装置单体标称电压（V） Nominal Voltage of Monomer for Energy Storage Unit（V）	储能装置单体质量（kg） Monomer Quality of Energy Storage Unit（kg）	超级电容器单体标称静电容量（F） Nominal Electrostatic Capacity of Super Capacitor Monomer（F）	储能装置单体数量 Single Cell Quantity of Energy Storage Device	储能装置总成生产企业 Production Company of Energy Storage Device Cell	储能装置总成标称电压（V） Nominal Voltage of Energy Storage Device Assembly（V）	储能装置总成额定输出电流（A） Rated Output Current of Energy Storage Device Assembly（A）	储能装置总成质量（kg） Quality of Energy Storage Device Assembly（kg）	储能装置总成标称容量（Ah） Nominal Capacity of Power Battery Assembly（Ah）	超级电容器总成标称静电容量（F） Nominal Electrostatic Capacity of Super Capacitor Assembly（F）	储能装置总储电量（kWh） Total Energy Storage Capacity of Energy Storage Device（kWh）	动力蓄电池箱是否具有快换装置 Whether Power Battery Box has Quick Change Device	车载能源管理系统型号（包括软件和硬件） Vehicle Energy Management System Model（Including Software and Hardware）	车载能源管理系统生产企业 Vehicle Energy Management System Manufacturing Enterprise	配套车辆类型 Matching Vehicle Type	2018年配套车型产量小计（辆） Subtotal Output of Supported Odels in 2018（Vehicle）	2018年配套车型产量总计（辆） Total Output of Supported Odels in 2018（Vehicle）
江苏海四达电源股份有限公司	磷酸铁锂	IFP36115220-78	3.2	1.68±0.10	—	214	江苏海四达电源股份有限公司	342.4	156	460	156	—	53.4	否	软件：HSD-BMS-1-V1.0/硬件：HSD-BMS-01	江苏海四达电源股份有限公司	纯电动专用车	201	874
	磷酸铁锂	IFP36115220-78	3.2	1.68±0.10	—	558	江苏海四达电源股份有限公司	595.2	200	1200	234	—	139.27	否	硬件：HSD-BMS-01/软件：HSD-BMS-V1.0	江苏海四达电源股份有限公司	纯电动客车	3	
	磷酸铁锂	IFP53173200-200	3.2	3.87±0.1	—	121	江苏海四达电源股份有限公司	387.2	200	627	200	—	77.44	否	硬件：HSD-BMS-03系列/软件：HSD-BMS-3-V1.0	江苏海四达电源股份有限公司	纯电动专用车	6	
	三元材料	ISR18650-2600	3.6	0.045	—	4450	江苏海四达电源股份有限公司	320.4	130	335	130	—	40.4	—	软件：STJHSTN010101/硬件：STJHST010101	陕西中九汽车工程研究院有限公司	纯电动专用车	348	
	三元材料	ISR18650-2600	3.6	0.045±0.002	—	4851	江苏海四达电源股份有限公司	356.4	130	375	127.4	—	45.4	否	硬件：HSD-BMS-01/软件：HSD-BMS-V1.0	江苏海四达电源股份有限公司	纯电动专用车	1	
	三元材料	ISR18650-2600	3.6	0.045±0.002	—	7600	江苏海四达电源股份有限公司	360	197.6	575	197.6	—	71.13	否	硬件：HSD-BMS-01/软件：HSD-BMS-V1.0	江苏海四达电源股份有限公司	纯电动专用车	1	
	三元材料	ISR18650-2600	3.6	0.045±0.002	—	9500	江苏海四达电源股份有限公司	360	195	668.5	247	—	88.92	否	硬件：HSD-BMS-01/软件：HSD-BMS-V1.0	江苏海四达电源股份有限公司	纯电动专用车	151	
深圳市比克动力电池有限公司；江苏天鹏电源有限公司	三元材料	N18650CL-29；ICR18650	3.6；3.6	0.046；0.047	—	4224；4224	金华市康迪新能源车辆有限公司；金华市康迪新能源车辆有限公司	158；158	133；133	296；296	264；264	—	41.8；41.8	否	KD-BCU01V5.0/KD-BCU05	金华市康迪新能源车辆有限公司	纯电动乘用车	867	867
山东玉皇新能源科技有限公司	磷酸铁锂	3.2V、200Ah、能量型	3.2	4.15	—	192	山东玉皇新能源科技有限公司	614	200	888	200	—	122.8	—	硬件：主控：BPBC54B 从控：BPBM5160A 软件：BP-ASSEV6	山东宝沃动力系统有限公司	纯电动客车	50	831
	三元材料	EV2614891EA-40Ah	3.65	0.83	—	600	山东玉皇新能源科技有限公司	547.5	160	667	160	—	87.6	否	BPBC54B + BPBM5136S + BPBM5148S	山东宝沃动力系统有限公司	纯电动专用车	752	
	三元材料	EV2614891EA-40Ah	3.65	0.83±0.1	—	288	山东玉皇新能源科技有限公司	350.4	120	340	120	—	42.04	否	BPBC54B + BPBM5148A	山东宝沃动力系统有限公司	纯电动专用车	13	
	三元材料	NCM-2614891-47Ah	3.65	0.88	—	288	山东玉皇新能源科技有限公司	350.4	141	360	141	—	49.406	无	BPBC54B + BPBM5148A	山东宝沃动力系统有限公司	纯电动专用车	2	
	三元材料	NCM-2614891-47Ah	3.65	0.88±0.05	—	468	山东玉皇新能源科技有限公司	569.4	141	596	141	—	80.28	否	BPBC54B/BPBM5148A	山东宝沃动力系统有限公司	纯电动专用车	14	
江苏春兰清洁能源研究院有限公司；宁德时代新能源科技股份有限公司	磷酸铁锂	IFPE202；MFH3L8	3.2；3.22	3.95；3.92±0.2	—	180；180	江苏春兰清洁能源研究院有限公司；宁德时代新能源科技股份有限公司	576；579.6	202；200	828；816	202；202	—	116.35；117.07	否	硬件：HEV-BMS-V3/软件：DYL576-202-A11；CEB-B60SV01/CEB-B60H	江苏春兰清洁能源研究院有限公司；宁德时代新能源科技股份有限公司	纯电动客车	319	818
	磷酸铁锂	IFPE202；MFH3L8	3.2；3.22	3.95；3.92±0.20	—	288；336	江苏春兰清洁能源研究院有限公司；宁德时代新能源科技股份有限公司	460.8；540.96	404；250	1326；1536	404；404	—	186.16；218.5	否	硬件：HEV-BMS-V3/软件：DYL461-404B2-A11；CEB-B60SV01/CEB-B60H	江苏春兰清洁能源研究院有限公司；宁德时代新能源科技股份有限公司	纯电动客车	10	
	磷酸铁锂	IFPE202；MFH3L8	3.2；3.22	—	—	336；384	江苏春兰清洁能源研究院有限公司；宁德时代新能源科技股份有限公司	537.6；618.24	404；250	1548；1728	404；404	—	217.19；249.76	否	硬件：HEV-BMS-V3/软件：DYL538-404B2-C11；CEB-B60SV01/CEB-B60H	江苏春兰清洁能源研究院有限公司；宁德时代新能源科技股份有限公司	纯电动客车	413	
	磷酸铁锂	IFPE272；6LH3L8	3.2；3.22	5.28；5.21±0.26	—	165；189	江苏春兰清洁能源研究院有限公司；宁德时代新能源科技股份有限公司	528；608.58	272；250	1020；1146	272；271	—	143.6；164.92	否	硬件：HEV-BMS-V3/软件：DYL528-272-C11；CEB-B60SV01/CEB-B60H	江苏春兰清洁能源研究院有限公司；宁德时代新能源科技股份有限公司	纯电动客车	76	

续上表

储能装置单体生产企业 Single Cell Production Enterprise of Energy Storage Device	储能装置种类 Types of Energy Storage Devices	储能装置单体型号 Cell Odels of Energy Storage Device	储能装置单体标称电压（V） Nominal Voltage of Monomer for Energy Storage Unit（V）	储能装置单体质量（kg） Monomer Quality of Energy Storage Unit（kg）	超级电容器单体标称静电容量（F） Nominal Electrostatic Capacity of Super Capacitor Monomer（F）	储能装置单体数量 Single Cell Quantity of Energy Storage Device	储能装置总成生产企业 Production Company of Energy Storage Device Cell	储能装置总成标称电压(V) Nominal Voltage of Energy Storage Device Assembly（V）	储能装置总成额定输出电流（A） Rated Output Current of Energy Storage Device Assembly（A）	储能装置总成质量（kg） Quality of Energy Storage Device Assembly（kg）	储能装置总成标称容量(Ah) Nominal Capacity of Power Battery Assembly（Ah）	超级电容器总成标称静电容量（F） Nominal Electrostatic Capacity of Super Capacitor Assembly（F）	储能装置总储电量（kWh） Total Energy Storage Capacity of Energy Storage Device（kWh）	动力蓄电池箱是否具有快换装置 Whether Power Battery Box has Quick Change Device	车载能源管理系统型号（包括软件和硬件） Vehicle Energy Management System Model(Including Software and Hardware)	车载能源管理系统生产企业 Vehicle Energy Management System Manufacturing Enterprise	配套车辆类型 Matching Vehicle Type	2018年配套车型产量小计（辆） Subtotal Output of Supported Odels in 2018（Vehicle）	2018年配套车型产量总计（辆） Total Output of Supported Odels in 2018（Vehicle）
江苏智航新能源有限公司;力神动力电池系统有限公司	三元材料	ISR18650; 3.6V、2.6Ah、能量型	3.7;3.6	0.044;0.045	—	3042;3042	江苏索尔新能源科技股份有限公司;天津中科锂能科技发展有限公司	96.2;93.6	140;140	245;245	304.2;304.2	—	29.26;28.47	无	硬件：BMS36A/软件：BMS36-26A;26S-A	江苏索尔新能源科技股份有限公司;天津中科锂能科技发展有限公司	纯电动专用车	811	811
妙盛动力科技有限公司;北京国能电池科技股份有限公司	多元复合	N80188236,PL80188236	3.6	0.745,0.81	—	152	重庆无线绿洲通信技术有限公司,北京国能电池科技股份有限公司,妙盛动力科技有限公司	136.8	160	156,179,165	160	—	21.9	是	软件：330EV3-BMS-V1.0/硬件：FBF2114100-V1.0	重庆无线绿洲通信技术有限公司	纯电动乘用车	801	801
上海卡耐新能源有限公司	三元材料	CEA-LM26	3.7	0.57	—	180	江西江铃集团新能源汽车有限公司	133.2	125	180	130	—	17.316	—	02040201161025O0/YT02-CM-48-17	江西江铃集团新能源汽车有限公司	纯电动乘用车	521	767
	三元材料	CEA-LM26	3.7	0.57	—	864	上海卡耐新能源有限公司	532.8	156	808	156	—	83.1	否	EV05(硬件 EV05-DM-1-23-A/软件B67H32MS7714)	惠州市亿能电子有限公司	纯电动专用车	1	
	三元材料	CEA-LM36	3.65	0.612	—	600个	苏州华特瑞思电动汽车技术有限公司	365	216A（1C放电）	587	216	—	78.84	否	软件：BMU_HG11B_V214/硬件：BMS0102	北京华特智控电动汽车技术有限公司	纯电动乘用车	141	
	三元材料	CEB-LM26	3.7	0.585	—	155	上海卡耐新能源有限公司	115	130	160	130	—	14.9	否	S5126/KL-AS94283O	深圳市科列技术股份有限公司	纯电动乘用车	104	
深圳市沃特玛电池有限公司	磷酸铁锂	32650-5.5Ah	3.2	0.136	—	1728	深圳市沃特玛电池有限公司	307.2	98	309	99	—	30.4	否	OPT BMS(主机：OTM-BMS-M-002采集模块：OPT-S12B24-2)	深圳市沃特玛电池有限公司	纯电动专用车	1	739
	磷酸铁锂	32650-5.5Ah	3.2	0.136	—	6120	深圳市沃特玛电池有限公司	576	250	1068	187	—	107.71	否	OPT BMS(主机:OTM-BMS-M-002采集模块:OPT-S12B24-2)	深圳市沃特玛电池有限公司	纯电动客车	17	
	磷酸铁锂	32650-5.5Ah	3.2	0.136	—	6324	深圳市沃特玛电池有限公司	595.2	250	1110	187	—	111.3	否	OPT BMS(主机:OTM-BMS-M-002采集模块:OPT-S12B24-2)	深圳市沃特玛电池有限公司	纯电动客车	50	
	磷酸铁锂	32650-5.5Ah	3.2	0.136	—	7056	深圳市沃特玛电池有限公司	537.6	200	1421	231	—	124	否	OPT BMS(主机:OTM-BMS-M-002采集模块:OPT-S12B24-2)	深圳市沃特玛电池有限公司	纯电动客车	1	
	磷酸铁锂	32650-5.5Ah	3.2	0.136	—	9570	深圳市沃特玛电池有限公司	556.8	250	1720	302.5	—	168.43	否	OPT BMS(主机:OTM-BMS-M-002采集模块:OPT-S12B24-2)	深圳市沃特玛电池有限公司	纯电动客车	3	
	磷酸铁锂	32650-5.5Ah	3.2	0.136	—	9720	深圳市沃特玛电池有限公司	576	250	1740	297	—	171	否	OPT BMS(主机：OTM-BMS-M-002采集模块:OPT-S12B24-2)	深圳市沃特玛电池有限公司	纯电动客车	1	
	磷酸铁锂	32650-5.5Ah	3.2	0.145	—	3696	深圳市沃特玛电池有限公司	537.6	121	698	121	—	65	否	OPT BMS	深圳市沃特玛电池有限公司	纯电动专用车	55	
	磷酸铁锂	32650-5.7Ah	3.2	0.136	—	1680	深圳市沃特玛电池有限公司	537.6	120	330	57	—	30.64	否	OPT BMS(主机：OTM-BMS-M-002采集模块:OPT-S12B24-2)	深圳市沃特玛电池有限公司	纯电动专用车	1	
	磷酸铁锂	32650-5.7Ah	3.2	0.136	—	2520	深圳市沃特玛电池有限公司	537.6	123	475	85.5	—	46	否	OPT BMS(主机:OTM-BMS-M-002采集模块:OPT-S12B24-2)	深圳市沃特玛电池有限公司	纯电动专用车	1	
	磷酸铁锂	32650-5.7Ah	3.2	0.136	—	2520	深圳市沃特玛电池有限公司	537.6	123	475	85.5	—	46.0	否	OPT BMS(主机：OTM-BMS-M-002采集模块:OPT-S12B24-2)	深圳市沃特玛电池有限公司	纯电动专用车	10	
	磷酸铁锂	32650-6.5Ah	3.2	0.143	—	2520	深圳市沃特玛电池有限公司	384	250	545	136.5Ah	—	52.4	否	OPT BMS(主机：OTM-BMS-M-002;采集模块:OPT-S12B24-2)	深圳市沃特玛电池有限公司	纯电动专用车	6	
	磷酸铁锂	32650-6.5Ah	3.2	0.143±0.005	—	12240	深圳市沃特玛电池有限公司	576	250	2160	442	—	254.5	否	OPT BMS(主机:OTM-BMS-M-002采集模块:OPT-S12B24-2)	深圳市沃特玛电池有限公司	纯电动客车	2	
	磷酸铁锂	32650-6.5Ah	3.2	0.143±0.005	—	12240	深圳市沃特玛电池有限公司	576	250	2160	442	—	254.5	否	OPT BMS(主机：OTM-BMS-M-002采集模块:OPT-S12B24-2)	深圳市沃特玛电池有限公司	纯电动客车	1	

续上表

储能装置单体生产企业 Single Cell Production Enterprise of Energy Storage Device	储能装置种类 Types of Energy Storage Devices	储能装置单体型号 Cell Odels of Energy Storage Device	储能装置单体标称电压（V） Nominal Voltage of Monomer for Energy Storage Unit（V）	储能装置单体质量（kg） Monomer Quality of Energy Storage Unit（kg）	超级电容器单体标称静电容量（F） Nominal Electrostatic Capacity of Super Capacitor Monomer（F）	储能装置单体数量 Single Cell Quantity of Energy Storage Device	储能装置总成生产企业 Production Company of Energy Storage Device Cell	储能装置总成标称电压（V） Nominal Voltage of Energy Storage Device Assembly（V）	储能装置总成额定输出电流（A） Rated Output Current of Energy Storage Device Assembly（A）	储能装置总成质量（kg） Quality of Energy Storage Device Assembly（kg）	储能装置总成标称容量（Ah） Nominal Capacity of Power Battery Assembly（Ah）	超级电容器总成标称静电容量（F） Nominal Electrostatic Capacity of Super Capacitor Assembly（F）	储能装置总储电量（kWh） Total Energy Storage Capacity of Energy Storage Device（kWh）	动力蓄电池箱是否具有快换装置 Whether Power Battery Box has Quick Change Device	车载能源管理系统型号（包括软件和硬件） Vehicle Energy Management System Model（Including Software and Hardware）	车载能源管理系统生产企业 Vehicle Energy Management System Manufacturing Enterprise	配套车辆类型 Matching Vehicle Type	2018年配套车型产量小计（辆） Subtotal Output of Supported Odels in 2018（Vehicle）	2018年配套车型产量总计（辆） Total Output of Supported Odels in 2018（Vehicle）
深圳市沃特玛电池有限公司	磷酸铁锂	32650-6.5Ah	3.2	0.143±0.005	—	3840	深圳市沃特玛电池有限公司	512	250	675	156	—	79.87	否	OPT BMS（主机：OTM-BMS-M-002 采集模块：OPT-S12B24-2）	深圳市沃特玛电池有限公司	纯电动客车	1	739
	磷酸铁锂	32650-6.5Ah	3.2	0.143±0.005	—	4536	深圳市沃特玛电池有限公司	537.6	180	804	175.5	—	94.3	否	OPT BMS（主机：OTM-BMS-M-002；采集模块：OPT-S12B24-2）	深圳市沃特玛电池有限公司	纯电动客车	11	
	磷酸铁锂	32650-6.5Ah	3.2	0.143±0.005	—	4564	深圳市沃特玛电池有限公司	608	250	800	156	—	94.84	否	OPT BMS（主机：OTM-BMS-M-002 采集模块：OPT-S12B24-2）	深圳市沃特玛电池有限公司	纯电动客车	1	
	磷酸铁锂	32650-6.5Ah	3.2	0.143±0.005	—	6804	深圳市沃特玛电池有限公司	518.4	350	1208	273	—	141.5	否	OPT BMS（主机：OTM-BMS-M-002 采集模块：OPT-S12B24-2）	深圳市沃特玛电池有限公司	纯电动客车	1	
	磷酸铁锂	32650-6.5Ah	3.2	0.143±0.005	—	6804	深圳市沃特玛电池有限公司	518.4	350	1208	273	—	141.5	否	OPT BMS（主机：OTM-BMS-M-002 采集模块：OPT-S12B24-2）	深圳市沃特玛电池有限公司	纯电动客车	1	
	磷酸铁锂	32650-6.5Ah	3.2	0.143±0.005	—	9072	深圳市沃特玛电池有限公司	537.6	250	1608	351	—	188.6	否	OPT BMS（主机：OTM-BMS-M-002 采集模块：OPT-S12B24-2）	深圳市沃特玛电池有限公司	纯电动客车	1	
	磷酸铁锂	32700-6.5Ah	3.2	0.143±0.005	—	3696	安徽沃特玛新能源电池有限公司	537.6	250	660	143	—	76.87	否	OTM-BMS-PB（主机：OTM-BMS-M-002 采集模块：OTM-BMS-BSU-PB）	深圳市沃特玛电池有限公司	纯电动专用车	571	
	磷酸铁锂	32700-6.5Ah	3.2	0.143±0.005	—	3696	深圳市沃特玛电池有限公司	537.6	250	660	143	—	76.87	否	OTM-BMS-PB（主机：OTM-BMS-M-002 采集模块：OTM-BMS-BSU-PB）	深圳市沃特玛电池有限公司	纯电动专用车	1	
	磷酸铁锂	32700-6.5Ah	3.2	0.143±0.005	—	3696	深圳市沃特玛电池有限公司	537.6	250	660	143	—	76.87	否	OTM-BMS-PB（主机：OTM-BMS-M-002 采集模块：OTM-BMS-BSU-PB）	深圳市沃特玛电池有限公司	纯电动专用车	1	
	磷酸铁锂	32700-7.0Ah	3.2	0.139±0.005	—	12240	深圳市沃特玛电池有限公司	576	250	2016	476	—	274.176	否	OTM-BMS-PB（主机：OTM-BMS-M-002 采集模块：OTM-BMS-BSU-PB）	深圳市沃特玛电池有限公司	纯电动客车	1	
湖北金泉新材料有限责任公司	磷酸铁锂	LF105	3.2	1.98±0.05	—	46	山东元齐新动力科技有限公司	147.2	105	148	105	—	15.456	否	YQBMSIII	山东元齐新动力科技有限公司	纯电动乘用车	600	600
湖南三迅新能源科技有限公司	磷酸铁锂	PF48173166	3.2	2.90±0.08	—	104	湖南三迅新能源科技有限公司	332.8	152	350	152	—	50.59	无	硬件：SX-ASHEV5-A/软件：SX-AS-SEV5-A	湖南三迅新能源科技有限公司	纯电动专用车	484	486
	磷酸铁锂	PF48173166	3.2	2.90±0.08	—	176	江苏银基烯碳能源科技有限公司	563.2	152	610±18	152	—	85.6	否	XTBMS-LCU-48S	江苏银基烯碳能源科技有限公司	纯电动专用车	2	
东莞市迈科新能源有限公司	磷酸铁锂	MC-LFP5.0Ah	3.2V	0.145±0.0005Kg	—	2626	东莞市迈科新能源有限公司	323.2V	50A	401	130Ah	—	42.02	否	硬件：BHN01/软件：DHN001SS6118	惠州市蓝微新源技术有限公司	纯电动专用车	17	470
	三元材料	MC-NCM32650C-7.0Ah	3.67	0.153±0.005	—	2940	东莞市迈科新能源有限公司	359.6	105	685±15	210	—	75.52	否	硬件：EV05/软件：B67Y14MS	惠州市亿能电子有限公司	纯电动专用车	1	
	三元材料	MC-NCM6.3Ah	3.6	0.15	—	1456	东莞市迈科新能源有限公司	327.6	50.4	315	100.8	—	33	否	硬件：BHN01/软件：DHN001SS6118	惠州市蓝微新源技术有限公司	纯电动专用车	14	
	三元材料	MC-NCM6.3Ah	3.6	0.15	—	1456	东莞市迈科新能源有限公司	327.6	50.4	315	100.8	—	33	否	硬件：BHN01/软件：DHN001SS6118	惠州市蓝微新源技术有限公司	纯电动乘用车	2	
	三元材料	MC-NCM6.3Ah	3.6	0.15	—	1456	东莞市迈科新能源有限公司	327.6	50.4	315	100.8	—	33	否	硬件：BHN01/软件：DHN001SS6118	惠州市蓝微新源技术有限公司	纯电动专用车	1	
	三元材料	MC-NCM6.3Ah	3.6	0.15	—	3200	东莞市迈科新能源有限公司	360	100.8	690	201.6	—	72.6	否	硬件：BHN01/软件：DHN001SS6118	惠州市蓝微新源技术有限公司	纯电动专用车	400	
	三元材料	MC-NCM6.3Ah	3.6	0.15	—	4000	东莞市迈科新能源有限公司	576	157.5	850	157.5	—	90.72	否	硬件：Mc2202（主控）；Mc3401（从控）/软件：2202.1000.1.1（主控）；3401.1000.1.1（从控）	东莞市迈科新能源有限公司	纯电动专用车	4	
	三元材料	MC-NCM6.3Ah	3.60	0.15	—	2200	东莞市迈科新能源有限公司	360	138.6	530kg	138.6	—	49.68	—	硬件：BHN01/软件：DHN001SS6118	东莞市迈科新能源有限公司	纯电动专用车	31	

续上表

储能装置单体生产企业 Single Cell Production Enterprise of Energy Storage Device	储能装置种类 Types of Energy Storage Devices	储能装置单体型号 Cell Odels of Energy Storage Device	储能装置单体标称电压(V) Nominal Voltage of Monomer for Energy Storage Unit (V)	储能装置单体质量(kg) Monomer Quality of Energy Storage Unit (kg)	超级电容器单体标称静电容量(F) Nominal Electrostatic Capacity of Super Capacitor Monomer (F)	储能装置单体数量 Single Cell Quantity of Energy Storage Device	储能装置总成生产企业 Production Company of Energy Storage Device Cell	储能装置总成标称电压(V) Nominal Voltage of Energy Storage Device Assembly (V)	储能装置总成额定输出电流(A) Rated Output Current of Energy Storage Device Assembly (A)	储能装置总成质量(kg) Quality of Energy Storage Device Assembly (kg)	储能装置总成标称容量(Ah) Nominal Capacity of Power Battery Assembly (Ah)	超级电容器总成标称静电容量(F) Nominal Electrostatic Capacity of Super Capacitor Assembly (F)	储能装置总储电量(kWh) Total Energy Storage Capacity of Energy Storage Device (kWh)	动力蓄电池箱是否具有快换装置 Whether Power Battery Box has Quick Change Device	车载能源管理系统型号(包括软件和硬件) Vehicle Energy Management System Model(Including Software and Hardware)	车载能源管理系统生产企业 Vehicle Energy Management System Manufacturing Enterprise	配套车辆类型 Matching Vehicle Type	2018年配套车型产量小计(辆) Subtotal Output of Supported Odels in 2018 (Vehicle)	2018年配套车型产量总计(辆) Total Output of Supported Odels in 2018 (Vehicle)
湖州南浔遨优电池有限公司	磷酸铁锂	AYP100265200F36	3.2	1.07	—	1080	湖州南浔遨优电池有限公司	576	348	1472	348	—	200.44	否	B005-3P36S-F58;软件:AYP-EV000109A-B005-S1.0/硬件:AYP-EV000109A-B005-H1.0 C005-3P54S-F58;软件:AYP-EV000110A-C005-S1.0/硬件:AYP-EV000110A-C005-H1.0	湖州南浔遨优电池有限公司	纯电动客车	1	454
	磷酸铁锂	AYP100265200F36	3.2	1.070 ± 0.043	—	1080	湖州南浔遨优电池有限公司	576	348	1480	348	—	200.448	否	硬件:AYP-EV000109A-B005-H1.0/软件:AYP-EV000109A-B005-S1.0	湖州南浔遨优电池有限公司	纯电动客车	1	
	磷酸铁锂	AYP100265200F36	3.2	1.070 ± 0.043	—	1188	湖州南浔遨优电池有限公司	633.6	348	1616	348	—	220.49	否	B005-3P36S-F58: AYP-EV000109A-B005-H1.0(硬件)/AYP-EV000109A-B005-S1.0(软件);C005-3P54S-F58:AYP-EV000110A-C005-H1.0(硬件)/AYP-EV000110A-C005-S1.0(软件)	湖州南浔遨优电池有限公司	纯电动客车	45	
	磷酸铁锂	AYP100265200F36	3.2	1.070 ± 0.043	—	324	湖州南浔遨优电池有限公司	345.6	174	440	174	—	60.14	是	硬件:AYP-EV000110A-C005-H1.0/软件:AYP-EV000110A-C005-S1.0	湖州南浔遨优电池有限公司	纯电动专用车	6	
	磷酸铁锂	AYP100265200F36	3.2	1.070 ± 0.043	—	486	湖州南浔遨优电池有限公司	518.4	174	683	174	—	90.2	否	B005-3P36S-F58;硬件:AYP-EV000109A-B005-H1.0/软件:AYP-EV000109A-B005-S1.0;C005-3P54S-F58;硬件:AYP-EV000110A-C005-H1.0/软件:AYP-EV000110A-C005-S1.0	湖州南浔遨优电池有限公司	纯电动客车	2	
	磷酸铁锂	AYP90133200F33	3.2	0.54	—	1260	湖州南浔遨优电池有限公司	576	175	960 ± 20	175	—	100.8	否	NEV11	安徽锐能科技有限公司	纯电动客车	1	
	磷酸铁锂	AYP90133200F33	3.2	0.54 ± 0.02	—	1260	湖州南浔遨优电池有限公司	576	175	860	175	—	100.8	否	主机:C10,从机:M2B3616A 绝缘:H100C	湖州南浔遨优电池有限公司	纯电动客车	2	
	磷酸铁锂	AYP90133200F33	3.2	0.54 ± 0.02	—	1260	湖州南浔遨优电池有限公司	576	175	860	175	—	100.8	否	主机:C10,从机:M2B3616A 绝缘:H100C	湖州南浔遨优电池有限公司	纯电动客车	4	
	磷酸铁锂	AYP90133200F33	3.2	0.54 ± 0.02	—	2520	湖州南浔遨优电池有限公司	576	350	1724	350	—	201.6	否	B002-7P36S-F25:主机:C10,从机:M2B3616A,绝缘:H100C;C002-7P48S-F25:主机:C10D,从机:M2B4818A;绝缘:H100C	湖州南浔遨优电池有限公司	纯电动客车	2	
	锰酸锂	AYP115188220MN35	3.8	1.06 ± 0.03	—	164	湖州南浔遨优电池有限公司	311.6	96	232.0 ± 7.0	96	—	29.9	否	V1.00(软件)/AYP-EV054002-BMS(硬件)	湖州南浔遨优电池有限公司	纯电动专用车	193	
	三元材料	AYP90133200N45	3.65	0.55	—	864	湖州南浔遨优电池有限公司	394.2	240	715	240	—	94.6	否	硬件:HW1.0/软件:V1.0	湖州南浔遨优电池有限公司	纯电动专用车	164	
	三元材料	AYP90133200N45	3.65	0.55 ± 0.02	—	679	湖州南浔遨优电池有限公司	354	210	587.5	210	—	74.34	否	硬件:BGCS-2122/软件:A011	湖州南浔遨优电池有限公司	纯电动专用车	32	
	磷酸铁锂	AYP110265200F33	3.2	1.25 ± 0.05	—	900	湖州南浔遨优电池有限公司	576	290	1449	290	—	167.04	否	主机:C10,从机:M2B2414A,绝缘:H100C;主机:C10,从机:M2B3616A,绝缘:H100C	湖州南浔遨优电池有限公司	纯电动客车	1	

续上表

储能装置单体生产企业 Single Cell Production Enterprise of Energy Storage Device	储能装置种类 Types of Energy Storage Devices	储能装置单体型号 Cell Odels of Energy Storage Device	储能装置单体标称电压(V) Nominal Voltage of Monomer for Energy Storage Unit (V)	储能装置单体质量(kg) Monomer Quality of Energy Storage Unit (kg)	超级电容器单体标称静电容量(F) Nominal Electrostatic Capacity of Super Capacitor Monomer (F)	储能装置单体数量 Single Cell Quantity of Energy Storage Device	储能装置总成生产企业 Production Company of Energy Storage Device Cell	储能装置总成标称电压(V) Nominal Voltage of Energy Storage Device Assembly (V)	储能装置总成额定输出电流(A) Rated Output Current of Energy Storage Device Assembly (A)	储能装置总成质量(kg) Quality of Energy Storage Device Assembly (kg)	储能装置总成标称容量(Ah) Nominal Capacity of Power Battery Assembly (Ah)	超级电容器总成标称静电容量(F) Nominal Electrostatic Capacity of Super Capacitor Assembly (F)	储能装置总储电量(kWh) Total Energy Storage Capacity of Energy Storage Device (kWh)	动力蓄电池箱是否具有快换装置 Whether Power Battery Box has Quick Change Device	车载能源管理系统型号(包括软件和硬件) Vehicle Energy Management System Model (Including Software and Hardware)	车载能源管理系统生产企业 Vehicle Energy Management System Manufacturing Enterprise	配套车辆类型 Matching Vehicle Type	2018年配套车型产量小计(辆) Subtotal Output of Supported Odels in 2018 (Vehicle)	2018年配套车型产量总计(辆) Total Output of Supported Odels in 2018 (Vehicle)
江西迪比科股份有限公司	三元材料	18650-2.5AH	3.7	0.043	—	4300	江西迪比科股份有限公司	318.2	125	340	125	—	39	—	软件:STJDBKN060101001/硬件:STJDBK010101	陕西中九汽车工程研究院有限公司	纯电动专用车	10	450
	三元材料	63152225-23AH	3.6	0.428	—	435	江西迪比科股份有限公司	313.2	115	325	115	—	36	—	软件:STJDBKN010101/硬件:STJDBK010101	陕西中九汽车工程研究院有限公司	纯电动专用车	440	
浙江钱江锂电科技有限公司	磷酸铁锂	PL100160222/38Ah 3.2V	3.2	0.72	—	656	浙江钱江锂电科技有限公司	524.8	152	660	152	—	79.8	否	硬件:QJ-BMU01-900V/软件:QJ-SBMS01-V2.1	浙江钱江锂电科技有限公司	纯电动专用车	260	379
	磷酸铁锂	PL100160222/38Ah 3.2V	3.2	0.72	—	656	浙江钱江锂电科技有限公司	524.8	152	660	152	—	79.8	否	硬件:QJ-BMU01-900V/软件:QJ-SBMS01-V2.1	浙江钱江锂电科技有限公司	纯电动专用车	100	
	磷酸铁锂	PL100160222/38Ah 3.2V	3.2	0.72	—	656	浙江钱江锂电科技有限公司	524.8	152	660	152	—	79.8	否	硬件:QJ-BMU01-900V /软件:QJ-SBMS01-V2.1	浙江钱江锂电科技有限公司	纯电动专用车	19	
河南力旋科技股份有限公司	磷酸铁锂	96270235	3.2	1.15	—	672	河南力旋科技股份有限公司	537.6	200	985	200	—	107.52	否	软件:C10-LX-V1.0/硬件:C10-LX-HW1.0	河南力旋科技股份有限公司	纯电动客车	120	359
	磷酸铁锂	LX100270235B63	3.2	1.20	—	368	河南力旋科技股份有限公司	588.8	126	520	126	—	74.188	否	软件:C10-LX-V1.0/硬件:C10-LX-HW1.0	河南力旋科技股份有限公司	纯电动客车	1	
	磷酸铁锂	LX100270235B63	3.2	1.20	—	492	河南力旋科技股份有限公司	524.8	189	687	189	—	99.187	否	软件:C10-LX-V1.0/硬件:C10-LX-HW1.0	河南力旋科技股份有限公司	纯电动客车	88	
	磷酸铁锂	LX100270235B63	3.2	1.20	—	640	河南力旋科技股份有限公司	512	252	900	252	—	129.024	否	软件:C10-LX-V1.0/硬件:C10-LX-HW1.0	河南力旋科技股份有限公司	纯电动客车	150	
浙江天能能源科技股份有限公司;横店集团东磁股份有限公司	三元材料	TNL-ITR18650-2200P;INR18650-26E	3.6;3.65	0.045;0.046	—	2160;1640	浙江天能能源科技股份有限公司;横店集团东磁股份有限公司	144;146	120;106.6	186.8;127	118.8;106.6	—	17.1;15.56	否	GM-42BMS144V-016/GM-42BMS144V-016	深圳市冠明能源科技有限公司;横店集团东磁股份有限公司	纯电动乘用车	349	349
河南新太行电源股份有限公司	磷酸铁锂	IFR26650-3600mAh	3.2	0.086±0.005	—	3762	河南新太行电源股份有限公司	364.8	118.8	444±15	118.8	—	43.33	—	硬件:XTH-YH-EV-01/软件:XTH3.0	河南新太行电源股份有限公司	纯电动客车	1	342
	磷酸铁锂	IFR26650-3600mAh	3.2	0.086±0.005	—	5643	河南新太行电源股份有限公司	547.2	118.8	666±15	118.8	—	65	否	硬件:XTH-YH-EV-01/软件:XTH3.0	河南新太行电源股份有限公司	纯电动客车	1	
	三元材料	INR18650-2200mAh	3.6	0.045±0.002	—	5120	河南新太行电源股份有限公司	144	281.6	350	281.6	—	40.55	—	硬件:BDL-BMU-A-HW2.00/软件:BDL-BMU-A-SW2.01	苏州市博得立电源科技有限公司	纯电动专用车	4	
	三元材料	INR18650-2600mAh	3.6	0.045	—	4160	河南新太行电源股份有限公司	374.4	65	350	104	—	38.9	无	EV05	惠州亿能电子有限公司	纯电动专用车	80	
	三元材料	INR26650-4300mAh	3.6	0.088	—	2880	河南新太行电源股份有限公司	345.6	130.5	364	130.5	—	45.1	否	硬件:XTH-HNZL-EV-01/软件:XTH4.0	河南新太行电源股份有限公司	纯电动专用车	55	
	三元材料	INR26650-4300mAh	3.6	0.088	—	4500	河南新太行电源股份有限公司	540	130.5	545	130.5	—	70.47	否	硬件:XTH-JL-EV-01/软件:XTH2.0	河南新太行电源股份有限公司	纯电动专用车	11	
	三元材料	INR26650-4300mAh	3.6	0.088	—	5280	河南新太行电源股份有限公司	576	143.5	628	143.5	—	82.656	否	硬件:XTH-JL-EV-01/软件:XTH1.0	河南新太行电源股份有限公司	纯电动专用车	62	
	三元材料	INR26650-4300mAh	3.6	0.088±0.005	—	5280	河南新太行电源股份有限公司	576	143.5	628±5	143.5	—	82.6	否	硬件:XTH-JL-EV-01/软件:XTH1.0	河南新太行电源股份有限公司	纯电动专用车	128	
河南顺之航能源科技有限公司	三元材料	3.7V、5.0Ah、能量型	3.7	0.09	—	2436	河南顺之航能源科技有限公司	310.8	67.5	300	145	—	45	否	SZH111.201/SZH111-301	河南顺之航能源科技有限公司	纯电动乘用车	335	335

续上表

储能装置单体生产企业 Single Cell Production Enterprise of Energy Storage Device	储能装置种类 Types of Energy Storage Devices	储能装置单体型号 Cell Odels of Energy Storage Device	储能装置单体标称电压（V） Nominal Voltage of Monomer for Energy Storage Unit（V）	储能装置单体质量（kg） Monomer Quality of Energy Storage Unit（kg）	超级电容器单体标称静电容量（F） Nominal Electrostatic Capacity of Super Capacitor Monomer（F）	储能装置单体数量 Single Cell Quantity of Energy Storage Device	储能装置总成生产企业 Production Company of Energy Storage Device Cell	储能装置总成标称电压（V） Nominal Voltage of Energy Storage Device Assembly（V）	储能装置总成额定输出电流（A） Rated Output Current of Energy Storage Device Assembly（A）	储能装置总成质量（kg） Quality of Energy Storage Device Assembly（kg）	储能装置总成标称容量（Ah） Nominal Capacity of Power Battery Assembly（Ah）	超级电容器总成标称静电容量（F） Nominal Electrostatic Capacity of Super Capacitor Assembly（F）	储能装置总储电量（kWh） Total Energy Storage Capacity of Energy Storage Device（kWh）	动力蓄电池箱是否具有快换装置 Whether Power Battery Box has Quick Change Device	车载能源管理系统型号（包括软件和硬件） Vehicle Energy Management System Model（Including Software and Hardware）	车载能源管理系统生产企业 Vehicle Energy Management System Manufacturing Enterprise	配套车辆类型 Matching Vehicle Type	2018年配套车型产量小计（辆） Subtotal Output of Supported Odels in 2018（Vehicle）	2018年配套车型产量总计（辆） Total Output of Supported Odels in 2018（Vehicle）
天津力神电池股份有限公司；惠州亿纬锂能股份有限公司	三元材料	18650；3.6V2.6Ah	3.6	0.045±0.001；0.045±0.002	—	4840；4928；4312	天津力神电池股份有限公司；天津华泰亿纬电源有限公司	316.8	110；126.3；126.3	348；382.8；368.2	110；143；125	—	34.8；45.2；39.6	不具有	软件：LS_EV_BMS_A1/硬件：LS_EV_BMS_A1/软件：S-02-02-002/硬件：HTYW-BMS-B-02-02/软件：S-02-07-013/硬件：HTYW-BMS-B-07-09	软件：天津力神电池股份有限公司/硬件：天津天津力神电池股份有限公司；软件：天津华泰亿纬电源有限公司/硬件：天津华泰亿纬电源有限公司	纯电动乘用车	284	307
	三元材料	18650；3.6V2.6Ah	3.6V	0.045±0.002	—	5336；5060	天津力神电池股份有限公司；天津华泰亿纬电源有限公司	331.2V	150.8A；120.7A	400Kg；410kg	150.8；140.25	—	49.9kWh；46.8kWh	不具有	软件：LS_EV_BMS_A1/硬件：LS_EV_BMS_A1/软件：S-02-10-014/硬件：HTYW-BMS-C-03-10	软件：天津力神电池股份有限公司；硬件：天津力神电池股份有限公司；软件：天津华泰亿纬电源有限公司；硬件：天津华泰亿纬电源有限公司	纯电动乘用车	23	
宁德时代新能源科技股份有限公司；江苏集盛星泰新能源科技有限公司	磷酸铁锂；超级电容	48/173/170/SCP3000C0-0002R7WLG	3.2/2.7	2.93/0.54	3000	84/216	宁德时代新能源科技股份有限公司；江苏集盛星泰新能源科技有限公司	268.8/576	120	613	120	13.75	32.88（电池：32.25；电容：0.63）	否	CATL-HEV-BMS-SW-V01/CATL-HEV-BMS-HW-V01；JYD-HEV-CMS-SW-V01/JYD-HEV-CMS-HW-V01	宁德时代新能源科技股份有限公司/宁德时代新能源科技股份有限公司；郑州精益达汽车零部件有限公司高新区分公司/郑州精益达汽车零部件有限公司高新区分公司	插电式混合动力客车	1	296
	磷酸铁锂；超级电容	6LH3L7；SCP3000C0-0002R7WLG	3.2/2.7	5/0.54	3000	66/216	宁德时代新能源科技股份有限公司；江苏集盛星泰新能源科技有限公司	211.2；576	240	650	240	13.75	51.31（电池：50.68；电容：0.63）	否	CEB-B60SV01/CEB-B60H；JYD-HEV-CMS-SW-V01/JYD-HEV-CMS-HW-V01	宁德时代新能源科技股份有限公司/宁德时代新能源科技股份有限公司；郑州精益达汽车零部件有限公司高新区分公司/郑州精益达汽车零部件有限公司高新区分公司	插电式混合动力客车	293	
	磷酸铁锂；超级电容	MFH3L7/SCP1500C0-0002R7WLH	3.2/2.7	3.8/0.339	1500	54/216	宁德时代新能源科技股份有限公司；江苏集盛星泰新能源科技有限公司	172.8/576	176	519	176	6.91	30.73（电池：30.41；电容：0.32）	否	CEB-B60SV01/CEB-B60H；JYD-HEV-CMS-SW-V01/JYD-HEV-CMS-HW-V01	宁德时代新能源科技股份有限公司/宁德时代新能源科技股份有限公司；郑州精益达汽车零部件有限公司高新区分公司/郑州精益达汽车零部件有限公司高新区分公司	插电式混合动力客车	2	
中盐安徽红四方锂电有限公司	磷酸铁锂	IFP66/182/295	3.2	5.3	—	116	中盐安徽红四方锂电有限公司	371.2	300	780	200	—	74.24	否	软件：HSF-SOFTE-V1.1/硬件：HSF-24S-V1.0	中盐安徽红四方锂电有限公司	纯电动专用车	292	292
大连中比动力电池有限公司	磷酸铁锂	B71173200FA	3.22	5.3±0.3	—	198	大连中比动力电池有限公司	637.56	275	1244±37	275	—	175.329	否	硬件：047HAA001/软件：047SAA001	大连中比动力电池有限公司	纯电动客车	30	291
	三元材料	26650HC 4.5Ah	3.6	0.093	—	1804	大连中比动力电池有限公司	147.6	198	265	198	—	29.22	否	硬件：ZHE4441/软件：ZSE4441	大连中比动力电池有限公司	纯电动专用车	1	
	三元材料	26650HC 4.5Ah	3.6	0.093	—	2668	大连中比动力电池有限公司	331.2	130	380	130.5	—	43.22	否	硬件：ZHE2992/软件：ZSE2992	大连中比动力电池有限公司	纯电动专用车	51	
	三元材料	26650HC 4.5Ah	3.6	0.093	—	4864	大连中比动力电池有限公司	547.2	144	690	144	—	78.8	否	硬件：ZHE32F2/软件：ZSE32F2	大连中比动力电池有限公司	纯电动专用车	5	
	三元材料	26650HC 4.5Ah	3.6	0.093±0.003	—	1804	大连中比动力电池有限公司	147.6	198	265±3%	198	—	29.22	否	硬件：ZHE4441/软件：ZSE4441	大连中比动力电池有限公司	纯电动专用车	1	
	三元材料	26650HC2-5.0Ah	3.6	0.095±0.003	—	1666	大连中比动力电池有限公司	352.8	85	239±3%	85	—	29.988	否	软件：ZSE1798/硬件：ZHE1798	大连中比动力电池有限公司	纯电动专用车	203	
福建猛狮新能源科技有限公司	磷酸铁锂	MSF95135210-25Ah	3.2	0.54	—	400	福建猛狮新能源科技有限公司	320	100	332	100	—	32	否	硬件：MS-BMS-EV-B2/软件：SW-LGBC52B	硬件：福建猛狮新能源科技有限公司/软件：重庆长安汽车股份有限公司	纯电动专用车	13	279
	三元材料	MX18650-26P	3.6	0.044±0.002	—	4416	合普（上海）新能源充电设备有限公司	345.6	115	344.5	115	—	39.74	否	HOPE BMS	合普（上海）新能源充电设备有限公司	纯电动专用车	94	

续上表

储能装置单体生产企业 Single Cell Production Enterprise of Energy Storage Device	储能装置种类 Types of Energy Storage Devices	储能装置单体型号 Cell Odels of Energy Storage Device	储能装置单体标称电压(V) Nominal Voltage of Monomer for Energy Storage Unit (V)	储能装置单体质量(kg) Monomer Quality of Energy Storage Unit (kg)	超级电容器单体标称静电容量(F) Nominal Electrostatic Capacity of Super Capacitor Monomer (F)	储能装置单体数量 Single Cell Quantity of Energy Storage Device	储能装置总成生产企业 Production Company of Energy Storage Device Cell	储能装置总成标称电压(V) Nominal Voltage of Energy Storage Device Assembly (V)	储能装置总成额定输出电流(A) Rated Output Current of Energy Storage Device Assembly (A)	储能装置总成质量(kg) Quality of Energy Storage Device Assembly (kg)	储能装置总成标称容量(Ah) Nominal Capacity of Power Battery Assembly (Ah)	超级电容器总成标称静电容量(F) Nominal Electrostatic Capacity of Super Capacitor Assembly (F)	储能装置总储电量(kWh) Total Energy Storage Capacity of Energy Storage Device (kWh)	动力蓄电池箱是否具有快换装置 Whether Power Battery Box has Quick Change Device	车载能源管理系统型号(包括软件和硬件) Vehicle Energy Management System Model (Including Software and Hardware)	车载能源管理系统生产企业 Vehicle Energy Management System Manufacturing Enterprise	配套车辆类型 Matching Vehicle Type	2018年配套车型产量小计(辆) Subtotal Output of Supported Odels in 2018 (Vehicle)	2018年配套车型产量总计(辆) Total Output of Supported Odels in 2018 (Vehicle)
福建猛狮新能源科技有限公司	三元材料	MX18650-26P	3.6	0.045 ± 0.002	—	5488	福建猛狮新能源科技有限公司	352.8	140	420	140	—	49.39	否	EV1.01001.03	福建猛狮新能源科技有限公司	纯电动专用车	51	279
	三元材料	MX18650-26P	3.6	0.045 ± 0.002	—	5488	武汉力唯新能源科技有限公司	352.8	140	420	140	—	49.39	否	LV-BMU01-12V/24V-450V	武汉力唯新能源科技有限公司	纯电动专用车	57	
	三元材料	MX18650-26P	3.6	0.046	—	10064	江苏索尔新能源科技股份有限公司	532.8	170	700	170	—	90.57	否	硬件 BMS-24B/软件:V1.0	江苏索尔新能源科技股份有限公司	纯电动专用车	1	
	三元材料	MX18650-26P	3.6	0.046	—	3300	合普(上海)新能源充电设备有限公司	360	82.5	245	82.5	—	29.7	否	硬件:(主控:BM102A0A001 从控:BS48CHVER01)/软件:3.10	合浦(上海)新能源充电设备有限公司	纯电动专用车	2	
	三元材料	MX18650-26P 锂离子蓄电池	3.6	0.045 ± 0.002	—	5488	武汉力唯新能源科技有限公司	352.8	140	420	140	—	49.39	否	LV-BMU01-12V/24V-450V	武汉力唯新能源科技有限公司	纯电动专用车	1	
	三元材料	MX18650-29P	3.6	0.0445	—	3360	福建猛狮新能源科技有限公司	108	154	232	308	—	33.3	否	软件:KL-ASSEV5/ 硬件:KL-ASHEV5	福建猛狮新能源科技有限公司	纯电动乘用车	3	
	三元材料	MX18650-29P	3.6	0.045 ± 0.002	—	4224	福建猛狮新能源科技有限公司	345.6	104	308	121	—	41.8	否	软件:MS-BC54B-SW2.1.92.95/硬件:MS-BMS-BC54B-1.21	福建猛狮新能源科技有限公司	纯电动乘用车	57	
深圳市今朝时代股份有限公司;宁德时代新能源科技股份有限公司	磷酸铁锂;超级电容	TCPR002R73000S5;MFH3L7	2.7;3.2	0.5;3.8 ± 0.3	3000	144;90	深圳市今朝时代股份有限公司;宁德时代新能源科技股份有限公司	384;288	138;176	536	176	20.625	51.11	否	CEB-B60SV01/CEB-B60H	宁德时代新能源科技股份有限公司	插电式混合动力客车	95	272
	磷酸铁锂;超级电容	TCPR002R73000S5/MFH3L7	2.7/3.2	0.5/3.8 ± 0.3	3000/-	144/78	深圳市今朝时代股份有限公司;宁德时代新能源科技股份有限公司	384/249.6	138/176	487 (132+355)	-/176	20.625/-	44.32 (0.422+43.9)	否	CEB-B60SV01/ CEB-B60H	宁德时代新能源科技股份有限公司	插电式混合动力客车	177	
安徽益佳通电池有限公司	三元材料	YJT2714897-43Ah	3.65	0.835	—	195	安徽益佳通电池有限公司	142.35	170	243	215	—	30.605	否	软件:SW1.1/ 硬件:LGBC52B_HW1.21	安徽力高新能源技术有限公司	纯电动专用车	2	269
	三元材料	YJT2714897-43Ah	3.65	0.835	—	288	安徽益佳通电池有限公司	350.4	140	339	129	—	45.2	否	软件:SW2.1/ 硬件:BC52B_HW1.23	安徽益佳通电池有限公司	纯电动专用车	58	
	三元材料	YJT2714897-43Ah	3.65	0.835	—	576	安徽益佳通电池有限公司	350.4	230	672(单箱336)	258	—	90.4	否	软件:SW2.1/ 硬件:BC52B_HW1.23	安徽益佳通电池有限公司	纯电动专用车	107	
	三元材料	YJT2714897-43Ah	3.65	0.835	—	78	安徽益佳通电池有限公司	142.3	86	95.8	86	—	12.2	否	硬件:BY5248S/软件:BR5248S	安徽益佳通电池有限公司	纯电动专用车	1	
	三元材料	YJT2714897-43Ah	3.65	0.84	—	264	安徽益佳通电池有限公司	321.2	150	329	129	—	41.43	否	V2.0/TX-FBM-BMS	安徽泰新汽车工业有限公司	纯电动专用车	101	
宁波中车新能源科技有限公司;微宏动力系统(湖州)有限公司	锰酸锂;超级电容	CRRC-03000-C1-2R7/MV07220126MPE	2.7/3.6	0.53/0.34	3000	270/2240	宁波中车新能源科技有限公司;微宏动力系统(湖州)有限公司	729/576	150/260	350/1025	210	11	0.79/120.96	否	硬件:MPS-BMS-HV3.0/ 软件:MPS-MS-SV3.0	微宏动力系统(湖州)有限公司	纯电动客车	264	264
惠州亿纬锂能股份有限公司;江西迪比科股份有限公司	三元材料	3.6V2.6Ah; 18650-2.2AH	3.6;3.6	0.045 ± 0.002; 0.042 ± 0.002;	—	2460;2700	天津华泰亿纬电源有限公司;江西迪比科股份有限公司	108	195;198	205;229	195;198	—	21;21.38	不具有	硬件:S-02-01-001/HTYW-BMS-A-01-01;DBK-BMS-30A/ 软件:KL_HT0CYC28512.5643	天津华泰亿纬电源有限公司;江西迪比科股份有限公司	纯电动乘用车	263	263
浙江南都鸿芯动力科技有限公司	三元材料	i50	3.67	0.75 ± 0.02	—	264	北京智行鸿远汽车有限公司	322.96	150	322	150	—	48.4	否	ZX-BCU-154-1506	北京智行鸿远汽车有限公司	纯电动专用车	216	246
	三元材料	i50	3.67	0.75 ± 0.02	—	276	北京智行鸿远汽车有限公司	337.6	150	337	150	—	50.6	—	硬件:ZX-BCU-154-1506/软件:PB97-BCU-EP-V2.000	北京智行鸿远汽车有限公司	纯电动乘用车	30	

续上表

储能装置单体生产企业 Single Cell Production Enterprise of Energy Storage Device	储能装置种类 Types of Energy Storage Devices	储能装置单体型号 Cell Odels of Energy Storage Device	储能装置单体标称电压（V） Nominal Voltage of Monomer for Energy Storage Unit（V）	储能装置单体质量（kg） Monomer Quality of Energy Storage Unit（kg）	超级电容器单体标称静电容量（F） Nominal Electrostatic Capacity of Super Capacitor Monomer（F）	储能装置单体数量 Single Cell Quantity of Energy Storage Device	储能装置总成生产企业 Production Company of Energy Storage Device Cell	储能装置总成标称电压(V) Nominal Voltage of Energy Storage Device Assembly（V）	储能装置总成额定输出电流（A） Rated Output Current of Energy Storage Device Assembly（A）	储能装置总成质量（kg） Quality of Energy Storage Device Assembly（kg）	储能装置总成标称容量(Ah) Nominal Capacity of Power Battery Assembly（Ah）	超级电容器总成标称静电容量（F） Nominal Electrostatic Capacity of Super Capacitor Assembly（F）	储能装置总储电量（kWh） Total Energy Storage Capacity of Energy Storage Device（kWh）	动力蓄电池箱是否具有快换装置 Whether Power Battery Box has Quick Change Device	车载能源管理系统型号（包括软件和硬件） Vehicle Energy Management System Model(Including Software and Hardware)	车载能源管理系统生产企业 Vehicle Energy Management System Manufacturing Enterprise	配套车辆类型 Matching Vehicle Type	2018年配套车型产量小计（辆） Subtotal Output of Supported Odels in 2018（Vehicle）	2018年配套车型产量总计（辆） Total Output of Supported Odels in 2018（Vehicle）
浙江天能能源科技股份有限公司	三元材料	TNL-ITR18650-2600E	3.6	0.047±0.0015	—	4050	南京中欧威能新能源动力系统有限公司	324	60.4	280	117	—	37.9	否	软件:ZO-BCU706/硬件:DK918	南京中欧威能新能源动力系统有限公司	纯电动专用车	81	233
	三元材料	TNL-ITR18650-2600E	3.6	0.047±0.0015	—	4950	南京中欧威能新能源动力系统有限公司	324	143	370	143	—	46.33	否	ZO-13	南京中欧威能新能源动力系统有限公司	纯电动专用车	152	
天津力神电池股份有限公司	三元材料	18650(2.2Ah)	3.6	0.045±0.002	—	6300	天津新艺电子有限公司	540	110	460±5	92.4	—	49.9	否	软件:R6.1.2/硬件:R4.3	山东谦恒电子科技有限公司	纯电动专用车	4	219
	三元材料	18650(2.2Ah)	3.6	0.045	—	9768	天津新艺电子有限公司	532.8	84	715	145.2	—	77.362	—	软件:SD-BMU-X8-5.6.1/硬件:SD-BMU-X8-4.3	山东谦恒电子科技有限公司	纯电动专用车	1	
	三元材料	18650(2.2Ah)	3.6	0.048	—	3913	深圳市嘉洋美和电池有限公司	327.6	50	330	94.6	—	30.99	否	BMS327.107-A1;BMS327.107-V01	深圳市德兰明海科技有限公司	纯电动专用车	12	
	三元材料	2.6Ah	3.6	0.045	—	8288	天津新艺电子有限公司	532.8	145.6	600	145.6	—	77.575	—	软件:SD-BMU-X8-5.6.1/硬件:SD-BMU-X8-4.3	山东谦恒电子科技有限公司	纯电动专用车	1	
	三元材料	3.6V、2.6Ah、能量型	3.6	0.045±0.002	—	8288	天津新艺电子有限公司	532.8	120	600	145.6	—	77.57568	否	软件:SD-BMU-X8-5.6.1/硬件:SD-BMU-X8-4.3	山东谦恒电子科技有限公司	纯电动专用车	201	
江西恒动新能源有限公司	磷酸铁锂	IFP30/135/226-90EA	3.2	≤1.9	—	204	江西恒动新能源有限公司	326.4	180	490±10	180	—	58.752	否	HDBMS	江西恒动新能源有限公司	纯电动专用车	201	205
	磷酸铁锂	IFP30/135/226-90EA	3.2	1.85	—	328	上海恒动新能源有限公司	524.8	180	800	180	—	94.46	否	软件:HDNE24CECU1708DF/硬件:HDNE-12/24-LECU/HDNE-24-CECU	上海恒动新能源有限公司	纯电动专用车	1	
	磷酸铁锂	IFP30/135/226-90EA	3.2	1.85±0.05	—	328	上海恒动新能源有限公司	524.8	180	800±10	180	—	94.46	否	硬件:HDNE-12/24-LECU/HDNE-24-CECU;软件:HDNE24CECU1708DF	上海恒动新能源有限公司	纯电动专用车	3	
福建冠城瑞闽新能源科技有限公司	锰酸锂	PP01	3.7	0.704	—	320	福建冠城瑞闽新能源科技有限公司	148	120	352	264	—	39.072	否	软件:GCRM-SDJHEV-V1.0/硬件:BC54B	福建冠城瑞闽新能源科技有限公司	纯电动专用车	98	165
	锰酸锂	PP01	3.7	0.704	—	320	福建冠城瑞闽新能源科技有限公司	148	120	352Kg	264	—	39.072	否	软件:GCRM-SDJHEV-V1.0/硬件:BC54B	福建冠城瑞闽新能源科技有限公司	纯电动专用车	10	
	三元材料	PE06	3.7	0.71±0.03	—	288	福建冠城瑞闽新能源科技有限公司	355.2	90	293	105	—	37.3	否	软件:GCRM-SDJHEV(V)-V1.0/硬件:BC54B	福建冠城瑞闽新能源科技有限公司	纯电动专用车	57	
力神动力电池系统有限公司;上海德朗能动力电池有限公司	三元材料	3.6V、2.6AH、能量型;NCM18650-260	3.6;3.7	0.045;0.045	—	5104;5104	浙江时空能源技术有限公司;浙江伊卡新能源汽车有限公司	79.2;81.4	603.2;603.2	396;408	603.2;603.2	—	47.77;49.10	是	BT-VCU-8849-01/QT-EVCU-2528	杭州伯坦动力科技有限公司;浙江高泰昊能科技有限公司	纯电动乘用车	150	150
深圳市雄韬电源科技股份有限公司	三元材料	2714891NCM(42Ah)	3.65	0.83	—	264	深圳市雄韬电源科技股份有限公司	321.2	126	350	126	—	40.47	无	硬件:(主控)EV-BMUV2.0/软件:XT-BMS-017-2	深圳市雄韬电源科技股份有限公司	纯电动专用车	101	101
微宏动力系统(湖州)有限公司;宁波中车新能源科技有限公司	超级电容	DCF021EA/CRRC-03000-C1-2R7	3.7/2.7	0.348±0.010/0.53	3000	1944/270	微宏动力系统(湖州)有限公司;宁波中车新能源科技有限公司	599.4/729	252/150	1088/350	252	—	151.04/0.79	—	硬件:MPS-BMS-HV3.0/软件:MPS-BMS-SV3.0	微宏动力系统(湖州)有限公司	纯电动客车	66	101
	超级电容	DCF021EA/CRRC-03000-C1-2R7	3.7/2.7	0.348±0.010/0.53	3000	1944/270	微宏动力系统(湖州)有限公司;宁波中车新能源科技有限公司	599.4/729	252/150	1088/350	252	—	151.04/0.79	—	硬件:MPS-BMS-HV3.0/软件:MPS-BMS-SV3.0	微宏动力系统(湖州)有限公司	纯电动客车	35	
中天储能科技有限公司	磷酸铁锂	ZTT2770135	3.2	0.51	—	1440	中天储能科技有限公司	576	192	1117	192	—	110.6	否	硬件:ZTT-EV-16A/软件:EV1.2.15	中天储能科技有限公司	纯电动客车	1	86

续上表

储能装置单体生产企业 Single Cell Production Enterprise of Energy Storage Device	储能装置种类 Types of Energy Storage Devices	储能装置单体型号 Cell Odels of Energy Storage Device	储能装置单体标称电压(V) Nominal Voltage of Monomer for Energy Storage Unit (V)	储能装置单体质量(kg) Monomer Quality of Energy Storage Unit (kg)	超级电容器单体标称静电容量(F) Nominal Electrostatic Capacity of Super Capacitor Monomer (F)	储能装置单体数量 Single Cell Quantity of Energy Storage Device	储能装置总成生产企业 Production Company of Energy Storage Device Cell	储能装置总成标称电压(V) Nominal Voltage of Energy Storage Device Assembly (V)	储能装置总成额定输出电流(A) Rated Output Current of Energy Storage Device Assembly (A)	储能装置总成质量(kg) Quality of Energy Storage Device Assembly (kg)	储能装置总成标称容量(Ah) Nominal Capacity of Power Battery Assembly (Ah)	超级电容器总成标称静电容量(F) Nominal Electrostatic Capacity of Super Capacitor Assembly (F)	储能装置总储电量(kWh) Total Energy Storage Capacity of Energy Storage Device (kWh)	动力蓄电池箱是否具有快换装置 Whether Power Battery Box has Quick Change Device	车载能源管理系统型号(包括软件和硬件) Vehicle Energy Management System Model (Including Software and Hardware)	车载能源管理系统生产企业 Vehicle Energy Management System Manufacturing Enterprise	配套车辆类型 Matching Vehicle Type	2018年配套车型产量小计(辆) Subtotal Output of Supported Odels in 2018 (Vehicle)	2018年配套车型产量总计(辆) Total Output of Supported Odels in 2018 (Vehicle)
中天储能科技有限公司	磷酸铁锂	ZTT2770135	3.2	0.51	—	2160	中天储能科技有限公司	576	288	1580	288	—	165.9	否	硬件:ZTT-EV-16A/软件:EV1.2.15	中天储能科技有限公司	纯电动客车	54	86
	磷酸铁锂	ZTT2770135-P	3.2	0.51	—	1440	中天储能科技有限公司	576	160	1050	160	—	92.2	否	软件:HW2.14/硬件:BM51	安徽力高新能源技术有限公司	纯电动客车	26	
	磷酸铁锂	ZTT43200-P	3.2	0.6	—	960	中天储能科技有限公司	512	180	794	180	—	92.2	否	硬件:ZTT-EV-16A/软件:EV1.2.15	中天储能科技有限公司	纯电动客车	1	
	磷酸铁锂	ZTT43200-P	3.2	0.6	—	960	中天储能科技有限公司	512	180	794	180	—	92.2	否	硬件:ZTT-EV-16A/软件:EV1.2.15	中天储能科技有限公司	纯电动客车	1	
	三元材料	ZTT2714897-N	3.7	0.817	—	500	中天储能科技有限公司	370	180	530	180	—	66.6	否	软件:HW2.14/硬件:BM51	安徽力高新能源技术有限公司	纯电动专用车	3	
江苏富朗特新能源有限公司	磷酸铁锂	IFP15180230-058	3.2	1.200±0.05	—	900	江苏富朗特新能源有限公司	576	290	1356	290	—	167.04	否	软件:SDYZYX5P180S01/硬件:SD2F02	江苏富朗特新能源有限公司	纯电动客车	70	70
杭州南都动力科技有限公司	磷酸铁锂	FE85A	3.2	1.85	—	336	杭州南都动力科技有限公司	537.6	170	794	170	—	91.39	否	硬件:NDHW1.0M/软件:NDSW1.0M	杭州南都动力科技有限公司	纯电动专用车	3	62
	磷酸铁锂	NLC36130255PFE90	3.2	2.38	—	432	杭州南都动力科技有限公司	460.8	130	1250	261	—	120.26	否	软件:XNEVS-81/硬件:XNBCU-8120	杭州协能科技股份有限公司	纯电动客车	1	
	三元材料	NLC8065135MR	3.7V	0.15kg	—	1380	浙江南都电源动力股份有限公司	340.4V	105A	344kg	105AH	—	35kWh	否	硬件:EVBCM-8133HV3.2/软件:SV3.82.1版	杭州高特电子设备有限公司	纯电动专用车	58	
安徽益佳通电池有限公司;宁德时代新能源科技股份有限公司	磷酸铁锂	YJT40110413-175Ah;MFH3L8	3.2;3.22	3.65;3.92±0.20	—	336;324	安徽益佳通电池有限公司;宁德时代新能源科技股份有限公司	537.6;521.64	196;250	1595;1480	350;404	—	188.16;210.74	否	BC54B、SW1.1; CEB-B60SV01/CEB-B60H	安徽益佳通电池有限公司;宁德时代新能源科技股份有限公司	纯电动客车	60	60
天臣新能源(渭南)有限公司	三元材料	TCR18650WD	3.6	0.045	—	7000	天臣新能源研究南京有限公司	504	130	530	130	—	65.5	否	主控硬件:C10/主控软件:BCU_V1.00(从控硬件:M2B从控软件:M2B_V0.19/绝缘检测硬件:H100软件H100-V0.27)	天臣新能源研究南京有限公司	纯电动专用车	50	59
	三元材料	TCR18650WD	3.6	0.045±0.001	—	8640	昆山金鑫新能源股份有限公司	389	208	697.6	208	—	80.87	否	M2B6020	苏州德博新能源有限公司	纯电动专用车	2	
	三元材料	TCR18650WD	3.6	0.045±0.002	—	5432	苏州孔雀动力能源有限公司	349.2	140	398	145.6	—	50.84	否	主控 EV01-F01;从控 EV01-F02	东莞市德尔能新能源股份有限公司	纯电动专用车	1	
	三元材料	TCR18650WD 锂离子电池(3.6V、2.6Ah、能量型)	3.6	0.045	—	3948	东莞市德尔能新能源股份有限公司	338.4	109.2	280	109.2	—	35.84	—	硬件:STJDRN010101/软件:STJDRNN060101	陕西中九汽车工程研究院有限公司	纯电动专用车	6	
南通百应能源有限公司;天津力神电池股份有限公司	燃料电池	BYFC-A30KW-001/18650(2.2Ah)	3.6	0.045±0.002	—	4650	南通百应能源有限公司/苏州安靠电源有限公司	540	68.2	350	68.2	—	36.8	否	C99/硬件:EV05 BCU/软件:B65P90MS	南通百应能源有限公司/惠州市亿能电子有限公司	燃料电池专用车	57	57
深圳市慧通天下科技股份有限公司	三元材料	26980S	3.65	0.135	—	2880	北京普莱德新能源电池科技有限公司	350.4	103.5	685±20.5	207	—	70.5	否	PBMA001-01A	北京普莱德新能源电池科技有限公司	纯电动专用车	1	54
	三元材料	26980S	3.6	0.132	—	1638	厦门慧通天下新能源有限公司	327.6	50	330	108	—	35.3	否	BMU05-I-G-12/24V-400/900	深圳市科列技术股份有限公司	纯电动专用车	53	
Automotive Energy Supply Corporation	锰酸锂	HEC-110	3.75	0.787	—	1632	上海逸卡新能源汽车技术开发有限公司	510	390	2057	390	—	198.9	无	EC101-24A244V201	上海逸卡新能源汽车技术开发有限公司	纯电动客车	50	50

续上表

储能装置单体生产企业 Single Cell Production Enterprise of Energy Storage Device	储能装置种类 Types of Energy Storage Devices	储能装置单体型号 Cell Odels of Energy Storage Device	储能装置单体标称电压(V) Nominal Voltage of Monomer for Energy Storage Unit (V)	储能装置单体质量(kg) Monomer Quality of Energy Storage Unit (kg)	超级电容器单体标称静电容量(F) Nominal Electrostatic Capacity of Super Capacitor Monomer (F)	储能装置单体数量 Single Cell Quantity of Energy Storage Device	储能装置总成生产企业 Production Company of Energy Storage Device Cell	储能装置总成标称电压(V) Nominal Voltage of Energy Storage Device Assembly (V)	储能装置总成额定输出电流(A) Rated Output Current of Energy Storage Device Assembly (A)	储能装置总成质量(kg) Quality of Energy Storage Device Assembly (kg)	储能装置总成标称容量(Ah) Nominal Capacity of Power Battery Assembly (Ah)	超级电容器总成标称静电容量(F) Nominal Electrostatic Capacity of Super Capacitor Assembly (F)	储能装置总储电量(kWh) Total Energy Storage Capacity of Energy Storage Device (kWh)	动力蓄电池箱是否具有快换装置 Whether Power Battery Box has Quick Change Device	车载能源管理系统型号(包括软件和硬件) Vehicle Energy Management System Model (Including Software and Hardware)	车载能源管理系统生产企业 Vehicle Energy Management System Manufacturing Enterprise	配套车辆类型 Matching Vehicle Type	2018年配套车型产量小计(辆) Subtotal Output of Supported Odels in 2018 (Vehicle)	2018年配套车型产量总计(辆) Total Output of Supported Odels in 2018 (Vehicle)
芜湖天弋能源科技有限公司;上海三玖电气设备有限公司	磷酸铁锂;超级电容	CLH3L7(电池)/2.7V/1200F(电容)	3.2/2.7	5±0.3/0.36	1200	168/234	上海索锂科技股份有限公司;上海三玖电气设备有限公司	537.6/630	240	1044/145	240	5	129/0.3	否	主控板硬件:TK-BMS-YT01/主控板软件:TK-CCM-V1.0-170420	安徽特凯贝电子科技有限公司	纯电动客车	43	45
	磷酸铁锂;超级电容	CLH3L7(电池)/2.7V/1200F(电容)	3.2/2.7	5±0.3/0.36	1200	360/252	上海索锂科技股份有限公司;上海三玖电气设备有限公司	576/680	480	2250/155	480	5	276.48/0.34	否	主控板硬件:TK-BMS-YT01/主控板软件:TK-CCM-V1.0-170420	安徽特凯贝电子科技有限公司	纯电动客车	2	
联动天翼新能源有限公司	三元材料	LD18650-3000	3.6	0.05	—	4368	欣旺达电动汽车电池有限公司	374	127.2	329	127.2	—	47.6	否	软件:2531000DB20000500/硬件:2531000DB20000H.1	欣旺达电动汽车电池有限公司	纯电动乘用车	41	41
淄博国利新电源科技有限公司	镍氢电池	UCQNF200PA	1.3	4.7	—	450	淄博国利新电源科技有限公司	585	200	2640	200	—	117	否	B1	淄博国利新电源科技有限公司	纯电动客车	40	40
江苏中兴派能电池有限公司	磷酸铁锂	PF37M	3.2	0.73	—	840	江苏中兴派能电池有限公司	537.6	185	1000	185	—	99.456	否	JLBMS	江苏九龙汽车制造有限公司	纯电动客车	15	35
	磷酸铁锂	PF37M	3.2	0.77	—	492	江苏中兴派能电池有限公司	524.8	111	560	111	—	58.25	否	PNBMS	江苏中兴派能电池有限公司	纯电动客车	20	
福建巨电新能源股份有限公司	磷酸铁锂	210790430F	3.2	9.9	—	180	福建巨电新能源股份有限公司	576	500	2020	500	—	288	否	JD-ASSEV6/JD-ASHEV6	福建巨电新能源股份有限公司	纯电动客车	1	31
	磷酸铁锂	210790430F	3.2	9.9±0.3	—	156	福建巨电新能源股份有限公司	499.2	250	1750	500	—	249.6	否	JD-ASSEV6/JD-ASHEV6	福建巨电新能源股份有限公司	纯电动客车	30	
浙江佳贝思绿色能源有限公司	磷酸铁锂	33GBSCB 46126100GB32100	3.2	2.3	—	576	浙江佳贝思绿色能源有限公司	614.4	300	1530	300	—	184.3	否	软件:BCM_V1.0_170920/硬件:V2.03_160227	安徽特凯新能源科技有限公司	纯电动客车	25	25
天津中聚新能源科技有限公司	磷酸铁锂	SP-FA41255AM	3.2	3.32	—	240	杭州长江汽车有限公司	384	250	1000	250	—	96	否	JAS-B20SW01/JAS-B20HW01	杭州长江汽车有限公司	纯电动客车	5	20
	磷酸铁锂	SP-LFP-215AHA	3.2	5.8	—	324	中聚(杭州)新能源科技有限公司	518.4	255	2318	430	—	222.9	否	PWMBMS04	中聚(杭州)新能源科技有限公司	纯电动客车	15	
苏州新中能源科技有限公司	锰酸锂	DPME25N	3.7	0.6	—	320	苏州新中能源科技有限公司	592	130	330	50	—	29.6	否	DPEV01A10V2001/DPEV01A09	苏州精控能源科技有限公司	插电式混合动力客车	14	15
	锰酸锂	DPME25N	3.7	0.6	—	544	苏州新中能源科技有限公司	503.2	180	495	100	—	50.3	—	硬件:DPEV01A09/软件:DPEV01A10V2001	苏州精控能源科技有限公司	插电式混合动力客车	1	
江苏春兰清洁能源研究院有限公司;力神(青岛)新能源有限公司	磷酸铁锂	IFPE272;LP71173207-272Ah	3.2;3.2	5.28;5.265±0.1	—	168;189	江苏春兰清洁能源研究院有限公司;力神动力电池系统有限公司	537.6;604.8	272;250	1038;1180	272;272	—	146.2;164.5	否	硬件:HEV-BMS-V3/软件:DYL538-272-A11;LS-EV-BMS-SW-V01/LS-EV-BMS-HW-V01	江苏春兰清洁能源研究院有限公司;力神动力电池系统有限公司	纯电动客车	14	14
妙盛动力科技有限公司	三元材料	N43188236	3.6	0.41	—	630;752	妙盛动力科技有限公司	324;338.4	210	445;505	140;160	—	45.36;54.14	否	硬件:HW1.14/软件:SW1.0.1.34;硬件:C10/软件:ZTKC-V10	安徽力高新能源技术有限公司;安徽锐能科技有限公司	纯电动专用车	1	12
	三元材料	N43188236	3.6	0.41±0.025	—	480	妙盛动力科技有限公司	144	240	300	240	—	34.56	否	MSDBMS40S(硬件:HWV3.0.1/软件:SWV3.0.44)	妙盛动力科技有限公司	纯电动专用车	9	
	三元材料	N43188236	3.6	0.41±0.025	—	480	妙盛动力科技有限公司	144	240	300	240	—	34.56	否	MSDBMS40S(硬件:HWV3.0.1/软件:SWV3.0.44)	妙盛动力科技有限公司	纯电动专用车	2	
上海奥威科技开发有限公司	超级电容	UCK42V14000	4.2	0.35	14000	1152	上海奥威科技开发有限公司	585	400	950	50	780	25	否	AW500A	上海奥威科技开发有限公司	纯电动客车	10	10
四川绿鑫电源科技有限公司	磷酸铁锂	16181217	3.2	1.25±0.01	—	720	四川绿鑫电源科技有限公司	576	272	1049.2	272	—	156.672	否	硬件:FS BMO1V1.0/软件:V1.45	绵阳孚盛科技有限公司	纯电动客车	10	10

续上表

储能装置单体生产企业 Single Cell Production Enterprise of Energy Storage Device	储能装置种类 Types of Energy Storage Devices	储能装置单体型号 Cell Odels of Energy Storage Device	储能装置单体标称电压(V) Nominal Voltage of Monomer for Energy Storage Unit (V)	储能装置单体质量(kg) Monomer Quality of Energy Storage Unit (kg)	超级电容器单体标称静电容量(F) Nominal Electrostatic Capacity of Super Capacitor Monomer (F)	储能装置单体数量 Single Cell Quantity of Energy Storage Device	储能装置总成生产企业 Production Company of Energy Storage Device Cell	储能装置总成标称电压(V) Nominal Voltage of Energy Storage Device Assembly (V)	储能装置总成额定输出电流(A) Rated Output Current of Energy Storage Device Assembly (A)	储能装置总成质量(kg) Quality of Energy Storage Device Assembly (kg)	储能装置总成标称容量(Ah) Nominal Capacity of Power Battery Assembly (Ah)	超级电容器总成标称静电容量(F) Nominal Electrostatic Capacity of Super Capacitor Assembly (F)	储能装置总储电量(kWh) Total Energy Storage Capacity of Energy Storage Device (kWh)	动力蓄电池箱是否具有快换装置 Whether Power Battery Box has Quick Change Device	车载能源管理系统型号(包括软件和硬件) Vehicle Energy Management System Model(Including Software and Hardware)	车载能源管理系统生产企业 Vehicle Energy Management System Manufacturing Enterprise	配套车辆类型 Matching Vehicle Type	2018年配套车型产量小计(辆) Subtotal Output of Supported Odels in 2018 (Vehicle)	2018年配套车型产量总计(辆) Total Output of Supported Odels in 2018 (Vehicle)
宁波中车新能源科技有限公司;合肥国轩高科动力能源有限公司	磷酸铁锂;超级电容	CRRC-03000-C1-2R7;IFP20100140A	2.7;3.2	0.53+0.01;0.62	3000	144;648	宁波中车新能源科技有限公司;合肥国轩高科动力能源有限公司	384;345.6	150;150	666 (136/530)	150	20.6	51.84	否	软件:A1/硬件:CSB03P005/A1/软件:GXEVSW-01/硬件:GXEV-1	天津市松正电动汽车技术股份有限公司;合肥国轩高科动力能源有限公司	插电式混合动力客车	10	10
南通百应能源有限公司;微宏动力系统(湖州)有限公司	燃料电池	BYFC-A30KW-002/MV07220126MPE	3.6	0.336±0.003	—	1120	南通百应能源有限公司;微宏动力系统(湖州)有限公司	576	210	518±15	105	—	60.48	否	3600001FCU/软件:MPS-BMS-HV3.0/硬件:MPS-MS-SV3.0	南通百应能源有限公司;微宏动力系统(湖州)有限公司	燃料电池客车	8	8
山东鹏翔光电科技有限公司;上海德朗能动力电池有限公司	三元材料	18650-2200mAh;NCM18650-260	3.7;3.7	0.045;0.046	—	5160;4576	山东鹏翔光电科技有限公司;上海德朗能动力电池有限公司	318.2;325.6	132;135.2	330;350	132;135.2	—	42;44	否	—	—	纯电动专用车	5	5
江苏海基新能源股份有限公司	三元材料	HJNCM2714897-45Ah	3.65	0.85±0.02	—	243	江苏海基新能源股份有限公司	98.55	160	300±6	405	—	39.912	否	软件:IHIGEE-BMU-G1.0/硬件:BY5248D	江苏海基新能源股份有限公司	纯电动专用车	4	4
荆州市沃特玛电池有限公司	磷酸铁锂	32700-6.3Ah	3.2	0.142±0.005	—	2496	十堰市沃特玛电池有限公司	307.2	250	437	163.8	—	50.319	否	OTM-BMS-PB(主机:OTM-BMS-M-002 采集模块:OTM-BMS-BSU-PB)	深圳市沃特玛电池有限公司	纯电动专用车	1	4
	磷酸铁锂	32700-6.5Ah	3.2	0.143±0.005	—	3696	十堰市沃特玛电池有限公司	537.6	250	660	143	—	76.87	否	OPT BMS(主机:OTM-BMS-M-002 采集模块:OPT-S12B24-2)	深圳市沃特玛电池有限公司	纯电动专用车	3	
宁德时代新能源科技股份有限公司;惠州亿纬锂能股份有限公司	磷酸铁锂	DAL0H2;LF80	3.2;3.2	3.06±0.30;1.58±0.05	-;-	184;336	宁德时代新能源科技股份有限公司;惠州亿纬锂能股份有限公司	588.8;537.6	140;160	692±5;636	140;160	—	82.4;86	—	软件:CES-B60S/硬件:CES-B60H;SEV6/HEV6	宁德时代新能源科技股份有限公司;惠州亿纬锂能股份有限公司	纯电动专用车	3	3
惠州亿纬锂能股份有限公司;广西卓能新能源科技有限公司	三元材料	3.6V2.6Ah;INR1865P	3.6;3.7	0.045;0.046±0.003	—	7920	江苏正昀新能源技术股份有限公司	518;532.8	140;143	620	140;143	—	72.5;76.2	否	软件:30818/硬件:ZY11	上海正昀新能源技术有限公司	纯电动专用车	1	2
		3.6V2.6Ah;INR1865P	3.6;3.7	0.045;0.046±0.003	—	7920	江苏正昀新能源技术股份有限公司;江苏正昀新能源技术有限公司	518;532.8	140;143	620	140;143	—	72.5;76.2	否	软件:30818/硬件:ZY11	上海正昀新能源技术有限公司	纯电动专用车	1	
江苏楚汉新能源科技有限公司	三元材料	18650-2.6Ah	3.6	0.0468	—	4929	江苏楚汉新能源科技有限公司	334.8	137.8	400	137.8	—	46.13	否	硬件:DK928/软件:V7.23	苏州妙益科技股份有限公司	纯电动专用车	1	2
	三元材料	18650-2.6Ah	3.6	0.0468	—	4929	江苏楚汉新能源科技有限公司	334.8	137.8	400	137.8	—	46.13	否	硬件:DK928/软件:V7.23	苏州妙益科技股份有限公司	纯电动专用车	1	
陕西沃特玛新能源有限公司	磷酸铁锂	32700-7.0Ah	3.2	0.139±0.005	—	10440	安徽沃特玛新能源电池有限公司	576	250	1720	406	—	233.856	否	OTM-BMS-PB(主机:OTM-BMS-M-002,采集模块:OTM-BMS-BSU-PB)	深圳市沃特玛电池有限公司	纯电动客车	1	2
	磷酸铁锂	32700-7.0Ah	3.2	0.139±0.005	—	5568	安徽沃特玛新能源电池有限公司	614.4	250	918	203	—	124.723	否	OTM-BMS-PB(主机:OTM-BMS-M-002 采集模块:OTM-BMS-BSU-PB)	深圳市沃特玛电池有限公司	纯电动客车	1	
武汉力神动力电池系统科技有限公司	磷酸铁锂	LP2770134-24Ah	3.2V	0.55	—	1225	武汉力神动力电池系统科技有限公司	560V	168A	990±29	168Ah	—	94.08	—	软件LS_EV_BMS_SW_V01/硬件LS_EV_BMU_FS_AA4	武汉力神动力电池系统科技有限公司	纯电动客车	2	2

续上表

储能装置单体生产企业 Single Cell Production Enterprise of Energy Storage Device	储能装置种类 Types of Energy Storage Devices	储能装置单本型号 Cell Odels of Energy Storage Device	储能装置单体标称电压(V) Nominal Voltage of Monomer for Energy Storage Unit (V)	储能装置单体质量(kg) Monomer Quality of Energy Storage Unit (kg)	超级电容器单体标称静电容量(F) Nominal Electrostatic Capacity of Super Capacitor Monomer (F)	储能装置单体数量 Single Cell Quantity of Energy Storage Device	储能装置总成生产企业 Production Company of Energy Storage Device Cell	储能装置总成标称电压(V) Nominal Voltage of Energy Storage Device Assembly (V)	储能装置总成额定输出电流(A) Rated Output Current of Energy Storage Device Assembly (A)	储能装置总成质量(kg) Quality of Energy Storage Device Assembly (kg)	储能装置总成标称容量(Ah) Nominal Capacity of Power Battery Assembly (Ah)	超级电容器总成标称静电容量(F) Nominal Electrostatic Capacity of Super Capacitor Assembly (F)	储能装置总储电量(kWh) Total Energy Storage Capacity of Energy Storage Device (kWh)	动力蓄电池箱是否具有快换装置 Whether Power Battery Box has Quick Change Device	车载能源管理系统型号(包括软件和硬件) Vehicle Energy Management System Model(Including Software and Hardware)	车载能源管理系统生产企业 Vehicle Energy Management System Manufacturing Enterprise	配套车辆类型 Matching Vehicle Type	2018年配套车型产量小计(辆) Subtotal Output of Supported Odels in 2018 (Vehicle)	2018年配套车型产量总计(辆) Total Output of Supported Odels in 2018 (Vehicle)
新源动力股份有限公司;合肥国轩高科动力能源有限公司	燃料电池	XY-200A-3/ IFP20100140	0.68/3.2	-/0.58	—	220/224	上海汽车集团股份有限公司;合肥国轩高科动力能源有限公司	358.4	83.7	-/230	40	—	14.3	否	SQDT-EV68-V1.0/C10	合肥国轩高科动力能源有限公司	燃料电池客车	2	2
远东福斯特新能源有限公司;江西迪比科股份有限公司	三元材料	18650-2400mAh; 18650-2.2AH	3.65;3.6	0.048; 0.042	—	4080;4560	远东福斯特新能源有限公司;江西迪比科股份有限公司	109.5;108	173;200	330;330	326.4; 334.4	—	35.7;36	—	硬件:A1504/软件:A1504C;硬件:BMU05-I-G-12/24V-400/软件:BM05-5023.2	深圳市国新动力科技有限公司;深圳市科列技术股份有限公司	纯电动专用车	2	2
珠海光宇电池有限公司	三元材料	CA13A3W8	3.65	0.888	—	288	珠海光宇电池有限公司	350.4	174	420	174	—	60.9	否	硬件:KL-ASHEV5/软件:KL-ASEV5	深圳市科列技术股份有限公司	纯电动乘用车	2	2
湖南沃特玛电池有限公司	磷酸铁锂	32700-7.0Ah	3.2	0.139 ± 0.005	—	8064	郴州市沃特玛电池有限公司	537.6	250	1328	336	—	180.633	否	OTM-BMS-PB(主机:OTM-BMS-M-002 采集模块:OTM-BMS-BSU-PB)	深圳市沃特玛电池有限公司	纯电动客车	1	1
南京积雄新能源科技有限公司	镍氢电池	NMCH150S	1.2	3.45	—	480	南京积雄新能源科技有限公司	576	500	2430	150	—	86.4	否	硬件:DK928/软件:V1.1	苏州妙益科技股份有限公司	纯电动客车	1	1
宁波力神动力电池系统有限公司	三元材料	ENP2714893	3.65	0.81	—	150	宁波力神动力电池系统有限公司	547.5	111	200	37	—	20.26	否	Ver1.2/LS_EV_BMS_NB01	宁波力神动力电池系统有限公司	插电式混合动力专用车	1	1
山东高佳新能源有限公司	磷酸铁锂	GJ90133200FE3	3.2	0.54	—	1260	山东高佳新能源有限公司	576	175	900	175	—	100.8	否	主控模块硬件:HW1.1/软件:V1.00.S19,绝缘检测模块硬件HW1.1/软件:V0.01.S19,从控模块硬件:HW1.1/软件:V1.07.SA.S19	安徽锐能科技有限公司	纯电动客车	1	1
天臣新能源(深圳)有限公司	三元材料	ISR18650-TC24	3.6	0.044 ± 0.002	—	15600	江苏索尔新能源科技股份有限公司	540	≤249.6	1280 ± 20	249.6	—	134.8	否	软件:V3.0;硬件:BMS-24B	江苏索尔新能源科技股份有限公司	纯电动专用车	1	1
万向一二三股份公司(装配2103AAL驱动电机2142AAF驱动电机控制器);天津市捷威动力工业有限公司(装配2103AAS驱动电机2142AAM驱动电机控制器);合肥国轩高科动力能源有限公司(装配2103AAL驱动电机2142AAF驱动电机控制器)	三元材料	2101AAT(万向);2101AAT(捷威);INP2714891A-38AH(国轩)	3.7(万向);3.7(捷威);3.6(国轩)	0.84(万向);0.84(捷威);0.81(国轩)	—	168	万向一二三股份公司;天津市捷威动力工业有限公司;合肥国轩高科动力能源有限公司	310.8(万向);310.8(捷威);302(国轩)	114	256	72(万向);72(捷威);76(国轩)	—	22.3(万向);22.3(捷威);22.9(国轩)	否	S15EV_BD_02_05_06480054/BCU_FSC_Vd(万向);S15EV_BD_01_T2_06022484/BCU_FSC_Vc(贵博);S15EV_BP_01_T2_06022484/BCU_FSC_Vc(贵博)	万向一二三股份公司;安徽贵博新能科技有限公司	纯电动乘用车	1	1
SKI	三元材料	E370	3.65	0.7	—	100	Deutsche ACCUmotive	365	140	113.5	37.8	—	13.8	否	BT0010	Deutsche ACCUmotive	插电式混合动力乘用车	1	1
珠海银隆新能源有限公司	锰酸锂	200130205F	2.3	1.18	—	1440	珠海银隆新能源有限公司	552	1188(单组594)	2400	198(单组99)	—	109.30	否	YLP-BMS-1205A	珠海银隆电器有限公司	纯电动客车	1	1
2018年配套车型产量总计(辆)/Total Output of Supported Odels in 2018(Vehicle)																		1222544	1222544

二、驱动电机配套数量统计

Chapter 2 Statistics on Output of Drive Motor Matching

电动汽车驱动电机生产企业 Electric Vehicle Drive Motor Manufacturer	电动汽车驱动电机类型 Type for Driving Motor of Electric Vehicle	电动汽车驱动电机型号 Odels for Driving Motor of Electric Vehicle	驱动电机数量(台/辆) Installation Quantity of Driving Motor (Unit/Vehicle)	驱动电机额定功率/转速/转矩(kW/r/min/Nm)/ Rated Power/Speed/Torque of Drive Motor	驱动电机峰值功率/转速/转矩 Torque of Drive Motor/Peak power/Speed/(kW/r/min/Nm)	控制器生产企业 Controller Manufacturing Enterprise	电机控制器型号 Controller Odels for Driving Motor	配套车辆类型 Matching Vehicle Types	2018年配套车型产量x小计(辆) Subtotal Output of Supported Odels in 2018 (Vehicle)	2018年配套车型产量总计(辆) Total Output of Supported Odels in 2018 (Vehicle)
比亚迪汽车工业有限公司	永磁同步电机	2217TZ-XSA	1	68/3670/177	86/2832/290	比亚迪汽车工业有限公司	KTZ46X30S	纯电动乘用车	901	202246
	永磁同步电机	BYD-1814-TZ-XS-A	1	35/4775/70	70/12100/180	比亚迪汽车工业有限公司	KTZ36X26S-A	纯电动乘用车	27564	
	永磁同步电机	BYD-2011TZ-XS-A	1	40/8127/47	110/4202/250	比亚迪汽车工业有限公司	KTZ51X60S-D16A	插电式混合动力乘用车	24	
	永磁同步电机	BYD-2011TZ-XS-C	1	40/8127/47	110/12000/250	比亚迪汽车工业有限公司	KTZ48X32S-D12B	插电式混合动力乘用车	8366	
	永磁同步电机	BYD-2011TZ-XS-F;BYD-2217TZ-XS-F	2	40/8127/47;80/4775/160	110/12000/250;180/12000/380	比亚迪汽车工业有限公司	KTZ65X25S-D16B/KTZ65X32S-A	插电式混合动力乘用车	33625	
	永磁同步电机	BYD-2217TZ-XS-B	1	80/4775/160	160/12000/310	比亚迪汽车工业有限公司	KTZ64X30S-C06A	纯电动乘用车	55899	
	永磁同步电机	BYD-2217TZ-XS-B	1	80/4775/160	160/4929/310	比亚迪汽车工业有限公司	KTZ64X30S-C06A	纯电动乘用车	405	
	永磁同步电机	BYD-2217TZ-XS-C	1	80/4775/160	160/12000/310	比亚迪汽车工业有限公司	KTZ65X30S-C06A	纯电动专用车	1	
	永磁同步电机	BYD-2912TZ-XY-A	1	110/2600/400	150/10000/550	比亚迪汽车工业有限公司	KTZ54X50S-C06A	纯电动专用车	1	
	永磁同步电机	BYD-2912TZ-XY-A	1	110/2600/400	150/10000/550	比亚迪汽车工业有限公司	KTZ54X50S-C06A	纯电动专用车	33	
	永磁同步电机	BYD-2912TZ-XY-A	1	110/2600/400	150/10000/550	比亚迪汽车工业有限公司	KTZ54X55S3L-C16A	纯电动专用车	1	
	永磁同步电机	BYD-3425TZ-XS-A	1	150/1910/750	180/5000/1500	比亚迪汽车工业有限公司	KTZ55X50S-C06A	纯电动专用车	35	
	永磁同步电机	BYD-3425TZ-XS-A	1	150/1910/750	180/5000/1500	比亚迪汽车工业有限公司	KTZ65X50S-C06A	纯电动专用车	5	
	永磁同步电机	BYD-TYC110A	1	40/8127/47	110/10000/200	比亚迪汽车工业有限公司	KTZ48X60S-D12A	插电式混合动力乘用车	30426	
	永磁同步电机	BYD-TYC120A	1	75/2550/280	120/2550/450	比亚迪汽车工业有限公司	KTZ31X60S-C06A	纯电动乘用车	9978	
	永磁同步电机	TZ2217-XSB	1	68/3667/177	135/12100/300	比亚迪汽车工业有限公司	KTZ46X34S	纯电动乘用车	2471	
	永磁同步电机	TZ2217-XSB	1	68/3670/177	135/4297/300	比亚迪汽车工业有限公司	KTZ46X34S	纯电动乘用车	709	
	永磁同步电机	TZ2712XSB	2	75/2600/280	100/7500/430	比亚迪汽车工业有限公司	KTZ46X35S-C06A;KTZ46X35S	纯电动客车	127	
	永磁同步电机	前 BYD-2011TZ-XS-A;后 BYD-2011TZ-XS-B	2	前40/8127/47;后40/8127/47	前110/4202/250;后110/4202/250	比亚迪汽车工业有限公司	前 KTZ70X30S-C12A;后 KTZ70X30S-A	插电式混合动力乘用车	2717	
	永磁同步电机	前 BYD-2011TZ-XS-C;后 BYD-2011TZ-XS-B	2	40/8127/47;40/8127/47	110/12000/250;110/12000/250	比亚迪汽车工业有限公司	前 KTZ51X35SA;后 KTZ51X35S-D16A	插电式混合动力乘用车	10540	
	永磁同步电机	前 BYD-2011TZ-XS-C;后 BYD-2011TZ-XS-B	2	40/8127/47;40/8127/47	110/4202/250;110/4202/250	比亚迪汽车工业有限公司	前:KTZ51X35SA;后:KTZ51X35S-D16A	插电式混合动力乘用车	18393	
	永磁同步电机	BYD-2217TZ-XS-C	1	80/4775/160	160/12000/310	比亚迪汽车工业有限公司	KTZ65X30S-C06A	纯电动专用车	10	
	永磁同步电机	BYD-2011TZ-XS-A	1	40/8127/47	110/4202/250	比亚迪汽车工业有限公司	KTZ51X60S-D16A	插电式混合动力乘用车	13	
	永磁同步电机	BYD-3425TZ-XS-A	1	150/1910/750	180/5000/1500	比亚迪汽车工业有限公司	KTZ65X50S-C06A	纯电动专用车	2	

续上表

电动汽车驱动电机生产企业 Electric Vehicle Drive Motor Manufacturer	电动汽车驱动电机类型 Type for Driving Motor of Electric Vehicle	电动汽车驱动电机型号 Odels for Driving Motor of Electric Vehicle	驱动电机数量（台/辆）Installation Quantity of Driving Motor (Unit/Vehicle)	驱动电机额定功率/转速/转矩（kW/r/min/Nm）/ Rated Power/Speed/ Torque of Drive Motor	驱动电机峰值功率/转速/转矩 Torque of Drive Motor/ Peak power/Speed/（kW/r/min/Nm）	控制器生产企业 Controller Manufacturing Enterprise	电机控制器型号 Controller Odels for Driving Motor	配套车辆类型 Matching Vehicle Types	2018年配套车型产量x小计（辆）Subtotal Output of Supported Odels in 2018 (Vehicle)	2018年配套车型产量总计（辆）Total Output of Supported Odels in 2018 (Vehicle)
北京新能源汽车股份有限公司	交流异步电机	YS15H001	1	15/2200/65	30/7500/140	北京新能源汽车股份有限公司	KTZ11M60F001	纯电动乘用车	12745	149152
	交流异步电机	YS15H001	1	15/2200/65	30/7500/140	北京新能源汽车股份有限公司	KTZ11M60F001	纯电动专用车	5	
	交流异步电机	YS15H001	1	15/2200/65	30/7500/140	北京新能源汽车股份有限公司	KTZ11M60F001	纯电动乘用车	5213	
	交流异步电机	YS216H48002	1	15/2200/65	30/7500/140	北京新能源汽车股份有限公司	KTZ11M60F001	纯电动乘用车	20003	
	永磁同步电机	PM50W01	1	50/3300/145	100/10000/250	北京新能源汽车股份有限公司	PEU e200	纯电动乘用车	8984	
	永磁同步电机	TZ15X01	1	15/3200/45	36/9000/120	北京新能源汽车股份有限公司	KTZ30X17F001	纯电动乘用车	567	
	永磁同步电机	TZ180X01	1	18/2850/60	36/9200/140	北京新能源汽车股份有限公司	KTZ31X21F001	纯电动乘用车	20037	
	永磁同步电机	TZ180XS01	1	22/3000/70	45/9700/150	北京新能源汽车股份有限公司	KTZ29X23S001	纯电动乘用车	26751	
	永磁同步电机	TZ190XS30	1	30/2720/105	62/7500/220	北京新能源汽车股份有限公司	KYS3126S01	纯电动专用车	5007	
	永磁同步电机	TZ220XS420	1	40/3300/116	80/9000/230	北京新能源汽车股份有限公司	PEU e201	纯电动乘用车	28665	
	永磁同步电机	TZ220XS560	1	80/5100/150	160/11000/300	北京新能源汽车股份有限公司	PEU e400	纯电动乘用车	20654	
	永磁同步电机	TZ30S01	1	30/2812/102	53/9000/180	北京新能源汽车股份有限公司	E10000051；KTZ3328S01	纯电动乘用车	521	
精进电动科技股份有限公司	永磁同步电机	TM4018	1	40/5300/72	75/14000/165	精进电动科技股份有限公司	CU4012	纯电动专用车	222	73451
	永磁同步电机	TM4018	1	40/5300/72	75/14000/165	精进电动科技股份有限公司	CU4012	纯电动专用车	25	
	永磁同步电机	TZ220XS507	1	70/5500/122	130/12000/280	BORGWARNER GATESHEAD LIMITED；BORGWARNER GATESHEAD LIMITED	KTZ35X42S001；KTZ35X42S001	纯电动乘用车	3	
	永磁同步电机	TZ220XYA51T	1	55/4377/120	130/4138/300	上海大郡动力控制技术有限公司	KTZ35X50SA51A	插电式混合动力乘用车	160	
	永磁同步电机	TZ365XSB03	1	67/2000/320	112/4300/750	精进电动科技股份有限公司	KTZ35X46SB03	纯电动专用车	1	
	永磁同步电机	TZ365XSC01	1	64/1260/485	115/3300/1300	精进电动科技股份有限公司	KTZ57X34SC01	燃料电池专用车	3	
	永磁同步电机	TZ365XSC02	1	100/1200/800	150/3000/1440	精进电动科技股份有限公司	KTZ57X34SC02	插电式混合动力客车	173	
	永磁同步电机	TZ365XSC02	1	100/1200/800	150/3000/1440	精进电动科技股份有限公司	KTZ57X34SC02	纯电动客车	1	
	永磁同步电机	TZ460XSE01	1	102/750/1310	135/2600/2100	精进电动科技股份有限公司	KTZ57X34SE01	插电式混合动力客车	50	
	永磁同步电机	TZ460XSE02	1	135/850/1520	185/2600/2500	精进电动科技股份有限公司	KTZ57X42SE02	纯电动客车	23	
	永磁同步电机	TZ365XSB03	1	67/2000/320	112/4300/750	精进电动科技股份有限公司	KTZ35X46SB03	纯电动客车	43	
	三相调速永磁同步电机	TM5028	1	42/4000/105	95/11000/240	联合汽车电子有限公司	INVCON2. 3-CN	纯电动乘用车	55	
	三相调速永磁同步电机	TZ220XS503	1	42/4200/105	120/12000/250	联合汽车电子有限公司	INVCON2. 3-CN	纯电动乘用车	28498	
	永磁同步电机	TM4018	1	40/5300/72	75/14000/165	精进电动科技股份有限公司	CU4012	纯电动乘用车	2321	
	永磁同步电机	TM4018	1	40/5300/72	75/14000/165	精进电动科技股份有限公司	CU4012	纯电动专用车	1114	
	永磁同步电机	TZ154XS301	1	40/4800/72	72/14000/165	精进电动科技股份有限公司	KTZ35X30S301	纯电动专用车	103	
	永磁同步电机	TZ180XS401	1	40/4500/85	96/12000/230	法雷奥西门子新能源汽车（深圳）有限公司	KTZ32X40S000	纯电动乘用车	689	

续上表

电动汽车驱动电机生产企业 Electric Vehicle Drive Motor Manufacturer	电动汽车驱动电机类型 Type for Driving Motor of Electric Vehicle	电动汽车驱动电机型号 Odels for Driving Motor of Electric Vehicle	驱动电机数量（台/辆）Installation Quantity of Driving Motor (Unit/Vehicle)	驱动电机额定功率/转速/转矩（kW/r/min/Nm）/ Rated Power/Speed/ Torque of Drive Motor	驱动电机峰值功率/转速/转矩 Torque of Drive Motor/ Peak power/Speed/ (kW/r/min/Nm)	控制器生产企业 Controller Manufacturing Enterprise	电机控制器型号 Controller Odels for Driving Motor	配套车辆类型 Matching Vehicle Types	2018年配套车型产量x小计（辆）Subtotal Output of Supported Odels in 2018 (Vehicle)	2018年配套车型产量总计（辆）Total Output of Supported Odels in 2018 (Vehicle)
精进电动科技股份有限公司	永磁同步电机	TZ220XS503	1	42/4200/105	120/12000/250	联合汽车电子有限公司	INVCON2. 3-CN	纯电动乘用车	8309	73451
	永磁同步电机	TZ220XS504	2	60/5285/110	140/12000/290	精进电动科技股份有限公司	KTZ37X50S504	纯电动乘用车	99	
	永磁同步电机	TZ220XS508	1	55/4900/107	120/11500/250	联合汽车电子有限公司	INVCON2. 3-CN	纯电动乘用车	1947	
	永磁同步电机	TZ220XS510	1	60/4500/130	140/12000/300	精进电动科技股份有限公司（软件）；精进电动科技股份有限公司（硬件）	软件：V33_170604；硬件：KTZ35X50S510	纯电动乘用车	283	
	永磁同步电机	TZ220XS518	1	68/4500/144	145/12000/300	精进电动科技股份有限公司（软件）；精进电动科技股份有限公司（硬件）	软件：1040001DB10000130；硬件：KTZ37X50S518	纯电动乘用车	692	
	永磁同步电机	TZ220XS520	1	60/4000/143	130/12000/290	苏州汇川技术有限公司	KTZ36X45SHM	纯电动乘用车	3	
	永磁同步电机	TZ220XS606	1	60/4000/145	140/12000/320	精进电动科技股份有限公司	KTZ39X50S606	纯电动专用车	73	
	永磁同步电机	TZ220XSA5H01	1	50/3980/120	132/12000/290	法雷奥汽车内部控制（深圳）有限公司	KTZ32X40S000	纯电动乘用车	2851	
	永磁同步电机	TZ220XSA5H01	1	50/3980/120	132/12000/290	法雷奥西门子新能源汽车（深圳）有限公司	1520013ADU0000S；KTZ32X40S000	纯电动乘用车	1001	
	永磁同步电机	TZ220XSA5H01	1	50/3980/120	132/12000/290	法雷奥西门子新能源汽车（深圳）有限公司	KTZ32X40S000	纯电动乘用车	533	
	永磁同步电机	TZ220XSA5H02	1	50/3980/120	132/12000/290	法雷奥西门子新能源汽车（深圳）有限公司	1520013ADU0000S；KTZ32X40S001	纯电动乘用车	5563	
	永磁同步电机	TZ220XSA5H02	1	50/3980/120	132/12000/290	法雷奥西门子新能源汽车（深圳）有限公司	软件：1520013ADU0000S；硬件：KTZ32X40S001	纯电动乘用车	432	
	永磁同步电机	TZ220XYA51T	1	55/4377（额定）/120	130/4138（基准转速）/300	上海大郡动力控制技术有限公司	KTZ35X50SA51A	插电式混合动力乘用车	3	
	永磁同步电机	TZ220XYA51T	1	55/4377/120	130/4138（基准转速）/300	上海大郡动力控制技术有限公司	KTZ35X50SA51A	插电式混合动力乘用车	3113	
	永磁同步电机	TZ220XYA51T	1	55/4377/120	130/4138/300	上海大郡动力控制技术有限公司	KTZ35X50SA51A	插电式混合动力乘用车	10786	
	永磁同步电机	TZ290XS901	1	70/1400/479	120/4500/1000	精进电动科技股份有限公司	KTZ38X40S901	纯电动客车	22	
	永磁同步电机	TZ290XS901	1	70/1400/479	120/4500/1000	精进电动科技股份有限公司	KTZ38X40S901	燃料电池专用车	20	
	永磁同步电机	TZ290XS902	1	60/1430/400	130/5000/850	精进电动科技股份有限公司	KTZ53X32S902	纯电动专用车	69	
	永磁同步电机	TZ290XS905E	1	70/1500/450	140/4500/1000	深圳市蓝海华腾技术股份有限公司	KTZ54X42S-VT4D12	纯电动专用车	32	
	永磁同步电机	TZ290XSA011	1	60/1280/450	125/4500/1000	精进电动科技股份有限公司	KTZ38X40SA011	纯电动客车	1	
	永磁同步电机	TZ290XSA05	1	70/1500/450	140/4500/1000	精进电动科技股份有限公司	KTZ56X31SA05	纯电动专用车	1	
	永磁同步电机	TZ365XSB01	1	85/2500/325	135/6000/600	精进电动科技股份有限公司	KTZ35X50SB01	纯电动客车	3	
	永磁同步电机	TZ365XSB03	1	67/2000/320	112/4300/750	精进电动科技股份有限公司	KTZ35X46SB03	纯电动客车	41	
	永磁同步电机	TZ365XSB04	1	70/1980/340	125/5000/750	精进电动科技股份有限公司	KTZ57X32SB04	纯电动客车	17	
	永磁同步电机	TZ365XSB05	1	89/1700/500	160/4500/950	精进电动科技股份有限公司	KTZ57X34SB05	纯电动专用车	38	
	永磁同步电机	TZ365XSB07	1	82/1500/525	160/4500/950	精进电动科技股份有限公司	KTZ57X34SB07	纯电动客车	11	
	永磁同步电机	TZ365XSC05	1	60/955/600	120/4000/1470	精进电动科技股份有限公司	KTZ35X49SC05	燃料电池专用车	4	

续上表

电动汽车驱动电机生产企业 Electric Vehicle Drive Motor Manufacturer	电动汽车驱动电机类型 Type for Driving Motor of Electric Vehicle	电动汽车驱动电机型号 Odels for Driving Motor of Electric Vehicle	驱动电机数量（台/辆）Installation Quantity of Driving Motor (Unit/Vehicle)	驱动电机额定功率/转速/转矩（kW/r/min/Nm）/ Rated Power/Speed/ Torque of Drive Motor	驱动电机峰值功率/转速/转矩 Torque of Drive Motor/ Peak power/Speed/ (kW/r/min/Nm)	控制器生产企业 Controller Manufacturing Enterprise	电机控制器型号 Controller Odels for Driving Motor	配套车辆类型 Matching Vehicle Types	2018 年配套车型产量 x 小计（辆）Subtotal Output of Supported Odels in 2018 (Vehicle)	2018 年配套车型产量总计（辆）Total Output of Supported Odels in 2018 (Vehicle)
精进电动科技股份有限公司	永磁同步电机	TZ365XSB05	1	60/955/600	120/4000/1470	精进电动科技股份有限公司	KTZ57X34SB05	纯电动专用车	1	73451
	永磁同步电机	TZ365XSD01	1	75/900/800	127/2600/1700	精进电动科技股份有限公司	KTZ57X34SD01	纯电动客车	10	
	永磁同步电机	TZ365XSD02	1	103/900/1100	165/2800/2000	精进电动科技股份有限公司	KTZ57X40SD02	纯电动客车	1931	
	永磁同步电机	TZ460XSE01	1	102/750/1310	135/2600/2100	精进电动科技股份有限公司	KTZ57X34SE01	纯电动客车	72	
	永磁同步电机	TZ460XSE03	1	102/750/1310	150/2600/2500	精进电动科技股份有限公司	KTZ57X41SE03	纯电动客车	67	
	永磁同步电机	TZ460XSE03	1	102/750/1310	150/2600/2500	精进电动科技股份有限公司	KTZ57X41SE03	燃料电池客车	6	
	永磁同步电机	TZ460XSE04	1	102/750/1310	135/2600/2100	精进电动科技股份有限公司	KTZ57X34SE04	纯电动客车	58	
	永磁同步电机	TZ460XSE04	1	102/750/1310	135/2600/2100	精进电动科技股份有限公司	KTZ57X34SE04	纯电动客车	498	
	永磁同步电机	TZ460XSE05	1	102/750/1310	135/2600/2100	精进电动科技股份有限公司	KTZ57X34SE05	插电式混合动力客车	60	
	永磁同步电机	TZ460XSE06	1	102/750/1310	150/3000/2500	精进电动科技股份有限公司	KTZ57X41SE06	纯电动客车	2	
	永磁同步电机	TZ460XSF01	1	135/850/1520	196/2600/2800	精进电动科技股份有限公司	KTZ57X48SF01	纯电动客车	1257	
	永磁同步电机	TZ460XSH01	1	157/750/2000	245/3000/3600	精进电动科技股份有限公司	KTZ57X68SH01	纯电动客车	5	
	永磁同步电机	前 TZ220XS504;后 TZ220XS504	2	前:60/5285/110;后:60/5285/110	前：140/12000/290；后：140/12000/290	前:精进电动科技股份有限公司;后:精进电动科技股份有限公司	前:KTZ37X50S504;后:KTZ37X50S504	纯电动乘用车	42	
	永磁同步电机	TM4018;TZ154XS301	1	40/5300/72;40/4800/72	75/14000/165;72/14000/165	精进电动科技股份有限公司;精进电动科技股份有限公司	CU4012;KTZ35X30S301	纯电动专用车	10	
	永磁同步电机	TZ365XSC02	1	100/1200/800	150/3000/1440	精进电驱动科技有限公司	KTZ57X34SC02	纯电动专用车	1	
联合汽车电子有限公司	永磁同步电机	TZ180XSUAES	1	63/4000/150	120/12000/250	联合汽车电子有限公司	KTZ33X40SUAES	纯电动乘用车	785	69166
	永磁同步电机	TZ290XSUAES	1	30/2000/147	56/7000/318	联合汽车电子有限公司	KTZ33X34SUAES	插电式混合动力乘用车	27406	
	永磁同步电机	TZ290XSUAES	1	30/2000/147	59/7000/318	联合汽车电子有限公司	KTZ35X34SUAES	插电式混合动力乘用车	32316	
	永磁同步电机	TZ290XSUAES	1	30/2000/147	60/7000/318	联合汽车电子有限公司	KTZ35X34SUAES	插电式混合动力乘用车	8638	
	永磁同步电机	前 TZ180XS;后 TZ180XS	1;1	49/4600/101	89/12000/195	联合汽车电子有限公司	前驱:KTZ35X19SF;后驱:KTZ35X19SF	纯电动乘用车	21	
深圳市大地和电气股份有限公司	感应异步电机	GLMI15A1	1	20/4000/48	40/7500/180	深圳市大地和电气股份有限公司	GLCI7026A5	纯电动专用车	5	58500
	交流异步电机	YS190XB22	1	10/2700/32	20/7000/110	深圳市大地和电气股份有限公司	KYS14X030F15A	纯电动乘用车	142	
	交流永磁同步电机	TZ180XSDAB	1	30/3000/95.5	60/9000/200	深圳市大地和电气股份有限公司	KTZ32X25SB6H	纯电动专用车	1505	
	交流永磁同步电机	TZ210XSR41	1	30/3600/80	60/9000/200	深圳市大地和电气股份有限公司	KTZ33X26SF6H	纯电动专用车	898	
	异步电机	YS210XB02	1	20/3979/48	40/7500/180	深圳市大地和电气股份有限公司	KTS32X030S09A	纯电动专用车	40	
	永磁同步电机	GLMP120L0	1	80/1910/400	150/4000/1200	深圳市大地和电气股份有限公司	GLCP10045L28	纯电动专用车	4	
	永磁同步电机	GLMP60L0	1	70/2500/270	100/6000/600	深圳市大地和电气股份有限公司	GLCP7028L5	纯电动专用车	2	
	永磁同步电机	H021A	1	35/3000/110	80/9000/260	苏州汇川技术有限公司	H021A/H021A	纯电动乘用车	1	
	永磁同步电机	HC-EDM6000	1	30/2984/96	60/5000/320	深圳市大地和电气股份有限公司	HC-EMCU6000	纯电动专用车	70	

续上表

电动汽车驱动电机生产企业 Electric Vehicle Drive Motor Manufacturer	电动汽车驱动电机类型 Type for Driving Motor of Electric Vehicle	电动汽车驱动电机型号 Odels for Driving Motor of Electric Vehicle	驱动电机数量（台/辆）Installation Quantity of Driving Motor (Unit/Vehicle)	驱动电机额定功率/转速/转矩（kW/r/min/Nm）/ Rated Power/Speed/Torque of Drive Motor	驱动电机峰值功率/转速/转矩 Torque of Drive Motor/Peak power/Speed/（kW/r/min/Nm）	控制器生产企业 Controller Manufacturing Enterprise	电机控制器型号 Controller Odels for Driving Motor	配套车辆类型 Matching Vehicle Types	2018年配套车型产量x小计（辆）Subtotal Output of Supported Odels in 2018 (Vehicle)	2018年配套车型产量总计（辆）Total Output of Supported Odels in 2018 (Vehicle)
深圳市大地和电气股份有限公司	永磁同步电机	JMEV-TB4590LT	1	45/3357/128	90/9000/285	江西江铃集团新能源汽车有限公司	JMEV-MCPCHU001	纯电动乘用车	285	58500
	永磁同步电机	JMEV-TB4590LT	1	45/3357/128	90/9000/285	江西江铃集团新能源汽车有限公司	JMEV-MCPCHU001/81. 13. 01	纯电动乘用车	49	
	永磁同步电机	TZ180XSDAB	1	30/3000/95. 5	60/9000/200	深圳市大地和电气股份有限公司	KTZ32X25SB6H	纯电动乘用车	1681	
	永磁同步电机	TZ190XD45	1	15/3680/39	30/7000/150	深圳市大地和电气股份有限公司	KTZ14X45A1C	纯电动乘用车	20760	
	永磁同步电机	TZ190XD97	1	20/4900/39	40/8000/135	深圳市大地和电气股份有限公司（软件）；深圳市大地和电气股份有限公司（硬件）	软件:200；硬件:KTZ14X45D4C	纯电动乘用车	4072	
	永磁同步电机	TZ190XD97	1	20/4900/39	40/8000/135	深圳市大地和电气股份有限公司（软件）；深圳市大地和电气股份有限公司（硬件）	软件:300；硬件:KTZ14X45D4C	纯电动乘用车	55	
	永磁同步电机	TZ190XDBE	1	10/3000/32	20/7000/110	深圳市大地和电气股份有限公司	KTZ14X27FE0A	纯电动乘用车	5743	
	永磁同步电机	TZ190XK9F	1	17/3900/41. 6	35/9000/150	深圳市大地和电气股份有限公司	KTZ32X18D9H	纯电动乘用车	157	
	永磁同步电机	TZ210XD82	1	20/3540/54	50/7000/200	深圳市大地和电气股份有限公司	KTZ32X020104H	纯电动专用车	1	
	永磁同步电机	TZ210XFD00	1	20/3820/50	40/7000/180	深圳市大地和电气股份有限公司	KTZ14X045F102C	纯电动专用车	18	
	永磁同步电机	TZ210XSC00	1	30/2600/110	70/9500/240	深圳市大地和电气股份有限公司	KTZ35X040S01B	纯电动乘用车	615	
	永磁同步电机	TZ210XSC33	1	20/3500/55	40/7800/220	深圳市大地和电气股份有限公司	KTZ32X030S16B	纯电动专用车	3	
	永磁同步电机	TZ210XSD42	1	30/3600/80	60/9000/200	深圳市大地和电气股份有限公司	KTZ33X027S99H	纯电动专用车	15273	
	永磁同步电机	TZ210XSD5F	1	50/4300/110	100/10000/300	深圳市大地和电气股份有限公司	KTZ38X45SD3H	纯电动乘用车	3617	
	永磁同步电机	TZ210XSD9D	1	40/4000/96	80/8500/240	深圳市大地和电气股份有限公司	KTZ33X045S108H	纯电动乘用车	2209	
	永磁同步电机	TZ210XSDBH	1	40/4000/96	80/8500/90	深圳市大地和电气股份有限公司	KTZ35X29SG5H	纯电动乘用车	1158	
	永磁同步电机	TZ230XSD00	1	45/2000/215	90/6000/500	深圳市大地和电气股份有限公司	KTZ35X040S97B	纯电动专用车	2	
	永磁同步电机	TZ230XSD10	1	45/3200/135	90/10000/280	深圳市大地和电气股份有限公司	X3SW1/KTZ35X45SC2H	纯电动乘用车	26	
	永磁同步电机	TZ230XSD91	1	60/4580/125	120/12000/350	深圳市大地和电气股份有限公司	KTZ54X40SF9I	纯电动专用车	12	
	永磁同步电机	TZ260XSC00	1	70/1910/350	100/5000/700	深圳市大地和电气股份有限公司	KTZ35X040S00A	纯电动专用车	2	
	永磁同步电机	TZ260XSC14	1	50/1705/280	100/4500/700	深圳市大地和电气股份有限公司	KTZ34X40SG8B	燃料电池客车	2	
	永磁同步电机	TZ260XSD00	1	45/1950/220	90/5000/480	深圳市大地和电气股份有限公司	KTZ38X040S23A	纯电动专用车	13	
	永磁同步电机	TZ260XSD00	1	45/1950/220	90/6000/480	深圳市大地和电气股份有限公司	KTZ38X040S23A	纯电动专用车	2	
	永磁同步电机	TZ260XSDE4	1	40/1575/242	80/5000/550	深圳市大地和电气股份有限公司	KTZ38X40SG3B	纯电动专用车	3	
	永磁同步电机	TZ327XSC40	1	80/849/900	160/3300/1850	深圳市大地和电气股份有限公司	KTZ54X060S46A	纯电动客车	54	
	永磁同步电机	TZ327XSF37	1	80/849/900	160/3500/1800	深圳市大地和电气股份有限公司	KTZ54X055S76A	纯电动专用车	1	
	永磁同步电机	TZ400XSF03	1	120/1169/980	200/3400/2450	深圳市大地和电气股份有限公司	KTZ54X072S49A	燃料电池客车	16	
	永磁同步电机	TZ400XSF03	1	120/1169/980	200/3400/2450	深圳市大地和电气股份有限公司	KTZ54X072S49A	纯电动客车	1	
	永磁同步电机	TZ210XSC33	1	20/3500/55	40/7800/220	深圳市大地和电气股份有限公司	KTZ32X030S16B	纯电动专用车	1	

续上表

电动汽车驱动电机生产企业 Electric Vehicle Drive Motor Manufacturer	电动汽车驱动电机类型 Type for Driving Motor of Electric Vehicle	电动汽车驱动电机型号 Odels for Driving Motor of Electric Vehicle	驱动电机数量（台/辆）Installation Quantity of Driving Motor（Unit/Vehicle）	驱动电机额定功率/转速/转矩（kW/r/min/Nm）/ Rated Power/Speed/Torque of Drive Motor	驱动电机峰值功率/转速/转矩 Torque of Drive Motor/ Peak power/Speed/（kW/r/min/Nm）	控制器生产企业 Controller Manufacturing Enterprise	电机控制器型号 Controller Odels for Driving Motor	配套车辆类型 Matching Vehicle Types	2018年配套车型产量x小计（辆）Subtotal Output of Supported Odels in 2018（Vehicle）	2018年配套车型产量总计（辆）Total Output of Supported Odels in 2018（Vehicle）
深圳市大地和电气股份有限公司	永磁同步电机	TZ210XSD42	1	30/3600/80	60/9000/200	深圳市大地和电气股份有限公司	KTZ33X027S99H	纯电动专用车	1	58500
	永磁同步电机	TZ210XSC33	1	20/3500/55	40/7800/220	深圳市大地和电气股份有限公司	KTZ32X030S16B	纯电动专用车	1	
华域汽车电动系统有限公司	永磁同步电机	200TZ-XS60K	1	28/3000/90	60/8000/160	华域汽车电动系统有限公司	KTZ300X200S	纯电动乘用车	509	40730
	永磁同步电机	290TZ-XS150K	1	75/2000/360	150/6000/800	华域汽车电动系统有限公司	KTZ380X320S	纯电动乘用车	157	
	永磁同步电机	TZ204XS85K02	1	40/3100/125	85/3200/255	联合汽车电子有限公司	KTZ35X34SUAES	纯电动乘用车	2805	
	永磁同步电机	TZ204XS85K02	1	40/3100/125	85/3100/255	联合汽车电子有限公司	KTZ35X34SUAES	纯电动乘用车	5044	
	永磁同步电机	TZ204XS85K02	1	40/3100/125	85/3200/255	联合汽车电子有限公司	KTZ35X34SUAES	纯电动乘用车	28187	
	永磁同步电机	TZ210XS25	1	25/2000/119	55/6000/260	华域汽车电动系统有限公司	KTZ38X30S	纯电动专用车	101	
	永磁同步电机	电机 1：TZ204XS85K01；电机 2：TZ204XS52K01	2	电机 1：40/3100/125；电机 2：25/3500/70	电机 1：85/3200/255；电机 2：52/3200/155	电机1：联合汽车电子有限公司；电机2：联合汽车电子有限公司	电机1：KTZ35X34SUAES；电机2：KTZ35X34SUAES	纯电动乘用车	3338	
	永磁同步电机	前 TZ204XS85K02；后1：TZ204XS85K01/后2：TZ204XS52K01	3	前 40/3100/125；后 1：40/3100/125/后2：25/3500/70	前：85/3200/255；后 1：85/3200/255/后2：52/3200/155	前：联合汽车电子有限公司；后1：联合汽车电子有限公司/后2：联合汽车电子有限公司	前：KTZ35X34SUAES；后1：KTZ35X34SUAES/后2：KTZ35X34SUAES	纯电动乘用车	589	
浙江方正电机股份有限公司	三相调速永磁同步电机	TZ220XSFDM42A	1	42/3820/105	120/12000/250	上海大郡动力控制技术有限公司	KTZ34X45SDJ026	纯电动乘用车	25	33593
	三相调速永磁同步电机	TZ220XSFDM42A	1	42/3820/105	120/12000/250	上海大郡动力控制技术有限公司；浙江吉利汽车研究院有限公司	KTZ34X45SDJ026；KTZ34X45SG02	纯电动乘用车	1	
	永磁同步电机	ETG029	1	15/4775/30	29/7500/110	A：赛伟科新能源科技（湖北）有限公司/赛伟科新能源科技（湖北）有限公司；B：上海电驱动股份有限公司/上海电驱动股份有限公司	A：SN125/KETG029；B：ESW110/KETG029	纯电动乘用车	6602	
	永磁同步电机	ETG029	1	15/4775/30	29/7500/110	赛伟科新能源科技（湖北）有限公司/赛伟科新能源科技（湖北）有限公司	SN125/KETG029	纯电动乘用车	6890	
	永磁同步电机	TZ160X129	1	15/4775/30	29/7500/110	A：赛伟科新能源科技（湖北）有限公司/赛伟科新能源科技（湖北）有限公司；B：上海电驱动股份有限公司/上海电驱动股份有限公司	A：SN125/KETG029；B：ESW110/KETG029	纯电动乘用车	15365	
	永磁同步电机	TZ205XFDM20C	1	20/3500/54.6	45/7500/205	苏州汇川技术有限公司	KTZ34X29F	纯电动专用车	2111	
	永磁同步电机	TZ205XFDM20D	1	20/3500/54.6	45/7500/210	深圳市依思普林科技有限公司	KTZ33X23FE30YSPL	纯电动专用车	26	
	永磁同步电机	TZ205XSFDM30	1	30/3000/95	60/9000/220	深圳市蓝海华腾技术股份有限公司	KTZ33X35S453	纯电动乘用车	938	
	永磁同步电机	TZ205XSFDM30	1	30/3000/95	60/9000/220	深圳市蓝海华腾技术股份有限公司	KTZ33X35S453	纯电动专用车	238	
	永磁同步电机	TZ205XSFDM30C	1	30/3200/89.5	60/8000/200	苏州汇川技术有限公司	KTZ34X30SJA	纯电动专用车	4	
	永磁同步电机	TZ205XSFDM30C	1	30/4000/72	60/8000/200	苏州汇川技术有限公司	KTZ36X29SCG	纯电动专用车	288	
	永磁同步电机	TZ205XSFDM30C	1	30/4000/72	60/8000/200	苏州汇川技术有限公司	KTZ36X29SCG	纯电动乘用车	105	
	永磁同步电机	TZ205XSFDM30D	1	30/4000/72	60/8000/260	苏州汇川技术有限公司	KTZ34X32S	纯电动专用车	90	
	永磁同步电机	TZ205XSYS55C	1	30/3000/95.5	55/8000/180	苏州汇川技术有限公司	KTZ34X32S	纯电动乘用车	600	

续上表

电动汽车驱动电机生产企业 Electric Vehicle Drive Motor Manufacturer	电动汽车驱动电机类型 Type for Driving Motor of Electric Vehicle	电动汽车驱动电机型号 Odels for Driving Motor of Electric Vehicle	驱动电机数量（台/辆）Installation Quantity of Driving Motor（Unit/Vehicle）	驱动电机额定功率/转速/转矩（kW/r/min/Nm）/ Rated Power/Speed/ Torque of Drive Motor	驱动电机峰值功率/转速/转矩 Torque of Drive Motor/ Peak power/Speed/（kW/r/min/Nm）	控制器生产企业 Controller Manufacturing Enterprise	电机控制器型号 Controller Odels for Driving Motor	配套车辆类型 Matching Vehicle Types	2018年配套车型产量x小计（辆）Subtotal Output of Supported Odels in 2018（Vehicle）	2018年配套车型产量总计（辆）Total Output of Supported Odels in 2018（Vehicle）
浙江方正电机股份有限公司	永磁同步电机	TZ220XSFDM35	1	35/2800/120	85/9000/290	深圳市蓝海华腾技术股份有限公司	KTZ33X40S603	纯电动乘用车	108	33593
	永磁同步电机	TZ220XSFDM42A	1	42/3820/105	120/12000/250	上海大郡动力控制技术有限公司	KTZ34X45SDJ026	纯电动乘用车	1	
	永磁同步电机	TZ220XSFDM42A	1	42/3820/105	120/12000/250	上海大郡动力控制技术有限公司；威睿电动汽车技术（宁波）有限公司	KTZ34X45SDJ026；KTZ34X45SG02	纯电动乘用车	200	
	永磁同步电机	TZ245XSFDM60A	1	60/1505/380	110/4000/760	苏州汇川技术有限公司	KTZ34X38SZT	纯电动专用车	1	
郑州宇通客车股份有限公司	车载永磁同步电机	TZ327XSYTH06	1	63/2000/300	125/6000/600	郑州宇通客车股份有限公司	KTZ50X35SYTH06	插电式混合动力客车	507	24704
	车载永磁同步电机	TZ327XSYTH15	1	84/2000/400	189/6000/900	郑州宇通客车股份有限公司	KTZ50X50SYTH15	插电式混合动力客车	674	
	车载永磁同步电机	TZ445XSYTH07	1	62/700/846	147/3000/2006	郑州宇通客车股份有限公司	KTZ50X45SYTH07	插电式混合动力客车	294	
	车载永磁同步电机	YTM280-CV6-H	1	50/1000/478	100/3500/955	郑州宇通客车股份有限公司	YTMC-CV6-H	纯电动客车	9	
	永磁同步电机	TZ260XSYTB12	1	25/1000/240	50/3100/480	郑州宇通客车股份有限公司	KTZ52X20SYTB12	纯电动专用车	50	
	永磁同步电机	TZ270XSYTB20	1	40/1100/350	75/3500/650	郑州宇通客车股份有限公司	KTZ30X35SYTB20	纯电动专用车	88	
	永磁同步电机	TZ270XSYTB23	1	40/1100/350	75/3500/650	郑州宇通客车股份有限公司	KTZ46X28SYTB23	纯电动专用车	19	
	永磁同步电机	TZ270XSYTB30	1	40/1100/350	75/3500/650	郑州宇通客车股份有限公司	KTZ40X23SYTB30	纯电动专用车	5	
	永磁同步电机	TZ327XSYTB06	1	50/1000/478	100/3500/955	郑州宇通客车股份有限公司	KTZ52X28SYTB06	纯电动客车	1011	
	永磁同步电机	TZ327XSYTB06	1	50/1000/478	100/3500/955	郑州宇通客车股份有限公司	KTZ52X28SYTB06	纯电动专用车	8	
	永磁同步电机	TZ327XSYTH06	1	63/2000/300	125/6000/600	郑州宇通客车股份有限公司	KTZ50X35SYTH06	插电式混合动力客车	236	
	永磁同步电机	TZ327XSYTH20	1	84/2000/400	189/6000/900	郑州宇通客车股份有限公司	KTZ50X50SYTH20	插电式混合动力客车	107	
	永磁同步电机	TZ368XSYTB04	1	100/800/1200	200/3000/2400	郑州宇通客车股份有限公司	KTZ52X60SYTB04	纯电动客车	4690	
	永磁同步电机	TZ368XSYTB04	1	100/800/1200	200/3000/2400	郑州宇通客车股份有限公司	KTZ52X60SYTB04	纯电动专用车	82	
	永磁同步电机	TZ368XSYTB04	1	100/800/1200	200/3000/2400	郑州宇通客车股份有限公司	KTZ52X60SYTB04	燃料电池客车	57	
	永磁同步电机	TZ368XSYTB05	1	80/1000/764	160/3000/1530	郑州宇通客车股份有限公司	KTZ52X60SYTB05	纯电动客车	2828	
	永磁同步电机	TZ368XSYTB11	1	215/1700/1200	350/3000/2800	郑州宇通客车股份有限公司	KTZ60X80SYTB11	纯电动客车	581	
	永磁同步电机	TZ368XSYTB21	1	80/1000/764	160/3500/1530	郑州宇通客车股份有限公司	KTZ52X60SYTB21	纯电动专用车	40	
	永磁同步电机	TZ368XSYTH12	1	157/2000/750	251/6000/1200	郑州宇通客车股份有限公司	KTZ50X60SYTH12	插电式混合动力客车	32	
	永磁同步电机	TZ400XSYTB24	1	100/955/1000	200/3000/2000	郑州宇通客车股份有限公司	KTZ52X52SYTB24	纯电动客车	6	
	永磁同步电机	TZ400XSYTB25	1	80/955/800	160/3000/1600	郑州宇通客车股份有限公司	KTZ52X42SYTB25	纯电动客车	6026	
	永磁同步电机	TZ400XSYTB28	1	120/955/1200	240/3000/2400	郑州宇通客车股份有限公司	KTZ52X58SYTB28	纯电动客车	7022	
	永磁同步电机	TZ400XSYTB31	1	120/955/1200	240/3000/2400	郑州宇通客车股份有限公司	KTZ52X58SYTB31	纯电动客车	330	
	永磁同步电机	YTM280-CV6-H；TZ327XSYTB06	1；1	50/1000/478；50/1000/478	100/3500/955；100/3500/955	郑州宇通客车股份有限公司；郑州宇通客车股份有限公司	YTMC-CV6-H；KTZ52X28SYTB06	纯电动专用车	1	
	永磁同步电机	TZ368XSYTB07/TZ368XSYTB08	2	100/800/1200；100/800/1200	200/3000/2400；200/3000/2400	郑州宇通客车股份有限公司	KTZ52X60SYTB07；KTZ52X60SYTB08	纯电动客车	1	

续上表

电动汽车驱动电机生产企业 Electric Vehicle Drive Motor Manufacturer	电动汽车驱动电机类型 Type for Driving Motor of Electric Vehicle	电动汽车驱动电机型号 Odels for Driving Motor of Electric Vehicle	驱动电机数量（台/辆）Installation Quantity of Driving Motor（Unit/Vehicle）	驱动电机额定功率/转速/转矩（kW/r/min/Nm）/ Rated Power/Speed/ Torque of Drive Motor	驱动电机峰值功率/转速/转矩 Torque of Drive Motor/ Peak power/Speed/（kW/r/min/Nm）	控制器生产企业 Controller Manufacturing Enterprise	电机控制器型号 Controller Odels for Driving Motor	配套车辆类型 Matching Vehicle Types	2018年配套车型产量x小计（辆）Subtotal Output of Supported Odels in 2018（Vehicle）	2018年配套车型产量总计（辆）Total Output of Supported Odels in 2018（Vehicle）
合肥巨一动力系统有限公司	永磁同步电机	2103AAT	1	15.5/2500/59	30/2387/120	合肥巨一动力系统有限公司	2142AAN	纯电动乘用车	17597	23077
	永磁同步电机	TZ200XSYD1	1	31/3402/87	85/9300/250	合肥巨一动力系统有限公司	软件:96000036;硬件:KTZ34X45SYD1	纯电动乘用车	941	
	永磁同步电机	TZ200XSYD2	1	31/3402/87	90/9300/270	合肥巨一动力系统有限公司	软件:96000094;硬件:KTZ34X45SYD2	纯电动乘用车	1113	
	永磁同步电机	TZ220XSBT1	1	60/5500/105	120/11500/280	合肥巨一动力系统有限公司	KTZ33X45SBT1	纯电动乘用车	101	
	永磁同步内转子电机	TZ210XJH5	1	18/3000/58	45/6500/175	合肥巨一动力系统有限公司	KTZ31X22FJH5	纯电动乘用车	3325	
奇瑞新能源汽车技术有限公司	永磁同步电机	112AAC	1	15.5/2500/59	30/2387/120	奇瑞新能源汽车技术有限公司	112AAD	纯电动乘用车	16250	22642
	永磁同步电机	112AAE	1	40/3183/120	95/3629/250	奇瑞新能源汽车技术有限公司	112AAF	纯电动乘用车	6389	
	永磁同步电机	112AAJ	1	30/2809/102	60/3183/180	奇瑞新能源汽车技术有限公司	112AAK	纯电动乘用车	3	
长沙市比亚迪汽车有限公司	永磁同步电机	BYD-1814TZ-XS-B	1	35/4775/70	100/12100/180	长沙市比亚迪汽车有限公司	KTZ43X26S-A	纯电动乘用车	7595	22640
	永磁同步电机	BYD-2015TZ-XS-D	1	65/5172/120	120/15000/280	长沙市比亚迪汽车有限公司	KTZ40X37S-A	纯电动乘用车	2864	
	永磁同步电机	BYD-2217TZ-XS-W	1	60/3820/150	100/10200/300	深圳市蓝海华腾技术股份有限公司	KTZ48X33S-VT4D90	纯电动专用车	40	
	永磁同步电机	BYD-2912TZ-XY-A	2	110/2600/400	150/10000/550	比亚迪汽车工业有限公司	KTZ64X44S6A2	纯电动专用车	4	
	永磁同步电机	BYD-3425TZ-XS-A	1	150/1910/750	180/5000/1500	比亚迪汽车工业有限公司	KTZ54X44S	纯电动客车	1858	
	永磁同步电机	BYD-3425TZ-XS-A	1	150/1910/750	180/5000/1500	比亚迪汽车工业有限公司	KTZ54X44SC06A	纯电动客车	45	
	永磁同步电机	BYD-3425TZ-XS-A	1	150/1910/750	180/5000/1500	比亚迪汽车工业有限公司	KTZ54X44S;KTZ54X44SC06A	纯电动客车	1132	
	永磁同步电机	BYD-3425TZ-XS-A	2	150/1910/750	180/5000/1500	比亚迪汽车工业有限公司	KTZ64X44S6A2	纯电动专用车	251	
	永磁同步电机	TZ2712XSB	1	75/2600/280	100/7500/430	比亚迪汽车工业有限公司	KTZ54X33S6A0	纯电动客车	4	
	永磁同步电机	TZ2712XSB	2	75/2600/280	100/7500/430	比亚迪汽车工业有限公司	KTZ54X33S	纯电动客车	3365	
	永磁同步电机	TZ2712XSB	2	75/2600/280	100/7500/430	比亚迪汽车工业有限公司	KTZ54X33S6A0	纯电动客车	2799	
	永磁同步电机	TZ2712XSB	2	75/2600/280	100/7500/430	比亚迪汽车工业有限公司	KTZ50X35S-C06A;KTZ50X35S	纯电动客车	3	
	永磁同步电机	TZ2712XSB	2	75/2600/280	100/7500/430	比亚迪汽车工业有限公司	KTZ54X33SC06A;KTZ54X33S	纯电动客车	2528	
	永磁同步电机	TZ365XSA	1	100/1200/800	165/3200/1650	比亚迪汽车工业有限公司	KTZ54X42S6A0	纯电动客车	42	
	永磁同步电机	TZ500XSA	1	135/850/1520	200/3000/2800	比亚迪汽车工业有限公司	KTZ60X46S6A0	纯电动客车	15	
	永磁同步电机	TZ500XSA	1	135/850/1520	200/3000/2800	比亚迪汽车工业有限公司	KTZ60X46S;KTZ60X46SC06A	纯电动客车	95	
西门子电动汽车动力总成系统(上海)有限公司	永磁同步电机	HyFAD	1	25/5000/48	60/11500/160	DELPHI AUTOMOTIVE SYSTEMS LLC	CIDD2	插电式混合动力乘用车	15649	19607
	永磁同步电机	SIVETEC MRS 5500	1	40/4775/80	85/13300/195	西门子电动汽车动力总成系统(上海)有限公司	SIVETEC PES 4200	插电式混合动力乘用车	3958	
杭州杰能动力有限公司	永磁同步电机	JNPMSM320-30	1	30/4000/71	60/7000/180	杭州杰能动力有限公司	JNMCU1501	纯电动乘用车	3	19019
	永磁同步电机	JNPMSM320-30	1	30/4000/72	60/7000/180	杭州杰能动力有限公司	JNMCU1501	纯电动乘用车	6496	
	永磁同步电机	JNPMSM320-30	1	30/4000/72	60/7000/180	杭州杰能动力有限公司	JNMCU1501	纯电动专用车	111	
	永磁同步电机	TZ180XS30H-316	1	30/3000/95	60/8000/180	杭州杰能动力有限公司	KTZ31X23S101	纯电动乘用车	12409	

续上表

电动汽车驱动电机生产企业 Electric Vehicle Drive Motor Manufacturer	电动汽车驱动电机类型 Type for Driving Motor of Electric Vehicle	电动汽车驱动电机型号 Odels for Driving Motor of Electric Vehicle	驱动电机数量（台/辆）Installation Quantity of Driving Motor (Unit/Vehicle)	驱动电机额定功率/转速/转矩（kW/r/min/Nm）/ Rated Power/Speed/ Torque of Drive Motor	驱动电机峰值功率/转速/转矩 Torque of Drive Motor/ Peak power/Speed/ (kW/r/min/Nm)	控制器生产企业 Controller Manufacturing Enterprise	电机控制器型号 Controller Odels for Driving Motor	配套车辆类型 Matching Vehicle Types	2018年配套车型产量x小计（辆）Subtotal Output of Supported Odels in 2018 (Vehicle)	2018年配套车型产量总计（辆）Total Output of Supported Odels in 2018 (Vehicle)
合肥道一动力科技有限公司;珠海英搏尔电气股份有限公司	永磁同步内转子电机;交流感应电动机	TZ210XJH5;Y13120007	1	18/3000/58	45/6500/175;50/7000/200	合肥道一动力科技有限公司;珠海英搏尔电气股份有限公司	KTZ31X22FJH5;MC3903-F	纯电动乘用车	18018	18018
江西江铃集团新能源汽车有限公司	三相交流异步电机	JXMI10A0	1	10/3000/32	20/7000/110	江西江铃集团新能源汽车有限公司	JXCI4012A0	纯电动乘用车	2974	17125
	三相交流异步电机	JXMI15A4	1	15/3000/43	30/7000/130	江西江铃集团新能源汽车有限公司	JXCI7012A15	纯电动乘用车	1797	
	永磁同步电机	JMEV-TB1530AV	1	15/3000/48	35/7000/165	江西江铃集团新能源汽车有限公司	JMEV-MCPCDW002	纯电动乘用车	339	
	永磁同步电机	JMEV-TB1530AW	1	15/3300/43	30/7000/150	江西江铃集团新能源汽车有限公司	JMEV-MCPCDX001	纯电动乘用车	12015	
ZFFriedrichshafenAG	永磁同步电机	GC1P25A	1	32/5000/61/	70/2700/250/	BOSCH	软件:35up;硬件:LEB450D	插电式混合动力乘用车	13413	16438
	永磁同步电机	TZ269XY	1	45/4000/120	100/5000/230	ContinentalAG	KTZ38X45S015	插电式混合动力乘用车	3025	
上海电驱动股份有限公司	永磁同步电机	190TYZ-XS55BG	1	15/5200/27.5	30/7300/95	上海电驱动股份有限公司	软件:R31/硬件:14F49X13G	纯电动乘用车	60	15894
	永磁同步电机	2103AAL	1	21/3000/67	41.8/2660/150	上海电驱动股份有限公司	2142AAF	纯电动乘用车	135	
	永磁同步电机	2103AAL	1	21/3000/67	41.8/8200/150	上海电驱动股份有限公司	2142AAF	纯电动乘用车	335	
	永磁同步电机	2103AAV	1	46/4000/110	90/3100/276	上海电驱动股份有限公司	2142AAQ	纯电动乘用车	6	
	永磁同步电机	2103YAA	1	25/2984/80	55/9000/175	上海电驱动股份有限公司	2142YAA(软件:V L2_06/硬件:H1. 23)	纯电动乘用车	1063	
	永磁同步电机	264TYZ-XS20CA	1	25/2000/100	55/3500/250	上海电驱动股份有限公司	34S21X09D	纯电动专用车	3	
	永磁同步电机	264TYZ-XS25DF	1	60/3183/180	110/9000/350	上海电驱动股份有限公司	264TYZ-XS25DF	纯电动专用车	69	
	永磁同步电机	368TYZ-XIS42AW	1	60/1280/450	100/3000/865	上海电驱动股份有限公司	58S34X28AV	插电式混合动力客车	149	
	永磁同步电机	368TYZ-XS30AZ	1	80/1273/600	140/3000/1200	上海电驱动股份有限公司	58S33X56H	纯电动客车	8	
	永磁同步电机	TZ180XS62BZ	1	18.5/2945/60	35/8500/125	上海电驱动股份有限公司	KTZ33X11S01ZL	纯电动乘用车	2900	
	永磁同步电机	TZ200XS03Z	1	21/3000/67	42/8200/150	上海电驱动股份有限公司	KTZ34X21S20B. mot/KTZ34X21S20B	纯电动乘用车	2086	
	永磁同步电机	TZ230XS02B	1	25/2984/80	55/8350/170	上海电驱动股份有限公司	软件:96000034;硬件:KTZ34S23X21B	纯电动乘用车	1950	
	永磁同步电机	TZ230XS25DT	1	55/2950/180	100/9000/350	上海电驱动股份有限公司	KTZ36X45S04K	燃料电池客车	2	
	永磁同步电机	TZ230XS36EY	1	31/3402/87	90/9350/270	上海电驱动股份有限公司	软件:2196AAB/硬件:KTZ34X41S13P	纯电动乘用车	2211	
	永磁同步电机	TZ230XSXTA	1	25/3089/80	55/9000/170	上海电驱动股份有限公司	KTZ34X23SXTA	纯电动乘用车	2952	
	永磁同步电机	TZ275XS01A	1	40/3350/114	80/12000/228	电装(中国)投资有限公司长春公司	9100510-E08	纯电动乘用车	560	
	永磁同步电机	TZ310XS15AD	1	20/2000/96	55/3500/260	上海电驱动股份有限公司	KTZ58X18S77AV	插电式混合动力专用车	1	
	永磁同步电机	TZ368XSD07	1	65/1500/415	120/4500/1000	苏州汇川技术有限公司	KTZ54X34SZT	纯电动专用车	111	
	永磁同步电机	TZ368XSD12	1	60/1100/521	120/4000/1600	上海电驱动股份有限公司	KTZ54X37SD02	燃料电池专用车	600	
	永磁同步电机	TZ368XSM726F	1	65/1500/415	130/4500/1200	上海电驱动股份有限公司	KTZ54X36SC726F	纯电动专用车	436	
	永磁同步电机	YTD060W23	1	60/1850/310	110/4500/1000	上海电驱动股份有限公司	KTZ50X35S	纯电动专用车	102	
	永磁同步电机	TZ275XS01A	1	40/3350/114	80/12000/228	电装(中国)投资有限公司长春公司	9100510-E08	纯电动乘用车	151	
	永磁同步电机	368TYZ-XIS15N	1	40/1600/240	65/2500/500	上海电驱动股份有限公司	34S22X06XC	插电式混合动力客车	4	

续上表

电动汽车驱动电机生产企业 Electric Vehicle Drive Motor Manufacturer	电动汽车驱动电机类型 Type for Driving Motor of Electric Vehicle	电动汽车驱动电机型号 Odels for Driving Motor of Electric Vehicle	驱动电机数量（台/辆）Installation Quantity of Driving Motor (Unit/Vehicle)	驱动电机额定功率/转速/转矩（kW/r/min/Nm）/ Rated Power/Speed/ Torque of Drive Motor	驱动电机峰值功率/转速/转矩 Torque of Drive Motor/ Peak power/Speed/（kW/r/min/Nm）	控制器生产企业 Controller Manufacturing Enterprise	电机控制器型号 Controller Odels for Driving Motor	配套车辆类型 Matching Vehicle Types	2018年配套车型产量x小计（辆）Subtotal Output of Supported Odels in 2018 (Vehicle)	2018年配套车型产量总计（辆）Total Output of Supported Odels in 2018 (Vehicle)
珠海英搏尔电气股份有限公司	交流感应电机	Y13120001	1	25/3500/68. 2	60/7000/200	珠海英搏尔电气股份有限公司	MC3336-E450	纯电动乘用车	14085	15175
	交流感应电机	Y13120006	1	18/3000/57. 3	40/7500/150	珠海英搏尔电气股份有限公司	MC3336-A850	纯电动乘用车	3	
	交流异步电机	Y13120001	1	25/3500/68. 2	60/7000/200	珠海英搏尔电气股份有限公司	MC3336-E450	纯电动专用车	9	
	交流异步电机	Y13120007	1	18/3000/58	50/7000/200	珠海英搏尔电气股份有限公司	MC3903-F	纯电动专用车	1	
	永磁同步电机	TZ180X15H-320CA	1	15/3500/41	30/7500/120	珠海英搏尔电气股份有限公司	MC3903	纯电动乘用车	1075	
	交流异步电机	Y13120001	1	25/3500/68. 2	60/7000/200	珠海英搏尔电气股份有限公司	MC3336-E450	纯电动专用车	2	
创驱（上海）新能源科技有限公司	永磁同步电机	TZ186XSM01	1	40/3500/110	67/8000/240	创驱（上海）新能源科技有限公司	KTZ33X25SP01	纯电动乘用车	10830	14266
	永磁同步电机	TZ186XSM02	1	30/3016/95	55/10000/220	创驱（上海）新能源科技有限公司	KTZ36X18SP02	纯电动专用车	2110	
	永磁同步电机	TZ186XSM02	1	30/3016/95	55/10000/220	创驱（上海）新能源科技有限公司	KTZ36X18SP02	纯电动乘用车	519	
	永磁同步电机	TZ186XSM03	1	40/3500/110	90/10000/245	创驱（上海）新能源科技有限公司	KTZ33X28SP01	纯电动乘用车	807	
大众汽车自动变速器（天津）有限公司	永磁同步电机	EBB	1	55/3090/170	85/6200/330	联合汽车电子有限公司	KTZ 32 X 45 S	插电式混合动力乘用车	14036	14036
蔚然（南京）动力科技有限公司	交流异步电机；交流异步电机	前：YS240S001；后 YS240S001	2	前：60/5500/120；后：60/5500/120	前：240/15000/420；后：240/15000/420	前：蔚然（南京）动力科技有限公司昆山分公司；后：蔚然（南京）动力科技有限公司昆山分公司	前：KYS3593S001；后：KYS3593S001	纯电动乘用车	12570	12570
重庆长安新能源汽车有限公司	交流电机	264TYZ-XS14BA	1	45/3500/123	90/10000/280	重庆长安新能源汽车有限公司	34S42X01AX	纯电动乘用车	1	11674
	永磁同步电机	264TYZ-XS14BA	1	45/3500/123	90/10000/280	重庆长安新能源汽车有限公司	34S42X01AX	纯电动乘用车	2147	
	永磁同步电机	XTDM03	1	20/3000/25	55/9500/170	重庆长安新能源汽车有限公司	XIPU04	纯电动乘用车	5418	
	永磁同步电机	XTDM06	1	20/3000/25	55/10600/170	重庆长安新能源汽车有限公司	XIPU04	纯电动乘用车	2942	
	永磁同步电机	XTDM06	1	20/3000/25	55/10600/170	重庆长安新能源汽车有限公司	XIPU04	纯电动乘用车	1166	
北京博格华纳汽车传动器有限公司	永磁同步电机	TZ242XS002	1	45/4000/105	120/11000/280	联合汽车电子有限公司	KTZ34X19SXXX	纯电动乘用车	5613	11235
	永磁同步电机	TZ242XS003	1	50/4500/105	125/10600/315	苏州汇川技术有限公司	KTZ34X45SWM	纯电动乘用车	2	
	永磁同步电机	TZ242XS003	1	60/4500/127	160/10600/315	苏州汇川技术有限公司	KTZ34X45SWM	纯电动乘用车	5617	
	永磁同步电机	TZ242XS003	1	60/4500/127	160/10600/315	苏州汇川技术有限公司	KTZ38X45SWM	纯电动乘用车	3	
合肥道一动力科技有限公司	永磁同步电机	JEETZ260XS7545JH04	1	60/1400/400	120/4500/750	合肥道一动力科技有限公司	JEEKTZ36X48S01JH04	纯电动专用车	508	10286
	永磁同步电机	TZ200XSJH6	1	30/3000/96	85/9000/270	合肥道一动力科技有限公司	KTZ33X50SJH6	纯电动乘用车	151	
	永磁同步电机	TZ200XSJH6；TZ220XSJHG	1	30/3000/96	85/9000/270；92/9000/270	合肥道一动力科技有限公司	KTZ33X50SJH6；KTZ33X36JHG	纯电动乘用车	1474	
	永磁同步电机	TZ200XSJH7	1	25/3000/80	50/7200/220	合肥道一动力科技有限公司	KTZ31X30SJH7	纯电动专用车	243	
	永磁同步电机	TZ200XSJHB	1	20/3000/64	50/7500/215	合肥道一动力科技有限公司	KTZ35X23SJHB	纯电动乘用车	30	
	永磁同步电机	TZ200XSJHC	1	36/3000/115	80/8500/270	合肥道一动力科技有限公司	KTZ31X35SJHC	纯电动专用车	854	
	永磁同步电机	TZ220XSJH9	1	40/3000/130	110/11000/330	合肥道一动力科技有限公司	KTZ32X45SJH9	纯电动乘用车	422	

续上表

电动汽车驱动电机生产企业 Electric Vehicle Drive Motor Manufacturer	电动汽车驱动电机类型 Type for Driving Motor of Electric Vehicle	电动汽车驱动电机型号 Odels for Driving Motor of Electric Vehicle	驱动电机数量（台/辆）Installation Quantity of Driving Motor (Unit/Vehicle)	驱动电机额定功率/转速/转矩（kW/r/min/Nm）/ Rated Power/Speed/ Torque of Drive Motor	驱动电机峰值功率/转速/转矩 Torque of Drive Motor/ Peak power/Speed/ （kW/r/min/Nm）	控制器生产企业 Controller Manufacturing Enterprise	电机控制器型号 Controller Odels for Driving Motor	配套车辆类型 Matching Vehicle Types	2018年配套车型产量x小计（辆）Subtotal Output of Supported Odels in 2018 (Vehicle)	2018年配套车型产量总计（辆）Total Output of Supported Odels in 2018 (Vehicle)
合肥道一动力科技有限公司	永磁同步电机	TZ220XSJH9	1	40/3000/130	110/11000/330	合肥道一动力科技有限公司	KTZ32X45SJH9	纯电动专用车	114	10286
	永磁同步电机	TZ260XSJH8	1	60/1042/550	110/4100/950	合肥道一动力科技有限公司	KTZ51X49JH8	纯电动专用车	14	
	永磁同步电机	TZ260XSJH8;TZ260XSJHD	1	60/1042/550;60/1432/400	110/4100/950	合肥道一动力科技有限公司	KTZ51X49JH8;KTZ53X49JHD	纯电动专用车	303	
	永磁同步内转子电机	TZ200XSJH6	1	30/3000/96	85/9000/270	合肥道一动力科技有限公司	KTZ33X50SJH6	纯电动乘用车	5051	
	永磁同步内转子电机	TZ200XSJH6;TZ200XSJHE	1	30/3000/96	85/9000/270;88/9000/275	合肥道一动力科技有限公司	KTZ33X50SJH6;KTZ33X34SJHE	纯电动乘用车	1122	
东风电动车辆股份有限公司	永磁同步电机	TZ228XS001	1	42/4000/100	90/10000/260	东风电动车辆股份有限公司	KTZ34X50SB005	纯电动乘用车	9092	10213
	永磁同步电机	TZ228XS007	1	42/4000/100	110/10000/260	东风电动车辆股份有限公司	KTZ34X50SB018	纯电动乘用车	1059	
	永磁同步电机	TZ260XSC21	1	25/1000/240	48/4000/480	东风电动车辆股份有限公司	KTZ34X34SC21	纯电动专用车	56	
	永磁同步电机	TZ342XSC41	1	60/1800/318	100/3600/955	东风电动车辆股份有限公司	KTZ54X34SC41	纯电动专用车	6	
湖南中车时代电动汽车股份有限公司	永磁同步电机	TZ250XSD17	1	40/1900/201	90/6000/450	湖南中车时代电动汽车股份有限公司	KTZ38X40SP05	纯电动专用车	4	9535
	永磁同步电机	TZ290XSD15	1	60/1600/358	100/3600/1000	湖南中车时代电动汽车股份有限公司	KTZ38X40SP05	纯电动专用车	1393	
	永磁同步电机	TZ290XSD15	1	60/1600/358	100/3600/1000	湖南中车时代电动汽车股份有限公司	KTZ38X40SP05	燃料电池客车	1	
	永磁同步电机	TZ405XSD11	1	80/800/955	135/3000/2000	湖南中车时代电动汽车股份有限公司	KTZ38X40SP05;KTZ38X40SP25	纯电动客车	24	
	永磁同步牵引电机	TZ290XSD15	1	60/1600/358	100/3600/1000	湖南中车时代电动汽车股份有限公司	KTZ38X40SP02 S1.0;KTZ38X40SP02	纯电动专用车	6	
	永磁同步牵引电机	TZ405XSD23	1	100/900/1057	150/3000/2500	湖南中车时代电动汽车股份有限公司	KTZ38X40SP01-S1.0;KTZ38X40SP01	纯电动客车	7	
	永磁同步电机	JD189	1	235/1100/2040	300/2600/3500	湖南中车时代电动汽车股份有限公司	KTZ54X60SP07-S1.0/KTZ54X60SP07	纯电动客车	8	
	永磁同步电机	TZ190XS024	1	40/3472/110	80/10000/300	湖南中车时代电动汽车股份有限公司	KTZ54X32SP22	纯电动专用车	300	
	永磁同步电机	TZ290XS007	1	80/1250/611	150/3000/1500	湖南中车时代电动汽车股份有限公司	KTZ54X40SP5S	纯电动客车	240	
	永磁同步电机	TZ290XS08F	1	60/1800/318	100/4500/850	湖南中车时代电动汽车股份有限公司	KTZ54X45SP22	纯电动专用车	25	
	永磁同步电机	TZ290XSD15	1	60/1600/358	100/3600/1000	湖南中车时代电动汽车股份有限公司	KTZ38X40SP25	纯电动客车	1	
	永磁同步电机	TZ290XSD15	1	60/1600/358	100/3600/1000	湖南中车时代电动汽车股份有限公司	KTZ38X40SP25-S1.0;KTZ38X40SP25	纯电动客车	2	
	永磁同步电机	TZ330XS002	1	100/900/1061	200/2400/3100	湖南中车时代电动汽车股份有限公司	KTZ38X40SP25-S1.0;KTZ38X40SP25	纯电动客车	200	
	永磁同步电机	TZ330XS004	1	60/2865/200	120/4500/500	湖南中车时代电动汽车股份有限公司	KTZ38X40SP05	燃料电池客车	30	
	永磁同步电机	TZ330XSD16	1	100/2800/340	150/7500/1000	湖南中车时代电动汽车股份有限公司	KTZ38X40SP05	纯电动客车	119	
	永磁同步电机	TZ330XSD16	1	100/2800/340	150/7500/1000	湖南中车时代电动汽车股份有限公司	KTZ38X40SP25-S1.0/KTZ38X40SP25	纯电动客车	2002	
	永磁同步电机	TZ390XS007	1	70/1200/557	135/3500/1500	湖南中车时代电动汽车股份有限公司	KTZ54X40SP05	纯电动客车	474	
	永磁同步电机	TZ400XS021	1	165/1650/955	240/3300/3200	湖南中车时代电动汽车股份有限公司	KTZ38X40SP25-S1.0/KTZ38X40SP25	纯电动客车	2	
	永磁同步电机	TZ405XSD11	1	80/800/955	135/3000/2000	湖南中车时代电动汽车股份有限公司	KTZ38X40SP25	纯电动客车	61	
	永磁同步电机	TZ405XSD11	1	80/800/955	135/3000/2000	湖南中车时代电动汽车股份有限公司	KTZ38X40SP25-S1.0/KTZ38X40SP25	纯电动客车	1542	
	永磁同步电机	TZ405XSD11	1	80/900/850	135/3000/2000	湖南中车时代电动汽车股份有限公司	KTZ38X40SP05	纯电动客车	63	

续上表

电动汽车驱动电机生产企业 Electric Vehicle Drive Motor Manufacturer	电动汽车驱动电机类型 Type for Driving Motor of Electric Vehicle	电动汽车驱动电机型号 Odels for Driving Motor of Electric Vehicle	驱动电机数量（台/辆）Installation Quantity of Driving Motor（Unit/Vehicle）	驱动电机额定功率/转速/转矩（kW/r/min/Nm）/ Rated Power/Speed/ Torque of Drive Motor	驱动电机峰值功率/转速/转矩 Torque of Drive Motor/ Peak power/Speed/（kW/r/min/Nm）	控制器生产企业 Controller Manufacturing Enterprise	电机控制器型号 Controller Odels for Driving Motor	配套车辆类型 Matching Vehicle Types	2018 年配套车型产量 x 小计（辆）Subtotal Output of Supported Odels in 2018（Vehicle）	2018 年配套车型产量总计（辆）Total Output of Supported Odels in 2018（Vehicle）
湖南中车时代电动汽车股份有限公司	永磁同步电机	TZ405XSD17	1	150/1200/1194	200/3500/3000	湖南中车时代电动汽车股份有限公司	KTZ54X40SP01-S1.0/KTZ54X40SP01	纯电动客车	53	9535
	永磁同步电机	TZ405XSD17	1	150/1200/1194	200/3500/3000	湖南中车时代电动汽车股份有限公司	KTZ54X60SP07	纯电动客车	181	
	永磁同步电机	TZ405XSD23	1	100/900/1057	150/3000/2500	湖南中车时代电动汽车股份有限公司	KTZ38X40SP05	纯电动客车	65	
	永磁同步电机	TZ405XSD23	1	100/900/1057	150/3000/2500	湖南中车时代电动汽车股份有限公司	KTZ38X40SP25	纯电动客车	398	
	永磁同步电机	TZ405XSD23	1	100/900/1057	150/3000/2500	湖南中车时代电动汽车股份有限公司	KTZ38X40SP25	插电式混合动力客车	51	
	永磁同步电机	TZ405XSD23	1	100/900/1057	150/3000/2500	湖南中车时代电动汽车股份有限公司	KTZ38X40SP25-S1.0；KTZ38X40SP25	纯电动客车	842	
	永磁同步电机	TZ405XSD23	1	100/900/1057	150/3000/2500	湖南中车时代电动汽车股份有限公司	KTZ38X40SP25-S1.0；KTZ38X40SP25	插电式混合动力客车	5	
	永磁同步电机	TZ405XSD23	1	100/900/1057	150/3000/2500	湖南中车时代电动汽车股份有限公司	KTZ54X60SP07	纯电动客车	58	
	永磁同步电机	TZ405XSD23	1	100/900/1057	150/3000/2500	湖南中车时代电动汽车股份有限公司	KTZ54X60SP07	燃料电池客车	1	
	永磁同步电机	TZ405XSD23	1	80/700/1091	150/2400/2500	湖南中车时代电动汽车股份有限公司	KTZ54X40SP5S	纯电动客车	314	
	永磁同步电机	TZ405XSD31	1	100/900/1061	200/2400/2650	湖南中车时代电动汽车股份有限公司	KTZ38X40SP25-S1.0/KTZ38X40SP25	纯电动客车	290	
	永磁同步电机	TZ405XSD33	1	120/800/1433	180/2400/2500	湖南中车时代电动汽车股份有限公司	KTZ54X40SP05	纯电动客车	15	
	永磁同步电机	TZ450XF185	1	120/1000/1150	180/3000/3000	湖南中车时代电动汽车股份有限公司	KTZ60H45F108	纯电动客车	33	
	永磁同步牵引电机	TZ290XSD15	1	60/1600/358	100/3600/1000	湖南中车时代电动汽车股份有限公司	KTZ38X40SP05	纯电动专用车	1	
	永磁同步牵引电机	TZ405XS001	1	90/900/955	165/3000/2000	湖南中车时代电动汽车股份有限公司	KTZ38X40SP05	纯电动客车	343	
	永磁同步牵引电机	TZ405XSD23	1	100/900/1057	150/3000/2500	湖南中车时代电动汽车股份有限公司	KTZ38X40SP25-S1.0；KTZ38X40SP25	插电式混合动力客车	145	
	永磁同步牵引电机	TZ405XSD23	1	100/900/1057	150/3000/2500	湖南中车时代电动汽车股份有限公司	KTZ38X40SP25-S1.0；KTZ38X40SP25	纯电动客车	110	
	永磁同步牵引电机	TZ405XSD23	1	100/900/1057	150/3000/2500	湖南中车时代电动汽车股份有限公司	KTZ54X60SP07	纯电动客车	20	
	永磁同步牵引电机	TZ405XSD31	1	100/900/1061	200/2400/2650	湖南中车时代电动汽车股份有限公司	KTZ38X40SP25-S1.0/KTZ38X40SP25	插电式混合动力客车	105	
	永磁同步牵引电机	TZ290XSD15	1	60/1600/358	100/3600/1000	湖南中车时代电动汽车股份有限公司	KTZ38X40SP02	纯电动客车	1	
合肥巨一动力系统有限公司；奇瑞新能源汽车技术有限公司	永磁同步电机	2103AAT；112AAC	1	15.5/2500/59	30/2387/120	合肥巨一动力系统有限公司；奇瑞新能源汽车技术有限公司	2142AAN；112AAD	纯电动乘用车	9290	9290
NISSAN	永磁同步电机	TZ200XS5UR	1	70/6380/105	80/3008/254	NISSAN	KTZ30X40S5UR	纯电动乘用车	8992	8992
领途汽车有限公司	永磁同步电机	TZ210XSK1G	1	21/3000/67	42/8200/150	领途汽车有限公司	KTZ31X20SE9H	纯电动乘用车	8515	8515
珠海英搏尔电气股份有限公司；合肥道一动力科技有限公司	交流感应电动机；永磁同步内转子电机	Y13120008；TZ200XSJHB	1	20/3000/64	50/7500/215	珠海英搏尔电气股份有限公司；合肥道一动力科技有限公司	MC3903-W；KTZ35X23SJHB	纯电动乘用车	8505	8505
BMW	永磁同步电机	IA1P16B	1	28/8000/33.4	70/4000/165	DELPHI	LEB452D	插电式混合动力乘用车	8183	8183
南京金龙客车制造有限公司	永磁同步电机	CM1075L140	1	90/2150/400	140/6000/781	南京金龙客车制造有限公司	SD1060L150	纯电动专用车	174	8034
	永磁同步电机	CM4020L060	1	36/4220/81.5	70/9000/230	南京金龙客车制造有限公司	SD2065L060	纯电动专用车	5	

续上表

电动汽车驱动电机生产企业 Electric Vehicle Drive Motor Manufacturer	电动汽车驱动电机类型 Type for Driving Motor of Electric Vehicle	电动汽车驱动电机型号 Odels for Driving Motor of Electric Vehicle	驱动电机数量（台/辆）Installation Quantity of Driving Motor (Unit/Vehicle)	驱动电机额定功率/转速/转矩（kW/r/min/Nm）/ Rated Power/Speed/Torque of Drive Motor	驱动电机峰值功率/转速/转矩 Torque of Drive Motor/Peak power/Speed/（kW/r/min/Nm）	控制器生产企业 Controller Manufacturing Enterprise	电机控制器型号 Controller Odels for Driving Motor	配套车辆类型 Matching Vehicle Types	2018年配套车型产量x小计（辆）Subtotal Output of Supported Odels in 2018 (Vehicle)	2018年配套车型产量总计（辆）Total Output of Supported Odels in 2018 (Vehicle)
南京金龙客车制造有限公司	永磁同步电机	NJJL60-38-1	1	60/1600/358	110/3500/1000	南京金龙客车制造有限公司	NJJL160-40-1	纯电动客车	2	8034
	永磁同步电机	NJL-DJ01	1	80/1800/450	140/3000/1200	南京金龙客车制造有限公司	NJL-DJKZQ01	燃料电池客车	11	
	永磁同步电机	TZ208XS100	1	58/2400/230	100/6000/500	南京金龙客车制造有限公司	KTZ36X44S100	纯电动专用车	126	
	永磁同步电机	TZ208XS103	1	55/3280/160	100/10000/310	南京金龙客车制造有限公司	KTZ35X34S103	纯电动专用车	1238	
	永磁同步电机	TZ208XS103	1	55/3280/160	100/10000/310	南京金龙客车制造有限公司	KTZ35X34S103	纯电动客车	630	
	永磁同步电机	TZ208XS103;TZ230XSR9E	1	55/3280/160;55/3280/160	100/10000/310;100/10000/310	南京金龙客车制造有限公司	KTZ35X34S103;KTZ35X45SG4H	纯电动专用车	8	
	永磁同步电机	TZ208XS104	1	36/4220/81.5	70/9000/230	南京金龙客车制造有限公司	KTZ32X30S104	纯电动乘用车	2084	
	永磁同步电机	TZ208XS104	1	36/4220/81.5	70/9000/230	南京金龙客车制造有限公司	KTZ32X30S104	纯电动专用车	110	
	永磁同步电机	TZ368XSNL5	1	80/1900/400	125/7000/660	南京金龙客车制造有限公司	KTZ53X28SNL5	插电式混合动力客车	5	
	永磁同步电机	TZ370XSK00	1	75/2000/350	120/5000/850	南京金龙客车制造有限公司	KTZ54X35SK00	纯电动专用车	1	
	永磁同步电机	TZ370XSK00;TZ327XS15A	1	75/2000/350;75/2300/295	120/5000/850;140/5500/710	南京金龙客车制造有限公司	KTZ54X35SK00;KTZ54X36S15A	纯电动专用车	1	
	永磁同步电机	TZ380XSA10	1	60/1300/440	100/3500/1000	南京金龙客车制造有限公司	KTZ54X41SAA87	纯电动客车	96	
	永磁同步电机	TZ430XSNL6	1	80/1400/545	150/3500/1700	南京金龙客车制造有限公司	KTZ54X42SNL6	纯电动客车	1280	
	永磁同步电机	TZ430XSNL6	1	80/1400/545	150/3500/1700	南京金龙客车制造有限公司	KTZ54X42SNL6	燃料电池客车	24	
	永磁同步电机	TZ430XSNL6	1	80/1400/545	150/3500/1700	南京金龙客车制造有限公司	KTZ54X42SNL6	纯电动专用车	1	
	永磁同步电机	TZ450XSNL7	1	120/1200/955	200/3000/2800	南京金龙客车制造有限公司	KTZ54X55SNL7	纯电动客车	2238	
东风汽车电气有限公司;武汉乐创世纪科技有限公司	永磁同步电机	TZ205XS001;TZ205XS001	1;1	30/4000/72;30/4000/72	60/9000/200;60/9000/200	东风汽车电气有限公司;武汉乐创世纪科技有限公司	KTZ30X30S003;KTZ30X30S003	纯电动乘用车	7292	7292
上海电驱动股份有限公司;奇瑞安川电驱动系统有限公司	永磁同步电机	2103AAV(上海电驱动;112AAA(安川)	1	46/4000/110(上海电驱动);40/3183/120(安川)	90/3100/276(上海电驱动);95/3629/250(安川)	上海电驱动股份有限公司;奇瑞安川电驱动系统有限公司	2142AAQ(上海电驱动);112AAB(安川)	纯电动乘用车	988	7185
	永磁同步电机	2103AAV;112AAA	1	46/4000/110;40/3183/120	90/3100/276;95/3629/250	上海电驱动股份有限公司;奇瑞安川电驱动系统有限公司	2142AAQ;112AAB	纯电动乘用车	6197	
山东德洋电子科技有限公司;上海电驱动股份有限公司	永磁同步电机	DY-PMSM-144-15B; 190TYZ-XS54BF	1;1	15/6000/24;15/3450/41.5	30/7100/95;30/7250/85	山东德洋电子科技有限公司;上海电驱动股份有限公司	DY-PMSM-144-400B;07F64X11G	纯电动乘用车	2008	7148
	永磁同步电机	TZ175X15DYA;190TYZ-XS54BF	1;1	15/5200/27.5;15/3450/41.5	30/7200/90;30/7250/85	山东德洋电子科技有限公司;上海电驱动股份有限公司	KTZ14X45DYA;07F64X11G	纯电动乘用车	4900	
	永磁同步电机	TZ175X15DYL;190TYZ-XS55BG	1;1	15/5200/27.5;15/5200/27.5	30/7300/95;30/7300/95	山东德洋电子科技有限公司;上海电驱动股份有限公司	软件: R10/硬件: KTZ14X45DYL; 软件: R31/硬件:14F49X13G	纯电动乘用车	240	
苏州绿控传动科技有限公司	永磁同步电机	TZ370XS-LKM1102	1	80/1270/500	160/4500/1100	苏州汇川技术有限公司	IEVD169-54Z100BL-LK-C	纯电动专用车	20	7111
	三相交流同步电机	TZ370XS-LKM1101	1	80/1270/600	160/4500/1100	苏州绿控传动科技有限公司	KTZ54X45S-LKC1101	纯电动客车	3	
	永磁同步电机	GC-TM1000-05	1	80/1280/600	135/3500/1000	苏州绿控传动科技有限公司	GC-CU1000-05	插电式混合动力客车	20	
	永磁同步电机	GC-TM1000-05	1	80/1280/600	135/3500/1000	苏州绿控传动科技有限公司	TC1782-TM/GC-CU1000-05	插电式混合动力客车	78	

续上表

电动汽车驱动电机生产企业 Electric Vehicle Drive Motor Manufacturer	电动汽车驱动电机类型 Type for Driving Motor of Electric Vehicle	电动汽车驱动电机型号 Odels for Driving Motor of Electric Vehicle	驱动电机数量(台/辆) Installation Quantity of Driving Motor (Unit/Vehicle)	驱动电机额定功率/转速/转矩(kW/r/min/Nm)/ Rated Power/Speed/Torque of Drive Motor	驱动电机峰值功率/转速/转矩 Torque of Drive Motor/Peak power/Speed/(kW/r/min/Nm)	控制器生产企业 Controller Manufacturing Enterprise	电机控制器型号 Controller Odels for Driving Motor	配套车辆类型 Matching Vehicle Types	2018年配套车型产量x小计(辆) Subtotal Output of Supported Odels in 2018 (Vehicle)	2018年配套车型产量总计(辆) Total Output of Supported Odels in 2018 (Vehicle)
苏州绿控传动科技有限公司	永磁同步电机	GC-TM1000-07	1	80/1280/600	135/3500/1000	苏州绿控传动科技有限公司	GC-CU1000-07	插电式混合动力客车	521	7111
	永磁同步电机	GC-TM100-01	1	100/1600/600	130/3000/850	苏州绿控传动科技有限公司	LK V1.2 2013_9_26 223010269813/GC-CU100-01	插电式混合动力客车	18	
	永磁同步电机	GC-TM1300-01	1	100/1270/750	185/3500/1300	苏州绿控传动科技有限公司	GC-CU1300-01	纯电动客车	236	
	永磁同步电机	GC-TM1300-01	1	100/1270/750	185/3500/1300	苏州绿控传动科技有限公司	GC-CU1300-01	纯电动专用车	1	
	永磁同步电机	GC-TM1700-01	1	80/1020/750	130/2500/1700	苏州绿控传动科技有限公司	GC-CU1700-01	纯电动客车	10	
	永磁同步电机	GC-TM450-02	1	60/1910/300	120/5500/450	苏州绿控传动科技有限公司	GC-CU450-02	纯电动客车	2	
	永磁同步电机	GC-TM450-02	1	60/1910/300	120/5500/450	苏州绿控传动科技有限公司	GC-CU450-02	纯电动专用车	1	
	永磁同步电机	GC-TM750-01	1	75/2000/350	130/5000/750	苏州绿控传动科技有限公司	GC-CU750-01	纯电动专用车	5	
	永磁同步电机	GC-TM750-02	1	75/2000/350	130/5000/750	苏州绿控传动科技有限公司	GC-CU750-02	插电式混合动力客车	41	
	永磁同步电机	GC-TM750-03	1	75/2000/350	130/5000/750	苏州绿控传动科技有限公司	GC-CU750-03	插电式混合动力客车	49	
	永磁同步电机	GC-TM750-03	1	75/2000/350	130/5000/750	苏州绿控传动科技有限公司	GC-CU750-03	纯电动客车	1	
	永磁同步电机	GC-TM750-06	1	75/2000/350	120/5000/750	苏州绿控传动科技有限公司	0X237519/GC-CU750-06	纯电动客车	20	
	永磁同步电机	GC-TM750-06	1	75/2000/350	120/5000/750	苏州绿控传动科技有限公司	GC-CU750-06	纯电动客车	216	
	永磁同步电机	GC-TM750-06	1	75/2000/350	120/5000/750	苏州绿控传动科技有限公司	GC-CU750-06	纯电动专用车	16	
	永磁同步电机	TZ230XS-LKM0171	1	20/3000/87	55/9500/170	苏州绿控传动科技有限公司	KTZ30X23S-LKC0171	纯电动乘用车	712	
	永磁同步电机	TZ230XS-LKM0231	1	35/3038/110	70/6000/230	苏州绿控传动科技有限公司	KTZ54X30S-LKC0231	纯电动专用车	5	
	永磁同步电机	TZ230XS-LKM0352	1	55/3040/180	120/6000/350	苏州绿控传动科技有限公司	KTZ54X35S-LKC0352	纯电动专用车	30	
	永磁同步电机	TZ230XS-LKM0381	1	55/2626/200	120/6000/380	苏州绿控传动科技有限公司	KTZ54X35S-LKC0381	纯电动专用车	81	
	永磁同步电机	TZ310XS-LKM0501	1	60/1910/300	120/5000/500	苏州绿控传动科技有限公司	KTZ54X35S-LKC0501	纯电动专用车	984	
	永磁同步电机	TZ310XS-LKM0501	1	60/1910/300	120/5000/500	苏州绿控传动科技有限公司	KTZ54X35S-LKC0501	纯电动客车	478	
	永磁同步电机	TZ310XS-LKM0502	1	60/1910/300	120/5000/500	苏州绿控传动科技有限公司	KTZ54X35S-LKC0502	纯电动客车	52	
	永磁同步电机	TZ310XS-LKM0502	1	60/1910/300	120/5000/500	苏州绿控传动科技有限公司	KTZ54X35S-LKC0502	燃料电池专用车	1	
	永磁同步电机	TZ370XS-LKM0757	1	60/1637/350	120/5000/750	深圳市蓝海华腾技术股份有限公司	KTZ54X45S-LKC0757	燃料电池客车	200	
	永磁同步电机	TZ370XS-LKM0757	1	60/1637/350	120/5000/750	深圳市蓝海华腾技术股份有限公司	KTZ54X45S-LKC0757	燃料电池专用车	70	
	永磁同步电机	TZ370XS-LKM0758	1	60/1637/350	120/5000/750	武汉合康动力技术有限公司	KTZ54X45S-LKC0758	燃料电池专用车	100	
	永磁同步电机	TZ370XS-LKM0851	1	75/2000/350	120/5000/850	深圳市蓝海华腾技术股份有限公司	KTZ54X35S-LKC0851	纯电动专用车	1089	
	永磁同步电机	TZ370XS-LKM1101	1	80/1270/600	160/4500/1100	苏州绿控传动科技有限公司	8C17/KTZ54X45S-LKC1101	纯电动客车	22	
	永磁同步电机	TZ370XS-LKM1101	1	80/1270/600	160/4500/1100	苏州绿控传动科技有限公司	E595/KTZ54X45S-LKC1101	纯电动客车	1	
	永磁同步电机	TZ370XS-LKM1101	1	80/1270/600	160/4500/1100	苏州绿控传动科技有限公司	KTZ54X45S-LKC1101	纯电动客车	881	
	永磁同步电机	TZ370XS-LKM1101	1	80/1270/600	160/4500/1100	苏州绿控传动科技有限公司	KTZ54X45S-LKC1101	纯电动专用车	78	

续上表

电动汽车驱动电机生产企业 Electric Vehicle Drive Motor Manufacturer	电动汽车驱动电机类型 Type for Driving Motor of Electric Vehicle	电动汽车驱动电机型号 Odels for Driving Motor of Electric Vehicle	驱动电机数量（台/辆）Installation Quantity of Driving Motor（Unit/Vehicle）	驱动电机额定功率/转速/转矩（kW/r/min/Nm）/ Rated Power/Speed/ Torque of Drive Motor	驱动电机峰值功率/转速/转矩 Torque of Drive Motor/ Peak power/Speed/（kW/r/min/Nm）	控制器生产企业 Controller Manufacturing Enterprise	电机控制器型号 Controller Odels for Driving Motor	配套车辆类型 Matching Vehicle Types	2018年配套车型产量x小计（辆）Subtotal Output of Supported Odels in 2018（Vehicle）	2018年配套车型产量总计（辆）Total Output of Supported Odels in 2018（Vehicle）
苏州绿控传动科技有限公司	永磁同步电机	TZ370XS-LKM1101	1	80/1270/600	160/4500/1100	苏州绿控传动科技有限公司	KTZ54X45S-LKC1101	燃料电池客车	8	7111
	永磁同步电机	TZ370XS-LKM1702	1	80/1020/750	150/3000/1700	苏州绿控传动科技有限公司	KTZ54X40S-LKC1702	纯电动客车	285	
	永磁同步电机	TZ370XS-LKM1702	1	80/750/1020	150/3000/1700	苏州绿控传动科技有限公司	KTZ54X40S-LKC1702	纯电动客车	35	
	永磁同步电机	TZ370XS-LKM1703	1	80/1020/750	150/3000/1700	深圳市蓝海华腾技术股份有限公司	KTZ54X40S-LKC1703	纯电动客车	27	
	永磁同步电机	TZ370XS-LKM2102	1	85/900/900	160/3500/2100	苏州绿控传动科技有限公司	KTZ54X45S-LKC2102	纯电动客车	36	
	永磁同步电机	TZ370XS-LKM2103	1	85/900/900	160/3500/2100	深圳市蓝海华腾技术股份有限公司	KTZ54X45S-LKC2103	纯电动客车	151	
	永磁同步电机	TZ410XS-LKM2501	1	130/950/1300	250/3000/2500	苏州绿控传动科技有限公司	KTZ54X70S-LKC2501	纯电动客车	3	
	永磁同步电机	TZ410XS-LKM2501	1	130/950/1300	250/3000/2500	苏州绿控传动科技有限公司	KTZ54X70S-LKC2501	燃料电池客车	1	
	永磁同步电机	TZ410XS-LKM2502	1	130/950/1300	250/3000/2500	苏州绿控传动科技有限公司	KTZ54X58S-LKC2502	纯电动客车	332	
	永磁同步直流电机	TZ370XS-LKM1702	1	80/1020/750	150/3000/1700	苏州绿控传动科技有限公司	KTZ54X40S-LKC1702	纯电动客车	191	
永康市斯科若电器有限公司	交流异步电机	SCRMP18U2	1	18/4000/43	35/8000/165	永康市斯科若电器有限公司	SCRMCU02. V3. 14/SCRCI50U2	纯电动乘用车	1803	6970
	交流异步电机	YS220H020	1	21/3500/53	49/7000/175	永康市斯科若电器有限公司	KYS16H40F020	纯电动乘用车	3771	
	交流异步电机	YS220H020	1	21/3500/53	49/7000/175	永康市斯科若电器有限公司	SCRMCU02. V3. 14	纯电动乘用车	400	
	交流异步电机	YS220H020	1	21/3500/53	49/7000/175	永康市斯科若电器有限公司	SCRMCU02. V3. 14；KYS16H40F020	纯电动乘用车	996	
武汉乐创世纪科技有限公司	永磁同步电机	TZ205XS001	1	30/4000/72	60/9000/200	武汉乐创世纪科技有限公司	KTZ30X30S003	纯电动乘用车	12	6963
	永磁同步电机	TZ210XK82	1	20/3200/60	40/7300/200	武汉乐创世纪科技有限公司	KTZ32X20F2H	纯电动专用车	8	
	永磁同步电机	TZ228XS005	1	45/4000/108	100/10000/260	武汉乐创世纪科技有限公司	KTZ34X48S202	纯电动乘用车	6073	
	永磁同步电机	TZ300XS003	1	60/1640/350	92/4500/750	武汉乐创世纪科技有限公司	KTZ36X36SV16A	纯电动专用车	6	
	永磁同步电机	TZ300XS006	1	70/1640/410	110/4500/800	武汉乐创世纪科技有限公司	KTZ54X34S04	纯电动专用车	864	
珠海银隆电器有限公司	六相永磁同步电机	YLP-MP135-WPTL	1	150/900/1600	245/3000/3400	珠海银隆电器有限公司	YLP-CP260-WPTL	纯电动客车	100	6854
	永磁同步电机	YLP-HMP100-W	1	100/868/1100	200/3350/2800	珠海银隆电器有限公司	YLP-HCP200-W	纯电动客车	629	
	永磁同步电机	YLP-HMP100-WPTL	1	100/868/1100	200/2700/2500	珠海银隆电器有限公司	YLP-HCP150-WPTL	纯电动客车	44	
	永磁同步电机	YLP-HMP100-WZC	1	100/1200/796	150/3000/2200	珠海银隆电器有限公司	YLP-HCP120-WZC	纯电动客车	1110	
	永磁同步电机	YLP-HMP115-WJJ	1	115/965/1140	180/2600/2800	珠海银隆电器有限公司	YLP-HCP150-WJJ	纯电动客车	131	
	永磁同步电机	YLP-HMP120-WJJ	1	120/1005/1140	200/2600/2800	珠海银隆电器有限公司	YLP-HCP215-WJJ	纯电动客车	493	
	永磁同步电机	YLP-HMP150-W	1	100/800/1250	200/3000/2800	珠海银隆电器有限公司	YLP-HCP200-W	纯电动客车	15	
	永磁同步电机	YLP-HMP150-WKB	1	100/800/1200	200/2600/2800	珠海银隆电器有限公司	YLP-HCP150-WKBJ	纯电动客车	336	
	永磁同步电机	YLP-HMP60-W	1	60/1640/350	100/4500/750	珠海银隆电器有限公司	YLP-HCP160-W	纯电动专用车	242	
	永磁同步电机	YLP-HMP90-W	1	90/760/1140	150/3000/2000	珠海银隆电器有限公司	YLP-HCP120-W	纯电动客车	209	
	永磁同步电机	YLP-HMP90-WHT	1	85/1050/773	150/2800/2200	珠海银隆电器有限公司	YLP-HCP120-WHT	纯电动客车	173	

续上表

电动汽车驱动电机生产企业 Electric Vehicle Drive Motor Manufacturer	电动汽车驱动电机类型 Type for Driving Motor of Electric Vehicle	电动汽车驱动电机型号 Odels for Driving Motor of Electric Vehicle	驱动电机数量（台/辆）Installation Quantity of Driving Motor（Unit/Vehicle）	驱动电机额定功率/转速/转矩（kW/r/min/Nm）/ Rated Power/Speed/Torque of Drive Motor	驱动电机峰值功率/转速/转矩 Torque of Drive Motor/Peak power/Speed/（kW/r/min/Nm）	控制器生产企业 Controller Manufacturing Enterprise	电机控制器型号 Controller Odels for Driving Motor	配套车辆类型 Matching Vehicle Types	2018年配套车型产量x小计（辆）Subtotal Output of Supported Odels in 2018（Vehicle）	2018年配套车型产量总计（辆）Total Output of Supported Odels in 2018（Vehicle）
珠海银隆电器有限公司	永磁同步电机	YLP-LMP60-W	1	60/1640/350	92/4500/750	珠海银隆电器有限公司	YLP-LCP70-W	纯电动专用车	28	6854
	永磁同步电机	YLP-MP120-W	1	100/800/1250	200/3000/2800	珠海银隆电器有限公司	YLP-CP150-W	纯电动客车	335	
	永磁同步电机	YLP-MP120-WKB	1	100/800/1250	200/2600/2500	珠海银隆电器有限公司	YLP-CP150-WKBJ	纯电动客车	272	
	永磁同步电机	YLP-MP120-WKB	1	100/800/1250	200/2600/2500	珠海银隆电器有限公司	YLP-CP150-WKBL	纯电动客车	1200	
	永磁同步电机	YLP-MP135-W	1	135/760/1650	220/2700/3000	珠海银隆电器有限公司	YLP-CP260-W	纯电动客车	201	
	永磁同步电机	YLP-MP150-W	1	135/760/1695	200/2800/2200	珠海银隆电器有限公司	YLP-CP200-W	纯电动客车	278	
	永磁同步电机	YTP-MP75-W	1	68/1800/360	138/2800/730	珠海银隆电器有限公司	YTP-CP90-W	纯电动客车	21	
	永磁同步电机	YTP-MP75-WZC	1	60/1600/358	110/3600/1200	珠海银隆电器有限公司	YTP-CP90-WZC	纯电动客车	750	
	永磁同步电机	YLP-HMP100-WPTL;YLP-HMP115-WJJ	1	100/868/1100;115/965/1140	200/2700/2500;180/2600/2800	珠海银隆电器有限公司	YLP-HCP150-WPTL;YLP-HCP150-WJJ	纯电动客车	287	
长沙众泰汽车工业有限公司	交流异步电机	ZT13527108	1	13.5/3000/43	27/6600/140	长沙众泰汽车工业有限公司	ZT3336-10850	纯电动乘用车	302	6523
	永磁同步电机	ZT1638144	1	16/3000/51	38/7000/150	长沙众泰汽车工业有限公司	KTZ14X400SG	纯电动乘用车	3814	
	永磁同步电机	ZT2040336	1	20/3200/60	40/7000/180	长沙众泰汽车工业有限公司	ZTKTZ33X30SECT	纯电动乘用车	2399	
	永磁同步电机	ZT2245336	1	22/3000/70	45/9700/150	长沙众泰汽车工业有限公司	ZTKTZ33X30SECT	纯电动乘用车	8	
合普动力股份有限公司	永磁同步电机	JMEV-TB2550LV	1	25/3000/80	50/9000/200	江西江铃集团新能源汽车有限公司	JMEV-MCPCHW001	纯电动乘用车	3648	6014
	永磁同步电机	TZ210X22H-336	1	22/3500/60	45/8000/200	苏州汇川技术有限公司	KTZ34X29FHM	纯电动专用车	16	
	永磁同步电机	TZ210X30H-307	1	30/3000/95	55/7200/210	深圳市蓝海华腾技术股份有限公司	KTZ34X26S-VT2D37	纯电动专用车	60	
	永磁同步电机	TZ210XS25H-336	1	25/3000/80	50/9000/180	株洲中车时代电气股份有限公司	tPower-DM12	纯电动乘用车	143	
	永磁同步电机	TZ210XS45H-320	1	45/3500/128	90/10000/260	苏州汇川技术有限公司	软件:LBCS9V10;硬件:KTZ34X45SLB	纯电动乘用车	1143	
	永磁同步电机	TZ300XSM02	1	50/1360/350	100/4000/850	深圳市航盛新能源有限公司	KTZ35X52SC01	插电式混合动力专用车	2	
	三相交流异步电机	HPQ7.5YBE-72	1	7.5/3000/23.8	15/6800/115	珠海英博尔电气股份有限公司	MC3336-7240	纯电动专用车	4	
	永磁同步电机	TZ180X18H-336	1	18/3000/57	45/8000/180	苏州汇川技术有限公司	KTZ34X29FXLM	纯电动专用车	67	
	三相异步电机	HPQ10-96	1	10/3000/31.8	20/6500/120	珠海英博尔电气股份有限公司	MC3336-9635	纯电动专用车	811	
	永磁同步电机	TZ210X15H-144XL	1	15/4500/32	30/7500/140	河北君瑞科技有限公司	KTZ14X50FB01	纯电动专用车	120	
海马汽车有限公司	交流异步电机	MA020001	1	13/3000/41	27/6500/120	海马汽车有限公司	软件:100/硬件:MA020002	纯电动乘用车	6003	6003
湘电莱特电气有限公司	永磁同步电机	TYC30-8/180	1	30/3000/95.5	60/8500/191	湘电莱特电气有限公司	XEMC-KZQ-30-1	纯电动乘用车	5503	5507
	永磁同步电机	TZ180XS30C	1	30/4000/71.6	60/9000/200	湘电莱特电气有限公司	KTZ36X25S002	纯电动专用车	2	
	永磁同步电机	TZ210XS50C	1	50/4000/120	100/10000/280	株洲中车时代电气股份有限公司	tPower-DM3019	纯电动乘用车	2	
厦门金龙联合汽车工业有限公司	永磁同步电机	KLBEVTM200	1	100/800/1250	200/3000/2800	厦门金龙联合汽车工业有限公司	KLBEVMC260	纯电动客车	1284	4819
	永磁同步电机	KLSTMAD150	1	90/760/1140	150/3000/2000	厦门金龙联合汽车工业有限公司	KLMCAD197	纯电动客车	1073	
	永磁同步电机	KLSTMAJ135	1	102/700/1400	135/3000/2100	厦门金龙联合汽车工业有限公司	KLMCAS180	插电式混合动力客车	480	

续上表

电动汽车驱动电机生产企业 Electric Vehicle Drive Motor Manufacturer	电动汽车驱动电机类型 Type for Driving Motor of Electric Vehicle	电动汽车驱动电机型号 Odels for Driving Motor of Electric Vehicle	驱动电机数量（台/辆）Installation Quantity of Driving Motor（Unit/Vehicle）	驱动电机额定功率/转速/转矩（kW/r/min/Nm）/ Rated Power/Speed/ Torque of Drive Motor	驱动电机峰值功率/转速/转矩 Torque of Drive Motor/ Peak power/Speed/（kW/r/min/Nm）	控制器生产企业 Controller Manufacturing Enterprise	电机控制器型号 Controller Odels for Driving Motor	配套车辆类型 Matching Vehicle Types	2018年配套车型产量x小计（辆）Subtotal Output of Supported Odels in 2018（Vehicle）	2018年配套车型产量总计（辆）Total Output of Supported Odels in 2018（Vehicle）
厦门金龙联合汽车工业有限公司	永磁同步电机	KLTM150A	1	115/2000/550	150/4500/1000	厦门金龙联合汽车工业有限公司	KLMC180A	纯电动客车	4	4819
	永磁同步电机	TZ210XSWT40AXL	1	40/3000/128	80/7500/280	厦门金龙联合汽车工业有限公司	KTZ38X35SE5H	纯电动专用车	426	
	永磁同步电机	TZ290XSKL080	1	60/1400/400	110/4000/870	厦门金龙联合汽车工业有限公司	KTZ30X30SKL100	纯电动客车	101	
	永磁同步电机	TZ365XS-150	1	100/1200/850	148/3000/1500	厦门金龙联合汽车工业有限公司	KTZ57X33S-100	插电式混合动力客车	117	
	永磁同步电机	TZ365XSKL140	1	88/1120/750	140/4500/1300	厦门金龙联合汽车工业有限公司	KTZ54X39SKL290	纯电动客车	157	
	永磁同步电机	TZ370XS-070	1	75/2000/350	110/4000/750	厦门金龙联合汽车工业有限公司	KTZ30X60S-090	插电式混合动力客车	68	
	永磁同步电机	TZ370XS-100	1	80/1280/600	135/3500/1000	厦门金龙联合汽车工业有限公司	KTZ50X40S-100	插电式混合动力客车	5	
	永磁同步电机	TZ370XSKL110	1	80/1270/600	160/4500/1100	厦门金龙联合汽车工业有限公司	KTZ54X40SKL120	纯电动客车	186	
	永磁同步电机	TZ400XSKL140	1	90/1500/573	180/4000/1400	厦门金龙联合汽车工业有限公司	KTZ54X40SKL110	纯电动客车	62	
	永磁同步电机	TZ400XSKL170	1	90/1350/636. 7	150/3100/1700	厦门金龙联合汽车工业有限公司	KTZ57X42SKL090	纯电动客车	272	
	永磁同步电机	TZ400XSKL250	1	100/955/1000	200/2500/2500	厦门金龙联合汽车工业有限公司	KTZ57X53SKL120	纯电动客车	472	
	永磁同步电机	TZ400XSKL280	1	120/955/1200	200/2500/2800	厦门金龙联合汽车工业有限公司	KTZ57X53SKL120	纯电动客车	89	
	永磁同步电机	TZ410XSKL250	1	100/900/1061	180/2800/2500	厦门金龙联合汽车工业有限公司	KTZ54X45SKL110	纯电动客车	23	
江苏金坛绿能新能源科技有限公司	永磁同步电机	TZ180X15K	1	15/3000/47	35/6000/150	格雷博智能动力科技有限公司	ACA14435X-01	纯电动乘用车	4784	4784
陕西中九汽车工程研究院有限公司	永磁同步电机	TZ185XSTJ017	1	30/2865/100	60/9000/225	陕西中九汽车工程研究院有限公司	KTZ31X28STJ017	纯电动专用车	3233	4705
	永磁同步电机	TZ185XSTJ017	1	30/2865/100	60/9000/225	陕西中九汽车工程研究院有限公司	KTZ31X28STJ017	纯电动乘用车	10	
	永磁同步电机	TZ204XSB50	1	25/3000/80	50/8000/200	陕西中九汽车工程研究院有限公司	KTZ34X28SA05	纯电动专用车	1412	
	永磁同步电机	TZ220XSTJ007	1	40/2700/142	80/7500/350	陕西中九汽车工程研究院有限公司	KTZ34X35STJ029	纯电动专用车	50	
北汽福田汽车股份有限公司	永磁同步电机	FTTB018	1	18/3000/57	40/8000/165	北汽福田汽车股份有限公司	FTIVT080	纯电动专用车	13	4299
	永磁同步电机	FTTB018	1	18/3000/57	40/8000/165	北汽福田汽车股份有限公司	FTIVT080	纯电动乘用车	10	
	永磁同步电机	FTTB030	1	30/2865/100	60/9000/220	北汽福田汽车股份有限公司	FTIVT114	纯电动专用车	1	
	永磁同步电机	FTTB035	1	35/3500/120	80/8500/240	北汽福田汽车股份有限公司	FTIVT110	纯电动乘用车	559	
	永磁同步电机	FTTB035	1	35/3500/120	80/8500/240	北汽福田汽车股份有限公司	FTIVT110	纯电动专用车	542	
	永磁同步电机	FTTB055B	1	55/4000/170	100/9000/360	北汽福田汽车股份有限公司	FTIVT200	纯电动专用车	191	
	永磁同步电机	FTTB055B	1	55/4000/170	100/9000/360	北汽福田汽车股份有限公司	FTIVT200	纯电动客车	11	
	永磁同步电机	FTTB055B	1	55/4000/170	100/9000/360	北汽福田汽车股份有限公司	FTIVT200	纯电动乘用车	2	
	永磁同步电机	FTTB060	1	60/1270/450	100/4200/1000	北汽福田汽车股份有限公司	FTIVT150	纯电动专用车	23	
	永磁同步电机	FTTB060	1	60/1270/450	100/4200/1000	北汽福田汽车股份有限公司	FTIVT200	纯电动专用车	656	
	永磁同步电机	FTTB060	1	60/1270/450	100/4200/1000	北汽福田汽车股份有限公司	FTIVT150	纯电动专用车	300	
	永磁同步电机	FTTB060A	1	60/1050/546	95/3500/1300	北汽福田汽车股份有限公司	FTIVT060A	纯电动客车	23	

续上表

电动汽车驱动电机生产企业 Electric Vehicle Drive Motor Manufacturer	电动汽车驱动电机类型 Type for Driving Motor of Electric Vehicle	电动汽车驱动电机型号 Odels for Driving Motor of Electric Vehicle	驱动电机数量（台/辆）Installation Quantity of Driving Motor（Unit/Vehicle）	驱动电机额定功率/转速/转矩（kW/r/min/Nm）/ Rated Power/Speed/ Torque of Drive Motor	驱动电机峰值功率/转速/转矩 Torque of Drive Motor/ Peak power/Speed/（kW/r/min/Nm）	控制器生产企业 Controller Manufacturing Enterprise	电机控制器型号 Controller Odels for Driving Motor	配套车辆类型 Matching Vehicle Types	2018 年配套车型产量 x 小计（辆）Subtotal Output of Supported Odels in 2018（Vehicle）	2018 年配套车型产量总计（辆）Total Output of Supported Odels in 2018（Vehicle）
北汽福田汽车股份有限公司	永磁同步电机	FTTB060C	1	60/1910/300	120/5000/500	北汽福田汽车股份有限公司	FTIVT200	燃料电池专用车	25	4299
	永磁同步电机	FTTB080	1	80/1390/550	150/4500/1000	北汽福田汽车股份有限公司	FTIVT120	纯电动客车	267	
	永磁同步电机	FTTB080	1	80/1390/550	150/4500/1000	北汽福田汽车股份有限公司	FTIVT120	插电式混合动力客车	238	
	永磁同步电机	FTTB090	1	90/955/900	135/3000/1600	北汽福田汽车股份有限公司	FTIVT120	纯电动客车	555	
	永磁同步电机	FTTB090	1	90/955/900	135/3000/1600	北汽福田汽车股份有限公司	FTIVT120	燃料电池客车	30	
	永磁同步电机	FTTB090	1	90/955/900	135/3000/1600	北汽福田汽车股份有限公司	FTIVT120	插电式混合动力客车	28	
	永磁同步电机	FTTB100	1	100/1000/955	150/3000/2800	北汽福田汽车股份有限公司	FTIVT150	纯电动客车	466	
	永磁同步电机	FTTB100	1	100/1000/955	150/3000/2800	北汽福田汽车股份有限公司	FTIVT150	燃料电池客车	54	
	永磁同步电机	FTTB100B	1	100/1000/955	165/3000/2500	北汽福田汽车股份有限公司	FTIVT100B	纯电动客车	252	
	永磁同步电机	FTTB102	1	102/700/1400	135/3000/2100	北汽福田汽车股份有限公司	FTIVT120	插电式混合动力客车	43	
	永磁同步电机	FTTB055A	1	55/1270/400	100/4200/800	北汽福田汽车股份有限公司	FTIVT150	纯电动专用车	5	
	永磁同步电机	FTTB060	1	60/1270/450	100/4200/1000	北汽福田汽车股份有限公司	FTIVT150	纯电动专用车	5	
东风汽车电气有限公司;武汉乐创世纪科技有限公司;东风电动车辆股份有限公司	永磁同步电机	TZ205XS001; TZ205XS001; TZ180XSP01	1;1;1	30/4000/72;30/4000/72;30/4000/72	60/9000/200; 60/9000/200; 60/9000/200	东风汽车电气有限公司;武汉乐创世纪科技有限公司;东风电动车辆股份有限公司	KTZ30X30S003; KTZ30X30S003; KTZ31X32SP01	纯电动乘用车	4195	4195
厦门捷欧大地和新能源有限公司	永磁同步电机	TZ210XSC60	1	40/1863/205	80/6000/450	厦门捷欧大地和新能源有限公司	KTZ37X040S57H	纯电动乘用车	502	4067
	永磁同步电机	TZ210XSC60	1	40/1863/205	80/6000/450	厦门捷欧大地和新能源有限公司	02. 01;KTZ37X040S57H	纯电动乘用车	11	
	永磁同步电机	TZ260XSD81	1	60/1146/500	120/4500/1000	厦门捷欧大地和新能源有限公司	KTZ54X040S105I	纯电动专用车	3536	
	永磁同步电机	TZ260XSDA4	1	60/2046/280	120/4500/800	厦门捷欧大地和新能源有限公司	KTZ54X40SF8I	纯电动专用车	14	
	永磁同步电机	TZ210XSC60	1	40/1863/205	80/6000/450	厦门捷欧大地和新能源有限公司	02. 01;KTZ37X040S57H	纯电动乘用车	4	
精进电动科技股份有限公司;长沙威康动力技术有限公司	永磁同步电机	TZ290XS505;TZ380XS04009	1	75/2000/358;70/2000/335	134/4000/720;135/4500/700	精进电动科技股份有限公司;长沙威康动力技术有限公司	KTZ35XS505;KTZ38X57SHK1	纯电动专用车	4008	4008
上海电驱动股份有限公司;山东德洋电子科技有限公司	永磁同步电机	190TYZ-XS54BF;TZ175X15DYA	1;1	15/3450/41.5;15/5200/27.5	30/7250/85;30/7200/90	上海电驱动股份有限公司;山东德洋电子科技有限公司	软件: R20、R21、R22、R23、R24/硬件: 07F64X11G; 软件: R61、R62/硬件: KTZ14X45DYA	纯电动乘用车	678	3901
	永磁同步电机	190TYZ-XS54BF;TZ175X15DYA	1;1	15/3450/41.5;15/5200/27.5	30/7250/85;30/7200/90	上海电驱动股份有限公司;山东德洋电子科技有限公司	软件: R20、R21、R22、R23、R24/硬件: 07F64X11G; 软件: R61/硬件: KTZ14X45DYA	纯电动乘用车	157	
	永磁同步电机	190TYZ-XS54BF;TZ175X15DYA	1;1	15/3450/41.5;15/5200/27.5	30/7250/85;30/7200/90	上海电驱动股份有限公司;山东德洋电子科技有限公司	软件:R20、R21、R22/硬件:07F64X11G;软件:R6.1/硬件:KTZ14X45DYA	纯电动乘用车	23	
	永磁同步电机	190TYZ-XS54BF;TZ175X15DYA	1;1	15/3450/41.5;15/5200/27.5	30/7250/85;30/7200/90	上海电驱动股份有限公司;山东德洋电子科技有限公司	软件:R20、R21、R22/硬件:07F64X11G;软件:R6.1/硬件:KTZ14X45DYA	纯电动乘用车	3043	

续上表

电动汽车驱动电机生产企业 Electric Vehicle Drive Motor Manufacturer	电动汽车驱动电机类型 Type for Driving Motor of Electric Vehicle	电动汽车驱动电机型号 Odels for Driving Motor of Electric Vehicle	驱动电机数量（台/辆）Installation Quantity of Driving Motor (Unit/Vehicle)	驱动电机额定功率/转速/转矩（kW/r/min/Nm）/ Rated Power/Speed/ Torque of Drive Motor	驱动电机峰值功率/转速/转矩 Torque of Drive Motor/ Peak power/Speed/ (kW/r/min/Nm)	控制器生产企业 Controller Manufacturing Enterprise	电机控制器型号 Controller Odels for Driving Motor	配套车辆类型 Matching Vehicle Types	2018年配套车型产量x小计（辆）Subtotal Output of Supported Odels in 2018 (Vehicle)	2018年配套车型产量总计（辆）Total Output of Supported Odels in 2018 (Vehicle)
大洋电机新动力科技有限公司	永磁同步电机	TZ368XSD01	1	135/900/1430	200/2850/2800	大洋电机新动力科技有限公司	KTZ57X75SD01	纯电动客车	320	3781
	永磁同步电机	TZ368XSD02	1	90/1600/537	160/3200/850	大洋电机新动力科技有限公司	KTZ57X37SD01	纯电动客车	1	
	永磁同步电机	TZ368XSD03	1	75/1100/650	135/3000/1600	大洋电机新动力科技有限公司	KTZ54X37SD01	纯电动专用车	11	
	永磁同步电机	TZ368XSD04	1	90/955/900	155/3100/2000	大洋电机新动力科技有限公司	KTZ35X75SD01	燃料电池客车	80	
	永磁同步电机	TZ368XSD05	1	120/955/1200	165/3000/2500	大洋电机新动力科技有限公司	KTZ57X55SD01	纯电动客车	30	
	永磁同步电机	TZ368XSD06	1	100/1061/900	165/3100/2000	大洋电机新动力科技有限公司	KTZ57X37SD02	纯电动客车	351	
	永磁同步电机	TZ368XSD09	1	120/955/1200	200/3000/2500	大洋电机新动力科技有限公司	KTZ57X55SD09	纯电动客车	656	
	永磁同步电机	TZ368XSD11	1	90/900/955	180/2500/2800	大洋电机新动力科技有限公司	KTZ53X55SD02	燃料电池客车	40	
	永磁同步电机	TZ368XSD13	1	60/900/637	155/3100/2000	大洋电机新动力科技有限公司	KTZ57X37SD03	燃料电池客车	29	
	永磁同步电机	YTD050W05	1	53/4000/127	95/9000/260	大洋电机新动力科技有限公司	KM7035W02	纯电动乘用车	103	
	永磁同步电机	YTD050W07	1	53/4000/127	95/9000/260	大洋电机新动力科技有限公司	KM7035W03	纯电动乘用车	1747	
	永磁同步电机	YTD090W01	1	90/955/900	155/3100/2000	大洋电机新动力科技有限公司	KM7540W06	纯电动客车	413	
湘电莱特电气有限公司;深圳市大地和电气股份有限公司	交流永磁同步电机	TYC30-8/180;TZ180XSDAB	1	30/3000/95.5	60/8500/191;60/9000/200	湘电莱特电气有限公司;深圳市大地和电气股份有限公司	XEMC-KZQ-30-1;KTZ32X25SB6H	纯电动专用车	3598	3598
苏州朗高电机有限公司	永磁同步电机	TZ260XSLGA02	1	50/1500/320	90/3800/800	苏州汇川技术有限公司	KTZ54X34S-HC	纯电动专用车	40	3543
	永磁同步电机	TZ342XSLGY01	1	60/1800/318	100/3600/955	苏州汇川技术有限公司	KTZ54X34S-HC	纯电动专用车	279	
	永磁同步电机	YQW200Y-10A-RA2	1	50/1000/478	100/3500/955	苏州汇川技术有限公司	IEVD169-54Z75AL-DFTZ	纯电动专用车	3224	
河南新能微特利电机技术有限公司	永磁同步电机	TZ210XSXWD45A	1	45/1900/228	87/5200/490	河南新能微特利电机技术有限公司	KTZ36X36SXWD	纯电动专用车	4	3246
	永磁同步电机	TZ210XXWD	1	18/3000/57	45/8000/180	河南新能微特利电机技术有限公司	KTZ32X20FXWD	纯电动专用车	3242	
江苏微特利电机股份有限公司	永磁同步电机	TZ150XSG15	1	15/3000/41	30/7000/150	合肥阳光电动力科技有限公司	KTZ14X400SG	纯电动乘用车	2257	2970
	永磁同步电机	TZ210XSWT18AZT	1	18/3000/57	42/8000/175	长沙威康动力技术有限公司	KTZ34X31SHK1	纯电动专用车	65	
	永磁同步电机	TZ210XSWT25ALB	1	25/3000/79	50/8000r/200	苏州汇川技术有限公司	V1.00;IEVD030-40Z30GL	纯电动乘用车	2	
	永磁同步电机	TZ238XSWT30ADT	1	30/2500/115	60/4000/400	苏州汇川技术有限公司	IEVD160-34Z60FL-DFTZ	纯电动专用车	241	
	永磁同步电机	TZ238XSWT30ANQ	1	30/2500/115	65/4000/400	江苏微特利电机股份有限公司	EMC50-336W(P/I)	纯电动专用车	374	
	永磁同步电机	TZ238XSZWA	1	40/3600/106	80/8900/260	江苏吉泰科电气股份有限公司	KTZ34X26SGF	纯电动乘用车	11	
	永磁同步电机	WTGSDJ-18YC-XN	1	18/3000/57	42/8000/175	苏州汇川技术有限公司	IEVD030-40Z11HA-XN	纯电动专用车	18	
	永磁同步电机(交流)	TZ238XSWT30ANQ	1	30/2500/115	65/4000/400	江苏微特利电机股份有限公司	EMC50-336W(P/I)	纯电动专用车	2	
无锡华宸控制技术有限公司	永磁同步电机	HEVM30N-225	1	30/3600/80	75/8000/200	无锡华宸控制技术有限公司	HEVD120V60GW-210	纯电动专用车	1000	2953
	永磁同步电机	HEVM50W-240	1	50/1800/266	100/4000/745	无锡华宸控制技术有限公司	HEVDU120V60GW280MDP	纯电动专用车	1799	
	永磁同步电机	TZ238XSWT50HSC	1	50/1800/280	110/4000/800	无锡华宸控制技术有限公司	KTZ52X42SHC600701	纯电动专用车	154	

续上表

电动汽车驱动电机生产企业 Electric Vehicle Drive Motor Manufacturer	电动汽车驱动电机类型 Type for Driving Motor of Electric Vehicle	电动汽车驱动电机型号 Odels for Driving Motor of Electric Vehicle	驱动电机数量（台/辆）Installation Quantity of Driving Motor (Unit/Vehicle)	驱动电机额定功率/转速/转矩（kW/r/min/Nm）/ Rated Power/Speed/Torque of Drive Motor	驱动电机峰值功率/转速/转矩 Torque of Drive Motor/Peak power/Speed/（kW/r/min/Nm）	控制器生产企业 Controller Manufacturing Enterprise	电机控制器型号 Controller Odels for Driving Motor	配套车辆类型 Matching Vehicle Types	2018年配套车型产量x小计（辆）Subtotal Output of Supported Odels in 2018 (Vehicle)	2018年配套车型产量总计（辆）Total Output of Supported Odels in 2018 (Vehicle)
金龙联合汽车工业（苏州）有限公司	永磁同步电机	TZ365XSH05	1	113/1200/900	160/3000/1500	金龙联合汽车工业（苏州）有限公司	KTZ57X35SH05	纯电动客车	71	2859
	永磁同步电机	TZ368XSH17	1	100/1404/680	200/3500/2500	金龙联合汽车工业（苏州）有限公司	KTZ60X45SH17	纯电动客车	174	
	永磁同步电机	TZ368XSH18	1	100/1060/900	160/3000/2150	金龙联合汽车工业（苏州）有限公司	KTZ56X50SH18	插电式混合动力客车	187	
	永磁同步电机	TZ368XSH19	1	100/868/1100	200/2700/2500	金龙联合汽车工业（苏州）有限公司	KTZ60X40SH19	纯电动客车	899	
	永磁同步电机	TZ368XSH19	1	100/868/1100	200/2700/2500	金龙联合汽车工业（苏州）有限公司	KTZ60X40SH19	燃料电池客车	5	
	永磁同步电机	TZ368XSH20	1	100/1060/900	120/3000/1500	金龙联合汽车工业（苏州）有限公司	KTZ52X42SH20	插电式混合动力客车	172	
	永磁同步电机	TZ370XSH25	1	70/955/700	140/3000/1600	金龙联合汽车工业（苏州）有限公司	KTZ54X42SH25	纯电动客车	708	
	永磁同步电机	TZ370XSH26	1	80/850/900	155/2800/2150	金龙联合汽车工业（苏州）有限公司	KTZ54X42SH26	纯电动客车	148	
	永磁同步电机	TZ370XSH26	1	80/850/900	155/2800/2150	金龙联合汽车工业（苏州）有限公司	KTZ57X34SH26	纯电动客车	31	
	永磁同步电机	TZ370XSH28	1	70/1910/350	120/4500/750	金龙联合汽车工业（苏州）有限公司	KTZ54X31SH28	纯电动客车	346	
	永磁同步电机	TZ420XSH22	1	100/1000/955	250/3200/2800	金龙联合汽车工业（苏州）有限公司	KTZ54X66SH22	纯电动客车	10	
	永磁同步电机	TZ460XSH24	1	102/750/1310	135/2850/2150	金龙联合汽车工业（苏州）有限公司	KTZ57X34SH24	纯电动客车	78	
	永磁同步电机	TZ365XSH30；TZ368XSH19	1；1	120/955/1200；100/868/1100	200/2700/2800；200/2700/2500	金龙联合汽车工业（苏州）有限公司	KTZ58X55SH30；KTZ60X40SH19	纯电动客车	30	
重庆长安汽车股份有限公司	永磁同步电机	XTDM10	1	22/3900/55	100/12000/245	重庆长安汽车股份有限公司	XTDM10	纯电动乘用车	2853	2853
上海大郡动力控制技术有限公司	永磁同步电机	O100WB	1	60/1640/350	100/4500/900	上海大郡动力控制技术有限公司	N240WSE	纯电动专用车	5	2842
	永磁同步电机	O100WC	1	60/1640/350	100/4500/700	上海大郡动力控制技术有限公司	N240WSE	纯电动专用车	1	
	永磁同步电机	O100WC	1	60/1640/350	100/4500/700	上海大郡动力控制技术有限公司	N240WSE	纯电动客车	1	
	永磁同步电机	O150WA	1	90/760/1140	150/3000/2000	上海大郡动力控制技术有限公司	N490WSA	纯电动客车	469	
	永磁同步电机	O150WA	1	90/760/1140	150/3000/2000	上海大郡动力控制技术有限公司	N490WSA	燃料电池客车	1	
	永磁同步电机	O150WB	1	90/1075/800	150/3500/1600	上海大郡动力控制技术有限公司	N490WSA	纯电动客车	58	
	永磁同步电机	O200WA	1	100/800/1250	200/3000/2800	上海大郡动力控制技术有限公司	N760WSA	纯电动客车	238	
	永磁同步电机	TZ200XSDJ009	1（BSG电机只有辅助驱动功能）	30/3000/95.5	53/9000/180	联合汽车电子有限公司	KTZ33X37SUAES	插电式混合动力乘用车	135	
	永磁同步电机	TZ220XSDJ029	1	45/2850/150	90/2400-2900/300-360	上海大郡动力控制技术有限公司	KTZ36X35SDJ029	纯电动专用车	781	
	永磁同步电机	TZ220XSDJ029	1	45/2850/150	90/8000/360	上海大郡动力控制技术有限公司	KTZ36X35SDJ029	纯电动专用车	1	
	永磁同步电机	TZ270XSDJ010	1	30/1910/150	60/6000/380	上海大郡动力控制技术有限公司	KTZ36X28SDJ006	纯电动专用车	25	
	永磁同步电机	TZ289XSDJ013	1	90/1075/800	150/3500/1600	上海大郡动力控制技术有限公司	KTZ54X57SDJM02	纯电动客车	51	
	永磁同步电机	TZ289XSDJ014	1	60/1600/358	110/4000/1000	上海大郡动力控制技术有限公司	KTZ54X57SDJM02	纯电动客车	8	
	永磁同步电机	TZ300XSDJ023	1	60/1640/350	100/4500/750	上海大郡动力控制技术有限公司	KTZ38X53SDJ023	纯电动客车	10	

续上表

电动汽车驱动电机生产企业 Electric Vehicle Drive Motor Manufacturer	电动汽车驱动电机类型 Type for Driving Motor of Electric Vehicle	电动汽车驱动电机型号 Odels for Driving Motor of Electric Vehicle	驱动电机数量（台/辆） Installation Quantity of Driving Motor (Unit/Vehicle)	驱动电机额定功率/转速/转矩（kW/r/min/Nm）/ Rated Power/Speed/Torque of Drive Motor	驱动电机峰值功率/转速/转矩 Torque of Drive Motor/Peak power/Speed/（kW/r/min/Nm）	控制器生产企业 Controller Manufacturing Enterprise	电机控制器型号 Controller Odels for Driving Motor	配套车辆类型 Matching Vehicle Types	2018年配套车型产量x小计（辆） Subtotal Output of Supported Odels in 2018 (Vehicle)	2018年配套车型产量总计（辆） Total Output of Supported Odels in 2018 (Vehicle)
上海大郡动力控制技术有限公司	永磁同步电机	TZ300XSDJ023	1	60/1640/350	100/4500/750	苏州汇川技术有限公司	KTZ51X34S784	纯电动专用车	392	2842
	永磁同步电机	TZ365XSDJ015	1	80/1090/700	139/4500/1250	上海大郡动力控制技术有限公司	KTZ54X39SDJM03	纯电动客车	12	
	永磁同步电机	TZ365XSDJ027	1	85/1150/705	125/3000/1700	上海大郡动力控制技术有限公司	KTZ57X28SDJ027	纯电动客车	650	
	永磁同步电机	TZ365XSDJ029	1	85/1080/750	130/3000/1700	上海大郡动力控制技术有限公司	KTZ57X39SDJM05	纯电动客车	1	
	永磁同步电机	TZ380XSDJ011	1	100/800/1250	200/3000/2800	上海大郡动力控制技术有限公司	KTZ54X64SDJM01	纯电动客车	2	
	永磁同步电机	TZ380XSDJ012	1	90/760/1140	150/3000/2000	上海大郡动力控制技术有限公司	KTZ54X57SDJM02	纯电动客车	1	
安徽安凯汽车股份有限公司	永磁同步电机	TZ260XS050	1	50/1200/400	100/3000/1000	安徽安凯汽车股份有限公司	KTZ54X41SG50	纯电动客车	394	2629
	永磁同步电机	TZ330XS080	1	80/1200/700	160/4000/1500	安徽安凯汽车股份有限公司	KTZ70X40S080	纯电动客车	26	
	永磁同步电机	TZ340XS080	1	80/1900/400	150/3000/1500	安徽安凯汽车股份有限公司	KTZ65X50S080	纯电动客车	306	
	永磁同步电机	TZ365XS080	1	80/1200/630	150/3500/1500	安徽安凯汽车股份有限公司	KTZ75X40S080	纯电动客车	613	
	永磁同步电机	TZ365XS082	1	82/1000/780	151/3000/1480	安徽安凯汽车股份有限公司	KTZ41X50S082	插电式混合动力客车	104	
	永磁同步电机	TZ420XS100	1	100/1500/650	200/3000/2800	安徽安凯汽车股份有限公司	KTZ70X90S100	纯电动客车	521	
	永磁同步电机	TZ425XS100	1	100/1005/950	200/3000/2400	安徽安凯汽车股份有限公司	KTZ75X60S100	纯电动客车	501	
	永磁同步电机	TZ460XS110	1	110/800/1310	135/2600/2100	安徽安凯汽车股份有限公司	KTZ72X34S110	插电式混合动力客车	163	
	永磁同步电机	TZ420XS100	1	100/1500/650	200/3000/2800	安徽安凯汽车股份有限公司	KTZ70X90S100	纯电动客车	1	
苏州汇川技术有限公司	永磁同步电机	TZ180XSIN101	1	30/3183/90	60/9000/220	苏州汇川技术有限公司	IEVD170-34Z50AL	纯电动专用车	348	2586
	永磁同步电机	TZ180XSIN101	1	30/3183/90	60/9000/220	苏州汇川技术有限公司	A00软件/IEVD170-34Z50AL硬件	纯电动专用车	96	
	永磁同步电机	TZ230XS090	1	45/3200/135	90/10000/280	苏州汇川技术有限公司	X3SW0/KTZ35X42S160	纯电动乘用车	1502	
	永磁同步电机	TZ230XSIN101	1	60/3820/150	120/12000/320	苏州汇川技术有限公司	IEVD169-54Z75FL-ZC	纯电动专用车	11	
	永磁同步电机	TZ230XSIN107	1	50/4000/120	120/12000/300	苏州汇川技术有限公司	KTZ35X42S160DFSK	纯电动乘用车	629	
江苏摩比斯汽车零部件有限公司	永磁同步电机	MG50	1	10/4000/24	50/6000/205	软件：HYUNDAI MOTOR COMPANY；硬件：江苏摩比斯汽车零部件有限公司	软件：GLFPJCAHMS0-C000/硬件：KTZ360H80SM	插电式混合动力乘用车	2573	2573
上海力信电气技术有限公司	永磁同步电机	LXM065W120	1	70/1800/380	140/4800/710	上海力信电气技术有限公司	LXD060W150	纯电动专用车	160	2505
	永磁同步电机	LXM070W150	1	70/1700/400	135/5200/780	上海力信电气技术有限公司	LXD060W150	纯电动专用车	834	
	永磁同步电机	LXM070W150	1	70/1700/400	135/5200/780	上海力信电气技术有限公司	LXD060W150	纯电动客车	30	
	永磁同步电机	LXM070W150	1	90/2400/360	145/7000/670	上海力信电气技术有限公司	LXD060W150	纯电动专用车	2	
	永磁同步电机	LXM120W150B	1	75/1200/580	150/4000/1200	上海力信电气技术有限公司	LXD120W150B	纯电动客车	2	
	永磁同步电机	TZ208XS100	1	58/2400/230	100/6000/500	上海力信电气技术有限公司	KTZ36X44S100	纯电动专用车	1475	
	永磁同步电机	TZ245XS400	1	70/1700/380	120/5000/650	上海力信电气技术有限公司	KTZ58X40S400	纯电动客车	1	
	永磁同步电机	TZ208XS101	1	20/3200/60	50/7000/180	上海力信电气技术有限公司	KTZ32X26S100	纯电动专用车	1	

续上表

电动汽车驱动电机生产企业 Electric Vehicle Drive Motor Manufacturer	电动汽车驱动电机类型 Type for Driving Motor of Electric Vehicle	电动汽车驱动电机型号 Odels for Driving Motor of Electric Vehicle	驱动电机数量（台/辆）Installation Quantity of Driving Motor（Unit/Vehicle）	驱动电机额定功率/转速/转矩（kW/r/min/Nm）/ Rated Power/Speed/Torque of Drive Motor	驱动电机峰值功率/转速/转矩 Torque of Drive Motor/Peak power/Speed/（kW/r/min/Nm）	控制器生产企业 Controller Manufacturing Enterprise	电机控制器型号 Controller Odels for Driving Motor	配套车辆类型 Matching Vehicle Types	2018年配套车型产量x小计（辆）Subtotal Output of Supported Odels in 2018（Vehicle）	2018年配套车型产量总计（辆）Total Output of Supported Odels in 2018（Vehicle）
HYUNDAI MOBIS	永磁同步电机	36500-0E200	1	20/4000/48	81.4/9800/285	HYUNDAI MOBIS	36601-QE000	纯电动乘用车	1244	2458
	永磁同步电机	PMSM81	1	20/4000/48	81.4/9800/285	HYUNDAI MOBIS	36601-0E080；36601-0E085	纯电动乘用车	326	
	永磁同步电机	PMSM81	1	20/4000/48	81.4/9800/285	软件：HYUNDAI MOTOR COMPANY/硬件：HYUNDAI MOBIS	软件：EHDC02/硬件：36601-0E080；软件：EHDC03/硬件：36601-0E085	纯电动乘用车	888	
重庆长安新能源汽车有限公司；上海电驱动股份有限公司	永磁同步电机	XTDM03	1	20/3000/25	55/9500/170	重庆长安新能源汽车有限公司；上海电驱动股份有限公司；株洲中车时代电气股份有限公司	XIPU04/XIPU08/XIPU11/XIPU12	纯电动乘用车	1988	2374
	永磁同步电机	XTDM06	1	20/3000/25	55/10600/170	重庆长安新能源汽车有限公司；上海电驱动股份有限公司	XIPU04；XIPU10	纯电动乘用车	20	
	永磁同步电机	XTDM06	1	20/3000/25	55/10600/170	重庆长安新能源汽车有限公司；上海电驱动股份有限公司；株洲中车时代电气股份有限公司	XIPU04；XIPU10；XIPU13	纯电动乘用车	366	
吉利四川商用车有限公司	永磁同步电机	TZ300XSM01	1	50/1360/350	100/1300～4200/130～850	吉利四川商用车有限公司	KTZ54X42SC01	纯电动专用车	2060	2239
	永磁同步电机	TZ300XSM01	1	50/1360/350	100/4200/850	吉利四川商用车有限公司	KTZ54X42SC01	纯电动专用车	178	
	永磁同步电机	TZ340XSM01	1	60/1432/400	120/882～4000/287～1300	吉利四川商用车有限公司	KTZ54X41SC03	纯电动专用车	1	
ToshibaJapan	永磁同步电机	Gen III	1	30/4480/64	92/15000/228	Ford motor company；Toshiba Japan	HG98-14C077-＊＊/HG98-7B012-＊＊	插电式混合动力乘用车	2152	2152
江苏九龙汽车制造有限公司	永磁同步电机	TZ180X40	1	15/3000/43	40/7500/150	江苏九龙汽车制造有限公司	KTZ34X22F	纯电动乘用车	247	2133
	永磁同步电机	TZ205X75	1	40/5000/76	75/8500/180	江苏九龙汽车制造有限公司	KTZ34X30S	纯电动乘用车	105	
	永磁同步电机	TZ230XS100	1	50/3000/159	100/7000/320	江苏九龙汽车制造有限公司	KTZ38X45SJL1	纯电动专用车	1152	
	永磁同步电机	TZ230XS100	1	50/3000/159	100/7000/320	江苏九龙汽车制造有限公司	KTZ38X45SJL1	纯电动乘用车	16	
	永磁同步电机	TZ230XS100	1	50/3000/159	100/7000/320	江苏九龙汽车制造有限公司	KTZ38X45SJL1	纯电动客车	2	
	永磁同步电机	TZ290XS110	1	60/1600/358	110/3500/1000	江苏九龙汽车制造有限公司	KTZ54X42S	燃料电池客车	5	
	永磁同步电机	TZ290XS110	1	60/1600/358	110/3500/1000	江苏九龙汽车制造有限公司	KTZ54X42S	纯电动客车	1	
	永磁同步电机	TZ290XS150	1	80/1250/611	150/2800/1800	江苏九龙汽车制造有限公司	KTZ54X40S	纯电动客车	156	
	永磁同步电机	TZ290XSJLA	1	60/1600/358	110/4000/1200	江苏九龙汽车制造有限公司	KTZ54X35SJLA	纯电动客车	449	
无锡市奕控新能源科技有限公司	永磁同步电机	TZ310XSY01	1	60/1910/300	100/5000/500	无锡市奕控新能源科技有限公司	KTZ54X35SY01	纯电动客车	70	2111
	永磁同步电机	TZ370XSY02	1	75/2000/350	120/5000/750	无锡市奕控新能源科技有限公司	KTZ54X35SY02	纯电动客车	49	
	永磁同步电机	TZ370XSY03	1	80/1270/600	160/4500/1100	无锡市奕控新能源科技有限公司	KTZ54X45SY02	纯电动客车	121	
	永磁同步电机	TZ370XSY04	1	100/1270/750	185/3500/1300	无锡市奕控新能源科技有限公司	KTZ54X55SY02	纯电动客车	683	
	永磁同步电机	TZ405XSY01	1	80/800/955	135/3000/1700	无锡市奕控新能源科技有限公司	KTZ38X40SY01	纯电动客车	269	
	永磁同步电机	TZ405XSY01；TZ370XSY02	1；1	80/800/955；75/2000/350	135/3000/1700；120/5000/750	无锡市奕控新能源科技有限公司	KTZ38X40SY01；KTZ54X35SY02	纯电动客车	128	
	永磁同步电机	TZ405XSY02	1	100/900/1057	150/2400/2500	无锡市奕控新能源科技有限公司	KTZ54X60SY01	纯电动客车	627	
	永磁同步电机	TZ405XSY02；TZ370XSY03	1；1	100/900/1057；80/1270/600	150/2400/2500；160/4500/1100	无锡市奕控新能源科技有限公司	KTZ54X60SY01；KTZ54X45SY02	纯电动客车	164	

续上表

电动汽车驱动电机生产企业 Electric Vehicle Drive Motor Manufacturer	电动汽车驱动电机类型 Type for Driving Motor of Electric Vehicle	电动汽车驱动电机型号 Odels for Driving Motor of Electric Vehicle	驱动电机数量（台/辆）Installation Quantity of Driving Motor（Unit/Vehicle）	驱动电机额定功率/转速/转矩（kW/r/min/Nm）/ Rated Power/Speed/ Torque of Drive Motor	驱动电机峰值功率/转速/转矩 Torque of Drive Motor/ Peak power/Speed/（kW/r/min/Nm）	控制器生产企业 Controller Manufacturing Enterprise	电机控制器型号 Controller Odels for Driving Motor	配套车辆类型 Matching Vehicle Types	2018年配套车型产量x小计（辆）Subtotal Output of Supported Odels in 2018（Vehicle）	2018年配套车型产量总计（辆）Total Output of Supported Odels in 2018（Vehicle）
浙江优力仕机电科技股份有限公司	永磁同步电机	TZ185XSA065D1	1	30/2865/100	65/8500/230	深圳市航盛新能源有限公司	软件：20180309-HS-QRQ221.01；硬件：KTZ36X28S011	纯电动专用车	2005	2030
	永磁同步电机	TZ290XSB100D3	1	60/1850/310	100/4800/700	浙江优力仕机电科技股份有限公司	KTZ38X42SY01	纯电动专用车	25	
上海电驱动股份有限公司;精进电动科技股份有限公司	永磁同步电机	XTDM07;XTDM08	2	23/3000/73;33/4500/71	70/3342/200;80/3918/195	上海电驱动股份有限公司;精进电动科技股份有限公司	XIPU06;XIPU07	插电式混合动力乘用车	1981	1981
特百佳动力科技有限公司	永磁同步电机	TZ365XSTPG03	1	90/1000/860	180/2700/2150	特百佳动力科技有限公司	KTZ54X54STPG03	纯电动客车	1914	1973
	永磁同步直流电机	TZ365XSTPG02	1	115/2000/550	150/4500/1000	特百佳动力科技有限公司	KTZ54X40STPG02	纯电动客车	59	
SIEMENS AG	永磁同步电机	ERAD2	1	28/3000/90	65/12500/240	SIEMENS AG	SPA-IEM	插电式混合动力乘用车	1959	1959
潍柴动力股份有限公司	永磁同步电机	TZ368XS08001	1	80/2180/350	110/3000/750	潍柴动力股份有限公司	KTZ54X28S08001	插电式混合动力客车	21	1887
	永磁同步电机	TZ368XS11001	1	110/1750/600	135/3000/1000	潍柴动力股份有限公司	KTZ54X28S1101	插电式混合动力客车	33	
	永磁同步电机	TZ368XS11001	1	110/1750/600	135/3000/1000	潍柴动力股份有限公司	TZ54X28S1101	插电式混合动力客车	27	
	永磁同步电机	TZ368XS11002	1	110/1167/900	160/3000/2150	潍柴动力股份有限公司	KTZ56X50S11001	插电式混合动力客车	229	
	永磁同步电机	TZ368XSWE10A	1	100/868/1100	200/3100/2100	潍柴动力股份有限公司	KTZ60X45SWE10A	纯电动客车	698	
	永磁同步电机	TZ370XS06003	1	60/1637/350	120/5000/850	潍柴动力股份有限公司	KTZ54X30S06003	燃料电池客车	21	
	永磁同步电机	TZ370XS08001	1	80/1270/600	160/4500/1100	潍柴动力股份有限公司	KTZ54X45S08001	纯电动客车	5	
	永磁同步电机	TZ370XS10002	1	100/1270/750	185/3500/1300	潍柴动力股份有限公司	KTZ54X55S10002	纯电动客车	4	
	永磁同步电机	WEM65-01	1	65/1500/413	130/2600/1600	潍柴动力股份有限公司	WEC65-01	纯电动客车	2	
	永磁同步电机	WEM80-01	1	80/1550/493	140/2080/2100	潍柴动力股份有限公司	WEC80-01	纯电动客车	847	
阳光电源股份有限公司	永磁同步电机	TZ210XSWT45AXL	1	45/1900/228	87/5200/490	阳光电源股份有限公司	KTZ38X41S0SG	纯电动专用车	1826	1878
	永磁同步电机	TZ400XS250	1	100/1150/830	250/3000/2800	阳光电源股份有限公司	KTZ54X60SDMC6625	纯电动客车	51	
	永磁同步电机	TZ410XSSGDM80	1	80/1000/800	150/3500/1800	阳光电源股份有限公司	KTZ54X46SDMC6620	纯电动客车	1	
常州华盛电机有限公司	交流异步电机	XYQ-7.5-1HV	1	7.5/2500/48	15/5900/140	山东昊宇车辆有限公司	HY7401	纯电动专用车	1777	1777
福建万润新能源科技有限公司	永磁同步电机	TZ290XS075951	1	75/2000/358	130/4500/950	福建万润新能源科技有限公司	KTZ32X47S091	纯电动客车	31	1762
	永磁同步电机	TZ400XS090223	1	90/900/955	190/2800/2200	福建万润新能源科技有限公司	KTZ54X43S223	纯电动客车	31	
	永磁同步电机	WR510-02017	1	18/3000/57	45/8000/180	福建万润新能源科技有限公司	WR300-35002	纯电动专用车	313	
	永磁同步电机	WR510-02020	1	90/900/537	150/4000/1500	福建万润新能源科技有限公司	WR300-03004	纯电动客车	299	
	永磁同步电机	WR510-02021	1	90/900/955	180/4000/2000	福建万润新能源科技有限公司	WR300-03027	纯电动客车	369	
	永磁同步电机	WR510-02023	1	120/1200/955	220/3500/2300	福建万润新能源科技有限公司	WR300-03028	纯电动客车	204	
	永磁同步电机	WR510-02026	1	100/900/1061	180/2500/2800	福建万润新能源科技有限公司	WR300-03029	纯电动客车	515	

续上表

电动汽车驱动电机生产企业 Electric Vehicle Drive Motor Manufacturer	电动汽车驱动电机类型 Type for Driving Motor of Electric Vehicle	电动汽车驱动电机型号 Odels for Driving Motor of Electric Vehicle	驱动电机数量（台/辆）Installation Quantity of Driving Motor（Unit/Vehicle）	驱动电机额定功率/转速/转矩（kW/r/min/Nm）/ Rated Power/Speed/ Torque of Drive Motor	驱动电机峰值功率/转速/转矩 Torque of Drive Motor/ Peak power/Speed/（kW/r/min/Nm）	控制器生产企业 Controller Manufacturing Enterprise	电机控制器型号 Controller Odels for Driving Motor	配套车辆类型 Matching Vehicle Types	2018年配套车型产量x小计（辆）Subtotal Output of Supported Odels in 2018（Vehicle）	2018年配套车型产量总计（辆）Total Output of Supported Odels in 2018（Vehicle）
南京乐金汽车零部件有限公司	永磁同步电机	TZ204XSLM1	1	40/3070/124	90/12000/280	南京乐金汽车零部件有限公司	KTZ38X40SLI1	纯电动乘用车	1667	1711
	永磁同步电机	TZ204XSLM1		40/3070/124	90/12000/280	南京乐金汽车零部件有限公司	02. 01/KTZ38X40SLI1	纯电动乘用车	38	
	永磁同步电机	TZ204XSLM1	1	40/3070/124	90/12000/280	南京乐金汽车零部件有限公司	02. 01/KTZ38X40SLI1	纯电动乘用车	6	
北京德威利新能源科技股份有限公司	永磁同步电机	TZ250XA05	1	18/3000/57	42/8000/175	北京德威利新能源科技股份有限公司	KTZ33X32FB05	纯电动专用车	1001	1644
	永磁同步电机	TZ340XSA04	1	70/1600/419	100/4000/800	北京德威利新能源科技股份有限公司	KTZ38X40SB04	纯电动专用车	292	
	永磁同步电机	TZ340XSA07	1	60/1600/358	85/3600/800	北京德威利新能源科技股份有限公司	KTZ38X40SB07	纯电动专用车	349	
	永磁同步电机	TZ340XSA04;TZ340XSA07	1;1	70/1600/419;60/1600/358	100/4000/800;85/3600/800	北京德威利新能源科技股份有限公司;北京德威利新能源科技股份有限公司	KTZ38X40SB04;KTZ38X40SB07	纯电动专用车	1	
	永磁同步电机	TZ340XSA07;TZ274XSD01	1;1	60/1600/358;60/1600/358	85/3600/800;100/4000/800	北京德威利新能源科技股份有限公司;北京德威利新能源科技股份有限公司	KTZ38X40SB07;KTZ38X40SP01	纯电动专用车	1	
浙江泓林新能源科技有限公司	永磁同步电机	HLTZ220XS	1	20/3500/55	60/3100/180	浙江泓林新能源科技有限公司	HLZ45X21S	纯电动专用车	1600	1601
	永磁同步电机	HLTZ220XS	1	20/3500/55	60/8500/180	浙江泓林新能源科技有限公司	HLZ45X21S	纯电动专用车	1	
杭州伯坦动力科技有限公司	永磁同步电机	FT175TZX-001	2	15/3500/40	30/8000/150	杭州伯坦动力科技有限公司	FT80TZX35F001	纯电动乘用车	576	1578
	永磁同步电机	FT175TZX-001	3	15/3500/40	30/8000/150	杭州伯坦动力科技有限公司	FT80TZX35F001	纯电动专用车	1	
	永磁同步电机	FT175TZX-003	2	15/3500/41	50/8000/185	杭州伯坦动力科技有限公司	FT80TZX59F003	纯电动乘用车	234	
	永磁同步电机	TZ190XSFT2	1	40/4000/95	100/8200/240	杭州伯坦动力科技有限公司	KTZ32X35SFT2	纯电动乘用车	767	
苏州众联能创新能源科技有限公司	永磁同步电机	TZ249XSC7BY001	1	40/1700/225	75/5000/500	苏州众联能创新能源科技有限公司	KTZ36X30S1	纯电动专用车	38	1542
	永磁同步电机	TZ249XSS00L003	1	60/3600/159	100/10000/320	苏州众联能创新能源科技有限公司	AN-INV-SW-v1. 0/KTZ36X34S00Z003	纯电动专用车	2	
	永磁同步电机	TZ300XSC5BY001	1	70/1000/600	115/4000/1200	苏州众联能创新能源科技有限公司	KTZ54X30S01	纯电动专用车	1480	
	永磁同步电机	TZ300XSC5BY001	1	70/1000/600	115/4000/1200	苏州众联能创新能源科技有限公司	KTZ54X30S01	纯电动专用车	2	
	永磁同步电机	TZ360XSC2BY001	1	125/800/1400	230/3000/2800	苏州众联能创新能源科技有限公司	KTZ54X50SC2BY001	纯电动客车	1	
	永磁同步电机	TZ360XSC2S01	1	100/800/1200	200/3000/2400	苏州众联能创新能源科技有限公司	KTZ54X45S01	纯电动专用车	13	
	永磁同步电机	TZ420XSC1TB1	1	210/1000/2600	250/2600/3800	苏州众联能创新能源科技有限公司	KTZ65X65SC1TB1	纯电动专用车	6	
西安兰德新能源汽车技术开发有限公司	永磁同步电机	TZ205XS-LDMB045	1	45/2800/140	85/6000/280	西安兰德新能源汽车技术开发有限公司	KTZ54X26S-LDKB045	纯电动专用车	1303	1532
	永磁同步电机	TZ230XS-LDMH060	1	60/4092/140	120/12000/320	西安兰德新能源汽车技术开发有限公司	KTZ54X34S-LDKH060	纯电动专用车	229	
杭州德沃仕电动科技有限公司	永磁同步电机	DWS-TYC-320-18A	1	18/3000/57. 3	45/6000/170	深圳市依思普林科技有限公司	EMC25-336F(P/I)	纯电动专用车	403	1456
	交流异步电机	DWS-YXQ-108-13. 5A	1	13. 5/3600/35. 8	30/6600/140	珠海英博尔电气股份有限公司	MC3336-A850	纯电动乘用车	263	
	交流异步电机	DWS-YXQ-144-13. 5B	1	13. 5/3000/43	30/6000/150	浙江格雷博智能动力科技有限公司	ACA14440X-01	纯电动乘用车	31	
	永磁同步电机	DWS-TYC-320-18A	1	18/3000/57. 3	45/6000/170	杭州德沃仕电动科技有限公司	DWS-TEV-320-200A	纯电动专用车	1	
	永磁同步电机	TZ205XSAJDWS30C	1	30/4000/72	60/8000/200	苏州汇川技术有限公司	KTZ36X29SAJ	纯电动专用车	11	
	永磁同步电机	TZ205XSDWS320300C	1	30/3600/80	60/9000/200	深圳市依思普林科技有限公司	KTZ33X27SE30YSPL	纯电动专用车	324	

续上表

电动汽车驱动电机生产企业 Electric Vehicle Drive Motor Manufacturer	电动汽车驱动电机类型 Type for Driving Motor of Electric Vehicle	电动汽车驱动电机型号 Odels for Driving Motor of Electric Vehicle	驱动电机数量（台/辆）Installation Quantity of Driving Motor (Unit/Vehicle)	驱动电机额定功率/转速/转矩（kW/r/min/Nm）/ Rated Power/Speed/ Torque of Drive Motor	驱动电机峰值功率/转速/转矩 Torque of Drive Motor/ Peak power/Speed/ (kW/r/min/Nm)	控制器生产企业 Controller Manufacturing Enterprise	电机控制器型号 Controller Odels for Driving Motor	配套车辆类型 Matching Vehicle Types	2018年配套车型产量x小计（辆）Subtotal Output of Supported Odels in 2018 (Vehicle)	2018年配套车型产量总计（辆）Total Output of Supported Odels in 2018 (Vehicle)
杭州德沃仕电动科技有限公司	永磁同步电机	TZ205XSDWS320300G	1	30/3000/95.5	60/9000/200	苏州汇川技术有限公司	KTZ33X26SXLM	纯电动乘用车	12	1456
	永磁同步电机(交流)	TZ230XSDWS336300A1	1	30/2500/115	60/4000/400	深圳市依思普林科技有限公司	EMC50-336W(P/I)	纯电动专用车	7	
	永磁同步电机	TZ205XSDWS320300C	1	30/4000/72	60/7000/200	澳特卡新能源科技(上海)有限公司	KTZ33X30SECT	纯电动专用车	320	
	永磁同步电机	TZ205XSDWS320300E	1	30/4000/72	60/8000/200	苏州汇川技术有限公司	KTZ34X32SXLM	纯电动专用车	84	
合肥巨一动力系统有限公司;上海电驱动股份有限公司	永磁同步电机	2103AAT(巨一);2103AAU(上海)	1	15.5/2500/59	30/2387/120	合肥巨一动力系统有限公司;上海电驱动股份有限公司	2142AAN(巨一);2142AAP(上海)	纯电动乘用车	1404	1404
格至控智能动力科技(上海)有限公司	三相永磁同步电机	G175TZX024-027	1	12/3200/36	24/6000/110	格至控智能动力科技(上海)有限公司	ACL9635XF-01	纯电动专用车	1267	1267
无锡众联能创动力科技有限公司	永磁同步电机	TZ205XS70K01	1	35/3000/112	70/8000/220	无锡众联能创动力科技有限公司	KTZ35X30S001	纯电动专用车	9	1257
	永磁同步电机	TZ249XSS001	1	60/3600/159	100/10000/320	无锡众联能创动力科技有限公司	KTZ36X32SS001	纯电动专用车	1162	
	永磁同步电机	TZ249XSS001	1	60/3600/159	100/10000/320	无锡众联能创动力科技有限公司	KTZ36X32SS001	纯电动客车	85	
	永磁同步电机	TZ249XSS001	1	60/3600/159	100/12000/320	无锡众联能创动力科技有限公司	KTZ36X32SS001	纯电动专用车	1	
广东新高电驱动系统技术有限公司	交流异步电机	YS390XSGW1	1	100/1000/955	150/2600/2850	广东新高电驱动系统技术有限公司	KYS60XS58SGW1	纯电动客车	1033	1141
	永磁同步电机	GWQ22-92/3TA	1	22/3000/70	55/10800/160	广东新高电驱动系统技术有限公司	GW055ME-01	纯电动专用车	96	
	永磁同步电机	TZ210X13B	1	13/2500/50	30/9000/120	广东新高电驱动系统技术有限公司	KTZ33X15GW1	纯电动专用车	1	
	永磁同步电机	TZ210XGW1	1	18/3000/57	42/8000/175	广东新高电驱动系统技术有限公司	KTZ33X30FGW1	纯电动专用车	11	
卧龙电气集团股份有限公司;浙江优力仕机电科技股份有限公司	永磁同步电机;交流异步电机	前 TZ185XSH1;后 YS155XE03	2	前 30/3000/100;后 3/3000/9.5	前:62/9000/220;后:6/6000/20	前:苏州汇川技术有限公司;后:浙江优力仕机电科技股份有限公司	前:IEVD170-34Z50AL;后:KYS35X02FY101	纯电动乘用车	1129	1129
上海电驱动股份有限公司;奇瑞新能源汽车技术有限公司	永磁同步电机	2103AAV(上海);112AAE(奇瑞)	1	46/4000/110(上海);40/3183/120(奇瑞)	90/3100/276(上海);95/3629/250(奇瑞)	上海电驱动股份有限公司;奇瑞新能源汽车技术有限公司	2142AAQ(上海);112AAF(奇瑞)	纯电动乘用车	1122	1122
北京德威利新能源科技股份有限公司;江苏豪吉博电器科技有限公司;上海鑫国动力科技有限公司;中冶南方(武汉)自动化有限公司	永磁同步电机	TZ340XSA07; TZ290XS70HJB; TZ290XSM100A;TZ302XS6M7	1;1;1;1	60/1600/358;70/2000/358;70/2000/334;60/1600/358	85/3600/800;100/4000/800;100/4500/800;100/4000/850	北京德威利新能源科技股份有限公司;江苏豪吉博电器科技有限公司;上海鑫国动力科技有限公司;中冶南方(武汉)自动化有限公司	KTZ38X40SB07; KTZ38X45SS30AHJB; KTZ54X80SC160A;KTZ38X48S6D7	纯电动专用车	1120	1120
武汉理工通宇新源动力有限公司	三相交流同步电机	WTEM60-40-2	1	60/1900/300	120/4000/600	武汉理工通宇新源动力有限公司	WTMC90-38-1	纯电动客车	1	1031
	三相交流同步电机	WTEM80-40-2	1	80/1600/477	160/3200/1000	武汉理工通宇新源动力有限公司	WTMC160-40-1	纯电动客车	161	
	永磁同步电机	TZ210XSTY535	1	50/3000/159	90/6000/350	武汉理工通宇新源动力有限公司	KTZ34X27STY45	纯电动专用车	10	
	永磁同步电机	TZ210XSTY545	1	50/3000/160	90/6000/350	武汉理工通宇新源动力有限公司	KTZ54X27STY45	纯电动专用车	311	
	永磁同步电机	TZ290XSTY431	1	40/1300/295	90/4000/750	武汉理工通宇新源动力有限公司	KTZ54X27STY45	纯电动专用车	1	
	永磁同步电机	TZ338XSTY533	1	50/1900/250	100/4000/500	武汉理工通宇新源动力有限公司	KTZ54X27STY45	纯电动客车	448	

续上表

电动汽车驱动电机生产企业 Electric Vehicle Drive Motor Manufacturer	电动汽车驱动电机类型 Type for Driving Motor of Electric Vehicle	电动汽车驱动电机型号 Odels for Driving Motor of Electric Vehicle	驱动电机数量（台/辆）Installation Quantity of Driving Motor（Unit/Vehicle）	驱动电机额定功率/转速/转矩（kW/r/min/Nm）/ Rated Power/Speed/ Torque of Drive Motor	驱动电机峰值功率/转速/转矩 Torque of Drive Motor/ Peak power/Speed/（kW/r/min/Nm）	控制器生产企业 Controller Manufacturing Enterprise	电机控制器型号 Controller Odels for Driving Motor	配套车辆类型 Matching Vehicle Types	2018 年配套车型产量 x 小计（辆）Subtotal Output of Supported Odels in 2018（Vehicle）	2018 年配套车型产量总计（辆）Total Output of Supported Odels in 2018（Vehicle）
武汉理工通宇新源动力有限公司	永磁同步电机	TZ365XSTY931	1	90/1500/573	150/4500/1300	武汉理工通宇新源动力有限公司	KTZ54X35STY60	纯电动专用车	1	1031
	永磁同步电机	TZ380XSTY842	1	80/1300/600	160/3000/1200	武汉理工通宇新源动力有限公司	KTZ54X36STY60	纯电动专用车	2	
	永磁同步电机	TZ400XSTY1042	1	100/1150/830	250/3500/2800	武汉理工通宇新源动力有限公司	KTZ54X57STY90	纯电动客车	33	
	永磁同步电机	TZ420XSTY646	1	60/1273/450	120/3000/750	武汉理工通宇新源动力有限公司	KTZ54X27STY45	纯电动专用车	6	
	永磁同步电机	TZ430XSTY841	1	80/1600/477	160/3200/850	武汉理工通宇新源动力有限公司	KTZ54X35STY60	纯电动专用车	1	
	永磁同步电机	WTEM80-40-2	1	80/1600/477	160/3200/1000	武汉理工通宇新源动力有限公司	WTMC160-40-1	纯电动客车	56	
浙江中电汽车集团有限公司	永磁同步电机	SMAH20	1	20/3200/60	40/7300/200	浙江中电汽车集团有限公司	KTZ32X020104H	纯电动专用车	999	999
新动力电机(荆州)有限公司	永磁同步电机	DZ50M16-3WRV	1	50/1000/500	100/3500/1000	深圳市汇川技术股份有限公司	IEVD059-52Z85BL-DFTZ	纯电动专用车	486	952
	永磁同步电机	DZ65M01-1WRV	1	65/730/850	130/2600/1700	新动力电机(荆州)有限公司	NPE600R12	纯电动客车	44	
	永磁同步电机	TZ180X16A	1	20/2500/95	45/7500/180	浙江云迪电气科技有限公司	YDC450R12F	纯电动专用车	3	
	永磁同步电机	TZ180X16B	1	25/4160/57.4	45/6800/180	浙江云迪电气科技有限公司	KTZ35X28FYDC	纯电动专用车	348	
	永磁同步电机	TZ232XS16D	1	45/4500/95	90/8500/270	深圳市英威腾电动汽车驱动技术有限公司	KTZ34X34S-GVD52030	纯电动专用车	51	
	永磁同步电机	TZ380XS38A	1	135/900/1450	200/2600/2900	新动力电机(荆州)有限公司	KTZ54X67S14A	纯电动客车	20	
南京越博动力系统股份有限公司	永磁同步电机	TZ200XS-YBM410	1	40/4050/90	80/12000/210	南京越博动力系统股份有限公司	KTZ36X29S-YBC412	纯电动专用车	52	926
	永磁同步电机	TZ205XS-YBM320	1	45/2800/140	85/6000/280	南京越博动力系统股份有限公司	KTZ54X35S-YBC305	纯电动专用车	430	
	永磁同步电机	TZ205XS-YBM320	1	45kW/2800r/min/140Nm	85kW/6000r/min/280Nm	深圳市蓝海华腾技术股份有限公司	KTZ54X26S-VT4D09	纯电动专用车	31	
	永磁同步电机	TZ220XS-YBM400	1	70/4400/150	130/12000/310	南京越博动力系统股份有限公司	KTZ54X30S-YBC400	纯电动专用车	4	
	永磁同步电机	TZ230XS-YBM402	1	40/3000/127	60/6000/250	南京越博动力系统股份有限公司	KTZ36X44S-YBC402	纯电动专用车	31	
	永磁同步电机	TZ230XS-YBM407	1	45/2800/140	85/6000/280	南京越博动力系统股份有限公司	KTZ54X29S-YBC407	纯电动专用车	120	
	永磁同步电机	TZ327XS-YBM308	1	60/2300/250	120/5500/450	南京越博动力系统股份有限公司	KTZ54X36S-YBC308	纯电动客车	69	
	永磁同步电机	TZ327XS-YBM308	1	60/2300/250	120/5500/450	南京越博动力系统股份有限公司	KTZ54X36S-YBC308	纯电动专用车	31	
	永磁同步电机	TZ327XS-YBM350	1	75/2300/310	145/5500/600	南京越博动力系统股份有限公司	KTZ54X38S-YBC351	纯电动客车	115	
	永磁同步电机	TZ365XS-YBM303	1	60/2300/250	100/5500/460	南京越博动力系统股份有限公司	KTZ54X26S-YBC304	纯电动专用车	2	
	永磁同步电机	TZ365XS-YBM303	1	60/2300/250	100/5500/460	南京越博动力系统股份有限公司	软件：V1.00；硬件：KTZ54X26S-YBC302A	纯电动专用车	35	
	永磁同步电机	TZ368XS-YBM100	1	125/1500/800	245/3500/1500	南京越博动力系统股份有限公司	KTZ54X85S-YBC100	纯电动专用车	2	
	永磁同步电机	TZ368XS-YBM205	1	80/1800/450	140/3000/1200	南京越博动力系统股份有限公司	KTZ54X42S-YBC207	纯电动客车	1	
	永磁同步电机	TZ368XS-YBM206	1	120/2000/573	180/4000/1400	南京越博动力系统股份有限公司	KTZ54X55S-YBC206	纯电动客车	3	
北京佩特来电机驱动技术有限公司	永磁同步电机	TZ368XSPE180WH	1	90/1264/680	155/3250/1800	北京佩特来电机驱动技术有限公司	KTZ60X40SP090	纯电动客车	200	924
	永磁同步电机	TZ368XSPE251WH	1	140/1215/1100	200/2700/2500	北京佩特来电机驱动技术有限公司	KTZ60X40SP100F	纯电动客车	522	

续上表

电动汽车驱动电机生产企业 Electric Vehicle Drive Motor Manufacturer	电动汽车驱动电机类型 Type for Driving Motor of Electric Vehicle	电动汽车驱动电机型号 Odels for Driving Motor of Electric Vehicle	驱动电机数量（台/辆）Installation Quantity of Driving Motor（Unit/Vehicle）	驱动电机额定功率/转速/转矩（kW/r/min/Nm）/ Rated Power/Speed/Torque of Drive Motor	驱动电机峰值功率/转速/转矩 Torque of Drive Motor/Peak power/Speed/（kW/r/min/Nm）	控制器生产企业 Controller Manufacturing Enterprise	电机控制器型号 Controller Odels for Driving Motor	配套车辆类型 Matching Vehicle Types	2018年配套车型产量x小计（辆）Subtotal Output of Supported Odels in 2018（Vehicle）	2018年配套车型产量总计（辆）Total Output of Supported Odels in 2018（Vehicle）
北京佩特来电机驱动技术有限公司	永磁同步电机	TZ368XSPE251WH	1	140/1215/1100	200/2700/2500	北京佩特来电机驱动技术有限公司	TM4-MP340/KTZ60X40SP100F	纯电动客车	10	924
	永磁同步电机	TZ368XSPE300WH	1	130/1128/1100	200/3000/3100	北京佩特来电机驱动技术有限公司	KTZ60X45SP100B	纯电动客车	47	
	永磁同步电机	TZ488XSPE352WH	1	250/1195/2000	350/3400/3500	北京佩特来电机驱动技术有限公司	KTZ60X75SP155C	纯电动专用车	68	
	永磁同步电机	TZ290XSPE120NH	1	70/1966/340	150/3500/1200	北京佩特来电机驱动技术有限公司	KTZ60X40SP070	纯电动客车	1	
	永磁同步电机	TZ368XSPE251WH	1	140/1215/1100	200/2700/2500	北京佩特来电机驱动技术有限公司	KTZ60X40SP100F	纯电动客车	76	
浙江艾麦电子科技有限公司	永磁同步电机	TZ280XSA10;TZ280XSH10	1	50/1360/350;50/1350/350	100/4200/800;100/4500/850	浙江艾麦电子科技有限公司	KTZ54X38SA01;KTZ54X42SH12	纯电动专用车	552	912
	永磁同步电机	TZ280XSH10	1	50/1350/350	100/4500/850	浙江艾麦电子科技有限公司	KTZ54X42SH12	纯电动专用车	360	
上海鑫国动力科技有限公司	永磁同步电机	M135A-F	1	65/730/850	135/2800/1800	上海鑫国动力科技有限公司	C150	纯电动客车	150	835
	永磁同步电机	M135B	1	100/1200/800	150/3000/1600	上海鑫国动力科技有限公司	C130	纯电动专用车	10	
	永磁同步电机	M200A-F	1	100/650/1500	200/2800/2900	上海鑫国动力科技有限公司	C200	纯电动客车	175	
	永磁同步电机	M200D-F-2	1	100/650//1500	200/3000/2800	上海鑫国动力科技有限公司	C200D	纯电动客车	500	
山东休普动力科技股份有限公司;深圳市依思普林科技有限公司;陕西通家汽车股份有限公司;浙江露通机电有限公司	交流异步电机	YS210X025; YS210X25L; YS210X025;YS210XF045A	1	25/4160/57.4; 25/4160/57.4; 25/4160/57.4;25/3980/60	45/6800/160;45/6800/160;45/6800/160;45/7500/180	山东休普动力科技股份有限公司;深圳市依思普林科技有限公司;陕西通家汽车股份有限公司;浙江露通机电有限公司	KYS30X27F025;KYS31X20FYSPL;KYS31X28FN02;RSV6-H-2D045G	纯电动专用车	834	834
湖南江南汽车制造有限公司	永磁同步电机	TZ181H16CL80	1	16/3000/51	24/5000/80	湖南江南汽车制造有限公司	软件:PMZTC4.0;硬件:PMZTC1853/76	纯电动乘用车	802	802
深圳市依思普林科技有限公司;苏州汇川技术有限公司	永磁同步电机	TZ185XS30YSPL;TZ180XSIN101	1	30/2865/100;30/3183/90	60/9000/225;60/9000/220	深圳市依思普林科技有限公司;苏州汇川技术有限公司	KTZ34X30SI20YSPL;IEVD170-34Z50AL	纯电动专用车	800	800
苏州和鑫电气股份有限公司	永磁同步电机	TZ204XSB70	1	30/2900/100	70/7000/300	苏州和鑫电气股份有限公司	KTZ31X28SB12	纯电动专用车	1	720
	永磁同步电机	TZ230XSA12	1	60/2000/286	120/4500/850	苏州和鑫电气股份有限公司	KTZ54X42SA12	纯电动专用车	1	
	永磁同步电机	TZ230XSB09	1	50/1600/300	90/4500/600	苏州和鑫电气股份有限公司	KTZ36X42SA12	纯电动专用车	148	
	永磁同步电机	TZ260XS030	1	35/2800/120	85/9000/290	赛伟科新能源科技(湖北)有限公司	KTZ30X30S203	纯电动乘用车	532	
	永磁同步电机	TZ260XS030	1	35/2800/120	85/9000/290	赛伟科新能源科技(湖北)有限公司	KTZ30X30S203	纯电动专用车	28	
	永磁同步电机	TZ380XSB15	1	90/800/1074	150/3500/2000	苏州和鑫电气股份有限公司	KTZ54X42SB12	纯电动客车	2	
	永磁同步电机	TZ480XSA15	1	75/720/1000	150/3000/2000	苏州和鑫电气股份有限公司	KTZ54X42SB12	纯电动客车	7	
	永磁同步电机	TZ480XSA20	1	120/640/1800	200/3000/3000	苏州和鑫电气股份有限公司	KTZ54X53SA20	纯电动客车	1	
湖南意谱电动系统有限公司	永磁同步电机	TZ200XS035M0303	1	35/3000/110	65/8500/260	湖南意谱电动系统有限公司	控制器型号:KTZ35X32S2AA;软件:RC17518V1.00.20180118A	纯电动乘用车	93	716
	永磁同步电机	TZ200XS035M0304	1	35/3000/110	60/8500/260	湖南意谱电动系统有限公司	控制器型号:KTZ31X32S2AA;软件:RL17518V1.00.20180118A	纯电动专用车	554	
	永磁同步电机	TZ200XSYP035-0250T336A	1	35/3000/110	65/8000/250	湖南意谱电动系统有限公司	KTZ34X32S-2A0	纯电动专用车	35	

续上表

电动汽车驱动电机生产企业 Electric Vehicle Drive Motor Manufacturer	电动汽车驱动电机类型 Type for Driving Motor of Electric Vehicle	电动汽车驱动电机型号 Odels for Driving Motor of Electric Vehicle	驱动电机数量（台/辆）Installation Quantity of Driving Motor（Unit/Vehicle）	驱动电机额定功率/转速/转矩（kW/r/min/Nm）/ Rated Power/Speed/Torque of Drive Motor	驱动电机峰值功率/转速/转矩 Torque of Drive Motor/Peak power/Speed/（kW/r/min/Nm）	控制器生产企业 Controller Manufacturing Enterprise	电机控制器型号 Controller Odels for Driving Motor	配套车辆类型 Matching Vehicle Types	2018年配套车型产量x小计（辆）Subtotal Output of Supported Odels in 2018（Vehicle）	2018年配套车型产量总计（辆）Total Output of Supported Odels in 2018（Vehicle）
湖南意谱电动系统有限公司	永磁同步电机	TZ290XS065M0701	1	65/1900/327	110/4000/700	湖南意谱电动系统有限公司	KTZ37X40S10C	纯电动专用车	10	716
	永磁同步电机	TZ290XS080H0701	1	80/2400/320	150/5000/700	湖南意谱电动系统有限公司	KTZ54X40S10C	纯电动专用车	3	
	永磁同步电机	TZ368XSYP095-1800T540B	1	95/1000/900	150/3000/1800	湖南意谱电动系统有限公司	KTZ54X45S-100	纯电动专用车	21	
北京德威利新能源科技股份有限公司;天津德力新能科技发展有限公司	永磁同步电机	TZ340XSA07;TZ340XSD31	1;1	60/1600/358;55/1734/303	85/3600/800;100/4000/730	北京德威利新能源科技股份有限公司;天津德力新能科技发展有限公司	KTZ38X40SB07;KTZ54X40SP31	纯电动专用车	698	698
精进百思特电动（上海）有限公司	永磁同步电机	IS2002;TM3003	2	32/3800/72;45/2550/159	46/10500/93;68/9000/246	联合汽车电子有限公司	F01R006003	插电式混合动力乘用车	221	690
	永磁同步电机	电机1:IS2002;电机2:TM3003	2	电机1:32/3800/72;电机2:45/2550/159	电机1:46/10500/93;电机2:68/9000/246	联合汽车电子有限公司	F01R006003	插电式混合动力乘用车	142	
	永磁同步电机	电机1:IS2002;电机2:TM3003	2	电机1:32/3800/72;电机2:45/2550/159	电机1:46/10500/93;电机2:68/9000/246	联合汽车电子有限公司	KTZ30X33SUAES	插电式混合动力乘用车	275	
	永磁同步电机	电机1:IS2002;电机2:TM3003	2	电机1:32/3800/72;电机2:45/2550/159	电机1:46/10500/93;电机2:68/9000/246	联合汽车电子有限公司	F01R006003;KTZ30X33SUAES	插电式混合动力乘用车	52	
深圳市依思普林科技有限公司	永磁同步电机	TZ220XS53YSPL	1	53/4000/127	105/11500/280	深圳市依思普林科技有限公司	KTZ34X50SP13YSPL	纯电动乘用车	32	658
	永磁同步电机	TZ238XS25L	1	25/1800/133	56/4000/300	深圳市依思普林科技有限公司	KTZ32X27S433	纯电动专用车	592	
	永磁同步电机	TZ290XS60YSPL	1	60/1040/550	110/5000/1100	深圳市依思普林科技有限公司	KTZ38X45SS30AYSPL	纯电动专用车	2	
	永磁同步电机	TZ445XS80H	1	80/1000/764	150/3000/2000	深圳市依思普林科技有限公司	KTZ54X48S692	纯电动专用车	7	
	永磁同步电机	前TZ210X20YSPL;后TZ155X5C320A	2	前20/3500/54.6;后5.5/6000/10	前45/9000/180;后10/8000/20	软件开发企业:深圳市依思普林科技有限公司;硬件生产企业:深圳市依思普林科技有限公司	软件（前/后）：I13.2017.1016.00/F01.2017.1016.00;硬件（前/后）：KTZ33X25FI13YSPL/KTZ33X03FF01YSPL	纯电动乘用车	25	
山东吉海新能源汽车有限公司	交流异步电机	YS210HJ15	1	15/3000/48	30/6000/160	山东吉海新能源汽车有限公司	KYS10H50J15	纯电动专用车	205	648
	交流异步电机	YS210HJ18	1	18/3000/57	36/6000/200	山东吉海新能源汽车有限公司	KYS14H40J18	纯电动专用车	108	
	三相交流异步电机	BPAC96V13KW-JM04	1	13/3000/40	25/6000/150	山东吉海新能源汽车有限公司	MCJM04-9640	纯电动专用车	107	
	三相交流异步电机	YS175MJ13	1	13/3000/40	25/6000/150	山东吉海新能源汽车有限公司	KYS10H40J13	纯电动专用车	171	
	永磁同步电机	TZ210XSJ30	1	30/3600/80	60/9000/200	山东吉海新能源汽车有限公司	KTZ34X26SJ30	纯电动专用车	57	
天津市松正电动汽车技术股份有限公司	交流异步电机	MIM090-336SWD	1	100/800/1193	140/2600/2400	天津市松正电动汽车技术股份有限公司	CIM090-336SPD	插电式混合动力客车	388	636
	三相交流异步电机	MIM090-336SWD	1	100/800/1193	140/2600/2400	天津市松正电动汽车技术股份有限公司	CIM090-336SPD	插电式混合动力客车	91	
	三相永磁同步电机	TZ390XSE54-220	1	110/900/1170	220/3000/2800	天津市松正电动汽车技术股份有限公司	KTZ54X53SFSS-320	纯电动客车	145	
	永磁同步电机	MSM150-540WSW	1	80/1250/611	150/3000/2000	天津市松正电动汽车技术股份有限公司	CSM160-540WSW-L	纯电动客车	12	
厦门金龙旅行车有限公司	交流异步电机	SHS4-ZDJ	1	100/800/1193	140/2600/2400	厦门金龙旅行车有限公司	SHS4-ZDJKZQ	插电式混合动力客车	10	630
	永磁同步电机	TZ258XS-320D9C1	1	50/3000/160	90/6000/320	厦门金龙旅行车有限公司	KTZ54X27S-357060CA	纯电动客车	111	
	永磁同步电机	TZ370XS-1K1T16L1	1	80/1270/600	160/4500/1100	厦门金龙旅行车有限公司	KTZ54X45S-307555HA	纯电动客车	132	
	永磁同步电机	TZ370XS-1K7D15L1	1	80/1020/750	150/3000/1700	厦门金龙旅行车有限公司	KTZ54X42S-357511HA	纯电动客车	36	

续上表

电动汽车驱动电机生产企业 Electric Vehicle Drive Motor Manufacturer	电动汽车驱动电机类型 Type for Driving Motor of Electric Vehicle	电动汽车驱动电机型号 Odels for Driving Motor of Electric Vehicle	驱动电机数量（台/辆）Installation Quantity of Driving Motor（Unit/Vehicle）	驱动电机额定功率/转速/转矩（kW/r/min/Nm）/ Rated Power/Speed/ Torque of Drive Motor	驱动电机峰值功率/转速/转矩 Torque of Drive Motor/ Peak power/Speed/（kW/r/min/Nm）	控制器生产企业 Controller Manufacturing Enterprise	电机控制器型号 Controller Odels for Driving Motor	配套车辆类型 Matching Vehicle Types	2018年配套车型产量x小计（辆）Subtotal Output of Supported Odels in 2018（Vehicle）	2018年配套车型产量总计（辆）Total Output of Supported Odels in 2018（Vehicle）
厦门金龙旅行车有限公司	永磁同步电机	TZ370XS-2K1D16L1	1	85/900/900	160/3500/2100	厦门金龙旅行车有限公司	KTZ54X45S-3575120HB	纯电动客车	178	630
	永磁同步电机	TZ370XS-2K1D18L1	1	90/1011/850	188/3300/2100	厦门金龙旅行车有限公司	KTZ54X63S-3575180HC	纯电动客车	41	
	永磁同步电机	TZ370XS-750T12L1	1	75/2000/350	120/4500/750	厦门金龙旅行车有限公司	KTZ54X36S-357545HA	纯电动客车	56	
	永磁同步电机	TZ410XS-2K5D20L1	1	105/911/1100	200/2800/2500	厦门金龙旅行车有限公司	KTZ54X63S-3575180HB	纯电动客车	66	
大运汽车股份有限公司	永磁同步电机	DY213AAC01000	1	50/1800/265	100/3700/750	大运汽车股份有限公司	DY375EDZ1A000	纯电动专用车	396	605
	永磁同步电机	DY213AAC01000; DY213BDA1A018	1;1	50/1800/265;60/1800/318	100/3700/750;120/4000/850	大运汽车股份有限公司	DY375EDZ1A000;DY375EDZ1A000	纯电动专用车	25	
	永磁同步电机	DY213BDA1A016	1	60/1430/400	130/4500/850	大运汽车股份有限公司	DY375EDZ1A040	纯电动专用车	146	
	永磁同步电机	DY213BDA1A018	1	60/1800/318	120/4000/850	大运汽车股份有限公司	DY375EDZ1A000	纯电动专用车	1	
	永磁同步电机	DY213BDA1A018	1	60/1800/318	120/4000/850	大运汽车股份有限公司	DY375EDZ1A046	纯电动专用车	20	
	永磁同步电机	DY213BDC3A003; DY213BDD3A002	1;1	55/2626/200;60/1910/300	120/6000/380;120/5000/500	大运汽车股份有限公司	DY375EDZ1A041;DY375EDZ1A041	纯电动专用车	13	
	永磁同步电机	DY213BDD3A002	1	60/1910/300	120/5000/500	大运汽车股份有限公司	DY375EDZ1A041	纯电动专用车	4	
北京德威利新能源科技股份有限公司;江苏豪吉博电器科技有限公司;上海鑫国动力科技有限公司	永磁同步电机	TZ274XSD01; TZ290XS70HJB; TZ290XSM100A	1;1;1	60/1600/358; 70/2000/358; 70/2000/334	100/4000/800; 100/4000/800; 100/4500/800	北京德威利新能源科技股份有限公司;江苏豪吉博电器科技有限公司;上海鑫国动力科技有限公司	KTZ38X40SP01; KTZ38X45SS30AHJB; KTZ54X80SC160A	纯电动专用车	600	600
德州浦益希机电科技有限公司	交流异步电机	前 IM171601;后 IM171301	2	前 7.5/4900/14.6;后 5.6/4900/10.9	前:22/9000/122;后:15.5/9000/90	山东元齐新动力科技有限公司	SDJ-7.5Kw-14425E	纯电动乘用车	600	600
北京德威利新能源科技股份有限公司;北京德威利新能源科技股份有限公司;江苏豪吉博电器科技有限公司;上海鑫国动力科技有限公司;中冶南方(武汉)自动化有限公司	永磁同步电机	TZ340XSA07; TZ274XSD01; TZ290XS70HJB; TZ290XSM100A; TZ302XS6M7	1;1;1;1;1	60/1600/358; 60/1600/358; 70/2000/358;70/2000/334;60/1600/358	85/3600/800; 100/4000/800; 100/4000/800; 100/4500/800; 100/4000/850	北京德威利新能源科技股份有限公司;北京德威利新能源科技股份有限公司;江苏豪吉博电器科技有限公司;上海鑫国动力科技有限公司;中冶南方(武汉)自动化有限公司	KTZ38X40SB07;KTZ38X40SP01; KTZ38X45SS30AHJB; KTZ54X80SC160A; KTZ38X48S6D7	纯电动专用车	570	570
中车株洲电机有限公司	永磁同步电机	TZ380XSM01	1	75/800/900	150/800～2250/640～1800	深圳市英威腾电动汽车驱动技术有限公司	KTZ54X48SC01	纯电动客车	10	561
	永磁同步电机	TZ380XSM12	1	100/1200/800	200/682～2400/800～2800	深圳市英威腾电动汽车驱动技术有限公司	KTZ54X70SC12	纯电动客车	551	
安徽巨一自动化装备有限公司	永磁同步电机	JEETZ260XS7545JH04	1	60/1400/400	120/4500/750	安徽巨一自动化装备有限公司	JEEKTZ36X48S01JH04	纯电动专用车	80	557
	永磁同步电机	TZ200XSJH7	1	25/3000/80	50/7200/220	安徽巨一自动化装备有限公司	KTZ31X30SJH7	纯电动专用车	10	
	永磁同步内转子电机	TZ260XSJH8	1	60/1042/550	110/4100/950	安徽巨一自动化装备有限公司	KTZ51X49JH8	纯电动专用车	467	
上海大郡动力控制技术有限公司;上海力信电气技术有限公司	永磁同步电机	TZ270XSDJ010;TZ230XS200	1;1	30/1910/150;30/1910/150	60/6000/380;70/6000/380	上海大郡动力控制技术有限公司;上海力信电气技术有限公司	KTZ36X28SDJ006;KTZ34X30S200	纯电动专用车	532	532

续上表

电动汽车驱动电机生产企业 Electric Vehicle Drive Motor Manufacturer	电动汽车驱动电机类型 Type for Driving Motor of Electric Vehicle	电动汽车驱动电机型号 Odels for Driving Motor of Electric Vehicle	驱动电机数量（台/辆）Installation Quantity of Driving Motor（Unit/Vehicle）	驱动电机额定功率/转速/转矩（kW/r/min/Nm）/ Rated Power/Speed/Torque of Drive Motor	驱动电机峰值功率/转速/转矩 Torque of Drive Motor/Peak power/Speed/（kW/r/min/Nm）	控制器生产企业 Controller Manufacturing Enterprise	电机控制器型号 Controller Odels for Driving Motor	配套车辆类型 Matching Vehicle Types	2018年配套车型产量x小计（辆）Subtotal Output of Supported Odels in 2018（Vehicle）	2018年配套车型产量总计（辆）Total Output of Supported Odels in 2018（Vehicle）
浙江中车电车有限公司	永磁同步电机	TZ290XS002	1	80/1250/611	150/2900/1800	浙江中车电车有限公司	KTZ40X75S002	纯电动客车	73	513
	永磁同步电机	TZ370XS01；TZ370XS02	2	80/1280/600；75/2000/350	135/3500/1000；130/5000/750	浙江中车电车有限公司	KTZ70X55S01；KTZ70X55S02	插电式混合动力客车	2	
	永磁同步电机	TZ380XS01	1	100/800/1250	200/3000/2800	浙江中车电车有限公司	KTZ35X70S03	纯电动客车	152	
	永磁同步电机	TZ370XS001；TZ290XS002	1	75/2000/350；80/1250/611	120/5000/750；150/3500/1800	浙江中车电车有限公司	KTZ40X75S001；KTZ40X75S002	纯电动客车	21	
	永磁同步电机	TZ368XS001	1	80/1250/611	150/3000/2000	浙江南车电车有限公司	KTZ40X50S001	纯电动客车	1	
	正弦控制型永磁同步电机	TZ400XS02	1	80kW/1100rpm/695N. m	150kW/2600rpm/3300N. m	浙江中车电车有限公司	KTZ25X55S01	纯电动客车	264	
上海大郡动力控制技术有限公司；福建万润新能源科技有限公司；厦门金龙汽车新能源科技有限公司	永磁同步电机	TZ380XSDJ011（配置1）；WR510-02026（配置2）；TZ400XSKLNEV01（配置3）	1	100/800/1250（配置1）；100/900/1061（配置2）；100/955/1000（配置3）	200/3000/2800（配置1）；180/2500/2800（配置2）；200/2500/2500（配置3）	上海大郡动力控制技术有限公司；福建万润新能源科技有限公司；厦门金龙汽车新能源科技有限公司	KTZ54X64SDJM01（配置1）；WR300-03029（配置2）；KTZ54X60SKLNEV01（配置3）	纯电动客车	511	511
舍弗勒贸易（上海）有限公司	永磁同步电机	CLDJ00YAQL	1	33/2400/132	80/2940/260	重庆长安新能源汽车有限公司	XIPU03	插电式混合动力乘用车	504	504
成都富临精工汽车零部件有限公司	永磁同步电机	TZ195XS30A	1	30/3000/96	85/9000/270	成都富临精工汽车零部件有限公司	KTZ36X40SF21	纯电动专用车	20	503
	永磁同步电机	TZ210X18A	1	18/3000/57	42/8000/175	成都富临精工汽车零部件有限公司	KTZ34X30FF11	纯电动专用车	112	
	永磁同步电机	TZ195XS30A	1	30/3000/96	85/9000/270	成都富临精工汽车零部件有限公司	KTZ36X40SF21	纯电动乘用车	371	
深圳市聚马新能源汽车科技有限公司	永磁同步电机	JM-TZ210XS30	1	30/3000/96	70/9000/220	深圳市聚马新能源汽车科技有限公司	JM-KTZ33X35S	纯电动专用车	484	484
成都联腾动力控制技术有限公司	永磁同步电机	TZ230XS32F	1	50/3000/160	110/9000/320	成都联腾动力控制技术有限公司	PCU37X40S1607P	纯电动乘用车	330	481
	永磁同步电机	TZ230XS30E	1	45/3000/150	95/9000/300	成都联腾动力控制技术有限公司	PCU35X40S1607P	纯电动乘用车	151	
吉利四川商用车有限公司；苏州艾麦电子科技有限公司	永磁同步电机	TZ300XSM01；TZ280XSA10	1	50/1360/350	100/4200/850；100/4200/800	吉利四川商用车有限公司；苏州艾麦电子科技有限公司	KTZ54X42SC01；KTZ54X38SA01	纯电动专用车	481	481
卧龙电气集团股份有限公司	永磁同步电机	JAS70-D1-R	2	37/2800/126	74/10000/382	中冶南方（武汉）自动化有限公司	EV551-V10. 7. 2539. 02/EV551-5L11-250A	纯电动客车	5	476
	永磁同步电机	JAS70-D2-R	2	37/2800/126	74/10000/382	中冶南方（武汉）自动化有限公司；上海鑫国动力科技有限公司	EV551-V10. 7. 2539. 02/EV551-5L11-250A；V2. 2/DC150	纯电动客车	165	
	永磁同步电机	TZ180XS016L02	1	25/4000/60	60/9000/160	苏州汇川技术有限公司	KTZ34X45SCJ	纯电动乘用车	13	
	永磁同步电机	TZ185XS022	1	30/3000/100	62/9000/220	苏州汇川技术有限公司	KTZ34X32S996	纯电动专用车	187	
	永磁同步电机	TZ300XS090D23	1	60/1640/350	92/4500/750	苏州汇川技术有限公司	KTZ36X36SV16A	纯电动专用车	22	
	永磁同步电机	TZ300XS090D23	1	60/1640/350	92/4500/750	苏州汇川技术有限公司	KTZ54X36SV16A	纯电动专用车	84	
南京越博动力系统股份有限公司；广东新高电驱动系统技术有限公司	永磁同步电机	TZ365XS-YBM303；TZ330XSGW1	1；1	60/2300/250；60/3581/200	100/5500/460；120/6000/500	南京越博动力系统股份有限公司；广东新高电驱动系统技术有限公司	KTZ54X26S-YBC302A；KTZ38X40SGW1	纯电动客车	469	469
合肥巨一动力系统有限公司；合肥道一动力科技有限公司	永磁同步内转子电机	TZ200XSJH6	1	30/3000/96	85/9000/270	合肥巨一动力系统有限公司；合肥道一动力科技有限公司	KTZ33X50SJH6	纯电动乘用车	465	465

续上表

电动汽车驱动电机生产企业 Electric Vehicle Drive Motor Manufacturer	电动汽车驱动电机类型 Type for Driving Motor of Electric Vehicle	电动汽车驱动电机型号 Odels for Driving Motor of Electric Vehicle	驱动电机数量（台/辆）Installation Quantity of Driving Motor（Unit/Vehicle）	驱动电机额定功率/转速/转矩（kW/r/min/Nm）/ Rated Power/Speed/ Torque of Drive Motor	驱动电机峰值功率/转速/转矩 Torque of Drive Motor/ Peak power/Speed/（kW/r/min/Nm）	控制器生产企业 Controller Manufacturing Enterprise	电机控制器型号 Controller Odels for Driving Motor	配套车辆类型 Matching Vehicle Types	2018年配套车型产量x小计（辆）Subtotal Output of Supported Odels in 2018（Vehicle）	2018年配套车型产量总计（辆）Total Output of Supported Odels in 2018（Vehicle）
重庆瑞阳鑫驰新能源汽车有限责任公司	永磁同步电机	TZ180XS16BRYW03	1	30/3000/95	55/7200/210	重庆瑞阳鑫驰新能源汽车有限责任公司	KTZ32X26SRYW03	纯电动专用车	101	458
	永磁同步电机	TZ210CQRY018	1	18/3000/57	45/9000/180	重庆瑞阳鑫驰新能源汽车有限责任公司	EMC35-336F(P/I)	纯电动专用车	1	
	永磁同步电机	TZ210CQRY018; TZ210X-CQRY18A	1	18/3000/57	45/9000/180	重庆瑞阳鑫驰新能源汽车有限责任公司	EMC35-336F(P/I)驱动电机控制器软件:1.0.14081/硬件:V1.10	纯电动专用车	19	
	永磁同步电机	TZ210X-CQRY18A	1	18/3000/57	45/9000/180	重庆瑞阳鑫驰新能源汽车有限责任公司	EMC35-336F(P/I)驱动电机控制器软件:1.0.14081/硬件:V1.10	纯电动专用车	337	
苏州凯博易控驱动技术有限公司	永磁同步电机	EK-100kW-PSM	1	100/2400/400	160/7500/900	苏州凯博易控驱动技术有限公司	EK-200kW-PSMC1	纯电动客车	45	445
	永磁同步电机	EK1201010-PSM	1	100/2400/400	160/7500/900	苏州凯博易控驱动技术有限公司	EK1202010-PSC	纯电动客车	400	
陕西通家汽车股份有限公司	交流异步电机	YS132H015	1	15/3000/46	28/6800/170	陕西通家汽车股份有限公司	KYS10H50F015	纯电动专用车	2	442
	交流异步电机	YS210X025	1	25/4160/57.4	45/6800/160	陕西通家汽车股份有限公司	KYS31X28FN02	纯电动专用车	440	
苏州索尔达动力科技有限公司	永磁同步电机	TZ175XSQ03	2	50/4200/114	90/10000/200	苏州索尔达动力科技有限公司	KTZ54X30SQ03	纯电动专用车	20	425
	永磁同步电机	TZ185XC01	1	20/3000/64	40/7000/150	苏州索尔达动力科技有限公司	KTZ14X40C01	纯电动乘用车	200	
	永磁同步电机	TZ204XSX08	1	30/3000/95	80/8000/250	苏州索尔达动力科技有限公司	KTZ34X42SX08	纯电动乘用车	204	
	永磁同步电机	TZ327XSH12	1	60/1300/440	120/4500/1150	苏州索尔达动力科技有限公司	KTZ54X35H12	纯电动专用车	1	
湖南中车时代电动汽车股份有限公司;襄阳宇清传动科技有限公司	永磁同步牵引电机;永磁同步电机	TZ290XSD15;TZ260XS110YQ	1	60/1600/358;70/1650/400	100/3600/1000;110/4500/650	湖南中车时代电动汽车股份有限公司;云南航天神州汽车有限公司	KTZ38X40SP05;KTZ380X450S	纯电动专用车	401	401
上海大郡动力控制技术有限公司;深圳市依思普林科技有限公司;苏州汇川技术有限公司	永磁同步电机	TZ185XSDJ017; TZ185XS30YSPL; TZ180XSIN101	1	30/2865/100; 30/2865/100; 30/3183/90	60/9000/225; 60/9000/225; 60/9000/220	上海大郡动力控制技术有限公司;深圳市依思普林科技有限公司;苏州汇川技术有限公司	KTZ31X28SDJ017; KTZ34X30SI20YSPL; IEVD170-34Z50AL	纯电动专用车	398	398
江苏艾鑫科电气技术有限公司	永磁同步电机	TZ230XS-A02	1	55/2900/180	120/6000/350	江苏艾鑫科电气技术有限公司	KTZ54X26S-A02	纯电动专用车	390	390
芜湖杰诺瑞汽车电器系统有限公司	永磁同步电机	2103AAS	1	21/3000/67	41.8/2660/150	芜湖杰诺瑞汽车电器系统有限公司	2142AAM	纯电动乘用车	386	386
卧龙电气集团股份有限公司;深圳市大地和电气股份有限公司	前:永磁同步电机;后:交流异步电机	TZ185XSH1/YS155XB7C	2	前:30/3000/100/后:2/1330/14.3	前:62/9000/220/后:6/4500/60	前:苏州汇川技术有限公司;后:深圳市大地和电气股份有限公司	前:IEVD170-34Z50AL;后:KYS32X0316K	纯电动乘用车	380	380
西门子电气传动有限公司	交流感应电机	1PV5138	2	85/3680/220	150/10000/530	西门子电气传动有限公司	MONO	纯电动客车	334	350
	交流异步电机	1PV5138	2	85/3680/220	150/10000/530	西门子电气传动有限公司	MONO	纯电动客车	10	
	永磁同步电机	1DB2016	1	160/1500/1400	230/3500/3000	西门子电气传动有限公司	650WH	纯电动客车	6	
台州茂宏电机有限公司;深圳市大地和电气股份有限公司;福建百隆电机有限公司	三相异步电机	MHJ15-144; GLMI15A4; BLAC15-144	1	15/2900/49.9; 15/3000/47.8; 15/2900/49.4	30/6500/197; 30/7000/160; 30/7000/272	合肥凯利科技投资有限公司;深圳市大地和电气股份有限公司;合肥凯利科技投资有限公司	KAC8080I;GLCI7012A15;KAC8080I	纯电动乘用车	349	349

续上表

电动汽车驱动电机生产企业 Electric Vehicle Drive Motor Manufacturer	电动汽车驱动电机类型 Type for Driving Motor of Electric Vehicle	电动汽车驱动电机型号 Odels for Driving Motor of Electric Vehicle	驱动电机数量（台/辆） Installation Quantity of Driving Motor (Unit/Vehicle)	驱动电机额定功率/转速/转矩（kW/r/min/Nm）/ Rated Power/Speed/Torque of Drive Motor	驱动电机峰值功率/转速/转矩 Torque of Drive Motor/Peak power/Speed/（kW/r/min/Nm）	控制器生产企业 Controller Manufacturing Enterprise	电机控制器型号 Controller Odels for Driving Motor	配套车辆类型 Matching Vehicle Types	2018年配套车型产量x小计（辆） Subtotal Output of Supported Odels in 2018 (Vehicle)	2018年配套车型产量总计（辆） Total Output of Supported Odels in 2018 (Vehicle)
武汉合康动力技术有限公司	永磁同步电机	TZ185XSHK90	1	30/2865/100	60/9000/225	武汉合康动力技术有限公司	KTZ34X31SHK25	纯电动专用车	250	346
	永磁同步电机	TZ210XS262A	1	50/3000/160	110/6000/400	武汉合康动力技术有限公司	KTZ60X57SHK1	纯电动专用车	3	
	永磁同步电机	TZ238XS30AHK	1	30/1800/160	65/4500/450	武汉合康动力技术有限公司	KTZ34X31SHK1	纯电动专用车	1	
	永磁同步电机	TZ380XS04006	1	70/2000/335	135/5000/700	武汉合康动力技术有限公司	KTZ60X57SHK1	纯电动客车	92	
大运汽车股份有限公司；大运汽车股份有限公司；唐山普林亿威科技有限公司	永磁同步电机	DY213AAC01000；DY213BDA1A018；TZ290XS-PLM050G01	1;1;1	50/1800/265；60/1800/318；50/1800/265	100/3700/750；120/4000/850；100/3700/750	大运汽车股份有限公司；大运汽车股份有限公司；深圳市英威腾电动汽车驱动技术有限公司	DY375EDZ1A000；DY375EDZ1A000；KTZ54X40S-GVD55050	纯电动专用车	332	332
上海中科深江电动车辆有限公司	三相永磁同步电机	SJ060245A-2103	1	60/3000/193	100/9500/385	上海中科深江电动车辆有限公司	SJ080A-2104	纯电动专用车	1	322
	三相永磁同步电机	SJ119300A-2103	1	119/2500/455	180/3500/800	上海中科深江电动车辆有限公司	SJ190A-2104	纯电动专用车	1	
	永磁同步电机	SJ040248A-2103	1	40/3700/125	97/10000/250	上海中科深江电动车辆有限公司	SJ080A-2104	纯电动专用车	58	
	永磁同步电机	SJ050300B-2103	1	50/2200/217	100/5000/500	上海中科深江电动车辆有限公司	SJ100D-2104	纯电动专用车	108	
	永磁同步电机	SJ075300A-2103	1	75/1800/400	120/4500/800	上海中科深江电动车辆有限公司	SJ100A-2104	纯电动专用车	4	
	永磁同步电机	SJ080335A-2103	1	80/1250/611	150/3000/1800	上海中科深江电动车辆有限公司	SJ200H-2104	纯电动客车	1	
	永磁同步电机	SJ2103P030-L1	1	30/2700/107	60/10000/220	软件开发企业：上海中科深江电动车辆有限公司；硬件生产企业：上海中科深江电动车辆有限公司	软件：SJP030060-ZC-VCSD-V1.3；硬件：SJ2104B3C1-L1	纯电动乘用车	57	
	永磁同步电机	SJ2103P030-L1	1	30/2700/107	60/10000/220	上海中科深江电动车辆有限公司	SJ2104B3C1-L1	纯电动专用车	17	
	永磁同步电机	SJ2103P030-L1	1	30/2700/107	60/7000/220	上海中科深江电动车辆有限公司	SJ2104B3C1-L1	纯电动专用车	75	
中通客车控股股份有限公司	永磁同步电机	TZ365XSZTA1	1	100/900/1061	165/2800/2000	中通客车控股股份有限公司	KTZ57X40SZTA1	纯电动客车	36	310
	永磁同步电机	TZ368XSZTA2	1	100/900/1061	165/2800/2000	中通客车控股股份有限公司	KTZ57X37SZTA2	纯电动客车	32	
	永磁同步电机	ZT-TM1000-01	1	80/1280/600	135/3500/1000	中通客车控股股份有限公司	ZT-CU1000-01	插电式混合动力客车	178	
	永磁同步电机	ZT-TM1000-01	1	80/1280/600	135/3500/1000	中通客车控股股份有限公司	ZT-CU1000-01	插电式混合动力客车	64	
上海电驱动股份有限公司；深圳市大地和电气股份有限公司	永磁同步电机	264TYZ-XS15BT；TZ210XSC30	1;1	40/4000/100；40/3183/120	80/9000/220；80/9000/240	上海电驱动股份有限公司；深圳市大地和电气股份有限公司	32S35X10AV；KTZ32X040S15B	纯电动乘用车	307	307
成都富临精工新能源动力有限公司	永磁同步电机	TZ185XS30A	1	30/3200/90	70/9000/200	成都富临精工新能源动力有限公司	KTZ34X25SF11	纯电动乘用车	19	306
	永磁同步电机	TZ220XS45B	1	45/3300/130	115/9000/270	成都富临精工新能源动力有限公司	KTZ34X30SF21	纯电动乘用车	287	
POSCO TMC Co.；LTD	永磁同步电机	IP-M131101	1	60/3600/159	100/12000/320	POSCO TMC Co.；LTD	IP-I131101	纯电动专用车	303	303
郑州中电新能源汽车有限公司	永磁同步电机	TZ238XSZDW	1	25/1800/133	56/4000/300	郑州中电新能源汽车有限公司	KTZ32X27SZDS223	纯电动专用车	300	300
长沙威康动力技术有限公司	交流永磁同步电机	TZ290XSHK80	1	80/1250/611	150/3500/1800	长沙威康动力技术有限公司	KTZ60X57SHK1	纯电动客车	51	298
	永磁同步电机	TZ290XS150	1	80/1600/477	150/4000/1300	长沙威康动力技术有限公司	KTZ60X40SHKC201	纯电动客车	2	

续上表

电动汽车驱动电机生产企业 Electric Vehicle Drive Motor Manufacturer	电动汽车驱动电机类型 Type for Driving Motor of Electric Vehicle	电动汽车驱动电机型号 Odels for Driving Motor of Electric Vehicle	驱动电机数量(台/辆) Installation Quantity of Driving Motor (Unit/Vehicle)	驱动电机额定功率/转速/转矩(kW/r/min/Nm)/ Rated Power/Speed/ Torque of Drive Motor	驱动电机峰值功率/转速/转矩 Torque of Drive Motor/ Peak power/Speed/ (kW/r/min/Nm)	控制器生产企业 Controller Manufacturing Enterprise	电机控制器型号 Controller Odels for Driving Motor	配套车辆类型 Matching Vehicle Types	2018年配套车型产量x小计(辆) Subtotal Output of Supported Odels in 2018 (Vehicle)	2018年配套车型产量总计(辆) Total Output of Supported Odels in 2018 (Vehicle)
长沙威康动力技术有限公司	永磁同步电机	TZ290XSHK80	1	80/1250/611	150/3500/1800	长沙威康动力技术有限公司	KTZ60X57SHK1	纯电动客车	243	298
	永磁同步电机	TZ380XS04008	1	60/2000/285	105/5000/700	长沙威康动力技术有限公司	KTZ38X57SHK1	纯电动客车	1	
	永磁同步电机	TZ380XS04009	1	70/2000/335	135/4500/700	长沙威康动力技术有限公司	KTZ38X57SHK1	纯电动客车	1	
东湖科技(北京)有限公司	车用交流电动机	IM070W	1	70/1800/371	140/4500/1114	东湖科技(北京)有限公司	MC6080W	纯电动专用车	18	291
	交流异步电机	IM045W	1	45/1400/307	90/5000/921	东湖科技(北京)有限公司	MC6055W	纯电动专用车	62	
	交流异步电机	IM070W	1	70/1800/371	140/4500/1114	东湖科技(北京)有限公司	MC6080W	纯电动客车	2	
	交流异步电机	IM080W	1	80/1000/764	160/3500/1900	东湖科技(北京)有限公司	MC6080W	纯电动客车	2	
	交流异步电机	IM120W	1	120/1000/1145	220/3500/2500	东湖科技(北京)有限公司	MC6132W	纯电动客车	74	
	交流永磁同步电机	PM290LA	1	120/1000/1145	240/3500/2900	东湖科技(北京)有限公司	MC636LA	纯电动客车	131	
	三相异步电机	IM115LA	1	150/3000/480	270/4000/1150	东湖科技(北京)有限公司	MC630LA	纯电动专用车	2	
GM	MotorA:交流异步电机;MotorB:永磁同步电机	YR181MYMRD;TZ213XYMRD	2	MotorA:47kW;MotorB:61kW/MotorA:4000r/min@336V;MotorB:4000r/min@336V/MotorA:110Nm;MotorB:146Nm	MotorA:93kW;MotorB:85kW/MotorA:5000r/min@336V;MotorB:4000r/min@336V/MotorA:200Nm;MotorB:270Nm	Hitachi	S96	插电式混合动力乘用车	280	280
中国第一汽车集团公司新能源汽车分公司	永磁同步电机	CAM290PT1	1	21/2200/92	55/5500/280	上海电驱动股份有限公司;株式会社电装	30S36X01L;9100510AG02	插电式混合动力乘用车	165	273
	永磁同步电机	CAM290PT1	1	21/2200/92	55/5500/280	上海电驱动股份有限公司;株式会社电装	30S36X01L;9100510AG02	插电式混合动力乘用车	108	
广西玉柴机器股份有限公司	永磁同步电机	TZ367XS075	1	75/800/900	150/3000/1800	广西玉柴机器股份有限公司	KTZ54X36S150	纯电动客车	110	270
	永磁同步电机	TZ367XS075	1	75/800/900	150/3000/1800	广西玉柴机器股份有限公司	KTZ54X48S150	纯电动客车	20	
	永磁同步电机	TZ367XS100	1	100/1200/800	200/2500/2500	广西玉柴机器股份有限公司	KTZ54X36S200	纯电动客车	100	
	永磁同步电机	TZ367XS100	1	100/800/1200	200/2600/2500	广西玉柴机器股份有限公司	KTZ54X36S200	纯电动客车	20	
	永磁同步电机	TZ480XS050	1	50/1160/412	100/3000/823	广西玉柴机器股份有限公司	KTZ34X36S150	插电式混合动力客车	20	
厦门金龙汽车新能源科技有限公司	永磁同步电机	TZ365XS-D090-01	1	90/1150/764	150/3100/1700	厦门金龙汽车新能源科技有限公司	KTZ58X50S-A090	纯电动客车	30	266
	永磁同步电机	TZ400XS-D100-01	1	100/1000/955	200/2500/2500	厦门金龙汽车新能源科技有限公司	KTZ58X55S-A120	纯电动客车	217	
	永磁同步电机	TZ400XSKLNEV01	1	100/955/1000	200/2500/2500	厦门金龙汽车新能源科技有限公司	KTZ54X63SKLNEV03	纯电动客车	19	
江苏易动新能源有限公司	永磁同步电机	CM1075L140	1	90/2150/400	140/6000/781	江苏易动新能源有限公司	SD1060L150	纯电动专用车	1	263
	永磁同步电机	CM4020L060	1	30/2870/100	60/9000/200	江苏易动新能源有限公司	SD2065L060	纯电动专用车	2	
	永磁同步电机	CM6050L090	1	50/2100/230	90/6000/500	江苏易动新能源有限公司	SD2065L090	纯电动专用车	258	
	永磁同步电机	CM4020L060	1	30/2870/100	60/9000/200	江苏易动新能源有限公司	SD2065L060	纯电动专用车	2	
旭利无锡电气技术有限公司	永磁同步电机	CM1075L140	1	90/2150/400	140/6000/781	旭利无锡电气技术有限公司	SD1060L150	纯电动专用车	1	256
	永磁同步电机	CM3140L150	1	90/1150/750	150/4000/1400	旭利无锡电气技术有限公司	SD1120L150	纯电动客车	20	
	永磁同步电机	CM4020L060	1	30/2870/100	60/9000/200	旭利无锡电气技术有限公司	SD2065L060	纯电动专用车	81	
	永磁同步电机	CM6035L080	1	40/1910/200	80/6000/360	旭利无锡电气技术有限公司	SD2065L090	纯电动专用车	152	

续上表

电动汽车驱动电机生产企业 Electric Vehicle Drive Motor Manufacturer	电动汽车驱动电机类型 Type for Driving Motor of Electric Vehicle	电动汽车驱动电机型号 Odels for Driving Motor of Electric Vehicle	驱动电机数量（台/辆）Installation Quantity of Driving Motor（Unit/Vehicle）	驱动电机额定功率/转速/转矩（kW/r/min/Nm）/ Rated Power/Speed/Torque of Drive Motor	驱动电机峰值功率/转速/转矩 Torque of Drive Motor/ Peak power/Speed/（kW/r/min/Nm）	控制器生产企业 Controller Manufacturing Enterprise	电机控制器型号 Controller Odels for Driving Motor	配套车辆类型 Matching Vehicle Types	2018年配套车型产量x小计（辆）Subtotal Output of Supported Odels in 2018（Vehicle）	2018年配套车型产量总计（辆）Total Output of Supported Odels in 2018（Vehicle）
旭利无锡电气技术有限公司	永磁同步电机	CM6050L090	1	50/2100/230	90/6000/500	旭利无锡电气技术有限公司	SD2065L090	纯电动专用车	1	256
	永磁同步电机	EM4018A050	1	25/3200/75	50/10000/180	旭利无锡电气技术有限公司	FD4065A050	纯电动专用车	1	
江西特种电机股份有限公司	交流电机	YPQ200L-8-HT	1	55/1650/318	90/4000/1000	深圳市蓝海华腾技术股份有限公司	V6-H-2D90G-WT	纯电动专用车	18	248
	永磁同步电机	TZ290XS1800A	1	80/1250/611	160/2800/1800	江西特种电机股份有限公司	KTZ54X50SJTA	纯电动客车	160	
	永磁同步电机	TZ400XS250	1	100/1150/830	250/2800/2800	江西特种电机股份有限公司	KTZ54X60SJL1	纯电动客车	70	
大连创为电机有限公司	交流异步电机	QD100	1	60/1200/476	100/3500/1000	大连创为电机有限公司	DKQ135	燃料电池专用车	57	247
	交流异步电机	QD120A	1	80/1200/636	120/3000/1400	大连创为电机有限公司	DKQ198	纯电动客车	30	
	交流异步电机	QD270	1	130/880/1410	270/3000/2930	大连创为电机有限公司	DKQ300	纯电动客车	3	
	交流异步电机	YS290X22	1	22/2166/97	49/4400/350	大连创为电机有限公司	KYS34X28FAN04	纯电动专用车	99	
	永磁同步电机	TZ260XS70	1	70/2400/278	120/4200/700	大连创为电机有限公司	KTZ45X38S132	纯电动客车	58	
福建万润新能源科技有限公司（配置1）；厦门金龙汽车新能源科技有限公司（配置2）	永磁同步电机	TZ400XS090223（配置1）；TZ365XS-D090-04（配置2）	1	90/900/955（配置1）；90/1000/860（配置2）	190/2800/2200（配置1）；180/2700/2150（配置2）	福建万润新能源科技有限公司（配置1）；厦门金龙汽车新能源科技有限公司（配置2）	KTZ54X43S223（配置1）；KTZ54X45SKLNEV02（配置2）	纯电动客车	2	246
	永磁同步电机	WR510-02026（配置1）；TZ400XS-D100-01（配置2）	1	100/900/1061（配置1）；100/1000/955（配置2）	180/2500/2800（配置1）；200/2500/2500（配置2）	福建万润新能源科技有限公司（配置1）；厦门金龙汽车新能源科技有限公司（配置2）	WR300-03029（配置1）；KTZ58X55S-A120（配置2）	纯电动客车	40	
	永磁同步电机	WR510-02020；TZ365XS-D090-01	1	90/900/537；90/1150/764	150/4000/1500；150/3100/1700	福建万润新能源科技有限公司；厦门金龙汽车新能源科技有限公司	WR300-03004；KTZ58X50S-A090	纯电动客车	28	
	永磁同步电机	WR510-02021；TZ400XSKLNEV02	1；1	90/900/955；90/1350/636.7	180/4000/2000；150/3100/1700	福建万润新能源科技有限公司；厦门金龙汽车新能源科技有限公司	WR300-03027；KTZ54X45SKLNEV02	纯电动客车	176	
深圳市英威腾电动汽车驱动技术有限公司	永磁同步电机	GTZ-XS-L0030	1	30/3500/82	60/9000/200	深圳市英威腾电动汽车驱动技术有限公司	GVD520-3L11-065	纯电动专用车	79	225
	永磁同步电机	GTZ-XS-L0030	1	30/4000/71.6	60/9000/210	深圳市英威腾电动汽车驱动技术有限公司	GVD520-3L11-065	纯电动乘用车	10	
	永磁同步电机	GTZ-XS-L0030	1	30/4000/71.6	60/9000/210	深圳市英威腾电动汽车驱动技术有限公司	GVD520-3L11-065	纯电动专用车	2	
	永磁同步电机	TZ260XS30H-360CA	1	30/1500/191	70/5000/500	深圳市英威腾电动汽车驱动技术有限公司	KTZ38X32S-01KY	纯电动专用车	77	
	永磁同步电机	TZ327XS-INVT60G01	1	60/1270/450	120/4000/900	深圳市英威腾电动汽车驱动技术有限公司	GVD550-5L50-140	纯电动专用车	57	
山东休普动力科技股份有限公司	交流异步电机	YS210X025	1	25/4160/57.4	45/6800/160	山东休普动力科技股份有限公司	13.14/KYS30X27F025	纯电动专用车	5	223
	交流异步电机	YS210X025	1	25/4160/57.4	45/6800/160	山东休普动力科技股份有限公司	13.14/KYS30X27F025	纯电动乘用车	1	
	交流异步电机	YS210X025	1	25/4160/57.4	45/6800/160	山东休普动力科技股份有限公司	KYS30X27F025	纯电动专用车	24	
	永磁同步电机	TZ210X-XP018	1	18/3000/57	45/7200/180	山东休普动力科技股份有限公司	KTZ32X26F-XP018	纯电动专用车	193	

续上表

电动汽车驱动电机生产企业 Electric Vehicle Drive Motor Manufacturer	电动汽车驱动电机类型 Type for Driving Motor of Electric Vehicle	电动汽车驱动电机型号 Odels for Driving Motor of Electric Vehicle	驱动电机数量（台/辆）Installation Quantity of Driving Motor（Unit/Vehicle）	驱动电机额定功率/转速/转矩（kW/r/min/Nm）/ Rated Power/Speed/Torque of Drive Motor	驱动电机峰值功率/转速/转矩 Torque of Drive Motor/ Peak power/Speed/（kW/r/min/Nm）	控制器生产企业 Controller Manufacturing Enterprise	电机控制器型号 Controller Odels for Driving Motor	配套车辆类型 Matching Vehicle Types	2018年配套车型产量x小计（辆）Subtotal Output of Supported Odels in 2018（Vehicle）	2018年配套车型产量总计（辆）Total Output of Supported Odels in 2018（Vehicle）
山东德洋电子科技有限公司	三相永磁同步电机	DY-PMSM-96-15B	1	15/5000/29	35/7000/120	山东德洋电子科技有限公司	DY-PMSM-96-850B	纯电动专用车	1	219
	永磁同步电机	TZ175X15DYA	1	15/5200/27.5	30/7200/90	山东德洋电子科技有限公司	KTZ14X45DYA	纯电动乘用车	218	
东风特汽（十堰）专用车有限公司	鼠笼型异步电机；永磁同步电机	YS175XM228A；TZ190XSM232	2	7/3000/22.2；30/3000/95	18/7200/110；55/7200/210	东风特汽（十堰）专用车有限公司	KTZ34X26SC228A；KTZ34X26SC228A	纯电动专用车	1	210
	永磁同步电机	TZ190XSM228	1	40/3000/130	70/7200/300	东风特汽（十堰）专用车有限公司	KTZ34X28SC228	纯电动专用车	1	
	永磁同步电机	TZ210XSM301	1	65/3100/200	125/6000/380	东风特汽（十堰）专用车有限公司	KTZ54X31SC301	纯电动专用车	2	
	永磁同步电机	TZ230XS-DFTQ	1	60/3820/150	120/12000/320	东风特汽（十堰）专用车有限公司	KTZ54X28S-DFTQ	纯电动专用车	3	
	永磁同步电机	TZ230XSM302	1	65/3100/200	125/6000/380	东风特汽（十堰）专用车有限公司	KTZ54X30SC302	纯电动专用车	9	
	永磁同步电机	TZ290XSH50	1	70/1500/450	140/4500/1000	东风特汽（十堰）专用车有限公司	KTZ56X31SH50	纯电动专用车	191	
	永磁同步电机	TZ290XSM302	1	60/2500/230	100/4500/420	东风特汽（十堰）专用车有限公司	KTZ52X30SC302	纯电动专用车	1	
	永磁同步电机	TZ368XSM726F	1	65/1500/415	130/4500/1200	东风特汽（十堰）专用车有限公司	KTZ54X36SC726F	纯电动专用车	1	
	永磁同步电机	TZ488XSDFZ350	1	250/1195/2000	350/3400/3500	东风特汽（十堰）专用车有限公司	KTZ60X75SDFZ350	纯电动专用车	1	
山东得普达电机股份有限公司	交流异步电机	YS210H1514H1	1	15/3000/48	35/6800/192	山东凯马汽车制造有限公司	KYS14H40FH61-KM	纯电动专用车	210	210
赣州恒玖电气有限公司	交流异步电机	YS210H1514H1	1	15/3000/48	35/6800/192	赣州恒玖电气有限公司	KYS14H40FH1	纯电动专用车	206	206
河北君瑞科技有限公司	永磁同步电机	TZ210X15J-336	1	15/4500/32	42/7500/160	河北君瑞科技有限公司	KTZ34X20FJREV0401	纯电动专用车	203	204
	永磁同步电机	TZ210X16J	1	15/4500/32	30/7500/140	河北君瑞科技有限公司	KTZ14X50FB01	纯电动专用车	1	
深圳熙斯特新能源技术有限公司	永磁同步电机	TZ445XSBSB	1	80/1000/764	150/3000/2000	深圳熙斯特新能源技术有限公司	KTZ54X40SBSB	纯电动客车	201	201
安徽融浦益达动力科技有限公司	永磁同步电机	TZ365XS85H-RD54KIH	1	92/1150/764	140/3000/1700	安徽融浦益达动力科技有限公司	KTZ540X500S-RD180IH	纯电动客车	201	201
合肥创大新能源科技有限公司	永磁同步电机	TZ230XSD09	1	45/2000/215	90/6000/500	合肥创大新能源科技有限公司	KTZ34X40SD09	纯电动专用车	171	201
	永磁同步电机	TZ230XSD09	1	45/2000/215	90/6000/500	合肥创大新能源科技有限公司	KTZ34X40SD09	纯电动专用车	24	
	永磁同步电机	TZ200XSV36	1	30/4000/72	60/8000/200	合肥创大新能源科技有限公司	KTZ36X38SV36	纯电动专用车	6	
无锡东元电机有限公司	交流永磁同步电机	TZ203XSA08000	1	52/5000/100	130/12000/250	株洲中车时代电气股份有限公司	tPower-DM3015	纯电动乘用车	182	182
厦门格邦科技有限公司	交流永磁同步电机	TZ280XSGB085D54X7	1	60/2000/286	120/4500/850	厦门格邦科技有限公司	软件：GBQR Drivers V1.1； 硬件：KTZ58X40SGBM4X7H	纯电动专用车	172	178
	永磁同步电机	TZ280XSGB085D54X7	1	60/2000/286	120/4500/850	厦门格邦科技有限公司	KTZ58X40SGBM4X7H	纯电动专用车	4	
	永磁同步电机	TZ290XSXMGB1400	1	80/1600/477	150/4000/1400	厦门格邦科技有限公司	KTZ58X50SGBM1	纯电动专用车	2	
东方电气集团东风电机有限公司	永磁同步电机	TZ290XSD01	1	60/1600/358	110/3500/1000	东方电气集团东风电机有限公司	KTZ54X46SDF1	纯电动客车	2	176
	永磁同步电机	TZ420XSD01	1	100/1000/955	250/3200/2800	东方电气集团东风电机有限公司	KTZ60X70SDF1	纯电动客车	65	
	永磁同步电机	TZ420XSD02	1	90/1350/636.5	150/3000/1700	东方电气集团东风电机有限公司	KTZ54X53SDF2	纯电动客车	99	
	永磁同步电机	TZ420XSD02	1	90/1350/636.5	150/3000/1700	东方电气集团东风电机有限公司	KTZ54X53SDF2	燃料电池客车	10	

续上表

电动汽车驱动电机生产企业 Electric Vehicle Drive Motor Manufacturer	电动汽车驱动电机类型 Type for Driving Motor of Electric Vehicle	电动汽车驱动电机型号 Odels for Driving Motor of Electric Vehicle	驱动电机数量（台/辆）Installation Quantity of Driving Motor（Unit/Vehicle）	驱动电机额定功率/转速/转矩（kW/r/min/Nm）/ Rated Power/Speed/Torque of Drive Motor	驱动电机峰值功率/转速/转矩 Torque of Drive Motor/Peak power/Speed/（kW/r/min/Nm）	控制器生产企业 Controller Manufacturing Enterprise	电机控制器型号 Controller Odels for Driving Motor	配套车辆类型 Matching Vehicle Types	2018年配套车型产量x小计（辆）Subtotal Output of Supported Odels in 2018（Vehicle）	2018年配套车型产量总计（辆）Total Output of Supported Odels in 2018（Vehicle）
株洲中车时代电气股份有限公司	永磁同步电机	CAM210PT1	1	60/4092/140	140/12000/320	株洲中车时代电气股份有限公司	CAM210PT1	纯电动乘用车	176	176
上海申龙客车有限公司	永磁同步电机	TZ380XSS01	1	100/800/1250	200/3000/2500	上海申龙客车有限公司	KTZ54X60SS01	纯电动客车	176	176
精进电动科技股份有限公司;苏州汇川技术有限公司	永磁同步电机	TZ220XS604;TZ230XSIN101	1	58/4000/140;60/3820/150	130/12000/300;120/12000/320	武汉合康动力技术有限公司;苏州汇川技术有限公司	KTZ57X36S604;IEVD169-54Z75FL-ZC	纯电动专用车	167	167
保定长安客车制造有限公司	永磁同步电机	TZ210XSD4D	1	30/4000/72	60/9500/200	保定长安客车制造有限公司	KTZ32X033S109I	纯电动专用车	6	164
	永磁同步电机	TZ365XS-SC	1	60/2300/250	100/5500/460	保定长安客车制造有限公司	KTZ54X26S-SC	纯电动客车	158	
北京瑞昱动控科技有限公司	永磁同步电机	TZ230XS08B;TZ260XS09A	1	40/2000/200;45/1950/220	80/4000/400;90/6000/480	北京瑞昱动控科技有限公司	KTZ38X42S16C;KTZ38X40S23D	纯电动专用车	164	164
厦门金龙旅行车有限公司(配置1);福建万润新能源科技有限公司(配置2);厦门金龙汽车新能源科技有限公司(配置3)	永磁同步电机	TZ370XS-1K7D15L1(配置1);TZ400XS090191(配置2);TZ365XS-D090-01(配置3)	1	80/1020/750(配置1);90/900/955(配置2);90/1150/764(配置3)	150/3000/1700(配置1);160/2800/1900(配置2);150/3100/1700(配置3)	厦门金龙旅行车有限公司(配置1);福建万润新能源科技有限公司(配置2);厦门金龙汽车新能源科技有限公司(配置3)	KTZ54X42S-357511HA(配置1);KTZ54X41S131(配置2);KTZ58X50S-A090(配置3)	纯电动客车	156	156
江西江铃集团晶马汽车有限公司	永磁同步电机	TZ327XSM38	1	80/1213/630	160/3800/1800	江西江铃集团晶马汽车有限公司	KTZ54X56SE7I	纯电动客车	145	145
苏州众联能创新能源科技有限公司;湖南中车时代电动汽车股份有限公司	永磁同步电机	TZ360XSC2BY001;TZ405XSD17	1;1	125/800/1400;150/1200/1194	230/3000/2800;200/3500/3000	苏州众联能创新能源科技有限公司;湖南中车时代电动汽车股份有限公司	KTZ54X50SC2BY001;KTZ54X60SP07	纯电动客车	145	145
河北长安汽车有限公司	永磁同步电机	TZ368XS-SC	1	80/1000/800	150/3000/1600	保定长安客车制造有限公司	KTZ54X41S-SC	纯电动客车	141	141
杭州壹品电子有限公司	三相异步感应电机	YP-AM18330B-4	1	18/3500/50	36/6000/180	杭州壹品电子有限公司	A003B/YP-AM25330DB	纯电动专用车	122	122
深圳市蓝海华腾技术股份有限公司	三相交流电机	HPQ20-336HT	1	20/1600/119	40/3200/380	深圳市蓝海华腾技术股份有限公司	V6-H-2D30G	纯电动专用车	58	114
	永磁同步电机	TZ290XS110	1	60/1600/358	110/3600/1200	深圳市蓝海华腾技术股份有限公司	KTZ54X35S-VT4D12	纯电动专用车	13	
	永磁同步电机	TZ290XS150	1	90/1075/800	150/3500/1600	深圳市蓝海华腾技术股份有限公司	KTZ54X46S-VT4D16	纯电动客车	13	
	永磁同步电机	TZ400XS250	1	100/1150/830	250/2800/2800	深圳市蓝海华腾技术股份有限公司	KTZ54X57S-VT4D20	纯电动客车	30	
麦格纳驱动系统集团	永磁同步电机	VOLVO_E1	1	20/2122/90	33/11500/133	麦格纳驱动系统集团	78HL15-3233010-AA	插电式混合动力乘用车	105	105
无锡恩吉威新能源有限公司	永磁同步电机	TZ260XSD-NGV01	1	45/1950/220	90/6000/480	无锡恩吉威新能源有限公司	KTZ38X-NGV01	纯电动专用车	100	102
	永磁同步电机	TZ290XSN02	1	60/1800/318	100/4500/850	无锡恩吉威新能源有限公司	KTZ54X45SN02	纯电动专用车	1	
	永磁同步电机	TZ327XS-NGV01	1	60/1800/318	100/3500/955	无锡恩吉威新能源有限公司	KTZ54X29S-NGV01	纯电动专用车	1	
上海逸卡新能源汽车技术开发有限公司	永磁同步电机	TQSL100A-6/380	1	100/800/1200	200/3500/2400	上海逸卡新能源汽车技术开发有限公司	EC311-60150A00V101	纯电动客车	50	100
	永磁同步电机	TQSL100B-6/380	1	100/1000/955	200/3000/1910	上海逸卡新能源汽车技术开发有限公司	EC311-60110A00V101	纯电动客车	50	
江苏索尔新能源科技股份有限公司	永磁同步电机	TZ290XSX10	1	50/1600/300	100/4000/750	江苏索尔新能源科技股份有限公司	KTZ34X35SX10	纯电动专用车	100	100
上海申沃客车有限公司	永磁同步电机	TZ382XSSWB02	1	90/760/1140	150/3000/2000	上海申沃客车有限公司	KTZ54X58SSWB02	纯电动客车	99	99

续上表

电动汽车驱动电机生产企业 Electric Vehicle Drive Motor Manufacturer	电动汽车驱动电机类型 Type for Driving Motor of Electric Vehicle	电动汽车驱动电机型号 Odels for Driving Motor of Electric Vehicle	驱动电机数量（台/辆）Installation Quantity of Driving Motor (Unit/Vehicle)	驱动电机额定功率/转速/转矩（kW/r/min/Nm）/ Rated Power/Speed/Torque of Drive Motor	驱动电机峰值功率/转速/转矩 Torque of Drive Motor/Peak power/Speed/（kW/r/min/Nm）	控制器生产企业 Controller Manufacturing Enterprise	电机控制器型号 Controller Odels for Driving Motor	配套车辆类型 Matching Vehicle Types	2018年配套车型产量x小计（辆）Subtotal Output of Supported Odels in 2018 (Vehicle)	2018年配套车型产量总计（辆）Total Output of Supported Odels in 2018 (Vehicle)
湖北绿驰精密电驱动系统有限公司	永磁同步电机	TZ260XSXL540700A	1	70/4000/167	120/8000/550	湖北绿驰精密电驱动系统有限公司	KTZ54X60S-ee15	纯电动客车	99	99
唐山普林亿威科技有限公司	永磁同步电机	TZ290XS-PLM050G01	1	50/1800/265	100/3700/750	深圳市英威腾电动汽车驱动技术有限公司	KTZ54X40S-GVD55050	纯电动专用车	1	98
	永磁同步电机	TZ290XS-PLM060G01	1	60/1500/382.5	110/3500/1200	深圳市英威腾电动汽车驱动技术有限公司	KTZ50X30S-GVD550	纯电动专用车	87	
	永磁同步电机	TZ290XS-PLM070G01	1	70/1650/405	140/4500/1000	深圳市英威腾电动汽车驱动技术有限公司	KTZ54X40S-GVD55050	纯电动专用车	6	
	永磁同步电机	TZ368XS-PLM100G01	1	100/1000/955	180/2400/2950	深圳市蓝海华腾技术股份有限公司	GVD550-5L10-240	纯电动专用车	4	
武汉英康汇通电气有限公司	永磁同步电机	YKHTTM04512	1	20/3000/63	45/6800/200	武汉英康汇通电气有限公司	YKHTMC06011	纯电动专用车	36	94
	永磁同步电机	YKHTTM11002	1	65/1500/413	110/3000/1600	武汉英康汇通电气有限公司	YKHTMC15002	纯电动客车	42	
	永磁同步电机	YKHTTM15002	1	100/1000/955	150/3000/2800	武汉英康汇通电气有限公司	YKHTMC20002	纯电动客车	16	
上海大郡动力控制技术有限公司;福建万润新能源科技有限公司	永磁同步电机	TZ380XSDJ012;WR510-02021	1	90/760/1140;90/900/955	150/3000/2000;180/4000/2000	上海大郡动力控制技术有限公司;福建万润新能源科技有限公司	KTZ54X57SDJM02;WR300-03027	纯电动客车	93	93
安徽巨一自动化装备有限公司;合肥巨一动力系统有限公司	永磁同步内转子电机	TZ200XSJH2	1	25/3000/80	50/7200/215	安徽巨一自动化装备有限公司;合肥巨一动力系统有限公司	KTZ31X30SJH5	纯电动乘用车	89	89
成都雅骏新能源汽车科技股份有限公司	三相交流电机	TZ245XS-025-01YJ	1	25/1600/150	45/4700/500	成都雅骏新能源汽车科技股份有限公司	KTZ38X32S-01YJ	纯电动专用车	64	80
	三相交流电机	YPQ180L-90-YJ	1	60/1600/358	90/3500/1200	成都雅骏新能源汽车科技股份有限公司	512D12V180-YJ	纯电动专用车	16	
深圳市民富沃能新能源汽车有限公司	永磁同步电机	BS50-1800/540	1	50/1800/265	100/3700/750	深圳市民富沃能新能源汽车有限公司	V6-H-4D90G	纯电动专用车	24	76
	永磁同步电机	TZ210X-MFM30G02	1	30/3000/95	55/7200/210	深圳市民富沃能新能源汽车有限公司	KTZ31X26S-MWK37G01	纯电动专用车	1	
	永磁同步电机	TZ327XS-MFM85G01	1	85/2320/350	150/6000/650	深圳市民富沃能新能源汽车有限公司	KTZ54X40S-MWK110G02	纯电动客车	50	
	永磁同步电机	TZ368XS-MFM120G01	1	120/2000/573	180/4000/1400	深圳市民富沃能新能源汽车有限公司	KTZ54X46S-MWK160G01	纯电动客车	1	
上海瑞华新能源汽车有限公司	永磁同步电机	TQSL2061X	1	65/1550/400	90/6000/800	上海瑞华新能源汽车有限公司	SRX-W67-D120-JX02	纯电动专用车	1	76
	永磁同步电机	TQSL2251X	1	90/1200/716	160/3000/1600	上海瑞华新能源汽车有限公司	RHXNY-W90-D6	纯电动客车	73	
	永磁同步电机	TQSL2253X	1	100/1000/955	200/2500/2850	上海瑞华新能源汽车有限公司	RHXNY-W100-D6	纯电动客车	2	
陕西法士特齿轮有限责任公司	永磁同步电机	TZ260XSSFZ03	1	60/1910/300	120/4500/600	陕西法士特齿轮有限责任公司	KTZ54X29SSFZ001	纯电动专用车	74	74
格源动力有限公司	永磁同步电机	TZ280XS20B	1	55/2000/275	110/6000/550	格源动力有限公司	KTZ54X40S-52001	纯电动专用车	72	72
浙江云迪电气科技有限公司	永磁同步电机	TZ180XS16C	1	25/2500/95.5	45/4500/200	浙江云迪电气科技有限公司	KTZ32X35SYD01	纯电动乘用车	26	70
	永磁同步电机	TZ290XS110	1	60/1600/358	110/3600/1200	浙江云迪电气科技有限公司	KTZ54X35S-YD03	纯电动客车	20	
	永磁同步电机	TZ380XS23A	1	65/730/850	130/2600/1700	浙江云迪电气科技有限公司	KTZ54X40S-YD05	纯电动客车	21	
	永磁同步电机	TZ380XS30A	1	73/1390/500	136/3500/1870	浙江云迪电气科技有限公司	KTZ54X43S-YD06	纯电动客车	3	

续上表

电动汽车驱动电机生产企业 Electric Vehicle Drive Motor Manufacturer	电动汽车驱动电机类型 Type for Driving Motor of Electric Vehicle	电动汽车驱动电机型号 Odels for Driving Motor of Electric Vehicle	驱动电机数量（台/辆）Installation Quantity of Driving Motor（Unit/Vehicle）	驱动电机额定功率/转速/转矩（kW/r/min/Nm）/ Rated Power/Speed/Torque of Drive Motor	驱动电机峰值功率/转速/转矩 Torque of Drive Motor/Peak power/Speed/（kW/r/min/Nm）	控制器生产企业 Controller Manufacturing Enterprise	电机控制器型号 Controller Odels for Driving Motor	配套车辆类型 Matching Vehicle Types	2018年配套车型产量x小计（辆）Subtotal Output of Supported Odels in 2018（Vehicle）	2018年配套车型产量总计（辆）Total Output of Supported Odels in 2018（Vehicle）
新动力电机（荆州）有限公司；湖南中车时代电动汽车股份有限公司	永磁同步电机	DZ50M16-3WRV；TZ290XSD15	1	50/1000/500；50/1000/500	100/3500/1000；100/3500/1000	深圳市汇川技术股份有限公司；湖南中车时代电动汽车股份有限公司	IEVD059-52Z85BL-DFTZ；KTZ38X40SP02	纯电动专用车	70	70
南京聚能传动设备有限公司	永磁同步电机	TZ327XSJN02	1	60/2300/250	120/5500/450	南京聚能传动设备有限公司	KTZ54X36SJN02	燃料电池客车	50	67
	永磁同步电机	TZ370XSJN01	1	80/1270/600	160/4500/1100	南京聚能传动设备有限公司	KTZ54X45SJN01	纯电动客车	12	
	永磁同步电机	TZ380XSJN06	1	60/1300/450	120/3000/750	南京聚能传动设备有限公司	KTZ54X27SJN06	燃料电池客车	5	
襄阳汇众联盟新能源技术有限公司	永磁同步电机	TZ238XSHZ	1	60/1800/318	120/4000/780	襄阳汇众联盟新能源技术有限公司	KTZ36X40SC-HZ1	纯电动专用车	1	60
	永磁同步电机	TZ260XSHZ	1	35/2000/167	70/4000/400	襄阳汇众联盟新能源技术有限公司	KTZ34X32SHZ0	纯电动专用车	1	
	永磁同步电机	TZ366XSHZ	1	70/1715/390	140/5000/780	襄阳汇众联盟新能源技术有限公司	KTZ58X35SHZ0	纯电动专用车	58	
成都莱姆斯特新能源汽车有限公司	永磁同步电机	TZ180XSTL001	1	25/2500/84	45/4500/190	成都莱姆斯特新能源汽车有限公司	KTZ32X35STL001	纯电动乘用车	54	54
福建闽东新能源动力科技有限公司	永磁同步电机	TZ210X-0618	1	18/3000/57	50/8000/240	深圳市依思普林科技有限公司	EMC25-336F（P/I）	纯电动专用车	53	53
安徽鸿创新能源动力有限公司	永磁同步电机	2103YAB	1	25/2984/80	55/9000/175	安徽鸿创新能源动力有限公司	2142YAB（软件:01.01.03/硬件:H1.34）	纯电动乘用车	4	52
	永磁同步电机	2103YAB	1	25/2984/80	55/9000/175	安徽鸿创新能源动力有限公司	2142YAB（软件:01.01.03/硬件:H1.34）	纯电动乘用车	48	
河南美力达汽车有限公司	永磁同步电机	TZ110XS35	1	35/4500/110	70/9000/230	河南美力达汽车有限公司	KTZ34X30SGAM	纯电动专用车	50	50
上海众联能创新能源科技股份有限公司；湖南中车时代电动汽车股份有限公司	永磁同步电机	TZ300XS100K01；TZ290XS15A	1	60/1000/600；60/1600/358	100/4000/1000；110/3600/1000	上海众联能创新能源科技股份有限公司；湖南中车时代电动汽车股份有限公司	KTZ54X30S01；KTZ54X40SP5S	纯电动客车	50	50
浙江露通机电有限公司；武汉乐创世纪科技有限公司	永磁同步电机	TZ290XS100C；TZ300XS002	1	50/2000/250；60/1640/350	100/4500/600；100/4500/720	浙江露通机电有限公司；武汉乐创世纪科技有限公司	RSV6-H-4D090G；KTZ50X40S002	纯电动专用车	50	50
潍柴（潍坊）新能源科技有限公司	永磁同步电机	TZ368XS09001	1	90/1264/680	155/3250/1900	潍柴（潍坊）新能源科技有限公司	KTZ60X40S09001	纯电动客车	48	48
苏州海格新能源汽车电控系统科技有限公司	永磁同步电机	TZ368XSH01	1	100/955/1000	200/2950/2600	苏州海格新能源汽车电控系统科技有限公司	KTZ60X45SH01	纯电动客车	47	47
厦门金龙旅行车有限公司（配置1）；厦门金龙汽车新能源科技有限公司（配置2）	永磁同步电机	TZ410XS-2K5D20L1（配置1）；TZ400XS-D120-01（配置2）	1	105/911/1100（配置1）；120/955/1200（配置2）	200/2800/2500（配置1）；200/2500/2800（配置2）	厦门金龙旅行车有限公司（配置1）；厦门金龙汽车新能源科技有限公司（配置2）	KTZ54X63S-3575180HB（配置1）；KTZ58X55S-A120（配置2）	纯电动客车	46	46
山东凯马汽车制造有限公司	永磁同步电机	KM-25A	1	25/2400/100	50/6000/200	山东凯马汽车制造有限公司	KMK-25A	纯电动专用车	33	45
	永磁同步电机	KM-75W	1	70/1800/400	120/4500/800	山东凯马汽车制造有限公司	KMK-75W	纯电动专用车	12	
武汉合康动力技术有限公司；航天新长征电动汽车技术有限公司	永磁同步电机	TZ238XS30AHK；TZ238XS-30-HT	1	30/1800/160；30/1800/160	65/4500/450；65/4500/450	武汉合康动力技术有限公司；航天新长征电动汽车技术有限公司	KTZ34X31SHK1；KTZ34X35S-12-HT	纯电动专用车	44	44

续上表

电动汽车驱动电机生产企业 Electric Vehicle Drive Motor Manufacturer	电动汽车驱动电机类型 Type for Driving Motor of Electric Vehicle	电动汽车驱动电机型号 Odels for Driving Motor of Electric Vehicle	驱动电机数量（台/辆）Installation Quantity of Driving Motor（Unit/Vehicle）	驱动电机额定功率/转速/转矩（kW/r/min/Nm）/ Rated Power/Speed/ Torque of Drive Motor	驱动电机峰值功率/转速/转矩 Torque of Drive Motor/ Peak power/Speed/（kW/r/min/Nm）	控制器生产企业 Controller Manufacturing Enterprise	电机控制器型号 Controller Odels for Driving Motor	配套车辆类型 Matching Vehicle Types	2018年配套车型产量x小计（辆）Subtotal Output of Supported Odels in 2018（Vehicle）	2018年配套车型产量总计（辆）Total Output of Supported Odels in 2018（Vehicle）
襄阳宇清电驱动科技有限公司	交流异步电机	YS290XS345A	1	45/2510/171	90/5900/345	北京超同步伺服股份有限公司	KYS-54X30S221	纯电动客车	20	41
	永磁同步电机	TZ260XS-02H	1	50/1800/265	75/4500/760	合肥阳光电动力科技有限公司	KTZ38X41S0SG	燃料电池客车	21	
东方电气成都智能科技有限公司	永磁同步电机	TZ365XSZN02	1	90/1000/860	180/2700/2150	东方电气成都智能科技有限公司	KTZ54X46SZN02	纯电动客车	10	41
	永磁同步电机	TZ365XSZN03	1	100/1000/955	220/2500/2800	东方电气成都智能科技有限公司	KTZ60X70SZN01	纯电动客车	31	
湖南中车时代电动汽车股份有限公司；苏州众联能创新能源科技有限公司	永磁同步电机	TZ405XSD23；TZ420HSDB2010	1	100/900/1057；100/900/1060	150/3000/2500；150/3500/2600	湖南中车时代电动汽车股份有限公司；西门子电气传动有限公司	KTZ38X40SP25；KTZ65H42S03	纯电动客车	40	40
浙江宝成机械科技有限公司	永磁同步电机	ZBJTZ180XS01	1	20/3500//55	55/8500/180	浙江宝成机械科技有限公司	ZBJKTZ32X31S01	纯电动专用车	39	39
深圳众联能创新能源科技有限公司	交流牵引电机	YS230MS85ZL	2	85/3600/220	150/10000/530	深圳众联能创新能源科技有限公司	KYS65X35SZL	纯电动客车	39	39
合肥阳光电动力科技有限公司	永磁同步电机	TZ180XSG15	1	15/3000/47	30/7000/160	合肥阳光电动力科技有限公司	KTZ14X400SG	纯电动乘用车	39	39
庆铃汽车股份有限公司	永磁同步电机	YTD060W23	1	60/1850/310	110/4500/1000	上海电驱动股份有限公司	KTZ50X35S	纯电动专用车	36	36
福建新福达汽车工业有限公司	永磁同步电机	TZ405XSXFD1	1	120/1084/1057	200/2800/2500	福建新福达汽车工业有限公司	KTZ54X70SXFD1	纯电动客车	30	31
	永磁同步电机	TZ405XSXFD2	1	150/1200/1194	200/3500/3000	福建新福达汽车工业有限公司	KTZ57X60SXFD1	纯电动客车	1	
湖南恒润汽车研究院有限公司	永磁同步电机	TZ181X16C320	1	16/4000/36	32/9000/140	湖南恒润汽车研究院有限公司	KTZ33X23FE30YSPL	纯电动乘用车	29	29
山东汉格威新能源汽车电控制造有限公司	永磁同步电机	TZ180XHGW14150A	1	15/3000/48	30/7300/150	山东汉格威新能源汽车电控制造有限公司	KTZ14X38FHGWA	纯电动专用车	1	28
	永磁同步电机	TZ210XSHGW35400A	1	40/3600/106	75/9600/245	山东汉格威新能源汽车电控制造有限公司	KTZ35X38SHGWA	纯电动专用车	13	
	永磁同步电机	TZ290XSHGW54700A	1	70/1700/395	120/4500/800	山东汉格威新能源汽车电控制造有限公司	KTZ54X42SHGWA	纯电动专用车	14	
合肥巨一动力系统有限公司；珠海英搏尔电气股份有限公司；合肥道一动力科技有限公司	永磁同步内转子电机；交流感应电动机；永磁同步内转子电机	TZ210XJH5；Y13120007；TZ210XJH5	1	18/3000/58	45/6500/175；50/7000/200；45/6500/175	合肥巨一动力系统有限公司；珠海英搏尔电气股份有限公司；合肥道一动力科技有限公司	KTZ31X22FJH5；MC3903-F；KTZ31X22FJH5	纯电动乘用车	27	27
陕西汉德车桥有限公司	永磁同步电机	TZ280XS-HD002	1	55/2900/215	100/9100/530	陕西汉德车桥有限公司	KTZ31X56S-HD001	燃料电池专用车	27	27
菲仕绿能科技（北京）有限公司	永磁同步电机	TZ220XS160	1	80/5100r/150	160/11000r/300	菲仕绿能科技（北京）有限公司	KTZ41X45S4A	纯电动乘用车	26	26
山东时风商用车有限公司	三相交流异步电机	CYT5A-64	1	5/2500/19.2	10/5000/76.8	珠海英博尔电气股份有限公司	MC3336-6440	纯电动专用车	26	26
苏州和鑫电气股份有限公司；卧龙电气集团股份有限公司；联合汽车电子有限公司	永磁同步电机	TZ204XSB12； TZ185XS026K01；TZ180XSUAES	1	63/4000/150；45/3000/140；63/4000/150	120/12000/250；135/12000/260；120/12000/250	苏州汇川技术有限公司；苏州汇川技术有限公司；联合汽车电子有限公司	KTZ34X45SGJ2；KTZ34X45SGJ1；KTZ33X40SUAES	纯电动乘用车	26	26

续上表

电动汽车驱动电机生产企业 Electric Vehicle Drive Motor Manufacturer	电动汽车驱动电机类型 Type for Driving Motor of Electric Vehicle	电动汽车驱动电机型号 Odels for Driving Motor of Electric Vehicle	驱动电机数量（台/辆）Installation Quantity of Driving Motor（Unit/Vehicle）	驱动电机额定功率/转速/转矩（kW/r/min/Nm）/ Rated Power/Speed/ Torque of Drive Motor	驱动电机峰值功率/转速/转矩 Torque of Drive Motor/ Peak power/Speed/（kW/r/min/Nm）	控制器生产企业 Controller Manufacturing Enterprise	电机控制器型号 Controller Odels for Driving Motor	配套车辆类型 Matching Vehicle Types	2018年配套车型产量x小计（辆）Subtotal Output of Supported Odels in 2018（Vehicle）	2018年配套车型产量总计（辆）Total Output of Supported Odels in 2018（Vehicle）
江苏蓝博威新能源科技有限公司	交流异步电机	前 YS190XB20 后 YS190XB22	2	前7.5/3000/26;后10/3000/32	前15/7500/52;后20/7000/110	江苏蓝博威新能源科技有限公司	前 KYS14X015F05A;后 KYS14X030F05A	纯电动乘用车	10	25
	永磁同步电机	TZ210XSC00	1	40/3183/120	80/9000/240	江苏蓝博威新能源科技有限公司	KTZ36X040S01B-JCA	纯电动乘用车	15	
上海博玺智能科技有限公司	永磁同步电机	TZ368XS-BXM001	1	245/1700/1370	350/3000/2800	上海博玺智能科技有限公司	KTZ60X70S-BXC001	纯电动专用车	22	22
淄博哈普沃动力科技有限公司	交流异步电机	SPQ10-72-3900H1	1	10/3900/24.5	20/7800/70	淄博哈普沃动力科技有限公司	M2-150-6-01	纯电动专用车	20	21
	交流异步伺服牵引电机	SPQ10-72-3900H1	1	10/3900/24.5	20/7800/70	淄博哈普沃动力科技有限公司	M2-150-6-01	纯电动专用车	1	
山东哈普沃动力科技股份有限公司;赣州恒玖电气有限公司	交流异步伺服牵引电机;交流异步电机	SPQ10-72-3900H1;HJ-YB1-11.5kW	1;1	10/3000/32.4;11.5/3900/28.2	20/7000/120;23/7000/111	山东哈普沃动力科技股份有限公司;赣州恒玖电气有限公司	M2-150-6-01;HJ-YK1-500A	纯电动专用车	18	18
浙江新吉奥动力科技有限公司	永磁同步电机	TZ208XS100	1	50/2100/230	90/6000/500	浙江新吉奥动力科技有限公司	KTZ33X38S1018	纯电动专用车	17	17
天津市松正电动汽车技术股份有限公司(配置1);厦门金龙汽车新能源科技有限公司(配置2)	永磁同步电机	TZ390XSE54-180(配置1);TZ365XS-D090-04(配置2)	1	90/860/1000(配置1);90/1000/860(配置2)	180/3500/2000(配置1);180/2700/2150(配置2)	天津市松正电动汽车技术股份有限公司(配置1);厦门金龙汽车新能源科技有限公司(配置2)	KTZ54X53SFSS-300(配置1);KTZ54X45SKLNEV02(配置2)	纯电动客车	17	17
江苏航天万源科技有限公司	永磁同步电机	TZ230XS-W903630	1	45/3000/143	90/7500/280	江苏航天万源科技有限公司	KTZ36X30S-WYK45G	纯电动专用车	17	17
赣州恒玖电气有限公司;山东哈普沃动力科技股份有限公司	交流异步伺服牵引电机	HJ-YB1-11.5KW;SPQ10-72-3900H1	1;1	11.5/3900/28.2;10/3000/32.4	23/7000/111;20/7000/120	赣州恒玖电气有限公司;山东哈普沃动力科技股份有限公司	HJ-YK1-500A;M2-150-6-01	纯电动专用车	16	16
河南天勤自控科技有限公司	三相交流永磁同步电动机	TZ180XSB060D1	1	30/2865/100	60/8500/180	河南天勤自控科技有限公司	KTZ33X28SE30YSPL	纯电动专用车	16	16
厦门金龙旅行车有限公司;福建万润新能源科技有限公司	永磁同步电机	TZ370XS-2K1D16L1;TZ400XS090191	1	85/900/900;90/900/955	160/3500/2100;160/2800/1900	厦门金龙旅行车有限公司;福建万润新能源科技有限公司	KTZ54X45S-3575120HB;KTZ54X41S131	纯电动客车	13	13
天津英捷利汽车技术有限责任公司	永磁同步电机	YJLTZ210-XS67E	1	20/2000/100	50/9500/210	硬件:天津英捷利汽车技术有限责任公司;软件:天津英捷利汽车技术有限责任公司	硬件:YJLKTZ32X35S01B;软件:AC320V600A1.0S-01A-160413	纯电动专用车	13	13
成都雅骏汽车制造有限公司	永磁同步电机	TZ290XS-060-01YJ	1	60/1800/318	100/4500/850	成都雅骏汽车制造有限公司	KTZ52X35S-01YJ	纯电动专用车	13	13
四川野马汽车股份有限公司	永磁同步电机	TZ415XS75B	1	75/2000/350	130/5000/750	四川野马汽车股份有限公司	KTZ54X30SF11	纯电动客车	6	10
	永磁同步电机	TZ415XS80B	1	80/1270/600	160/4500/1100	四川野马汽车股份有限公司	KTZ54X40SF11	纯电动客车	4	
深圳市民富沃能新能源汽车有限公司;北京德威利新能源科技股份有限公司	永磁同步电机	BS50-1800/540;TZ340XSA07	1	50/1800/265;60/1600/358	100/3700/750;85/3600/800	深圳市民富沃能新能源汽车有限公司;北京德威利新能源科技股份有限公司	V6-H-4D90G;KTZ38X40SB07	纯电动专用车	10	10
山东哈普沃动力科技股份有限公司	交流异步电机	SPQ10-72-3900H1	1	10/3000/32.4	20/7000/120	山东哈普沃动力科技股份有限公司	M2-150-6-01	纯电动专用车	4	8
	交流异步伺服牵引电机	SPQ10-72-3900H1	1	10/3000/32.4	20/7000/120	山东哈普沃动力科技股份有限公司	M2-150-6-01	纯电动专用车	2	
	交流异步伺服牵引电机	SPQ10-72-3900H1	1	10/3900/24.5	20/7800/70	山东哈普沃动力科技股份有限公司	M2-150-6-01	纯电动专用车	2	

续上表

电动汽车驱动电机生产企业 Electric Vehicle Drive Motor Manufacturer	电动汽车驱动电机类型 Type for Driving Motor of Electric Vehicle	电动汽车驱动电机型号 Odels for Driving Motor of Electric Vehicle	驱动电机数量（台/辆）Installation Quantity of Driving Motor（Unit/Vehicle）	驱动电机额定功率/转速/转矩（kW/r/min/Nm）/ Rated Power/Speed/ Torque of Drive Motor	驱动电机峰值功率/转速/转矩 Torque of Drive Motor/ Peak power/Speed/（kW/r/min/Nm）	控制器生产企业 Controller Manufacturing Enterprise	电机控制器型号 Controller Odels for Driving Motor	配套车辆类型 Matching Vehicle Types	2018年配套车型产量x小计（辆）Subtotal Output of Supported Odels in 2018（Vehicle）	2018年配套车型产量总计（辆）Total Output of Supported Odels in 2018（Vehicle）
柳州五菱汽车工业有限公司	永磁同步电机	W210300025	1	85/2300/350	130/6000/600	柳州五菱汽车工业有限公司	W214200054	纯电动客车	8	8
成都客车股份有限公司	永磁同步电机	TZ350XSCD1	1	90/1150/750	140/3000/1600	成都客车股份有限公司	KTZ54X35SCD1	纯电动客车	6	6
南京创源天地动力科技有限公司	永磁同步电机	TZ230XSB90	1	50/2400/200	90/5400/520	南京创源天地动力科技有限公司	KTZ34X30SGAQ	纯电动专用车	1	5
	永磁同步电机	TZ230XSD00	1	45/2000/215	90/6000/500	南京创源天地动力科技有限公司	KTZ36X40SC7I	纯电动专用车	1	
	永磁同步电机	TZ260XSD94	1	70/2388/280	120/4500/750	南京创源天地动力科技有限公司	KTZ35X45SC4H	纯电动专用车	2	
	永磁同步电机	TZ230XSB90	1	50/2400/200	90/5400/520	南京创源天地动力科技有限公司	KTZ34X30SGAQ	纯电动专用车	1	
陕西中九汽车工程研究院有限公司；苏州和鑫电气股份有限公司	永磁同步电机	TZ185XSTJ017；TZ204XSB60	1	30/2865/100；30/2900/100	60/9000/225；60/9000/225	陕西中九汽车工程研究院有限公司；苏州和鑫电气股份有限公司	KTZ31X28STJ017；KTZ31X28S4507	纯电动专用车	5	5
上海电驱动股份有限公司；株洲中车时代电气股份有限公司	永磁同步电机	CAM210PT1	1	60/4092/140	140/12000/320	上海电驱动股份有限公司；株洲中车时代电气股份有限公司	CAM210PT1	纯电动乘用车	5	5
厦门金龙汽车新能源科技有限公司（配置1）；湖南中车时代电动汽车股份有限公司（配置2）	永磁同步电机	TZ365XS-D090-01（配置1）；TZ405XSD11（配置2）	1	90/1150/764（配置1）；80/800/955（配置2）	150/3100/1700（配置1）；135/3000/2000（配置2）	厦门金龙汽车新能源科技有限公司（配置1）；湖南中车时代电动汽车股份有限公司（配置2）	KTZ58X50S-A090（配置1）；KTZ38X40SP25（配置2）	纯电动客车	5	5
福建亚南电机有限公司；卧龙电气集团股份有限公司	永磁同步电机	JSTTD16-35；JAS70-D1-R	2；2	37/2800/126；37/2800/126	74/10000/382；74/10000/382	中冶南方（武汉）自动化有限公司；上海鑫国动力科技有限公司	EV551-V10.7.2539.02/EV551-5L11-250A；V2.2/DC150	纯电动客车	5	5
河南新能微特利电机技术有限公司；杭州德沃仕电动科技有限公司	永磁同步电机	TZ210XXWD；DWS-TYC-320-18A	1	18/3000/57；18/3000/57.3	45/8000/180；45/6000/170	河南新能微特利电机技术有限公司；深圳市依思普林科技有限公司	KTZ32X20FXWD；EMC25-336F（P/I）	纯电动乘用车	3	5
	永磁同步电机	TZ210XXWD；DWS-TYC-320-18A	1	18/3000/57；18/3000/57.3	45/8000/180；45/6000/170	河南新能微特利电机技术有限公司；深圳市依思普林科技有限公司	KTZ32X20FXWD；EMC25-336F（P/I）	纯电动专用车	2	
航天新长征电动汽车技术有限公司	交流异步电机	YS210XF-18-HT	1	18/4000/43	51/6800/230	航天新长征电动汽车技术有限公司	KYS14X45F-12-HT	纯电动专用车	4	5
	永磁同步电机	TZ260XS-65-HT	1	65/1600/380	100/4500/650	航天新长征电动汽车技术有限公司	KTZ38X45S-12-HT	纯电动专用车	1	
重庆中铜新能源汽车技术有限公司	永磁同步电机	TZ327XSCD1	1	60/1490/385	120/4000/1100	重庆中铜新能源汽车技术有限公司	CTZ54X40SCD1	纯电动专用车	5	5
福建冠龙新能源汽车科技有限公司	永磁同步电机	TZ390XSGL2	1	90/1543/557	150/3500/1500	福建冠龙新能源汽车科技有限公司	KTZ54X55SGL1	纯电动客车	4	4
山西格邦电气有限公司	永磁同步电机	TZ280XSGB085D54X7	1	60/2000/286	120/4500/850	山西格邦电气有限公司	软件：GBQR Drivers V1.1；硬件：KTZ58X40SGBM4X7H	纯电动专用车	4	4
北汽福田汽车股份有限公司；北京福田爱易科新能源工程科技分公司	永磁同步电机	YTD070W03	1	70/2400/280	100/4600/700	北汽福田汽车股份有限公司；北京福田爱易科新能源工程科技分公司	E8316	纯电动专用车	3	3
武汉合康动力技术有限公司；精进电动科技股份有限公司	永磁同步电机	TZ380XS04006；TZ365XSB04	1	70/2000/335；70/1980/340	135/5000/700；125/5000/750	武汉合康动力技术有限公司；精进电动科技股份有限公司	KTZ60X57SHK1；KTZ57X32SB04	纯电动客车	3	3

续上表

电动汽车驱动电机生产企业 Electric Vehicle Drive Motor Manufacturer	电动汽车驱动电机类型 Type for Driving Motor of Electric Vehicle	电动汽车驱动电机型号 Odels for Driving Motor of Electric Vehicle	驱动电机数量（台/辆） Installation Quantity of Driving Motor（Unit/Vehicle）	驱动电机额定功率/转速/转矩（kW/r/min/Nm）/ Rated Power/Speed/Torque of Drive Motor	驱动电机峰值功率/转速/转矩 Torque of Drive Motor/Peak power/Speed/（kW/r/min/Nm）	控制器生产企业 Controller Manufacturing Enterprise	电机控制器型号 Controller Odels for Driving Motor	配套车辆类型 Matching Vehicle Types	2018年配套车型产量x小计（辆） Subtotal Output of Supported Odels in 2018（Vehicle）	2018年配套车型产量总计（辆） Total Output of Supported Odels in 2018（Vehicle）
威海力源动力科技有限公司	三相交流异步电机	LYQ5-60B	1	5/3000/15.9	10/6000/70	合肥凯利科技投资有限公司	KAC100G	纯电动专用车	3	3
北京锋锐新源电驱动科技有限公司	永磁同步电机	264TYZ-XS06BV	1	25/3000/80	55/9000/190	北京锋锐新源电驱动科技有限公司	软件：ES_ZXHY3T_V10.9/硬件：37S29X13AV	纯电动专用车	2	2
北京西门子汽车电驱动系统（常州）有限公司	永磁同步电机	TZ235XS01	1	60/4400/130	110/12000/240	北京西门子汽车电驱动系统（常州）有限公司	KTZ33X50S01	纯电动乘用车	2	2
东风汽车电气有限公司	永磁同步电机	TZ210XS002	1	30/3200/89.5	60/9000/200	湖北东格新能源汽车科技有限公司	KTZ34X25SDG	纯电动专用车	2	2
杭州普拉格新能源汽车有限公司	交流异步电机	PLG DM 144JA16N	1	16/3000/60	32/7000/180	杭州普拉格新能源汽车有限公司	PLG MC 20A144	纯电动专用车	2	2
江苏银基烯碳能源科技有限公司	永磁同步电机	TZ290XS08F	1	60/1800/318	100/4000/850	江苏银基烯碳能源科技有限公司	KTZ54X40SP5S	纯电动专用车	2	2
露笑新能源技术有限公司	永磁同步电机	TZ185XS060B	1	30/2865/100	60/9000/225	露笑新能源技术有限公司	RSV6-H-2D45G-ZJLT04	纯电动专用车	2	2
厦门泰中大地科技有限公司	永磁同步电机	TZ-280-X-S-D01	1	55/2200/240	90/4000/600	厦门泰中大地科技有限公司	KTZ-54-X-38-S-D01	纯电动专用车	2	2
湖南鸿翔新能源开发投资有限公司	永磁同步电机	TZ290XSHX421	1	60/1600/358	100/4500/650	湖南鸿翔新能源开发投资有限公司	KTZ34X27SHX45	纯电动专用车	2	2
上海电驱动股份有限公司；大洋电机新动力科技有限公司	永磁同步电机	TZ310XS13AB；TZ290XSD01	1	55/1313/400；60/1500/382	75/4100/1000；75/4100/1000	上海电驱动股份有限公司；大洋电机新动力科技有限公司	KTZ35X51S02ZA；KTZ35X41SD01	燃料电池专用车	2	2
上海电驱动股份有限公司；福建万润新能源科技有限公司	永磁同步电机	TZ310XS05AF；TZ290XS075753	1	50/1195/400；55/2000/358	90/3500/1000；100/5000/840	上海电驱动股份有限公司；福建万润新能源科技有限公司	KTZ55S28X86AV；KTZ54X43S131	纯电动专用车	1	2
	永磁同步电机	TZ310XS05AF；TZ290XS075753	1	50/1195/400；55/2000/358	90/3500/1000；100/5000/840	上海电驱动股份有限公司；福建万润新能源科技有限公司	KTZ55S28X86AV；KTZ54X43S131	纯电动专用车	1	
深圳市正宇电动汽车技术有限公司	永磁同步电机	TZ210XS25	1	25/2000/120	55/6000/300	深圳市正宇电动汽车技术有限公司	KTZ38X30S	纯电动专用车	2	2
深圳市蓝海华腾技术股份有限公司；深圳市大地和电气股份有限公司	交流电机	YPQ200L-8-HT；TZ260XSD64	1	55/1650/318；60/1620/354	90/4000/1000；100/4000/1100	深圳市蓝海华腾技术股份有限公司；深圳市大地和电气股份有限公司	V6-H-4D90G-WT；KTZ51X040S80A	纯电动专用车	2	2
Hitachi	永磁同步电机	TZ262XYMKV；TZ264XYMKV	2	33/5000/64；50/4000/121	52/5000/120；83/4000/287	DELPHI	1616118/X40F TPIM	插电式混合动力乘用车	2	2
上海大郡动力控制技术有限公司；天津市松正电动汽车技术股份有限公司	永磁同步电机	O150WA；MSM150-540WSW	1	90/760/1140；80/1250/611	150/3000/2000；150/3000/2000	上海大郡动力控制技术有限公司；天津市松正电动汽车技术股份有限公司	N490WSA；CSM160-540WSW-L	纯电动客车	1	1
南京聚能传动设备有限公司；新动力电机（荆州）有限公司	永磁同步电机	TZ380XSJN04；TZ380XS38A	1	135/900/1450	200/2600/2900	南京聚能传动设备有限公司；新动力电机（荆州）有限公司	KTZ54X67SJN04；KTZ54X67S14A	纯电动客车	1	1
厦门市福工动力技术有限公司	永磁同步电机	TZ260XS333	1	60/1050/545	110/4000/1000	厦门市福工动力技术有限公司	KTZ39X32S360	纯电动专用车	1	1

续上表

电动汽车驱动电机生产企业 Electric Vehicle Drive Motor Manufacturer	电动汽车驱动电机类型 Type for Driving Motor of Electric Vehicle	电动汽车驱动电机型号 Odels for Driving Motor of Electric Vehicle	驱动电机数量（台/辆）Installation Quantity of Driving Motor（Unit/Vehicle）	驱动电机额定功率/转速/转矩（kW/r/min/Nm）/ Rated Power/Speed/Torque of Drive Motor	驱动电机峰值功率/转速/转矩 Torque of Drive Motor/Peak power/Speed/（kW/r/min/Nm）	控制器生产企业 Controller Manufacturing Enterprise	电机控制器型号 Controller Odels for Driving Motor	配套车辆类型 Matching Vehicle Types	2018年配套车型产量x小计（辆）Subtotal Output of Supported Odels in 2018（Vehicle）	2018年配套车型产量总计（辆）Total Output of Supported Odels in 2018（Vehicle）
精进电动科技股份有限公司；深圳市科陆驱动技术有限公司	永磁同步电机	TZ290XS505；DM075M37	1	75/2000/358；75/2000/350	134/4000/720；120/4500/750	精进电动科技股份有限公司；深圳市科陆驱动技术有限公司	KTZ35XS505；CLEV200-5Z-200L	纯电动专用车	1	1
河北广通专用车有限公司	永磁同步电机	TZ210XS030H-320	1	30/3000/80	60/9000/210	河北广通专用车有限公司	KTZ33X27SGTZY	纯电动专用车	1	1
河北名骏动力科技有限公司	永磁同步电机	270TYZ-XS21AT	1	62.3/3000/200	135/10000/430	河北名骏动力科技有限公司	EC1244-HH001/KTZ60S40X91H	插电式混合动力客车	1	1
海博瑞德（北京）汽车技术有限公司	永磁同步电机	HB0210301001	1	22/3000/70	47.2/8200/150	海博瑞德（北京）汽车技术有限公司	HB0214201001	纯电动乘用车	1	1
东莞中铜电动汽车有限公司	永磁同步电机	TZ210XSCD30A	1	30/2900/100	60/9000/225	东莞中铜电动汽车有限公司	KTZ32X32SCDA	纯电动专用车	1	1
常州市武起常乐电机有限公司	永磁同步电机	TZ181X15C144	1	15/4000/36	30/7000/140	深圳市正弦电气股份有限公司	KTZ14X45	纯电动专用车	1	1
江苏奥新新能源汽车有限公司	三相交流异步电机	JY10-4/100	1	10/2950/33	20/5000/116.3	江苏奥新新能源汽车有限公司	JY15-140	纯电动专用车	1	1
深圳市民富沃能新能源汽车有限公司；南京越博动力系统股份有限公司	永磁同步电机	TZ205XS-MFM45G01； TZ205XS-YBM320	1；1	45/2800/140；45/2800/140	85/6000/280；85/6000/280	深圳市民富沃能新能源汽车有限公司；南京越博动力系统股份有限公司	KTZ54X26S-MFK90G01；KTZ54X35S-YBC305	纯电动专用车	1	1
上海众联能创新能源科技股份有限公司	永磁同步电机	TZ300XS100K01	1	60/1000/600	100/4000/1000	上海众联能创新能源科技股份有限公司	KTZ54X30S01	纯电动客车	1	1
安徽融智天骏新能源汽车有限公司	永磁同步电机	TZ368XS80H-540RZ	1	80/1000/764	150/2420/2100	安徽融智天骏新能源汽车有限公司	KTZ54X38S80RZ	纯电动客车	1	1
长沙梅花汽车制造有限公司	永磁同步电机	TZ290XS-TXM700	1	45/1500/254	100/4000/700	长沙梅花汽车制造有限公司	KTZ36X50S-TXC700	纯电动专用车	1	1
十堰精密新动力科技有限公司	永磁同步电机	TZ327XS22C	1	50/1200/400	110/4000/880	十堰精密新动力科技有限公司	KTZ36X60S-ee11	纯电动专用车	1	1
苏州和鑫电器股份有限公司	永磁同步电机	TZ480XSA20	1	120/640/1800	200/3000/3000	苏州和鑫电气股份有限公司	KTZ54X53SA20	纯电动客车	1	1
襄阳宇清传动科技有限公司	永磁同步电机	TZ260XS110YQ	1	70/1650/400	110/4500/650	云南航天神舟汽车有限公司	KTZ380X450S	纯电动专用车	1	1
重庆瑞驰汽车实业有限公司	交流永磁同步电机	TZ180XS001	1	30/3000/95.5	60/8500/191	重庆瑞驰汽车实业有限公司	KTZ32XS001	纯电动专用车	1	1
重庆盛时达汽车有限公司	交流异步电机	YS375XS002	1	60/1600/358	90/4000/1200	重庆盛时达汽车有限公司	KTS38X40S002	纯电动专用车	1	1
上海电驱动股份有限公司；芜湖杰诺瑞汽车电器系统有限公司	永磁同步电机	2103AAL（上海）；2103AAS（杰诺瑞）	1	21/3000/66.9	41.8/2660/150	上海电驱动股份有限公司；芜湖杰诺瑞汽车电器系统有限公司	2142AAF（上海）；2142AAM（杰诺瑞）	纯电动乘用车	1	1
EM-motive	永磁同步电机	EM0012	1	60/4000/144	90/6800/440	Continental	LE0010	插电式混合动力乘用车	1	1
2018年配套车型产量总计（辆）/Total output of supported Odels in 2018（Vehicle）									1222544	1222544

三、混合动力发动机配套数量统计

Chapter 3 Statistics on Output of Hybrid Electric Engine

发动机生产企业 Engine Manufacturer	发动机型号 Engine Odels	排量 Displacement (mL)	功率 Power (kW)	配套车型油耗 Oil Consumption of Matching Models (L/100km)	配套车型续驶里程 Driving Mileage of Matching Models (工法况 Operating Condition Method, km)	配套车型续驶里程 Driving mileage of Matching Models (等速法 Isokinetic Method, km)	配套车型最高车速 Maximum Speed of Matching Models (km/h)	配套车辆类型 Matching Vehicle Types	2018年配套车型产量x小计(辆) Subtotal Output of Supported Odels in 2018 (Vehicle)	2018年配套车型产量总计(辆) Total Output of Supported Odels in 2018 (Vehicle)
比亚迪汽车有限公司	BYD476ZQA	1497	113	1.0	82	105	200	插电式混合动力乘用车	8366	104104
	BYD476ZQA	1497	113	1.1	80	100	185	插电式混合动力乘用车	290	
	BYD476ZQA	1497	113	1.2	100	120	185	插电式混合动力乘用车	3108	
	BYD476ZQA	1497	113	1.4	80	100	180	插电式混合动力乘用车	28933	
	BYD476ZQA	1497	113	1.4	80	100	185	插电式混合动力乘用车	27028	
	BYD476ZQA	1497	113	1.4	81	100	180	插电式混合动力乘用车	37	
	BYD487ZQA	1999	151	1.6	100	120	180	插电式混合动力乘用车	9033	
	BYD487ZQA	1999	151	1.7	100	120	180	插电式混合动力乘用车	16	
	BYD487ZQA	1999	151	1.8	100	120	180	插电式混合动力乘用车	45	
	BYD487ZQA	1999	151	1.8	81	105	180	插电式混合动力乘用车	27246	
	BYD487ZQA	1999	151	2.0	85;80	110;105	180	插电式混合动力乘用车	2	
上海汽车集团股份有限公司	10E4E	999	92	1.5	53	70	200	插电式混合动力乘用车	40954	68360
	14E4E	1399	112	1.7	60	81	185	插电式混合动力乘用车	2824	
	15E4E	1490	124	1.6	60	80	200	插电式混合动力乘用车	24582	
华晨宝马汽车有限公司	B38A15C	1499	100	1.80	60	—	190	插电式混合动力乘用车	48	21596
	B38A15C	1499	100	1.80	60	—	195	插电式混合动力乘用车	8135	
	B48B20C	1998	135	1.90	61	—	225	插电式混合动力乘用车	1844	
	B48B20C	1998	135	2.00	60	—	225	插电式混合动力乘用车	11569	
广州汽车集团乘用车有限公司	4A15K2	1495	71	1.5	60	85	180	插电式混合动力乘用车	36	14062
	4A15K2	1495	71	1.5	63	90	180	插电式混合动力乘用车	289	
	4A15K2	1495	71	1.6	58	80	180	插电式混合动力乘用车	6092	
	4A15K2	1495	71	1.6	60	80	180	插电式混合动力乘用车	6082	
	4A15K2	1495	71	1.6	70	100	180	插电式混合动力乘用车	3	

续上表

发动机生产企业 Engine Manufacturer	发动机型号 Engine Odels	排量 Displacement (mL)	功率 Power (kW)	配套车型油耗 Oil Consumption of Matching Models (L/100km)	配套车型续驶里程 Driving Mileage of Matching Models (工法况 Operating Condition Method, km)	配套车型续驶里程 Driving mileage of Matching Models (等速法 Isokinetic Method, km)	配套车型最高车速 Maximum Speed of Matching Models (km/h)	配套车辆类型 Matching Vehicle Types	2018年配套车型产量x小计(辆) Subtotal Output of Supported Odels in 2018 (Vehicle)	2018年配套车型产量总计(辆) Total Output of Supported Odels in 2018 (Vehicle)
广州汽车集团乘用车有限公司	4A15K2	1495	71	1.7	60	85	180	插电式混合动力乘用车	1	14062
	4A15K2	1495	71	1.8	58	80	180	插电式混合动力乘用车	1339	
	4A15K2	1495	71	1.8	60	80	180	插电式混合动力乘用车	220	
上海大众动力总成有限公司	DJZ	1395	110	1.40	63	—	200	插电式混合动力乘用车	2889	14036
	DJZ	1395	110	1.90	52	—	200	插电式混合动力乘用车	11147	
浙江吉利动力总成有限公司	JLH-3G15TD	1477	130	1.3	66	75	200	插电式混合动力乘用车	81	11171
	JLH-3G15TD	1477	130	1.6	56	80	200	插电式混合动力乘用车	5	
	JLH-3G15TD	1477	132	1.6	60	65	210	插电式混合动力乘用车	11085	
张家口沃尔沃汽车发动机制造有限公司;浙江吉利动力总成有限公司	B2APHEV;JLH-3G15TD	1477;1477	132;132	1.7	51	79	210	插电式混合动力乘用车	4478	4478
长城汽车股份有限公司	GW4C20A	1967	170	2.3	50	—	210	插电式混合动力乘用车	3958	3958
大众一汽发动机(大连)有限公司	CPE	1984	155	2.30	50	55	210	插电式混合动力乘用车	3025	3025
山东现代威亚汽车发动机有限公司	G4NG	1999	115	1.3	75	—	192	插电式混合动力乘用车	1037	2573
	G4NG	1999	115	1.3	75	90	192	插电式混合动力乘用车	1536	
重庆长安汽车股份有限公司	JL372ZQ1	999	86	1.6	55	—	185	插电式混合动力乘用车	401	2485
	JL372ZQ1	999	86	1.6	60	—	185	插电式混合动力乘用车	103	
	JL476ZQCG	1499	115	1.6	60	—	180	插电式混合动力乘用车	1981	
福特墨西哥奇瓦瓦发动机工厂	CAF488Q10	1999	107	2	52	—	166	插电式混合动力乘用车	2152	2152
张家口沃尔沃汽车发动机制造有限公司	B4204T32	1969	194	2.1	53	—	230	插电式混合动力乘用车	105	2064
	B4204T35	1969	262	2.0	50	—	230	插电式混合动力乘用车	262	
	B4204T35	1969	262	2.2	53	—	230	插电式混合动力乘用车	93	
	B4204T35	1969	262	2.3	50	—	230	插电式混合动力乘用车	1558	
	B4204T35	1969	262	2.3	53	—	230	插电式混合动力乘用车	46	
广西玉柴机器股份有限公司;潍柴西港新能源动力有限公司	YC4EG160N-50;WP5NG180E51	4730;4980	118;132	—	—	56	69	插电式混合动力客车	132	1543
	YC4G180N-50;WP5NG180E51	5200;4980	132;132	—	—	51	69	插电式混合动力客车	5	
	YC6J210N-52;WP7NG210E51	6494;7470	155;155	—	—	68	69	插电式混合动力客车	48	
	YC4EG160N-50;WP5NG180E51	4730;4980	118;132	—	—	70	69	插电式混合动力客车	34	

续上表

发动机生产企业 Engine Manufacturer	发动机型号 Engine Odels	排量 Displacement (mL)	功率 Power (kW)	配套车型油耗 Oil Consumption of Matching Models (L/100km)	配套车型续驶里程 Driving Mileage of Matching Models (工法况 Operating Condition Method, km)	配套车型续驶里程 Driving mileage of Matching Models (等速法 Isokinetic Method, km)	配套车型最高车速 Maximum Speed of Matching Models (km/h)	配套车辆类型 Matching Vehicle Types	2018年配套车型产量x小计(辆) Subtotal Output of Supported Odels in 2018 (Vehicle)	2018年配套车型产量总计(辆) Total Output of Supported Odels in 2018 (Vehicle)
广西玉柴机器股份有限公司;潍柴西港新能源动力有限公司	YC4G180N-50;WP5NG180E51	5200;4980	132;132	—	—	69	69	插电式混合动力客车	20	1543
	YC4G180N-50;WP5NG180E51	5200;4980	132;132	—	—	78	69	插电式混合动力客车	48	
	YC6J210N-52;WP6NG210E50	6494;6750	155;155	—	—	51	69	插电式混合动力客车	1	
	YC6J210N-52;WP6NG210E50	6494;6750	155;155	—	—	63	69	插电式混合动力客车	12	
	YC6J210N-52;WP6NG210E50	6494;6750	155;155	—	—	68	69	插电式混合动力客车	466	
	YC6J210N-52;WP6NG210E50	6494;6750	155;155	—	—	70	69	插电式混合动力客车	124	
	YC6J210N-52;WP6NG210E50	6494;6750	155;155	—	—	75	69	插电式混合动力客车	76	
	YC6J210N-52;WP6NG210E50	6494;6750	155;155	—	—	80	69	插电式混合动力客车	117	
	YC6J210N-52;WP6NG210E50	6494;6750	155;155	—	—	90	69	插电式混合动力客车	292	
	YC6J210N-52;WP7NG240E51	6494;7470	155;177	—	—	59	69	插电式混合动力客车	95	
	YC6J210N-52;WP7NG240E51	6494;7470	155;177	—	—	68	69	插电式混合动力客车	73	
广西玉柴机器股份有限公司	YC4D140N-50	4214	103	—	—	51	69	插电式混合动力客车	1	873
	YC4D140N-50	4214	103	—	—	65	69	插电式混合动力客车	22	
	YC4EG160-50	4730	118	12.1	—	50	69	插电式混合动力客车	1	
	YC4EG160N-50	4730	118	—	—	50	69	插电式混合动力客车	1	
	YC4G180-50	5200	132	13.4	—	52	69	插电式混合动力客车	35	
	YC6G230N-50	7800	170	—	—	95	69	插电式混合动力客车	5	
	YC6G250N-50	7800	184	—	—	90	69	插电式混合动力客车	100	
	YC6J200-52	6494	147	14.9	—	58	69	插电式混合动力客车	28	
	YC6J200-52	6494	147	14.9	—	64	69	插电式混合动力客车	9	
	YC6J200-52	6494	147	14.9	—	85	69	插电式混合动力客车	5	
	YC6J200-52	6494	147	16.7	不适用	51	69	插电式混合动力客车	2	
	YC6J200-52	6494	147	20.3	—	68	69	插电式混合动力客车	4	
	YC6J200-58	6500	147	18.3	—	75	69	插电式混合动力客车	80	
	YC6J210N-52	6494	155	—	—	50	69	插电式混合动力客车	10	
	YC6J210N-52	6494	155	—	—	51	69	插电式混合动力客车	2	
	YC6J210N-52	6494	155	—	—	60	69	插电式混合动力客车	95	

续上表

发动机生产企业 Engine Manufacturer	发动机型号 Engine Odels	排量 Displacement (mL)	功率 Power (kW)	配套车型油耗 Oil Consumption of Matching Models (L/100km)	配套车型续驶里程 Driving Mileage of Matching Models (工法况 Operating Condition Method, km)	配套车型续驶里程 Driving mileage of Matching Models (等速法 Isokinetic Method, km)	配套车型最高车速 Maximum Speed of Matching Models (km/h)	配套车辆类型 Matching Vehicle Types	2018年配套车型产量x小计(辆) Subtotal Output of Supported Odels in 2018 (Vehicle)	2018年配套车型产量总计(辆) Total Output of Supported Odels in 2018 (Vehicle)
广西玉柴机器股份有限公司	YC6J210N-52	6494	155	—	—	80	69	插电式混合动力客车	39	873
	YC6J210N-52	6494	155	—	—	82	69	插电式混合动力客车	20	
	YC6J210N-52	6494	155	—	—	87	69	插电式混合动力客车	81	
	YC6J210N-52	6494	155	—	—	95	69	插电式混合动力客车	5	
	YC6J210N-52	6494	155	—	—	97	69	插电式混合动力客车	10	
	YC6J210N-52	6494	155	—	不适用	51	69	插电式混合动力客车	28	
	YC6J220-52	6494	162	14.7	—	75	69	插电式混合动力客车	65	
	YC6J220-52	6494	162	14.9	—	70	69	插电式混合动力客车	2	
	YC6J220-52	6494	162	15.4	—	90	69	插电式混合动力客车	12	
	YC6J220-52	6494	162	18.5	—	95.5	69	插电式混合动力客车	5	
	YC6J220-52	6494	162	20.6	37	105	69	插电式混合动力客车	2	
	YC6J225N-52	6494	166	—	不适用	51	69	插电式混合动力客车	18	
	YC6J245-52	6494	180	18.5	—	80	69	插电式混合动力客车	5	
	YC4D140N-50	4214	103	—	—	55	69	插电式混合动力客车	181	
广西玉柴机器股份有限公司;潍柴动力扬州柴油机有限责任公司	YC4D140N-50;WP4.1NG140E50	4214;4088	103;103	—	—	51	69	插电式混合动力客车	1	586
	YC4D140N-50;WP4.1NG140E50	4214;4088	103;103	—	—	52	69	插电式混合动力客车	1	
	YC4D140N-50;WP4.1NG140E50	4214;4088	103;103	—	—	60	69	插电式混合动力客车	178	
	YC4S150-50;WP4.1Q140E50	3767;4088	110;103	12.1	—	51	69	插电式混合动力客车	1	
	YC4S150-50;WP4.1Q140E50	3767;4088	110;103	18.1;18.2	—	51	69	插电式混合动力客车	1	
	YC4D140N-50;WP4.1NG140E50	4214;4088	103;103	—	—	74.3	69	插电式混合动力客车	17	
	YC4S150-50;WP4.1Q140E50	3767;4088	110;103	12.1	—	52	69	插电式混合动力客车	324	
	YC4S150-50;WP4.1Q140E50	3767;4088	110;103	12.1	—	55	69	插电式混合动力客车	61	
	YC4S150-50;WP4.1Q140E50	3767;4088	110;103	14.9	—	60	69	插电式混合动力客车	2	
中国重型汽车集团有限公司	MT07.24-50	6870	176	—	—	65	69	插电式混合动力客车	40	521
	MT07.24-50	6870	176	—	—	71	69	插电式混合动力客车	182	
	MT07.24-50	6870	176	—	—	75	69	插电式混合动力客车	299	

续上表

发动机生产企业 Engine Manufacturer	发动机型号 Engine Odels	排量 Displacement (mL)	功率 Power (kW)	配套车型油耗 Oil Consumption of Matching Models (L/100km)	配套车型续驶里程 Driving Mileage of Matching Models (工法况 Operating Condition Method, km)	配套车型续驶里程 Driving mileage of Matching Models (等速法 Isokinetic Method, km)	配套车型最高车速 Maximum Speed of Matching Models (km/h)	配套车辆类型 Matching Vehicle Types	2018 年配套车型产量 x 小计(辆) Subtotal Output of Supported Odels in 2018 (Vehicle)	2018 年配套车型产量总计(辆) Total Output of Supported Odels in 2018 (Vehicle)
浙江吉利汽车有限公司	JLγ-4G15	1498	76	1.4	61(纯电模式)	70(等速 60 纯电模式)	175	插电式混合动力乘用车	327	469
	JLγ-4G15	1498	76	1.5	61(纯电模式)	70(等速 60 纯电模式)	175	插电式混合动力乘用车	142	
广西玉柴机器股份有限公司;潍柴(潍坊)中型柴油机有限公司	YC6J200-50;WP6.200E50	6500;6750	147;147	14.9;14.9	—	62	69	插电式混合动力客车	44	453
	YC6J200-52;WP6.220E50	6494;6750	147;162	14.9	—	58	69	插电式混合动力客车	173	
	YC6J200-52;WP6.220E50	6494;6750	147;162	18.3	—	75	69	插电式混合动力客车	13	
	YC6J200-52;WP6.220E50	6494;6750	147;162	20.6	—	68	69	插电式混合动力客车	35	
	YC6J220-50;WP6.220E50	6500;6750	162;162	20.0	—	52	69	插电式混合动力客车	27	
	YC6J220-52;WP6.220E50	6494;6750	162;162	20.1	—	95	69	插电式混合动力客车	29	
	YC6J200-50;WP6.200E50	6500;6750	147;147	13.5	—	95	69	插电式混合动力客车	132	
上汽通用汽车有限公司	LTG	1998	198	1.7	80	—	240	插电式混合动力乘用车	280	280
中国第一汽车集团有限公司	CA4GC20TDH	1995	150	2.4	50	—	200	插电式混合动力乘用车	108	273
	CA4GC20TDH	1995	150	2.4	50	—	200	插电式混合动力乘用车	165	
广西玉柴机器股份有限公司;一汽解放汽车有限公司无锡柴油机厂	YC6J210N-52;CA6SF2-21E5N	6494;7130	155;158	—	—	75	69	插电式混合动力客车	95	268
	YC4EG160-50;CA4DLD-18E5	4730;4400	118;134	12.1	—	52	69	插电式混合动力客车	173	
潍柴西港新能源动力有限公司;广西玉柴机器股份有限公司	WP5NG180E50;YC4G180N-50	4760;5200	132;132	—	—	51	69	插电式混合动力客车	41	259
	WP5NG180E51;YC4EG170N-50	4980;4730	132;125	—	—	60	69	插电式混合动力客车	14	
	WP6NG210E50;YC6J210N-52	6750;6494	155;155	—	—	88	69	插电式混合动力客车	25	
	WP7NG240E50;YC6J225N-52	7140;6494	177;166	—	—	85	69	插电式混合动力客车	178	
	WP7NG240E51;YC6J210N-52	7470;6494	177;155	—	—	63	69	插电式混合动力客车	1	
潍柴西港新能源动力有限公司	WP6NG210E50	6750	155	—	—	68.2	69	插电式混合动力客车	129	230
	WP6NG210E50	6750	155	—	—	72.8	69	插电式混合动力客车	2	
	WP6NG240E50	6750	176	—	—	70.6	69	插电式混合动力客车	60	
	WP7NG240E51	7470	177	—	—	81	69	插电式混合动力客车	39	
广西玉柴机器股份有限公司;潍柴动力股份有限公司	YC4EG160-50;WP5.180E51	4730;4980	118;132	12.0	—	65	69	插电式混合动力客车	35	229
	YC4EG160-50;WP5.180E51	4730;4980	118;132	12.1;12.0	—	70	69	插电式混合动力客车	48	

续上表

发动机生产企业 Engine Manufacturer	发动机型号 Engine Odels	排量 Displacement (mL)	功率 Power (kW)	配套车型油耗 Oil Consumption of Matching Models (L/100km)	配套车型续驶里程 Driving Mileage of Matching Models (工法况 Operating Condition Method, km)	配套车型续驶里程 Driving mileage of Matching Models (等速法 Isokinetic Method, km)	配套车型最高车速 Maximum Speed of Matching Models (km/h)	配套车辆类型 Matching Vehicle Types	2018年配套车型产量x小计(辆) Subtotal Output of Supported Odels in 2018 (Vehicle)	2018年配套车型产量总计(辆) Total Output of Supported Odels in 2018 (Vehicle)
广西玉柴机器股份有限公司;潍柴动力股份有限公司	YC4EG160-50;WP5.180E51	4730;4980	118;132	12.1;12.1	—	53	69	插电式混合动力客车	40	229
	YC4G180-50;WP5.180E51	5200;4980	132;132	15.0	—	72	69	插电式混合动力客车	20	
	YC6A240-50;WP7.240E51	7520;7470	177;176	18.1;18.2	—	109	69	插电式混合动力客车	28	
	YC6A270-50;WP7.270E51	7520;7470	199;199	20.1;20.2	—	102	69	插电式混合动力客车	21	
	YC6JA200-50;WP7.240E51	6870;7470	147;176	14.9	—	68	69	插电式混合动力客车	33	
	YC6J245-50;WP7.240E51	6500;7470	180;176	18.3;18.2	—	55	69	插电式混合动力客车	4	
重庆小康动力有限公司	SFG18H	1798	98	1.4	70	—	180	插电式混合动力乘用车	221	221
上海柴油机股份有限公司	SC7H215Q5	6440	158	14.9	—	66	64	插电式混合动力客车	177	177
锐展(铜陵)科技有限公司	TN4G18T	1799	130	1.8	60	70	185	插电式混合动力乘用车	53	135
	TN4G18T	1799	130	2.2	52	—	185	插电式混合动力乘用车	82	
广西玉柴机器股份有限公司;潍坊潍柴道依茨柴油机有限公司;上海柴油机股份有限公司;东风康明斯发动机有限公司;一汽解放汽车有限公司无锡柴油机厂	YC6J220-52;WP6.220E50;SC7H215Q5;SD210 50;CA6DLD-22E5	6494;6750;6440;6700;6600	162;162;158;155;164	20	—	100	69	插电式混合动力客车	121	121
一汽解放汽车有限公司无锡柴油机厂	CA6DLD-22E5	6600	164	14.8	—	65	69	插电式混合动力客车	105	105
潍柴(潍坊)中型柴油机有限公司	WP6.220E50	6750	162	16.8	—	68.2	69	插电式混合动力客车	40	98
	WP6.220E50	6750	162	16.9	—	71.2	69	插电式混合动力客车	31	
	WP6.245E50	6750	180	18.5	—	72.3	69	插电式混合动力客车	27	
潍坊潍柴道依茨柴油机有限公司	WP6.220E50	6750	162	14.7	—	75	69	插电式混合动力客车	98	98
广西玉柴机器股份有限公司;潍柴西港新能源动力有限公司;湖北函宇动力科技有限公司	YC6J210N-52; WP7NG240E51;B6.7GE5 230	6494;7470;6700	155;177;169	—	—	89	69	插电式混合动力客车	97	97
潍柴动力扬州柴油机有限责任公司	WP4.1NG14CE50	4088	103	—	—	70.2	69	插电式混合动力客车	20	73
	WP4.1Q140E50	4088	103	12	—	56	69	插电式混合动力客车	52	
	WP4.1Q165E50	4088	120	15.8	—	70.5	69	插电式混合动力客车	1	
广西玉柴机器股份有限公司;潍柴(潍坊)中型柴油机有限公司;一汽解放汽车有限公司无锡柴油机厂;广西玉柴机器股份有限公司	YC6J200-52;WP6.220E50;CA6DLD-20E5;YC6J200-58	6494;6750;6600;6500	147;162;149;147	14.9	—	64	69	插电式混合动力客车	59	59

续上表

发动机生产企业 Engine Manufacturer	发动机型号 Engine Odels	排量 Displacement (mL)	功率 Power (kW)	配套车型油耗 Oil Consumption of Matching Models (L/100km)	配套车型续驶里程 Driving Mileage of Matching Models (工况法 Operating Condition Method, km)	配套车型续驶里程 Driving mileage of Matching Models (等速法 Isokinetic Method, km)	配套车型最高车速 Maximum Speed of Matching Models (km/h)	配套车辆类型 Matching Vehicle Types	2018 年配套车型产量 x 小计(辆) Subtotal Output of Supported Odels in 2018 (Vehicle)	2018 年配套车型产量总计(辆) Total Output of Supported Odels in 2018 (Vehicle)
广西玉柴机器股份有限公司;潍柴西港新能源动力有限公司;一汽解放汽车有限公司无锡柴油机厂;湖北函宇动力科技有限公司	YC6J210N-52; WP6NG210E50; CA6SF2-21E5N;B6. 7GE5 210	6494;6750;7130;6700	155;155;158;155	—	—	101	69	插电式混合动力客车	50	50
湖北云康动力科技有限公司	YK210-B-N5	5880	152	—	—	100	69	插电式混合动力客车	50	50
一汽解放汽车有限公司无锡柴油机厂;湖北函宇动力科技有限公司	CA6SF2-23E5N;B6. 7GE5 210	7130;6700	173;155	—	不适用	90	69	插电式混合动力客车	47	47
昆明云内动力股份有限公司	YNF40E1	3920	125	12	—	56	69	插电式混合动力客车	30	30
广西玉柴机器股份有限公司;潍柴西港新能源动力有限公司;上海柴油机股份有限公司;湖北函宇动力科技有限公司	YC6J210N-52; WP6NG210E50; SC7HT210Q5;B6. 7GE5 210	6494;6750;6440;6700	155;155;155;155	—	—	100	69	插电式混合动力客车	19	19
广西玉柴机器股份有限公司;潍柴西港新能源动力有限公司;上海柴油机股份有限公司	YC6J210N-52; WP6NG210E50; SC7HT210Q5	6494;6750;6440	155;155;155	—	—	95	69	插电式混合动力客车	5	5
吉利四川商用车有限公司	GS92MG4	1477	68	9. 5	—	103	90	插电式混合动力专用车	2	2
上汽通用汽车有限公司武汉分公司	L3A	1490	73	0. 9	116	—	160	插电式混合动力乘用车	2	2
中汽动力(沈阳)有限公司	CGE4SF5-12	3168	85	—	—	66	100	插电式混合动力专用车	1	2
	CGE6SP5-21-1E	7127	158	—	不适用	76	69	插电式混合动力客车	1	
北京奔驰汽车有限公司	274920	1991	155	2. 1	50	—	250	插电式混合动力乘用车	1	1
广西玉柴机器股份有限公司;潍柴(潍坊)中型柴油机有限公司;一汽解放汽车有限公司无锡柴油机厂	YC6J200-52; WP6. 220E50; CA6DLD-22E5	6494;6750;6600	147;162;164	18. 5	—	60. 5	69	插电式混合动力客车	1	1
2018 年配套车型产量总计(辆)/Total output of supported Odels in 2018 (Vehicle)									261441	261441

四、车载充电电机配套数量统计

Chapter 4 Statistics on Output of Vehicle on-board Charging Motor

电动汽车车载充电机生产企业 Manufacturer for Charger of Electric Vehicle	充电方式 Charging Mode	充电插头 Charger Plug 插座型号 Socket Model	充电插头 Charger Plug 插座生产企业 Socket Manufacturer	车辆名称配套车辆类型 Matching Vehicle Types	2018年配套车型产量x小计(辆) Subtotal Output of Supported Odels in 2018 (Vehicle)	2018年配套车型产量总计(辆) Total Output of Supported Odels in 2018 (Vehicle)
比亚迪汽车工业有限公司	交流充电;直流充电	交流:GVL-T-440063-A1(插座);直流:BCG-DVR-1D-000X;BCG-DVR-2D-000X(插座)	交流:比亚迪汽车工业有限公司(插座);直流:深圳巴斯巴科技发展有限公司(插座)	纯电动专用车	1	214104
	交流充电;直流充电	交流:GVL-T-440063-A1(插座);直流:BCG-DVR-1D-000X,BCG-DVR-2D-000X(插座)	交流:比亚迪汽车工业有限公司(插座);直流:深圳巴斯巴科技发展有限公司(插座)	纯电动专用车	10	
	交流充电;直流充电	交流:(插头);GVL-T-440063-A1(插座)直流:(插头);GVL-D-750250-A1(插座)	交流:(插头);比亚迪汽车工业有限公司(插座);直流:(插头);比亚迪汽车工业有限公司(插座)	纯电动专用车	22	
	交流充电;直流充电	交流:GVL-T-440063-A1;直流:GVL-D-750250-A1	比亚迪汽车工业有限公司	纯电动专用车	1	
	交流充电;直流充电	交流车辆插座:GVL-T-440063-A1;直流车辆插座:BCG-DVR-1D-000X;BCG-DVR-2D-000X	交流车辆插座:比亚迪汽车工业有限公司;直流车辆插座:深圳巴斯巴科技发展有限公司;深圳巴斯巴科技发展有限公司	纯电动专用车	11	
	交流充电	(插头);GVL-T-440063-A1(插座)	交流:(插头);比亚迪汽车工业有限公司(插座)	纯电动专用车	5	
	交流充电	交流:KD2-2105820/KD2-2105810	比亚迪汽车工业有限公司	纯电动专用车	1	
	恒流充电;恒功率充电	BCG-GDCR-001G(直流充电插座);BCG-GDCP/R-001G(交流充电插头);EVP-V-16A5(交流充电插头);BCG-GACR-001G(交流充电插座);GVC-S-250032-A1(交流充电插头)	比亚迪汽车工业有限公司;南京康尼新能源汽车零部件有限公司	纯电动乘用车	77	
	恒流充电;恒功率充电	EVP-V-16A5;BCG-GACR-001G;BCG-GDCR-001G	南京康尼新能源汽车零部件有限公司;比亚迪汽车工业有限公司	纯电动乘用车	9901	
	恒流充电;恒功率充电	GVL-D-750200-A1;GVL-T-440063-A1	比亚迪汽车工业有限公司	纯电动客车	67	
	恒流充电;恒功率充电	GVL-D-750250-A1;GVL-T-440063-A1	比亚迪汽车工业有限公司	纯电动客车	1025	
	恒流充电	DQ-9Z(125A-750V)-20-A01(直流充电插座);BCG-GACR-001G(交流充电插座);EVP-V-16A5(充电插头);GVC-S-250032-A1(充电插头);GVL-S-250032-A1(交流充电插座)	中航光电科技股份有限公司(直流充电插座);比亚迪汽车工业有限公司(交流充电插座);南京康尼新能源汽车零部件有限公司(充电插头);比亚迪汽车工业有限公司(充电插头)	纯电动乘用车	4	
	恒流充电	交流:(插头);GVL-T-440063-A1(插座);直流:(插头);GVL-D-750250-A1(插座)	交流:(插头);比亚迪汽车工业有限公司(插座);直流:(插头);比亚迪汽车工业有限公司(插座)	纯电动专用车	35	
	恒功率充电;	GVL-T-440063-A1(交流);GVL-D-750250-A1(直流)	比亚迪汽车工业有限公司	纯电动客车	1	
	恒功率充电;恒流充电	GVL-T-440063-A1(交流);GVL-D-750250-A1(直流)	比亚迪汽车工业有限公司	纯电动客车	3	
	恒功率充电;恒流充电	GVL-T-440063-A1;GVL-D-750250-A1	比亚迪汽车工业有限公司	纯电动客车	4312	
	恒功率充电;恒功率充电	GVL-T-440063-A1(交流);GVL-D-750250-A1(直流)	比亚迪汽车工业有限公司	纯电动客车	126	
	恒功率充电;恒电流充电	GVL-T-440063-A1;GVL-D-750250-A1	比亚迪汽车工业有限公司	纯电动客车	30	

续上表

电动汽车车载充电机生产企业 Manufacturer for Charger of Electric Vehicle	充电方式 Charging Mode	充电插头 Charger Plug 插座型号 Socket Model	充电插头 Charger Plug 插座生产企业 Socket Manufacturer	车辆名称配套车辆类型 Matching Vehicle Types	2018 年配套车型产量 x 小计(辆) Subtotal Output of Supported Odels in 2018 (Vehicle)	2018 年配套车型产量总计(辆) Total Output of Supported Odels in 2018 (Vehicle)
比亚迪汽车工业有限公司	恒功率充电	DQ-9Z(125A-750V)-20-A01(直流充电插座);GVL-D-750125-A1(直流充电插座);BCG-GACR-001G(交流充电插座);;GVL-S-250032-A1(交流充电插座);GVL-T-440063-A1(交流充电插座);EVP-V-16A5(充电插头);GVC-S-250032-A1(充电插头)	中航光电科技股份有限公司(直流充电插座);比亚迪汽车工业有限公司(直流充电插座);比亚迪汽车工业有限公司(交流充电插座);南京康尼新能源汽车零部件有限公司(充电插头)	纯电动乘用车	37688	214104
	恒功率充电	EVP-V-16A5/BCG-AVR-2A-SN	南京康尼新能源汽车零部件有限公司;深圳巴斯巴科技有限公司	插电式混合动力乘用车	28957	
	恒功率充电	EVP-V-16A5/BCG-AVR-2A-SN;EVP-V-16A5/BCG-GACR-001G	南京康尼新能源汽车零部件有限公司;深圳巴斯巴科技有限公司;比亚迪汽车工业有限公司	插电式混合动力乘用车	8366	
	恒功率充电	EVP-V-16A5/BCG-AVR-2A-SN; EVP-V-16A5/BCG-GACR-001G; GVC-S-250032-A1/GVL-S-250032-A1	南京康尼新能源汽车零部件有限公司;深圳巴斯巴科技有限公司;比亚迪汽车工业有限公司	插电式混合动力乘用车	9033	
	恒功率充电	EVP-V-16A5/BCG-AVR-2A-SN;GVC-S-250032-A1/GVL-S-250032-A1	南京康尼新能源汽车零部件有限公司;深圳巴斯巴科技有限公司;比亚迪汽车工业有限公司	插电式混合动力乘用车	2717	
	恒功率充电	EVP-V-16A5/BCG-GACR-001G;GVL-D-750125-A1;DQ-9Z(125A-750V)-20-A01;GVL-T-440063-A1;GVC-S-250032-A1/GVL-S-250032-A1	南京康尼新能源汽车零部件有限公司;比亚迪汽车工业有限公司;中航光电科技股份有限公司	纯电动乘用车	3719	
	恒功率充电	GVL-T-440063-A1	比亚迪汽车工业有限公司	纯电动客车	45	
	恒功率充电	交流插头:EVP-V-16A5;GVC-S-250032-A1;XP06-C-V1;交流插座:V4C-DSI-GEL-EV16S;GVL-S-250032-A1;XP06-C-V2-S;直流插座:BCG-GDCR-001G	交流插头:南京康尼新能源汽车零部件有限公司;比亚迪汽车工业有限公司;深圳巴斯巴科技发展有限公司;交流插座:多思达科技有限公司;比亚迪汽车工业有限公司;深圳巴斯巴科技发展有限公司;直流插座:比亚迪汽车工业有限公司	纯电动乘用车	6870	
	恒功率充电	交流插头:EVP-V-16A5;GVC-S-250032-A1;XP06-C-V1;交流插座:V4C-DSI-GEL-EV16S;GVL-S-250032-A1;XP06-C-V2-S;直流插座:GVL-D-750200-A1	交流插头:南京康尼新能源汽车零部件有限公司;比亚迪汽车工业有限公司;深圳巴斯巴科技发展有限公司;交流插座:多思达科技有限公司;比亚迪汽车工业有限公司;深圳巴斯巴科技发展有限公司;直流插座:比亚迪汽车工业有限公司	纯电动乘用车	27564	
	恒功率充电	交流插头:EVP-V-16A5;GVC-S-250032-A1;交流插座:V4C-DSI-GEL-EV16S;GVL-S-250032-A1;直流插座:BCG-GDCR-001G	交流插头:南京康尼新能源汽车零部件有限公司;比亚迪汽车工业有限公司;交流插座:多思达科技有限公司;比亚迪汽车工业有限公司;直流插座:比亚迪汽车工业有限公司	纯电动乘用车	754	
	恒功率充电	交流插头:EVP-V-16A5;直流插座:GVL-D-750200-A1;交流插头/插座:GVC-S-250032-A1/GVL-S-250032-A1	南京康尼新能源汽车零部件有限公司;比亚迪汽车工业有限公司	纯电动乘用车	7495	
	恒功率充电	交流充电:插头:GVC-S-250032-A1/EVP-V-16A5;插座:GVL-S-250032-A1/BCG-GACR-001G;直流充电:插座:BCG-GDCR-001G	交流充电:插头:比亚迪汽车工业有限公司;南京康尼新能源汽车零部件有限公司;插座:比亚迪汽车工业有限公司;直流充电:插座:比亚迪汽车工业有限公司	纯电动乘用车	7269	
	恒功率充电	直流插座:GVL-D-750125-A1;交流插头:GVC-S-250032-A1;EVP-V-10A5;EVP-V-16A5;交流插座:GVL-S-250032-A1	比亚迪汽车工业有限公司;南京康尼新能源汽车零部件有限公司	纯电动乘用车	100	
	AC	EVP-V-16A5/BCG-AVR-2A-SN	南京康尼新能源汽车零部件有限公司;深圳巴斯巴科技有限公司	插电式混合动力乘用车	30426	
	恒功率充电	EVP-V-16A5/BCG-AVR-2A-SN	南京康尼新能源汽车零部件有限公司;深圳巴斯巴科技有限公司	插电式混合动力乘用车	13	
	恒功率充电	交流插头:EVP-V-16A5;EVP-V-10A5;GVC-S-250032-A1;XP06-C-V0;XP06-C-V1;XP06-C-V2-S; WOER-GB-C-AC16-06; WOER-GB-C-AC32-06; 6801107021;6801107031;HVCO-M16;HVCO-M32;交流插座:V4C-DSI-GEL-EV16S;BCG-AVR-2C-TN-0020;GVL-S-250032-A1;直流充电插座:GVL-D-750125-A1;GVL-D-750200-A1	交流插头:南京康尼新能源汽车零部件有限公司;比亚迪汽车工业有限公司;深圳巴斯巴科技发展有限公司;深圳市沃尔新能源电气科技股份有限公司;资阳中车电气科技有限公司;交流插座:多思达科技有限公司;深圳巴斯巴科技发展有限公司;比亚迪汽车工业有限公司;直流充电插座:比亚迪汽车工业有限公司	纯电动乘用车	2485	

续上表

电动汽车车载充电机生产企业 Manufacturer for Charger of Electric Vehicle	充电方式 Charging Mode	充电插头 Charger Plug 插座型号 Socket Model	充电插头 Charger Plug 插座生产企业 Socket Manufacturer	车辆名称配套车辆类型 Matching Vehicle Types	2018年配套车型产量x小计（辆）Subtotal Output of Supported Odels in 2018 (Vehicle)	2018年配套车型产量总计（辆）Total Output of Supported Odels in 2018 (Vehicle)
比亚迪汽车工业有限公司	恒功率充电	交流插头：EVP-V-16A5；GVC-S-250032-A1；XP06-C-V1；XP06-C-V2-S；WOER-GB-C-AC16-06；WOER-GB-C-AC32-06；交流插座：V4C-DSI-GEL-EV16S；BCG-AVR-2C-TN-0020；GVL-S-250032-A1；直流充电插座：GVL-D-750125-A1	交流插头：南京康尼新能源汽车零部件有限公司；比亚迪汽车工业有限公司；深圳巴斯巴科技发展有限公司；深圳市沃尔新能源电气科技股份有限公司；交流插座：多思达科技有限公司；深圳巴斯巴科技发展有限公司；比亚迪汽车工业有限公司；直流充电插座：比亚迪汽车工业有限公司	纯电动乘用车	379	214104
	恒功率充电	EVP-V-16A5/BCG-AVR-2A-SN；EVP-V-16A5/BCG-GACR-001G；GVC-S-250032-A1/GVL-S-250032-A1	南京康尼新能源汽车零部件有限公司；深圳巴斯巴科技有限公司；比亚迪汽车工业有限公司	插电式混合动力乘用车	24592	
北京新能源汽车股份有限公司	先恒压后恒流充电	BJEV-AVSP-1P-0016/BJEV-AVLS-1P-0016；BJEV-DVLS-2P-00125	北京新能源汽车股份有限公司	纯电动乘用车	26751	149154
	先恒流后恒压	BJEV-AVSP-1P-0232/BJEV-AVSS-1P-0232/BJEV-DVLS-2P-00250	北京新能源汽车股份有限公司	纯电动乘用车	20646	
	先恒流充电；后恒压限流	慢充：BJEV-AVSP-1P-0016/BJEV-AVLS-1P-0016；快充座：/BJEV-DVLS-2P-00125	慢充：北京新能源汽车股份有限公司；快充座：北京新能源汽车股份有限公司	纯电动乘用车	10770	
	先恒流充电；后恒压限流	慢充：BJEV-AVSP-1P-0016/BJEV-AVLS-1P-0016；快充座：BJEV-DVLS-2P-00125	慢充：北京新能源汽车股份有限公司；快充座：北京新能源汽车股份有限公司	纯电动乘用车	9267	
	先恒功率后恒压限流	BJEV-AVSP-1P-0016/BJEV-AVLS-1P-0016	北京新能源汽车股份有限公司	纯电动乘用车	7	
	先恒功率后恒压限流	BJEV-AVSP-1P-0016/BJEV-AVRS-1P-0016	北京新能源汽车股份有限公司	纯电动乘用车	2	
	先恒功率后恒压限流	BJEV-AVSP-1P-0016/BJEV-AVRS-1P-0016；BJEV-AVSP-1P-0232/BJEV-AVSS-1P-0232	北京新能源汽车股份有限公司	纯电动乘用车	1387	
	先恒功率后恒压限流	BJEV-AVSP-1P-0016/BJEV-AVRS-1P-0016；BJEV-AVSP-1P-0232/BJEV-AVSS-1P-0232	北京新能源汽车股份有限公司	纯电动乘用车	3914	
	先恒功率后恒压限流	BJEV-AVSP-1P-0016/BJEV-AVRS-1P-0016；BJEV-AVSP-1P-0232/BJEV-AVSS-1P-0232	北京新能源汽车股份有限公司	纯电动乘用车	1710	
	先恒功率后恒压限流	BJEV-AVSP-1P-0016/BJEV-AVRS-1P-0016；BJEV-AVSP-1P-0232/BJEV-AVSS-1P-0232	北京新能源汽车股份有限公司	纯电动乘用车	218	
	先恒功率后恒压限流	BJEV-AVSP-1P-0016/BJEV-AVRS-1P-0016；BJEV-AVSP-1P-0232/BJEV-AVSS-1P-0232	北京新能源汽车股份有限公司	纯电动乘用车	17	
	先恒功率后恒压限流	BJEV-AVSP-1P-0016/BJEV-AVRS-1P-0016；BJEV-AVSP-1P-0232/BJEV-AVSS-1P-0232；BCG-AVP-4B-S-003/BJEV-AVSS-1P-0032；BCG-AVP-4B-S-003/BCG-AVR-2B-SN-0015	北京新能源汽车股份有限公司；深圳巴斯巴科技发展有限公司	纯电动乘用车	3	
	先恒功率后恒压限流	BJEV-AVSP-1P-0232/BJEV-AVSS-1P-0232	北京新能源汽车股份有限公司	纯电动乘用车	20032	
	先恒功率后恒压限流	BJEV-DVLS-2P-00125；BJEV-AVSS-1P-0232/BJEV-AVSP-1P-0232	北京新能源汽车股份有限公司	纯电动专用车	5007	
	先恒功率后恒压限流	慢充：BJEV-AVSP-1P-0232/BJEV-AVSS-1P-0232；；快充：BJEV-DVLS-2P-00250	北京新能源汽车股份有限公司	纯电动乘用车	9734	
	先恒功率后恒压限流	慢充：BJEV-AVSP-1P-0232/BJEV-AVSS-1P-0232，快充：BJEV-DVLS-2P-00250	北京新能源汽车股份有限公司	纯电动乘用车	1148	
	先恒功率后恒压限流	直流插座：BJEV-DVSS-2P-00250，交流插头/插座：BJEV-AVSP-1P-0232/BJEV-AVSS-1P-0232	直流插座：北京新能源汽车股份有限公司；交流插头/插座：北京新能源汽车股份有限公司	纯电动乘用车	2	
	先恒功率后恒压限流	直流插座：BJEV-DVSS-2P-00250 交流插头/插座：BJEV-AVSP-1P-0232/BJEV-AVSS-1P-0232	直流插座：北京新能源汽车股份有限公司；交流插头/插座：北京新能源汽车股份有限公司	纯电动乘用车	6	

续上表

电动汽车车载充电机生产企业 Manufacturer for Charger of Electric Vehicle	充电方式 Charging Mode	充电插头 Charger Plug 插座型号 Socket Model	充电插头 Charger Plug 插座生产企业 Socket Manufacturer	车辆名称配套车辆类型 Matching Vehicle Types	2018 年配套车型产量 x 小计(辆) Subtotal Output of Supported Odels in 2018 (Vehicle)	2018 年配套车型产量总计(辆) Total Output of Supported Odels in 2018 (Vehicle)
北京新能源汽车股份有限公司	恒流充电	YGC691C-EV-P7(5)P-16/YGC691C-EV-S7(5)RA-T-16；F08-660150-020/F08-660051-04L	四川永贵科技有限公司；乐清市八达光电科技股份有限公司	纯电动乘用车	32748	149154
	恒流充电	YGC691C-EV-P7(5)P-16/YGC691C-EV-S7(5)RA-T-16；F08-660150-020/F08-660051-04L；L61-B836-07P-016/L61-B1690-07S-016	四川永贵科技有限公司；乐清市八达光电科技股份有限公司；惠州领先精密科技有限公司	纯电动专用车	5	
	恒流充电	快充：车辆插座：BJEV-DVRS-2P-00125；车辆插座：BJEV-DVSS-2P-00125；慢充：车辆插头：BJEV-AVSP-1P-0016；车辆插座：BJEV-AVLS-1P-0016	北京新能源汽车股份有限公司	纯电动乘用车	567	
	恒流充电	YGC691C-EV-P7(5)P-16/YGC691C-EV-S7(5)RA-T-16；F08-660150-020/F08-660051-04L	四川永贵科技有限公司；乐清市八达光电科技股份有限公司	纯电动乘用车	5213	
深圳威迈斯电源有限公司	先恒流后恒压充电	AC2860-DG-00/NDQC-7Z(32A-250/440V)-L(慢充)；NDQ-9Z(250A-750V)-L(快充)	深圳驿普乐氏科技有限公司；中航光电科技股份有限公司	纯电动乘用车	143	118240
	先恒流后恒压充电	LDAC-016CT；AC2860-DG-00/交流：NDQC-7Z(32A-250/440V)-L；直流：NDQ-9Z(250A-750V)-L	山东龙立电子有限公司；深圳驿普乐氏科技有限公司；中航光电科技股份有限公司	纯电动乘用车	140	
	慢充：恒流充电转恒压充电；快充：恒流充电	16A 交流充电插头/插座：RAC-TI16K-5A/RAC-ZI16F2-2A；32A 交流插座：RAC-ZI32F；直流插座：NDQ-9Z(125A-750V)-L	苏州瑞可达连接系统股份有限公司；中航光电科技股份有限公司	纯电动乘用车	1115	
	快充：由 BMS 和充电桩根据不同工况限流充电；慢充：恒压限流充电	直流充电插座：NDQ-9Z(125A-750V)-L；交流充电插头/插座：NDQC-7T(32A-250/440V)/NDQC-7Z(32A-250/440V)-L	中航光电科技股份有限公司	纯电动专用车	2	
	交流慢充；直流快充	XP01-C-V2/XR02-C-V2(交流)/XR61-C-V2(直流)	深圳巴斯巴科技发展有限公司	纯电动乘用车	621	
	交流慢充；直流快充	XP01-C-V2/XR02-C-V2(交流)/XR61-C-V2(直流)	深圳巴斯巴科技发展有限公司	纯电动专用车	10	
	交流慢充；直流快充	YGC691C-EV-P7(5)P-32/YGC691C-EV-S7(5)RA-T-32(交流)/YGC762-EV-S9RA-125(直流)	四川永贵科技有限公司	纯电动乘用车	108	
	恒流恒压恒功率	慢充插头：YG196G-EVSE-691/G-16；YGC691G/C-EV-P7(5)P/PW-32；XWAC-032C/GT；慢充插座：YGC691C-EV-S7(5)RA-T-32；XWAC-032LCZ；快充插座：YGC762-EV-S9RA-200；XWDC-250CZX1	慢充插头：四川永贵科技有限公司；四川永贵科技有限公司；陕西心网新能源科技有限公司；慢充插座：四川永贵科技有限公司；陕西心网新能源科技有限公司；快充插座：四川永贵科技有限公司；陕西心网新能源科技有限公司	纯电动乘用车	26	
	恒流充电；恒功率充电；恒压充电	慢充座：F08-740050-04T；快充座：F08-730090-50T；慢充插头：F08-660150-020	乐清市八达光电科技股份有限公司	纯电动乘用车	2853	
	恒流充电	EVPⅡ-V-16A5-G/EVS-V-16A5-GSE	南京康尼新能源汽车零部件有限公司	插电式混合动力乘用车	32316	
	恒流充电	EVPⅡ-V-16A5-G/EVS-V-32A5-GHF/EVS-4-200D9-GHC	南京康尼新能源汽车零部件有限公司	纯电动乘用车	4816	
	恒流充电	EVPⅡ-V-16A5-G/EVS-V-32A5-GSE/EVS-4-200D9-GHC	南京康尼新能源汽车零部件有限公司	纯电动乘用车	22927	
	恒流充电	F08-660150-020(慢充枪)、RAC-ZI32F(慢充座)、RDC-ZI250(快充座)	乐清市八达光电科技股份有限公司；四川瑞可达连接系统有限公司	纯电动乘用车	386	
	恒流充电	交流充电插头：ZWCG01；交流充电插座：ZWCS01；直流充电插座：HPDCI-MOL2T0-O-A	交流充电插头：浙江致威电子科技有限公司；交流充电插座：浙江致威电子科技有限公司；直流充电插座：德尔福中央电气(上海)有限公司	纯电动乘用车	5044	
	恒流充电	交流充电插座型号：RAC-ZI16F2-2A；充电插头型号：F08-660150-020	交流充电插座生产企业：四川瑞可达连接系统有限公司；充电插头生产企业：乐清市八达光电科技股份有限公司	纯电动乘用车	2865	
	恒流充电	快充插座：NDQ-9Z(200A-750V)-L；慢充插头/插座型号：F08-720100-020/F08-710000-06L	快充插座：中航光电科技股份有限公司；慢充插头；插座：乐清市八达光电科技股份有限公司	纯电动乘用车	2211	

续上表

电动汽车车载充电机生产企业 Manufacturer for Charger of Electric Vehicle	充电方式 Charging Mode	充电插头 Charger Plug 插座型号 Socket Model	充电插头 Charger Plug 插座生产企业 Socket Manufacturer	车辆名称配套车辆类型 Matching Vehicle Types	2018年配套车型产量x小计(辆) Subtotal Output of Supported Odels in 2018 (Vehicle)	2018年配套车型产量总计(辆) Total Output of Supported Odels in 2018 (Vehicle)
深圳威迈斯电源有限公司	恒流充电	直流车辆插座:NDQ-9Z(125A-750V)-L/交流车辆插头:F08-720100-020/交流车辆插座:F08-710000-02L	直流车辆插座:中航光电科技股份有限公司;交流车辆插头:乐清市八达光电科技股份有限公司;交流车辆插座:乐清市八达光电科技股份有限公司	纯电动乘用车	4004	118240
	分段式恒流充电	交流:J00-2107032/J00-2107031(康尼);J00-2107032/J00-2107031BA(康尼);直流:/NDQ-9Z(125A-750V)-L(中航);/YGC762-EV-S9RA-125(永贵)	南京康尼新能源汽车零部件有限公司;中航光电科技股份有限公司;四川永贵科技有限公司	纯电动乘用车	1	
	分段式恒流充电	交流:车辆插头型号:EVPⅡ-V-16A5-G(南京);NDQC-7T(16A-250/440V)(中航);车辆插座型号:EVS-V-16A5-GSG(南京);NDQC-7Z(32A-250/440V)-L(中航);直流:车辆插座:NDQ-9Z(125A-750V)-L-02(中航);NDQ-9Z(200A-750V)-L-03(中航)	南京康尼新能源汽车零部件有限公司;中航光电科技股份有限公司	纯电动乘用车	988	
	分段式恒流充电	交流插头/插座:J00-2107032/J00-2107031(康尼);对应直流插头/插座:/NDQ-9Z(125A-750V)-R G005(中航)	南京康尼新能源汽车零部件有限公司;中航光电科技股份有限公司	纯电动乘用车	386	
	分段式恒流充电	交流插头/插座:J00-2107032/J00-2107031(康尼);直流插头/插座:/NDQ-9Z(125A-750V)-L(中航)	南京康尼新能源汽车零部件有限公司;中航光电科技股份有限公司	纯电动乘用车	135	
	分段式恒流充电	交流插头/插座:NDQC-7T(16A-250/440V)/NDQC-7Z(32A-250/440V)-L;直流插座:EVS-4-125D9-GSC	中航光电科技股份有限公司	纯电动乘用车	15499	
	分段式恒流充电	交流插头/插座:NDQC-7T(16A-250/440V)/NDQC-7Z(32A-250/440V)-L 直流插座:EVS-4-125D9-GSC	中航光电科技股份有限公司	纯电动乘用车	751	
	分段式恒流充电	直流插座:NDQ-9Z(200A-750V)-L-03,交流插头/插座:NDQC-7T(16A-250/440V)/NDQC-7Z(32A-250/440V)-L	直流:中航光电科技股份有限公司;交流:中航光电科技股份有限公司	纯电动乘用车	4803	
	分段式恒流充电	直流插座:NDQ-9Z(200A-750V)-L-03;交流插头/插座:NDQC-7T(16A-250/440V)/NDQC-7Z(32A-250/440V)-L	直流:中航光电科技股份有限公司;交流:中航光电科技股份有限公司	纯电动乘用车	6197	
	分段式恒流充电	直流插座:NDQ-9Z(200A-750V)-L-03;交流插头/插座:NDQC-7T(16A-250/440V)/NDQC-7Z(32A-250/440V)-L	直流:中航光电科技股份有限公司;交流:中航光电科技股份有限公司	纯电动乘用车	2709	
	分段式恒流充电	直流插座:NDQ-9Z(200A-750V)-L-03;交流插头/插座:NDQC-7T(16A-250/440V)/NDQC-7Z(16A-250/440V)-L	直流:中航光电科技股份有限公司;交流:中航光电科技股份有限公司	纯电动乘用车	5	
	分段式恒流充电	直流插座:NDQ-9Z(200A-750V)-L-03;交流插头/插座:NDQC-7T(16A-250/440V)/NDQC-7Z(32A-250/440V)-L	直流:中航光电科技股份有限公司;交流:中航光电科技股份有限公司	纯电动乘用车	3	
	初期恒功率末期涓流充电	EVPⅡ-V-16A5-G/EVS-V-32A5-GSE/EVS-4-200D9-GHC	南京康尼新能源汽车零部件有限公司	纯电动乘用车	3249	
	初期恒功率末端涓流充电	交流:EVPⅡ-V-16A5-G/EVS-V-32A5-GSE/直流:-EVS-4-200D9-GHD	南京康尼新能源汽车零部件有限公司	纯电动乘用车	3927	
深圳欣锐科技股份有限公司	直流充电;交流充电	BCG-DVP-14V-DN/BCG-DVR-1E	深圳巴斯巴科技发展有限公司	纯电动专用车	1	69199
	直流充电;交流充电	YDG200-D-P1/YDG200-D-S1;YDG32-SAV-S1-L1	江苏怡达新能源科技有限公司;江苏怡达新能源科技有限公司	纯电动专用车	2	
	慢充;快充	交流:166-1211-0014/169-5011-0055;直流:XP63-C-V2/BCG-DVR-1D	深圳巴斯巴科技发展有限公司	纯电动专用车	58	
	具备快充;慢充两种充电方式	电动汽车插头/插座型号(直流125A):插头V3-DSD-EV125P/插座V2-DSD-G-EV125S 电动汽车插头/插座型号(交流32A):插头V2C-DSI-EV32P/插座V2C-DSI-GEL-EV32S	苏州工业园区多思达科技有限公司	纯电动专用车	3	

续上表

电动汽车车载充电机生产企业 Manufacturer for Charger of Electric Vehicle	充电方式 Charging Mode	充电插头 Charger Plug 插座型号 Socket Model	充电插头 Charger Plug 插座生产企业 Socket Manufacturer	车辆名称配套车辆类型 Matching Vehicle Types	2018 年配套车型产量 x 小计(辆) Subtotal Output of Supported Odels in 2018 (Vehicle)	2018 年配套车型产量总计(辆) Total Output of Supported Odels in 2018 (Vehicle)
深圳欣锐科技股份有限公司	恒流充电	HV18-ACT-1B25-5000/HV18-ACZ-1225-3600TG	临沂市海纳电子有限公司	纯电动专用车	5	69199
	车载交流充电;地面直流充电	直流车端充电插座型号:L61-B1691-09S-125;YGC762-EV-S9RA-125;1104-03X-0002;BCG-DVR-1D;交流车端充电插座型号:L61-B1690-07S-032;YGC691C-EV-S7(5)RA-T-32;1204-01X-0004;104-1211-0001	惠州领先精密科技有限公司;四川永贵科技有限公司;深圳容一电动科技有限公司;深圳市巴斯巴科技发展有限公司	纯电动专用车	20	
	直流快充;交流慢充	直流充电:EVS-4-200D9-GS/交流充电:EVS-V-32A5-GSLB	南京康尼新能源汽车零部件有限公司	纯电动乘用车	3	
	直流	V2-DSD-G-EV250S	张家港友诚科技机电有限公司;苏州工业园区多思达科技有限公司	纯电动专用车	1	
	直流	YGC762-EV-S9RA-250;NDQ-9Z(250A-750V)-L;680411101052	四川永贵科技有限公司;中航光电科技股份有限公司;深圳市沃尔新能源电气科技有限责任公司	纯电动专用车	984	
	直流	YGC762-EV-S9RA-250;NDQ-9Z(250A-750V)-L;680411101052;LCS-250L	四川永贵科技有限公司;中航光电科技股份有限公司;深圳市沃尔新能源电气科技有限责任公司;广东林一新能源科技有限公司	纯电动专用车	1	
	限压限流充电	插头(交流):LDAC-016CT;插座(直流):F08-630090-70R;插座(交流):F08-841200-06L	插头(交流):山东龙立电子有限公司;插座(直流):乐清市八达光电科技股份有限公司;插座(交流):乐清市八达光电科技股份有限公司	纯电动乘用车	5620	
	先恒流再恒压	NDQC-7T-16A-1/NDQC-7Z(32A-250/440V)-L;F08-630090-35L	中航光电科技股份有限公司;乐清市八达光电科技股份有限公司	纯电动乘用车	12	
	先恒流再恒功率最后恒压	交流:EVP-3-16A5/EVS-V-16A5-SC 直流:EVS-4-250D9-S	南京康尼新能源汽车零部件有限公司	纯电动客车	1	
	先恒流再恒功率最后恒压	交流插头:EVP Ⅱ-V-16A5-G;交流插座:EVS-V-16A5-GSC;NDQC-7Z(16A-250/440V)-L;直流插座:EVS-4-125D9-GS;NDQ-9Z(125A-750V)-L	南京康尼新能源汽车零部件有限公司;中航光电科技股份有限公司	纯电动专用车	10	
	先恒流再恒功率最后恒压	交流插头:EVP Ⅱ-V-16A5-G/交流插座:EVS-V-16A5-GSG;NDQC-7Z(16A-250/440V)-L;直流插座:EVS-4-125D9-GS;NDQ-9Z(125A-750V)-L	南京康尼新能源汽车零部件有限公司;中航光电科技股份有限公司	纯电动专用车	1	
	先恒流后恒压式充电	交流慢充插座:RAC-ZI32F 直流快充插座:RDC-ZI125	四川瑞可达连接系统有限公司	纯电动乘用车	10	
	先恒流后恒压式充电	慢充:RAC-ZI32F;NDQC-7Z(32A-250/440V)-L;快充:RDC-ZI125;NDQ-9Z(125A-750V)-L	慢充:四川瑞可达连接系统有限公司;中航光电科技股份有限公司;快充:四川瑞可达连接系统有限公司;中航光电科技股份有限公司	纯电动专用车	2393	
	先恒流后恒压式充电	慢充:RAC-ZI32F;NDQC-7Z(32A-250/440V)-L 快充:RDC-ZI125;NDQ-9Z(125A-750V)-L	慢充:四川瑞可达连接系统有限公司;中航光电科技股份有限公司;快充:四川瑞可达连接系统有限公司;中航光电科技股份有限公司	纯电动专用车	208	
	先恒流后恒压式充电	慢充插座:RAC-ZI32F;快充插座:RDC-ZI125;慢充插座:XHY101-ZK07C-Y32A;快充插座:XHY102-ZK09-Y125A;慢充插座:NDQC-7Z(32A-250/440V)-L;快充插座:NDQ-9Z(125A-750V)-L	慢充:四川瑞可达连接系统有限公司;快充:四川瑞可达连接系统有限公司;慢充:新海宜科技集团股份有限公司;快充:新海宜科技集团股份有限公司;慢充:中航光电科技股份有限公司;快充:中航光电科技股份有限公司	纯电动专用车	1412	
	先恒流后恒压	慢充插座:NDQC-7Z(32A-250/440V)-L;快充插座:NDQ-9Z(125A-750V)-L	中航光电科技股份有限公司	纯电动专用车	50	
	先恒流充电;后恒压限流充电	交流:ZC-16VSP/CE-124-1XXX001;直流:E6-ZC-EV80S	交流:广州知崇新能源科技有限公司;东莞市日新传导科技有限公司;直流:广州知崇新能源科技有限公司	纯电动乘用车	247	
	先恒流充电;后恒压限流充电	直流:F08-630090-25L;交流:F08-690150-060W/F08-750100-06R	直流:乐清市八达光电科技股份有限公司;交流:乐清市八达光电科技股份有限公司	纯电动乘用车	105	
	先恒流充电;后恒压限流充电	直流:XR61-C-V2/交流:XP02-C-V2/XR02-C-V2	直流:深圳巴斯巴科技发展有限公司;交流:深圳巴斯巴科技发展有限公司;深圳巴斯巴科技发展有限公司	纯电动客车	2	

续上表

电动汽车车载充电机生产企业 Manufacturer for Charger of Electric Vehicle	充电方式 Charging Mode	充电插头 Charger Plug 插座型号 Socket Model	充电插头 Charger Plug 插座生产企业 Socket Manufacturer	车辆名称配套车辆类型 Matching Vehicle Types	2018年配套车型产量x小计(辆) Subtotal Output of Supported Odels in 2018 (Vehicle)	2018年配套车型产量总计(辆) Total Output of Supported Odels in 2018 (Vehicle)
深圳欣锐科技股份有限公司	慢充和快充	快充直流插座:NV2-DSD-G-EV80S/交流慢充插座:NV4C-DSI-GEL-EV16S/插头:1040-1060-16-XC	苏州工业园区多思达科技有限公司	纯电动专用车	10	69199
	慢充;快充	6801107031/680211310311;680411101052	深圳市沃尔新能源电气科技有限责任公司	纯电动专用车	390	
	慢充(恒流充电;恒压充电;恒功率充电)	HVCOM(16A 250V)(插头);HVCOF(16A 250V)(插座),HVCOF(750V 80A)(插座)	安费诺精密连接器(深圳)有限公司	纯电动专用车	1	
	慢充(恒流充电;恒压充电;恒功率充电)	HVCOM(16A 250V)(插头);HVCOF(16A 250V)(插座);HVCOF(750V 80A)(插座)	安费诺精密连接器(深圳)有限公司	纯电动专用车	14	
	慢充(恒流充电;恒压充电;恒功率充电)	HVCOM(16A 250V)(插头);HVCOF(16A 250V)(插座),HVCOF(750V 80A)(插座)	安费诺精密连接器(深圳)有限公司	纯电动专用车	35	
	慢充(恒流充电;恒压充电;恒功率充电)	HVCOM(16A250V)(插头);HVCOF(16A250V)(插座)/HVCOF(750V250A/125A)(插座)	安费诺精密连接器(深圳)有限公司	纯电动乘用车	3	
	快充和慢充	交流充电插头:1040-1060-32-XC/交流充电插座:NV4C-DSI-GEL-EV32S/直流充电插座:NV2-DSD-G-EV100S	苏州工业园区多思达科技有限公司	纯电动专用车	467	
	快充和慢充	快充直流插座:NV2-DSD-G-EV100S/交流慢充插座:NV4C-DSI-GEL-EV32S/插头:1040-1060-32-XC	苏州工业园区多思达科技有限公司	纯电动专用车	80	
	快充:由BMS和充电桩根据不同工况限流充电;慢充:恒压限流充电	插头:NDQC-7T-32A-1;NDQC-7T-16A-1;交流插座:NDQC-7Z(32A-250/440V)-L;直流插座:NDQ-9Z(200A-750V)-L	中航光电科技股份有限公司	纯电动专用车	14	
	快充;慢充	快充直流插座:NV2-DSD-G-EV200S;快充直流插座:NV2-DSD-G-EV200S/交流慢充插座:NV4C-DSI-GEL-EV32S/插头:1040-1060-32-XC	苏州工业园区多思达科技有限公司	纯电动专用车	415	
	快充;慢充	直流充电插座:NV2-DSD-G-EV125S;直流充电插座:NV2-DSD-G-EV125S/交流充电插头:1040-1060-16-XC/交流充电插座:NV4C-DSI-GEL-EV16S;直流充电插座:NV2-DSD-G-EV125S/交流充电插头:1040-1060-32-XC/交流充电插座:NV4C-DSI-GEL-EV32S	苏州工业园区多思达科技有限公司	纯电动专用车	243	
	快充;慢充	直流充电插座:NV2-DSD-G-EV200S;直流充电插座:NV2-DSD-G-EV200S/交流充电插头:1040-1060-16-XC/交流充电插座:NV4C-DSI-GEL-EV16S;直流充电插座:NV2-DSD-G-EV200S/交流充电插头:1040-1060-32-XC/交流充电插座:NV4C-DSI-GEL-EV32S	苏州工业园区多思达科技有限公司	纯电动专用车	201	
	快充;慢充	直流充电插座:NV2-DSD-G-EV200S;直流充电插座:NV2-DSD-G-EV200S/交流充电插头:1040-1060-32-XC/交流充电插座:NV4C-DSI-GEL-EV32S	苏州工业园区多思达科技有限公司	纯电动专用车	653	
	具备快充;慢充两种充电方式;具备快充;慢充两种充电方式	交流插头:RAC-2TI32;交流插座:RAC-ZI32F;直流插头:DC1-XTI125-35;直流插座:RDC-ZI125;	苏州瑞可达连接系统股份有限公司	纯电动专用车	300	
	具备快充;慢充两种充电方式	插头/插座型号(直流 125A):插头 NV3-DSD-EV125P/插座 NV2-DSD-G-EV125S 插头/插座型号 (交流 32A):插头 1040-1060-32-XC/插座 NV4C-DSI-GEL-EV32S	苏州工业园区多思达科技有限公司	纯电动专用车	5	

续上表

电动汽车车载充电机生产企业 Manufacturer for Charger of Electric Vehicle	充电方式 Charging Mode	充电插头 Charger Plug 插座型号 Socket Model	充电插头 Charger Plug 插座生产企业 Socket Manufacturer	车辆名称配套车辆类型 Matching Vehicle Types	2018 年配套车型产量 x 小计(辆) Subtotal Output of Supported Odels in 2018 (Vehicle)	2018 年配套车型产量总计(辆) Total Output of Supported Odels in 2018 (Vehicle)
深圳欣锐科技股份有限公司	具备快充;慢充两种充电方式	插头/插座型号(直流 125A):插头 NV3-DSD-EV125P/插座 NV2-DSD-G-EV125S 插头/插座型号 (交流 32A):插头 1040-1060-32-XC/插座 NV4C-DSI-GEL-EV32S	苏州工业园区多思达科技有限公司	纯电动专用车	10	69199
	具备快充;慢充两种充电方式	多思达:插头/插座型号(直流 125A):插头 V3-DSD-EV125P/插座 V2-DSD-G-EV125S 插头/插座型号(交流 32A):插头 V2C-DSI-EV32P/插座 V2C-DSI-GEL-EV32S 瑞可达:插头/插座型号(直流 125A):插头:DC1-XTI125-35;插座:RDC-ZI125;插头/插座型号(交流 32A):插头:RAC-2TI32;插座:RAC-ZI32F;安费诺:插头/插座型号(直流 125A):插头:NV3-DSD-EV125P;插座:CS06;插头/插座型号(交流 32	苏州工业园区多思达科技有限公司;苏州瑞可达连接系统股份有限公司;安费诺-泰姆斯(常州)通讯设备有限公司	纯电动专用车	10	
	具备快充;慢充两种充电方式	多思达:插头/插座型号(直流 125A):插头 V3-DSD-EV125P/插座 V2-DSD-G-EV125S 插头/插座型号(交流 32A):插头 V2C-DSI-EV32P/插座 V2C-DSI-GEL-EV32S 瑞可达:插头/插座型号(直流 125A):插头:DC1-XTI125-35;插座:RDC-ZI125;插头/插座型号(交流 32A):插头:RAC-2TI32;插座:RAC-ZI32F;安费诺:插头/插座型号(直流 125A):插头:NV3-DSD-EV125P;插座:CS06;插头/插座型号(交流 3	苏州工业园区多思达科技有限公司;苏州瑞可达连接系统股份有限公司;安费诺-泰姆斯(常州)通讯设备有限公司	纯电动专用车	3	
	具备交流充电;直流充电两种方式	交流:NDQC-7Z(32A-250/440V)-L/直流:NDQ-9Z(125A-750V)-L	中航光电科技股份有限公司	纯电动专用车	781	
	交流慢充;直流快充	M2 充电连接总成:1060-PSE-16-XC-NS;1160-PSE-16-XC-NS/M3 充电连接总成:1040-1060-32-XC;1160-1170-32-XC/交流充电插座:NV4C-DSI-GEL-EV32S/直流充电插座:NV2-DSD-G-EV125S	苏州工业园区多思达科技有限公司	纯电动乘用车	8505	
	交流慢充;直流快充	M2 充电连接总成:1160-PSE-16-XC-NS;1060-PSE-16-XC-NS/M3 充电连接总成:1160-1170-32-XC; 1040-1060-32-XC/交流充电插座: NV4C-DSI-GEL-EV32S; NV4C-DSI-GEL-EV16S/直流充电插座:NV2-DSD-G-EV80S	苏州工业园区多思达科技有限公司	纯电动乘用车	14324	
	交流慢充;直流快充	M2 充电连接总成:1160-PSE-16-XC-NS;1060-PSE-16-XC-NS/M3 充电连接总成:1160-1170-32-XC;1040-1060-32-XC/交流充电插座:NV4C-DSI-GEL-EV32S/直流充电插座:NV2-DSD-G-EV80S	苏州工业园区多思达科技有限公司	纯电动乘用车	3694	
	交流慢充;直流快充	M2 充电连接总成 1060-PSE-16-XC-NS;1160-PSE-16-XC-NS/M3 充电连接总成 1040-1060-32-XC;1160-1170-32-XC/交流充电插座 NV4C-DSI-GEL-EV32S/直流充电插座 NV2-DSD-G-EV125S	苏州工业园区多思达科技有限公司	纯电动乘用车	1122	
	交流慢充;直流快充	M2 充电连接总成 1060-PSE-16-XC-NS/M3 充电连接总成 1040-1060-16-XC/交流充电插座 NV4C-DSI-GEL-EV16S/直流充电插座 NV2-DSD-G-EV80S	苏州工业园区多思达科技有限公司	纯电动乘用车	3352	
	交流慢充;直流快充	M2 充电连接总成 1060-PSE-16-XC-NS/M3 充电连接总成 1040-1060-32-XC/交流充电插座 NV4C-DSI-GEL-EV32S/直流充电插座 NV2-DSD-G-EV125S	苏州工业园区多思达科技有限公司	纯电动乘用车	465	
	交流慢充;直流快充	M2 充电连接总成 1060-PSE-16-XC-NS/M3 充电连接总成 1040-1060-32-XC/交流充电插座 NV4C-DSI-GEL-EV32S/直流充电插座 NV2-DSD-G-EV125S	苏州工业园区多思达科技有限公司	纯电动乘用车	5051	
	交流慢充;直流快充	慢充插座:YGC691C-EV-S7(5)RA-T-32;慢充插头:YGC691C-EV-P(5)P-16/1010;快充插座:YGC762-EV-S9RB-250	四川永贵科技有限公司	纯电动乘用车	629	

续上表

电动汽车车载充电机生产企业 Manufacturer for Charger of Electric Vehicle	充电方式 Charging Mode	充电插头 Charger Plug 插座型号 Socket Model	充电插头 Charger Plug 插座生产企业 Socket Manufacturer	车辆名称配套车辆类型 Matching Vehicle Types	2018 年配套车型产量 x 小计(辆) Subtotal Output of Supported Odels in 2018 (Vehicle)	2018 年配套车型产量总计(辆) Total Output of Supported Odels in 2018 (Vehicle)
深圳欣锐科技股份有限公司	交流连接设备(模式二):采用民用交流 220Vac 插座供应电源;通过 CPID 线缆控制盒进行握手认证;将交流电源输入至车辆;再由车载充电机以恒流;恒压模式将交流转换为直流给电池包充电	交流充电插座:EVS-V-32A5-GHLD;交流车辆充电枪:EVPIV-V-16A5-G	南京康尼新能源汽车零部件有限公司	插电式混合动力乘用车	5	69199
	交流充电:恒功率;直流充电:恒流	M2 充电插头:1060-PSE-16-XC-NS;1160-PSE-16-XC-NS/M3 充电插头:1040-1060-32-XC;1160-1170-32-XC/交流充电插座总成:NV4C-DSI-GEL-EV32S/直流充电插座总成:NV2-DSD-G-EV80S	苏州工业园区多思达科技有限公司	纯电动乘用车	30	
	交流充电:恒功率;直流充电:恒流	M2 充电连接总成:1060-PSE-16-XC-NS;1160-PSE-16-XC-NS/M3 充电连接总成:1040-1060-32-XC;1160-1170-32-XC/车辆插座:NV4C-DSI-GEL-EV32S(交流)/车辆插座:V3-DSD-G-EV200S(直流)	苏州工业园区多思达科技有限公司	纯电动乘用车	1505	
	交流充电:恒功率;直流充电:恒流	M2 充电连接总成:1060-PSE-16-XC-NS/M3 充电连接总成:1040-1060-32-XC/车辆插座:NV4C-DSI-GEL-EV32S(交流)/车辆插座:V3-DSD-G-EV200S(直流)	苏州工业园区多思达科技有限公司	纯电动乘用车	542	
	交流充电	直流快充:NDQ-9Z(125A-750V)-L;交流慢充:插头:NDQC-7T(32A-250/440V)/插座:NDQC-7Z(32A-250/440V)-L	直流快充:中航光电科技股份有限公司;交流慢充:中航光电科技股份有限公司	纯电动专用车	1	
	交流:恒流充电;恒功率充电;恒压限流充电;直流:恒流充电;恒压充电	HVCOM/HVCOF;DTN-PC-AC-0001/HVCOF	安费诺精密连接器(深圳)有限公司;武汉德泰纳新能源技术有限公司	纯电动乘用车	101	
	恒流充电;涓流充电	直流充电插座型号:RDC-ZI125;交流充电插座型号:RAC-ZI16F2-2A;车辆插头:F08-660150-020	四川瑞可达连接系统有限公司;乐清市八达光电科技股份有限公司	纯电动乘用车	712	
	恒流充电;恒功率充电;恒压充电	F08-630190-700W(快充插头)/680411101052(快充插座);WOER-GB-C-AC32-06(慢充插头)/680211310311(慢充插座);	乐清市八达光电科技股份有限公司(快充插头);深圳市沃尔新能源电气科技有限责任公司(快充插座);深圳市沃尔新能源电气科技有限责任公司(慢充插头);深圳市沃尔新能源电气科技有限责任公司(慢充插座)	纯电动专用车	1	
	恒流充电;车载充电机与 BMS 通信;BMS 实时采集单体电池情况;控制充电机充电。	NDQC-7T-16A-1/NDQC-7Z(16A-250/440V)-L	中航光电科技股份有限公司	纯电动乘用车	33	
	恒流充电;车载充电机与 BMS 通信;BMS 实时采集单体电池情况;控制充电机充电。	NDQC-7T-16A-1/NDQC-7Z(16A-250/440V)-L;NDQ-9Z(80A-750V)-L	中航光电科技股份有限公司	纯电动乘用车	1042	
	恒流充电	EVPⅡ-V-16A5-G(交流插头)/EVS-V-32A5-GSLD(交流插座);EVS-4-125D9-GS(直流插座)	南京康尼新能源汽车零部件有限公司	纯电动乘用车	3793	
	恒流充电	插头:DQC-7(16A-250/440V);F08-660150-020/插座:RAC-ZI16F2-2C	插头:重庆长安新能源汽车有限公司;乐清市八达光电科技股份有限公司;插座:苏州瑞可达连接系统股份有限公司	插电式混合动力乘用车	3	
	恒流充电	插头:DQC-7(16A-250/440V)/插座:RAC-ZI16F2-2C	重庆长安新能源汽车有限公司	插电式混合动力乘用车	1978	
	恒流充电	直流快充插座:NDQ-9Z(125A-750V)-L,慢充插座/插头:NDQC-7Z(32A-250/440V)-L/NDQC-7T-32A-1	中航光电科技股份有限公司	纯电动专用车	5	

续上表

电动汽车车载充电机生产企业 Manufacturer for Charger of Electric Vehicle	充电方式 Charging Mode	充电插头 Charger Plug 插座型号 Socket Model	充电插头 Charger Plug 插座生产企业 Socket Manufacturer	车辆名称配套车辆类型 Matching Vehicle Types	2018 年配套车型产量 x 小计(辆) Subtotal Output of Supported Odels in 2018 (Vehicle)	2018 年配套车型产量总计(辆) Total Output of Supported Odels in 2018 (Vehicle)
深圳欣锐科技股份有限公司	恒流;恒压	交流(巴斯巴)XP01-C-V1/XR02-C-V2;XP02-C-V1/XR02-C-V2;交流(容一)1202-01X-0012/1204-01X-0004; RG-AC-16A-SV001/1204-01X-0004; 交流(永贵)YGC691C-EV-P7(5)PW-16/YGC691C-EV-S7(5)RA-T-32;YGC691C-EV-P7(5)P-16/YGC691C-EV-S7(5)RA-T-32;直流(巴斯巴)XR61-C-V2;直流(容一)1104-03X-0002;直流(永贵)YGC7	深圳巴斯巴科技发展有限公司;深圳容一电动科技有限公司;四川永贵科技有限公司;深圳巴斯巴科技发展有限公司;深圳容一电动科技有限公司;四川永贵科技有限公司	纯电动乘用车	306	69199
	电池包电压≤285V 恒流充电;电池包电压>285V 恒功率充电	七芯插头:CP16V/七芯插座:CSEVM32;九芯插座:CS200C	安费诺汽车连接系统(常州)有限公司	纯电动乘用车	28	
	车载慢充;非车载快充	直流充电插座型号:NDQ-9Z(200A-750V)-R;交流充电插座型号:NDQC-7Z(32A-250/440V)-R;交流充电插头型号:NDQC-7T(32A-250/440V)	中航光电科技股份有限公司	纯电动专用车	3531	
	车载交流充电;地面直流充电	直流车端充电插座型号:L61-B1691-09S-125; YGC762-EV-S9RA-125; 1104-03X-0002;C&BHVFSF125;交流车端充电插座型号:L61-B1690-07S-032;YGC691C-EV-S7(5)RA-T-32;1204-01X-0004;C&BHVFSS32S	惠州领先精密科技有限公司;四川永贵科技有限公司;深圳容一电动科技有限公司;深圳市凯瑞博新能源汽车部件有限公司	纯电动专用车	80	
	DC;AC	DC:C010003;AC:HPACI-M0L2T0-0-E	DC:乐星电缆(无锡)有限公司;AC:德尔福派克电气系统有限公司	纯电动乘用车	2471	
	先恒流充电;后恒压限流充电	直流:XR61-C-V2/交流:XP02-C-V2/XR02-C-V2	直流:深圳巴斯巴科技发展有限公司;交流:深圳巴斯巴科技发展有限公司;深圳巴斯巴科技发展有限公司	纯电动乘用车	16	
	家用充电;直流充电桩充电;交流充电桩充电	M2 充电连接总成 1060-PSE-16-XC-NS/M3 充电连接总成 1040-1060-16-XC/交流充电插座 NV4C-DSI-GEL-EV16S/直流充电插座 NV2-DSD-G-EV80S	苏州工业园区多思达科技有限公司	纯电动乘用车	89	
	先恒流充电再恒压充电	交流慢充插头型号:NDQC-7T(16A-250/440V)/交流慢充插座型号:NDQC-7Z(16A-250/440V)-L;直流快充型号:NDQ-9Z(125A-750V)-L	中航光电科技股份有限公司	纯电动专用车	1001	
台达电子企业管理(上海)有限公司	快充方式:恒流+降流;慢充方式:恒流+恒压	交流充电插座:EV-250/32-S;直流充电插座:EV-1000/250	江阴信邦电子有限公司	纯电动乘用车	7596	57977
	快充方式:恒流;慢充方式:恒流+恒压	交流充电插头:ACP08A1612;交流充电插座:EV-250/32-S;直流充电插座:EV-1000/250	江阴信邦电子有限公司	纯电动乘用车	4974	
	具备快充;慢充两种充电方式	八达:插头/插座型号(直流 125A):插头 F08-630190-350W;插座 F08-630090-25L;插头/插座型号(交流 16A):插头 F08-660150-020;插座 F08-660051-04L;	乐清市八达光电科技股份有限公司	纯电动专用车	2	
	交流充电;直流充电	模式二交流充电插头型号:GBCV162117GBCE-V2;模式三交流充电插头型号:YGC691G/C-EV-P7(5)P/PW-32/,交流充电插座型号:YGC691C-EV-S7(5)R-T-32/1003;直流充电插座型号:YGC762-EV-S9RA-200	模式 2 交流充电插头生产企业:埃梯梯科能电子(深圳)有限公司;模式 3 交流充电插头生产企业:四川永贵科技有限公司;交流充电插座生产企业:四川永贵科技有限公司;直流充电插座生产企业:四川永贵科技有限公司	纯电动乘用车	5	
	恒流充电	EVP-2-16A5-0J1/EVS-V-16A5-WSXLE-0J0	南京康尼新能源汽车零部件有限公司	插电式混合动力乘用车	2824	
	恒流充电	模式 2 插头:GBCV162117GBCE-V2;模式 3 插头(车辆端及供电端):YGC691G/C-EV-P7(5)P/PW-32;交流插座:YGC691C-EV-S7(5)R-T-32/1002;直流插座:CS200	模式 2 插头:埃梯梯科能电子(深圳)有限公司;模式 3 插头(车辆端及供电端):四川永贵科技有限公司;交流插座:四川永贵科技有限公司;直流插座:安费诺汽车连接系统(常州)有限公司	纯电动乘用车	176	
	恒流;恒功率充电	EVP-V-16A5/NDQC-7Z(32A-250/440V)-L G002;NDQ-9Z(250A-750V)-0 G002	南京康尼新能源汽车零部件有限公司;中航光电科技股份有限公司	纯电动乘用车	5563	
	具备快充;慢充两种充电方式	插座型号(直流 125A):F08-630090-25L;插座型号(交流 16A):F08-660051-04L	乐清市八达光电科技股份有限公司	纯电动乘用车	10	
	具备快充;慢充两种充电方式	插座型号(直流 125A):F08-630090-25L;插座型号(交流 16A):F08-660051-04L	乐清市八达光电科技股份有限公司	纯电动专用车	10	

续上表

电动汽车车载充电机生产企业 Manufacturer for Charger of Electric Vehicle	充电方式 Charging Mode	充电插头 Charger Plug 插座型号 Socket Model	充电插头 Charger Plug 插座生产企业 Socket Manufacturer	车辆名称配套车辆类型 Matching Vehicle Types	2018 年配套车型产量 x 小计(辆) Subtotal Output of Supported Odels in 2018 (Vehicle)	2018 年配套车型产量总计(辆) Total Output of Supported Odels in 2018 (Vehicle)
台达电子企业管理(上海)有限公司	恒压限流充电(脉冲充电)	CSEVM32(交流插座),CS200R(直流插座)	安费诺汽车连接系统(常州)有限公司	纯电动乘用车	141	57977
	恒流充电	EVPⅡ-V-16A5-G/EVS-V-16A5-GSE	南京康尼新能源汽车零部件有限公司	插电式混合动力乘用车	24582	
	恒流充电	慢充插头(桩端/车端):GBCV162117GBCE-V1/GBCV162117GBCE-V2;慢充插头(车端):CP16;慢充插座(车端):9340040-E08;快充插座(车端):XR61-C	慢充插头(桩端;车端):埃梯梯科能电子(深圳)有限公司;慢充插头(车端):安费诺-泰姆斯(常州)通讯设备有限公司;慢充插座(车端):深圳巴斯巴科技发展有限公司;快充插座(车端):深圳巴斯巴科技发展有限公司	纯电动乘用车	19	
	恒流充电	慢充充电插头:EVPⅡ-V-16A5(康尼)、6808020101(沃尔);慢充充电插座:CS32(安费诺)、680211310311(沃尔);快充充电插座:CS06(安费诺)、680411101052(沃尔)	慢充充电插头:南京康尼新能源汽车零部件有限公司;深圳沃尔新能源电气科技股份有限公司;慢充充电插座:安费诺-泰姆斯(常州)通讯设备有限公司;深圳沃尔新能源电气科技股份有限公司;快充充电插座:安费诺-泰姆斯(常州)通讯设备有限公司;深圳沃尔新能源电气科技股份有限公司	纯电动乘用车	35	
	恒流充电		慢充充电插头:南京康尼新能源汽车零部件有限公司;深圳沃尔新能源电气科技股份有限公司;慢充充电插座:安费诺-泰姆斯(常州)通讯设备有限公司;深圳沃尔新能源电气科技股份有限公司;快充充电插座:安费诺-泰姆斯(常州)通讯设备有限公司;深圳沃尔新能源电气科技股份有限公司	纯电动乘用车	11	
	恒流充电	慢充充电插头:EVPⅡ-V-16A5(康尼)、6808020101(沃尔);慢充充电插座:CS32(安费诺)、680211310311(沃尔);快充充电插座:CS06(安费诺)、680411101052(沃尔)	慢充充电插头:南京康尼新能源汽车零部件有限公司;深圳沃尔新能源电气科技股份有限公司;慢充充电插座:安费诺-泰姆斯(常州)通讯设备有限公司;深圳沃尔新能源电气科技股份有限公司;快充充电插座:安费诺-泰姆斯(常州)通讯设备有限公司;深圳沃尔新能源电气科技股份有限公司	纯电动乘用车	3	
	恒流充电	慢充充电插头:EVPII-V-16A5-G(康尼)、6808020101(沃尔) 慢充充电插座:CS32(安费诺)、680211310311(沃尔) 快充充电插座:CS06(安费诺)、680411101052(沃尔)	慢充充电插头:南京康尼新能源汽车零部件有限公司;深圳市沃尔新能源电气科技有限责任公司;慢充充电插座:安费诺-泰姆斯(常州)通讯设备有限公司;深圳市沃尔新能源电气科技有限责任公司;快充充电插座:安费诺-泰姆斯(常州)通讯设备有限公司;深圳市沃尔新能源电气科技有限责任公司	纯电动乘用车	1667	
	恒流;恒功率充电	EVP-V-16A5; EVP Ⅱ-V-32A5-G/NDQC-7Z (16A-250/440V)-L G004; NDQ-9Z (250A-750V)-0 G002;NDQC-7Z(32A-250/440V)-L G002	南京康尼新能源汽车零部件有限公司;中航光电科技股份有限公司	纯电动乘用车	432	
	恒流;恒功率充电	插座:NDQ-9Z(250A-750V)-0 G002/NDQC-7Z(32A-250/440V)-L G002/插头:EVP-V-16A5	中航光电科技股份有限公司(充电插座);南京康尼新能源汽车零部件有限公司(充电插头)	纯电动乘用车	1001	
	传导交流充电	慢充插头(桩端):GBCV162117GBCE-V1;慢充插头(车端):GBCV162117GBCE-V2;慢充插座:GBIV1621-V0	埃梯梯科能电子(深圳)有限公司	插电式混合动力乘用车	108	
	传导交流充电	慢充插头(桩端):GBCV162117GBCE-V1;;慢充插头(车端):GBCV162117GBCE-V2;慢充插座:GBIV1621-V0	埃梯梯科能电子(深圳)有限公司	插电式混合动力乘用车	165	
	交流充电	EVPⅡ-V-16A5-G/EVS-V-16A5-GSE	南京康尼新能源汽车零部件有限公司	插电式混合动力乘用车	8638	
	具备快充;慢充两种充电方式	插头/插座型号(直流 125A):插头 DC1-XTI125-35/插座 RDC-ZI125;插头/插座型号(交流 32A):插头:RAC-2TI32/插座 RAC-ZI32F	苏州瑞可达连接系统股份有限公司	纯电动专用车	5	
	恒流充电	慢充充电插头:EVPⅡ-V-16A5(康尼)、6808020101(沃尔);慢充充电插座:CS32(安费诺)、680211310311(沃尔);快充充电插座:CS06(安费诺)、680411101052(沃尔)	慢充充电插头:南京康尼新能源汽车零部件有限公司;深圳沃尔新能源电气科技股份有限公司;慢充充电插座:安费诺-泰姆斯(常州)通讯设备有限公司;深圳沃尔新能源电气科技股份有限公司;快充充电插座:安费诺-泰姆斯(常州)通讯设备有限公司;深圳沃尔新能源电气科技股份有限公司	纯电动乘用车	1	

续上表

电动汽车车载充电机生产企业 Manufacturer for Charger of Electric Vehicle	充电方式 Charging Mode	充电插头 Charger Plug 插座型号 Socket Model	充电插头 Charger Plug 插座生产企业 Socket Manufacturer	车辆名称配套车辆类型 Matching Vehicle Types	2018年配套车型产量x小计(辆) Subtotal Output of Supported Odels in 2018 (Vehicle)	2018年配套车型产量总计(辆) Total Output of Supported Odels in 2018 (Vehicle)
台达电子企业管理(上海)有限公司	恒流充电	慢充充电插头:EVPⅡ-V-16A5(康尼)、6808020101(沃尔);慢充充电插座:CS32(安费诺)、680211310311(沃尔);快充充电插座:CS06(安费诺)、680411101052(沃尔)	慢充充电插头:南京康尼新能源汽车零部件有限公司;深圳沃尔新能源电气科技股份有限公司;慢充充电插座:安费诺-泰姆斯(常州)通讯设备有限公司;深圳沃尔新能源电气科技股份有限公司;快充充电插座:安费诺-泰姆斯(常州)通讯设备有限公司;深圳沃尔新能源电气科技股份有限公司	纯电动乘用车	9	57977
杭州铁城信息科技有限公司	恒压限流充电	交流插头:CDAC6-016CT;交流插座:NDQC-7Z(16A-250/440V)-L G002;直流插座: NDQ-9Z(125A-750V)-L	交流插头厂家:山东龙立电子有限公司;交直流充电插座:中航光电科技股份有限公司	纯电动乘用车	3531	36938
	恒压限流充电	交流插头:LDAC6-016CT,;交流插座:NDQC-7Z(16A-250/440V)-L G002;直流插座:NDQ-9Z(125A-750V)-L	交流插头厂家:山东龙立电子有限公司;交直流充电插座:中航光电科技股份有限公司	纯电动乘用车	54	
	恒压限流充电	交流插头:LDAC6-016CT;交流插座:NDQC-7Z(16A-250/440V)-L G002;直流插座: NDQ-9Z(125A-750V)-L	交流插头厂家:山东龙立电子有限公司;交直流充电插座:中航光电科技股份有限公司	纯电动乘用车	6	
	恒压限流充电	交流插头:LDAC6-016CT 交流插座:NDQC-7Z(16A-250/440V)-L G002 直流插座:NDQ-9Z(125A-750V)-L	交流插头厂家:山东龙立电子有限公司;交直流充电插座:中航光电科技股份有限公司	纯电动乘用车	80	
	插电式	YDG16-SAV-P1/YDG16-SAV-S1-N1	苏州怡达新能源科技有限公司	纯电动乘用车	142	
	直流快充;交流慢充	680411101052	深圳市沃尔新能源电气科技有限责任公司	纯电动专用车	8	
	直流充电;交流充电	CE-112-0XXX003/CE-114-0XXX003(直流);CE-124-1XXX017/CE-124-2XXX017(交流)	东莞市日新传导科技有限公司	纯电动专用车	13	
	先恒流再恒压方式充电	QLQ-M16/QLZ-M16;QLZ-K125	襄阳群龙汽车部件股份有限公司	纯电动专用车	1	
	先恒流再恒压方式充电	YGC762-EV-S9RA-125;CS06	四川永贵科技有限公司;安费诺汽车连接系统(常州)有限公司	纯电动专用车	1	
	先恒流再恒压方式充电	YGC762-EV-S9RA-125;CS06;YGC691C-EV-P7(5)P-16/YGC691C-EV-S7(5)RB-T-32;NDQ-9Z(125A-750V)-L;NDQ-9Z(125A-750V)-R;NDQC-7T(32A-250/440V)/NDQC-7Z(32A-250/440V)-L;NDQC-7T(32A-250/440V)/NDQC-7Z(32A-250/440V)-R;NDQC-7T(16A-250/440V)/NDQC-7Z(16A-250/440V)-L;NDQC-7T(	四川永贵科技有限公司;安费诺汽车连接系统(常州)有限公司;中航光电科技股份有限公司;襄阳群龙汽车部件股份有限公司	纯电动专用车	1218	
	先恒流再恒压方式充电	YGC762-EV-S9RA-125;HVCOM32/YGC691C-EV-S7(5)RB-T-32;HVCOF125;HV-COM32/HVCOF32	四川永贵科技有限公司;成都晨风绿能电气技术有限公司	纯电动专用车	2	
	先恒流再恒压方式充电	YGC762-EV-S9RA-125;NDQ-9Z(125A-750V)-L;NDQC-7T(32A-250/440V);QLZ-K125;QLQ-M32	四川永贵科技有限公司;中航光电科技股份有限公司襄阳群龙汽车部件股份有限公司	纯电动专用车	36	
	先恒流再恒压方式充电	交流充电插头/插座:QLQ-M16/QLZ-M16;直流充电插座:QLZ-K125	襄阳群龙汽车部件股份有限公司	纯电动专用车	2	
	先恒流再恒压方式充电	无/YGC762-EV-S9RA-125;无/CS0;YGC691C-EV-P7(5)P-16/YGC691C-EV-S7(5)RB-T-32;无/NDQ-9Z(125A-750V)-L;无/NDQ-9Z(125A-750V)-R;NDQC-7T(32A-250/440V)/NDQC-7Z(32A-250/440V)-L;NDQC-7T(32A-250/440V)/NDQC-7Z(32A-250/440V)-R;NDQC-7T(16A-250/440V)/NDQC-7Z(16A-250/440V)-L;	安费诺汽车连接系统(常州)有限公司;四川永贵科技有限公司;中航光电科技股份有限公司;襄阳群龙汽车部件股份有限公司	纯电动专用车	5	

续上表

电动汽车车载充电机生产企业 Manufacturer for Charger of Electric Vehicle	充电方式 Charging Mode	充电插头 Charger Plug 插座型号 Socket Model	充电插头 Charger Plug 插座生产企业 Socket Manufacturer	车辆名称配套车辆类型 Matching Vehicle Types	2018 年配套车型产量 x 小计(辆) Subtotal Output of Supported Odels in 2018 (Vehicle)	2018 年配套车型产量总计(辆) Total Output of Supported Odels in 2018 (Vehicle)
杭州铁城信息科技有限公司	先恒流再恒压方式充电	无/YGC762-EV-S9RA-125; 无/CS0; YGC691C-EV-P7(5)P-16/YGC691C-EV-S7(5)RB-T-32; 无/NDQ-9Z(125A-750V)-L; 无/NDQ-9Z(125A-750V)-R; NDQC-7T(32A-250/440V)/NDQC-7Z (32A-250/440V)-L; NDQC-7T (32A-250/440V)/NDQC-7Z(32A-250/440V)-R; NDQC-7T(16A-250/440V)/NDQC-7Z(16A-250/440V)-L;	四川永贵科技有限公司;中航光电科技股份有限公司;襄阳群龙汽车部件股份有限公司	纯电动专用车	2	36938
	先恒流再恒压方式充电	无/YGC762-EV-S9RA-125; 无/CS06; YGC691C-EV-P7(5)P-16/YGC691C-EV-S7(5)RB-T-32; 无/NDQ-9Z(125A-750V)-L; 无/NDQ-9Z(125A-750V)-R; NDQC-7T(32A-250/440V)/NDQC-7Z (32A-250/440V)-L; NDQC-7T (32A-250/440V)/NDQC-7Z(32A-250/440V)-R; NDQC-7T(16A-250/440V)/NDQC-7Z(16A-250/440V)-L	安费诺汽车连接系统(常州)有限公司;四川永贵科技有限公司;中航光电科技股份有限公司;襄阳群龙汽车部件股份有限公司	纯电动专用车	1	
	先恒流再恒功率最后恒压;在充电的不同阶段会出现恒流或恒压两种充电方式;恒功率充电;在充电的不同阶段会出现恒流;恒功率;恒压三种充电方式	交流插头:XP01-C-V1;交流插座:XR02-C-V1;直流插座:XR61-C-V2;车辆插头:RAC-TI16K-5A;车辆插座:RAC-ZI16F2-2A;车辆插座:RDC-ZI125;车辆插头 F08-660150-020;车辆插座 F08-742050-06T;F08-630090-35L	深圳巴斯巴科技发展有限公司;四川瑞可达连接系统有限公司;乐清市八达光电科技股份有限公司	纯电动专用车	1	
	先恒流后恒压式充电	慢充:RAC-2TI32/RAC-ZI32F;快充插座:RDC-ZI125;EVS-4-125D9-S	慢充:四川瑞可达连接系统有限公司;快充:四川瑞可达连接系统有限公司;南京康尼新能源汽车零部件有限公司	纯电动乘用车	1	
	先恒流后恒压式充电	慢充:RAC-2TI32/RAC-ZI32F;快充插座:RDC-ZI125;EVS-4-125D9-S	慢充:四川瑞可达连接系统有限公司;快充:四川瑞可达连接系统有限公司;南京康尼新能源汽车零部件有限公司	纯电动专用车	5	
	先恒流后恒压	RDC-ZI125;NDQ-9Z(125A-750V)-L	四川瑞可达连接系统有限公司;中航光电科技股份有限公司	纯电动乘用车	12	
	先恒流后恒压	RDC-ZI125;NDQ-9Z(125A-750V)-L;XX102-ZK09-Y125A;QLZ-K125	四川瑞可达连接系统有限公司;中航光电科技股份有限公司;浙江鑫喜电子科技有限公司;襄阳群龙汽车部件股份有限公司	纯电动乘用车	11487	
	先恒流后恒压	直流充电插座型号 BENT-DC80-CZ9;交流充电插头/插座型号 BENT-AC-CT5/BENT-AC16-CZ5;直流充电插座型号 KEC-DC-125-G9;交流充电插头/插座型号 KEC-AC-016-F5/KEC-AC-016-G5	江苏贝恩特汽配科技有限公司;温州凯业电器有限公司	纯电动专用车	150	
	先恒流后恒压	直流充电插座型号 BENT-DC80-CZ9;交流充电插座型号/BENT-AC16-CZ5;直流充电插座型号 KEC-DC-80-G9;交流充电插头/插座型号 KEC-AC-016-F5/KEC-AC-016-G5	江苏贝恩特汽配科技有限公司;温州凯业电器有限公司	纯电动乘用车	105	
	先恒流后恒压	直流充电插座型号 BENT-DC80-CZ9;交流充电插座型号/BENT-AC16-CZ5;直流充电插座型号 KEC-DC-80-G9;交流充电插头/插座型号 KEC-AC-016-F5/KEC-AC-016-G5	江苏贝恩特汽配科技有限公司;温州凯业电器有限公司	纯电动专用车	4	
	先恒流后恒压	直流充电插座型号 BENT-DC80-CZ9;交流充电插座型号 BENT-AC16-CZ5;直流充电插座型号 KEC-DC-80-G9;交流充电插头/插座型号 KEC-AC-016-F5/KEC-AC-016-G5	江苏贝恩特汽配科技有限公司;温州凯业电器有限公司	纯电动专用车	66	
	受控充电	6808020101(交流插头)/680211310211(交流插座);680411101052(直流插座)	深圳沃尔新能源电气科技股份有限公司	纯电动专用车	7	
	受控充电	直流插座:680411101052;交流插座:680211310211	深圳沃尔新能源电气科技股份有限公司	纯电动专用车	374	

续上表

电动汽车车载充电机生产企业 Manufacturer for Charger of Electric Vehicle	充电方式 Charging Mode	充电插头 Charger Plug 插座型号 Socket Model	充电插头 Charger Plug 插座生产企业 Socket Manufacturer	车辆名称配套车辆类型 Matching Vehicle Types	2018年配套车型产量x小计(辆) Subtotal Output of Supported Odels in 2018 (Vehicle)	2018年配套车型产量总计(辆) Total Output of Supported Odels in 2018 (Vehicle)
杭州铁城信息科技有限公司	快充;慢充	快充插头:RDC-TI250;快充插座:RDC-ZI250;慢充插头:RAC-2TI32;慢充插座:RAC-ZI32F	四川瑞可达连接系统有限公司	燃料电池专用车	1	36938
	交流慢充;直流快充	HVCO-F16;HVCO-F125;HVCO-M16;NDQC-7T(16A-250/440V);NDQC-7Z(16A-250/440V)-R;NDQ-9Z(125A-750V)-R;1204-01X-0001;1104-03X-0002;1202-01X-0012;DYL21-9ZK-125A;DYL16-7ZK;DYL16-7TJ;EVS-V-16A5-GSC;EVS-4-125D9-GS;EVPⅡ-V-16A5-G	成都晨风绿能电气技术有限公司;中航光电科技股份有限公司;深圳容一电动科技有限公司;杭州泰宏新能源技术有限公司;南京康尼新能源汽车零部件有限公司	纯电动专用车	418	
	交流慢充	插头 LDAC-016CT/插座 LDAC-016CZ	山东龙立电子有限公司	纯电动专用车	1	
	交流充电;直流充电	交流:CSEVM32;直流:CS125	安费诺汽车连接系统(常州)有限公司	纯电动专用车	36	
	交流充电;直流充电	交流:CSEVM32;直流:CS200	安费诺汽车连接系统(常州)有限公司	纯电动专用车	1	
	交流;直流	F08-742050-06T;F08-660150-020;F08-630090-35L	乐清市八达光电科技股份有限公司;乐清市八达光电科技股份有限公司;乐清市八达光电科技股份有限公司	纯电动专用车	116	
	交流;直流	F08-742050-06T;F08-660150-020;F08-630090-35L;F08-660051-04L	乐清市八达光电科技股份有限公司;乐清市八达光电科技股份有限公司;乐清市八达光电科技股份有限公司;乐清市八达光电科技股份有限公司	纯电动专用车	1975	
	交流;直流	交流充电枪:F08-660150-020/交流充电插座:F08-742050-06T;直流充电插头/直流充电插座:F08-630090-35	乐清市八达光电科技股份有限公司	纯电动专用车	20	
	恒压限流充电	XP01-C-V1/XR02-C-V1;XR61-C-V1	深圳巴斯巴科技发展有限公司	纯电动专用车	2	
	恒压限流充电	XR02-C-V2;XR61-C-V2	深圳巴斯巴科技发展有限公司;深圳巴斯巴科技发展有限公司	纯电动专用车	5	
	恒压恒流	DYL16-7TJ/DYL16-7ZK;DYL21-9TJ-125A/DYL21-9ZK-125A	浙江中杭电子有限公司	纯电动乘用车	15	
	恒压恒流	F08-660150-020;F08-660051-02T	乐清市八达光电科技股份有限公司;重庆长安新能源汽车有限公司	纯电动专用车	1	
	恒压充电	交流充电接口:YGC691C-EV-P7(5)P-16/YGC691C-EV-S7(5)RA-T-16;YGC691C-EV-P7(5)P-32/YGC691C-EV-S7(5)RA-T-32;YG196G-EVSE-691/G-16 直流充电接口:YGC762-EV-S9RA-125	四川永贵科技有限公司	纯电动乘用车	2320	
	恒压充电	交流充电接口:YGC691C-EV-P7(5)P-16/YGC691C-EV-S7(5)RA-T-16;YGC691C-EV-P7(5)P-32/YGC691C-EV-S7(5)RA-T-32;YG196G-EVSE-691/G-16 直流充电接口:YGC762-EV-S9RA-125	四川永贵科技有限公司	纯电动专用车	338	
	恒压充电	交流充电接口:YGC691C-EV-P7(5)P-16/YGC691C-EV-S7(5)RA-T-16;YGC691C-EV-P7(5)P-32/YGC691C-EV-S7(5)RA-T-32;YG196G-EVSE-691/G-16;NDQC-7T(16A-250/440V)/NDQC-7Z(16A-250/440V)-L 直流充电接口:YGC762-EV-S9RA-125;NDQC-9Z(125A-750V)-L	四川永贵科技有限公司;中航光电科技股份有限公司	纯电动专用车	403	
	恒压充电	交流充电接口:YGC691C-EV-P7(5)P-16/YGC691C-EV-S7(5)RA-T-16;YGC691C-EV-P7(5)P-32/YGC691C-EV-S7(5)RA-T-32;YG196G-EVSE-691/G-16;直流充电接口:YGC762-EV-S9RA-125	四川永贵科技有限公司	纯电动专用车	6	
	恒压充电	交流充电口:YGC691C-EV-P7(5)P-16/YGC691C-EV-S7(5)RA-T-16;YGC691C-EV-P7(5)P-32/YGC691C-EV-S7(5)RA-T-32;YG196G-EVSE-691/G-16 直流充电接口:YGC762-EV-S9RA-125	四川永贵科技有限公司	纯电动专用车	179	

续上表

电动汽车车载充电机生产企业 Manufacturer for Charger of Electric Vehicle	充电方式 Charging Mode	充电插头 Charger Plug 插座型号 Socket Model	充电插头 Charger Plug 插座生产企业 Socket Manufacturer	车辆名称配套车辆类型 Matching Vehicle Types	2018 年配套车型产量 x 小计(辆) Subtotal Output of Supported Odels in 2018 (Vehicle)	2018 年配套车型产量总计(辆) Total Output of Supported Odels in 2018 (Vehicle)
杭州铁城信息科技有限公司	恒压;恒流	6808020101(交流插头)/680211310311(交流插座)/680411101062(直流插座)	深圳市沃尔新能源电气科技有限责任公司	纯电动专用车	1	36938
	恒压;恒流	CP16E004;CS16;CS06;HVCO-M16/HVCO-F16;HVCO-M125/HVCO-F125	安费诺汽车连接系统(常州)有限公司;成都晨风绿能电气技术有限公司	纯电动专用车	57	
	恒流限压;恒压限流	NDQ-9Z(125A-750V)-0	中航光电科技股份有限公司	纯电动乘用车	1248	
	恒流恒压充电	6808020101(交流插头);680211310211(交流插座);680411101052(直流插座)	深圳市沃尔新能源电气科技有限责任公司	纯电动专用车	2	
	恒流恒压充电	CL-C1GCA01W/CL-C1GIA06TE	苏州智绿环保科技有限公司	纯电动乘用车	5777	
	恒流恒压	HVCO-F-BT-R12-SF970R-L(安费诺直流);HVCOFBTR6SF506L(安费诺-交流);EVS-4-250D9-GS(康尼直流);EVS-V-32A5-GSLB(康尼交流)	南京康尼新能源汽车零部件有限公司;安费诺精密连接器(深圳)有限公司	纯电动专用车	2	
	恒流恒压	HVCO-F-BT-R12-SF970R-L(安费诺直流) HVCOFBTR6SF506L(安费诺-交流) EVS-4-250D9-GS(康尼直流)EVS-V-32A5-GSLB(康尼交流)	南京康尼新能源汽车零部件有限公司;安费诺精密连接器(深圳)有限公司	纯电动专用车	10	
	恒流恒压	康尼-直流: EVS-4-200D9-GS;安费诺-直流 HVCOFBTR12SF970RL;康尼-交流: EVS-V-32A5-GSLB;安费诺-交流 HVCOFBTR6SF506L;康尼-模式二充电枪: EVP Ⅱ-V-16A5-G	南京康尼新能源汽车零部件有限公司;安费诺精密连接器(深圳)有限公司	纯电动专用车	4	
	恒流恒压	慢充插座: NDQC-7Z(16A-250/440V)-LG002;慢充插头: NDQC-7T(16A-250/440V);快充插座:NDQ-9Z(80A-750V)-RG001	中航光电科技股份有限公司	纯电动乘用车	25	
	恒流恒压	直流:EVS-4-125D9-GS,交流:EVS-V-32A5-GSLB,模式二充电枪:EVP Ⅱ-V-16A5-G	南京康尼新能源汽车零部件有限公司	纯电动专用车	2	
	恒流恒压	直流:EVS-4-125D9-GS,交流:EVS-V-32A5-GSLB,模式二充电枪:EVP Ⅱ-V-16A5-G	南京康尼新能源汽车零部件有限公司	纯电动专用车	1134	
	恒流恒压	直流:EVS-4-200D9-GS,交流:EVS-V-32A5-GSLB,模式二充电枪:EVP Ⅱ-V-16A5-G	南京康尼新能源汽车零部件有限公司	纯电动专用车	48	
	恒流恒压	直流:EVS-4-200D9-GS,交流:EVS-V-32A5-GSLB,模式二充电枪:EVP Ⅱ-V-16A5-G	南京康尼新能源汽车零部件有限公司	纯电动专用车	282	
	恒流充电转恒压充电	V2C-DSI-EV16P(慢充插头)/NV4C-DSI-GEL-EV32S(慢充插座);EVS-4-200D9-GS(快充插座)	苏州工业园区多思达科技有限公司;南京康尼新能源汽车零部件有限公司	纯电动专用车	16	
	恒流充电;恒压充电;恒功率充电	F08-660150-020;F08-742050-06T/F08-520150-040;F08-630090-35L	乐清市八达光电科技股份有限公司	纯电动专用车	17	
	恒流充电;恒压充电	NV2C-DSI-GEL-EV16S;NV2-DSD-G-EV125S	苏州工业园区多思达科技有限公司	纯电动专用车	40	
	恒流充电	(车辆插头 XP01-C-V1 供电插头 XP01-C-E1)/车辆插座 XR02-C-V1	深圳巴斯巴科技发展有限公司	纯电动乘用车	10	
	恒流充电	A:L61-B836-07P-016/L61-B1690-07S-016;L61-B836-07P-032/L61-B1690-07S-032;L61-B1691-09S-125A; B: DTN-C-AC-16/DTN-I-AC-16; DTN-C-AC-16/DTN-I-AC-32;DTN-I-DC-125	A:广东顺科汽车电气制造有限公司;B:武汉德泰纳新能源技术有限公司	纯电动专用车	47	
	恒流充电	A:L61-B836-07P-016/L61-B1690-07S-016;L61-B836-07P-032/L61-B1690-07S-032;L61-B1691-09S-125A; B: DTN-C-AC-16/DTN-I-AC-16; DTN-C-AC-16/DTN-I-AC-32;DTN-I-DC-125	A:广东顺科汽车电气制造有限公司;B:武汉德泰纳新能源技术有限公司	纯电动专用车	306	

续上表

电动汽车车载充电机生产企业 Manufacturer for Charger of Electric Vehicle	充电方式 Charging Mode	充电插头 Charger Plug 插座型号 Socket Model	充电插头 Charger Plug 插座生产企业 Socket Manufacturer	车辆名称配套车辆类型 Matching Vehicle Types	2018年配套车型产量x小计(辆) Subtotal Output of Supported Odels in 2018 (Vehicle)	2018年配套车型产量总计(辆) Total Output of Supported Odels in 2018 (Vehicle)
杭州铁城信息科技有限公司	恒流充电	NDQC-7T(16A-250/440V)/NDQC-7Z(16A-250/440V)-L; WOER-GB-C-AC16-05(插头)/680211310211(插座)	中航光电科技股份有限公司;深圳市沃尔新能源电气科技股份有限公司	纯电动专用车	205	36938
	恒流充电	V2C-DSI-EV16P/V2C-DSI-G-EV16S; 1060-PSE-16-XC-NS/NV3C-DSI-GEL-EV16S, NDQC-7T(16A-250/440V)/NDQC-7Z(16A-250/440V)-L	张家港友诚科技机电有限公司;中航光电科技股份有限公司	纯电动专用车	171	
	恒流充电	V2Z-DSI-EV16P/V2C-DSI-G-EV16S;DQC-7T(16A-250/440V)/DQC-7Z(16A-250/440V)-A1; 1060-PSE-16-XC-NS/NV3C-DSI-GEL-EV16S, NDQC-7T (16A-250/440V)/NDQC-7Z(16A-250/440V)-L	苏州工业园区多思达科技有限公司;中航光电科技股份有限公司;张家港友诚科技机电有限公司	纯电动专用车	107	
	恒流充电	慢充: HVCO-M16/HVCO-F16; XP01-C-V1/XR02-C-V1; NDQC-7T (16A-250/440V)/NDQC-7Z(16A-250/440V)-R; 快充: HVCO-F125; XR61-C-V2; NDQ-9Z(125A-750V)-R	成都晨风绿能电气技术有限公司;深圳巴斯巴科技发展有限公司;中航光电科技股份有限公司	纯电动乘用车	3933	
	恒流充电	慢充:XP01-C-V1/XR02-C-V1;HVCO-M16/HVCO-F16;快充:XR61-C-V2;HVCO-F125	深圳巴斯巴科技发展有限公司;成都晨风绿能电气技术有限公司	纯电动乘用车	143	
	恒流充电	慢充插头/插座:XP01-C-V1/XR02-C-V1(16A);XP01-C-V2/XR02-C-V2(32A);快充插座:XR61-C-V1(80A);XR61-C-V2(125A)	深圳巴斯巴科技发展有限公司	纯电动乘用车	49	
	恒流;恒压	HVCOFBTR12SF970RL(安费诺直流);HVCOFBTR6SF506L(安费诺-交流);EVS-4-250D9-GS(康尼直流);EVS-V-32A5-GSLB(康尼交流);康尼-模式二充电枪:EVP Ⅱ-V-16A5-G	南京康尼新能源汽车零部件有限公司;安费诺精密连接器(深圳)有限公司	纯电动专用车	1	
	恒流;恒压	V2C-DSI-EV16P(慢充插头);YGC691C-EV-P7(5)P-16(慢充插头)/NV4C-DSI-G-EV16S(慢充插座), NV4C-DSI-GEL-EV32S(慢充插座), NDQC-7Z(16A-250/440V)-L(慢充插座);NDQC-7Z(32A-250/440V)-L(慢充插座), YGC691C-EV-S7(5)RA-T-16(慢充插座), YGC691C-EV-S7(5)RA-T-32(慢充插座)	四川永贵科技有限公司;苏州工业园区多思达科技有限公司;中航光电科技股份有限公司	纯电动乘用车	55	
	恒流;恒压	交流充电插座:EVS-V-32A5-GSLB 直流充电插座:EVS-4-125D9-GS 充电枪:EVP Ⅱ-V-16A5-G	南京康尼新能源汽车零部件有限公司	纯电动专用车	36	
	恒流;恒压	交流充电插座:EVS-V-32A5-GSLB;直流充电插座:EVS-4-125D9-GS;充电枪:EVP Ⅱ-V-16A5-G	南京康尼新能源汽车零部件有限公司	纯电动专用车	2	
	恒流;恒压	直流:EVS-4-125D9-GS 交流:EVS-V-32A5-GSLB 模式二充电枪:EVP Ⅱ-V-16A5-G	南京康尼新能源汽车零部件有限公司	纯电动专用车	12	
	车载先恒流;再恒压	YGC349-EV-S9RC/5(直流充电插座);YGC349-EV-P9P/5(直流充电插枪);YGC505-EV-S7R/2(交流充电插座);YGC505-EV-P7P/2(交流充电插枪)	四川永贵科技有限公司	纯电动专用车	1	
	车载先恒流;再恒压	YGC762-EV-S9RA-125(直流充电插座);YGC691C-EV-S7(5)RA-T-16(交流充电插座);YGC691C-EV-P7(5)P-16(交流充电插枪)	四川永贵科技有限公司	纯电动专用车	4	
	车载充电机	交流充电插头:DYL16-7TJ-A/交流充电插座:DYL16-7ZK-A;直流充电插头:DYL21-9TJ-125A/直流充电插座:DYL21-9ZK-125A	浙江中杭电子有限公司	纯电动乘用车	29	
	车载充电;非车载充电	交流插座:F08-742050-06T/交流插头:F08-520150-040;直流插座:F08-630090-35L/直流插头:F08-630190-350W	乐清市八达光电科技股份有限公司	纯电动专用车	1	

续上表

电动汽车车载充电机生产企业 Manufacturer for Charger of Electric Vehicle	充电方式 Charging Mode	充电插头 Charger Plug 插座型号 Socket Model	充电插头 Charger Plug 插座生产企业 Socket Manufacturer	车辆名称配套车辆类型 Matching Vehicle Types	2018 年配套车型产量 x 小计(辆) Subtotal Output of Supported Odels in 2018 (Vehicle)	2018 年配套车型产量总计(辆) Total Output of Supported Odels in 2018 (Vehicle)
杭州铁城信息科技有限公司	CAN 功能智能充电	交流车辆插座:DYL16-7ZK;交流车辆插头:DYL16-7TJ;直流车辆插座:DYL21-9ZK	浙江中杭电子有限公司	纯电动专用车	1	36938
	先恒流后恒压	直流充电插座型号 BENT-DC80-CZ9;交流充电插头/插座型号 BENT-AC16-CT5/BENT-AC16-CZ5;直流充电插座型号 KEC-DC-125-G9;交流充电插头/插座型号 KEC-AC-016-F5/KEC-AC-016-G5	江苏贝恩特汽配科技有限公司;温州凯业电器有限公司	纯电动专用车	6	
	先恒流再恒压方式充电	无/YGC762-EV-S9RA-125;无/CS0;YGC691C-EV-P7(5)P-16/YGC691C-EV-S7(5)RB-T-32;无/NDQ-9Z(125A-750V)-L;无/NDQ-9Z(125A-750V)-R;NDQC-7T(32A-250/440V)/NDQC-7Z(32A-250/440V)-L;NDQC-7T(32A-250/440V)/NDQC-7Z(32A-250/440V)-R;NDQC-7T(16A-250/440V)/NDQC-7Z(16A-250/440V)-L;	安费诺汽车连接系统(常州)有限公司;四川永贵科技有限公司;中航光电科技股份有限公司;襄阳群龙汽车部件股份有限公司	纯电动专用车	1	
	先恒流后恒压式充电	慢充:EVP-3-16A5/EVS-V-16A5-SC;EVP-V-16A5/EVS-V-16A5-SC16A 250VAC;EVP-V-32A5/EVS-V-32A5-SC 32A 250VAC;RAC-TI16-5A/RAC-ZI16F-2A;RAC-2TI32/RAC-ZI32F;快充:EVS-4-250D9-S;RDC-TI250/RDC-ZI250	慢充:南京康尼新能源汽车零部件有限公司;四川瑞可达连接系统有限公司;快充:南京康尼新能源汽车零部件有限公司;四川瑞可达连接系统有限公司	纯电动专用车	2	
科世达(上海)管理有限公司;上海欣锐电控技术有限公司;深圳威迈斯电源有限公司	慢充;快充	交流充电插头:EVPIV-V-16A5/EVPIV-V-16A5-G;交流充电插座:EVS-V-32A5-GHLD;CSEV63S;CSEV32S;直流充电插座:EVS-4-125D9-GHD/EVS-4-250D9-GHD;CS125;CS250	南京康尼新能源汽车零部件有限公司;安费诺汽车连接系统(常州)有限公司	纯电动乘用车	27300	28315
	慢充;快充	交流充电插头:EVPIV-V-16A5;EVPIV-V-16A5-G;交流充电插座:EVS-V-32A5-GHLD;CSEV63S;CSEV32S;直流充电插座:EVS-4-125D9-GHD;EVS-4-250D9-GHD;CS125;CS250	安费诺汽车连接系统(常州)有限公司;南京康尼新能源汽车零部件有限公司	纯电动乘用车	1015	
深圳威迈斯电源有限公司;大明电子有限公司	分段式恒流充电	交流:EVP Ⅱ-V-16A5-G/EVS-V-16A5-GSG;NDQC-7T(16A-250/440V)/NDQC-7Z(32A-250/440V)-L(中航);直流:/EVS-4-125D9-GSC	南京康尼新能源汽车零部件有限公司;中航光电科技股份有限公司	纯电动乘用车	9290	28291
	分段式恒流充电	交流:EVP Ⅱ-V-16A5-G/EVS-V-16A5-GSG;NDQC-7T(16A-250/440V)/NDQC-7Z(32A-250/440V)-L;直流:/EVS-4-125D9-GSC	南京康尼新能源汽车零部件有限公司;中航光电科技股份有限公司	纯电动乘用车	11729	
	分段式恒流充电	交流:EVP Ⅱ-V-16A5-G/EVS-V-16A5-GSG;直流:/EVS-4-125D9-GSC	南京康尼新能源汽车零部件有限公司	纯电动乘用车	5868	
	分段式恒流充电	交流:EVP Ⅱ-V-16A5-G/EVS-V-16A5-GSG;直流:/EVS-4-125D9-GSC	南京康尼新能源汽车零部件有限公司;安徽景程汽车部件制造有限公司	纯电动乘用车	1404	
杭州铁城信息科技有限公司;杭州富特科技股份有限公司	恒流充电	慢充:XP01-C-V1/XR07-C-V1;HVCO-M16/HVCO-F16;快充:XR61-C-V2;HVCO-F125(快充为选装配置)	深圳巴斯巴科技发展有限公司;成都晨风绿能电气技术有限公司	纯电动乘用车	157	27584
	交流慢充;直流快充	YG196G-EVSE-691/G-16;YGC691C-EV-S7(5)RB-T-16;YGC762-EV-S9RB-125;NDQC-7T(16A-250/440V);NDQC-7Z(16A-250/440V)-R;NDQ-9Z(125A-750V)-R;EVS-V-16A5-GSC;EVS-4-125D9-GS;EVP Ⅱ-V-16A5-G;DYL21-9ZK-125A;DYL16-7ZK;DYL16-7TJ;1204-01X-0001;1104-03X-0002;1202-01X-0	四川永贵科技有限公司;中航光电科技股份有限公司;南京康尼新能源汽车零部件有限公司;杭州泰宏新能源技术有限公司;深圳容一电动科技有限公司	纯电动专用车	3108	
	交流慢充;直流快充	YG196G-EVSE-691/G-16;YGC691C-EV-S7(5)RB-T-16;YGC762-EV-S9RB-125;NDQC-7T(16A-250/440V);NDQC-7Z(16A-250/440V)-R;NDQ-9Z(125A-750V)-R;EVS-V-16A5-GSC;EVS-4-125D9-GS;EVP Ⅱ-V-16A5-G;DYL21-9ZK-125A;DYL16-7ZK;DYL16-7TJ;1204-01X-0001;1104-03X-0002;1202-01X-0012	四川永贵科技有限公司;中航光电科技股份有限公司;南京康尼新能源汽车零部件有限公司;杭州泰宏新能源技术有限公司;深圳容一电动科技有限公司	纯电动专用车	1505	
	恒流充电	XP01-C-V1/XR02-C-V1;NDQC-7T(16A-250/440V)/NDQC-7Z(16A-250/440V)-0	深圳巴斯巴科技发展有限公司;中航光电科技股份有限公司	纯电动乘用车	5527	

续上表

电动汽车车载充电机生产企业 Manufacturer for Charger of Electric Vehicle	充电方式 Charging Mode	充电插头 Charger Plug 插座型号 Socket Model	充电插头 Charger Plug 插座生产企业 Socket Manufacturer	车辆名称配套车辆类型 Matching Vehicle Types	2018 年配套车型产量 x 小计(辆) Subtotal Output of Supported Odels in 2018 (Vehicle)	2018 年配套车型产量总计(辆) Total Output of Supported Odels in 2018 (Vehicle)
杭州铁城信息科技有限公司;杭州富特科技股份有限公司	恒流充电	HVCO-M16/HVCO-F16; XP01-C-V1/XR02-C-V1; NDQC-7T (16A-250/440V)/NDQC-7Z(16A-250/440V)-0	成都晨风绿能电气技术有限公司;深圳巴斯巴科技发展有限公司;中航光电科技股份有限公司	纯电动乘用车	339	27584
	恒流充电	V2C-DSI-EV16P/V2C-DSI-GEL-EV16S; BCG-AVP-1A/BCG-AVR-1A-SN; NDQC-7T (16A-250/440V)/NDQC-7Z(16A-250/440V)-0	苏州工业园区多思达科技有限公司;深圳巴斯巴科技发展有限公司;中航光电科技股份有限公司	纯电动乘用车	13451	
	恒流充电	XP01-C-V1/XR02-C-V1;NDQC-7T(16A-250/440V)/NDQC-7Z(16A-250/440V)-0	深圳巴斯巴科技发展有限公司;中航光电科技股份有限公司	纯电动乘用车	3335	
	恒流恒压充电	RAC-TI10K-5A;RAC-ZI10F2-0.3A	苏州瑞可达连接系统股份有限公司	纯电动乘用车	160	
	恒流恒压充电	RAC-TI10K-5A/RAC-ZI10F2-0.3A	苏州瑞可达连接系统股份有限公司	纯电动乘用车	2	
杭州富特科技股份有限公司	直流充电;交流充电	NDQC-7T-16A-1; NDQC-7Z (16A-250/440V)-R; NDQ-9Z (125A-750V)-L; 680211310311	中航光电科技股份有限公司;深圳市沃尔新能源电气科技股份有限公司	纯电动乘用车	2900	21377
	先恒流再恒压	车辆插座:HVCO/HVCOF;HVCOM/HVCOF	快充:安费诺精密连接器(深圳)有限公司;慢充:安费诺精密连接器(深圳)有限公司	纯电动乘用车	123	
	先恒流后恒功率	插头型号:HV18-ACT-3B60-5000(海纳);KEC-AC-032-F5(杰尼);KEC-AP-032-F5(杰尼);插座型号:HV18-ACZ-0360-3600TG(海纳);KEC-AC-032-G5(杰尼)	慢充:临沂市海纳电子有限公司;湖南杰尼新能源科技有限公司	纯电动乘用车	1808	
	先恒流后恒功率	插头型号:HV18-ACT-3B60-5000;KEC-AC-032-F5;KEC-AP-032-F5;插座型号:HV18-ACZ-0360-3600TG;KEC-AC-032-G5;KEC-AP-032-F5	慢充:临沂市海纳电子有限公司;湖南杰尼新能源科技有限公司	纯电动乘用车	1605	
	先恒流后恒功率	慢充:插头型号:HV18-ACT-3B60-5000;KEC-AC-032-F5;KEC-AP-032-F5/插座型号:HV18-ACZ-0360-3600TG;KEC-AC-032-G5;快充:插座型号:HV18-DCZ;KEC-DC-125-G	慢充:临沂市海纳电子有限公司;湖南杰尼新能源科技有限公司;快充:插座:临沂市海纳电子有限公司;湖南杰尼新能源科技有限公司	纯电动乘用车	2399	
	交流慢充;直流快充	29695 E1500/29695 E1501; YG196G-EVSE-691/G-16/YGC691C-EV-S7(5) RA-T-16(交流)/YGC762-EV-S9RA-125(直流); YGC691C-EV-P7(5) P-32/YGC691C-EV-S7(5)RA-T-32(交流)/YGC762-EV-S9RA-125(直流)	南京康尼科技实业有限公司;四川永贵科技有限公司	纯电动专用车	28	
	交流慢充;直流快充	XP01-C-V1/XR02-C-V1(交流)/XR61-C-V2(直流)	深圳巴斯巴科技发展有限公司	纯电动乘用车	317	
	交流慢充;直流快充	XP01-C-V1/XR02-C-V1(交流)/XR61-C-V2(直流)	深圳巴斯巴科技发展有限公司	纯电动专用车	228	
	交流慢充;直流快充	YGC691C-EV-P7(5) P-32/YGC691C-EV-S7(5) RA-T-32(交流)/YGC762-EV-S9RA-125(直流)	四川永贵科技有限公司	纯电动乘用车	532	
	交流;直流	NDQC-7T(32A-250/440V)/NDQC-7Z(32A-250/440V)-0; NDQC-7T(32A-250/440V)/NDQC-7Z(32A-250/440V)-L; NDQC-7T(32A-250/440V)/NDQC-7Z(32A-250/440V)-R; NDQC-7T(16A-250/440V)/NDQC-7Z(16A-250/440V)-0; NDQC-7T(16A-250/440V)/NDQC-7Z(16A-250/440V)-L; NDQC-7T(16A-250/440V	中航光电科技股份有限公司;安费诺精密连接器(深圳)有限公司	纯电动客车	174	
	交流;直流	NDQC-7T(32A-250/440V)/NDQC-7Z(32A-250/440V)-L; NDQC-7T(16A-250/440V)/NDQC-7Z(16A-250/440V) L; NDQ-9Z(125A-750V)-0; NDQ-9Z(250A-750V)-0; HVCOM/HVCOF; HVCOF	中航光电科技股份有限公司;安费诺精密连接器(深圳)有限公司	纯电动客车	1	
	恒流恒压方式	NDQC-7T(16A-250/440V)/NDQC-7Z(16A-250/440V)-R	中航光电科技股份有限公司	纯电动乘用车	4035	
	恒流充电	NDQC-7T(16A-250/440V); NDQC-7Z(16A-250/440V)-L; HVCO/HVCOF	中航光电科技股份有限公司;广州安费诺诚信软件电路有限公司	纯电动乘用车	13	
	恒流充电	NDQC-7T(16A-250/440V)/NDQC-7Z(16A-250/440V)-L; NDQ-9Z(125A-750V)-L	中航光电科技股份有限公司	纯电动乘用车	19	

续上表

电动汽车车载充电机生产企业 Manufacturer for Charger of Electric Vehicle	充电方式 Charging Mode	充电插头 Charger Plug 插座型号 Socket Model	充电插头 Charger Plug 插座生产企业 Socket Manufacturer	车辆名称配套车辆类型 Matching Vehicle Types	2018 年配套车型产量 x 小计(辆) Subtotal Output of Supported Odels in 2018 (Vehicle)	2018 年配套车型产量总计(辆) Total Output of Supported Odels in 2018 (Vehicle)
杭州富特科技股份有限公司	恒流充电	NDQC-7T-16A-1/NDQC-7Z(32A-250/440V)-L G006;NDQ-9Z(125A-750V)-L	中航光电科技股份有限公司	纯电动乘用车	1388	21377
	恒流充电	车辆插座:RDC1-XZI125;车辆插座:RAC-ZI32F-2E	四川瑞可达连接系统有限公司;苏州瑞可达连接系统股份有限公司	纯电动专用车	9	
	恒功率充电	交流:EVP Ⅱ-V-16A5/EVS-V-16A5-GSC;直流:/CS06	交流插头:南京康尼新能源汽车零部件有限公司;交流插座:南京康尼新能源汽车零部件有限公司;直流插座:安费诺汽车连接系统(常州)有限公司	纯电动乘用车	1291	
	恒功率充电	交流插头:RAC-TI16K-5A;交流插座:RAC-ZI16F2-2A;直流插座:CS06	交流插头:苏州瑞可达连接系统股份有限公司;交流插座:苏州瑞可达连接系统股份有限公司;直流插座:安费诺汽车连接系统(常州)有限公司	纯电动乘用车	428	
	车载;CAN 通讯	V2C-DSI-EV16P/V2C-DSI-G-EV16S	张家港友诚新能源科技股份有限公司	纯电动乘用车	9	
	恒流恒压方式	NDQC-7T(16A-250/440V)/NDQC-7Z(16A-250/440V)-R; NDQC-7T(16A-250/440V)/NDQC-7Z(32A-250/440V)-R	中航光电科技股份有限公司	纯电动乘用车	749	
	恒流充电	NDQC-7T-16A-1/NDQC-7Z(32A-250/440V)-L G006; NDQ-9Z(125A-750V)-L; NDQC-7Z(16A-250/440V)-L G011	中航光电科技股份有限公司	纯电动乘用车	121	
	直流;交流	NDQC-7Z(16A-250/440V)-0;NDQ-9Z(125A-750V)-0	中航光电科技股份有限公司	纯电动专用车	2	
	输出小于 330V 恒流充电;大于 330V 恒功率充电	HVCOM/HVCOF	安费诺精密连接器(深圳)有限公司	燃料电池客车	2	
	输出小于 330V 恒流充电;大于 330V 恒功率充电	七芯插头 RAC-TI16K-5A;七芯插座:RAC-ZI16F2-2A;九芯插座:CS05	苏州瑞可达连接系统股份有限公司;安费诺-泰姆斯(常州)通讯设备有限公司	纯电动乘用车	103	
	交流慢充及直流快充	YG196G-EVSE-691/G-16; YGC691C-EV-S7(5)RB-T-16; YGC762-EV-S9RB-125; NDQC-7T(16A-250/440V); NDQC-7Z(16A-250/440V)-R; NDQ-9Z(125A-750V)-R; EVS-V-16A5-GSC; EVS-4-125D9-GS(QA); EVP Ⅱ-V-16A5-G	四川永贵科技有限公司;中航光电科技股份有限公司;南京康尼新能源汽车零部件有限公司	纯电动乘用车	2020	
	交流慢充;直流快充	交流插头/插座 EVP Ⅱ-V-16A5-G/EVS-V-16A5-GSLD; EVP Ⅱ-V-32A5-G/EVS-V-32A5-GSLD; CP32/CS32; CP16/CS16 直流插座 EVS-4-80D9-GS; CS06B	南京康尼科技实业有限公司;安费诺-泰姆斯(常州)通讯设备有限公司	纯电动专用车	36	
	恒压限流充电	RAC-TI16K-5A/RAC-ZI16F2-2A; RDC-ZI250; DYL16-7TJ/DYL16-7ZK; DYL21-9ZK-200A	苏州瑞可达连接系统股份有限公司;浙江中杭电子有限公司	纯电动乘用车	414	
	恒压限流	RAC-TI16K-5A/RAC-ZI16F2-2A; DYL16-7TJ/DYL16-7ZK; RDC-TI250/RDC-ZI250; DYL21-9TJ-250A/DYL21-9ZK-250A	浙江中杭电子有限公司;苏州瑞可达连接系统股份有限公司;浙江中杭电子有限公司	纯电动乘用车	5	
	恒流恒压方式	NDQC-7T(16A-250/440V); NDQC-7Z(16A-250/440V)-R	中航光电科技股份有限公司	纯电动乘用车	31	
	恒流充电	HV18-ACT-1B25-5000/HV18-ACZ-1225-3600TG	临沂市海纳电子有限公司	纯电动专用车	43	
	恒流充电	车辆插头 YGC349-EV-P9P/2、车辆插座 YGC349-EV-S9RC/2; 车辆插头 YGC505-EV-P7P、车辆插座 YGC505-EV-S7RXLS; 车辆插头 YGC349-EV-P9P/5、车辆插座 YGC349-EV-S9RC/5	四川永贵科技有限公司	纯电动乘用车	2	
	非车载充电;车载充电	HVCOM/HVCOF; HVCO/HVCOF	安费诺精密连接器(深圳)有限公司	纯电动专用车	164	
	非车载充电;车载充电	HVCOM/HVCOF; HVCO/HVCOF;	安费诺精密连接器(深圳)有限公司	纯电动专用车	113	
	车载充电	HVCO-F-A-R6-SF506-W-L; HVCO-F-A-R12-SF935R-W-L	Amphenol	纯电动专用车	2	
	220V 交流充电	HV18-ACT-1B25-5000/HV18-ACZ-1225-3600TG	临沂市海纳电子有限公司	纯电动乘用车	263	

续上表

电动汽车车载充电机生产企业 Manufacturer for Charger of Electric Vehicle	充电方式 Charging Mode	充电插头 Charger Plug 插座型号 Socket Model	充电插头 Charger Plug 插座生产企业 Socket Manufacturer	车辆名称配套车辆类型 Matching Vehicle Types	2018年配套车型产量x小计(辆) Subtotal Output of Supported Odels in 2018 (Vehicle)	2018年配套车型产量总计(辆) Total Output of Supported Odels in 2018 (Vehicle)
杭州铁城信息科技有限公司;杭州富特科技股份有限公司;武汉科华动力科技有限公司	恒流充电	XP01-C-V1/XR02-C-V1;NDQC-7T(16A-250/440V)/NDQC-7Z(16A-250/440V)-0	深圳巴斯巴科技发展有限公司;中航光电科技股份有限公司	纯电动乘用车	757	16860
	恒流充电	慢充:XP01-C-V1/XR02-C-V1;NDQC-7T(16A-250/440V)/NDQC-7Z(16A-250/440V)-0;快充:XR61-C-V1;NDQ-9Z(125A-750V)-R	深圳巴斯巴科技发展有限公司;中航光电科技股份有限公司	纯电动乘用车	13580	
	恒流充电	慢充:XP01-C-V1/XR02-C-V1;NDQC-7T(16A-250/440V)/NDQC-7Z(16A-250/440V)-0;快充:XR61-C-V2;NDQ-9Z(125A-750V)-R	深圳巴斯巴科技发展有限公司;中航光电科技股份有限公司	纯电动乘用车	2523	
纽福克斯光电科技(上海)有限公司	先恒流后恒压	交流充电插头型号:NDQC-7T(16A-250/440V)/交流充电插座型号:NDQC-7Z(32A-250/440V)-L;直流充电插头型号:/直流充电插座型号:NDQ-9Z(125A-750V)-R G005	中航光电科技股份有限公司	纯电动乘用车	8	16727
	先恒流后恒压	交流充电插头型号:NDQC-7T(16A-250/440V)/交流充电插座型号:NDQC-7Z(32A-250/440V)-L,直流充电插头型号:/直流充电插座型号:NDQ-9Z(125A-750V)-R G005	中航光电科技股份有限公司	纯电动乘用车	1150	
	先恒流后恒压	交流充电插头型号:NDQC-7T(16A-250/440V)/交流充电插座型号:NDQC-7Z(32A-250/440V)-L;直流充电插头型号:/直流充电插座型号:NDQ-9Z(125A-750V)-R G005	中航光电科技股份有限公司	纯电动乘用车	2209	
	恒流充电	交流:NDQC-7T(16A-250/440V)/NDQC-7Z(16A-250/440V)-L;直流:/NDQ-9Z(125A-750V)-L	中航光电科技股份有限公司	纯电动专用车	400	
	恒流充电	交流充电插头型号:NDQC-7T(16A-250/440V)/交流充电插座型号:NDQC-7Z(16A-250/440V)-L;直流充电插座型号:NDQ-9Z(125A-750V)-L	中航光电科技股份有限公司	纯电动专用车	483	
	恒流充电	交流充电插头型号:NDQC-7T(16A-250/440V)/交流充电插座型号:NDQC-7Z(16A-250/440V)-L,直流充电插座型号:NDQ-9Z(125A-750V)-L	中航光电科技股份有限公司	纯电动专用车	8008	
	恒流充电	交流充电插头型号:NDQC-7T(16A-250/440V)/交流充电插座型号:NDQC-7Z(16A-250/440V)-L/直流充电插座型号:NDQ-9Z(125A-750V)-L	中航光电科技股份有限公司	纯电动专用车	96	
	恒流充电	交流充电插头型号:NDQC-7T(16A-250/440V)/交流充电插座型号:NDQC-7Z(16A-250/440V)-L;直流充电插座型号:NDQ-9Z(125A-750V)-L	中航光电科技股份有限公司	纯电动专用车	3472	
	恒流充电	交流充电插头型号:NDQC-7T(16A-250/440V);交流充电插座型号:NDQC-7Z(16A-250/440V)-L;直流充电插座型号:NDQ-9Z(125A-750V)-L	中航光电科技股份有限公司	纯电动专用车	901	
杭州铁城信息科技有限公司;重庆力华自动化技术有限责任公司	恒流恒压充电	A:RAC-TI10K-5A/RAC-ZI32F-2E;B:RAC-TI10K-5A/CL-C1GIA06TE;C:RAC-TI10K-5A/YGC691C-EV-S7(5)RA-T/1-32;D:RAC-TI10K-5A/WOER-GB-I-AC32-04;E:CL-C1GCA01W/RAC-ZI32F-2E;F:CL-C1GCA01W/CL-C1GIA06TE;G:CL-C1GCA01W/YGC691C-EV-S7(5)RA-T/1-32;H:CL-C1GCA01W/WOER-GB-I-AC32-04	A:苏州瑞可达连接系统股份有限公司;B:苏州瑞可达连接系统股份有限公司;苏州智绿环保科技有限公司;C:苏州瑞可达连接系统股份有限公司;四川永贵科技有限公司;D:苏州瑞可达连接系统股份有限公司;深圳市沃尔新能源电气科技股份有限公司;E:苏州智绿环保科技有限公司;苏州瑞可达连接系统股份有限公司;F:苏州智绿环保科技有限公司;G:苏州智绿环保科技有限公司;四川永贵科技有限公司;H:苏州智绿环保科技有限公司;深圳市沃尔新能源电气科技股份有限公司;I:四川永贵科技有限公司	纯电动乘用车	1950	16573

续上表

电动汽车车载充电机生产企业 Manufacturer for Charger of Electric Vehicle	充电方式 Charging Mode	充电插头 Charger Plug 插座型号 Socket Model	充电插头 Charger Plug 插座生产企业 Socket Manufacturer	车辆名称配套车辆类型 Matching Vehicle Types	2018年配套车型产量x小计(辆) Subtotal Output of Supported Odels in 2018 (Vehicle)	2018年配套车型产量总计(辆) Total Output of Supported Odels in 2018 (Vehicle)
杭州铁城信息科技有限公司;重庆力华自动化技术有限责任公司	恒流恒压充电	A:RAC-TI10K-5A/RAC-ZI32F-2E;B:RAC-TI10K-5A/CL-C1GIA06TE;C:RAC-TI10K-5A/YGC691C-EV-S7(5)RA-T/1-32;D:RAC-TI10K-5A/WOER-GB-I-AC32-04;E:CL-C1GCA01W/RAC-ZI32F-2E;F:CL-C1GCA01W/CL-C1GIA06TE;G:CL-C1GCA01W/YGC691C-EV-S7(5)RA-T/1-32;H:CL-C1GCA01W/WOER-GB	A:苏州瑞可达连接系统股份有限公司;B:苏州瑞可达连接系统股份有限公司;苏州智绿环保科技有限公司;C:苏州瑞可达连接系统股份有限公司;四川永贵科技有限公司;D:苏州瑞可达连接系统股份有限公司;深圳市沃尔新能源电气科技股份有限公司;E:苏州智绿环保科技有限公司;苏州瑞可达连接系统股份有限公司;F:苏州智绿环保科技有限公司;苏州智绿环保科技有限公司;G:苏州智绿环保科技有限公司;四川永贵科技有限公司;H:苏州智绿环保科技有限公司;深圳市沃尔新能源电气科技股份有限公司	纯电动乘用车	5	16573
	恒流恒压充电	A:RAC-TI10K-5A/RAC-ZI32F-2E;B:RAC-TI10K-5A/CL-C1GIA06TE;C:RAC-TI10K-5A/YGC691C-EV-S7(5)RA-T/1-32;D:RAC-TI10K-5A/WOER-GB-I-AC32-04;E:CL-C1GCA01W/RAC-ZI32F-2E;F:CL-C1GCA01W/CL-C1GIA06TE;G:CL-C1GCA01W/YGC691C-EV-S7(5)RA-T/1-32;H:CL-C1GCA01W/WOER-GB	A:苏州瑞可达连接系统股份有限公司;苏州瑞可达连接系统股份有限公司;B:苏州瑞可达连接系统股份有限公司;苏州智绿环保科技有限公司;C:苏州瑞可达连接系统股份有限公司;四川永贵科技有限公司;D:苏州瑞可达连接系统股份有限公司;深圳市沃尔新能源电气科技股份有限公司;E:苏州智绿环保科技有限公司;苏州瑞可达连接系统股份有限公司;F:苏州智绿环保科技有限公司;苏州智绿环保科技有限公司;G:苏州智绿环保科技有限公司;四川永贵科技有限公司;H:苏州智绿环保科技有限公司;深圳市沃尔新能源电气科技股份有限公司	纯电动乘用车	13410	
	恒流恒压充电	A:CL-C1GCA01W/CL-C1GIA06TE;B:RAC-TI10K-5A/RAC-ZI10F2-0.3A;C:CL-C1GCA01W/CL-C1GIA02;D:RAC-TI10K-5A/RAC-ZI32F-2E	A;C:苏州智绿环保科技有限公司;B;D:苏州瑞可达连接系统股份有限公司	纯电动乘用车	568	
	恒流恒压充电	A:RAC-TI10K-5A/RAC-ZI10F2-0.3A;B:RAC-TI10K-5A/CL-C1GIA02;C:RAC-TI10K-5A/CL-C1GIA03;D:RAC-TI10K-5A/RAC-ZI32F-2E;E:RAC-TI10K-5A/CL-C1GIA06TE;F:RAC-TI10K-5A/YGC691C-EV-S7(5)RA-T/1-32;G:CL-C1GCA01W/RAC-ZI10F2-0.3A;H:CL-C1GCA01W/CL-C1GIA02;I:CL-C1GCA01W/CL-C	A:苏州瑞可达连接系统股份有限公司;B:苏州瑞可达连接系统股份有限公司;苏州智绿环保科技有限公司;C:苏州瑞可达连接系统股份有限公司;苏州智绿环保科技有限公司;D:苏州瑞可达连接系统股份有限公司;E:苏州瑞可达连接系统股份有限公司;苏州智绿环保科技有限公司;F:苏州瑞可达连接系统股份有限公司;四川永贵科技有限公司;G:苏州智绿环保科技有限公司;苏州瑞可达连接系统股份有限公司;H:苏州智绿环保科技有限公司;I:苏州智绿环保科技有限公司	纯电动乘用车	640	
科士达爱尔兰股份有限公司/Kostal Ireland GmbH	恒流充电	插头:HVCC/插座:LDTypVAC162015	插头:德尔福中央电气(上海)有限公司;插座:菲尼克斯(南京)新能源汽车技术有限公司	插电式混合动力乘用车	14036	14036
法雷奥集团/Valeo GmbH	恒流充电	插头:8607498;插座:0-2288610-1	插头:Delphi;插座:TE	插电式混合动力乘用车	13413	13413
杭州铁城信息科技有限公司;深圳欣锐科技股份有限公司	先恒流后恒压式充电	交流插头 YGC691C-EV-P7(5)PW-16;交流插座 YGC691C-EV-S7(5)RB-T-16;直流插座 YGC762-EV-S9RA-80/YGC762-EV-S9RB-80;交流车辆插头:RAC-TI16K-5A/车辆插座:RAC-ZI16F2-2A;直流车辆插座:RDC-ZI125;交流插头 XP01-C-V1;交流插座 XR02-C-V1;直流插座 XR61-C-V1	四川永贵科技有限公司;四川瑞可达连接系统有限公司;深圳巴斯巴科技发展有限公司	纯电动专用车	3	13287
	交流慢充	M2 充电连接总成 1060-PSE-16-XC-NS/M3 充电连接总成 1040-1060-16-XC/交流充电插座 NV4C-DSI-GEL-EV16S	苏州工业园区多思达科技有限公司	纯电动乘用车	13284	
浙江爱特新能源汽车有限公司	恒流充电;车载充电机与 BMS 通信;BMS 实时采集单体电池情况;控制充电机充电。	直流充电插座型号:RDC-ZI125;交流充电插座型号:RAC-ZI16F2-2A;充电插头型号:RAC-TI16K-5A	苏州瑞可达连接系统股份有限公司	纯电动乘用车	9645	12274

续上表

电动汽车车载充电机生产企业 Manufacturer for Charger of Electric Vehicle	充电方式 Charging Mode	充电插头 Charger Plug 插座型号 Socket Model	充电插头 Charger Plug 插座生产企业 Socket Manufacturer	车辆名称配套车辆类型 Matching Vehicle Types	2018 年配套车型产量 x 小计(辆) Subtotal Output of Supported Odels in 2018 (Vehicle)	2018 年配套车型产量总计(辆) Total Output of Supported Odels in 2018 (Vehicle)
浙江爱特新能源汽车有限公司	恒流充电；车载充电机与 BMS 通信；BMS 实时采集单体电池情况；控制充电机充电	直流充电插座型号：RDC1-XZI125；交流充电插座型号：RAC-ZI16F2-2A；充电插头型号：RAC-TI16K-5A	苏州瑞可达连接系统股份有限公司；四川瑞可达连接系统有限公司	纯电动乘用车	519	12274
	恒流充电；车载充电机与 BMS 通信；BMS 实时采集单体电池情况；控制充电机充电	直流充电插座型号：RDC-ZI125；交流充电插座型号：RAC-ZI16F2-2A；充电插头型号：RAC-TI16K-5A	苏州瑞可达连接系统股份有限公司	纯电动专用车	2110	
重庆长安新能源汽车有限公司	恒流充电；涓流充电	直流充电插座型号：RDC-ZI125；交流充电插座型号：RAC-ZI16F2-2A；充电插头型号：DQC-7T(16A-250/440V)	重庆长安新能源汽车有限公司	纯电动乘用车	3	12178
	恒流充电；恒功率充电；恒压充电	DQC-7T(16A-250/440V)/DQC-7Z(32A-250/440V)-000(慢充)、DQC-9Z(250A-750V)-000(快充)	重庆长安新能源汽车有限公司	纯电动乘用车	1	
	恒流充电	DQC-7T(16A-250/440V)(慢充枪)、RAC-ZI16F2-2B(慢充座)、RDC-ZI125-B(快充座)	重庆长安新能源汽车有限公司	纯电动乘用车	2942	
	恒流充电	DQC-7T(16A-250/440V)(慢充枪)/F08-740050-02T(慢充座)、F08-730090-50T(快充座)	重庆长安新能源汽车有限公司	纯电动乘用车	1950	
	恒流充电	DQC-7T(16A-250/440V)(慢充枪)/F08-740050-04T(慢充座)、F08-730090-50T(快充座)	重庆长安新能源汽车有限公司	纯电动乘用车	197	
	恒流充电	充电插座：F08-660050-02R、充电插头：DQC-7T(16A-250/440V)	重庆长安新能源汽车有限公司	插电式混合动力乘用车	504	
	恒流充电	直流充电插座型号：RDC-ZI125；交流充电插座型号：RAC-ZI16F2-2A；充电插头型号：DQC-7T(16A-250/440V)	重庆长安新能源汽车有限公司	纯电动乘用车	5415	
	恒流充电	DQC-7T(16A-250/440V)(慢充枪)、RAC-ZI16F2-2B(慢充座)、RDC-ZI125-B(快充座)	重庆长安新能源汽车有限公司	纯电动乘用车	1166	
南京中港电力股份有限公司；杭州富特科技股份有限公司；杭州铁城信息科技有限公司	初始恒流充电；达到截止电压后降流充电	YG505-01-00-00XLV/YG505-02-00-00XLV； RAC-TI16K-5A/RAC-ZI16F2-2A；YGC691C-EV-P7(5) P-16/YGC691C-EV-S7(5) RB-T-16；ZC-16VSP/ZC-16VSR；LDAC-016CT/IC-CPD/LDAC-016CZ	四川瑞可达连接系统有限公司；四川永贵科技有限公司；广州知崇新能源科技有限公司；山东龙立电子有限公司	纯电动乘用车	3901	11027
	初始恒流充电；达到截止电压后降流充电	YG505-01-00-00XLV/YG505-02-00-00XLV； ZGEVCS600-C/ZGEVCS500-C； RAC-TI16K-5A/RAC-ZI16F2-2A； F08-520150-040/F08-620000-000； LDAC-016CT/IC-CPD/LDAC-016CZ；ZC-16VSP/ZC-16VSR；YGC691C-EV-P7(5) P-16/YGC691C-EV-S7(5)RB-T-16	四川永贵科技有限公司；南京中港电力股份有限公司；四川瑞可达连接系统有限公司；乐清市八达光电科技股份有限公司；山东龙立电子有限公司；广州知崇新能源科技有限公司	纯电动乘用车	1370	
	初始恒流充电；达到截止电压后降流充电	YG505-01-00-00XLV/YG505-02-00-00XLV； ZGEVCS600-C/ZGEVCS500-C； RAC-ZI16F2-2A/RAC-TI16K-5A； F08-520150-040/F08-620000-000； LDAC-016CT/IC-CPD/LDAC-016CZ；ZC-16VSP/ZC-16VSR；YGC691C-EV-P7(5) P-16/YGC691C-EV-S7(5)RB-T-16	四川永贵科技有限公司；南京中港电力股份有限公司；四川瑞可达连接系统有限公司；乐清市八达光电科技股份有限公司；山东龙立电子有限公司；广州知崇新能源科技有限公司	纯电动乘用车	3	
	初始恒流充电；达到截止电压后降流充电	YG505-01-00-00XLV/YG505-02-00-00XLV； ZGEVCS600-C/ZGEVCS500-C； RAC-ZI16F2-2A/RAC-TI16K-5A； F08-520150-040/F08-620000-000； LDAC-016CT/IC-CPD/LDAC-016CZ；ZC-16VSP/ZC-16VSR；YGC691C-EV-P7(5) P-16/YGC691C-EV-S7(5)RB-T-16	四川永贵科技有限公司；南京中港电力科技有限公司；四川瑞可达连接系统有限公司；乐清市八达光电科技股份有限公司；山东龙立电子有限公司；广州知崇新能源科技有限公司	纯电动乘用车	218	

续上表

电动汽车车载充电机生产企业 Manufacturer for Charger of Electric Vehicle	充电方式 Charging Mode	充电插头 Charger Plug 插座型号 Socket Model	充电插头 Charger Plug 插座生产企业 Socket Manufacturer	车辆名称配套车辆类型 Matching Vehicle Types	2018 年配套车型产量 x 小计(辆) Subtotal Output of Supported Odels in 2018 (Vehicle)	2018 年配套车型产量总计(辆) Total Output of Supported Odels in 2018 (Vehicle)
南京中港电力股份有限公司;杭州富特科技股份有限公司;杭州铁城信息科技有限公司	初始恒流充电;95% 以后恒压充电;初始恒流充电;达到截止电压后降流充电	YG505-01-00-00XLV/YG505-02-00-00XLV; ZGEVCS600-C/ZGEVCS500-C; RAC-TI16K-5A/RAC-ZI16F2-2A; F08-520150-040/F08-620000-000; LDAC-016CT/IC-CPD/LDAC-016CZ; ZC-16VSP/ZC-16VSR; YGC691C-EV-P7 (5) P-16/YGC691C-EV-S7(5)RB-T-16	四川永贵科技有限公司;南京中港电力股份有限公司;四川瑞可达连接系统有限公司;乐清市八达光电科技股份有限公司;山东龙立电子有限公司;广州知崇新能源科技有限公司	纯电动乘用车	2302	11027
	初始恒流充电;95% 以后恒压充电;初始恒流充电;达到截止电压后降流充电	YG505-01-00-00XLV/YG505-02-00-00XLV; ZGEVCS600-C/ZGEVCS500-C; RAC-ZI16F2/AC-TI16K-5A; F08-520150-040/F08-620000-000; LDAC-016CT/IC-CPD/LDAC-016CZ; ZC-16VSP/ZC-16VSR; YGC691C-EV-P7 (5) P-16/YGC691C-EV-S7(5)RB-T-16	四川永贵科技有限公司;南京中港电力股份有限公司;四川瑞可达连接系统有限公司;乐清市八达光电科技股份有限公司;山东龙立电子有限公司;广州知崇新能源科技有限公司	纯电动乘用车	1226	
	初始恒流充电;95% 以后恒压充电;初始恒流充电;95% 以后恒压充电;初始恒流充电;达到截止电压后降流充电	YG505-01-00-00XLV/YG505-02-00-00XLV; ZGEVCS600-C/ZGEVCS500-C; RAC-ZI16F2/RAC-TI16K-5A; F08-520150-040/F08-620000-000; LDAC-016CT/IC-CPD/LDAC-016CZ; ZC-16VSP/ZC-16VSR; YGC691C-EV-P7 (5) P-16/YGC691C-EV-S7(5)RB-T-16	四川永贵科技有限公司;南京中港电力股份有限公司;四川瑞柯达连接系统有限公司;乐清市八达光电科技股份有限公司;山东龙立电子有限公司;广州知崇新能源科技有限公司	纯电动乘用车	2007	
法雷奥西门子新能源汽车(深圳)有限公司;上海欣锐电控技术有限公司	交流连接设备(模式二):采用民用交流 220Vac 插座供应电源;通过 CPID 线缆控制盒进行握手认证;将交流电源输入至车辆;再由车载充电机以恒流;恒压模式将交流转换为直流给电池包充电;交流连接设备(模式二):采用民用交流 220Vac 插座供应电源;通过 CPID 线缆控制盒进行握手认证;将交流电源输入至车辆;再由车载充电机以恒流;恒压模式将交流转换为直流给电池包充电	交流充电插座:EVS-V-16A5-GHLD;交流充电插座:EVS-V-32A5-GHLD;交流车辆充电枪:EVPIV-V-16A5-G	南京康尼新能源汽车零部件有限公司	插电式混合动力乘用车	382	11014
	交流连接设备(模式二):采用民用交流 220Vac 插座供应电源;通过 CPID 线缆控制盒进行握手认证;将交流电源输入至车辆;再由车载充电机以恒流;恒压模式将交流转换为直流给电池包充电;交流连接设备(模式二):采用民用交流 220Vac 插座供应电源;通过 CPID 线缆控制盒进行握手认证;将交流电源输入至车辆;再由车载充电机以恒流;恒压模式将交流转换为直流给电池包充电	交流充电插座:EVS-V-16A5-GHLD;交流充电插座:EVS-V-32A5-GHLD;交流车辆充电枪:EVPIV-V-16A5-G	南京康尼新能源汽车零部件有限公司	插电式混合动力乘用车	10632	
美达电器(深圳)有限公司	先恒流再恒压	XP01-C-E2(交流车辆端插头)/XR61-C-V3(快充插座)/XP01-C-V2(充电枪供电端插头)/慢充插座 XR02-C-V2	深圳巴斯巴科技发展有限公司	纯电动乘用车	2928	10151
	先恒流再恒压	XP01-C-E2(交流车辆端插头)/XR61-C-V3(快充插座)/XP01-C-V2(充电枪供电端插头)/慢充插座 XR02-C-V2;HVC0-M32(交流车辆端插头)/HVC0-F200(快充插座)/HVC0-M32P(交流供电端插头)/HVC0-F32(交流插座)	深圳巴斯巴科技发展有限公司;成都晨风绿能电气技术有限公司	纯电动乘用车	5833	

续上表

电动汽车车载充电机生产企业 Manufacturer for Charger of Electric Vehicle	充电方式 Charging Mode	充电插头 Charger Plug 插座型号 Socket Model	充电插头 Charger Plug 插座生产企业 Socket Manufacturer	车辆名称配套车辆类型 Matching Vehicle Types	2018年配套车型产量x小计（辆） Subtotal Output of Supported Odels in 2018（Vehicle）	2018年配套车型产量总计（辆） Total Output of Supported Odels in 2018（Vehicle）
美达电器（深圳）有限公司	先恒流再恒压	XP01-C-V1（交流车辆端插头、选装）/XR61-C-V3（快充插座）/XR02-C-V2（交流插座）；HVC0-M16（交流车辆端插头、选装）/HVC0-F200（快充插座）/HVC0-F32（交流插座）	深圳巴斯巴科技发展有限公司；成都晨风绿能电气技术有限公司	纯电动乘用车	1390	10151
杭州奥蒂电控有限公司	直流快充；交流慢充	XX101-TZ07C-Y16B（插头）/XX101-ZK07C-Y16A（插座）；XX102-ZK09-Y125A（快充插座）	浙江鑫喜电子科技有限公司	纯电动专用车	1	9008
	直流充电	XX102-TZ09-Y125A/XX102-ZK09-Y125A	浙江鑫喜电子科技有限公司	纯电动专用车	11	
	恒压限流充电	YGC691C-EV-P7(5)P-16/1010/YGC691C-EV-S7(5)RA-N-16（交流插头插座）；YGC762-EV-S9RA-125（直流插座）；RAC-TI16K-5A/RAC-ZI16F2-2A（交流插头插座），RDC-ZI125（直流插座）	四川永贵科技有限公司；四川瑞可达连接系统有限公司	纯电动专用车	2	
	恒流限压；恒压限流	1202-01X-0012/1204-01X-0001；1104-03X-0021	深圳容一电动科技有限公司	纯电动专用车	50	
	恒流充电	YGC691C-EV-P7(5)P-16/1010/YGC691C-EV-S7(5)RA-N-16（交流插头插座）；YGC762-EV-S9RA-125（直流插座）；RAC-TI16K-5A/RAC-ZI16F2-2A（交流插头插座），RDC-ZI125（直流插座）	四川永贵科技有限公司；四川瑞可达连接系统有限公司	纯电动乘用车	32	
	恒流充电	YGC691C-EV-P7(5)P-16/1010/YGC691C-EV-S7(5)RA-T-32（交流插头插座）；YGC762-EV-S9RA-125（直流插座）；RAC-TI16K-5A/RAC-ZI32F（交流插头插座）；RDC-ZI125（直流插座）	四川永贵科技有限公司；四川瑞可达连接系统有限公司	纯电动专用车	2	
	恒流充电	YGC691C-EV-P7(5)P-16/1010/YGC691C-EV-S7(5)RA-T-32（交流插头插座）；YGC762-EV-S9RA-125（直流插座）；RAC-TI16K-5A/RAC-ZI32F（交流插头插座），RDC-ZI125（直流插座）	四川永贵科技有限公司；四川瑞可达连接系统有限公司	纯电动乘用车	10	
	恒流充电	交流模式二控制盒：BCG-EVE-1C-G1-022/交流16A充电插座：BCG-AVR-2A-SN-0016；直流充电插座总成：BCG-DVR-1D-0110；16A交流充电插座：C&BHVFSS16S；125A直流充电座：C&BHVFSF125	深圳巴斯巴科技发展有限公司；深圳市凯瑞博新能源汽车部件有限公司；深圳市凯瑞博新能源汽车部件有限公司	纯电动乘用车	8520	
	慢充；快充	RAC-TI16K-5A；RAC-2TI32；RDC-ZI125；RAC-ZI132F；6808020101；6801107031；680411101052；680211310311；TXJL-Q91361122；TXJL-Z91361122；LSC-AR12A03；LSC-DR12A20；XX101-TZ07C-Y16B；XX101-TZ07-Y32A；XX101-ZK07C-Y32A；XX102-ZK09-Y125A；SEAC16A-220P	四川瑞可达连接系统有限公司；深圳市沃尔新能源电气科技有限责任公司；江西聚力新能源科技有限公司；东莞立讯智连电子科技有限公司；浙江鑫喜电子科技有限公司；河北神思新能源科技有限公司	纯电动乘用车	380	
松下电器/Panasonic	定功率充电	慢充插头：296M44NC1E（选装）/慢充插座：296B1-4NCB/快充插座：296B1-4NCE	慢充插头：矢崎（中国）投资有限公司；慢充插座：矢崎（中国）投资有限公司；快充插座：矢崎（中国）投资有限公司	纯电动乘用车	8992	8992
法雷奥西门子新能源汽车（深圳）有限公司	交流连接设备（模式二）	交流充电插座：EVS-V-16A5-GHLD；交流车辆充电枪：EVPIV-V-16A5；交流车辆充电枪：EVPIV-V-16A5-G	南京康尼新能源汽车零部件有限公司	插电式混合动力乘用车	11	8961
	恒流；恒功率充电	EVP-V-16A5/EVS-V-16A5-HB	南京康尼新能源汽车零部件有限公司	插电式混合动力乘用车	8205	
	恒流；恒功率充电	EVP-V-16A5/EVS-V-16A5-HB；EVS-4-125D9-GS	南京康尼新能源汽车零部件有限公司	插电式混合动力乘用车	3	
	恒功率充电	交流充电接口：EVPⅡ-V-16A5（插头）/EVS-V-16A5-GSB（插座）	南京康尼新能源汽车零部件有限公司	插电式混合动力乘用车	53	
	恒流充电；恒压充电；恒压限流充电；脉冲充电	交流（插头/插座）：1202-01X-0012/1204-01X-0001；XX101-TZ07C-Y16B/XX101-ZK07C-Y16A；直流（插座）：1104-03X-0002；XX102-ZK09-Y125A	深圳容一电动科技有限公司；浙江鑫喜电子科技有限公司	纯电动乘用车	689	

续上表

电动汽车车载充电机生产企业 Manufacturer for Charger of Electric Vehicle	充电方式 Charging Mode	充电插头 Charger Plug 插座型号 Socket Model	充电插头 Charger Plug 插座生产企业 Socket Manufacturer	车辆名称配套车辆类型 Matching Vehicle Types	2018 年配套车型产量 x 小计(辆) Subtotal Output of Supported Odels in 2018 (Vehicle)	2018 年配套车型产量总计(辆) Total Output of Supported Odels in 2018 (Vehicle)
德尔福/Delphi	恒流充电	8607498/0-2208383-1	Delphi;TE	插电式混合动力乘用车	8135	8183
	恒流充电	8638671/0-2208383-1	Delphi;TE	插电式混合动力乘用车	47	
	恒流充电	8638671/0-2208383-1;8607498/0-2208383-1	Delphi;TE;Delphi;TE	插电式混合动力乘用车	1	
科世达(上海)管理有限公司;深圳欣锐科技股份有限公司;深圳威迈斯电源有限公司;杭州富特科技股份有限公司;上海欣锐电控技术有限公司	慢充;快充	交流充电插头:EVPIV-V-16A5/EVPIV-V-16A5-G;交流充电插座:EVS-V-32A5-GHLD;直流充电插座:EVS-4-125D9-GHD/EVS-4-250D9-GHD;交流充电插座:CSEV63S/CSEV32S;直流充电插座:CS125R/CS200R/CS250R	南京康尼新能源汽车零部件有限公司;安费诺汽车连接系统(常州)有限公司	纯电动乘用车	7495	7495
杭州富特科技股份有限公司;石家庄迪龙科技有限公司	车载;CAN 通讯	慢充:NV3C-DSI-EV16P/V2C-DSI-G-EV16S;XP01-C-V1/XR02-C-V1;快充:NDQ-9Z(80A-750V)-L;XR61-C-V1	慢充:张家港友诚新能源科技股份有限公司;深圳巴斯巴科技发展有限公司;快充:中航光电科技股份有限公司;深圳巴斯巴科技发展有限公司	纯电动乘用车	7438	7438
杭州富特科技股份有限公司;杭州铁城信息科技有限公司	交流慢充;直流快充	YG196G-EVSE-691/G-16;YGC691C-EV-S7(5)RB-T-16;YGC762-EV-S9RB-125;YGC691C-EV-S7(5)RB-T-32;NDQC-7T(16A-250/440V);NDQC-7Z(16A-250/440V)-R;NDQ-9Z(125A-750V)-R;NDQC-7Z(32A-250/440V)-R;EVS-V-16A5-GSC;EVS-4-125D9-GS;EVPⅡ-V-16A5-G;EVSV-32A5-GSLB	四川永贵科技有限公司;中航光电科技股份有限公司;南京康尼新能源汽车零部件有限公司	纯电动专用车	490	6499
	车载;CAN 通讯;车载;CAN 通讯	V2C-DSI-EV16P/V2C-DSI-G-EV16S	张家港友诚新能源科技股份有限公司	纯电动乘用车	30	
	交流慢充及直流快充	YG196G-EVSE-691/G-16;YGC691C-EV-S7(5)RB-T-16;YGC762-EV-S9RB-125;NDQC-7T(16A-250/440V);NDQC-7Z(16A-250/440V)-R;NDQ-9Z(125A-750V)-R;EVS-V-16A5-GSC;EVPⅡ-V-16A5-G;EVS-4-125D9-GSC	四川永贵科技有限公司;中航光电科技股份有限公司;南京康尼新能源汽车零部件有限公司	纯电动乘用车	1681	
	交流慢充及直流快充	YG196G-EVSE-691/G-16;YGC691C-EV-S7(5)RB-T-16;YGC762-EV-S9RB-125;NDQC-7T(16A-250/440V);NDQC-7Z(16A-250/440V)-R;NDQ-9Z(125A-750V)-R;EVS-V-16A5-GSC;EVS-4-125D9-GS(QA);EVPⅡ-V-16A5-G	四川永贵科技有限公司;中航光电科技股份有限公司;南京康尼新能源汽车零部件有限公司	纯电动乘用车	3483	
	恒压限流	RAC-TI16K-5A/RAC-ZI16F2-2A; DYL16-7TJ/DYL16-7ZK; RDC-TI250/RDC-ZI250;DYL21-9TJ-250A/DYL21-9ZK-250A	浙江中杭电子有限公司;苏州瑞可达连接系统股份有限公司;浙江中杭电子有限公司	纯电动乘用车	4	
	插电式	DQC-7T(16A-250/440V);DQC-7Z(16A-250/440V)-200	中航光电科技股份有限公司	纯电动专用车	811	
杭州杰能动力有限公司;杭州铁城信息科技有限公司	恒流充电	交流模式一充电枪:BCG-AVP-8A-S-003;交流模式二控制盒:BCG-EVE-1C-G1-022;交流 16A 充电插座:BCG-AVR-2A-SN-0016;直流充电插座总成:BCG-DVR-1D-0110;交流充电接口车辆插头:EVP-3-16A5;车辆插座:EVS-V-16A5-SC;直流充电接口:EVS-4-250D9-S	深圳巴斯巴科技发展有限公司;南京康尼新能源汽车零部件有限公司	纯电动乘用车	6496	6496
江苏嘉钰新能源技术有限公司;南京中港电力股份有限公司;杭州铁城信息科技有限公司;杭州富特科技股份有限公司	恒流恒压充电	RAC-TI10K-5A/RAC-ZI10F2-0.3A	苏州瑞可达连接系统股份有限公司	纯电动乘用车	6345	6345
张家港市华为电子有限公司	恒功率充电转恒压充电	V2C-DSI-EV16P(慢充插头)/V2C-DSI-G-EV16S(慢充插座)	苏州工业园区多思达科技有限公司	纯电动乘用车	1	6003
	恒功率充电转恒压充电	V2C-DSI-EV16P(慢充插头)/V2C-DSI-G-EV16S(慢充插座);NV4C-DSI-G-EV16S(慢充插座)	苏州工业园区多思达科技有限公司	纯电动乘用车	6002	
法雷奥汽车内部控制(深圳)有限公司;台达电子企业管理(上海)有限公司	恒流;恒功率充电	EVP-V-16A5/EVS-V-16A5-HB	南京康尼新能源汽车零部件有限公司	插电式混合动力乘用车	5738	5738

续上表

电动汽车车载充电机生产企业 Manufacturer for Charger of Electric Vehicle	充电方式 Charging Mode	充电插头 Charger Plug 插座型号 Socket Model	充电插头 Charger Plug 插座生产企业 Socket Manufacturer	车辆名称配套车辆类型 Matching Vehicle Types	2018 年配套车型产量 x 小计(辆) Subtotal Output of Supported Odels in 2018 (Vehicle)	2018 年配套车型产量总计(辆) Total Output of Supported Odels in 2018 (Vehicle)
珠海英搏尔电气股份有限公司	220V 交流充电	LDAC-016CT1050S/LDAC-016CZ1025	临沂市龙立电子有限公司;临沂市龙立电子有限公司	纯电动专用车	1777	5429
	先恒流后恒压	68080201010001/680211310311	深圳市沃尔新能源电气科技股份有限公司	纯电动专用车	9	
	三段式充电:初段恒流充电;二段恒压充电;三段涓流浮冲	RAC-2TI32/RAC-ZI32F; TTSC101C-EV-P7T-32A/TTSC101C-EV-S7Z-32A; DC1-XZI250;TTSC102-EV-S9Z-250A	苏州瑞可达连接系统股份有限公司;特拉斯特新能源科技(上海)有限公司	纯电动乘用车	703	
	三段式充电:初段恒流充电;二段恒压充电;三段涓流浮冲	TTSC101C-EV-P7T-32A/TTSC101C-EV-S7Z-32A;TTSC102-EV-S9Z-250A	特拉斯特新能源科技(上海)有限公司;特拉斯特新能源科技(上海)有限公司	纯电动乘用车	2783	
	快充;慢充	交流车辆插头:6808020101;交流插座车辆端:680211310211;直流插座车辆端:680411101052;交流车辆插头:DYL16-7TJ;交流插座车辆端:DYL16-7ZK;直流插座车辆端:DYL21-9ZK-125A	深圳市沃尔新能源电气科技有限责任公司;浙江中杭电子有限公司	纯电动专用车	109	
	充电模式 2;充电模式 4	A:68080201010001;B:CAP-3K;C:680211310311;D:680411101062	A;C;D:深圳市沃尔新能源电气科技股份有限公司;B:江门市地尔汉宇电器股份有限公司	纯电动专用车	1	
	先恒流后恒压	68080201010001/680211310311	深圳市沃尔新能源电气科技股份有限公司	纯电动专用车	2	
	慢充	LDFC-1-060T-1040 LDFC-1-060Z-1040S	山东龙力电子有限公司	纯电动专用车	20	
	交流充电	KEC-AC-016-F5/H05-0706F-A04-W	湖南杰尼新能源科技有限公司;武汉合康亿盛电气连接系统有限公司	纯电动专用车	25	
杭州铁城信息科技有限公司;杭州奥蒂电控股份有限公司	直流快充;交流慢充	XX101-TZ07-Y32A(插头)/XX101-ZK07C-Y32A(插座)/XX102-ZK09-Y125A(快充插座)	浙江鑫喜电子科技有限公司	纯电动专用车	11	5137
	直流快充;交流慢充	XX101-TZ07-Y32A(插头)/XX101-ZK07C-Y32A(插座);XX102-ZK09-Y125A(快充插座)	浙江鑫喜电子科技有限公司	纯电动专用车	96	
	恒流限压;恒压限流	NDQ-9Z(125A-750V)-L;QLZ-K125;XX102-ZK09-Y125A	中航光电科技股份有限公司;襄阳群龙汽车部件股份有限公司;浙江鑫喜电子科技有限公司	纯电动乘用车	5029	
	恒压充电	交流充电接口:YGC691C-EV-P7(5)P-16/YGC691C-EV-S7(5)RA-T-16;YGC691C-EV-P7(5)P-32/YGC691C-EV-S7(5)RA-T-32;YG196G-EVSE-691/G-16;HVCOM/HVCOF;XP01-C-V1/XR02-C-V1;XP01-C-V2/XR02-C-V2;XP01-C-E1/XR03-C-E1;XP01-C-E2/XR03-C-E2;1202-01X-0008/1204-01X-0004;1202-01X-0012/120	四川永贵科技有限公司;安费诺精密连接器(深圳)有限公司;深圳巴斯巴科技发展有限公司;深圳容一电动科技有限公司;四川瑞可达连接系统有限公司	纯电动乘用车	1	
深圳市核达中远通电源技术股份有限公司	直流快充;交流慢充	HVCOM 16A/HVCOF 16A;HVCOF 125A	安费诺精密连接器(深圳)有限公司	纯电动专用车	77	4786
	直流快充;交流慢充	插头:NDQC-7T-16A-1/插座:NDQC-7Z(32A-250/440V)-L;NDQ-9Z(125A-750V)-L	中航光电科技股份有限公司	纯电动专用车	6	
	具备交流充电;直流充电两种方式	NV4C-DSI-GEL-EV32S(交流 32A 充电插座);14216655-03(直流 200A 充电插座)	苏州工业园区多思达科技有限公司;深圳乔合里科技股份有限公司	纯电动专用车	428	
	具备交流充电;直流充电两种方式	XP01-C-V2/XR02-C-V2、XR61-C-V2、XR61-C-V3、XR61-C-V4;F08-690150-060W/F08-742050-06T、F08-730090-35T、F08-730090-70T	深圳巴斯巴科技发展有限公司;乐清市八达光电科技股份有限公司	插电式混合动力专用车	2	
	具备交流充电;直流充电两种方式	XR61-C-V2(直流 125A 充电插座);XR61-C-V4(直流 250A 充电插座);XP01-C-V2(交流 32A 充电插头);XR02-C-V2(交流 32A 充电插座)	深圳巴斯巴科技发展有限公司	纯电动专用车	552	

续上表

电动汽车车载充电机生产企业 Manufacturer for Charger of Electric Vehicle	充电方式 Charging Mode	充电插头 Charger Plug 插座型号 Socket Model	充电插头 Charger Plug 插座生产企业 Socket Manufacturer	车辆名称配套车辆类型 Matching Vehicle Types	2018 年配套车型产量 x 小计(辆) Subtotal Output of Supported Odels in 2018 (Vehicle)	2018 年配套车型产量总计(辆) Total Output of Supported Odels in 2018 (Vehicle)
深圳市核达中远通电源技术股份有限公司	交流充电;直流充电	交流充电:连接方式 B 充电插头:6801107021/车辆插座:680211310311/供电插座:680212310311;车辆接口:DYL16-7TJ/DYL16-7ZK/供电接口:DYL16-7TJ-C/DYL16-7ZK-C/车辆插座:DYL16-7ZK-A;直流充电:DYL21-9TJ-80A/DYL21-9ZK-80A;680411101082、XR-61-C-V1	交流充电:深圳市沃尔新能源电气科技有限责任公司;浙江中杭电子有限公司;直流充电:浙江中杭电子有限公司;深圳市沃尔新能源电气科技有限责任公司;深圳巴斯巴科技发展有限公司	纯电动专用车	1	4786
	恒压限流充电	NDQC-7T-16A-1/NDQC-7Z(32A-250/440V)-L、NDQ-9Z(125A-750V)-L	中航光电科技股份有限公司	纯电动乘用车	2952	
	恒流充电;涓流充电	直流充电插座型号:L61-B1691-09S-125;交流充电插座型号:L61-B1690-07S-032;充电插头型号:L61-B836-07P-032	惠州领先精密科技有限公司	纯电动乘用车	93	
	恒流充电;涓流充电			纯电动专用车	554	
	恒流充电	交流充电插头/插座:1060-PSE-16-XC-NS/NV4C-DSI-GEL-EV32S;直流充电插座:NV2-DSD-G-EV125S	张家港友诚新能源科技股份有限公司	纯电动专用车	81	
	恒功率充电	交流:(插头);XR02-C-V3(插座)直流:(插头);XR61-C-V2(插座)	交流:(插头);深圳巴斯巴科技发展有限公司(插座)直流:(插头);深圳巴斯巴科技发展有限公司(插座)	纯电动专用车	40	
杭州奥蒂电控有限公司;杭州铁城信息科技有限公司	现恒流后恒压	直流充电插座:YGC762-EV-S9RB-125、LDDC-125CZ;交流充电插头/插座:XP06-C-V2-S/YGC691C-EV-S7(5)RB-T-32、LDAC-032CZ	直流充电插座:四川永贵科技有限公司;山东龙立电子有限公司;交流充电插头/插座:深圳巴斯巴科技发展有限公司;四川永贵科技有限公司;山东龙立电子有限公司	纯电动专用车	3	4532
	先恒流后恒压	直流充电插座:YGC762-EV-S9RB-125、LDDC-125CZ;交流充电插头/插座:XP06-C-V2-S/YGC691C-EV-S7(5)RB-T-32、LDAC-032CZ	直流充电插座:四川永贵科技有限公司;山东龙立电子有限公司;交流充电插头/插座:深圳巴斯巴科技发展有限公司;四川永贵科技有限公司;山东龙立电子有限公司	纯电动专用车	640	
	恒流充电	交流模式二控制盒:BCG-EVE-1C-G1-022/交流 16A 充电插座:BCG-AVR-2A-SN-0016(巴斯巴);直流充电插座总成:BCG-DVR-1D-0110(巴斯巴);16A 交流充电插座:C&BHVFSS16S(凯瑞博);125A 直流充电座:C&BHVFSF125(凯瑞博);交流模式二控制盒:EVP-3-16A5(南京康尼)	深圳巴斯巴科技发展有限公司;深圳市凯瑞博新能源汽车部件有限公司;南京康尼新能源汽车零部件有限公司	纯电动乘用车	3889	
康斯伯格汽车部件(无锡)有限公司;宁波普瑞均胜汽车电子有限公司	恒流充电;恒压充电	充电插头:AD850;充电插座:30659857	插头:MENNEKESSteckerGmbH&Co. KG;插座:泰科电子(上海)有限公司	插电式混合动力乘用车	4478	4478
法雷奥汽车内部控制(深圳)有限公司	外插交流充电	HPACC-M2L2T0-0-B/HPACI-M0L2T0-0-D	德尔福中央电气(上海)有限公司	插电式混合动力乘用车	3958	4074
	恒流;恒功率充电	EVPⅡ-V-16A5-G/EVS-V-16A5-HB	南京康尼新能源汽车零部件有限公司	插电式混合动力乘用车	115	
	恒流;恒功率充电	EVP-V-16A5/EVS-V-16A5-HB	南京康尼新能源汽车零部件有限公司	插电式混合动力乘用车	1	
张家港市华为电子有限公司;杭州铁城信息科技有限公司	恒功率充电转恒压充电	V2C-DSI-EV16P(慢充插头);YGC691C-EV-P7(5)P-16(慢充插头)/NV4C-DSI-G-EV16S(慢充插座);YGC691C-EV-S7(5)RA-T-16(慢充插座);NV4C-DSI-GEL-EV32S(慢充插座);EVS-V-32A5-GSLB(慢充插座);YGC691C-EV-S7(5)RB-T-32(慢充插座)	四川永贵科技有限公司;苏州工业园区多思达科技有限公司;南京康尼新能源汽车零部件有限公司	纯电动乘用车	4072	4072
武汉力行远方电源科技有限公司	先恒流充电再恒压充电	LDDC-200CZ;XR02-C-V2;LDAC-032CZ;WTMDC750-200-Z0	山东龙立电子有限公司;深圳巴斯巴科技发展有限公司;山东龙立电子有限公司;深圳市沃特玛电池有限公司	纯电动专用车	360	4070
	先恒流充电再恒压充电	LDDC-200CZ; XR02-C-V2; LDAC-032CZ; WTMDC750-200-Z0; HT-GB-AC032AS; HT-GB-DC200AS;RAC-ZT32F;RDC1-XZI200;YDG32-SAV-S1-L1;YDG200-D-S1	深圳巴斯巴科技发展有限公司;山东龙立电子有限公司;深圳市沃特玛电池有限公司;江苏亨通新能源电气技术有限公司;苏州瑞可达连接系统股份有限公司;苏州怡达新能源科技有限公司	纯电动专用车	2388	

续上表

电动汽车车载充电机生产企业 Manufacturer for Charger of Electric Vehicle	充电方式 Charging Mode	充电插头 Charger Plug 插座型号 Socket Model	充电插头 Charger Plug 插座生产企业 Socket Manufacturer	车辆名称配套车辆类型 Matching Vehicle Types	2018年配套车型产量x小计(辆) Subtotal Output of Supported Odels in 2018 (Vehicle)	2018年配套车型产量总计(辆) Total Output of Supported Odels in 2018 (Vehicle)
武汉力行远方电源科技有限公司	先恒流充电再恒压充电	LDDC-200CZ;XR02-C-V2;LDAC-032CZ;WTMDC750-200-Z0;HVCO-F200;HVCO-32	深圳巴斯巴科技发展有限公司;山东龙立电子有限公司;深圳市沃特玛电池有限公司;成都晨风绿能电气技术有限公司	纯电动专用车	600	4070
	先恒流充电再恒压充电	XR61-C-V2;LDDC-125CZ;XR02-C-V2	深圳巴斯巴科技发展有限公司;山东龙立电子有限公司	纯电动专用车	401	
	先恒流充电再恒压充电	XR61-C-V2;LDDC-125CZ;XR02-C-V2;LDAC-032CZ	深圳巴斯巴科技发展有限公司;山东龙立电子有限公司	纯电动专用车	10	
	先恒流充电再恒压充电	XR61-C-V2;LDDC-125CZ;XR02-C-V2;LDAC-032LGZ	深圳巴斯巴科技发展有限公司;山东龙立电子有限公司	纯电动专用车	292	
	先恒流充电再恒压充电	直流快充:XR61-C-V2;LDDC-125CZ 交流慢充:CEBEA-ev16-CZ;CEBEA-ev16-1-CT	直流快充:深圳巴斯巴科技发展有限公司;山东龙立电子有限公司;交流慢充:江苏西比亚新能源科技有限公司;江苏西比亚新能源科技有限公司	纯电动专用车	18	
	恒压充电;恒流充电	交流充电插头 6801107031/交流充电插座 680211310311;直流充电插座 680411101052	深圳市沃尔新能源电气科技有限责任公司	纯电动专用车	1	
台达电子(泰国)有限公司/Delta Electronics(Thailand) Public Company Limited	恒流充电	慢充插头(桩端/车端):GBCV162117GBCE-V1/GBCV162117GBCE-V2;CP16;慢充插座(车端):9340040-E08;快充插座(车端):XR61-C	慢充插头(桩端;车端):埃梯梯科能电子(深圳)有限公司;安费诺-泰姆斯(常州)通讯设备有限公司;慢充插座(车端):深圳巴斯巴科技发展有限公司;快充插座(车端):深圳巴斯巴科技发展有限公司	纯电动乘用车	151	3687
	恒流充电	慢充插头(桩端/车端):GBCV162117GBCE-V1/GBCV162117GBCE-V2;CP16;慢充插座(车端):9340040-E08;快充插座(车端):XR61-C	慢充插头(桩端;车端):埃梯梯科能电子(深圳)有限公司;安费诺-泰姆斯(常州)通讯设备有限公司;慢充插座(车端):深圳巴斯巴科技发展有限公司;快充插座(车端):深圳巴斯巴科技发展有限公司	纯电动乘用车	1	
	恒流充电	慢充插头(桩端/车端):GBCV162117GBCE-V1/GBCV162117GBCE-V2;CP16;慢充插座(车端):9340040-E08;快充插座(车端):XR61-C	慢充插头(桩端;车端):埃梯梯科能电子(深圳)有限公司;安费诺-泰姆斯(常州)通讯设备有限公司;慢充插座(车端):深圳巴斯巴科技发展有限公司;快充插座(车端):深圳巴斯巴科技发展有限公司	纯电动乘用车	510	
	恒流充电	7PP971678 * * /4GD971093 *	HARTINGAutomotiveGmbH;PHOENIXCONTACTE-MobilityGmbH	插电式混合动力乘用车	3025	
杭州铁城信息科技有限公司;武汉科华动力科技有限公司	恒流充电	慢充:XP01-C-V1/XR02-C-V1;NDQC-7T(16A-250/440V)/NDQC-7Z(16A-250/440V)-0;快充:XR61-C-V1;NDQ-9Z(125A-750V)-R	深圳巴斯巴科技发展有限公司;中航光电科技股份有限公司	纯电动乘用车	3492	3492
深圳市核达中远通电源技术股份有限公司;杭州铁城信息科技有限公司	具备直流充电方式	XR61-C-V2、XR61-C-V3、XR61-C-V4;F08-730090-35T、F08-730090-70T;1104-03X-0002、1104-03X-0020、1104-03X-0003;ES-DC-V125A、ES-DC-V200A	深圳巴斯巴科技发展有限公司;乐清市八达光电科技股份有限公司;深圳容一电动科技有限公司;常州中电新能电器科技有限公司	纯电动专用车	671	3080
	具备直流充电;交流充电两种方式	XR61-C-V2、XR61-C-V3、XR61-C-V4;F08-730090-35T、F08-730090-70T;1104-03X-0002、1104-03X-0020、1104-03X-0003;ES-DC-V125A、ES-DC-V200A;XP01-C-V2/XR02-C-V2;F08-742050-06T;1204-01x-0004;ES-AC-V32A-SP	深圳容一电动科技有限公司;常州中电新能电器科技有限公司;深圳巴斯巴科技发展有限公司;乐清市八达光电科技股份有限公司	纯电动专用车	1210	
	具备交流充电;直流充电两种方式	XP01-C-V2/XR02-C-V2;XR61-C-V2;XR61-C-V2、XR61-C-V3、XR61-C-V4;F08-742050-06T;F08-730090-35T、F08-730090-70T;1204-01x-0004;1104-03x-0002、1104-03x-0020、1104-03x-0003;ES-AC-V32A-SP;ES-DC-V125A、ES-DC-V200A	深圳巴斯巴科技发展有限公司;乐清市八达光电科技股份有限公司;深圳容一电动科技有限公司;常州中电新能电器科技有限公司	纯电动专用车	45	
	具备交流充电;直流充电两种方式	XP01-C-V2/XR02-C-V2;XR61-C-V3;F08-742050-06T;F08-730090-70T;1104-03x-0020;1104-03x-0003;1204-01x-0004;ES-DC-V200A;ES-AC-V32A-SP	深圳巴斯巴科技发展有限公司;乐清市八达光电科技股份有限公司;深圳容一电动科技有限公司;常州中电新能电器科技有限公司	纯电动专用车	115	
	具备交流充电;直流充电两种方式	XP01-C-V2/XR02-C-V2、XR61-C-V2、XR61-C-V3、XR61-C-V4;F08-690150-060W/F08-742050-06T、F08-730090-35T、F08-730090-70T;XX101-TZ07-Y32A/XX101-ZK07C-Y32A、XX102-ZK09-Y125A、XX102-ZK09-Y210A、XX102-ZK09-Y250A;EP-AC-V32A-SP/ES-AC-V32A-SP、ES-DC-V125A、ES-DC-V200A、ES-DC	深圳巴斯巴科技发展有限公司;乐清市八达光电科技股份有限公司;浙江鑫喜电子科技有限公司;常州中电新能电器科技有限公司;深圳容一电动科技有限公司	纯电动专用车	260	

续上表

电动汽车车载充电机生产企业 Manufacturer for Charger of Electric Vehicle	充电方式 Charging Mode	充电插头 Charger Plug 插座型号 Socket Model	充电插头 Charger Plug 插座生产企业 Socket Manufacturer	车辆名称配套车辆类型 Matching Vehicle Types	2018 年配套车型产量 x 小计(辆) Subtotal Output of Supported Odels in 2018 (Vehicle)	2018 年配套车型产量总计(辆) Total Output of Supported Odels in 2018 (Vehicle)
深圳市核达中远通电源技术股份有限公司;杭州铁城信息科技有限公司	具备交流充电;直流充电两种方式	XP01-C-V2/XR02-C-V2、XR61-C-V2、XR61-C-V3、XR61-C-V4;F08-690150-060W/F08-742050-06T、F08-730090-35T、F08-730090-70T;XX101-TZ07-Y32A/XX101-ZK07C-Y32A、 XX102-ZK09-Y125A、 XX102-ZK09-Y210A、XX102-ZK09-Y250A;EP-AC-V32A-SP/ES-AC-V32A-SP、ES-DC-V125A、ES-DC-V200A、ES	深圳巴斯巴科技发展有限公司;乐清市八达光电科技股份有限公司;浙江鑫喜电子科技有限公司;常州中电新能电器科技有限公司;深圳容一电动科技有限公司	纯电动专用车	100	3080
	具备交流充电;直流充电两种方式	XP01-C-V2/XR02-C-V2、XR61-C-V2、XR61-C-V3、XR61-C-V4;F08-690150-060W/F08-742050-06T、F08-730090-35T、F08-730090-70T	深圳巴斯巴科技发展有限公司;乐清市八达光电科技股份有限公司	纯电动专用车	128	
	具备交流充电;直流充电两种方式	XP01-C-V2/XR02-C-V2、XR61-C-V2、XR61-C-V3、XR61-C-V4;F08-690150-060W/F08-742050-06T、F08-730090-35T、F08-730090-70T;1202-01x-0008、1102-03x-0016、1102-03x-0018/1204-01x-0004、1104-03x-0003、1104-03x-0002	深圳巴斯巴科技发展有限公司;乐清市八达光电科技股份有限公司;深圳容一电动科技有限公司	纯电动专用车	7	
	具备交流充电;直流充电两种方式	XP01-C-V2/XR02-C-V2、XR61-C-V2、XR61-C-V3、XR61-C-V4;F08-690150-060W/F08-742050-06T、F08-730090-35T、F08-730090-70T;1202-01x-0008、1102-03x-0016、1102-03x-0018/1204-01x-0004、1104-03x-0003、1104-03x-0002;1104-03x-0020;EP-AC-V32A-SP/ES-AC-V32A-SP、ES-DC-V125A、ES-DC-	深圳巴斯巴科技发展有限公司;乐清市八达光电科技股份有限公司;深圳容一电动科技有限公司;常州中电新能电器科技有限公司	纯电动专用车	1	
	具备交流充电;直流充电两种方式	XP01-C-V2/XR02-C-V2、XR61-C-V2、XR61-C-V3、XR61-C-V4;F08-690150-060W/F08-742050-06T、 F08-730090-35T、 F08-730090-70T; XX101-TZ07-Y32A/XX101-ZK07C-Y32A、XX102-ZK09-Y125A、XX102-ZK09-Y250A;EP-AC-V32A-SP/ES-AC-V32A-SP、ES-DC-V125A、ES-DC-V200A、ES-DC-V250A	深圳巴斯巴科技发展有限公司;乐清市八达光电科技股份有限公司;浙江鑫喜电子科技有限公司;常州中电新能电器科技有限公司	纯电动专用车	488	
	具备交流充电;直流充电两种方式	XP01-C-V2/XR02-C-V2、XR61-C-V2、XR61-C-V3、XR61-C-V4;F08-690150-060W/F08-742050-06T、 F08-730090-35T、 F08-730090-70T; XX101-TZ07-Y32A/XX101-ZK07C-Y32A、XX102-ZK09-Y125A、XX102-ZK09-Y250A;EP-AC-V32A-SP/ES-AC-V32A-SP、ES-DC-V125A、ES-DC-V200A、ES-DC-V250A;1202-01x-0008	深圳巴斯巴科技发展有限公司;乐清市八达光电科技股份有限公司;浙江鑫喜电子科技有限公司;常州中电新能电器科技有限公司;深圳容一电动科技有限公司	纯电动专用车	55	
台达电子企业管理(上海)有限公司;法雷奥汽车内部控制(深圳)有限公司	恒流;恒功率充电	EVP-V-16A5;EVP Ⅱ-V-32A5-G/NDQC-7Z(16A-250/440V)-L G004;NDQ-9Z(250A-750V)-0 G002;NDQC-7Z(32A-250/440V)-L G002;NDQ-9Z(250A-750V)-0 G002	南京康尼新能源汽车零部件有限公司;中航光电科技股份有限公司	纯电动乘用车	2851	2851
苏州舜唐新能源电控设备有限公司	直流充电;交流充电	DC1-XTI125-35/RDC-ZI125(快充),RAC-TI16K-5A/RAC-ZI16F2-2A(慢充);YGC762-EV-P9P-125/YGC762-EV-S9RA-125(快充),YG196G-EVSE-691/G-16/YGC691C-EV-S7(5)RA-T-16(慢充)	四川瑞可达连接系统有限公司;四川永贵科技有限公司	纯电动专用车	101	2655
	直流充电;交流充电	YGC762-EV-P9P-125/YGC762-EV-S9RA-125(直流);YGC691C-EV-P7(5)P-32/YGC691C-EV-S7(5)RA-T-32(交流)	四川永贵科技有限公司	纯电动专用车	1	
	直流充电;交流充电	YGC762-EV-P9P-125/YGC762-EV-S9RA-125(直流),YGC691C-EV-P7(5)P-32/YGC691C-EV-S7(5)RA-T-32(交流)	四川永贵科技有限公司	纯电动专用车	1	
	先恒流;后恒压限流	慢充:NDQC-7T(32A-250/440V)/NDQC-7Z(32A-250/440V)-L;快充:NDQ-9Z(125A-750V)-L G005	慢充:中航光电科技股份有限公司;中航光电科技股份有限公司;快充:中航光电科技股份有限公司	纯电动乘用车	600	
	受控充电	直流插座:F08-630090-25L;交流插座:F08-660051-04L	乐清市八达光电科技股份有限公司	纯电动专用车	790	

续上表

电动汽车车载充电机生产企业 Manufacturer for Charger of Electric Vehicle	充电方式 Charging Mode	充电插头 Charger Plug 插座型号 Socket Model	充电插头 Charger Plug 插座生产企业 Socket Manufacturer	车辆名称配套车辆类型 Matching Vehicle Types	2018 年配套车型产量 x 小计(辆) Subtotal Output of Supported Odels in 2018 (Vehicle)	2018 年配套车型产量总计(辆) Total Output of Supported Odels in 2018 (Vehicle)
苏州舜唐新能源电控设备有限公司	恒流充电;恒压限流充电	NDQ-9Z(200A-750V)-L;QLZ-K125;14216151-03/14216655-03;NDQC-7T(32A-250/440V)/NDQC-7Z(32A-250/440V)-L;QLQ-M32/QLZ-M32;CQAGC323NNN001/CZAGC323ZDA001	中航光电科技股份有限公司;襄阳群龙汽车部件股份有限公司;深圳乔合里科技股份有限公司	纯电动专用车	3	2655
	恒流充电;恒功率充电	NDQ-9Z(125A-750V)-L;QLZ-K125;14216655-01 125A 750V DC;NDQC-7Z(32A-250/440V)-L;QLZ-M32;CZAGC323ZDA001	襄阳群龙汽车部件股份有限公司;深圳乔合里科技股份有限公司;中航光电科技股份有限公司;襄阳群龙汽车部件股份有限公司	纯电动专用车	12	
	恒流充电	插头:IGA-016TC/插座:IGA-016ZC/IGD-125ZC	山东英迈德电子科技有限公司	纯电动乘用车	1143	
	恒压限流充电	插头:NDQC-7T(16A-250/440V)/插座:NDQC-7Z(32A-250/440V)-L(交流);插座:NDQ-9Z(250A-750V)-L(直流)	中航光电科技股份有限公司	纯电动专用车	4	
江苏摩比斯汽车零部件有限公司	恒压充电;恒流充电	充电插头:NCC15-10002/插座:91996-E5100	江苏京信电子有限公司	插电式混合动力乘用车	1037	2573
	恒流充电;恒压充电	充电插头:220152/插座:210175	YURACORPORATION	插电式混合动力乘用车	1536	
科世达(上海)管理有限公司	交流传导充电	交流充电插头:EVPIV-V-16A5/EVPIV-V-16A5-G;交流充电插座:EVS-V-16A5-GHLD	南京康尼新能源汽车零部件有限公司	插电式混合动力乘用车	275	2554
	交流传导充电	交流充电插座:EVS-V-16A5-SC;交流充电插头:EVPIV-V-16A5;车辆插座:EVS-V-16A5-GHLD;交流充电插头:EVPIV-V-16A5-G	南京康尼新能源汽车零部件有限公司	插电式混合动力乘用车	52	
	交流传导充电	交流充电插座:EVS-V-16A5-SC/交流充电插头:EVPIV-V-16A5;车辆插座:EVS-V-16A5-GHLD	南京康尼新能源汽车零部件有限公司	插电式混合动力乘用车	142	
	交流充电;直流充电	EVPⅡ-V-16A5-G;EVS-V-16A5-GSF;EVS-4-125D9-GHD	南京康尼新能源汽车零部件有限公司	纯电动乘用车	1820	
	先恒功率充电;再恒压限流充电	XP01-C/XR02-C-V2;XR61-C-V3	深圳巴斯巴科技发展有限公司	纯电动乘用车	3	
	交流充电;直流充电	V2C-DSI-EV16P/NV4C-DSI-GEL-EV32S(慢充);EVS-4-125D9-S)(快充)	苏州工业园区多思达科技有限公司(慢充);南京康尼新能源汽车零部件有限公司(快充)	纯电动乘用车	262	
万都/Mando	恒压充电;恒流充电	NV4C-DSI-EV32P(交流插头)/NV4C-DSI-GEL-EV32S(交流插座),NV2-DSD-G-EV125S(直流插座)	张家港友诚科技机电有限公司	纯电动乘用车	1088	2458
	恒压充电;恒流充电	NV4C-DSI-EV32P(交流插头)/NV4C-DSI-GEL-EV32S(交流插座),NV2-DSD-G-EV200S(直流插座)	张家港友诚科技机电有限公司	纯电动乘用车	156	
	恒流;恒压限流充电	充电插头:XP01-C-V2;XP01-C-E2;XP01-C-V1/插座:XR02-C-V2;220175	充电插头:深圳巴斯巴科技发展有限公司;插座:深圳巴斯巴科技发展有限公司;YURACORPORATION	纯电动乘用车	1214	
深圳市欣瑞特科技有限公司;杭州铁城信息科技有限公司	先恒流后恒压	直流充电插座型号 KEC-DC-125-G9;交流充电插头/插座型号 KEC-AC-016-F5/KEC-AC-016-G5;直流充电插座型号 BENT-DC125-CZ9;交流充电插座型号 BENT-AC16-CZ5	温州凯业电器有限公司;江苏贝恩特汽配科技有限公司	纯电动专用车	2215	2215
TDK 株式会社	恒压限流充电	充电插头:CC-C-L2-16-300-B;充电插座:HPACI-M0L2T0-0	德尔福中央电气(上海)有限公司	插电式混合动力乘用车	1605	2152
	恒压限流充电	充电插头:CC-C-L2-16-300-B;充电插座:HPACI-M0L2T0-0	德尔福中央电气(上海)有限公司	插电式混合动力乘用车	547	
法雷奥汽车电气公司/Valeo Auto-Electric Hungary Ltd.	恒压充电;恒流充电	AD85O/2288553-4	MennekesSteckterGmbH;TycoElectronics	插电式混合动力乘用车	401	2064
	恒压充电;恒流充电	AD85O/2288553-4	MennekesSteckterGmbH;Tycoeletronic	插电式混合动力乘用车	1558	
	恒压充电;恒流充电	插头:AD85O/插座:31419098	插头:MennekesSteckerGmbH&Co. KG;插座:LEARCORPORATIONHUNGARYKFT	插电式混合动力乘用车	105	

续上表

电动汽车车载充电机生产企业 Manufacturer for Charger of Electric Vehicle	充电方式 Charging Mode	充电插头 Charger Plug 插座型号 Socket Model	充电插头 Charger Plug 插座生产企业 Socket Manufacturer	车辆名称配套车辆类型 Matching Vehicle Types	2018 年配套车型产量 x 小计(辆) Subtotal Output of Supported Odels in 2018 (Vehicle)	2018 年配套车型产量总计(辆) Total Output of Supported Odels in 2018 (Vehicle)
杭州富阳恒泰汽车电器有限公司;浙江迅捷电气科技有限公司	恒流充电	交流充电插头型号:NDQC-7T(16A-250/440V);交流充电插座型号:NDQC-7Z(16A-250/440V)-L;直流充电插座型号:NDQ-9Z(125A-750V)-L	中航光电科技股份有限公司	纯电动专用车	2005	2005
创驱(上海)新能源科技有限公司	恒流充电	慢充充电插头:RAC-TI16K-5A(瑞可达);YGC691C-EV-P7(5)P-16/1010(永贵);6801107021(沃尔);6808020101(沃尔);交流充电插座:680211310211(沃尔);RAC-ZI16F2-2A(瑞可达);YGC691C-EV -S7(5)RA-T-16(永贵);YGC691C-EV -S7(5)RB-T-16(永贵);直流充电插座:	慢充充电插头:苏州瑞可达连接系统股份有限公司;四川永贵科技有限公司;深圳市沃尔新能源电气科技有限责任公司;交流充电插座:深圳市沃尔新能源电气科技有限责任公司;苏州瑞可达连接系统股份有限公司;四川永贵科技有限公司;直流充电插座:深圳市沃尔新能源电气科技有限责任公司;苏州瑞可达连接系统股份有限公司;四川永贵科技有限公司	纯电动乘用车	1875	1992
	恒流充电	慢充充电插头:RAC-TI16K-5A(瑞可达)、YGC691C-EV-P7(5)P-16/1010(永贵)、6801107021(沃尔)、6808020101(沃尔),交流充电插座:680211310211(沃尔)、RAC-ZI16F2-2A(瑞可达)、YGC691C-EV -S7(5)RA-T-16(永贵)、YGC691C-EV -S7(5)RB-T-16(永贵);直流充电插座:6	慢充充电插头:苏州瑞可达连接系统股份有限公司;四川永贵科技有限公司;深圳市沃尔新能源电气科技有限责任公司;交流充电插座:四川永贵科技有限公司;苏州瑞可达连接系统股份有限公司;深圳市沃尔新能源电气科技有限责任公司;直流充电插座:四川永贵科技有限公司;苏州瑞可达连接系统股份有限公司;深圳市沃尔新能源电气科技有限责任公司	纯电动乘用车	117	
重庆长安新能源汽车有限公司;深圳欣锐科技股份有限公司;法雷奥汽车内部控制(深圳)有限公司	交流慢充;直流快充	直流充电插座型号:RDC-ZI125;交流充电插座型号:RAC-ZI16F2-2A;充电插头型号:F08-660150-020	直流充电插座生产企业:四川瑞可达连接系统有限公司;交流充电插座生产企业:四川瑞可达连接系统有限公司;充电插头生产企业:乐清市八达光电科技股份有限公司	纯电动乘用车	1144	1988
	交流慢充;直流快充	直流充电插座型号:RDC-ZI125;交流充电插座型号:RAC-ZI16F2-2A;充电插头型号:F08-660150-020;DQC-7T(16A-250/440V)	直流充电插座生产企业:四川瑞可达连接系统有限公司;重庆长安新能源汽车有限公司;交流充电插座生产企业:四川瑞可达连接系统有限公司;重庆长安新能源汽车有限公司;充电插头生产企业:乐清市八达光电科技股份有限公司;重庆长安新能源汽车有限公司	纯电动乘用车	844	
北汽福田汽车股份有限公司	先恒流后恒压	供应商1:八达插座型号:直流250A:F08-630090-70L;交流32A:F08-831200-06L。插头型号:直流250A:F08-630190-700W;交流32A:F08-690150-060W;供应商2:安费诺插座型号:直流250A:CS250C;交流32A:CSEVM32。插头型号:交流32A:CP32VN	供应商1:八达光电科技股份有限公司;供应商2:安费诺汽车连接系统(常州)有限公司	纯电动专用车	253	1986
	先恒流后恒压	供应商1:八达插座型号:直流250A:F08-630090-70L;交流32A:F08-831200-06L。插头型号:直流250A:F08-630190-700W;交流32A:F08-690150-060W;供应商2:安费诺插座型号:直流250A:CS250C;交流32A:CSEVM32。插头型号:交流32A:CP32VN	供应商1:乐清市八达光电科技股份有限公司;供应商2:安费诺汽车连接系统(常州)有限公司	燃料电池专用车	25	
	先恒流后恒压	供应商1:八达插座型号:直流250A:F08-630090-70L;交流32A:F08-831200-06L。插头型号:直流250A:F08-630190-700W;交流32A:F08-690150-060W;供应商2:安费诺插座型号:直流250A:CS250C;交流32A:CSEVM32。插头型号:交流32A:CP32VN;供应商3:瑞可达插座型号:直流250A:RDC-ZI250;交流32A:RAC-ZI32F。插头型号:直流250A:RDC-TI250;交流32A:RAC-2TI32;供应商4	供应商1:八达光电科技股份有限公司;供应商2:安费诺汽车连接系统(常州)有限公司;供应商3:苏州瑞可达连接系统股份有限公司;供应商4:深圳乔合理科技股份有限公司	纯电动专用车	1	
	具备快充;慢充两种充电方式	插座型号(直流250A):F08-630090-70L;插座型号(交流32A):F08-831200-06L;插座型号(直流250A):CS250C;插座型号(交流32A):CSEVM32	乐清市八达光电科技股份有限公司;安费诺汽车连接系统(常州)有限公司	纯电动专用车	2	
	具备快充;慢充两种充电方式	插座型号(直流250A):F08-630090-70L;插座型号(交流32A):F08-831200-06L;插座型号(直流250A):CS250C;插座型号(交流32A):CSEVM32	乐清市八达光电科技股份有限公司;安费诺汽车连接系统(常州)有限公司	纯电动专用车	105	

续上表

电动汽车车载充电机生产企业 Manufacturer for Charger of Electric Vehicle	充电方式 Charging Mode	充电插头 Charger Plug 插座型号 Socket Model	充电插头 Charger Plug 插座生产企业 Socket Manufacturer	车辆名称配套车辆类型 Matching Vehicle Types	2018年配套车型产量x小计(辆) Subtotal Output of Supported Odels in 2018 (Vehicle)	2018年配套车型产量总计(辆) Total Output of Supported Odels in 2018 (Vehicle)
北汽福田汽车股份有限公司	具备快充;慢充两种充电方式	插座型号(直流250A):F08-630090-70L;插座型号(交流32A):F08-831200-06L;插头型号(直流250A):F08-630190-700W;插头型号(交流32A):F08-690150-060W;;插座型号(直流250A):CS250C;插座型号(交流32A):CSEVM32;插头型号(交流32A):CP32VN	乐清市八达光电科技股份有限公司;安费诺汽车连接系统(常州)有限公司	纯电动客车	11	1986
	具备快充;慢充两种充电方式	插座型号(直流250A):F08-630090-70L;插座型号(交流32A):F08-831200-06L;插头型号(直流250A):F08-630190-700W;插头型号(交流32A):F08-690150-060W;插座型号(直流250A):CS250CLTFH50;插座型号(交流32A):CSEVM32FLTA;插头型号(交流32A):CP32VN	乐清市八达光电科技股份有限公司;安费诺汽车连接系统(常州)有限公司	纯电动专用车	86	
	具备快充;慢充两种充电方式	插座型号(直流250A):F08-630090-70L;插座型号(交流32A):F08-831200-06L;插座型号(直流250A):CS250C;插座型号(交流32A):CSEVM32	乐清市八达光电科技股份有限公司;安费诺汽车连接系统(常州)有限公司	纯电动乘用车	559	
	具备快充;慢充两种充电方式	插座型号(直流250A):F08-630090-70L;插座型号(交流32A):F08-831200-06L;插座型号(直流250A):CS250C;插座型号(交流32A):CSEVM32	乐清市八达光电科技股份有限公司;安费诺汽车连接系统(常州)有限公司	纯电动专用车	542	
	具备快充;慢充两种充电方式	供应商1:八达插座型号:直流250A:F08-630090-70L;交流32A:F08-831200-06L。插头型号:直流250A:F08-630190-700W;交流32A:F08-690150-060W;供应商2:安费诺插座型号:直流250A:CS250C;交流32A:CSEVM32。插头型号:交流32A:CP32VN;供应商3:瑞可达插座型号:直流250A:RDC-ZI250;交流32A:RAC-ZI32F。插头型号:直流250A:RDC-TI250;交流32A:RAC-2TI32;供应商4	供应商1:八达光电科技股份有限公司;供应商2:安费诺汽车连接系统(常州)有限公司;供应商3:苏州瑞可达连接系统股份有限公司;供应商4:深圳乔合理科技股份有限公司	纯电动专用车	402	
杭州欣锐科技有限公司;南京中港电力股份有限公司	恒功率充电	NDQC-7T(16A-250/440V)/NDQC-7Z(16A-250/440V)-L;NDQ-9Z(125A-750V)-L	中航光电科技股份有限公司	纯电动乘用车	1965	1965
石家庄迪龙科技有限公司	直流快充;交流慢充	HVCOF 16A/HVCOF 125A	安费诺精密连接器(深圳)有限公司	纯电动专用车	398	1936
	直流快充;交流慢充	HVCOM 16A/HVCOF 16A;HVCOF 125A	安费诺精密连接器(深圳)有限公司	纯电动专用车	800	
	先恒功率后恒压限流	—	—	纯电动专用车	10	
	交流慢充;直流快充	HVCOF 16A/HVCOF 125A	安费诺精密连接器(深圳)有限公司	纯电动专用车	532	
	恒流充电	交流插头:YDG16-SAE-P1;插座 YDG16-SAE-S1-N1;直流插头:YDG125-D-P1;插座:YDG125-D-S1	苏州怡达新能源科技有限公司	纯电动专用车	1	
	恒功率充电方式	NDQC-7T(16A-250/440V)/NDQC-7Z(16A-250/440V)-L;WOER-GB-C-AC16-05(插头)/680211310211(插座)	中航光电科技股份有限公司;深圳市沃尔新能源电气科技股份有限公司	纯电动专用车	105	
	恒功率充电方式	NDQC-7T(16A-250/440V)/NDQC-7Z(16A-250/440V)-L;WOER-GB-C-AC16-05(插头)/680211310211(插座)	中航光电科技股份有限公司;深圳市沃尔新能源电气科技股份有限公司	纯电动专用车	3	
	恒功率充电方式	NDQC-7T(16A-250/440V)/NDQC-7Z(16A-250/440V)-L;WOER-GB-C-AC16-05(插头)/680211310211(插座);NDQ-9Z(125A-750V)-L(直流插座);680411101052(直流插座)	中航光电科技股份有限公司;深圳市沃尔新能源电气科技股份有限公司	纯电动专用车	57	
	插接式	交流插头:YDG16-SAE-P1;插座 YDG16-SAE-S1-N1;直流插头:YDG125-D-P1;插座:YDG125-D-S1	苏州怡达新能源科技有限公司	纯电动专用车	30	

续上表

电动汽车车载充电机生产企业 Manufacturer for Charger of Electric Vehicle	充电方式 Charging Mode	充电插头 Charger Plug 插座型号 Socket Model	充电插头 Charger Plug 插座生产企业 Socket Manufacturer	车辆名称配套车辆类型 Matching Vehicle Types	2018 年配套车型产量 x 小计(辆) Subtotal Output of Supported Odels in 2018 (Vehicle)	2018 年配套车型产量总计(辆) Total Output of Supported Odels in 2018 (Vehicle)
科世达(上海)管理有限公司;深圳欣锐科技股份有限公司;深圳威迈斯电源有限公司;杭州富特科技股份有限公司;康舒电子(东莞)有限公司	慢充;快充	直流充电插座:EVS-4-250D9-S/交流充电插座:EVS-V-16A5-SB/交流充电插头:EVPIV-V-16A5;交流插座;EVS-V-16A5-GSLD/交流插头;EVPIV-V-16A5/直流插座;EVS-4-125D9-GS;直流充电插座 EVS-4-125D9-GHD/交流充电插座:EVS-V-32A5-GHLD/交流充电插头:EVPIV-V-16A5-G;直流充电插座:EVS-4-125D9-GS/交流充电插座:EVS-V-32A5-GSLD/交流充电插头:EVPIV-V-16A5-G	南京康尼新能源汽车零部件有限公司	纯电动乘用车	1936	1936
中航光电科技股份有限公司	恒流充电;恒功率充电;恒压充电	YGC691C-EV-P7(5)P-16; YGC691C-EV-S7(5)RA-T-16; YG762-EV-P9P-125; YGC762-EV-S9RA-125	四川永贵科技有限公司	纯电动专用车	66	1932
	恒流充电;恒功率充电;恒压充电	YGC691C-EV-P7(5)P-16; YGC691C-EV-S7(5)RA-T-16; YGC762-EV-P9P-125; YGC762-EV-S9RA-125	四川永贵科技有限公司	纯电动专用车	1866	
深圳欣锐科技股份有限公司;杭州奥蒂电控有限公司	先恒流再恒功率最后恒压	交流插头(选装):EVPⅡ-V-16A5-G;NDQC-7T-16A-1;RAC-TI16K-5A;交流插座(选装):EVS-V-16A5-GSC;NDQC-7Z(16A-250/440V)-L;RAC-ZI16F2-2A;直流插座;EVS-4-125D9-GS;NDQ-9Z(125A-750V)-L;RDC-ZI125	南京康尼新能源汽车零部件有限公司;中航光电科技股份有限公司;四川瑞可达连接系统有限公司	纯电动专用车	51	1816
	先恒流再恒功率最后恒压	交流插头(选装):EVPⅡ-V-16A5-G;RAC-TI16K-5A;交流插座(选装):EVS-V-16A5-GSC;RAC-ZI16F2-2A;直流插座:EVS-4-125D9-GS;RDC-ZI125	南京康尼新能源汽车零部件有限公司;四川瑞可达连接系统有限公司	纯电动专用车	1708	
	先恒流再恒功率最后恒压	交流插头:EVPⅡ-V-16A5-G;NDQC-7T-16A-1;RAC-TI16K-5A;交流插座:EVS-V-16A5-GSC;NDQC-7Z(16A-250/440V)-L; RAC-ZI16F2-2A; 直流插座: EVS-4-125D9-GS;NDQ-9Z(125A-750V)-L;RDC-ZI125	南京康尼新能源汽车零部件有限公司;中航光电科技股份有限公司;四川瑞可达连接系统有限公司	纯电动专用车	57	
杭州铁城信息科技有限公司;深圳市核达中远通电源技术股份有限公司;深圳市安能能源技术有限公司	先恒流后恒压式充电	慢充: RAC-2TI32/RAC-ZI32F; NDQC-7Z(32A-250/440V)-L; 快充插座: RDC-ZI125;EVS-4-125D9-S;NDQ-9Z(125A-750V)-L;RDC-XZI125-25-1.2A	慢充:四川瑞可达连接系统有限公司;中航光电科技股份有限公司;快充:四川瑞可达连接系统有限公司;南京康尼新能源汽车零部件有限公司;中航光电科技股份有限公司	纯电动专用车	834	1622
	先恒流后恒压式充电	慢充: RAC-2TI32/RAC-ZI32F; NDQC-7Z(32A-250/440V)-L; 快充插座: RDC-ZI125;NDQ-9Z(125A-750V)-L	慢充:四川瑞可达连接系统有限公司;中航光电科技股份有限公司;快充:四川瑞可达连接系统有限公司;中航光电科技股份有限公司	纯电动专用车	240	
	先恒流后恒压式充电	慢充: RAC-2TI32/RAC-ZI32F; NDQC-7Z(32A-250/440V)-L; 快充插座: RDC-ZI125;NDQ-9Z(125A-750V)-L;RDC-XZI125-25-1.2A	慢充:四川瑞可达连接系统有限公司;中航光电科技股份有限公司;快充:四川瑞可达连接系统有限公司;中航光电科技股份有限公司;四川瑞可达连接系统有限公司	纯电动专用车	348	
	先恒流后恒压式充电	慢充: RAC-2TI32/RAC-ZI32F; NDQC-7Z(32A-250/440V)-L; 快充插座: RDC-ZI125;NDQ-9Z(125A-750V)-L,RDC-ZI125	慢充:四川瑞可达连接系统有限公司;中航光电科技股份有限公司;快充:四川瑞可达连接系统有限公司;中航光电科技股份有限公司;四川瑞可达连接系统有限公司	纯电动专用车	200	
比亚迪汽车工业有限公司;深圳欣锐科技股份有限公司	DC;AC	DC:C010003;AC:HPACI-M0L2T0-0-B;HPACI-M0L2T0-0-E	DC:LSCABLE&SYSTEM(WUXI)CO.;LTD(乐星电缆(无锡)有限公司);AC:DelphiPackardElectricSystemsCo.;Ltd(德尔福派克电气系统有限公司)	纯电动乘用车	709	1610
	DC;AC	DC:C010003;AC:HPACI-M0L2T0-0-B;HPACI-M0L2T0-0-E	DC:LSCABLE&SYSTEM(WUXI)CO.;LTD(乐星电缆(无锡)有限公司);AC:DelphiPackardElectricSystemsCo.;Ltd(德尔福派克电气系统有限公司)	纯电动乘用车	901	
张家港市华为电子有限公司;浙江迅捷电气科技有限公司;舜唐新能源电控设备有限公司	先恒流后恒压	交流: CEBEA-ev16-1-CT/(江苏); CEBEA-ev16-CT/CEBEA-ev16-CZ(江苏); NDQC-7T(16A-250/440V)/NDQC-7Z(16A-250/440V)-L(中航);直流:/CEBEA-DC125-CZ(江苏);/NDQ-9Z(125A-750V)-L(中航)	江苏西比亚新能源科技有限公司;中航光电科技股份有限公司	纯电动专用车	1600	1600

续上表

电动汽车车载充电机生产企业 Manufacturer for Charger of Electric Vehicle	充电方式 Charging Mode	充电插头 Charger Plug 插座型号 Socket Model	充电插头 Charger Plug 插座生产企业 Socket Manufacturer	车辆名称配套车辆类型 Matching Vehicle Types	2018 年配套车型产量 x 小计（辆） Subtotal Output of Supported Odels in 2018（Vehicle）	2018 年配套车型产量总计（辆） Total Output of Supported Odels in 2018（Vehicle）
珠海英博尔电气有限公司；杭州铁城信息科技有限公司；杭州富特科技股份有限公司	三段式充电：初段恒流充电；二段恒压充电；三段涓流浮冲	CEBEA-ev16-CT/CEBEA-ev16-CZ；CEBEA-DC200-CT	江苏西比亚新能源科技有限公司	纯电动乘用车	600	1596
	三段式充电：初段恒流充电；二段恒压充电；三段涓流浮冲	CEBEA-ev16-CT/CEBEA-ev16-CZ；CEBEA-DC200-CZ	江苏西比亚新能源科技有限公司	纯电动乘用车	996	
常州市武进红光无线电有限公司	交流充电（慢充）	XP01-C-V1/XR02-C-V1	深圳巴斯巴科技发展有限公司	纯电动专用车	1000	1291
	交流充电（慢充）	XP01-C-V1/XR02-C-V1； XX101-TZ07C-Y16B/XX101-ZK07C-Y16A； JBT16-2TJ/JBT16-2ZK	深圳巴斯巴科技发展有限公司；浙江鑫喜电子科技有限公司；杭州玖柏图电气有限公司	纯电动专用车	51	
	初始恒流充电；达到截止电压后降流充电	YGC691C-EV-P7（5）P-16/YGC691C-EV-S7（5）RB-T-16；RAC-TI16K-5A/RAC-ZI16F2-2A	四川永贵科技有限公司；四川瑞可达连接系统有限公司	纯电动乘用车	240	
科世达（上海）管理有限公司；上海欣锐电控技术有限公司	慢充；快充	交流充电插头：EVPIV-V-16A5/EVPIV-V-16A5-G；交流充电插座：EVS-V-32A5-GHLD；直流充电插座：EVS-4-125D9-GHD/EVS-4-250D9-GHD	南京康尼新能源汽车零部件有限公司	纯电动乘用车	1224	1224
珠海英博尔电气有限公司；杭州汉克电源有限公司；张家港市华为电子有限公司	三段式充电：初段恒流充电；二段恒压充电；三段涓流浮冲	V2C-DSI-EV16P/V2C-DSI-GEL-EV16S；CEBEA-ev16-CT/CEBEA-ev16-CZ	张家港友诚科技机电有限公司；江苏西比亚新能源科技有限公司	纯电动乘用车	1203	1203
杭州奥蒂电控有限公司；珠海英搏尔电气股份有限公司	慢充；快充	RAC-TI16K-5A；RAC-2TI32；RDC-ZI125；RAC-ZI132F；6808020101；6801107031；680411101052；680211310311；XX101-TZ07C-Y16B；XX101-TZ07-Y32A；XX101-ZK07C-Y32A；XX102-ZK09-Y125A；车辆插头：TXJL-Q91361122，车辆插座：TXJL-Z91361122	四川瑞可达连接系统有限公司；深圳市沃尔新能源电气科技有限责任公司；江西聚力新能源科技有限公司	纯电动乘用车	1129	1129
杭州富特科技股份有限公司；石家庄迪龙科技有限公司；杭州奥蒂电控有限公司	车载；CAN 通讯	慢充：NV3C-DSI-EV16P/V2C-DSI-G-EV16S；XP01-C-V1/XR02-C-V1；快充：NDQ-9Z（80A-750V）-L；XR61-C-V1	慢充：张家港友诚新能源科技股份有限公司；深圳巴斯巴科技发展有限公司；快充：中航光电科技股份有限公司；深圳巴斯巴科技发展有限公司	纯电动乘用车	1077	1077
洛阳嘉盛电源科技有限公司	先恒流再恒功率最后恒压；在充电的不同阶段会出现恒流或恒压两种充电方式；恒功率充电；在充电的不同阶段会出现恒流；恒功率；恒压三种充电方式	车辆插头：RAC-2TI32/车辆插座：RAC-ZI32F；插头：RDC-TI250/插座：RDC-ZI250；插头：F08-742050-06T/插座：F08-520150-040；插座：F08-630090-50L；车辆插座：DC1-XZI250	苏州瑞可达连接系统股份有限公司；乐清市八达光电科技股份有限公司；苏州瑞可达连接系统股份有限公司	纯电动专用车	2	1076
	三段式充电方式	NDQ-9Z（125A-750V）-L；NDQ-9Z（250A-750V）-L；DC1-XTI125-35/RDC-ZI125	中航光电科技股份有限公司；中航光电科技股份有限公司；苏州瑞可达连接系统股份有限公司	纯电动专用车	1	
	恒流或恒压或脉冲充电	14216151-03/14216655-03；RDC-TI250/RDC-ZI250；NDQ-9Z（250A-750V）-L；NDQC-7Z（32A-250/440V）-L；CS32；NDQC-7Z（16A-250/440V）-L；CS16	深圳乔合里科技股份有限公司；四川瑞可达连接系统有限公司；中航光电科技股份有限公司；安费诺-泰姆斯（常州）通讯设备有限公司；	纯电动专用车	278	
	恒流或恒压或脉冲充电	RDC-TI250/RDC-ZI250；NDQ-9Z（250A-750V）-L；NDQC-7Z（32A-250/440V）-L；CS32；NDQC-7Z（16A-250/440V）-L；CS16	四川瑞可达连接系统有限公司；中航光电科技股份有限公司；安费诺-泰姆斯（常州）通讯设备有限公司	纯电动专用车	1	
	恒流充电	RDC-TI250/RDC-ZI250；NDQ-9Z（250A-750V）-L；NDQC-7Z（32A-250/440V）-L；CS32	四川瑞可达连接系统有限公司；中航光电科技股份有限公司；安费诺-泰姆斯（常州）通讯设备有限公司	燃料电池专用车	100	
	恒流充电	RDC-TI250/RDC-ZI250；NDQ-9Z（250A-750V）-L；NDQC-7Z（32A-250/440V）-L；CS32；NDQ-9Z（125A-750V）-L	四川瑞可达连接系统有限公司；中航光电科技股份有限公司；安费诺-泰姆斯（常州）通讯设备有限公司	燃料电池专用车	600	
	BMS 控制充电	14216151-03/14216655-03；RDC-TI250/RDC-ZI250；NDQ-9Z（250A-750V）-L；NDQC-7Z（32A-250/440V）-L；CS32；NDQC-7Z（16A-250/440V）-L；CS16	深圳乔合里科技股份有限公司；四川瑞可达连接系统有限公司；中航光电科技股份有限公司；安费诺-泰姆斯（常州）通讯设备有限公司	纯电动专用车	71	

续上表

电动汽车车载充电机生产企业 Manufacturer for Charger of Electric Vehicle	充电方式 Charging Mode	充电插头 Charger Plug 插座型号 Socket Model	充电插头 Charger Plug 插座生产企业 Socket Manufacturer	车辆名称配套车辆类型 Matching Vehicle Types	2018年配套车型产量x小计(辆) Subtotal Output of Supported Odels in 2018 (Vehicle)	2018年配套车型产量总计(辆) Total Output of Supported Odels in 2018 (Vehicle)
洛阳嘉盛电源科技有限公司	BMS 控制充电	14216151-03/14216655-03；RDC-TI250/RDC-ZI250；NDQ-9Z（250A-750V）-L；NDQC-7Z(32A-250/440V)-L；CS32；NDQC-7Z(16A-250/440V)-L；CS16；NDQ-9Z(125A-750V)-L	深圳乔合里科技股份有限公司；四川瑞可达连接系统有限公司；中航光电科技股份有限公司；安费诺-泰姆斯（常州）通讯设备有限公司	纯电动专用车	23	1076
深圳市欣瑞特科技有限公司；杭州铁城信息科技有限公司；杭州富特科技股份有限公司	先恒流后恒压	直流充电插座型号 KEC-DC-125-G9 交流充电插头/插座型号 KEC-AC-016-F5/KEC-AC-016-G5；直流充电插座型号 CS06；交流充电插头/插座型号 CP16/CS16；直流充电插座型号 NDQ-9Z(125A-750V)-L；交流充电插头/插座型号 NDQC-7T(16A-250/440V)/NDQC-7Z(16A-250/440V)-L	温州凯业电器有限公司；安费诺-泰姆斯（常州）通讯设备有限公司；中航光电科技股份有限公司	纯电动专用车	382	979
	先恒流后恒压	直流充电插座型号 KEC-DC-125-G9 交流充电插头/插座型号 KEC-AC-016-F5/KEC-AC-016-G5；直流充电插座型号 CS06；交流充电插头/插座型号 CP16/CS16；直流充电插座型号 NDQ-9Z(125A-750V)-L；交流充电插头/插座型号 NDQC-7T(16A-250/440V)/NDQC-7Z(16A-250/440V)-L；直流充电插头型号：BENT-DC250-G9/BENT-DC200-G9/BENT-DC125-G9/BENT-DC80-G9 直流充电插座型号：	温州凯业电器有限公司；安费诺-泰姆斯（常州）通讯设备有限公司；中航光电科技股份有限公司；江苏贝恩特汽配科技有限公司	纯电动专用车	597	
郑州中电新能源汽车有限公司	先恒流后恒压	交流：插头 NDQC-7T-16A-1/插座 NDQC-7Z(16A-250/440V)-L；直流：插座 NDQ-9Z(125A-750V)-L	中航光电科技股份有限公司	纯电动专用车	300	892
	恒流限压充电	EVPⅡ-V-32A5-G；CP32/EVS-V-32A5-GSLD；CS32；EVS-4-125D9-GS；CS06	南京康尼科技实业有限公司；安费诺-泰姆斯（常州）通讯设备有限公司	纯电动专用车	592	
郑州比克新能源汽车有限公司	交流充电；直流充电	交流充电接口：YGC691G/C-EV-P7(5)P/PW-32，YGC691C-EV-S7(5)RA-T-32；直流充电接口：YGC762-EV-S9RA-125，YGC762-EV-P9P-125	四川永贵科技有限公司	纯电动专用车	222	853
	交流充电；直流充电	交流充电接口：YGC691G/C-EV-P7(5)P/PW-32，YGC691C-EV-S7(5)RA-T-32；直流充电接口：YGC762-EV-S9RA-125，YGC762-EV-P9P-125	四川永贵科技有限公司	纯电动专用车	25	
	交流充电；直流充电	交流充电接口：YGC691G/C-EV-P7(5)P/PW-32；YGC691C-EV-S7(5)RA-T-32；直流充电接口：YGC762-EV-S9RA-125；YGC762-EV-P9P-125	四川永贵科技有限公司	纯电动专用车	600	
	交流充电；直流充电	交流充电接口：YGC691G/C-EV-P7(5)P/PW-32/YGC691C-EV-S7(5)RA-T-32；6801107031/680211310311；直流充电接口：YGC762-EV-S9RA-125/YGC762-EV-P9P-125	四川永贵科技有限公司；深圳市沃尔新能源电气科技有限责任公司	纯电动专用车	4	
	交流充电；直流充电	交流充电接口：YGC691G/C-EV-P7(5)P/PW-32/YGC691C-EV-S7(5)RA-T-32；6801107031/680211310311；直流充电接口：YGC762-EV-S9RA-125/YGC762-EV-P9P-125	四川永贵科技有限公司；深圳市沃尔新能源电气科技有限责任公司	纯电动专用车	2	
杭州铁城信息科技有限公司；安徽聚捷汽车电子有限公司	恒压限流充电	交流：插头：HV18-ACT-1B25-4000/插座：HV18-ACZ-1225-3600TG；交流：插头：LDAC-016CT/IC-CPD/插座：LDAC-032CZ	临沂市海纳电子有限公司；山东龙立电子有限公司	纯电动乘用车	802	802
珠海英搏尔电气股份有限公司；杭州铁城信息科技有限公司	恒流恒压	YG196G-EVSE-691/G-16/YGC691C-EV-S7(5)RA-N-16；YGC691G/C-EV-P7(5)P/PW-16/YGC691C-EV-S7(5)RA-T-16；DYL16-7TJ-A/DYL16-7TJ-C/DYL16-7ZK-A	四川永贵科技有限公司；浙江中杭电子有限公司	纯电动乘用车	801	801
深圳核达中远通电源技术有限公司；深圳威迈斯电源有限公司	恒流恒压恒功率	慢充：RAC-TI16K-5A/RAC-ZI16F2-2A；插头：YG196G-EVSE-691/G-16；YGC691G/C-EV-P7(5)P/PW-32；插座：YGC691C-EV-S7(5)RA-T-32；快充插座：RDC-ZI125；680411101072；YGC762-EV-S9RA-200	慢充：四川瑞可达连接系统有限公司；四川永贵科技有限公司；快充插座：四川瑞可达连接系统有限公司；深圳市沃尔新能源电气科技有限责任公司；四川永贵科技有限公司	纯电动乘用车	68	785

续上表

电动汽车车载充电机生产企业 Manufacturer for Charger of Electric Vehicle	充电方式 Charging Mode	充电插头 Charger Plug 插座型号 Socket Model	充电插头 Charger Plug 插座生产企业 Socket Manufacturer	车辆名称配套车辆类型 Matching Vehicle Types	2018 年配套车型产量 x 小计（辆） Subtotal Output of Supported Odels in 2018 (Vehicle)	2018 年配套车型产量总计（辆） Total Output of Supported Odels in 2018 (Vehicle)
深圳核达中远通电源技术有限公司；深圳威迈斯电源有限公司	恒流恒压恒功率	慢充插头：RAC-TI16K-5A/RAC-ZI16F2-2A；YG196G-EVSE-691/G-16；YGC691G/C-EV-P7(5)P/PW-32；XWAC-032C/GT；慢充插座：YGC691C-EV-S7(5)RA-T-32；XWAC-032LCZ；快充插座：RDC-ZI125；680411101072；YGC762-EV-S9RA-200；XWDC-250CZX1	慢充插头：四川瑞可达连接系统有限公司；四川永贵科技有限公司；陕西心网新能源科技有限公司；慢充插座：四川永贵科技有限公司；快充插座：四川瑞可达连接系统有限公司；深圳市沃尔新能源电气科技有限责任公司；四川永贵科技有限公司；陕西心网新能源科技有限公司	纯电动乘用车	717	785
深圳威迈斯电源有限公司；深圳欣锐科技股份有限公司	先恒流后恒压充电	LDAC-016CT(交流插头)；YGC691C-EV-P7(5)PW-16(交流插头)/YGC691C-EV-S7(5)RA-T-32(交流插座)；YGC691C-EV-S7(5)RB-T-32(交流插座)；NDQC-7Z(32A-250；440V)-L G002(交流插座)；YGC762-EV-S9RA-125(直流插座)；YGC762-EV-S9RB-125(直流插座)；NDQ-9Z(125A-750V)-L(直流插座)；LCS-125L(直流插座)	山东龙立电子有限公司(交流插头)；四川永贵科技有限公司(交流插头)；四川永贵科技有限公司(交流插座)；中航光电科技股份有限公司(交流插座)；四川永贵科技有限公司(直流插座)；中航光电科技股份有限公司(直流插座)；广东林一新能源科技有限公司(直流插座)	纯电动乘用车	692	692
深圳欣锐科技股份有限公司；杭州铁城信息科技有限公司；杭州富特科技股份有限公司	先恒流后恒压	CP16E/CS16；NDQC-7T(16A-250/440V)/NDQC-7Z(16A-250/440V)-L；CS06	安费诺-泰姆斯(常州)通讯设备有限公司；中航光电科技股份有限公司；安费诺-泰姆斯(常州)通讯设备有限公司	纯电动专用车	320	674
	先恒流后恒压	CP16E/CS16；NDQC-7T(16A-250/440V)/NDQC-7Z(16A-250/440V)-L；CS06	安费诺-泰姆斯(常州)通讯设备有限公司；中航光电科技股份有限公司；安费诺-泰姆斯(常州)通讯设备有限公司	纯电动专用车	53	
	先恒流后恒压	CP16E/CS16；NDQC-7T(16A-250/440V)/NDQC-7Z(16A-250/440V)-L；CS06	安费诺-泰姆斯(常州)通讯设备有限公司；中航光电科技股份有限公司	纯电动专用车	301	
深圳欣锐科技股份有限公司；杭州奥蒂电控有限公司；深圳市安能能源技术有限公司	先恒流后恒压式充电	慢充：RAC-ZI32F；NDQC-7Z(32A-250/440V)-L；快充：RDC-ZI125；NDQ-9Z(125A-750V)-L	慢充：四川瑞可达连接系统有限公司；中航光电科技股份有限公司；快充：四川瑞可达连接系统有限公司；中航光电科技股份有限公司	纯电动专用车	390	637
	先恒流后恒压式充电	慢充：RAC-ZI32F；NDQC-7Z(32A-250/440V)-L；快充：RDC-ZI125；NDQ-9Z(125A-750V)-L	慢充：四川瑞可达连接系统有限公司；中航光电科技股份有限公司；快充：四川瑞可达连接系统有限公司；中航光电科技股份有限公司	纯电动专用车	247	
威海天力电源有限公司	恒流恒压充电	插头：YDG16-SAV-P1/插座：YDG16-SAV-S1-N1	苏州怡达新能源科技有限公司	纯电动乘用车	600	629
	传导式	Y-60/Y-60H	怡达电气(苏州)有限公司	纯电动专用车	26	
	插电式	DCG1211-130-XX00	湖北智轩科技有限公司	纯电动专用车	3	
襄阳群龙汽车部件股份有限公司	直流充电；交流充电	交流：YGC691C-EV-P7(5)P-16/YGC691C-EV-S7(5)RA-T-16；直流：YGC762-EV-S9RA-125	四川永贵科技有限公司	纯电动专用车	241	599
	恒压限流充电	XP01-C-V1/XR02-C-V1；XR61-C-V1	深圳巴斯巴科技发展有限公司	纯电动专用车	1	
	恒压限流充电	直流车辆插座型号 CS06 交流车辆插头型号 CP16/插座型号 CS16	安费诺-泰姆斯(常州)通讯设备有限公司	纯电动专用车	356	
	恒压限流充电	直流车辆插座型号 CS06 交流车辆插头型号 CP16/插座型号 CS16	安费诺-泰姆斯(常州)通讯设备有限公司	纯电动专用车	1	
杭州富阳恒泰汽车电器有限公司	先恒流后恒压	KEC-AC-016-F5/H05-0706F-A04-W	湖南杰尼新能源科技有限公司；武汉合康亿盛电气连接系统有限公司	纯电动专用车	203	533
	交流充电	KEC-AC-016-F5/H05-0706F-A04-W	湖南杰尼新能源科技有限公司；武汉合康亿盛电气连接系统有限公司	纯电动专用车	7	
	交流；直流	交流充电插头：WM-CAD2-G16AA；交流插座：DYL16-7ZK-A；直流插座：DYL21-9ZK-125A	浙江万马集团特种电子电缆有限公司；浙江中杭电子有限公司；杭州泰宏新能源技术有限公司	纯电动专用车	323	
台达电子企业管理(上海)有限公司；法雷奥西门子新能源汽车(深圳)有限公司	恒流；恒功率充电	EVP-V-16A5；EVP Ⅱ-V-32A5-G/NDQC-7Z(16A-250/440V)-L G004；NDQ-9Z(250A-750V)-0 G002；NDQC-7Z(32A-250/440V)-L G002；NDQ-9Z(250A-750V)-0 G002	南京康尼新能源汽车零部件有限公司；中航光电科技股份有限公司	纯电动乘用车	533	533

续上表

电动汽车车载充电机生产企业 Manufacturer for Charger of Electric Vehicle	充电方式 Charging Mode	充电插头 Charger Plug 插座型号 Socket Model	充电插头 Charger Plug 插座生产企业 Socket Manufacturer	车辆名称配套车辆类型 Matching Vehicle Types	2018 年配套车型产量 x 小计(辆) Subtotal Output of Supported Odels in 2018 (Vehicle)	2018 年配套车型产量总计(辆) Total Output of Supported Odels in 2018 (Vehicle)
杭州铁城信息科技有限公司;杭州杰能动力有限公司	恒流充电;恒流充电	交流模式一充电枪:BCG-AVP-8A-S-003;交流模式二控制盒:BCG-EVE-1C-G1-022;交流 16A 充电插座:BCG-AVR-2A-SN-0016;直流充电插座总成:BCG-DVR-1D-0110;电动汽车交流充电接口车辆插头:EVP-3-16A5;车辆插座:EVS-V-16A5-SC;电动汽车直流充电接口:EVS-4-250D9-S(选装快充);交流插座:C&BHVFSS16S;直流插座:C&BHVFSF125	深圳巴斯巴科技发展有限公司;南京康尼新能源汽车零部件有限公司;深圳市凯瑞博新能源汽车部件有限公司	纯电动乘用车	509	509
台达电子企业管理(上海)有限公司;深圳市大地和电气股份有限公司	恒流充电	慢充充电插头:EVP II-V-16A5-G(康尼)、6808020101(沃尔)慢充充电插座:CS32(安费诺)、680211310311(沃尔)快充充电插座:CS06(安费诺)、680411101052(沃尔)	慢充充电插头:南京康尼新能源汽车零部件有限公司;深圳市沃尔新能源电气科技有限责任公司;慢充充电插座:安费诺-泰姆斯(常州)通讯设备有限公司;安费诺汽车连接系统(常州)有限公司;深圳市沃尔新能源电气科技有限责任公司;快充充电插座:安费诺-泰姆斯(常州)通讯设备有限公司;安费诺汽车连接系统(常州)有限公司;深圳市沃尔新能源电气科技有限责任公司	纯电动乘用车	68	502
	恒流充电	慢充充电插头:EVP II-V-16A5-G(康尼)、6808020101(沃尔);慢充充电插座:CS32(安费诺)、680211310311(沃尔);快充插座:CS06(安费诺)、680411101052(沃尔)	慢充充电插头:南京康尼新能源汽车零部件有限公司;深圳市沃尔新能源电气科技有限责任公司;慢充充电插座:安费诺-泰姆斯(常州)通讯设备有限公司;安费诺汽车连接系统(常州)有限公司;深圳市沃尔新能源电气科技有限责任公司;快充充电插座:安费诺-泰姆斯(常州)通讯设备有限公司;安费诺汽车连接系统(常州)有限公司;深圳市沃尔新能源电气科技有限责任公司	纯电动乘用车	51	
	恒流充电	慢充充电插头:EVP II-V-16A5-G(康尼)、6808020101(沃尔);慢充充电插座:CS32(安费诺)、680211310311(沃尔);快充充电插座:CS06(安费诺)、680411101052(沃尔)	慢充充电插头:南京康尼新能源汽车零部件有限公司;深圳市沃尔新能源电气科技有限责任公司;慢充充电插座:安费诺-泰姆斯(常州)通讯设备有限公司;安费诺汽车连接系统(常州)有限公司;深圳市沃尔新能源电气科技有限责任公司;快充充电插座:安费诺-泰姆斯(常州)通讯设备有限公司;安费诺汽车连接系统(常州)有限公司;深圳市沃尔新能源电气科技有限责任公司	纯电动乘用车	383	
深圳市聚马新能源汽车科技有限公司	插电式	交流插头 QEC-5T16WA、插座 QEC-5Z16SCA,直流插座 QED-9Z125WCA;交流插头 HVCO-M16、插座 HVCO-F16,直流插座 HVCO-F125;交流 RAC-ZI16F2-2A,RAC-TI16K-5A,直流 RDC-ZI125	深圳市通茂电子有限公司;成都晨风绿能电气技术有限公司;四川瑞可达连接系统有限公司	纯电动专用车	484	484
成都联腾动力控制技术有限公司	恒压限流充电	交流:YGC691C-EV-P7(5)P-16/YGC691C-EV-S7(5)RA-T-32;XP01-C-V1/XR02-C-V2;直流:YGC762-EV-S9RA-125;XR61-C-V2	四川永贵科技有限公司;深圳巴斯巴科技发展有限公司	纯电动乘用车	330	481
	恒压限流充电	交流:YGC691C-EV-P7(5)P-16/YGC691C-EV-S7(5)RA-T-16;直流插座 YGC762-EV-S9RA-125	四川永贵科技有限公司	纯电动乘用车	150	
	恒压限流充电	交流:YGC691C-EV-P7(5)P-16/YGC691C-EV-S7(5)RA-T-16;直流插座 YGC762-EV-S9RA-125	四川永贵科技有限公司	纯电动乘用车	1	
杭州铁城信息科技有限公司;杭州奥蒂电控有限公司	交流慢充;直流快充	NDQC-7T(16A-250/440V);NDQC-7Z(16A-250/440V)-R;NDQ-9Z(125A-750V)-R;HVCO-F16;HVCO-F125;HVCO-M16;EVS-V-16A5-GSC;EVS-4-125D9-GS;EVP Ⅱ-V-16A5-G;DYL21-9ZK-125A;DYL16-7ZK;DYL16-7TJ;1204-01X-0001;1104-03X-0002;1202-01X-0012	中航光电科技股份有限公司;成都晨风绿能电气技术有限公司;南京康尼新能源汽车零部件有限公司;杭州泰宏新能源技术有限公司;深圳容一电动科技有限公司	纯电动专用车	460	460
杭州富特科技股份有限公司;惠州市阳光能动新能源科技有限公司	先恒流后恒功率;先恒流后恒功率	插头型号:HV18-ACT-1B25-5000;KEC-AC-016-F/插座型号:HV18-ACZ-1225-3600TG;KEC-AC-016-G	慢充:临沂市海纳电子有限公司;湖南杰尼新能源科技有限公司	纯电动乘用车	401	409
	先恒流后恒功率	插头型号:HV18-ACT-3B60-5000(海纳);KEC-AC-032-F5(杰尼);KEC-AP-032-F5(杰尼);插座型号:HV18-ACZ-0360-3600TG(海纳);KEC-AC-032-G5(杰尼);快充:插座型号:HV18-DCZ(海纳);KEC-DC-125-G(杰尼)	慢充:临沂市海纳电子有限公司;湖南杰尼新能源科技有限公司;快充:插座:临沂市海纳电子有限公司;湖南杰尼新能源科技有限公司	纯电动乘用车	8	

续上表

电动汽车车载充电机生产企业 Manufacturer for Charger of Electric Vehicle	充电方式 Charging Mode	充电插头 Charger Plug 插座型号 Socket Model	充电插头 Charger Plug 插座生产企业 Socket Manufacturer	车辆名称配套车辆类型 Matching Vehicle Types	2018 年配套车型产量 x 小计（辆） Subtotal Output of Supported Odels in 2018 (Vehicle)	2018 年配套车型产量总计（辆） Total Output of Supported Odels in 2018 (Vehicle)
深圳欣锐科技股份有限公司;杭州铁城信息科技有限公司;深圳市核达中远通电源技术股份有限公司;厦门马恒达汽车零部件有限公司	在充电的不同阶段会出现恒流或恒压两种充电方式	插头:XX101-TZ07C-Y16B/插座:XX101-ZK07C-Y16A;插头:XX101-TZ07-Y32A/插座:XX101-ZK07C-Y32A;插座:XX102-ZK09-Y125A;插头:YGC691G/C-EV-P7(5)P/PW-16/插座:YGC691C-EV-S7(5)RA-T-16;插头:YGC691G/C-EV-P7(5)P/PW-32/插座:YGC691C-EV-S7(5)RA-T-32;插座:YGC762-EV-S9RA-125;插头:HVCOM(32A)/插座:HVCOF	浙江鑫喜电子科技有限公司;四川永贵科技有限公司;安费诺精密连接器(深圳)有限公司	纯电动专用车	408	408
珠海英博尔电气有限公司;杭州铁城信息科技有限公司	三段式充电:初段恒流充电;二段恒压充电;三段涓流浮冲	CEBEA-ev16-CT/CEBEA-ev16-CZ	江苏西比亚新能源科技有限公司	纯电动乘用车	400	400
深圳欣锐科技有限公司;深圳市核达中远通电源技术股份有限公司	恒流充电	交流:(插头);GVL-T-440063-A1(插座);XR02-C-V3(插座)/直流:(插头);GVL-D-750125-A1(插座);GVL-D-750250-A1(插座);XR61-C-V3(插座)	交流:(插头);比亚迪汽车工业有限公司(插座);深圳巴斯巴科技发展有限公司(插座);直流:(插头);比亚迪汽车工业有限公司(插座);深圳巴斯巴科技发展有限公司(插座)	纯电动专用车	385	392
	恒流充电	交流:(插头);GVL-T-440063-A1(插座);XR02-C-V3(插座)/直流:(插头);GVL-D-750250-A1(插座);XR61-C-V3(插座)	交流:(插头);比亚迪汽车工业有限公司(插座);深圳巴斯巴科技发展有限公司(插座);直流:(插头);比亚迪汽车工业有限公司(插座);深圳巴斯巴科技发展有限公司(插座)	纯电动专用车	7	
深圳欣锐科技股份有限公司;杭州铁城信息科技有限公司	恒流;恒压	交流:XP01-C-V1/XR02-C-V1;XP02-C-V1/XR02-C-V1;直流:XR61-C-V2	深圳巴斯巴科技发展有限公司	纯电动乘用车	371	391
	恒流;恒压	交流:XP01-C-V1/XR02-C-V1;XP02-C-V1/XR02-C-V1;直流:XR61-C-V2	深圳巴斯巴科技发展有限公司	纯电动专用车	20	
杭州富特科技股份有限公司;杭州铁城信息科技有限公司;深圳欣锐科技股份有限公司	恒压限流	RAC-TI16K-5A/RAC-ZI16F2-2A;DYL16-7TJ/DYL16-7ZK	苏州瑞可达连接系统股份有限公司;浙江中杭电子有限公司	纯电动乘用车	234	387
	恒压限流	RAC-TI16K-5A/RAC-ZI16F2-2A; DYL16-7TJ/DYL16-7ZK; RDC-TI250/RDC-ZI250;DYL21-9TJ-250A/DYL21-9ZK-250A	浙江中杭电子有限公司;苏州瑞可达连接系统股份有限公司;浙江中杭电子有限公司	纯电动乘用车	153	
科世达(上海)管理有限公司;苏州舜唐新能源电控设备有限公司	交流充电;直流充电	V2C-DSI-EV16P; EVP-V-16A5/(NV4C-DSI-G-EV16S; EVS-V-16A5; NV4C-DSI-GEL-EV32S;EVS-V-32A5-GSLD)(慢充);(V2-DSD-G-EV125S; EVS-4-125D9-S)(快充)	苏州工业园区多思达科技有限公司;南京康尼新能源汽车零部件有限公司;苏州工业园区多思达科技有限公司	纯电动乘用车	353	353
深圳市依思普林科技有限公司	先恒流后恒压	直流充电插座型号 BENT-DC80-CZ9;交流充电插头/插座型号 BENT-AC16-CT5/BENT-AC16-CZ5;直流充电插座型号 KEC-DC-125-G9;交流充电插头/插座型号 KEC-AC-016-F5/KEC-AC-016-G5;直流充电插座型号 XR61-C-V1;交流充电插头/插座型号 XP02-C-V1/XR02-C-V1	江苏贝恩特汽配科技有限公司;温州凯业电器有限公司;深圳巴斯巴科技发展有限公司	纯电动专用车	324	350
	CAN 功能智能充电	车辆直流插座:680411101052;车辆交流插座:680211310211;交流充电插头:WO-ER-GB-C-AC16-06	深圳市沃尔新能源电气科技股份有限公司	纯电动专用车	26	
浙江迅捷电气科技有限公司;杭州铁城信息科技有限公司	恒流;恒压	DYL16-7TJ/DYL16-7ZK	浙江中杭电子有限公司	纯电动乘用车	349	349
洛阳嘉盛电源科技有限公司;纽福克斯光电科技(上海)有限公司	先恒流充电再恒压限流充电	直流插头:/直流插座:NDQ-9Z(125A-750V)-L;交流插头:NDQC-7T(16A-250/440V)/交流插座:NDQC-7Z(16A-250/440V)-L	直流插座:中航光电科技股份有限公司;交流插头:中航光电科技股份有限公司;交流插座:中航光电科技股份有限公司公司	纯电动乘用车	335	335
杭州富特科技股份有限公司;南京中港电力股份有限公司	BMS 通过 CAN 控制充电	慢充:插头型号:HV18-ACT-1B25-5000;KEC-AC-016-F;XYNP-Q21G50-00Z/插座号:HV18-ACZ-1225-3600TG;KEC-AC-016-G;XYNP-Z21K33-00R/快充:插座型号:HV18-DCZ;YGC349-EV-S9RC/5	慢充:临沂市海纳电子有限公司;湖南杰尼新能源科技有限公司;惠州市阳光能动新能源科技有限公司;快充:插座:临沂市海纳电子有限公司;四川永贵科技有限公司	纯电动乘用车	2	302
	BMS 通过 CAN 控制充电	慢充:插头型号:HV18-ACT-1B25-5000;KEC-AC-016-F/插座型号:HV18-ACZ-1225-3600TG;KEC-AC-016-G/快充:插座型号:HV18-DCZ;YGC349-EV-S9RC/5	慢充:临沂市海纳电子有限公司;湖南杰尼新能源科技有限公司;快充:插座:临沂市海纳电子有限公司;四川永贵科技有限公司	纯电动乘用车	300	

续上表

电动汽车车载充电机生产企业 Manufacturer for Charger of Electric Vehicle	充电方式 Charging Mode	充电插头 Charger Plug 插座型号 Socket Model	充电插头 Charger Plug 插座生产企业 Socket Manufacturer	车辆名称配套车辆类型 Matching Vehicle Types	2018年配套车型产量x小计(辆) Subtotal Output of Supported Odels in 2018 (Vehicle)	2018年配套车型产量总计(辆) Total Output of Supported Odels in 2018 (Vehicle)
杭州铁城信息科技有限公司;珠海英搏尔电气股份有限公司;常州市武进红光无线电有限公司;浙江绿航新能源科技有限公司	三段式充电:初段恒流充电;二段恒压充电;三段涓流浮冲	CEBEA-ev16-CT/CEBEA-ev16-CZ;CEBEA-DC200-CZ;DC1-XZI250;TTSC101C-EV-P5T-16A/TTSC101C-EV-S5Z-16A; TTSC102-EV-S9Z-250A; RAC-TI16K-5A/RAC-ZI16F2-2A	江苏西比亚新能源科技有限公司;苏州瑞可达连接系统股份有限公司;特拉斯特新能源科技(上海)有限公司	纯电动乘用车	285	285
深圳欣锐科技股份有限公司;杭州富特科技股份有限公司;舜堂新能源电控设备有限公司	220V 交流充电	EVP-3-16A5(交流插头);EVS-V-16A5-SC(交流插座);EVS-4-125D9-S(直流125A插座);DQC-7T(16A-250/440V)(交流 16A 插头);DQC-7Z(16A-250/440V)-200(交流16A插座);DQC-9Z(125A-750V)-20(直流125A插座);NDQC-7T(16A-250/440V)(交流插头);NDQC-7Z(16A-250/440V)-L;NDQC-7Z(16A-250/440V)-R;NDQC-7Z(16A-250/440V)-0	南京康尼新能源汽车零部件有限公司;中航光电科技股份有限公司;惠州领先精密科技有限公司;广东顺科汽车电气制造有限公司	纯电动乘用车	284	284
台达集团/Delta	慢充	CC-C-L2-16-300/GBTACRECEPTACLE	德尔福中央电气(上海)有限公司;威海新凯帝电子有限公司	插电式混合动力乘用车	280	282
	恒流充电	CC-C-L2-16-300-B;GBT AC RECEPTACLE	德尔福中央电气(上海)有限公司;威海新凯帝电子有限公司	插电式混合动力乘用车	2	
武汉合康动力技术有限公司	恒流限压;恒压限流	车辆插座:XIA-DC125A(直流)/XIA-1AC16A(交流)	威海市泓淋电子有限公司	纯电动客车	1	251
	恒流恒压充电	直流充电座型号:H04-0912R-A08;交流充电座型号:H05-0706F-A04-W	武汉合康亿盛电气连接系统有限公司	纯电动专用车	250	
深圳市康灿科技有限公司	先恒流再恒压	NDQ-9Z(125A-750V)-L;插头:RDC-TI250/插座:RDC-ZI250;车辆插头:RAC-2TI32/车辆插座:RAC-ZI32F;车辆插头/供电插头:RAC-2TI32 车辆插座/供电插座:RAC-ZI32F/RAC-ZI32FG	中航光电科技股份有限公司;四川瑞可达连接系统有限公司	纯电动专用车	242	242
张家港市华为电子有限公司;浙江迅捷电气科技有限公司	先恒流后恒压	交流:CEBEA-ev16-1-CT/CEBEA-ev16-CZ;直流:CEBEA-DC125-CZ	交流:江苏西比亚新能源科技有限公司;江苏西比亚新能源科技有限公司;直流:江苏西比亚新能源科技有限公司	纯电动专用车	233	233
重庆力华科技有限责任公司	交流慢充	NDQC-7T(16A-250/440V)/NDQC-7Z(16A-250/440V)-L;YG196G-EVSE-691/G-16/YGC691C-EV-S7(5)RA-T-16	中航光电科技股份有限公司;四川永贵科技有限公司	插电式混合动力乘用车	221	221
厦门马恒达汽车零部件有限公司	慢充	车辆插头:RAC-TI16K-5A/车辆插座:RAC-ZI16F2-2A	四川瑞可达连接系统有限公司	纯电动乘用车	216	216
深圳陆巡科技有限公司	快充;慢充	NDQ-9Z(125A-750V)-L(快充);NDQC-7Z(32A-250/440V)-L(慢充)	中航光电科技股份有限公司	纯电动专用车	32	212
	快充;慢充	YGC762-EV-P9P-250;YGC762-EV-S9RA-250;YGC691C-EV-P7(5)P-32;YGC691C-EV-S7(5)RB-T-32	四川永贵科技有限公司	纯电动专用车	2	
	交流慢充;直流快充	NV2-DSD-G-EV200S、NV4Z-DSI-EV32P、NV4C-DSI-GEL-EV32S	苏州工业园区多思达科技有限公司	纯电动专用车	5	
	交流慢充;直流快充	NV2-DSD-G-EV200S、NV4Z-DSI-EV32P、NV4C-DSI-GEL-EV32S、RAC-2TI32、RAC-ZI32F、RDC1-XZI125	苏州工业园区多思达科技有限公司;四川瑞可达连接系统有限公司	纯电动专用车	1	
	恒压限流充电	插头:NDQC-7T(16A-250/440V)/插座:NDQC-7Z(32A-250/440V)-L(交流);插座:NDQ-9Z(250A-750V)-L(直流)	中航光电科技股份有限公司	纯电动专用车	172	
苏州舜唐新能源电控设备有限公司;无锡华宸控制技术有限公司	受控充电	直流插座:F08-630090-25L;交流插座:F08-660051-04L	乐清市八达光电科技股份有限公司	纯电动专用车	210	210
赣州恒玖电气有限公司	恒流充电	HV18-ACT-1B25-5000/HV18-ACZ-1225-3600TG	临沂市海纳电子有限公司	纯电动专用车	206	206
河北君瑞科技有限公司;苏州舜唐新能源电控设备有限公司	直流;交流	NDQC-7Z(16A-250/440V)-0;NDQ-9Z(125A-750V)-0	中航光电科技股份有限公司	纯电动专用车	203	203

续上表

电动汽车车载充电机生产企业 Manufacturer for Charger of Electric Vehicle	充电方式 Charging Mode	充电插头 Charger Plug 插座型号 Socket Model	充电插头 Charger Plug 插座生产企业 Socket Manufacturer	车辆名称配套车辆类型 Matching Vehicle Types	2018年配套车型产量x小计(辆) Subtotal Output of Supported Odels in 2018 (Vehicle)	2018年配套车型产量总计(辆) Total Output of Supported Odels in 2018 (Vehicle)
杭州奥蒂电控有限公司;苏州瑞可达连接系统股份有限公司;深圳市英威腾电动汽车驱动技术有限公司;合肥东胜汽车电子有限公司	交流慢充;直流快充	RAC-TI16K-5A;RAC-2TI32;RDC-ZI125;RAC-ZI132F;6808020101;6801107031;680411101052;680211310311;XX101-TZ07C-Y16B;XX101-TZ07-Y32A;XX101-ZK07C-Y32A;XX102-ZK09-Y125A	四川瑞可达连接系统有限公司;深圳市沃尔新能源电气科技有限责任公司	纯电动专用车	187	187
泰达电子股份有限公司	慢充恒流;快充恒压	YGC691C-EV-S7(5)RA-T-32;EV-1000/250	四川永贵科技有限公司;江阴信邦电子有限公司	纯电动乘用车	182	182
常州市武进红光无线电有限公司;杭州铁城信息科技有限公司	交流充电(慢充);交流充电(慢充)	XP01-C-V1/XR02-C-V1; XX101-TZ07C-Y16B/XX101-ZK07C-Y16A; JBT16-2TJ/JBT16-2ZK	深圳巴斯巴科技发展有限公司;浙江鑫喜电子科技有限公司;杭州玖柏图电气有限公司	纯电动专用车	181	181
惠州市阳光能动新能源科技有限公司	先恒流后恒功率	车辆插座:RDC1-XZI250;车辆插头/供电插头:RAC-2TI32;车辆插座/供电插座:RAC-ZI32F/RAC-ZI32FG	四川瑞可达连接系统有限公司	纯电动专用车	107	165
	快充;慢充	车辆插座:RDC1-XZI125;车辆插头:RAC-TI16K-5A 车辆插座:RAC-ZI16F2-2A;车辆插头/供电插头:RAC-2TI32 车辆插座/供电插座:RAC-ZI32F/RAC-ZI32FG;车辆插座:RDC1-XZI125	四川瑞可达连接系统有限公司	纯电动专用车	58	
杭州富特科技股份有限公司;深圳欣锐科技股份有限公司	先恒流后恒压	CP16E/CS16;NDQC-7T(16A-250/440V)/NDQC-7Z(16A-250/440V)-L;NDQ-9Z(125A-750V)-L	安费诺-泰姆斯(常州)通讯设备有限公司;中航光电科技股份有限公司	纯电动专用车	84	151
	先恒流后恒压	NDQC-7T(16A-250/440V)/NDQC-7Z(16A-250/440V)-L;NDQ-9Z(125A-750V)-L	中航光电科技股份有限公司	纯电动专用车	67	
上海中科深江电动车辆有限公司	直流快充;交流慢充	车辆插座:RDC-ZI125;车辆插头:RAC-TI16K-5A/车辆插座:RAC-ZI16F2-2A;车辆插头:HVCO-M125/车辆插座:HVCO-F125;车辆插头:HVCO-M16/车辆插座:HVCO-F16	四川瑞可达连接系统股份有限公司;成都晨风绿能电气技术有限公司	纯电动专用车	7	143
	直流快充;交流慢充	交流:RAC-TI16K-5A/RAC-ZI16F2-2A;直流插座:RDC-ZI125	四川瑞可达连接系统股份有限公司	纯电动专用车	79	
	恒流充电;恒压限流充电	16A 交流充电插头型号:KXY-EV-16P01-250VAC;16A 交流充电插座型号:KXY-EV-16S01-250VAC;80A 直流充电插座型号:KXY-EV-80S01	成都肯保捷旭阳新能源电器有限公司	纯电动乘用车	57	
南京中港电力股份有限公司	插电式	交流车辆插头:F08-660150-020;交流车辆插座:F08-660051-04L;直流车辆插座:F08-630090-35L;交流车辆插头:EVPII-V-16A5-G;交流车辆插座:EVS-V-32A5-GSLB;直流车辆插座:EVS-4-125D9-GS	乐清市八达光电科技股份有限公司;南京康尼新能源汽车零部件有限公司	纯电动专用车	77	129
	交流慢充;直流快充	交流插头/插座:KEC-AP-032-F/KEC-AP-032-G;KEC-AC-032-F/KEC-AC-032-G;KEC-AP-016-F/KEC-AP-016-G;KEC-AC-016-F/KEC-AC-016-G;直流插头/插座:KEC-DC-250-F9/KEC-DC-250-G9;KEC-DC-125-F9/KEC-DC-125-G9	温州凯业电器有限公司	纯电动专用车	39	
	插电式	交流车辆插头:F08-520150-040;交流车辆插座:F08-660051-04L;直流车辆插座:F08-630090-35L;交流车辆插头:EVPII-V-16A5-G;交流车辆插座:EVS-V-32A5-GSLB;直流车辆插座:EVS-4-125D9-GS	乐清市八达光电科技股份有限公司;南京康尼新能源汽车零部件有限公司	纯电动专用车	7	
	插电式	交流车辆插头:F08-660150-020;交流车辆插座:F08-660051-04L;直流车辆插座:F08-630090-35L;交流车辆插头:EVPII-V-16A5-G;交流车辆插座:EVS-V-32A5-GSLB;直流车辆插座:EVS-4-125D9-GS	乐清市八达光电科技股份有限公司;南京康尼新能源汽车零部件有限公司	纯电动专用车	6	
深圳市金霆正通科技有限公司	恒压限流	NV2C-DSI-EV16P/NV4C-DSI-GEL-EV16S(慢充);NV3-DSD-EV80P/NV2-DSD-G-EV80S(快充)	苏州工业园区多思达科技有限公司	纯电动专用车	122	122

续上表

电动汽车车载充电机生产企业 Manufacturer for Charger of Electric Vehicle	充电方式 Charging Mode	充电插头 Charger Plug 插座型号 Socket Model	充电插头 Charger Plug 插座生产企业 Socket Manufacturer	车辆名称配套车辆类型 Matching Vehicle Types	2018年配套车型产量x小计(辆) Subtotal Output of Supported Odels in 2018 (Vehicle)	2018年配套车型产量总计(辆) Total Output of Supported Odels in 2018 (Vehicle)
杭州欣锐科技有限公司;杭州富特科技股份有限公司;南京中港电力股份有限公司	恒功率充电	NDQC-7T(16A-250/440V)/NDQC-7Z(16A-250/440V)-L;NDQ-9Z(125A-750V)-L	中航光电科技股份有限公司	纯电动乘用车	121	121
杭州富特科技股份有限公司;河北君瑞科技有限公司	直流;交流	NDQC-7Z(16A-250/440V)-0;NDQ-9Z(125A-750V)-0	中航光电科技股份有限公司	纯电动专用车	118	118
杭州杰能动力有限公司	先恒流充电再恒压充电:BMS与充电机通讯;控制充电机输出电压和输出电流。	交流:BCG-AVP-1A-S/BCG-AVR-1A-SN;直流:BCG-DVP-14V-C/BCG-DVR-1D-0008(选装快充)	深圳巴斯巴科技发展有限公司	纯电动专用车	10	114
	先恒流充电再恒压充电:BMS与充电机通讯;控制充电机输出电压和输出电流	交流:BCG-AVP-1A-S/BCG-AVR-1A-SN;直流:BCG-DVP-14V-C/BCG-DVR-1D-0008;交流:HVCO-M16/HVCO-F16;直流:HVCO-M80/HVCO-F80	深圳巴斯巴科技发展有限公司;资阳中车电气科技有限公司;成都晨风绿能电气技术有限公司	纯电动专用车	101	
	恒流充电;车载充电机与BMS通信;BMS实时采集单体电池情况;控制充电机充电	交流:BCG-AVP-1A-S/BCG-AVR-1A-SN;直流:BCG-DVP-14V-C/BCG-DVR-1D-0008(选装快充)	深圳巴斯巴科技发展有限公司	纯电动乘用车	3	
航天新长征电动汽车技术有限公司	先恒流再恒压方式充电	HVCO-F125	成都晨风绿能电气技术有限公司	纯电动专用车	68	113
	交流充电;先恒流再恒压．直流充电;恒流	直流充电插座 H04-0912R-A08;交流充电插座 H05-0706F-A02-W/直流充电插座 JBT-D-EV125S;交流充电插座 JBT16-2ZK	武汉合康亿盛电气连接器系统有限公司;杭州玖柏图电气有限公司	纯电动专用车	45	
四川野马汽车股份有限公司	1、最低温度T<0℃不允许充电;2、最低温度T≥0℃则持续向充电机请求82A恒流充电;3、恒流充电至单体最大电压4.1V时;恒流转恒压充电至4.2V;4、直到单体达到4.2V时结束充电;发停止命令给充电机;并将SOC标定为100%;5、充电完毕后切断充电继电器	直流:EVS-4-125D9-GS;RDC-ZI125;交流 EVS-V-32A5-GSC;车辆插头:RAC-TI16K-5A/车辆插座:RAC-ZI16F2-2A	南京康尼新能源汽车零部件有限公司;四川瑞可达连接系统有限公司	纯电动专用车	112	112
上海埃而生电气有限公司;深圳银利电器制造有限公司	直流快充;交流慢充	交流 NDQC-7Z(32A-250/440V)-L,NDQC-7T(32A-250/440V),直流 NDQ-9Z(125A-750V)-L;交流 XR02-C-V2,XP02-C-V2,直流 XR61-C-V2;交流 RAC-ZI32F,RAC-2TI32,直流 RDC-ZI125	中航光电科技股份有限公司;深圳巴斯巴科技发展有限公司;四川瑞可达连接系统有限公司	纯电动客车	1	102
	插电式;CAN通讯	交流 NDQC-7Z(16A-250/440V)-L,NDQC-7T(16A-250/440V),直流 NDQ-9Z(125A-750V)-L;交流 XR02-C-V1,XP01-C-E1,直流 XR61-C-V2;交流 RAC-ZI16F2-2A,RAC-TI16K-5A,直流 RDC-ZI125	中航光电科技股份有限公司;深圳巴斯巴科技发展有限公司;四川瑞可达连接系统有限公司	纯电动专用车	80	
	插电式;CAN通讯	交流 NDQC-7Z(16A-250/440V)-L,NDQC-7T(16A-250/440V),直流 NDQ-9Z(125A-750V)-L;交流 XR02-C-V1,XP02-C-E1,直流 XR61-C-V2;交流 RAC-ZI16F2-2A,RAC-TI16K-5A,直流 RDC-ZI125	中航光电科技股份有限公司;深圳巴斯巴科技发展有限公司;四川瑞可达连接系统有限公司	纯电动专用车	21	

续上表

电动汽车车载充电机生产企业 Manufacturer for Charger of Electric Vehicle	充电方式 Charging Mode	充电插头 Charger Plug 插座型号 Socket Model	充电插头 Charger Plug 插座生产企业 Socket Manufacturer	车辆名称配套车辆类型 Matching Vehicle Types	2018年配套车型产量x小计（辆） Subtotal Output of Supported Odels in 2018 (Vehicle)	2018年配套车型产量总计（辆） Total Output of Supported Odels in 2018 (Vehicle)
深圳市前海欧凯汽车电源有限公司	1、最低温度T＜0℃不允许充电；2、最低温度T≥0℃则持续向充电机请求82A恒流充电；3、恒流充电至单体最大电压4.1V时；恒流转恒压充电至4.2V；4、直到单体达到4.2V时结束充电；发停止命令给充电机；并将SOC标定为100%；5、充电完毕后切断充电继电器	直流：EVS-4-125D9-GS；RDC-ZI125；交流 EVS-V-32A5-GSC；车辆插头：RAC-TI16K-5A/车辆插座：RAC-ZI16F2-2A	南京康尼新能源汽车零部件有限公司；四川瑞可达连接系统有限公司	纯电动专用车	99	99
珠海英搏尔电气股份有限公司；常州市武进红光无线电有限公司	快充；慢充	交流车辆插头：6808020101；交流插座车辆端：680211310211；直流插座车辆端：680411101052；交流车辆插头：DYL16-7TJ；交流插座车辆端：DYL16-7ZK；直流插座车辆端：DYL21-9ZK-125A	深圳市沃尔新能源电气科技有限责任公司；浙江中杭电子有限公司	纯电动专用车	84	84
法雷奥西门子新能源汽车（深圳）有限公司；杭州富特科技股份有限公司	恒功率充电	交流充电接口：EVPⅡ-V-16A5（插头）/EVS-V-16A5-GSB（插座）	南京康尼新能源汽车零部件有限公司	插电式混合动力乘用车	82	82
深圳欣锐科技股份有限公司；洛阳嘉盛电源科技有限公司	先恒流后恒压充电	NDQ-9Z（250A-750V）-R；NDQC-7T（32A-250/440V）/NDQC-7Z（32A-250/440V）-R；XR61-C-V4；XR02-C-V2	中航光电科技股份有限公司；中航光电科技股份有限公司；深圳巴斯巴科技发展有限公司	纯电动客车	10	75
	三段式充电方式	NDQ-9Z（125A-750V）-L；XR61-C-V2；CS06；NDQC-7Z（32A-250/440V）-L；XR02-C-V2；CS32；NDQC-7Z（16A-250/440V）-L；XR02-C-V1；CS16	中航光电科技股份有限公司；深圳巴斯巴科技发展有限公司；安费诺-泰姆斯（常州）通讯设备有限公司；	纯电动专用车	65	
上海欣锐电控技术有限公司	交流连接设备（模式二）：采用民用交流220Vac插座供应电源；通过CPID线缆控制盒进行握手认证；将交流电源输入至车辆；再由车载充电机以恒流；恒压模式将交流转换为直流给电池包充电	交流充电插座：EVS-V-16A5-GHLD；交流充电插座：EVS-V-32A5-GHLD；交流车辆充电枪：EVPIV-V-16A5-G	南京康尼新能源汽车零部件有限公司	插电式混合动力乘用车	71	71
法雷奥西门子新能源汽车（深圳）有限公司；深圳欣锐科技股份有限公司	交流连接设备（模式二）	交流充电插座：EVS-V-16A5-GHLD；交流车辆充电枪：EVPIV-V-16A5；交流车辆充电枪：EVPIV-V-16A5-G	南京康尼新能源汽车零部件有限公司	插电式混合动力乘用车	70	70
江苏银河同智新能源科技有限公司	恒压限流充电	HVCOFBTR12SF925RL	安费诺精密连接器（深圳）有限公司	纯电动专用车	70	70
常州市武进红光无线电有限公司；珠海英搏尔电气股份有限公司	初始恒流充电；达到截止电压后降流充电	YGC691C-EV-P7（5）P-16/YGC691C-EV-S7（5）RB-T-16；YGC691C-EV-P7（5）P-32/YGC691C-EV-S7（5）RB-T-32	四川永贵科技有限公司	纯电动乘用车	60	60
上海科世达-华阳汽车电器有限公司；科世达（上海）管理有限公司；深圳欣锐科技股份有限公司；深圳威迈斯电源有限公司	慢充；快充	直流充电插座：EVS-4-250D9-S/交流充电插座：EVS-V-16A5-SB/交流充电插头：EVPIV-V-16A5；直流充电插座：EVS-4-250D9-S/交流充电插座：EVS-V-16A5-SB/交流充电插头：EVPIV-V-16A5；交流插座：EVS-V-16A5-GSLD/交流插头：EVPIV-V-16A5/直流插座：EVS-4-125D9-GS；交流插座：EVS-V-16A5-GSLD/交流插头：EVPIV-V-16A5/直流插座：EVS-4-125D9-GS；直流充电插座EVS-4-1	南京康尼科技实业有限公司；南京康尼新能源汽车零部件有限公司	纯电动乘用车	55	55
云南航天神州汽车有限公司	插电式；CAN通讯	RAC-ZI32F；RDC1-XZI125；EV01-AC32A/EV01-ACV32A；EV01-DCV125A	四川瑞可达连接系统有限公司；苏州华旃航天电器有限公司	纯电动客车	51	52
	插电式；CAN通讯	交流 RAC-ZI32F，直流 RDC1-XZI125	四川瑞可达连接系统有限公司	纯电动客车	1	

续上表

电动汽车车载充电机生产企业 Manufacturer for Charger of Electric Vehicle	充电方式 Charging Mode	充电插头 Charger Plug 插座型号 Socket Model	充电插头 Charger Plug 插座生产企业 Socket Manufacturer	车辆名称配套车辆类型 Matching Vehicle Types	2018 年配套车型产量 x 小计(辆) Subtotal Output of Supported Odels in 2018 (Vehicle)	2018 年配套车型产量总计(辆) Total Output of Supported Odels in 2018 (Vehicle)
杭州铁城信息科技有限公司;深圳市核达中远通电源技术股份有限公司	恒流恒压	DYL16-7TJ-A/DYL16-7ZK-A;DYL21-9TJ-125A/DYL21-9ZK-125A	浙江中杭电子有限公司	纯电动专用车	50	50
深圳市英威腾电动汽车驱动技术有限公司	快充;慢充	快充:插座:1. HVCO/HVCOF;2. NDQ-9Z(125A-750V)-L/NDQ-9Z(125A-750V)-R/NDQ-9Z(125A-750V)-0;慢充:插座:1. HVCOF(16A);2. NDQC-7Z(16A-250/440V)-L/NDQC-7Z(16A-250/440V)-R;插头:1. HVCOM(16A);2. NDQC-7T(16A-250/440V)	快充:插座生产企业:1. 安费诺精密连接器(深圳)有限公司;2. 中航光电科技股份有限公司;慢充:插座生产企业:1. 安费诺精密连接器(深圳)有限公司;2. 中航光电科技股份有限公司;插头生产企业:1. 安费诺精密连接器(深圳)有限公司;2. 中航光电科技股份有限公司	纯电动专用车	48	48
常州市武进红光无线电有限公司;杭州铁城信息科技有限公司;安徽聚捷汽车电子有限公司	交流充电(慢充);交流充电(慢充);交流充电(慢充)	XP01-C-V1/XR02-C-V1; XX101-TZ07C-Y16B/XX101-ZK07C-Y16A; JBT16-2TJ/JBT16-2ZK	深圳巴斯巴科技发展有限公司;浙江鑫喜电子科技有限公司;杭州玖柏图电气有限公司	纯电动专用车	36	36
深圳市中兴物联科技有限公司	恒压限流充电	LEV-DC-VS36-R/LEV-DC-VS36-R	深圳龙友科技股份有限公司;深圳龙友科技股份有限公司	纯电动客车	35	35
深圳力工新能源科技有限公司	慢充;快充 恒流充电	HV18-ACT-1B25-5000/HV18-ACZ-1225-3600(慢充); YGC762-EV-P9P-125/HV-18-DCZ(快充)	临沂市海纳电子有限公司;四川永贵科技有限公司	纯电动专用车	1	35
	慢充;快充 恒流充电	HV18-ACT-1B25-5000/HV18-ACZ-1225-3600TG(慢充); HV18-DCT/HV18-DCZ(快充)	临沂市海纳电子有限公司	纯电动专用车	1	
	慢充;快充 恒流充电	HV18-ACT-1B25-5000/HV18-ACZ-1225-3600TG(慢充); YGC762-EV-P9P-125/HV-18-DCZ(快充)	临沂市海纳电子有限公司;四川永贵科技有限公司	纯电动专用车	33	
深圳市英威腾电动汽车充电技术有限公司	传导充电连接方式	LDDC-125CZ1040	山东龙立电子有限公司	纯电动专用车	31	31
台达电子企业管理(上海)有限公司;杭州铁城信息科技有限公司;深圳威迈斯电源有限公司	恒流充电	慢充插头(车端):CP16、RAC-TI16K-5A;慢充插座(车端):9340040-E08、XUR01-C-V2;快充插座(车端):XR61-C	慢充插头(车端):安费诺-泰姆斯(常州)通讯设备有限公司;四川瑞可达连接系统股份有限公司;慢充插座(车端):深圳巴斯巴科技发展有限公司;快充插座(车端):深圳巴斯巴科技发展有限公司	纯电动乘用车	30	30
菲仕绿能科技(北京)有限公司	恒流充电;恒压充电;恒压限流充电	直流插座型号 CS250;交流插座型号 CSEVM32;交流插头型号 XP03-C-V3;交流插座型号 XR02-C-V3	安费诺汽车连接系统(常州)有限公司;深圳巴斯巴科技发展有限公司	纯电动乘用车	26	26
杭州铁城信息科技有限公司;杭州富特科技股份有限公司;洛阳嘉盛电源科技有限公司;深圳市核达中远通电源技术股份有限公司;威海天力电源有限公司;西安胜唐电源有限公司	先恒流后恒压式充电	慢充: RAC-2TI32/RAC-ZI32F, NDQC-7Z(32A-250/440V)-L;快充插座: RDC-ZI125;EVS-4-125D9-S;NDQ-9Z(125A-750V)-L	慢充:四川瑞可达连接系统有限公司;中航光电科技股份有限公司;快充:四川瑞可达连接系统有限公司;南京康尼新能源汽车零部件有限公司;中航光电科技股份有限公司	纯电动专用车	24	25
	先恒流后恒压式充电	慢充:YDG32-SAV-S1-L1;RAC-2TI32/RAC-ZI32F;快充:YDG125-D-S1;RDC-ZI125	慢充:苏州怡达新能源科技有限公司;四川瑞可达连接系统有限公司;快充:苏州怡达新能源科技有限公司;四川瑞可达连接系统有限公司	纯电动专用车	1	
深圳欣锐科技股份有限公司;杭州富特科技股份有限公司;舜宽新能源电控设备有限公司	220V 交流充电	EVP-3-16A5(交流插头); EVS-V-16A5-SC(交流插座); EVS-4-125D9-S(直流125A 插座); DQC-7T(16A-250/440V)(交流 16A 插头), DQC-7Z(16A-250/440V)-200(交流 16A 插座);DQC-9Z(125A-750V)-20(直流 125A 插座);NDQC-7T(16A-250/440V)(交流插头);NDQC-7Z(16A-250/440V)-L; NDQC-7Z(16A-250/440V)-0;NDQC-7Z(16A-250/440V)-R	南京康尼新能源汽车零部件有限公司;中航光电科技股份有限公司;惠州领先精密科技有限公司;广东顺科汽车电气制造有限公司	纯电动乘用车	23	23
珠海银隆电器有限公司	先恒流后恒压充电	直流:V2-DSD-G-EV125S;交流:V2C-DSI-G-EV32S	张家港友诚科技机电有限公司	纯电动客车	21	21
LG 电子	先恒流充电再恒压充电	插头:RAC-2TI32/插座:RAC-ZI32F;插头:RDC-TI250/插座:RDC-ZI250	苏州瑞可达连接系统股份有限公司	纯电动乘用车	21	21

续上表

电动汽车车载充电机生产企业 Manufacturer for Charger of Electric Vehicle	充电方式 Charging Mode	充电插头 Charger Plug 插座型号 Socket Model	充电插头 Charger Plug 插座生产企业 Socket Manufacturer	车辆名称配套车辆类型 Matching Vehicle Types	2018 年配套车型产量 x 小计（辆） Subtotal Output of Supported Odels in 2018 (Vehicle)	2018 年配套车型产量总计（辆） Total Output of Supported Odels in 2018 (Vehicle)
杭州铁城信息科技有限公司；杭州奥蒂电控有限公司；深圳市清友能源技术有限公司；杭州富特科技股份有限公司	交流慢充；直流快充	YG196G-EVSE-691/G-16；YGC691C-EV-S7（5）RB-T-16；YGC762-EV-S9RB-125；NDQC-7T（16A-250/440V）；NDQC-7Z（16A-250/440V）-R；NDQ-9Z（125A-750V）-R；EVS-V-16A5-GSC；EVS-4-125D9-GS；EVP Ⅱ-V-16A5-G；DYL21-9ZK-125A；DYL16-7ZK；DYL16-7TJ；1204-01X-0001；1104-03X-0002；1202-01X-0012	四川永贵科技有限公司；中航光电科技股份有限公司；南京康尼新能源汽车零部件有限公司；杭州泰宏新能源技术有限公司；深圳容一电动科技有限公司	纯电动专用车	20	20
上海埃而生电气股份有限公司	直流快充；交流慢充	交流 NDQC-7Z（32A-250/440V）-L；NDQC-7T（32A-250/440V）；直流 NDQ-9Z（125A-750V）-L；交流：NV4C-DSI-GEL-EV32S；1040-1060-32-XC；直流：NV2-DSD-G-EV125S；交流 RAC-ZI32F；RAC-2TI32；直流 RDC-ZI125	中航光电科技股份有限公司；苏州工业园区多思达科技有限公司；四川瑞可达连接系统有限公司	纯电动客车	20	20
杭州铁城信息科技有限公司；珠海英搏尔电气股份有限公司	先以恒流充电；再以恒压充电	车辆交流插头：F08-660150-020；车辆交流插座：F08-660051-04L；车辆交流插头：EVPII-V-16A5-G；车辆交流插座：EVS-V-32A5-GSLB	乐清市八达光电科技股份有限公司；南京康尼新能源汽车零部件有限公司	纯电动专用车	6	18
	先以恒流充电；再以恒压充电	车辆交流插头：F08-660150-020/车辆交流插座：F08-660051-04L/车辆直流插座：F08-630090-35L；车辆交流插头：EVPII-V-16A5-G/车辆交流插座：EVS-V-32A5-GSLB/车辆直流插座：EVS-4-125D9-GS	乐清市八达光电科技股份有限公司；南京康尼新能源汽车零部件有限公司	纯电动专用车	12	
深圳欣锐科技股份有限公司；杭州铁城信息科技有限公司；深圳市核达中远通电源技术股份有限公司	在充电的不同阶段会出现恒流或恒压两种充电方式	插头：XX101-TZ07C-Y16B/插座：XX101-ZK07C-Y16A；插头：XX101-TZ07-Y32A/插座：XX101-ZK07C-Y32A；插座：XX102-ZK09-Y125A；插头：YGC691G/C-EV-P7（5）P/PW-16/插座：YGC691C-EV-S7（5）RA-T-16；插头：YGC691G/C-EV-P7（5）P/PW-32/插座：YGC691C-EV-S7（5）RA-T-32；插座：YGC762-EV-S9RA-125；插头：HVCOM（32A）/插座：HVCOF	浙江鑫喜电子科技有限公司；四川永贵科技有限公司；安费著精密连接器（深圳）有限公司	纯电动专用车	16	16
深圳欣锐科技股份有限公司；杭州富特科技股份有限公司	先恒流后恒压	直流充电插座型号 KEC-DC-125-G9 交流充电插头/插座型号 KEC-AC-016-F5/KEC-AC-016-G5；直流充电插座型号 CS06；交流充电插头/插座型号 CP16/CS16；直流充电插座型号 NDQ-9Z（125A-750V）-L；交流充电插头/插座型号 NDQC-7T（16A-250/440V）/NDQC-7Z（16A-250/440V）-L	温州凯业电器有限公司；安费诺-泰姆斯（常州）通讯设备有限公司；中航光电科技股份有限公司	纯电动专用车	16	16
杭州铁城信息科技有限公司；杭州富特科技股份有限公司；南京安润朴新能源科技有限公司	车载式	插头：V2C-DSI-EV16P；V2Z-DSI-EV16P/插座：V2C-DSI-GEL-EV32S；V2-DSD-G-EV125S	苏州工业园区多思达科技有限公司	纯电动专用车	13	13
成都雅骏汽车制造有限公司	车载交流充电；地面直流充电	直流车端充电插座型号：YGC762-EV-S9RA-125；1104-03X-0002；C&BHVFSF125；交流车端充电插座型号：YGC691C-EV-S7（5）RA-T-32；1204-01X-0004；C&BHVFSS32S	四川永贵科技有限公司；深圳容一电动科技有限公司；深圳市凯瑞博新能源汽车部件有限公司	纯电动专用车	13	13
深圳市欣瑞特科技有限公司	先恒流后恒压	CP16015/CS16015	安费诺-泰姆斯（常州）通讯设备有限公司	纯电动专用车	12	12
江苏航天万源科技有限公司（选装）	在充电的不同阶段会出现恒流或恒压两种充电方式	交流插头（选装）：EVP Ⅱ-V-16A5-G；NDQC-7T-16A-1；RAC-TI16K-5A；交流插座（选装）：EVS-V-16A5-GSC；NDQC-7Z（16A-250/440V）-L；RAC-ZI16F2-2A；直流插座：EVS-4-125D9-GS；NDQ-9Z（125A-750V）-L；RDC-ZI125	南京康尼新能源汽车零部件有限公司；中航光电科技股份有限公司；四川瑞可达连接系统有限公司	纯电动专用车	11	11
上海科世达-华阳汽车电器有限公司；科世达（上海）管理有限公司；深圳欣锐科技股份有限公司；深圳威迈斯电源有限公司；杭州富特科技股份有限公司；康舒电子（东莞）有限公司	慢充；快充	直流充电插座：EVS-4-250D9-S/交流充电插座：EVS-V-16A5-SB/交流充电插头：EVPIV-V-16A5；交流插座：EVS-V-16A5-GSLD/交流插头：EVPIV-V-16A5/直流插座：EVS-4-125D9-GS；直流充电插座 EVS-4-125D9-GHD/交流充电插座：EVS-V-32A5-GHLD/交流充电插头：EVPIV-V-16A5-G；直流充电插座：EVS-4-125D9-GS/交流充电插座：EVS-V-32A5-GSLD/交流充电插头：EVPIV-V-16A5-G	南京康尼新能源汽车零部件有限公司	纯电动乘用车	11	11

续上表

电动汽车车载充电机生产企业 Manufacturer for Charger of Electric Vehicle	充电方式 Charging Mode	充电插头 Charger Plug 插座型号 Socket Model	充电插头 Charger Plug 插座生产企业 Socket Manufacturer	车辆名称配套车辆类型 Matching Vehicle Types	2018 年配套车型产量 x 小计(辆) Subtotal Output of Supported Odels in 2018 (Vehicle)	2018 年配套车型产量总计(辆) Total Output of Supported Odels in 2018 (Vehicle)
杭州铁城信息科技有限公司;杭州奥蒂电控股份有限公司;深圳市核达中远通电源技术股份有限公司	恒压充电	交流充电接口: YGC691C-EV-P7(5)P-16/YGC691C-EV-S7(5)RA-T-16; YGC691C-EV-P7(5)P-32/YGC691C-EV-S7(5)RA-T-32; YG196G-EVSE-691/G-16; HVCOM/HVCOF; XP01-C-V1/XR02-C-V1; XP01-C-V2/XR02-C-V2; XP01-C-E1/XR03-C-E1; XP01-C-E2/XR03-C-E2; 1202-01X-0008/1204-01X-0004; 1202-01X-0012/120	四川永贵科技有限公司;安费诺精密连接器(深圳)有限公司;深圳巴斯巴科技发展有限公司;深圳容一电动科技有限公司;四川瑞可达连接系统有限公司	纯电动专用车	10	10
石家庄通合电子科技股份有限公司	恒流充电	HV18-ACT-1B25-5000/HV18-ACZ-1225-3600TG	临沂市海纳电子有限公司	纯电动专用车	9	9
深圳市鼎硕同邦科技有限公司	恒流;恒压	LDDC-250CZ;LDAC-032CZ	山东龙立电子有限公司	纯电动专用车	6	6
深圳欣锐科技股份有限公司;杭州铁城信息科技有限公司;江苏航天万源科技有限公司	在充电的不同阶段会出现恒流或恒压两种充电方式	插头:XX101-TZ07C-Y16B/插座:XX101-ZK07C-Y16A;插头:XX101-TZ07-Y32A/插座:XX101-ZK07C-Y32A;插座:XX102-ZK09-Y125A;插头:YGC691G/C-EV-P7(5)P/PW-16/插座:YGC691C-EV-S7(5)RA-T-16;插头:YGC691G/C-EV-P7(5)P/PW-32/插座:YGC691C-EV-S7(5)RA-T-32;插座:YGC762-EV-S9RA-125;插头:HVCOM(32A)/插座:HVCO	浙江鑫喜电子科技有限公司;四川永贵科技有限公司;安费诺精密连接器(深圳)有限公司	纯电动专用车	6	6
上海辛格林纳新时达电机有限公司	先恒流再恒功率最后恒压;在充电的不同阶段会出现恒流或恒压两种充电方式;恒功率充电;在充电的不同阶段会出现恒流,恒功率,恒压三种充电方式	交流插头:XP01-C-V1;交流插座:XR02-C-V1;直流插座:XR61-C-V2;车辆插头:RAC-TI16K-5A;车辆插座:RAC-ZI16F2-2A;车辆插座:RDC-ZI125;车辆插头 F08-660150-020;车辆插座 F08-742050-06T;F08-630090-35L;车辆插座:NV2-DSD-G-EV125S;供电插头:NV3Z-DSI-EV32P;供电插座:NV3Z-DSI-GEL-EV32S;车辆插座:NV3C-DSI-G-EV32S	深圳巴斯巴科技发展有限公司;四川瑞可达连接系统有限公司;乐清市八达光电科技股份有限公司;苏州工业园区多思达科技有限公司	纯电动专用车	5	5
浙江聚源电子有限公司	先恒流充电;后恒压限流充电	直流:DYL21-9ZK-125A;直流:YGC762-EV-S9RA-125;交流:YGC691C-EV-P7(5)P-32/YGC691C-EV-S7(5)RA-T-32	直流:浙江中杭电子有限公司;直流:四川永贵科技有限公司;交流:四川永贵科技有限公司;四川永贵科技有限公司	纯电动专用车	5	5
杭州富特科技股份有限公司;赣州恒玖电气有限公司	恒流充电	HV18-ACT-1B25-5000/HV18-ACZ-1225-3600TG	临沂市海纳电子有限公司	纯电动专用车	4	4
深圳硅山技术有限公司	先恒流充电再恒压充电	直流插座:LDDC-250CZ;慢充插头:LDAC-016CT/IC-CPD;慢充插座:LDAC-032CZ	山东龙立电子有限公司	纯电动专用车	3	3
安布雷拉扬州新能源科技有限公司	恒流充电	插头:HV18-ACT-1B25-5000/插座:HV18-ACZ-1225-3600TG	临沂市海纳电子有限公司	纯电动乘用车	3	3
深圳市依思普林科技有限公司;杭州铁城信息科技有限公司	先恒流再恒功率最后恒压;在充电的不同阶段会出现恒流或恒压两种充电方式;恒功率充电;在充电的不同阶段会出现恒流,恒功率,恒压三种充电方式	交流插头 YGC691C-EV-P7(5)PW-16/YGC691C-EV-P7(5)PW-32;交流插座 YGC691C-EV-S7(5)RB-T-16/YGC691C-EV-S7(5)RB-T-32;直流插座 YGC762-EV-S9RA-125/YGC762-EV-S9RB-125;交流车辆插头:RAC-TI16K-5A/车辆插座:RAC-ZI16F2-2A;直流车辆插座:RDC-ZI125;交流插头 XP01-C-V1/XP01-C-E2;交流插座 XR02-C-V1/XR03-C-E2;直流插座 XR61-	四川永贵科技有限公司;四川瑞可达连接系统有限公司;深圳巴斯巴科技发展有限公司	纯电动专用车	3	3
苏州舜唐新能源电控设备有限公司;杭州奥蒂电控有限公司	快充;慢充	插头型号:YGC762-EV-P9P-125;插座型号:YGC762-EV-S9RA-125;插头型号 YGC691C-EV-P7(5)P-32;插座型号 YGC691C-EV-S7(5)RA-T-32	四川永贵科技有限公司	纯电动专用车	3	3
长沙威康动力技术有限公司	交流慢充;直流快充	交流:插头 XP03-C-V3/插座 XR02-C-V3;直流 XR61-C-V3	深圳巴斯巴科技发展有限公司	纯电动客车	2	2
中汽研(天津)汽车工程研究院有限公司	交流慢充;直流快充	NV2-DSD-G-EV200S、NV4Z-DSI-EV32P、NV4C-DSI-GEL-EV32S、RAC-2TI32、RAC-ZI32F、RDC-ZI125	苏州工业园区多思达科技有限公司;四川瑞可达连接系统有限公司	纯电动专用车	2	2
厦门泰中大地科技有限公司;杭州铁城信息科技有限公司	恒压限流充电	XR02-C-V2;XR61-C-V2	深圳巴斯巴科技发展有限公司;深圳巴斯巴科技发展有限公司	纯电动专用车	2	2

续上表

电动汽车车载充电机生产企业 Manufacturer for Charger of Electric Vehicle	充电方式 Charging Mode	充电插头 Charger Plug 插座型号 Socket Model	充电插头 Charger Plug 插座生产企业 Socket Manufacturer	车辆名称配套车辆类型 Matching Vehicle Types	2018 年配套车型产量 x 小计(辆) Subtotal Output of Supported Odels in 2018 (Vehicle)	2018 年配套车型产量总计(辆) Total Output of Supported Odels in 2018 (Vehicle)
杭州欣锐科技有限公司	限压限流充电	直流：F08-630190-700W/F08-730090-70T，交流：YGC691C-EV-P7（5）P-32/YGC691C-EV-S7(5)RA-T-32	直流：乐清市八达光电科技股份有限公司；交流：四川永贵科技有限公司	纯电动乘用车	2	2
深圳市康灿新能源科技有限公司	恒流充电	YGC691C-EV-P7(5)P-16/1010/YGC691C-EV-S7(5)RA-T/1-32(交流插头插座)；YGC762-EV-S9RA-125(直流插座)；RAC-TI16K-5A/RAC-ZI32F 交流插头插座)，RDC-ZI125(直流插座)	四川永贵科技有限公司；四川瑞可达连接系统有限公司	纯电动乘用车	2	2
杭州普拉格新能源汽车有限公司	恒流充电	RAC-T116K-5A/RAC-Z116F2-2A	苏州瑞可达连接系统股份有限公司	纯电动专用车	2	2
舜唐新能源电控设备有限公司	交流慢充；直流快充	HVCO-M16/HVCO-F16；HVCO-F125；CP16E004/CS16；CS06	成都晨风绿能电气技术有限公司；成都晨风绿能电气技术有限公司；安费诺汽车连接系统(常州)有限公司	纯电动专用车	1	1
张家港市华为电子有限公司；杭州富特充电机有限公司	程序控制的限压恒流充电	NV2C-DSL-EV32P/NV2C-DSL-GEL-EV32S；XP01-CV2/XP02-C-V2；6801107031/680211310311	张家港友诚科技机电有限公司；深圳巴斯巴科技发展有限公司；深圳市沃尔新能源电气科技有限责任公司	纯电动专用车	1	1
苏州舜唐新能源电控设备有限公司；深圳金霆正通科技有限公司	直流；交流充电	UEG-DC-S-125A；HVCO-F125；HVCO-F32；CS06；CSEV32；	山东寰宇连接器科技有限公司；安费诺汽车连接系统常州有限公司；成都晨风绿能电器技术有限公司；	纯电动专用车	1	1
深圳市欣锐科技有限公司；杭州铁城信息科技有限公司	车载交流充电；地面直流充电	直流车端充电插座型号：CS125C，RDC-ZI125，YGC762-EV-S9RA-125；1104-03X-0002；H04-0912R-A08，交流车端充电插座型号：CSEVM32，RAC-ZI132F，YGC691C-EV-S7(5)RA-T-32；1204-01X-0004；H05-0706F-A04-W	安费诺汽车连接系统(常州)有限公司；四川瑞可达连接系统有限公司；四川永贵科技有限公司；深圳容一电动科技有限公司；武汉合康亿盛电气连接系统有限公司	纯电动专用车	1	1
深圳欣锐科技股份有限公司；北京理工华创电动车技术有限公司；纽福克斯光电科技有限公司	具备快充充电方式；选装慢充	交流插头：RAC-2TI32；交流插座：RAC-ZI32F；直流插头：DC1-XTI125-35；直流插座：RDC-ZI125；	苏州瑞可达连接系统股份有限公司	纯电动专用车	1	1
张家港市华为电子有限公司；舜唐新能源电控设备有限公司；浙江迅捷电气科技有限公司	交流慢充；直流快充	慢充：CEBEA-ev16-CZ；CEBEA-ev16-1-CT；快充：CEBEA-DC125-CZ	江苏西比亚新能源科技有限公司	纯电动专用车	1	1
深圳欣锐科技股份有限公司；江苏银河同智新能源科技有限公司；大连罗宾森电源设备有限公司	先恒流后恒压充电	NDQ-9Z(250A-750V)-R；NDQC-7Z(32A-250/440V)-R；BCG-DVR-2E；104-1211-0001；XR61-C-V4；XR02-C-V2	中航光电科技股份有限公司；深圳巴斯巴科技发展有限公司	纯电动专用车	1	1
石家庄通合电子科技股份有限公司；台达电子企业管理(上海)有限公司	具备快充；慢充两种充电方式	插头/插座型号(直流 125A)：插头 NV3-DSD-EV125P；插座 F08-630090-25L；插头/插座型号(交流 16A)：插头 F08-660150-020；插座 F08-660051-04L	苏州工业园区多思达科技有限公司；乐清市八达光电科技股份有限公司	纯电动专用车	1	1
厦门市福工动力技术有限公司	直流充电；交流充电	CS05/CP16B	安费若-泰姆斯(常州)通讯设备有限公司	纯电动专用车	1	1
梅赛德斯奔驰	恒压限流充电	车端插座：332004200；车辆插头：36277；36279；供电插头：36277；36279	MENNEKES；LEONI	插电式混合动力乘用车	1	1
杭州富特科技股份有限公司；杭州铁城信息科技有限公司；珠海英博尔电气有限公司	交流慢充及直流快充	YG196G-EVSE-691/G-16；YGC691C-EV-S7(5)RB-T-16；YGC762-EV-S9RB-125；NDQC-7T(16A-250/440V)；NDQC-7Z(16A-250/440V)-R；NDQ-9Z(125A-750V)-R；EVS-V-16A5-GSC；EVS-4-125D9-GS(QA)；EVPⅡ-V-16A5-G	四川永贵科技有限公司；中航光电科技股份有限公司；南京康尼新能源汽车零部件有限公司	纯电动专用车	1	1
杭州富特科技股份有限公司；浙江续航新能源科技有限公司	非车载充电；车载充电	1060-PSE-16-XC-NS/NV3C-DSI-G-EV16S/NV2-DSD-G-EV250S；RAC-TI16K-5A/RAC-ZI16F2-2A/RDC-ZI250	苏州工业园区多思达科技有限公司；苏州瑞可达连接系统股份有限公司	纯电动专用车	1	1
杭州铁城信息科技有限公司；深圳金霆正通科技有限公司	直流；交流充电	CP16E004；CS16；CS06；HVCO-M16/HVCO-F16；HVCO-M125/HVCO-F125	安费诺汽车连接系统(常州)有限公司；成都晨风绿能电气技术有限公司	纯电动专用车	1	1

续上表

电动汽车车载充电机生产企业 Manufacturer for Charger of Electric Vehicle	充电方式 Charging Mode	充电插头 Charger Plug 插座型号 Socket Model	充电插头 Charger Plug 插座生产企业 Socket Manufacturer	车辆名称配套车辆类型 Matching Vehicle Types	2018 年配套车型产量 x 小计(辆) Subtotal Output of Supported Odels in 2018 (Vehicle)	2018 年配套车型产量总计(辆) Total Output of Supported Odels in 2018 (Vehicle)
杭州铁城信息科技有限公司;浙江绿航新能源科技有限公司	初始恒流充电 80% 以后恒压充电	YDG16-SAV-P1/YDG32-SAV-S1-L1; YDG80-D-S1; HZQ-AC-EVT16B/HZQ-AC-EVZ32B;HZQ-DC-EVZ80B	苏州怡达新能源科技有限公司;杭州锋之骐科技有限公司	纯电动专用车	1	1
河北君瑞科技有限公司;苏州舜唐新能源电控设备有限公司;杭州富特科技股份有限公司	直流;交流	NDQC-7Z(16A-250/440V)-0;NDQ-9Z(125A-750V)-0	中航光电科技股份有限公司	纯电动专用车	1	1
海博瑞德(北京)汽车技术有限公司;深圳市核达中远通电源技术股份有限公司	恒流和恒压充电;恒流和恒压充电	RAC-TI16K-5A/RAC-ZI16F2-2A	苏州瑞可达连接系统股份有限公司	纯电动乘用车	1	1
深圳欣锐科技股份有限公司;苏州舜唐新能源电控设备有限公司	先恒流充电;再恒功率充电;最后恒压限流充电.	H067A/H067A	安费诺精密连接器(深圳)有限公司;张家港友诚科技机电有限公司;南京康尼科技实业有限公司	纯电动乘用车	1	1
其他纯电动汽车				纯电动客车	87117	116398
				纯电动乘用车	2922	
				纯电动专用车	26359	
其他插电式混合动力汽车				插电式混合动力客车	5993	5994
				插电式混合动力专用车	1	
其他燃料电池汽车				燃料电池客车	708	891
				燃料电池专用车	183	
2018 年配套车型产量总计(辆)/Total Output of Supported Odels in 2018(Vehicle)					1222544	1222544

节能与新能源汽车年鉴

YEARBOOK OF ENERGY-SAVING AND NEW ENERGY VEHICLES

第七篇 Section Ⅶ

技术成果应用案例

Application Case of Technology Achievement

福田纯电动轻卡降电耗专项开发

供稿：北汽福田汽车股份有限公司

1. 成果简介

应用领域：福田新能源全系列车型，包括：电动商务车（小 VAN、大 VAN）、电动微/轻卡车、纯电动重卡、燃料电池车等。

关键技术：降电耗专项开发包括：电驱动系统构型分析、整车轻量化开发、控制策略优化、动力系统效率提升，基于上述研究 2018 年申报专利 63 项。

2. 成果创新点及解决的难点问题

电驱动系统构型分析：在 AVL/CRUISE 软件环境搭建纯电动轻卡仿真模型，仿真结果表明基于某测试工况电机 + AMT 构型电耗最优，电机直驱方案居中，电机 + 单减方案电耗最次，上述结果证明电机 + AMT 构型工况适应性较好，经济性较好，如图 7-1 所示。

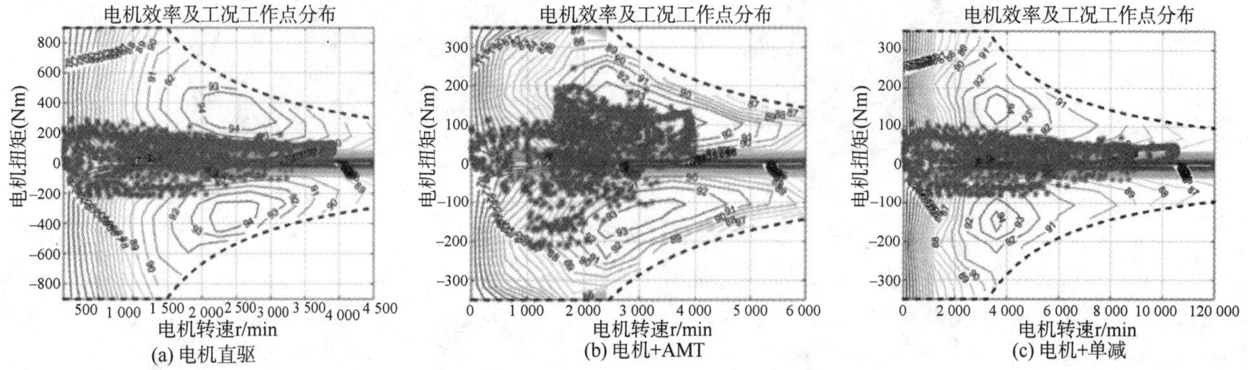

图 7-1　不同电驱动构型工作效率对比分析

产品开发除考虑性能外，还需结合可靠性、成本、资源可获取性、重量等维度。通过引入层次分析法确定维度，采用熵权法确定权重，基于专家打分法确定适合的电驱动系统构型，如图 7-2 所示。

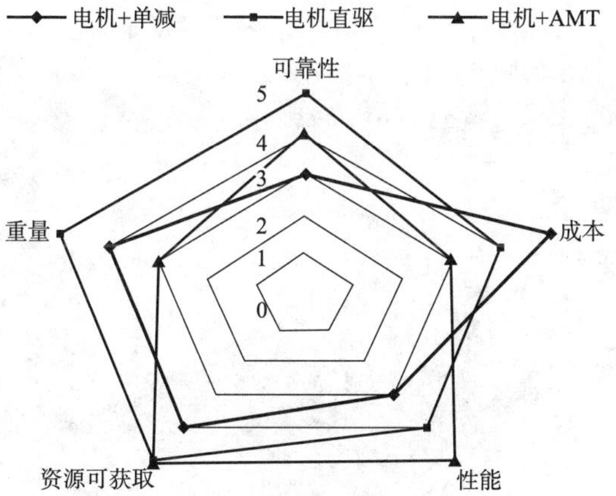

图 7-2　基于五维度的 3 种构型综合评价

整车轻量化开发：立足动力系统、车身、底盘、电子电器四大系统，具体思路如图 7-3 所示。

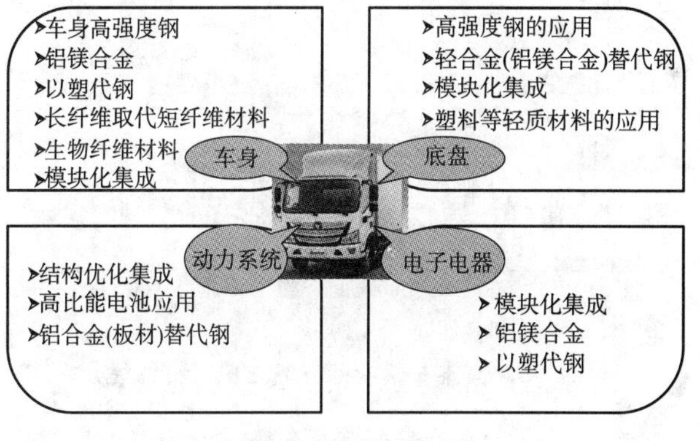

图 7-3　整车轻量化

其中动力系统通过采用电驱桥总成，取消传动轴，后桥取消锥齿轮增加相应齿轮副，实现总体降重 150 kg，提升传动效率 3% 以上，优化了底盘布置空间；动力电池通过采用高能量密度电池，同时对电池和底盘固定支架结构进行优化实现降重。其中底盘系统、车身系统、电子电器系统结构件方面通过采用轻量化材料替代实现降重，例如悬架系统中的前后板簧由金属钢板材质改为玻纤增强塑料（GFRP），实现整车降重 65 kg，如图 7-4 所示。如货箱由以前的彩钢板厢板、花纹板底板改为铝制框架、PP 蜂窝板厢板，实现货箱降重 290 kg。例如通过空调冷凝器前置，与整车冷却系统集成，实现取消冷凝器用风机、护罩及相应支架，实现降重 4 kg。

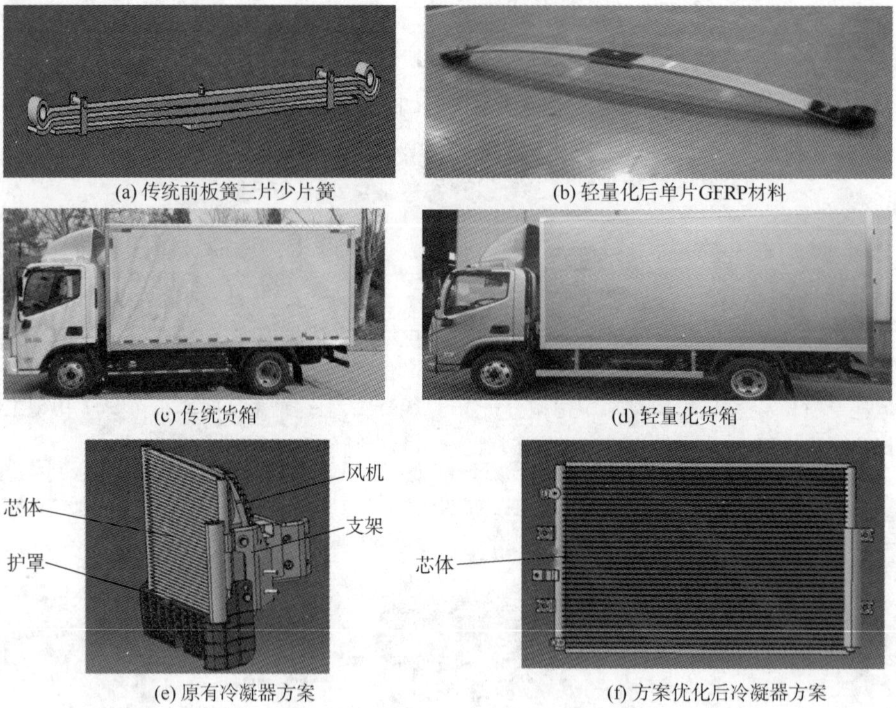

(a) 传统前板簧三片少片簧　(b) 轻量化后单片GFRP材料

(c) 传统货箱　(d) 轻量化货箱

(e) 原有冷凝器方案　(f) 方案优化后冷凝器方案

图 7-4　轻量化替代材料实现降重

控制策略优化：结合福田智科大数据平台开展针对特定市场的工况分析，对采集到的数据样本进行运动学片段特征值分析、主成分分析及快速聚类分析，基于车速、道路坡度及车辆平均功率等状态信息构建实际工况特征曲线，如图 7-5 所示。

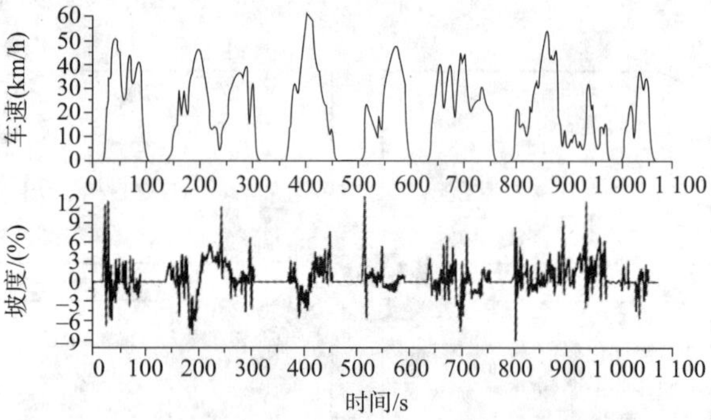

图 7-5　某市车辆实际行驶工况特征曲线

制动能量回收模型除原有的车速、制动踏板开度、制动扭矩参数外，增加制动踏板变化率、制动能量回收限制因素等维度修正，结合车速、制动踏板开度、制动踏板变化率，针对驾驶意图采用模糊算法，通过模糊与解析更为准确实现驾驶员驾驶意图，制动时充分提高制动能量回收率；增加制动能量回收限制因素，综合考虑电机温度、电池组 SOC 和温度等阈值，如基于福田智科大数据平台数据显示当福田某车辆在某市区连续运行时，在不进行能量回收时电机绕组温度稳定在 95℃左右，温升约为 70℃。如果采用制动能量回收，会引起电机绕组温度持续升高，影响寿命。如电池 SOC 较高时进行制动能量回收会导致电池出现极化，进而导致锂离子沉积影响循环寿命。

动力系统效率提升：动力系统效率提升主要包括电驱动系统、电池系统；其中电驱动系统针对目标市场整车常用车速开展适应性标定，根据实际工况整理的整车车速——常用功率需求的联合分布，据此开展适应性标定，将电机常用转速纳入电机高效区内如图 7-7 所示。

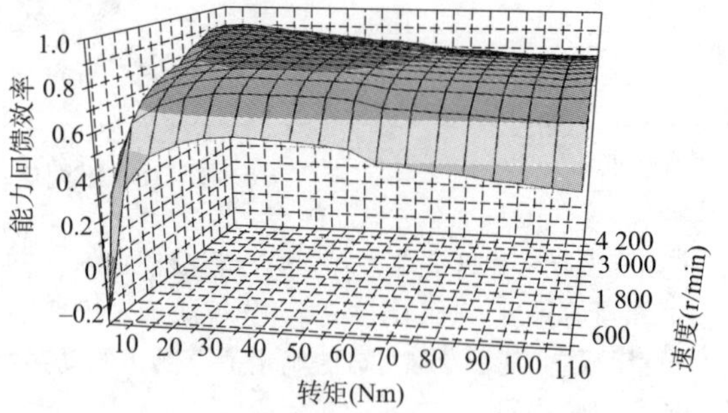

图7-6　电池 SOC 处于某一阈值时制动能量回收效率

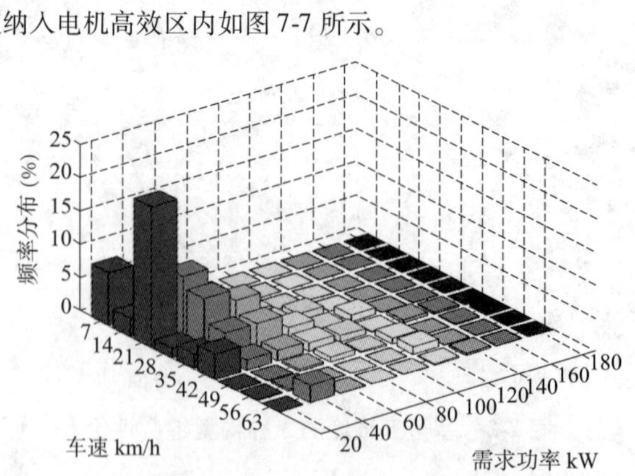

图 7-7　整车车速——常用功率需求的联合分布

其中电池系统主要通过电池快速加热系统提高整车动力性，同时随着电池温度升高，降低动力电池低温时内阻进而提升充放电效率。整车充电加热流程如图 7-8 所示，电池快速加热方案如图 7-9 所示。

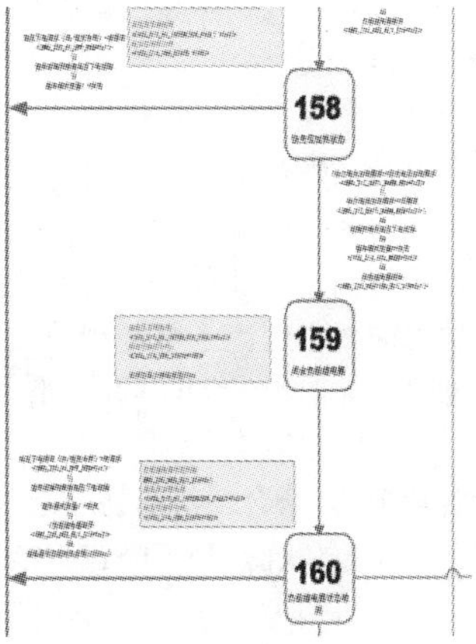

图 7-8　整车充电加热流程

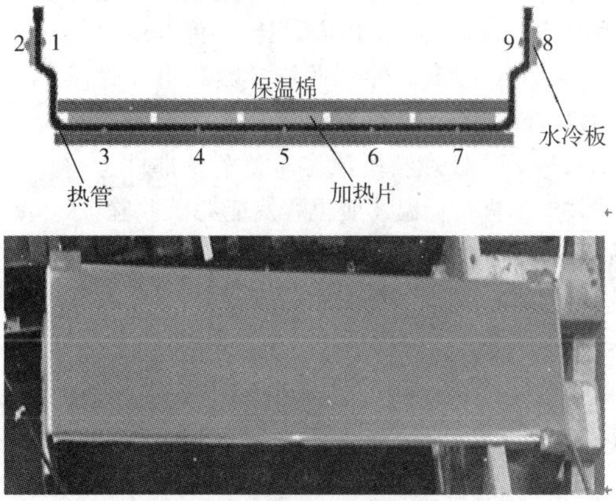

图 7-9　电池快速加热方案

3. 成果应用情况

上述成果已经应用于福田全系纯电动商用车,包括欧马可、奥铃、图雅诺、拓路者等系列电动车,所有车型量产车辆超过 2 000 台已交付客户使用,正在全国各大城市正产运行,运营稳定,如图 7-10 所示。

图 7-10　欧马可、图雅偌电动车

4. 社会及经济效益分析

通过上述研究和产业化应用,已经实现整车降能耗超过 10%,按每辆轻卡年均行驶里程 5 万 km 计,基础车电耗 25 ~ 35 kWh/100 km 计,年均 1 500 kWh,减少碳排放 1.2 t。

BJ6122FCEVUH 燃料电池客车整车

供稿:北汽福田汽车股份有限公司　秦志东　魏长河　魏文博　王超

福田欧辉面向冬奥会使用环境,开展寒冷环境下高功率燃料电池电堆研发、-30℃低温环境下燃料电池客车混合动力系统优化及能量管理、高效动力电池及电驱动系统研发、整车集成及综合节能匹配研究,自主研发的 BJ6122FCEVUH 氢燃料 12 m 级城间客车,采用福田欧辉客车全新的城间客车产品造型。整车结构造型简洁大气,凸显科技感、豪华感,让乘客倍感舒心。金属质感打造,彰显卓越品质,人体工程学座椅,让乘客乘坐更舒适。整车采用福田欧辉专有 4D 车身技术,车内空间宽敞,利用合理,驾驶室与乘客区有效分离,确保驾驶不受干扰,实现"人—机—电"一体化智能操控平台,可定制用户的在线智能控制技术,在强电安全方面做到了世界领先。

图 7-11　BJ6122FCEVUH 燃料电池客车造型

BJ6122FCEVUH 燃料电池客车,针对冬奥会使用环境,攻克寒冷地区燃料电池电堆冷启动、整车低温热管理、耐低温动力电池和高性能电驱动及整车动力系统集成和能量综合管理优化等关键技术。采用整车集成设计、匹配与综合控制技术，优化动力系统关键零部件的性能参数和可靠性参数，重点解决了整车轻量化及节能问题，铝合金、复合材料等轻质材料在 BJ6122FCEVUH 燃料电池客车整车及部件上得到了充分的应用。整车进行低温续航里程及能耗试验验证，低温车辆性能试验验证，以及低温环境下的整车可靠性道路试验与测试。BJ6122FCEVUH 燃料电池客车适应冬奥会氢能基础设施布局和发展规划，围绕京津冀一体化的制氢、储氢、运氢和加氢基础设施发展规划开展了充分的研究。

1. 整车性能及控制策略

BJ6122FCEVUH 燃料电池客车采用了以燃料电池和蓄电池作为能量源，通过 DC/DC 调节燃料电池发动机输出电压，以跟踪蓄电池电压，通过燃料电池与动力电池的组合共同满足整车功率需求，以整车启动速度快、动力性强，可实现制动能量回收功能，续驶里程长，燃料电池可稳定工作在中负荷区域，燃料电池寿命长，氢耗最低为目标函数，以燃料电池输出功率为控制变量，并考虑燃料电池耐久性对控制变量进行约束，设计整车控制策略，实现在不同工况下均具有较好的燃料效率和动力性能。

燃料电池特性是合理使用燃料电池发动机、设计燃料电池客车动力系统构型、开发整车控制系统的基础。燃料电池的最佳运行区在中负荷区；当负荷较小（轻载区）时，由于空气压缩机等附件的寄生功率较大，所以系统总体效率较低；当负荷较大（重载区）时，虽然净功率密度较大，但所需燃料及空气量较大，其系统效率下降较快，又由于存在浓度损失，所以电压下降较快。同时，燃料电池在重载区工作对其使用寿命影响较大。因此，为了延长燃料电池的使用寿命，需要将燃料电池尽量控制在中负荷区工作。

（1）能量管理策略

燃料电池客车的能量管理策略是整车控制策略的核心，整车的的动力性和经济性，燃料电池和锂离子电池的输出效率及使用寿命，动力系统的供电效率，燃料的利用率等，很大程度上由能量管理策略来决定。为了保证整车的动力性，可能会要求锂离子电池或燃料电池系统过度放电，为了维持能源系统的性能可能要降低整车动力性，为了保证燃料电池系统的性能往往需要锂离子电池做一定的牺牲，为了提高动力系统的供电效率可能要求锂离子电池组过度放电。因此，不同的能量管理目标对应不同的能量管理方法。在 BJ6122FCEVUH 燃料电池客车能量管理设计上采用了功率跟随式的能量管理策略，结合燃料消耗量总量最小为目标的全局优化控制。采用该最优控制策略进行能力管理，达成以下目标。

①最优的燃料电池性能。保证燃料电池系统输出特性良好及有尽可能长的使用寿命，要达到这一目标，能量管理策略需要控制燃料电池系统始终工作在合理的输出功率范围，由锂离子电池组承担大部分功率波动，在车辆急加速时提供功率补偿，保证燃料电池系统输出功率上升曲线的平缓。若锂离子电池的功率不足以承担功率波动，则应适当牺牲整车动力性，对行车曲线进行实时、适当调整。

②保证锂离子电池组的合理充放电。确定锂离子电池组的合理充放电范围是 SOC 保持在 30%～80% 之间，防止锂离子电池过充与过放情况的发生。

③保证前两条的基础上，尽量满足动力性要求。

（2）整车性能优化匹配

对燃料电池客车动力系统进行研究，以保证车辆的动力性、维持电池合理的荷电状态、提高车辆的经济性和燃料电池的耐久性为研究目标，基于以上整车及能量管理策略。建立了燃料电池客车仿真模型，对能量管理策略进行仿真验证，对整车动力性和经济性进行了仿真分析。仿真设计了包括循环工况、驾驶员模型、VCU 模型、电机模型、传动系模型、车辆模型、DC-DC 模型、燃料电池模型、电池模型等在内的燃料电池客车仿真模型。如图 7-12 所示。

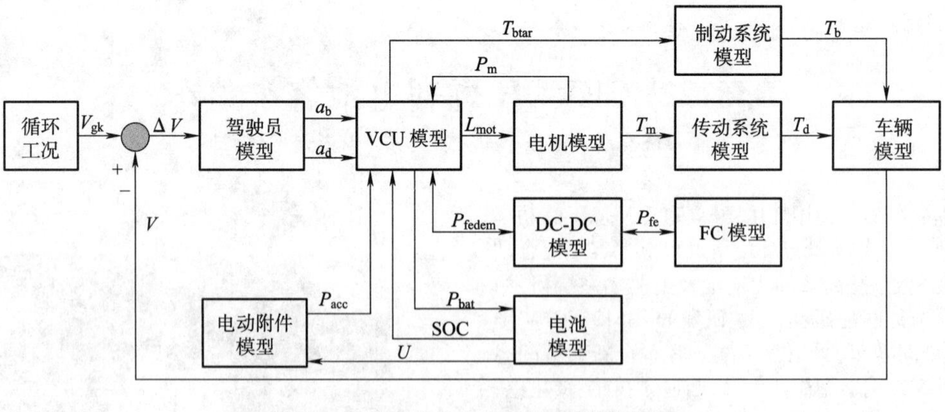

图 7-12　燃料电池客车性能仿真模型原理图

采用了 Simulink/MATLAB 和 Cruiser 软件联合仿真的方法，对整车控制及能量管理策略，对燃料电池客车动力系统参数匹配，能量系统参数、总成参数匹配进行了验证和优化，优化零部件选型，从而降低整车成本。以整车整备质量作为经济性和成本特性的表征因素，在满足续驶里程约束的前提下满足整车降重目标；充分考虑工况和系统效率对整车性能的影响，采用基于联合仿真优化机制的全局优化方法，将整车经济性和整备质量作为多优化目标，以动力性为约束条件，对动力系统参数进行了综合寻优操作。

(3)基于 AutoSAR 架构的汽车电子软件开发与集成技术

整车控制器如同电动汽车的大脑,指挥各个系统协调的工作,在整车动力性、驾驶舒适性以续驶里程之间取得最佳的平衡。整车控制器最主要的功能是进行整车动力系统的控制。整车驱动控制策略负责整车动力输出控制,是纯电动车的核心内容。包括 VCU 硬件资源分配、输入信号采集、输入信号来源、输出信号逻辑、整车状态管理、上下电管理、充电管理、扭矩解析、附件管理、故障管理等。整车驱动控制策略是纯电动车整车控制系统的核心设计,它起到监督和调节各执行机构,实现和保证纯电动车行驶安全性、提高使用经济性的关键作用。在现有整车控制算法的基础上,依照 AutoSAR 架构标准,使用完整 AutoSAR 开环环境和工具链,并依照汽车电子软件 V 形开发验证流程进行,开发出符合 AutoSAR 标准的整车控制器控制软件系统,以保证软件的可靠性、可验证性要求和分层、模块化要求。

基于 ISO 26262 功能安全性标准的系统软硬件开发;在设计之初即对整机系统进行满足 ISO 26262 功能安全性等级要求的技术需求分析,并制定相应的系统开发规格指标,并在设计过程中严格落实各项功能安全性要求,以开发出满足 ISO 26262 功能安全性等级要求的整机软硬件系统。整车控制器软硬件系统设计达到 ISO 26262 ASIL-C 功能安全等级标准。

2. 燃料电池系统匹配设计

(1)燃料电池系统

①燃料电池低温启动损伤机理研究。通过实验研究其损伤机理,作为选择关键材料和关键结构设计的依据。包括电极含水量以及低温启动后损伤的影响;启动温度分布、热量传递的影响;扩散层与双极板表面特性对水运输的影响;所使用的膜、密封件,以及电堆结构对高低温交变伸缩机械损伤影响;低温启动时规避反极、反极耐受的影响。

②关键结构设计和关键材料遴选。基于低温启动损伤机理研究的基础,遴选燃料电池电堆的关键材料,包括如催化剂配方、质子交换膜、膜电极密封材料、电堆密封材料,双极板材料。验证其耐受在低温启动过程中出现的高低温交变膨胀收缩、热量控制失效条件下对冰晶膨胀、启动过程中大负载低电压下膜电极反极等。

③低温启动电堆设计与低温启动控制策略验证。基于材料及零部件验证前提下,完成实现无外界热源 -20℃低温启动电堆整体设计,并检验其在高低温环境下电堆压紧力、弹性材料配合、电堆整体密封配合的耐受性。依据损伤机理下制定的低温启动控制策略,着重解决大电流启动快速产热与液态水大量聚集的矛盾、温度场均匀性控制与冷却液热容降温的矛盾,以及除水策略与双极板流道水残留的矛盾。

④燃料电池系统性能参数。

表 7-1 燃料电池系统性能参数

序号	参数名称名称	参　数	备　注
1	电堆额定输出功率	127kW	
2	系统额定输出功率	100kW	
3	额定工作温度	85℃	
4	电堆功率密度	2.0kW/L	
5	最高效率(含 DC/DC)	最大 55.8%	
6	低温启动	-30℃	GB/T 28183—2011,低温快速暖机时间≤10min
7	环境温度	-30℃~60℃	可以在这个环境温度范围内正常工作

(2)整车一体化热管理系统及低温启动策略

整车一体化热管理系统原理图如图 7-13 所示。

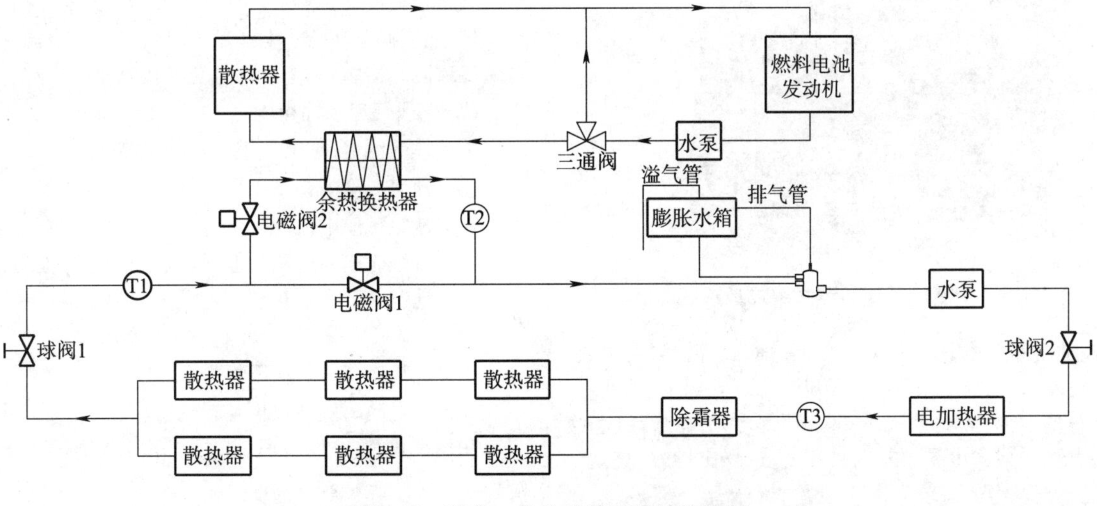

图 7-13 整车一体化热管理系统原理图

①在燃料电池系统和整车采暖系统之间设置余热换热器,低温条件下,利用燃料电池系统余热对乘客舱进行供暖。

②整车控制系统监测循环水温,实时调节燃料电池系统的余热利用状态,避免燃料电池系统的温度骤变。

③余热换热器选用铝制板翅式换热器,二通道逆流换热技术,体积小,重量轻。换热器真空钎焊成型,通道间完全隔

离，设计压力 1.0 MPa，安全可靠。

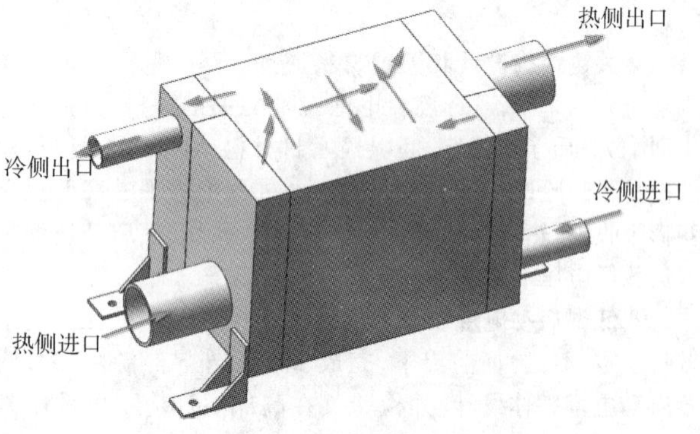

图 7-14　余热换热器结构示意图

④在非采暖季，使用手动阀门（球阀 1、球阀 2）关断水暖循环，避免燃料电池系统向车内散热。余热换热器水暖侧受热产生的膨胀压力，通过膨胀水箱释放。

⑤低温启动策略：采暖系统启动时，电加热器工作和水泵工作，快速提高采暖循环的水温。当余热换热器的采暖侧入口水温（T1）达到目标温度时，余热换热器开始从燃料电池系统获取热量。采暖系统监测获取的余热量大小，实时调节电加热器的功率。当余热换热器的采暖侧出口水温（T2）达到目标温度时，关闭电加热器，采暖系统完全依靠燃料电池系统的余热供暖。

⑥整车控制系统监测和调节车内暖风散热器的入口水温（T3），确保暖风散热器出风温度的舒适性，避免吹冷风现象。

（3）燃料电池散热系统

采用了全新的导流悬浮式集成散热器，如图 7-15 所示。

图7-15　全新的导流悬浮式集成散热器

①该种新型式顶置散热器区别于其他顶置散热器，集成散热器、护风罩、风扇、膨胀水箱、导流装饰罩等部件，平铺悬浮在车顶，从下部、侧面进风，从风扇顶部出风，总成高度≤300 mm；低的总成高度带来整车总高度低，稳定性好、美观、可以满足不同车型的需求。

②该种新型式顶置散热器模块化集成度高，可以根据不同散热量需求集成不同个数子散热器。

③采用新型散热器进风方式和导流结构，散热效率更高，风扇能耗更低。

④该种新型式顶置散热器与散热器布置在车身机仓相比，不占用机仓空间，且机舱内各零部件不会因为风扇造成水、灰造成引发的故障。

⑤散热器总成精准的控制策略，可以根据车速、环境温度、散热器进出水口水温、电堆输出功率等参数，控制风扇、水泵的功率，实现精确控制，降低风扇工作时噪音，提高整车 NVH。

（4）70 MPa 集成氢系统方案

70 MPa 氢系统采用铝内胆碳纤维缠绕瓶，系统集成组合阀替代原有系统阀，如图 7-16 所示所有阀件由几个集成阀（集成功能：瓶口阀、安全阀、泄放阀、溢流阀、电磁阀、压力传感器、温度传感器）替代，可以减轻系统重量，缩小阀件体积，减少泄漏点，提高了安全性。

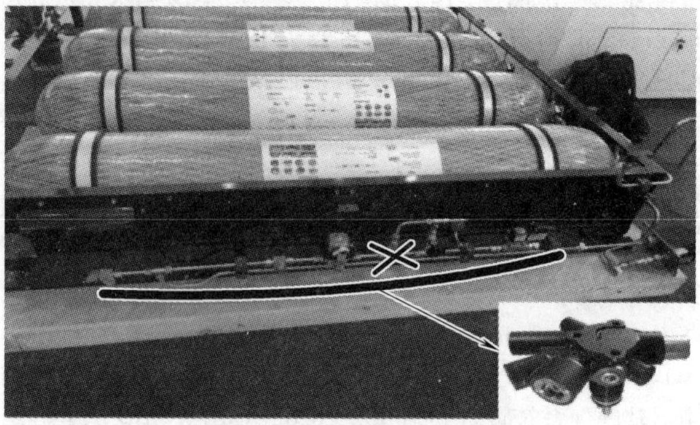

图 7-16　70 MPa 集成氢系统方案图

3. 动力蓄电池匹配设计

动力电池系统适应 -30 ℃ ~55 ℃环境，采用 2C 充放电能力的锰酸锂动力电池组，额定电压 DC591.3V，动力电池总配电量 75.68 kWh，动力电池组能够保证 8 年使用寿命和高安全性。电池箱单箱采用液冷系统和内部电加热系统，具备全气候工作的能力，具备 IP67 等级防水、防尘；同时具备过流保护、温度调节功能。电池舱与电机等具有高温热源的设备舱采取隔热措施，防止外部热源导致电池过热。

（1）电池管理系统功能

①单体电池电压、电池组电压的检测。

②电池组温度的检测。

③电池组工作电流的检测。

④具有绝缘电阻检测功能或单设绝缘电阻检测装置。

⑤电池组冷却和加热控制（根据需要）。

⑥充放电次数记录，电池组 SOC 的估测。

⑦电池故障分析与在线报警。

⑧各箱电池离散性评价与自均衡功能。

⑨与车载监、控设备通信，为整车控制提供必要的电池数据。

⑩与充电机通讯，实现电池的安全充电，并向充电机提供完整的电池技术参数。

⑪符合电磁兼容要求。

⑫具备 MSD 保险，当电池系统出现问题四级故障时或整车维修时可以立即断开高压回路，保证乘车人员安全。

表 7-2 动力电池组主要技术参数

项目名称	技术参数	备 注
电芯种类	锰酸锂动力电池	
组合方式	3 并 144 串	
额定电压/电压范围	525.6 V/360 ~ 604.8 V	
标称容量	144 Ah	
SOC 工作范围	10% ~ 95%	
工作温度	充电 −10 ℃ ~ 50 ℃ 放电 −20 ℃ ~ 50 ℃	
可持续充/放电最大电流	288 A/288 A	
箱数	3	
管理系统型号	18.80.0.1/A20	
冷却方式	液冷	
防护等级	IP67	
绝缘阻值	>100 MΩ,BMS 失电状态	

(2)动力电池组采用先进的液冷热管理系统

动力电池系统采用锰酸锂体系电芯,经过全面测试验证其能够满足持续和峰值两种工况高充放电倍率的要求,低温环境下性能释放程度的要求,额定容量保持率的要求。

电池箱体采用标准动力电池箱体,箱体内部采用液冷方式冷却电芯,电芯极耳与液冷板接触安装,冷却液在液冷板内循环流动,带走电芯通过液冷板壁面传导来的热量,从而保证电芯工作在最佳温度区间,冷却效果好,结构紧凑。

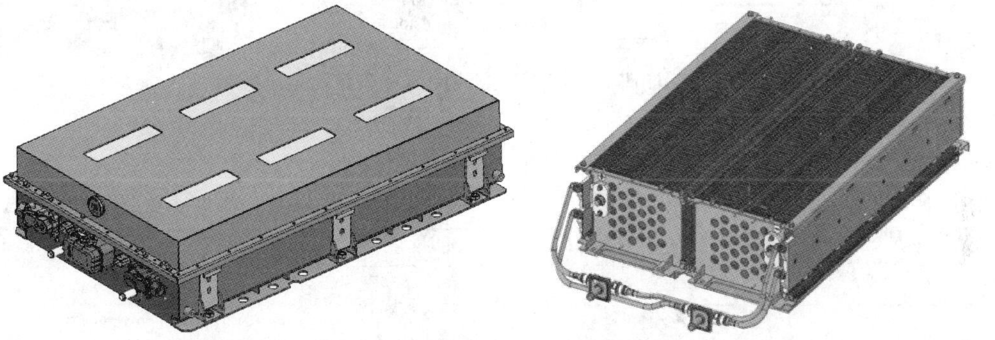

图 7-17 BJ6122FCEVUH 燃料电池客车电池 Pack 示意图

箱体内部采用电加热膜方式加热冷却电芯,电加热膜紧贴在液冷板一侧壁面上,液冷板另一侧与电芯极耳接触安装,热量通过液冷板传导至电芯处,从而保证电芯能工作在低温环境下迅速升温,正常工作。

动力电池液冷系统进行创新优化,采用整车空调集成板换的方案;在板换中通过冷却液和制冷剂进行换热,由制冷剂吸收冷却液从电池系统中换取的热量,本方案节能降耗,设备结构紧凑,并充分挖掘了现有整车热管理系统的潜力。

动力电池系统液冷系统整车空调集成板式换热器的方案原理如图 7-18 所示。

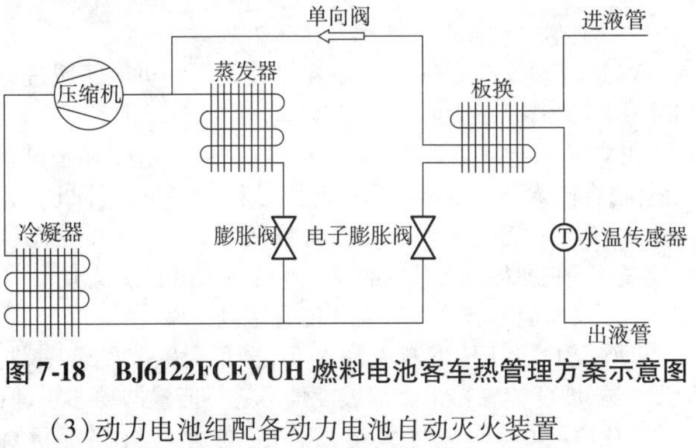

图 7-18 BJ6122FCEVUH 燃料电池客车热管理方案示意图

(3)动力电池组配备动力电池自动灭火装置

①动力电池箱体内部配置高效自动灭火装置。

②启动功能:按手动启动按钮,系统会进入手动工作模式。自动模式优先,当系统故障时启动手动模式。

③消防启动信号反馈功能:当系统感应到火情信号时通过数据线及时反馈到驾驶区并发出蜂鸣声。

④故障自动检测功能:灭火系统有自动诊断功能,当灭火系统检测到传感器失效、罐体压力泄漏等故障时能在司机驾驶区发出蜂鸣声。

⑤系统火情识别与启动消防功能:系统具有自动识别火情信号并启动消防工作。

4. 驱动系统匹配设计

(1)驱动系统系统方案

采用双电机匹配行星排式两挡变速器的构型,即将一个电机的输出通过合理变速增扭后,与另一个直连于驱动桥的电机同轴动力耦合。

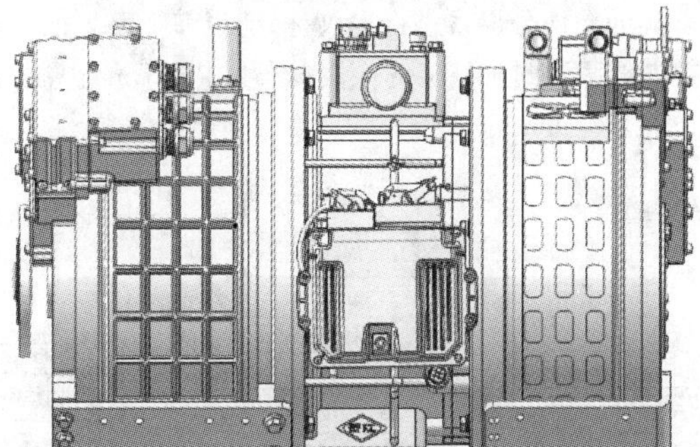

图 7-19 BJ6122FCEVUH 燃料电池客车驱动系统总成

(2)驱动系统系统特点

①换挡过程双电机协同控制持续输出动力,无动力中断。

②快速、平顺、可靠的挡位切换。

③智能识别工况和驾驶员意图，多模式切换，兼顾动力性与经济性需求。

④兼容性系统构型及参数匹配设计，提升总成的多种整车平台适用性。

⑤冗余故障处理机制使系统具备跛行功能。

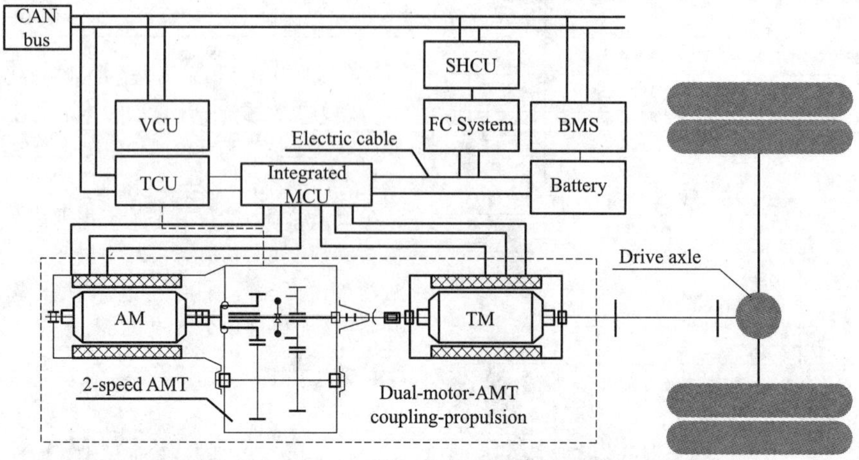

图 7-20　BJ6122FCEVUH 燃料电池客车驱动系统架构

(3)最优控制策略

①基于动力性的换挡规律制定，全踏板开度下换挡车速根据一、二挡外特性曲线交点确定，为 44 km/h，0 踏板开度下的换挡车速则按经验定为 20 km/h，根据车速增高降挡延迟减小的原则，降挡曲线的各点按照随车速减小逐渐发散的规律排布。

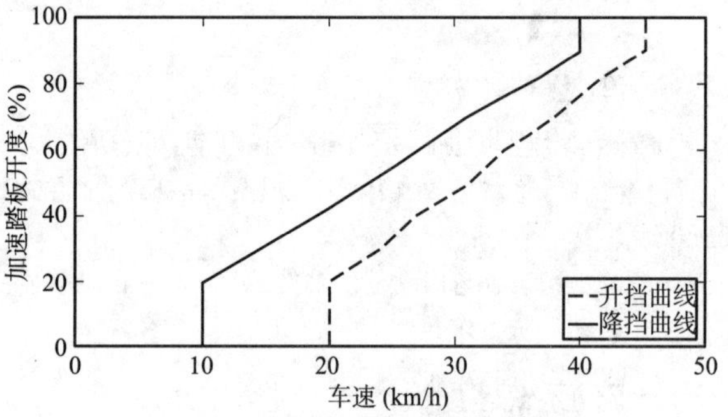

图 7-21　基于动力性的换挡规律制定

②采用能耗最优的模式识别和扭矩分配策略，通过遍历搜索全工况点，找出当前需求扭矩下的最优工作点，最优工作点包括挡位及扭矩分配系数的制定，满足系统消耗电功率最小，考虑到换挡延迟及换挡点稳定性，将上述全工况点搜索后得到的挡位分界线进行提取，得到当前策略下的驱动换挡规律曲线。通过在线实时应用瞬态优化策略，计算得到当前挡位和扭矩分配系数。

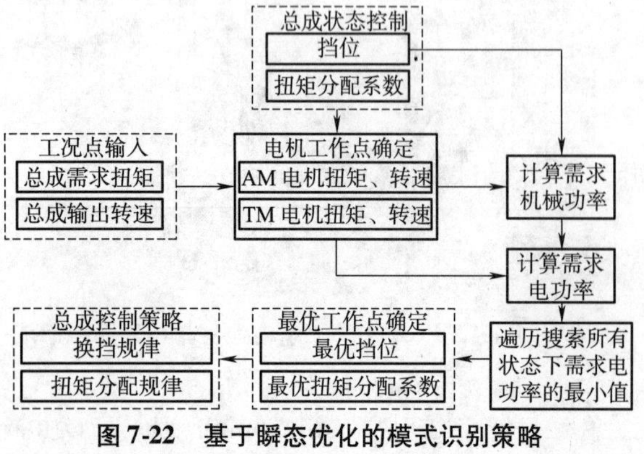

图 7-22　基于瞬态优化的模式识别策略

(4)主要技术参数

表 7-3　驱动系统主要技术参数

外观参数	总质量(kg)		长宽高(mm)		
	306		763 mm×531 mm×551 mm		
变速箱	行星排式 2 挡变速箱				
	重量 76 kg				
TM 电机	额定/峰值功率(kW)	额定/峰值扭矩(Nm)	最高转速(r/min)	重量(kg)	电压平台(V)
	89/170	500/1 150	4 500	135	576
AM 电机	额定/峰值功率(kW)	额定/峰值扭矩(Nm)	最高转速(rpm)	重量(kg)	电压平台(V)
	80/139	255/850	4 500	95	576
最大输出扭矩	3 700 Nm				

5. 整车能量管理的动态分配

(1)整车控制器的区域感知技术的决策管理

VCU 带区域定位功能，根据精细化地图将奥运区域进行划分，根据地图标定功率分配方案：

①VCU 采集到车辆处于高海拔区域时，将 SOC 动态调整到低位，在驶入的低海拔的过程进行更多的制动能量回收。

②VCU 采集到车辆处于低海拔区域时，将 SOC 动态调整到高位，在驶入的高海拔的过程中保证车辆的动力性。

(2)根据运行坡度的智能化能量管理策略

BJ6122FCEVUH 燃料电池客车，整车配置坡度传感器，VCU 根据坡度传感器采集的坡度信号进行能量的动态管理：

①VCU 采集到坡度大于某一值(根据实际路况可标定)，车辆处于上坡状态后，增大请求电堆的发电功率，并根据坡度的变化实行动态能量分配。

②VCU 采集到坡度小于某一值(根据实际路况可标定)，车辆处于下坡状态后，根据坡度大小和动力电池状态减小发电功率或关闭电堆，开启回馈优先模式，在此模式下，

VCU 根据动力电池的当前允许充电功率尽量多的将制动能量回收回来。

爱驰 U5 上钢下铝轻量化车身

供稿：爱驰汽车（上海）有限公司

1. 成果简介

爱驰 MAS 平台是爱驰汽车全球首创上钢下铝车身结构、智能化电动汽车平台，具有高强度、轻量化、集成化、模块化特征。MAS 是 More Adaptable Structure 的缩写，寓意适应性广、变化灵活，MAS 平台支持同架构多型谱开发，覆盖 A、A + 、B 三个级别，轴距可在 2 600 ~ 3 000 mm 之间变动，可衍生出 SUV、Sedan、MPV、Cross、Pickup 等系列车型。爱驰 U5 是 MAS 平台的首款车型，白车身铝合金材料占比率超过 52%，架构安全件全部采用焊合铝挤压型材和超高压真空铸铝结构件。部分零件还采用了玻纤材料，与传统车相比白车身减重 50 kg，对电动汽车的续航里程和加速性能有了很大的提升。为优异 NVH 性能提供保障，带给顾客极致舒适的驾乘感受。传统的扭转刚度为每度 18 000 Nm，而应用爱驰的设计方案能达到每度 31 500 Nm，近乎提升一倍。

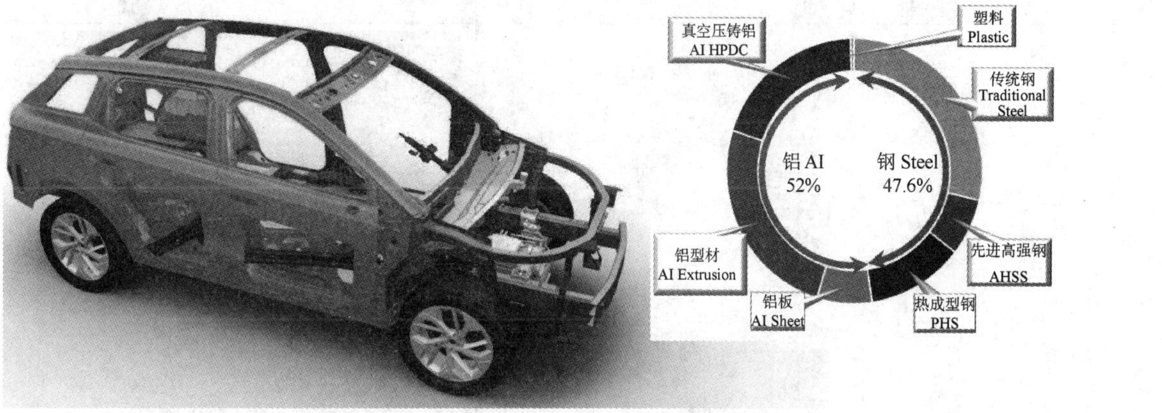

图 7-23 MAS861 上钢下铝白车身材料分布

爱驰 U5“上钢下铝”白车身在 2018 北京国际车展、澳门车身大会、瑞士日内瓦国际车展和 2019 上海国际车展展出，获 BBC 等主流媒体追捧，受到同行业广泛关注和认可，屡获大奖。

2. 成果创新点及解决的难点问题

(1)性能分析驱动结构设计

在概念设计初期采用科学的拓扑优化方法，通过性能分析驱动设计，综合考虑碰撞、模态、弯扭刚度等工况，得到最佳传力路径与完美的白车身骨架模型。关键传力路径上采用最合理的材料分布，给 MAS 平台轻量化打下良好基础。要求拓扑优化覆盖到每一个车身零部件，不断追求性能与重量的完美平衡。

前扭力盒是车身安全的核心零件之一，经过大量分析，使其偏置碰最大有效塑性应变从 45% 降低到了 17%，同时重量得到有效控制。

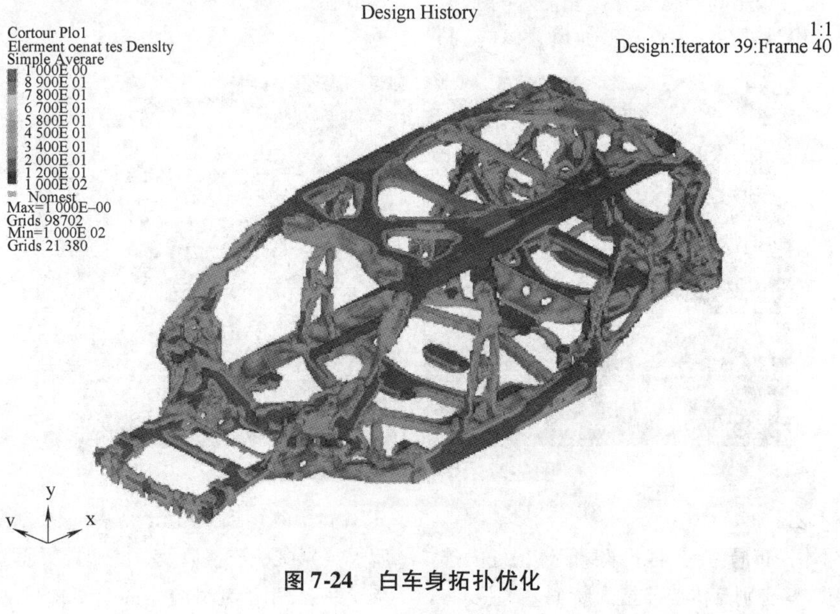

图 7-24 白车身拓扑优化

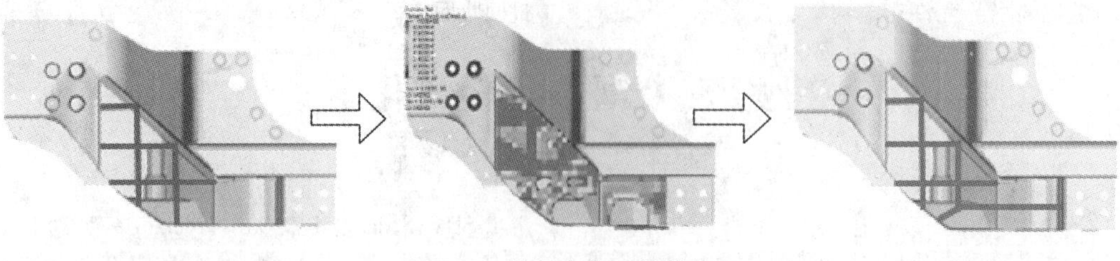

图 7-25　前扭力盒一轮优化

（2）超高压真空铸铝结构件

MAS 平台关键接头使用超高压真空铸铝结构件，带给 MAS 更轻的车身同时，带来了高难度的工艺挑战。铸件从设计、验证到制造等核心技术还都掌握在欧美顶尖供应商。爱驰汽车勇于挑战，攻克了强度、延伸率等很多难点，并最终实现批量生产。如图 7-26 所示，高压铸件包括前减震塔、前扭力梁、后扭力梁等，都进行过几十轮的 CAE 强度分析和工艺分析。

铸件应力分析	铸件模流分析
铸件关键区域风险识别，应力分析及优化	模具流态，温度场，冷却，凝固分析
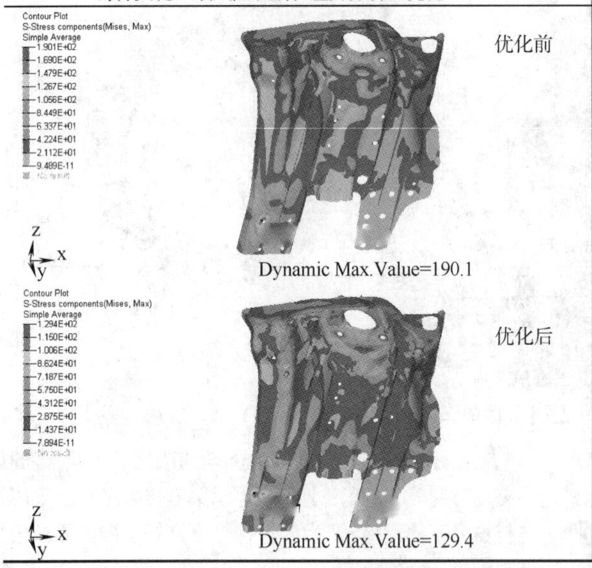	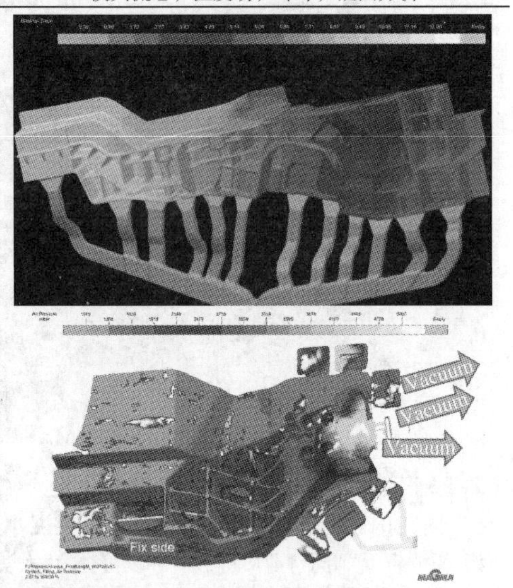

图 7-26　铸件的强度分析和模流分析

（3）铝挤出型材

为快速实现 MAS 平台加长拓宽，下车身架构纵梁和横梁都采用铝型材。为找到安全和轻量化等性能需求的完美平衡点，截面筋条势必相对复杂。为攻克截面尺寸偏差、平面度差、拉弯变形严重等问题，工程师从设计、分析到制件全面深入研究，通过更改材料、更改工装、更改结构、更改工艺等细节彻底解决行业难题。

图 7-27　铝挤出型材的工艺

（4）航空级连接工艺

爱驰采用"上钢下铝"布局，要求上下车身能够很好的连接在一起。必须采用一些有别于传统连接的新工艺，主要有 SPR（自穿刺铆接）、FDS（热熔自攻丝紧固）、CMT（冷金属过渡焊接）、螺栓连接以及一些非标紧固连接等，如用于铝铸件钢丝螺套，用于型材腔体的套筒螺母，用于安装的的铝直焊螺柱，用于铝板的压铆/拉铆螺柱或螺母。

SPR 用于全铝或钢铝混合的连接，此种工艺能解决钢铝混合车身 80% 的连接问题，但是由于 SPR 需要双面进枪，需求连接空间较大，对于钣金与铝合金型材腔体连接或连接空间不足的连接是无法实现的，FDS 可以实现单侧连接，剪切剥离性能好且可进行不同材料的连接，很好的解决了此类问题，对于 SPR 及 FDS 均不可实现的连接，可选择 CMT 连接，对于关键的碰撞区域，为提高连接强度，合理应用螺栓连接。

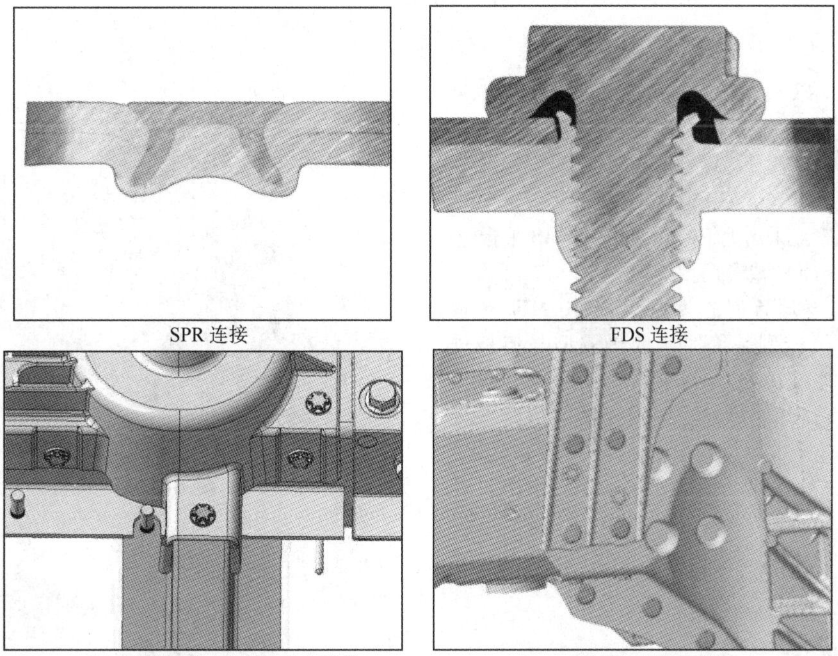
SPR 连接　FDS 连接
PDS及SPR不可达区域CMT连接　关键区域螺栓连接

图 7-28　连接及应用实例

爱驰钢铝混合车身结构对非标紧固件提出新的要求，减震塔和前后扭转盒均采用铝铸件，这些零件上有一些重要部件的安装点，如底盘、动力电池等，由于铝合金强度低的特性，铸件基材不满足直接作为安装点的强度及耐久需求，所以必须采用钢丝螺套衬入铸件，才能满足安装点强度及耐久需求。铝合金型材类零件，也会有大量装配需求，对于安装点强度要求高的零件，如座椅，可采用套筒螺母压入型材腔体作为安装点。若型材腔体较大且安装点距离端口较近，可采用衬板加强螺母板作为安装点。对于安装点强度要求低的零件，可采用拉铆螺母或螺柱连接。铝直焊螺柱的大量应用，高效解决内外饰零件及电子电器零件的装配需求，因铝螺柱焊接是单面焊接，不穿透板材，所以对舱内密封有积极贡献作用。

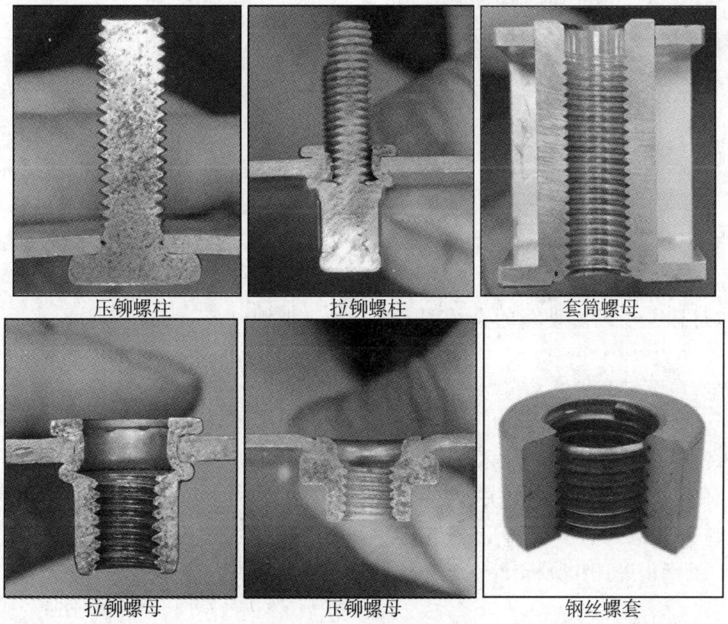
压铆螺柱　拉铆螺柱　套筒螺母
拉铆螺母　压铆螺母　钢丝螺套

图 7-29　标准件应用

(5)超高强钢的应用

2 000 MPa 超级热成型钢全球首次应用在 SUV 车型四门的防撞梁上，1 500 MPa 的热成型钢分布在 A、B 柱等关键安全区域，最大程度提升安全性能，为乘客保驾护航。

3. 国际水平对比分析

轻量化材料如铝合金、碳纤维、镁合金必然是未来电动汽车的发展必经之路，纯电动车平台及轻量化符合国家环保节能及增加续航里程的产业导向，爱驰汽车的团队已经走在了车企行业前列成为先行者。

全球首次在量产车上采用上钢下铝结构的 MAS 平台。

全球首发 2 000 MPa 热成形钢量产 SUV。

自穿刺铆接实现全球首创的等厚度 1 500 MPa 热成型与铝板之间的铆接，特别是等厚度的热成型与铝板连接最难，突破该工艺连接极限，国际领先。为了找到最牢固最适合的连接组合，和清华大学、国内外供应商组成公关小组联合对一些连接难题进行深入研究。例如，做了超过 500 种不同组合的连接和破检分析对比，使用料片约 2. 0 万片。

独自探索出一条重量、成本、维修之间平衡的轻量化方案，填补了国际国内的空白。

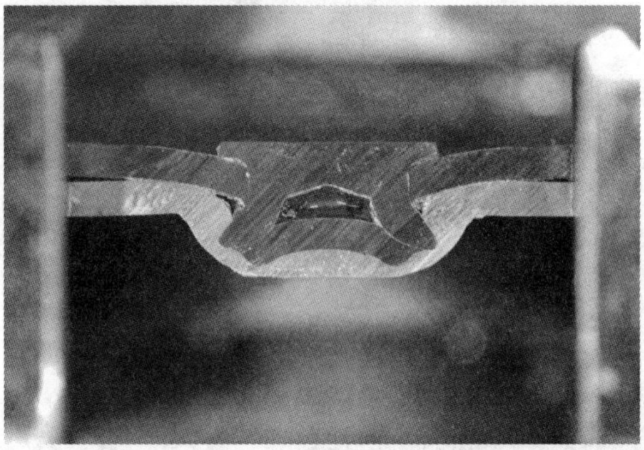

图 7-30　等厚度热成型板和铝板 SPR 铆接结果

4. 成果应用情况

上钢下铝混合车身结构，铝合金的材料比重超过 50%，实现了合适的材料用在合适的地方理念。安全，舒适，轻量化和操控性能的完美结合，打造基于纯电动车的全新铝制 MAS 平台。

攻克并掌握多项铝合金车身关键开发技术，建立了大量铝合金材料、试验相关的核心数据库，申请和获授权几十项相关专利，并在汽车权威期刊上发表论文。车身开发设计、制造工艺评审、CAE 仿真同步开展工作，有效缩短开发周期，降低开发制造成本，提高整车质量。为了使碰撞满足 C-NCAP 五星级要求，做了大量的优化设计和分析，并在实车碰撞中一次性达到设计目标。

充分利用前碰关键路径中吸能盒和前纵梁铝挤压件高效吸能特性，同时多轮优化的吸能盒和纵梁截面，保证了变形稳定，实现了较小的前围侵入量。前碰实际试验中获得良好的加速度波形，坚固的乘员舱结构给与车内人员足够的安全生存空间和保护。在正碰的基础上，前地板总成中增加了热成形雪橇板结构，保证了偏置碰撞中整车加速度波形良好，在碰撞试验中取得了高分。

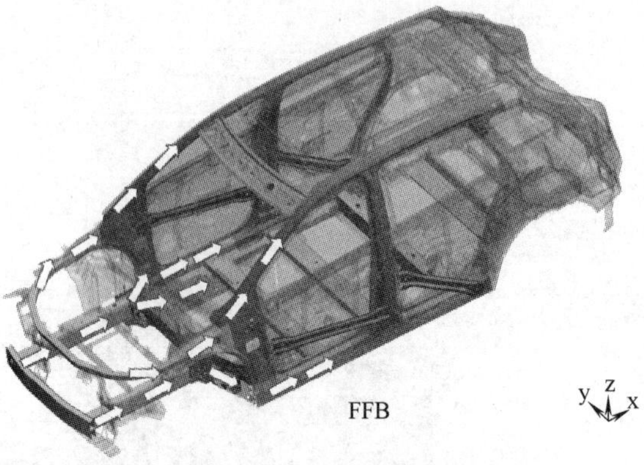

图 7-31　FFB 传力路径

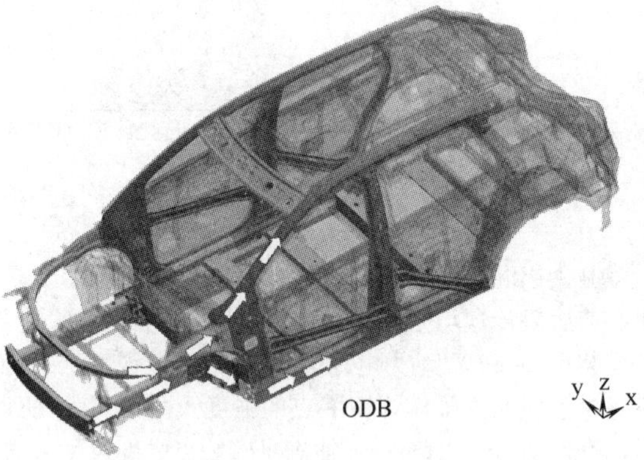

图 7-32　ODB 传力路径

车身侧碰相关结构中 B 柱、A 柱上边梁及 C 柱上加强板均采用了抗拉强度达到 1 500 MPa 的热成型钢，前后车门防撞梁采用了新型的抗拉强度能达到 2 000 MPa 的超高强度热成型钢，门槛和座椅横梁则采用了轻量化材料铝挤出型材。在此基础上对 B 柱形状和车门防撞梁布置位置经过多轮优化达到最优，侧面笼式结构保证了侧碰的稳定性和传力路径的高效性，并在实际的碰撞试验中取得了满分的好成绩。

5. 成果的产能建设情况

前期已完成在嘉定试制车间下线 100 多台试验验证车辆，并完成国家各项安全性能要求的试验验证。江西上饶智能工厂一期 15 万辆产能的工厂四大车间已经全线贯通，并下线几十台调试车辆，预计 2019 年四季度开始销售。工厂的柔性化生产线，具备混线生产多种车型的能力。将生产、物流、质量监控、设备管理、能源管理等所有环节联网数字化管理，实现高度的自动化效率。工厂从设计到设备到生产全

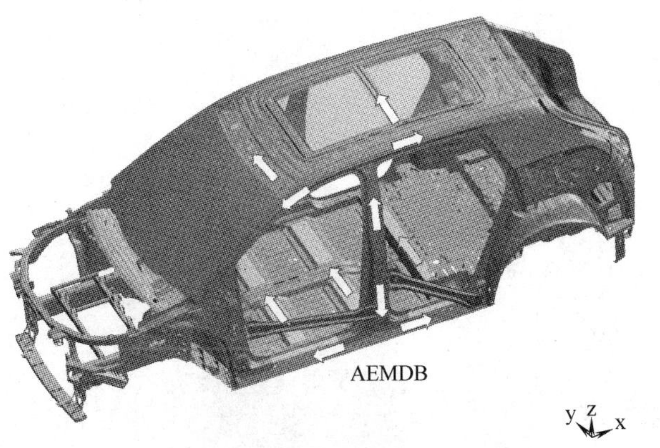

图 7-33 MDB 传力路径

部采用国际一流主机厂的技术要求实施。二期工厂完成后，预计产能将提升到 30 万辆。

6. 社会及经济效益分析

MAS 平台 U5 纯电动车型的顺利投产，已经带动汽车产业上下游各个供应链的业务增长，同时将直接提供几千人的就业岗位，为 GDP 的增长和解决就业问题提供了有力支持。随着预售和正式量产交付，将为消费者提供更环保绿色的出行选择，减少二氧化碳的排放，为国家税收的增加提供支持。

基于 iEVS4 的江淮新能源第三代产品、八代技术升级

供稿：安徽江淮汽车集团股份有限公司

1. 成果简介

（1）简介

2019 年 4 月上海车展 iEVS4 正式发布上市。iEVS4 来自江淮汽车 13 年八代技术三代产品的积累。第一代产品，应用了一至四代技术，量产于 2010—2014 年；第二代产品，应用了五至七代技术，量产于 2014—2018 年，累计产销近 12 万辆。第三代产品，应用了第八代技术，2019 年全面推向市场。

iEVS4 来自一群专注的江淮人的创造。我们长期坚持学习创新，兼收并蓄，自成一体，实现超越。江淮新能源长期坚持遵循产业发展规律，苦练内功，积累和应用一流的标准，指导研产销过程。

江淮 iEVS4，是 SAFE（安全）规划的重磅产品，S、A、F、E 代表不同市场定位的产品，其中 S 是运动型，iEVS4 是运动型 A 级 SUV，它采用了与合作伙伴长期开发的、国际先进的、能量密度高达 245 Wh/kg 的 21 700 三元电芯，尤其应用了江淮汽车在国内首家突破的电池包级热失控安全技术。

江淮 iEVS4 六大优势：

第一，续航长，综合工况续驶里程最高达 470 km，且有不同续驶里程版本。

第二，充电快，快充 10 min，续航 80 km。

第三，起步快，电机峰值扭矩高达 330 Nm，驾驶愉悦。

第四，安全，特有的电机辅助制动以及电池包安全。

第五，配置全，智能网联，应有尽有。

第六，可靠性好，4 300 万 km 车队试验和 22 亿 km 市场使用经验。

（2）应用领域

江淮新能源第三代产品、八代技术升级已经全面应用于江淮新能源全系电动车产品。

（3）关键技术

①建成国际化水准的安全开发体系，突破高比能动力电池热失控安全核心技术

随着电池能量密度的提高，高比能电芯爆炸在当下是必然存在的，电池起火须通过电芯定向爆炸设计及成组技术解决。与一般企业研究的允许电池爆炸和起火，给予人员逃生时间的设计思路不同，江淮新能源攻克的技术旨在电池生产一致性保证的前提下，从产品设计层面杜绝电池起火和爆炸。

经过 10 年时间，通过深刻分析高比能电池热失控安全的触发机理，优化液冷电池模组安全设计及整车故障与诊断策略，完善热失控安全开发的试验方法，经过几千次电池爆炸试验开发，突破达 230 Wh/kg 的高比能电池电芯爆喷后，电池模组、电池包和整车均不起火、不爆炸的产业化技术，并固化和形成了五层次的高比能动力电池系统热失控安全开发方法，热失控安全核心技术开发如图 7-34 所示。

②应用高功率、大扭矩液冷电驱动系统

a. 高功率密度

峰值功率 110 kW，峰值扭矩 330 Nm，最高转速 11 000 r/min 的电机，提升整车加速性能及爬坡性能。

高功率密度，优化磁路设计，双层分布式绕组的定子，“V + 一”型磁钢布置的转子，功率密度达 3. 28 kW/kg，提升导磁体材料利用率，降低成本。

b. 高效液冷永磁同步电机

高效液冷永磁同步电机，“C”型水道结构与壳体一体化低压铸造，解决液冷永磁同步电机壳体批量生产难题。具备良好的电机热性能，螺旋式水道结构，流阻小，水道内部流速高，且流速分布均匀，因此对流换热系数高，散热效率高，冷却效果好，电机工作温度低，可靠性高。

c. 驾驶无冲击

基于电机扭矩响应快的特点，分驱动或能量回收模式，以及驱动和能量回收模式转换两大类，设计扭矩平滑控制策略，实现驾驶无冲击。特殊工况下的驾驶性更优，应用浮点型软件架构，增加 Antijek（扭矩补偿）策略，提升整车特殊工况（坡道辅助、低速频繁松踩加速踏板）的驾驶性能，提升客

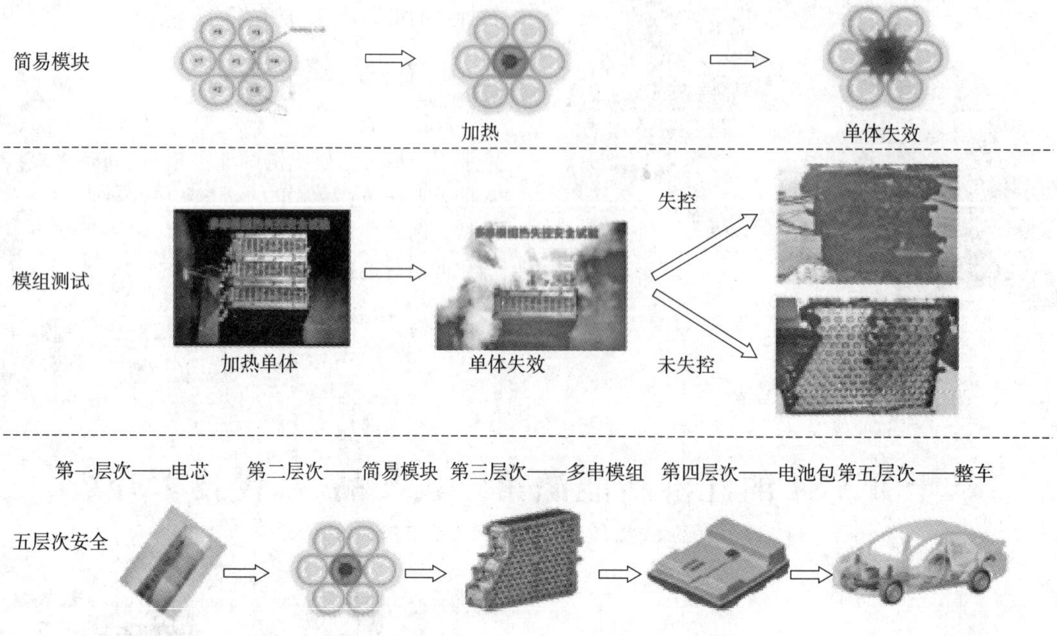

图 7-34　热失控安全核心技术开发示意图

户满意度。

③总结出整车环境适应性开发指标

a. 一体化电池热管理系统

一体化电池热管理系统技术是本项目掌握的核心技术之一，历经八代迭代创新，形成 3 个技术平台，对支撑电池安全、寿命、快充、环境适应性及整车长续驶里程的达成，具有决定性作用。一代使用开式热管理系统；二代为双蒸发器一体化热管理系统，该技术发明专利获得安徽省专利金奖；三代为液冷系统，完全由 JAC 自主开发，实现 -30℃ ~55℃ 环境温度范围内电池均可正常工作，并将电池温度迅速控制在 15℃ ~35℃ 适宜范围，提高了电池寿命、快充性能、低温性能，并实现电池单体失效不引发电池包热失控，电池夜冷如图 7-35 所示。

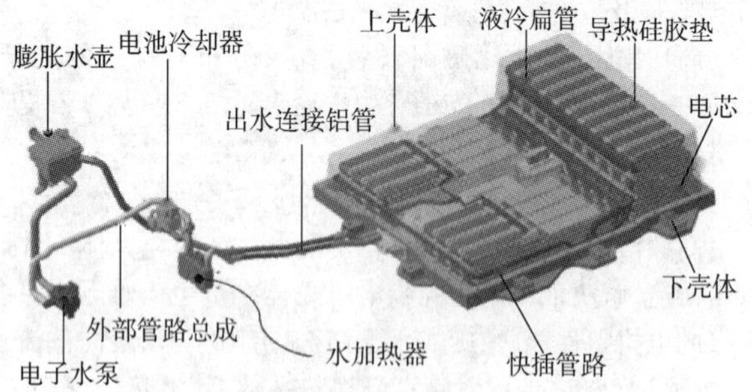

图 7-35　电池液冷

b. 冬季暖车

开发冬季暖车功能对提升整车低温性能有重要作用。冬季暖车是通过手机远程遥控，在车辆静置或充电时主动预热电池包和乘员舱至适宜的温度，提升低温条件下整车续驶里程，试验表明同一车辆在低温下，有冬季预热功能续驶里程提升 30% 以上。

2. 成果创新点及解决的难点问题

（1）开发并联式单踏板能量回收技术

以制动安全性、电池寿命、驾驶平顺性为前提，开发“第四代”单踏板并联式能量回收系统，有效提升 20% 的续航能力，在竞品车型中处于领先水平，单踏板能量回收技术如图 7-36 所示。

（2）开发电机辅助功能

①坡道辅助

冗余 ESC，由整车控制器开发 HHC（上坡辅助系统）和 AVH（Autohold 自动驻车）功能，实现在驾驶员未踩制动或者 ESC（车身电子稳定系统）功能失效的情况下，整车仍可以实现驻坡功能，有效的解决了车辆溜坡造成的安全隐患。

②电机辅助制动

电机辅助制动，能够在制动系统故障时，提供最大 0.36 g 的减速度，制动效果与踩 50% 制动踏板效果相当，有效地避免了由制动失效带来的风险，保障用户安全。

③建立双冗余 EPB 控制系统

iEVS4 采用双冗余 EPB 控制系统，除了能实现所有传统 EPB 驻车功能外，还有以下 3 个优点：

a. 采用成熟的硬件设计和软件控制算法，缩短了开发周期，确保了系统的稳定性；

b. 采用冗余的设计理念，关键模块采用双回路控制，提升了驻车系统的可靠性和安全性；

c. 电机控制模块通过无触点的独立控制芯片，实现控制器无噪音，提升了驾驶舒适性，坡道辅助安全架构图如图 7-37 所示。

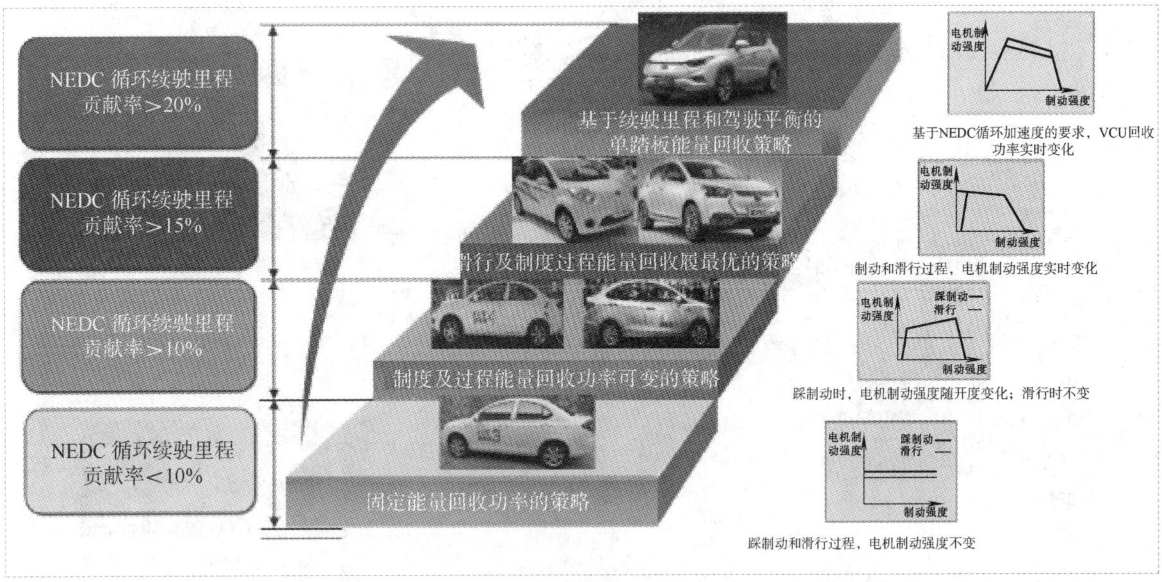

图 7-36　单踏板能量回收技术示意图

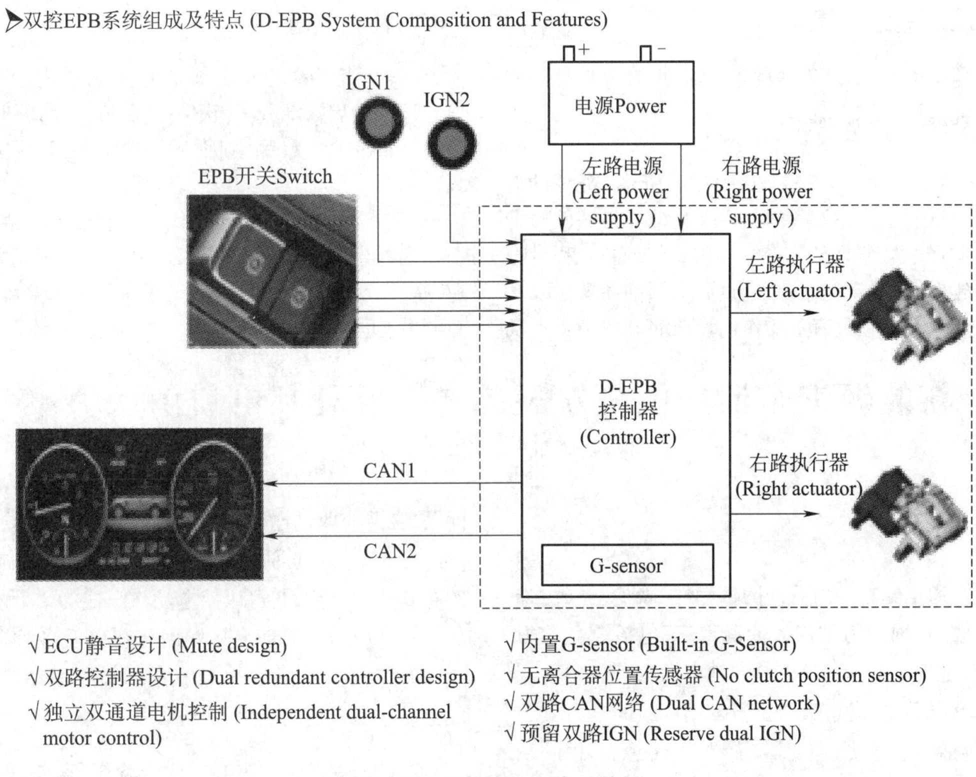

图 7-37　坡道辅助安全架构图

(3)搭载车联网 3.0 系统

搭载车联网 3.0 系统，提供基于用户账户体系的一体化管家式网联服务，包括智能语音管家、智能出行管家和智能生活管家，通过场景化设计，为用户提供管家式生活服务，驾车/停车无忧。

采用 32 位 4G 智能车载终端作为具有网联化功能的全新硬件平台：①在满足上报国标数据的基础上，还可以为 MP5 提供上网通道，为用户带来丰富多彩的网联化功能体验；②FOTA 升级时间大大缩短，满足控制功能快速迭代需求；③通过引入车身系统，可实现远程/语音控制车窗、天窗等操作，不断丰富用户的车控选择，网联功能架构图如图 7-38所示。

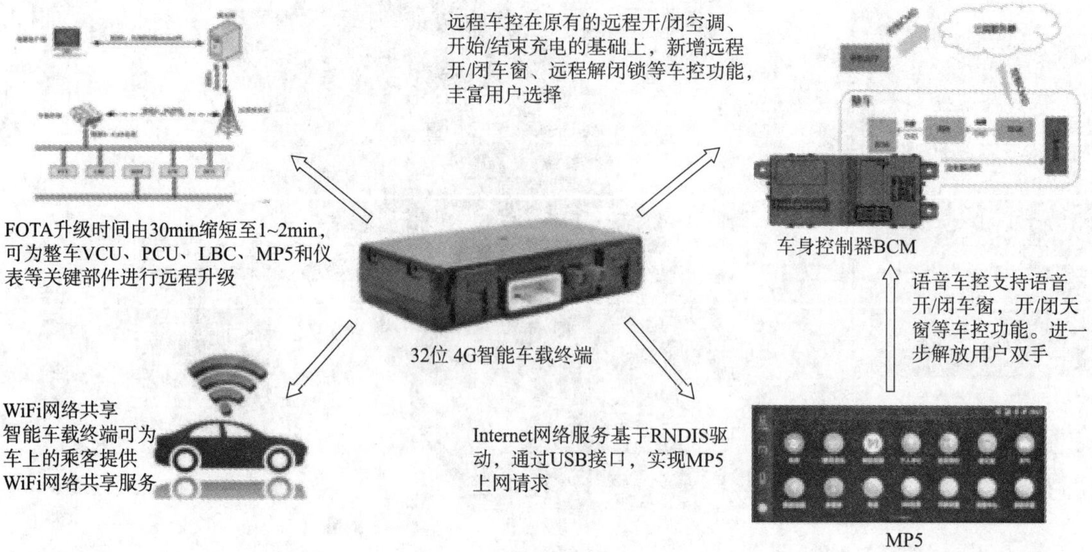

图 7-38　网联功能架构图

3. 成果及产能建设情况

已完成生产线的建设，具备年产 5 万辆/年的生产能力。

4. 社会及经济效益分析

围绕“政府、用户、企业、高校、科研机构、资本”资源的有效利用，培育和形成“三大电”“六小电”等关键核心部件产业链，打造“政、用、产、学、研、资”六位一体的系统创新工程及电动汽车生态圈建设，对培育纯电动车市场、引领推动安徽及国家新能源汽车产业化进程具有重要作用。江淮 IEV 平台产品累计实现销售收入 106.9 亿元。

5. 展　　望

2019 年起，iEVS4 亮剑即将形成的国内一二线市场。未来，它还将开启江淮 iEV“软件定义汽车”的新时代，集“移动终端、储能单元、数字空间”于一体，开创智能化产品 3.0 时代。

江淮汽车历时 13 年，八代技术，三代产品，形成国际先进、国内领先的 iEV 技术平台，产品安全可靠值得信赖。江淮汽车坚持敬畏市场和技术，坚持识别和遵循产业发展规律，为市场创造更多的高质量产品。

新能源汽车油冷电机发展趋势以及杜邦电机解决方案

供稿：杜邦中国集团有限公司

1. 引　　言

为了降低交通运输行业对石油的依赖性、减少空气污染和二氧化碳排放，我国大力推广新能源汽车，包括混合动力汽车（HEV）、纯电动汽车（EV）、燃料电池电动汽车（FCEV）。对于混合动力汽车和电动汽车，需要研发用于新的电力电子和电机技术，包括牵引电机、逆变器/变频器、传感器、控制系统和其他接口电子设备有关的技术。

新能源汽车油冷电机趋势：油冷电机设计是将电机与变速箱集成在一起，用变速箱油被用来冷却结构里的电机或者发电机，可以节约空间，提高冷却效率。油冷设计对绝缘系统带来了新的挑战。由于电机的绝缘材料会在高低温条件下与 ATF 油（化学介质）长期接触，所以油冷电机的绝缘评估既需考虑到传统的热、电、环境因素等，也要考虑材料及系统与变速箱油的兼容性。如果绝缘材料和 ATF 油有兼容性问题，会造成驱动电机的绝缘提前失效，进而导致电机故障。

分布动力新能源汽车轮毂电机趋势：轮毂电机驱动系统的布置非常灵活，它可以使电动汽车成为 2 个前轮驱动、2 个后轮驱动或 4 轮驱动。从发展趋势以及各种驱动技术的特点来看，轮毂电机将是电动汽车的最终驱动形式，也是现阶段电动汽车研究的热点和难点之一。

2. 新能源汽车油冷电机绝缘系统评估

在汽车电机行业内油冷电机绝缘系统可靠性测试还没有相关指导方法，杜邦早在 10 年前就开始探索油冷电机的测试方法，并与国内外新能源电机客户一起合作进行绝缘系统的耐油性测试。

新能源汽车电机的槽绝缘普遍采用的是聚芳酰胺纤维纸（Nomex®T410）和聚酰亚胺薄膜聚芳酰胺纤维纸柔软复合材料（NHN）。

图 7-39 油冷电机示意图

(1)新能源汽车电机槽绝缘

杜邦 Nomex®T410 是聚芳酰胺纤维纸纤维,运用特殊的造纸工艺制作而成,采用的单层一体化结构。如图 7-40 所示。

图 7-40 纯纸的单层一体化结构

NHN 是采用杜邦 Nomex®464LAM 纸与聚酰亚胺薄膜(PI)复合而成的三层结构,Nomex®464LAM 纸与聚酰亚胺膜用胶黏剂黏合。如图 7-41 所示。

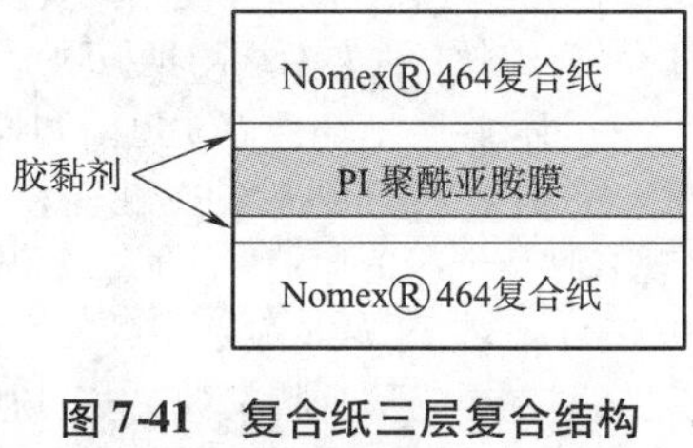

图 7-41 复合纸三层复合结构

(2)新能源汽车用自动变速箱油

新的运行工况对变速箱油提出了新的要求,但是新能源汽车(混动、纯电动)仍旧采用的传统润滑油。传统汽车的变速箱油工作温度在 100 ℃左右,新能源汽车的变速箱工作温度会在 120 ℃ ~130 ℃。电机表面的局部温度甚至有可能超过 180 ℃,远高于变速箱油的正常工作温度。高温的出现会对变速箱油提出更高的要求,如固体油品的氧化,热稳定性。电机的高分子聚合物绝缘材料跟油的兼容性,如固液两相的高温热稳定性,热氧化,水解等问题。变速箱油的成分是由基础油,粘脂剂和添加剂组成,如图 7-42 所示。

(3)油兼容性试验测试方法

绝缘行业中主要有两个标准来评估固体绝缘材料浸在液体中的老化性能:

IEEE C57.100—2011 "IEEE Standard Test Procedure for Thermal Evaluation of Liquid-Immersed Distribution and Power Transformers"

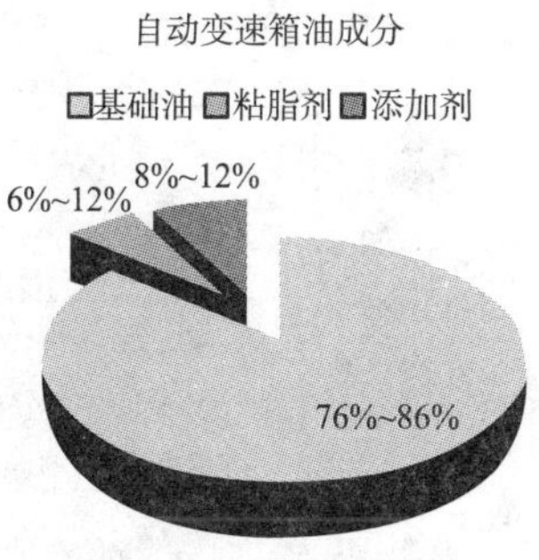

图 7-42 自动变速箱油成分

GB/T 22578.1—2017 电气绝缘系统(EIS)液体和固体组件的热评定 第一部分:通用要求这两个评估方法在油浸变压器中被广泛的采用,杜邦公司考虑到实际应用的情况,将这两个标准的部分试验方法引入到新能源电机行业作为评估绝缘材料与油兼容性的指导方法。

具体测试方法是:首先将变速箱油倒入密封管中,然后将 NHN 和 Nomex®T410,分别放入装了变速箱油的密封罐中,最后将管子进行密封。分别在 155℃ 40h, -40℃ 8h 条件下老化处理,在各个循环后取出样品分别进行测试,并评估性能下降情况,同时观察材料有无出现表面分层或破损等现象。为了模拟车辆变速箱中会的潮气工况,会在密封管里加入微量的水分。

(4)油兼容性试验测试数据

根据上述的测试方法,杜邦实验室测试了 Nomex®T410 与 Nomex®464 复合而成 NHN,在 ATF 油的耐油表现:

测试样品见表 7-4。

表 7-4 测试样品

产品	0.25 mmNHN	0.25 mmNomex®T410
厚度(mm)	0.258	0.260

ATF 油:Dexron-Ⅵ

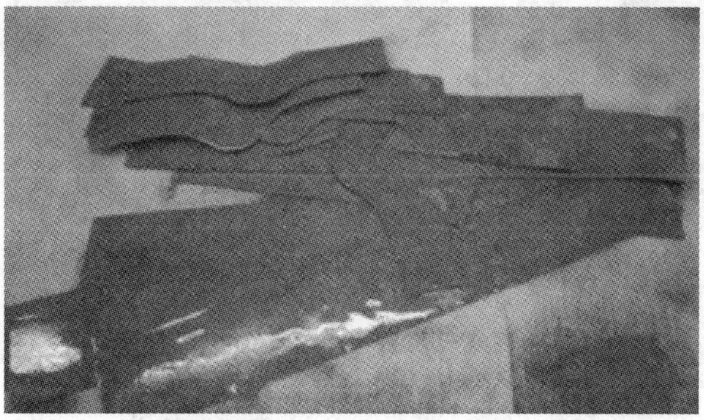

图 7-43 在油中老化的 NHN

NHN 在 ATF 油中机械性能产生明显的下降,三层复合结构出现了分层。

NHN 产生分层的原因是因为 NHN 复合纸的胶水的耐油性差,与变速箱油发生溶胀反应。油分子进入胶层,造成 NHN 复合绝缘纸的分层。

Nomex®T410 在油里表现出良好的兼容性,这是因为聚

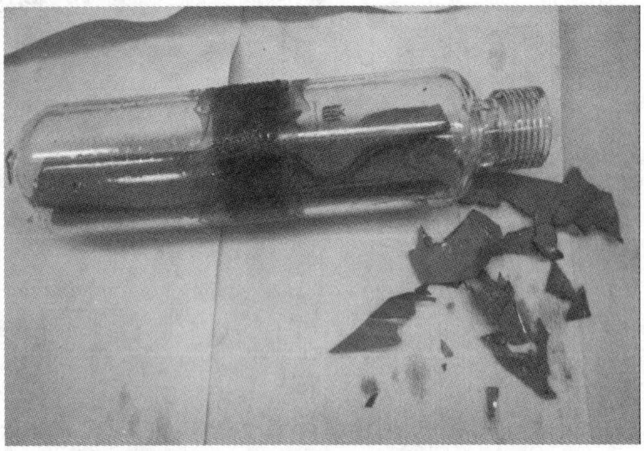

图 7-44　添加潮气，在油中老化的 NHN

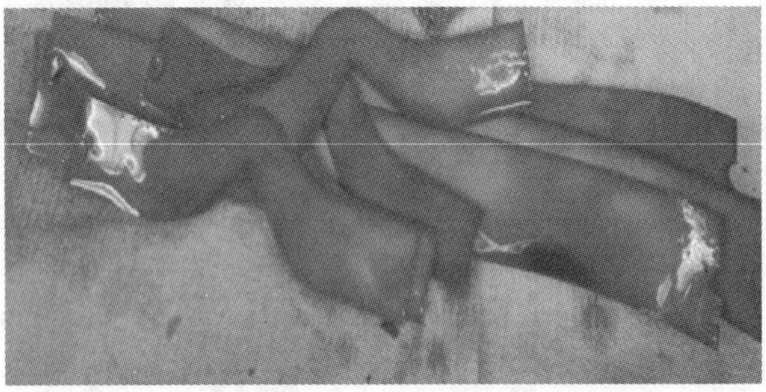

图 7-45　经过 8 周期在油中老化的 Nomex® T410

图 7-46　添加微量潮气，在油中老化的 Nomex® T410

芳酰胺材料本身具有非常良好的化学兼容性，而且它是单层一体化的结构，所以无论是在油中机械性能，还是电气性能，表现的都是非常稳定。

3. 杜邦电机解决方案

（1）轮毂电机形式之一：集中式绕组

广泛用于混合动力汽车/电动汽车牵引电动机的绝缘材料有两种。第一种是用于"分布式绕组电动机"的绝缘纸，用于相地绝缘。另一种是用于"集中式绕组电机"的绝缘骨架，其有助于简化自动制造过程，并形成紧凑的电机空间。图 7-47 显示了集中式绕组电机的骨架绝缘。

图 7-47　电机集中式绕组的骨架绝缘

图 7-48　传统纯注塑材料骨架绝缘容易受损

一方面，针对电机骨架各个部件的不同要求，优化现有骨架设计并非易事。例如，骨架两端的机械强度应足以应对线圈绕组。另一方面，骨架绝缘槽需要电阻和柔韧性，而不是高机械刚度。特别是，由于树脂的热性能和成型工艺问题，无法减小现有骨架绝缘的厚度。因此，成型部件的最小厚度约为 500 ~ 600 μm。图 7-48 显示了骨架在成型过程中失败的情况，这通常是由于成型槽又薄又长，树脂流动不畅造成的。

（2）采用 NOMEX®绝缘纸和 HTN 树脂的新型绝缘骨架

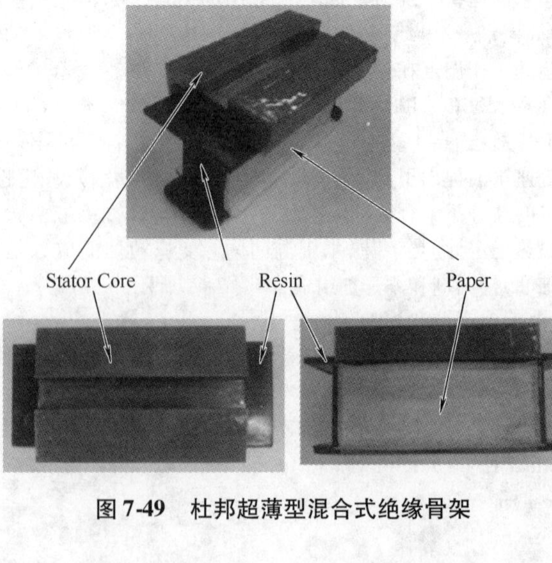

图 7-49　杜邦超薄型混合式绝缘骨架

新型骨架绝缘材料包括 NOMEX®绝缘纸和 HTN 高温尼龙树脂。HTN 树脂力学强度好，应用于绝缘骨架两端能应对机械绕组压力，并引导绕线过程。NOMEX®绝缘纸厚度为 170～250 mm，位于槽内。这种新型骨架绝缘结构为混合动力汽车/电动汽车电机绝缘提供了优化解决方案。新型骨架绝缘的成型工艺与现有传统骨架不同。首先，NOMEX®绝缘纸放在电机铁芯的两个槽内。其次，将电机铁芯的 NOMEX®绝缘纸与 HTN 树脂在成型模具中注塑。在成型过程中，NOMEX®绝缘纸和 HTN 树脂注塑成为具有良好化学粘合强度的成型骨架。图 7-50 显示了新型骨架绝缘的概念。

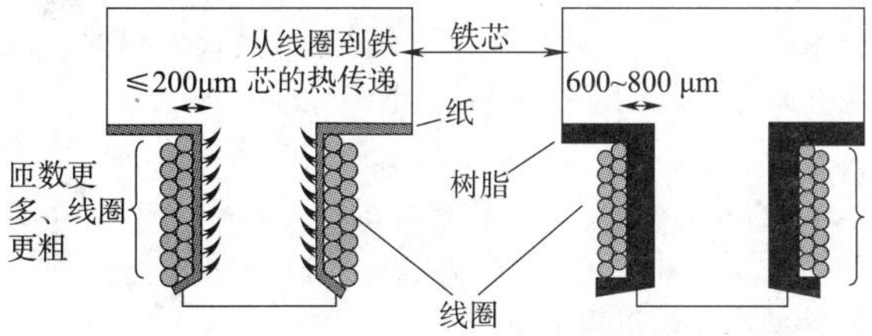

图 7-50　杜邦超薄绝缘骨架与现有骨架的绝缘厚度

(3)杜邦电机解决方案的价值

①使用 NOMEX®绝缘纸，绝缘槽厚度降低

传统骨架的绝缘槽材料最小厚度为 600～800 μm。相反，新型骨架绝缘的 NOMEX®绝缘纸只有 170～250 μm 厚，但性能不亚于混合动力汽车/电动汽车牵引电机的绝缘槽(图 7-52)。

②全寿命周期下的高可靠性

新能源汽车电机绝缘系统的寿命对于电机原始设备制造商来说是至关重要的。在对每种绝缘材料进行评估之后，在实车条件下进行总体系统测试。测试方法按照 IEC 60034-18 或 UL1446 执行。电机测试的子循环由几个测试项目组成，如图 7-51 所示。

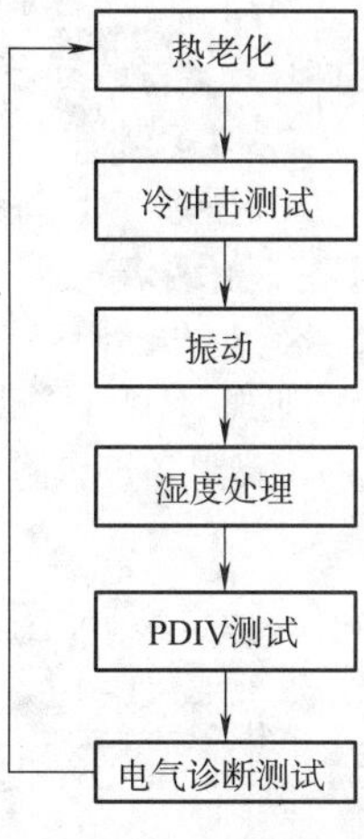

图 7-51　电机绝缘可靠性测试方法

根据加速老化测试，杜邦超薄型的混合式绝缘骨架在局部放电起始电压，放电量以及绝缘阻值，都要优于传统的纯 PPS(聚苯硫醚)注塑骨架。

(4)采用电学友好规格 HTN 树脂的电机连接器和汇流排

玻纤增强尼龙具有优异的力学和耐温性能，在电气工业被广泛用作电机接线端子和传感器等部件的绝缘材料。普通玻纤增强尼龙在制备过程中，不可避免的含有痕量的游离态杂质离子。这些杂质离子在普通工况下，不会对应用产生明显影响。然而，在诸如电机电控系统高温高湿环境下，负载电压会通过这些杂质离子在与尼龙接触的金属导体间形成电化学通路。这种长期的电化学作用会导致金属导体的腐蚀。如图 7-52 所示，经过一段时间的使用之后，光泽的金属表面出现氧化物以及腐蚀位点，缩短产品使用寿命，使产品过早失效甚至发生电危害和火灾。

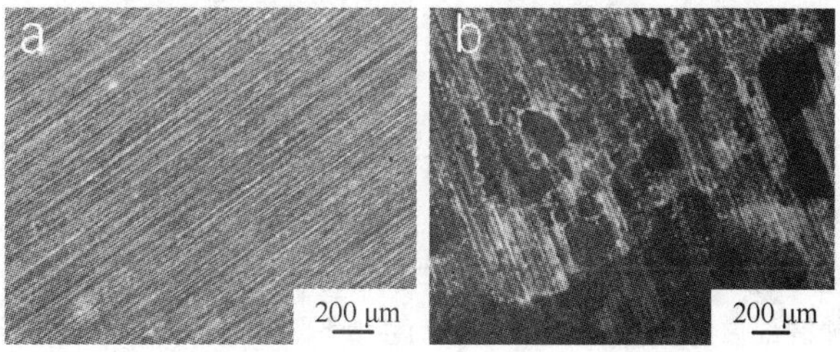

图 7-52　a 和 b 分别腐蚀前后的金属导体

杂质离子除了导致金属腐蚀外，还会降低材料的电绝缘性能和相对漏电起痕指数。由图 7-53 可以看出，高温下普通尼龙 66 的体积电阻率会降至 10^6 Ω · cm 甚至更低，意味着材料已经失去绝缘能力。相对于普通尼龙 66，HTN 高温尼龙由于带有芳香结构，具有更加优异的耐长期高温热老化性能、耐化性能和电绝缘性能。基于此树脂，杜邦公司开发了低金属腐蚀的电学友好规格 HTN(EF 规格)，大大降低了材料内部杂质离子的含量，避免了金属部件的电化学腐蚀。

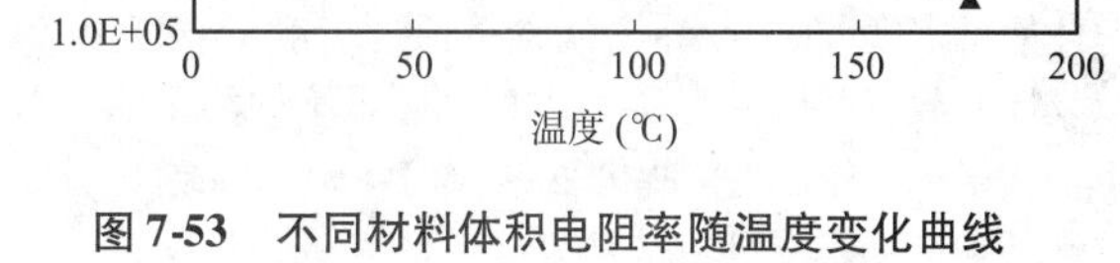

图 7-53　不同材料体积电阻率随温度变化曲线

图 7-53 数据显示在 160 ℃时，电学友好规格高温尼龙仍然具有 10^{11} Ω · cm 以上的体积电阻率，而普通高温尼龙此时的体积电阻率降至 10^8 Ω · cm 左右。电学友好规格 HTN 具有 600 V 相对漏电起痕指数，减少了爬电风险，非常有利于电机电控部件紧凑化和小型化的设计趋势。材料的耐化性能使部件适合用于复杂的发动机仓环境，接触冷却油和传动油等介质后不会造成性能明显下降。电学友好规格高温

尼龙在各种性能上的优势，使得其非常适合电机电控系统高功率、小型化和集成化的设计趋势。图 7-54 为采用此材料量产的电机高压连接器、线圈骨架和汇流排。

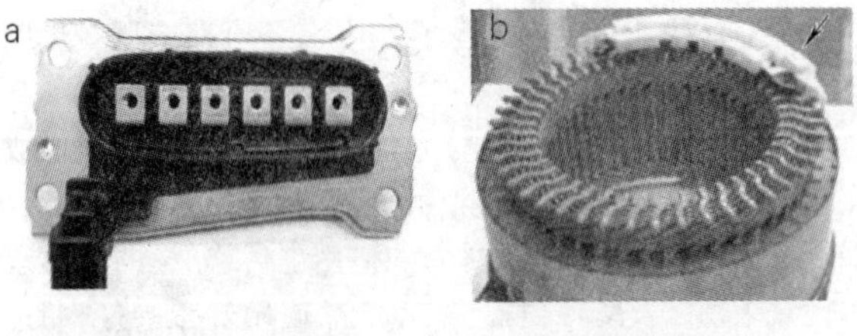

图 7-54　a 和 b 分别为采用电学友好规格高温尼龙制备的新能源电机高压连接器和汇流排

4. 结　论

随着发展绿色能源、降低气体排放、提高燃油效率成为一种全球发展趋势，混合动力汽车/电动汽车技术在汽车行业中越来越受欢迎，牵引电机是混合动力汽车/电动汽车的关键部件之一，而绝缘材料和绝缘系统是保证混合动力汽车/电动汽车电机可靠性和性能的基石。

新能源汽车油冷电机用自动变速箱油为独特冷却方式，分析了自动变速箱油对对绝缘材料的兼容性挑战，并提出了油冷电机的槽绝缘的可靠性测试方案，通过测试验证，得到了以下结论。

(1)针对油冷电机的独特工况，提出来相近接近这类电机的绝缘可靠性测试的方法。

(2)ATF 油会导致三层复合结构的 NHN 绝缘纸的机械性能产生严重下降的影响；因为兼容性的因素，ATF 油会造成复合纸分层，变脆等劣化问题。

(3)Nomex®T410 具有独特的单层一体化结构，卓越的化学稳定性以及相容性，是极少数耐 ATF 油的绝缘片材。

NOMEX®T410 和 PPA 树脂的混合动力汽车/电动汽车电机用新型绝缘骨架。新型绝缘骨架在热冲击试验后仍保持良好的化学粘合强度。然后用新型绝缘骨架和现有绝缘骨架生产了不同的电机样品，对电机性能和可靠性方面进行了对比测试。测试结果显示，采用新型绝缘骨架的电机比采用现有 PPS 骨架的电机的槽满率和效率更高，并且它在恶劣条件下的可靠性更高。因此，新型绝缘骨架可以很好地应用于新能源汽车电机集中式绕组。

新型电学友好规格 HTN 解决了传统尼龙高电压下对导电线路的腐蚀问题，具有更高的高温绝缘和耐爬电性能，非常适合新能源电机连接器以及汇流排等应用。

新能源车动力电池及车身解决方案

供稿：杜邦中国集团有限公司

1. 高性能聚合物动力电池解决方案

动力电池是电动汽车的心脏，是新能源汽车产业发展的关键。动力电池性能的优劣直接影响电动汽车的市场应用和普通消费者的接受度，如安全性、能量密度、功率密度、寿命以及成本等。这也是未来相当长一段时间内新能源汽车发展的主要方向。四部委联合印发的《促进汽车动力电池产业发展行动方案》针对这些关键点制定了相应目标：到 2020 年，新型锂离子动力电池单体比能量超过 300 kW/kg；系统比能量力争达到 260 kW/kg、成本降至 1 元/kW 以下，使用环境达 −30 ℃ ~55 ℃，可具备 3C 充电能力。到 2025 年，新体系动力电池技术取得突破性进展，单体比能量达 500 kW/kg。在提高单体能量密度方面，业界主流方案通过高镍正极、碳硅负极以及提升截至电压的方法来实现。而系统比能量的提升除了依赖于单体能量密度提升外，更需要模组和系统设计的紧凑性和轻量化。建立适合自身能力的轻量化技术路线与实施途径，成为各企业的当务之急。

杜邦公司针对动力电池行业这些挑战点，利用自身新材料研发的优势，推出了多种高力学性能的材料。这些材料在实现更佳灵活以及轻量化设计的同时，在安全、热管理、密封等方面也有相应的优势。

(1)电池包结构件应用

电池包轻量化可以通过不同的方式实现：首先，应用高强度和低密度材料的应用，如采用低密度玻纤增强复合材料代替传统金属；其次，结构的优化设计，减少壁厚、减少零部件数量等；再次，采用先进的制造工艺技术，如激光焊接、结构胶粘接等先进连接技术。高压电池下壳体以及模组结构件主要以钢和铝合金为主，电池包上壳体主要材料为钢、铝以及 SMC 模压材料。低压电池壳体主要材质为玻纤增强 PP。HTN(高温尼龙)是一种半芳香性尼龙，相对于普通尼龙材料拥有更好的力学、耐温和耐化能力，同时得益于低吸水其尺寸稳定性也明显提升。基于 HTN 树脂，杜邦公司开发了具有 30%~55% 不同玻纤含量的复合材料，产品阻燃达到 0.4 mm UL94 V0 级别。表 7-5 列举了常见材料以及玻纤增强 HTN 的基本物性，可以看到相对于钢、铝、SMC 以及玻纤增强 PP，玻纤增强 HTN 拥有两倍甚至更高的比强度，可以实现更轻薄的设计。本身良好的电绝缘特性，省略了应用金属材料时的电绝缘处理。此外，HTN 材料具有比较好的注塑加工特性，可以实现高的设计灵活度，通过局部加强结构等进一步降低制件重量。

表 7-5　常见材料以及玻纤增强 HTN 的基本物性

	不锈钢	5 系 Al 合金	SMC	30% 玻纤 PP	30% 玻纤 HTN	50% 玻纤 HTN	55% 玻纤 HTN
密度/g/cm³	7.8	2.7	1.85	1.47	1.44	1.65	1.67
模量/GPa	193	69	8	7	11	17	19
强度/MPa	510	193	76	50	150	200	215
比强度	65	71	41	34	104	121	129

高压电池软包和方壳模组为了满足循环寿命的需要，需

要10 000～20 000 N 的预紧力，超出了普通聚合物材料的力学承受范围，所以模组端板和侧板主要以钢和铝合金为主。50% 和 55% 玻纤 HTN 相对于普通塑料具有优异的强度和模量，在经过 1 500 h 双 85 实验后，材料刚度没有明显下降，强度保持量可达 80%，可以取代金属用于模组框架结构。除了低密度带来了减重效果外，可以省去金属框架设计中的绝缘膜以及绝缘塑料片。HTN 材料本身导热系数为 0.25 W/mk，可以在模组之间起到较好的隔热效果，有助于热管理以及热失控设计。

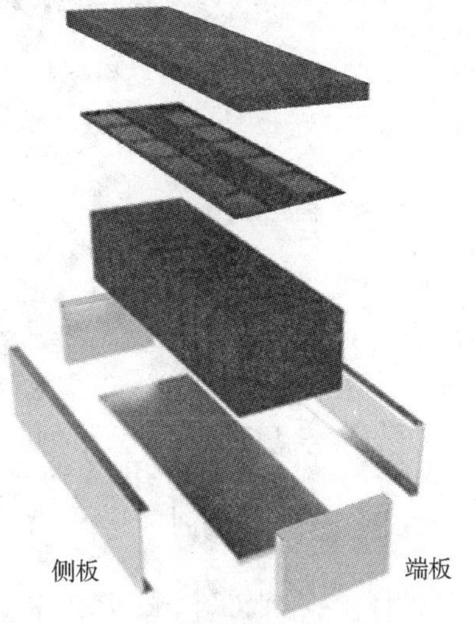

图 7-55 高压电池模组结构示意图

PP 等普通热塑性塑料受耐温性能的限制，应用于高压电池包上壳体时无法通过国标的火烧实验。HTN 材料本身具有 300℃左右的高熔点，并且在受到火源加热时可以在表面形成一层隔热碳层，阻碍了热量向材料内部的扩散和温升。实验证实，采用甲烷灯火烧 130 s 后，2 mm HTN 样板未被烧穿，证实了 HTN 应用于电池包上壳体的可能性。理论计算表明，55% 玻纤 HTN 相对于 SMC 材料，可以将电池包上壳体厚度从 3.5 mm 减至 2.6 mm，实现 26% 的减薄和 33% 的减重效果。

（2）电池包热管理材料

动力电池在充放电过程中会产生一定热量，从而导致温升并影响电池的特性参数，如内阻、电压、SOC、可用容量、充放电效率、单体间性能不均衡、日历寿命和循环寿命，并有可能导致电池系统的安全问题，因此高效的热管理系统对于动力电池意义重大。杜邦开发出已获专利的化学改性 PA612 用于电池包液冷管。化学改性 PA612 制成的冷却管，兼具柔韧性好、低水气渗透率、重量轻、强度高、耐水解、流体阻力小等优点。与橡胶冷却软管相比，冷却管壁厚由 3mm 左右降至 1.2 mm 左右，实现 50% 以上的减重效果。配合杜邦公司 30% 玻纤耐水解尼龙 66 做成的快接头，可以实现高效快速安装。该解决方案目前已被业界多家公司采用。

2. Nomex® 动力电池热管理解决方案

随着动力电池能量密度的提高，动力电池发生热失控和起火的风险也随之增加，最近爆发的几起新能源汽车起火事故，引起了行业的普遍关注。新能源汽车和动力电池厂商在

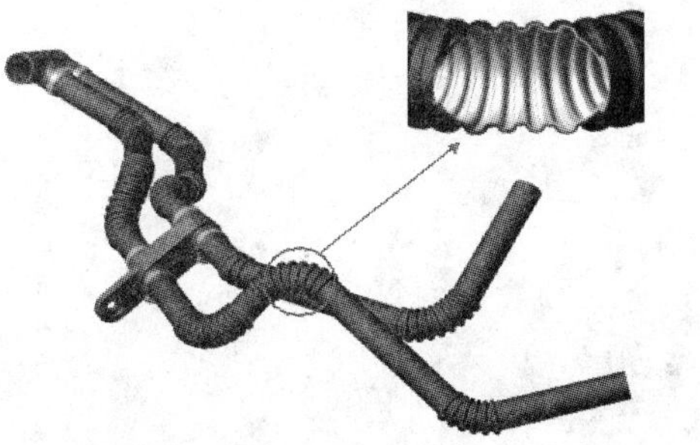

图 7-56 改性 PA612 冷却管

动力电池防火安全方面面临着较大的挑战。

杜邦作为防火安全材料方面的专家，一直关注新能源汽车动力电池的防火安全，并致力于动力电池防火隔热材料的开发和应用研究。从动力电池防火安全的设计角度考量，当单个电芯发生热失控时，尽量延缓或避免热失控的蔓延，从而将系统风险降到最低，同时，需要避免或延缓火焰蔓延至乘客舱，给予乘客足够的逃生时间，从而保障乘客的人身安全。

基于杜邦在防火材料方面的技术积累，针对动力电池防火安全方面的挑战，杜邦 Nomex® 推出了动力电池防火安全材料解决方案，包括防止动力电池热失控蔓延的隔热材料 Nomex® CI10，以及防止电池包内火焰蔓延至电池包外的耐火材料 Nomex® XF（可耐受 1 100 ℃火焰 10 min 以上），助力新能源汽车及动力电池企业提升动力电池的安全性。

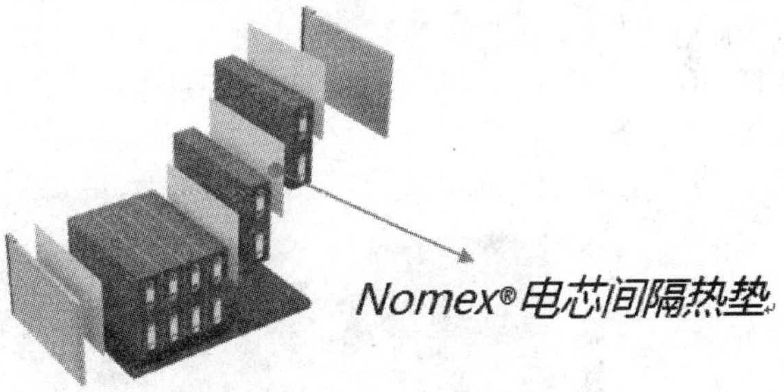

图 7-57 动力电池防火安全材料

3. BETAMATE™ 和 BETAFORCE™ 结构胶助力新能源车轻量化

杜邦汽车胶创新解决方案可帮助汽车行业有效应对全球日趋严苛的环境法规，消费者对车辆美观度和安全可靠性的追求，以及进一步降低油耗之间的矛盾所带来的挑战，成为助力汽车行业实现可持续发展的又一里程碑。

BETAMATE™ 是业内首创的铝材粘接胶，BETAFORCE™ 结构胶将金属板和复合材料牢固粘接在一起，不仅直接降低了车身质量和单车制造成本，改善了车辆结构的牢度，柔韧性和车身静态和动态刚度，而且显著提升了车辆可操控性，在汽车碰撞时能有效减少 25% 的侵入距离，有力提升了车辆安全性。另外，通过运用结构胶对驾驶室构造进行自动化机器人作业，缩短了制造周期，并减少了传统焊接和铆接技术造成的负面影响，实现了汽车轻量化带来的长期使用成本和隐形成本的节约以及环境收益。

BETAMATE™ 是环氧树脂结构粘接剂，适用于焊装车间的白车身粘接，能粘接不同种类和特性的金属材料（钢-铝，铝-铝和钢-钢），从而帮助汽车使用更多的轻量化材料。

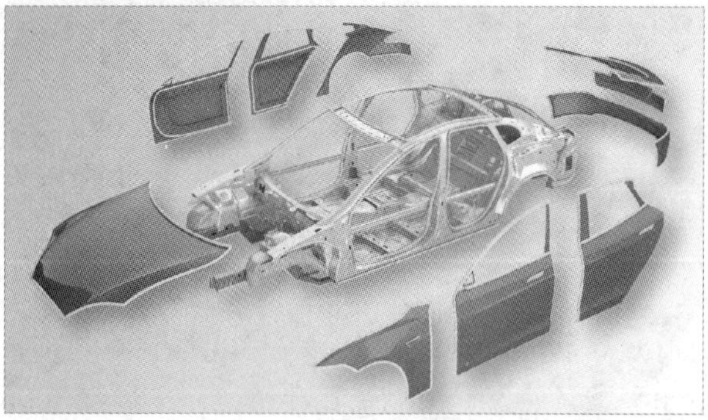

图 7-58 BETAMATE 结构胶应用（黄线）

BETAFORCE™是聚氨酯结构胶，适用于总装车间粘接复合材料和不同材料之间的粘接，例如碳纤维车身粘接，轻量化车顶模块粘接，塑料尾门和扰流板粘接等。

图 7-59 BETAFORCE 结构胶应用

第三代新能源客车低温热泵空调系统

供稿：上海加冷松芝汽车空调股份有限公司

1. 开发背景

国家"绿色能源汽车"发展规划：到 2020 年，城市公共交通领域的新能源电动客车要达到 20 万辆。

新能源客车的普及，要求空调系统能够满足各种极限工况的使用的要求。在北方地区，环境温度可达 -20 ℃甚至更低，对低温制热能力有很高的要求。但因系统效率、运行可靠性等问题，市面上当前的大部分客车低温热泵空调只能在 -7 ℃以上满足制热需求；当环境低于 -7℃时，热泵性能急剧衰减、需采用 PTC 补充制热；此时整车能耗急剧上升，续航里程明显下降；当环境温度降低到 -15 ℃时，绝大部分热泵空调系统已无法正常工作。

因此，实现在环境温度 -20 ℃的情况下，空调系统高能效、可靠地运行，是新能源客车在北方地区大规模推广的重要支撑。

上海加冷松芝汽车空调股份有限公司在客车用低温热泵空调开发领域进行了大量工作，在当前已大批量供货的两代热泵空调系统的基础上，成功开发了国内第一款适用于 -25 ℃环境的第三代低温热泵空调系统（LHA 系列）、并实现批产。

图 7-60 第三代低温热泵空调系统（LHA 系列）

2. 第三代低温热泵系统关键技术简介

（1）系统架构

第三代客车低温热泵热管理系统原理如图 7-61，包括低温热泵空调系统和电池热管理系统两部分。

（2）适用于低环境温度的电动压缩机

电动压缩机在低环境温度下的可靠性，是客车热泵空调系统的关注重点。上海加冷松芝联合爱默生共同开发了 QST 专用低温热泵压缩机；该压缩机采用 R407C 和 R410A 为制冷剂，对低温下的压缩机回油和润滑进行了特殊设计，具有高可靠性、高效率等特点；产品结构如图 7-62所示。

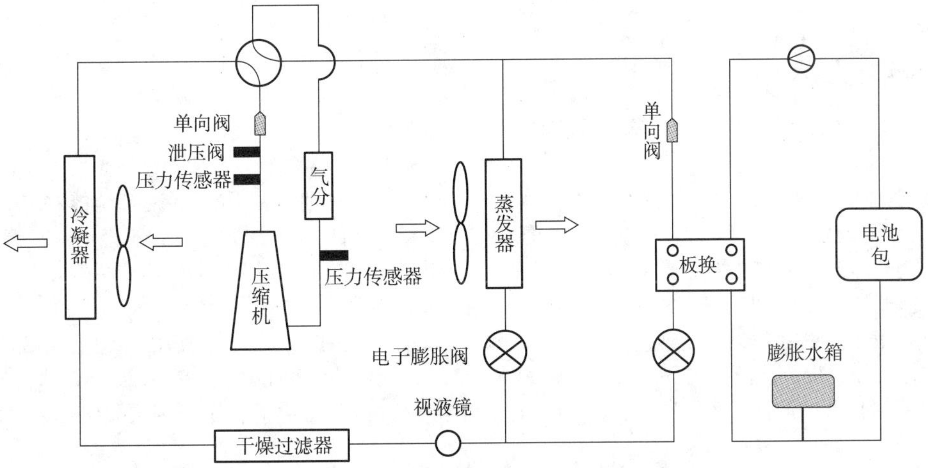

图 7-61 第三代客车低温热泵热管理系统原理图

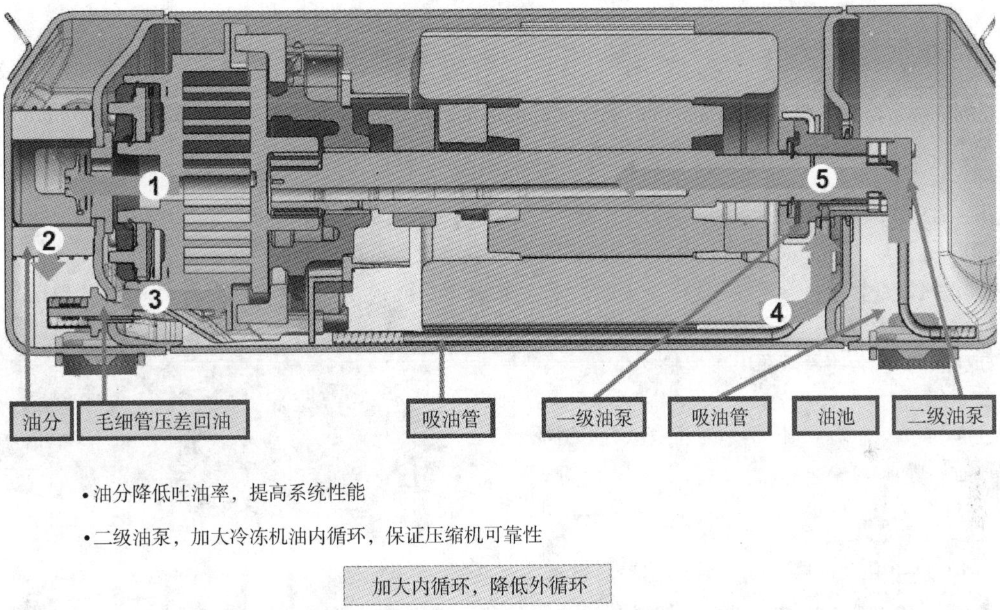

图 7-62 压缩机产品结构图

(3)换热器的优化设计

基于松芝专利的变流程换热器,换热效率同比提高 20%左右,从而提升制冷、制热性能。

基于 CFD 技术的分液头精细设计,室外散热器在制热工况下分液更均匀,换热效率提高 30%,除霜频次延长到 3 h 一次、达到常规系统的 3 倍。

(4)电子膨胀阀优化设计

采用低温专用电子膨胀阀,双向流设计,双向 MOPD 均达 35bar、控制稳定,关闭能力达到电磁阀级别、支持抽空停机,极小的正反向流量回差、避免恶性失步。简单的完全线性流量控制、便于实现多种控制目标,单对极电机、兼容主流控制器,初始步数考虑低温时电池热管理和超低温热泵兼容;同时,该阀件的可靠性高,可适合各种恶劣工况。

(5)自适应变频控制技术

开发了具有自主知识产权的自适应变频控制技术,根据环境温度、车内温度、设定温度进行自适应调节,实现节能运行;风机和压缩机同步变频,实现最优节能运行。

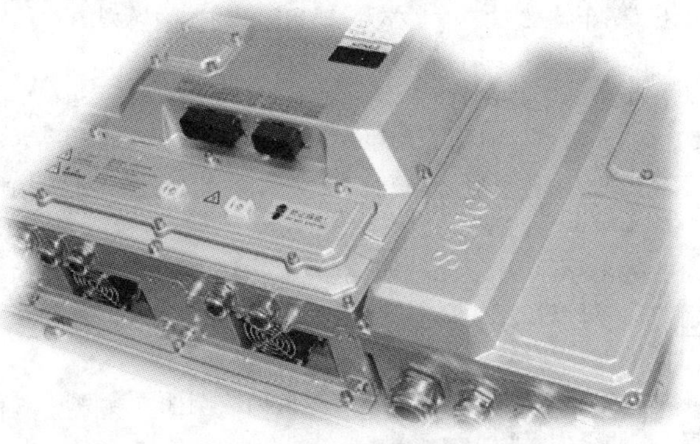

图 7-63 变频控制器

此外,采用多合一集成控制器,EMC 性能大幅度提升。

还开发了专用的防冻系列产品，解决了风机遇水冻结后空调无法运行的问题。

3. 成果创新点和技术难点

以开发高能效、轻量化、智能化的低温热泵冷暖空调，主要实现以下技术创新：

（1）实现空调在环境温度 -25℃可靠运行、-15℃满足整车采暖需求；在标准制热工况下（TB/T 1804—2009），能效比≥2.4；在 -15℃环境下，较常规热泵空调节能可达45%；

（2）低温制热专用电动压缩机技术，变流程换热器、分液技术，提高制热效率、减少除霜频次；

（3）具有自主知识产权的自适应变频控制技术，采用多变量联合控制，实现最优节能运行。

4. 技术水平和市场前景

市面有部分低温热泵产品应用的案例，但当环境温度低于 -7 ℃时，性能急剧衰减、无法满足整车热负荷；当环境温度降低到 -15 ℃时，已无法正常工作。上海加冷松芝在客车热泵空调系统开发和应用领域长期处于国内领先地位，所开发的第三代低温热泵空调系统能在 -25 ℃正常运行、-15 ℃满足整车热负荷。基于此技术申请的“新能源汽车低温变频热泵空调关键技术与应用”项目，获得2017年机械工业科学技术进步二等奖。第三代低温热泵空调系统已实现批产、并在北京等市场使用，客户反馈良好。

随着我国新能源客车在北方地区的大力推广，预期以松芝LHA系列为代表的第三代低温热泵空调系统将得到迅速普及。

双源电机驱动系统及电动汽车安全运营智能监控管理平台

供稿：辽宁省节能与新能源汽车动力控制与整车技术重点实验室

1. 双源电机驱动系统

（1）成果简介

应用领域：双电源供电的动力系统，特别地适用于燃料电池和二次电池组成的电电混合驱动系统。

包含的关键技术：

①双源驱动电机设计技术；

②双源驱动总成匹配技术；

③动力总成能量管理策略及双源电机控制技术。

（2）主要技术创新点

①基于一种成本低、效率高和体积小的新型燃料电池驱动系统的新型双源电机控制器；

②提出了一种用于双源电机的零转矩 d 轴交变磁场的控制方法；

③提出了一种双绕组电机磁场解耦的独立矢量控制方法；

④设计了一种二次电源制动能量回收与驱动功率非对称装置；

⑤提出了一种识别燃料电池和二次电源性能衰减程度的方法，优化控制策略；

⑥建立了包含电化学、热力学、控制理论、功率电子学、电机学、车辆动力学等多学科联合仿真的匹配模型。

（3）国际水平对标分析

①打破了基于DC/DC的常规动力系统构型方案，最大限度兼顾燃料电池和二次电源的应用特点，具有成本低、效率高、延长燃料电池寿命和技术成熟度高等特点，处于国际领先水平；

提出一种用于双绕组电机的零转矩 d 轴交变磁场的控制方法，可以实现任意工况（如停车过程）下燃料电池和二次电源的能量交换，处于国际领先水平；

②提出一种二次电源制动能量回收与驱动功率非对称装置，处于国际领先水平；

③建立了基于电化学、热力学、控制理论、功率电子学、电机学、车辆动力学等多学科联合仿真模型，处于国际先进水平。

（4）成果应用情况

所研发的双源电机驱动系统已成功在燃料电池模拟台架系统中得到应用。

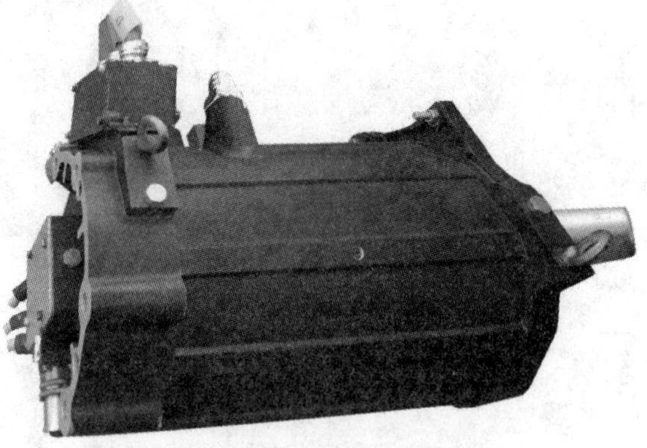

图 7-64　双源电机样机

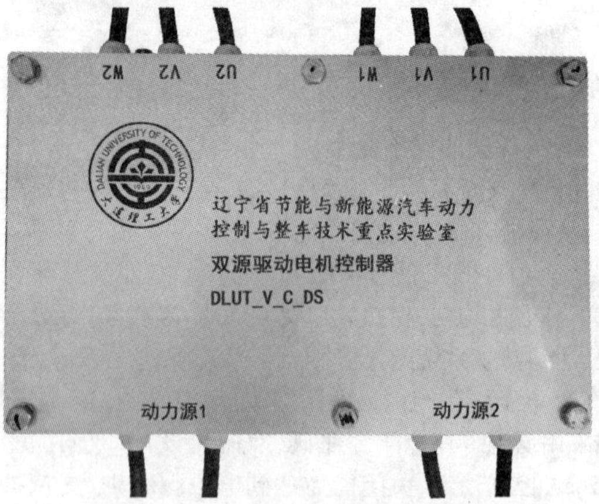

图 7-65　双源电机控制器样机

2. 电动汽车安全运营智能监控管理平台

（1）成果简介

电动汽车锂离子动力电池在理论和实践中均证明其存在不安全性，针对电动汽车动力电池起火爆炸问题，实验室建立了电动汽车安全运营智能监控管理平台，通过远程后台服务器与车载电池安全性预测终端的协调工作，实现对各种电动汽车的锂离子动力电池安全性和老化程度的综合分级。若经过智能监控管理平台分析发现锂离子动力电池可能发生安全隐患，系统将通过向车内 CAN 网络发送报文、向相关人员手机自动发送报警短信、在远程后台服务器上形成报警文件等方式提醒人工干预，可有效减少动力电池起火爆炸等恶性事故的发生。

(2)主要技术创新点

①结合人工智能、大数据、云端计算技术的电池安全性预测方法；

②电池老化状态测试方法；

③异常电池离群点检测方法；

④基于电池多维数据安全结构的电池热失控预测方法。

(3)成果应用情况

所开发的电动汽车安全运营智能监控管理平台已成功应用于纯电动汽车上。

①电动汽车安全运营智能监控管理平台的主界面；

②电动汽车安全运营智能监控管理平台的电池安全状态预测界面。

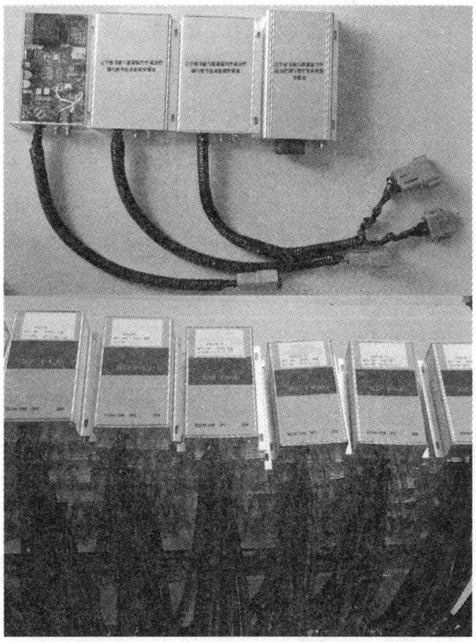

图 7-66　车载信息终端实物图

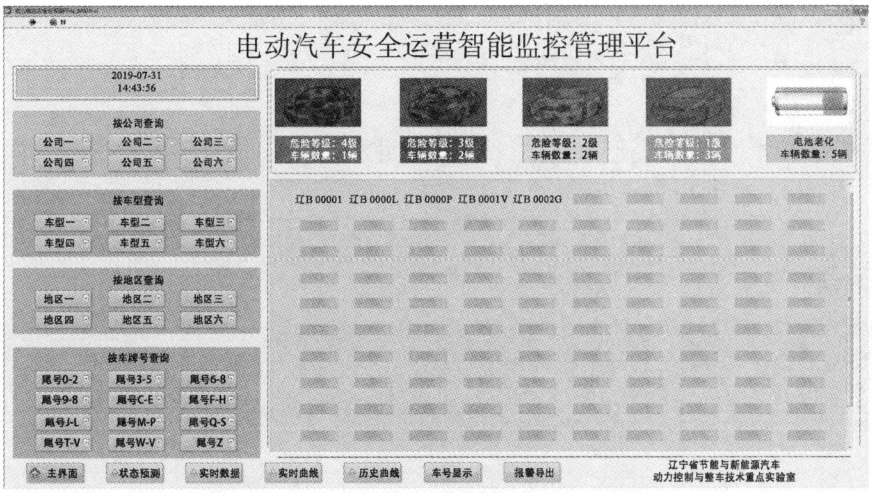

① 电动汽车安全运营智能监控管理平台的主界面

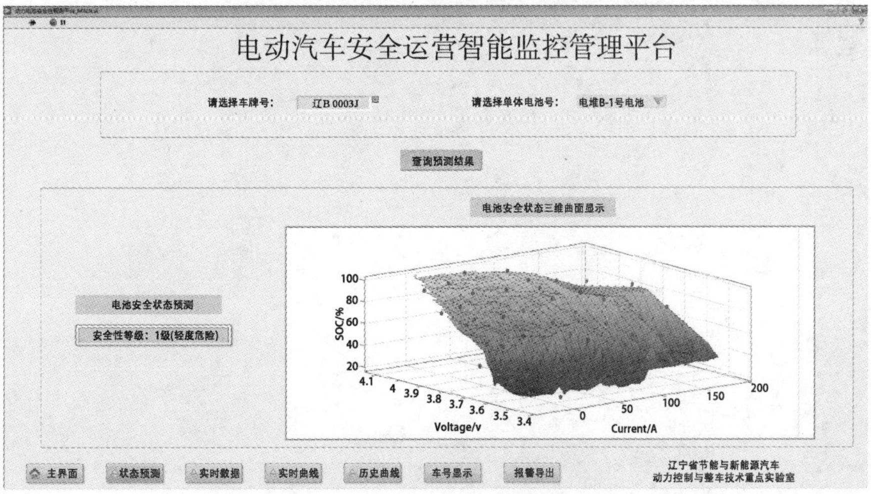

② 电动汽车安全运营智能监控管理平台的电池安全状态预测界面

图 7-67　电动汽车安全运营智能监控管理平台的用户界面

节能与新能源汽车年鉴

YEARBOOK OF ENERGY-SAVING AND NEW ENERGY VEHICLES

第八篇 Section Ⅷ

大事记

Chronicle of Events

一、2018年新能源汽车行业新增项目

Chapter 1 New Projects of New Energy Automotive Industry in 2018

1月

2018年1月8日 广州汽车集团乘用车有限公司宜昌分公司自主品牌项目(简称“广汽乘用车宜昌项目”)启动开工仪式,该项目总投资超35.31亿元,占地约1 400亩,将建设冲压、焊装、涂装、总装等生产线,规划年产能20万辆,计划2018年1月开工,2019年6月达产,主要生产广汽传祺A级及B级产品,导入轿车和SUV等其他车型,具备传统汽车和新能源汽车生产设计能力。

2018年1月11日 西安高新区与比亚迪股份有限公司签订新能源乘用车扩产项目协议。该项目总投资20亿元,建成达产后将达到年产30万辆新能源乘用车产能,年产值400亿元,项目于2018年3月22日正式开工建设。

2018年1月12日 由威马汽车技术有限公司投资兴建的湖北星晖新能源智能汽车产业园在湖北黄冈产业园开工奠基。项目总占地1 045亩,建设面积30万m^2,总投资202亿元,建造一个年产30万台的新能源智能汽车生产基地,包括冲压车间、车身车间、涂装车间、总装车间、动力电池系统车间等。项目分两期建设,其中一期投资101.2亿元,年产量15万台,计划于2019年12月底建成投产,2022年达产。

2018年1月13日 上饶经济开发区和吉利集团签订《吉利新能源智能化新一代城市商用车项目投资协议书》《综合试车场建设意向性合作协议》。吉利新能源智能化新一代城市商用车项目预计总投资146亿元,用地1200亩,年产20万台新能源智能化城市商用车。

2018年1月15日 南京溧水经济开发区与恒天重工股份有限公司、北京恒天工程院智电汽车研究院有限公司,就恒天新能源大轿车项目正式签订合作协议。项目总投资50亿元,其中一期投资25亿元,2018年上半年开工建设,主要产品为纯电动K系列考斯特车型,达产后形成双班年产1万辆整车生产能力;二期投资25亿元,主要产品为纯电动及混合动力V系列大轿车,达产后形成双班年产4万辆整车生产能力。

2018年1月17日 江西省瑞金市举行东风·鑫瑞新能源汽车产业园项目签约仪式,该项目总投资120亿元,主要建设年产20万辆氢燃料汽车、纯电动汽车和混合动力等新能源汽车及其配套氢能源、电机、电池、电控和成套配件系统的智能制造产业园。

2018年1月18日 开沃新能源汽车集团有限公司与呼和浩特市人民政府签署新能源汽车产业项目战略合作,根据协议,开沃汽车在呼和浩特高新技术产业开发区投资建设新能源汽车系列产业项目,项目总投资50亿元,形成年产1万辆大中型电动客车、10万辆电动物流车的生产规模。

2018年1月22日 众泰汽车投资60亿元在湖北省大冶市城西北工业园建立全新工厂,新工厂分两期建设,一期规划产能为10万辆/年。

2018年1月23日上午 小康新能源汽车高性能动力系统项目,在重庆大学城科技产业园正式开工。该项目投资31亿元,致力于生产高端新能源汽车“三电”系统(动力电池、电机和电控),项目达产后可实现年销售收入100亿元。该项目征地面积达565亩,拟形成年产高端动力汽车电池5.2 GWh及电驱动系统20万套的规模。

2018年1月31日 东风裕隆纳智捷发布品牌焕新战略,计划在5年内导入10款产品。根据计划,纳智捷将陆续推出全新搭载新能源动力系统的纯电动产品和插电式混合动力产品,并计划到2020年实现新售车型全面新能源化。

2月

2018年2月5日 南宁市与苏州同捷汽车科技发展有限公司签署项目投资协议,根据协议,同捷科技与南宁市共同投资建设新能源汽车整车及电池包动力系统项目,项目总投资60亿元,年产15万辆新能源汽车和5 GWh电池包动力系统,项目全部达产后年产值超200亿元。

2018年2月6日 宿迁市政府与东旭集团举行新能源汽车项目签约仪式。根据协议内容,东旭光电科技股份有限公司在宿迁投资30亿元,建设年产5 000辆新能源客车和5万辆新能源物流专用车生产基地项目。项目位于运河宿迁港产业园,分两期建设,总占地约1 300亩。项目全部投产后年销售收入将超百亿元。

2018年2月7日 孚能科技(赣州)有限公司实现C轮融资50亿元,投资方包括中国国有资本风险投资基金、国新国信东吴海外基金、兴业银行、东兴资本等。根据规划,到2020年孚能科技将形成40 GWh年产能的动力电池生产基地。

2018年2月7日 东风汽车集团旗下东风特种商用车有限公司与云浮市人民政府、佛山对口帮扶云浮指挥部签署合作框架协议,根据协议,在云浮设立东风特商氢燃料电池商用车华南生产基地,建设以氢燃料电池汽车为主、年产能为5 000辆的新能源商用车生产线。其中,一期于2020年以前建成,形成2 000辆产能;二期根据市场拓展情况和发展需要进一步扩大合作领域。

2018年2月9日 株洲高新区与华泰控股集团成功签约,项目总投资40亿元,位于株洲高新区,占地800~1 000亩,新建新能源物流车整车四大工艺和配套设施,形成3万辆产能的整车新工厂,配套建设三电系统匹配搭载试验中心等,达产后年产值可接近90亿元。

2018年2月11日 浙江吉利控股集团与浙江省湖州市长兴县人民政府签订战略合作协议及《吉利新能源汽车项目投资协议》。项目总投资326亿元,含整车生产基地、变速箱生产基地、汽配产业园以及总部楼宇等内容,计划分两期建

设，一期预计2018年10月底前开工建设。此次共签约3个项目，包含总投资224亿元年产30万辆新能源汽车项目、总投资102亿元年产60万台变速器项目及吉利汽车生态数据产业园项目。

2018年2月23日 长城汽车股份有限公司与宝马股份公司签署意向书，双方将以合资公司的形式开展合作，聚焦新能源汽车及未来技术，并实现MINI纯电动车型的本土化生产。

2018年2月27日 山东淄博高新区氢能新能源汽车产业集群项目举行签约仪式，项目总投资50亿元，产品分为新能源汽车、氢能UPS电源、氢能新能源汽车动力总成、高纯制氢设备、固体电池、超级电容、氧化铝纳米新材料等七大板块。该项目达产后年可生产乘用车10万辆、物流车5万辆、大巴车1万辆。项目已经与青年汽车、东风汽车、众泰汽车形成合作关系，征用土地约1 000亩，投产后年实现销售额500亿元。

2018年2月28日 骆驼集团股份有限公司、Rimac与襄阳高新技术产业开发区管理委员会在襄阳市签署《项目进区协议》。就骆驼股份、Rimac在襄阳高新区共同出资设立中克骆瑞新能源科技有限公司有关事宜达成约定。根据协议，骆驼股份、Rimac双方计划总投资10亿元，建设年产30万套新能源汽车电机、电控及BMS项目，主要从事新能源汽车驱动系统、电池系统、汽车电子等领域的研发、生产及销售；2018年启动一期项目建设，预计投资约2亿元，形成年产5万套新能源汽车电机及控制系统产能，产能完全释放后可实现年产值5亿元，年纳税约2 500万元；5年内整个项目全部达产后，预计可实现年产值30亿元，实现年纳税约12 000万元。

3月

2018年3月5日 安宁市政府与云南航天神州汽车有限公司、云南能投居正产业投资有限公司签订云南航天神州汽车有限公司新能源商用车（搬迁）项目三方投资协议。根据协议，航天神州汽车在安宁实施生产扩能项目建设，项目总投资28亿元，用地875亩，项目建成后，具备单班年产大中型客车5 000辆、轻型货车及改装车5万辆的生产能力，年产11万辆。

2018年3月9日 骆驼集团股份有限公司与谷城县政府在襄阳市签署了《骆驼集团动力电池梯次利用及再生产业园建设项目框架协议》。项目总投资50亿元，骆驼集团利用与全国主机厂的良好合作关系、配送渠道、独特的动力电池回收相关技术及谷城“国家城市矿产”示范基地产业、政策优势，将部分“退役”的动力电池回收并进行梯次利用或回收处理生产动力电池材料前驱体，建立骆驼集团电池资源回收、利用、研发、生产、销售产业基地。

2018年3月12日 中国交通建设集团股份有限公司下属全资子公司中国公路车辆机械有限公司与霸州市人民政府签署协议，根据协议，中国公路车辆机械有限公司在霸州市建设以生产氢燃料电池为主的新能源汽车产业基地，项目计划总投资100亿元，占地2 600亩，先期启动新能源汽车主机厂，占地约1 000亩。计划分两期建设，一期2019年年底前建成，年产客车1万辆；二期建成后客车总产量达2万辆，年产值350亿元。

2018年3月12日 吉利汽车项目群在宁波杭州湾正式动工，本次动工的吉利汽车（杭州湾）研发中心二期、三期项目总投资70亿元，建设安全碰撞试验室、环境风洞实验室、动力新能源实验中心等；吉利PMA纯电动汽车项目总投资145亿元，达产后可实现年产30万辆的产能，整车产值600亿元；吉利企业大学项目总投资80亿元～100亿元，主要建设品牌展示馆、文化交流中心、行政管理中心、试制车间、赛车场及其他配套商业设施。

2018年3月13日 浙江华友钴业股份有限公司公告，公司（或通过子公司）投资建设新能源材料智能制造基地（年产15万t锂电动力三元前驱体新材料项目），根据公告，项目总投资为63.698 2亿元，项目建设地点为浙江省桐乡市，项目用地656亩，主要产品为15万t锂电三元前驱体材料等。

2018年3月14日 天津艾康尼克新能源汽车有限公司与广东肇庆新区签署了投资建厂协议，艾康尼克将在肇庆新区投资130亿元建设新能源汽车整车生产基地及投资30亿元建设全球总部大厦及研发中心，与微软和法国无人驾驶行业先锋AKKA合作研发L5级无人驾驶新能源汽车，预计2020年建成投产，达产后年产20万辆。

2018年3月15日 北京威卡威汽车零部件股份有限公司（京威股份）与秦皇岛经济技术开发区管委会签署投资协议。根据协议，京威股份将在秦皇岛经济技术开发区投资建设一个年产30万台高端新能源整车生产基地及与之配套的三电系统和增程器生产基地，项目规划用地面积约2 284亩，总投资160亿元，其中整车项目投资130亿元，三电系统及增程器生产基地投资30亿元。计划2018年6月开工建设，2020年12月正式投产，全部达产后可实现年产值1 000亿元左右。

2018年3月16日 天津艾康尼克新能源汽车公司、天津金沙江股权投资管理公司与泰州市姜堰区签订投资合同，根据合同，将在姜堰区建设年产20万辆新能源汽车整车生产基地及20万产能的新能源汽车再制造基地。项目总投资约150亿元，包括建设试制、冲压、焊装、涂装、总装、动力电池车间等，全部达产后将实现年产值约755亿元。

2018年3月19日 重庆小康汽车控股有限公司在重庆两江新区投资36亿元建成金康新能源电动汽车工厂，首款新概念跨界SUV智能电动汽车将会在重庆工厂下线，计划2019年第二季度上市。

2018年3月20日 江苏苏州高迈新能源有限公司与广西钦州浦北县政府举行浦北县高迈年产5万辆新能源电动重型卡车生产项目签约仪式，项目总投资35亿元，选址浦北县汽车商贸城。从2018—2020年的过渡期内，将实现年产销60亿元。预计2023年电动重卡产量达到5万台/年，实现年产销600亿元以上，年利税30亿元。

2018年3月21日 华泰汽车南方研发制造基地项目落户株洲高新区新马创新城，华泰汽车南方研发制造基地，占地800多亩、总投资40亿元，将布局新能源物流车整车四大工艺和配套设施，形成3万辆新能源物流车生产能力，年利润总额约12亿元。

2018年3月21日 青岛莱西经济开发区与北京鸥瑞智诺能源科技公司签订战略合作框架协议，根据协议，北京鸥瑞在莱西经济开发区建设建设年产20万辆新能源汽车及其配套产业园，项目总投资100亿元，于2018年10月开工建设，2019年竣工投产，全部建成达产后，可实现新能源汽车年产值300亿元。

2018年3月23日 宝能新能源汽车生产基地在陕西西咸新区开工建设，项目总投资400亿元，规划产能100万辆(其中一期50万辆)新能源汽车及配套项目，该基地将以新能源汽车研发为核心，围绕整车、三电系统等方向，达产后产值将超千亿元。

4月

2018年4月3日 电咖汽车新能源及核心零部件生产基地项目奠基仪式在浙江绍兴市滨海区举行，规划占地1 000亩，项目总投资额55亿元，设计产能18万辆/年，主要用于新能源(纯电动)汽车整车生产。其中，一期项目规划用地约500亩，总投资额35亿元。

2018年4月3日 长沙比亚迪新能源汽车智能工厂改(扩)建项目签约暨开工动员在长沙比亚迪公司轿车生产基地举行。长沙市经信委、雨花经济开发区、长沙比亚迪三方签署协议，比亚迪投资30亿元启动智能工厂改建项目，对整车生产四大工艺产线进行全面升级。改扩建后的新能源汽车智能工厂预计2020年全面投产，主要生产3款车型——比亚迪元新款、元EV、宋MAX混动版。

2018年4月3日 浙江万里扬自动变速器与新能源汽车驱动系统项目签约仪式在金华市文化中心举行，浙江万里扬股份有限公司计划在金华新能源汽车产业园投资建设年产130万台(套)自动变速器与新能源汽车驱动系统项目，建设四大制造模块和一个企业研究院，生产电动汽车电桥、系列自动变速器和混合动力汽车，项目总投资60亿元，分两期实施。

2018年4月10日 五龙电动车集团与成都简阳市政府合作的“年产40万辆新能源乘用车及4 GWh(10亿Wh)锂离子动力电池”项目在成都简阳市开工，项目分两期建设，一期计划总投资40亿元，其中新能源汽车项目投资30亿元，产品为新能源乘用车，产能为10万辆/年；动力电池项目投资10亿元，产品为锂离子动力电池，产能为1 GWh/年。项目一期竣工达产后可实现年产值250亿元(其中新能源汽车210亿元、电池40亿元)。二期总投资120亿元，其中新能源汽车项目投资100亿元，动力电池项目投资20亿元。项目全部竣工达产后可实现年产值1 000亿元。

2018年4月11日 江铃集团新能源汽车昆明基地项目举行签约暨开工仪式。项目占地约800亩，总投资24.46亿元，产能10万辆，分两期建设，一期规划产能5万台新能源汽车，投资12.46亿元，主要建设冲压，焊接、涂装、总装及零部件配套等设施。

2018年4月12日 四川野马汽车股份有限公司咸宁新能源生产基地签约仪式在湖北省咸宁市高新区隆重举行，新能源生产基地总投资21亿元，总占地面积近1 000亩，将建成自动化整车四大工艺生产线、检测线，以及研发试验中心、三电系统配套园等设施，具备年产能10万辆的整车生产能力。

2018年4月26日 银翔实业集团比速汽车南充制造基地正式开工，项目规划占地3 000余亩，总投资120亿元，规划年产能为30万辆整车及20万套核心零部件，年产值将达到400亿元，建成投产后将包含冲压、焊装、涂装、总装、发动机等现代化整车生产线和整车动态性能检测线，新能源汽车“三电”生产线等汽车核心部件生产线。

5月

2018年5月8日 河南省发展和改革委员会核准批复郑州比克新能源汽车有限公司年产1 000辆纯电动应急电源车项目。项目建设地点为郑州市中牟县汽车产业集聚区，占地面积164 931 m^2，总投资4 000万元，将形成年产1 000辆纯电动应急电源车生产能力。

2018年5月11日 国机智骏新能源位于江西赣州的基地正式奠基，该基地总投资约80亿元，建成后将形成年10万台新能源车的生产能力。

2018年5月8日 佛山市南海区人民政府和爱德曼氢能源装备有限公司正式签订《爱德曼广东氢燃料电池生产项目》投资协议。项目选址于南海区丹灶镇，将建成氢燃料电池及动力总成生产基地，计划投资30亿元，年产能8万台氢燃料电池，分三期推进，其中首期项目于2018年投产，全部项目达产后，预计年产值200亿元以上。

2018年5月12日 北京奔驰战略重组项目签约仪式在顺义北汽研发基地举行，项目总投资119亿元，建设奔驰高端新能源汽车生产基地，一期年产能15万辆，于2019年底下线，年产值可达500亿元，年税收约70亿元，未来年产能将根据发展需求扩充至30万辆。

2018年5月17日 湖北省发展和改革委员会同意荆州市沃特玛电池有限公司3 GWh产能32700钢壳圆柱电池及电动汽车核心零配件建设项目的节能报告，项目主要建设年产3GWh 32700钢壳圆柱锂电池及电动汽车核心零配件生产线。

2018年5月28日 华晨宝马动力电池中心二期项目在沈阳正式破土动工，这是华晨宝马在推动新能源战略本土化发展方面的又一重要举措，华晨宝马动力电池中心二期项目包括模组、电池包的组装、物流及质量管理，计划在2020年启动生产。

6月

2018年6月8日 雷丁集团正式在陕西咸阳市新兴纺织产业园内投建新能源基地，新基地拥有大巴、SUV、物流车的生产资质和能力，项目总投资200亿元，总产能60万辆。项目分两期建设，一期投资120亿元，建设年产30万辆新能源汽车生产线(乘用车25万辆、商用车5万辆)。其中，5万辆商用车计划2018年10月投产，25万辆乘用车计划2019年10份投产。二期投资80亿元，建设年产30万辆新能源整车生产线，2025年达产达效。

2018年6月19日 重庆长安汽车股份有限公司的长安

汽车·南京江宁新能源汽车项目在南京江宁经济技术开发区开工建设，项目定位为中大型新能源整车EV（电动汽车）产品生产基地，总投资200亿元，产能24万辆，产品包括高性能跨界SUV、轿跑等多款纯电车型，将在2020年6月正式投产，预计可实现年产值1 000亿元。

2018年6月22日 一汽-大众华南基地二期建成并投产，预计年产能30万辆。一汽-大众华南基地整体占地面积约166万m^2，2011年一汽-大众华南基地一期项目开工建设，2013年建成投产；二期项目2014年5月正式奠基，在二期项目建成投产后，一汽-大众华南基地整体形成年产60万辆整车的能力。

2018年6月22日 绿驰汽车科技（上海）有限公司与江西九江市经济技术开发区签署新能源乘用车项目战略合作协议。该项目基地占地面积近1 060亩，规划产能20万辆/每年，一期产能为10万辆，总投资达55亿，九江基地将于2019年第四季度正式投产，主要投产旗下高智能SUV及A00级两款纯电动车型。

2018年6月27日 比亚迪青海南川电池工厂一期10 Gwh动力电池生产项目正式投产下线，项目计划2019年全部投产，年产能可达24 GWh，以每辆比亚迪唐DM 80车型动力蓄电池总能量20 kWh来计算，24 GWh相当于可满足120万台唐的电池需求。生产基地具备原材料、配料、涂布、辊压、分切、卷绕、装配、注液、封口、自放电、分选、回收等整套动力电池功能模块。

7月

2018年7月4日 东风时代（武汉）电池系统有限公司在东风新能源汽车产业园正式挂牌。东风时代由东风电动车辆股份有限公司与宁德时代新能源科技股份有限公司合资组建，成立于2018年4月，各持股50%，致力于新能源汽车动力电池系统的研发、生产和销售。2019年东风时代将完成3条生产线的建设。预计到2020年，东风时代将实现产能19.2万台，产量达9.6 GWh，产值114亿元。

2018年7月9日 宁德时代新能源科技股份有限公司与德国图林根州州政府签署了一份投资协议。根据协议内容，宁德时代将投资2.4亿欧元（约合18.7亿元人民币）在联邦德国图林根州埃尔福特市设立电池生产基地及智能建造技术研发中心，宁德时代图林根电池生产基地主要从事锂离子电池的研发与生产。项目分为两期建设，计划于2021年投产，2022年达产后将形成14 GWh的产能。

2018年7月9日 安徽江淮汽车集团股份有限公司与大众汽车集团（中国）及西雅特在德国柏林签署谅解备忘录。江淮汽车、大众汽车集团（中国）、西雅特品牌三方共同成立研发中心，开发符合中国市场需求的电动汽车车型、车联网及自动驾驶技术及配套的零部件和核心技术，新研发中心计划将在2021年正式建成。此外，江淮大众将基于三方各自的技术储备，研发一款具有竞争力的纯电动汽车平台。

2018年7月9日 上海蔚来汽车有限公司与博世集团在德国柏林签署战略合作协议，根据协议，双方在传感器技术、自动驾驶、电机控制和智能交通系统等领域展开重点合作。

2018年7月9日 宝马（荷兰）控股公司（宝马股份公司的全资子公司）与华晨汽车集团控股有限公司签署长期发展框架协议，明确了BMW品牌纯电动车的国产计划。根据协议，宝马集团将持续增加在沈阳的投资，预计2019年华晨宝马的整车产能将达到52万辆，到2020年，BMW品牌核心产品系列的首款纯电动汽车BMW iX3将在沈阳投产，这款产品将不仅在中国销售，还将出口到全球市场。

2018年7月9日 海马新能源汽车有限公司跨细分类生产新能源轿车技改项目获得河南省发改委核准批复，海马将在总产能保持不变的情况下，新增5万辆电动轿车生产能力，其他乘用车和N1类载货汽车生产能力调整为1万辆，项目总投资61 150万元。

2018年7月10日 长城汽车股份有限公司与宝马（荷兰）控股公司（宝马股份公司的全资子公司）正式签署合资经营合同，合同规定双方各持股50%。新公司命名"光束汽车有限公司"，注册资金17亿元，注册地址为江苏省张家港市，投资总额达51亿元，根据规划，工厂标准年产能达16万辆。合资公司经营范围包括：研发和生产新能源汽车（包括纯电动乘用车）；研发、生产和销售新能源汽车相关组件（如电动汽车动力系统）和内燃机汽车相关组件等10项。

2018年7月10日 特斯拉（上海）有限公司与上海市政府签署合作备忘录，并与上海临港管委会、临港集团共同签署了纯电动车项目投资协议，确认将在上海独资90亿美元建年产50万辆纯电动汽车。

2018年7月16日 经国家认证认可监督管理委员批复，武汉市正式筹建国家新能源汽车质量监督检验中心。中心建成后将填补我国新能源汽车第三方检测空白，对武汉及中部地区新能源汽车发展提供重要技术支撑，对我国新能源汽车乃至整个汽车产业转型升级具有战略意义。

2018年7月17日 乐金化学（南京）信息电子材料有限公司（韩国LG化学）与南京市江宁滨江开发区就LG化学电池项目落户滨江举行签约仪式。根据协议，LG化学公司到2023年为该项目投资约20亿美元，新厂将于2018年10月开工建设，2019年10月开始投产，2023年实现全面达产。项目达产后年产动力电池32 GWh，年产值达350亿元人民币，税收20亿元人民币。

2018年7月21日 孚能科技（赣州）有限公司与江苏省镇江经济技术开发区签署合作协议，建设年产20 GWh新能源汽车动力电池项目。项目分两期建成投产，一期建设年产10 GWh动力电池生产线和孚能科技产业研究院，预计于2019年7月31日建成，2020年一期达产；二期新增年产10 GWh动力电池产能将于2020年启动，并于2022年达产。项目占地约580亩，全部达产后每年可满足约40万台新能源车的配套动力电池使用。

2018年7月25日 河南省发改委同意建设河南德力新能源汽车有限公司年产2万辆纯电动商用车项目，该项目总投资约10.5亿元，形成纯电动轻型货车1.5万辆、纯电动轻型客车5 000辆生产能力。

8月

2018年8月2日 新疆枭龙汽车制造有限公司与乌鲁

木齐市政府签署战略合作协议。根据协议,新疆枭龙汽车制造有限公司在乌鲁木齐市建设新能源汽车产业园,生产新能源汽车、驱动电机及氢燃料电池等新能源产品,项目对乌鲁木齐打造新能源汽车产业等方面具有重要意义。

2018年8月13日 长城汽车股份有限公司与张家港市人民政府签署整车合资项目投资协议,长城宝马合资的光束汽车项目落户张家港。根据协议,光束汽车项目主要为宝马MINI系列的新能源汽车(包括纯电动乘用车)、内燃机汽车整车研发与生产及相关零部件生产,其中新能源整车规划产能为16万辆,双方将共同开发新一代纯电动汽车平台,该平台不仅用于生产MINI电动汽车,还将为长城汽车生产电动车产品,首款产品将在2021年进行投产。

2018年8月17日 比亚迪汽车有限公司与美国乔治亚州及其首府亚特兰大市签署采购合同,为该州及该市供应纯电动车辆作为公共交通工具。根据合同,比亚迪将为乔治亚州提供4款纯电动客车(C6、C8、C9和C10)及4款纯电动公交车(K7、K9、K9M和K11),为亚特兰大市提供4款纯电动公交车(K7M、K9S、K9M和K11M),3款纯电动客车(C6M、C8M和C9M),3款纯电动中型卡车及纯电动出租车e6。

2018年8月17日 重庆先友科技开发有限公司投资建设的新能源低速电动车项目和铝合金压铸及电动车零部件项目签约仪式在经开区管委会举行,其中新能源低速电动车项目总投资1.8亿元,建筑面积6万m^2,主要建设年产10万套新能源低速电动车驱动系统生产线和年产3万台新能源低速电动车生产线,包括电机生产线、变速器生产线、控制器生产线、后桥生产线等,全面达产后年产值约7.8亿元。

2018年8月17日 比亚迪股份有限公司与重庆市璧山区政府签订投资合作协议,投资100亿元建设年产20 GWh动力电池产业项目,项目主要包括动力电池电芯、模组及相关配套产业等核心产品制造。

2018年8月21日 湖北省发展改革委核准东风汽车集团股份有限公司乘用车扩建项目,项目总投资98.51亿元,分两期建设,形成年产30万辆乘用车多品种混流生产能力,其中包括乘用车(含传统燃油车和纯电动车型)及其他类乘用车(含传统燃油车和混合动力车型)。

2018年8月27日 融捷新能源动力电池循环产业园项目落户安徽省合肥市合巢产业新城。项目由融捷投资控股集团有限公司投资,投资总额76亿元,包含4个子项目:年产2万t正极材料前驱体项目、年产2万t正负极材料项目、年产100万套动力电池梯次循环利用项目、年产30万t动力电池再生项目。项目主要从事钴系氧化物的提取、回收、加工和销售等业务,达产后可实现年产值百亿元,将成为国内新能源动力电池循环利用一体化的绿色产业园。

9月

2018年9月3日 南京越博动力系统股份有限公司与南京浦口经济开发区管委会签署《南京越博新能源汽车产业园二期项目合作协议》,南京越博新能源汽车产业园二期项目作为智能制造等高端先进技术项目引进。项目投资强度不低于400万元/亩,投资总额10亿元(包含土地款)。由南京越博动力为投资主体实施该项目,专注于研发、生产及销售新能源汽车动力总成、驱动电机及控制器、整车控制器、智能驾驶系统等核心零部件,打造智能工厂。

2018年9月4日 保定市政府与长城汽车股份有限公司正式签署绿色智慧出行项目合作框架协议。绿色智慧出行是由保定市政府与长城汽车子公司欧拉出行共同打造的重大智慧交通项目。欧拉出行一期启动资金10亿元,至2020年预计自有车辆规模达到20万辆,服务用户1.5亿,覆盖200个城市。

2018年9月5日 杭州首个专门为城市物流配送而规划建设的充电站——杭州大江东物流超级充电站正式投入运营。此项目是八匹马租车〔智行(杭州)汽车租赁有限公司旗下产品〕、万马爱充(浙江万马新能源有限公司旗下产品)为菜鸟新能源车业务专属定制的集中式充电站,可为周边电动物流车及其他社会车辆提供快速高效的充电和停车服务。充电站建设面积为3 000 m^2,分两期进行规划布局。一期充电站配置了10台120 kW一机双枪直流充电机,100个标准停车位,可同时为100辆车提供停车充电服务。二期预计在2019年下半年开始建设。充电站采取分时段服务方式,白天对社会车辆开放,夜间为菜鸟新能源车业务提供专属的停车、挪车、充电等一站式服务。

2018年9月6日 北京新能源汽车股份有限公司(以下简称"北汽新能源")与德国莱茵TUV集团举行品牌建设项目启动,双方共同签署了建桩标准化提升暨品牌建设项目协议。北汽新能源正式成为德国TUV莱茵电动汽车服务领域最大的国内主机厂战略合作伙伴,标志着北汽新能源国际化战略部署正式拉开帷幕。

2018年9月8日 天齐锂业股份有限公司在四川省遂宁市遂宁安居区启动年产2万t电池级碳酸锂工厂的建设工作,项目实施主体为天齐锂业全资子公司遂宁天齐锂业有限公司,项目内容为建设一个年产2万t电池级碳酸锂的工厂,项目建设地位于四川省遂宁市安居区工业集中区安东大道化工产业园,预计将于2020年5月底投产。

2018年9月9日 比亚迪30 GWh动力电池项目签约仪式在陕西西安高新区举行,比亚迪年产30 GWh动力电池项目计划总投资120亿元,建成后将成为行业中的超级工厂,促进陕西省新能源汽车产业的快速发展,增强西安新能源汽车动力电池配套能力,为西安打造新能源汽车之都贡献力量。

2018年9月10日 杭州奥能电源设备有限公司与商丘市公共交通有限公司成功签约商丘市公交充电桩场站建设项目。根据协议,杭州奥能电源承接了商丘市公共交通有限公司万达广场段、佳海停车场段、淮海停车场段、京九停车场段的充电站建设项目,含场地设计、施工建站、设备供应、安装等一体化工程,整个项目提供了400根直流充电终端,供于纯电动公交车充电。

2018年9月12日 无锡市发展和改革委员会正式批复江苏新日电动车股份有限公司无锡市新日新能源汽车项目(一期)项目,项目占地面积约394亩,建筑面积约13万m^2,年产电动汽车15万辆。总投资25亿元,2018计划投资5亿元。项目属于续建,2018建设任务为主体施工,建设起止年限为2017—2019年。

2018 年 9 月 12 日 开沃新能源乘用车徐州基地项目，总投资 100 亿元，设计总产能 30 万辆/年，全部达产后年产值超过 600 亿元。

2018 年 9 月 13 日 商丘市人民政府与福田汽车股份有限公司、天津力神电池股份有限公司在商丘市华驰粤海酒店举行战略合作签约仪式举行。根据协议，福田汽车将在商丘市开发区成立河南福田智蓝新能源汽车有限公司，并与商丘市人民政府、天津力神达成在新能源汽车与动力电池及改装车市场拓展方面的合作共识。福田汽车利用自身新能源汽车技术优势投资建设新能源汽车生产基地与厢式货车改装厂，建厂后将形成年产新能源轻中卡产品 4 万辆的生产能力。

2018 年 9 月 16 日 长城汽车股份有限公司与日照市就深化合作及建设长城汽车日照生产基地项目在日照市举行发布会，长城汽车已启动该项目规划和设计工作，长城汽车日照生产基地位于日照市经济技术开发区，占地约 2 000 亩，具备 30 万台/年的生产能力，项目预计 2019 年年初开工，于 2021 年底建成投产，此基地将成为 WEY 品牌的专属基地。

2018 年 9 月 18 日 郑州宇通集团有限公司年产 6 万辆纯电动商用车建设项目获河南省发改委批复。该项目总投资 21 亿元，其中固定资产投资 17. 7 亿元，铺底流动资金 3. 5 亿元，新增投资全部由宇通公司自筹，项目建设内容为改造利用宇通集团现有生产车间、研发中心、配套辅助设施，新建电泳、交检等工艺车间及其他生产设施。

2018 年 9 月 18 日 雄韬氢雄大同氢能产业园年产 10 万套燃料电池系统一期工程正式投产，项目由大同雄韬氢雄云鼎氢能科技有限公司投资建设，总投资 30 亿元，年产 10 万套燃料电池系统，一期规划年产能 3 万套；2020 年项目全部投产年产能将达到 10 万套。

2018 年 9 月 19 日 威马汽车科技集团在与成都市龙泉驿区政府签署投资合作协议，根据协议，威马汽车将在成都市龙泉驿区投资 55 亿元建成五大研究院，分别为新能源汽车研究院、整车安全研究院、三电系统安全研究院、前瞻技术研究院、汽车创意设计院。

2018 年 9 月 20 日 苏州斯莱克精密设备股份有限公司与河南省新乡市凤泉区人民政府签署战略合作协议，根据协议，斯莱克与第三方共同出资设立新乡市盛达新能源科技有限公司，共同打造新能源精密结构件产业园项目，项目总投资额 8 亿元，年产 30 亿只圆柱形动力电池钢壳。

2018 年 9 月 20 日 东风汽车股份有限公司与北京海博思创科技有限公司以 50%: 50% 股比共同出资成立东风海博襄阳新能源科技有限公司，东风海博将融在新能源汽车动力电池系统和电池服务方案等方面发挥领先的技术创新能力，围绕新能源汽车价值链上的三电系统研发与制造、整车销售与运营、动力电池梯次利用储能及材料回收三大主营业务，把握新能源汽车的市场需求，为客户提供先进、可靠的新能源产品和技术服务方案。

2018 年 9 月 21 日 特斯拉与江西赣锋锂业股份有限公司达成合作协议，赣锋锂业向特斯拉提供其总产能五分之一的锂产品，即用于电动汽车电池用金属，该协议从 2018—2020 年履行，并可选择延长 3 年。特斯拉指定其电池供应商从赣锋锂业及其子公司（赣锋国际）购买氢氧化锂产品。

2018 年 9 月 24 日 河南省发改委批复郑州宇通集团有限公司年产 6 万辆纯电动商用车建设项目，该项目总投资 21 亿元，其中固定资产投资 17. 7 亿元，铺底流动资金 3. 5 亿元。项目建设内容为：改造利用现有生产车间、研发中心、配套辅助设施，新建电泳、交检等工艺车间及其他生产设施，总建筑面积 20. 96 万 m^2，利用原有生产设备 543 台（套），新购置生产及试验检测设备 938 台（套），形成纯电动轻卡 5 万辆、纯电动中重卡 1 万辆生产能力。

2018 年 9 月 27 日 协鑫电动生态科技产业园项目在江苏镇江举行签约和奠基仪式，该项目规划建设新能源汽车总装基地、动力电池 PACK 生产基地、汽车配套及零部件基地，计划总投资 60 亿元。项目将发挥协鑫在能源互联网、区域微网、储能、能源新材料等方面的基础性优势，携手行业知名整车装配企业和网约车平台，建设集高端科研、先进制造、平台经济、总部经济于一体的高科技、复合型产业园区，打造“电动江苏”产业承载平台，构建电动汽车产业链与运营生态链示范区域，助力绿色能源交通发展。

2018 年 9 月 27 日 海南海汽运输集团有限公司与香港桦胜集团、上海中电投融和新能源投资管理中心、上海玖行能源科技公司 3 家企业签订合作协议，共同合资组建海南联合新能源汽车有限公司，开拓新能源汽车贸易、租赁、售后服务及充换电站的运营，打造海南最具特色的新能源汽车综合服务平台。

2018 年 9 月 27 日 北京联动天翼科技股份有限公司“江阴新能源产业基地项目”举行开工仪式，基地位于江阴高新区，占地 1 150 亩，设计产能 30 GWh。本次开工为一期项目，占地约 200 亩，设计产能 5 GWh，于 2019 年 9 月完工投产，主要产品涉及锂离子电池和模组、EV 动力系统、储能系统。

2018 年 9 月 28 日 北京国能电池科技股份有限公司与江苏省无锡市锡山区政府签约，国能电池将在锡山投资 35 亿元建设新能源产业园，内容为建设 3 GWh PACK 及 5 GWh 电芯智能化生产项目。该项目将分两期进行开发，其中一期投资 12 亿元，计划建设 3 GWh PACK 及 1. 5 GWh 电芯智能化生产项目；二期投资 18 亿元，计划建设 3. 5 GWh 电芯智能化生产项目。

2018 年 9 月 28 日 江苏省常州市金坛高新技术开发区的众泰江苏金坛基地智造工厂正式投产。该基地总投资约 85 亿元，占地 1 225 亩，总建筑面积约 34 万 m^2，于 2014 年 8 月 18 日正式启动工厂建设，新基地除了生产众泰新推出的传统燃油汽车外，还将在 2015 年底前下线芝麻 E30、大迈 A3 两款纯电动汽车。

10 月

2018 年 10 月 8 日 惠州亿纬锂能股份有限公司募集总额不超过 25 亿元资金投资于“荆门亿纬创能储能动力锂离子电池项目”和“面向物联网应用的高性能锂离子电池项目”。荆门亿纬创能储能动力锂离子电池项目：在湖北荆门公司现有工业园区内，建设自动化储能动力锂离子电池生产线及配套的检测、研发中心，项目达产后，将形成年产 5 GWh

高性能储能动力锂离子电池的产能。面向物联网应用的高性能锂离子电池项目:项目位于广东惠州公司现有工业园区内,建设消费类锂离子电池生产厂房和自动化生产线,项目达产后,将形成年产消费锂离子电池 18 720 万只的产能。

2018 年 10 月 10 日 河北瑞腾新能源汽车项目启动仪式在石家庄举行,奇瑞(石家庄)新能源汽车项目由河北瑞腾新能源汽车有限公司与奇瑞新能源汽车技术有限公司合作建设,项目总投资 30 亿元,总占地面积 1 200 亩。其中,一期占地 404 亩,建筑面积为 120 574 m^2,投资 12 亿元,将形成年产 5 万辆纯电动乘用车产能。

2018 年 10 月 11 日 重庆长安汽车股份有限公司将在南京成立新能源整车制造基地,该项目准备斥资 47.9 亿元,将形成年产 24 万辆"C601"平台系列(SUV/轿车)EV 车型的整车生产规模,其中一期规模为年产 12 万辆,项目的预计投产时间为 2020 年。

2018 年 10 月 16 日 东莞维科电池有限公司电池生产项目正式投产,项目用地面积 100 亩,建筑总面积 85 278 m^2,总投资 14 亿元,一期项目总投资 5 亿元,日产能规模 14 万只锂电池;二期项目建成后,可实现日产 40 万只锂电池的产能规模。

2018 年 10 月 16 日 深圳市宝能投资集团有限公司与苏州昆山市人民政府签署系列投资合作协议,根据协议,双方将开展新能源汽车、青阳港城市综合体、夏驾河宝能科技园、综合医养、周庄文旅等项目合作,并在汽车电商销售领域建立战略合作关系。

2018 年 10 月 19 日 奇点汽车(智车优行科技有限公司)株洲高品质智能电动商用车基地开工建设,项目总投资 50 亿元,主要生产基于新能源、自动驾驶、智能驾舱、车联网技术的高品质智能电动商用车,预计 2020 年建成投产,可年产 5 万台纯电动智能商用汽车,年产值近 100 亿元。

2018 年 10 月 19 日 上汽大众新能源工厂开工仪式在上海安亭举行,该项目总投入为 170 亿元,占地面积 40.56 万 m^2,计划于 2020 年建成投产,规划年产能 30 万辆,并同步建设电池包 Pack 产线。

2018 年 10 月 22 日 江苏金通灵流体机械科技股份有限公司全资子公司江苏金通灵氢能机械科技有限公司与江苏省如皋市经济技术开发区在如皋市签订了《氢能源产业投资项目合作框架性协议书》。项目计划总投资 4.5 亿元,投资项目包括燃料电池空气压缩机和氢能备用电源的研发制造、投资建设运营如皋氢燃料电池产业园智慧能源岛、加氢站等。

2018 年 10 月 23 日 LG 化学动力电池项目在江宁滨江开发区举行动工仪式,项目总投资 20 亿美元,一期项目将于 2019 年年底实现量产,2023 年实现全面达产,新工厂产能将达到 32 GWh,年产值将达 350 亿元。

11 月

2018 年 11 月 2 日 江苏敏安电动汽车有限公司与淮安经济技术开发区签约,根据协议,双方计划在生产能力、无人驾驶、生态出行及产业集群 4 个方面深化合作,以充分发挥开发区资源优势和新能源汽车发展优势。通过敏安汽车二期项目、无人驾驶试验场项目、敏安汽车网约车平台项目的实施,共同促进淮安产业升级。

2018 年 11 月 8 日 万向集团公司计划投资 685.74 亿元建设年产 80 GWh 锂电池项目、投资 27.45 亿元建设年产 5 万辆增程式纯电动乘用车项目,上述锂电池和电动车项目建设地点均位于萧山经济技术开发区。

2018 年 11 月 12 日 美国恩创公司投资的原子层沉积技术产业园项目亮相首届进博会上,该项目总投资 90 亿元,位于南京经济技术开发区,主要从事锂电池正极材料加工等业务,项目一期投资 30 亿元,将建设总部研发中心和能容纳 200 条生产线的锂电池加工厂,预计将在 2 年内实现量产,锂电池年加工能力达到 3.6 万 t。

2018 年 11 月 13 日 天津市捷威动力工业有限公司电池生产基地落户湖南嘉兴,项目总体规划投资超 100 亿元,占地约 1 000 亩,计划建设产能 20 GWh 的领先动力电池生产基地,其中,一期产能规划 6 GWh,包括研发中心、生产基地一期等基础建设,投资近 50 亿元。嘉兴项目建成后,捷威动力 2020 年总产能将提升到 18 GWh。

2018 年 11 月 19 日 深圳市宝能投资集团有限公司投资成立深圳鸿鹏新能源科技有限公司,鸿鹏新能源注册资本 30 亿元,宝能集团认缴金额 29.7 亿元,占股比 99%;宝能集团旗下深圳宝能物流有限公司认缴金额 0.3 亿元,占股比 1%。鸿鹏新能源公司主要从事电池材料、锂离子电池、锂聚合物电池、燃料电池、动力电池、废旧动力电池、电池管理系统及可充电电池包、超大容量储能电池、超级电容器的技术研发等。

2018 年 11 月 19 日 四川新敏雅电池科技有限公司与绵阳市政府签署协议总投资 166 亿元的动力电池项目在四川绵阳市三台县举行开工仪式,项目总产能 15 GWh,达产后可满足 30 万辆整车的电池配套。

2018 年 11 月 20 日 包头国家稀土高新技术产业开发区年产 2 亿 Ah 稀土动力电池建设项目正式投产,项目投产后将实现耐低温高性能电容型镍氢动力电池量产,开启我国轻稀土高端应用进入大规模产业发展先河,标志着我国有了全新独立自主知识产权的新能源汽车的核心部件——轻稀土动力电池。

2018 年 11 月 22 日 奇瑞捷豹路虎新能源整车及研发中心项目在江苏省常熟市签约,项目总投资额约 70 亿元,在常熟年产能 20 万台整车基础上,新建新能源动力总成工厂,新建全新车身车间,项目还将增加全新新能源生产设施等。

2018 年 11 月 22 日 由南京博郡新能源汽车有限公司投资建设的年产 30 万辆思迅新能源汽车项目正式落户淮安高新区,项目总投资约 50 亿元,全部建成投产后可实现年销售 500 亿元。项目一期投资约 20 亿元,新上年产 10 万台新能源汽车生产线,计划 2019 年开工建设,2020 年底前竣工投产。

2018 年 11 月 28 日 华晨宝马新能源车型技术改造建设项目获得辽宁省生态环境厅批准,该项目投资 17.6 亿元,主要对现有 BMW X3 生产线进行改造和调整,新增 4 万辆 BMW X3 纯电动 SUV 车型的产能。与此同时,华晨宝马动力电池组装车间扩建项目(三期)也将启动,项目总投资 7 亿元，将新增产能 26.64 万套/年 G28（新 3 系）动力电池组，计划于 2019 年 4 月开始进行土建施工，并于 2022 年 5 月正式投产。

2018 年 11 月 28 日 安徽江淮汽车集团股份有限公司与大众汽车集团（中国）、西雅特签署谅解备忘录。根据协议，合作方将基于各自的技术实力和产品储备，共同开发一款面向全球市场的电动汽车平台，用于生产江淮大众车型。江淮大众将于 2021 年前引进西雅特品牌，并共同进行电动化开发。

12 月

2018 年 12 月 1 日 荷兰锂能沃克斯（Lithium Werks）与浙江嘉善经济技术开发区签订关于投资绿色储能锂电池项目的协议，根据协议，沃克斯将在嘉善建设新能源锂电池超级工厂。项目落户于浙江中荷（嘉善）产业合作园，主要生产销售锂离子电池、模块及电池管理系统，总投资 16 亿欧元，占地面积约 900 亩，首期年产绿色能源锂离子电池组件 8 000 MWh（8 GWh）。项目计划于 2019 年上半年动工建设，2021 年初投产运营。

2018 年 12 月 3 日 由宁德时代新能源科技股份有限公司牵头，联合清华大学、厦门大学等 6 所高等院校、中国电力科学院、中国汽车技术研发中心有限公司 2 家科研院、厦门钨业等 7 家上下游企业共同组建的“国家工程研究中心——电化学储能技术国家工程研究中心”获国家发改委批复。该工程中心聚焦动力电池领域存在的“里程焦虑”“安全焦虑”“寿命焦虑”、回收和再利用体系不健全等突出问题，重点开展高能量与高功率密度电池、超短快充电池、高寿命电池、电池管理系统精算、超强环境适应性的电池包设计、电池梯次利用与循环再生利用、电池安全性与耐久性评估等关键核心技术开发和工程化。

2018 年 12 月 6 日 山东省发改委公开黑龙江龙华汽车有限公司乐陵分公司大中型新能源客车生产项目批复，项目占地 375 385.5 m^2，总建筑面积 155 619.16 m^2，项目新建焊装线、涂装生产线、总装装配线、底盘生产线、检测线等设施，达产后形成双班年产 1 万辆大中型新能源客车的生产能力。

2018 年 12 月 7 日 湖北省发展和改革委员会同意浙江吉利汽车有限公司在武汉市建设“武汉分公司年产 15 万辆乘用车项目”。项目位于武汉市汉南区，注册资本 28.59 亿元，总投资 90.44 亿元，于 2019 年初开始建设，2021 年底完成，建成后将形成年产 15 万辆乘用车多品种混流生产能力，其中包括基本型乘用车（含传统燃油车和纯电动车型、混合动力车型）及其他类乘用车（含传统燃油车和纯电动、混合动力车型）。

2018 年 12 月 9 日 山西省大同市与四川荣创新能科技有限公司、北达控股有限公司及南京大学昆山创新研究院签署 3 项燃料电池相关项目框架合作协议，项目投资总金额 38 亿元。3 大项目分别涉及大功率燃料电池动力系统生产、燃料电池有轨电车/重载货车商业化示范运营、车/船用甲醇燃料发动机、燃料电池检测等多方面内容。其中，“燃料电池生产及有轨电车示范线”项目由荣创新能投资开展，项目预计总投资 35 亿元，将通过建设大功率燃料电池动力系统生产基地、实现燃料电池动力系统生产，为燃料电池有轨电车和燃料电池重载货车商业化示范运营及推广提供保障；“北达新能源甲醇（天然气）发动机、醇电混合增程器生产制造”项目由北达控股投资 3 亿元，以 10kW 车用醇氢燃料电池动力包生产为主，同时还将涉及甲醇、醇电混合、甲醇燃料电车等新能源商用车发动机、船用发动机及相关整车装备研发、生产业务；“大同燃料电池研究院”项目由南京大学昆山创新研究院承担，将围绕燃料电池核心，进行检测服务、培训服务、咨询服务、平台建设和成果转化 5 个方面建设。

2018 年 12 月 10 日 浙江省发改委批复长城汽车股份有限公司年产 10 万辆整车项目，项目产品方案为新能源乘用车 5 万辆/年，SUV 3 万辆/年，皮卡 2 万辆/年，合计 10 万辆/年。项目新征用地 415 亩，总投资为 201 090 万元（折合 29 143 万美元），其中固定资产投资 170 240 万元，铺底流动资金 9 255 万元，项目建设冲焊厂房、涂装厂房和总装厂房。

2018 年 12 月 12 日 北汽蓝谷新能源科技股份有限公司董事会同意北京高端智能生态工厂建设项目的立项申请，该项目规划总产能 12 万辆，分期实施。其中，项目一期规划 5 万辆产能，项目位于北京经济技术开发区，预计总投资额为 25 亿元。

2018 年 12 月 12 日 中外合资底特律新能源汽车生产项目开工奠基仪式在山西转型综改示范区晋中开发区潇河产业园起步区举行，项目由山西能源交通投资有限公司和底特律电动汽车英国有限公司共同投资建设，项目占地 3 500 亩，其中一期投资 60 亿元，占地 1 200 亩，建设期 2 年，年产 10 万套电动汽车零部件。达产后，预计年销售收入 324 亿元，年利润总额 15 亿元。

2018 年 12 月 13 日 宝马集团在其慕尼黑工厂投资约 2 亿欧元，为宝马 i4 电动汽车的批量生产做准备，该款电动车于 2021 年在慕尼黑工厂投产。

2018 年 12 月 13 日 杭州市富阳区人民政府与美国纽威莱（Nuvera）氢燃料电池公司签订合作协议，纽威莱氢燃料电池堆项目正式签约落户富阳，项目总投资 1 485 万美元，初期年产量 500 台，以后逐年递增。计划于 2019 年下半年完成工厂设备调试等前期工作，2020 年初开始投产。

2018 年 12 月 17 日 百度公司与山西省阳泉市人民政府在京签署战略合作协议，根据协议，双方将在 AI 城市建设、打造山西（阳泉）自动驾驶智能车联网示范基地与产业高地两个方向着力推进合作。

2018 年 12 月 18 日 东风汽车集团股份有限公司在武汉开发区举行乘用车扩建项目奠基仪式，项目总投资约 98.5 亿元，计划 2019 年 1 月开工，2020 年 9 月竣工，建设内容包括冲压车间、焊装车间、涂装车间、装配车间及相应配套的公用设施、生活服务设施。工厂建成后，产能规模预计将达到 30 万辆，并会陆续投入涵盖轿车、SUV、新能源车在内的产品。

2018 年 12 月 21 日 威海南海新区管委与开沃新能源汽车集团有限公司签订合作协议，在南海新区投资 100 亿元建设年产 20 万辆新能源汽车及关键核心零部件项目。项目分两期实施。一期项目投资 70 亿元，新建整车冲压、焊装、涂装、总装生产线及关键核心零部件厂房等设施，年产能 10

万辆，计划2020年投产。一期达产后启动二期项目，投资30亿元，年产能10万辆。

2018年12月24日　陕西省渭南经开区管委会与开沃新能源汽车集团举行“开沃新能源商用车智造基地项目”签约仪式，项目占地约1 900亩，总投资约80亿元，分两期建设，一期建设1万辆电动专用车、9万辆电动卡车生产基地，二期按照一期生产规模进行建设，全部建成投产后形成年产2万辆电动专用车、18万辆电动卡车生产规模，实现年产值约600亿元。

2018年12月29日　中国五矿国家新能源材料产业基地（一期）启动仪式在湖南望城高新技术产业开发区举行，项目由湖南长远锂科有限公司投资，金驰能源材料有限公司建设。项目占地面积约203亩，总建筑面积约17万m^2，计划投资总额110亿元，分两期建设。第一期投资30亿元，建设年产规模2万t车用锂电正极材料和1万t三元前驱体，第二期投资80亿元，建设规模8万t车用锂电正极材料，计划于2021年四季度投产。

二、2018年新能源汽车行业合资合作

Chapter 2　New Energy Automotive Industry Joint Venture Cooperation in 2018

1月

2018年1月3日　首汽约车与深圳腾势新能源有限公司达成战略合作。双方将在广州、杭州等城市投放数千台腾势400纯电动汽车，为用户提供更加高品质、舒适、绿色环保的网约车出行服务。

2018年1月4日　深圳市国际物流技术股份有限公司与青海比亚迪锂电池有限公司签订了《设备采购合同》，向青海比亚迪提供新能源电池物流仓储系统（非标）一套，合同总金额为9 750万元。

2018年1月6日　一汽轿车股份有限公司与贵安新区新特电动汽车工业有限公司签订了《电动车项目合作生产框架协议》，共同致力于推进新能源汽车产业的发展。

2018年1月25日　日产汽车与日本四国电力公司（Shikoku Electric）达成合作，双方规定，从2018年2月1号开始，凡是在日本西部地区购买新款日产电动版LEAF车型的车主可获得积分，车主可使用该积分支付四国电力公司的电费，前提是该车主是四国电力公司的客户。

2018年1月25日　大众旗下子公司Electrify America LLC与Greenlots公司达成合作，为Electrify America LLC在美国主要城市的社区和工作场所部署电动汽车充电基础设施提供解决方案。Electrify America LLC计划截至2027年，投资20亿美元用于美国电动汽车基础设施和教育项目。

2018年1月31日　宝马与美国EC Power公司就低温锂离子电池技术方面签署了知识产权（IP）协议，欲提升旗下电动车低温充电能力。该技术可以让锂离子电池在低温环境下自加热，从而实现电动车低温快速充电。

2月

2018年2月2日　广汽集团与广州小马智行科技有限公司在广州签订《战略合作框架协议》。双方将在自动驾驶技术领域、资本领域、无人驾驶示范运营领域、移动出行领域展开深度合作。

2018年2月5日　合肥国轩高科动力能源有限公司与大运汽车股份有限公司签署战略合作协议。根据协议，大运汽车股份有限公司在2018年12月底前，将向国轩高科采购纯电动物流车电池组约6 000套，合同金额约合7.5亿元。

2018年2月5日　锂电池软包铝塑膜生产项目落户连城县，此项目由福建赛特新材股份有限公司投资12亿元在连城工业园区兴建，项目分3期实施，达产后将形成年产5 000万m^2铝塑膜生产能力，年产值可达14亿元，成为全国最大的锂电池软包铝塑膜研发生产基地。

2018年2月7日　东旭光电科技股份有限公司与宿迁市政府签订《新能源汽车项目投资合作协议》。东旭光电在宿迁市投资30亿元建设年产5 000辆新能源客车和5万辆新能源物流专用车生产基地项目。该项目由宿迁市政府提供位于运河宿迁港产业园内约1 300亩的工业集中用地作为项目用地，并为项目发展预留1 000亩作为发展备用地。

2018年2月7日　滴滴出行与北汽新能源、比亚迪、长安汽车、东风乘用车、东风悦达起亚、华泰汽车、江淮、吉利、雷诺日产三菱联盟、奇瑞、中国一汽、众泰新能源12家汽车厂商达成战略合作，共同建设面向未来的新能源共享汽车服务体系。

3月

2018年3月5日　浙江万马股份有限公司子公司万马新能源投资与金华义兴资管签订《关于共同设立金华万马义兴新能源开发有限公司的合资协议》。根据协议，双方共同投资500万元设立金华万马义兴新能源开发有限公司，项目公司主要为纯电动汽车提供专业的充电服务。

2018年3月6日　沈阳日报报业集团与辽宁凯信新能源技术有限公司签署了战略合作暨新能源汽车物流项目，在沈阳率先开发电动货车销售、租赁及以电动货车为工具的各类经营业务，2019年内实现沈阳区域1 000辆电动货车上线运营。

2018年3月7日　滴滴出行与北京汽车集团有限公司签署战略合作协议，合作推进新能源共享汽车运营。根据协议，双方基于各自优势及广泛的合作基础，深入开展在新能源汽车运营、大数据应用、出行服务、定制车及充换电等领域的业务合作。

2018年3月12日　上海沿锋汽车科技股份有限公司子公司安徽鑫盛汽车制造有限公司与一汽红塔云南汽车制造

有限公司签订了高速纯电动物流车合作协议。根据协议，安徽鑫盛与一汽红塔就基础车型 S350 高速纯电动物流车开展合作。

2018 年 3 月 22 日　上海汽车集团股份有限公司与宁德时代新能源科技有限公司签署战略合作谅解备忘录，在合作建设高度智能、绿色环保的新能源汽车先进电池和电池系统生产基地基础上，探讨共同推进新能源汽车动力电池回收再利用。

2018 年 3 月 31 日　奇点汽车（智车优行科技有限公司）与苏州市、相城区及高铁新城全面开展合作，根据合作内容，奇点汽车未来 5 年投资 150 亿元打造奇点汽车全球研发中心、奇点汽车苏州生产基地，并合作成立 100 亿元的智能电动汽车产业投资基金，在技术研发、整车制造以及产业投资三大领域进行深度合作。苏州工厂生产基地占地 1 000 亩，总建筑面积 40 万 m^2。其中一期生产基地占地 600 亩，年产能 5 万辆，二期生产基地 400 亩，年产能总体可达到 20 万辆。

4月

2018 年 4 月 10 日　小鹏汽车与广州穗能通综合能源有限责任公司正式签署战略合作框架协议，双方将全面建立长期合作伙伴关系，充分整合各自资源优势，共同推进广州市电动汽车发展和充电基础设施建设。小鹏汽车将在全国建设 1 000 多座超级充电站，铺设 1 万个专用充电桩，并选择性接入超过 10 万个第三方充电桩。2018 年内，小鹏汽车将陆续在北上广深等十几个一、二线城市铺设专有充电桩，并筹建 150 座超级充电站。

2018 年 4 月 11 日　当地时间，韩国 LG 化学公司与浙江华友钴业旗下子公司华友新能源签订协议，双方拟合资设立华金新能源材料（衢州）和乐友新能源材料（无锡）公司，生产锂电三元前驱体和正极材料。华金公司主要从事前驱体生产销售及相关配套服务，2020 年起年产能规模为 4 万 t；乐友新能源主要从事正极材料相关工作，生产规模每年 4 万 t。两大合资公司的产能可为 40 万辆高性能电动车提供充足的电池。

2018 年 4 月 12 日　盛达电机科技股份有限公司与多氟多（焦作）新能源科技有限公司签订了合作协议，根据协议，多氟多将利用自身优势和资源为盛达电机提供磷酸铁锂动力锂电池。

2018 年 4 月 17 日　重庆长安汽车股份有限公司和比亚迪汽车有限公司在重庆正式签署联合开发合作框架协议，根据协议，双方将共同针对新能源汽车电驱三合一产品的设计、匹配、试验、生产等，完成电驱三合一开发，达到量产批准状态，预计将在明年搭载长安某款车型上市。

2018 年 4 月 20 日　浙江吉利控股集团有限公司与宝马集团建立合作伙伴关系，吉利集团将获得宝马集团在纯电动车技术方面的成果，宝马集团则利用吉利汽车集团在中国地区相关渠道，进一步推进其在华的新能源汽车战略计划。

2018 年 4 月 25 日　英国豪华汽车公司捷豹路虎与宁德时代新能源科技股份有限公司（CATL）在北京车展现场签署战略合作意向书。基于此意向书，双方将积极探索未来汽车电池技术领域的深度合作，共同研究与开发汽车动力电池技术。同日，宁德时代（CATL）与 BYTON 拜腾在北京车展现场签署战略合作意向书，基于此意向书，宁德时代（CATL）将为拜腾首款量产 SUV 提供动力来源。

2018 年 4 月 26 日　熊猫新能源有限公司与南京依维柯汽车有限公司在南京签订战略合作协议。熊猫新能源 2018 年预计采购依维柯车辆 1 000 台，同时深化双方将在车辆互联（数据对接，车辆 CAN 协议安装，车辆远程控制），车辆设计，车辆售后服务，以及产品延长质保期的方面有深入的合作。

5月

2018 年 5 月 2 日　福特智能出行有限责任公司与众泰汽车股份有限公司签署合作备忘录，双方各出资 50% 组建一家新合资公司，致力于为网约车运营商和网约车司机提供智能、定制化的纯电动车解决方案，助力中国网约车市场的快速发展。新合资公司注册资本 2 000 万美元，双方各占总股本的 50%。

2018 年 5 月 12 日　北京奔驰战略重组项目（北京奔驰高端新能源汽车生产基地项目）签约仪式在顺义北汽研发基地举行，项目总投资 119 亿元，一期年产能 15 万辆，计划于 2019 年底下线，预计年产值 500 亿元，年税收约 70 亿元，未来年产能将根据发展需求扩充至 30 万辆。

2018 年 5 月 28 日　北京当升材料科技股份有限公司与金坛金城科技产业园管理委员会在北京签署《关于“当升科技锂电新材料产业基地项目”合作协议》。根据协议约定，双方在金坛金城科技产业园合作建设锂电新材料产业基地，项目总体规划用地约 1 600 亩，计划建成年产 10 万 t 锂电新材料产业基地，首期规划产能 5 万 t/年，计划投资 30 亿元，于 2018 年年内开工，分 3 个阶段建设。

2018 年 5 月 30 日　惠州亿纬锂能股份有限公司（以下简称“公司”）以不超过 6 亿元投资设立子公司惠州亿纬集能有限公司（以下简称“亿纬集能”）。此次投资完成后，公司将持有亿纬集能 100% 的股权，亿纬集能将引进国际先进技术、设备和人才，从事汽车用软包电池芯、汽车用软包电池模组和储能电池相关的业务，面向高端新能源乘用车市场。

6月

2018 年 6 月 12 日　吉利新能源商用车有限公司和顺丰速运有限公司在南充签订战略合作协议，根据协议，双方将充分利用各自优势资源，不拘于单纯的车辆买卖的合作关系，同时在其他各个新能源物流领域展开共建运营模式等开放式合作。

2018 年 6 月 13 日　中国众泰汽车股份有限公司与白俄罗斯和英国的合资企业 Unison 在青岛签署合同，资金总额为 5.6 亿美元。合同规定，双方将在白俄组织生产电动汽车，2022 年前在白俄罗斯组装生产 3 万辆高度本地化的众泰牌电动汽车。

2018 年 6 月 16 日　开瑞新能源汽车有限公司与山东递速物流有限公司签署战略合作协议，双方此次签订的是首批 40 台开瑞优优 EV 的采购协议。根据合作协议，双方将在新能源汽车市场研究与研发等领域展开深层次交流合作，共同促进开瑞新能源汽车产业战略布局持续、健康、快速、发展。

2018年6月18日 北京汽车集团有限公司与麦格纳国际股份公司（Magna International）在江苏南京举行战略合作签约仪式，根据条款清单内容，双方将共同设立两家合资公司，工程开发合资公司开展高端智能纯电动车共享平台的开发及根据客户需求进行具体车型产品的定制，并提供新能源汽车工程服务；制造合资公司以北汽集团位于江苏镇江的现有工厂为基地，从事高端智能纯电动汽车生产制造，首批量产车型计划于2020年投产，年产量可达18万辆。

2018年6月22日 斑马网络技术有限公司与观致汽车有限公司正式签署战略合作协议，双方将在智能网联汽车领域展开多项合作。根据协议，双方将共同打造智能网联汽车产品和服务、探索面向新制造的创新，并融合双方用户与服务资源打造全新价值链，探索与自动驾驶技术相关的软硬件解决方案，以及智能服务方案。

2018年6月26日 国轩控股集团有限公司与淮北经济开发区达成协议，国轩控股在安徽淮北投资15亿元建设新能源汽车动力电池零部件生产基地项目，以此完成2018年年初设定的产能13~14 GWh目标。项目主要包括新能源动力电池零部件的研发、生产、销售。项目预计总投资15亿元，达产后年产值约20亿元，实现年税收约1亿元。

2018年6月27日 地上铁租车（深圳）有限公司（以下简称"地上铁"）与上汽大通汽车有限公司南京分公司（以下简称"上汽跃进"）在上海就新能源轻卡采购及行业深度合作等业务举行了战略合作签约仪式。依据战略框架，地上铁总计采购首款上汽跃进互联网新能源智能轻卡1万辆，其中第一批采购2 800辆。

2018年6月27日 北京汽车集团有限公司与华晨汽车集团控股有限公司正式签署战略合作框架协议。根据协议，北汽集团与华晨集团在新能源公务用车、出租车、网约车、私人用车、速递物流车及分时租赁领域展开合作，共同致力于新能源汽车在沈阳乃至东北市场的示范推广，未来进一步拓展至全国市场。并且双方将在产品开发、生产制造、充换电设施建设以及资本运作等领域实现资源共享。

7月

2018年7月5日 重庆长安汽车股份有限公司与比亚迪股份有限公司在深圳签署战略合作协议，根据协议，两家车企将一起设立以新能源动力电池生产、销售为主营业务的合资公司，合资公司将聚焦于动力电池生产、销售等业务板块，产能按照10 GWh规划，分阶段实施，一期达成5~6 GWh，二期达成4~5 GWh。双方还将围绕电池回收再制造、电池快充、移动换电、充电高速路等领域进行深入研究。

2018年7月6日 长城汽车股份有限公司与河北御捷车业有限公司签署合资框架协议，长城汽车以现金增资入股方式获得河北御捷25%的股权，双方发挥各自在新能源汽车方面的优势，展开全方位合作的研究与实施，包括但不限于新能源技术研发、生产制造工艺、零部件供应、渠道建设、品牌推广等。

2018年7月10日 科技公司大陆集团与滴滴出行正式签署战略合作协议，根据协议，双方发挥各自在智能互联和出行服务领域的优势，共同推动智能出行发展，致力提升人们的出行体验。

2018年7月18日 零跑汽车有限公司与大道用车（汽车共享出行服务平台）正式签署战略合作协议，根据协议，大道用车通过租赁回购/采购等方式订购零跑汽车T平台两款全新车型，用以开展新开城市的共享汽车服务；零跑汽车则向大道用车提供完善的金融配套服务及解决方案。

2018年7月19日 宁德时代新能源科技股份有限公司与广州汽车集团股份有限公司在广州签署《时代广汽动力电池有限公司合资经营合同》《广汽时代动力电池系统有限公司合资经营合同》。根据合同，双方在广州共同出资设立时代广汽动力电池有限公司和广汽时代动力电池系统有限公司。合资公司注册资本为10亿元，双方以现金方式出资，其中广汽集团出资4.9亿元，持股比例为49%，宁德时代出资5.1亿元，持股比例为51%。合资公司经营锂离子电池、动力电池、超大容量储能电池及电池系统的开发、生产、销售以及提供相关售后和技术咨询服务。

2018年7月29日 北京万通地产股份有限公司以现金作价31.7亿元收购星恒电源股份有限公司合计78.284%股权，万通地产公司正式增加了新能源电池业务，未来万通地产将充分发挥星恒电源在新能源电池领域的优势，加快推动其在新能源电池领域的业务开拓。

8月

2018年8月8日 北汽福田汽车股份有限公司以自有资金投资设立全资子公司北京福田智蓝新能源汽车科技有限公司，注册资本1亿元，作为新能源商用车业务（欧辉客车除外）的战略规划、研发、销售主体，独立运营新能源商用车业务，全资子的设立公司有助于提高北汽福田新能源商用车运营效率。

2018年8月17日 长安汽车股份有限公司与上海蔚来汽车有限公司共同出资成立长安蔚来新能源汽车科技有限公司，新公司落户南京江宁开发区，业务覆盖智能网联与新能源汽车产业科技研发、零部件生产、运营服务等全产业链。

2018年8月29日 雷诺-日产联盟和东风汽车集团股份有限公司签署成立新合资企业（易捷特新能源汽车有限公司）协议，三方共享技术，以便在中国共同开发和销售电动汽车。雷诺、日产分别持有易捷特25%、25%的股份，东风将持有易捷特50%股份。合资公司选址湖北省十堰市，其电动汽车的生产将在位于十堰市的东风汽车生产基地开展，生产基地建成后计划年产能达12万辆，项目于2019年开始生产新款电动汽车。

2018年8月29日 中国潍柴动力公司（Weichai Power）与加拿大燃料电池专家巴拉德电力系统公司（Ballard Power Systems）建立广泛战略合作伙伴关系，中国潍柴将向巴拉德投资约1.63亿美元，认购巴拉德19.9%的股份。双方计划在山东成立一家合资企业，合资公司注册资本不低于10亿元人民币，其中潍柴动力持股51%，巴拉德持股49%，研发生产氢燃料电池动力系统产品，提供给中国市场。

9月

2018年9月7日 长安汽车股份有限公司与国网电动汽车在北京正式签订战略合作协议，根据协议，双方将利用各自品牌及资源优势，大力推广新能源汽车展开合作，包括制定车、桩、网、电的系统解决方案。将研究建立充电生态系统，联合研发下一代大功率充电系统。

2018年9月12日 中国中车集团旗下宁波中车新能源科技有限公司与集盛星泰（北京）科技有限公司组建浙江中车新能源科技有限公司，刚刚投产的浙江中车新能源宁波基地建筑面积3.5万m^2，注册资本3.36亿元，2018年2月建成投产，新基地规划建立了国家级超级电容研究中心和国家级实验室，浙江中车新能源的成立，标志着我国国产超级电容的技术实力和应用规模已跃居全球前列。

2018年9月14日 复星国际有限公司通过旗下上海复星高科技（集团）有限公司及基金会，战略投资新能源动力电池企业天津市捷威动力工业有限公司，根据投资内容，复星将从上下游产业链布局、拓展全球市场、国际化人才引进三方面助力捷威动力，捷威动力将用投资额中的8亿多元建设研发中心和工程中心，扩大并新建江苏盐城等地的生产基地，迅速提升产能规模。

2018年9月17日 山东凌峰智能科技有限公司（简称“山东凌峰”）是多氟多化工股份有限公司（简称“多氟多”）的控股子公司。为推进山东凌峰新能源汽车产业发展，经双方股东沟通，拟由双方股东按照原出资比例共同增加出资2.6亿元。多氟多以货币增加投资1.43亿元，烟台业达汽车科技有限公司（简称“烟台业达”）以货币增加投资1.17亿元。增资完成后股权比例为：多氟多占注册资本的55%，烟台业达占注册资本的45%。增资前后双方股东的出资比例保持不变。增资完成后，山东凌峰注册资本由4 000万元变更为3亿元。

2018年9月19日 格林美公司与宁德市政府、福安市政府、青拓集团（青山钢铁集团下属企业）签署投资框架协议，计划建设动力电池材料与循环经济产业园等项目。基于这个协议，公司与青山钢铁集团方面成立的合资公司，与福安市政府签署了动力电池三元正极材料项目投资协议，项目总投资约18.5亿元。

2018年9月19日 张家口海珀尔科技有限公司与中国石油天然气股份有限公司河北销售公司（中石油河北公司）、张家口交通建设投资有限公司（张家口交投）在张家口签署《战略合作框架协议》。根据协议，三方将围绕氢能供给产业链成立合资公司，在张家口地区布局加氢站组网建设并承担相应示范运营及日常管理。

2018年9月21日 采埃孚股份公司与一汽解放汽车有限公司正式签署战略合作框架协议，双方同意建立更密切的全面战略合作伙伴关系。根据协议，在开发新产品、制造技术、维修技术、试验技术、供求关系、品牌战略、营销服务、管理经验分享等方面开展深度合作，重点关注电驱动系统、高级驾驶辅助系统（ADAS）、电动助力转向系统（EHPS）等安全、节能、环保与智能网联相关技术和产品，充分发挥双方优势，共同为用户提供智慧交通运输解决方案。

2018年9月23日 恒大集团有限公司与广汇集团签订战略合作协议，双方同意在汽车销售、能源、地产、物流等领域开展全面战略合作，充分发挥双方的资源优势进行资源整合，共同推动相关产业的发展。

10月

2018年10月10日 华为技术有限公司与上海博泰悦臻电子设备制造有限公司签署了双方基于华为 Ocean Connect 平台的合作协议。根据合作协议，双方将展开在车联网领域的云计算、大数据、AI 人工智能、车联网、无人驾驶等领域的合作。

2018年10月17日 特斯拉（上海）有限公司与上海市规划和国土资源管理局正式签订土地出让合同，合同总金额9.73亿元，工业用地总面积864 885 m^2，按照规划，此工业用地将用于特斯拉上海超级工厂的建设，特斯拉上海工厂将在2020年开始量产，并逐渐形成年产50万辆新能源汽车的生产规模。

2018年10月21日 北京汽车集团有限公司与采埃孚、博世、海拉、松下、科大讯飞等12家企业签署智能网联战略合作协议，在智能网联汽车技术及产品领域展开全面深度战略合作。

2018年10月23日 国轩高科股份有限公司全资子公司合肥国轩高科动力能源有限公司与安徽江淮汽车集团股份有限公司就共同推进无补贴时代新能源汽车市场化达成战略合作协议，根据协议，双方在新能源乘用车和商用车领域，开发多款能量密度140 Wh/kg 以上的纯电动车动力电池系统。

2018年10月24日 长城汽车股份有限公司正式入股德国加氢站运营商 H2 MOBILITY（H2M），未来长城汽车将与 H2M 密切合作，共同推进欧洲、中国和全球的氢能基础设施，共同加速欧洲和中国向氢能交通的过渡。

2018年10月26日 航天长征化学工程股份有限公司与安徽昊源化工集团有限公司共同投资设立安徽昊源航天气体科技有限公司，合资公司注册资本1亿元，根据合资协议，合资双方将充分发挥各自专业优势和经验，开展氢能源等业务的技术研发及运营。

2018年10月26日 天臣新能源有限公司与凯途香港及K2（美国）就成立合营企业订立合作协议，合营企业注册资本总额2 000万美元，将从事研究、开发、生产及销售锂离子电池及相关部件、电池管理系统、可充电电池包、电子产品及部件以及销售往海外市场的操作平台。

2018年10月27日 上海市政府举行外资大项目签约仪式，其中上海蔚来汽车有限公司在嘉定区增资166.6亿元，加大其在电动化、智能化、网联化、轻量化领域的研发投入。

2018年10月29日 长沙市人民政府、湖南湘江新区管委会与百度公司在北京签署战略合作协议，根据协议，长沙市人民政府与百度公司携手在长沙市重点依托湖南湘江新区共建 Apollo City（自动驾驶与车路协同创新示范城市），百度 Apollo 将在长沙指定区域和开放道路探索智能共享出行新模式，打造 Apollo Bus 智能公交示范路线，推动公共出行的智能化升级。

2018年10月29日 韩国现代汽车与北京清华工业开发研究院签署了一份成立氢能基金的谅解备忘录,双方将共同成立一项主攻于投资氢燃料汽车技术和产业相关基础设施建设的"氢能基金",在对氢能产业价值链创新企业进行投资,基金的规模预计将达到1亿美元。

11月

2018年11月7日 爱驰汽车有限公司与德国西门子股份公司签署战略合作,签约金额3 000万欧元,双方的合作将主要集中在智能制造和大数据等方面,西门子将为爱驰汽车提供最领先的智能制造全价值链解决方案,助力爱驰汽车打造世界一流的数字化工厂。

2018年11月8日 日立旗下的日立汽车系统公司(Hitachi Automotive Systems)与浙江万里扬股份有限公司签署合作框架协议,根据协议,两家公司将合作共同研发和销售适合中国市场的e-Axle新能源汽车驱动系统,并在符合采购相关资质、采购订单及降低成本等方面进行合作。

2018年11月23日 南京博郡新能源汽车有限公司与上海临港经济发展集团有限公司、临港产业区公司签署三方战略合作协议,博郡将在临港产业区兴建博郡汽车新生产基地,总投资规模约35亿元,博郡汽车新生产基地将于2020年投产,2023年实现年产10万辆高端智能化纯电动乘用车的规模,预计年产值167亿元。

2018年11月26日 湖南百利工程科技股份有限公司与红马科技签订《陕西红马科技有限公司1万t/年锂离子动力电池多元正极材料项目(二期)工程总承包合同》,合同金额5.63亿元,项目地点位于陕西韩城,工程内容为1万t/年三元前驱体装置、5 000 t/年三元正极材料装置,以及上述工程配套辅助生产单元、公用工程、服务性设施。

12月

2018年12月5日 小鹏汽车与太平洋产险签署战略合作协议。双方计划深度对接平台与数据资源,共同研发智能出行时代的车险服务新模式。双方计划推出一键报案、智能定损、极速理赔等智能保险专项服务,以提升车险服务的响应效率、用户体验和运营效能。

2018年12月5日 广汽集团(601238)拟出资参与设立"广州国资产业发展并购基金(暂定名)",基金管理人为广州市中小企业发展基金有限公司,主要投向广州市层面战略性重大并购项目、具有原创性技术、稀缺资源的企业、市场价值低估的资产或上市公司。国资并购基金总规模不超过33.1亿元。公司拟以有限合伙人(LP)的身份出资3亿元认购国资并购基金的份额。

2018年12月6日 长城汽车与京东共同宣布,双方将在智能家居和快递到车两块业务中展开深度合作。长城汽车与京东将一起携手搭建智能网联汽车产品新形态,打造属于长城车主的更开放、更安全、更便捷的智能汽车。

2018年12月10日 腾讯与菲亚特克莱斯勒(以下简称"菲克")中国区宣布将在汽车智能网联领域开展全方位的深度战略合作。腾讯将基于在云、AI、安全及生态内容等领域的领先优势,助力菲克在中国市场打造新一代领先的智能网联云平台,服务菲克旗下Jeep、玛莎拉蒂及阿尔法·罗密欧三大品牌。

2018年12月10日 福田汽车集团与东软睿驰汽车技术(沈阳)有限公司(以下简称"东软睿驰")在京签署战略合作协议。双方将围绕自主可控的智能网联汽车和人才培养等方面实现共赢。根据协议内容,未来双方将围绕智能网联汽车端到端的解决方案、特定场景应用、建设智能网联汽车小镇、构建政产学研用的创新协作平台等方面开展合作,共同致力于推动智能网联汽车产业发展。

2018年12月13日 北京长城华冠汽车科技股份有限公司全资子公司前途汽车宣布与加州电动汽车制造商Mullen技术公司签署了一项新合作协议,将在北美合作研发、组装和销售汽车。

2018年12月15日 确认收购合法,吉利终成戴姆勒最大股东。2019年2月,在戴姆勒明确拒绝吉利入股之后,吉利以高达90亿美元的价格通过旗下海外企业主体收购戴姆勒9.69%具有表决权的股份,收购完成后吉利将成为戴姆勒最大股东。

2018年12月17日 力帆实业(集团)股份有限公司发布公告表示,将以6.5亿元向"重庆新帆机械设备有限公司"出售旗下重庆力帆汽车有限公司100%股权。而重庆新帆的实际控制方正是车和家,法人则是车和家联合创始人沈亚楠。

2018年12月18日 力帆股份与北京车和家信息技术有限公司签署《战略合作框架协议》,合作期限为自协议签署之日起3年。根据协议,双方将从6个方面展开合作:1. 增程式纯电动动力模块控制技术的研发成果共享;2. 车载人机交互系统的研发成果共享;3. 针对B端共享和网约车领域定制车型的研发成果共享;4. 基于车联网应用的数据分析,应用场景的探讨和数据共享;5. 车辆后市场服务模式的共同探讨和共享;6. 双方同意,力帆股份有权出资且车和家同意接受力帆股份出资参与车和家最近一轮融资,融资金额、融资价格根据届时与其他交易方共同协商确定。

2018年12月19日 青岛特来电新能源有限公司与宁德时代新能源科技股份有限公司、吉利新能源签署《战略合作协议》,共建新能源汽车行业安全生态圈。三方本着数据与信息共享、相互促进、合作共赢的原则,合力促进电动汽车安全及历史数据追溯,从根源上分析解决电动汽车安全的核心问题,为电动汽车用户提供安全、智能、可靠的出行服务体验。

2018年12月20日 雷诺集团和江铃集团宣布就进一步拓展增长迅猛的中国电动汽车市场达成合作协议。本协议将尽快报有关部门审核,江铃集团和雷诺集团预计将在2019年完成交易。一切就绪后,双方将在南昌举行仪式并公布更多合作细节。

2018年12月21日 国家电网公司、南方电网公司、特来电、万帮充电设备有限公司4家充电设施巨头在河北雄安新区签署合作协议,共同出资成立合资公司,以加快充电基础设施建设、解决长期困扰新能源汽车发展的充电设施互联互通程度低等问题。合资公司暂定名称为河北雄安联行网络科技股份有限公司，注册资本5亿元，其中国网电动汽车服务有限公司出资2.45亿元，南方电网产业投资集团有限公司（简称“南网投资公司”）出资1亿元，蓝天伟业清洁能源基金管理（深圳）有限公司出资0.65亿元，特来电和万帮各出资0.45亿元。合资公司的成立，对新能源汽车用户来说是服务网络的巨大升级，通过互连互通打通全国的充电网，解决用户充电难的问题。

2018年12月21日 上海汽车集团股份有限公司与华为技术有限公司签署战略合作协议。继去年宣布联手推动5G车联网技术发展之后，此次双方进一步深化战略合作：一是共同探索建设智能出行生态系统，打造主动、贴心、尊享的出行服务；二是瞄准以CAN（整车控制器局域网络）和以太网为主要交互纽带的整车信息传输网络，携手推动智能驾驶技术的研究和应用。双方还将在智能电动、智能制造以及信息化、网络安全方面展开全面积极的合作。

2018年12月23日 猛狮科技（002684）发布公告称：公司于2018年12月22日与凯盛科技、漳州交通集团、诏安金都签署了《合作协议》。协议约定，漳州交通集团出资约1.5亿元、诏安金都出资约0.5亿元合资设立公司，合资公司与凯盛科技或其关联的国有控股企业签订EPC总承包协议，由凯盛科技或其关联的国有控股企业作为总承包方，凯盛科技以工程总承包形式出资约7.63亿元，进行公司全资子公司福建猛狮新能源科技有限公司复产和新项目的建设。

2018年12月26日（当地时间） 日本爱信精机株式会社（AISIN）与日本电装株式会社（DENSO）宣布，双方已经正式同意组建新公司，研发和销售用于电动汽车的驱动模块。新公司名为BluE Nexus，将于2019年4月在日本爱知县安城市（Anjo City，Aichi Prefecture）正式成立，由爱信执行副总裁Kozo Yamaguchi担任总裁。该公司资产将达5 000万日元（约合310万元人民币），爱信和电装各占一半股权。该新公司的成立需得到反垄断机构的批准。

2018年12月27日 安徽江淮汽车集团股份有限公司与康明斯公司宣布，双方共同成立安徽康明斯动力有限公司，各持股50%。为了更好地迎接国Ⅵ挑战，安徽康明斯将对合肥生产基地进行升级改造，引入康明斯全新B系列产品平台，同时还需在产品、技术、制造、质量、供应链、管理及服务等领域实现升级。安徽康明斯动力有限公司将主要生产满足车用市场需求的高效轻、中型发动机，除了配装江淮汽车外，也将供应国内和海外其他主机厂客户。

三、2018年新能源汽车行业重要事件

Chapter 3 New Energy Automotive Industry Important Events in 2018

1月

2018年1月2日 国务院办公厅发布了《关于推进电子商务与快递物流协同发展的意见》，鼓励快递物流领域加快推广使用新能源汽车和满足更高排放标准的燃油汽车，逐步提高新能源汽车使用比例。

2018年1月3日 长沙市发布《长沙市新能源汽车推广应用补贴政策》，对购置使用纯电动客车、乘用车、专用车的，按照车辆首次登记注册年度中央财政补贴标准的20%给予市级财政购置补贴。对购置使用插电式混合动力（含增程式）客车、乘用车的，按照车辆首次登记注册年度中央财政补贴标准的15%给予市级财政购置补贴。

2018年1月5日 国家发展和改革委员会就《智能汽车创新发展战略》（征求意见稿）公开征求意见，提出到2020年，中国标准智能汽车的技术创新、产业生态、路网设施、法规标准、产品监管和信息安全体系框架基本形成。智能汽车新车占比达到50%，中高级别智能汽车实现市场化应用，重点区域示范运行取得成效。

2018年1月5日 科技部向北京市人民政府回复《关于支持建设国家新能源汽车技术创新中心的函》，同意《国家新能源汽车技术创新中心建设方案》。要求中心要立足北京，覆盖京津冀、面向全国、辐射全球，围绕新能源汽车产业重大需求，加大重大关键技术源头供给，打造世界新能源汽车技术创新的策源地。要加强跟踪评估，适应全球科技创新和新能源汽车产业发展的新态势，及时动态调整建设目标和任务安排，始终保持中心前瞻性和引领性。

2018年1月8日 红旗品牌在人民大会堂发布了全新的战略规划。新能源方面，红旗品牌于2018年年内推出首款纯电动车产品，或为红旗H7的电动版；2019年燃料电池车开始示范运营；2020年全新的FME平台将推出一系列的电动车产品，续航里程可达600 km。截至2025年，红旗品牌将陆续推出多达15款新能源车型，并实现智能化、互联化。

2018年1月8日 苏州发布2018年第一季度苏州市纯电动客车（12m）和纯电动汽车（7座以下）充电设施服务价格。根据规定，苏州对纯电动客车（12m）充电服务价格按充电电度收取，最高价格1.44元/kWh；纯电动汽车（7座以下）充电服务价格按充电电度收取，最高价格1.90元/kWh。相关规定自2018年1月10日起执行。

2018年1月9日 成都市发布《关于申报2013年1月1日-2015年4月11日新能源汽车推广应用市级配套财政补贴的通知》，在本市销售且2013年1月1日—2015年4月11日期间在本市公安车辆管理部门注册登记，并已完成中央财政补贴清算的新能源汽车（二手车和机关事业单位、人民团体、国有及国有控股企业购置车辆除外）可申领补贴。补贴标准：在中央财政补贴基础上，市级财政按中央财政补贴标准的40%给予配套补贴。

2018年1月10日 南京市政府办公厅印发《“十三五”电动汽车充电基础设施规划的通知》，规划2017—2020年期间，南京全市新增建设公共充电站1 229座，充电桩15 108个。规划到“十三五”末，南京市公共充电基础设施总规模将

达到:充电站1 542座,充电桩20 457个。届时,公共充电桩900 m服务半径分区覆盖率达99%以上。

2018年1月16日 工信部公布了《新能源汽车生产企业及产品准入管理规定》,提出了生产企业准入条件,应具备必需的设计开发能力、生产能力、产品生产一致性保证能力、售后服务及产品安全保障能力等4个方面的要求。

2018年1月16日 海南省工业和信息化厅财政厅联合发布了《关于做好2017年新能源汽车推广应用地方财政补贴清算工作》的通知。明确2017年1月1日—2017年12月31日,消费者购买并在海南省上牌的新能源汽车,其车型纳入2017年国家工信部《新能源汽车推广应用推荐车型目录》的,可申请海南省新能源汽车地方购车补贴。

2018年1月19日 深圳市交通委员会等部门联合发布《深圳市小汽车增量调控管理实施细则》(深交规〔2015〕1号)(以下简称《细则》),在《细则》基础上,融入了调控实施以来发布与调控有关且正在实施的政策要求,形成了《深圳市小汽车增量调控管理实施细则》(深交规〔2018〕1号),没有增加新的要求,没有改变以前的规定,有关小汽车调控工作流程与要求与该《细则》发布前完全一样。

2018年1月23日 长春市工业和信息化局制定《长春市电动汽车充电基础设施建设运营管理暂行办法》。办法要求新建住宅配建停车位应100%建设充电基础设施或预留建设安装条件。凡在长春市(含榆树、德惠市、农安县)建设、运营的电动汽车充电设施均纳入本管理办法范围。

2018年1月24日 济南市发布《2018年度巡游出租汽车退旧更新工作方案》,济南市将大力推进充电桩建设,结合冬季天然气供应紧张且短期内难以缓解的情况,出租汽车行业在补贴政策明确后,应积极响应能源转换工作,配合济南市治霾攻坚战,大力推进新能源汽车应用工作。

2018年1月24日 工信部发布关于征求《电动汽车安全要求(征求意见稿)》等3项强制性国家标准意见的通知。为加强新能源汽车行业管理,提高新能源汽车安全要求,完善新能源汽车标准体系,促进新能源汽车产业发展,工信部装备工业司组织行业机构、重点企业等单位研究编制了《电动汽车安全要求(征求意见稿)》《电动汽车用锂离子动力蓄电池安全要求(征求意见稿)》《电动客车安全要求(征求意见稿)》。其中《电动客车安全要求(征求意见稿)》规定了电动客车的安全要求和试验方法。

2018年1月25日 广东省发改委四部门联合发布《关于做好广东省新能源汽车推广应用地方财政补贴工作》的通知。补贴范围涉及新能源汽车,以及充换电、加氢基础设施;纯电动和插电式混合动力汽车不超过国家补贴的50%,直流充电桩不高于550元/kW、交流充电桩不高于100元/kW;充电设施智能服务平台方面,给予平台设备投资及相关研发费用补贴500万元。

2月

2018年2月1日 工信部装备中心发布《关于开通汽车动力蓄电池编码备案系统的通知》,要求企业按照《汽车动力蓄电池编码规则》(GB/T 34014—2017)和通知的要求,通过"汽车动力蓄电池编码备案系统",申请厂商代码,并备案编码中"规格代码"和"追溯信息代码"的编制规则。

2018年2月1日 济南市城市公共客运管理服务中心发布《2018年度巡游出租汽车退旧更新工作方案》。对新能源出租汽车的要求是:应为7座及以下的初次登记挂牌乘用车辆,符合国家规定的纯电动力、插电式混合动力和燃料电池动力车型并进入工信部目录,悬挂新能源专用车牌;试运行期间实行市场调节价;经营权期限为8年。

2018年2月2日 北京市交通委、公安局公安交通管理局、经信委联合发布《北京市自动驾驶车辆道路测试能力评估内容与方法(试行)》《北京市自动驾驶车辆封闭测试场地技术要求(试行)》。该文件规定了北京市自动驾驶车辆道路测试能力评估内容与方法,适用于对申请道路测试的自动驾驶车辆的自动驾驶能力的评估,评估结果可以作为自动驾驶车辆能否进行道路测试的依据。

2018年2月2日 长春市工信局发布《长春市电动汽车充电基础设施建设运营管理暂行办法》。办法要求新建住宅配建停车位应100%建设充电基础设施或预留建设安装条件。办法自发布之日起施行,有效期2年。

2018年2月7日 工信部装备中心发布《关于乘用车生产企业补充填报有关车型技术参数的通知》。为贯彻实施双积分管理办法,拟通过提取企业申报车辆的《公告》参数及合格证数据进行乘用车生产企业双积分核算工作。要求自即日起,乘用车企业申报《公告》需要补充填报共计16项相关参数。

2018年2月8日 工信部发布《关于加强新能源汽车免征车辆购置税目录管理的公告(征求意见稿)》。明确指出对2017年1月1日以前列入《目录》后截至公告发布之日无产量的车型(以机动车整车出厂合格证为准),2017年1月1日及以后列入《目录》后12个月无产量的车型,经公示5个工作日无异议后从《目录》中予以撤销。

2018年2月8日 贵州省经信委发布《2017年贵州省新能源汽车推广应用省级补助申报指南》。明确指出省级资金补助的对象及范围,2017年1月1日—2017年12月31日在贵州省购买并首次注册登记,且列入工信部《新能源汽车推广应用推荐车型目录》的新能源汽车。

2018年2月9日 上海市发改委、经信委、商务委员会、科学技术委员会、交通委员会、财政局、公安局联合发布《上海市鼓励购买和使用新能源汽车实施办法》。该办法指出对符合条件的纯电动汽车,按照中央财政补助1:0.5给予本市财政补助;对符合条件的插电式混合动力(含增程式)乘用车,且发动机排量不大于1.6L的,按照中央财政补助1:0.3给予本市财政补助。

2018年2月12日 财政部、工业和信息化部、科技部、发展改革委联合发布《关于调整完善新能源汽车推广应用财政补贴政策的通知》,对2018年全年的新能源补贴标准进行了发布。进一步提高纯电动乘用车、非快充类纯电动客车、专用车动力电池系统能量密度门槛要求,鼓励高性能动力电池应用。提高新能源汽车整车能耗要求,鼓励低能耗产品推广。

2018年2月13日 财政部、工业和信息化部、科技部、发展改革委联合发布《关于调整完善新能源汽车推广应用财政补贴政策的通知》,根据成本变化情况调整优化新能源乘用车补贴标准,合理降低新能源客车和新能源专用车补贴标准,燃料电池汽车补贴力度保持不变。2018 年 2 月 12 日—2018 年 6 月 11 日为过渡期。过渡期期间新能源乘用车、新能源客车按照 2017 年补贴的 0.7 倍执行,新能源货车和专用车按 0.4 倍补贴,燃料电池汽车补贴标准不变。

2018 年 2 月 13 日 广州市交通委员会发布《关于征求加快新能源出租车推广应用工作有关意见的通告》。明确 2018 年起广州市各出租车企业更新或新增的巡游出租车中,纯电动汽车比例不低于 75%,且逐年提高 5 个百分点,其余全部使用新能源汽车。至 2022 年底,广州市巡游出租车基本实现全面新能源化。

2018 年 2 月 26 日 工信部、科技部、环境保护部、交通运输部、商务部、质检总局、能源局联合发布《新能源汽车动力蓄电池回收利用管理暂行办法》。办法指出汽车生产企业承担动力蓄电池回收的主体责任,相关企业在动力蓄电池回收利用各环节履行相应责任,保障动力蓄电池的有效利用和环保处置。办法自 2018 年 8 月 1 日实施。

2018 年 2 月 26 日 国家能源局发布《2018 年能源工作指导意见》。意见提出统一电动汽车充电设施标准,优化电动汽车充电设施建设布局,建设适度超前、车桩相随、智能高效的充电基础设施体系。在具体目标上,年内计划建成电动汽车充电桩 60 万个,其中公共充电桩 10 万个,私人充电桩 50 万个。

2018 年 2 月 28 日 上海市经信委、公安局、交通委联合发布《上海市智能网联汽车道路测试管理办法(试行)》。该文件明确指出了智能网联汽车道路测试申请条件、测试申请及审核、测试管理、事故处理、违规操作责任等方面的要求。

2018 年 2 月 28 日 武汉市经信委、财政局、科技局、发改委联合发布《武汉市新能源汽车推广应用地方财政补助资金实施细则》。细则指出在中央财政专项资金补助的基础上,对轴距大于 2.2 m 的纯电动汽车、插电式混合动力(含增程式)汽车,按照 1:0.5;对轴距小于和等于 2.2 m 的纯电动汽车、插电式混合动力(含增程式)汽车,按照 1:0.2;对燃料电池汽车,按照 1:1 补贴标准,细则有效期至 2020 年 12 月 31 日。

3月

2018 年 3 月 1 日 深圳市发展和改革委员会发布《关于组织实施深圳市重大科技产业专项(新能源汽车)2018 年第一批扶持计划的通知》。深圳将采取直接资助扶持方式,对在深圳从事新能源汽车领域研发、生产及服务的企业、事业单位、社会团体或民办非企业等机构,按经评审核定的项目总投资的一定比例给予资助,最高不超过 500 万元。

2018 年 3 月 2 日 工业和信息化部、科学技术部、环境保护部、交通运输部、商务部、国家质量监督检验检疫总局、国家能源局联合发布《关于组织开展新能源汽车动力蓄电池回收利用试点工作的通知》。通知明确,在京津冀、长三角、珠三角、中部区域等选择部分地区,开展新能源汽车动力蓄电池回收利用试点工作,以试点地区为中心,向周边区域辐射。支持中国铁塔公司等企业结合各地区试点工作,充分发挥企业自身优势,开展动力蓄电池梯次利用示范工程建设。试点工作实施年限原则上不超过 2 年。

2018 年 3 月 2 日 上汽大通、上海彭浦 EV31 临港整车项目开工仪式在上海彭浦机器厂有限公司举行,EV31 项目一期规划总投资 5 亿元,将面向轻型纯电动物流细分市场开发的产品,首款车型为 4.8M3 物流车,新车将于 2019 年 2 月批量生产。

2018 年 3 月 5 日 开沃新能源汽车集团投资超过 40 亿元的南京创源动力新能源汽车“三电”(电池系统、电机、电控)研发生产产业基地项目在高淳区开工,项目规划总用地面积约 500 亩。一期、二期各用地 200 亩,分别是年产 2 GWh 动力电池系统项目和年产 8 GWh 动力电池系统等项目,三期拟建电池梯次利用和其他部件项目基地。

2018 年 3 月 5 日 国务院总理李克强在政府工作报告中多次提及新能源汽车,指出推动新能源汽车产业发展,将新能源汽车车辆购置税优惠政策再延长三年,扩大新能源汽车领域开放。

2018 年 3 月 12 日 青岛市科学技术局、财政局、公安局联合发布《青岛市 2016 年新能汽车推广应用财政补助的通知》。通知明确,纯电动乘用车、插电式混合动力(含增程式)乘用车每辆按中央财政补助标准的 1:1;纯电动客车、插电式混合动力(含增程式)客车、燃料电池车每辆按中央财政补助标准的 20%;纯电动专用车(邮政、物流、环卫等)按电池容量补助 1 000 元/kWh 且每辆补助额最高不超过 2 万元。

2018 年 3 月 12 日 唐山市财政部、工信局联合发布《唐山市 2016 年和 2017 年新能源汽车推广应用地方财政补贴办法》。办法指出,公交车按照中央财政补贴标准的 50% 给予补贴。公交车以外的其他车辆,新能源乘用车按照每辆车最高不超过 1 万元、新能源客车按照每辆车最高不超过 4.5 万元、新能源专用车按照每辆车最高不超过 3 万元标准,给予补贴。补贴上限同时不得超过中央财政单车补贴额的 50%。非个人用户购买的新能源汽车累计行驶里程须达到 3 万 km(作业类专用车除外)。

2018 年 3 月 12 日 吉利汽车项目群在宁波杭州湾正式动工,本次项目群总投资 315 亿元,其中研发中心二期/三期项目总投资 70 亿元,将建设动力新能源实验中心等;吉利 PMA 纯电动汽车项目总投资 145 亿元,达产后可实现年产 30 万辆的产能;吉利企业大学项目总投资 80 亿元 ~ 100 亿元。

2018 年 3 月 12 日 九江市工业和信息化局、新能源汽车推广应用领导小组办公室联合发布《九江市 2016—2017 年新能源汽车推广应用财政补助实施细则》。细则指出,2016 年市级财政补助标准与省级财政补助标准 1:1 配套。2017 年补助标准主要依据中央财政补助标准和要求,以及与 2017 年江西省省级财政补助标准 1:1 配套。市级财政补助按照额定输出功率,对充电基础设施进行一次性补贴,直流充电设施(含交直流一体机)400 元/kW,交流充电设施 200 元/kW(每个交流充电终端补贴总额不超过 7 kW)。

2018 年 3 月 14 日 重庆市经济和信息化委员会、公安局、交通委、城市管理委员会联合发布《重庆市自动驾驶道路测试管理实施细则(试行)》。细则明确:测试主体为具有自动驾驶技术及产品研发或生产能力的整车、改装车生产企业等。测试主体应依据测试需求提出相应测试车辆的具体测试计划，并在上道路测试的10个工作日前向测试管理单位提交《测试计划申请表》。

2018年3月13—16日 联合国世界车辆协调论坛（WP29）第174次会议上，由中国、美国、欧盟和日本共同牵头制定的电动汽车安全全球技术法规（EVS-GTR）经《1998年协定书》缔约方投票表决，获得全票通过。EVS-GTR紧紧围绕整车及动力蓄电池的安全性能提出技术要求，同时规定了电动汽车满足安全性能要求的试验方法，以保障电动汽车在各种使用环境下以及发生正面碰撞、侧面碰撞等事故时能够最大限度地保护乘员安全。

2018年3月16日 深圳交通运输委员会发布《关于规范智能驾驶车辆道路测试有关工作的指导意见（征求意见稿）》。明确测试主体应具备赔偿能力，应购买每车不低于500万元的交通事故责任保险或提供由银行出具的不少于500万元的智能驾驶道路测试事故赔偿保函；车辆在测试过程中应满足三大要求。

2018年3月20日 重庆市发展和改革委员会发布《电动汽车充电基础设施专项规划（2017—2020年）》。计划到2020年，累计建成充电站70个、充电桩1.2万个；巴南城区按照不低于总停车位数量10%的比例提供电动汽车充电基础设施；原则上按服务半径每1km提供1座公共充电站；每个重点旅游景区至少建成1~2座公共充电站；凡具备安全条件的加油站、加气站、高速公路服务区等实现充换电设施全覆盖。

2018年3月22日 武汉经济技术开发区发布《武汉经济技术开发区（汉南区）加氢站审批及管理办法》。办法明确了加氢站的项目选址、报建、施工、经营全过程的审批及管理流程和相关监管职能部门，2018年武汉开发区（汉南区）规划建设两座加氢站和运营一条氢能公交线路，加快发展氢能汽车产业步伐。

2018年3月27日 义乌市经济和信息委发布《义乌市新能源汽车销售企业管理暂行办法》。办法明确，新能源汽车包括国产纯电动汽车、插电式混合动力汽车、燃料电池汽车；新能源汽车销售企业应完成部门备案；义乌经信委按年度对完成备案的新能源汽车销售企业实施积分制管理。

4月

2018年4月1日 《乘用车企业平均燃料消耗量与新能源汽车积分并行管理办法》（双积分政策）正式实施。办法将从传统燃油车和新能源车两个方面进行积分核算管理，并作为车企的准入条件。乘用车企、各进口乘用车企都作为平均燃料消耗量积分与新能源汽车积分的核算主体，单独实施核算。根据2017年底工信部等四部门发布的规定显示，新能源车积分可以抵扣燃油车的负积分。

2018年4月9日 大连市发展改革委员会发布《大连市鼓励电动汽车充电基础设施发展专项资金管理办法》，对专用、公用充电基础设施建设，给予充电设施投资30%的财政资金补贴；直流充电设施（含交直流一体机）补贴600元/kW，交流充电设施补贴300元/kW。

2018年4月12日 兰州市首座换电站雁白桥换电站投入运营，实现了兰州市换电站“零”的突破，电动出租车“换电模式”正式启动。雁白桥换电站采用全锂电池换电技术，电动出租车3~5 min便可完成换电池工作，每天至少能满足100辆换电型纯电动车的换电需求。

2018年4月14日 中共中央国务院发布《关于支持海南全面深化改革开放的指导意见》，意见提出，科学合理控制机动车保有量，加快推广新能源汽车和节能环保汽车，在海南岛逐步禁止销售燃油汽车，海南计划在2030年前实现全岛使用新能源汽车。

2018年4月16日 苏州工业园区经济发展委员会、苏州工业园区企业发展服务中心联合发布《2016年新能源汽车推广应用市级财政补贴补充申报通知》，通知明确，申报补贴主体为苏州工业园区辖区内购置新能源汽车的公共领域消费者（企事业单位），以及向私人领域消费者销售新能源汽车的销售机构（4S店）。单个申报主体有多辆车符合补贴条件的，需要合并申报。省、市两级财政补贴总额不超过扣除国家补贴后汽车售价的60%（以销售发票为准），对闲置车辆不予补助；以财政性资金购买新能源汽车的，不再给予购车补贴。

2018年4月17日 云南省工业和信息化委会发布《关于开展2018年省级新能源汽车产业发展资金申报工作的通知》，对本地新能源汽车企业进行奖励。对新进入《道路机动车辆生产企业及产品公告》的新能源汽车生产企业进行一次性补助，其中对乘用车企业补助500万元，对商用车企业补助200万元。对省内企业列入《道路机动车辆生产企业及产品公告》的新能源汽车产品进行一次性补助，其中对每个乘用车产品目录补助100万元，对每个其他类别车辆产品目录补助50万元，对单个企业补贴5个产品后开发的新产品，补贴标准减半。

2018年4月17日 国家发改委计划通过5年过渡期将汽车行业全部取消外资股比限制，包括设计、制造、修理各环节。汽车行业将分类型实行过渡期开放，2018年取消专用车、新能源汽车外资股比限制；2020年取消商用车外资股比限制；2022年取消乘用车外资股比限制，同时取消合资企业不超过两家的限制。

2018年4月19日 财政部、工业和信息化部、科技部、国家发改委联合发布《关于开展2017年及以前年度新能源汽车推广应用补助资金清算申报的通知》，要求各地方部门提交本地汽车生产企业2017年度（行政注册日期为2017年1月1—12月31日）中央财政补助资金清算申请报告。对于2015年度、2016年度销售上牌、此前未获财政补助资金的车辆，可按相关文件要求一并上报补助资金清算申请报告。通知特别指出，2015—2017年非个人用户购买的新能源汽车累计续航里程须达到2万km，而此前的要求是需要达到3万km。

2018年4月26日 中国汽车工业协会正式发布《关于开展汽车动力蓄电池和氢燃料电池行业白名单申报工作的通知》，通知明确，实施白名单管理为行业自律行为，有关企业按照要求自愿申报，发布日正式启动第一批白名单的申报受理工作。

5月

2018年5月7日 山东省机关事务管理局印发《2018年山东省公共机构节约能源资源工作要点》,在大力推广应用新能源汽车方面,要严格落实公共机构配备更新公务用车总量中新能源汽车的比例,积极推动各级公共机构加快单位内部充电基础设施建设。

2018年5月17日 交通运输部向相关部门下达2018年交通运输标准化计划,新能源汽车相关方面有6项行业标准制修订计划:修订《城市公共汽电车驾驶员操作规范》、制定《纯电动汽车维护、检测、诊断技术规范》《双源电动城市客车通用技术条件》《电动客车电动空气压缩机技术条件》《燃料电池客车技术要求》《新能源客车电池箱(舱)监测及报警装置》等。

2018年5月17日 国家发展和改革委员会向有关部门发布《汽车产业投资管理规定(征求意见稿)》,意见稿明确国家支持社会资本和具有较强技术能力的企业投资新能源汽车、智能汽车、节能汽车及关键零部件研发和产业化领域;对新建独立纯电动汽车企业投资管理项目的法人和股东股权做出了明确规定。

2018年5月20日 江西省人民政府办公厅发布《关于加快推进新能源汽车产业发展的实施意见》,意见明确:到2020年全省新能源汽车及"三电"关键零部件技术达到国内领先水平,新能源汽车产能达50万辆,锂离子动力电池产能达40 GWh,新能源汽车产业主营业务收入达500亿元,力争形成一家销售收入过100亿元的整车企业。

2018年5月27日 云南省工业和信息化委员会公开征求《云南省新能源汽车推广应用省级补贴资金管理暂行办法(征求意见稿)》。办法明确:补贴标准对照同期中央财政对新能源汽车的补贴标准,省级财政配套对单车补贴25%,各州市财政配套补贴上限为中央财政同期补贴标准的25%。

2018年5月29日 西安市人民政府办公厅发布《西安市新能源汽车推广应用地方财政补贴资金管理暂行办法》,办法明确除了购置补贴外还给予充电设施建设补贴等,具体为:对单位和个人购买新能源汽车的,以享受的中央补贴为基数,公共服务领域(包括公交领域,巡游出租车领域,环卫用车、救护车和校车)的单车按1∶0.5给予地方补贴,非公共服务领域的单车按1∶0.3给予地方补贴;免征车辆购置税、免征车船税;对单位和个人购买新能源汽车的,首次机动车交通事故责任强制保险费用给予全额财政补贴;对新能源汽车免收125元/辆的牌照费;对具有西安户籍或持有西安市《居住证》、近两年内连续缴纳社保满1年以上,购买新能源汽车的个人,给予1万元/辆财政补贴,用于自用充电设施安装和充电费用补贴。

2018年5月30日 深圳交警在全市10个行政区域内(新区)各设置了一个"绿色物流区",禁止轻型柴油货车通行,鼓励使用轻型新能源电动货车。

2018年5月31日 深圳市发展和改革委员会和深圳市交通运输委员会联合发布《关于调整巡游出租小汽车燃油附加费的通知》,通知明确:自2018年6月1日零时起,深圳红的、绿的燃油附加费将首次由现行2元/车次上调为3元/车次,但对电动出租汽车不收取燃油附加费。

6月

2018年6月6日 工业和信息化部发布第308批《道路机动车辆生产企业及产品公告》,共计118个新能源生产厂家106个品牌233个新能源车型进入公告。其中,纯电动产品共计213款(含底盘产品25款);插电式混合动力产品13款(含底盘产品1款);燃料电池产品7款(含底盘产品1款)。

2018年6月6日 银川市物价局、银川市住房和城乡建设局、银川市交通局、银川市公安局联合发布《银川市机动车停放服务收费实施细则》,细则明确:对悬挂公安部门核发新能源汽车号牌的车辆,在社会公共停车场接受充电服务期间免费停放。

2018年6月6日 广东省人民政府发布《关于加快新能源汽车产业创新发展的意见》,意见规定新建公共停车场及新增的路内收费停车位应按不低于30%的比例建设快速充电桩,全省新建住宅配建停车位必须100%建设充电设施或预留建设安装条件。自2018年7月1日起全省充电服务价格最高限价调整为0.8元/kWh。广州、珠海市2018年底实现公交电动化,珠三角其余各市到2020年前全部实现公交电动化(其中纯电动公交车占比超85%);粤东西北各市市区到2020年电动公交车占比超80%。

2018年6月7日 甘肃省人民政府办公厅发布《甘肃省清洁能源产业发展专项行动计划》。计划明确加快电动汽车充电基础设施建设,大力推广新能源汽车,到2020年,推广新能源汽车8.7万辆;实行电动汽车充电峰谷电价和有序充电激励;推动智能电网、新型储能、新能源交通、分布式能源等技术在城市的利用,通过清洁能源和传统能源的互补利用,实现城市能源消费向绿色能源转变。

2018年6月12日 重庆小康工业集团股份有限公司(以下简称"公司")对重庆金康新能源汽车公司(以下简称"金康新能源")增资30亿元。此次30亿元增资资金来源两个部分,一是此前小康股份发行的15亿元可转换公司债,其中未使用的募集资金中有4.23亿元,将专项用于"年产5万辆纯电动乘用车建设项目";二是小康股份使用自有资金25.77亿元向金康新能源增资,用于发展新能源汽车相关业务。

2018年6月14日 深圳市人民政府法制办公室征求关于《深圳市网络预约出租汽车经营服务管理暂行办法(修正草案送审稿)》意见,意见明确:将禁止非纯电动车辆新注册为网络预约出租车。

2018年6月28日 国家发改委、商务部发布《外商投资准入特别管理措施(负面清单)(2018年版)》,负面清单自2018年7月28日起施行,汽车领域,2018年取消专用车、新能源汽车整车制造外资股比限制,2020年取消商用车外资股比限制,2022年取消乘用车外资股比限制以及合资企业不超过两家的限制。

7月

2018年7月4日 南京市物价局发布《关于调整纯电动

汽车充换电服务收费标准的通知》,通知明确:调整纯电动客车(12 m)充、换电服务最高收费标准、纯电动汽车(7座以下)充电服务最高收费标准,分别上调0.12元/kWh、0.16元/km、0.12元/kWh。调整后的纯电动客车(12m)充、换电服务最高收费标准、纯电动汽车(7座以下)充电服务最高收费标准分别1.46元/kWh、2.00元/km、1.68元/kWh。纯电动汽车(7座以下)换电服务最高收费不做调整,仍为0.68元/km。

2018年7月11日 神州租车以每股0.06港元的价格认购90亿股五龙电动车,合计5.4亿港元,还将认购6亿港元可换股债券。完成认股后,神州租车将占有五龙电动车22%的股权,如果完成债转股,股份比例将扩大至37%。此次交易有利于扩大神州租车电动车市场的机会。

2018年7月19日 广州市发展和改革委员会发布《广州市新能源汽车发展工作领导小组办公室关于印发广州市推动新能源汽车发展若干意见的通知》。通知规定,在广州市推广新能源汽车,取得中央财政购车补贴资金后,经审核给予地方财政购车补贴资金。除燃料电池汽车按照不超过国家补贴1∶1的比例给予地方补贴外,对续航里程电池能量密度符合要求的纯电动汽车按照不超过国家补贴1∶0.5的比例给予地方补贴,对插电式混合动力(含增程式)汽车按照不超过国家补贴1∶0.3的比例给予地方补贴,且国家补贴和地方补贴资金总额最高不超过车辆销售价格(国家补贴+地方补贴+消费者支付金额)的60%。

2018年7月25日 工业和信息化部、科技部等七部委联合印发《关于做好新能源汽车动力蓄电池回收利用试点工作的通知》。通知确定京津冀地区、山西省、上海市、江苏省、浙江省、安徽省、江西省、河南省、湖北省、湖南省、广东省、广西壮族自治区、四川省、甘肃省、青海省、宁波市、厦门市及中国铁塔股份有限公司为试点地区和企业。

2018年7月26日 工信部节能与综合利用司公示第一批符合《新能源汽车废旧动力蓄电池综合利用行业规范条件》的企业名单信息,共有衢州华友钴新材料、赣州市豪鹏科技、荆门市格林美新材料、湖南邦普循环科技、广东光华科技5家企业入列。

8月

2018年8月10日 工业和信息化部、国家发展和改革委员会联合印发《扩大和升级信息消费三年行动计划(2018—2020年)》的通知,通知明确要深化智能网联汽车发展,推进基于宽带移动互联网的智能汽车和智慧交通应用项目建设。到2020年建立可靠、安全、实时性强的智能网联汽车计算平台,形成平台相关标准,支撑高度自动驾驶(HA级)。

2018年8月13日 工信部装备中心发布《关于建立乘用车双积分配置信息序列号有关事项的通知》,通知明确:自312批起,企业申报乘用车新产品时需申报双积分配置信息,生成双积分配置ID。《公告》内有效地在产乘用车产品,企业应在2018年9月20日前通过申报系统中的"双积分配置补全模块"完成双积分配置ID信息补充创建工作。双积分配置信息审查通过后,生成配置ID并列入乘用车产品双积分配置信息库。

2018年8月22日 福特汽车公司与安徽众泰汽车股份有限公司签署合作备忘录,双方计划新建合资公司,为中国消费者提供采用自主品牌的纯电动汽车,合资双方将各持50%股份。新建合资公司集纯电动汽车的研发、生产、销售和售后等服务。

2018年8月22日 韩国电动汽车电池技术企业SK Innovation在江苏常州建立动力电池厂,扩大汽车电池业务,该工厂预计每年可生产7.5 GWh的电池,可供15万辆电池容量(50 kWh)电动汽车使用。

9月

2018年9月3日 工信部装备中心发布关于对拟上报《特别公示新能源汽车生产企业(第1批)企业清单进行公示的通知》。通知指出:拟将停止生产新能源汽车产品12个月及以上的企业名单(按合格证上传数量统计)上报工业和信息化部。共计30家企业列入拟上报的特别公示新能源汽车生产企业(第1批)清单。

2018年9月4日 工业和信息化部装备工业司根据《关于免征新能源汽车车辆购置税的公告》(公告2017年第172号)和《中华人民共和国工业和信息化部 财政部 国家税务总局公告》(公告2018年17号)相关要求,对《免征车辆购置税的新能源汽车车型目录》实施动态管理。截至2018年8月底无产量或进口量的车型共计272款,拟从目录撤销。

2018年9月4日 工信部装备中心发布《关于开展新能源客车安全隐患专项排查工作的通知》。通知要求各新能源客车生产企业尽快对本公司生产的新能源客车产品开展安全隐患专项排查工作;启动车辆安全预警及重大安全事故调查机制。

2018年9月5日 工信部公示2018年人工智能与实体经济深度融合创新项目公示名单,2018人工智能与实体经济深度融合创新项目共设置9个创新方向,106个项目列入创新公示名单,新能源汽车行业的项目有4个项目入选,分别是:重庆长安的自动驾驶关键技术研究及产业化应用、厦门金龙联合汽车的金龙客车人工智能与实体经济深度融合创新项目、众泰汽车的汽车智能管家产品研发、福建猛狮新能源的基于智能化高速锂电池的智慧企业大数据综合管控平台。

2018年9月6日 工信部公示《享受车船税减免优惠的节约能源 使用新能源汽车车型目录》(第一批)。首批车船税优惠新能源汽车车型共列入1 241个,其中,插电式混合动力乘用车68个,插电式混合动力商用车117个,纯电动商用车1 035个,燃料电池商用车21个。

2018年9月7日 成都市经信委发布《关于成都市新能源汽车及充电设施接入市级监测监管平台的通知》。通知明确新能源汽车生产企业负责将销售至成都市的新能源汽车接入平台;成都市新能源汽车充电设施运营企业负责将各自运营的充电设施接入平台;2018年9月10—30日,原有已上牌的车辆和已投入运营的充电设施在此期间集中接入;2018年10月1日以后销售的车辆、投入运营的充电设施须在完成上牌、投入运营后20个工作日内接入平台。

2018 年 9 月 11 日 云南省人民政府办公厅印发《关于云南省加快新能源汽车推广应用工作方案的通知》。通知明确:1. 2018 年全省推广新能源汽车 5 万辆,使全省新能源汽车保有量占全省汽车总量的 1%,达到全国平均水平,充电基础设施满足新能源汽车使用需求。2. 在昆明市、曲靖市、玉溪市、楚雄州、红河州等滇中城市群和重点旅游城市及景区,2018 年推广 5 万辆新能源汽车。其他州、市不下达推广任务,由州、市人民政府结合实际积极推广新能源汽车。3. 重点在昆明市、曲靖市、玉溪市、楚雄州、红河州等滇中城市群和旅游城市及景区,加快布局建设充电基础设施,2018 年昆明等滇中城市群及城际高速公路新增公共充电桩 1.5 万个,集中式充电站新增 140 座以上。其他州、市根据新能源汽车推广情况,积极推进充电基础设施建设。4. 省财政按照中央财政同期补贴标准,对省内上牌的新能源汽车配套补贴 25%,州、市财政再配套补贴 25%。对公共充电桩按直流桩 500 元/kW、交流桩 200 元/kW 进行补贴,省财政和州、市财政各补贴 50%。5. 落实新能源汽车税费优惠政策。全面落实国家对新能源汽车的购置税、车船使用税减免政策。

2018 年 9 月 14 日 北京市人民政府发布《北京市打赢蓝天保卫战三年行动计划》,计划明确大力推进车辆电动化。到 2020 年邮政、城市快递、轻型环卫车辆(4.5 t 以下)基本为电动车,办理货车通行证的轻型物流配送车辆(4.5 t 以下)基本为电动车,在中心城区和城市副中心使用的公交车辆为电动车。加快充电基础设施建设。到 2020 年,形成平原地区平均服务半径小于 5 km 的充电网络,其中,城市核心区、城市副中心、"三城一区"、2022 年北京冬奥会和冬残奥会延庆赛区、北京新机场等重点区域实现充电设施平均服务半径小于 0.9 km。

2018 年 9 月 14 日 北京市发改委集中公示了公用充电桩项目资金申请报告的批复书,共有 31 个公用公电桩项目获得批复,北京市将新增 1 628 个充电桩,新增的公用充电桩分布于海淀、朝阳、东城、西城、丰台、通州、大兴、顺义、房山等 10 多个区。将新增交流桩 951 个,新增直流桩 677 个。

2018 年 9 月 19 日 工信部发布《免征车辆购置税的新能源汽车车型目录(第二十批)》,本批目录共有 685 款新能源汽车进入。其中,纯电动汽车 642 款(客车 282 款、乘用车 85 款、专用车 275 款);插电式混合动力汽车 30 款(乘用车 12 款、客车 18 款);燃料电池汽车 13 款(含客车 8 款、专用车 5 款)。

2018 年 9 月 25 日 北京市城市管理委员会 北京市财政局联合印发《北京市电动汽车社会公用充电设施运营考核奖励暂行办法》。暂行办法共九条,对北京市社会公用充电设施运营考核奖励的范围、条件、方式、标准、实施期限等提出了相关要求,暂行办法有效期至 2020 年 12 月 31 日。

2018 年 9 月 27 日 继蔚来汽车登陆纽交所之后,第二个上市的中国新能源汽车企业,北汽新能源以"北汽蓝谷"(证券代码:600733)的身份正式在 A 股挂牌上市,成为第一家在 A 股上市的新能源汽车企业。

2018 年 9 月 28 日 天津一汽夏利汽车股份有限公司将全资子公司天津一汽华利汽车 100% 股权转让给南京知行,转让价格为 1 元。南京知行正是拜腾汽车的主体机构,本次股权转让完成后,拜腾汽车将正式接手一汽华利,并获得了乘用车生产资质。

2018 年 9 月 30 日 工业和信息化部发布第 312 批《道路机动车辆生产企业及产品公告》,共计 115 个新能源生产厂家 106 个品牌 193 个新能源车型进入公告。其中,纯电动产品共计 169 款(含底盘产品 20 款);插电式混合动力产品共计 16 款(含底盘产品 1 款);燃料电池产品 8 款(含底盘产品 1 款)。

10 月

2018 年 10 月 6 日 广东省发展改革委公布广东省电动汽车充电基础设施规划,到 2020 年全省建成充电站(含高速公路快充站)1 420 座,建成分散式充电桩约 35 万个,满足全省约 41 万辆电动汽车的充电需求,珠三角地区公共充电桩与电动汽车比例不低于 1:5、粤东粤西粤北地区不低于 1:7。

2018 年 10 月 8 日 兰州市印发《兰州市电动汽车充电基础设施专项规划》(简称"规划")及《兰州市电动汽车充电基础设施建设实施方案》(简称"方案")。规划到 2020 年,兰州市基本建成"适度超前、车桩相随、布局合理"的充电基础设施体系,满足不同领域、不同层次约 2.4 万辆电动汽车的充电需求,公共充电桩与电动汽车比例不低于 1:5。方案要求兰州市按照"桩站先行"的要求,适度超前布局建设电动汽车充电基础设施。

2018 年 10 月 8 日 新疆维吾尔自治区人民政府印发关于《自治区打赢蓝天保卫战三年行动计划(2018—2020 年)》的通知。通知明确加快车船结构升级,加快推进城市建成区新增和更新的公交等车辆使用新能源或清洁能源汽车;在物流集散地建设集中式充电桩和快速充电桩;大力推动公共机构使用新能源汽车,2020 年新能源汽车占当年公共机构配备更新车辆总量的比例不低于 30%。

2018 年 10 月 8 日 工信部公示第三批制造业单项冠军企业和单项冠军产品名单,单项冠军示范企业有 68 家企业进入,单项冠军培育企业有 26 家企业进入。新能源汽车行业方面,宁德时代新能源科技股份有限公司的锂离子动力电池、湖南杉杉能源科技股份有限公司的锂离子电池正极材料进入公示名单。

2018 年 10 月 9 日 国务院办公厅印发《关于推进运输结构调整三年行动计划(2018—2020 年)的通知》,在城市绿色配送行动方面,计划明确加大新能源城市配送车辆推广应用力度,加快新能源和清洁能源车辆推广应用。到 2020 年,城市建成区新增和更新轻型物流配送车辆中,新能源车辆和达到国Ⅵ排放标准清洁能源车辆的比例超过 50%,重点区域达到 80%,要求各地将公共充电桩建设纳入城市基础设施规划建设范围内。

2018 年 10 月 9 日 浙江省发改委发布关于公开征求《关于进一步规范浙江省新能源汽车推广应用中央财政补助资金清算申报工作的补充通知(征求意见稿)》意见的通知,通知明确:企业如被发现并证实存在谋补、骗补等违规违法行为,会追回违规、违法谋取、骗取的有关资金,并按有关法律法规进行处理。

2018 年 10 月 10 日 工信部装备中心发布《关于调整机

快淘汰老旧高耗能车辆，提高全市新能源公交车数量。到2020年，累计推广应用新能源汽车和清洁能源汽车3 000辆，高速公路收费站ETC车道覆盖率达到100%。

2018年11月12日 昆明市发改委发布《关于昆明市电动汽车充电服务费标准的通知》。通知明确：电动汽车充电服务费按充电电度收取，标准为公交车辆（含出租车）充电服务费最高限价为0.62元/kWh，非公交车辆充电服务费最高限价为0.72元/kWh，充电时不收停车费用。

2018年11月13日 工信部发布关于《车联网（智能网联汽车）直连通信使用5 905～5 925 MHz频段管理规定（暂行）》的通知。明确规划5 905～5 925 MHz频段作为基于LTE-V2X技术的车联网（智能网联汽车）直连通信的工作频段；在5 905～5 925 MHz频段设置、使用路边无线电设备，建设运营车联网智能交通系统的，原则上应向国家无线电管理机构申请5 905～5 925 MHz频率使用许可。规定自2018年12月1日起施行。

2018年11月14日 大连市政府发布《大连市人民政府办公厅关于加快新能源汽车产业创新发展的指导意见》，意见明确提出，2020年前，大连市内四区公交运营线路全部淘汰传统燃油汽车。2025年前，实现全市网约车全部采用新能源汽车。

2018年11月14日 工信部发布《新一代人工智能产业创新重点任务揭榜工作方案》的通知。方案提到，要围绕《促进新一代人工智能产业发展三年行动计划（2018—2020）》确定的重点任务方向，在17个方向及细分领域开展集中攻关，重点突破一批创新性强、应用效果好的人工智能标志性技术、产品和服务。在智能产品方面，选择智能网联汽车等产品作为攻关方向。

2018年11月14日 福建省人民政府发布《福建省打赢蓝天保卫战三年行动计划实施方案》。方案明确推广使用新能源汽车。加快推进城市建成区新增和更新的公交等车辆使用新能源或清洁能源汽车，鼓励使用纯电动汽车；在物流集散地建设集中式充电桩和快速充电桩；到2020年，全省城市公交更新为新能源汽车和清洁能源汽车，适宜应用新能源汽车的公路客运车实现电动化率达到50%，城市出租车电动化率高于全国平均水平，分时租赁车辆实现电动化，环卫和物流等城市专用车实现电动化率达到50%，全省累计推广新能源汽车35万辆。

2018年11月14日 广东省工业和信息化厅发布《关于公布广东省新能源汽车动力蓄电池回收利用试点企业名单（第一批）的通知》，第一批新能源汽车动力蓄电池回收利用试点企业名单共45家企业列入，包括动力蓄电池生产企业13家、新能源汽车生产企业8家、报废汽车回收拆解企业7家、动力蓄电池综合利用企业5家、相关研究机构及行业组织12家。后续申请列入试点名单不另行通知，工信厅将及时对试点名单进行调整更新。

2018年11月15日 银川市发改委发布《银川市能源发展实施方案（2018—2020年）》。新能源汽车方面，方案明确到2020年，打造新能源汽车产业集群；引进新能源汽车相关产业项目向银川集中，推动新能源汽车储能电池产业项目，加强新能源汽车产业集聚发展，打造新能源汽车产业集群；完善新能源汽车充电设施，提高新能源汽车的保有量，在公交、出租、环卫、物流等公共服务领域推广使用新能源汽车；推动建设大型充电站、充换站及配套设施，推进服务领域电动车替代。

2018年11月16日 大众集团公布，截至2023年底将投资约440亿欧元（502亿美元）发展电动汽车、自动驾驶、新型移动出行服务、车辆和工厂的数字化。

2018年11月16日 深圳市发改委、交通运输委、财政委等联合发布《深圳市纯电动泥头车超额减排奖励实施办法》。对符合奖励条件的纯电动泥头车给予超额减排奖励80万元/车。纯电动泥头车生产企业提供考核担保的，奖励资金一次性发放；没有提供考核担保的，奖励资金分年度考核发放（共5年），考核合格的，按照16万元/车年发放。

2018年11月19日 合肥市科技局发布《合肥市新能源汽车推广应用财政补助管理细则（2018年修订）》的通知，对单位和个人购买轴距≥2.2 m且纯电续航里程（工况法）≥250 km的纯电动乘用车，按照中央财政补助标准1∶0.5的比例给予地方配套补助；其他规格类型新能源汽车上按中央财政补助标准1∶0.2的比例给予地方配套补助。地方配套资金含省市两级资金，中央和地方补助资金总额不超过车辆售价的60%。

2018年11月20日 东风本田公布其未来新能源规划，未来5年，东风本田将拥有10款以上的电动化车型，首款纯电动车型将于2019年正式亮相。

2018年11月20日 广州市交通委员会发布《关于印发促进广州市小微型客车分时租赁行业规范健康发展的指导意见的通知》。新能源汽车方面，通知明确：鼓励使用新能源汽车，不提倡使用非新能源汽车开展分时租赁业务，在营运的非新能源分时租赁车辆应逐步更新为新能源汽车，至2020年，建设分散式公共充电设施3万个。

2018年11月20日 广州市工业和信息化委员会公示《关于2017—2018年广州市电动汽车充电设施补贴资金项目安排计划》其中，充电设施建设有123个项目列入补贴计划表；充电设施运营有2个项目列入补贴计划表。

2018年11月21日 西安市人民政府发布《西安市汽车产业发展规划（2018—2025年）》的通知。通知明确大力发展汽车先进技术，形成传统汽车产业领域轿车、客车和重卡与新兴领域新能源汽车、智能网联汽车和专用车相结合的梯次产业格局，建立健全产业配套和后市场服务体系，引领汽车产业转型升级。

2018年11月21日 广州市工业和信息化委员会发布《广州市加快推进电动汽车充电基础设施建设三年行动计划（2018—2020年）》的通知》。行动计划明确，到2020年，进一步健全充电设施建设的体制机制，全市公共服务领域（包括公用、专用领域）的充电设施充电服务能力达到90万kW，2018年新增充电服务能力约33万kW，充电站点325个，换电站10座，重点完成全市公交电动化充电设施建设目标任务；2019年全市新增充电服务能力约16万kW，充电站点180个；2020年全市新增充电服务能力约16万kW，充电站点180个，形成“互联网+充电设施”的智能管理和服务体系。

2018 年 11 月 21 日 西安市人民政府发布《西安市汽车产业链发展推进方案(2018—2025 年)》和《关于推动汽车产业加快发展的若干政策意见》的通知。新能源汽车产业链方面,推进方案明确加大技术研发力度;加强关键零部件配套能力;力争到 2021 年,新能源动力电池、电机和电控等关键零部件完成产值 100 亿元;到 2025 年,完成产值 300 亿元。

2018 年 11 月 22 日 财政部、工信部、科技部、发改委四部委联合发布《关于开展 2016 年及以前年度新能源汽车推广应用补助资金清算的通知》。通知明确,对于 2015 年度、2016 年销售上牌、此前未获得中央财政补贴资金的车辆,分别按照对应年度政策上报补贴清算报告,并提供相关证明材料。原则上车辆要被监控,并上传运行数据。公户车辆需在 2018 年 10 月 31 日前,累计行驶里程需达到 2 万 km。

2018 年 11 月 22 日 国家发展和改革委员会、国家能源局、工业和信息化部、财政部四部门联合发布《关于印发提升新能源汽车充电保障能力行动计划的通知》。通知明确力争用 3 年时间大幅提升充电技术水平,提供充电设施产品质量,加快完善充电标准体系,全面优化充电设施布局,显著增强充电网络互联互通能力,快速升级充电运营服务品质,进一步优化充电基础设施发展环境和产业格局作为行动计划目标。

2018 年 11 月 23 日 工业和信息化部发布《机械行业、汽车行业、电器电子行业绿色供应链管理企业评价指标体系公示征求意见》。本指标体系适用于在中国境内获得《道路机动车辆生产企业及产品公告》资质的 M1 类汽车生产企业及以发动机、变速器、动力蓄电池等为主要产品的汽车总成零部件生产企业。指标体系规定了汽车行业绿色供应链管理的技术要求,将汽车行业绿色供应链管理企业评价指标分为 5 个方面,分别为绿色供应链管理战略指标、绿色采购及供应商管理指标、绿色生产指标、绿色消费及回收指标、绿色信息平台建设及信息披露指标。

2018 年 11 月 25 日 车和家年产 15 万辆电动车项目停止,改由重庆力帆汽车有限公司常州分公司租用厂房,并承接大部分生产设备,总投资 181 784 万元,建成后预计于 2019 年 8 月投产增程式纯电动 SUV,2019 年规划产能为 5 000 辆,自 2020 年起其年产能可达 10 万辆。

2018 年 11 月 27 日 北京市经信局发布《北京市高精尖产业登记指导目录(2018 版)(征求意见稿)》。目录中按照高精尖产业发展系列指导意见,共分 10 个大类,197 个行业新兴小类,其中新能源汽车行业小类包括 10 个:新能源智能汽车整车制造;新能源智能汽车改装汽车制造;新能源智能汽车动力总成系统制造;新能源智能汽车关键零部件及配件制造;智能车载设备制造;锂离子电池制造;其他电池制造;新能源智能汽车及零配件批发;新能源智能汽车租赁;新能源智能汽车技术推广服务。

2018 年 11 月 27 日 武汉市经济和信息化委员会、武汉市公安局、武汉市交通运输委员会联合发布了关于《武汉市智能网联汽车道路测试管理实施细则(试行)》的通知。实施细则适用于在武汉市指定测试区域范围内进行的智能网联汽车公开道路测试,武汉市遵循分级分类的原则逐步推进智能网联汽车测试工作,引导武汉市智能网联汽车从研发测试向示范推广和商业化应用转变,鼓励和支持武汉市智能网联汽车产业发展。

2018 年 11 月 28 日 沈阳市人民政府办公厅发布《关于沈阳市加快新能源汽车推广促进产业做大做强实施方案的通知》。通知明确以纯电驱动新能源汽车为主要战略取向,强化政策引领和市场培育,扩大新能源汽车推广应用规模。适度超前建设智能高效充电基础设施网络。鼓励社会资本参与新能源汽车生产和充电设施建设与运营。

2018 年 11 月 28 日 北京市经济和信息化局公示拟拨付的 2018 年第八批新能源汽车财政补助资金明细,本批次拨付资金共涉及 11 家车企、23 636 辆新能源汽车(均为纯电动乘用车),拟拨付资金 53 677.401 万元。

2018 年 11 月 28 日 工业和信息化部、中国农业银行联合发布《关于推进金融支持县域工业绿色发展工作的通知》,通知提到,强化绿色制造技术创新,鼓励有条件的地区围绕节能环保和新能源装备、海水淡化、新能源汽车动力电池回收利用等领域,突破一批具有自主知识产权的重大技术。

2018 年 11 月 28 日 陕西省发展和改革委员会发布关于印发《陕西省电动汽车充电基础设施建设运营管理办法》的通知。通知明确新建住宅配建停车位建设充电基础设施或预留建设安装条件的比例应达到 100%,大型公共建筑物配建停车场、社会公共停车场建设充电基础设施或预留建设安装条件(包括电力管线和配电容量预留)的车位比例不低于 10%。每 2 000 辆电动汽车应至少配套建设一座快速充电站。

2018 年 11 月 28 日 河南省人民政府办公厅发布《关于印发河南省新能源及网联汽车发展三年行动计划(2018—2020 年)的通知》。明确到 2020 年,全省新能源汽车产能达到 30 万辆、带动整车产能突破 250 万辆,网联汽车新车占比达到 50%,汽车零部件本地配套率达到 60% 以上,重点区域充电设施网络基本完善,智能网联汽车试验示范区启动运行,建成郑州 5 000 亿级汽车产业集群和若干在全国具有重要影响力的新能源汽车及零部件产业集群。

2018 年 11 月 29 日 福建省发展和改革委员会等 5 部门联合发布《关于加快推进交通运输服务业发展的若干政策措施》的通知。通知明确,对交通物流企业选择使用符合国家标准及低速电动车规范管理政策的载货电动机动车(含三轮车、四轮车)、新能源汽车和清洁能源汽车作为城市运输和收投服务工具的,各行业主管部门和公安交通管理部门要尽量放宽投放数量限制。

2018 年 11 月 30 日 北京新能源汽车股份有限公司第 30 万辆纯电动汽车在北汽新能源常州高端基地下线。

12月

2018 年 12 月 2 日 海马汽车与小鹏汽车共同打造的全新工厂“海马小鹏智能工厂”首次亮相,海马小鹏智能工厂占地面积约 45 万 m^2,总投资 20 余亿元,一期建设产能为年产 15 万辆。

2018 年 12 月 3 日 工业和信息化部、财政部联合发布《关于公布 2018 年国家技术创新示范企业名单的通知》,通知认定 68 家企业为国家技术创新示范企业,新能源汽车行业方面，湖南杉杉能源科技股份有限公司、天齐锂业股份有限公司2家企业入选。

2018年12月3日 长沙市经信委、长沙市科技局、长沙市财政局联合发布《长沙市关于加快新型高端汽车智能传感器产业发展的若干措施》。措施主要体现在4个方面：着力引导智能传感器产业集聚；着力加强智能传感器关键核心技术研发；着力提升智能传感器产业集成创新能力；着力扩大智能传感器产业规模。

2018年12月3日 广东省工信厅发布关于《广东省智能网联汽车道路测试管理规范实施细则（试行）》。细则适用于在广东省内进行的智能网联汽车道路测试。测试车辆是指申请用于道路测试的智能网联汽车，包括乘用车、商用车辆，不包括低速汽车、摩托车。测试车辆鼓励采用纯电动或燃料电池作为动力，且应符合相应条件。

2018年12月4日 奥迪正式对外宣布，2019—2023年底，将投资140亿欧元（约160亿美元）在电动汽车、自驾车和新数字技术方面。到2025，预计有大约20款电气化新车推出，其中大约有一半是纯电动车型。除了研发之外，奥迪的未来投资计划还包括在厂房和设备上的支出。2019—2023年的投资总额将达400亿欧元（合453亿美元）。

2018年12月4日 工信部装备中心发布《关于乘用车燃料消耗量与新能源汽车积分数据报送和提交2019年度积分预报告的通知》。根据《积分办法》要求，2018年12月20日前，各乘用车企业应通过平台向工业和信息化部递交2019年度积分预报告。预报告的内容包括本企业平均燃料消耗量预期达标值、预期实际值和新能源汽车积分预期值等。

2018年12月4日 亿纬锂能股份有限公司在惠州的锂锰电池产线已经投产，在湖北荆门的锂锰产线在2018年12月投产。

2018年12月4日 德国大众集团旗下奥迪汽车公司计划在2019—2023年间投资140亿欧元（约合159亿美元），该资金用于开发电动汽车、无人驾驶汽车以及数字化技术，计划到2025年向市场推出10款纯电动车、10款混合动力车。

2018年12月4日 杭州市经济和信息化委员会发布关于征求《杭州市人工智能产业发展规划（征求意见稿）》意见的公告。意见稿明确大力发展人工智能新兴产业，加快人工智能关键技术转化应用，推动智能机器人、智能网联汽车、智能传感器、智能芯片等重点领域智能产品创新，积极培育人工智能新兴业态。

2018年12月5日 深圳市交通运输委员会发布《深圳市小汽车增量调控管理暂行规定（修订稿征求意见稿）》及《深圳市小汽车增量调控管理实施细则（修订征求意见稿）》。明确现行的增量调控管理细则将于2019年1月21日过期，修订后深圳小汽车增量指标的配置周期、额度、比例及方式与现行仍然保持一致；但企业申请增量指标的门槛有所提高。混合动力小汽车增量指标和纯电动小汽车增量指标无额度限制。

2018年12月5日 江苏省发改委公示《2018年度省级战略性新兴产业发展专项资金拟立项项目》。新能源汽车行业方面，有如下企业项目列入：苏州凯博易控驱动技术有限公司：年生产6万套新能源商用车驱动系统项目；江苏云意电气股份有限公司：新能源车用电机及控制系统产业化项目；江苏索尔新能源科技股份有限公司：电动汽车动力系统核心零部件及系统集成的研发与产业化项目；中航锂电科技有限公司：48V专用超低温高比功率锂离子电池关键技术研发及产业化项目；力信（江苏）能源科技有限责任公司：年产5亿元/Wh高比能、长寿命、低成本离子动力电池研发及产业化项目。

2018年12月5日 天津市工信局、发改委、市场监督管理委员会联合发布《关于开展低速电动车生产企业摸底调查工作的通知》。通知明确各区人民政府要严格执行关于机动车辆生产销售相关法律法规，停止制定发布鼓励低速电动车发展相关政策，停止制定发布低速电动车准入条件，停止核准或备案低速电动车投资项目，停止新建低速电动车企业、扩建生产厂房等基建项目，停止新增低速电动车车型。

2018年12月6日 天津市发改委发布关于印发《天津市加快新能源汽车充电基础设施建设实施方案（2018—2020）》。方案明确，到2020年在中心市区，环市四区和滨海新区的建成区，基本建成平均服务半径为0.9 km的公用充电基础设施网络体系；在环市四区和滨海新区的其他区域、其他五区建成区基本建成平均服务半径为3 km的公用充电基础设施网络体系；在静海、宝坻、武清、宁河、蓟州区五区的其他区域基本建成平均服务半径为5 km的公用充电基础设施网络体系。

2018年12月6日 工信部装备中心发布《道路机动车辆生产企业及产品准入管理办法》。管理办法简化了企业和产品类型，优化了准入管理流程，建立了开放的检验检测制度、针对新业态发展需要的新制度、货车委托生产管理制度，完善了监督检查措施，明确了法律责任。管理办法将自2019年6月1日起施行。

2018年12月6日 科技部高新司发布《关于对国家重点研发计划高新领域可再生能源与氢能技术等9个重点专项2019年度项目申报指南建议征求意见的通知》。其中燃料电池车用氢气纯化技术意见提出了9项重点研究任务的指南建议：车用膜电极及批量制备技术、车用燃料电池空压机研发、车用燃料电池氢气再循环泵研发、70 MPa车载高压储氢瓶技术、车载液体储供氢技术、燃料电池车用氢气纯化技术、加氢站用高安全固态储供氢技术、70 MPa加氢站用加压加注关键设备、加氢关键部件安全性能测试技术及装备。

2018年12月6日 宁德时代新能源科技股份有限公司美国子公司在底特律市正式成立，作为美国本土的首个办事处，这是继德国、法国、日本之后，宁德时代全球市场建立的又一个子公司。

2018年12月7日 福建省发改委发布《关于公示符合条件的2018年福建省数字经济发展专项资金拟扶持项目的通知》。新能源汽车相关行业有如下项目列入：福建省汽车工业集团云度新能源汽车股份有限公司；福建百城新能源科技有限公司：百城智能共享充电运营服务平台。

2018年12月7日 甘肃省工信厅发布《甘肃省工信系统打赢蓝天保卫战工作方案》。方案明确提高新能源汽车使用率。加快推进城市市区新增和更新的公交等车辆使用新能源或者清洁能源汽车;加快党政机关、公共场所、社区充电桩设施建设;支持企业与高校、院所等合作,加强对新能源汽车新型充换电设施及装备技术、前瞻性技术研究,促进新能源汽车产业发展;对符合条件的新能源汽车免征车辆购置税。

2018 年 12 月 8 日 一汽解放青岛打造的 J6F 纯电动轻卡实现批量交车,首批 50 台在成都交付。此次一汽解放轻卡牵手合作的客户为 91 租车,91 租车专业从事新能源汽车租赁业务。双方通过合作共同打开城市物流市场。

2018 年 12 月 8 日 新疆库尔勒市公交公司与扬州亚星客车集团公司举行了 300 辆新能源纯电动公交车交车仪式。这些零污染、零排放的纯电动公交车预计 7 天后陆续抵达库尔勒,将陆续投放到市区主干线路上,基本实现库尔勒主城区全电动化,进一步推进了新能源汽车在新疆地区的推广与使用。

2018 年 12 月 9 日 石家庄市人民政府发布《重污染天气Ⅰ级应急响应启动实行机动车单双号限行》通知。明确从 12 月 9 日零时石家庄启动重污染天气Ⅰ级应急响应,并按要求从 12 月 10 日起,实行机动车单双号限行、公交车免费措施。单双号限行期间新能源车辆(纯电动汽车、插电式混合动力汽车)不执行尾号限行措施。

2018 年 12 月 10 日 WEY 品牌发布新能源规划,将于 2020 年推出氢能源车,在 2030 年时该品牌新能源车占比 50%。WEY 品牌将于 2021 年进入德国市场,随后进入北美市场。

2018 年 12 月 10 日 太原市人民政府发布《关于印发太原市打赢蓝天保卫战三年行动计划的通知》。明确加快机动车结构升级,推广使用新能源汽车。加快推进城市建成区新增和更新的邮政、通勤、轻型物流配送车辆使用新能源或清洁能源汽车,2020 年底前全市使用比例达到 80%;全市机场、铁路货场等新增或更换作业车辆主要使用新能源或清洁能源汽车;在产业园等物流集散地建设集中式充电桩和快速充电桩。

2018 年 12 月 10 日 国家发改委公示《2018 年(第 25 批)国家企业技术中心拟认定名单》。新能源汽车领域,有 3 家企业技术中心列入:北京新能源汽车股份有限公司技术中心;南京越博动力系统股份有限公司技术中心;湖南中车时代电动汽车股份有限公司技术中心。

2018 年 12 月 10 日 江淮大众新能源乘用车项目研发中心(大众汽车集团中国、江淮汽车及西雅特三方签约)开工仪式在安徽省合肥市举行,新研发中心位于合肥市经济技术开发区,将关注电动化、车联网、自动驾驶等核心领域以及其他以未来为导向的战略。

2018 年 12 月 11 日 三星中国计划在天津调整部分产品结构,投资建设动力电池生产线和车用 MLCC 工厂(多层陶瓷电容器)等新项目,新增投资达 24 亿美元。

2018 年 12 月 11 日 现代汽车集团(包括现代汽车公司和起亚汽车公司)宣布其长期路线图“燃料电池电动车 2030 展望”(FCEV Vision 2030)计划。根据路线图,现代汽车集团将大幅提升其燃料电池系统的年产能,到 2030 年达 70 万个单元;并且将探索新的商机,为汽车等其他交通工具制造商提供燃料电池系统。

2018 年 12 月 11 日 北京市顺义区最大的新能源汽车公用充电场站——京东顺义分拣中心充电桩项目投入使用,场站内有新能源汽车充电设施 25 台,可满足 78 辆新能源汽车同时充电需求,有效解决了周边居民和物流企业的新能源汽车充电难问题。

2018 年 12 月 11 日 江苏省工业和信息化厅 省市场监督管理局联合发布《关于印发江苏省智能网联汽车标准体系建设指南的通知》。指南充分发挥标准在智能网联汽车产业生态环境构建中的顶层设计和基础引领作用,按照不同的技术和应用特性,划分为智能车辆系统、智能安全系统、智能道路系统、智能交通设施、智能支撑系统、安全应急处置、行业营运体系等标准体系,为打造创新驱动、开放协同的智能网联汽车产业提供支撑。

2018 年 12 月 11 日 东风汽车股份有限公司发布公告,东风汽车有限公司在 2018 年度双积分中存在缺口,拟通过提供 2.2 亿元补贴的方式提升东风有限电动车的销量,以此增加新能源汽车积分。此次东风提供补贴的新能源汽车为东风在 2018 年度销售的 E-R30 型、E11K 型电动汽车。

2018 年 12 月 12 日 河北省工信厅发布《关于公布 2018 年第二批河北省工业企业研发机构名单的通知》。本批次共有 417 家企业列入,新能源汽车相关行业,石家庄圣泰化工有限公司的锂电池电解液工程技术研究中心列入。

2018 年 12 月 12 日 财政部副部长刘伟带队到上海市实地调研了上汽集团、上海蔚来和上海重塑等企业发展情况,并邀请吉利汽车、宁德时代、特来电、氢尚新能源等企业座谈。在调研和座谈中,企业希望在保持政策框架稳定的前提下尽早明确财政补贴调整政策,及时清算补贴资金等。刘伟副部长表示将充分听取各方面意见,会同有关部门尽快研究调整完善相关政策,支持新能源汽车产业高质量发展。

2018 年 12 月 13 日 张家口市到 2020 年将投入使用的氢燃料电池公交车、物流车、出租车预计可达 1 800 辆,并同步建成加氢站 21 座。作为京津冀氢能产业集群的重要节点城市,张家口市于 2018 年先后投运氢燃料电池公交车 74 辆,2019 年还将新增 170 辆氢燃料电池公交车,预计到 2020 年投入使用的氢燃料电池公交车、物流车、出租车可达 1 800 辆。

2018 年 12 月 15 日 全国政协副主席、中国科学技术协会主席万钢在《人民日报》中发文指出:纯电动汽车的短板是续驶里程和充电时间,尚不能满足量大面广的远程公交、双班出租、城市物流、长途运输等市场需求。为此,应及时把产业化重点向燃料电池汽车拓展。

2018 年 12 月 17 日 山东省人民政府发布《山东省人民政府办公厅关于加强低速电动车管理工作的实施意见》。意见明确:各级政府要严格执行国家关于机动车辆生产销售相关法律法规,停止制定发布鼓励低速电动车发展的相关政策和准入条件;停止注册登记低速电动车生产、销售企业;停止核准或备案低速电动车投资项目,停止新建低速电动车企业、扩建生产厂房等基建项目,停止新增低速电动车车型;已制定发布相关政策的市,应立即停止执行,正在建设的项目要立即纠正,确保低速电动车产能不增长,待国家出台规范管理政策及规定后按相关要求进行管理。

2018年12月17日　西安市人民政府发布关于《西安市鼓励甲醇汽车产业发展若干政策》的通知。通知明确，对列入国家《车辆生产企业与产品》公告目录，在西安区域购买、登记注册和使用的甲醇汽车给予补助，重卡每辆补助1万元，乘用车每辆补助5 000元。设立甲醇汽车专题资金，纳入市工业发展专项资金管理，重点支持甲醇汽车产业发展和推广应用。

2018年12月18日　国家发展和改革委员会发布《汽车产业投资管理规定》，经国务院同意，《政府核准的投资项目目录(2016年本)》中新建中外合资轿车生产企业项目、新建纯电动乘用车生产企业(含现有汽车企业跨类生产纯电动乘用车)项目及其余由省级政府核准的汽车投资项目均不再实行核准管理，调整为备案管理。

2018年12月18日　工信部发布《免征车辆购置税的新能源汽车车型目录(第二十二批)》，本批目录共有273款新能源汽车进入。其中，纯电动汽车228款(含客车79款，乘用车62款，专用车87款)；插电式混合动力汽车32款(含乘用车24款，客车6款，专用车2款)。

2018年12月18日　华晨雷诺金杯汽车有限公司涂装车间升级改造项目奠基仪式在沈阳华晨雷诺工厂举行，本次涂装车间升级改造项目是华晨雷诺扩展公司生产规模、实现本土化发展的又一重要举措，车间扩建升级后将达到年产15万辆白车身的涂装生产能力。

2018年12月18日　阳泉市政府发布《阳泉市大气污染防治条例》。条例明确，阳泉市市人民政府根据城市规划合理控制燃油机动车保有量，鼓励提前报废高排放机动车和非道路移动机械，鼓励发展节能环保型和新能源、清洁能源车，加快新能源车与清洁能源车的配套设施建设。

2018年12月18日　北京市经信局发布《京津冀地区新能源汽车动力蓄电池回收利用试点实施方案》及征集试点示范项目的通知。明确到2020年，京津冀地区基本建成规范有序、合理高效且可持续发展的回收利用体系及公平竞争、规范有序的市场化发展氛围。建成京津冀地区动力蓄电池溯源信息系统，实现动力蓄电池全生命周期信息的溯源和追踪。基于大数据的废旧动力蓄电池残值评估技术取得重大突破，废旧动力蓄电池拆解技术和装备实现产业化。动力蓄电池梯次利用初步实现产业化发展，建成2～4家废旧动力蓄电池拆解示范线和梯次利用工厂。探索和布局1～2家动力蓄电池资源化再生利用企业。京津冀区域协同发展取得良好成效，动力蓄电池实现安全、规范、高效回收利用。

2018年12月18日　湖南张家界交通管理部门向武汉斑马快跑科技有限公司颁发《网络预约出租汽车经营许可证》，这是斑马快跑收获的第135张网约车牌照。

2018年12月18日　吉利汽车晋中公司举行庆祝第20万台整车下线仪式。2018年1—11月，吉利汽车晋中公司实现整车下线97 579辆，产值突破119.7亿元，税收突破11.6亿元，提前完成了2018年政府对吉利汽车晋中公司下达的“工业产值超百亿、税收超十亿”目标。

2018年12月18日　佛山市商务局发布《佛山市城市配送氢能源货运车辆扶持办法(公众征询稿)》。办法明确，2017、2018年上牌的符合条件的车辆可于2019年申请不超过22万元的营运补贴。申报营运补贴的车辆核准行驶里程在2万～10万km，补贴金额以10万km 22万元标准按比例计算，最低为2万km 4.4万元(计算办法：22×核准的行驶里程/10)。申报车辆核准行驶里程超过10万km，按最高22万元给予补贴。2020年根据实际情况进行调研后对2019年12月31日前上牌并行驶2万km以上的车辆重新确定标准进行补贴(2017、2018年已补贴的车辆按其申报年度新增的行驶里程计算)。

2018年12月19日　百度公司与上海新高度旅游公司合作推出的全球首批人工智能双层观光车正式驶上上海街头，开启试运行。

2018年12月19日　河南省工信厅、发改委、科学技术厅、公安厅、交通运输厅、市场监督管理局六部门联合发布《关于加强低速电动车管理的通知》。明确禁新增低速电动车产能。各级政府主管部门停止核准或备案低速电动车投资项目，停止新建低速电动车企业和扩建项目，停止新增低速电动车车型，在建项目要立即纠正，确保低速电动车产能不增长。

2018年12月21日　工信部公布《2018年物联网集成创新与融合应用项目名单》，新能源汽车和智能网联汽车相关方面，有如下项目列入：福建猛狮新能源科技有限公司的基于智能化锂电池新型智慧工厂建设；武汉英泰斯特电子技术有限公司的新能源汽车运营服务系统；郑州宇通客车股份有限公司的基于车联网技术的车辆综合服务平台；中国汽车技术研究中心有限公司的基于车联网的园区无人驾驶应用系统；厦门金龙旅行车有限公司的金旅智能网联客车项目；奇瑞汽车股份有限公司的基于智能交通与车联网的无人驾驶关键技术研究及应用；中国第一汽车集团有限公司的基于智能汽车的智慧城市智慧出行应用示范；南京理工大学的面向智能网联车路协同的新技术集成创新应用示范。

2018年12月23日　广汽新能源智能生态工厂竣工典礼在广州番禺汽车城的广汽智联新能源汽车产业园举行。该工厂于2017年9月正式开工建设，总投资47亿元，占地面积47万m^2。工厂总体规划产能40万辆/年，首期生产能力为20万辆/年。

2018年12月24日　国务院关税税则委员会发布《关于2019年进出口暂定税率等调整方案的通知》。自2019年1月1日起，调整部分商品的进出口关税。取消有新能源汽车用锂离子电池单体的进口暂定税率，恢复执行最惠国税率。

2018年12月24日　张家港市政府发布关于印发《张家港市氢能产业发展三年行动计划(2018—2020年)》。计划明确到2020年氢能产业链年产值突破100亿元，其中制氢环节10亿元、氢能装置(关键零部件)40亿元、氢燃料电池系统20亿元、氢燃料电池汽车30亿元。建设氢能产业创新中心，加快氢能基础设施建设，加速氢燃料电池汽车、氢分布式能源系统等示范运营，形成氢能产业集聚区和氢能示范生态圈，带动突破氢能源燃料电池电堆关键材料与零部件核心技术，培育经济社会发展新增长点。

2018年12月24日　交通运输部办公厅发布《关于取消总质量4.5t及以下普通货运车辆道路运输证和驾驶员从业

资格证的通知》。自 2019 年 1 月 1 日起,对于总质量 4.5 t 及以下普通货运车辆从事普通货物运输活动的,各地交通运输管理部门不得对该类车辆、驾驶员以“无证经营”和“未取得相应从业资格证件,驾驶道路客货运输车辆”为由实施行政处罚。

2018 年 12 月 24 日 浙江省经济和信息化厅、浙江省科学技术厅、浙江省生态环境厅、浙江省交通运输厅、浙江省商务厅、浙江省市场监督管理局、浙江省能源局联合发布了《浙江省新能源汽车动力电池回收利用试点实施方案》,方案明确:到 2020 年,全省有效的动力蓄电池回收利用体系初步建立,动力电池生产、使用、贮运、回收、利用各环节规范管理全覆盖,废旧动力蓄电池回收体系、追溯体系有效运转。建成一批运行良好的梯次利用示范项目,发布一批动力蓄电池回收利用相关团体标准,形成一批废旧动力蓄电池回收利用商业模式。

2018 年 12 月 25 日 天津卡达克数据有限公司和北京百度网讯科技有限公司,获发天津市智能网联汽车道路测试第一批试验牌照。天津市交通运输委、市工业和信息化局和市公安局联合表示,天津市智能网联汽车道路测试正式启动。

2018 年 12 月 25 日 工信部公告《享受车船税减免优惠的节约能源 使用新能源汽车车型目录(第六批)》。公告的第 6 批车船税优惠车型目录中,共有 58 家企业、50 个品牌、345 个新能源车型列入。从产品类型来看,插电式混合动力产品列入 35 个;纯电动产品列入 297 个;燃料电池产品列入 13 个。

2018 年 12 月 25 日 深圳市公安局交通警察局、深圳市人居环境委联合发布《关于继续对异地号牌载货汽车实施限制通行措施的通告》。决定继续在全市范围内,工作日早晚高峰期间对非本市核发机动车号牌载货汽车实施限制通行措施,实施日期为 2019 年 1 月 1 日—6 月 30 日,但新能源车不受限行措施限制。

2018 年 12 月 26 日 重庆市人民政府办公厅发布《重庆市人民政府办公厅关于印发重庆市支持新能源汽车推广应用政策措施(2018—2022 年)的通知》。从 5 个方面支持新能源汽车推广应用:快充电基础设施建设;优化使用环境;推动公共领域率先应用;落实推广应用地方配套补助政策,加强考核评估。

2018 年 12 月 26 日 河南省人民政府发布《关于印发河南省推进工业结构调整打赢污染防治攻坚战工作方案的通知》。方案明确大力发展新能源汽车产业。2020 年年底前建成具有较强竞争力的新能源汽车产业基地,党政机关及公共机构购买的新能源汽车占当年配备更新总量的比例不低于 50%。完善动力电池产业链,加快新型动力电池关键技术研发及产业化;推动新能源汽车整车及核心零部件跨越提升,大力发展新能源汽车整车及动力总成;加快发展便捷智能充电基础设施,完善配套设施和运营服务体系。

2018 年 12 月 27 日 工业和信息化部发布《车联网(智能网联汽车)产业发展行动计划》。计划明确,到 2020 年,实现车联网(智能网联汽车)产业跨行业融合取得突破,具备高级别自动驾驶功能的智能网联汽车实现特定场景规模应用,车联网综合应用体系基本构建,用户渗透率大幅提高,智能道路基础设施水平明显提升。2020 年后,高级别自动驾驶功能的智能网联汽车和 5G-V2X 逐步实现规模化商业应用。

2018 年 12 月 28 日 湖南湘江新区智慧公交示范线首发仪式在长沙举行,这是全国首个开放式智慧公交项目,全长 7.8 km。活动现场中车电动智能驾驶公交从测试区出发,沿智慧公交线路行驶,完成通过红绿灯路口、转弯、停靠等一系列动作。

2018 年 12 月 29 日 昆明市出租汽车管理局发布通告,从 2019 年 1 月 1 日开始,昆明新增网约车必须是纯电动汽车,燃油车、混动汽车将不予发放车辆营运证。2018 年 12 月 31 日前购买的符合标准的燃油车、混动车欲从事网约车经营,在办理营运证时需向出管局出示购车发票,发票日期应该在 2018 年 12 月 31 日 24 时之前。

2018 年 12 月 29 日 《中华人民共和国车辆购置税法》在第十三届全国人民代表大会常务委员会第七次会议通过,自 2019 年 7 月 1 日起施行。法律第四条明确,车辆购置税的税率为 10%,新能源汽车免税暂未写入车辆购置税法草案,国务院对此表示,由于对新能源汽车免征车辆购置税,免征期至 2020 年底,属于阶段性政策,不宜在车辆购置税法中作出安排。

2018 年 12 月 29 日 西安市人民政府印发《西安市“铁腕治霾 · 保卫蓝天”三年行动方案(2018—2020 年)(修订版)》。方案明确推广使用新能源汽车,加快推进城市建成区新增和更新的环卫等车辆使用新能源或清洁能源汽车,到 2020 年使用率达到 80%;铁路货场等新增或更换作业车辆主要使用新能源或清洁能源汽车。2019 年底前,全市出租汽车、公交车全部更换为纯电动或甲醇汽车等新能源汽车。在物流园等物流集散地建设集中式充电桩和快速充电桩。

节能与新能源汽车年鉴

YEARBOOK OF ENERGY-SAVING AND NEW ENERGY VEHICLES

第九篇 Section Ⅸ

附　录

Appendix

一、新能源车辆标准

Chapter 1 Electric Vehicle Standards

标准编号 Standard Number	标准名称 Standard Name	标准主要内容 Main Contents of Standards	发布单位 Release Unit	归口单位 Technical Committees	起草单位 Drafting Unit	发布日期 Release Date	实施日期 Date of Implementation
GB/T 36980—2018	电动汽车能量消耗率限值 Energy consumption limits for electric vehicles	本标准规定了电动汽车能量消耗率限值； 本标准适用于最大设计总质量不超过 3 500 kg 的 M1 类电动汽车	国家市场监督管理总局、中国国家标准化管理委员会	全国汽车标准化技术委员会	北京新能源汽车股份有限公司、比亚迪汽车工业有限公司、中国第一汽车集团有限公司、上汽集团商用车技术中心、重庆长安汽车股份有限公司、上海汽车集团股份有限公司乘用车公司、安徽江淮汽车集团股份有限公司、奇瑞新能源汽车技术有限公司、海马新能源汽车有限公司、华晨汽车集团控股有限公司、东风汽车有限公司东风日产乘用车公司、上汽通用五菱汽车股份有限公司、广州汽车集团股份有限公司汽车工程研究院、长城汽车股份有限公司、知豆电动汽车有限公司、上汽通用汽车有限公司、广汽丰田汽车有限公司、东风雷诺汽车有限公司、北京现代汽车有限公司、戴姆勒大中华区投资有限公司、宝马（中国）服务有限公司、大众汽车（中国）投资有限公司、福特汽车（中国）有限公司	2018-12-28	2019-07-01
GB/T 37123—2018	汽车用电驱动空调器 Electrically driven motor vehicles air-conditioning unit	本标准规定了汽车用电驱动空调器（以下简称"空调器"）的术语和定义、型式和基本参数、技术要求、试验方法、检验规则、标志、包装、运输和贮存。 本标准适用于以 R134a、R407C、R410A、R744、R1234yf 为制冷剂的汽车用电驱动空调器。其他特殊用途的空调器或以其他物质为制冷剂的空调器可参照执行。 注：汽车的定义参见 GB/T 3730.1。 本标准不适用于轨道车辆用电驱动空调器	国家市场监督管理总局、中国国家标准化管理委员会	中国机械工业联合会	湖南华强电气股份有限公司、合肥通用机械研究院有限公司、郑州科林车用空调有限公司、上海加冷松芝汽车空调股份有限公司、珠海格力电器股份有限公司、深圳市科泰新能源车用空调技术有限公司、合肥通用机电产品检测院有限公司	2018-12-28	2019-07-01
GB/T 37133—2018	电动汽车用高压大电流线束和连接器技术要求 Technical specifications of high duty cables and connectors for electric vehicles	本标准规定了由电动汽车用高压大电流线束和连接器组成的高压连接系统的一般要求、电气性能、物理性能、环境适应性、电磁屏蔽效能、试验方法和检验规则。 本标准适用于符合 GB/T 18384.3—2015 规定的 B 级电压的电动汽车用高压连接系统。 注：连接系统中用于传导非 B 级电压电路的部分可参考使用本标准。 本标准不适用于电动汽车传导充电连接装置	国家市场监督管理总局、中国国家标准化管理委员会	全国汽车标准化技术委员会	临沂市海纳电子有限公司、苏州智绿环保科技有限公司、四川永贵科技有限公司、深圳巴斯巴科技发展有限公司、天津市柯文制模注塑有限公司、中国汽车技术研究中心有限公司、安费诺精密连接器（深圳）有限公司、上海汽车集团股份有限公司商用车技术中心、比亚迪汽车工业有限公司、中国第一汽车集团公司技术中心、重庆长安新能源汽车有限公司、中航光电科技股份有限公司、奇瑞新能源汽车技术有限公司、深圳市沃尔核材股份有限公司、上海汽车集团股份有限公司技术中心、长城汽车股份有限公司、上汽通用五菱汽车股份有限公司、乐清市八达光电科技股份有限公司、上海威贸电子股份有限公司	2018-12-28	2019-07-01

续上表

标准编号 Standard Number	标准名称 Standard Name	标准主要内容 Main Contents of Standards	发布单位 Release Unit	归口单位 Technical Committees	起草单位 Drafting Unit	发布日期 Release Date	实施日期 Date of Implementation
GB/T 37153—2018	电动汽车低速提示音 Acoustic vehicle alerting system of electric vehicles running at low speed	本标准规定了电动汽车低速行驶提示音工作的车速范围、声级限值、频率要求、声音类型及暂停开关等要求和试验方法。 本标准适用于M1和N1类的纯电动汽车、具有纯电动行驶模式的混合动力电动汽车及燃料电池电动汽车	国家市场监督管理总局、中国国家标准化管理委员会	全国汽车标准化技术委员会	汉得利(常州)电子股份有限公司、中国汽车技术研究中心有限公司、安徽江淮汽车股份有限公司、比亚迪汽车工业有限公司、宁波汇峰聚威科技股份有限公司、曲阜天博汽车电器有限公司、重庆长安新能源汽车有限公司、一汽-大众汽车有限公司、上海汽车集团股份有限公司、泛亚汽车技术中心有限公司、中国第一汽车股份有限公司、上汽通用五菱汽车股份有限公司、广汽丰田汽车有限公司、华晨宝马汽车有限公司、东风汽车集团股份有限公司、观致汽车有限公司、长城汽车股份有限公司、一汽海马汽车有限公司、上海歌尔声学电子有限公司	2018-12-28	2019-07-01
GB/T 37154—2018	燃料电池电动汽车整车氢气排放测试方法 Fuel cell electric vehicles—Test methods of hydrogen emission	本标准规定了燃料电池电动汽车整车氢气排放测试方法。 本标准适用于使用压缩氢的(M类、N类)燃料电池电动汽车	国家市场监督管理总局、中国国家标准化管理委员会	全国汽车标准化技术委员会	同济大学、中国汽车技术研究中心有限公司、中国汽车工程研究院股份有限公司、上海汽车集团股份有限公司、中科院大连化学物理研究所、浙江大学、上海机动车检测认证技术研究中心有限公司、深圳市标准化研究院	2018-12-28	2019-07-01
GB/T 37244—2018	质子交换膜燃料电池汽车用燃料氢气 Fuel specification for proton exchange membrane fuel cell vehicles-Hydrogen	本标准规定了质子交换膜燃料电池(PEMFC)汽车用燃料氢气的术语和定义、氢气纯度、氢气中杂质含量要求及其分析试验方法等。 本标准适用于聚全氟磺酸类质子交换膜燃料电池汽车用燃料氢气的品质要求。 注:氢气分子式:H_2。相对分子质量:2.015 88(按2007年国际相对原子质量表)	国家市场监督管理总局、中国国家标准化管理委员会	全国氢能标准化技术委员会	同济大学、中国科学院大连化学物理研究所、中国标准化研究院、上海舜华新能源系统有限公司、上海市计量测试技术研究院、上海汽车集团股份有限公司、上海神力科技有限公司、中国电子工程设计院、中国船舶重工集团公司第七一八研究所、苏州竞立制氢设备有限公司、天津市大陆制氢设备有限公司、四川天一科技股份有限公司、四川亚联高科技股份有限公司	2018-12-28	2019-07-01
GB/T 36277—2018	电动汽车车载静止式直流电能表技术条件 Technical specification for on-board static DC electric energy meter of electric vehicle	本标准规定了电动汽车车载静止式直流电能表(以下简称"电能表")的术语和定义、技术要求、试验方法、检验规则、标志、包装及储存。 本标准适用于电动汽车车载静止式直流电能表	国家市场监督管理总局、中国国家标准化管理委员会	中国电力企业联合会	山东鲁能智能技术有限公司、国网山东省电力公司、国网山东省电力公司电力科学研究院、许继集团有限公司、南京南瑞集团公司、中国汽车技术研究中心有限公司、普天新能源有限责任公司、中国电力科学研究院有限公司、国网信息通信产业集团有限公司、国网山东省电力公司青岛供电公司、万向电动汽车有限公司	2018-06-07	2019-01-01
GB/T 36278—2018	电动汽车充换电设施接入配电网技术规范 Technical code for electric vehicle charging/battery swap infrastructure interconnecting to distribution network	本标准规定了电动汽车充换电设施接入配电网的基本原则和技术要求。 本标准适用于接入110 kV及以下电压等级电网的电动汽车充换电设施	国家市场监督管理总局、中国国家标准化管理委员会	中国电力企业联合会	国家电网公司、国网北京经济技术研究院	2018-06-07	2019-01-01

续上表

标准编号 Standard Number	标准名称 Standard Name	标准主要内容 Main Contents of Standards	发布单位 Release Unit	归口单位 Technical Committees	起草单位 Drafting Unit	发布日期 Release Date	实施日期 Date of Implementation
GB/T 36282—2018	电动汽车用驱动电机系统电磁兼容性要求和试验方法 Electromagnetic compatibility requirements and test methods of drive motor system for electric vehicles	本标准规定了电动汽车用驱动电机系统电磁兼容性要求和试验方法。 本标准适用于纯电动汽车、混合动力电动汽车和燃料电池电动汽车用驱动电机系统。 本标准对于HV(高压)电源系统部件视为典型的全屏蔽系统。 注:电动汽车电源系统通常分为两种类型:第一种普通LV(低压)系统,其典型结构特点为非屏蔽;第二种HV系统,其典型结构特点为屏蔽	国家市场监督管理总局、中国国家标准化管理委员会	全国汽车标准化技术委员会	中国汽车技术研究中心有限公司、安徽安凯汽车股份有限公司、安徽巨一自动化装备有限公司、浙江尤奈特电机有限公司、奇瑞新能源汽车技术有限公司、上海大郡动力控制技术有限公司、湖南中车时代电动汽车股份有限公司、浙江谷神能源科技股份有限公司、深圳市汇川技术股份有限公司、上海电驱动股份有限公司、江门市地尔汉宇电器股份有限公司、北京汽车研究总院有限公司、北京理工大学	2018-06-07	2019-01-01
GB/T 36288—2018	燃料电池电动汽车燃料电池堆安全要求 Fuel cell electric vehicles—Safety requirement of fuel cell stack	本标准规定了燃料电池电动汽车用燃料电池堆在氢气安全、电气安全、机械结构等方面的安全要求。 本标准适用于车用质子交换膜燃料电池堆。 本标准只涉及对人体和燃料电池堆外部产生的危险,不涉及对燃料电池堆内部的保护,假设这种内部损害不会对燃料电池外部产生危害	国家市场监督管理总局、中国国家标准化管理委员会	全国燃料电池及液流电池标准化技术委员会	同济大学、中国汽车技术研究中心有限公司、上海机动车检测认证技术研究中心有限公司、机械工业北京电工技术经济研究所、中科院大连化学物理研究所、新源动力股份有限公司、中国汽车工程研究院股份有限公司、浙江大学、上海汽车集团股份有限公司、北京新研氢能源科技有限公司、航天新长征电动汽车技术有限公司、深圳市标准化研究院、武汉众宇动力系统科技有限公司、上海神力科技有限公司、中国电器工业协会、北京氢璞创能科技有限公司	2018-06-07	2019-01-01
GB/T 22068—2018	汽车空调用电动压缩机总成 Electrically driven compressor assembly for automobile air-conditioning	本标准规定了汽车空调用电动压缩机总成(以下简称"电动压缩机总成")的术语和定义、型式和基本参数、技术要求、试验方法、检验规则以及标志、包装、运输和贮存。 本标准适用于汽车空调用电动压缩机总成	国家市场监督管理总局、中国国家标准化管理委员会	全国冷冻空调设备标准化技术委员会	南京奥特佳新能源科技有限公司、合肥通用环境控制技术有限责任公司、上海加冷松芝汽车空调股份有限公司、湖南汤普悦斯压缩机科技有限公司、合肥通用机电产品检测院有限公司	2018-05-14	2018-12-01

二、道路机动车辆生产企业及产品(第 304 ~ 315 批)——新能源汽车节选
Chapter 2 Road Motor Vehicle Manufacturing Enterprises and Products (Batch 304-315)—Excerpts of New Energy Vehicles

1. 道路机动车辆生产企业及产品(第 304 批)——新能源汽车节选

道路机动车辆生产企业及产品(第 304 批)于 2018 年 2 月 2 日发布,共计 72 个新能源汽车生产厂家,涉及 60 个新能源汽车品牌,103 个新能源汽车产品进入公告。其中,纯电动产品共计 91 个(客车 23 个、客车底盘 6 个、专用车 43 个、乘用车 19 个);插电式混合动力产品共计 7 款(客车 1 个、乘用车 6 个);燃料电池产品共计 5 款(客车 2 个、客车底盘 1 个、专用车 1 个、专用车底盘 1 个)。道路机动车辆生产企业及产品(第 304 批)——新能源汽车节选如下。

(1)汽车生产企业

共计 58 个生产厂家、50 个品牌、89 个产品进入公告,其中,纯电动产品共计 78 个(客车 19 个、客车底盘 6 个、专用车 34 个、乘用车 19 个);插电式混合动力产品共计 7 个(客车 1 个、乘用车 6 个);燃料电池产品共计 4 个(客车 1 个、客车底盘 1 个、专用车 1 个、专用车底盘 1 个)。

序号	企业名称	商标	《目录》序号	产品名称	产品型号
1	东风汽车公司	东风牌	3	燃料电池载货汽车底盘	EQ1080
2	东风汽车公司	东风牌	3	纯电动载货汽车底盘	EQ1045
3	东风汽车公司	东风牌	3	燃料电池客车底盘	EQ6860
4	东风汽车公司	东风牌	3	纯电动城市客车	EQ6800
5	东风汽车公司	东风牌	3	纯电动客车底盘	EQ6780
6	东风汽车公司	东风牌	3	燃料电池厢式运输车	EQ5080X
7	东风汽车公司	东风牌	3	纯电动厢式运输车	EQ5045X
8	东风汽车股份有限公司	东风牌	3	纯电动载货汽车底盘	EQ1042
9	东风汽车股份有限公司	东风牌	3	纯电动厢式运输车	DFA5020X、DFA5030X
10	北汽福田汽车股份有限公司	福田牌	9	纯电动载货汽车底盘	BJ1046
11	北汽福田汽车股份有限公司	福田牌	9	插电式混合动力城市客车	BJ6855、BJ6905
12	北汽福田汽车股份有限公司	福田牌	9	纯电动城市客车	BJ6851、BJ6105、BJ6805
13	北京新能源汽车股份有限公司	北京牌	11	纯电动轿车	BJ7001
14	北京汽车股份有限公司	北京牌	11	纯电动轿车	BJ7000
15	北京现代汽车有限公司	北京现代牌	11	纯电动轿车	BH7001
16	长城汽车股份有限公司	欧拉牌	15	纯电动轿车	CC7001
17	河北红星汽车制造有限公司	红星牌	21	纯电动运动型乘用车	HX6340、HX6308
18	沈阳金杯车辆制造有限公司	金杯牌	33	纯电动翼开启厢式车	SY5010X
19	上汽大通汽车有限公司	大通牌	41	纯电动流动服务车	SH5041X
20	北汽新能源汽车常州有限公司	北京牌	46	纯电动轿车	BJ7000
21	徐州徐工汽车制造有限公司	徐工牌	48	纯电动载货汽车底盘	XGA1081
22	浙江吉利汽车有限公司	吉利美日牌	52	插电式混合动力轿车	MR7152
23	浙江豪情汽车制造有限公司	帝豪牌	52	插电式混合动力轿车	HQ7152
24	安徽江淮汽车集团股份有限公司	江淮牌	56	纯电动载货汽车底盘	HFC1031
25	安徽江淮汽车集团股份有限公司	江淮牌	56	纯电动厢式运输车	HFC5031X
26	东南(福建)汽车工业有限公司	东南牌	58	纯电动轿车	DN7006、DN7004、DN7005
27	福建省汽车工业集团云度新能源汽车股份有限公司	云度牌	58	纯电动轿车	YDE7000
28	江铃汽车股份有限公司	江铃牌	61	纯电动载货汽车底盘	JX1043
29	江铃汽车股份有限公司	江铃牌	61	纯电动厢式运输车	JX5043XXY
30	江西江铃集团晶马汽车有限公司	晶马牌	62	纯电动城市客车	JMV6801
31	一汽解放青岛汽车有限公司	解放牌	64	纯电动载货汽车底盘	CA1048
32	郑州宇通客车股份有限公司	宇通牌	71	纯电动客车底盘	ZK6106

续上表

序号	企业名称	商标	《目录》序号	产品名称	产品型号
33	海马商务汽车有限公司	奥路卡牌	72	纯电动厢式运输车	ZQ5020X
34	湖北三环专用汽车有限公司	十通牌	76	纯电动载货汽车底盘	STQ1047
35	湖北三环专用汽车有限公司	十通牌	76	纯电动厢式运输车	STQ5047X
36	比亚迪汽车工业有限公司	比亚迪牌	79	纯电动低入口双层城市客车	BYD6100
37	比亚迪汽车工业有限公司	比亚迪牌	79	纯电动低入口双层城市客车底盘	BYD6100
38	比亚迪汽车工业有限公司	比亚迪牌	79	纯电动低入口城市客车	BYD6122
39	比亚迪汽车工业有限公司	比亚迪牌	79	纯电动低入口城市客车底盘	BYD6122
40	比亚迪汽车工业有限公司	比亚迪牌	79	纯电动客车	BYD6110
41	比亚迪汽车工业有限公司	比亚迪牌	79	纯电动客车底盘	BYD6100
42	比亚迪汽车工业有限公司	比亚迪牌	79	插电式混合动力多用途乘用车	BYD6490
43	比亚迪汽车工业有限公司	比亚迪牌	79	纯电动轿车	BYD7003
44	广州汽车集团乘用车(杭州)有限公司	传祺(Trumpchi)牌	89	纯电动轿车	GAH7000
45	广州汽车集团乘用车有限公司	传祺(Trumpchi)牌	89	插电式混合动力轿车	GAC7150
46	广州汽车集团乘用车有限公司	传祺(Trumpchi)牌	89	纯电动多用途乘用车	GAC6450
47	广汽三菱汽车有限公司	广汽(GAC)牌	89	插电式混合动力多用途乘用车	GMC6450
48	广汽丰田汽车有限公司	广汽(GAC)牌	89	纯电动多用途乘用车	GTM6450
49	桂林客车工业集团有限公司	五菱牌	90	纯电动城市客车	GL6101、GL6607、GL6851
50	东风柳州汽车有限公司	乘龙牌	91	纯电动载货汽车底盘	LZ1041
51	东风柳州汽车有限公司	乘龙牌	91	纯电动厢式运输车	LZ5041X
52	上汽通用五菱汽车股份有限公司	宝骏牌	92	纯电动轿车	LZW7001
53	重庆力帆乘用车有限公司	力帆牌	93	纯电动轿车	LF7004
54	重庆力帆汽车有限公司	力帆牌	93	纯电动厢式运输车	LF5028X、LF5029X
55	庆铃汽车股份有限公司	庆铃牌(繁体)	95	纯电动载货汽车底盘	QL1041
56	庆铃汽车股份有限公司	庆铃牌(繁体)	95	纯电动厢式运输车	QL5070X、QL5041X
57	中植一客成都汽车有限公司	中植汽车牌	100	纯电动城市客车	CDL6100
58	成都大运汽车集团有限公司	大运牌	101	纯电动载货汽车底盘	CGC1045
59	成都大运汽车集团有限公司	大运牌	101	纯电动厢式运输车	CGC5045X
60	东风云南汽车有限公司	东风牌	104	纯电动封闭货车	EQ5024X
61	陕西通家汽车股份有限公司	通家福牌	109	纯电动厢式运输车	STJ5025X、STJ5024X、STJ5029X
62	金龙联合汽车工业(苏州)有限公司	海格牌	112	纯电动城市客车	KLQ6800
63	四川现代汽车有限公司	康恩迪牌	118	纯电动客车	CHM6710
64	奇瑞商用车(安徽)有限公司	开瑞牌	119	纯电动载货汽车底盘	SQR1042
65	奇瑞商用车(安徽)有限公司	开瑞牌	119	纯电动厢式运输车	SQR5042X
66	江铃控股有限公司	江铃牌	121	纯电动轿车	JX70027、JX70028、JX70029、JX70030
67	上海汽车集团股份有限公司	荣威牌	122	插电式混合动力轿车	CSA7144
68	上海汽车集团股份有限公司	荣威牌	122	纯电动运动型乘用车	CSA6456
69	厦门金龙联合汽车工业有限公司	金龙牌	123	纯电动城市客车	XMQ6110、XMQ6106
70	厦门金龙旅行车有限公司	金旅牌	124	纯电动城市客车	XML6105、XML6805、XML6855、XML6809
71	厦门金龙旅行车有限公司	金旅牌	124	纯电动客车	XML6102、XML6809
72	中通客车控股股份有限公司	中通牌	125	纯电动城市客车	LCK6809、LCK6108
73	中通客车控股股份有限公司	中通牌	125	纯电动厢式运输车	LCK5049X、LCK5046X
74	海马汽车有限公司	海马牌	128	纯电动轿车	HMA7003
75	上海申龙客车有限公司	申龙牌	129	纯电动城市客车	SLK6819、SLK6859、SLK6109、SLK6949
76	上海申龙客车有限公司	申龙牌	129	纯电动客车底盘	SLK6109
77	深圳市五洲龙汽车股份有限公司	五洲龙牌	131	纯电动厢式运输车	FDG5040X

续上表

序号	企业名称	商标	《目录》序号	产品名称	产品型号
78	江苏九龙汽车制造有限公司	大马牌	141	纯电动厢式运输车	HKL5020X
79	南京金龙客车制造有限公司	开沃牌	142	纯电动低入口城市客车	NJL6129
80	南京金龙客车制造有限公司	开沃牌	142	纯电动城市客车	NJL6100、NJL6129、NJL6809
81	湖南中车时代电动汽车股份有限公司	中国中车牌	151	纯电动城市客车	TEG6106、TEG6851、TEG6129
82	四川南骏汽车集团有限公司	南骏牌	152	纯电动载货汽车底盘	NJA1040
83	四川南骏汽车集团有限公司	南骏牌	152	纯电动厢式运输车	NJA5040X
84	山东吉海新能源汽车有限公司	吉海牌	160	纯电动载货汽车底盘	JHN1031
85	山东吉海新能源汽车有限公司	吉海牌	160	纯电动厢式运输车	JHN5031CDX
86	成都客车股份有限公司	蜀都牌	162	燃料电池城市客车	CDK6900
87	兰州知豆电动汽车有限公司	知豆牌	167	纯电动轿车	LZD7002
88	上海万象汽车制造有限公司	象牌	168	纯电动城市客车	SXC6810
89	杭州长江乘用车有限公司	长江牌	170	纯电动轿车	FDH7000

(2)民用改装车生产企业

共计14个生产厂家、14个品牌、14个产品进入公告，其中，纯电动产品共计13个(客车4个、专用车9个)；燃料电池产品共计1个(客车1个)。

序号	企业名称	商标	《目录》序号	产品名称	产品型号
1	华晨客车(大连)有限公司	佰斯威牌	(六)32	纯电动城市客车	WK6101
2	徐州工程机械集团有限公司	徐工牌	(十)48	纯电动压缩式垃圾车	XZJ5080ZYS
3	江苏银宝专用车有限公司	银宝牌	(十)68	纯电动压缩式垃圾车	SYB5070ZYS
4	浙江中车电车有限公司	中国中车牌	(十一)17	纯电动城市客车	CSR6180、CSR6121
5	中国重汽集团济南豪沃客车有限公司	黄河牌	(十五)19	纯电动城市客车	JK6106
6	郑州宇通重工有限公司	宇通牌	(十六)30	纯电动洗扫车	YTZ5040TXS
7	湖北东润专用汽车有限公司	东润牌	(十七)46	纯电动厢式运输车	WSH5040X
8	湖北世纪中远车辆有限公司	中悦牌	(十七)86	纯电动厢式运输车	ZYP5044X
9	长沙中联重科环境产业有限公司	中联牌	(十八)60	纯电动多功能抑尘车	ZBH5181TDY
10	广东圣宝汽车实业有限公司	圣宝牌	(十九)30	纯电动厢式运输车	GSB5040X
11	东莞中汽宏远汽车有限公司	宏远牌	(十九)42	纯电动城市客车	KMT6119
12	重庆瑞驰汽车实业有限公司	瑞驰牌	(二十一)14	纯电动封闭货车	CRC5030X
13	成都航天万欣科技有限公司	万欣牌	(二十二)19	纯电动厢式运输车	TJX5040X
14	中植汽车(淳安)有限公司	中植汽车牌	(十一)47	燃料电池客车	SPK6890

2. 道路机动车辆生产企业及产品(第305批)——新能源汽车节选

道路机动车辆生产企业及产品(第305批)于2018年3月8日发布，共计47个新能源汽车生产企业，43个新能源汽车品牌，74个新能源汽车产品进入公告。其中，纯电动产品共计68个(客车25个、客车底盘3个、专用车21个、专用车底盘9个、乘用车10个)；插电式混合动力产品共计6个(客车3个、客车底盘1个、乘用车2个)。道路机动车辆生产企业及产品(第305批)——新能源汽车节选如下。

(1)汽车生产企业

共计33个生产厂家、31个品牌、55个产品进入公告，其中，纯电动产品共计52个(客车17个、客车底盘3个、专用车13个、专用车底盘9个、乘用车10个)，插电式混合动力产品共计3个(乘用车2个、客车底盘1个)。

序号	企业名称	商标	《目录》序号	产品名称	产品型号
1	东风汽车股份有限公司	东风牌	3	纯电动载货汽车底盘	EQ1080
2	东风汽车股份有限公司	东风牌	3	纯电动城市客车	DFA6800
3	东风汽车股份有限公司	东风牌	3	纯电动客车底盘	EQ6760
4	东风汽车股份有限公司	东风牌	3	纯电动厢式运输车	DFA5030X、DFA5040X
5	东风特种汽车有限公司	东风牌	3	纯电动城市客车	EQ6671、EQ6810
6	北京北方华德尼奥普兰客车股份有限公司	北方牌	7	纯电动城市客车	BFC6109、BFC6809
7	北汽福田汽车股份有限公司	福田牌	9	纯电动城市客车	BJ6105、BJ6805

续上表

序号	企业名称	商标	《目录》序号	产品名称	产品型号
8	北汽福田汽车股份有限公司	福田牌	9	纯电动厢式运输车	BJ5046X
9	北京汽车股份有限公司	北京牌	11	纯电动厢式运输车	BJ5030X
10	北京汽车股份有限公司	北京牌	11	纯电动轿车	BJ7001
11	天津一汽夏利汽车股份有限公司	宾果牌	18	纯电动轿车	CA7007
12	河北长安汽车有限公司	长安牌	22	纯电动厢式运输车	SC5028X
13	河北长安汽车有限公司	长安牌	22	纯电动多用途乘用车	SC6459、SC6443
14	上汽大通汽车有限公司	跃进牌	41	纯电动载货汽车底盘	SH1047
15	上汽大通汽车有限公司	跃进牌	41	纯电动厢式运输车	SH5047X
16	浙江飞碟汽车制造有限公司	飞碟牌	51	纯电动载货汽车底盘	FD1041
17	浙江飞碟汽车制造有限公司	飞碟牌	51	纯电动厢式运输车	FD5041X
18	浙江豪情汽车制造有限公司	沃尔沃牌	52	插电式混合动力多用途乘用车	VCC6474
19	安徽安凯汽车股份有限公司	安凯牌	55	插电式混合动力客车底盘	HFF6122
20	安徽安凯汽车股份有限公司	安凯牌	55	纯电动城市客车	HFF6109、HFF6800
21	安徽江淮汽车集团股份有限公司	江淮牌	56	纯电动厢式运输车	HFC5049X
22	江铃汽车股份有限公司	江铃牌	61	纯电动载货汽车底盘	JX1063
23	江铃汽车股份有限公司	江铃牌	61	纯电动厢式运输车	JX5063X
24	江铃汽车股份有限公司	江铃牌	61	插电式混合动力多用途乘用车	JX6460
25	江西江铃集团晶马汽车有限公司	晶马牌	62	纯电动城市客车	JMV6821、JMV6105
26	江西江铃集团晶马汽车有限公司	晶马牌	62	纯电动客车	JMV6821
27	郑州宇通客车股份有限公司	宇通牌	71	纯电动城市客车	ZK6826
28	郑州宇通客车股份有限公司	宇通牌	71	纯电动客车	ZK6826、ZK6809、ZK6115
29	郑州宇通客车股份有限公司	宇通牌	71	纯电动客车底盘	ZK6106
30	湖北三环专用汽车有限公司	十通牌	76	纯电动载货汽车底盘	STQ1049
31	湖北三环专用汽车有限公司	十通牌	76	纯电动厢式运输车	STQ5049X
32	比亚迪汽车工业有限公司	比亚迪牌	79	纯电动城市客车	BYD6100、BYD6101
33	比亚迪汽车工业有限公司	比亚迪牌	79	纯电动城市客车底盘	BYD6100、BYD6101
34	湖南江南汽车制造有限公司	众泰牌	84	纯电动轿车	JNJ7000
35	广州广汽比亚迪新能源客车有限公司	广汽牌	89	纯电动城市客车	GZ6100
36	重庆力帆乘用车有限公司	力帆牌	93	纯电动轿车	LF7002
37	庆铃汽车股份有限公司	庆铃牌(繁体)	95	纯电动载货汽车底盘	QL1070
38	重庆长安汽车股份有限公司	长安牌	96	纯电动载货汽车底盘	SC1031
39	重庆长安汽车股份有限公司	长安牌	96	纯电动封闭货车	SC5031X
40	重庆长安汽车股份有限公司	长安牌	96	纯电动轿车	SC7001、SC7003
41	中植一客成都汽车有限公司	中植汽车牌	100	纯电动客车	CDL6110
42	陕西通家汽车股份有限公司	国金汽车牌	109	纯电动多用途乘用车	STJ6460
43	奇瑞汽车股份有限公司	奇瑞牌	119	纯电动轿车	SQR7000
44	上海汽车集团股份有限公司	荣威牌	122	纯电动多用途乘用车	CSA6461
45	厦门金龙联合汽车工业有限公司	金龙牌	123	纯电动城市客车	XMQ6850、XMQ6106、XMQ6650、XMQ6802
46	厦门金龙联合汽车工业有限公司	金龙牌	123	纯电动客车	XMQ6110
47	厦门金龙旅行车有限公司	金旅牌	124	纯电动厢式运输车	XML5036X
48	明君汽车有限公司	华凯牌	133	纯电动载货汽车底盘	MJC1040
49	南京金龙客车制造有限公司	开沃牌	142	纯电动城市客车	NJL6100
50	南京金龙客车制造有限公司	开沃牌	142	纯电动客车	NJL6117
51	南京金龙客车制造有限公司	开沃牌	142	纯电动邮政车	NJL5040X
52	华晨鑫源重庆汽车有限公司	鑫源牌	146	纯电动多用途乘用车	JKC6451
53	湖南中车时代电动汽车股份有限公司	中国中车牌	151	纯电动城市客车	TEG6106、TEG6851

续上表

序号	企业名称	商标	《目录》序号	产品名称	产品型号
54	四川南骏汽车集团有限公司	南骏牌	152	纯电动载货汽车底盘	NJA1030、NJA1041
55	四川南骏汽车集团有限公司	南骏牌	152	纯电动厢式运输车	NJA5030X、NJA5041X

(2)民用改装车生产企业

共计14个生产厂家,14个品牌,19个产品进入公告,其中,纯电动产品共计16个(客车8个、专用车8个);插电式混合动力产品共计3个(客车3个)。

序号	企业名称	商标	《目录》序号	产品名称	产品型号
1	哈尔滨通联客车有限公司	哈尔滨牌	(八)04	插电式混合动力低入口城市客车	HKC6123
2	江苏友谊汽车有限公司	友谊牌	(十)45	纯电动客车	ZGT6830
3	湖州恩驰汽车有限公司	恩纳德牌	(十一)05	纯电动城市客车	HZK6820
4	杭州长江汽车有限公司	长江牌	(十一)06	纯电动客车	FDC6810
5	浙江中车电车有限公司	中国中车牌	(十一)17	纯电动城市客车	CSR6110
6	江西宜春客车厂有限公司	中宜牌	(十四)14	纯电动城市客车	JYK6800
7	烟台舒驰客车有限责任公司	舒驰牌	(十五)18	纯电动低入口城市客车	YTK6101
8	烟台舒驰客车有限责任公司	舒驰牌	(十五)18	纯电动厢式运输车	YTK5040X
9	中国重汽集团济南豪沃客车有限公司	黄河牌	(十五)19	插电式混合动力城市客车	JK6106
10	中通汽车工业集团有限责任公司	东岳牌	(十五)70	纯电动洗扫车	ZTQ5080TXS
11	郑州宇通重工有限公司	宇通牌	(十六)30	纯电动压缩式垃圾车	YTZ5080ZYS
12	郑州宇通重工有限公司	宇通牌	(十六)30	纯电动扫路车	YTZ5080TSL、YTZ5180TSL、YTZ5040TSL
13	郑州宇通重工有限公司	宇通牌	(十六)30	纯电动洗扫车	YTZ5180TXS、YTZ5080TXS
14	郑州宇通重工有限公司	宇通牌	(十六)30	纯电动清洗车	YTZ5180GQX
15	郑州宇通重工有限公司	宇通牌	(十六)30	纯电动车厢可卸式垃圾车	YTZ5040ZXX
16	河南森源重工有限公司	森源牌	(十六)37	纯电动厢式运输车	SMQ5030X
17	东莞中汽宏远汽车有限公司	宏远牌	(十九)42	纯电动客车	KMT6602
18	四川省客车制造有限责任公司	峨嵋牌	(二十二)09	纯电动城市客车	EM6850
19	昆明客车制造有限公司	云海牌	(二十四)06	插电式混合动力城市客车	KK6122

3. 道路机动车辆生产企业及产品(第306批)——新能源汽车节选

道路机动车辆生产企业及产品(第306批)于2018年4月4日发布,共计97个新能源汽车生产厂家,89个新能源汽车品牌,174个新能源汽车产品进入公告,其中,纯电动产品共计160个(客车49个、客车底盘4个、专用车74个、专用车底盘16个、乘用车17个);插电式混合动力产品共计10个(客车3个、乘用车7个);燃料电池产品共计4个(客车2个、专用车1个、专用车底盘1个)。道路机动车辆生产企业及产品(第306批)——新能源汽车节选如下。

(1)汽车生产企业

共计66个生产厂家、60个品牌、130个产品进入公告,其中,纯电动产品共计118个(客车36个、客车底盘4个、专用车45个、专用车底盘16个、乘用车17个);插电式混合动力产品10个(客车3个、乘用车7个);燃料电池产品共计2个(专用车1个、专用车底盘1个)。

序号	企业名称	商标	《目录》序号	产品名称	产品型号
1	中国第一汽车集团公司	解放牌	1	纯电动厢式运输车	CA5041X
2	一汽吉林汽车有限公司	解放牌	1	纯电动厢式运输车	CA5020X、CA5021X
3	东风汽车集团有限公司	东风牌	3	燃料电池载货汽车底盘	EQ1080
4	东风汽车集团有限公司	东风牌	3	纯电动载货汽车底盘	EQ1045、EQ1032、EQ1180
5	东风汽车集团有限公司	东风牌	3	纯电动城市客车	EQ6620
6	东风汽车集团有限公司	东风牌	3	纯电动客车底盘	EQ6540
7	东风汽车集团有限公司	东风牌	3	纯电动厢式运输车	EQ5045X、EQ5032X
8	东风汽车集团有限公司	东风牌	3	燃料电池冷藏车	EQ5080X
9	东风汽车集团有限公司	俊风牌	3	纯电动轿车	DFA7000
10	东风汽车股份有限公司	东风牌	3	纯电动载货汽车底盘	EQ1070

续上表

序号	企业名称	商标	《目录》序号	产品名称	产品型号
11	东风汽车股份有限公司	东风牌	3	纯电动厢式运输车	DFA5020X、DFA5030X、DFA5040X
12	东风汽车股份有限公司	东风牌	3	纯电动电源车	DFA5070X
13	东风小康汽车有限公司	东风牌	3	纯电动多用途乘用车	DXK6450
14	北汽福田汽车股份有限公司	福田牌	9	纯电动厢式运输车	BJ5025X
15	北汽福田汽车股份有限公司	福田牌	9	纯电动多用途乘用车	BJ6425
16	北汽福田汽车股份有限公司	福田牌	9	纯电动邮政车	BJ5025X
17	北京汽车股份有限公司	北京牌	11	纯电动轿车	BJ7000
18	北京新能源汽车股份有限公司	北京牌	11	纯电动轿车	BJ7001
19	长城汽车股份有限公司	长城牌	15	纯电动轿车	CC7001
20	河北长安汽车有限公司	长安牌	22	纯电动城市客车	SC6805
21	上汽大通汽车有限公司	大通牌	41	纯电动厢式运输车	SH5041X
22	上汽大通汽车有限公司	大通牌	41	纯电动冷藏车	SH5041X
23	上汽大通汽车有限公司	跃进牌	41	纯电动载货汽车底盘	SH1047、SH1077
24	上汽大通汽车有限公司	跃进牌	41	纯电动厢式运输车	SH5077X、SH5047X
25	上汽大通汽车有限公司	跃进牌	41	纯电动冷藏车	SH5047X
26	上海申沃客车有限公司	申沃牌	42	纯电动低入口城市客车	SWB6128
27	上海申沃客车有限公司	申沃牌	42	纯电动城市客车	SWB6108、SWB6128
28	南京汽车集团有限公司	依维柯牌	44	纯电动客车底盘	NJ6567、NJ6457
29	南京汽车集团有限公司	依维柯牌	44	纯电动厢式运输车	NJ5047X
30	南京汽车集团有限公司	依维柯牌	44	纯电动载货车底盘	NJ1047
31	北汽新能源汽车常州有限公司	北京牌	46	纯电动厢式运输车	BJ5030X
32	北汽新能源汽车常州有限公司	北京牌	46	纯电动邮政车	BJ5030X
33	扬州亚星客车股份有限公司	亚星牌	49	纯电动双层城市客车	JS6111
34	扬州亚星客车股份有限公司	亚星牌	49	纯电动城市客车	JS6108、JS6851、JS6128、JS6815、YBL6111
35	扬州亚星客车股份有限公司	亚星牌	49	纯电动客车	YBL6111
36	大庆沃尔沃汽车制造有限公司	沃尔沃牌	52	插电式混合动力轿车	VCD7204
37	浙江豪情汽车制造有限公司	帝豪牌	52	插电式混合动力轿车	HQ7152
38	安徽安凯汽车股份有限公司	安凯牌	55	纯电动城市客车	HFF6109、HFF6650
39	安徽江淮汽车集团股份有限公司	思皓牌	56	纯电动轿车	HFC7001
40	安徽江淮汽车集团股份有限公司	江淮牌	56	纯电动载货汽车底盘	HFC1031
41	安徽江淮汽车集团股份有限公司	江淮牌	56	纯电动厢式运输车	HFC5031X
42	安徽江淮汽车集团股份有限公司	江淮牌	56	纯电动轿车	HFC7000
43	东南(福建)汽车工业有限公司	东南牌	58	纯电动轿车	DN7008
44	福建新福达汽车工业有限公司	福达(FORTA)牌	58	插电式混合动力城市客车	FZ6109
45	福建新福达汽车工业有限公司	福达(FORTA)牌	58	纯电动城市客车	FZ6108、FZ6809
46	福建新龙马汽车股份有限公司	福建牌	58	纯电动厢式运输车	FJ5020X
47	江西昌河汽车有限责任公司	北京牌	59	纯电动厢式运输车	CH5031X
48	江西昌河汽车有限责任公司	北京牌	59	纯电动邮政车	CH5031X
49	江西江铃集团晶马汽车有限公司	晶马牌	62	纯电动城市客车	JMV6660
50	江西江铃集团晶马汽车有限公司	晶马牌	62	纯电动客车	JMV6660
51	一汽解放青岛汽车有限公司	解放牌	64	纯电动载货汽车底盘	CA1040、CA1043、CA1042
52	一汽解放青岛汽车有限公司	解放牌	64	纯电动厢式运输车	CA5048X、CA5043X、CA5042X、CA5040X
53	一汽解放青岛汽车有限公司	解放牌	64	纯电动冷藏车	CA5048X
54	郑州宇通客车股份有限公司	宇通牌	71	纯电动城市客车	ZK6805、ZK6105、ZK6850、ZK6125

续上表

序号	企业名称	商标	《目录》序号	产品名称	产品型号
55	郑州宇通客车股份有限公司	宇通牌	71	纯电动客车	ZK6119、ZK6906
56	郑州日产汽车有限公司	东风牌	72	纯电动多用途乘用车	ZN6452
57	湖北三环专用汽车有限公司	十通牌	76	纯电动载货汽车底盘	STQ1079、STQ1081
58	湖北三环专用汽车有限公司	十通牌	76	纯电动厢式运输车	STQ5079X
59	比亚迪汽车工业有限公司	比亚迪牌	79	纯电动城市客车	BYD6810、BYD6101、BYD6850
60	比亚迪汽车工业有限公司	比亚迪牌	79	纯电动城市客车底盘	BYD6800、BYD6101、BYD6770
61	比亚迪汽车工业有限公司	比亚迪牌	79	纯电动客车	BYD6900
62	比亚迪汽车工业有限公司	比亚迪牌	79	纯电动客车底盘	BYD6880
63	比亚迪汽车工业有限公司	比亚迪牌	79	插电式混合动力多用途乘用车	BYD6490
64	比亚迪汽车工业有限公司	比亚迪牌	79	纯电动洗扫车底盘	BYD5160TXS
65	比亚迪汽车工业有限公司	腾势牌	79	纯电动轿车	QCJ7007
66	安徽华菱汽车有限公司	华菱之星牌	81	纯电动载货汽车底盘	HN1040
67	安徽华菱汽车有限公司	华菱之星牌	81	纯电动厢式运输车	HN5040X
68	广州广汽比亚迪新能源客车有限公司	广汽牌	89	纯电动低入口城市客车	GZ6122
69	广州广汽比亚迪新能源客车有限公司	广汽牌	89	纯电动城市客车	GZ6850
70	广汽三菱汽车有限公司	广汽(GAC)牌	89	插电式混合动力多用途乘用车	GMC6450
71	桂林客车工业集团有限公司	五菱牌	90	纯电动厢式运输车	GL5040X
72	东风柳州汽车有限公司	乘龙牌	91	纯电动载货汽车底盘	LZ1042、LZ1070
73	东风柳州汽车有限公司	乘龙牌	91	纯电动厢式运输车	LZ5042X
74	上汽通用五菱汽车股份有限公司	宝骏牌	92	纯电动轿车	LZW7001
75	庆铃汽车股份有限公司	庆铃牌(繁体)	95	纯电动载货汽车底盘	QL1040、QL1041
76	庆铃汽车股份有限公司	庆铃牌(繁体)	95	纯电动厢式运输车	QL5040X、QL5041X
77	重庆长安汽车股份有限公司	长安牌	96	纯电动载货汽车	SC1031、SC1040
78	重庆长安汽车股份有限公司	长安牌	96	纯电动载货汽车底盘	SC1070、SC1031、SC1040
79	重庆长安汽车股份有限公司	长安牌	96	插电式混合动力多用途乘用车	SC6469
80	重庆长安汽车股份有限公司	长安牌	96	纯电动轿车	SC7001
81	中植一客成都汽车有限公司	中植汽车牌	100	纯电动城市客车	CDL6660
82	中植一客成都汽车有限公司	中植汽车牌	100	纯电动客车	CDL6800
83	成都大运汽车集团有限公司	大运牌	101	纯电动载货汽车底盘	CGC1045
84	成都大运汽车集团有限公司	大运牌	101	纯电动厢式运输车	CGC5045X
85	成都大运汽车集团有限公司	大运牌	101	纯电动冷藏车	CGC5045X
86	潍柴(重庆)汽车有限公司	英致牌	102	纯电动厢式运输车	YZ5030X
87	比亚迪汽车有限公司	比亚迪牌	108	插电式混合动力多用途乘用车	BYD6460
88	比亚迪汽车有限公司	比亚迪牌	108	插电式混合动力轿车	BYD7152
89	陕西通家汽车股份有限公司	国金汽车牌	109	纯电动多用途乘用车	STJ6460
90	陕西汽车集团有限责任公司	陕汽牌	110	纯电动载货汽车底盘	SX1043、SX1044
91	陕西汽车集团有限责任公司	陕汽牌	110	纯电动厢式运输车	SX5044X、SX5043X
92	陕西汽车集团有限责任公司	陕汽牌	110	纯电动冷藏车	SX5043X
93	金龙联合汽车工业(苏州)有限公司	海格牌	112	纯电动低入口城市客车	KLQ6832
94	金龙联合汽车工业(苏州)有限公司	海格牌	112	纯电动城市客车	KLQ6109、KLQ6800、KLQ6850
95	金龙联合汽车工业(苏州)有限公司	海格牌	112	纯电动客车	KLQ6812
96	金龙联合汽车工业(苏州)有限公司	海格牌	112	纯电动厢式运输车	KLQ5035X
97	贵州航天成功汽车制造有限公司	航天牌	114	纯电动封闭货车	GHT5021X
98	奇瑞汽车股份有限公司	奇瑞牌	119	纯电动轿车	SQR7003
99	奇瑞商用车(安徽)有限公司	开瑞牌	119	纯电动厢式运输车	SQR5029X
100	江铃控股有限公司	江铃牌	121	纯电动轿车	JX70032、JX70031

续上表

序号	企业名称	商标	《目录》序号	产品名称	产品型号
101	厦门金龙联合汽车工业有限公司	金龙牌	123	纯电动城市客车	XMQ6106
102	厦门金龙旅行车有限公司	金旅牌	124	纯电动城市客车	XML6105、XML6805
103	厦门金龙旅行车有限公司	金旅牌	124	纯电动客车	XML6102、XML6700
104	中通客车控股股份有限公司	中通牌	125	纯电动厢式运输车	LCK5025X
105	河南少林客车股份有限公司	少林牌	126	纯电动厢式运输车	SLG5041X
106	重庆恒通客车有限公司	恒通客车牌	127	插电式混合动力城市客车	CKZ6116
107	上海申龙客车有限公司	申龙牌	129	插电式混合动力低入口城市客车	SLK6129
108	上海申龙客车有限公司	申龙牌	129	纯电动城市客车	SLK6819、SLK6859、SLK6118、SLK6109、SLK6129
109	上海申龙客车有限公司	申龙牌	129	纯电动客车	SLK6118
110	上海申龙客车有限公司	申龙牌	129	纯电动厢式运输车	SLK5042X、SLK5046X
111	山西成功汽车制造有限公司	太行成功牌	130	纯电动封闭货车	SCH5022X
112	明君汽车有限公司	华凯牌	133	纯电动厢式运输车	MJC5040X
113	河北御捷车业有限公司	御捷马牌	134	纯电动轿车	YGM7000、YGM7003、YGM7001
114	吉利四川商用车有限公司	远程牌	138	纯电动载货汽车底盘	DNC1047、DNC1076、DNC1077、DNC1045、DNC1046
115	吉利四川商用车有限公司	远程牌	138	纯电动厢式运输车	DNC5046X、DNC5045X、DNC5076X、DNC5047X、DNC5077X
116	吉利四川商用车有限公司	远程牌	138	纯电动冷藏车	DNC5077X
117	江苏九龙汽车制造有限公司	大马牌	141	纯电动客车	HKL6801
118	南京金龙客车制造有限公司	开沃牌	142	纯电动低入口城市客车	NJL6129
119	南京金龙客车制造有限公司	开沃牌	142	纯电动城市客车	NJL6809、NJL6859
120	南京金龙客车制造有限公司	开沃牌	142	纯电动客车	NJL6117、NJL6802
121	南京金龙客车制造有限公司	开沃牌	142	纯电动厢式运输车	NJL5038X
122	万向集团公司	万向牌	150	纯电动城市客车	WXB6100、WXB6860、WXB6121、WXB6730
123	湖南中车时代电动汽车股份有限公司	中国中车牌	151	纯电动城市客车	TEG6106、TEG6680、TEG6851、TEG6125、TEG6801、TEG6180
124	山东吉海新能源汽车有限公司	吉海牌	160	纯电动载货汽车	JHN1031
125	山东吉海新能源汽车有限公司	吉海牌	160	纯电动载货汽车底盘	JHN1030、JHN1031
126	山东吉海新能源汽车有限公司	吉海牌	160	纯电动厢式运输车	JHN5031CDX、JHN5030CGX
127	成都客车股份有限公司	蜀都牌	162	纯电动厢式运输车	CDK5021X
128	上海万象汽车制造有限公司	象牌	168	纯电动城市客车	SXC6110、SXC6105、SXC6940、SXC6750、SXC6120
129	上海万象汽车制造有限公司	象牌	168	纯电动客车	SXC6105
130	珠海广通汽车有限公司	广通牌	169	纯电动城市客车	GTQ6121、GTQ6105

(2)民用改装车生产企业

共计31个生产厂家、31个品牌、44个产品进入公告，其中纯电动产品共计42个(客车13个、专用车29个)；燃料电池产品共计2个(客车2个)。

序号	企业名称	商标	《目录》序号	产品名称	产品型号
1	北京华林特装车有限公司	华林牌	(一)31	纯电动厢式运输车	HLT5041X
2	天津路通电动汽车有限公司	牧夫牌	(二)28	纯电动厢式运输车	LTA5012X
3	南京市公共交通车辆厂	建康牌	(十)09	纯电动城市客车	NJC6850
4	江苏陆地方舟新能源车辆股份有限公司	陆地方舟牌	(十)28	纯电动厢式运输车	RQ5026X、RQ5022X
5	徐州工程机械集团有限公司	徐工牌	(十)48	纯电动密闭式桶装垃圾车	XZJ5080X
6	浙江中车电车有限公司	中国中车牌	(十一)17	纯电动城市客车	CSR6180、CSR6850
7	中植汽车(淳安)有限公司	中植汽车牌	(十一)47	燃料电池城市客车	SPK6100
8	安徽鑫盛汽车制造有限公司	沿锋牌	(十二)08	纯电动厢式运输车	AXS5022X

续上表

序号	企业名称	商标	《目录》序号	产品名称	产品型号
9	江西博能上饶客车有限公司	上饶牌	(十四)02	纯电动城市客车	SR6800
10	江西玖发专用车有限公司	谊玖牌	(十四)27	纯电动厢式运输车	GJF5030X
11	江西玖发专用车有限公司	谊玖牌	(十四)27	纯电动仓栅式运输车	GJF5030CCY
12	江西玖发专用车有限公司	谊玖牌	(十四)27	纯电动售货车	GJF5031X
13	烟台舒驰客车有限责任公司	舒驰牌	(十五)18	纯电动低入口城市客车	YTK6101
14	烟台舒驰客车有限责任公司	舒驰牌	(十五)18	纯电动城市客车	YTK6830
15	烟台舒驰客车有限责任公司	舒驰牌	(十五)18	纯电动客车	YTK6110
16	中国重汽集团济南豪沃客车有限公司	黄河牌	(十五)19	纯电动城市客车	JK6126
17	中通汽车工业集团有限责任公司	东岳牌	(十五)70	纯电动多功能抑尘车	ZTQ5180TDY
18	中通汽车工业集团有限责任公司	东岳牌	(十五)70	纯电动洒水车	ZTQ5180GSS
19	湖北东润专用汽车有限公司	东润牌	(十七)46	纯电动厢式运输车	WSH5040X、WSH5030X
20	扬子江汽车集团有限公司	扬子江牌	(十七)48	纯电动厢式冷藏车	WG5034X
21	湖北合加环境设备有限公司	合加牌	(十七)98	纯电动厢式运输车	HJK5080X
22	襄阳九州汽车有限公司	九州牌	(十七)129	纯电动城市客车	SYC6100
23	长沙中联重科环境产业有限公司	中联牌	(十八)60	纯电动车厢可卸式垃圾车	ZBH5180ZXX
24	长沙中联重科环境产业有限公司	中联牌	(十八)60	纯电动压缩式垃圾车	ZBH5180ZYS
25	长沙中联重科环境产业有限公司	中联牌	(十八)60	纯电动洗扫车	ZBH5180TXS
26	长沙中联重科环境产业有限公司	中联牌	(十八)60	纯电动清洗车	ZBH5182GQX
27	长沙中联重科环境产业有限公司	中联牌	(十八)60	纯电动自装卸式垃圾车	ZBH5030ZZZ
28	佛山市飞驰汽车制造有限公司	飞驰牌	(十九)17	燃料电池低入口城市客车	FSQ6120
29	广东圣宝汽车实业有限公司	圣宝牌	(十九)30	纯电动厢式运输车	GSB5031X、GSB5042X
30	东莞中汽宏远汽车有限公司	宏远牌	(十九)42	纯电动厢式运输车	KMT5042X
31	柳州延龙汽车有限公司	延龙牌	(二十)06	纯电动厢式运输车	LZL5029X
32	柳州延龙汽车有限公司	延龙牌	(二十)06	纯电动仓栅式运输车	LZL5027CCY
33	广西源正新能源汽车有限公司	紫象牌	(二十)12	纯电动城市客车	HQK6109、HQK6819、HQK6859
34	重庆瑞驰汽车实业有限公司	瑞驰牌	(二十一)14	纯电动封闭货车	CRC5034X
35	成都雅骏汽车制造有限公司	通途牌	(二十二)23	纯电动厢式运输车	CTT5044X
36	成都雅骏汽车制造有限公司	通途牌	(二十二)23	纯电动压缩式垃圾车	CTT5070ZYS
37	成都雅骏汽车制造有限公司	通途牌	(二十二)23	纯电动自装卸式垃圾车	CTT5032ZZZ
38	宜宾市腾川汽车有限责任公司	神豹牌	(二十二)36	纯电动厢式运输车	YBT5040X
39	贵州长江汽车有限公司	贵州牌	(二十三)01	纯电动厢式运输车	GK5020X
40	奇瑞万达贵州客车股份有限公司	万达牌	(二十三)06	纯电动城市客车	WD6815
41	云南五龙汽车有限公司	长江牌	(二十四)03	纯电动低入口城市客车	FDE6100
42	云南五龙汽车有限公司	长江牌	(二十四)03	纯电动城市客车	FDE6850
43	云南航天神州汽车有限公司	神州牌	(二十四)04	纯电动城市客车	YH6801、YH6663
44	昆明客车制造有限公司	云海牌	(二十四)06	纯电动厢式运输车	KK5020X

4. 道路机动车辆生产企业及产品(第 307 批)——新能源汽车节选

道路机动车辆生产企业及产品(第 307 批)于 2018 年 5 月 22 日发布,共计 114 个新能源汽车生产厂家,103 个新能源汽车品牌,197 个新能源汽车产品进入公告,其中纯电动产品共计 183 个(客车 50 个、客车底盘 8 个、专用车 82 个、专用车底盘 18 个、乘用车 25 个);插电式混合动力产品共计 11 个(客车 3 个、乘用车 6 个、专用车 1 个、专用车底盘 1 个);燃料电池产品共计 3 个(客车 2 个、专用车 1 个)。道路机动车辆生产企业及产品(第 307 批)——新能源汽车节选如下。

(1)汽车生产企业

共计 66 个生产厂家、62 个品牌、133 个产品进入公告,其中纯电动产品共计 121 个(客车 26 个、客车底盘 8 个、专用车 44 个、专用车底盘 18 个、乘用车 25 个);插电式混合动力产品共计 10 个(客车 2 个、乘用车 6 个、专用车 1 个、专用车底盘 1 个);燃料电池产品共计 2 个(客车 2 个)。

序号	企业名称	商标	《目录》序号	产品名称	产品型号
1	东风汽车有限公司	东风日产牌	3	纯电动轿车	DFL7000
2	东风汽车股份有限公司	东风牌	3	纯电动载货汽车底盘	EQ1030、EQ1042、EQ1040
3	东风汽车股份有限公司	东风牌	3	纯电动厢式运输车	DFA5020X、DFA5040X
4	东风汽车股份有限公司	东风牌	3	纯电动冷藏车	DFA5040X
5	东风汽车集团有限公司	东风牌	3	纯电动载货汽车底盘	EQ1180、EQ1045、EQ1160
6	东风汽车集团有限公司	东风牌	3	纯电动城市客车	EQ6800、EQ6810
7	东风汽车集团有限公司	东风牌	3	纯电动客车底盘	EQ6350、EQ6760、EQ6810
8	东风汽车集团有限公司	东风牌	3	纯电动厢式运输车	EQ5045X、EQ5023X、EQ5028X、EQ5180X
9	东风汽车集团有限公司	俊风牌	3	纯电动轿车	DFA7000
10	东风特种汽车有限公司	东风牌	3	纯电动城市客车	EQ6105
11	东风特种汽车有限公司	东风牌	3	纯电动厢式运输车	EQ5027X
12	北汽福田汽车股份有限公司	福田牌	9	纯电动载货汽车	BJ1030
13	北汽福田汽车股份有限公司	福田牌	9	纯电动载货汽车底盘	BJ1045、BJ1043
14	北汽福田汽车股份有限公司	福田牌	9	纯电动厢式运输车	BJ5043X、BJ5048X、BJ5045X
15	北汽福田汽车股份有限公司	福田牌	9	纯电动自装卸式垃圾车	BJ5046ZZZ
16	北京奔驰汽车有限公司	梅赛德斯-奔驰(Mercedes-Benz)牌	10	插电式混合动力轿车	BJ7205
17	河北中兴汽车制造有限公司	田野牌	19	纯电动多用途货车	BQ1023
18	河北红星汽车制造有限公司	红星牌	21	纯电动运动型乘用车	HX6340
19	河北长安汽车有限公司	长安牌	22	纯电动载货汽车	SC1035、SC1027
20	河北长安汽车有限公司	长安牌	22	纯电动载货汽车底盘	SC1027
21	河北长安汽车有限公司	长安牌	22	纯电动厢式运输车	SC5027X
22	一汽客车(大连)有限公司	解放牌	28	纯电动厢式运输车	CA5031X、CA5021X
23	丹东黄海汽车有限责任公司	黄海牌	29	插电式混合动力城市客车	DD6129
24	丹东黄海汽车有限责任公司	黄海牌	29	纯电动城市客车	DD6109、DD6129
25	上汽大通汽车有限公司	大通牌	41	纯电动厢式运输车	SH5043X
26	上汽大通汽车有限公司	跃进牌	41	纯电动载货汽车底盘	SH1107
27	上汽大通汽车有限公司	跃进牌	41	纯电动厢式运输车	SH5107X
28	南京汽车集团有限公司	依维柯牌	44	纯电动运钞车	NJ5047X
29	北汽(常州)汽车有限公司	北京牌	45	纯电动商务车	BJ5040X
30	北汽(常州)汽车有限公司	北京牌	45	纯电动流动服务车	BJ5040X
31	东风悦达起亚汽车有限公司	起亚牌	47	插电式混合动力轿车	YQZ7201
32	徐州徐工汽车制造有限公司	徐工牌	48	纯电动载货汽车	NXG1081
33	浙江吉利汽车有限公司	吉利牌	52	插电式混合动力多用途乘用车	MR6471
34	浙江豪情汽车制造有限公司	吉利牌	52	纯电动轿车	JL7001
35	浙江豪情汽车制造有限公司	帝豪牌	52	插电式混合动力多用途乘用车	JL6432
36	安徽安凯汽车股份有限公司	安凯牌	55	纯电动城市客车	HFF6854、HFF6129、HFF6800
37	安徽江淮汽车集团股份有限公司	江淮牌	56	纯电动载货汽车底盘	HFC1041、HFC1042
38	安徽江淮汽车集团股份有限公司	江淮牌	56	纯电动厢式运输车	HFC5041X、HFC5037X
39	安徽江淮汽车集团股份有限公司	江淮牌	56	纯电动多用途货车底盘	HFC1037
40	安徽江淮汽车集团股份有限公司	江淮牌	56	纯电动轿车	HFC7001
41	福建新福达汽车工业有限公司	福达(FORTA)牌	58	纯电动厢式运输车	FZ5032X
42	福建新龙马汽车股份有限公司	福建牌	58	纯电动厢式运输车	FJ5030X
43	福建省汽车工业集团云度新能源汽车股份有限公司	云度牌	58	纯电动轿车	YDE7000
44	江铃汽车股份有限公司	江铃牌	61	纯电动多用途乘用车	JX6461、JX6460
45	江西江铃集团晶马汽车有限公司	晶马牌	62	纯电动城市客车	JMV6801

续上表

序号	企业名称	商标	《目录》序号	产品名称	产品型号
46	中国重汽集团济南商用车有限公司	豪沃牌	63	纯电动载货汽车底盘	ZZ1047、ZZ1077
47	中国重汽集团济南商用车有限公司	豪沃牌	63	纯电动厢式运输车	ZZ5047X、ZZ5077X
48	郑州宇通客车股份有限公司	宇通牌	71	燃料电池城市客车	ZK6105
49	郑州宇通客车股份有限公司	宇通牌	71	纯电动城市客车	ZK6815、ZK6105、ZK6650、ZK6115、ZK6125
50	郑州宇通客车股份有限公司	宇通牌	71	纯电动客车	ZK6641、ZK6119、ZK6115
51	郑州宇通客车股份有限公司	宇通牌	71	纯电动客车底盘	ZK6106
52	湖北新楚风汽车股份有限公司	楚风牌	73	纯电动载货汽车底盘	HQG1043
53	湖北新楚风汽车股份有限公司	楚风牌	73	纯电动客车底盘	HQG6760
54	湖北新楚风汽车股份有限公司	楚风牌	73	纯电动厢式运输车	HQG5043X
55	比亚迪汽车工业有限公司	比亚迪牌	79	纯电动城市客车	BYD6101
56	比亚迪汽车工业有限公司	比亚迪牌	79	纯电动城市客车底盘	BYD6101
57	比亚迪汽车工业有限公司	比亚迪牌	79	纯电动客车	BYD6900
58	比亚迪汽车工业有限公司	比亚迪牌	79	纯电动客车底盘	BYD6880
59	比亚迪汽车工业有限公司	比亚迪牌	79	插电式混合动力多用途乘用车	BYD6470
60	比亚迪汽车工业有限公司	比亚迪牌	79	纯电动冷藏车	BYD5040X
61	比亚迪汽车工业有限公司	比亚迪牌	79	纯电动桶装垃圾运输车	BYD5040CTY
62	湖南江南汽车制造有限公司	众泰牌	84	纯电动轿车	JNJ7000
63	一汽海马汽车有限公司	海马牌	88	纯电动轿车	HMC7000、HMC7002
64	广州汽车集团乘用车(杭州)有限公司	传祺(Trumpchi)牌	89	纯电动轿车	GAH7000
65	桂林客车工业集团有限公司	五菱牌	90	纯电动厢式运输车	GL5030X
66	东风柳州汽车有限公司	东风牌	91	纯电动轿车	LZ7000、LZ7001
67	重庆力帆乘用车有限公司	力帆牌	93	纯电动轿车	LF7007
68	庆铃汽车股份有限公司	庆铃牌(繁体)	95	纯电动载货汽车底盘	QL1041
69	庆铃汽车股份有限公司	庆铃牌(繁体)	95	纯电动厢式运输车	QL5041X
70	合肥长安汽车有限公司	长安牌	96	纯电动轿车	SC7004
71	重庆长安汽车股份有限公司	长安牌	96	纯电动载货汽车底盘	SC1040
72	重庆长安汽车股份有限公司	长安牌	96	纯电动封闭货车	SC5021X
73	重庆长安汽车股份有限公司	长安牌	96	纯电动轿车	SC7004、SC7001
74	中植一客成都汽车有限公司	中植汽车牌	100	纯电动城市客车	CDL6850
75	中国重汽集团成都王牌商用车有限公司	王牌牌	101	纯电动载货汽车底盘	CDW1040
76	中国重汽集团成都王牌商用车有限公司	王牌牌	101	纯电动厢式运输车	CDW5040X
77	四川野马汽车股份有限公司	野马牌	101	纯电动客车	SQJ6630
78	四川野马汽车股份有限公司	野马牌	101	纯电动客车底盘	SQJ6570
79	四川野马汽车股份有限公司	野马牌	101	纯电动乘用车	SQJ6460
80	成都大运汽车集团有限公司	大运牌	101	纯电动载货汽车底盘	CGC1045
81	成都大运汽车集团有限公司	大运牌	101	纯电动厢式运输车	CGC5045X
82	比亚迪汽车有限公司	比亚迪牌	108	插电式混合动力轿车	BYD7152
83	比亚迪汽车有限公司	比亚迪牌	108	纯电动轿车	BYD7005
84	陕西通家汽车股份有限公司	国金汽车牌	109	纯电动多用途乘用车	STJ6460
85	陕西通家汽车股份有限公司	通家福牌	109	纯电动厢式运输车	STJ5020X
86	陕西汽车集团有限责任公司	陕汽牌	110	插电式混合动力载货汽车底盘	SX1187
87	陕西汽车集团有限责任公司	陕汽牌	110	纯电动载货汽车底盘	SX1041、SX1045、SX1042
88	陕西汽车集团有限责任公司	陕汽牌	110	纯电动自卸汽车	SX3317
89	陕西汽车集团有限责任公司	陕汽牌	110	纯电动自卸汽车底盘	SX3317
90	陕西汽车集团有限责任公司	陕汽牌	110	纯电动厢式运输车	SX5042X、SX5041X、SX5045X
91	陕西汽车集团有限责任公司	陕汽牌	110	纯电动仓栅式运输车	SX5043CCY

续上表

序号	企业名称	商标	《目录》序号	产品名称	产品型号
92	陕西汽车集团有限责任公司	陕汽牌	110	插电式混合动力压缩式垃圾车	SX5187ZYS
93	金龙联合汽车工业(苏州)有限公司	海格牌	112	纯电动城市客车	KLQ6109、KLQ6800、KLQ6850、KLQ6822、KLQ6115
94	金龙联合汽车工业(苏州)有限公司	海格牌	112	纯电动客车	KLQ6111、KLQ6822
95	奇瑞商用车(安徽)有限公司	开瑞牌	119	纯电动厢式运输车	SQR5020X、SQR5031X
96	奇瑞商用车(安徽)有限公司	开瑞牌	119	纯电动冷藏车	SQR5030X、SQR5040X
97	奇瑞商用车(安徽)有限公司	开瑞牌	119	纯电动货车底盘	SQR1031
98	奇瑞汽车股份有限公司	奇瑞牌	119	纯电动轿车	SQR7000
99	江铃控股有限公司	江铃牌	121	纯电动轿车	JX70033、JX70034
100	厦门金龙联合汽车工业有限公司	金龙牌	123	纯电动城市客车	XMQ6850、XMQ6110、XMQ6106、XMQ6127、XMQ6806、XMQ6802
101	厦门金龙联合汽车工业有限公司	金龙牌	123	纯电动客车	XMQ6110、XMQ6806
102	厦门金龙联合汽车工业有限公司	金龙牌	123	纯电动厢式运输车	XMQ5030X
103	厦门金龙旅行车有限公司	金旅牌	124	纯电动城市客车	XML6102、XML6105、XML6606、XML6125、XML6855
104	中通客车控股股份有限公司	中通牌	125	纯电动城市客车	LCK6809、LCK6117、LCK6808、LCK6120、LCK6108、LCK6850
105	中通客车控股股份有限公司	中通牌	125	纯电动客车	LCK6117、LCK6808
106	中通客车控股股份有限公司	中通牌	125	纯电动厢式运输车	LCK5048X
107	河南少林客车股份有限公司	少林牌	126	纯电动厢式运输车	SLG5041X
108	上海申龙客车有限公司	申龙牌	129	纯电动城市客车	SLK6819、SLK6859、SLK6109
109	上海申龙客车有限公司	申龙牌	129	纯电动客车	SLK6118
110	上海申龙客车有限公司	申龙牌	129	纯电动厢式运输车	SLK5033X
111	河北御捷车业有限公司	御捷马牌	134	纯电动轿车	YGM7000
112	吉利四川商用车有限公司	远程牌	138	纯电动载货汽车底盘	DNC1047、DNC1046
113	吉利四川商用车有限公司	远程牌	138	纯电动厢式运输车	DNC5046X、DNC5030X、DNC5047X
114	江苏九龙汽车制造有限公司	大马牌	141	纯电动城市客车	HKL6801
115	南京金龙客车制造有限公司	开沃牌	142	燃料电池城市客车	NJL6859
116	南京金龙客车制造有限公司	开沃牌	142	纯电动城市客车	NJL6100、NJL6859、NJL6101、NJL6802
117	南京金龙客车制造有限公司	开沃牌	142	纯电动客车	NJL6117、NJL6806
118	南京金龙客车制造有限公司	开沃牌	142	纯电动厢式运输车	NJL5026X、NJL5040X、NJL5032X
119	南京金龙客车制造有限公司	开沃牌	142	纯电动多用途乘用车	NJL6420
120	长沙梅花汽车制造有限公司	同心牌	143	纯电动厢式运输车	TX5040X、TX5041X
121	华晨鑫源重庆汽车有限公司	鑫源牌	146	纯电动载货汽车	JKC1021
122	华晨鑫源重庆汽车有限公司	鑫源牌	146	纯电动载货汽车底盘	JKC1021
123	华晨鑫源重庆汽车有限公司	鑫源牌	146	纯电动厢式运输车	JKC5030X、JKC5021X
124	华晨鑫源重庆汽车有限公司	鑫源牌	146	纯电动多用途乘用车	JKC6453
125	湖南中车时代电动汽车股份有限公司	中国中车牌	151	纯电动城市客车	TEG6106、TEG6851、TEG6801、TEG6110、TEG6129
126	湖南中车时代电动汽车股份有限公司	中国中车牌	151	纯电动客车	TEG6900、TEG6110
127	成都客车股份有限公司	蜀都牌	162	插电式混合动力城市客车	CDK6126
128	成都客车股份有限公司	蜀都牌	162	纯电动城市客车	CDK6126、CDK6801、CDK6810、CDK6116
129	江西江铃集团新能源汽车有限公司	易至牌	165	纯电动轿车	JX7001
130	兰州知豆电动汽车有限公司	知豆牌	167	纯电动轿车	LZD7001
131	珠海广通汽车有限公司	广通牌	169	纯电动城市客车底盘	GTQ6105
132	珠海广通汽车有限公司	广通牌	169	纯电动客车底盘	GTQ6590

续上表

序号	企业名称	商标	《目录》序号	产品名称	产品型号
133	杭州长江乘用车有限公司	长江牌	170	纯电动轿车	FDH7000

(2)民用改装车生产企业

共计48个生产厂家、31个品牌、64个产品进入公告,其中纯电动产品共计62个(客车24个、专用车38个);插电式混合动力产品共计1个(客车1个);燃料电池产品共计1个(专用车1个)。

序号	企业名称	商标	《目录》序号	产品名称	产品型号
1	航天新长征电动汽车技术有限公司	蓝速牌	(一)23	纯电动厢式运输车	BYN5040X
2	国宏汽车集团有限公司	泓锋泰牌	(二)15	纯电动厢式运输车	HFT5021X
3	天津广通汽车有限公司	广通牌	(二)20	纯电动城市客车	TJR6105
4	石家庄中博汽车有限公司	广通客车牌	(三)04	纯电动城市客车	SQ6121、SQ6105
5	辽宁乾丰专用车有限公司	易圣达牌	(六)06	插电式混合动力城市客车	QF6110
6	江苏常隆客车有限公司	常隆牌	(十)17	纯电动城市客车	YS6808
7	徐州工程机械集团有限公司	徐工牌	(十)48	纯电动路面养护车	XZJ5030TYH
8	江苏银宝专用车有限公司	银宝牌	(十)68	纯电动压缩式垃圾车	SYB5071ZYS
9	江苏银宝专用车有限公司	银宝牌	(十)68	纯电动自装卸式垃圾车	SYB5030ZZZ
10	江苏奥新新能源汽车有限公司	达福迪牌	(十)74	燃料电池厢式运输车	JAX5080X
11	杭州长江汽车有限公司	长江牌	(十一)06	纯电动客车	FDC6750
12	浙江中车电车有限公司	中国中车牌	(十一)17	纯电动城市客车	CSR6850、CSR6110
13	中汽商用汽车有限公司(杭州)	中汽牌	(十一)37	纯电动扫路车	ZQZ5030TSL
14	宁波杉杉汽车有限公司	杉杉牌	(十一)46	纯电动厢式运输车	NSS5042X、NSS5030X
15	中植汽车(淳安)有限公司	中植汽车牌	(十一)47	纯电动客车	SPK6100
16	浙江普朗特电动汽车有限公司	三角行牌	(十一)49	纯电动厢式运输车	PLT5030X
17	芜湖中骐汽车制造有限公司	斯帕德牌	(十二)47	纯电动客车	HL6800
18	福建龙马环卫装备股份有限公司	福龙马牌	(十三)16	纯电动车厢可卸式垃圾车	FLM5040ZXX
19	江西博能上饶客车有限公司	上饶牌	(十四)02	纯电动城市客车	SR6106
20	安源客车制造有限公司	安源牌	(十四)05	纯电动城市客车	PK6803
21	江西宜春客车厂有限公司	中宜牌	(十四)14	纯电动城市客车	JYK6803、JYK6601、JYK6800
22	江西玖发专用车有限公司	谊玖牌	(十四)27	纯电动售货车	GJF5030X
23	江西玖发专用车有限公司	谊玖牌	(十四)27	纯电动桶装垃圾运输车	GJF5030CTY
24	中通汽车工业集团有限责任公司	东岳牌	(十五)70	纯电动压缩式垃圾车	ZTQ5180ZYS
25	中通汽车工业集团有限责任公司	东岳牌	(十五)70	纯电动洗扫车	ZTQ5180TXS
26	中植汽车睢宁有限公司	舒驰牌	(十)118	纯电动客车	NK6830
27	淄博舜泰汽车制造有限公司	舜泰牌	(十五)254	纯电动厢式运输车	ZST5021X
28	河南森源重工有限公司	森源牌	(十六)37	纯电动翼开启厢式车	SMQ5070X
29	河南森源重工有限公司	森源牌	(十六)37	纯电动自装卸式垃圾车	SMQ5073ZZZ
30	河南森源重工有限公司	森源牌	(十六)37	纯电动车厢可卸式垃圾车	SMQ5073ZXX
31	扬子江汽车集团有限公司	扬子江牌	(十七)48	纯电动城市客车	WG6110、WG6820、WG6100
32	扬子江汽车集团有限公司	扬子江牌	(十七)48	纯电动厢式运输车	WG5023X、WG5032X、WG5031X
33	湖北世纪中远车辆有限公司	中悦牌	(十七)86	纯电动餐厨垃圾车	ZYP5030TCA
34	湖北合加环境设备有限公司	合加牌	(十七)98	纯电动扫路车	HJK5181TSL
35	湖北合加环境设备有限公司	合加牌	(十七)98	纯电动洗扫车	HJK5186TXS
36	襄阳九州汽车有限公司	九州牌	(十七)129	纯电动厢式运输车	SYC5041X、SYC5040X
37	长沙中联重科环境产业有限公司	中联牌	(十八)60	纯电动扫路车	ZBH5183TSL
38	长沙中联重科环境产业有限公司	中联牌	(十八)60	纯电动桶装垃圾运输车	ZBH5040CTY
39	长沙中联重科环境产业有限公司	中联牌	(十八)60	纯电动自装卸式垃圾车	ZBH5041ZZZ
40	长沙中联重科环境产业有限公司	中联牌	(十八)60	纯电动路面养护车	ZBH5040TYH
41	珠海市广通客车有限公司	广客牌	(十九)34	纯电动城市客车	GTZ6819、GTZ6119

续上表

序号	企业名称	商标	《目录》序号	产品名称	产品型号
42	东莞中汽宏远汽车有限公司	宏远牌	(十九)42	纯电动城市客车	KMT6603
43	中山市顺达客车有限公司	上佳牌	(十九)51	纯电动城市客车	HA6805
44	广东顺肇专用汽车制造有限公司	顺肇牌	(十九)57	纯电动冷藏车	SZP5032X
45	广西玉柴专用汽车有限公司	玉柴专汽牌	(二十)01	纯电动冷藏车	NZ5032X
46	柳州延龙汽车有限公司	延龙牌	(二十)06	纯电动桶装垃圾运输车	LZL5030CTY
47	柳州五菱汽车工业有限公司	五菱牌	(二十)09	纯电动厢式运输车	LQG5034X
48	广西源正新能源汽车有限公司	紫象牌	(二十)12	纯电动城市客车	HQK6120、HQK6188、HQK6109、HQK6819、HQK6859、HQK6828
49	广西源正新能源汽车有限公司	紫象牌	(二十)12	纯电动铰接城市客车	HQK6188
50	重庆瑞驰汽车实业有限公司	瑞驰牌	(二十一)14	纯电动封闭货车	CRC5030X
51	四川新筑通工汽车有限公司	通工牌	(二十二)06	纯电动城市客车	TG6801
52	四川省客车制造有限责任公司	峨嵋牌	(二十二)09	纯电动城市客车	EM6810
53	成都雅骏汽车制造有限公司	通途牌	(二十二)23	纯电动厢式运输车	CTT5031X、CTT5041X、CTT5032X、
54	成都雅骏汽车制造有限公司	通途牌	(二十二)23	纯电动厢式运输车	CTT5040X
55	成都雅骏汽车制造有限公司	通途牌	(二十二)23	纯电动冷藏车	CTT5032X
56	成都广通汽车有限公司	广通牌	(二十二)27	纯电动城市客车	CAT6680、CAT6100
57	成都广通汽车有限公司	广通牌	(二十二)27	纯电动铰接城市客车	CAT6180
58	贵州长江汽车有限公司	贵州牌	(二十三)01	纯电动城市客车	GK6800、GK6851
59	奇瑞万达贵州客车股份有限公司	万达牌	(二十三)06	纯电动城市客车	WD6105
60	奇瑞万达贵州客车股份有限公司	万达牌	(二十三)06	纯电动客车	WD6540
61	奇瑞万达贵州客车股份有限公司	万达牌	(二十三)06	纯电动厢式运输车	WD5040X
62	云南航天神州汽车有限公司	神州牌	(二十四)04	纯电动售货车	YH5020X
63	昆明客车制造有限公司	云海牌	(二十四)06	纯电动厢式运输车	KK5042X、KK5031X
64	洛阳中集凌宇汽车有限公司	凌宇牌	ZY001	纯电动厢式运输车	CLY5043X

5. 道路机动车辆生产企业及产品(第308批)——新能源汽车节选

道路机动车辆生产企业及产品(第308批)于2018年6月6日发布,共计有118个新能源汽车生产厂家、106个新能源汽车品牌、233个新能源汽车产品进入公告。其中,纯电动产品共计213个(客车58个、客车底盘6个、专用车102个、专用车底盘19个、乘用车28个);插电式混合动力产品13个(客车7个、专用车1个、专用车底盘1个、乘用车4个);燃料电池产品共计7个(客车5个、专用车1个、专用车底盘1个)。道路机动车辆生产企业及产品(第308批)——新能源汽车节选如下。

(1)汽车生产企业

共计71个生产厂家、62个品牌、159个产品进入公告。其中,纯电动产品共计140个(客车35个、客车底盘6个、专用车52个、专用车底盘19个、乘用车28个);插电式混合动力产品13个(客车7个、专用车1个、专用车底盘1个、乘用车4个);燃料电池产品共计6个(客车4个、专用车1个、专用车底盘1个)。

序号	企业名称	商标	《目录》序号	产品名称	产品型号
1	中国第一汽车集团公司	红旗牌	1	纯电动轿车	CA7002
2	一汽吉林汽车有限公司	解放牌	1	纯电动多用途乘用车	CA6440
3	东风汽车股份有限公司	东风牌	3	纯电动载货汽车底盘	EQ1040、EQ1042
4	东风汽车股份有限公司	东风牌	3	纯电动厢式运输车	DFA5040X
5	东风汽车股份有限公司	东风牌	3	纯电动冷藏车	DFA5030X
6	东风汽车股份有限公司	东风牌	3	纯电动多用途货车底盘	EQ1030
8	东风汽车集团有限公司	东风牌	3	纯电动载货汽车底盘	EQ1032、EQ1042、EQ1045
9	东风汽车集团有限公司	东风牌	3	纯电动城市客车	EQ6100、EQ6800、EQ6850
10	东风汽车集团有限公司	东风牌	3	纯电动客车底盘	EQ6100、EQ6760、EQ6780、EQ6800
11	东风汽车集团有限公司	东风牌	3	纯电动厢式运输车	EQ5032X、EQ5042X、EQ5045X
12	东风汽车集团有限公司	东风牌	3	纯电动压缩式垃圾车	EQ5160ZYS

续上表

序号	企业名称	商标	《目录》序号	产品名称	产品型号
13	东风汽车集团有限公司	俊风牌	3	纯电动轿车	DFA7000
14	东风特种汽车有限公司	东风牌	3	纯电动城市客车	EQ6603
15	东风特种汽车有限公司	东风牌	3	纯电动厢式运输车	EQ5027X
16	北汽福田汽车股份有限公司	福田牌	9	纯电动城市客车	BJ6851
17	北汽福田汽车股份有限公司	福田牌	9	纯电动厢式运输车	BJ5035X
18	北汽福田汽车股份有限公司	福田牌	9	纯电动多用途乘用车	BJ6455
19	北汽福田汽车股份有限公司	福田牌	9	纯电动路面养护车	BJ5042TYH
20	北汽福田汽车股份有限公司	福田牌	9	纯电动车厢可卸式垃圾车	BJ5042ZXX
21	北京汽车股份有限公司	北京牌	11	纯电动轿车	BJ7000
22	长城汽车股份有限公司	欧拉牌	15	纯电动轿车	CC7001
23	河北中兴汽车制造有限公司	田野牌	19	纯电动多用途货车	BQ1030
24	河北长安汽车有限公司	长安牌	22	纯电动城市客车	SC6805
25	山西新能源汽车工业有限公司	远程牌	25	纯电动城市客车	JHC6810
26	一汽客车(大连)有限公司	解放牌	28	纯电动厢式运输车	CA5020X
27	丹东黄海汽车有限责任公司	黄海牌	29	纯电动城市客车	DD6109
28	威马汽车制造温州有限公司	威阔牌	34	纯电动多用途乘用车	SZS6460
29	上海申沃客车有限公司	申沃牌	42	纯电动城市客车	SWB6108、SWB6128
30	北汽(常州)汽车有限公司	北京牌	45	纯电动城市客车	BJ6101
31	北汽(常州)汽车有限公司	北京牌	45	纯电动厢式运输车	BJ5040X
32	北汽(常州)汽车有限公司	北京牌	45	纯电动环境监测车	BJ5040X
33	北汽新能源汽车常州有限公司	北京牌	46	纯电动轿车	BJ7000
34	东风悦达起亚汽车有限公司	华骐牌	47	纯电动轿车	YQZ7003
35	潍柴(扬州)亚星新能源商用车有限公司	亚星牌	49	纯电动城市客车	YBL6108、YBL6815
36	浙江吉利汽车有限公司	吉利牌	52	纯电动轿车	SMA7001
37	安徽安凯汽车股份有限公司	安凯牌	55	纯电动城市客车	HFF6100、HFF6109、HFF6119、HFF6650、HFF6800、HFF6829、HFF6855
38	安徽江淮汽车集团股份有限公司	江淮牌	56	纯电动载货汽车底盘	HFC1031
39	安徽江淮汽车集团股份有限公司	江淮牌	56	纯电动厢式运输车	HFC5049X、HFC5031X
40	安徽江淮汽车集团股份有限公司	江淮牌	56	纯电动售货车	HFC5049X
41	安徽江淮汽车集团股份有限公司	江淮牌	56	纯电动轿车	HFC7000、HFC7001
42	福建新福达汽车工业有限公司	福达(FORTA)牌	58	纯电动厢式运输车	FZ5036X
43	福建新龙马汽车股份有限公司	福建牌	58	纯电动厢式运输车	FJ5020X
44	福建省汽车工业集团云度新能源汽车股份有限公司	云度牌	58	纯电动轿车	YDE7000
45	江西江铃集团晶马汽车有限公司	晶马牌	62	纯电动城市客车	JMV6105
46	一汽解放青岛汽车有限公司	解放牌	64	纯电动载货汽车底盘	CA1040、CA1041
47	一汽解放青岛汽车有限公司	解放牌	64	纯电动厢式运输车	CA5041X、CA5040X
48	山东唐骏欧铃汽车制造有限公司	欧铃牌	68	纯电动载货汽车底盘	ZB1060
49	山东唐骏欧铃汽车制造有限公司	欧铃牌	68	纯电动厢式运输车	ZB5060X
50	郑州宇通客车股份有限公司	宇通牌	71	纯电动城市客车	ZK6105、ZK6115、ZK6650、ZK6815、
51	郑州宇通客车股份有限公司	宇通牌	71	纯电动客车底盘	ZK6106
52	湖北新楚风汽车股份有限公司	楚风牌	73	纯电动载货汽车底盘	HQG1043、HQG1085、HQG1086
53	湖北新楚风汽车股份有限公司	楚风牌	73	纯电动厢式运输车	HQG5043X
54	湖北新楚风汽车股份有限公司	楚风牌	73	纯电动冷藏车	HQG5043X
55	湖北新楚风汽车股份有限公司	楚风牌	73	纯电动清障车	HQG5085TQZ
56	湖北三环专用汽车有限公司	十通牌	76	纯电动载货汽车底盘	STQ1078

续上表

序号	企业名称	商标	《目录》序号	产品名称	产品型号
57	湖北三环专用汽车有限公司	十通牌	76	纯电动冷藏车	STQ5078X
58	比亚迪汽车工业有限公司	比亚迪牌	79	纯电动载货汽车底盘	BYD1310
59	比亚迪汽车工业有限公司	比亚迪牌	79	纯电动自卸汽车	BYD3310
60	比亚迪汽车工业有限公司	比亚迪牌	79	纯电动低入口城市客车	BYD6101
61	比亚迪汽车工业有限公司	比亚迪牌	79	纯电动低入口城市客车底盘	BYD6101
62	比亚迪汽车工业有限公司	比亚迪牌	79	纯电动城市客车	BYD6101、BYD6700、BYD6850
63	比亚迪汽车工业有限公司	比亚迪牌	79	纯电动城市客车底盘	BYD6101、BYD6670、BYD6800
64	比亚迪汽车工业有限公司	比亚迪牌	79	纯电动客车	BYD6710
65	比亚迪汽车工业有限公司	腾势牌	79	纯电动轿车	QCJ7007
66	湖南江南汽车制造有限公司	众泰牌	84	纯电动厢式运输车	JNJ5020X
67	湖南江南汽车制造有限公司	众泰牌	84	纯电动轿车	JNJ7000
68	深圳东风汽车有限公司	东风牌	85	纯电动密闭式桶装垃圾车	EQ5070X
69	广汽三菱汽车有限公司	广汽(GAC)牌	89	纯电动轿车	GMC7000
70	桂林客车工业集团有限公司	桂林牌	90	纯电动城市客车	GL6810
71	东风柳州汽车有限公司	乘龙牌	91	纯电动载货汽车底盘	LZ1044、LZ1043、LZ1180
72	东风柳州汽车有限公司	乘龙牌	91	纯电动厢式运输车	LZ5043X、LZ5044X、LZ5180X
73	重庆力帆乘用车有限公司	力帆牌	93	纯电动轿车	LF7002
74	重庆力帆汽车有限公司	力帆牌	93	纯电动厢式运输车	LF5029X
75	重庆力帆汽车有限公司	力帆牌	93	纯电动多用途乘用车	LF6420
76	庆铃汽车股份有限公司	庆铃牌(繁体)	95	纯电动载货汽车底盘	QL1071
77	重庆长安汽车股份有限公司	长安牌	96	纯电动载货汽车底盘	SC1031、SC1040
78	重庆长安汽车股份有限公司	长安牌	96	纯电动厢式运输车	SC5031X
89	重庆长安汽车股份有限公司	长安牌	96	纯电动多用途乘用车	SC6458
80	重庆长安汽车股份有限公司	长安牌	96	纯电动轿车	SC7001
81	中国重汽集团成都王牌商用车有限公司	王牌牌	101	纯电动载货汽车底盘	CDW1020
82	中国重汽集团成都王牌商用车有限公司	王牌牌	101	纯电动厢式运输车	CDW5020X
83	四川野马汽车股份有限公司	野马牌	101	纯电动客车	SQJ6100、SQJ6830
84	四川野马汽车股份有限公司	野马牌	101	纯电动客车底盘	SQJ6100、SQJ6770
85	四川野马汽车股份有限公司	野马牌	101	纯电动厢式运输车	SQJ5020X
86	四川野马汽车股份有限公司	野马牌	101	纯电动多用途乘用车	SQJ6450、SQJ6460
87	成都大运汽车集团有限公司	大运牌	101	纯电动载货汽车底盘	CGC1045
88	成都大运汽车集团有限公司	大运牌	101	纯电动厢式运输车	CGC5045X
89	比亚迪汽车有限公司	比亚迪牌	108	纯电动多用途乘用车	BYD6460
90	比亚迪汽车有限公司	比亚迪牌	108	纯电动轿车	BYD7005、BYD7008
91	陕西通家汽车股份有限公司	通家福牌	109	纯电动厢式运输车	STJ5024X
92	陕西通家汽车股份有限公司	通家福牌	109	纯电动冷藏车	STJ5030X
93	陕西汽车集团有限责任公司	陕汽牌	110	纯电动载货汽车底盘	SX1041、SX1042
94	陕西汽车集团有限责任公司	陕汽牌	110	纯电动厢式运输车	SX5041X、SX5042X
95	陕西汽车集团有限责任公司	陕汽牌	110	纯电动冷藏车	SX5041X
96	金龙联合汽车工业(苏州)有限公司	海格牌	112	纯电动城市客车	KLQ6109、KLQ6650、KLQ6800、KLQ6812、KLQ6822、KLQ6850
97	奇瑞商用车(安徽)有限公司	开瑞牌	119	纯电动厢式运输车	SQR5021X
98	奇瑞汽车股份有限公司	奇瑞牌	119	纯电动轿车	SQR7000
99	江铃控股有限公司	江铃牌	121	纯电动轿车	JX7003
100	厦门金龙联合汽车工业有限公司	金龙牌	123	纯电动城市客车	XMQ6106、XMQ6110、XMQ6127、XMQ6802、XMQ6850
101	厦门金龙联合汽车工业有限公司	金龙牌	123	纯电动客车	XMQ6110

续上表

序号	企业名称	商标	《目录》序号	产品名称	产品型号
102	厦门金龙联合汽车工业有限公司	金龙牌	123	纯电动厢式运输车	XMQ5030X
103	厦门金龙旅行车有限公司	金旅牌	124	纯电动城市客车	XML6105、XML6125、XML6606、XML6855
104	厦门金龙旅行车有限公司	金旅牌	124	纯电动厢式运输车	XML5036X
105	中通客车控股股份有限公司	中通牌	125	纯电动城市客车	LCK6108、LCK6117、LCK6668、LCK6669、LCK6809、LCK6850
106	中通客车控股股份有限公司	中通牌	125	纯电动客车	LCK6117、LCK6808
107	上海申龙客车有限公司	申龙牌	129	纯电动城市客车	SLK6109、SLK6819、SLK6859
108	山西成功汽车制造有限公司	太行成功牌	130	纯电动载货汽车	SCH1025
109	山西成功汽车制造有限公司	太行成功牌	130	纯电动厢式货车	SCH5025X
110	山西成功汽车制造有限公司	太行成功牌	130	纯电动多用途乘用车	SCH6431
111	河北御捷车业有限公司	御捷马牌	134	纯电动轿车	YGM7000、YGM7001
112	吉利四川商用车有限公司	远程牌	138	纯电动载货汽车底盘	DNC1041、DNC1049
113	吉利四川商用车有限公司	远程牌	138	纯电动厢式运输车	DNC5041X、DNC5049X
114	江苏九龙汽车制造有限公司	大马牌	141	纯电动城市客车	HKL6680、HKL6801
115	江苏九龙汽车制造有限公司	大马牌	141	纯电动客车	HKL6600
116	南京金龙客车制造有限公司	开沃牌	142	纯电动低入口城市客车	NJL6129
117	南京金龙客车制造有限公司	开沃牌	142	纯电动城市客车	NJL6100、NJL6129、NJL6680、NJL6809、NJL6859
118	南京金龙客车制造有限公司	开沃牌	142	纯电动厢式运输车	NJL5038X
119	南京金龙客车制造有限公司	开沃牌	142	纯电动邮政车	NJL5026X
120	长沙梅花汽车制造有限公司	同心牌	143	纯电动城市客车	TX6831
121	长沙梅花汽车制造有限公司	同心牌	143	纯电动城市客车底盘	TX6790
122	长沙梅花汽车制造有限公司	同心牌	143	纯电动厢式运输车	TX5040X
123	华晨鑫源重庆汽车有限公司	鑫源牌	146	纯电动载货汽车	JKC1030
124	华晨鑫源重庆汽车有限公司	鑫源牌	146	纯电动载货汽车底盘	JKC1030
125	华晨鑫源重庆汽车有限公司	鑫源牌	146	纯电动厢式运输车	JKC5030X
126	湖南中车时代电动汽车股份有限公司	中国中车牌	151	纯电动城市客车	TEG6106、TEG6660、TEG6801、TEG6851
127	湖南中车时代电动汽车股份有限公司	中国中车牌	151	纯电动客车	TEG6110
128	四川南骏汽车集团有限公司	南骏牌	152	纯电动载货汽车	NJA1042
129	四川南骏汽车集团有限公司	南骏牌	152	纯电动载货汽车底盘	NJA1042
130	四川南骏汽车集团有限公司	南骏牌	152	纯电动厢式运输车	NJA5042X
131	山东吉海新能源汽车有限公司	吉海牌	160	纯电动载货汽车	JHN1024
132	山东吉海新能源汽车有限公司	吉海牌	160	纯电动载货汽车底盘	JHN1024
133	山东吉海新能源汽车有限公司	吉海牌	160	纯电动厢式运输车	JHN5024CCX
134	成都客车股份有限公司	蜀都牌	162	纯电动城市客车	CDK6590
135	成都客车股份有限公司	蜀都牌	162	纯电动厢式运输车	CDK5041X
136	兰州知豆电动汽车有限公司	知豆牌	167	纯电动轿车	LZD7001
137	珠海广通汽车有限公司	广通牌	169	纯电动低入口城市客车	GTQ6126
138	珠海广通汽车有限公司	广通牌	169	纯电动城市客车	GTQ6105、GTQ6121
139	珠海广通汽车有限公司	广通牌	169	纯电动客车	GTQ6119
140	珠海广通汽车有限公司	广通牌	169	纯电动厢式运输车	GTQ5043X
141	前途汽车(苏州)有限公司	前途牌	171	纯电动轿车	QTE7000

(2)民用改装车生产企业

共计47个生产厂家、46个品牌、74个产品进入公告。其中纯电动产品共计213个(客车23个、专用车50个);燃料电池产品共计1个(客车1个)。

序号	企业名称	商标	《目录》序号	产品名称	产品型号
1	航天新长征电动汽车技术有限公司	蓝速牌	(一)23	纯电动厢式运输车	BYN5030X
2	北京华林特装车有限公司	华林牌	(一)31	纯电动多功能抑尘车	HLT5180TDY
3	北京华林特装车有限公司	华林牌	(一)31	纯电动密闭式桶装垃圾车	HLT5070X
4	北京华林特装车有限公司	华林牌	(一)31	纯电动洒水车	HLT5180GSS
5	国宏汽车集团有限公司	泓锋泰牌	(二)15	纯电动厢式运输车	HFT5040X
6	国宏汽车集团有限公司	泓锋泰牌	(二)15	纯电动冷藏车	HFT5021X
7	山西皇城相府宇航汽车制造有限公司	山西牌	(四)01	纯电动城市客车	SXK6108
8	南京市公共交通车辆厂	建康牌	(十)09	纯电动低入口城市客车	NJC6105
9	江苏常隆客车有限公司	常隆牌	(十)17	纯电动城市客车	YS6108、YS6860
10	江苏友谊汽车有限公司	友谊牌	(十)45	纯电动客车	ZGT6831
11	江苏友谊汽车有限公司	友谊牌	(十)45	纯电动厢式运输车	ZGT5026X
12	徐州工程机械集团有限公司	徐工牌	(十)48	纯电动路面养护车	XZJ5031TYH
13	湖州恩驰汽车有限公司	恩纳德牌	(十一)05	纯电动城市客车	HZK6820
14	杭州长江汽车有限公司	长江牌	(十一)06	纯电动低入口城市客车	FDC6100
15	杭州长江汽车有限公司	长江牌	(十一)06	纯电动城市客车	FDC6850
16	宁波杉杉汽车有限公司	杉杉牌	(十一)46	纯电动厢式运输车	NSS5040X、NSS5042X
17	杭州西湖比亚迪新能源汽车有限公司	比亚迪牌	(十一)51	纯电动洗扫车	XBE5160TXS
18	安徽鑫盛汽车制造有限公司	沿锋牌	(十二)08	纯电动冷藏车	AXS5022X
19	芜湖宝骐汽车制造有限公司	帅骐牌	(十二)14	纯电动厢式运输车	WXS5021X
20	安徽星凯龙客车有限公司	星凯龙牌	(十二)18	纯电动城市客车	HFX6106、HFX6107、HFX6851
21	龙岩畅丰专用汽车有限公司	畅丰牌	(十三)10	纯电动厢式运输车	CFQ5030X
22	福建龙马环卫装备股份有限公司	福龙马牌	(十三)16	纯电动洗扫车	FLM5180TXS
23	江西博能上饶客车有限公司	上饶牌	(十四)02	纯电动城市客车	SR6101、SR6106、SR6660、SR6800、SR6820
24	江西博能上饶客车有限公司	上饶牌	(十四)02	纯电动客车	SR6107
25	江西凯马百路佳客车有限公司	江西牌	(十四)03	纯电动城市客车	JXK6107
26	江西宜春客车厂有限公司	中宜牌	(十四)14	纯电动城市客车	JYK6100、JYK6800、JYK6803
27	江西江铃集团特种专用车有限公司	江铃江特牌	(十四)20	纯电动冷藏车	JMT5041X
28	烟台舒驰客车有限责任公司	舒驰牌	(十五)18	纯电动城市客车	YTK6830
29	烟台舒驰客车有限责任公司	舒驰牌	(十五)18	纯电动厢式运输车	YTK5040X
30	中植汽车睢宁有限公司	舒驰牌	(十)118	纯电动城市客车	NK6100
31	河南森源重工有限公司	森源牌	(十六)37	纯电动厢式运输车	SMQ5073X
32	河南森源重工有限公司	森源牌	(十六)37	纯电动冷藏车	SMQ5073X
33	河南森源重工有限公司	森源牌	(十六)37	纯电动多功能抑尘车	SMQ5182TDY
34	河南森源重工有限公司	森源牌	(十六)37	纯电动清洗车	SMQ5182GQX
35	安阳市德力专用汽车有限公司	德帅牌	(十六)48	纯电动厢式运输车	DSP5044X、DSP5045X
36	湖北合加环境设备有限公司	合加牌	(十七)98	纯电动厢式运输车	HJK5040X
37	湖北合加环境设备有限公司	合加牌	(十七)98	纯电动压缩式垃圾车	HJK5080ZYS
38	襄阳九州汽车有限公司	九州牌	(十七)129	纯电动厢式运输车	SYC5020X
39	襄阳九州汽车有限公司	九州牌	(十七)129	纯电动冷藏车	SYC5040X
40	长沙中联重科环境产业有限公司	中联牌	(十八)60	纯电动压缩式垃圾车	ZBH5100ZYS
41	长沙中联重科环境产业有限公司	中联牌	(十八)60	纯电动压缩式对接垃圾车	ZBH5042ZDJ
42	长沙中联重科环境产业有限公司	中联牌	(十八)60	纯电动扫路车	ZBH5033TSL
43	长沙中联重科环境产业有限公司	中联牌	(十八)60	纯电动清洗车	ZBH5103GQX
44	长沙中联重科环境产业有限公司	中联牌	(十八)60	纯电动自装卸式垃圾车	ZBH5040ZZZ
45	长沙中联重科环境产业有限公司	中联牌	(十八)60	纯电动路面养护车	ZBH5040TYH
46	长沙中联重科环境产业有限公司	中联牌	(十八)60	纯电动车厢可卸式垃圾车	ZBH5040ZXX

续上表

序号	企业名称	商标	《目录》序号	产品名称	产品型号
47	长沙中联重科环境产业有限公司	中联牌	(十八)60	纯电动餐厨垃圾车	ZBH5100TCA
48	佛山市飞驰汽车制造有限公司	飞驰牌	(十九)17	燃料电池城市客车	FSQ6860
49	广东圣宝汽车实业有限公司	圣宝牌	(十九)30	纯电动厢式运输车	GSB5020X、GSB5041X、GSB5043X、GSB5044X
50	珠海市广通客车有限公司	广客牌	(十九)34	纯电动城市客车	GTZ6129、GTZ6859
51	东莞中汽宏远汽车有限公司	宏远牌	(十九)42	纯电动城市客车	KMT6106、KMT6802、KMT6861
52	广东顺肇专用汽车制造有限公司	顺肇牌	(十九)57	纯电动厢式运输车	SZP5040X、SZP5041X
53	广东顺肇专用汽车制造有限公司	顺肇牌	(十九)57	纯电动自装卸式垃圾车	SZP5030ZZZ
54	广西玉柴专用汽车有限公司	玉柴专汽牌	(二十)01	纯电动厢式运输车	NZ5032X、NZ5043X、NZ5044X、NZ5045X、NZ5046X
55	中国重汽集团柳州运力专用汽车有限公司	运力牌	(二十)05	纯电动洒水车	LG5180GSS
56	柳州延龙汽车有限公司	延龙牌	(二十)06	纯电动车厢可卸式垃圾车	LZL5030ZXX
57	广西源正新能源汽车有限公司	紫象牌	(二十)12	纯电动城市客车	HQK6109、HQK6129、HQK6828
58	重庆瑞驰汽车实业有限公司	瑞驰牌	(二十一)14	纯电动厢式运输车	CRC5035X
59	重庆瑞驰汽车实业有限公司	瑞驰牌	(二十一)14	纯电动封闭货车	CRC5031X
60	重庆穗通新能源汽车制造有限公司	穗通牌	(二十一)24	纯电动城市客车	YST6851
61	重庆穗通新能源汽车制造有限公司	穗通牌	(二十一)24	纯电动厢式运输车	YST5030X、YST5040X
62	四川新筑通工汽车有限公司	通工牌	(二十二)06	纯电动城市客车	TG6101
63	成都雅骏汽车制造有限公司	通途牌	(二十二)23	纯电动厢式运输车	CTT5021X、CTT5040X、CTT5043X
64	成都雅骏汽车制造有限公司	通途牌	(二十二)23	纯电动仓栅式运输车	CTT5032CCY
65	成都雅骏汽车制造有限公司	通途牌	(二十二)23	纯电动自装卸式垃圾车	CTT5033ZZZ
66	成都广通汽车有限公司	广通牌	(二十二)27	纯电动城市客车	CAT6100、CAT6680
67	贵州长江汽车有限公司	贵州牌	(二十三)01	纯电动城市客车	GK6100
68	贵州长江汽车有限公司	贵州牌	(二十三)01	纯电动厢式运输车	GK5021X
69	奇瑞万达贵州客车股份有限公司	万达牌	(二十三)06	纯电动城市客车	WD6105、WD6815
70	云南航天神州汽车有限公司	神州牌	(二十四)04	纯电动客车	YH6100
71	云南航天神州汽车有限公司	神州牌	(二十四)04	纯电动厢式运输车	YH5022X
72	昆明客车制造有限公司	云海牌	(二十四)06	纯电动厢式运输车	KK5041X
73	洛阳中集凌宇汽车有限公司	凌宇牌	ZY001	纯电动扫路车	CLY5040TSL
74	洛阳中集凌宇汽车有限公司	凌宇牌	ZY001	纯电动洗扫车	CLY5100TXS

6. 道路机动车辆生产企业及产品(第309批)——新能源汽车节选

道路机动车辆生产企业及产品(第309批)于2018年7月10日发布,共计有106个新能源汽车生产厂家、101个新能源汽车品牌、217个新能源汽车从进入公告。其中,纯电动产品共计205个(客车61个、客车底盘9个、专用车93个、专用车底盘12个、乘用车30个);插电式混合动力产品9个(客车6个、乘用车3个);燃料电池产品共计3个(客车1个、专用车1个、专用车底盘1个)。道路机动车辆生产企业及产品(第309批)——新能源汽车节选如下。

(1)汽车生产企业

共计66个生产厂家、63个品牌、154个产品进入公告。其中纯电动产品共计143个(客车41个、客车底盘9个、专用车51个、专用车底盘12个、乘用车30个);插电式混合动力产品9个(客车6个、乘用车3个);燃料电池产品共计2个(客车1个、专用车底盘1个)。

序号	企业名称	商标	《目录》序号	产品名称	产品型号
1	中国第一汽车集团公司	一汽牌	1	纯电动轿车	CA7001、CA7006
2	中国第一汽车集团公司	红旗牌	1	纯电动轿车	CA7002
3	中国第一汽车集团公司	解放牌	1	纯电动厢式运输车	CA5041X
4	一汽吉林汽车有限公司	一汽佳星牌	1	纯电动多用途乘用车	CA6414
5	东风汽车股份有限公司	东风牌	3	纯电动载货汽车底盘	EQ1040
6	东风汽车股份有限公司	东风牌	3	纯电动厢式运输车	DFA5020X、DFA5030X、DFA5040X

续上表

序号	企业名称	商标	《目录》序号	产品名称	产品型号
7	东风汽车股份有限公司	东风牌	3	纯电动工程车	DFA5040X
8	东风汽车股份有限公司	东风牌	3	纯电动电力工程车	DFA5030X
9	东风汽车集团有限公司	东风牌	3	燃料电池载货汽车底盘	EQ1080
10	东风汽车集团有限公司	东风牌	3	纯电动载货汽车底盘	EQ1021、EQ1045、EQ1046、EQ1180、EQ1250
11	东风汽车集团有限公司	东风牌	3	纯电动城市客车	EQ6100、EQ6850
12	东风汽车集团有限公司	东风牌	3	纯电动客车底盘	EQ6100、EQ6750、EQ6800、EQ6810
13	东风汽车集团有限公司	东风牌	3	纯电动厢式运输车	EQ5021X、EQ5042X、EQ5045X、EQ5030X
14	东风汽车集团有限公司	东风牌	3	纯电动冷藏车	EQ5045X、EQ5072X
15	东风汽车集团有限公司	东风牌	3	纯电动电源车	EQ5046X
16	东风汽车集团有限公司	俊风牌	3	纯电动轿车	DFA7000
17	东风汽车集团有限公司	风神牌	3	纯电动轿车	DFM7000
18	东风特种汽车有限公司	东风牌	3	纯电动城市客车	EQ6105、EQ6601、EQ6671、EQ6810
19	上汽大众汽车有限公司	(VOLKSWAGEN)牌	5	插电式混合动力多用途乘用车	SVW6471
20	北京北方华德尼奥普兰客车股份有限公司	北方牌	7	纯电动城市客车	BFC6116、BFC6809
21	金华青年汽车制造有限公司	欧联牌	7	纯电动轿车	JNP7003
22	北京宝沃汽车有限公司	宝沃牌	9	纯电动多用途乘用车	BW6450、BW6460
23	北汽福田汽车股份有限公司	福田牌	9	纯电动载货汽车底盘	BJ1092
24	北汽福田汽车股份有限公司	福田牌	9	插电式混合动力城市客车	BJ6105
25	北汽福田汽车股份有限公司	福田牌	9	纯电动城市客车	BJ6105、BJ6805、BJ6851
26	北汽福田汽车股份有限公司	福田牌	9	纯电动轻型客车	BJ6608
27	北汽福田汽车股份有限公司	福田牌	9	纯电动多用途乘用车	BJ6533
28	北汽福田汽车股份有限公司	福田牌	9	纯电动洗扫车	BJ5092TXS
29	北汽福田汽车股份有限公司	福田牌	9	纯电动邮政车	BJ5035X
30	北汽福田汽车股份有限公司	福田牌	9	纯电动工程车	BJ5033X
31	北京新能源汽车股份有限公司	北京牌	11	纯电动轿车	BJ7000
32	北京汽车集团有限公司	北京牌	11	纯电动厢式运输车	BJ5030X
33	河北长安汽车有限公司	长安牌	22	纯电动城市客车	SC6836
34	河北长安汽车有限公司	长安牌	22	纯电动厢式运输车	SC5033X
35	山西新能源汽车工业有限公司	远程牌	25	纯电动低入口城市客车	JHC6100、JHC6120
36	北奔重型汽车集团有限公司	北奔牌	27	纯电动城市客车	ND6823
37	北奔重型汽车集团有限公司	北奔牌	27	纯电动城市客车底盘	ND6780
38	丹东黄海汽车有限责任公司	黄海牌	29	纯电动城市客车	DD6851
39	山东凯马汽车制造有限公司	凯马牌	31	纯电动载货汽车	KMC1041、KMC1042
40	山东凯马汽车制造有限公司	凯马牌	31	纯电动载货汽车底盘	KMC1041、KMC1042
41	山东凯马汽车制造有限公司	凯马牌	31	纯电动厢式运输车	KMC5041X、KMC5042X
42	山东凯马汽车制造有限公司	凯马牌	31	纯电动宣传车	KMC5042X
43	沈阳金杯车辆制造有限公司	金杯牌	33	纯电动车厢可卸式垃圾车	SY5030ZXX
44	威马汽车制造温州有限公司	威尔马斯特牌	34	纯电动多用途乘用车	SZS6460
45	上汽大通汽车有限公司	大通牌	41	纯电动客车	SH6632
46	上汽大通汽车有限公司	大通牌	41	纯电动厢式运输车	SH5040X
47	上汽大通汽车有限公司	大通牌	41	纯电动冷藏车	SH5043X
48	上海申沃客车有限公司	申沃牌	42	燃料电池低地板城市客车	SWB6128
49	南京汽车集团有限公司	依维柯牌	44	纯电动客车	NJ6607

续上表

序号	企业名称	商标	《目录》序号	产品名称	产品型号
50	南京汽车集团有限公司	依维柯牌	44	纯电动客车底盘	NJ6577
51	南京汽车集团有限公司	依维柯牌	44	纯电动冷藏车	NJ5047X
52	潍柴（扬州）亚星新能源商用车有限公司	亚星牌	49	插电式混合动力城市客车	YBL6128
53	浙江吉利汽车有限公司	吉利牌	52	纯电动轿车	SMA7001
54	浙江吉利汽车有限公司	领克牌	52	插电式混合动力轿车	MR7153
55	浙江豪情汽车制造有限公司	吉利牌	52	纯电动轿车	JL7001
56	安徽安凯汽车股份有限公司	安凯牌	55	纯电动城市客车	HFF6650、HFF6668、HFF6800
57	安徽江淮汽车集团股份有限公司	思皓牌	56	纯电动轿车	HFC7001
58	安徽江淮汽车集团股份有限公司	江淮牌	56	纯电动轿车	HFC7000、HFC7001
59	东南（福建）汽车工业有限公司	东南牌	58	纯电动轿车	DN7007、DN7008
60	福建新龙马汽车股份有限公司	福建牌	58	纯电动厢式运输车	FJ5030X
61	福建省汽车工业集团云度新能源汽车股份有限公司	云度牌	58	纯电动轿车	YDE7000
62	江铃汽车股份有限公司	江铃牌	61	纯电动载货汽车底盘	JX1040
63	江铃汽车股份有限公司	江铃牌	61	纯电动厢式运输车	JX5040X
64	郑州宇通客车股份有限公司	宇通牌	71	插电式混合动力低入口城市客车	ZK6125
65	郑州宇通客车股份有限公司	宇通牌	71	插电式混合动力城市客车	ZK6105、ZK6125、ZK6850
66	郑州宇通客车股份有限公司	宇通牌	71	纯电动低地板城市客车	ZK6106
67	郑州宇通客车股份有限公司	宇通牌	71	纯电动城市客车	ZK6115、ZK6650、ZK6826、ZK6850
68	郑州宇通客车股份有限公司	宇通牌	71	纯电动客车	ZK6115、ZK6826
69	郑州宇通客车股份有限公司	宇通牌	71	纯电动客车底盘	ZK6106
70	湖北新楚风汽车股份有限公司	楚风牌	73	纯电动载货汽车底盘	HQG1040、HQG1043、HQG1086
71	湖北新楚风汽车股份有限公司	楚风牌	73	纯电动客车	HQG6740
72	湖北新楚风汽车股份有限公司	楚风牌	73	纯电动厢式运输车	HQG5022X、HQG5037X、HQG5043X、HQG5086X
73	湖北新楚风汽车股份有限公司	楚风牌	73	纯电动压缩式垃圾车	HQG5086ZYS
74	湖北新楚风汽车股份有限公司	楚风牌	73	纯电动清扫车	HQG5040TQS
75	湖北新楚风汽车股份有限公司	楚风牌	73	纯电动餐厨垃圾车	HQG5086TCA
76	湖北三环专用汽车有限公司	十通牌	76	纯电动载货汽车底盘	STQ1049、STQ1101、STQ1121、STQ1031、STQ1181
77	湖北三环专用汽车有限公司	十通牌	76	纯电动厢式运输车	STQ5049X、STQ5181X
78	比亚迪汽车工业有限公司	比亚迪牌	79	纯电动自卸汽车	BYD3310
79	比亚迪汽车工业有限公司	比亚迪牌	79	纯电动低入口城市客车	BYD6101
80	比亚迪汽车工业有限公司	比亚迪牌	79	纯电动低入口城市客车底盘	BYD6101
81	比亚迪汽车工业有限公司	比亚迪牌	79	纯电动城市客车	BYD6101、BYD6122、
82	比亚迪汽车工业有限公司	比亚迪牌	79	纯电动城市客车底盘	BYD6101、BYD6122
83	比亚迪汽车工业有限公司	比亚迪牌	79	纯电动厢式运输车	BYD5030X
84	比亚迪汽车工业有限公司	比亚迪牌	79	纯电动邮政车	BYD5030X
85	湖南江南汽车制造有限公司	众泰牌	84	纯电动厢式运输车	JNJ5020X
86	湖南江南汽车制造有限公司	众泰牌	84	纯电动多用途乘用车	JNJ6410
87	桂林客车工业集团有限公司	五菱牌	90	纯电动城市客车	GL6608
88	桂林客车工业集团有限公司	五菱牌	90	纯电动厢式运输车	GL5032X、GL5033X
89	东风柳州汽车有限公司	东风牌	91	纯电动厢式运输车	LZ5030X
90	东风柳州汽车有限公司	东风牌	91	纯电动多用途乘用车	LZ6510、LZ6512
91	东风柳州汽车有限公司	东风牌	91	纯电动轿车	LZ7002
92	东风柳州汽车有限公司	东风牌	91	纯电动邮政车	LZ5030X

续上表

序号	企业名称	商标	《目录》序号	产品名称	产品型号
93	东风柳州汽车有限公司	乘龙牌	91	纯电动载货汽车底盘	LZ1045
94	东风柳州汽车有限公司	乘龙牌	91	纯电动厢式运输车	LZ5045X
95	东风柳州汽车有限公司	乘龙牌	91	纯电动厢式运输车底盘	LZ5181X、LZ5182X
96	东风柳州汽车有限公司	乘龙牌	91	纯电动翼开启厢式车	LZ5181X
97	上汽通用五菱汽车股份有限公司	宝骏牌	92	纯电动轿车	LZW7001、LZW7002
98	重庆力帆乘用车有限公司	力帆牌	93	纯电动轿车	LF7002、LF7007
99	重庆力帆汽车有限公司	力帆牌	93	纯电动多用途乘用车	LF6440、LF6470
100	庆铃汽车股份有限公司	庆铃牌(繁体)	95	纯电动载货汽车	QL1071
101	中植一客成都汽车有限公司	中植汽车牌	100	纯电动城市客车	CDL6100
102	中植一客成都汽车有限公司	中植汽车牌	100	纯电动客车底盘	CDL6100
103	中植一客成都汽车有限公司	中植汽车牌	100	纯电动流动服务车	CDL5041X
104	四川野马汽车股份有限公司	野马牌	101	纯电动城市客车	SQJ6101、SQJ6821
105	四川野马汽车股份有限公司	野马牌	101	纯电动客车底盘	SQJ6771、SQJ6971
106	四川野马汽车股份有限公司	野马牌	101	纯电动多用途乘用车	SQJ6460
107	成都大运汽车集团有限公司	大运牌	101	纯电动载货汽车底盘	CGC1045
108	成都大运汽车集团有限公司	大运牌	101	纯电动厢式运输车	CGC5045X
109	成都大运汽车集团有限公司	大运牌	101	纯电动冷藏车	CGC5045X
110	一汽红塔云南汽车制造有限公司	解放牌	107	纯电动载货汽车底盘	CA1020、CA1030、CA1040
111	一汽红塔云南汽车制造有限公司	解放牌	107	纯电动厢式运输车	CA5020X、CA5030X、CA5040X
112	比亚迪汽车有限公司	比亚迪牌	108	插电式混合动力多用途乘用车	BYD6460
113	比亚迪汽车有限公司	比亚迪牌	108	纯电动轿车	BYD7005
114	金龙联合汽车工业(苏州)有限公司	海格牌	112	纯电动城市客车	KLQ6129、KLQ6601、KLQ6650
115	金龙联合汽车工业(苏州)有限公司	海格牌	112	纯电动客车	KLQ6121
116	金龙联合汽车工业(苏州)有限公司	海格牌	112	纯电动厢式运输车	KLQ5041X
117	贵州航天成功汽车制造有限公司	航天牌	114	纯电动封闭货车	GHT5021X
118	奇瑞汽车股份有限公司	奇瑞牌	119	纯电动轿车	SQR7000
119	江铃控股有限公司	江铃牌	121	纯电动轿车	JX70036
120	厦门金龙联合汽车工业有限公司	金龙牌	123	插电式混合动力城市客车	XMQ6850
121	厦门金龙联合汽车工业有限公司	金龙牌	123	纯电动城市客车	XMQ6650
122	厦门金龙联合汽车工业有限公司	金龙牌	123	纯电动客车	XMQ6821
123	厦门金龙旅行车有限公司	金旅牌	124	纯电动城市客车	XML6105、XML6805、XML6855
124	厦门金龙旅行车有限公司	金旅牌	124	纯电动厢式运输车	XML5036X
125	中通客车控股股份有限公司	中通牌	125	插电式混合动力城市客车	LCK6107、LCK6850
126	中通客车控股股份有限公司	中通牌	125	纯电动城市客车	LCK6108、LCK6120、LCK6809、LCK6815、LCK6816、LCK6840、LCK6850
127	中通客车控股股份有限公司	中通牌	125	纯电动厢式运输车	LCK5025X
128	重庆恒通客车有限公司	恒通客车牌	127	纯电动城市客车	CKZ6811
129	上海申龙客车有限公司	申龙牌	129	纯电动城市客车	SLK6109、SLK6819
130	上海申龙客车有限公司	申龙牌	129	纯电动客车	SLK6803
131	上海申龙客车有限公司	申龙牌	129	纯电动厢式运输车	SLK5046X
132	上海申龙客车有限公司	申龙牌	129	纯电动售货车	SLK5046X
133	吉利四川商用车有限公司	远程牌	138	纯电动载货汽车	DNC1047
134	吉利四川商用车有限公司	远程牌	138	纯电动载货汽车底盘	DNC1045、DNC1047、DNC1049
135	吉利四川商用车有限公司	远程牌	138	纯电动城市客车	DNC6810
136	吉利四川商用车有限公司	远程牌	138	纯电动厢式运输车	DNC5045X、DNC5049X
137	吉利四川商用车有限公司	远程牌	138	纯电动仓栅式运输车	DNC5047CCY

续上表

序号	企业名称	商标	《目录》序号	产品名称	产品型号
138	吉利四川商用车有限公司	远程牌	138	纯电动邮政车	DNC5047X
139	江苏九龙汽车制造有限公司	大马牌	141	纯电动城市客车	HKL6800、HKL6801
140	南京金龙客车制造有限公司	开沃牌	142	纯电动双层城市客车	NJL6100
141	南京金龙客车制造有限公司	开沃牌	142	纯电动城市客车	NJL6100、NJL6809、NJL6859
142	南京金龙客车制造有限公司	开沃牌	142	纯电动客车	NJL6520
143	南京金龙客车制造有限公司	开沃牌	142	纯电动多用途乘用车	NJL6420
144	南京金龙客车制造有限公司	开沃牌	142	纯电动邮政车	NJL5038X
145	汉腾汽车有限公司	汉腾牌	145	纯电动轿车	GXQ7000
146	万向集团公司	万向牌	150	纯电动低入口城市客车	WXB6121
147	万向集团公司	万向牌	150	纯电动城市客车	WXB6100
148	湖南中车时代电动汽车股份有限公司	中国中车牌	151	纯电动城市客车	TEG6106、TEG6801、TEG6851
149	湖南中车时代电动汽车股份有限公司	中国中车牌	151	纯电动城市客车底盘	TEG6106、TEG6110、TEG6801
150	湖南猎豹汽车股份有限公司	猎豹(LEOPAARD)牌	156	纯电动轿车	LBA7000
151	成都客车股份有限公司	蜀都牌	162	纯电动低入口城市客车	CDK6106
152	成都客车股份有限公司	蜀都牌	162	纯电动双层城市客车	CDK6110
153	珠海广通汽车有限公司	广通牌	169	纯电动城市客车	GTQ6103、GTQ6105、GTQ6121、GTQ6126、GTQ6853、GTQ6858
154	浙江合众新能源汽车有限公司	哪吒牌	173	纯电动轿车	THZ7000

(2)民用改装车生产企业

共计40个生产厂家、41个品牌、63个产品进入公告。其中纯电动产品共计62个(客车20个、专用车42个);燃料电池产品共计1个(专用车1个)。

序号	企业名称	商标	《目录》序号	产品名称	产品型号
1	河北安旭专用汽车有限公司	安旭牌	(三)70	纯电动厢式运输车	AX5041X
2	山西皇城相府宇航汽车制造有限公司	山西牌	(四)01	纯电动城市客车	SXK6852
3	山西皇城相府宇航汽车制造有限公司	山西牌	(四)01	纯电动厢式运输车	SXK5021X、SXK5031X
4	南京市公共交通车辆厂	建康牌	(十)09	纯电动城市客车	NJC6805
5	江苏常隆客车有限公司	常隆牌	(十)17	纯电动城市客车	YS6808
6	江苏友谊汽车有限公司	友谊牌	(十)45	纯电动厢式运输车	ZGT5042X
7	江苏登达汽车有限公司	钻石牌	(十)106	纯电动城市客车	SGK6109、SGK6809
8	浙江中车电车有限公司	中国中车牌	(十一)17	纯电动城市客车	CSR6110、CSR6850
9	宁波波导汽车科技有限公司	波导牌	(十一)22	纯电动厢式运输车	NKC5022X
10	中汽商用汽车有限公司(杭州)	中汽牌	(十一)37	纯电动旅居车	ZQZ5041X
11	安徽星凯龙客车有限公司	星凯龙牌	(十二)18	纯电动城市客车	HFX6852
12	江西宜春客车厂有限公司	中宜牌	(十四)14	纯电动城市客车	JYK6101、JYK6805
13	江西江铃汽车集团改装车股份有限公司	智道牌	(十四)15	纯电动厢式运输车	JSV5030X
14	江西江铃汽车集团改装车股份有限公司	江铃牌	(十四)15	纯电动工程车	JX5045X
15	江西玖发专用车有限公司	谊玖牌	(十四)27	纯电动厢式运输车	GJF5020X
16	江西之信汽车有限公司	之信牌	(十四)32	纯电动城市客车	YLK6105、YLK6800
17	烟台舒驰客车有限责任公司	舒驰牌	(十五)18	纯电动厢式运输车	YTK5040X
18	郑州宇通重工有限公司	宇通牌	(十六)30	纯电动多功能抑尘车	YTZ5180TDY
19	郑州宇通重工有限公司	宇通牌	(十六)30	纯电动密闭式桶装垃圾车	YTZ5040X
20	郑州宇通重工有限公司	宇通牌	(十六)30	纯电动洗扫车	YTZ5040TXS
21	河南森源重工有限公司	森源牌	(十六)37	纯电动冷藏车	SMQ5040X
22	河南森源重工有限公司	森源牌	(十六)37	纯电动巡逻车	SMQ5021TXU
23	河南森源重工有限公司	森源牌	(十六)37	纯电动扫路车	SMQ5073TSL
24	河南森源重工有限公司	森源牌	(十六)37	纯电动洗扫车	SMQ5183TXS
25	河南森源重工有限公司	森源牌	(十六)37	纯电动清洗车	SMQ5070GQX

续上表

序号	企业名称	商标	《目录》序号	产品名称	产品型号
26	安阳市德力专用汽车有限公司	德帅牌	(十六)48	纯电动厢式运输车	DSP5024X
27	湖北东润汽车有限公司	东润牌	(十七)46	纯电动冷藏车	WSH5040X
28	湖北东润汽车有限公司	东润牌	(十七)46	纯电动售货车	WSH5030X
29	武汉客车制造股份有限公司	华中牌	(十七)49	纯电动城市客车	WH6110
30	湖北合加环境设备有限公司	合加牌	(十七)98	纯电动压缩式垃圾车	HJK5120ZYS、HJK5180ZYS
31	湖北合加环境设备有限公司	合加牌	(十七)98	纯电动扫路车	HJK5030TSL、HJK5100TSL
32	湖北合加环境设备有限公司	合加牌	(十七)98	纯电动洒水车	HJK5181GSS、HJK5186GSS
33	湖北合加环境设备有限公司	合加牌	(十七)98	纯电动洗扫车	HJK5120TXS
34	湖北合加环境设备有限公司	合加牌	(十七)98	纯电动清洗车	HJK5181GQX、HJK5186GQX
35	湖北合加环境设备有限公司	合加牌	(十七)98	纯电动餐厨垃圾车	HJK5080TCA
36	大汉汽车集团有限公司	大汉牌	(十八)27	纯电动城市客车	CKY6106、CKY6110、CKY6801
37	长沙中联重科环境产业有限公司	中联牌	(十八)60	纯电动吸粪车	ZBH5100GXE
38	长沙中联重科环境产业有限公司	中联牌	(十八)60	纯电动密闭式桶装垃圾车	ZBH5100X
39	长沙中联重科环境产业有限公司	中联牌	(十八)60	纯电动扫路车	ZBH5043TSL、ZBH5184TSL
40	长沙中联重科环境产业有限公司	中联牌	(十八)60	纯电动护栏清洗车	ZBH5100GQX
41	长沙中联重科环境产业有限公司	中联牌	(十八)60	纯电动桶装垃圾运输车	ZBH5040CTY、ZBH5100CTY
42	佛山市飞驰汽车制造有限公司	飞驰牌	(十九)17	纯电动城市客车	FSQ6850、FSQ6851
43	佛山市飞驰汽车制造有限公司	飞驰牌	(十九)17	燃料电池厢式运输车	FSQ5080X
44	珠海市广通客车有限公司	广客牌	(十九)34	纯电动城市客车	GTZ6819
45	东莞中汽宏远汽车有限公司	宏远牌	(十九)42	纯电动城市客车	KMT6106、KMT6861
46	中山市顺达客车有限公司	上佳牌	(十九)51	纯电动城市客车	HA6101
47	广东顺肇专用汽车制造有限公司	顺肇牌	(十九)57	纯电动厢式运输车	SZP5032X
48	广东顺肇专用汽车制造有限公司	顺肇牌	(十九)57	纯电动车厢可卸式垃圾车	SZP5032ZXX
49	广西源正新能源汽车有限公司	紫象牌	(二十)12	纯电动城市客车	HQK6109、HQK6819、HQK6859
50	重庆迪马工业有限责任公司	迪马牌	(二十一)05	纯电动运钞车	DMT5048X
51	重庆凯瑞特种车有限公司	重特牌	(二十一)10	纯电动自装卸式垃圾车	QYZ5040ZZZ
52	重庆瑞驰汽车实业有限公司	瑞驰牌	(二十一)14	纯电动封闭货车	CRC5032X、CRC5034X
53	重庆瑞驰汽车实业有限公司	瑞驰牌	(二十一)14	纯电动邮政车	CRC5030X
54	四川国宏汽车有限公司	乐达牌	(二十二)03	纯电动厢式运输车	LSK5040X
55	四川新筑通工汽车有限公司	通工牌	(二十二)06	纯电动城市客车	TG6103
56	四川省客车制造有限责任公司	峨嵋牌	(二十二)09	纯电动城市客车	EM6640
57	成都雅骏汽车制造有限公司	通途牌	(二十二)23	纯电动车厢可卸式垃圾车	CTT5032ZXX
58	贵州长江汽车有限公司	贵州牌	(二十三)01	纯电动城市客车	GK6851
59	贵州长江汽车有限公司	贵州牌	(二十三)01	纯电动厢式运输车	GK5041X
60	云南航天神州汽车有限公司	神州牌	(二十四)04	纯电动客车	YH6600
61	云南航天神州汽车有限公司	神州牌	(二十四)04	纯电动厢式运输车	YH5024X
62	兰州兰石集团兰驼农业装备有限公司	兰驼牌	(二十七)01	纯电动厢式运输车	LQ5040X
63	北京和田汽车改装有限公司	长城牌	三、二、02	纯电动厢式运输车	HTF5048X

7. 道路机动车辆生产企业及产品(第310批)——新能源汽车节选

道路机动车辆生产企业及产品(第310批)于2018年8月2日发布,共计有118个新能源汽车生产厂家、109个新能源汽车品牌、237个新能源汽车产品进入公告。其中,纯电动产品共计223款(客车64个、客车底盘5个、专用车109个、专用车底盘16个、乘用车29个);插电式混合动力产品8个(客车5个、乘用车3个);燃料电池产品共计6个(客车4个、专用车2个)。道路机动车辆生产企业及产品(第310批)——新能源汽车节选如下。

(1)汽车生产企业

共计67个生产厂家、61个品牌、164个产品进入公告。其中纯电动产品共计152款(客车40个、客车底盘5个、专用车62个、专用车底盘16个、乘用车29个);插电式混合动力产品7个(客车4个、乘用车3个);燃料电池产品共计5　　个(客车3个、专用车2个)。

序号	企业名称	商标	《目录》序号	产品名称	产品型号
1	一汽吉林汽车有限公司	解放牌	1	纯电动厢式运输车	CA5021X
2	东风小康汽车有限公司	东风牌	3	插电式混合动力多用途乘用车	DXK6470
3	东风汽车股份有限公司	东风牌	3	纯电动载货汽车底盘	EQ1040、EQ1041、EQ1042
4	东风汽车股份有限公司	东风牌	3	纯电动厢式运输车	DFA5030X、DFA5040X、DFA5042X
5	东风汽车股份有限公司	东风牌	3	纯电动冷藏车	DFA5040X
6	东风汽车集团有限公司	东风牌	3	纯电动载货汽车底盘	EQ1120、EQ1033、EQ1045、EQ1080
7	东风汽车集团有限公司	东风牌	3	纯电动城市客车	EQ6100、EQ6651、EQ6810、EQ6850
8	东风汽车集团有限公司	东风牌	3	纯电动客车	EQ6811
9	东风汽车集团有限公司	东风牌	3	纯电动客车底盘	EQ6100、EQ6610、EQ6621、EQ6750、EQ6760、EQ6761、EQ6800
10	东风汽车集团有限公司	东风牌	3	燃料电池厢式运输车	EQ5081X
11	东风汽车集团有限公司	东风牌	3	纯电动厢式运输车	EQ5030X、EQ5045X
12	东风汽车集团有限公司	东风牌	3	燃料电池冷藏车	EQ5081X
13	东风汽车集团有限公司	东风牌	3	纯电动路面养护车	EQ5033TYH
14	东风汽车集团有限公司	俊风牌	3	纯电动轿车	DFA7000
15	东风汽车集团有限公司	富康牌	3	纯电动轿车	DFM7000
16	北京北方华德尼奥普兰客车股份有限公司	北方牌	7	纯电动城市客车	BFC6109、BFC6809
17	北京北方华德尼奥普兰客车股份有限公司	北方牌	7	纯电动客车	BFC6115
18	北汽福田汽车股份有限公司	福田牌	9	纯电动载货汽车底盘	BJ1045
19	北汽福田汽车股份有限公司	福田牌	9	插电式混合动力城市客车	BJ6123、BJ6140
20	北汽福田汽车股份有限公司	福田牌	9	燃料电池城市客车	BJ6123
21	北汽福田汽车股份有限公司	福田牌	9	纯电动城市客车	BJ6105、BJ6117、BJ6123、BJ6851
22	北汽福田汽车股份有限公司	福田牌	9	纯电动厢式运输车	BJ5045X
23	北汽福田汽车股份有限公司	福田牌	9	纯电动扫路车	BJ5092TSL
24	长城汽车股份有限公司	魏派牌	15	插电式混合动力多用途乘用车	CC6481、CC6484
25	河北红星汽车制造有限公司	红星牌	21	纯电动运动型乘用车	HX6340
26	河北长安汽车有限公司	长安牌	22	纯电动载货汽车	SC1035
27	河北长安汽车有限公司	长安牌	22	纯电动城市客车	SC6105
28	荣成华泰汽车有限公司	华泰牌	23	纯电动多用途乘用车	SDH6390
29	荣成华泰汽车有限公司	华泰牌	23	纯电动轿车	SDH7000
30	一汽客车(大连)有限公司	解放牌	28	纯电动厢式运输车	CA5021X
31	丹东黄海汽车有限责任公司	黄海牌	29	纯电动客车	DD6110
32	北汽(广州)汽车有限公司	北京牌	30	纯电动轿车	BJ7000
33	山东凯马汽车制造有限公司	凯马牌	31	纯电动载货汽车	KMC1030、KMC1032、KMC1033、KMC1035
34	山东凯马汽车制造有限公司	凯马牌	31	纯电动载货汽车底盘	KMC1030、KMC1032、KMC1033、KMC1035、KMC1036、KMC1041、KMC1042
35	山东凯马汽车制造有限公司	凯马牌	31	纯电动厢式运输车	KMC5030X、KMC5032X、KMC5033X、KMC5035X、KMC5036X、KMC5041X、KMC5042X
36	山东凯马汽车制造有限公司	凯马牌	31	纯电动仓栅式运输车	KMC5030CCY、KMC5032CCY
37	山东凯马汽车制造有限公司	凯马牌	31	纯电动冷藏车	KMC5033X、KMC5042X
38	山东凯马汽车制造有限公司	凯马牌	31	纯电动售货车	KMC5030X、KMC5032X
39	山东凯马汽车制造有限公司	凯马牌	31	纯电动车厢可卸式垃圾车	KMC5036ZXX
40	山东凯马汽车制造有限公司	凯马牌	31	纯电动餐厨垃圾车	KMC5036TCA
41	沈阳金杯车辆制造有限公司	金杯牌	33	纯电动轻型载货汽车	SY1037
42	沈阳金杯车辆制造有限公司	金杯牌	33	纯电动轻型载货汽车底盘	SY1037

续上表

序号	企业名称	商标	《目录》序号	产品名称	产品型号
43	沈阳金杯车辆制造有限公司	金杯牌	33	纯电动厢式运输车	SY5031X
44	威马汽车制造温州有限公司	威尔马斯特牌	34	纯电动多用途乘用车	SZS6460
45	广西华奥汽车制造有限公司	金华奥牌	40	纯电动城市客车	CCA6670
46	广西华奥汽车制造有限公司	金华奥牌	40	纯电动客车底盘	CCA6630
47	上汽大通汽车有限公司	大通牌	41	纯电动冷藏车	SH5043X
48	上汽大通汽车有限公司	大通牌	41	纯电动多用途乘用车	SH6523
49	上海申沃客车有限公司	申沃牌	42	纯电动城市客车	SWB6948
50	上海申沃客车有限公司	申沃牌	42	纯电动客车	SWB6802
51	南京汽车集团有限公司	依维柯牌	44	纯电动售货车	NJ5047X
52	南京汽车集团有限公司	畅达牌	44	纯电动载货汽车底盘	NJ1038
53	南京汽车集团有限公司	畅达牌	44	纯电动密闭式桶装垃圾车	NJ5038X
54	南京汽车集团有限公司	畅达牌	44	纯电动自装卸式垃圾车	NJ5038ZZZ
55	南京汽车集团有限公司	畅达牌	44	纯电动路面养护车	NJ5038TYH
56	南京汽车集团有限公司	畅达牌	44	纯电动车厢可卸式垃圾车	NJ5038ZXX
57	北汽(常州)汽车有限公司	北京牌	45	纯电动城市客车	BJ6101、BJ6121
58	北汽(常州)汽车有限公司	北京牌	45	纯电动冷藏车	BJ5040X
59	东风悦达起亚汽车有限公司	起亚牌	47	纯电动多用途乘用车	YQZ6420
60	浙江吉利汽车有限公司	吉利牌	52	纯电动轿车	SMA7001
61	浙江豪情汽车制造有限公司	吉利牌	52	纯电动轿车	JL7001
62	浙江豪情汽车制造有限公司	帝豪牌	52	插电式混合动力轿车	HQ7152
63	浙江豪情汽车制造有限公司	帝豪牌	52	纯电动轿车	HQ7002
64	安徽安凯汽车股份有限公司	安凯牌	55	纯电动城市客车	HFF6129
65	安徽江淮汽车集团股份有限公司	江淮牌	56	纯电动载货汽车	HFC1031
66	安徽江淮汽车集团股份有限公司	江淮牌	56	纯电动载货汽车底盘	HFC1041、HFC1043
67	安徽江淮汽车集团股份有限公司	江淮牌	56	纯电动厢式运输车	HFC5041X、HFC5043X
68	安徽江淮汽车集团股份有限公司	蔚来牌	56	纯电动多用途乘用车	HFC6502
69	福建新福达汽车工业有限公司	福达(FORTA)牌	58	纯电动城市客车	FZ6802
70	江西昌河汽车有限责任公司	昌河牌	59	纯电动轿车	CH7002
71	江西大乘汽车有限公司	骐铃牌	60	纯电动载货汽车底盘	JML1041
72	江西大乘汽车有限公司	骐铃牌	60	纯电动厢式运输车	JML5041X
73	江铃汽车股份有限公司	江铃牌	61	纯电动邮政车	JX5043X
74	江西江铃集团晶马汽车有限公司	晶马牌	62	纯电动城市客车	JMV6660
75	江西江铃集团晶马汽车有限公司	晶马牌	62	纯电动客车	JMV6660
76	一汽解放青岛汽车有限公司	解放牌	64	纯电动载货汽车底盘	CA1042、CA1043、CA1044
77	一汽解放青岛汽车有限公司	解放牌	64	纯电动厢式运输车	CA5042X、CA5043X、CA5044X
78	山东唐骏欧铃汽车制造有限公司	欧铃牌	68	纯电动载货汽车底盘	ZB1045
79	山东唐骏欧铃汽车制造有限公司	欧铃牌	68	纯电动厢式运输车	ZB5045X
80	山东时风商用车有限公司	时风牌	70	纯电动厢式运输车	SSF5042X、SSF5072X
81	郑州宇通客车股份有限公司	宇通牌	71	燃料电池低入口城市客车	ZK6125
82	郑州宇通客车股份有限公司	宇通牌	71	纯电动低入口城市客车	ZK6125
83	郑州宇通客车股份有限公司	宇通牌	71	纯电动低地板城市客车	ZK6126
84	郑州宇通客车股份有限公司	宇通牌	71	纯电动城市客车	ZK6105、ZK6605、ZK6809、ZK6815
85	郑州宇通客车股份有限公司	宇通牌	71	纯电动客车	ZK6119、ZK6809
86	湖北新楚风汽车股份有限公司	楚风牌	73	纯电动载货汽车底盘	HQG1040、HQG1043
87	湖北新楚风汽车股份有限公司	楚风牌	73	纯电动厢式运输车	HQG5043X
88	湖北新楚风汽车股份有限公司	楚风牌	73	纯电动车厢可卸式垃圾车	HQG5040ZXX

续上表

序号	企业名称	商标	《目录》序号	产品名称	产品型号
89	湖北三环专用汽车有限公司	十通牌	76	纯电动载货汽车	STQ1049
90	湖北三环专用汽车有限公司	十通牌	76	纯电动载货汽车底盘	STQ1049
91	湖北三环专用汽车有限公司	十通牌	76	纯电动厢式运输车	STQ5049X
92	湖北三环专用汽车有限公司	十通牌	76	纯电动仓栅式运输车	STQ5049CCY
93	比亚迪汽车工业有限公司	比亚迪牌	79	纯电动低入口双层城市客车	BYD6100
94	比亚迪汽车工业有限公司	比亚迪牌	79	纯电动低入口双层城市客车底盘	BYD6100
95	比亚迪汽车工业有限公司	比亚迪牌	79	纯电动多用途乘用车	BYD6450
96	深圳东风汽车有限公司	东风牌	85	纯电动密闭式桶装垃圾车	EQ5080X
97	深圳东风汽车有限公司	东风牌	85	纯电动扫路车	EQ5040TSL
98	深圳东风汽车有限公司	东风牌	85	纯电动自装卸式垃圾车	EQ5040ZZZ
99	深圳东风汽车有限公司	东风牌	85	纯电动路面养护车	EQ5040TYH
100	广汽三菱汽车有限公司	广汽(GAC)牌	89	纯电动轿车	GMC7000
101	桂林客车工业集团有限公司	五菱牌	90	纯电动厢式运输车	GL5034X、GL5035X、GL5041X
102	东风柳州汽车有限公司	东风牌	91	纯电动多用途乘用车	LZ6511
103	上汽通用五菱汽车股份有限公司	宝骏牌	92	纯电动轿车	LZW7001、LZW7002
104	重庆长安汽车股份有限公司	长安牌	96	纯电动载货汽车底盘	SC1031
105	重庆长安汽车股份有限公司	长安牌	96	纯电动多用途乘用车	SC6458
106	重庆长安汽车股份有限公司	长安牌	96	纯电动封闭货车	SC5021X
107	重庆长安汽车股份有限公司	长安牌	96	纯电动轿车	SC7003
108	中植一客成都汽车有限公司	中植汽车牌	100	纯电动城市客车	CDL6100、CDL6101
109	中植一客成都汽车有限公司	中植汽车牌	100	纯电动客车	CDL6110
110	中植一客成都汽车有限公司	中植汽车牌	100	纯电动厢式运输车	CDL5021X
111	中国重汽集团成都王牌商用车有限公司	王牌牌	101	纯电动自装卸式垃圾车	CDW5020ZZZ
112	四川野马汽车股份有限公司	野马牌	101	纯电动厢式运输车	SQJ5020X
113	四川野马汽车股份有限公司	野马牌	101	纯电动多用途乘用车	SQJ6450、SQJ6460
114	成都大运汽车集团有限公司	大运牌	101	纯电动载货汽车底盘	CGC1045
115	成都大运汽车集团有限公司	大运牌	101	纯电动厢式运输车	CGC5045X
116	东风云南汽车有限公司	东风牌	104	纯电动载货汽车底盘	EQ1042、EQ1046
117	东风云南汽车有限公司	东风牌	104	纯电动厢式运输车	EQ5042X
118	东风云南汽车有限公司	东风牌	104	纯电动自装卸式垃圾车	EQ5041ZLJ
119	比亚迪汽车有限公司	比亚迪牌	108	纯电动轿车	BYD7005
120	陕西通家汽车股份有限公司	通家福牌	109	纯电动厢式运输车	STJ5020X、STJ5022X
121	陕西通家汽车股份有限公司	通家福牌	109	纯电动多用途乘用车	STJ6408
122	陕西汽车集团有限责任公司	陕汽牌	110	纯电动载货汽车底盘	SX1040
123	陕西汽车集团有限责任公司	陕汽牌	110	纯电动厢式运输车	SX5040X
124	金龙联合汽车工业(苏州)有限公司	海格牌	112	纯电动城市客车	KLQ6650
125	金龙联合汽车工业(苏州)有限公司	海格牌	112	纯电动厢式运输车	KLQ5041X
126	奇瑞商用车(安徽)有限公司	开瑞牌	119	纯电动厢式运输车	SQR5022X
127	奇瑞商用车(安徽)有限公司	开瑞牌	119	纯电动多用途乘用车	SQR6461
128	奇瑞汽车股份有限公司	奇瑞牌	119	纯电动轿车	SQR7000
129	厦门金龙联合汽车工业有限公司	金龙牌	123	纯电动城市客车	XMQ6821
130	厦门金龙旅行车有限公司	金旅牌	124	插电式混合动力城市客车	XML6105、XML6125
131	厦门金龙旅行车有限公司	金旅牌	124	纯电动低入口城市客车	XML6105
132	厦门金龙旅行车有限公司	金旅牌	124	纯电动城市客车	XML6606、XML6700、XML6805、XML6855
133	厦门金龙旅行车有限公司	金旅牌	124	纯电动轻型客车	XML6532
134	厦门金龙旅行车有限公司	金旅牌	124	纯电动厢式运输车	XML5036X

续上表

序号	企业名称	商标	《目录》序号	产品名称	产品型号
135	厦门金龙旅行车有限公司	金旅牌	124	纯电动邮政车	XML5036X
136	中通客车控股股份有限公司	中通牌	125	插电式混合动力城市客车	LCK6107
137	中通客车控股股份有限公司	中通牌	125	燃料电池城市客车	LCK6900
138	中通客车控股股份有限公司	中通牌	125	纯电动低入口城市客车	LCK6120
139	中通客车控股股份有限公司	中通牌	125	纯电动城市客车	LCK6117、LCK6668、LCK6669、LCK6806、LCK6809、LCK6826
140	上海申龙客车有限公司	申龙牌	129	插电式混合动力城市客车	SLK6119
141	上海申龙客车有限公司	申龙牌	129	纯电动低地板城市客车	SLK6101、SLK6121
142	上海申龙客车有限公司	申龙牌	129	纯电动城市客车	SLK6109、SLK6663、SLK6819
143	上海申龙客车有限公司	申龙牌	129	纯电动客车	SLK6118、SLK6903
144	上海申龙客车有限公司	申龙牌	129	纯电动客车底盘	SLK6109、SLK6809
145	山西成功汽车制造有限公司	太行成功牌	130	纯电动封闭货车	SCH5022X
146	湖南恒润汽车有限公司	恒润牌	132	纯电动多用途乘用车	HRQ6350
147	吉利四川商用车有限公司	远程牌	138	纯电动载货汽车	DNC1047
148	吉利四川商用车有限公司	远程牌	138	纯电动低入口城市客车	DNC6100、DNC6120
149	吉利四川商用车有限公司	远程牌	138	纯电动厢式运输车	DNC5047X
150	江苏九龙汽车制造有限公司	大马牌	141	纯电动厢式运输车	HKL5040X
151	江苏九龙汽车制造有限公司	大马牌	141	纯电动多用途乘用车	HKL6320、HKL6440
152	南京金龙客车制造有限公司	开沃牌	142	纯电动低入口城市客车	NJL6680
153	南京金龙客车制造有限公司	开沃牌	142	纯电动城市客车	NJL6100、NJL6117、NJL6859
154	南京金龙客车制造有限公司	开沃牌	142	纯电动客车	NJL6117、NJL6520
155	南京金龙客车制造有限公司	开沃牌	142	纯电动厢式运输车	NJL5026X、NJL5032X、NJL5038X、NJL5043X
156	南京金龙客车制造有限公司	开沃牌	142	纯电动多用途乘用车	NJL6420
157	湖南中车时代电动汽车股份有限公司	中国中车牌	151	纯电动城市客车	TEG6106、TEG6801、TEG6851
158	湖南中车时代电动汽车股份有限公司	中国中车牌	151	纯电动客车	TEG6120
159	湖南中车时代电动汽车股份有限公司	中国中车牌	151	纯电动客车底盘	TEG6110
160	湖南中车时代电动汽车股份有限公司	中国中车牌	151	纯电动厢式运输车	TEG5041X
161	江西江铃集团新能源汽车有限公司	易至牌	165	纯电动轿车	JX7001
162	珠海广通汽车有限公司	广通牌	169	纯电动城市客车	GTQ6111、GTQ6853
163	珠海广通汽车有限公司	广通牌	169	纯电动铰接城市客车	GTQ6186
164	珠海广通汽车有限公司	广通牌	169	纯电动厢式运输车	GTQ5024X

(2)民用改装车生产企业

共计51个生产厂家、51个品牌、73个产品进入公告。其中纯电动产品共计71个(客车24个、专用车47个);插电式混合动力产品1个(客车1个);燃料电池产品共计1个(客车1个)。

序号	企业名称	商标	《目录》序号	产品名称	产品型号
1	北京华林特装车有限公司	华林牌	(一)31	纯电动密闭式桶装垃圾车	HLT5040X
2	天津比亚迪汽车有限公司	金马牌	(二)04	纯电动低入口城市客车	TJK6127
3	石家庄中博汽车有限公司	广通客车牌	(三)04	纯电动城市客车	SQ6858
4	城建重工(唐山曹妃甸)新能源汽车科技有限公司	卢沟桥牌	(三)114	纯电动压缩式垃圾车	CJJ5080ZYS
5	山西原野汽车制造有限公司	湛龙牌	(四)06	纯电动城市客车	YYC6813、YYC6128、YYC6105
6	山西原野汽车制造有限公司	湛龙牌	(四)06	纯电动车厢可卸式垃圾车	YYC5030ZXX
7	辽宁乾丰专用车有限公司	易圣达牌	(六)06	纯电动城市客车	QF6105
8	南京市公共交通车辆厂	建康牌	(十)09	纯电动城市客车	NJC6105
9	江苏常隆客车有限公司	常隆牌	(十)17	纯电动城市客车	YS6808
10	江苏陆地方舟新能源车辆股份有限公司	陆地方舟牌	(十)28	纯电动厢式运输车	RQ5026X

续上表

序号	企业名称	商标	《目录》序号	产品名称	产品型号
11	徐州工程机械集团有限公司	徐工牌	(十)48	纯电动路面养护车	XZJ5040TYH
12	江苏登达汽车有限公司	钻石牌	(十)106	纯电动城市客车	SGK6851
13	新日(无锡)发展有限公司	新日牌	(十)108	纯电动厢式运输车	XRF5032X
14	宁波杉杉汽车有限公司	杉杉牌	(十一)46	纯电动厢式运输车	NSS5045X
15	中植汽车(淳安)有限公司	中植汽车牌	(十一)47	燃料电池客车	SPK6891
16	芜湖宝骐汽车制造有限公司	帅骐牌	(十二)14	纯电动厢式运输车	WXS5021X
17	福建龙马环卫装备股份有限公司	福龙马牌	(十三)16	纯电动压缩式垃圾车	FLM5120ZYS
18	福建龙马环卫装备股份有限公司	福龙马牌	(十三)16	纯电动扫路车	FLM5120TSL
19	福建龙马环卫装备股份有限公司	福龙马牌	(十三)16	纯电动桶装垃圾运输车	FLM5040CTY
20	福建龙马环卫装备股份有限公司	福龙马牌	(十三)16	纯电动自装卸式垃圾车	FLM5040ZZZ
21	福建龙马环卫装备股份有限公司	福龙马牌	(十三)16	纯电动路面养护车	FLM5040TYH
22	江西博能上饶客车有限公司	上饶牌	(十四)02	纯电动客车	SR6826
23	赣州汽车改装厂	环球牌	(十四)10	纯电动厢式运输车	GZQ5025X、GZQ5032X、GZQ5033X
24	赣州汽车改装厂	环球牌	(十四)10	纯电动仓栅式运输车	GZQ5032CCY、GZQ5033CCY
25	赣州汽车改装厂	环球牌	(十四)10	纯电动售货车	GZQ5032X、GZQ5033X
26	江西宜春客车厂有限公司	中宜牌	(十四)14	纯电动厢式运输车	JYK5020X
27	江西江铃集团特种专用车有限公司	江铃江特牌	(十四)20	纯电动冷藏车	JMT5041X
28	江西中城通达新能源装备有限公司	中城通达牌	(十四)31	纯电动厢式运输车	CLE5043X
29	江西之信汽车有限公司	之信牌	(十四)32	纯电动城市客车	YLK6801
30	山东泰开汽车制造有限公司	岱阳牌	(十五)10	纯电动高空作业车	TAG5110JGK
31	中国重汽集团济南豪沃客车有限公司	黄河牌	(十五)19	插电式混合动力城市客车	JK6106
32	郑州宇通重工有限公司	宇通牌	(十六)30	纯电动扫路车	YTZ5040TSL
33	河南森源重工有限公司	森源牌	(十六)37	纯电动厢式运输车	SMQ5076X
34	河南森源重工有限公司	森源牌	(十六)37	纯电动冷藏车	SMQ5074X、SMQ5030X
35	河南森源重工有限公司	森源牌	(十六)37	纯电动压缩式垃圾车	SMQ5073ZYS
36	河南森源重工有限公司	森源牌	(十六)37	纯电动洗扫车	SMQ5080TXS
37	河南森源重工有限公司	森源牌	(十六)37	纯电动混凝土搅拌运输车	SMQ5250GJB
38	武汉客车制造股份有限公司	华中牌	(十七)49	纯电动城市客车	WH6110
39	湖北世纪中远车辆有限公司	中悦牌	(十七)86	纯电动售货车	ZYP5030X
40	湖北合加环境设备有限公司	合加牌	(十七)98	纯电动多功能抑尘车	HJK5180TDY
41	湖北合加环境设备有限公司	合加牌	(十七)98	纯电动桶装垃圾运输车	HJK5030CTY
42	湖北合加环境设备有限公司	合加牌	(十七)98	纯电动自装卸式垃圾车	HJK5030ZZZ
43	大汉汽车集团有限公司	大汉牌	(十八)27	纯电动客车	CKY6110
44	长沙中联重科环境产业有限公司	中联牌	(十八)60	纯电动扫路车	ZBH5103TSL
45	长沙中联重科环境产业有限公司	中联牌	(十八)60	纯电动清洗车	ZBH5182GQX
46	长沙中联重科环境产业有限公司	中联牌	(十八)60	纯电动车厢可卸式垃圾车	ZBH5180ZXX
47	佛山市飞驰汽车制造有限公司	飞驰牌	(十九)17	纯电动城市客车	FSQ6851
48	广东圣宝汽车实业有限公司	圣宝牌	(十九)30	纯电动厢式运输车	GSB5045X、GSB5046X
49	广东圣宝汽车实业有限公司	圣宝牌	(十九)30	纯电动冷藏车	GSB5043X
50	广东圣宝汽车实业有限公司	圣宝牌	(十九)30	纯电动密闭式桶装垃圾车	GSB5040X
51	广东圣宝汽车实业有限公司	圣宝牌	(十九)30	纯电动邮政车	GSB5020X
52	珠海市广通客车有限公司	广客牌	(十九)34	纯电动客车	GTZ6810
53	东莞中汽宏远汽车有限公司	宏远牌	(十九)42	纯电动城市客车	KMT6106、KMT6861
54	中山市顺达客车有限公司	上佳牌	(十九)51	纯电动城市客车	HA6120、HA6850、HA6100、HA6805
55	广东顺肇专用汽车制造有限公司	顺肇牌	(十九)57	纯电动冷藏车	SZP5040X

续上表

序号	企业名称	商标	《目录》序号	产品名称	产品型号
56	广东顺肇专用汽车制造有限公司	顺肇牌	(十九)57	纯电动自装卸式垃圾车	SZP5040ZLJ
57	深圳市德塔电动汽车科技有限公司	德塔牌	(十九)61	纯电动冷藏车	DTE5040X
58	柳州五菱汽车工业有限公司	五菱牌	(二十)09	纯电动厢式运输车	LQG5035X、LQG5036X
59	广西源正新能源汽车有限公司	紫象牌	(二十)12	纯电动城市客车	HQK6109、HQK6819、HQK6859
60	广西源正新能源汽车有限公司	紫象牌	(二十)12	纯电动厢式运输车	HQK5042
61	重庆瑞驰汽车实业有限公司	瑞驰牌	(二十一)14	纯电动封闭货车	CRC5031X
62	四川省客车制造有限责任公司	峨嵋牌	(二十二)09	纯电动城市客车	EM6850
63	四川申龙汽车制造有限公司	赛风牌	(二十二)15	纯电动城市客车	CYJ6819、CYJ6109
64	成都航天万欣科技有限公司	万欣牌	(二十二)19	纯电动厢式运输车	TJX5041X
65	江苏申龙汽车有限公司	华西牌	(十)143	纯电动城市客车	KWD6109、KWD6819
66	成都雅骏汽车制造有限公司	通途牌	(二十二)23	纯电动仓栅式运输车	CTT5043CCY
67	成都雅骏汽车制造有限公司	通途牌	(二十二)23	纯电动冷藏车	CTT5040X
68	贵州长江汽车有限公司	贵州牌	(二十三)01	纯电动城市客车	GK6660
69	奇瑞万达贵州客车股份有限公司	万达牌	(二十三)06	纯电动客车	WD6109、WD6602
70	云南五龙汽车有限公司	长江牌	(二十四)03	纯电动低入口城市客车	FDE6100
71	云南航天神州汽车有限公司	神州牌	(二十四)04	纯电动城市客车	YH6600
72	云南航天神州汽车有限公司	神州牌	(二十四)04	纯电动客车	YH6600
73	昆明客车制造有限公司	云海牌	(二十四)06	纯电动厢式运输车	KK5030X、KK5043X

8. 道路机动车辆生产企业及产品(第311批)——新能源汽车节选

道路机动车辆生产企业及产品(第311批)于2018年9月6日发布,共计有98个新能源汽车生产厂家、93个新能源汽车品牌、178个新能源汽车产品进入公告。其中,纯电动产品共计167个(客车45个、客车底盘10个、专用车70个、专用车底盘13个、乘用车29个);燃料电池产品共计11个(客车5个、客车底盘1个、专用车3个、专用车底盘2个)。道路机动车辆生产企业及产品(第311批)——新能源汽车节选如下。

(1)汽车生产企业

共计60个生产厂家、56个品牌、130个产品进入公告。其中纯电动产品共计119个(客车26个、客车底盘10个、专用车41个、专用车底盘13个、乘用车29个);燃料电池产品共计11个(客车5个、客车底盘1个、专用车3个、专用车底盘2个)。

序号	企业名称	商标	《目录》序号	产品名称	产品型号
1	中国第一汽车集团有限公司	解放牌	1	纯电动载货汽车	CA1180
2	中国第一汽车集团有限公司	解放牌	1	纯电动载货汽车底盘	CA1180
3	中国第一汽车集团有限公司	解放牌	1	纯电动厢式运输车	CA5030X
4	一汽吉林汽车有限公司	解放牌	1	纯电动厢式运输车	CA5020X
5	一汽吉林汽车有限公司	解放牌	1	纯电动多用途乘用车	CA6420
6	东风小康汽车有限公司	东风牌	3	纯电动多用途乘用车	DXK6450
7	东风汽车股份有限公司	东风牌	3	纯电动载货汽车底盘	EQ1030、EQ1040、EQ1041
8	东风汽车股份有限公司	东风牌	3	纯电动城市客车	DFA6800
9	东风汽车股份有限公司	东风牌	3	纯电动客车底盘	EQ6100、EQ6760、EQ6800、EQ6810
10	东风汽车股份有限公司	东风牌	3	纯电动厢式运输车	DFA5030X、DFA5040X
11	东风汽车股份有限公司	东风牌	3	纯电动流动服务车	DFA5041X
12	东风汽车股份有限公司	东风牌	3	纯电动自装卸式垃圾车	DFA5030ZZZ
13	东风汽车集团有限公司	东风牌	3	燃料电池载货汽车底盘	EQ1080
14	东风汽车集团有限公司	东风牌	3	纯电动载货汽车底盘	EQ1120、EQ1033、EQ1045
15	东风汽车集团有限公司	东风牌	3	燃料电池客车	EQ6700
16	东风汽车集团有限公司	东风牌	3	纯电动城市客车	EQ6811
17	东风汽车集团有限公司	东风牌	3	燃料电池厢式运输车	EQ5080X

续上表

序号	企业名称	商标	《目录》序号	产品名称	产品型号
18	东风汽车集团有限公司	东风牌	3	纯电动厢式运输车	EQ5022X、EQ5030X、EQ5033X、EQ5045X
19	东风汽车集团有限公司	东风牌	3	纯电动冷藏车	EQ5045X
20	东风汽车集团有限公司	东风牌	3	纯电动教练车	EQ5120X
21	东风汽车集团有限公司	东风牌	3	纯电动流动服务车	EQ5034X
22	东风汽车集团有限公司	东风牌	3	纯电动牵引教练车	EQ5100X
23	东风汽车集团有限公司	东风牌	3	纯电动自卸式垃圾车	EQ5033ZLJ
24	东风裕隆汽车有限公司	纳智捷牌	3	纯电动轿车	DYM7003
25	上汽通用汽车有限公司	别克(BUICK)牌	6	纯电动轿车	SGM7008
26	北汽福田汽车股份有限公司	福田牌	9	燃料电池载货汽车底盘	BJ1088
27	北汽福田汽车股份有限公司	福田牌	9	纯电动城市客车	BJ6105、BJ6123、BJ6127、BJ6680、BJ6851
28	北汽福田汽车股份有限公司	福田牌	9	燃料电池厢式运输车	BJ5088X
29	长城汽车股份有限公司	欧拉牌	15	纯电动轿车	CC7000
30	河北中兴汽车制造有限公司	田野牌	19	纯电动厢式运输车	BQ5031X
31	河北红星汽车制造有限公司	红星牌	21	纯电动运动型乘用车	HX6340
32	河北长安汽车有限公司	长安牌	22	纯电动载货汽车底盘	SC1035
33	河北长安汽车有限公司	长安牌	22	纯电动路面养护车	SC5035TYH
34	北奔重型汽车集团有限公司	北奔牌	27	纯电动城市客车	ND6105
35	北奔重型汽车集团有限公司	北奔牌	27	纯电动城市客车底盘	ND6100
36	一汽客车(大连)有限公司	解放牌	28	纯电动厢式运输车	CA5045X
37	丹东黄海汽车有限责任公司	黄海牌	29	纯电动城市客车	DD6100
38	北汽(广州)汽车有限公司	北京牌	30	纯电动轿车	BJ7000
39	沈阳金杯车辆制造有限公司	金杯牌	33	纯电动载货汽车	SY1030
40	沈阳金杯车辆制造有限公司	金杯牌	33	纯电动载货汽车底盘	SY1030
41	沈阳金杯车辆制造有限公司	金杯牌	33	纯电动厢式运输车	SY5030X
42	威马汽车制造温州有限公司	威尔马斯特牌	34	纯电动多用途乘用车	SZS6460
43	上汽大通汽车有限公司	大通牌	41	纯电动厢式运输车	SH5020X
44	上汽大通汽车有限公司	大通牌	41	纯电动多用途乘用车	SH6451
45	上汽大通汽车有限公司	跃进牌	41	纯电动载货汽车底盘	SH1047
46	上汽大通汽车有限公司	跃进牌	41	纯电动厢式运输车	SH5047X
47	南京汽车集团有限公司	依维柯牌	44	纯电动客车底盘	NJ6577
48	南京汽车集团有限公司	依维柯牌	44	纯电动厢式运输车	NJ5047X
49	北汽新能源汽车常州有限公司	北京牌	46	纯电动轿车	BJ7000
50	安徽安凯汽车股份有限公司	安凯牌	55	燃料电池城市客车	HFF6852
51	安徽安凯汽车股份有限公司	安凯牌	55	纯电动城市客车	HFF6100、HFF6124
52	安徽安凯汽车股份有限公司	安凯牌	55	纯电动客车	HFF6119
53	安徽江淮汽车集团股份有限公司	江淮牌	56	纯电动载货汽车底盘	HFC1041、HFC1042
54	安徽江淮汽车集团股份有限公司	江淮牌	56	纯电动厢式运输车	HFC5037X、HFC5041X
55	安徽江淮汽车集团股份有限公司	江淮牌	56	纯电动多用途货车底盘	HFC1037
56	安徽江淮汽车集团股份有限公司	蔚来牌	56	纯电动多用途乘用车	HFC6502
57	东南(福建)汽车工业有限公司	东南牌	58	纯电动轿车	DN7008
58	福建新龙马汽车股份有限公司	福建牌	58	纯电动厢式运输车	FJ5020X、FJ5030X
59	江西昌河汽车有限责任公司	北京牌	59	纯电动厢式运输车	CH5031X
60	江铃汽车股份有限公司	江铃牌	61	纯电动载货汽车底盘	JX1113
61	江铃汽车股份有限公司	江铃牌	61	纯电动多用途货车	JX1032
62	江铃汽车股份有限公司	江铃牌	61	纯电动多用途货车底盘	JX1032

续上表

序号	企业名称	商标	《目录》序号	产品名称	产品型号
63	江铃汽车股份有限公司	江铃牌	61	纯电动邮政车	JX5063X
64	一汽解放青岛汽车有限公司	解放牌	64	纯电动特种作业车底盘	CA1250
65	郑州宇通客车股份有限公司	宇通牌	71	纯电动低入口城市客车	ZK6125
66	郑州宇通客车股份有限公司	宇通牌	71	纯电动低地板城市客车	ZK6106
67	郑州宇通客车股份有限公司	宇通牌	71	纯电动城市客车	ZK6105、ZK6115、ZK6809、ZK6815、ZK6826、ZK6935
68	郑州宇通客车股份有限公司	宇通牌	71	纯电动客车底盘	ZK6106
69	湖北新楚风汽车股份有限公司	楚风牌	73	纯电动载货汽车底盘	HQG1040、HQG1043
70	湖北新楚风汽车股份有限公司	楚风牌	73	纯电动厢式运输车	HQG5043X
71	湖北新楚风汽车股份有限公司	楚风牌	73	纯电动车厢可卸式垃圾车	HQG5040ZXX
72	湖北三环专用汽车有限公司	十通牌	76	纯电动载货汽车底盘	STQ1049
73	湖北三环专用汽车有限公司	十通牌	76	纯电动厢式运输车	STQ5049X
74	比亚迪汽车工业有限公司	比亚迪牌	79	纯电动低入口城市客车底盘	BYD6101
75	比亚迪汽车工业有限公司	比亚迪牌	79	纯电动城市客车底盘	BYD6800
76	比亚迪汽车工业有限公司	比亚迪牌	79	纯电动客车底盘	BYD6880
77	比亚迪汽车工业有限公司	比亚迪牌	79	纯电动福祉车	BYD5020X
78	比亚迪汽车工业有限公司	比亚迪牌	79	纯电动邮政车	BYD5030X
79	湖南江南汽车制造有限公司	众泰牌	84	纯电动轿车	JNJ7000
80	湖南江南汽车制造有限公司	江南牌	84	纯电动轿车	JNJ7000
81	桂林客车工业集团有限公司	五菱牌	90	纯电动城市客车	GL6609
82	桂林客车工业集团有限公司	桂林牌	90	纯电动厢式运输车	GL5036X、GL5042X
83	上汽通用五菱汽车股份有限公司	宝骏牌	92	纯电动轿车	LZW7002
84	重庆力帆乘用车有限公司	力帆牌	93	纯电动轿车	LF7002
85	重庆长安汽车股份有限公司	长安牌	96	纯电动轿车	SC7003
86	中植一客成都汽车有限公司	中植汽车牌	100	纯电动城市客车	CDL6850
87	成都大运汽车集团有限公司	大运牌	101	纯电动城市客车	CGC6101、CGC6801
88	比亚迪汽车有限公司	比亚迪牌	108	纯电动多用途乘用车	BYD6460
89	陕西通家汽车股份有限公司	通家福牌	109	纯电动厢式运输车	STJ5020X
90	陕西汽车集团有限责任公司	陕汽牌	110	纯电动城市客车	SX6120
91	金龙联合汽车工业(苏州)有限公司	海格牌	112	燃料电池城市客车	KLQ6109
92	奇瑞商用车(安徽)有限公司	开瑞牌	119	纯电动多用途乘用车	SQR6462
93	江铃控股有限公司	江铃牌	121	纯电动轿车	JX70038
94	上海汽车集团股份有限公司	荣威牌	122	纯电动多用途乘用车	CSA6461
95	上海汽车集团股份有限公司	荣威牌	122	纯电动轿车	CSA7002
96	厦门金龙联合汽车工业有限公司	金龙牌	123	燃料电池客车底盘	XMQ6100
97	厦门金龙旅行车有限公司	金旅牌	124	纯电动城市客车	XML6105、XML6700、XML6805、
98	厦门金龙旅行车有限公司	金旅牌	124	纯电动客车	XML6601
99	中通客车控股股份有限公司	中通牌	125	纯电动城市客车	LCK6108、LCK6806、LCK6808、LCK6809
100	中通客车控股股份有限公司	中通牌	125	纯电动客车底盘	LCK6619
101	中通客车控股股份有限公司	中通牌	125	燃料电池厢式运输车	LCK5085X
102	中通客车控股股份有限公司	中通牌	125	纯电动厢式运输车	LCK5048X
103	海马汽车有限公司	小鹏牌	128	纯电动轿车	HMA7000
104	海马汽车有限公司	海马牌	128	纯电动轿车	HMA7003
105	上海申龙客车有限公司	申龙牌	129	燃料电池客车	SLK6606
106	上海申龙客车有限公司	申龙牌	129	纯电动低地板城市客车	SLK6121
107	上海申龙客车有限公司	申龙牌	129	纯电动城市客车	SLK6109、SLK6128、SLK6803、SLK6819

续上表

序号	企业名称	商标	《目录》序号	产品名称	产品型号
108	上海申龙客车有限公司	申龙牌	129	纯电动客车	SLK6118
109	上海申龙客车有限公司	申龙牌	129	纯电动厢式运输车	SLK5048X
110	领途汽车有限公司	御捷马牌	134	纯电动轿车	YGM7000
111	领途汽车有限公司	领途牌	134	纯电动轿车	YGM7001
112	吉利四川商用车有限公司	远程牌	138	纯电动载货汽车底盘	DNC1041、DNC1045、DNC1077
113	吉利四川商用车有限公司	远程牌	138	纯电动厢式运输车	DNC5030X、DNC5041X、DNC5045X、
114	江苏九龙汽车制造有限公司	大马牌	141	纯电动城市客车	HKL6100
115	江苏九龙汽车制造有限公司	大马牌	141	纯电动多用途乘用车	HKL6520
116	南京金龙客车制造有限公司	开沃牌	142	燃料电池城市客车	NJL6859
117	南京金龙客车制造有限公司	开沃牌	142	纯电动城市客车	NJL6100、NJL6600、NJL6809、NJL6859
118	南京金龙客车制造有限公司	开沃牌	142	纯电动客车	NJL6706
119	南京金龙客车制造有限公司	开沃牌	142	纯电动厢式运输车	NJL5038X、NJL5040X
120	南京金龙客车制造有限公司	开沃牌	142	纯电动多用途乘用车	NJL6420
121	南京金龙客车制造有限公司	开沃牌	142	纯电动检测车	NJL5038X
122	南京金龙客车制造有限公司	开沃牌	142	纯电动电源车	NJL5129X
123	华晨鑫源重庆汽车有限公司	鑫源牌	146	纯电动多用途乘用车	JKC6453
124	湖南中车时代电动汽车股份有限公司	中国中车牌	151	纯电动城市客车	TEG6105、TEG6106、TEG6801、TEG6851
125	湖南中车时代电动汽车股份有限公司	中国中车牌	151	纯电动城市客车底盘	TEG6800
126	湖南中车时代电动汽车股份有限公司	中国中车牌	151	纯电动客车底盘	TEG6110、TEG6800
127	山东吉海新能源汽车有限公司	吉海牌	160	纯电动售货车	JHN5031CDX
128	成都客车股份有限公司	蜀都牌	162	纯电动城市客车	CDK6600
129	珠海广通汽车有限公司	广通牌	169	纯电动城市客车	GTQ6800
130	珠海广通汽车有限公司	广通牌	169	纯电动厢式运输车	GTQ5043X

(2)民用改装车生产企业

共计38个生产厂家、38个品牌、48个产品进入公告。其中纯电动产品共计48个(客车19个、专用车29个)。

序号	企业名称	商标	《目录》序号	产品名称	产品型号
1	航天新长征电动汽车技术有限公司	蓝速牌	(一)23	纯电动厢式运输车	BYN5031X
2	天津比亚迪汽车有限公司	金马牌	(二)04	纯电动城市客车	TJK6103
3	天津比亚迪汽车有限公司	金马牌	(二)04	纯电动客车	TJK6900
4	石家庄中博汽车有限公司	广通客车牌	(三)04	纯电动城市客车	SQ6690
5	石家庄煤矿机械有限责任公司	石煤牌	(三)37	纯电动扫路车	SMJ5160TSL
6	石家庄煤矿机械有限责任公司	石煤牌	(三)37	纯电动洗扫车	SMJ5160TXS
7	山西原野汽车制造有限公司	湛龙牌	(四)06	纯电动车厢可卸式垃圾车	YYC5042ZXX
8	江苏常隆客车有限公司	常隆牌	(十)17	纯电动城市客车	YS6101
9	江苏友谊汽车有限公司	友谊牌	(十)45	纯电动城市客车	ZGT6128
10	徐州工程机械集团有限公司	徐工牌	(十)48	纯电动多功能抑尘车	XZJ5180TDY
11	徐州工程机械集团有限公司	徐工牌	(十)48	纯电动密闭式桶装垃圾车	XZJ5040X、XZJ5080X
12	徐州工程机械集团有限公司	徐工牌	(十)48	纯电动扫路车	XZJ5040TSL
13	江苏悦达专用车有限公司	悦达牌	(十)69	纯电动压缩式垃圾车	YD5123ZYS
14	江苏安华汽车股份有限公司	大力士牌	(十)70	纯电动自装卸式垃圾车	JAT5023ZZZ
15	江苏奥新新能源汽车有限公司	达福迪牌	(十)74	纯电动厢式运输车	JAX5042X
16	浙江中车电车有限公司	中国中车牌	(十一)17	纯电动城市客车	CSR6110、CSR6121
17	中汽商用汽车有限公司(杭州)	中汽牌	(十一)37	纯电动路面养护车	ZQZ5031TYH
18	宁波杉杉汽车有限公司	杉杉牌	(十一)46	纯电动厢式运输车	NSS5021X

续上表

序号	企业名称	商标	《目录》序号	产品名称	产品型号
19	芜湖宝骐汽车制造有限公司	帅骐牌	(十二)14	纯电动厢式运输车	WXS5021X
20	安徽爱瑞特环保科技股份有限公司	爱瑞特牌	(十二)59	纯电动自装卸式垃圾车	ART5040ZZZ
21	龙岩畅丰专用汽车有限公司	畅丰牌	(十三)10	纯电动厢式运输车	CFQ5020X
22	福建龙马环卫装备股份有限公司	福龙马牌	(十三)16	纯电动清洗车	FLM5180GQX
23	赣州汽车改装厂	环球牌	(十四)10	纯电动售货车	GZQ5035X
24	江西宜春客车厂有限公司	中宜牌	(十四)14	纯电动城市客车	JYK6660、JYK6802
25	江西中城通达新能源装备有限公司	中城通达牌	(十四)31	纯电动厢式运输车	CLE5042X、CLE5044X
26	中国重汽集团济南豪沃客车有限公司	黄河牌	(十五)19	纯电动城市客车	JK6126、JK6106
27	烟台海德专用汽车有限公司	海德牌	(十五)20	纯电动车厢可卸式垃圾车	CHD5120ZXX
28	聊城中通新能源汽车装备有限公司	东岳牌	(十五)70	纯电动洗扫车	ZTQ5180TXS
29	中原特种车辆有限公司	中油牌	(十六)24	纯电动修井机	ZYT5250TXJ
30	扬子江汽车集团有限公司	扬子江牌	(十七)48	纯电动城市客车	WG6120
31	襄阳九州汽车有限公司	九州牌	(十七)129	纯电动厢式运输车	SYC5022X
32	常德中车新能源汽车有限公司	大汉牌	(十八)27	纯电动城市客车	CKY6800
33	常德中车新能源汽车有限公司	大汉牌	(十八)27	纯电动客车	CKY6110、CKY6800
34	长沙中联重科环境产业有限公司	中联牌	(十八)60	纯电动压缩式垃圾车	ZBH5100ZYS
35	长沙中联重科环境产业有限公司	中联牌	(十八)60	纯电动密闭式桶装垃圾车	ZBH5040X
36	长沙中联重科环境产业有限公司	中联牌	(十八)60	纯电动洗扫车	ZBH5160TXS
37	中山市顺达客车有限公司	上佳牌	(十九)51	纯电动城市客车	HA6100、HA6120、HA6660、HA6850、HA6805
38	广西申龙汽车制造有限公司	紫象牌	(二十)12	纯电动城市客车	HQK6109、HQK6129、HQK6819、HQK6859
39	广西申龙汽车制造有限公司	紫象牌	(二十)12	纯电动厢式运输车	HQK5042
40	重庆盛时达汽车有限公司	炫虎牌	(二十一)20	纯电动厢式运输车	DAT5048X
41	四川国宏汽车有限公司	乐达牌	(二十二)03	纯电动城市客车	LSK6105、LSK6850
42	四川省客车制造有限责任公司	峨嵋牌	(二十二)09	纯电动客车	EM6830
43	奇瑞万达贵州客车股份有限公司	万达牌	(二十三)06	纯电动城市客车	WD6105、WD6815
44	奇瑞万达贵州客车股份有限公司	万达牌	(二十三)06	纯电动客车	WD6540
45	奇瑞万达贵州客车股份有限公司	万达牌	(二十三)06	纯电动厢式运输车	WD5040X
46	昆明客车制造有限公司	云海牌	(二十四)06	纯电动城市客车	KK6660、KK6801
47	陕西汉中客车有限公司	汉龙牌	(二十六)07	纯电动城市客车	SHZ6103
48	陕西秦星汽车有限责任公司	原点之星牌	(二十六)25	纯电动厢式运输车	SYD5020X

9. 道路机动车辆生产企业及产品(第312批)——新能源汽车节选

道路机动车辆生产企业及产品(第312批)于2018年9月30日发布,共计有115个新能源汽车生产厂家、106个新能源汽车品牌、193个新能源汽车产品进入公告。其中,纯电动产品共计169个(客车50个、客车底盘8个、专用车73个、专用车底盘12个、乘用车26个);插电式混合动力产品共计16个(客车3个、专用车1个、专用车底盘1个、乘用车11个);燃料电池产品共计8个(客车5个、专用车2个、专用车底盘1个)。道路机动车辆生产企业及产品(第312批)——新能源汽车节选如下。

(1)汽车生产企业

共计69个生产厂家、64个品牌、135个产品进入公告。其中,纯电动产品共计111个(客车27个、客车底盘8个、专用车38个、专用车底盘12个、乘用车26个);插电式混合动力产品共计16个(客车3个、专用车1个、专用车底盘1个、乘用车11个);燃料电池产品共计8个(客车5个、专用车2个、专用车底盘1个)。

序号	企业名称	商标	《目录》序号	产品名称	产品型号
1	中国第一汽车集团有限公司	一汽牌	1	纯电动轿车	CA7001
2	一汽吉林汽车有限公司	森雅牌	1	纯电动轿车	CA7007
3	东风汽车股份有限公司	东风牌	3	纯电动载货汽车底盘	EQ1040
4	东风汽车股份有限公司	东风牌	3	纯电动城市客车	DFA6600、DFA6650、DFA6850

续上表

序号	企业名称	商标	《目录》序号	产品名称	产品型号
5	东风汽车股份有限公司	东风牌	3	纯电动客车底盘	EQ6100、EQ6570、EQ6580、EQ6610、EQ6620、EQ6770、EQ6800
6	东风汽车股份有限公司	东风牌	3	纯电动厢式运输车	DFA5030X、DFA5040X
7	东风汽车集团有限公司	东风牌	3	插电式混合动力载货汽车底盘	EQ1045
8	东风汽车集团有限公司	东风牌	3	燃料电池载货汽车底盘	EQ1080、EQ1090
9	东风汽车集团有限公司	东风牌	3	燃料电池城市客车	EQ6100
10	东风汽车集团有限公司	东风牌	3	插电式混合动力厢式运输车	EQ5045X
11	东风汽车集团有限公司	东风牌	3	燃料电池厢式运输车	EQ5080X
12	东风汽车集团有限公司	东风牌	3	纯电动客车底盘	EQ6570
13	东风汽车集团有限公司	东风牌	3	纯电动流动服务车	EQ5034X
14	东风汽车集团有限公司	东风牌	3	纯电动车厢可卸式垃圾车	EQ5033ZXX
15	上汽大众汽车有限公司	大众汽车（VOLKSWAGEN）牌	5	纯电动轿车	SVW7001
16	北京北方华德尼奥普兰客车股份有限公司	北方牌	7	纯电动城市客车	BFC6129
17	北汽福田汽车股份有限公司	福田牌	9	纯电动载货汽车底盘	BJ1030
18	北汽福田汽车股份有限公司	福田牌	9	插电式混合动力城市客车	BJ6127
19	北汽福田汽车股份有限公司	福田牌	9	纯电动城市客车	BJ6105、BJ6851
20	北汽福田汽车股份有限公司	福田牌	9	纯电动厢式运输车	BJ5030X
21	北汽福田汽车股份有限公司	福田牌	9	纯电动邮政车	BJ5048X
22	北京汽车集团有限公司	北京牌	11	纯电动厢式运输车	BJ5030X
23	北京现代汽车有限公司	北京现代牌	11	插电式混合动力轿车	BH7200
24	长城汽车股份有限公司	欧拉牌	15	纯电动轿车	CC7001
25	天津一汽丰田汽车有限公司	丰田（TOYOTA）牌	18	插电式混合动力轿车	TV7186
26	天津一汽夏利汽车股份有限公司	骏派牌	18	纯电动轿车	CA7004
27	河北中兴汽车制造有限公司	田野牌	19	纯电动多用途货车	BQ1030
28	河北长安汽车有限公司	长安牌	22	纯电动厢式运输车	SC5033X
29	山西新能源汽车工业有限公司	远程牌	25	纯电动城市客车	JHC6810、JHC6850
30	丹东黄海汽车有限责任公司	黄海牌	29	纯电动城市客车	DD6109
31	山东凯马汽车制造有限公司	凯马牌	31	纯电动自卸汽车	KMC3311
32	山东凯马汽车制造有限公司	凯马牌	31	纯电动自卸汽车底盘	KMC3311
33	华晨宝马汽车有限公司	宝马（BMW）牌	33	插电式混合动力多用途乘用车	BMW6462
34	华晨宝马汽车有限公司	宝马（BMW）牌	33	插电式混合动力轿车	BMW7201
35	威马汽车制造温州有限公司	威尔马斯特牌	34	纯电动多用途乘用车	SZS6460
36	上海申沃客车有限公司	申沃牌	42	纯电动低地板城市客车	SWB6129
37	上海申沃客车有限公司	申沃牌	42	纯电动客车	SWB6802
38	北汽（常州）汽车有限公司	北京牌	45	插电式混合动力城市客车	BJ6851
39	北汽新能源汽车常州有限公司	北京牌	46	纯电动轿车	BJ7000
40	徐州徐工汽车制造有限公司	徐工牌	48	纯电动自卸汽车底盘	XGA3310、XGA3311
41	徐州徐工汽车制造有限公司	徐工牌	48	纯电动自卸式垃圾车	XGA5311ZLJ
42	浙江吉利汽车有限公司	吉利牌	52	插电式混合动力多用途乘用车	MR6471
43	浙江豪情汽车制造有限公司	帝豪牌	52	插电式混合动力轿车	HQ7152
44	浙江豪情汽车制造有限公司	帝豪牌	52	纯电动轿车	HQ7002
45	安徽安凯汽车股份有限公司	安凯牌	55	纯电动城市客车	HFF6600、HFF6650、HFF6855
46	安徽安凯汽车股份有限公司	安凯牌	55	纯电动客车底盘	HFF6109、HFF6815
47	安徽江淮汽车集团股份有限公司	江淮牌	56	纯电动电力工程车	HFC5049X
48	福建新福达汽车工业有限公司	福达（FORTA）牌	58	纯电动城市客车	FZ6108、FZ6125
49	福建新福达汽车工业有限公司	福达（FORTA）牌	58	纯电动客车底盘	FZ6600

续上表

序号	企业名称	商标	《目录》序号	产品名称	产品型号
50	福建新龙马汽车股份有限公司	福建牌	58	纯电动多用途乘用车	FJ6450
51	福建省汽车工业集团云度新能源汽车股份有限公司	云度牌	58	纯电动轿车	YDE7000
52	江铃汽车股份有限公司	江铃牌	61	纯电动冷藏车	JX5043X
53	江铃汽车股份有限公司	江铃牌	61	纯电动多用途乘用车	JX6540
54	江铃汽车股份有限公司	福特牌	61	插电式混合动力多用途乘用车	JX6460
55	郑州宇通客车股份有限公司	宇通牌	71	纯电动城市客车	ZK6105、ZK6106、ZK6650、ZK6815、ZK6850、ZK6856
56	郑州宇通客车股份有限公司	宇通牌	71	纯电动客车	ZK6115
57	郑州宇通客车股份有限公司	宇通牌	71	纯电动客车底盘	ZK6106
58	郑州日产汽车有限公司	东风牌	72	纯电动厢式运输车	ZN5034X
59	郑州日产汽车有限公司	东风牌	72	纯电动多用途乘用车	ZN6453、ZN6496
60	郑州日产汽车有限公司	东风牌	72	纯电动工程车	ZN5037X、ZN5038X
61	郑州日产汽车有限公司	东风牌	72	纯电动邮政车	ZN5031X
62	湖北新楚风汽车股份有限公司	楚风牌	73	纯电动载货汽车底盘	HQG1035
63	湖北新楚风汽车股份有限公司	楚风牌	73	纯电动低入口城市客车底盘	HQG6800
64	湖北新楚风汽车股份有限公司	楚风牌	73	纯电动厢式运输车	HQG5035X、HQG5037X
65	湖北新楚风汽车股份有限公司	楚风牌	73	纯电动售货车	HQG5046X
66	湖北三环专用汽车有限公司	十通牌	76	纯电动载货汽车底盘	STQ1102
67	湖北三环专用汽车有限公司	十通牌	76	纯电动冷藏车	STQ5049X
68	比亚迪汽车工业有限公司	比亚迪牌	79	纯电动城市客车	BYD6811
69	比亚迪汽车工业有限公司	比亚迪牌	79	纯电动城市客车底盘	BYD6791、BYD6800
70	比亚迪汽车工业有限公司	比亚迪牌	79	纯电动厢式运输车	BYD5030X
71	比亚迪汽车工业有限公司	比亚迪牌	79	纯电动货车	BYD1070
72	比亚迪汽车工业有限公司	比亚迪牌	79	纯电动货车底盘	BYD1070
73	湖南江南汽车制造有限公司	众泰牌	84	纯电动轿车	JNJ7000
74	深圳东风汽车有限公司	东风牌	85	纯电动密闭式桶装垃圾车	EQ5040X
75	一汽海马汽车有限公司	海马牌	88	纯电动多用途乘用车	HMC6481
76	广汽本田汽车有限公司	理念(EVERUS)牌	89	纯电动轿车	GHA7000
77	东风柳州汽车有限公司	乘龙牌	91	纯电动载货汽车底盘	LZ1181
78	上汽通用五菱汽车股份有限公司	宝骏牌	92	纯电动轿车	LZW7002
79	中国重汽集团成都王牌商用车有限公司	王牌牌	101	纯电动多用途货车	CDW1030
80	中国重汽集团成都王牌商用车有限公司	王牌牌	101	纯电动多用途货车底盘	CDW1030
81	中国重汽集团成都王牌商用车有限公司	王牌牌	101	纯电动工程车	CDW5031X
82	四川野马汽车股份有限公司	野马牌	101	纯电动厢式运输车	SQJ5020X
83	东风云南汽车有限公司	东风牌	104	纯电动载货汽车底盘	EQ1046
84	东风云南汽车有限公司	东风牌	104	纯电动厢式运输车	EQ5046X
85	比亚迪汽车有限公司	比亚迪牌	108	插电式混合动力轿车	BYD7152
86	陕西通家汽车股份有限公司	通家福牌	109	纯电动厢式运输车	STJ5026X、STJ5029X
87	陕西通家汽车股份有限公司	通家福牌	109	纯电动多用途乘用车	STJ6408
88	陕西汽车集团有限责任公司	陕汽牌	110	纯电动载货汽车底盘	SX1041、SX1046
89	陕西汽车集团有限责任公司	陕汽牌	110	纯电动城市客车	SX6601
90	陕西汽车集团有限责任公司	陕汽牌	110	纯电动厢式运输车	SX5041X、SX5046X
91	金龙联合汽车工业(苏州)有限公司	海格牌	112	纯电动城市客车	KLQ6109、KLQ6605、KLQ6850
92	金龙联合汽车工业(苏州)有限公司	海格牌	112	纯电动客车	KLQ6111、KLQ6812
93	奇瑞商用车(安徽)有限公司	开瑞牌	119	纯电动邮政车	SQR5030X
94	上海汽车集团股份有限公司	名爵牌	122	插电式混合动力轿车	CSA7152

续上表

序号	企业名称	商标	《目录》序号	产品名称	产品型号
95	上海汽车集团股份有限公司	名爵牌	122	纯电动轿车	CSA7001
96	上海汽车集团股份有限公司	荣威牌	122	插电式混合动力多用途乘用车	CSA6454
97	上海汽车集团股份有限公司	荣威牌	122	插电式混合动力轿车	CSA7154
98	厦门金龙联合汽车工业有限公司	金龙牌	123	纯电动双层城市客车	XMQ6112
99	厦门金龙联合汽车工业有限公司	金龙牌	123	纯电动客车	XMQ6821
100	中通客车控股股份有限公司	中通牌	125	燃料电池城市客车	LCK6900、LCK6105
101	中通客车控股股份有限公司	中通牌	125	纯电动城市客车	LCK6108
102	中通客车控股股份有限公司	中通牌	125	燃料电池厢式运输车	LCK5095X
103	河南少林客车股份有限公司	少林牌	126	纯电动城市客车	SLG6805
104	海马汽车有限公司	小鹏牌	128	纯电动轿车	HMA7001、HMA7002、HMA7003
105	海马汽车有限公司	海马牌	128	纯电动轿车	HMA7003
106	上海申龙客车有限公司	申龙牌	129	燃料电池客车	SLK6750
107	上海申龙客车有限公司	申龙牌	129	纯电动城市客车	SLK6118
108	上海申龙客车有限公司	申龙牌	129	纯电动客车	SLK6118
109	上海申龙客车有限公司	申龙牌	129	纯电动客车底盘	SLK6570
110	上海申龙客车有限公司	申龙牌	129	纯电动厢式运输车	SLK5032X
111	上海申龙客车有限公司	申龙牌	129	纯电动冷藏车	SLK5040X
112	明君汽车有限公司	华凯牌	133	纯电动厢式运输车	MJC5030X
113	明君汽车有限公司	华凯牌	133	纯电动多用途乘用车	MJC6450
114	江苏九龙汽车制造有限公司	大马牌	141	燃料电池城市客车	HKL6800
115	南京金龙客车制造有限公司	开沃牌	142	燃料电池城市客车	NJL6859
116	南京金龙客车制造有限公司	开沃牌	142	纯电动低入口城市客车	NJL6100
117	南京金龙客车制造有限公司	开沃牌	142	纯电动城市客车	NJL6680
118	南京金龙客车制造有限公司	开沃牌	142	纯电动客车	NJL6117
119	南京金龙客车制造有限公司	开沃牌	142	纯电动厢式运输车	NJL5038X
120	南京金龙客车制造有限公司	开沃牌	142	纯电动冷藏车	NJL5038X
121	南京金龙客车制造有限公司	开沃牌	142	纯电动自卸式垃圾车	NJL5310ZLJ
122	汉腾汽车有限公司	汉腾牌	145	纯电动轿车	GXQ7000
123	湖南中车时代电动汽车股份有限公司	中国中车牌	151	插电式混合动力城市客车	TEG6106、TEG6851
124	湖南中车时代电动汽车股份有限公司	中国中车牌	151	纯电动城市客车	TEG6105、TEG6106、TEG6110、TEG6125、TEG6801、TEG6802、TEG6851
125	湖南猎豹汽车股份有限公司	猎豹(LEOPAARD)牌	156	纯电动轿车	LBA7000
126	山东吉海新能源汽车有限公司	吉海牌	160	纯电动载货汽车	JHN1024、JHN1032
127	山东吉海新能源汽车有限公司	吉海牌	160	纯电动载货汽车底盘	JHN1024、JHN1032
128	山东吉海新能源汽车有限公司	吉海牌	160	纯电动厢式运输车	JHN5024CCX
129	山东吉海新能源汽车有限公司	吉海牌	160	纯电动售货车	JHN5032CGX
130	成都客车股份有限公司	蜀都牌	162	纯电动城市客车	CDK6590
131	东营迈迪汽车有限公司	东方曼牌	163	纯电动售货车	MAN5032X
132	江西江铃集团新能源汽车有限公司	易至牌	165	纯电动轿车	JX7002、JX7003
133	兰州知豆电动汽车有限公司	知豆牌	167	纯电动轿车	LZD7002
134	珠海广通汽车有限公司	广通牌	169	纯电动城市客车	GTQ6129
135	重庆金康新能源汽车有限公司	金康牌	175	纯电动轿车	SKE7000、SKE7001

(2)民用改装车生产企业

共计46个生产厂家、45个品牌、58个产品进入公告。其中纯电动产品共计58个(客车23个、专用车35个)。

序号	企业名称	商标	《目录》序号	产品名称	产品型号
1	天津比亚迪汽车有限公司	金马牌	(二)04	纯电动低入口城市客车	TJK6104
2	天津比亚迪汽车有限公司	金马牌	(二)04	纯电动城市客车	TJK6850
3	石家庄中博汽车有限公司	广通客车牌	(三)04	纯电动城市客车	SQ6105、SQ6121
4	石家庄煤矿机械有限责任公司	石煤牌	(三)37	纯电动洗扫车	SMJ5120TXS
5	鞍山森远路桥股份有限公司	森远牌	(六)51	纯电动自装卸式垃圾车	AD5030ZZZ
6	华晨汽车(铁岭)专用车有限公司	金杯牌	(六)70	纯电动冷藏车	JBT5040X
7	一汽延边现通汽车有限责任公司	长白山牌	(七)11	纯电动城市客车	ZY6105、ZY6820
8	哈尔滨龙江客车制造有限公司	龙江牌	(八)03	纯电动厢式运输车	LJK5040X
9	苏州益茂电动客车有限公司	东鸥牌	(十)25	纯电动厢式运输车	ZQK5026X
10	江苏友谊汽车有限公司	友谊牌	(十)45	纯电动客车	ZGT6110
11	江苏银宝专用车有限公司	银宝牌	(十)68	纯电动餐厨垃圾车	SYB5070TCA
12	江苏安华汽车股份有限公司	大力士牌	(十)70	纯电动厢式冷藏车	JAT5022X
13	湖州恩驰汽车有限公司	恩纳德牌	(十一)05	纯电动客车	HZK6651
14	杭州长江汽车有限公司	长江牌	(十一)06	纯电动城市客车	FDC6100、FDC6850
15	宁波比亚迪汽车有限公司	比亚迪牌	(十一)16	纯电动城市客车	BYD6850
16	宁波杉杉汽车有限公司	杉杉牌	(十一)46	纯电动厢式运输车	NSS5045X
17	芜湖宝骐汽车制造有限公司	帅骐牌	(十二)14	纯电动厢式运输车	WXS5021X
18	芜湖中骐汽车制造有限公司	斯帕德牌	(十二)47	纯电动客车	HL6810
19	芜湖中骐汽车制造有限公司	斯帕德牌	(十二)47	纯电动厢式运输车	HL5040X
20	福建龙马环卫装备股份有限公司	福龙马牌	(十三)16	纯电动压缩式垃圾车	FLM5180ZYS
21	福建龙马环卫装备股份有限公司	福龙马牌	(十三)16	纯电动多功能抑尘车	FLM5180TDY
22	福建龙马环卫装备股份有限公司	福龙马牌	(十三)16	纯电动清洗车	FLM5180GQX
23	江西博能上饶客车有限公司	上饶牌	(十四)02	纯电动售货车	SR5040X
24	江西宜春客车厂有限公司	中宜牌	(十四)14	纯电动厢式运输车	JYK5030X、JYK5040X
25	江西江铃汽车集团改装车股份有限公司	江铃牌	(十四)15	纯电动工程车	JX5043X
26	江西之信汽车有限公司	之信牌	(十四)32	纯电动城市客车	YLK6101
27	烟台舒驰客车有限责任公司	舒驰牌	(十五)18	纯电动城市客车	YTK6830
28	山东丽驰新能源汽车有限公司	丽驰牌	(十五)260	纯电动厢式运输车	HLD5010X、
29	河南森源重工有限公司	森源牌	(十六)37	纯电动厢式运输车	SMQ5075X
30	扬子江汽车集团有限公司	扬子江牌	(十七)48	纯电动厢式运输车	WG5031X
31	武汉客车制造股份有限公司	华中牌	(十七)49	纯电动城市客车	WH6810
32	东风随州专用汽车有限公司	东风牌	(十七)72	纯电动洒水车	DFZ5180GSS
33	湖北世纪中远车辆有限公司	中悦牌	(十七)86	纯电动餐厨垃圾车	ZYP5070TCA
34	合加新能源汽车有限公司	合加牌	(十七)98	纯电动压缩式垃圾车	HJK5100ZYS
35	合加新能源汽车有限公司	合加牌	(十七)98	纯电动压缩式对接垃圾车	HJK5120ZDJ
36	合加新能源汽车有限公司	合加牌	(十七)98	纯电动桶装垃圾运输车	HJK5080CTY
37	合加新能源汽车有限公司	合加牌	(十七)98	纯电动自装卸式垃圾车	HJK5100ZZZ、HJK5101ZZZ
38	合加新能源汽车有限公司	合加牌	(十七)98	纯电动车厢可卸式垃圾车	HJK5080ZXX
39	合加新能源汽车有限公司	合加牌	(十七)98	纯电动餐厨垃圾车	HJK5120TCA
40	襄阳九州汽车有限公司	九州牌	(十七)129	纯电动厢式运输车	SYC5030X、SYC5040X
41	衡阳客车专用车厂	雁城牌	(十八)02	纯电动低入口城市客车	HYK6850
42	长沙中联重科环境产业有限公司	中联牌	(十八)60	纯电动扫路车	ZBH5123TSL
43	佛山市飞驰汽车制造有限公司	飞驰牌	(十九)17	纯电动城市客车	FSQ6111
44	广东圣宝汽车实业有限公司	圣宝牌	(十九)30	纯电动厢式运输车	GSB5032X
45	珠海市广通客车有限公司	广客牌	(十九)34	纯电动城市客车	GTZ6859
46	珠海市广通客车有限公司	广客牌	(十九)34	纯电动客车	GTZ6112
47	东莞中汽宏远汽车有限公司	宏远牌	(十九)42	纯电动城市客车	KMT6820

续上表

序号	企业名称	商标	《目录》序号	产品名称	产品型号
48	柳州延龙汽车有限公司	延龙牌	（二十）06	纯电动桶装垃圾运输车	LZL5031CTY、LZL5070CTY
49	广西申龙汽车制造有限公司	紫象牌	（二十）12	纯电动城市客车	HQK6109、HQK6819
50	广西申龙汽车制造有限公司	紫象牌	（二十）12	纯电动厢式运输车	HQK5046
51	成都航天万欣科技有限公司	万欣牌	（二十二）19	纯电动厢式运输车	TJX5040X
52	成都雅骏汽车制造有限公司	通途牌	（二十二）23	纯电动餐厨垃圾车	CTT5072TCA
53	贵州长江汽车有限公司	贵州牌	（二十三）01	纯电动城市客车	GK6660
54	贵州长江汽车有限公司	贵州牌	（二十三）01	纯电动厢式运输车	GK5021X
55	奇瑞万达贵州客车股份有限公司	万达牌	（二十三）06	纯电动客车	WD6602
56	云南五龙汽车有限公司	长江牌	（二十四）03	纯电动城市客车	FDE6120、FDE6850
57	昆明客车制造有限公司	云海牌	（二十四）06	纯电动城市客车	KK6102、KK6850
58	陕西汉中客车有限公司	汉龙牌	（二十六）07	纯电动城市客车	SHZ6811

10. 道路机动车辆生产企业及产品（第313批）——新能源汽车节选

道路机动车辆生产企业及产品（第313批）于2018年11月5日发布，共计有67个新能源汽车生产厂家、58个新能源汽车品牌、106个新能源汽车产品进入公告。其中，纯电动产品共计96个（客车30个、客车底盘4个、专用车40个、专用车底盘7个、乘用车15个）；插电式混合动力产品共计3个（客车3个）；燃料电池产品共计7个（客车5、客车底盘2个）。道路机动车辆生产企业及产品（第313批）——新能源汽车节选如下。

（1）汽车生产企业

共计43个生产厂家、37个品牌、68个产品进入公告。其中纯电动产品共计63个（客车17个、客车底盘4个、专用车20个、专用车底盘7个、乘用车15个）；燃料电池产品共计5个（客车3个、客车底盘2个）。

序号	企业名称	商标	《目录》序号	产品名称	产品型号
1	中国第一汽车集团有限公司	解放牌	1	纯电动厢式运输车	CA5030X
2	东风小康汽车有限公司	东风牌	4	纯电动多用途乘用车	DXK6450
3	东风汽车股份有限公司	东风牌	3	纯电动载货汽车底盘	EQ1040、EQ1042
4	东风汽车股份有限公司	东风牌	3	纯电动城市客车	DFA6800
5	东风汽车股份有限公司	东风牌	3	纯电动客车底盘	EQ6830
6	东风汽车股份有限公司	东风牌	3	纯电动厢式运输车	DFA5040X、DFA5042X
7	东风汽车股份有限公司	东风牌	3	纯电动冷藏车	DFA5040X
8	东风汽车集团有限公司	东风牌	3	纯电动载货汽车底盘	EQ1120
9	东风汽车集团有限公司	东风牌	3	燃料电池客车底盘	EQ6100
10	东风汽车集团有限公司	东风牌	3	纯电动教练车	EQ5120X
11	东风汽车集团有限公司	东风牌	3	纯电动牵引教练车	EQ5100X
12	东风汽车集团有限公司	富康牌	3	纯电动轿车	DFM7000
13	东风汽车集团有限公司	风神牌	3	纯电动轿车	DFM7000
14	上汽通用汽车有限公司	别克（BUICK）牌	6	纯电动轿车	SGM7008
15	北京汽车制造厂有限公司	北京牌	9	纯电动运动型乘用车	BJ6330
16	北汽福田汽车股份有限公司	福田牌	9	纯电动载货汽车底盘	BJ1045
17	北汽福田汽车股份有限公司	福田牌	9	纯电动城市客车	BJ6123
18	北汽福田汽车股份有限公司	福田牌	9	纯电动厢式运输车	BJ5045X
19	北京新能源汽车股份有限公司	北京牌	11	纯电动轿车	BJ7001
20	北京汽车股份有限公司	北京牌	11	纯电动轿车	BJ7003
21	长城汽车股份有限公司	欧拉牌	15	纯电动轿车	CC7000
22	河北中兴汽车制造有限公司	田野牌	19	纯电动厢式运输车	BQ5030X、BQ5031X
23	山东凯马汽车制造有限公司	凯马牌	31	纯电动载货汽车底盘	KMC1042
24	广西华奥汽车制造有限公司	金华奥牌	40	纯电动客车	CCA6112
25	北汽（镇江）汽车有限公司	北京牌	45	纯电动多用途乘用车	BJ6450

续上表

序号	企业名称	商标	《目录》序号	产品名称	产品型号
26	浙江豪情汽车制造有限公司	帝豪牌	52	纯电动轿车	HQ7002
27	安徽安凯汽车股份有限公司	安凯牌	55	燃料电池城市客车	HFF6120
28	安徽江淮汽车集团股份有限公司	江淮牌	56	纯电动车厢可卸式垃圾车	HFC5031ZXX
29	江西昌河汽车有限责任公司	奇点牌	59	纯电动多用途乘用车	CH6490
30	江铃汽车股份有限公司	江铃牌	61	纯电动冷藏车	JX5063X
31	江铃汽车股份有限公司	江铃牌	61	纯电动邮政车	JX5040X
32	江西江铃集团晶马汽车有限公司	晶马牌	62	纯电动城市客车	JMV6703
33	山东时风商用车有限公司	时风牌	70	纯电动厢式运输车	SSF5042X
34	郑州宇通客车股份有限公司	宇通牌	71	燃料电池客车	ZK6906
35	郑州宇通客车股份有限公司	宇通牌	71	纯电动城市客车	ZK6105、ZK6125
36	湖北新楚风汽车股份有限公司	楚风牌	73	纯电动载货汽车底盘	HQG1035
37	湖北三江航天万山特种车辆有限公司	金旅牌	78	纯电动城市客车	WS6105、WS6805
38	比亚迪汽车工业有限公司	比亚迪牌	79	纯电动载货汽车	BYD1031、BYD1180
39	比亚迪汽车工业有限公司	比亚迪牌	79	纯电动载货汽车底盘	BYD1031、BYD1180
40	比亚迪汽车工业有限公司	比亚迪牌	79	纯电动低入口城市客车底盘	BYD6101
41	比亚迪汽车工业有限公司	比亚迪牌	79	纯电动多用途乘用车	BYD6490
42	重庆长安汽车股份有限公司	长安牌	96	纯电动轿车	SC7003
43	中植一客成都汽车有限公司	中植汽车牌	100	纯电动低入口城市客车	CDL6101、CDL6701
44	比亚迪汽车有限公司	比亚迪牌	108	纯电动轿车	BYD7008
45	陕西通家汽车股份有限公司	广通牌	109	纯电动厢式运输车	STJ5024X
46	陕西汽车集团有限责任公司	陕汽牌	110	纯电动载货汽车底盘	SX1120
47	陕西汽车集团有限责任公司	陕汽牌	110	纯电动餐厨垃圾车	SX5120TCA
48	金龙联合汽车工业(苏州)有限公司	海格牌	112	燃料电池城市客车	KLQ6109
49	金龙联合汽车工业(苏州)有限公司	海格牌	112	纯电动厢式运输车	KLQ5041X
50	奇瑞商用车(安徽)有限公司	开瑞牌	119	纯电动邮政车	SQR5040X
51	厦门金龙联合汽车工业有限公司	金龙牌	123	燃料电池客车底盘	XMQ6100
52	厦门金龙旅行车有限公司	金旅牌	124	纯电动城市客车	XML6655
53	厦门金龙旅行车有限公司	金旅牌	124	纯电动客车	XML6609
54	中通客车控股股份有限公司	中通牌	125	纯电动低入口城市客车	LCK6850
55	中通客车控股股份有限公司	中通牌	125	纯电动城市客车	LCK6108、LCK6809
56	上海申龙客车有限公司	申龙牌	129	纯电动低地板城市客车	SLK6123
57	领途汽车有限公司	领途牌	134	纯电动厢式运输车	YGM5022X
58	南京金龙客车制造有限公司	开沃牌	142	纯电动低入口城市客车	NJL6100
59	南京金龙客车制造有限公司	开沃牌	142	纯电动城市客车	NJL6600
60	南京金龙客车制造有限公司	开沃牌	142	纯电动厢式运输车	NJL5043X
61	湖南中车时代电动汽车股份有限公司	中国中车牌	151	纯电动城市客车	TEG6590
62	山东吉海新能源汽车有限公司	吉海牌	160	纯电动冷藏车	JHN5032CGX
63	成都客车股份有限公司	蜀都牌	162	纯电动城市客车	CDK6850
64	珠海广通汽车有限公司	广通牌	169	纯电动城市客车底盘	GTQ6121
65	珠海广通汽车有限公司	广通牌	169	纯电动客车	GTQ6853
66	珠海广通汽车有限公司	广通牌	169	纯电动客车底盘	GTQ6119
67	珠海广通汽车有限公司	广通牌	169	纯电动冷藏车	GTQ5043X
68	重庆金康新能源汽车有限公司	瑞驰牌	175	纯电动轿车	SKE7002、SKE7003

(2)民用改装车生产企业

共计 24 个生产厂家、24 个品牌、38 个产品进入公告。其中纯电动产品共计 33 个(客车 13 个、专用车 20 个);插电式混合动力产品共计 3 个(客车 3 个);燃料电池产品共计 2 个(客车 2 个)。

序号	企业名称	商标	《目录》序号	产品名称	产品型号
1	北京华林特装车有限公司	华林牌	(一)31	纯电动压缩式垃圾车	HLT5181ZYS
2	北京华林特装车有限公司	华林牌	(一)31	纯电动扫路车	HLT5040TSL
3	北京华林特装车有限公司	华林牌	(一)31	纯电动路面养护车	HLT5040TYH
4	北京华林特装车有限公司	华林牌	(一)31	纯电动车厢可卸式垃圾车	HLT5040ZXX、HLT5180ZXX
5	天津比亚迪汽车有限公司	金马牌	(二)04	纯电动低入口城市客车	TJK6105
6	山西原野汽车制造有限公司	湛龙牌	(四)06	纯电动厢式运输车	YYC5046X
7	一汽客车(无锡)有限公司	解放牌	(十)10	插电式混合动力城市客车	CA6106
8	江苏陆地方舟新能源车辆股份有限公司	陆地方舟牌	(十)28	纯电动厢式运输车	RQ5026X
9	江苏友谊汽车有限公司	友谊牌	(十)45	纯电动城市客车	ZGT6608
10	徐州工程机械集团有限公司	徐工牌	(十)48	纯电动密闭式桶装垃圾车	XZJ5070X
11	徐州工程机械集团有限公司	徐工牌	(十)48	纯电动扫路车	XZJ5160TSL
12	徐州工程机械集团有限公司	徐工牌	(十)48	纯电动路面养护车	XZJ5041TYH
13	中植汽车(淳安)有限公司	中植汽车牌	(十一)47	燃料电池城市客车	SPK6890
14	芜湖中骐汽车制造有限公司	斯帕德牌	(十二)47	纯电动城市客车	HL6810
15	福建龙马环卫装备股份有限公司	福龙马牌	(十三)16	纯电动扫路车	FLM5180TSL
16	福建龙马环卫装备股份有限公司	福龙马牌	(十三)16	纯电动清洗车	FLM5180GQX
17	江西宜春客车厂有限公司	中宜牌	(十四)14	纯电动客车	JYK6806
18	武汉客车制造股份有限公司	华中牌	(十七)49	纯电动城市客车	WH6850
19	湖北世纪中远车辆有限公司	中悦牌	(十七)86	纯电动售货车	ZYP5030X
20	湖北世纪中远车辆有限公司	中悦牌	(十七)86	纯电动自装卸式垃圾车	ZYP5030ZZZ、ZYP5070ZZZ
21	湖北世纪中远车辆有限公司	中悦牌	(十七)86	纯电动车厢可卸式垃圾车	ZYP5030ZXX
22	长沙中联重科环境产业有限公司	中联牌	(十八)60	纯电动扫路车	ZBH5183TSL
23	长沙中联重科环境产业有限公司	中联牌	(十八)60	纯电动洗扫车	ZBH5180TXS
24	长沙中联重科环境产业有限公司	中联牌	(十八)60	纯电动清洗车	ZBH5182GQX
25	佛山市飞驰汽车制造有限公司	飞驰牌	(十九)17	纯电动城市客车	FSQ6110
26	珠海市广通客车有限公司	广客牌	(十九)34	纯电动城市客车	GTZ6112
27	珠海市广通客车有限公司	广客牌	(十九)34	纯电动客车	GTZ6112
28	中山市顺达客车有限公司	上佳牌	(十九)51	燃料电池城市客车	HA6100
29	柳州延龙汽车有限公司	延龙牌	(二十)06	纯电动仓栅式运输车	LZL5030CCY
30	广西申龙汽车制造有限公司	紫象牌	(二十)12	纯电动城市客车	HQK6819
31	广西申龙汽车制造有限公司	紫象牌	(二十)12	纯电动厢式运输车	HQK5048
32	广西都安建兴机械有限公司	都兴牌	(二十)13	纯电动桶装垃圾运输车	DA5070CTY
33	四川国宏汽车有限公司	乐达牌	(二十二)03	插电式混合动力城市客车	LSK6110
34	四川新筑通工汽车有限公司	通工牌	(二十二)06	纯电动城市客车	TG6101
35	奇瑞万达贵州客车股份有限公司	万达牌	(二十三)06	插电式混合动力城市客车	WD6102
36	奇瑞万达贵州客车股份有限公司	万达牌	(二十三)06	纯电动城市客车	WD6815
37	兰州广通新能源汽车有限公司	广通牌	(二十七)02	纯电动城市客车	LZG6121
38	兰州广通新能源汽车有限公司	广通牌	(二十七)02	纯电动客车	LZG6119

11 道路机动车辆生产企业及产品(第314批)——新能源汽车节选

道路机动车辆生产企业及产品(第314批)于2018年12月3日发布,共计有58个新能源汽车生产厂家、57个新能源汽车品牌、92个新能源汽车产品进入公告。其中纯电动产品共计72个(客车17个、客车底盘2个、专用车25个、专用车底盘7个、乘用车21个);插电式混合动力产品共计12个(客车2个、乘用车10个);燃料电池产品共计8个(客车5个、专用车2个、专用车底盘1个)。道路机动车辆生产企业及产品(第314批)——新能源汽车节选如下。

(1)汽车生产企业

共计39个生产厂家、41个品牌、69个产品进入公告。其中纯电动产品共计50个(客车9个、客车底盘2个、专用车11个、专用车底盘7个、乘用车21个);插电式混合动力产品共计12个(客车2个、乘用车10个);燃料电池产品共计7个(客车5个、专用车1个、专用车底盘1个)。

序号	企业名称	商标	《目录》序号	产品名称	产品型号
1	中国第一汽车集团有限公司	一汽牌	1	纯电动轿车	CA7006
2	中国第一汽车集团有限公司	解放牌	1	纯电动载货汽车底盘	CA1120
3	东风汽车股份有限公司	东风牌	3	纯电动载货汽车底盘	EQ1020
4	东风汽车集团有限公司	东风牌	3	燃料电池载货汽车底盘	EQ1090
5	东风汽车集团有限公司	东风牌	3	纯电动厢式运输车	EQ5040X
6	东风汽车集团有限公司	风神牌	3	插电式混合动力多用途乘用车	DFM6460
7	北汽福田汽车股份有限公司	福田牌	9	纯电动载货汽车底盘	BJ1073
8	北汽福田汽车股份有限公司	福田牌	9	纯电动厢式运输车	BJ5049X、BJ5073X
9	北京汽车股份有限公司	北京牌	11	纯电动轿车	BJ7000
10	长城汽车股份有限公司	魏派牌	15	插电式混合动力多用途乘用车	CC6484、CC6481
11	丹东黄海汽车有限责任公司	黄海牌	29	纯电动厢式运输车	DD5042X
12	威马汽车制造温州有限公司	威尔马斯特牌	34	纯电动多用途乘用车	SZS6460
13	上汽大通汽车有限公司	大通牌	41	纯电动厢式运输车	SH5020X
14	东风悦达起亚汽车有限公司	起亚牌	47	插电式混合动力轿车	YQZ7202
15	扬州亚星客车股份有限公司	亚星牌	49	插电式混合动力城市客车	JS6108
16	扬州亚星客车股份有限公司	亚星牌	49	纯电动城市客车	JS6815、JS6851
17	扬州亚星客车股份有限公司	亚星牌	49	纯电动客车	YBL6815
18	浙江吉利汽车有限公司	吉利美日牌	52	插电式混合动力多用途乘用车	MR6463
19	浙江吉利汽车有限公司	吉利美日牌	52	插电式混合动力轿车	MR7153
20	浙江吉利汽车有限公司	领克牌	52	插电式混合动力轿车	MR7152、MR7153
21	浙江豪情汽车制造有限公司	帝豪牌	52	纯电动轿车	HQ7002
22	浙江豪情汽车制造有限公司	领克牌	52	插电式混合动力多用途乘用车	JL6453
23	安徽江淮汽车集团股份有限公司	思皓牌	56	纯电动轿车	HFC7001
24	安徽江淮汽车集团股份有限公司	江淮牌	56	纯电动厢式运输车	HFC5041X
25	安徽江淮汽车集团股份有限公司	江淮牌	56	纯电动载货车底盘	HFC1041
26	安徽江淮汽车集团股份有限公司	江淮牌	56	纯电动轿车	HFC7000、HFC7001
27	江西大乘汽车有限公司	大乘汽车牌	60	纯电动多用途乘用车	JML6451
28	江西大乘汽车有限公司	大乘汽车牌	60	纯电动轿车	JML7000
29	郑州宇通客车股份有限公司	宇通牌	71	插电式混合动力客车	ZK6113
30	郑州宇通客车股份有限公司	宇通牌	71	燃料电池低入口城市客车	ZK6125
31	郑州宇通客车股份有限公司	宇通牌	71	燃料电池城市客车	ZK6105
32	郑州宇通客车股份有限公司	宇通牌	71	纯电动客车	ZK6710
33	郑州宇通客车股份有限公司	宇通牌	71	纯电动客车底盘	ZK6700
34	海马商务汽车有限公司	奥路卡牌	72	纯电动多用途乘用车	ZQ6420
35	湖北新楚风汽车股份有限公司	楚风牌	73	纯电动厢式运输车	HQG5035X
36	比亚迪汽车工业有限公司	比亚迪牌	79	纯电动厢式运输车	BYD5030X、BYD5040X
37	比亚迪汽车工业有限公司	比亚迪牌	79	插电式混合动力多用途乘用车	BYD6490
38	比亚迪汽车工业有限公司	比亚迪牌	79	纯电动多用途乘用车	BYD6490
39	比亚迪汽车工业有限公司	比亚迪牌	79	纯电动货车底盘	BYD1040
40	比亚迪汽车工业有限公司	比亚迪牌	79	纯电动轿车	BYD7001、BYD7003
41	安徽华菱汽车有限公司	华菱之星牌	81	纯电动自卸汽车	HN3250
42	安徽华菱汽车有限公司	华菱之星牌	81	纯电动自卸汽车底盘	HN3250
43	桂林客车工业集团有限公司	五菱牌	90	纯电动城市客车	GL6607
44	上汽通用五菱汽车股份有限公司	宝骏牌	92	纯电动轿车	LZW7002
45	庆铃汽车股份有限公司	庆铃牌(繁体)	95	纯电动载货汽车底盘	QL1070、QL1071、QL1100
46	庆铃汽车股份有限公司	庆铃牌(繁体)	95	纯电动厢式运输车	QL5070X、QL5071X
47	重庆长安汽车股份有限公司	长安牌	96	纯电动多用途乘用车	SC6458

续上表

序号	企业名称	商标	《目录》序号	产品名称	产品型号
48	四川野马汽车股份有限公司	野马牌	101	纯电动多用途乘用车	SQJ6450、SQJ6460
49	比亚迪汽车有限公司	比亚迪牌	108	插电式混合动力多用途乘用车	BYD6460
50	比亚迪汽车有限公司	比亚迪牌	108	插电式混合动力轿车	BYD7152
51	比亚迪汽车有限公司	比亚迪牌	108	纯电动轿车	BYD7005、BYD7008
52	观致汽车有限公司	观致(QOROS)牌	119	纯电动轿车	QAL7000、QAL7001
53	厦门金龙联合汽车工业有限公司	金龙牌	123	纯电动城市客车	XMQ6106
54	厦门金龙旅行车有限公司	金旅牌	124	纯电动客车	XML6827
55	中通客车控股股份有限公司	中通牌	125	燃料电池低入口城市客车	LCK6120
56	中通客车控股股份有限公司	中通牌	125	燃料电池城市客车	LCK6105、LCK6900
57	中通客车控股股份有限公司	中通牌	125	纯电动城市客车	LCK6117、LCK6808
58	中通客车控股股份有限公司	中通牌	125	燃料电池厢式运输车	LCK5095X
59	海马汽车有限公司	海马牌	128	纯电动轿车	HMA7002
60	上海申龙客车有限公司	申龙牌	129	燃料电池低入口城市客车	SLK6129
61	吉利四川商用车有限公司	远程牌	138	纯电动城市客车	DNC6850
62	南京金龙客车制造有限公司	开沃牌	142	纯电动车厢可卸式垃圾车	NJL5030ZXX
63	南京金龙客车制造有限公司	开沃牌	142	纯电动餐厨垃圾车	NJL5100TCA
64	湖南猎豹汽车股份有限公司	猎豹	156	纯电动轿车	LBA7002
65	江西江铃集团新能源汽车有限公司	易至牌	165	纯电动轿车	JX7001
66	珠海广通汽车有限公司	广通牌	169	纯电动城市客车	GTQ6851
67	珠海广通汽车有限公司	广通牌	169	纯电动城市客车底盘	GTQ6105、GTQ6129
68	奇瑞新能源汽车技术有限公司	奇瑞牌	174	纯电动轿车	NEQ7000
69	国能新能源汽车有限责任公司	龙基牌	176	纯电动轿车	GNE7001

(2)民用改装车生产企业

共计19个生产厂家、18个品牌、23个产品进入公告。其中纯电动产品共计22个(客车8个、专用车14个);燃料电池产品共计1个(专用车1个)。

序号	企业名称	商标	《目录》序号	产品名称	产品型号
1	天津广通汽车有限公司	广通牌	(二)20	纯电动城市客车	TJR6105
2	石家庄煤矿机械有限责任公司	石煤牌	(三)37	纯电动自装卸式垃圾车	SMJ5040ZZZ
3	石家庄煤矿机械有限责任公司	石煤牌	(三)37	纯电动车厢可卸式垃圾车	SMJ5040ZXX
4	徐州工程机械集团有限公司	徐工牌	(十)48	纯电动压缩式垃圾车	XZJ5040ZYS
5	江苏奥新新能源汽车有限公司	达福迪牌	(十)74	燃料电池厢式运输车	JAX5081X
6	合肥森隆专用汽车有限公司	世环牌	(十二)21	纯电动厢式运输车	HHJ5030X
7	福建龙马环卫装备股份有限公司	福龙马牌	(十三)16	纯电动扫路车	FLM5040TSL
8	福建龙马环卫装备股份有限公司	福龙马牌	(十三)16	纯电动路面养护车	FLM5040TYH
9	江西宜春客车厂有限公司	中宜牌	(十四)14	纯电动城市客车	JYK6806
10	烟台舒驰客车有限责任公司	舒驰牌	(十五)18	纯电动城市客车	YTK6660
11	中国重汽集团济南豪沃客车有限公司	黄河牌	(十五)19	纯电动城市客车	JK6806
12	烟台海德专用汽车有限公司	海德牌	(十五)20	纯电动自卸式垃圾车	CHD5040ZLJ
13	烟台海德专用汽车有限公司	海德牌	(十五)20	纯电动自装卸式垃圾车	CHD5040ZZZ
14	烟台海德专用汽车有限公司	海德牌	(十五)20	纯电动路面养护车	CHD5040TYH
15	淄博舜泰汽车制造有限公司	舜泰牌	(十五)254	纯电动售货车	ZST5031X
16	郑州宇通重工有限公司	宇通牌	(十六)30	纯电动清洗车	YTZ5181GQX
17	合加新能源汽车有限公司	合加牌	(十七)98	纯电动洒水车	HJK5100GSS
18	长沙中联重科环境产业有限公司	中联牌	(十八)60	纯电动压缩式垃圾车	ZBH5180ZYS
19	广西玉柴专用汽车有限公司	玉柴专汽牌	(二十)01	纯电动车厢可卸式垃圾车	NZ5033ZXX、NZ5034ZXX
20	奇瑞万达贵州客车股份有限公司	万达牌	(二十三)06	纯电动城市客车	WD6120
21	云南航天神州汽车有限公司	神州牌	(二十四)04	纯电动客车	YH6600

续上表

序号	企业名称	商标	《目录》序号	产品名称	产品型号
22	陕西秦星汽车有限责任公司	原点之星牌	(二十六)25	纯电动城市客车	SYD6101
23	兰州广通新能源汽车有限公司	广通牌	(二十七)02	纯电动城市客车	LZG6129

12. 道路机动车辆生产企业及产品(第315批)——新能源汽车节选

道路机动车辆生产企业及产品(第315批)2018年12月3日发布,共计有54个新能源汽车生产厂家、49个新能源汽车品牌、73个新能源汽车产品进入公告。其中纯电动产品共计66个(客车8个、专用车24个、专用车底盘9个、乘用车25个);插电式混合动力产品共计5个(乘用车5个);燃料电池产品共计2个(客车1个、专用车1个)。道路机动车辆生产企业及产品(第314批)——新能源汽车节选如下。

(1)汽车生产企业

共计42个生产厂家、40个品牌、57个产品进入公告。其中纯电动产品共计66个(包括:客车6个、专用车10个、专用车底盘9个、乘用车25个);插电式混合动力产品共计5个(乘用车5个);燃料电池产品共计2个(客车1个、专用车1个)。

序号	企业名称	商标	《目录》序号	产品名称	产品型号
1	东风汽车有限公司	东风日产牌	3	纯电动轿车	DFL7000
2	东风汽车股份有限公司	东风牌	3	纯电动客车	DFA6118
3	东风汽车集团有限公司	俊风牌	3	纯电动轿车	DFA7000
4	上汽大众汽车有限公司	大众汽车(VOLKSWAGEN)牌	5	纯电动轿车	SVW7002
5	上汽通用汽车有限公司	别克(BUICK)牌	7	纯电动轿车	SGM7008
6	北京宝沃汽车有限公司	宝沃牌	9	纯电动多用途乘用车	BW6472
7	北汽福田汽车股份有限公司	福田牌	9	燃料电池低入口城市客车	BJ6123
8	北汽福田汽车股份有限公司	福田牌	9	纯电动厢式运输车	BJ5039X
9	北汽福田汽车股份有限公司	福田牌	9	纯电动多用途货车	BJ1037
10	北汽福田汽车股份有限公司	福田牌	9	纯电动多用途货车底盘	BJ1037
11	北京新能源汽车股份有限公司	北京牌	11	纯电动轿车	BJ7000
12	北京汽车股份有限公司	北京牌	11	纯电动轿车	BJ7003
13	华晨宝马汽车有限公司	之诺(ZINORO)牌	33	插电式混合动力多用途乘用车	BBA6461
14	华晨宝马汽车有限公司	宝马(BMW)牌	33	插电式混合动力多用途乘用车	BMW6462
15	华晨雷诺金杯汽车有限公司	金杯牌	33	纯电动多用途乘用车	SY6470
16	上海申沃客车有限公司	申沃牌	42	纯电动低地板城市客车	SWB6109
17	徐州徐工汽车制造有限公司	徐工牌	48	纯电动自卸汽车底盘	XGA3312
18	扬州亚星客车股份有限公司	亚星牌	49	纯电动城市客车	YBL6818、JS6101、JS6815
19	浙江豪情汽车制造有限公司	帝豪牌	52	纯电动轿车	HQ7002
20	安徽江淮汽车集团股份有限公司	江淮牌	56	纯电动载货汽车	HFC1031
21	安徽江淮汽车集团股份有限公司	江淮牌	56	纯电动载货汽车底盘	HFC1031
22	安徽江淮汽车集团股份有限公司	江淮牌	56	纯电动厢式运输车	HFC5049X、HFC5031X
23	安徽江淮汽车集团股份有限公司	江淮牌	56	纯电动轿车	HFC7000、HFC7001、HFC7002
24	福建省汽车工业集团云度新能源汽车股份有限公司	云度牌	58	纯电动轿车	YDE7000
25	江西大乘汽车有限公司	大乘汽车牌	60	纯电动轿车	JML7000
26	中国重汽集团济南卡车股份有限公司	豪沃牌	63	纯电动载货汽车底盘	ZZ1187
27	比亚迪汽车工业有限公司	比亚迪牌	79	纯电动厢式运输车	BYD5120X、BYD5040X
28	比亚迪汽车工业有限公司	比亚迪牌	79	插电式混合动力多用途乘用车	BYD6470、BYD6490
29	比亚迪汽车工业有限公司	比亚迪牌	79	纯电动货车底盘	BYD10401、BYD1120
30	比亚迪汽车工业有限公司	比亚迪牌	79	纯电动轿车	BYD7003、BYD7001
31	湖南江南汽车制造有限公司	众泰牌	84	纯电动厢式运输车	JNJ5020X
32	上汽通用五菱汽车股份有限公司	宝骏牌	92	纯电动轿车	LZW7001、LZW7002
33	重庆力帆乘用车有限公司	力帆牌	93	纯电动多用途乘用车	LF6440
34	庆铃汽车股份有限公司	庆铃牌(繁体)	95	纯电动载货汽车底盘	QL1100

续上表

序号	企业名称	商标	《目录》序号	产品名称	产品型号
35	重庆长安汽车股份有限公司	长安牌	96	插电式混合动力多用途乘用车	SC6469
36	比亚迪汽车有限公司	比亚迪牌	108	插电式混合动力多用途乘用车	BYD6460
37	比亚迪汽车有限公司	比亚迪牌	108	纯电动轿车	BYD7008
38	奇瑞商用车(安徽)有限公司	开瑞牌	119	纯电动厢式运输车	SQR5032X
39	奇瑞商用车(安徽)有限公司	开瑞牌	119	纯电动货车底盘	SQR1032
40	奇瑞汽车股份有限公司	奇瑞牌	119	纯电动轿车	SQR7000
41	观致汽车有限公司	观致(QOROS)牌	119	纯电动轿车	QAL7002
42	海马汽车有限公司	海马牌	128	纯电动轿车	HMA7003
43	上海申龙客车有限公司	申龙牌	129	燃料电池厢式运输车	SLK5080X
44	领途汽车有限公司	御捷马牌	134	纯电动轿车	YGM7003
45	吉利四川商用车有限公司	远程牌	138	纯电动城市客车	DNC6850
46	南京金龙客车制造有限公司	开沃牌	142	纯电动城市客车	NJL6113
47	南京金龙客车制造有限公司	开沃牌	142	纯电动餐厨垃圾车	NJL5100TCA
48	汉腾汽车有限公司	汉腾牌	145	纯电动多用途乘用车	GXQ6450
49	南通皋开汽车制造有限公司	大禹牌	157	纯电动载货汽车底盘	DYC1045、DYC1042
50	南通皋开汽车制造有限公司	大禹牌	157	纯电动厢式运输车	DYC5045X、DYC5042X
51	神河汽车有限公司	金联达牌	161	纯电动载货汽车	ESH1030
52	神河汽车有限公司	金联达牌	161	纯电动载货汽车底盘	ESH1030
53	江西江铃集团新能源汽车有限公司	易至牌	165	纯电动轿车	JX7001、JX7003
54	珠海广通汽车有限公司	广通牌	169	纯电动城市客车	GTQ6129
55	浙江合众新能源汽车有限公司	哪吒牌	173	纯电动轿车	THZ7001
56	奇瑞新能源汽车技术有限公司	奇瑞牌	174	纯电动轿车	NEQ7000
57	重庆金康新能源汽车有限公司	瑞驰牌	175	纯电动轿车	SKE7000

其中纯电动产品共计66个(包括:客车2个、专用车14个)。

(2)民用改装车生产企业

共计12个生产厂家、12个品牌、16个产品进入公告。

序号	企业名称	商标	《目录》序号	产品名称	产品型号
1	北京华林特装车有限公司	华林牌	(一)31	纯电动吸粪车	HLT5040GXE
2	北京华林特装车有限公司	华林牌	(一)31	纯电动桶装垃圾运输车	HLT5040CTY、HLT5036CTY、HLT5041CTY
3	北京华林特装车有限公司	华林牌	(一)31	纯电动自卸式垃圾车	HLT5040ZLJ
4	北京华林特装车有限公司	华林牌	(一)31	纯电动自装卸式垃圾车	HLT5040ZZZ、HLT5041ZZZ
5	华晨客车(大连)有限公司	佰斯威牌	(六)32	纯电动监测车	WK5040X
6	辽宁海诺建设机械集团有限公司	海诺牌	(六)45	纯电动压缩式垃圾车	HNJ5086ZYS
7	徐州工程机械集团有限公司	徐工牌	(十)48	纯电动多功能抑尘车	XZJ5040TDY
8	徐州工程机械集团有限公司	徐工牌	(十)48	纯电动清洗车	XZJ5180GQX
9	安徽爱瑞特环保科技股份有限公司	爱瑞特牌	(十二)59	纯电动自装卸式垃圾车	ART5030ZZZ
10	福建龙马环卫装备股份有限公司	福龙马牌	(十三)16	纯电动自装卸式垃圾车	FLM5120ZZZ
11	中科动力(福建)新能源汽车有限公司	中科动力牌	(十三)44	纯电动厢式运输车	FZK5020X
12	中国重汽集团济南豪沃客车有限公司	黄河牌	(十五)19	纯电动客车	JK6116、JK6126
13	河南森源重工有限公司	森源牌	(十六)37	纯电动厢式运输车	SMQ5041X
14	长沙中联重科环境产业有限公司	中联牌	(十八)60	纯电动洗扫车	ZBH5180TXS
15	深圳开沃汽车有限公司	开沃牌	(十九)67	纯电动自卸式垃圾车	XQX5310ZLJ
16	成都广通汽车有限公司	广通牌	(二十二)27	纯电动城市客车	CAT6601

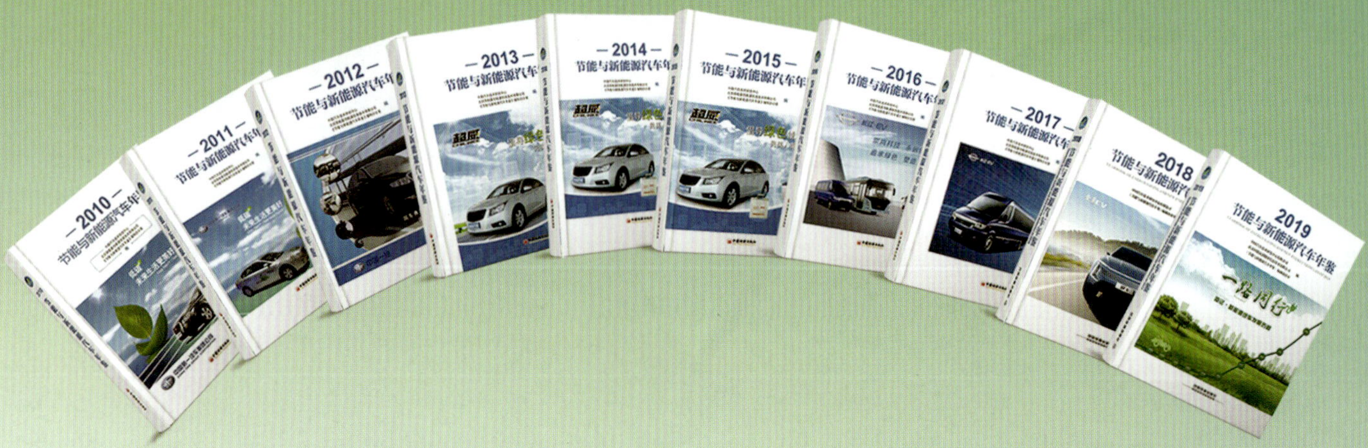

2009年，由科技部、财政部、发改委和工信部四部委共同启动的“十城千辆节能与新能源汽车示范推广应用工程”揭开了我国新能源汽车产业化发展的序幕。同年，在四部委的指导下，中国汽车技术研究中心有限公司（简称“中汽中心”）组织编制了国内第一本专注于节能与新能源汽车领域的工具书——《节能与新能源汽车年鉴》，并于2010年出版。该《年鉴》立足国内面向国际，集权威性、专业性、指导性、学术性、综合性、史记性于一体的的大型工具书，真实记录了我国节能与新能源汽车的发展历程，客观反映行业发展的所面临的问题，用详实的数据信息和权威的专家视点，科学、系统、真实、全面地对行业进行梳理和汇总，深入挖掘产业链、价值链与创新链上的优质单位，帮助行业打通政、产、学、研信息沟通渠道，协助建设跨行业、跨学科的融合发展平台。《年鉴》伴随了我国新能源汽车产业发展的十年寒暑，在同领域期刊中论文引用率一直居于前列，已经成长为我国政府部门出台节能与新能源汽车产业相关政策法规和企事业单位制定相关战略规划提供重要参考和有效借鉴，以及行业不可或缺的信息共享、技术交流合作的重要平台。

手机网站　　微信网站

芜湖天弋能源科技有限公司

Wuhu ETC Battery Limited Co., Ltd.

公司简介 >>

芜湖天弋能源科技有限公司（简称：ETC)，坐落于全国十大宜居城市之一的安徽省芜湖市。公司以成为富有创造力、竞争力和可持续发展的公司作为企业愿景，致力于为全球提供能源储存整体解决方案。纵向上：从电动汽车电池、其他动力电池、消费电子电池到储能系统；横向上：从电芯、模组到PACK(含电池管理系统BMS)及ESS储能电池箱等的各梯次、全系列的产品研发、 生产、服务一体化解决方案。是芜湖市重点引进的高科技项目。

产品简介 >>

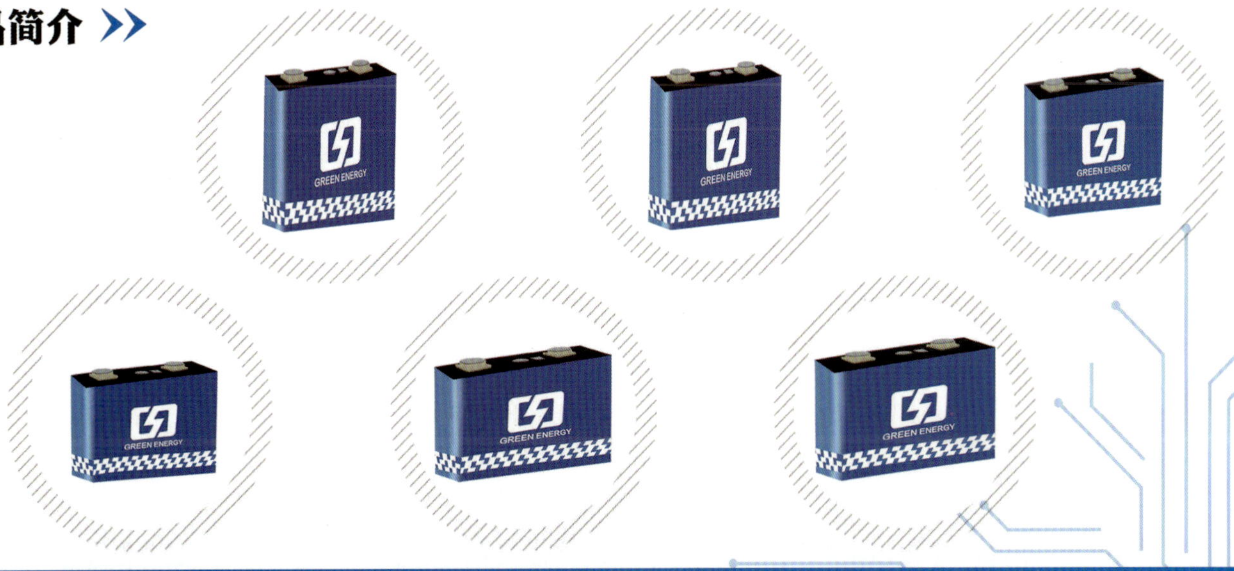

联系方式：0553-2672266 地址：安徽省芜湖市弋江区吴梅山路8号 网址：www.etcbattery.com

桑顿新能源
soundon new energy
桑顿新能源科技有限公司成立于2011年，位于湖湘文化的重要发祥地——湘潭，是桑德集团旗下专业提供锂电能源研发及生产解决方案的锂电创新领先型企业。公司致力于新能源电池系统、动力电池创新平台等研究与生产，业务以正极材料、单体电芯、电池系统集成（PACK）、储能技术为核心。正极材料广泛用于动力电池、储能电池、数码电池产品等。动力及储能产品广泛应用于纯电动乘用车、纯电动专用车、智能电网、风光电储能、大型UPS、基站、高端电动工具等领域。
桑顿新能源秉持开放融合的理念，加强与业界企业合作，激发创新潜能，持续创造价值，为客户提供安全可信赖的产品、解决方案和优质服务。
正极材料
电芯
PACK
储能
桑顿新能源科技有限公司
地址:湖南省湘潭市九华示范区白石西路（原奔驰西路）78号
总机：0731-58551786 传真：0731-58551766
网址：www.e-soundon.com
智造创芯 源自锂想
Smart innovation is derived from professional and advanced concept.
SOUNDON NEW ENERGY
Pursuing Excellence,Creating A Better World

EVE 惠州亿纬锂能股份有限公司
股票代码：300014
惠州
仲恺总部
2019年
产能规模达到
14GWh
湖北
金泉二区
湖北
金泉一区
做世界上先进的锂电池，成为行业领先企业
LF105
LFP Series
INP80E
NCM Series
ICR 18650
EVE
www.evebattery.com

湖南长远锂科股份有限公司

HUNAN CHANGYUAN LICO CO.,LTD.

公司简介

湖南长远锂科股份有限公司（以下简称“长远锂科”）成立于2002年，是世界500强企业中国五矿集团有限公司的直管单位，中央企业电动汽车联盟成员企业。公司主要从事高效电池材料的研究与生产，拥有锂电多元材料前驱体和多元锂电正极材料完整产品体系。2018年，锂电多元前驱体的产量稳居国内前列，动力三元材料销量全国领先。长远锂科全资子公司金驰能源材料有限公司（以下简称“金驰材料”）于2018年3月开始切入废旧动力蓄电池回收利用领域，2019年4月，建成免放电清洁安全年处理5000吨废旧动力蓄电池的拆解示范线，2019年4月，成为湖南省新能源汽车动力蓄电池回收利用试点单位。

长远锂科利用中国五矿集团内部拥有相互配套的锂、镍、钴、锰　产业集群，依托长沙矿冶研究院有限责任公司及自身新材料技术研发力量，建立了从基础研究到产业转化的完整研发与运营体系，已初步构成“资源—材料—器件—回收利用”的循环产业链。

面对未来，长远锂科将以智能化绿色化高端化品牌化为方向，在新材料及动力电池回收领域深耕细作，致力发展成为先进的新能源电池材料及动力电池回收企业，公司将积极践行循环经济，为新能源汽车产业链最后一公里保驾护航。

项目合作

2018年12月28日，中国五矿国家新能源材料产业基地项目暨长远锂科铜官基地投产仪式在湖南长沙隆重举行。集团公司总经理、党组副书记、中冶集团董事长国文清，湖南省委常委、长沙市委书记胡衡华，湖南省人民政府副省长陈飞出席投产启动仪式。项目投资30亿元，占地面积206.57亩，项目达产后，预计可实现年产能新增3万吨正极材料和1.5万吨前驱体，产值80亿元、年税收4亿元以上。项目在业内较早采用智能仓库技术，率先实现工艺水回用及工艺废水零排放，建立了智能化、绿色化标杆；成功引入整车、电池、储能等产业链关键环节的实力雄厚的战略投资者，打造了产业联盟、强强合作的典范。

产品介绍

锂离子电池正极材料及前驱体产品

A 镍氢电池用球型（覆钴）氢氧化镍

B 锂离子电池用各型号镍钴铝前驱体

C 锂离子电池用各型号镍钴锰前驱体

D LCO系列锂离子电池正极材料

E 常规NCM系列锂离子电池正极材料

F 高镍系列锂离子电池正极材料（NCM，NCA）

废旧动力蓄电池破碎分选产品

A 电池外壳

B 隔膜

C 铜粉

D 铝粉

E 正负极粉

联系电话：0731-88998112

电动压缩机领域
较早国家级实验室

The national laboratory of electric compressor

HIGHLY 海立

—移动冷暖专家—

上海海立新能源技术有限公司位于浦东自由贸易试验区，是由上海海立（集团）股份有限公司与江森自控日立空调贸易（香港）有限公司按 75%:25% 的投资比例共同投资设立，总投资 27300 万元人民币。依托海立集团强大的研发制造能力，在国内超前研发出针对新能源汽车领域、具有行业领先水平的海立新能源汽车用电驱动一体式涡旋压缩机，该产品拥有完全自主知识产权，采用的控制一体化技术为业界首创。目前已经形成多排量、多型号的产品系列，年产能已达 35 万台，拥有客户五十多家，是国内新能源汽车厂家的主要配套供应商。

- 空调器体积缩小 18%
- 电池重量减少 20%
- 续航里程有效提升 19%
- 成本减少 15%

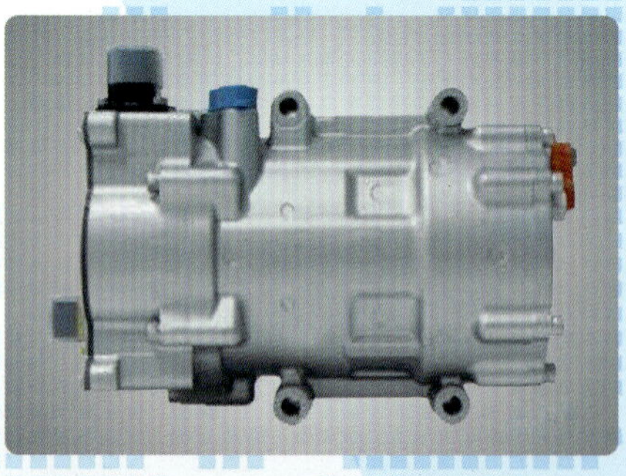

- 乘用车电动压缩机：低噪音、可靠性高
- 商用车电动压缩机：高效率、安全性高
- 客车电动压缩机：小型轻量化、抗干扰能力强

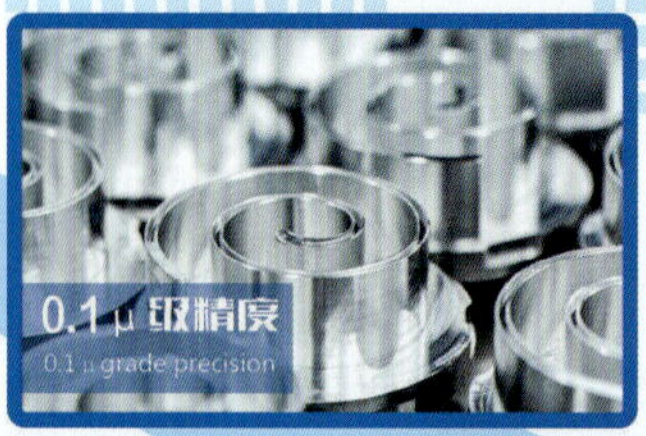

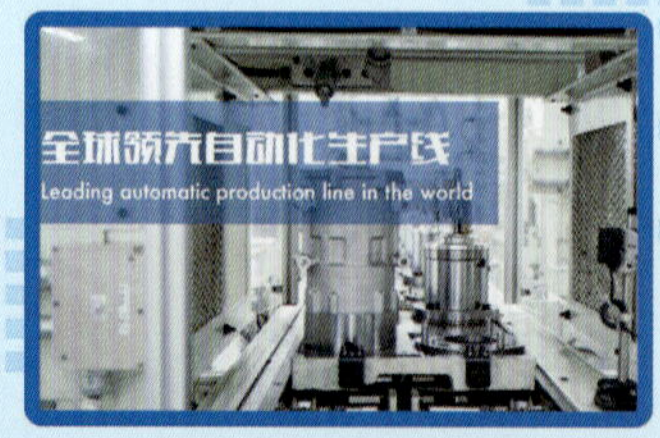

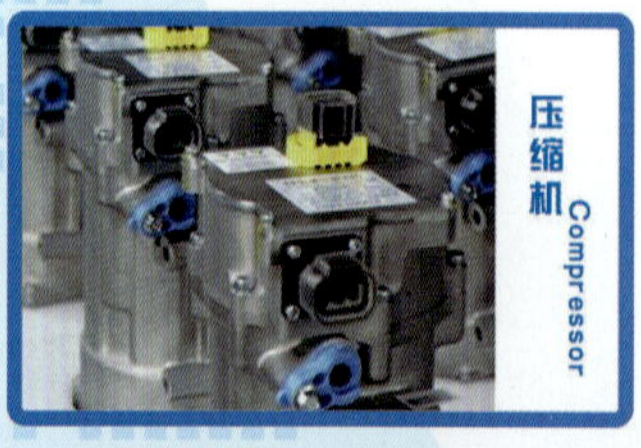

021-58996688 | 上海市浦东新区自由贸易区宁桥路888号 | 021-58596169

湘电莱特电气有限公司（以下简称"湘电莱特"）是湘电股份（股票代码：600416）控股企业，是研发、生产、销售新型高效电机及其控制系统、电动车辆及其关键零部件、电气控制及系统集成的高新技术企业。公司成立于2011年2月，投资3.5亿元，位于湖南湘潭国家高新区内，是高效节能电机和驱动系统开发创新的制造商。

公司依托湘电国家级企业技术中心、国家重点实验室、国家研发检测中心、国家级计量中心的强大技术研发团队和先进的IPD（集成产品开发）研发管理机制，致力于为高端客户提供以高效节能成套设备技术为核心的资源信息一体化解决方案，在解决方案中为客户量身定制满足个性化需求方案设计、核心产品等特色专业服务。

公司核心技术团队长期从事电机与控制、电传动车辆、电气传动整体系统集成智能化的科研开发工作，承担并圆满完成国家重大技术装备研制、"863"电动汽车重大专项、省市混合动力电动客车及关键零部件、风电电气控制产品等科技项目，在电动汽车驱动系统方面，开展了大量、系统、深入的研究工作。目前公司已开发出系列化的电动汽车驱动系统产品，并与国内知名车企形成批量配套。

华域汽车电动系统有限公司
HASCO AUTOMOTIVE ELECTRIC DRIVE SYSTEM CO.,LTD.
缓解能源依赖
创造洁净未来
华域汽车电动系统有限公司致力于提供“新能源汽车驱动系统”的集成解决方案，及整车核心零部件电机电控的研发与制造。
通过不断深化技术创新，优化产品设计，持续推动产品系列完善，打造具有创新精神的、国际先进的新能源汽车核心零部件企业。
公司具备完善的IATF16949、ISO14001、OHSAS 18001等管理体系。

TSINGSHAN
青山工业

重庆青山工业有限责任公司

重庆青山工业有限责任公司系中国兵器装备集团公司所属的国有大型工业企业。公司始建于1965年1月，资产总额逾36亿元，品牌价值逾40亿元。

公司专业从事各类汽车传动系统的研发、生产和销售。经过多年的发展建设，形成了重庆、成都、郑州三大生产基地，已具备年产300万台生产制造能力，累计产销各类变速器2000余万台。拥有长安汽车集团、一汽集团、东风汽车、上汽通用五菱、北汽集团、广汽集团、奇瑞汽车、海马汽车等多家国内主流乘用车用户，同时拥有北汽新能源、长安新能源、奇瑞汽车、东风乘用车等新能源整车用户。

公司技术力量雄厚，自主研发能力强，截至2018年公司拥有有效专利325项，其中发明专利168项。代表行业主持制定发布了4项行业标准。公司拥有国家认证企业技术中心、CNAS认可实验室、博士后科研工作站，形成"两国三地五中心"的全球性布局，具备设计、分析、试制、验证、工程化五大研发能力。专注于打造出满足400N m以下乘用车的MT、DCT、纯电动、混合动力四大平台产品，形成20个产品系列、近300个型号的产品谱系，覆盖轿车、SUV、MPV、微客等多种车型。

公司坚持管理创新，优化经营和管理模式，形成了以1项管理手册、26项管理地图、1029业务流程、3437项作业标准和60管理工具为支撑的，可复制、可远程投放，具有国际一流管理水平的《"333"精益管理体系》。

青山公司将秉承"感恩、诚信、自立、超越"的核心价值观，专注于汽车传动系统领域，愿与各界朋友携手并进、精诚合作，为中国民族汽车工业的振兴发展作出贡献。

双离合自动变速器

5速160N·m双离合自动变速器 DF515

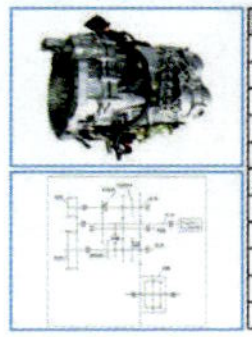

项目	内容
轴系布置	平行轴式
尺寸（长x宽x高）	359mm×470mm×397mm
档位	5前进档
离合器	湿式离合器（2个）
承载扭矩	≤160N m
总成质量（不含油）	≤65kg
布置角度范围	±5°
速比范围	2.7～16
输入输出高低差	74.3mm
中心距	178mm
传递效率：最高	93.5%

7速250N·m双离合自动变速器 DF722

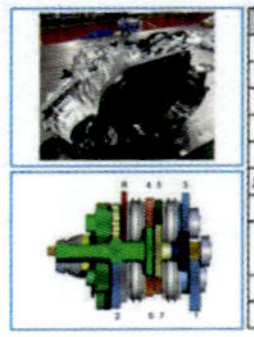

项目	内容
轴系布置	平行轴式
尺寸（长x宽x高）	--
档位	7前进档+倒档
离合器	湿式双离合器
承载扭矩	250N m
总成质量（不含油）	≤80kg
布置角度范围	--
速比范围	一档16.5--18；总速比差≥6.5
中心距	189
传递效率：最高	94.5%

7速270N·m双离合自动变速器 DF727

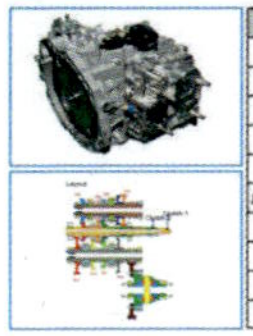

项目	内容
轴系布置	同轴式
尺寸（长x宽x高）	396mm×565mm×471mm
档位	7前进档(1倒档)
离合器	湿式
承载扭矩	≤270N.m(280)
总成质量（不含油）	≤90kg
速比范围	2.7～18.2
输入输出高低差	82
中心距	191
传递效率：最高	94.1%

纯电动电驱总成

减速器产品（单档+两挡）— EF115

项目	内容
轴系布置	平行轴式二级减速
尺寸（长x宽x高）	362mmX155mmX220mm
峰值功率	25kW/48V
承载扭矩	150N·m
轮端扭矩	1500N·m
最高转速	16000r/min
总成质量（不含油）	12Kg
布置角度范围	10°～30°
总速比能力	7～15.3（规格9.2@120N·m;15.3@55N·m）
中心距	150mm
最高系统效率	98%

减速器产品（单挡+两挡）— EF125

项目	内容
轴系布置	平行轴式二级减速
尺寸（长x宽x高）	384mmX180mmX283mm
峰值功率	110kw
承载扭矩	250N·m
轮端扭矩	2400N·m
最高转速	16000r/min
总成质量（不含油）	16kg
布置角度范围	0°～30°
总速比能力	7～12（规格10；10.28；12.1）
中心距	127.5/150/189可选
最高系统效率	98%

减速器产品（单挡+两挡）— EF140

项目	内容
轴系布置	三轴式
尺寸（长x宽x高）	500mm×201mm×319mm
档位	单档
承载扭矩	400N·m
轮端扭矩	4000N·m
最高转速	12000r/min
总成质量（不含油）	27.8Kg
布置角度范围	10.8°～28°
速比范围	8～10
输入输出高低差	40
中心距	214
传递效率：最高	97.9%
传递效率：NEDC综合	95.1%

电驱动总成（三合一）— PEF115

项目	内容
尺寸（长x宽x高）	407mm×258mm×347mm
总成峰值功率	15/28kW
总成峰值扭矩	150N·m
最高转速	16000r/min
速比范围	7~15.3
输入输出中心距	150
总成质量（不含油）	28 kg
安装角度	10°～30°
输入输出高低差	51
总成防护等级	IP67
最高传递效率	91%

电驱动总成（三合一）— PEF125

项目	内容
尺寸（长x宽x高）	388mm×458mm×304mm
总成峰值功率	95kW
总成峰值扭矩	250N·m
最高转速	16000r/min
速比范围	7~12
输入输出中心距	127.5
总成质量（不含油）	52 kg
安装角度	10°～30°
输入输出高低差	25.4
总成防护等级	IP67
最高传递效率	91%

电驱动总成（三合一）— PEF140

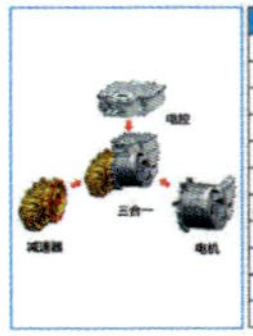

项目	内容
尺寸（长x宽x高）	500mm×488mm×430mm
总成峰值功率	120Kw
总成峰值扭矩	400N·m
最高转速	12000rpm
速比范围	8.25-9.11
输入输出中心距	214
总成质量（不含油）	88kg
安装角度	10.8°
输入输出高低差	40
总成防护等级	IP67
最高传递效率	91%

混合动力电驱总成

电桥产品（P4）— ED130

项目	技术参数
轴系布置	单档双级减速
挡位布置	N挡
尺寸（长x宽x高）	386mm×270mm×285mm
峰值功率	80kg
电机扭矩	300N·m
最高转速	12000r/min
总成质量（不含油）	20kg
布置角度范围	10°~20°
总速比能力	10.04
输入输出高低差	25.4
中心距	127.5
最高系统效率	98%

混合动力产品—HF628（P2.5）

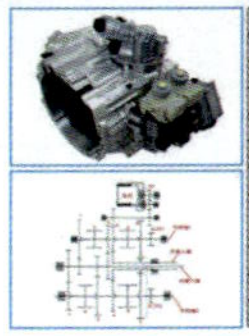

技术指标	技术参数
发动机最大输入扭矩	320N·m
发动机最高转速	7000r/min
传动比	17.23~2.6
输入输出中心距mm	189
外形尺寸mm	388mm×631mm×572mm
重量	125kg（不含油）
动力电机参数	48V：15/25kW，55/70Nm HV：最大75kW，144Nm
电机减速比	1.67
最高传动效率	96%
混动类型	PHEV/HEV/MHEV

混合动力产品—HF640（P2）

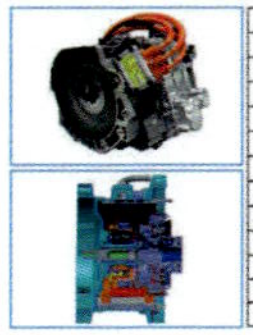

项目	内容
轴系布置	平行轴式
尺寸（长x宽x高）	416.5mm×650mm×440mm
档位	6前进档+倒档
离合器	湿式双离合器
综合承载扭矩	400N·m
电机功率	85kW
电机最高转速	12000r/min
总成质量（不含油）	≤120KG
布置角度范围	--
速比范围	16.13~2.81
中心距	196mm
综合传递效率	94%

MT 手动变速器

5速横置160N·m手动变速器 —— MF515

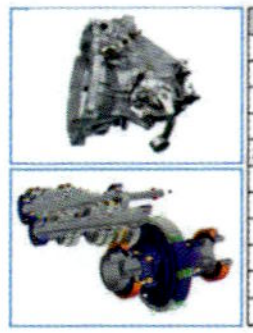

项目	内容
轴系布置	输入轴+中间轴+差速组件
尺寸（长x宽x高）	354mm×471mm×413mm
档位	五前进档+1倒档
承载扭矩	160N·m
总成质量（不含油）	35kg
布置角度范围	前倾：0～7.5°
速比范围	3.484～16.648
输入输出高低差	165mm
中心距	68mm
传递效率：最高	98%
传递效率：综合	96%

6速横置220N·m手动变速器 —— MF622

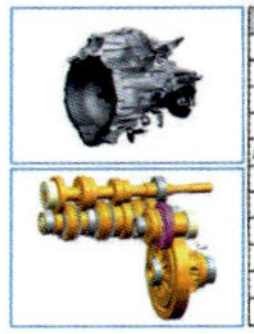

项目	内容
轴系布置	两轴半式
尺寸（长x宽x高）	405mm×496mm×416mm
档位	六前进档+1倒档
承载扭矩	220N·m
总成质量（不含油）	42Kg
布置角度范围	/
速比范围	2.570～17.182
输入输出高低差	73mm
中心距	68mm
传递效率：最高	97%
传递效率：综合	95%

6速横置280N·m手动变速器 —— MF628

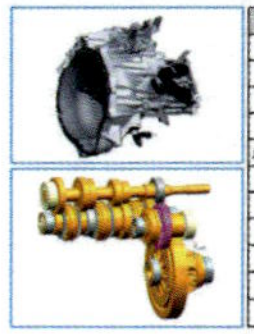

项目	内容
轴系布置	两轴半式
尺寸（长x宽x高）	403mm×504mm×441mm
档位	六前进档+1倒档
承载扭矩	280N·m
总成质量（不含油）	48Kg
布置角度范围	/
速比范围	2.634～17
输入输出高低差	71.78mm
中心距	76mm
传递效率：最高	97%
传递效率：综合	95%

5速纵置150N·m手动变速器 —— MR515

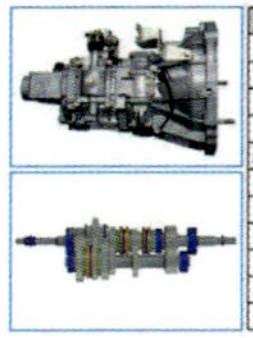

项目	内容
轴系布置	输入轴+中间轴+输出轴
尺寸（长x宽x高）	517mm×330mm×352mm
档位	5
承载扭矩	150N·m
总成质量（不含油）	25kg
布置角度范围	后倾：0～5°
速比范围	0.856～4.388
输入输出高低差	0
中心距	63mm
传递销量：最高	98%
传递销量：综合	96%

5速纵置200N·m手动变速器 —— MR520

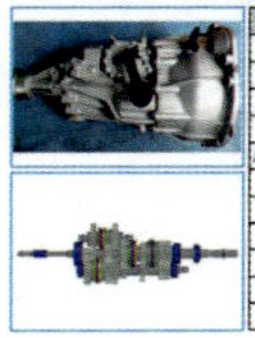

项目	内容
轴系布置	输入轴+中间轴+输出轴
尺寸（长x宽x高）	659mm×346mm×353mm
档位	5
承载扭矩	200N·m
总成质量（不含油）	32.5kg
布置角度范围	后倾：0～5°
速比范围	0.834～4.255
输入输出高低差	0
中心距	65mm
传递效率：最高	98%
传递效率：综合	96%

6速纵置230N·m手动变速器 —— MR625

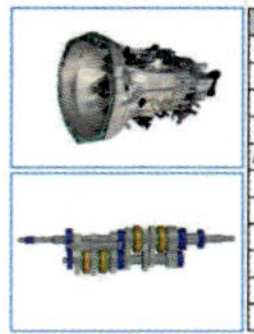

项目	内容
轴系布置	输入轴+中间轴+输出轴
尺寸（长x宽x高）	640mm×380mm×360mm
档位	6
承载扭矩	250N·m
总成质量（不含油）	38.6kg
布置角度范围	后倾：0～5°
速比范围	0.886～4.651
输入输出高低差	0
中心距	65mm
传递销量：最高	98%
传递销量：综合	96%

6速纵置400N·m手动变速器—MR640

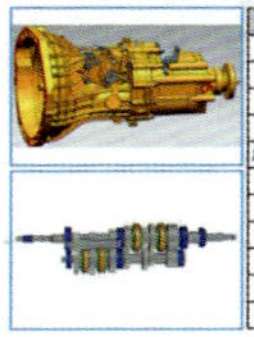

项目	内容
轴系布置	输入轴+中间轴+输出轴
尺寸（长）	≤760mm
档位	6
承载扭矩	400N·m
总成质量（不含油）	52kg
布置角度范围	-
速比范围	0.75～5.45
输入输出高低差	0
中心距	80mm
传递效率：最高	96%
传递效率：综合	95%

把动力传递到每一处……

Transfer power everywhere.

地址：重庆市璧山区青杠街道　邮编：402776

电话：02341819111　传真：02341819666

网址：www.tsingshan.cn

龙立电子

LONGLI ELECTRONIC

山东龙立电子有限公司

企业简介

山东龙立电子有限公司位于临沂国家高新区，成立于2002年，占地近50亩，是集研发、生产、销售高端电连接器于一体的国家高新技术企业。

公司生产的智能电网专用连接器、新能源汽车专用连接器、铁路机车专用连接器、军工连接器等几十个系列、近万个规格品种，广泛应用于航空航天、军事电子装备、电网、铁路、新能源、通信、石油、煤矿等国民经济各领域，用户遍及五大洲的多个国家和地区。其中，新能源汽车连接器系列产品主要包括交、直流充电连接器、车载高压大电流连接器、车载信号连接器和高低压线束总成等系列产品，并有高压配电盒（PDU），低压控制盒等新能源汽车小三电产品，主要用于电动汽车的交直流充电和高压配电、车载充电器、空调、电池组等的电路连接。

多年以来，公司专科研，重人才，不断加大研发经费的投入，积极建立高效执行力的人才梯队，先后荣获了山东省创新型企业、山东省专利明星企业、“守合同重信用”企业、山东省“一企一技术”创新企业、山东省创新型民营企业、山东省电子信息优秀创新企业、临沂市十佳科技创新企业、山东省著名商标、山东名牌等称号，在业内打响了品牌知名度，实现了公司的快速发展。

全新世界，从连接开始。公司将始终坚持“以质量为生命，以客户为中心”的经营宗旨，秉承“拼搏 创新 务实 求精”的企业精神，努力打造成为国内技术先进、实力雄厚的电连接器品牌企业。

产品展示

新能源汽车国标交流充电连接器

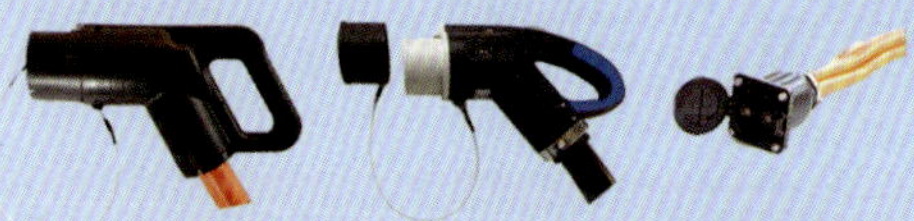

新能源汽车国标直流充电连接器

新能源汽车欧标充电连接器

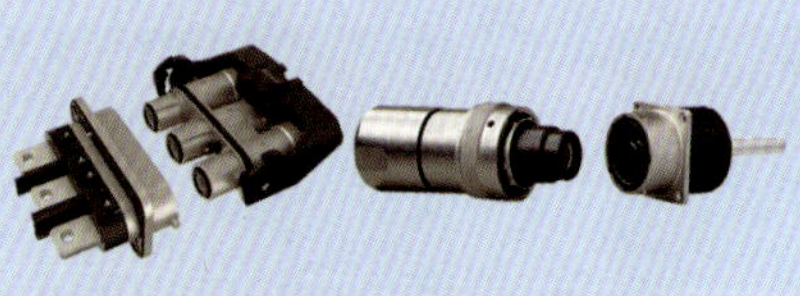

新能源汽车金属高压连接器

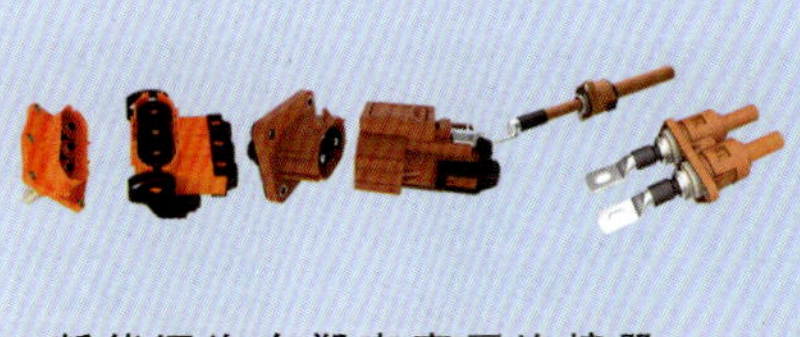

新能源汽车塑壳高压连接器

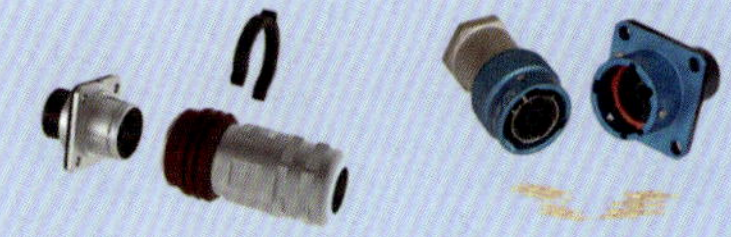

新能源汽车低压信号连接器

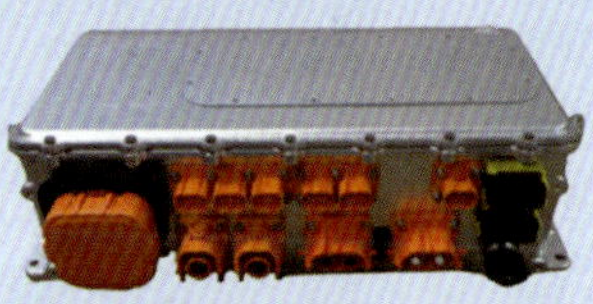

新能源汽车高压配电盒

新能源汽车低压控制盒

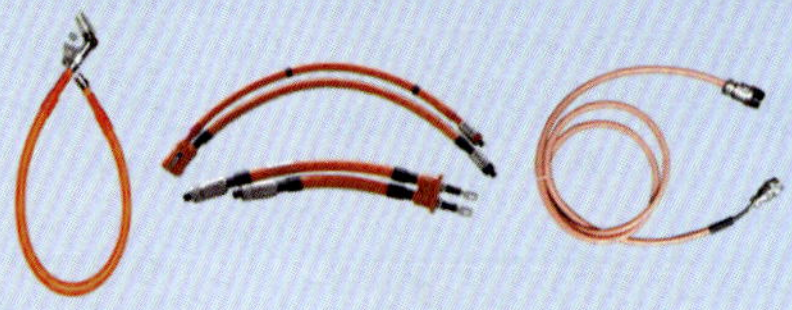

新能源汽车高压线束

山东龙立电子有限公司

地址：山东省临沂市高新技术开发区宝山路中段　邮编：276017

电话：86-539-8282399 8258858 8258996　传真：86-539-8258985

网址：www.sdlongli.com　邮箱：mail.sdlongli.com

欢迎扫码关注我们

国标直流充电接口

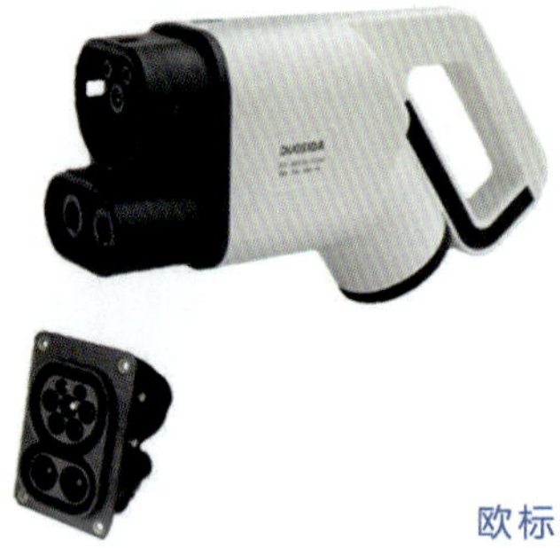

欧标交直流充电接口

国标交流接口

欧标交流接口

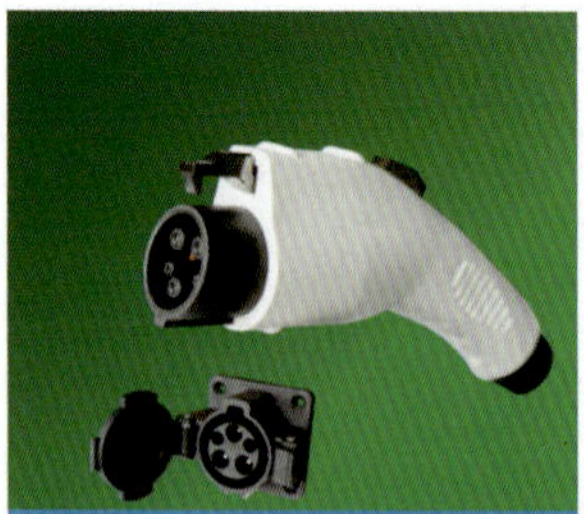

美标交流接口

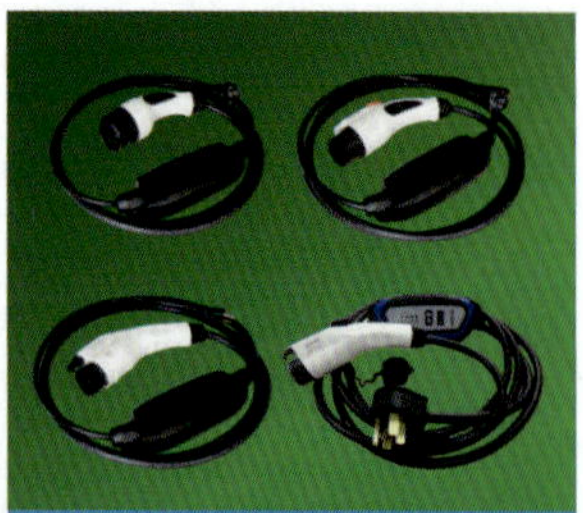

充电模式2

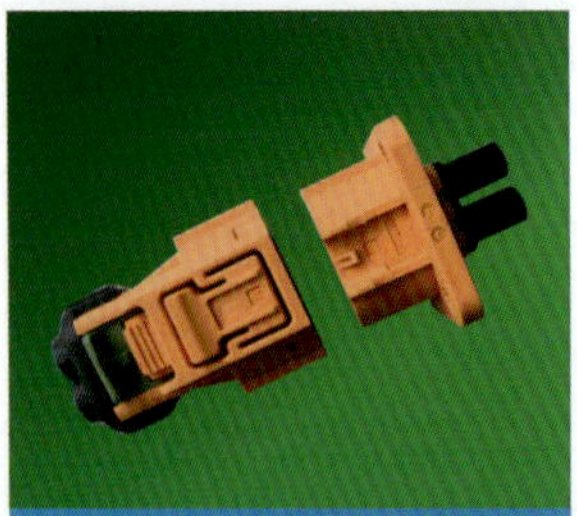

两芯280塑胶连接器

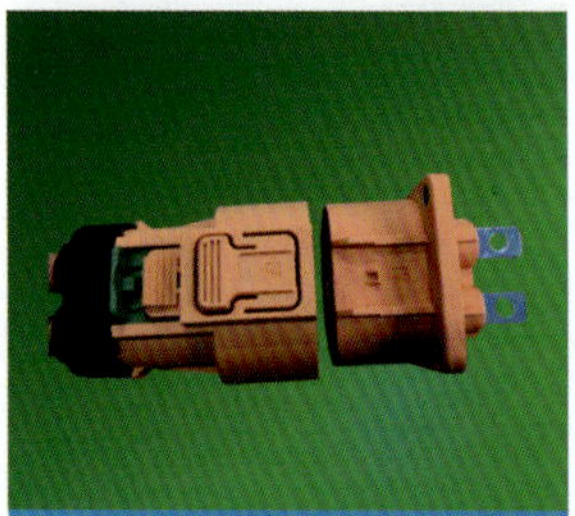

两芯6mm塑胶连接器

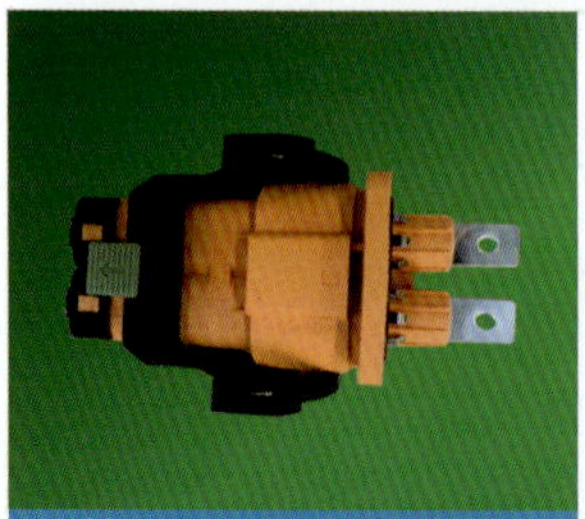

两芯9.1mm塑胶连接器

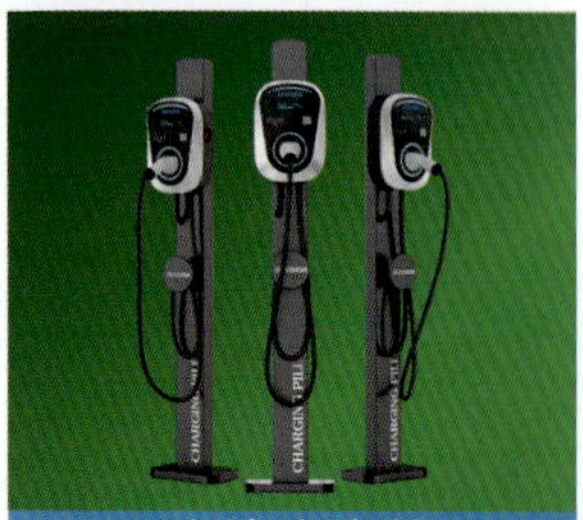

交流充电桩

NiSTAR 新能源汽车电能连接系统解决方案提供商

EV power connection system

产品介绍 PRODUCT INTRODUCTION

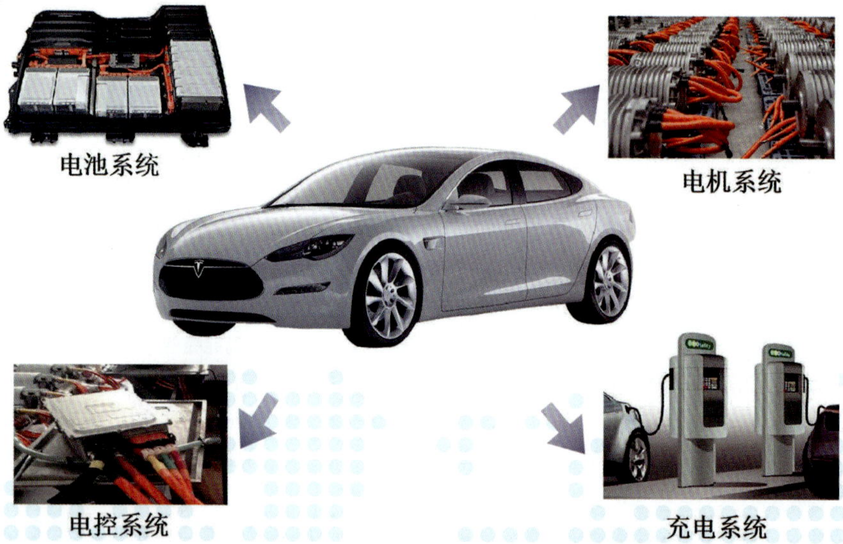

国标

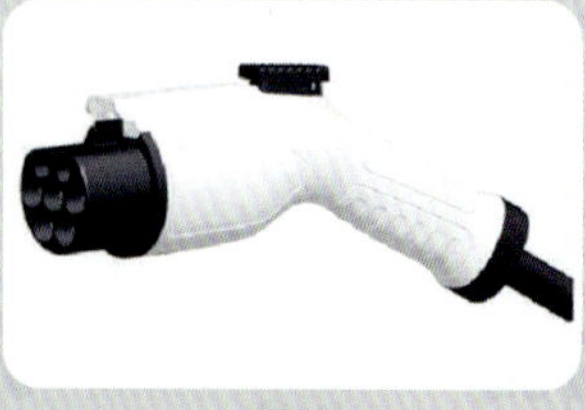

国标

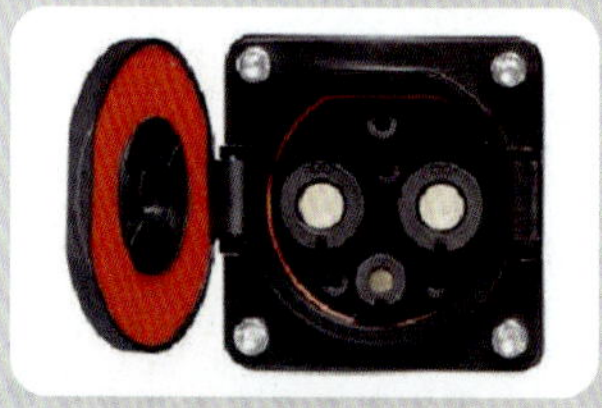

国标

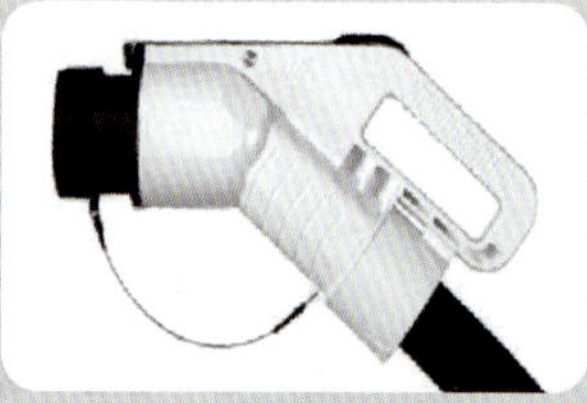

国标

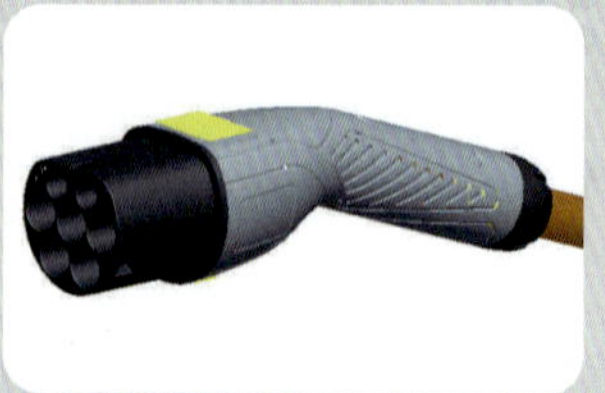

欧标(桩端) 20~32A

欧标(车端)充电座 20~32A

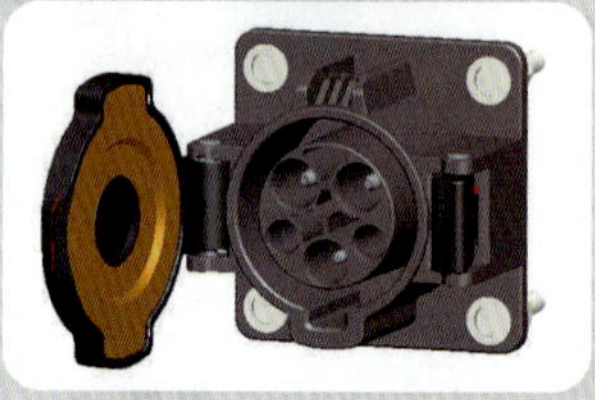

美标充电座 16~40A

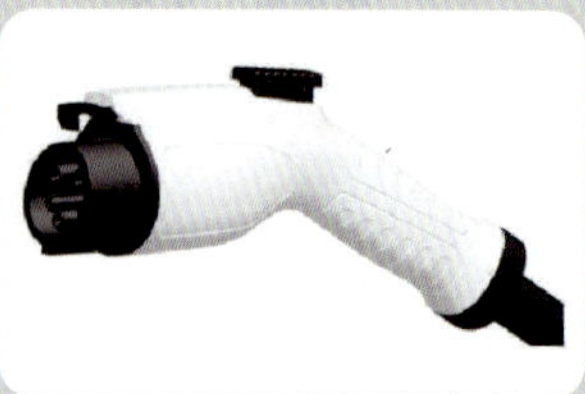

美标 16~40A

塑胶高压连接器

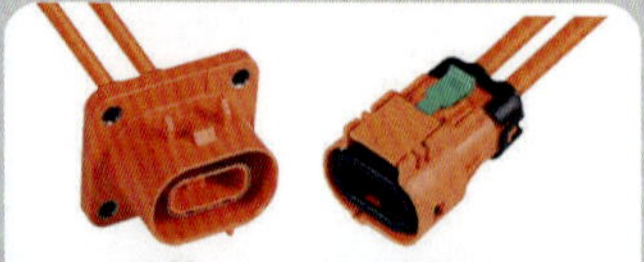

2芯 16~200A

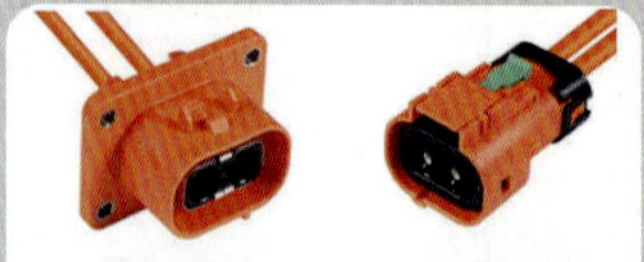

2芯3.6mm 16~50A

2芯6mm 80~150A

2芯弯头 120~200A

塑胶高压连接器

2芯8mm直头 120~200A

两芯6mm弯头 80~150A

维修开关 80~400A

单芯过孔 80~200A

EVTECH
富特科技
先进的新能源汽车核心零部件供应商

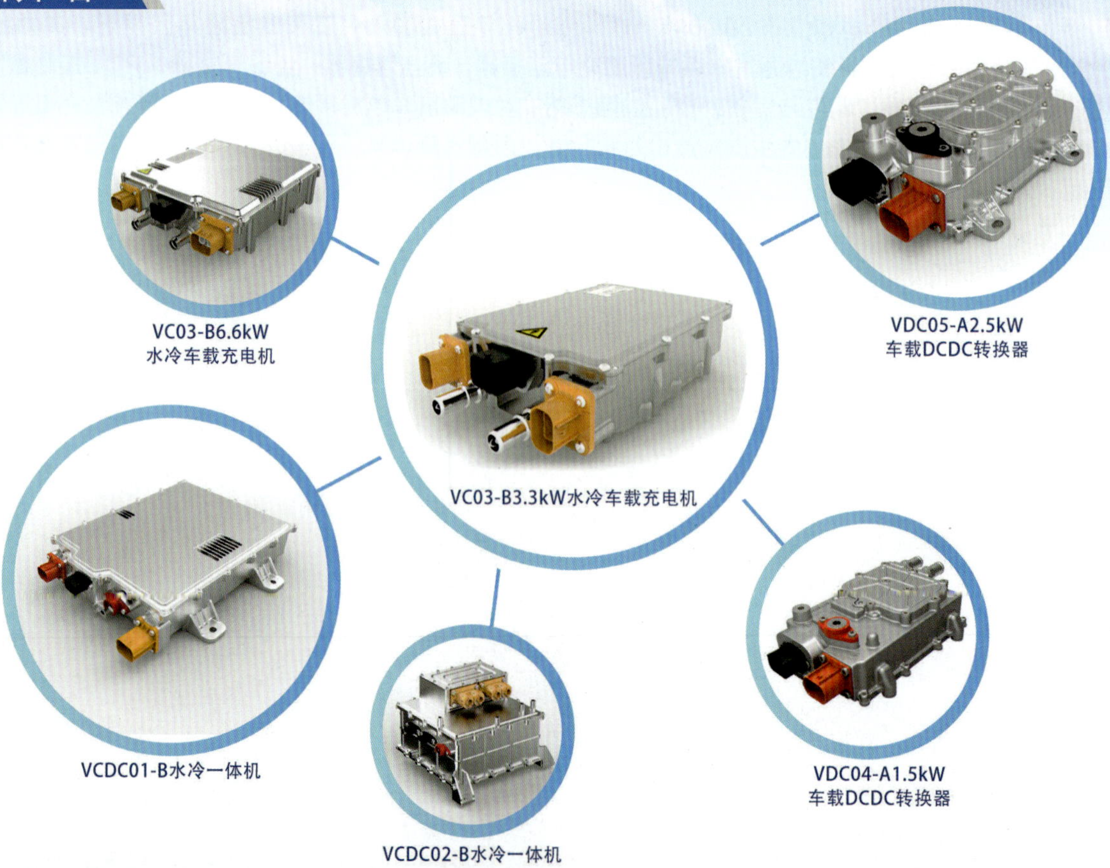
VC03-B6.6kW
水冷车载充电机
VDC05-A2.5kW
车载DCDC转换器
VC03-B3.3kW水冷车载充电机
VCDC01-B水冷一体机
VDC04-A1.5kW
车载DCDC转换器
VCDC02-B水冷一体机